Investigación de mercados

Investigación de mercados

Quinta edición

Naresh K. Malhotra

Dupree College of Management
Georgia Institute of Technology

Traducción:
MARÍA ELENA ORTIZ SALINAS

Revisión técnica:
MARCELA BENASSINI
Universidad Iberoamericana,
Instituto Tecnológico Autónomo de México

EDNA SALAZAR	JUDITH CAVAZOS ARROYO	ANA LETICIA VIESCA
Tecnológico de Monterrey,	*Escuela de Negocios,*	*Tecnológico de Monterrey,*
Campus Ciudad de México	*Campus Ciudad de México*	*Campus Ciudad de México*
	Universidad Popular Autónoma	
	del Estado de Puebla	

PEARSON
Educación

México • Argentina • Brasil • Colombia • Costa Rica • Chile • Ecuador
España • Guatemala • Panamá • Perú • Puerto Rico • Uruguay • Venezuela

```
/ Datos de catalogación bibliográfica

Malhotra, Naresh K.
INVESTIGACIÓN DE MERCADOS
Quinta edición
PEARSON EDUCACIÓN, México, 2008

ISBN: 978-970-26-1185-1
Área: Administración y economía

Formato: 21 × 27.5 cm          Páginas: 920
```

Authorized translation from the English language edition, entitled *Marketing research. An applied orientation*, 5th edition by *Naresh K. Malhotra*, published by Pearson Education, Inc., publishing as Prentice Hall, Copyright © 2007. All rights reserved.
ISBN 0132279460

Traducción autorizada de la edición en idioma inglés, titulada *Marketing research. An applied orientation*, 5th edition por *Naresh K. Malhotra*, publicada por Pearson Education, Inc., como Prentice Hall, Copyright © 2007. Todos los derechos reservados.

Esta edición en español es la única autorizada.

Edición en español
Editor: Pablo Miguel Guerrero Rosas
                                e-mail: pablo.guerrero@pearsoned.com
Editor de desarrollo: Felipe Hernández Carrasco
Supervisor de producción: Enrique Trejo Hernández

Edición en inglés
Senior Acquisitions Editor: Katie Stevens
VP/Editorial Director: Jeff Shelstad
Manager, Product Development: Ashley Santora
Editorial Assistant: Christine Ietto
Senior Media Project Manager: Peter Snell
Marketing Manager: Ashaki Charles
Marketing Assistant: Laura Cirigliano
Associate Director, Production Editorial: Judy Leale
Managing Editor, Production: Renata Butera
Production Editor: Kelly Warsak
Permissions Coordinator: Charles Morris
Manufacturing Buyer: Indira Gutierrez
Design/Composition Manager: Christy Mahon
Composition Liaison: Suzanne Duda
Art Director: Pat Smythe
Interior Designer: Jill Little

Cover Designer: Anthony Gemmellaro
Cover Photo: Karen Beard/Stone/Getty Images
Illustration (Interior): Integra Software Services, Inc.
Director, Image Resource Center: Melinda Reo
Manager, Rights and Permissions: Zina Arabia
Manager: Visual Research: Beth Brenzel
Manager, Cover Visual Research & Permissions: Karen Sanatar
Image Permission Coordinator: Angelique Sharps
Photo Researcher: Kathy Ringrose
Composition: Integra Software Services, Inc.
Full-Service Project Management: Thistle Hill Publishing
    Services, LLC
Printer/Binder: Quebecor World
Cover Printer: Phoenix Color Corp.
Typeface: 10/12 Times

QUINTA EDICIÓN, 2008

D.R. © 2008 por Pearson Educación de México, S.A. de C.V.
       Atlacomulco 500-5° piso
       Col. Industrial Atoto, C.P. 53519,
       Naucalpan de Juárez, Estado de México

Cámara Nacional de la Industria Editorial Mexicana. Reg. Núm. 1031.

Prentice Hall es una marca registrada de Pearson Educación de México, S.A. de C.V.

Reservados todos los derechos. Ni la totalidad ni parte de esta publicación pueden reproducirse, registrarse o transmitirse, por un sistema de recuperación de información, en ninguna forma ni por ningún medio, sea electrónico, mecánico, fotoquímico, magnético o electroóptico, por fotocopia, grabación o cualquier otro, sin permiso previo por escrito del editor.

El préstamo, alquiler o cualquier otra forma de cesión de uso de este ejemplar requerirá también la autorización del editor o de sus representantes.

ISBN 10: 970-26-1185-7
ISBN 13: 978-970-26-1185-1

Impreso en México. *Printed in Mexico.*

A la memoria de mi padre

señor H. N. Malhotra
y
para mi madre, señora Satya Malhotra

y

para mi esposa Veena y mis hijos Ruth y Paul

El amor, la motivación y el apoyo de mis padres,
mi esposa y mis hijos han sido ejemplares.

"El mayor de ellos es el amor"

I Corintios 13:13, Sagrada Biblia

Contenido breve

■ Parte I INTRODUCCIÓN Y FASES INICIALES DE LA INVESTIGACIÓN DE MERCADOS 1

Capítulo 1 *Introducción a la investigación de mercados* 2
Capítulo 2 *Definición del problema en la investigación de mercados y desarrollo del enfoque* 34

Casos para la *Parte I* 65
Casos en video para la *Parte I* 71

■ Parte II PREPARACIÓN DEL DISEÑO DE LA INVESTIGACIÓN 75

Capítulo 3 *Diseño de la investigación* 76
Capítulo 4 *Diseño de la investigación exploratoria: datos secundarios* 104
Capítulo 5 *Diseño de la investigación exploratoria: investigación cualitativa* 140
Capítulo 6 *Diseño de la investigación descriptiva: encuestas y observación* 180
Capítulo 7 *Diseño de la investigación causal: experimentación* 218
Capítulo 8 *Medición y escalamiento: aspectos básicos y escalamiento comparativo* 250
Capítulo 9 *Medición y escalamiento: técnicas no comparativas de escalamiento* 270
Capítulo 10 *Diseño de cuestionarios y formatos* 296
Capítulo 11 *Muestreo: diseño y procedimientos* 332
Capítulo 12 *Muestreo: determinación del tamaño final e inicial de la muestra* 364

Casos para la *Parte II* 391
Casos en video para la *Parte II* 403

■ Parte III RECOLECCIÓN, PREPARACIÓN, ANÁLISIS Y PRESENTACIÓN DE LOS DATOS 409

Capítulo 13 *Trabajo de campo* 410
Capítulo 14 *Preparación de los datos* 426
Capítulo 15 *Distribución de frecuencias, tabulación cruzada y prueba de hipótesis* 454
Capítulo 16 *Análisis de varianza y covarianza* 502
Capítulo 17 *Correlación y regresión* 534
Capítulo 18 *Análisis logit y discriminante* 574
Capítulo 19 *Análisis factorial* 608
Capítulo 20 *Análisis de conglomerados* 634
Capítulo 21 *Escalamiento multidimensional y análisis conjunto* 660

Capítulo **22** *Preparación y presentación del informe* **694**

Capítulo **23** *Investigación de mercados internacionales* **718**

Casos para la *Parte III* **739**
Casos en video para la *Parte III* **769**

■ *Parte IV* CASOS INTEGRALES Y CASOS INTEGRALES EN VIDEO 771

Investigación experencial: Dell Direct **773**
Casos para la *Parte IV* **779**
Casos en video para la *Parte IV* **807**
Casos integrales de Harvard Business School **811**

Apéndice: Tablas de estadísticas **A1**
Notas **N1**
Índice **I1**
Créditos de fotografías **C1**

Contenido

Prólogo xx
Prefacio xxi
Agradecimientos xxix
Biografía del autor xxxiii

■ Parte I Introducción y fases iniciales de la investigación de mercados 1

Capítulo 1 *Introducción a la investigación de mercados* 2
Objetivos 2
Panorama general 3
Definición de investigación de mercados 7
Una clasificación de la investigación de mercados 8
El proceso de investigación de mercados 10
   Paso 1: definición del problema 10
   Paso 2: desarrollo del enfoque del problema 10
   Paso 3: formulación del diseño de investigación 10
   Paso 4: trabajo de campo o recopilación de datos 11
   Paso 5: preparación y análisis de datos 11
   Paso 6: elaboración y presentación del informe 11
El papel de la investigación de mercados en la toma de decisiones de marketing 12
Investigación de mercados e inteligencia competitiva 15
La decisión de realizar investigación de mercados 16
El sector de la investigación de mercados 17
Elección de un proveedor de investigación 21
Carreras en la investigación de mercados 22
El papel de la investigación de mercados en el SIM y el SAD 24
Proyecto de la clientela de una tienda departamental 25
Investigación de mercados internacionales 26
Ética en la investigación de mercados 27
SPSS para Windows 29
Resumen 30
Términos y conceptos clave 31
Casos sugeridos, casos en video y casos de Harvard Business School 31
Investigación real: realización de un proyecto de investigación de mercados 32
Ejercicios 32
Ejercicios en Internet y por computadora 32
Actividades 33

Capítulo 2 *Definición del problema en la investigación de mercados y desarrollo del enfoque* 34
Objetivos 34
Panorama general 35
Importancia de la definición del problema 37
El proceso de definición del problema y desarrollo del enfoque 37
Tareas necesarias 38
   Discusiones con quienes toman las decisiones 38
   Entrevistas con expertos en el sector 40
   Análisis de datos secundarios 42
   Investigación cualitativa 42
Contexto ambiental del problema 43
   Información previa y pronósticos 43
   Recursos y limitaciones 45
   Objetivos 45
   Comportamiento del comprador 45
   Ambiente legal 47
   Ambiente económico 47
   Capacidades tecnológicas y de marketing 47
Problema de decisión administrativa y problema de investigación de mercados 48
Definición del problema de investigación de mercados 49
Componentes del enfoque 51
   Marco objetivo/teórico 51
   Modelo analítico 52
   Preguntas de investigación 53
   Hipótesis 53
   Especificación de la información requerida 56
Investigación de mercados internacionales 57
La ética en la investigación de mercados 58
SPSS para Windows 60
Resumen 61
Términos y conceptos clave 61
Casos sugeridos, casos en video y casos de Harvard Business School 61
Investigación real: realización de un proyecto de investigación de mercados 62
Ejercicios 62
Ejercicios en Internet y por computadora 63
Actividades 63

Casos para la *Parte I*

1.1 La vida en el carril de alta velocidad: las cadenas de comida rápida compiten por ser la número uno 65

1.2 Nike toma la delantera a sus competidores, pero tiene un largo camino por recorrer 67

1.3 Lexus: confiere valor al lujo y lujo al valor 68

Casos en video para la *Parte I*

1.1 Burke aprende y crece gracias a la investigación de mercados 71

1.2 Accenture: el punto está en el nombre 73

Parte II Preparación del diseño de la investigación 75

Capítulo 3 Diseño de la investigación 76

Objetivos 76
Panorama general 77
Diseño de la investigación: definición 78
Diseño de la investigación: clasificación 79
Investigación exploratoria 80
Investigación descriptiva 82
   Diseños transversales 84
   Estudios longitudinales 86
   Ventajas y desventajas relativas de los diseños longitudinal y transversal 87
Investigación causal 89
Relaciones entre investigación exploratoria, descriptiva y causal 90
Fuentes potenciales de error 93
   Error de muestreo aleatorio 93
   Error no atribuible al muestreo 93
Elaboración del presupuesto y calendario del proyecto 96
Propuesta de investigación de mercados 96
Investigación de mercados internacionales 97
La ética en la investigación de mercados 99
Resumen 100
Términos y conceptos clave 101
Casos sugeridos, casos en video y casos de Harvard Business School 101
Investigación real: realización de un proyecto de investigación de mercados 102
Ejercicios 102
Ejercicios en Internet y por computadora 103
Actividades 103

Capítulo 4 Diseño de la investigación exploratoria: datos secundarios 104

Objetivos 104
Panorama general 105
Datos primarios contra datos secundarios 106
Ventajas y usos de los datos secundarios 107
Desventajas de los datos secundarios 107
Criterios para evaluar los datos secundarios 108
   Especificaciones: metodología empleada para recolectar datos 108
   Error: exactitud de los datos 109
   Actualidad: ¿cuándo se recolectaron los datos? 109
   Objetivo: finalidad de la recolección de datos 110
   Naturaleza: el contenido de los datos 110
   Confiabilidad: ¿qué tan confiables son los datos? 110
Clasificación de los datos secundarios 112
Datos secundarios internos 112
   Marketing de bases de datos 113
Fuentes de datos secundarios externos publicados 114
   Datos comerciales generales 115
   Fuentes gubernamentales 116
Bases de datos digitalizadas 117
   Clasificación de las bases de datos digitalizadas 117
   Directorios de bases de datos 119
Empresas sindicadas como fuentes de datos secundarios 119
Datos sindicados de los hogares 121
   Encuestas 121
   Paneles de compras y de medios de comunicación 123
   Servicios de escaneo electrónico 126
Datos sindicados de instituciones 128
   Auditorías de detallistas y mayoristas 128
   Servicios industriales 129
Combinación de información de distintas fuentes: datos de una sola fuente 130
   Cartografía digitalizada 130
   Índice del poder de compra 132
Investigación de mercados internacionales 132
La ética en la investigación de mercados 133
SPSS para Windows 136
Resumen 136
Términos y conceptos clave 136
Casos sugeridos, casos en video y casos de Harvard Business School 137
Investigación real: realización de un proyecto de investigación de mercados 137
Ejercicios 137
Ejercicios en Internet y por computadora 138
Actividades 139

Capítulo 5 Diseño de la investigación exploratoria: investigación cualitativa 140

Objetivos 140
Panorama general 141
Datos primarios: investigaciones cualitativa y cuantitativa 143
Razones para usar la investigación cualitativa 144
Una clasificación de los procedimientos de investigación cualitativa 145

Entrevistas mediante sesiones de grupo   145
   Características   146
   Planeación y conducción de sesiones de grupo   147
   Otras variantes de las sesiones de grupo   153
   Ventajas y desventajas de las sesiones de grupo   154
   Aplicaciones de las sesiones de grupo   155
   Sesiones de grupo en línea   155
   Ventajas de las sesiones de grupo en línea   156
   Desventajas de las sesiones de grupo en línea   156
   Usos de las sesiones de grupo en línea   157
Entrevistas en profundidad   158
   Características   158
   Técnicas   159
   Ventajas y desventajas de las entrevistas en profundidad   161
   Aplicaciones de las entrevistas en profundidad   162
Técnicas proyectivas   163
   Técnicas de asociación   163
   Técnicas de complementación   164
   Técnicas de construcción   165
   Técnicas expresivas   166
   Ventajas y desventajas de las técnicas proyectivas   168
   Aplicaciones de las técnicas proyectivas   168
Análisis de datos cualitativos   170
   Programas de cómputo   171
Investigación de mercados internacionales   172
La ética de la investigación de mercados   173
Resumen   176
Términos y conceptos clave   176
Casos sugeridos, casos en video y casos de Harvard Business School   176
Investigación real: realización de un proyecto de investigación de mercados   177
Ejercicios   177
Ejercicios en Internet y por computadora   178
Actividades   179

Capítulo 6   *Diseño de la investigación descriptiva: encuestas y observación*   **180**

Objetivos   180
Panorama general   181
Técnicas de encuesta   183
Procedimientos de encuesta clasificados según el modo de aplicación   184
Encuestas telefónicas   184
   Encuestas telefónicas tradicionales   184
   Encuestas telefónicas asistidas por computadora   185
Técnicas personales   186
   Encuestas personales en casa   186
   Encuestas personales en centros comerciales   187
   Encuestas personales asistidas por computadora (EPAC)   188
Técnicas por correo   189
   Encuestas por correo   189
   Paneles por correo   191
Recursos electrónicos   192
   Encuestas por correo electrónico   192
   Entrevistas por Internet   192
Evaluación comparativa de las técnicas de encuesta   194
   Flexibilidad en la recolección de datos   194
   Diversidad de las preguntas   194
   Uso de estímulos físicos   196
   Control de la muestra   196
   Control del ambiente de recolección de datos   198
   Control de la fuerza de campo   198
   Cantidad de datos   198
   Tasa de respuesta   198
   Anonimato percibido   199
   Deseo de aceptación social/información delicada   199
   Sesgo potencial del entrevistador   200
   Rapidez   200
   Costo   200
Selección de los tipos de encuesta   200
Procedimientos de observación   202
   Observación estructurada y no estructurada   202
   Observación encubierta y abierta   202
   Observación natural y artificial   202
Tipos de observación clasificados de acuerdo con su aplicación   203
   Observación personal   203
   Observación mecánica   203
   Inventario   205
   Análisis de contenido   205
   Análisis de rastros   207
Evaluación comparativa de los tipos de observación   208
Comparación entre las técnicas de encuesta y de observación   209
   Ventajas relativas de la observación   209
   Desventajas relativas de la observación   209
Investigación etnográfica   210
Otros procedimientos   211
Investigación de mercados internacionales   211
   Elección de los métodos de encuesta   212
La ética en la investigación de mercados   213
Resumen   215

Términos y conceptos clave 215
Casos sugeridos, casos en video y casos de Harvard Business School 215
Investigación real: realización de un proyecto de investigación de mercados 216
Ejercicios 216
Ejercicios en Internet y por computadora 217
Actividades 217

Capítulo 7 *Diseño de la investigación causal: experimentación* 218

Objetivos 218
Panorama general 219
Concepto de causalidad 220
Condiciones para la causalidad 221
    Variación concomitante 221
    Orden temporal de la ocurrencia de las variables 222
    Ausencia de otros factores causales posibles 222
    Papel de la evidencia 223
Definiciones y conceptos 223
Definición de los símbolos 224
Validez en la experimentación 225
    Validez interna 225
    Validez externa 225
Variables extrañas 226
    Historia 226
    Maduración 226
    Efectos de la prueba 226
    Instrumentación 227
    Regresión estadística 227
    Sesgo de selección 227
    Mortalidad 227
Control de las variables extrañas 228
    Aleatorización 228
    Pareamiento 228
    Control estadístico 228
    Diseño de control 228
Clasificación de los diseños experimentales 229
Diseños preexperimentales 230
    Estudio de caso único 230
    Diseño de pretest-postest con un grupo 230
    Diseño de grupo estático 231
Diseños experimentales verdaderos 231
    Diseño de pretest-postest con grupo de control 231
    Diseño de sólo postest con grupo de control 232
Diseños cuasiexperimentales 233
    Diseño de series de tiempo 233
    Diseño de series de tiempo múltiples 234
Diseños estadísticos 236
    Diseño de bloque aleatorizado 236
    Diseño de cuadrado latino 237
    Diseño factorial 237
Experimentos de laboratorio y experimentos de campo 238
Diseños experimentales y diseños no experimentales 240
Limitaciones de la experimentación 240
    Tiempo 240
    Costo 241
    Administración 241
Aplicación: prueba de mercado 241
    Mercado estándar de prueba 241
    Prueba de mercado controlada 243
    Prueba de mercado simulada 243
Investigación de mercados internacionales 243
Ética en la investigación de mercados 244
Resumen 246
Términos y conceptos clave 247
Casos sugeridos, casos en video y casos de Harvard Business School 247
Investigación real: realización de un proyecto de investigación de mercados 247
Ejercicios 248
Ejercicios en Internet y por computadora 249
Actividades 249

Capítulo 8 *Medición y escalamiento: aspectos básicos y escalamiento comparativo* 250

Objetivos 250
Panorama general 251
Medición y escalamiento 252
Escalas de medición básicas 252
    Escala nominal 252
    Escala ordinal 254
    Escala de intervalo 255
    Escala de razón 256
Comparación de las técnicas de escalamiento 257
Técnicas comparativas de escalamiento 258
    Escalamiento de comparación pareada 258
    Escalamiento por rangos ordenados 260
    Escalamiento de suma constante 261
    Clasificación Q y otros procedimientos 262
Investigación de mercados internacionales 263
La ética en la investigación de mercados 264
SPSS para Windows 266
Resumen 267
Términos y conceptos clave 267
Casos sugeridos, casos en video y casos de Harvard Business School 267
Investigación real: realización de un proyecto de investigación de mercados 268
Ejercicios 268
Ejercicios en Internet y por computadora 268
Actividades 268

CONTENIDO

Capítulo 9 *Medición y escalamiento: técnicas no comparativas de escalamiento* **270**

Objetivos 270
Panorama general 271
Técnicas no comparativas de escalamiento 272
   Escala de clasificación continua 272
Escalas de clasificación por ítem 274
   Escala de Likert 274
   Escala de diferencial semántico 276
   Escala de Stapel 277
Decisiones sobre escalas no comparativas de clasificación por ítem 278
   Número de categorías de la escala 278
   Escalas balanceadas frente a no balanceadas 279
   Número par o non de categorías 279
   Escalas forzadas frente a las no forzadas 279
   Naturaleza y grado de las descripciones verbales 279
   Forma física o configuración 280
Escalas de reactivos múltiples 282
Evaluación de la escala 283
   Exactitud de la medición 283
   Confiabilidad 284
   Validez 286
   Relación entre confiabilidad y validez 287
   Capacidad de generalización 287
Elección de una técnica de escalamiento 288
Escalas derivadas matemáticamente 288
Investigación de mercados internacionales 288
La ética en la investigación de mercados 289
SPSS para Windows 291
Resumen 292
Términos y conceptos clave 293
Casos sugeridos, casos en video y casos de Harvard Business School 293
Investigación real: realización de un proyecto de investigación de mercados 293
Ejercicios 293
Ejercicios en Internet y por computadora 294
Actividades 295

Capítulo 10 *Diseño de cuestionarios y formatos* **296**

Objetivos 296
Panorama general 297
Cuestionarios y formatos para observación 299
   Definición de cuestionario 299
   Objetivos del cuestionario 299
Proceso del diseño del cuestionario 300
Especificar la información que se necesita 300
Tipo de entrevista 301

Contenido de las preguntas 302
   ¿Es necesaria la pregunta? 302
   ¿Se necesitan varias preguntas en vez de una? 303
Superar la incapacidad de responder 304
   ¿El encuestado está informado? 304
   ¿El encuestado puede recordar? 304
   ¿El encuestado puede expresarse? 305
Superar la renuencia a responder 305
   Esfuerzo pedido a los encuestados 305
   Contexto 306
   Propósito legítimo 306
   Información delicada 306
   Aumentar la disposición de los encuestados 306
Elección de la estructura del cuestionario 307
   Preguntas no estructuradas 307
   Preguntas estructuradas 308
Elección de la redacción de la pregunta 311
   Definir el tema 311
   Usar palabras comunes 311
   Evitar las palabras ambiguas 312
   Evitar preguntas inductoras (o sesgadas) 312
   Evitar las alternativas implícitas 313
   Evitar las suposiciones implícitas 313
   Evitar generalizaciones y estimaciones 313
   Utilizar enunciados positivos y negativos 314
Determinar el orden de las preguntas 314
   Preguntas iniciales 314
   Tipo de información 315
   Preguntas difíciles 315
   Efecto sobre las preguntas posteriores 315
   Orden lógico 316
Formato y distribución 317
Reproducción del cuestionario 318
Prueba piloto 319
Formatos para la observación 322
Investigación de mercados internacionales 323
Ética en la investigación de mercados 324
SPSS para Windows 327
Resumen 327
Términos y conceptos clave 327
Casos sugeridos, casos en video y casos de Harvard Business School 328
Investigación real: realización de un proyecto de investigación de mercados 328
Ejercicios 328
Ejercicios en Internet y por computadora 330
Actividades 330

Capítulo 11 *Muestreo: diseño y procedimientos* **332**

Objetivos 332
Panorama general 333
Muestra o censo 335

CONTENIDO

El proceso de diseño del muestreo 336
    Definición de la población meta 336
    Determinación del marco de muestreo 337
    Elección de una técnica de muestreo 337
    Determinar el tamaño de la muestra 338
    Realización del proceso de muestreo 339
Clasificación de las técnicas de muestreo 340
Técnicas de muestreo no probabilístico 341
    Muestreo por conveniencia 341
    Muestreo por juicio 343
    Muestreo por cuotas 344
    Muestreo de bola de nieve 345
Técnicas de muestreo probabilístico 346
    Muestreo aleatorio simple 346
    Muestreo sistemático 347
    Muestreo estratificado 348
    Muestreo por conglomerados 350
    Otras técnicas de muestreo probabilístico 354
Elección del muestreo probabilístico o no probabilístico 354
Usos del muestreo no probabilístico y probabilístico 356
Muestreo por Internet 356
    Temas del muestreo en línea 356
    Técnicas de muestreo en línea 357
Investigación de mercados internacionales 358
Ética en la investigación de mercados 359
Resumen 360
Términos y conceptos clave 361
Casos sugeridos, casos en video y casos de Harvard Business School 361
Investigación real: realización de un proyecto de investigación de mercados 362
Ejercicios 362
Ejercicios en Internet y por computadora 362
Actividades 363

Capítulo 12 *Muestreo: determinación del tamaño final e inicial de la muestra* **364**

Objetivos 364
Panorama general 365
Definiciones y símbolos 366
Distribución del muestreo 367
Procedimiento estadístico para determinar el tamaño de la muestra 369
Enfoque del intervalo de confianza 369
    Determinación del tamaño de la muestra: medias 370
    Determinación del tamaño de la muestra: proporciones 372
Características y parámetros múltiples 375
Otras técnicas de muestreo probabilístico 376
Ajuste del tamaño de la muestra determinado de forma estadística 376

Temas de falta de respuesta en el muestreo 377
    Mejorar las tasas de respuesta 378
    Ajustes por la falta de respuesta 381
Investigación de mercados internacionales 383
Ética en la investigación de mercados 383
SPSS para Windows 385
Resumen 386
Términos y conceptos clave 386
Casos sugeridos, casos en video y casos de Harvard Business School 386
Investigación real: realización de un proyecto de investigación de mercados 387
Ejercicios 387
Ejercicios en Internet y por computadora 388
Actividades 388
Apéndice 12A 388

Casos para la *Parte II*

2.1 El pronóstico es soleado para The Weather Channel 391
2.2 ¿Quién es el mejor anfitrión? 392
2.3 El dulce es perfecto para Hershey 395
2.4 Las fragancias son dulces, pero la competencia es amarga 397
2.5 ¿La publicidad del Súper Bowl es súper eficaz? 401

Casos en video para la *Parte II*

2.1 Starbucks sigue como local mientras se globaliza por medio de la investigación de mercados 403
2.2 Nike asocia la marca con atletas y desempeño 404
2.3 Intel exhibe sus componentes básicos 405
2.4 Nivea: la investigación de mercados lleva a un marketing consistente 407

■ PARTE III RECOLECCIÓN, PREPARACIÓN, ANÁLISIS Y PRESENTACIÓN DE LOS DATOS 409

Capítulo 13 *Trabajo de campo* **410**

Objetivos 410
Panorama general 411
La naturaleza del trabajo de campo 412
Procesos del trabajo de campo y de recolección de datos 412
Selección de los trabajadores de campo 413
Capacitación de los trabajadores de campo 414
    Hacer el contacto inicial 414
    Planteamiento de las preguntas 414
    Sondeo 415
    Registro de las respuestas 415
    Terminación de la entrevista 416

CONTENIDO

Supervisión de los trabajadores de campo   417
   Control de calidad y corrección   417
   Control del muestreo   417
   Control de fraudes   418
   Control de la oficina central   418
Validación del trabajo de campo   418
Evaluación de los trabajadores de campo   418
   Costo y tiempo   418
   Tasas de respuestas   418
   Calidad de las entrevistas   418
   Calidad de los datos   419
Investigación de mercados internacionales   420
La ética en la investigación de mercados   421
SPSS para Windows   423
Resumen   423
Términos y conceptos clave   424
Casos sugeridos, casos en video y casos de Harvard Business School   424
Investigación real: realización de un proyecto de investigación de mercados   424
Ejercicios   424
Ejercicios en Internet y por computadora   425
Actividades   425

Capítulo 14   *Preparación de los datos*   **426**

Objetivos   426
Panorama general   427
El proceso de preparación de los datos   428
Revisión del cuestionario   429
Edición   429
   Tratamiento de las respuestas insatisfactorias   430
Codificación   431
   Codificación de las preguntas   431
   Libro de códigos   433
Trascripción   435
Depuración de datos   436
   Comprobación de la congruencia   436
   Tratamiento de respuestas faltantes   437
Ajuste estadístico de los datos   438
   Ponderación   438
   Redefinición de las variables   439
   Transformación de la escala   439
Elección de una estrategia de análisis de datos   440
Clasificación de las técnicas estadísticas   441
Investigación de mercados internacionales   443
La ética en la investigación de mercados   444
Software estadístico   446
SPSS para Windows   447
Resumen   451
Términos y conceptos clave   451

Casos sugeridos, casos en video y casos de Harvard Business School   452
Investigación real: realización de un proyecto de investigación de mercados   452
Ejercicios   452
Ejercicios en Internet y por computadora   453
Actividades   453

Capítulo 15   *Distribución de frecuencias, tabulación cruzada y prueba de hipótesis*   **454**

Objetivos   454
Panorama general   455
Distribución de frecuencias   457
Estadísticos asociados con la distribución de frecuencias   460
   Medidas de localización   460
   Medidas de variación   461
   Medidas de forma   462
Introducción a la prueba de hipótesis   463
Procedimiento general para la prueba de hipótesis   464
   Paso 1: formular las hipótesis   464
   Paso 2: elegir una prueba adecuada   465
   Paso 3: seleccionar a nivel de significancia, α 465
   Paso 4: reunir los datos y calcular el estadístico de prueba   466
   Paso 5: determinar la probabilidad (valor crítico)   467
   Pasos 6 y 7: comparar la probabilidad (valor crítico) y tomar la decisión   467
   Paso 8: conclusión de la investigación de mercados   468
Tabulaciones cruzadas   468
   Dos variables   469
   Tres variables   470
   Comentarios generales sobre la tabulación cruzada   473
Estadísticos asociados con la tabulación cruzada   473
   Chi cuadrada   474
   Coeficiente fi   475
   Coeficiente de contingencia   476
   V de Cramer   476
   Coeficiente lambda   476
   Otros estadísticos   477
La tabulación cruzada en la práctica   477
Prueba de hipótesis de diferencias   478
Pruebas paramétricas   479
   Una muestra   479
   Dos muestras independientes   480
   Muestras pareadas   483

CONTENIDO

Pruebas no paramétricas 485
   Una muestra 485
   Dos muestras independientes 486
   Muestras pareadas 488
Software estadístico 491
SPSS para Windows 493
Resumen 496
Términos y conceptos clave 496
Casos sugeridos, casos en video y casos de Harvard Business School 497
Investigación real: realización de un proyecto de investigación de mercados 497
Ejercicios 498
Ejercicios en Internet y por computadora 498
Actividades 501

Capítulo 16 — Análisis de varianza y covarianza 502

Objetivos 502
Panorama general 503
Relación entre técnicas 505
Análisis de varianza de un factor 506
Estadísticos asociados con el análisis de varianza de un factor 507
Proceso del análisis de varianza de un factor 507
   Identificación de las variables dependiente-independiente 507
   Descomposición de la variación total 508
   Medición de los efectos 509
   Prueba de la significancia 509
   Interpretación de los resultados 510
Datos ilustrativos 510
Aplicaciones ilustrativas del análisis de varianza de un factor 511
Supuestos del análisis de varianza 514
Análisis de varianza de *n* factores 515
Aplicación ilustrativa del análisis de varianza de *n* factores 516
Análisis de covarianza 519
Temas de interpretación 520
   Interacciones 520
   Importancia relativa de los factores 521
   Comparaciones múltiples 522
ANOVA de medidas repetidas 523
Análisis de varianza no métrico 525
Análisis de varianza multivariado 525
Software estadístico 527
SPSS para Windows 528
Resumen 529
Términos y conceptos clave 530
Casos sugeridos, casos en video y casos de Harvard Business School 530
Investigación real: realización de un proyecto de investigación de mercados 531
Ejercicios 531
Ejercicios en Internet y por computadora 532
Actividades 533

Capítulo 17 — Correlación y regresión 534

Objetivos 534
Panorama general 535
Correlación producto-momento 536
Correlación parcial 540
Correlación no métrica 542
Análisis de regresión 542
Regresión bivariada 543
Estadísticos asociados con el análisis de regresión bivariada 543
Realización del análisis de regresión bivariada 544
   Graficación del diagrama de dispersión 544
   Formulación del modelo de regresión bivariada 546
   Estimación de parámetros 546
   Estimación del coeficiente de regresión estandarizado 547
   Prueba de significancia 548
   Determinación de la fuerza y la significancia de la asociación 549
   Verificación de la exactitud de la predicción 551
   Supuestos 552
Regresión múltiple 552
Estadísticos asociados con la regresión múltiple 553
Realización del análisis de regresión múltiple 554
   Coeficientes de regresión parcial 554
   Fuerza de la asociación 555
   Prueba de significancia 556
   Examen de los residuales 557
Regresión progresiva 560
Multicolinealidad 561
Importancia relativa de los predictivos 562
Validación cruzada 563
Regresión con variables ficticias 564
Análisis de varianza y covarianza con regresión 564
Software estadístico 566
SPSS para Windows 568
Resumen 569
Términos y conceptos clave 570
Casos sugeridos, casos en video y casos de Harvard Business School 570
Investigación real: realización de un proyecto de investigación de mercados 571
Ejercicios 571
Ejercicios en Internet y por computadora 572
Actividades 573

Capítulo 18 — Análisis logit y discriminante 574

Objetivos 574
Panorama general 575
Concepto básico del análisis discriminante 576

CONTENIDO

Relación del análisis discriminante con el análisis de regresión y el análisis de varianza 577
Modelo de análisis discriminante 577
Estadísticos asociados con el análisis discriminante 578
Realización de un análisis discriminante 579
   Formulación del problema 580
   Cálculo de los coeficientes de la función discriminante 580
   Determinar la significancia de la función discriminante 584
   Interpretación de los resultados 584
   Evaluación de la validez del análisis discriminante 586
Análisis discriminante múltiple 588
   Planteamiento del problema 588
   Cálculo de los coeficientes de la función discriminante 588
   Determinar la significancia de la función discriminante 591
   Interpretación de los resultados 591
Evaluación de la validez del análisis discriminante 593
Análisis discriminante paso a paso 595
El modelo logit 595
   Cálculo del modelo logit binario 596
   Ajuste del modelo 597
   Pruebas de significancia 597
   Interpretación de los coeficientes 597
   Ejemplo de una aplicación de la regresión logística 598
Programas de cómputo estadísticos 602
SPSS para Windows 602
Resumen 604
Términos y conceptos clave 605
Casos sugeridos, casos en video y casos de Harvard Business School 605
Investigación real: realización de un proyecto de investigación de mercados 605
Ejercicios 606
Ejercicios en Internet y por computadora 606
Actividades 607

Capítulo 19 *Análisis factorial* **608**
Objetivos 608
Panorama general 609
Concepto básico 609
Modelo de análisis factorial 611
Estadísticos asociados con el análisis factorial 612
Realización de un análisis factorial 612
   Planteamiento del problema 613
   Elaboración de una matriz de correlación 613
   Determinación del procedimiento del análisis factorial 616
   Determinación del número de factores 617
   Rotación de factores 618
   Interpretación de los factores 619
   Cálculo de las puntuaciones de los factores 620
   Elección de variables sustitutas 620
   Determinar el ajuste del modelo 621
Aplicaciones del análisis de los factores comunes 623
Programas de cómputo estadísticos 628
SPSS para Windows 629
Resumen 630
Términos y conceptos clave 630
Casos sugeridos, casos en video y casos de Harvard Business School 630
Investigación real: realización de un proyecto de investigación de mercados 631
Ejercicios 631
Ejercicios en Internet y por computadora 632
Actividades 633

Capítulo 20 *Análisis de conglomerados* **634**
Objetivos 634
Panorama general 635
Concepto básico 636
Estadísticos asociados con el análisis de conglomerados 638
Realización de un análisis de conglomerados 638
   Planteamiento del problema 639
   Elección de una medida de distancia o semejanza 639
   Selección de un procedimiento de conglomeración 640
   Decisión sobre el número de conglomerados 643
   Interpretación y descripción de los conglomerados 646
   Evaluación de la confiabilidad y la validez 647
Aplicaciones de conglomerados no jerárquicos 648
Aplicaciones de la conglomeración de dos pasos 650
Agrupamiento de variables 653
Software estadístico 655
SPSS para Windows 655
Resumen 657
Términos y conceptos clave 658
Casos sugeridos, casos en video y casos de Harvard Business School 658
Investigación real: realización de un proyecto de investigación de mercados 658
Ejercicios 658
Ejercicios en Internet y por computadora 659
Actividades 659

Capítulo 21 *Escalamiento multidimensional y análisis conjunto* **660**
Objetivos 660
Panorama general 661
Conceptos básicos del escalamiento multidimensional (EMD) 663
Estadísticos y términos asociados con el EMD 664

Realización del escalamiento multidimensional 664
  Plantear el problema 664
  Obtención de los datos de entrada 665
  Elección de un procedimiento de EMD 667
  Decidir el número de dimensiones 667
  Asignar una etiqueta a las dimensiones e interpretar la configuración 669
  Evaluación de la confiabilidad y validez 670
Suposiciones y limitaciones del EMD 671
Escalamiento de datos de preferencia 671
Análisis de correspondencia 673
Relación entre EMD, análisis factorial y análisis discriminante 674
Conceptos básicos del análisis conjunto 674
Estadísticos y términos asociados con el análisis conjunto 675
Realización del análisis conjunto 675
  Planteamiento del problema 676
  Elaboración de los estímulos 677
  Decisión sobre la forma de los datos de entrada 678
  Elección de un procedimiento de análisis conjunto 679
  Interpretación de los resultados 682
  Evaluación de la confiabilidad y la validez 683
Suposiciones y limitaciones del análisis conjunto 684
Análisis conjunto híbrido 684
Programas estadísticos 689
SPSS para Windows 690
Resumen 691
Términos y conceptos clave 691
Casos sugeridos, casos en video y casos de Harvard Business School 692
Investigación real: realización de un proyecto de investigación de mercados 692
Ejercicios 692
Ejercicios en Internet y por computadora 693
Actividades 693

Capítulo 22 *Preparación y presentación del informe* **694**

Objetivos 694
Panorama general 695
Importancia del informe y la presentación 696
El proceso de preparación y presentación del informe 696
Preparación del informe 698
Formato del informe 698
  Portada 699
  Carta de entrega 699
  Carta de autorización 699
  Tabla de contenido 699
  Resumen ejecutivo 699
  Definición del problema 699
  Enfoque del problema 700
  Diseño de la investigación 700
  Análisis de los datos 700
  Resultados 700
  Limitaciones y advertencias 700
  Conclusiones y recomendaciones 700
Redacción del informe 701
  Lectores 701
  Fácil de seguir 701
  Apariencia correcta y profesional 702
  Objetivo 702
  Reforzar el texto con tablas y gráficas 702
  Brevedad 702
Lineamientos para las tablas 702
  Título y número 702
  Organización de los datos 702
  Bases de las mediciones 703
  Líneas, guías y espacios 703
  Explicaciones y comentarios: encabezados, ladillos y notas al pie 703
  Fuentes de los datos 703
Lineamientos para las gráficas 703
  Mapas geográficos y otros 703
  Gráfica circular o de pastel 704
  Gráfica lineal 704
  Pictogramas 704
  Histograma y gráfica de barras 704
  Esquemas y diagramas de flujo 705
Distribución del informe 706
Presentación oral 708
Lectura del informe de investigación 709
  Abordar el problema 709
  Diseño de la investigación 709
  Realización de los procedimientos de la investigación 710
  Números y estadísticos 710
  Interpretación y conclusiones 710
  Posibilidad de generalización 710
  Revelación 710
Seguimiento de la investigación 711
  Ayudar al cliente 711
  Evaluación del proyecto de investigación 711
Investigación de mercados internacionales 712
La ética en la investigación de mercados 713
Software estadístico 714
SPSS para Windows 714
Resumen 715
Términos y conceptos clave 715
Casos sugeridos, casos en video y casos de Harvard Business School 715
Investigación real: realización de un proyecto de investigación de mercados 715
Ejercicios 716
Ejercicios en Internet y por computadora 716
Actividades 717

CONTENIDO

Capítulo 23 *Investigación de mercados internacionales* 718

Objetivos 718
Panorama general 719
La investigación de mercados se hace internacional 721
Marco de referencia para la investigación de mercados internacionales 722
    El ambiente 723
    Ambiente de marketing 723
    Ambiente gubernamental 724
    Ambiente legal 724
    Ambiente económico 724
    Ambiente estructural 725
    Ambiente informativo y tecnológico 725
    Ambiente sociocultural 725
Métodos por encuestas 726
    Encuestas telefónicas y asistidas por computadora 727
    Entrevistas personales a domicilio 727
    Encuestas en centros comerciales y asistidas por computadora 728
    Encuestas por correo 728
    Paneles por correo y escáner 729
    Encuestas electrónicas 729
Medición y escalamiento 730
Traducción del cuestionario 731
La ética en la investigación de mercados 734
Experiencia de investigación 734
Programas estadísticos 735
Resumen 735
Términos y conceptos clave 735
Casos sugeridos, casos en video y casos de Harvard Business School 735
Investigación real: realización de un proyecto de investigación de mercados 736
Ejercicios 736
Ejercicios en Internet y por computadora 736
Actividades 737

Casos para la *Parte III*
3.1 ¿Vale la pena incluir celebridades en la publicidad? 739
3.2 El descubrimiento demográfico del nuevo milenio 741
3.3 Matsushita redirige sus objetivos en Estados Unidos 744
3.4 Pampers cura su salpullido de participación en el mercado 745
3.5 DaimlerChrylser busca una nueva imagen 748
3.6 Cingular Wireless: un enfoque singular 750
3.7 IBM: el más grande proveedor mundial de equipo, programas y servicios de cómputo 755
3.8 Kimberly-Clark: competir con innovaciones 762

Casos en video para la *Parte III*
3.1 La Clínica Mayo se mantiene saludable con la investigación de mercados 769

■ PARTE IV   CASOS INTEGRALES Y CASOS INTEGRALES EN VIDEO   771

Investigación experiencial: Dell Direct 773

Casos para la *Parte IV*
4.1 Wachovia: finanzas "Watch ovah ya" 779
4.2 Wendy's: historia y vida después de Dave Thomas 785
4.3 Astec sigue creciendo 791
4.4 ¿La investigación de mercados es la cura para los males del hospital infantil Norton Healthcare Kosair? 799

Casos en video para la *Parte IV*
4.1 Subaru: "El señor encuesta" monitorea la satisfacción del cliente 807
4.2 Procter & Gamble: el uso de la investigación de mercados para desarrollar marcas 809

Casos integrales de Harvard Business School
5.1 La encuesta de Harvard sobre las viviendas para estudiantes de posgrado (9-505-059) 811
5.2 BizRate.com (9-501-024) 811
5.3 La guerra de las Colas continúa: Coca y Pepsi en el siglo XXI (9-702-442) 811
5.4 TiVo en 2002 (9-502-062) 811
5.5 Computadora Compaq: ¿con Intel dentro? (9-599-061) 811
5.6 El nuevo Beetle (9-501-023) 811

Apéndice: Tablas de estadísticas   A1
Notas   N1
Índice   I1
Créditos de fotografías   C1

Prólogo

En la actualidad el mundo de los negocios cambia con mayor rapidez que nunca antes. El uso inteligente y razonado de la investigación es fundamental para mantener el ritmo. No hay duda de que la gente más exitosa tendrá mayor educación, un nivel de comunicación más alto y mayor creatividad para aprovechar las oportunidades que se les presenten. Es muy satisfactorio que un texto como el del doctor Malhotra permita que el aula se convierta en la fuente de tales habilidades.

Este texto ya ha demostrado su valor como uno de los más exitosos en el campo; en Estados Unidos se utiliza en más de 140 universidades, se ha traducido a ocho idiomas y se ha editado varias veces en inglés. El libro es excelente en la presentación de los aspectos fundamentales que le permitirán convertirse en investigador y utilizar de forma inteligente la investigación. Los ejemplos de la vida real lo acercan al mundo que día a día enfrentan los ejecutivos. En cada paso, usted puede relacionarse con el ejemplo del "Proyecto de la tienda departamental" y las viñetas prácticas que llevan el material educativo a un nivel práctico y realista. El éxito para mantener este material a la vanguardia de la investigación también es evidente en la integración de herramientas modernas de la investigación, como Internet y programas de análisis por computadora, así como las prácticas administrativas más recientes.

En Burke, Inc., recibimos con gusto la invitación para aportar nuestras experiencias para esta quinta edición. Hemos compartido dichas experiencias, junto con nuestra filosofía, nuestros conocimientos técnicos y reflexiones sobre el futuro de la investigación. Esta quinta edición de *Investigación de mercados. Un enfoque aplicado* brinda las bases que creemos deben tener todos los estudiantes. Confiamos en que esta combinación de teoría, práctica y consejos sólidos le serán de gran valor.

Michael Baumgardner, Ph.D.
Presidente y director general, Burke, Inc.

Prefacio

La motivación para escribir este libro fue ofrecer un texto sobre investigación de mercados que estuviera completo, que fuera práctico, aplicado y administrativo, y que ofreciera una cobertura equilibrada de material tanto cualitativo como cuantitativo. Esta obra se escribió desde la perspectiva del usuario de la investigación de mercados. Refleja las tendencias actuales del marketing internacional, la ética y la integración de Internet y las computadoras, así como un enfoque en la práctica de la investigación de mercados, para lo cual presenta casos de varias empresas de marketing y organizaciones de investigación de mercados. Lo distinguen varias características únicas en términos del contenido y la presentación del material.

La respuesta que recibieron las primeras cuatro ediciones fue muy gratificante, ya que el texto fue adoptado por más de 144 universidades estadounidenses. El libro se ha traducido a ocho idiomas: chino, ruso, español, portugués, francés, húngaro, bahasa indonesio y japonés, lo cual lo convierte en uno de los libros de texto más traducidos. Además, se han publicado varias ediciones en inglés, como la norteamericana, la internacional, la europea, la india, la australiana y la neozelandesa. Quiero expresar mi sincero agradecimiento y reconocimiento a todos los profesores y estudiantes que contribuyeron al éxito del libro al adoptarlo, utilizarlo, revisarlo y brindar invaluables retroalimentación y motivación. La quinta edición busca aprovechar ese éxito para hacer que esta obra se mantenga actualizada, contemporánea, ilustrativa y sensible a las necesidades del usuario.

PÚBLICO

Este texto es adecuado para llevarse en cursos de licenciatura y de posgrado sobre investigación de mercados y análisis de datos. Este posicionamiento se confirma por la respuesta a las primeras cuatro ediciones que fueron adoptadas en esos niveles. No obstante, la segunda edición de mi libro con Mark Peterson, *Basic Marketing Research: A Decision-Making Approach*, es más adecuada para usarse en el tronco común y en cursos de nivel básico de licenciatura. El libro *Investigación de mercados. Un enfoque aplicado* tiene una amplia cobertura y el material se presenta de una manera fácil de leer y comprender. Cada capítulo incluye varios diagramas, tablas, fotografías, ilustraciones y ejemplos que explican los conceptos básicos. Incluye múltiples ejercicios (preguntas y problemas), ejercicios en Internet y por computadora, y actividades (juego de roles, trabajo de campo y discusión en grupo). El libro no sólo es adecuado para usarse en cursos de investigación de mercados, sino que también puede utilizarse con éxito en cursos de análisis de datos de marketing. Todas las técnicas de análisis de datos, univariadas y multivariadas, de uso común se revisan de una forma exhaustiva, pero a la vez sencilla e ilustrada con conjuntos de datos aplicables, que se presentan en el libro y se adjuntan como archivos de datos. En la quinta edición se agregaron cinco casos con una serie de datos reales.

ORGANIZACIÓN

El libro está organizado en cuatro partes, de acuerdo con el marco de seis pasos para realizar una investigación de mercados. La primera parte ofrece una introducción y analiza la definición del problema, que es el primer paso y el más importante. También describe la naturaleza y el alcance de la investigación emprendida para desarrollar un enfoque del problema, que es el segundo paso en el proceso de investigación de mercados. La segunda parte cubre el tercer paso, el diseño de la investigación, y describe en detalle los diseños de investigación exploratoria, descriptiva y causal. Se describen los tipos de información que suelen obtenerse en la investigación de mercados y las escalas apropiadas para obtener dicha información. También se ofrecen varios lineamientos para el diseño de los cuestionarios y se explican los procedimientos, técnicas y consideraciones estadísticas para el muestreo. La tercera parte presenta un análisis del trabajo de campo desde una perspectiva práctica y administrativa, que es el cuarto paso en el proceso de investigación de mercados. También abarca la preparación y el análisis de los datos, el quinto paso del proceso. Se analizan con detalle las técnicas estadísticas básicas y avanzadas, destacando no tanto en la elegancia estadística, sino la explicación de los procedimientos, la interpretación de los resultados y las implicaciones administrativas. Se presentan cuatro paquetes estadísticos, SPSS, SAS, MINITAB y Excel. Se incluye una versión para estudiantes del SPSS junto con todos los archivos SPSS de los conjuntos de datos de entrada usados en este libro, así como los archivos de resultados pertinentes. Se describen los pasos detallados para correr los diferentes programas de Windows SPSS. Esta parte también contiene los lineamientos para preparar y presentar un informe formal: el sexto paso en el proceso de investigación de mercados. Además, está orientada al complejo proceso de la investigación de mercados internacionales. Por último, la cuarta parte presenta el caso de la experiencia de investigación en Dell Direct, que son cuatro casos completos con datos, dos casos completos en video y seis casos completos de Harvard Business School. En cada capítulo del libro se incluyen preguntas de los casos sugeridos y los casos en video. Además, a excepción de los capítulos dedicados al análisis de datos, se incluyen preguntas sobre los casos de Harvard Business School. El enfoque de este libro es aplicado y orientado a la administración.

LO NUEVO EN LA QUINTA EDICIÓN

Al mismo tiempo que se conservan los rasgos convenientes de las ediciones previas, la quinta edición contiene revisiones importantes y varios cambios significativos. Tales cambios no sólo se identificaron gracias a encuestas con profesores (usuarios o no del libro) y con estudiantes, sino también mediante revisiones críticas y evaluaciones detalladas. Entre los principales cambios se incluyen los siguientes:

1. **Modificación de los capítulos.** Varios capítulos fueron modificados para presentar nuevas ideas, actualizar materiales o tecnologías existentes y, en algunos casos, para aclarar conceptos. Las modificaciones comienzan en el capítulo 1 y se reflejan a lo largo del texto. Por ejemplo, se añadieron dos nuevas secciones al capítulo 1: "Investigación de mercados e inteligencia competitiva" y "La decisión de realizar investigación de mercados". Esas adiciones y cambios se mantienen a lo largo del libro.

2. **Investigación activa.** Son ejercicios cortos, integrados y orientados a la administración, en los cuales se pide al estudiante realizar alguna investigación en Internet y desempeñar los roles de investigador de mercados y gerente de marketing. Eso permite al estudiante ver la interacción entre la investigación de mercados y la toma de decisiones de marketing. Estos ejercicios de investigación se intercalan en cada capítulo.

3. **Proyecto de investigación.** Se presenta una versión ampliada del ejemplo del proyecto de la clientela de una tienda departamental, analizado en las cuatro primeras ediciones. Se ofrecen más detalles y se pide al estudiante que participe mediante la realización de alguna investigación. Para ello se agregó una nueva sección titulada Actividades del proyecto. Los capítulos sobre el análisis de datos proporcionan los principales archivos de datos y se pide al estudiante que realice un análisis. Como se mencionó, el proyecto de la clientela de la tienda departamental se sigue en cada capítulo como un ejemplo continuo a lo largo del libro.

4. **Experiencia de investigación.** En cada capítulo se presentan ejercicios prácticos que permiten al estudiante experimentar los conceptos de la investigación analizados en ese capítulo. Varios de los ejercicios de experiencia de investigación se elaboraron alrededor del caso Dell Direct, del cual se ofrecen el cuestionario y los datos reales.

5. **Investigación para la toma de decisiones.** Cada capítulo presenta un escenario de investigación para la toma de decisiones que muestra una situación real de marketing,

PREFACIO

y pide al estudiante que asuma el rol de un asesor y recomiende decisiones apropiadas de investigación de mercados y para la gerencia de marketing.

Los escenarios de la investigación para la toma de decisiones son mucho más amplios en comparación con los de Investigación real, y ofrecen una explicación más detallada de la interacción entre investigación de mercados y toma de decisiones de marketing.

6. **Una explicación intuitiva y gráfica de las técnicas estadísticas y de muestreo.** Se agregaron nuevas figuras y materiales para dar una explicación intuitiva y geométrica de las técnicas y los procedimientos de muestreo (capítulos 11 y 12), así como de las técnicas estadísticas presentadas en los capítulos 15 a 21. Además, en el capítulo 18 se incluyó una exposición del análisis logit binario, que también examina el análisis discriminante de dos grupos y de grupos múltiples.

7. **Mayor énfasis en el SPSS.** Si bien los capítulos dedicados al análisis de datos presentan cuatro paquetes estadísticos: SPSS, SAS, MINITAB y Excel, junto con otros programas populares, se destaca especialmente el SPSS. Los capítulos pertinentes contienen una sección especial sobre el SPSS para Windows que ilustra los programas de SPSS relevantes y los pasos necesarios para correrlos. Tales instrucciones detalladas deberían ser de gran ayuda para que el estudiante utilice el SPSS para Windows al hacer el análisis de datos. Se proporcionan archivos SPSS para todos los conjuntos de datos de entrada que se presentan al inicio de todos los capítulos dedicados al análisis de datos (15 a 21), los grupos de datos de entrada que aparecen en el apartado Ejercicios en Internet y por computadora, los conjuntos de datos de entrada de los Casos (3.3, 3.4, 3.5, 3.6, 3.7, 3.8, 4.1, 4.2, 4.3 y 4.4), así como los archivos de resultados correspondientes. La versión para estudiantes de SPSS para Windows contiene un tutorial que los usuarios pueden usar para aprender o refrescar su conocimiento de SPSS.

8. **Cobertura integrada de Internet.** Se eliminó la sección Aplicaciones para Internet y computadoras que aparecía en todos los capítulos de la cuarta edición. En vez de ello, se integró este material a lo largo de todos los capítulos, en los cuales se analiza e ilustra cómo se emplean Internet y las computadoras para practicar conceptos importantes. En cada capítulo se presentan temas, direcciones de páginas Web y ejemplos que ilustran el uso de Internet. También se amplió la sección Ejercicios en Internet y por computadora que aparecen en cada capítulo. Los capítulos sobre análisis de datos, 15 a 21, incluyen varios ejercicios nuevos para computadora para los que se proveen los datos.

9. **Nuevos casos con datos reales.** Se han agregado varios casos que contienen conjuntos de datos reales. Si bien se disfrazó el contexto real de esos datos por razones de derechos de autor, los conjuntos de datos para tales casos son reales y se obtuvieron mediante encuestas realizadas por empresas verdaderas (cuyos nombres se modificaron). No obstante, aunque se ofrecen contextos y nombres de empresas hipotéticos también son realistas. Estos casos son:

    Caso 3.6 Cingular Wireless: un enfoque singular.

    Caso 3.7 IBM: el más grande proveedor de equipo, programas y servicios de cómputo en el mundo.

    Caso 3.8 Kimberly Clark: competir mediante innovaciones.

    Caso 4.1 Wachovia: finanzas "Watch ovah ya".

    Caso 4.2 Wendy's: historia y vida después de Dave Thomas.

    Mientras los casos 3.6, 3.7 y 3.8 sólo abordan el análisis de datos, los casos 4.1 y 4.2 son más extensos y todos los capítulos del libro contienen preguntas relacionadas con ellos.

10. **Casos de Harvard Business School.** Para reforzar la orientación administrativa del libro, en la quinta edición se agregaron seis casos de Harvard Business School. Para cada caso se incluyen preguntas integrales en todos los capítulos del libro (excepto en los capítulos dedicados al análisis de datos), así como las respuestas a esas preguntas. Tales preguntas y respuestas pueden encontrarse en el Manual para el profesor y en el Centro de recursos para el profesor en el sitio de Internet de este libro.

Los estudiantes pueden adquirir estos casos directamente de Harvard Business Online: *http://harvardbusinessonline.hbsp.harvard.edu*. Los casos son:

Caso 5.1 La encuesta de Harvard sobre las viviendas para estudiantes de posgrado (9-505-059).

Caso 5.2 BizRate.com (9-501-024).

Caso 5.3 La guerra de las colas continúa: Coca y Pepsi en el siglo XXI (9-502-062).

Caso 5.4 TiVo en 2002 (9-502-062).

Caso 5.5 Computadora Compaq: ¿con Intel dentro? (9-599-061).

Caso 5.6 El nuevo Beetle (9-501-023).

11. **Casos en video actualizados.** Cada parte del libro incluye casos en video actualizados (en inglés). Dichos casos se tomaron de la videoteca de Prentice Hall; pero se elaboraron desde la perspectiva de la investigación de mercados. Todas las preguntas incluidas al final de cada caso en video corresponden a la investigación de mercados. Las soluciones para estos casos en video se encuentran en el Manual para el profesor. Los videos que contienen estos casos están disponibles únicamente para profesores.

12. **Ejemplos y casos nuevos y actualizados.** Se agregaron muchos ejemplos nuevos, se eliminaron otros y se actualizaron aquellos que se mantuvieron. Se incorporaron algunos casos nuevos y se actualizó el resto para reflejar el ambiente actual del marketing y de la investigación de mercados. Son de particular importancia los dos casos incluidos (4.1 y 4.2) con conjuntos de datos reales. En cada capítulo del libro se incluyen preguntas sobre estos casos.

13. **Referencias actualizadas.** Se actualizaron las referencias. Cada capítulo contiene muchas referencias de 2004 en adelante. Sin embargo, se conservaron algunas de las referencias clásicas.

14. **La ética en la investigación de mercados.** Para economizar espacio, se eliminó el capítulo titulado "La ética en la investigación de mercados" (capítulo 24 en la tercera edición) y el material relevante se distribuyó a lo largo del libro. En todos los capítulos, excepto los relacionados con el análisis de datos, se incluye una sección titulada La ética en la investigación de mercados. En los capítulos dedicados al análisis de datos se incluyen recuadros con ejemplos sobre La ética en la investigación de mercados.

PRINCIPALES CARACTERÍSTICAS DEL TEXTO

El libro contiene varios rasgos únicos y notables en términos tanto de contenido como pedagógico.

Características del contenido

1. El capítulo inicial ofrece una definición y clasificación de la investigación de mercados, presenta los **seis pasos del proceso de investigación de mercados** y analiza la función de ésta. Ofrece un panorama general del **sector de la investigación de mercados**, describe las oportunidades profesionales en esta área y examina el papel de sistema de información de marketing (SIM) y el sistema de apoyo a las decisiones (SAD).

2. Se dedica un capítulo especial a la **definición del problema** y al **desarrollo del enfoque**, en el que estos importantes pasos de la investigación de mercados se analizan a fondo y de manera exhaustiva (capítulo 2).

3. Al inicio del libro se ofrece un panorama general de los diferentes tipos de **diseños de investigación** (capítulo 3). Se presentan e ilustran los diseños exploratorio, descriptivo y causal. Estos diseños se analizan con mayor detalle en los capítulos posteriores.

4. Un capítulo especial cubre el análisis de los **datos secundarios**. Aparte de las fuentes tradicionales, también se revisa de manera extensa el tema de las bases de datos computarizados y las **fuentes de datos sindicados**.

PREFACIO

Se estudia en detalle el uso de Internet para el análisis de datos secundarios (capítulo 4).

5. La **investigación cualitativa** se expone en un capítulo especial. Las técnicas de sesiones de grupo, entrevistas en profundidad y técnicas proyectivas se revisan con detalle, y se destacan las aplicaciones de tales recursos. Se examina de manera exhaustiva el uso de Internet en la investigación cualitativa (capítulo 5) y se incluye una nueva sección sobre el análisis de **datos cualitativos**.

6. Un capítulo aparte está dedicado a las **encuestas** y a los **procedimientos de observación** (capítulo 6); en tanto que en otro se analiza la **experimentación** (capítulo 7). Esto permite la revisión detallada de los diseños descriptivo y causal.

7. Se dedicaron dos capítulos a las **técnicas de escalamiento**: uno se dedicó a las técnicas de escalamiento básicas y comparativas (capítulo 8), y el otro cubre las técnicas no comparativas, como las escalas de reactivos múltiples y los procedimientos para evaluar su confiabilidad, validez y posibilidad de generalización (capítulo 9).

8. Otro capítulo analiza el **diseño del cuestionario**. Se expone un procedimiento paso a paso, así como varios lineamientos para la elaboración de cuestionarios (capítulo 10).

9. Dos capítulos cubren las **técnicas de muestreo**. Un capítulo analiza los temas cualitativos de muestreo, y de las diferentes técnicas de muestreo probabilístico y no probabilístico (capítulo 11). El otro capítulo explica los temas estadísticos, así como la determinación del **tamaño de la muestra** inicial y final (capítulo 12). Se proporcionan ilustraciones gráficas de las técnicas de muestreo (capítulo 11) y los procedimientos para la estimación del tamaño de la muestra (capítulo 12).

10. Se dedica un capítulo al **trabajo de campo**. Se presentan varios lineamientos para la capacitación de entrevistadores, para la realización de la encuesta y para la supervisión de los trabajadores de campo (capítulo 13).

11. El libro sobresale por el tratamiento del **análisis de datos** en la investigación de mercados. Se han dedicado diferentes capítulos a:

    a) Preparación de los datos (capítulo 14).

    b) Distribución de frecuencias, tabulación cruzada y prueba de hipótesis (capítulo 15).

    c) Análisis de varianza y covarianza (capítulo 16).

    d) Análisis de regresión (capítulo 17).

    e) Análisis discriminante y logit (capítulo 18).

    f) Análisis factorial (capítulo 19).

    g) Análisis de conglomerados (capítulo 20).

    h) Escalamiento multidimensional y análisis conjunto (capítulo 21).

    Al principio del capítulo se presenta el conjunto de datos usados para explicar cada técnica. El análisis de los datos se ilustra con cuatro paquetes estadísticos: **SPSS**, **SAS**, **MINITAB** y **Excel**. Se destaca especialmente SPSS para Windows y se describen los pasos necesarios para correr cada procedimiento.

12. La **preparación y presentación del informe** se analizan en un capítulo separado que también ofrece varios lineamientos para comunicar los resultados de la investigación (capítulo 22).

13. Para complementar la exposición realizada a lo largo del texto, un capítulo adicional explica la **investigación de mercados internacionales**, describe el ambiente en que se realizan tales estudios y analiza algunos conceptos avanzados (capítulo 23).

Características didácticas

1. El texto ofrece una mezcla adecuada de **erudición** con una **sólida orientación hacia la aplicación y la administración**. El libro ilustra de forma continua la manera en que los investigadores de mercados aplican los conceptos y las técnicas, así como la forma en que los gerentes llevan a la práctica los hallazgos para mejorar las prácticas de marketing.

Cada capítulo incluye presentaciones relevantes de empresas pequeñas y grandes de investigación de mercados, lo cual refuerza el énfasis en la aplicación de la investigación de mercados.

2. En la sección **Investigación real** se exponen varios ejemplos verdaderos que se enmarcaron para fines de claridad e impacto. Tales ejemplos describen en detalle el tipo de investigación de mercados que se usa para examinar problemas administrativos específicos y la decisión basada en los hallazgos. Cuando es conveniente, las fuentes citadas se complementan con información adicional de la investigación de mercados para mejorar la utilidad de los ejemplos. A lo largo del texto se integran ejemplos adicionales para explicar e ilustrar a fondo los conceptos revisados en cada capítulo.

3. La orientación práctica y aplicada del libro se fortalece con escenarios reales y ejercicios que se presentan en los apartados de **Investigación activa**, **Experiencia de investigación** e **Investigación para la toma de decisiones**. La investigación activa consiste en una serie de ejercicios breves, integrados y con orientación administrativa donde se pide al estudiante que realice alguna investigación en Internet y represente las funciones de investigador de mercados y gerente de marketing. La sección Experiencia de investigación ofrece ejercicios prácticos que permiten al estudiante experimentar los conceptos de investigación analizados en el capítulo. Muchos de los ejercicios de Experiencia de investigación se elaboraron alrededor del caso Dell Direct, del cual se proporcionan el cuestionario y el archivo de datos reales. La investigación para la toma de decisiones contiene un escenario que presenta situaciones de marketing reales y pide al estudiante que asuma el rol de un asesor y recomiende decisiones de investigación de mercados y decisiones gerenciales de marketing. Los escenarios de la investigación para la toma de decisiones son mucho más amplios en comparación con la investigación activa y brindan una comprensión más detallada de la interacción entre la investigación de mercados y la toma de decisiones de marketing.

4. Además, a lo largo del texto, se usa un **proyecto real** como ejemplo para ilustrar los diferentes conceptos. Estas ilustraciones se presentan en el apartado **Proyecto de investigación**, el cual aparece en un fondo más oscuro para destacarlo. Para hacer más amplio el ejemplo de forma que abarque todos los aspectos de la investigación de mercados, el proyecto real de la tienda departamental efectuado por el autor se complementó con otros proyectos similares en los que participó; aunque muchos aspectos de tales proyectos fueron disfrazados. En otros casos, como en el del diseño de investigación causal, se demuestra la forma en que los conceptos relevantes pueden aplicarse en el escenario de una tienda departamental. Asimismo, se solicita al estudiante que participe mediante la realización de algún tipo de investigación. Para tal finalidad se agregó una sección titulada **Actividades del proyecto**. Los capítulos dedicados al análisis de datos ofrecen los archivos de datos pertinentes y se pide al estudiante que realice algún análisis. Una vez más, el proyecto de la clientela de la tienda departamental se presenta en cada capítulo, y se usa como ejemplo común en todo el libro.

5. La integración a lo largo del texto de los apartados dedicados a la **investigación de mercados internacionales** y la **ética en la investigación de mercados** contribuyó a obtener un enfoque contemporáneo. En estas secciones se expone la forma en que pueden aplicarse en un escenario internacional los conceptos revisados en cada capítulo y se examinan los problemas éticos que pueden surgir al llevar a la práctica dichos conceptos a nivel nacional e internacional.

6. A lo largo del libro también se integraron apartados dedicados al uso de **Internet** y las **computadoras**, donde se demuestra la manera de incluir Internet y las computadoras en cada paso del proceso de investigación de mercados, y la forma en que estos recursos se utilizan para llevar a la práctica los conceptos analizados en cada capítulo. En todos los capítulos también se incluyen Ejercicios en Internet y por computadora, que dan la oportunidad para aplicar estos conceptos en escenarios reales. En los casos que lo requieran se proporcionan los conjuntos de datos necesarios.

7. Se ilustran los procedimientos del análisis de datos relacionados con **SPSS**, **SAS**, **MINITAB** y **Excel**, además de otros programas populares. Sin embargo, se ha puesto

PREFACIO

atención especial en SPSS. En los capítulos pertinentes aparece una sección especial titulada **SPSS para Windows**.

Esta sección analiza los programas SPSS apropiados y los pasos necesarios para correrlos. Estas instrucciones son más amplias en comparación con las ediciones anteriores. Se proporcionan los archivos de datos de entrada y salida para SPSS.

8. Cada parte del libro contiene **casos en video** (en inglés) elaborados desde la perspectiva de la investigación de mercados. Todas las preguntas presentadas al final de cada caso en video corresponden a la investigación de mercados. Los videos que contienen estos casos están disponibles únicamente para profesores.

9. **Casos reales breves y extensos.** Cada parte del libro contiene algunos casos breves que ilustran los conceptos revisados. La brevedad de los casos permitirá su uso en los exámenes. También se presentan casos más extensos, algunos de los cuales incluyen datos estadísticos. Estos casos son actuales y versan sobre temas de interés para los estudiantes.

10. **Casos integrales.** Al final del libro se incluyen cuatro casos integrales. Cada uno presenta preguntas sobre cada capítulo del libro y contiene un cuestionario pertinente y el archivo con datos estadísticos. Los datos de dos de estos casos (el caso 4.1 de Wachovia y el caso 4.2 de Wendy's) son los datos originales reales; aunque se cambiaron las identidades de las verdaderas empresas. Los datos de los otros dos casos (caso 4.3 de Astec y caso 4.4 del Hospital Infantil Norton Healthcare Kosair) son simulados. Los cuatro permiten al estudiante ver la interrelación de todos los conceptos de la investigación de mercados analizados en este libro.

11. Para mostrar la integración de la investigación de mercados con las decisiones para la gerencia de marketing, el libro incluye seis casos de **Harvard Business School**. En cada caso se desarrolla una serie de preguntas de investigación de mercados planeadas para este libro. Las preguntas son amplias y cubren cada capítulo del libro (excepto los capítulos dedicados al análisis de datos), y también se proporcionan las respuestas a estas preguntas. Las preguntas y las respuestas pueden encontrarse en el Manual para el profesor y en el Centro de recursos para el profesor en la página Web de este libro.

12. **Casos sugeridos, casos en video y casos de Harvard Business School.** Los profesores pueden usar con libertad los casos, casos en video y casos de Harvard Business School de una forma adecuada a su estilo de enseñanza. Sin embargo, en cada capítulo se hacen sugerencias específicas para quienes que buscan alguna guía.

13. **Investigación real: realización de un proyecto de investigación de mercados.** Para los maestros que desean realizar por sí mismos un proyecto de investigación de mercados, en cada capítulo se presentan los pasos específicos para llevarla a cabo. Esto permitirá que el proyecto se integre con facilidad al curso.

14. Al final de cada capítulo se encuentran muchos **Ejercicios** y **Actividades**, que incluyen **Preguntas, Problemas, Ejercicios en Internet y por computadora, Juego de roles, Trabajo de campo** y **Discusión en grupo**. Estas secciones ofrecen muchas oportunidades para aprender y evaluar los conceptos cubiertos en cada capítulo.

16. Se incluye un conjunto completo de **apoyos para el aprendizaje** que contiene una página Web útil y funcional, un manual para el profesor, diapositivas en Power Point y un banco de exámenes.

17. Se proporciona la versión más reciente de **SPSS para Windows para el estudiante** y se dispone de un **tutorial que los usuarios pueden utilizar para aprender el uso de SPSS**. El manual para el profesor y la página Web incluyen todos los conjuntos de datos de SPSS usados al inicio de cada capítulo, los correspondientes archivos de resultados de SPSS, los conjuntos de datos de SPSS para los Ejercicios en Internet y por computadora, y para los casos relevantes.

APOYOS ACADÉMICOS (EN INGLÉS)

Centro de recursos para el profesor

Para una descripción detallada de todos los complementos siguientes, por favor visite: *www.pearsoneducacion.net/malhotra* **y haga clic en Recursos para el profesor**

- **Manual impreso para el profesor con notas de enseñanza en video**
- **Archivo impreso de reactivos de prueba**
- **Videos en DVD**
- **Programa TestGen para generación de exámenes**
- **Presentaciones en Power Point**
- **Conjuntos de datos y material de casos adicionales**
- **Enlaces y páginas Web útiles**

Para obtener mayor información sobre estos recursos, contacte a su representante local de Pearson Educación

Agradecimientos

Varias personas han hecho aportaciones invaluables y de gran utilidad para la redacción de este libro. Deseo agradecer al Profesor Arun K. Jain (Universidad Estatal de Nueva York en Buffalo), quien me enseñó la investigación de mercados de una manera que no podré olvidar. A mis alumnos, en particular los antiguos alumnos de doctorado (James Agarwal, Imad Baalbaki, Ashutosh Dixit, Dan McCort, Rick McFarland, Charla Mathwick, Gina Miller, Mark Peterson, Jamie Pleasant y Cassandra Wells), así como a otros estudiantes de doctorado (Mark Leach, Tyra Mitchell), que me han apoyado de muchas formas. En especial quiero agradecer la ayuda de Mark Leach y Gina Miller en la redacción de las secciones y el capítulo sobre ética, el auxilio de Mark Peterson en la redacción de las aplicaciones por computadoras, y la colaboración de James Agarwal en los ejemplos de investigación de mercados internacionales en las dos primeras ediciones. Los estudiantes en mis cursos de investigación de mercados me han proporcionado una valiosa retroalimentación a medida que se probó el material durante varios años. A mis colegas en el Georgia Tech, en especial a Fred Allvine, quien ha sido un gran apoyo. También deseo agradecer a Ronald L. Tatham (ex presidente de Burke, Inc.) por su motivación y apoyo, así como a Michael Baumgardner, actual presidente y director general de Burke. William D. Neal (fundador y director ejecutivo de SDR, Inc.) ha sido de gran ayuda y apoyo todos estos años. Ken Athaide vicepresidente de TNS y otros profesionales que han contribuido en esta edición y las anteriores.

Los revisores han brindado sugerencias muy valiosas y constructivas. Entre otras, agradezco mucho la ayuda de los siguientes revisores:

Revisores de la quinta edición

Mark Hill, Montclair State University

Audhesh Paswan, University of North Texas

Robert W. Armstrong, University of North Alabama

David W. Pan, Northeastern State University

Haim Mano, University of Missouri, St. Louis

John Thomas Drea, Western Illinois University

Mary Jean Koontz, Goleen Gate University

Perry Hann, Franklin University

Scout D. Swain, Boston University

Revisores de la cuarta edición

Yong-Soon Kang, Binghamton University, SUNY

Curt Dommeyer, California State University, Northridge

John Tsalikis, Florida International University

Gerald Cavallo, Fairfield University, Connecticut

Charles Hofacker, Florida State University

Revisores de la tercera edición

Tom Anastasti, Boston University

John Weiss, Colorado State University

Subash Lonial, University of Louisville

Joel Herche, University of the Pacific

Paul Sauer, Canisius College

AGRADECIMIENTOS

Revisores de la segunda edición

Rick Andrews, University of Delaware
Holland Blades, Jr., Missouri Southern State College
Sharmilla Chatterjee, Santa Clara University
Rajshekhar Javalgi, Cleveland State University
Mushtaq Luqmani, Western Michigan University
Jeanne Munger, University of Southern Maine
Audesh Paswan, University of South Dakota
Venkatram Ramaswamy, University of Michigan
Gillian Rice, Thunderbird University
Paul L. Sauer, Canisius College
Hans Srinivasan, University of Connecticut

Revisores de la primera edición

David M. Andrus, Kansas State University
Joe Ballenger, Stephen F. Austin State University
Joseph D. Brown, Ball State University
Thomas E. Buzas, Eastern Michigan University
Rajendar K. Garg, Northeastern Illinois University
Lawrence D. Gibson, Asesor
Ronald E. Goldsmith, Florida State University
Rajshekhar G. Javalgi, Cleveland State University
Charlotte H. Mason, University of North Carolina
Kent Nakamoto, University of Colorado
Thomas J. Page, Jr., Michigan State University
William S. Perkins, Pennsylvania State University
Sudhi Seshadri, University of Maryland at College Park
David Shani, Baruch College

El equipo de Prentice Hall ha sido de gran ayuda. Un agradecimiento especial para Jeff Shelstad, editor en jefe; Katie Stevens, directora de adquisiciones; Ashley Santora, gerente de desarrollo de productos; Peter Snell, gerente de proyectos de medios; Ashaki Charles, gerente de marketing; Kelly Warsak, directora de producción; Christine Ietto, asistente editorial; y Katty Ringrose, directora de fotografía. Especial reconocimiento merecen los editores de campo y los vendedores que han hecho un extraordinario trabajo para la promoción de este libro.

Quiero hacer un muy respetuoso reconocimiento para mi madre, la señora Satya Malhotra y para mi difunto padre, el señor H.N. Malhotra. Su amor, motivación, apoyo y sacrificio han sido ejemplares. Vayan mi amor profundo y gratitud para mi esposa, Veena, y mis hijos Ruth y Paul, por su fe, esperanza y amor.

Por encima de todo, quiero reconocer y agradecer a mi Salvador y Señor, Jesucristo, por todos los milagros que ha realizado en mi vida. De verdad que este libro es un resultado de su gracia: "De parte de Dios es esto. Y es algo maravilloso ante nuestros ojos", (Salmos 118:23).

Naresh K. Malhotra

El autor y Pearson Educación desean agradecer a los centros de estudio y profesores que han sido usuarios de las ediciones anteriores de esta obra, por su apoyo y retroalimentación, elementos fundamentales para la nueva edición de *Investigación de Mercados*.

MÉXICO

IPN, UPIICSA, MÉXICO, D.F.
   Joaquín Hernández Chávez
   María del Rosario Castro
   Rodolfo Bermejo Cárdenas

ITAM, MÉXICO, D.F.
   María Merino

TECNOLÓGICO DE MONTERREY, CAMPUS CIUDAD DE MÉXICO
   Dorotea Schael Lehmann

TECNOLÓGICO DE MONTERREY, CAMPUS SINALOA, CULIACÁN, SINALOA
   Troy Ernesto Wiesner Avecillas

TECNOLÓGICO DE MONTERREY, CAMPUS TOLUCA
   Lorena Carrete
   Pilar Arroyo López
   Sergio Zúñiga

U DE O, CULIACÁN, SINALOA
   Mireya Coronel León

UNIVERSIDAD AUTÓNOMA DEL ESTADO DE MÉXICO, TOLUCA, ESTADO DE MÉXICO
   Patricia Ramírez Arellano

UNIVERSIDAD DE GUADALAJARA, CUC, ZAPOPAN, JALISCO
   Blanca Leticia Hernández Castillo
   Miriam del Carmen Vargas Aceves

UNIVERSIDAD DE GUADALAJARA, CUCEA, ZAPOPAN, JALISCO
   Carlos Yoshio Cuevas Shiguematsu
   Edgar Rogelio Ramírez Solís
   Felipe Toledo Gutiérrez
   Francisco Muñoz Zepeda
   Gloria Yaneth Zapari Romero
   José de Jesús Urzúa López
   Luis Alberto Bellón Álvarez
   Manuel González Arteaga
   María del Rosario Delgado Chávez
   María Raquel Gándara Mota
   Mario Javier Covarrubias Arrison
   Paola Adriana Solórzano Gutiérrez
   Rubén Leopoldo Arzaluz Ruiz
   Verónica Ilian Baños Monroy

UNIVERSIDAD PANAMERICANA, ZAPOPAN, JALISCO
   Eduardo Pérez Sánchez

AGRADECIMIENTOS

ARGENTINA
UAI, CS EMPRESARIALES, CAPITAL FEDERAL
   Florencia De Marco
   José Sánchez Miragaya
   Julio López Figueroa

COLOMBIA
FUNDACIÓN UNIVERSITARIA DEL ÁREA ANDINA, BOGOTÁ
   José Herley Cortez

POLITÉCNICO GRAN COLOMBIANO, BOGOTÁ
   Abel Uribe

UNIVERSIDAD DE BOGOTÁ JORGE TADEO LOZANO, BOGOTÁ
   Davis España

UNIVERSIDAD DE LOS ANDES, BOGOTÁ
   Antonio Burbano

UNIVERSIDAD DEL ROSARIO, BOGOTÁ
   Jaime Moreno

UNIVERSIDAD JAVERIANA, BOGOTÁ
   Carlos Andrés Cárdenas
   Carmen Lucía Gómez
   Claudia Gómez
   Diana Marcela Chaparro
   Ramón Pizarro

UNIVERSIDAD PEDAGÓGICA Y TECNOLÓGICA DE COLOMBIA, TUNJA, BOYACA
   Sonia Limas

UNIVERSIDAD SERGIO ARBOLEDA, BOGOTÁ
   Gustavo Riveros

COSTA RICA
UNED COSTA RICA, SAN JOSÉ
   Mauren Acuña Cascante
   Mauricio Largaespada Umaña

VENEZUELA
IESA, CARACAS
   Aníbal Gómez
   Sofía Esqueda

UNIVERSIDAD METROPOLITANA, CARACAS
   Luis Maturan
   Manuel Landaeta
   María Margarita Gamboa

UNIVERSIDAD NACIONAL ABIERTA, CARACAS
   Javier Ruan

UNIVERSIDAD NACIONAL EXPERIMENTAL SIMÓN RODRÍGUEZ, CARACAS
   Daysi Daria

Biografía del autor

El doctor Naresh K. Malhotra es Regent's Profesor (el más alto grado académico en el sistema universitario de Georgia) en el College of Management del Georgia Institute of Technology. Aparece continuamente en *Quién es quién en Estados Unidos* de Marquis, desde la edición 51 en 1997, y en *Quién es quién en el mundo* desde el 2000. En 2005 recibió el Academy of Marketing Science CUTCO/Vector Distinguished Marketing Educator Award.

En un artículo de Wheatley y Wilson (1987 AMA Educator's Proceedings), se clasificó al profesor Malhotra en el primer lugar nacional por el número de artículos publicados en el *Journal of Marketing Research* entre 1980 y 1985. También posee el récord de todos los tiempos por el mayor número de publicaciones en el *Journal of Health Care Marketing*. Está clasificado en primer lugar por sus publicaciones en el *Journal of the Academy of Marketing Science (JAMS)* desde su inicio hasta el volumen 23 de 1995. También es el que más publicaciones tuvo en JAMS durante un periodo de diez años de 1986 a 1995. En un editorial de Schlegelmilch (JIM, 11(1), 2003), se le clasificó en primer lugar por sus publicaciones en el *International Marketing Review* entre 1992 y 2002. También está clasificado como el primero por sus publicaciones en el *International Marketing Review* desde su inicio (1983) hasta 2003 (tabla V, IMR, 22 (4), 2005).

Ha presentado más de 100 trabajos en las principales publicaciones arbitradas, como el *Journal of Marketing Research, Journal of Consumer Research, Marketing Science, Management Science, Journal of Marketing, Journal of Academy of Marketing Science, Journal of Retailing, Journal of Health Care Marketing* y en las principales publicaciones de estadística, ciencias administrativas, sistemas de información y psicología. Además, ha publicado varios artículos arbitrados en las actas de importantes conferencias nacionales e internacionales. Varios de los artículos han recibido premios como mejor trabajo de investigación.

Fue presidente de la Academy of Marketing Science Foundation de 1996 a 1998, presidente de la Academy of Marketing Science de 1994 a 1996, y presidente del Consejo de Directores de 1990 a 1992. Es miembro distinguido de la Academy and Fellow del Decision Sciences Institute. Es editor fundador de *Review of Marketing Research*, fungió como editor asociado de *Decision Sciences* durante 18 años y ha sido editor de la sección Health Care Marketing Abstracts del *Journal of Health Care Marketing*. También forma parte de los consejos editoriales de ocho publicaciones.

El doctor Malhotra es un apasionado de la enseñanza y se interesa mucho en el aprendizaje y el bienestar de los estudiantes. Sus cursos suelen orientarse a la aplicación y administración, con énfasis en los ejercicios prácticos y el aprendizaje a través de la experiencia. En 2003 recibió el Academy of Marketing Science Outstanding Marketing Teaching Excellence Award.

Su libro Investigación de mercados. Un enfoque aplicado, quinta edición, fue publicado por Prentice Hall en el 2006. Este libro se ha traducido al chino, español, ruso, portugués, húngaro, francés, bahasa indonesio y japonés. Además de las ocho traducciones, se han hecho varias ediciones en inglés de este libro, como la norteamericana, la internacional, la europea, la australiana y la neozelandesa. El libro ha sido adoptado tanto a nivel de licenciatura como de posgrado, y se usa en más de 144 escuelas de Estados Unidos. Su libro con Mark Peterson, *Basic Marketing Research: A Decision-Making Approach*, segunda edición, fue publicado por Prentice Hall en el 2005.

El doctor Malhotra ha sido asesor de organizaciones empresariales, no lucrativas y gubernamentales de Estados Unidos y el extranjero, y ha fungido como testigo experto en procesos legales y regulatorios. Tiene gran experiencia en procedimientos estadísticos y de análisis de datos. Ha obtenido numerosos premios y honores por su trabajo como investigador, en la docencia y en el servicio a la profesión.

El doctor Malhotra es miembro y diácono de la Primera Iglesia Bautista de Atlanta. También es predicador de la Biblia y evangelista, y realiza viajes constantes alrededor del mundo para predicar el evangelio. Vive en la zona metropolitana de Atlanta con su esposa Veena y sus hijos Ruth y Paul.

Investigación de mercados

PARTE I
Introducción y fases iniciales de la investigación de mercados

En esta sección se define y se clasifica la investigación de mercados a la vez que se expone un proceso de seis pasos para llevarla a cabo. Se analizan la naturaleza y el alcance de la investigación de mercados y se explica su papel en los sistemas de apoyo a la toma de decisiones. Se describen el sector de la investigación de mercados y las diversas oportunidades profesionales en este campo. Se revisa con detalle la definición del problema, que es el paso inicial y el más importante. Por último se describe el desarrollo del enfoque del problema (el segundo paso en el proceso de investigación de mercados) y se analizan sus componentes de forma minuciosa. La perspectiva que se ofrece en estos capítulos debería ser útil tanto para quienes toman decisiones de marketing como para los investigadores del área.

Capítulo 1
Introducción a la investigación de mercados

Capítulo 2
Definición del problema en la investigación de mercados y desarrollo del enfoque

Casos de la Parte I

Casos en video para la Parte I

CAPÍTULO 1

Introducción a la investigación de mercados

"El papel del investigador de mercados debe incluir habilidades de asesoría, competencia técnica y administración eficaz. Su papel se enfoca en brindar información para identificar tanto los problemas de marketing como las soluciones que permitan emprender acciones"

Michael Baumgardner, Presidente y Director General, Burke, Inc.

Objetivos

Después de leer este capítulo, el estudiante deberá ser capaz de:

1. Definir la investigación de mercados y distinguir entre la investigación que busca identificar el problema y la que se realiza para resolverlo.
2. Describir un esquema para realizar la investigación de mercados y los seis pasos que componen dicho proceso.
3. Entender la naturaleza y el alcance de la investigación de mercados, así como su papel en el diseño e implementación de los programas de marketing exitosos.
4. Explicar cómo se toma la decisión de realizar investigación de mercados.
5. Analizar el sector de la investigación de mercados y los tipos de proveedores de este servicio, incluyendo a proveedores internos, externos, de servicios completos y de servicios limitados.
6. Describir las carreras disponibles en la investigación de mercados, así como la formación y las habilidades que se necesitan para tener éxito en ellas.
7. Explicar el papel de la investigación de mercados en los sistemas de apoyo en la toma de decisiones al ofrecer datos, modelos de marketing y software especializado.
8. Reconocer la dimensión global y la complejidad que hay en la investigación de mercados internacionales.
9. Comprender los aspectos éticos de la investigación de mercados y las responsabilidades que tienen los interesados consigo mismos, con los demás y con el proyecto de investigación.

Panorama general

La investigación de mercados incluye una de las facetas más importantes y fascinantes del marketing. En este capítulo se ofrece una definición formal de la investigación de mercados, la cual se clasifica en dos áreas: investigación para la identificación del problema y para su solución. Se presentan varios ejemplos reales con la finalidad de ilustrar los conceptos básicos de la investigación de mercados. Asimismo, se describen el proceso de investigación de mercados y los seis pasos que implica su realización; también se analiza la naturaleza de tal investigación destacando su función de brindar información para la toma de decisiones de marketing. A continuación se ofrece un panorama general de los proveedores del servicio de investigación de mercados (quienes en conjunto constituyen el sector de la investigación de mercados) y las directrices para elegir entre ellos. La demanda de una investigación de mercados bien realizada origina muchas oportunidades profesionales, las cuales también se describen. Se demuestra que la investigación de mercados forma parte integral de los sistemas de información de marketing o de los sistemas de apoyo a la toma de decisiones.

Con el propósito de ejemplificar, se analiza el proyecto de la clientela de una tienda departamental, que fue un proyecto de investigación realizado por el autor que se usa como ejemplo a lo largo del libro. El alcance de este proyecto se amplió en esta quinta edición para incluir preguntas y asimismo se incluyen los datos pertinentes para el análisis. En cada capítulo aparecen esas secciones "Proyecto de investigación". En los capítulos posteriores se introduce y se analiza de forma sistemática el tema de la investigación de mercados internacionales. A lo largo del texto se presentan y se desarrollan con más detalle los aspectos éticos de la investigación de mercados, así como las responsabilidades que tienen los interesados consigo mismos, con los demás y con el proyecto de investigación. En este capítulo, y a lo largo de todo el libro, se inclu-

yen varias aplicaciones prácticas y en Internet de la investigación de mercados, en ilustraciones y ejercicios como "Investigación activa", "Investigación experiencial" e "Investigación para la toma de decisiones". Para los profesores que deseen realizar un proyecto real de investigación de mercados, se incluye una sección titulada "Investigación real: Realización de un proyecto de investigación de mercados". Quizá no exista una mejor forma de presentar un panorama general que dar algunos ejemplos que ilustren la esencia de la naturaleza variada de la investigación de mercados.

INVESTIGACIÓN REAL

Boeing: alzando el vuelo

Durante más de 40 años la compañía Boeing (*www.boeing.com*) ha sido el principal fabricante de aviones comerciales, brindando productos y servicios a clientes de 145 países. Con sede en Chicago, Boeing tiene en servicio casi 13,000 aviones comerciales en todo el mundo, lo cual equivale aproximadamente al 75 por ciento de la flota mundial. Boeing Commercial Airplanes (BCA) es la división encargada de desarrollar y vender aviones en el segmento comercial. Aunque la industria aeronáutica es un oligopolio con unos cuantos participantes, la competencia es intensa y es mucho lo que está en juego. La división comprende que es importante supervisar de manera continua la dinámica del mercado, y entender las necesidades y prioridades de los clientes de BCA (las líneas aéreas) y de los clientes de éstas (la gente que vuela). Para lograr este propósito, BCA utiliza regularmente la investigación de mercados.

Hace poco Boeing encomendó un estudio de este tipo a Harris Interactive (*www.harrisinteractive.com*), una de las mayores compañías de investigación de mercados en el mundo, cuya sede está en Rochester, NY. Se le conoce mejor por *la encuesta Harris* y por sus innovadores métodos de investigación basados en Internet. Boeing encargó un estudio para determinar las preferencias de los usuarios en cuanto a las aeronaves. "Presentamos a los encuestados escenarios de vuelo reales para entender mejor las actitudes y los sentimientos que dirigen sus elecciones", señaló el doctor David Bakken, vicepresidente de ciencias de marketing de Harris Interactive. "Encontramos que los usuarios que realizan vuelos muy largos por lo general prefieren la experiencia más cómoda y flexible proporcionada por aviones más pequeños".

Con base en una amplia investigación de mercados, Boeing lanzó los modelos más recientes de su familia 737, lo cual le permitió ofrecer soluciones más económicas a las líneas aéreas, una mejor experiencia de vuelo a los pasajeros y un mejor desempeño ambiental al mundo.

El estudio consistió en una encuesta basada en 913 entrevistas realizadas en Inglaterra, Tokio y Hong Kong, a viajeros internacionales (mayores de 18 años de edad) que hubieran realizado al menos un vuelo reciente de ocho horas o más. Las entrevistas se llevaron a cabo entre noviembre de 2003 y febrero de 2004, usando una metodología de dos etapas. Primero se examinó y se calificó a los encuestados mediante entrevistas telefónicas o personales, y luego respondieron a una encuesta en línea (*online*) en su casa, en su trabajo o en un local central de entrevistas. En cada región Harris encuestó a un número igual de viajeros de Primera Clase, Clase Ejecutiva y Clase Turista. Algunos hallazgos importantes son los siguientes:

- En el caso de los vuelos sin escalas, más del 60 por ciento prefiere un avión para 250 pasajeros de un solo nivel, que uno para 550 pasajeros de dos niveles.
- Siete de cada 10 viajeros prefieren un viaje sin escalas en un avión para 250 pasajeros de un solo nivel, que un viaje que implique un vuelo con conexiones en un avión de dos niveles para 550 pasajeros con una sala para abordar.
- Los viajeros de todas las clases de servicio y de los tres países creen que con aviones más pequeños obtendrán una mejor experiencia de facturación, abordaje, desembarque, entrega de equipaje y en las aduanas o control de inmigración, que en una aeronave de 550 asientos.

Desde el punto de vista de Boeing, esos fueron datos importantes. La compañía ahora responde con mejores productos. A partir de esos hallazgos y de la investigación de productos posterior que implicó encuestas y entrevistas en profundidad con las líneas aéreas, BCA desarrolló una nueva versión del Boeing 737 que atiende al mercado de aparatos con 100 a 215 asientos. El nuevo concepto se enfoca en ofrecer soluciones más económicas a las líneas aéreas, una mejor experiencia de vuelo a los pasajeros y un mejor desempeño ambiental al mundo. Los integrantes más recientes de la familia Boeing 737 —los modelos 737-600, 700, 800 y 900— mantienen un lugar destacado como el transporte aéreo comercial más popular y confiable del mundo. Al satisfacer las demandas del mercado, la familia 737 ha obtenido pedidos para más de 5,200 aviones, ¡una hazaña sorprendente incluso para Boeing![1] ■

INVESTIGACIÓN REAL

Informative coloca la información en tiempo real

Muchas de las corporaciones más grandes de todo el mundo, se están dando cuenta de que es posible utilizar mejor la información, que obtienen sobre los clientes mediante la investigación de mercados si la actualizan cada día. ¿Qué tal cada minuto? El tiempo real es la base sobre la que opera una compañía llamada Informative (*www.informative.com*), la cual ofrece soluciones con retroalimentación a sus clientes. La c-Feedback Suite de Informative está diseñada para maximizar el impacto de las interacciones del cliente, reuniendo y transformando continuamente sus diálogos en acciones potenciales que buscan incrementar las ventas y la satisfacción del usuario. El nuevo servicio se enfoca en llevar la voz de los clientes a la organización. Los clientes no sólo pueden presentar en línea quejas y sugerencias a la compañía, sino que Informative ofrece además sesiones de plática (*chat*) en vivo para los consumidores de ciertos productos. Todo ello con la finalidad de captar las palabras y las emociones reales de los consumidores y, a la vez, de usar esta información para mejorar o desarrollar productos y servicios. Informative saca provecho de la necesidad de investigación de mercados "en vivo".

Internet sigue revolucionando el proceso de la investigación de mercados. Con la disponibilidad de los servicios en línea, no hay necesidad de ingresar los datos adicionales que requieren los métodos de investigación tradicionales. La misma Informative no es el proveedor tradicional que ofrece servicios completos de investigación de mercados. Como proveedor estandarizado de servicios limitados, la compañía no participa en cada aspecto del proceso de investigación. El enfoque, el diseño y la preparación de los datos son los mismos para cada cliente, y ésas son las partes del proceso de investigación en que participa la compañía.

Sin embargo, su servicio permite que los clientes identifiquen cualquier problema con los productos mediante la retroalimentación de los clientes y la solución de problemas, en especial si éstos hacen sugerencias. Por ejemplo, la cadena de televisión NBC (*www.nbc.com*) utiliza los servicios de Informative para obtener retroalimentación de los televidentes. Eso ayuda a la cadena a saber lo que buscan los espectadores, y lo que les gusta y lo que no les gusta. De manera ideal la retroalimentación se utiliza para modificar los programas de televisión para que se adapten mejor a los gustos y deseos de los televidentes, aumentando así el número de personas que sintonizan sus programas. Por ejemplo, NBC encontró que los espectadores querían una comedia que fuera ligera, inteligente y divertida, por lo que se creó "Will and Grace". La retroalimentación del público que ofrece Informative jugó un papel decisivo en la redacción y modificación de guiones y argumentos. Como resultado en 2005 "Will and Grace" fue una de las comedias más exitosas de NBC.[2] ■

INVESTIGACIÓN REAL

Scion: el ilustre vástago de Toyota

Toyota ha tenido un gran éxito con las marcas de automóviles Toyota y Lexus. Esta última se creó para comercializar vehículos más lujosos que los ofrecidos previamente por la empresa, así como para atender el mercado de la gente mayor y más acomodada. Sin embargo, la compañía advirtió una oportunidad en el segmento más joven de la "Generación Y" (los nacidos entre 1977 y 1995), donde Toyota tenía una participación relativamente menor. Más de 65 millones de estadounidenses caen en esta categoría demográfica. Los automóviles comprados por este segmento son menos costosos y más orientados a los jóvenes. Los principales rivales dentro de este panorama competitivo incluyen a Honda, Volkswagen, BMW, Mazda, Ford y Chevrolet.

Las sesiones de grupo, o grupos de enfoque (*focus group*), y las encuestas (aplicadas en los grupos de edad entre la adolescencia y el inicio de los treintas) sugirieron que Toyota tenía la imagen de ser el "carro de mis padres". No hace falta decir que las ventas a este grupo de edad diverso y escurridizo eran pequeñas. Toyota empezó entonces un proyecto secreto, con el nombre clave de "Génesis", para investigar el mercado de consumidores menores de 30 años de edad, y determinar sus hábitos de compra y las características que desean en un automóvil. Los miembros del estudio examinaron los modelos existentes de Toyota como el Echo, el Celica y el MR2 Spyder, y encontraron que los miembros de la Generación Y percibían que estos vehículos no tenían un tema unificador y que arrastraban la imagen "madura" de Toyota. Se llevaron a Estados Unidos varios autos de los que se estaban usando en Japón, para saber qué reacción provocaban. Los vehículos que al final suscitaron más comentarios se modificaron para adaptarlos a los gustos estadounidenses, lo cual resultó en una tercera línea de automóviles de Toyota, que recibió el acertado nombre de Scion (*www.scion.com*). Scion significa "vástago de una familia ilustre" y ejemplifica el hecho de que se trata de un producto derivado de Toyota.

Una vez que Toyota tuvo los autos y la estrategia, debía construir su marca y promover los nuevos vehículos ante esa nueva audiencia, para lo cual contrató a la empresa de marketing ATTIK (*www.attik.com*). Se realizó una investigación de mercado cualitativa mediante sesiones de grupo y clínicas tradicionales, e investigación cuantitativa por medio de encuestas en Internet y paneles de jóvenes. También se hicieron estudios de caso donde se pedía a la gente que estudiara los gustos de sus amigos más jóvenes y que informaran sobre sus hallazgos. Los resultados de esta investigación de mercados revelaron que los miembros de la Generación Y valoran la individualidad y la expresión, y la diversidad y el estilo. Como este grupo suele desdeñar la comercialización y se le convence de manera más eficiente usando las comunicaciones boca a boca, Scion decidió no hacer publicidad por los canales tradicionales como las cadenas de televisión o las revistas. En cambio, se decidió comercializar el

Scion con "tácticas guerrilleras", por ejemplo, ofreciendo a este grupo más joven conciertos y eventos en vivo con un enfoque musical o artístico.

Scion tomó los resultados de su investigación de mercados y los aplicó a su estrategia de negocios. En 2003 salieron a la venta los primeros Scion. Se diseñaron tres modelos diferentes para atraer a un amplio espectro de consumidores jóvenes, como el Scion xB, que es un vehículo de tipo SUV estilo cuadrado. Todos los Scion incluyen opciones que son deseables para el comprador meta, como estéreos de 160 watts, porta-teléfono celular, asientos de lujo y muchas otras opciones personalizadas. Se implementó una estructura de precios sin descuentos y fácil de entender, para hacer que el proceso de compra fuera más agradable para los compradores primerizos.

En 2003 Scion gastó $8 millones* en dirigir la campaña de marketing específicamente a los hombres jóvenes de California. En 2004 incrementó su presupuesto de marketing a $46 millones y amplió su atención a todo el país. Este proyecto de investigación de mercados, que alguna vez fue secreto, resultó todo un éxito, con ventas por casi 100,000 unidades en 2004. Más del 90 por ciento de los propietarios de Scion nunca habían tenido un Toyota, y su edad promedio es de 34 años, mucho menor que las edades promedio de los propietarios de Toyota y Lexus (49 y 54 años, respectivamente).

Aunque Toyota parece haber descubierto el secreto para atraer a los compradores más jóvenes con la investigación de mercados, no puede conformarse con eso. La generación de los jóvenes es complicada y veleidosa. Por ende, Scion y Toyota de manera continua recurren a la investigación de mercados para satisfacer las demandas siempre cambiantes de los compradores jóvenes.[3] ∎

INVESTIGACIÓN REAL

¿Fruta... rápida?

El consumidor promedio se preocupa cada vez más por la salud y la nutrición. Se han entablado demandas legales por fomentar la obesidad contra los gigantes de la comida rápida que sólo ofrecían hamburguesas grasosas y papas fritas. Como resultado, muchas cadenas de comida rápida ahora ofrecen alternativas más saludables, como ensaladas y fruta fresca, y han disminuido el tamaño de las porciones.

Al parecer, este cambio hacia una comida más sana está dando rendimientos a las cadenas de comida rápida. Según el estudio Quick-Track® realizado en 2004 por la empresa Sandelman & Associates (*www.sandelman.com*), los estadounidenses están satisfechos con la comida rápida. Quick-Track® es un proyecto sindicado de investigación de mercados que se realiza trimestralmente para rastrear las medidas conductuales y actitudinales del consumidor hacia las principales cadenas de comida rápida y pizzas en mercados específicos. En este estudio, se realizó una entrevista telefónica a más de 67,000 personas en más de 57 mercados que representaban un amplio espectro demográfico.

Se preguntó a los entrevistados sus opiniones sobre su última visita a cada cadena de restaurantes de comida rápida en los tres meses anteriores. Se les pidió que calificaran sus opiniones respecto de la experiencia general con el restaurante, así como en otros 12 atributos específicos como comida, servicio, limpieza y valor. Las respuestas fueron calificadas en una escala donde 1 = Malo y 5 = Excelente. Para asegurar la confiabilidad y representación de la población, sólo se consideraron cadenas con un mínimo de 150 respuestas.

Además de encontrar que los estadounidenses están satisfechos con la comida rápida, el estudio Quick-Track® encontró que estaban más satisfechos que durante el año anterior (2003), y que 80 por ciento de las cadenas experimentaron un incremento en las calificaciones. Este incremento fue estadísticamente significativo en el 25 por ciento de las cadenas, como McDonald's, Burger King, Jack in the Box, Chick-fil-A y Taco Bell.

Los tres atributos más importantes para los encuestados fueron la limpieza (un 77 por ciento la calificó como extremadamente importante), el sabor de la comida (74 por ciento) y la exactitud del pedido (66 por ciento). Ha aumentado la importancia que conceden los encuestados a la disponibilidad de comida sana y nutritiva, 40 por ciento la califica como extremadamente importante (por arriba del 34 por ciento obtenido en 2003). El incremento general en la satisfacción con las cadenas de comida rápida puede atribuirse a la sensibilidad que éstas han mostrado a las demandas de los clientes por encontrar calidad, sabor, salud y nutrición en los alimentos.

Ofrecer fruta fresca como una opción del menú es un ejemplo de la respuesta de las cadenas de comida rápida ante el deseo de los consumidores por sugerencias de comida más sana y apetitosa. Por ejemplo, Wendy's está ofreciendo tazones de fruta fresca como entrada o como postre. En la prima-

---

*A menos que se indique lo contrario, las cantidades monetarias referidas representan dólares estadounidenses.

La investigación de mercados ayuda a cadenas de comida rápida como McDonald's a identificar y responder al deseo de los consumidores por alimentos más saludables.

vera de 2005, McDonald's ofreció una ensalada de fruta y nuez; en tanto que a principios de mayo de 2005 IHOP empezó a vender platos de fruta fresca como entrada. No se trata sólo de ejemplos aislados en la industria alimenticia. De acuerdo con la empresa de investigación de mercados NPD Group (*www.npd.com*), entre 2003 y 2005 se incrementó en más del 10 por ciento el consumo de fruta en los restaurantes. Tom Mueller, presidente de Wendy's, comentó que "éste es el momento de la fruta porque la gente está buscando sabores nuevos y diferentes, y alternativas más saludables".[4] ∎

Esos ejemplos ilustran el papel decisivo jugado por la investigación de mercados en el diseño e implementación de programas de marketing exitosos.[5] Es importante resaltar que la investigación de mercados es utilizada por todo tipo de organizaciones, como Boeing, NBC, Toyota y los restaurantes de comida rápida (McDonald's, IHOP). Además, la investigación de mercados se ha globalizado (Harris Interactive), se hace en tiempo real (Informative), es sensible (Toyota) y está mucho más integrada con el marketing y el desarrollo de productos (Wendy's, IHOP). Esos ejemplos ilustran sólo algunos de las técnicas usadas para realizar investigación de mercados: encuestas telefónicas, personales y en línea, sesiones de grupo, entrevistas en profundidad y el uso de Internet como fuente de información. Este libro le presentará un acervo completo de las técnicas de investigación de mercados e ilustrará sus aplicaciones en la planeación de estrategias de marketing eficaces. Es posible que la definición de la investigación de mercados nos ayude a entender mejor su función.

DEFINICIÓN DE INVESTIGACIÓN DE MERCADOS

La American Marketing Association propone la siguiente definición formal de la investigación de mercados:

> La investigación de mercados es la función que conecta al consumidor, al cliente y al público con el vendedor mediante la información, la cual se utiliza para identificar y definir las oportunidades y los problemas del marketing; para generar, perfeccionar y evaluar las acciones de marketing; para monitorear el desempeño del marketing y mejorar su comprensión como un proceso.
>
> La investigación de mercados especifica la información que se requiere para analizar esos temas, diseña las técnicas para recabar la información, dirige y aplica el proceso de recopilación de datos, analiza los resultados, y comunica los hallazgos y sus implicaciones.[6]

A partir de 2006, el sitio Web de la American Marketing Association, llamado MarketingPower (*www.marketingpower.com*) brinda a los profesionales del marketing información sobre carreras en el área, artículos de "prácticas adecuadas" y tendencias del sector. Para los propósitos de este libro, que destaca la necesidad de información para la toma de decisiones, la investigación de mercados se define de la siguiente manera:

> La *investigación de mercados* es la identificación, recopilación, análisis, difusión y uso sistemático y objetivo de la información con el propósito de mejorar la toma de decisiones relacionadas con la identificación y solución de problemas y oportunidades de marketing.

investigación de mercados
Identificación, recopilación, análisis, difusión y uso sistemático y objetivo de la información, con el propósito de ayudar a la administración a tomar decisiones relacionadas con la identificación y solución de problemas (y oportunidades) de marketing.

Varios aspectos de esta definición son de interés. Primero, la investigación de mercados es sistemática: todas las etapas del proceso de investigación de mercados se requiere la planeación metódica. Los procedimientos que se siguen en cada etapa son metodológicamente sólidos, están bien documentados y, en la medida de lo posible, se planean con anticipación. Su uso del método científico se refleja en el hecho de que se obtienen y analizan datos para probar ideas o hipótesis previas.

La investigación de mercados intenta aportar información precisa que refleje la situación real. Es objetiva y debe realizarse de forma imparcial. Aunque siempre es influida por la filosofía del investigador, debería estar libre de los sesgos personales o políticos del investigador o de la administración. La investigación que está motivada por un beneficio personal o político infringe los estándares profesionales, ya que implica un sesgo deliberado para obtener hallazgos predeterminados. El lema de cada investigador debería ser "Averígualo y dilo como es".

La investigación de mercados incluye identificación, recopilación, análisis, difusión y uso de la información. Cada fase de este proceso es importante. Se identifica o define el problema u oportunidad de la investigación de mercados, y luego se determina la información que se requiere para investigarlo. Puesto que cada oportunidad de marketing se traduce en un problema que debe investigarse, aquí se utilizarán de manera indistinta los términos "problema" y "oportunidad". A continuación se identifican las fuentes de información pertinente, y se evalúa la utilidad de una serie de técnicas de recopilación de datos que difieren en su complejidad. Se utiliza el método más adecuado para recabar los datos, los cuales se analizan e interpretan, y después se hacen inferencias. Por último, los hallazgos, las implicaciones y las recomendaciones se presentan en un formato que permita que la información sirva para la toma de decisiones de marketing y que se proceda en consecuencia. El siguiente apartado amplía esta definición mediante la clasificación de diferentes tipos de investigación de mercados.[7]

UNA CLASIFICACIÓN DE LA INVESTIGACIÓN DE MERCADOS

Nuestra definición plantea que las organizaciones realizan investigación de mercados por dos razones: **1.** identificar y **2.** resolver problemas de marketing. Como se muestra en la figura 1.1, tal distinción sirve de base para clasificar la investigación de mercados en estudios para identificar o para resolver el problema.

La ***investigación para la identificación del problema*** se lleva a cabo para ayudar a identificar problemas que quizá no sean evidentes a primera vista, pero que existen o es probable que surjan en el futuro. Algunos ejemplos de este tipo de investigación incluyen estudios de potencial de mercado, participación de mercado, imagen de una marca o compañía, características del mercado, análisis de ventas, pronósticos a corto y a largo plazos, y tendencias comerciales. Una encuesta de compañías que realizan investigación de mercados indicó que el 97 por ciento de quienes respondieron estaban realizando estudios sobre el potencial del mercado, la participación de mercado y

investigación para la identificación del problema
Investigación que se lleva a cabo para ayudar a identificar los problemas que quizá no sean evidentes a primera vista, pero que existen o es probable que surjan en el futuro.

Figura 1.1
Clasificación de la investigación de mercados

```
                    Investigación de mercados
                    /                        \
          Investigación                    Investigación
      para la identificación              para la solución
           del problema                      del problema
                |                                |
   • Investigación del potencial de mercado   • Investigación de la segmentación
   • Investigación de la participación de mercado   • Investigación del producto
   • Investigación de imagen                  • Investigación sobre la asignación
   • Investigación de las características del mercado   de precios
   • Investigación de análisis de ventas      • Investigación de promoción
   • Investigación de pronósticos             • Investigación de distribución
   • Investigación de tendencias comerciales
```

TABLA 1.1

Investigación para la solución del problema

Investigación de la segmentación
determinar la base de la segmentación
establecer el potencial de mercado y la sensibilidad ante varios segmentos
seleccionar mercados meta y crear perfiles de estilo de vida, demografía, medios de comunicación y características de la imagen del producto

Investigación del producto
concepto de prueba
diseño óptimo del producto
pruebas del empaque
modificación del producto
posicionamiento y reposicionamiento de la marca
marketing de prueba
pruebas de control en la tienda

Investigación de la promoción
presupuesto óptimo para la promoción
relación de la promoción de ventas
mezcla óptima para la promoción
decisiones sobre el texto
decisiones sobre los medios de comunicación
prueba de publicidad creativa
confirmación de aseveraciones
evaluación de la eficacia de la publicidad

Investigación sobre la asignación de precios
importancia del precio en la elección de marca
políticas para la asignación de precios
asignación de precios por línea de productos
elasticidad del precio de la demanda
respuesta a los cambios de precios

Investigación de la distribución
tipo de distribución
actitudes de los integrantes del canal
intensidad de la cobertura de ventas al mayoreo y al detalle
márgenes del canal
ubicación de puntos de venta al detalle y al mayoreo

---

las características del mercado. Casi el 90 por ciento también informó que estaba usando otros tipos de investigación para la identificación del problema. Esta clase de investigación brinda información sobre el ambiente del marketing y ayuda a diagnosticar un problema. Por ejemplo, la disminución del potencial de mercado indica que es probable que la empresa tenga problemas para lograr sus metas de crecimiento. Asimismo, hay un problema si el potencial de mercado crece pero la compañía pierde participación en el mercado. El reconocimiento de tendencias económicas, sociales o culturales, como los cambios en el comportamiento del consumidor, puede señalar problemas u oportunidades subyacentes.[8]

Una vez que se ha identificado un problema o una oportunidad, se realiza la ***investigación para la solución del problema***, cuyos hallazgos se utilizan para tomar decisiones que resolverán problemas de marketing específicos. La mayoría de las compañías realizan este tipo de estudios.[9] La tabla 1.1 muestra los diferentes temas que se analizan, incluyendo investigaciones sobre segmentación, producto, asignación de precios, promoción y distribución.

La clasificación de la investigación de mercados en dos tipos principales resulta útil desde un punto de vista conceptual y práctico. Sin embargo, ambos tipos de estudios van de la mano y pueden combinarse en un proyecto de investigación de mercados, como lo ilustra el ejemplo de Boeing al inicio de este capítulo. Las encuestas a los consumidores identificaron la demanda potencial de aviones más pequeños (identificación del problema). Una investigación del producto posterior llevó a la introducción de las nuevas versiones del Boeing 737 para atender al mercado de aparatos de 100 a 215 asientos (solución del problema). Kellogg's proporciona otro ejemplo.

investigación para la solución del problema
Investigación que se realiza para ayudar a resolver problemas de marketing específicos.

INVESTIGACIÓN REAL

Crunchy Nut Red agrega color a las ventas de Kellogg's

Kellogg's (www.kelloggs.com), que comercializa sus productos en más de 180 países desde 2006, experimentó una caída repentina en el mercado y enfrentó el desafío de reactivar sus bajas ventas del cereal. Con base en la investigación para la identificación del problema, Kellogg's pudo identificar la dificultad, y con la investigación para la solución del problema logró desarrollar varias soluciones para incrementar las ventas de cereal.

Kellogg's realizó diversas tareas para identificar el problema. Los investigadores hablaron con los encargados de tomar las decisiones dentro de la compañía, entrevistaron a expertos del ramo, analizaron los datos disponibles, realizaron investigación cualitativa, y encuestaron a los consumidores acerca de sus percepciones y preferencias del cereal. Esta investigación identificó varios

INVESTIGACIÓN ACTIVA

Visite *www.nfl.com* y haga una búsqueda en Internet usando su navegador y la base de datos en línea de su biblioteca para obtener información acerca de las actitudes de las mujeres hacia la NFL.

Como director de marketing de la NFL ¿qué estrategias de marketing formularía para dirigirse a las mujeres?

A la NFL le gustaría atraer a más aficionadas. ¿Qué tipo de investigación de mercados recomendaría?

temas o problemas importantes. Los productos ofrecidos estaban dirigidos a los niños, las rosquillas y los panquecillos se volvieron los favoritos para el desayuno, y los altos precios estaban dirigiendo a los consumidores hacia las marcas genéricas. Durante la investigación también salió a la luz otro tipo de información. Los adultos querían comidas rápidas que requirieran poca o ninguna preparación. Esos temas ayudaron a Kellogg's a identificar el problema. No estaba siendo creativo en el lanzamiento de nuevos productos para satisfacer las necesidades del mercado adulto.

Luego de definir el problema, Kellogg's se dispuso a trabajar en las soluciones. Desarrolló nuevos sabores de cereales y los puso a prueba en entrevistas con consumidores adultos en los centros comerciales. A partir de los resultados de esta investigación del producto, Kellogg's introdujo nuevos sabores más adecuados al paladar de los adultos, aunque sin ser las variedades insípidas del pasado. Por ejemplo, lanzó el cereal Crunchy Nut Red, que incluye trocitos de arándano, almendras y hojuelas con sabor a yogurt. El nuevo cereal fue apoyado con una campaña publicitaria en la televisión estadounidense, con promociones en las principales tiendas y con dos millones de sobrecitos elaborados especialmente para una campaña nacional de entrega de muestras. Acorde con los resultados de las pruebas con los consumidores, Kellogg's afirmó que la calificación del nuevo cereal era muy alta y uno de los mejores resultados obtenidos en una investigación para los nuevos cereales de Kellogg's.

Gracias a una investigación creativa para la identificación del problema seguida por un estudio para solucionarlo, Kellogg's no sólo logró un aumento en sus ventas, sino que también incrementó el consumo de cereal en momentos distintos del desayuno.[10] ∎

La investigación para la identificación y la solución del problema no sólo van de la mano, como muestra el ejemplo de Kellogg's, sino que también siguen un proceso común de investigación de mercados.

EL PROCESO DE INVESTIGACIÓN DE MERCADOS

proceso de la investigación de mercados
Un conjunto de seis pasos que define las tareas que deben cumplirse al realizar una investigación de mercados. Incluye definición del problema, desarrollo del enfoque del problema, formulación del diseño de investigación, trabajo de campo, preparación y análisis de los datos, y preparación y presentación del informe.

Se considera que el *proceso de investigación de mercados* consta de seis pasos. Cada uno de éstos se analiza con mayor detalle en los capítulos siguientes, por lo que aquí se verán brevemente.

Paso 1: definición del problema

El primer paso en cualquier proyecto de investigación de mercados es definir el problema. Al hacerlo, el investigador debe considerar el propósito del estudio, la información antecedente pertinente, la información que se necesita y la forma en que se utilizará para la toma de decisiones. La definición del problema supone hablar con quienes toman las decisiones, entrevistas con los expertos del sector, análisis de los datos secundarios y, quizás, alguna investigación cualitativa, como las sesiones de grupo. Una vez que el problema se haya definido de manera precisa, es posible diseñar y conducir la investigación de manera adecuada. (Véase el capítulo 2).

Paso 2: desarrollo del enfoque del problema

El desarrollo del enfoque del problema incluye la formulación de un marco de referencia objetivo o teórico, modelos analíticos, preguntas de investigación e hipótesis, e identificación de la información que se necesita. Este proceso está guiado por conversaciones con los administradores y los expertos del área, análisis de datos secundarios, investigación cualitativa y consideraciones pragmáticas. (Véase el capítulo 3).

Paso 3: formulación del diseño de investigación

Un diseño de investigación es un esquema para llevar a cabo un proyecto de investigación de mercados. Expone con detalle los procedimientos necesarios para obtener la información requerida, y su propósito es diseñar un estudio que ponga a prueba las hipótesis de interés, determine las posibles respuestas a las preguntas de investigación y proporcione la información que se necesita para tomar una decisión. El diseño también incluye la realización de investigación exploratoria, la definición precisa de las variables y el diseño de las escalas adecuadas para medirlas. Debe abordarse la cuestión de cómo deberían obtenerse los datos de los participantes (por ejemplo, aplicando una encuesta o realizando un experimento). También es necesario diseñar un cuestionario y un plan de muestreo para seleccionar a los participantes del estudio. De manera más formal, la elaboración de un diseño de investigación incluye los siguientes pasos:

1. Definición de la información necesaria.
2. Análisis de datos secundarios.
3. Investigación cualitativa.
4. Técnicas para la obtención de datos cuantitativos (encuesta, observación y experimentación).
5. Procedimientos de medición y de escalamiento.
6. Diseño de cuestionarios.
7. Proceso de muestreo y tamaño de la muestra.
8. Plan para el análisis de datos.

Esos pasos se analizan con detalle en los capítulos 3 a 12.

Paso 4: trabajo de campo o recopilación de datos

La recopilación de datos implica contar con personal o un equipo que opere ya sea en el campo, como en el caso de las encuestas personales (casa por casa, en los centros comerciales o asistidas por computadora), desde una oficina por teléfono (telefónicas o por computadora), por correo (correo tradicional y encuestas en panel por correo en hogares preseleccionados), o electrónicamente (por correo electrónico o Internet). La selección, capacitación, supervisión y evaluación adecuadas del equipo de campo ayuda a minimizar los errores en la recopilación de datos. (Véase el capítulo 13).

Paso 5: preparación y análisis de datos

La preparación de los datos incluye su revisión, codificación, transcripción y verificación. Cada cuestionario o forma de observación se revisa y, de ser necesario, se corrige. Se asignan códigos numéricos o letras para representar cada respuesta a cada pregunta del cuestionario. Los datos de los cuestionarios se transcriben o se capturan en cintas o discos magnéticos, o se introducen directamente a la computadora. Los datos se analizan para obtener información relacionada con los componentes del problema de investigación de mercados y, de esta forma, brindar información al problema de decisión administrativa. (Véase los capítulos 14 a 21).

Paso 6: elaboración y presentación del informe

Todo el proyecto debe documentarse en un informe escrito donde se presenten las preguntas de investigación específicas que se identificaron; donde se describan el enfoque, el diseño de investigación y los procedimientos utilizados para la recopilación y análisis de datos; y donde se incluyan los resultados y los principales resultados. Los hallazgos deben presentarse en un formato comprensible que facilite a la administración su uso en el proceso de toma de decisiones. Además, debe hacerse una presentación oral para la administración, en la cual se usen tablas, figuras y gráficas para mejorar su claridad e influencia. (Véase el capítulo 22). Internet sirve para difundir los resultados e informes de la investigación de mercados, colocándolos en la Web para que estén disponibles para los administradores de todo el mundo.

Como lo señala el siguiente ejemplo, la descripción del proceso de investigación de mercados es bastante común en la investigación realizada por las principales corporaciones.

INVESTIGACIÓN REAL

Investigación de mercados en la corporación Marriott

Marriott International, Inc. (*www.marriott.com*) es una de las empresas de hotelería más importantes del mundo. Su patrimonio se remonta a un puesto de cerveza de raíz abierto en Washington, D.C. en 1927 por J. Willard y Alice S. Marriott. Desde 2006 Marriott International cuenta con casi 3,000 propiedades de hospedaje localizadas en Estados Unidos y en otros 69 países y territorios. Incluye marcas como Marriott, Renaissance, Courtyard, Residence Inn, Fairfield Inn, Towneplace Suites, Springhill Suites y Ramada International.

Marriott realiza la investigación de mercados a nivel corporativo a través de los servicios de marketing de la empresa (SME), que tienen como meta proporcionar a los administradores de Marriott la información que necesita para entender mejor al mercado y al cliente.

Los SME realizan diferentes tipos de investigación donde utilizan los enfoques cuantitativo y cualitativo (como encuestas telefónicas y por correo, sesiones de grupo y entrevistas a los clientes), para obtener más información sobre la segmentación del mercado, la prueba del producto, la sensibilidad de los clientes ante los precios, su satisfacción, etcétera.

En Marriott el proceso de investigación es una simple progresión gradual. Los primeros pasos buscan definir mejor el problema que se va a tratar y los objetivos de la unidad para el cliente, y desarrollar el enfoque del problema. El siguiente paso consiste en planear el estudio mediante la elaboración de un diseño formal de investigación. Los servicios de marketing de la empresa deben decidir si realizan su propia investigación o la encargan a una organización externa y, en ese caso, si van a usar a diversas empresas. Una vez que se toma la decisión, se reúnen y analizan los datos. Luego los servicios de marketing de la empresa presentan a la unidad para el cliente los hallazgos del estudio en un informe formal. El último paso en el proceso de investigación es establecer un diálogo constante entre el cliente y los SME. En dicha etapa, los SME ayudan a explicar las implicaciones de los hallazgos de la investigación, a tomar las decisiones o a hacer sugerencias para investigaciones futuras.[11] ■

EL PAPEL DE LA INVESTIGACIÓN DE MERCADOS EN LA TOMA DE DECISIONES DE MARKETING

El paradigma básico del marketing que se describe en la figura 1.2 permite entender mejor la naturaleza y el papel de la investigación de mercados.

El marketing destaca la identificación y satisfacción de las necesidades del cliente. Para determinar esas necesidades y poner en práctica estrategias y programas de marketing que las satisfagan, los gerentes de marketing necesitan información sobre los clientes, los competidores y otras fuerzas

Figura 1.2
El papel de la investigación de mercados

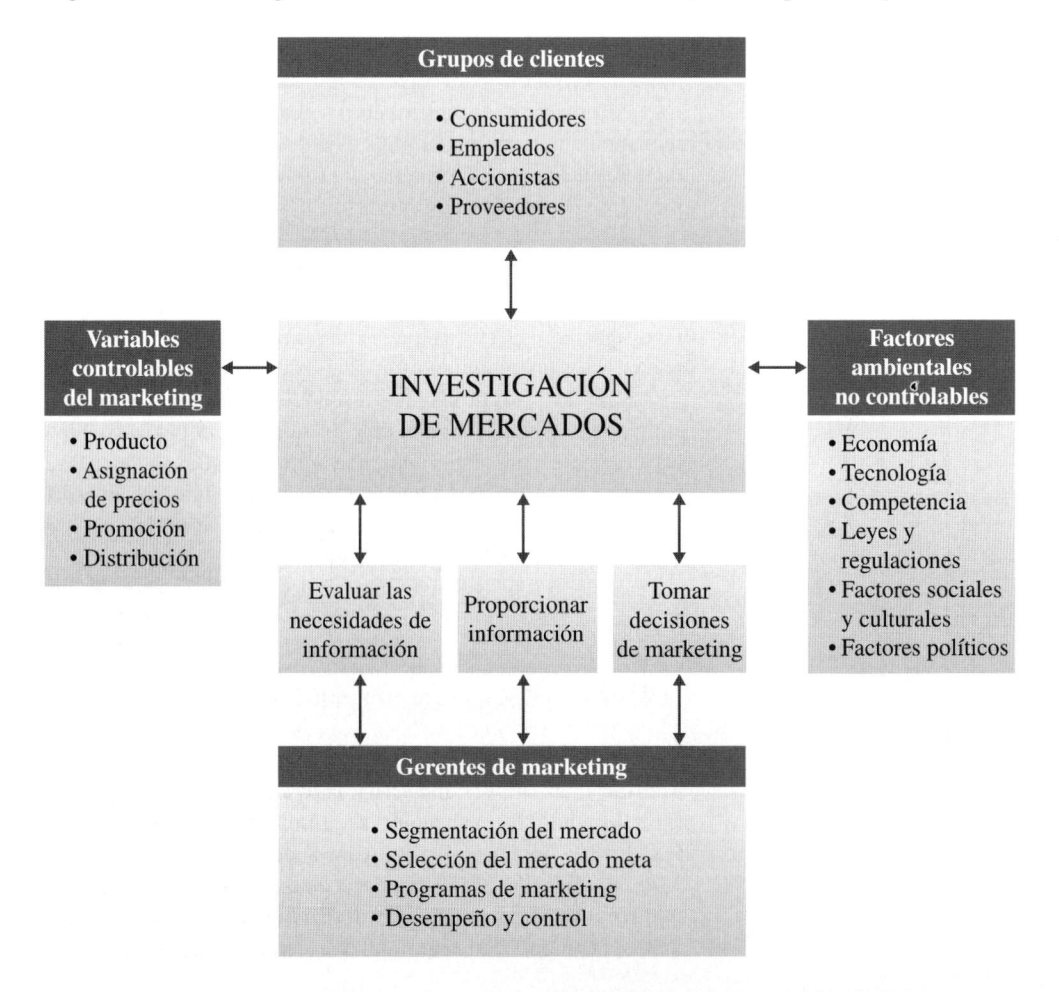

Grupos de clientes
- Consumidores
- Empleados
- Accionistas
- Proveedores

Variables controlables del marketing
- Producto
- Asignación de precios
- Promoción
- Distribución

INVESTIGACIÓN DE MERCADOS

Factores ambientales no controlables
- Economía
- Tecnología
- Competencia
- Leyes y regulaciones
- Factores sociales y culturales
- Factores políticos

- Evaluar las necesidades de información
- Proporcionar información
- Tomar decisiones de marketing

Gerentes de marketing
- Segmentación del mercado
- Selección del mercado meta
- Programas de marketing
- Desempeño y control

del mercado. En los últimos años, muchos factores han aumentado la necesidad de contar con más y mejor información. A medida que el alcance de las empresas se vuelve nacional e internacional, se ha incrementado la necesidad de información sobre mercados mayores y más distantes. Al aumentar la prosperidad y complejidad de los consumidores, los gerentes de marketing necesitan mejor información sobre la forma en que responderán a los productos y a otras ofertas de marketing. Al hacerse más intensa la competencia, los gerentes necesitan información acerca de la eficacia de sus herramientas de marketing. Conforme los cambios ambientales son más rápidos, los gerentes de marketing requieren información más oportuna.[12]

La tarea de la investigación de mercados es evaluar las necesidades de información y proporcionar a la administración conocimientos relevantes, precisos, confiables, válidos, actualizados y que puedan llevarse a la práctica. El competitivo ambiente actual del marketing y los costos siempre crecientes que se atribuyen a malas decisiones requieren que la investigación de mercados brinde información sólida. Las buenas decisiones no son viscerales ni se basan en presentimientos, intuición o aun juicios puros. Es posible que la administración tome una decisión incorrecta si no cuenta con información adecuada, como ejemplifica el caso de la aspirina infantil de Johnson & Johnson.

INVESTIGACIÓN REAL

La suavidad de J & J no pudo aliviar el dolor

Johnson & Johnson (*www.jnj.com*) se considera el principal fabricante de artículos para el cuidado de la salud en todo el mundo, y desde 2006 más de 200 compañías comercializan sus productos en más de 175 países. A pesar de su éxito en la industria, Johnson & Johnson fracasó en su intento por usar el nombre de la empresa en aspirinas para bebés. Los productos infantiles de Johnson & Johnson se perciben como suaves, pero la gente no busca suavidad en una aspirina infantil. Aunque la aspirina para bebés debe ser segura, la suavidad por sí misma no es una característica deseable. En cambio, algunas personas percibían más bien que una aspirina suave quizá no sería lo bastante eficaz. Este es un ejemplo de cómo algo que intuitivamente parecía ser un movimiento natural, sin la investigación de mercados apropiada resultó ser una decisión incorrecta.[13] ∎

Como se indica en el ejemplo de Johnson & Johnson, los gerentes de marketing toman muchas decisiones estratégicas y tácticas, en el proceso de identificar y satisfacer las necesidades del consumidor. Como se muestra en la figura 1.2, toman decisiones acerca de oportunidades potenciales, selección de mercados meta, segmentación del mercado, planeación e implementación de programas de marketing, y desempeño y control de marketing. Esas decisiones se complican por las interacciones entre las variables controlables del marketing, como el producto, la asignación de precios, y la promoción y distribución. Además, los factores no controlables del ambiente (como las condiciones económicas generales, la tecnología, las leyes y políticas públicas, el ambiente político, la competencia y los cambios sociales y culturales) aumentan las complicaciones. Otro factor en esta mezcla es la complejidad de los diversos grupos de clientes: consumidores, empleados, accionistas y proveedores. La investigación de mercados ayuda al gerente de marketing a vincular las variables del marketing con el ambiente y los grupos de clientes. Ayuda a eliminar parte de la incertidumbre proporcionando información relevante acerca de las variables del marketing, el ambiente y los consumidores. Si no se cuenta con la información pertinente, no puede hacerse una predicción confiable o precisa de la respuesta de los consumidores a los programas de marketing. Los programas continuos de investigación de mercados brindan información sobre los factores controlables y no controlables, así como sobre los consumidores; esta información mejora la eficacia de las decisiones tomadas por los gerentes de marketing.[14]

Tradicionalmente los investigadores de mercados eran los responsables de evaluar las necesidades de información y de ofrecer la que fuera pertinente; mientras que los gerentes tomaban las decisiones de marketing. Sin embargo, tales funciones están cambiando. Los investigadores de mercados participan cada vez más en la toma de decisiones; en tanto que los gerentes de marketing intervienen cada vez más en la investigación. Esta tendencia es atribuible a la mejor capacitación de los gerentes de marketing, a Internet y otros avances tecnológicos, así como a un cambio en el paradigma de investigación de mercados, debido al cual cada vez son más las investigaciones que se realizan de forma continua, más que en respuesta a problemas u oportunidades específicos de marketing. Como lo ilustran los ejemplos presentados en el panorama general del capítulo y el caso de Power Decisions, cada vez es mayor la integración entre el marketing y la investigación de mercados.[15] Power Decisions (*www.powerdecisions.com*) es una empresa dedicada a la investigación de mercados que se enfoca en la estrategia de marketing.

Figura 1.3
Metodología de Power Decisions

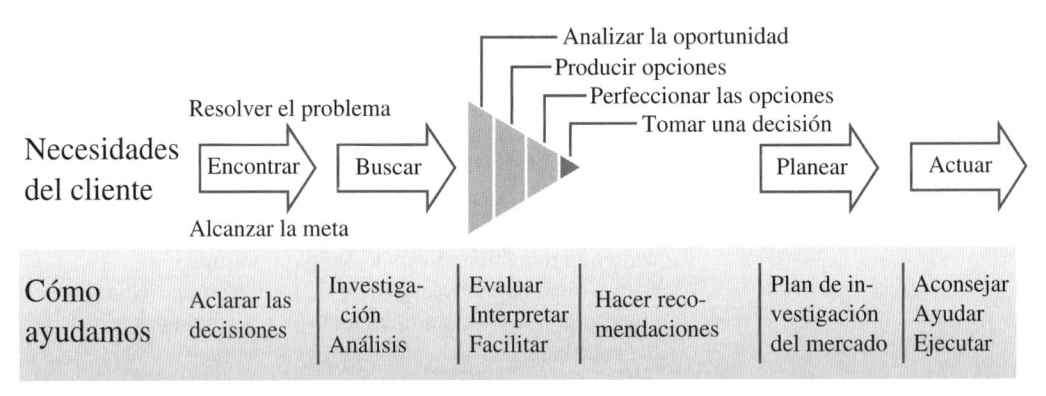

Necesidades del cliente	Encontrar → Resolver el problema → Buscar	Analizar la oportunidad / Producir opciones / Perfeccionar las opciones / Tomar una decisión	Planear	Actuar
Alcanzar la meta				
Cómo ayudamos	Aclarar las decisiones	Investigación Análisis	Evaluar Interpretar Facilitar	Hacer recomendaciones	Plan de investigación del mercado	Aconsejar Ayudar Ejecutar

El uso de la investigación de mercados y de las herramientas para aclarar las decisiones ayuda a los clientes a sacar provecho de la información proporcionada por la investigación de mercados para descubrir estrategias de marketing que funcionen. Power Decisions investiga, evalúa y facilita la entrada de sus clientes al mercado y el crecimiento de su participación en el mismo. La figura 1.3 es una representación gráfica de la metodología de Power Decisions.

Una empresa procesadora de alimentos se acercó a Power Decisions para el estudio de oportunidades y el desarrollo de la marca. El cliente era una respetada empresa procesadora de alimentos de marca propia que tenía una sólida posición en los mercados occidentales. Las principales cadenas de tiendas de comestibles vendían mucho su línea de vegetales enlatados —la empresa era reconocida por envasar productos de calidad a precios competitivos. Sin embargo, el negocio de las marcas propias hizo más competitivos los precios y las utilidades empezaron a reducirse. Se requería una estrategia de marca registrada que ofreciera mayores ganancias a través del restablecimiento de márgenes.

El papel de Power Decisions fue dirigir durante 18 meses un esfuerzo de varias etapas para descubrir las categorías de productos que valía la pena comercializar. Para probar el concepto del producto, se inició una importante investigación con los consumidores que constaba de los siguientes pasos:

- Luego del análisis y evaluación de más de 40 grupos de productos, recomendar una preselección de candidatos para la categoría del producto.
- Realizar un estudio con los consumidores para encontrar un grupo de productos alimenticios enlatados con poca satisfacción por parte del consumidor y un alto interés por una nueva marca.
- Hacer un análisis de compensación para calcular las combinaciones precio-calidad que tuvieran la mayor posibilidad de éxito.
- Durante el desarrollo de producto, trabajar estrechamente con el cliente en la realización de pruebas del producto alimenticio elegido, para asegurar que las formulaciones de las pruebas mantengan los atributos del producto derivados de la investigación con los consumidores.

La etapa final consistió en dirigir el desarrollo del nombre de la marca, el diseño del empaque, la campaña de publicidad inicial y la prueba del plan de mercado. Como resultado, la nueva marca que contenía la mezcla de ingredientes más deseados por los consumidores se introdujo con éxito a un nivel de precios elevados. La marca aumentó con rapidez sus ventas y ganó la aceptación por parte de los consumidores, y más tarde se amplió a otros productos y mercados institucionales.[16]

INVESTIGACIÓN REAL

Reanimando a un gigante enfermo

DaimlerChrysler (*www.daimlerchrysler.com*) es el tercer fabricante de automóviles más grande del mundo, con ingresos de $182,650 millones en 2005. A principios de la década de 1980 Chrysler (*www.chrysler.com*) estaba luchando por sobrevivir. Por fortuna, unos años antes Lee Iacocca y Howard Sperlich llegaron a la compañía provenientes de Ford y llevaron consigo una idea revolucionaria: la minivan.

Iacocca, director general, y Sperlich, un diseñador, utilizaron la investigación de mercados para identificar la necesidad de un mejor transporte familiar. A pesar del alza en los precios de la gasolina a principios de esa década, una investigación "apabullante" que incluyó sesiones de grupo, encuestas en los centros comerciales y por correo sugirió que los consumidores querían una camioneta que se

La investigación de mercados ayudó a Chrysler a identificar el mercado de las minivan, y a desarrollar y comercializar productos dirigidos a este segmento.

manejara como un automóvil. Un ejecutivo de Chrysler señaló: "La gente a la que le vendemos [la minivan] no remolca. Un porcentaje muy pequeño de estadounidenses remolcan de manera regular más que un tráiler clase 1; podemos remolcar un tráiler clase 1". Era claro que el público no necesitaba un vehículo de carga, sino un modo de transporte confiable, espacioso y cómodo.

La investigación de mercados reveló que la minivan cumplía con esas características. Como resultado, Chrysler sorprendió a la competencia con un producto innovador que a final de cuentas resultó un *home run* automotriz para la compañía. Chrysler diseñó su producto en torno al consumidor, más que en torno a las percepciones internas de la organización. La investigación de mercados le dio a la compañía la confianza para entrar a un mercado que GM y Ford consideraban demasiado riesgoso. GM y Ford perdieron la oportunidad de lanzar la minivan al mercado. GM temía que restaría valor a su lucrativo segmento de otras camionetas. Ford dejó pasar esa oportunidad y decidió concentrarse en modelos más pequeños y con un consumo más eficiente de gasolina.

En contraste, Chrysler desarrolló una fuerte conexión entre el problema del consumidor y la solución del producto. Casi 25 años después, esa línea de productos de la compañía todavía representa alrededor de una cuarta parte de las ventas de Chrysler y una porción significativa de sus ganancias. La investigación de mercados que llevó la minivan al mercado revitalizó al fabricante de carros alguna vez enfermo.

En 1998 Chrysler se fusionó con Daimler-Benz, lo que dio lugar a una compañía de $35,000 millones: DaimlerChrysler. Sin embargo, la compañía siguió confiando en la investigación de mercados para desarrollar productos dirigidos a un objetivo. En 2001 DaimlerChrysler introdujo en sus minivans un elevador eléctrico en la parte trasera para ayudar a los conductores de menor estatura. Desde 2002 la mayoría de los modelos de la minivan cuentan con puertas eléctricas deslizables, y en 2003 se ofrecieron monitores de la presión de los neumáticos para los interesados en la seguridad y el ahorro de dinero. En 2005 *Popular Science's* designó a los asientos abatibles (Stow'n Go™) y al sistema de almacenamiento del modelo Town & Country de Chrysler como "la mejor innovación tecnológica" en el ramo automotriz. El sistema Stow'n Go™ permite que los asientos de la segunda y tercera filas se doblen con facilidad en el piso, convirtiendo a la Town & Country de un vehículo con asientos para siete pasajeros en un espacio de carga de 161 pies cúbicos. Durante 2006 DaimlerChrysler continuó lanzando modelos nuevos y mejorados de Dodge Caravan y Chrysler Town & Country.[17] ∎

Como lo demuestra la experiencia de DaimlerChrysler, además de mejorar considerablemente la información de que dispone la administración, la investigación de mercados también desempeña un papel especial en la obtención de inteligencia competitiva.

INVESTIGACIÓN DE MERCADOS E INTELIGENCIA COMPETITIVA

inteligencia competitiva
El proceso de mejorar la competitividad en el mercado gracias a una mayor comprensión de los contrincantes de una compañía y del ambiente competitivo.

La *inteligencia competitiva* (IC) se define como el proceso de mejorar la competitividad en el mercado gracias a una mayor comprensión de los contrincantes de una empresa y del ambiente de competencia. Este proceso es inequívocamente ético. Incluye la recopilación y el análisis legales de información concerniente a las capacidades, vulnerabilidades e intenciones de los competidores de la empresa, mediante el uso de bases de datos y otras "fuentes abiertas" de información, así como de la indagación ética de la investigación de mercados.

La inteligencia competitiva permite a la alta administración de compañías de todos los tamaños tomar decisiones informadas, acerca de todo lo que concierne a marketing, investigación y desarrollo, y tácticas para invertir en estrategias de negocios a largo plazo. La inteligencia competitiva eficiente es un proceso continuo que implica la recopilación legal y ética de información, un análisis que no evita las conclusiones desagradables, y la difusión controlada de la información que puedan poner en práctica entre quienes toman las decisiones. La inteligencia competitiva forma parte esencial de la incipiente economía del conocimiento. Al analizar los movimientos de los rivales, la inteligencia competitiva permite a las compañías anticipar desarrollos del mercado, en vez de limitarse a reaccionar ante ellos.

Si bien la investigación de mercados desempeña un papel central en la recopilación, análisis y difusión de la información de la inteligencia competitiva, ésta ha evolucionado como una disciplina independiente. La Society of Competitive Intelligence Professionals (SCIP) está formada por organizaciones que realizan actividades de inteligencia competitiva para compañías grandes y pequeñas, a las cuales informan de manera oportuna sobre los cambios en el paisaje competitivo. Para más información sobre la inteligencia competitiva, visite la página Web de la SCIP en *www.scip.org*.

LA DECISIÓN DE REALIZAR INVESTIGACIÓN DE MERCADOS

La investigación de mercados resulta benéfica en diversas situaciones; sin embargo, la decisión de realizarla no es automática. Esta decisión debe sustentarse en consideraciones como la comparación entre costos y beneficios, los recursos disponibles para realizar la investigación y para llevar a la práctica sus hallazgos, así como la actitud de la administración hacia su realización. La investigación de mercados debería realizarse cuando el valor de la información que genera supera los costos de llevarla a cabo. En general, cuanto más importante sea la decisión que enfrenta la administración y mayor sea la incertidumbre o el riesgo que ésta implica, mayor será el valor de la información obtenida. Se dispone de procedimientos formales para cuantificar tanto el valor esperado como los costos de un proceso de investigación de mercados. Aunque en la mayoría de los casos el valor de la información es mayor que los costos, en ciertos casos llega a suceder lo contrario. Por ejemplo, un fabricante de pasteles quería entender las compras que hacían los consumidores en tiendas pequeñas. Nuestra recomendación fue *no* realizar un proyecto importante de investigación de mercados, cuando descubrimos que menos de 1 por ciento de las ventas provenían de esas tiendas, y que era poco probable que tal situación cambiara durante los siguientes cinco años.

Los recursos, en especial el tiempo y dinero, son siempre limitados. Sin embargo, si no se dispone de las cantidades adecuadas de tiempo o dinero para realizar un proyecto de calidad, es probable que ese proyecto no deba llevarse a cabo. Es mejor no realizar un proyecto formal que emprender uno donde la falta de recursos ponga en riesgo la integridad de la investigación. Asimismo, una empresa puede carecer de los recursos para poner en práctica las recomendaciones resultantes de los hallazgos de una investigación de mercados, en cuyo caso no se justifica invertir los recursos en la realización del estudio. Y si la administración no tiene una actitud positiva hacia la investigación, es probable que el informe del proyecto acumule polvo después de su realización. Sin embargo, quizás haya excepciones a esa directriz. Realizamos un proyecto para una cadena de ventas al detalle cuya administración que mostraba hostilidad hacia el proyecto, aunque la investigación fue encargada y financiada por la organización matriz. Aunque la administración de la tienda se oponía a los resultados, lo cual se reflejaba negativamente en la cadena de tiendas, la compañía matriz puso en práctica nuestra recomendación.

Hay otros casos que pueden ser un argumento en contra de la realización de un proyecto de investigación de mercados. Si la organización ya dispone de la información requerida, si ya se tomó la decisión para la cual se emprendería la investigación, o si la investigación va a utilizarse con fines políticos, entonces el valor de la información generada se reduce considerablemente y en general no se justifica el proyecto. No obstante, si se toma la decisión de realizar la investigación, la administración tiene a su disposición a los proveedores de servicios y estudios de mercados para obtener la información específica que necesita.

CAPÍTULO 1 *Introducción a la investigación de mercados* 17

EL SECTOR DE LA INVESTIGACIÓN DE MERCADOS

El sector de la investigación de mercados está formado por proveedores de este tipo de servicios. Los proveedores y servicios de investigación de mercados suministran la mayor parte de la información requerida para tomar decisiones de marketing. La mayoría de los grandes proveedores cuentan con empresas filiales y divisiones que abarcan diversas áreas de la investigación de mercados. El organigrama de VNU que se presenta en la figura 1.4 ilustra este punto. No obstante, es útil clasificar a los proveedores y servicios de investigación de mercados. En lo general, los proveedores de investigación se clasifican en internos o externos (véase la figura 1.5). Un *proveedor interno* es un departamento de investigación de mercados dentro de la empresa. Muchas compañías, en particular las grandes, que van desde las empresas automotrices (GM, Ford, DaimlerChrysler), hasta las que venden productos de consumo básico (Procter & Gamble, Colgate Palmolive, Coca-Cola) y los bancos (Citicorp, Bank of America) tienen departamentos internos de investigación de mercados, cuyo lugar en la estructura de la organización varía considerablemente. En un extremo, la función de investigación puede estar centralizada y localizarse en la sede de la corporación. En el otro extremo, es una estructura descentralizada donde la función de la investigación de mercados se organiza en divisiones. En un esquema descentralizado, la compañía puede organizarse en divisiones por

proveedor interno
Departamentos de investigación de mercados que se localizan dentro de la empresa misma.

Figura 1.4
Organigrama de VNU
Fuente: *www.vnu.com/vnu/logo.jsp?pageid=86*
Cortesía de VNU Inc.

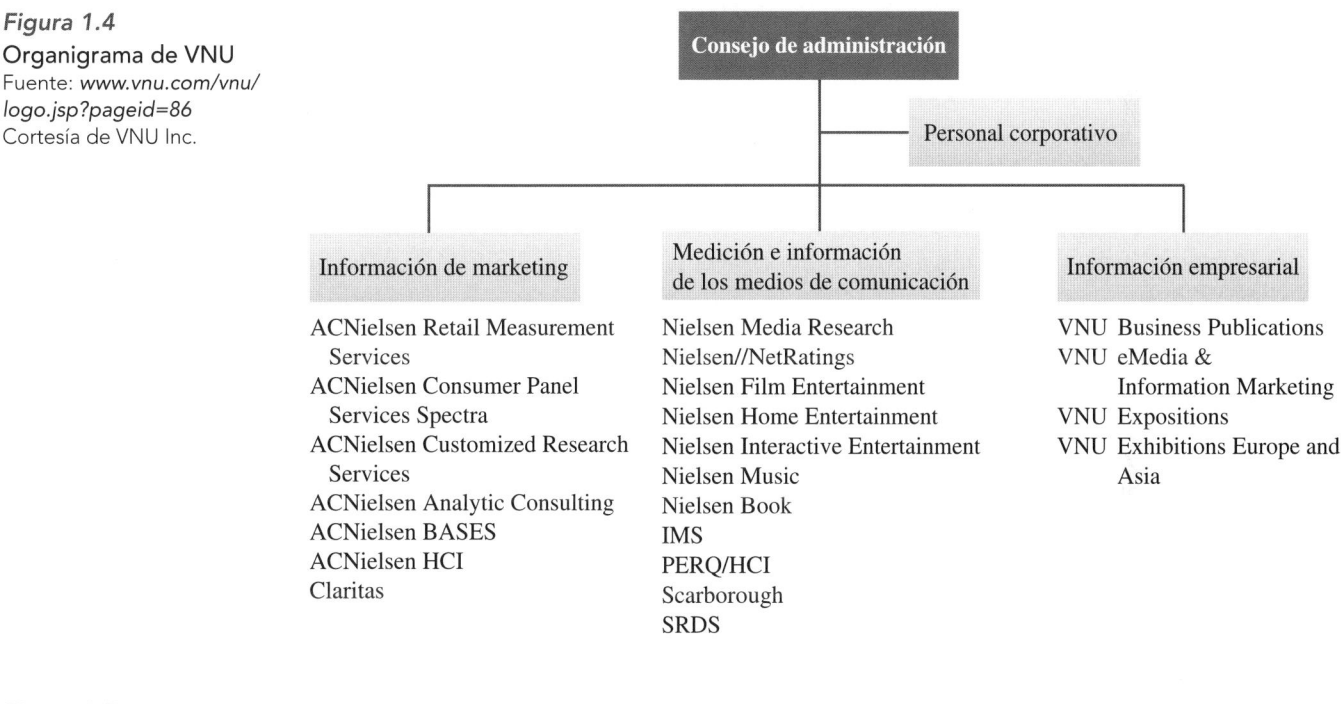

Consejo de administración
— Personal corporativo

Información de marketing
- ACNielsen Retail Measurement Services
- ACNielsen Consumer Panel Services Spectra
- ACNielsen Customized Research Services
- ACNielsen Analytic Consulting
- ACNielsen BASES
- ACNielsen HCI
- Claritas

Medición e información de los medios de comunicación
- Nielsen Media Research
- Nielsen//NetRatings
- Nielsen Film Entertainment
- Nielsen Home Entertainment
- Nielsen Interactive Entertainment
- Nielsen Music
- Nielsen Book
- IMS
- PERQ/HCI
- Scarborough
- SRDS

Información empresarial
- VNU Business Publications
- VNU eMedia & Information Marketing
- VNU Expositions
- VNU Exhibitions Europe and Asia

Figura 1.5
Proveedores y servicios de investigación de mercados

Proveedores de la investigación
- Internos
- Externos (sector de la investigación de mercados)
  - Servicios completos
    - Servicios sindicados
    - Servicios estandarizados
    - Servicios personalizados
    - Servicios por Internet
  - Servicios limitados
    - Servicios de campo
    - Servicios de codificación y captura de datos
    - Servicios analíticos
    - Servicios de análisis de datos
    - Servicios y productos de marca

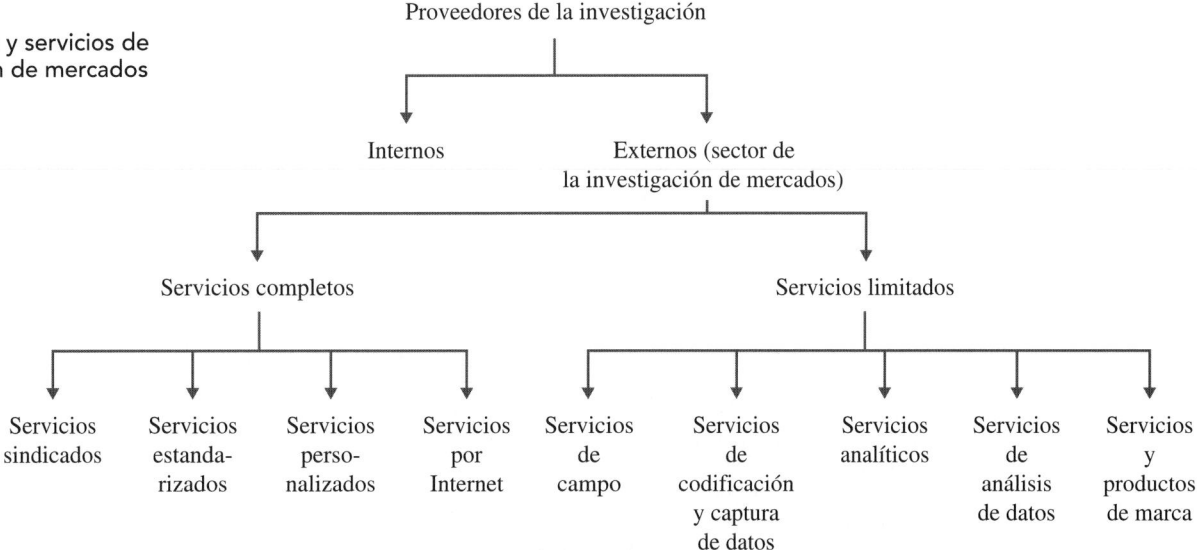

proveedores externos
Compañías externas de investigación de mercados contratadas para proporcionar datos de tales estudios.

sector de la investigación de mercados
El **sector de la investigación de mercados** está formado por proveedores externos que ofrecen servicios de investigación de mercados.

proveedores de servicios completos
Compañías que ofrecen toda la gama de actividades de la investigación de mercados.

servicios sindicados
Compañías que recopilan y venden fuentes comunes de datos diseñadas para atender las necesidades de información compartidas por varios clientes.

productos, clientes o regiones geográficas, a las cuales se asigna personal para la investigación de mercados. Ese personal por lo general presenta sus informes ante el gerente de la división, más que ante un ejecutivo de nivel corporativo. Además, entre esos dos extremos existen diferentes tipos de organizaciones. La mejor organización para una empresa depende de sus necesidades de investigación de mercados, así como de la estructura de marketing y otras funciones; aunque en los años recientes se ha observado una tendencia hacia la centralización y la reducción del personal encargado de la investigación de mercados. Los proveedores internos a menudo dependen de proveedores externos para realizar tareas específicas en la investigación de mercados.

Los **proveedores externos** son empresas contratadas para proporcionar datos de la investigación de mercados. Dichos proveedores externos, que en conjunto forman el **sector de la investigación de mercados**, pueden ir de pequeñas operaciones (realizadas por una o unas cuantas personas) a grandes corporaciones globalizadas.[18] La tabla 1.2 presenta una lista de los 50 principales proveedores de investigación en Estados Unidos.[19] Los proveedores externos ofrecen tanto servicios completos como limitados. Los **proveedores de servicios completos** ofrecen todas las tareas incluidas en la investigación de mercados: definición del problema, desarrollo del enfoque, diseño de cuestionarios, muestreo, recopilación y análisis e interpretación de datos, y elaboración y presentación del informe. Los servicios proporcionados por tales proveedores además se dividen en servicios sindicados, estandarizados, personalizados y por Internet (figura 1.5).

Los **servicios sindicados** recaban información de valor comercial conocido que proporcionan a numerosos clientes por suscripción. Las principales formas para la recopilación de esos datos son encuestas, paneles, escáneres y supervisiones. Por ejemplo, el Índice Nielsen de Televisión, de Nielsen Media Research (www.nielsenmedia.com) brinda información sobre el tamaño de la audiencia y las características demográficas de los hogares que ven programas de televisión específicos.

TABLA 1.2

Principales 50 empresas estadounidenses de investigación de mercados (algunas de ellas con presencia en muchos países del mundo)

POSICIÓN EN EU 2004	2003	ORGANIZACIÓN	OFICINAS CENTRALES	SITIO WEB	INGRESOS POR INVESTIGACIÓN EN EU[1] (MILLONES DE $)	INGRESOS POR INVESTIGACIÓN EN TODO EL MUNDO[1] (MILLONES DE $)	PORCENTAJE DE INGRESOS FUERA DE EU
1	1	VNU Inc.	Nueva York	www.vnu.com	$1,794.4	$3,429.2	47.7%
2	2	IMS Health Inc.	Fairfield, Conn.	www.imshealth.com	571.0	$1,569.0	63.6
3	4	Westat Inc.	Rockville, Md.	www.westat.com	397.8	397.8	—
4	5	TNS – U.S.	Nueva York	www.tns-global.com	396.0	1,732.7	77.2
5	3	Information Resources Inc.	Chicago	www.infores.com	379.6	572.8	33.6
6	6	The Kantar Group	Fairfield, Conn.	www.kantargroup.com	365.7*	1,136.3*	67.8*
7	7	Arbitron Inc.	Nueva York	www.arbitron.com	284.7	296.6	4.0
8	8	NOP World US	Nueva York	www.nopworld.com	213	408.5	47.9
9	9	Ipsos	Nueva York	www.ipsos-na.com	193.9	752.8	74.2
10	10	Synovate	Chicago	www.synovate.com	193.5	499.3	61.3
11	—	Harris Interactive Inc.	Rochester, N.Y.	www.harrisinteractive.com	154.8	208.9	25.9
—	13	Harris Interactive Inc.	Rochester, N.Y.	www.harrisinteractive.com	116.7	155.4	24.9
—	20	Wirthin Worldwide	McLean, Va.	www.harrisinteractive.com	38.1	53.5	28.8
12	11	Maritz Research	Fenton, Mo.	www.maritzresearch.com	136.6	185.8	26.2
13	12	J.D. Power and Associates	Westlake Village, Calif.	www.jdpower.com	133.5	167.6	20.4
14	14	The NPD Group Inc.	Port Washington, N.Y.	www.npd.com	110.5	139.2	20.6
15	16	GfK Group USA	Nuremberg, Germany	www.gfk.com	93.0	834.6	88.9
16	15	Opinion Research Corp.	Princeton, N.J.	www.opinionresearch.com	91.5	147.5	38.3
17	17	Lieberman Research Worldwide	Los Ángeles	www.lrwonline.com	67.2	77.7	13.5
18	18	Abt Associates Inc.	Cambridge, Mass.	www.abtassociates.com	41.5	41.5	—
19	21	Market Strategies Inc.	Livonia, Mich.	www.marketstrategies.com	37.9	39.5	4.1
20	22	Burke Inc.	Cincinnati	www.burke.com	37.1	43.4	14.5
21	30	comScore Networks Inc.	Reston, Va.	www.comscore.com	34.9	34.9	—
22	24	MORPACE International Inc.	Farmington Hills, Mich.	www.morpace.com	31.1	34.5	9.9

(Continúa)

TABLA 1.2
Principales 50 empresas estadounidenses de investigación de mercados (*Continuación*)

Posición en EU 2004	2003	Organización	Oficinas centrales	Sitio Web	Ingresos por investigación en EU[1] (millones de $)	Ingresos por investigación en todo el mundo[1] (millones de $)	Porcentaje de ingresos fuera de EU
23	25	Knowledge Networks Inc.	Menlo Park, Calif.	www.knowledgenetworks.com	29.8	29.8	—
23	34	OTX Research	Los Ángeles	www.otxresearch.com	29.8	29.8	—
25	23	ICR/Int'l Communications Research	Media, Pa.	www.icrsurvey.com	29.0	29.4	1.4
26	36	Directions Research Inc.	Cincinnati	www.directionsrsch.com	27.3	27.3	—
27	28	National Research Corp.	Lincoln, Neb.	www.nationalresearch.com	26.7	29.7	10.1
28	32	Marketing Research Services Inc.	Cincinnati	www.mrsi.com	25.4	25.4	—
29	29	Lieberman Research Group	Great Neck, N.Y.	www.liebermanresearch.com	25.1	25.5	1.6
30	33	Peryam & Knoll Research Corp.	Chicago	www.pk-research.com	22.5	22.7	0.1
31	—	National Analysts Inc.	Philadelphia	www.nationalanalysts.com	22.3	22.3	—
32	—	Public Opinion Strategies LLC	Alexandria, VA	www.pos.org	21.2	21.2	—
33	27	Walker Information Inc.	Indianapolis	www.walkerinfo.com	20.4	23.8	14.3
34	39	The PreTesting Co. Inc.	Tenafly, N.J.	www.pretesting.com	19.8	20.4	2.9
35	19	C&R Research Services Inc.	Chicago	www.crresearch.com	19.7	19.7	—
36	35	Flake-Wilkerson Market Insights LLC	Little Rock, Ark.	www.mktinsights.com	18.8	18.8	—
37	37	Data Development Worldwide	Nueva York	www.datadw.com	18.3	20.7	11.6
38	41	Schulman, Ronca & Bucuvalas Inc.	Nueva York	www.srbi.com	17.2	17.2	—
39	45	Cheskin	Redwood Shores, Calif.	www.cheskin.com	16.5	19.0	13.2
40	38	RDA Group Inc.	Bloomfield Hills, Mich.	www.rdagroup.com	15.4	17.0	9.4
41	47	Marketing Analysts Inc.	Charleston, S.C.	www.marketinganalysts.com	15.2	15.6	2.6
42	46	Market Probe Inc.	Milwaukee	www.marketprobe.com	14.1	24.6	42.7
43	44	Savitz Research Cos.	Dallas	www.savitzresearch.com	14.0	14.0	—
44	42	The Marketing Workshop Inc.	Norcross, Ga.	www.mwshop.com	13.9	13.9	—
45	48	Ronin Corp.	Princeton, N.J.	www.ronin.com	13.5	13.9	2.9
46	49	MarketVision Research Inc.	Cincinnati	www.marketvisionresearch.com	11.8	11.8	—
47	—	RTI-DFD Inc.	Stanfordd, Conn.	www.rti-dfd.com	11.5	11.5	—
48	—	Q Research Solutions Inc.	Old Bridge, N.J.	www.qresearchsolutions.com	11.2	11.2	—
49	50	Data Recognition Corp.	Maple Grove, Minn.	www.datarecognitioncorp.com	10.8	10.8	—
50	—	Phoenix Marketing International	Rhinebeck, N.Y.	www.phoenixmi.com	10.6	10.6	—
				Total	$6,291.0	$13,307.7	52.7
		Otras (las 138 compañías de CASRO no se incluyen en las 50 principales)[2]			656.6	$737.7	11.0
				Total (188 compañías)	$6,947.6	$14,045.4	50.5

*Estimado para las 50 principales. [1]Algunas compañías en Estados Unidos y en el resto del mundo que incluyen actividades que no son de investigación obtienen ingresos significativamente más altos. Puede encontrar detalles en los perfiles de las compañías individuales. [2] Ingreso total de 138 compañías de investigación por encuestas que proporcionan información financiera confidencial al Council of American Survey Research Organization (CASRO). Además, 35 de las 50 compañías principales tienen 44 miembros de CASRO.

Fuente: Council of American Survey Research Organization (CASRO) y American Marketing Association.

ACNielsen Company (*www.acnielsen.com*) proporciona datos de seguimiento de volumen mediante escanógrafos, como los generados por escaneo electrónico en las cajas de los supermercados. Por ejemplo, el grupo NPD (*www.npd.com*) mantiene uno de los mayores paneles de consumidores en Estados Unidos. Otro ejemplo de un servicio sindicado es Quick-Track®, conducido por Sandelman & Associates en el caso inicial de "Fruta… rápida". Los servicios sindicados se analizan con más detalle en el capítulo 4.[20]

Los *servicios estandarizados* son investigaciones realizadas para diferentes empresas pero de manera estandarizada. Por ejemplo, los procedimientos para medir la eficacia de la publicidad se han estandarizado de manera que es posible comparar los resultados de diversos estudios y pueden establecerse normas evaluativas. El servicio más utilizado para evaluar los anuncios impresos es el de Starch Readership Survey, realizado por NOP World (*www.nopworld.com*); otro servicio bien conocido es el de Gallup and Robinson Magazine Impact Studies (*www.gallup-robinson.com*). El c-Feedback Suite revisado en el ejemplo inicial sobre Informative también es un servicio estandarizado. Estos servicios también se comercializan como servicios sindicados.

Los *servicios personalizados* ofrecen una amplia variedad de actividades de investigación de mercados adaptadas a las necesidades específicas de un cliente. Cada proyecto de investigación de mercados recibe un trato único. Entre las empresas que ofrecen dichos servicios se incluyen Burke, Inc. (*www.burke.com*), Synovate (*www.synovate.com*) y TNS (*www.tns-global.com*). La encuesta realizada por Harris Interactive para Boeing en el ejemplo al inicio del capítulo fue una investigación personalizada.

Los *servicios por Internet* son ofrecidos por varias empresas de investigación de mercados, algunas de las cuales se han especializado en realizar los estudios en Internet. Por ejemplo, Greenfield Online Research Center, Inc., Westport, CT (*www.greenfieldgroup.com*), una filial de The Greenfield Consulting, ofrece una amplia gama de investigaciones personalizadas en línea, tanto cualitativas como cuantitativas, para mercados de consumidores, de negocio a negocio y profesionales. Con base en el uso de grandes bases privadas de datos, los estudios se realizan dentro del sitio Web seguro de la empresa.

Los *proveedores de servicios limitados* se especializan en una o unas cuantas fases del proyecto de investigación de mercados, como lo ilustra el caso de Informative en el apartado del panorama general. Estos proveedores ofrecen servicios de campo, de codificación y captura de datos, de análisis de datos y productos de marca. Los *servicios de campo* recaban datos por correo, o mediante entrevistas personales o telefónicas; se conoce como organizaciones de servicios de campo a las empresas que se especializan en las entrevistas. Dichas empresas van de las pequeñas compañías patrimoniales que operan a nivel local a las grandes organizaciones multinacionales. Algunas de ellas mantienen grandes instalaciones en todo el país para entrevistar a los compradores en los centros comerciales. Muchas ofrecen servicios de recopilación de datos cualitativos, como las entrevistas en sesiones de grupo (que se estudian en el capítulo 5). Algunas empresas que ofrecen servicios de campo son Field Facts Inc. (*www.fieldfacts.com*), Field Work Chicago, Inc. (*www.fieldwork.com*), Quality Controlled Services, división de Maritz (*www.maritz.com*) y Survey America (*www.survey-america.com*).

Los *servicios de codificación y captura de datos* incluyen la revisión de los cuestionarios respondidos, el desarrollo de un esquema de codificación y la transcripción de los datos en disquetes, CD-ROM y otros dispositivos para introducirlos a la computadora. Survey Service, Inc. (*www.surveyservice.com*) proporciona tales servicios.

Los *servicios analíticos* incluyen el diseño y las pruebas piloto de los cuestionarios, la identificación de los mejores instrumentos para recopilar los datos, el diseño de planes de muestreo y otros aspectos del diseño de investigación. Algunos proyectos complejos de investigación de mercados requieren conocimiento de procedimientos complicados, como diseños experimentales especializados (que se revisan en el capítulo 7) y técnicas analíticas como análisis conjuntos y escalas multidimensionales (que se estudian en el capítulo 21). Este tipo de pericia puede obtenerse de empresas y asesores especializados en servicios analíticos, como SDR Consulting (*www.sdr-consulting.com*).

Los *servicios de análisis de datos* son ofrecidos por empresas, conocidas también como compañías de tabulación, que se especializan en los análisis computarizados de datos cuantitativos, como los que se obtienen en grandes encuestas. Al principio, la mayoría de las empresas de análisis de datos sólo proporcionaban tabulaciones (conteos de frecuencia) y tabulaciones cruzadas (conteos de frecuencia que describen dos o más variables al mismo tiempo). Ahora muchas empresas, como Beta Research Corporation (*www.nybeta.com*) ofrecen análisis de datos complejos usando técnicas estadísticas avanzadas. Con la proliferación de las microcomputadoras y software, muchas empre-

---

servicios estandarizados
Compañías que usan procedimientos estandarizados para ofrecer investigación de mercados a diversos clientes.

servicios personalizados
Compañías que adaptan los procedimientos de investigación para satisfacer mejor las necesidades de cada cliente.

servicios por Internet
Compañías que se han especializado en realizar investigación de mercados en Internet.

proveedores de servicios limitados
Compañías que se especializan en una o unas cuantas fases del proyecto de investigación de mercados.

servicios de campo
Compañías que ofrecen como servicio principal su experiencia en la recopilación de datos para los proyectos de investigación.

servicios de codificación y captura de datos
Compañías cuya principal oferta de servicio es su experiencia para convertir las encuestas o entrevistas aplicadas, en una base de datos que se utilice para realizar análisis estadísticos.

servicios analíticos
Compañías que ofrecen orientación en el desarrollo del diseño de investigación.

servicios de análisis de datos
Empresas cuyo servicio principal consiste en realizar análisis estadísticos de datos cuantitativos.

> **productos registrados de investigación de mercados**
> Procedimientos especializados de recopilación y análisis de datos que se desarrollan para tratar tipos específicos de problemas de investigación de mercados.

sas tienen ahora la capacidad para analizar sus propios datos, aunque todavía hay demanda de las empresas de análisis de datos.

Los servicios y ***productos registrados de investigación de mercados*** son procedimientos especializados de recopilación y análisis de datos desarrollados para tratar tipos específicos de problemas de investigación de mercados. Esos procedimientos son patentados, reciben un nombre de marca y se venden como cualquier otro producto. Synovate (*www.synovate.com*) ofrece varios productos registrados de la familia TeleNation®. Uno de sus productos, TeleNation, es un estudio telefónico que se realiza para varios clientes dos veces a la semana, entre hogares seleccionados al azar de una población estadounidense. A los clientes se les cobra según el número de preguntas que hagan. Cada una de las dos oleadas semanales consta de 1,000 adultos estadounidenses representativos.

Hay ciertas directrices que deben seguirse al elegir a un proveedor de investigación, ya sea de servicios completos o de servicios limitados.

ELECCIÓN DE UN PROVEEDOR DE INVESTIGACIÓN

Una empresa que no puede realizar por sí misma todo un proyecto de investigación de mercados debe elegir un proveedor externo para una o más fases del proyecto. La empresa debe recabar una lista de posibles proveedores de fuentes como las publicaciones del ramo, directorios profesionales y referencias personales. Al decidir los criterios para la elección de un proveedor externo, la empresa debe preguntarse por qué está buscando apoyo externo para la investigación de mercados. Por ejemplo, el uso de una fuente externa puede ser económicamente más eficiente para una empresa pequeña que necesita investigar un proyecto. Una empresa quizá no tenga la pericia técnica para realizar ciertas fases del proyecto, o bien, tal vez los conflictos de intereses políticos determinen que el proyecto sea conducido por un proveedor externo.

Al desarrollar los criterios para la elección de un proveedor externo, la empresa debe considerar algunos aspectos básicos. ¿Cuál es la reputación del proveedor? ¿Termina los proyectos de acuerdo con el programa? ¿Se le conoce por mantener estándares éticos? ¿Es flexible? ¿Sus proyectos de investigación son de alta calidad? ¿Cuánta experiencia tiene y de qué tipo? ¿El personal del proveedor tiene competencia técnica y no técnica? En otras palabras, además de las habilidades técnicas, ¿el personal asignado a la tarea es sensible a las necesidades del cliente y comparte su ideología de la investigación? ¿Tiene buena comunicación con el cliente? Recuerde que la propuesta más barata no siempre es la mejor. Deben obtenerse y compararse ofertas en función tanto de la calidad como del precio. Una buena costumbre es obtener un contrato o presupuesto por escrito antes de empezar el proyecto. Al igual que las otras decisiones administrativas, las concernientes a los proveedores de investigación de mercados deben basarse en información sólida.

Internet es muy eficiente para identificar empresas de investigación de mercados que proporcionan servicios específicos. Con un buscador como Yahoo!, es sencillo identificar varias empresas y encontrar información sobre los proveedores en sus sitios Web. Muchos sitios incluyen información sobre la historia, los productos, los clientes y los empleados de la compañía. Por ejemplo, *www.greenbook.org* presenta una lista de miles de compañías de investigación de mercados, y es posible localizar empresas específicas usando sus procedimientos de búsqueda. Los proveedores de investigación de mercados y las empresas publicitarias y de marketing ofrecen oportunidades de hacer carrera.

INVESTIGACIÓN ACTIVA

Visite *www.greenbook.org* e identifique todas las empresas de investigación de mercados de su localidad que realicen encuestas en Internet.

Como director de investigación de Yahoo!, usted necesita elegir una empresa de investigación de mercados que se especialice en investigar las compras por Internet que hacen los consumidores. Elabore una lista de cinco de esas empresas. ¿Cuál elegiría y por qué?

Como director de marketing, ¿cómo usaría la información sobre las compras de los consumidores en Internet para rediseñar el sitio Web de Yahoo!?

CARRERAS EN LA INVESTIGACIÓN DE MERCADOS

Las empresas de investigación de mercados ofrecen oportunidades profesionales alentadoras (por ejemplo, VNU, Burke, Inc., The Kantar Group). Igualmente atractivas son las carreras en empresas y agencias comerciales y no comerciales, que cuentan con departamentos internos de investigación de mercados (por ejemplo, Procter & Gamble, Coca-Cola, GM, la Federal Trade Commission, United States Census Bureau). Las empresas de publicidad (por ejemplo, BBDO International, J. Walter Thompson, Young & Rubicam) también realizan una cantidad considerable de investigación de mercados y emplean a profesionales del campo. Entre los puestos disponibles en la investigación de mercados están el de vicepresidente de investigación de mercados, director de investigación, asistente del director de investigación, gerente de proyectos, especialista en estadística y procesamiento de datos, gerente analista, analista, asistente analista, director de trabajo de campo y supervisor de operaciones. En la figura 1.6 se presentan los nombres y las responsabilidades de los puestos en la investigación de mercados.[21]

El puesto de entrada más común en la investigación de mercados para las personas con licenciatura (por ejemplo, en administración de empresas) es el de supervisor de operaciones, que es el responsable de supervisar un conjunto bien definido de operaciones, incluyendo el trabajo de campo, la revisión y codificación de datos, y puede participar en la programación y el análisis de datos. Sin embargo, en el sector de la investigación de mercados está aumentando la preferencia por personas con grados de maestría. Es probable que quienes tienen una maestría en administración de empresas o un grado equivalente sean contratadas como gerentes de proyectos. En empresas de investigación de mercados como TNS, el gerente de proyectos trabaja con el director de cuentas en la administración de las operaciones diarias del proyecto de investigación de mercados. En una empresa comercial, el puesto de entrada típico es el de asistente analista (para los licenciados en administración de empresas) o el de analista de la investigación (para quienes tienen la maestría). El asistente analista y el analista de la investigación aprenden acerca del área en cuestión y reciben capacitación de un elemento superior del equipo, por lo regular el gerente de investigación de mercados. El puesto de asistente analista incluye un programa de capacitación que prepara a los individuos para las responsabilidades de un analista de investigación, incluyendo la coordinación con el departamento de marketing y de ventas, para desarrollar metas para la exposición del producto. Las responsabilidades del analista de la investigación incluyen verificar la exactitud de todos los datos, comparar y contrastar la nueva investigación con las normas establecidas, así como analizar datos primarios y secundarios con la finalidad de efectuar pronósticos sobre el mercado.

Figura 1.6
Descripción de puestos selectos en la investigación de mercados

1. **Vicepresidente de investigación de mercados:** es el puesto más alto en la investigación de mercados. Es el responsable de toda la operación de investigación de mercados de la compañía y forma parte del equipo de la alta administración. El vicepresidente establece los objetivos y metas del departamento de investigación de mercados.
2. **Director de investigación:** también es un puesto elevado, cuya responsabilidad general es el desarrollo y la ejecución de todos los proyectos de investigación de mercados.
3. **Asistente del director de investigación:** esta persona funge como asistente administrativo del director y supervisa a algunos de los miembros del personal de investigación de mercados.
4. **Gerente principal del proyecto:** esta persona tiene la responsabilidad general del diseño, implementación y administración de los proyectos de investigación.
5. **Especialista en estadística y procesamiento de datos:** es experto en la teoría y aplicación de técnicas estadísticas. Sus responsabilidades incluyen el diseño experimental, y el procesamiento y el análisis de los datos.
6. **Gerente analista:** participa en el desarrollo de proyectos y dirige la ejecución operativa de los proyectos asignados. Un gerente analista trabaja estrechamente con el analista, el asistente analista y el resto del personal, en el desarrollo del diseño de investigación y en la recopilación de datos. El gerente analista prepara el informe final. Su responsabilidad fundamental es solventar las limitaciones de tiempo y cuidar los costos.
7. **Analista:** el analista maneja los detalles de la ejecución del proyecto. Diseña y hace una prueba piloto de los cuestionarios, y realiza el análisis preliminar de los datos.
8. **Asistente analista:** maneja tareas rutinarias como el análisis de los datos secundarios, la revisión y codificación de los cuestionarios, y los análisis estadísticos simples.
9. **Director de trabajo de campo:** esta persona es responsable de la selección, capacitación, supervisión, y evaluación de los entrevistadores y otros trabajadores de campo.
10. **Supervisor de operaciones:** es responsable de supervisar operaciones como el trabajo de campo, la revisión y codificación de los datos, y puede participar en la programación y el análisis de datos.

CAPÍTULO 1 *Introducción a la investigación de mercados* 23

Como lo indican los nombres de esos puestos, en la investigación de mercados se necesitan personas con formación y habilidades distintas. Es evidente que los especialistas técnicos como los estadísticos requieren una sólida formación en estadística y análisis de datos. Otros puestos, como el de director de investigación, implican administrar el trabajo de otros y necesitan habilidades más generales. Para prepararse para una carrera en la investigación de mercados, usted debe:

- Asistir a todos los cursos de marketing que sea posible.
- Tomar cursos de estadística y métodos cuantitativos.
- Adquirir habilidades para el manejo de Internet y la computadora. Conocer los lenguajes de programación es una ventaja adicional.
- Asistir a cursos sobre psicología y la conducta del consumidor.
- Adquirir habilidades eficaces de comunicación verbal y escrita.
- Pensar de manera creativa. En la investigación de mercados se valoran significativamente la creatividad y el sentido común.

Los investigadores de mercados deben recibir una generosa educación que les permita entender los problemas que enfrentan los administradores y enfrentarlos desde una perspectiva amplia.[22] El siguiente ejemplo muestra lo que hace exitoso a un investigador de mercados y a un director de marketing.

INVESTIGACIÓN REAL

Eric Kim en Samsung e Intel

Eric Kim obtuvo una licenciatura en física en Harvey Mudd College en Claremont, CA, una maestría en ingeniería en UCLA y otra en administración de empresas en Harvard. Desempeñó su oficio actual en lugares como Lotus Development Corp., D&B y Spencer Trask Software Group, una empresa de capital de riesgo enfocada en la tecnología en la ciudad de Nueva York. El director general de Spencer Trask, Kevin Kimberlin, lo recuerda como el raro ejecutivo que sabe de software y electrónica, y que tiene habilidades para el marketing, la investigación de mercados y para cerrar tratos difíciles.

Cuando Kim llegó a Samsung en 1999, se dio cuenta de que el problema fundamental radicaba en la imagen de la marca, ya que se percibía que la marca Samsung era inferior a otras marcas con artículos comparables. Para confirmar su intuición y descubrir los problemas específicos sobre los que se pudiera actuar, realizó una investigación de mercados que incluyó sesiones de grupo, entrevistas en profundidad, y encuestas de clientes y empresas asociadas. La investigación reveló que la imagen de la marca era confusa e inconsistente de un mercado a otro; lo cual se debía, entre otras cuestiones, a que se trabajaba con 55 agencias de publicidad. Kim concentró la publicidad asignando a Madison Avenue's Foote, Cone & Belding Worlwide la coordinación del marketing global de Samsung. Kim hizo otro movimiento inteligente al patrocinar eventos costosos, como los juegos olímpicos de Salt Lake City en 2002, con lo que obtuvo una exposición global rápida y redituable. Cuando Kim dejó Samsung en 2004, la compañía obtuvo ese año $12,040 millones en ganancias netas; en tanto que muchas estrellas de ventas de tecnología al detalle fracasaron y, desde 1999, el comercio ha aumentado a más del triple en Estados Unidos. Lo mismo ha ocurrido en muchos países del mundo.

De acuerdo con una comunicación interna del presidente de Intel, Paul Otellini, el 4 de noviembre de 2004 Intel "le robó" a Samsung al ejecutivo Eric Kim, con el objetivo de dar nuevo ímpetu a su publicidad e inyectar más valores del consumidor a la marca más importante de los chips. El secreto de Kim radica en su amplia educación, así como en su excelente conocimiento del marketing y la investigación de mercados.[23] ■

La revisión anterior de las carreras en la investigación de mercados ofreció descripciones de los puestos e instrucciones para prepararse para ocuparlos. Es posible usar Internet para buscar un empleo en la investigación de mercados. Research Info, en *www.researchinfo.com,* ofrece un tablero de empleos en investigación, donde se colocan ofertas y solicitudes de empleo. Internet se está convirtiendo con rapidez en una herramienta útil para la identificación, la recopilación, el análisis y la difusión de la información relacionada con la investigación de mercados. A lo largo de este libro mostraremos la manera en que Internet facilita los seis pasos del proceso de investigación de mercados.

Figura 1.7
Sistemas de Información de Marketing frente a Sistemas de Apoyo a las Decisiones

SIM	SAD
• Problemas estructurados	• Problemas no estructurados
• Uso de informes	• Uso de modelos
• Estructura rígida	• Interacción sencilla con el usuario
• Presentación restringida de la información	• Adaptabilidad
• Puede mejorar la toma de decisiones aclarando los datos sin analizar	• Puede mejorar la toma de decisiones usando el análisis condicional

EL PAPEL DE LA INVESTIGACIÓN DE MERCADOS EN EL SIM Y EL SAD

En un apartado anterior se definió la investigación de mercados como la identificación, recopilación, análisis y difusión sistemáticos y objetivos de información para su uso en la toma de decisiones de marketing.[24] La información obtenida mediante la investigación de mercados, así como de fuentes como registros internos e inteligencia de marketing, se convierte en una parte integral del sistema de información de marketing (SIM) de la empresa. Un *sistema de información de marketing* (SIM) es un conjunto formalizado de procedimientos para generación, análisis, almacenamiento y distribución continuos de información a quienes toman las decisiones de marketing. Advierta que la definición del SIM es similar a la de la investigación de mercados, salvo por el hecho de que el SIM proporciona la información en forma continua, en vez de hacerlo en función de estudios realizados con un propósito determinado. El diseño de un SIM se enfoca en las responsabilidades, el estilo y las necesidades de información de quienes toman las decisiones. La información recabada de diversas fuentes, como las facturas y la inteligencia de marketing (incluyendo la investigación de mercados) se combina, y se presenta en un formato que pueda usarse con facilidad en la toma de decisiones. Es posible obtener más información de un SIM que de los proyectos de investigación de mercados *ad hoc*; no obstante, el SIM está limitado en la cantidad y naturaleza de la información que proporciona, y en la forma en que ésta es utilizada por la persona que toma las decisiones. Esto se debe a que la información se estructura de forma rígida y no es fácil de manipular.

Los sistemas de apoyo a las decisiones (SAD), desarrollados para superar las limitaciones del SIM, permiten a quienes toman las decisiones interactuar directamente con bases de datos y modelos de análisis. Los *sistemas de apoyo a las decisiones* (SAD) son sistemas integrados que incluyen hardware, redes de comunicación, bases de datos, bases de modelos, bases de software y al usuario del SAD (la persona que decide), que reúnen e interpretan la información para la toma de decisiones. La investigación de mercados aporta información a la base de datos, modelos de marketing y técnicas analíticas a la base de modelos, y programas especializados para analizar los datos de marketing con la base de software. Existen varias diferencias entre el SAD y el SIM (véase la figura 1.7).[25] Un SAD combina el uso de modelos y técnicas analíticas con el acceso tradicional y las funciones de recuperación de un SIM. El SAD puede usarse con facilidad de un modo interactivo, y adaptarse a los cambios en el ambiente y al enfoque del usuario sobre la toma de decisiones. Además de mejorar la eficiencia, el SAD también ayuda a mejorar la eficacia de la toma de decisiones con el uso de un análisis condicional.[26] El SAD ha sido desarrollado para sistemas expertos que utilizan procedimientos de inteligencia artificial para incorporar el juicio experto.

INVESTIGACIÓN REAL

El SAD le proporciona a FedEx una ventaja excepcional

A partir de 2006 Federal Express (*www.fedex.com*) se convirtió en una red de compañías de más de $30,000 millones que ofrecen la mezcla correcta de transporte, comercio electrónico y soluciones de negocios. La red mundial de FedEx lo conecta con más de 220 países y territorios, a menudo en un lapso de 24 a 48 horas. Un ingrediente importante del éxito de FedEx han sido los avanzados sistemas mundiales de apoyo a las decisiones que brindan información sobre los clientes.

---

sistema de información de marketing (SIM)
Un conjunto formalizado de procedimientos para generación, análisis, almacenamiento y distribución continuos de la información pertinente entre quienes toman las decisiones de marketing.

sistemas de apoyo a las decisiones (SAD)
Sistemas de información que permiten a quienes toman las decisiones interactuar directamente con bases de datos y modelos de análisis. Los componentes importantes de un SAD son el hardware y una red de comunicaciones, la base de datos, un modelo base, un software base y el usuario del SAD (la persona que toma las decisiones).

INVESTIGACIÓN ACTIVA

> Visite *www.sony.com* y haga una búsqueda en Internet usando su navegador y la base de datos en línea de su biblioteca, para encontrar información sobre el mercado para las cámaras digitales.
>
> Como gerente de marketing para las cámaras digitales de Sony, su objetivo es lograr que los fotógrafos más tradicionales cambien a la cámara digital. ¿Qué información del SAD de la compañía encontraría útil para lograr esta meta?
>
> ¿Qué tipo de investigación de mercados realizaría para obtener la información identificada por el SAD?

Dicha información incluye aspectos detallados de cada embarque, como orden, facturación, seguimiento y rastreo.

Como un ejemplo de los diversos usos estratégicos del SAD, FedEx puso en práctica el avanzado "marketing de administración de segmentos" (MAS). FedEx desarrolló una fórmula de "cociente de valor" que permite a los mercadólogos hacer un análisis individual, caso por caso, de los clientes. Este cociente de valor implica ponderar la rentabilidad, y los valores estratégicos y competitivos de los clientes, aplicando una encuesta de 30 preguntas. Los objetivos ayudan a definir el peso que se da a un cliente individual y brindan una perspectiva más estratégica que el simple uso de las ganancias para establecer el valor de un cliente. FedEx definió 14 segmentos altamente específicos de clientes, a partir de las actitudes del consumidor en cuanto a precio, confiabilidad, urgencia, seguridad del producto, seguimiento y prueba de la entrega. El actual MAS, que forma parte del SAD de la empresa, incluye segmentos y clasificaciones familiares para ayudar a los mercadólogos a entender a los clientes que atienden. De este modo, FedEx ha adoptado un enfoque muy dinámico orientado a la información que será la clave para su éxito continuo.[27] ∎

El proceso de investigación de mercados descrito antes en el capítulo, que siguen empresas como FedEx, también se adoptó en el proyecto de la tienda departamental.

PROYECTO DE LA CLIENTELA DE UNA TIENDA DEPARTAMENTAL

A lo largo del texto se utilizará como ejemplo un proyecto de la clientela de una tienda departamental realizado por el autor, para ilustrar conceptos y procedimientos de análisis de datos. El propósito de este proyecto fue evaluar las fortalezas y debilidades relativas de una importante tienda departamental, en relación con un grupo de competidores directos e indirectos. Nos referiremos a esta tienda como Sears, ya que su verdadera identidad ocultada no será revelada. La meta era formular programas de marketing diseñados para aumentar las decrecientes ventas y ganancias de Sears. En este estudio se consideraron 10 tiendas importantes, incluyendo a tiendas departamentales de prestigio (como Saks Fifth Avenue, Neiman-Marcus), cadenas nacionales (como J.C. Penney), tiendas de descuento (como Kmart y Wal-Mart) y algunas cadenas regionales (como Kohl's). Se diseñó un cuestionario que se aplicó mediante entrevistas personales a domicilio, a una muestra conveniente de 271 hogares extraída de una importante área metropolitana. Se utilizó una escala de seis puntos (se pidió a los sujetos que marcaran un número del uno al seis) siempre que se obtenían calificaciones. Se solicitó la siguiente información:

1. Familiaridad con las 10 tiendas departamentales.
2. Frecuencia con que los miembros del hogar compraban en cada una de las 10 tiendas.
3. Importancia relativa concedida a cada uno de los ocho factores seleccionados como el criterio para elegir una tienda departamental. Esos factores eran calidad de la mercancía, variedad y surtido de ésta, políticas de devolución y reembolso, servicio del personal de la tienda, precios, comodidad del lugar, distribución de la tienda, y políticas de crédito y facturación.
4. Evaluación de las 10 tiendas en cada uno de los ocho factores de los criterios de elección.
5. Calificaciones de preferencia para cada tienda.
6. Clasificación de las 10 tiendas (de la más a la menos preferida).
7. Grado de acuerdo con 21 afirmaciones de estilo de vida.
8. Características demográficas estándar (edad, educación, etc.).
9. Nombre, dirección y número telefónico.

El estudio ayudó al patrocinador a determinar las percepciones de los consumidores y sus preferencias por las tiendas departamentales. Se identificaron las áreas débiles en términos tanto de factores específicos que influían en los criterios de elección de los consumidores, como de categorías específicas de productos. Se diseñaron programas de marketing apropiados para superar esas debilidades. Por último, se desarrolló una estrategia de posicionamiento para alcanzar una imagen deseable de la tienda.

A lo largo del libro se utiliza este estudio como ejemplo y en cada capítulo se presenta una sección llamada "Proyecto de investigación", donde se ilustran los diversos conceptos y se dan oportunidades para realizar investigación práctica. Los capítulos sobre el análisis de datos también le dan acceso a los datos reales obtenidos en este proyecto.

PROYECTO DE INVESTIGACIÓN

Marketing e investigación de mercados en Sears

Actividades del proyecto

Visite *www.sears.com* y haga una búsqueda en Internet para identificar la información relevante sobre la estrategia de marketing de Sears. Responda las siguientes preguntas:

1. ¿Cuáles son las oportunidades y los problemas de marketing que enfrenta Sears?
2. ¿Qué papel puede desempeñar la investigación de mercados para ayudar a Sears a abordar esas oportunidades y problemas de marketing?
3. ¿Qué tipo de investigación de mercados se necesita para ayudar a Sears a decidir si debe extenderse de forma dinámica en las áreas rurales de Estados Unidos? ■

INVESTIGACIÓN DE MERCADOS INTERNACIONALES

Estados Unidos representa sólo el 39 por ciento de los gastos mundiales en la investigación de mercados. Alrededor del 40 por ciento de toda la investigación de mercados se realiza en Europa Occidental y del 9 por ciento en Japón. En Europa la mayoría de la investigación se realiza en Alemania, Inglaterra, Francia, Italia y España.[28] Con la globalización de los mercados, la investigación en esta área adquirió un carácter verdaderamente internacional y es probable que continúe esa tendencia. Varias empresas estadounidenses realizan investigación de mercados internacionales, incluyendo VNU, IMS Health, Information Resources y el Kantar Group (véase la tabla 1.2). Las empresas localizadas en el extranjero incluyen a GfK de Alemania.

Realizar investigación de mercados internacionales (estudiar productos realmente internacionales), investigación en el exterior (realizada en un país distinto al de la organización encargada del estudio), o investigación multinacional (la que se lleva a cabo en todos los países donde la empresa tiene representación, o en los más importantes) es mucho más complejo que la investigación de mercados locales. Toda la investigación de este tipo, incluyendo la transcultural, se analizará bajo el rubro general de investigación de mercados internacionales. El ejemplo inicial de Boeing ilustró algunas de las dificultades que se enfrentan en la realización de este tipo de investigación. El ambiente que prevalece en los países, las unidades culturales o los mercados internacionales estudiados influyen en la forma en que se llevan a cabo los seis pasos del proceso de investigación de mercados. Esos factores ambientales y su impacto en el proceso de investigación de mercados se revisan con detalle en capítulos posteriores. Además, el capítulo 23 se dedica en exclusiva a dicho tema.

La tendencia actual es la globalización de las empresas. Ya sea que las operaciones en un país extranjero se realicen en línea o de manera física, debe realizarse investigación para considerar los factores ambientales relevantes al globalizarse. Muchas empresas han enfrentado un desastre global porque no consideraron las diferencias entre su país y el país donde querían hacer negocios.

Las compañías que basan su negocio en la Web pueden meterse en problemas. Muchas veces el contenido de la página Web llega a interpretarse de una forma no planeada, como en el caso de un fabricante de automóviles en México. La página Web mostraba a un excursionista parado al lado de un auto. En México los excursionistas suelen ser personas de escasos recursos que no poseen automóvil. También es necesario adaptar el contenido local a distintos idiomas en áreas como la India, donde una región puede tener 20 idiomas diferentes. Las empresas deben tener en cuenta esos factores ambientales para obtener clientes y ventas en otros países.

La investigación de mercados desempeñó un papel importante en el éxito de las cafeterías Starbucks en Japón.

A pesar de la complejidad inherente, se espera que la investigación de mercados internacionales aumente a una tasa más rápida que la investigación local. Un factor importante es que en Estados Unidos el mercado se está saturando para muchos productos. En cambio, el mercado para esos productos en otros países está en las primeras etapas de desarrollo, de manera que la investigación de mercados desempeñaría un papel decisivo en la penetración en el mercado, como lo ejemplifica el éxito de Starbucks en Japón.

INVESTIGACIÓN REAL

Starbucks: levantar el ánimo en Japón

Un ejemplo muy conocido de marketing ingenioso para el mercado japonés es el éxito que han tenido en ese país las cafeterías Starbucks, que venden las tazas de café a precios elevados, lo cual era inconcebible antes de que la cadena empezara con una tienda en Ginza, Tokio, en 1996. Starbucks Coffee Japan, Ltd., es una empresa conjunta estadounidense y nipona, que logró mucho éxito gracias al diseño de la tienda y de estrategias continuas de marketing, que le han permitido crear una atmósfera elegante que resulta atractiva para la japonesa moderna y distinguida, quien por lo general no iba a las cafeterías antes de la llegada de Starbucks. Por supuesto, el éxito de Starbucks es resultado de una investigación de mercados que le permitió entender los complejos temas de marketing que estaban en juego.

Cuando Starbucks entró al mercado japonés, deseaba una evaluación detallada de sus opciones. Intage Inc. (*www.intage.co.jp*), una empresa de Tanashi-Shi, con sede en Tokio, dedicada a ofrecer asesoría y servicios completos de investigación de mercados, realizó análisis sobre la conducta y las preferencias de los consumidores. La encuesta utilizó las instalaciones centrales de Intage para la aplicación de pruebas, en el centro de Tokio, y la técnica de encuestas por correo, así como los recursos de los servicios de información comercial de la empresa de investigación. La encuesta dio a Starbucks la información importante que le permitió entender que los segmentos de la clientela a la que se dirigía estaban dispuestos a pagar un aproximado de 250 yenes (2.08 dólares estadounidenses) por un café expresso y 280 yenes (2.33 dólares estadounidenses) por un café con leche. La encuesta también reveló que los clientes deseaban que el menú incluyera diversas opciones, como emparedados y ensaladas. En general la encuesta brindó a la compañía una idea del rango de precios, las diferencias en éstos y la presentación que serían aceptables para los clientes. Esto jugó un papel importante en el éxito de Starbucks Japón. En 2005 Starbucks manejaba 4,293 tiendas en Estados Unidos, 422 en Inglaterra, 372 en Canadá, 49 en Tailandia, 44 en Australia y 35 en Singapur.[29] ∎

ÉTICA EN LA INVESTIGACIÓN DE MERCADOS

Varios aspectos de la investigación de mercados tienen fuertes implicaciones éticas. Como se explicó antes, la investigación de mercados por lo general es realizada por empresas comerciales (es decir, con fines de lucro) que son organizaciones independientes (proveedores externos) o departamentos dentro de las corporaciones (proveedores internos). La mayoría de la investigación de mercados se realiza para clientes que representan a empresas comerciales. La motivación en las utilidades en ocasiones hace que los investigadores o los clientes pongan en riesgo la objetividad o profesionalismo asociados con el proceso de investigación de mercados.

A menudo se afirma que en la investigación de mercados hay cuatro interesados: **1.** el investigador, **2.** el cliente, **3.** el encuestado y **4.** el público, quienes tienen ciertas responsabilidades entre sí y con el proyecto de investigación. Los problemas éticos surgen cuando los intereses de las partes están en conflicto y cuando uno o más de los interesados no cumplen con sus responsabilidades.[30] Por ejemplo, si el investigador no sigue los procedimientos adecuados de la investigación de mercados, o si el cliente altera los resultados en la publicidad de la compañía, se están violando las normas éticas. Los problemas éticos se resolverían si los interesados se comportan de manera honorable. Se dispone de códigos de conducta, como el código de ética de la American Marketing Association, para orientar la conducta y ayudar a resolver los dilemas éticos. Con la finalidad de que usted revise esos códigos de conducta, se presentan las URL de las asociaciones importantes de investigación de mercados.

EXPERIENCIA DE INVESTIGACIÓN

Asociaciones de investigación de mercados en línea

En Estados Unidos

AAPOR: American Association for Public Opinion Research (*www.aapor.org*)
AMA: American Marketing Association (*www.marketingpower.com*)
ARF: The Advertising Research Foundation (*www.arfsite.org*)
CASRO: The Council of American Survey Research Organizations (*www.casro.org*)
MRA: Marketing Research Association (*www.mra-net.org*)
QRCA: Qualitative Research Consultants Association (*www.qrca.org*)
RIC: Research Industry Coalition (*www.researchindustry.org*)
CMOR: Council for Marketing and Opinion Research (*www.cmor.org*)

Internacional

ESOMAR: European Society for Opinion and Marketing Research (*www.esomar.nl*)
MRS: The Market Research Society (Inglaterra) (*www.marketresearch.org.uk*)
MRSA: The Market Research Society of Australia (*www.mrsa.com.au*)
PMRS: The Professional Marketing Research Society (Canadá) (*www.pmrs-aprm.com*)

Compare los lineamientos éticos para la realización de investigación de mercados colocados en los siguientes sitios Web: CASRO: The Council of American Survey Research Organizations (*www.casro.org*), CMOR: Council for Marketing and Opinion Research (*www.cmor.org*) y ESOMAR: European Society for Opinion and Marketing Research (*www.esomar.nl*).

¿Qué organización tiene el conjunto de lineamientos más estricto?
¿Qué organización tiene los lineamientos éticos más completos?
¿Qué falta en los lineamientos de las tres organizaciones? ■

INVESTIGACIÓN PARA LA TOMA DE DECISIONES

Samsonite: está en la maleta

La situación

Samsonite es uno de los mayores diseñadores, fabricantes y distribuidores de maletas para equipaje en el mundo. Vende sus productos usando varias marcas de calidad, como Samsonite® y American Tourister®, y es líder en la altamente fragmentada industria global de los equipajes. Gracias a campañas de marketing y desarrollo del producto dinámico, el presidente y director general Luc Van Nevel esperaba incrementar la participación de la compañía en el mercado, de 36 por ciento en 2005 a 40 por ciento en 2009. El señor Van Nevel reconoce la importancia del desarrollo de nuevos productos y que Samsonite debe introducir de forma continua nuevos productos exitosos al mercado.

Samsonite debe utilizar la investigación de mercados para introducir continuamente productos exitosos al mercado.

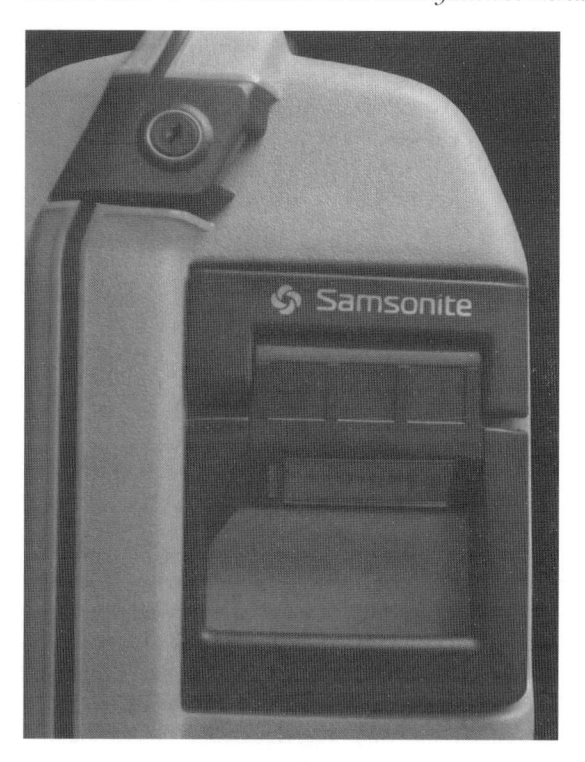

La decisión para la investigación de mercados

1. ¿Qué tipo de investigación de mercados debe realizar Samsonite para introducir con éxito nuevos productos e incrementar su participación en el mercado?
2. Analice el papel del tipo de investigación que usted recomienda para permitir a Luc Van Nevel incrementar la participación de Samsonite en el mercado.

La decisión para la gerencia de marketing

1. ¿Qué debe hacer Luc Van Nevel para construir una estrategia de marketing dinámica?
2. Analice cómo influyen la investigación sugerida y sus hallazgos en la decisión de gerencia de marketing que le recomendó a Luc Van Nevel.[31]

SPSS PARA WINDOWS

En este libro se presentan los programas de SPSS, no sólo como un paquete estadístico, sino como una herramienta integrada que puede utilizarse en las diversas etapas del proceso de investigación de mercados. Se ilustra el uso del SPSS en la definición del problema, el desarrollo del enfoque, el planteamiento del diseño de investigación, la conducción de la recopilación de datos, la preparación y el análisis de datos, y la elaboración y presentación del informe. Además del módulo BASE, se muestran otros programas de SPSS como Decision Time, What If?, Maps, Data Entry, SamplePower, Missing Values, TextSmart y SmartViewer. El análisis de datos se ilustra además con otros tres paquetes de software: SAS, MINITAB y EXCEL.[32] El programa SPSS se usa mucho en la investigación de mercados conducida por organizaciones comerciales, como lo ilustra el ejemplo de American Airlines.

INVESTIGACIÓN REAL

American Airlines se eleva por encima de la competencia

En el competitivo mundo del transporte aéreo, las compañías de transportes están en una búsqueda constante de una ventaja distintiva. Cada vez es más frecuente la demostración de que la lealtad de los clientes es uno de los factores decisivos para mantener ocupados los asientos y elevados los ingresos de la aerolínea. American Airlines (AA) cree que su ventaja competitiva radica en saber más acerca de sus clientes, conocer lo que les gusta y lo que les desagrada. AA (*www.aa.com*) estudia continuamente el ambiente y compara la satisfacción del cliente en docenas de categorías con datos de otras aerolíneas, así como con su propio desempeño anterior. Al actuar de esa manera, AA espera descubrir y resolver de manera oportuna cualquier punto débil.

Para obtener esta información, AA aplica cada día más de una docena de encuestas diferentes —en nueve idiomas distintos— en aproximadamente 100 vuelos American y American Eagle seleccionados al azar. Las encuestas van de estudios de seguimiento general a encuestas específicas creadas para un departamento particular de AA. Por ejemplo, el departamento de Alimentos y Bebidas quizá desee saber más acerca del éxito de sus nuevas selecciones de entradas, o tal vez el departamento de Servicios de a Bordo quiera saber si a los pasajeros les gustaron los videojuegos ofrecidos. Además, el equipo de marketing solicita retroalimentación mediante sesiones de grupo y entrevistas telefónicas. La información también fluye a través de los reportes de los sobrecargos, cartas y otras fuentes. Y, por supuesto, también hay variables operacionales como el tipo de avión, sobrecargos y tripulación, el tiempo de demora y el volumen de pasajeros en circulación.

Pero con más de 3,700 vuelos que transportan diariamente a unos 250,000 pasajeros entre 233 ciudades, hay muchos datos que digerir. Dar sentido a todos estos datos es la responsabilidad del Departamento de Investigación del Consumidor de AA, del gerente analista y del administrador de la base de datos. Analizar esas enormes cantidades de datos con un grupo relativamente pequeño es una tarea desafiante. AA lo logra aprovechando la capacidad y facilidad de uso de SPSS, que permite al departamento de Investigación del Consumidor realizar investigaciones eficientes y entregar los informes de forma oportuna, a la vez que mantiene una plantilla pequeña y dedicada. Mediante el uso de SPSS, el departamento ha incrementado la productividad a la vez que entrega resultados de mayor profundidad. En primer lugar, los ayuda a entender mejor las preferencias del consumidor específico de cada mercado y a dar una respuesta eficiente a tales necesidades. Por ejemplo, recientemente modificó las tarifas domésticas hacia y desde el Aeropuerto Internacional de Miami, con la introducción de estructuras de tarifas más flexibles y competitivas en los servicios de American Airlines, American Eagle® y AmericanConnection®. Algunas de las características destacadas de la estructura de tarifas son las siguientes:

- Se incrementaron en más de 85 por ciento las tarifas sin compra anticipada.
- Se eliminó el requisito de quedarse la noche del sábado para obtener asientos más económicos.
- Se estableció una variedad de tarifas de compra anticipada, ninguna de las cuales requiere una estancia mínima.
- En el caso de esas nuevas tarifas, la cuota estándar por cambios se estableció en $50 dólares, lo cual hizo más fácil que los clientes modificaran sus planes de viaje en caso necesario.

Ofrecer esos productos adaptados a cada mercado regional requiere una comprensión profunda de las necesidades del cliente. Para hacerlo con precisión y eficiencia, AA necesita herramientas estadísticas avanzadas como las que brinda SPSS. Este programa ha ayudado al departamento a triplicar su productividad al permitirle descubrir cambios en las tendencias de los datos, y al dejarle más tiempo libre para las encuestas de seguimiento y la investigación con propósitos específicos. Los tiempos de respuesta de los proyectos también han disminuido considerablemente como resultado de contar con herramientas analíticas de uso más sencillo y eficaz, que reducen el trabajo repetitivo y manual. AA sigue trabajando con SPSS para aumentar el valor de sus productos. Provisto con el SPSS, el departamento de investigación del consumidor ayuda a los gerentes de AA a contar con información más rápida y precisa sobre los problemas potenciales. Eso los ayuda a actuar y, en última instancia, a asegurar que los vuelos de AA tengan más asientos ocupados que los de sus competidores.[33] ∎

RESUMEN

La investigación de mercados incluye la identificación, recopilación, análisis, difusión y uso de información. Es un proceso sistemático y objetivo diseñado para identificar y resolver problemas de marketing. De este modo, la investigación de mercados puede clasificarse como investigación para la identificación y la solución de problemas. El proceso de investigación de mercados consta de seis pasos que deben seguirse de manera sistemática. El papel de la investigación de mercados es evaluar las necesidades de información y proporcionar la que sea relevante para mejorar la toma de decisiones de marketing. Sin embargo, la decisión de realizar investigación de mercados no es automática, sino que debe considerarse con cuidado.

La investigación de mercados puede realizarse de forma interna o adquirirse de proveedores externos conocidos como el sector de la investigación de mercados. Los proveedores de servicios completos brindan toda la gama de servicios de investigación de mercados, desde la definición del problema hasta la elaboración y presentación del informe. Los servicios ofrecidos por esos proveedores se clasifican en servicios sindicados, estandarizados, personalizados o en Internet. Los proveedores de servicios limitados se especializan en una o unas cuantas fases del proyecto de investigación de mercados; sus funciones pueden clasificarse en servicios de campo, codificación y captura de datos, análisis de datos, analíticos y productos de marca.

Debido a la necesidad de la investigación de mercados, existen oportunidades profesionales atractivas en las empresas de investigación de mercados, empresas comerciales y no comerciales, agencias con departamentos de investigación de mercados, y agencias de publicidad. La información obtenida de la investigación de mercados se vuelve una parte integral del SIM y el SAD. La investigación de mercados contribuye al SAD proporcionando información a la base de datos, modelos de marketing y técnicas analíticas a la base de modelos, así como programas especializados de investigación de mercados a la base de software. La investigación de mercados internacionales es mucho más compleja que la local, ya que el investigador debe considerar el ambiente que prevalece en los mercados internacionales que se estudian. Los temas éticos en la investigación de mercados implican a cuatro interesados: **1.** el investigador de mercados, **2.** el cliente, **3.** el encuestado y **4.** el público. En cada paso del proceso de investigación de mercados puede utilizarse Internet. SPSS Windows es un paquete integrado que facilita significativamente la investigación de mercados.

TÉRMINOS Y CONCEPTOS CLAVE

investigación de mercados, *7*
investigación para la identificación del problema, *8*
investigación para la solución del problema, *9*
proceso de investigación de mercados, *10*
inteligencia competitiva, *15*
proveedor interno, *17*
proveedores externos, *18*

sector de la investigación de mercados, *18*
proveedores de servicios completos, *18*
servicios sindicados, *18*
servicios estandarizados, *20*
servicios personalizados, *20*
servicios por Internet, *20*
proveedores de servicios limitados, *20*
servicios de campo, *20*

servicios de codificación y captura de datos, *20*
servicios analíticos, *20*
servicios de análisis de datos, *20*
productos registrados de investigación de mercados, *21*
sistema de información de marketing (SIM), *24*
sistemas de apoyo a las decisiones (SAD), *24*

CASOS SUGERIDOS, CASOS EN VIDEO Y CASOS DE HARVARD BUSINESS SCHOOL

Casos

Caso 1.1 La vida en el carril de alta velocidad: las cadenas de comida rápida compiten por ser la número uno.
Caso 1.2 Nike toma la delantera a sus competidores, pero tiene un largo camino que recorrer.
Caso 3.1 ¿Vale la pena celebrar la publicidad de celebridades?
Caso 4.1 Wachovia: finanzas "Watch Ovah Ya".
Caso 4.2 Wendy's: historia y vida después de Dave Thomas.
Caso 4.3 Astec sigue creciendo.
Caso 4.4 ¿Es la investigación de mercados la cura para los males del Hospital Infantil Norton Healthcare Kosair?

Casos en video

Caso en video 1.1 Burke: aprender y crecer con la investigación de mercados.
Caso en video 1.2 Accenture: el acento está en el nombre.
Caso en video 2.3 Intel: componentes básicos al dedillo.
Caso en video 2.4 Nivea: la investigación de mercados lleva a la congruencia en el marketing.
Caso en video 4.1 Subaru: "El señor encuesta" monitorea la satisfacción del cliente.
Caso en video 4.2 Procter & Gamble: el uso de la investigación de mercados para desarrollar marcas.

Casos de Harvard Business School

Caso 5.1 La encuesta de Harvard sobre las viviendas para estudiantes de posgrado.
Caso 5.2 BizRate.com
Caso 5.3 La guerra de las colas continúa: Coca y Pepsi en el siglo XXI.
Caso 5.4 TiVo en 2002.
Caso 5.5 Computadora Compaq: ¿Con Intel dentro?
Caso 5.6 El nuevo Beetle.

INVESTIGACIÓN REAL: REALIZACIÓN DE UN PROYECTO DE INVESTIGACIÓN DE MERCADOS

1. Reúna información antecedente sobre la organización del cliente.
2. Analice la organización y las operaciones de marketing del cliente.
3. Explique la forma en que los resultados del proyecto ayudarán al cliente a tomar decisiones de marketing específicas.
4. Organice al grupo. Esto puede requerir la formación de equipos para el proyecto. El grupo puede trabajar en el mismo proyecto haciendo que los equipos trabajen en todos los aspectos del proyecto, o asignando a cada equipo una responsabilidad específica, por ejemplo, un componente particular del problema o un aspecto preciso del proyecto, como recopilación y análisis de los datos secundarios. Cada estudiante debe participar en la recopilación de los datos primarios. Otra posibilidad es que el grupo trabaje en diversos proyectos donde se asigne a equipos específicos a un proyecto en particular. El enfoque es flexible y puede manejar diversas organizaciones y formatos.
5. Desarrolle un programa del proyecto que especifique con claridad los plazos de los diferentes pasos.
6. Explique cómo se evaluará a los equipos.
7. Elija a uno o dos estudiantes como coordinadores del proyecto.

EJERCICIOS

Preguntas

1. Describa la tarea de la investigación de mercados.
2. ¿Qué decisiones toman los gerentes de marketing? ¿Cómo ayuda la investigación de mercados a tomar esas decisiones?
3. Defina la investigación de mercados
4. Describa una clasificación de la investigación de mercados.
5. Describa los pasos en el proceso de investigación de mercados.
6. ¿Cómo debe tomarse la decisión de investigar?
7. Explique una manera de clasificar los servicios y proveedores de investigación de mercados
8. ¿Qué son los servicios sindicados?
9. ¿Cuál es la diferencia principal entre un proveedor de servicios completos y uno de servicios limitados?
10. ¿Qué son los productos registrados de investigación de mercados?
11. Mencione cinco directrices para elegir un proveedor externo de investigación de mercados.
12. ¿Qué oportunidades de hacer carrera pueden encontrarse en la investigación de mercados?
13. Analice tres cuestiones éticas en la investigación de mercados que se relacionen con: **1.** el cliente, **2.** el proveedor y **3.** el encuestado
14. ¿Qué es un sistema de información de marketing?
15. ¿En qué difiere un SAD de un SIM?

Problemas

1. Busque en los ejemplares recientes de periódicos y revistas para reconocer cinco ejemplos de investigación para la identificación del problema y cinco ejemplos de investigación para la solución del problema.
2. Mencione un tipo de investigación de mercados que sea útil para cada una de las siguientes organizaciones:
   a. La librería del campus
   b. El responsable del transporte público de su ciudad
   c. Una importante tienda departamental de su comunidad
   d. Un restaurante localizado cerca del campus
   e. Un zoológico en una ciudad importante

EJERCICIOS EN INTERNET Y POR COMPUTADORA

1. Visite los sitios Web de las tres principales empresas de investigación de mercados presentadas en la tabla 1.2. Escriba un informe sobre los servicios que ofrecen tomando como marco de referencia la figura 1.5. ¿Qué afirmaciones haría acerca de la estructura del sector de la investigación de mercados?
2. Visite el sitio Web de Sears (*www.sears.com*). Escriba un informe acerca de las actividades de ventas al detalle y de marketing de Sears. Esto le ayudará a entender mejor el proyecto de la clientela de una tienda departamental, que se utiliza como ejemplo a lo largo del libro.
3. Visite el Bureau of Labor Statistics en *www.bls.gov*. ¿Cuál es el potencial de empleo para los investigadores de mercados?
4. Examine ejemplares recientes de revistas como *Marketing News, Quirk's Marketing Research Review* y *Marketing Research: A Magazine of Management and Applications* para identificar una aplicación en cada una de las siguientes áreas:
   a. Identificación de necesidades de información
   b. Recopilación de información
   c. Análisis de la información
   d. Aprovisionamiento de la información (preparación del informe)

ACTIVIDADES

Juego de roles

1. Usted es el director de investigación de un banco importante. Debe contratar a un asistente analista que será responsable de recabar y analizar los datos secundarios (datos que ya fueron reunidos por otras empresas y que son relevantes para sus operaciones). Realice la entrevista con un compañero que desempeñe el papel de solicitante del puesto. ¿Cuenta este solicitante con la formación y las habilidades necesarias? Invierta los papeles y repita el ejercicio.
2. Usted es el director de proyectos de un importante proveedor de investigación. Acaba de recibir la llamada de una encuestada furiosa que cree que un entrevistador violó su privacidad al llamar a una hora inoportuna. La persona expresa varias preocupaciones éticas. Pídale a una compañera que desempeñe el papel de esta entrevistada. Atienda sus preocupaciones y tranquilícela.

Trabajo de campo

1. Utilice periódicos internacionales y nacionales, como *USA Today*, el *Wall Street Journal* o el *New York Times*, para recabar una lista de oportunidades profesionales en la investigación de mercados.
2. Entreviste a alguien que trabaje para un proveedor de investigación de mercados. ¿Qué opina esa persona acerca de las oportunidades profesionales en el área? Escriba un informe de su entrevista.
3. Entreviste a alguien que trabaje en el departamento de investigación de mercados de una empresa importante. ¿Qué opina esa persona acerca de las oportunidades profesionales en la investigación de mercados? Escriba un informe de su entrevista.

Nota: Las entrevistas de los ejercicios 2 y 3 del trabajo de campo pueden hacerse de manera personal, por teléfono o en línea.

Discusión en grupo

En pequeños equipos de cuatro o cinco personas, analice los siguientes temas:

1. ¿Qué tipo de estructura institucional es mejor para un departamento de investigación de mercados en una empresa comercial grande?
2. ¿Cuál es la formación educativa ideal para alguien que quiere hacer carrera en la investigación de mercados? ¿Es posible adquirir dicha formación?
3. ¿Es posible imponer estándares éticos en la investigación de mercados? ¿Cómo?

CAPÍTULO 2

Definición del problema en la investigación de mercados y desarrollo del enfoque

"Definir el problema que se va a estudiar es una de las tareas más importantes en un proyecto de investigación de mercados. También es una de las más difíciles".

*Ken Athaide,
Vicepresidente de Global
Accounts, TNS*

Objetivos

Después de leer este capítulo, el estudiante deberá ser capaz de:

1. Entender el proceso usado para definir el problema de la investigación de mercados y su importancia.
2. Describir las tareas en la definición del problema, incluyendo las conversaciones con quienes toman las decisiones, entrevistas con expertos del área, análisis de datos secundarios e investigación cualitativa.
3. Analizar los factores ambientales que influyen en la definición del problema de investigación: información previa y pronósticos, recursos y limitaciones, objetivos de quien toma la decisión, comportamiento del comprador, ambientes legal y económico, así como habilidades tecnológicas y de marketing de la empresa.
4. Aclarar la distinción entre el problema de decisión administrativa y el problema de investigación de mercados.
5. Explicar la estructura de un problema de investigación de mercados bien definido, incluyendo el planteamiento general y los componentes específicos.
6. Analizar con detalle los diversos componentes del enfoque: marco objetivo-teórico, modelo analítico, preguntas de investigación, hipótesis y especificación de la información requerida.
7. Entender los procedimientos usados para definir el problema y su complejidad, y desarrollar un enfoque en la investigación de mercados internacionales.
8. Entender los aspectos y conflictos éticos que surgen en la definición del problema y en el desarrollo del enfoque.

Panorama general

Este capítulo abarca los dos primeros pasos de los seis en que consiste el proceso de investigación de mercados descrito en el capítulo 1: la definición del problema de la investigación de mercados y el desarrollo de un enfoque del problema. La definición del problema es el paso más importante, ya que un proyecto de investigación sólo se realizará adecuadamente cuando el problema se haya identificado de manera clara y precisa. La definición del problema de la investigación de mercados establece el curso de todo el proyecto. En este capítulo el lector considerará las dificultades que surgen en la identificación de los factores a considerar, y de las tareas implicadas, en la definición del problema. Además, se señalan las directrices para hacer una definición adecuada del problema y evitar los errores comunes. También se analizan con detalle los componentes del enfoque del problema: marco objetivo-teórico, modelo analítico, preguntas de investigación, e hipótesis y especificación de la información requerida. Se analizan las consideraciones especiales incluidas en la definición del problema y el desarrollo del enfoque en la investigación de mercados internacionales. Se consideran varios problemas éticos que surgen en esta etapa del proceso de la investigación de mercados.

La revisión empieza con un ejemplo de Harley Davidson, que necesitaba información específica acerca de sus clientes.

INVESTIGACIÓN REAL

Harley se la juega, va por todo

El fabricante de motocicletas Harley Davidson (*www.harleydavidson.com*) hizo un retorno tan importante a principios del siglo XXI que había una larga lista de espera para comprar una moto. En 2005, los ingresos de Harley Davidson superaban los $5,000 millones, con una participación en el mercado de cerca del 50 por ciento en la categoría de peso pesado. Aunque los distribuidores le insistían que fabricara más motocicletas, la empresa se mostraba escéptica acerca de invertir en nuevas instalaciones de producción.

Los años de bajas ventas enseñaron a la dirección a mostrarse cautelosa más que proclive a correr riesgos. Harley Davidson tenía de nuevo un buen desempeño, e invertir en nuevas instalaciones suponía correr riesgos. ¿Se mantendría la demanda a largo plazo o los clientes dejarían de desear una Harley cuando apareciera la siguiente moda? La disminución en la calidad de las motocicletas, junto con el rápido crecimiento de Harley, le había costado a la empresa todos sus malos años. La dirección temía que la decisión de invertir fuera demasiado apresurada. Por otro lado, la inversión podía ayudar a Harley Davidson a crecer y convertirse en el líder indiscutible en el segmento de los pesos pesados. Las pláticas con los expertos del sector indicaron que la lealtad hacia la marca era un factor importante que influía en las ventas y en la repetición de las ventas de motocicletas. Los datos secundarios revelaron que la gran mayoría de los propietarios de motocicletas también poseían automóviles, camionetas SUV y camiones. Las sesiones de grupo (grupos de enfoque) con propietarios de motocicletas indicaron, además, que el uso principal de las motocicletas no era el transporte básico sino la recreación. Estos grupos también pusieron de relieve el papel de la lealtad hacia la marca en la compra y posesión de una motocicleta.

Las predicciones indicaban un incremento en el gasto del consumidor en recreación y entretenimiento hasta el año 2010. Con el apoyo de Internet, los consumidores del siglo XXI se han vuelto cada vez más sofisticados y conscientes del valor. Sin embargo, la imagen de la marca y la lealtad a la misma desempeñan un papel tan importante en la conducta del comprador, que las marcas reconocidas siguen cuidándolas. Es claro que Harley Davidson tenía los recursos y las habilidades tecnológicas y de marketing que necesitaba para lograr su objetivo de ser la marca de motocicletas más importante en el mundo.

Una definición correcta del problema de investigación de mercados y un enfoque apropiado ayudaron a Harley Davidson a tomar la decisión acertada de invertir en instalaciones de producción.

Este proceso y los hallazgos que surgieron ayudaron a definir el problema de decisión administrativa y el de investigación de mercados. El primero fue ¿debería Harley Davidson invertir para producir más motocicletas? El segundo consistió en determinar si los clientes serían compradores leales de Harley Davidson a largo plazo. De manera concreta, la investigación tenía que responder las siguientes preguntas:

1. ¿Quiénes son los clientes? ¿Cuáles son sus características demográficas y psicográficas?
2. ¿Pueden distinguirse diferentes tipos de clientes? ¿Es posible segmentar el mercado de una forma significativa?
3. ¿Cómo se sienten los clientes respecto a su Harley? ¿A todos los atrae lo mismo?
4. ¿Son los clientes leales a Harley Davidson? ¿Cuál es el grado de lealtad hacia la marca?

Una de las preguntas de investigación (PI) examinadas y sus hipótesis (H) asociadas fueron:

PI: ¿Puede segmentarse a los compradores de motocicletas con base en sus características psicográficas?
H1: Existen distintos segmentos de compradores de motocicletas.
H2: A cada segmento lo motiva una razón diferente para poseer una Harley.
H3: La lealtad hacia la marca es alta entre los clientes de Harley Davidson de todos los segmentos.

Esta investigación estuvo orientada por la teoría de que la lealtad hacia la marca es el resultado de creencias, actitudes, afecto y experiencias positivos con la marca. Se realizaron investigaciones tanto cualitativas como cuantitativas. Primero se condujeron sesiones de grupo con propietarios actuales, propietarios potenciales y propietarios de otras marcas, para entender sus sentimientos acerca de Harley Davidson. Luego se enviaron por correo 16,000 encuestas para obtener los perfiles psicológico, sociológico y demográfico de los clientes, así como su valoración subjetiva de Harley.

Algunos de los principales hallazgos fueron los siguientes:

- Fue posible distinguir siete categorías de clientes: **1.** el amante tradicional de la aventura, **2.** el pragmático sensible, **3.** el buscador de estatus con estilo, **4.** el campista relajado, **5.** el capitalista con clase, **6.** el solitario sereno y **7.** el inadaptado arrogante. De este modo, se sustentó la H1.
- Sin embargo, todos los clientes tenían el mismo deseo de poseer una Harley: era un símbolo de independencia, libertad y poder. (Esta uniformidad entre segmentos fue una contradicción sorprendente de la H2).
- Todos los clientes habían sido leales a Harley Davidson por un largo tiempo, lo cual apoyaba la H3.

A partir de tales hallazgos, se tomó la decisión de invertir y por ende incrementar la fabricación de Harleys.[1] ■

Este ejemplo muestra la importancia de hacer una definición correcta del problema de investigación de mercados y de desarrollar un enfoque apropiado.

IMPORTANCIA DE LA DEFINICIÓN DEL PROBLEMA

Si bien en un proyecto de investigación de mercados todos los pasos son importantes, la definición del problema es el fundamental. Como se mencionó en el capítulo 1, para los propósitos de la investigación de mercados, problemas y oportunidades se tratan de manera indistinta. La ***definición del problema*** supone plantear el problema general e identificar los componentes específicos del problema de investigación de mercados. La investigación sólo puede diseñarse y conducirse de forma adecuada cuando el problema a tratar se ha definido con claridad. De todas las tareas en un proyecto de investigación de mercados, ninguna es más importante para la satisfacción de las necesidades del cliente que la definición apropiada del problema de investigación. Todo el esfuerzo, tiempo y dinero invertidos en este punto serán infructuosos, si el problema se interpreta o se define mal.[2] Vale la pena recordar este punto, porque la definición inadecuada del problema es una causa importante del fracaso en los proyectos de investigación de mercados. Además, las condiciones que se mencionan con más frecuencia para aumentar la utilidad de la investigación son una mejor comunicación y más participación en la definición del problema. Esos resultados llevan a la conclusión de que no puede exagerarse la importancia de identificar y definir con claridad el problema de investigación de mercados. Para ilustrar este punto citamos un episodio de una experiencia personal.

> *definición del problema*
> Un planteamiento amplio del problema general e identificación de los componentes específicos del problema de investigación de mercados.

INVESTIGACIÓN REAL

Estudio de una cadena de restaurantes

Un día recibí una llamada de un analista de investigación que se presentó como uno de nuestros egresados. Estaba trabajando para una cadena de restaurantes en la ciudad y deseaba ayuda para analizar los datos que había recabado mientras realizaba un estudio de investigación de mercados. Cuando nos encontramos, me entregó una copia del cuestionario y preguntó cómo debería analizar los datos. Lo primero que le pregunté fue "¿Cuál es el problema a tratar?" Como parecía desconcertado le expliqué que el análisis de datos no es un ejercicio independiente, y que su propósito es brindar información relacionada con los componentes del problema. Me sorprendió darme cuenta de que no entendía el problema de investigación de mercados y que no contaba con una definición escrita del problema. De modo que antes de seguir avanzando, tuve que definir el problema de investigación de mercados. Después de lo cual encontré que muchos de los datos obtenidos no eran relevantes para el problema. En este sentido, todo el estudio había sido un desperdicio de recursos. Tenía que diseñarse y ponerse en práctica un nuevo estudio para tratar el problema identificado. ■

La dificultad involucrada en la definición apropiada del problema podría entenderse mejor en el proceso de definirlo.[3]

EL PROCESO DE DEFINICIÓN DEL PROBLEMA Y DESARROLLO DEL ENFOQUE

En la figura 2.1 se muestra el proceso de definición del problema y de desarrollo del enfoque. Las tareas implicadas en la definición del problema consisten en discusiones con quienes toman las decisiones, entrevistas con los expertos del ramo y otros individuos conocedores, análisis de datos secundarios y, en ocasiones, investigación cualitativa. Esas tareas ayudan al investigador a entender los antecedentes del problema mediante el análisis del contexto ambiental. Deben evaluarse ciertos factores ambientales esenciales que tienen que ver con el problema. La comprensión del contexto ambiental facilita la identificación del problema de decisión administrativa, el cual se traduce luego en un problema de investigación de mercados. Con base en la definición del problema de investigación de mercados, se desarrolla un enfoque apropiado, cuyos componentes consisten en un marco objetivo/teórico, modelo analítico, preguntas de investigación, hipótesis y especificación

Figura 2.1
El proceso de definición del problema y desarrollo del enfoque

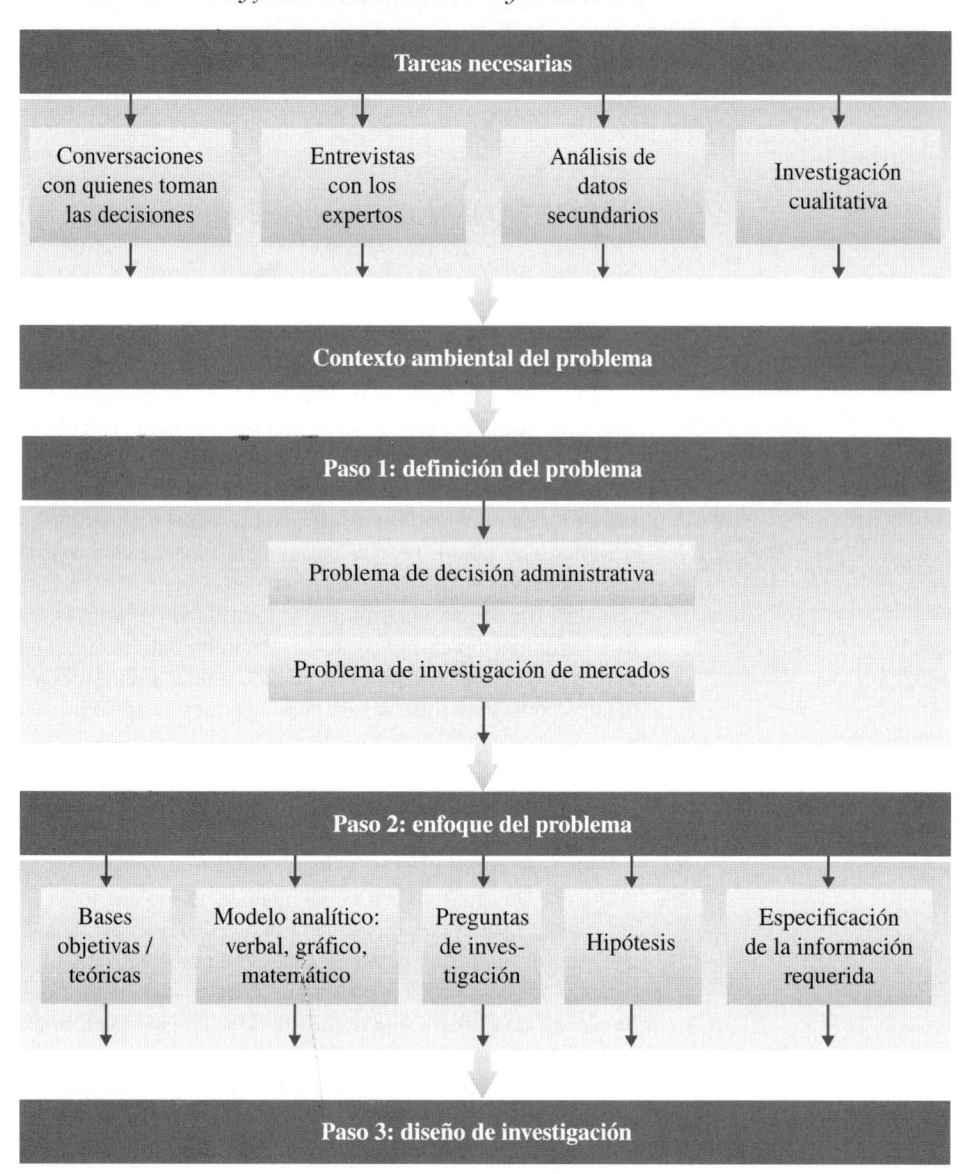

Tareas necesarias

- Conversaciones con quienes toman las decisiones
- Entrevistas con los expertos
- Análisis de datos secundarios
- Investigación cualitativa

Contexto ambiental del problema

Paso 1: definición del problema

- Problema de decisión administrativa
- Problema de investigación de mercados

Paso 2: enfoque del problema

- Bases objetivas / teóricas
- Modelo analítico: verbal, gráfico, matemático
- Preguntas de investigación
- Hipótesis
- Especificación de la información requerida

Paso 3: diseño de investigación

de la información requerida. La explicación del proceso de definición del problema empieza con un análisis de las tareas necesarias.

TAREAS NECESARIAS

Discusiones con quienes toman las decisiones

Las conversaciones con quienes toman las decisiones (TD) son de suma importancia, ya que estas personas necesitan entender el potencial y las limitaciones de la investigación.[4] La investigación proporciona información relevante para las decisiones administrativas; pero no ofrece soluciones en sí porque éstas requieren el juicio de los directivos. A la vez, el investigador necesita comprender la naturaleza de la decisión que enfrentan los gerentes y lo que esperan que la investigación les informe.

Para identificar el problema de la administración, el investigador debe poseer una habilidad considerable para interactuar con la persona que decide. En ocasiones esta interacción se vuelve complicada por varios factores. Quizá sea difícil tener acceso a quienes toman las decisiones y algunas organizaciones tienen protocolos difíciles para tener acceso a los altos ejecutivos. El estatus del investigador o del departamento de investigación dentro de la organización puede obstaculizar el acceso a quienes toman las decisiones en las primeras etapas del proyecto. Por último, tal vez haya más de una persona clave en la toma de decisiones y sea complicado reunirse con ellos de manera colectiva o individual. A pesar de esos problemas, es necesario que el investigador interactúe directamente con quienes toman las decisiones.[5]

CAPÍTULO 2 *Definición del problema en la investigación de mercados y desarrollo del enfoque* 39

auditoría del problema
Un examen exhaustivo de un problema de marketing para entender su origen y naturaleza.

La *auditoría del problema* brinda un marco útil para interactuar con quienes toman las decisiones e identificar las causas subyacentes del problema. La auditoría del problema, como cualquier otro tipo de auditoría, es un examen exhaustivo de un problema de marketing con el propósito de entender su origen y naturaleza.[6] Este proceso implica sostener conversaciones con quienes deciden sobre los siguientes temas, que se ilustran con un problema enfrentado por McDonald's:

1. Los sucesos que llevaron a decidir que se necesitaba una acción, o bien, la historia del problema. McDonald's, líder durante mucho tiempo en la industria de la comida rápida, en 2003 y 2004 estaba perdiendo su participación en el mercado ante competidores como Burger King, Wendy's y Subway en algunos de los mercados más importantes. Este problema se agudizó cuando esos competidores lanzaron nuevos productos y campañas dinámicas de promoción; mientras que las últimas campañas de McDonald's no fueron tan exitosas.
2. Los cursos alternativos de acción de que dispone la persona que toma la decisión. En esta etapa el conjunto de alternativas podría estar incompleto y quizá se necesite una investigación cualitativa para identificar los cursos de acción más innovadores. Las alternativas disponibles para la administración de McDonald's incluyen la introducción de nuevos emparedados y artículos del menú, reducción de precios, abrir más restaurantes, lanzar promociones especiales y aumentar la publicidad.
3. Los criterios que se utilizarán para evaluar los cursos alternativos de acción. Por ejemplo, las ofertas de nuevos productos pueden evaluarse a partir de las ventas, la participación en el mercado, la rentabilidad, el rendimiento sobre la inversión, etcétera. McDonald's evaluará las alternativas con base en sus contribuciones a las ganancias y a la participación en el mercado.
4. Las acciones potenciales que es probable que se sugieran a partir de los hallazgos de la investigación. Es probable que éstos originen una respuesta de marketing estratégica por parte de McDonald's.
5. La información que se necesita para responder a las preguntas de quien toma las decisiones. Esta información incluye una comparación de McDonald's y sus principales competidores en todos los elementos de la mezcla de marketing (producto, asignación de precios, promoción y distribución) para determinar las fortalezas y debilidades relativas.
6. La manera en que la persona que toma las decisiones usará cada pieza de información para decidir. Quienes deciden crearán una estrategia para McDonald's basada en los resultados de la investigación, así como en su juicio e intuición.
7. La relación entre la cultura corporativa y la toma de decisiones.[7] En algunas empresas, el proceso de tomar decisiones es dominante; en otras, es más importante la personalidad de la persona que decide. Estar consciente de la cultura de la empresa puede ser uno de los factores más importantes que distinguen a los investigadores que influyen en las decisiones estratégicas de marketing, de quienes no lo hacen. En McDonald's la cultura corporativa se inclina por una aproximación en que las decisiones cruciales son tomadas en un comité.

Es importante realizar la auditoría del problema porque en la mayoría de los casos, quien toma la decisión sólo tiene una vaga idea de cuál es el problema. Por ejemplo, quien decide tal vez sepa que la empresa está perdiendo su participación en el mercado, pero quizá no conozca la razón, ya que quienes deciden tienden a enfocarse en los síntomas más que en la enfermedad (las causas). La incapacidad para alcanzar los pronósticos de ventas, las pérdidas en la participación en el mercado y la disminución de las ganancias son todos síntomas. El investigador debe identificar las causas subyacentes y no limitarse a tratar los síntomas. Por ejemplo, la pérdida de participación en el mercado podría deberse a una mejor promoción de la competencia, a una distribución inadecuada de los productos de la compañía o a muchos otros factores. Sólo cuando se identifican las causas subyacentes es posible manejar el problema con éxito, como lo ejemplifica el esfuerzo de Cingular Wireless.

INVESTIGACIÓN ACTIVA

Visite www.cocacola.com y www.sprite.com para obtener toda la información disponible acerca del programa de marketing de Sprite. Elabore un breve informe.

Como gerente de marca de Sprite, la tercera marca más grande de bebidas gaseosas, a usted le preocupa mejorar el desempeño de la marca. Identifique posibles síntomas que le indiquen que el desempeño de Sprite está por debajo de las expectativas.

Está usted realizando una investigación de mercados para Sprite con la finalidad de mejorar el desempeño de la marca. Identifique las posibles causas que pueden estar contribuyendo a la falta de desempeño.

INVESTIGACIÓN REAL

Cingular: Levantando la barra

En octubre de 2000 se creó Cingular Wireless (www.cingular.com) mediante la asociación de SBC Communications (que cambió su nombre a AT&T el 18 de noviembre de 2005, luego de la adquisición de esta empresa) y BellSouth; SBC poseía el 60 por ciento y BellSouth el 40 por ciento. A partir de 2006, Cingular Wireless es la empresa más grande de comunicaciones inalámbricas en Estados Unidos, con más de 50 millones de suscriptores que usan la red más grande de servicios digitales de voz y datos, que permite la comunicación personal y cuenta con un eficiente servicio al cliente.

Sin embargo, en sus primeros años a Cingular le resultó difícil lanzar sus productos y servicios, y las ventas iniciales no cumplían las expectativas de la administración. Se realizó una auditoría del problema que identificó que la dificultad real era la falta de imagen. De modo que el problema de la investigación de mercados se definió como la medición del conocimiento, las percepciones y la imagen de Cingular. Se utilizaron sesiones de grupo seguidas por una encuesta telefónica. Los resultados indicaron que el conocimiento era poco y que los consumidores no sabían el significado de Cingular, es decir, que carecía de imagen. Los resultados también indicaron que se tenía una percepción muy positiva de una compañía de telecomunicaciones que permitía a los clientes expresarse.

Para corregir dicha situación, Cingular contrató la agencia BBDO, cuya sede está en Nueva York, para lanzar su campaña de $300 millones en enero de 2001, durante el Super Tazón, la cual se centraba en la autoexpresión. Cingular decidió que la campaña debería enfocarse en la imagen más que en las diferencias en el servicio. La compañía se percató de que se necesita más que el solo servicio para ganar con una nueva marca en un mercado tan competitivo. Vance Overbey, director ejecutivo de publicidad en Cingular, afirma: "Mientras otras empresas trataban de promocionar sus mensajes destacando la tecnología y las tarifas competitivas, Cingular decidió enfocarse en la autoexpresión humana".

El 26 de octubre de 2004, Cingular concluyó su fusión con AT&T Wireless para crear la empresa más grande de Estados Unidos. La investigación posterior realizada con sesiones de grupo y entrevistas telefónicas demostró que los consumidores y los clientes esperaban más de la empresa más grande. Para reforzar esta imagen, Cingular adoptó el lema "Levantando la barra". No sorprende entonces el incremento de las ventas a un paso saludable.[8]

Como en el caso de Cingular, una auditoría del problema, que implica una amplia interacción entre el investigador y la persona que decide, facilitaría la definición del problema al determinar las causas subyacentes. La interacción entre el investigador y quien toma las decisiones se favorece cuando una o más personas en la organización del cliente fungen como enlaces y forman un equipo con el investigador de mercados. Para que sea fructífera, la interacción debe caracterizarse por los siguientes elementos:

1. *Comunicación.* Es fundamental el libre intercambio de ideas entre la persona que decide y el investigador.
2. *Cooperación.* La investigación de mercados es un proyecto en equipo donde ambas partes (quien toma las decisiones y el investigador) deben cooperar.
3. *Confianza.* La interacción entre la persona que decide y el investigador debe estar guiada por la confianza mutua.
4. *Honestidad.* No deben existir motivos ocultos y tiene que prevalecer una actitud de apertura.
5. *Cercanía.* La relación entre quien decide y el investigador debe caracterizarse por sentimientos de calidez y cercanía.
6. *Continuidad.* La interacción entre la persona que decide y el investigador no tiene que ser esporádica sino continua.
7. *Creatividad.* La interacción entre quien decide y el investigador debe ser creativa más que convencional.

Entrevistas con expertos en el sector

Además de las discusiones con las personas que deciden, las entrevistas con los expertos en el ramo (conocedores de la empresa y del sector) ayudan a plantear el problema de la investigación de mercados.[9] Los expertos se encuentran tanto dentro como fuera de la empresa. Por lo general, la información de los expertos se obtiene mediante entrevistas personales no estructuradas, es decir, sin la aplicación de un cuestionario formal. No obstante, resulta útil preparar una lista de los temas que deberían tratarse durante la entrevista. El orden en que se consideran dichos temas y las preguntas a plantear no deben determinarse de antemano, sino decidirse conforme avance la entrevista. Así se ofrece mayor flexibilidad para captar los conocimientos de los expertos. El propósito de entrevistarlos no es llegar a una solución concluyente, sino ayudar a definir el problema de investigación de mercados. Por desgracia, al buscar el consejo de los expertos surgen dos dificultades potenciales:

1. Algunos individuos que afirman ser conocedores y están dispuestos a participar, en realidad quizá no cuenten con la pericia necesaria.
2. Puede ser difícil localizar y obtener la ayuda de expertos que estén fuera de la organización del cliente.

Por esas razones, las entrevistas con expertos son más útiles al realizar investigación de mercados para empresas industriales y para productos de naturaleza técnica, donde es relativamente sencillo identificar y acercarse a los expertos. Este método también es útil en situaciones donde se dispone de poca información de otras fuentes, como en el caso de los productos radicalmente nuevos. Puede hacerse una búsqueda en Internet para encontrar expertos del ramo fuera de la organización del cliente. Visitando los sitios del sector y los grupos de noticias (por ejemplo, *groups.google.com*), se logra el acceso a muchos expertos con conocimientos del ramo. También podría hacer búsquedas sobre el tema en cuestión, y un seguimiento de los mensajes colocados o las preguntas frecuentes. En ocasiones los expertos aportan ideas valiosas para modificar o reposicionar productos existentes, como lo ilustra el reposicionamiento de Diet Cherry Coke.

INVESTIGACIÓN REAL

Cosecha de cerezas: el reposicionamiento de Diet Cherry Coke

En 2006 Coca-Cola (*www.cocacola.com*) seguía siendo el principal fabricante, vendedor y distribuidor de bebidas no alcohólicas en más de 200 países, con más de 400 marcas. Sin embargo, las ventas de Diet Cherry Coke habían estado disminuyendo muy por debajo de las más de ocho millones de cajas vendidas en los mejores años. El sistema de embotelladores de Coca había empezado a reducir la distribución de Diet Cherry Coke. Ante ese problema, Coca-Cola tenía que determinar la causa de la disminución en las ventas. Cuando se consultó a los expertos de la industria se identificó el verdadero problema: Diet Cherry Coke no estaba posicionada correctamente. Los expertos señalaron que la imagen de la marca era un factor esencial que influía en las ventas de bebidas gaseosas y que la imagen de Diet Cherry Coke se percibía como convencional y anticuada, lo cual era incongruente con la imagen de Cherry Coke. De ahí que se identificó el problema de investigación de mercados como medir la imagen y el posicionamiento de Diet Cherry Coke. La investigación realizada confirmó el diagnóstico de los expertos de la industria y proporcionó varias ideas útiles.

Con base en los resultados de la investigación, el producto se reposicionó para acercarlo a la imagen de Cherry Coke. El propósito era dirigirse a los consumidores jóvenes. Se cambió el envase para hacerlo más congruente con el de Cherry Coke. Se usaron gráficos más definidos y afilados para atraer al segmento más joven. Por último, Diet Cherry Coke se colocó con Cherry Coke en una promoción de obsequios dirigida a los adolescentes. El posicionamiento de Diet Cherry Coke como una bebida refrescante para los jóvenes y el hecho de dirigirse al segmento de los adolescentes originaron un giro total e incrementaron las ventas en 2005. Desde entonces, las ventas han mostrado una trayectoria ascendente, gracias a los expertos del ramo que ayudaron a identificar el verdadero problema.[10]

El ejemplo de Diet Cherry Coke señala el importante papel de los expertos del sector. Sin embargo, la información obtenida de las personas que toman las decisiones y de los expertos del ramo debería complementarse con los datos secundarios disponibles.

INVESTIGACIÓN ACTIVA

Visite *www.walmart.com* y haga una búsqueda en Internet usando su navegador y la base de datos en línea de su biblioteca, para identificar los retos y las oportunidades que enfrenta Wal-Mart, el vendedor al detalle más grande de Estados Unidos y en muchos países de todo el orbe.

Visite *www.groups.google.com* e inspeccione los anuncios sobre grupos de noticias de ventas al detalle para identificar a un experto en el área. Entreviste a ese experto (por teléfono o en línea) para averiguar los retos y las oportunidades que enfrenta Wal-Mart.

Como Director General de Wal-Mart, ¿qué estrategias de marketing formularía usted para superar tales desafíos y sacar provecho de las oportunidades?

Análisis de datos secundarios

datos secundarios
Datos recabados para algún propósito diferente del problema que se está tratando.

Los **datos secundarios** se reúnen para un propósito diferente al problema que se maneja. Por otro lado, los **datos primarios** son originados por el investigador con el objetivo específico de tratar el problema de investigación. Los datos secundarios incluyen información que se obtuvo de fuentes privadas y gubernamentales, de empresas comerciales de investigación de mercados y de bases de datos computarizadas. Los datos secundarios son una fuente económica y rápida de información antecedente. El análisis de los datos secundarios disponibles es un paso esencial en el proceso de definición del problema. No deben recabarse los datos primarios hasta que no se hayan analizado por completo los datos secundarios. Dada la enorme importancia de los datos secundarios, el tema se analizará con detalle en el capítulo 4, que también incluye examinar las diferencias entre los datos secundarios y primarios.

datos primarios
Datos originados por el investigador con la finalidad específica de tratar el problema de investigación.

A menudo es útil complementar el análisis de datos secundarios con investigación cualitativa.

Investigación cualitativa

La información obtenida de la persona que toma las decisiones, de los expertos del sector y de los datos secundarios quizá sea insuficiente para definir el problema de investigación. En ocasiones debe realizarse investigación cualitativa para entender el problema y los factores que le subyacen. La **investigación cualitativa** es de naturaleza exploratoria y no estructurada, se basa en pequeñas muestras y puede utilizar técnicas cualitativas populares como las sesiones de grupo (entrevistas grupales), asociación de palabras (pedir a los entrevistados que den la primera respuesta a las palabras estímulo) y entrevistas en profundidad (entrevistas personales que exploran en detalle los pensamientos del entrevistado). También hay otras técnicas de investigación exploratoria (como las encuestas piloto y los estudios de caso) para obtener información sobre el fenómeno de interés. Las **encuestas piloto** suelen ser menos estructuradas que las encuestas a gran escala, ya que por lo general contienen más preguntas abiertas y el tamaño de la muestra es mucho menor. Los **estudios de caso** implican un examen profundo de unos cuantos casos seleccionados del fenómeno de interés. Los casos pueden ser consumidores, tiendas, empresas o diversas unidades como mercados, sitios Web, etcétera. Los datos se obtienen de las empresas, de fuentes secundarias externas y de la realización de largas entrevistas no estructuradas con personas que conocen el fenómeno de interés. En el proyecto de la tienda departamental, se obtuvieron ideas valiosas sobre los factores que afectaban a la clientela de la tienda en un estudio de caso, que comparaba las cinco mejores tiendas con las cinco peores.

investigación cualitativa
Metodología de investigación exploratoria, no estructurada, que se basa en pequeñas muestras y que tiene el propósito de brindar conocimientos y comprensión del entorno de un problema.

encuestas piloto
Encuestas que tienden a ser menos estructuradas que las encuestas a gran escala, ya que por lo general contienen más preguntas abiertas y el tamaño de la muestra es mucho menor.

estudios de caso
Requieren un examen profundo de unos cuantos casos seleccionados del fenómeno de interés. Los casos pueden ser clientes, tiendas u otras unidades.

En el capítulo 3 se revisa con mayor detalle la investigación exploratoria, en tanto que las técnicas de investigación cualitativa se analizan en el capítulo 5.

Aunque la investigación emprendida en esta etapa quizá no se realice de una manera formal, puede brindar información valiosa sobre el problema, como ilustra el ejemplo inicial de Harley Davidson. Los expertos del ramo indicaron la importancia de la lealtad hacia la marca, que también surgió como un factor importante en las sesiones de grupo. Los datos secundarios revelaron que la mayoría de los propietarios de motocicletas también poseían vehículos como automóviles, camionetas tipo SUV y camiones. Las sesiones de grupo indicaron además que las motocicletas se usaban sobre todo como medio de recreación, y todos esos factores fueron útiles para definir el problema de cómo determinar si los clientes serían compradores leales de Harley Davidson a largo plazo. P&G brinda otro ejemplo del papel de la investigación cualitativa en la definición del problema de investigación de mercados.

INVESTIGACIÓN REAL

P&G se asoma a la intimidad

P&G, el fabricante del detergente para ropa Tide, de los pañales Pampers y del dentífrico Crest, está enviando cámaras y equipos de filmación a alrededor de 80 hogares alrededor del mundo, con la esperanza de captar en una cinta las rutinas y los procedimientos de la vida diaria en toda su aburrida gloria. P&G piensa que este ejercicio arrojará una montaña de información valiosa sobre el comportamiento del consumidor, que los métodos más tradicionales (sesiones de grupo, entrevistas, visitas al hogar) tal vez pasen por alto. La gente suele demostrar una memoria selectiva cuando habla con un investigador de mercados. Por ejemplo, tal vez diría que se cepilla los dientes todas las mañanas o que sólo se permite unas cuantas papas fritas, cuando en realidad a menudo olvida cepillarse y se come toda la bolsa.

P&G espera que las videograbaciones le ayuden a conocer toda la verdad. Al principio el estudio siguió a familias en Inglaterra, Italia, Alemania y China. Después de que una familia acepta participar, uno o dos etnógrafos-directores de cine llegan a la casa cuando suena el despertador en la mañana y permanecen ahí hasta la hora de dormir, usualmente durante un periodo de cuatro días. Para ser lo más discreto posible, en ciertos momentos el equipo deja la cámara en la habitación con los sujetos o les permite que se filmen a sí mismos. No obstante, existen algunas reglas básicas. Si llegan amigos, los sujetos deben informarles que están siendo filmados. Los sujetos y los directores de antemano se ponen de acuerdo sobre los límites: no se graban la mayoría de las actividades en la alcoba ni en el baño. Una pequeña empresa de investigación de Londres, Everyday Lives Ltd. (*www.edlglobal.net*), dirige el programa para P&G.

Por supuesto, P&G está utilizando la información obtenida por dicha investigación para ofrecer productos innovadores que satisfagan las necesidades del mercado. Por ejemplo, algunas de las filmaciones en los hogares de los clientes revelaron que uno de los mayores desafíos enfrentados por las madres que trabajan son sus ajetreadas mañanas. Además de preparar a los niños para la escuela y hacer malabares con una gran cantidad de obligaciones, quieren asegurarse de que dejan la casa impecable. De modo que P&G definió el problema de investigación de mercados como determinar el potencial de productos con propósitos múltiples que ayuden a este segmento de los clientes a facilitar su rutina matutina. La investigación posterior llevó al lanzamiento de productos con propósitos múltiples como un cosmético de CoverGirl que es al mismo tiempo humectante, base y filtro solar.[11] ∎

El investigador puede entender el contexto ambiental del problema con la ayuda de las ideas obtenidas de la investigación cualitativa, las conversaciones con quienes toman las decisiones, las entrevistas con los expertos y el análisis de datos secundarios.

CONTEXTO AMBIENTAL DEL PROBLEMA

Para entender el entorno de un problema de investigación de mercados, el investigador debe conocer la empresa y la industria del cliente. En particular debe analizar los factores que influyen en la definición del problema de investigación de mercados. Como se muestra en la figura 2.2, esos factores, que abarcan el ***contexto ambiental del problema***, incluyen la información previa y los pronósticos que atañen a la industria y a la empresa, los recursos y limitaciones de la empresa, los objetivos de quien toma las decisiones, el comportamiento del comprador, los ambientes legal y económico, así como las habilidades tecnológicas y de marketing de la empresa. Cada uno de esos factores se analiza de manera breve.[12]

contexto ambiental del problema
Consta de los factores que tienen impacto en la definición del problema de investigación de mercados, incluyendo la información previa y los pronósticos, los recursos y limitaciones de la empresa, los objetivos de quien toma las decisiones, el comportamiento del comprador, el ambiente legal, el ambiente económico, así como las habilidades tecnológicas y de marketing de la empresa.

Información previa y pronósticos

La información previa y los pronósticos de las tendencias relativas a ventas, participación en el mercado, rentabilidad, tecnología, población, demografía y estilo de vida, pueden ayudar al investigador a entender lo que subyace al problema de la investigación de mercados. Cuando sea pertinente, este tipo de análisis debe realizarse a nivel de la industria y de la empresa. Por ejemplo, si las ventas de una compañía disminuyen pero las ventas de la industria aumentan, los problemas serán muy diferentes que si las ventas de la industria también disminuyeran. En el primer caso, es probable que los problemas sean específicos de la empresa.[13]

La información previa y los pronósticos pueden ser útiles para descubrir oportunidades y problemas potenciales, como lo hizo la industria de la comida rápida. El siguiente ejemplo muestra la forma en que los mercadólogos pueden aprovechar las oportunidades potenciales evaluando correctamente la demanda potencial.

INVESTIGACIÓN REAL

Smarte Carte se pone lista con la investigación de mercados

Smarte Carte, Inc. (*www.smartecarte.com*), con sede en St. Paul, MN, es una firma líder en los servicios de carritos de equipaje, casilleros y carreolas en más de 1,000 aeropuertos, estaciones de trenes, terminales de autobuses, centros comerciales e instalaciones de entretenimiento alrededor del mundo. La empresa desarrolló recientemente un nuevo casillero que utiliza una tecnología "in-

Figura 2.2
Factores a considerar en el contexto ambiental del problema

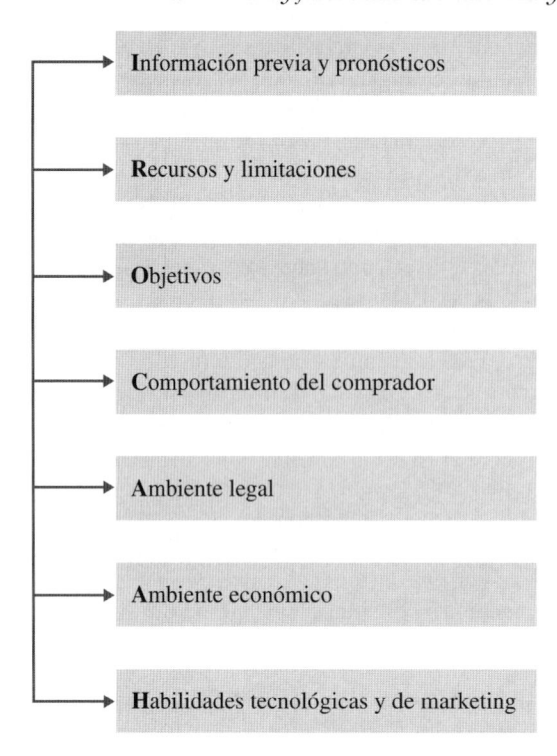

- **I**nformación previa y pronósticos
- **R**ecursos y limitaciones
- **O**bjetivos
- **C**omportamiento del comprador
- **A**mbiente legal
- **A**mbiente económico
- **H**abilidades tecnológicas y de marketing

teligente". Querían saber cuáles serían los mercados ideales para este nuevo producto, por lo cual buscaron la ayuda de Emerge Marketing (*www.emergemarketing.com*).

La expansión hacia nuevos mercados requiere conocimiento del tamaño y del crecimiento potencial de cada mercado, las barreras para entrar y los competidores. Empleando investigación cualitativa (como sesiones de grupo y entrevistas en profundidad) y métodos de investigación secundaria (como la información del Censo y las calificaciones de Nielsen), Emerge Marketing desarrolló una línea base de información para varios segmentos posibles del mercado. A partir de las necesidades fundamentales identificadas para cada mercado, se encontró que la tecnología del nuevo casillero sería adecuada para los parques de diversiones, áreas de esquí y parques acuáticos. El estudio reveló que las características ofrecidas por el nuevo producto eran más adecuadas para las necesidades de esos segmentos del mercado. Además, la imagen competitiva era más favorable en esos segmentos. Así que la definición del problema se redujo a determinar la demanda potencial para la nueva tecnología, en esos tres segmentos (parques de diversiones, áreas de esquí y parques acuáticos). Luego se realizó una investigación adicional para cuantificar el mercado en términos de ventas potenciales en esos segmentos, de manera que Smarte Carte pudiera desarrollar productos, capacidad de fabricación y presupuestos. Con base en el estudio, Smarte Carte ajustó el producto para esos tres mercados. Por ejemplo, se desarrollaron casilleros electrónicos sin llave con los parques acuáticos en mente. Los visitantes podrían guardar sus objetos de valor en este casillero y luego disfrutar las diversiones sin tener que preocuparse por la seguridad de las llaves de su casillero.[14] ■

Este ejemplo ilustra la utilidad de la información previa y de los pronósticos, cuyo valor puede ser mayor si los recursos son limitados y hay otras restricciones en la organización.

INVESTIGACIÓN ACTIVA

Obtenga datos de fuentes secundarias sobre las ventas de restaurantes en el año anterior y de los pronósticos de ventas para los siguientes dos a cinco años.
¿Cómo obtendría esta información usando Internet?
Usted es el gerente de marketing de restaurantes de Houston. Se ha encontrado con información que afirma que cada vez es más la gente que hace comidas rápidas y que se espera que dicha tendencia continúe en los próximos cinco años. ¿Qué tipo de problemas y oportunidades sugiere esta información?

Recursos y limitaciones

Para que el alcance del problema de investigación de mercados sea apropiado, es necesario considerar tanto los recursos disponibles (como dinero y habilidades de investigación) como las limitaciones de la organización (como costos y tiempo). Es evidente que la administración no va a aprobar la propuesta de un proyecto a gran escala cuyo costo sea de $100,000 cuando el presupuesto es tan sólo de $40,000. En muchos casos tiene que reducirse el alcance del problema de investigación de mercados para ajustarse a las limitaciones de presupuesto. Al igual que en el proyecto de la tienda departamental, esto podría hacerse restringiendo la investigación a los principales mercados geográficos, en vez de realizar el proyecto en todo el país.

A menudo es posible ampliar de forma significativa el alcance de un proyecto con un incremento apenas marginal en los costos. Ello mejoraría mucho la utilidad del proyecto e incrementaría por ende la probabilidad de que la administración lo apruebe. Las restricciones de tiempo se vuelven importantes cuando las decisiones deben tomarse con rapidez.[15] Un proyecto para Fisher-Price, un fabricante líder de juguetes, implicaba terminar, en un plazo de seis semanas, una serie de entrevistas en centros comerciales de seis ciudades grandes (Chicago, Fresno, Kansas, Nueva York, Filadelfia y San Diego). La prisa se debía a que los resultados tenían que presentarse en una próxima reunión del consejo, donde se tomaría una decisión importante (sí o no) sobre la introducción de un nuevo producto.[16]

Para determinar el alcance del proyecto de investigación deben identificarse otras limitaciones, como las impuestas por el personal de la empresa del cliente, la estructura y la cultura de la organización, así como los estilos de toma de decisiones. Sin embargo, no debe permitirse que las limitaciones disminuyan el valor de la investigación para quien toma las decisiones o que pongan en riesgo la integridad del proceso de investigación. Si vale la pena realizar un proyecto de investigación, vale la pena hacerlo bien. En los casos donde los recursos son demasiado limitados para permitir un proyecto de alta calidad, debe recomendarse a la empresa que no realice una investigación de mercados formal. Por esta razón se vuelve necesario identificar los recursos y las limitaciones, que es una tarea que se entiende mejor cuando se examina a la luz de los objetivos de la organización y de quienes toman las decisiones.

Objetivos

objetivos
Para realizar con éxito la investigación de mercados, deben considerarse las metas de la organización y de quienes toman las decisiones.

Las decisiones se toman para cumplir *objetivos*. La formulación del problema de decisión administrativa debe basarse en una comprensión clara de dos tipos de objetivos: **1.** los objetivos de la organización (sus metas), y **2.** los objetivos personales de la persona que decide. Para que el proyecto tenga éxito, debe cumplir los objetivos tanto de la organización como de quien toma las decisiones. Sin embargo, esta no es una tarea fácil.

Es raro que la persona que decide haga un planteamiento preciso de los objetivos personales o de la organización. Más bien es probable que esos objetivos se expongan en términos sin significado operacional, como "mejorar la imagen corporativa". Es poco probable que se revelen los objetivos relevantes interrogando directamente a la persona que decide. El investigador necesita habilidad para extraer esos objetivos. Una técnica eficaz es confrontar a quien toma las decisiones con cada una de las posibles soluciones al problema y preguntarle si seguiría ese curso de acción. Si se recibe un "no" por respuesta, hay que indagar más para descubrir los objetivos que no se cumplen con ese curso de acción.

Comportamiento del comprador

comportamiento del comprador
Conjunto de conocimientos que trata de entender y predecir las reacciones de los consumidores a partir de características específicas de los individuos.

El **comportamiento del comprador** es un componente fundamental del contexto ambiental. En la mayoría de las decisiones de marketing, el problema se remonta en última instancia a predecir la respuesta de los compradores ante acciones específicas del vendedor. La comprensión de lo que subyace al comportamiento del comprador puede dar ideas valiosas sobre el problema. Los factores que influyen en el comportamiento del comprador y que deberían considerarse incluyen:

1. El número y la localización geográfica de compradores y no compradores.
2. Características demográficas y psicológicas.
3. Hábitos de consumo del producto y de consumo de productos de categorías relacionadas.
4. Comportamiento de consumo de los medios de comunicación y respuesta a las promociones.
5. Sensibilidad al precio.
6. Tiendas minoristas que se frecuentan.
7. Preferencias del comprador.

PARTE I *Introducción y fases iniciales de la investigación de mercados*

El siguiente ejemplo muestra la forma en que la comprensión de la conducta relevante del comprador ayuda a identificar las causas que subyacen a un problema.

INVESTIGACIÓN REAL

Como "¿Tiene leche?" obtuvo ventas

Las ventas de leche disminuyeron en la década de 1980 y a principios de la siguiente, de manera que la industria de los lácteos necesitaba encontrar una forma de aumentarlas. El California Milk Processor Board contrató a una compañía de publicidad que, a la vez, contrató a M/A/R/C Research (*www.marcresearch.com*) para efectuar una encuesta telefónica de seguimiento a personas de California mayores de 11 años de edad. La empresa investigadora quería entender lo que estaba detrás del comportamiento de los consumidores hacia la leche, para identificar la causa de sus ventas bajas. Mediante sesiones de grupo, observaciones en los hogares y encuestas telefónicas M/A/R/C descubrió la conducta del consumidor que estaba detrás del consumo de leche. La investigación reveló la forma en que las personas consumían la leche, lo que las hacía desearla, con qué comidas la tomaban y cómo se sentían cuando no la tenían. Se encontró que el 88 por ciento de la leche se consume en casa y que no era la bebida principal de la persona promedio, sino que se tomaba en combinación con ciertos alimentos como cereal, pasteles, galletas, etcétera. Sin embargo, la leche se extrañaba mucho cuando no había. La agencia de publicidad, Goodby, Silverstein & Partners, desarrolló una campaña publicitaria alrededor del comportamiento del consumidor relacionada con la leche, y lanzó la célebre campaña del "bigote de leche" con el eslogan "¿Tiene leche?". Esta publicidad creativa de verdad atrajo la atención y mostraba a celebridades como Joan Lunden, Rhea Perlman y Danny DeVito con el famoso bigote blanco. Gracias a la investigación de mercados y la campaña de publicidad, las ventas de leche aumentaron y se mantuvieron estables en 2006. Pero más allá de las ventas, "¿Tiene leche?" se ha vuelto parte del lenguaje estadounidense. Algunos consumidores dicen que sus hijos entran a la cocina con una galleta pidiendo "un vaso de ¿tiene leche?"[17] ■

La disminución en el consumo de leche puede atribuirse a los cambios en el ambiente sociocultural, que incluye tendencias demográficas y gustos del consumidor. Además, los ambientes legal y económico influyen en el comportamiento de los consumidores y en la definición del problema de investigación de mercados.

Para identificar las verdaderas causas de la disminución en el consumo de leche era fundamental entender la conducta del consumidor que subyace al consumo del lácteo.
Fuente: National Fluid Milk Processor Promotion Board.

Ambiente legal

ambiente legal
Políticas y normas regulatorias dentro de las cuales deben operar las organizaciones.

El *ambiente legal* incluye las políticas públicas, las leyes, las agencias gubernamentales y los grupos de presión que influyen y regulan a diversas organizaciones e individuos en la sociedad. Las áreas legales importantes incluyen patentes, marcas registradas, regalías, acuerdos comerciales, impuestos y aranceles. Las leyes federales tienen repercusión en cada elemento de la mezcla de marketing. Además, se han aprobado leyes para regular industrias específicas. El ambiente legal puede tener una influencia importante en la definición del problema de investigación de mercados, igual que el ambiente económico.

Ambiente económico

ambiente económico
El ambiente económico está formado por ingreso, precios, ahorros, crédito y condiciones económicas generales.

Junto con el ambiente legal, otro componente importante del contexto ambiental es el *ambiente económico*, que está formado por el poder adquisitivo, el ingreso bruto, el ingreso disponible, el ingreso discrecional, los precios, los ahorros, la disponibilidad de crédito y las condiciones económicas generales. El estado general de la economía (crecimiento rápido o lento, recesión, estanflación) influye en la disposición de los consumidores y de los negocios para contratar créditos y gastar en artículos costosos. Por lo tanto, el ambiente económico tiene implicaciones significativas para los problemas de investigación de mercados.

Capacidades tecnológicas y de marketing

La pericia de una compañía con cada elemento de la mezcla de marketing, así como su nivel general de habilidades tecnológicas y de marketing, influyen en la naturaleza y el alcance del proyecto de investigación de mercados. Por ejemplo, la introducción de un nuevo producto que requiere de tecnología avanzada quizá no sea un curso viable, si la empresa carece de las capacidades para fabricarlo o venderlo.

Las capacidades tecnológicas y de marketing de una empresa tienen mucha influencia en los programas y las estrategias de marketing que pueden ponerse en práctica. A un nivel más amplio, deberían considerarse otros elementos del ambiente tecnológico. Los avances tecnológicos, como el desarrollo continuo de las computadoras, han tenido repercusiones significativas en la investigación de mercados. Para ilustrarlo, las cajas computarizadas permiten a los supermercados monitorear la demanda diaria de los productos, y poner al alcance del investigador los datos generados por el escáner. Es posible obtener información precisa de las ventas al detalle, no sólo de las marcas de la empresa, sino también de las marcas de la competencia. La rapidez y precisión de la recopilación de datos permiten al investigador estudiar problemas complicados como los cambios diarios en la participación en el mercado durante una promoción.

Muchos de los factores que deben considerarse en el contexto ambiental del problema pueden investigarse por Internet. La información previa y los pronósticos de tendencias se obtienen mediante búsquedas de la información apropiada. En el caso de la información específica del cliente, el usuario tiene la opción de ir a la página de inicio de la empresa y conseguir ahí la información. Investor Communication Services (*ics.adp.com*) es una forma eficiente de investigar una empresa y encontrar información sobre reportes financieros, noticias de la compañía, perfiles corporativos o reportes anuales. Por último, al visitar sitios como Yahoo! Business o Finance o *www.quicken.com* es posible encontrar opiniones de los analistas sobre la compañía. Empresas como D&B (*www.dnb.com*) crean bases de datos de la empresa a los que se tiene acceso mediante suscripción o reportes que pueden adquirirse por una ocasión.

Después de obtener una comprensión adecuada del contexto ambiental del problema, el investigador puede definir el problema de decisión administrativa y el problema de investigación de mercados. Este proceso se ilustró en el ejemplo inicial de Harley Davidson. Los pronósticos indicaban un incremento en los gastos del consumidor en recreación y entretenimiento hasta el año 2010. Con el apoyo de Internet, los consumidores del siglo XXI se han vuelto cada vez más complejos y conscientes del valor. Sin embargo, la imagen de la marca y la lealtad a la misma desempeñan un papel importante en la conducta del comprador, lo cual permite que las marcas reconocidas sigan cobrando un sobreprecio. Era claro que Harley Davidson tenía los recursos y las capacidades tecnológicas y de marketing que se necesitaban para lograr su objetivo de ser la marca dominante de motocicletas en el mundo. El problema de decisión administrativa era ¿debe invertir Harley Davidson para producir más motocicletas? El problema de investigación de mercados consistió en determinar si los clientes serían compradores leales de Harley Davidson a largo plazo. La siguiente sección aumenta la comprensión del problema de decisión administrativa y del problema de investigación de mercados.

PROBLEMA DE DECISIÓN ADMINISTRATIVA Y PROBLEMA DE INVESTIGACIÓN DE MERCADOS

problema de decisión administrativa
El problema que enfrenta la persona que toma las decisiones. Pregunta qué es lo que necesita hacer quien decide.

problema de investigación de mercados
Un problema que supone determinar qué información se requiere y cómo puede obtenerse de la manera más conveniente.

El **problema de decisión administrativa** pregunta lo que debe hacer quien toma las decisiones; en tanto que el **problema de investigación de mercados** pregunta qué información se necesita y cuál es la mejor forma de obtenerla (véase la tabla 2.1). La investigación puede brindar la información necesaria para tomar una buena decisión.[18] El problema de la decisión administrativa está orientado a la acción, se interesa en las posibles acciones que puede tomar quien decide. ¿Cómo debe detenerse la pérdida de participación en el mercado? ¿Debe segmentarse el mercado de forma diferente? ¿Debe introducirse un nuevo producto? ¿Debe incrementarse el presupuesto para promociones? En contraste, el problema de investigación de mercados está orientado a la información. Implica determinar qué información se necesita y cómo puede obtenerse de forma eficaz y eficiente. Mientras que el problema de decisión administrativa se enfoca en los síntomas, el problema de investigación de mercados se centra en las causas subyacentes.

Por ejemplo, considere la pérdida de participación en el mercado de una línea de productos específica. El problema de decisión del administrador es cómo recuperarse de tal pérdida. Los cursos alternativos de acción incluyen modificar los productos existentes, lanzar nuevos productos, cambiar otros elementos de la mezcla de marketing y segmentar el mercado. Suponga que el administrador y el investigador creen que el problema está causado por una segmentación inadecuada del mercado, y desean investigar para obtener información al respecto. El problema de investigación se convertiría entonces en la identificación y evaluación de una base alternativa para la segmentación del mercado. Advierta que este proceso es interactivo. El ejemplo del proyecto de la tienda departamental ilustra la diferencia entre el problema de decisión administrativa y el problema de investigación de mercados, así como la naturaleza interactiva del proceso de definición del problema.

PROYECTO DE INVESTIGACIÓN

Definición del problema

> Administrador: Hemos visto una disminución en la clientela de nuestra tienda.
> Investigador: ¿Cómo lo sabe?
> Administrador: Bueno, se refleja en nuestras ventas y participación en el mercado.
> Investigador: ¿Por qué cree que haya disminuido su clientela?
> Administrador: ¡Ojalá lo supiera!
> Investigador: ¿Qué hay acerca de la competencia?
> Administrador: Sospecho que somos mejores que la competencia en algunos factores y peores en otros.
> Investigador: ¿Cómo ven los clientes a su tienda?
> Administrador: Creo que la mayoría de ellos la ve de manera positiva, aunque quizá tengamos una o dos áreas débiles.

Después de una serie de diálogos con la persona que decide y otros administradores importantes, del análisis de datos secundarios y de la investigación cualitativa, el problema se identificó de la siguiente forma:

Problema de decisión administrativa

¿Qué debe hacerse para aumentar la clientela de Sears?

TABLA 2.1
Problemas de decisión administrativa frente al problema de investigación de mercados

PROBLEMA DE DECISIÓN ADMINISTRATIVA	PROBLEMA DE INVESTIGACIÓN DE MERCADOS
Pregunta qué debe hacer la persona que decide	Pregunta qué información se necesita y cómo debe obtenerse
Orientado a la acción	Orientado a la información
Se enfoca en los síntomas	Se enfoca en las causas subyacentes

Problema de investigación de mercados

Determinar las fortalezas y debilidades relativas de Sears en relación con otros competidores importantes respecto de los factores que influyen en la clientela de la tienda. ■

Los siguientes ejemplos continúan la distinción entre el problema de decisión administrativa y el problema de investigación de mercados:

PROBLEMA DE DECISIÓN ADMINISTRATIVA	PROBLEMA DE INVESTIGACIÓN DE MERCADOS
¿Debe lanzarse un nuevo producto?	Determinar las preferencias e intenciones de compra del consumidor para el nuevo producto propuesto
¿Debe modificarse la campaña de publicidad?	Determinar la efectividad de la actual campaña publicitaria
¿Debe incrementarse el precio de la marca?	Determinar la elasticidad de precio de la demanda y el impacto de varios niveles de cambios de precio en las ventas y las ganancias

Esta distinción entre el problema de decisión administrativa y el problema de investigación de mercados ayuda a entender cómo debería definirse este último.

DEFINICIÓN DEL PROBLEMA DE INVESTIGACIÓN DE MERCADOS

La regla general que debe seguirse al definir el problema de investigación de mercados es que su definición debe: **1.** permitir que el investigador obtenga toda la información que se requiere para abordar el problema de decisión administrativa, y **2.** orientar al investigador en la conducción del proyecto. Los investigadores cometen dos errores comunes en la definición del problema. El primero surge cuando el problema de investigación se define de forma demasiado amplia. Una definición vaga no proporciona directrices claras para los pasos subsecuentes del proyecto. Algunos ejemplos de definiciones demasiado amplias del problema de investigación de mercados son: **1.** desarrollar una estrategia de marketing para la marca, **2.** mejorar la posición competitiva de la empresa o **3.** mejorar la imagen de la compañía. Estas definiciones no son lo bastante específicas para sugerir una forma de abordar el problema o un diseño de investigación.

El segundo tipo de error es precisamente el opuesto: la definición del problema de investigación de mercados es demasiado estrecha. Un enfoque así impediría la consideración de algunos cursos de acción, sobre todo aquellos que son innovadores y quizá no sean tan evidentes. También puede evitar que el investigador considere componentes importantes del problema de decisión administrativa. Por ejemplo, en un proyecto realizado para una empresa importante de productos de consumo, el problema de la administración era decidir cómo responder a una disminución de precios iniciada por un competidor. Los cursos alternativos de acción identificados al inicio por el personal de investigación de la empresa fueron: **1.** disminuir el precio de la marca de la empresa para igualar las rebajas de la competencia; **2.** mantener los precios pero aumentar considerablemente la publicidad; **3.** disminuir un poco el precio, sin que iguale al de la competencia, e incrementar moderadamente la publicidad. Ninguna de esas alternativas parecía prometedora. Cuando se recurrió a expertos externos de investigación de mercados, el problema se redefinió para saber cómo mejorar la participación en el mercado y la rentabilidad de la línea del producto. La investigación cualitativa indicó que en pruebas a ciegas los consumidores no podían distinguir los productos ofrecidos con los nombres de diferentes marcas. Además, los consumidores confiaban en el precio como un indicador de la calidad del producto. Estos hallazgos originaron una alternativa creativa: incrementar el precio de la marca existente y lanzar dos marcas nuevas –una con un precio igual al del competidor y otra con un precio menor. El establecimiento de esa estrategia dio lugar a un incremento en la participación en el mercado y en la rentabilidad.

planteamiento general
El planteamiento inicial del problema de investigación de mercados que brinda una buena perspectiva del problema.

componentes específicos
La segunda parte de la definición del problema de investigación de mercados. Los componentes específicos se enfocan en los aspectos fundamentales del problema y proporcionan directrices claras de cómo proceder a continuación.

La probabilidad de cometer cualquiera de esos errores al definir el problema se reduciría planteando el problema de investigación de mercados en términos amplios y generales, e identificando sus componentes específicos (véase la figura 2.3). El ***planteamiento general*** da una perspectiva del problema y funciona como salvaguarda que ayuda a no cometer el segundo tipo de error. Los ***componentes específicos*** se enfocan en los aspectos fundamentales del problema y brindan directrices claras acerca de cómo proseguir, lo cual reduce la probabilidad del primer tipo de error. A continuación se presentan algunos ejemplos de definiciones apropiadas del problema de investigación de mercados.

Figura 2.3
Definición apropiada del problema de investigación de mercados

```
┌─────────────────────────────┐
│  Problema de investigación  │
│       de mercados           │
│                             │
│    Planteamiento general    │
│         ↓  ↓  ↓             │
│                             │
│    Componentes específicos  │
└─────────────────────────────┘
       ↓       ↓       ↓
  ┌────────┐┌────────┐┌────────┐
  │Compo-  ││Compo-  ││Compo-  │
  │nente 1 ││nente 2 ││nente n │
  └────────┘└────────┘└────────┘
```

PROYECTO DE INVESTIGACIÓN

Definición del problema

En el proyecto de la tienda departamental, el problema de investigación de mercados es determinar las fortalezas y debilidades de Sears, en relación con otros competidores importantes respecto de los factores que influyen en la clientela de la tienda. De manera específica, la investigación debe proporcionar información sobre las siguientes preguntas:

1. ¿Qué criterios usan los hogares cuando eligen las tiendas departamentales?
2. ¿Cómo evalúan los hogares Sears y las tiendas competidoras en términos de los criterios de elección identificados en la pregunta 1?
3. ¿Qué tiendas se frecuentan al comprar categorías de productos específicas?
4. ¿Cuál es la participación en el mercado de Sears y sus competidores para categorías de productos específicas?
5. ¿Cuáles son los perfiles demográfico y psicográfico de los clientes de Sears? ¿Es diferente del perfil de los clientes de las tiendas rivales?
6. ¿Pueden explicarse la clientela y la preferencia por la tienda en términos de las evaluaciones de ésta y de las características de los clientes? ■

INVESTIGACIÓN REAL

Las grandes ligas de béisbol se especializan en investigación

El béisbol profesional estadounidense (MLB, *www.mlb.com*) quería evaluar el efecto del tamaño y la frecuencia de sus promociones sin costo para los juegos de las grandes ligas. El problema de decisión administrativa era ¿deben los equipos de las grandes ligas continuar las promociones sin costo? El problema de la investigación de mercados se definió de forma amplia como determinar la influencia de las promociones sin costo en la asistencia a los juegos de las grandes ligas. De manera específica, la investigación debería responder las siguientes preguntas:

1. ¿Cuál es el efecto general de las promociones sin costo en la asistencia?
2. ¿Cuál es el impacto marginal en la asistencia de días adicionales de promoción?
3. ¿Son eficaces las promociones sin costo para construir lealtad a largo plazo?
4. ¿Cuáles son las características demográficas y psicográficas de la gente que responde a las promociones sin costo?

El análisis de un conjunto de datos que contenía 1,500 observaciones reveló que la promoción sin costo incrementa la asistencia a un solo juego en alrededor del 14 por ciento. Además, aumentar el número de promociones tenía un efecto negativo sobre el impacto marginal de cada promoción. Sin embargo, la pérdida por este efecto "diluido" se compensa con el beneficio de tener un día adicional de promoción. La promoción influye sobre todo en los asistentes ocasionales, pero no genera lealtad a largo plazo.

Con base en estos hallazgos, se tomaron decisiones estratégicas para mejorar los ingresos globales mediante la continuación de las promociones sin costo, en especial durante los juegos fuera de temporada y en aquellos donde las proyecciones de ventas no eran impresionantes. Los resultados de la investigación también dieron lugar a la decisión de dispersar las promociones para reducir el

CAPÍTULO 2 *Definición del problema en la investigación de mercados y desarrollo del enfoque*   51

Una definición adecuada del problema de investigación de mercados originó un estudio que resultó en el uso correcto de las promociones sin costo para los juegos de béisbol de las grandes ligas.

efecto diluido. Una definición correcta del problema condujo a hallazgos útiles que al ponerse en práctica resultaron en mayores ingresos.[19] ■

En el ejemplo de las grandes ligas, el planteamiento general del problema se enfocó en la obtención de información sobre el efecto de las promociones sin costo, y los componentes específicos identificaron las piezas de información específicas que deberían obtenerse. Esto también fue así en el ejemplo inicial de Harley Davidson, donde un planteamiento general del problema de investigación de mercados fue seguido por cuatro componentes determinados. En el proyecto de la tienda departamental, la definición del problema siguió un patrón similar.

Una vez que se planteó de forma general el problema de investigación de mercados y que se identificaron sus componentes específicos, el investigador está en posición de desarrollar un enfoque apropiado.

COMPONENTES DEL ENFOQUE

En el proceso de desarrollar un enfoque, no debe perderse de vista la meta: los resultados. El desarrollo del enfoque debe incluir entre sus resultados los siguientes componentes: marco objetivo/teórico, modelo analítico, preguntas de investigación, hipótesis y especificación de la información requerida (véase la figura 2.1). Cada uno de esos componentes se analiza en las siguientes secciones.

Marco objetivo/teórico

teoría
Un esquema conceptual basado en afirmaciones fundamentales, o axiomas, que se suponen verdaderas.

evidencia objetiva
Evidencia no sesgada que se sustenta en hallazgos empíricos.

En general la investigación debe basarse en evidencia objetiva y sustentarse en una teoría. Una ***teoría*** es un esquema conceptual que se cimienta en afirmaciones fundamentales llamadas *axiomas*, que se supone son verdaderas. La ***evidencia objetiva*** (que no está sesgada y está apoyada por hallazgos empíricos) se reúne recopilando hallazgos relevantes de fuentes secundarias. De igual manera, debe identificarse una teoría adecuada que guíe la investigación revisando la literatura académica presentada en libros, revistas y monografías. El investigador tiene que basarse en la teoría para determinar qué variables deberían investigarse. Además, las consideraciones teóricas proporcionan información sobre la forma de operacionalizar y medir las variables, así como sobre la forma de elegir la muestra y el diseño de investigación. Una teoría también funge como una base sobre la cual el investigador puede organizar e interpretar los hallazgos. "Nada es tan práctico como una buena teoría".[20]

La teoría también desempeña una función esencial al influir en los procedimientos adoptados por la investigación básica. Sin embargo, la aplicación de una teoría a un problema de investigación de mercados requiere creatividad de parte del investigador. Es posible que la teoría no especifique de manera adecuada cómo pueden incorporarse sus constructos abstractos (variables) en un fenómeno del mundo real. Además, las teorías son incompletas. Sólo tratan con un subconjunto de variables que existen en el mundo real, por lo que el investigador también debe identificar y examinar otras variables no teóricas.[21]

El proyecto de la clientela de una tienda departamental ilustra la forma en que se emplea la teoría para desarrollar un enfoque. La revisión de la literatura relacionada con las ventas al detalle reveló que modelar a la clientela de una tienda en términos de los criterios de elección ha recibido un apoyo considerable.[22] Además, en la literatura se han identificado hasta 42 criterios de elección y se ofrecen directrices para operacionalizar tales variables. Esto brindó un acervo inicial, del cual se seleccionaron las ocho características finales incluidas en el cuestionario. Las consideraciones teóricas también sugirieron que la conducta de la tienda podía examinarse a través de una encuesta con personas familiarizadas con las compras en tiendas departamentales. El marco teórico también sirve como base para desarrollar un modelo analítico apropiado.

Modelo analítico

Un **modelo analítico** es un conjunto de variables y sus interrelaciones, diseñado para representar, en todo o parcialmente, algún sistema o proceso real. Los modelos pueden adoptar diferentes formas. Las más comunes son estructuras verbales, gráficas y matemáticas. En los **modelos verbales**, las variables y sus relaciones se exponen en prosa. Dichos modelos pueden ser sólo un replanteamiento de los principios fundamentales de una teoría. Los **modelos gráficos** son visuales. Se utilizan para aislar variables y sugerir la dirección de las relaciones; pero no están diseñados para proporcionar resultados numéricos. Éstos son pasos preliminares lógicos en el desarrollo de los **modelos matemáticos**, que hacen una especificación explícita de las relaciones entre variables, por lo regular en forma de ecuación. Estos modelos pueden usarse como guía para formular el diseño de investigación y tienen la ventaja de que pueden manipularse.[23] Los diferentes modelos se ilustran en el contexto del proyecto de la tienda departamental.

> *modelo analítico*
> Una especificación explícita de un conjunto de variables y sus interrelaciones, diseñado para representar algún sistema o proceso real, en su totalidad o parcialmente.
>
> *modelos verbales*
> Modelos analíticos que dan una representación escrita de las relaciones entre las variables.
>
> *modelos gráficos*
> Modelos analíticos que dan una imagen visual de las relaciones entre las variables.
>
> *modelos matemáticos*
> Modelos analíticos que describen de forma explícita las relaciones entre las variables, por lo general en forma de ecuación.

PROYECTO DE INVESTIGACIÓN

Elaboración del modelo

Modelo verbal

Un consumidor toma conciencia por primera vez de una tienda departamental. Luego llega a conocerla al evaluarla en términos de los factores que comprenden los criterios de elección. A partir de la evaluación, el consumidor forma un grado de preferencia por la tienda. Si la preferencia es lo bastante fuerte, el consumidor será cliente de la tienda.

Modelo gráfico

Clientela
↓
Preferencia
↓
Conocimiento: evaluación
↓
Tomar conciencia

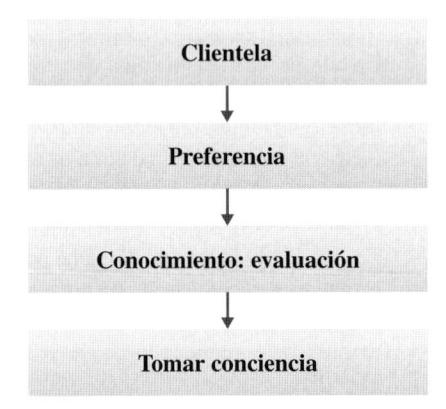

Modelo matemático

$$y = a_0 + \sum_{i=1}^{n} a_i x_i$$

donde:

y = grado de preferencia
a_0, a_i = parámetros del modelo que deben estimarse estadísticamente
x_i = factores de la clientela de la tienda que constituyen los criterios de elección ∎

Como se observa en este ejemplo, los modelos verbal, gráfico y matemático representan de diferentes formas el mismo fenómeno o marco teórico. El fenómeno de la clientela de la tienda, planteado de manera verbal, se representa mediante una figura (modelo gráfico) para mejorar la claridad y se plantea en forma de ecuación (modelo matemático) para facilitar las pruebas y estimaciones estadísticas. Los modelos gráficos son particularmente útiles para concebir un enfoque del problema. En el ejemplo inicial de Harley Davidson, la teoría subyacente era que la lealtad hacia la marca es el resultado de creencias, actitudes, afecto y experiencias positivas con la marca. Esta teoría se representa con el siguiente modelo gráfico.

Creencias → Actitudes ↘
                         Compra → Experiencia/ → Compra → Lealtad
                                    Evaluación   repetida
              Afecto   ↗

Los modelos verbal, gráfico y matemático se complementan entre sí, y ayudan al investigador a identificar las preguntas de investigación y las hipótesis relevantes.

Preguntas de investigación

preguntas de investigación
Las preguntas de investigación son un planteamiento perfeccionado de los componentes específicos del problema.

Las **preguntas de investigación** (PI) son planteamientos perfeccionados de los componentes específicos del problema. Aunque los componentes definen el problema en términos específicos, quizá se necesite mayor detalle para desarrollar un enfoque. Es posible que cada componente del problema tenga que descomponerse en piezas o preguntas de investigación, las cuales indagan qué información específica se requiere respecto de los componentes del problema. Si la investigación da respuesta a estas preguntas, la información obtenida debería ayudar a quien toma la decisión. La formulación de las preguntas de investigación tiene que estar dirigida no sólo por la definición del problema, sino también por el marco teórico y el modelo analítico adoptados. Para un determinado componente del problema, es probable que haya varias preguntas de investigación, como en el caso del proyecto de la tienda departamental.

PROYECTO DE INVESTIGACIÓN

Preguntas de investigación

El quinto componente del problema de investigación era el perfil psicológico de los clientes de Sears. En el contexto de las características psicológicas, se plantearon varias preguntas de investigación acerca de los clientes de Sears.

- ¿Muestran lealtad hacia la tienda?
- ¿Usan mucho el crédito?
- ¿Son más conscientes de la apariencia personal que los clientes de las tiendas rivales?
- ¿Combinan las compras con comer fuera?

Las preguntas de investigación se afinaron todavía más gracias a la definición precisa de las variables y la determinación de cómo operacionalizarlas. Tomemos como ejemplo la pregunta de cómo debe medirse el uso del crédito de Sears. Puede medirse de las siguientes maneras:

1. Si el cliente tiene una tarjeta de crédito de Sears.
2. Si el cliente utiliza la tarjeta de crédito de Sears.
3. El número de veces que se usó la tarjeta de crédito de Sears en un periodo específico.
4. La cantidad de dinero que se cargó a la tarjeta de crédito de Sears durante un periodo especificado. ■

El marco teórico y el modelo analítico desempeñan un papel importante en la operacionalización y la medición de las variables especificadas por las preguntas de investigación. Aunque en el proyecto de la tienda departamental la literatura revisada no proporcionó ninguna medida definitiva del crédito de la tienda, el modelo matemático podría incorporar cualquiera de las medidas alternativas. Así, se decidió incluir en el estudio las cuatro medidas del crédito de la tienda. Las preguntas de investigación pueden afinarse todavía más para convertirse en una o más hipótesis.

Hipótesis

hipótesis
Una afirmación o proposición aún no demostrada acerca de un factor o fenómeno que es de interés para el investigador.

Una **hipótesis** (H) es una afirmación o una proposición aún no comprobada acerca de un factor o fenómeno que es de interés para el investigador. Por ejemplo, puede ser una afirmación tentativa acerca de las relaciones entre dos o más variables según lo estipulado por el marco teórico o el modelo analítico. A menudo una hipótesis es una respuesta posible a la pregunta de investigación.

Figura 2.4
Desarrollo de las preguntas de investigación y las hipótesis

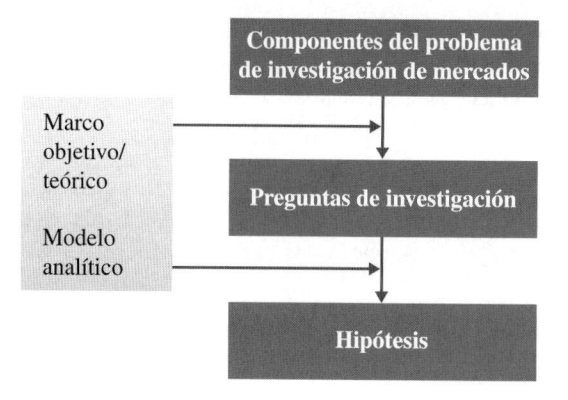

Las hipótesis van más allá de las preguntas de investigación porque son afirmaciones sobre las relaciones o proposiciones, más que meras preguntas para las cuales se buscan respuestas. Mientras las preguntas de investigación son interrogativas, las hipótesis son declarativas y susceptibles de someterse a prueba empírica (véase el capítulo 15). Un papel importante de una hipótesis es sugerir qué variables deben incluirse en el diseño de investigación. La relación entre el problema de investigación de mercados, las preguntas de investigación y las hipótesis, junto con la influencia del marco objetivo/teórico y del modelo analítico, se describen en la figura 2.4, y se ilustran con el siguiente ejemplo tomado del proyecto de la tienda departamental.[24]

PROYECTO DE INVESTIGACIÓN

Hipótesis

Se formularon las siguientes hipótesis en relación con la pregunta de investigación sobre la lealtad hacia la tienda.[25]

H1: Los clientes que son leales a la tienda están menos informados acerca del ambiente de compras.
H2: Los clientes leales a la tienda tienen más aversión al riesgo que los que no son leales.

Esas hipótesis dirigieron la investigación al asegurar que las variables que medían el conocimiento del ambiente de compras y la proclividad a correr riesgos se incluyeran en el diseño de investigación. ■

Por desgracia, tal vez no sea posible formular hipótesis en todas las situaciones. En ocasiones no se dispone de información suficiente para desarrollar hipótesis. Otras veces el planteamiento más razonable de una hipótesis puede ser una repetición trivial de la pregunta de investigación. Por ejemplo:

PI: ¿Los clientes de Sears muestran lealtad hacia la tienda?
H: Los clientes de Sears son leales.

Las hipótesis forman parte importante del enfoque del problema. Cuando se plantean en términos operacionales, como H1 y H2 en el ejemplo de la tienda departamental, proporcionan directrices sobre qué datos deben recopilarse y cómo deben analizarse. Cuando se utiliza una notación simbólica para plantear las hipótesis operacionales, se conocen como *hipótesis estadísticas*. Una pregunta de investigación quizá tenga más de una hipótesis asociada, como en el ejemplo de Harley Davidson y en el siguiente ejemplo.

INVESTIGACIÓN REAL

El sabor de la comodidad

En medio del ambiente global inseguro de 2006, nada es tan reconfortante como los alimentos y los manjares familiares y confiables. ¿Ciertos alimentos brindan comodidad en diferentes situaciones de la vida de la gente? Por ejemplo, ¿el caldo de pollo hace que la gente se sienta mejor en un día lluvioso o cuando está resfriada, en parte porque en la niñez tomaba caldo de pollo en las mismas situaciones? Se realizó una investigación de mercados para estudiar los alimentos reconfortantes. Las preguntas de investigación específicas y las hipótesis asociadas fueron:

PI1: ¿Qué alimentos se consideran reconfortantes?
H1: Las papas se consideran alimento reconfortante.
H2: El helado se considera alimento reconfortante.
PI2: ¿Cuándo come la gente alimentos reconfortantes?
H3: La gente come alimentos reconfortantes cuando está de buen humor.
H4: La gente come alimentos reconfortantes cuando está de mal humor.
PI3: ¿Cómo se aficiona la gente a los alimentos reconfortantes?
H5: La gente se aficiona a los alimentos reconfortantes que son congruentes con su personalidad.
H6: La gente se aficiona a alimentos reconfortantes debido a asociaciones pasadas.

Se realizaron entrevistas telefónicas en profundidad con 411 personas por todo el país. El propósito era averiguar cuáles eran sus alimentos reconfortantes favoritos y cómo se convirtieron en alimentos reconfortantes. A partir de las respuestas cualitativas, se desarrolló una encuesta telefónica cuantitativa de 20 minutos para una muestra mayor de 1,005 personas.

Los resultados demostraron que el alimento reconfortante favorito son las papas fritas, seguidas del helado, las galletas y los dulces. Por lo tanto, se confirmaron H1 y H2. Muchos encuestados también consideraron reconfortantes alimentos naturales, caseros o incluso "saludables" como las carnes, sopas y vegetales. La comodidad psicológica de esos alimentos puede tener una influencia significativa en las elecciones alimenticias de la gente, como hace el sabor con los refrigerios (tentempiés).

También es más probable que la gente consuma alimentos reconfortantes cuando su estado de ánimo es bueno, que cuando está triste: jubiloso (86 por ciento), de festejo (74 por ciento), triste (39 por ciento), deprimido (52 por ciento) y solitario (39 por ciento). De modo que H3 recibió mayor apoyo que H4, aunque ambas fueron sustentadas.

Los resultados también demostraron que las asociaciones pasadas con los productos y la identificación de la personalidad fueron las dos razones principales de que los alimentos se volvieran reconfortantes, lo cual apoya a H5 y H6. Los alimentos a menudo nos recuerdan sucesos específicos de la vida y por ello los comemos para reconfortarnos. Algunos alimentos también ayudan a la gente a formar su identidad porque son congruentes con su personalidad. Por ejemplo, la carne y las papas son de primera necesidad para el macho, lo cual ayudaría a explicar por qué muchos hombres no quieren probar los más saludables productos de soya.

Cuanto más saben los mercadólogos acerca de la psicología que está detrás de los alimentos, tanto a nivel asociativo como de personalidad, mejores serán en el establecimiento de nuevas marcas, así como en el empaque y publicidad de marcas existentes que ya se consideran alimentos reconfortantes y que tienen una personalidad de marca. Por ejemplo, la marca Baked-Lays de Frito-Lay de papas bajas en grasa ha tenido mucho éxito. Frito-Lay combinó el hecho de que es divertido comer papas con la oleada de gente preocupada por la salud en que, de hecho, se ha vuelto un problema mundial. El eslogan para la nueva marca fue "Prueba la diversión. No la grasa", que influye en el concepto de una persona que desea un estilo de vida divertido. El producto divertido sigue siendo reconfortante a la vez que disminuye la culpa de la gente por su bajo contenido de grasa.[26] ∎

INVESTIGACIÓN EXPERIENCIAL

La investigación de mercados empieza en casa (o cerca del campus)
Visite un negocio local ubicado cerca de su campus. Entreviste al propietario o al gerente, e identifique algunos de los desafíos de marketing que enfrenta ese negocio. Entreviste también a un experto en el ramo. Busque y analice datos secundarios concernientes a ese negocio y al sector, e identifique el contexto ambiental del problema.

1. Defina el problema de decisión administrativa.
2. Defina el problema de investigación de mercados.
3. Desarrolle un modelo gráfico que explique el proceso de elección del consumidor que dio lugar a la clientela de este negocio o de sus competidores.
4. Desarrolle una pregunta de investigación y una hipótesis adecuadas. ∎

Especificación de la información requerida

Al enfocarse en cada componente del problema, en el marco y los modelos analíticos, en las preguntas de investigación y en las hipótesis, el investigador puede determinar qué información debería obtenerse en el proyecto de investigación de mercados. Es útil realizar este ejercicio para cada componente del problema y hacer una lista que especifique toda la información que debe recabarse. Vamos a considerar el proyecto de la tienda departamental y a enfocarnos en los componentes del problema que se identificaron antes en este capítulo, para determinar la información que debe obtenerse de los participantes seleccionados para la encuesta.

PROYECTO DE INVESTIGACIÓN

Especificación de la información requerida

Componente 1

Este componente incluye los criterios que usan los hogares para elegir una tienda departamental. De acuerdo con el proceso esbozado antes, el investigador identificó los siguientes factores como parte de los criterios de elección: calidad de las mercancías, variedad y surtido de las mercancías, políticas de devolución y cambio, servicio del personal de la tienda, precios, conveniencia de la ubicación, distribución de la tienda, políticas de crédito y facturación. Debe pedirse a los entrevistados que califiquen la importancia de cada factor para su elección de una tienda.

Componente 2

Este componente tiene que ver con la competencia. A partir de las conversaciones con la gerencia, el investigador identificó nueve tiendas departamentales como competidoras de Sears. Debe pedirse a los encuestados que evalúen a Sears y a sus nueve competidores en los ocho criterios de elección.

Componente 3

El aspecto principal de este componente son categorías de productos específicas. Se seleccionaron 16 categorías de productos diferentes, incluyendo vestidos para mujer, ropa deportiva femenina, lencería y moda, mercancía para jóvenes, ropa para caballero, cosméticos, joyería, zapatos, sábanas y toallas, muebles y blancos, y mercería. Debe preguntarse a los encuestados si compran en cada una de las 10 tiendas las 16 categorías de productos.

Componente 4

No es necesario obtener información adicional de los encuestados.

Componente 5

Debe obtenerse de los encuestados información sobre las características demográficas estándar. Según el proceso antes mencionado en este capítulo, el investigador identificó las siguientes características psicográficas como relevantes: lealtad hacia la tienda, uso del crédito, conciencia de la apariencia, y combinación de compras con las salidas a comer. También debe obtenerse de los encuestados información sobre esas variables.

Componente 6

No es necesario obtener información adicional de los encuestados.

Actividades del proyecto

Revise el análisis del proyecto de Sears que se presenta en este capítulo.

1. Dado el problema de decisión administrativa que enfrenta Sears, ¿considera usted que el problema de investigación de mercados está bien definido? Justifique su respuesta.
2. Desarrolle un modelo gráfico alternativo de cómo eligen los consumidores una tienda departamental.
3. Elabore dos preguntas de investigación y dos hipótesis correspondientes para cada uno de los componentes 1 a 4 y 6 del problema de investigación de mercados. ■

INVESTIGACIÓN DE MERCADOS INTERNACIONALES

La definición precisa del problema de investigación de mercados es más difícil en el caso de los mercados internacionales, que en los nacionales. El desconocimiento de los factores ambientales del país donde se está realizando la investigación llega a complicar demasiado la comprensión del contexto ambiental del problema y el descubrimiento de sus causas.

INVESTIGACIÓN REAL

La catsup de Heinz no pudo recuperarse en Brasil

En 2006 Heinz (*www.heinz.com*) vendía productos en más de 200 países y sus ventas superaban los $10,000 millones, y aproximadamente 60 por ciento de sus ingresos provenían del extranjero. A pesar de los buenos registros de ventas dentro y fuera de Estados Unidos, H. J. Heinz Co. fracasó en Brasil, un mercado que parecía ser el más grande y el más prometedor de Sudamérica. Heinz se asoció con Citrosuco Paulista, un gran exportador de jugo de naranja, debido a la posibilidad de comprar en el futuro una compañía redituable. Sin embargo, las ventas de sus productos, incluyendo la catsup, no despegaron. ¿Dónde estaba el problema? Una auditoría del problema reveló que la compañía carecía de un buen sistema de distribución local. Heinz perdió el control de la distribución porque trabajaba a consignación. La distribución no alcanzaba una penetración del 25 por ciento. El otro problema relacionado era que Heinz se concentró en las tiendas de barrio porque dicha estrategia tuvo éxito en México. Sin embargo, la auditoría del problema indicó que en Sao Paulo, 75 por ciento de las compras de abarrotes se realiza en los supermercados, y no en las tiendas más pequeñas. Aunque parecería que México y Brasil tienen características culturales y demográficas similares, el comportamiento del consumidor varía significativamente. Una mirada más atenta al sistema de distribución de alimentos y al comportamiento de los consumidores brasileños habría impedido ese fracaso. Sin embargo, ahora Heinz está dando más atención al continente asiático, en especial a China, donde la empresa comercializa alimentos infantiles y donde cada año nacen 22 millones de bebés.[27] ■

Como ilustra el ejemplo de Heinz, muchas campañas de marketing internacional fracasan, no porque no se realizara la investigación, sino porque no se consideraron los factores ambientales relevantes. Por lo general, esto origina una definición demasiado estrecha del problema. Por ejemplo, considere el consumo de bebidas gaseosas. En muchos países asiáticos, como en India, se toma agua con los alimentos y las bebidas gaseosas comúnmente se ofrecen a los invitados y en ocasiones especiales. Entonces, el problema de decisión administrativa de incrementar la participación en el mercado de una marca de bebidas gaseosas se traduciría en un problema de investigación de mercados que sería diferente en India y en Estados Unidos. Antes de definir el problema, el investigador debe aislar y examinar la influencia del *criterio de autorreferencia* (CAR), o la referencia inconsciente a los propios valores culturales. Los siguientes pasos ayudan a los investigadores a tener en cuenta las diferencias ambientales y culturales, al definir el problema en un contexto de marketing internacional.[28]

criterio de autorreferencia
La referencia inconsciente a los propios valores culturales.

Paso 1. Definir el problema de investigación de mercados en términos de factores ambientales y culturales internos. Esto supone la identificación de características, economía, valores, necesidades o hábitos relevantes para el país.

Paso 2. Definir el problema de investigación de mercados en términos de factores ambientales y culturales extranjeros. Sin hacer juicios. Esto implica la identificación de características, economía, valores, necesidades o hábitos relacionados con la cultura del mercado propuesto. Esta tarea requiere la participación de investigadores familiarizados con el ambiente extranjero.

Paso 3. Aislar la influencia del criterio de autorreferencia (CAR) en el problema y examinarlo con cuidado para saber cómo complica el problema. Examinar las diferencias entre los pasos 1 y 2. El CAR puede dar cuenta de tales diferencias.

Paso 4. Redefinir el problema sin la influencia del CAR y abordarlo para la situación del mercado extranjero. Si las diferencias en el paso 3 son significativas, debe considerarse con cuidado la influencia del CAR.

Considere el problema general de Coca-Cola Company en su intento por incrementar su penetración en el mercado de bebidas gaseosas en India. En el paso 1, se consideraría el problema de aumentar la penetración en Estados Unidos, donde prácticamente en todos los hogares se consumen bebidas gaseosas, y el problema sería incrementar su consumo en quienes ya los acostumbran. Además, las gaseosas por lo general se toman con los alimentos y para apagar la sed, de manera que el problema de aumentar la penetración en el mercado implicaría hacer que los consumidores tomaran más de estas bebidas en las comidas y en otros momentos. Por otro lado, en India (paso 2), el porcentaje de hogares donde se consumen gaseosas es mucho menor y no se toman con las comidas. Entonces, en el paso 3 el CAR puede identificarse como la idea estadounidense de que las gaseosas son bebidas para cualquier propósito. En el paso 4, el problema en el contexto indio puede definirse como de qué manera lograr que un mayor porcentaje de consumidores en India tomen estas bebidas (productos de Coca-Cola) y cómo hacer que las tomen (productos de Coca-Cola) más a menudo en su consumo personal.

Mientras desarrolla los marcos teóricos, los modelos, las preguntas de investigación y las hipótesis, recuerde que las diferencias en los factores ambientales, en especial del ambiente sociocultural, podrían originar diferencias en la formación de percepciones, actitudes, preferencias y conducta de elección. Por ejemplo, la orientación hacia el tiempo varía mucho entre las culturas. En Asia, América Latina y Medio Oriente la gente no es tan consciente del tiempo como en Occidente. Esto influye en sus percepciones y preferencias por los alimentos precocinados como las comidas congeladas y las cenas listas para el horno de microondas. Al desarrollar un enfoque del problema, el investigador debe considerar la equivalencia entre el consumo y la conducta de compra, así como los factores subyacentes que los influyen. Esto es fundamental para identificar las preguntas de investigación y las hipótesis correctas, y la información que se necesita.

INVESTIGACIÓN REAL

Surf Superconcentrate enfrenta un súper desastre en Japón

En 2006 Unilever (*www.unilever.com*) vendía productos de consumo en 150 países. Hasta el 85 por ciento de sus ganancias provenían del extranjero, y el 7 por ciento de ellas se atribuían a Asia y al Pacífico. Unilever trató de penetrar en el mercado japonés de detergentes con Surf Superconcentrado. Durante las pruebas iniciales de marketing, logró el 14.5 por ciento de la participación en el mercado, que cayó a un decepcionante 2.8 por ciento cuando el producto se introdujo en todo el país. ¿Dónde se equivocaron? Surf se diseñó para tener paquetes con la medida determinada, como las bolsas de te, presentados en pares porque la comodidad era un atributo importante para los consumidores nipones. También tenía el atractivo de un "aroma fresco". Sin embargo, los consumidores japoneses advirtieron que el detergente no se disolvía en el lavado, lo cual en parte se debía a las condiciones del clima y a la popularidad de las lavadoras de poco movimiento. Surf no estaba diseñado para funcionar con las nuevas lavadoras. Unilever también encontró que el posicionamiento de "aroma fresco" del nuevo Surf tenía escasa relevancia porque la mayoría de los consumidores tienden su ropa lavada al aire fresco. Es claro que el enfoque de la investigación tuvo errores ya que Unilever no logró identificar atributos fundamentales que son importantes en el mercado nipón de los detergentes. Además, identificó factores como el "aroma fresco" que tenían poco peso en el contexto japonés. Una investigación cualitativa adecuada, como las sesiones de grupo y las entrevistas en profundidad entre muestras del mercado meta habrían revelado las características o los factores correctos que llevarían a un diseño de investigación conveniente.

A pesar del mal desempeño en el mercado japonés, en 2006 Surf se desenvolvía con éxito en otros mercados, incluyendo el de India. Surf, lanzado en 1952, es el mejor tercer producto en ventas en el mercado de detergentes para lavado, detrás de Persil de Unilever y de Ariel de Procter & Gambler.[29] ∎

LA ÉTICA EN LA INVESTIGACIÓN DE MERCADOS

Los problemas éticos surgen si el proceso de definir el problema y desarrollar un enfoque está comprometido por motivos personales del cliente (la persona que decide) o del investigador. Este proceso se ve afectado de manera adversa cuando quien toma las decisiones tiene intereses ocultos, como obtener un ascenso o justificar una decisión que ya se ha tomado. La persona que toma las decisiones tiene la obligación de ser honesta y revelar al investigador toda la información pertinente que favorecerá una definición apropiada del problema de investigación de mercados. De igual forma, el investigador tiene la obligación ética de definir el problema de acuerdo con lo que más convenga al cliente, y no a los intereses de la empresa de investigación. En ocasiones esto significa que los intereses de la empresa de investigación estén supeditados a los del cliente, lo cual origina un dilema ético.

INVESTIGACIÓN REAL

¿Ético o más redituable?

Una empresa de investigación de mercados es contratada por una importante compañía de productos electrónicos (por ejemplo, Philips), para realizar un estudio de segmentación a gran escala con el objetivo de mejorar la participación en el mercado. Después de seguir el proceso descrito en este capítulo, el investigador determina que el problema no es la segmentación del mercado sino la distribución. Al parecer la empresa carece de un sistema de distribución eficaz, y ello limita su participación en el mercado. Sin embargo, el problema de la distribución requiere un enfoque mucho más sencillo que reduce considerablemente el costo del proyecto y las utilidades de la empresa de investigación. ¿Qué debe hacer el investigador? ¿Debería realizar el estudio que el cliente desea en vez del que necesita? Las directrices éticas indican que la empresa de investigación tiene la obligación de revelar al cliente el verdadero problema. Si después de haber revisado el problema de la distribución, el cliente todavía desea la investigación de la segmentación, la empresa de investigación puede sentirse en libertad de realizar el estudio. La razón es que el investigador no sabe con certeza las motivaciones que están detrás de la conducta del cliente.[30]

Varios temas éticos también son pertinentes al desarrollo del enfoque. Cuando un cliente solicita proyectos, no con la intención de subcontratar la investigación, sino con el propósito de aprovechar la pericia y la habilidad de las empresas de investigación sin pagar por ellas, comete una falta ética. Si el cliente rechaza la propuesta de una empresa de investigación, no debe implementar el enfoque especificado en esa propuesta, a menos que haya pagado por el desarrollo de la propuesta. Asimismo, la empresa de investigación tiene la obligación ética de desarrollar un enfoque apropiado. Si el enfoque va a utilizar modelos desarrollados en otro contexto, esto debería informarse al cliente. Por ejemplo, si en un estudio similar para un banco, el investigador va a usar un modelo de satisfacción del cliente elaborado con anterioridad para una compañía de seguros, tiene que revelarse tal información. Los modelos y enfoques registrados que fueron desarrollados por una empresa de investigación son propiedad de esa empresa, y no deben ser utilizados por el cliente en estudios posteriores sin la autorización de la empresa de investigación.

Esas situaciones éticas se resolverían de manera satisfactoria si tanto el cliente como el investigador se adhirieran a las normas de comunicación, cooperación, confianza, honestidad, cercanía, continuidad y creatividad que se mencionaron antes. Ello daría lugar a una relación de mutua confianza que frenaría cualquier tendencia no ética.

INVESTIGACIÓN PARA LA TOMA DE DECISIONES

Kellogg's: del desplome al éxito

La situación

En el mundo, Kellogg's es el productor más importante de cereales y un productor importante de alimentos preparados como galletas, bocadillos para el tostador, barras de cereal, waffles congelados, complementos para la carne, bases para pasteles y barquillos, con ventas anuales proyectadas de alrededor de $10,000 millones y una participación en el mercado de más de 30 por ciento en 2005. James Jenness, presidente y director general de Kellogg's se enorgullece de ser parte de Kellogg Company, por la congruencia de las decisiones que se toman en la empresa para fomentar el crecimiento a largo plazo de su negocio, y satisfacer las necesidades de su gente y sus comunidades.

Con una participación tan grande en el mercado, podría pensarse que Kellogg's es intocable. No obstante, Kellogg's enfrentó un desplome en el mercado. Sus ventas de cereal estaban disminuyendo y tenía que enfrentar el desafío de salir de esa crisis. En consecuencia, recurrió a la investigación de mercados para identificar el problema y desarrollar varias soluciones que incrementaran sus ventas de cereal.

Para identificar el problema, Kellogg's utilizó varias tareas que lo ayudaran en el proceso. Los investigadores hablaron con quienes tomaban las decisiones dentro de la compañía, entrevistaron a expertos de la industria, analizaron los datos disponibles y realizaron una investigación cualitativa.

La investigación de mercados ayudó a Kellogg's a revertir una caída en las ventas, gracias a la introducción de nuevos productos exitosos e incrementando la participación en el mercado.

Varios problemas importantes surgieron de esta investigación preliminar. Los productos actuales estaban dirigidos a los niños. Las rosquillas y los pastelillos se estaban haciendo populares como alimentos para el desayuno. Los altos precios estaban inclinando a los consumidores hacia las marcas genéricas. Durante la investigación también salió a la luz otra información. Los adultos deseaban comidas rápidas que requirieran poca o ninguna preparación.

La decisión para la investigación de mercados

1. ¿Cuál es el problema de decisión administrativa que enfrenta Kellogg's?
2. Defina un problema adecuado de investigación de mercados que Kellogg's necesite tratar.
3. Analice el papel del tipo de problema de investigación de mercados que usted haya identificado para permitir que James Jenness incremente las ventas de Kellogg's.

La decisión para la gerencia de marketing

1. James Jenness se pregunta qué cambios debe hacer Kellogg's para incrementar la participación en el mercado. ¿Qué estrategias de marketing deben formularse?
2. Analice la forma en que la acción de decisión administrativa de marketing que usted le recomendó a James Jenness está influida por la investigación que le sugirió antes y por los hallazgos de la misma.[31] ■

SPSS PARA WINDOWS

En la definición del problema y el desarrollo del enfoque, el investigador puede usar el software Decision Time y What If? distribuido por SPSS. El uso de Decision Time contribuye a hacer los pronósticos de la industria, de las ventas de la compañía y de otras variables pertinentes. Una vez que se cargan los datos en Decision Time, el genio interactivo del programa le hace a usted tres preguntas sencillas. Con base en las respuestas, Decision Time elige el mejor método de predicción y realiza un pronóstico.

What If? usa el pronóstico de Decision Time para permitir al investigador explorar diferentes opciones que le permitan entender mejor la situación del problema. El investigador puede obtener respuestas a preguntas como las siguientes: ¿Cómo influirá un incremento en la publicidad sobre las ventas del producto? ¿Qué repercusión tendrá en la demanda una disminución (o un aumento) en el precio? ¿Cuál será el efecto de un incremento en el personal de ventas sobre las ventas por región? Etcétera.

Los pronósticos y los análisis condicionales ayudan al investigador a aislar las causas subyacentes, a identificar las variables relevantes que deben investigarse, y a formular preguntas de investigación e hipótesis apropiadas.

RESUMEN

La definición del problema de investigación de mercados es el paso más importante en un proyecto de investigación. Se trata de un paso difícil porque con frecuencia la administración aún no ha determinado el verdadero problema, o sólo tiene una vaga idea del mismo. El papel del investigador es ayudar a la administración a identificar y a aislar el problema.

En la formulación del problema de investigación de mercados, las tareas incluyen conversaciones con la administración —en especial con quienes toman las decisiones—, entrevistas con expertos del ramo, análisis de datos secundarios e investigación cualitativa. Esas tareas deberían conducir a la comprensión del contexto ambiental del problema. Es necesario analizar dicho contexto y evaluar ciertos factores esenciales, los cuales incluyen la información previa, así como los pronósticos acerca de la industria y de la empresa, los objetivos de la persona que toma las decisiones, el comportamiento del comprador, los recursos y las limitaciones de la empresa, el ambiente legal y económico, y las capacidades tecnológicas y de marketing de la empresa.

El análisis del contexto ambiental debería contribuir a la identificación del problema de decisión administrativa, el cual debe traducirse luego a un problema de investigación de mercados. El problema de decisión administrativa pregunta qué necesita hacer quien toma las decisiones; en tanto que el problema de investigación de mercados pregunta qué información se requiere, y cómo puede obtenerse de manera eficaz y eficiente. El investigador debe evitar una definición demasiado amplia o demasiado estrecha del problema de investigación de mercados. Una forma adecuada para definir este problema consiste en efectuar un planteamiento general del problema y luego identificar sus componentes específicos.

El desarrollo del enfoque del problema es el segundo paso en el proceso de investigación de mercados. Los componentes del enfoque son el marco objetivo/teórico, los modelos analíticos, las preguntas de investigación, las hipótesis y la especificación de la información requerida. Es necesario que el enfoque desarrollado se base en evidencia objetiva o empírica, y que se fundamente en una teoría. Las variables relevantes y sus interrelaciones pueden resumirse con claridad en un modelo analítico. Las estructuras más comunes de los modelos son verbal, gráfica y matemática. Las preguntas de investigación son los planteamientos mejorados de los componentes específicos del problema, que indagan qué información específica se requiere respecto de los componentes del problema. Estas preguntas pueden afinarse para convertirse en hipótesis. Por último, una vez que se cuenta con la definición del problema, las preguntas de investigación y las hipótesis, tienen que especificarse la información que se necesita.

Cuando se define el problema en la investigación de mercados internacionales, el investigador debe aislar y examinar la influencia del criterio de autorreferencia (CAR), que es la referencia inconsciente de los propios valores culturales. Asimismo, al desarrollar un enfoque, deben considerarse cuidadosamente las diferencias ambientales que prevalecen en los mercados nacional y extranjero. En esta etapa es posible que surjan varios problemas éticos que repercuten en el cliente y el investigador, aunque se resolverían adhiriéndose a las normas de comunicación, cooperación, confianza, honestidad, cercanía, continuidad y creatividad.

TÉRMINOS Y CONCEPTOS CLAVE

definición del problema, *37*
auditoría del problema, *39*
datos secundarios, *42*
datos primarios, *42*
investigación cualitativa, *42*
encuestas piloto, *42*
estudios de caso, *42*
contexto ambiental del problema, *43*
objetivos, *45*

comportamiento del comprador, *45*
ambiente legal, *47*
ambiente económico, *47*
problema de decisión administrativa, *48*
problema de investigación de mercados, *48*
planteamiento general, *49*
componentes específicos, *49*

teoría, *51*
evidencia objetiva, *51*
modelo analítico, *52*
modelos verbales, *52*
modelos gráficos, *52*
modelos matemáticos, *52*
preguntas de investigación, *53*
hipótesis, *53*
criterio de autorreferencia, *57*

CASOS SUGERIDOS, CASOS EN VIDEO Y CASOS DE HARVARD BUSINESS SCHOOL

Casos

Caso 1.2 Nike toma la delantera a sus competidores, pero tiene un largo camino que recorrer.
Caso 1.3 Lexus: conferir valor al lujo y lujo al valor.
Caso 4.1 Wachovia: finanzas "Watch Ovah Ya".
Caso 4.2 Wendy's: historia y la vida después de Dave Thomas.
Caso 4.3 Astec sigue creciendo.
Caso 4.4 ¿Es la investigación de mercados la cura para los males del Hospital Infantil Norton Healthcare Kosair?

Casos en video

Caso en video 1.1 Burke: aprender y crecer con la investigación de mercados.
Caso en video 1.2 Accenture: el acento está en el nombre.
Caso en video 2.2 Nike: asocia a los atletas, el desempeño y la marca.
Caso en video 2.3 Intel: componentes básicos al dedillo.
Caso en video 2.4 Nivea: la investigación de mercados lleva a la congruencia en el marketing.
Caso en video 4.1 Subaru: el "señor encuesta" monitorea la satisfacción del cliente.
Caso en video 4.2 Procter & Gamble: el uso de la investigación de mercados para desarrollar marcas.

Casos de Harvard Business School

Caso 5.1 La encuesta de Harvard sobre las viviendas para los estudiantes de posgrado.
Caso 5.2 BizRate.com
Caso 5.3 La guerra de las colas continúa: Coca y Pepsi en el siglo XXI.
Caso 5.4 TiVo en 2002.
Caso 5.5 Computadora Compaq: ¿Con Intel dentro?
Caso 5.6 El nuevo Beetle.

INVESTIGACIÓN REAL: REALIZACIÓN DE UN PROYECTO DE INVESTIGACIÓN DE MERCADOS

1. Invite al cliente a platicar del proyecto con el grupo.
2. Haga que el grupo (o diferentes equipos) analice el contexto ambiental del problema: información previa y pronósticos, recursos y limitaciones, objetivos, conducta del comprador, ambiente legal y económico, y capacidades tecnológicas y de marketing.
3. En conjunto con el cliente, haga una presentación acerca del problema de decisión administrativa y del problema de investigación de mercados.
4. Pida al grupo o a equipos específicos que desarrollen un enfoque (marco y modelos analíticos, preguntas de investigación, hipótesis e identificación de la información requerida).

EJERCICIOS

Preguntas

1. ¿Cuál es el primer paso en un proyecto de investigación de mercados?
2. ¿Por qué es importante definir adecuadamente el problema de investigación de mercados?
3. ¿Cuáles son algunas razones de que la administración a menudo no tenga claro cuál es el verdadero problema?
4. ¿Cuál es el papel del investigador en el proceso de definición del problema?
5. ¿Qué es una auditoría del problema?
6. ¿Cuál es la diferencia entre un síntoma y un problema? ¿Cómo distingue un investigador diestro entre ambos, e identifica un problema verdadero?
7. ¿Cuáles son algunas diferencias entre un problema de decisión administrativa y uno de investigación de mercados?
8. ¿Cuáles son los tipos de errores que son comunes encontrar en la definición del problema de investigación de mercados? ¿Qué puede hacerse para reducir la incidencia de tales errores?
9. ¿Cómo se relacionan las preguntas de investigación con los componentes del problema?
10. ¿Cuáles son las diferencias entre las preguntas de investigación y las hipótesis?
11. ¿Es necesario que cada proyecto de investigación tenga un conjunto de hipótesis? ¿Por qué?
12. ¿Cuáles son las formas más comunes de modelos analíticos?
13. Proporcione un ejemplo de un modelo analítico que incluya los tres tipos principales.
14. Describa un programa de cómputo que ayude al investigador en la definición del problema de investigación.

Problemas

1. Exponga los problemas de investigación para cada uno de los siguientes problemas de decisión administrativa.
   a. ¿Debería introducirse un nuevo producto?
   b. ¿Se debe cambiar una campaña de publicidad que se ha mantenido durante tres años?
   c. ¿Se debe incrementar la promoción en tienda para una línea de productos existente?
   d. ¿Qué estrategia de asignación de precios tiene que adoptarse para un nuevo producto?
   e. ¿Debe cambiarse el paquete de prestaciones para motivar mejor a los vendedores?
2. Señale los problemas de decisión administrativa para los cuales los siguientes problemas de investigación proporcionarían información útil.
   a. Estimar las ventas y la participación en el mercado de las tiendas departamentales en cierta área metropolitana.
   b. Determinar las características del diseño de un nuevo producto que darían como resultado una elevada participación en el mercado.

c. Evaluar la efectividad de comerciales alternativos en televisión.
d. Evaluar los territorios de ventas actuales y propuestos respecto de su potencial de ventas y carga de trabajo.
e. Determinar los precios para cada artículo de una línea de productos para maximizar las ventas totales de la línea.
3. Identifique cinco síntomas que enfrentan las personas que toman decisiones de marketing y una causa posible para cada uno.
4. Identifique las preguntas de investigación pertinentes y desarrolle las hipótesis adecuadas, para el primer componente del proyecto de la tienda departamental. (Sugerencia: examine con detalle el ejemplo presentado en este capítulo para el quinto componente del proyecto de la tienda departamental).
5. Suponga que está realizando un proyecto para Delta Airlines. Utilizando fuentes secundarias, identifique los atributos o factores que los pasajeros consideran al elegir una línea aérea.

EJERCICIOS EN INTERNET Y POR COMPUTADORA

1. Usted está asesorando a Coca-Cola USA en un proyecto de investigación de mercados para Diet Coke.
   a. Utilice las bases de datos en línea de su biblioteca, para reunir una lista de artículos relacionados con Coca-Cola Company, Diet Coke y la industria de las bebidas gaseosas publicados el año pasado.
   b. Visite los sitios Web de Coca-Cola y PepsiCo, y compare la información disponible sobre las gaseosas de dieta.
   c. A partir de la información recabada en Internet, escriba un informe sobre el contexto ambiental que rodea Diet Coke.
2. Elija cualquier compañía. Dé fuentes secundarias obtenga información sobre las ventas anuales de la compañía y del ramo durante los últimos 10 años. Use un paquete de hoja de cálculo, como Excel, o cualquier paquete estadístico de cómputo, para desarrollar un modelo gráfico que relacione las ventas de la compañía con las ventas del sector.
3. Visite los sitios Web de las marcas de zapatos deportivos (por ejemplo, Nike, Reebok, Adidas). Con base en un análisis de la información disponible en tales sitios, determine los factores de los criterios de elección usados por los consumidores al seleccionar una marca de calzado deportivo.
4. El Bank of America quiere saber cómo puede aumentar su participación en el mercado y lo contrata a usted como asesor. Lea los informes 10-K del Bank of America y tres bancos de la competencia en *www.sec.gov/edgar.shtml* y analice el contexto ambiental del problema.

ACTIVIDADES

Juego de roles

1. Pida a un compañero que desempeñe el papel de una persona que toma las decisiones para una embotelladora local de gaseosas, que está considerando la introducción de una bebida de sabor lima-limón. Este producto se posicionaría como una bebida de "cambio de ritmo", dirigida a todos quienes beben gaseosas, incluyendo a los grandes consumidores de bebidas de cola. Usted representa el papel de un investigador. Mantenga conversaciones con quien toma las decisiones e identifique el problema de decisión administrativa. Traduzca este último en un planteamiento escrito del problema de investigación. ¿Está de acuerdo con su definición la persona que toma las decisiones? Desarrolle un enfoque para el problema de investigación que haya identificado.
2. Usted es el vicepresidente de marketing de American Airlines y quiere incrementar su participación en el mercado. Elabore una lista de los objetivos relevantes para American Airlines. Como directivo, ¿cuáles serían sus objetivos personales?

Trabajo de campo

1. Haga una cita para visitar una librería, un restaurante o cualquier empresa localizada cerca del campus de su universidad. Mantenga conversaciones con la persona que toma las decisiones. ¿Identifica algún problema de investigación de mercados que pueda tratarse de manera fructífera?
2. Considere el viaje de campo descrito en la pregunta 1. Para el problema que haya definido, desarrolle un modelo analítico, una

pregunta de investigación y la hipótesis adecuada. Analícelos con el encargado que toma las decisiones a quien visitó antes.

Discusión en grupo

1. Forme un equipo pequeño de cinco o seis personas para analizar la siguiente afirmación: "La identificación correcta y la definición apropiada del problema de investigación de mercados son más importante para el éxito de un proyecto de investigación de mercados que las técnicas de investigación avanzadas". ¿Llegó a un consenso su equipo?
2. Todos sabemos que Coca-Cola Company cambió el logotipo que había usado su marca durante 99 años a la Nueva Coca, y que luego regresó a la vieja favorita Coca Cola Clásica. En un equipo de trabajo de cuatro integrantes, lea todo el material que pueda sobre esta "pifia de marketing". Identifique el problema de decisión que enfrentó la administración de Coca. Como equipo de investigadores, definan el problema de investigación de mercados y sus componentes específicos.
3. Forme un equipo diferente de cinco o seis personas para analizar lo siguiente: "La investigación teórica y la aplicada no deberían mezclarse. Por lo tanto, es un error insistir en que el enfoque de un problema aplicado de investigación de mercados debe basarse en la teoría".

CASOS

1.1 La vida en el carril de alta velocidad: las cadenas de comida rápida compiten por ser la número uno

Durante mucho tiempo los restaurantes de comida rápida se han caracterizado por menús limitados, autoservicio, órdenes para llevar y una alta rotación. Los cuatro líderes en el mercado incluyen a McDonald's, Burger King, Wendy's y Taco Bell, que comprenden casi la mitad de los restaurantes de comida rápida en Estados Unidos. En 2006 esos cuatro líderes representaron en conjunto la mayoría del mercado de más de $50,000 millones de dólares. McDonald's es el líder mundial en las ventas al detalle de servicios alimenticios y en 2006 operaba más de 30,000 restaurantes en 119 países, donde atiende cada día a 50 millones de clientes. En el año fiscal que terminó en 2005, McDonald's obtuvo ingresos anuales por $20,460 millones de dólares. Su principal competidor, Burger King, operaba en 56 países y en 2005 tuvo ingresos anuales por $1,940 millones de dólares con 11,200 restaurantes. Las ganancias de Wendy's en 2005 fueron de $3,780 millones con 6,535 restaurantes Wendy's (además de otros establecimientos); mientras que Taco Bell registró en 2004 ganancias por $1,700 millones con 6,500 locales en 2005.

Siendo cada vez más las cadenas que compiten por el dinero de los consumidores de comida rápida, el marketing adquiere cada vez mayor importancia. Al finalizar su esfuerzo de reactivación de tres años, McDonald's realizaba en 2006 su campaña de $500 millones de dólares "I'm lovin' it", que expresaba los aspectos multifacéticos de la marca y conectaba con los consumidores de una forma moderna y relevante. La investigación en un mercado importante indicó que "I'm lovin' it" había logrado niveles notables de conocimiento del consumidor. La revista *Advertising Age* reconoció en 2004 a McDonald's como Vendedor del Año. Para 2010 McDonald's pretende duplicar las ventas nacionales de la cadena y triplicar el flujo de efectivo de las franquicias, en comparación con los niveles de 2000. Para lograr este plan de crecimiento a diez años, las nuevas marcas de la empresa McDonald's (Boston Market, Chipotle Mexican Grill y Donatos Pizza) desempeñarán un papel importante en su cuadro de crecimiento.

En 2002 Burger King introdujo en su menú nuevos productos elegidos para competir directamente con Big Mac, Quarter Pounder y Egg McMuffin de McDonald's. Aunque McDonald's había dominado durante mucho tiempo el mercado de la comida infantil con su Cajita Feliz, Burger King puso la vista en el grupo en rápido crecimiento de los niños. Se armó con un presupuesto de $80 millones de dólares y una nueva investigación para dirigirse a los niños. Eligió una agencia de marketing que se especializaba exclusivamente en el mercado infantil, Campbell Mithun de Interpublic Group of Cos. Burger King pretendía aprovechar el espacio entre niños y adultos. Sin abandonar al grupo de los más pequeños, Burger King centró su programa infantil en sus comidas de la marca Big Kids. Ahora más que nunca, es crucial hacer el marketing de los gustos de los consumidores para competir en la guerra cada vez más intensa entre los restaurantes de comida rápida.

UBICACIÓN, CALIDAD, MENÚ Y SERVICIO

Captar o conservar una posición en el mercado está ligado intuitivamente a mantenerse al ritmo de las preferencias cambiantes del consumidor estadounidense. En un estudio reciente efectuado por Maritz Marketing Research, se encontró que los factores que más influyen en la elección de la comida rápida por parte de los adultos son la conveniencia de la ubicación, la calidad de la comida, la selección del menú y luego el servicio. Sorprendentemente, el bajo precio no estaba entre las cuatro razones principales de las elecciones de comida rápida que hacen los estadounidenses. Sólo el 8 por ciento de los encuestados elegía la comida rápida en función del precio.

Los adultos menores de 65 años mencionaron la proximidad de la ubicación, como el factor más importante en su compra de comida rápida, y el 26 por ciento de los encuestados afirmó que era el criterio principal en su elección de un restaurante. Después de la conveniencia de la ubicación, lo más importante para los consumidores era la calidad de la comida rápida. Se interpretó que esto significaba que los consumidores no sólo deseaban un producto superior, sino que también querían que la calidad fuera la misma en cada pedido en cada local. Hace poco Taco Bell dejó de hacer énfasis en los bajos precios para enfocarse en la calidad. La cadena transformó sus paquetes combinados "Comidas de Valor Especial" en platillos de "Selección de Frontera", mejorando y modificando los alimentos ofrecidos y la imagen presentada. Aunque esta tendencia fue iniciada por Taco Bell, asignar precio al valor se ha vuelto parte de la estrategia de casi todos los grandes competidores. McDonald's ofrece su Menú de Valor Extra, por 99 centavos. Wendy's ofrece un Menú de Super Valor que enfatiza la variedad con productos que van de ensaladas para llevar a un emparerado campestre de filete. Burger King y Hardee's ofrecen planes similares a los de McDonald's.

Además, los clientes desean variedad en las selecciones. De acuerdo con el 16 por ciento de los consumidores estadounidenses, la selección del menú es la razón principal para elegir un restaurante de comida rápida. Al contar con esa importante información, las cadenas comercializan menús diversificados con productos únicos. En 2004 McDonald's lanzó nuevos productos de gran sabor, que incluían un menú de ensaladas de primera calidad y ensaladas plus; Chicken McNuggets hechos con carne blanca; Fish McDippers; Chicken Selects, y nuevas ofertas de desayuno como los emparerados McGriddle. En agosto de 2005, McDonald's hizo una prueba de marketing de los emparerados de charcutería, algunos tostados, en cerca de 400 de sus más de 13,600 restaurantes en Estados Unidos. Desde 2002 Wendy's introdujo su nueva línea de ensaladas Garden Sensation y, según la empresa, alcanzaron ventas sin precedentes. La selección del menú también es importante para los adultos mayores: uno de cada cuatro cree que la selección del menú es el factor más importante en su elección de establecimientos donde comer. Los expertos predicen que el número de artículos del menú seguirá aumentando en la medida en que todos los restaurantes de comida rápida ofrezcan nuevos productos, para evitar el aburrimiento de los consumidores y mantener su crecimiento y participación en el mercado. Como dijo el vocero de Burger King, "Seguiremos con lo que conocemos mejor, pero tenemos que agregar productos para satisfacer las preferencias del consumidor".

Alrededor del 12 por ciento de los adultos piensan que el servicio rápido es la base de su elección de un restaurante de comida rápida. De acuerdo con el presidente de McDonald's en Estados Unidos, la estrategia de la empresa consiste en "atraer a los clientes con el precio y conservarlos con el servicio" y "ser reconocidos como el líder en servicio del país". Para enfatizar este aspecto, McDonald's planea destacar sus operaciones de atención en el automóvil en una serie de anuncios televisivos, que muestran la rapidez con que el esforzado personal atiende con diligencia los pedidos de los clientes. También Taco Bell exalta la calidad del servicio en sus locales y resume su misión con el lema "comida rápida, pedidos correctos, limpieza y comida servida a la temperatura correcta". Wendy's adoptó el acrónimo "MBA", que significa "actitud de la cubeta para trapear" ("A Mop Bucket Attitude"). Lo anterior representa el "compromiso de Wendy's con la definición tradicional de satisfacción del cliente, que antepone el servicio al cliente (limpieza, servicio y ambiente) a los números y los impresos por computadora". Wendy's sostiene que este compromiso es una razón importante de su éxito. Desde hace mucho Burger King reconoce la importancia de proporcionar buen servicio y de crear una experiencia memorable. En 1992 Burger King se convirtió en el primer restaurante de comida rápida en introducir el servicio en las mesas y ampliar su menú para mejorar la experiencia de los clientes en el restaurante.

MERCADOS INTERNACIONALES

En un esfuerzo por ampliar el mercado de la comida rápida, el sector puso sus ojos en el extranjero. Puesto que los mercados asiáticos y europeos están en la etapa de la comida rápida que Estados Unidos alcanzó en 1960, las cadenas estadounidenses tienen una importante ventaja competitiva internacional. Los expertos del marketing predicen que para las cadenas estadounidenses será más fácil extenderse en el extranjero que dentro del país. Como ejemplo, en 2004 McDonald's obtuvo en Europa ingresos por $6,740 millones y más del 50 por ciento de sus restaurantes se localizaban fuera de Estados Unidos. Burger King se concentró en Japón como un mercado totalmente abierto para sus hamburguesas y concedió mucha atención al mercado de Europa Oriental. Abrió restaurantes en Polonia, la antigua Alemania Oriental y Hungría; al mismo tiempo que establecía en Londres una academia de entrenamiento para dar servicio a sus franquicias europeas. En 2005 Burger King llegó a Shangai, China. Wendy's también ha sido reconocido como un competidor importante en el mercado de la comida rápida. En 2005 Wendy's tenía restaurantes en más de 50 países fuera de Estados Unidos.

Dada la dura competencia en el carril de alta velocidad, se mantiene la pregunta de si McDonald's puede seguir siendo líder en la carrera nacional de la comida rápida, y convertirse en el favorito en la carrera internacional. El uso de la investigación de mercados será crucial para lograr dichas metas.

Preguntas

1. Describa las necesidades de información de marketing de la industria de la comida rápida.
2. ¿Qué papel puede jugar la investigación de mercados para brindar la información requerida?
3. Dé algunos ejemplos de investigación para la identificación del problema que pueda emprender McDonald's para asegurar su liderazgo en la industria de la comida rápida.
4. Describa los tipos de investigación para la solución del problema que Wendy's puede realizar para mejorar sus ventas y su participación en el mercado.
5. Dado el potencial del mercado extranjero, ¿las cadenas de comida rápida deberían realizar investigación de mercados en países extranjeros? ¿Qué tipos de oportunidades y desafíos encontrarán las cadenas de comida rápida al realizar la investigación de mercados internacionales?

Referencias

1. Brian Steinberg, "McDonald's Overhauls Promo Style". *The Wall Street Journal* (9 de enero de 2002); B3.
2. Steven Gray, "As Chains Go for Toasty Fare, the Technology's the Thing: Subway's Defensive Oven Play". *The Wall Street Journal* (26 de agosto de 2005): B1, B3.
3. James T. Areddy, "Burger King Targets Shanghai for Chinese Debut", *The Wall Street Journal* (27 de junio de 2005), en *www.wsj.com*.
4. Steven Gray, "McDonald's Posts Higher Sales", *The Wall Street Journal* (18 de julio de 2005), en *www.wsj.com*.
5. Christopher Barton, "McDonald's to Try to Boost Service Restaurant Investment", *Knight Ridder Tribune Business News* (9 de enero de 2002): 1.
6. Ameet Sachdev, "Wendy's Founder Dave Thomas Dies at Age 69", *Knight Ridder Tribune Business News* (9 de enero de 2002): 1.

1.2 Nike toma la delantera a sus competidores, pero tiene un largo camino por recorrer

Nike Inc. (*www.nike.com*), localizado en Beaverton, Oregon, es el principal fabricante de calzado deportivo en Estados Unidos y una de las marcas estadounidenses más reconocidas entre los consumidores extranjeros. Este alto grado de reconocimiento es una de las razones fundamentales del éxito de Nike. En el año fiscal de 2005 que terminó el 31 de mayo de ese año, la empresa seguía a la alza, con ventas por más de $13,700 millones de dólares. En 2006 las marcas registradas de la compañía incluían a Nike y Swoosh Design, que se vendían bajo las marcas de Cole Haan, Bauer y Nike. La compañía operaba 23 centros de distribución en Europa, Asia, Australia, Latinoamérica, África y Canadá.

Ese éxito quizá se deba a sus campañas de publicidad basadas en el concepto. La empresa utiliza un proceso que se conoce como "transferencia de imagen". Los anuncios de Nike por lo regular no colocan específicamente un producto o mencionan el nombre de la marca, sino que crean una atmósfera o un estado de ánimo que luego se asocia con la marca. "No pretendemos hacer anuncios. La meta fundamental es establecer una conexión", afirma Dan Weiden, ejecutivo de una de las agencias de publicidad de Nike. Un anuncio presentó a los Beatles y fragmentos de los atletas de Nike, Michael Jordan y John McEnroe, yuxtapuestos con imágenes de gente común que también practicaba deportes. Se utilizó para insinuar que los deportistas reales prefieren Nike y que tal vez si el público general compra la marca, también jugará mejor. Los impredecibles anuncios de Nike basados en la imagen van desde los escandalosos, como la campaña "Busca y destruye" lanzada en los juegos olímpicos de 1996 que presentaba sangre y vísceras reales, hasta los humorísticos como el primer anuncio usado para presentar a Michael Jordan usando la marca con su nombre. Este anuncio hacía la irónica sugerencia de que el propio Jordan había metido la mano en la producción, al escabullirse de un juego de los Bulls en el medio tiempo para correr a su compañía, y luego regresar a tiempo para la segunda mitad del juego.

En 1998 Nike pasó a una nueva fase en su estrategia de marketing en la que enfatizaba más sus habilidades para la innovación de su producto, que la actitud jocosa y atrevida que había mostrado en los años anteriores. "Reconocemos que nuestros anuncios necesitan decir a los consumidores que estamos interesados en la innovación del producto y no sólo en los deportistas y la exposición. Debemos probarles que no sólo pasamos zumbando [el sello característico de Nike] para ganar dinero", señala Chris Zimmerman, director de publicidad de Nike en Estados Unidos. Con el lanzamiento de la campaña "Yo puedo", Nike mostró menos a los deportistas famosos que anteriormente engalanaban su producción de marketing, y exhibió más la imagen del producto que en su campaña anterior de "Sólo hazlo". Recientemente sus competidores Reebok y Adidas tuvieron mucho éxito con sus anuncios más enfocados en el producto. A pesar de que Nike cambió el enfoque, no se alejó del marketing innovador.

El 4 de septiembre de 2003, Nike adquirió Converse Inc. y el 11 de agosto de 2004 la empresa compró Starter Properties LLC y Official Starter LLC. El 4 de agosto de 2005, Adidas confirmó que había decidido adquirir Reebok por $3,800 millones. Los dirigentes del ramo anticipaban más fusiones.

En 2005 Bill Pérez, presidente y director general de Nike, afirmó que los mercados en desarrollo (India, Tailandia, Indonesia, Brasil, China, Rusia) y el desarrollo de Converse, Starter y otras filiales de Nike presentaban grandes oportunidades de crecimiento. "Apenas hemos arañado la superficie del acondicionamiento físico de las mujeres. En el fútbol sóquer nos hemos convertido en una de las marcas de desempeño en el campo más importantes del mundo. Y hemos sacado ventaja de ese éxito en el campo creando una categoría totalmente nueva de calzado de calle inspirado en el fútbol. Y tenemos oportunidades como éstas en la cartera".

En las previsiones de la empresa para 2010, el terreno internacional está en el centro de la futura estrategia de Nike, lo cual sería la tarea más difícil que emprenda. Parece que hay un fuerte reconocimiento de que para 2010 Nike será más grande fuera que dentro de Estados Unidos. Hace poco Nike compró muchos de sus centros de distribución en el mundo para obtener mayor control de sus operaciones. En el futuro, Nike quiere aumentar su presencia en los mercados clave de India, Tailandia, Indonesia, Brasil, China y Rusia; también enfocará su publicidad en deportes que son de particular interés en regiones específicas. Nike se da cuenta de que aunque le lleva la delantera a sus competidores, todavía le queda un largo trecho por recorrer.

Preguntas

1. ¿Nike debería cambiar del enfoque en las celebridades al enfoque en sus productos para diseñar su publicidad? Analice el papel de la investigación de mercados para ayudar a la administración de Nike a tomar esta decisión. ¿Qué tipo de investigación tendría que realizarse?
2. ¿Cómo describiría la conducta de compra de los consumidores respecto del calzado deportivo?
3. ¿Cuál es el problema de decisión administrativa que enfrenta Nike en su intento por conservar su posición de liderazgo?
4. Defina el problema de investigación de mercados que enfrenta Nike, dado el problema de decisión administrativa que usted identificó.
5. Desarrolle dos buenas preguntas de investigación y elabore dos hipótesis para cada una.
6. ¿Cómo puede usarse Internet para ayudar a Nike a conducir la investigación de mercados y en el marketing de sus productos?

Referencias

1. Stephanie Kang, "Shoe Wars: NBA Stars Battle to be Sneaker King", *The Wall Street Journal* (3 de enero de 2006): D1, D3.
2. Nike, 2005 Annual Report, en *www.nike.com*, consultado el 15 de agosto de 2005.
3. Mathew Karnitschnig y Stephanie Kang, "For Adidas, Reebok Deal Caps Push to Broaden Urban Appeal", *The Wall Street Journal* (4 de agosto de 2005); A1, A6.
4. Anónimo, "The 2001 Best & Worst Advertising", *Time* 158, (27) (24 de diciembre de 2001): 88.
5. Sarah J. Heim, "Nike Champs Move to Giridon", *Adweek* 51 (46) (12 de noviembre de 2001): 6.

1.3 Lexus: confiere valor al lujo y lujo al valor

En la década de 1980, Toyota desarrolló un concepto para un nuevo automóvil que estaba destinado a ser un éxito. El concepto del vehículo, que se llamaría Lexus, se basó en la observación de que había mercado grande y opulento para autos que alardearan de un desempeño excepcional. Una parte importante de dicho mercado manifiesta un aprecio considerable por el valor. Sin embargo, no estaba dispuesta a pagar los precios exorbitantes que Mercedes cobraba por sus vehículos de alto desempeño. Toyota planeaba dirigirse a este mercado, creando un automóvil que igualara a Mercedes en los criterios de desempeño, pero cuyo precio fuera mucho más razonable, lo cual brindaría a los consumidores el valor que deseaban y los haría sentir compradores inteligentes.

Toyota introdujo el Lexus (*www.lexus.com*) en 1989 con grandes fanfarrias. Una inteligente campaña de publicidad anunció la llegada de este nuevo vehículo. Por ejemplo, un anuncio mostraba a Lexus al lado de un Mercedes con el encabezado: "La primera vez en la historia que cambiar un automóvil de $73,000 por uno de $36,000 dólares se consideraría un buen negocio". Por supuesto, Lexus poseía todos los detalles que tenía el Mercedes: una forma escultural, acabados de calidad e interiores de lujo. Sin embargo, los detalles no se limitaban al vehículo. Se crearon agencias de representación por separado que ofrecían el tipo de ambiente que los consumidores adinerados esperaban de un fabricante de autos de lujo, incluyendo una magnífica sala de exhibición, refrigerios gratis y vendedores profesionales.

Toyota destacó mucho el desempeño del nuevo automóvil. Se envió un paquete a los clientes potenciales que incluía un video de 12 minutos donde se presentaba la ingeniería superior del Lexus. El video mostraba que cuando se colocaba un vaso de agua en la caja del motor de un Mercedes y un Lexus, el agua se agitaba mucho en el Mercedes, en tanto que en el Lexus permanecía casi en reposo. Esto le decía visualmente al espectador que la estabilidad del Lexus era mucho más extraordinaria que la de uno de los vehículos más costosos. Otro video mostraba un Lexus dando una vuelta cerrada con un vaso de agua sobre el tablero de control. El vaso permanecía erguido; una vez más, Lexus se probaba por sí mismo. Esos videos lograron atraer a los clientes, cuyas expectativas fueron superadas.

Como resultado de su éxito continuo, Lexus decidió elevar los precios de sus autos. Sin embargo, esta estrategia no funcionó tan bien como se esperaba. Lexus se percató de que carecía del prestigio del que disponen los automóviles europeos de lujo, y de que la gente de nuevo estaba dispuesta a pagar más por ello. Como resultado, la empresa recurrió a una nueva campaña de publicidad para inspirar una respuesta emocional hacia sus vehículos. La campaña fue excepcionalmente impactante porque también tuvo que enfrentar la disminución en el crecimiento del mercado de autos de lujo, en comparación con el crecimiento general de la industria automotriz. Tal disminución era responsabilidad en parte de los automóviles de "semilujo" que se quedaron con los consumidores potenciales de los autos de lujo. En este grupo se incluyen Toyota Avalon, Máxima de Nissan y Mazda Millennia. BMW y Mercedes también lanzaron productos en este segmento: BMW serie 3 y Mercedes clase C.

En respuesta a esta competencia, Lexus destacó formas no tradicionales de publicidad y promoción (por ejemplo, loterías), además de los anuncios más comunes de los autos de lujo. Lexus sigue demostrando a la industria automotriz y a sus clientes actuales que fabrica vehículos con lujo, desempeño y estilo. En el estudio inicial de calidad realizado en 2005 por J. D. Power and Associates, por quinto año consecutivo Lexus fue la marca de mayor prestigio. "El claro triunfo de Lexus al obtener cinco premios en segmentos individuales y el récord de 10 premios en total son un logro importante", afirma Don Esmond, vicepresidente general de operaciones automotrices de Toyota Motor Sales. Como resultado de sus campañas de marketing, Lexus estableció su propio récord. Con las ventas anuales sin precedentes de 2004, Lexus conservó su corona como la marca de lujo que ocupó el primer lugar de ventas por quinto año consecutivo en Estados Unidos. La empresa automotriz reportó en 2004 ventas totales por 287,927, más del 10.5 por ciento arriba de las ventas sin precedentes de 2003.

Para el futuro, Lexus enfrenta el desafío de dirigirse a los consumidores más jóvenes. Denny Clements, vicepresidente de la empresa y director general de Lexus, señaló que el promedio de edad del grupo meta para el nuevo sedán de lujo oscila entre 47 y 55 años; en tanto que el promedio de edad del comprador actual del LS es de 58 años. "El diseño exterior es mucho más espectacular que el de la generación anterior de LS 400", declaró el señor Clements, quien admitió que las observaciones anteriores sobre el estilo del LS incluían palabras como "sobrio" y "aburrido". Los planes de marketing continuos ayudarán a Lexus a atraer a los consumidores más jóvenes.

A partir de enero de 2006, la línea Lexus se amplió para incluir ocho modelos diferentes: LS, GS, ES, IS, SC, LX, GX y RX. Además, también hay una versión híbrida del RX. Lexus planea extender en el futuro sus esfuerzos de marketing con el propósito no sólo de obtener nuevos clientes, sino también de conservar a los actuales. Aunque los planes de la compañía son sumamente confidenciales, sus campañas más recientes insinúan que las nuevas tácticas de marketing seguirán el estilo poco convencional de los anuncios anteriores.

Por ejemplo, recientemente Lexus patrocinó un espectáculo de esquí en Colorado, el cual incluía una invitación a todos los propietarios de un Lexus a pasar un lujoso fin de semana en la montaña con todos los gastos pagados. Tales esfuerzos son congruentes con la filosofía de Lexus de conferir valor al lujo y lujo al valor.

Preguntas

1. Describa el problema de decisión administrativa que enfrenta Lexus para enfrentar la competencia de otros fabricantes de autos de lujo como Mercedes, BMW y Jaguar, así como la competencia de autos de "semilujo" como Máxima de Nissan y Mazda Millennia.
2. Formule el problema de investigación de mercados que corresponda al problema de decisión administrativa que identificó en la pregunta 1.
3. Desarrolle un modelo gráfico que explique el proceso mediante el cual los consumidores eligen automóviles de lujo.
4. Identifique dos preguntas de investigación basadas en la definición del problema de investigación de mercados y el modelo gráfico.
5. Desarrolle al menos una hipótesis para cada pregunta de investigación que usted haya identificado en la pregunta 4.
6. ¿Cómo buscaría en Internet información sobre el mercado de los vehículos de lujo? Resuma los resultados de su búsqueda en un informe.

Referencias

1. Véase *www.lexus.com*, consultado en enero 4 de 2006.
2. Terry Box, "Demise of SUVs Certainly Looks Premature", *Knight Ridder Tribune Business News* (7 de enero de 2002): 1.
3. Jean Halliday, "Has Lincoln, Caddy Lux Run Out?" *Advertising Age* 72 (52) (31 de diciembre de 2001): 4.
4. Karl Greenburg, "Lexus Looks for TiVo to Up Commercial Viewing", *Brandweek* 42 (46) (10 de diciembre de 2001): 28.

CASOS EN VIDEO

1.1 Burke aprende y crece gracias a la investigación de mercados

Alberta Burke, quien había trabajado antes en el departamento de marketing de la compañía Procter & Gamble, fundó Burke Inc. en 1931. En esa época había pocas empresas formales de investigación de mercados, no sólo en Estados Unidos sino en todo el mundo. Desde 2006 Burke, que tiene su sede en Cincinnati, Ohio, es una empresa de apoyo a las decisiones que ayuda a sus clientes a entender sus prácticas empresariales y a hacerlas más eficientes. Este caso en video describe la evolución de la investigación de mercados y la forma en que Burke pone en práctica las distintas fases del proceso.

LA EVOLUCIÓN DE LA INVESTIGACIÓN DE MERCADOS

La primera investigación de mercados registrada tuvo lugar hace más de un siglo: en 1895 o 1896. Un profesor envió a las agencias de publicidad un telegrama con preguntas sobre el futuro del campo. Recibió alrededor de 10 respuestas y escribió un trabajo donde describía lo que estaba sucediendo. En los primeros años, la mayoría de la investigación de mercados era una extensión de los datos de la oficina censal estadounidense y los análisis se limitaban a un simple conteo.

La siguiente ola de investigación de mercados se generó a principios de la década de 1930, y a menudo era realizada por damas con guantes blancos que tocaban a la puerta y hacían preguntas sobre mezclas para pasteles. La metodología utilizada consistía principalmente en encuestas de puerta en puerta, pues en aquel entonces no era muy común el uso del servicio telefónico.

Luego llegó la Segunda Guerra Mundial, que atestiguó la introducción del aspecto psicológico en la investigación de mercados. A lo largo de las décadas de 1950 y 1960, la televisión se convirtió en una parte integral de la vida y con ella llegó la publicidad televisiva. De modo que en las décadas de 1960 y 1970, la evaluación de los comerciales publicitarios se convirtió en el área candente de la investigación de mercados. En esa época ocurrió otro cambio fundamental, cuando el sector de la investigación de mercados pasó de sólo generar y probar nuevas ideas y compartirlas con los clientes, a trabajar más de cerca con ellos sobre la forma de usar esas ideas para tomar decisiones.

El énfasis en la generación de información para mejorar la toma de decisiones se incrementó en las décadas de 1980 y 1990. El sector de la investigación de mercados empezó a desarrollar procesos que generaban información que era utilizada por la administración para tomar decisiones. De esta forma, el sector de la investigación de mercados ha recorrido un largo camino desde los telegramas de 1895. Desde 2006 el sector intenta encontrar formas creativas de investigar a los consumidores con técnicas como las encuestas telefónicas, en centros comerciales, en la Web y con otras metodologías.

Burke realiza meta-investigaciones (investigación sobre la manera de investigar) con la finalidad de aprender y crecer de forma constante, y de permanecer a la vanguardia. Recientemente a Burke le preocupaba si la duración de una encuesta online (por Internet) tenía una influencia negativa en la tasa de terminación, por lo que presentó dos encuestas en Internet. Una era breve (10 preguntas que requerían un promedio de cinco minutos para contestarse) y la otra era más grande (20 preguntas que implicaban alrededor de 20 minutos para ser respondidas). La tasa de terminación para la encuesta corta fue del 35 por ciento; mientras que para la larga fue de tan sólo del 10 por ciento. Burke ahora diseña encuestas en Internet más cortas, para disminuir la proporción de gente que abandona la encuesta sin completarla.

CÓMO IMPLEMENTA BURKE EL PROCESO DE INVESTIGACIÓN DE MERCADOS

Definición del problema de investigación de mercados y desarrollo del enfoque

La forma más sencilla de averiguar cuándo es que una compañía necesita ayuda es cuando tiene que tomar una decisión. Siempre que surge un "lo hacemos o no lo hacemos", un sí o un no, o una decisión que debe tomarse, es necesario preguntar qué información ayudará a reducir los riesgos asociados con la decisión. En este punto, a Burke le gustaría hablar con la empresa para desarrollar la información que ayude a reducir ese riesgo.

El primer paso es definir el problema de la investigación de mercados, y es aquí donde se dan muchos descubrimientos.

El ejecutivo de cuenta (EC) se sienta con el cliente para intentar determinar si lo que éste cree que es el problema en realidad lo es, o si Burke necesita cambiar o ampliar el alcance del problema. Tal vez las conversaciones con quienes toman las decisiones revele que la empresa se ha estado enfocando en un problema demasiado limitado o en el problema equivocado.

Burke cree que la definición del problema de investigación de mercados es fundamental para el éxito del proyecto de investigación. La empresa averiguará los síntomas y trabajará con el cliente para identificar las causas subyacentes.

Se dedica mucho esfuerzo a examinar los antecedentes o el contexto ambiental del problema. Al menos en la mitad de los casos, el problema cambia en el proceso de exploración, y adquiere un nuevo alcance o dirección. Este proceso da como resultado una definición precisa del problema de investigación de mercados, incluyendo la identificación de sus componentes específicos.

Una vez que se define el problema, Burke desarrolla un enfoque adecuado. La definición del problema se perfecciona para generar preguntas de investigación más específicas y en ocasiones algunas hipótesis. Gracias a su vasta experiencia, Burke ha desarrollado una variedad de modelos analíticos que se adaptan al problema identificado. Este proceso también ayuda a la identificación de la información que le servirá al cliente a resolver su problema.

Formulación del diseño de investigación

Investigación cualitativa. Una de las dificultades con las que Burke se tropieza tiene que ver con la investigación cualitativa. Este tipo de investigación resulta conveniente porque es inmediata, proporciona información de gran riqueza y, en los términos del cliente, permite mucha interacción en la que se observan los tipos de respuestas proporcionados y las posibles dudas del cliente o del cliente potencial. Sin embargo, uno de los riesgos proviene de la idea de que todos los clientes o clientes potenciales pueden ver de esta manera los productos o servicios ofrecidos, es decir, generalizar los hallazgos de la investigación cualitativa a la población. Burke tiene también la habilidad de realizar sesiones de grupo en línea.

Métodos de encuesta. Aunque Burke utiliza una variedad de métodos, los estudios telefónicos representan alrededor del 70 por ciento de las encuestas. También se utilizan encuestas en centros comerciales, por correo, por Internet y en la Web. Burke selecciona con cuidado el procedimiento más adecuado para el problema, y predice que las encuestas telefónicas disminuirán, mientras que las encuestas por Internet se incrementarán.

Si Burke pretende encuestar a clientes de todo el mundo, envía por correo electrónico una invitación a los encuestados para que contesten la encuesta en la Web. A Burke le agrada la capacidad de Internet para mostrar ilustraciones de un producto o un concepto específicos a los encuestados.

Diseño del cuestionario. Al diseñar el cuestionario, Burke presta particular atención al contenido y la redacción de las preguntas. Algunas preguntas están bien definidas y es sencillo formularlas. Pero hay otros temas que deben investigarse y tal vez no quede claro qué preguntas exactas deban plantearse. Cuanto más sencilla sea la pregunta y mejor se conozca a quienes debe preguntarse, es decir, a los encuestados, mejor será la información que se obtenga.

Diseño del muestreo. Burke cuenta con un departamento de muestreo que se reúne con el equipo de administración de la cuenta y con el ejecutivo de cuenta para determinar cuál es la muestra adecuada. El marco del muestreo se define en términos de quiénes son los encuestados que pueden responder las preguntas que tienen que hacerse. La población meta se define mediante el problema de investigación de mercados y mediante las preguntas de investigación. Burke suele adquirir las listas de muestreo de empresas externas que se especializan en esta área. A Burke le preocupa el uso de una muestra representativa que permita la generalización de los resultados a la población meta (es decir, a todos los consumidores meta, en oposición a sólo los consumidores incluidos en la muestra).

Recopilación y análisis de los datos

Una vez que se ha recopilado la información, ésta se encuentra en un formato electrónico o en papel para capturarse en un formato electrónico. Los resultados se tabulan y se analizan por computadoras. Gracias al producto "Digital Dashboard", Burke no sólo tiene la posibilidad de difundir los resultados entre los clientes cuando se termine el proyecto, sino que también puede mostrarles los datos mientras se recaban. Burke desglosa el análisis de datos por grupos relevantes. Es posible ver la información de todos los encuestados, o sólo la información desglosada por género o tamaño del negocio. En esencia, Burke busca diferentes cortes en los datos para intentar entender lo que sucede, si existen diferencias que dependen de diferentes criterios y cómo tomar decisiones basadas en ello. Además, a Burke le agrada que los datos se clasifiquen en unidades útiles como tiempo, frecuencia o ubicación, en vez de las respuestas vagas que en ocasiones dan los encuestados.

Preparación y presentación del informe

Los clientes necesitan información con mayor rapidez que en el pasado porque las decisiones deben tomarse con mayor urgencia que antes. De modo que ya no resulta práctica la idea de organizar largas reuniones para presentar los resultados del análisis de los datos. La mayoría de las veces Burke presenta sus informes y datos a través de la Web. El informe documenta todo el proceso de investigación. Analiza el problema de decisión administrativa, el problema de investigación de mercados, el enfoque y el diseño de investigación, la información obtenida para ayudar a la administración a tomar la decisión y las recomendaciones.

El proceso de redacción del informe empieza desde la primera conversación con el cliente y se escribe mientras avanza la investigación, no sólo cuando el proyecto está casi terminado. El informe se enfoca en mejorar la toma de decisiones administrativas. La meta de Burke es ayudar a los clientes a mejorar sus habilidades en la toma de decisiones, de manera que resulten más valiosos para sus empresas. Burke hace resaltar este enfoque al recordar a los clientes: "Aquí están los problemas de decisión administrativa y de investigación de mercados en los que estuvimos de acuerdo. Aquí está la información que obtuvimos. Ésta es la decisión hacia la que apunta". Burke puede incluso añadir: "Esto es lo que les recomendamos hacer".

Burke cree que un proyecto de investigación exitoso a menudo conduce a otro proyecto de investigación. El proceso de investigación tiende a ser circular: no suele tener un inicio y un fin definidos. Una vez que se resuelve un problema siempre hay otro en el cual trabajar. Darse cuenta de ello es lo que ayuda a Burke y a sus clientes a aprender, y a crecer de forma continua.

Preguntas

1. Describa la evolución de la investigación de mercados. ¿Cómo ha cambiado el papel de la investigación de mercados conforme ésta evoluciona?
2. ¿Cuál es la opinión de Burke acerca del papel de la investigación de mercados?
3. Visite www.burke.com y escriba un informe sobre los diversos servicios de investigación de mercados que se ofrecen.
4. ¿Cuál es la opinión de Burke sobre la importancia de definir el problema de investigación de mercados? ¿Qué proceso sigue Burke y cómo se compara con el presentado en el capítulo 2?
5. ¿Cuál es la opinión de Burke sobre el proceso de investigación de mercados? ¿Cómo se compara con el presentado en el capítulo 1?
6. Si Burke le ofreciera a usted un puesto como ejecutivo de cuenta, con la responsabilidad de brindar servicios de investigación de mercados a Procter & Gamble, ¿aceptaría el empleo? Justifique su respuesta.

Referencias

1. Véase *www.burke.com*, consultado el 15 de febrero de 2006.
2. John Kiska, "Customer Satisfaction Pays Off", *HRMagazine*, 49 (2) (febrero de 2004), 87-90.
3. Allen Hog y Jeff Miller, "Watch Out for Dropouts", *Quirk's Marketing Research Review* (julio/agosto de 2003), en *www.quirks.com*.

1.2 Accenture: el punto está en el nombre

Desde 2006 Accenture es la organización más importante del mundo en servicios administrativos y tecnológicos. Con su enfoque de una red de empresas, la compañía mejora su capacidad de asesoría, tecnología y subcontratación mediante alianzas, compañías afiliadas, capital de riesgo y otros potenciales. Accenture proporciona innovaciones que ayudan a los clientes de todas las industrias a hacer realidad sus proyectos con rapidez. Con más de 110 oficinas en cerca de 50 países, Accenture puede movilizar con prontitud sus recursos mundiales, amplios y profundos, buscando agilizar los resultados para sus clientes. La compañía tiene vasta experiencia en 18 grupos industriales en áreas empresariales clave, incluyendo la administración de relaciones con los clientes, administración de la cadena de suministro, estrategia empresarial, tecnología y subcontratación. Accenture también se apoya en sus filiales y en sus alianzas para ayudar a impulsar soluciones innovadoras. La sólida relación con su red de empresas amplia el conocimiento de Accenture de los modelos y productos empresariales emergentes, lo cual permite a la empresa proporcionar a sus clientes las mejores herramientas, tecnologías y capacidades posibles. Accenture utiliza esos recursos como un catalizador para ayudar a los clientes a anticipar y beneficiarse del cambio en los negocios y la tecnología. Los clientes de Accenture incluyen 89 de las 100 empresas globales de *Fortune* y más de la mitad de las 500 empresas mundiales de *Fortune*.

Al principio Accenture se llamaba Andersen Consulting y se creó en 1989 como parte de Arthur Andersen. En 2000 Andersen Consulting obtuvo el derecho a separarse de Arthur Andersen, después de que la compañía matriz rompió acuerdos contractuales, pasando a áreas de servicio donde Andersen Consulting ya era un líder establecido. Sin embargo, tuvo que renunciar a su nombre. Éste fue un hecho de gran importancia porque Andersen Consulting ya había logrado avances importantes en la equidad de marca con su nombre, debido en parte al gasto aproximado de $7,000 millones en el curso de 10 años. Además, sería necesario registrar el nuevo nombre en 41 países donde se había registrado el nombre original. Por lo tanto, el cambio de nombre se convirtió en prioridad y la compañía dedicó gran parte de su tiempo y esfuerzo a esta tarea.

La primera tarea fue elegir un nuevo nombre. La empresa desafió a sus empleados para que presentaran sugerencias para un nuevo nombre, mediante la creación de un concurso interno, que dio como resultado una lista de más de 2,500 recomendaciones. Luego de una prolongada investigación de mercados sobre varios nombres, que incluyó encuestas con clientes objetivo, se eligió el nombre de Accenture. La investigación de mercados reveló que la "Acc" en el nombre (en inglés) conlleva *accomplishments* (logros) y *accessibility* (fácil acceso), y que el nombre suena como *adventure* (aventura). La empresa se decidió por este nombre porque creía que transmitía el mensaje de que estaba enfocada en el futuro. También dedicó mucho tiempo a la creación de un nuevo logotipo, cuya versión final fue el nombre de la empresa acentuado con el símbolo de mayor que (>), por considerar que resaltaba su enfoque en el futuro.

Otra tarea, que se realizó al mismo tiempo, consistió en difundir la noticia y preparar al mercado meta para el cambio de marca. La empresa empezó a hacer circular anuncios que notificaban que su nombre cambiaría a principios de 2001. Accenture tenía un grupo bien definido de compañías que componen el mercado meta y tenía que enfocar en ellas sus esfuerzos.

Por último, el 1 de enero de 2001, anunció su nuevo nombre al mundo. La campaña inicial ilustraba el cambio mediante el eslogan "Renombrado, redefinido, renacido". Accenture utilizó esta oportunidad no sólo para presentar el nuevo nombre, sino también para comercializar sus servicios y para ayudar a la gente a entender lo que tenía para ofrecer. Al final Accenture gastó un total de $175 millones de dólares por el cambio de marca, pero no terminó ahí. En febrero empezó una nueva campaña llamada "Ahora es cuando se pone interesante", la cual tomó la perspectiva de que a pesar de los increíbles cambios recientes generados por la tecnología, quedan por delante muchos desafíos. Los comerciales mostraban la forma en que Accenture ayudaría a sus clientes al sacar partido de tales retos. El éxito de la campaña se hizo evidente en el aumento en las visitas al sitio Web de la empresa. Esto es muy importante para Accenture, ya que considera que si puede lograr que alguien visite su sitio, tiene una mejor oportunidad de contar la historia completa.

A continuación llegó el tema "Yo soy tu idea". Esta campaña fue seguida por "Alto desempeño. Entregado", que todavía estaba en circulación en 2006. Además presentó a Tiger Woods con el lema "Adelante. Sé un tigre".

Accenture ha tenido éxito en la transferencia del valor de marca a su nuevo nombre. La investigación de mercados reveló que es conocido aproximadamente por el 50 por ciento del público, que en esencia es el mismo número que tenía con el nombre anterior. El marketing de Accenture va mucho más allá del nombre, pues enfrenta retos constantes a medida que cambia el producto que ofrece. Para tener éxito debe tener una sólida investigación de mercados, un marketing creativo, un gran presupuesto y la comprensión de las tendencias futuras. Esto ayudará a la empresa a continuar construyendo valor con el nombre Accenture.

Preguntas

1. Analice el papel que jugó la investigación de mercados para ayudar a Andersen Consulting a elegir un nuevo nombre (Accenture).
2. Defina el mercado meta de Accenture. Analice el papel que desempeñó la investigación de mercados para ayudar a Accenture a entender las necesidades de sus clientes meta.
3. Accenture desea incrementar la preferencia y lealtad por sus servicios. Describa el problema de decisión administrativa.
4. Defina un problema de investigación de mercados que corresponda al problema de decisión administrativa que identificó en la pregunta 3.
5. Desarrolle un modelo gráfico en que explique la manera en que la empresa *Fortune 500* elegiría una empresa de asesoría.
6. Desarrolle dos preguntas de investigación, cada una con dos hipótesis, con base en el problema de investigación de mercados que definió en la pregunta 4.

Referencias

1. Vea *www.accenture.com*, consultado el 10 de febrero de 2005.
2. "Accenture Wins Homeland Security Contract", *Telecomworldwire* (2 de junio de 2004): 1.
3. Todd Wasserman, "Accenture Accents Idea Campaign", *Brandweek* (30 de septiembre de 2002): 4.

PARTE II

Preparación del diseño de la investigación

El diseño de la investigación (paso 3) se formula después de que se definió el problema (paso 1) y se desarrolló el enfoque (paso 2). Esta parte del texto describe con detalle los diseños de la investigación exploratoria, descriptiva y causal. La investigación exploratoria implica datos secundarios e investigación cualitativa; mientras que la investigación descriptiva emplea las técnicas de encuesta y observación. La herramienta de mayor uso en los diseños causales es la experimentación. Se describen las escalas primarias de medición y las técnicas comparativas y no comparativas de escalamiento que son de uso común. Se presentan varios lineamientos para el diseño de los cuestionarios y se explican los procedimientos, las técnicas y las consideraciones estadísticas del muestreo. Este material debe resultar útil para administradores e investigadores.

Capítulo 3
Diseño de la investigación

Capítulo 4
Diseño de la investigación exploratoria: datos secundarios

Capítulo 5
Diseño de la investigación exploratoria: investigación cualitativa

Capítulo 6
Diseño de la investigación descriptiva: encuestas y observación

Capítulo 7
Diseño de la investigación causal: experimentación

Capítulo 8
Medición y escalamiento: aspectos básicos y escalamiento comparativo

Capítulo 9
Medición y escalamiento: técnicas no comparativas de escalamiento

Capítulo 10
Diseño de cuestionarios y formatos

Capítulo 11
Muestreo: diseño y procedimientos

Capítulo 12
Muestreo: determinación del tamaño final e inicial de la muestra

Casos para la Parte II

Casos en video para la Parte II

CAPÍTULO 3

Diseño de la investigación

Objetivos

Después de leer este capítulo, el estudiante deberá ser capaz de:

1. Definir el diseño de la investigación, clasificar varios diseños de la investigación y explicar las diferencias entre diseños exploratorios y concluyentes.
2. Comparar los diseños básicos de investigación: exploratoria, descriptiva y causal.
3. Describir las principales fuentes de error en el diseño de la investigación, incluyendo el error de muestreo aleatorio y las diversas fuentes de error que no es atribuible al muestreo.
4. Analizar los aspectos administrativos de la coordinación de proyectos de investigación, en particular la elaboración del presupuesto y la planeación.
5. Describir los elementos de una propuesta de investigación de mercados y demostrar cómo aborda los pasos del proceso de investigación de mercados.
6. Explicar la formulación del diseño de la investigación en la investigación de mercados internacionales.
7. Entender los asuntos y conflictos éticos que surgen en la elección del diseño de una investigación.

"El diseño de la investigación es el corazón y el alma de un proyecto de investigación de mercados. Da una idea general de la forma en que se realizará el proyecto de investigación, y orienta la recopilación y el análisis de los datos, así como la preparación del informe".

Seth Ginsburg, propietario y jefe de asesores, Sethburg Communications

Panorama general

En el capítulo 2 se analizó la forma de definir un problema de investigación de mercados y de desarrollar un enfoque adecuado. Esos dos primeros pasos son fundamentales para el éxito de todo el proyecto. Una vez que se cubren, debe ponerse atención al diseño del proyecto formal de investigación, mediante el diseño de la investigación detallado (véase la figura 2.1 en el capítulo 2).

Este capítulo define y clasifica los diseños de la investigación. Se describen los dos tipos principales de los diseños de la investigación: exploratoria y concluyente. Los diseños de una investigación concluyente se clasifican, además, en descriptivos y causales, los cuales se analizan en detalle. Se consideran las diferencias entre los dos tipos de diseños descriptivos, transversal y longitudinal, y se identifican las fuentes de errores. Se revisan la elaboración del presupuesto y la planeación del proyecto de investigación, y se presentan lineamientos para escribir una propuesta de investigación de mercados. Se analizan las consideraciones especiales en la formulación de diseños para la investigación de mercados internacionales. Se consideran varios asuntos éticos que surgen en esta etapa del proceso de investigación de mercados. El lector puede apreciar mejor los conceptos presentados en este capítulo si considera primero el siguiente ejemplo, que ilustra los diseños de la investigación exploratoria y concluyente.

INVESTIGACIÓN REAL

Más que causas justas

En un estudio del marketing relacionado con las causas, se realizó una investigación exploratoria en la forma de análisis de datos secundarios y sesiones de grupo para identificar las causas sociales que deberían preocupar a las empresas. El estudio identificó las siguientes causas como sobresalientes: cuidado infantil, drogadicción, educación pública, hambre, delincuencia, el ambiente, investigación médica y pobreza.

Luego se realizó una investigación concluyente en la forma de una encuesta transversal descriptiva, para cuantificar cómo y por qué el marketing relacionado con las causas influye en las percepciones de los consumidores sobre empresas y marcas, y para determinar la relevancia relativa de las causas identificadas en la investigación exploratoria. Se encuestó por teléfono a una muestra aleatoria de 2,000 personas. Alrededor del 61 por ciento de los encuestados dijo que si el precio y la calidad fueran iguales, cambiarían de marcas o tiendas para favorecer a empresas que apoyaran buenas causas que ayuden a nivel local o nacional. La encuesta también reveló que el 68 por ciento de los consumidores pagaría más por un producto ligado a una buena causa. El apoyo de la empresa a las buenas causas genera tanto una imagen más positiva como mayor confianza en esa empresa, de acuerdo con el 66 por ciento de esos encuestados. En la siguiente tabla se presenta la relevancia relativa de las causas sociales que deben considerar las empresas.

Las empresas deben esforzarse para resolver los siguientes problemas sociales

Problema social	*Porcentaje que dice que es una preocupación importante*
Educación pública	33
Delincuencia	32
Ambiente	30
Pobreza	24
Investigación médica	23
Hambre	23
Cuidado infantil	22
Drogadicción	18

La investigación exploratoria seguida por la investigación concluyente ayudó a Starbucks a reconocer que el ambiente es una causa importante que influye en la percepción de los consumidores sobre empresas y marcas.

De acuerdo con esos hallazgos, Starbucks (*www.starbucks.com*) decidió ayudar a conservar el ambiente ofreciendo una nueva taza de café "amigable con la ecología", elaborada con los posos de café y el reciclado de las bolsas de arpillera. La empresa también tiene iniciativas para ayudar a los pequeños cafetaleros y a los programas de comunidades locales, y para hacer donaciones de caridad. Incluso ofrecen incentivos a los empleados y recompensan a quienes se ofrezcan como voluntarios para dichas causas. Uno de los programas sociales más recientes da a la organización la cantidad en dólares equivalente a las horas que sus empleados trabajan ahí como voluntarios. Starbucks, junto con organizaciones internacionales especializadas en el café, como la Federación Colombiana del Café y la Specialty Coffee Association of America, asesoró a muchas organizaciones ambientales acerca del cultivo de café "ecológico". Se estableció un amplio conjunto de lineamientos conocidos como los "principios de conservación para la producción del café". De esta forma, Starbucks diferenció su marca y mejoró su imagen de una forma en que la filantropía de chequera no habría podido lograr.[1] ■

Como indica este ejemplo, en la investigación de mercados, por lo general, se usan dos tipos principales de diseños de la investigación: exploratorio y concluyente. La comprensión de los aspectos básicos del diseño de la investigación y sus componentes permite al investigador formular un diseño que sea adecuado para el problema que enfrenta.

DISEÑO DE LA INVESTIGACIÓN: DEFINICIÓN

diseño de la investigación
Esquema o programa para realizar el proyecto de investigación de mercados. Especifica los detalles de los procedimientos que son necesarios para obtener la información requerida, para estructurar y/o resolver los problemas de investigación de mercados.

Un *diseño de la investigación* es un esquema o programa para llevar a cabo el proyecto de investigación de mercados. Detalla los procedimientos que se necesitan para obtener la información requerida para estructurar y/o resolver los problemas de investigación de mercados. Aunque ya se haya desarrollado un enfoque amplio del problema, el diseño de la investigación especifica los detalles —los aspectos prácticos— de la implementación de dicho enfoque. Un diseño de la investigación establece las bases para realizar el proyecto. Un buen diseño de la investigación asegurará la realización eficaz y eficiente del proyecto de investigación de mercados. Comúnmente el diseño de una investigación incluye los siguientes componentes o tareas:

1. Diseñar las fases exploratoria, descriptiva y/o causal de la investigación (capítulos 3 a 7).
2. Definir la información que se necesita (capítulo 2).
3. Especificar los procedimientos de medición y escalamiento (capítulos 8 y 9).
4. Construir y hacer la prueba piloto de un cuestionario (forma de entrevista) o una forma apropiada para la recolección de datos (capítulo 10).
5. Especificar el proceso de muestreo y el tamaño de la muestra (capítulos 11 y 12).
6. Desarrollar un plan para el análisis de los datos (capítulo 14).

DISEÑO DE LA INVESTIGACIÓN: CLASIFICACIÓN

En general los diseños de la investigación se clasifican como exploratorios o concluyentes (véase la figura 3.1). En la tabla 3.1 se resumen las diferencias entre ambos tipos de diseño. El objetivo principal de la ***investigación exploratoria*** es proporcionar información y comprensión del problema que enfrenta el investigador.[2] Este tipo de investigación se utiliza en los casos donde es necesario definir el problema con más precisión, identificar los cursos de acción pertinentes y obtener información adicional antes de que pueda desarrollarse un enfoque. En esta etapa la información requerida está sólo vagamente definida y el proceso de investigación que se adopta es flexible y no estructurado. Por ejemplo, puede consistir en entrevistas personales con los expertos del ramo. La muestra, seleccionada para generar el máximo de información, es pequeña y no representativa. Los datos primarios son de naturaleza cualitativa y se analizan de acuerdo con ello. Dadas esas características del proceso de investigación, los hallazgos de la investigación exploratoria deberían considerarse como tentativos o como aportaciones que deben seguir investigándose. Por lo común, dicha investigación va seguida por más investigación exploratoria o concluyente. En ocasiones, sólo se realiza la investigación exploratoria, en particular la cualitativa. En tales casos, debe tenerse precaución al utilizar los hallazgos. La investigación exploratoria se analizará con mayor detalle en la siguiente sección.

La información obtenida con la investigación exploratoria debe verificarse o cuantificarse por la investigación concluyente, como en el ejemplo inicial. La importancia de las causas sociales destacadas que deben considerar los negocios, identificadas mediante una investigación exploratoria, se determinó usando una encuesta (investigación concluyente) que demostró que la educación pública era la causa de mayor preocupación para el 33 por ciento de los encuestados. El objetivo de la investigación concluyente es probar hipótesis específicas y examinar relaciones particulares. Esto implica el investigador tiene que señalar con claridad la información necesaria.[3] La ***investigación concluyente*** por lo general es más formal y estructurada que la exploratoria. Se basa en muestras representativas grandes y los datos obtenidos se someten a un análisis cuantitativo. Los hallazgos de esta investigación se consideran de naturaleza concluyente, ya que se utilizan como información para la toma de decisiones administrativas. (Sin embargo, debe advertirse que desde la perspectiva

investigación exploratoria
Tipo de diseño de la investigación que tiene como objetivo principal brindar información y comprensión sobre la situación del problema que enfrenta el investigador.

investigación concluyente
Investigación diseñada para ayudar a quien toma las decisiones a determinar, evaluar y elegir el mejor curso de acción en una situación específica.

Figura 3.1
Clasificación de los diseños de la investigación de mercados

```
                    Diseño de la investigación
                    /                        \
        Diseño de la                    Diseño de la
        investigación                   investigación
        exploratoria                    concluyente
                                       /            \
                            Investigación       Investigación
                            descriptiva         causal
                            /         \
                    Diseño         Diseño
                    transversal    longitudinal
                    /        \
            Diseño          Diseño
            transversal     transversal
            simple          múltiple
```

TABLA 3.1
Diferencias entre la investigación exploratoria y la concluyente

	EXPLORATORIA	CONCLUYENTE
Objetivo:	Proporcionar información y comprensión	Probar hipótesis específicas y examinar relaciones
Características:	La información necesaria sólo se define vagamente	La información necesaria se define con claridad
	El proceso de investigación es flexible y no estructurado	El proceso de investigación es formal y estructurado
	La muestra es pequeña y no representativa	La muestra es grande y representativa
	El análisis de los datos primarios es cualitativo	El análisis de datos es cuantitativo
Hallazgos o resultados:	Tentativos	Concluyentes
Consecuencias:	Por lo general, va seguida de mayor investigación exploratoria o concluyente	Los hallazgos se usan como información para la toma de decisiones

INVESTIGACIÓN ACTIVA

Visite *http://www.ichotelsgroup.com* y escriba un informe acerca de las diferentes marcas de hoteles que posee Holiday Inn.

¿Qué tipo de investigación realizaría usted para determinar una estrategia de marketing coherente, para las diversas marcas de hoteles propiedad de Holiday Inn?

Como si fuera vicepresidente de marketing de Holiday Inn, analice la función que pueden desempeñar la investigación exploratoria y la concluyente, en la determinación de una estrategia de marketing coherente para las diversas marcas de hoteles que posee Holiday Inn, como Holiday Inn Hotels and Resorts, Holiday Inn Select, Holiday Inn SunSpree Resorts y Holiday Inn Family Suites Resorts.

de la filosofía de la ciencia, nada puede probarse ni ser concluyente). Como se muestra en la figura 3.1, los diseños de la investigación concluyente pueden ser descriptivos o causales; en tanto que los diseños descriptivos pueden ser transversales o longitudinales. Cada una de esas clasificaciones se analizará con mayor detalle, empezando con la investigación exploratoria.

INVESTIGACIÓN EXPLORATORIA

Como su nombre lo indica, el objetivo de la investigación exploratoria es explorar o examinar un problema o situación para brindar conocimientos y comprensión (véase la tabla 3.2). La investigación exploratoria puede usarse para cualquiera de los siguientes propósitos:

- Formular un problema o definirlo con mayor precisión.
- Identificar cursos alternativos de acción.
- Desarrollar hipótesis.
- Aislar variables y relaciones clave para un examen más minucioso.[4]
- Obtener ideas para desarrollar un enfoque del problema.
- Establecer prioridades para la investigación posterior.

El ejemplo inicial en la sección de panorama general ilustró el uso de la investigación exploratoria para identificar las causas sociales que deberían interesar a las empresas. Esta investigación identificó las siguientes causas como sobresalientes: cuidado infantil, drogadicción, educación pública, hambre, delincuencia, el ambiente, investigación médica y pobreza. En general la investigación exploratoria es valiosa en cualquier situación en que el investigador no posea la comprensión suficiente para continuar con el proyecto. La investigación exploratoria se caracteriza por la flexibilidad y versatilidad de los métodos, ya que no se emplean protocolos ni procedimientos formales de investigación. Rara vez incluye cuestionarios estructurados, muestras grandes o planes de muestreo probabilístico. Más bien, mientras avanzan los investigadores están alertas a las nuevas ideas y conocimientos. Una vez que se descubre una idea o un conocimiento nuevos, pueden reorientar su exploración en esa dirección, la cual se sigue hasta que se agotan sus posibilidades o se encuentra otra dirección. Por tal razón, el foco de la investigación puede cambiar de forma constante, a medida que se descubren nuevos conocimientos. Por ende, la creatividad y el ingenio del investigador juegan un papel importante en la investigación exploratoria. Pero las habilidades del investigador no

TABLA 3.2

Comparación de los diseños básicos de investigación

	EXPLORATORIA	DESCRIPTIVA	CAUSAL
Objetivo:	Descubrir ideas y conocimientos	Describir características o funciones del mercado	Determinar relaciones causales
Características:	Flexible Versátil A menudo es la parte frontal del diseño de la investigación total	Se distingue por la formulación previa de hipótesis específicas Diseño planeado y estructurado de antemano	Manipulación de una o más variables independientes Control de otras variables mediadoras
Métodos:	Encuestas con expertos Encuestas piloto Datos secundarios (analizados cuantitativamente) Investigación cualitativa	Datos secundarios (analizados cualitativamente) Encuestas Paneles Datos por observación y otros	Experimentos

son los únicos determinantes de una buena investigación exploratoria, la cual puede beneficiarse mucho cuando se emplean los siguientes métodos (véase la tabla 3.2).

Entrevistas con expertos (capítulo 2).
Encuestas piloto (capítulo 2).
Datos secundarios analizados de forma cualitativa (capítulo 4).
Investigación cualitativa (capítulo 5).

En el capítulo 2 se examinó el uso de la investigación exploratoria en la definición del problema y el desarrollo del enfoque. Las ventajas y desventajas de la investigación exploratoria se analizan con mayor detalle en el capítulo 4 ("Datos secundarios") y en el capítulo 5 ("Investigación cualitativa"). Para ayudarlo a visualizar las aplicaciones de la investigación exploratoria, se considera ahora el proyecto de la tienda departamental, que utilizó los siguientes tipos de estudios exploratorios:

- Una revisión de la literatura académica y comercial para identificar los factores demográficos y psicográficos relevantes que influyen en la frecuencia en que los consumidores acuden a las tiendas departamentales.
- Entrevistas con expertos en ventas al detalle para determinar tendencias, como el surgimiento de nuevos tipos de puntos de venta y cambios en los patrones de preferencias de los consumidores (por ejemplo, compras en la Internet).
- Un análisis comparativo de las cinco mejores y las cinco peores tiendas de la misma cadena, para obtener alguna idea de los factores que influyen en el desempeño de esta última.
- Sesiones de grupo para determinar los factores que los consumidores consideran importantes al elegir tiendas departamentales.

El siguiente ejemplo ilustra con mayor detalle la investigación exploratoria.

INVESTIGACIÓN REAL

Waterpik elige un producto ganador

Desde sus inicios en 1962, Waterpik Technologies (*www.waterpik.com*) ha sido un importante promotor, fabricante y vendedor de productos para el cuidado de la salud de toda la familia. Waterpik quiere conservar su posición en el mercado con la introducción de productos innovadores que satisfagan las necesidades de sus clientes. En 2003, a partir de una investigación inicial y evaluación de las tendencias, Waterpik tomó la decisión de concentrarse en el desarrollo del concepto de una nueva regadera que proporcionara la experiencia y el valor mejores de una ducha.

La empresa contrató a Innovation Focus (*www.innovationfocus.com*), una empresa asesora con reconocimiento internacional que estaba motivada para ayudar a los clientes a desarrollar y poner en práctica ideas redituables para su crecimiento. Gracias a una mezcla única de investigación de mercados creativa y analítica, Innovation Focus ayudó a Waterpik a encontrar las respuestas correctas a sus preguntas y al final ofrecer un producto exitoso.

La fase de la investigación exploratoria empezó con una reunión para comentar las tendencias con los profesionales de marketing de Waterpik, para listar y establecer el orden de prioridades de los deseos y las necesidades fundamentales de los consumidores. Esto fue seguido por una sesión de tecnología con los ingenieros de Waterpik para descubrir tecnologías aplicables y las competencias internas de la empresa. Esas reuniones sentaron las bases para llevar a cabo una detallada investigación de mercados. Para obtener diversas perspectivas y acelerar el proceso, Innovation Focus decidió realizar lo que denominó una sesión de innovación, donde hubo 21 participantes que incluían a consumidores, diseñadores y mercadólogos externos y especialistas de Waterpik. Se generaron más de 140 conceptos. Esto fue seguido por sesiones de validación y perfeccionamiento del concepto mediante la aplicación de una encuesta descriptiva a más consumidores. Y del proceso surgió el ganador (el producto final).

Dos años después de la primera sesión, Waterpik estaba listo para lanzar su nuevo producto en 2005. La regadera tenía siete posiciones únicas y ajustables que permitían a los usuarios regular la cobertura, fuerza y forma de la salida de la ducha. También se incluyeron características para el control del vaho y la presión que permitieran a los consumidores "convertir su ducha en un spa". Con el apoyo de la investigación de mercados, Waterpik pudo empezar a trabajar con éxito con su nuevo producto.[5] ■

Advierta que Waterpik no se basó exclusivamente en la investigación exploratoria. Una vez que se identificaron los conceptos del nuevo producto, fueron probados en una investigación descriptiva que adoptó la forma de encuestas con los consumidores. Este ejemplo señala la importancia de la investigación descriptiva para la obtención de hallazgos más concluyentes.

INVESTIGACIÓN DESCRIPTIVA

investigación descriptiva
Tipo de investigación concluyente que tiene como principal objetivo la descripción de algo, por lo regular las características o funciones del mercado.

Como su nombre indica, el principal objetivo de la ***investigación descriptiva*** es describir algo, por lo regular las características o funciones del mercado (véase la tabla 3.2). La investigación descriptiva se realiza por las siguientes razones:

1. Describir las características de grupos pertinentes, como consumidores, vendedores, organizaciones o áreas del mercado. Por ejemplo, podríamos desarrollar un perfil de los "clientes frecuentes" de tiendas departamentales de prestigio como Saks Fifth Avenue y Neiman Marcus.
2. Calcular el porcentaje de unidades de una población específica que muestran cierta conducta. Por ejemplo, podríamos estar interesados en calcular el porcentaje de clientes frecuentes de las tiendas departamentales de prestigio que también compran en tiendas departamentales de descuento.
3. Determinar la percepción de las características de productos. Por ejemplo, ¿las familias cómo perciben las distintas tiendas departamentales en términos de los factores destacados de los criterios de elección?
4. Determinar el grado en que las variables de marketing están asociadas. Por ejemplo, ¿en qué grado se relaciona comprar en las tiendas departamentales con comer fuera?
5. Hacer predicciones específicas. Por ejemplo, ¿cuáles serán las ventas al menudeo de Neiman Marcus (tienda específica) de ropa de moda (categoría de producto específica) en el área de Dallas (región específica)?

El ejemplo al inicio del capítulo utilizó una investigación descriptiva en forma de una encuesta, realizada para cuantificar la relevancia de las diferentes causas sociales para las empresas. Como demuestra este ejemplo, la investigación descriptiva supone que el investigador tiene mucho conocimiento previo acerca de la situación del problema.[6] En el ejemplo inicial, las causas sociales relevantes ya se habían identificado mediante una investigación exploratoria antes de que se realizara la encuesta descriptiva. De hecho, una diferencia importante entre la investigación exploratoria y la descriptiva es que esta última se caracteriza por la formulación previa de hipótesis específicas. Por ende, la información necesaria debe definirse con claridad. Como resultado, la investigación descriptiva se planea y estructura de antemano. Por lo general, se basa en muestras representativas grandes. Un diseño formal de investigación especifica los métodos para seleccionar las fuentes de información y para recabar los datos de tales fuentes. Un diseño descriptivo requiere una especificación clara de las seis preguntas de la investigación (quién, qué, cuándo, dónde, por qué y cómo). (Es interesante notar que los periodistas usan criterios similares para describir una situación). Esto se ilustra en el contexto del proyecto de la clientela de la tienda departamental.

PROYECTO DE INVESTIGACIÓN

Las seis preguntas

1. Quién: ¿Quién debería considerarse cliente de una tienda departamental particular? Algunas posibilidades son:
   a. Cualquier persona que entre a la tienda departamental, ya sea que compre algo o no.
   b. Cualquiera que compre cualquier cosa de la tienda.
   c. Cualquiera que haga compras en la tienda departamental al menos una vez al mes.
   d. La persona en el hogar que sea responsable de hacer las compras en una tienda departamental.
2. Qué: ¿Qué información debería obtenerse de los encuestados? Es posible obtener una gran variedad de información, incluyendo:
   a. La frecuencia con la que diferentes tiendas departamentales son frecuentadas debido a categorías específicas de productos.
   b. La evaluación de varias tiendas departamentales en términos de los criterios de elección destacados.
   c. Información concerniente a la hipótesis específica que se somete a prueba.
   d. Datos psicográficos y de estilos de vida, de hábitos de consumo de medios de comunicación, y demográficos.
3. Cuándo: ¿Cuándo debería obtenerse la información de los encuestados? Las opciones disponibles incluyen:
   a. Antes de las compras.
   b. Durante las compras.
   c. Inmediatamente después de las compras.
   d. Algún tiempo después de las compras, para dar tiempo a que evalúen su experiencia al comprar.
4. Dónde: ¿Dónde debería contactarse a los encuestados para obtener la información requerida? Las posibilidades incluyen contactar a los encuestados:
   a. En la tienda.
   b. Fuera de la tienda pero dentro del centro comercial.
   c. En el estacionamiento.
   d. En casa.
5. Por qué: ¿Por qué se debería obtener información de los encuestados? ¿Por qué se realiza el proyecto de investigación de mercados? Las posibles respuestas podrían ser:
   a. Mejorar la imagen de la tienda patrocinadora.
   b. Aumentar la clientela y la participación en el mercado.
   c. Cambiar la mezcla del producto.
   d. Desarrollar una campaña promocional adecuada.
   e. Decidir la ubicación de una nueva tienda.
6. Cómo: ¿Cómo se va a obtener información de los encuestados? Las posibles formas serían:
   a. Observación de la conducta de los encuestados.
   b. Encuestas personales.
   c. Encuestas telefónicas.
   d. Encuestas por correo.
   e. Encuestas electrónicas (por correo electrónico o Internet). ■

Estas y otras preguntas similares deben plantearse hasta que se defina con claridad la información que se desea obtener.

En resumen, a diferencia de la exploratoria, la investigación descriptiva se caracteriza por el planteamiento claro del problema, hipótesis explícitas y especificación detallada de las necesidades de información. La encuesta realizada en el proyecto de la clientela de la tienda departamental, que incluía encuestas personales, es un ejemplo de una investigación descriptiva. Otros ejemplos de estudios descriptivos son:

- Estudios de mercados que describen el tamaño de éste, el poder de compra de los consumidores, la disponibilidad de distribuidores y los perfiles de los consumidores.
- Estudios de participación en el mercado que determinan la proporción de las ventas totales obtenidas por una compañía y sus competidores.
- Estudios de análisis de ventas que describen las ventas por regiones geográficas, líneas de productos, así como tipo y tamaño de la cuenta.

- Estudios de imagen que determinan cómo perciben los consumidores a la empresa y sus productos.
- Estudios de uso del producto que describen los patrones de consumo.
- Estudios de distribución que determinan los patrones de flujo de tráfico, así como el número y la ubicación de los distribuidores.
- Estudios de asignación de precios que describen el rango y la frecuencia de los cambios de precios, y la probable respuesta de los consumidores ante los cambios propuestos en los precios.
- Estudios de publicidad que describen los hábitos de consumo de medios de comunicación, así como los perfiles de audiencia para revistas y programas de televisión específicos.

En el ejemplo inicial, se realizó una investigación descriptiva en la forma de una encuesta para cuantificar la relevancia relativa de diversas causas sociales para las empresas: cuidado infantil, drogadicción, educación pública, hambre, delincuencia, el ambiente, investigación médica y pobreza. Todos esos ejemplos demuestran el ámbito y la diversidad de los estudios de investigación descriptiva. La gran mayoría de los estudios de investigación de mercados utilizan la investigación descriptiva, la cual incluye los métodos principales siguientes:

- Análisis cuantitativo, más que cualitativo, de datos secundarios (tema revisado en el capítulo 4).
- Encuestas (capítulo 6).
- Paneles (capítulos 4 y 6).
- Datos por observación y otros (capítulo 6).

Aunque los métodos mostrados en la tabla 3.2 son los más comunes, debe advertirse que el investigador no está limitado a ellos. Por ejemplo, las encuestas pueden implicar el uso de preguntas exploratorias (abiertas), o bien, en ocasiones los estudios causales (experimentos) se realizan mediante encuestas. La investigación descriptiva que utiliza los métodos de la tabla 3.2 puede clasificarse en investigación transversal y longitudinal (véase la figura 3.1).

Diseños transversales

El estudio transversal es el diseño descriptivo de mayor uso en la investigación de mercados. Los *diseños transversales* implican obtener una sola vez información de cualquier muestra dada de elementos de la población. Pueden ser transversales simples o transversales múltiples (véase la figura 3.1). En los *diseños transversales simples* se extrae una única muestra de encuestados de la población meta y se obtiene información de esta muestra una sola vez. Estos diseños se conocen también como *diseños de la investigación de encuesta por muestreo*.

diseños transversales
Tipo de diseño de la investigación que implica obtener una sola vez información de una muestra dada de elementos de la población.

diseños transversales simples
Diseño transversal donde se extrae una muestra de encuestados de la población meta y se obtiene información de esta muestra una vez.

INVESTIGACIÓN REAL

Servicios de asistencia médica en Internet

Harris Interactive, con ingresos de $208.8 millones en el año fiscal de 2005, es una empresa mundial de asesoría e investigación de mercados que utiliza Internet para realizar sus estudios. Harris Interactive (www.harrisinteractive.com) realizó un estudio para determinar las necesidades de servicios de asistencia médica en línea y la mejor manera de satisfacerlas. El diseño de la investigación incluyó una fase exploratoria seguida por una encuesta transversal descriptiva en línea de 1,000 consumidores de servicios de asistencia médica mayores de 18 años de edad.

De acuerdo con la encuesta, a la mayoría de los consumidores no les basta con una visita al consultorio médico. El tiempo promedio que un médico pasa con un paciente ha disminuido a 15 minutos, lo cual reduce la comunicación interpersonal general en los servicios médicos. La encuesta reveló que los consumidores demandan una gama de opciones para tener acceso a sus médicos y enfermeras, las cuales incluyen comunicación cara a cara, en línea y telefónica.

- 86 por ciento de los encuestados quería programar las citas por teléfono con una persona.
- 89 por ciento deseaba tener acceso en línea o por teléfono a una enfermera de urgencias que los ayudara a controlar padecimientos médicos crónicos y que estuviera disponible después de las horas de oficina.
- 40 por ciento expresó frustración por tener que esperar hasta ver a sus médicos en persona, para recibir respuesta a preguntas sencillas de servicios médicos.
- 86 por ciento quería recibir recordatorios médicos electrónicos.

- 83 por ciento quería que los procedimientos y resultados de las pruebas de laboratorio estuvieran disponibles en línea.
- 69 por ciento deseaba diagramas en línea para monitorear enfermedades crónicas.

En respuesta a tales hallazgos, Kaiser Permanente (*www.kaiserpermanente.org*) rediseñó su sitio Web en 2006 para que los miembros pudieran tener acceso a enciclopedias médicas y de fármacos, pedir citas, hacer preguntas confidenciales sobre enfermeras y farmacéuticos, y compartir preocupaciones sobre la salud con otros miembros y médicos en grupos de discusión. El sitio Kaiser también proporciona acceso a información sobre opciones de seguros médicos, cursos locales de educación para la salud, directorios de médicos e instrucciones para llegar a las instalaciones. Los miembros del sitio Kaiser también tienen a su alcance información sobre instalaciones y médicos específicos. Los métodos alternativos de comunicación sobre atención médica, como los de Kaiser, apoyarán la relación entre médico y paciente, y harán que la práctica médica y de todo el sistema de salud resulte más competitiva cuando los consumidores tomen sus decisiones acerca de los médicos y los prestadores de servicios de salud.[7] ∎

diseños transversales múltiples
Diseño transversal donde hay dos o más muestras de encuestados, y de cada muestra se obtiene información una sola vez.

En los ***diseños transversales múltiples*** se cuenta con dos o más muestras de encuestados y se obtiene una sola vez información de cada muestra. Es común que la información de las diferentes muestras se obtenga en momentos distintos durante largos intervalos. Los diseños transversales múltiples permiten comparaciones en conjunto, pero no a nivel del encuestado individual. Puesto que se toma una muestra diferente cada vez que se aplica una encuesta, no hay forma de comparar las medidas de un encuestado individual entre las encuestas. Un tipo de diseño transversal múltiple de especial interés es el análisis de cohortes.

análisis de cohortes
Diseño transversal múltiple que consiste en una serie de encuestas realizadas a intervalos apropiados. La cohorte se refiere al grupo de encuestados que experimentan el mismo evento dentro del mismo intervalo.

Análisis de cohortes. El ***análisis de cohortes*** consiste en una serie de encuestas realizadas a intervalos apropiados, donde la cohorte sirve como unidad básica de análisis. Una cohorte es un grupo de encuestados que experimentan el mismo evento dentro del mismo intervalo.[8] Por ejemplo, una cohorte de nacimiento (o de edad) es un grupo de personas que nacieron en el mismo periodo, por ejemplo, entre 1951 y 1960. El término *análisis de cohortes* se refiere a cualquier estudio en que se toman medidas de algunas características de una o más cohortes en dos o más puntos en el tiempo.

Es poco probable que alguno de los individuos estudiados en el momento uno también se encuentre en la muestra en el momento dos. Por ejemplo, se seleccionó una cohorte de edad de personas entre ocho y 19 años de edad, y durante 30 años se examinó cada 10 años su consumo de bebidas gaseosas. En otras palabras, cada 10 años se extraía una muestra diferente de encuestados de la población entre ocho y 19 años de edad. Esta muestra se obtuvo en forma independiente de cualquier muestra previa obtenida en este estudio de la población entre ocho y 19 años de edad. Evidentemente, no era probable que las personas seleccionadas una vez se incluyeran de nuevo en la misma cohorte de edad (ocho a 19 años), ya que para el momento del siguiente muestreo serían mucho mayores. Este estudio demostró que esta cohorte había incrementado el consumo de bebidas gaseosas a lo largo del tiempo. Se obtuvieron hallazgos similares para otras cohortes de edad (20 a 29, 30 a 39, 40 a 49, y 50 y más). Además, el consumo de cada cohorte de edad no disminuyó conforme se hacía mayor. Esos resultados se presentan en la tabla 3.3, donde puede determinarse el consumo de varias cohortes de edad a lo largo del tiempo, leyendo la diagonal hacia abajo. Esos hallazgos contradijeron la creencia común de que el consumo de bebidas gaseosas disminuiría al envejecer las personas. Esta creencia común, pero errónea, se basaba en estudios transversales simples. Advierta que si ve de forma aislada cualquiera de las columnas de la tabla 3.3, como en un estudio transversal simple (leyendo la columna hacia abajo), el consumo de estas bebidas disminuye con el paso de la edad, lo que fomenta la creencia errónea.[9]

El análisis de cohortes se utiliza también para predecir cambios en las opiniones de los electores durante las campañas políticas. Investigadores de mercados reconocidos, como Louis Harris (*www.harrisinteractive.com*) o George Gallup (*www.gallup.com*), que se especializan en estudios de la opinión política, de manera periódica interrogan a cohortes de electores (personas con patrones similares de voto durante un intervalo dado) acerca de sus preferencias de voto para predecir los resultados de la elección. Por lo tanto, el análisis de cohortes es un importante diseño transversal. El otro tipo de diseño descriptivo es el longitudinal.

TABLA 3.3
Consumo de bebidas gaseosas en varias cohortes de edad (porcentaje del consumo en un día normal)

Edad	1950	1960	1969	1979
8–19	52.9	62.6	73.2	81.0
20–29	45.2	60.7	76.0	75.8 — C8
30–39	33.9	46.6	67.7	71.4 — C7
40–49	23.2	40.8	58.6	67.8 — C6
50+	18.1	28.8	50.0	51.9 — C5
	C1	C2	C3	C4

C1: cohorte nacida antes de 1900
C2: cohorte nacida entre 1901 y 1910
C3: cohorte nacida entre 1911 y 1920
C4: cohorte nacida entre 1921 y 1930
C5: cohorte nacida entre 1931 y 1940
C6: cohorte nacida entre 1941 y 1949
C7: cohorte nacida entre 1950 y 1959
C8: cohorte nacida entre 1960 y 1969

Estudios longitudinales

diseños longitudinales
Tipo de diseño de la investigación que incluye una muestra fija de elementos de la población que se somete a mediciones repetidas de las mismas variables. La muestra es la misma a lo largo del tiempo, lo cual brinda una serie de imágenes que, al verse en conjunto, muestran una ilustración vívida de la situación y de los cambios que ocurren a lo largo del tiempo.

panel
Una muestra de encuestados que han aceptado proporcionar información a intervalos específicos durante un periodo prolongado.

En los ***diseños longitudinales***, una muestra (o muestras) fija(s) de elementos de la población se somete a mediciones repetidas de las mismas variables. Un diseño longitudinal difiere de uno transversal en el hecho de que la muestra o muestras son las mismas a lo largo del tiempo. En otras palabras, a lo largo del tiempo se estudia a las mismas personas y se miden las mismas variables. En contraste con el diseño transversal típico, que proporciona una "foto instantánea" de las variables de interés en un sólo punto del tiempo, un estudio longitudinal ofrece una serie de fotografías que dan una visión a profundidad de la situación y de los cambios que ocurren a lo largo del tiempo. Por ejemplo, la pregunta "¿Cómo calificó el pueblo estadounidense el desempeño de George W. Bush inmediatamente después de la guerra en Afganistán?" podría tratarse con un diseño transversal. Sin embargo, se usaría un diseño longitudinal para trabajar la pregunta "¿Cómo cambió la visión de los estadounidenses respecto al desempeño de Bush durante la guerra en Afganistán?"

En ocasiones se emplea el término *panel* de manera intercambiable con el término *diseño longitudinal*. Un ***panel*** consta de una muestra de encuestados, por lo general familias que han aceptado proporcionar información a intervalos especificados durante un periodo prolongado. Las empresas sindicadas mantienen paneles cuyos integrantes son recompensados por su participación con regalos, cupones, información o dinero en efectivo. En el capítulo 4 se analizan los paneles con mayor detalle. Un diseño de panel puede usarse para entender y monitorear los cambios en las actitudes de las mujeres hacia el golf, como se ilustra en el siguiente ejemplo.

INVESTIGACIÓN REAL

El mercado de la ropa de golf para mujer está "a toda marcha"

En 2006 había cerca de 26 millones de golfistas en Estados Unidos, y de ese número el 25 por ciento estaba compuesto por mujeres y representaba uno de los escasos segmentos de crecimiento en el mercado de golf, que llevaba mucho tiempo estancado. De acuerdo con la Women's Sport Foundation, si bien las mujeres representan un porcentaje pequeño de todos los golfistas estadounidenses, compran más del 50 por ciento de todos los productos de golf, excluyendo los palos de éste. Esta tendencia llevó a las marcas tradicionales de golf a introducir líneas femeninas y a abrir en todo el país tiendas de golf sólo para mujeres, con la finalidad de atender las necesidades de las golfistas olvidadas.

Para satisfacer esa creciente demanda, TimeOut, una división de King Louie International (*www.kinglouie.com/timeoutforher*), ofrece ahora una línea completa de ropa con licencia LPGA. Para averiguar lo que las mujeres golfistas esperan y desean en su ropa deportiva, TimeOut creó Fairway Forum, un panel de mujeres entusiastas del golf que proporcionan ideas sobre los gustos en ropa femenina. Las mujeres reclutadas para este panel participan en sesiones de grupo y encuestas. Como las mujeres pertenecen al panel, pueden realizarse múltiples encuestas que miden en esencia las mismas variables en el mismo conjunto de encuestadas, lo cual implica la realización de un diseño longitudinal.

Los diseños longitudinales efectuados con el panel TimeOut Fairway Forum han permitido a los fabricantes diseñar ropa adecuada para las mujeres golfistas.

TimeOut aprendió que con el paso del tiempo las mujeres toman cada vez más en serio el golf y desean que se transmitan por televisión más eventos LPGA. Además, TimeOut descubrió que las mujeres están ávidas de que lleguen nuevas marcas al mercado, ya que las marcas tradicionales no ofrecen suficiente variedad para satisfacer sus gustos. Esas mujeres no quieren usar versiones reformuladas de la ropa de golf masculina, no desean andar por el campo de juego con ropa "bonita" ni, por último, quieren encontrarse con otras mujeres que lleven el mismo atuendo. Esas consumidoras están ansiosas de más variedad y la están exigiendo al mercado.

La investigación también indicó que las golfistas buscan ropa que sea funcional y atractiva. Por ejemplo, quieren bolsillos grandes para guardar las pelotas mientras recorren el campo. El foro también ayudó a determinar algunos de los factores psicológicos subyacentes que las mujeres relacionan con su indumentaria. Si bien desean que se les trate como deportistas, también quieren que se les trate con respeto, y con el tiempo esos sentimientos se han vuelto más intensos. El panel TimeOut's Fairway Forum ha resultado de gran ayuda para que los fabricantes de ropa y artículos deportivos diseñen ropa que satisfaga las necesidades de este creciente y cambiante segmento de golfistas. La demanda de ropa de golf femenina ha venido creciendo, y en 2006 llegó a alrededor de $250 millones por año.[10] ■

Los datos obtenidos de los paneles no sólo brindan información sobre participación en el mercado durante un periodo prolongado, sino que también permiten al investigador examinar los cambios ocurridos a lo largo del tiempo en esta participación.[11] Como veremos en el siguiente apartado, esos cambios no pueden determinarse a partir de datos transversales.

Ventajas y desventajas relativas de los diseños longitudinal y transversal

En la tabla 3.4 se resumen las ventajas y desventajas relativas de los diseños longitudinales y transversales. Una ventaja importante del diseño longitudinal sobre el transversal es su capacidad para detectar cambios como resultado de la medición repetida de las mismas variables en la misma muestra.

Las tablas 3.5 y 3.6 demuestran la forma en que los datos transversales pueden inducir a que los investigadores cometan errores respecto a los cambios a lo largo del tiempo. Los datos transversales presentados en la tabla 3.5 revelan que las compras de las marcas A, B y C permanecieron sin cambio en los periodos 1 y 2. En cada encuesta, 20 por ciento de los encuestados compraron la marca A, 30 por ciento la marca B y 50 por ciento la marca C. Los datos longitudinales presentados en la tabla 3.6 muestran que en el periodo del estudio ocurrió un cambio considerable en la forma de cambio de marca. Por ejemplo, sólo el 50 por ciento (100/200) de los encuestados que compraron

TABLA 3.4
Ventajas y desventajas relativas de los diseños longitudinal y transversal

Criterios de evaluación	Diseño transversal	Diseño longitudinal
Detección del cambio	−	+
Gran cantidad de datos recolectados	−	+
Precisión	−	+
Muestreo representativo	+	−
Sesgo de respuesta	+	−

Nota: Un signo + indica una ventaja relativa sobre el otro diseño; mientras que un signo − indica una desventaja relativa.

TABLA 3.5
Los datos transversales quizá no muestren el cambio

	Periodo	
Marca comprada	Encuesta periodo 1	Encuesta periodo 2
Marca A	200	200
Marca B	300	300
Marca C	500	500
Total	1,000	1,000

TABLA 3.6
Los datos longitudinales pueden mostrar un cambio considerable

Marca comprada en el periodo 1	Marca comprada en el periodo 2			Total
	Marca A	Marca B	Marca C	
Marca A	100	50	50	200
Marca B	25	100	175	300
Marca C	75	150	275	500
Total	200	300	500	1,000

la marca A en el periodo 1 también la compraron en el periodo 2. Las cifras correspondientes de repetición de compra para las marcas B y C son, respectivamente, 33.3 por ciento (100/300) y 55 por ciento (275/500). Por lo tanto, durante este intervalo la marca C experimentó la mayor lealtad, y la marca B la menor. La tabla 3.6 proporciona información valiosa sobre la lealtad hacia la marca y el cambio de marcas. (Se le conoce como *tabla de cambio* o *matriz de cambio de marca*.[12])

Los datos longitudinales permiten a los investigadores examinar los cambios en la conducta de unidades individuales y vincular los cambios conductuales con variables de marketing, como los cambios en publicidad, presentación, asignación de precios y distribución. Puesto que las mismas unidades se miden de forma repetida, se eliminan las variaciones causadas por cambios en la muestra e incluso son evidentes los cambios pequeños.

Otra ventaja de los paneles es que pueden recopilarse cantidades relativamente grandes de datos. Como suele remunerarse a los miembros del panel por su participación, están dispuestos a participar en entrevistas prolongadas y demandantes. Otra ventaja es que los datos del panel pueden ser más exactos que los datos transversales. Una encuesta transversal común requiere que el encuestado recuerde compras y comportamientos anteriores; esos datos podrían ser inexactos a causa de las fallas de memoria. Los datos del panel dependen menos de la memoria del encuestado porque se basan en el registro continuo de las compras en un diario. Una comparación de encuestas de panel y transversales sobre estimaciones de ventas al detalle indica que los datos del panel ofrecen estimaciones más precisas.[13]

La principal desventaja de los paneles es que pueden no ser representativos. La falta de representatividad puede deberse a:

1. *Negarse a participar.* Muchos individuos o familias se niegan a participar porque no desean que se les incomode con la operación del panel. Los paneles de consumidores que requieren que los miembros lleven un registro de compras tienen una tasa de cooperación del 60 por ciento o menos.

CAPÍTULO 3 Diseño de la investigación

2. **Mortalidad.** Los miembros del panel que aceptan participar más tarde quizá se retiren porque se mudan o pierden interés. Las tasas de mortalidad pueden ser hasta de 20 por ciento al año.[14]
3. **Pago.** El pago llega a atraer a cierto tipo de gente, lo cual haría que el grupo no sea representativo de la población.

Otra desventaja de los paneles es el sesgo en la respuesta. Las respuestas iniciales de los nuevos integrantes del panel a menudo son sesgadas. Éstos tienden a incrementar la conducta que se está midiendo, como la compra de alimentos. El sesgo disminuye a medida que el encuestado supera la novedad por participar en el panel, de manera que puede reducirse excluyendo al principio los datos de los nuevos miembros. Los integrantes avanzados también suelen dar respuestas sesgadas porque creen que son expertos, porque desean causar buena impresión o dar la respuesta "correcta". El sesgo también es resultado del aburrimiento, la fatiga y de los registros incompletos en el diario o el cuestionario.[15]

INVESTIGACIÓN CAUSAL

investigación causal
Tipo de investigación concluyente donde el principal objetivo consiste en obtener evidencia concerniente a las relaciones causales (causa-efecto).

La *investigación causal* se utiliza para obtener evidencia de relaciones causales (causa-efecto) (véase la tabla 3.2). Los administradores de marketing continuamente toman decisiones basadas en supuestas relaciones causales. Sin embargo, quizá esas suposiciones no estén justificadas, por lo que la validez de las relaciones causales debería examinarse mediante una investigación formal.[16] Por ejemplo, la suposición común de que una disminución en el precio dará como resultado un aumento en las ventas y la participación en el mercado no es válida en ciertos ambientes competitivos. La investigación causal es adecuada para los siguientes propósitos:

1. Entender qué variables son la causa (variables independientes) y cuáles son el efecto (variables dependientes) de un fenómeno.
2. Determinar la naturaleza de la relación entre las variables causales y el efecto que se va a predecir.

Al igual que la investigación descriptiva, la investigación causal requiere un diseño planeado y estructurado. Aunque la investigación descriptiva puede determinar el grado de asociación entre variables, no es recomendable para examinar relaciones causales. Dicho examen requiere un diseño causal donde se manipulen las variables causales o independientes en un ambiente relativamente controlado, en el cual se controlan —en la medida de lo posible— las otras variables que pueden afectar la variable dependiente. Luego se mide el efecto de esta manipulación sobre una o más variables dependientes para inferir causalidad. La principal técnica que utiliza la investigación causal es la experimentación.[17]

Debido a su complejidad e importancia, se dedica un capítulo separado (capítulo 7) a los diseños causales y a la investigación experimental. No obstante, aquí mencionamos algunos ejemplos. En el contexto del proyecto de la clientela de la tienda departamental, un investigador quiere determinar si la presencia y amabilidad de los vendedores (variable causal) influirá en las ventas de enseres domésticos (variable del efecto). Podría formularse un diseño causal, donde se seleccionen dos grupos de departamentos comparables de enseres domésticos de una cadena específica. Durante cuatro semanas vendedores capacitados se instalan en un grupo de departamentos de enseres domésticos, pero no en el otro. En ambos grupos se supervisan las ventas, a la vez que se controlan las otras variables. Una comparación entre las ventas de los dos grupos revelará el efecto de los vendedores en las ventas de enseres domésticos en las tiendas departamentales. Otra posibilidad es que en vez de seleccionar dos grupos de tiendas, el investigador seleccione sólo un conjunto de tiendas departamentales y realice esta manipulación durante dos periodos comparables: los vendedores están presentes en un periodo y ausentes en el otro. Otro ejemplo es la investigación realizada por Microsoft.

INVESTIGACIÓN ACTIVA

Visite *www.tacobell.com* y haga una búsqueda en Internet usando un navegador y la base de datos en línea de su biblioteca, para obtener información sobre la publicidad de Taco Bell. Escriba un breve informe.
Como gerente de publicidad, ¿cómo determinaría si el presupuesto de publicidad de Taco Bell para el próximo año debería incrementarse, disminuirse o permanecer igual que el presupuesto actual?
Diseñe un experimento para determinar si el presupuesto de publicidad de Taco Bell para el próximo año debería incrementarse, disminuirse o permanecer igual que el presupuesto actual. Identifique las variables independiente, dependiente y de control.

INVESTIGACIÓN REAL

Microsoft: experimentar con el valor práctico

Microsoft realiza minuciosas investigaciones del valor práctico para mejorar y desarrollar su cartera de productos de la forma más benéfica para el cliente. La investigación del valor práctico busca aumentar la comodidad del usuario al hacer más intuitivo el aprendizaje y recuerdo del producto. Microsoft Usability Group es una parte importante de este esfuerzo. El grupo se concibió en 1988 para integrar la retroalimentación del usuario al diseño del proceso de desarrollo de Microsoft y, de ese modo, a los productos finales.

La clave para el éxito (conocimiento y ventas elevados) de Office 2003 (*www.microsoft.com*) fue que el Usability Group diseñó y probó cuidadosamente el producto. En un experimento controlado se pidió a un grupo de usuarios de computadoras que trabajaran con Office 2003. Otros dos grupos cuidadosamente igualados trabajaron con las versiones anteriores de Office: uno con Office 2000 y el otro con Office XP. Los tres grupos calificaron al producto en cuanto a facilidad de uso, capacidades y posibilidad de mejorar la experiencia del usuario. En todos los factores, Office 2003 recibió una calificación significativamente mejor que las versiones anteriores, lo cual llevó al lanzamiento de esta versión.[18] ■

En el experimento de Microsoft, la variable causal (independiente) era la versión de Office, que se manipuló para darle tres niveles: 2000, XP y 2003. Las variables del efecto (dependientes) eran la facilidad de uso, las capacidades y la posibilidad de mejorar la experiencia del usuario. Tenía que controlarse la influencia de otras variables, como la pericia y la experiencia del usuario con Microsoft Office. Aunque el ejemplo anterior distingue la investigación causal de otros tipos de investigación, la investigación causal no debe verse de forma aislada. Más bien, los diseños exploratorio, descriptivo y causal a menudo se complementan entre sí.

INVESTIGACIÓN EXPERIENCIAL

Investigación de Gallup

Visite *www.gallup.com* y examine algunos de los proyectos recientes realizados por Gallup. Usted deberá leer algunos de los informes colocados en ese sitio Web.

¿Qué tipo de investigación exploratoria se realizó en tales proyectos? ¿Qué métodos se utilizaron?
¿Qué tipo de investigación descriptiva se llevó a cabo en esos proyectos? ¿Qué técnicas se emplearon?
¿Alguno de los proyectos utilizó un diseño experimental? De ser así, identifique las variables de causa, de efecto y de control.
¿Cuál fue el proyecto con el diseño de la investigación más apropiado? ¿Por qué? ■

RELACIONES ENTRE INVESTIGACIÓN EXPLORATORIA, DESCRIPTIVA Y CAUSAL

Describimos las formas de investigación exploratoria, descriptiva y causal como las principales clasificaciones de los diseños de la investigación, pero las distinciones entre ellas no son absolutas. Quizá un proyecto de investigación de mercados incluya más de un tipo de diseño de investigación para, de esta forma, cumplir varios propósitos. De la naturaleza del problema depende qué combinación de diseños de la investigación debería emplearse. Para la elección del diseño de la investigación se ofrecen los siguientes lineamientos generales:

1. Cuando se sepa poco acerca de la situación problema es aconsejable empezar con la investigación exploratoria. Este tipo de investigación es apropiado cuando se necesita definir con mayor precisión el problema, identificar cursos de acción alternativos, desarrollar preguntas de investigación o hipótesis, y aislar y clasificar las variables clave como dependiente o independiente.

CAPÍTULO 3 *Diseño de la investigación*

2. La investigación exploratoria es el paso inicial en el esquema general del diseño de la investigación. En la mayoría de los casos, debe ser seguida por la investigación descriptiva o causal. Por ejemplo, las hipótesis desarrolladas a través de la investigación exploratoria deben someterse a prueba estadística, usando la investigación descriptiva o causal. Esto se ilustró en el ejemplo de marketing relacionado con causas sociales presentado en la sección de panorama general. Se llevó a cabo una investigación exploratoria en la forma de análisis de datos secundarios y sesiones de grupo, para identificar las causas sociales que deberían preocupar a las empresas. Luego se realizó una encuesta transversal descriptiva para cuantificar la relevancia relativa de tales causas.
3. No es necesario empezar cada diseño de la investigación con una investigación exploratoria. Ello depende de la precisión con la que se haya definido el problema, y el grado de certeza del investigador acerca del enfoque del problema. Un diseño de la investigación puede empezar como una investigación descriptiva o causal. Por ejemplo, una encuesta de satisfacción del consumidor que se lleva a cabo anualmente no necesita empezar ni incluir una fase exploratoria cada año.
4. Aunque la investigación exploratoria por lo general es el primer paso, no tiene que serlo. La investigación exploratoria puede seguir a la investigación descriptiva o causal. Por ejemplo, la investigación descriptiva o casual produce hallazgos que son difíciles de interpretar para los gerentes. La investigación exploratoria puede aportar ideas que ayuden a comprender dichos hallazgos.

La relación entre investigación exploratoria, descriptiva y causal se ejemplifica con mayor detalle en el proyecto de la clientela de la tienda departamental.

PROYECTO DE INVESTIGACIÓN

Exploración y descripción de la clientela de la tienda

En el proyecto de la clientela de la tienda departamental, primero se realizó una investigación exploratoria (que incluía análisis de datos secundarios e investigación cualitativa), para definir el problema y desarrollar un enfoque adecuado. Esto fue seguido por un estudio descriptivo consistente en una encuesta, en la cual se elaboró y aplicó un cuestionario mediante entrevistas personales.

Suponga que el estudio de la clientela tuviera que repetirse después de dos años para determinar si ocurrieron cambios. En ese punto, es probable que la investigación exploratoria fuese innecesaria, y el diseño de la investigación podría empezar con una investigación descriptiva.

Suponga además que la encuesta se repite dos años más tarde y se obtienen algunos hallazgos inesperados. La administración se pregunta por qué disminuyeron las puntuaciones de la tienda en calidad del servicio, a pesar de que se incrementó el personal de ventas. Podría realizarse una investigación exploratoria en la forma de sesiones de grupo para esclarecer los hallazgos inesperados. Las sesiones de grupo quizá revelen que aunque es fácil encontrar a los vendedores, no se les percibe como amistosos o amables. Esto puede sugerir la necesidad de capacitar mejor al personal de ventas.

Actividades del proyecto

1. Suponga que Sears está interesada en examinar los cambios en las compras en la tienda departamental, a medida que la gente pasa de los 30 a los 40 y de los 50 a los 60 años de edad. ¿Qué tipo de diseño de la investigación debería adoptarse?
2. ¿Cómo puede Sears utilizar la investigación causal? Identifique dos escenarios donde resulte apropiado ese diseño. ■

El proyecto de la clientela de la tienda departamental incluyó el uso de investigación exploratoria y descriptiva, pero no causal. Ello refleja el hecho de que estas dos formas de investigación se usan con frecuencia en la investigación de mercados comerciales, mientras que la investigación causal no es muy popular. Sin embargo, como lo demuestra Citibank, es posible combinar las investigaciones exploratoria, descriptiva y causal.

INVESTIGACIÓN REAL

Citibank combina la investigación exploratoria, descriptiva y causal

Desde 2006, Citigroup (*www.citigroup.com*) es un importante proveedor de una variedad de productos y servicios financieros, incluyendo los bancarios, en más de 100 países. Para mantener su posición de liderazgo, Citigroup debe investigar de manera continua a los clientes meta para satisfacer mejor sus necesidades. La investigación de mercados en Citibank (*www.citibank.com*), una división de Citigroup, se utiliza para medir el conocimiento que tienen los consumidores de los productos, monitorear su satisfacción y actitudes en relación al producto, rastrear el uso del producto, y diagnosticar los problemas conforme se presenten. Para cumplir dichas tareas, Citibank emplea de manera extensa las investigaciones exploratoria, descriptiva y causal.

A menudo resulta ventajoso ofrecer paquetes financieros especiales a grupos específicos de clientes, en este caso los adultos mayores. Citibank siguió el siguiente proceso de siete pasos para ayudar en el diseño.

Paso 1. Se creó una fuerza de tarea para definir mejor los parámetros del mercado, de forma que se incluyeran todas las necesidades de las diversas ramas de Citibank. Se tomó la decisión final de incluir a estadounidenses de 55 años de edad o más, jubilados y en la mitad superior de los estratos financieros de ese mercado.

Paso 2. Luego se realizó una investigación exploratoria en la forma de análisis de datos secundarios del mercado maduro o de adultos mayores, y un estudio de productos competitivos. También se hizo una investigación exploratoria cualitativa que incluía sesiones de grupo, para determinar las necesidades y los deseos del mercado, y el nivel de satisfacción con los productos actuales. En el caso de los adultos mayores, se encontró mucha diversidad en el mercado. Se determinó que ello obedecía a factores como la solvencia económica, la edad relativa, y la ausencia o presencia del cónyuge.

Paso 3. La siguiente etapa de la investigación exploratoria fue una lluvia de ideas. Esto implicó la formación de distintos paquetes financieros dirigidos al mercado meta. En este caso, se generaron un total de 10 ideas.

Paso 4. A continuación se probó la factibilidad de cada una de las 10 ideas generadas en el paso anterior. Se utilizó la siguiente lista de preguntas, como una serie de obstáculos que tenían que superar las ideas para continuar al siguiente paso.

- ¿Puede explicarse la idea de una forma que el mercado meta entienda con facilidad?
- ¿Se ajusta la idea a la estrategia general de Citibank?
- ¿Se cuenta con una descripción de un mercado meta específico para el producto propuesto?
- ¿La investigación realizada hasta ahora indica una posible correspondencia con las necesidades del mercado meta, y se percibe que la idea es atractiva para este mercado?
- ¿Hay un esquema factible de las tácticas y estrategias para implementar el programa?
- ¿Se ha hecho una evaluación minuciosa del costo e impacto financieros del programa, y se determinó que está de acuerdo con las prácticas de la empresa?

En dicho estudio, sólo una de las ideas generadas en la sesión de lluvia de ideas superó los obstáculos enlistados y siguió al paso 5.

Paso 5. Se generó a continuación un plan de trabajo creativo. Éste consistía en destacar la ventaja competitiva del producto propuesto y en definir mejor sus características específicas.

Paso 6. La investigación exploratoria previa fue seguida ahora por una investigación descriptiva, en la forma de encuestas en centros comerciales con personas en el ámbito del mercado meta. La encuesta demostró que la lista de características especiales era demasiado larga, por lo que se decidió descartar las que fueran ofrecidas más a menudo por los competidores.

Paso 7. Por último, el producto se sometió a una prueba de mercado en seis de las ramas de Citibank dentro del mercado meta. Esta prueba es una forma de investigación causal. Dados los resultados exitosos de esta prueba, se introdujo el producto a nivel nacional.[19]

Internet puede facilitar la implementación de diferentes tipos de diseños de la investigación. En su capacidad de fuente de información, puede ser útil para descubrir datos secundarios (capítulo 4) y para recolectar datos primarios que se necesitan en la investigación concluyente. Durante la

CAPÍTULO 3 *Diseño de la investigación*   93

INVESTIGACIÓN ACTIVA

> Visite *www.wachovia.com* y haga una búsqueda en Internet usando un buscador y la base de datos en línea de su biblioteca, para obtener información sobre las actitudes de los consumidores hacia los servicios bancarios en línea.
>
> El Banco Wachovia quiere determinar las actitudes de los consumidores hacia los servicios bancarios en línea y espera repetir este proyecto anualmente. ¿Qué tipo de diseño de la investigación implementaría usted y por qué?
>
> Como director general de Wachovia, ¿cómo usaría usted la información acerca de las actitudes de los consumidores hacia los servicios bancarios en línea para mejorar la competitividad de su banco?

fase exploratoria de la investigación, pueden usarse foros, salas de chat o grupos de discusión para hablar de un tema con cualquier visitante conectado. Los grupos de discusión se enfocan en un tema particular y funcionan como los tableros de anuncios. Los usuarios de Internet se detienen en un grupo de discusión para leer los mensajes dejados por otros, y colocar sus respuestas o comentarios. Los grupos de discusión o salas de chat sirven para planear sesiones de grupo más formales con expertos o individuos que representan a la audiencia meta, con la finalidad de obtener información inicial sobre un tema. En el capítulo 5 se analiza con mayor detalle el uso de Internet para dirigir sesiones de grupo. El capítulo 6 examina el uso de Internet para la investigación descriptiva, mientras que su uso en la investigación causal se examina en el capítulo 7.

Independientemente del tipo de diseño de la investigación que se emplee, el investigador debería tratar de disminuir al mínimo las fuentes potenciales de error.

FUENTES POTENCIALES DE ERROR

El diseño de la investigación puede verse afectado por varias fuentes potenciales de error, las cuales se deben tratar de controlar. Esos errores se analizan con mayor detalle en capítulos posteriores, pero en esta etapa resulta conveniente dar una breve descripción.

El ***error total*** es la variación entre el valor verdadero de la media de la variable de interés en la población, y el valor observado de la media que se obtuvo en el proyecto de investigación de mercados. Por ejemplo, el ingreso anual promedio de la población meta es $75,871, según la estimación de los registros del último censo; no obstante, el proyecto de investigación de mercados lo calcula en $67,157 con base en la encuesta con una muestra. Como se ilustra en la figura 3.2, el error total está compuesto por el error de muestreo aleatorio y el error que no es de muestreo.

Error de muestreo aleatorio

El ***error de muestreo aleatorio*** ocurre porque la muestra específica que se seleccionó es una representación imperfecta de la población de interés. El error de muestreo aleatorio es la variación entre el valor verdadero de la media para la población, y el valor verdadero de la media para la muestra original. Por ejemplo, el ingreso anual promedio de la población meta es de $75,871 dólares, pero para la muestra original es de sólo $71,382 de acuerdo con los registros de paneles por correo que se consideran exactos. El error de muestreo aleatorio se analiza con más detalle en los capítulos 11 y 12.

Error no atribuible al muestreo

Los ***errores que no son atribuibles al muestreo*** tienen su origen en fuentes distintas al muestreo, y son aleatorios o no aleatorios. Resultan de diversas condiciones que incluyen errores en la definición del problema, el enfoque, las escalas, el diseño del cuestionario, la forma de entrevista, o la preparación y análisis de los datos. Por ejemplo, el investigador diseña un mal cuestionario que contiene varias preguntas que llevan a los encuestados a dar respuestas sesgadas. Los errores que no son de muestreo consisten en errores por falta de respuesta y respuestas incorrectas.

Error por falta de respuesta. El ***error por falta de respuesta*** surge cuando algunos de los encuestados incluidos en la muestra no responden. La falta de respuesta puede deberse a rechazos o al hecho de no encontrarse en casa (véase el capítulo 12). La falta de respuesta ocasionará que la

---

error total
La variación entre el valor verdadero de la media de la variable de interés en la población, y el valor observado de la media que se obtuvo en el proyecto de investigación de mercados.

error de muestreo aleatorio
El error que se debe a que la muestra particular seleccionada es una representación imperfecta de la población de interés. Puede definirse como la variación entre el valor verdadero de la media para la muestra y el valor verdadero de la media de la población.

errores que no son atribuibles al muestreo
Es un tipo de error que puede atribuirse a fuentes distintas al muestreo, y puede ser aleatorio o no aleatorio.

error por falta de respuesta
Tipo de error que no es de muestreo y que ocurre cuando algunos de los encuestados incluidos en la muestra no responden. Este error se define como la variación entre el valor verdadero de la media de la variable en la muestra original, y el valor verdadero de la media en la muestra neta.

Figura 3.2
Fuentes potenciales de error en los diseños de la investigación

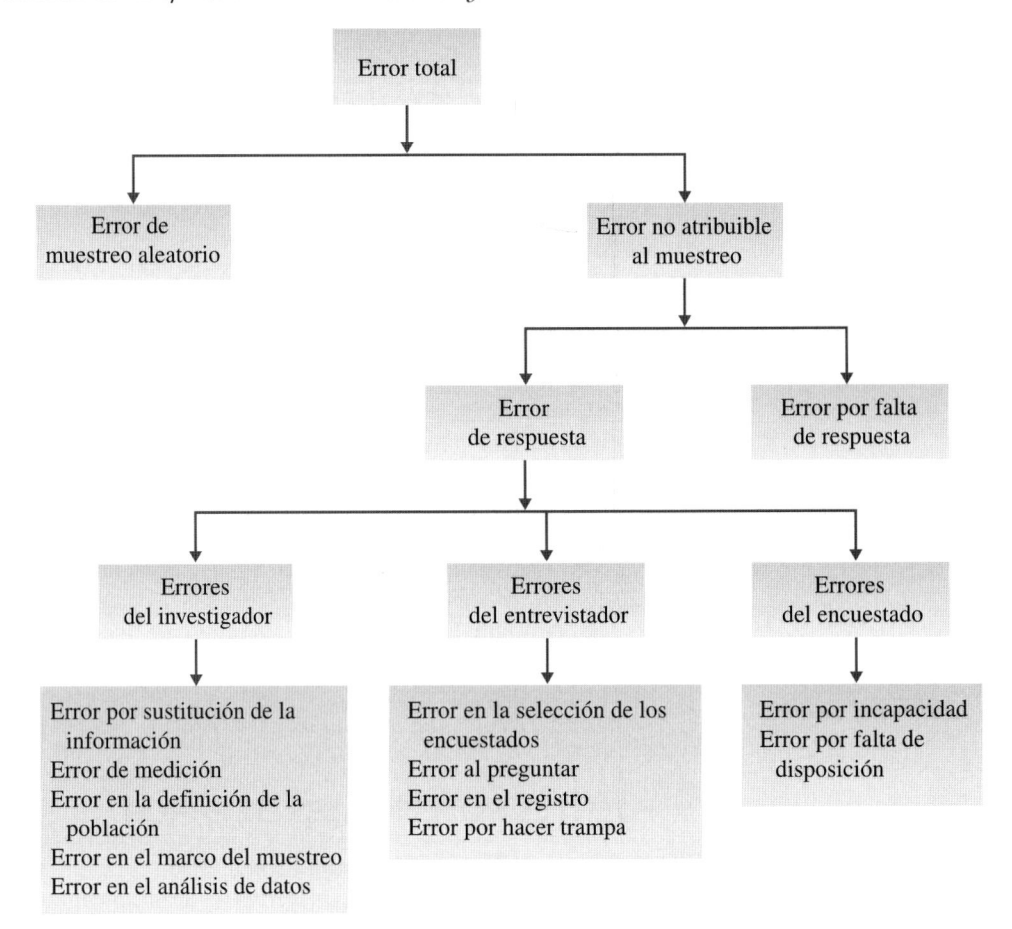

```
                          Error total
                              │
              ┌───────────────┴───────────────┐
      Error de                          Error no atribuible
  muestreo aleatorio                       al muestreo
                                               │
                                   ┌───────────┴───────────┐
                                 Error                 Error por falta
                              de respuesta             de respuesta
                                   │
              ┌────────────────────┼────────────────────┐
           Errores              Errores              Errores
       del investigador      del entrevistador     del encuestado
              │                    │                    │
   Error por sustitución    Error en la selección   Error por incapacidad
      de la información       de los encuestados    Error por falta de
   Error de medición        Error al preguntar         disposición
   Error en la definición   Error en el registro
      de la población       Error por hacer trampa
   Error en el marco del muestreo
   Error en el análisis de datos
```

muestra neta o resultante sea diferente en tamaño o composición a la muestra original. El error por falta de respuesta se define como la variación entre el valor verdadero de la media de la variable en la muestra original, y el valor verdadero de la media en la muestra neta. Por ejemplo, el ingreso anual promedio de la muestra original es de $71,382 dólares, pero de $69,467 dólares para la muestra neta, ambos determinados por los registros de paneles por correo que se consideran exactos.

error de respuesta
Tipo de error que no es de muestreo y que surge cuando las respuestas de los encuestados son inexactas, se registran de forma incorrecta o se analizan mal. Se define como la variación entre el valor verdadero de la media de la variable en la muestra neta, y el valor observado de la media obtenido en el proyecto de investigación de mercados.

Error de respuesta. El ***error de respuesta*** surge cuando lo que contestan los encuestados es inexacto, o sus respuestas se registran o se analizan mal. El error de respuesta se define como la variación entre el valor verdadero de la media de la variable en la muestra neta, y el valor observado de la media obtenido en el proyecto de investigación de mercados. Por ejemplo, el ingreso anual promedio de la muestra neta es de $69,467, pero se estima en $67,157 en el proyecto de investigación de mercados. Los errores de respuesta pueden atribuirse a los investigadores, los entrevistadores o los encuestados.[20]

Los errores cometidos por el investigador incluyen aquellos que se deben a la sustitución de la información, o a fallas en la medición, la definición de la población, el marco del muestreo y el análisis de datos.

El ***error por sustitución de la información*** se define como la variación entre la información que se necesita para el problema de investigación de mercados y la información que el investigador busca. Por ejemplo, en vez de obtener información sobre la elección de una nueva marca por parte del consumidor (necesaria para el problema de investigación de mercados), el investigador obtiene información sobre las preferencias del consumidor porque no resulta sencillo observar el proceso de elección.

El ***error de medición*** se define como la variación entre la información buscada y la generada por el proceso de medición empleado por el investigador. Ocurre cuando, al tratar de medir las preferencias de los consumidores, el investigador utiliza una escala que mide las percepciones más que las preferencias.

El ***error en la definición de la población*** se define como la variación entre la población real que es relevante para el problema que se enfrenta y la población definida por el investigador. El problema de lograr una definición apropiada de la población está lejos de ser trivial, como lo ilustra el caso de los hogares con solvencia económica.

INVESTIGACIÓN REAL

¿Qué tan solvente es solvente?

En un estudio reciente, la población de hogares con solvencia económica se definió de cuatro maneras distintas: **1.** hogares con ingresos de $50,000 o más; **2.** el 20 por ciento superior de los hogares medidos por ingresos; **3.** hogares con un valor neto superior a $250,000: y **4.** hogares con un ingreso discrecional disponible 30 por ciento superior al de hogares comparables. El número y las características de los hogares solventes variaban de acuerdo con la definición, lo que puso de relieve la necesidad de evitar el error en la definición de la población.[21] ∎

Como es de suponerse, los resultados de este estudio habrían diferido significativamente dependiendo de la forma en que se hubiera definido a la población de hogares con solvencia económica.

El ***error en el marco del muestreo*** se define como la variación entre la población definida por el investigador y la población implicada por el marco (o lista) de muestreo que se utilizó. Por ejemplo, el directorio telefónico usado para generar una lista de números de teléfono no representa de forma exacta la población de consumidores potenciales, debido a los números que no aparecen en la lista, los desconectados y los de reciente contratación.

El ***error en el análisis de datos*** incluye errores que suceden cuando los datos sin analizar de los cuestionarios se transforman en hallazgos de la investigación. Por ejemplo, se usa un procedimiento estadístico inapropiado que da como resultado una interpretación incorrecta de los hallazgos.

Los errores de respuesta cometidos por el entrevistador incluyen aquellos que se cometen al seleccionar a los encuestados, al preguntar, al registrar y los que se cometen al hacer trampa.

El ***error en la selección de los encuestados*** ocurre cuando los entrevistadores eligen encuestados distintos de los especificados por el diseño del muestreo o de manera incongruente con tal diseño. Por ejemplo, en una encuesta sobre lectura, para la entrevista se selecciona a una persona que no lee, pero se le clasifica como lector de *The Wall Street Journal,* en la categoría de 15 a 19 años, para cumplir un requisito de cuota difícil.

El ***error al preguntar*** denota equivocaciones cometidas al hacer las preguntas a los encuestados o al no sondear más cuando se necesita más información. Por ejemplo, un entrevistador que al hacer las preguntas no utiliza la redacción exacta proporcionada en el cuestionario.

El ***error de registro*** se debe a equivocaciones al escuchar, interpretar y registrar las respuestas dadas por los encuestados. Por ejemplo, un encuestado indica una respuesta neutral (indecisa), pero el entrevistador malinterpreta que significa una respuesta positiva (que compraría la nueva marca).

El ***error por hacer trampa*** surge cuando el entrevistador inventa las respuestas para una parte o la totalidad de la entrevista. Por ejemplo, un entrevistador no hace preguntas delicadas relacionadas con las deudas del encuestado, pero más tarde completa las respuestas según su evaluación personal.

Los errores de respuesta cometidos por el encuestado comprenden errores por incapacidad y por falta de disposición.

El ***error por incapacidad*** es resultado de la insuficiencia del encuestado para dar las respuestas exactas. Los encuestados pueden ofrecer respuestas inexactas por falta de familiaridad, fatiga, aburrimiento, vaguedad en el recuerdo, formato de la pregunta, contenido de la pregunta y otros factores. Por ejemplo, un encuestado que no puede recordar la marca de yogurt que compró hace cuatro semanas.

El ***error por falta de disposición*** se debe a la renuencia del encuestado a brindar información precisa. Los encuestados pueden dar respuestas equivocadas de manera intencional por el deseo de ofrecer respuestas socialmente aceptables, evitar el bochorno o complacer al entrevistador. Por ejemplo, un encuestado que miente intencionalmente diciendo que lee la revista *Time* para impresionar al entrevistador.

Esas fuentes de error se revisan con mayor detalle en los capítulos posteriores; lo que importa aquí es señalar que existen muchas fuentes de errores. Al formular un diseño de la investigación, el investigador debería intentar disminuir al mínimo el error total, no sólo una fuente particular. Esta recomendación se justifica por la tendencia general entre estudiantes e investigadores poco experimentados a controlar el error de muestreo con muestras grandes. Aumentar el tamaño de la muestra disminuye el error de muestreo, pero también puede incrementar el error que no es de muestreo al aumentar los errores del entrevistador.

Es probable que el error que no es de muestreo sea más problemático que el error de muestreo. Éste puede calcularse, mientras que no es posible calcular muchas formas de error que no son de muestreo.

Por otro lado, se ha encontrado que el error no atribuible al muestreo es el principal contribuyente al error total, mientras que la magnitud del error de muestreo aleatorio es relativamente pequeña.[22] El punto es que el error total es importante. Un tipo particular de error sólo es importante porque contribuye al error total.

En ocasiones los investigadores aumentan en forma deliberada un tipo específico de error para disminuir el error total reduciendo otros errores. Por ejemplo, suponga que se está realizando una encuesta por correo para determinar las preferencias de los consumidores por adquirir ropa de moda en las tiendas departamentales. Se seleccionó una muestra de gran tamaño para reducir el error de muestreo. Puede esperarse una tasa de respuesta del 30 por ciento. Como el presupuesto para el proyecto es limitado, la selección de una muestra de gran tamaño no permite el seguimiento de los correos. Sin embargo, la experiencia indica que la tasa de respuesta puede aumentarse a 45 por ciento con un seguimiento y a 55 por ciento con dos seguimientos de los correos. Dado el tema de la encuesta, es probable que los no encuestados difieran de los encuestados en términos de las variables sobresalientes. Por lo tanto, puede ser conveniente reducir el tamaño de la muestra para disponer de más dinero para el seguimiento de los correos. Aunque la disminución del tamaño de la muestra incrementará el error de muestreo aleatorio, los dos seguimientos de los correos compensarán de sobra esta pérdida, al disminuir el error por la falta de respuesta.

Una vez que se ha formulado un diseño de la investigación adecuado, el investigador está en condiciones de elaborar un presupuesto y una planeación para el proyecto, los cuales se necesitan para tener una propuesta para el cliente.

ELABORACIÓN DEL PRESUPUESTO Y CALENDARIO DEL PROYECTO

presupuesto y planeación
Herramientas administrativas necesarias para ayudar a asegurar que el proyecto de investigación de mercados se complete con los recursos disponibles.

Una vez que se ha especificado el diseño de la investigación, con un control apropiado del error total, deben tomarse las decisiones de presupuesto y planeación. El ***presupuesto y la planeación*** ayudan a asegurar que el proyecto de investigación de mercados se complete con los recursos disponibles (financieros, de tiempo, de personal, etcétera). Al especificar los parámetros de tiempo dentro de los cuales debe concluirse cada tarea y sus costos, el proyecto de investigación puede administrarse de forma eficiente. Una aproximación útil para administrar un proyecto es el ***método de ruta crítica*** (MRC), que implica dividir el proyecto de investigación en actividades componentes, determinar la secuencia y calcular el tiempo requerido para cada actividad. Esas actividades y estimaciones de tiempo se plasman en un diagrama de secuencia. Entonces puede identificarse la ruta crítica, es decir, la serie de actividades cuya demora detendría el proyecto.

método de ruta crítica
Técnica administrativa que consiste en dividir un proyecto de investigación en las actividades componentes, determinar la secuencia de esos componentes y el tiempo que requerirá cada actividad.

Una versión avanzada del método de ruta crítica es la ***técnica de evaluación y revisión del programa*** (TERP), que es un enfoque de planeación basado en la probabilidad que reconoce y mide la incertidumbre de los tiempos para cumplir el proyecto.[23] Una forma aún más avanzada de planeación es la ***técnica de evaluación y revisión gráfica*** (TERG), en la cual se incorporan las probabilidades de cumplimiento y los costos de la actividad en una representación de secuencia.

técnica de evaluación y revisión del programa (TERP)
Un método más complejo de ruta crítica que da cuenta de la incertidumbre en los tiempos para cumplir el proyecto.

PROPUESTA DE INVESTIGACIÓN DE MERCADOS

técnica de evaluación y revisión gráfica (TERG)
Método complejo de ruta crítica que da cuenta tanto de las probabilidades de cumplimiento como de los costos de la actividad.

Una vez que se formula el diseño de la investigación y que se realizan el presupuesto y la planeación del proyecto, debe tenerse por escrito una propuesta de investigación. La ***propuesta de investigación de mercados*** contiene la esencia del proyecto y sirve como un contrato entre el investigador y la administración. Tal propuesta cubre todas las fases del proceso de investigación de mercados. Describe el problema de investigación, el enfoque, el diseño de la investigación y la forma en que los datos serán recabados, analizados y reportados. Proporciona una estimación del costo y un calendario para cumplir con el proyecto. Aunque el formato de la propuesta de investigación puede variar en forma considerable, la mayoría de las propuestas abordan todos los pasos del proceso de investigación de mercados y contienen los siguientes elementos:

propuesta de investigación de mercados
Diagrama oficial de la actividad planeada de investigación de mercados para la administración. Describe el problema de investigación, el enfoque, el diseño de la investigación, las técnicas de recopilación y análisis de datos, y las formas de presentar el informe.

1. ***Resumen ejecutivo.*** La propuesta debería empezar con un resumen de los principales puntos de cada una de las secciones y presentar una perspectiva general de la propuesta completa.
2. ***Antecedentes.*** Deben analizarse los antecedentes del problema, incluyendo el contexto ambiental.

3. **Definición del problema y los objetivos de la investigación.** Por lo general, tiene que presentarse una exposición del problema que incluya los componentes específicos. Si esta exposición no se ha desarrollado (como en el caso de la investigación para la identificación del problema), deben especificarse con claridad los objetivos del proyecto de investigación de mercados.
4. **Enfoque del problema.** Debe presentarse, como mínimo, una revisión de la literatura académica y comercial relevante, junto con algún tipo de modelo analítico. Si ya se identificaron las preguntas de investigación y las hipótesis, deben incluirse en la propuesta.
5. **Diseño de la investigación.** Debe especificarse el diseño de la investigación adoptado, sea exploratorio, descriptivo o causal. Tiene que brindarse información sobre los siguientes componentes: **1.** tipo de información que va a obtenerse, **2.** método de aplicación del cuestionario (mediante entrevistas por correo, telefónicas, personales o electrónicas), **3.** técnicas de escalamiento, **4.** naturaleza del cuestionario (tipo de preguntas planteadas, longitud, tiempo promedio de la entrevista), y **5.** plan de muestreo y tamaño de la muestra.
6. **Trabajo de campo y recolección de datos.** Es necesario que la propuesta exponga cómo se recabarán los datos y quién lo hará. Debe indicarse si el trabajo de campo se va a subcontratar con algún otro proveedor. Se requiere describir los mecanismos de control para asegurar la calidad de los datos obtenidos.
7. **Análisis de los datos.** Debe describirse el tipo de análisis de datos que se realizará (tabulación cruzada simple, análisis univariado, análisis multivariado), así como la forma en que se interpretarán los resultados.
8. **Informe.** La propuesta debe especificar si se presentarán informes intermedios y en qué etapas, cuál será el formato del informe final y si se hará una presentación formal de los resultados.
9. **Costo y tiempo.** Tienen que presentarse el costo del proyecto y el calendario, separando las fases. Puede incluirse una gráfica del método de ruta crítica (MRC) o la técnica de evaluación y revisión del programa (TERP). En los proyectos grandes, también se prepara de antemano un programa de pagos.
10. **Apéndices.** Cualquier información estadística o de otro tipo que sólo sea de interés para unas cuantas personas debería incluirse en los apéndices.

La elaboración de la propuesta de investigación tiene varias ventajas. Asegura que el investigador y la administración están de acuerdo sobre la naturaleza del proyecto, y ayuda a convencer a la administración de adoptar el proyecto. Como concebir la propuesta implica planeación, ayuda al investigador a visualizar y a llevar a cabo el proyecto de investigación de mercados.

INVESTIGACIÓN DE MERCADOS INTERNACIONALES

Cuando se realiza investigación de mercados internacionales, es importante darse cuenta de que debido a las diferencias ambientales (capítulo 23), el diseño de la investigación que es adecuado para un país quizá no lo sea para otro. Considere el problema de determinar las actitudes de las familias hacia los aparatos electrodomésticos en Estados Unidos y Arabia Saudita. Cuando se realiza la investigación exploratoria en Estados Unidos, es recomendable conducir sesiones de grupo considerando tanto a hombres como a mujeres que encabecen el hogar. Sin embargo, eso sería inapropiado en Arabia Saudita. Dada la cultura tradicional, es poco probable que las esposas participen con libertad en presencia de sus cónyuges. Sería más útil realizar entrevistas en profundidad personales, incluyendo en la muestra a hombres y a mujeres que sean la cabeza del hogar.

INVESTIGACIÓN REAL

No hay mejor lugar que el hogar

CfK (*www.gfk.it*), una empresa europea de investigación de mercados para clientes, durante dos años realizó un estudio en dos partes para determinar las nuevas tendencias en la juventud y la cultura europea (qué es importante para los adolescentes europeos y cómo deben dirigirse a ellos los mercadólogos internacionales). Primero se realizó una investigación exploratoria mediante sesiones de grupo para identificar los temas que interesan a la juventud europea. Los temas identificados en los sesiones de grupo se cuantificaron usando una encuesta descriptiva longitudinal. La encuesta

Con encuestas transversales y longitudinales, McDonald's identificó lo que atrae a la juventud europea y se posicionó de acuerdo con ello.

se realizó en dos partes en 16 países europeos que incluían, entre otros, a Dinamarca, Noruega, Suecia, Inglaterra, Alemania, Italia, España y Francia.

En cada país se seleccionaron cuatro grupos de encuestados: mujeres de 14 a 16 años de edad; hombres de 14 a 16 años de edad; mujeres de 17 a 20 años de edad, y hombres de 17 a 20 años. Se diseñó una encuesta descriptiva y se aplicó en forma personal y directa. Dada la cultura juvenil europea, se creyó que los adolescentes se sentirían más cómodos y proporcionarían respuestas más sinceras en un escenario personal. En total participaron 523 jóvenes. Dos años después se hizo contacto con las mismas personas en nueve de los 16 países, participando un total de 305 personas.

Los resultados demostraron que los gustos y las opiniones de los adolescentes europeos han estado cambiando de manera espectacular en los años recientes, en particular durante los dos últimos. Se descubrió que los adolescentes europeos no confían en las grandes empresas. El concepto de hogar no sólo incluía a la familia y al lugar de residencia, sino también un sentido de pertenencia y comunidad, en especial con los amigos. Es un símbolo de intimidad y calidez. Los adolescentes europeos no veían mucho a sus familias durante la semana. Más bien los amigos llenaban esta función del hogar. Por último, daban mucho valor a una marca que se hubiera mantenido por mucho tiempo, pues consideraban que si la marca había logrado permanecer a lo largo del tiempo, debía ser buena y merecedora de su larga permanencia.

Los resultados demostraron ser muy provechosos para McDonald's (*www.mcdonalds.com*) en el desarrollo de su publicidad internacional dirigida a ese mercado. La nueva campaña de McDondald's no se enfocó en su categoría de empresa grande, sino que enfocó su publicidad para indicar que sus establecimientos son como el punto de reunión local para los adolescentes. Reunirse con los amigos en el McDonald's local se convirtió en una situación "hogareña". Parecía ser divertido y los adolescentes querían estar ahí. Además, McDonald's se enfocó en la longevidad y estabilidad de la marca. Siempre estará ahí como un lugar divertido donde los adolescentes pueden reunirse con sus amigos y pasarla bien sin gastar mucho dinero. La campaña tuvo como resultado una mayor participación de mercado en el lucrativo segmento de los adolescentes europeos. En 2006 McDonald's obtuvo de Europa cerca del 35 por ciento de sus ventas totales.[24] ∎

En muchos países, en especial en las naciones en desarrollo, no se cuenta con paneles de consumidores, lo que dificulta realizar investigación descriptiva longitudinal. De igual manera, en muchos países se carece de infraestructura de apoyo de marketing (por ejemplo, infraestructura para las ventas al detalle y al mayoreo, para la publicidad y las promociones), lo cual hace poco factible llevar a la práctica un diseño causal que incluya un experimento de campo. Al formular un diseño de la investigación, se requiere de un esfuerzo considerable para asegurar que los datos secundarios

CAPÍTULO 3 *Diseño de la investigación*

y primarios obtenidos de diferentes países sean equivalentes y comparables. En el contexto de la recopilación de datos primarios, son de particular importancia la investigación cualitativa, las técnicas de encuesta y de escalamiento, el diseño del cuestionario y las consideraciones del muestreo. En los capítulos posteriores se revisan esos temas con mayor detalle.

LA ÉTICA EN LA INVESTIGACIÓN DE MERCADOS

Durante la etapa del diseño de la investigación, no sólo intervienen las preocupaciones del investigador y del cliente, sino que también deben respetarse los derechos del encuestado. Aunque por lo general no hay contacto directo entre el encuestado y los otros interesados (cliente e investigador) durante el diseño de la investigación, ésta es la etapa en que se toman las decisiones con ramificaciones éticas, como el uso de grabadoras de audio y video ocultas.

La pregunta básica del tipo de diseño de la investigación que debe adoptarse (por ejemplo, descriptiva o causal, transversal o longitudinal) tiene un trasfondo ético. Por ejemplo, cuando se estudia el cambio de marca en las compras de dentífrico, un diseño longitudinal es la única forma real de evaluar los cambios en la elección de marca de un encuestado individual. Una empresa de investigación que no haya realizado muchos estudios longitudinales intentaría justificar el uso de un diseño transversal. ¿Sería ético?

El investigador debe asegurar que el diseño de la investigación utilizado proporcionará la información necesaria para tratar el problema de investigación de mercados que se haya identificado. El cliente debe tener la integridad de no tergiversar el proyecto y de describir las limitaciones con las cuales operará el investigador, y no hacer exigencias poco razonables. La investigación longitudinal lleva tiempo. La investigación descriptiva quizá requiera que se entreviste a los clientes. Si el tiempo es un problema o si tiene que restringirse el contacto con los clientes, el solicitante del estudio debería exponer esas limitaciones desde el inicio del proyecto. Por último, el cliente no debe aprovecharse de la empresa de investigación para solicitar concesiones injustas para el proyecto actual, haciendo promesas falsas de futuros contratos de investigación.

INVESTIGACIÓN REAL

¿Gran hermano o gran bravucón?

Pueden surgir dilemas éticos a causa del fuerte deseo de las empresas de investigación de mercados de convertirse en proveedores de compañías importantes que son grandes usuarios de la investigación de mercados. Por ejemplo, considere a Visa, Coca-Cola o Ford Motor Company, las cuales cuentan con grandes presupuestos para la investigación de mercados y, de manera frecuente, contratan a proveedores externos de este servicio. Esos grandes clientes pueden manipular el precio del estudio actual o exigir concesiones poco razonables en el diseño de la investigación (por ejemplo, el examen de variables adicionales, más sesiones de grupo, una muestra mayor y más dirigida para la encuesta, o análisis adicionales de datos), al insinuar la posibilidad de que la empresa de investigación de mercados se convierta en proveedor regular. Esto puede considerarse un negocio justo; pero se vuelve poco ético cuando no existe la intención de continuar con un estudio mayor o de volver a contratar la empresa de investigación en el futuro.[25] ∎

Es igualmente importante no pasar por alto las responsabilidades con los encuestados. El investigador debe diseñar el estudio de modo que no viole el derecho de los encuestados a la seguridad, a la privacidad o a elegir. Además, el cliente no tiene que abusar de su poder para poner en riesgo el anonimato de los encuestados. En los capítulos 4, 5, 6 y 7 se analizan con mayor detalle esos temas relacionados con el encuestado.

INVESTIGACIÓN PARA LA TOMA DE DECISIONES

NASCAR: cambiando la imagen del sureño pobre

La situación

El rugido de los motores... los gritos de los aficionados... el latido acelerado de los corazones... ¡la emoción de NASCAR! La National Association of Stock Car Auto Racing (NASCAR) es una empresa diferente a cualquier otra. Aunque genera expectativa en los aficionados de todo Estados

En Estados Unidos la investigación de mercados ayudó a NASCAR a liberarse de la imagen de un deporte que sólo atraía a los obreros y a los sureños de escasos recursos, y a establecer la imagen de un deporte nacional que emociona a todos.

Unidos, se había establecido el estereotipo de que NASCAR sólo atraía a jornaleros pobres del sur. Mike Helton, director general de NASCAR, quería incrementar su audiencia y cambiar su imagen estereotipada.

NASCAR realizó investigación exploratoria para identificar maneras de penetrar en un mercado distinto de las carreras, llegar a los aficionados más jóvenes y construir en todo el país la imagen de su marca. El uso de sesiones de grupo exhaustivos reveló que: **1.** NASCAR tenía imagen de deporte rural, **2.** esta imagen no era necesariamente negativa, y **3.** las compañías que apoyaban los deportes eran vistas de forma positiva.

La decisión para la investigación de mercados

1. ¿Considera usted que el diseño de la investigación adoptado por NASCAR fue apropiado? Justifique su respuesta.
2. ¿Qué diseño de la investigación recomendaría usted?
3. Analice la forma en que el diseño de la investigación que recomendó permitió a Mike Helton cambiar la imagen de NASCAR.

La decisión administrativa de marketing

1. Mike Helton se da cuenta de que para NASCAR es vital proyectar la imagen correcta. Sin embargo, se pregunta cuál es esa imagen. ¿Qué consejo le daría?
2. Analice cómo influyen, en el curso de acción que le recomienda a Mike Helton, la investigación que le sugirió antes y sus hallazgos.[26] ∎

RESUMEN

El diseño de la investigación es un esquema o programa para llevar a cabo el proyecto de investigación de mercados. Especifica los detalles de cómo debe realizarse el proyecto. De forma general, los diseños de la investigación se clasifican en exploratorios o concluyentes. El propósito principal de la investigación exploratoria es brindar ideas sobre el problema. La investigación concluyente se realiza para probar hipótesis específicas y examinar relaciones particulares. Los hallazgos de la investigación concluyente se utilizan como insumos para la toma de decisiones administrativas. La investigación concluyente puede ser descriptiva o causal.

El principal objetivo de la investigación descriptiva consiste en describir las características o funciones del mercado. Un diseño descriptivo requiere una especificación clara del quién, qué, cuándo, dónde, por qué y cómo de la investigación. La investigación descriptiva se clasifica, además, en transversal y longitudinal. Los diseños transversales implican la recopilación de información de una muestra de elementos de la población en un solo momento. En contraste, en los diseños longitudinales se realizan mediciones repetidas en una muestra fija. La investigación causal se diseña con el propósito fundamental de obtener evidencia acerca de las relaciones causales.

Un diseño de la investigación consta de seis componentes, de los que cualquiera puede asociarse con error. El error total está compuesto por el error de muestreo aleatorio y el error que no es de muestreo. Este último está formado por los errores por falta de respuesta y los de respuesta. El error de respuesta abarca las equivocaciones cometidas por investigadores, entrevistadores y encuestados. Debe prepararse por escrito una propuesta de investigación de mercados que incluya todos los elementos del proceso. Al formular un diseño de la investigación cuando ésta se realiza en mercados internacionales, se requiere de mucho esfuerzo para asegurar que los datos secundarios y primarios de los diferentes países sean equivalentes y comparables.

En términos de las cuestiones éticas, los investigadores deben asegurar que el diseño de la investigación utilizado brindará la información buscada y que ésta sea la que el cliente necesita. El cliente debe tener la integridad de no tergiversar el proyecto, tiene que describir al investigador la situación en que va a operar y no hacer demandas poco razonables. Deben tomarse precauciones para asegurar el derecho de los encuestados o sujetos a la seguridad, la privacidad o a elegir.

TÉRMINOS Y CONCEPTOS CLAVE

diseño de la investigación, *78*
investigación exploratoria, *79*
investigación concluyente, *79*
investigación descriptiva, *82*
diseños transversales, *84*
diseños transversales simples, *84*
diseños transversales múltiples, *85*
análisis de cohortes, *85*
diseños longitudinales, *86*
panel, *86*
investigación causal, *89*
error total, *93*
error de muestreo aleatorio, *93*

errores que no son atribuibles al muestreo, *93*
error por falta de respuesta, *94*
error de respuesta, *94*
error por sustitución de la información, *94*
error de medición, *94*
error en la definición de la población, *94*
error en el marco del muestreo, *95*
error en el análisis de datos, *95*
error en la selección de los encuestados, *95*
error al preguntar, *95*

error de registro, *95*
error por hacer trampa, *95*
error por incapacidad, *95*
error por falta de disposición, *95*
presupuesto y planeación, *96*
método de ruta crítica (MRC), *96*
técnica de evaluación y revisión del programa (TERP), *96*
técnica de evaluación y revisión gráfica (TERG), *96*
propuesta de investigación de mercados, *96*

CASOS SUGERIDOS, CASOS EN VIDEO Y CASOS DE HARVARD BUSINESS SCHOOL

Casos
Caso 2.2 ¿Quién es el anfitrión más importante?
Caso 2.3 El dulce es perfecto para Hershey.
Caso 2.4 Las fragancias son dulces, pero la competencia es amarga.
Caso 2.5 ¿La publicidad del Súper Tazón es súper efectiva?
Caso 4.1 Wachovia: finanzas "Watch Ovah Ya".
Caso 4.2 Wendy's: historia y vida después de Dave Thomas.
Caso 4.3 Astec sigue creciendo.
Caso 4.4 ¿Es la investigación de mercados la cura para los males del Hospital Infantil Norton Healthcare Kosair?

Casos en video
Caso en video 2.3 Intel: componentes básicos al dedillo.
Caso en video 2.4 Nivea: la investigación de mercados lleva a la consistencia en el marketing.
Caso en video 4.1 Subaru: "El señor encuesta" monitorea la satisfacción del cliente.
Caso en video 4.2 Procter & Gamble: el uso de la investigación de mercados para desarrollar marcas.

Casos de Harvard Business School
Caso 5.1 La encuesta de Harvard sobre las viviendas para estudiantes de posgrado.
Caso 5.2 BizRate.com
Caso 5.3 La guerra de las Colas continúa: Coca y Pepsi en el siglo XXI.
Caso 5.4 TiVo en 2002.
Caso 5.5 Computadoras Compact: ¿Con Intel dentro?
Caso 5.6 El nuevo Beetle.

INVESTIGACIÓN REAL: REALIZACIÓN DE UN PROYECTO DE INVESTIGACIÓN DE MERCADOS

1. Cada equipo presenta al grupo el tipo de diseño de la investigación que considera apropiado.
2. Como grupo, elijan el diseño de la investigación para este proyecto.
3. Es útil invitar al cliente a esta sesión.

EJERCICIOS

Preguntas

1. Defina diseño de la investigación con sus propias palabras.
2. ¿En qué difiere la formulación del diseño de la investigación del desarrollo del enfoque del problema?
3. Señale las diferencias entre la investigación exploratoria y la concluyente.
4. ¿Cuáles son los principales objetivos de la investigación descriptiva?
5. Mencione las seis preguntas de la investigación descriptiva y dé un ejemplo de cada una.
6. Compare los diseños transversal y longitudinal.
7. Describa el análisis de cohortes. ¿Por qué es de especial interés?
8. Analice las ventajas y desventajas de los paneles.
9. ¿Qué es un diseño de la investigación causal? ¿Cuál es su propósito?
10. ¿Cuál es la relación entre la investigación exploratoria, descriptiva y causal?
11. Señale los principales componentes de un diseño de una investigación.
12. ¿Qué fuentes potenciales de error pueden afectar al diseño de la investigación?
13. ¿Por qué es importante minimizar el error total en vez de cualquier fuente particular de error?

Problemas

1. Pastelera Nacional está planeando lanzar una nueva línea de galletas y quiere evaluar el tamaño del mercado. Las galletas tienen un sabor mezclado de chocolate y piña, y se dirigirán al segmento de mayores ingresos del mercado. Analice las seis preguntas de un diseño de la investigación descriptiva que puede adoptarse.
2. Exprese con una ecuación cada uno de los siguientes tipos de error.
   a. Error total.
   b. Error de muestreo aleatorio.
   c. Error por falta de respuesta.
   d. Error de respuesta.
3. Welcome Inc. es una cadena de restaurantes de comida rápida que se localizan en las áreas metropolitanas más importantes del sur. En los dos últimos años, las ventas han crecido de forma muy lenta. La administración decidió agregar algunos platillos y artículos nuevos al menú; sin embargo, primero quiere saber más acerca de sus clientes y sus preferencias.
   a. Proponga dos hipótesis.
   b. ¿Qué tipo de diseño de la investigación sería adecuado? ¿Por qué?

EJERCICIOS EN INTERNET Y POR COMPUTADORA

1. Visite el Greenfield Online Research Center (*www.greenfieldonline.com*).
   a. ¿Qué encuestas realiza Greenfield en la actualidad?
   b. ¿Cómo se recluta a los encuestados para esas encuestas?
   c. Analice los diferentes tipos de errores que es probable que surjan dada la forma en que se recluta a los encuestados.
2. Visite la página Web de tres de las empresas de investigación de mercados listadas en la tabla 1.2. ¿Qué tipos de diseños de la investigación han utilizado recientemente esas empresas?
3. Obtenga uno de los programas del método de ruta crítica (MRC) o de la técnica de evaluación y revisión del programa (TERP), y utilícelo para desarrollar un calendario para el proyecto de investigación descrito en el segundo ejercicio del juego de roles.
4. Usted está realizando un estudio de imagen para Carnival Cruise Lines. Como parte de la investigación exploratoria analice los mensajes colocados en el grupo de discusión *rec.travel.cruises* para determinar los factores que usan los consumidores para evaluar a las compañías de cruceros.

ACTIVIDADES

Juego de roles

1. Asuma el papel del administrador de marketing de Sweet Cookies Inc., y haga que su compañero asuma el papel de un investigador contratado por la empresa (véase el problema 1). Analicen el problema y elaboren los siguientes elementos:
   a. problema de decisión administrativa.
   b. problema de investigación de mercados.
   c. diseño de la investigación.
2. Usted es el administrador a cargo de un proyecto de investigación de mercados. Su meta consiste en determinar qué efectos tienen diferentes niveles de publicidad en el comportamiento de consumo. Con base en los resultados del proyecto usted recomendará la cantidad de dinero que debe presupuestarse para hacer la publicidad de diferentes productos el próximo año. Su supervisor le pedirá una justificación sólida de sus recomendaciones, por lo que su diseño de la investigación tiene que ser tan adecuado como sea posible. Sin embargo, sus recursos (tiempo, dinero y mano de obra) son limitados. Desarrolle un proyecto de investigación para tratar ese problema. Enfóquese en el tipo de diseño de la investigación que utilizaría, la razón por la que lo usaría y la forma en que llevaría a cabo la investigación.

Trabajo de campo

1. Contacte algunas organizaciones de investigación de mercados y pregúnteles sobre el tipo de diseños de la investigación que utilizaron el año anterior y sobre la naturaleza de los problemas enfrentados. Escriba un informe sobre sus hallazgos.

Discusión en grupo

1. "Si el presupuesto para la investigación es limitado, puede prescindirse de la investigación exploratoria". Analice esta cita.
2. Discuta en un pequeño grupo el siguiente enunciado: "El investigador siempre debe tratar de desarrollar el diseño óptimo para cada proyecto de investigación de mercados".
3. "En un proyecto de investigación hay muchas fuentes potenciales de error. Es imposible controlarlas todas. Por ende, la investigación de mercados contiene muchos errores y no se puede confiar en los hallazgos". Analice esos enunciados en un equipo pequeño. ¿Su equipo llegó a un consenso?

CAPÍTULO 4

Diseño de la investigación exploratoria: datos secundarios

"El análisis de datos secundarios en estudios respetables es una forma rentable de proporcionar un contexto útil, dimensionalidad y conocimientos a la formulación o exploración de un problema de investigación".

Robert L. Cohen, Ph. D., presidente y director general, Scarborough Research

Objetivos

Después de leer este capítulo, el estudiante deberá ser capaz de:

1. Definir la naturaleza y el alcance de los datos secundarios, y distinguir los datos secundarios de los datos primarios.
2. Analizar las ventajas y las desventajas de los datos secundarios y de sus usos en los diversos pasos del proceso de investigación de mercados.
3. Evaluar los datos secundarios utilizando especificaciones, error, actualidad, objetivos, naturaleza y criterios de confiabilidad.
4. Describir de forma detallada las distintas fuentes de datos secundarios, incluyendo las fuentes internas y las fuentes externas, ya sean materiales publicados, bases de datos digitalizadas o servicios sindicados.
5. Analizar de forma detallada las fuentes sindicadas de datos secundarios, incluyendo datos sobre hogares y consumidores obtenidos por encuesta, paneles de compra y de medios de comunicación, y servicios de escaneo electrónico, así como también datos institucionales relacionados con vendedores al detalle, mayoristas y empresas industriales y de servicios.
6. Explicar la necesidad de utilizar múltiples fuentes de datos secundarios y describir datos de una sola fuente.
7. Examinar las aplicaciones de datos secundarios en cartografía digitalizada.
8. Identificar y evaluar las fuentes de datos secundarios que son útiles en la investigación de mercados internacionales.
9. Entender los aspectos éticos en el uso de datos secundarios.

Panorama general

Como se mencionó en los capítulos anteriores, el análisis de datos secundarios ayuda a definir el problema de investigación de mercados y a desarrollar un enfoque (capítulo 2). Además, antes de formular el diseño de la investigación para reunir datos primarios (capítulo 3), el investigador debería analizar los datos secundarios pertinentes. En algunos proyectos, especialmente aquellos que tienen un presupuesto limitado, la investigación puede reducirse al análisis de datos secundarios, ya que algunos problemas habituales sólo se tratan con base en este tipo de datos.

En este capítulo se analizan las diferencias entre los datos primarios y secundarios. Se estudian las ventajas y las desventajas de los datos secundarios, así como los criterios para evaluarlos, junto con su clasificación. Se describen los datos secundarios internos y las fuentes principales de datos secundarios externos, como materiales publicados, bases de datos en línea y de otros tipos, y servicios sindicados. Se examinan las aplicaciones de datos secundarios en la cartografía digitalizada, y las fuentes de datos secundarios que son útiles en la investigación de mercados internacionales. También se identifican varios aspectos éticos que surgen al utilizar datos secundarios. Por último, se analiza el uso de Internet y de las computadoras para identificar y analizar datos secundarios.[1]

El capítulo inicia citando varios ejemplos para tener una idea clara sobre los datos secundarios.

INVESTIGACIÓN REAL

Boston Market: un lugar como el hogar

Según datos secundarios, el reemplazo de comida hogareña (RCH) será el negocio de comida familiar del siglo XXI. RCH son alimentos portátiles y de alta calidad que se preparan para ser consumidos fuera del restaurante, y actualmente es la oportunidad más importante y de mayor crecimiento en la industria alimentaria. De acuerdo con datos del panel del grupo de consumidores de ACNielsen (*acnielsen.com*), el 55 por ciento de los encuestados compró un alimento para consumir en casa varias veces al mes. La comodidad y el tipo de alimentos fueron los dos factores más influyentes al adquirir RCH. Asimismo, el 77 por ciento de los encuestados prefirió alimentos listos para comer.

Otro estudio reciente realizado por los consultores McKinsey & Co. (*www.mckinsey.com*) plantea que prácticamente todo el crecimiento en las ventas de alimentos provendrá de los servicios de alimentos, que se definen como comida preparada, al menos parcialmente, fuera de la casa. Los estimados del tamaño total del mercado de RCH, al igual que su futuro potencial, varían considerablemente. Para 2007 se plantearon cifras que van de los $25,000 millones a los $100,000 millones de dólares. Se trata de la tendencia más importante en la industria de alimentos, desde el surgimiento de la comida congelada.

La mayoría de los expertos del ramo señalan que la tendencia comenzó con la llegada de Boston Market (*www.bostonmarket.com*), que atrajo consumidores con la promesa de ofrecer comida como la que solía hacer mamá. En la actualidad Boston Market es el líder del RCH y es una subsidiaria que pertenece en su totalidad a McDonald's Corporation (*www.mcdonalds.com*). La empresa vigila de manera constante los datos relacionados con el RCH provenientes de fuentes secundarias, y los emplea en sus programas de investigación y marketing. Actualmente Boston Market utiliza este tipo de datos para probar los productos nuevos que podría lanzar el año siguiente. Algunas de las pruebas de productos que se están realizando incluyen cajas de almuerzo empacadas "para llevar", servicios extensos de banquetes a domicilio, operaciones mejoradas para servicio en el automóvil, y servicios para ordenar comida por teléfono y luego recogerla.[2] ■

Los datos secundarios que indican una gran demanda para el reemplazo de comida hogareña estimularon a Boston Market a convertirse en líder de este segmento.

INVESTIGACIÓN REAL

Alto contacto con alta tecnología

Según el Department of Labor de Estados Unidos, en 2005 más del 50 por ciento de la fuerza de trabajo estadounidense tenía más de 40 años de edad. Para 2010 las mujeres representarán el 48 por ciento de la fuerza laboral; sin embargo, también habrá una disminución en el número de trabajadores jóvenes (de 16 a 24 años de edad) disponibles para ocupar puestos a nivel básico. Esta potencial escasez de trabajadores jóvenes ha provocado que muchos restaurantes de comida rápida cambien de una orientación de servicios "de alto contacto" a una de "alta tecnología". Muchos de los servicios que antes brindaban los trabajadores ahora los realizan los consumidores mediante equipo de alta tecnología. El uso de quioscos con pantallas sensibles al tacto se está volviendo una tendencia popular, que ofrece una nueva forma de reducir los costos de mano de obra y de mejorar el servicio a clientes. Las empresas de comida rápida que están desplegando esta nueva tecnología incluyen a Taco Bell, Arby's y Pizza Hut.[3] ■

Como lo ilustran estos ejemplos, las empresas de investigación y consultoría (ACNielsen, Mckinsey & Co.), y las agencias gubernamentales (Department of Labor de Estados Unidos) son sólo algunas de las fuentes para obtener datos secundarios. La naturaleza y el papel de los datos secundarios se aclaran cuando entendemos la diferencia entre datos primarios y secundarios.

DATOS PRIMARIOS CONTRA DATOS SECUNDARIOS

datos primarios
Datos originados por el investigador con el propósito específico de abordar el problema de investigación.

datos secundarios
Datos reunidos para una finalidad diferente al problema en cuestión.

Los **datos primarios** son aquellos que un investigador reúne con el propósito específico de abordar el problema que enfrenta. La recolección de datos primarios implica las seis etapas del proceso de investigación de mercados (capítulo 1). La obtención de datos primarios puede ser costosa y prolongada. El proyecto sobre la clientela de la tienda departamental citado en el capítulo 1 es un ejemplo de recolección de datos primarios.

Los **datos secundarios** son aquellos que ya fueron reunidos para propósitos diferentes al problema en cuestión. Esos datos se pueden localizar con rapidez y a bajo costo. En el proyecto de la preferencia hacia la tienda departamental, se obtuvieron datos secundarios en revistas de marketing (*Journal of Retailing, Journal of Marketing, Journal of the Academy of Marketing Science* y *Journal of Marketing Research*), sobre los criterios utilizados por las familias para seleccionar tiendas departamentales. En el apartado anterior se proporcionaron otros ejemplos de datos secundarios. En la tabla 4.1 se resumen las diferencias entre los datos primarios y los secundarios. A diferencia de los datos primarios, los datos secundarios se recolectan de forma rápida y sencilla, a un costo relativamente bajo y en poco tiempo.

Estas diferencias entre los datos primarios y secundarios resaltan algunas ventajas y usos distintivos de los datos secundarios.

TABLA 4.1

Comparación entre datos primarios y secundarios

	DATOS PRIMARIOS	DATOS SECUNDARIOS
Propósito de la recolección	Para el problema en cuestión	Para otros problemas
Proceso de recolección	Muy complejo	Rápido y fácil
Costo de la recolección	Alto	Relativamente bajo
Tiempo de la recolección	Largo	Corto

VENTAJAS Y USOS DE LOS DATOS SECUNDARIOS

Como se observa en el análisis anterior, los datos secundarios tienen varias ventajas sobre los datos primarios. Los datos secundarios son de fácil acceso, relativamente baratos y de rápida obtención. Algunos datos secundarios, como los que proporciona el Bureau of the Census de Estados Unidos, están disponibles en temas sobre los cuales una empresa no podría obtener datos primarios. Aunque es raro que los datos secundarios brinden todas las respuestas a un problema de investigación fuera de lo habitual, ese tipo de datos pueden ser útiles de diferentes maneras.[4] Los datos secundarios le pueden ayudar a:

1. Identificar el problema.
2. Definir mejor el problema.
3. Desarrollar un enfoque sobre el problema.
4. Elaborar el diseño de una investigación adecuada (por ejemplo, al identificar las principales variables).
5. Responder ciertas preguntas de investigación y poner a prueba algunas hipótesis.
6. Interpretar datos primarios para obtener más conocimientos.

Dadas estas ventajas y usos de los datos secundarios, es posible establecer la siguiente regla general:

> El examen de los datos secundarios disponibles es un prerrequisito para la recolección de datos primarios. Se comienza con los datos secundarios y se sigue con los datos primarios únicamente cuando se agotan las fuentes de datos secundarios o si éstos producen resultados marginales.

Los grandes beneficios que se obtienen al seguir esta regla se ilustran con los ejemplos que dimos en la introducción de este capítulo. Tales ejemplos demuestran que en ocasiones el análisis de datos secundarios proporciona conocimientos valiosos y plantea las bases para realizar el análisis de los datos primarios. Sin embargo, el investigador debe ser cuidadoso al utilizar los datos secundarios, ya que tienen algunas limitaciones y desventajas.

DESVENTAJAS DE LOS DATOS SECUNDARIOS

Debido a que los datos secundarios se recolectaron para fines distintos del problema en cuestión, su utilidad para el problema actual quizá esté limitada de varias formas importantes, incluyendo su pertinencia y exactitud. Es probable que los objetivos, la naturaleza y los métodos empleados para reunir los datos secundarios no sean adecuados para la situación presente. Asimismo, los datos secundarios tal vez sean poco precisos o no sean completamente actuales o confiables. Antes de utilizar datos secundarios, es importante evaluarlos con respecto a tales factores. En la siguiente sección se analizan estos factores con mayor detalle.

INVESTIGACIÓN ACTIVA

> Usted está realizando un proyecto de investigación de mercados para determinar la eficacia del respaldo de celebridades en la publicidad de Nike. ¿Qué tipo de datos secundarios examinaría?
> Como director de marketing de Nike, ¿de qué manera utilizaría los datos secundarios sobre el respaldo de celebridades, para determinar si debería seguir contratando celebridades para apoyar la marca Nike?
> Para llevar a cabo este estudio, realice una búsqueda en Internet, que le sirva para obtener información sobre el uso de la recomendación de productos por parte de celebridades en marketing.

TABLA 4.2
Criterios para evaluar datos secundarios

CRITERIOS	TEMAS	OBSERVACIONES
Especificaciones/ metodología	Método de recolección de datos Tasa de respuesta Calidad de los datos Técnica de muestreo Tamaño de la muestra Diseño del cuestionario Trabajo de campo Análisis de datos	Los datos deben ser confiables, válidos y generalizables al problema en cuestión
Error/exactitud	Examinar errores en: enfoque, diseño de la investigación, muestreo, recolección de datos, análisis de datos, informe	Evaluar la exactitud al comparar datos de distintas fuentes
Actualidad	Lapso entre la recolección y la publicación Frecuencia de actualizaciones	Los datos del censo se actualizan periódicamente por las empresas sindicadas
Objetivo	¿Por qué se recolectó la información?	El objetivo determinará la relevancia de los datos
Naturaleza	Definición de las variables importantes Unidades de medición Categorías utilizadas Relaciones examinadas	Si es posible, reconfigurar los datos para aumentar su utilidad
Confiabilidad	Experiencia, credibilidad, reputación y confiabilidad de la fuente	Los datos deben obtenerse de una fuente original más que de una adquirida

CRITERIOS PARA EVALUAR LOS DATOS SECUNDARIOS

La calidad de los datos secundarios debería evaluarse de forma habitual, utilizando los criterios de la tabla 4.2, que se analizan en las siguientes secciones.

Especificaciones: metodología empleada para recolectar datos

Las especificaciones o la metodología que se emplea para reunir los datos deben examinarse de manera crítica para identificar posibles fuentes de sesgo. Este tipo de consideraciones metodológicas incluyen el tamaño y la naturaleza de la muestra, la tasa y la calidad de respuestas, el diseño del cuestionario y su aplicación, los procedimientos empleados para el trabajo de campo, el análisis de los datos y los procedimientos del informe. Estas verificaciones brindan información sobre la confiabilidad y validez de los datos, y sirven para determinar si éstos se pueden generalizar al problema en cuestión. La confiabilidad y la validez se pueden establecer mejor con un examen del error, la actualidad, los objetivos, la naturaleza y la confiabilidad asociados con los datos secundarios.

INVESTIGACIÓN REAL

Metodología de la evaluación de la audiencia televisiva

MTVJ-TV, empresa afiliada a la NBC y ubicada en Miami, utiliza los servicios de información de Nielsen Media Research (*www.nielsenmedia.com*), que proporciona mediciones y estimaciones de la audiencia televisiva. La estación de televisión considera que los datos proporcionados por Nielsen Media Research están sesgados, ya que la metodología que emplearon tenía fallas. En específico, la empresa señala que Nielsen Media Research está colocando demasiados medidores en los hogares de familias que sólo hablan español, lo cual subestima su nivel de audiencia. El problema consiste en que la estación es de habla inglesa y que, aun cuando el 46 por ciento de sus televidentes son hispanos, todos ellos hablan inglés. Al colocar más medidores Nielsen en hogares que no hablan inglés, la información no sería representativa de la comunidad de Miami o de la audiencia de la estación. Además, puesto que muchas decisiones se basan en la información proporcionada por Nielsen, como la programación, los anuncios y contratación de medios, es importante que la estación tenga información exacta y confiable sobre el mercado.

En otras áreas se ha planteado exactamente lo opuesto. El 8 de julio de 2004, la empresa introdujo medidores de audiencia local (LPM, por las siglas de *local people meters*) en Los Ángeles. Los medidores registran electrónicamente los programas que se están viendo, así como quién los está viendo. Algunas cadenas de televisión y una coalición de grupos comunitarios llamada Don't Count Us Out, se quejaron de que la muestra de audiencia de Nielsen no representaba adecuadamente el número de latinos y afroestadounidenses, lo cual origina resultados erróneos.

Aunque muchas personas apoyan las acciones de Nielsen Media Research y consideran que los datos representan a la comunidad, las quejas plantean preguntas muy importantes: ¿puede una empresa tener la confianza de que la información que recibe se genera usando la metodología adecuada?[5] ∎

Error: exactitud de los datos

El investigador debe determinar si los datos son lo suficientemente exactos para los propósitos del estudio en cuestión. Los datos secundarios pueden tener varias fuentes de error o imprecisión, incluyendo errores en el enfoque, el diseño de la investigación, el muestreo, la recolección de datos, el análisis y la preparación del informe del proyecto. Asimismo, es difícil evaluar la exactitud de los datos secundarios porque el investigador no participó en la investigación. Un enfoque consiste en localizar múltiples fuentes de datos y compararlas mediante procedimientos estadísticos estándar.

La exactitud de los datos secundarios puede variar, especialmente si se relacionan con fenómenos sujetos a cambios. Asimismo, quizá no coincidan los datos obtenidos de fuentes diferentes. En tales casos, el investigador debería verificar la exactitud de los datos secundarios realizando estudios piloto o usando otras técnicas. Con frecuencia, con el uso de la creatividad, esto se puede lograr a un costo bajo y sin mucho esfuerzo.

INVESTIGACIÓN REAL

Detallando los ingresos del comercio electrónico

Para determinar las ventas del comercio electrónico, muchas compañías de investigación como Forrester Research, ComScore, Nielsen/NetRatings y el Commerce Department estadounidense llevan a cabo estudios. Las cuatro organizaciones utilizan metodologías diferentes para reunir y analizar datos, así como para informar sus resultados. La compañía Forrester Research encuesta a 5,000 consumidores en línea, durante los primeros 10 días laborales de cada mes. Las respuestas de los consumidores encuestados se ajustan para que sean representativos de la población. A diferencia de Forrester Research, EcommercePulse de Nielsen/NetRatings utiliza mensualmente una muestra más grande de 36,000 usuarios de Internet, y registra la cantidad de dinero que estos consumidores gastan en línea. Por otro lado, el Commerce Department de Estados Unidos elige al azar a 11,000 comerciantes para que respondan encuestas sobre sus ventas en línea. Por último, ComScore emplea un sistema pasivo de respuesta que recolecta datos de 1.5 millones de usuarios de Internet, lo cual le permite hacer un seguimiento al tráfico de Internet a través de los servidores de la empresa.

Durante el tercer trimestre de 2001, Forrester Research reportó ventas en línea por $12,000 millones de dólares, Nielsen/NetRatings por $14,500 millones de dólares, el Commerce Department por $7,470 millones de dólares y ComScore por $7,240 millones de dólares. A diferencia de Forrester y NetRatings, el Commerce Department y ComScore excluyeron las ventas por servicios de viajes, entradas para eventos y subastas. Según ComScore, las ventas electrónicas totales de 2001 fueron por 53,000 millones. Excluyendo los servicios de viaje, las entradas a eventos y las subastas, para 2001 la cifra fue de 33,700 millones. Diferencias tan grandes en las ventas en línea crean problemas para las empresas de comercio electrónico, e incluso Ben Bernanke, director de la Reserva Federal, ha señalado que este tema constituye un problema importante. El hecho de comparar las cifras de las ventas electrónicas disponibles de distintas fuentes puede dar a los investigadores de mercados una idea del grado de error que puede existir en los datos. Según un estudio realizado en 2005 por Forrester Research, se espera que las transacciones de comercio electrónico alcancen los $316,000 millones de dólares en 2010. El pronóstico de las otras tres fuentes varía de manera significativa.[6] ∎

Actualidad: ¿cuándo se recolectaron los datos?

Es probable que los datos secundarios no sean actuales, y que el intervalo entre su recolección y publicación sea largo, como sucede en el caso de los datos de los censos. Además, tal vez los datos no se actualizaron con la frecuencia suficiente para los propósitos del problema en cuestión.

La investigación de mercados requiere de datos actuales; por lo tanto, su valor disminuye cuando se vuelven obsoletos. Por ejemplo, aun cuando los datos del censo de población de 2000 son muy detallados, quizá no puedan aplicarse a una zona metropolitana cuya población haya cambiado con rapidez durante los últimos años. Por fortuna, varias empresas de investigación de mercados actualizan los datos del censo de manera periódica, y ponen a la disposición del interesado información actual mediante servicios sindicados.

Objetivo: finalidad de la recolección de datos

Los datos siempre se recolectan con algún objetivo en mente, y una pregunta fundamental es por qué se recolectaron originalmente. A final de cuentas, el objetivo de la recolección de datos determinará el propósito para el cual esa información es relevante y útil. Es probable que los datos recolectados con un objetivo específico en mente no sean adecuados en otra situación. Como se explicará con más detalle posteriormente en este capítulo, los ***datos de seguimiento de volumen*** de escáner se reúnen con el objetivo de examinar el movimiento de marcas en conjunto, incluyendo cambios en la participación del mercado. Por ejemplo, datos acerca de las ventas del jugo de naranja tendrían un valor limitado en un estudio que busca comprender la forma en que las familias seleccionan marcas específicas.

datos de seguimiento de volumen
Datos de escáner que brindan información sobre compras por marca, tamaño, precio y sabor o fórmula.

Naturaleza: el contenido de los datos

La naturaleza o el contenido de los datos deberían examinarse con especial atención para definir las variables importantes, las unidades de medición, las categorías empleadas y el examen de relaciones. Si no se han definido las variables fundamentales o si están definidas de una manera inconsistente con la definición del investigador, entonces la actividad de los datos sería limitada. Considere, por ejemplo, datos secundarios sobre las preferencias de consumo de programas televisivos. Para utilizar esta información, es importante saber cómo se definieron las preferencias de programas. ¿Se definieron en términos del programa que se ve con mayor frecuencia, del que se considera el más importante, del más agradable, del más informativo o del programa que ofrece el mayor servicio la comunidad?

De la misma manera, es probable que los datos secundarios no se hayan medido en unidades apropiadas para el problema en cuestión. Por ejemplo, el ingreso se puede medir en unidades del individuo, de la familia, del hogar o del gasto, y puede ser bruto o neto después de impuestos y deducciones. El ingreso se clasifica en categorías que difieren de acuerdo con las necesidades de la investigación. Si el investigador está interesado en los consumidores adinerados con un ingreso bruto familiar anual de más de $90,000 dólares, entonces los datos secundarios con categoría de ingresos menores que $15,000, $15,001 a $35,000, $35,001 a $50,000 y más de $50,000 dólares no serían muy útiles. Determinar la medida de variables como el ingreso puede ser una tarea compleja. Por último, las relaciones que se examinan deben tomar en cuenta la evaluación de la naturaleza de los datos. Si, por ejemplo, el investigador está interesado en el comportamiento real, entonces los datos que infieren el comportamiento a partir de información de autorreporte sobre las actitudes tendrían una utilidad limitada. En ocasiones es posible reconfigurar los datos disponibles, como convertir las unidades de medición, para que los datos resultantes sean más útiles para el problema en cuestión.

Confiabilidad: ¿qué tan confiables son los datos?

Se puede obtener un índice general de la confiabilidad de los datos al examinar la experiencia, la credibilidad, la reputación y la honradez de la fuente. Esta información se podría obtener al consultar a otros individuos que hayan empleado la información proporcionada por esa fuente. Los datos publicados para promover ventas, para lograr intereses específicos o para transmitir propaganda deberían considerarse con cuidado. Lo mismo se puede decir de datos publicados de manera anónima o en una forma que busque ocultar los detalles de la metodología y el proceso de recolección de datos. También es pertinente examinar si los datos secundarios provienen de una fuente original, una que haya generado los datos; o de una fuente adquirida, es decir, una fuente que obtuvo los datos de una fuente original. Por ejemplo, el censo de población es una fuente original, en tanto que los Statistical Abstracts de Estados Unidos constituyen una fuente adquirida. Como regla general, los datos secundarios deben obtenerse de una fuente original y no de una adquirida. Existen por lo menos dos razones para esta regla. En primer lugar, una fuente original especifica los detalles de la metodología empleada para recolectar datos. En segundo lugar, una fuente original tiene más probabilidades de ser más exacta y completa, que una fuente secundaria.

INVESTIGACIÓN REAL

Volando alto con los datos secundarios

La revista *Money* publicó los resultados de un estudio realizado para descubrir las características que los consumidores consideran más importantes en una aerolínea. En orden de importancia, estas características son seguridad, precio, manejo del equipaje, puntualidad, servicio al cliente, facilidad de hacer reservaciones y obtener los boletos, comodidad, programas de viajero frecuente, y alimentos y bebidas. Luego, esta revista clasificó a las 10 aerolíneas estadounidenses más importantes de acuerdo con tales características.

Este artículo sería una fuente útil de datos secundarios para que American Airlines llevara a cabo una investigación de mercados para identificar las características de su servicio que deba mejorar. Sin embargo, antes de emplear los datos, American debería evaluarlos con respecto a varios criterios.

En primer lugar, se debe analizar la metodología empleada para reunir los datos de este artículo. Ese artículo de la revista *Money* incluye una sección que detalla la metodología empleada en el estudio. La revista utilizó una encuesta a 1,017 viajeros frecuentes para determinar las características importantes de las aerolíneas. Los resultados de la encuesta tienen un margen de error del 3 por ciento. American tendría que decidir si una muestra de 1,017 personas puede ser generalizable a la población, y si es aceptable un error del 3 por ciento. Además, la aerolínea debería evaluar el tipo de errores de respuesta y falta de respuesta que habría en la recolección de datos o en el proceso de análisis.

La actualidad de los datos y el objetivo del estudio serían importantes para que American Airlines decida utilizar o no dicho artículo como una fuente de datos secundarios. Este estudio se llevó a cabo antes de que Delta y Northwest se declararan en quiebra en 2005. Es probable que los criterios de los pasajeros de las aerolíneas hayan cambiado desde esos eventos, lo cual disminuiría la utilidad del estudio. El objetivo de tal estudio fue clasificar a las aerolíneas de acuerdo con los criterios de elección para una popular revista de negocios. Lo más probable es que los resultados no estén sesgados a favor de cualquier aerolínea específica, ya que la revista no tiene un interés establecido en ninguna de las compañías aéreas.

American también necesitaría observar la naturaleza y confiabilidad de los datos. Por ejemplo, necesitaría saber cómo se definieron los nueve criterios de elección. Por ejemplo, el precio se mide en términos del costo por milla, lo cual tal vez no sea útil para American, si no desea cuantificar el precio de esa manera. Con respecto a la confiabilidad, la aerolínea tendría que indagar la reputación de la revista *Money* y de ICR, la empresa que la revista contrató para aplicar la encuesta. American también debe considerar el hecho de que *Money* utilizó cierta investigación secundaria en su estudio, ya que, por ejemplo, empleó informes de datos del National Transportation Safety Board sobre los accidentes de aerolíneas, y sobre los reportes de incidentes de la Federal Aviation Administration para clasificar la seguridad de las 10 aerolíneas. Siempre es mejor obtener información de la fuente original. Así, American querría adquirir dichos informes y realizar su propia clasificación de seguridad. Esto sería más confiable que obtener la información del artículo de la revista *Money*.

El artículo de la revista *Money* serviría como punto de partida para el proyecto de investigación de mercados de American Airlines. Por ejemplo, tal vez sería útil para formular la definición del problema. Sin embargo, debido a las limitaciones del artículo respecto de actualidad, naturaleza y confiabilidad de los datos, esta fuente debe complementarse con otras fuentes de investigación secundaria, así como con investigación primaria.[7] ■

INVESTIGACIÓN ACTIVA

Visite *www.gallup.com*. Examine la información sobre la manera en que Gallup realiza sus encuestas.

Como director general de Home Depot, usted conoce una encuesta de Gallup que afirma que cada vez un mayor número de mujeres está realizando compras de productos y servicios para mejorar su casa. ¿Cómo utilizaría esta información para mejorar la competitividad de Home Depot?

Aplique los criterios que hemos mencionado y evalúe la calidad de las encuestas Gallup.

CLASIFICACIÓN DE LOS DATOS SECUNDARIOS

datos internos
Datos que están disponibles dentro de la organización para la que se está llevando a cabo la investigación.

datos externos
Datos que se originaron fuera de la organización.

En la figura 4.1 se presenta una clasificación de los datos secundarios, los cuales se pueden dividir en internos o externos. Los **datos internos** son aquellos que se generan dentro de la organización para la que se está llevando a cabo la investigación. Esta información puede estar disponible en un formato listo para usarse, como la información que se proporciona de manera rutinaria a través del sistema de respaldo para la decisión administrativa. Por otro lado, es probable que los datos estén dentro de la organización pero que requieran de un largo procesamiento antes de ser útiles al investigador. Por ejemplo, quizá haya mucha información sobre la facturación de ventas, pero es probable que esta información no sea de fácil acceso, debido a que se requiera un mayor procesamiento para extraerla. Los **datos externos** son aquellos que se generan por medio de fuentes que están fuera de la organización. Éstos están disponibles en forma de material publicado, bases de datos en línea o información disponible por servicios sindicados. Antes de reunir datos secundarios externos, sería útil analizar datos secundarios internos.

DATOS SECUNDARIOS INTERNOS

Las fuentes internas deben ser el punto de partida para la búsqueda de datos secundarios. Puesto que la mayoría de las organizaciones cuentan con una gran cantidad de información propia, es probable que algunos datos que brinden conocimientos útiles ya estén disponibles. Por ejemplo, los datos sobre ventas y costos se recolectan en los procesos contables regulares. Cuando datos internos sobre las ventas le mostraron a Reebok (*www.reebok.com*) que las ventas por Internet representaban sólo un 0.7 por ciento de las ventas totales, pero que estaban provocando recelo entre los vendedores al detalle, la empresa descartó las ventas en línea. También es posible procesar datos de ventas reunidos de manera habitual para generar información útil, como lo demuestra el ejemplo de la tienda departamental.

PROYECTO DE INVESTIGACIÓN

Datos secundarios internos

Se realizó un análisis extenso sobre los datos internos secundarios del proyecto de la clientela de la tienda departamental, el cual proporcionó varios conocimientos importantes. Por ejemplo, se analizaron las ventas para obtener:

- Las ventas por línea de producto.
- Las ventas por departamento principal (por ejemplo, ropa de caballero, artículos para el hogar).
- Las ventas por tiendas específicas.
- Las ventas por región geográfica.
- Las ventas de contado contra las ventas a crédito.
- Las ventas en épocas específicas.
- Las ventas de acuerdo con el tamaño de la compra.
- La tendencia de las ventas en muchas de estas clasificaciones.

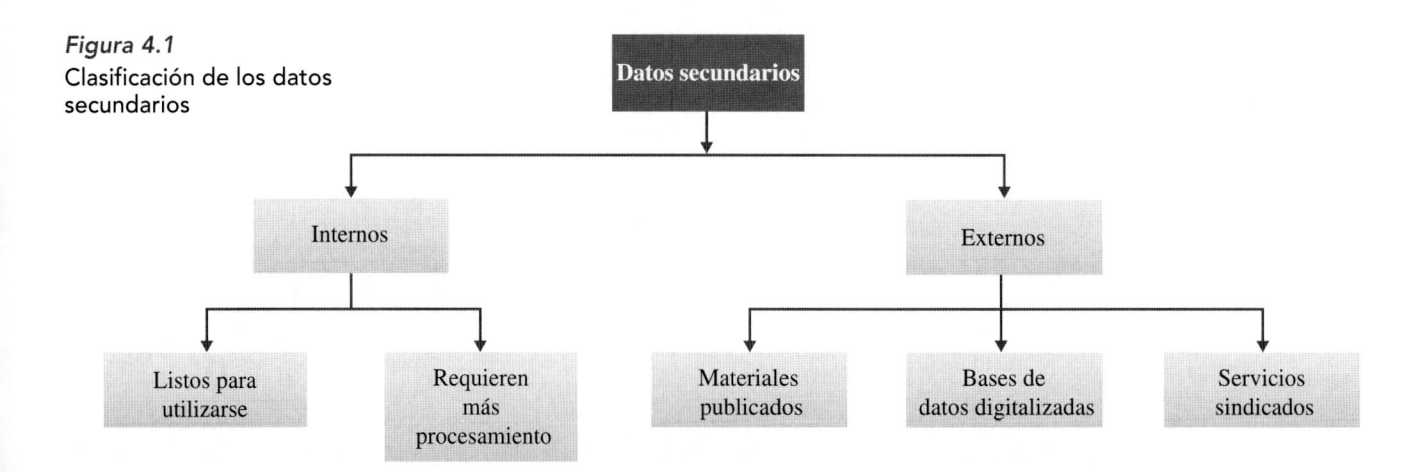

Figura 4.1
Clasificación de los datos secundarios

Datos secundarios
├── Internos
│   ├── Listos para utilizarse
│   └── Requieren más procesamiento
└── Externos
    ├── Materiales publicados
    ├── Bases de datos digitalizadas
    └── Servicios sindicados

Los datos secundarios internos tienen dos ventajas importantes: son fáciles de localizar y poco costosos. De hecho, en general las fuentes secundarias internas constituyen la fuente de información menos costosa para la investigación de mercados; aunque esos datos no suelen explotarse plenamente. Sin embargo, esta tendencia está cambiando con el incremento de la popularidad del marketing de bases de datos.

Marketing de bases de datos

marketing de bases de datos
El marketing de base de datos incluye el uso de computadoras para obtener y hacer un seguimiento de los perfiles de los clientes y los detalles de compra.

El *marketing de bases de datos* implica el uso de computadoras para obtener y hacer un seguimiento de los perfiles de los clientes y los detalles de la compra. Esta información secundaria sirve como base para programas de marketing, o bien, como una fuente interna de información relacionada con el comportamiento del consumidor. Para muchas empresas, el primer paso para crear bases de datos consiste en transferir la información de ventas brutas, como las que se encuentran en los informes de ventas, en las facturas o incluso en una microcomputadora. Esta información de compra del consumidor se destaca después al agregar la información demográfica y psicográfica de los mismos clientes, disponible en empresas sindicadas como Donnelley Marketing, Metromail y R. L. Polk. Luego, esta información se puede analizar en términos de la actividad de un cliente, durante el tiempo que dura la relación de negocios. Pueden identificarse un perfil de usuarios frecuentes o esporádicos, señales de cambio en las relaciones de uso o sucesos importantes en el "ciclo de vida del cliente", como los aniversarios. Tales bases de datos brindan la herramienta básica necesaria para nutrir, expandir y proteger la relación con el cliente.[8]

INVESTIGACIÓN REAL

Tipo de datos a nivel individual o familiar disponibles en las empresas sindicadas

I. Datos demográficos:
- identificación (nombre, dirección, teléfono)
- sexo
- estado civil
- nombres de los miembros de la familia
- edad (incluyendo las de los miembros de la familia)
- ingreso
- ocupación
- número de niños presentes
- propiedad de la vivienda
- tiempo de residencia
- número y marca de los automóviles que poseen.

II. Datos psicográficos del estilo de vida:
- interés en el golf
- interés en el esquí en nieve
- interés en la lectura de libros
- interés en trotar
- interés en el ciclismo
- interés en las mascotas
- interés en la pesca
- interés en la electrónica
- interés en la televisión por cable.

También existen empresas como D&B (*www.dnb.com*) y American Business Information, división de InfoUSA (*www.infousa.com*), que recolectan datos demográficos relacionados con tales actividades. ■

La ARC (Administración de Relaciones con el Cliente) es un tipo único de marketing de bases de datos. Como parte de su sistema de ARC, DaimlerChrysler (*www.daimlerchrysler*) implementó lo que denomina Centros de Información Personal (CIP), los cuales ofrecen a los propietarios de automóviles un sitio Web individualizado que crea vínculos directos con el equipo de investigación de mercados. Estos CIP recolectan datos sobre todo los aspectos que se presentan en la compra de un automóvil, permitiéndole a la empresa realizar un marketing personalizado. Si un prospecto, en su encuesta respondida en línea, indicara que le preocupa el manejo de las minivans, se podrían incluir datos separados en un folleto que sólo se le enviaría a esa persona. Estos datos demostrarían cómo la miniván de DaimerChrysler se sostuvo frente a la competencia en el mercado de ese tipo de vehículos. Esta empresa considera que la relación con el cliente empieza cuando un prospecto se pone en contacto con la compañía, y que no termina cuando un consumidor adquiere un vehículo. Con esto en mente, la empresa utiliza su sistema de ARC para efectuar un seguimiento constante de las opiniones y los deseos tanto de los compradores como de los prospectos. La ARC ha permitido a la compañía mantener su liderazgo en el mercado automotriz. DaimlerChrysler es el tercer fabricante de automóviles en el mundo, con ventas por $182,650 millones de dólares en 2005.[9]

El marketing de bases de datos puede generar programas de marketing muy sofisticados y dirigidos, como se ilustra en el siguiente ejemplo.

INVESTIGACIÓN REAL

Caterpillar: el pilar del marketing de bases de datos

Además de su famoso equipo para remover tierra, cada año Caterpillar construye grandes motores para camión con un valor de $2000 millones de dólares, los cuales se observan dondequiera en los grandes transportes de 18 ruedas. Estos camiones siempre se construyen a la medida y sus fabricantes son verdaderos ensambladores, como Peterbilt. Al principio Caterpillar no contaba con bases de datos y sus ejecutivos tenían muchas preguntas: "¿Qué flotillas de camiones no estamos visitando? ¿Qué flotillas deberían probar nuestros dos nuevos motores? ¿Cómo podríamos lograr una estrategia de marketing que sea medible? ¿De qué manera nos adaptaremos a la próxima disminución de ventas?"

Para intentar responder tales preguntas, Alan Weber y Frank Weyforth, dos veteranos del marketing de bases de datos, lograron que el departamento de marketing de los camiones Caterpillar aportara dinero para un proyecto. Utilizaron parte de esos recursos para dotar de computadoras portátiles a los 260 miembros de la fuerza de ventas de la empresa, con la siguiente condición: "Ustedes recibirán un pago por las ventas, pero sólo si el nombre y otros datos del cliente se ingresan en la base de datos de la computadora portátil". Y sí funcionó. Cuando empezaron, sólo tenían datos de 58,000 clientes y 11,000 flotillas de 10 camiones o más.

En Caterpillar había cuatro bases de datos internas que no eran compatibles entre sí. Para obtener los datos, el equipo combinó las bases de datos internas, añadió datos del directorio de National Motor Carriers, de D&B y TRW y listas de publicaciones comerciales. Después de dos años de trabajo, tenían un archivo de 110,000 clientes, 8,000 flotillas medianas y 34,000 flotillas de trabajo pesado: el universo de todos los camiones de trabajo pesado en Estados Unidos. Luego, la empresa realizó algunos modelos serios. Usando los datos que organizaron con el código de SIC, la vocación de los propietarios de los camiones, los modelos de los motores, el número de camiones y la categoría de éstos, la empresa fue capaz de predecir cuáles de quienes aún no eran sus clientes tenían la mayor probabilidad de comprar. Agruparon a sus clientes y prospectos en 83 grupos de trabajo pesado, y 34 grupos medianos.

Con los datos disponibles, estimaron el valor del cliente de por vida. En combinación las ventas, el servicio, el uso y el modelo del motor determinaron este valor de los clientes. El valor de los prospectos se determinó de acuerdo con el grupo al que cada uno de éstos fue asignado. A partir de este análisis, estimaron cuáles eran los clientes y prospectos valiosos a quienes debían dirigirse.

Weber y Weyforth elaboraron un conjunto de mensajes diferentes para enviarlos a cada cliente y prospecto. Los mensajes que destacaban la retención eran diferentes de los mensajes que estaban diseñados para conquistarlos. Durante el primer año con la nueva base de datos, lograron conquistar 500 flotillas nuevas, y vendieron un promedio de 50 a 100 motores por flotilla, a un precio de aproximadamente $15,000 dólares por motor. El incremento total de ventas que puede atribuirse al nuevo sistema de bases de datos fue de casi de $500 millones de dólares. La empresa lanzó con éxito los dos nuevos motores que habían formado parte de la meta original. La participación de mercado de Caterpillar aumentó un 5 por ciento y continuó creciendo durante 2006.[10] ∎

FUENTES DE DATOS SECUNDARIOS EXTERNOS PUBLICADOS

Las fuentes de datos secundarios externos publicados incluyen agencias gubernamentales federales, estatales y locales; organizaciones sin fines de lucro (por ejemplo, cámaras de comercio); asociaciones mercantiles y organizaciones profesionales; editores comerciales; empresas de correduría de inversiones, y empresas profesionales de investigación de mercados. De hecho, se dispone de tanta

Figura 4.2
Una clasificación de fuentes secundarias publicadas

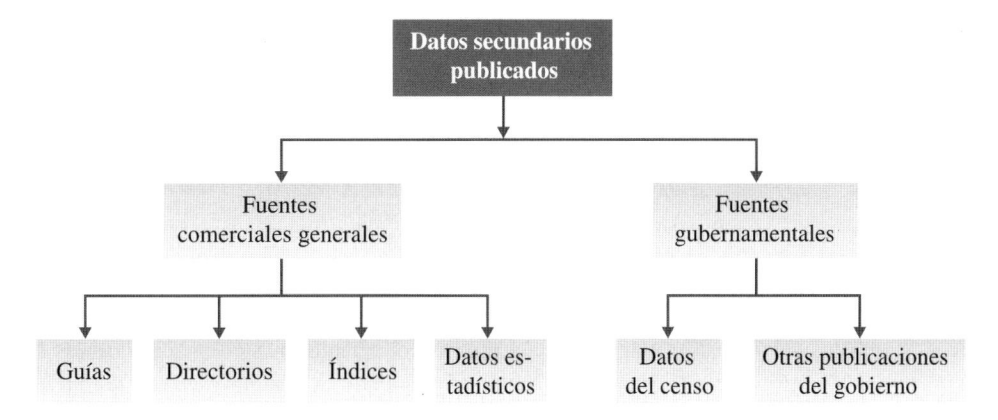

```
                    Datos secundarios
                       publicados
                    ────────┬────────
                    ┌───────┴───────┐
              Fuentes            Fuentes
         comerciales generales  gubernamentales
         ┌────┬────┬────┐       ┌────┴────┐
       Guías Directorios Índices Datos    Datos    Otras publicaciones
                              es-         del censo  del gobierno
                           tadísticos
```

información que el investigador podría verse abrumado. Por lo tanto, es importante clasificar las fuentes publicadas.

(Véase la figura 4.2). Las fuentes externas publicadas se clasifican como datos comerciales generales o datos gubernamentales. Las fuentes comerciales generales abarcan guías, directorios, índices y datos estadísticos. Las fuentes gubernamentales, a la vez, se clasifican de manera general en datos del censo y otras publicaciones.

Datos comerciales generales

Las empresas publican una gran cantidad de información en libros, publicaciones periódicas, revistas científicas, periódicos, revistas, informes y literatura comercial. Esta información se puede localizar mediante guías, directorios e índices. También existen fuentes para identificar datos estadísticos.

Guías. Las guías son una excelente fuente de información estándar o recurrente. Una guía ayuda a identificar otras fuentes relevantes de directorios, asociaciones comerciales y publicaciones comerciales. Las guías son las primeras fuentes que un investigador debería consultar. Algunas de las más útiles son *American Marketing Association Bibliography Series*, *Business Information Sources*, *Data Sources for Business and Market Analysis* y *Encyclopedia of Business Information Sources*.

Directorios. Los directorios sirven para identificar individuos u organizaciones que reúnen datos específicos. Algunos de los directorios más importantes son *Directories in Print*, *Consultants and Consulting Organizations Directory*, *Encyclopedia of Associations*, *FINDEX: The Directory of Market Research Reports*, *Studies and Surveys* y *Research Services Directory*.

Índices. Podemos localizar información sobre un tema específico en varias publicaciones diferentes usando un índice. Por lo tanto, los índices sirven para incrementar la eficiencia del proceso de búsqueda. En el proyecto de la tienda departamental se utilizaron varios de ellos.

PROYECTO DE INVESTIGACIÓN

Búsqueda de datos

Además de revisar la literatura teórica, como vimos en el capítulo 2, también fue necesario identificar las fuentes de datos secundarios no académicas, relacionadas con los factores considerados en la selección de tiendas departamentales y otros aspectos de la clientela de las tiendas. El *Business Periodical Index*, el *Wall Street Journal Index* y el *New York Times Index* se utilizaron para generar una lista de artículos relevantes que habían aparecido en los últimos cinco años. El *Business Periodical Index* clasifica los artículos mediante las industrias y empresas específicas, lo cual facilita la localización de artículos de interés. Varios artículos obtenidos de esta manera demostraron ser útiles. Uno de ellos estaba enfocado a la tendencia de la gente a combinar el hecho de ir de compras con comer fuera de casa. Por lo tanto, como vimos en el capítulo 2, se ideó una pregunta de investigación específica para investigar este comportamiento.

Actividades del proyecto

Identifique las fuentes de datos secundarios que ayudarán a Sears a hacer lo siguiente:

1. Incrementar la penetración en la población hispana.
2. Proyectar el crecimiento de las ventas al detalle nacionales hasta el año 2112.
3. Identificar al impacto de los cambios en el estilo de vida sobre las ventas de la tienda departamental.
4. Evaluar la eficacia de la publicidad de Sears. ■

Como se observa en este ejemplo, los índices facilitan mucho la búsqueda directa de la literatura pertinente. Existen varios índices tanto de fuentes académicas como de fuentes comerciales. Algunos de los índices comerciales más útiles son *Business Periodical Index*, *Business Index*, *Predicast F & S Index: United States*, *Social Sciences Citation Index* y *Wall Street Journal Index*.

La información comercial se puede obtener al visitar varios sitios de negocios que proporcionan información de ventas y listas de correo, perfiles de negocios y clasificaciones de crédito. Usted puede encontrar informes sobre diferentes industrias en sitios de empresas de investigación como *www.jup.com*, *www.forrester.com*, *www.idc.com* y *www.greenfield.com*, por sólo nombrar algunos. Sin embargo, otras publicaciones generales también ofrecen resultados de investigaciones, como *www.wsj.com*, *www.businessweek.com*, *www.business20.com* y *www.nytimes.com*.

Datos estadísticos no gubernamentales. Los datos estadísticos publicados son de gran interés para los investigadores. Se pueden realizar análisis gráficos y estadísticos con estos datos para obtener conocimientos importantes. Algunas fuentes relevantes de datos estadísticos no gubernamentales son *A Guide to Consumer Markets*, *Predicasts Forecasts*, *Sales and Marketing Management Survey of Buying Power*, *Standar and Poor's Statistical Service* y *Standard Rate and Data Service*.

Fuentes gubernamentales

Los gobiernos de muchos países del mundo también producen grandes cantidades de datos secundarios. Sus publicaciones se pueden dividir en datos del censo y otras publicaciones.[11]

Datos del censo. Los censos de población son fuente de datos estadísticos más grande de los países que los aplican. Su catálogo mensual lista y describe sus diversas publicaciones.[12] La calidad de los datos es elevada, y con frecuencia los datos son sumamente detallados. Además, uno puede comprar discos o archivos digitalizados por una cantidad simbólica y reorganizar esta información en el formato deseado.[13] Muchas fuentes privadas actualizan los datos del censo a un nivel geográfico detallado para los años que transcurren entre un censo y otro.[14] Algunos datos importantes del censo son el censo de vivienda, el de fabricantes, el de población, el de comercio al detalle, el de servicios y censo el de mayoristas.

INVESTIGACIÓN REAL

El color cambiante del mercado estadounidense

Según el censo de 2000, en Estados Unidos hay 105.5 millones de hogares, los cuales incluyen a 281.4 millones de personas. El censo de 2000 reveló una gran cantidad de información sobre el mercado de esa población, incluyendo que el 3.6 por ciento son asiático-estadounidenses, el 12.3 por ciento afroestadounidenses, y el 12.5 por ciento hispano-estadounidenses. Esto significa que existen más de 10.2 millones de asiático-estadounidenses, más de 34.7 millones de afroestadounidenses y más de 35.3 millones de hispano-estadounidenses viviendo en Estados Unidos. En 2005 en algunas áreas las minorías, de hecho, comprendían la mayor parte de la población. En general el 55 por ciento de los 35.5 millones de residentes de California pertenecían a grupos minoritarios, comparados con el 53 por ciento de 34 millones de residentes en 2000. Se espera que de 2000 a 2010 los grupos minoritarios aumenten a un ritmo mucho mayor que el resto de la población.

Una diferencia tan marcada en el crecimiento cambia de manera radical el panorama de las ventas al detalle. Las empresas de marketing deben adoptar esas tendencias y determinar la mejor forma de configurar su mezcla de marketing para cubrir las necesidades de estas culturas tan diversas. Su inclusión en el proceso de investigación y en los planes de marketing será crucial para el éxito de muchas organizaciones a largo plazo.

Mazda North America, a pesar de sus esfuerzos por vender tomando en cuenta la diversidad, decidió invertir más dinero y esfuerzo al dirigirse a los individuos de origen hispano, asiático y

CAPÍTULO 4 *Diseño de la investigación exploratoria: datos secundarios* 117

africano durante el periodo de 2005 a 2010. Univision, una cadena de televisión hispana, emplea estos resultados para intentar convencer a sus ejecutivos de invertir más dinero en un tipo de entretenimiento que establece diferencias entre las diferentes razas que viven en Estados Unidos. El hecho de entender que los mercados asiático-estadounidense, afroestadounidense e hispano-estadounidense no sólo son mercados diferentes sino que también representan distintas culturas, cada una con historias muy diferentes, impulsará el crecimiento de los mercados relacionados con estos segmentos en Estados Unidos durante la próxima década.[15] ■

Otras publicaciones gubernamentales. Además del censo, los gobiernos de muchos países reúnen y publican una gran cantidad de datos estadísticos. Por ejemplo, algunas de las publicaciones más útiles para los estadounidenses son *Business America, Business Conditions Digest, Business Statistics, Index to Publications, Statistical Abstract of the United States* y *Survey of Current Business*. El segundo ejemplo en la sección del panorama general mostró la forma en que el Department of Labor de Estados Unidos ayudó a los restaurantes de comida rápida a cambiar de una orientación de alto contacto a una de alta tecnología.

Varias fuentes del gobierno de Estados Unidos se pueden obtener en FedWorld (*www.fedworld.gov*). El investigador puede visitar el Government Information Location Service, GILS, en *www.doi.gov*. En *www.stat-usa.gov* se puede obtener una gran cantidad de estadísticas de negocios. El Department of Commerce estadounidense puede consultarse en *www.doc.gov*. La información del Bureau of the Census se puede consultar a través del Department of Commerce (*www.doc.gov*), o directamente en *www.census.gov*.

La mayoría de la información publicada también está disponible en forma de bases de datos digitalizadas.

BASES DE DATOS DIGITALIZADAS

Las bases de datos digitalizadas consisten en información disponible en formatos de computadora para su distribución electrónica. En la primera década del siglo XXI, el número de bases de datos, al igual que el de los proveedores de estos servicios, ha crecido de manera extraordinaria.[16] Por lo tanto, una clasificación de las bases de datos digitalizadas sería muy útil.

Clasificación de las bases de datos digitalizadas

Las bases de datos digitalizadas se clasifican como en línea, por Internet o fuera de línea, tal como se muestra en la figura 4.3. Las ***bases de datos en línea*** consisten de un banco de datos central, al cual se ingresa con una computadora a través de una red de telecomunicaciones. Las ***bases de datos por Internet*** se pueden consultar y analizar en la Web. También es posible descargar datos de Internet, y almacenarlos en la computadora o en un dispositivo auxiliar de almacenamiento.[17] Las ***bases de datos fuera de línea*** están disponibles en disquetes o en discos compactos. De esta manera, las bases de datos fuera de línea pueden estar disponibles en el lugar donde se encuentra el usuario, sin la necesidad de utilizar una red de telecomunicaciones externa. Por ejemplo, el Bureau of the Census de Estados Unidos tiene datos digitalizados disponibles en discos compactos, los cuales contienen información detallada que está organizada según el seguimiento censal o por código postal. En el proyecto de la tienda departamental se empleó este tipo de información en la selección de la muestra.[18] Como se indica en el siguiente ejemplo, varios proveedores están ofreciendo datos en diversas formas.

bases de datos en línea
Bases de datos que se almacenan en computadoras y que requieren de una red de telecomunicaciones para acceder a ellas.

bases de datos por Internet
Las bases de datos por Internet se pueden consultar y analizar en la Web. También es posible descargar datos de Internet y almacenarlos en la computadora o en un dispositivo auxiliar de almacenamiento.

bases de datos fuera de línea
Bases de datos que están disponibles en disquetes o en CD-ROM.

Figura 4.3
Una clasificación de bases de datos digitalizadas

```
                    Bases de datos
                    digitalizadas
                          │
        ┌─────────────────┼─────────────────┐
     En línea         Por Internet       Fuera de línea
        │                 │                 │
        └─────────────────┼─────────────────┘
                          │
   ┌──────────┬───────────┼───────────┬──────────┐
Bases de    Bases de   Bases de    Bases de   Bases de datos
datos       datos      datos de    datos      para fines
bibliográficas numéricas texto completo directorio especiales
```

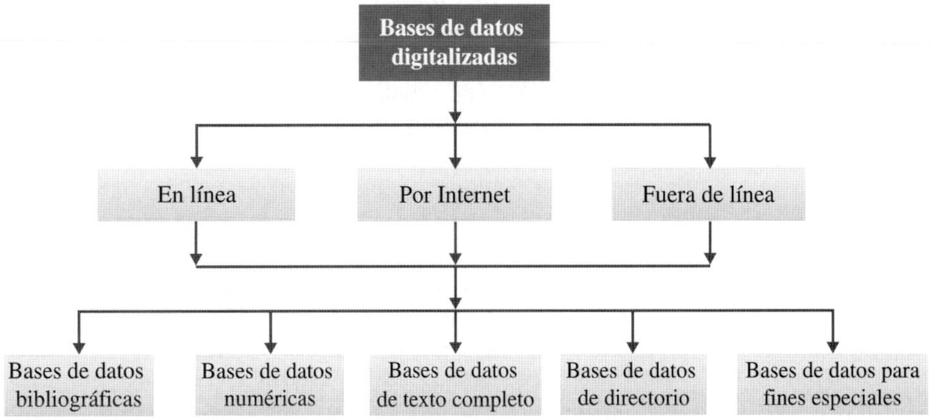

PARTE II *Preparación del diseño de la investigación*

INVESTIGACIÓN REAL

InfoUSA: aquí, allá y en todas partes

InfoUSA (*www.infousa.com*) es uno de los principales proveedores de datos de soporte de ventas y marketing. La empresa reúne datos de múltiples fuentes, incluyendo:

- 5,200 directorios de negocios de páginas amarillas y por Internet.
- 17 millones de llamadas telefónicas para verificar la información. Llama a cada negocio entre una y cuatro veces al año.
- Datos de tribunales de condados y de secretarías de Estado.
- Los principales periódicos y revistas de negocios.
- Informes anuales.
- Informes 10K y otros tipos de archivos SEC.
- Registros e incorporaciones de nuevos negocios.
- Información del servicio postal, incluyendo National Change of Address, ruta ZIP+4 y archivos Delivery Sequence.

La base de datos en la que se fundamentan todos estos productos contiene información sobre 115 millones de listas residenciales y 14 millones de listas de negocios hasta 2005. Los productos derivados de estas bases de datos incluyen iniciativas de ventas, listas de correo, directorios de negocios, productos de cartografía y también entrega de datos por Internet.[19]

---

bases de datos bibliográficas
Bases de datos compuestas por citas de artículos en revistas científicas, revistas generales, periódicos, estudios de investigación de mercados, informes técnicos, documentos gubernamentales y otros similares. Éstos generalmente proporcionan resúmenes sobre el material citado.

bases de datos numéricas
Bases de datos que contienen información numérica y estadística, y que pueden ser una fuente importante de datos secundarios.

bases de datos de texto completo
Bases de datos que contienen el texto completo de documentos de fuentes secundarias que abarcan la base de datos.

bases de datos de directorio
Bases de datos que proporcionan información sobre individuos, organizaciones y servicios.

bases de datos con fines especiales
Bases de datos que contienen información de naturaleza específica, por ejemplo, datos sobre una industria especializada.

Las bases de datos en línea, por Internet y fuera de línea se clasifican, a la vez, como bibliográficas, numéricas, de texto completo, de directorio o con fines especiales. Las **bases de datos bibliográficas** se componen de citas de artículos en revistas científicas, revistas generales, periódicos, estudios de investigación de mercados, informes técnicos, documentos gubernamentales y otros documentos similares.[20] A menudo éstos proporcionan resúmenes del material citado. Algunos ejemplos de las bases de datos bibliográficas son ABI/Inform y el sistema Predicast Terminal. Otra base de datos bibliográfica, Managements Contents, administrada por Dialog Corporation, se utilizó para mejorar la búsqueda de literatura en el proyecto de la clientela de la tienda departamental.

Las **bases de datos numéricas** incluyen información numérica y estadística. Por ejemplo, algunas bases de datos numéricas proporcionan datos de series de tiempo (datos ordenados en relación con el tiempo) sobre la economía e industrias específicas, producidos por proveedores como Boeing Computer Services Co., Data Resources, Evans Economics y la Office of Economic Coordination and Development. También existen bases de datos numéricas basadas en el censo, que utilizan los censos de población y vivienda de 2000, con actualización de los propietarios para ofrecer datos entre censos y a nivel de código postal. Algunos de los proveedores que ofrecen estas bases de datos incluyen al Bureau of the Census de Estados Unidos (*www.census.com*), Donnelley Marketing Information Services (*www.donnelleymarketing.com*) y CACI Inc. (*www.caci.com*).

Las **bases de datos de texto completo** contienen el texto completo de los documentos de la fuente que comprende las bases de datos. Vu/Text Information Systems, Inc., proporciona documentos electrónicos de texto completo y búsqueda en varios periódicos (por ejemplo, *Washington Post*, *Boston Globe*, *Miami Herald*). El servicio LexisNexis da acceso al texto completo de cientos de bases de datos comerciales, como periódicos seleccionados, publicaciones periódicas, informes anuales de empresas e informes de compañías de inversión.

Las **bases de datos de directorio** proporcionan información sobre individuos, organizaciones y servicios. Economic Information Systems, Inc., a través de su base de datos EIS Nonmanufacturing Establishments, ofrece información sobre la localización, las oficinas centrales, el nombre, el porcentaje de ventas industriales, la clasificación industrial y el número de empleados de aproximadamente 200,000 establecimientos que no se dedican a la manufactura, y que cuentan con 20 empleados o más. Otro ejemplo son los directorios nacionales electrónicos de páginas amarillas de fabricantes, mayoristas, detallistas, profesionales y organizaciones de servicios, que proporcionan los nombres, las direcciones y los códigos del Sistema de Clasificación Industrial de Norteamérica.

Por último están las **bases de datos con fines especiales**. Por ejemplo, la base de datos Profit Impact of Market Strategies (PIMS) es una base de datos continua de investigación y análisis de estrategias de negocios, realizada por el Strategic Planning Institute en Cambridge, Massachusetts, que incluye a más de 250 compañías, las cuales brindan datos sobre más de 2,000 empresas.[21] Prácticamente todas las bibliotecas de las principales universidades poseen bases de datos digitalizadas sobre administración y literatura relacionada, que los estudiantes pueden consultar de manera gratuita.

CAPÍTULO 4 *Diseño de la investigación exploratoria: datos secundarios* 119

Aun cuando las bases de datos digitalizadas son abundantes y diversas, su cantidad total puede ser abrumadora, dificultando la localización de una base de datos específica. Entonces, ¿cómo podemos localizar bases de datos bibliográficas, numéricas, de texto completo, con propósitos especiales o de directorio específicas? Los directorios de bases de datos proporcionan la ayuda necesaria.

Directorios de bases de datos

Hay numerosas fuentes de información sobre bases de datos. Quizá la mejor forma de obtener información sobre bases de datos sea consultar un directorio. *Gale Directory of Databases*, de Gale Research, Inc. (*www.gale.com*) se publica cada seis meses. El volumen 1 cubre bases de datos en línea; y el volumen 2, bases de datos fuera de línea y en discos compactos. Otros directorios útiles que se actualizan de manera periódica son:

Directory of Online Databases Santa Mónica, CA: Cuadra Associates, Inc. (*www.cuadra.com*).
Encyclopedia of Information System and Services Detroit: Gale Research Company.

EMPRESAS SINDICADAS COMO FUENTES DE DATOS SECUNDARIOS

servicios sindicados (fuentes de agencias)
Servicios de información de organizaciones de investigación de mercados que ofrecen información de una base de datos común, a diferentes empresas que se suscriben a sus servicios.

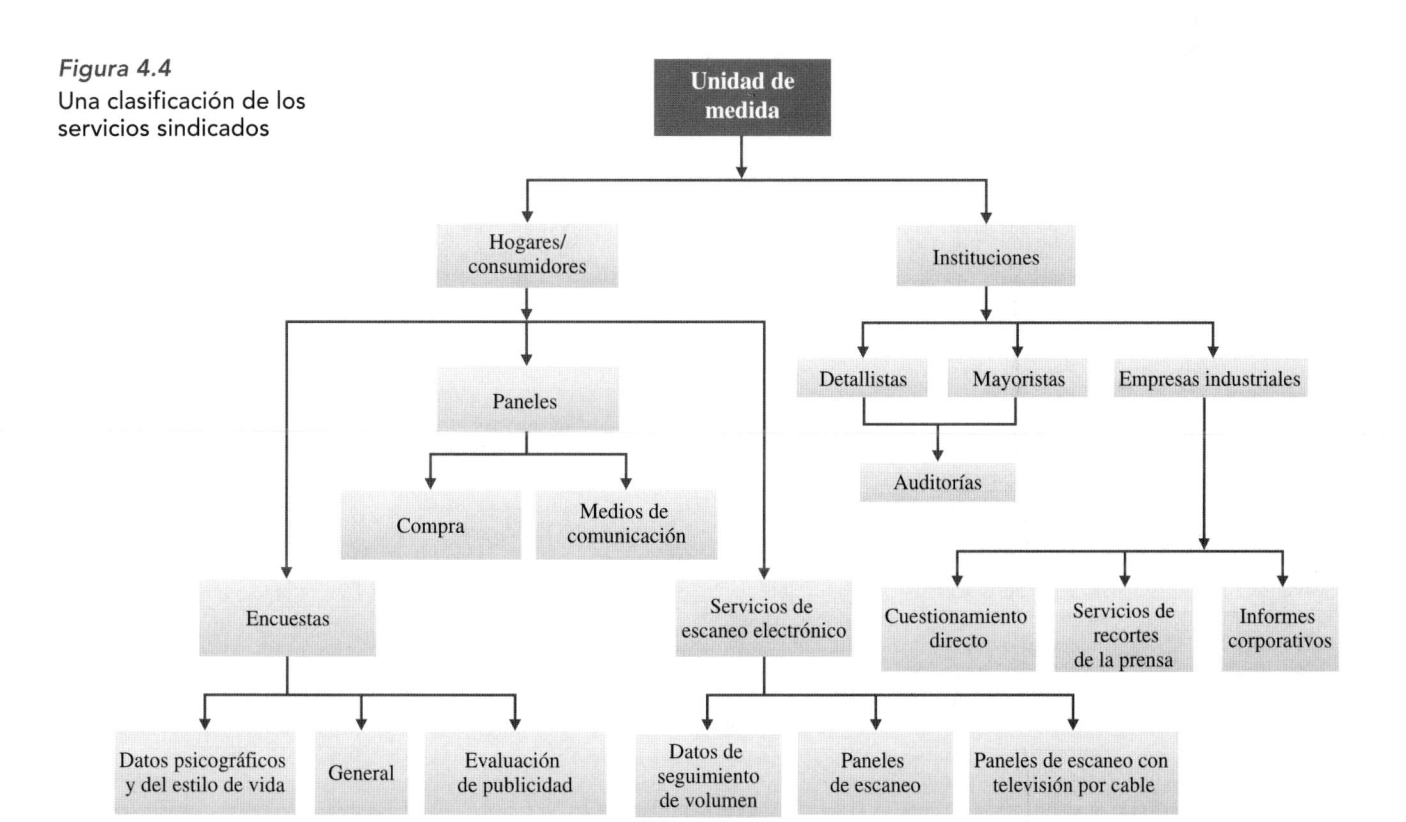

Además de los datos publicados o de los datos disponibles en bases de datos digitalizadas, las empresas sindicadas constituyen la otra fuente principal de datos secundarios externos. Los *servicios sindicados*, también conocidos como fuentes de agencias, son empresas que reúnen y venden conjuntos comunes de datos de valor comercial conocido, diseñados para cubrir las necesidades de información de varios clientes (véase el capítulo 1). Esos datos no se recolectan con el propósito de atender problemas de investigación de mercados específicos de clientes individuales, aunque los datos y los informes proporcionados a las empresas de clientes podrían personalizarse para ajustarse a determinadas necesidades. Por ejemplo, los informes se pueden organizar con base en los territorios de venta o en las líneas de productos de los clientes. El uso de servicios sindicados suele ser menos costoso que la recolección de datos primarios. En la figura 4.4 se presenta una clasificación de empresas sindicados. Éstas se clasifican con base en la unidad de medición (hogares/consumidores o

Figura 4.4
Una clasificación de los servicios sindicados

```
                              Unidad de
                               medida
                    ┌─────────────┴─────────────┐
              Hogares/                     Instituciones
            consumidores                         │
                 │                  ┌────────────┼────────────┐
              Paneles          Detallistas   Mayoristas   Empresas industriales
          ┌──────┴──────┐            │
        Compra      Medios de     Auditorías
                   comunicación
   ┌────────┐          ┌──────────────┐   ┌────────────┐ ┌────────────┐ ┌────────────┐
 Encuestas           Servicios de      Cuestionamiento  Servicios de    Informes
                  escaneo electrónico      directo      recortes de    corporativos
                                                        la prensa
  ┌──────┼──────┐         ┌───────┼──────────┐
Datos    General  Evaluación  Datos de   Paneles    Paneles de escaneo con
psicográficos    de publicidad seguimiento de escaneo televisión por cable
y del estilo                  de volumen
de vida
```

instituciones). Los datos de hogares y consumidores se pueden obtener mediante encuestas, paneles de compra y medios de comunicación, o servicios de escaneo electrónico. La información que se obtiene de encuestas consiste en valores y estilos de vida, evaluación de la publicidad; o información general relacionada con preferencias, compras, consumo y otros aspectos del comportamiento. Los paneles enfatizan la información sobre compras o consumo de medios. Los servicios de escaneo electrónico presentan únicamente datos de este tipo, datos de escaneo ligados a paneles, o datos de escaneo ligados a paneles y televisión por cable. Cuando la unidad de medición son las instituciones, es posible obtener los datos de vendedores al detalle, mayoristas o empresas industriales. En la tabla 4.3 se muestra un panorama general de las diversas fuentes sindicadas. Analizaremos cada una de estas fuentes.

TABLA 4.3

Panorama general de los servicios de empresas sindicadas

Tipo	Características	Ventajas	Desventajas	Usos
Encuestas	Encuestas que se realizan en intervalos regulares	La manera más flexible de obtener datos; información sobre motivos subyacentes	Errores del entrevistador; errores del encuestado	Segmentación del mercado, selección del tema de publicidad y eficacia de la publicidad
Paneles de compras	Los hogares proporcionan información específica regularmente por un periodo extenso; se pide a los encuestados que registren conductas específicas conforme éstas ocurren	El comportamiento de compra registrado se puede vincular con las características demográficas y psicográficas	Falta de representatividad; sesgo de respuesta; maduración	Pronóstico de ventas participación de mercado y tendencias; establecimiento de perfiles del consumidor, lealtad hacia la marca y cambio de marca; evaluación de los mercados de prueba, publicidad y distribución
Paneles de medios de comunicación	Dispositivos electrónicos que registran automáticamente una conducta, complementada por un diario	Mismas que en el panel de compras	Mismas que en el panel de compras	Establecimiento tarifas de publicidad; elección de programa en los medios o tiempo al aire; establecimiento de los perfiles de la audiencia
Datos de rastreo de volumen por escaneo	Compras de los hogares registrados mediante escaneo electrónico en los supermercados	Los datos reflejan compras reales; datos oportunos; menos costoso	Los datos quizá no sean representativos; errores en el registro de las compras; dificultad para vincular las compras con elementos de la mezcla de marketing que no sea el precio	Seguimiento del precio, modelamiento, y eficacia del modelamiento en tienda
Paneles de escaneo con televisión por cable	Paneles de escaneo de hogares que se suscriben a televisión por cable	Los datos reflejan compras reales; control de muestras; capacidad de vincular datos de panel con características de los hogares	Los datos quizá no sean representativos; calidad limitada de los datos	Análisis de mezcla promocional, prueba de texto publicitario, prueba de nuevos productos, posicionamiento
Servicios de auditoría	Verificación del producto al examinar registros físicos o realizar análisis de inventarios	Información relativamente precisa a nivel de detallistas y mayoristas	La cobertura puede estar incompleta; quizá sea difícil hacer coincidir los datos en una actividad competitiva	Medición de ventas al consumidor y participación de mercado, actividad competitiva, análisis de patrones de distribución: seguimiento de nuevos productos
Servicios sindicados de productos industriales	Bancos de datos acerca de establecimientos industriales que se crean a través del cuestionamiento directo de empresas, servicios de recortes de prensa e informes corporativos	Importante fuente de información en empresas industriales especialmente útil en las fases iniciales de los proyectos	A los datos les falta contenido, cantidad y calidad	Determinación del potencial de mercado por área geográfica, definición de territorios de ventas, asignación de presupuestos para publicidad

DATOS SINDICADOS DE LOS HOGARES

Encuestas

encuestas
Entrevistas con un gran número de personas utilizando un cuestionario prediseñado.

Diversos servicios suelen realizar *encuestas*, que incluyen entrevistas con un gran número de individuos usando un cuestionario prediseñado. De manera general, las encuestas se clasifican con base en su contenido como encuestas psicográficas y de estilos de vida, de evaluación de la publicidad o generales.

psicografía
Cuantificación de los perfiles psicológicos de individuos.

Psicografía y estilos de vida. La **psicografía** se refiere a los perfiles psicológicos de los individuos y a medidas psicológicas del estilo de vida. Los **estilos de vida** se refieren a las formas distintivas de vida de una sociedad o de alguno de sus segmentos. En conjunto, a estas medidas se les conoce como actividades, intereses y opiniones, o simplemente como AIO. El siguiente ejemplo ilustra una aplicación.

estilos de vida
Patrón de vida distintivo que se describe mediante las actividades que las personas realizan, los intereses que tienen, y las opiniones que manifiestan de sí mismos y del mundo que los rodea (AIO).

INVESTIGACIÓN REAL

Campbell atiende los apetitos saludables con Chunky Soup

Yankelovich Research and Consuting Services (*www.yankelovich.com*) ofrece el Yankelovich Monitor, una encuesta que contiene datos sobre los estilos de vida y las tendencias sociales. La encuesta se lleva a cabo en una misma época cada año, con una muestra nacional proyectable de 2,500 adultos de 16 años o mayores, incluyendo una muestra especial de 300 estudiantes universitarios que viven en el campus. La muestra se basa en los datos del censo más reciente. Las entrevistas se llevan acabo en persona en la casa del encuestado y duran cerca de una hora y media. Además, se deja a los encuestados un cuestionario que les toma alrededor de una hora responder, el cual deben regresar a través del correo. Las agencias de publicidad utilizan el Yankelovich Monitor para conocer los cambios en los estilos de vida y diseñar temas publicitarios que reflejen dichas tendencias. Cuando el Monitor mostró a un adulto con antojo de comidas saludables, Campbell (*campbellsoup.com*) lanzó su sopa Chunky en el invierno del 2000, utilizando a la NFL como patrocinador y a las estrellas Kurt Warner y Donovan McNabb en muchos de sus comerciales. Dichos anuncios mostraban que incluso la sopa puede ser lo suficientemente abundante para los "muchachos grandes", con la esperanza de llegar a un mercado meta de adultos que desean una sopa que satisfaga su apetito. Los Juegos Olímpicos de Invierno de 2002 mostraron anuncios que presentaban a atletas olímpicos tratando de mantenerse calientes y satisfechos al comer una sopa Campbell's. Después de eso, la empresa contrató a Sarah Huges, ganadora de la medalla olímpica de oro, como embajadora de su programa Labels for Education de Campbell.[22] ∎

Cuando los datos sindicados mostraron a un adulto con antojo de comida saludable, Campbell introdujo su sopa Chunky.

SRI Consulting, socio de SRI International, y anteriormente llamada Stanford Research Institute (*www.future.sri.com*) realiza una encuesta anual de consumidores que se utiliza para clasificar a las personas según los tipos del VALS-2 (valores y estilos de vida) con propósitos de segmentación.[23] También existe información sobre aspectos específicos de los estilos de vida de los consumidores. NOP World (*www.nopworld.com*) lleva a cabo una encuesta anual sobre las actitudes y el comportamiento de los consumidores en relación con problemas ambientales, y hace una segmentación del comportamiento ambiental del consumidor.

Evaluación de la publicidad. El propósito de las encuestas para evaluar la publicidad consiste en valorar la eficacia de la publicidad que emplea medios impresos y de radiodifusión. Una encuesta muy conocida es Gallup and Robinson Magazine Impact Research Service (MIRS) (*www.gallup-robinson.com*), donde los anuncios se prueban utilizando un contexto hogareño en una revista con muestras muy dispersas. El sistema ofrece medidas estandarizadas con opciones de diseño flexibles. Los anuncios de prueba suelen aparecer de manera natural en la revista o como insertos. La encuesta proporciona medidas consistentes y validadas de recuerdos, persuasión y reacción ante los anuncios con una planeación sensible. Este tipo de resultados son especialmente importantes para los grandes anunciantes como Procter & Gamble, General Motors, Sears, PepsiCo, Eastman Kodak y McDonald's, los cuales se preocupan mucho por un buen aprovechamiento de su inversión en publicidad.[24]

La evaluación de la eficacia es aún más crítica en el caso de la publicidad televisiva. Los comerciales de televisión se evalúan utilizando un método de reclutamiento de audiencia o uno de audiencia en casa. En el primer método, se recluta a los individuos y se les lleva a una instalación central, como un cine o un laboratorio de observación móvil. Las personas observan los comerciales y proporcionan datos con respecto a conocimiento, actitudes y preferencias relacionadas con el producto anunciado y con el comercial mismo. En el método de audiencia en casa, los consumidores evalúan los comerciales en su hogar, en su ambiente natural. Se puede hacer una prueba previa de los comerciales a nivel de la estación o en mercados locales distribuidos en cintas de video. Luego se realiza una encuesta a la audiencia para evaluar la eficacia de los comerciales. Gallup & Robinson, Inc. (*www.gallup-robinson.com*) ofrece pruebas de comerciales de televisión con estos dos métodos, los cuales también se utilizan para probar la eficacia de la publicidad en otros medios como revistas, radio, periódicos y correo directo.

Encuestas generales. Las encuestas también se realizan para otros propósitos, como el examen del comportamiento de compra y de consumo. Por ejemplo, ShopperInsight de Harris Interactive (*www.harrisinteractive.com*) es una encuesta nacional basada en Internet, de 26,000 compradores familiares primarios, que pide a los encuestados que nombren las razones por las que eligieron un supermercado, una farmacia o un comerciante masivo específico. Además, se les pide que califiquen su experiencia como compradores con base en 30 factores esenciales que influyen en su elección de vendedor al detalle, desde las líneas en las cajas registradoras hasta la limpieza de la tienda, horas y ubicación. Asimismo, se evalúan atributos como los precios y selección de productos en 45 categorías individuales para cada supermercado, farmacia y comerciante masivo. Tales hallazgos ayudarían a que empresas como Wal-Mart evalúen sus fortalezas y debilidades. Por ejemplo, los hallazgos de una encuesta reciente reforzaron la estrategia de Wal-Mart de proporcionar precios bajos todos los días, en vez de realizar promociones frecuentes en determinados artículos. Los resultados mostraron que los precios de Wal-Mart eran 3.8% más bajos que los de Target, su competidor más cercano.

Usos de las encuestas. Debido a que se puede obtener una gran variedad de datos, los proporcionados por las encuestas tienen diversos usos. Se pueden utilizar para segmentar mercados, como sucede con los datos psicográficos y del estilo de vida, y para establecer perfiles de consumidores. Las encuestas también sirven para determinar la imagen, la medida y el posicionamiento del producto, y para conducir análisis de la percepción de precios. Otros usos importantes incluyen la selección del tema publicitario y la evaluación de la eficacia de la publicidad.

INVESTIGACIÓN REAL

Encuesta CARAVAN

Opinion Research Corporation (*http://www.opinionresearch.com*) es una empresa de investigación y consultoría que ayuda a organizaciones de todo el mundo a mejorar sus actividades de marketing. Una de sus ofertas de servicio, CARAVAN® es una encuesta telefónica que se realiza dos veces por semana con una muestra nacional probabilística de 2,000 adultos.

Uno de los clientes era una cadena nacional de restaurantes similar a Chili's, que necesitaba determinar la reacción general del público ante la propuesta de una nueva campaña publicitaria. La campaña incluiría el apoyo de una celebridad del deporte en un comercial de televisión, así como una promoción en tienda centrada en esa celebridad. Por medio de CARAVAN, la cadena de restaurantes pudo obtener conocimientos valiosos sobre el impacto potencial de la campaña publicitaria. Las preguntas formuladas en la encuesta se diseñaron para entender si la campaña, como un todo, sería atractiva para el segmento del mercado meta (en este caso, familias jóvenes). También incluía preguntas que evaluaban si la imagen de la celebridad se ajustaba con la imagen percibida de la cadena de restaurantes y de sus valores. De esta manera, la encuesta permitió el estudio del impacto potencial de la campaña publicitaria sobre la opinión del público y sus visitas futuras a la cadena de restaurantes. ■

Ventajas y desventajas de las encuestas. Las encuestas son el medio más flexible para obtener datos de las personas. El investigador se puede enfocar únicamente en un segmento de la población —por ejemplo, adolescentes, propietarios de casas para vacacionar o amas de casa entre los 30 y 40 años de edad. Las encuestas son el principal medio para obtener información sobre los motivos, las actitudes y las preferencias de los consumidores. Es posible incluir una gran variedad de preguntas y utilizar anuncios visuales, empaques, productos y otros elementos promocionales durante las entrevistas. Si se analizan adecuadamente, los datos de una encuesta pueden manipularse de varias maneras para que el investigador observe diferencias dentro de un grupo, examine los efectos de variables independientes como la edad o el ingreso, o incluso predecir el comportamiento futuro.

Por otro lado, los datos de una encuesta tal vez sean muy limitados en varias formas. El investigador tiene que confiar principalmente en lo que informan los encuestados. Hay una brecha entre lo que la gente dice y lo que en realidad hace. Pueden ocurrir errores debido a que los encuestados no recuerden correctamente o a que dan respuestas socialmente deseables. Además, es probable que las muestras estén sesgadas, que las preguntas estén mal planteadas, que los entrevistadores no tengan una buena capacitación o supervisión, y que los resultados se interpreten de forma errónea.

Paneles de compras y de medios de comunicación

Con frecuencia los datos de una encuesta se complementan con datos obtenidos de paneles de compras y de medios de comunicación. En el capítulo 3 se estudiaron los paneles en el contexto de los diseños de investigación longitudinales. Los paneles son muestras de individuos que proporcionan información específica a intervalos regulares durante un largo periodo. Estos encuestados pueden ser organizaciones, hogares o individuos, aunque los paneles de hogares son los más comunes. En tanto que los paneles también se mantienen para realizar encuestas, la característica distintiva de los paneles de compras y medios de comunicación es que los individuos registran comportamientos específicos en el momento en que ocurren. Anteriormente, el comportamiento se registraba en un diario, el cual se devolvía a la organización investigadora cada una a cuatro semanas. Los diarios en papel se han sustituido de manera gradual por diarios electrónicos. Ahora, la mayoría de los paneles son en línea y el comportamiento se registra electrónicamente, ya sea que los encuestados lo introduzcan en línea o que se registre automáticamente mediante dispositivos electrónicos. La participación de los miembros del panel se recompensa con obsequios, cupones, información o dinero en efectivo. El contenido de la información registrada es diferente para los paneles de compras y para los paneles de medios de comunicación.

Paneles de compras. En los ***paneles de compras***, los encuestados registran sus compras de una variedad de productos diferentes, como en el panel NPD.

paneles de compras
Técnica de recopilación de datos donde los encuestados registran sus compras en un diario en línea.

INVESTIGACIÓN REAL

La información en estos diarios (paneles) no es ningún secreto

El grupo NPD (*www.npd.com*) es uno de los principales proveedores de información de marketing esencial, que se recaba y se entrega en línea a una amplia gama de industrias y mercados, y en 2006 operaba en más de 60 países. NPD combina información obtenida mediante encuestas con información registrada por individuos encuestados acerca de su conducta, para generar informes sobre comportamientos de consumo, ventas industriales, participación en el mercado y tendencias demográficas fundamentales. La información de los consumidores es recolectada por NPD en su panel en línea, y abarca una amplia gama de categorías de productos, incluyendo moda, alimentos, diversión, casa y hogar, tecnología y automóviles. Los encuestados proporcionan información detallada sobre la marca

Un estudio realizado en el panel en línea de NPD indicó que a las mujeres realmente les gusta comprar trajes de baño.

adquirida y la cantidad comprada, el precio pagado, la existencia de ofertas especiales, la tienda donde se adquirieron y el uso que se les pretende dar. La composición del panel es representativa de la población estadounidense en su conjunto. Por ejemplo, un estudio reciente realizado por NPD reveló que a las mujeres realmente les gusta comprar trajes de baño. Según la encuesta, las mujeres calificaron su experiencia general de compra de trajes de baño como excelente o muy buena, donde el 69 por ciento de las compradoras satisfechas tenían entre 35 y 44 años de edad. Los resultados también mostraron que las principales influencias en un comprador al detalle son la exhibición en el punto de venta y la descripción en la etiqueta del traje; mientras que para quienes compran por catálogo, la presentación de éste es muy importante. Tales hallazgos tienen implicaciones evidentes para el mercado de los trajes de baño. Un estudio que se realizó en 2005 identificó que los cinco accesorios que más compran las mujeres son **1.** bolsas de mano, **2.** joyería de moda, **3.** accesorios de moda para el cabello, **4.** gafas para el sol y **5.** guantes. Estos resultados ayudan a que las tiendas departamentales determinen la mezcla de productos para el departamento de damas.[25] ∎

Otras organizaciones que mantienen paneles de compras incluyen a NFO World Group (*www.nfow.com*), el cual mantiene varios paneles, incluyendo un gran panel interactivo. Los paneles especiales de NFO, como el Baby Panel, permiten el acceso a grupos de consumidores muy definidos. Cada trimestre aproximadamente 2,000 nuevas madres y 2,000 mujeres embarazadas se unen al Baby Panel de NFO.

Paneles de medios de comunicación. En los *paneles de medios de comunicación*, dispositivos digitales registran de manera automática el comportamiento de las audiencias televisivas, complementando así un diario o un panel en línea. Quizás el panel de medios de comunicación más conocido sea el Nielsen Television Index de Nielsen Media Research (*www.nielsenmedia.com*), el cual ofrece mediciones y estimados de audiencias televisivas. La esencia del servicio de mediciones de audiencia nacional de Nielsen Media Research es un sistema de medición electrónica llamado Nielsen People Meter. Estos medidores se colocan en una muestra de 5,000 hogares (13,000 personas) en Estados Unidos, que Nielsen Media elige y recluta de manera aleatoria para que sea representativa de la población. El People Meter se coloca en cada televisor de cada hogar de la muestra. El aparato mide dos cuestiones: el canal o programa que se está viendo, y las personas que lo están viendo. Diariamente los datos de sintonización del hogar se almacenan en el sistema de medidor en casa, hasta que las computadoras de Nielsen Media Research lo retiran de manera automática cada noche. El Centro de Operaciones de Nielsen Media Research, ubicado en Dunedin, FL, procesa esta información cada noche para entregarla al sector de la televisión y a otros clientes al día siguiente.

Para medir las audiencias de televisión local, Nielsen Media Research reúne información mediante diarios de televisión, folletos en los que muestras de individuos registran su conducta al ver la televisión durante la semana que se mide. La empresa realiza una medición diaria de cada uno de los 210 mercados de televisión en Estadios Unidos, cuatro veces al año, durante febrero, mayo, julio y noviembre. El diario requiere que los televidentes no sólo anoten quién vio el programa, sino

paneles de medios de comunicación
Técnica de recopilación de datos que comprende muestras de encuestados cuya conducta al observar la televisión se registra de manera automática con dispositivos electrónicos, complementando así la información de compra que se registra en línea o en un diario.

cuál programa y en qué canal era transmitido. Una vez que se llenan los diarios, los televidentes los envían por correo a Nielsen Media Research, y la información se transfiere a las computadoras para calcular los niveles de audiencia.

Con esos datos, Nielsen estima el número y el porcentaje de todos los hogares que están viendo un programa específico. Dicha información también se clasifica de acuerdo a 10 características demográficas y socioeconómicas, como el ingreso familiar, el nivel académico y la ocupación del jefe de familia, el tamaño de la familia, la edad de los hijos, la edad de las mujeres, y la ubicación geográfica. El Nielsen Television Index sirve para que empresas como AT&T, Kellogg Company, JCPenny, Pillsbury y Unilever seleccionen programas de televisión específicos para transmitir sus comerciales.[26]

Otro índice de la misma empresa es el Nielsen Homevideo Index® (NHI), el cual se estableció en 1980 y proporciona una medición de televisión por cable, paquetes de cable, grabadoras de video, reproductores de DVD, antenas parabólicas y otras nuevas tecnologías de televisión. Los datos se reúnen con dispositivos People Meter, que son medidores en los aparatos de televisión o diarios de papel.

Dada la creciente popularidad de Internet, los servicios sindicados también se dirigen a este medio. Nielsen/NetRatings, Inc. (*www.netratings.com*) da seguimiento y registra el uso de Internet en tiempo real, por parte de más de 50,000 individuos que lo utilizan en el hogar y en el trabajo; informa la actividad de comercio electrónico y el sitio: número de visitas a propiedades, dominios y sitios únicos, calificaciones por sitio y categoría, estadísticas de tiempo y frecuencia, patrones de tráfico y transacciones de comercio electrónico. También informa sobre la publicidad en Internet: respuesta de la audiencia a los anuncios banner, contenido creativo, frecuencia y ubicación del sitio. Este servicio fue lanzado en colaboración con ACNielsen.

INVESTIGACIÓN REAL

Hitwise: registro del éxito de los sitios Web

Hitwise (*www.hitwise.com*) es uno de los principales proveedores de servicios de inteligencia competitiva en línea. Cada día la empresa supervisa a más de 25 millones de usuarios de Internet e interactúa con más de 450,000 sitios Web en todo tipo de categorías industriales y en varios países. Hitwise evalúa y compara la presencia en línea de sus clientes respecto de los sitios Web competidores. Las empresas utilizan esta información para optimizar su inversión en programas afiliados en línea, marketing de búsqueda, publicidad en línea, desarrollo de contenidos y generación de líderes. Por ejemplo, Heinz es uno de los clientes que ha obtenido grandes beneficios de los servicios de Hitwise. Durante el auge de las empresas punto-com, Heinz había creado casi 57 variedades de micrositios para sus marcas. Sin embargo, en la actualidad, y gracias a Hitwise, Heinz ha aprendido que la actividad en línea específica sólo es importante para marcas fundamentales como la catsup, el alimento para bebés y los frijoles. Para otras marcas, el valor de marca se entrega a través de su sitio corporativo.

La metodología de Hitwise es la siguiente. La empresa proporciona clasificaciones diarias de los sitios Web en más de 160 categorías industriales y de interés. También ofrece una gama de herramientas en línea que permitan a los suscriptores analizar y dar seguimiento a los sitios Web de la competencia. Los suscriptores también pueden hacer un seguimiento de los patrones de uso de Internet. Hitwise supervisa redes del Internet Service Provider (ISP) y otras fuentes de datos para tal propósito. Se agregan las cifras de las redes de ISP para calcular el lugar que ocupa un sitio. Hitwise extrae de las redes de ISP afiliadas una lista de los sitios Web visitados, y los clasifica de acuerdo con una gama de mediciones industriales estándar, incluyendo solicitudes y visitas a la página, así como el promedio de la duración de las visitas. La empresa también extrae datos de Click-Stream, los cuales analizan los movimientos de visitantes entre sitios para brindar a los suscriptores información sobre el tráfico y sobre sitios de la competencia. Para asegurarse de realizar un muestreo representativo, supervisa una gama geográficamente diversa de redes de ISP en áreas metropolitanas y regionales que representan a todo tipo de usuarios de Internet, incluyendo hogar, trabajo, servicios educativos y acceso público.[27] ∎

Además de Nielsen, otros servicios proporcionan paneles de medios de comunicación. Arbitron (*www.arbitron.com*) mantiene paneles de radio y televisión locales y regionales. La empresa está desarrollando Portable People Meter, una nueva tecnología para medir los niveles de audiencia de radio, televisión y televisión por cable. Las estadísticas de la audiencia radiofónica generalmente se reúnen utilizando diarios cuatro veces al año. Un ejemplo de esto es Arbitron Radio Listening Diary.[28]

Usos de paneles de compras y de medios de comunicación. Los paneles de compras proporcionan información útil para pronosticar las ventas, estimar la participación en el mercado, evaluar la lealtad hacia la marca y el cambio de marca, establecer perfiles de grupos de usuarios específicos, medir la eficacia promocional y realizar pruebas controladas en las tiendas. Los paneles de medios de comunicación generan información útil para establecer tarifas de publicidad en las estaciones de radio y televisión, seleccionar la programación adecuada y elaborar perfiles de subgrupos de televidentes o radioescuchas. Los anunciantes, los planeadores de medios de comunicación y los compradores encuentran especialmente útil la información de paneles.

Ventajas y desventajas de los paneles de compras y de medios de comunicación. En comparación con las encuestas de muestras, los paneles de compras y de medios de comunicación ofrecen ciertas ventajas distintivas.[29] Los paneles pueden generar datos longitudinales (que se obtienen de las mismas personas de forma repetida). Quienes están dispuestos a participar en paneles suelen proporcionar datos más abundantes y de mejor calidad, que los individuos que responden encuestas de muestras. En los paneles de compras, la información se registra en el momento de la compra, eliminando así las fallas de memoria.[30] La información registrada mediante dispositivos electrónicos es precisa porque elimina los errores humanos.

Algunas de las desventajas de los paneles de compras y de medios de comunicación son la falta de representatividad, la maduración y el sesgo de respuesta. La mayoría de los paneles no son representativos de la población estadounidense; muestran una subrepresentación de individuos pertenecientes a grupos minoritarios y con bajos niveles académicos. Este problema se complica aún más cuando los miembros del panel que se rehúsan a responder o se sienten agotados. Cuando interviene la maduración por el paso del tiempo, deben reemplazarse los miembros del panel (véase el capítulo 7). También se pueden presentar sesgos de respuesta, ya que el simple hecho de pertenecer al panel quizás altere el comportamiento. Como los datos de compras o de medios de comunicación se escriben a mano, también es posible que haya errores de registro (véase el capítulo 3).

Servicios de escaneo electrónico

Aun cuando resulta útil la información proporcionada por las encuestas y los paneles de compras y de medios comunicación, los servicios de escaneo electrónico se están volviendo cada vez más populares. Los **datos como resultado del escaneo** reflejan algunas de las tecnologías más modernas desarrolladas en el ramo de la investigación de mercados. Estos datos se reúnen al pasar la mercancía por un escáner con rayo láser, el cual realiza la lectura óptica del código de barras (el código universal de producto o UPC) impreso en la mercancía. Luego, este código se vincula con el precio actual que se localiza en la memoria de la computadora, y se usa para preparar la nota de ventas. La información impresa en la nota de ventas incluye descripciones y precios de todos los artículos comprados. Los escáneres de las cajas registradoras que ahora se utilizan en muchas tiendas al detalle, están revolucionando la investigación de mercados para los bienes empacados.

Hay tres tipos de datos de escaneo: los datos de seguimiento de volumen, los paneles de escaneo y los paneles de escaneo con televisión por cable. Los **datos de seguimiento de volumen** proporcionan información sobre las compras por marca, tamaño, precio y sabor o fórmula, basada en los datos de ventas que se recabaron de las cintas de los lectores ópticos de las cajas registradoras. Esta información se recopila a nivel nacional en una muestra de supermercados con escáneres electrónicos. Algunos de los servicios de escaneo que brindan datos de seguimiento de volumen incluyen al National Scan Track (ACNielsen, www.acnielsen.com) y a InfoScan (Information Resources, Inc., www.infores.com). El servicio de seguimiento de InfoScan reúne cada semana datos de escaneo de más de 32,000 supermercados, farmacias y tiendas de comerciantes en masa por todo Estados Unidos. El seguimiento de tienda de InfoScan proporciona información detallada sobre ventas, participación, distribución, asignación de precios y promoción.[31]

En los ***paneles de escaneo*** cada miembro de la familia recibe una tarjeta de identificación (ID) que lee el escáner electrónico ubicado en la caja registradora. El miembro del panel de escaneo simplemente presenta la tarjeta de identificación al pagar sus productos cada vez que realiza una compra. De esta manera, la identidad del consumidor se vincula con los productos adquiridos, así como la hora y el día de la compra, por lo que la empresa puede crear un registro de compras para ese individuo. De manera alternativa, algunas empresas entregan escáneres portátiles a los miembros del panel, quienes registran sus compras una vez que están en casa. El ACNielsen Consumer Panel, llamado Homescan, se utiliza para registrar las compras de aproximadamente 125,000 hogares en todo el mundo. El consumidor escanea los códigos de barras de los artículos que compra con un escáner portátil, el cual registra el precio, las promociones y la cantidad de cada artículo. Luego, la información que se encuentra en el escáner portátil se transmite a ACNielsen a través de las líneas telefónicas. ACNielsen utiliza la información del escáner y otra información sobre el consumidor,

---

datos como resultado del escaneo
Datos que se obtienen al pasar la mercancía sobre un dispositivo láser que lee el código de barras de los paquetes.

datos de seguimiento de volumen
Datos que se obtienen de las cintas de escaneo de las cajas registradoras, y que brindan información de las compras por marca, tamaño, precio y sabor.

paneles de escaneo
Datos de escaneo en donde los miembros del panel se identifican mediante una tarjeta ID que permite que las compras de cada uno de ellos se almacenen con respecto al comprador individual.

para determinar aspectos como los datos demográficos del consumidor, la cantidad y la frecuencia de las compras, el porcentaje de compras para el hogar, los viajes y los gastos de compras, el precio pagado e información sobre el uso de los productos. Los fabricantes y los vendedores al detalle emplean esta información para entender mejor los hábitos de compra de los consumidores. El caso de Boston Market que se presenta en la sección de Panorama general ofrece un ejemplo. Según los datos de panel de consumidores de ACNielsen, el 55 por ciento de los encuestados compraron un alimento para consumir en casa varias veces al mes.[32]

Un uso aún más avanzado del escaneo, los ***paneles de escaneo con televisión por cable***, combina los paneles de escaneo con las nuevas tecnologías que están surgiendo en la industria de la televisión por cable. Los hogares que participan en esos paneles se suscriben a uno de los sistemas de televisión por cable de su mercado. Mediante una "división" de televisión por cable, el investigador dirige comerciales diferentes a los hogares de los miembros del panel. Por ejemplo, la mitad de los hogares ve el comercial de prueba A durante el noticiero de las 6:00 p.m.; mientras que la otra mitad observa el comercial de prueba B. Estos paneles permiten a los investigadores realizar experimentos bastante controlados en un entorno relativamente natural.[33]

paneles de escaneo con televisión por cable
La combinación de un panel de escaneo con el manejo de la publicidad que trasmiten las compañías de televisión por cable.

INVESTIGACIÓN REAL

Empleo de hogares de televisión total para probar la publicidad total

En una investigación sobre consumo de cereales que se realizó en 2005, se encontró que el 93 por ciento de los consumidores come cereal en el desayuno y que el consumo per cápita es muy elevado. Los resultados también indicaron que el cereal era el alimento favorito para desayunar, y que tres de cada cuatro adultos lo consumían de manera regular. Por lo tanto, General Mills (*www.generalmills.com*) se abocó a promover el cereal Total en la televisión nacional, aunque está preocupada por la eficacia de sus comerciales.

La tecnología disponible permite la transmisión de anuncios a hogares participantes que no cuentan con un sistema de televisión por cable. Debido a que los miembros del panel pueden ser seleccionados de todos los hogares que tienen un televisor (el total), y no sólo a aquellos que poseen televisión por cable, se elimina el sesgo provocado por estudiar únicamente a quienes tienen televisión por cable. Usando este tipo de sistemas, General Mills puede evaluar cuáles sus cuatros comerciales de prueba del cereal Total produce las mayores ventas. Se seleccionan cuatro grupos de los miembros del panel, y cada uno recibe un comercial de prueba diferente. Estos hogares se monitorean mediante datos de escaneo para determinar cuál de los grupos adquirió la mayor cantidad de cereal Total.[34] ■

Este ejemplo muestra cómo los servicios de escaneo incorporan tecnología de investigación de mercados avanzada, lo cual brinda algunas ventajas sobre las encuestas y los datos de paneles de compras.

Usos de los datos de escaneo. Los datos de escaneo son útiles para diversos propósitos.[35] A nivel nacional los datos de seguimiento de volumen se pueden utilizar para dar seguimiento a ventas, precios, distribución y modelamiento, así como para analizar de forma temprana señales de advertencia. Los paneles de escaneo con televisión por cable sirven para probar nuevos productos, reposicionar productos, analizar la mezcla promocional, y tomar decisiones publicitarias —incluyendo presupuesto, textos publicitarios y medios, así como la asignación de precios. Estos paneles proporcionan a los investigadores de mercados un entorno único controlado para el manejo de las variables de marketing.

Ventajas y desventajas de los datos de escaneo. Los datos de escaneo tienen una ventaja evidente sobre las encuestas y los paneles de compras, ya que reflejan el comportamiento de compra que no puede someterse a entrevistas, registros, recuerdos o al sesgo de los expertos. El registro de compras obtenido por los escáneres es completo y no se ve afectado por la sensibilidad al precio, ya que el panelista no necesita estar completamente consciente de los niveles y cambios de precios. Otra ventaja es que las variables de tienda, como precios, promociones y exhibiciones, forman parte del conjunto de datos. También aumenta la probabilidad de que los datos sean actuales y de que se obtengan con rapidez. Por último, los paneles de escaneo con televisión por cable proporcionan un ambiente de prueba muy controlado.

Una de las principales debilidades de los datos de escaneo es la falta de representatividad. Es probable que los datos de seguimiento de volumen a nivel nacional no sean generalizables a la población total, debido a que sólo los grandes supermercados cuentan con escáneres. Asimismo, cierto tipo de tiendas, como los almacenes de comida y los comerciantes en masa, quedan excluidos. De la misma manera, los escáneres tienen una dispersión y una cobertura geográfica limitadas.

> **INVESTIGACIÓN ACTIVA**
>
> Visite *www.jdpower.com* y redacte un breve informe sobre la metodología y los hallazgos más recientes de los estudios sobre la confiabilidad de los vehículos.
>
> Como director general de Ford Motor Company, ¿qué estrategias de marketing adoptaría usted para incrementar la confiabilidad de imagen de los vehículos Ford?
>
> ¿De qué manera usaría el estudio sobre la confiabilidad de los vehículos realizado por J. D. Power y otros datos secundarios y de agencias, para lograr que Ford Motor Company incremente la confiabilidad y mejore la imagen de sus vehículos?

La calidad de los datos de escaneo puede verse limitada por varios factores. Es probable que no todos los productos estén escaneados. Por ejemplo, un cajero podría utilizar una lista para registrar un artículo pesado y evitar levantarlo. Cuando un artículo no se registra en el primer escaneo, el cajero tiende a teclear el precio e ignorar el código de barras. Algunas veces los consumidores compran un artículo de muchos sabores, pero el cajero sólo registra un empaque y después inserta el número de artículos. Así, la transacción se registra de manera imprecisa. En cuanto a los paneles de escaneo, el sistema proporciona información sobre los televisores en uso, más que sobre la conducta real de ver la televisión. A pesar de que los datos de escaneo brindan información conductual y de ventas, no ofrecen información sobre las actitudes, preferencias y razones subyacentes de elecciones específicas.

DATOS SINDICADOS DE INSTITUCIONES

Auditorías de detallistas y mayoristas

Como se muestra en la figura 4.4, existen datos sindicados disponibles para detallistas y mayoristas, así como para empresas industriales. El medio más popular para obtener datos sobre detallistas y mayoristas es la auditoría. Una ***auditoría*** es un examen y una verificación formales del movimiento de productos, tradicionalmente realizada por auditores que visitan personalmente las tiendas detallistas y mayoristas, y examinan registros físicos o analizan el inventario. Los detallistas y mayoristas que participan en la auditoría reciben informes básicos y pagos en efectivo por el servicio de auditoría. Los datos de auditoría se enfocan en los productos o servicios vendidos a través de las tiendas o las características de las tiendas mismas, como se ilustra en el siguiente ejemplo. Con el surgimiento de los datos de escaneo, la necesidad de realizar auditorías ha disminuido de forma considerable. Aunque aún se llevan a cabo auditorías, en muchas de ellas no se reúnen los datos de forma manual, sino que se utiliza información digitalizada.

auditoría
Proceso de recolección de datos que se deriva de los registros físicos o de un análisis de inventarios. El investigador o sus representantes reúnen personalmente los datos, los cuales se basan en el conteo de objetos físicos más que de personas.

Un ejemplo de una auditoría tradicional es el ACNielsen Convenience Track, que consiste en una auditoría de tiendas al detalle de productos de consumo diario en 30 mercados locales (*www.acnielsen.com*). Para lograr mayor rapidez y exactitud, los auditores en tienda utilizan computadoras portátiles para capturar información del UPC de manera electrónica. El ACNielsen Convenience Track puede integrar datos de tiendas de productos de consumo diario con datos de otros canales, incluyendo tiendas de abarrotes, farmacias y comerciantes en masa.

Los servicios de auditoría para mayoristas, la contraparte de las auditorías para detallistas, vigilan los retiros de los almacenes. Los operadores participantes, que incluyen cadenas de supermercados, mayoristas y almacenes de comida congelada, generalmente representan más del 80 por ciento del volumen en el área.

Usos de los datos de auditoría. Algunos de los usos de los datos de auditoría de mayoristas son los siguientes: **1.** determinar el tamaño del mercado total y la distribución de ventas por tipo de tienda, región o ciudad; **2.** evaluar la participación de marcas y la actividad de la competencia; **3.** identificar la asignación del espacio de anaquel y problemas de inventario; **4.** analizar problemas de distribución; **5.** establecer potenciales y pronósticos de ventas; y **6.** desarrollar y verificar la asignación de promocionales con base en el volumen de ventas. De esta manera, los datos de auditoría fueron especialmente útiles para obtener información sobre el contexto ambiental del problema en el proyecto de la tienda departamental.

Ventajas y desventajas de los datos de auditoría. Las auditorías proporcionan información relativamente exacta acerca del movimiento de muchos productos diferentes a niveles de mayoristas y detallistas. Además, esta información se puede dividir en un número importante de variables, como la marca, el tipo de tienda y el tamaño del mercado.

Sin embargo, las auditorías tienen una cobertura limitada. No todos los mercados u operadores están incluidos. Asimismo, es probable que la información de auditoría no sea oportuna o actual, es-

CAPÍTULO 4 *Diseño de la investigación exploratoria: datos secundarios*

pecialmente si se le compara con los datos de escaneo. Por lo general, existe un retraso de dos meses entre la terminación del ciclo de auditoría y la publicación de los informes. Otra desventaja es que, a diferencia de los datos de escaneo, los datos de auditoría no pueden vincularse con las características de los consumidores. De hecho, incluso quizás haya un problema para relacionar los datos de auditoría con los gastos publicitarios y otras actividades de marketing. Algunas de estas limitaciones se superan en las auditorías electrónicas (en línea), como se ilustra en el siguiente ejemplo.

INVESTIGACIÓN REAL

Auditorías en línea para rastrear compras en línea

Odimo es un vendedor al detalle en línea de relojes de marca, artículos de lujo, diamantes de alta calidad y joyería fina. Hacia 2005 la empresa operaba tres sitios Web, *www.diamond.com*, *www.ashford.com* y *www.worldofwatches.com*. Evidentemente para un vendedor al detalle en línea las festividades son un periodo especialmente importante; se trata de una época en que muchas personas realizan compras en línea, de manera que las ventas pueden aumentar considerablemente. Ashford.com podía utilizar datos de auditoría electrónica sobre la forma en que sus clientes hacían compras y la cantidad de artículos que adquirían.

Nielsen/NetRatings (*www.netratings.com*) construyó un Holyday E-Commerce Index, que medía las compras en línea en ocho categorías diferentes. En vez de llevar a cabo investigación descriptiva por medio de los propios clientes, NetRatings reunía los datos de las tiendas donde los clientes compraban. Como los pedidos se hacían en línea, las computadoras de las tiendas rastreaban la compra con facilidad. Este rastreo por computadora después se utilizaba para recolectar la información de compras de las tiendas y acumularla en un formato de reporte. La encuesta le indicó a Ashford.com que un buen número de clientes compraban en el sitio Web mientras estaban trabajando. Esta tendencia se presentaba en toda la Web, ya que el 46 por ciento de las compras en línea durante las festividades se llevaba a cabo durante las horas laborales, a diferencia del 54 por ciento que se realizaba desde los hogares de los consumidores. NetRatings determinó que los clientes de Ashford.com compraban durante la hora del almuerzo o en breves periodos de 10 a 15 minutos a lo largo del día.

Además, NetRatings demostró que las ventas en línea aumentaban de manera importante durante la primera semana de diciembre, conforme se acercaban las festividades. Las ventas de Ashford.com aumentaron un 385 por ciento durante esta época, por lo que tuvieron mucho éxito a diferencia de otras empresas en línea. Esta información le indicó a Ashford.com que debía asegurarse de que su sitio estuviera actualizado y funcionando durante los días laborales. Las promociones deberían ofrecerse y aparecer en la pantalla durante este tiempo. Asimismo, la empresa podría empezar a anunciarse en ambientes corporativos. Periódicos como *The Wall Street Journal* y otros sitios Web corporativos serían buenos lugares para anunciarse. Vendedores al detalle en línea como Ashford.com deben aprovechar las auditorías electrónicas y otros tipos de investigación de mercados, para ofrecer los productos que desean los consumidores en línea.[36] ■

Servicios industriales

servicios industriales
Los servicios que proporcionan datos sindicados sobre empresas, negocios y otras instituciones industriales.

Los **servicios industriales** proporcionan datos sindicados sobre empresas, negocios y otras instituciones industriales. Estos servicios de investigación también reúnen datos financieros, operativos y de empleo de casi cualquier categoría industrial incluida en el sistema de clasificación industrial de Norteamérica (NAICS). Estos datos se recolectan mediante preguntas directas, servicios de recortes de prensa, publicaciones comerciales o radiodufusiones, así como informes corporativos. El rango y las fuentes disponibles de datos sindicados para empresas de bienes industriales son más limitados, que en el caso de empresas de bienes de consumo. Algunos de los servicios disponibles son D&B International Business Locator (*www.dnb.com*); Fortune Datastore, que contiene bases de datos como las de Fortune 500, Fortune 1000, Global 500 y la base de datos de las empresas con mayor crecimiento (*www.fortune.com*); y en Standard & Poor's Information Services, que incluyen a Corporate Profiles (*www.standardpoor.com*).

D&B International Business Locator proporciona acceso con un clic a más de 28 millones de compañías públicas y privadas en más de 200 países. Después de encontrar un negocio, el localizador proporciona datos fundamentales de negocios, incluyendo la dirección completa, detalles de la línea de negocios de NAIC, tamaño de la empresa (ventas, valor neto, empleados), nombres de los principales directivos y la ubicación de su centro de operaciones, de compañías filiales locales y de las matrices local y global.

Usos de los servicios industriales. La información que proporcionan los servicios industriales es útil para las decisiones de la gerencia de ventas, incluyendo la identificación de prospectos, la definición de territorios, el establecimiento de presupuestos y la medición del mercado potencial por área geográfica. También sirve para tomar decisiones publicitarias como prospectos meta, asignación de presupuestos de publicidad, selección de medios de comunicación y medición de la eficacia de la publicidad. Este tipo de información también es útil para segmentar el mercado y diseñar productos y servicios a la medida para segmentos importantes.

Ventajas y desventajas de los servicios industriales. Los servicios industriales representan una fuente importante de información secundaria sobre empresas industriales. La información que generan suele ser valiosa en las fases iniciales de un proyecto de marketing. Sin embargo, tienen limitaciones con respecto a la naturaleza, contenido, cantidad y calidad de la información.

COMBINACIÓN DE INFORMACIÓN DE DISTINTAS FUENTES: DATOS DE UNA SOLA FUENTE

Lo deseable es combinar información secundaria obtenida de diferentes fuentes. La combinación de datos permite al investigador compensar las debilidades de un método con las fortalezas de otro. Uno de los resultados del esfuerzo de combinar datos de diferentes fuentes son los ***datos de una sola fuente***. La investigación de una sola fuente sigue los hábitos como telespectador, de lectura y de compras de un individuo. Después de reclutar a un panel de prueba en los hogares, la empresa de investigación hace mediciones en los televisores de cada hogar y encuesta a los miembros de la familia de forma periódica acerca de lo que leen. Sus compras de abarrotes se siguen mediante lectores de códigos de barras. Para obtener información sobre sus antecedentes, la mayoría de los sistemas también rastrean datos de detallistas como ventas, publicidad y promoción. De esta manera, los datos de una sola fuente brindan información integrada sobre las variables de los hogares, que abarcan consumo de medios y compras; y variables de marketing como ventas, precio, publicidad, promoción y campaña de marketing en tienda de los productos.[37] Una aplicación de los datos de una sola fuente se ejemplifica con la Campbell Soup Company.

datos de una sola fuente
Un esfuerzo por combinar datos de distintas fuentes al obtener información integrada sobre hogares y variables de marketing, aplicables al mismo conjunto de encuestados.

INVESTIGACIÓN REAL

Las telenovelas "arrojan luz" sobre el consumo de V8

Aún al aire en 2005, después de 67 años, "Guiding Light" fue la telenovela más larga de la historia. Durante todos esos años, obtuvo 54 Daytime Emmy Awards y fue aceptada en el Soap Opera Hall of Fame. Durante la semana del 28 de marzo de 2005, los niveles de audiencia de "General Hospital" superaban los de "Guiding Light", y ocupaban el segundo y el octavo lugar respectivamente en la audiencia general de las telenovelas.

La empresa Campbell Soup Company (*www.campbell.com*) utilizó datos de una sola fuente para lanzar su publicidad del jugo V8 (*www.v8juice.com*). Al obtener datos de una sola fuente sobre el consumo del producto, el consumo de medios y las características demográficas, Campbell descubrió que públicos televisivos con características demográficas similares consumen cantidades muy diferentes de V8. Por ejemplo, sobre un índice de 100 para el consumo de V8 promedio de una familia, "General Hospital" tenía un índice de 80, por debajo del promedio; mientras que "Guiding Light" tenía un índice de 120, superior al promedio. Tales resultados fueron sorpresivos, ya que "General Hospital" en realidad tenía un porcentaje ligeramente más alto de mujeres entre 25 y 54 años de edad, el grupo demográfico más predispuesto a comprar V8, por lo que se esperaría que fuera un mejor medio para llegar a los consumidores de V8. Con esta información, Campbell reorganizó su horario publicitario para incrementar el índice promedio.

En 2001 V8 Juice lanzó una versión más jugosa, el V8 Splash, para atraer a aquellos que desean una bebida que sepa más a frutas. Aunque V8 aún tiene éxito en el mercado, V8 Splash ha tenido tanto éxito en el mercado que en 2005 ya existían 11 sabores de Splash y tres sabores de Diet Splash.[38] ■

Cartografía digitalizada

cartografía digitalizada
Los mapas que resuelven problemas de marketing se denominan mapas temáticos, los cuales combinan información geográfica y demográfica, y los datos de ventas de una empresa u otra información patentada, y que se generan mediante una computadora.

El ejemplo del jugo V8 muestra la utilidad de combinar información secundaria de diferentes fuentes. En otro ejemplo, la ***cartografía digitalizada*** combina información geográfica y demográfica, con los datos de ventas de una empresa u otra información patentada para desarrollar mapas temáticos. En la actualidad los mercadólogos toman decisiones habituales con base en estos mapas codificados con colores. Los sistemas cartográficos permiten a los usuarios descargar datos demográficos

La cartografía digitalizada combina datos geográficos y demográficos, así como otros datos patentados para generar mapas temáticos.

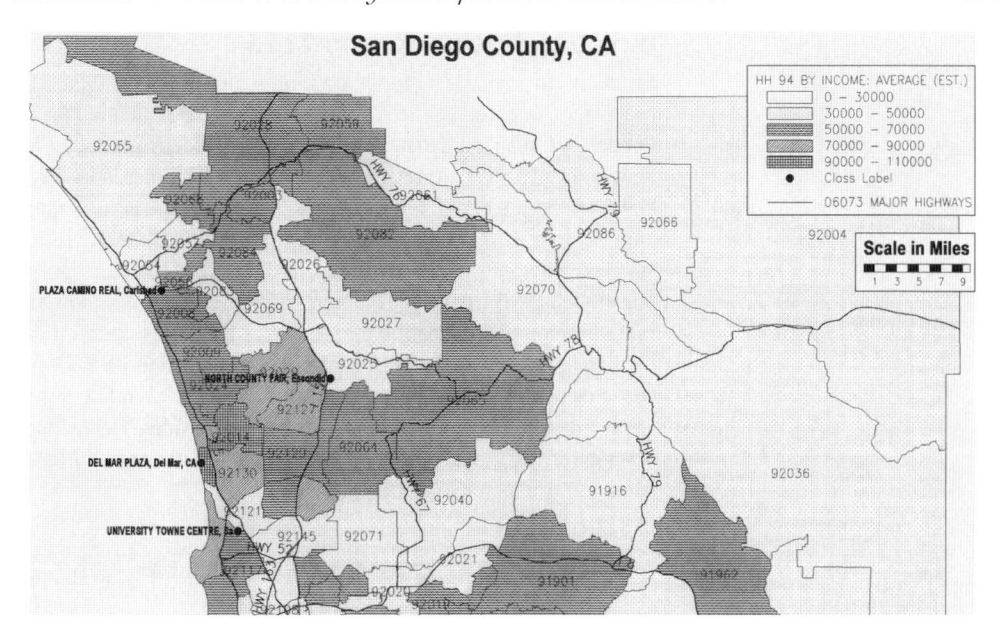

detallados a nivel geográfico que les proporcionan los proveedores. Luego, el usuario puede trazar un mapa con códigos de colores de los vecindarios en Dallas, por ejemplo, mediante la densidad relativa de los hogares encabezados por individuos de 35 a 45 años de edad, con un ingreso de $50,000 dólares o más. Con estos sistemas los usuarios pueden añadir información patentada a los datos descargados.

INVESTIGACIÓN REAL

Claritas: fortaleciendo la investigación de mercados de ALLTEL

ALLTEL Communications, una empresa de Fortune 500 con rápido crecimiento, ofrece servicios de telecomunicaciones a 5.6 millones de clientes en el sureste y medio oeste de Estados Unidos. Cuando los ejecutivos de la empresa decidieron recientemente cubrir sus servicios telefónicos locales con servicios inalámbricos, de Internet y de larga distancia, necesitaban una manera de identificar a los mejores clientes y a los mercados más convenientes para construir una red combinada alámbrica e inalámbrica. Además, necesitaban hacer esto teniendo en cuenta las restricciones gubernamentales contra el uso de datos telefónicos de los clientes para vender otros servicios de comunicaciones.

ALLTEL se acercó a Claritas (*www.claritas.com*), que forma parte de VNU Marketing Information Group (*www.vnu.com*). Claritas proporcionó esos servicios con herramientas geodemográficas, encuesta patentada y un profundo análisis de mercado. Convergence Audit^{TM}, su encuesta diseñada para las industrias, ofreció perfiles detallados de consumidores que utilizan servicios de larga distancia, intercomunicación, Internet y telefonía celular.

El sistema de segmentación PRIZM de Claritas clasificó a los clientes de ALLTEL de acuerdo con sus características demográficas y de estilo de vida, en grupos meta para los diversos servicios de telefonía. ALLTEL también contrató el sistema de análisis de marketing Compass^{TM} (también de Claritas), para analizar sus mercados inalámbricos e identificar los mercados con el mayor potencial para la compra de servicios alámbricos.

ALLTEL identificó 19 de los 62 grupos de PRIZM que son terreno fértil para una red convergente alámbrica e inalámbrica. Luego la empresa utilizó a Compass para clasificar sus mercados inalámbricos mediante la concentración de clases de grupos meta. En mercados de alta clasificación como Little Rock, AR; Charlotte, NC; y Jacksonville, FL, ALLTEL realizó campañas de marketing directo de servicios conjuntos para clientes de servicios inalámbricos. "En dos días ordenamos 54 mercados para tener un plan de batalla y saber en dónde empezar", comenta Mickey Freeman, gerente de marketing estratégico. "Claritas nos dio una lógica común para observar las similitudes y diferencias de cada uno de nuestros mercados".[39] ∎

El índice del poder de compra ofrece otra aplicación de los datos secundarios.

Índice del poder de compra

La *encuesta anual del poder de compra* de Sales & Marketing Management (*www.mysbp.com*) proporcionan datos que le sirven a los negocios para analizar cada uno de sus mercados en Estados Unidos, ya sean ciudades, condados, zonas metropolitanas o estados. Incluye estadísticas, clasificaciones y proyecciones para cada condado y mercado de medios de comunicación en Estados Unidos, con los datos demográficos separados por edad, raza, ciudad, condado y estado; información sobre gastos de detallistas; y proyecciones sobre el futuro crecimiento en estas áreas. Todas las clasificaciones están divididas en 323 mercados metropolitanos (áreas geográficas establecidas por el Census Bureau) y 210 mercados de medios de comunicación (mercados de televisión o de radiodifusión determinados por Nielsen Media Research), todos proporcionados por Claritas Inc.

También existen estadísticas que son exclusivas de esa *encuesta*. El ingreso efectivo de compra (IEC) es una medición del ingreso disponible, y el índice del poder de compra (IPC), por el que la *encuesta* es mejor conocida, es una medición única del poder de gasto que toma en cuenta la población, el IEC y las ventas de detallistas para determinar la capacidad de compra de un mercado: cuanto más alto sea el índice, mejor.

INVESTIGACIÓN EXPERIENCIAL

Dell, Inc.: fuentes secundarias

1. Realice una búsqueda en Internet para encontrar información sobre la participación más reciente en el mercado estadounidense de Dell y otros fabricantes de computadoras personales (PC).
2. Navegue en Internet para obtener información sobre la estrategia de marketing de Dell. ¿Está usted de acuerdo con la estrategia de marketing de Dell? ¿Por qué?
3. Visite el Census Bureau de Estados Unidos en *www.census.com*. Conforme Dell trata de incrementar su penetración en los hogares estadounidenses, ¿qué información del Census Bureau le puede ser útil?
4. Basándose en la información que proporcionan las empresas sindicadas ¿cuál sería útil para la búsqueda de Dell con propósito de incrementar su penetración en los hogares estadounidenses? ■

INVESTIGACIÓN DE MERCADOS INTERNACIONALES

Hay una gran variedad de datos secundarios disponibles para la investigación de mercados internacionales.[40] Como en el caso de la investigación a nivel nacional, el problema no es la falta de datos, sino la enorme cantidad de información disponible, por lo que sería útil clasificar las diversas fuentes (véase la figura 4.5). Las organizaciones nacionales de Estados Unidos, tanto fuentes gubernamentales como no gubernamentales, pueden proporcionar valiosos datos secundarios internacionales. Las fuentes gubernamentales importantes son el Department of Commerce, la Agency for International Development, la Small Business Administration, el Export-Import Bank of the United States, el Department of Agriculture, el Department of State, el Department of Labor y la Port Authority de Nueva York y Nueva Jersey. El Department of Commerce no sólo ofrece diversas publicaciones, sino también una variedad de servicios, como el programa del comprador extranjero, promotor de eventos deportivos, misiones de comercio, servicios de lista de contactos de exportación, servicio de comercio extranjero y servicio de estadística de aduana para exportadores. El siguiente ejemplo ilustra el uso de este último servicio.

Figura 4.5
Fuentes de datos secundarios internacionales

```
                    Datos secundarios internacionales
                                │
        ┌───────────────────────┼───────────────────────┐
Organizaciones nacionales   Organizaciones internacionales   Organizaciones
    en Estados Unidos            en Estados Unidos         en países extranjeros
        │                                                           │
   ┌────┴────┐                                         ┌────────────┼────────────┐
Fuentes     Fuentes no                              Gobiernos   Organizaciones  Asociaciones
gubernamentales gubernamentales                               internacionales  de comercio
```

Las organizaciones no gubernamentales, que incluyen a las organizaciones internacionales ubicadas en Estados Unidos, brindan información sobre mercados internacionales, e incluyen las Naciones Unidas, la Organización para la Cooperación y el Desarrollo Económicos (OCDE), el Fondo Monetario Internacional (FMI), el Banco Mundial, las Cámaras Internacionales de Comercio, la Comisión de las Comunidades Europeas para Estados Unidos y la Organización Japonesa de Comercio Exterior (JETRO). Por último, algunas de las fuentes en países extranjeros son los gobiernos, las organizaciones internacionales ubicadas en el extranjero, las asociaciones de comercio y los servicios privados, como las empresas sindicadas. Al realizar una revisión de la literatura, se podrían utilizar directorios, índices, libros, material de referencia producido a nivel comercial, revistas y periódicos.

La evaluación de los datos secundarios es aún más crítica en los proyectos internacionales que en los nacionales. Las distintas fuentes reportan valores diferentes para un estadístico dado, como el PIB, debido a las definiciones tan variables que se le dan a la unidad. Es probable que las unidades de medición no sean equivalentes en diferentes países. En Francia, por ejemplo, los trabajadores reciben 13 meses de salario cada año como un bono automático, lo que resulta en un constructo de medición diferente del de otros países.[41] La exactitud de los datos secundarios también puede variar de un país a otro. Los datos que provienen de las naciones altamente industrializados como Estados Unidos suelen ser más exactos que los de los países en desarrollo. Las estadísticas de negocios y de ingreso se ven afectadas por la estructura impositiva y por el grado de evasión de los impuestos. Los censos de población varían con respecto a la frecuencia y al año en que se reúnen los datos. En Estados Unidos el censo se lleva a cabo cada 10 años; mientras que en la República Popular de China hay una brecha de 29 años entre los censos de 1953 y 1982. Sin embargo, esta situación está cambiando con rapidez. Varias empresas sindicadas están desarrollando enormes fuentes de datos secundarios internacionales.

INVESTIGACIÓN REAL

Los consumidores europeos empiezan a gastar

La organización Gallup (*www.gallup.com*), que se especializa en investigaciones de encuesta para obtener datos psicográficos y sobre el estilo de vida, realizó recientemente entrevistas con más de 22,500 adultos en toda la Comunidad Europea. Sus resultados indican un creciente mercado de consumo duradero, en especial para artículos como televisores con control remoto, hornos de microondas, reproductores de video y teléfonos celulares. En general los niveles académico y de vida de este grupo de consumidores están mejorando. Los europeos también están mostrando niveles más altos de compras discrecionales, las cuales se manifestaron en una creciente demanda de paquetes de viaje, que continuó con firmeza a lo largo de 2006. En el mercado de los artículos de cuidado personal, el número de mujeres europeas que utiliza perfume está disminuyendo, compensado por un crecimiento en la demanda de desodorantes.

Este tipo de datos sindicados son útiles para mercados como Motorola, GE, AT&T y RCA, que están buscando penetrar en mercados europeos. Por ejemplo, al alquilar un departamento en Alemania, el arrendatario debe instalar los principales aparatos electrodomésticos y los enseres de iluminación. GE ha creado paquetes valiosos que ofrecen ahorros importantes en aparatos electrodomésticos y enseres de iluminación, los cuales dirige de manera cuidadosa a los arrendatarios de departamentos.[42]

LA ÉTICA EN LA INVESTIGACIÓN DE MERCADOS

El investigador tiene la obligación ética de asegurarse de que los datos secundarios sean pertinentes y útiles para el problema en cuestión. Los datos secundarios deberían evaluarse con los criterios que analizamos anteriormente en este capítulo. Sólo se deben utilizar los datos que se consideren apropiados. También es importante que los datos se hayan recolectado mediante procedimientos que sean moralmente aceptables. Los datos pueden considerarse poco éticos si fueron recolectados de una forma dañina para los encuestados o si se invadió su privacidad. También surgen problemas éticos si los usuarios de datos secundarios critican severamente los datos que no apoyan sus intereses y sus puntos de vista.

INVESTIGACIÓN REAL

La píldora ética puede ser difícil de tragar

ABC, NBC, CBS, algunas agencias publicitarias y los grandes anunciantes están en desacuerdo con los niveles de audiencia televisiva reportados por Nielsen Media Research (*www.nielsenmedia.com*), pues critican su esquema de muestreo y sus técnicas intrusivas de registro de datos. Al parecer, estas empresas están apoyando a Statistical Research Inc. (SRI) como un servicio competitivo (*www.statisticalresearch.com*). SRI emplea técnicas electrónicas de recolección de datos no intrusivas, las cuales proporcionarán informes en tiempo real de las audiencias en el futuro.

Un problema central en las críticas hechas a Nielsen es que las Tres Grandes han recibido mediciones decrecientes de televidentes. Hasta 2005 la audiencia del horario estelar de las siete cadenas de televisión continuaba disminuyendo. Las cuatro cadenas más importantes (ABC, CBS, NBC y Fox) mostraban una disminución de audiencia similar. Según datos de Nielsen Media Research, los televidentes de las cuatro grandes cadenas de televisión en la temporada 2004 sumaban 43.1 millones de individuos, comparados con 44.4 millones en la temporada de 2003, es decir, un 3 por ciento menos. Si se agregan WB y UPN a la mezcla, el número asciende a 49.1 millones en la temporada de 2004, a diferencia de los 52 millones en la temporada de 2003, una disminución del 5 por ciento.

En vez de aceptar la idea de que la audiencia televisiva está disminuyendo, las cadenas preferirían una evaluación más halagüeña de su público. Los niveles de audiencia se traducen directamente en utilidades por publicidad. Cuanto más televidentes tenga un programa, mayores serán las cuotas que una cadena puede cobrar por transmitir publicidad en ese espacio. Los precios de la publicidad difieren de manera significativa según los diversos horarios, por lo que una medición exacta (o agresiva) de la audiencia es deseable desde el punto de vista de una cadena de televisión.

En defensa de las cadenas, los monopolios suelen resistir la innovación y la falta de incentivos para mejorar los procesos. Reglas complacientes siempre y cuando el dinero siga llegando. Sin embargo, como proveedor profesional de la investigación de mercados, Nielsen Media Research tiene el compromiso ético de proporcionar datos exactos y representativos —lo mejor que pueda. Los usuarios también tienen la responsabilidad ética de no criticar datos secundarios por el simple hecho de que éstos no apoyen sus puntos de vista. Con el tiempo, los ejecutivos de las cadenas televisivas tendrán que tragarse la píldora amarga de que la televisión por cable, la transmisión directa vía satélite e Internet están ganando terreno sobre la televisión abierta. A los ejecutivos de las cadenas de televisión les resulta difícil tragarse esta píldora.[43] ∎

Dadas las limitaciones de los datos secundarios, a menudo es necesario recolectar datos primarios para obtener la información necesaria para abordar el problema de decisión administrativa. El uso aislado de los datos secundarios, cuando el problema de investigación requiere de datos primarios, causaría problemas éticos. Este tipo de problemas resaltan cuando al cliente se le cobra una cuota fija por el proyecto, y la propuesta presentada para obtener proyecto no específica de manera adecuada la metodología de recolección de datos. Por otro lado, en algunos casos es posible obtener la información necesaria únicamente de fuentes secundarias, lo que hace innecesaria la recopilación de datos primarios. La recopilación innecesaria de datos primarios costosos, cuando el problema de investigación se puede abordar empleando únicamente datos secundarios, puede ser poco ética. Estos problemas éticos se vuelven más evidentes si la facturación de la empresa de investigación se eleva, aunque a costa del cliente.

INVESTIGACIÓN PARA LA TOMA DE DECISIONES

Tommy Hilfiger: manteniéndose al día para seguir volando alto

La situación

Desde la superficie del campo de golf, el diseñador Tommy Hilfiger tiene las calles cubiertas. Su ropa casual homónima es utilizada por estrellas y fanáticos adolescentes, de rap, de rock, del deporte y, en la actualidad, muchos de ellos son mujeres. Tommy diseña, crea, fabrica y comercializa ropa deportiva y de mezclilla para hombre y para dama, así como ropa para niños y accesorios. Gracias a extensos convenios de licencia (casi 40 líneas de productos), Tommy también ofrece productos como perfumes, cinturones, sábanas y cobertores, muebles para el hogar y cosméticos. Hasta 2006 la ropa bien definida de la empresa se vendía en las principales tiendas departamentales y de especialidad, así como en aproximadamente 165 tiendas Tommy Hilfiger. Con un imperio tan grande, no debe sorprender que Joel J. Horowitz, director general y presidente de Tommy Hilfiger, siempre esté ocupado tratando de asegurarse de que la empresa no olvide el aspecto más importante de su negocio: ¡satisfacer las necesidades de los consumidores!

La venta de ropa no es un trabajo fácil. "Justo cuando piensas que ya descubriste exactamente lo que desean tus clientes, todo cambia, y en ocasiones de la noche a la mañana", comenta el experto en modas Richard Romer, vicepresidente ejecutivo de CIT Group/Commercial Services, proveedor de servicios de protección al crédito y de préstamos para fabricantes de ropa ubicado en Nueva York. "Los cambios en la moda ocurren básicamente cada dos años de faldas largas a faldas cortas, y de vuelta a empezar". El constante flujo del mercado de la ropa obliga a los productores de catálogos y a otros comerciantes a reevaluar de manera constante el mercado al que se dirigen, para luego reinventar sus empresas, sus ofertas y sus catálogos.

La decisión para la investigación de mercados

1. ¿Qué fuentes de datos secundarios debería consultar Tommy Hilfiger para mantenerse informado sobre las tendencias de la moda en la ropa?
2. ¿Qué fuentes de datos sindicados serían útiles?
3. Analice el papel que tiene el tipo de investigación que usted recomendaría para que Joel J. Horowitz y Tommy Hilfiger se mantuvieran al día con respecto a las tendencias de la moda en la ropa.

La decisión para la gerencia de marketing

1. Para incrementar el atractivo que tiene la ropa Tommy Hilfiger con los consumidores preocupados por la moda, ¿qué acciones de marketing debería tomar Joel J. Horowitz?
2. Analice qué tan afectada se ve la decisión de la gerencia de marketing que usted recomendó a Joel J. Horowitz por las fuentes secundarias de datos que usted sugirió anteriormente y por el contenido de la información que proporcionan.[44]

La investigación de mercados permite a Tommy Hilfiger mantenerse al día sobre las tendencias de la moda y sobre las preferencias cambiantes de su mercado meta.

SPSS PARA WINDOWS

Los mapas del programa SPSS se integran perfectamente con los menús básicos, lo cual permite hacer mapas de una gran variedad de datos. Usted puede elegir entre seis mapas temáticos básicos, o crear otros mapas al combinar sus opciones. Los mapas se pueden personalizar aún más utilizando el Syntax Editor del SPSS. Tales mapas se pueden utilizar para diversos fines, incluyendo la interpretación geográfica de las ventas y de otros datos, para determinar la ubicación de los clientes más grandes, mostrar las tendencias de ventas de ubicaciones geográficas específicas, utilizar información sobre la tendencia de compras y determinar la ubicación ideal de nuevas tiendas de la empresa, etcétera.

RESUMEN

A diferencia de los datos primarios, que el investigador reúne para resolver el problema específico en cuestión, los datos secundarios se recolectan originalmente con otros fines. Los datos secundarios se pueden obtener con rapidez y a un costo relativamente bajo. Sin embargo, tienen limitaciones y deberían evaluarse de manera cuidadosa, para determinar qué tan adecuados son para el problema en cuestión. Los criterios de evaluación abarcan las especificaciones, el error, la actualidad, la objetividad, la naturaleza y la confiabilidad.

La organización que necesita la investigación posee una gran cantidad de información, la cual constituye los datos secundarios internos. Los datos externos son generados por fuentes fuera de la organización. Estos datos existen en la forma de material publicado (impreso); bases de datos en línea, en Internet y fuera de línea; y en información proporcionada por servicios sindicados. Las fuentes externas publicadas pueden clasificarse como datos generales comerciales o datos gubernamentales. Las fuentes generales de negocios incluyen guías, directorios, índices y datos estadísticos. Las fuentes gubernamentales se pueden clasificar de manera general como datos del censo y de otros tipos. Las bases de datos digitalizadas se pueden encontrar en línea, en Internet o fuera de línea. Estas bases de datos se clasifican a la vez como bibliográficas, numéricas, de texto completo, de directorio o especializadas.

Las fuentes sindicadas son empresas que reúnen y venden grupos comunes de datos, diseñados para servir a diversos clientes. Las fuentes sindicadas se clasifican según la unidad de medición (hogares/consumidores o instituciones). Los datos de hogares y consumidores se pueden obtener por encuestas, paneles de compras y de medios de comunicación, o servicios de escaneo electrónico. Cuando las instituciones son la unidad de medida, los datos se obtienen con vendedores al detalle, mayoristas o empresas industriales. Lo deseable es combinar la información obtenida de diferentes fuentes secundarias.

Hay varias fuentes especializadas de datos secundarios que sirven para realizar investigación de mercados internacionales. Sin embargo, la evaluación de los datos secundarios se vuelve aún más crítica debido a que la utilidad y la exactitud de estos datos pueden variar ampliamente. Algunos de los dilemas éticos que llegan a surgir son la recolección innecesaria de datos primarios, el empleo aislado de datos secundarios cuando se necesitan datos primarios, el uso de datos secundarios que no son aplicables, y el empleo de datos secundarios que fueron reunidos por medios cuestionables moralmente. Internet y las computadoras se pueden emplear para acceder, analizar y almacenar la información disponible de fuentes secundarias.

TÉRMINOS Y CONCEPTOS CLAVE

datos primarios, *106*
datos secundarios, *106*
datos de seguimiento de volumen, *110*
datos internos, *112*
datos externos, *112*
marketing de base de datos, *113*
bases de datos en línea, *117*
bases de datos por Internet, *117*
bases de datos fuera de línea, *117*
bases de datos bibliográficas, *118*

bases de datos numéricas, *118*
bases de datos de texto completo, *118*
bases de datos de directorio, *118*
bases de datos con fines especiales, *118*
servicios sindicados, *119*
encuestas, *121*
psicografía, *121*
estilos de vida, *121*
paneles de compras, *123*
paneles de medios de comunicación, *124*

datos como resultado del escaneo, *126*
datos de seguimiento de volumen, *126*
paneles de escaneo, *126*
paneles de escaneo con televisión por cable, *127*
auditoría, *128*
servicios industriales, *129*
datos de una sola fuente, *130*
cartografía digitalizada, *130*

CASOS SUGERIDOS, CASOS EN VIDEO Y CASOS DE HARVARD BUSINESS SCHOOL

Casos

Caso 1.2 Nike se pone a la cabeza de la competencia, pero aún tiene un largo camino que recorrer.
Caso 1.3 Lexus: impartiendo valor al lujo y lujo al valor.
Caso 2.1 El pronóstico para el Weather Channel es soleado.
Caso 2.2 ¿Quién es el anfitrión que tiene más?
Caso 2.3 El dulce es elegancia para Hershey.
Caso 2.4 Los perfumes son dulces, pero la competencia es amarga.
Caso 2.5 ¿La publicidad en el Super Tazón es súper efectiva?
Caso 4.1 Wachovia: finanzas "Watch Ovah Ya".
Caso 4.2 Wendy's: la historia y la vida después de Dave Thomas.
Caso 4.3 Astec: continuando para crecer.
Caso 4.4 ¿La investigación de mercados es la cura para los males del hospital infantil Norton Healthcare Kosair?

Casos en video

Caso en video 2.1 Starbucks: continúa a nivel nacional mientras se lanza a nivel mundial a través de la investigación de mercados.
Caso en video 2.3 Intel: construyendo bloques al revés.
Caso en video 4.1 Subaru: el "Sr. Encuesta" supervisa la satisfacción del cliente.
Caso en video 4.2 Procter & Gamble: usando la investigación de mercados para crear marcas.

Casos de Harvard Business School

Caso 5.1 La encuesta sobre la vivienda del estudiante graduado de Harvard.
Caso 5.2 BizRate.com
Caso 5.3 La guerra de las colas continúa: Coca-Cola y Pepsi en el siglo XXI.
Caso 5.4 TiVo en 2002.
Caso 5.5 Computadora Compaq: ¿Intel inside?
Caso 5.6 El nuevo Beetle.

INVESTIGACIÓN REAL: REALIZACIÓN DE UN PROYECTO DE INVESTIGACIÓN DE MERCADOS

1. Asigne a uno o más equipos la responsabilidad de recolectar y analizar datos secundarios, incluyendo los que están disponibles en Internet.
2. Por ejemplo, un equipo podría buscar en la base de datos electrónica de la biblioteca, otro podría buscar en fuentes gubernamentales y otro podría visitar la biblioteca y trabajar con un bibliotecario para identificar las fuentes relevantes.
3. Vale la pena visitar los sitios Web de empresas sindicadas para identificar la información relevante, parte de la cual se puede obtener sin costo.
4. Si el proyecto tiene apoyo económico, entonces la información relevante se puede comprar a las fuentes sindicadas.

EJERCICIOS

Preguntas

1. ¿Qué diferencias existen entre los datos primarios y los secundarios?
2. ¿Por qué es importante obtener datos secundarios antes que datos primarios?
3. Establezca las diferencias que existen entre los datos secundarios internos y los externos.
4. ¿Cuáles son las ventajas de los datos secundarios?
5. ¿Cuáles son las desventajas de los datos secundarios?
6. ¿Qué criterio se deben utilizar para evaluar datos secundarios?
7. Mencione las diversas fuentes de datos secundarios publicados.
8. ¿Cuáles son las diferentes formas de bases de datos digitalizadas?
9. ¿Cuáles son las ventajas de las bases de datos digitalizadas?
10. Describa las diversas fuentes sindicadas de datos secundarios.
11. ¿Cuál es la naturaleza de la información que se recolecta por medio de encuestas?

12. ¿Cómo se clasifican las encuestas?
13. Explique qué es un panel. ¿Qué diferencia existe entre los paneles de compras y los paneles de medios de comunicación?
14. ¿Cuáles son las ventajas relativas de los paneles de compras y de medios sobre las encuestas?
15. ¿Qué tipos de datos se pueden reunir a través de los servicios de escaneo electrónico?
16. Describa los usos de los datos de escaneo.
17. ¿Qué es una auditoría? Analice los usos, las ventajas y las desventajas de las auditorías.
18. Describa la información que proporcionan los servicios industriales.
19. ¿Por qué es deseable utilizar múltiples fuentes de datos secundarios?

Problemas

1. Obtenga de fuentes secundarias las ventas de la industria automotriz y las ventas de los principales fabricantes de automóviles en los últimos cinco años. (Sugerencia: véase la tabla 22.1 en el capítulo 22).
2. Seleccione una industria. Usando fuentes secundarias, obtenga las ventas de la industria y las ventas del año anterior de las principales empresas en esa industria. Estime la participación de mercado de cada empresa principal. De otra fuente, obtenga información sobre la participación de mercado de esas mismas empresas. ¿Coinciden las dos estimaciones?

EJERCICIOS EN INTERNET Y POR COMPUTADORA

1. Realice una búsqueda de datos en línea para obtener información antecedente sobre una industria de su elección (por ejemplo, artículos deportivos). Su búsqueda debe abarcar información cualitativa y cuantitativa.
2. Visite el sitio Web de una empresa de su elección. Suponga que el problema de decisión administrativa que enfrenta esta empresa es expandir su participación en el mercado. Obtenga tantos datos de la página Web de esta compañía y otras fuentes de Internet como sea pertinente para este problema.
3. Visite la página Web del Bureau of the Census (visite algunas de las direcciones proporcionadas en el libro). Haga un informe sobre los datos secundarios disponibles del Bureau que serían útiles para una empresa de comida rápida como McDonald's, con la finalidad de elaborar una estrategia nacional de marketing.

4. Visite *www.census.gov/statab*. Utilice las calificaciones estatales y las estadísticas vitales para identificar los seis principales estados donde se puede comercializar productos para los adultos mayores.
5. Para el proyecto de la tienda departamental, Sears quiere que usted resuma las ventas al detalle en Estados Unidos mediante su página *http://www.census.gov/ftp/pub/indicator/www/indicat.html*.
6. Visite *www.npd.com* y redacte una descripción del panel que mantiene NPD.
7. Visite *www.acnielsen.com* y redacte un informe sobre los diversos servicios que ofrece ACNielsen.

ACTIVIDADES

Juego de roles
1. Usted es el gerente de investigación de mercados de un banco local. La gerencia le ha pedido que evalúe la demanda potencial de cuentas de cheques en su área metropolitana. ¿Qué fuentes de datos secundarios debería consultar? ¿Qué clase de información esperaría obtener de cada fuente? Pida a un grupo de compañeros que realice el juego de roles de la gerencia, y explíqueles la función de datos secundarios en este proyecto.
2. Usted es gerente de producto de grupo en Procter & Gamble y está a cargo de los detergentes para lavar ropa. ¿De qué manera utilizaría la información disponible de un inventario a la tienda? Pida a otro estudiante que haga el papel de vicepresidente de marketing. Explique a su jefe el valor de la información del inventario a la tienda en relación con los detergentes para lavar ropa.

Trabajo de campo
1. Visite su biblioteca local, y escriba un informe que explique cómo utilizaría la biblioteca para reunir datos secundarios para un proyecto de investigación de mercados, que evalúe la demanda potencial de bolígrafos de punta suave marca Cross. Por favor, sea específico.

Discusión en grupo
1. Analice la importancia y las limitaciones de los datos del censo del gobierno como una fuente principal de datos secundarios.
2. Analice el uso creciente de las bases de datos digitalizadas.
3. Analice la manera en que las mediciones de audiencia en televisión de Nielsen afectarían el precio que los anunciantes pagan por la transmisión de un comercial en un horario específico.

CAPÍTULO 5

Diseño de la investigación exploratoria: investigación cualitativa

"Cuento con títulos en matemáticas; pero me he convertido en una usuaria entusiasta de la investigación cualitativa por los conocimientos que he obtenido con esta clase de investigación bien realizada".

Mary Klupp, directora de Ford Credit Global Consumer Insights, Ford Motor Company, Dearborn, MI

Objetivos

Después de leer este capítulo, el estudiante deberá ser capaz de:

1. Explicar las diferencias entre la investigación cualitativa y la cuantitativa en términos de objetivos, muestreo, recolección y análisis de datos, y resultados.
2. Comprender las distintas formas de la investigación cualitativa, incluyendo procedimientos directos (como las sesiones de grupo) y las entrevistas en profundidad, así como los métodos directos como las técnicas proyectivas.
3. Describir con detalle las sesiones de grupo, destacando la planeación y la realización de las sesiones de grupo, así como sus ventajas, desventajas y aplicaciones.
4. Describir con detalle las técnicas de entrevista en profundidad, citando sus ventajas, desventajas y aplicaciones.
5. Explicar con detalle las técnicas proyectivas y comparar las técnicas de asociación, complementación, construcción y expresión.
6. Describir los pasos generales que deben seguirse al analizar datos cualitativos.
7. Analizar los aspectos que deben tomarse en cuenta al realizar investigación cualitativa en un entorno internacional.
8. Entender los aspectos éticos relacionados al llevar a cabo investigación cualitativa.

Panorama general

Al igual que el análisis de datos secundarios (véase el capítulo 4), la investigación cualitativa es una metodología importante que se utiliza en la investigación exploratoria (capítulo 3). Los investigadores realizan investigación cualitativa para definir el problema o desarrollar un enfoque (capítulo 2). En el desarrollo de un enfoque, la investigación cualitativa con frecuencia se utiliza para generar hipótesis e identificar variables que deberían incluirse en el estudio. En casos en los que no se lleva a cabo investigación concluyente o cuantitativa, la investigación cualitativa y los datos secundarios constituyen la parte más importante del proyecto de investigación. Esto sucede en muchos proyectos de investigación de mercados entre negocios. En este capítulo se analizan las diferencias entre la investigación cualitativa y la cuantitativa, así como el papel que juega cada una en el proyecto de investigación de mercados. También se presenta una clasificación de la investigación cualitativa, examinando con detalle las principales técnicas: las sesiones de grupo y las entrevistas en profundidad. También se estudian los procedimientos indirectos, llamados *técnicas proyectivas*, con énfasis en las de asociación, complementación, construcción y expresivas. Se explica el análisis de datos cualitativos con cierto detalle, así como los aspectos que intervienen en la investigación cualitativa de mercados internacionales. También se identifican varios aspectos éticos que surgen en la investigación cualitativa. Los siguientes ejemplos dan una idea de la investigación cualitativa y de sus aplicaciones en la investigación de mercados.

INVESTIGACIÓN REAL

Las sesiones de grupo de "muestre y diga" indican los valores de los baby boomers

Los baby boomers son un grupo de consumidores meta muy importante para muchos productos, y las sesiones de grupo de "muestre y diga" están brindando los conocimientos necesarios sobre los principales valores de estos individuos.

En las sesiones de grupo de muestre y diga, los participantes llevan tres o cuatro artículos que representan su entorno ideal. Los artículos pueden ser fotografías o recuerdos —no importa, siempre y cuando los participantes sean capaces de explicar por qué eligieron esos artículos y el papel que juegan en su entorno ideal. Algunos ejemplos son un padre que lleva una carnada de pesca de buena suerte que su padre le regaló cuando niño, o una maestra de primaria que lleva un manuscrito del libro que finalmente decidió escribir. La discusión del grupo se centra en tales artículos. Lo que la investigación cualitativa deja al descubierto sobre los baby boomers se puede describir mediante cinco temas específicos:

1. La calidad de vida de la familia es una de sus principales preocupaciones. La capacidad de tener influencia positiva en la vida de sus hijos es sumamente importante, al igual que un fuerte vínculo familiar que fomente el apoyo mutuo. El hogar es un elemento fundamental.
2. Los viejos amigos ayudan a complementar su identidad fuera del entorno de trabajo y del hogar. El hecho de mantenerse en contacto con los amigos es un elemento integral del estilo de vida del boomer.
3. Tener tiempo para alejarse de los problemas de la vida cotidiana organizando "escapadas de vacaciones", con la familia y los amigos, sirve para mantener una firme comprensión de lo que es importante en la vida y para recargar las baterías desgastadas.
4. Un buen estado espiritual y físico es fundamental para tener una vida plena y equilibrada.
5. No existe tal cosa como la crisis de la mitad de la vida. La vida es demasiado corta para vivir evaluando éxitos o fracasos.

Con base en sesiones de grupo e investigación por encuestas, la Honda Pilot 2006 fue dirigida a los baby boomers, haciendo énfasis en la vida familiar y las aventuras en las vacaciones.

Este tipo de investigación también es invaluable en el diseño de campañas publicitarias y promocionales; brinda los fundamentos necesarios para invocar los valores que son más importantes para los boomers, y los valores que tienen más probabilidades de estimular su comportamiento de compra. Por ejemplo, la camioneta SUV Honda Pilot 2006 se comercializó afirmando que "tiene una presencia atrevida a donde quiera que vaya, ya sea una aventura del fin de semana a las montañas o el viaje diario para ir al trabajo en la jungla urbana". Honda destacó tanto las características exteriores como las interiores del vehículo, "de manera que el usuario pudiera llevarla a un lugar distante y seguir disfrutando de algunas de las comodidades del hogar".[1] ■

INVESTIGACIÓN REAL

Sentimientos, nada más que sentimientos

La investigación cualitativa, en forma de sesiones de grupo y de entrevistas en profundidad individuales, se utiliza para descubrir cuáles sentimientos sensoriales son importantes para los clientes. Este tipo de sentimientos no pueden revelarse mediante la investigación cuantitativa. Las entrevistas en profundidad se llevan acabo en persona, y permiten un análisis extenso de cada individuo. De esta manera, es posible descubrir sentimientos subyacentes (al igual que valores, creencias y actitudes). Varios ejemplos muestran que la identificación de los sentimientos sensoriales de los consumidores es fundamental para el diseño de productos.

- ■ *Ford:* Ford (*www.fordvehicles.com*) decidió rediseñar uno de sus modelos Taurus. La empresa remodeló los botones del tablero, los parachoques traseros, etcétera, y decidió cambiar la cerradura de las puertas. Sin embargo, había un problema cuando alguien cerraba la puerta: surgía un sonido extraño. La cerradura daba dos golpes y ello daba la impresión al usuario de que algo andaba mal, aunque no hubiera problema alguno. A pesar de que los consumidores no estén conscientes de sus propias percepciones, son muy sensibles a los sonidos producidos por un automóvil.
- ■ *Whirlpool:* Aunque uno creería que el producto perfecto no hace ningún ruido, el caso de Whirlpool (*www.whirlpool.com*) indica lo contrario. Whirlpool lanzó un nuevo refrigerador más silencioso. Sin embargo, los clientes llamaron a la empresa para quejarse sobre "los sonidos más suaves, de borboteo de agua" del modelo. La gente tenía la impresión de que el nuevo refrigerador era el más ruidoso que habían tenido, cuando en realidad se trataba del más silencioso que se había fabricado hasta entonces.
- ■ *Estee Lauder:* La industria de los cosméticos ofrece muchos ejemplos de investigación cualitativa, ya que se trata de un producto para la intimidad. Por ejemplo, Estee Lauder (*www.esteelauder.com*) cambió la forma de su maquillaje azul para atraer más a los clientes. La forma se rediseñó redondeando los bordes para hacerlos más suaves y crear así una asociación con la forma redonda del cuerpo de una mujer.[2] ■

Estos ejemplos ilustran los valiosos conocimientos sobre el comportamiento de los consumidores que se obtienen mediante procedimientos cualitativos.

DATOS PRIMARIOS: INVESTIGACIONES CUALITATIVA Y CUANTITATIVA

Como vimos en el capítulo 4, los datos primarios son los que reúne el investigador con la finalidad específica de resolver un problema específico. Los datos primarios pueden ser cualitativos o cuantitativos, tal como se muestra en la figura 5.1. La diferencia entre la investigación cualitativa y la cuantitativa se asemeja mucho a la diferencia que hay entre la investigación exploratoria y la concluyente, que se examinó en el capítulo 3. En la tabla 5.1 se resumen las diferencias entre los dos métodos de investigación.[3] La ***investigación cualitativa*** proporciona conocimientos y comprensión del entorno del problema; mientras que la ***investigación cuantitativa*** busca cuantificar los datos y, por lo general, aplica algún tipo de análisis estadístico. Cada vez que se trate un nuevo problema de investigación de mercados, la investigación cuantitativa debe estar precedida por la investigación cualitativa adecuada. Cierta investigación cualitativa se realiza para explicar los hallazgos obtenidos de estudios cuantitativos. Sin embargo, los hallazgos de la investigación cualitativa reciben un mal uso: cuando se les considera concluyentes y se utilizan para hacer generalizaciones a la población de interés.[4] Un principio lógico de la investigación de mercados consiste en considerar la investigación cualitativa y la cuantitativa como complementarias, más que en competencia entre sí.[5]

La historia cuenta que Alfred Politz, un firme defensor de la investigación cuantitativa, y Ernest Dichter, un tenaz partidario de la investigación cualitativa, tenían su acostumbrado debate sobre los méritos de ambos métodos. Politz destacaba la importancia de muestras proyectables a gran escala, y Ditcher respondió: "Pero, Alfred, ¡diez mil veces nada es igual a nada!" Como Ditcher argumentó, cuando no se comprende bien el comportamiento subyacente de interés, la simple cuantificación no conduce a resultados importantes. Sin embargo, la investigación cualitativa y la cuantitativa en combinación ofrecen valiosos conocimientos que ayudan a formular estrategias de marketing exitosas, como en el caso de Pop-Tarts Yogurt Blasts de Kellogg's.

investigación cualitativa
Metodología de investigación exploratoria sin estructura, basada en muestras pequeñas, que proporciona conocimientos y comprensión del entorno del problema.

investigación cuantitativa
Metodología de investigación que busca cuantificar los datos y que, por lo general, aplica algún tipo de análisis estadístico.

Figura 5.1
Una clasificación de datos de investigación de mercados

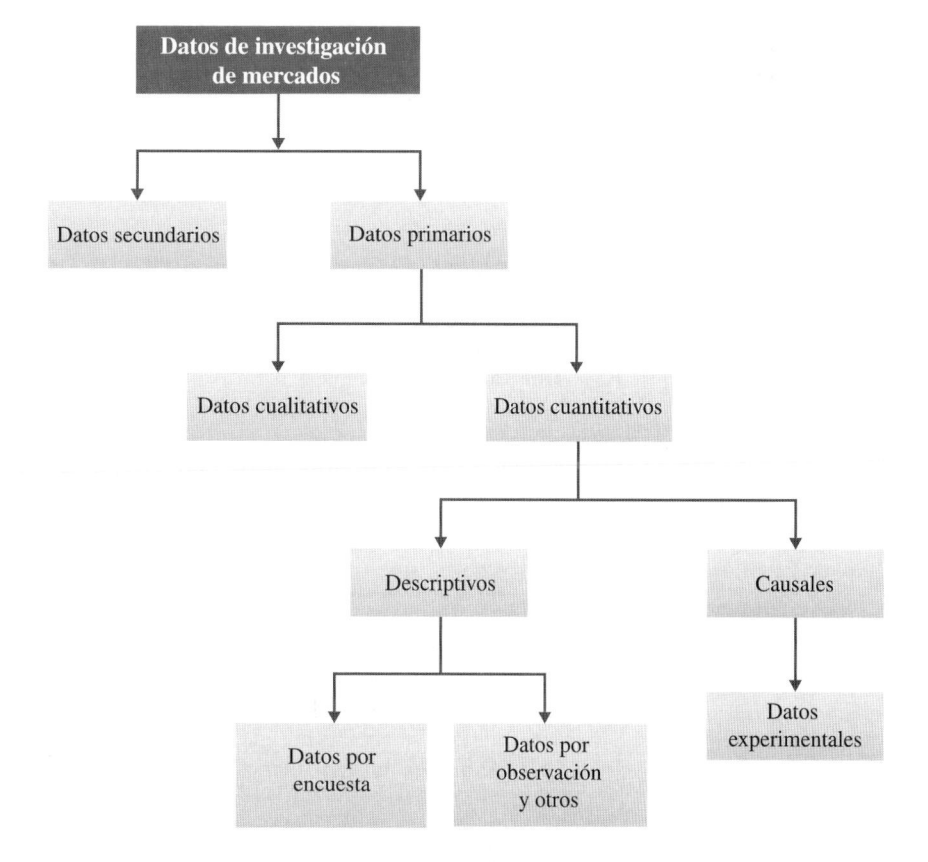

TABLA 5.1
Investigación cualitativa y cuantitativa

	INVESTIGACIÓN CUALITATIVA	INVESTIGACIÓN CUANTITATIVA
Objetivo	Lograr un entendimiento cualitativo de las razones y motivaciones subyacentes	Cuantificar los datos y generalizar los resultados de la muestra a la población de interés
Muestra	Número pequeño de casos no representativos	Número grande de casos representativos
Recolección de datos	No estructurada	Estructurada
Análisis de datos	No estadístico	Estadístico
Resultado	Establecer una comprensión inicial	Recomendar un curso de acción final

INVESTIGACIÓN REAL

Kellogg's: Pop-Tarts Yogurt Blasts aplasta a la competencia

En 2002 Kellogg's se encontraba en el proceso de desarrollar una nueva extensión de sus populares Pop-Tarts con un componente de yogurt. La empresa quería encontrar el mejor nombre para este nuevo producto y buscó la ayuda de BuzzBack. Tenía cuatro opciones posibles y quería saber cuál le agradaría más a las madres y a los niños (los principales consumidores de Pop-Tarts) y por qué.

BuzzBack Market Research (*www.buzzback.com*), un proveedor de servicios de investigación de mercados en línea, encuestó a 175 mujeres y a sus hijos (los niños menores de 13 años de edad deben tener el permiso de sus padres para participar en cualquier estudio de investigación en línea, según las reglas establecidas por la Ley de Protección de la Privacidad Infantil en Internet de 1998). Esta encuesta se realizó durante una semana. A los encuestados se les preguntó el nombre que más les gustaba, así como el empaque de su preferencia. La encuesta incluyó tanto datos cualitativos como cuantitativos, porque Kellogg's quería averiguar *por qué* cada individuo prefería cierto nombre y así ajustar su campaña de marketing a partir de tales razones.

Los resultados de la encuesta indicaron que tanto las madres cómo sus hijos preferían el nuevo nombre de Pop-Tarts Yogurt Blasts. Los datos cualitativos también sugirieron que les gustaba este nuevo producto porque ofrecía un cambio sabroso y nutritivo del tradicional producto Pop-Tart.

El producto fue lanzado con gran éxito en junio de 2003 en dos sabores, fresa y mora azul. El precio al detalle sugerido fue de $2.09 dólares por una caja con ocho piezas. Ese año Pop-Tarts fue la marca de panecillos horneados número uno y una de las marcas más importantes de Kellogg's en Estados Unidos, a pesar de la creciente competencia en este mercado. Pop-Tarts tuvo el 80 por ciento de la participación en dinero de un mercado de $459 millones de dólares.[6] ∎

Puesto que el ejemplo de Kellogg's plantea la lógica que subyace a la investigación cualitativa, se abordará ese tema con mayor detalle.

RAZONES PARA USAR LA INVESTIGACIÓN CUALITATIVA

Hay varias razones para emplear la investigación cualitativa. No siempre es posible o deseable utilizar métodos formales o completamente estructurados para obtener información sobre las personas (véase el capítulo 3). Quizá la gente no esté dispuesta o sea incapaz de responder ciertas preguntas. Las personas no desean dar respuestas veraces a preguntas que invadan en su privacidad, que las avergüencen o que tengan un impacto negativo en su yo o en su estatus. Algunos ejemplos de esas

INVESTIGACIÓN ACTIVA

Visite *www.ninewest.com* y realice una búsqueda en Internet, así como en las bases de datos en línea de su biblioteca, para obtener información sobre la estrategia de marketing de Nine West.

Como gerente de marketing, ¿qué estrategias de marketing elaboraría usted para ayudar a Nine West a incrementar su penetración en el mercado del calzado para dama?

¿De qué manera utilizaría la investigación cualitativa y cuantitativa para ayudar a Nine West a incrementar su participación en el mercado del calzado para dama?

CAPÍTULO 5 *Diseño de la investigación exploratoria: investigación cualitativa* 145

preguntas "difíciles" serían: "¿Ha comprado recientemente toallas sanitarias? ¿Medicamentos para la tensión nerviosa? ¿Píldoras para controlar la ansiedad?" En segundo lugar, la gente puede ser incapaz de dar respuestas precisas a preguntas que tocan su subconsciente. Los valores, los impulsos emocionales y las motivaciones que residen en el nivel subconsciente se disfrazan ante el mundo exterior, mediante la razonalización y las defensas del yo. Por ejemplo, es probable que un individuo compre un automóvil deportivo costoso para contrarrestar sus sentimientos de inferioridad. Sin embargo, si se le pregunta, "¿Por qué compró este automóvil deportivo?", tal vez responda "Obtuve un buen precio", "Mi automóvil viejo se estaba deshaciendo" o "Necesito impresionar a mis clientes". En tales casos, la información deseada se puede obtener a través de la investigación cualitativa. Como se ilustra en el ejemplo de los "sentimientos" en la sección de "Panorama general", la investigación cualitativa también es muy útil para descubrir cuáles sentimientos sensoriales son importantes para los clientes.[7]

UNA CLASIFICACIÓN DE LOS PROCEDIMIENTOS DE INVESTIGACIÓN CUALITATIVA

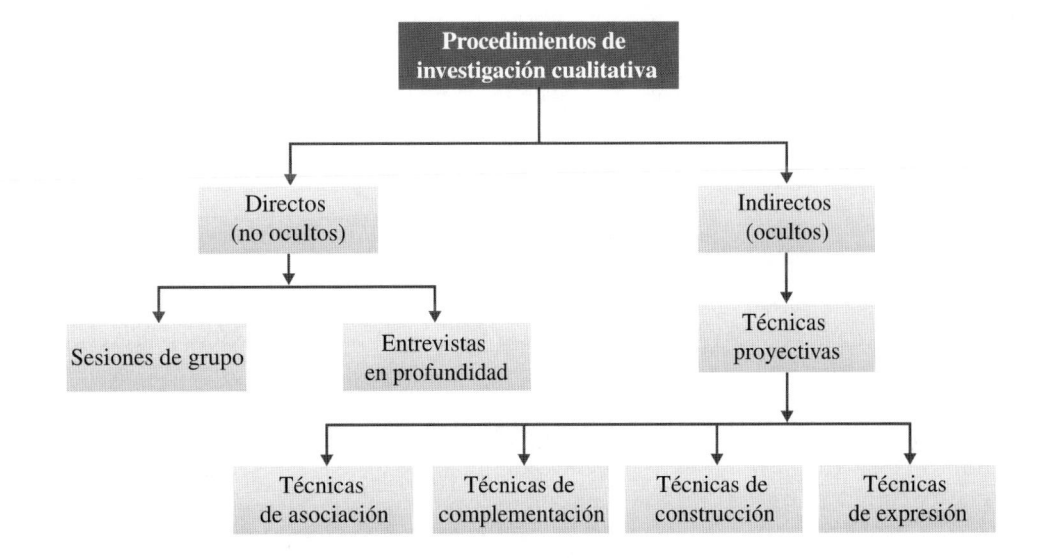

En la figura 5.2 se muestra una clasificación de los procedimientos de investigación cualitativa. Los procesos se clasifican como directos o indirectos, dependiendo si los participantes conocen el verdadero propósito del proyecto. Un *enfoque directo* no se oculta, sino que se informa a los individuos o es evidente para ellos por las preguntas que se les plantean. Las sesiones de grupo y las entrevistas en profundidad son las principales técnicas directas. En contraste, la investigación que adopta un *enfoque indirecto* disfraza el verdadero propósito del proyecto. Las técnicas proyectivas, que generalmente se utilizan como técnicas indirectas, incluyen la asociación, la complementación, la construcción y la expresión. Cada una de estas técnicas se comenta en detalle, comenzando con las sesiones de grupo.

enfoque directo
Tipo de investigación cualitativa en la cual los propósitos del proyecto se revelan al individuo o son evidentes, dada la naturaleza de la entrevista.

enfoque indirecto
Tipo de investigación cualitativa en el cual se ocultan los propósitos del proyecto a los individuos.

ENTREVISTAS MEDIANTE SESIONES DE GRUPO

Una *sesión de grupo (de enfoque)* consiste en una entrevista, de forma no estructurada y natural, que un moderador capacitado realiza a un pequeño grupo de encuestados. El moderador guía la discusión. El principal propósito de las sesiones de grupo consiste en obtener información al escuchar a un grupo de personas del mercado meta apropiada hablar sobre temas de interés para el investigador. El valor de la técnica reside en los hallazgos inesperados que a menudo se obtienen de una discusión grupal que fluye libremente.

Las sesiones de grupo son el procedimiento de investigación cualitativa más importante. Son tan populares que muchos investigadores de mercados consideran que esta técnica es sinónimo de investigación cualitativa.[8] Varios cientos de instituciones en todas partes del mundo realizan sesiones de grupo. Una sesión de grupo típica cuesta al cliente alrededor de $4,000 dólares en algunos

sesión de grupo (de enfoque)
Entrevista realizada por un moderador capacitado con un grupo pequeño de individuos, de una forma no estructurada y natural.

Figura 5.2
Clasificación de los procedimientos de investigación cualitativa

```
                    Procedimientos de
                 investigación cualitativa
                    /              \
              Directos           Indirectos
            (no ocultos)         (ocultos)
            /          \              |
     Sesiones      Entrevistas     Técnicas
     de grupo     en profundidad  proyectivas
                                      |
              ┌───────────┬───────────┬───────────┐
          Técnicas    Técnicas    Técnicas    Técnicas
        de asociación  de       de          de
                    complementación construcción expresión
```

Una sesión típica de una sesión de grupo.

países, aunque con un poco de imaginación, hay quienes las pueden llevar a cabo por escasos $600 dólares en países menos desarrollados. Dada su importancia y popularidad, describiremos con detalle las principales características de las sesiones de grupo.[9]

Características

Las principales características de una sesión de grupo, se muestran en la tabla 5.2. Una sesión de grupo generalmente incluye de 8 a 12 integrantes. Los grupos con menos de ocho miembros tienen pocas probabilidades de producir el ímpetu y la dinámica de grupos necesarios para una sesión exitosa. De la misma manera, los grupos con más de 12 miembros suelen ser demasiado numerosos y no producen una discusión cohesiva y natural.[10]

Una sesión de grupo debe ser homogénea en términos de las características demográficas y socioeconómicas. La semejanza entre los miembros del grupo evita interacciones y conflictos sobre temas colaterales.[11] De esta manera, un grupo de mujeres no debe combinar amas de casa casadas con hijos pequeños, mujeres jóvenes solteras que trabajan y mujeres mayores divorciadas o viudas, ya que sus estilos de vida son bastante diferentes. Además, es necesario evaluar de manera cuidadosa a los participantes para asegurarse de que cubran ciertos criterios. Los participantes deben tener una experiencia adecuada con el asunto o tema de discusión. No se debe incluir a los individuos que ya hayan participado muchas veces en sesiones de grupo, ya que los denominados encuestados profesionales son atípicos y su participación origina serios problemas de validez.[12]

El entorno físico de la sesión de grupo también es importante. Una atmósfera relajada e informal fomenta los comentarios espontáneos. Se deben ofrecer tentempiés ligeros y café o agua antes y durante la sesión. Aunque una sesión de grupo puede durar de 1 a 3 horas, la duración más común es de 1.5 a 2 horas. Este período es necesario para establecer una relación cordial entre los participantes y explorar, con profundidad, sus creencias, sentimientos, ideas, actitudes y conocimientos en cuanto a los temas de interés. Las sesiones de grupo siempre se registran, a menudo en cintas de

TABLA 5.2

Características de las sesiones de grupo

Tamaño del grupo	8 a 12
Composición del grupo	Homogéneo; evaluación previa de los participantes
Entorno físico	Atmósfera relajada e informal
Duración	1 a 3 horas
Registro	Uso de cintas de audio y video
Moderador	Con habilidades interpersonales, de observación y de comunicación

video, para su posterior observación, transcripción y análisis. La filmación en video tiene la ventaja de que registra las expresiones faciales y los movimientos corporales, aunque quizás incrementar los costos de manera importante. Con frecuencia, los clientes observan la sesión desde una habitación adyacente a través de una ventana de una sola vista. La tecnología de transmisión de video permite que los clientes observen las sesiones en vivo desde un lugar distante. Por ejemplo, Focus Vision Network, Inc., (*www.focusvision.com*), que tiene su sede en Stamford, Connecticut, ofrece este tipo de sistemas de videoconferencia.

El moderador tiene un papel fundamental en el éxito de una sesión de grupo. El moderador debe establecer una relación cordial con los participantes, lograr que la discusión avance e incitar a los participantes a brindar conocimientos. Además, el moderador puede tener un papel fundamental en el análisis e interpretación de los datos. Por lo tanto, debe ser un individuo hábil, con experiencia y conocimientos sobre el tema de discusión, y entender la naturaleza de la dinámica de los grupos. Las principales habilidades del moderador se resumen en el siguiente ejemplo de investigación real.

INVESTIGACIÓN REAL

Principales habilidades de los moderadores de sesiones de grupo

1. *Amabilidad con firmeza:* el moderador debe combinar un desapego disciplinado con una empatía comprensiva, para fomentar la interacción necesaria.
2. *Permisividad:* el moderador tiene que ser permisivo y, al mismo tiempo, permanecer alerta ante las señales que indiquen que la cordialidad se está deteriorando o que la finalidad del grupo se está desviando.
3. *Involucramiento:* el moderador necesita fomentar y estimular una intervención personal intensa.
4. *Entendimiento incompleto:* el moderador debe animar a los individuos a ser más específicos respecto de comentarios generalizados, al manifestar un entendimiento incompleto.
5. *Motivación:* el moderador tiene que motivar a los integrantes que no respondan para que participen.
6. *Flexibilidad:* el moderador necesita ser capaz de improvisar y modificar el esquema planeado entre las distracciones del proceso grupal.
7. *Sensibilidad:* el moderador debe ser lo suficientemente sensible para guiar la discusión de grupo a un nivel tanto intelectual como emocional.[13] ∎

Planeación y conducción de sesiones de grupo

En la figura 5.3 se describe el proceso para planear y conducir sesiones de grupo. Empresas destacadas de investigación de mercados como Burke siguen este proceso. Lo invitamos a ver la sesión de grupo que Burke realizó para el Departamento de Servicios Ambientales de Butler County, que aparece en un DVD y que su profesor tiene disponible con el uso de este texto. La planeación empieza con un examen de los objetivos del proyecto de investigación de mercados. En la mayoría de los casos, en esta etapa ya está definido el problema y, si es así, resulta necesario estudiar el planteamiento general y sus componentes específicos. Una vez que se ha definido el problema, se deben especificar con claridad los objetivos de la investigación cualitativa, tal como se hizo en el proyecto de la tienda departamental.

PROYECTO DE INVESTIGACIÓN

Objetivos de la investigación cualitativa

En el estudio de la tienda departamental, los objetivos de la investigación cualitativa fueron los siguientes:

1. Identificar los factores relevantes (criterios de elección) que utilizan los hogares para seleccionar tiendas departamentales.
2. Identificar lo que los consumidores consideran tiendas competitivas para categorías de productos específicas.
3. Identificar las características psicológicas de los consumidores que tienen mayores probabilidades de influir en el comportamiento de la clientela de tienda.
4. Identificar cualquier otro aspecto del comportamiento de elección del consumidor que sea relevante para la clientela de tienda. ∎

Figura 5.3
Procedimiento para planear y conducir sesiones de grupo

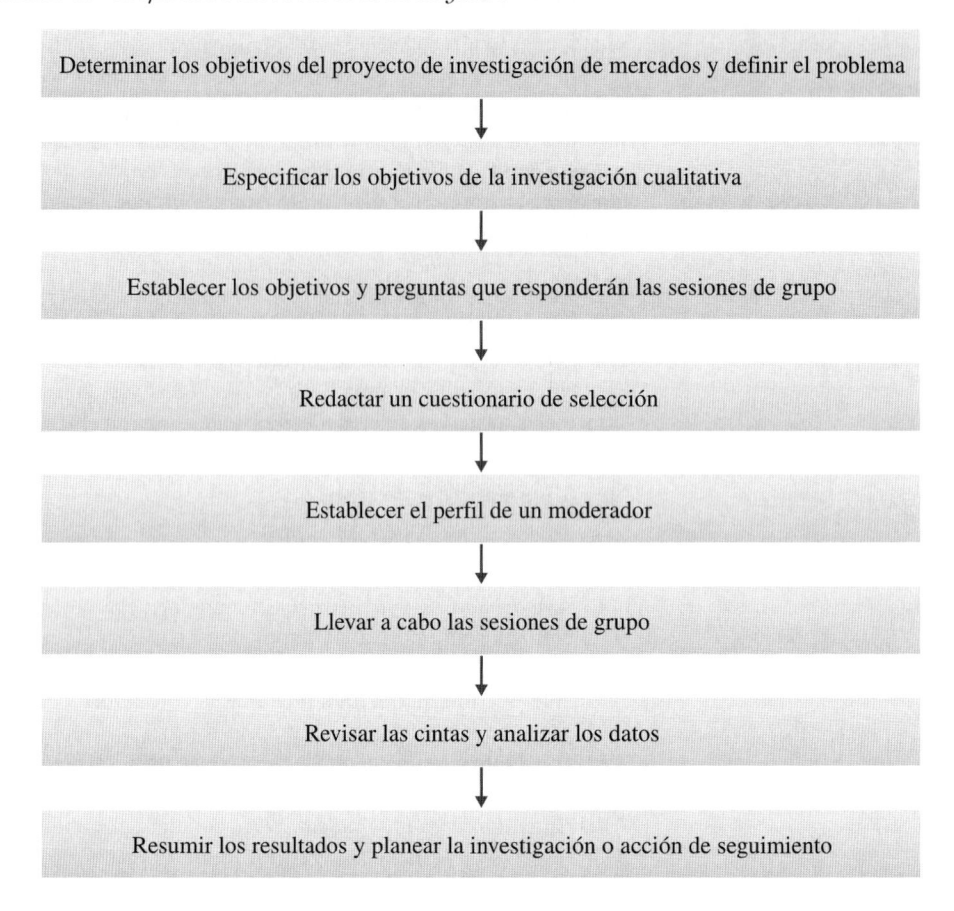

```
Determinar los objetivos del proyecto de investigación de mercados y definir el problema
                                    ↓
Especificar los objetivos de la investigación cualitativa
                                    ↓
Establecer los objetivos y preguntas que responderán las sesiones de grupo
                                    ↓
Redactar un cuestionario de selección
                                    ↓
Establecer el perfil de un moderador
                                    ↓
Llevar a cabo las sesiones de grupo
                                    ↓
Revisar las cintas y analizar los datos
                                    ↓
Resumir los resultados y planear la investigación o acción de seguimiento
```

Observe que estos objetivos están estrechamente vinculados con los componentes del problema de la tienda departamental que se definió en el capítulo 2. Es necesario especificar los objetivos antes de realizar cualquier investigación cualitativa, ya se trate de sesiones de grupo, entrevistas en profundidad o técnicas proyectivas.

El siguiente paso consiste en elaborar una lista detallada de objetivos para la sesión de grupo. Esto puede adoptar la forma de una lista de preguntas que al investigador le gustaría responder. Luego, se prepara un cuestionario para evaluar a los participantes potenciales. La información que generalmente se obtiene del cuestionario incluye la familiaridad con el producto y los conocimientos acerca de éste, el comportamiento de uso, las actitudes hacia las sesiones de grupo y su participación en ellos, así como las características demográficas estándar.

Es necesario elaborar una guía detallada para el moderador, que se empleará durante la sesión de grupo, lo cual requiere de análisis extensos entre el investigador, el cliente y el moderador. Puesto que el moderador debe ser capaz de profundizar en ideas importantes cuando los participantes las mencionan, debe entender el negocio del cliente, los objetivos de la sesión de grupo y el uso que se dará a los hallazgos. El empleo de una guía por parte del moderador reduce algunos de los problemas de confiabilidad que son inherentes a las sesiones de grupo, como aquellos causados por el hecho de que los distintos moderadores no cubren las mismas áreas de contenido de la misma forma. Dada su importancia, a continuación se ilustra la forma en que debe construirse la guía del moderador, para determinar por qué los consumidores actualizan sus equipos de telefonía móvil.[14]

INVESTIGACIÓN REAL

Guía de análisis de una sesión de grupo sobre teléfonos móviles de telefonía

Preámbulo (5 minutos)

- Gracias y bienvenidos.
- Naturaleza de una sesión de grupo (informal, múltiple, expansiva, todos los puntos de vista, desacuerdos).
- Puede hacer preguntas obvias —con humor (en ocasiones *realmente* obvias, otras no tanto).

- No hay respuestas correctas o incorrectas; se trata de averiguar lo que la gente piensa.
- Grabación de audio y video.
- Colegas observan.
- Autoservicio de tentempiés.
- Se hablará acerca de teléfonos móviles.
- ¿Preguntas o intereses?

Introducción y calentamiento (3 minutos)

Me gustaría caminar por la habitación y pedirles que se presenten...
- Nombre de pila.
- Lo mejor de poseer un teléfono móvil.
- Lo peor de poseer un teléfono móvil.

Entorno del móvil (5 minutos)

- Cuando se halla usted fuera, ¿qué cosas lleva consigo?
- ¿Comenzamos con las cosas que usted *siempre* lleva consigo?

    ROTAFOLIOS

- ¿Y cuáles son las cosas que *a menudo* lleva consigo?

    ROTAFOLIOS

Uso del teléfono móvil (10 minutos)

- Me gustaría entender cómo utiliza generalmente su teléfono móvil...
- ¿Cuántas llamadas recibe o hace generalmente en una semana?
- ¿Cuáles son algunos de los tipos más comunes de llamadas que hace?

    EXPLORAR BREVEMENTE

- ¿Cuáles son algunos de los tipos más comunes de llamadas que recibe?
  Si no tuviera su teléfono móvil, ¿que diferencia haría en su vida?

    EXPLORAR BREVEMENTE

Compra del teléfono móvil anterior (20 minutos)

- Pensando en su teléfono móvil actual, me gustaría hablar sobre dos cosas diferentes...
- Primero, cómo fue realmente el proceso de elegir un teléfono móvil y, segundo, qué criterios del propio teléfono utilizó...

Proceso de selección del teléfono móvil anterior

- Pensando únicamente en *la manera* en que eligió su teléfono móvil y *no* en las características que usted buscaba, ¿de qué manera eligió uno?

    EXPLORAR PROCESO

Criterios de selección del teléfono móvil anterior

- Muy bien, ahora dígame lo que realmente buscaba en un teléfono móvil.

    EXPLORAR

Uso de las funciones del teléfono móvil (10 minutos)

- Pensando ahora en las funciones del teléfono móvil, me gustaría comenzar haciendo una lista de todas las funciones del teléfono móvil que recuerde —cualquier cosa que el teléfono móvil pueda hacer, cualquier función que pueda modificar, etcétera.
- En un momento hablaremos acerca de las funciones que realmente utiliza, pero quiero empezar con una lista de todo lo que su teléfono móvil *podría* hacer.

    ROTAFOLIOS

- ¿Cuáles funciones ha utilizado *alguna vez*? Incluso si sólo las ha utilizado una vez.

    ROTAFOLIOS

- ¿Hay algunas funciones que usted sólo haya cambiado una vez, pero que está realmente contento de haberlo hecho?
- ¿Por qué?

EXPLORAR

- ¿Qué funciones utiliza normalmente?
- ¿Por qué?

EXPLORAR

Características deseadas (3 minutos)

- ¿Hay algunas características que su teléfono móvil *no* tiene pero que usted desearía que tuviera?

EXPLORAR

Motivaciones para reemplazarlo (10 minutos)

- Todos ustedes fueron invitados aquí porque han cambiado su teléfono móvil por lo menos una vez...
- ¿Qué los motivó a reemplazar su teléfono móvil?

EXPLORAR

- ¿El cambio del teléfono móvil estuvo relacionado con un cambio o una renovación del contrato de operación, es decir, del contrato con su proveedor de servicio inalámbrico?
- ¿Cuáles cree usted que sean algunas de las razones por las que la gente cambia su teléfono móvil?

EXPLORAR

Detonadores del cambio anterior (10 minutos)

- Todos ustedes fueron invitados aquí porque han cambiado su teléfono móvil por lo menos una vez...
- ¿Qué fue lo que les hizo desear cambiar a un mejor teléfono móvil?

PRIMERO SIN SONDEAR

- ¿Cuáles fueron *TODOS* los factores incluidos en esa decisión?
- ¿Cuál fue *la* razón *más importante*?

EXPLORE

Barreras para el cambio anterior (5 minutos)

- ¿Cuánto tiempo pasó entre la primera vez que empezó a pensar en cambiar su teléfono móvil, aunque sea un poco, hasta el momento en que en realidad compró el nuevo teléfono?
- ¿Cuáles fueron *todas* las razones por las que no lo hizo de inmediato?

EXPLORAR

- ¿Cuál fue la *principal* razón para dejar pasar ese tiempo?

EXPLORAR

Detonadores y barreras para un cambio futuro (20 minutos)

- En cuanto al futuro, ¿cuándo cree que cambiará su teléfono móvil por uno mejor?

EXPLORAR

- ¿Qué lo estimularía a hacer eso?
- ¿Existe alguna característica importante que lo haría cambiar de inmediato?

EXPLORAR

- ¿Cómo elegiría su siguiente teléfono móvil?

EXPLORAR

- ¿Y qué buscaría realmente en su próximo teléfono móvil?

EXPLORAR

Ejercicio de cierre (10 minutos)

- Por último, quiero pedir su creatividad por unos minutos —para que me den ideas sobre...
- No se preocupen si es una gran idea o una idea modesta.
- ¡La única palabra que voy a prohibir es "gratis"!
- Suponiendo que un fabricante de aparatos de telefonía móvil quisiera motivarlo a comprar mañana un teléfono móvil nuevo...
- ¿Qué podría hacer?
- Sólo diga cualquier cosa que se le ocurra —obvia, profunda, seria, tonta, lo que sea...

EXPLORAR Y REFINAR

- Agradecer a los participantes y cerrar la sesión. ■

También lo animamos a revisar la guía de análisis de la sesión de grupo que Burke realizó para el Departamento de Servicios Ambientales de Butler County. Esta guía se puede descargar de la página Web para el estudiante de este libro. Después de elaborar un perfil detallado, se recluta a los participantes y se lleva a cabo la sesión de grupo. Durante la entrevista, el moderador debe **1.** establecer una relación de empatía con el grupo, **2.** establecer las reglas de la interacción grupal, **3.** establecer objetivos; **4.** interrogar a los participantes y fomentar una discusión intensa en áreas importantes; y **5.** tratar de resumir la respuesta del grupo para determinar el grado de acuerdo.

Después de la discusión grupal, el moderador o un analista revisa y analiza los resultados. El analista no sólo informa comentarios y hallazgos específicos, sino que también busca respuestas consistentes, ideas nuevas, preocupaciones sugeridas por las expresiones faciales y el lenguaje corporal, así como otras hipótesis que quizá se hayan confirmado o no se hayan confirmado por todos los participantes.

Debido al bajo número de participantes, generalmente no se reportan frecuencias ni porcentajes en el resumen de una sesión de grupo. Por lo general, los informes incluyen expresiones como "la mayoría de los participantes cree que" o "los participantes no coincidieron sobre este tema". Una meticulosa documentación e interpretación de la sesión establece las bases del paso final: actuar. En el caso de la investigación del consumidor, esto generalmente implica hacer más investigación, como se ilustra en el informe del Mall of Atlanta (se modificó el nombre real del centro comercial), que ofrece un resumen de los objetivos, procedimientos, hallazgos e implicaciones de la sesión de grupo.

INVESTIGACIÓN REAL

Informe de la sesión de grupo sobre el Mall of Atlanta

Objetivos de la sesión de grupo

Las sesiones de grupo del Mall of Atlanta se llevaron a cabo para entender las expectativas que tenía el segmento de jóvenes respecto del centro comercial, para determinar las percepciones de este grupo en su reciente visita durante el fin de semana, y para analizar la identidad de marca percibida con base en la experiencia del individuo.

Métodos y procedimientos

Se pidió a 60 visitantes jóvenes (30 hombres y 30 mujeres), que visitaron el centro comercial durante el fin de semana anterior a la discusión grupal (el fin de semana del Día del Trabajo), que informaran sus reacciones ante la experiencia en el Mall of Atlanta. El 16 de septiembre de 2004 se llevaron a cabo seis sesiones de grupo, cada uno con 10 participantes. Los jóvenes recibieron $30 dólares y se les pidió que visitaran el centro comercial del 3 al 5 de septiembre; no se les dieron otras explicaciones o instrucciones. Ellos no estaban conscientes de que participarían en un grupo de discusión después de visitar el centro comercial.

Resumen de los hallazgos

EXPERIENCIA DE LA VISITA AL CENTRO COMERCIAL

- Para entretenerse, los participantes vieron películas (en cines o por renta), asistieron a eventos deportivos (como espectadores y como participantes), compraron bebidas o sólo "pasearon" con amigos. En general, necesitaron sólo de tres a cuatro horas para conocer y experimentar el centro comercial, e intentaron gastar menos de $30 dólares, salvo que fuera una ocasión especial.

- Ejemplos de ocasiones especiales son cenas, conciertos, cines, museos y parques temáticos. Con frecuencia, los parques temáticos son lugares como el Mall of Georgia, Universal Studios o Sea World; sin embargo, muchas personas han visitado el Mall of Atlanta en más de una ocasión, aunque pocas de ellas han sido "clientes distinguidos" del centro comercial, es decir, que hagan sus compras en el Mall of Atlanta de forma leal.

  Los visitantes se sintieron agradablemente sorprendidos y deleitados con las actividades de entretenimiento del centro comercial, las filas cortas en el área infantil, el espectáculo de magia de primera clase y el hecho de ganarse un animal de felpa grande.

  Cuando se les pidió que describieran los sentimientos provocados por esta experiencia, la mayoría fueron muy positivos: "*me sentí emocionado de ir*", "*me sentí como un niño nuevamente*", "*sentí que no tenía que ir a trabajar mañana*" y "*fue amistoso y divertido compartir la experiencia con los otros asistentes*". Los únicos comentarios negativos fueron "*me sentí cansado*", "*estuve acalorado*" y "*¡qué asco!*".

- Por otro lado, los visitantes se sintieron frustrados por la falta de señales y mapas, un sentimiento de "abandono" que resultó de la falta de anfitriones o guías, así como de la apariencia árida y sucia de algunas áreas del centro comercial.

- Se les pidió a los visitantes que sugirieran algunos cambios necesarios en el centro comercial:
  - *Aglomeraciones.* Pueden ser tremendas, y debe haber una forma de hacerlas más tolerables, como colocar bebederos, bancas, ventiladores de techo que funcionen o actividades recreativas. Hacer comparaciones con el Mall of Georgia, cuyos participantes dijeron que tiene más espacio y clientes más limpios.
  - *Código de vestimenta.* Quejas de que muchas personas enseñaban demasiada piel aunque difícilmente se parecían a Briteny Spears o a Ricky Martin. ¿Quién desea que en los bolos alguien se vista de esta forma? Varios coincidieron en que debe haber una política que establezca que "sin camisa y sin zapatos no hay servicio".
  - *Información.* Sería útil contar con cabinas de información en varios lugares visibles del centro comercial. Los visitantes coincidieron en que era muy difícil encontrar los mapas y que tal vez ayudaría que los colgaran en la entrada del centro comercial.

Identidad de marca y el Mall of Georgia

PERSONALIDAD

- *Mall of Atlanta.* Hombres definitivamente, pero sorprendentemente no adolescentes. Visitantes de mediana edad o mayores, un poco cansados y malhumorados. Obreros, no muy inteligentes, con playeras y gorras de pordiosero, que conducen un gran automóvil estadounidense viejo, y que tal vez tengan problemas económicos. Seguidores más que líderes.
- *Mall of Georgia.* Hombres y mujeres, quizás el tío y la tía cariñosos e indulgentes que lo llenan a uno de experiencias que no recibe en casa, vestidos de forma clásica con pantalones caqui y camisas polo. Personas protectoras, accesibles, equilibradas y adineradas. Gusta más esta persona que la del Mall of Atlanta porque es más divertida.

VALOR DE MARCA

Para muchos, el Mall of Atlanta podría describirse como "sólo un grupo de tiendas y paseos". Otros centros comerciales, como el Mall of Georgia, ofrecen una experiencia de entretenimiento completa. Varias personas recuerdan la época en que el Mall of Atlanta incluía la historia regional y de otras culturas. Lo que lo hacía único en el pasado ya no existe ahora, pues aquellas áreas específicas se ha vuelto menos distintivas y ya no tienen mucho significado. Como resultado, hubo un sentimiento general de que el valor había disminuido.

Implicaciones

En general, los resultados de esta sesión de grupo, el último de una serie de sesiones de grupo dedicado a las percepciones de los jóvenes, son similares a los obtenidos en las sesiones de grupo anteriores. Los participantes consideran al Mall of Atlanta como un centro comercial para "trabajadores". Sin embargo, las percepciones de los jóvenes eran mucho más negativas al compararlas con las del Mall of Georgia, que las de cualquier otro segmento de clientes incluido en esta serie de sesiones de grupo trimestral, iniciada hace dos años. Quizás la remodelación del Mall of Georgia, que finalizó el año pasado, adquirió mayor importancia en la mente de los clientes jóvenes del Mall of Atlanta, debido a que utilizan más los "comentarios" informales (de boca en boca). Es necesario realizar más investigaciones sobre este tema con una mayor muestra para encuestas. ■

Para revisar otro ejemplo, consulte el informe del sesión de grupo que Burke realizó para el Departamento de Servicios Ambientales de Butler County. Esta guía se puede descargar de la página Web para el estudiante de este libro. El proyecto del Mall of Atlanta consistió en seis sesiones de grupo. El número de sesiones de grupo que se deben realizar sobre un tema depende de **1.** la naturaleza del tema, **2.** el número de segmentos de mercado diferentes, **3.** el número de ideas nuevas generadas por cada grupo sucesivo, y **4.** el tiempo y el costo. Si los recursos lo permiten, debemos llevar a cabo grupos de discusión adicionales, hasta que el moderador pueda anticipar lo que se diría. Esto generalmente ocurre después de realizar tres o cuatro grupos sobre el mismo tema.[15] Se recomienda conducir por lo menos dos grupos.[16] Las sesiones de grupo realizadas de manera apropiada pueden generar hipótesis importantes que sirvan como base para llevar a cabo investigación cuantitativa, tal como lo indica el siguiente ejemplo.

INVESTIGACIÓN REAL

¡Haciendo del Kool-Aid algo "cool"!

Kool-Aid (*www.koolaid.com*) es un producto muy conocido entre las mamás y los niños, y se utiliza en muchos hogares de Estados Unidos. A pesar de esto, las ventas de Kool-Aid habían empezado a disminuir. Kraft Foods quería averiguar por qué los usuarios frecuentes redujeron su consumo del producto y cómo podrían regresar el Kool-Aid al estilo de vida de la gente.

Kool-Aid organizó sesiones de grupo, clasificándolas según el uso del producto, desde consumidores frecuentes hasta consumidores ocasionales. La empresa averiguó muchas cosas acerca de los distintos usuarios. A los consumidores frecuentes les gusta beberlo durante todo el año, y todos los miembros de la familia lo consumen, no sólo los niños. Los consumidores frecuentes no sólo agregan agua a la mezcla, sino también ingredientes como frutas, jugo de frutas y agua mineral, además de que lo beben en su casa. Por otro lado, los consumidores ocasionales consideran el Kool-Aid como una bebida de verano para niños. Además, son más proclives a salir de la casa para socializar y, dado que Kool-Aid no viene preparado ni es portátil, no lo utilizan con frecuencia. Por lo tanto, se formularon las siguientes hipótesis:

H1: A los consumidores frecuentes les gusta beber Kool-Aid todo el año.
H2: Entre los consumidores frecuentes, todos los miembros de la familia beben Kool-Aid.
H3: Los consumidores frecuentes generalmente lo consumen en casa.
H4: Entre los usuarios ocasionales, los niños son los principales consumidores de Kool-Aid.
H5: Los consumidores ocasionales beben Kool-Aid principalmente fuera de casa.

Una encuesta cuantitativa de seguimiento, realizada a través de entrevistas telefónicas, apoyó estas hipótesis. Por lo tanto, Kool-Aid creó y puso a prueba distintas formas de publicidad para los consumidores frecuentes y los consumidores ocasionales. A los primeros se dirigieron anuncios que mostraban gente de todas las edades bebiendo Kool-Aid juntos en una casa o en un jardín. De ahí proviene la frase publicitaria "Cómo quieres tu Kool-Aid", mostrando a familiares y amigos hablando sobre las distintas maneras en que beben Kool-Aid. A los usuarios ocasionales se dirigió un anuncio que mostraba niños y adultos disfrutando de un baño de verano, y consumiendo Kool-Aid en vasos térmicos. Esta campaña tuvo mucho éxito para detener las pérdidas en la venta del Kool-Aid. Hacia el 2006, se consumían más de 560 millones de galones de Kool-Aid al año, incluyendo 225 millones de galones durante la temporada de verano.[17] ∎

Otras variantes de las sesiones de grupo

Las sesiones de grupo pueden utilizar diversas variantes del procedimiento estándar. Una de ellas se presentó en el ejemplo inicial, donde se combinaron una sesión de grupo tradicional con una técnica de respuesta frente a imágenes, utilizando un *collage* para alentar a los encuestados a revelar sus creencias y actitudes subyacentes hacia la Honda Pilot. Otras variantes son:

> ***Sesiones de grupo bidireccionales.*** Éstas permiten que un grupo meta escuche y aprenda de un grupo relacionado. En una aplicación, unos médicos revisaron una sesión de grupo de pacientes con artritis analizando el tratamiento que deseaban. Luego, se condujo una sesión de grupo de estos médicos para determinar sus reacciones.
>
> ***Grupo con doble moderador.*** Se trata de una sesión de grupo conducida por dos moderadores. Uno es responsable del flujo suave de la sesión, en tanto que el otro se asegura de que se discutan temas específicos.

Grupo de moderadores en duelo. Aquí también participan dos moderadores, pero de manera deliberada adoptan posturas opuestas con respecto al tema de discusión. Esto permite al investigador explorar ambos extremos de asuntos polémicos.

Grupo de moderador-participante. En este tipo de sesión de grupo, el moderador solicita a participantes seleccionados que actúen el papel de moderador temporalmente para mejorar la dinámica del grupo.

Grupos de cliente-participante. Personal del cliente se identifica y forma parte del grupo de discusión. Su papel principal consiste en ofrecer aclaraciones que hagan más eficaz el proceso del grupo.

Minigrupos o microsesiones. Estos grupos consisten en un moderador y sólo cuatro o cinco participantes, y se utilizan cuando los temas de interés requieren de un sondeo más exhaustivo de lo que permite un grupo estándar de 8 a 12 miembros.

Grupos de sesiones a distancia. Sesiones de grupo realizadas por teléfono usando la técnica de conferencia telefónica.

grupos de sesiones a distancia
Técnica de sesión de grupo que utiliza una red de telecomunicaciones.

Las sesiones de grupo en línea están surgiendo como una técnica importante, y se analizan con mayor detalle en la siguiente sección. Concluimos esta sección sobre sesiones de grupo con un análisis sobre sus ventajas y sus desventajas.

Ventajas y desventajas de las sesiones de grupo

Las sesiones de grupo tienen varias ventajas sobre otras técnicas de recolección de datos:[18]

1. ***Sinergia:*** reunir a un grupo de personas produce una gama más amplia de información, conocimientos e ideas que las respuestas individuales obtenidas de manera privada.
2. ***Bola de nieve:*** en una entrevista grupal a menudo se produce un efecto de bola de nieve (de amplificación), cuando el comentario de una persona dispara una reacción en cadena de los demás participantes.
3. ***Estimulación:*** por lo general, después de un breve periodo introductorio, conforme el nivel general de interés por el tema aumenta en el grupo, los participantes desean más expresar sus ideas y exponer sus sentimientos.
4. ***Seguridad:*** debido a que los sentimientos de los participantes son similares a los de los otros miembros del grupo, ellos se sienten cómodos y, por lo tanto, más dispuestos a expresar sus ideas y sentimientos.
5. ***Espontaneidad:*** como a los participantes no se les pide que respondan preguntas específicas, sus respuestas pueden ser espontáneas y poco convencionales, por lo que deben proporcionar una idea exacta de sus puntos de vista.
6. ***Serendipia:*** es más probable que surjan ideas de manera inesperada en un grupo que en una entrevista individual.
7. ***Especialización:*** debido a que varios integrantes participan de manera simultánea, se justifica el empleo de un entrevistador bien capacitado, aunque sea costoso.
8. ***Escrutinio científico:*** la entrevista grupal permite un escrutinio cercano del proceso de recolección de datos, ya que los observadores pueden atestiguar la sesión y grabarla para su análisis posterior.
9. ***Estructura:*** la entrevista grupal permite flexibilidad en los temas que se abarcan y en la profundidad con que se tratan.
10. ***Rapidez:*** como se entrevista a varios individuos al mismo tiempo, la recolección y el análisis de los datos se llevan a cabo relativamente rápido.

Las cinco desventajas de los grupos se resumen de la siguiente manera:

1. ***Mal uso:*** se puede hacer un mal uso de las sesiones de grupo y abusar de ellas cuando sus resultados se consideran concluyentes más que exploratorios.
2. ***Mala interpretación:*** es más fácil interpretar de forma errónea los resultados de una sesión de grupo, que los resultados de otras técnicas de recolección de datos. Las sesiones de grupo son especialmente susceptibles al sesgo del cliente y del investigador.
3. ***Moderación:*** resulta difícil moderar algunas sesiones de grupo. Los moderadores con todas las habilidades deseables son escasos. La calidad de los resultados depende en gran parte de las habilidades del moderador.
4. ***Desorden:*** la naturaleza no estructurada de las respuestas dificulta la codificación, el análisis y la interpretación. Los datos de las sesiones de grupo tienden a estar desordenados.

5. Mala representación: los resultados de las sesiones de grupo no son representativos de la población general y no son proyectables. En consecuencia, sus resultados no deberían ser la única base para la toma de decisiones final.

Cuando se realizan y utilizan de manera adecuada, las sesiones de grupo tienen numerosas aplicaciones.

Aplicaciones de las sesiones de grupo

En la actualidad organizaciones lucrativas, no lucrativas y de otros tipos utilizan ampliamente las sesiones de grupo.[19] Se pueden emplear en casi cualquier situación que requiera cierta información y conocimientos preliminares, tal como lo ilustran los ejemplos de la Honda Pilot, las Pop-Tarts de Kellogg's y el Kool-Aid. Hablaremos de algunas aplicaciones básicas y metodológicas que representan el amplio rango de uso de esta técnica. Las sesiones de grupo sirven para abordar temas importantes como:

1. Entender las percepciones de los consumidores, así como sus preferencias y comportamiento respecto de una categoría de producto.
2. Obtener percepciones acerca de conceptos de productos nuevos.
3. Generar nuevas ideas sobre productos antiguos.
4. Desarrollar conceptos creativos y material de texto para anuncios.
5. Obtener percepciones causadas por los precios.
6. Obtener la reacción preliminar del consumidor ante programas de marketing específicos.

Las aplicaciones metodológicas de las sesiones de grupo incluyen:

1. Definir un problema con mayor precisión.
2. Generar cursos de acción alternativos.
3. Establecer un enfoque para un problema.
4. Obtener información que sirva para estructurar cuestionarios para consumidores.
5. Generar hipótesis que se sometan a prueba cuantitativamente.
6. Interpretar resultados cuantitativos obtenidos previamente.

EXPERIENCIA DE INVESTIGACIÓN

Gatorade: de una bebida deportiva a una bebida de estilo de vida

La gerencia quiere transformar a Gatorade de una bebida deportiva a una bebida de estilo de vida. Visite *www.gatorade.com* y busque en Internet, así como también en las bases de datos en línea de su biblioteca, y obtenga información sobre la estrategia de marketing de las bebidas energéticas Gatorade.

1. Prepare una guía de discusión de una sesión de grupo para determinar las razones por las que las personas consumen bebidas Gatorade, y qué los haría consumir más.
2. Realice una sesión de grupo de 8 a 12 estudiantes con su guía de discusión.
3. Prepare un informe de la sesión de grupo para la gerencia de Gatorade. ∎

Sesiones de grupo en línea

Al igual que en las sesiones de grupo tradicionales, sólo se puede participar en las sesiones de grupo en línea por invitación. Los participantes se preseleccionan, generalmente de una lista de individuos en línea que han manifestado su interés en participar. Se aplica un cuestionario de preselección en línea para evaluar a las personas; a quienes cubren los requisitos se les invitada a participar en una sesión de grupo y reciben un horario, un URL, el nombre de un salón y una clave de acceso a través del correo electrónico. Por lo general, participan de cuatro a seis personas en la sesión de grupo en línea. Hay menos individuos en una sesión de grupo en línea que en una cara a cara, porque demasiadas "voces" causarían confusión en la discusión.

Antes de que comience la sesión de grupo, los participantes reciben información que abarca temas como la manera de expresar emociones al escribir. Los indicadores emocionales electrónicos se producen utilizando ciertos caracteres del teclado, y su uso es estándar en Internet.

Por ejemplo, :-) y :-(son símbolos de rostros sonrientes y tristes, respectivamente. Las emociones suelen insertarse en el texto en el momento en que se experimentan. Las emociones también se expresan utilizando una fuente o color diferente. Existe una amplia gama de emociones, por ejemplo: estoy frunciendo el ceño, me estoy riendo, estoy avergonzado, estoy enojado, me siento apasionado por responder, etcétera. Esto va seguido por la respuesta. Los participantes también pueden obtener información previa sobre el tema de la sesión de grupo si visitan la página Web, y leen información o descargan un anuncio televisivo real a su computadora y lo ven. Luego, justo antes de que empiece el grupo, las personas visitan un sitio Web donde inician la sesión y reciben algunas instrucciones de último minuto.

Cuando es momento de iniciar el grupo, pasan a un salón de chat en Internet. Acuden al lugar de la sesión de grupo (URL) y hacen clic en "Entrar al salón de la sesión de grupo". Para entrar, deben proporcionar el nombre del salón, el nombre del usuario y la clave de acceso que se les envió por correo electrónico. En el salón de chat, el moderador y los participantes se comunican entre sí usando el teclado. Por lo general, los moderadores siempre plantean sus preguntas en letras mayúsculas; en tanto que los participantes utilizan mayúsculas y minúsculas. Se solicita a los participantes que siempre inicien sus respuestas con el número de la pregunta, para que moderador relacione con rapidez la respuesta a la pregunta adecuada. Esto facilita y acelera la transcripción de una sesión de grupo. La interacción grupal dura aproximadamente una hora. Inmediatamente después de que termina el grupo, existe una transcripción burda, y después de 48 horas una transcripción con un formato. El proceso completo es mucho más rápido que en la técnica tradicional. Una empresa que organiza sesiones de grupo en línea es Surveysite (*www.surveysite.com*).

Ventajas de las sesiones de grupo en línea

Participa gente de todo el país o incluso del mundo, y el cliente observa al grupo desde la comodidad de su hogar u oficina. Se eliminan las limitaciones geográficas y disminuyen las limitaciones de tiempo. A diferencia de las sesiones de grupo tradicionales, se tiene la oportunidad única de ponerse en contacto nuevamente con los participantes del grupo posteriormente para revisar ciertos aspectos o para mostrarles modificaciones realizadas al material presentado en la sesión de grupo original. Internet permite que el investigador llegue a segmentos que generalmente son difíciles de contactar: médicos, abogados, profesionales, madres que trabajan, y otras personas que tienen una vida ocupada y que no se interesan en formar parte de sesiones de grupo tradicionales.

Además, los moderadores pueden tener conversaciones colaterales con participantes individuales e indagar con mayor profundidad en áreas de interés. Las personas suelen mostrarse menos inhibidas en sus respuestas y son más proclives a expresar sus pensamientos con plenitud. Muchas sesiones de grupo en línea rebasan el tiempo asignado, ya que se expresan muchas respuestas. Por último, como no es necesario viajar, filmar ni organizar instalaciones, el costo es mucho menor que el de las sesiones de grupo tradicionales. Las empresas pueden mantener los costos entre una quinta parte y la mitad del costo de las sesiones de grupo tradicionales.[20]

Desventajas de las sesiones de grupo en línea

Solamente quienes tienen y saben utilizar una computadora pueden responder encuestas en línea. Como a menudo el nombre de un individuo en Internet es privado, es difícil verificar que un participante sea miembro de un grupo meta. Esto fue ilustrado en una caricatura de *The New Yorker*, donde dos perros están sentados ante una computadora y uno le dice al otro: "¡En Internet, nadie sabe que eres un perro!" Para superar esta limitación, se emplean otras técnicas tradicionales, como las llamadas telefónicas, para reclutar y verificar la identidad de los participantes. No es posible observar el lenguaje corporal, las expresiones faciales ni el tono de la voz, y las emociones electrónicas evidentemente no captan la intensidad de una emoción como las cintas de video.

Otro factor que se debe tomar en cuenta es la falta de control general sobre el entorno de los participantes, así como su exposición potencial a estímulos externos distractores. Como las sesiones de grupo en línea pueden tener participantes diseminados por todo el mundo, los investigadores y los moderadores no tienen idea de lo que las personas pueden estar haciendo mientras participan en el grupo. Sólo se ponen a prueba estímulos de audio y de video. No es posible tocar los productos (por ejemplo, ropa) ni olerlos (por ejemplo, perfumes). En la tabla 5.3 se presenta una comparación entre las sesiones de grupo en línea y las tradicionales.

TABLA 5.3
Sesiones de grupo en línea y tradicionales

CARACTERÍSTICA	SESIONES DE GRUPO EN LÍNEA	SESIONES DE GRUPO TRADICIONALES
Tamaño del grupo	4 a 6	8 a 12
Composición del grupo	De cualquier parte del mundo	Del área local
Duración	1 a 1.5 horas	1 a 3 horas
Ambiente físico	El investigador tiene poco control	El investigador tiene el control
Identidad del participante	Difícil de verificar	Se verifica con facilidad
Atención de los participantes	Los participantes pueden realizar otras tareas	Es posible supervisar la atención
Reclutamiento de los participantes	Más fácil; se pueden reclutar en línea, por correo electrónico, panel o por medios tradicionales	Se reclutan por medios tradicionales (teléfono, correo, panel de correo)
Dinámica de grupo	Limitada	Sinergia, efecto de bola de nieve
Apertura de los participantes	Los participantes son más sinceros debido a la falta de contacto cara a cara	Los participantes son sinceros, con excepción de temas delicados
Comunicación no verbal	No se observa el lenguaje corporal; las emociones expresan mediante símbolos	Se observan el lenguaje corporal y las emociones
Uso de estímulos físicos	Limitado a los que pueden mostrarse en Internet	Se pueden utilizar diversos estímulos (productos, anuncios, demostraciones, etc.)
Transcripciones	Disponibles de forma inmediata	Costosas y prolongadas
Comunicación de los observadores con el moderador	Los observadores se pueden comunicar con el moderador en un monitor dividido	Los observadores pueden enviar notas al lugar físico de la sesión de grupo
Habilidades únicas del moderador	Uso del teclado, uso de la computadora, familiarizado con el lenguaje de los salones de chat	De observación
Tiempo de respuesta	Se puede establecer y completar en pocos días	Se requieren muchos días para establecer y completar
Costos de viaje para el cliente	Ninguno	Puede ser costoso
Costos básicos de la sesión de grupo	Mucho menos costoso	Más costoso debido a la renta del local, alimentos, grabación de audio video y preparación de la transcripción

Usos de las sesiones de grupo en línea

Hay ocasiones en que son preferibles las sesiones de grupo tradicionales. Por ejemplo, realmente es muy difícil explorar en línea temas o problemas con gran contenido emocional. Puesto que el alcance de las sesiones de grupo en línea actualmente está limitado a personas que tienen acceso a Internet, estos grupos no serían adecuados para todas las situaciones de investigación. Sin embargo, son muy adecuados para empresas que utilizan Internet para vender productos o servicios, y que desean aumentar su participación en el mercado u obtener conocimientos. Algunas de sus aplicaciones son los anuncios banner, prueba de textos publicitarios, prueba de conceptos, prueba de uso, evaluación multimedia, y comparaciones de iconos o imágenes gráficas. Otro uso potencial de las sesiones de grupo o encuestas en línea son las corporaciones que desean obtener retroalimentación sobre temas relacionados con el lugar de trabajo, como recortes de personal, rotación y diversidad laborales. Es recomendable pedir a los empleados que visiten un sitio Web, donde participen de forma anónima en discusiones con la gerencia. Empresas como CyberDialogue (*www.cyberdialogue.com*) se especializan en sesiones de grupo en línea, encuestas por correo electrónico y encuestas por Internet.

INVESTIGACIÓN REAL

Aumento de la utilidad de los vehículos SUV (todoterreno)

Una industria que se ha beneficiado de las sesiones de grupo en línea es la automotriz, específicamente Nissan North America. Mientras diseñaba el vehículo SUV XTerra, Nissan realizó varias sesiones de grupo en línea para obtener retroalimentación sobre los diseños, y también para averiguar lo que su mercado meta quería en estos automóviles. El mercado, consistente de personas jóvenes, activas y deportistas, estaba ansioso por participar. Deseaban un automóvil utilitario que transportara equipo deportivo y para acampar dentro de sí o sobre soportes, aunque a un precio razonable. Las sesiones de grupo analizaron temas como las características que buscaban, como soportes (bacas) sobre el techo y los costados del automóvil, cuatro puertas, diseño deportivo, colores modernos y mucho espacio dentro del vehículo. Nissan cumplió con todas esas expectativas, y tuvo mucho éxito. El nombramiento que recibió el automóvil XTerra 2001 por parte de la AAA, como el mejor vehículo todoterreno de ese año demuestra el éxito de la empresa.

Las sesiones de grupo en línea revelaron que muchos compradores de automóviles querían vehículos fabricados a la medida. Por lo tanto, en 2002 Nissan se convirtió en el primer fabricante de automóviles en anunciar el servicio de automóviles hechos por pedido en Internet. Mientras que otros importantes fabricantes de vehículos como Ford y GM ofrecen servicios para vehículos en Internet, Nissan afirma que la configuración de su navegador será similar al navegador de pedidos personalizados de Dell. En 2006, Nissan ofreció su tecnología personalizada en todos los modelos XTerra que se fabrican en su planta ubicada en Tennessee.[21] ∎

EXPERIENCIA DE INVESTIGACIÓN

Investigación cualitativa en línea

Otra técnica de investigación cualitativa en línea es un tablero de anuncios en línea, donde los participantes elegidos publican sus respuestas a temas de discusión durante un periodo más largo, de hasta varios días. (También se les llama discusiones hilvanadas moderadas de varios días). Las funciones de Internet también sirven para que los clientes supervisen a distancia sesiones de grupo tradicionales (por video continuo) o sesiones de grupo en línea. Los siguientes sitios Web ilustran tales posibilidades en línea.

1. Para experimentar los pasos del diseño y análisis de una investigación con un tablero de anuncios en línea, visite *www.2020research.com/Online/index.htm*, elija QualBoard y luego "QualBoards Interactive —View the Flash Demo". Para adelantar este panorama general, utilice los botones que están en la parte inferior de la pantalla.
2. Para saber cómo un patrocinador de una sesión de grupo en línea supervisa el grupo como si estuviera detrás de una ventana de una sola vista, al fondo del salón donde se lleva a cabo la reunión, visite *www.activegroup.net/* y seleccione Products, luego ActiveGroup y después "Focus Group Demo". Tendrá que proporcionar una dirección de correo electrónico y un nombre de usuario de una palabra para activar el video.
3. Visite e-FocusGroups (*www.e-focusgroups.com*) y haga clic en "online"; luego en "click here to see Respondent View", para obtener una imagen de lo que los participantes observan en una sesión de grupo en línea. Haga clic en "click here to see the Client View", para ver lo que los clientes ven en una sesión de grupo en línea. Redacte un informe breve.
4. Visite SurveySite (*www.surveysite.com*) y haga clic en "What We Do" y luego en "Qualitative Research". Haga un informe sobre FocusSite, la metodología cualitativa en línea de SurveySite. ∎

ENTREVISTAS EN PROFUNDIDAD

entrevista en profundidad
Entrevista no estructurada, directa y personal, en la cual un entrevistador altamente capacitado interroga a un solo encuestado, para descubrir motivaciones, creencias, actitudes y sentimientos subyacentes sobre un tema.

Las ***entrevistas en profundidad*** son otro método para obtener datos cualitativos. Primero describiremos el procedimiento general para conducir entrevistas en profundidad, y luego ejemplificaremos algunas técnicas específicas. También analizaremos ventajas, desventajas y aplicaciones de este tipo de entrevistas.

Características

Al igual que las sesiones de grupo, las entrevistas en profundidad son una forma no estructurada y directa de obtener información pero, a diferencia de las sesiones de grupo, dichas entrevistas se realizan de forma individualizada. Una entrevista en profundidad es una entrevista no estructurada, directa y personal en la que un entrevistador altamente capacitado interroga a una sola persona, con la finalidad de indagar sus motivaciones, creencias, actitudes y sentimientos subyacentes acerca de un tema.[22]

Una entrevista en profundidad puede durar de 30 minutos a más de una hora. Para ilustrar la técnica en el contexto del ejemplo de la tienda departamental, el entrevistador comienza haciendo una pregunta general, por ejemplo, "¿qué piensa de hacer compras en tiendas departamentales?" Luego, el entrevistador anima al sujeto a hablar libremente sobre sus actitudes hacia las tiendas departamentales. Después de hacer la pregunta inicial, el entrevistador utiliza un formato no estructurado. La dirección que toma la entrevista está determinada por la respuesta inicial del sujeto, la indagación que hace el entrevistador para obtener detalles y las respuestas del sujeto. Suponga que éste responde a la pregunta inicial de la siguiente forma "Ya no me divierte ir de compras". Luego, el entrevistador plantearía la pregunta "¿Por qué ya no es divertido?" Si la respuesta no es muy reveladora ("Las compras simplemente han dejado de ser divertidas"), el entrevistador podría indagar con una pregunta como la siguiente: "¿Por qué antes era divertido y qué es lo que ha cambiado?"

Mientras que el entrevistador intenta seguir un esquema general, la manera de formular las preguntas y el orden en que se plantean se ven influidos por las respuestas del sujeto. La indagación es sumamente importante para obtener respuestas con significado y descubrir temas ocultos. La indagación se logra con preguntas como "¿Por qué dice eso?" "Eso parece interesante, ¿podría decirme más?" o "¿Le gustaría añadir algo más?"[23] En el capítulo 13 analizaremos con mayor profundidad la indagación en el trabajo de campo. El valor de la información que se obtiene mediante la indagación es evidente en el siguiente ejemplo.

INVESTIGACIÓN REAL

Indagación de la inteligencia

En un estudio diseñado para idear nuevas características de una tarjeta de crédito, los participantes sólo mencionaron las características de las tarjetas ya existentes, cuando se les preguntó de manera estructurada. Luego se utilizaron entrevistas en profundidad para sondear a los encuestados. Por ejemplo, el entrevistador les pidió que se preguntaran a sí mismos "¿Qué es importante para mí? ¿Qué problemas tengo? ¿Cómo me gustaría vivir? ¿Cuál es mi mundo ideal?" Como resultado de esta técnica, los consumidores revelaron información de la que anteriormente no estaban conscientes, y surgieron varias características nuevas para las tarjetas de crédito. El estudio descubrió la necesidad de una tarjeta de crédito "inteligente", que pudiera desempeñar tareas como mantener el registro de los estados de cuenta bancarios, de las inversiones y de números telefónicos de emergencia. Otras preocupaciones de los usuarios de las tarjetas de crédito son el uso de una cartera abultada y la molestia de llevar demasiadas tarjetas de crédito. Los resultados de la investigación revelaron que una sesión de grupo como ésta ayudaría a las empresas de tarjetas de créditos a ofrecer nuevas características, a la vez que se atrae a nuevos clientes y se satisface a los ya existentes. Por ejemplo, en 2002 PrivaSys y First Data se unieron para introducir una tarjeta electrónica de baterías, con un microprocesador interno capaz de llevar la de American Express, MasterCard, de gasolina y otras de débito en un solo plástico del mismo tamaño y forma que una tarjeta de crédito normal. Hacia 2006, PrivaSys (*www.privasys.com*) ya había desarrollado más tecnologías de tarjetas inteligentes para ayudar a las empresas de tarjetas de crédito a reducir los fraudes y ofrecer un producto bien diferenciado y, al mismo tiempo, brindar a los usuarios mayor seguridad y comodidad.[24] ■

Como indica este ejemplo, la indagación es eficaz para descubrir información subyacente u oculta. La indagación forma parte integral de las entrevistas en profundidad, y se utiliza en todas las técnicas de entrevistas en profundidad.

Técnicas

Tres técnicas de la entrevista en profundidad que han ganado popularidad recientemente son el escalonamiento, las preguntas con tema oculto y el análisis simbólico. En el **escalonamiento**, el interrogatorio pasa de las características del producto a las características del usuario. Esta técnica permite al investigador llegar a la red de significados del consumidor. El escalonamiento ofrece una forma de indagar las profundas razones psicológicas y emocionales subyacentes de los consumidores, las cuales afectan sus decisiones de compra. Al determinar por qué una persona compra un producto, los investigadores desean saber algo más que "la calidad" y "el precio bajo". Por lo tanto, para examinar los profundos motivadores subyacentes se debe utilizar una técnica de escalonamiento.

El uso del escalonamiento requiere que los entrevistadores estén capacitados en técnicas específicas de indagación para que puedan desarrollar un "mapa mental" con significado, del punto de vista que tiene el consumidor acerca de un producto meta. El objetivo último consiste en combinar los mapas mentales de los consumidores que sean similares, lo cual podría conducir a las razones por las que la gente compra productos específicos. La indagación se realiza para ir más allá de las respuestas iniciales que los participantes dan a una pregunta. Cuando se les pregunta por qué prefieren un producto, las primeras respuestas suelen relacionarse con un atributo. Algunos ejemplos de estas respuestas son el color, el sabor, el precio, el tamaño y el nombre de la marca. Cada atributo, consecuencia y valor de los motivadores subyacentes se localizan al "subir por la escalera" y llegar

escalonamiento
Técnica para realizar entrevistas en profundidad, en la cual un tipo de cuestionamiento va de las características del producto a las características del usuario.

a las razones verdaderas de la compra de productos. Al utilizar preguntas de "por qué" después de las respuestas iniciales, se obtiene información mucho más útil para el mercadólogo:

> RESPUESTA: "Compro cosméticos Maybelline porque es una buena marca, a un precio razonable".
> PREGUNTA: ¿Por qué los cosméticos a precios razonables son importantes para usted?
> RESPUESTA: "Bueno, comprar un producto de calidad que no es muy caro me hace sentir bien, porque estoy gastando mi dinero de manera inteligente".

preguntas con tema oculto
Tipo de entrevista en profundidad que intenta localizar aspectos personales sensibles relacionados con intereses profundamente arraigados.

análisis simbólico
Técnica para realizar entrevistas en profundidad, en la cual se analiza el significado simbólico de los objetos al compararlos con sus opuestos.

Las **preguntas con tema oculto** no se enfocan en valores socialmente compartidos, sino en "puntos sensibles" personales; no tratan sobre estilos de vida generales, sino sobre preocupaciones personales muy arraigadas. El **análisis simbólico** intenta analizar el significado simbólico de los objetos al compararlos con sus opuestos. Para saber lo que algo es, el investigador trata de saber lo que no es. Los opuestos lógicos de un producto que se investigan son: la falta de uso del producto, los atributos de un "no producto" imaginario, y tipos de productos opuestos. En el siguiente ejemplo se describen las tres técnicas.

INVESTIGACIÓN REAL

Temas ocultos y dimensiones ocultas en los viajes aéreos

En este estudio, el investigador estaba indagando las actitudes hacia las aerolíneas entre gerentes hombres de nivel medio.

Escalonamiento. Se sondeó cada atributo de una aerolínea, como aeronaves con asientos más anchos, para determinar por qué era importante (puedo completar más trabajo), y luego se indagó sobre esa razón (logro más) y así sucesivamente (me siento bien conmigo mismo). El escalonamiento indicó que los gerentes preferían reservar su asiento con anticipación, una aeronave con asientos más anchos, y asientos de primera clase (características del producto), lo que producía una mayor comodidad física. Esto les permitía realizar más trabajo durante el vuelo, y así tener una sensación del logro y mayor autoestima (características del usuario). Esta técnica demostró que una campaña publicitaria, como la vieja campaña de United Airlines, "Usted es el jefe", que incrementa la autoestima de los gerentes, es digna de consideración.

Preguntas con tema oculto. Se preguntó a los participantes acerca de sus fantasías, su vida laboral y su vida social para identificar temas de vida ocultos. Las respuestas indicaron que las actividades competitivas glamorosas, históricas, de élite y de "camaradería masculina", como las carreras del Grand Prix, el esgrima y los combates aéreos de la Segunda Guerra Mundial, eran de interés personal para los gerentes. Estos intereses podían atenderse con una campaña publicitaria como la de Lufthansa German Airlines que presentaba como vocero a un "Barón rojo" al estilo de la Primera Guerra Mundial. Esa campaña comunicaba la agresividad, el alto estatus y la herencia competitiva de la aerolínea.

Análisis simbólico. Algunas de las preguntas planteadas fueron "¿Qué pasaría si ya no pudiera utilizar los aviones?", y se obtuvieron respuestas como, "Sin los aviones, realmente tendría que basarme en correos electrónicos, cartas y llamadas telefónicas". Esto sugiere que lo que las aerolíneas le venden a los gerentes es la comunicación cara a cara. De esta manera, un anuncio eficaz sería aquel que garantice que la aerolínea hará por un gerente lo mismo que Federal Express hace por un paquete.

La información revelada por estas técnicas es útil para posicionar de forma eficaz una aerolínea y para diseñar estrategias publicitarias y de comunicación adecuadas. Después de los ataques del 11 de septiembre de 2001, la publicidad se ha convertido en un verdadero desafío para las aerolíneas. En 2006 con dichas técnicas, American Airlines lanzó el programa Business ExtraAA, que ofrecía mayor variedad, más opciones y mayor flexibilidad que los programas de incentivos para negocios de cualquier otra aerolínea. Programas como éste han ayudado a American a evitar la bancarrota del Capítulo 11, que ha afectado a otras aerolíneas importantes como United, Delta, Northwest y US Airways.[25] ∎

El papel del entrevistador es crucial para el éxito de la entrevista en profundidad. El entrevistador debe **1.** evitar la apariencia de ser superior y hacer que el participante se sienta cómodo, **2.** mantenerse desapegado y objetivo, pero siendo agradable, **3.** plantear las preguntas de una manera informativa, **4.** no aceptar respuestas breves como "sí" o "no", y **5.** sondear al participante.

Usando la técnica de entrevista en profundidad, American Airlines creó el programa Business ExtraAA, que ofrecía mayor variedad, más opciones y mayor flexibilidad, que los programas de incentivos para negocios de cualquier otra aerolínea.

Ventajas y desventajas de las entrevistas en profundidad

Las entrevistas en profundidad pueden descubrir conocimientos más recónditos que las sesiones de grupo. Además, atribuyen las respuestas directamente al participante, a diferencia de las sesiones de grupo, donde con frecuencia resulta difícil determinar cuál de las personas dio una respuesta específica. Las entrevistas en profundidad producen un intercambio libre de información —que muchas veces no es posible en las sesiones de grupo— debido a que no existe la presión social para coincidir con la respuesta grupal.

Las entrevistas en profundidad tienen muchas de las desventajas de las sesiones de grupo, y a menudo en mayor grado. Los entrevistadores hábiles, capaces de realizar buenas entrevistas en profundidad, son costosos y difíciles de encontrar. La falta de estructura hace que los resultados sean susceptibles a la influencia del entrevistador, en tanto que la calidad y el detalle de los resultados dependen mucho de las habilidades del entrevistador. Los datos obtenidos son difíciles de analizar e interpretar, y generalmente se requieren los servicios de psicólogos capacitados para este propósito. La duración de la entrevista, junto con los costos elevados, implica que el número de entrevistas en profundidad en un proyecto será bajo. En la tabla 5.4 se muestra una comparación relativa de las sesiones de grupo y las entrevistas en profundidad. A pesar de estas desventajas, las entrevistas en profundidad tienen algunas aplicaciones.

TABLA 5.4
Sesiones de grupo y entrevistas en profundidad

Característica	Sesiones de grupo	Entrevistas en profundidad
Sinergia y dinámica del grupo	+	−
Presión de los otros miembros/influencia del grupo	−	+
Participación del cliente	+	−
Generación de ideas innovadoras	+	−
Sondeo profundo de los individuos	−	+
Descubrimiento de motivos ocultos	−	+
Discusión de temas delicados	−	+
Entrevista a individuos que son competidores	−	+
Entrevista a individuos que son profesionales	−	+
Programación de los participantes	−	+
Cantidad de información	+	−
Sesgo en la moderación y en la interpretación	+	−
Costo por participante	+	−

Nota: un signo + indica una ventaja relativa sobre el otro procedimiento, y un signo − indica una desventaja relativa.

Aplicaciones de las entrevistas en profundidad

Al igual que en las sesiones de grupo, las entrevistas en profundidad se aplican principalmente en la investigación exploratoria para obtener conocimientos y comprensión. Sin embargo, a diferencia de las sesiones de grupo, se utilizan con menos frecuencia en la investigación de mercados. No obstante, las entrevistas en profundidad se suelen utilizar de manera eficaz en situaciones problemáticas especiales, como aquellas que requieren:[26]

1. Un sondeo detallado del participante (compra de un automóvil).
2. La discusión de temas confidenciales, delicados o embarazosos (finanzas personales, pérdidas dentales).
3. Situaciones donde hay normas sociales rígidas y los participantes podrían verse influidos fácilmente por la respuesta del grupo (actitud de los estudiantes universitarios hacia los deportes).
4. Entendimiento cabal de conductas complicadas (compras en tiendas departamentales).
5. Entrevistas con profesionales (investigación de mercados industriales).
6. Entrevistas con competidores, quienes no son proclives a revelar la información en un ambiente grupal (percepción que tienen los agentes de viajes sobre los programas de viaje en paquete de las aerolíneas).
7. Situaciones en las que la experiencia de consumo del producto es de naturaleza sensorial, por lo que afecta el estado de ánimo y las emociones (perfumes, jabón de baño).

El siguiente ejemplo presenta un caso donde las entrevistas en profundidad fueron especialmente útiles.

INVESTIGACIÓN REAL

Escalando hacia el éxito de PlayStation 2

Se utilizó la técnica de escalamiento para determinar las actitudes y motivaciones de compra de los consumidores hacia el PlayStation 2 (*www.us.playstation.com*). Los principales conocimientos obtenidos sobre este producto fueron:

- Mis amigos me visitan y pasamos la tarde haciendo equipos en un juego o jugando unos contra otros.
- Los juegos difíciles requieren de un mayor pensamiento crítico y toma de decisiones. Pareciera más un rompecabezas que un juego.
- Algunos juegos sólo son adecuados para adultos, por lo que no siento que esté jugando un "juego de niños", sino formando parte de una experiencia de juego de alta calidad.

Algunas de las implicaciones para el marketing de esta información sobre el PlayStation 2 de Sony son:

- Establecimiento de quioscos de juegos en centros nocturnos de grandes ciudades, como Los Ángeles y Nueva York, para atraer a los adultos.
- Publicidad en series televisivas como *Friends*, donde Joey y Chandler juegan en un PlayStation 2.
- Incluir anuncios más maduros en revistas como *Wired* y *Sports Illustrated*.

Los conocimientos obtenidos del escalamiento sirven como punto de partida de investigaciones adicionales y pruebas de hipótesis, que ayudarían a desarrollar nuevas ideas de productos, distribución, asignación de precios o promoción. En 2001 Sony distribuyó más de 25 millones de consolas PlayStation en todo el mundo. Con una demanda tan elevada de los productos Sony, la empresa se da cuenta de que debe continuar aprendiendo más acerca de los patrones de comportamiento de los consumidores. Debido a tal éxito, el 16 de mayo de 2005 Sony anunció el lanzamiento de la nueva generación de su sistema de entretenimiento computarizado, PlayStation 3, en la primavera de 2006.[27] ■

INVESTIGACIÓN ACTIVA

Realice una búsqueda en Internet y, de ser posible, también en la base de datos en línea de su biblioteca, para obtener información sobre las razones por las que la gente utiliza tarjetas de crédito.

Realice dos entrevistas en profundidad para determinar por qué las personas usan tarjetas de crédito.

Como gerente de marketing de Visa, ¿de qué manera utilizaría la información sobre las razones por las que la gente utiliza tarjetas de crédito para aumentar su participación en el mercado?

CAPÍTULO 5 *Diseño de la investigación exploratoria: investigación cualitativa* 163

El ejemplo del PlayStation 2 de Sony muestra el valor que tienen las entrevistas en profundidad para descubrir las respuestas ocultas que subyacen a las frases hechas (clichés) que produce un interrogatorio común.

TÉCNICAS PROYECTIVAS

Tanto las sesiones de grupo como las entrevistas en profundidad son métodos directos en los que los verdaderos propósitos de la investigación son evidentes o se revelan a los participantes. Las técnicas proyectivas difieren de esas técnicas, ya que tratan de disfrazar el propósito de un estudio. Una **técnica proyectiva** es una forma de cuestionamiento no estructurada e indirecta que anima a los participantes a proyectar sus motivaciones, creencias, actitudes o sentimientos subyacentes con respecto a los temas de interés.[28] En las técnicas proyectivas, se pide a los individuos que interpreten el comportamiento de otros, en vez de describir el comportamiento propio. Al interpretar la conducta de otros, los participantes proyectan de manera indirecta sus propias motivaciones, creencias, actitudes o sentimientos en la situación. De esta manera, las actitudes de las personas se descubren al analizar sus respuestas ante escenarios que son deliberadamente vagos, ambiguos y sin estructura. Cuanto más ambigua sea la situación, los participantes más proyectarán sus emociones, necesidades, motivos, actitudes y valores, tal como lo demuestra el trabajo en la psicología clínica, de donde provienen las técnicas proyectivas.[29] Igual que en la psicología, estas técnicas se clasifican como de asociación, de complementación, de construcción y de expresión. Ahora analizaremos cada una de estas clasificaciones.[30]

técnica proyectiva
Forma de preguntar no estructurada e indirecta que anima a los sujetos a proyectar sus motivaciones, creencias, actitudes o sentimientos subyacentes con respecto a los temas de interés.

Técnicas de asociación

En las **técnicas de asociación** se presenta un estímulo a un individuo y luego se le pide que responda con lo primero que le venga a la mente. La **asociación de palabras** es la técnica más conocida, y consiste en presentarle al individuo una lista de palabras, una a la vez, y luego pedirle que responda a cada una con la primera palabra que le venga a la mente. Las palabras de interés, llamadas *palabras de prueba*, se intercalan a lo largo de la lista, la cual también contiene algunas palabras neutrales o de relleno para disfrazar el propósito del estudio. Por ejemplo, en el estudio de la tienda departamental, algunas palabras de prueba serían "ubicación", "estacionamiento", "comprar", "calidad" y "precio". Las respuestas del sujeto a cada palabra se registran de forma textual, y se toma el tiempo de respuesta para identificar a los participantes que dudan o que razonan su respuesta (definido como tardar más de tres segundos para contestar). El entrevistador, y no el participante, registra las respuestas. Esto controla el tiempo necesario que el participante requeriría para escribir la respuesta.

técnicas de asociación
Tipo de técnica proyectiva en la cual se presenta un estímulo al participante y se le pide que responda lo primero que le venga a la mente.

asociación de palabras
Técnica proyectiva donde se presenta una lista de palabras (una a la vez) a los participantes. Después de cada palabra, se les pide que digan la primera palabra que les venga a la mente.

La suposición subyacente de esta técnica es que la asociación permite a los participantes revelar sus sentimientos más profundos sobre el tema de interés. La respuesta se analizan calculando: **1.** la frecuencia con que una palabra se da como respuesta; **2.** el tiempo que pasa antes de que se emita una respuesta; y **3.** el número de participantes que no responden ante una palabra de prueba dentro de un periodo razonable. Se considera que quienes no dan una respuesta están tan vinculados emocionalmente que esto bloquea una respuesta. A menudo es posible clasificar las asociaciones como favorables, desfavorables o neutrales. El patrón de respuestas y los detalles de la respuesta de un individuo se utilizan para determinar sus actitudes o sentimientos subyacentes sobre el tema de interés, tal como se muestra en el siguiente ejemplo.

INVESTIGACIÓN REAL

Ocupándose de la mugre

Se utilizó la asociación de palabras para estudiar las actitudes de las mujeres hacia los detergentes. A continuación se muestra una lista de palabras de estímulo, así como las respuestas de dos mujeres de edad y situación familiar similares. El conjunto de respuestas es bastante diferente, lo cual sugiere que las mujeres difieren en cuanto a su personalidad y a sus actitudes hacia el cuidado del hogar. Las asociaciones de la señora M sugieren que está resignada a la mugre; ella considera que la mugre es inevitable y no desea hacer mucho al respecto. No limpia muy a fondo ni tampoco obtiene placer de su familia. La señora C también ve la mugre, pero es enérgica, práctica y menos emocional; ella está preparada para combatir la mugre, y utiliza jabón y agua como armas.

Estímulo	Señora M	Señora C
día de lavado	diario	planchar
fresco	y dulce	limpio
puro	aire	sucio
tallar	no; lo hace su esposo	limpio
suciedad	este vecindario	mugre
burbujas	baño	agua y jabón
familia	riñas	niños
toallas	sucio	lavar

Estos hallazgos sugieren que el mercado de detergentes debe segmentarse con base en las actitudes. En 2006 P&G fue el líder en el mercado de los detergentes para ropa, con 10 marcas diferentes. Hallazgos de investigación similares a éstos pueden ayudar a P&G, a posicionar de manera adecuada todas sus marcas de detergentes para distintos grupos segmentados, de acuerdo con las actitudes, lo que produciría un aumento en sus ventas.[31]

Existen diversas variantes del procedimiento estándar de asociación de palabras explicado aquí. Tal vez se pida a los participantes que digan las primeras dos, tres o cuatro palabras que se les ocurran, en vez de sólo la primera. Estas técnicas también se pueden utilizar en pruebas controladas, en contraste con la asociación libre. En las pruebas controladas, se podría preguntar "¿Qué tiendas departamentales le vienen primero a la mente cuando menciono mercancía de alta calidad?" De las técnicas de complementación, que son una extensión natural de las técnicas de asociación, se suele obtener información más detallada.

Técnicas de complementación

técnicas de complementación
Técnica proyectiva donde el participante debe completar una situación de estímulo incompleta.

En las ***técnicas de complementación*** se pide a los participantes que completen una situación de estímulo incompleta. Las técnicas de complementación más comunes en la investigación de mercados son las frases incompletas y las historias incompletas.

frases incompletas
Técnica proyectiva en la que se presenta a los participantes un número de frases incompletas, y se les pide terminarlas.

Frases incompletas. La técnica de *frases incompletas* es similar a la asociación de palabras. Se da a los participantes frases incompletas y se les pide que las terminen. Por lo general, se les solicita que utilicen la primera palabra o frase que se les ocurra, tal como se hizo en el proyecto de la tienda departamental.

PROYECTO DE INVESTIGACIÓN

Frases incompletas

En el contexto del estudio de la tienda departamental se pueden utilizar las siguientes frases incompletas.

Una persona que compra en Sears es

Una persona que recibe un certificado de regalos de Sak's Fifth Avenue estaría

JCPenny le gusta más a

Cuando pienso en ir de compras a una tienda departamental, yo

Este ejemplo ilustra una ventaja de las frases incompletas sobre la asociación de palabras: los participantes pueden recibir un estímulo más dirigido. Las frases incompletas suelen brindar más información sobre los sentimientos de las personas, que la asociación de palabras. Sin embargo, las frases incompletas no están muy disfrazadas, y muchos individuos pueden adivinar el propósito del estudio. Una variante de las frases incompletas es el párrafo incompleto, donde el participante completa un párrafo que inicia con una frase de estímulo. Una versión más amplia de las frases incompletas y de los párrafos incompletos son las historias incompletas.

historias incompletas
Técnica proyectiva en la que se presenta a los participantes parte de una historia, y se les pide que la concluyan usando sus propias palabras.

Historias incompletas. En las **historias incompletas**, se les presenta a los participantes parte de una historia —lo suficiente en para dirigir la atención hacia un tema específico, pero no para sugerir el final. Después, se les pide que la concluyan usando sus propias palabras. El final que da el individuo a esta historia revela sus sentimientos y emociones subyacentes, como sucede en el siguiente ejemplo.

INVESTIGACIÓN REAL

¿Las pantimedias tienen historias de terror?

¿Historias? ¿Historias de terror? Esto es algo que DuPont (*www.dupont.com*), un fabricante de material para pantimedias, pasó por alto cuando realizó una investigación para averiguar los gustos de los clientes. DuPont hizo la misma investigación que todas las demás empresas llevan a cabo, incluyendo sesiones de grupo y encuestas. Por desgracia, no fue suficiente.

El problema con las sesiones de grupo fue que los participantes se rehusaban a responder. Algunos se sentían avergonzados o simplemente no estaban interesados en el tema. En otros casos, los clientes no se sentían cómodos de hablar cara a cara sobre sus sentimientos y opiniones. Entonces, se empleó la técnica de historias incompletas.

Se solicitó a los participantes que llevaran imágenes y contaran historias que describieran ciertos sentimientos, opiniones y reacciones ante el uso de pantimedias. De manera sorpresiva, muchas mujeres asistieron y tenían mucho que decir; se sentían más libres de expresar sus ideas. Una mujer llevó una imagen de un helado derramado, que reflejaba la rabia que siente cuando descubre una rasgadura en sus medias. Otros llevaron una imagen de un Mercedes y de la reina Elizabeth.

El análisis indicó que esas mujeres se sentían más atractivas y sensuales ante los hombres cuando usaban pantimedias. El problema no era necesariamente que a las mujeres no les gustara usarlas, sino que tenían un sentimiento asociado con su uso, y que cuando las pantimedias se corren, se rompen o tienen otro defecto, pierden ese sentimiento asociado (ser atractivas y sensuales). Las pantimedias necesitaban ser más durables para que cuando una mujer las utilice todo el día, sobrevivan al "desgaste" que ocurra.

De esta manera, DuPont pudo ver los verdaderos sentimientos de sus consumidores hacia sus productos. Cuando estos hallazgos fueron confirmados en una encuesta telefónica, DuPont modificó el material de sus pantimedias para ajustarse a las necesidades de los consumidores. Asimismo, los fabricantes de medias han empezado a utilizar estos hallazgos, personalizando los anuncios para apelar menos a la parte ejecutiva de las mujeres y más a su lado sensual, como cuando usan un vestido de coctel.

Hasta 2005 DuPont continuaba siendo el fabricante de material para pantimedias más grande del mundo. En 2005 su investigación de mercados demostró su éxito, ya que alcanzó ventas netas por $7,826 millones de dólares, gracias a su uso continuo de la investigación cualitativa.[32] ■

Técnicas de construcción

técnicas de construcción
Técnica proyectiva en la que se pide al sujeto que construya una respuesta en forma de historia, diálogo o descripción.

Las *técnicas de construcción* están muy relacionadas con las técnicas de complementación. En las técnicas de construcción los participantes deben construir una respuesta en forma de historia, diálogo o descripción. En esta técnica el investigador proporciona menos estructura inicial al sujeto que en una técnica de complementación. Las dos principales técnicas de construcción son **1.** respuesta frente a imágenes y **2.** caricaturas.

técnicas de respuesta frente a imágenes
Técnica proyectiva en la que se muestra una imagen al participante y se le pide que cuente una historia que la describa.

Respuesta frente a imágenes. Los orígenes de las *técnicas de respuesta frente a imágenes* se remontan al test de percepción temática (TAT), que consiste en una serie de imágenes de sucesos comunes y de otros poco comunes. En algunas de las imágenes las personas y los objetos están claramente representados; mientras que en otros son relativamente vagos. Al participante se le pide que elabore historias sobre las imágenes, y su interpretación da información sobre su personalidad. Por ejemplo, a un individuo se le podría definir como impulsivo, creativo, imaginativo, etcétera. La prueba recibe el nombre test de percepción temática porque los temas surgen con base en la interpretación perceptual que el sujeto (percepción) da a las imágenes.

166 PARTE II *Preparación del diseño de la investigación*

Cuando la técnica de respuesta frente a imágenes se utiliza en la investigación de mercados, se les muestra los participantes una imagen y se les pide que cuente una historia que la describa. La respuesta se emplea para evaluar las actitudes hacia el tema y para describir a los objetos, tal como se ejemplifica en el siguiente ejemplo.

INVESTIGACIÓN REAL

"Déme una malteada doble y una mantecada"

La moda de los alimentos saludables y bajos en calorías parece estar decayendo en un segmento de la población. En respuesta a un cuestionamiento directo, los consumidores dudan en decir que desean comida que es mala para ellos. Sin embargo, este hallazgo surgió en una prueba de respuesta frente a imágenes, en la cual se les pidió a los sujetos que describieran una imagen que presentaba a un grupo de gente que ingería alimentos con altos niveles de grasas y ricos en calorías. Un número importante de participantes defendió el comportamiento de las personas en la imagen, explicando que un incremento en el estrés de la vida cotidiana ha provocado que la gente deje los insípidos panecillos de arroz, por suculentos alimentos hechos con ingredientes que hacen que valga la pena vivir.

Muchos mercadólogos han aprovechado estos hallazgos para lanzar productos que contienen grandes cantidades de grasas y calorías. Pepperidge Farm introdujo recientemente su propia oferta para el mercado de la comida "emocional": galletas horneadas suaves sin restricción de calorías, en las que alrededor del 40 por ciento de las calorías provienen de la grasa. La nueva línea ya se convirtió en el tercer producto con mayores ventas de la empresa.

Restaurantes de comida rápida como McDonald's también han lanzado nuevos productos que tienen un contenido en grasas y calorías demasiado elevado para el New Tastes Menu. Algunos productos nuevos de McDonald's incluyen el emparedado Chicken Parmesan frito cubierto con queso y salsa de tomate, y un emparedado del desayuno para llevar con una empanada y dos panqueques.[33] ■

pruebas de caricaturas
Los personajes de caricaturas se muestran en una situación específica relacionada con el problema. Se pide a los individuos que indiquen el diálogo que uno de los personajes tendría en respuesta a los comentarios de otro personaje.

Pruebas de caricaturas. En las ***pruebas de caricaturas*** se muestran personajes de caricaturas en situaciones específicas relacionadas con el problema. Se pide a los individuos que indiquen lo que un personaje diría en respuesta a los comentarios de otro personaje. Las respuestas indican los sentimientos, las creencias y las actitudes de los participantes hacia la situación. Las pruebas de caricaturas son más sencillas de administrar y analizar, que las técnicas de respuesta frente a imágenes. En la figura 5.4 se muestra un ejemplo.

técnicas expresivas
Técnicas proyectivas donde se le presenta al participante una situación verbal o visual, y se le pide que relacione los sentimientos y las actitudes de otras personas con la situación.

Técnicas expresivas

En las ***técnicas expresivas***, se presenta a los individuos una situación verbal o visual, y se les pide que relacionen los sentimientos y las actitudes de otras personas con la situación. Los participantes no sólo expresan sus propios sentimientos o actitudes, sino las de otros. Las dos principales técnicas expresivas son el juego de roles y la técnica de la tercera persona.

Figura 5.4
Prueba de caricaturas

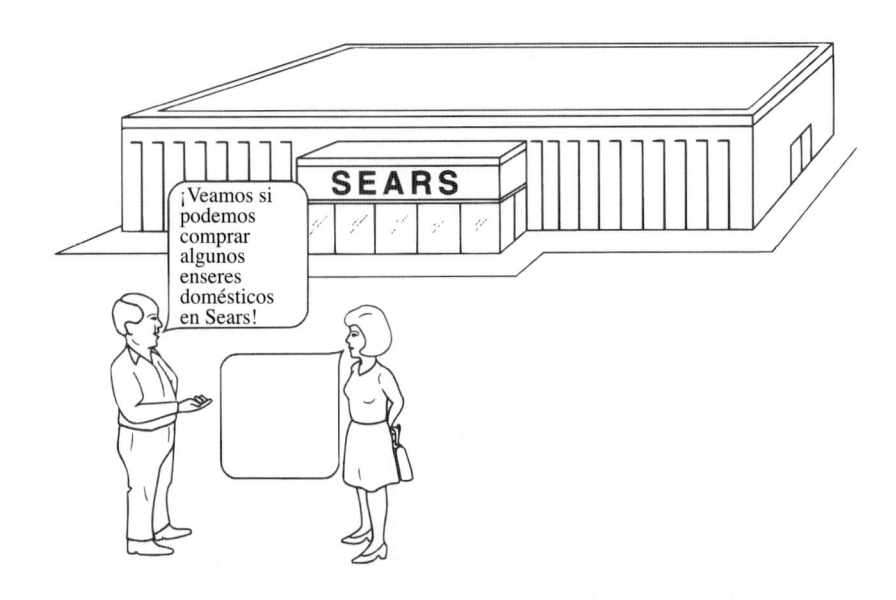

Juego de roles. En el ***juego de roles*** se pide a los individuos que asuman la conducta de otra persona. El investigador supone que el participante proyectará sus propios sentimientos en ese rol, lo cual se descubre al analizar las respuestas, como se muestra en el siguiente ejemplo.[34]

juego de roles
Se pide a los participantes asumir la conducta de otra persona.

INVESTIGACIÓN REAL

¿Qué es la privacidad?

Cuando las sesiones de grupo revelaron que la privacidad era muy importante para los residentes de apartamentos, un constructor se interesó por conocer la opinión de las personas sobre la privacidad. La empresa de investigación Cossette Communication Group (*www.cossette.com*) utilizó la técnica del juego de roles para averiguar tal información. Se pidió a los participantes que actuaran el papel de un arquitecto y que diseñaran sus propios apartamentos utilizando tablas que les proporcionaron. Una vez que las viviendas estuvieron diseñadas, se les planteó una serie de preguntas de investigación, las cuales indagaban la forma en que los participantes percibían la privacidad. Por ejemplo, se les preguntó cuánto espacio era necesario entre las habitaciones para que sintieran que no se invadía su privacidad, así como la magnitud del sonido que podía escucharse a través de las paredes. La empresa de investigación de mercados consideró que sería mejor solicitar a los sujetos que se participaran en un juego de roles y luego preguntarles las razones de su conducta, en vez de simplemente preguntarles lo que harían en cierta situación. "Le pedimos a las personas que nos mostraran el significado que le dan a la privacidad, en vez de suponer que podrían explicarlo con palabras". Los resultados ayudaron a la empresa constructora a diseñar y construir apartamentos donde los individuos se sintieran más cómodos y con mayor privacidad. Las paredes entre los dormitorios se construyeron para absorber más los ruidos y que las voces no los traspasaran tan fácilmente. Además, los dormitorios se colocaron más separados en lugar de estar juntos; los dormitorios se construyeron en lados opuestos del edificio. De esta forma, las personas no sentirían que se invadía su privacidad. La empresa constructora se benefició enormemente de los creativos métodos de investigación de Cossette, lo cual quedó demostrado con un nivel de satisfacción más alto debido a que los individuos se sentían más seguros de mantener su privacidad.[35] ■

Técnica de la tercera persona. En la ***técnica de la tercera persona*** se presenta al participante una situación verbal o visual, y se le pide que relacione las creencias y las actitudes de una tercera persona, en vez de expresar de manera directa creencias y actitudes personales. Esta tercera persona puede ser un amigo, vecino, colega o alguien "ordinario". Nuevamente, el investigador considera que el participante revelará creencias y actitudes personales mientras describe las reacciones de una tercera persona. El hecho de pedirle al individuo que responda a nombre de una tercera persona reduce la presión social por dar una respuesta aceptable, como se muestra en el siguiente ejemplo.

técnica de la tercera persona
Técnica proyectiva en la cual se presenta al individuo una situación verbal o visual, y luego se le pide que relacione las creencias y actitudes de una tercera persona hacia la situación.

INVESTIGACIÓN REAL

¿Qué dirán los vecinos?

Se realizó un estudio para una aerolínea comercial, con la finalidad de entender por qué algunas personas no vuelan. Cuando se les preguntó "¿Tiene miedo de volar?", pocas contestaron que sí. Las principales razones para no volar fueron el costo, la incomodidad y los retrasos causados por el mal tiempo. Sin embargo, se sospechó que las respuestas estaban muy influidas por la necesidad de dar respuestas socialmente deseables. Por lo tanto, se realizó un estudio de seguimiento. En el segundo estudio, se preguntó a los participantes "¿Cree usted que su vecino tenga miedo de volar?" Las respuestas indicaron que la mayoría de los vecinos que viajaban por algún otro medio de transporte tenían miedo de volar.

El temor a volar aumento después de los secuestros del 11 de septiembre de 2001. La Air Transport Association (ATA) informó de una disminución del número de pasajeros con boleto que aborda el avión. Sin embargo, Continental Airlines, que trató de manejar el miedo a volar enfatizando las medidas de seguridad e incrementando la comodidad de los pasajeros, sufrió una baja mucho menor de clientes.[36] ■

Note que el planteamiento de la pregunta en primera persona ("¿Tiene miedo de volar?") no suscitó la verdadera respuesta, y que la formulación de la misma pregunta en tercera persona ("¿Cree usted que su vecino tiene miedo de volar?") disminuyó las defensas de los participantes, fomentando respuestas honestas. En una versión popular de la técnica de la tercera persona, el investigador presenta al individuo una descripción de una lista de compras y solicita una descripción del comprador.[37]

Concluimos nuestro estudio de las técnicas proyectivas describiendo sus ventajas, desventajas y aplicaciones.

Ventajas y desventajas de las técnicas proyectivas

Las técnicas proyectivas tienen una importante ventaja sobre las técnicas directas no estructuradas (sesiones de grupo y entrevistas en profundidad): pueden obtener las respuestas que los sujetos no estarían dispuestos o serían incapaces de dar si conocieran los propósitos del estudio. En ocasiones, ante un cuestionamiento directo, los participantes suelen malinterpretar o confundir al investigador de manera intencional o no intencional. En tales casos, las técnicas proyectivas incrementarían la validez de las respuestas al ocultar el propósito. Esto ocurre especialmente cuando los temas que se abordan son personales, dedicados o cuando están sujetos a normas sociales rígidas. Las técnicas proyectivas también son útiles cuando a nivel subconsciente operan motivaciones, creencias y actitudes subyacentes.[38]

Las técnicas proyectivas tienen muchas de las desventajas de las técnicas directas no estructuradas, pero en mayor grado. Estas técnicas generalmente requieren de entrevistas personales con entrevistadores altamente capacitados. Además, se necesitan intérpretes hábiles para analizar las respuestas, por lo que suelen ser costosas. Asimismo, es muy probable que haya un sesgo de interpretación. Con excepción de la asociación de palabras, todas las técnicas son abiertas, lo cual hace que el análisis y la interpretación sean difíciles y subjetivos. En algunas técnicas proyectivas, como los juegos de roles, los participantes necesitan exhibir conductas poco comunes. En estos casos, el investigador puede asumir que los individuos que acceden a participar son poco comunes de alguna forma y, por lo tanto, es probable que no sean representativos de la población de interés.

Aplicaciones de las técnicas proyectivas

Las técnicas proyectivas se utilizan con menos frecuencia que los métodos directos no estructurados (sesiones de grupo y entrevistas en profundidad). Tal vez una excepción sea la asociación de palabras, que se utiliza a menudo para probar nombres de marcas y en ocasiones para medir actitudes con respecto a productos, marcas, empaques o anuncios específicos. Como vimos en los ejemplos anteriores, las técnicas proyectivas se emplean en una gran variedad de situaciones. La utilidad de dichas técnicas aumenta cuando se cumple con los siguientes lineamientos.

1. Las técnicas proyectivas se deberían utilizar cuando no sea posible obtener la información requerida de manera precisa usando métodos directos.
2. Las técnicas proyectivas se deberían utilizar en la investigación exploratoria para obtener conocimientos y entendimiento iniciales.
3. Dada su complejidad, las técnicas proyectivas no se deben utilizar de forma indiscriminada.

Como resultado, lo mejor es comparar los hallazgos generados por técnicas proyectivas con los hallazgos de otras técnicas que permitan tener una muestra más representativa. En la tabla 5.5 se muestra una comparación relativa entre las sesiones de grupo, las entrevistas en profundidad y las técnicas proyectivas. Con base en tales comparaciones, no debemos considerar las diversas técnicas cualitativas como mutuamente excluyentes. A menudo se emplean juntas para producir información valiosa, como se ilustra en el siguiente ejemplo.

INVESTIGACIÓN REAL

Sólo los hechos, por favor

Just The Facts, Inc. (JTF, *www.just-the-facts.com*) ofrece consultoría en áreas como inteligencia competitiva e investigación de mercados. Por ejemplo, en uno de los proyectos del campo de la educación, cuatro distritos suburbanos de preparatoria y una universidad comunitaria habían creado

TABLA 5.5

Comparación entre sesiones de grupo, entrevistas en profundidad y técnicas proyectivas

CRITERIOS	SESIONES DE GRUPO	ENTREVISTAS EN PROFUNDIDAD	TÉCNICAS PROYECTIVAS
Grado de estructura	Relativamente alto	Relativamente medio	Relativamente bajo
Cuestionamiento individual de los participantes	Bajo	Alto	Medio
Sesgo del moderador	Relativamente medio	Relativamente alto	De bajo a alto
Sesgo de interpretación	Relativamente bajo	Relativamente medio	Relativamente alto
Descubrimiento de información	Subconsciente bajo	De medio a alto	Alto
Descubrimiento de información innovadora	Alto	Medio	Bajo
Obtención de información delicada	Bajo	Medio	Alto
Implica comportamiento/cuestionamiento	Poco común	No a un grado	Limitado sí
Utilidad general	Muy útil	Útil hasta cierto punto	Útil

un programa de carreras para estudiantes. Sin embargo, el nivel del interés de los estudiantes y la imagen del programa no estaban fomentando la participación ni habían logrado atraer al público meta.

A JFT Consulting Associates se le encomendó la tarea de determinar por qué los niveles de participación eran tan bajos, y qué se podía hacer para lograr que el programa fuera más atractivo. La empresa realizó sesiones de grupo, entrevistas en profundidad y técnicas de frases incompletas con los participantes del programa: maestros, consejeros, estudiantes, padres y administradores.

Las sesiones de grupo se realizaron con maestros, consejeros, estudiantes y padres para generar nuevas ideas. Se realizaron entrevistas en profundidad con los administradores, ya que era difícil ordenarlos en grupos. Se obtuvo información adicional de los estudiantes al administrarles también la técnica de frases incompletas. El análisis demostró que el problema real consistía en la imagen del programa, así como su calidad. El público meta (la comunidad estudiantil) no percibía que el programa fuera útil para encontrar un buen empleo. Se descubrió que el programa necesitaba reposicionarse mediante un marketing eficaz y actividades de relaciones públicas. Se formularon un plan de marketing estratégico, y tácticas de publicidad y promoción con base en el estudio. Los coordinadores del programa respondieron con una fuerte campaña de relaciones públicas en los medios de comunicación locales. Además, organizaron programas de promoción en escuelas y en la universidad de la comunidad. Se lanzó nuevamente todo el programa, abordando las necesidades de los diversos públicos. Por último, también se le pidió a JFT que elaborará nuevos folletos de información y una cinta de video para comunicar la dirección e imagen renovadas del programa.[39]

PROYECTO DE INVESTIGACIÓN

Actividades del proyecto

1. Analice el papel que tiene la investigación cualitativa en el proyecto de Sears.
2. Dados los objetivos de la investigación cualitativa, elabore una guía de discusión para una sesión de grupo.
3. Ejemplifique el uso del escalonamiento, las preguntas con tema oculto y el análisis simbólico en entrevistas en profundidad para Sears.
4. ¿De qué manera se pueden utilizar las técnicas expresivas para determinar las actitudes subyacentes hacia Sears?

INVESTIGACIÓN ACTIVA

Visite www.clinique.com y busque en Internet, así como en las bases de datos en línea de su biblioteca, para obtener información sobre las razones subyacentes por las que las mujeres utilizan cosméticos.

Como gerente de marca de Clinique, ¿cómo utilizaría la información sobre las razones por las que las mujeres utilizan cosméticos para formular estrategias de marketing que incrementen su participación de mercado?

¿Cuál, si acaso, de las técnicas proyectivas utilizaría para determinar las razones por las que las mujeres utilizan cosméticos?

ANÁLISIS DE DATOS CUALITATIVOS

En comparación con los datos cuantitativos, donde los números y lo que éstos representan son las unidades para el análisis, el análisis de datos cualitativos utiliza las palabras como unidades de análisis, y está guiado por menos reglas universales y procedimientos estándar. La meta de la investigación cualitativa consiste en descifrar, examinar e interpretar patrones o temas significativos que surgen de los datos. El significado de los patrones y los temas está determinado por la pregunta de investigación específica.

Existen tres pasos generales para el análisis de datos cualitativos.[40]

1. ***Reducción de datos.*** En este paso el investigador decide qué aspectos de los datos se enfatizan, se minimizan o se desechan en el proyecto en cuestión.
2. ***Presentación de datos.*** En este paso el investigador elabora una interpretación visual de los datos con herramientas como diagramas, gráficas o matrices. La presentación ayuda a aclarar los patrones y las interrelaciones en los datos.
3. ***Conclusión y verificación.*** En este paso el investigador considera el significado de los datos analizados y evalúa sus implicaciones para la pregunta de investigación específica.

En el siguiente ejemplo se ilustran estos pasos.

INVESTIGACIÓN REAL

Comunicación efectiva de las noticias en el campus: un análisis cualitativo

Suponga que un investigador reúne datos cualitativos mediante sesiones de grupo con una muestra de estudiantes de posgrado, para responder la siguiente pregunta de investigación:

> ¿Cuáles son las formas más efectivas para comunicar las noticias importantes del campus (por ejemplo, la muerte de un profesor, fechas límite de pago, cortes de energía en el campus) a los estudiantes de posgrado?

Si seguimos los pasos descritos anteriormente, después de reunir los datos, el investigador primero decidiría cuáles aspectos de los datos son pertinentes para su investigación. Para esto, resaltaría las porciones o "pedazos" específicos de las transcripciones de la sesión de grupo que dan información sobre el tema de investigación. Por ejemplo, en este caso el investigador podría decidir que es importante considerar *a)* la manera en que los participantes recuerdan haber recibido noticias importantes anteriormente, *b)* las opiniones de los participantes sobre los medios de comunicación que consideran más eficaces, y *c)* las razones por las que los participantes consideran que esas son las formas más eficaces de comunicación. Luego, las transcripciones se codificarían para reflejar estas categorías de interés. Después de codificar los datos, el investigador presentaría los datos de forma visual, para dejar más claros los hallazgos. En el siguiente cuadro se muestra un ejemplo de esto:

Participante:	*a) Comunicaciones anteriores*	*b) Las más efectivas*	*c) ¿Por qué?*
A	• Correo electrónico • Intercambios informales • Teléfono	• Correo electrónico	• Las noticias se comunican casi "en tiempo real"
B	• Correo electrónico • Periódico estudiantil • Página Web del campus	• Correo electrónico • Página Web del campus	• Es fácil mantener un registro de las noticias para referencias futuras
C	• Intercambios informales • Teléfono • Correo del campus	• Correo del campus	• Trabaja el campus • No tiene Internet en casa

Para obtener conclusiones a partir de los datos, no sólo es importante saber cuáles fueron los medios de comunicación que los participantes consideraron más efectivos, sino también por qué. Por ejemplo, al preguntar por qué, vemos que el participante C tiene una explicación lógica de por qué no consideró el correo electrónico como un medio efectivo de comunicación para él. Además, aun cuando los participantes A y B nombraron el correo electrónico como una forma efectiva para comunicar información, ambos manifiestan razones muy diferentes. Resulta mucho más difícil obtener este tipo de conocimientos con investigación cuantitativa que utiliza un cuestionario de encuesta o un experimento. ∎

Programas de cómputo

Hay programas de cómputo que pueden emplearse para realizar análisis de datos cualitativos. Existen seis tipos principales: procesadores de textos, recuperadores de textos, administradores basados en textos, programas de codificación y recuperación, creadores de teorías basados en códigos y creadores de redes conceptuales. Es importante recordar que, aunque estos programas ayudan a la manipulación de segmentos de texto relevantes, no pueden determinar categorías significativas para codificar, ni definir temas o factores importantes; estos pasos son responsabilidad del investigador. Además, debido a que se necesitan grandes inversiones de tiempo y dinero para adquirir y aprender a utilizar los programas, los investigadores deben decidir si necesitan un programa de cómputo, dependiendo del alcance del proyecto.

Si usted decide comprar y utilizar un programa de cómputo para realizar su análisis cualitativo, es importante que conozca las cuestiones específicas que diversos programas harían por usted, las cuales incluyen:

1. *Codificación.* Los programas le ayudan a segmentar o "partir" los datos, y a asignar códigos a los términos clave o a los "trozos".
2. *Informes/comentarios.* Los programas le permiten tomar notas que corresponden a secciones de sus datos. Estas notas al margen pueden servir para dar significado a los datos.
3. *Vinculación de datos.* Los programas pueden ayudarlo a rastrear las relaciones entre distintas partes de la base de datos, incluyendo sus transcripciones, códigos y comentarios.
4. *Búsqueda y recuperación.* Los programas le permiten buscar frases o términos específicos usando la lógica boleana.
5. *Elaboración conceptual y de teorías.* Los programas pueden ayudarlo a desarrollar una teoría usando pruebas de hipótesis reglamentadas o mediante la construcción de redes semánticas.
6. *Presentación de datos.* Los programas permiten mostrar los resultados en una pantalla o incluso en una pantalla dividida.
7. *Edición de gráficos.* Los programas ayudan a crear y editar redes compuestas de nodos conectados por vínculos.

Algunos de los programas de cómputo más populares son NUDIST (N6) y NVivo (*www.qsrinternational.com*), ATLAS (*www.atlasti.com*), CATPAC II (*www.terraresearch.com*) y Ethnograph (*www.qualisresearch.com*). Estas páginas de Internet ofrecen información sobre los programas de cómputo y también ofrecen copias de demostración.

EXPERIENCIA DE INVESTIGACIÓN

Programas para análisis de datos cualitativos

Visite las páginas de NUDIST (N6) y NVivo (*www.qsrinternational.com*), ATLAS (*www.atlasti.com*), CATPAC II (*www.terraresearch.com*) y Ethnograph (*www.qualisresearch.com*) y descargue los archivos de demostración de dos de estos programas. Compárelos con respecto a las siguientes preguntas:

1. Evalúe la facilidad de uso de los dos programas. ¿Qué tan difícil es aprender a usar el programa? ¿Qué tan fácil es su uso? ¿Cree usted que vale la pena el tiempo y el esfuerzo invertidos por la información que proporciona?
2. Evalúe la disponibilidad y la utilidad del material de apoyo disponible en la página Web. ¿Qué tan buenos son los manuales y los demás documentos? ¿Cuenta con tutoriales u otros tipos de apoyo técnico fáciles de consultar?
3. ¿Los programas le permiten hacer presentaciones visuales como matices, redes semánticas o diagramas jerárquicos? ∎

INVESTIGACIÓN DE MERCADOS INTERNACIONALES

Debido a que el investigador no siempre está familiarizado con el mercado extranjero del producto que examinará, los estudios cualitativos son fundamentales para la investigación de mercados internacionales. En las etapas iniciales de la investigación nacional, la investigación cualitativa puede brindar conocimientos sobre el problema y ayudar a desarrollar un enfoque para generar las preguntas e hipótesis de investigación pertinentes, así como los modelos y las características importantes que influyen en el diseño de investigación. Así, la investigación cualitativa puede revelar las diferencias entre el mercado extranjero y el mercado nacional. Es posible utilizar las sesiones de grupo en muchos ambientes, especialmente en los países altamente industrializados. El moderador no sólo debe estar capacitado en la metodología de las sesiones de grupo, sino que también debe estar familiarizado con el idioma, la cultura y los patrones de interacción social que prevalecen en ese país. Los hallazgos de la sesión de grupo no sólo deben derivar de los contenidos verbales, sino también de aspectos no verbales como la entonación y la inflexión de la voz, las expresiones y los gestos.[41]

El tamaño de la sesión de grupo también varía; por ejemplo, en Asia siete participantes producen el nivel más alto de interacción entre los miembros de un grupo. En algunas regiones, como el Medio Oriente o el Lejano Oriente, la gente no siempre accede a hablar sobre sus sentimientos en un escenario grupal. En otros países como Japón, la gente considera poco cortés mostrar su desacuerdo en público. En estos casos, se deben utilizar entrevistas en profundidad. Asimismo, los datos cualitativos recabados deben interpretarse en el contexto de la cultura. El siguiente ejemplo destaca la importancia de las diferencias culturales en investigación cualitativa.

INVESTIGACIÓN REAL

Los bichos molestan a los británicos

La cultura es un determinante muy importante de la forma en que se debe realizar la investigación cualitativa, como las sesiones de grupo. En discusiones de sesiones de grupo realizadas en Gran Bretaña, no es fácil lograr que un ama de casa admita que tiene cucarachas. Para hacer esto, el moderador debe asegurarle que todos los demás tienen el mismo problema. En Francia, ocurre exactamente lo contrario: los participantes empiezan a hablar sobre las cucarachas pocos segundos después de sentarse. Estas actitudes culturales determinan en gran medida las técnicas de investigación cualitativa que se deberían emplear, la forma en que se deben aplicar y la manera de interpretar los datos.[42] ■

El uso de técnicas proyectivas en investigación de mercados internacionales debe considerarse de manera cuidadosa. Las técnicas de asociación (asociación de palabras), las técnicas de complementación (frases e historias incompletas) y las técnicas expresivas (juego de roles, técnica de la tercera persona) implican el uso de indicios verbales. Las técnicas de construcción (respuesta frente a imágenes y pruebas de caricaturas) utilizan estímulos no verbales (imágenes). Ya sea que se utilicen estímulos verbales o no verbales, es importante establecer una equivalencia del significado entre las culturas. Esto quizá sea difícil si los ambientes socioculturales en los que se realiza la investigación varían de forma importante. El establecimiento de una equivalencia de imágenes puede ser especialmente problemático. Los dibujos están sujetos a menos problemas de interpretación que las fotografías. Las técnicas específicas empleadas y la manera de comunicar los resultados deben tomar en cuenta los aspectos culturales y la naturaleza del problema en cuestión, tal como se muestra en el siguiente ejemplo.

INVESTIGACIÓN REAL

Safaris en video

Pierre Bélisle, director de Bélisle Marketing (*www.pbelisle.com*), apoya la idea de que "si quiere entender cómo caza un león, no vaya al zoológico, sino a la sabana". Un proyecto reciente de Bélisle Marketing demostró que los trofeos de este tipo de "safaris" se pueden restablecer con la mayor facilidad y al menor costo de la historia, gracias a la tecnología actual de video.

Canada Post, el sistema postal nacional de Canadá, buscó retroalimentación de sus clientes para rediseñar sus centros de atención al cliente, y para ello contrató a Bélisle Marketing. El cliente buscaba explorar las fortalezas y las debilidades de rediseño en la transformación del prototipo

La investigación cualitativa ayudó a que Canada Post, el sistema postal nacional de Canadá, rediseñara sus centros de atención para cubrir mejor las necesidades de sus clientes.

de una tienda representativa. Estaba claro que sólo una expedición a este lugar respondería a las necesidades de información del cliente. La parte cualitativa del diseño incluía entrevistas basadas en tareas en el lugar durante las horas de trabajo, grupos pequeños en el lugar después del horario normal, y sesiones de grupo tradicionales en una instalación con un viaje de campo al centro de atención al cliente. Bélisle Marketing consideró que un informe escrito tradicional sería inadecuado para presentar los hallazgos de esta investigación. Por lo tanto, la empresa propuso la filmación de las entrevistas en el lugar y de los grupos pequeños, y decidió hacer un informe en video en vez de un informe escrito tradicional.

Los resultados fueron muy eficaces. El informe detallaba lo que los clientes querían. Por ejemplo, Canada Post necesitaba conocer el lugar exacto en donde los clientes querían que se colocaran los buzones, y cuál sería el lugar ideal para el mostrador. También entendieron la forma en que una báscula de autoservicio ayudaría al cliente a pesar y enviar un sobre sin la ayuda del personal. Canada Post decidió aplicar el nuevo diseño en más centros de atención, así como llevar a cabo muchas modificaciones sugeridas en el video.[43] ∎

Las limitaciones comunes de las técnicas cualitativas también se aplican al contexto internacional, y tal vez en un mayor grado. A menudo resulta complicado encontrar moderadores y entrevistadores capacitados más allá de las fronteras. El desarrollo de procedimientos de codificación, análisis e interpretación adecuados plantea dificultades adicionales.

LA ÉTICA DE LA INVESTIGACIÓN DE MERCADOS

Al llevar a cabo investigación cualitativa, son significativos los aspectos éticos relacionados con los participantes y el público general. Algunos de estos aspectos son ocultar el propósito de la investigación y el uso de procedimientos de engaño, la grabación en audio y video de los procedimientos, el nivel de comodidad de los participantes y el mal uso de los hallazgos de la investigación cualitativa.[44]

Todos los procedimientos indirectos requieren que se oculte el propósito de la investigación, por lo menos hasta cierto grado. A menudo se utiliza una historia encubierta para ocultar el verdadero propósito. Esto no sólo puede violar el derecho de conocimiento de los participantes, sino que también podría causar un daño psicológico. Por ejemplo, es probable que los participantes se enfaden si, después de responder a una serie de técnicas de complementación, descubren que han gastado su tiempo en un tema trivial como el color para una lata de una nueva bebida de naranja, cuando se les dijo que participarían en un estudio sobre nutrición. Para disminuir lo más posible este tipo de efectos negativos, es necesario informar de antemano a los participantes que el verdadero propósito de la investigación está oculto para evitar un sesgo en las respuestas. Después de completar las tareas de investigación, es necesario llevar a cabo sesiones en las que se informe a los participantes sobre el propósito verdadero, y donde se les dé la oportunidad de hacer comentarios o formular preguntas. Se deben de evitar procedimientos engañosos que violen el derecho a la privacidad de los participantes y el derecho a un consentimiento informado; por ejemplo, permitiéndoles observar sesiones de grupo o entrevistas en profundidad, al presentarlos como colegas que ayudan en el proyecto.

Un dilema ético implica la grabación de las sesiones de grupo o las entrevistas en profundidad. El hecho de grabar el video o el audio de los participantes sin su conocimiento o consentimiento plantea dilemas éticos. Los lineamientos éticos sugieren que los participantes deben estar informados y dar su consentimiento antes de iniciar los procedimientos, de preferencia en el momento del reclutamiento. Además, al final de la reunión, se debe pedir a los participantes que firmen una declaración escrita donde den su consentimiento para utilizar las grabaciones. En esta declaración se debe revelar el verdadero propósito de la investigación, y nombrar a todas las personas que tendrán acceso a las grabaciones. Los sujetos deberían tener la oportunidad de rehusarse a firmar. Las grabaciones deben editarse para omitir por completo la identidad y los comentarios de los participantes que no aceptaron firmar.

Otro problema que se debe atender es el nivel de comodidad de los participantes. En la investigación cualitativa, en especial durante las entrevistas en profundidad, es importante evitar presionar a los individuos hasta el punto de hacerlos sentir incómodos. El respeto por el bienestar de los participantes debe garantizar ciertas limitaciones por parte del moderador o entrevistador. Si un participante se siente incómodo y no desea responder más preguntas sobre un tema específico, el entrevistador no debe intentar indagar más. Un último aspecto se relaciona con el público en general, y se refiere a la ética del uso de los resultados de investigación cualitativa para fines dudosos, como sucede en las campañas políticas del siguiente ejemplo.

INVESTIGACIÓN REAL

Enfoque en la difamación de las campañas presidenciales

La ética de los anuncios negativos o "de ataque" ha sido un tema de debate durante algún tiempo. Sin embargo, el enfoque ha pasado de los anuncios propiamente a los aspectos éticos en el uso de las técnicas de investigación de mercados para diseñar el mensaje del anuncio. Quizás en ninguna situación sea más común este fenómeno que en las campañas políticas presidenciales "de difamación". En especial se ha citado la campaña de Bush en contra de Dukakis. Al diseñar anuncios negativos sobre Dukakis, los líderes de la campaña de Bush probaron información negativa sobre Dukakis en sesiones de grupo. La idea consistía en obtener conocimientos sobre la forma en que el público estadounidense reaccionaría, si esta información negativa se presentaba en forma de anuncios. Se eligieron temas negativos que provocaron emociones muy negativas en las sesiones de grupo para incluirlos en la campaña política de Bush. ¿El resultado? Presentado "...como un individuo inútil, débil, liberal, bienhechor carente de sentido común...", Dukakis perdió las elecciones por un amplio margen. Un (mal) uso similar de la investigación cualitativa se observó en las elecciones presidenciales de 1992 y 1996 que Bill Clinton ganó, en parte debido a sus ataques negativos hacia los republicanos. En las elecciones presidenciales del 2000, Gore acusó injustamente a Bush de carecer de experiencia, después de que sesiones de grupo revelaron que la experiencia era un criterio importante para los votantes. También se han citado los ataques negativos a ambos partidos en las elecciones presidenciales de 2004, especialmente de Kerry hacia Bush, nuevamente basados en sesiones de grupo y en hallazgos de encuestas sobre temas como la guerra en Irak y la economía.[45] ∎

INVESTIGACIÓN PARA LA TOMA DE DECISIONES

Lotus Development Corporation: creación de su página Web

La situación

Al Zollar es presidente y director general de Lotus Development Corporation (*www.lotus.com*), que es una de las marcas del grupo IBM Software. Lotus es una compañía que reconoce la necesidad que tienen los individuos y las empresas de trabajar en conjunto y, por lo tanto, redefine el concepto de hacer negocios mediante una administración de conocimientos prácticos, negocios electrónicos y otras formas innovadoras de conectar a las ideas, los pensadores, los compradores, los vendedores y las comunidades del mundo a través de Internet. Hasta 2006 Lotus comercializaba sus productos en más de 80 países a través de amplios canales directos de socios de negocios. La empresa también proporciona diversos servicios de consultoría profesional, apoyo y educación a través de la organización Lotus Professional Services. Para permanecer a la cabeza de sus competidores, Zollar quiere aumentar el número de visitas a su página Web y que Lotus mantenga un sitio que cubra mejor las necesidades de sus clientes.

Lotus realiza sesiones de grupo de clientes y socios de negocios cada cuatro meses, para determinar la reacción de los usuarios a su sitio Web. Esta rutina de sesiones de grupo reconoce el hecho de que los sitios Web son productos con ciclos de vida muy cortos, que necesitan una atención continua para mantenerlos actualizados. Las sesiones de grupo evalúan el sitio Web de Lotus y las páginas de otras compañías. Algunos objetivos de las sesiones de grupo son identificar los factores que conducen a los usuarios de Internet a visitar un sitio Web, identificar los factores que animan a los visitantes a regresar a menudo a un sitio Web, e identificar las capacidades tecnológicas de los usuarios.

El uso de sesiones de grupo permite a Lotus reunir activamente cierta información que no se puede recabar de forma pasiva. Los contadores pasivos pueden hacer un seguimiento del número de visitantes de un sitio Web, así como del número de visitantes que realmente lo utilizan. Por ejemplo, Lotus puede verificar el número de visitantes que utilizan sus salones de chat de productos específicos. Sin embargo, el simple hecho de saber que el número de visitantes está cambiando no le indica a una empresa las razones por las que aumenta o disminuye su número. Las sesiones de grupo sirven para conocer tales razones.

Gracias a las sesiones de grupo, Lotus supo que los clientes querían navegar mejor y un nivel de consistencia más elevado. En el pasado se enfatizaba el hecho de asegurarse de que la información fuera entregada con rapidez a los clientes. Las sesiones de grupo revelaron que la empresa necesitaba mejorar su sitio Web, para facilitar la navegación a sus visitantes a través de toda esa información.

La decisión para la investigación de mercados

1. ¿Cree usted que el uso que dio Lotus a las sesiones de grupo fue el apropiado?
2. ¿Qué tipo de diseños de investigación recomendaría y por qué?
3. Analice el papel que tendría el tipo de investigación que usted recomienda para que Al Zollar diseñe un sitio Web efectivo.

La decisión para la gerencia de marketing

1. ¿Qué debe hacer Al Zollar para incrementar el tráfico y mejorar la experiencia de los visitantes a su sitio Web?
2. Analice qué tan afectada se ve la decisión de la gerencia de marketing que usted recomendó a Al Zollar por el diseño de investigación que usted sugirió anteriormente y por los hallazgos de esa investigación.[46] ■

RESUMEN

La investigación cualitativa y la investigación cuantitativa deben considerarse complementarias. Los métodos de investigación cualitativa pueden ser directos o indirectos. En los métodos directos, los participantes son capaces de discernir el verdadero propósito de la investigación; en tanto que los métodos indirectos disfrazan dicho propósito. Los principales métodos directos son las sesiones de grupo y las entrevistas en profundidad. Las sesiones de grupo se llevan a cabo en un ambiente grupal; mientras que las entrevistas en profundidad son individuales. Las entrevistas mediante sesiones de grupo son la técnica de investigación cualitativa más utilizada.

Las técnicas indirectas se conocen como técnicas proyectivas debido a que buscan proyectar las motivaciones, creencias, actitudes y sentimientos de los participantes en situaciones ambiguas. Las técnicas proyectivas se clasifican en técnicas de asociación (asociación de palabras), de complementación (frases e historias incompletas), de construcción (respuesta frente a imágenes, pruebas de caricaturas) y expresivas (juego de roles, técnica de la tercera persona). Las técnicas proyectivas son especialmente útiles cuando los participantes no están dispuestos o no son capaces de brindar la información requerida por métodos directos.

La investigación cualitativa puede revelar las principales diferencias entre los mercados nacionales e internacionales. El uso de sesiones de grupo o de entrevistas en profundidad, así como la interpretación de sus hallazgos, depende mucho de las diferencias culturales. Al realizar investigación cualitativa, el investigador y el cliente deben respetar a los participantes. Esto debería incluir la protección del anonimato, el cumplimiento de todas las declaraciones y promesas utilizadas para asegurar la participación, y la realización de la investigación en forma tal que no avergüence o dañe a los participantes. Las sesiones de grupo, las entrevistas en profundidad y las técnicas proyectivas también se realizan a través de Internet. Se dispone de microcomputadoras o supercomputadoras centrales para seleccionar y evaluar a los participantes, así como también para codificar y analizar los datos cualitativos.

TÉRMINOS Y CONCEPTOS CLAVE

investigación cualitativa, *143*
investigación cuantitativa, *143*
enfoque directo, *145*
enfoque indirecto, *145*
sesión de grupo, *145*
grupos de sesiones a distancia, *154*
entrevista en profundidad, *158*
escalonamiento, *159*

preguntas con tema oculto, *160*
análisis simbólico, *160*
técnica proyectiva, *163*
técnicas de asociación, *163*
asociación de palabras, *163*
técnicas de complementación, *164*
frases incompletas, *164*
historias incompletas, *165*

técnicas de construcción, *165*
técnicas de respuesta frente a imágenes, *165*
pruebas de caricaturas, *166*
técnicas expresivas, *166*
juego de roles, *167*
técnica de la tercera persona, *167*

CASOS SUGERIDOS, CASOS EN VIDEO Y CASOS DE HARVARD BUSINESS SCHOOL

Casos

Caso 2.1 El pronóstico para el Weather Channel es soleado.
Caso 2.3 El dulce es elegancia para Hershey.
Caso 2.4 Los perfumes son dulces, pero la competencia es amarga.
Caso 4.1 Wachovia: finanzas "Watch Ovah Ya".
Caso 4.2 Wendy's: la historia y la vida después de Dave Thomas.
Caso 4.3 Astec: continuando para crecer.
Caso 4.4 ¿La investigación de mercados es la cura para los males del hospital infantil Norton Healthcare Kosair?

Casos en video

Caso en video 2.1 Starbucks: continúa a nivel nacional mientras se lanza a nivel mundial a través de la investigación de mercados.
Caso en video 2.2 Nike: relacionando a los deportistas, el desempeño y la marca.
Caso en video 2.3 Intel: construyendo bloques al revés.
Caso en video 2.4 Nivea: la investigación de mercados conduce a una consistencia en marketing.
Caso en video 4.1 Subaru: el "Sr. Encuesta" supervisa la satisfacción del cliente.
Caso en video 4.2 Procter & Gamble: usando la investigación de mercados para crear marcas.

Casos de Harvard Business School

Caso 5.1 La encuesta sobre la vivienda del estudiante graduado de Harvard.
Caso 5.2 BizRate.com
Caso 5.3 La guerra de las colas continúa: Coca-Cola y Pepsi en el siglo XXI.
Caso 5.4 TiVo en 2002.
Caso 5.5 Computadora Compaq: ¿Intel inside?
Caso 5.6 El nuevo Beetle.

INVESTIGACIÓN REAL: REALIZACIÓN DE UN PROYECTO DE INVESTIGACIÓN DE MERCADOS

1. En la mayoría de los proyectos sería importante realizar algún tipo de investigación cualitativa.
2. Asigne distintas responsabilidades a diferentes equipos; por ejemplo, entrevistar a quienes toman las decisiones, entrevistar a expertos en la industria, realizar entrevistas en profundidad con consumidores, organizar una sesión de grupo, etcétera.

EJERCICIOS

Preguntas

1. ¿Cuáles son las principales diferencias entre las técnicas de investigación cualitativa y cuantitativa?
2. ¿Qué es la investigación cualitativa y cómo se lleva a cabo?
3. ¿Cuáles son las diferencias entre la investigación cualitativa directa y la indirecta? Dé un ejemplo de cada una.
4. ¿Por qué la sesión de grupo es la técnica de investigación cualitativa más popular?
5. ¿Por qué es tan importante el moderador en las sesiones de grupo para obtener resultados de calidad?
6. ¿Cuáles son algunas de las principales características de los moderadores de sesiones de grupo?
7. ¿Por qué el investigador debe evitar utilizar participantes profesionales?
8. Mencione dos formas en que se puede dar un mal uso a las sesiones de grupo.
9. ¿Cuál es la diferencia entre un grupo con doble moderador y uno con moderadores en duelo?
10. ¿Qué es la técnica de conferencia telefónica? ¿Cuáles son las ventajas y desventajas de esta técnica?
11. ¿Qué es una entrevista en profundidad? ¿Bajo qué circunstancias debe preferirse a las sesiones de grupo?
12. ¿Cuáles son las principales ventajas de las entrevistas en profundidad?
13. ¿Qué son las técnicas proyectivas? Mencione cuatro tipos de técnicas proyectivas.
14. Describa el término *técnica de asociación*. Dé un ejemplo de una situación donde esta técnica sea especialmente útil.
15. ¿Cuándo se deben utilizar las técnicas proyectivas?

Problemas

1. Usando los métodos estudiados en el libro, elabore un plan para realizar una sesión de grupo que sirva para determinar las actitudes, así como las preferencias, de los consumidores hacia los automóviles importados. Especifique los objetivos de la sesión de grupo, redacte un cuestionario de evaluación y elabore una guía para el moderador.

2. Suponga que Baskin Robbins desea saber por qué algunas personas no consumen helado regularmente. Elabore una prueba de caricaturas con este propósito.

EJERCICIOS EN INTERNET Y POR COMPUTADORA

1. La Coca-Cola Company le solicita a usted que realice sesiones de grupo por Internet con consumidores frecuentes de bebidas gaseosas. Explique cómo identificaría y reclutaría a este tipo de participantes.
2. ¿Es posible realizar una entrevista en profundidad a través de Internet? ¿Cuáles son las ventajas y las desventajas de este procedimiento sobre las entrevistas en profundidad convencionales?
3. Visite la página de Internet de Qualitative Research Consultants Association (*www.qrca.org*). Escriba un informe sobre el estado actual de la investigación cualitativa.
4. La revista *Tennis* desea reclutar participantes para sesiones de grupo en línea. ¿De qué manera utilizaría un foro de discusión en Internet (Usenet: *rec.sport.tennis*) para reclutar participantes?
5. Obtenga al programa CATPAC II que mencionamos en el libro, y utilícelo para analizar los datos de entrevistas en profundidad que usted haya realizado con tres de sus compañeros estudiantes (como participantes), para determinar su actitud hacia los deportes.

ACTIVIDADES

Juego de roles

1. Usted es un consultor de investigación de mercados, a quien un innovador restaurante de comida rápida estilo alemán contrató para organizar sesiones de grupo. ¿Qué tipo de personas seleccionaría para participar en sesiones de grupo? ¿Qué criterios de evaluación emplearía? ¿Qué preguntas plantearía?
2. Como investigador de mercados, convenza a su jefe (un compañero estudiante) de no pasar por alto la investigación cuantitativa, una vez que se haya realizado la investigación cualitativa.

Trabajo de campo

1. El centro deportivo del campus intenta determinar por qué sus instalaciones no son utilizadas por un número mayor de estudiantes. Realice una serie de sesiones de grupo para determinar que se podría hacer para atraer a más estudiantes al centro deportivo. Con base en los resultados de las sesiones de grupo, genere las hipótesis convenientes.
2. A una empresa de cosméticos le gustaría aumentar su penetración en el mercado de las mujeres estudiantes. La empresa lo contrató a usted como consultor para obtener conocimientos preliminares sobre las actitudes, las compras y el uso de cosméticos de las estudiantes. Realice por lo menos cinco entrevistas en profundidad, y utilice la técnica de construcción. ¿Coinciden los hallazgos de las dos técnicas? Si no es así, trate de explicar la discrepancia.

Discusión en grupo

1. En un equipo de cinco o seis personas, analice si la investigación cualitativa es científica o no.
2. "Si los hallazgos de una sesión de grupo confirman las expectativas, el cliente debería prescindir de la investigación cualitativa". Analice esta afirmación en un grupo pequeño.
3. En un grupo de cinco o seis personas, analice la siguiente afirmación: "La investigación cuantitativa es más importante que la investigación cualitativa porque produce información estadística y hallazgos concluyentes".

CAPÍTULO 6

Diseño de la investigación descriptiva: encuestas y observación

"La clave para una buena investigación descriptiva es conocer exactamente lo que se desea medir, además de seleccionar una técnica de encuesta, donde cada participante esté dispuesto a cooperar y sea capaz de dar información completa y precisa de manera eficiente".

Joe Ottaviani, vicepresidente principal, gerente general, Burke Marketing Research

Objetivos

Después de leer este capítulo, el estudiante deberá ser capaz de:

1. Analizar y clasificar los procedimientos de encuesta y describir las diversas técnicas de encuestas telefónica, personal y por correo.
2. Identificar los criterios para evaluar los procedimientos de encuesta, comparar las distintas técnicas y determinar cuál es la más adecuada para un proyecto de investigación específico.
3. Explicar y clasificar las distintas técnicas de observación que utilizan los investigadores de mercados, así como describir la observación personal, la observación mecánica, el inventario, el análisis de contenido y el análisis de rastros.
4. Identificar los criterios para evaluar los procedimientos de observación, comparar las distintas técnicas y evaluar cuál, si acaso, es la más adecuada para un proyecto de investigación específico.
5. Describir las ventajas y desventajas relativas de las técnicas de observación, y compararlas con las de encuestas.
6. Analizar los aspectos involucrados en la implementación de las técnicas de encuesta y de observación en un entorno internacional.
7. Comprender los aspectos éticos involucrados en la realización de investigación con encuestas y observación.

Panorama general

En capítulos anteriores explicamos que una vez que se define el problema de investigación de mercados (paso 1 del proceso de investigación de mercados) y que se establece un enfoque apropiado (paso 2), el investigador está listo para formular el diseño de investigación (paso 3). Como vimos en el capítulo 3, los principales tipos de diseños de investigación son el exploratorio y el concluyente. Los procedimientos que más se utilizan en los diseños exploratorios son el análisis de datos secundarios (capítulo 4) y la investigación cualitativa (capítulo 5). Los diseños de investigación concluyentes se clasifican en causales o descriptivos. En el capítulo 7 se estudiarán los diseños causales.

En este capítulo se estudian los principales métodos utilizados en los diseños de investigación descriptiva: las encuestas y la observación. Como se explicó en el capítulo 3, el principal objetivo de la investigación descriptiva consiste en hacer una descripción de algo, generalmente características o funciones del mercado. Las técnicas de encuesta o de comunicación se clasifican según la forma en que se aplican, como telefónicas tradicionales, telefónicas asistidas por computadora, personales en casa, en centros comerciales, personales asistidas por computadora, por correo, paneles por correo, por correo electrónico y por Internet. Aquí se describe cada una y se presenta una evaluación comparativa de todas las técnicas de encuesta. Luego, se abordan los principales métodos de observación: personal, mecánica, inventario, análisis de contenido y análisis de rastros. Se analizan las ventajas y desventajas relativas de las técnicas de observación y de encuesta. Se comentan las consideraciones implicadas en la realización de encuestas y de observaciones al investigar los mercados internacionales. Se identifican los temas éticos que surgen en la investigación por encuesta y en las técnicas de observación. Para iniciar la discusión, veamos algunos ejemplos de dichas técnicas.

INVESTIGACIÓN REAL

¿Quién será el próximo presidente?

Las encuestas por Internet están ganando popularidad, y las elecciones estadounidenses de noviembre de 2000 les dieron a los investigadores de mercados una excelente oportunidad para poner a prueba encuestas en línea, y conocer así su exactitud y su capacidad para predecir elecciones. Harris Interactive (*www.harrisinteractive.com*) tomó la iniciativa para realizar una investigación en línea de 73 contiendas políticas diferentes, incluyendo las votaciones nacionales para presidente, las votaciones en 38 estados, y varias elecciones para senadores y gobernadores. Entre el 31 de octubre y el 6 de noviembre de 2000, se realizaron encuestas interactivas en línea a un total de 240,666 adultos, definidos como probables votantes. Los resultados fueron casi idénticos a los arrojados por la encuesta telefónica a nivel nacional de Harris Interactive, que resultó ser la única otra encuesta que incluyó a Bush y a Gore en su predicción final, y cuyos resultados se presentan en la siguiente página.

La exactitud de las otras 72 elecciones también fue bastante alta. La precisión de estas encuestas en línea para predecir los resultados de 73 elecciones demostró que las encuestas por Internet bien diseñadas predicen los resultados de las elecciones de forma confiable. Asimismo, las encuestas por Internet también fueron muy precisas al predecir el número de votos y a Bush como ganador en las elecciones presidenciales de 2004. Por lo tanto, se espera que la popularidad de las encuestas por Internet para sondeos electorales y otros usos continúe en aumento.[1]

Los sondeos por Internet vaticinaron de forma precisa que George W. Bush sería el ganador de las elecciones presidenciales de 2004.

Elecciones presidenciales de 2000: los votos nacionales

	Gore %	Bush %	Nader %	Errores Dispersión Bush/Gore Spread %	Nader %
Resultados de la elección	48	48	3	—	—
Harris Interactive (en línea)	47	47	4	0	1
Harris Interactive (telefónica)	47	47	5	0	2
CBS	45	44	4	1	1
Gallup/CNN/USA Today	46	48	4	2	1
Pew Research	47	49	4	2	1
18D/CSM/TIPP	46	48	4	2	1
Zogby	48	46	5	2	2
ICR/Politics Now	44	46	7	2	4
NBC/WSJ	44	47	3	3	0
ABC/WashPost	45	48	3	3	0
Battleground	45	50	4	5	1
Rasmussen (teléfono automatizado)	49	40	4	9	1

Notas:
1. Indecisos y otros omitidos.
2. El National Council on Published Polls (NCPP) calculó el error de dispersión del voto, la mitad de la diferencia entre la dispersión real (es decir, el resultado) y la dispersión en la votación. Aquí se muestra como la diferencia (es decir, nuestros estimados de error son el doble de los mostrados por el NCPP).
Fuente: cortesía del *National Council of Published Polls.*

INVESTIGACIÓN REAL

Investigación de mercados: el estilo japonés

Las empresas japonesas utilizan mucho la observación personal para obtener información. Cuando Canon Cameras (www.canon.com) estaba perdiendo participación en el mercado estadounidense ante Minolta, decidió que su distribuidor Bell & Howell ya no le estaba dando el apoyo adecuado. Sin embargo, Canon no utilizó datos de una amplia encuesta a consumidores o a vendedores al detalle para tomar esta decisión, sino que se basó en observaciones personales y envió a tres gerentes a Estados Unidos para examinar el problema.

El director del equipo de Canon, Tatehiro Tsuruta, pasó casi seis semanas en Estados Unidos. Él entraba a una tienda de cámaras y actuaba como un cliente; observaba la forma en que las cámaras estaban exhibidas y la atención que los empleados daban a los clientes. Tsuruta se dio cuenta de

CAPÍTULO 6 *Diseño de la investigación descriptiva: encuestas y observación*

que los distribuidores no mostraban mucho entusiasmo por las cámaras Canon. También notó que no era conveniente que Canon utilizara farmacias y otras tiendas de descuento. Esto llevó a Canon a abrir su propia subsidiaria de ventas, logrando así un incremento en las ventas y en la participación en el mercado. Su propia subsidiaria de ventas fue también un activo importante para expandir las ventas de sus cámaras digitales a principios de 2000. Hacia 2006, Canon vendía sus productos en más de 115 países mediante ventas directas y revendedores, con ingresos mundiales por ventas de más de $30,000 millones de dólares, de los cuales alrededor del 75 por ciento se generaron fuera de Japón.[2] ■

Las encuestas telefónicas y por Internet, al igual que otras técnicas de encuesta, se están volviendo muy comunes para predecir resultados de elecciones y para muchas otras aplicaciones. Las técnicas de observación se utilizan con menor frecuencia, aunque también tienen aplicaciones relevantes en la investigación de mercados, como muestra el ejemplo de Canon.

TÉCNICAS DE ENCUESTA

técnica de encuesta
Cuestionario estructurado que se aplica a la muestra de una población, y está diseñado para obtener información específica de los participantes.

recolección estructurada de datos
Uso de un cuestionario formal que presenta las preguntas en un orden predeterminado.

preguntas de alternativa fija
Preguntas donde los encuestados deben elegir entres un conjunto predeterminado de respuestas.

La *técnica de encuesta* para obtener información se basa en el interrogatorio de los individuos, a quienes se les plantea una variedad de preguntas con respecto a su comportamiento, intenciones, actitudes, conocimiento, motivaciones, así como características demográficas y de su estilo de vida. Estas preguntas se pueden hacer verbalmente, por escrito, mediante una computadora, y las respuestas se pueden obtener en cualquiera de estas formas. Por lo general, el interrogatorio es *estructurado*, lo cual se refiere al grado de estandarización impuesto por el proceso de recolección de datos. En la *recolección estructurada de datos* se prepara un cuestionario formal, y las preguntas se plantean en un orden predeterminado, de manera que el proceso también es directo. La investigación se clasifica como directa o indirecta, dependiendo de si los participantes conocen su verdadero propósito. Como se explicó en el capítulo 5, un enfoque directo no es oculto, ya que la finalidad del proyecto se revela a los participantes o es evidente para ellos por las preguntas planteadas.

La encuesta directa estructurada, la técnica de recolección de datos más popular, implica la aplicación de un cuestionario. Un cuestionario típico está compuesto principalmente de *preguntas de alternativa fija*, las cuales requieren que el encuestado elija entre un conjunto predeterminado de respuestas. Considere, por ejemplo, la siguiente pregunta diseñada para medir las actitudes hacia las tiendas departamentales:

	En desacuerdo				*De acuerdo*
Comprar en tiendas departamentales es divertido.	1	2	3	4	5

La técnica de encuesta tiene varias ventajas. En primer lugar, el cuestionario es fácil de aplicar. En segundo lugar, los datos que se obtienen son confiables porque las respuestas se limitan a las alternativas planteadas. El uso de las preguntas de alternativa fija reduce la variabilidad de los resultados que habría por las diferencias entre los encuestadores. Por último, la codificación, el análisis y la interpretación de los datos son relativamente sencillos.[3]

Una desventaja es que tal vez los participantes no estén dispuestos o sean incapaces de brindar la información deseada. Por ejemplo, considere preguntas sobre factores motivacionales. Es probable que los participantes no estén conscientes de sus motivos para elegir marcas específicas o comprar en ciertas tiendas departamentales. Por lo tanto, serían incapaces de dar respuestas precisas a preguntas sobre sus motivos. También es probable que los individuos no estén dispuestos a responder si la información requerida es delicada o personal. Asimismo, las preguntas estructuradas y las alternativas de respuesta fija suelen provocar la pérdida de validez de cierto tipo de datos, como creencias y sentimientos. Por último, no es fácil redactar las preguntas de manera apropiada (véase el capítulo 10 sobre el diseño de cuestionarios). No obstante, a pesar de estas desventajas, la encuesta es, por mucho, la técnica más común de recolección de datos primarios en la investigación de mercados, tal como lo ilustra el ejemplo del sondeo político al inicio del capítulo.

INVESTIGACIÓN REAL

Las encuestas respaldan el apoyo al cliente

Ariba (*www.ariba.com*), un proveedor de software para las empresas, utiliza Internet y aplicaciones de cómputo avanzadas para recolectar datos por encuesta. Ariba ha integrado su plataforma Vantive Enterprise Customer Relationship Management (un sistema de cómputo patentado) con el Web

Survey System de CustomerSat.com. Con este programa, Ariba tiene la capacidad para obtener retroalimentación en tiempo real, rastrear tendencias y lograr una notificación inmediata de los clientes insatisfechos. Otra ventaja que Ariba recibe de este sistema es la posibilidad de distribuir cifras de datos positivos, para mejorar el estado de ánimo de los empleados e implementar mejores procedimientos prácticos como resultado de los datos.

El sistema funciona al administrar una encuesta en línea a cada cliente (encuestado) que solicita apoyo. Esta encuesta no sólo reúne datos específicos sobre el problema que el cliente está experimentando, sino también datos que pueden utilizarse para tomar decisiones ejecutivas a lo largo del tiempo (por ejemplo, necesidades actuales de productos, lo que les agrada o desagrada a los consumidores). Luego, el sistema analiza las respuestas y remite a los encuestados con un especialista adecuado. Los clientes pueden evaluar y hacer comentarios sobre tal experiencia de apoyo durante las siguientes 24 horas de que se cerró el caso. Ariba utiliza estos datos de encuesta no sólo para mejorar su sistema de apoyo al cliente, sino también utiliza otros datos no relacionados con el problema, para tomar decisiones ejecutivas sobre la dirección y las ofertas de la empresa. Como resultado de la aplicación de este sistema, el crecimiento de Ariba ha sido fenomenal.[4] ∎

Los métodos de encuesta se pueden clasificar con base en la forma de aplicación del cuestionario. Estos esquemas de clasificación sirven para distinguir las técnicas de encuesta.

PROCEDIMIENTOS DE ENCUESTA CLASIFICADOS SEGÚN EL MODO DE APLICACIÓN

Los cuestionarios de una encuesta se aplican de cuatro maneras: **1.** encuestas telefónicas, **2.** encuestas personales, **3.** encuestas por correo, y **4.** encuestas electrónicas (véase la figura 6.1). Las encuestas telefónicas, a la vez, se clasifican en tradicionales y asistidas por computadora (ETAC). Las encuestas personales se pueden aplicar en casa, en centros comerciales o como encuestas personales asistidas por computadora (EPAC). El tercer modo, las encuestas por correo, se pueden aplicar mediante correo ordinario o utilizando paneles por correo. Por último, las encuestas electrónicas se pueden aplicar por correo electrónico o por Internet. De todas estas técnicas, las encuestas telefónicas son las más populares, seguidas por las personales y por correo. El uso de recursos electrónicos, especialmente las encuestas por Internet, está creciendo a un ritmo acelerado. A continuación describimos cada uno de estos procedimientos.

ENCUESTAS TELEFÓNICAS

Como se mencionó anteriormente, las encuestas telefónicas pueden ser tradicionales o asistidas por computadora.

Encuestas telefónicas tradicionales

Las encuestas telefónicas tradicionales implican llamar a una muestra de individuos y hacerles una serie de preguntas. El encuestador utiliza un cuestionario de papel y registra las respuestas con un

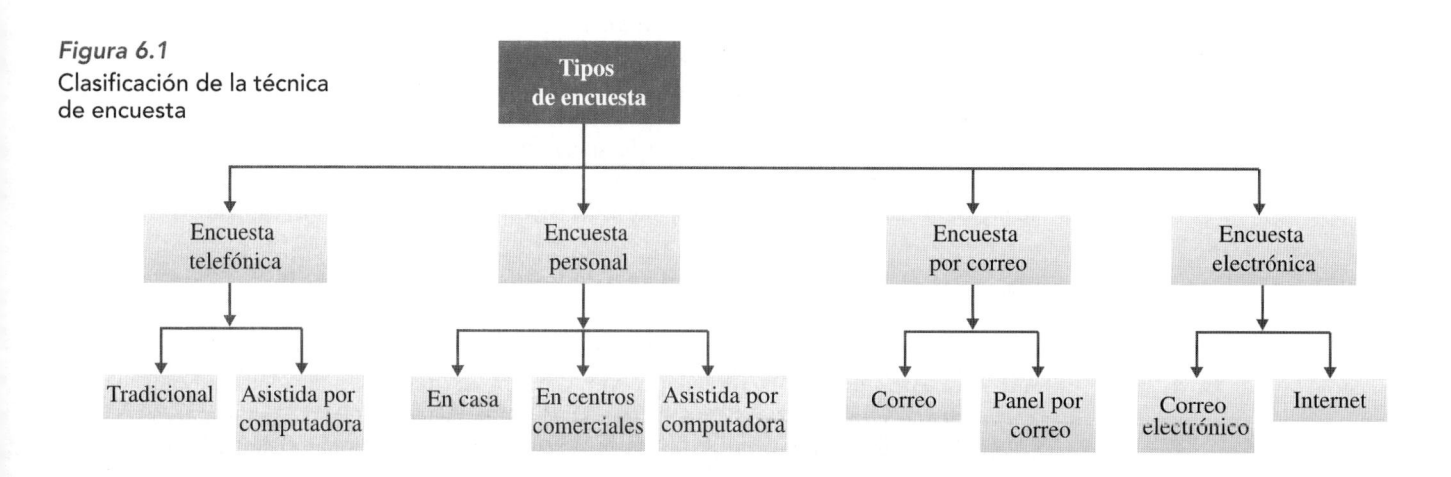

Figura 6.1
Clasificación de la técnica de encuesta

En las encuestas telefónicas asistidas por computadora, la máquina guía sistemáticamente al entrevistador.

lápiz. Los avances en las telecomunicaciones y en la tecnología han hecho muy prácticas las encuestas telefónicas a nivel nacional desde una central. Como consecuencia, el uso de encuestas por telefonía local ha disminuido en los últimos años.[5]

Encuestas telefónicas asistidas por computadora

Las entrevistas telefónicas asistidas por computadora desde una central ahora son más populares que la técnica telefónica tradicional. La encuesta telefónica asistida por computadora (ETAC) utiliza un cuestionario computarizado que se aplica a los participantes vía telefónica. Un cuestionario computarizado se puede elaborar utilizando una computadora central, una minicomputadora o una computadora personal. El entrevistador se sienta frente a una terminal y utiliza unos audífonos. La computadora reemplaza el cuestionario de papel y lápiz, y los audífonos sustituyen el teléfono. Con una orden, la computadora marca el número telefónico del participante. Cuando se hace el contacto, el entrevistador lee las preguntas que aparecen en el monitor de la computadora y registra las respuestas del individuo directamente en el banco de memoria de la máquina.

La computadora guía al encuestador de manera sistemática. Sólo aparece una pregunta a la vez en la pantalla. La computadora verifica si las respuestas son correctas y consistentes, y utiliza las respuestas conforme se registran para personalizar el cuestionario. La recolección de datos fluye de manera natural y constante. El tiempo de entrevista se reduce, la calidad de los datos mejora, y se eliminan los laboriosos pasos del proceso de recolección de datos, la codificación de los cuestionarios y la captura de datos en la computadora. Puesto que las respuestas se capturan directamente en la computadora, se pueden obtener informes intermedios y de actualización sobre la recolección de datos, o resultados casi de manera inmediata. La encuesta telefónica de Harris Interactive en el ejemplo al inicio del capítulo utilizó una ETAC, al igual que el siguiente ejemplo.

INVESTIGACIÓN REAL

Encuestas telefónicas: el sello de Hallmark

Como las mujeres controlan más de la mitad de las decisiones de compra en sus hogares, Hallmark Inc. (*www.hallmark.com*) hizo algunas investigaciones sobre este mercado meta. La investigación cualitativa reveló la importancia que tienen las amigas en la vida de las mujeres. Se realizó una encuesta telefónica a nivel nacional, en la que se preguntó a mujeres de 18 a 39 años de edad cómo conocieron a sus amigas y con qué frecuencia se mantenían en contacto con ellas. También se les preguntó qué tan probable (o improbable) era que compartieran sus secretos, sorpresas, desacuerdos con los cónyuges e información personal (un embarazo) con sus amigas. Los resultados mostraron que el 45 por ciento de las mujeres consideraron que había ocasiones en las que preferían compartir la información con una amiga que con un amigo.

INVESTIGACIÓN ACTIVA

Visite *www.delta.com* y realice una búsqueda en Internet y en la base en línea de su biblioteca, para obtener información sobre las preferencias de los consumidores al seleccionar una aerolínea para un viaje nacional.

Como gerente de marketing de Delta Airlines, ¿usted de qué manera usaría la información sobre las aerolíneas que prefieren los consumidores para un viaje nacional, con la finalidad de crear estrategias de marketing que incrementen su participación en el mercado?

¿Cuáles son las ventajas y las desventajas del uso de encuestas telefónicas para obtener información sobre las aerolíneas que prefieren los consumidores para hacer un viaje nacional? ¿Recomendaría esta técnica para aplicar una encuesta de Delta Airlines?

También se encontró que el 81 por ciento de las mujeres "discuten los temas con calma cuando tienen diferencias de opinión con sus amigas". Ambos porcentajes revelan que las mujeres tienen mayores probabilidades de compartir información y de corresponder.

El 42 por ciento de las mujeres del estudio afirmó que sólo hay una mujer a la que consideran su "mejor amiga". El 33 por ciento vive a 10 millas de distancia de su mejor amiga y el 28 por ciento vive a más 100 millas de ella. Con base en esta información, Hallmark lanzó su nueva línea de tarjetas "Hallmark Fresh Ink", que permite a las mujeres mantenerse en contacto con sus amigas. El hecho de saber que las mujeres son su mercado meta, y que mantienen mucho contacto entre sí, permitió a la empresa lanzar una nueva línea exitosa. Las encuestas telefónicas se han convertido en el sello de la investigación de mercados de Hallmark, ya que le permitieron crear estrategias de marketing exitosas. Hasta 2006 Hallmark tenía una participación de más del 50 por ciento en el mercado estadounidense de tarjetas de felicitación, las cuales se vendieron en más de 47,000 tiendas. La empresa también publica productos en más de 30 idiomas, que se venden en más de 100 países.[6] ■

Hay varios programas de cómputo, como el Ci3 de Sawtooth Software (*www.sawtoothsoftware.com*), para realizar ETAC. Los sistemas de encuestas telefónicas automatizadas por computadora son capaces de llamar y encuestar a individuos sin la intervención de personas, con excepción del registro digital de las preguntas que se plantean durante la encuesta telefónica. Una computadora portátil puede sustituir los cuestionarios de papel utilizados en las encuestas personales.

TÉCNICAS PERSONALES

Las encuestas personales se clasifican como en casa, en centros comerciales y asistidas por computadora.

Encuestas personales en casa

En las encuestas personales en casa se interroga a los individuos en sus hogares. La tarea del entrevistador consiste en ponerse en contacto con los participantes, hacer las preguntas y registrar las respuestas. En años recientes, ha disminuido el uso de este tipo de entrevistas debido a su elevado costo. Sin embargo, aún se utilizan, especialmente en empresas sindicadas (véase el capítulo 4) como Mediamark Research, Inc. (MRI).

INVESTIGACIÓN REAL

Mediamark: comparación entre hogares estadounidenses

Mediamark (*www.mediamark.com*) lleva a cabo un estudio continuo y detallado de la población adulta de Estados Unidos, llamado National Study. Esta investigación, que se realiza sin interrupción desde 1979, sondea los datos demográficos, el uso de productos y la exposición a los medios de todas las personas de 18 años de edad o más en los 48 estados contiguos.

Los participantes se eligen con una estricta base probabilística por área. Una lista computarizada de más de 90 millones de hogares se combina con otras fuentes que son necesarias para construir una muestra estratificada apropiada. La muestra se compone de tres secciones: una muestra de zonas metropolitanas, condados no metropolitanos, y cada uno de los 10 principales mercados estadounidenses: Nueva York, Los Ángeles, Chicago, Filadelfia, San Francisco, Boston, Detroit, Washington, D.C., Cleveland y Dallas/Ft. Worth. Tales mercados tienen muestras más grandes para permitir a MRI preparar estimados de medios de comunicación y de marketing confiables con una base de mercados locales.

El trabajo de campo se realiza durante dos periodos al año, cada uno con una duración de seis meses y con la realización de aproximadamente 13,000 encuestas. Se emplean dos métodos diferentes para interrogar a los participantes:

1. Primero, se hace una encuesta en casa para reunir datos demográficos y datos relacionados con la exposición a los medios de comunicación (incluyendo revistas, periódicos, radio, televisión, televisión por cable y exteriores).
2. Al final de la entrevista, el trabajador de campo deja a los participantes un cuestionario autoaplicable (autoadministrado) sobre el uso personal y en el hogar de aproximadamente 500 categorías de productos y servicios, y 6,000 marcas.

LHK Partners Inc., de Newton Aquare, PA, lleva a cabo el trabajo de campo. Cada trabajador de campo recibe una capacitación exhaustiva en técnicas de entrevista, así como en los procedimientos para tener acceso a los participantes y establecer una relación cordial.

Se emplea una amplia gama de técnicas para lograr una cooperación completa por parte de los encuestados. A los hogares elegidos se les informa con anticipación por correo del momento en que un encuestador se pondrá en contacto con ellos. Se hacen hasta seis intentos diferentes para contactar a los individuos difíciles de encontrar. Los hogares que hablan otros idiomas se reasignan a entrevistadores calificados, al igual que los rechazos y otros casos poco comunes.

La encuesta personal toma, en promedio, de 60 a 65 minutos. Al terminar, se les presenta el cuestionario y se les ofrece un pago de $20 dólares como incentivo para que lo respondan. Luego, el encuestador hace una cita para regresar más adelante a recogerlo.

Con el paso de los años, el National Study se ha convertido en una valiosa fuente de información sobre los consumidores para empresas de diversas industrias.[7] ■

A pesar de todas sus aplicaciones, el uso de las encuestas personales en casa está disminuyendo, mientras que las entrevistas en centros comerciales están aumentando.

Encuestas personales en centros comerciales

En las encuestas personales en centros comerciales, se aborda a las personas mientras compran en las tiendas y se les conduce a un lugar de pruebas dentro del centro. Luego, el entrevistador aplica un cuestionario similar a la encuesta personal en casa. La ventaja de las encuestas personales en centros comerciales consiste en que es más eficiente que el participante venga hacia el entrevistador

Una encuesta en un centro comercial.

que a la inversa.[8] Esta técnica se ha vuelto cada vez más popular y existen varios cientos de instalaciones de investigación permanentes en los centros comerciales. Como indica el siguiente ejemplo, las encuestas en centros comerciales son especialmente apropiadas cuando el individuo necesita ver, manipular o consumir el producto, antes de proporcionar una información significativa.

INVESTIGACIÓN REAL

Mismo nombre, nuevo número

Al entrar al nuevo milenio, AT&T (*www.att.com*) pasó de sólo ofrecer un servicio telefónico de larga distancia a ofrecer servicios de televisión por cable, de teléfono inalámbrico y de Internet. Sin embargo, la mayoría de las personas aún consideraban a la empresa como una compañía telefónica anticuada y aburrida. Por ello AT&T deseaba crear una nueva imagen divertida y moderna. Su agencia de publicidad, Young & Rubicam (*www.yr.com*) tuvo la idea de utilizar el logotipo de AT&T, el globo azul y blanco, y animarlo para que se convirtiera en el "vocero" en los anuncios. Para determinar si el logotipo era lo suficientemente reconocible, AT&T contrató a SE Surveys, una empresa neoyorquina de investigación. Los investigadores realizaron 500 encuestas personales en centros comerciales en 15 mercados para resolver el problema de AT&T. Se eligió la encuesta en centros comerciales por encima de otras técnicas para mostrar a los participantes una imagen del logotipo de AT&T antes de responder. Se les preguntó a los consumidores si reconocían el logotipo, el cual se presentó sin el nombre de la empresa. Los resultados de la encuesta revelaron que el 75 por ciento de la muestra completa reconocieron sin ayuda que se trataba de logotipo de AT&T; en tanto que el 77 por ciento de los individuos de entre 18 y 24 años de edad, y el 80 por ciento de los "usuarios activos de alto valor" lo reconoció. Los usuarios activos de alto valor son aquellos que gastan $75 dólares o más en servicios inalámbricos o de larga distancia.

Con estos resultados positivos, se hicieron comerciales que mostraban el logotipo animado rebotando por la pantalla, para demostrar que los diversos servicios de AT&T ayudan a un individuo o a una empresa. Desde entonces, existe una elevada conciencia y percepción de los servicios de esta compañía. El 31 de enero de 2005 se anunció que SBC Communications compraría AT&T en una transacción de $16,000 millones de dólares. Se espera que sinergias importantes hagan que el flujo de efectivo de la transacción tenga resultados positivos en 2007 y genere ganancias por el crecimiento de su participación en 2008.[9]

Una computadora portátil puede reemplazar a los cuestionarios de papel que se utilizan en las encuestas en casa y en centros comerciales. Con la tecnología de cómputo de lápiz óptico, este sistema utiliza la memoria de visualización como el teclado de un software.

Encuestas personales asistidas por computadora (EPAC)

En las encuestas personales asistidas por computadora (EPAC), el tercer tipo de entrevistas personales, el participante se sienta frente a una terminal de computadora y responde un cuestionario en la pantalla usando un teclado o un mouse. Existen varios programas electrónicos sencillos de usar, que diseñan preguntas que el participante entiende con facilidad. También cuentan con pantallas de ayuda y mensajes de error amables. Las pantallas llenas de colores y los estímulos dentro y fuera de la pantalla fomentan el interés y la participación del individuo en la tarea. Esta técnica se clasifica como encuesta personal debido a que generalmente existe un entrevistador que sirve como anfitrión y guía en caso necesario. La EPAC se utiliza para reunir datos en centros comerciales, clínicas de productos, conferencias y exhibiciones comerciales. Una forma popular en la que se aplica la EPAC es con el uso de quioscos.

INVESTIGACIÓN REAL

Pantalla sensible al tacto: encuestas con el toque de una pantalla

TouchScreen Research (*www.touchscreenresearch.com*) es el principal proveedor de Australia de software para encuestas con pantallas sensibles al tacto y hardware relacionado. La empresa ha ayudado a muchos clientes, incluyendo a ANZ Bank y Ely Lilly, a reunir datos de investigación de mercados.

CAPÍTULO 6 *Diseño de la investigación descriptiva: encuestas y observación* 189

Las encuestas personales asistidas por computadora (EPAC), como las que utilizan pantallas sensibles al tacto, se están volviendo muy populares en todo el mundo.

Los quioscos con pantallas sensibles al tacto también son sumamente populares en Australia, ya que su diseño es ingenioso y práctico, así como por su eficacia para reunir los datos pertinentes.

Uno de los clientes satisfechos es Exhibitions and Trade Fairs (ETF), quien organizó las exposiciones Money de Melbourne y Sidney en 2003. ETF presentó los quioscos para encuesta con pantalla sensible al tacto, a las personas que visitaron estas exposiciones. ETF, como organizador de este evento, pudo identificar los beneficios de realizar encuestas en cada una de las exposiciones. Los datos obtenidos de las encuestas le proporcionaron información específica como el tipo de visitantes, sus características demográficas, la manera en que se enteraron del evento y los factores de interés que los hicieron asistir. Por ejemplo, la encuesta reveló a EFT que la exposición de medios de comunicación a través de PBL Media Group, la revista *Money* de ACP y el canal 9 fueron muy eficaces desde un punto de vista publicitario. Asimismo, el enfoque de "un lugar para comprar todo", que incluía préstamos hipotecarios y de inversión, planes de jubilación y manejo de fondos de jubilación en el mismo lugar, fue otra característica de la exposición que atrajo visitantes.

Lo más sorprendente fueron los tiempos de respuesta. Dentro de las siguientes 72 horas posteriores al cierre de la exposición, TouchScreen Research fue capaz de proporcionarle a EFT un archivo PDF que contenía una encuesta detallada, fácil de leer y ordenada. ETF pudo utilizar los datos extraídos de las encuestas para ofrecer puntos de venta valiosos al hablar con exhibidores y patrocinadores potenciales, así como también para planear y definir estrategias para sus actividades de marketing y planear su campaña como visitante. Además, la empresa fue capaz de identificar áreas meta específicas para futuras exhibiciones a partir de tales datos.[10] ∎

TÉCNICAS POR CORREO

Las encuestas por correo, la tercera forma principal de aplicación, se pueden realizar mediante correo ordinario o un panel por correo.

Encuestas por correo

En la encuesta por correo tradicional, se envían cuestionarios a participantes potenciales preseleccionados. Un paquete típico de encuesta por correo consiste en un sobre de envío, una carta cubier-

PARTE II *Preparación del diseño de la investigación*

TABLA 6.1	
Algunas decisiones relacionadas con el paquete de encuesta por correo	
Sobre de envío	
Sobre de envío: tamaño, color, remitente	
Porte	
Método de envío	
Carta cubierta	
Patrocinio	Firma
Personalización	Posdata
Tipo de exhorto	
Cuestionario	
Longitud	Presentación
Contenido	Color
Tamaño	Formato
Reproducción	Anonimato del participante
Sobre de reenvío	
Tipo de sobre	
Porte	
Incentivos	
Monetarios o no monetarios	
Prepagados o cantidad	

ta, un cuestionario, un sobre de reenvío y en ocasiones un incentivo. Los participantes responden y regresan los cuestionarios. No hay interacción verbal entre el investigador y el participante.[11]

Sin embargo, antes de iniciar la recolección de datos, los participantes necesitan estar identificados por lo menos de manera general. Por lo tanto, una de las tareas iniciales consiste en obtener una lista de correos válida. Las listas de correo se pueden crear con directorios telefónicos, registros de clientes, registros de membresías de asociaciones; o comprarse a empresas que venden listas de suscripción o listas de correo comerciales.[12] Sin importar su fuente, una lista de correo debe estar actualizada y estrechamente relacionada con la población de interés. El investigador también debe tomar decisiones sobre diversos elementos del paquete de entrevista por correo (véase la tabla 6.1). Las encuestas por correo se utilizan para muy diversos propósitos, incluyendo la medición de preferencias de consumidores, como se muestra en el siguiente ejemplo.

Un cuestionario por correo con un sobre de reenvío.
Fuente: cortesía de TNS America.

INVESTIGACIÓN REAL

Destinados a estar juntos

El Mint Museum of Art (*www.mintmuseum.org*) se localiza en Charlotte, NC, y tiene la reputación de ser una de las instituciones culturales más importantes del sureste de Estados Unidos. Debido a recientes cambios en la población del área, Mint empezó a preguntarse si su diversa y vasta colección era la mejor forma de presentar el arte al público, y quién exactamente era este público. Además, el museo deseaba crear un Mint Museum of Craft + Design, pero no estaba seguro de si esto era lo que el público deseaba o si entendería el concepto. Por lo tanto, contrató a InterActive Research of Atlanta.

InterActive Research creó un estudio de dos fases para descubrir la información que Mint buscaba. El objetivo de la investigación consistía en medir el conocimiento, el uso y las actitudes hacia el museo existente, así como el plan para el nuevo Museum of Craft + Design. La primera fase del estudio fue cualitativa y consistió en 15 sesiones de grupo, seguida por una fase cuantitativa que estuvo compuesta de un cuestionario detallado que se envió por correo a aproximadamente 10,000 residentes del área de Charlotte, de los cuales se recuperaron 1,300.

Los resultados revelaron que Mint se percibía como elitista. Los participantes también consideraron que la colección actual era demasiado diversa y que no presentaba un tema coherente. La gente apoyó la idea de Craft + Design sobre el nuevo museo; pero opinó que se necesitaba una gran iniciativa educativa para informar al público de lo que ello implicaba exactamente. Los precios y el estacionamiento fueron planteados como barreras que evitaban que la gente acudiera, por lo que se decidió tomarlo en cuenta al construir el nuevo edificio. Se encontró que cuotas de entrada de $5 a $7 dólares eran aceptables; sin embargo, la gente comentó que no acudiría al museo si el costo era mayor. La investigación también reveló que el museo debería considerar la oferta de una membresía conjunta de sus dos museos para fomentar la asistencia. Muchos de estos hallazgos de investigación se implementaron en 2005. Con base en los resultados de la investigación, Mint decidió consolidar su colección actual en un tema más enfocado —el arte en las Américas— y organizarlo en orden cronológico. Ocasionalmente incluirán alguna pieza europea, pero la mayoría del arte provendrá de América del Norte o América del Sur. El precio máximo de admisión fue de $6 dólares por persona, y los boletos comprados servían para entrar al Mint Museum of Art y al Mint Museum of Craft + Design, siempre y cuando se utilizaran el mismo día.[13] ∎

Paneles por correo

panel por correo
Una muestra grande y representativa del país, consistente de hogares que accedieron a intervenir periódicamente en pruebas de productos, encuestas telefónicas y a responder cuestionarios por correo.

Los paneles por correo se presentaron en los capítulos 3 y 4. Un ***panel por correo*** consiste en una muestra grande representativa del país, compuesta por los hogares que accedieron a participar periódicamente en pruebas de productos y encuestas por correo. Los hogares son recompensados con varios incentivos. Los datos sobre los miembros del panel se actualizan cada año. Debido al compromiso de los miembros del panel, las tasas de respuesta alcanzan hasta un 80 por ciento. El Consumer Opinion Panel mantenido por Synovate (*www.synovate.com*) consiste en una muestra representativa de más de 600,000 hogares en Estados Unidos y 60,000 en Canadá. Varias empresas de investigación de mercados están cambiando de los paneles por correo a los paneles en línea. El NFO World Group (*www.nfow.com*) afirma que uno de cada 200 hogares es miembro de su panel de consumidores en línea.

Los paneles por correo sirven para obtener información de los mismos participantes de manera repetida. De esta manera, se pueden utilizar para implementar un diseño longitudinal. Sin embargo, este tipo de paneles son poco recomendables en países menos desarrollados, en los que el servicio de correo tiene una respuesta muy pobre.

INVESTIGACIÓN ACTIVA

Visite *www.outback.com* y realice una búsqueda en Internet y en la base en línea de su biblioteca, para obtener información sobre las preferencias de los consumidores con respecto a los restaurantes informales. Como gerente de marketing de Outback, ¿de qué manera utilizaría usted la información sobre los restaurantes casuales que prefieren los consumidores, para formular estrategias de marketing que incrementen sus ventas y su participación en el mercado?

¿Cuáles son las ventajas y las desventajas del uso del correo, los paneles por correo y el fax para realizar una encuesta y obtener información sobre los restaurantes casuales que prefieren los consumidores? ¿Cuál, si acaso, de estas técnicas recomendaría usted para realizar una encuesta para Outback?

RECURSOS ELECTRÓNICOS

Como se mencionó anteriormente, las encuestas electrónicas se pueden aplicar por correo electrónico o por Internet.

Encuestas por correo electrónico

Para llevar a cabo una encuesta por correo electrónico, se obtiene una lista de direcciones de correo. La encuesta va escrita dentro del cuerpo del mensaje de correo electrónico. Los correos electrónicos se envían por Internet. Las encuestas por correo electrónico utilizan texto puro (ASCII) para representar cuestionarios, y pueden ser recibidas y contestadas por cualquier persona que tenga una dirección de correo electrónico, sin importar si tiene acceso a Internet. Los encuestados escriben las respuestas a preguntas abiertas o cerradas en los lugares designados, y hacen clic en "responder". Las respuestas son los datos capturados y tabulados. Observe que por lo regular se requiere de la captura de datos.

Las encuestas por correo electrónico tienen varias desventajas. Dadas las limitaciones técnicas de la mayoría de los sistemas de correo electrónico, los cuestionarios no pueden utilizar patrones programados de saltos, verificaciones lógicas o aleatorización. La inteligencia limitada del texto ASCII no puede evitar que un encuestado elija, digamos, "sí" y "no" a una pregunta donde sólo una respuesta tiene sentido. Las instrucciones para saltar preguntas (por ejemplo, "si la respuesta a la pregunta 5 es 'sí', pase a la pregunta 9") deben aparecer de manera explícita, al igual que en el papel. Estos factores reducirían la calidad de los datos obtenidos de una encuesta por correo electrónico, además de requerir una limpieza de datos después de la encuesta. Otra limitación es que algunos productos de software de correo electrónico limitan la longitud del cuerpo de un mensaje de correo electrónico.

Entrevistas por Internet

lenguaje de marcas de hipertexto
El lenguaje de marcas de hipertexto (HTML) es el lenguaje de Internet.

A diferencia de las encuestas por correo electrónico, las encuestas por Internet utilizan el ***lenguaje de marcas de hipertexto*** (HTML), el lenguaje de la Web, y se publican en una página de Internet. Los individuos se pueden reclutar a través de Internet, en bases de datos de participantes potenciales pertenecientes a la empresa de investigación de mercados, o a través de métodos convencionales (correo, teléfono). Se pide a los participantes que visiten un sitio específico Web para responder la encuesta. En muchas ocasiones no se recluta a los participantes, sino que casualmente visitan la página Web donde la encuesta está publicada (u otros sitios Web populares), y se les invita a participar. Se les permite participar a todos o a cada enésimo visitante de Internet. Las encuestas por Internet ofrecen varias ventajas comparadas con las encuestas por correo electrónico. El lenguaje HTML, a diferencia de los textos ASCII, permiten construir botones, cuadros de respuesta y campos de entrada de datos, que evitan que los participantes seleccionen más de una respuesta donde se pretende que haya sólo una, que escriban donde no se requiera respuesta. Los patrones de saltos se programan y activan de manera automática como en las encuestas telefónicas asistidas por computadora o las encuestas personales asistidas por computadora. Las respuestas pueden validarse conforme ingresan. Por último, es posible integrar estímulos de encuesta adicionales como gráficas, imágenes, animaciones y vínculos con otras páginas de Internet. Las respuestas se reúnen en una base de datos adjunta, y los datos requieren cierto procesamiento antes de tabularlos o utilizarlos en un paquete estadístico. Todos estos factores contribuyen a obtener datos de mayor calidad. La encuesta Harris Interactive Online, del ejemplo del sondeo de votantes al inicio del capítulo, es un ejemplo de una encuesta por Internet.

Algunas de las limitaciones de las encuestas por correo electrónico son la necesidad de limpiar los mensajes, las formas limitadas que el usuario debe cumplir estrictamente para evitar la necesidad de una limpieza, y problemas de compatibilidad con los sistemas de correo electrónico. En el caso de las encuestas por Internet que reclutan participantes que están navegando o poniendo un anuncio, hay un sesgo de autoselección inherente. Esto se elimina utilizando una muestra validada, en la que se selecciona previamente a los participantes de un conjunto de direcciones de correo electrónico, a las cuales se les envía una invitación a la página Web. Las encuestas por Internet tienen una ventaja sobre las encuestas por correo electrónico, ya que pueden incluir gráficos y sonidos, se pueden enviar a través de un servidor asegurado, y proporcionan una retroalimentación instantánea. Las encuestas por Internet también pueden utilizar sistemas de alerta que se activen cuando se cumplan ciertos umbrales. Por ejemplo, si el sitio de un hotel alcanza su límite de desempeño, se notificará de inmediato a un gerente para que actúe con rapidez. Algunos de los problemas de las encuestas por Internet son el hecho de que puede existir un sesgo si los participantes responden más de una vez y, en el caso de muestras no validadas, puede existir un error de muestreo (véase el capítulo 3).

Básicamente, la investigación por Internet es tan representativa y efectiva como otros métodos tradicionales, especialmente debido a que la población de la Web continúa creciendo. Los problemas para realizar investigación por Internet deben abordarse y resolverse de manera efectiva, tal como se ha hecho con los problemas de la investigación tradicional.[14]

INVESTIGACIÓN REAL

Sony: las encuestas por Internet captan la participación de mercado de las descargas de música

Ninguna empresa implicada en la industria de la música puede ignorar el mercado en línea. Se trata de un segmento de la industria sumamente dinámico y en crecimiento. Sony (*www.sony.com*) está consciente de ese hecho y ha desarrollado formas innovadoras para determinar los puntos de vista de los principales usuarios de Internet y captar los pulsos de este mercado.

"Resulta que soy miembro dc Voice of the Elite del PS2 [sitio Web de PlayStation] de Sony", comenta Joseph Laszlo, fiel ciudadano y jugador de Internet. Voice of the Elite (VOTE) es una encuesta por Internet lanzada por Sony en el sitio Web de PlayStation. El acceso a la encuesta está restringido a los miembros selectos del sitio Web PS, quienes también son jugadores serios.

Además de lograr que los participantes se sientan algo importantes, las encuestas de Sony suelen ser muy interesantes. Ellos comparten algunos de sus resultados con los encuestados, quienes a menudo brindan nuevos conocimientos. De manera regular, Sony comparte el resultado de una encuesta previa como parte de una encuesta actual; se trata de una buena práctica para este tipo de programa continuo de investigación de mercados y de lealtad, ya que todos desean saber si sus opiniones coinciden con las del panel.

Una de las encuestas recientes se efectuó para entender la industria de la música en línea, desde el punto de vista del usuario. Sony preguntó a su grupo de leales jugadores del PS2 "¿En qué sitio descargan música en línea?" Los resultados fueron los siguientes: iTunes: 18.8 por ciento; Napster: 8.6 por ciento; MusicMatch: 7.8 por ciento; Rhapsody: 2.9 por ciento; Buymusic: 2.2 por ciento; eMusic: 1.7 por ciento; otros [que tal vez incluyan los servicios ilegales]: 31.4 por ciento; y ninguno: 26.6 por ciento.

Sony tiene altos ingresos por derechos de autor en las descargas de música legales. Naturalmente, la estrategia de Sony consiste en promover la descarga legal de música en línea y disminuir las descargas ilegales. Con tal finalidad, la empresa proporciona acceso a tiendas de música en línea a través de su sitio Web oficial (*www.sonymusic.com/shop/index.html*). Los resultados de encuesta presentados aquí le brindaron información interesante que utilizó para diseñar este servicio. La información sugiere que entre los usuarios más conocedores de Internet (suponiendo que los jugadores son muy conocedores), iTunes tiene una gran ventaja, pero no tan grande como se esperaría, y que la marca Napster de hecho ha ayudado a que un recién llegado alcance el puesto número dos entre los servicios legales, por lo menos con este segmento de la población en línea. Las opciones de descarga que ofrece el sitio Web de Sony se eligieron, en gran parte, por los resultados de la encuesta. Incluso el posicionamiento de los sitios en la lista refleja los resultados de la encuesta, ya que iTunes y Napster aparecieron en la parte superior de la lista.[15] ■

Existen varios servicios de Internet disponibles para publicar encuestas en línea. CreateSurvey (*www.createsurvey.com*) y Zoomerang (*www.zoomerang.com*) permiten crear y aplicar encuestas en línea en sus páginas. Survey System (*www.surveysystem.com*) es un software para trabajar con cuestionarios vía telefónica, en línea o impresos. El sitio maneja todas las fases de los proyectos de encuesta, desde la creación de cuestionarios hasta la captura de datos, entrevistas, correo electrónico o encuestas por Internet, para producir tablas, gráficas e informes de texto. WebSurveyor (*www.websurveyor.com*), SurveySolutions Express (*www.perseus.com*), Web Online Surveys (*web-online-surveys.com*) y SurveyPro (*www.apian.com*) son otros programas de cómputo populares para crear encuestas por Internet y de otros tipos.

EXPERIENCIA DE INVESTIGACIÓN

1. Utilice CreateSurvey (*www.createsurvey.com*) y Zoomerang (*www.zoomerang.com*) para crear un cuestionario de encuesta que mida la satisfacción de los estudiantes con el periódico del campus. Compare los dos sitios en términos de **1.** la facilidad para crear una encuesta, **2.** la flexibilidad para plantear distintos tipos de preguntas y **3.** la satisfacción general.
2. Visite los sitios Web de dos de las siguientes empresas de programas para encuestas: WebSurveyor (*www.websurveyor.com*), SurveySolutions Express (*www.perseus.com*), Web

Online Surveys (*web-online-surveys*.com) y SurveyPro (*www.apian.com*). Si tuviera que recomendar la compra de un software para encuestas, ¿cuál de los dos recomendaría y por qué?

3. Para experimentar la manera en que el patrocinador de una encuesta por Internet supervisa los resultados durante el trabajo de campo del proyecto, visite *http://us.lightspeedpanel.com*, lea la pregunta de Lightspeed Minipoll y seleccione "View Results".

4. Visite Greenfield Online (*www.greenfieldonline.com*) y responda a una encuesta en línea. Observe que primero debe hacerse miembro del panel para responder una encuesta. Escriba un breve informe sobre su experiencia.

5. Visite SurveySite (*www.surveysite.com*), haga clic en "What We Do" y luego en "Quantitative Research". Haga un informe sobre el procedimiento de SurveySite para las encuestas por correo, las encuestas que se aplican a los visitantes de la página del cliente y las encuestas que se aplican cuando la persona visita otras páginas que tienen una liga con la encuesta. ■

No obstante, recuerde que no todas las técnicas de encuesta son adecuadas para cualquier situación; por lo tanto, el investigador debería realizar una evaluación comparativa para determinar cuáles son las más convenientes.

EVALUACIÓN COMPARATIVA DE LAS TÉCNICAS DE ENCUESTA

En la tabla 6.2 se comparan las distintas formas de encuesta considerando diversos factores. Para cualquier proyecto de investigación específico varía la importancia relativa de esos factores. Los factores son la flexibilidad en la recolección de datos, la diversidad de las preguntas, el uso de estímulos físicos, el control de la muestra, el control del ambiente de recolección de datos, el control de la fuerza de campo, la cantidad de datos, la tasa de respuesta, el anonimato percibido, el deseo de aceptación social, la obtención de información delicada, el potencial de un sesgo por parte del entrevistador, la rapidez y el costo.

Flexibilidad en la recolección de datos

La flexibilidad en la recolección de datos está determinada principalmente por el grado en el que el participante interactúa con el entrevistador y por el cuestionario de la encuesta. La encuesta personal, realizada en casa o en un centro comercial, permite la mayor flexibilidad en la recolección de datos. Puesto que el participante y el entrevistador se encuentran cara a cara, este último puede aplicar cuestionarios complejos, explicar y aclarar preguntas difíciles, e incluso utilizar técnicas no estructuradas.

En contraste, la encuesta telefónica tradicional sólo tiene una flexibilidad moderada, ya que es más difícil usar de técnicas no estructuradas, plantear preguntas complejas y obtener respuestas exhaustivas a preguntas abiertas por el teléfono. Las encuestas telefónicas asistidas por computadora, las encuestas personales asistidas por computadora y las encuestas por Internet permiten, hasta cierto punto, mayor flexibilidad porque el cuestionario se aplica de forma interactiva. El investigador puede utilizar diversos formatos de preguntas, personalizar el cuestionario y manejar patrones de salto complejos (instrucciones para omitir preguntas del cuestionario según las respuestas del sujeto). Como no permiten la interacción entre el entrevistador y el participante, las encuestas por correo, los paneles por correo y las encuestas por correo electrónico son poco flexibles.

Un beneficio de la investigación de encuesta por Internet, que a menudo se pasa por alto, es la facilidad con que se puede modificar rápidamente una encuesta. Por ejemplo, tal vez los primeros datos de respuesta sugieran preguntas adicionales que deban plantearse. Es casi imposible cambiar o agregar preguntas sobre la marcha en un cuestionario por correo, y muy difícil en los cuestionarios personales o telefónicos; sin embargo, esto se hace en cuestión de minutos con algunos sistemas de encuesta por Internet.

Diversidad de las preguntas

La diversidad de las preguntas que se incluyen en una encuesta depende del grado de interacción que tiene el encuestado con el entrevistador y con el cuestionario, así como también de la posibilidad de ver las preguntas. En una entrevista personal, es factible plantear una gran variedad de preguntas, debido a que los participantes pueden ver el cuestionario, y el entrevistador puede aclarar cualquier ambigüedad. De esta manera, las encuestas en casa, en centros comerciales y las encuestas personales asistidas por computadora permiten una gran variedad. En las encuestas por Internet se pueden utilizar funciones multimedia, de manera que la posibilidad de plantear una variedad de preguntas va de moderada a alta, a pesar de la ausencia de un entrevistador. En las encuestas por correo, los paneles

TABLA 6.2
Evaluación comparativa de las técnicas de encuesta

Criterios	Telefónicas/ ETAC	Encuestas en casa	Encuestas en centros comerciales	Encuestas personales asistidas por computadora	Encuestas por correo	Paneles por correo	Correo electrónico	Por Internet
Flexibilidad de la recolección de datos	De moderada a alta	Alta	Alta	Moderada a alta	Baja	Baja	Baja	Moderada a alta
Diversidad de las preguntas	Baja	Alta	Alta	Alta	Moderada	Moderada	Moderada	Moderada a alta
Uso de estímulos físicos	Baja	Moderada a alta	Alta	Alta	Moderada	Moderada	Baja	Moderada
Control de la muestra	Moderada a alta	Potencialmente alta	Moderada	Moderada	Baja	Moderada a alta	Baja	Baja a moderada
Control del ambiente de recolección de datos	Moderada	Moderada a alta	Alta	Alta	Baja	Baja	Baja	Baja
Control de la fuerza de campo	Moderada	Baja	Moderada	Moderada	Alta	Alta	Alta	Alta
Cantidad de datos	Baja	Alta	Moderada	Moderada	Moderada	Alta	Moderada	Moderada
Tasa de respuesta	Moderada	Alta	Alta	Alta	Baja	Moderada	Baja	Muy baja
Anonimato percibido por los encuestados	Moderada	Baja	Baja	Baja	Alta	Alta	Moderada	Alta
Deseo de aceptación social	Moderada	Alta	Alta	Moderada a alta	Baja	Baja	Moderada	Baja
Obtención de información delicada	Alta	Baja	Baja	Baja a moderada	Alta	Moderada a alta	Moderada	Alta
Potencial de un sesgo del entrevistador	Moderada	Alta	Alta	Baja	Ninguno	Ninguno	Ninguno	Ninguno
Rapidez	Alta	Moderada	Moderada a alta	Moderada a alta	Baja	Baja a moderada	Alta	Muy alta
Costo	Moderada	Alta	Moderada a alta	Moderada a alta	Baja	Baja a moderada	Baja	Baja

por correo y las encuestas por correo electrónico no hay tanta variedad. En las encuestas telefónicas tradicionales y en las ETAC, los encuestados no pueden ver las preguntas mientras responden, lo cual limita la variedad de las preguntas. Por ejemplo, en una encuesta telefónica o ETAC, no se le puede pedir al individuo que ordene 15 marcas de automóviles de acuerdo con su preferencia.

Uso de estímulos físicos

A menudo resulta útil o necesario el uso de estímulos físicos como el producto, un prototipo del producto, comerciales o exhibiciones promocionales durante la entrevista. Un ejemplo muy básico es la prueba del sabor de un producto. En otros casos, son útiles las fotografías, los mapas u otros estímulos audiovisuales. En tales situaciones, las encuestas personales realizadas en locales (encuestas en centros comerciales y encuestas personales asistidas por computadora) son preferibles a las encuestas en casa. En las encuestas por correo y los paneles por correo llegan a utilizarse, ya que en ocasiones es posible enviar por correo los auxiliares o incluso muestras de productos. A veces se aplican en encuestas por Internet, pues los cuestionarios pueden incluir elementos multimedia como prototipos de páginas Web y anuncios. El uso de los estímulos físicos es limitado en las encuestas telefónicas tradicionales, las ETAC y las encuestas por correo electrónico.

Control de la muestra

control de la muestra
Característica del tipo de encuesta para llegar a las unidades especificadas en la muestra de manera eficaz y eficiente.

El *control de la muestra* se refiere a la capacidad que tiene el tipo de encuesta para llegar a las unidades especificadas en la muestra de manera eficaz y eficiente.[16] Al menos en principio, las encuestas personales en casa ofrecen el mejor control de la muestra, ya que es posible controlar cuáles unidades se encuestan, a quien se encuesta, el grado de participación de otros miembros de la familia y muchos otros aspectos de la recolección de datos. En la práctica, para lograr un alto grado de control el investigador debe superar varios problemas. Es difícil encontrar a los participantes en su casa durante el día, ya que la mayoría de la gente trabaja fuera del hogar. Además, por razones de seguridad, los entrevistadores se muestran reacios a trabajar en ciertos vecindarios, y las personas se han vuelto muy cautelosas para responder a extraños que tocan su puerta.

Las encuestas en centros comerciales sólo permiten un control moderado de la muestra. Aunque el entrevistador tenga el control sobre qué personas intercepta, la elección se limita a quienes visitan esa tienda, y los compradores frecuentes tienen más probabilidades de ser incluidos. Asimismo, los encuestados potenciales pueden evitar o iniciar el contacto con el entrevistador de manera intencional. Comparadas con las encuestas en centros comerciales, las EPAC ofrecen un mejor control, ya que se pueden establecer las cuotas de la muestra y elegir de manera aleatoria a los encuestados.

marco de la muestra
Una representación de los elementos de la población meta. Consiste en una lista o conjunto de direcciones para identificar a la población meta.

Con las encuestas telefónicas tradicionales y las ETAC es posible lograr un control de la muestra de moderado a alto. Los teléfonos ofrecen acceso a individuos que están dispersos geográficamente y que viven en zonas difíciles de alcanzar. Estos procedimientos dependen de un **marco de la muestra**: una lista de unidades de población con sus números telefónicos.[17] Los marcos de la muestra que más se utilizan son los directorios telefónicos, aunque tienen ciertas limitaciones debido a que: **1.** no todas las personas cuentan con teléfono, **2.** algunos individuos tienen números privados y **3.** los directorios no incluyen los nuevos números en servicio ni teléfonos desconectados recientemente. A pesar de que el teléfono ha logrado una penetración casi total en los hogares, existen algunas variantes por región y dentro de las regiones. El porcentaje de hogares con números privados es aproximadamente del 31 por ciento, pero varía mucho de acuerdo con la región geográfica. En zonas metropolitanas grandes puede ser de hasta un 60 por ciento. La cantidad de números privados y de teléfonos nuevos en servicio desde que se publicó el directorio podría representar hasta el 40 por ciento del total de hogares con teléfono en algunas zonas metropolitanas.[18]

marcado digital aleatorio
Técnica utilizada para superar el sesgo por números telefónicos privados y de reciente contratación, al seleccionar todos los dígitos del número telefónico en forma aleatoria.

La técnica de **marcado digital aleatorio** *(mda)* se utiliza para superar el sesgo producido por los números privados y las nuevas líneas telefónicas. El marcado digital aleatorio consiste en seleccionar todos los dígitos del número telefónico al azar (código de área, prefijo o intercambio, sufijo). Este método permite que todos los hogares con teléfono tengan casi la misma posibilidad de ser incluidos en la muestra, pero tiene algunas limitaciones. Su aplicación resulta costosa y prolongada porque no todos los números telefónicos posibles están en servicio. Tomemos el caso de Estados Unidos: aunque hay 10,000 millones de posibles números, en ese país sólo hay cerca de 100 millones de hogares con teléfono. Además, el marcado digital aleatorio no distingue entre los números telefónicos de interés y los que no son útiles (por ejemplo, en una encuesta del consumidor los números de empresas y de oficinas gubernamentales). Existen variantes del marcado digital aleatorio que reducen la pérdida de tiempo. Una de ellas elige al azar un intercambio funcional y añade un bloque de números aleatorios de cuatro dígitos. En los **diseños de directorios de dígitos aleatorios**

diseños de directorios de dígitos aleatorios
Diseño de investigación para encuestas telefónicas, en el cual se obtiene una muestra de números de un directorio telefónico y luego se modifican para permitir que los números privados tengan la posibilidad de incluirse en la muestra.

Figura 6.2
Diseños de directorios de dígitos aleatorios

Adición de una constante al último dígito

Al número telefónico seleccionado del directorio se le agrega un número entre 1 y 9. En un muestreo de más uno, el número que se agrega al último dígito es 1.

Número seleccionado del directorio: 404-953-3004 (código de área-centralita-bloque). Se agrega 1 al último dígito para formar 404-953-3005. Éste es el número que se incluirá en la muestra.

Aleatorización de los *r* últimos dígitos

Se reemplazan los r (r = 2, 3 o 4) últimos dígitos con un número igual de dígitos elegidos al azar.

Número seleccionado del directorio: 212-881-1124. Se remplazan los últimos cuatro dígitos del bloque con los números elegidos al azar 5, 2, 8 y 6 para formar 212-881-5286.

Procedimiento de dos etapas

La primera etapa consiste en seleccionar una centralita y un número telefónico del directorio. En la segunda etapa, se reemplazan los tres últimos dígitos del número seleccionado, con un número aleatorio de tres dígitos entre 000 y 999.

Grupo 1

Centralita seleccionada: 202-636.
Número seleccionado: 202-636-3230.
Se reemplazan los últimos tres dígitos (230) con el 389 seleccionado al azar para formar 202-636-3389.
Este proceso se repite hasta obtener la cantidad deseada de números telefónicos de este grupo.

se obtiene una muestra de números del directorio, los cuales se modifican para que los teléfonos privados tengan posibilidades de incluirse en la muestra. Los enfoques populares para modificar números son **1.** agregar una constante al último dígito, **2.** aleatorizar los últimos *r* dígitos y **3.** un procedimiento de dos etapas. En la figura 6.2 se describen y ejemplifican tales procedimientos. De las tres formas, la adición de una constante al último dígito, especialmente el muestreo de más uno, brinda las tasas más altas de contacto y de muestras representativas.[19]

Las encuestas por correo requieren una lista de direcciones de individuos o familias elegibles para incluirse en la muestra. Las encuestas por correo pueden llegar a sujetos que están geográficamente disperso en áreas difíciles de alcanzar.[20] No obstante, en ocasiones las listas de correo son obsoletas, o están incompletas o no disponibles. Por lo general, los directorios telefónicos y por calles se utilizan como listas de la población general. Ya se analizaron los problemas relacionados con este tipo de listas. Los catálogos de listas de correo contienen miles de listas que se pueden comparar.

Otro factor que está fuera del control del investigador es si se contesta el cuestionario y quién lo hace. Algunas personas se rehúsan a responder por falta de interés o motivación; otros no pueden hacerlo porque son analfabetas. Por tales razones, el grado de control de la muestra de las encuestas por correo es bajo.[21]

Por otro lado, los paneles por correo ofrecen un control de moderado a alto sobre la muestra. Estos paneles proporcionan muestras apareadas de acuerdo con estadísticas del Censo estadounidense sobre variables demográficas básicas. También es posible identificar grupos de usuarios específicos dentro de un panel, y dirigir la encuesta a hogares con características específicas. Se puede interrogar a ciertos miembros de la familia en el panel. Por último, es posible localizar grupos de baja incidencia, grupos que se presentan con poca frecuencia en la población; pero existe la duda del grado en que un panel deba considerarse representativo de toda la población.

No todas las poblaciones son candidatas a una investigación de encuesta por Internet. La población de consumidores en general suele ser un mal candidato, ya que muchos hogares estadounidenses no utilizan de manera regular los servicios de Internet. Aun cuando se evalúe a las personas para que cubran los criterios y las cuotas impuestas, la posibilidad de cubrir las cuotas está limitada por el número y las características de los participantes que visitan el sitio Web. Sin embargo, existen algunas excepciones a esta afirmación general. Por ejemplo, los compradores de productos de cómputo y los usuarios de servicios de Internet son poblaciones ideales. Las empresas y los usuarios profesionales de la Web también son poblaciones excelentes para responder encuestas por Internet. Se estima que más del 90 por ciento de los negocios están conectados actualmente a Internet. Es difícil evitar que los participantes respondan varias veces la misma encuesta por Internet. De esta manera, en las encuestas por Internet el control de la muestra es de bajo a moderado. Las encuestas por correo electrónico padecen muchas de las limitaciones de las encuestas por correo y, por lo tanto, ofrecen poco control de la muestra.

Control del ambiente de recolección de datos

El grado de control que tiene un investigador sobre el ambiente donde el participante responde el cuestionario es otro factor que marca una diferencia entre los diversos tipos de encuestas. Las encuestas personales realizadas en locales (en un centro comercial y la EPAC) ofrecen el mayor grado de control del ambiente. Por ejemplo, el investigador puede establecer un local específico para demostrar el producto. Las encuestas personales en casa ofrecen un control de moderado a bueno, ya que el entrevistador está presente. Las encuestas telefónicas tradicionales y las asistidas por computadora ofrecen un control moderado. El entrevistador no puede ver el ambiente en el que se realiza la entrevista, pero sí tiene una idea de las condiciones de fondo y puede animar al individuo permanecer atento y cooperando. En las encuestas por correo, los paneles por correo, las encuestas por correo electrónico y las encuestas por Internet, el investigador tiene escaso control sobre el ambiente.

Control de la fuerza de campo

fuerza de campo
La fuerza de campo se compone de los entrevistadores y de los supervisores que intervienen en la recolección de datos.

La *fuerza de campo* incluye a los entrevistadores y supervisores que participan en la recolección de datos. Debido a que no requieren de este personal, las encuestas por correo, los paneles por correo, las encuestas por correo electrónico y las encuestas por Internet eliminan los problemas de la fuerza de campo. Las encuestas telefónicas tradicionales, las encuestas telefónicas asistidas por computadora, las encuestas en centros comerciales y las encuestas personales asistidas por computadora presentan grados moderados de control, ya que el procedimiento se lleva a cabo en un local y la supervisión es relativamente sencilla. Las encuestas personales en casa muestran problemas al respecto, ya que como muchos entrevistadores trabajan en varios lugares diferentes, resulta poco práctico realizar una supervisión continua.[22]

Cantidad de datos

En las encuestas personales en casa el investigador puede reunir grandes cantidades de datos. La relación social entre el entrevistador y el encuestado, así como el ambiente del hogar, motiva al individuo a dedicar más tiempo a atender la entrevista. En una encuesta personal el participante requiere de un menor esfuerzo, que en la entrevista telefónica o por correo. El entrevistador registra las respuestas a las preguntas abiertas y proporciona auxiliares visuales para ayudar con escalas largas y complejas. Algunas encuestas personales llegan a durar hasta 75 minutos. A diferencia de las encuestas en casa, las entrevistas en centros comerciales y las encuestas personales asistidas por computadora sólo brindan cantidades moderadas de datos. Debido a que estas entrevistas se realizan en centros comerciales y en otros locales, el tiempo de los participantes es más limitado. Por lo general, la entrevista dura 30 minutos o menos. Por ejemplo, General Foods realizó recientemente entrevistas en centros comerciales, las cuales se limitaron a 25 minutos.[23]

Las encuestas por correo también producen cantidades moderadas de datos. Se pueden utilizar cuestionarios bastante largos, ya que no se ha demostrado que los cuestionarios breves tengan mayores tasas de respuesta que los cuestionarios largos. Lo mismo ocurre con las encuestas por correo electrónico y por Internet, aunque Internet es un medio más adecuado a este respecto. Los paneles por correo, por otro lado, pueden producir grandes cantidades de datos, debido a la relación especial que existe entre los miembros del panel y la organización patrocinadora. Por ejemplo, el autor utilizó el panel Synovate (*www.synovate.com*) para aplicar un cuestionario que tomaba dos horas responder.

Las encuestas telefónicas tradicionales y las encuestas telefónicas asistidas por computadora producen la menor cantidad de datos, ya que suelen ser más breves que otras encuestas, pues los participantes suelen terminar fácilmente la conversación telefónica a su propia discreción. Estas encuestas generalmente duran alrededor de 15 minutos, aunque pueden ser más largas cuando el tema resulta de interés para los participantes.[24] Los estudios indican que los participantes tienden a subestimar la duración de las entrevistas telefónicas hasta en un 50 por ciento. Esto sugiere que las entrevistas telefónicas podrían tener una duración mayor que en la práctica actual.

Tasa de respuesta

tasa de respuesta
Porcentaje de las encuestas que se completan en relación con las que se intentan.

La *tasa de respuesta* de una encuesta se define, en general, como el porcentaje de las encuestas que se completan en relación con las que se intentan. Las encuestas personales, en casa, en centros comerciales y asistidas por computadora producen la tasa de respuesta más alta (por lo común entre el 60 y el 80 por ciento). Los problemas causados por los casos en que el individuo no está en casa se pueden resolver regresando a diferentes horas. Las encuestas telefónicas, las tradicionales y las asistidas por computadora generan tasas de respuesta del 40 al 60 por ciento. Estos tipos de encuesta también enfrentan el problema de que no haya nadie en casa o de que no se reciban respuestas. La tasa de respuesta sube cuando el entrevistador regresa. En muchas encuestas telefónicas se vuelve a llamar por lo menos tres veces.

Las encuestas por correo tienen tasas de respuesta bajas. En una fría encuesta por correo, dirigida a individuos seleccionados al azar, sin ningún contacto previo o posterior al envío, la tasa de respuesta suele ser menor del 15 por ciento si no hay incentivo. Una tasa de respuesta tan baja provocaría un sesgo grave (sesgo por falta de respuestas), debido a que el hecho de que un individuo responda a una encuesta por correo se relaciona con su interés por el tema. La magnitud del *sesgo por falta de respuesta* aumenta conforme disminuye la tasa de respuesta. Sin embargo, el uso de procedimientos adecuados para aumentar la respuesta parece incrementar la tasa de respuesta en las encuestas por correo hasta alrededor del 80 por ciento. Las tasas de respuesta de los paneles por correo se encuentran en un rango del 60 al 80 por ciento, debido al compromiso de cooperación de los participantes.

Las encuestas por Internet tienen las tasas de respuesta más bajas, incluso más bajas que las encuestas por correo electrónico. Esto se debe al hecho de que algunos participantes tienen acceso a un correo electrónico pero no a Internet, además de que el acceso a la Web requiere de un mayor esfuerzo y más habilidades. Asimismo, los participantes generalmente necesitan estar conectados a Internet mientras responden la encuesta; en cambio, en las encuestas por correo electrónico no es necesario estar conectado. Si se recluta con anterioridad a los participantes, ellos deben entrar a un sitio Web, y muchos de ellos no están dispuestos a hacer el esfuerzo.

Una revisión detallada, aunque anticuada, de la literatura, que cubrió 497 tasas de respuesta de 93 artículos de revistas científicas, encontró tasas de respuesta promedio ponderadas de 81.7 por ciento, 72.3 por ciento y 47.3 por ciento para las encuestas personales, telefónicas y por correo, respectivamente.[25] Sin embargo, las tasas de respuesta han disminuido en épocas recientes. La misma revisión también encontró que las tasas de respuesta aumentan con:

- Incentivos monetarios ofrecidos o prepagados.
- Un aumento en la cantidad del incentivo monetario.
- Primas y recompensas no monetarias (bolígrafos, lápices, libros).
- Notificación preliminar.
- Técnica del pie en la puerta. Se trata de estrategias de petición múltiple. La primera petición es relativamente modesta, y todas o casi todas las personas acceden. La petición modesta va seguida por una petición más grande, llamada *petición crítica*, que es en realidad el comportamiento meta.
- Personalización (envío de cartas dirigidas a individuos específicos).
- Cartas de seguimiento.

En el capítulo 12 se estudiará más a fondo cómo mejorar las tasas de respuesta.

Anonimato percibido

El *anonimato percibido* se refiere a la percepción del encuestado de que el entrevistador o investigador no conocerá su identidad. El anonimato percibido de los participantes es alto en las encuestas por correo, los paneles por correo y las encuestas por Internet, ya que no hay un contacto directo con un entrevistador mientras se responden. En las encuestas personales es bajo (en casa, en centros comerciales y asistidas por computadora), por el contacto cara a cara con el entrevistador. Las encuestas telefónicas tradicionales y asistidas por computadora se encuentran en un lugar intermedio. En el caso de las encuestas por correo electrónico también es moderado. A pesar de que no hay contacto con el entrevistador, los encuestados saben que es posible que sus nombres aparezcan en el reenvío del correo electrónico.

Deseo de aceptación social/información delicada

El *deseo de aceptación social* es la tendencia de los participantes a dar respuestas socialmente aceptables, sean verdaderas o no. Como las encuestas por correo, los paneles por correo y las encuestas por Internet no implican una interacción social entre el entrevistador y el encuestado, son las menos susceptibles al deseo de aceptación social. Las evidencias sugieren que este tipo de técnicas son recomendables para obtener información sensible, como la relacionada con las finanzas o la conducta personal. Las encuestas telefónicas tradicionales y asistidas por computadora son moderadamente buenas para evitar respuestas socialmente deseables. Además, son útiles para obtener información delicada, ya que los participantes tienen la percepción de que no se están comprometiendo nada por teléfono.[26] El correo electrónico es moderadamente aceptable para controlar el deseo de aceptación social y para obtener información delicada, dada la conciencia que tiene el individuo de que

---

sesgo por falta de respuesta
Cuando los encuestados reales difieren de quienes se rehúsan a participar.

petición crítica
El comportamiento que se está investigando.

anonimato percibido
La percepción del encuestado de que el entrevistador o investigador no conocerá su identidad.

deseo de aceptación social
Tendencia de los participantes a dar respuestas que no sean exactas, pero son deseables desde un punto de vista social.

su nombre puede aparecer en el reenvío del correo. Las encuestas personales, ya sean en casa, en centros comerciales o asistidas por computadora, son limitadas a este respecto; aunque en ocasiones el problema disminuye en el caso de las entrevistas asistidas por computadora.[27]

Sesgo potencial del entrevistador

Un entrevistador puede sesgar los resultados de una encuesta según la manera en que **1.** selecciona a los participantes (al entrevistar a otra persona cuando debería entrevistar al jefe de familia), **2.** hace las preguntas de investigación (al omitir preguntas), y **3.** registra las respuestas (al registrar una respuesta de forma incorrecta o incompleta). La magnitud del papel del entrevistador determina el potencial del sesgo.[28] Las encuestas en casa y en centros comerciales son las más susceptibles al sesgo por parte del entrevistador. Las encuestas telefónicas tradicionales y asistidas por computadora son menos susceptibles, aunque existe el potencial de un sesgo. Por ejemplo, mediante la inflexión y el tono de la voz, los entrevistadores pueden transmitir sus propias actitudes y sugerir así las respuestas. Las encuestas asistidas por computadora tienen el menor sesgo potencial. Las encuestas por correo, los paneles por correo, las encuestas por Internet y por correo electrónico no tienen este problema.

Rapidez

Internet es, por mucho, el medio más rápido para obtener datos de una gran cantidad de individuos. En primer lugar, el cuestionario se puede elaborar y distribuir a los participantes con rapidez, y los datos se reciben casi de inmediato una vez contestado. Debido a que las impresiones, el envío por correo y la codificación de los datos se eliminan, el investigador puede contar con los datos horas después de elaborar un cuestionario para Internet. Los datos se obtienen de forma electrónica, de manera que se pueden programar análisis estadísticos para procesar cuestionarios estándar, así como producir resúmenes estadísticos y gráficas de forma automática. La encuesta por correo electrónico también es rápida, aunque más lenta que la realizada por Internet, ya que se necesita más tiempo para reunir una lista de correos electrónicos, y también se requiere la captura de los datos.

Las encuestas telefónicas tradicionales y las asistidas por computadora también son técnicas rápidas de obtener información. Cuando se utiliza una central telefónica, es posible realizar varios cientos de entrevistas al día. Incluso los datos de grandes encuestas nacionales se pueden reunir en dos semanas o menos. Las siguientes más rápidas son las encuestas en centros comerciales y las asistidas por computadora, que abordan a los participantes potenciales en locales específicos. Las encuestas personales en casa son más lentas, debido a que existen tiempos muertos entre las entrevistas, mientras el personal viaja a la casa del siguiente participante. Para agilizar la recolección de datos, las encuestas se pueden realizar en distintos mercados o regiones de manera simultánea. Las encuestas por correo suelen ser las más lentas. Generalmente se requieren de varias semanas para recibir los cuestionarios contestados; los correos de seguimiento toman aún más tiempo. En un estudio reciente que comparó dos tipos de encuesta, el número promedio de días que le tomó a los participantes responder encuestas por correo electrónico fue de 4.3, comparados con los 18.3 días para las encuestas por correo ordinario. Los paneles por correo son más rápidos que las encuestas por correo, debido a que se requiere poco seguimiento.[29]

Costo

Para muestras grandes, las encuestas por Internet tienen el costo más bajo. Se eliminan los costos de impresión, envío, creación de claves y entrevistadores; en tanto que los precios de incremento por cada encuestado en general son bajos, se pueden hacer estudios con numerosos participantes con ahorros sustanciales, comparados con las encuestas por correo, telefónicas o personales. Las encuestas personales suelen ser la forma de recolección de datos más costosa por respuesta completada. En general, las encuestas por Internet, por correo electrónico, por correo, de panel por correo, tradicionales por teléfono, ETAC, EPAC, en centros comerciales y personales en casa, en orden ascendente, requieren más personal de campo y mayores supervisión y control. Por lo tanto, el costo se incrementa en este orden. Sin embargo, los costos relativos dependen del tema de investigación y de los procedimientos que se adopten.[30]

SELECCIÓN DE LOS TIPOS DE ENCUESTA

Como resulta evidente de la tabla 6.2 y del análisis anterior, ningún método de encuesta es superior en todas las situaciones. Dependiendo de factores como las necesidades de información, las limitaciones del presupuesto (tiempo y dinero) y las características de los encuestados, ninguno, uno, dos o incluso todos los tipos podrían resultar adecuados.[31] Recuerde que las diversas formas de recolección de datos no son mutuamente excluyentes, sino que se pueden utilizar de manera complementaria para sumar sus ventajas y compensar sus debilidades. El investigador tiene la oportunidad de emplear dichas técnicas en combinación e idear procedimientos creativos. Como ejemplo, en un proyecto clásico, los entrevistadores distribuyeron el producto, los cuestionarios de autoaplicación y los sobres de reenvío a los participantes. Se utilizaron entrevistas telefónicas tradicionales para el seguimiento. La combinación de esas formas de recolección de datos originó una cooperación telefónica del 97 por ciento de los participantes. Además, el 82 por ciento de los cuestionarios fueron reenviados por correo.[32] En la introducción del capítulo vimos como una encuesta electoral empleó de manera exitosa encuestas telefónicas y por Internet. El siguiente ejemplo del proyecto de una tienda departamental ilustra la elección de un tipo de encuesta; en tanto que el ejemplo de P&G ilustra el uso de una combinación de encuestas.

PROYECTO DE INVESTIGACIÓN

Encuestas personales en casa

En el proyecto de la tienda departamental se utilizaron encuestas personales en casa por varias razones. Se plantearon muchas preguntas diferentes, algunas de las cuales eran complejas y era necesario reunir una cantidad relativamente grande de datos. La información obtenida no era delicada o amenazadora. Se utilizaron estudiantes capacitados como entrevistadores, reduciendo así los costos. Otro aspecto crítico fue que las entrevistas personales podrían realizarse sin subcontratar a una organización de servicios de campo para recolectar los datos.

No se eligieron procedimientos telefónicos debido a la complejidad de las preguntas y a la cantidad de datos necesaria. Las encuestas en centros comerciales y las encuestas personales asistidas por computadora tampoco eran adecuadas porque se requerían muchos datos. El uso de un local central habría implicado la necesidad de subcontratar una organización de servicios de campo. Las encuestas por correo se descartaron debido a su baja tasa de respuesta y a la complejidad de la información necesaria. Los paneles por correo eran inadecuados por la complejidad de la información que se buscaba, y tampoco se consideró conveniente el uso de un cuestionario de autoaplicación. Los procedimientos electrónicos no fueron elegidos debido a que muchas personas del mercado meta no tenían acceso a un correo electrónico o a Internet cuando se llevó a cabo la encuesta. ■

INVESTIGACIÓN REAL

Tide de P&G: volviéndose inteligente con Intelliseek

BrandPulse Direct de Intelliseek (*www.intelliseek.com*) es una nueva manera de recolectar y reunir información y opiniones sobre marketing. Las empresas pueden utilizar BrandPulse Direct para crear una interfaz fácil de usar, cuando los visitantes activan el vínculo "contact us" en su página Web, y realizar sondeos continuos o encuestas sobre la satisfacción. Esto se puede emplear para identificar nuevos grupos de interés demográfico y hacer perfiles mediante encuestas posteriores a una transacción. Sin importar el propósito, la solución de BrandPulse Direct le da a los gerentes de marca, a los mercadólogos y a los administradores de páginas Web la flexibilidad de reunir información fundamental sobre clientes, para hacer ventas más inteligentes, mejores y más rápidas a los consumidores que determinan el éxito del mercado.

Tide, una de las marcas más populares de P&G en el mundo, quería mejorar su imagen ante los consumidores por varias razones. El sistema de retroalimentación de Tide necesitaba difundir información y datos sobre la marca con mayor rapidez, para recibir datos completos e identificar nichos de mercado.

Tide eligió a BrandPulse Direct para rediseñar su sistema de retroalimentación. En la actualidad, Tide está captando y asimilando información en una plataforma de retroalimentación del consumidor, proveniente de todas las fuentes: correo electrónico, encuestas, fax, teléfono y discusiones públicas en Internet.

El vínculo "contact us" del sitio Web de Tide tiene una imagen y un aspecto completamente nuevos, donde los consumidores reciben respuestas de autoservicio instantáneas a muchas de sus preguntas sobre cinco productos y temas de Tide. A las personas que solicitan un seguimiento se les remite de manera automática con el representante apropiado de relaciones con los consumidores. Quienes tienen preguntas sobre manchas se envían con el "Detective de la Mugre" de Tide y, cuando es conveniente, a otros consumidores se les ofrecen encuestas, oportunidades de estudios, cupones o promociones especiales. Todas las funciones son accionadas con las herramientas de Intelliseek; pero manteniendo la imagen y la apariencia de la página Web de Tide. Esta dinámica recolección de información también sirve para el desarrollo de nuevos productos. Ello se refleja en la cantidad de mejoras que hace Tide a sus productos. P&G ha modificado este producto 22 ocasiones en sus 21 años de existencia. Además, hace modificaciones para atender segmentos de mercado como zonas geográficas. Por ejemplo, se lanzó una barra de jabón Tide en el mercado indio después de tomar en cuenta la opinión de sus usuarios en la India.[33] ∎

PROCEDIMIENTOS DE OBSERVACIÓN

observación
El registro de patrones conductuales de personas, objetos y sucesos de forma sistemática, para obtener información sobre el fenómeno de interés.

La observación es el segundo tipo de técnica utilizada en la investigación descriptiva. La *observación* implica registrar los patrones de conducta de personas, objetos y sucesos de una forma sistemática para obtener información sobre el fenómeno de interés. El observador no se comunica con las personas que observa ni las interroga. La información se puede registrar conforme ocurren los sucesos o a partir de registros de eventos pasados. Los procedimientos de observación pueden ser estructurados o no estructurados, o bien, directos o indirectos. Además, la observación se lleva a cabo en un ambiente natural o en uno artificial.[34]

Observación estructurada y no estructurada

observación estructurada
Técnicas de observación en las que el investigador define con claridad las conductas a observar y las técnicas con los que se medirán.

En la *observación estructurada* el investigador especifica con detalle lo que se va observar y la forma en que se registrarán las mediciones. Un ejemplo sería el auditor que realiza un análisis de inventario en una tienda. Esto reduce el potencial de un sesgo por parte del observador y aumenta la confiabilidad de los datos. La observación estructurada es adecuada cuando el problema de investigación de mercados está claramente definido y se especifica la información que se busca. En tales circunstancias, los detalles del fenómeno a observar se pueden identificar con claridad. Se recomienda el uso de la observación estructurada para la investigación concluyente.

observación no estructurada
Observación que incluye a un investigador que supervisa todos los fenómenos relevantes, sin especificar los detalles de antemano.

En la *observación no estructurada*, el observador supervisa todos los aspectos del fenómeno que parecen ser relevantes al problema en cuestión; por ejemplo, observar a un grupo de niños que juegan con juguetes nuevos. Este tipo de observación es apropiado cuando aún no se ha definido el problema con precisión, y se requiere de flexibilidad en la observación para identificar componentes fundamentales del problema y para formular hipótesis. En la observación no estructurada, el potencial de sesgo del observador es alto. Por tal razón, los hallazgos de la observación deberían tratarse como hipótesis a comprobar, y no como hallazgos concluyentes. De esta manera, la observación no estructurada es más adecuada para la investigación exploratoria.

Observación encubierta y abierta

En la observación encubierta, los participantes no están conscientes de que se les observa. El encubrimiento permite que las personas se comporten con naturalidad, ya que la gente suele comportarse de forma diferente cuando sabe que está siendo observada. El encubrimiento se puede lograr utilizando ventanas de una sola vista, cámaras ocultas u otros dispositivos que pasan inadvertidos. Los observadores se pueden como compradores, empleados de ventas u otras personas.

En la observación abierta los participantes saben que están siendo observados. Por ejemplo, están conscientes de la presencia del observador. Los investigadores no coinciden sobre el efecto que tendría la presencia de un observador sobre la conducta de las personas. Un punto de vista plantea que el efecto del observador es mínimo y de poca duración. La otra postura es que el observador sesga significativamente los patrones de conducta.[35]

Observación natural y artificial

observación natural
Observación de la conducta, tal como ocurre en su ambiente.

observación artificial
La conducta se observa en un ambiente artificial.

La *observación natural* implica el registro de la conducta tal como ocurre en el ambiente. Por ejemplo, uno podría observar el comportamiento de individuos que comen en Burger King. En la *observación artificial*, se observa la conducta de los participantes en un ambiente artificial, como una cocina de pruebas en un centro comercial.

La ventaja de la observación natural consiste en que el fenómeno observado reflejará con mayor exactitud el verdadero fenómeno. Sus desventajas son el costo de esperar a que ocurra el fenómeno y la dificultad de medir el fenómeno en un ambiente natural.

El ejemplo de las cámaras Canon al inicio del capítulo es un ejemplo de observación no estructurada y encubierta en un ambiente natural.

CAPÍTULO 6 *Diseño de la investigación descriptiva: encuestas y observación*   203

TIPOS DE OBSERVACIÓN CLASIFICADOS DE ACUERDO CON SU APLICACIÓN

Como se muestra en la figura 6.3, de acuerdo con su modo de aplicación los procedimientos de observación se clasifican como observación personal, observación mecánica, inventario, análisis de contenido y análisis de rastros.

Observación personal

observación personal
Estrategia de investigación por observación, en la cual seres humanos registran el fenómeno bajo observación en el momento en que ocurre.

En la ***observación personal***, un investigador observa la conducta real conforme sucede, como en el ejemplo de las cámaras Canon al inicio del capítulo. El observador no trata de controlar ni de manipular el fenómeno que observa, sino que sólo registra lo que sucede. Por ejemplo, un investigador podría registrar conteos de tránsito y observar el flujo de personas en una tienda departamental. Esta información ayudaría a diseñar la disposición de la tienda y a determinar la ubicación de cada departamento, el lugar de los anaqueles y la exhibición de la mercancía. Empresas como Microsoft también utilizan la observación personal para conocer las necesidades de software de los usuarios.[36] El contexto del proyecto de la tienda departamental ofrece otro ejemplo.

PROYECTO DE INVESTIGACIÓN

Observación personal de matrículas o placas

En el proyecto de la tienda departamental, se podrían utilizar observaciones de matrículas para establecer la principal zona de compras de un centro comercial. Estas observaciones ayudan a los mercadólogos a determinar dónde viven sus clientes. En un estudio de matrículas o placas, los observadores registran los números de matrícula de los automóviles que se encuentran en un estacionamiento. Estos números se capturan en una computadora y se asocian con datos del registro de automóviles, lo cual produce un mapa de clientes ubicados por sección censal o código postal. Un mapa de este tipo, junto con otros datos demográficos, ayudaría a la cadena de tiendas departamentales a determinar nuevas ubicaciones, a tomar decisiones sobre espacios en vallas publicitarias y a organizar campañas de marketing directo. Los estudios de observación de matrículas cuestan menos ($5,000 a $25,000 dólares), y se consideran más rápidos y más confiables que los métodos de comunicación directa como entrevistas con compradores. ■

Observación mecánica

observación mecánica
Estrategia de investigación por observación, en la cual dispositivos mecánicos, en vez de seres humanos, registran el fenómeno bajo observación.

En la ***observación mecánica*** se utilizan dispositivos mecánicos, en vez de observadores humanos, para registrar el fenómeno en observación. Estos aparatos pueden requerir o no de la participación directa de los individuos, y se utilizan para registrar la conducta de manera continua para un análisis posterior.

Entre los dispositivos mecánicos que no requieren participación directa de los individuos, el más conocido es el audiómetro ACNielsen, el cual se fija a un televisor para registrar de manera continua el canal en que se está sintonizando. Recientemente se introdujeron los medidores de personas. Éstos intentan registrar no sólo los canales que se sintonizan de un televisor, sino también las personas que lo están viendo.[37] Otros ejemplos comunes son los torniquetes que registran el número de personas que entran o salen de un recinto, y los contadores de tráfico colocados en las calles para determinar el número de vehículos que pasan por ciertos lugares. Los vendedores al detalle cada vez utilizan con mayor frecuencia las cámaras fijas (de imagen en movimiento, fija o de video) para evaluar los diseños de empaques, el espacio de mostrador, los exhibidores de piso y los patrones de flujo de tránsito. Avances tecnológicos como el código universal de producto (UPC o de barras) han tenido una influencia considerable sobre la observación mecánica. El sistema UPC, junto con escáneres ópticos, permite la recolección mecánica de información sobre las compras de los consumidores por categoría de producto, marca, tipo de tienda, precio y cantidad (véase el capítulo 4).

Figura 6.3
Clasificación de los tipos de observación

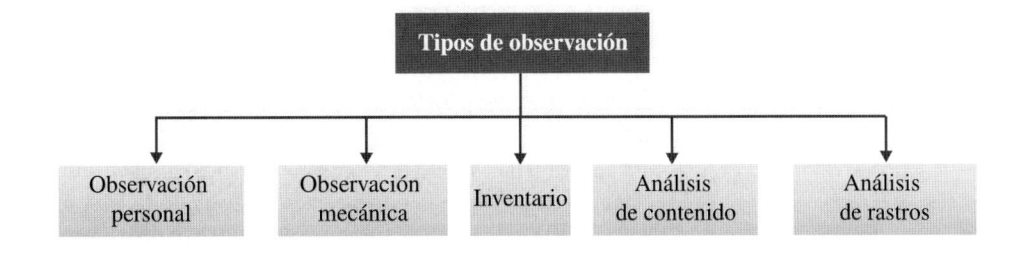

Tipos de observación
- Observación personal
- Observación mecánica
- Inventario
- Análisis de contenido
- Análisis de rastros

Internet puede ser una muy buena fuente de observación y proporcionar información valiosa. Las observaciones se realizan de diversas maneras. Es posible hacer las observaciones principales considerando el número de veces que se visita una página Web. También es posible medir la duración de la visita a la página usando técnicas avanzadas, en las cuales se pone en marcha un temporizador cuando el visitante hace clic en cierto icono, y se detiene cuando el individuo hace clic en el siguiente botón. Además, el investigador puede considerar otros vínculos en la página Web, y observar cuáles tienen más consultas. Esto le da al investigador información importante sobre las necesidades de los individuos y sobre los intereses del segmento meta. El análisis de los sitios que vinculan a los visitantes con la página de la empresa le brinda al investigador información importante, en cuanto a los intereses relacionados de los consumidores; en tanto que un análisis profundo de los sitios de vínculo proporciona información sobre publicidad, competidores, consumidores, así como datos demográficos y psicográficos del mercado meta.

A diferencia de Internet, muchos dispositivos mecánicos de observación requieren la participación activa del individuo. Tales dispositivos se clasifican en cinco grupos: **1.** monitores de barrido ocular, **2.** pupilómetros, **3.** psicogalvanómetros, **4.** analizadores del tono de voz y **5.** aparatos que miden la latencia de respuesta. El equipo de barrido ocular, como los medidores oculares, las cámaras oculares o los minuteros de la vista, registran los movimientos de la mirada del ojo. Estos aparatos sirven para determinar la forma en que un individuo lee un anuncio o ve un comercial de televisión, así como también para determinar la cantidad de tiempo que observa diversas partes del estímulo. Esta información es muy importante para evaluar la eficacia de la publicidad. El pupilómetro mide los cambios en el diámetro de las pupilas de los participantes. Se pide a los individuos que observen una pantalla donde se proyecta un anuncio u otro estímulo. El brillo de la imagen y la distancia de los ojos del participante se mantienen constantes. Los cambios en el tamaño de las pupilas se interpretan como cambios en la actividad cognoscitiva (pensamiento) en respuesta al estímulo. La suposición subyacente es que un tamaño mayor de la pupila refleja interés y actitudes positivas hacia el estímulo.[38]

El *psicogalvanómetro* mide la **respuesta galvánica de la piel** (RGP) o los cambios en la resistencia eléctrica de la piel.[39] Se le colocan pequeños electrodos al individuo, los cuales miden la resistencia eléctrica mientras se le presentan estímulos como anuncios, empaques y frases publicitarias. Se parte de la teoría de que las reacciones emocionales van acompañadas de cambios fisiológicos, como un aumento en la transpiración. La excitación emocional provoca un incremento en la transpiración, que a la vez aumenta la resistencia eléctrica de la piel. A partir de la intensidad de la respuesta, el investigador infiere el nivel de interés y las actitudes del participante hacia los estímulos.

El *análisis del tono de voz* mide las reacciones emocionales a través de los cambios en la voz del sujeto. Los cambios en la frecuencia relativa de la vibración de la voz humana, que acompañan las reacciones emocionales, se miden con equipo de cómputo con adaptadores de audio.[40]

La *latencia de respuesta* es el tiempo que un sujeto tarda en responder, y se utiliza como medida de la preferencia relativa entre varias alternativas.[41] Se cree que el tiempo de respuesta está directamente relacionado con la incertidumbre. Por lo tanto, cuanto más tiempo tarde un sujeto en elegir entre dos alternativas, más cercanas serán éstas en términos de preferencia. Por otro lado, si el individuo toma una decisión rápida, es evidente que prefiere una de las alternativas. Con la creciente popularidad de la recolección de datos asistida por computadora, la latencia de respuesta se registra de manera precisa y sin la conciencia del participante.

El uso de monitores de barrido ocular, pupilómetros, psicogalvanómetros y analizadores del tono de voz, asume que ciertas reacciones fisiológicas están asociadas con respuestas cognoscitivas y afectivas específicas; sin embargo, esto aún tiene que demostrarse con claridad. Asimismo, la calibración de estos dispositivos para medir la activación fisiológica es difícil, además de que su uso es costoso. Otra limitación consiste en que los individuos se colocan en un ambiente artificial y saben que se les está observando.

psicogalvanómetro
Instrumento que mide la respuesta galvánica en la piel de un individuo.

respuesta galvánica de la piel
Cambios en la resistencia eléctrica de la piel, que se relacionan con el estado afectivo de un individuo.

análisis del tono de voz
Medición de las reacciones emocionales por los cambios en la voz del individuo.

latencia de respuesta
Cantidad de tiempo que toma responder.

INVESTIGACIÓN REAL

Mirro: "Despegándose" a sí mismo de una situación pegajosa

En 2004 Global Home Products L.L.C. compró las marcas Mirro, Regal y WearEver, y las combinó para formar The WearEver Company (*www.wearever.com*). Mirro fabrica utensilios para cocina económicos, y realizó una investigación exploratoria para intentar incrementar su participación de mercado lanzando un nuevo producto. El objetivo de la investigación era determinar qué características se podrían añadir a sus utensilios de cocina con la finalidad de que los usuarios obtuvieran más beneficios. La empresa contrató al grupo de diseño Metaphase (*www.metaphase.com*) para realizar investigación de mercados por observación, utilizando reuniones personales con jefas de familia en los hogares. Las ciudades que Metaphase eligió fueron San Luis, Boston y San Francisco. Todas las observaciones en casa se filmaron para su análisis posterior. Los resultados mostraron que las actividades más problemáticas que implicaban utensilios de cocina eran sus características de vaciado, problemas de almacenamiento y dificultades para limpiar. De manera más específica, la empresa descubrió que "el vaciado era un problema, al igual que colocar y sacar los alimentos de la sartén; además, la gente no sabía qué hacer con las tapaderas mientras estaba cocinando. Las personas se quejaron del desorden en que dejan las tapaderas, cuando tenían que colocarlas sobre el mostrador o sobre la cubierta de la estufa". Metaphase también observó que la mayoría de los consumidores estaban insatisfechos con las características "antiadherentes" de las sartenes con teflón.

Después de analizar los resultados, Mirro y Metaphase diseñaron una nueva olla, Allegro, que tenía la parte superior cuadrada, con un fondo circular. La parte superior cuadrada facilitaba su almacenamiento, la posibilidad de vaciar los alimentos de forma más cuidadosa, y añadía volumen. Estas tres características estaban directamente relacionadas con los resultados de la investigación exploratoria que obtuvo la empresa. El presidente Gerry Paul explicó los resultados del nuevo producto: "Las ventas de Allegro han superado las expectativas, y el área de producción ya se puso al día con la abrumadora demanda generada por los primeros informerciales. La reacción de los consumidores es muy positiva".[42] ∎

Inventario

En un inventario, el investigador reúne datos al examinar registros físicos o realizar análisis de existencias. Los inventarios tienen dos características distintivas. Primero, el investigador reúne personalmente los datos. Segundo, los datos se basan en conteos, generalmente de objetos físicos. En el contexto de los datos sindicados (véase el capítulo 4) analizamos los inventarios de detallistas y mayoristas realizados por los proveedores de investigación de mercados. Aquí nos enfocamos en el papel que juegan los inventarios en la recolección de datos primarios. En este sentido, un inventario importante que se lleva a cabo a nivel de los consumidores, generalmente junto con alguna encuesta, es el ***inventario de alacena***, en el cual el investigador hace un registro de las marcas, las cantidades y el tamaño de los productos en la casa de un consumidor, quizá durante el transcurso de una entrevista personal. Los inventarios de alacena generalmente reducen el problema de la falsedad y otras formas de sesgo de respuesta. Sin embargo, a veces es difícil obtener permiso para examinar las alacenas de los consumidores, y el trabajo de campo es costoso. Además, es probable que las marcas que se encuentran en la alacena no reflejen las marcas preferidas o las marcas que se compran con mayor frecuencia. Por tales razones, los inventarios son más comunes entre los detallistas y mayoristas, como se estudió en el capítulo 4.

inventario de alacena
Tipo de inventario en el que el investigador registra las marcas, cantidades y tamaños de los paquetes de productos en la casa de un consumidor.

Análisis de contenido

análisis de contenido
La descripción objetiva, sistemática y cuantitativa del contenido manifiesto de un mensaje.

El ***análisis de contenido*** es una técnica adecuada cuando el fenómeno a observar es la comunicación, en vez de conductas u objetos físicos. Se le define como la descripción objetiva, sistemática y cuantitativa del contenido manifiesto de un mensaje,[43] e incluye observación y análisis. Las unidades de análisis pueden ser palabras (las diferentes palabras o tipos de palabras en el mensaje), personajes (individuos u objetos), temas (proposiciones), medidas de espacio y tiempo (longitud o duración del mensaje) o materias (tema del mensaje). Se desarrollan categorías analíticas para clasificar las unidades, y el mensaje se desglosa de acuerdo con reglas establecidas. Algunas de sus aplicaciones en la investigación de mercados son la observación y análisis del contenido o mensaje de anuncios, artículos periodísticos, programas de televisión y radio, etcétera. Por ejemplo, se ha estudiado la frecuencia con que aparecen individuos negros, mujeres y miembros de otros grupos minoritarios en los medios de comunicación masiva utilizando análisis de contenido. Suponga que deseamos examinar cómo ha cambiado la imagen de la mujer en la publicidad de revistas estadounidenses, ya sea positiva o negativamente, durante el periodo de 10 años de 1996 a 2006. Podríamos seleccionar una muestra de 100 revistas que hayan estado en circulación en 1996 y en 2006, elegir 10 anuncios de cada revista que incluyan a mujeres, de 10 números de cada revista, de 1996 y de 2006. Esto nos daría una muestra de 1,000 anuncios por año. Luego, elaboraríamos categorías positivas y negativas para clasificar los anuncios, con base en la forma en que se presenta papel de las mujeres. Después, podríamos comparar el número y el porcentaje de anuncios que caen en las categorías positiva y negativa. El análisis sería similar al siguiente:

Categorías	1996 Número	1996 Porcentaje	2006 Número	2006 Porcentaje
Positivas				
Inteligente	100	10	150	15
Contribuye con la sociedad	200	20	350	35
Modelo de roles positivo	150	15	200	20
Positivas totales	450	45	700	70
Negativas				
Objeto sexual	350	35	150	15
Menospreciada	200	20	150	15
Negativas totales	550	55	300	30
Gran total	1000	100	1000	100

Este análisis indica que la imagen positiva de las mujeres en los anuncios de las revistas estadounidenses se ha incrementado de manera significativa, ya que pasó del 45 por ciento en 1996 al 70 por ciento en 2006. El mayor incremento se dio en la categoría de contribución con la sociedad, que pasó del 20 por ciento en 1966 al 35 por ciento en 2006. Por otro lado, la imagen negativa de las mujeres como objetos sexuales ha disminuido notablemente del 35 por ciento en 1996 al 15 por ciento en 2006.

En el proyecto de la tienda departamental, se podría utilizar el análisis de contenido para estudiar anuncios de revistas de las tiendas patrocinadoras y de la competencia, para comparar la imagen que proyectan. También se ha utilizado el análisis de contenido en investigación publicitaria transcultural, como se muestra en el siguiente ejemplo.

INVESTIGACIÓN REAL

El contenido transcultural agrada a las agencias de publicidad

Hasta 2006 Estados Unidos realizaba la mitad de los gastos mundiales en publicidad, seguido de Japón, que realizaba el 10 por ciento. Se utilizó un análisis de contenido para comparar el contenido de la información en los anuncios de revistas estadounidenses y japonesas. Se eligieron seis categorías de revistas (general, para mujeres, para hombres, profesionales, de deportes y de entretenimiento) en cada país. Se seleccionaron algunos anuncios de estas revistas para su análisis, dando un total de 1,440 anuncios: 832 de revistas estadounidenses y 608 de revistas japonesas. Tres jueces señalaron de manera independiente si cada uno de los anuncios era informativo o no informativo, qué criterios del contenido de la información cubría el anuncio, el tamaño del anuncio y la categoría del producto anunciado. Se encontró que la publicidad de las revistas japonesas era consistentemente más informativa que la publicidad de las revistas estadounidenses. Por ejemplo, más del 85 por ciento de los anuncios japoneses analizados cumplieron por lo menos con un criterio del contenido de información y, por lo tanto, se calificaron como informativos, a diferencia de sólo el 75 por ciento de los anuncios estadounidenses. Asimismo, los anuncios japoneses tenían en promedio 1.7 indicios de información por anuncio, en comparación con un promedio de 1.3 en los anuncios estadounidenses. Esta información resulta de utilidad para empresas y agencias de publicidad multinacionales, incluyendo a Young & Rubicam, Saatchi & Saatchi Worldwide, McCann Erickson Worldwide, Ogilvy & Mather Worldwide, BBDO Worldwide, y otras agencias que realizan operaciones globales con campañas publicitarias transculturales.[44] ■

El análisis de contenido puede implicar codificación y análisis tediosos; sin embargo, se dispone de microcomputadoras y centros de cómputo para facilitar tales actividades. Al contenido manifiesto del objeto se le puede dar un código computarizado. Con las computadoras, es posible agregar y comparar las frecuencias observadas de los códigos por categorías a partir de los criterios de interés. A pesar de que el análisis de contenido no se ha utilizado ampliamente en la investigación de mercados, se trata de una técnica que ofrece un gran potencial. Por ejemplo, se puede emplear de forma redituable en el análisis de preguntas abiertas.

Análisis de rastros

análisis de rastros
Técnica en la cual la recolección de datos se basa en evidencia física o de conductas pasadas.

Una técnica de observación que suele ser poco costosa y se utiliza de forma creativa es el ***análisis de rastros***, en el cual la recolección de datos se basa en evidencias físicas o de conductas pasadas. Tales rastros los pueden dejar los encuestados en forma intencional o no. Como ejemplo, en el contexto del proyecto de la tienda departamental, los pagarés de las tarjetas de crédito de la tienda son rastros que dejan los compradores y que podrían analizarse para estudiar su conducta sobre el uso del crédito en la tienda.

En la investigación de mercados hay otras aplicaciones innovadoras del análisis de rastros.

- La erosión selectiva de los azulejos en un museo, registrada de acuerdo con la tasa de reemplazo, se utilizó para determinar la popularidad relativa de los objetos en exhibición.
- El número de huellas digitales diferentes en una página se utilizó para estimar la lectura de diversos anuncios en una revista.
- La posición de la sintonía del radio en automóviles llevados a servicio se utilizó para estimar la participación de audiencia de varias estaciones de radio. Los anunciantes utilizaron los estimados para decidir en qué estaciones anunciarse.
- La edad y el estado de los automóviles en un estacionamiento se utilizó para evaluar la prosperidad económica de sus clientes.
- Las revistas que la gente donó a la caridad se utilizaron para determinar cuáles eran sus publicaciones favoritas.
- Los visitantes de Internet dejan rastros que se pueden analizar para examinar su conducta de uso y búsqueda por medio de "cookies".

INVESTIGACIÓN REAL

¡Tome una "cookie"!

Muchos usuarios no se dan cuenta, pero les han dejado una o dos "cookies" mientras navegan por Internet. En este caso, una "cookie" no es una delicia culinaria (una galleta), sino un complejo medio mediante el cual un sitio Web puede reunir información sobre los visitantes. Con frecuencia este proceso se lleva a cabo sin el conocimiento del usuario.

Una "cookie" es un grupo de letras y números almacenados en el explorador de Internet de un usuario, el cual lo identifica. Las empresas y los individuos que manejan páginas Web utilizan "cookies" para reunir información de investigación de mercados sobre los visitantes. Las "cookies" siguen al usuario por todo el sitio de Internet, y registran las páginas que visitó y la cantidad de minutos que navegó en cada una. Una "cookie" puede registrar su nombre, dirección, número telefónico y sitio de acceso, y guardarlo en una base de datos si se ingresa alguna información. Durante una visita de seguimiento, la "cookie" accesa a esta información y tiene la capacidad de repetirla al visitante. En esencia, la "cookie" reúne datos sobre el usuario durante cada visita que realiza al sitio.

El programa Packet de Hotwired (*www.hotwired.com*) utiliza "cookies" para recolectar información sobre la afluencia en diferentes sitios. La información sirve para que el personal de marketing de la revista electrónica e impresa reúna datos demográficos sobre el lector. Asimismo, la empresa puede supervisar el número de "entradas" sobre temas específicos y recibir retroalimentación valiosa sobre los intereses de los usuarios. La recolección de datos se basa en el comportamiento de los visitantes. Esta técnica encubierta permite a Hotwired supervisar los patrones de uso y eliminar sesgos por respuestas socialmente aceptables. La información reunida de esta manera se ha empleado para modificar el contenido y el formato editoriales, para lograr que el sitio Web y la revista sean más atractivos.[45] ∎

Aunque el análisis de rastros se ha aplicado de manera creativa, tiene sus limitaciones. Evidencias recientes indican que sólo se debe usar cuando no sea posible utilizar otro procedimiento. Además, debe darse atención a los aspectos éticos en el uso de "cookies".

INVESTIGACIÓN ACTIVA

Visite *www.disney.com* y realice una búsqueda en Internet y en la base en línea de su biblioteca, para obtener información sobre los criterios que utilizan los consumidores para elegir parques temáticos.

Si Disney World desea estimar el número de personas que visitan sus parques temáticos diariamente, y cuáles serían sus exhibiciones más populares, ¿se puede utilizar la técnica de observación? Si considera que sí, ¿qué tipo de observación utilizaría?

Como gerente de marketing de Disney World, ¿de qué manera utilizaría usted la información sobre los criterios que usan los consumidores para elegir parques temáticos, con la finalidad de formular estrategias de marketing que incrementen la asistencia y la participación en el mercado?

EVALUACIÓN COMPARATIVA DE LOS TIPOS DE OBSERVACIÓN

En la tabla 6.3 se muestra una evaluación comparativa de los tipos de observación. Las distintas técnicas de observación se evalúan en términos del grado de estructura, el nivel de ocultación, la capacidad para observar en un ambiente natural, el sesgo por observación, el sesgo debido a la medición y al análisis, y otros factores generales.

La estructura se relaciona con la especificación de lo que se va a observar y la forma en que se registrarán las mediciones. Como se presenta en la tabla 6.3, en el grado de estructura la observación personal es baja, el análisis de rastros es medio, y los análisis de contenido e inventarios son altos. La observación mecánica puede variar ampliamente de bajo a alto, dependiendo de los procedimientos utilizados. Dispositivos como los escáneres ópticos son muy estructurados, ya que las características que se desean medir, por ejemplo, artículos adquiridos que fueron escaneados en cajas registradoras de supermercados, se definen con exactitud. Así, estas técnicas cuentan con un alto grado de estructura. En cambio, los procedimientos mecánicos, como el uso de cámaras ocultas para observar niños mientras juegan con juguetes, tienden a ser poco estructurados.

El grado de ocultación es bajo en el caso de los inventarios, ya que resulta difícil ocultar la identidad de los auditores. La observación personal ofrece un grado medio de ocultación debido a que existen limitaciones con respecto al grado en que el observador se puede disfrazar de comprador, vendedor, empleado, etcétera. El análisis de rastros y el análisis de contenido ofrecen un alto grado de ocultación porque los datos se reúnen "después del hecho", es decir, después de que ocurrió el fenómeno a observar. Algunas observaciones mecánicas, como las cámaras ocultas, ofrecen un disfraz excelente; en tanto que otras, como los psicogalvanómetros, son muy difíciles de ocultar.

El análisis de rastros tiene una baja capacidad para observar en un ambiente natural, ya que la observación se lleva cabo después de que se presenta la conducta. En el caso del análisis de contenido esta capacidad es media, pues el mensaje que se analiza sólo es una representación limitada del fenómeno natural. La observación personal y los inventarios son excelentes en esta característica, debido a que es posible observar personas u objetos en diversos ambientes naturales. Los procedimientos de observación mecánica varían de bajo (por ejemplo, el uso de psicogalvanómetros) a alto (por ejemplo, el uso de torniquetes).

El sesgo por observación es bajo en el caso de los procedimientos mecánicos, pues no interviene un observador humano, y lo mismo ocurre con los inventarios. A pesar de que los auditores son seres humanos, generalmente observan objetos, y las características a tomar en cuenta están bien definidas, por lo que el sesgo es bajo. El análisis de rastros y el análisis de contenido tienen un sesgo por observación medio, ya que ambos métodos requieren de observadores humanos, y las características a observar no están muy bien definidas. Sin embargo, los observadores no suelen interactuar con otras personas durante el proceso de observación, disminuyendo así el grado del sesgo. En la observación personal el sesgo es alto porque los observadores humanos interactúan con el fenómeno observado.

El sesgo del análisis de datos es bajo en los inventarios y en los análisis de contenido, pues las variables están definidas con precisión, los datos son cuantitativos, y se realizan análisis estadísticos. El análisis de rastros tiene un sesgo medio porque la definición de las variables no es muy precisa. El sesgo de análisis en las técnicas de observación mecánica puede ir de bajo (por ejemplo, datos de escaneo) a medio (por ejemplo, cámaras ocultas), dependiendo del procedimiento. A di-

TABLA 6.3
Evaluación comparativa de los tipos de observación

CRITERIOS	OBSERVACIÓN PERSONAL	OBSERVACIÓN MECÁNICA	INVENTARIO	ANÁLISIS DE CONTENIDO	ANÁLISIS DE RASTROS
Grado de estructura	Bajo	Bajo a alto	Alto	Alto	Medio
Grado de ocultación	Medio	Bajo a alto	Bajo	Alto	Alto
Capacidad para observar en ambientes naturales	Alto	Bajo a alto	Alto	Medio	Bajo
Sesgo por observación	Alto	Bajo	Bajo	Medio	Medio
Sesgo de análisis	Alto	Bajo a medio	Bajo	Bajo	Medio
Comentarios generales	Más flexible	Puede invadir la privacidad	Costoso	Limitado a mensajes	Técnica como último recurso

ferencia de la observación personal, el sesgo en la observación mecánica no supera un nivel medio debido a mejores mediciones y clasificaciones, ya que el fenómeno a observar puede registrarse de forma continua usando dispositivos mecánicos.

Además, la observación personal es la más flexible. Los seres humanos pueden observar una gran variedad de fenómenos en ambientes muy diversos. En ocasiones algunos tipos de observación mecánica, como el uso de psicogalvanómetros, son muy indiscretos, y producen resultados artificiales y sesgos. Los inventarios que emplean auditores humanos tienden a ser costosos. El análisis de contenido es adecuado para la observación de mensajes, aunque está limitado a éstos. Como se mencionó antes, el análisis de rastros es una técnica de último recurso. La aplicación de estos criterios conduce a la identificación de un método apropiado, si la observación es posible en la situación dada.

PROYECTO DE INVESTIGACIÓN

Actividades del proyecto

1. ¿Cree usted que el uso de encuestas personales en casa fue la mejor técnica en el proyecto de Sears? ¿Por qué?
2. Si la encuesta de Sears se realizara hoy, ¿qué método de encuesta debería emplearse y por qué?
3. Analice el uso de los procedimientos de observación personal y mecánica, para determinar las preferencias de los consumidores con respecto a tiendas departamentales. ∎

COMPARACIÓN ENTRE LAS TÉCNICAS DE ENCUESTA Y DE OBSERVACIÓN

Sólo alrededor del 1 por ciento de los proyectos de investigación de mercados se basan únicamente en métodos de observación para obtener datos primarios.[46] Esto implica que los tipos de observación tienen algunas desventajas importantes con respecto a la encuesta. No obstante, tales técnicas ofrecen algunas ventajas que pueden hacer que su uso, junto con procedimientos de encuesta, sean muy fructíferos.

Ventajas relativas de la observación

La principal ventaja de los métodos de observación consiste en que permiten la medición de conductas reales, en vez de los informes de conductas deseadas o preferidas. No hay un sesgo de informe, y el sesgo potencial causado por el entrevistador y el proceso de la entrevista se elimina o se reduce. Ciertos tipos de datos sólo pueden obtenerse mediante la observación, incluyendo los patrones de conducta que el participante desconoce o no es capaz de comunicar. Por ejemplo, la información sobre los juguetes que prefieren los bebés se obtiene mejor al observar a éstos mientras juegan, ya que serían incapaces de expresar su gusto de manera adecuada. Asimismo, si el fenómeno observado ocurre con frecuencia o es de breve duración, los procedimientos de observación serían más baratos y más rápidos que los de encuesta.

Desventajas relativas de la observación

La desventaja más relevante de la observación es que es probable que las razones de la conducta observada no estén determinadas debido a que se sabe poco sobre los motivos, creencias, actitudes y preferencias subyacentes. Por ejemplo, si a un individuo se le observa comprando una marca de cereal, quizás éste no le agrade: tal vez esté comprando esa marca para otro miembro de la familia. Otra limitación de la observación es que la percepción selectiva (sesgo en la percepción del investigador) puede sesgar los datos. Además, la observación suele ser costosa y prolongada; y resulta difícil observar ciertas formas de conducta, como las actividades personales. Por último, en algunos casos el uso de técnicas de observación se vuelve poco ético, como sucede al vigilar el comportamiento de la gente sin su conocimiento o consentimiento.

Para resumir, la observación tiene el potencial de brindar información valiosa cuando se utiliza adecuadamente. Desde un punto de vista práctico, es mejor considerar la observación como un complemento de las encuestas, y no verlas como técnicas excluyentes. El siguiente ejemplo ilustra esto.

INVESTIGACIÓN REAL

¿Cómo prefiere su carne?

Cuando la gente compra carne en la tienda de abarrotes, tiende a llevar la que conoce. Esto fue lo que se descubrió cuando PortiCo Research (*www.porticoresearch.com*) realizó una investigación para la National Cattlemen's Beef Association (NCBA). El estudio se efectuó para que la NCBA descubriera por qué las ventas de ciertos cortes de carne de res habían disminuido en un 20 por ciento durante un periodo de 4 años. PortiCo Research empleó la observación mecánica con encuestas a los clientes. Los investigadores de la empresa se colocaron cerca de los refrigeradores de carne de las tiendas, para registrar el comportamiento de compra de los consumidores, a quienes, además, se les filmó mientras compraban la carne. Estas observaciones mostraron que muchos consumidores no estaban comprando ciertos cortes de carne de res, aun cuando éstos se veían bien y contenían menos grasa que el popular filete y la carne molida. Cuando se les preguntó por qué no se llevaban ciertos cortes de carne, los consumidores respondieron que no sabían cómo cocinarlos.

La NCBA tomó varias medidas para resolver esa situación. En la actualidad, las instrucciones para cocinar adecuadamente el corte de carne están claramente impresas en el empaque. Además, la NCBA trabajó con abarroteros para cambiar la distribución de la tienda y exhibir la carne de acuerdo con el método para cocinarla. En cada sección hay letreros que no sólo establecen la información nutricional, sino también las formas en que debe prepararse un corte de carne. También se añadieron pequeñas tarjetas con recetas a los cortes de carne.

La demanda de carne por parte de los consumidores aumentó notablemente en 2004, ya que el índice de demanda de carne se incrementó un 7.74 por ciento con respecto a 2003, y más de un 25 por ciento desde que terminó su baja de 20 años en 1998. El índice de demanda de carne es un reflejo de la combinación del consumo per cápita y la cantidad que gastan los consumidores en carne (*www.beef.org*).[47] ■

EXPERIENCIA DE INVESTIGACIÓN

Encuesta sobre las PC y las computadoras portátiles que prefieren los consumidores

Descargue el caso y el cuestionario de Dell desde la página Web de este texto. Esta información también aparece al final del libro.

1. Para su aplicación, la encuesta de Dell se publicó en un sitio Web y se enviaron invitaciones por correo electrónico a los participantes. Evalúe las ventajas y las desventajas de esta técnica. ¿Cree usted que ésta sea la técnica más efectiva?
2. Haga una comparación de los diversos tipos de encuesta para la realización de la encuesta de Dell.
3. ¿Puede Dell utilizar la técnica de observación para determinar cuáles PC y computadoras portátiles prefieren los consumidores? Si responde que sí, ¿qué tipo de observación recomendaría y por qué?
4. Visite una tienda que venda PC y computadoras portátiles (por ejemplo, CompUSA, Office Depot, Circuit City, Sears, etcétera). Si esta tienda quisiera realizar una encuesta para determinar las computadoras personales y las computadoras portátiles que prefieren los consumidores, ¿qué tipo de encuesta recomendaría y por qué? ■

INVESTIGACIÓN ETNOGRÁFICA

La investigación etnográfica es el estudio del comportamiento humano en su contexto natural, e implica la observación de la conducta y el entorno, junto con entrevistas en profundidad. En ocasiones también se utilizan grabaciones de audio y video. De esta manera, se combinan las técnicas de interrogación y de observación para entender el comportamiento de los consumidores. El siguiente ejemplo ilustra este procedimiento.

INVESTIGACIÓN REAL

PortiCo informa con documentales

PortiCo Research (*www.porticoresearch.com*) se especializa en observar a individuos, interrogarlos de manera detallada, grabarlos en video y vender esas cintas de video por decenas de miles de dólares a sus principales clientes como Honda, Delta, Lipton y Procter & Gamble. La empresa ha afinado el procedimiento de recolección de datos etnográficos, y se ha convertido en un negocio muy redituable.

"La especialidad de PortiCo es la inmersión total en la vida de los consumidores, en un esfuerzo por documentar la forma en que toman decisiones de compra". Equipos de investigación formados por antropólogos, psicólogos sociales y etnógrafos (profesionales que hacen estudios comparativos de las personas) acuden a los hogares de los sujetos con videograbadoras. Los equipos graban a las personas en sus hogares y también van de compras con ellas para observar lo que adquieren, y les preguntan las razones de sus compras. Después de filmar, los empleados de PortiCo transcriben los hallazgos de los videos y los analizan para sus clientes. El análisis se basa en el problema de investigación que el cliente planteó, para resolverlo o tener más información acerca de éste. Por ejemplo, PortiCo realizó un gran estudio para Lipton, el cual deseaba conocer las actitudes de la gente hacia el té. Con los resultados del estudio, Lipton decidiría si invertiría más recursos en publicidad, crearía nuevos sabores, o comercializaría más té helado que té caliente. Los hallazgos demostraron que los estadounidenses no consumen mucho té caliente, especialmente debido a la presencia del café descafeinado en el mercado. Las personas que consumen té caliente por lo general utilizan té de hierbas con sabores. La mayoría del té caliente de Lipton no viene en sabores especiales. Sin embargo, la empresa recientemente empezó a sacar tes de hierbas al mercado. No obstante, el estudio descubrió que los estadounidenses sí consumen té helado. Como resultado de los hallazgos, Lipton ha impulsado muchos desarrollos creativos en el área del té helado; lanzó Brisked Iced Tea en lata, que ahora es la marca número uno en ventas de té helado listo para beber. Además, Lipton creó una bolsa de té Cold Brew Blend de tamaño familiar para preparar una jarra, y de tamaño individual para una tasa. Esta bolsa de té permite preparar té helado con agua fría, sin tener que utilizar agua muy caliente. Por lo tanto, los consumidores pueden disfrutar su té más rápido y con mucho menos molestias. Estos esfuerzos de marketing, guiados por los hallazgos de PortiCo Research, han dado como resultado mejores ventas y una mayor participación en el mercado para Lipton.[48] ■

OTROS PROCEDIMIENTOS

compradores encubiertos
Observadores capacitados que actúan como consumidores y compran en tiendas de empresas propias —o de competidores—, para reunir datos sobre la interacción cliente-empleado y otras variables de marketing.

Además de la investigación etnográfica, existe también una variedad de técnicas que combinan el uso del interrogatorio y la observación. Uno de tales procedimientos, que se utiliza ampliamente, son los ***compradores encubiertos***, que son observadores capacitados que actúan como consumidores y compran en tiendas de empresas propias —o de competidores—, para reunir datos sobre la interacción cliente-empleado y otras variables de marketing como los precios, exhibidores, distribución, etcétera. Los compradores encubiertos cuestionan a empleados de la tienda, toman notas mentales de las respuestas y observan las variables de interés.

INVESTIGACIÓN DE MERCADOS INTERNACIONALES

La investigación de mercados internacionales presenta nuevos desafíos al recabar datos usando trabajadores de campo. Un estudio de metodologías presentado en la conferencia anual Small Business Advancement Center de la University of Central Arkansas, proporciona una guía para mejorar el trabajo de campo internacional. Esta revisión de la metodología del trabajo de campo indica que es poco probable que una sola técnica de recolección de datos sea eficaz en un estudio de investigación en muchos países. Por ejemplo, las encuestas por correo son populares en Estados Unidos y en Canadá. Sin embargo, en Europa son menos populares, y muy poco comunes en otras partes del mundo. Varias razones explican esta diferencia, incluyendo tasas de alfabetización más bajas, tiempo excesivo para que el correo llegue a su destino y culturas donde la gente no confía en respuestas escritas que serán leídas por un extraño.

Un problema similar ocurre con las encuestas telefónicas: recientemente se han incrementado en Europa, aunque aún no es una técnica que se utilice mucho fuera de Estados Unidos. Las tasas de respuesta de las encuestas telefónicas y por correo son mucho más bajas en los estudios de marketing que se realizan fuera de este país. Las entrevistas cara a cara continúan siendo las técnicas de investigación más populares en mercados internacionales. Es muy importante capacitar a los trabajadores de campo que reúnen los datos, sobre las formas en que se podrían afectar los resultados de un estudio cara a cara en un entorno internacional. Al seleccionar a los entrevistadores, también es útil tomar en cuenta su nacionalidad con respecto a la de los participantes, ya que ciertas relaciones culturales podrían sesgar las respuestas.

Es mucho más difícil elegir procedimientos de entrevista adecuados debido a los retos que plantea la realización de investigación en países extranjeros. Dadas las diferencias del entorno económico, estructural, de información, tecnológico y sociocultural, la viabilidad y la popularidad de las distintas técnicas de entrevista varía significativamente. En Estados Unidos y Canadá, el teléfono ha logrado una penetración casi total en los hogares. Como resultado las encuestas telefónicas son la forma dominante de aplicación de cuestionarios. La misma situación existe en algunos países europeos como Suecia. Sin embargo, en muchas otras naciones de Europa, la penetración del teléfono aún no es total. En muchos países en desarrollo sólo unos cuantos hogares disponen de un teléfono.

Las encuestas personales en casa son la principal técnica de recolección de datos por encuesta en muchos países europeos como Suiza, en países recientemente industrializados y en países en desarrollo. Mientras que en algunas naciones de Europa, como Suecia, se realizan encuestas en centros comerciales, no son tan populares en el resto de Europa ni en los países en desarrollo. En cambio, las encuestas en locales o en la calle constituyen el procedimiento dominante de recolección de datos por encuesta en Francia y en los Países Bajos.

Debido a su bajo costo, las encuestas por correo continúan utilizándose en la mayoría de los países desarrollados, donde los niveles de alfabetización son altos y el sistema postal funciona eficazmente, como Estados Unidos, Canadá, Dinamarca, Finlandia, Islandia, Noruega, Suecia y los Países Bajos. Sin embargo, en África, Asia y Sudamérica, el uso de las encuestas por correo y los paneles por correo es bajo a causa del analfabetismo y de la gran cantidad de habitantes que viven en áreas rurales. Los paneles por correo se utilizan ampliamente en pocos países además de Estados Unidos, como Canadá, Reino Unido, Francia, Alemania y los Países Bajos. Sin embargo, es probable que el uso de los paneles aumente con el advenimiento de nuevas tecnologías. Asimismo, aunque se una página Web esté disponible desde cualquier parte del mundo, el uso de Internet o del correo electrónico en muchos países es limitado, especialmente en las naciones en desarrollo. Por lo tanto, aplicar encuestas electrónicas no es muy viable, especialmente para entrevistar hogares. En el capítulo 23 se analizan con mayor detalle los distintos métodos de aplicación de encuestas en la investigación de mercados internacionales.

Elección de los métodos de encuesta

Ningún método de aplicación de cuestionarios es superior en todas las situaciones. En la tabla 6.4 se muestra una evaluación comparativa de las principales formas de recolección de datos cuantitativos en el contexto de la investigación de mercados internacionales. En esta tabla los tipos de encuesta se describen sólo de forma general como telefónicas, personales, por correo y electrónicas (correo electrónico, Internet). El uso de la ETAC, la EPAC y los paneles por correo depende principalmente del desarrollo tecnológico del país. De la misma forma, el uso de encuestas en centros comerciales está condicionado a la cantidad de tales centros que haya en el entorno de ventas. Lo mismo ocurre con las encuestas por correo electrónico y por Internet, que dependen del acceso a computadoras y a Internet. Es necesario evaluar cuidadosamente los principales tipos de encuesta, a partir de los criterios que se presentan en la tabla 6.4.

TABLA 6.4

Evaluación comparativa de los tipos de encuesta en la investigación de mercados internacionales

Criterios	Telefónica	Personal	Por correo	Electrónico
Alto control de la muestra	+	+	−	−
Dificultad para localizar a los sujetos en casa	+	−	+	+
Escaso acceso a los hogares	+	−	+	+
Poca disponibilidad de un grupo grande de entrevistadores capacitados	+	−	+	+
Población grande en áreas rurales	−	+	−	−
Carencia de mapas	+	−	+	+
Falta de un directorio telefónico actualizado	−	+	−	+
Carencia de listas de correo	+	+	−	+
Escasa penetración telefónica	−	+	+	−
Falta de un sistema postal eficiente	+	+	−	+
Bajo nivel de alfabetización	−	+	−	−
Cultura de comunicación cara a cara	−	+	−	−
Escaso acceso a computadoras y a Internet	?	+	?	−

Nota: un signo + denota una ventaja, y el signo − una desventaja.

Otro aspecto muy importante, que debe tomarse en cuenta al seleccionar los tipos de aplicación de cuestionarios, consiste en asegurarse de que existan equivalencias y posibilidades de comparación entre los países. Es probable que las diversas técnicas tengan distintos niveles de confiabilidad en diferentes naciones. Al recabar datos de diferentes países, es mejor utilizar encuestas con niveles de confiabilidad equivalentes, en vez del mismo procedimiento, como se muestra en el siguiente ejemplo.[49]

INVESTIGACIÓN REAL

Uso de tipos de encuestas dominantes para ganar una participación dominante en el mercado

Reebok tiene ventas anuales mundiales que representan casi el 50 por ciento de sus ventas totales, y en 2006 la marca se comercializaba en más de 170 países. En la actualidad Reebok desea expandirse en Europa. En vez de competir estrictamente con Nike, Adidas (que anunció el 4 de agosto de 2005 que compraría Reebok por $3,800 millones de dólares) y Puma en Europa por el mercado deportivo, Reebok preferiría implementar firmes programas de marketing para promover calzado deportivo de calle a las masas europeas. Para ello, se llevará a cabo una encuesta sobre los zapatos deportivos que prefieren los consumidores en tres países: Suecia, Francia y Suiza. Para lograr la mejor comparación de los resultados es necesario utilizar el tipo de encuesta dominante en cada país: telefónicas en Suecia; en centros comerciales y en la calle en Francia; y personales en casa en Suiza.[50] ■

Como sucede con las encuestas, la selección de un tipo de observación adecuado en la investigación de mercados internacionales también debería tomar en cuenta las diferencias en los entornos económico, estructural, de información, tecnológico y sociocultural.

LA ÉTICA EN LA INVESTIGACIÓN DE MERCADOS

El uso de investigación por encuestas como un medio para vender o para recolectar fondos es poco ético. Otro dilema ético que es notable en la investigación por encuestas y de observación es el anonimato de los participantes. Los investigadores tienen la obligación de no revelar los nombres de los encuestados a terceros, incluyendo al cliente. Esto es aún más importante si se prometió el anonimato a los sujetos con la finalidad de obtener su participación. El cliente no tiene derecho a conocer los nombres de los encuestados. Sólo cuando se notifica con anticipación a los encuestados y se obtiene su consentimiento antes de la aplicación de la encuesta, se pueden revelar sus nombres al cliente. Incluso en tales situaciones, el investigador debe asegurarse de que el cliente no utilizará los nombres de los participantes en actividades de ventas o que no les dará mal uso. El siguiente ejemplo destaca la batalla que libra la industria de la investigación de mercados en el campo ético.

INVESTIGACIÓN REAL

La línea está ocupada para la investigación telefónica

El Council for Marketing and Opinion Research (CMOR) (*www.cmor.org*) recientemente identificó las "principales amenazas para la vitalidad de la investigación". Al inicio de la lista se encontraba la investigación telefónica, debido a la preocupación por una legislación propuesta. En Estados Unidos aproximadamente la mitad de los estados han promulgado leyes para regular las llamadas telefónicas no deseadas y el resto están considerando una legislación similar. Una ley de California, diseñada para limitar el espionaje en las líneas telefónicas, establece que es ilegal escuchar por una extensión, y esto limitaría la supervisión de los entrevistadores telefónicos. En otros países, los legisladores ya están tomando cartas en el asunto, para asegurar mayor privacidad a los clientes de servicios telefónicos.

Otro problema que enfrenta la industria de la investigación de mercados es la imagen, ya que el público en general no distingue entre la investigación telefónica y el telemarketing. Esta crisis de identidad se está exacerbando porque algunas empresas aplican técnicas para vender o recabar fondos, respectivamente, usando una encuesta como pretexto.

Todas estas barreras han incrementado el costo de la investigación telefónica, y dificultan a los investigadores la obtención de muestras representativas. Estadísticas recientes, publicadas por el CMOR, confirman que la industria aún se enfrenta a un número creciente de personas que se rehúsan a participar en encuestas cada año. El estudio encuestó a 3,700 consumidores estadounidenses, y casi 45 por ciento dijo haberse rehusado a participar en una encuesta durante el año anterior.

La definición del CMOR del rechazo a una encuesta no incluye los casos donde los consumidores evitan las llamadas telefónicas usando identificadores de llamadas o máquinas contestadoras. Estos factores en realidad elevarían considerablemente la tasa del rechazo real. La preocupación de los consumidores por la privacidad es la principal razón de la elevada tasa de rechazo de encuestas. Además, el uso difundido de Internet y la conciencia pública del uso fraudulento han hecho que los consumidores cada vez duden más en participar en entrevistas. El estudio también reveló que sólo el 30 por ciento de los participantes "está de acuerdo" o "está totalmente de acuerdo", en que se puede confiar en que los investigadores protegerán el derecho que tienen los consumidores a la privacidad. El CMOR ha respondido y contrató a una empresa de abogados de Washington, Covington y Burling, para que presionen al Congreso y coordinen el cabildeo a nivel estatal. Otra acción en consideración es un "sello de aprobación" del CMOR para mejorar la percepción de la imagen pública de las empresas de investigación. La batalla para salvar a la investigación telefónica se debe librar; sólo requiere de una llamada telefónica.[51]

Los investigadores no deberían exponer a los participantes a situaciones estresantes. Expresiones como "no hay respuestas correctas o incorrectas, sólo estamos interesados en su opinión" disminuirían gran parte de la tensión inherente a una encuesta.

Con frecuencia se observa la conducta de la gente sin su conocimiento, debido a que el hecho de informales alteraría su comportamiento.[52] Sin embargo, esto puede quebrantar la privacidad de los participantes. Una recomendación es que, para fines de investigación, las personas no deben ser observadas en situaciones donde no esperarían ser observadas por el público. Sin embargo, observar a la gente en lugares públicos, como un centro comercial o una tienda de abarrotes, es apropiado si se siguen ciertos procedimientos. Es necesario colocar notificaciones en esas áreas, informando que se está bajo observación para propósitos de investigación de mercados. Una vez que se recaben los datos, el investigador debe obtener el permiso necesario de las personas. Si cualquiera de los individuos no da su consentimiento, se deben destruir los registros de sus observaciones. Estas recomendaciones también deben aplicarse al uso de "cookies" en Internet.[53]

INVESTIGACIÓN PARA LA TOMA DE DECISIONES

Microsoft: los pequeños negocios constituyen un gran mercado

La situación

Estadísticas de la Small Business Administration de Estados Unidos muestran que en 2007 las pequeñas empresas generaron alrededor del 50 por ciento de todas las ventas estadounidenses, y también contribuyeron al 50 por ciento del PIB privado. Además, emplearon a más del 50 por ciento de la fuerza laboral en ese país. Microsoft Corporation quedó impresionado con estas estadísticas, debido a que indican que los pequeños negocios podrían representar un gran mercado para sus productos. La empresa se pregunta si las necesidades de las pequeñas empresas son diferentes de las de las grandes. A Steve Ballmer, el director general, le gustaría desarrollar productos especializados para los pequeños negocios. Algunos de estos productos podrían incluir un sitio Web especial para pequeñas empresas: el Microsoft Small Business Council (que ofrece información para ayudar a los pequeños negocios a utilizar la tecnología), el Microsoft Small Business Technology Partnership Board (un recurso educativo), el BackOffice Small Business Server (para tener una ruta más directa hacia las pequeñas empresas por medio de VARs), y una Small Business Edition para Microsoft Works.

La decisión para la investigación de mercado

1. Si se decidiera llevar a cabo una encuesta para determinar los productos de software que prefieren las pequeñas empresas en su país, ¿qué tipo de encuesta recomendaría y por qué?
2. Analice el papel que tiene el tipo de investigación que usted recomendó para que Steve Ballmer pueda determinar los productos de software que prefieren los pequeños negocios.

La decisión para la gerencia de marketing

1. Steve Ballmer se pregunta qué podría hacer Microsoft para cubrir las necesidades de los pequeños negocios de manera efectiva. ¿Cuál es la recomendación que usted haría para su país?
2. Analice qué tan afectada se ve la decisión de la gerencia de marketing que usted recomendó a Steve Ballmer, por el tipo de encuesta que usted sugirió anteriormente y por los hallazgos de esa encuesta.[54]

RESUMEN

Las dos formas básicas para obtener datos cuantitativos primarios en la investigación descriptiva son la encuesta y la observación. La encuesta implica el interrogatorio directo de individuos; mientras que la observación consiste en registrar la conducta del sujeto.

Las encuestas incluyen la aplicación de un cuestionario y se clasifican, dependiendo del procedimiento o forma de aplicación, en **1.** encuestas telefónicas tradicionales, **2.** ETAC, **3.** encuestas personales en casa, **4.** encuestas en centros comerciales, **5.** EPAC, **6.** encuestas por correo, **7.** paneles por correo, **8.** encuestas por correo electrónico y **9.** encuestas por Internet. De estas técnicas, las encuestas telefónicas tradicionales y las encuestas telefónicas asistidas por computadora son las más populares. Sin embargo, cada técnica implica algunas ventajas y desventajas generales. Todos los tipos se pueden comparar en términos de su flexibilidad para recolectar datos, la diversidad de las preguntas, el uso de estímulos físicos, el control de la muestra, el control del ambiente donde se recolectan los datos, el control de la fuerza de campo, la cantidad de datos, el deseo de aceptación social, la obtención de información delicada, el potencial de un sesgo por parte del entrevistador, la tasa de respuesta, el anonimato percibido, la rapidez y el costo. Aunque estos métodos de recolección de datos suelen percibirse como distintos y en competencia, no se deben considerar mutuamente excluyentes. Es posible utilizarlos de manera productiva en combinación.

Los procedimientos de observación se clasifican como estructurados o no estructurados, encubiertos o abiertos, naturales o artificiales. Los principales métodos son la observación personal, la observación mecánica, el inventario, el análisis de contenido y el análisis de rastros. En comparación con las encuestas, las ventajas relativas de la observación son que **1.** permite la medición de la conducta real, **2.** no hay sesgo de informe y **3.** tiene menor sesgo potencial por parte del entrevistador. Asimismo, ciertos tipos de datos se pueden obtener únicamente o mejor con observación. Las desventajas relativas de la observación son: **1.** se infiere muy poco sobre los motivos, las creencias, las actitudes y las preferencias; **2.** existe un potencial de sesgo del observador; **3.** la mayoría de los tipos son costosos y prolongados; **4.** es difícil observar ciertas formas de conducta; y **5.** existe la probabilidad de incurrir en conductas poco éticas. La observación pocas veces se utiliza como método único para obtener datos primarios, aunque resultaría muy útil si se emplea junto con métodos de encuesta.

En la recolección de datos en diferentes países, lo mejor es utilizar procedimientos de encuesta con niveles de confiabilidad equivalentes, en vez del mismo tipo. Es necesario proteger el anonimato de los participantes, y los clientes no deben conocer sus nombres. La gente no debería ser observada sin su consentimiento, para la investigación en situaciones donde no esperaría ser observada por el público.

TÉRMINOS Y CONCEPTOS CLAVE

técnica de encuesta, *183*
recolección estructurada de datos, *183*
preguntas de alternativa fija, *183*
panel por correo, *191*
lenguaje de marcas de hipertexto, *192*
control de la muestra, *196*
marco de la muestra, *196*
marcado digital aleatorio, *196*
diseños de directorio de dígitos aleatorios, *196*
fuerza de campo, *198*

tasa de respuesta, *198*
sesgo por falta de respuesta, *199*
petición crítica, *199*
anonimato percibido, *199*
deseo de aceptación social, *199*
observación, *202*
observación estructurada, *202*
observación no estructurada, *202*
observación natural, *202*
observación artificial, *202*

observación personal, *203*
observación mecánica, *203*
psicogalvanómetro, *204*
respuesta galvánica de la piel, *204*
análisis del tono de voz, *204*
latencia de respuesta, *204*
inventario de alacena, *205*
análisis de contenido, *205*
análisis de rastros, *206*
compradores encubiertos, *211*

CASOS SUGERIDOS, CASOS EN VIDEO Y CASOS DE HARVARD BUSINESS SCHOOL

Casos

Caso 2.1   El pronóstico para el Weather Channel es soleado.
Caso 2.3   El dulce es perfecto para Hershey.
Caso 2.5   ¿La publicidad en el Súper Tazón es súper efectiva?
Caso 4.1   Wachovia: finanzas "Watch Ovah Ya".
Caso 4.2   Wendy's: historia y vida después de Dave Thomas.
Caso 4.3   Astec sigue creciendo.
Caso 4.4   ¿Es la investigación de mercados la cura para los males del Hospital Infantil Norton Healthcare Kosair?

Casos en video

Caso en video 2.1 Starbucks: continúa a nivel nacional mientras se lanza a nivel mundial a través de la investigación de mercados.
Caso en video 2.2 Nike: relacionando a los deportistas, el desempeño y la marca.
Caso en video 2.3 Intel: componentes básicos al dedillo.
Caso en video 2.4 Nivea: la investigación de mercados conduce a una consistencia en marketing.
Caso en video 4.1 Subaru: el "Sr. Encuesta" supervisa la satisfacción del cliente.
Caso en video 4.2 Procter & Gamble: usando la investigación de mercados para crear marcas.

Casos de Harvard Business School

Caso 5.1 La encuesta de Harvard sobre las viviendas para estudiantes de posgrado.
Caso 5.2 BizRate.com
Caso 5.3 La guerra de las colas continúa: Coca y Pepsi en el siglo XXI.
Caso 5.4 TiVo en 2002.
Caso 5.5 Computadora Compaq: ¿Con Intel dentro?
Caso 5.6 El nuevo Beetle.

INVESTIGACIÓN REAL: REALIZACIÓN DE UN PROYECTO DE INVESTIGACIÓN DE MERCADOS

Pida a todo el grupo que analice los diversos tipos de encuesta y que seleccione uno que sea adecuado para el proyecto. Además de los criterios dados en este capítulo, tal vez sea necesario tomar en cuenta algunas limitaciones prácticas si los estudiantes necesitan reunir datos. Veamos algunos ejemplos:

1. Debe haber presupuesto para hacer llamadas de larga distancia si se va a realizar una encuesta telefónica más allá de la zona local.
2. Tal vez no haya un sistema de ETAC disponible, por lo que la encuesta telefónica se limitaría a la tradicional.
3. Los estudiantes no podrán realizar encuestas en centros comerciales, a menos que se obtenga un permiso de la gerencia del lugar. Algunos centros comerciales han firmado contratos exclusivos con empresas de investigación de mercados para la recolección de datos.
4. Tal vez no sea práctico hacer encuestas personales en casa en una zona geográfica grande, o incluso en la región local.
5. Quizás no haya tiempo suficiente para realizar encuestas por correo, y tal vez un panel por correo sea demasiado costoso.
6. Es probable que no dispongan de direcciones de correo electrónico o que sea muy difícil obtenerlas.
7. Puede ser poco práctico obtener y utilizar dispositivos de observación mecánica.

EJERCICIOS

Preguntas

1. Explique brevemente cómo se aplican los temas cubiertos en este capítulo en el proceso de investigación de mercados.
2. ¿Cuáles son las ventajas y las desventajas del procedimiento de encuesta directa estructurada?
3. Mencione las tres formas principales de obtener información a través de una encuesta.
4. ¿Cuáles son los factores importantes para evaluar qué tipo de encuesta es el más apropiado para un proyecto de investigación específico?
5. ¿Cuál sería el tipo de encuesta más adecuado para un proyecto donde el control de la fuerza de campo y los costos son factores críticos?
6. Mencione los tipos de observación mecánica y explique cómo funcionan.
7. Explique la manera en que el análisis de contenido podría utilizarse en el análisis de preguntas abiertas. Comente sobre las ventajas y desventajas relativas de utilizar este procedimiento.
8. ¿Por qué se utiliza el análisis de rastros como último recurso?
9. ¿Cuáles son las ventajas y desventajas relativas de la observación?

Problemas

1. Describa un problema de investigación de mercados donde se puedan emplear tanto encuestas como observación para obtener la información necesaria.
2. Reúna 30 anuncios de ejemplares recientes de revistas populares que incluyan a mujeres. Realice un análisis de contenido a tales anuncios para examinar los diferentes roles en que se muestra a las mujeres en el anuncio.
3. El servicio de comedor en el campus desearía determinar cuántas personas comen en la cafetería de estudiantes. ¿Qué tipos de encuesta se podrían utilizar para obtener esta información? ¿Cuál es el mejor?

EJERCICIOS EN INTERNET Y POR COMPUTADORA

1. Pregunte a su instructor o a otros miembros del cuerpo docente si usted podría participar como encuestado en una encuesta personal asistida por computadora. Luego, responda el mismo cuestionario en un formato de papel y lápiz. Compare las dos experiencias.
2. Utilice un programa de hoja de cálculo sencillo, como Excel, o cualquier programa de microcomputadora o de computadora central para realizar el análisis de contenido descrito en el problema 2 de la sección anterior.
3. Localice una encuesta por Internet en la cual usted cumpla con los requisitos para participar. Responda la encuesta. ¿Cómo evaluaría esta encuesta basado en los criterios de la tabla 6.2?
4. Localice una encuesta por Internet. Examine cuidadosamente el contenido del cuestionario. ¿Cuáles serían las ventajas y las desventajas relativas de aplicar la misma encuesta mediante una ETAC o encuestas en centros comerciales?
5. Diseñe una encuesta por correo electrónico para medir las actitudes de los estudiantes hacia las tarjetas de crédito. Envíe las encuestas a 10 estudiantes. Resuma, de forma cualitativa, las respuestas recibidas. ¿Las actitudes de los estudiantes hacia las tarjetas de crédito son positivas o negativas?
6. Visite la página Web de la organización Gallup en *www.gallup.com*. ¿Qué tipos de encuesta ha utilizado Gallup en algunas encuestas recientes publicadas en su página? ¿Por qué se eligieron estos tipos de encuesta?

ACTIVIDADES

Juego de roles

1. Usted trabaja para una compañía de alta tecnología y se le pide hacer un estudio de las respuestas de la gente hacia su publicidad. En específico, su jefe desea saber cuáles anuncios, de una serie de ellos, son especialmente atractivos o interesantes para los consumidores. Sus recomendaciones se utilizarán para determinar la mezcla de texto publicitario del producto. Explique cómo obtendría esta información. ¿Qué técnicas utilizaría y por qué? Sea específico.
2. Usted ha sido contratado por la librería del campus para determinar la manera en que los estudiantes toman decisiones de compra. Usted va a utilizar la técnica de observación personal. Adopte el papel de comprador y observe la conducta de otros estudiantes en la librería. Escriba un informe sobre sus hallazgos.

Trabajo de campo

1. Visite una empresa de investigación de mercados local que realice investigación por encuesta. Haga un recorrido por sus instalaciones de ETAC. Escriba un informe donde describa la manera en que esta compañía lleva a cabo las ETAC.
2. Contacte a una empresa de investigación de mercados que cuente con instalaciones para encuestas en centros comerciales. Haga los arreglos para visitar las instalaciones cuando se estén realizando encuestas en centros comerciales. Escriba un informe sobre su experiencia.

Discusión en grupo

1. En un equipo pequeño, analice los aspectos éticos que intervienen en la observación encubierta. ¿Cómo se pueden abordar estos problemas?
2. "Con los avances tecnológicos, es probable que los métodos de observación se vuelvan populares". Analice esta afirmación en un equipo pequeño.

CAPÍTULO 7

Diseño de la investigación causal: experimentación

"Aunque los experimentos no pueden demostrar causalidad, la experimentación es el mejor método para hacer inferencias causales".

Lynd Bacon, director general y fundador de Sighthound Solutions, Inc.

Objetivos

Después de leer este capítulo, el estudiante deberá ser capaz de:

1. Explicar el concepto de causalidad de acuerdo con la forma en que se define en la investigación de mercados, y distinguir entre el significado común y el significado científico de la causalidad.
2. Definir y distinguir los dos tipos de validez: validez interna y validez externa.
3. Analizar las diversas variables extrañas que pueden afectar la validez de los resultados obtenidos mediante la experimentación y explicar cómo puede controlarlas el investigador.
4. Describir y evaluar los diseños experimentales y las diferencias entre los diseños preexperimentales, experimentales verdaderos, cuasi experimentales y estadísticos.
5. Comparar el uso de experimentos de laboratorio con los experimentos de campo, así como los diseños experimentales frente a los no experimentales en la investigación de mercados.
6. Describir la prueba de mercado y sus diversas formas: prueba de mercado estándar, prueba de mercado controlado y prueba de mercado simulado de prueba.
7. Entender la razón por la que la validez interna y externa de los experimentos de campo realizados fuera de Estados Unidos por lo general es menor que en ese país.
8. Describir los problemas éticos implicados en la realización de investigación causal y el papel de las sesiones de información para abordar algunos de esos problemas.

Panorama general

Los diseños causales se estudiaron en el capítulo 3, donde se analizó su relación con los diseños exploratorio y descriptivo, y se definió la experimentación como el principal método en los diseños causales. En este capítulo se explora más a fondo el concepto de causalidad. Se identifican las condiciones que ésta requiere, se examina el papel de la validez en la experimentación, y se consideran las variables extrañas y los procedimientos para controlarlas. Se presenta una clasificación de los diseños experimentales y se consideran diseños específicos y las ventajas relativas de los experimentos de laboratorio y de campo. Se analiza en detalle una aplicación en el área de la prueba de mercado. Se revisan las consideraciones involucradas en la realización de investigación experimental al estudiar los mercados internacionales. También se identifican varios problemas éticos que surgen en la experimentación.

INVESTIGACIÓN REAL

Está en la bolsa

LeSportsac, Inc (*www.lesportsac.com*) entabló una demanda en contra de la corporación Kmart (*www.kmart.com*) después de que ésta introdujo una línea de bolsas, "di Paris sac", que en opinión de LeSportsac eran muy parecidas a sus artículos. De acuerdo con LeSportsac, Kmart engañosamente inducía a sus consumidores a creer que estaban comprando bolsas LeSportsac cuando en realidad no era así. Para comprobar su postura, LeSportsac realizó una investigación causal.

Se seleccionaron dos grupos de mujeres. A uno se le mostraron dos bolsas ligeras LeSportsac con lados suaves, a las cuales se les retiraron todas las etiquetas y en las que todas las palabras y diseños dentro se imprimieron de los óvalos distintivos de LeSportsac. Al segundo grupo de mujeres se les mostraron dos bolsas "di Paris sac" con el nombre de la marca visible y con las etiquetas que esas bolsas llevan en las tiendas Kmart. Se obtuvo información de ambos grupos para saber si esas mujeres percibían o no una sola compañía o fuente, si identificaban la marca de las bolsas encubiertas, qué identificaciones hacían (en el caso de que lo hicieran) y las razones que daban para ello. La muestra constaba de 200 mujeres en cada grupo que fueron elegidas mediante entrevistas realizadas en centros comerciales de Chicago, Los Ángeles y Nueva York. En vez de utilizar una muestra probabilística, se seleccionó a las encuestadas de acuerdo con cuotas de edades.

El estudio indicó que muchas de las consumidoras no podían distinguir el origen de fabricación de las dos bolsas, apoyando así la postura de LeSportsac. Este experimento ayudó a LeSportsac a convencer a la corte de apelaciones para que ratificara la emisión de una orden judicial en contra de Kmart, la cual aceptó detener la venta de sus "di Paris sac". LeSportsac se fundó en 1974 y en 2006 sus productos se vendían en más de 15 países en todo el mundo, incluyendo Estados Unidos, Italia, Inglaterra, Francia, Suecia, Japón, Hong Kong, Corea, Taiwán, Singapur, Australia, Colombia y Arabia Saudita.[1] ■

En su demanda contra Kmart, LeSportsac diseñó un experimento para demostrar que Kmart inducía a los consumidores a creer que estaban comprando bolsas LeSportsac, cuando en realidad no era así.

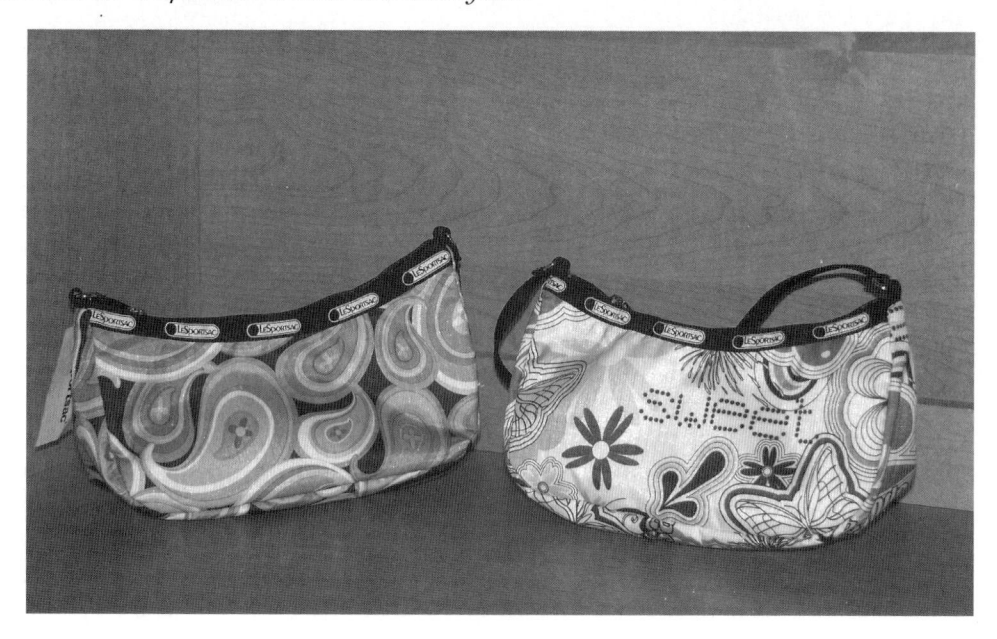

INVESTIGACIÓN REAL

Compras en el punto de venta

Eckerd Drug Co. (*www.eckerd.com*) realizó un experimento para examinar la eficacia de anuncios de radio dentro de la tienda, para inducir compras en el punto de venta (PDV). Se seleccionaron 20 farmacias estadísticamente compatibles con base en su tamaño, ubicación geográfica, conteo del flujo de afluencia y edad. La mitad de ellas se eligieron aleatoriamente como tiendas de prueba; mientras que la otra mitad fungió como tiendas de control. Las tiendas de prueba transmitieron anuncios de radio, en tanto que en los puntos de venta de las tiendas de control se eliminaron los sistemas de radio. Se realizó un rastreo de datos en la forma de volumen de unidades y ventas en dinero siete días antes del experimento, en el curso de las cuatro semanas del experimento y los siete días después del experimento. Los productos monitoreados variaban de artículos baratos a pequeños aparatos para la cocina. Los resultados indicaron que las ventas de los productos anunciados en las tiendas de prueba por lo menos se habían duplicado. A partir de tal evidencia, Eckerd concluyó que la publicidad por radio dentro de la tienda era sumamente eficiente para inducir las compras en los puntos de venta y decidió continuarla.

En 2004 Point of Purchase Advertising International (*www.popai.com*) realizó un estudio para determinar la eficacia de la publicidad en los puntos de venta. El estudio encontró que sólo 30 por ciento de los clientes de las farmacias leen los anuncios del detallista, toman una circular o volante dentro de la tienda, o llegan al establecimiento con una lista de compras. Sin embargo, 34 por ciento de los compradores entrevistados a la salida de la tienda recordaban haber visto o escuchado publicidad o anuncios hechos dentro de la tienda. El estudio fue patrocinado por Anheuser-Busch, Pepsi/Frito-Lay, Pfizer, Procter & Gamble y Ralston-Purina. Todas esas empresas venden productos que pueden beneficiarse de la publicidad en el punto de venta y, con base en esos resultados, decidieron incrementar su presupuesto para promociones en el punto de venta.[2] ■

CONCEPTO DE CAUSALIDAD

Por lo general se utiliza la experimentación para inferir relaciones causales. El concepto científico de **causalidad** es complejo y requiere de alguna explicación. Para una persona común, la "causalidad" significa algo muy diferente que para un científico.[3] Como puede verse en la tabla adjunta, una afirmación como "X causa Y" tendrá significados diferentes para ambos.

El significado científico de causalidad es más apropiado para la investigación de mercados, que su significado cotidiano. Los efectos de marketing son causados por múltiples variables, y la relación entre causa y efecto tiende a ser probabilística. Además, no podemos demostrar causalidad (es decir, demostrarla de manera concluyente); sólo podemos inferir una relación de causa y efecto.

causalidad
Cuando la ocurrencia de X incrementa la probabilidad de la ocurrencia de Y.

CAPÍTULO 7 *Diseño de la investigación causal: experimentación*   221

En otras palabras, es posible que la verdadera relación causal, de existir, no se haya identificado. Aclararemos aún más el concepto de causalidad al analizar sus condiciones.

Significado común	*Significado científico*
X es la única causa de Y	X es sólo una de varias causas posibles de Y
X debe conducir siempre a Y	La ocurrencia de X hace más probable la ocurrencia de Y
(X es una causa determinista de Y)	(X es una causa probabilística de Y)
Es posible demostrar que X es una causa de Y	Nunca podemos demostrar que X es una causa de Y
	En el mejor de los casos, podemos inferir que X es una causa de Y

CONDICIONES PARA LA CAUSALIDAD

Antes de hacer inferencias causales, o de suponer causalidad, deben satisfacerse tres condiciones: **1.** variación concomitante, **2.** orden temporal de la ocurrencia de las variables y **3.** eliminación de otros factores causales posibles. Estas condiciones son necesarias, pero no suficientes, para demostrar causalidad. Ninguna de esas tres condiciones, o la combinación de ellas, puede demostrar de manera contundente que existe una relación causal.[4]

Variación concomitante

variación concomitante
Una condición para inferir causalidad que requiere que la hipótesis considerada prediga el grado en que una causa X, y un efecto Y, ocurren o varían juntos.

La *variación concomitante* es el grado en que una causa, X, y un efecto, Y, ocurren o varían juntos de la manera en que predice la hipótesis considerada. La evidencia pertinente a la variación concomitante puede obtenerse de una manera cualitativa o cuantitativa.

Por ejemplo, en el caso cualitativo, la administración de una tienda departamental cree que las ventas dependen en gran medida de la calidad del servicio dentro del establecimiento. Esta hipótesis podría examinarse evaluando la variación concomitante. En este caso, el factor causal X es el servicio dentro de la tienda, y el factor del efecto Y son las ventas. Una variación concomitante que apoye la hipótesis implicaría que las tiendas con un servicio satisfactorio dentro del establecimiento también tendrían ventas satisfactorias. De igual modo, las tiendas con un servicio deficiente mostrarían ventas desfavorables. Por otro lado, si se encuentra el patrón opuesto, se concluye que la hipótesis es insostenible.

Como ejemplo cuantitativo, consideremos una encuesta aleatoria a 1,000 participantes sobre la compra de ropa de moda en las tiendas departamentales. Esta encuesta proporciona los datos que se incluyen en la tabla 7.1. Los encuestados han sido clasificados en grupos de alta y baja educación con base en la mediana o en una división por partes iguales. La tabla sugiere que la compra de ropa de moda está influida por el nivel académico. Es probable que los encuestados con mayor educación compren más ropa de moda. Setenta y tres por ciento de los encuestados con alto nivel académico tienen un alto nivel de compra; mientras que sólo 64 por ciento de las personas con bajo nivel académico tienen un alto nivel de compra. Además, esto se basa en una muestra relativamente grande de 1,000 personas.

A partir de esa evidencia, ¿concluiríamos que un alto nivel académico causa una compra elevada de ropa de moda? ¡Por supuesto que no! Todo lo que podría decirse es que esa asociación hace más defendible la hipótesis, no que la demuestra. ¿Qué hay acerca del efecto de otros posibles factores causales como el ingreso? La ropa de moda es costosa, por lo que la gente con mayores ingresos puede comprar más ropa.

TABLA 7.1
Evidencia de variación concomitante entre compra de ropa de moda y educación

EDUCACIÓN X	COMPRA DE ROPA DE MODA Y		TOTAL
	ALTA	BAJA	
Alta	363 (73%)	137 (27%)	500 (100%)
Baja	322 (64%)	178 (36%)	500 (100%)

TABLA 7.2
Compra de ropa de moda por ingreso y educación

	INGRESO BAJO				INGRESO ALTO		
	COMPRA				COMPRA		
EDUCACIÓN	ALTA	BAJA	TOTAL	EDUCACIÓN	ALTA	BAJA	TOTAL
Alta	122 (61%)	78 (39%)	200 (100%)	Alta	241 (80%)	59 (20%)	300 (100%)
Baja	171 (57%)	129 (43%)	300 (100%)	Baja	151 (76%)	49 (24%)	200 (100%)

La tabla 7.2 muestra la relación entre la compra de ropa de moda y la educación para diferentes segmentos de ingreso. Esto es equivalente a mantener constante el efecto del ingreso. Una vez más, la muestra se dividió por la mediana para producir grupos de igual tamaño de ingresos alto y bajo. La tabla 7.2 muestra una reducción considerable de la diferencia en la compra de ropa de moda entre los encuestados con alta y baja educación. Esto sugiere que la asociación indicada por la tabla 7.1 puede ser espuria.

Podrían darse ejemplos similares para demostrar por qué la ausencia de evidencia inicial de variación concomitante no implica que no exista causalidad. Es posible que la consideración de una tercera variable pueda aclarar una asociación que originalmente era oscura. El orden temporal de la ocurrencia de las variables brinda información adicional sobre la causalidad.

Orden temporal de la ocurrencia de las variables

La condición del orden temporal de ocurrencia afirma que el evento causante debe ocurrir antes o al mismo tiempo que el efecto; no puede ocurrir después. Por definición, no es posible que un efecto sea producido por un evento que ocurre después de que el efecto tuvo lugar. Sin embargo, en una relación es posible que cada evento sea tanto una causa como un efecto de otro evento. Es decir, una variable puede ser una causa y un efecto en la misma relación causal. Por ejemplo, es más probable que los clientes que compran con frecuencia en una tienda departamental tengan la tarjeta de crédito de esa tienda. Además, es probable que los clientes que tienen la tarjeta de crédito de una tienda departamental compren ahí con frecuencia.

Considere el servicio en el establecimiento y las ventas de una tienda departamental. Si tal servicio es la causa de las ventas, entonces las mejoras en el servicio deben hacerse antes, o al menos al mismo tiempo, que el incremento en las ventas. Esas mejoras consistirían en la capacitación o la contratación de más personal de ventas. Luego, en los meses posteriores, las ventas de la tienda departamental deberían aumentar. De forma alternativa, las ventas podrían incrementarse al mismo tiempo que la capacitación o la contratación de personal de ventas adicional. Por otro lado, suponga que una tienda experimenta un incremento considerable en las ventas y luego decide usar parte de ese dinero para volver a capacitar a su personal de ventas, lo cual conduce a un mejor servicio. En este caso, el servicio en el establecimiento no puede ser la causa del aumento en las ventas. Más bien, la hipótesis contraria podría ser factible.

Ausencia de otros factores causales posibles

La ausencia de otros factores causales posibles significa que el factor o la variable que se investiga debería ser la única explicación causal posible. El servicio dentro del establecimiento puede ser una causa de las ventas, si podemos asegurar que se mantuvieron constantes o se controlaron de otra forma todos los otros factores que afectan las ventas, como los precios, la publicidad, el nivel de distribución, la calidad del producto, la competencia, etcétera.

En un examen *a posteriori* de una situación, nunca es posible descartar con certeza todos los demás factores causales. En contraste, en los diseños experimentales es factible controlar algunos de los otros factores causales. También es posible balancear los efectos de algunas de las variables no controladas, de manera que sólo se medirán las variaciones aleatorias que resultan de esas variables no controladas. Esos aspectos se analizan con mayor detalle más adelante en este capítulo. El siguiente ejemplo ilustra la dificultad de establecer una relación causal.

INVESTIGACIÓN ACTIVA

Como director de la Comisión Federal de Comercio, ¿qué le preocupa acerca de la mayor disponibilidad de información en Internet?

Haga una búsqueda en Internet y en la base de datos en línea de su biblioteca, para obtener información sobre el uso de Internet por parte de los consumidores.

¿Qué condiciones son necesarias para que concluya que el uso de los consumidores está causando mayor disponibilidad de información en Internet?

INVESTIGACIÓN REAL

¿Qué viene primero?

Datos estadísticos recientes muestran que cada vez es más frecuente que los consumidores tomen decisiones de compra en la tienda mientras están comprando. Algunos estudios indican que hasta el 80 por ciento de las decisiones de compra se toman en el punto de venta. Las decisiones de compra en el punto de venta se han incrementado de forma concurrente con el aumento en las campañas de publicidad en las tiendas. Éstas incluyen publicidad por radio, anuncios en los carritos del supermercado y en las bolsas para comestibles, señales en el techo y exhibiciones en los estantes. Se estima que en 2005 los propietarios de las marcas y los comercios detallistas gastaron más de $1,000 millones de dólares, en sus intentos por influir al consumidor en el punto de venta. A partir de esos datos es difícil establecer si el aumento en la toma de decisiones en el punto de venta es resultado del incremento en las campañas publicitarias en la tienda; o si el incremento en la publicidad en la tienda resulta de los intentos por captar las actitudes cambiantes del consumidor hacia las compras, y por ganar ventas a partir del incremento en la toma de decisiones en el punto de venta. También es posible que en esta relación ambas variables puedan ser causas y efectos.[5] ■

Si es difícil establecer relaciones de causa y efecto, como indica el ejemplo anterior, ¿cuál sería el papel de la evidencia obtenida en la experimentación?

Papel de la evidencia

La evidencia de variación concomitante, el orden temporal de ocurrencia de las variables y la eliminación de otros posibles factores causales, incluso combinados, no bastan para demostrar de forma concluyente que haya una relación causal. Sin embargo, si toda la evidencia es sólida y consistente, sería razonable concluir que existe una relación causal. La evidencia acumulada de varias investigaciones aumenta la confianza de que dicha relación existe. Esa confianza aumenta aún más si la evidencia se interpreta a la luz del conocimiento conceptual profundo de la situación problemática. Los experimentos controlados suelen proporcionar evidencia sólida en las tres condiciones.

DEFINICIONES Y CONCEPTOS

En esta sección se definen algunos conceptos básicos y se ilustran mediante ejemplos, incluyendo aquellos que se ofrecieron al inicio del capítulo sobre LeSportsac y Eckerd.

variables independientes
Variables que son manipuladas por el investigador y cuyos efectos se miden y se comparan.

Variables independientes. Las **variables independientes** son variables o alternativas que se manipulan (es decir, el investigador cambia sus niveles) y cuyos efectos se miden y comparan. Esas variables, conocidas también como *tratamientos*, pueden incluir niveles de precios, diseños del empaque y temas de publicidad. En los dos ejemplos ofrecidos al inicio de este capítulo, los tratamientos consistieron en las bolsas de LeSportsac frente a las de "di Paris sac" en el primer ejemplo, y en la presencia o la ausencia de publicidad por radio dentro de la tienda en el segundo.

unidades de prueba
Individuos, organizaciones u otras entidades cuya respuesta a las variables independientes o tratamientos se está estudiando.

Unidades de prueba. Las **unidades de prueba** son individuos, organizaciones u otras entidades cuya respuesta a las variables independientes o tratamientos se examina. Las unidades de prueba incluyen, entre otros, a consumidores, tiendas o áreas geográficas. Las unidades de prueba fueron mujeres en el caso de LeSportsac y tiendas en el ejemplo de Eckerd.

PARTE II *Preparación del diseño de la investigación*

Variables dependientes. Las **variables dependientes** son las que miden el efecto de las variables independientes sobre las unidades de prueba. Esas variables pueden incluir ventas, ganancias y participación en el mercado. La variable dependiente fue la identificación de la marca o la fuente en el ejemplo de LeSportsac, y las ventas en el ejemplo de Eckerd.

variables dependientes
Variables que miden el efecto de las variables independientes sobre las unidades de prueba.

Variables extrañas. Las **variables extrañas** son todas aquéllas distintas a las variables independientes que influyen en la respuesta de las unidades de prueba. Esas variables pueden confundir las medidas de la variable dependiente de una forma que debilita o invalida los resultados del experimento. Las variables extrañas incluyen el tamaño de la tienda, su ubicación y el esfuerzo de la competencia. En el ejemplo de Eckerd, el tamaño de la tienda, la ubicación geográfica, el conteo del flujo de afluencia y la edad de los establecimientos eran variables extrañas que tuvieron que controlarse.

variables extrañas
Variables distintas de las variables independientes que influyen en la respuesta de las unidades de prueba.

Experimento. Un **experimento** se forma cuando el investigador manipula una o más variables independientes y mide su efecto sobre una o más variables dependientes, a la vez que controla el efecto de las variables extrañas.[6] De acuerdo con esta definición, los proyectos de investigación de LeSportsac y Eckerd califican como experimentos.

experimento
El proceso de manipular una o más variables independientes, y de medir su efecto en una o más variables dependientes, mientras se controlan las variables extrañas.

Diseño experimental. Un **diseño experimental** es un conjunto de procedimientos que especifican **1.** las unidades de prueba y la forma en que éstas van a dividirse en submuestras homogéneas, **2.** qué variables independientes o tratamientos se manipularán, **3.** qué variables dependientes se medirán y **4.** cómo van a controlarse las variables extrañas.[7]

diseño experimental
El conjunto de procedimientos experimentales que especifican **1.** las unidades de prueba y los procedimientos de muestreo, **2.** las variables independientes, **3.** las variables dependientes y **4.** la manera de controlar las variables extrañas.

INVESTIGACIÓN REAL

Tomar el valor nominal de los cupones

Se realizó un experimento para probar los efectos del valor nominal de los cupones sobre la probabilidad de que fueran canjeados, controlando la frecuencia del uso de marca, específicamente entre consumidores de Estados Unidos. Se realizaron encuestas personales en Nueva York con 280 compradores que entraban o salían de un supermercado. Los sujetos fueron asignados al azar a dos grupos de tratamiento. A un grupo se le ofrecieron cupones de 15 centavos y al otro cupones de 50 centavos por cuatro productos: detergente Tide, Corn Flakes de Kellogg's, dentífrico Aim y detergente líquido Joy. Durante las encuestas los participantes respondieron preguntas acerca de las marcas que usaban, y de qué tan probable sería que canjearan los cupones de un determinado valor nominal en su próxima compra. Un hallazgo interesante fue que los cupones con mayor valor nominal produjeron mayor probabilidad de canje entre las personas que compraban poco o nada de la marca promocionada; pero tenían poco efecto sobre los compradores regulares. El romance de los estadounidenses con los cupones continuaba en 2004 cuando se distribuyeron 251,000 millones de cupones dentro de los encartes gratuitos de los periódicos (Free Standing Inserts, FSI). De acuerdo con el Marx FSI Trend Report, esto representó un incremento del 7.7 por ciento en comparación con 2003. Se distribuyeron más de 850 cupones FSI por cada ciudadano estadounidense, lo cual representó un ahorro potencial por persona de casi $1,000 dólares.[8] ∎

En el experimento anterior, la variable independiente que se manipuló fue el valor del cupón (cupón de 15 centavos frente al cupón de 50 centavos). La variable dependiente fue la probabilidad de canjear el cupón. La variable extraña que se controló fue el uso de la marca. Las unidades de prueba fueron los compradores individuales. El diseño experimental requirió la asignación aleatoria de las unidades de prueba (compradores) a los grupos de tratamiento (cupón de 15 centavos o cupón de 50 centavos).

DEFINICIÓN DE LOS SÍMBOLOS

Para facilitar la revisión de las variables extrañas y de diseños experimentales específicos, se define un conjunto de símbolos de uso común en la investigación de mercados.

X = la exposición de un grupo a una variable independiente, tratamiento o evento, cuyos efectos deben determinarse.

O = el proceso de observación o medición de la variable dependiente en las unidades de prueba o el grupo de unidades.

A = la asignación aleatoria de las unidades o los grupos de prueba a tratamientos separados.

CAPÍTULO 7 Diseño de la investigación causal: experimentación

Además, se adoptan las siguientes convenciones:

- El movimiento de izquierda a derecha indica movimiento a lo largo del tiempo.
- La alineación horizontal de los símbolos implica que todos ellos se refieren a un grupo de tratamiento específico.
- La alineación vertical de los símbolos implica que éstos se refieren a actividades o eventos que ocurren al mismo tiempo.

Por ejemplo, el arreglo simbólico

$$X \quad O_1 \quad O_2$$

significa que un determinado grupo de unidades de prueba fue expuesto a la variable de tratamiento (X) y que la respuesta se midió en dos momentos diferentes, O_1 y O_2.

De igual modo, el arreglo simbólico

$$A \quad X_1 \quad O_1$$
$$A \quad X_2 \quad O_2$$

significa que dos grupos de unidades de prueba fueron asignados al azar a dos grupos de tratamiento diferentes al mismo tiempo, y que la variable dependiente se midió de forma simultánea en ambos grupos.

VALIDEZ EN LA EXPERIMENTACIÓN

Un investigador tiene dos metas cuando realiza un experimento: **1.** sacar conclusiones válidas acerca de los efectos de las variables independientes en el grupo de estudio y **2.** hacer generalizaciones válidas a la población mayor de interés. La primera meta concierne a la validez interna; y la segunda, a la validez externa.[9]

Validez interna

validez interna
Medición de la precisión de un experimento. Mide si el manejo de las variables independientes, o tratamientos, en realidad causó los efectos en las variables dependientes.

La **validez interna** se refiere a si el manejo de las variables independientes o tratamientos en realidad causó los efectos observados en las variables dependientes. Por lo tanto, la validez interna examina si los efectos observados en las unidades de prueba fueron causados o no por variables distintas al tratamiento. Si las variables extrañas influyen o confunden los efectos observados, resultará difícil hacer inferencias válidas acerca de la relación causal entre las variables independiente y dependiente. La validez interna es el mínimo básico que debe estar presente en un experimento antes de que se obtenga cualquier conclusión acerca de los efectos del tratamiento. Sin la validez interna los resultados experimentales serían confusos. El control de las variables extrañas es una condición necesaria para establecer la validez interna.

Validez externa

validez externa
Determinación de si es posible generalizar las relaciones causales encontradas en el experimento.

La **validez externa** se refiere a si es posible generalizar la relación causal encontrada en el experimento. En otras palabras, ¿pueden generalizarse los resultados más allá de la situación experimental? Y de ser así, ¿a qué poblaciones, escenarios, tiempos, variables independientes y variables dependientes se proyectarían los resultados?[10] Las amenazas a la validez externa surgen cuando el conjunto específico de condiciones experimentales no considera de manera realista las interacciones de otras variables relevantes en el mundo real.

Es aconsejable contar con un diseño experimental que posea validez tanto interna como externa; no obstante, en la investigación de mercados aplicada es común que se tenga que cambiar un tipo de validez por otra.[11] Un investigador puede realizar un experimento en un ambiente artificial para controlar las variables extrañas. Esto mejora la validez interna, aunque limitaría la posibilidad de generalizar los resultados, reduciendo así la validez externa. Por ejemplo, las cadenas de comida rápida prueban las preferencias de los consumidores por nuevas formulaciones de los productos del menú en cocinas de prueba. ¿Pueden generalizarse los efectos medidos en este ambiente artificial a los establecimientos reales de comida rápida? (En la sección de este capítulo sobre los experimentos de laboratorio frente a los experimentos de campo puede encontrarse un análisis más profundo sobre la influencia de la artificialidad en la validez externa).

A pesar de esos elementos que obstaculizan la validez externa, si un experimento carece de validez interna quizá no valga la pena generalizar los resultados. Los factores que amenazan a la validez interna también pueden amenazar a la validez externa, de los cuales los más graves son las variables extrañas.

VARIABLES EXTRAÑAS

En esta sección se clasifican las variables extrañas en las siguientes categorías: historia, maduración, prueba, instrumentación, regresión estadística, sesgo de selección y mortalidad.

Historia

> *historia (H)*
> Eventos específicos que son externos al experimento, pero que ocurren al mismo tiempo que éste.

En contra de lo que implica su nombre, la **historia** (H) no se refiere a la ocurrencia de eventos antes del experimento. La historia se refiere más bien a eventos específicos que son externos al experimento, pero que suceden al mismo tiempo que éste. Tales eventos pueden afectar a la variable dependiente. Considere el siguiente experimento.

$$O_1 \quad X_1 \quad O_2$$

donde O_1 y O_2 son medidas de las ventas de una cadena de tiendas departamentales en una región específica, y X_1 representa una nueva campaña promocional. La diferencia $(O_2 - O_1)$ es el efecto del tratamiento. Suponga que el experimento reveló que no había diferencia entre O_2 y O_1. ¿Podemos concluir entonces que la campaña promocional resultó infructuosa? ¡Por supuesto que no! La campaña promocional (X_1) no es la única explicación posible de la diferencia entre O_2 y O_1. La campaña bien pudo haber sido eficaz. ¿Qué pasa si las condiciones económicas generales se deterioraron durante el experimento y el área local fue particularmente golpeada por el desempleo y los cierres de plantas (historia)? Por el contrario, incluso si existiera alguna diferencia entre O_2 y O_1 podría ser incorrecto concluir que la campaña fue eficaz si no se controló la historia, ya que ésta quizá confundió los efectos experimentales. Cuanto más largo sea el intervalo entre las observaciones, mayor será la posibilidad de que la historia confunda un experimento de este tipo.[12]

Maduración

> *maduración (MA)*
> Variable extraña atribuible a los cambios en las unidades de prueba que ocurren con el paso del tiempo.

La **maduración** (MA) es similar a la historia, excepto en que se refiere a cambios en las unidades de prueba mismas. Tales cambios no son causados por la influencia de las variables independientes o los tratamientos, sino que ocurren con el paso del tiempo. En un experimento que incluye a personas, la maduración tiene lugar a medida que éstas envejecen, adquieren más experiencia, se cansan, se aburren o simplemente pierden interés. Los estudios de mercado y seguimiento que se prolongan por varios meses son vulnerables a la maduración, porque es difícil conocer cómo cambian los encuestados a lo largo del tiempo.

Los efectos de la maduración también se extienden a unidades de prueba distintas a la gente. Por ejemplo, considere el caso en que las unidades de prueba son tiendas departamentales. Las tiendas cambian a lo largo del tiempo en términos de distribución física, decoración, afluencia y composición.

Efectos de la prueba

Los efectos de la prueba son ocasionados por el proceso de experimentación. Por lo general, son los efectos sobre el experimento de hacer una medición de la variable dependiente, antes y después de la presentación del tratamiento. Hay dos tipos de efectos de la prueba: **1.** efecto principal de la prueba (EP) y **2.** efecto interactivo de la prueba (EI).

> *efecto principal de la prueba (EP)*
> Un efecto de la prueba que ocurre cuando una observación previa afecta una observación posterior.

El *efecto principal de la prueba* (EP) ocurre cuando una observación anterior afecta a una posterior. Considere un experimento para medir el efecto de la publicidad en las actitudes hacia cierta marca. A los encuestados se les aplica un cuestionario previo al tratamiento que mide la información antecedente y la actitud hacia la marca. Luego se les expone al comercial de prueba insertado en un programa adecuado. Después de ver el comercial, los encuestados responden de nuevo un cuestionario que mide, entre otras cuestiones, la actitud hacia la marca. Suponga que no hay diferencia entre las actitudes previas y posteriores al tratamiento. ¿Concluiríamos entonces que el comercial resultó ineficaz? Una explicación alternativa sería que los encuestados intentaron mantener la congruencia entre sus actitudes previas y posteriores al tratamiento.

CAPÍTULO 7 *Diseño de la investigación causal: experimentación*   **227**

Como resultado del efecto principal de la prueba, las actitudes posteriores al tratamiento estuvieron más influidas por las actitudes previas al tratamiento, que por el tratamiento mismo. El efecto principal de la prueba también puede ser reactivo, haciendo que los encuestados cambien sus actitudes por el simple hecho de que éstas se hayan medido. El efecto principal de la prueba pone en peligro la validez interna del experimento.

En el ***efecto interactivo de la prueba*** (EI), una medición previa afecta la respuesta de las unidades de prueba a la variable independiente. Siguiendo con el experimento sobre la publicidad, cuando se pide a la gente que indiquen sus actitudes hacia una marca, toman conciencia de ella: se sensibilizan hacia la marca y es más probable que presten atención al comercial de prueba, que las personas que no fueron incluidas en el experimento. Los efectos medidos no pueden generalizarse luego a la población; por lo tanto, los efectos interactivos de la prueba afectan la validez externa del experimento.

> *efecto interactivo de la prueba (EI)*
> Efecto en el que una medición previa influye en la respuesta de las unidades de prueba a la variable independiente.

Instrumentación

La ***instrumentación*** (I) se refiere a cambios en el instrumento de medición, en los observadores o en las puntuaciones mismas. En ocasiones, los instrumentos de medición se modifican en el curso de un experimento. En el experimento sobre la publicidad, el uso de un cuestionario de diseño reciente para medir las actitudes posteriores al tratamiento podría originar variaciones en las respuestas obtenidas. Considere un experimento donde se miden las ventas en dólares antes y después de la exposición a una exhibición en la tienda (tratamiento). Si hay un cambio de precios no experimental entre O_1 y O_2, esto da como resultado un cambio en la instrumentación, porque las ventas en dinero se medirán utilizando diferentes precios de las unidades. En este caso, el efecto del tratamiento $(O_2 - O_1)$ podría atribuirse a un cambio en la instrumentación.

Los efectos de la instrumentación son probables cuando los entrevistadores hacen mediciones antes y después del tratamiento. La eficacia de los entrevistadores puede ser diferente en los distintos momentos.

> *instrumentación (I)*
> Una variable extraña que implica cambios en el instrumento de medición, en los observadores o en las puntuaciones.

Regresión estadística

Los efectos de la ***regresión estadística*** (RE) ocurren cuando las unidades de prueba con puntuaciones extremas se acercan a la puntuación promedio en el curso del experimento. En el experimento sobre la publicidad, suponga que algunos encuestados tenían actitudes muy favorables o muy desfavorables. En la medición posterior al tratamiento, sus actitudes podrían haberse acercado al promedio. Las actitudes de la gente cambian de forma continua. Las personas con actitudes extremas tienen más espacio para el cambio, por lo que es más probable la variación. Esto tiene un efecto de confusión sobre los resultados experimentales, porque el efecto observado (cambio en la actitud) podría atribuirse a la regresión estadística más que al tratamiento (el comercial de prueba).

> *regresión estadística (RE)*
> Variable extraña que ocurre cuando las unidades de prueba con puntuaciones extremas se acercan a la puntuación promedio en el curso del experimento.

Sesgo de selección

El ***sesgo de selección*** (SS) se refiere a la asignación inadecuada de las unidades de prueba a las condiciones de tratamiento. Este sesgo ocurre cuando la selección o asignación de las unidades de prueba resulta en grupos de tratamiento que diferían en la variable dependiente, antes de ser expuestos a la condición de tratamiento. El sesgo de selección es posible cuando las unidades de prueba seleccionan sus propios grupos o son asignadas a los grupos con base en el juicio de los investigadores. Por ejemplo, considere un experimento de comercialización en el que dos exhibiciones diferentes de mercancía (vieja y nueva) son asignadas a diferentes tiendas departamentales. Las tiendas en los dos grupos quizá no sean equivalentes al inicio. Pueden variar con respecto a una característica clave, como el tamaño del establecimiento. Es probable que el tamaño de la tienda influya en las ventas, independientemente de qué exhibición de mercancías fue asignada a la tienda.

> *sesgo de selección (SS)*
> Variable extraña atribuible a la asignación inadecuada de las unidades de prueba a las condiciones de tratamiento.

Mortalidad

La ***mortalidad*** (MO) se refiere a la pérdida de unidades de prueba mientras el experimento está en progreso. Esto sucede por muchas razones, como el hecho de que las unidades de prueba se rehúsen a continuar en el experimento. La mortalidad confunde los resultados porque es difícil determinar si las unidades de prueba perdidas habrían respondido al tratamiento de la misma forma que las que permanecen. Considere de nuevo el experimento sobre la exhibición de mercancía. Suponga que en el curso del experimento, se retiran tres tiendas en la condición de tratamiento de exhibición nueva.

> *mortalidad (MO)*
> Variable extraña atribuible a la pérdida de unidades de prueba mientras el experimento está en progreso.

El investigador no podría determinar si las ventas promedio para las tiendas con la exhibición nueva habrían sido más altas o más bajas, si esas tres tiendas hubieran continuado en el experimento.

Las distintas categorías de variables extrañas no son mutuamente excluyentes. Pueden ocurrir de manera conjunta e interactuar entre sí. Por ejemplo, prueba-maduración-mortalidad se refiere a una situación en la cual, debido a la medición previa al tratamiento, las actitudes y las creencias de los encuestados cambian a lo largo del tiempo y donde hay una pérdida diferencial de encuestados en los diversos grupos de tratamiento.

CONTROL DE LAS VARIABLES EXTRAÑAS

Las variables extrañas representan explicaciones alternativas de los resultados experimentales. Representan una grave amenaza a la validez interna y externa de un experimento. A menos que se controlen, afectan la variable dependiente y por ende confunden los resultados. Por tal razón también se les conoce como *variables de confusión*. Existen cuatro formas de controlar las variables extrañas: aleatorización, pareamiento, control estadístico y diseño de control.

variables de confusión
Sinónimo de variables extrañas, se usa para ilustrar el hecho de que las variables extrañas pueden confundir los resultados al influir en la variable dependiente.

Aleatorización

La *aleatorización* se refiere a la asignación al azar de las unidades de prueba a los grupos experimentales mediante el uso de números aleatorios. Las condiciones de tratamiento también se asignan al azar a los grupos experimentales. Por ejemplo, los participantes se asignan de manera aleatoria a uno de los tres grupos experimentales. Cada grupo se expone a una de las tres versiones de un comercial de prueba seleccionado al azar. Como resultado de la asignación aleatoria, los factores extraños pueden representarse de igual manera en cada condición de tratamiento. La aleatorización es el procedimiento preferido para asegurar la igualdad previa de los grupos experimentales.[13] Sin embargo, tal vez no sea recomendable cuando el tamaño de la muestra es pequeño, ya que la aleatorización sólo produce grupos que son iguales en promedio. Con todo, es posible comprobar si la aleatorización ha sido eficaz midiendo las posibles variables extrañas y comparándolas en los grupos experimentales.

aleatorización
Método para controlar las variables extrañas, que implica la asignación al azar de las unidades de prueba a los grupos experimentales usando números aleatorios. Las condiciones de tratamiento también se asignan de forma aleatoria a los grupos experimentales.

Pareamiento

El **pareamiento** supone la comparación de las unidades de prueba en un conjunto de variables antecedentes clave, antes de asignarlas a las condiciones de tratamiento. En el experimento sobre la exhibición de la mercancía, las tiendas podrían haber sido pareadas sobre la base de ventas anuales, tamaño o ubicación. Luego, se asignaría a cada grupo experimental una tienda de cada par igualado.

El pareamiento tiene dos desventajas. Primero, sólo es posible parear las unidades de prueba en unas cuantas características, por lo que pueden ser similares en las variables elegidas pero diferentes en otras. Segundo, si las características pareadas son irrelevantes para la variable dependiente, el esfuerzo del pareamiento habrá sido inútil.[14]

pareamiento
Método para controlar las variables extrañas que implica parear las unidades de prueba en un conjunto de variables antecedentes clave antes de asignarlas a las condiciones de tratamiento.

Control estadístico

El *control estadístico* implica medir las variables extrañas y ajustar sus efectos mediante un análisis estadístico. Esto se ilustra en la tabla 7.2, donde se examina la relación (asociación) entre la compra de ropa de moda y la educación, controlando el efecto del ingreso. También se dispone de procedimientos estadísticos más avanzados, como el análisis de covarianza (ANCOVA). En éste se eliminan los efectos de la variable extraña sobre la variable dependiente, mediante un ajuste del valor promedio de la variable dependiente dentro de cada condición de tratamiento. (En el capítulo 16 se analiza con mayor detalle el ANCOVA).

control estadístico
Método para controlar las variables extrañas midiéndolas y ajustando sus efectos con métodos estadísticos.

Diseño de control

El *diseño de control* supone el uso de experimentos diseñados para controlar variables extrañas específicas. En el siguiente ejemplo se ilustran los tipos de controles que son posibles en el diseño adecuado del experimento.

diseño de control
Método para controlar las variables extrañas que implica el uso de diseños experimentales específicos.

INVESTIGACIÓN REAL

Experimentar con nuevos productos

Las pruebas de mercado electrónicas de distribución controlada se usan cada vez con mayor frecuencia para realizar investigación experimental sobre nuevos productos. Este método permite controlar varios factores extraños que afectan el desempeño del nuevo producto y manipulan las variables de interés. Es posible asegurar que un nuevo producto: **1.** obtiene el nivel correcto de aceptación en la tienda y la distribución de todo el volumen de la mercancía, **2.** se coloca en el pasillo correcto en cada establecimiento, **3.** recibe el número adecuado de posiciones en el anaquel, **4.** tiene el precio diario correcto, **5.** nunca presenta inconvenientes por falta de existencias, y **6.** obtiene el nivel planeado de promoción comercial, exhibición y características de precio según el programa temporal deseado. De esta forma se obtendría un alto grado de validez interna.[15] ■

El ejemplo anterior demuestra que las pruebas de mercado electrónicas de distribución controlada pueden ser eficientes para controlar variables extrañas específicas. Las variables extrañas también pueden controlarse mediante la adopción de diseños experimentales específicos, como se describe en la siguiente sección.

CLASIFICACIÓN DE LOS DISEÑOS EXPERIMENTALES

diseños preexperimentales
Diseños que no controlan los factores extraños mediante la aleatorización.

diseños experimentales verdaderos
Diseños experimentales que se distinguen por el hecho de que el investigador puede asignar de forma aleatoria las unidades de prueba y los tratamientos a los grupos experimentales.

diseños cuasiexperimentales
Diseños que aplican parte de los procedimientos de los experimentos verdaderos, pero que carecen de un control experimental completo.

diseño estadístico
Diseños que permiten el control y análisis estadísticos de las variables externas.

Los diseños experimentales pueden clasificarse en preexperimentales, experimentales verdaderos, cuasiexperimentales o estadísticos (véase la figura 7.1). Los ***diseños preexperimentales*** no utilizan procedimientos de aleatorización para controlar los factores extraños. Algunos ejemplos de tales diseños incluyen el estudio de caso único, el diseño de pretest-postest con un grupo y el grupo estático. En los ***diseños experimentales verdaderos***, el investigador puede asignar al azar las unidades de prueba y los tratamientos a los grupos experimentales. En esta categoría se incluyen el diseño de pretest-postest con grupo de control, el diseño de sólo postest con grupo de control y el diseño de cuatro grupos de Solomon. Los ***diseños cuasiexperimentales*** resultan cuando el investigador es incapaz de manipular por completo la programación o asignación de los tratamientos a las unidades de prueba; pero aplica algo del aparato de la experimentación verdadera. Dos de esos diseños son el diseño de series de tiempo y el de series de tiempo múltiples. Un ***diseño estadístico*** es una serie de experimentos básicos que permiten el control y análisis estadísticos de las variables externas. Los diseños básicos usados en los diseños estadísticos incluyen el preexperimental, el experimental verdadero y el cuasiexperimental. Los diseños estadísticos se clasifican con base en sus características y su uso; entre los importantes se incluyen el diseño de bloque aleatorizado, de cuadrado latino y el factorial. Esos diseños se ilustran en el contexto de la medición de la eficacia de un comercial de prueba para una tienda departamental.[16]

Figura 7.1
Clasificación de los diseños experimentales

```
                    Diseños experimentales
    ┌──────────────┬──────────────┬──────────────┬──────────────┐
    Preexperimental   Experimental    Cuasiexperimental   Estadístico
                       verdadero
    
    Estudio de      Pretest-postest    Series de tiempo    Bloques
    caso único      con grupo de                           aleatorizados
                    control            Series de tiempo
    Pretest-postest                    múltiples           Cuadrado latino
    con un grupo    Sólo postest con
                    grupo de control                       Factorial
    Grupo estático
                    Cuatro grupos
                    de Solomon
```

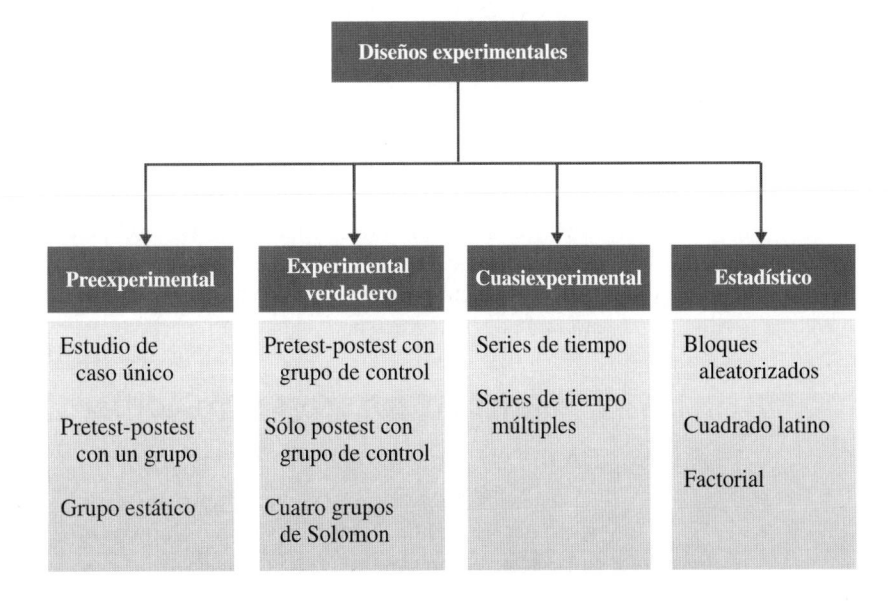

DISEÑOS PREEXPERIMENTALES

Estos diseños se caracterizan por la falta de aleatorización. Se describen tres diseños específicos: el estudio de caso único, el diseño de pretest-postest con un grupo y el grupo estático.

Estudio de caso único

estudio de caso único
Diseño preexperimental en el cual un solo grupo de unidades de prueba se expone a un tratamiento X y luego se realiza una sola medición de la variable dependiente.

Conocido también como diseño sólo-después, el ***estudio de caso único*** puede representarse simbólicamente como

$$X \quad O_1$$

Un solo grupo de unidades se expone al tratamiento X y luego se realiza una única medición de la variable dependiente (O_1). No hay asignación aleatoria de las unidades de prueba. Note que no se utiliza el símbolo A porque las unidades de prueba son autoseleccionadas o son seleccionadas de manera arbitraria por el investigador.

Es fácil advertir el riesgo de sacar conclusiones válidas de este tipo de experimentos. No proporcionan una base para comparar el nivel de O_1 con lo que habría sucedido en ausencia de X. Además, el nivel de O_1 quizás haya sido afectado por muchas variables extrañas, incluyendo historia, maduración, selección y mortalidad. La falta de control de esas variables extrañas debilita la validez interna. Por esas razones, el estudio de caso único resulta más conveniente para la investigación exploratoria, que para la investigación concluyente.

PROYECTO DE INVESTIGACIÓN

Estudio de caso único

Un estudio de caso único para medir la eficacia de un comercial de prueba para una tienda departamental, como Sears, se llevaría a cabo de la siguiente manera. Se realizarían encuestas telefónicas con una muestra nacional de participantes que afirmen haber visto un determinado programa de televisión la noche anterior. El programa seleccionado es el que contiene el comercial (X) de prueba (Sears). Las variables dependientes (Os) son el recuerdo con y sin ayuda. Primero se mide el recuerdo sin ayuda, preguntando a los encuestados si recuerdan haber visto el comercial de una tienda departamental; por ejemplo: "¿Recuerda haber visto anoche un comercial de una tienda departamental?" Si recuerdan el comercial de prueba, se solicitan detalles acerca del contenido y desempeño del comercial. A los encuestados que no recuerdan el comercial de prueba se les pregunta sobre el mismo de forma específica; por ejemplo: "¿Recuerda haber visto anoche un comercial de Sears?" (recuerdo con ayuda). Los resultados del recuerdo con y sin ayuda se comparan con puntuaciones normales, para desarrollar un índice que sirva para interpretar las puntuaciones. ■

Diseño de pretest-postest con un grupo

diseño pretest-postest con un grupo
Diseño preexperimental en que un grupo de unidades de prueba se mide dos veces.

El ***diseño de pretest-postest con un grupo*** puede simbolizarse como

$$O_1 \quad X \quad O_2$$

En este diseño, se realizan dos mediciones en un grupo de unidades de prueba y no se cuenta con un grupo de control. Primero se realiza una medición previa al tratamiento (O_1), luego, se expone al grupo al tratamiento (X), y al final se realiza una medición posterior al tratamiento (O_2). El efecto del tratamiento se calcula como $O_2 - O_1$, pero la validez de esta conclusión es cuestionable por la falta de control de las variables extrañas. Es posible que estén presentes la historia, la maduración, el efecto principal y el efecto interactivo de la prueba, la instrumentación, la selección, la mortalidad y la regresión.

PROYECTO DE INVESTIGACIÓN

Diseño de pretest-postest con un grupo

Un diseño de pretest-postest con un grupo para medir la eficacia de un comercial de prueba para una tienda departamental, como Sears, se realizaría de la siguiente manera. Se recluta a los encuestados en las salas de cine de diferentes ciudades de prueba.

En la ubicación central, se realiza primero una encuesta personal a para medir, entre otras cuestiones, las actitudes hacia la tienda, Sears (O_1). Luego ven un programa de televisión que contiene el comercial (X) de prueba (Sears). Después de que los encuestados observan el programa de televisión, se les entrevista de nuevo para medir las actitudes hacia la tienda, Sears (O_2). La eficacia del comercial de prueba se mide como $O_2 - O_1$. ∎

Diseño de grupo estático

grupo estático
Diseño preexperimental en el que existen dos grupos: el grupo experimental (GE) que se expone al tratamiento, y el grupo de control (GC). En ambos grupos se hacen mediciones sólo después del tratamiento y las unidades de prueba no se asignan al azar.

El *grupo estático* es un diseño experimental de dos grupos. Uno, llamado grupo experimental (GE), se expone al tratamiento; mientras que el otro, llamado grupo de control (GC), no lo es. En ambos grupos, las mediciones sólo se realizan después del tratamiento y las unidades de prueba no se asignan al azar. Este diseño se describe simbólicamente de la siguiente manera:

GE: $\quad X \quad O_1$
GC: $\quad\quad\quad O_2$

El efecto del tratamiento se mediría como $O_1 - O_2$. Advierta que esta diferencia también podría atribuirse al menos a dos variables extrañas (selección y mortalidad). Es posible que como las unidades de prueba no se asignan al azar, los dos grupos (GE y GC) difieran antes del tratamiento y esté presente el sesgo de selección. También pueden presentarse efectos de mortalidad, porque se retirarían más unidades de prueba del grupo experimental que del grupo de control. Es muy probable que esto suceda si el tratamiento era desagradable.

En la práctica un grupo de control en ocasiones se define como el grupo que recibe el nivel habitual de la actividad de marketing, más que como un grupo que no recibe ningún tratamiento. El grupo de control se define de esta forma porque es difícil reducir a cero las actividades actuales de marketing, como la publicidad y las ventas personales.

PROYECTO DE INVESTIGACIÓN

Grupo estático

Una comparación de grupo estático para medir la eficacia de un comercial de prueba para una tienda departamental se realizaría de la siguiente manera. Se reclutarían dos grupos de encuestados sobre la base de la conveniencia. Sólo se expondría al grupo experimental al programa de televisión que contiene el comercial de prueba (Sears). Luego, se medirían las actitudes hacia la tienda departamental (Sears) de los participantes de ambos grupos (experimental y de control). La eficacia del comercial de prueba se mediría como $O_1 - O_2$. ∎

DISEÑOS EXPERIMENTALES VERDADEROS

La característica distintiva de los diseños experimentales verdaderos, en comparación con los diseños preexperimentales, es la aleatorización. En los diseños experimentales verdaderos, el investigador asigna al azar las unidades de prueba y los tratamientos a los grupos experimentales. Los diseños experimentales verdaderos incluyen al diseño de pretest-postest con grupo de control, el diseño de sólo postest con grupo de control y el diseño de cuatro grupos de Solomon.

Diseño de pretest-postest con grupo de control

diseño de pretest-postest con grupo de control
Diseño experimental verdadero en que el grupo experimental se expone al tratamiento, pero el grupo de control no. En ambos grupos se realizan medidas de pretest y postest.

En el *diseño de prestest-postest con grupo de control*, las unidades de prueba se asignan al azar al grupo experimental o al grupo de control, y en cada grupo se hace una medición previa al tratamiento. Sólo el grupo experimental se expone al tratamiento, pero se toman medidas de postest en ambos grupos. Este diseño se simboliza de la siguiente forma

GE: $\quad A \quad O_1 \quad X \quad O_2$
GC: $\quad A \quad O_3 \quad\quad\quad O_4$

El efecto del tratamiento (ET) se mide como

$$(O_2 - O_1) - (O_4 - O_3)$$

Este diseño controla la mayoría de las variables extrañas. El sesgo de selección se elimina mediante la aleatorización, y las otras variables extrañas se controlan de la siguiente manera:

$$O_2 - O_1 = ET + H + MA + EP + EI + I + RE + MO$$
$$O_4 - O_3 = H + MA + EP + I + RE + MO$$
$$= VE \text{ (variables extrañas)}$$

donde los símbolos de las variables extrañas se definieron con anterioridad. El resultado experimental se obtiene mediante

$$(O_2 - O_1) - (O_4 - O_3) = ET + EI$$

El efecto interactivo de la prueba no se controla debido al efecto de la medición del pretest sobre la reacción al tratamiento de las unidades en el grupo experimental.

Como indica este ejemplo, el diseño de pretest-postest con grupo de control incluye dos grupos y dos mediciones en cada grupo. Un diseño más sencillo es el diseño de sólo postest con grupo de control.

PROYECTO DE INVESTIGACIÓN

Pretest-postest con grupo de control

En el contexto de la medición de la eficacia de un comercial de prueba para una tienda departamental (por ejemplo, Sears), el diseño de pretest-postest con grupo de control se utilizaría de la siguiente manera. Se seleccionaría al azar a una muestra de participantes. La mitad de ellos serían asignados aleatoriamente al grupo experimental y la otra mitad conformaría el grupo de control. A los participantes de ambos grupos se les aplicaría un cuestionario para obtener una medida de pretest de las actitudes hacia la tienda departamental (Sears). Sólo se expondría a los participantes del grupo experimental al programa de televisión que contiene el comercial de prueba. Luego se aplicaría un cuestionario a los integrantes de ambos grupos, para obtener medidas de postest de las actitudes hacia la tienda (Sears). ■

Diseño de sólo postest con grupo de control

diseño de sólo postest con grupo de control
Diseño experimental verdadero en que el grupo experimental se expone al tratamiento pero el grupo de control no, y no se realiza medida de pretest.

El *diseño de sólo postest con grupo de control* no implica ninguna medición previa y se simboliza de la siguiente manera:

GE: A   X O_1
GC: A O_2

El efecto del tratamiento se obtiene mediante

$$ET = O_1 - O_2$$

Este diseño es muy sencillo de poner en práctica. Como no hay medición previa, se eliminan los efectos de la prueba; sin embargo, el diseño es susceptible al sesgo de selección y a la mortalidad. Debido a la asignación aleatoria de las unidades de prueba a los grupos, se supone que éstos son similares en términos de las medidas de la variable dependiente previas al tratamiento. Sin embargo, esta suposición no puede comprobarse porque no se cuenta con una medición previa al tratamiento. Este diseño también es susceptible a la mortalidad. Es difícil determinar si los participantes del grupo experimental que abandonan el experimento son similares a sus contrapartes del grupo de control. Otra limitación es que el diseño no permite al investigador examinar cambios en las unidades de prueba individuales.

Es posible controlar el sesgo de selección y la mortalidad mediante procedimientos experimentales cuidadosamente diseñados. El examen de casos individuales a menudo no es de interés. Por otro lado, este diseño posee ventajas importantes en términos de los requisitos de tiempo, costo y tamaño de la muestra. Sólo incluye dos grupos y una única medición por grupo. Debido a su simplicidad, es probable que el diseño de sólo postest con grupo de control sea el más popular en la investigación de mercados.

INVESTIGACIÓN ACTIVA

Visite *www.foxnews.com* y realice una búsqueda en Internet y en la base en línea de su biblioteca, para obtener información sobre las preferencias de los consumidores por la red de canales de noticias.

Fox News desea determinar cuál de los tres nuevos formatos debería poner en práctica. ¿Usted recomendaría un diseño preexperimental o un diseño experimental verdadero? ¿Qué diseño específico recomendaría?

Como gerente de marketing de Fox News, ¿cómo utilizaría la información sobre las preferencias de los consumidores por la red de canales de noticias, para formular estrategias de marketing que incrementen su audiencia y su participación en el mercado?

Advierta que, a excepción de la medición previa, la utilización de este diseño es muy similar a la del diseño de pretest-postest con grupo de control.

PROYECTO DE INVESTIGACIÓN

Sólo postest con grupo de control

El diseño de sólo postest con grupo de control se implementaría de la siguiente manera, para medir la eficacia de un comercial de prueba para una tienda departamental. Se seleccionaría al azar una muestra de encuestados. La muestra se dividiría al azar, de manera que la mitad de los sujetos conformen el grupo experimental, y la otra mitad el grupo de control. Sólo los encuestados del grupo experimental se expondrían al programa de televisión que contiene el comercial de prueba (Sears). Luego, se aplicaría un cuestionario a ambos grupos para obtener medidas de postest sobre las actitudes hacia la tienda departamental (Sears). Se usaría la diferencia en las actitudes del grupo experimental y el grupo de control como medida de la eficacia del comercial de prueba. ■

diseño de cuatro grupos de Solomon
Diseño experimental verdadero que controla explícitamente los efectos interactivos de la prueba, así como todas las otras variables extrañas.

En este ejemplo, al investigador no le interesa examinar los cambios en las actitudes de los encuestados individuales. Cuando se desea esta información debe considerarse el **diseño de cuatro grupos de Solomon**, el cual supera las limitaciones de los diseños de pretest-postest con grupo de control y de sólo postest con grupo de control, porque controla de manera explícita el efecto interactivo de la prueba y el resto de las variables extrañas (VE). Sin embargo, este diseño tiene limitaciones prácticas: su implementación es costosa y consume mucho tiempo, por lo que no se considera con mayor detalle.[17]

En todos los diseños experimentales verdaderos el investigador ejerce un alto grado de control. En particular, puede controlar cuándo se realizan las mediciones, en quiénes se realizan y la programación del tratamiento. Además, puede elegir al azar a las unidades de prueba y exponerlas aleatoriamente al tratamiento. Sin embargo, hay circunstancias en que el investigador no puede ejercer este tipo de control, en cuyo caso deberían considerarse los diseños cuasiexperimentales.

DISEÑOS CUASIEXPERIMENTALES

Un diseño cuasiexperimental se obtiene en las siguientes condiciones. Primero, el investigador puede controlar cuándo y en quién se realizan las mediciones. Segundo, el investigador carece de control sobre la programación del tratamiento y tampoco puede exponer a las unidades de prueba al tratamiento de forma aleatoria.[18] Los diseños cuasiexperimentales son útiles porque pueden utilizarse en casos en que no es posible emplear la experimentación verdadera, y porque son más rápidos y menos costosos. No obstante, dado que el investigador carece del control experimental completo, debe considerar las variables específicas que no se controlan. Las formas populares de diseños cuasiexperimentales son los diseños de series de tiempo y de series de tiempo múltiples.

Diseño de series de tiempo

diseño de series de tiempo
Diseño cuasiexperimental que implica mediciones periódicas de la variable dependiente para un grupo de unidades de prueba. Luego el tratamiento es administrado por el investigador u ocurre de manera natural. Después del tratamiento, continúan las mediciones periódicas para determinar su efecto.

El **diseño de series de tiempo** implica una serie de mediciones periódicas de la variable dependiente en un grupo de unidades de prueba. Luego, el tratamiento es aplicado por el investigador u ocurre de manera natural. Después del tratamiento, se continúa con las mediciones periódicas para determinar su efecto. Un experimento de series de tiempo se simboliza como sigue:

$$O_1 \quad O_2 \quad O_3 \quad O_4 \quad O_5 \quad X \quad O_6 \quad O_7 \quad O_8 \quad O_9 \quad O_{10}$$

Éste es un cuasiexperimento porque no existe aleatorización de las unidades de prueba para los tratamientos, y quizá el investigador no tenga control sobre los tiempos de presentación del tratamiento y sobre qué unidades de prueba se expondrán al mismo.

Hacer una serie de mediciones antes y después del tratamiento proporciona al menos un control parcial de diversas variables extrañas. La maduración se controla al menos de forma parcial, porque no sólo influiría en O_5 y O_6 sino en todas las observaciones. Mediante un razonamiento similar también se controlan el efecto principal de la prueba, la instrumentación y la regresión estadística. El sesgo de selección puede reducirse, si las unidades de prueba se seleccionan al azar o por pareamiento. La mortalidad puede representar un problema, aunque sería en gran medida controlable ofreciendo el pago de cierta cantidad u otros incentivos a los encuestados.

La principal debilidad del diseño de series de tiempo es su incapacidad para controlar la historia. Otra limitación es que el experimento se vea afectado por el efecto interactivo de la prueba, debido a que se realizan mediciones múltiples en las unidades de prueba. No obstante, los diseños de series de tiempo son muy útiles. La eficacia de un comercial (X) de prueba se examinaría transmitiendo el comercial un número predeterminado de veces y examinando los datos de un panel de prueba preexistente. Aunque el mercadólogo es capaz de controlar la programación del comercial de prueba, no está seguro de si los miembros del panel son expuestos al mismo y cuándo. Se examinan las compras de los miembros del panel antes, durante y después de la campaña, para determinar si el comercial de prueba tiene un efecto a corto plazo o a largo plazos, o si no tiene efecto alguno.

Diseño de series de tiempo múltiples

El *diseño de series de tiempo múltiples* es similar al de series de tiempo, salvo en el hecho de que se agrega otro grupo de unidades de prueba que sirve como grupo de control. Este diseño puede describirse de manera simbólica de la siguiente manera:

GE: $\quad O_1 \quad O_2 \quad O_3 \quad O_4 \quad O_5 \quad X \quad O_6 \quad O_7 \quad O_8 \quad O_9 \quad O_{10}$
GC: $\quad O_{11} \quad O_{12} \quad O_{13} \quad O_{14} \quad O_{15} \quad\quad O_{16} \quad O_{17} \quad O_{18} \quad O_{19} \quad O_{20}$

diseño de series de tiempo múltiples
Diseño de series de tiempo que incluye otro grupo de unidades de prueba que funge como grupo de control.

Este diseño representaría una mejora sobre el experimento de series de tiempo simple, si se selecciona con cuidado al grupo de control. La mejora estriba en la capacidad para probar dos veces el efecto del tratamiento: contra las mediciones previas al tratamiento en el grupo experimental y contra el grupo de control. El ejemplo del panel de prueba se modificaría de la siguiente manera, para usar un diseño de series de tiempo múltiples en la evaluación de la eficacia de un comercial. El comercial de prueba se mostraría sólo en algunas ciudades de prueba. Los miembros del panel en esas ciudades componen el grupo experimental. El grupo de control estaría formado por los miembros del panel en las ciudades donde no se mostrara el comercial.

INVESTIGACIÓN REAL

La división de los comerciales muestra su fuerza

Se utilizó un diseño de series de tiempo múltiples para examinar el efecto acumulativo del incremento en la publicidad. Los datos se obtuvieron del experimento de campo sobre publicidad en televisión por cable dividido de ACNielsen BASES (*www.acnielsenbases.com*). En el sistema de cable dividido, un grupo de hogares fue asignado al panel experimental y un grupo equivalente al panel control. Los dos grupos fueron igualados en variables demográficas. Los datos se obtuvieron durante 76 semanas. En las primeras 52 semanas los dos paneles recibieron el mismo nivel de publicidad de la marca en cuestión. En las siguientes 24 semanas, el panel experimental fue expuesto al doble de publicidad que el panel de control. Los resultados indicaron que el efecto acumulativo de la publicidad fue inmediato con una duración del orden del ciclo de compra. Este tipo de información puede ser útil en la selección de los patrones de tiempos de publicidad (distribución de un conjunto de exposiciones de publicidad a lo largo de un periodo específico para obtener un impacto máximo).

Un estudio experimental reciente demostró un nuevo enfoque para relacionar las exposiciones a publicidad en los horarios de medios televisivos, con el desempeño en el mercado relacionado con las ventas.

Esas medidas incluyeron volumen de ventas acumulativo, número de compras, penetración y patrones de compra repetida. Este enfoque se derivó de una metodología de diseño experimental pareado de cable dividido. Compañías de paneles de consumidores como ACNielsen BASES ofrecen los datos que se necesitan para implementar ese enfoque. En el futuro, se espera que compañías como ACNielsen BASES estarán a la vanguardia del uso de los avances tecnológicos, para medir al mismo tiempo la exposición del consumidor a la publicidad y el comportamiento de compra.[19] ∎

Para concluir el análisis de los diseños preexperimentales, experimentales verdaderos y cuasiexperimentales, en la tabla 7.3 se resumen las fuentes potenciales de invalidez que podrían afectar a cada uno de esos diseños. En esta tabla un signo de menos indica una debilidad confirmada; un signo de más, que el factor está controlado; un signo de interrogación, una posible fuente de preocupación; y un espacio en blanco, que el factor no es relevante. Debería recordarse que las fuentes de invalidez potenciales no son lo mismo que los errores reales.

TABLA 7.3
Fuentes de invalidez de los diseños experimentales

Diseño	Historia	Maduración	Prueba	Instrumentación	Regresión	Selección	Mortalidad	Interacción prueba y X
Diseños preexperimentales:								
Estudio de caso único X O	−	−				−	−	
Diseño de pretest-postest con un grupo O X O	−	−	−	−	?			−

Comparación de grupo estático
  X O
     O
	+	?	+	+	+	−	−	

Diseños experimentales verdaderos:								
Pretest-postest con control A O X O A O O	+	+	+	+	+	+	+	−
Diseño de sólo postest con grupo de control A X O A O	+	+	+	+	+	+	+	+
Diseños cuasiexperimentales:								
Series de tiempo O O O X O O O	−	+	+	?	+	+	+	−
Series de tiempo múltiples O O O X O O O O O O O O O	+	+	+	+	+	+	+	−

Nota: un signo de + indica una ventaja relativa, mientras que uno de − indica una desventaja relativa.

DISEÑOS ESTADÍSTICOS

Los diseños estadísticos consisten en una serie de experimentos básicos que permiten el análisis y el control estadísticos de las variables externas. En otras palabras, se conducen varios experimentos básicos al mismo tiempo. Por ende, los diseños estadísticos están influidos por las mismas fuentes de invalidez que afectan a los diseños básicos utilizados. Este tipo de diseños ofrecen las siguientes ventajas:

1. Es posible medir los efectos de más de una variable independiente.
2. Pueden controlarse estadísticamente variables extrañas específicas.
3. Se formulan diseños económicos cuando cada unidad de prueba se mide más de una vez.

Los diseños estadísticos más comunes son el diseño de bloque aleatorizado, el diseño de cuadrado latino y el diseño factorial.

Diseño de bloque aleatorizado

diseño de bloque aleatorizado
Diseño estadístico en que las unidades de prueba se disponen en un bloque con base en una variable externa para asegurar que los grupos experimental y de control estén cercanamente igualados en esa variable.

Un ***diseño de bloque aleatorizado*** resulta útil cuando sólo hay una variable externa importante (como la ventas, el tamaño de la tienda o el ingreso del encuestado) que puede influir en la variable dependiente. Las unidades de prueba se disponen en bloque o se agrupan con base en la variable externa. El investigador debe ser capaz de identificar y medir la variable usada en la formación del bloque. Al formar el bloque, el investigador asegura que los diversos grupos experimental y de control estén cercanamente igualados en la variable externa.

Como ilustra este ejemplo, en la mayoría de las situaciones de investigación de mercados, variables externas como las ventas, tamaño, tipo y ubicación de la tienda, ingreso, ocupación y clase social del encuestado, podrían influir en la variable dependiente. Por lo tanto, hablando en términos generales, los diseños de bloque aleatorizado son más útiles que los diseños completamente aleatorizados. Su principal limitación es que el investigador sólo puede controlar una variable externa. Cuando es necesario controlar más de una variable, el investigador debe emplear un diseño de cuadrado latino o uno factorial.

PROYECTO DE INVESTIGACIÓN

Diseño de bloque aleatorizado

Vamos a ampliar el ejemplo del comercial de prueba de la tienda departamental (Sears) para medir el impacto del humor en la eficacia de la publicidad.[20] Tres comerciales de prueba, A, B y C, contienen, respectivamente, niveles nulo, medio y elevado de humor. ¿Cuál de ellos podría ser más eficaz? La administración cree que la evaluación del comercial por parte de los encuestados estará influida por la medida en que sean clientes de la tienda, de manera que se identificó a la preferencia por la tienda como variable para la formación del bloque y se clasificó a los encuestados seleccionados al azar en cuatro bloques (con preferencia alta, media, baja o nula por la tienda departamental). Los encuestados de cada bloque se asignan al azar a los grupos de tratamiento (comerciales de prueba A, B y C). Los resultados revelaron que el comercial con nivel medio de humor (B) fue el de mayor eficacia general (véase la tabla 7.4). ∎

TABLA 7.4
Ejemplo de un diseño de bloque aleatorizado

Bloque Núm.	Preferencia por la tienda	Comercial A	Comercial B	Comercial C
1	Alta	A	B	C
2	Media	A	B	C
3	Baja	A	B	C
4	Nula	A	B	C

Nota: A, B y C denotan tres comerciales de prueba que tienen, respectivamente, ningún humor, algo de humor y mucho humor.

TABLA 7.5
Ejemplo del diseño de cuadrado latino

Preferencia por la tienda	Interés en la tienda		
	Alto	Medio	Bajo
Alta	B	A	C
Media	C	B	A
Baja y nula	A	C	B

Nota: A, B y C denotan los tres comerciales de prueba que contienen, respectivamente, ningún humor, algo de humor y mucho humor.

Diseño de cuadrado latino

diseño de cuadrado latino
Diseño estadístico que, además de permitir el manejo de la variable independiente, admite el control estadístico de dos variables externas que no interactúan.

Un *diseño de cuadrado latino* permite al investigador controlar estadísticamente dos variables externas que no interactúan, además del manejo de la variable independiente. Cada variable externa o de formación de bloque se divide en un número igual de bloques o niveles. La variable independiente se divide también en el mismo número de niveles. Un cuadrado latino es conceptualizado como una tabla (véase la tabla 7.5), donde las filas y las columnas representan los bloques en las dos variables externas. Los niveles de la variable independiente se asignan luego a las celdas de la tabla. La regla de asignación es que cada nivel de la variable independiente debería aparecer sólo una vez en cada fila y en cada columna, como se muestra en la tabla 7.5.

PROYECTO DE INVESTIGACIÓN

Diseño de cuadrado latino

Para ilustrar el diseño de cuadrado latino, suponga que en el ejemplo anterior, el investigador no sólo quiere controlar la preferencia sino también el interés por la tienda (definido como alto, medio o bajo). Para poner en práctica un diseño de cuadrado latino, la preferencia por la tienda también tiene que dividirse en tres bloques, en vez de hacerlo en cuatro niveles (por ejemplo, combinando en un solo bloque la preferencia baja y nula). La asignación de los tres comerciales podría hacerse luego como se muestra en la tabla 7.5. Note que cada uno de los comerciales (A, B y C) aparece sólo una vez en cada fila y en cada columna. ■

Aunque los diseños de cuadrado latino son populares en la investigación de mercados, no están exentos de limitaciones. Requieren un número igual de filas, columnas y niveles de tratamiento, lo cual en ocasiones resulta difícil. Advierta que en el ejemplo anterior fue necesario combinar la preferencia baja y nula para satisfacer este requisito. Además, sólo pueden controlarse dos variables externas al mismo tiempo. Es posible controlar una variable adicional al convertir este diseño en un *cuadrado grecolatino*. Por último, los cuadrados latinos no permiten al investigador examinar las interacciones de las variables externas entre sí o con la variable independiente. Para examinar las interacciones deberían usarse diseños factoriales.

Diseño factorial

diseño factorial
Diseño experimental estadístico que se utiliza para medir los efectos de dos o más variables independientes en varios niveles, y para permitir interacciones entre las variables.

Se utiliza un *diseño factorial* para medir los efectos de dos o más variables independientes en varios niveles. A diferencia del diseño de bloque aleatorizado y del cuadrado latino, los diseños factoriales permiten interacciones entre variables.[21] Se dice que tiene lugar una interacción cuando el efecto simultáneo de dos o más variables es diferente de la suma de sus efectos separados. Por ejemplo, la bebida favorita de un individuo puede ser el café y el nivel favorito de temperatura puede ser frío; pero a este individuo no le gusta el café frío, lo cual da lugar a una interacción.

Un diseño factorial también puede ser conceptualizado como una tabla. En un diseño de dos factores, cada nivel de una variable representa una fila, y cada nivel de la otra variable representa una columna. Es posible usar tablas multidimensionales para tres o más factores. Los diseños factoriales incluyen una celda para cada combinación posible de las variables de tratamiento. Suponga que, en el ejemplo anterior, además de examinar el efecto del humor, el investigador está interesado en examinar al mismo tiempo el efecto de la cantidad de información sobre la tienda.

TABLA 7.6
Ejemplo de un diseño factorial

CANTIDAD DE INFORMACIÓN SOBRE LA TIENDA	CANTIDAD DE HUMOR		
	NINGÚN HUMOR	HUMOR MEDIO	HUMOR ALTO
Baja	A	B	C
Media	D	E	F
Alta	G	H	I

Además, la cantidad de información sobre la tienda también se varió en tres niveles (alta, media y baja). Como se muestra en la tabla 7.6, esto requeriría 3 × 3 = 9 celdas. Por ende, se producirían nueve comerciales diferentes, cada uno con un nivel específico de información sobre la tienda y de cantidad de humor. Los encuestados se seleccionarían y se asignarían aleatoriamente a las nueve celdas. Los integrantes de cada celda recibirían una combinación de tratamiento específica. Por ejemplo, los encuestados en la celda de la esquina superior izquierda verían un comercial sin humor y con poca información sobre la tienda. Los resultados revelaron una interacción significativa entre los dos factores o variables. Los encuestados en la condición de poca información sobre la tienda preferían el comercial con mucho humor (C). Sin embargo, quienes estaban en la condición de una cantidad alta de información sobre la tienda preferían el comercial sin humor (G). Note que aunque la tabla 7.6 parecería similar a la tabla 7.4, la asignación aleatoria de los encuestados y el análisis de los datos son muy diferentes para el diseño de bloque aleatorizado y el diseño factorial.[22]

La principal desventaja del diseño factorial es que el número de combinaciones del tratamiento se incrementa de manera multiplicativa al aumentar el número de variables o niveles. En nuestro ejemplo de la tabla 7.6, si la cantidad de humor e información sobre la tienda tuvieran cada una cinco niveles en lugar de tres, el número de celdas habría saltado de nueve a 25. Para medir todas las interacciones y los efectos principales se requieren todas las combinaciones de tratamiento. Si el investigador sólo está interesado en algunas de las interacciones o efectos principales, puede usar *diseños factoriales fraccionales*. Como lo implica su nombre, esos diseños consisten sólo en una fracción, o porción, del correspondiente diseño factorial completo.

EXPERIENCIA DE INVESTIGACIÓN

Experimentar con la sensibilidad ante los precios

Canon desea determinar la sensibilidad de los consumidores a los precios de sus nuevas cámaras digitales avanzadas y lo contrata a usted como asesor.

1. Visite www.bestbuy.com y las páginas de almacenes comerciales de su país, e identifique los rangos de precios de las cámaras digitales de Canon y otras marcas.
2. Haga una búsqueda en Internet y, de ser posible, también en la base de datos en línea de su biblioteca, para obtener información sobre la sensibilidad de los consumidores al precio de las cámaras digitales.
3. Diseñe un experimento adecuado para determinar la sensibilidad de los consumidores al precio de la nueva cámara digital avanzada de Canon. ¿Recomendaría usted un diseño experimental verdadero? De ser así, ¿cuál?
4. Como gerente de marketing de cámaras Canon, ¿cómo usaría usted la información sobre la sensibilidad de los consumidores al precio de las cámaras digitales para formular estrategias de asignación de precios que incrementen su participación en el mercado? ■

EXPERIMENTOS DE LABORATORIO Y EXPERIMENTOS DE CAMPO

Los experimentos pueden realizarse en ambientes de laboratorio o de campo. Un **ambiente de laboratorio** es un escenario artificial que el investigador construye con las condiciones específicas que se desean para el experimento. El término **ambiente de campo** es sinónimo de las condiciones reales del mercado. El ejemplo de Eckerd que se incluye en la sección de "Panorama general" presentó un experimento de campo.

---

ambiente de laboratorio
Escenario artificial para la experimentación donde el investigador construye las condiciones deseadas.

ambiente de campo
Situación experimental establecida en condiciones de mercado reales.

TABLA 7.7
Experimentos de laboratorio frente a experimentos de campo

FACTOR	LABORATORIO	CAMPO
Ambiente	Artificial	Realista
Control	Alto	Bajo
Error reactivo	Alto	Bajo
Posibilidad de plantear escenarios de la demanda	Alto	Bajo
Validez interna	Alta	Baja
Validez externa	Baja	Alta
Tiempo	Corto	Largo
Número de unidades	Pequeño	Grande
Facilidad de implementación	Alta	Baja
Costo	Bajo	Alto

Nuestro experimento para medir la eficacia de un comercial de prueba podría realizarse en un ambiente de laboratorio presentando el comercial, insertado en un programa de televisión, a los participantes en un cine de prueba. El mismo experimento también podría realizarse en un ambiente de campo, presentando el comercial de prueba en estaciones de televisión reales. En la tabla 7.7 se resumen las diferencias entre los dos ambientes.

Los experimentos de laboratorio tienen algunas ventajas sobre los de campo. El ambiente de laboratorio ofrece un alto grado de control porque aísla el experimento en un ambiente cuidadosamente supervisado, lo cual permite minimizar los efectos de la historia. Un experimento de laboratorio también suele producir los mismos resultados si se repite con sujetos similares, lo cual produce una alta validez interna. Los experimentos de laboratorio tienden a usar un número pequeño de unidades de prueba, a durar menos tiempo, a tener mayor restricción geográfica y a ser más sencillos de realizar que los experimentos de campo. De ahí que, por lo general, también suelen ser menos costosos.

En comparación con los experimentos de campo, los de laboratorio implican algunas desventajas. La artificialidad del ambiente puede causar un error reactivo, ya que los encuestados reaccionan a la situación en sí más que a la variable independiente.[23] Además, el ambiente puede causar **diferentes escenarios de la demanda**, un fenómeno en que los participantes intentan adivinar el propósito del experimento y responden de acuerdo con ello. Por ejemplo, mientras ven el comercial de prueba, los encuestados pueden recordar preguntas previas al tratamiento acerca de la marca y suponer que el comercial intenta cambiar sus actitudes hacia la marca.[24] Por último, es probable que los experimentos de laboratorio tengan menor validez externa que los experimentos de campo. La posibilidad de generalizar al mundo real los resultados de los experimentos de laboratorio disminuye a causa de que se realizan en un ambiente artificial.

Se ha argumentado que la artificialidad, o falta de realismo de un experimento de laboratorio no necesariamente origina una menor validez externa. Uno debe estar al tanto de los aspectos del experimento de laboratorio que difieren de la situación en que deben hacerse las generalizaciones. La validez externa sólo se reducirá si esos aspectos se relacionan con las variables independientes explícitamente manipuladas en el experimento, como suele suceder en la investigación de mercados aplicada. Sin embargo, también debe considerarse que los experimentos de laboratorio permiten diseños más complejos que los experimentos de campo. Por consiguiente, el investigador puede controlar más factores o variables en el escenario de laboratorio, lo cual incrementa la validez externa.[25]

El investigador debe considerar todos esos factores al decidir si va a realizar experimentos de laboratorio o de campo. Los experimentos de campo son menos comunes que los experimentos de laboratorio en la investigación de mercados, aunque ambos desempeñan funciones complementarias.[26]

Internet también es un medio útil para realizar investigación causal. En diferentes sitios Web pueden exhibirse distintos tratamientos experimentales. Luego se recluta a personas para que visiten esos sitios y respondan un cuestionario para obtener información sobre las variables dependientes y las extrañas. De este modo, Internet brinda un mecanismo para la experimentación controlada, aunque en un tipo de ambiente de laboratorio.

---

diferentes escenarios de la demanda
Los participantes tratan de adivinar el propósito del experimento y responden de acuerdo con ello.

Continuemos con el ejemplo de la evaluación de la eficacia de la publicidad de este capítulo. En diferentes sitios Web es posible colocar distintos anuncios o comerciales. Pueden reclutarse encuestados por pareamiento o selección aleatoria para que visiten esos sitios, de modo que cada grupo visite sólo uno. Si tiene que obtenerse alguna medida previa al tratamiento, los encuestados responden un cuestionario colocado en ese sitio y luego aquí se les expone a un comercial o publicidad específica. Después de ver el anuncio o comercial, los encuestados responden otras preguntas, proporcionando medidas posteriores al tratamiento. Es posible implementar grupos control de una forma similar. Por ende, es factible que todos los tipos de diseños experimentales considerados se pongan en práctica de esta manera.

DISEÑOS EXPERIMENTALES Y DISEÑOS NO EXPERIMENTALES

En el capítulo 3 se revisaron tres tipos de diseños de investigación: exploratoria, descriptiva y causal. De ellos, sólo los diseños causales son realmente adecuados para inferir relaciones de causa y efecto. Aunque a menudo se utilizan datos descriptivos de encuestas para proporcionar evidencia de relaciones "causales", tales estudios no satisfacen todas las condiciones requeridas para la causalidad. Por ejemplo, en los estudios descriptivos es difícil establecer la equivalencia previa de los grupos participantes, con respecto a las variables independiente y dependiente. Por otro lado, un experimento puede establecer esta equivalencia mediante la asignación aleatoria de las unidades de prueba a los grupos. En la investigación descriptiva, también es difícil establecer el orden temporal de ocurrencia de las variables. Sin embargo, en un experimento el investigador controla los momentos de las mediciones y de la introducción del tratamiento. Por último, la investigación descriptiva permite poco control sobre otros posibles factores causales.

No se pretende subestimar la importancia de los diseños de la investigación descriptiva en la investigación de mercados. Como se mencionó en el capítulo 3, la investigación descriptiva constituye el diseño de investigación más popular en los estudios de mercados, y no se pretende establecer que no debería usarse para examinar relaciones causales. De hecho, algunos autores han sugerido procedimientos para hacer inferencias causales a partir de datos descriptivos (no experimentales).[27] Más bien, se pretende poner al lector sobre aviso acerca de las limitaciones de la investigación descriptiva para examinar relaciones causales. De igual forma, se desea hacer consciente al lector de las limitaciones de la experimentación.[28]

PROYECTO DE INVESTIGACIÓN

Actividades del proyecto

El libro ilustra el uso de varios diseños experimentales para determinar la eficacia de un comercial de prueba para una tienda departamental como Sears.

1. Si Sears quiere determinar la eficacia de una nueva campaña publicitaria en televisión, ¿qué diseño experimental recomendaría y por qué?
2. ¿Deberían usarse los resultados de la encuesta propuesta para Sears en el capítulo 6 para hacer inferencias causales? Justifique su respuesta. ■

LIMITACIONES DE LA EXPERIMENTACIÓN

La experimentación cobra cada vez más importancia en la investigación de mercados; no obstante, los experimentos tienen limitaciones de tiempo, costos y administración.

Tiempo

Los experimentos consumen tiempo, en particular si el investigador está interesado en medir los efectos a largo plazo del tratamiento, como la eficacia de una campaña de publicidad. Los experimentos deben durar lo suficiente como para que las mediciones posteriores al tratamiento incluyan la mayoría o la totalidad de los efectos de las variables independientes.

CAPÍTULO 7 *Diseño de la investigación causal: experimentación*

Costo

Los experimentos suelen ser costosos. Los requisitos de grupo experimental, grupo de control y múltiples mediciones aumentan significativamente el costo de la investigación.

Administración

La administración de los experimentos puede ser difícil. Quizá resulte imposible controlar los efectos de las variables extrañas, sobre todo en un ambiente de campo. Los experimentos de campo a menudo interfieren con las operaciones en curso de una empresa, por lo que tal vez sea complicado obtener la cooperación de detallistas, mayoristas y otros implicados. Por último, los competidores pueden contaminar deliberadamente los resultados de un experimento de campo.

APLICACIÓN: PRUEBA DE MERCADO

La ***prueba de mercado*** es una aplicación de un experimento controlado, realizado en partes limitadas y cuidadosamente seleccionadas del mercado llamadas ***mercados de prueba***. Supone la réplica en las pruebas de mercado de un programa de marketing planeado a nivel nacional. A menudo las variables de la mezcla de marketing (variables independientes) se modifican en la prueba de mercado y se monitorean las ventas (variable dependiente), de manera que sea posible identificar una estrategia de marketing apropiada a nivel nacional. Los dos objetivos principales de la prueba de mercado son: **1.** determinar la aceptación del producto en el mercado y **2.** probar niveles alternativos de las variables de la mezcla de marketing. Los procedimientos de la prueba de mercado se clasifican en mercados estándar de prueba, pruebas controladas en tiendas pequeñas y mercado de prueba simulado.

Mercado estándar de prueba

En un ***mercado estándar de prueba***, se seleccionan las pruebas de mercado y el producto se comercializa a través de los canales de distribución regulares. Por lo general, la propia fuerza de ventas de la empresa es responsable de distribuir el producto. Los vendedores llenan los anaqueles, los reabastecen y realizan inventarios a intervalos regulares. Se emplea una o más combinaciones de las variables de la mezcla de marketing (producto, precio, distribución y niveles de promoción).

El diseño de un mercado estándar de prueba supone decidir qué criterios deben usarse en la selección de los mercados de prueba, cuántos mercados de prueba utilizar y la duración de la prueba. Las pruebas de mercado deben seleccionarse con cuidado. La literatura describe los criterios para elegir los mercados de prueba.[29] En general, cuanto más mercados de prueba se utilicen, será mejor. Si los recursos son limitados, deberían usarse al menos dos mercados de prueba para cada variación del programa que vaya a probarse. Sin embargo, deben utilizarse al menos cuatro mercados de prueba cuando la validez externa sea muy importante.

La duración de la prueba depende del ciclo de readquisición del producto, la probabilidad de una respuesta de la competencia, las consideraciones de costo, la respuesta inicial del consumidor y la filosofía de la empresa. La duración de la prueba debe ser suficiente para observar la actividad de readquisición. Esto indica el impacto a largo plazo del producto. Si se anticipa una reacción de la competencia al producto, la duración debe ser breve. El costo de la prueba también es un factor importante. Cuanto más dure una prueba, mayor será su costo y en algún punto los costos superarán el valor de la información adicional. Evidencia reciente sugiere que las pruebas de marcas nuevas deberían prolongarse al menos por 10 meses. Un análisis empírico encontró que la prueba final de participación en el mercado se alcanzó en 10 meses el 85 por ciento de las veces, y en 12 meses el 95 por ciento del tiempo.[30] El prueba de mercado puede ser muy beneficioso para la introducción exitosa de un producto, pero no está exento de riesgos.

> *prueba de mercado*
> Aplicación de un experimento controlado realizado en mercados de prueba limitados pero seleccionados con cuidado. Implica realizar, en los mercados de prueba, el programa nacional de marketing que se planeó para un producto.

> *mercados de prueba*
> Parte del mercado seleccionada con cuidado que es particularmente adecuada para determinadas pruebas de mercado.

> *mercado estándar de prueba*
> Prueba de mercado donde el producto se vende a través de los canales de distribución regulares. Por ejemplo, no se hacen consideraciones especiales a los productos por el solo hecho de que están sometidos a prueba de mercados.

INVESTIGACIÓN REAL

Prueba de mercado: ¡Wow!

Olestra, que se comercializa con el nombre de Olean, desarrollado e investigado por Procter & Gamble (*www.pg.com*) durante más de 25 años con un costo de más de $200 millones de dólares, es un nuevo y sorprendente aceite de cocina que no agrega calorías ni grasa a los refrigerios que la gente disfruta. Del 22 de abril al 21 de junio de 1996, las papas fritas Max de Frito-Lay (*www.fritolay.com*) que se elaboraron con Olean se sometieron a una prueba de mercado en 31 supermercados de tres ciudades.

La prueba de mercado desempeñó un papel fundamental en la decisión de Frito-Lay de lanzar a nivel nacional la línea "WOW!" de Ruffles, Lay's y Doritos, todos elaborados con Olestra. Posteriormente se cambió el nombre de WOW! a la línea Light de Lay's.

Los investigadores recabaron datos de ventas e informes de los clientes acerca de cualquier efecto que asociaran con el consumo de las papas fritas Max de Frito-lay's. Los hallazgos principales fueron alentadores: **1.** Las ventas superaron las expectativas, las tasas de compra inicial y de readquisición fueron muy altas; **2.** la mayoría de la gente respondió en forma positiva que los refrigerios hechos con Olean representaban una buena opción para reducir la grasa en su dieta; y **3.** la tasa de reportes de efectos secundarios fue menor que la pequeña tasa de reportes anticipada antes de la aprobación de la FDA.

Puesto que los hallazgos iniciales fueron alentadores, se decidió ampliar la prueba de mercado a Columbus, Ohio, en septiembre de 1996, y a Indianápolis, Indiana, en febrero de 1997. En esos mercados de prueba se cambió el diseño del empaque, el precio y el nombre del producto (llamado WOW! que describía mejor el gran sabor del producto y sus atributos de reducción de grasa y calorías) frente al nombre MAX que se utilizó en las pruebas de mercado iniciales. Los resultados de la prueba de mercado fueron de nuevo positivos. A partir de esos resultados favorables, en febrero de 1998 se tomó la decisión de lanzar a nivel nacional la línea WOW! de papas Ruffles, Lay's y Doritos de Frito-Lay, preparados todos con Olestra. Posteriormente, el interés de los consumidores por la reducción de calorías llevó a Frito-Lay a modificar el nombre y empaque de los productos WOW! —la línea de refrigerios de la compañía cocinados con olestra— por la línea Light de Ruffles, Doritos y Tostitos de Lay's para comunicar de manera más eficaz la reducción de calorías en el producto. El nuevo empaque estaba en las tiendas a partir de 2005.[31] ∎

Un mercado estándar de prueba constituye un estudio de caso único. Además de los problemas asociados con este diseño, la prueba de mercado enfrenta dos problemas singulares. Primero, a menudo los competidores emprenden acciones como incrementar sus campañas promocionales para contaminar el programa de prueba de mercado. Cuando Procter & Gamble realizó el prueba de mercado de Wondra, su crema para manos y cuerpo, el líder del mercado, Chesebrough-Ponds, inició una promoción competitiva de "pague uno y llévese dos" para su marca insignia de crema Vaseline Intensive Care. Esto animó a los consumidores a aprovisionarse de la crema Vaseline Intensive Care, por lo que Wondra mostró un pobre desempeño en la prueba de mercado. A pesar de ello, Procter & Gamble lanzó a nivel nacional la línea Wondra. Ponds contraatacó de nuevo con la misma estrategia promocional. En la actualidad, Wondra posee alrededor del 4 por ciento del mercado y Vaseline Intensive Care tiene el 22 por ciento.[32]

Otro problema es que mientras que una empresa realiza la prueba de mercado, los competidores tienen la oportunidad de superarla en el mercado nacional. Hills Bros realizó la prueba de mercado de High Yield Coffee y lo lanzó a nivel nacional, pero sólo después de que Procter & Gamble introdujera Folger's Flakes. Procter & Gamble omitió la prueba de mercado de Folger's Flakes y superó a Hills Bros en el mercado nacional. P&G también lanzó el champú Ivory sin prueba de mercado.

CAPÍTULO 7 *Diseño de la investigación causal: experimentación*

En ocasiones no es factible implementar un mercado estándar de prueba usando al personal de la empresa. La compañía debe buscar más bien ayuda de un proveedor externo, en cuyo caso un prueba de mercado controlado sería una opción atractiva.

Prueba de mercado controlada

prueba de mercado controlada
Programa de prueba de mercado realizado por una compañía externa de investigación en la experimentación de campo. La empresa de investigación garantiza la distribución del producto en tiendas detallistas que representan un porcentaje predeterminado del mercado.

En una ***prueba de mercado controlada***, todo el programa de prueba de mercado es conducido por una compañía externa de investigación, la cual garantiza la distribución del producto en las tiendas al detalle que representan un porcentaje predeterminado del mercado. Maneja el almacenamiento y las operaciones de comercialización en campo, como abastecimiento de anaqueles, venta y control de inventarios. La prueba de mercado controlada incluye pruebas en tiendas pequeñas (o distribución forzada) y los paneles controlados de tiendas, que son más pequeños. Este servicio lo proporcionan varias empresas de investigación, incluyendo ACNielsen (*www.acnielsen.com*).

Prueba de mercado simulada

prueba de mercado simulada
Mercado casi de prueba donde se preselecciona a los encuestados y, luego, se les entrevista y se observan sus compras y sus actitudes hacia el producto.

La ***prueba de mercado simulada***, conocido también como prueba de laboratorio o simulación de prueba de mercado, brinda estimaciones matemáticas de la participación en el mercado, que se basan en la reacción inicial de los consumidores a un nuevo producto. El procedimiento funciona de la siguiente manera. Por lo general, se intercepta a los encuestados en lugares de mucha afluencia, como centros comerciales, y se someten a una indagación inicial acerca del uso del producto. Los individuos seleccionados se exponen al concepto que se propone para el nuevo producto y se les da la oportunidad de comprarlo en un ambiente real o en el laboratorio. A quienes compran el nuevo producto se les pide que lo evalúen y se les pregunta sobre sus intenciones de repetir la compra. Las estimaciones de prueba y de repetición de compra así generadas se combinan con datos sobre la promoción propuesta y sobre los niveles de distribución para proyectar una participación en el mercado.

Las pruebas de mercado simuladas pueden realizarse en 16 semanas o menos. La información que generan es confidencial y los competidores no pueden obtenerla. También son relativamente económicas. Mientras que una prueba de mercado estándar puede costar hasta $1 millón de dólares, las pruebas de mercado simuladas cuestan, cuando mucho, menos del 10 por ciento. Una de las principales empresas que proporciona este servicio es ACNielsen BASES (*www.acnielsenbases.com*). Las pruebas de mercado simuladas son cada vez más populares.[33]

INVESTIGACIÓN DE MERCADOS INTERNACIONALES

Si es difícil realizar experimentos de campo en Estados Unidos, el reto que plantean es mucho mayor en la arena internacional. En muchos países, los ambientes de marketing, económico, estructural, informativo y tecnológico (véase el capítulo 23) no están desarrollados en la misma medida que en Estados Unidos. Por ejemplo, en muchos países el gobierno es propietario de las estaciones de televisión y la opera con estrictas restricciones sobre la publicidad televisiva. Esto hace extremadamente difícil realizar experimentos de campo que maneje los niveles de publicidad. Por ejemplo, considere el caso de M&M/Mars que estableció centros de fabricación masiva en Rusia y que anuncia sus golosinas por la televisión. Sin embargo, no se ha alcanzado el potencial de ventas. ¿La publicidad de Mars es excesiva, insuficiente o correcta? Aunque la respuesta podría determinarse mediante un experimento de campo que manejara el nivel de publicidad, dicha investigación causal no es factible, dado el estricto control del gobierno ruso sobre las estaciones de televisión. A pesar de sus problemas, Mars ha mantenido su inversión en Rusia. En agosto de 2002, abrió una fábrica de alimento para mascotas en Novosibirsk.

De igual manera, la falta de supermercados grandes en los estados bálticos hace difícil que P&G realice experimentos de campo, para determinar el efecto de las promociones dentro de la tienda en las ventas de sus detergentes. En algunos países de Asia, África y Sudamérica, la mayoría de la población vive en ciudades y pueblos pequeños que carecen de infraestructura básica como carreteras, transporte y almacenes, lo cual dificulta alcanzar los niveles de distribución deseados. Incluso cuando se diseñan experimentos, resulta complicado controlar el orden temporal de ocurrencia de las variables y la ausencia de otros factores causales posibles, dos de las condiciones necesarias para la causalidad. Como el investigador tiene mucho menos control del ambiente, el control de las variables extrañas es particularmente difícil.

Además, quizá no sea posible abordar este problema adoptando el diseño experimental más apropiado, ya que quizá las restricciones ambientales hagan que ese diseño no resulte viable.

Por ende, por lo general la validez interna y externa de los experimentos de campo realizados fuera de Estados Unidos es menor que en este país. Al señalar las dificultades de realizar experimentos de campo en otros países no se quiere afirmar que dicha investigación causal no puede o no debe realizarse. Por lo común es posible alguna forma de prueba de mercado, como indica el siguiente ejemplo.

INVESTIGACIÓN REAL

Calidad perfecta y exclusividad a $87,000 dólares la pieza

Watchmaker Lange Uhren (*www.langeuhren.com*) ha triunfado en la agobiante economía del sector oriental de Alemania. La razón es su inteligente marketing apoyado por la investigación de mercados. Se realizó una prueba de mercado simulado en Estados Unidos, Japón y Francia, para determinar una estrategia de posicionamiento eficaz y de asignación de precios para los relojes. En cada país se modificaron el precio y la estrategia de posicionamiento, y se evaluó la respuesta de los consumidores. Los resultados, que fueron similares entre los países, indicaron que lo más eficaz sería un posicionamiento que destacara el prestigio con un precio elevado. Antes de la llegada del comunismo, el área oriental de Alemania era bien conocida por la gran calidad de la artesanía. Lange Uhren empleó una fuerza laboral bien capacitada y la nueva plataforma de marketing para reavivar dicha tradición. La nueva estrategia de posicionamiento se basó en la calidad perfecta y la exclusividad, que se representan de manera exclusiva en cada contexto cultural. En todo el mundo, los relojes son comercializados tan sólo por 22 detallistas a un precio de $87,000 dólares cada uno. La estrategia ha tenido éxito. En 2002 se vendieron alrededor de 4,000 de esos exclusivos relojes.

Los dirigentes de la industria de joyería alemana mostraron un "optimismo prudente", al analizar las perspectivas del sector para el periodo 2007 a 2010. Los directivos creían que el euro, lanzado en enero de 2002, produciría un incremento en la demanda de los Estados miembros de la Unión Europea por la joyería hecha en Alemania, como los relojes. Europa es el principal mercado de ventas para los productos alemanes y, a partir de 2006, representa alrededor del 70 por ciento de las exportaciones de joyería y relojes. Dadas esas predicciones y estadísticas, Lange Uhren está posicionada para continuar su éxito en esta industria.[34] ∎

ÉTICA EN LA INVESTIGACIÓN DE MERCADOS

A menudo es necesario ocultar el propósito del experimento con la finalidad de producir resultados válidos. Por ejemplo, considere un proyecto que se conduce para determinar la eficacia de los comerciales de televisión para el cereal Rice Krispies de Kellogg's. Se reclutó a los participantes y se les llevó a una instalación central. Se les dijo que verían un programa de televisión sobre nutrición y que luego se les harían algunas preguntas. En el programa se intercalaron el comercial de Rice Krispies (comercial de prueba) y comerciales de otros productos (comerciales de relleno). Después de que los encuestados vieron el programa y los comerciales, se les aplicó un cuestionario para obtener evaluaciones sobre el contenido del programa, el comercial de prueba y algunos de los comerciales de relleno. Obviamente que las evaluaciones del contenido del programa y de los comerciales de relleno no eran de interés, pero se obtuvieron para reforzar la naturaleza encubierta. Si los encuestados supieran que el verdadero propósito era determinar la eficacia del comercial de Rice Krispies, sus respuestas tal vez estarían sesgadas.

El encubrimiento del propósito de la investigación debería realizarse de tal manera que no viole los derechos de los participantes. Una forma de manejar este dilema ético consiste en informarles, al inicio, que la finalidad del experimento permanecerá oculta. También se les debe proporcionar una descripción de la tarea de investigación y decirles que pueden abandonar el experimento en cualquier momento. Después de que se han obtenido los datos, debería explicarse a los encuestados el verdadero propósito del estudio y la naturaleza del ocultamiento, y se les debe dar una oportunidad de retirar su información. Este procedimiento se conoce como ***sesión de información***. Esta forma de revelación no sesga los resultados. La sesión de información puede disminuir el estrés y hacer que el experimento sea una experiencia de aprendizaje para los participantes. Sin embargo, si no se maneja de forma apropiada, la sesión de información podría volverse estresante en sí misma. En el ejemplo del cereal Rice Krispies, quizá a los participantes les resulte desalentador el hecho de haber pasado su tiempo en una tarea que consideren trivial, evaluando el comercial de un cereal.

sesión de información
Consiste en informar, después del experimento, a los sujetos de la prueba acerca del propósito del experimento, y de cómo se realizaron las manipulaciones experimentales.

CAPÍTULO 7 *Diseño de la investigación causal: experimentación* 245

El investigador debe anticipar y abordar este problema en la sesión de información. Se dispone de evidencia que indica que los datos obtenidos de sujetos informados del ocultamiento y de personas no informadas son similares.[35]

Otra preocupación ética adicional es la responsabilidad del investigador de usar un diseño experimental adecuado para el problema, de modo que pueda controlar los errores causados por las variables extrañas. Como ilustra el siguiente ejemplo, la determinación del diseño experimental más conveniente para el problema no sólo requiere una evaluación inicial, sino también una supervisión continua.

INVESTIGACIÓN REAL

Corrección temprana de los errores: más vale prevenir que lamentar

En el cuarto trimestre fiscal que terminó el 31 de mayo de 2005, los ingresos de Nike (*www.nike.com*) aumentaron un 7 por ciento a $3,700 millones de dólares a medida que la demanda crecía en todas las regiones y que la debilidad del dólar ayudaba a incrementar el valor de las ventas en el extranjero. Una empresa de investigación de mercados especializada en la investigación publicitaria examinó la eficacia de un comercial de televisión para los zapatos deportivos de Nike. Se utilizó un diseño de pretest-postest con un grupo. Se obtuvieron las actitudes de los encuestados hacia los zapatos deportivos de Nike antes de exponerlos a un programa de deportes y a varios comerciales, incluyendo el de Nike. Después de ver el programa y los comerciales, se midieron de nuevo las actitudes. Una evaluación inicial basada en una muestra pequeña encontró que el diseño de pretest-postest con un grupo que se adoptó en este estudio era susceptible a los escenarios de la demanda: los encuestados trataban de adivinar el propósito del experimento y respondían de acuerdo con esa intención. Dado que restricciones financieras y de tiempo hacían difícil rediseñar mejor el estudio, la investigación continuó sin corrección. Continuar con un proyecto de investigación después de saber que se cometieron errores en las etapas iniciales no es una conducta ética. Los problemas del diseño experimental deben revelarse de inmediato al cliente. Las decisiones sobre rediseñar el estudio o aceptar el error deberían tomarlas en conjunto el investigador y el cliente.[36] ∎

INVESTIGACIÓN PARA LA TOMA DE DECISIONES

Levi's: jeans desteñidos y participación en el mercado

La situación

Desde 2006 Levi's es una importante empresa global En el mercado de la ropa, con ventas en más de 110 países. Es una empresa antigua que ha estado por más de 150 años en el negocio de la ropa. Aunque uno podría pensar que esta larga historia sólo puede dar buenos resultados, la herencia de Levi's ha sido su peor enemigo. Philip Marineau, presidente y director ejecutivo de Levi Strauss & Co., tuvo que trabajar duro para modernizar la imagen anticuada de Levi's y hacer que la marca resultara atractiva para las generaciones más jóvenes, en un esfuerzo por aumentar sus deterioradas ventas. En los últimos cinco años, Marineau vio que las ventas a nivel mundial cayeron un 40 por ciento, perdiendo participación en el mercado con competidores como Gap y los más modernos como Calvin Klein, Tommy Hilfiger y Diesel. Otro problema para Marineau provino de las marcas de jeans de algunas tiendas, como los jeans de marca Arizona de JCPenney o la marca de Gap, que cambiaron su imagen y lanzaron un ataque sobre los nombres de las grandes marcas como Levi's. Los jeans de esas marcas de tienda, junto con otras marcas, ahora se dirigen al mercado adolescente con publicidad de vanguardia. La publicación estadounidense sobre comercio *Brand Strategy* estimó que entre 1999 y 2005, la marca había perdido a nivel mundial alrededor del 50 por ciento de la participación en el mercado de los consumidores jóvenes.

Para competir con esas marcas y mantener el liderazgo, Levi's, el líder del mercado, está considerando la introducción de su propia línea de jeans de marca privada, para conseguir una participación más grande del mercado adolescente. Philip Marineau se pregunta "¿qué tan poderosa es una marca nacional como Levi's en comparación con una marca local como Gap o la marca de una tienda como los jeans Arizona de JCPenney?"

La decisión para la investigación de mercado

1. Si usted fuera Philip Marineau ¿qué tipo de investigación querría hacer para ayudarse a obtener una respuesta?

La investigación experimental puede ayudar a Levi's a determinar el poder de su marca nacional en comparación con una marca local como Gap o la marca de una tienda como los jeans Arizona de JCPenney.

2. Explique por favor cómo pondría en práctica el tipo de investigación que recomendó.
3. Analice el papel del tipo de investigación que recomendó en la determinación del poder de una marca nacional como Levi's en comparación con una marca local como Gap o la marca de una tienda como los jeans Arizona de JCPenney.

La decisión para la gerencia de marketing

1. ¿Qué debería hacer Levi's para competir con las marcas de jeans locales y de una tienda?
2. Analice cómo influyen la investigación que propuso y sus resultados en la acción para la decisión administrativa de marketing que recomendó.[37] ■

RESUMEN

La noción científica de causalidad implica que no es posible demostrar que X causa Y. En el mejor de los casos, sólo se infiere que X es una de las causas de Y porque hace probable su ocurrencia. Antes de que puedan hacerse inferencias causales deben satisfacerse tres condiciones: **1.** variación concomitante, que implica que X y Y deben variar juntas de la manera propuesta por la hipótesis; **2.** orden temporal de ocurrencia de las variables, que supone que X debe preceder a Y; y **3.** eliminación de otros posibles factores causales, lo que supone que se han descartado las explicaciones rivales. Los experimentos proporcionan la evidencia más convincente de las tres condiciones. Un experimento se forma cuando una o más variables independientes son manipuladas o controladas por el investigador, y se mide su efecto sobre una o más variables dependientes.

Al diseñar un experimento es importante considerar la validez interna y externa. La validez interna se refiere a si el manejo de las variables independientes en realidad ocasionó los efectos sobre las variables dependientes. La validez externa se refiere a la posibilidad de generalizar los resultados experimentales. Para que el experimento sea válido el investigador debe controlar las amenazas impuestas por variables extrañas, como historia, maduración, pruebas (efectos principales e interactivos de las pruebas), instrumentación, regresión estadística, sesgo de selección y mortalidad. Hay cuatro formas de controlar las variables extrañas: aleatorización, pareamiento, control estadístico y diseño de control.

Los diseños experimentales pueden clasificarse en preexperimentales, experimentales verdaderos, cuasiexperimentales o estadísticos. Un experimento puede realizarse en un ambiente de laboratorio o en condiciones reales del mercado en un escenario de la vida real. Sólo los diseños causales que incluyen experimentación son apropiados para inferir relaciones de causa y efecto.

Aunque los experimentos tienen limitaciones en términos de tiempo, costo y administración, cada vez son más populares en el marketing. La prueba de mercado es una importante aplicación del diseño experimental.

La validez tanto interna como externa de los experimentos de campo realizados fuera de Estados Unidos por lo general es menor que en ese país. En otras naciones el nivel de desarrollo suele ser menor y el investigador podría carecer de control sobre muchas de las variables de marketing. Los dilemas éticos involucrados en la realización de una investigación causal incluyen ocultar el propósito del experimento. Es posible usar sesiones de información para abordar algunos de esos problemas. Internet y las computadoras son de gran utilidad en el diseño e implementación de los experimentos.

TÉRMINOS Y CONCEPTOS CLAVE

causalidad, *220*
variación concomitante, *221*
variables independientes, *223*
unidades de prueba, *223*
variables dependientes, *224*
variables extrañas, *224*
experimento, *224*
diseño experimental, *224*
validez interna, *225*
validez externa, *225*
historia (H), *226*
maduración (MA), *226*
efecto principal de la prueba (EP), *226*
efecto interactivo de la prueba (EI), *227*
instrumentación (I), *227*
regresión estadística (RE), *227*

sesgo de selección (SS), *227*
mortalidad (MO), *227*
variables de confusión, *228*
aleatorización, *228*
pareamiento, *228*
control estadístico, *228*
diseño de control, *228*
diseños preexperimentales, *229*
diseños experimentales verdaderos, *229*
diseños cuasiexperimentales, *229*
diseño estadístico, *229*
estudio de caso único, *230*
diseño de pretest-postest con un grupo, *230*
grupo estático, *231*
diseño de pretest-postest con grupo de control, *231*

diseño de sólo postest con grupo de control, *232*
diseño de cuatro grupos de Solomon, *233*
diseño de series de tiempo, *234*
diseño de series de tiempo múltiples, *234*
diseño de bloque aleatorizado, *236*
diseño de cuadrado latino, *237*
diseño factorial, *237*
ambiente de laboratorio, *238*
ambiente de campo, *238*
diferentes escenarios de la demanda, *239*
prueba de mercado, *241*
mercados de prueba, *241*
mercado estándar de prueba, *241*
prueba de mercado controlada, *243*
prueba de mercado simulada, *243*
sesión de información, *244*

CASOS SUGERIDOS, CASOS EN VIDEO Y CASOS DE HARVARD BUSINESS SCHOOL

Casos
Caso 2.5 ¿La publicidad del Súper Tazón es súper efectiva?
Caso 3.1 ¿Vale la pena celebrar la publicidad de celebridades?
Caso 4.1 Wachovia: finanzas "Watch Ovah Ya".
Caso 4.2 Wendy's: historia y vida después de Dave Thomas.
Caso 4.3 Astec sigue creciendo.
Caso 4.4 ¿Es la investigación de mercados la cura para los males del Hospital Infantil Norton Healthcare Kosair?

Casos en video
Caso en video 2.1 Starbucks: continúa a nivel nacional mientras se lanza a nivel mundial a través de la investigación de mercados.
Caso en video 4.1 Subaru: el "Sr. Encuesta" supervisa la satisfacción del cliente.
Caso en video 4.2 Procter & Gamble: usando la investigación de mercados para crear marcas.

Casos de Harvard Business School
Caso 5.1 La encuesta de Harvard sobre las viviendas para estudiantes de posgrado.
Caso 5.2 BizRate.com
Caso 5.3 La guerra de las colas continúa: Coca y Pepsi en el siglo XXI.
Caso 5.4 TiVo en 2002.
Caso 5.5 Computadoras Compact: ¿Con Intel dentro?
Caso 5.6 El nuevo Beetle.

INVESTIGACIÓN REAL: REALIZACIÓN DE UN PROYECTO DE INVESTIGACIÓN DE MERCADOS

Si es necesario realizar un experimento, quizá la elección de un diseño experimental tenga que moderarse por varias consideraciones:

1. Tal vez no sea posible controlar ciertas variables extrañas.
2. La flexibilidad para manipular las variables independientes puede ser limitada; por ejemplo, la campaña de publicidad o de ventas no puede reducirse a un nivel de cero.
3. Quizá no sea posible la asignación aleatoria de las unidades de prueba a las condiciones de tratamiento.
4. La elección de las variables dependientes podría estar limitada por consideraciones de medición.

EJERCICIOS

Preguntas

1. ¿Cuáles son los requisitos para inferir una relación causal entre dos variables?
2. Distinga entre validez interna y validez externa.
3. Mencione cinco variables extrañas y dé un ejemplo para demostrar la forma en que cada una reduce la validez interna.
4. Describa los diversos métodos para controlar las fuentes extrañas de variación.
5. ¿Cuál es la característica clave que distingue a los diseños experimentales verdaderos de los diseños preexperimentales?
6. Mencione los pasos que hay en la implementación del diseño de sólo postest con grupo de control. Describa el diseño de manera simbólica.
7. ¿Qué es un experimento de series de tiempo? ¿En qué casos se utiliza?
8. ¿En qué se distingue un diseño de series de tiempo múltiples de un diseño de series de tiempo básico?
9. ¿Qué ventajas tienen los diseños estadísticos sobre los diseños básicos?
10. ¿Cuáles son las limitaciones del diseño de cuadrado latino?
11. Compare la experimentación de laboratorio y la de campo.
12. ¿Debería usarse la investigación descriptiva para estudiar relaciones causales? Justifique su respuesta.
13. ¿Qué es la prueba de mercado? ¿Cuáles son los tres tipos de prueba de mercado?
14. ¿Cuál es la diferencia principal entre una prueba de mercado estándar y una prueba de mercado controlada?
15. Describa cómo funciona la prueba de mercado simulada.

Problemas

1. Un grupo a favor de la vida quería evaluar la efectividad de un anuncio por televisión contra el aborto. En Atlanta se reclutaron dos muestras aleatorias, cada una con 250 encuestados. A un grupo se le mostró el mensaje contra el aborto. Luego, se midieron las actitudes hacia el aborto en los encuestados de ambos grupos.

   a. Identifique las variables independiente y dependiente en este experimento.
   b. ¿Qué tipo de diseño se utilizó?
   c. ¿Cuáles son las amenazas potenciales para la validez tanto interna como externa en este experimento?

2. Suponga que en el experimento descrito arriba, se seleccionó a los encuestados por conveniencia, en vez de hacerlo de manera aleatoria. ¿Qué tipo de diseño resultaría?

3. Considere la siguiente tabla en la cual se clasifica a 500 encuestados con base en el uso del producto y el ingreso:

Producto uso	Alto	Ingreso medio	Bajo
Alto	40	30	40
Medio	35	70	60
Bajo	25	50	150

   a. ¿Indica esta tabla variación concomitante entre el uso del producto y el ingreso?
   b. Con base en la tabla, describa la relación entre el uso del producto y el ingreso.

4. Indique el tipo de experimento que se realiza en las siguientes situaciones. En cada caso, identifique la amenaza potencial a la validez tanto interna como externa.

   a. Un distribuidor importante de equipo para oficina considera un nuevo programa de presentación de ventas para sus vendedores. Se seleccionó el territorio de ventas más grande, se puso en práctica el nuevo programa y se midió el efecto en las ventas.
   b. Procter & Gamble desea determinar si un nuevo diseño para el empaque de Tide es más eficiente que el diseño actual. Se seleccionan al azar 12 supermercados de Chicago. En seis de ellos, seleccionados al azar, se vende Tide con el nuevo empaque. En los otros seis, se vende el detergente con el viejo empaque. Durante tres meses se monitorean las ventas en ambos grupos de supermercados.

5. Describa una situación específica para la que sea apropiado cada uno de los siguientes diseños experimentales. Defienda su razonamiento.
   a. Diseño de pretest-postest con un grupo.
   b. Diseño de pretest-postest con grupo de control.
   c. Diseño de sólo postest con grupo de control.
   d. Diseño de series de tiempo múltiples.
   e. Diseño factorial.

EJERCICIOS EN INTERNET Y POR COMPUTADORA

1. Investigue la literatura relevante y escriba un trabajo breve sobre el papel de la computadora en los experimentos controlados en la investigación de mercados.
2. Diseñe un experimento para determinar la eficacia de los cupones en línea, con base en la información relevante obtenida de *www.coupons-online.com*.
3. Coca-Cola ha desarrollado tres diseños alternativos de empaque para su producto insignia, la Coca-Cola clásica. Diseñe un experimento basado en Internet para determinar cuál de esos nuevos diseños de empaque es superior, si acaso, al actual.
4. La empresa Microsoft cuenta con una nueva versión de su hoja de cálculo EXCEL; pero no está segura de cuál será la reacción del usuario. Diseñe un experimento basado en Internet para determinar la reacción de los usuarios a la versión nueva y a la versión anterior de EXCEL.
5. Explique cómo implementaría en Internet un diseño de sólo postest con grupo de control, para medir la eficacia de un nuevo anuncio impreso para Toyota Camry.

ACTIVIDADES

Juego de roles

1. Usted es el gerente de investigación de mercados de Coca-Cola Company. La empresa quiere determinar si debe aumentar, disminuir o mantener el nivel actual de dinero invertido en la publicidad de la Cola-Cola clásica. Diseñe un experimento de campo para abordar este problema.
2. ¿Qué dificultades potenciales ve en la realización del experimento descrito? ¿Qué ayuda requeriría de la gerencia de Coca-Cola para superar esos problemas?

Trabajo de campo

1. Seleccione dos diferentes anuncios de perfume para dama o lociones para caballero de cualquier marca. Diseñe y realice un experimento para determinar qué anuncio es más eficaz. Utilice una muestra de estudiantes donde 10 integrantes se expongan a cada anuncio (condición de tratamiento). Desarrolle sus propias medidas de la eficacia de la publicidad en este contexto.

Discusión de grupo

1. "Mientras que no se pueda demostrar una relación causal usando un experimento, la experimentación carece de rigor científico para examinar las relaciones de causa y efecto". Analice esta afirmación en un equipo pequeño.

CAPÍTULO 8

Medición y escalamiento: aspectos básicos y escalamiento comparativo

"Cuando analizamos los resultados de la investigación, debemos creer que las mediciones ofrecen una representación realista de opiniones y conductas, y que captan adecuadamente la manera en que los datos de un encuestado se relacionan con todos los otros".

Greg Van Scoy, Vicepresidente, servicio a clientes, Burke, Inc.

Objetivos

Después de leer este capítulo, el estudiante deberá ser capaz de:

1. Introducir los conceptos de medición y escalamiento, y mostrar la forma en que este último puede considerarse una extensión de la medición.
2. Analizar las escalas básicas de medición y diferenciar las escalas nominal, ordinal, de intervalo y de razón.
3. Clasificar y analizar las técnicas comparativas y no comparativas de escalamiento, y describir las técnicas de comparación pareada, de rangos ordenados, suma constante y de clasificación Q.
4. Analizar las consideraciones implicadas en el uso de las escalas básicas de medición en un escenario internacional.
5. Comprender las cuestiones éticas implicadas en la selección de escalas de medición.
6. Analizar el uso de Internet y las computadoras en la implementación de las escalas básicas de medición.

Panorama general

Una vez que se determina el diseño de investigación (capítulos 3 al 7) y que se obtiene la información especificada, el investigador puede pasar a la siguiente fase del diseño: elegir los procedimientos de medición y escalamiento. Este capítulo describe los conceptos de escalamiento y medición, y analiza cuatro escalas básicas de medición: nominal, ordinal, de intervalo y de razón. En seguida se describen las técnicas comparativas y no comparativas de escalamiento y se explican con detalle las primeras. Las técnicas no comparativas se examinan en el capítulo 9. Se analizan las consideraciones implicadas en el uso de escalas de medición básicas en la investigación de mercados internacionales. Se identifican algunos problemas éticos que surgen de la medición y el escalamiento. El capítulo también analiza el uso de computadoras y de la Internet en la implementación de escalas básicas de medición.

INVESTIGACIÓN REAL

Las compañías más admiradas de Estados Unidos y del mundo

El valor de estar clasificado entre las compañías más admiradas del mundo, y de estar en la lista de la revista *Fortune* como los más admirados por los estadounidenses, radica en que este reconocimiento les ha sido conferido por la gente cercana a la acción: altos ejecutivos y directores sobresalientes de cada industria, y analistas financieros cuya posición les permite estudiar y comparar a los competidores en cada categoría. *Fortune* les pidió que calificaran a las compañías en los ocho criterios utilizados para clasificar a los más admirados en Estados Unidos: innovación, calidad administrativa general, valor como inversión a largo plazo, responsabilidad hacia la comunidad y el entorno, capacidad para atraer y conservar a gente talentosa, calidad de productos o servicios, solidez financiera y uso inteligente de los bienes de la empresa. Para la clasificación global, *Fortune* agregó otro criterio que reflejara el ámbito internacional: la eficacia de la compañía para realizar negocios en todo el mundo. La clasificación global de la compañía se basa en el promedio de las puntuaciones obtenidas en todos los atributos del criterio. En el ejemplar del 7 de marzo de 2005, presentó a las dos compañías más admiradas del mundo, General Electric y las tiendas Wal-Mart, en ese orden. Y en marzo de 2005 las compañías más admiradas en Estados Unidos fueron:

ID	Compañía	Clasificación
A	Dell	1
B	General Electric	2
C	Starbucks	3
D	Wal-Mart Stores	4
E	Southwest Airlines	5
F	FedEx	6
G	Berkshire Hathaway	7
H	Microsoft	8
I	Johnson & Johnson	9
J	Procter & Gamble	10

Dell es la compañía más admirada en Estados Unidos.
Fuente: el logotipo de Dell es una marca registrada de Dell, Inc.

En este ejemplo, las ID alfabéticos usados para identificar a las compañías representan una escala nominal. Por lo tanto, "E" representa a Southwest Airlines y "F" se refiere a FedEx. Las clasificaciones representan una escala ordinal. De tal manera que, Berkshire Hathaway, clasificado en el lugar 7, fue mejor evaluado que Microsoft, que ocupó el lugar 8. La calificación de la compañía, es decir, la puntuación promedio obtenida en todos los atributos del criterio, representa una escala de intervalo. Dichas calificaciones no se muestran en la tabla. Por último, los ingresos anuales de estas compañías, que tampoco se muestran, representan una escala de razón.[1] ∎

MEDICIÓN Y ESCALAMIENTO

Medición significa asignar números u otros símbolos a características de objetos de acuerdo con determinadas reglas preestablecidas.[2] Note que lo que medimos no es el objeto, sino algunas de sus características. Por lo tanto, no medimos a los consumidores, sino sus percepciones, actitudes, preferencias u otras características pertinentes. En la investigación de mercados los números suelen asignarse por una de dos razones. Primera, los números permiten efectuar un análisis estadístico de los datos obtenidos. Segunda, los números facilitan la comunicación de las reglas y los resultados de la medición.

El aspecto más importante de la medición es la especificación de las reglas para la asignación de números a determinadas características. El proceso de asignación debe ser isomorfo: debe haber una correspondencia uno a uno entre los números y las características medidas. Por ejemplo, a los hogares con ingresos anuales idénticos se les asignan las mismas cifras monetarias. Sólo así se pueden asociar los números con características específicas del objeto medido, y viceversa. Además, las reglas de asignación de números deben estandarizarse y aplicarse de manera uniforme. No tienen que cambiar con los objetos ni con el paso del tiempo.

Es posible considerar el escalamiento como una extensión de la medición. El *escalamiento* implica la creación de un continuo sobre el cual se localizan los objetos medidos. Por ejemplo, considere una escala del 1 al 100 para ubicar a los consumidores de acuerdo con su "actitud hacia las tiendas departamentales" característica. A cada encuestado se le asigna un número del 1 al 100 que indica lo favorable o desfavorable de su actitud, donde 1 = extremadamente desfavorable y 100 = extremadamente favorable. La medición es la asignación real de un número del 1 al 100 a cada encuestado. El escalamiento es el proceso de colocar a los encuestados en un continuo con respecto a su actitud hacia las tiendas departamentales. En el ejemplo inicial de las compañías más admiradas, la asignación de números para reflejar el ingreso anual fue un ejemplo de medición. La colocación de cada compañía en el continuo de ingresos anuales fue el escalamiento.

ESCALAS DE MEDICIÓN BÁSICAS

Hay cuatro escalas básicas de medición: nominal, ordinal, de intervalo y de razón.[3] Estas escalas se ilustran en la figura 8.1 y sus propiedades se resumen en la tabla 8.1 y se analizan en las siguientes secciones.

Escala nominal

Una *escala nominal* es un esquema de etiquetado (o rotulado) figurado, en el cual los números sólo sirven como etiquetas (o rótulos) para identificar y clasificar objetos. Por ejemplo, los números asignados a los encuestados en un estudio constituyen una escala nominal. Cuando se utiliza una escala nominal con propósitos de identificación, hay una estricta correspondencia uno a uno entre los números y los objetos. Cada número es asignado solamente a un objeto y cada objeto tiene un solo número asignado. Algunos ejemplos comunes son los números de seguridad social y los números asignados a los jugadores de fútbol.

medición
La asignación de números u otros símbolos a características de objetos de acuerdo con ciertas reglas preestablecidas.

escalamiento
Generación de un continuo sobre el que se localizan los objetos medidos.

escala nominal
Una escala cuyos números sirven sólo como etiquetas o rótulos para identificar y clasificar objetos con una estricta correspondencia de uno a uno entre los números y los objetos.

Figura 8.1
Ilustración de las escalas básicas de medición

Escala

Nominal Números asignados a corredores — 7, 11, 3 — Terminó

Ordinal Ordenamiento por rangos de los ganadores — Tercer lugar, Segundo lugar, Primer lugar — Terminó

De intervalo Calificación del desempeño en una escala de 0 a 10 — 8.2 9.1 9.6

De razón Tiempo para terminar, en segundos — 15.2 14.1 13.4

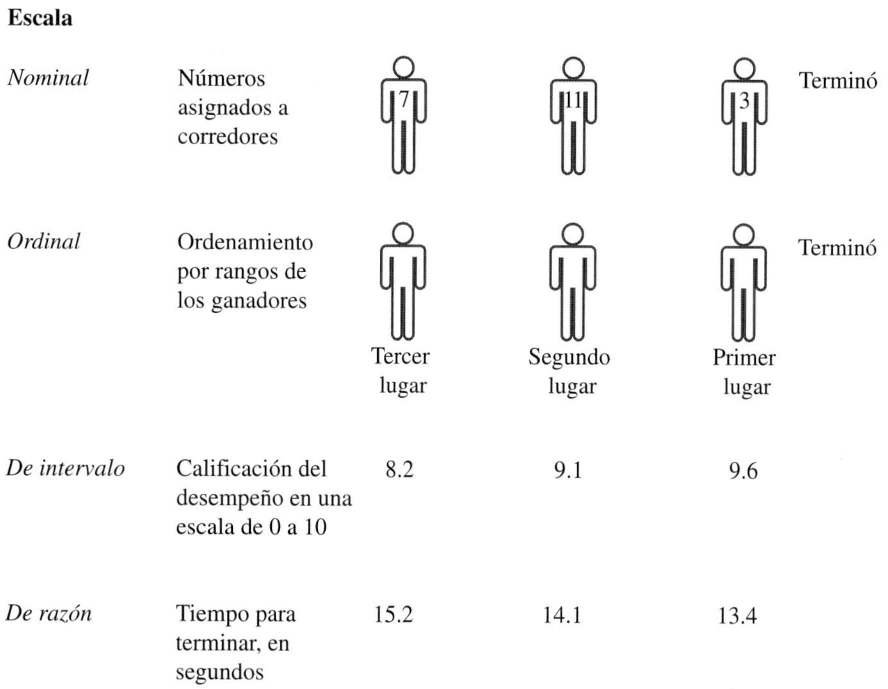

TABLA 8.1
Escalas básicas de medición

Escala	Características básicas	Ejemplos comunes	Ejemplos de marketing	Estadísticas permitidas Descriptiva	Estadísticas permitidas Inferencial
Nominal	Los números identifican y clasifican objetos	Números de seguridad social, números de jugadores de fútbol	Números de marcas, tipos de tiendas, clasificación por sexo	Percentages, moda	Chi cuadrada, prueba binomial
Ordinal	Los números indican la posición relativa de los objetos, pero no la magnitud de las diferencias entre ellos	Clasificación de calidad, clasificación de los equipos en un torneo	Clasificación de preferencias, posición del mercado, clase social	Percentil, mediana	Correlación de rangos ordenados, ANOVA de Friedman
Interval	Pueden compararse las diferencias entre los objetos; el punto cero es arbitrario	Temperatura (Fahrenheit, centígrados)	Actitudes, opciones, números de índice	Rango, media, desviación estándar	Correlación producto-momento, pruebas t, ANOVA, regresión, análisis factorial
De razón	El punto cero es fijo, pueden calcularse los valores de la razón de la escala	Longitud, peso	Edad, ingreso, costos, ventas, participación en el mercado	Media geométrica, media armónica	Coeficiente de variación

En la investigación de mercados las escalas nominales se utilizan para identificar encuestados, marcas, atributos, tiendas y otros objetos.

Cuando se emplean con propósitos de clasificación, los números de las escalas nominales sirven como etiquetas de clases o categorías. Por ejemplo, al clasificar al grupo de control como grupo 1 y al grupo experimental como grupo 2. Las clases son mutuamente excluyentes y colectivamente exhaustivas. Los objetos de cada clase se consideran equivalentes con respecto a la característica representada por el número nominal. Todos los objetos de la misma clase tienen el mismo número y no hay dos clases con el mismo número. Sin embargo, en una escala nominal no es necesaria la asignación de números; también pueden asignarse símbolos y letras del alfabeto. En el ejemplo inicial, se usaron letras para designar compañías específicas.

Los números en una escala nominal no reflejan la cantidad de la característica que poseen los objetos. Por ejemplo, un número grande de seguridad social no implica que la persona de alguna manera sea superior a quienes tienen un número menor, o viceversa.

PARTE II *Preparación del diseño de la investigación*

Lo mismo se aplica a los números asignados a las clases. La única operación permitida en los números de una escala nominal es el conteo. Sólo se acepta un número limitado de estadísticas, todas las cuales se basan en conteos de frecuencia. Éstas incluyen porcentajes, moda, chi cuadrada, y pruebas binomiales (véase el capítulo 15). Como se muestra en el siguiente ejemplo, no tiene sentido calcular un número promedio de seguridad social, el sexo promedio de los participantes en una encuesta o el número asignado a una tienda departamental promedio.

PROYECTO DE INVESTIGACIÓN

Escala nominal

En el proyecto de la tienda departamental, se asignaron números del 1 al 10 a las 10 tiendas consideradas en el estudio (véase la tabla 8.2). Por lo tanto, la tienda número 9 corresponde a Sears. Esto no implicaba que Sears fuera de alguna manera superior o inferior a Neiman Marcus, a la que se le asignó el número 6. Ninguna reasignación de los números, como trasponer los números asignados a Sears y Neiman Marcus, afectaría el sistema de numeración porque los números no reflejan ninguna característica de la tienda. Tiene sentido hacer afirmaciones como "un 75 por ciento de los encuestados realizaron compras en la tienda 9 (Sears) durante el mes pasado". Aunque el promedio de los números asignados es 5.5, no tiene sentido decir que el número de la tienda promedio es 5.5. ■

Escala ordinal

escala ordinal
Escala de clasificación en la cual se asignan números a los objetos para indicar la medida relativa en que se posee una característica. Esto permite determinar si un objeto tiene más o menos de una característica que otros objetos.

Una *escala ordinal* es una escala de clasificación donde se asignan números a objetos para indicar la magnitud relativa en la cual éstos poseen una característica. Una escala ordinal permite determinar si un objeto tiene más o menos de una característica que algún otro objeto, pero no cuánto más o menos. Por lo tanto, la escala ordinal indica la posición relativa, no la magnitud de las diferencias entre los objetos. El objeto clasificado en primer lugar tiene más de esa característica en comparación con el objeto clasificado en segundo, pero no se sabe qué tan grande es la diferencia entre ambos objetos. Ejemplos comunes de escalas ordinales incluyen clasificaciones de calidad, clasificaciones de equipos en un torneo, clase socioeconómica y situación ocupacional. En la investigación de mercados, las escalas ordinales se utilizan para medir actitudes, opiniones, percepciones y preferencias relativas. En el ejemplo inicial, el ordenamiento por rangos de las compañías más admiradas representó una escala ordinal. Dell, con el lugar 1, fue la compañía más admirada en Estados Unidos. Este tipo de mediciones incluye juicios de "mayor que" o "menor que" por parte de los encuestados.

En una escala ordinal, como en la escala nominal, los objetos equivalentes reciben el mismo rango. Puede asignarse cualquier serie de números que preserve las relaciones ordenadas entre los objetos.

TABLA 8.2
Ilustración de las escalas básicas de medición

	Escala nominal	Escala ordinal	Escala de intervalo		Escala de razón
Núm.	Tienda	Orden de preferencia	Orden de preferencia 1–7	11–17	$ gastado en los últimos 3 meses
1.	Parisian	7	79	5	15	0
2.	Macy's	2	25	7	17	200
3.	Kmart	8	82	4	14	0
4.	Kohl's	3	30	6	16	100
5.	JCPenney	1	10	7	17	250
6.	Neiman-Marcus	5	53	5	15	35
7.	Marshalls	9	95	4	14	0
8.	Saks Fifth Avenue	6	61	5	15	100
9.	Sears	4	45	6	16	0
10.	Wal-Mart	10	115	2	12	10

Por ejemplo, las escalas ordinales pueden transformarse de cualquier modo siempre que se mantenga el orden fundamental de los objetos.[4] En otras palabras, se permite cualquier transformación positiva monotónica (que preserve el orden), ya que las diferencias en los números no tienen otro significado que ese orden (véase el siguiente ejemplo). Por tales razones, además de la operación de conteo permitida para los datos de la escala nominal, las escalas ordinales permiten el uso de estadísticas basadas en centiles. A partir de los datos ordinales tiene sentido calcular percentil, cuartil, mediana (véase el capítulo 15), correlación de rangos ordenados (véase el capítulo 17) u otras estadísticas resumidas.

PROYECTO DE INVESTIGACIÓN

Escala ordinal

La tabla 8.2 presenta una clasificación particular de las preferencias de los encuestados, quienes clasificaron 10 tiendas departamentales en orden de preferencia asignando el lugar 1 a la más preferida, el lugar 2 a la segunda en su preferencia y así sucesivamente. Advierta que JCPenney (ubicada en número 1) se prefiere a Macy's (en el lugar 2), aunque no se sabe qué tanto más se prefiere. Tampoco es necesario que se asignen números del 1 al 10 para obtener una clasificación de preferencias. La segunda escala ordinal, que asigna el número 10 a JCPenney, 25 a Macy's, 30 a Kohl's, etcétera, es una escala equivalente, ya que se obtuvo por una transformación positiva monotónica de la primera escala. Las dos escalas dan como resultado el mismo ordenamiento de las tiendas según la preferencia. ∎

Escala de intervalo

escala de intervalo
Una escala donde se utilizan los números para calificar objetos, de tal forma que las distancias numéricamente equivalentes en la escala representan distancias equivalentes en la característica medida.

En una *escala de intervalo*, las distancias numéricamente iguales en la escala representan valores iguales en la característica medida. Una escala de intervalo contiene toda la información de una escala ordinal; pero también permite comparar diferencias entre los objetos. La diferencia entre dos valores adyacentes de la escala es idéntica a la diferencia entre cualquier otro par de valores adyacentes de una escala de intervalo. Hay un intervalo constante o igual entre los valores de la escala. La diferencia entre 1 y 2 es la misma que entre 2 y 3, la cual es igual a la diferencia entre 5 y 6. Un ejemplo común en la vida diaria es la escala de temperatura. En la investigación de mercados, los datos sobre las actitudes obtenidos de escalas de calificación a menudo se tratan como datos de intervalo. En el ejemplo inicial de las empresas más admiradas, las calificaciones en todos los atributos del criterio representaban una escala de intervalo.[5]

En una escala de intervalo, la ubicación del punto cero no es fija. Tanto el punto cero como las unidades de medición son arbitrarios. Por lo que cualquier transformación lineal positiva de la forma $y = a + bx$ conservará las propiedades de la escala. Aquí, x es el valor original de la escala, y es el valor transformado de la escala, b es una constante positiva, y a es cualquier constante. Así, dos escalas de intervalo que califican a los objetos A, B, C y D como 1, 2, 3 y 4, o como 22, 24, 26 y 28, son equivalentes. Note que la última escala puede derivarse de la primera usando $a = 20$ y $b = 2$ en la ecuación de transformación. Dado que el punto cero no es fijo, no tiene sentido obtener razones de los valores de la escala. Como se observa, la razón de los valores D a B cambia de 2:1 para convertirse en 7:6 cuando se transforma la escala. Sin embargo, son permisibles las razones de las diferencias entre los valores de la escala. En este proceso, las constantes a y b en la ecuación de transformación salen de los cálculos. La razón de la diferencia entre D y B con la diferencia entre C y B es 2:1 en ambas escalas.

PROYECTO DE INVESTIGACIÓN

Escala de intervalo

En la tabla 8.2 se presentan las preferencias de un encuestado respecto a 10 tiendas en una escala de calificación con 7 puntos. Puede advertirse que aunque Sears recibió una calificación de preferencia de 6 y Wal Mart una calificación de 2, ello no significa que Sears se prefiera tres veces más que Wal Mart. Cuando las calificaciones se transforman en una escala equivalente de 11 a 17 (siguiente columna), las calificaciones para estas tiendas se convierten en 16 y 12, y la razón ya no es 3 a 1. En cambio, las razones de las diferencias en las preferencias son idénticas en las dos escalas. La razón de la diferencia de preferencia entre JCPenney y Wal Mart con la diferencia de preferencia entre Neiman Marcus y Wal Mart es 5 a 3 en ambas escalas. ∎

INVESTIGACIÓN ACTIVA

Visite *www.sears.com* y haga una búsqueda en Internet y la base de datos en línea de su biblioteca, para obtener información sobre la satisfacción del cliente respecto a las tiendas departamentales.

Como director de marketing de Sears, ¿qué estrategias de marketing propondría para aumentar la satisfacción con la tienda?

¿Cómo usaría las escalas nominal y ordinal para medir la satisfacción del cliente con las principales tiendas departamentales como Sears?

Las técnicas estadísticas que pueden utilizarse en los datos de la escala de intervalo incluyen todas aquellas que se aplican a los datos nominales y ordinales. Además, pueden calcularse la media aritmética, la desviación estándar (véase el capítulo 15), correlaciones producto-momento (véase el capítulo 17) y otras estadísticas de uso común en la investigación de mercados. Sin embargo, ciertas estadísticas especializadas como media geométrica, media armónica y coeficiente de variación no son útiles para los datos de una escala de intervalo.

Como otro ejemplo, la Federación Internacional de Fútbol Asociación (FIFA) utiliza escalamiento ordinal y de intervalo para clasificar a los equipos de fútbol de varios países.

INVESTIGACIÓN REAL

Escalamiento en el fútbol mundial

De acuerdo con la Federación Internacional de Fútbol Asociación (FIFA) (*www.fifa.com*), en las clasificaciones de junio de 2005, Brasil encabezaba la lista con 829 puntos y la República Checa estaba en segundo lugar con 790 puntos. Los diez primeros países en fútbol *soccer* fueron:

		Clasificaciones para junio del 2005	
ID	*Equipo*	*Lugar*	*Puntos*
A	Brasil	1	829
B	República Checa	2	790
C	Argentina	3	785
D	Holanda	4	783
E	Francia	5	765
F	México	6	759
G	Inglaterra	7	757
H	Portugal	8	755
I	España	9	747
J	Estados Unidos	10	744

Las letras asignadas a los países constituyen una escala nominal, las clasificaciones de lugar representan una escala ordinal, mientras que los puntos obtenidos denotan una escala de intervalo. De esta forma, el país G representa a Inglaterra, que se clasificó en el lugar 7 con 757 puntos. Advierta que las letras asignadas para denotar a los países cumplen la simple finalidad de identificación, y de ninguna manera se relacionan con sus capacidades para jugar fútbol. Esa información sólo puede obtenerse revisando las clasificaciones. Así, Francia, clasificado en el lugar 5, jugó mejor que Estados Unidos, localizado en la posición 10. Cuanto menor sea la clasificación, mejor será el desempeño. Los rangos no dan ninguna información sobre la magnitud de las diferencias entre países, lo cual sólo se puede saber si se verifica la puntuación. Con base en los puntos obtenidos, se ve que México, con 759 puntos, jugó ligeramente mejor que Inglaterra, con 757 puntos. Los puntos nos ayudan a discernir la magnitud de las diferencias entre países que recibieron diferentes rangos.[6] ■

escala de razón
La escala más alta. Permite al investigador identificar o clasificar objetos, jerarquizarlos, y comparar los intervalos o las diferencias. También es significativo calcular razones de los valores de la escala.

Escala de razón

Una **escala de razón** posee todas las propiedades de las escalas nominal, ordinal y de intervalo, además de un punto cero absoluto. Por lo tanto, en las escalas de razón es posible identificar o clasificar objetos, jerarquizarlos y comparar los intervalos o las diferencias. También es significativo calcular las razones de los valores de la escala. La diferencia entre 2 y 5 no sólo es la misma que la diferencia entre 14 y 17, sino que 14 es siete veces mayor que 2 en un sentido absoluto.

Algunos ejemplos comunes de escalas de razón incluyen estatura, peso, edad y dinero. En el marketing, las ventas, los costos, la participación en el mercado y el número de clientes son variables que se miden en una escala de razón. En el ejemplo inicial, el ingreso anual de las empresas más admiradas (que no se muestra) podría representarse en una escala de razón.

Las escalas de razón sólo permiten transformaciones proporcionales de la forma $y = bx$, donde b es una constante positiva. No se puede agregar una constante arbitraria, como en el caso de la escala de intervalo. Un ejemplo de esta transformación se obtiene mediante la conversión de yardas a pies (b = 3). Las comparaciones entre los objetos son idénticas, ya se trate de yardas o pies.

Todas las técnicas estadísticas son aplicables a los datos de razón. Ello incluye estadísticas especializadas como la media geométrica, la media armónica y el coeficiente de variación.

Las cuatro escalas básicas (aquí analizadas) no agotan las categorías de nivel de medición. Es posible elaborar una escala nominal que proporcione información parcial sobre el orden (la escala parcialmente ordenada). De igual manera, una escala ordinal puede transmitir información parcial sobre la distancia, como en el caso de una escala métrica ordenada. El análisis de dichas escalas está fuera del alcance de este texto.[7]

PROYECTO DE INVESTIGACIÓN

Escala de razón

En la escala de razón que se presenta en la tabla 8.2, se pidió a un encuestado que indicara la cantidad en dólares que había gastado en cada una de las 10 tiendas en los dos últimos meses. Note que si se considera que este encuestado gastó $200 en Macy's y sólo $10 en Wal-Mart, gastó 20 veces más en Macy's que en Wal-Mart. Además, el punto cero es fijo porque 0 significa que el encuestado no realizó gasto alguno en esa tienda. Multiplicar estos números por 100 para convertir, por ejemplo, dólares en centavos resultaría en una escala equivalente.

Actividades del proyecto

En el contexto del proyecto de Sears, elabore preguntas para medir cada una de las siguientes variables e identifique el nivel de medición en cada pregunta.

1. Estado civil del encuestado.
2. Edad del encuestado.
3. Ingreso familiar anual antes de impuestos.
4. Familiaridad con Sears.
5. Importancia del precio al seleccionar una tienda departamental.
6. Número de tarjetas de crédito bancario que posee. ■

COMPARACIÓN DE LAS TÉCNICAS DE ESCALAMIENTO

escalas comparativas
Una de dos tipos de técnicas de escalamiento en donde hay una comparación directa de los objetos estímulo entre sí.

Las técnicas de escalamiento que suelen emplearse en la investigación de mercados se clasifican como escalas comparativas y no comparativas (véase la figura 8.2). Las **escalas comparativas** implican la comparación directa de los objetos estímulo. Por ejemplo, puede preguntarse a los encuestados si prefieren Coca o Pepsi. Los datos de la escala comparativa deben interpretarse en términos relativos y sólo tienen propiedades ordinales o de rangos ordenados. Por tal razón, al escalamiento comparativo también se le conoce como escalamiento no métrico. Como se muestra en la figura 8.2, las escalas comparativas incluyen comparaciones pareadas, rangos ordenados, escalas de suma constante, clasificación Q y otros procedimientos.

INVESTIGACIÓN ACTIVA

Visite *www.coach.com* y haga una búsqueda en Internet y la base de datos en línea de su biblioteca, para obtener información sobre las preferencias de los consumidores por los artículos de piel.

¿Como usaría las escalas de intervalo y de razón para medir las preferencias del consumidor por los artículos de piel?

Como director de marketing de Coach, ¿cómo usaría la información sobre las preferencias de los consumidores por los artículos de piel, para incrementar su participación en el mercado?

Figura 8.2
Clasificación de las técnicas de escalamiento

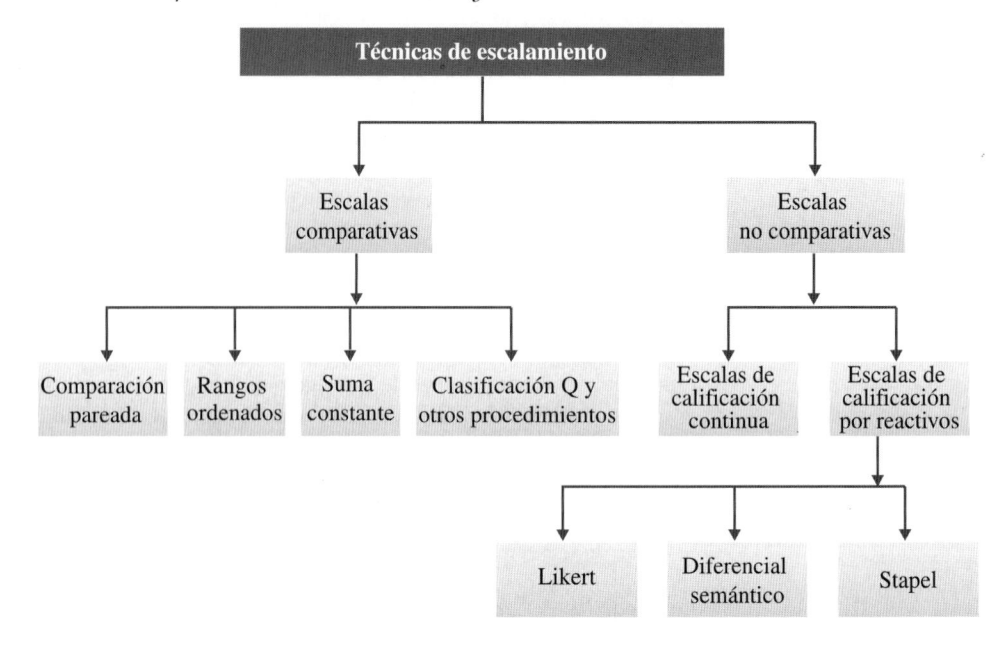

```
                          Técnicas de escalamiento
                          /                      \
                Escalas                          Escalas
             comparativas                    no comparativas
            /    |    |    \                   /        \
  Comparación  Rangos  Suma  Clasificación Q y   Escalas de    Escalas de
    pareada   ordenados constante otros procedimientos  calificación   calificación
                                                  continua    por reactivos
                                                                /    |    \
                                                            Likert Diferencial Stapel
                                                                   semántico
```

La ventaja principal del escalamiento comparativo es que permite detectar diferencias pequeñas entre los objetos estímulo. Al comparar los objetos estímulo, los encuestados se ven obligados a elegir entre ellos. Además, los encuestados abordan la tarea de calificación desde los mismos puntos de referencia conocidos. En consecuencia, resulta sencillo entender y aplicar las escalas comparativas. Otras ventajas de estas escalas es que implican menos suposiciones teóricas y suelen reducir los efectos de halo o remanentes de un juicio a otro. Las principales desventajas de las escalas comparativas incluyen la naturaleza ordinal de los datos y la imposibilidad de generalizar más allá de los objetos estímulo escalados. Por ejemplo, para comparar RC Cola con Coca y Pepsi, el investigador tendría que realizar un nuevo estudio. El estudio previo que comparaba Coca y Pepsi no sería de gran utilidad. Estas desventajas son substancialmente superadas por las técnicas no comparativas de escalamiento.

En las *escalas no comparativas*, también conocidas como *escalas monádicas o métricas*, cada objeto se escala independientemente del resto de objetos del conjunto de estímulos. Por lo general, se supone que los datos resultantes corresponden a una escala de intervalo o de razón.[8] Por ejemplo, cuando se solicita a los encuestados que evalúen Coca-Cola en una escala de preferencia del 1 al 6 (1 = no se prefiere en absoluto, 6 = muy preferida). Es posible obtener evaluaciones similares para Pepsi y RC Cola. Como se observa en la figura 8.2, las escalas no comparativas pueden ser de calificación continua o de calificación por reactivos. Las escalas de calificación por reactivos además incluyen las escalas Likert, de diferencial semántico o Stapel. El escalamiento no comparativo es la técnica más utilizada en la investigación de mercados. Dada su importancia, el capítulo 9 está dedicado al escalamiento no comparativo. El resto de este capítulo se enfoca en las técnicas comparativas de escalamiento.

escalas no comparativas
Una de dos tipos de técnicas de escalamiento en la cual cada objeto estímulo de escala se forma independiente del resto de los objetos del conjunto de estímulos.

TÉCNICAS COMPARATIVAS DE ESCALAMIENTO

Escalamiento de comparación pareada

Como su nombre indica, en el *escalamiento de comparación pareada* se muestran al encuestado dos objetos, y se le solicita que elija uno de acuerdo con ciertos criterios. Los datos obtenidos son de naturaleza ordinal. Los encuestados pueden afirmar que compran más en JCPenney que en Sears, que les gusta más el cereal Total que Product 19 de Kellogg's, o que prefieren Crest a Colgate. Es común usar las comparaciones pareadas cuando los objetos estímulo son productos físicos. Se reporta que Coca-Cola realizó más de 190,000 comparaciones pareadas antes de lanzar New Coke.[9] El escalamiento de comparación pareada es la técnica comparativa de mayor uso.

escalamiento de comparación pareada
Una técnica de escalamiento comparativo donde se muestran al encuestado dos objetos al mismo tiempo, y se le pide que elija uno de acuerdo a ciertos criterios. Los datos obtenidos son de naturaleza ordinal.

Figura 8.3
Uso de comparaciones pareadas para conocer las preferencias de champú

Instrucciones
Vamos a mostrarle 10 pares de marcas de champú. En cada par, por favor indique cuál de las dos marcas de champú preferiría para su uso personal.

Forma de registro

	Jhirmack	*Finesse*	*Vidal Sassoon*	*Head & Shoulders*	*Pert*
Jhirmack		0	0	1	0
Finesse	1[a]		0	1	0
Vidal Sassoon	1	1		1	1
Head & Shoulders	0	0	0		0
Pert	1	1	0	1	
Número de veces que se prefiere[b]	3	2	0	4	1

[a]El 1 en una casilla particular significa que la marca en esa columna se prefirió a la marca de la fila correspondiente. El 0 significa que la marca de la fila se prefirió a la marca de la columna.
[b]El número de veces que se prefirió una marca se obtuvo sumando los números 1 de cada columna.

La figura 8.3 muestra los datos obtenidos de la comparación pareada para evaluar las preferencias de champú del encuestado. Como puede verse, este encuestado hizo 10 comparaciones para evaluar cinco marcas. En general, con *n* marcas, se requieren [*n*(*n* - 1)/2] comparaciones pareadas para incluir todos los pares de objetos posibles.[10]

Los datos de la comparación pareada pueden analizarse de diferentes maneras.[11] El investigador puede calcular el porcentaje de encuestados que prefieren un estímulo sobre otro, sumando las matrices de la figura 8.3 de todos los encuestados, dividiendo la suma entre el número de encuestados y multiplicando por 100. También es posible hacer evaluaciones simultáneas de todos los objetos estímulo. Con la suposición de transitividad es posible convertir los datos de la comparación pareada en rangos ordenados. La **transitividad de la preferencia** implica que si la marca A se prefiere a la marca B, y ésta se prefiere a C, entonces la marca A se prefiere sobre C. Para llegar a los rangos ordenados, el investigador determina el número de veces que se prefiere cada marca sumando las entradas de las columnas en la figura 8.3. Por consiguiente, el orden de preferencias de este encuestado de la más a la menos preferida, es Head and Shoulders, Jhirmack, Finesse, Pert y Vidal Sasson. También es posible derivar una escala de intervalo a partir de los datos de la comparación pareada utilizando el procedimiento de caso V de Thurstone. Consulte la literatura adecuada para un análisis de este procedimiento.[12]

Se han sugerido diversas modificaciones a la técnica de comparación pareada. Una implica la inclusión de una opción de respuesta neutral/no hay diferencia/sin opinión. Otra extensión es la comparación pareada gradual. En este método se pregunta a los encuestados qué marca del par prefieren y qué tanto la prefieren. El grado de preferencia puede expresarse por cuánto más aceptaría pagar el encuestado por la marca preferida. La escala resultante es una escala métrica en unidades monetarias. Otra modificación del escalamiento de comparación pareada se utiliza mucho en la obtención de juicios de similitud en el escalamiento multidimensional (véase el capítulo 21).

El escalamiento de comparación pareada es muy útil cuando el número de marcas es limitado, porque requiere de comparación directa y elección abierta. Sin embargo, con un número grande de marcas, la cantidad de comparaciones se vuelve difícil de manejar. Otras desventajas son que quizá haya violaciones a la suposición de transitividad, y que el orden en que se presentan los objetos sesgue los resultados. Las comparaciones pareadas tienen cierta similitud con la situación del mercado que implica elegir entre alternativas múltiples. Además, es probable que los encuestados prefieran un objeto sobre otros, aunque no les agrade en un sentido absoluto.

INVESTIGACIÓN REAL

Escalamiento de comparación pareada
El método más común de una prueba de degustación es la comparación pareada. Se solicita al consumidor que pruebe dos diferentes productos y elija el que tenga mejor sabor. La prueba se efectúa en privado, ya sea en casas u otros sitios predeterminados. Se considera que una muestra aceptable consta de un mínimo de 1,000 respuestas.

---

transitividad de la preferencia
Suposición que se hace para convertir los datos de la comparación pareada en datos de rangos ordenados. Ello implica que si la marca A se prefiere a la marca B y ésta se prefiere a la marca C, entonces la marca A se prefiere sobre la marca C.

Ocean Spray (*www.oceanspray.com*), el mayor productor estadounidense de bebidas y jugos enlatados y embotellados, realiza muchas pruebas de degustación para el desarrollo de nuevos productos. Se pide a los encuestados que prueben las nuevas bebidas que se presentan en pares, que evalúen su sabor y que elijan la que más les haya gustado.

Las pruebas de degustación dieron como resultado que muchos consumidores preferían los arándanos blancos, al sabor fuerte y ácido de los arándanos rojos. Por lo tanto, a principios de 2002, en un esfuerzo por atraer a un mayor número de consumidores, Ocean Spray agregó a su línea de productos White Cranberry (una bebida elaborada con arándanos blancos naturales cosechados pocas semanas antes que la variedad roja) y Juice Spritzers, bebidas de jugo ligeramente carbonatadas. Después de conducir las pruebas de degustación, Ocean Spray introdujo en 2004 un nuevo producto innovador que combina lo mejor del jugo de fruta con el refrescante sabor del té que buscan los consumidores cuando sube la temperatura. A partir de 2006, el producto Juice & Tea estaba disponible en la nueva presentación de Ocean Spray, la "botella cuadrada" de 2 litros (64 onzas), que ofrecía una mezcla de té negro especial traído las regiones subtropicales de América del Sur con sabores como arándano, frutos del bosque, arándano blanco y durazno, además de una bebida dietética con sabor a frutas.[13] ∎

Escalamiento por rangos ordenados

Después de las comparaciones pareadas, la técnica más popular de escalamiento comparativo es el ***escalamiento por rangos ordenados***, en la cual se presentan varios objetos al mismo tiempo a los encuestados, y se les pide que los ordenen o clasifiquen de acuerdo a ciertos criterios. Por ejemplo, cuando se les solicita que ordenen marcas de dentífrico de acuerdo con la preferencia general. Como se muestra en la figura 8.4, estas clasificaciones por lo general se obtienen pidiendo a los encuestados que otorguen una calificación de 1 a la marca que más prefieren, 2 a la segunda en sus preferencias y así sucesivamente, hasta que se asigne la calificación *n* a la marca que menos prefieren. Igual que las comparaciones pareadas, este método también es de naturaleza comparativa y es posible que al encuestado le disguste la marca clasificada en el número 1 en un sentido absoluto. Además, el escalamiento por rangos ordenados produce datos ordinales. Consulte la tabla 8.2 que usa el escalamiento por rangos ordenados para derivar una escala ordinal.

Es común que se utilice el escalamiento por rangos ordenados para medir las preferencias por marcas y atributos. Los datos de rangos ordenados se obtienen con frecuencia de los encuestados mediante un análisis conjunto (véase el capítulo 21), ya que el escalamiento por rangos ordenados obliga al encuestado a discriminar entre los objetos estímulo. Asimismo, en relación con las comparaciones pareadas, este tipo de escalamiento es más parecido al ambiente de compras, se lleva menos tiempo y elimina las respuestas intransitivas.

escalamiento por rangos ordenados
Técnica comparativa de escalamiento en la cual se presentan simultáneamente varios objetos a los encuestados, y se les pide que los ordenen o clasifiquen de acuerdo con ciertos criterios.

Figura 8.4
Preferencia por marcas de dentífrico utilizando el escalamiento por rangos ordenados

---

Instrucciones

Clasifique las diferentes marcas de dentífrico por orden de preferencia. Comience eligiendo la marca que más le guste y asígnele el número 1. Luego, encuentre marca que ocupe el segundo lugar en su preferencia y asígnele el número 2. Continúe con este procedimiento hasta que haya clasificado todas las marcas de dentífrico en orden de preferencia. La marca menos preferida debería clasificarse en el número 10.

No debe clasificarse a dos marcas diferentes con el mismo número.

Los criterios de preferencia dependen de usted. No hay respuestas correctas o equivocadas. Sólo trate de ser consistente.

Marca	*Lugar*
1. Crest	———
2. Colgate	———
3. Aim	———
4. Gleem	———
5. Sensodyne	———
6. Ultra Brite	———
7. Close Up	———
8. Pepsodent	———
9. Plus White	———
10. Stripe	———

Si existen *n* objetos estímulo, en un escalamiento por rangos ordenados sólo se necesita tomar (*n* − 1) decisiones de escalamiento; mientras que en el escalamiento de comparación pareada, se requieren [*n*(*n* − 1)/2] decisiones. Otra ventaja es que a la mayoría de los encuestados les resulta sencillo entender las instrucciones para el ordenamiento. La principal desventaja es que esta técnica sólo produce datos ordinales.

Por último, con el supuesto de transitividad, los datos de rangos ordenados pueden convertirse en datos equivalentes de la comparación pareada, y viceversa. La figura 8.3 ilustra este punto. El procedimiento de caso V de Thurstone permite derivar una escala de intervalo a partir de los ordenamientos. También se han sugerido otros métodos para derivar escalas de intervalo de los ordenamientos.[14] El siguiente ejemplo muestra cómo se utiliza el escalamiento por rangos ordenados para determinar las principales marcas del mundo.

INVESTIGACIÓN REAL

Las marcas más conocidas del mundo

Las empresas confían mucho en el reconocimiento de la marca para ser competidores fuertes en el mercado actual. Cuando los consumidores reconocen una empresa o un producto como un nombre familiar, de preferencia por buenas razones y no como resultado de una mala publicidad involuntaria, se incrementa el valor de la marca. Interbrand (*www.interbrand.com*) es una empresa dedicada a identificar, elaborar y expresar la idea correcta para una marca. Business Week/Interbrand publica una clasificación anual y el valor de las marcas más conocidas del mundo. Las cinco marcas más importantes en 2004 fueron:[15]

Las cinco marcas más valiosas del mundo

Marca	Clasificación	Valor de la marca en 2004 (miles de millones de $)
Coca-Cola	1	67.39
Microsoft	2	61.37
IBM	3	53.79
GE	4	44.11
Intel	5	33.50

Fuente: adaptado de Businessweek Online. ■

Otro ejemplo de escalamiento por rangos ordenados es el de las compañías más admiradas en Estados Unidos que se presentó en la sección "Panorama general".

Escalamiento de suma constante

escalamiento de suma constante
Técnica de escalamiento comparativo en que se requiere que los encuestados distribuyan una suma constante de unidades como puntos, dólares, vales, engomados o fichas, entre un conjunto de objetos estímulo con respecto a un criterio.

En el ***escalamiento de suma constante*** los encuestados distribuyen una suma constante de unidades (como puntos, dólares, o fichas) entre un conjunto de objetos estímulo con respecto a un criterio. Como se muestra en la figura 8.5, puede pedirse a los encuestados que distribuyan 100 puntos entre los atributos de un jabón de tocador, de una manera que refleje la importancia que le asignan a cada atributo. Si un atributo no es importante, el encuestado le asignará cero puntos. Si el atributo es dos veces más importante que otro, recibirá el doble de puntos. La suma de todos los puntos es 100. De ahí el nombre de la escala.

Los atributos se escalan contando los puntos asignados a cada uno por todos los encuestados y dividiendo el resultado entre el número de participantes. En la figura 8.5 se presentan estos resultados para tres grupos o segmentos de encuestados. El segmento I da gran importancia al precio. El segmento II considera que el poder básico de limpieza es de gran valor. El segmento III aprecia la espuma, la fragancia, la humectación y el poder de limpieza. Dicha información no puede obtenerse de los datos de rangos ordenados a menos que éstos se transformen en datos de intervalo. Advierta que la suma constante también tiene un cero absoluto: 10 puntos son el doble que 5 puntos, y la diferencia entre 5 y 2 puntos es la misma que entre 57 y 54 puntos. Por tal razón, los datos de la escala de suma constante en ocasiones se tratan como métricos. Aunque esto resulte adecuado en el contexto limitado de los estímulos escalados, esos resultados no pueden generalizarse a otros estímulos no incluidos en el estudio.

Figura 8.5
Importancia de los atributos de un jabón de tocador usando la escala de suma constante

Instrucciones

A continuación se presentan ocho atributos de los jabones de tocador. Por favor, distribuya 100 puntos entre los atributos de tal manera que su distribución refleje la importancia relativa que concede a cada atributo. Cuanto más puntos reciba un atributo, mayor será su importancia. Si un atributo no es importante en absoluto, asígnele cero puntos. Si el atributo es dos veces más importante que cualquier otro, deberá recibir el doble de puntos.

Forma

Respuestas promedio de los tres segmentos

Atributo	Segmento I	Segmento II	Segmento III
1. Suavidad	8	2	4
2. Espuma	2	4	17
3. Disminución	3	9	7
4. Precio	53	17	9
5. Aroma	9	0	19
6. Empaque	7	5	9
7. Humectación	5	3	20
8. Poder de limpieza	13	60	15
Suma	100	100	100

Por lo tanto, estrictamente hablando, la suma constante debe considerarse una escala ordinal por su naturaleza comparativa y la resultante incapacidad para generalizar. En la figura 8.5 se observa que la distribución de los puntos está influida por los atributos específicos que se incluyen en la tarea de evaluación.

La principal ventaja de la escala de suma constante es que permite una discriminación fina entre los objetos estímulo sin consumir mucho tiempo. Sin embargo, tiene dos desventajas importantes. Los encuestados pueden asignar más o menos unidades de las especificadas. Por ejemplo, el encuestado puede asignar 108 o 94 puntos. El investigador debe modificar esos datos de alguna manera o eliminar al encuestado del análisis. Otra dificultad potencial es el error por redondeo si se usan muy pocas unidades. Por otro lado, el uso de un número elevado de unidades puede resultar muy complicado para el encuestado, y causar confusión y fatiga.

Clasificación Q y otros procedimientos

escalamiento de clasificación Q
Técnica de escalamiento comparativo que utiliza el procedimiento de rangos ordenados, para clasificar objetos en función de su similitud con respecto a cierto criterio.

El *escalamiento de clasificación Q* se desarrolló para hacer una rápida distinción entre un número relativamente grande de objetos. Esta técnica utiliza un procedimiento de rangos ordenados donde los objetos se clasifican en pilas en función de su similitud con respecto a cierto criterio. Por ejemplo, se presentan a los encuestados 100 afirmaciones de actitud en tarjetas individuales y se les pide que las agrupen en 11 pilas que van de "completamente de acuerdo con" a "completamente en desacuerdo con". El número de objetos a clasificar no debe ser menor de 60 ni mayor de 140; entre 60 y 90 objetos es un rango razonable. El número de objetos que se agrupará en cada pila se establece de antemano, lo que a menudo resulta en una distribución casi normal de los objetos sobre todo el conjunto.

Otra técnica de escalamiento comparativo es la estimación de magnitud.[16] En esta técnica se asignan números a los objetos, de forma tal que las razones entre los números asignados reflejen razones en el criterio establecido. Por ejemplo, cuando se solicita a los encuestados que indiquen si están de acuerdo o en desacuerdo con cada una de una serie de afirmaciones que miden la actitud hacia las tiendas departamentales.

INVESTIGACIÓN ACTIVA

Visite *www.lexus.com* y realice una búsqueda en Internet y en la base en línea de su biblioteca, para obtener información sobre las intenciones de compra de autos de lujo por parte de los consumidores.

Como gerente de marketing de Lexus, ¿cómo usaría usted la información sobre las intenciones de compra de autos de lujo por parte de los consumidores para incrementar sus ventas?

¿Usaría una técnica de escalamiento comparativo para medir las intenciones de compra de autos de lujo por parte de los consumidores? De ser así ¿cuál técnica?

Luego asignan a cada afirmación un número entre 0 y 100, para indicar la magnitud de su acuerdo o su desacuerdo. Proporcionar este tipo de número impone al encuestado una carga cognoscitiva. Por último, debe hacerse mención del escalamiento de Guttman o análisis de escalograma, que es un procedimiento para determinar si el conjunto de objetos puede ordenarse en una escala unidimensional internamente consistente.

EXPERIENCIA DE INVESTIGACIÓN

Ilustración de las escalas básicas de medición

Descargue el caso Dell y el cuestionario del sitio Web de este libro. Esta información también se incluye al final del texto.

1. ¿Qué escalas básicas de medición se emplearon en el cuestionario de Dell? Ilustre cada tipo.
2. Vaya al sitio Web de Surveyz! en *www.surveyz.com*. Realice el tour que Surveyz! ofrece a sus clientes. ¿Qué escalas básicas están disponibles usando Surveyz.com?
3. Haga una búsqueda en Internet para identificar encuestas que hayan usado las diferentes escalas básicas de medición. ■

INVESTIGACIÓN DE MERCADOS INTERNACIONALES

En las cuatro escalas básicas, el nivel de medición se incrementa de la escala nominal, a la ordinal, a la de intervalo y a la de razón. Este incremento en el nivel de medición tiene como costo una mayor complejidad. Desde el punto de vista de los encuestados, las escalas nominales son las más sencillas, mientras que las escalas de razón son las más complejas. En muchos países desarrollados, gracias a los mayores niveles de educación y de esnobismo por parte de los consumidores, los encuestados están acostumbrados a responder en escalas de intervalo y de razón. Sin embargo, se ha argumentado que en algunos países en desarrollo la formación de opinión no está bien cristalizada, lo cual hace difícil que los encuestados expresen la graduación requerida por las escalas de intervalo y de razón. En tales casos pueden usarse escalas ordinales para efectuar una mejor medición de las preferencias. En particular, se ha recomendado el uso de escalas binarias (por ejemplo, preferida/no preferida), que son el tipo más sencillo de escala ordinal.[17] Por ejemplo, al medir en Estados Unidos las preferencias de jeans, Levi Strauss & Co puede pedir a los consumidores que usen una escala de intervalo de 7 puntos para calificar sus preferencias respecto al uso de jeans en ocasiones específicas. Sin embargo, a los consumidores de Papua Nueva Guinea se les podría mostrar un par de jeans y preguntarles simplemente si los usarían o no en alguna ocasión particular (por ejemplo, para ir de compras, al trabajo, para relajarse en un día de descanso, etcétera). Una encuesta japonesa sobre las preferencias automovilísticas en Europa ilustra la conveniencia de seleccionar las escalas básicas que concuerden con el perfil de los encuestados objetivo.

INVESTIGACIÓN REAL

Guerra de automóviles con Japón a la vanguardia

Por primera vez, los periodistas europeos otorgaron el premio auto del año a un modelo japonés subcompacto de $10,000: el Micra, fabricado en Inglaterra por Nissan. Esto fue un duro golpe para los fabricantes europeos de automóviles que habían tratado de mantener a raya la arremetida de los japoneses. "Van a cambiar la balanza competitiva", advirtió Bruce Blythe, quien está al frente de la estrategia de negocios de Ford of Europe Inc. ¿Cómo lo hicieron los japoneses?

Nissan aplicó una encuesta sobre las preferencias de los consumidores europeos por los automóviles usando escalas de intervalo que captaran la magnitud de las diferencias en las preferencias. El uso de las escalas de intervalo permitió a Nissan comparar las diferencias entre las características de los automóviles y determinar cuáles eran preferidas. Los hallazgos revelaron que los consumidores tenían preferencias distintas, de modo que los japoneses incursionaron en Europa, a donde llevaron su producción y construyeron centros de tecnología que permitieran la adaptación de sus automóviles a los gustos y preferencias locales. En 2005 Nissan introdujo en Europa nuevos modelos con la esperanza de salir de la reciente caída de ventas en ese mercado.

Mediante el uso de escalas de intervalo para medir las preferencias de automóviles por parte de los consumidores europeos, Nissan desarrolló modelos galardonados, como el Micra hecho en Inglaterra.

Los fabricantes europeos de automóviles necesitan ponerse en guardia contra la feroz competencia. En un periodo de cinco meses, de enero a mayo de 2005, las ventas totales de Micra en Europa alcanzaron las 69,046 unidades. En ese mismo lapso, Nissan Europa vendió 229,632 unidades, continuando así la conquista del mercado europeo.[18]

También debe advertirse que las escalas comparativas, a excepción de las comparaciones pareadas, requieren la comparación de múltiples objetos estímulo, lo cual las vuelve complicadas para los encuestados. En contraste, en las escalas no comparativas, cada objeto se escala de manera independiente a los otros en el conjunto de estímulos, es decir, se escala un objeto a la vez. Por lo tanto, las escalas no comparativas son más sencillas y resultan más apropiadas para las culturas donde los encuestados tienen menos educación o están menos familiarizados con la investigación de mercados.

LA ÉTICA EN LA INVESTIGACIÓN DE MERCADOS

El investigador tiene la responsabilidad de usar el tipo adecuado de escala para obtener los datos necesarios para responder las preguntas de la investigación y probar la hipótesis. Por ejemplo, suponga que un periódico como, el *Wall Street Journal*, busca información sobre los perfiles de personalidad de sus lectores y no lectores. La información sobre las características de personalidad puede obtenerse mejor proporcionando a los encuestados (lectores y no lectores) varias tarjetas, cada una con una característica de personalidad. Se pide a los encuestados que organicen las tarjetas y clasifiquen las características de personalidad, presentando primero las que consideran que describen mejor su personalidad y después las que no los describen. Este proceso ofrecerá información sobre las características de personalidad al permitir que los encuestados comparen y mezclen las tarjetas. Sin embargo, los datos resultantes son ordinales y no es fácil usarlos en un análisis multivariado. Para examinar las diferencias en las características de personalidad de lectores y no lectores, y relacionarlas con las variables de la estrategia de marketing, se necesitan datos de una escala de intervalo. El investigador tiene la obligación de obtener la información más apropiada para las preguntas de la investigación, como se ilustra en el siguiente ejemplo.

INVESTIGACIÓN REAL

Dilemas éticos en el escalamiento

En un estudio diseñado para medir los juicios éticos de los investigadores de mercados, se usaron los reactivos de una escala desarrollada y probada con anterioridad. Sin embargo, después de aplicar un pretest a una muestra conveniente de 65 profesionales del marketing, se hizo evidente que la redacción de algunos reactivos de la escala original no reflejaba el uso actual, por lo que se actualizaron.

Por ejemplo, un reactivo expresado con un género específico, como "él señaló que..." se modificó para que dijera "La gerencia del proyecto señaló que...". Se pidió a los sujetos que mostraran su aprobación o desaprobación de la acción señalada (reactivo), de un director de investigación de mercados, con respecto a escenarios específicos. Al percatarse de que una escala binaria o dicotómica resultaría demasiado restrictiva, los encuestados manifestaban aprobación o desaprobación mediante datos de un nivel de intervalo en una escala de 5 puntos, cuyas anclas descriptivas eran 1 = desapruebo, 2 = desapruebo en cierta medida, 3 = no apruebo ni desapruebo, 4 = apruebo en cierta medida, y 5 = apruebo. Esto resolvió los dilemas del escalamiento.[19]

Después de obtener los datos, éstos deben analizarse de forma correcta. Si se obtuvieron datos de una escala nominal, deben usarse las estadísticas permitidas para datos ese tipo de escala. Asimismo, si se recabaron datos de una escala ordinal no deben utilizarse procedimientos estadísticos desarrollados para usarse con datos de razón o de intervalo. Las conclusiones basadas en el uso incorrecto de la estadística son engañosas. En el ejemplo anterior sobre la personalidad, si se hubiera decidido recabar los datos mediante la técnica de rangos ordenados, se habrían obtenido datos ordinales. Si después de la recolección, el cliente desea saber en qué difieren los lectores y no lectores, el investigador debería tratar esos datos de la manera adecuada y usar las técnicas no métricas para el análisis (analizadas en el capítulo 15). Cuando el investigador carece de la experiencia para identificar y usar las técnicas estadísticas adecuadas, debe buscar ayuda de otras fuentes, por ejemplo, de estadísticos.

INVESTIGACIÓN PARA LA TOMA DE DECISIONES

New Balance: lograr un equilibrio en estrategias de marketing

La situación

Según un reporte publicado recientemente por Mintel International, es probable que en el período 2006-08 el mercado de calzado deportivo en Estados Unidos muestre un crecimiento lento caracterizado por un buen volumen de ventas y la caída de precios. Se proyecta un crecimiento anual del 2 por ciento, antes de la inflación, que se elevará a $15,500 millones en 2008. Esto se debe a factores como una compleja relación entre fabricante y vendedor que socava la lealtad hacia la marca y fomenta la búsqueda excesiva de ofertas, el lento crecimiento de la economía y la competencia con los fabricantes de calzado de carnaza, al difuminarse la línea divisoria entre este tipo de calzado y los zapatos deportivos. Junto con esto, es probable que los bajos precios de la venta al detalle den lugar a un mercado dividido: un mercado exclusivo de calzado para quienes prefieren los zapatos deportivos (hombres jóvenes) y para aquellos con mayores niveles de ingreso disponible; y un mercado masivo para el resto del país. La investigación realizada por Mintel con los consumidores dejó en claro que los encuestados afirmaron de manera abrumadora que estaban dispuestos a "gastar dinero en buenos zapatos deportivos".

Jim Davis, director general de New Balance Athletic Shoe, Inc., busca atraer a los consumidores a que hace referencia la investigación de Mintel. New Balance, que surgió a mediados de la década de 1990, ocupó con rapidez el tercer puesto en la venta de zapatos deportivos. Su estrategia imitó a Nike al lanzar el mayor número posible de modelos de calzado y venderlos, sobre todo en tiendas especializadas en calzado deportivo y tiendas de deportes. Sin embargo, una gran diferencia fue que New Balance creó una imagen de marca exclusiva, con la finalidad de atraer al mayor número de consumidores de 35 a 64 años. No obstante, los tiempos cambian y New Balance está aprendiendo que también debe cambiar para que su mercado y sus ganancias sigan creciendo.

La decisión para la investigación de mercado

1. New Balance desea determinar la preferencia del consumidor por su marca en comparación con Nike, Reebok y Adidas. ¿Qué técnica de escalamiento debería utilizarse?
2. Analice cómo ayuda a Jim Davis la técnica de escalamiento recomendada para determinar las preferencias del consumidor por New Balance en comparación con Nike, Reebok y Adidas, e incrementar la participación de New Balance en el mercado.

Las técnicas de escalamiento pueden ayudar a New Balance a incrementar su participación en el mercado, y determinar las preferencias del consumidor hacia sus marcas en comparación con Nike, Reebok y Adidas.

La decisión para la gerencia de marketing

1. ¿Qué debería hacer Jim Davis para incrementar la participación de New Balance en el mercado?
2. Analice cómo influyen la técnica de escalamiento que sugirió antes y los hallazgos de esa investigación en la decisión para la gerencia de marketing que usted le recomendó a Jim Davis.[20] ■

SPSS PARA WINDOWS

Con el uso de SPSS Data Entry, el investigador puede diseñar cualquiera de las escalas básicas: nominal, ordinal, de intervalo y de razón. Para ello puede usar la biblioteca de preguntas o diseñar escalas a la medida. Además, es posible implementar con facilidad escalas de comparación pareada, de rangos ordenados y de suma constante. Aquí se muestra el uso de SPSS Data Entry en el diseño de escalas ordinales para medir educación e ingreso (véase la figura 8.6). Este software no está incluido pero puede comprarse por separado de SPSS.

Figura 8.6
Escalas ordinales para la medición de educación e ingresos

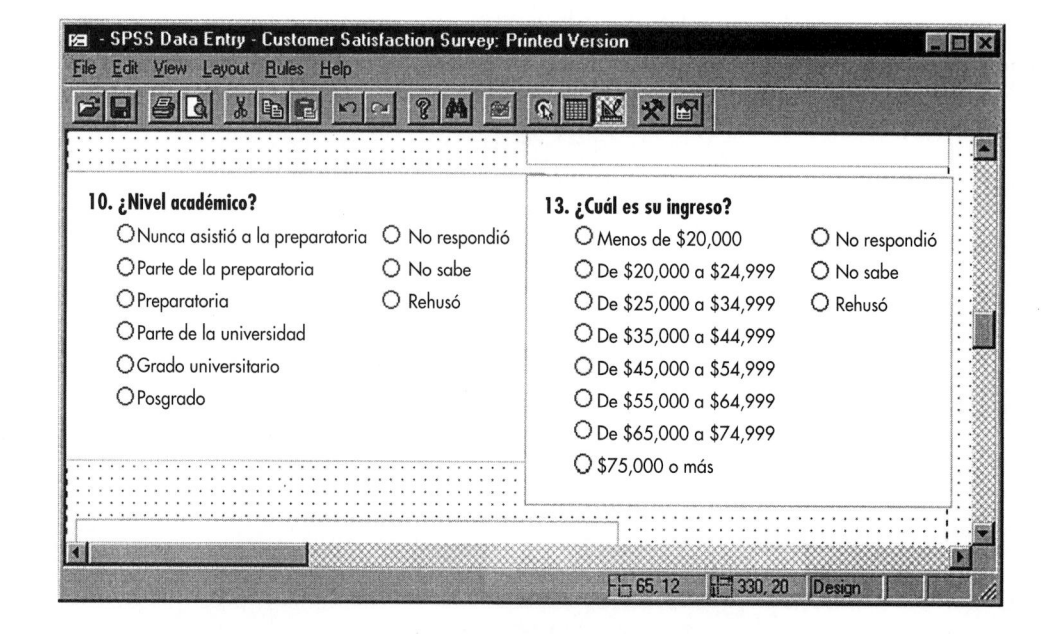

RESUMEN

Medición es la asignación de números u otros símbolos a características de objetos de acuerdo con un conjunto de reglas. El escalamiento implica la generación de un continuo sobre el cual se localizan los objetos medidos. Las cuatro escalas básicas de medición son nominal, ordinal, de intervalo y de razón. De éstas, la escala nominal es la más elemental, ya que los números se usan sólo para identificación o clasificación de los objetos. En la escala ordinal, la escala del siguiente nivel, los números indican la posición relativa de los objetos, pero no la magnitud de la diferencia entre ellos. La escala de intervalo permite la comparación de las diferencias entre los objetos. Sin embargo, como este tipo de escala tiene un punto cero arbitrario, no tiene sentido calcular las razones de los valores de la escala. El nivel de medición más alto está representado por la escala de razón donde el punto cero es fijo. Con esta escala el investigador puede calcular razones de los valores de la escala. La escala de razón incorpora todas las propiedades de las escalas de menor nivel.

Las técnicas de escalamiento se clasifican como comparativas y no comparativas. El escalamiento comparativo implica una comparación directa de los objetos estímulo. Estas escalas incluyen comparaciones pareadas, de rangos ordenados, suma constante y clasificación Q. La información obtenida con estos procedimientos sólo tiene propiedades ordinales.

Dado el mayor nivel académico y de esnobismo del consumidor, en muchos países desarrollados los encuestados están habituados a responder a escalas de intervalo y de razón. Sin embargo, en los países en vías de desarrollo, las preferencias pueden medirse mejor mediante el uso de escalas ordinales. Las consideraciones éticas requieren el uso del tipo adecuado de escala con la finalidad de obtener los datos necesarios para responder las preguntas de investigación y probar las hipótesis. Para la implementación de los diferentes tipos de escalas se dispone de Internet y de diversos programas de cómputo especializados.

TÉRMINOS Y CONCEPTOS CLAVE

medición, *252*
escalamiento, *252*
escala nominal, *252*
escala ordinal, *254*
escala de intervalo, *255*
escala de razón, *256*
escalas comparativas, *257*
escalas no comparativas, *258*
escalamiento de comparación pareada, *258*
transitividad de la preferencia, *259*
escalamiento por rangos ordenados, *260*
escalamiento de suma constante, *261*
escalamiento de clasificación Q, *262*

CASOS SUGERIDOS, CASOS EN VIDEO Y CASOS DE HARVARD BUSINESS SCHOOL

Casos

Caso 2.3 El dulce es perfecto para Hershey.
Caso 2.4 Las fragancias son dulces, pero la competencia es amarga.
Caso 2.5 ¿La publicidad del Súper Tazón es súper efectiva?
Caso 4.1 Wachovia: finanzas "Watch Ovah Ya".
Caso 4.2 Wendy's: historia y vida después de Dave Thomas.
Caso 4.3 Astec sigue creciendo.
Caso 4.4 ¿Es la investigación de mercados la cura para los males del Hospital Infantil Norton Healthcare Kosair?

Casos en video

Caso en video 2.1 Starbucks: continúa a nivel nacional mientras se lanza a nivel mundial a través de la investigación de mercados.
Caso en video 4.1 Subaru: el "Sr. Encuesta" supervisa la satisfacción del cliente.
Caso en video 4.2 Procter & Gamble: usando la investigación de mercados para crear marcas.

Casos de Harvard Business School

Caso 5.1 La encuesta de Harvard sobre las viviendas para estudiantes de posgrado.
Caso 5.2 BizRate.com
Caso 5.3 La guerra de las colas continúa: Coca y Pepsi en el siglo XXI.
Caso 5.4 TiVo en 2002.
Caso 5.5 Computadoras Compact: ¿Con Intel dentro?
Caso 5.6 El nuevo Beetle.

INVESTIGACIÓN REAL: REALIZACIÓN DE UN PROYECTO DE INVESTIGACIÓN DE MERCADOS

1. Analice en grupo el nivel de medición (nominal, ordinal, de intervalo o de razón) que es adecuado para las variables clave.
2. Explique qué técnicas comparativas resultan apropiadas.
3. Considere las restricciones prácticas. Por ejemplo, si en el pasado se utilizó cierto nivel de medición para medir una variable (por ejemplo, preferencia ordinal), es posible que en el proyecto deba usarse el mismo nivel para permitir la comparación de los hallazgos con los resultados previos.

EJERCICIOS

Preguntas

1. ¿Qué es medición?
2. ¿Cuáles son las escalas básicas de medición?
3. Describa las diferencias entre las escalas nominal y ordinal.
4. ¿Cuáles son las implicaciones de tener un punto cero arbitrario en una escala de intervalo?
5. ¿Cuáles son las ventajas de la escala de razón sobre la escala de intervalo?
6. ¿Qué es una escala comparativa de calificación?
7. ¿Qué es una comparación pareada?
8. ¿Cuáles son las ventajas y las desventajas del escalamiento de comparación pareada?
9. Describa la escala de suma constante. ¿En qué se distingue de las otras escalas comparativas de calificación?
10. Describa el método de clasificación Q.

Problemas

1. Identifique el tipo de escala (nominal, ordinal, de intervalo o razón) que se utiliza en cada uno de los siguientes ejemplos. Por favor, explique su razonamiento.
   a. Me gusta resolver crucigramas.

En desacuerdo				*De acuerdo*
1	2	3	4	5

   b. ¿Qué edad tiene? _____
   c. Por favor, clasifique las siguientes actividades en términos de su preferencia, asignando calificaciones del 1 (más preferida) al 5 (menos preferida).
      i. Leer revistas _____
      ii. Ver televisión _____
      iii. Salir con la pareja _____
      iv. Ir de compras _____
      v. Salir a comer _____
   d. ¿Cuál es su número de seguridad social? _____
   e. Entre semana, ¿cuánto tiempo emplea en promedio para hacer su tarea o trabajos escolares?
      i. Menos de 15 minutos _____
      ii. De 15 a 30 minutos _____
      iii. De 31 a 60 minutos _____
      iv. De 61 a 120 minutos _____
      v. más de 120 minutos _____
   f. ¿Cuánto dinero gastó el mes pasado en entretenimiento? _____

2. Suponga que se aplicaron a 100 encuestados las preguntas del problema 1 (de la a a la f). Identifique el tipo de análisis que debe hacerse con cada pregunta para resumir los resultados.

EJERCICIOS EN INTERNET Y POR COMPUTADORA

1. Visite los sitios Web de dos empresas de investigación de mercados que realicen encuestas. Analice una encuesta de cada empresa para hacer una evaluación crítica del tipo de escala básica que se utilizó.
2. Navegue en Internet para encontrar dos ejemplos de cada uno de los cuatro tipos de escalas básicas. Escriba un informe donde describa el contexto en que se emplearon tales escalas.
3. Haga una búsqueda en Internet para identificar las cinco marcas de automóviles más vendidas durante el último año natural. Clasifique por orden estas marcas de acuerdo con sus ventas.
4. Marshalls y Wal-Mart son dos de las tiendas consideradas en el proyecto de la tienda departamental. Desarrolle una serie de escalas de comparación pareada para contrastar esas dos tiendas en las características de la imagen de la tienda. Identifique las características relevantes de la imagen de una tienda, visitando los sitios Web de los dos establecimientos (*www.marshalls.com, www.wal-mart.com*). ¿Cómo se comparan las características de imagen que identificó con las usadas en el proyecto de la tienda departamental (véase el capítulo 2)?

ACTIVIDADES

Juego de roles

1. Suponga que usted es analista de investigación de mercados de Coca-Cola Company. Después del fracaso al cambiar la fórmula de la Coca, la administración es más cautelosa con las pruebas de degustación. Se le pide a usted que escriba un informe técnico sobre los usos y las limitaciones de las pruebas de degustación, y que haga recomendaciones acerca de si deberían usarse estas pruebas en las futuras investigaciones

realizadas por Coca-Cola Company. Presente su informe al grupo de estudiantes que representarán a la administración de Coca-Cola.

Trabajo de campo

1. Desarrolle tres escalas comparativas (comparación pareada, de rangos ordenados y suma constante), para medir la actitud hacia cinco marcas populares de dentífrico (Crest, Colgate, Aim, Pepsodent y Ultra Brite). Aplique cada escala a cinco estudiantes. No se debe aplicar más de una escala a ningún estudiante. Registre el tiempo que le toma responder a cada estudiante. ¿Cuál escala fue la más sencilla de aplicar? ¿Cuál se llevó menos tiempo?

2. Desarrolle una escala de suma constante para determinar las preferencias de restaurantes. Aplique esta escala a una muestra piloto de 20 estudiantes para determinar sus preferencias por algunos de los restaurantes más populares de su ciudad. De acuerdo con su estudio piloto, ¿qué restaurante es el que más se prefiere?

Discusión en grupo

1. Analice la siguiente afirmación: "En una escala de rangos ordenados, una marca puede recibir la calificación mediana más alta de todas las marcas consideradas, y aún así tener pocas ventas".

CAPÍTULO 9

Medición y escalamiento: técnicas no comparativas de escalamiento

"Es importante establecer la confiabilidad y validez de nuestras escalas. De otra manera, no podemos creer en nuestros datos".

Chet Zalesky, presidente de CMI

Objetivos:

Después de leer este capítulo, el estudiante deberá ser capaz de:

1. Describir las técnicas no comparativas de escalamiento, distinguir entre escalas de clasificación continua o por ítem y explicar las escalas Likert, de diferencial semántico y de Stapel.
2. Analizar las decisiones implicadas en la elaboración de una escala de clasificación por ítem en relación con el número de categorías de la escala, escalas balanceadas o no balanceadas, número par o non de categorías, elección forzada o no forzada, grado de descripción verbal y forma física de la escala.
3. Exponer los criterios usados para la evaluación de la escala y explicar la forma de evaluar la confiabilidad, validez y generalización.
4. Analizar las consideraciones implicadas en el uso de escalas no comparativas en un contexto internacional.
5. Comprender los temas éticos implicados en el desarrollo de escalas no comparativas.

Panorama general

Como se vio en el capítulo 8, las técnicas de escalamiento se clasifican en comparativas y no comparativas. En el capítulo anterior se estudiaron las técnicas comparativas que incluyen el escalamiento de comparación pareada, de rangos ordenados, de suma constante y de clasificación Q. Este capítulo se refiere a las técnicas no comparativas que comprenden las escalas de clasificación continua y de clasificación por ítem. Aquí se analizarán las escalas de clasificación por ítem más utilizadas (Likert, de diferencial semántico y de Stapel), así como la elaboración de escalas de clasificación de reactivos múltiples. Se mostrará cómo deben evaluarse las técnicas de escalamiento en términos de confiabilidad y validez, y se explicará cómo el investigador selecciona una técnica particular de escalamiento. También se presentan las escalas derivadas matemáticamente. Se analizan las consideraciones implicadas en el uso de escalas no comparativas en la investigación de mercados internacionales. Se identifican varios temas éticos que surgen cuando se construye una escala de clasificación. El capítulo analiza también el uso de Internet y las computadoras en el desarrollo de escalas de clasificación continua y por ítem.

INVESTIGACIÓN REAL

Sistema de transporte de la ciudad de Nueva York

El sistema de transporte de la ciudad de Nueva York (New York City Transit, NYCT) (*www.mta.nyc.ny.us/nyct/subway*) no tiene un público cautivo, como algunos piensan. Cuando tiene la posibilidad de elegir, mucha gente no utiliza el sistema de transporte público. El muy necesitado incremento de tarifas hizo temer que mucha gente evitaría el uso de autobuses o del metro. Por eso se realizó una investigación para encontrar la manera de incrementar el número de usuarios del transporte público.

En una encuesta telefónica se pidió a los encuestados que calificaran diferentes aspectos del sistema de transporte usando escalas de Likert de cinco puntos. Se eligieron las escalas de Likert porque es sencillo aplicarlas por teléfono y los encuestados sólo tienen que indicar su grado de acuerdo o desacuerdo (1 = totalmente en desacuerdo, 5 = totalmente de acuerdo).

Los resultados mostraron que la principal preocupación en torno al metro era la seguridad personal. Los neoyorquinos tenían miedo de usar las estaciones del metro en sus propios vecindarios. El factor que más contribuía al temor de los usuarios era la dificultad para encontrar a alguien en caso de que se presentaran problemas. El sistema de transporte de Nueva York pudo responder a los temores de los usuarios al incrementar el número de policías, hacer más visible al personal del NYCT, mejorar la iluminación y reacomodar muros, columnas y escaleras para mejorar la visibilidad en la estación.

Las encuestas telefónicas también revelaron que la falta de limpieza en las estaciones y vagones del metro estaba relacionada con la percepción de delincuencia. En respuesta, el NYCT se esforzó por mantener una apariencia limpia. También se tomaron medidas para reducir el número de indigentes y mendigos. Se les pidió que salieran y en ocasiones se les ofrecía transportación a los refugios.

Los resultados del esfuerzo de investigación de mercados ayudaron al NYCT a mejorar las percepciones del sistema, lo que dio lugar a un incremento en el número de usuarios. En 2006 el metro de Nueva York celebró 102 años de operación y fue calificado como el quinto sistema de transporte subterráneo más grande del mundo y el más grande en Norteamérica con 1,500 millones de usuarios al año.[1] ∎

Mediante el uso de escalas de Likert, el sistema de transporte de la ciudad de Nueva York pudo determinar la percepción de la gente sobre el sistema del metro y dar respuesta a sus temores, lo que dio lugar a un incremento el número de usuarios.

TÉCNICAS NO COMPARATIVAS DE ESCALAMIENTO

escala no comparativa
Una de las dos técnicas de escalamiento, en donde cada objeto estímulo se escala independientemente de los otros objetos del conjunto de estímulos.

Los encuestados que usan una *escala no comparativa* emplean cualquier estándar de clasificación que les parezca más apropiado. No comparan el objeto que deben calificar con otro objeto ni con algún estándar especificado, como "su marca ideal". Sólo evalúan un objeto a la vez, por lo que las escalas no comparativas se conocen también como escalas monádicas. Las técnicas no comparativas constan de las escalas de clasificación continua y por ítem, las cuales se describen en la tabla 9.1 y se analizan en los siguientes apartados.

Escala de clasificación continua

escala de clasificación continua
En una escala de clasificación continua, también conocida como escala de clasificación gráfica, los encuestados clasifican los objetos poniendo una marca en la posición apropiada sobre una línea que va de un extremo al otro de la variable criterio.

En una *escala de clasificación continua*, conocida también como *escala de clasificación gráfica*, los encuestados califican los objetos poniendo una marca en la posición apropiada sobre una línea que corre de un extremo al otro de la variable criterio. De esta forma, los encuestados no se limitan a seleccionar entre las marcas previamente establecidas por el investigador. La forma de una escala continua puede variar considerablemente. Por ejemplo, la línea puede ser vertical u horizontal, los puntos de la escala pueden aparecer en forma de números o descripciones breves y, en tal caso, los puntos de la escala pueden ser muchos o pocos. Aquí se ilustran tres versiones de escalas de clasificación continua.

TABLA 9.1

Escalas no comparativas básicas

Escala	Características básicas	Ejemplos	Ventajas	Desventajas
Escala de clasificación continua	Se pone una marca sobre una línea continua	Reacción ante comerciales de TV	Fácil de construir	La clasificación puede ser engorrosa a menos que sea computarizada
Escalas de clasificación por ítem				
Escala de Likert	Grado de acuerdo sobre una escala que va del 1 (totalmente en desacuerdo) al 5 (totalmente de acuerdo)	Medición de actitudes	Fácil de construir, aplicar y entender	Consume más tiempo
Diferencial semántico	Escala de 7 puntos con etiquetas bipolares	Imagen de la marca, producto y compañía	Versátil	Controversia sobre si los datos son de intervalo
Escala de Stapel	Escala unipolar de 10 puntos, −5 a +5, sin un punto neutral (cero)	Medición de actitudes e imágenes	Fácil de construir, se aplica por teléfono	Confusa y difícil de aplicar

PROYECTO DE INVESTIGACIÓN

Escalas de clasificación continua

¿Cómo calificaría a Sears como tienda departamental?

Versión 1
Probablemente la peor ------------ I ------------------------------ Probablemente la mejor

Versión 2
Probablemente la peor ------------ I ------------------------------ Probablemente la mejor
                                0 10 20 30 40 50 60 70 80 90 100

Versión 3
                Muy mala   Ni buena   Muy buena
                              ni mala

Probablemente la peor ------------ I ------------------------------ Probablemente la mejor
                                0 10 20 30 40 50 60 70 80 90 100 ■

Una vez que el encuestado ha otorgado las calificaciones, el investigador divide la línea en tantas categorías como desee y asigna las puntuaciones con base en las categorías en las que cae la clasificación. En el ejemplo del proyecto de la tienda departamental, el encuestado mostró una actitud desfavorable hacia Sears. Esas puntuaciones por lo regular se tratan como datos de intervalo.

La ventaja de las escalas continuas es que son fáciles de construir. Sin embargo, su clasificación es engorrosa y poco confiable; además, las escalas continuas ofrecen poca información nueva. Por eso, su uso en investigación de mercados es restringido. Sin embargo, en los últimos tiempos se está utilizando con mayor frecuencia en virtud del incremento en el número de entrevistas personales asistidas por computadora y gracias al uso de otras tecnologías. También es sencillo aplicar estas escalas en Internet. El cursor puede moverse en la pantalla de modo continuo para seleccionar la posición exacta sobre la escala que describe mejor la evaluación del encuestado. Además, la computadora puede calificar de forma automática los valores de la escala, lo que incrementa la velocidad y precisión del procesamiento de los datos.

INVESTIGACIÓN REAL

Medición continua y análisis de percepciones: el analizador de percepciones

El analizador de percepciones (*www.perceptionanalyzer.com*) de MSInteractive es un sistema de retroalimentación interactiva, apoyado por computadora y compuesto por un dial portátil —ya sea con cables o inalámbrico— que se da a cada participante, una consola (interfase de computadora) y un software especial que edita preguntas, recaba datos y analiza las respuestas de los participantes. Los participantes en las sesiones de grupo lo usan para registrar sus respuestas emocionales a los comerciales de televisión de manera instantánea y continua. Cada participante recibe un dial y se le indica que registre de manera continua su reacción ante el material que se está sometiendo a prueba. Cada vez que los encuestados giran el dial, la información se almacena en una computadora. De esta forma, el investigador está en condiciones de determinar segundo a segundo la respuesta de los encuestados mientras se transmite el comercial. Además, es posible sobreponer esta respuesta en el comercial para ver las reacciones del encuestado ante los distintos cuadros y escenas.

El analizador se empleó recientemente para medir las respuestas a la serie de comerciales "rebanada de vida" de McDonald's. Los investigadores encontraron que madres e hijas respondían de manera distinta ante diferentes aspectos del comercial. Al utilizar los datos de las respuestas emocionales, los investigadores pudieron determinar qué comercial tenía mayor atractivo emocional en los segmentos de madres e hijas. Los esfuerzos de marketing de McDonald's demostraron su éxito con utilidades de $20,460 millones en 2005.[2] ■

Compañías como McDonald's han usado el analizador de percepciones para medir las reacciones de los consumidores a sus comerciales, videos de la empresa y otros materiales audiovisuales.

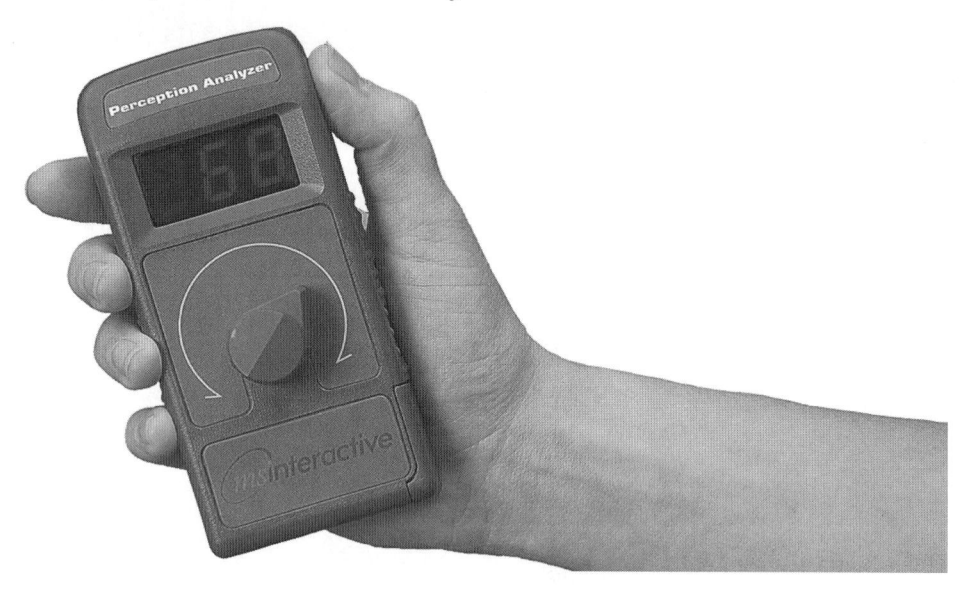

INVESTIGACIÓN ACTIVA

Visite *www.disney.com* y realice una búsqueda en Internet y en la base en línea de su biblioteca, para obtener información sobre los hábitos y preferencias cinematográficas de los consumidores.

¿Cómo mediría la reacción de la audiencia ante una nueva película cuyo estreno está programado por Walt Disney Company?

Como director de marketing de las películas de Disney, ¿cómo haría que sus películas fueran un éxito?

ESCALAS DE CLASIFICACIÓN POR ÍTEM

escala de clasificación por ítem
Escala de medición que asocia números y/o descripciones breves con cada categoría. Las categorías están ordenadas en términos de la posición de la escala.

En una *escala de clasificación por ítem* se presenta a los encuestados una escala que asocia un número o una breve descripción con cada categoría. Las categorías se ordenan en términos de la posición de la escala y se pide a los encuestados que seleccionen la categoría específica que describa mejor al objeto que se está evaluando. Las escalas de clasificación por ítem se utilizan mucho en la investigación de mercados y son los componentes básicos de escalas más complicadas, como la escala de clasificación por reactivos múltiples. Se describirán primero las escalas de clasificación por ítem de uso más frecuente (las escalas de Likert, de diferencial semántico y de Stapel) y luego se examinarán los problemas más comunes en torno a su uso.

Escala de Likert

escala de Likert
Escala de medición con cinco categorías de respuesta que van de "totalmente en desacuerdo" a "totalmente de acuerdo", lo cual requiere que los encuestados indiquen el grado de acuerdo o desacuerdo con cada una de las afirmaciones relacionadas con los objetos estímulo.

Llamada así en honor a su creador, Rensis Likert, la *escala de Likert* es una escala de clasificación de uso muy difundido que requiere que los encuestados indiquen el grado de acuerdo o desacuerdo con cada una de las afirmaciones de una serie acerca del objeto estímulo.[3] Por lo general, cada reactivo tiene cinco categorías de respuestas, que van de "totalmente en desacuerdo" a "totalmente de acuerdo". Se ejemplifica el uso de la escala de Likert en la evaluación de las actitudes hacia Sears en el contexto del proyecto de la tienda departamental.

PROYECTO DE INVESTIGACIÓN

Escala de Likert

Instrucciones

Abajo se presentan diferentes opiniones acerca de Sears. Por favor, indique qué tan de acuerdo o en desacuerdo está con cada una usando la siguiente escala:

1 = totalmente en desacuerdo.
2 = en desacuerdo.
3 = indiferente.
4 = de acuerdo.
5 = totalmente de acuerdo.

		Totalmente en desacuerdo	En desacuerdo	Indiferente	De acuerdo	Totalmente de acuerdo
1.	Sears vende mercancía de alta calidad	1	2X	3	4	5
2.	Sears tiene un mal servicio en la tienda	1	2X	3	4	5
3.	Me gusta comprar en Sears	1	2	3X	4	5
4.	Sears no ofrece una buena variedad de marcas diferentes dentro de una categoría de productos	1	2	3	4X	5
5.	Las políticas de crédito de Sears son inadecuadas	1	2	3	4X	5
6.	Sears es la tienda donde compran los estadounidenses	1X	2	3	4	5
7.	No me gusta la publicidad de Sears	1	2	3	4X	5
8.	Sears vende una amplia variedad de mercancías	1	2	3	4X	5
9.	Sears cobra precios justos	1	2X	3	4	5

Para realizar el análisis, a cada afirmación se le asigna una clasificación numérica que va de −2 a +2 o de 1 a 5. El análisis puede hacerse reactivo por reactivo (análisis de perfil), o bien, se calcula una clasificación total (sumatoria) para cada encuestado sumando todos los reactivos. Suponga que en el ejemplo de la tienda departamental se utilizó la escala de Likert para medir las actitudes hacia Sears y hacia JCPenney. El análisis de perfil implica comparar a las dos tiendas en términos de la clasificación promedio que dieron los encuestados a cada reactivo, como calidad de la mercancía, servicio en la tienda y variedad de marcas. El enfoque sumarizado se usa con más frecuencia, por lo que la escala de Likert también se conoce como una escala sumada o aditiva.[4] Cuando se usa esta aproximación para determinar la clasificación total de cada encuestado para cada tienda, es importante utilizar un procedimiento de clasificación consistente de manera que una puntuación alta (o baja) refleje siempre una respuesta favorable. Esto requiere que las categorías asignadas por los encuestados a los enunciados negativos se califiquen invirtiendo la escala cuando se analizan los datos. Advierta que para un enunciado negativo, un acuerdo refleja una respuesta desfavorable, mientras que para un enunciado positivo, el acuerdo representa una respuesta favorable. En consecuencia, una respuesta de "totalmente de acuerdo" para un enunciado favorable y una respuesta de "totalmente en desacuerdo" para un enunciado desfavorable deben recibir, ambas, una clasificación de 5. En la escala mostrada arriba, si la clasificación más alta denota una actitud más favorable, se invertirá la clasificación de los reactivos 2, 4, 5 y 7. Por lo tanto, en el ejemplo del proyecto de la tienda departamental, la actitud del encuestado tiene una puntuación de 22. Se calcula la clasificación total de cada encuestado para cada tienda. Un encuestado tendrá la actitud más favorable hacia la tienda si la puntuación que le otorga es la más alta. El procedimiento para desarrollar escalas de Likert sumadas se describe más adelante en el apartado de escalas de reactivos múltiples.

La escala de Likert tiene varias ventajas. Es fácil de construir y de aplicar. A los encuestados les resulta sencillo entender su uso, lo que la hace adecuada para aplicarse por correo, por teléfono o en entrevistas personales. Por eso, esta escala se utilizó en la encuesta telefónica del NYCT del ejemplo inicial. La principal desventaja de la escala de Likert es que requiere más tiempo para completarse que otras escalas de clasificación por ítem, porque los encuestados tienen que leer cada afirmación. El siguiente ejemplo muestra otro uso de la escala de Likert en la investigación de mercados.

INVESTIGACIÓN REAL

¿Qué tanto le preocupa su privacidad en línea?

A pesar del enorme potencial del comercio electrónico, su porcentaje de uso comparado con el total de la economía continúa siendo baja: menos del 2 por ciento a nivel mundial hasta 2006. La falta de confianza del consumidor a la privacidad en línea es el problema que más obstaculiza el crecimiento del comercio electrónico. Un informe reciente mostró que prácticamente a todos los estadounidenses (94.5 por ciento), e incluso a los habitantes de todo el mundo, incluyendo a los usuarios de Internet y los no usuarios, les preocupa "la privacidad de su información personal en el caso de realizar compras en línea". El autor y sus colaboradores desarrollaron una escala tridimensional de 10 reactivos para medir la preocupación de los usuarios de Internet por el carácter privado de su información. Las tres dimensiones son control, conocimiento y cobranza. Cada uno de los 10 reactivos se califica en una escala de Likert de 7 puntos de acuerdo-desacuerdo. Se demostró que la escala tiene buena confiabilidad y validez. Esta escala podría permitir a los diseñadores de políticas y a los vendedores en línea identificar y medir las preocupaciones de los usuarios de Internet respecto a la privacidad de su información, lo que podría derivar en un incremento del comercio electrónico.[5] Ante las limitaciones de espacio sólo se muestran los reactivos usados para medir el conocimiento.

Conocimiento (de las prácticas de privacidad)

Escalas de 7 puntos ancladas en "totalmente en desacuerdo" y "totalmente de acuerdo".

1. Las compañías que buscan información en línea deben revelar la manera en que recaban, procesan y utilizan los datos.
2. Las buenas políticas de privacidad para los consumidores en línea deben mostrarse con claridad.
3. Para mí es muy importante estar enterado y consciente de la forma en que será usada mi información personal. ∎

Escala de diferencial semántico

El *diferencial semántico* es una escala de clasificación de 7 puntos cuyos extremos están asociados con etiquetas bipolares que tienen carácter semántico. En una aplicación típica, los encuestados evalúan objetos sobre una serie de escalas de clasificación por ítem de 7 puntos vinculadas en cada extremo a uno de dos adjetivos bipolares, como "frío" y "caliente".[6] Para ilustrar esta escala se presenta la evaluación de un encuestado respecto a cinco atributos de Sears.

El encuestado marca el espacio que indica mejor su descripción del objeto calificado.[7] De este modo, en nuestro ejemplo, se evaluó a Sears como una tienda departamental algo débil, confiable, muy anticuada, cálida y cuidadosa. La frase o adjetivo negativo en ocasiones aparece del lado izquierdo de la escala y otras veces del lado derecho. Esto controla la tendencia de algunos encuestados, en particular de aquellos con actitudes muy positivas o muy negativas, a marcar el lado izquierdo o derecho sin leer las etiquetas. El autor ha descrito en otras ocasiones las técnicas para seleccionar las etiquetas de la escala y para construir una escala de diferencial semántico. Aquí se muestra una escala general de diferencial semántico para medir autoconceptos, conceptos de las personas y conceptos de productos.

diferencial semántico
Escala de clasificación de 7 puntos cuyos extremos están asociados con etiquetas bipolares que tienen carácter semántico.

PROYECTO DE INVESTIGACIÓN

Escala de diferencial semántico

Instrucciones

Esta parte del estudio mide lo que significan para usted ciertas tiendas departamentales haciendo que las juzgue en una serie de escalas descriptivas ligadas en cada extremo a uno de dos adjetivos bipolares. Por favor marque con una (X) el espacio que indique mejor el grado con que uno u otro adjetivo describen lo que la tienda significa para usted. Por favor, asegúrese de marcar cada escala, no omita ninguna.

Forma

Sears es:
Poderosa   –:–:–:–:-X-:–:–: Débil
Poco confiable –:–:–:–:–:-X-:–: Confiable
Moderna   –:–:–:–:–:–:-X-: Anticuada
Fría   –:–:–:–:–:-X-:–: Cálida
Cuidadosa   –:-X-:–:–:–:–:–: Descuidada ∎

INVESTIGACIÓN REAL

Una escala de diferencial semántico para medir autoconceptos, conceptos de las personas y conceptos de productos[8]

1. Tosco   :–:–:–:–:–:–: Delicado
2. Excitable   :–:–:–:–:–:–: Tranquilo
3. Incómodo   :–:–:–:–:–:–: Cómodo
4. Dominante   :–:–:–:–:–:–: Sumiso
5. Ahorrativo   :–:–:–:–:–:–: Derrochador
6. Agradable   :–:–:–:–:–:–: Desagradable
7. Contemporáneo   :+:+:+:+:+:+: Anticuado
8. Organizado   :–:–:–:–:–:–: Desorganizado
9. Racional   :+:+:+:+:+:+: Emocional

10. Juvenil   :—:—:—:—:—:—: Maduro
11. Formal   :—:—:—:—:—:—: Informal
12. Ortodoxo   :—:—:—:—:—:—: Liberal
13. Complejo   :—:—:—:—:—:—: Simple
14. Incoloro   :—:—:—:—:—:—: Colorido
15. Modesto   :—:—:—:—:—:—: Vanidoso ■

Los reactivos individuales en una escala de diferencial semántico pueden calificarse en una escala de −3 a +3 o de 1 a 7. Por lo regular, los datos resultantes se analizan a través de un análisis de perfil, en el cual se calculan los valores de la media o la mediana de cada escala de clasificación y se comparan mediante una gráfica o análisis estadístico. Esto ayuda a determinar las diferencias y similitudes generales entre los objetos. Para evaluar las diferencias entre los segmentos de encuestados, el investigador puede comparar las respuestas promedio de los diferentes segmentos. Aunque la media se utiliza con más frecuencia como un estadístico de resumen, hay cierta controversia sobre si los datos obtenidos deben tratarse como una escala de intervalo.[9] Por otro lado, en casos en que el investigador necesita una comparación general de los objetos, como determinar la preferencia por las tiendas, se suman las calificaciones de los reactivos individuales para obtener una clasificación total.

La versatilidad del diferencial semántico lo hace de gran aceptación en la investigación de mercados. Se utiliza mucho en la comparación de marcas, productos e imagen de las compañías. También se utiliza para desarrollar estrategias de publicidad y promoción, así como en estudios de desarrollo de nuevos productos.[10] Se han propuesto varias modificaciones a la escala básica.

Escala de Stapel

escala de Stapel
Escala para medir actitudes que consiste en un solo adjetivo en el centro de un rango de valores de números pares, de −5 a +5, sin un punto neutral (cero).

La *escala de Stapel*, llamada así en honor de su creador, Jan Stapel, es una escala de clasificación unipolar con 10 categorías numeradas del −5 a +5, sin un punto neutral (cero).[11] Esta escala por lo general se presenta de manera vertical. Se pide a los encuestados que indiquen qué tan precisa o imprecisa es la descripción que hace cada término del objeto, seleccionando una respuesta numérica apropiada para la categoría. Cuanto mayor sea el número, más precisa es la descripción que hace el término del objeto, como se muestra en el proyecto de la tienda departamental. En ese ejemplo, la evaluación indicó que Sears carecía de alta calidad y que su servicio era algo deficiente.

PROYECTO DE INVESTIGACIÓN

Escala de Stapel

Instrucciones

Por favor, evalúe la precisión con que cada palabra o frase describe a cada una de las tiendas departamentales. Seleccione un número positivo para las frases que considere que describen con precisión a la tienda. Cuanto más precisa crea que es la frase para describir a la tienda, más grande debe ser el número positivo que elija. Debe elegir un número negativo para las frases que considere que no la describen con precisión. Cuanto menos precisa crea que es la descripción que hace la frase de la tienda, más grande debe ser el número negativo que elija. Puede elegir cualquier número, de −5 para las frases que piense que son muy precisas a +5 para las frases que piense que son muy inexactas.

Forma

	SEARS	
	+5	+5
	+4	+4
	+3	+3
	+2	+2X
	+1	+1
ALTA CALIDAD		**MAL SERVICIO**
	−1	−1
	−2X	−2
	−3	−3
	−4	−4
	−5	−5 ■

> **INVESTIGACIÓN ACTIVA**
>
> Visite *www.dietcoke.com* y realice una búsqueda en Internet y en la base en línea de su biblioteca, para obtener información sobre las actitudes de los consumidores hacia las bebidas dietéticas.
>
> Si fuera gerente de marca de Diet Coke, ¿cómo usaría la información sobre las actitudes de los consumidores para segmentar el mercado?
>
> ¿Cómo emplearía cada una de las tres escalas por ítem para medir las actitudes de los consumidores hacia Diet Coke y otras bebidas dietéticas? ¿Qué escala recomienda?

Los datos obtenidos con una escala de Stapel pueden analizarse de la misma forma que los datos del diferencial semántico, ya que ambas producen resultados similares. La escala de Stapel tiene las ventajas de que no requiere una prueba previa de los adjetivos o frases para asegurar su bipolaridad y de que puede aplicarse por teléfono. Sin embargo, algunos investigadores creen que es confusa y difícil de aplicar. Aunque la escala de Stapel es la que menos se utiliza de las tres escalas de clasificación por ítem que se consideraron, merece más atención de la que se le ha dado.

DECISIONES SOBRE ESCALAS NO COMPARATIVAS DE CLASIFICACIÓN POR ÍTEM

Como indica la revisión hecha hasta ahora, las escalas no comparativas de clasificación por ítem no tienen que usarse tal como se propuso originalmente, sino que pueden adoptar diversas formas. El investigador debe tomar seis decisiones importantes al elaborar cualquiera de estas escalas en relación con los siguientes factores:

1. El número de categorías que se usará en la escala.
2. Escala balanceada o no balanceada.
3. Número par o non de categorías.
4. Elección forzada o no forzada.
5. La naturaleza y el grado de la descripción verbal.
6. La forma física de la escala.

Número de categorías de la escala

La decisión sobre el número de categorías de la escala implica dos consideraciones fundamentales. Cuanto mayor sea el número de categorías, más fina será la discriminación entre los objetos estímulo. Por otro lado, la mayoría de los encuestados no pueden manejar más de unas cuantas categorías. Las directrices tradicionales sugieren que el número apropiado de categorías debe ser de siete más o menos dos, es decir, entre cinco y nueve.[12] Sin embargo, no hay un número óptimo de categorías. Al decidir el número de categorías deben considerarse varios factores.

Si los encuestados están interesados en la tarea de escalamiento y conocen los objetos, puede emplearse un mayor número de categorías. Por otro lado, si los encuestados no conocen bien la tarea o no están familiarizados con ella, el número de categorías debe ser menor. También es relevante la naturaleza de los objetos. Algunos objetos no se prestan a una discriminación fina, por lo que un menor número de categorías es suficiente. Otro factor importante es el modo de recolección de datos. Si se usan entrevistas telefónicas, muchas categorías podrían confundir a los encuestados. De igual forma, las limitaciones de espacio restringen el número de categorías en los cuestionarios enviados por correo.

El modo en que se van a analizar y utilizar los datos también influye en el número de categorías. En situaciones en las que se suman varios reactivos de la escala con el fin de producir una sola clasificación para cada encuestado, cinco categorías son suficientes. Lo mismo se aplica si el investigador desea hacer generalizaciones amplias o comparaciones entre los grupos. Sin embargo, podrían requerirse siete o más categorías si se tiene interés en las respuestas individuales o si los datos van a analizarse mediante técnicas estadísticas complejas. El número de categorías de la escala influye en el tamaño del coeficiente de correlación, una medida común de la relación entre variables (véase el capítulo 17). El coeficiente de correlación disminuye cuando se reduce el número de categorías. A la vez, esto tiene un efecto en todos los análisis estadísticos que se basan en el coeficiente de correlación.[13]

Figura 9.1
Escalas balanceadas y no balanceadas

Escala balanceada	Escala no balanceada
Jovan Musk para hombre es	Jovan Musk para hombre es
Extremadamente buena _____	Extremadamente buena _____
Muy buena _____	Muy buena _____
Buena _____	Buena _____
Mala _____	Algo buena _____
Muy mala _____	Mala _____
Extremadamente mala _____	Muy mala _____

Escalas balanceadas frente a no balanceadas

escala balanceada
Escala con un número igual de categorías favorables y desfavorables.

En una *escala balanceada*, el número de categorías favorables y desfavorables es igual; en una escala no balanceada es diferente.[14] En la figura 9.1 se presentan ejemplos de una escala balanceada y una no balanceada. En general, la escala debe ser balanceada para obtener datos objetivos. Sin embargo, cuando es probable que exista un sesgo (positivo o negativo) en la distribución de las respuestas, podría ser más conveniente usar una escala no balanceada con más categorías en dirección al sesgo. Si se usa una escala no balanceada, en el análisis de los datos debe tenerse en consideración la naturaleza y el grado de desequilibrio.

Número par o non de categorías

Con un número non de categorías, el punto central de la escala por lo general se designa como neutral o imparcial. La presencia, posición o etiquetamiento de una categoría neutral puede tener una influencia significativa en la respuesta. La escala de Likert es una escala de clasificación balanceada con un número non de categorías y un punto neutral.[15]

La decisión de usar un número par o non de categorías depende de si algunos de los encuestados pueden ser neutrales respecto a la respuesta medida. Si hay la posibilidad de que al menos algunos encuestados den una respuesta neutral o indiferente, debe usarse un número non de categorías. Por otro lado, si el investigador desea forzar la respuesta o cree que no existe una respuesta neutral o indiferente, debe usarse una escala de clasificación con un número par de categorías. Un tema relacionado es si la escala debe ser forzada o no.

Escalas forzadas frente a las no forzadas

escalas de clasificación forzada
Escala de clasificación que obliga a los encuestados a expresar una opinión porque no ofrece la opción de "sin opinión" o "no sabe".

En las *escalas de clasificación forzada*, los encuestados son obligados a expresar una opinión porque no se les da la opción de "sin opinión". En tal caso, los encuestados que no tienen opinión pueden marcar la posición central de la escala. Si una proporción suficiente de los encuestados no tienen opinión sobre el tema, marcar la posición central podría distorsionar las medidas de tendencia central y la varianza. En situaciones donde se espera que los encuestados no tengan opinión, en vez de estar simplemente renuentes a revelarla, una escala no forzada que incluya una categoría de "sin opinión" mejora la precisión de los datos.[16]

Naturaleza y grado de las descripciones verbales

La naturaleza y el grado de la descripción verbal asociada con las categorías de la escala varían considerablemente y tienen efecto en las respuestas. Las categorías de la escala pueden tener descripciones verbales, numéricas y hasta pictóricas. Además, el investigador debe decidir si etiqueta todas, algunas o sólo las categorías extremas de la escala. De manera sorprendente, ofrecer descripciones verbales para cada categoría no siempre incrementa la precisión o confiabilidad de los datos. Sin embargo, etiquetar todas o muchas de las categorías permite reducir la ambigüedad de la escala. Las descripciones de las categorías deben localizarse tan cerca como sea posible de las categorías de respuesta.

La fuerza de los adjetivos usados para anclar la escala influye en la distribución de las respuestas. Con anclas fuertes (1 = completamente en desacuerdo, 7 = completamente de acuerdo), es menos probable que los encuestados usen las categorías extremas de la escala. Esto da por resultado distribuciones de respuesta menos variables y más pronunciadas. En contraste, las anclas

Figura 9.2
Configuraciones de las escalas de clasificación

Para medir la suavidad del detergente Cheer pueden emplearse diversas configuraciones de la escala. Aquí se incluyen algunos ejemplos.

El detergente Cheer es

1. Muy fuerte — — — — — — — Muy suave

2. Muy fuerte   1   2   3   4   5   6   7   Muy suave

3. ☐ Muy fuerte
   ☐
   ☐
   ☐ Ni fuerte ni suave
   ☐
   ☐
   ☐ Muy suave

4. ——   ——   ——   ——   ——   ——   ——
   Muy fuerte   Fuerte   Algo fuerte   Ni fuerte ni suave   Algo suave   Suave   Muy suave

5. [−3]   [−2]   [−1]   [0]   [+1]   [+2]   [+3]
   Muy fuerte   Ni fuerte ni suave   Muy suave

---

débiles (1 = por lo general en desacuerdo, 7 = por lo general de acuerdo) producen distribuciones planas o uniformes. Se han desarrollado procedimientos para asignar valores a los descriptores de las categorías con el fin de obtener escalas balanceadas o de intervalos iguales.[17]

Forma física o configuración

Se dispone de diversas opciones con respecto a la forma o configuración de la escala. Las escalas se pueden presentar de manera horizontal o vertical. Las categorías pueden expresarse en cajas, líneas discretas o unidades sobre un continuo, y pueden o no tener números asignados. Si se usan valores numéricos, pueden ser positivos, negativos o ambos. En la figura 9.2 se presentan varias configuraciones posibles.

La escala del termómetro y la de la cara sonriente son dos configuraciones únicas de las escalas de clasificación que se utilizan en la investigación de mercados. En la escala del termómetro, cuanto más alta sea la temperatura, más favorable es la evaluación. De igual forma, las caras felices indican evaluaciones más favorables. Estas escalas son especialmente útiles con los niños.[18] En la figura 9.3 se presentan ejemplos de estas escalas. La tabla 9.2 resume las seis decisiones que deben tomarse al diseñar escalas de clasificación. La tabla 9.3 presenta algunas escalas de uso común. Aunque las escalas mostradas tienen cinco categorías, el número varía según el criterio del investigador.

PROYECTO DE INVESTIGACIÓN

Actividades del proyecto

1. Desarrollar escalas de Likert, de diferencial semántico y de Stapel para medir la satisfacción del cliente hacia Sears.
2. Ilustrar las seis decisiones de la escala de clasificación por ítem de la tabla 9.2 en el contexto de la medición de la satisfacción del cliente hacia Sears. ■

Figura 9.3
Algunas configuraciones únicas de la gráfica de clasificación

Escala de termómetro
Instrucciones
Por favor, indique cuánto le gustan las hamburguesas de McDonald's coloreando el termómetro con tinta azul. Comience desde la parte inferior y coloree hacia arriba hasta el nivel de temperatura que indique mejor su preferencia por las hamburguesas de Mc Donald's.
Forma

Me gustan mucho — 100
— 75
— 50
— 25
Me disgustan mucho — 0

Escala de cara sonriente
Instrucciones
Indica por favor cuánto te gusta la muñeca Barbie señalando la cara que mejor muestre cuánto te gusta. Si no te gusta la muñeca Barbie en lo absoluto, señala la cara 1. Si te gusta mucho, señala la cara 5. Ahora dime, ¿cuánto te gusta la muñeca Barbie?
Forma

1 2 3 4 5

TABLA 9.2
Resumen de las decisiones de la escala de clasificación por ítem

1. Número de categorías	Aunque no existe un solo número óptimo, las directrices tradicionales sugieren que debe haber entre cinco y nueve categorías
2. Balanceada o no balanceada	En general, la escala debe ser balanceada para obtener datos objetivos
3. Número par o non de categorías	Si es posible obtener una respuesta neutral o indiferente al menos de parte de algunos de los encuestados, debe usarse un número non de categorías
4. Forzada o no forzada	En situaciones donde se espera que el encuestado no tenga opinión, una escala no forzada mejora la precisión de los datos
5. Descripción verbal	Hay argumentos a favor de etiquetar todas o muchas de las categorías de la escala. Las descripciones de las categorías deben localizarse tan cerca como sea posible de las categorías de respuesta
6. Forma física	Deben probarse varias opciones y seleccionar la mejor

TABLA 9.3
Algunas escalas de uso común en marketing

Constructo		Descriptores de la escala			
Actitud	Muy mala	Mala	Ni mala ni buena	Buena	Muy buena
Importancia	Ninguna importancia en lo absoluto	No es importante	Neutral	Importante	Muy importante
Satisfacción	Muy insatisfecho	Insatisfecho	Ni insatisfecho ni satisfecho	Satisfecho	Muy satisfecho
Intención de compra	Definitivamente no lo comprará	Probablemente no lo comprará	Tal vez lo compre o tal vez no	Probablemente lo comprará	Definitivamente lo comprará
Frecuencia de compra	Nunca	Rara vez	Algunas veces	A menudo	Muy a menudo

INVESTIGACIÓN ACTIVA

Visite *www.rockport.com* y realice una búsqueda en Internet y en la base en línea de su biblioteca, para obtener información sobre las preferencias de los consumidores hacia los zapatos de vestir.

Desarrolle una escala por ítem para medir las preferencias de los consumidores por los zapatos de vestir y justifique las decisiones de su escala de clasificación.

Como gerente de marketing de Rockport, ¿cómo usaría la información sobre las preferencias de los consumidores por los zapatos de vestir para incrementar sus ventas?

ESCALAS DE REACTIVOS MÚLTIPLES

El desarrollo de las escalas de clasificación de reactivos múltiples requiere de considerable experiencia técnica.[19] La figura 9.4 es un paradigma para la elaboración de esas escalas. Suele llamarse *constructo* a la característica que será medida. El desarrollo de la escala comienza con una teoría subyacente del constructo que se quiere medir. La teoría es necesaria no sólo para la elaboración de la escala, sino también para interpretar las puntuaciones resultantes. El siguiente paso es generar un conjunto de reactivos para la escala. Por lo regular, esto se basa en la teoría, el análisis de los datos secundarios y en la investigación cualitativa. A partir de este conjunto se genera un conjunto reducido de reactivos potenciales de acuerdo con el criterio del investigador y de otros expertos, quienes adoptan algunos criterios cualitativos para ayudarse en su juicio. El grupo reducido de reactivos todavía es demasiado grande para constituir una escala, por lo que se hace otra reducción de manera cuantitativa.

Mediante un pretest aplicado a una muestra grande de encuestados se obtienen los datos sobre el conjunto reducido de reactivos potenciales. Los datos son analizados usando técnicas como correlaciones, análisis factorial, análisis de conglomerados, análisis discriminante y otras pruebas

Figura 9.4
Desarrollo de una escala de reactivos múltiples

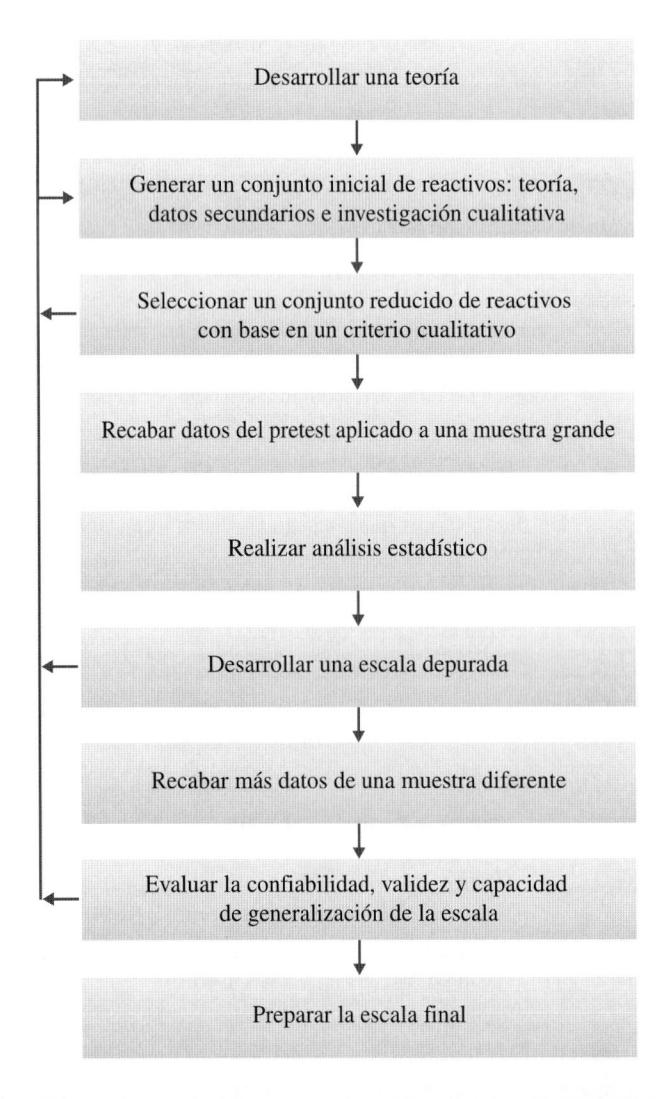

- Desarrollar una teoría
- Generar un conjunto inicial de reactivos: teoría, datos secundarios e investigación cualitativa
- Seleccionar un conjunto reducido de reactivos con base en un criterio cualitativo
- Recabar datos del pretest aplicado a una muestra grande
- Realizar análisis estadístico
- Desarrollar una escala depurada
- Recabar más datos de una muestra diferente
- Evaluar la confiabilidad, validez y capacidad de generalización de la escala
- Preparar la escala final

estadísticas que se explicarán más adelante en este libro. Como resultado de estos análisis estadísticos, se eliminan algunos otros reactivos, lo que da como resultado una escala depurada. Para evaluar la confiabilidad y validez de esta escala depurada se recaban más datos de una muestra diferente (véase el siguiente apartado). Con base en estas evaluaciones se selecciona un conjunto final de reactivos. Como se observa en la figura 9.4, el proceso de desarrollo de la escala es iterativo con varios ciclos de retroalimentación.[20]

INVESTIGACIÓN REAL

Medición de la complejidad técnica con una escala técnicamente refinada

La siguiente escala de reactivos múltiples mide la complejidad técnica de una línea de productos.[21]

1. Técnica	1	2	3	4	5	6	7	No técnica
2. Bajo contenido de ingeniería	1	2	3	4	5	6	7	Alto contenido de ingeniería
3. Cambia con rapidez	1	2	3	4	5	6	7	Cambia con lentitud
4. No refinada	1	2	3	4	5	6	7	Refinada
5. Mercancía general	1	2	3	4	5	6	7	Mercancía personalizada
6. Única	1	2	3	4	5	6	7	Común
7. Compleja	1	2	3	4	5	6	7	Simple

Durante la clasificación se invierten los reactivos 1, 3, 6 y 7. Esta escala puede usarse en marketing industrial para medir la complejidad técnica de la línea de productos de un cliente y sugerir cambios para mejorar la calidad técnica. ■

EVALUACIÓN DE LA ESCALA

Es necesario evaluar la exactitud y aplicabilidad de una escala de reactivos múltiples.[22] Como se muestra en la figura 9.5, esto supone valorar la confiabilidad, validez y capacidad de generalización de la escala. Los métodos para evaluar la confiabilidad incluyen la confiabilidad test-retest, la confiabilidad de formas alternativas y la confiabilidad de consistencia interna. La validez se evalúa examinando la validez de contenido, validez de criterio y validez del constructo.

Antes de examinar la confiabilidad y la validez, es necesario entender la exactitud de la medición, porque ello es fundamental para la evaluación de la escala.

Exactitud de la medición

error de medición
La variación en la información buscada por el investigador y la información generada por el proceso de medición empleado.

Como se mencionó en el capítulo 8, una medición es un número que refleja alguna característica de un objeto. La medición no es el valor real de la característica de interés, sino una observación de la misma. Diversos factores pueden provocar un ***error de medición*** que haga que la medición o puntuación observada sea diferente de la verdadera puntuación de la característica que se mide (véase la

Figura 9.5
Evaluación de una escala de reactivos múltiples

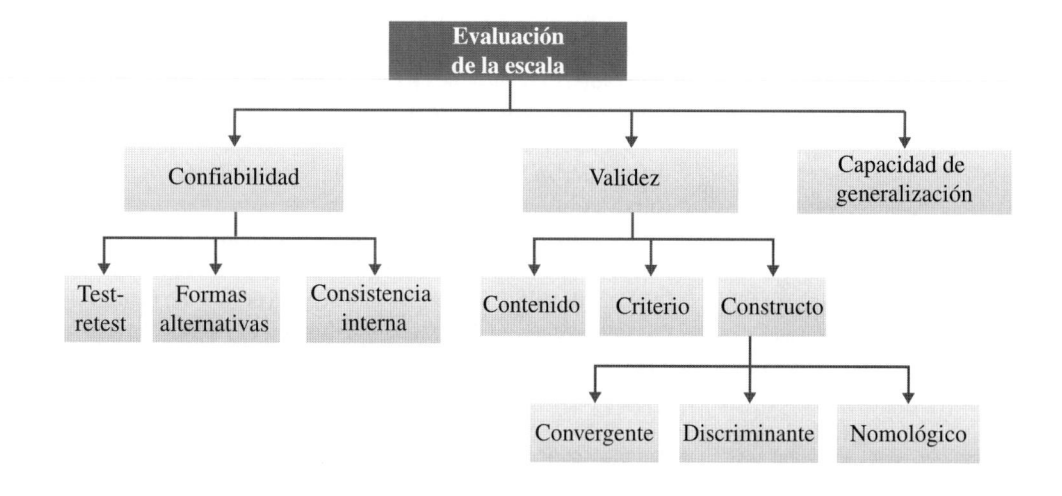

Figura 9.6
Fuentes potenciales de error en la medición

1. Otras características relativamente estables del individuo que influyen en la clasificación de la prueba, como la inteligencia, atractivo social y educación.
2. Factores personales transitorios o de corto plazo, como salud, emociones o fatiga.
3. Factores situacionales como la presencia de otras personas, ruido y distracciones.
4. Muestreo de los reactivos incluidos en la escala: adición, eliminación o cambios en los reactivos de la escala.
5. Falta de claridad de la escala, incluyendo las instrucciones o los mismos reactivos.
6. Factores mecánicos como una mala impresión, demasiados reactivos en el cuestionario y mal diseño.
7. Aplicación de la escala, como diferencias entre los entrevistadores.
8. Factores de análisis, como diferencias en la clasificación y el análisis estadístico.

figura 9.6). El **modelo de la clasificación verdadera** ofrece un marco para entender la exactitud de la medición. De acuerdo con este modelo,

$$X_O = X_V + X_S + X_A$$

donde

X_O = la clasificación o medición observada.
X_V = la clasificación verdadera de la característica.
X_S = error sistemático.
X_A = error aleatorio.

modelo de clasificación verdadera
Modelo matemático que ofrece un marco para entender la exactitud de la medición.

Advierta que el error total de medición incluye el error sistemático (X_S) y el error aleatorio (X_A). El **error sistemático** afecta la medición de una manera constante. Representa factores estables que afectan la clasificación observada de la misma manera cada vez que se hace la medición, como los factores mecánicos (véase la figura 9.6). Por otro lado, el **error aleatorio** no es constante. Representa factores transitorios que afectan de diferentes maneras la clasificación observada cada vez que se hace la medición, como los factores personales o situacionales transitorios. La distinción entre error sistemático y aleatorio es crucial para la comprensión de la confiabilidad y validez.

error sistemático
El error sistemático afecta la medición de manera constante y representa factores estables que afectan la clasificación observada de la misma manera cada vez que se hace la medición.

error aleatorio
Error de medición que surge de cambios aleatorios, diferencias en los encuestados o situaciones de medición.

Confiabilidad

La **confiabilidad** se refiere al grado en que la escala produce resultados consistentes si se hacen mediciones repetidas.[23] Las fuentes sistemáticas de error no tienen un efecto adverso en la confiabilidad, porque afectan la medición de una manera constante y no producen inconsistencia. En contraste, el error aleatorio genera inconsistencia, lo que da lugar a una menor confiabilidad. La confiabilidad se define como el grado en el que la medición está libre del error aleatorio, X_A. Si $X_A = 0$, la medición es perfectamente confiable.

confiabilidad
Grado en que la escala produce resultados consistentes si se realizan mediciones repetidas de la característica.

La confiabilidad se evalúa determinando la proporción de la variación sistemática en la escala. Esto se hace al establecer la asociación entre las puntuaciones obtenidas a partir de diferentes aplicaciones de la escala. Si la asociación es alta, la escala arroja resultados consistentes y, por lo tanto, es confiable. Los enfoques para evaluar la confiabilidad incluyen los métodos de test-retest, formas alternativas y consistencia interna.

confiabilidad test-retest
Método para evaluar la confiabilidad en que se aplica a los encuestados conjuntos idénticos de reactivos en dos momentos diferentes en condiciones tan equivalentes como sea posible.

Confiabilidad test-retest En la **confiabilidad test-retest**, se aplican conjuntos idénticos de reactivos a los encuestados en dos momentos diferentes en condiciones tan equivalentes como sea posible. El intervalo entre las pruebas o las aplicaciones suele ser de dos a cuatro semanas. Para determinar el grado de similitud entre las dos mediciones se calcula un coeficiente de correlación (véase el capítulo 17). Cuanto más alto sea el coeficiente de correlación, mayor será la confiabilidad.

Hay muchos problemas asociados con el método de test-retest para determinar la confiabilidad. Primero, es sensible al intervalo entre las pruebas. Si las demás condiciones permanecen iguales, cuanto mayor sea el intervalo, menor será la confiabilidad. Segundo, la medición inicial podría alterar la característica medida. Por ejemplo, medir la actitud de los encuestados hacia la leche baja en grasa tal vez ocasione que tomen más conciencia de su salud y desarrollen una actitud más positiva hacia ese producto. Tercero, quizá resulte imposible hacer mediciones repetidas (por ejemplo, cuando el objetivo de la investigación es indagar la reacción inicial del encuestado hacia un producto nuevo). Cuarto, la primera medición puede tener un efecto de arrastre en las mediciones posteriores, como cuando los encuestados tratan de recordar las respuestas que dieron la primera ocasión. Quinto, es posible que la característica medida cambie entre las mediciones. Por ejemplo, la información favorable sobre un objeto durante el periodo comprendido entre las mediciones puede hacer que la actitud del encuestado sea más positiva. Por último, el coeficiente de confiabilidad test-retest puede ser inflado por la correlación de cada reactivo consigo mismo. Estas correlaciones tienden a ser mayores que las correlaciones entre los diferentes reactivos de la escala a través de las aplicaciones. Así, es posible tener correlaciones altas test-retest debido a las altas correlaciones entre los mismos reactivos medidos en diferentes momentos, aunque las correlaciones entre los diferentes reactivos de la escala sean bastante bajas. Debido a estos problemas, es mejor aplicar el enfoque test-retest en conjunto con otras técnicas, como el de las formas alternativas.[24]

Confiabilidad de formas alternativas.

confiabilidad de formas alternativas
Enfoque para evaluar la confiabilidad que requiere que se construyan dos formas equivalentes de la escala y que los mismos encuestados sean medidos en dos momentos diferentes.

En la *confiabilidad de formas alternativas* se construyen dos formas equivalentes de la escala. Se mide a los mismos encuestados en dos momentos distintos, por lo regular con dos o cuatro semanas de distancia, y en cada ocasión se aplica una forma diferente de la escala. Para evaluar la confiabilidad se correlacionan las puntuaciones obtenidas al aplicar las formas alternativas de la escala.[25]

Este enfoque tiene dos problemas importantes. Primero, elaborar una forma equivalente de la escala consume tiempo y dinero. Segundo, es difícil construir dos formas equivalentes de una escala. Las dos formas deben ser equivalentes con respecto al contenido. En un sentido estricto, esto supone que los conjuntos alternativos de los reactivos de la escala deberían tener las mismas medias, varianzas e intercorrelaciones. Pero aun si se satisfacen esas condiciones, es probable que las dos formas no sean equivalentes en el contenido. Por esa razón, una correlación baja puede reflejar tanto una escala no confiable como formas no equivalentes.

Confiabilidad de consistencia interna.

confiabilidad de consistencia interna
Método para evaluar la consistencia interna del conjunto de reactivos cuando varios reactivos son sumados para obtener una clasificación total de la escala.

La *confiabilidad de consistencia interna* se emplea para evaluar la confiabilidad de una escala en la cual se suman varios reactivos para obtener una clasificación total. En una escala de este tipo, cada reactivo mide algún aspecto del constructo medido por la escala completa, y los reactivos deben ser consistentes en lo que indican acerca de la característica. Esta medida de confiabilidad se enfoca en la consistencia interna del grupo de reactivos que componen la escala.

confiabilidad de división por mitades
Forma de confiabilidad de consistencia interna en la cual los reactivos que constituyen la escala se dividen en dos mitades y se correlacionan las puntuaciones resultantes de cada mitad.

La forma más sencilla de medir la consistencia interna es la *confiabilidad de división por mitades*. Los reactivos de la escala se dividen en dos mitades y se correlacionan las puntuaciones resultantes de cada mitad. Una alta correlación entre las mitades indica una alta consistencia interna. Los reactivos de la escala pueden dividirse en mitades con base en la numeración par o non de los reactivos, o bien, de manera aleatoria. El problema es que los resultados dependerán de cómo se dividan los reactivos de la escala. Para solucionar este problema suele emplearse el coeficiente alfa.

coeficiente alfa
Medida de confiabilidad de consistencia interna que es el promedio de todos los coeficientes posibles de división por mitades que resultan de las diferentes divisiones de los reactivos de la escala.

El *coeficiente alfa*, o alfa de Cronbach, es el promedio de todos los coeficientes posibles de división por mitades que resultan de las diferentes maneras de dividir los reactivos de la escala. Este coeficiente varía entre 0 y 1, y un valor igual o menor a 0.6 por lo general indica una confiabilidad no satisfactoria de consistencia interna. Una propiedad importante del coeficiente alfa es que su valor tiende a aumentar con el incremento del número de reactivos de la escala. Por lo tanto, el coeficiente alfa puede resultar inflado artificial e inadecuadamente por la inclusión de varios reactivos redundantes en la escala.[26] Junto con el coeficiente alfa puede emplearse el coeficiente beta, que ayuda a determinar si el proceso de obtención de promedios usado para calcular el coeficiente alfa está enmascarando algunos reactivos inconsistentes.

Algunas escalas de reactivos múltiples incluyen varios grupos de reactivos diseñados para medir aspectos diferentes de un constructo multidimensional. Por ejemplo, la imagen de una tienda es un constructo multidimensional que incluye calidad, variedad y surtido de la mercancía, políticas de devoluciones y cambios, servicio del personal de la tienda, precios, conveniencia de la ubicación, distribución de la tienda, y políticas de crédito y cobranza. Por lo tanto, una escala diseñada para medir la imagen de la tienda debe contener reactivos que midan cada una de tales dimensiones. Puesto que estas dimensiones son algo independientes, sería inapropiada una medida de la consistencia interna calculada a través de todas ellas. Sin embargo, si se usan varios reactivos para medir cada dimensión, es posible calcular la confiabilidad de la consistencia interna para cada una.

INVESTIGACIÓN REAL

La tecnología detrás del liderazgo de opinión en tecnología

En un estudio de adopción de tecnología, se midió el liderazgo de opinión mediante el uso de las siguientes escalas tipo Likert de 7 puntos (1 = totalmente de acuerdo, 7 = totalmente en desacuerdo).

Liderazgo de opinión

1. Parece que a las otras personas no les interesa mi opinión sobre los productos de hardware o software.
2. La gente pide mi consejo cuando decide adoptar productos de hardware o software.
3. Es raro que la gente se apoye en mis sugerencias para seleccionar productos de hardware o software.
4. A menudo convenzo a otros de que adopten productos de hardware o software que me gustan.
5. Es raro que la gente me pida consejo para elegir productos de hardware o software.
6. A menudo influyo en la opinión de otras personas acerca de los productos de hardware o software.

El valor alfa para el liderazgo de opinión fue 0.88, lo que indica una buena consistencia interna. Se encontró que los primeros en adoptar productos de tecnología suelen ser hombres jóvenes que son líderes de opinión, buscan información novedosa y tienen mucha experiencia con las computadoras. Las compañías de tecnología de la información como Microsoft necesitan asegurar una reacción positiva de quienes adoptan primero los productos y deben enfocar sus esfuerzos de marketing en estos individuos en la etapa de lanzamiento de un producto.[27] ■

Validez

> **validez**
> Grado en que las diferencias en las puntuaciones obtenidas en la escala reflejan diferencias verdaderas entre los objetos en las características medidas más que errores sistemáticos o aleatorios.

La **validez** de una escala se define como el grado en que las diferencias en las puntuaciones obtenidas con la escala reflejan diferencias verdaderas entre los objetos en la característica medida, en lugar del error sistemático o aleatorio. La validez perfecta requiere que no haya error de medición ($X_O = X_V$, $X_A = 0$, $X_s = 0$). Los investigadores pueden evaluar la validez del contenido, la validez del criterio o la validez del constructo.[28]

> **validez del contenido**
> Tipo de validez, llamado en ocasiones validez aparente, que consiste en una evaluación subjetiva pero sistemática de la representatividad del contenido de una escala para la tarea de medición actual.

Validez del contenido. La **validez del contenido**, que en ocasiones se conoce como validez aparente, es una evaluación subjetiva pero sistemática de qué tan bien representa el contenido de la escala la tarea de medición en cuestión. El investigador o alguien más examina si los reactivos de la escala cubren adecuadamente todo el dominio del constructo que se está midiendo. Así, una escala diseñada para medir la imagen de una tienda se consideraría inadecuada si omite cualquiera de las dimensiones principales (como calidad, variedad y surtido de la mercancía). Dada su naturaleza subjetiva, la validez del contenido por sí sola no es suficiente para medir la validez de una escala, aunque ayuda en la interpretación de sentido común de las calificaciones de la escala. Mediante el examen de la validez del criterio se obtiene una evaluación más formal.

> **validez del criterio**
> Tipo de validez que examina si la escala de medición se desempeña según lo esperado en relación con las otras variables seleccionadas como criterios significativos.

Validez del criterio. La **validez del criterio** refleja si una escala se comporta como se esperaba en relación con otras variables seleccionadas como criterios significativos (variables de criterio). Las variables de criterio pueden incluir características demográficas y psicográficas, medidas actitudinales y conductuales, o puntuaciones obtenidas a partir de otras escalas. Según el periodo implicado, la validez del criterio adopta una de dos formas: validez concurrente y predictiva.

La validez concurrente se evalúa cuando se recaban al mismo tiempo los datos de la escala probada y de las variables de criterio. Para evaluar la validez concurrente, el investigador puede desarrollar formas breves de instrumentos estándar de personalidad. Los instrumentos originales y las versiones cortas se aplican al mismo tiempo a un grupo de encuestados y se comparan los resultados. Para evaluar la validez predictiva, el investigador reúne datos sobre la escala en un punto en el tiempo y datos sobre las variables del criterio en un momento posterior. Por ejemplo, podrían usarse las actitudes hacia las marcas de cereal para predecir las compras futuras de cereales de los miembros de un panel de exploración. Se obtienen los datos actitudinales de los miembros del panel y luego se sigue la trayectoria de sus compras con datos del escáner. Para evaluar la validez predictiva de la escala actitudinal se comparan las compras reales y las pronosticadas.

Validez del constructo. La ***validez del constructo*** se refiere a la cuestión de qué constructo o característica mide la escala. Al evaluar la validez del constructo, el investigador intenta responder preguntas teóricas acerca de por qué funciona la escala y qué deducciones pueden hacerse en relación con la teoría subyacente. Por lo tanto, la validez del constructo requiere de una teoría sólida de la naturaleza del constructo medido y de cómo se relaciona con otros constructos. La validez del constructo es el tipo de validez más complejo y difícil de establecer. Como muestra la figura 9.5, la validez del constructo incluye la validez convergente, discriminante y nomológica.

La ***validez convergente*** es el grado en que la escala se correlaciona positivamente con otras medidas del mismo constructo. No es necesario obtener todas esas medidas usando las técnicas convencionales de escalamiento. La ***validez discriminante*** es el grado en que una medida no se correlaciona con otros constructos de los que se supone debe diferir. Implica la demostración de la falta de correlación entre los diferentes constructos. La ***validez nomológica*** es el grado en que la escala se correlaciona del modo pronosticado por la teoría con medidas de constructos diferentes, pero relacionados. Se formula un modelo teórico que lleva a otras deducciones, pruebas e inferencias. De forma gradual se construye una red nomológica en la cual se interrelacionan sistemáticamente varios constructos. Se ilustra la validez del constructo en el contexto de una escala de reactivos múltiples diseñada para medir el autoconcepto.[29]

INVESTIGACIÓN REAL

Sé fiel a ti mismo

Los siguientes hallazgos ofrecen evidencia de la validez del constructo de una escala de reactivos múltiples para medir el autoconcepto.

- Correlaciones altas con otras escalas diseñadas para medir el autoconcepto y con clasificaciones reportadas por los amigos (validez convergente).
- Correlaciones bajas con constructos no relacionados de lealtad a la marca y búsqueda de variedad (validez discriminante).
- Se prefieren las marcas que son congruentes con el autoconcepto del individuo, tal como postula la teoría (validez nomológica).
- Un alto nivel de confiabilidad. ■

Advierta que en este ejemplo se incluyó un nivel alto de confiabilidad como evidencia de la validez del constructo. Esto ilustra la relación entre confiabilidad y validez.

Relación entre confiabilidad y validez

La relación entre confiabilidad y validez puede entenderse en términos del modelo de la clasificación verdadera. Si una medida es perfectamente válida, también es perfectamente confiable. En este caso $X_O = X_V$, $X_A = 0$, y $X_S = 0$. Por ende, la validez perfecta implica confiabilidad perfecta. Si una medida no es confiable, tampoco es perfectamente válida, debido a un mínimo $X_O = X_V + X_A$. Además, también podría estar presente el error sistemático, es decir, $X_S \neq 0$. Por eso la falta de confiabilidad implica falta de validez. Si una medida es perfectamente confiable, puede ser o no perfectamente válida porque el error sistemático tal vez siga presente ($X_O = X_V + X_S$). Aunque la falta de confiabilidad constituye una evidencia negativa para la validez, la confiabilidad, por sí sola, no implica validez. La confiabilidad es una condición necesaria pero no suficiente para la validez.

Capacidad de generalización

La ***capacidad de generalización*** se refiere al grado en que las observaciones con que se cuenta son aplicables a un universo. El conjunto de todas las condiciones de medición sobre las cuales el investigador desea generalizar constituyen el universo de generalización. Estas condiciones incluyen reactivos, entrevistadores, situaciones de observación, etcétera. Un investigador quizá desee generalizar una escala desarrollada para usarse en entrevistas personales a otros modos de recolección de datos, como las entrevistas telefónicas o por correo. Asimismo, tal vez alguien quiera generalizar de una muestra de reactivos al universo de reactivos, de la muestra de momentos de medición al universo de momentos de medición, de una muestra de observadores a un universo de observadores y así sucesivamente.[30]

En estudios sobre la capacidad de generalización, se diseñan los procedimientos de medición para investigar los universos de interés mediante el muestreo de condiciones de medición de cada uno de ellos. Para cada universo de interés, se incluye en el estudio un aspecto de la medición llamado *faceta*. Los métodos tradicionales de confiabilidad se consideran como estudios de una sola faceta de la capacidad de generalización. La correlación test-retest se ocupa de si las calificaciones obtenidas con una escala de medición son generalizables al universo de las calificaciones a través de todos los momentos posibles de medición. Aun si la correlación test-retest es alta, no puede decirse nada acerca de la capacidad de generalización de la escala a otros universos. Para generalizar a otros universos, deben emplearse los procedimientos de la teoría sobre la capacidad de generalización.

ELECCIÓN DE UNA TÉCNICA DE ESCALAMIENTO

Además de las consideraciones teóricas y de evaluar la confiabilidad y la validez, deben considerarse ciertos factores prácticos al seleccionar las técnicas de escalamiento para un determinado problema de investigación de mercados.[31] Tales factores incluyen el nivel de información deseado (nominal, ordinal, de intervalo o de razón), las habilidades de los encuestados, las características de los objetos estímulo, el método de aplicación, el contexto y el costo.

Como regla general, el uso de la técnica de escalamiento que produzca el más alto nivel de información posible en una situación dada permitirá el uso de la mayor variedad de análisis estadísticos. Además, sin importar el tipo de escala usada, siempre que sea posible, la característica de interés debe medirse mediante una escala con varios reactivos. Esto permite una medición más exacta que una escala de un solo reactivo. En muchas situaciones es conveniente usar más de una técnica de escalamiento o usar escalas derivadas matemáticamente para obtener medidas adicionales.

ESCALAS DERIVADAS MATEMÁTICAMENTE

Todas las técnicas de escalamiento analizadas en este capítulo requieren que los encuestados hagan una evaluación directa de varias características de los objetos estímulo. En contraste, las técnicas matemáticas de escalamiento permiten a los investigadores inferir las evaluaciones que hacen los encuestados de las características de los objetos estímulo. Estas evaluaciones se infieren de los juicios generales de los encuestados sobre los objetos. Entre las técnicas de escalamiento derivadas matemáticamente destacan el escalamiento multidimensional y el análisis conjunto, las cuales se analizan en detalle en el capítulo 21.

INVESTIGACIÓN DE MERCADOS INTERNACIONALES

Al diseñar la escala o el formato de respuesta debe considerarse el nivel educativo de los encuestados.[32] Un enfoque consiste en desarrollar escalas que sean multiculturales o que estén libres de sesgos culturales. De las técnicas de escalamiento que hemos considerado, puede decirse que la escala de diferencial semántico es multicultural. Se ha probado en muchos países y, de manera consistente, arroja resultados similares.

INVESTIGACIÓN REAL

Copiando el nombre Xerox

Xerox (*www.xerox.com*) era un nombre bien recibido en la ex Unión Soviética durante los pasados 30 años. De hecho, la acción de copiar documentos era conocida como "hacer Xerox", un término acuñado a partir del nombre de la compañía. Era el nombre de una marca que la gente identificaba con calidad. Sin embargo, con la desintegración de la Unión Soviética y el nacimiento de la Comunidad de Estados Independientes (CEI), las ventas de Xerox comenzaron a declinar. Al principio la administración consideró que este problema era resultado de la intensa competencia con rivales como Canon, Ricoh Co., Mitsubishi Electric Corp. y Minolta Camera Co. Los primeros intentos por hacer al producto más competitivo no fueron de mucha ayuda. Luego se realizó una investigación de mercados para medir la imagen de Xerox y sus competidores. Se usaron escalas de diferencial semántico porque este tipo de escala se considera multicultural. Las etiquetas bipolares fueron probadas cuidadosamente para asegurar que tuvieran el significado deseado en el contexto y el idioma ruso.

Los resultados del estudio revelaron que el problema real era una creciente percepción negativa de los clientes rusos hacia los productos de Xerox. ¿Qué podía haber salido mal? El problema no era con Xerox, sino con varios productores independientes de máquinas copiadoras que violaron ilegalmente los derechos de la marca registrada de Xerox. Con la desintegración de la Unión Soviética, no era clara la protección de estas marcas registradas y seguían aumentando las violaciones a la marca. Como resultado, los consumidores desarrollaron la idea errónea de que Xerox estaba vendiendo productos de mala calidad. Entre otras acciones, Xerox inició una campaña corporativa en las cadenas nacionales de radio y televisión rusas, así como en los medios impresos de circulación local. La campaña enfatizaba la posición de liderazgo de Xerox en los países de la Commonwealth donde las exigencias de calidad son muy altas. Éste fue un paso positivo para eliminar ideas falsas de los consumidores rusos sobre Xerox. La empresa también registró por separado su marca en cada república, lo que le permitió ver que sus ganancias aumentaban considerablemente en Rusia y otros países de la Comunidad de Estados Independientes. En 2005, Xerox Corporation era una empresa de servicios y tecnología de $15,700 millones, que ayudaba a los negocios a hacer uso de estrategias de Smarter Documents Management^{MR} y a encontrar mejores maneras de trabajar.[33] ∎

Aunque el diferencial semántico funcionó bien en el contexto ruso, un enfoque alternativo consiste en desarrollar escalas que usen una norma cultural autodefinida como base de referencia. Por ejemplo, puede pedirse a los encuestados que indiquen su posición y su punto de anclaje en relación con un conjunto de estímulos específicos a la cultura. Este enfoque es útil para la medición de actitudes que se definen en relación con normas culturales (por ejemplo, actitud hacia los roles matrimoniales). Al desarrollar formatos de respuesta, las escalas de clasificación verbal parecen ser las más adecuadas. Incluso a los encuestados con menos educación les resulta fácil entender y responder las escalas verbales. Debe prestarse especial atención a la determinación de los descriptores verbales equivalentes en idiomas y culturas diferentes. Los puntos extremos de la escala son particularmente propensos a interpretaciones diversas. En algunas culturas el número 1 se interpreta como lo mejor, mientras que en otras se interpreta como lo peor, sin importar cómo se haya elaborado la escala. Es importante que los extremos de la escala y los descriptores verbales se empleen de un modo que sea congruente con la cultura.

Por último, en la investigación de mercados internacionales es indispensable establecer la equivalencia de las escalas y medidas usadas para obtener datos de diferentes países. Este tema es complejo y se analiza con detalle en el capítulo 23.

LA ÉTICA EN LA INVESTIGACIÓN DE MERCADOS

El investigador tiene la responsabilidad ética de usar escalas cuya confiabilidad, validez y capacidad de generalización sean razonables. Los hallazgos generados por escalas que no son confiables, válidas o generalizables a la población meta, en el mejor de los casos, son cuestionables y pueden dar lugar a serios problemas éticos. Además, el investigador no debe sesgar las escalas para inclinar los hallazgos en una dirección particular. Esto es fácil de hacer sesgando la redacción de los enunciados (escalas tipo Likert), los descriptores u otros aspectos de la escala. Considere el uso de los descriptores de la escala. Los descriptores usados para enmarcar una escala pueden elegirse para inclinar los resultados en una dirección deseada, por ejemplo, generando una visión positiva de la marca del cliente o una visión negativa de la marca de los competidores. Para proyectar favorablemente la marca del cliente, se pide a los encuestados que den su opinión de la marca en varios atributos usando escalas de 7 puntos ancladas en los descriptores "extremadamente mala" a "buena". En ese caso, los encuestados se muestran renuentes a calificar al producto como extremadamente malo. De hecho, los encuestados que piensan que el producto sólo es mediocre terminarán dando una respuesta favorable. Pruébelo usted mismo. ¿Cómo calificaría a los automóviles BMW en los siguientes atributos?

Confiabilidad	Horrible	1	2	3	4	5	6	7	Buena
Desempeño	Muy malo	1	2	3	4	5	6	7	Bueno
Calidad	Una de las peores	1	2	3	4	5	6	7	Buena
Prestigio	Muy poco	1	2	3	4	5	6	7	Bueno

¿Se encontró dando una clasificación positiva a los autos BMW? Usando esta misma técnica es posible sesgar negativamente las evaluaciones de las marcas de los competidores presentando un descriptor ligeramente negativo (algo malo) contra un fuerte descriptor positivo (extremadamente bueno).

De esta forma, vemos la importancia de usar escalas balanceadas con descriptores positivos y negativos comparables. Cuando se transgrede esta directriz, las respuestas se sesgan y deben interpretarse en consecuencia. El investigador tiene la responsabilidad, con el cliente y con los encuestados, de asegurar la aplicabilidad y utilidad de la escala. De igual modo, la compañía del cliente tiene la responsabilidad de tratar a sus consumidores y al público en general de una manera ética. El siguiente ejemplo propone una escala adecuada para evaluar la conducta de vendedores directos.

INVESTIGACIÓN REAL

Medición directa de la ética de los vendedores directos

Muchos tipos de negocios realizan marketing con la gente por teléfono, correo electrónico y correo directo sin ninguna consideración por los individuos a los que tratan de convencer para que compren sus productos. Muchas compañías de marketing directo, incluyendo compañías de seguros, de cuidados médicos y de telecomunicaciones, han pagado multas por miles de millones de dólares por prácticas de marketing faltas de ética. Denny Hatch propuso la siguiente escala de honestidad para empresas que usan el marketing directo.

1. En general, mi oferta es, en palabras de Dick Benson, "escrupulosamente honesta".
   0   1   2   3   4   5
2. Estaría orgulloso de hacer esta oferta a mi madre o a mi hija.
   0   1   2   3   4   5
3. Mi garantía está claramente establecida y es rigurosa. La mantendré.
   0   1   2   3   4   5
4. Creo de pies a cabeza en cada promesa que hago sobre la oferta.
   0   1   2   3   4   5
5. Todas las letras en mi promoción son fáciles de leer y el texto es claro.
   0   1   2   3   4   5
6. Todos los testimonios son absolutamente reales y se ofrecieron libremente.
   0   1   2   3   4   5
7. La mercancía llegará en el tiempo prometido. No vivo de manera inestable.
   0   1   2   3   4   5
8. Me adhiero fielmente a todos los lineamientos de la industria.
   0   1   2   3   4   5
9. Hago muy fácil la cancelación o devolución de mercancía.
   0   1   2   3   4   5
10. Hago reembolsos rápidos a los clientes insatisfechos.
    0   1   2   3   4   5

Ésta es una escala de autoclasificación que va de 0 a 5, donde 0 es clasificación reprobatoria y 5 equivale a excelente. Los vendedores directos deberían responder este cuestionario para averiguar qué tan éticas son sus prácticas. Si su clasificación es menor de 50, no son escrupulosamente honestos.[34]

INVESTIGACIÓN PARA LA DECISIÓN

Monster: el monstruo de las redes de carreras

La situación

¿En qué piensa cuando escucha la palabra "monstruo"? ¿En criaturas aterradoras debajo de su cama? ¿En Elmo y Grover de Plaza Sésamo? ¿En la película *Monsters, Inc.* de Disney? En la actualidad, la palabra "monstruo" también se refiere a la compañía de bolsa de trabajo en línea que ha conectado a millones de solicitantes de trabajo con los empleadores. Esta compañía (*www.monster.com*) fue fundada en 1994 por Jeff Taylor, presidente de Monster. Es la red más importante de búsqueda de empleos en línea y la empresa de contrataciones número uno del mundo. En 2006 los clientes de la

El uso de las técnicas apropiadas de escalamiento puede ayudar a Monster a hacer corresponder las especificaciones de la compañía para el puesto con las habilidades y la preparación de los solicitantes de empleo.

compañía incluían a más de 90 de las 100 empresas de *Fortune* 100 y aproximadamente a 490 de las 500 compañías de *Fortune* 500. La compañía tenía sitios en 21 países de todo el mundo, por lo que no es de extrañar que haya dado un nuevo significado a la palabra "monstruo".

Monster hace gran uso de las técnicas de investigación de mercados de una manera única. A diferencia de empresas como ACNielsen que realizan investigación de mercados para diferentes compañías, Monster investiga a empresas que necesitan empleados que ocupen sus puestos y ofrece el servicio de poner en contacto a los solicitantes de empleos con esas compañías. Aunque a Monster le va bien, cada vez son más las empresas que han seguido sus pasos y han entrado al negocio de brindar servicios de búsqueda de empleo. Entre estas compañías de la competencia se incluyen HotJObs, Kforce, eJobs y eCarrers. Con toda esta variedad de servicios disponibles, el mercado comienza a saturarse con sitios Web de reclutamiento. Es importante para Monster, ahora más que nunca, distinguirse de su competencia.

La decisión para la investigación de mercados

1. El éxito de Monster radica en lograr que coincidan las especificaciones de la empresa para el puesto con las habilidades y la preparación de los solicitantes del trabajo. ¿Qué técnicas de escalamiento debe usar Monster para medir las especificaciones de la empresa para el puesto y las habilidades y preparación de los solicitantes de empleo?
2. Analice la función del tipo de técnica de escalamiento que recomienda para permitir a Jeff Taylor hacer coincidir las especificaciones de la empresa para el puesto con las habilidades y la preparación de los solicitantes de trabajo e incrementar de esta forma la participación de Monster en el mercado.

La decisión para la gerencia de marketing

1. ¿Qué debe hacer Jeff Taylor para ganar participación de mercado frente a sus competidores?
2. Analice cómo influyen en la decisión de la gerencia de marketing que recomendó a Jeff Taylor la técnica de escalamiento que sugirió antes y los hallazgos de la investigación.[35] ∎

SPSS PARA WINDOWS

Mediante el uso de SPSS Data Entry, el investigador podrá diseñar cualquiera de las tres escalas no comparativas: Likert, diferencial semántico o Stapel. Además, es posible adaptar fácilmente las escalas de reactivos múltiples. Puede utilizarse la biblioteca de preguntas o diseñarse una escala personalizada. En la figura 9.7 se muestra el uso de SPSS Data Entry para diseñar escalas tipo Likert con el fin de calificar características de los vendedores y de los productos.

Figura 9.7
Escalas tipo Likert para calificar características de los vendedores y del producto

[Captura de pantalla de SPSS Data Entry - Scale Button Matrices mostrando:]

Please rate your sales representative on the following characteristics:

	Excellent	Very Good	Good	Fair	Poor
Helpfulness	☐	☐	☐	☐	☐
Promptfulness	☐	☐	☐	☐	☐
Knowledge of product	☐	☐	☐	☐	☐

Please rate the importance of the following product characteristics:

	Important				Not Important
Reliability	1	2	3	4	5
Price	1	2	3	4	5
Range of features	1	2	3	4	5

EXPERIENCIA DE INVESTIGACIÓN

Desglose de las preferencias para las computadoras Dell: escalas de clasificación

Visite el sitio Web de este libro y descargue el caso Dell, el cuestionario y el archivo de datos. Esta información también se encuentra al final de este libro.

Archivo de resultados de SPSS

1. Realice las siguientes operaciones.
   a. Invierta la clasificación del segundo y tercer reactivos de la escala de Innovación.
   b. Sume los reactivos de Experto en Mercados (q10_1 a q10_4) para obtener una clasificación total de Experto en Mercados. Sume los reactivos de Innovación (q10_5 a q10_10) para obtener una clasificación total de Innovación. Advierta que tendrá que invertir las calificaciones de los reactivos con enunciado negativo (q10_6 y q10_7) antes de sumarlas. Sume los reactivos de Liderazgo de Opinión (q10_11 a q10_13) para obtener una clasificación total de Liderazgo de Opinión.
   c. Calcule el alfa de Cronbach para cada uno de estos tres conjuntos de reactivos.
2. Diseñe escalas de Likert, diferencial semántico y de Stapel para medir las preferencias de los consumidores por las computadoras Dell. ■

RESUMEN

En el escalamiento no comparativo, cada objeto es escalado de manera independiente a los otros objetos en el conjunto de estímulos. Por lo general se supone que los datos resultantes fueron escalados como datos de intervalo o de razón. Las escalas no comparativas de clasificación pueden ser continuas o por ítem. Estas últimas se clasifican a su vez en escalas de Likert, diferencial semántico o de Stapel. Cuando se usan escalas no comparativas de clasificación por ítem, el investigador debe decidir respecto al número de categorías de la escala, si la escala será balanceada o no balanceada, si el número de categorías será par o non, si las escalas serán forzadas o no forzadas, sobre la naturaleza y el grado de la descripción verbal y sobre la configuración o forma física.

Las escalas de reactivos múltiples constan de un número de reactivos de la escala de clasificación. Debe evaluarse la confiabilidad y validez de estas escalas. La confiabilidad se refiere al grado en que la escala produce resultados consistentes si se hacen mediciones repetidas. Los enfoques para evaluar la confiabilidad incluyen test-retest, formas alternativas y consistencia interna. La validez, o exactitud de la medición, se calcula evaluando la validez del contenido, validez del criterio y validez del constructo.

La elección de una técnica particular de escalamiento en una situación determinada debe basarse en consideraciones teóricas y prácticas. Como regla general, la técnica de escalamiento usada debe ser la que ofrezca el mayor nivel de información posible. También deben obtenerse medidas múltiples.

En la investigación de mercados internacionales, debe dedicarse especial atención a la determinación de descriptores verbales equivalentes en diferentes idiomas y culturas. El investigador tiene la responsabilidad con el cliente y con los encuestados de asegurar la aplicabilidad y utilidad de las escalas. Internet y las computadoras son útiles para el desarrollo y prueba de escalas de clasificación continuas y por ítem, en particular escalas de reactivos múltiples.

TÉRMINOS Y CONCEPTOS CLAVE

escala no comparativa, *272*
escala de clasificación continua, *272*
escala de clasificación por ítem, *274*
escala de Likert, *274*
diferencial semántico, *276*
escala de Stapel, *277*
escala balanceada, *279*
escala de clasificación forzada, *279*
error de medición, *283*

modelo de clasificación verdadera, *284*
error sistemático, *284*
error aleatorio, *284*
confiabilidad, *284*
confiabilidad test-retest, *284*
confiabilidad de formas alternativas, *285*
confiabilidad de consistencia interna, *285*
confiabilidad de división por mitades, *285*
coeficiente alfa, *285*

validez, *286*
validez del contenido, *286*
validez del criterio, *286*
validez del constructo, *287*
validez convergente, *287*
validez discriminante, *287*
validez nomológica, *287*
capacidad de generalización, *287*

CASOS SUGERIDOS, CASOS EN VIDEO Y CASOS DE HARVARD BUSINESS SCHOOL

Casos

Caso 2.3 El dulce es perfecto para Hershey.
Caso 2.4 Las fragancias son dulces, pero la competencia es amarga.
Caso 2.5 ¿La publicidad del Súper Bowl es súper efectiva?
Caso 4.1 Wachovia: finanzas "Watch Ovah Ya".
Caso 4.2 Wendy's: historia y vida después de Dave Thomas.
Caso 4.3 Astec sigue creciendo.
Caso 4.4 ¿Es la investigación de mercados la cura para los males del Hospital Infantil Norton Healthcare Kosair?

Casos en video

Caso en video 2.1 Starbucks: continúa a nivel nacional mientras se lanza a nivel mundial a través de la investigación de mercados.
Caso en video 2.2 Nike: relacionando a los deportistas, el desempeño y la marca.
Caso en video 2.4 Nivea: la investigación de mercados conduce a una consistencia en marketing.
Caso en video 4.1 Subaru: el "Sr. Encuesta" supervisa la satisfacción del cliente.
Caso en video 4.2 Procter & Gamble: usando la investigación de mercados para crear marcas.

Casos de Harvard Business School

Caso 5.1 La encuesta de Harvard sobre las viviendas para estudiantes de posgrado.
Caso 5.2 BizRate.com
Caso 5.3 La guerra de las colas continúa: Coca y Pepsi en el siglo XXI.
Caso 5.4 TiVo en 2002.
Caso 5.5 Computadoras Compaq: ¿Con Intel dentro?
Caso 5.6 El nuevo Beetle.

INVESTIGACIÓN REAL: REALIZACIÓN DE UN PROYECTO DE INVESTIGACIÓN DE MERCADOS

1. Regularmente es más difícil poner en práctica la medición continua, por lo que, en general, debe evitarse.
2. Analice en el grupo el tipo de escala por ítem (Likert, diferencial semántico, o Stapel) que sea apropiada para las variables clave.
3. Revise las escalas de reactivos múltiples y los temas de confiabilidad y validez.
4. Considere las restricciones prácticas. Por ejemplo, si en el pasado se utilizó cierto tipo de escala para medir una variable (por ejemplo, una escala tipo Likert de 10 puntos para medir la satisfacción del cliente), quizá deba volver a usarse en el proyecto para poder comparar los hallazgos con los resultados pasados.

EJERCICIOS

Preguntas

1. ¿Qué es una escala de diferencial semántico? ¿Para qué propósitos se utiliza?
2. Describa la escala de Likert.
3. ¿Cuáles son las diferencias entre la escala de Stapel y el diferencial semántico? ¿Cuál se utiliza más?
4. ¿Cuáles son las decisiones más importantes implicadas en la construcción de una escala de clasificación por ítem?

5. ¿Cuántas categorías deben usarse en una escala de clasificación por ítem? ¿Por qué?
6. ¿Cuál es la diferencia entre escalas balanceadas y no balanceadas?
7. ¿En una escala de clasificación por ítem debe usarse un número non o par de categorías?
8. ¿Cuál es la diferencia entre las escalas forzadas y no forzadas?
9. ¿Cómo influyen la naturaleza y el grado de la descripción verbal en la respuesta a las escalas de clasificación por ítem?
10. ¿Qué son las escalas de reactivos múltiples?
11. Describa el modelo de clasificación verdadera.
12. ¿Qué es la confiabilidad?
13. ¿Cuáles son las diferencias entre la confiabilidad test-retest y la de formas alternativas?
14. Describa la noción de confiabilidad de consistencia interna.
15. ¿Qué es validez?
16. ¿Qué es validez del criterio? ¿Cómo se evalúa?
17. ¿Cómo evaluaría la validez del constructo de una escala de reactivos múltiples?
18. ¿Cuál es la relación entre confiabilidad y validez?
19. ¿Cómo seleccionaría una técnica particular de escalamiento?

Problemas

1. Desarrolle una escala de Likert, un diferencial semántico y una escala de Stapel para medir la lealtad a una tienda.
2. Desarrolle una escala de reactivos múltiples para medir la actitud de los estudiantes hacia la internacionalización del currículo de administración. ¿Cómo evaluaría la confiabilidad y validez de esta escala?
3. Desarrolle una escala de Likert para medir la actitud de los estudiantes hacia Internet como fuente de información general. Aplique su escala a una muestra pequeña de 10 estudiantes y depúrela.
4. La siguiente escala se usó en un estudio reciente para medir las actitudes hacia la nueva tecnología: por favor, dígame qué tan acuerdo o en desacuerdo está con la manera en que los siguientes enunciados describen su visión de la nueva tecnología. Use una escala de 1 a 5, donde 1 = totalmente en desacuerdo y 5 = totalmente de acuerdo.
Soy una persona que evita la nueva tecnología.
Soy un aficionado a la tecnología y me mantengo al tanto de los equipos más recientes.
En lo que concierne a la nueva tecnología, uso el enfoque de "esperar y ver" hasta que sea probada.
Soy del tipo de persona a quien los amigos piden consejo para la compra de nueva tecnología.
   a. ¿Cómo calificaría esta escala para medir las actitudes hacia la nueva tecnología?
   b. Desarrolle una escala equivalente de diferencial semántico para medir las actitudes hacia la nueva tecnología.
   c. Desarrolle una escala de Stapel equivalente para medir las actitudes hacia la nueva tecnología.
   d. ¿Qué forma de escala es más adecuada para una encuesta telefónica?

EJERCICIOS EN INTERNET Y POR COMPUTADORA

1. Diseñe una escala de Likert para medir la utilidad del sitio Web de Ford Motor Company. Visite el sitio en *www.ford.com* y califíquelo con las escalas que ha desarrollado.
2. Diseñe escalas de diferencial semántico para medir la percepción del servicio de entrega al día siguiente de FedEx y compárelo con el ofrecido por UPS. Obtendrá información relevante visitando los sitios Web de estas dos empresas (*www.fedex.com, www.ups.com*).
3. Visite la página Web de Office of Scales Research (*www.siu.edu/departments/coba/mktg/osr*). Identifique una aplicación de la escala de Likert y una de diferencial semántico. Escriba un informe donde describa el contexto en que se utilizaron estas escalas.
4. Visite el sitio Web de dos empresas de investigación de mercados que realicen encuestas. Analice una encuesta de cada compañía para hacer una evaluación crítica de las escalas de clasificación por ítem que se utilizaron.
5. Navegue en Internet para encontrar dos ejemplos de cada escala: Likert, de diferencial semántico y de Stapel. Escriba un informe donde describa el contexto en que se utilizaron estas escalas.

ACTIVIDADES

Juego de roles

1. Usted trabaja en el departamento de investigación de mercados de una empresa especializada en desarrollar sistemas de apoyo a las decisiones (SAD) para el sector de cuidados de la salud. Su empresa quiere medir las actitudes de los administradores de los hospitales hacia el SAD. Las entrevistas se harán por teléfono. Se le ha pedido que desarrolle una escala apropiada para este fin. La administración quiere que explique y justifique su razonamiento en la elaboración de esta escala.

Trabajo de campo

1. Desarrolle una escala de diferencial semántico para medir las imágenes de dos líneas aéreas importantes que vuelen a su ciudad. Aplique esta escala a una muestra piloto de 20 estudiantes. Según su estudio piloto, ¿qué línea aérea tiene una imagen más favorable?

Discusión en grupo

1. "En realidad no importa qué técnica de escalamiento utilice. Siempre que la medición sea confiable, obtendrá los resultados correctos". Analice este enunciado en equipos grupos.
2. "En la investigación aplicada de mercados, no es necesario preocuparse por la confiabilidad y validez". Analice este enunciado en equipos pequeños.

CAPÍTULO 10

Diseño de cuestionarios y formatos

Objetivos

Después de leer este capítulo, el estudiante deberá ser capaz de:

1. Explicar el propósito de un cuestionario y sus objetivos de hacer preguntas que los encuestados puedan y quieran responder, que los alienten y minimicen el error de respuesta.
2. Describir el proceso del diseño de un cuestionario, los pasos que implica y los lineamientos que deben seguirse en cada uno.
3. Analizar la forma observacional de recolección de datos y especificar el quién, qué, cuándo, dónde, por qué y cómo de la conducta a observar.
4. Analizar las consideraciones implicadas en el diseño de cuestionarios para la investigación de mercados internacionales.
5. Entender los aspectos éticos implicados en el diseño de cuestionarios.

"Hacer una prueba previa de un cuestionario es absolutamente esencial para tener éxito. Todos los investigadores auténticos lo entienden y no se arriesgarán a desperdiciar el tiempo del público o su propio esfuerzo en un cuestionario que no se haya probado previamente".

*Diane Bowers,
directora de Council of
American Survey Research
Organizations (CASRO),
Port Jefferson, NY*

Panorama general

El diseño de cuestionarios o formatos es un paso importante en el planteamiento de un diseño de investigación. El investigador puede desarrollar un cuestionario o formato para observación, una vez que ha especificado la naturaleza de dicho diseño (capítulos 3 a 7) y que ha determinado los procedimientos de escalamiento (capítulos 8 y 9). Este capítulo analiza la importancia de los cuestionarios y los formatos para observación, para describir luego los objetivos del cuestionario y los pasos que deben seguirse en su diseño. Se proporcionan varios lineamientos para el desarrollo de buenos cuestionarios, se considera el diseño de formatos para observación y se analizan los aspectos que deben considerarse al diseñar cuestionarios para una investigación de mercados internacionales. Se identifican diversas cuestiones éticas que surgen en el diseño de cuestionarios.

INVESTIGACIÓN REAL

El consenso sobre los cuestionarios del censo de 2000

Al igual que en muchos países del mundo, cada 10 años, el Censo (*www.census.gov*) aplica una encuesta para determinar cuánta gente hay en el país y conocer sus aspectos demográficos. Esta encuesta se realiza mediante cuestionarios. En el pasado se había observado una disminución en las respuestas al censo por correo debido a que los formatos eran largos y difíciles de entender. Por ello se rediseñaron los cuestionarios para el censo de 2000. El objetivo era hacerlos más fáciles y más cortos con la esperanza de incrementar la tasa de respuestas.

El cuestionario se abrevió considerablemente. Mientras que en 1990 el formato breve contenía 12 temas, el formato breve de 2000 abarcaba sólo siete temas (nombre, sexo, edad, relación, origen hispano y raza para cada miembro de la familia, así como si la casa era propia o alquilada). Asimismo, el formato largo de 2000 tenía 34 temas en vez de los 38 del formato de 1990.

Después de determinar el contenido del cuestionario, fue momento de trabajar en la estructura y la redacción de los enunciados. La parte difícil del proceso era hacer las preguntas lo bastante cortas para mantener el interés de los encuestados, pero lo suficientemente largas para obtener los datos necesarios. Cada pregunta debía definirse con claridad y utilizar palabras que no fueran ambiguas. Se hizo una revisión de las preguntas usadas en el censo de 1990 para determinar cuáles necesitaban revisarse. Luego de definir el contenido, la estructura, la redacción y la secuencia de las preguntas, el Bureau recurrió a la empresa neoyorquina de diseño, Two Twelve Associates (*www.twotwelve.com*) para mejorar el formato y diseño, y para desarrollar la imagen visual del cuestionario, incluyendo el logotipo y el eslogan.

El cuestionario revisado fue sometido a un riguroso pretest. La prueba previa más exhaustiva fue la National Content Survey de 1996 (conocida formalmente como U.S. Census 2000 Test), que se diseñó para probar la redacción, el formato y la secuencia de las preguntas nuevas y las revisadas.

Durante la recolección de los datos, antes de enviar el cuestionario, se mandó por correo una tarjeta que ofrecía a los encuestados la opción de solicitar el cuestionario en inglés, español, chino, coreano, vietnamita o tagalo.

Como resultado de un mejor diseño, las tasas de respuestas por correo a los cuestionarios del censo de 2000 fueron alrededor del 10 por ciento más altas que en 1990.

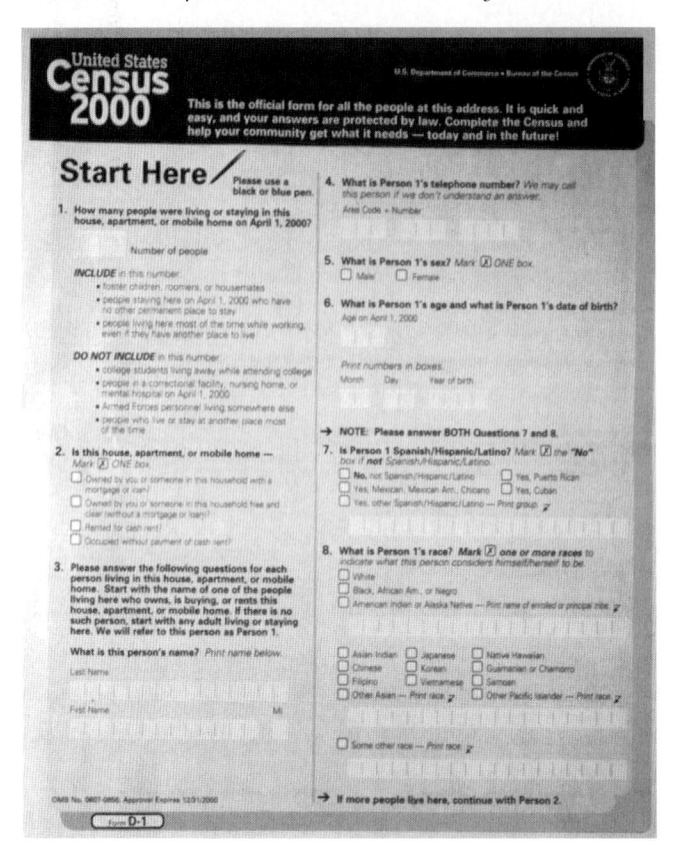

    Luego se envió el paquete con el cuestionario en un sobre oficial con el logo del censo impreso al frente. Una nota en el sobre recordaba al destinatario que su respuesta era requerida por ley.

    Como resultado del formato más sencillo para el usuario de los cuestionarios de 2000, las tasas de respuesta por correo fueron alrededor del 10 por ciento más altas que en 1990. El consenso fue que los cuestionarios de 2000 eran mucho mejores que los usados una década antes. El Bureau ha seguido rediseñando el cuestionario del censo. La American Community Survey es una encuesta nacional diseñada para brindar a las comunidades una mirada fresca de cómo están cambiando. En censos futuros reemplazará al formato largo que se aplicaba cada diez años y es un elemento crucial en la reingeniería del censo de 2010 del Census Bureau.[1] ∎

INVESTIGACIÓN REAL

SurveySite para la evaluación de sitios Web

A los vendedores en línea y los diseñadores de sitios Web les interesa conocer qué características y experiencias hacen que los visitantes regresen al sitio. También quieren saber qué características y experiencias son *indeseables* para no incluirlas en su sitio. SurveySite (*www.surveysite.com*), una empresa de investigación de mercados en línea, realizó un estudio exhaustivo para responder tales preguntas.

    Para participar en el estudio se seleccionaron 87 sitios Web estadounidenses y canadienses. Cada sitio se equipó con un icono de retroalimentación que permitía que los visitantes participaran en una encuesta estandarizada que les hacía preguntas evaluativas sobre su visita. El cuestionario constaba de 12 preguntas que se dividían en dos grandes áreas: evaluación de los aspectos técnicos y de diseño, y la experiencia emocional durante la visita al sitio. Las preguntas sobre los aspectos técnicos y de diseño se hicieron sencillas para que pudieran responderlas incluso los encuestados que no tuvieran muchos conocimientos técnicos. Estas preguntas se formularon primero, en la parte A, de acuerdo con un orden lógico. Después, en la parte B, se hicieron las preguntas relacionadas con la experiencia emocional. En todas las preguntas se utilizaron escalas de clasificación de 7 puntos, excepto en una que era abierta y pedía a los encuestados que mencionaran qué factores eran más importantes en su decisión para regresar o no al sitio. La parte final, parte C, obtuvo información demográfica y sobre el uso de Internet. El cuestionario fue sometido a muchas pruebas previas antes de usarse en el estudio.

Los resultados de la encuesta revelaron que el contenido era el factor más importante para determinar si los visitantes regresarían o no al sitio. Por otro lado, "el contenido frívolo" fue la razón que más se citó para no regresar a un sitio. El segundo factor en importancia para determinar la tasa de visitas repetidas fue si el encuestado disfrutó o no de su visita. Disfrutar podría significar que los visitantes encontraron la información que estaban buscando. Otros factores que influían en la tasa de repetición de las visitas eran la calidad de la organización del sitio y su grado de originalidad. De acuerdo con los resultados de esta encuesta, los mercadólogos y diseñadores de sitios deberían considerar el contenido, la distribución y la originalidad al desarrollar un sitio Web. Esto los ayudara a incrementar el número de visitas repetidas a su sitio.[2] ■

CUESTIONARIOS Y FORMATOS PARA OBSERVACIÓN

Como se vio en los capítulos 5 y 6, la encuesta y la observación son las dos principales técnicas para obtener datos cuantitativos primarios en la investigación descriptiva. Ambas técnicas requieren algún procedimiento para estandarizar el proceso de recolección de datos, de manera que los datos obtenidos muestren consistencia interna y puedan analizarse de una manera uniforme y coherente. Si 40 entrevistadores diferentes realizan entrevistas personales o hacen observaciones en distintas partes del país, los datos que recaben no serán comparables a menos que sigan lineamientos específicos, y hagan las preguntas y registren las respuestas de una manera estandarizada. Un formato o un cuestionario estandarizado asegurará que los datos sean comparables, hará más rápido y preciso el registro, y facilitará el procesamiento de los datos.

Definición de cuestionario

cuestionario
Técnica estructurada para recolección de datos que consiste en una serie de preguntas, orales o escritas, que responden los encuestados.

Un ***cuestionario***, ya sea que se llame *programa, formato para entrevista o instrumento de medición*, es un conjunto formalizado de preguntas para obtener información de los encuestados. Por lo regular, un cuestionario es sólo un elemento del paquete de recolección de datos que también puede incluir: **1.** procedimientos de trabajo de campo, como un instructivo para seleccionar, acercarse y preguntar a los encuestados (véase el capítulo 13); **2.** alguna recompensa, obsequio o pago que se ofrece a los encuestados; y **3.** apoyos de comunicación, como mapas, fotografías, publicidad y productos (como en las entrevistas personales) y sobres con porte pagado de regreso (en encuestas por correo). Sin importar la manera de aplicación, un cuestionario se caracteriza por algunos objetivos específicos.

Objetivos del cuestionario

Todo cuestionario tiene tres objetivos específicos. Primero, debe traducir la información necesaria en un conjunto de preguntas específicas que los encuestados puedan responder. Es difícil desarrollar preguntas que los encuestados puedan y quieran responder y que brinden la información deseada. Dos formas aparentemente similares de plantear una pregunta pueden obtener información diferente. Por lo tanto, este objetivo es todo un reto.

Segundo, el cuestionario debe animar, motivar y alentar al encuestado para que participe activamente en la entrevista, colabore y concluya el proceso. La utilidad de las entrevistas incompletas es, cuando mucho, limitada. Al diseñar un cuestionario, el investigador debe esforzarse por minimizar la fatiga, el aburrimiento, la falta de interés o la ausencia de respuestas por parte del encuestado. Un cuestionario bien diseñado puede motivar a los encuestados e incrementar la tasa de respuestas, como se ilustró en el ejemplo inicial con el cuestionario del censo de 2000.

Tercero, el cuestionario debe minimizar el error de respuesta. En el capítulo 3 se analizaron las fuentes potenciales de error en los diseños de investigación, ahí se especificó que el error de respuesta es el que surge cuando los encuestados dan respuestas incorrectas, o cuando sus respuestas se registran o se analizan mal. El cuestionario puede ser una fuente importante de error de respuesta. Minimizarlo es un objetivo importante en el diseño del cuestionario.

Figura 10.1
Proceso de diseño del cuestionario

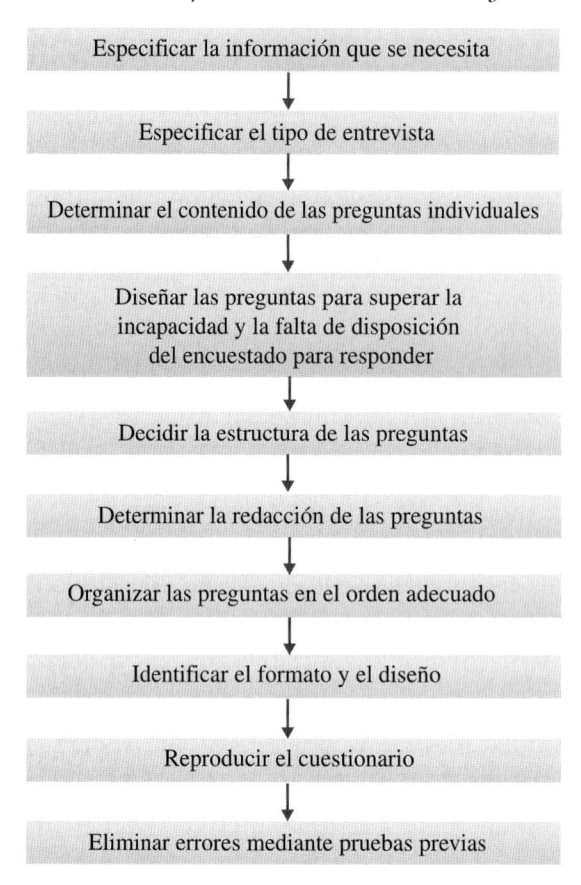

```
Especificar la información que se necesita
                    ↓
      Especificar el tipo de entrevista
                    ↓
Determinar el contenido de las preguntas individuales
                    ↓
   Diseñar las preguntas para superar la
    incapacidad y la falta de disposición
         del encuestado para responder
                    ↓
      Decidir la estructura de las preguntas
                    ↓
    Determinar la redacción de las preguntas
                    ↓
   Organizar las preguntas en el orden adecuado
                    ↓
        Identificar el formato y el diseño
                    ↓
            Reproducir el cuestionario
                    ↓
     Eliminar errores mediante pruebas previas
```

PROCESO DEL DISEÑO DEL CUESTIONARIO

La gran debilidad en el diseño de un cuestionario es la falta de una teoría. Dado que se carece de principios científicos que garanticen un cuestionario óptimo o ideal, el diseño de cuestionarios es una habilidad que se adquiere con la experiencia, por lo que es más un arte que una ciencia. *The Art of Asking Questions* de Stanley Payne, publicado en 1951, sigue siendo un trabajo básico en el campo.[3] Esta sección presenta lineamientos útiles para investigadores novatos en el diseño de cuestionarios. Aunque estas reglas pueden ayudarle a evitar los errores principales, la depuración de un cuestionario resulta de la creatividad de un investigador experimentado.

El diseño del cuestionario se presentará como una serie de pasos (véase la figura 10.1). Estos pasos son: **1.** especificar la información que necesita, **2.** especificar el tipo de entrevista, **3.** determinar el contenido de las preguntas individuales, **4.** diseñar las preguntas para superar la incapacidad y la falta de disposición del encuestado para responder, **5.** decidir la estructura de las preguntas, **6.** determinar la redacción de las preguntas, **7.** organizar las preguntas en el orden adecuado, **8.** identificar el formato y diseño, **9.** reproducir el cuestionario, y **10.** realizar las pruebas previas del cuestionario. Se presentarán lineamientos para cada paso. En la práctica, los pasos están interrelacionados y el desarrollo del cuestionario puede implicar ciclos de repeticiones. Por ejemplo, el investigador puede encontrar que los encuestados entienden mal todas las redacciones posibles de una pregunta, lo cual quizá requiera un regreso al paso anterior acerca de decidir la estructura de las preguntas.[4]

ESPECIFICAR LA INFORMACIÓN QUE SE NECESITA

El primer paso en el diseño del cuestionario consiste en especificar la información que se necesita. Éste es también el primer paso en el proceso de diseñar la investigación. Advierta que conforme progresa el proyecto de la investigación, cada vez se vuelve más clara la información que se necesita. Es útil revisar los componentes del problema y el enfoque, en particular las preguntas de investigación, las hipótesis y la información requerida.

Para asegurarse de que la información obtenida incluye todos los componentes del problema, el investigador debe preparar un conjunto de tablas ficticias, las cuales son tablas en blanco que se utilizan para clasificar los datos, y que describen cómo se estructurará el análisis una vez que se recolecten los datos.

También es importante tener una idea clara de la población meta. Las características del grupo de encuestados tienen una gran influencia en el diseño del cuestionario. Las preguntas que son adecuadas para estudiantes universitarios quizá no lo sean para amas de casa. La comprensión se relaciona con las características socioeconómicas de los encuestados. Más aún, la falta de comprensión se asocia con una alta incidencia de respuestas inciertas o sin opinión. Cuanto más diverso sea el grupo de encuestados, más difícil resultará diseñar un solo cuestionario que sea adecuado para todo el grupo.

TIPO DE ENTREVISTA

Es posible reconocer cómo influye el método de entrevista en el diseño del cuestionario, si se considera la manera que éste se aplica (véase el capítulo 6). En las entrevistas personales, los encuestados observan el cuestionario e interactúan cara a cara con el entrevistador, lo cual permite plantear preguntas largas, complejas y variadas. En las entrevistas telefónicas, los encuestados interactúan con el entrevistador, pero no ven el cuestionario, lo cual implica que sólo es posible hacer preguntas cortas y sencillas (véase el proyecto de la tienda departamental). Los cuestionarios por correo se autoaplican, de manera que las preguntas deben ser sencillas y tienen que darse instrucciones detalladas. En las entrevistas asistidas por computadora (CAPI y CATI) es fácil incluir patrones de salto complejos y preguntas aleatorias para eliminar el sesgo del orden. Los cuestionarios por Internet comparten varias características del CAPI; no obstante, los cuestionarios por correo electrónico deben ser más sencillos. Los cuestionarios diseñados para entrevistas personales o telefónicas deben redactarse en un estilo de conversación.

En el ejemplo del proyecto de la tienda departamental, clasificar 10 tiendas es una tarea muy compleja para realizarse por teléfono. En vez de ello, para medir las preferencias se elige una tarea más sencilla de calificación, en la cual se califica una tienda a la vez. Advierta que en la entrevista personal se utilizan tarjetas para facilitar la tarea de ordenamiento. Las instrucciones del entrevistador (escritas en mayúsculas) son mucho más amplias en la entrevista personal. Otra diferencia es que mientras los encuestados registran los rangos en las encuestas postales o electrónicas, el entrevistador registra los nombres de las tiendas en las entrevistas personales. El tipo de entrevista también influye el contenido de cada pregunta.

PROYECTO DE INVESTIGACIÓN

Efecto del tipo de entrevista en el diseño del cuestionario

Cuestionario por correo

Por favor ordene las siguientes tiendas departamentales según su preferencia para comprar en ellas. Comience por elegir la tienda que más le agrade y asígnele el número 1. Luego encuentre la segunda tienda departamental que más le guste y asígnele el número 2. Continúe con este procedimiento hasta haber ordenado todas las tiendas según su preferencia. Debe asignarle el número 10 a la tienda que menos prefiera. No puede asignarle la misma calificación a dos tiendas. El criterio de preferencia depende de usted. No hay respuestas correctas o equivocadas. Sólo trate de ser consistente.

Tienda	**Rango ordenado**
1. Parisian	_____
2. Macy's	_____
3. Kmart	_____
4. Kohl's	_____
5. JCPenney	_____
6. Neiman-Marcus	_____
7. Marshalls	_____
8. Saks Fifth Avenue	_____
9. Sears	_____
10. Wal-Mart	_____

Cuestionario telefónico

Voy a leerle los nombres de algunas tiendas departamentales. Por favor, califíquelas en términos de su preferencia para comprar en ellas. Utilice una escala de 10 puntos, donde 1 denota poca preferencia y 10 gran preferencia. Los números entre 1 y 10 reflejan grados intermedios de preferencia. Una vez más, por favor recuerde que cuanto mayor sea el número, mayor es el grado de preferencia. Ahora, por favor, dígame su preferencia para comprar en... (LEA UNA TIENDA A LA VEZ).

Tienda	Menos preferida									Más preferida
1. Parisian	1	2	3	4	5	6	7	8	9	10
2. Macy's	1	2	3	4	5	6	7	8	9	10
3. Kmart	1	2	3	4	5	6	7	8	9	10
4. Kohl's	1	2	3	4	5	6	7	8	9	10
5. JCPenney	1	2	3	4	5	6	7	8	9	10
6. Neiman-Marcus	1	2	3	4	5	6	7	8	9	10
7. Marshalls	1	2	3	4	5	6	7	8	9	10
8. Saks Fifth Avenue	1	2	3	4	5	6	7	8	9	10
9. Sears	1	2	3	4	5	6	7	8	9	10
10. Wal-Mart	1	2	3	4	5	6	7	8	9	10

Cuestionario personal

(ENTREGUE LAS TARJETAS DE LAS TIENDAS DEPARTAMENTALES AL ENCUESTADO). Aquí hay una serie de nombres de tiendas departamentales, cada uno escrito en una tarjeta diferente. Por favor, revise estas tarjetas con cuidado. (DÉ TIEMPO AL ENCUESTADO). Ahora, por favor revíselas de nuevo y elija la que contenga el nombre de la tienda que más le agrada, es decir, la tienda donde más le gusta comprar. (REGISTRE EL NOMBRE DE LA TIENDA Y CONSERVE ESTA TARJETA). Ahora, por favor revise las nueve tarjetas restantes. De estas nueve tiendas, ¿en dónde prefiere comprar? (REPITA ESTE PROCEDIMIENTO EN SECUENCIA, HASTA QUE SÓLO LE QUEDE UNA TARJETA AL ENCUESTADO).

Rango de la tienda	Nombre de la tienda
1. _____1_____	_____
2. _____2_____	_____
3. _____3_____	_____
4. _____4_____	_____
5. _____5_____	_____
6. _____6_____	_____
7. _____7_____	_____
8. _____8_____	_____
9. _____9_____	_____
10. _____10_____	_____

Cuestionario electrónico

Esta pregunta para correo electrónico y cuestionarios por Internet será muy similar a las que se utilizan en los cuestionarios por correo; en todos estos tipos, el encuestado se aplica el cuestionario.

CONTENIDO DE LAS PREGUNTAS

Una vez que se ha especificado la información requerida y que se ha decidido el tipo de entrevista, el siguiente paso consiste en determinar el contenido de cada pregunta: ¿qué debe incluirse en cada pregunta?

¿Es necesaria la pregunta?

Todas las preguntas de un cuestionario deben contribuir a la información requerida o cumplir algún propósito específico. Si los datos resultantes de una pregunta no tienen un uso satisfactorio, esa pregunta tiene que eliminarse.

CAPÍTULO 10 *Diseño de cuestionarios y formatos*

Como se ilustra en el ejemplo inicial, una mirada profunda a la forma corta del censo de población de 1990 dio lugar a la eliminación de preguntas concernientes a cinco temas.

Sin embargo, en ciertas situaciones pueden hacerse preguntas que no tienen relación directa con la información que se requiere. Es útil hacer algunas preguntas neutrales al inicio del cuestionario para establecer participación y empatía, en especial cuando el tema del cuestionario es delicado o polémico. Algunas veces se hacen preguntas de relleno para encubrir el propósito o patrocinio del proyecto. En vez de limitar las preguntas a la marca de interés, pueden incluirse preguntas sobre las marcas rivales para ocultar al patrocinador. Por ejemplo, una encuesta sobre computadoras personales patrocinada por IBM también incluiría preguntas de relleno relacionadas con Dell y Apple. A veces pueden incluirse preguntas sin relación con el problema inmediato, para generar el apoyo del cliente al proyecto. En ocasiones ciertas preguntas se duplican con el propósito de evaluar la confiabilidad o la validez.[5]

¿Se necesitan varias preguntas en vez de una?

Una vez que se ha establecido que una pregunta es necesaria, debe asegurarse que sea suficiente para obtener la información deseada. A veces, se necesitan varias preguntas para obtener la información requerida de forma clara. Considere la pregunta,

"¿Considera que Coca-Cola es una bebida refrescante y deliciosa?" (Incorrecto)

Una respuesta afirmativa podría ser clara, pero ¿que tal si la respuesta es "no"? ¿Significa esto que el encuestado piensa que Coca-Cola no es deliciosa, no es refrescante, o que no es ni deliciosa ni refrescante? Ese tipo de interrogante se conoce como **pregunta doble**, porque se combinan dos o más preguntas en una. Para obtener la información requerida, deben hacerse dos preguntas diferentes:

"¿Considera que Coca-Cola es una bebida deliciosa?" y
"¿considera que Coca-Cola es una bebida refrescante?" (Correcto)

pregunta doble
Pregunta que busca cubrir dos temas. Estas preguntas suelen ser confusas para los encuestados y dar lugar a respuestas ambiguas

Otro ejemplo de preguntas múltiples combinadas en una sola pregunta es la interrogante "¿por qué". En el contexto del estudio de la tienda departamental, considere la pregunta,

"¿Por qué compra en Nike Town?" (Incorrecto)

Las posibles respuestas pueden incluir: "para comprar zapatos deportivos", "está mejor ubicada que otras tiendas" y "me la recomendó mi mejor amigo". Cada una de estas respuestas se relaciona con una pregunta diferente insertada en la interrogante "por qué". La primera respuesta indica por qué compra el encuestado en la tienda de mercancía deportiva, la segunda respuesta revela lo que le gusta al encuestado de Nike Town en comparación con otras tiendas, y la tercera respuesta nos dice cómo se enteró el encuestado de Nike Town. Las tres respuestas no son equiparables y una sola respuesta parece no ser suficiente. Se obtendría información completa haciendo dos preguntas diferentes:

"¿Qué le gusta de Nike Town en comparación con otras tiendas?" y
"¿Cómo llegó a comprar en Nike Shop por primera vez?" (Correcto)

La mayoría de las preguntas "por qué" acerca del uso de un producto o alternativa de elección involucran dos aspectos **1.** los atributos del producto, y **2.** las influencias que llevaron a conocerlo.[6]

INVESTIGACIÓN ACTIVA

Visite *www.oldnavy.com* y realice una búsqueda en Internet y en la base en línea de su biblioteca, para obtener información sobre el programa de marketing de Old Navy.

Como director general de Old Navy, ¿qué haría usted para mejorar las percepciones de los consumidores sobre la calidad de su marca?

Formule una pregunta doble para determinar la percepción de los consumidores sobre la calidad y estilo de las prendas Old Navy. Luego reformule esta pregunta para obtener respuestas claras.

SUPERAR LA INCAPACIDAD DE RESPONDER

Los investigadores no deben asumir que los encuestados pueden dar respuestas correctas o razonables a todas sus preguntas; deben tratar de superar la incapacidad de los encuestados para responder. Ciertos factores limitan la capacidad de los encuestados para brindar la información deseada. Quizá no estén informados, no recuerden o no sean capaces de expresar cierto tipo de respuestas.

¿El encuestado está informado?

A menudo se hacen preguntas a los encuestados sobre temas de los que no están informados. Un esposo tal vez no esté al tanto de los gastos mensuales en comestibles o de las compras en tiendas departamentales, si es la esposa quien las realiza, o viceversa. La investigación ha demostrado que el encuestado a menudo responderá preguntas aunque no esté informado, como se muestra en el siguiente ejemplo.

INVESTIGACIÓN REAL

La queja acerca de las quejas de los clientes

En un estudio se pidió a los encuestados que expresaran su grado de acuerdo o desacuerdo con los siguientes enunciados: "La Oficina Nacional de Quejas del Consumidor ofrece un medio eficiente para ayudar a los consumidores que han comprado un producto defectuoso". Cerca del 96.1 por ciento de los abogados y 95 por ciento del público general que respondió expresó una opinión. Aunque el conjunto de respuestas incluía la opción "no lo sé", el 51.9 por ciento de los abogados y el 75.0 por ciento del público siguió expresando una opinión acerca de la Oficina Nacional de Quejas del Consumidor. ¿Por qué son problemáticas esas altas tasas de respuestas? ¡Porque no existe tal Oficina Nacional de Quejas del Consumidor![7] ■

preguntas de filtro
Pregunta al inicio del cuestionario que filtra a los encuestados potenciales para asegurar que cumplen los requisitos de la muestra.

En situaciones donde es probable que no todos los encuestados estén informados acerca del tema de interés, antes de plantear las preguntas sobre el tema en cuestión deben hacerse **preguntas de filtro** que miden familiaridad, uso del producto y experiencia.[8] Las preguntas de filtro permiten al investigador eliminar a los encuestados que no cuenten con la información adecuada.

El cuestionario de la tienda departamental incluía preguntas relacionadas con 10 tiendas departamentales diferentes, que iban de tiendas de prestigio a tiendas de descuento. Era probable que muchos encuestados no tuvieran la información suficiente sobre todas las tiendas, por lo que se obtuvo información sobre familiaridad y frecuencia con la que se hacían compras en cada tienda (véase el capítulo 1). Esto permitió analizar por separado los datos acerca de las tiendas sobre las cuales los encuestados no tuvieran información. La opción de "no lo sé" parece disminuir las respuestas no informadas sin reducir la tasa general de respuestas, o la tasa de respuestas a las preguntas sobre las cuales sí tienen información los encuestados. Por lo tanto, debe brindarse esta opción cuando el investigador espera que los encuestados no cuenten con información adecuada sobre el tema de la pregunta.[9]

¿El encuestado puede recordar?

Muchas cosas que esperamos que todos sepan sólo son recordadas por unos cuantos. Póngase a prueba usted mismo, ¿puede responder lo siguiente?

¿Cuál es el nombre de la marca de la camisa que usó hace dos semanas?
¿Qué comió en su almuerzo la semana pasada?
¿Qué estaba haciendo hace un mes al medio día?
¿Cuántos litros de bebidas gaseosas consumió durante las últimas
   cuatro semanas? (Incorrecto)

Estas preguntas son incorrectas porque exceden la capacidad de recuerdo de los encuestados. La evidencia indica que los consumidores especialmente tienen deficiencias para recordar las cantidades consumidas de productos. En situaciones donde se disponía de datos factuales para fines de comparación, se encontró que los reportes del consumidor sobre el uso del producto excedían el uso real en 100 por ciento o más.[10]

Por lo tanto, la información sobre el consumo de bebida gaseosa se obtendría mejor si se pregunta:

¿Qué tan a menudo consume refrescos durante una semana normal?

    i. _____ Menos de una vez a la semana.
    ii. _____ 1 a 3 veces por semana.
    iii. _____ 4 a 6 veces por semana.
    iv. _____ 7 o más veces por semana.   (Correcto)

La incapacidad para recordar lleva a errores por omisión, abreviación y creación. La *omisión* es la incapacidad para recordar un acontecimiento que en realidad ocurrió. La **abreviación** sucede cuando un individuo abrevia o comprime el tiempo al recordar un evento como si hubiera ocurrido más recientemente de lo que en realidad sucedió.[11] Por ejemplo, un encuestado reporta tres visitas al supermercado en las últimas dos semanas cuando, de hecho, una de esas visitas tuvo lugar hace 18 días. El error de *creación* se presenta cuando un encuestado "recuerda" un evento que en realidad no ocurrió.

La capacidad para recordar un acontecimiento se ve influida por **1.** el suceso en sí mismo, **2.** el tiempo transcurrido desde el acontecimiento, y **3.** la presencia o ausencia de hechos que pudieran ayudar a la memoria. Solemos recordar eventos que son importantes, inusuales o que ocurren con frecuencia. La gente recuerda su aniversario de bodas y su cumpleaños. De igual forma, los acontecimientos más recientes se recuerdan mejor. Es más probable que un comprador de comestibles recuerde lo que adquirió en su última visita a la tienda, en comparación con lo que compró hace tres visitas.

La investigación indica que las preguntas que no ofrecen al encuestado indicios sobre el evento y que confían en el recuerdo sin ayuda pueden subestimar la ocurrencia real de un evento. Por ejemplo, es posible medir el recuerdo sin ayuda acerca de comerciales de bebidas gaseosas con preguntas como "¿qué marcas de refrescos recuerda que se anunciaron anoche en la televisión?" El enfoque del recuerdo con ayuda trata de estimular la memoria del encuestado brindándole señales relacionadas con el evento de interés. El enfoque del recuerdo con ayuda puede listar una serie de marcas de refrescos y preguntar: "¿Cuál de estas marcas se anunció anoche en la televisión?" Al presentar las señales, el investigador debe emplear varios niveles sucesivos de estimulación para impedir que las respuestas se sesguen. Luego, puede analizarse la influencia de la estimulación sobre las respuestas para seleccionar el nivel de estimulación adecuado.

abreviación
Fenómeno psicológico que tiene lugar cuando un individuo abrevia o comprime el tiempo, al recordar un evento como si hubiera ocurrido más recientemente de lo que en realidad sucedió.

¿El encuestado puede expresarse?

Los encuestados quizá no sean capaces de expresar cierto tipo de respuestas. Por ejemplo, si se les pide que describan la atmósfera de una tienda departamental de la que les gustaría ser clientes, la mayoría de los encuestados puede ser incapaz de formular su respuesta. Por otro lado, si se les proporcionan descripciones alternativas de la atmósfera de la tienda, serán capaces de indicar la que más les gusta. Si los encuestados no son capaces de expresar su respuesta a una pregunta, es probable que la ignoren y que se nieguen a responder el resto del cuestionario. Por ello se les deben brindar apoyos como fotografías, mapas y descripciones que los ayuden a expresar su respuesta.

SUPERAR LA RENUENCIA A RESPONDER

Incluso si los encuestados son capaces de responder una pregunta específica, tal vez no estén dispuestos a hacerlo, ya sea porque requiera mucho esfuerzo, porque la situación o el contexto no parezcan ser adecuados para la revelación, porque tal vez no haya un propósito o necesidad legítima de la información solicitada, o porque la información solicitada sea delicada.

Esfuerzo pedido a los encuestados

Muchos encuestados se rehúsan a esforzarse para dar información. Por ello, el investigador debe minimizar el esfuerzo que se les pide. Suponga que el investigador está interesado en determinar en qué departamentos de una tienda realizó compras el encuestado en su última visita. Esta información puede obtenerse al menos de dos maneras. El investigador solicita al encuestado que mencione todos los departamentos donde adquirió mercancías en su última salida de compras; u ofrece una lista de los departamentos y le solicita al encuestado que marque las opciones pertinentes:

Por fasvor, liste todos los departamentos en los que adquirió mercancías
en su visita más reciente a una tienda departamental   (Incorrecta)

En la siguiente lista, por favor marque todos los departamentos en los que realizó compras en su visita más reciente a una tienda departamental.

1. Vestidos para dama   _____
2. Ropa para caballero   _____
3. Ropa para niños   _____
4. Cosméticos   _____
   .
   .
   .
17. Joyería   _____
18. Otros (por favor, especifique) _____   (Correcta)

La segunda opción es preferible porque requiere menos esfuerzo por parte de los encuestados.

Contexto

Algunas preguntas quizá parezcan adecuadas en ciertos contextos, pero no en otros. Por ejemplo, las preguntas sobre los hábitos de higiene personal tal vez sean convenientes cuando se incluyen en una encuesta patrocinada por la American Medical Association, pero no en una financiada por un restaurante de comida rápida. Los encuestados no están dispuestos a responder preguntas que consideran inapropiadas para el contexto. En ocasiones, el investigador puede manipular el contexto en el que se hacen las preguntas de tal manera que parezcan adecuadas. Por ejemplo, antes de pedir información sobre higiene personal en una encuesta para un restaurante de comida rápida, el contexto podría manipularse mediante el siguiente enunciado: "Como restaurante de comida rápida, estamos muy interesados en ofrecer a nuestros clientes un ambiente limpio e higiénico. Por ello, nos gustaría hacerle algunas preguntas relacionadas con la higiene personal".

Propósito legítimo

Los encuestados tampoco están dispuestos a divulgar información que no crean que sirva para un propósito legítimo. ¿Para qué querría saber una marca de cereales su edad, ingreso y ocupación? Explicar la razón por la que se necesitan tales datos haría que la petición parezca legítima y aumentaría la disposición de los encuestados a responder. La petición de información parecería legítima con un enunciado como el siguiente: "Para determinar cómo varían el consumo de cereal y las preferencias por marcas de cereales entre personas de diferentes edades, ingresos y ocupaciones, necesitamos información sobre…".

Información delicada

Los encuestados no están dispuestos a revelar información delicada, al menos no con precisión, porque puede ser bochornosa o amenazar su prestigio o imagen personal. Si se les presiona para que respondan, pueden dar respuestas sesgadas, en especial durante las entrevistas personales (véase el capítulo 6, tabla 6.2).[12] Los temas delicados incluyen dinero, vida familiar, creencias políticas y religiosas, y el involucramiento en accidentes o delitos. Para incrementar la probabilidad de obtener información que los encuestados no están dispuestos a proporcionar pueden adoptarse las técnicas descritas en la siguiente sección.

Aumentar la disposición de los encuestados

Puede alentarse a los encuestados a proporcionar información que no están dispuestos a dar con las siguientes técnicas.[13]

1. Coloque los temas delicados al final del cuestionario. Para ese momento, la desconfianza inicial ya se habrá superado, se habrá generado empatía, se habrá establecido la legitimidad del proyecto y los encuestados estarán más dispuestos a dar información.

2. Comience la pregunta con la afirmación de que la conducta de interés es común. Por ejemplo, antes de solicitar información sobre las deudas de la tarjeta de crédito, señale que "estudios recientes indican que la mayoría de los estadounidenses tienen deudas". Esta técnica, conocida como el uso de afirmaciones contra sesgo, se ilustra en el siguiente ejemplo.[14]

INVESTIGACIÓN REAL

Público o privado

Una encuesta reciente realizada por Gallup (*www.gallup.com*) buscaba obtener indicaciones sobre si debía revelarse al público la información personal de candidatos políticos o de ciudadanos comunes. Esta pregunta fue precedida por el siguiente enunciado: "Se ha debatido mucho la cuestión de dónde trazar la línea divisoria en cuestiones de privacidad; algunos afirman que los estándares para los candidatos a un puesto público importante deben ser diferentes a los de los ciudadanos comunes". Esta afirmación incrementó la disposición de la gente para responder. ■

3. Haga la pregunta usando la técnica de la tercera persona (véase el capítulo 5): redacte la pregunta como si hiciera referencia a otra persona.
4. Oculte la pregunta entre otras interrogantes que los encuestados estén dispuestos a responder. Luego puede plantear con rapidez la lista completa de preguntas.
5. Proporcione categorías de respuesta en vez de solicitar cifras específicas. No pregunte "¿Cuál es su ingreso anual familiar?" En vez de ello, pida al encuestado que marque la categoría de ingreso apropiada: menos de $25,000; de $25,001 a $50,000; de $50,001 a $75,000, o más de $75,000. En las entrevistas personales dé a los encuestados tarjetas que listen las opciones numeradas. Los encuestados pueden indicar luego sus respuestas por número.
6. Utilice las técnicas aleatorias en las que se presentan al encuestado dos preguntas, una delicada y otra neutral de la cual se conozca la probabilidad de una respuesta afirmativa (por ejemplo "¿Su cumpleaños es en marzo?"). Se le pide que seleccione una pregunta al azar, por ejemplo, lanzando una moneda. El encuestado responde luego a la pregunta seleccionada con "sí" o "no", sin decirle al investigador qué pregunta está respondiendo. Dada la probabilidad general de una respuesta afirmativa, la probabilidad de seleccionar una pregunta delicada y la probabilidad de una respuesta afirmativa a la pregunta neutral, el investigador puede determinar la probabilidad de una respuesta afirmativa a la pregunta delicada usando la ley de probabilidades. Sin embargo, el investigador no puede determinar qué encuestados respondieron de forma afirmativa a la pregunta delicada.[15]

ELECCIÓN DE LA ESTRUCTURA DEL CUESTIONARIO

Una pregunta puede ser estructurada o no estructurada. En las siguientes secciones se definen las preguntas no estructuradas y se analizan sus ventajas y desventajas relativas, para considerar luego los principales tipos de preguntas estructuradas: de opción múltiple, dicotómicas y escalas.[16]

Preguntas no estructuradas

> **preguntas no estructuradas**
> Preguntas abiertas que los encuestados responden con sus propias palabras.

Las **preguntas no estructuradas** son preguntas abiertas que los encuestados responden con sus propias palabras. También se conocen como preguntas de *respuesta libre*. Los siguientes son algunos ejemplos:

- ¿Cuál es su ocupación?
- ¿Qué opina de la gente que es cliente de las tiendas departamentales de descuento?
- ¿Quién es su personaje político favorito?

Las preguntas abiertas se recomiendan como preguntas iniciales sobre un tema. Permiten a los encuestados expresar actitudes y opiniones generales que ayudan al investigador a interpretar sus respuestas a las preguntas estructuradas. Las preguntas no estructuradas tienden a sesgar menos la respuesta que las preguntas estructuradas. Los encuestados tienen la libertad de expresar cualquier punto de vista. Sus comentarios y explicaciones pueden ofrecer al investigador información importante. Por lo tanto, las preguntas no estructuradas son útiles en una investigación exploratoria.

Una desventaja importante es que la posibilidad del sesgo del entrevistador es elevada. Ya sea que los entrevistadores registren las respuestas de manera literal o sólo anoten los puntos importantes, los datos dependen de su habilidad. Si el informe textual es importante deben usarse grabadoras.

Otra desventaja importante de las preguntas no estructuradas es que la codificación de las respuestas es costosa y consume mucho tiempo.[17] Los procedimientos de codificación requeridos para resumir las respuestas en un formato útil para el análisis e interpretación de los datos pueden ser de gran alcance. De forma implícita, las preguntas no estructuradas o abiertas dan mayor peso a los encuestados que mejor se expresan. Además, las preguntas no estructuradas no son adecuadas para los cuestionarios autoaplicados (por correo, CAPI, correo electrónico e Internet), porque los encuestados tienden a ser más breves al escribir que al hablar.

La codificación previa supera algunas de las desventajas de las preguntas no estructuradas. Aunque la pregunta se presente al encuestado como pregunta abierta, las respuestas esperadas se registran en un formato de opción múltiple. El entrevistador se basa en la contestación del encuestado para seleccionar la categoría de respuesta adecuada. Este enfoque puede ser satisfactorio cuando al encuestado le resulta sencillo formular la respuesta y es fácil desarrollar categorías precodificadas porque las alternativas de respuesta son limitadas. Por ejemplo, este enfoque es útil para obtener información sobre la posesión de aparatos electrodomésticos. También se ha usado con éxito en encuestas de negocios, como se muestra en el siguiente ejemplo.

INVESTIGACIÓN REAL

Evaluación de las actitudes hacia el acceso

Una importante compañía de telecomunicaciones realizó una encuesta telefónica a nivel nacional para determinar las actitudes de las empresas hacia un acceso equitativo. Una de las preguntas se planteó como pregunta abierta con respuestas precodificadas.[18]

¿Qué compañía o compañías utiliza actualmente su empresa para el servicio telefónico de larga distancia? Si es más de una, por favor, indique los nombres de todas las compañías. (PLANTEE LA PREGUNTA DE FORMA ABIERTA. PERMITA MÚLTIPLES RESPUESTAS Y CALIFIQUE COMO SIGUE).

1. ____ MCI
2. ____ US SPRINT
3. ____ CONTEL
4. ____ AT&T
5. ____ Compañía operadora regional (inserte el nombre).
6. ____ Otra (especifique).
7. ____ No sabe o no respondió. ∎

En general, las preguntas abiertas son útiles en la investigación exploratoria y como preguntas iniciales. Por otro lado, en una encuesta grande sus desventajas sobrepasan las ventajas.[19]

Preguntas estructuradas

preguntas estructuradas
Preguntas que especifican de antemano el conjunto de alternativas de respuesta y su formato. Una pregunta estructurada puede ser de opción múltiple, dicotómica o una escala.

Las *preguntas estructuradas* especifican el conjunto de alternativas de respuesta y su formato. Una pregunta estructurada puede ser de opción múltiple, dicotómica o una escala.

Preguntas de opción múltiple. En las preguntas de opción múltiple, el investigador ofrece las opciones de respuestas y se le pide al encuestado que seleccione una o más de las alternativas dadas. Considere la siguiente pregunta.

¿Tiene la intención de comprar un auto nuevo en los próximos seis meses?

_____ Definitivamente no lo compraré.
_____ Es probable que no lo compre.
_____ Indeciso.
_____ Es probable que lo compre.
_____ Definitivamente lo compraré.
_____ Otro (por favor especifique).

Varios de los temas analizados en el capítulo 9 con respecto a las escalas de clasificación por reactivo también se aplican a las respuestas de opción múltiple. Dos problemas adicionales en el diseño de preguntas de opción múltiple son el número de alternativas que deben incluirse y el sesgo del orden o la posición.

Las alternativas de respuesta deben incluir el conjunto de todas las opciones posibles. El lineamiento general consiste en listar todas las alternativas que sean de importancia e incluir una alternativa con la etiqueta "Otro (por favor, especifique)", como se mostró arriba. Las alternativas de respuesta tienen que ser mutuamente excluyentes. Los encuestados deben ser capaces de identificar una alternativa, y sólo una, a menos que el investigador de manera específica permita dos o más opciones (por ejemplo, "Por favor indique todas las marcas de bebida gaseosa que consumió durante la semana pasada"). Si las alternativas de respuesta son numerosas, considere el uso de más de una pregunta para reducir las demandas de procesamiento de la información sobre los encuestados.

El sesgo del orden o la posición es la tendencia de los encuestados a marcar una alternativa por el simple hecho de que ocupa cierta posición u orden en la lista. Los encuestados tienden a marcar el primer enunciado o el último de la lista, en particular el primero. Para una lista de números (cantidades o precios), hay un sesgo hacia el valor central de la lista. Para controlar el sesgo del orden, deben prepararse varios formatos del cuestionario, en los cuales varíe el orden en que se presentan las alternativas. A menos que las alternativas representen categorías ordenadas, cada alternativa debe aparecer una vez en cada una de las posiciones extremas, una vez en medio y una en algún otro lugar.[20]

Muchas de las desventajas de las preguntas abiertas son superadas por las preguntas de opción múltiple, ya que éstas reducen el sesgo del entrevistador y se aplican con rapidez. Además, la codificación y el procesamiento de los datos son menos costosos y consumen menos tiempo. En los cuestionarios autoaplicados se mejora la cooperación del encuestado si la mayoría de las preguntas son estructuradas.

Las preguntas de opción múltiple no están exentas de desventajas. Se requiere de mucho esfuerzo para diseñar buenas preguntas de este tipo. Tal vez se requiera investigación exploratoria que utilice preguntas abiertas para determinar las alternativas de respuesta apropiadas. Es difícil obtener información de alternativas no listadas. Aún si se incluye una categoría de "Otro (por favor especifique)", los encuestados tienden a elegir entre las alternativas listadas. Además, mostrar a los encuestados la lista de respuestas posibles origina respuestas sesgadas. Existe también la probabilidad del sesgo del orden.[21]

Preguntas dicotómicas. Una ***pregunta dicotómica*** sólo tiene dos alternativas de respuesta: sí o no, de acuerdo o en desacuerdo, y así sucesivamente. A menudo las dos alternativas de interés se complementan con una alternativa neutral, como "sin opinión", "no lo sé", "ambas" o "ninguna".[22] La pregunta planteada antes acerca de la intención de comprar un auto nuevo, en un formato de opción múltiple también se hace como pregunta dicotómica.

¿Tiene la intención de comprar un auto nuevo en los próximos seis meses?

_____ Sí
_____ No
_____ No lo sé

La decisión de usar una pregunta dicotómica depende de si los encuestados se acercan al tema como una pregunta de sí o no. Aunque las decisiones a menudo se caracterizan como series de elecciones binarias o dicotómicas, el proceso subyacente de la toma de decisiones puede reflejar incertidumbre, la cual suele captarse mejor con las respuestas de opción múltiple. Por ejemplo, dos individuos quizá tengan la misma probabilidad de comprar un auto nuevo en los próximos seis meses, si las condiciones económicas se mantienen favorables. Sin embargo, un individuo, que es optimista sobre la economía, contestará que "sí"; mientras que el otro, que se siente pesimista, responderá que "no".

Otro problema en el diseño de preguntas dicotómicas es si se debe incluir una alternativa de respuesta neutral. Si no se incluye, los encuestados se ven obligados a elegir entre "sí" y "no" aunque se sientan indiferentes. Por otro lado, si se incluye una alternativa neutral, los encuestados pueden evitar tomar una posición sobre el tema, sesgando por ende los resultados. Se ofrecen los siguientes lineamientos. Si se espera que una parte considerable de los encuestados sea neutral, incluya una alternativa neutral. Si se espera que la proporción de encuestados neutrales sea pequeña, evite la alternativa neutral.

Las ventajas y desventajas generales de las preguntas dicotómicas son muy similares a las de las preguntas de opción múltiple.

---

sesgo del orden o la posición
Tendencia de un encuestado a marcar una alternativa por el simple hecho de que ocupa cierta posición o está listada en cierto orden.

pregunta dicotómica
Pregunta estructurada con sólo dos alternativas de respuesta, por ejemplo, sí y no.

Las preguntas dicotómicas son las más sencillas de codificar y analizar, pero tienen un problema grave: la respuesta suele estar influida por la redacción de la pregunta. Por ejemplo, 59.6 por ciento de los encuestados estuvieron de acuerdo con la afirmación "en el delito y la ilegalidad en este país, los individuos tienen mayor responsabilidad que las condiciones sociales". Sin embargo, en una muestra igualada que respondió a la afirmación opuesta, "en el delito y la ilegalidad en este país, las condiciones sociales tienen mayor responsabilidad que los individuos", 43.2 por ciento (en oposición al 40.4 por ciento) estuvo de acuerdo.[23] Para superar este problema, la pregunta debería enmarcarse de una manera en la mitad de los cuestionarios y de la forma opuesta en la otra mitad. Esto se conoce como la *técnica de votación dividida*.

Escalas. Las escalas fueron analizadas en detalle en los capítulos 8 y 9. Para ilustrar la diferencia entre las escalas y otros tipos de preguntas estructuradas, considere la pregunta sobre la intención de comprar un carro nuevo. Una manera de enmarcarla usando una escala es la siguiente:

¿Tiene la intención de comprar un auto nuevo en los próximos seis meses?

Definitivamente no compraré	Es probable que no lo compre	Indeciso	Es probable que lo compre	Definitivamente lo compraré
1	2	3	4	5

Ésta es sólo una de varias escalas que pueden usarse para plantear esta pregunta (véase los capítulos 8 y 9). Como se muestra en el siguiente ejemplo, una encuesta puede contener diferentes tipos de preguntas.

INVESTIGACIÓN REAL

Estructura de las preguntas en GAP

El estudio de Global Airline Performance (GAP) es una encuesta realizada para medir las opiniones de los viajeros sobre 22 líneas aéreas que salen de 30 aeropuertos en todo el mundo. Cada año se aplica en siete idiomas a 240,000 pasajeros. Como se ilustra a continuación, la encuesta utiliza diferentes tipos de preguntas estructuradas, incluyendo preguntas de opción múltiple, dicotómicas y escalas.[24]

P. ¿Cómo hizo su reservación? (Por favor elija sólo UNA).

_____ En el sitio Web de la línea aérea.
_____ Reservación telefónica o en la oficina de boletos de la línea aérea.
_____ A través de una agencia de viajes.
_____ Otro.

P. ¿Utiliza un boleto electrónico en este viaje?

_____ Sí
_____ No

P. De acuerdo con su experiencia en el vuelo de hoy, ¿elegiría esta línea aérea para su próximo viaje en esta ruta?

_____ Definitivamente sí (5).
_____ Probablemente sí (4).
_____ Podría hacerlo o no (3).
_____ Probablemente no (2).
_____ Definitivamente no (1). ■

INVESTIGACIÓN ACTIVA

Realice una búsqueda en Internet y en la base en línea de su biblioteca, para obtener información sobre las actitudes de los consumidores hacia los perfumes.

Como jefe de marketing de los perfumes de Estee Lauder, ¿usted cómo infundiría en el consumidor actitudes positivas hacia sus marcas?

Obtenga información sobre las actitudes de los consumidores hacia los perfumes de Estee Lauder usando preguntas no estructuradas, de opción múltiple, dicotómicas y de escala.

ELECCIÓN DE LA REDACCIÓN DE LA PREGUNTA

La redacción de la pregunta es la traducción del contenido y la estructura de la pregunta deseada en palabras, que los encuestados comprendan de manera clara y sencilla. Decidir la redacción de una pregunta puede ser la tarea más difícil e importante en el desarrollo de un cuestionario, como se ilustró en el ejemplo inicial sobre el cuestionario del censo de 2000. Si una pregunta está mal redactada, es posible que los encuestados se nieguen a responderla o lo hagan de forma incorrecta. La primera condición, conocida como reactivo sin respuesta, puede aumentar la complejidad del análisis de los datos.[25] La segunda condición lleva al error de respuesta que se analizó antes (véase también el capítulo 3). A menos que el encuestado y el investigador asignen exactamente el mismo significado a la pregunta, los resultados estarán seriamente sesgados.[26]

Para evitar esos problemas, se ofrecen los siguientes lineamientos: **1.** definir el tema, **2.** usar palabras comunes, **3.** evitar las palabras ambiguas, **4.** evitar preguntas inductoras, **5.** evitar alternativas implícitas, **6.** evitar suposiciones implícitas, **7.** evitar generalizaciones y estimaciones, y **8.** utilizar enunciados positivos y negativos.

Definir el tema

Una pregunta debe definir con claridad el tema abordado. A los periodistas principiantes se les recomienda que definan el tema en términos del quién, qué, cuándo, dónde, por qué y cómo.[27] Esto también ayuda como lineamiento para definir el tema de una pregunta (en el capítulo 3 encontrará una aplicación de estos lineamientos a una investigación descriptiva). Considere la siguiente pregunta:

¿Qué marca de champú utiliza? (Incorrecta)

A primera vista, ésta parece ser una pregunta bien definida, pero puede llegarse a una conclusión diferente al examinarla bajo el microscopio del quién, qué, cuándo, y dónde. En esta pregunta el "quién" se refiere al encuestado. Aunque no queda claro si el investigador se refiere a la marca que el encuestado usa personalmente o a la marca que se usa en su hogar. El "qué" es la marca del champú. Sin embargo, ¿qué pasa si se usa más de una marca de champú? ¿Debería el encuestado mencionar la marca que más le gusta?, ¿la que usa más a menudo?, ¿la que usó más recientemente?, ¿o la primera que le venga a la mente? No está claro el "cuándo", ¿se refiere el investigador a la vez anterior, la semana pasada, el mes pasado, el año pasado o siempre? En cuanto al "dónde", está implícito que el champú se utiliza en casa, pero no se plantea de forma clara. Una mejor redacción para esta pregunta sería:

¿Qué marca o marcas de champú utilizó personalmente en casa durante el mes pasado? En caso de haya usado más de una marca, por favor liste todas las marcas que sean pertinentes. (Correcto)

Usar palabras comunes

En un cuestionario deben usarse palabras comunes que coincidan con el nivel de vocabulario de los encuestados.[28] Al elegir las palabras, tenga en cuenta que el nivel educativo del ciudadano promedio; en algunos casos es la secundaria. Para ciertos grupos de encuestados, el nivel educativo es aún menor. Por ejemplo, el autor hizo un proyecto para una importante empresa de telecomunicaciones que opera sobre todo en áreas rurales. El nivel educativo promedio en estas áreas es menor a la secundaria y la escolaridad de muchos encuestados es sólo de cuarto a sexto grado. También debe evitarse la jerga técnica. Muchos encuestados no entienden términos técnicos de marketing. Por ejemplo, en vez de preguntar:

"¿Considera que la distribución de refrescos es adecuada?" (Incorrecta)
Pregunte
"¿Cree que siempre hay refrescos disponibles cuando desea comprarlos?" (Correcta)

Evitar las palabras ambiguas

Las palabras usadas en un cuestionario deben tener un solo significado que sea conocido por los encuestados. Algunas palabras que parecen ser inequívocas tienen diferentes significados para personas distintas.[29] Éstas incluyen "usualmente", "normalmente", "frecuentemente", "a menudo", "regularmente", "ocasionalmente", y "a veces". Considere la siguiente pregunta:

En un mes normal, ¿con qué frecuencia compra en tiendas departamentales?

_____ Nunca.
_____ Ocasionalmente.
_____ A veces.
_____ A menudo.
_____ Regularmente.   (Incorrecta)

Las respuestas para esta pregunta están cargadas de sesgo porque las palabras utilizadas para describir las categorías tienen significados distintos para diferentes encuestados. Tres encuestados que compren una vez al mes pueden marcar tres categorías diferentes: ocasionalmente, a veces y a menudo. Una redacción mucho mejor para esta pregunta sería la siguiente:

En un mes normal, ¿con qué frecuencia compra en tiendas departamentales?

_____ Menos de una vez.
_____ 1 o 2 veces.
_____ 3 o 4 veces.
_____ Más de 4 veces.   (Correcto)

Advierta que esta pregunta brinda un marco de referencia estable para todos los encuestados. Las categorías de respuesta se definieron de forma objetiva y los encuestados ya no tienen la libertad de interpretarlas a su propio entendimiento.

Al decidir sobre la elección de palabras, los investigadores deben consultar un diccionario y un tesauro, y hacer las siguientes preguntas para cada palabra que se utilice:

1. ¿Significa lo que pretendemos?
2. ¿Tiene algún otro significado?
3. De ser así ¿el contexto aclara el significado pretendido?
4. ¿La palabra tiene más de una pronunciación?
5. ¿Hay alguna palabra de pronunciación similar que pueda confundirse con este término?
6. ¿Se sugiere una palabra o frase más sencilla?

El U.S. Census Bureau puso gran esfuerzo en usar palabras comunes y claras en los cuestionarios del censo de 2000, lo cual no sólo mejoró la tasa de respuesta, sino que también produjo datos más precisos (véase el ejemplo inicial).

Evitar preguntas inductoras (o sesgadas)

pregunta inductora
Pregunta que da al encuestado una señal de cuál es la respuesta deseada o que lo lleva a contestar de cierta manera.

Una **pregunta inductora** es la que da señales al encuestado acerca de cuál es la respuesta deseada o que lo lleva a contestar de cierta manera, como en el siguiente caso:

¿Considera que los ciudadanos patriotas que viven en este país deben comprar automóviles importados, cuando esto deja sin empleo a sus compatriotas?

_____ Sí
_____ No
_____ No lo sé   (Incorrecto)

Esta pregunta llevará al encuestado a responder que "No". Después de todo, ¿cómo puede un ciudadano patriota quitarle el trabajo a un compatriota? Por ende, esta pregunta no ayudaría a determinar las preferencias de los ciudadanos por los automóviles importados frente a los nacionales. Una pregunta mejor sería:

¿Cree usted que las personas deben comprar automóviles importados?

_____ Sí
_____ No
_____ No lo sé   (Correcto)

CAPÍTULO 10 *Diseño de cuestionarios y formatos* 313

También puede surgir sesgo cuando se da a los encuestados indicios sobre el patrocinador del proyecto. Los encuestados tienden a responder de manera favorable hacia el patrocinador. Es probable que la pregunta ¿Colgate es su dentífrico favorito?" sesgue la respuesta a favor de Colgate. Una forma menos sesgada de obtener esta información sería preguntar "¿Cuál es su marca favorita de dentífrico?". De igual manera, mencionar un nombre con o sin prestigio puede sesgar la respuesta, como en "¿Está de acuerdo con la Asociación Dental Estadounidense en que Colgate es eficaz para prevenir la caries?". Una pregunta no sesgada sería "¿Colgate es eficaz para prevenir la caries?"[30]

Evitar las alternativas implícitas

alternativa implícita
Una alternativa que no se expresa de forma explícita.

Una alternativa que no se expresa de forma explícita en las opciones es una ***alternativa implícita***. Hacer explícita una alternativa implícita suele incrementar el porcentaje de personas que la eligen, como en las dos preguntas siguientes:

1. ¿Le gusta volar cuando viaja distancias cortas? (Incorrecto)
2. ¿Le gusta volar cuando viaja distancias cortas o prefiere manejar? (Correcto)

En la primera pregunta, la alternativa de manejar sólo está implícita; pero en la segunda pregunta se vuelve explícita. Es probable que la primera pregunta arroje una mayor preferencia por volar que la segunda.

Las preguntas con alternativas implícitas deben evitarse, a menos que haya razones específicas para incluirlas.[31] Las alternativas al final de la lista tienen mayor posibilidad de ser seleccionadas cuando las alternativas están cercanas en preferencia o cuando son numerosas. Para superar este sesgo debe usarse la técnica de votación dividida para rotar el orden en que aparecen las alternativas.

Evitar las suposiciones implícitas

Las preguntas no deben redactarse de tal manera que la respuesta dependa de suposiciones implícitas acerca de lo que sucederá como consecuencia. Las suposiciones implícitas son las que no están planteadas en la pregunta, como en el siguiente ejemplo.[32]

1. ¿Estaría usted a favor de un presupuesto equilibrado? (Incorrecta)
2. ¿Estaría usted a favor de un presupuesto equilibrado, si éste produce un incremento en el impuesto sobre la renta personal? (Correcta)

En la pregunta 1 están implícitas las consecuencias que surgirán como resultado de un presupuesto equilibrado. Quizás haya una reducción en los gastos de defensa, un incremento en el impuesto sobre la renta personal, un recorte en los programas sociales, etcétera. La redacción de la pregunta 2 es mejor. La falla de la pregunta 1 para hacer explícitas sus suposiciones haría que se sobreestimara el apoyo de los encuestados a los presupuestos equilibrados.

Evitar generalizaciones y estimaciones

Las preguntas deben ser específicas, no generales. Más aún, deben redactarse de manera que los encuestados no tengan que hacer generalizaciones o estimaciones. Suponga que estamos interesados en conocer el gasto anual per cápita de los hogares en comestibles. Si preguntamos a los encuestados

"¿Cuál es el gasto anual per cápita en comestibles en su hogar?" (Incorrecto)

primero tendrían que determinar su gasto anual en comestibles, multiplicando por 12 el gasto mensual en este rubro o el gasto semanal por 52. Luego tendrían que dividir la cantidad anual entre el número de personas en el hogar. La mayoría de los encuestados no estaría dispuesta o no podría realizar tales cálculos.

> **INVESTIGACIÓN ACTIVA**
>
> Visite www.fedex.com y realice una búsqueda en Internet y en la base en línea de su biblioteca, para obtener información sobre el mercado para la entrega de paquetería al día siguiente. Redacte un informe breve.
>
> Como director de marketing de FedEx, ¿cómo penetraría usted en el importante mercado de los negocios pequeños para el servicio de entrega de paquetería al día siguiente?
>
> Evalúe la redacción de la siguiente pregunta planteada a propietarios y directores de negocios pequeños: "Si FedEx introdujera un nuevo servicio de entrega al día siguiente para negocios pequeños, ¿cuál sería la probabilidad de que lo adoptara?"

Una mejor manera de obtener la información requerida sería hacer a los encuestados dos sencillas preguntas:

"¿Cuál es el gasto mensual (o semanal) en comestibles en su hogar?
y
"¿cuántas personas viven en su casa?".   (Correcto)

El investigador puede realizar luego los cálculos necesarios.

Utilizar enunciados positivos y negativos

Muchas preguntas, en especial las que miden actitudes y estilos de vida, están redactadas como enunciados ante los cuales el encuestado indica su grado de acuerdo o desacuerdo. La evidencia indica que la respuesta obtenida se ve influida por la dirección de los enunciados: si se plantean en términos positivos o negativos. En tales casos, es mejor usar enunciados dobles, algunos de los cuales son positivos y los otros negativos. Pueden prepararse dos cuestionarios diferentes: uno que contenga la mitad de enunciados negativos y la mitad de enunciados positivos de forma intercalada; y el otro con la dirección de los enunciados invertida. En el capítulo 9 se presentó un ejemplo de enunciados dobles en la escala sumarizada de Likert para medir las actitudes hacia Sears; algunos enunciados sobre Sears eran positivos, en tanto que otros eran negativos.

DETERMINAR EL ORDEN DE LAS PREGUNTAS

Preguntas iniciales

Las preguntas iniciales pueden ser fundamentales para obtener la confianza y cooperación de los encuestados. Estas preguntas deben ser interesantes, sencillas y no intimidatorias. Las preguntas que piden a los encuestados sus opiniones pueden ser buenas al principio, porque a la mayoría de la gente le gusta expresar sus puntos de vista. En ocasiones se hacen esas preguntas, aunque no se relacionen con el problema de la investigación y sus respuestas no se analicen.[33]

> **INVESTIGACIÓN REAL**
>
> *Las preguntas iniciales de opinión abren la puerta a la cooperación*
>
> El American Chicle Group, de la compañía Pfizer (www.pfizer.com) encargó a NOP World (www.nopworld.com) la realización de la encuesta American Chicle Youth. Se entrevistó a una muestra transversal de 1,000 escolares estadounidenses de ocho a 17 años. El cuestionario contenía una sencilla pregunta inicial que solicitaba la opinión acerca de vivir en su pueblo o ciudad local.
>
> Para comenzar, quisiera saber ¿cuánto le gusta vivir en este (pueblo/ciudad)? ¿Diría que le gusta *mucho, poco o no mucho*?
>
> Mucho   _____
> Poco   _____
> No mucho   _____
> No lo sé   _____

En algunos casos es necesario filtrar o calificar a los encuestados, o determinar si el encuestado reúne los requisitos para participar en la entrevista. En esos casos, las preguntas de clasificación sirven como preguntas iniciales.

PROYECTO DE INVESTIGACIÓN

Pregunta inicial

En el proyecto de la tienda departamental, el cuestionario tenía que ser contestado por el jefe o la jefa de familia que más compras hiciera en las tiendas departamentales. La primera pregunta fue "En su casa, ¿quién compra más en las tiendas departamentales?" Así, la pregunta inicial ayudó a la identificación de los encuestados que reunían los requisitos y ganó su cooperación por su naturaleza sencilla y no intimidatoria. ∎

Tipo de información

El tipo de información obtenida en un cuestionario puede clasificarse como: **1.** información básica, **2.** información de clasificación, y **3.** información de identificación. La información básica se relaciona directamente con el problema de la investigación. La **información de clasificación**, que se refiere a las características socioeconómicas y demográficas, se utiliza para clasificar a los encuestados y comprender los resultados. La **información de identificación** incluye nombre, dirección, dirección electrónica y número telefónico. La información de identificación puede obtenerse para diferentes propósitos, como verificar que los encuestados listados hayan sido entrevistados, enviar los incentivos prometidos, etcétera. Como regla general, la información básica debe obtenerse primero, seguida por la información de clasificación y, por último, por la información de identificación. La información básica es de mayor importancia para el proyecto de investigación y debe obtenerse primero, antes del riesgo de alejar los encuestados al plantearles una serie de preguntas personales. El cuestionario presentado en el problema 7 (véanse los ejercicios en este capítulo) de manera incorrecta solicita al principio información de identificación (nombre) y alguna información de clasificación (demográfica).

información de clasificación
Características socioeconómicas y demográficas que se utilizan para clasificar a los encuestados.

información de identificación
Tipo de información obtenida en un cuestionario que incluye nombre, dirección, dirección electrónica y número telefónico.

Preguntas difíciles

Las preguntas difíciles (las que son delicadas, vergonzosas, complicadas o aburridas) deben colocarse al final de la secuencia. Después de que se ha establecido la empatía y que los encuestados muestran interés en participar, habrá menor probabilidad de que pongan objeciones a esas preguntas. De esta forma, en el proyecto de la tienda departamental, la información sobre las deudas en tarjetas de crédito se solicitó al final de la sección de información básica. Asimismo, el ingreso debe ser la última pregunta en la sección de clasificación, y el número telefónico el tema final en la sección de identificación.

Efecto sobre las preguntas posteriores

Las preguntas hechas al inicio de una secuencia pueden influir en las respuestas a las preguntas posteriores. Como regla empírica, las preguntas generales deben preceder a las preguntas específicas. Esto evita que las preguntas específicas sesguen las respuestas a las preguntas generales. Considere la siguiente secuencia de preguntas:

P1. "¿Qué consideraciones son importantes para usted
al seleccionar una tienda departamental?"
P2. "Al seleccionar una tienda departamental, ¿qué tan importante
es la conveniencia de la ubicación?" (Correcto)

Advierta que la primera pregunta es general, mientras que la segunda es específica. Ésta es la secuencia correcta. Si se plantearan en el orden contrario, se daría a los encuestados una pista sobre la conveniencia de la ubicación y sería más probable que dieran esta respuesta en la pregunta general.

Se conoce como *enfoque de embudo* a la estrategia de ir de lo general a lo específico. Este enfoque es particularmente útil cuando debe obtenerse información acerca de la conducta general de elección de los encuestados y sus evaluaciones acerca de productos específicos.[34] En ocasiones resulta útil el enfoque de embudo invertido. En esta aproximación, el cuestionario comienza con preguntas específicas y concluye con preguntas generales.

enfoque de embudo
Estrategia para el ordenamiento de las preguntas en un cuestionario donde la secuencia empieza con preguntas generales, que van seguidas por preguntas cada vez más específicas, para impedir que éstas sesguen las preguntas generales.

Los encuestados se ven obligados a dar información específica antes de hacer las evaluaciones generales. Este enfoque es útil cuando los encuestados no tienen sentimientos firmes o no han formulado un punto de vista.

Orden lógico

Las preguntas deben hacerse en un orden lógico. Antes de iniciar un tema nuevo, deben hacerse todas las preguntas relacionadas con un tema específico. Al cambiar de tema deben usarse frases breves de transición, para ayudar a los encuestados cambiar el hilo de ideas.

preguntas ramificadas
Pregunta que se usa para guiar al entrevistado en una encuesta, dirigiéndolo a diferentes puntos del cuestionario, dependiendo de las respuestas dadas.

Es necesario diseñar con cuidado las ***preguntas ramificadas***[35] que dirigen a los encuestados a diferentes lugares del cuestionario, según su respuesta a la pregunta en turno. Estas preguntas aseguran que estén cubiertas todas las eventualidades posibles. También ayudan a reducir el error del entrevistador y del encuestado, a la vez que promueven las respuestas completas. Los patrones de salto basados en las preguntas ramificadas pueden ser bastante complejos. Una manera sencilla de considerar todas las eventualidades es preparar un diagrama de flujo de las posibilidades lógicas, y luego desarrollar las preguntas ramificadas y las instrucciones basadas en ellas. En la figura 10.2 se muestra un diagrama de flujo usado para evaluar el uso del crédito en compras en tiendas.

La ubicación de las preguntas ramificadas es importante y deben seguirse los siguientes lineamientos: **1.** la pregunta que se ramifica (aquella a la cual se dirige al encuestado) debe colocarse lo más cerca posible de la pregunta que provoca la ramificación, y **2.** las preguntas ramificadas

Figura 10.2
Diagrama de flujo para el diseño del cuestionario

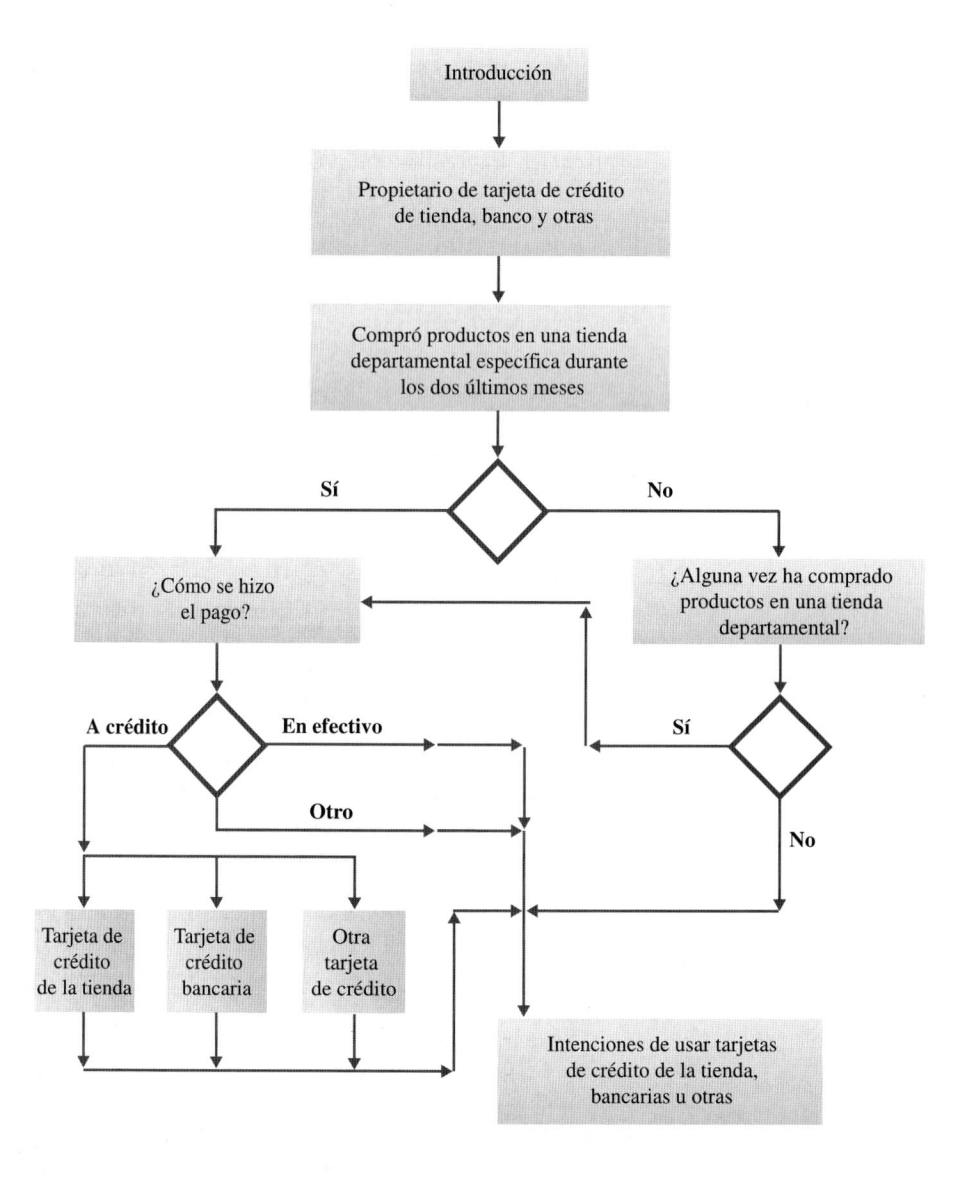

> **INVESTIGACIÓN ACTIVA**
>
> Realice una búsqueda en Internet y en la base en línea de su biblioteca, para obtener información sobre las percepciones, preferencias e intenciones de compra de los consumidores acerca de televisores de pantalla plana.
>
> Especifique la información necesaria y el orden en que obtendría información sobre las percepciones, preferencias e intenciones de compra de los consumidores sobre los televisores de pantalla plana Samsung.
>
> Como vicepresidente de marketing, ¿qué estrategias de marketing formularía usted para incrementar la penetración de Samsung en el mercado de televisores de pantalla plana?

deben ordenarse de forma que los encuestados no anticipen qué información adicional se solicitará. De otra manera, los encuestados descubrirán que pueden evitar preguntas detalladas dando ciertas respuestas a las preguntas ramificadas. Por ejemplo, primero debe preguntarse a los encuestados si han visto algunos de los comerciales listados antes de pedirles que los evalúen. De otra forma, los encuestados descubrirán con rapidez que decir que han visto un comercial, los llevará a preguntas detalladas sobre ese comercial y evitarán estas preguntas si indican que no han visto el comercial.

FORMATO Y DISTRIBUCIÓN

El formato, el espaciamiento y la ubicación de las preguntas pueden tener un efecto significativo en los resultados, como lo ilustró el cuestionario del censo de 2000 del ejemplo inicial. Esto es particularmente importante para los cuestionarios autoaplicados. Los experimentos sobre los cuestionarios enviados por correo para el censo de población revelaron que las preguntas localizadas en la parte superior de la página recibían más atención que las que estaban hasta abajo. Las instrucciones impresas en color rojo hicieron poca diferencia, salvo ocasionar que el cuestionario pareciera más complicado para los encuestados.

PROYECTO DE INVESTIGACIÓN

Formato y distribución

En el proyecto de la tienda departamental, el cuestionario estaba dividido en varias partes. La parte A contenía las preguntas de clasificación, información sobre familiaridad, frecuencia de compra, evaluación de las 10 tiendas en cada uno de los ocho factores de los criterios de elección, y las calificaciones de preferencias para las 10 tiendas. La parte B contenía preguntas sobre la importancia relativa asignada a cada factor de los criterios de elección y las clasificaciones de preferencia para las 10 tiendas. La parte C obtenía información sobre estilos de vida. Por último, la parte D obtenía información demográfica estándar y de identificación. Para disminuir al mínimo su prominencia, la información de identificación se obtuvo junto con la información para la clasificación en vez de hacerlo por separado. Esta forma de dividir el cuestionario en partes proporcionó transiciones naturales. También alertaba al entrevistador y al encuestado de que, al inicio de cada sección, se estaba solicitando información diferente. ■

La división de un cuestionario en varias partes es una práctica conveniente. Pueden necesitarse varias partes para preguntas concernientes a la información básica.

Las preguntas en cada parte deben numerarse, sobre todo cuando se usan preguntas ramificadas. Numerar las preguntas también facilita la codificación de las respuestas. De preferencia, los cuestionarios debe tener una **codificación previa**, en la cual los códigos que se ingresan en la computadora están impresos en el cuestionario. Por lo regular, el código identifica los números de la línea y de las columnas en las que se ingresará una respuesta particular. Note que cuando se utiliza CATI o CAPI, la codificación previa está incluida en el software. La codificación de los cuestionarios se explica con mayor detalle en el capítulo 14 sobre la preparación de los datos.

codificación previa
Al diseñar el cuestionario, asignar un código a cada respuesta posible antes de recabar los datos.

Aquí presentamos un ejemplo de un cuestionario precodificado. Por razones de espacio sólo se reproduce parte del cuestionario.

INVESTIGACIÓN REAL

Ejemplo de una encuesta precodificada de la revista The American Lawyer *(www.americanlawyer.com)*

The American Lawyer
Encuesta confidencial de nuestros suscriptores

1. Considerando todas las veces que toma un ejemplar de *The American Lawyer*, ¿cuánto tiempo dedica en total para leerlo o revisarlo?

   Menos de 30 minutos .... ☐ -1   1 1/2 horas a 1 hora 59 minutos .... ☐ -4
   30 a 59 minutos .... ☐ -2   2 horas a 2 horas 59 minutos ...... ☐ -5
   Una hora a 1 hora 29 minutos .... ☐ -3   3 horas o más .... ☐ -6

2. Después de que ha terminado de leer un ejemplar de *The American Lawyer*, ¿qué suele hacer con él?

   Guardar el ejemplar completo
     para la biblioteca de la empresa . ☐ -1   Lo pongo en la sala de
   Guardo todo el ejemplar para   espera o área pública ...... ☐ -5
     usarlo en casa .... ☐ -2   Lo deshecho .... ☐ -6
   Lo hago circular a otras personas   Otro _____
     de mi empresa .... ☐ -3   (por favor
   Recorto y guardo los artículos   especifique)............ ☐ -7
     de interés .... ☐ -4

3. *Sin incluirse usted*, ¿cuántas personas, en promedio, calcula que leen o revisan su ejemplar personal (no el de la empresa) de *The American Lawyer*?

   Número de lectores adicionales por ejemplar:
   Uno .... ☐ -1   Cinco .... ☐ -5   10–14 .... ☐ -9
   Dos .... ☐ -2   Seis .... ☐ -6   15 o más ...... ☐ -x
   Tres .... ☐ -3   Siete .... ☐ -7   Ninguno .... ☐ -0
   Cuatro .... ☐ -4   8–9 .... ☐ -8   ■

También los cuestionarios deben numerarse de forma seriada. Esto facilita su control en el campo, así como la codificación y el análisis. La numeración facilita el control de los cuestionarios y determinar si se ha extraviado alguno. Una posible excepción a esta regla son los cuestionarios que se envían por correo. Si se les numera, los encuestados suponen que un determinado número identifica a un encuestado específico. En esas condiciones quizá algunos encuestados se nieguen a participar o respondan de diferente manera. Sin embargo, la investigación reciente sugiere que esta pérdida de anonimato tiene, si acaso, una pequeña influencia sobre los resultados.[36]

REPRODUCCIÓN DEL CUESTIONARIO

La manera en que se reproduce un cuestionario para su aplicación llega a influir en los resultados. Por ejemplo, si el cuestionario se reproduce en papel de mala calidad o si su apariencia es descuidada, los encuestados pensarían que el proyecto no es importante y eso tendrá un efecto adverso en la calidad de la respuesta. Por lo tanto, el cuestionario debe reproducirse en papel de buena calidad y tener una apariencia profesional.

Cuando un cuestionario impreso ocupa varias páginas, debe presentarse en un cuadernillo o folletín, y no como un número de hojas engrapadas o sujetas con un clip. Al entrevistador y los encuestados les resulta más sencillo manejar los cuadernillos, y éstos no se deshacen con el uso como las hojas engrapadas o sujetas con un clip. Además, permiten el uso de un formato de doble página para las preguntas y su apariencia es más profesional.

Cada pregunta debe reproducirse en una sola página (o a doble página). El investigador no debe dividir la pregunta, incluyendo sus categorías de respuesta.

Dividir las preguntas podría hacer creer erróneamente al entrevistador o al encuestado que la pregunta terminó al final de la página, lo cual dará como resultado respuestas basadas en preguntas incompletas.

Deben usarse columnas verticales de respuestas para preguntas individuales. Para el entrevistador y para el encuestado es más sencillo leer hacia abajo una sola columna, en vez de hacerlo lateralmente entre varias columnas. Deben evitarse los formatos laterales o divididos, que se usan con frecuencia para aprovechar el espacio. Este problema se observa en el cuestionario de *The American Lawyer* (Investigación real).

Debe evitarse la tendencia a amontonar las preguntas para que el cuestionario parezca más corto. La saturación de preguntas en muy poco espacio en blanco entre ellas originaría errores en la recolección de datos, y produciría respuestas más cortas y menos informativas. Más aún, eso da la impresión de que el cuestionario es complejo y daría como resultado tasas más bajas de cooperación y de terminación. Aunque los cuestionarios cortos son más convenientes que los largos, la reducción en el tamaño no debe obtenerse a expensas de la saturación de preguntas.

Las instrucciones para las preguntas individuales tienen que ponerse tan cerca de las preguntas como sea posible. Las instrucciones sobre cómo hay que aplicar la pregunta, o cómo debe responderla el encuestado, tienen que colocarse justo antes de la pregunta. Las instrucciones sobre cómo registrar la respuesta o cómo hacer la exploración deben ubicarse después de la pregunta (para mayor información sobre la exploración y otros procedimientos de entrevista, véase el capítulo 13). Es una práctica común distinguir las instrucciones de las preguntas usando caracteres distintivos, como letras mayúsculas. (Véase el proyecto de la tienda departamental en la sección titulada "Tipo de entrevista").

Aunque el color no influye en las tasas de respuesta a los cuestionarios, se utiliza con ventaja en algunos aspectos. La codificación de color es útil para las preguntas ramificadas. La siguiente pregunta a la que se dirige al encuestado se imprime en un color que concuerde con el espacio donde se registró la respuesta a la pregunta ramificada. Las encuestas dirigidas a grupos distintos de encuestados pueden reproducirse en papel de diferente color. En una encuesta por correo realizada para una importante firma de telecomunicaciones, el cuestionario para las empresas se imprimió en color blanco, mientras que el cuestionario para los hogares se imprimió en color amarillo.

El cuestionario debe reproducirse de tal manera que resulte sencillo de leer y responder. Los caracteres tienen que ser grandes y claros. La lectura del cuestionario no debe ser pesada. Diversas tecnologías permiten a los investigadores obtener mejor calidad de impresión y al mismo tiempo reducir los costos. Un esfuerzo en este sentido resultó en una disminución de los costos de impresión de $1,150 a $214 dólares.[37]

PRUEBA PILOTO

prueba piloto
Probar el cuestionario en una pequeña muestra de encuestados, con la finalidad de mejorarlo mediante la identificación y eliminación de problemas potenciales.

La ***prueba piloto*** consiste en probar un cuestionario en una pequeña muestra de encuestados, para identificar y eliminar los problemas potenciales. Una prueba piloto llega a mejorar incluso al mejor cuestionario. Como regla general, no debe usarse un cuestionario en encuestas de campo sin una prueba piloto adecuada. La prueba piloto tiene que ser exhaustiva, como lo demostró el cuestionario del censo de 2000 en el ejemplo inicial. Todos los aspectos del cuestionario deben probarse, incluyendo contenido, redacción, secuencia, formato, distribución y dificultad de las preguntas, e instrucciones. Quienes participen en la prueba piloto deben ser similares a quienes se incluirán en la encuesta real en términos de características antecedentes, familiaridad con el tema, actitudes y conductas de interés.[38] En otras palabras, es necesario que los encuestados de la prueba piloto y la encuesta real se extraigan de la misma población.

Incluso si la encuesta real va a realizarse por correo, teléfono o por medios electrónicos, es mejor hacer las pruebas piloto con entrevistas personales, ya que eso permite a los entrevistadores observar las reacciones y las actitudes de los encuestados. Después de que se hayan hecho los cambios necesarios, puede realizarse otra prueba piloto por correo, teléfono o medios electrónicos, si tales medios se van a utilizar en la encuesta real. Las últimas pruebas piloto deben revelar problemas característicos del tipo de entrevista. En la medida de lo posible, una prueba piloto requiere la aplicación del cuestionario en un ambiente y contexto similares a los de la encuesta final.

Deben usarse varios entrevistadores para las pruebas piloto. El director del proyecto, el investigador que desarrolló el cuestionario y otros miembros importantes del equipo de investigación tienen que realizar algunas entrevistas de la prueba piloto. Esto les ayudará a detectar problemas potenciales y la naturaleza de los datos esperados. Sin embargo, los entrevistadores habituales deben conducir la mayoría de las entrevistas de la prueba piloto. Es conveniente utilizar entrevistadores experimentados y novatos. Los entrevistadores experimentados percibirán con facilidad inquietud, confusión y renuencia por parte de los encuestados. Los entrevistadores novatos pueden ayudar al investigador a identificar problemas relacionados con el entrevistador. Por lo común, el tamaño de la muestra de la prueba piloto es pequeño, y varía de 15 a 30 encuestados para la prueba inicial, dependiendo de la heterogeneidad de la población meta. El tamaño de la muestra aumenta en forma considerable si la prueba piloto incluye varias etapas.

El análisis de protocolos y la sesión de información son dos procedimientos de uso común en las pruebas piloto. En el análisis de protocolos se pide al encuestado que "piense en voz alta" mientras responde el cuestionario. Por lo regular, los comentarios del encuestado se graban y se analizan para determinar las reacciones provocadas por las diferentes partes del cuestionario. La sesión de información ocurre después de que se llena el cuestionario. Se indica a los encuestados que el cuestionario que acaban de llenar era una prueba piloto y se les hace una descripción de los objetivos de esta prueba. Luego se les pide que describan el significado de cada pregunta, que expliquen sus respuestas e informen de cualquier dificultad que hayan encontrado mientras contestaban el cuestionario.

La edición implica corregir en el cuestionario los problemas identificados en la prueba piloto. Luego de cada revisión importante del cuestionario, debe realizarse otra prueba piloto con una muestra de encuestados diferente. Las pruebas piloto adecuadas incluyen varias etapas. Una prueba piloto es apenas lo mínimo y las evaluaciones deben continuar hasta que no sea necesario ningún cambio.

Por último, es necesario codificar y analizar las respuestas obtenidas de la prueba piloto. El análisis de las respuestas a la prueba piloto servirá para determinar si la definición del problema es adecuada, y cuáles son los datos y el análisis que se requieren para obtener la información necesaria. Las tablas ficticias preparadas antes de desarrollar el cuestionario señalarán la necesidad de varios conjuntos de datos. Si la respuesta a una pregunta no puede relacionarse con ninguna de las tablas ficticias planeadas de antemano, tal vez los datos sean superfluos o no se haya previsto algún análisis relevante. Si alguna parte de la tabla ficticia continua vacía, puede haberse omitido una pregunta necesaria. El análisis de los datos de la prueba piloto ayuda a asegurar que se utilizarán todos los datos recolectados y que el cuestionario obtendrá todos los datos necesarios.[39]

La tabla 10.1 resume el proceso del diseño del cuestionario en forma de una lista de verificación. El proceso de diseño del cuestionario descrito en este capítulo también se aplica a cuestionarios por Internet, los cuales comparten varias de las características del cuestionario CAPI. El cuestionario puede diseñarse usando una amplia variedad de estímulos, como gráficas, imágenes, anuncios, animaciones, o cortos de sonido y de video. Además, el investigador puede controlar el tiempo que el estímulo está disponible para los encuestados y el número de veces que el encuestado tiene acceso a cada estímulo. Esto incrementa mucho la variedad y complejidad de los cuestionarios que se aplican por Internet. Como en el caso de CATI y CAPI, pueden programarse en los cuestionarios los patrones de salto complicados. Además es posible que las preguntas se personalicen y las respuestas a las preguntas anteriores se inserten en las preguntas subsecuentes. Vea, por ejemplo, *www.customersat.com*.

Se dispone de muchos paquetes de software para el diseño de cuestionarios, en especial para microcomputadoras. Uno de los paquetes más conocidos es Ci3 (*www.sawtoothsoftware.com*). Otro producto reciente, SURVENT, de Computers for Marketing Corporation (*www.cfmc.com*), también puede crear, probar y preparar cuestionarios, y enviar el cuestionario terminado a sistemas de entrevista compatibles para el trabajo de campo. SURVEYPRO de Apian Software (*www.apian.com*) de Menlo Park, CA, es fácil de usar e incluye capacidades de diseño electrónico para la estructuración de cuestionarios impresos. Los aditamentos recientes de SURVEYPRO, como NetCollect o DirectCollect, facilitan la publicación de encuestas en la Web y encuestas telefónicas automatizadas, respectivamente.[40]

TABLA 10.1
Lista de verificación del diseño de cuestionario

Paso 1 Especificar la información necesaria
1. Asegurarse de que la información obtenida aborda por completo todos los componentes del problema. Revisar los componentes del problema y el enfoque, en especial las preguntas de investigación, las hipótesis, y la información requerida
2. Preparar un conjunto de tablas ficticias
3. Tener una idea clara de la población meta

Paso 2 Especificar el método de la entrevista
1. Revisar el método de entrevista determinado con base en las consideraciones analizadas en el capítulo 6

Paso 3 Determinar el contenido de las preguntas individuales
1. ¿Es necesaria la pregunta?
2. ¿Se requieren varias preguntas en vez de una para obtener de forma clara la información necesaria?
3. No usar preguntas dobles

Paso 4 Diseñar las preguntas para superar la incapacidad y la falta de disposición de los encuestados para contestar
1. ¿El encuestado está informado?
2. Si es probable que los encuestados no estén informados, antes de hacer las preguntas sobre los temas en cuestión, deben usarse preguntas de filtro que midan la familiaridad, uso del producto y experiencia previa
3. ¿El encuestado puede recordar?
4. Evitar errores de omisión, abreviación y creación
5. Las preguntas que no proporcionan indicios al encuestado pueden subestimar la ocurrencia real del evento
6. ¿El encuestado puede expresarse?
7. Disminuir al mínimo el esfuerzo que se requiere de los encuestados
8. ¿Es adecuado el contexto donde se plantean las preguntas?
9. Hacer que la solicitud de información parezca legítima
10. Si la información es delicada:
    a. Colocar los temas delicados al final del cuestionario
    b. Iniciar la pregunta con una afirmación de que la conducta de interés es algo común
    c. Plantear la pregunta con la técnica de la tercera persona
    d. Ocultar la pregunta en un grupo de otras preguntas que los encuestados estén más dispuestos a responder
    e. Especificar categorías de respuesta en vez de solicitar cifras exactas
    f. Utilizar técnicas aleatorias, si es apropiado

Paso 5 Decidir la estructura de las preguntas
1. Las preguntas abiertas son útiles en una investigación exploratoria y como preguntas iniciales
2. Utilizar preguntas estructuradas siempre que sea posible
3. En preguntas de opción múltiple, las alternativas de respuesta deben incluir el conjunto de todas las opciones posibles y ser mutuamente excluyentes
4. En las preguntas dicotómicas, incluir una alternativa neutral si se espera que una parte importante de los encuestados sean neutrales
5. Considerar el uso de la técnica de votación dividida para reducir el sesgo del orden en las preguntas dicotómicas y de opción múltiple
6. Si las alternativas de respuesta son numerosas, considerar el uso de más de una pregunta para reducir las demandas del procesamiento de información para el encuestado

Paso 6 Determinar la redacción de la pregunta
1. Definir el tema en términos de quién, qué, cuándo, dónde, por qué y cómo
2. Utilizar palabras comunes. Las palabras deben coincidir con el nivel de vocabulario de los encuestados
3. Evitar las palabras ambiguas: usualmente, normalmente, frecuentemente, a menudo, regularmente, ocasionalmente, a veces, etcétera
4. Evitar las preguntas inductoras que indiquen al encuestado cuál debería ser la respuesta
5. Evitar las alternativas implícitas que no se expresan en forma explicita en las opciones
6. Evitar las suposiciones implícitas
7. El encuestado no tiene que generalizar ni hacer cálculos
8. Utilizar enunciados positivos y negativos

Paso 7 Disponer las preguntas en el orden adecuado
1. Las preguntas iniciales deben ser interesantes, sencillas y no intimidatorias
2. Las preguntas de clasificación deben servir como preguntas iniciales
3. La información básica debe obtenerse primero, seguida de la información de clasificación y, por último, de la información de identificación
4. Las preguntas difíciles, delicadas o complejas deben ponerse más adelante en la secuencia

(Continúa)

TABLA 10.1
Lista de verificación del diseño de cuestionario (*Continuación*)

    5. Las preguntas generales deben preceder a las preguntas específicas
    6. Las preguntas tienen que formularse en un orden lógico
    7. Las preguntas ramificadas deben diseñarse con cuidado para cubrir todas las eventualidades posibles
    8. Es necesario que la pregunta que va a ramificarse se coloque tan cerca como sea posible de la pregunta que produce la ramificación, y las preguntas ramificadas tienen que ordenarse de manera que el encuestado no pueda anticipar qué información adicional se requerirá

Paso 8   Identificar la forma y distribución
    1. Dividir el cuestionario en varias partes
    2. Las preguntas de cada parte deben numerarse
    3. El cuestionario tiene que codificarse previamente
    4. Los cuestionarios deben numerarse de manera seriada

Paso 9   Reproducir el cuestionario
    1. El cuestionario requiere apariencia profesional
    2. Para los cuestionarios largos debe usarse el formato de cuadernillo o folletín
    3. Cada pregunta debe reproducirse en una sola página (o a doble página)
    4. Deben usarse columnas verticales de respuesta
    5. Las cuadrículas son útiles cuando hay una serie de preguntas relacionadas que utilizan el mismo conjunto de categorías de respuesta
    6. Hay que evitar la tendencia a saturar las preguntas para hacer que el cuestionario parezca más corto
    7. Las instrucciones para las preguntas individuales deben colocarse tan cerca de la pregunta como sea posible

Paso 10   Eliminar los problemas con las pruebas piloto
    1. Siempre deben hacerse las pruebas piloto
    2. Deben probarse todos los aspectos del cuestionario, incluyendo contenido, redacción, secuencia, formato, distribución y dificultad de la pregunta, así como las instrucciones
    3. Los encuestados en la prueba piloto deben ser similares a los que serán incluidos en la encuesta real
    4. Comenzar la prueba piloto con entrevistas personales
    5. Las pruebas piloto también deben realizarse por correo o teléfono, si en la encuesta real se van a utilizar tales medios
    6. En las pruebas piloto tienen que participar varios entrevistadores
    7. La muestra de la prueba piloto es de un tamaño pequeño que varía de 15 a 30 encuestados para la prueba inicial
    8. Utilizar el análisis de protocolos y sesiones de información para identificar los problemas
    9. Después de cada revisión importante del cuestionario, debe realizarse otra prueba piloto con una muestra de encuestados diferente
    10. Hay que codificar y analizar las respuestas obtenidas de la prueba piloto

EXPERIENCIA DE INVESTIGACIÓN

Diseño, evaluación y desarrollo de un cuestionario

Vaya al sitio Web de este libro y descargue el cuestionario Dell (que también se encuentra al final del libro).

1. Haga una evaluación crítica del cuestionario Dell usando los principios analizados en este capítulo.
2. Redacte el borrador de un cuestionario para medir las preferencias de los estudiantes por las computadoras portátiles.
3. Evalúe el cuestionario que desarrolló usando los principios analizados en este capítulo.
4. Desarrolle un cuestionario corregido para medir las preferencias de los estudiantes por las computadoras portátiles.
5. ¿Qué aprendió en el proceso de revisión del cuestionario? ■

FORMATOS PARA LA OBSERVACIÓN

Es más fácil elaborar los formatos para registrar los datos de la observación que los cuestionarios. El investigador no necesita preocuparse por el impacto psicológico de las preguntas y la manera en que se formulan. Sólo debe desarrollar un formato que identifique con claridad la información requerida, facilite al trabajador de campo el registro preciso de la información, y simplifique la codificación, captura y análisis de los datos.

Los formatos para observación deben especificar el quién, qué, cuándo, dónde, por qué y cómo de la conducta que se observa. En el proyecto de la tienda departamental, un formato para observación en el estudio de las compras debe incluir espacio para toda la información siguiente.

PROYECTO DE INVESTIGACIÓN

Observación

Quién: compradores, buscadores, hombres, mujeres, padres con hijos, niños solos.
Qué: productos y marcas consideradas, productos y marcas compradas, tamaño, precio del paquete examinado, influencia de los niños u otros miembros de la familia.
Cuándo: día, hora, fecha de la observación.
Dónde: dentro de la tienda, en la caja, tipo de departamento dentro del establecimiento.
Por qué: influencia del precio, nombre de la marca, tamaño del paquete, promoción, miembros de la familia en la compra.
Cómo: observadores encubiertos como vendedores, observadores no encubierto, cámaras ocultas, dispositivos mecánicos prominentes.

Actividades del proyecto

1. Dada la información que se obtuvo en el capítulo 1 sobre el proyecto de Sears, elabore un cuestionario apropiado.
2. Haga una evaluación crítica del cuestionario que elaboró usando los principios analizados en éste capítulo.
3. ¿Considera que la información requerida puede obtenerse por observación? En caso afirmativo, diseñe un formato adecuado para observación. ∎

El formato y la distribución, así como la reproducción de los formatos para observación, deben seguir los mismos lineamientos propuestos para los cuestionarios. Un formato bien diseñado permite a los trabajadores de campo registrar las observaciones individuales, pero no resumirlas de manera que puedan dar lugar a un error. Por último, igual que los cuestionarios, los formatos para observación también deben someterse a pruebas piloto adecuadas.

INVESTIGACIÓN DE MERCADOS INTERNACIONALES

El cuestionario o instrumento de investigación debe adaptarse al ambiente cultural específico y no estar sesgado en términos de ninguna cultura. Esto requiere atender con cuidado cada paso del proceso de diseño del cuestionario. La información requerida tiene que especificarse con claridad. Es importante tomar en cuenta cualquier diferencia en las variables que subyacen a la conducta del consumidor, el proceso de toma de decisiones, así como las variables psicográficas, de estilo de vida y demográficas. En el contexto de las características demográficas, es posible que la información sobre el estado civil, educación, tamaño del hogar, ocupación, ingreso y tipo de vivienda tengan que especificarse de manera diferente para los distintos países, ya que esas variables quizá no sean directamente comparables entre los países. Por ejemplo, la definición y el tamaño del hogar varían mucho, porque en algunos países existe la estructura de la familia extensa, y la costumbre es que dos o tres familias vivan bajo el mismo techo.

Aunque la entrevista personal es el tipo de encuesta dominante en la investigación de mercados internacionales, en diferentes países es posible usar diferentes tipos de entrevista. Por lo tanto, el cuestionario tiene que ser adecuado para aplicarse de diversas maneras. Para facilitar la comprensión y traducción, es conveniente tener dos o más preguntas sencillas en vez de una pregunta complicada. Para superar la incapacidad de responder, debe considerarse la variabilidad en el grado de información que tienen sobre el tema de la encuesta los participantes de diferentes culturas. Los encuestados de algunos países, por ejemplo del Lejano Oriente y de la antigua Unión Soviética, tal vez no estén igualmente informados que los europeos o los latinoamericanos.

El uso de preguntas no estructuradas o abiertas sería conveniente, si el investigador no tiene conocimiento sobre los determinantes de respuesta en otros países.

Las preguntas no estructuradas también reducen el sesgo cultural porque no imponen ninguna alternativa de respuesta. Sin embargo, estas preguntas se ven más afectadas por las diferencias en el nivel académico que las preguntas estructuradas, por lo que hay que usarlas con cautela en países con altos niveles de analfabetismo. Las preguntas estructuradas y no estructuradas pueden emplearse de manera complementaria para dar información importante, como en el siguiente ejemplo.

INVESTIGACIÓN REAL

El tema: restaurantes temáticos en Singapur

Singapur está compuesto por más de 60 islotes vecinos y en 2006 tenía una población de alrededor de 4,300,000 habitantes (*www.visitsingapore.com*). De manera general se conoce por su variada industria restaurantera. De los 27,000 establecimientos que ofrecen alimentos, 21 por ciento se clasifican como restaurantes. Se realizó un estudio de los siguientes cuatro restaurantes temáticos en Singapur: Hard Rock Café, Planet Hollywood, Celebrities Asia y House of Mao (visite *www.asiacuisine.com.sg* para obtener una descripción de esos establecimientos).

Se hizo una prueba piloto del cuestionario con 20 comensales que habían comido en los cuatro restaurantes temáticos. A partir de los comentarios de estas personas se hicieron algunas modificaciones al cuestionario. La encuesta se aplicó luego a 300 personas en un formato para cuestionario que se diseñó para averiguar las percepciones que tenían los participantes de los restaurantes temáticos. Los participantes fueron elegidos al azar usando el tipo de entrevista en un centro comercial, donde se les preguntaba si el año anterior fueron clientes de un restaurante temático. Si su respuesta era afirmativa, se les pedía que participaran y contestaran una encuesta de cuatro páginas. La encuesta se dividió en dos secciones: la sección A preguntaba sobre la percepción general del participante sobre los restaurantes temáticos, mientras que la sección B le pedía que calificara a cada uno de los cuatro restaurantes en una escala de cinco puntos sobre nueve atributos diferentes. Al final del cuestionario también se les plantearon varias preguntas abiertas, como si creían que en el futuro abrirían más restaurantes temáticos en Singapur y si pensaban que dichos restaurantes tendrían éxito.

La mayoría de los encuestados creía que se abrirían más restaurantes temáticos en Singapur y se mostraban neutrales acerca de su éxito. La House of Mao recibió la calificación más alta en el concepto temático y Hard Rock Café obtuvo la mayor puntuación como experiencia global que satisface las expectativas. Este último restaurante obtuvo las mejores calificaciones globales en los nueve atributos. De acuerdo con esta encuesta, hay espacio para el crecimiento de la industria de los restaurantes temáticos en Singapur.[41] ■

Es posible que el cuestionario tenga que traducirse para aplicarse en distintas culturas, en cuyo caso el investigador debe asegurarse de que los cuestionarios en diferentes idiomas sean equivalentes. En el capítulo 23 se analizan los procedimientos especiales diseñados para este propósito.

La prueba piloto del cuestionario es complicada en la investigación internacional, porque es necesario hacer una evaluación previa acerca de la equivalencia lingüística. Se recomiendan dos conjuntos de pruebas piloto. El cuestionario traducido debe someterse a una prueba piloto con sujetos monolingües en su idioma materno. La versión original y la traducida deben aplicarse también a sujetos bilingües. Deben analizarse los datos de la aplicación del cuestionario en diferentes países o culturas en una prueba piloto, y se tiene comparar el patrón de respuestas para detectar cualquier sesgo cultural.

ÉTICA EN LA INVESTIGACIÓN DE MERCADOS

Es posible que en el diseño del cuestionario deban tratarse varios problemas éticos ligados a la relación del investigador con el encuestado y con el cliente. En especial resultan preocupantes el uso de cuestionarios demasiado largos, el planteamiento de preguntas delicadas, la combinación de preguntas para más de un cliente en el mismo cuestionario o encuesta (gorroneo) y el sesgo deliberado del cuestionario.

Los encuestados ofrecen voluntariamente su tiempo y no se les debe abrumar solicitándoles demasiada información. El investigador tiene que evitar los cuestionarios demasiado largos.

Un cuestionario extenso podría variar en longitud o tiempo para completarse, dependiendo de variables como el tema de la encuesta, el esfuerzo requerido, el número de preguntas abiertas, la frecuencia con que se usan escalas complejas y el tipo de aplicación. Según las directrices de la Professional Marketing Research Society de Canadá (*www.pmrs-aprm.com*), con la excepción de las entrevistas personales en casa, los cuestionarios que requieren más de 30 minutos para completarse por lo general se consideran "demasiado largos". Las entrevistas personales en casa pueden llevarse hasta 60 minutos sin cansar a los encuestados. Los cuestionarios muy extensos agobian a los encuestados y tienen un efecto adverso en la calidad de las respuestas. De igual modo, es necesario evitar las preguntas confusas, que exceden la capacidad de los encuestados, que son difíciles o que están mal redactadas.

Las preguntas delicadas merecen especial atención. Por un lado, se necesitan respuestas francas y honestas para generar hallazgos significativos. Por otro, el investigador no debe invadir la intimidad de los encuestados ni provocarles un estrés excesivo. Se requiere seguir los lineamientos examinados en este capítulo. Para disminuir al mínimo la incomodidad, al inicio de la entrevista debe aclararse que los encuestados no están obligados a responder ninguna pregunta que los avergüence.

Un problema importante entre investigador y cliente es el "gorroneo", que sucede cuando un cuestionario incluye preguntas que conciernen a más de un cliente. Esto se hace a menudo en los paneles de ómnibus (véanse los capítulos 3 y 4) que pueden usar diferentes clientes para presentar sus preguntas. El gorroneo llega a reducir los costos de forma considerable y permitir que los clientes recaben datos primarios que no serían capaces de solventar de otra forma. En tales casos, todos los clientes deben estar al tanto del acuerdo y aceptarlo. Por desgracia, en ocasiones se emplea el gorroneo sin conocimiento del cliente con el único propósito de incrementar las utilidades de la empresa investigadora. Esto no es ético.

Por último, el investigador tiene la responsabilidad ética de diseñar el cuestionario de forma que obtenga la información requerida sin sesgos. Es inaceptable que el cuestionario se sesgue de manera deliberada en la dirección deseada (por ejemplo, haciendo preguntas inductoras). Al decidir la estructura de las preguntas, debe adoptarse la opción más adecuada en vez de la más conveniente, como se ilustra en el siguiente ejemplo. Además, el cuestionario tiene que probarse de forma meticulosa antes de que empiece el trabajo de campo, o se habrá cometido una falta ética.

INVESTIGACIÓN REAL

Cuestionando la ética del marketing internacional

Al diseñar un cuestionario, las preguntas abiertas pueden ser más apropiadas si no se conocen las categorías de respuesta. En un estudio diseñado para identificar problemas éticos en el marketing internacional se utilizó una serie de preguntas abiertas. El objetivo de la encuesta era deducir los tres problemas éticos encontrados con mayor frecuencia, en orden de prioridad, para empresas australianas que participan en actividades de marketing internacional. Después de revisar los resultados, el investigador los tabuló y los clasificó en 10 categorías que ocurrían más a menudo: sobornos tradicionales a pequeña escala; sobornos a gran escala; dádivas, favores y entretenimiento; asignación de precios; tecnología o productos inapropiados; prácticas de evasión fiscal; actividades ilegales o inmorales; comisiones cuestionables a miembros del canal; diferencias culturales y participación en asuntos políticos. El número de categorías indica que quizá debería cuestionarse más de cerca la ética del marketing internacional. El uso de preguntas estructuradas en este caso, aunque más conveniente, habría sido inapropiado y generaría preocupaciones éticas.[42] ∎

INVESTIGACIÓN PARA LA TOMA DE DECISIONES

¿Delta se suma a la competencia?

La situación

Gerald Grinstein ha sido presidente ejecutivo de Delta Airlines desde el 1 de enero de 2004. Delta es la tercera línea aérea de Estados Unidos en términos de ingresos por operaciones y la segunda compañía de transporte aéreo en términos de pasajeros transportados. También son ampliamente

Los cuestionarios bien diseñados pueden ayudar a Delta Airlines a determinar las percepciones de los pasajeros y a formular programas de marketing que mejoren sus niveles de satisfacción.

reconocidos los desarrollos innovadores de la línea aérea en las áreas de tecnología y de comercio electrónico. El estudio anual de la Universidad Estatal de Wichita sobre la calificación de la calidad de las líneas aéreas designó a Delta como la línea aérea número uno. Además, la revista *Forbes* la calificó en primer lugar con base en cinco importantes criterios de servicio al cliente.

Desde 2000, el estudio Global Airline Performance (GAP) se asoció con P. Robert and Partners y la unidad de Información e Investigación de la Aviación con base en Londres de la IATA (International Air Transport Association), para realizar una encuesta sindicada de dos partes para medir la satisfacción de los pasajeros respecto a 22 aerolíneas diferentes en 30 países distintos. Cada año se aplica a 240,000 pasajeros en siete idiomas. Los entrevistadores llegan a los encuestados en el momento más oportuno: mientras esperan para abordar el avión. La primera parte de la encuesta consta de 20 preguntas sobre el personal de la línea aérea y su disposición para ayudar; la segunda parte, que tiene que enviarse por correo o fax, hace preguntas acerca del proceso de embarque, el servicio y la comodidad en el avión. El gerente general de investigación de mercados de Delta, Paul Lai, acepta que mantener fresca la información en la mente del encuestado ayuda a obtener una idea más clara de cómo puede la línea aérea aumentar la satisfacción del cliente. Otra ventaja de la encuesta es que es continua, por lo que pueden seguir la pista de las respuestas a lo largo del tiempo. A Lai también le gusta recibir los datos de otras líneas aéreas, de manera que indiquen a los investigadores las áreas en que tienen dificultades. La encuesta reveló a Delta y a otras líneas aéreas que los dos problemas más importantes tienen que ver con el servicio. Uno es el servicio de operaciones como los tiempos de llegadas y salidas sin demoras. El segundo es más subjetivo y no puede controlarse tan fácilmente: las relaciones entre los empleados de la línea aérea y el cliente. Si Paul Lai se mantiene en sintonía con las encuestas realizadas por GAP, Delta no tendrá problema para mantenerse a la cabeza de la competencia por los cielos.

La decisión para la investigación de mercado

1. En vez de usar la parte 2 del cuestionario de GAP, Paul Lai quiere desarrollar su propio cuestionario, para medir las percepciones de los pasajeros del proceso de embarque, y de los servicios y la comodidad en el avión. Desarrolle dicho cuestionario.
2. Analice la manera en que el cuestionario que recomendó permitió a Paul Lai determinar las preferencias de los consumidores por las líneas aéreas e incrementar la participación en el mercado de Delta.

La decisión para la gerencia de marketing

1. ¿Qué debe hacer Gerald Grinstein para mejorar los servicios de Delta durante el vuelo?
2. Analice cómo influyeron en la decisión para la gerencia de marketing que le recomendó a Gerald Grinstein el cuestionario que sugirió antes y los hallazgos de esa investigación.[43] ∎

SPSS PARA WINDOWS

La opción de arrastrar y soltar del programa SPSS Data Entry puede ayudar al investigador en el diseño del cuestionario.

RESUMEN

El investigador debe diseñar un cuestionario o formato para observación para recabar datos cuantitativos primarios. Un cuestionario tiene tres objetivos. Debe traducir la información requerida en un conjunto de preguntas específicas que los encuestados sean capaces y estén dispuestos a responder; tiene que motivarlos a completar la entrevista y disminuir al mínimo el error de respuesta.

El diseño de un cuestionario es un arte más que una ciencia. El proceso empieza con la especificación de: **1.** la información necesaria y **2.** el tipo de entrevista. **3.** El siguiente paso consiste en decidir el contenido de las preguntas individuales. La pregunta tiene que superar la incapacidad y falta de disposición para responder del encuestado (paso **4.**). Los encuestados quizá no sean capaces de responder si no están informados, si no recuerdan o no pueden expresar la respuesta. También debe superarse la falta de disposición del encuestado para responder, que puede presentarse si la pregunta requiere demasiado esfuerzo, si se plantea en una situación o un contexto inadecuado, si no cumple un propósito legítimo o si solicita información delicada. Luego viene la decisión concerniente a la estructura de la pregunta (paso **5.**). Las preguntas pueden ser no estructuradas (abiertas) o estructuradas en un grado variable. Las preguntas estructuradas incluyen las preguntas de opción múltiple, las dicotómicas y las escalas.

Determinar la redacción de cada pregunta (paso **6.**) implica la definición del tema, el uso de palabras comunes y claras, y de enunciados duales. El investigador necesita evitar las preguntas inductoras, las alternativas y suposiciones implícitas, así como las generalizaciones y cálculos. Una vez que se redactan las preguntas, hay que decidir el orden en que aparecerán en el cuestionario (paso **7.**). Debe brindarse atención especial a las preguntas iniciales, el tipo de información, las preguntas difíciles y el efecto sobre las preguntas posteriores. Es necesario que las preguntas se dispongan en un orden lógico.

El escenario está ahora listo para determinar el formato y la distribución de las preguntas (paso **8.**). En la reproducción del cuestionario son importantes varios factores (paso **9.**), que incluyen la apariencia, el uso de folletos, ajustar preguntas completas en una página, el formato de las categorías de respuesta, evitar la saturación, la colocación de las instrucciones, la codificación por color, un formato sencillo de leer y el costo. Por último, pero no por ello menos importante, está la prueba piloto (paso **10.**). Algunos temas importantes son la extensión de la prueba piloto, la naturaleza de los encuestados, el tipo de entrevista, el tipo de entrevistadores, el tamaño de la muestra, el análisis de protocolos y la sesión de información, así como la edición y el análisis.

El diseño de los formatos para observación requiere de decisiones explícitas acerca de qué va a observarse y cómo va a registrarse la conducta. Es útil especificar el quién, qué, cuándo, dónde, por qué y cómo de la conducta que se vaya a observar.

Es necesario que el cuestionario se adapte al entorno cultural específico y no esté sesgado en términos de ninguna cultura. Además, es posible que el cuestionario tenga que adecuarse para aplicarse de diversas maneras, ya que es posible que en diferentes países se utilicen distintos tipos de entrevista. Quizá se necesiten tratar varios problemas éticos ligados a las relaciones del investigador con el encuestado y con el cliente. Internet y las computadoras son de gran ayuda para el investigador en el diseño de cuestionarios y formatos para observación adecuados.

TÉRMINOS Y CONCEPTOS CLAVE

cuestionario, *299*
pregunta doble, *303*
preguntas de filtro, *304*
abreviación, *305*
preguntas no estructuradas, *307*
preguntas estructuradas, *308*

sesgo del orden o posición, *309*
pregunta dicotómica, *309*
pregunta inductora, *312*
alternativa implícita, *313*
información de clasificación, *315*
información de identificación, *315*

enfoque de embudo, *315*
preguntas ramificadas, *316*
codificación previa, *317*
prueba piloto, *319*

CASOS SUGERIDOS, CASOS EN VIDEO Y CASOS DE HARVARD BUSINESS SCHOOL

Casos

Caso 2.2 ¿Quién es el anfitrión que tiene más?
Caso 2.3 El dulce es perfecto para Hershey.
Caso 2.4 Las fragancias son dulces, pero la competencia es amarga.
Caso 4.1 Wachovia: finanzas "Watch Ovah Ya".
Caso 4.2 Wendy's: historia y vida después de Dave Thomas.
Caso 4.3 Astec sigue creciendo.
Caso 4.4 ¿Es la investigación de mercados la cura para los males del Hospital Infantil Norton Healthcare Kosair?

Casos en video

Caso en video 2.2 Nike: relacionando a los deportistas, el desempeño y la marca.
Caso en video 2.3 Intel: componentes básicos al dedillo.
Caso en video 4.1 Subaru: el "Sr. Encuesta" supervisa la satisfacción del cliente.
Caso en video 4.2 Procter & Gamble: usando la investigación de mercados para crear marcas.

Casos de Harvard Business School

Caso 5.1 La encuesta de Harvard sobre las viviendas para estudiantes de posgrado.
Caso 5.2 BizRate.com
Caso 5.3 La guerra de las colas continúa: Coca y Pepsi en el siglo XXI.
Caso 5.4 TiVo en 2002.
Caso 5.5 Computadora Compaq: ¿Con Intel dentro?
Caso 5.6 El nuevo Beetle.

INVESTIGACIÓN REAL: REALIZACIÓN DE UN PROYECTO DE INVESTIGACIÓN DE MERCADOS

1. Cada equipo puede desarrollar un cuestionario siguiendo los principios analizados en el capítulo. Las mejores características de cada cuestionario pueden combinarse para desarrollar el cuestionario del proyecto.
2. A cada equipo se le deben asignar unas cuantas entrevistas para la prueba piloto.
3. Si ya se preparó un cuestionario, debe evaluarse de manera crítica en el grupo.

EJERCICIOS

Preguntas

1. ¿Cuál es el propósito de los cuestionarios y los formatos para observación?
2. Explique cómo influye el formato de aplicación en el diseño del cuestionario.
3. ¿Cómo determinaría si una pregunta específica debe incluirse en un cuestionario?
4. ¿Qué es una pregunta doble?
5. ¿Cuáles son las razones por las que los encuestados no pueden responder las preguntas formuladas?
6. Explique los errores por omisión, abreviación y creación. ¿Qué debe hacerse para reducirlos?
7. Explique los conceptos del recuerdo con y sin ayuda.
8. ¿Por qué motivos los encuestados quizá no estén dispuestos a responder ciertas preguntas?
9. ¿Qué puede hacer un investigador para que la petición de información parezca legítima?
10. Explique el uso de las técnicas aleatorias en la obtención de información delicada.
11. ¿Cuáles son las ventajas y desventajas de las preguntas no estructuradas?
12. ¿Cuáles son los problemas en el diseño de preguntas de opción múltiple?
13. ¿De qué lineamientos se dispone para decidir sobre la redacción de las preguntas?
14. ¿Qué es una pregunta inductora? Dé un ejemplo.
15. ¿Cuál es el orden adecuado para las preguntas que buscan obtener información básica, de clasificación y de identificación?
16. ¿De qué lineamientos se dispone para decidir el formato y la distribución de un cuestionario?

17. Describa los problemas que se presentan en la prueba piloto de un cuestionario.
18. ¿Cuáles son las decisiones más importantes implicadas en el diseño de los formatos para observación?

Problemas

1. Desarrolle tres preguntas dobles relacionadas con los vuelos y las preferencias de los pasajeros por las líneas aéreas. Desarrolle también la versión corregida de cada pregunta.
2. Liste al menos 10 palabras ambiguas que no deban usarse en la elaboración de preguntas.
3. ¿Las siguientes preguntas definen el tema? Justifique su respuesta.
   a. ¿Cuál es su marca favorita de dentífrico?
   b. ¿Qué tan a menudo sale de vacaciones?
   c. ¿Consume jugo de naranja?
      1. Sí   2. No
4. Diseñe una pregunta abierta para determinar si los hogares practican la jardinería. Desarrolle también una pregunta de opción múltiple y una dicotómica para obtener la misma información. ¿Qué forma es la más conveniente?
5. Formule cinco preguntas que requieran que los encuestados hagan generalizaciones o cálculos.
6. Desarrolle una serie de preguntas para determinar la proporción de hogares con niños menores de 10 años donde haya maltrato infantil. Use la técnica de respuesta aleatorizada.
7. A un universitario recién graduado, contratado por el departamento de investigación de mercados de una importante compañía telefónica, se le solicita que elabore un cuestionario para determinar las preferencias de los hogares por las tarjetas telefónicas. El cuestionario debe aplicarse en entrevistas en centros comerciales. Usando los principios del diseño de cuestionarios, haga una evaluación crítica del siguiente cuestionario.

Encuesta sobre el uso de tarjetas telefónicas en el hogar.

ENCUESTA SOBRE EL USO DE TARJETAS TELEFÓNICAS EN EL HOGAR

1. Nombre: _____
2. Edad: _____
3. Estado civil: _____
4. Ingresos: _____
5. ¿Cuál de las siguientes tarjetas telefónicas utiliza (si es que utiliza alguna)?
   a. _____ AT&T   b. _____ MCI
   c. _____ US Sprint   d. _____ Otras
6. ¿Con qué frecuencia usa una tarjeta telefónica?

   Con poca frecuencia   Con mucha frecuencia
         1   2   3   4   5   6   7

7. ¿Qué piensa de la tarjeta telefónica ofrecida por AT&T?
   _____

8. Suponga que en su casa tuvieran que elegir una tarjeta telefónica. Por favor, califique la importancia de los siguientes factores en la elección de una tarjeta.

	No es importante				Muy importante
a. Costo por llamada	1	2	3	4	5
b. Facilidad de uso	1	2	3	4	5
c. Cargos de las llamadas locales y de larga distancia incluidos en el mismo recibo	1	2	3	4	5
d. Reembolsos y descuentos en las llamadas	1	2	3	4	5
e. Calidad del servicio telefónico	1	2	3	4	5
f. Calidad del servicio a clientes	1	2	3	4	5

9. ¿Qué tan importante es para una compañía telefónica ofrecer una tarjeta telefónica?

   No es importante   Muy importante
         1   2   3   4   5   6   7

10. ¿Tiene niños que vivan en casa? _____

Gracias por su ayuda

EJERCICIOS EN INTERNET Y POR COMPUTADORA

1. Lenovo está interesado en realizar una encuesta por Internet para definir la imagen de sus computadoras personales y la de sus principales competidores (Apple, Dell y Hewlett-Packard). Desarrolle el cuestionario. Puede obtener información relevante visitando los sitios Web de esas compañías (*www.lenovo.com, www.applecomputer.com, www.dell.com, www.hp.com*)
2. Desarrolle el cuestionario para el problema número 1 de la sección de trabajo de campo, utilizando un programa para el diseño de cuestionarios electrónicos, como el sistema Ci3.
   Aplique este cuestionario a 10 estudiantes usando una microcomputadora.
3. Desarrolle el cuestionario para el segundo problema de la sección de trabajo de campo, utilizando un programa para el diseño del cuestionario electrónico. Compare sus experiencias en el diseño electrónico y manual del cuestionario.
4. Visite el sitio Web de una de las empresas de investigación de mercados en línea (por ejemplo, Greenfield Online Research Center, Inc. en *www.greenfieldonline.com*). Localice una encuesta que se esté aplicando en este momento en este sitio. Haga un análisis crítico del cuestionario utilizando los principios estudiados en este capítulo.

ACTIVIDADES

Juego de roles

1. Usted acaba de ser contratado como aprendiz de administración por una empresa que fabrica electrodomésticos. Su jefe le ha pedido que desarrolle un cuestionario para determinar cuántos hogares planean comprar, adquirir y utilizar estos aparatos. El cuestionario va a utilizarse en un estudio a nivel nacional. Sin embargo, usted siente que no tiene la experiencia o la pericia para construir un cuestionario tan complejo. Explique esta situación a su jefe (un papel desempeñado por otro estudiante).
2. Usted está trabajando como asistente del director de investigación de mercados en una cadena nacional de tiendas departamentales. A la administración, representada por un grupo de estudiantes, le preocupa el alcance de los robos cometidos por los empleados. Se le ha asignado la tarea de desarrollar un cuestionario para determinar el grado en que ocurre esta conducta. El cuestionario debe ser enviado por correo a los empleados de todo el país. Explique a la administración su enfoque para el diseño del cuestionario. (*Sugerencia*: use la técnica de respuesta aleatorizada).

Trabajo de campo

1. Desarrolle un cuestionario para determinar cómo los estudiantes eligen los restaurantes. Haga una prueba piloto del cuestiona-

rio aplicándolo a 10 estudiantes mediante entrevistas personales. ¿Cómo modificaría el cuestionario con base en la prueba piloto?
2. Desarrolle un cuestionario para determinar las preferencias de los hogares por las marcas populares de cereales fríos. Aplique el cuestionario a 10 mujeres jefas de familia, usando entrevistas personales. ¿Cómo modificaría el cuestionario si tuviera que aplicarse por teléfono? ¿Qué cambios serían necesarios si fuera a aplicarse por correo?

Discusión en grupo

1. "Dado que el diseño de cuestionarios es un arte, es inútil seguir un conjunto rígido de lineamientos. Más bien, debería dejarse todo el proceso a la creatividad y el ingenio del investigador". Analice lo anterior en un equipo pequeño.
2. Analice en un equipo pequeño el papel del diseño del cuestionario en la disminución al mínimo del error total en la investigación.
3. Examine la importancia del formato y la distribución en la elaboración del cuestionario.

CAPÍTULO 11

Muestreo: diseño y procedimientos

Objetivos

Después de leer este capítulo, el estudiante deberá ser capaz de:

1. Distinguir una muestra de un censo, e identificar las condiciones que favorecen el uso de la muestra sobre el censo.
2. Analizar el proceso de diseño del muestreo: definición de la población meta, determinación del marco de muestreo, selección de la técnica(s) de muestreo, determinación del tamaño de la muestra y realización del proceso.
3. Clasificar las técnicas de muestreo como probabilística y no probabilística.
4. Describir las siguientes técnicas de muestreo no probabilístico: muestreo por conveniencia, por juicio, por cuotas y de bola de nieve.
5. Describir las siguientes técnicas de muestreo probabilístico: muestreo aleatorio simple, sistemático, estratificado y por conglomerados.
6. Identificar las condiciones que favorecen el uso del muestreo no probabilístico sobre el probabilístico.
7. Comprender el proceso de diseño del muestreo y el uso de las técnicas de muestreo en la investigación de mercados internacionales.
8. Identificar los problemas éticos relacionados con el proceso de diseño del muestreo y el uso de las técnicas adecuadas.

"En la mayoría de los casos, el muestreo es el único medio factible para obtener datos en la investigación de mercados, lo que inevitablemente introduce los errores de muestreo. Sin embargo, con mucha frecuencia tales errores constituyen sólo una pequeña parte del total de los errores de la investigación".

Chuck Chakrapani, Director General, Millward Brown, Canadá

Panorama general

El muestreo es uno de los componentes del diseño de una investigación. La elaboración del diseño de investigación es la tercera fase en el proceso de la investigación de mercados. En esta etapa ya se identificó la información necesaria para abordar el problema de investigación de mercados y se determinó la naturaleza de la investigación (exploratoria, descriptiva, o causal) (capítulos 3 a 7). También se especificaron ya los procedimientos de medición y escalamiento (capítulos 8 y 9) y se diseñó el cuestionario (capítulo 10). El siguiente paso consiste en la planeación de los procedimientos de muestreo adecuados, lo cual requiere plantearse varias preguntas básicas: **1.** ¿Debe obtenerse una muestra? **2.** De ser así, ¿qué procedimiento tiene que seguirse? **3.** ¿Qué tipo de muestra debe obtenerse? **4.** ¿Qué tan grande debe ser? y **5.** ¿Qué puede hacerse para controlar y compensar los errores por falta de respuesta?

En este capítulo se introducen los conceptos fundamentales del muestreo y las consideraciones cualitativas que se necesitan para responder tales preguntas. Se aborda la cuestión de si debe obtenerse o no una muestra, y se describen los pasos implicados en el muestreo. A continuación se presentan las técnicas de muestreo probabilístico y no probabilístico. Se analiza el uso de las técnicas de muestreo en la investigación de mercados internacionales, se identifican los aspectos éticos relevantes y se describe el uso de Internet y las computadoras para el muestreo. En el capítulo 12 se revisan la determinación estadística del tamaño de la muestra, así como las causas, el control y los ajustes de los errores por falta de respuesta.

INVESTIGACIÓN REAL

Reviviendo a un pato cojo

La venta de estampillas postales del pato por parte del U.S. and Wildlife Service (USFWS) (*www.fws.gov*) para pagar el costo de conservación de los pantanos estaba disminuyendo. Por lo que la USFWS recurrió a The Ball Group (*www.ballgroup.com*), una empresa de investigación de mercados y de publicidad con sede en Lancaster, Pensilvania, para realizar una investigación que permitiera descubrir quiénes estarían interesados en la compra de estampillas y por qué querrían hacerlo, qué marketing debería utilizarse y qué beneficios se percibirían por brindar esas estampillas. El Ball Group decidió realizar sesiones de grupo y encuestas telefónicas para determinar la respuesta a tales preguntas. El proceso de muestreo para la encuesta telefónica fue el siguiente. Las estampillas del pato están disponibles en todo Estados Unidos y todos sus ciudadanos se ven afectados por la conservación de los pantanos, por lo cual se incluyó a todos los ciudadanos estadounidenses en la definición de la población. El marco de muestreo consistió en un programa de cómputo para generar de manera aleatoria y eficiente números telefónicos. El tamaño de la muestra fue de 1,000 y se determinó en función de la restricción de recursos y del tamaño de muestras utilizadas en estudios similares.

Los pasos en el proceso del diseño del muestreo fueron los siguientes:

1. *Población meta:* hombres o mujeres que sean jefes de familia; *unidad de muestreo*: números telefónicos en funcionamiento; *extensión*: Estados Unidos; *tiempo*: periodo de la encuesta.
2. *Marco de muestreo:* programa de cómputo para generar números telefónicos de manera aleatoria y eficiente, excluyendo los números que no estén en funcionamiento o que no sean de uso doméstico.
3. *Técnica de muestreo:* muestreo aleatorio simple con modificación para excluir los números telefónicos que no estén en funcionamiento o que sean de empresas.
4. *Tamaño de la muestra:* 1,000.
5. *Realización:* se utiliza un programa de cómputo para generar al azar una lista de números telefónicos domésticos. Se selecciona al hombre o la mujer jefe de familia usando la técnica del siguiente cumpleaños. Las entrevistas se realizan por medio del sistema de entrevistas telefónicas asistidas por computadora (CATI).

Un diseño de muestreo adecuado ayudó al U.S. Fish and Wildlife Service a crear estrategias eficaces de marketing para el programa de las estampillas del pato.

El resultado de esta investigación demostró que la gente deseaba cooperar con la campaña; pero que quería algo que demostrara su generosidad. Por lo tanto, el U.S. Fish and Wildlife Service decidió presentar la venta de las estampillas al público estadounidense como una manera estupenda de "donar" dinero para contribuir a la salvación de los pantanos. Por 30 dólares los compradores recibían una estampilla y un certificado que decía que habían ayudado a salvar los pantanos. A partir de 2006, el programa de estampillas del pato fue un gran éxito.[1] ■

INVESTIGACIÓN REAL

Muestreo aleatorio y encuestas automáticas

SurveySite es una empresa de servicios integrales de investigación establecida en Ontario, Canadá (*www.surveysite.com*), cuya misión es ofrecer "sistemas vanguardistas e innovadores de evaluación de sitios Web e investigación de mercados a la comunidad de Internet". Su objetivo es ser "el líder indiscutible en la calidad de la investigación y análisis de visitantes a los sitios Web". SurveySite realizó una encuesta para determinar cómo se percibe en Canadá la industria de alta tecnología, en comparación con la estadounidense. Se encuestó a tres mil gerentes canadienses de alta tecnología y los resultados revelaron que los canadienses percibían que en el campo tecnológico se habían quedado rezagados en comparación con Estados Unidos. Muchos encuestados afirmaron que era más realista comparar a Canadá con Australia que con Estados Unidos.

SurveySite ofrece un programa de investigación conocido como "Pop-up Survey" (encuestas emergentes) que hace un conteo del número de personas que visitan el sitio Web y selecciona a los visitantes en un intervalo predeterminado. Por ejemplo, se utiliza un muestreo aleatorio sistemático para seleccionar a cada centésima persona que visita la página Web del cliente. Cuando esto sucede, aparece un pequeño texto Java que solicita al usuario que responda una pequeña encuesta en línea. Si el visitante se niega, el mensaje Java desaparece y la persona continúa navegando. Si el visitante acepta, aparece una encuesta diseñada por el cliente.

La ventaja de este modelo automático es que incrementa en forma significativa la tasa de respuesta de los usuarios. El método de encuesta común utiliza anuncios que invitan a los visitantes a responder la encuesta, pero los anuncios producen una tasa muy baja de respuestas que por lo general es de alrededor de 0.02 por ciento, lo cual equivale a uno de cada 500 visitantes. El "pop-up" de SurveySite incrementa de manera espectacular la tasa de respuestas y permite reducir de semanas a días la recolección de datos.

CAPÍTULO 11 *Muestreo: diseño y procedimientos*   335

La estrategia de investigación en Internet de SurveySite ha contribuido a que la empresa obtenga clientes corporativos como Timex, Delta Hotels, Toronto-Dominion Bank, Kellogg's y Canadian Tire.[2] ■

Este ejemplo ilustra los diferentes pasos en el proceso del diseño del muestreo. Sin embargo, antes de analizar en detalle estos aspectos del muestreo, se abordará la cuestión de si el investigador debe obtener una muestra o hacer un censo.

MUESTRA O CENSO

población
La suma de todos los elementos que comparten un conjunto común de características y que constituyen el universo para el propósito del problema de la investigación de mercados.

censo
Numeración completa de los elementos de la población u objetos de estudio

muestra
Subgrupo de elementos de la población seleccionado para participar en el estudio.

El objetivo de la mayoría de los proyectos de investigación de mercados es obtener información acerca de las características o parámetros de la población. Una ***población*** es la suma de todos los elementos que comparten algún conjunto común de características y que constituyen el universo para los propósitos del problema de la investigación de mercados. Por lo general, los parámetros de la población son números, como la proporción de consumidores que son leales a una determinada marca de dentífrico. La información sobre los parámetros de la población puede obtenerse mediante la realización de un censo o la obtención de una muestra. Un ***censo*** implica numerar a todos los elementos de una población, después de lo cual es posible calcular de manera directa los parámetros de la población. Por otro lado, una ***muestra*** es un subgrupo de la población, que se selecciona para participar en el estudio. Después se utilizan las características de la muestra, llamadas estadísticos, para hacer inferencias sobre los parámetros de la población. Las inferencias que vinculan las características de la muestra y los parámetros de la población son procedimientos de estimación y pruebas de hipótesis. Estos procedimientos de inferencia se consideran más adelante en los capítulos 15 a 21.

La tabla 11.1 resume las condiciones que favorecen el uso de la muestra sobre el censo. Las limitaciones de tiempo y presupuesto son restricciones evidentes que favorecen el uso de la muestra. El censo es costoso y su realización se lleva mucho tiempo, por lo que no es práctico realizarlo si la población es grande, como sucede con la mayoría de productos de consumo. Sin embargo, en el caso de muchos productos industriales la población es pequeña, lo cual hace que el censo resulte más factible y deseable. Por ejemplo, se preferiría un censo a una muestra para investigar el uso de ciertas herramientas por parte de los fabricantes de automóviles de varios países del mundo. Otra razón para preferir un censo en este caso es que la varianza en la característica "interés" es grande. Por ejemplo, el uso que da Ford a las herramientas puede variar mucho del uso que da Honda a las mismas. Un tamaño pequeño de la población y una varianza elevada en la característica que se mida favorecen el censo.

Si el costo de los errores de muestreo es alto (por ejemplo, los resultados pueden ser engañosos si la muestra omite a un fabricante importante como Ford), resulta aconsejable un censo que elimina tales errores. Por otro lado, el muestreo resulta preferible cuando los errores que no son de muestreo tienen un costo elevado. Un censo quizá incremente de forma considerable los errores que no son de muestreo al punto que estos superen los errores que se producirían al obtener la muestra. Se considera que los errores que no son de muestreo son el factor que más contribuye al error total, mientras que la magnitud de los errores de muestreo aleatorio es relativamente menor (véase el capítulo 3).[3] Por lo tanto, en la mayoría de los casos, las consideraciones de exactitud favorecen a la muestra sobre el censo. Ésta es una de las razones por las que el Censo de Estados Unidos verifica la exactitud de diversos censos aplicando encuestas a muestras.[4] Sin embargo, no siempre es posible reducir los

TABLA 11.1
Muestra o censo

	CONDICIONES QUE FAVORECEN EL USO DE	
	MUESTRA	CENSO
1. Presupuesto	Pequeño	Grande
2. Tiempo disponible	Poco	Mucho
3. Tamaño de la población	Grande	Pequeña
4. Varianza en la característica	Pequeña	Grande
5. Costo de los errores de muestreo	Bajo	Alto
6. Costo de los errores que no son de muestreo	Alto	Bajo
7. Naturaleza de la medición	Destructiva	No destructiva
8. Atención a casos individuales	Sí	No

INVESTIGACIÓN ACTIVA

Realice una búsqueda en Internet y en la base en línea de su biblioteca, para determinar la población de todas las líneas aéreas que operan en su país.

Si fuera necesario aplicar una encuesta a las líneas aéreas para determinar sus planes futuros de compra o alquiler de aviones, ¿obtendría una muestra o haría un censo? ¿Por qué?

Como director general de Boeing, ¿cómo usaría esa información en los planes futuros de la aerolínea para compra o alquiler de aviones al formular su estrategia de marketing?

---

errores que no son de muestreo lo suficiente para compensar los errores de muestreo, como en el caso del estudio acerca de los fabricantes estadounidenses de automóviles.

Puede preferirse una muestra si el proceso de medición tiene como resultado la destrucción o contaminación de los elementos muestreados. Por ejemplo, las pruebas de uso del producto tienen como resultado su consumo. Por lo que no sería factible realizar un censo en un estudio que requiere que en los hogares se use una nueva marca de película fotográfica. También puede ser necesario el muestreo para enfocar la atención en casos individuales, como en el caso de las entrevistas a profundidad. Por último, otras consideraciones pragmáticas, como la necesidad de mantener el estudio en secreto, favorecerían la muestra sobre el censo.

EL PROCESO DE DISEÑO DEL MUESTREO

El proceso de diseño del muestreo incluye cinco pasos que se muestran en secuencia en la figura 11.1. Esos pasos están muy relacionados entre sí y son relevantes para todos los aspectos del proyecto de investigación de mercados, desde la definición del problema hasta la presentación de los resultados. Por lo tanto, las decisiones sobre el diseño de la muestra deben estar integradas con todas las otras decisiones del proyecto de investigación.[5]

Definición de la población meta

El diseño del muestreo comienza con la especificación de la *población meta*, que es el conjunto de elementos u objetos que poseen la información buscada por el investigador y acerca del cual se harán inferencias. La población meta debe definirse con precisión, ya que una definición ambigua tendrá como resultado una investigación que, en el mejor de los casos, resultaría ineficaz y en el peor será engañosa. Definir la población meta implica traducir la definición del problema en un enunciado preciso de quién debe incluirse y quién no en la muestra.

La población meta debe definirse en términos de los elementos, las unidades de muestreo, la extensión y el tiempo. Un *elemento* es el objeto sobre el cual se desea información. En una investigación por encuesta, el elemento suele ser el encuestado. La *unidad de muestreo* es un elemento, o una unidad que contiene al elemento, que está disponible para la selección en alguna etapa del proceso de muestreo. Suponga que Revlon quiere evaluar la respuesta de los consumidores a una nueva línea de lápiz labial y desea muestrear a mujeres mayores de 18 años. Sería posible muestrear directamente a las mujeres mayores de 18 años, en cuyo caso la unidad de muestreo sería lo mismo que el elemento. Otra posibilidad es que la unidad de muestreo fueran los hogares. En este caso, se tomaría una muestra de los hogares y se entrevistaría a todas las mujeres mayores de 18 años en cada casa seleccionada. En este caso, la unidad de muestreo y el elemento de población son diferen-

---

población meta
Conjunto de elementos u objetos que poseen la información buscada por el investigador, y acerca del cual se harán inferencias.

elemento
Objetos que poseen la información buscada por el investigador y sobre los cuales se harán inferencias.

unidad de muestreo
Unidad básica que contiene los elementos de población de la que se tomará la muestra.

Figura 11.1
El proceso de diseño del muestreo

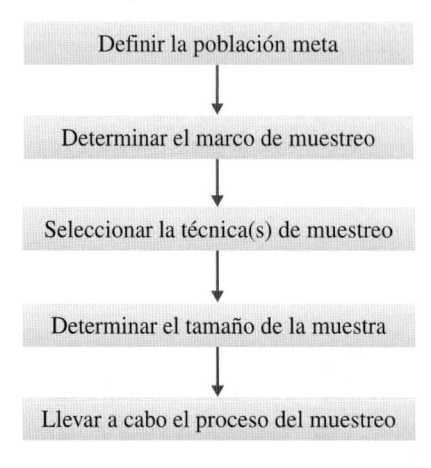

Definir la población meta
↓
Determinar el marco de muestreo
↓
Seleccionar la técnica(s) de muestreo
↓
Determinar el tamaño de la muestra
↓
Llevar a cabo el proceso del muestreo

PROYECTO DE INVESTIGACIÓN

Población meta

En el proyecto de la tienda departamental se definió de la siguiente manera a la población meta:

Elementos: hombres o mujeres jefes de familia que realizaran la mayor parte de las compras en tiendas departamentales.
Unidades de muestreo: hogares.
Extensión: zona metropolitana de Atlanta.
Tiempo: 2005. ■

tes. La extensión se refiere a los límites geográficos y el factor tiempo es el periodo considerado. El ejemplo inicial acerca de las estampillas del pato presentó una definición adecuada de la población. Otro ejemplo se encuentra en el proyecto de la tienda departamental.

Definir la población meta tal vez no sea tan sencillo como en el caso del proyecto de la tienda departamental. Considere un proyecto de investigación de mercados para evaluar la respuesta de los consumidores a una nueva marca de agua de colonia para hombres. ¿A quién debería incluirse en la población meta? ¿A todos los hombres? ¿A los hombres que usaron alguna agua de colonia durante el último mes? ¿A los hombres mayores de 17 años? ¿Debería incluirse a mujeres porque algunas de ellas compran las colonias para sus esposos? Antes de hacer una definición adecuada de la población meta es necesario responder esas preguntas y otras similares.[6]

Determinación del marco de muestreo

marco de muestreo
Representación de los elementos de la población meta. Consiste en un listado o conjunto de instrucciones para identificar a la población meta.

El **marco de muestreo** es la representación de los elementos de la población meta. Consiste en un listado o conjunto de instrucciones para identificar la población meta. La guía telefónica, el directorio de una asociación que lista las empresas de una industria, una lista de correos comprada a una organización comercial, el directorio de la ciudad o un mapa son algunos ejemplos del marco de muestreo. Si no puede recabarse una lista, al menos deben especificarse algunas instrucciones para identificar la población meta, como los procedimientos de marcado aleatorio de dígitos en las entrevistas telefónicas (véase el capítulo 6). En el ejemplo inicial de las estampillas del pato, el marco de muestreo consistió en un programa de cómputo para generar de manera aleatoria y eficiente los números telefónicos, excluyendo a los que no estuvieran en funcionamiento y a los que no pertenecieran a hogares.

A menudo es posible recopilar u obtener una lista de elementos de la población, pero esa lista quizá omita algunos elementos o incluya a otros que no pertenezcan a la población. Por lo tanto, el uso de una lista dará lugar al error del marco de muestreo que se analizó en el capítulo 3.[7]

En algunos casos, la discrepancia entre la población y el marco de muestreo es lo bastante pequeña como para ignorarla. Sin embargo, en la mayoría de los casos el investigador debe reconocer y enfrentar el error del marco de muestreo, lo cual se realiza al menos de tres maneras. Una consiste redefinir la población en términos del marco de muestreo. Si se utiliza el directorio telefónico como marco de muestreo, la población de hogares puede redefinirse como aquellos que aparecen en la guía telefónica de un área determinada. Aunque este enfoque es simplista, evita que el investigador se equivoque respecto a la población real investigada.[8]

Otra estrategia es considerar el error del marco de muestreo mediante la selección de los encuestados en la etapa de recolección de datos. Para asegurarse de que los encuestados satisfagan el criterio de la población meta, deben seleccionarse con base en las características demográficas, familiaridad, uso del producto, etcétera. La selección puede eliminar a los elementos inadecuados incluidos en el marco de muestreo, pero no puede considerar a los elementos que se han omitido.

Otro enfoque consiste en ajustar los datos recabados con un esquema de ponderación para equilibrar el error del marco de muestreo. Esto se revisa en los capítulos 12 y 14. Sin importar qué método se adopte, es importante reconocer cualquier error existente en el marco de muestreo para evitar inferencias de la población inadecuada.

Elección de una técnica de muestreo

Elegir una técnica de muestreo implica muchas decisiones de una naturaleza amplia. El investigador debe decidir si usará una técnica de muestreo tradicional o la bayesiano, si obtendrá la muestra con o sin reemplazo y si utilizará un muestreo probabilístico o no probabilístico.

técnica bayesiana
Método de selección en que los elementos se seleccionan de manera secuenciada. La técnica bayesiana incorpora en forma explícita la información previa sobre los parámetros de la población, así como los costos y las probabilidades asociadas con decisiones equivocadas.

muestreo con reemplazo
Técnica de muestreo en que un elemento puede incluirse en la muestra en más de una ocasión.

muestreo sin reemplazo
Técnica de muestreo en la que no puede incluirse a un elemento en la muestra en más de una ocasión.

tamaño de la muestra
Número de elementos que se incluirán en el estudio.

En la **técnica bayesiana**, los elementos se seleccionan de manera secuenciada. Después de que cada elemento se agrega a la muestra, se reúnen los datos, se calculan los estadísticos de la muestra y se determinan los costos del muestreo. La técnica bayesiana incorpora en forma explícita información previa sobre los parámetros de la población, los costos y las probabilidades asociadas con las decisiones equivocadas. Desde una perspectiva teórica, este método es atractivo, aunque su uso no es muy común en la investigación de mercados porque no se dispone de mucha de la información requerida sobre costos y probabilidades. En el tipo de muestreo tradicional se selecciona toda la muestra antes de iniciar la recolección de datos. Como este método es el que se usa con más frecuencia, será el enfoque para las siguientes secciones.

En el ***muestreo con reemplazo*** se selecciona un elemento del marco de muestreo y se obtienen los datos adecuados. Luego se devuelve al elemento al marco de muestreo, lo que hace posible que un elemento se incluya en la muestra en más de una ocasión. En el ***muestreo sin reemplazo***, una vez que se selecciona un elemento para incluirlo en la muestra, se retira del marco de muestreo, por lo que no puede elegirse de nuevo. En esas técnicas la manera de calcular los estadísticos es un poco distinta, pero la inferencia estadística no es muy diferente si el marco de muestreo es grande en relación con el tamaño de la muestra final. Por ende, la distinción sólo es importante cuando el marco de muestreo no es grande en comparación con el tamaño de la muestra.

La decisión más importante acerca de la elección de la técnica de muestreo concierne al uso del muestreo probabilístico o del no probabilístico. Dada su importancia, en este capítulo se analizan con detalle los problemas que surgen en tal decisión.

Si la unidad de muestreo es diferente al elemento, es necesario especificar con precisión cómo deben seleccionarse los elementos dentro de la unidad de muestreo. En las entrevistas personales en casa y las entrevistas telefónicas quizá no baste especificar la dirección o el número telefónico. Por ejemplo, ¿debe entrevistarse a la persona que abra la puerta o conteste el teléfono, o a alguien más que esté en la casa? A menudo puede considerarse a más de una persona en el hogar. Por ejemplo, tanto hombres como mujeres que sean jefes de familia pueden reunir los requisitos para participar en un estudio sobre las actividades recreativas de la familia. Cuando se emplea la técnica de muestreo probabilístico debe hacerse una selección aleatoria de todas las personas que reúnan los requisitos en cada hogar. Un procedimiento sencillo de selección aleatoria es el del siguiente cumpleaños. El entrevistador pregunta cuál de las personas elegibles en la casa será la próxima en cumplir años y la incluye en la muestra, como en el ejemplo inicial de las estampillas del pato.

Determinar el tamaño de la muestra

El ***tamaño de la muestra*** se refiere al número de elementos que deben incluirse en el estudio. Determinar el tamaño de la muestra es complicado e implica varias consideraciones tanto cualitativas como cuantitativas. Los factores cualitativos se revisan en esta sección y los cuantitativos se estudiarán en el capítulo 12. Entre los factores cualitativos importantes que deben contemplarse al determinar el tamaño de la muestra se encuentran: **1.** la importancia de la decisión, **2.** la naturaleza de la investigación, **3.** el número de variables, **4.** la naturaleza del análisis, **5.** tamaños de muestras utilizadas en estudios similares, **6.** tasas de incidencias, **7.** tasas de terminación y **8.** restricciones de recursos.

En general, para las decisiones más importantes se necesita más información y ésta debe obtenerse de forma más precisa. Esto requiere muestras más grandes, pero a medida que se incrementa el tamaño de la muestra, el costo de cada unidad de información será mayor. El grado de precisión puede medirse en términos de la desviación estándar de la media. La desviación estándar de la media es inversamente proporcional a la raíz cuadrada del tamaño de la muestra. Cuanto más grande sea la muestra, menor será la precisión que se gane al incrementar en una unidad el tamaño de la muestra.

La naturaleza de la investigación también tiene impacto en el tamaño de la muestra. En los diseños de investigación exploratoria, como los que utilizan la investigación cualitativa, el tamaño de la muestra suele ser pequeño. Si la investigación pretende ser concluyente, como las encuestas descriptivas, la muestra debe ser grande. También se requieren muestras grandes, si se busca obtener información sobre un gran número de variables. Con una muestra grande se reducen los efectos acumulativos del error de muestreo entre las variables.

Si se necesita hacer un análisis complejo de los datos mediante el uso de técnicas multivariadas, el tamaño de la muestra debe ser grande. Lo mismo sucede cuando es necesario hacer un análisis detallado de los datos. Por lo tanto, si los datos van a analizarse al nivel de subgrupo o segmento se requerirá una muestra mayor, que si el análisis va a limitarse a la muestra total.

TABLA 11.2
Tamaños de muestras usadas en estudios de investigación de mercados

TIPO DE ESTUDIO	TAMAÑO MÍNIMO	RANGO TÍPICO
Investigación para la identificación del problema (por ejemplo, potencial de mercado)	500	1,000-2,500
Investigación para la solución del problema (por ejemplo, asignación de precios)	200	300-500
Pruebas de productos	200	300-500
Estudios de prueba de mercado	200	300-500
Publicidad en televisión, radio o impresa (por comercial o anuncio probado)	150	200-300
Auditorías de mercado de prueba	10 tiendas	10-20 tiendas
Sesiones de grupo	2 grupos	6-15 grupos

En la determinación del tamaño de la muestra influye el tamaño promedio de las muestras usadas en estudios similares. La tabla 11.2 ofrece una idea del tamaño de las muestras usadas en diferentes estudios de investigación de mercados. En tales casos, el tamaño se determinó a partir de la experiencia y pueden servir como directrices aproximadas, en particular cuando se usan técnicas de muestreo no probabilístico.

Por último, la decisión sobre el tamaño de la muestra debe estar guiada por la consideración de las restricciones de recursos. En cualquier proyecto de investigación de mercados hay limitaciones no sólo de tiempo y dinero, sino también de disponibilidad de personal calificado para la recolección de datos. En el ejemplo inicial de las estampillas del pato, el tamaño de la muestra (1,000 participantes) se determinó en función de la restricción de recursos y del tamaño de muestras usadas en estudios similares. Como se explica en el siguiente capítulo, el tamaño de la muestra requerido debe ajustarse para la incidencia de los encuestados elegibles y la tasa de terminación.

Realización del proceso de muestreo

La realización del proceso de muestreo requiere una especificación detallada de cómo se llevarán a cabo las decisiones del diseño de muestreo relacionadas con la población, el marco de muestreo, la unidad de muestreo, las técnicas de muestreo y el tamaño de la muestra. Si la unidad de muestreo son los hogares, éstos deben definirse en forma operacional. Es necesario especificar los procedimientos a seguir en el caso de viviendas desocupadas y para la repetición de llamadas cuando no se encuentre nadie en casa. Es necesario proporcionar información detallada para todas las decisiones del diseño de muestreo.

INVESTIGACIÓN REAL

El departamento de turismo llama a los chicos y chicas del cumpleaños

Se realizó una encuesta telefónica para el Departamento de Turismo de Florida (*www.myflorida.com*) para entender la conducta de viajero de los residentes del estado. En 2005 había más de 17 millones de residentes en Florida, lo que ubicaba al estado en cuarto lugar en Estados Unidos, luego de California, Texas y Nueva York. Los hogares se estratificaron por regiones norte, centro y sur de Florida. Se utilizó una muestra de marcado aleatorio computarizado para llegar a estas casas. Se seleccionaron los hogares para localizar a los miembros de las familias que cumplieran con cuatro características:

1. Una edad igual o mayor a 25 años.
2. Que vivieran en Florida al menos siete meses al año.
3. Que hubieran vivido en Florida al menos dos años.
4. Que tuvieran licencia de manejo de Florida.

Para obtener una muestra representativa de individuos calificados, se usó un método aleatorio para seleccionar al encuestado dentro de una casa. Se enlistó a todos los miembros de las familias que cumplían con las cuatro características y se seleccionó a la persona del siguiente cumpleaños.

Se hicieron llamadas repetidas para encontrar a la persona. Los pasos en el proceso de diseño del muestreo fueron los siguientes.

1. *Población meta:* los adultos que cumplan los cuatro requisitos (elemento), en un hogar con un número telefónico en funcionamiento (unidad de muestreo), en el estado de Florida (extensión) y durante el periodo de la encuesta (tiempo).
2. *Marco de muestreo:* programa de cómputo para generar números telefónicos al azar.
3. *Técnica de muestreo:* muestreo estratificado. La población meta se estratificó geográficamente en tres regiones: norte, centro y sur de Florida.
4. *Tamaño de la muestra:* 868.
5. *Realización:* distribuir la muestra entre los estratos; usar el marcado digital aleatorio computarizado; listar a todos los miembros de la familia que cumplan con los cuatro requisitos; seleccionar a un miembro de la familia usando el método del siguiente cumpleaños.[9] ■

Un proceso adecuado de diseño de muestreo permitió al Departamento de Turismo de Florida obtener datos valiosos sobre el comportamiento de viajero de los residentes del estado. El ejemplo inicial de las estampillas del pato ofrece otra ilustración del proceso de diseño del muestreo.

CLASIFICACIÓN DE LAS TÉCNICAS DE MUESTREO

muestreo no probabilístico
Técnicas de muestreo que no usan procedimientos de selección al azar, sino que se basan en el juicio personal del investigador.

Las técnicas de muestreo pueden clasificarse en general como probabilístico y no probabilístico (véase la figura 11.2). El *muestreo no probabilístico* no se basa en el azar, sino en el juicio personal del investigador para seleccionar a los elementos de la muestra. El investigador puede decidir de manera arbitraria o consciente qué elementos incluirá en la muestra. Las muestras no probabilísticas pueden dar buenas estimaciones de las características de la población; sin embargo, no permiten evaluar objetivamente la precisión de los resultados de la muestra. Como no hay forma de determinar la probabilidad de que cualquier elemento particular quede seleccionado para incluirse en la muestra, no es posible hacer una extrapolación estadística de las estimaciones obtenidas a la población. Las técnicas de muestreo no probabilístico más comunes incluyen el muestreo por conveniencia, muestreo por juicio, muestreo por cuotas y muestreo de bola de nieve.

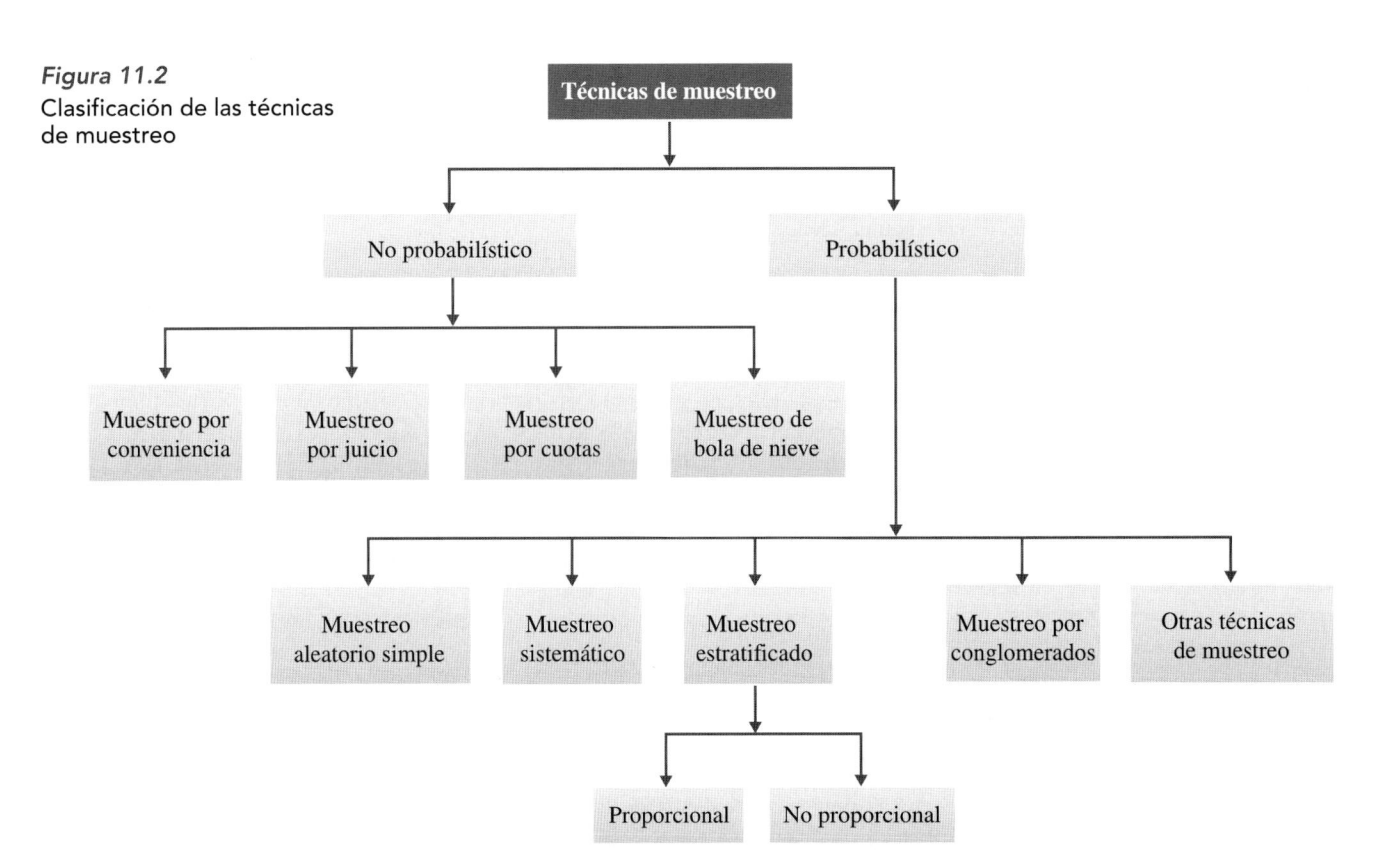

Figura 11.2
Clasificación de las técnicas de muestreo

CAPÍTULO 11 *Muestreo: diseño y procedimientos* 341

muestreo probabilístico
Procedimiento de muestreo donde cada elemento de la población tiene una oportunidad probabilística fija para ser elegido en la muestra.

En el ***muestreo probabilístico*** las unidades del muestreo se seleccionan al azar. Es posible especificar de antemano cada muestra potencial de un determinado tamaño que puede extraerse de la población, así como la probabilidad de seleccionar cada muestra. No es necesario que cada muestra potencial tenga la misma probabilidad de quedar seleccionada; aunque es posible especificar la probabilidad de seleccionar cualquier muestra particular de un tamaño dado. Esto requiere no sólo una definición precisa de la población meta, sino también una especificación general del marco de muestreo. Como los elementos del muestreo se seleccionan al azar, es posible determinar la precisión de las estimaciones de las características de interés de la muestra. Pueden calcularse los intervalos de confianza, los cuales contienen el verdadero valor de la población con un nivel dado de certeza. Esto permite al investigador hacer inferencias o extrapolaciones acerca de la población meta de donde se extrajo la muestra. Las técnicas de muestreo probabilístico se clasifican con base en:

- Muestreo por elemento o por conglomerados.
- Probabilidad igual de la unidad o probabilidades desiguales.
- Selección no estratificada o estratificada.
- Selección aleatoria o sistemática.
- Técnicas de una sola etapa o de etapas múltiples.

Todas las combinaciones posibles de estos cinco aspectos resultan en 32 técnicas de muestreo probabilístico diferentes. De esas técnicas, se revisarán en detalle el muestreo aleatorio simple, el muestreo sistemático, el muestreo estratificado y el muestreo por conglomerados, además de revisar brevemente algunas otras. Sin embargo, primero se expondrán las técnicas de muestreo no probabilístico.

TÉCNICAS DE MUESTREO NO PROBABILÍSTICO

La figura 11.3 presenta una ilustración gráfica de las diferentes técnicas de muestreo no probabilístico. La población consta de 25 elementos y debe elegirse una muestra de 5. A, B, C, D y E representan grupos, pero también pueden considerarse como estratos o conglomerados.

Muestreo por conveniencia

muestreo por conveniencia
Técnica de muestreo no probabilístico que busca obtener una muestra de elementos convenientes. La selección de las unidades de muestreo se deja principalmente al entrevistador.

El ***muestreo por conveniencia*** busca obtener una muestra de elementos convenientes. La selección de las unidades de muestreo se deja principalmente al entrevistador. Muchas veces los encuestados son seleccionados porque se encuentran en el lugar y momento adecuados. Los ejemplos de muestreo por conveniencia incluyen: **1.** uso de estudiantes, grupos de la iglesia y miembros de organizaciones sociales; **2.** entrevistas en centros comerciales sin calificar a los encuestados; **3.** uso de listas de cuentas de crédito de las tiendas departamentales; **4.** cuestionarios desprendibles incluidos en revistas y **5.** entrevistas con "gente en la calle".[10]

De todas las técnicas de muestreo, la más económica y la que menos tiempo consume es la del muestreo por conveniencia. Las unidades de muestreo son accesibles, sencillas de medir y cooperativas. A pesar de sus ventajas, esta forma de muestreo tiene serias limitaciones, una de las cuales es la presencia de muchas fuentes potenciales de sesgo de selección, como la autoselección del encuestado. Las muestras por conveniencia no son representativas de ninguna población definible, por lo que a nivel teórico no tiene sentido generalizar a cualquier población, a partir de una muestra por conveniencia. Estas muestras tampoco son adecuadas para proyectos de investigación de mercados que impliquen inferencias sobre la población. Las muestras por conveniencia no se recomiendan para la investigación descriptiva o causal, aunque pueden usarse en la investigación exploratoria para generar ideas, información o hipótesis. Las muestras por conveniencia son útiles en los sesiones de grupo, pruebas piloto de cuestionarios o estudios piloto. Pero incluso en esos casos, hay que tener cautela al interpretar los resultados. Con todo, esta técnica se utiliza en ocasiones incluso en encuestas grandes.

INVESTIGACIÓN REAL

Conveniencia olímpica

El Comité Olímpico Internacional (COI) (*www.olympic.org*) aplicó encuestas en los Juegos Olímpicos de verano de 2000, en Sydney, para conocer la opinión de los visitantes acerca del nivel de comercialismo en esa ciudad. Se aplicó una encuesta a una muestra por conveniencia de 200 visitantes, a quienes se preguntó qué nivel de comercialismo les parecía adecuado, si pensaban que el evento era demasiado comercial y si se tenía una percepción positiva de la empresa patrocinadora

Figura 11.3
Ilustración gráfica de las técnicas de muestreo no probabilístico

---

Ilustración gráfica de las técnicas de muestreo no probabilístico

1. Muestreo por conveniencia

A	B	C	D	E
1	6	11	[16]	21
2	7	12	[17]	22
3	8	13	[18]	23
4	9	14	[19]	24
5	10	15	[20]	25

El grupo D se reunió en un momento y lugar convenientes, por lo que se seleccionó a todos sus elementos. La muestra resultante consta de los elementos 16, 17, 18, 19 y 20. Advierta que no se seleccionó ningún elemento de los grupos A, B, C y E

2. Muestreo por juicio

A	B	C	D	E
1	6	[11]	16	21
2	7	12	17	22
3	[8]	[13]	18	23
4	9	14	19	[24]
5	[10]	15	20	25

El investigador considera que los grupos B, C y E son típicos y convenientes, por lo que se seleccionan uno o dos elementos de cada uno de estos grupos, según su tipicidad y conveniencia. La muestra resultante está conformada por los elementos 8, 10, 11, 13 y 24. Advierta que no se seleccionó ningún elemento de los grupos A y D

3. Muestreo por cuotas

A	B	C	D	E
1	[6]	11	16	21
2	7	12	17	[22]
[3]	8	[13]	18	23
4	9	14	19	24
5	10	15	[20]	25

Se impone una cuota de un elemento de cada grupo, del A al E. Dentro de cada grupo, se selecciona un elemento con base en un juicio o conveniencia. La muestra resultante está formada por los elementos 3, 6, 13, 20 y 22. Advierta que se seleccionó un elemento de cada columna o grupo

4. Muestreo de bola de nieve

Aleatorio

Selección			Referencias	
A	B	C	D	E
1	6	11	16	21
[2]	7	[12]	17	22
3	8	[13]	[18]	23
4	[9]	14	19	24
5	10	15	20	25

Se seleccionan al azar los elementos 2 y 9 de los grupos A y B. El elemento 2 refiere a los elementos 12 y 13. El elemento 9 refiere al elemento 18. La muestra resultante está formada por los elementos 2, 9, 12, 13 y 18. Advierta que no se seleccionó ningún elemento del grupo E

---

de los Juegos Olímpicos. La encuesta, realizada por Performance Research (*www.performanceresearch.com*), reveló que 77 por ciento de los visitantes consideraban adecuada la presencia de grandes corporaciones como Coca-Cola (*www.cocacola.com*) y McDonald's (*www.mcdonalds.com*). Además, el 88 por ciento de los visitantes pensaban que los patrocinadores habían hecho una contribución positiva a la realización de los Juegos Olímpicos. Cerca de 33 por ciento opinó que la participación de las empresas en los Juegos Olímpicos de Sydney les generaba un sentimiento más positivo hacia la empresa en general.

Performance Research continuó su estudio sobre el patrocinio de las olimpiadas durante los Juegos Olímpicos invernales de 2002, en Salt Lake City, Utah, para lo cual aplicó encuestas telefónicas a muestras elegidas por conveniencia: 900 telefónicas, 1,500 encuestas por Internet y 300 encuestas en el lugar. Una vez más, los resultados relacionados con el patrocinio y la participación de las empresas en las olimpiadas fueron positivos. El COI usó esta información para incrementar sus ingresos por patrocinios. Para los juegos de 2002, los *spots* publicitarios de 30 segundos tenían un precio aproximado de $600,000 dólares. Entre las compañías que se anunciaron estaban Coca-Cola, Visa, Kodak, McDonald's, Panasonic, Sports Illustrated y Xerox. Realizó una encuesta en

Encuestas basadas en muestras por conveniencia indican una percepción positiva de las empresas patrocinadoras de los Juegos Olímpicos.

las olimpiadas de 2004, en Atenas, para evaluar la satisfacción de los espectadores con los juegos. Se empleó una muestra por conveniencia de 1,024 personas (46 por ciento griegos, 13 por ciento estadounidenses y el resto de diferentes nacionalidades), y los resultados indicaron una abrumadora aprobación de los Juegos Olímpicos de Atenas.[11] ∎

Muestreo por juicio

muestreo por juicio
Forma de muestreo por conveniencia en que los elementos de la población se seleccionan de forma deliberada con base en el juicio del investigador.

El ***muestreo por juicio*** es una forma de muestreo por conveniencia, en el cual los elementos de la población se seleccionan con base en el juicio del investigador. El investigador utiliza su juicio o experiencia para elegir a los elementos que se incluirán en la muestra, porque considera que son representativos de la población de interés, o que de alguna otra manera son adecuados. Entre ejemplos comunes del muestreo por juicio se encuentran: **1.** mercados de prueba seleccionados para determinar el potencial de un nuevo producto; **2.** ingenieros de compras elegidos en una investigación de mercados industriales, porque se les considera representativos de la compañía; **3.** indicadores de distritos electorales seleccionados en la investigación de la conducta de emitir sufragios; **4.** testigos expertos usados en los tribunales; y **5.** tiendas departamentales elegidas para probar un nuevo sistema de exhibición de mercancía.

PROYECTO DE INVESTIGACIÓN

Técnica de muestreo

En el estudio de la tienda departamental, se seleccionaron 20 zonas censales del área metropolitana con base en el juicio. Se excluyeron las zonas con gente muy pobre o con áreas no aconsejables (alto nivel delictivo). En cada zona se seleccionaron las manzanas (cuadras) que se consideraban representativas o típicas. Por último, en cada manzana se seleccionaron las viviendas que estuvieran separadas entre sí por 10 casas. Las instrucciones del entrevistador eran las siguientes.

"Comience en la esquina sureste de la manzana indicada. Dé la vuelta a la manzana completa en dirección de las manecillas del reloj. Después de terminar una entrevista, salte 10 casas para seleccionar la siguiente. Sin embargo, vaya a la siguiente unidad habitacional, si encuentra alguna de las siguientes situaciones: no encuentra a nadie en casa, el individuo se rehúsa a cooperar o no hay disponible ningún encuestado calificado. Luego de completar una manzana, vaya a la siguiente manzana asignada y siga el mismo procedimiento, hasta que haya completado el número de entrevistas requerido.

Actividades del proyecto

Responda las siguientes preguntas en relación con el proyecto de Sears

1. ¿Cuál es la población meta? ¿El marco de muestreo? ¿El tamaño de la muestra?
2. ¿Considera que fue adecuado el uso del muestreo por juicio? Si cree que no lo fue, ¿qué técnica de muestreo recomendaría? ∎

El muestreo por juicio es económico, práctico y rápido; aunque no permite hacer generalizaciones directas a una población específica, porque por lo regular la población no se ha definido de manera explícita. El muestreo por juicio es subjetivo y su valor depende por completo del juicio, pericia y creatividad del investigador. Puede ser útil si no es necesario hacer inferencias sobre poblaciones muy grandes. Al igual que en el ejemplo de la tienda departamental, las muestras obtenidas por juicio suelen utilizarse en proyectos de investigación de mercados comerciales. Una extensión de esta técnica implica el uso de cuotas.

Muestreo por cuotas

> **muestreo por cuotas**
> Técnica de muestreo no probabilístico, que es un muestreo por juicio restringido de dos etapas. La primera etapa consiste en desarrollar categorías de control o cuotas de elementos de la población. En la segunda etapa, se seleccionan los elementos de la muestra con base en la conveniencia o el juicio.

El *muestreo por cuotas* puede considerarse como un muestreo por juicio restringido de dos etapas. La primera etapa consiste en desarrollar categorías de control, o cuotas, de los elementos de la población. Para desarrollar estas cuotas, el investigador lista las características de control relevantes y determina su distribución en la población meta. Las características de control relevantes (que pueden incluir sexo, edad y, en algunos casos, raza) se identifican con base en el juicio. A menudo las cuotas se asignan de forma que la proporción de los elementos de la muestra que poseen las características de control sea igual a la proporción de los elementos de la población con dichas características. En otras palabras, las cuotas aseguran que la composición de la muestra es igual a la composición de la población con respecto a las características de interés. En la segunda etapa, se seleccionan los elementos de la muestra con base en la conveniencia o el juicio. Una vez que se han asignado las cuotas, hay una libertad considerable para seleccionar los elementos que se incluirán en la muestra. El único requisito es que los elementos elegidos cumplan con las características de control.[12]

INVESTIGACIÓN REAL

¿Están a la altura de las circunstancias los lectores de revistas en áreas metropolitanas?

Se realizó un estudio para determinar el índice de lectores de ciertas revistas, entre la población adulta de un área metropolitana con una población de 350,000 habitantes. Se seleccionó una muestra por cuotas de 1,000 adultos. Las características de control fueron sexo, edad y raza. Con base en la composición de la población adulta de la comunidad, las cuotas se asignaron de la siguiente manera:

Características de control	Composición de la población Porcentaje	Composición de la muestra Porcentaje	Número
Sexo			
Masculino	48	48	480
Femenino	52	52	520
	100	100	1,000
Edad			
18-30	27	27	270
31-45	39	39	390
45-60	16	16	160
Mayor de 60	18	18	180
	100	100	1,000
Raza			
Caucásico	59	59	590
Negro	35	35	350
Otro	6	6	60
	100	100	1,000

En este ejemplo, las cuotas se asignan de manera que la composición de la muestra sea la misma que la de la población. Sin embargo, en ciertas situaciones es deseable reducir o aumentar los elementos de la muestra con ciertas características. Por ejemplo, quizá sea deseable aumentar en la muestra a usuarios frecuentes de un producto para examinar su conducta con detalle. Aunque este tipo de muestra no es representativa, puede ser muy relevante.

Incluso si la composición de la muestra refleja a la población con respecto a las características de control, no hay certeza de que la muestra será representativa. Si se pasa por alto una característica relevante para el problema, la muestra por cuotas no será representativa. A menudo se omiten características de control relevantes, por la existencia de dificultades prácticas asociadas con la inclusión de muchas características de control. El hecho de que los elementos dentro de cada cuota se seleccionen con base en la conveniencia o el juicio supone la presencia potencial de muchas fuentes de sesgo por selección. Los entrevistadores pueden ir a áreas seleccionadas donde sea más probable encontrar encuestados que reúnan los requisitos. Asimismo, quizá eviten a gente con aspecto intimidante, con apariencia desaseada o que viva en zonas poco agradables. El muestreo por cuotas no permite evaluar el error del muestreo.

El muestreo por cuotas pretende obtener muestras representativas a un costo relativamente bajo. Sus ventajas son los bajos costos y la mayor conveniencia que representa para los entrevistadores poder seleccionar a los elementos de cada cuota. De un tiempo a esta parte, se han impuesto controles más estrictos a los entrevistadores y los procedimientos de entrevista, con la finalidad de reducir el sesgo de selección; también se han sugerido lineamientos para mejorar la calidad de las muestras obtenidas por cuotas, en las entrevistas realizadas en centros comerciales. En ciertas condiciones, el muestreo por cuotas obtiene resultados parecidos a los del muestreo probabilístico convencional.[13]

Muestreo de bola de nieve

En el ***muestreo de bola de nieve*** se selecciona un grupo inicial de encuestados, por lo general al azar, a quienes después de entrevistar se les solicita que identifiquen a otras personas que pertenezcan a la población meta de interés. Los encuestados subsecuentes se seleccionan con base en las referencias. Este proceso puede realizarse en olas para obtener referencias de las referencias, lo cual origina un efecto de bola de nieve. Aunque se emplea el muestreo probabilístico para elegir a los primeros encuestados, la muestra final es no probabilística. Las referencias tendrán características demográficas y psicográficas más similares a las personas que las refieren de lo que ocurriría al azar.[14]

Uno de los objetivos principales del muestreo de bola de nieve consiste en estimar las características que son raras en la población. Los ejemplos incluyen a usuarios de servicios gubernamentales o sociales específicos, como los vales de comida, cuyos nombres no deben revelarse; grupos especiales del censo, como hombres viudos menores de 35 años de edad; y miembros de una población minoritaria dispersa. El muestreo de bola de nieve se emplea en la investigación industrial de comprador-vendedor, para identificar parejas de compradores-vendedores. La mayor ventaja del muestreo de bola de nieve es que incrementa en forma considerable la probabilidad de localizar las características deseadas en la población. También produce relativamente poca varianza del muestreo y costos bajos.[15]

muestreo de bola de nieve
Técnica de muestreo no probabilístico en la cual se selecciona al azar al grupo inicial de encuestados. Los encuestados posteriores se seleccionan con base en las referencias o la información proporcionada por los encuestados iniciales. Este proceso puede realizarse en olas para obtener referencias de las referencias.

INVESTIGACIÓN REAL

Conocimiento es poder

Se estima que en 2006, cada minuto alguien en algún lugar del mundo se infectó con el VIH. Se realizó un estudio para examinar la conducta de riesgo de los consumidores de drogas indochinos (CDI) en Australia. Se aplicó un cuestionario estructurado a 184 CDI con edades de entre 15 y 24 años. Los encuestados fueron reclutados usando las técnicas de muestreo de bola de nieve "con base en redes sociales y de la calle". Se empleó esta técnica porque los consumidores de drogas conocen a otros consumidores y les resulta fácil dar referencias con fines de investigación. Se les hicieron varias preguntas concernientes a su consumo de drogas, conductas de riesgo relacionadas con inyecciones y susceptibilidad percibida al VIH. Las entrevistas se realizaron en Melbourne y Sydney, en lugares distintos como vía pública, restaurantes, cafeterías e incluso en las casas de los participantes.

Los resultados demostraron que la heroína era la primera droga inyectada para el 98 por ciento de los encuestados, y el 86 por ciento de ellos señalaron que habían fumado la droga antes de usarla por vía intravenosa. La edad de la primera inyección variaba entre los 11 y los 23 años, con un promedio de 17 años. Treinta y seis por ciento de los consumidores "alguna vez compartieron" una aguja, el 23 por ciento de ellos con un amigo cercano, y el 1 por ciento con una pareja o amante. El conocimiento de los virus transmitidos por la sangre y las complicaciones relacionadas era escaso. Con base en tales resultados, los funcionarios de salud pública de Australia decidieron lanzar una vigorosa campaña para educar a los CDI acerca de los riesgos que enfrentaban y lo que podían hacer para reducirlos.[16] ■

En este ejemplo, el muestreo de bola de nieve fue más eficiente que la selección al azar. En otros casos, es más adecuada la selección aleatoria de los encuestados usando técnicas de muestreo probabilístico.

INVESTIGACIÓN ACTIVA

Visite www.polo.com y haga una búsqueda en Internet y, de ser posible, en la base de datos en línea de su biblioteca, para obtener información sobre las estrategias de marketing de Polo Ralph Laurent.

Como vicepresidente de marketing de Polo Ralph Lauren, ¿qué información le gustaría tener a usted para determinar si la compañía debería lanzar a nivel nacional su nueva línea de playeras unisex?

Polo Ralph Lauren quiere determinar la reacción inicial de los consumidores hacia su nueva línea de playeras unisex. Si tuviera que utilizarse un muestreo no probabilístico, ¿qué técnica de muestreo recomendaría y porqué?

TÉCNICAS DE MUESTREO PROBABILÍSTICO

Las técnicas de muestreo probabilístico varían en términos de la eficiencia del muestreo, un concepto que refleja compensaciones entre los costos y la precisión del muestreo. La precisión (que se refiere al nivel de incertidumbre sobre las características que se medirán) está inversamente relacionada con los errores de muestreo; pero positivamente relacionada con el costo. Cuanto mayor sea la precisión, más alto será el costo, y la mayoría de los estudios requieren una compensación. El investigador debe esforzarse por obtener el diseño de muestreo más eficiente en función del presupuesto asignado. La eficiencia de una técnica de muestreo probabilístico puede evaluarse comparándola con el muestreo aleatorio simple. La figura 11.4 presenta una ilustración gráfica de varias técnicas de muestreo probabilístico. Como en el caso del muestreo no probabilístico, la población consta de 25 elementos y debe elegirse una muestra con un tamaño de 5. A, B, C, D y E representan grupos que también podrían considerarse como estratos o conglomerados.

Muestreo aleatorio simple

muestreo aleatorio simple (MAS)
Técnica de muestreo probabilístico donde cada elemento de la población tiene una probabilidad de selección equitativa y conocida. Cada elemento se selecciona de manera independiente a los otros elementos y la muestra se extrae mediante un procedimiento aleatorio del marco de muestreo.

En el *muestreo aleatorio simple* (MAS), cada elemento de la población tiene una probabilidad de selección igual y conocida. Además, cada posible muestra de un determinado tamaño (n) tiene una probabilidad igual y conocida de ser la muestra seleccionada realmente. Esto implica que cada elemento se selecciona de manera independiente de cualquier otro elemento. La muestra se extrae del marco de muestreo usando un procedimiento aleatorio. Este método es equivalente al sistema de lotería donde los nombres se colocan en un recipiente, el cual se agita y de él se sacan los nombres de los ganadores de una manera no sesgada.

Para extraer una muestra aleatoria simple, el investigador primero recopila el marco de muestreo en el que a cada elemento se le asigna un número de identificación único. Luego se generan números aleatorios para determinar qué elementos se incluirán en la muestra. Los números aleatorios pueden generarse mediante una rutina de cómputo o una tabla (véase la tabla 1 del Apéndice de tablas estadísticas). Suponga que se selecciona una muestra con un tamaño de 10 a partir de un marco de muestreo que contiene 800 elementos. Para ello podría empezar en la fila 1 y columna 1 de la tabla 1, considerar los tres dígitos de la derecha y bajar por la columna hasta haber seleccionado 10 números entre 1 y 800. Se descartan los números que estén fuera de este rango. Los elementos correspondientes a los números generados de manera aleatoria constituyen la muestra. De esta forma, en nuestro ejemplo se seleccionarían los elementos 480, 368, 130, 167, 570, 562, 301, 579, 475 y 553. Advierta que los tres últimos dígitos de la fila 6 (921) y la fila 11 (918) se descartaron porque estaban fuera del rango.

El MAS tiene muchas características convenientes, como el hecho de que es fácil de entender y que los resultados de la muestra pueden extrapolarse a la población meta. La mayoría de las técnicas de inferencia estadística suponen que los datos se recabaron usando un muestreo aleatorio simple. Sin embargo, este método sufre de al menos cuatro desventajas importantes. Primero, a menudo resulta difícil construir un marco de muestreo que permita extraer una muestra aleatoria simple. Segundo, el MAS llega a generar muestras muy grandes o extendidas en amplias zonas geográficas, lo cual incrementaría el tiempo y el costo de la recolección de datos. Tercero, el MAS a menudo produce menor precisión con mayores errores estándar que otras técnicas de muestreo probabilístico. Cuarto, quizás el MAS no genere una muestra representativa.

Figura 11.4
Representación gráfica de las técnicas de muestreo probabilístico

---

Representación gráfica de las técnicas de muestreo probabilístico

1. Muestreo aleatorio simple

A	B	C	D	E
1	6	11	[16]	21
2	[7]	12	17	22
[3]	8	13	18	23
4	[9]	14	19	[24]
5	10	15	20	25

Seleccione cinco números aleatorios del 1 al 25. La muestra resultante consta de los elementos de la población 3, 7, 9, 16 y 24. Note que no hay elementos del grupo C

2. Muestreo sistemático

A	B	C	D	E
1	6	11	16	21
[2	7	12	17	22]
3	8	13	18	23
4	9	14	19	24
5	10	15	20	25

Elija un número aleatorio entre 1 y 5, digamos 2. La muestra resultante consta de la población 2, (2 + 5 =) 7, (2 + 5 × 2 =) 12, (2 + 5 × 3 =) 17 y (2 + 5 × 4 =) 22. Note que todos los elementos fueron seleccionados de una sola fila

3. Muestreo estratificado

A	B	C	D	E
1	6	11	16	[21]
2	[7]	12	17	22
3	8	[13]	18	23
[4]	9	14	[19]	24
5	10	15	20	25

Seleccione al azar un número del 1 al 5 de cada estrato, A a E. La muestra resultante consta de los elementos de la población 4, 7, 13, 19 y 21. Advierta que se tomó un elemento de cada columna

4. Muestreo por conglomerados (dos etapas)

A	B	C	D	E
1	6	11	16	[21]
2	[7]	12	17	22
3	8	13	[18	23]
4	9	14	19	24
5	10	15	[20]	25

Seleccione al azar tres conglomerados, B, D y E. Dentro de cada conglomerado, elija al azar uno o dos elementos. La muestra resultante consta de los elementos de la población 7, 18, 20, 21 y 23. Note que no se seleccionó ningún elemento de los conglomerados A y C

Aunque en promedio las muestras obtenidas representarán bien a la población meta, una muestra aleatoria simple determinada quizá no lo haga, lo cual es más probable si es pequeño el tamaño de la muestra. Por estas razones, en la investigación de mercados no suele emplearse el MAS. Son más populares procedimientos como el muestreo sistemático.

Muestreo sistemático

muestreo sistemático
Técnica de muestreo probabilístico en que la muestra se elige seleccionando un punto de inicio aleatorio, para luego elegir cada *n* elemento en sucesión del marco de muestreo.

Para obtener una muestra usando el ***muestreo sistemático***, se selecciona un punto de inicio aleatorio y luego se elige de manera sucesiva cada *i*-ésimo elemento del marco de muestreo. Para determinar el intervalo de muestreo, *i*, se divide el tamaño de la población (*N*) entre el tamaño de la muestra (*n*) y se redondea al número entero más cercano. Por ejemplo, suponga que la población consta de 100,000 elementos y se desea una muestra de 1,000. En este caso, el intervalo de muestreo (*i*) es 100. Se elige un número aleatorio entre 1 y 100. Si este número es, por ejemplo, 23, la muestra estará formada por los elementos 23, 123, 223, 323, 423, 523, etcétera.[17]

El muestreo sistemático es similar al muestreo aleatorio simple en el hecho de que cada elemento de la población tiene una probabilidad conocida e igual de ser seleccionado. No obstante, difiere del muestreo aleatorio simple en que sólo las muestras permisibles de tamaño *n* que pueden extraerse tienen una probabilidad igual y conocida de seleccionarse. La probabilidad de que el resto de las muestras de tamaño *n* queden seleccionadas es cero.

PARTE II *Preparación del diseño de la investigación*

Para hacer un muestreo sistemático, el investigador supone que los elementos de la población están ordenados de alguna manera. En algunos casos, el orden (por ejemplo, la lista alfabética del directorio telefónico) no tiene relación con las características de interés; pero en otros casos, el ordenamiento está directamente relacionado con las características investigadas. Por ejemplo, puede listarse a los clientes de tarjetas de crédito según el orden del saldo acreedor, u ordenarse a las empresas de un determinado sector de acuerdo con sus ventas anuales. Si el ordenamiento de los elementos de la población no tiene relación con las características de interés, el muestreo sistemático arrojará resultados muy similares al MAS.

Por otro lado, cuando el ordenamiento de los elementos está relacionado con las características de interés, el muestreo sistemático incrementa la representatividad de la muestra. Si las empresas de un sector se disponen en un orden ascendente de ventas anuales, la muestra sistemática incluirá algunas empresas pequeñas y algunas grandes. Por ejemplo, una muestra aleatoria simple quizá no sea representativa porque sólo incluye empresas pequeñas o una cantidad desmesurada de empresas pequeñas. Si el ordenamiento de los elementos produce un patrón cíclico, el muestreo sistemático puede disminuir la representatividad de la muestra. Por ejemplo, considere el uso del muestreo sistemático para generar una muestra de las ventas mensuales de una tienda departamental, a partir de un marco de muestreo que contiene las ventas mensuales de los últimos 60 años. Si se elige un intervalo de muestreo de 12, tal vez la muestra resultante no refleje la variación mensual en las ventas.[18]

El muestreo sistemático es menos costoso y más sencillo que el muestreo aleatorio simple, porque la selección aleatoria se hace sólo una vez. Además, los números aleatorios no tienen que concordar con los elementos individuales como en el MAS. Como algunas listas contienen millones de elementos, es posible ahorrar mucho tiempo y reducir así el costo del muestreo. Si se dispone de información de la población que esté relacionada con las características de interés, puede usarse el muestreo sistemático para obtener una muestra más representativa y confiable (menor error de muestreo) que el muestreo aleatorio simple. Otra ventaja relativa es que el muestreo sistemático puede usarse incluso sin conocer la composición (elementos) del marco de muestreo. Por ejemplo, cuando se aborda a cada i-ésima persona que sale de una tienda departamental o un centro comercial. Por estas razones, es frecuente el uso del muestreo sistemático en encuestas a los consumidores por correo, telefónicas, en centros comerciales y por Internet.

INVESTIGACIÓN REAL

Autos.msn.com equipa automóviles con accesorios para teléfono móvil

Autos.msn.com es un sitio Web propiedad de Microsoft (*autos.msn.com*) que ofrece a los consumidores información sobre precios de automóviles y datos de investigaciones sobre otros vehículos. Este sitio aplicó una encuesta para averiguar si la gente ya usaba o consideraría usar dispositivos de manos libres para teléfono móvil. Autos.msn.com aplicó la encuesta por Internet usando un muestreo aleatorio sistemático, que aparecía en una ventana separada cuando cada quincuagésimo visitante se detenía en el sitio Web. De los 879 individuos a los que se les presentó la encuesta, respondieron 836.

Los resultados indicaron que el 62 por ciento de los encuestados nunca habían usado un accesorio de manos libres y que sólo 54 por ciento estaban dispuestos a usarlo en el futuro. Al darse cuenta de que los individuos no se mostraban muy receptivos a la idea de agregar accesorios de manos libres a sus teléfonos móviles, se estimó que para el año 2006, el 65 por ciento de los vehículos en Estados Unidos estarían equipados con accesorios para teléfono móvil. Esto sería resultado de leyes estatales aprobadas cada vez con más frecuencia. A partir del 1 de julio de 2004, una nueva ley en Washington, D.C., prohíbe a los conductores hablar por teléfono móvil sin un accesorio de manos libres.[19] ∎

Muestreo estratificado

muestreo estratificado
Técnica de muestreo probabilístico que usa un proceso de dos pasos para dividir a la población en subpoblaciones o estratos. Los elementos se seleccionan de cada estrato mediante un procedimiento aleatorio.

El ***muestreo estratificado*** es un proceso de dos pasos en que la población se divide en subpoblaciones o estratos. Los estratos tienen que ser mutuamente excluyentes y colectivamente exhaustivos, por lo que cada elemento de la población debe asignarse a un único estrato sin omitir algún elemento de la población. A continuación se seleccionan los elementos de cada estrato mediante un procedimiento aleatorio, por lo regular el muestreo aleatorio simple. Aunque en teoría sólo debe emplearse el muestreo aleatorio simple para seleccionar los elementos de cada estrato, en ocasiones se emplean el muestreo sistemático y otros procedimientos de muestreo probabilístico. A diferencia del muestreo por cuotas, en el muestreo estratificado los elementos de la muestra se seleccionan de manera probabilística y no con base en la conveniencia o el juicio. Un objetivo importante del muestreo estratificado consiste en incrementar la precisión sin aumentar el costo.[20]

CAPÍTULO 11   *Muestreo: diseño y procedimientos*   349

Las variables utilizadas para dividir a la población en estratos se conocen como variables de estratificación. Los criterios para la selección de esas variables incluyen homogeneidad, heterogeneidad, relación y costo. Dentro de un estrato, es necesario que los elementos sean tan homogéneos como sea posible, mientras que los elementos de los diferentes estratos requieren ser tan heterogéneos como sea posible. Las variables de estratificación deben tener una relación estrecha con las características de interés. Cuanto mejor se cumplan estos criterios, mayor será la eficacia en el control de la variación externa al muestreo. Por último, tiene que resultar sencillo medir y aplicar las variables, con la finalidad de reducir el costo del proceso de estratificación. Las variables que suelen usarse para la estratificación incluyen características demográficas (como en el ejemplo de muestreo por cuotas), tipo de cliente (con o sin tarjeta de crédito), tamaño de la empresa o tipo de industria. Es posible usar más de una variable para la estratificación, aunque por razones pragmáticas y de costo rara vez se utilizan más de dos. El número de estratos a utilizar es cuestión de juicio, pero la experiencia sugiere que no se usen más de seis. Con más de seis estratos, cualquier ganancia en precisión se pierde por el mayor costo de la estratificación y el muestreo.

INVESTIGACIÓN REAL

Los planes de jubilación en línea están en pie

CIGNA Retirement and Investment Services (*www.cigna.com*) obtuvo ganancias de $16,730 millones de dólares en 2005 y para marzo de 2006 contaba con 28,000 empleados de tiempo completo. En una investigación de mercados, CIGNA aplicó una encuesta estratificada a nivel nacional para conocer lo que requerían los usuarios de Internet en cuanto a los servicios de jubilación en línea. CIGNA contrató a NOP World (*www.nopworld.com*) para aplicar una encuesta telefónica a 659 empleados de tiempo completo mayores de 18 años, con una cuota según la cual el 80 por ciento de los encuestados deberían contar con un plan de jubilación, como una pensión o el plan 401(k) a través de su empleador. La muestra se estratificó por ingreso y edad, debido a las diferencias en el uso de Internet y la posible variedad de intereses relacionados con los servicios de jubilación. El diseño de muestreo adoptado se presenta en la siguiente tabla.

La encuesta reveló que los resultados variaban según el ingreso y la edad, lo cual confirmó la utilidad de esas variables para la estratificación. Por ejemplo, 75 por ciento de los participantes con un ingreso anual menor a $20,000 dólares no realizó al menos una transacción de comercio electrónico por Internet, lo que sólo sucedía en 30 por ciento de los participantes con un ingreso igual o mayor a $50,000 dólares. La edad fue un factor importante en las preferencias de los usuarios por información de los planes de jubilación en línea, y se observó la menor preferencia en los participantes mayores de 65 años.

En general, los resultados de la encuesta mostraron que entre los empleados existe un creciente interés por tener acceso en línea a sus programas y fondos de jubilación, lo que les proporciona mayor control en sus planes de retiro. CIGNA utilizó los resultados de la encuesta para ofrecer los sitios Web AnswerNet y CIGNATrade, que permiten a los clientes tener acceso a sus planes de jubilación y cuentas bursátiles, respectivamente. Además, CIGNA y Yahoo! ofrecieron a los miembros de servicios médicos y participantes de planes de jubilación de CIGNA, la oportunidad de tener sitios Web de prestaciones individualizados con base en la interfase de My Yahoo![21] Una clave para la obtención de esos hallazgos fue el uso de un diseño de muestreo adecuado que puede presentarse como:

Diseño de muestreo

Población meta	Adultos que cumplen con los requisitos: ser mayores de 18 años, empleados de tiempo completo en Estados Unidos, con un número telefónico en funcionamiento, el 80 por ciento de los cuales participan en un plan de jubilación durante el periodo de la encuesta.
Marco de muestreo	Guía telefónica comercial proporcionada por NOP World.
Técnica de muestreo	Muestreo estratificado por edad e ingreso.
Tamaño de la muestra	659.
Realización	Distribución de la muestra por estratos, selección aleatoria de números telefónicos a partir de una lista, aplicación de la encuesta al primer miembro del hogar que cumpla las condiciones, sujeto a los requisitos de la cuota. ∎

Otra decisión importante es la que concierne al uso de muestreo proporcional o no proporcional (véase la figura 11.2). En el muestreo estratificado proporcional, el tamaño de la muestra que se toma de cada estrato es proporcional al tamaño relativo de ese estrato en la población total. En el muestreo estratificado no proporcional, el tamaño de la muestra de cada estrato es proporcional al tamaño relativo de ese estrato, y a la desviación estándar de la distribución de la característica de interés entre todos los elementos del estrato. La lógica que subyace al muestreo no proporcional es sencilla. Primero, los estratos con un tamaño relativo más grande influyen más en la determinación de la media de la población, y dichos estratos también deben ejercer mayor influencia en la derivación de las estimaciones de la muestra. En consecuencia, deben tomarse más elementos de los estratos de mayor tamaño relativo. Segundo, para incrementar la precisión, es necesario tomar más elementos de los estratos con mayor desviación estándar y tomar menos elementos de los estratos con menor desviación estándar. (Si todos los elementos de un estrato fueran idénticos, se obtendría una información perfecta con una muestra de tamaño igual a 1). Advierta que los dos procedimientos son idénticos si la característica de interés tiene la misma desviación estándar dentro de cada estrato.

El muestreo no proporcional requiere que se conozca alguna estimación de la variación relativa (o desviación estándar de la distribución de la característica de interés) dentro del estrato conocido. Como el investigador no siempre tiene acceso a tal información, es posible que deba confiar en la intuición y la lógica para determinar los tamaños de la muestra en cada estrato. Por ejemplo, se esperaría que las grandes tiendas detallistas presenten una mayor variación en las ventas de algunos productos, en comparación con las tiendas pequeñas. Por lo que el número de las tiendas grandes en la muestra sería desmesuradamente grande. Cuando al investigador le interesa sobre todo examinar las diferencias entre los estratos, una estrategia común de muestreo consiste en seleccionar una muestra del mismo tamaño en cada estrato.

El muestreo estratificado puede asegurar que todas las subpoblaciones importantes estén representadas en la muestra. Esto es de particular importancia si hay un sesgo en la distribución de la característica de interés en la población. Por ejemplo, como el ingreso anual de la mayoría de los hogares es menor a $50,000 dólares, hay un sesgo en la distribución de los ingresos familiares, y son muy pocos hogares con ingresos anuales iguales o superiores a $200,000 dólares. Si se obtiene una muestra aleatoria simple, la representación de los hogares con ingresos iguales o mayores a $200,000 dólares tal vez no sea adecuada. El muestreo estratificado garantizaría que la muestra incluyera una determinada cantidad de esos hogares. El muestreo estratificado combina la sencillez del muestreo aleatorio simple con las ganancias potenciales de precisión. De ahí que sea una técnica de muestreo popular.

Muestreo por conglomerados

muestreo por conglomerados
Primero se divide a la población meta en subpoblaciones mutuamente excluyentes y colectivamente exhaustivas llamadas conglomerados. Luego se selecciona una muestra aleatoria de conglomerados con base en una técnica de muestreo probabilístico, como el muestreo aleatorio simple. Para cada conglomerado seleccionado se incluyen todos los elementos en la muestra o se toma una muestra de elementos de forma probabilística.

En el *muestreo por conglomerados*, la población meta primero se divide en subpoblaciones o conglomerados mutuamente excluyentes y colectivamente exhaustivos. Luego se selecciona una muestra aleatoria de conglomerados con base en una técnica de muestreo probabilístico, como el muestreo aleatorio simple. Para cada conglomerado seleccionado, se incluyen todos los elementos en la muestra, o se toma una muestra de elementos en forma probabilística. Si se incluye en la muestra a todos los elementos del conglomerado seleccionado, el procedimiento se denomina *muestreo por conglomerados de una etapa*. Si de cada conglomerado seleccionado se extrae de manera probabilística una muestra de elementos, el procedimiento es un *muestreo por conglomerados de dos etapas*. Como se muestra en la figura 11.5, este procedimiento puede ser sencillo e incluir al muestreo aleatorio simple o ser probabilístico proporcional al tamaño (PPT). Además, una muestra por conglomerados podría incluir varias etapas (más de dos), como en el muestreo por conglomerados de etapas múltiples.

Figura 11.5
Tipos de muestreo por conglomerados

CAPÍTULO 11 *Muestreo: diseño y procedimientos*

La distinción fundamental entre el muestreo por conglomerados y el muestreo estratificado es que en el primero sólo se elige una muestra de subpoblaciones (conglomerados), mientras que en el muestreo estratificado se seleccionan todas las subpoblaciones (estratos) para un muestreo posterior. Ambos métodos también difieren en sus objetivos. El objetivo del muestreo por conglomerados es incrementar la eficiencia del muestreo mediante la reducción de los costos. El objetivo del muestreo estratificado es incrementar la precisión. Con respecto a la homogeneidad y heterogeneidad, los criterios que se usan para formar los conglomerados son justo lo contrario a los que se usan para formar los estratos. Los elementos dentro de un conglomerado deben ser tan heterogéneos como sea posible, aunque los conglomerados deben ser tan homogéneos como sea posible. De manera ideal, cada conglomerado debe ser una representación a pequeña escala de la población. En el muestreo por conglomerados, el marco de muestreo sólo se necesita para los conglomerados seleccionados para la muestra.

Una forma común de muestreo por conglomerados es el **muestreo por área**, en el cual los conglomerados están formados por áreas geográficas como condados, zonas habitacionales o manzanas. Si sólo se realiza un nivel de muestreo en la selección de los elementos básicos (por ejemplo, el investigador muestra manzanas y luego incluye en la muestra a todas las casas de la manzana), el diseño se conoce como *muestreo por área de una etapa*. Si se realizan dos (o más) niveles de muestreo antes de seleccionar los elementos básicos (el investigador muestra manzanas y luego muestra las casas de las manzanas elegidas), el diseño se conoce como *muestreo por área de dos etapas (o de etapas múltiples)*. La característica distintiva de la muestra por área de una etapa es que todas las casas de las manzanas (o áreas geográficas) seleccionadas se incluyen en la muestra.

Como se muestra en la figura 11.5, existen dos tipos de diseños de dos etapas. Uno implica al muestreo aleatorio simple, tanto en la primera etapa (por ejemplo, el muestreo de las manzanas) como en la segunda (por ejemplo, el muestreo de las casas dentro de las manzanas). Este diseño se llama *muestreo por conglomerados simple de dos etapas*. En este diseño, la fracción de elementos seleccionados (por ejemplo, las casas) en la segunda etapa es la misma para cada conglomerado de la muestra (por ejemplo, manzanas seleccionadas). Un proyecto de investigación de mercados estudió el comportamiento de los consumidores adinerados. Se seleccionó una muestra aleatoria simple de 800 grupos de manzanas, a partir de una lista de vecindarios con ingresos promedio superiores a $50,000 dólares, en los estados clasificados en la mitad superior de ingresos de acuerdo con los datos del censo. Las organizaciones de listas comerciales proporcionaron los nombres y direcciones de los jefes de familia, de aproximadamente el 95 por ciento de las casas censadas en este grupo de 800 manzanas. De las 213,000 casas numeradas, se seleccionaron 9,000 por muestreo aleatorio simple.[22]

Este diseño es adecuado cuando los conglomerados son del mismo tamaño, es decir, cuando contienen más o menos el mismo número de unidades de muestreo. Pero si difieren mucho en el tamaño, el muestreo por conglomerados simple de dos etapas podría generar estimaciones sesgadas. En ocasiones es posible formar conglomerados del mismo tamaño combinando los conglomerados. Cuando esta opción no es factible puede usarse el muestreo probabilístico proporcional al tamaño (PPT).

En el **muestreo probabilístico proporcional al tamaño**, los conglomerados se muestrean con una probabilidad proporcional al tamaño. El tamaño de un conglomerado se define en términos del número de unidades de muestreo que contiene. Por lo tanto, en la primera etapa los conglomerados grandes tienen mayor probabilidad de ser incluidos que los conglomerados pequeños. En la segunda etapa, la probabilidad de seleccionar una unidad de muestreo de un conglomerado seleccionado varía inversamente con el tamaño del conglomerado. Por ende, la probabilidad de que cualquier unidad de muestreo específica se incluya en la muestra es igual para todas las unidades, porque las probabilidades desiguales de la primera etapa se equilibran con las probabilidades desiguales de la segunda etapa. Las cantidades de las unidades de muestreo incluidas de los conglomerados seleccionados son aproximadamente iguales. La campaña de "Truth" ofrece un ejemplo de este tipo de muestreo de etapas múltiples.

---

muestreo por área
Forma común de muestreo por conglomerados en que los conglomerados están formados por áreas geográficas como condados, zonas habitacionales, manzanas u otras descripciones de áreas.

muestreo probabilístico proporcional al tamaño
Técnica de selección en el cual la probabilidad de seleccionar los conglomerados es proporcional al tamaño, y la probabilidad de seleccionar una unidad de muestreo de un conglomerado seleccionado varía inversamente con el tamaño del conglomerado.

INVESTIGACIÓN REAL

Sale a flote la verdad sobre el tabaquismo entre los jóvenes

Busca la verdad

La campaña Truth (*www.thetruth.com*), dirigida sobre todo hacia los jóvenes, consiste en presentar de manera sencilla los sorprendentes hechos relacionados con la industria del tabaco, para que el observador sea capaz de obtener sus propias conclusiones, formarse sus opiniones y decidir por sí mismo. Para examinar la eficacia de esta campaña, entre 1997 y 2002 los experimentadores recabaron datos del Instituto Nacional sobre Drogadicción y de encuestas realizadas por la Universidad de Michigan. Identificaron 420 escuelas públicas y privadas seleccionadas al azar mediante un diseño de muestreo de etapas múltiples. En la primera etapa, hicieron una selección aleatoria de áreas geográficas. En la segunda etapa, eligieron al azar las escuelas a las que se dirigirían y en la última etapa seleccionaron al azar los grupos en que aplicarían la encuesta. En todas las etapas, se usaron pesos en la muestra para asegurarse de que la probabilidad de la ubicación geográfica, escuela, o grupo fuera representativa de su proporción real de la población.

En cada escuela participante, seleccionaron hasta 350 estudiantes a quienes aplicaron las encuestas durante las horas normales de clase en las aulas habituales. A cada encuestado se le preguntó: "¿Con qué frecuencia has fumado cigarrillos en los últimos 30 días?" y se registraron las respuestas. Entre 1997 y 2002, la encuesta se aplicó cada año a un total de 18,000 alumnos de segundo de secundaria, 17,000 de primero de bachillerato y 16,000 de tercero de bachillerato, con tasas promedio de respuesta de 86 por ciento, 86.2 por ciento y 82.8 por ciento, respectivamente.

Los resultados de la encuesta demostraron que la campaña Truth originó una disminución significativa en la prevalencia del tabaquismo entre los jóvenes a nivel nacional. Considerada en lo global, la campaña Truth ha sido muy exitosa y al momento de escribir este texto seguía siendo promocionada. En la medida que la legislación exija a las empresas tabacaleras financiar tales campañas, habrá mensajes contra el tabaquismo dirigidos a los jóvenes para prevenir que empiecen a fumar.[23] ■

El muestreo por conglomerados tiene dos grandes ventajas: viabilidad y bajo costo. En muchas situaciones, los únicos marcos de muestreo disponibles para la población meta son los conglomerados, no los elementos de la población. Muchas veces, dados los recursos y las limitaciones no es factible recabar una lista de todos los consumidores en una población. Sin embargo, es posible obtener con relativa facilidad listas de áreas geográficas, centrales telefónicas y otros conglomerados de consumidores. Si bien el muestreo por conglomerados es la técnica de muestreo probabilístico más económica, esta ventaja debe ponderarse contra varias limitaciones, como el hecho de produce muestras relativamente imprecisas y que es difícil formar conglomerados heterogéneos ya que, por ejemplo, las familias de una manzana tienden a ser similares más que diferentes.[24] Además, sería difícil calcular e interpretar estadísticos basados en conglomerados. En la tabla 11.3 se resumen las

TABLA 11.3
Virtudes y defectos de las técnicas básicas de muestreo

TÉCNICA	VIRTUDES	DEFECTOS
Muestreo no probabilístico		
Muestreo por conveniencia	Menor costo, menor consumo de tiempo; mayor conveniencia	Sesgo de selección, muestra no representativa; no se recomienda para la investigación descriptiva o causal
Muestreo por juicio	Menor costo; conveniencia; no consume tiempo	No permite generalizar; es subjetivo
Muestreo por cuotas	Pueden controlarse ciertas características de la muestra	Sesgo de selección; la representatividad no es segura
Muestreo de bola de nieve	Puede estimar características poco comunes	Consume mucho tiempo
Muestreo probabilístico		
Muestreo aleatorio simple (MAS)	Es fácil de entender; resultados extrapolables	Es difícil construir el marco de muestreo; costoso; menor precisión; la representatividad no es segura
Muestreo sistemático	Puede incrementar la representatividad; es más fácil de poner en práctica que el MAS; no se requiere el marco de muestreo	Puede disminuir la representatividad
Muestreo estratificado	Incluye todas las subpoblaciones importantes; precisión	Es difícil elegir las variables de estratificación relevantes; no es factible estratificar con muchas variables; es costoso
Muestreo por conglomerados	Es económico y fácil de poner en práctica	Poco preciso; es difícil calcular e interpretar los resultados

Demostración 11.1
Procedimientos para obtener muestras probabilísticas

Muestreo aleatorio simple
1. Seleccione un marco de muestreo adecuado.
2. Asigne a cada elemento un número de 1 a N (tamaño de la población).
3. Genere n (tamaño de la muestra) números aleatorios diferentes entre 1 y N. Esto puede hacerse usando un programa de software para microcomputadora o computadora central, o empleando una tabla de números aleatorios simples (tabla 1 del Apéndice de tablas estadísticas). Para usar la tabla 1, seleccione el número adecuado de dígitos (por ejemplo, si $N = 900$, seleccione tres dígitos). Elija de forma arbitraria un número inicial. Luego vaya hacia arriba o hacia abajo hasta haber seleccionado n números diferentes entre 1 y N. Nota: descarte el 0, los números duplicados y los números mayores que N.
4. Los números generados indican los elementos que deben incluirse en la muestra.

Muestreo sistemático
1. Seleccione un marco de muestreo adecuado.
2. Asigne a cada elemento un número del 1 al N (tamaño de la población).
3. Determine el intervalo del muestreo, i, $i = \dfrac{N}{n}$. Si i es una fracción, redondee hacia el siguiente número entero.
4. Seleccione un número aleatorio, r, entre 1 e i, como se explicó en el caso del muestreo aleatorio simple.
5. La muestra aleatoria sistemática estará formada por los elementos con los siguientes números: $r, r + i, r + 2i, r + 3i, r + 4i, \ldots, r + (n - 1)i$.

Muestreo estratificado
1. Seleccione un marco de muestreo adecuado.
2. Seleccione la(s) variable(s) de estratificación y el número de estratos (H).
3. Divida la población entera entre H estratos. Con base en la variable de clasificación, asigne cada elemento de la población a uno de los H estratos.
4. En cada estrato, numere los elementos de 1 a N_h (tamaño de la población del estrato h).
5. Determine el tamaño de la muestra en cada estrato, n_h, con base en el muestreo estratificado proporcional o no proporcional. Nota: $\sum_{h=1}^{H} n_h = n$
6. En cada estrato, seleccione una muestra aleatoria simple de tamaño n_h.

Muestreo por conglomerados
Se describe el procedimiento para seleccionar una muestra simple de dos etapas, porque éste representa el caso más sencillo.
1. Asigne un número, de 1 a N, a cada elemento de la población.
2. Divida la población en C conglomerados, de los cuales c se incluirán en la muestra.
3. Calcule el intervalo de muestreo, i, $i = \dfrac{N}{c}$. Si i es una fracción, redondee hacia el siguiente número entero.
4. Seleccione un número aleatorio, r, entre 1 e i, como se explicó en el caso del muestreo aleatorio simple.
5. Identifique los elementos con los siguientes números: $r, r + i, r + 2i, r + 3i, \ldots, r + (c - 1)i$.
6. Seleccione los conglomerados que contienen los elementos identificados.
7. Seleccione las unidades de muestreo dentro de cada conglomerado seleccionado mediante el muestreo sistemático o el muestreo aleatorio simple. El número de unidades de muestreo seleccionadas de cada conglomerado de muestra es aproximadamente la misma e igual a $\dfrac{n}{c}$.
8. Si la población de un conglomerado excede el intervalo del muestreo, i, ese conglomerado será seleccionado con certeza. Ese conglomerado se descarta en cualquier consideración futura. Calcule el nuevo tamaño de la población, N^*, número de conglomerados que se seleccionarán, $c^* (= c - 1)$, y el nuevo intervalo de muestreo, i^*. Repita este proceso hasta que cada uno de los conglomerados restantes tenga una población menor al intervalo de muestreo relevante. Si se han seleccionado b conglomerados con certeza, seleccione los conglomerados restantes $c - b$ siguiendo los pasos 1 a 7. La fracción de unidades que serán muestreadas de cada conglomerado seleccionado con certeza es la fracción de muestreo general $= n/N$. Por lo tanto, para los conglomerados seleccionados con certeza elegiríamos

$$n_s = \dfrac{n}{N}(N_1 + N_2 + \ldots + N_b)$$ unidades. Las unidades seleccionadas de los conglomerados elegidos mediante el muestreo de dos etapas serían por lo tanto $n^* = n - n_s$.

virtudes y los defectos del muestreo por conglomerados y otras técnicas básicas de muestreo. La demostración 11.1 describe los procedimientos para obtener muestras probabilísticas.

Otras técnicas de muestreo probabilístico

Además de las cuatro técnicas básicas de muestreo probabilístico, existen otras técnicas de muestreo que, en su mayoría, se consideran una extensión de las técnicas básicas y se desarrollaron para tratar problemas de muestreo complejos. Dos técnicas con alguna relevancia para la investigación de mercados son el muestreo por secuencia y el muestreo doble.

muestreo por secuencia
Técnica de muestreo probabilístico en que los elementos de la población se muestrean en secuencia, en cada etapa se realizan la recolección y el análisis de datos, y se decide si deben muestrearse elementos adicionales de la población.

En el **muestreo por secuencia** los elementos de la población se muestrean en secuencia, en cada etapa se realizan la recolección y el análisis de los datos, y se decide si deben muestrearse elementos adicionales de la población. No se conoce de antemano el tamaño de la muestra, pero antes de iniciar el muestreo se establece una regla de decisión. En cada etapa, esta regla indica si el muestreo debe continuar o si se ha obtenido suficiente información. El muestreo por secuencia se ha utilizado para determinar las preferencias por dos alternativas rivales. En un estudio se preguntó a los encuestados cuál de las dos alternativas preferían y el muestreo terminó cuando se acumuló evidencia suficiente para validar una preferencia. También se ha empleado para establecer el precio diferencial entre un modelo estándar y un modelo de lujo de un artículo de consumo duradero.[25]

muestreo doble
Técnica de muestreo en la que ciertos elementos de la población se muestrean dos veces.

En el **muestreo doble**, llamado también *muestreo de dos fases*, ciertos elementos de la población se muestrean dos veces. En la primera fase se selecciona una muestra y se reúne alguna información de todos sus elementos. En la segunda fase, se extrae una submuestra de la muestra original y se obtiene información adicional de los elementos de la submuestra. El proceso puede extenderse a tres o más fases, las cuales pueden ocurrir al mismo tiempo o en diferentes momentos. El muestreo doble es útil cuando no se dispone de un marco de muestreo para la selección final de las unidades de muestreo, pero se sabe que los elementos del marco están incluidos en un marco de muestreo mayor. Por ejemplo, un investigador desea seleccionar hogares que consumen jugo de manzana en una determinada ciudad. Los hogares de interés están contenidos dentro del conjunto de todos los hogares, pero el investigador no sabe cuáles son. Al aplicar el muestreo doble, en la primera fase el investigador podría obtener un marco de muestreo de todos los hogares, comprándolo o construyéndolo a partir del directorio de la ciudad. Luego obtendría una muestra de hogares, usando el muestreo aleatorio simple, para determinar la cantidad de jugo de manzana consumido. En la segunda fase, los hogares que consumen jugo de manzana se seleccionarían y estratificarían de acuerdo con la cantidad de jugo de manzana consumido. Luego se obtendría una muestra aleatoria estratificada y se plantearían preguntas detalladas concernientes al consumo de jugo de manzana.[26]

ELECCIÓN DEL MUESTREO PROBABILÍSTICO O NO PROBABILÍSTICO

La elección entre muestras probabilísticas y no probabilísticas debe basarse en consideraciones como la naturaleza de la investigación, la magnitud relativa de los errores de muestreo y los que no son de muestreo, la variabilidad en la población, y otros factores estadísticos y operacionales (tabla 11.4). Por ejemplo, en la investigación exploratoria, los hallazgos se consideran preliminares y quizá no esté justificado el uso del muestreo probabilístico. Por otro lado, en la investigación concluyente, donde el investigador quiere usar los resultados para estimar la participación general en el mercado o el tamaño total del mercado, se favorece el muestreo probabilístico. Las muestras probabilísticas permiten la extrapolación estadística de los resultados a una población meta. Por tales razones, se usó el muestreo probabilístico en el ejemplo inicial de las estampillas del pato.

En algunos problemas de investigación, se requiere hacer estimaciones muy precisas de las características de la población. En esas situaciones, se prefiere el muestreo probabilístico por su capacidad para eliminar el sesgo de selección y para calcular el error de muestreo. Sin embargo, el muestreo probabilístico no siempre produce resultados exactos. Si es probable que los errores que no se deben al muestreo son un factor importante, entonces sería preferible el muestreo no probabilístico, en la medida que el uso del juicio permita mayor control sobre el proceso de muestreo.

TABLA 11.4
Elección del muestreo probabilístico frente al no probabilístico

	CONDICIONES QUE FAVORECEN EL USO DE:	
FACTORES	MUESTREO NO PROBABILÍSTICO	MUESTREO PROBABILÍSTICO
Naturaleza de la investigación	Exploratoria	Concluyente
Magnitud relativa de los errores de muestreo y de los errores que no son de muestreo	Los errores que no son de muestreo son mayores	Los errores de muestreo son mayores
Variabilidad de la población	Homogénea (baja)	Heterogénea (alta)
Consideraciones estadísticas	Desfavorables	Favorables
Consideraciones operacionales	Favorables	Desfavorables

Otra consideración es la homogeneidad de la población con respecto a las variables de interés. Una población más heterogénea favorece el muestreo probabilístico, porque es más importante asegurar la representatividad de la muestra. Desde un punto de vista estadístico, se prefiere el muestreo probabilístico por ser la base de las técnicas estadísticas más comunes.

Sin embargo, el muestreo probabilístico es complejo y requiere que los investigadores tengan conocimientos del estadístico. Por lo general, es más costoso y requiere más tiempo que el muestreo no probabilístico. En muchos proyectos de investigación de mercados, es difícil justificar el tiempo y los gastos adicionales. Por lo tanto, en la práctica, los objetivos del estudio establecen cuál será el método de muestreo utilizado, como en el siguiente ejemplo.

INVESTIGACIÓN REAL

Trabajo con estadísticas laborales

El Bureau of Labor Statistics (*www.bls.gov*) tiene una publicación mensual acerca de las mediciones de empleo. De manera tradicional el BLS usaba el método de muestro por cuotas que cortaba la muestra cuando se obtenía cierto número de respuestas, para cada tipo de empleador en una industria o sector laboral específico. En junio de 2000, la dependencia utilizó una nueva técnica para calcular los empleos en el sector del comercio mayorista, que incluía a proveedores de grandes almacenes, contratistas de la construcción, hospitales y granjas. La nueva técnica fue un muestreo estratificado que segregó a los empleadores por sector laboral. Dentro de cada estrato, se hizo una selección aleatoria de los empleadores de manera que pudiera obtenerse una representación real del número de empleos. El método de cuotas usado previamente no se adaptó cada año para dar cuenta del porcentaje real de cada tipo de empleador dentro del sector. Por ejemplo, hay una disminución en el número de empleadores en las granjas y un aumento en el número de empleadores relacionados con la medicina y los hospitales, lo cual podría requerir cambios en los porcentajes de las cuotas. El método de cuotas se retiró progresivamente de todos los sectores en junio de 2003.

El muestreo probabilístico permite tener mejores estimaciones de las estadísticas de empleo, ya que selecciona de manera aleatoria a los empleadores de cada sector laboral. Las estimaciones del muestreo pueden extrapolarse a la población y calcular los errores de muestreo. Patricia M. Getz, jefa de la división de Estadísticas Actuales de Empleo del departamento, describe al muestreo probabilístico como "el estándar reconocido, con mayor base científica."[27] ■

INVESTIGACIÓN ACTIVA

Realice una búsqueda en Internet y en la base en línea de su biblioteca, para determinar el tamaño del mercado del champú o de algún otro producto para el cuidado personal en su país.

Como jefe de marketing de una marca prestigiada de estos artículos, ¿cómo determinaría usted qué productos nuevos deberían lanzarse al mercado?

Suponga que la empresa para la que usted trabaja quiere conocer la demanda de un nuevo champú. Si fuera a aplicarse una encuesta usando el muestreo probabilístico, ¿qué técnica de muestreo debería usarse y por qué?

USOS DEL MUESTREO NO PROBABILÍSTICO Y PROBABILÍSTICO

El muestreo no probabilístico se utiliza en pruebas de concepto, pruebas de empaque, pruebas de nombre y pruebas de texto, donde por lo general no es necesario hacer extrapolaciones a la población. En dichos estudios, el interés se centra en la proporción de la muestra que da varias respuestas o manifiesta diversas actitudes. Las muestras para estos estudios se obtienen usando, por ejemplo, el muestreo por cuotas en centros comerciales. Por otro lado, se utiliza el muestreo probabilístico cuando es necesario hacer estimaciones muy precisas de la participación en el mercado o del volumen de ventas de todo el mercado. Se utiliza el muestreo probabilístico en estudios de rastreo del mercado nacional que proporcionan información sobre categorías de productos y tasas de uso de marcas, así como perfiles psicográficos y demográficos de los usuarios. Los estudios que usan el muestreo probabilístico por lo general emplean entrevistas telefónicas. El muestreo estratificado y el sistemático se combinan con alguna forma de marcado digital aleatorio para seleccionar a los encuestados.

EXPERIENCIA DE INVESTIGACIÓN

Los Yankees de Nueva York atraen familias al juego

Los Yankees de Nueva York son uno de los equipos de béisbol favoritos en Estados Unidos.

1. Como gerente de marketing de los Yankees de Nueva York, ¿qué programas de marketing propondría usted para dirigirse a las familias?
2. Realice una búsqueda en Internet y la base de datos en línea de su biblioteca, para obtener información que le ayude a dirigirse a las familias.
3. Los Yankees de Nueva York quieren realizar una encuesta telefónica para determinar cómo pueden atraer más familias a los juegos. Diseñe el proceso de muestreo. ■

MUESTREO POR INTERNET

Temas del muestreo en línea

Como se vio en el capítulo 6, las encuestas (y el muestreo) por Internet ofrecen muchas ventajas. Los encuestados pueden completar la encuesta cuando les resulte conveniente y la obtención de datos es rápida y económica. Un problema importante relacionado con el muestreo por Internet es la representatividad, ya que si en e los países más desarrollados muchos hogares carecen de una computadora y de acceso a Internet, el acceso a la Web es aún más restringido en países más pobres. Además, la probabilidad de incluir a usuarios frecuentes de Internet podría ser desmesuradamente alta. Las muestras no restringidas por Internet en las que cualquier visitante puede participar son muestras por conveniencia y son afectadas por el sesgo de autoselección en que los encuestados pueden iniciar su propia selección.

Muestrear encuestados potenciales que navegan por Internet tiene sentido si la muestra generada es representativa de la población meta. Cada vez son más las industrias que cumplen este criterio. El software, las computadoras, las conexiones a la red, las publicaciones técnicas, los semiconductores y la educación superior han hecho cada vez más factible el uso de Internet para muestrear a los participantes de investigaciones cuantitativas, como las encuestas. Para encuestas internas de clientes, donde los empleados del cliente comparten el sistema de correo electrónico de la empresa, resulta práctico aplicar una encuesta por Intranet, incluso si los empleados no tienen acceso a Internet externa. Sin embargo, el muestreo por Internet no sería aconsejable para muchos productos de consumo no orientados a la computadora.

Para evitar errores de muestreo, el investigador debe ser capaz de controlar la base de la cual va a seleccionar a los encuestados. También debe asegurarse de que los encuestados no respondan muchas veces ("y rellenen las urnas"). Estos requisitos se satisfacen mediante el envío de las encuestas por correo electrónico, lo que permite al investigador seleccionar a los encuestados específicos. Además, las encuestas pueden codificarse de manera que las encuestas devueltas concuerden con el correo de salida correspondiente. Esto también se logra en las encuestas en la Web, enviando invitaciones por correo electrónico a encuestados seleccionados, a quienes se solicita que visiten el sitio Web donde se publicó la encuesta. En este caso, la encuesta se coloca en un lugar oculto de la Web que se protege con una contraseña, impidiendo así el acceso a los navegadores de la red que no hayan sido invitados.

Técnicas de muestreo en línea

Como se muestra en la figura 11.6, las técnicas comunes de muestreo por Internet se clasifican como intercepción en línea (aleatoria y no aleatoria), reclutamiento en línea y otras técnicas. Las técnicas de reclutamiento en línea a la vez se clasifica en panel (de reclutados o voluntarios) o no panel (alquiler de listas).

En el muestreo de intercepción en línea, se intercepta a los visitantes a un sitio Web y se les ofrece la oportunidad de participar en la encuesta. La intercepción puede hacerse en uno o varios sitios Web, que incluyen a sitios de alto tráfico como Yahoo! En el muestreo no aleatorio se intercepta a cada visitante, lo cual tiene sentido si el tráfico del sitio Web es bajo, la encuesta debe llenarse en poco tiempo y no se ofrece incentivo alguno. Sin embargo, esto da como resultado una muestra de conveniencia. Pueden imponerse cuotas para incrementar la representatividad. En el muestreo de intercepción aleatoria, el programa elige al azar a los visitantes y una ventana emergente les pregunta si desean participar en la encuesta. La selección puede hacerse con base en un muestreo aleatorio simple o sistemático. Si la población se define como los visitantes del sitio Web, entonces el procedimiento produce una muestra probabilística (aleatoria simple o sistemática, según sea el caso). Sin embargo, si la población es distinta a los visitantes al sitio Web, entonces la muestra resultante es más similar a una muestra no probabilística. No obstante, la aleatorización mejora la representatividad y desalienta las respuestas múltiples del mismo encuestado.

Los paneles por Internet funcionan de manera similar a otros paneles ordinarios (analizados en los capítulos 3 y 4) y comparten muchas de sus ventajas y desventajas. En los grupos de reclutamiento, los miembros se reclutan en línea o por los medios tradicionales (correo o teléfono). Según el juicio del investigador, pueden introducirse ciertos criterios de calificación para preseleccionar a los encuestados. Se ofrecen incentivos por la participación, como premios de lotería, puntos canjeables y otros tipos de circulantes en Internet. Por lo regular, al momento de unirse los miembros brindan información detallada sobre aspectos psicográficos, demográficos, de uso de Internet y de consumo de productos. Los paneles de voluntarios operan de manera similar, salvo que los miembros deciden participar en vez de ser reclutados. Para seleccionar una muestra, la empresa en línea envía un correo electrónico a los panelistas que satisfacen las especificaciones de la muestra establecidas por el investigador. Todas las técnicas de muestreo pueden utilizarse en ambos tipos de paneles por Internet. El éxito de las técnicas de muestreo probabilístico depende del grado en que el panel sea representativo de la población meta. Pueden obtenerse muestras con un objetivo muy específico, digamos de mujeres adolescentes que compran en centros comerciales más de dos veces al mes. Por ejemplo, los encuestados de Harris Poll Online (HPOL) son tomados de la enorme base de datos HPOL (*www.harrisinteractive.com*). Las direcciones electrónicas de los integrantes de la base de datos se han obtenido de diversas fuentes que incluyen el sitio de registro y los anuncios publicitarios de HPOL. Para mantener la confiabilidad e integridad de la muestra, se siguieron los siguientes procedimientos.

- ■ *Contraseña de protección.* Cada invitación incluye una contraseña que se asigna únicamente a esa dirección electrónica. Se pide al encuestado que introduzca la contraseña al inicio de la encuesta para tener acceso a ella. La contraseña de protección asegura que el encuestado termine la encuesta una sola vez.

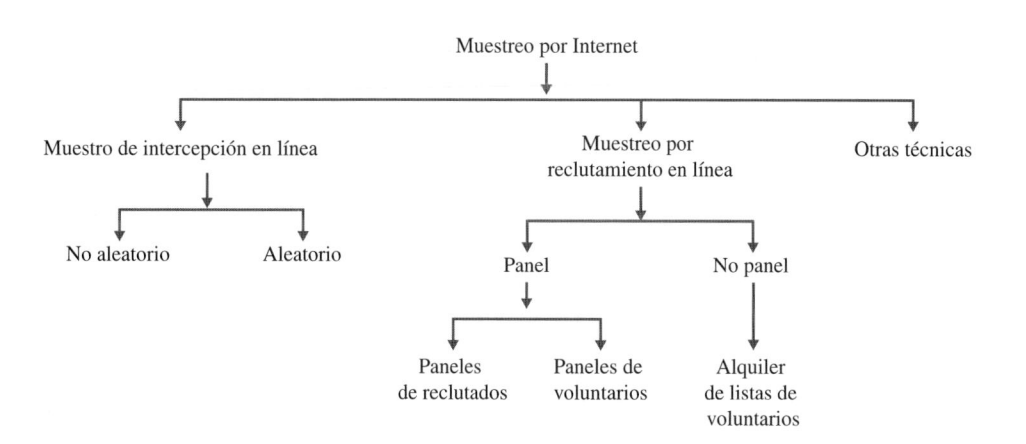

Figura 11.6
Clasificación del muestreo por Internet

```
                    Muestreo por Internet
          ┌──────────────┼──────────────┐
  Muestro de         Muestreo por        Otras técnicas
intercepción        reclutamiento
  en línea             en línea
    ┌─┴─┐             ┌────┴────┐
   No  Aleatorio    Panel      No panel
aleatorio          ┌──┴──┐         │
              Paneles  Paneles    Alquiler
                de      de        de listas de
            reclutados voluntarios voluntarios
```

> **INVESTIGACIÓN ACTIVA**
>
> Visite www.amazon.com y realice una búsqueda en Internet y en la base en línea de su biblioteca, para obtener información sobre la conducta de compras por Internet.
>
> Amazon.com desea que usted realice una encuesta por Internet para determinar la satisfacción de los clientes. ¿Cómo seleccionaría la muestra?
>
> Como jefe de marketing de Amazon.com, ¿qué estrategias de marketing adoptaría usted para aumentar la satisfacción y lealtad del cliente?

- ***Recordatorios:*** Para aumentar el número de participantes en la encuesta y mejorar la tasa general de respuesta, se envían hasta dos recordatorios de la invitación, con intervalos de dos a cuatro días a los individuos seleccionados que no hayan participado en la encuesta.
- ***Resumen de los hallazgos de la encuesta:*** Para incrementar el número de participantes en la encuesta y mejorar la tasa general de respuesta, se envía por Internet a los encuestados un resumen de algunas de las respuestas a la encuesta.

Las técnicas de muestreo por reclutamiento no panelista también son útiles para solicitar a los encuestados potenciales que se conecten a Internet para responder la encuesta. Por ejemplo, una tienda de cómputo, como CompUSA, puede entregar a sus clientes un folleto sencillo o volante que los dirige a un sitio específico, protegido con una contraseña, para responder un cuestionario. Se obtendrá una muestra probabilística, si la población se define como los clientes de la compañía (como en una encuesta de satisfacción de los clientes), y se utiliza un procedimiento aleatorio para seleccionar a los participantes. Otras técnicas que no son de panel implican el uso de listas de correo electrónico que se alquilan de proveedores. Se supone que estos encuestados ofrecen su dirección electrónica o autorizan su divulgación. En el reclutamiento de muestras por Internet también se utilizan técnicas fuera de línea, como entrevistas telefónicas de selección breves. Varias empresas de manera rutinaria reúnen direcciones de correo electrónico en la relación de base de datos de sus clientes a través de interacciones telefónicas con los clientes, tarjetas de registro de productos, registros en sitio, promociones especiales, etcétera.

También es posible usar otros métodos de muestreo en línea. Por ejemplo, cada vez que un cliente realiza una compra se despliega una invitación para una encuesta. Además, Internet sirve para ordenar y tener acceso a muestras generadas por proveedores de investigación de mercados, como Survey Samples, Inc. (SSI) (*www.ssisamples.com*).

INVESTIGACIÓN DE MERCADOS INTERNACIONALES

La realización del proceso de diseño de muestreo en la investigación de mercados internacionales rara vez es una tarea sencilla. En la definición de la población meta deben considerarse varios factores. El elemento relevante (el encuestado) puede diferir de un país a otro. Por ejemplo, en algunos países de América Latina los niños desempeñan un papel relevante en la compra de cereales infantiles; no obstante, en los países con prácticas autoritarias de crianza, el elemento principal quizá sea la madre. En las sociedades occidentales, generalmente la mujer juega un rol importante en la compra de automóviles y otros bienes duraderos; sin embargo, en las sociedades dominadas por el hombre, como en el Medio Oriente, son los hombres quienes toman esas decisiones. La posibilidad de acceso también varía según los países. En México las bardas y los empleados en actividades domésticas impiden el acceso de extraños a las casas. Además, las unidades habitacionales tal vez no estén claramente numeradas y algunas calles carecen de identificación, lo cual dificultaría la localización de las familias designadas.[28]

También es difícil el desarrollo de un marco de muestreo adecuado. En muchos países, en especial en las naciones en desarrollo, quizá no se tenga acceso a información confiable sobre la población meta a partir de fuentes secundarias. La información gubernamental puede ser inasequible o sumamente sesgada, y tal vez no se tenga acceso a listas comerciales de población. Los costos y el tiempo que toma elaborar dichas listas las hace prohibitivas. Por ejemplo, en Arabia Saudita no se cuenta con un censo de población oficialmente reconocido; como no hay elecciones, tampoco hay un registro de votantes ni existen mapas exactos de los centros de población. En tales circunstancias, puede darse a los entrevistadores la instrucción de que comiencen en puntos de inicio específicos y que muestreen cada *n* unidad habitacional, hasta que se haya muestreado el número especificado de unidades.

En la investigación de mercados internacionales, no es común el uso de las técnicas de muestreo probabilístico debido a la carencia de marcos de muestreo adecuados, la falta de acceso a ciertos encuestados (como las mujeres en algunas culturas) y el dominio de la entrevista personal. Tanto en los países desarrollados como en los países en desarrollo resulta común el muestreo por cuotas en encuestas industriales y de consumidores. El muestreo de bola de nieve también se recomienda cuando la característica de interés es rara en la población meta o cuando es difícil llegar a los encuestados. Por ejemplo, se ha sugerido que en Arabia Saudita se emplee a los estudiantes universitarios para que entreguen los cuestionarios a sus familiares y amigos, a estos primeros encuestados se les pide que recomienden a otros posibles participantes y así sucesivamente. Esta técnica puede dar como resultado una muestra de gran tamaño y una elevada tasa de respuesta.

La precisión, confiabilidad y costo de las técnicas y procedimientos de muestreo varían según el país y quizá no obtengan resultados comparables, incluso si en cada país se usan los mismos procedimientos de muestreo. Para lograr que la composición de una muestra sea equiparable y representativa sería conveniente el uso de distintas técnicas de muestreo en diferentes países.

INVESTIGACIÓN REAL

Lograr la equivalencia de la muestra en la diversidad

Las investigaciones en varios países indican que la mayoría de los consumidores sienten que una compra implica cierto grado de riesgo cuando eligen entre marcas alternativas. Se realizó un estudio para comparar los resultados de Estados Unidos con los de México, Tailandia y Arabia Saudita. En cada cultura se identificó como participante meta a mujeres de clase media alta que residieran en una ciudad importante. Sin embargo, el muestreo fue diferente entre los países. En Estados Unidos se utilizó un muestreo aleatorio del directorio telefónico. En México se empleó el muestreo por juicio en que expertos identificaron los vecindarios donde habitaban las participantes meta, luego se hizo una selección al azar de las casas para entrevistas personales. En Tailandia también se usó el muestreo por juicio, aunque la encuesta tuvo lugar en los principales centros urbanos y se empleó la técnica de intercepción en tiendas para seleccionar a las participantes. Por último, en Arabia Saudita se usó el muestreo por conveniencia mediante el procedimiento de bola de nieve, porque no había listas de las que pudieran obtenerse los marcos de muestreo y las costumbres sociales prohibían las entrevistas personales espontáneas. De este modo, se logró que la composición de la muestra fuera equiparable y representativa mediante el uso de diferentes procedimientos de muestreo en distintos países.[29] ■

ÉTICA EN LA INVETIGACIÓN DE MERCADOS

El investigador tiene varias responsabilidades éticas tanto con el cliente como con los encuestados en el proceso de muestreo. En lo que concierne al cliente, el investigador debe desarrollar un diseño de muestreo que permita controlar los errores de muestreo y los que no son de muestreo (capítulo 3). Cuando resulte conveniente debe usarse el muestreo probabilístico. Si se utiliza el muestreo no probabilístico, tiene que hacerse un esfuerzo para obtener una muestra representativa. No es ético y resulta engañoso tratar muestras no probabilísticas como si fueran muestras probabilísticas, y extrapolar los resultados a la población meta. Como se demuestra en el siguiente ejemplo, cuando se pretende realizar una investigación y hacer uso ético de los hallazgos, es esencial contar con una definición adecuada de la población y del marco de muestreo, y utilizar las técnicas de muestreo correctas.

INVESTIGACIÓN REAL

El muestreo sistemático revela diferencias sistemáticas de género en los juicios éticos

En un intento por explorar las diferencias entre profesionales del marketing de uno y otro sexos, respecto a los juicios éticos relacionados con la investigación, se obtuvieron datos de 420 encuestados. La población se definió como los profesionales del marketing y el marco de muestreo fue el directorio de la American Marketing Association. Se seleccionó a los encuestados con base en un plan de muestreo sistemático del directorio. Para reducir la falta de respuesta, junto con el cuestionario se envió una carta adjunta con un sobre con porte pagado y dirección de retorno impresa, además de la promesa de dar a cada encuestado una copia de los resultados del estudio. Los resultados de la encuesta demostraron que, en general, las mujeres profesionales del marketing demostraron niveles más altos en los juicios éticos relacionados con la investigación, que sus colegas varones.[30] ■

Los investigadores deben tomar las medidas necesarias para preservar el anonimato de los encuestados cuando realizan investigaciones de negocio a negocio, investigación de empleados y otros proyectos donde el tamaño de la población sea pequeño, ya que en este caso es más fácil distinguir la identidad de los encuestados que cuando la muestra se extrae de una población grande. Muestrear detalles que son muy reveladores o citas textuales en informes para el cliente pondría en riesgo el anonimato de los encuestados. En tales situaciones, el investigador tiene la obligación ética de proteger la identidad de los participantes, incluso si eso significa limitar el nivel de detalle del muestreo que se presenta al cliente y a otras instancias.

INVESTIGACIÓN PARA LA TOMA DE DECISIONES

MTV: la red de televisión con mayor distribución en el mundo

La situación

MTV Networks, que incluye a MTV, Nickelodeon y VH1, ha obtenido grandes utilidades por la creación de Viacom. La empresa se apoyó en la cultura corporativa de libre circulación y en un grupo de marcas importantes, para obtener un incremento anual de 25 por ciento en las ganancias durante la década de 1990. Para el año 2006, MTV era la cadena televisiva de mayor distribución en el mundo, y llegaba a más de 400 millones de hogares en 164 países y territorios.

Tom Freston, Director General de MTV, de hecho tomó a MTV desde sus inicios y la convirtió en un gigante cultural. Si bien es cierto que MTV se ha convertido en todo el mundo en un icono que mantiene a millones de espectadores atentos a su programación, no ha cedido en sus esfuerzos por mantenerse al corriente de lo que es popular y conservar la atención de su audiencia.

MTV está en una lucha permanente por encontrar nuevas formas de motivar a su audiencia meta, los jóvenes de 18 a 24 años de edad, lo que no siempre ha sido una tarea fácil. Por ejemplo, el canal desapareció éxitos como "Beavis & Butthead" y "The Real World". Los índices de audiencia comenzaron a decaer, mientras los usuarios se quejaban de que ya no había música en MTV. Se aplicaron encuestas telefónicas en el grupo de jóvenes de 18 a 24 años de edad. En la selección de la muestra se utilizó un sistema de marcado digital aleatorio computarizado para elegir los hogares. Si en la familia había personas de 18 a 24 años, se elegía a una de ellas mediante la técnica del siguiente cumpleaños. Los resultados de esta encuesta demostraron que MTV necesitaba una reestructuración.

La decisión para la investigación de mercados

1. Como las tendencias van y vienen, es importante para MTV mantener contacto con su audiencia y conocer sus deseos. Tom Freston desea en especial mantener el contacto con los jóvenes de entre 18 y 24 años de edad mediante encuestas periódicas. ¿Qué técnica de muestreo recomendaría?
2. Analice cómo influye la técnica de muestreo que recomienda en el hecho de que Tom Freston mantenga contacto con su audiencia meta.

La decisión para la gerencia de marketing

1. ¿Qué debería hacer Tom Freston para atraer hacia MTV la atención del grupo de 18 a 24 años de edad?
2. Analice cómo influyen la técnica de muestreo que sugirió antes y los hallazgos de esa investigación, en la decisión para la gerencia de marketing que le recomienda a Tom Freston.[31] ■

RESUMEN

La obtención de una muestra o la realización de un censo permiten obtener información sobre las características de una población. El uso de la muestra se ve favorecido por las limitaciones de tiempo y de presupuesto, el tamaño grande de la población y una varianza pequeña en las características de interés. También se prefiere el muestreo cuando el costo del error de muestreo es bajo, el costo del error que no es de muestreo es alto, la naturaleza de la medición es destructiva y cuando la atención debe enfocarse en casos individuales. El conjunto contrario de condiciones favorece el uso del censo.

El diseño del muestreo comienza con la definición de la población meta en términos de elementos, unidades de muestreo, extensión y tiempo.

Luego debe determinarse el marco de muestreo. El marco de muestreo es una representación de los elementos de la población meta. Consiste en una lista de direcciones para identificar a la población meta. En esta etapa es importante reconocer cualquier error que pueda existir en el marco de muestreo. El siguiente paso implica la selección de la técnica de muestreo y la determinación del tamaño de la muestra. Además del análisis cuantitativo, deben considerarse varios factores cualitativos para determinar el tamaño de la muestra. Por último, la realización del proceso de muestreo requiere especificaciones detalladas para cada paso del proceso.

Las técnicas de muestreo se clasifican en técnicas probabilísticas y no probabilísticas. Las técnicas de muestreo no probabilístico se basa en el juicio del investigador. En consecuencia, no permiten una evaluación objetiva de la precisión de los resultados de la muestra, ni puede hacerse una extrapolación estadística de las estimaciones obtenidas a la población. Entre las técnicas de muestreo no probabilístico de mayor uso se encuentran el muestreo por conveniencia, muestreo por juicio, muestreo por cuotas y muestreo de bola de nieve.

En las técnicas de muestreo probabilístico, las unidades de muestreo se seleccionan al azar. Cada unidad de muestreo tiene una posibilidad distinta a cero de ser seleccionada y el investigador especifica de antemano cada muestra potencial de un tamaño dado que pueda extraerse de la población, así como la probabilidad de seleccionar cada muestra. También es posible determinar la precisión de las estimaciones e inferencias de la muestra, y hacer extrapolaciones a la población meta. Las técnicas de muestreo probabilístico incluyen el muestreo aleatorio simple, muestreo sistemático, muestreo estratificado, muestreo por conglomerados, muestreo por secuencia y muestreo doble. La elección entre el muestreo probabilístico y no probabilístico debe basarse en la naturaleza de la investigación, el grado de tolerancia del error, la magnitud relativa de los errores de muestreo y los que no son del muestreo, la variabilidad de la población y consideraciones estadísticas y operacionales.

Al realizar investigación de mercados internacionales, es conveniente lograr que la composición de la muestra resulte comparable y representativa, aunque ello requiera el uso de diferentes técnicas de muestreo en distintos países. No es ético y resulta engañoso tratar las muestras no probabilísticas como si fueran muestras probabilísticas y extrapolar los resultados a la población meta. Internet y las computadoras hacen que el proceso de diseño del muestreo sea más eficaz y eficiente

TÉRMINOS Y CONCEPTOS CLAVE

población, *335*
censo, *335*
muestra, *335*
población meta, *336*
elemento, *336*
unidad de muestreo, *336*
marco de muestreo, *337*
técnica bayesiana, *338*
muestreo con reemplazo, *338*

muestreo sin reemplazo, *338*
tamaño de la muestra, *338*
muestreo no probabilístico, *340*
muestreo probabilístico, *341*
muestreo por conveniencia, *341*
muestreo por juicio, *343*
muestreo por cuotas, *344*
muestreo de bola de nieve, *345*
muestreo aleatorio simple (MAS), *346*

muestreo sistemático, *347*
muestreo estratificado, *348*
muestreo por conglomerados, *350*
muestreo por área, *351*
muestreo probabilístico proporcional al tamaño, *351*
muestreo por secuencia, *354*
muestreo doble, *354*

CASOS SUGERIDOS, CASOS EN VIDEO Y CASOS DE HARVARD BUSINESS SCHOOL

Casos

Caso 2.3 El dulce es perfecto para Hershey.
Caso 4.1 Wachovia: finanzas "Watch Ovah Ya".
Caso 4.2 Wendy's: historia y vida después de Dave Thomas.
Caso 4.3 Astec sigue creciendo.
Caso 4.4 ¿Es la investigación de mercados la cura para los males del Hospital Infantil Norton Healthcare Kosair?

Casos en video

Caso en video 2.1 Starbucks: continúa a nivel nacional mientras se lanza a nivel mundial a través de la investigación de mercados.
Caso en video 2.2 Nike: relacionando a los deportistas, el desempeño y la marca.
Caso en video 2.3 Intel: componentes básicos al dedillo.
Caso en video 2.4 Nivea: la investigación de mercados conduce a una consistencia en marketing.
Caso en video 4.1 Subaru: el "Sr. Encuesta" supervisa la satisfacción del cliente.
Caso en video 4.2 Procter & Gamble: usando la investigación de mercados para crear marcas.

Casos de Harvard Business School

Caso 5.1 La encuesta de Harvard sobre las viviendas para estudiantes de posgrado.
Caso 5.2 BizRate.com
Caso 5.3 La guerra de las colas continúa: Coca y Pepsi en el siglo XXI.
Caso 5.4 TiVo en 2002.
Caso 5.5 Computadora Compaq: ¿Con Intel dentro?
Caso 5.6 El nuevo Beetle.

INVESTIGACIÓN REAL: REALIZACIÓN DE UN PROYECTO DE INVESTIGACIÓN DE MERCADOS

Un censo puede ser factible en un proyecto B-a-B (de negocio a negocio) donde el tamaño de la población es pequeño, aunque no sería viable en la mayoría de los proyectos de consumidor.

1. Defina la población meta (elemento, unidades de muestreo, extensión y tiempo) y analice un marco de muestreo adecuado.

2. Las técnicas de muestreo probabilístico son más difíciles, su aplicación se lleva mucho tiempo y su uso quizá no esté justificado, a menos que los resultados vayan a extrapolarse a la población de interés.

EJERCICIOS

Preguntas

1. ¿Cuál es la principal diferencia entre una muestra y un censo?
2. ¿En qué condiciones es preferible una muestra a un censo? ¿Cuándo se prefiere un censo a una muestra?
3. Describa el proceso de diseño de muestreo.
4. ¿Cómo debe definirse la población meta?
5. ¿Qué es una unidad de muestreo? ¿En qué se distingue del elemento de la población?
6. ¿Qué factores cualitativos deben considerarse al determinar el tamaño de la muestra?
7. ¿Qué son las tasas de incidencia? ¿Cómo influyen en el tamaño de la muestra?
8. ¿Cuál es la diferencia entre las técnicas de muestreo probabilístico y las técnicas de muestreo no probabilístico?
9. ¿Cuál es la técnica de muestreo menos costosa y que consume menos tiempo? ¿Cuáles son sus principales limitaciones?
10. ¿Cuál es la principal diferencia entre el muestreo por juicio y por conveniencia?
11. ¿Cuál es la relación entre el muestreo por cuotas y por juicio?
12. ¿Cuáles son las características distintivas del muestreo aleatorio simple?
13. Describa el procedimiento para seleccionar una muestra aleatoria sistemática.
14. Describa el muestreo estratificado. ¿Cuáles son los criterios para la selección de las variables de estratificación?
15. ¿Cuáles son las diferencias entre el muestreo estratificado proporcional y el no proporcional?
16. Describa el procedimiento del muestreo por conglomerados. ¿Cuál es la principal diferencia entre el muestreo por conglomerados y el muestreo estratificado?
17. ¿Qué factores deben considerarse al elegir entre el muestreo probabilístico y el no probabilístico?
18. ¿De qué estrategias se dispone para hacer ajustes por la falta de respuesta?

Problemas

1. Defina la población meta y el marco de muestreo adecuados, en cada una de las siguientes situaciones.
   a. El fabricante de una nueva marca de cereal quiere realizar pruebas de uso del producto en hogares de la ciudad donde usted vive.
   b. Una cadena nacional de tiendas quiere determinar la conducta de compras de los clientes que tienen la tarjeta de crédito de la tienda.
   c. Una estación local de televisión quiere determinar los hábitos televisivos y preferencias de programación en los hogares.
   d. La división local de American Marketing Association quiere probar la eficacia de su campaña de nuevos miembros en su país.
2. Un fabricante quiere encuestar a usuarios para determinar la demanda potencial de una nueva prensa mecánica. La nueva prensa tiene capacidad de 500 toneladas y cuesta $225,000 dólares. Se usa para formar productos ligeros o pesados de acero, y es útil en la fabricación de automóviles, equipos de construcción y electrodomésticos.
   a. Identifique la población y marco de muestreo que podrían utilizarse.
   b. Describa cómo puede extraerse una muestra aleatoria simple utilizando el marco de muestreo identificado.
   c. ¿Podría usarse una muestra estratificada? De ser así, ¿cómo?
   d. ¿Podría usarse una muestra por conglomerados? De ser así, ¿cómo?
   e. ¿Qué técnica de muestreo recomendaría? ¿Por qué?

EJERCICIOS EN INTERNET Y POR COMPUTADORA

1. P&G quiere realizar una encuesta sobre las preferencias de los consumidores de marcas de dentífrico en California. Se usará un muestreo aleatorio estratificado. Visite *www.census.gov* para identificar la información relevante para determinar los estratos por ingreso y edad.

2. Utilice una microcomputadora para generar la muestra por cuotas descrita en la pregunta 1 del juego de roles.
3. Utilice un programa de microcomputadora o de computadora central para generar un conjunto de 1,000 números aleatorios para seleccionar una muestra aleatoria simple.

4. Visite el sitio Web de SurveySite (*www.surveysite.com*). Examine las encuestas colocadas en Internet. Escriba un informe sobre los planes de muestreo utilizados.

ACTIVIDADES

Juego de roles

1. La oficina de asuntos escolares de su universidad desea realizar una encuesta para determinar las actitudes de los alumnos hacia un nuevo programa de recaudación de fondos. Como consultor, usted debe desarrollar una muestra por cuotas. ¿Qué variables de cuota y niveles de variables se deben utilizar? ¿Cuántos alumnos tienen que incluirse en cada celda? Obtenga la información necesaria de la oficina de asuntos escolares o de la biblioteca de su campus, y presente sus resultados a un grupo de estudiantes que representen a la oficina de asuntos escolares.
2. Usted trabaja como gerente de investigación de mercados para un importante banco de la capital de su país. La administración desea saber si hay alguna diferencia en los hábitos bancarios de diversos grupos étnicos. Se pregunta si, dada la diversidad de la población de la ciudad capital, tendría sentido segmentar el mercado de acuerdo con los antecedentes étnicos. Se realizará una encuesta y se le ha pedido que diseñe un proceso adecuado de muestreo. Complete la tarea y haga una presentación de sus resultados a un equipo de estudiantes que representen a la administración del banco.

Trabajo de campo

1. Una importante empresa de software quiere determinar el uso de las hojas de cálculo por parte de: **1.** empresas de manufactura; **2.** organizaciones de servicios; y **3.** instituciones académicas ubicadas en el estado de California. Utilice los recursos disponibles de su biblioteca para desarrollar un plan de muestreo adecuado.
2. Visite una empresa local de investigación de mercados. Determine qué procedimientos utiliza la empresa para control en línea de la muestra en entrevistas telefónicas. Resuma sus conclusiones en un informe.

Discusión en grupo

1. "Dado que el U.S. Bureau of the Census utiliza el muestreo para verificar la precisión de los diferentes censos, debe aprobarse una enmienda constitucional que reemplace los censos decenales con una muestra". Analice en un equipo pequeño.
2. "Como los errores que no son de muestreo son de mayor magnitud que los errores de muestreo, en realidad no importa qué técnica de muestreo se utilice". Analice este enunciado.

CAPÍTULO 12

Muestreo: determinación del tamaño final e inicial de la muestra

"El tamaño de la muestra se determina no sólo por cálculos estadísticos, sino también por consideraciones administrativas que incluyen tiempo y costos".

Beverly Weiman, presidenta y directora general, Survey Sampling International

Objetivos

Después de leer este capítulo, el estudiante deberá ser capaz de:

1. Definir los principales símbolos y conceptos que conciernen al muestreo.
2. Entender los conceptos de la distribución del muestreo, inferencia estadística y error estándar.
3. Analizar el procedimiento estadístico para determinar el tamaño de la muestra que se basa en el muestreo aleatorio simple y la construcción de intervalos de confianza.
4. Derivar las fórmulas para la determinación estadística del tamaño de la muestra al estimar las medias y las proporciones.
5. Analizar los problemas por falta de respuesta en el muestreo y los procedimientos para mejorar la tasa de respuesta, y solucionar la falta de respuesta.
6. Comprender la dificultad para determinar en forma estadística el tamaño de la muestra en la investigación de mercados internacionales.
7. Identificar los problemas éticos relacionados con la determinación del tamaño de la muestra, en particular la estimación de la varianza de la población.

Panorama general

En el capítulo 11 se consideró el papel del muestreo en la formulación del diseño de la investigación, se describió el proceso de muestreo y se presentaron las diferentes técnicas de muestreo probabilístico y no probabilístico.

Este capítulo se enfoca en la determinación del tamaño de la muestra en un muestreo aleatorio simple. Se definen varios conceptos y símbolos, y se analizan las características de la distribución del muestreo. Además, se describen los procedimientos estadísticos para determinar el tamaño de la muestra con base en intervalos de confianza. Se presentan las fórmulas para calcular el tamaño de la muestra usando estos procedimientos y se ilustra su empleo. Se analiza brevemente la extensión para determinar el tamaño de la muestra en otros diseños de muestreo probabilístico. El tamaño de la muestra determinado de forma estadística es el tamaño final o neto de la muestra, es decir, representa el número completo de encuestas u observaciones. Sin embargo, para obtener ese tamaño final de la muestra, al inicio hay que establecer contacto con un mayor número de participantes potenciales. Se describen los ajustes que deben hacerse al tamaño de la muestra determinado, para explicar las tasas de incidencia y terminación, así como para calcular el tamaño inicial de la muestra. También se cubren los problemas de falta de respuesta en el muestreo y se enfatiza la necesidad de mejorar la tasa de respuesta y de resolver la falta de respuesta. Se examina la dificultad para determinar en forma estadística el tamaño de la muestra en la investigación de mercados internacionales, se identifican los problemas éticos relevantes y se explica el papel de Internet y las computadoras.

La determinación estadística del tamaño de la muestra requiere que se tenga conocimiento de la distribución normal y del uso de tablas de probabilidad normales. La distribución normal tiene forma de campana y es simétrica. Su media, mediana y moda son idénticas (véase el capítulo 15). En el apéndice 12A se presenta información sobre la distribución normal y el uso de tablas de probabilidad normales.

INVESTIGACIÓN REAL

Bicycling reduce los accidentes que se deben al error

Algunas consideraciones estadísticas influyeron en el tamaño de la muestra de la encuesta de la revista *Bicycling* (*www.bicycling.com*) sobre tiendas de bicicletas al detalle. La tolerancia del error de muestreo se limitó a 5 puntos porcentuales.

Se utilizó la tabla que aparece abajo para determinar la tolerancia que debería establecerse para el error de muestreo. En el cálculo de los intervalos de confianza se tomó en cuenta el efecto del diseño de la muestra sobre el error de muestreo. Estos intervalos indican el rango (más o menos en la figura mostrada), dentro del cual podría esperarse que variaran los resultados de muestreos repetidos en el mismo período, 95 por ciento de las veces, si se supone que el procedimiento de la muestra, la aplicación de las encuestas y el cuestionario usado fueron los mismos.[1]

Tolerancia recomendada para error de muestreo de un porcentaje

En puntos porcentuales	*(Al nivel de confianza de 95% para un tamaño de muestra de 456)*
Porcentaje cerca de 10	3
Porcentaje cerca de 20	4
Porcentaje cerca de 30	4
Porcentaje cerca de 40	5
Porcentaje cerca de 50	5
Porcentaje cerca de 60	5
Porcentaje cerca de 70	4
Porcentaje cerca de 80	4
Porcentaje cerca de 90	3

La tabla debe usarse de la siguiente manera: si el porcentaje reportado es 43, busque en la fila rotulada "porcentajes cerca de 40". El número de esta fila es 5, lo cual significa que el 43 por ciento

Al igual que los ciclistas que la leen, la revista *Bicycling* trata de limitar el error debido a los factores del azar (muestreo).

obtenido en la muestra está sujeto a un error de muestreo de más o menos 5 puntos porcentuales. Otra forma de decirlo es que es muy probable (95 veces de 100) que el promedio de los muestreos repetidos esté entre el 38 y 48 por ciento, y que es muy factible que la cifra sea del 43 por ciento. Una encuesta realizada en 2006 por la revista *Bicycling* para evaluar los intereses de los lectores utilizó dicha tabla para estimar los errores de muestreo. ■

INVESTIGACIÓN REAL

Opinion Place basa sus opiniones en 1,000 encuestados

Las empresas de investigación de mercados ahora recurren a la Web para hacer investigación en línea. Cuatro empresas importantes de investigación de mercados (ASI Market Research, GfK Custom Research, Inc., M/A/R/C Research y NOP World) se asociaron con Digital Marketing Services (DMS), Dallas, para realizar investigación por encargo sobre AOL.

DMS y AOL aplicarán encuestas en línea en el sitio *Opinion Place* de AOL (*www.opinionplace.com*) con una base promedio de 1,000 participantes por encuesta. El tamaño de la muestra se determinó a partir de consideraciones estadísticas y de tamaños de muestra usados en investigaciones similares realizadas con métodos tradicionales. AOL regalará puntos (canjeables por premios) a los encuestados. Los usuarios no tendrán que dar a conocer su dirección de correo electrónico. Las encuestas ayudarán a medir la respuesta a las campañas en línea de los anunciantes. El objetivo principal de este proyecto de investigación es evaluar las actitudes de los consumidores y otra información subjetiva que pueda ayudar a los compradores de medios a planear sus campañas.

Otra ventaja de las encuestas en línea es que se tiene la seguridad de que se llegará a la meta (control de la muestra) y que regresan más rápido que las encuestas tradicionales, como las que se aplican en centros comerciales o las entrevistas en casa. También son más económicas (DMS cobra $20,000 dólares por una encuesta en línea; en tanto que aplicar una encuesta a 1,000 personas en un centro comercial cuesta entre $30,000 y $40,000 dólares). ■

Para entender los aspectos estadísticos del muestreo, es importante comprender ciertas definiciones y símbolos básicos.

DEFINICIONES Y SÍMBOLOS

En la siguiente lista se definen los intervalos de confianza y otros conceptos estadísticos, que juegan un papel fundamental en la determinación del tamaño de la muestra.

> ***Parámetro:*** un ***parámetro*** es la descripción resumida de una característica o medida fija de una población meta. Un parámetro denota el valor real que se obtendría si se realizara un censo en vez de trabajar en una muestra.

TABLA 12.1
Símbolos para estadísticos de la población y de la muestra

Variable	Población	Muestra
Media	μ	$\overline{X}$
Proporción	π	p
Varianza	σ^2	s^2
Desviación estándar	σ	s
Tamaño	N	n
Error estándar de la media	$\sigma_{\overline{x}}$	$S_{\overline{x}}$
Error estándar de la proporción	σ_p	S_p
Variación estandarizada (z)	$\dfrac{X - \mu}{\sigma}$	$\dfrac{X - \overline{X}}{S}$
Coeficiente de variación (C)	$\dfrac{\sigma}{\mu}$	$\dfrac{S}{\overline{X}}$

Estadístico: un ***estadístico*** es una descripción resumida de una característica o medida de la muestra. El estadístico de la muestra se utiliza como una estimación del parámetro de la población.

Corrección de la población finita: la ***corrección de la población finita*** (cpf) es la corrección de la sobreestimación de la varianza del parámetro de la población, por ejemplo, una media o una proporción, cuando el tamaño de la muestra es 10 por ciento o más del tamaño de la población.

Nivel de precisión: cuando se calcula el parámetro de la población usando el estadístico de la muestra, el ***nivel de precisión*** es el tamaño deseado del intervalo que se estima. Es decir, la máxima diferencia permitida entre el estadístico de la muestra y el parámetro de la población.

Intervalo de confianza: el ***intervalo de confianza*** es el rango dentro del que caerá el verdadero parámetro de la población, suponiendo un determinado nivel de confianza.

Nivel de confianza: el ***nivel de confianza*** es la probabilidad de que un intervalo de confianza incluya el parámetro de la población.

En la tabla 12.1 se resumen los símbolos usados en notación estadística para describir a la población y las características de la muestra.

DISTRIBUCIÓN DEL MUESTREO

distribución del muestreo
La distribución de los valores de una muestra estadística, que se calculan para cada posible muestra que se extraiga de la población meta dado un plan de muestreo específico.

La ***distribución del muestreo*** es la distribución de los valores de una muestra estadística, que se calculan para cada posible muestra que pueda extraerse de la población meta dado un plan de muestreo específico.[2] Suponga que se obtendrá una muestra aleatoria simple de cinco hospitales de una población de 20 hospitales. Pueden obtenerse $(20 \times 19 \times 18 \times 17 \times 16)/(1 \times 2 \times 3 \times 4 \times 5)$ o 15,504 diferentes muestras con tamaño de 5. La distribución de la frecuencia relativa de los valores de las medias de estas 15,504 muestras diferentes especificaría la distribución del muestreo de la media.

inferencia estadística
El proceso de generalizar los resultados de la muestra a los resultados de la población.

Una tarea importante en la investigación de mercados es el cálculo de estadísticos, como la media y la proporción de la muestra, para usarlas luego en la estimación de los correspondientes valores verdaderos de la población. Se conoce como ***inferencia estadística*** al proceso de generalizar los resultados de la muestra para los resultados de la población. En la práctica, se selecciona una sola muestra de un tamaño predeterminado y se calculan sus estadísticos (como la media y la proporción). En teoría, para calcular el parámetro de la población a partir del estadístico de la muestra, debería examinarse cada posible muestra que pudiera haberse extraído. Si en realidad se obtuvieran todas las muestras posibles, la distribución de los estadísticos sería la distribución del muestreo. Aunque en la práctica sólo se extrae una muestra, el concepto de la distribución del muestreo sigue siendo importante. Nos permite usar la teoría de la probabilidad para hacer inferencias sobre los valores de la población.

distribución normal
La base para la inferencia estadística clásica que tiene forma de campana y apariencia simétrica. Sus medidas de la tendencia central son todas idénticas.

Las propiedades importantes de la distribución del muestreo de la media y las que corresponden a la proporción, para muestras grandes (30 o más), son las siguientes:

1. La distribución del muestreo de la media es una ***distribución normal*** (véase el apéndice 12A). Estrictamente hablando, la distribución del muestreo de una proporción es binomial.

Sin embargo, para muestras grandes ($n = 30$ o más), la distribución normal se le puede aproximar.

2. La media de la distribución del muestreo de la media $\left[\bar{X} = \dfrac{\sum_{i=1}^{n} X_i}{n}\right]$ o de la proporción (p) es igual al valor del parámetro de la población correspondiente, μ o π, respectivamente.

3. La desviación estándar se denomina **error estándar** de la media o de la proporción, para indicar que se refiere a la distribución del muestreo de la media o de la proporción, y no a una muestra o población. Las fórmulas son:

Media   Proporción

$$\sigma_{\bar{x}} = \dfrac{\sigma}{\sqrt{n}} \qquad \sigma_p = \sqrt{\dfrac{\pi(1-\pi)}{n}}$$

error estándar
La desviación estándar de la distribución del muestreo de la media o de la proporción.

4. A menudo se desconoce la desviación estándar de la población, σ. En tales casos, puede calcularse a partir de la muestra utilizando la siguiente fórmula:

$$s = \sqrt{\dfrac{\sum_{i=1}^{n}(X_i - \bar{X})^2}{n-1}}$$

o

$$s = \sqrt{\dfrac{\left[\sum_{i=1}^{n} X_i^2\right] - \dfrac{\left[\sum_{i=1}^{n} X_i\right]^2}{n}}{n-1}}$$

En los casos donde σ se calcula a partir de s, el error estándar de la media se convierte en

$$S_{\bar{x}} = \dfrac{s}{\sqrt{n}}$$

Si se supone que no hay error de medición, es posible evaluar la confiabilidad de la estimación del parámetro de la población en términos de su error estándar.

5. De la misma manera, puede calcularse el error estándar de la proporción, utilizando la proporción de la muestra p como un estimador de la proporción de la población, π, como:

$$\text{est. } s_p = \sqrt{\dfrac{p(1-p)}{n}}$$

valor z
El número de errores estándar a que se encuentra un punto de la media.

6. Es posible calcular el área bajo la distribución de muestreo entre dos puntos cualesquiera en términos de **valores z**. El valor z para un punto es el número de errores estándar a que se encuentra ese punto de la media. Los valores z se calculan de la siguiente manera:

$$z = \dfrac{\bar{X} - \mu}{\sigma_{\bar{x}}}$$

Por ejemplo, las áreas bajo un lugar de la curva entre la media y los puntos que tienen valores z de 1.0, 2.0 y 3.0 son, respectivamente, 0.3413, 0.4772 y 0.4986. (Véase la tabla 2 en el apéndice de tablas estadísticas). El cálculo de los valores z es similar en el caso de la proporción.

7. Cuando el tamaño de la muestra es 10 por ciento o más del tamaño de la población, las fórmulas del error estándar sobreestimarán la desviación estándar de la media o proporción de la población.

CAPÍTULO 12 *Muestreo: determinación del tamaño final e inicial de la muestra* 369

Por lo tanto, debe ajustarse mediante el factor de corrección de población finita definida por:

$$\sqrt{\frac{N-n}{N-1}}$$

En este caso,

$$\sigma_{\bar{x}} = \frac{\sigma}{\sqrt{n}}\sqrt{\frac{N-n}{N-1}}$$

PROCEDIMIENTO ESTADÍSTICO PARA DETERMINAR EL TAMAÑO DE LA MUESTRA

Al determinar el tamaño de la muestra deben tomarse en consideración muchos factores cualitativos (véase el capítulo 11), entre los que se incluyen la importancia de la decisión, la naturaleza de la investigación, el número de variables, la naturaleza del análisis, tamaños de muestra usados en estudios similares, tasas de incidencia, tasas de terminación y restricción de recursos. El tamaño de la muestra determinado en forma estadística es el tamaño final o neto de la muestra: la muestra resultante después de eliminar a encuestados potenciales que no reúnen las condiciones o que no concluyen la entrevista. Dependiendo de las tasas de incidencia y terminación, es posible que el tamaño inicial de la muestra deba ser mucho mayor. En la investigación de mercados comercial, las limitaciones de los recursos de tiempo, dinero y experiencia llegan a ejercer una influencia primordial en la determinación del tamaño de la muestra. En el proyecto de la tienda departamental, el tamaño de la muestra se determinó con base en tales consideraciones.

El procedimiento estadístico que consideramos para determinar el tamaño de la muestra se basa en la inferencia estadística tradicional.[3] En este enfoque, se especifica de antemano el nivel de precisión. El método se fundamenta en la construcción de intervalos de confianza alrededor de medias o proporciones de la muestra.

ENFOQUE DEL INTERVALO DE CONFIANZA

El enfoque de intervalo de confianza para determinar el tamaño de la muestra se basa en la construcción de intervalos de confianza alrededor de medias o proporciones de la muestra, utilizando la fórmula del error estándar. Esto se ilustró en el ejemplo inicial de la revista *Bicycling*, donde los errores de muestreo estaban relacionados con el tamaño de la muestra y con el nivel de confianza. Como otro ejemplo, suponga que el investigador obtuvo una muestra aleatoria simple de 300 hogares para estimar los gastos mensuales en tiendas departamentales y encontró que la media del gasto mensual para esta muestra es de $182. Estudios anteriores indicaron que puede suponerse que la desviación estándar de la población σ es de $55.

Queremos encontrar un intervalo dentro del cual caería una proporción fija de las medias de las muestras. Suponga que deseamos determinar un intervalo alrededor de la media de la población que incluya el 95 por ciento de las medias de las muestras, con base en muestras de 300 hogares. El 95 por ciento se dividiría en dos partes iguales, la mitad por debajo y la mitad por arriba de la media, como se muestra en la figura 12.1. El cálculo de los intervalos de confianza implica determinar la distancia por debajo ($\bar{X}_L$) y por arriba ($\bar{X}_U$) de la media de la población ($\bar{X}$) que contiene una área especificada de la curva normal.

Figura 12.1
Intervalo de confianza del 95 por ciento

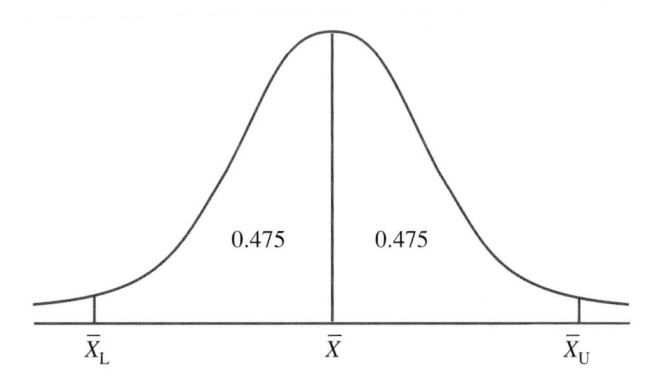

PARTE II *Preparación del diseño de la investigación*

Los valores z correspondientes a $\overline{X}_L$ y $\overline{X}_U$ se calculan como:

$$z_L = \frac{\overline{X}_L - \mu}{\sigma_{\overline{x}}}$$

$$z_U = \frac{\overline{X}_U - \mu}{\sigma_{\overline{x}}}$$

donde $z_L = -z$ y $z_U = +z$. Por lo tanto, el valor más bajo de $\overline{X}$ es

$$\overline{X}_L = \mu - z\sigma_{\overline{x}}$$

y el valor más alto de $\overline{X}$ es

$$\overline{X}_U = \mu + z\sigma_{\overline{x}}$$

Advierta que μ se estima con $\overline{X}$. El intervalo de confianza se obtiene mediante

$$\overline{X} \pm z\sigma_{\overline{x}}$$

Ahora podemos establecer un intervalo de confianza del 95 por ciento alrededor de la media de la muestra de $182. Como primer paso, calculamos el error estándar de la media:

$$\sigma_{\overline{x}} = \frac{\sigma}{\sqrt{n}} = \frac{55}{\sqrt{300}} = 3.18$$

En la tabla 2 del apéndice de tablas estadísticas, vemos que el 95 por ciento central de la distribución normal cae dentro de los valores $z \pm 1.96$. El intervalo de confianza del 95 por ciento está dado por

$$\overline{X} \pm 1.96\sigma_{\overline{x}}$$
$$= 182.00 \pm 1.96(3.18)$$
$$= 182.00 \pm 6.23$$

Así, el intervalo de confianza del 95 por ciento fluctúa entre $175.77 y $188.23. La probabilidad de encontrar la verdadera media de la población entre $175.77 y $188.23 es del 95 por ciento.

Determinación del tamaño de la muestra: medias

Es posible adaptar el enfoque que se utilizó en la construcción de un intervalo de confianza, para determinar el tamaño de la muestra que resultará en un intervalo de confianza deseado.[4] Suponga que el investigador desea calcular con mayor precisión los gastos mensuales de los hogares en compras en tiendas departamentales de manera que el estimado esté dentro de $\pm\$5.00$ del verdadero valor

---

TABLA 12.2

Determinación del tamaño de la muestra para medias y proporciones

Pasos	Medias	Proporciones
1. Especifique el nivel de precisión	$D = \pm\$5.00$	$D = p - \mu = \pm 0.05$
2. Especifique el nivel de confianza (NC)	NC = 95%	NC = 95%
3. Determine el valor z asociado con el NC	El valor z es 1.96	El valor z es 1.96
4. Determine la desviación estándar de la población	Estimación de σ: $\sigma = 55$	Estimación de π: $\pi = 0.64$
5. Determine el tamaño de la muestra usando la fórmula para el error estándar	$n = \dfrac{\sigma^2 z^2}{D^2}$ $n = \dfrac{55^2(1.96)^2}{5^2}$ $= 465$	$n = \dfrac{\pi(1-\pi)z^2}{D^2}$ $n = \dfrac{0.64(1-0.64)(1.96)^2}{(0.05)^2}$ $= 355$
6. Si el tamaño de la muestra representa el 10% de la población, aplique la corrección de la población finita (cpf)	$n_c = \dfrac{nN}{N + n - 1}$	$n_c = \dfrac{nN}{N + n - 1}$
7. De ser necesario, vuelva a estimar el intervalo de confianza empleando s para estimar σ	$= \overline{X} \pm zs_{\overline{x}}$ $D = R\mu$	$= p \pm zs_p$ $D = R\pi$
8. Si la precisión se especifica en términos relativos más que absolutos, entonces utilice estas ecuaciones para determinar el tamaño de la muestra	$n = \dfrac{C^2 z^2}{R^2}$	$n = \dfrac{z^2(1-\pi)}{R^2 \pi}$

CAPÍTULO 12 *Muestreo: determinación del tamaño final e inicial de la muestra*

de la población. ¿Cuál debería ser el tamaño de la muestra? Los siguientes pasos, resumidos en la tabla 12.2, conducirán a la respuesta.

1. Especifique el nivel de precisión. Éste es la diferencia máxima permitida (*D*) entre la media de la muestra y la media de la población. En nuestro ejemplo, $D = \pm \$5.00$.
2. Especifique el nivel de confianza. Suponga que se desea un nivel de confianza del 95%.
3. Determine el valor *z* asociado con el nivel de confianza usando la tabla 2 del apéndice de tablas estadísticas. Para un nivel de confianza del 95 por ciento, la probabilidad de que la media de la población caiga fuera de uno de los extremos del intervalo es 0.025(0.05/2). El valor *z* asociado es 1.96.
4. Determine la desviación estándar de la población, la cual puede obtenerse de fuentes secundarias o calcularse usando estudio piloto. Otra alternativa es calcularla a partir del juicio del investigador. Por ejemplo, el rango de una variable distribuida normalmente es aproximadamente igual a más o menos tres desviaciones estándar, por lo que es posible entonces calcular la desviación estándar dividiendo el rango entre 6. A menudo el investigador puede calcular el rango a partir de su conocimiento del fenómeno.
5. Determine el tamaño de la muestra usando la fórmula para el error estándar de la media.

$$z = \frac{\bar{X} - \mu}{\sigma_{\bar{x}}}$$

$$= \frac{D}{\sigma_{\bar{x}}}$$

o

$$\sigma_{\bar{x}} = \frac{D}{z}$$

o

$$\frac{\sigma}{\sqrt{n}} = \frac{D}{z}$$

o

$$n = \frac{\sigma^2 z^2}{D^2}$$

En nuestro ejemplo,

$$n = \frac{55^2 (1.96)^2}{5^2}$$
$$= 464.83$$
$$= 465 \text{ (redondeado al siguiente número entero)}$$

La fórmula para el tamaño de la muestra permite ver que ese tamaño crece al aumentar la variabilidad de la población, el grado de confianza y el nivel de precisión requeridos por el cálculo. Como el tamaño de la muestra es directamente proporcional a σ^2, a mayor variabilidad de la población, más grande será el tamaño de la muestra. De igual manera, un mayor grado de confianza implica un mayor valor de *z* y, por ende, un mayor tamaño de la muestra. Tanto σ^2 como *z* aparecen en el numerador. Una mayor precisión significa un menor valor de *D* y, por lo tanto, un mayor tamaño de la muestra porque *D* aparece en el denominador.

6. Si el tamaño de la muestra resultante representa el 10 por ciento o más de la población, debe aplicarse la corrección de la población finita (cpf).[5] El tamaño requerido de la muestra debe entonces calcularse con la fórmula

$$n_c = nN/(N + n - 1)$$

donde

n = tamaño de la muestra sin cpf
n_c = tamaño de la muestra con cpf

7. Si se desconoce la desviación estándar de la población, σ, y se usa una estimación, debe volver a calcularse una vez que la muestra se haya obtenido. La desviación estándar de la muestra, *s*, se usa como una estimación de σ.

Luego debe calcularse un intervalo de confianza revisado, para determinar el nivel de precisión que en realidad se obtuvo.

Suponga que el valor de 55.00 usado para σ fue una estimación porque se desconocía el valor real. Se obtiene una muestra de $n = 465$ y estas observaciones generan una media $\bar{X}$ de 180.00 y una desviación estándar de la muestra s de 50.00. En ese caso, el intervalo de confianza revisado es

$$\bar{X} \pm zs_{\bar{x}}$$
$$= 180.00 \pm 1.96(50.0/\sqrt{465})$$
o
$$= 180.00 \pm 4.55$$

$$175.45 \leq \mu \leq 184.55$$

Advierta que el intervalo de confianza obtenido es más angosto de lo planeado, debido a que se sobreestimó la desviación estándar de la población, al juzgarla a partir de la desviación estándar de la muestra.

8. En algunos casos, la precisión se especifica en términos relativos más que absolutos. En otras palabras, puede especificarse que la estimación esté dentro de más o menos R puntos porcentuales de la media. En forma simbólica,

$$D = R\mu$$

En estos casos, el tamaño de la muestra se determina mediante

$$n = \frac{\sigma^2 z^2}{D^2}$$
$$= \frac{C^2 z^2}{R^2}$$

donde tendría que estimarse el coeficiente de variación $C = (\sigma/\mu)$.

El tamaño de la población, N, no tiene influencia directa en el tamaño de la muestra, excepto cuando tiene que aplicarse el factor de corrección de la población finita. Aunque esto parece ir contra el sentido común, al reflexionar en él adquiere sentido. Por ejemplo, si todos los elementos de la población fueran idénticos en las características de interés, entonces bastaría con un tamaño de muestra de 1 para tener un cálculo perfecto de la media. Esto sería así aunque hubiera 50, 500, 5,000 o 50,000 elementos en la población. Lo que influye directamente el tamaño de la muestra es la variabilidad de las características en la población. Esta variabilidad entra en el cálculo del tamaño de la muestra mediante la varianza de la población σ^2 o la varianza de la muestra s^2.

Determinación del tamaño de la muestra: proporciones

Si el estadístico de interés es una proporción, en vez de una media, el procedimiento para determinar el tamaño de la muestra es similar. Suponga que el investigador está interesado en calcular la proporción de hogares que poseen una tarjeta de crédito de una tienda departamental. Deben seguirse los siguientes pasos.

1. Especifique el nivel de precisión. Suponga que la precisión deseada es tal que el intervalo permitido se establece como $D = p - \pi = \pm 0.05$.
2. Especifique el nivel de confianza. Suponga que se desea un nivel de confianza de, 95 por ciento.

INVESTIGACIÓN ACTIVA

Visite www.t–mobile.com y realice una búsqueda en Internet y en la base en línea de su biblioteca, para obtener información sobre el gasto mensual promedio de los hogares de su país en servicios celulares (telefonía móvil).

Si suponemos un nivel de confianza del 95 por ciento, un nivel de precisión de $10 y una desviación estándar de $100, ¿cuál debería ser el tamaño de la muestra, para determinar el gasto mensual promedio de los hogares en servicios celulares?

Como vicepresidente de marketing de T–Mobile ¿cómo usaría usted la información sobre el gasto mensual promedio de los hogares en servicios celulares para aumentar sus ingresos?

3. Determine el valor z asociado con el nivel de confianza. Como se explicó en el caso de la estimación de la media, éste será $z = 1.96$.
4. Calcule la proporción de la población π. Como se explicó antes, la proporción de la población puede calcularse a partir de fuentes secundarias, usando un estudio piloto o a partir del juicio del investigador. Suponga que, con base en datos secundarios, el investigador calcula que el 64 por ciento de los hogares en la población meta posee una tarjeta de crédito de una tienda departamental. Por lo tanto, $\pi = 0.64$.
5. Determine el tamaño de la muestra usando la fórmula para el error estándar de la proporción.

$$\sigma_p = \frac{p - \pi}{z}$$

$$= \frac{D}{z}$$

$$= \sqrt{\frac{\pi(1-\pi)}{n}}$$

o

$$n = \frac{\pi(1-\pi)z^2}{D^2}$$

En nuestro ejemplo,

$$n = \frac{0.64(1-0.64)(1.96)^2}{(0.05)^2}$$

$$= 354.04$$

$$= 355 \text{ (redondeado al siguiente número entero)}$$

6. Si el tamaño de la muestra resultante representa el 10 por ciento o más de la población, debe aplicarse la corrección de la población finita (cpf). Entonces, el tamaño requerido de la muestra tiene que calcularse con la fórmula:

$$n_c = nN/(N + n - 1)$$

donde

n = tamaño de muestra sin cpf
n_c = tamaño de muestra con cpf

7. Si el cálculo de π es inadecuado, el intervalo de confianza será más o menos preciso de lo deseado. Suponga que después de obtener la muestra, se calcula que la proporción p tiene un valor de 0.55. Por lo que el intervalo de confianza vuelve a calcularse empleando s_p para estimar el σ_p desconocido como

$$p \pm zs_p$$

donde

$$s_p = \sqrt{\frac{p(1-p)}{n}}$$

En nuestro ejemplo,

$$s_p = \sqrt{\frac{0.55(1-0.55)}{355}}$$

$$= 0.0264$$

El intervalo de confianza es, entonces,

$$= 0.55 \pm 1.96(0.0264)$$
$$= 0.55 \pm .052$$

el cual es más grande de lo especificado. Esto puede atribuirse al hecho de que la desviación estándar de la muestra basada en $p = 0.55$ fue mayor que el cálculo de la desviación estándar de la población basada en $\pi = 0.64$.

Si un intervalo más grande de lo especificado es inaceptable, puede determinarse el tamaño de la muestra para que refleje la máxima variación posible en la población. Esto ocurre cuando el producto $\pi(1 - \pi)$ es el mayor, lo que sucede cuando π se establece en 0.5. Este resultado también se considera de manera intuitiva. Como una mitad de la población tiene un valor de la característica y la otra mitad tiene el otro valor, se necesita más evidencia para obtener una inferencia válida, que si la situación fuera más clara y la mayoría tuviera un valor específico. En nuestro ejemplo, esto da lugar a un tamaño de muestra de

$$n = \frac{0.5(0.5)(1.96)^2}{(0.05)^2}$$

$$= 384.16$$

$$= 385 \text{ redondeado al siguiente número entero}$$

8. En ocasiones, la precisión se especifica en términos relativos más que absolutos. En otras palabras, puede especificarse que el estimado esté dentro de más o menos R puntos porcentuales de la proporción de la población. Simbólicamente,

$$D = R\pi$$

En ese caso, el tamaño de la muestra se determina con

$$n = \frac{z^2(1-\pi)}{R^2\pi}$$

INVESTIGACIÓN REAL

Muestreo estadístico: no siempre es una emergencia

La ciudad de Los Ángeles, California, contrató a PriceWaterhouseCoopers (PWC) para evaluar la demanda de los ciudadanos de servicios que no eran de emergencia y para investigar el patrón de uso de los servicios por parte de los usuarios. El objetivo era establecer un nuevo sistema que pudiera disminuir parte de la saturación que recae en el sistema telefónico 911 de la ciudad. Se aplicó una encuesta telefónica a 1,800 residentes de la ciudad de Los Ángeles que fueron seleccionados al azar.

La encuesta telefónica de marcado digital aleatorio se estratificó en dos grupos, cada uno con 900 participantes: residentes de la ciudad que hubieran requerido sus servicios en los pasados seis meses y otro grupo de residentes. Para determinar el tamaño de la muestra se utilizó un intervalo de confianza del 95 por ciento y un margen de error del 3.5 por ciento. Con este nivel de confianza, se esperaría que si se aplicara la misma encuesta a todos los residentes de Los Ángeles, las respuestas no cambiarían en más de ±3.5 por ciento.

Para confirmar que el tamaño de la muestra de 900 fuera adecuado, los cálculos para determinar el tamaño de la muestra por proporciones se hicieron de la siguiente manera, usando la máxima variación posible de la población ($\pi = 0.5$). En este estudio, la precisión de D era de 0.035 para un nivel de confianza del 95 por ciento.

$$n = \frac{\pi(1-\pi)z^2}{D^2}$$

$$n = [(0.5)(1-0.5)(1.96^2)]/(0.035)^2 = 784$$

Por lo tanto, el tamaño de muestra de 900 fue más que suficiente.

Los hallazgos de la encuesta telefónica revelaron que el Departamento de Agua y Electricidad, la Oficina de Salud, la Oficina de Infracciones de Tránsito y el Departamento de Policía recibieron cerca de la mitad del volumen de contactos que no eran de emergencia de la ciudad. El medio más usado para aproximarse a los servicios municipales era el teléfono, lo cual representaba cerca del 74 por ciento de los contactos, en comparación con el 18 por ciento que hizo visitas personales. A pesar de la elevada tasa del uso de Internet en Los Ángeles, muy pocos residentes solicitaron servicios municipales a través de la Web. Al brindar acceso por Internet a muchos de los servicios municipales, se abría la probabilidad de lograr grandes ahorros, al reducir el volumen de llamadas y mejorar el servicio a los usuarios. La encuesta también identificó servicios específicos y funcionalidades a los que los residentes les gustaría tener acceso en línea. Por lo tanto, en 1999 la ciudad de Los Ángeles lanzó el servicio a usuarios 311/Internet, para aliviar parte de la saturación sobre el sistema telefónico 911 de la ciudad. Para 2006, este servicio se había vuelto popular y manejaba una gran parte de los contactos de los usuarios por servicios municipales que no eran de emergencia.[6]

INVESTIGACIÓN ACTIVA

> Visite *www.wellsfargo.com* y realice una búsqueda en Internet y en la base en línea de su biblioteca, para obtener información sobre la proporción de clientes que usan servicios bancarios en línea.
>
> Si se espera que cerca del 5 por ciento de los habitantes de una área dada realicen operaciones bancarias por Internet, ¿cuál debería ser el tamaño de la muestra para un nivel de confianza del 95 por ciento y un nivel de precisión del 5 por ciento?
>
> Como vicepresidente de marketing de una empresa que hace transferencias de remesas, ¿qué información le gustaría tener, para determinar si el banco debe ampliar sus servicios en línea?

En Internet existe una serie de sitios Web que ofrecen el uso gratuito de calculadoras del tamaño de la muestra y del intervalo de confianza, por ejemplo, Survey System (*www.surveysystem.com*). Puede usar esta herramienta para determinar a cuánta gente debe encuestar, para obtener resultados que reflejen a la población meta con la precisión que necesita, así como para encontrar el nivel de precisión que tiene en la muestra existente. El Discovery Research Group también ofrece una calculadora del tamaño de la muestra (*www.drgutah.com*).

EXPERIENCIA DE INVESTIGACIÓN

Destino final: las Montañas Rocallosas

El esquí es un deporte invernal muy popular en Estados Unidos.

1. Visite *www.ski.com* y realice una búsqueda en Internet y en la base de datos en línea de su biblioteca, para obtener información sobre la proporción de personas que esquían cada temporada.
2. En una encuesta sobre el esquí aplicada a la población general, ¿cuál debería ser el tamaño de la muestra, para un nivel de confianza del 95 por ciento y un nivel de precisión del 5 por ciento? Utilice el cálculo de la proporción de la población que determinó en el paso 1.
3. Como director de marketing de Vail Cascade Resort, CO, "Destino final: las Montañas Rocallosas", ¿qué información necesita usted para formular estrategias de marketing que incrementen sus ventas?

CARACTERÍSTICAS Y PARÁMETROS MÚLTIPLES

En los ejemplos anteriores, nos enfocamos en la estimación de un solo parámetro. En la investigación de mercados comercial, cualquier proyecto tiene interés en muchas características, no sólo en una. Al investigador se le pide que calcule varios parámetros, no sólo uno. En esos casos, el cálculo del tamaño de la muestra debe basarse en la consideración de todos los parámetros que hay que estimar, como se ilustró en el ejemplo de la tienda departamental.

PROYECTO DE INVESTIGACIÓN

Estimación del tamaño de la muestra

Suponga que además de la media de gastos mensuales de los hogares en compras en tiendas departamentales, se decidió estimar la media del gasto mensual de los hogares en compras de ropa y regalos. En la tabla 12.3 se presentan los tamaños de las muestras requeridos para calcular cada una de las tres medias de gastos mensuales y son 465 para compras en tiendas departamentales, 246 para ropa y 217 para regalos. Si las tres variables fueran de igual importancia, el método más conservador sería seleccionar el valor más grande de $n = 465$ para determinar el tamaño de la muestra. Esto permitiría calcular cada variable al menos con la precisión especificada. Sin embargo, si el investigador tuviera más interés en la media de los gastos mensuales en ropa, podría seleccionarse un tamaño de muestra $n = 246$.

Actividades del proyecto

1. Suponga que el investigador quiere calcular la cantidad mensual que gastan los hogares en compras en Sears, de manera que el estimado esté dentro de ±$10 del valor real de la población.

TABLA 12.3
Tamaño de la muestra para estimar parámetros múltiples

	MEDIA DE LOS GASTOS MENSUALES DE LOS HOGARES EN:		
	COMPRAS EN TIENDAS DEPARTAMENTALES	ROPA	REGALOS
Nivel de confianza	95%	95%	95%
Valor z	1.96	1.96	1.96
Nivel de precisión (D)	$5	$5	$4
Desviación estándar de la población (σ)	$55	$40	$30
Tamaño de muestra requerido (n)	465	246	217

Si suponemos un nivel de confianza de 95 por ciento y una desviación estándar de 100, ¿cuál debería ser el tamaño de la muestra?

2. Si se aplicara la encuesta con el tamaño de muestra determinado en la pregunta 1, ¿los porcentajes estimados con base en la muestra caerían dentro de ±5% de los valores reales de la población? ■

Hasta ahora, el análisis sobre la determinación del tamaño de la muestra se ha basado en los procedimientos de inferencia estadística tradicional, considerando muestreo aleatorio simple. A continuación se revisará la determinación del tamaño de la muestra usando otras técnicas de muestreo.

OTRAS TÉCNICAS DE MUESTREO PROBABILÍSTICO

La determinación del tamaño de la muestra para otras técnicas de muestreo probabilístico se basa en los mismos principios subyacentes. El investigador debe especificar el nivel de precisión y el grado de confianza, y calcular la distribución de muestreo de la prueba estadística.

En el muestreo aleatorio simple, el costo no influye en forma directa en el cálculo del tamaño de la muestra. Sin embargo, la influencia del costo es considerable en el caso del muestreo estratificado o del muestreo por conglomerados. El costo por observación varía por estrato o conglomerado y el investigador necesita una estimación inicial de esos costos. Además, el investigador debe tener en cuenta la variabilidad dentro de los estratos o la variabilidad dentro o entre los conglomerados. Una vez que se ha determinado el tamaño general de la muestra, ésta se distribuye entre los estratos o conglomerados, lo cual incrementa la complejidad de las fórmulas para calcular el tamaño de la muestra. Para mayor información, el lector interesado debe consultar trabajos conocidos sobre la teoría del muestreo.[7] En general, para ofrecer la misma confiabilidad que el muestreo aleatorio simple, los tamaños de la muestra son los mismos para el muestreo sistemático, menores para el muestreo estratificado y más grandes para el muestreo por conglomerados.

AJUSTE DEL TAMAÑO DE LA MUESTRA DETERMINADO DE FORMA ESTADÍSTICA

El tamaño de la muestra determinado de forma estadística representa el tamaño final o neto de la muestra que debe obtenerse para asegurar que los parámetros se calculen con el grado de precisión deseado y con el nivel de confianza dado. En las encuestas, esto representa el número de entrevistas que deben completarse. Para obtener ese tamaño final de la muestra, debe hacerse contacto con un número mayor de encuestados potenciales. En otras palabras, el tamaño inicial de la muestra tiene que ser mucho más grande porque comúnmente las tasas de incidencia y de terminación son menores al 100 por ciento.[8]

tasa de incidencia
La tasa de ocurrencia de personas elegibles para participar en el estudio expresada como porcentaje.

La **tasa de incidencia** se refiere a la tasa de ocurrencia o al porcentaje de personas elegibles para participar en el estudio. La tasa de incidencia determina cuántos contactos tienen que investigarse para un determinado requisito del tamaño de la muestra. Suponga que un estudio sobre limpiadores de pisos necesita una muestra de mujeres jefas de familia de entre 25 y 55 años de edad. De las mujeres entre 20 y 60 años de edad, a las que sería razonable acercarse para saber si califican, alrededor de 75 por ciento son jefas de familia entre 25 y 55 años de edad. Esto significa que, en promedio, debería hacerse contacto con 1.33 mujeres para obtener una participante calificada.

CAPÍTULO 12 *Muestreo: determinación del tamaño final e inicial de la muestra* 377

Otros criterios para calificar a los encuestados (por ejemplo, la conducta de uso del producto) incrementará todavía más el número de contactos. Suponga que otro de los requisitos para ser elegible es que la mujer debería haber usado un limpiador de pisos en los dos últimos meses. Se estima que 60 por ciento de las mujeres contactadas cumplirán este criterio. Entonces, la tasa de incidencia es $0.75 \times 0.60 = 0.45$. Por consiguiente, el tamaño final de la muestra tendrá que incrementarse por un factor de (1/0.45) o 2.22.

Asimismo, la determinación del tamaño de la muestra debe considerar de antemano las negativas quienes sí califican. La *tasa de terminación* denota el porcentaje de encuestados calificados que concluyen la entrevista. Por ejemplo, si el investigador espera una tasa de terminación de entrevistas del 80 por ciento de los encuestados elegibles, tiene que incrementar el número de contactos por un factor de 1.25. La tasa de incidencia junto con la tasa de terminación implican que el número de encuestados potenciales contactados, es decir, el tamaño inicial de la muestra, sea de 2.22×1.25 o 2.77 veces el tamaño requerido de la muestra. En general, si hay c factores de calificación con una incidencia de $Q_1, Q_2, Q_3, \ldots Q_c$, cada uno expresado como una proporción,

tasa de terminación
Porcentaje de los encuestados calificados que concluyen la entrevista. Permite a los investigadores considerar de antemano las negativas de personas que sí califican.

$$\text{Tasa de incidencia} = Q_1 \times Q_2 \times Q_3 \cdots \times Q_c$$

$$\text{Tamaño inicial de la muestra} = \frac{\text{Tamaño final de la muestra}}{\text{Tasa de incidencia} \times \text{tasa de terminación}}$$

El tamaño inicial de la muestra determinará el número de unidades que tendrán que muestrearse. A menudo, como en el ejemplo de la sinfonía, se usa un conjunto de variables para calificar a los encuestados potenciales, lo cual disminuye la tasa de incidencia.

INVESTIGACIÓN REAL

Afinación de una muestra de sinfonía

Se realizó una encuesta telefónica para determinar el conocimiento y las actitudes de los usuarios hacia la Orquesta Sinfónica de Jacksonville (*www.jaxsymphony.org*). Los requisitos para filtrar a los encuestados incluidos en la encuesta fueron: **1.** haber vivido en el área de Jacksonville por más de un año; **2.** tener una edad de 25 años o más; **3.** escuchar música clásica o popular; y **4.** asistir a representaciones en vivo de música clásica o popular. Estos criterios de calificación redujeron la tasa de incidencia a menos del 15 por ciento, lo que dio lugar a un incremento considerable en el número de contactos. Aunque tener cuatro factores de calificación dio como resultado una muestra muy enfocada y afinada, también hizo ineficiente el proceso de entrevista, porque muchas de las personas que fueron llamadas no calificaron. La encuesta indicó que el estacionamiento era un problema y que la gente quería un mayor acercamiento con la sinfónica. Por lo tanto, en 2005 la Orquesta Sinfónica de Jacksonville anunció el Club del Director. Los donantes de fondos anuales que se unieran podrían disfrutar las ventajas de la membresía, que incluían servicio gratuito de valet parking en todas las presentaciones de la Sinfónica de Jacksonville y los conciertos de música popular. En algunos conciertos seleccionados, todos los niveles de membresía tenían acceso gratuito a las recepciones durante los intermedios en la Galería Davis (que incluían vino de honor y canapés).[9] ■

La falta de respuesta afecta las tasas de terminación. Por lo cual es necesario atender los temas relacionados con esa condición.

TEMAS DE FALTA DE RESPUESTA EN EL MUESTREO

Los dos principales temas relacionados con la falta de respuesta en el muestreo son el mejoramiento de las tasas de respuesta y la realización de ajustes por la falta de respuesta. El error por falta de respuesta surge cuando algunos de los encuestados potenciales que se incluyeron en la muestra no responden (véase el capítulo 3), lo cual constituye uno de los problemas más importantes en la investigación por encuestas. Los participantes que no responden difieren de los que sí lo hacen en términos de variables demográficas, psicográficas, de personalidad, de actitud, así como de motivación y comportamiento.[10] Para un estudio dado, si quienes no responden difieren de los que sí lo hacen en las características de interés, las estimaciones de la muestra estarán gravemente sesgadas. En general, las tasas más altas de respuesta implican tasas menores de sesgo por falta de respuesta, aunque la tasa de respuesta quizá no sea un indicador adecuado del sesgo por falta de respuesta. Las tasas de respuestas por sí solas no indican si los encuestados son representativos de la muestra original.[11] Es posible que incrementar la tasa de respuesta no reduzca el sesgo por falta de respuesta, si los encuestados adicionales no son diferentes de quienes ya respondieron pero sí difieren de aquellos que todavía no responden.

Figura 12.2
Mejoramiento de las tasas de respuesta

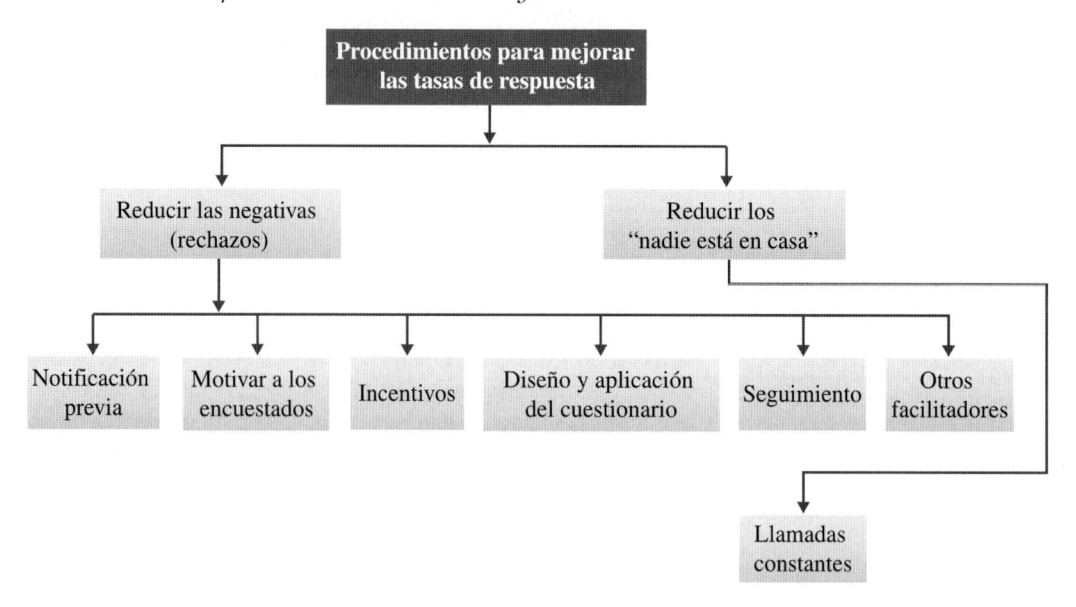

```
                    Procedimientos para mejorar
                      las tasas de respuesta
                    ┌─────────────┴─────────────┐
            Reducir las negativas        Reducir los
                 (rechazos)            "nadie está en casa"
```

- Notificación previa
- Motivar a los encuestados
- Incentivos
- Diseño y aplicación del cuestionario
- Seguimiento
- Otros facilitadores
  - Llamadas constantes

Debido a que las bajas tasas de respuesta incrementan la probabilidad del sesgo por falta de respuesta, siempre debe intentarse mejorar la tasa de respuesta.[12]

Mejorar las tasas de respuesta

Como se mostró en la figura 12.2, las causas principales de las bajas tasas de respuesta son las negativas (rechazos) y los casos donde "nadie está en casa".

Negativas. Las negativas (rechazos), que resultan de la falta de disposición o de la incapacidad de las personas incluidas para participar en la muestra, dan como resultado tasas de respuesta más bajas y una mayor posibilidad de sesgo por falta de respuesta. Las tasas de negativas, el porcentaje de encuestados contactados que se niegan a participar, fluctúan del 0 al 50 por ciento o más en las encuestas telefónicas. Las tasas de negativas en entrevistas realizadas en centros comerciales son aún mayores, en tanto que las más altas son las que se observan en las encuestas por correo. La mayoría de las negativas ocurren inmediatamente después de la frase inicial del entrevistador o cuando el encuestado potencial abre el envío postal. En una encuesta telefónica nacional, el 40 por ciento de los contactados se negó en la etapa introductoria y sólo el 6 por ciento lo hizo durante la entrevista. Los siguientes ejemplos brindan más información sobre negativas, terminaciones y entrevistas concluidas.

INVESTIGACIÓN REAL

Razones de las negativas

En un estudio que investigaba el problema de las negativas en encuestas telefónicas, se realizaron entrevistas telefónicas con personas que habían respondido o que no lo habían hecho en una encuesta previa, usando cuotas de 100 para cada submuestra. Los resultados se presentan en la siguiente tabla:

Negativas, terminaciones y entrevistas completadas

Propiedad	*Muestra total*	*Respondieron*	*No respondieron*
Número de negativas (1)	224	31	193
Número de terminaciones (2)	100	33	67
Número de entrevistas completadas (3)	203	102	101
Número total de contactos $(1 + 2 + 3)^a$	527	166	361
Tasa de negativas $(1/[1 + 2 + 3])^b$	42.5%	18.7%	53.5%
Tasa de terminación $(2/[1 + 2 + 3])$	19.0%	19.9%	18.5%
Tasa de terminación $(3/[1 + 2 + 3])^b$	38.5%	61.4%	28.0%

[a] Se requirió un total de 1,388 intentos para hacer esos contactos: los 166 contactos de los que respondieron requirieron 406 intentos (con una llamada repetida por cada encuestado) y los 361 contactos con quienes no respondieron requirieron 982 intentos (con dos llamadas repetidas por encuestado). El marco de muestreo contenía 965 números telefónicos, 313 de participantes que respondieron y 652 de quienes no respondieron.
[b] Las diferencias entre los que respondieron y quienes no respondieron fueron significativas a $\alpha = 0.05$ (prueba de dos colas).

El estudio encontró que las personas que era probable que participaran en una encuesta telefónica (los que respondieron) diferían en los siguientes aspectos de quienes era probable que se negaran (los que no respondieron): **1.** confianza en la investigación por encuestas, **2.** confianza en la organización de la investigación, **3.** características demográficas y **4.** creencias y actitudes hacia las encuestas telefónicas.

Un estudio reciente realizado por CMOR indicó que los consumidores prefieren las encuestas por Internet sobre la técnica de encuestas telefónicas. Desde el punto de vista estadístico, de 1,753 consumidores estadounidenses, 78.9 por ciento de los que respondieron eligieron Internet como su primera elección de procedimiento de encuesta; mientras que sólo 3.2 por ciento eligió la técnica de entrevistas telefónicas.[13]

Dadas las diferencias demostradas en este estudio entre quienes responden y los que no lo hacen, los investigadores deben tratar de reducir las tasas de negativas. Para lograrlo se recomiendan notificación previa, motivación de los encuestados, incentivos, buen diseño y aplicación del cuestionario, seguimiento y otros facilitadores.

> *Notificación previa.* En la notificación previa, se envía una carta a los encuestados potenciales donde se les informa de la inminente encuesta postal, telefónica, personal o por Internet. La notificación previa incrementa las tasas de respuesta en muestras del público general, porque reduce la sorpresa y la incertidumbre, y fomenta un ambiente de mayor cooperación.[14]
>
> *Motivar a los encuestados.* Es posible motivar a los encuestados potenciales para que participen en la encuesta al incrementar su interés y compromiso. Dos maneras de lograrlo son las estrategias del pie en la puerta y de la puerta en la cara. Ambas estrategias buscan obtener la participación mediante el uso de peticiones en secuencia. Como se explicó en el capítulo 6, en la estrategia del pie en la puerta el entrevistador comienza con una petición relativamente pequeña, como "¿podría concederme cinco minutos para responder cinco preguntas?", a lo que accederá la mayoría de la gente. La petición pequeña va seguida por una petición grande, la petición crítica que solicita la participación en la encuesta o el experimento. La lógica es que acceder a una petición inicial incrementa la posibilidad de que se acceda a la petición posterior. En la estrategia de la puerta en la cara, se hace lo opuesto. La petición inicial es relativamente grande y la mayoría de la gente se niega a aceptarla. La petición grande va seguida por una más pequeña, la petición crítica, que solicita la participación en la encuesta. El razonamiento subyacente es que la concesión ofrecida por la petición crítica posterior debería incrementar la posibilidad de aceptación. La estrategia del pie en la puerta es más eficaz que la de la puerta en la cara.[15]
>
> *Incentivos.* Las tasas de respuesta pueden incrementarse gracias al ofrecimiento de incentivos monetarios y no monetarios a los encuestados potenciales. Los incentivos monetarios pueden pagarse de inmediato o entregarse después. El incentivo pagado de inmediato se incluye en la encuesta o el cuestionario. El incentivo prometido sólo se envía a los participantes que hayan terminado la encuesta. Los incentivos no monetarios de uso más común son premios y recompensas, como plumas, lápices, libros y la oferta de recibir los resultados de la encuesta.[16]
>
> Se ha demostrado que los incentivos pagados de inmediato originan un incremento mayor en las tasas de respuesta, que los incentivos entregados después. La cantidad del incentivo variará de 10 centavos a $50 o más. La cantidad del incentivo tiene una relación positiva con la tasa de respuesta, pero el costo de los incentivos monetarios grandes llega a sobrepasar el valor de la información adicional obtenida.
>
> *Diseño y aplicación del cuestionario.* Un cuestionario bien diseñado puede reducir la tasa general de negativas, así como el rechazo a preguntas específicas (véase el capítulo 10). Asimismo, la destreza en la aplicación del cuestionario en entrevistas personales y telefónicas incrementaría la tasa de respuesta. Los entrevistadores capacitados tienen la habilidad para revertir la negativa o para persuadir al individuo. No aceptan un "no" por respuesta sin una petición adicional, la cual puede hacer énfasis en la brevedad del cuestionario o la importancia de la opinión del encuestado. Los entrevistadores hábiles pueden reducir las negativas en un promedio de cerca del 7 por ciento. En el capítulo 13 se revisan con más detalle los procedimientos de entrevista.
>
> *Seguimiento.* El seguimiento, o hacer contactos periódicos con quienes no respondieron después del contacto inicial, es muy eficaz para reducir las negativas en encuestas por correo. El investigador debe enviar una postal o una carta para recordar a quienes no han respondido que completen y devuelvan el cuestionario.

Se necesitan dos o tres correos adicionales además del original. Con un seguimiento apropiado, la tasa de respuesta en encuestas por correo puede incrementarse a un 80 por ciento o más. Los seguimientos también se realizan por teléfono, correo electrónico o contactos personales.[17]

Otros facilitadores. La personalización, o enviar correspondencia dirigida a un individuo específico, resulta eficaz para incrementar las tasas de respuesta.[18] El siguiente ejemplo ilustra el procedimiento empleado por Arbitron para incrementar su tasa de respuesta.

INVESTIGACIÓN REAL

Respuesta de Arbitron a las bajas tasas de respuesta

Arbitron (*www.arbitron.com*) es un importante proveedor de investigación de mercados. Para el primer trimestre del 2005, la empresa reportó ganancias de $79.2 millones, un incremento del 3.4 por ciento respecto a los ingresos de $76.6 millones obtenidos en el primer trimestre de 2004. Recientemente Arbitron trató de incrementar las tasas de respuesta con la finalidad de que sus encuestas dieran resultados más significativos. Arbitron creó un equipo multifuncional especial de empleados para trabajar en el problema de la tasa de respuesta. Su procedimiento se conoció como "la técnica de penetración", y todo el sistema de Arbitron relacionado con las tasas de respuesta fue cuestionado y modificado. El equipo sugirió seis estrategias importantes para mejorar las tasas de respuesta:

1. Maximizar la eficacia de las llamadas de ubicación y de seguimiento.
2. Elaborar materiales más atractivos y fáciles de terminar.
3. Incrementar el conocimiento sobre el nombre de Arbitron.
4. Mejorar las recompensas para los participantes de las encuestas.
5. Optimizar la llegada de los materiales a los encuestados.
6. Incrementar la utilidad de los diarios devueltos.

Se emprendieron 80 iniciativas para poner en práctica estas seis estrategias, lo cual tuvo como resultado un incremento significativo en las tasas de respuesta. Sin embargo, a pesar de esos resultados alentadores, la gente de Arbitron mantiene la cautela. Sabe que no todo está hecho y que mantener esas elevadas tasas de respuesta representa un desafío continuo. En el otoño del 2004 Arbitron obtuvo una tasa general de respuestas del 32.9 por ciento.[19]

Nadie está en casa. La segunda causa importante de las tasas bajas de respuesta es el hecho de no encontrar gente en casa. En las entrevistas telefónicas y las entrevistas personales en casa, pueden obtenerse tasas bajas de respuesta si los encuestados potenciales no se encuentran en casa cuando se intenta el contacto. Un estudio que analizó 182 encuestas telefónicas comerciales que implicaban una muestra total de más de un millón de consumidores reveló que nunca pudo hacerse contacto con un alto porcentaje de los encuestados potenciales. La tasa media de falta de contacto fue del 40 por ciento. En casi el 40 por ciento de las encuestas, sólo se hizo un único intento para establecer contacto con los encuestados potenciales. El resultado de 259,088 intentos de llamada inicial, usando el avanzado marcado aleatorio de dígitos M/A/R/C Telno System (*www.marcgroup.com*), demuestra que menos del 10 por ciento de las llamadas resultaron en encuestas terminadas.[20]

La probabilidad de que los encuestados potenciales no se encuentren en casa varía de acuerdo con muchos factores. La gente con hijos pequeños tiene más probabilidad de estar en casa, que las personas solteras o divorciadas. Es más probable que los consumidores estén en casa los fines de semana que entre semana, y en las noches más que en las tardes. Las notificaciones previas y las citas incrementan la probabilidad de que los encuestados estén en casa cuando se intenta establecer el contacto con ellos.

El porcentaje de "nadie está en casa" se reduce en forma significativa mediante el uso de una serie de repetición de llamadas o de intentos periódicos de seguimiento, para establecer contacto con quienes no hayan respondido. La decisión acerca del número de llamadas repetidas debe evaluar el beneficio de reducir el sesgo por falta de respuesta, comparándolo con los costos adicionales. A medida que se completen las llamadas repetidas, debe compararse a quienes respondieron esas llamadas con quienes ya lo habían hecho, para determinar la ventaja de hacer más llamadas repetidas. En la mayoría de las encuestas con consumidores, resulta conveniente hacer tres o cuatro llamadas repetidas. Si bien la primera llamada genera el mayor número de respuestas, la segunda y la tercera llamadas tienen una mayor respuesta por llamada. Es importante que las llamadas repetidas se hagan y se controlen de acuerdo con el plan establecido.

Ajustes por la falta de respuesta

Las altas tasas de respuesta disminuyen la probabilidad de que el sesgo por falta de respuesta sea importante. Siempre deben reportarse las tasas de falta de respuesta y, cuando sea posible, deben calcularse sus efectos. Esto puede hacerse mediante la vinculación de la tasa de falta de respuesta con las diferencias estimadas entre quienes responden y quienes no lo hacen. La información sobre las diferencias entre los dos grupos puede obtenerse de la misma muestra. Por ejemplo, es posible extrapolar las diferencias encontradas a través de la repetición de llamadas, o efectuar un seguimiento concentrado en una submuestra de quienes no respondieron. Otra alternativa es calcular tales diferencias a partir de otras fuentes.[21] Por ejemplo, en una encuesta de dueños de aparatos electrodomésticos grandes es posible obtener —en las tarjetas de garantía— datos demográficos y otro tipo de información sobre quienes respondieron y quienes no lo hicieron. Para un panel por correo, las organizaciones sindicadas ofrecen una amplia variedad de información sobre ambos grupos. Si se supone que la muestra es representativa de la población general, entonces pueden hacerse comparaciones con cifras del censo. Incluso si no es posible calcular los efectos de la falta de respuesta, deben hacerse algunos ajustes durante el análisis y la interpretación de los datos.[22] Las estrategias disponibles para hacer ajustes por el error por falta de respuesta incluyen un submuestreo de quienes no respondieron, reemplazo, sustitución, estimaciones subjetivas, análisis de la tendencia, ponderación simple e imputación.

Submuestreo de quienes no respondieron. El submuestreo de quienes no respondieron, en particular en el caso de las encuestas por correo, puede hacer ajustes eficaces para la falta de respuesta. En esta técnica, el investigador establece contacto con una submuestra de personas que no respondieron, por lo regular mediante entrevistas personales y telefónicas. Con frecuencia esto da como resultado una alta tasa de respuesta dentro de esa submuestra. Los valores obtenidos de la submuestra se extrapolan luego a todos los que no respondieron y los resultados de la encuesta se ajustan para tener en cuenta la falta de respuesta. Este método puede estimar el efecto de la falta de respuesta en la característica de interés.

Reemplazo. En el reemplazo, quienes no respondieron en una encuesta actual se sustituyen con personas que no respondieron en una encuesta anterior similar. El investigador trata de localizar a quienes no respondieron en una encuesta anterior y de aplicarles el cuestionario de la encuesta actual, tal vez mediante el ofrecimiento de un incentivo adecuado. Es importante que la naturaleza de la falta de respuesta en la encuesta actual sea similar a la de la encuesta anterior. Las dos encuestas deberían usar tipos similares de participantes y el intervalo entre ellas tiene que ser corto. Por ejemplo, si la encuesta de la tienda departamental va a repetirse un año después, quienes no responden en la encuesta actual pueden ser reemplazados por quienes no respondieron en la encuesta anterior.

Sustitución. En la **sustitución** el investigador sustituye a quienes no responden por otros elementos del marco de muestreo que se espera que sí respondan. El marco de muestreo se divide en subgrupos que son internamente homogéneos en términos de las características de los encuestados, pero heterogéneos en términos de las tasas de respuesta. Estos subgrupos se utilizan luego para identificar sustitutos que son similares a individuos específicos que no respondieron, pero distintos a los que respondieron y ya están en la muestra. Advierta que este método podría no reducir el sesgo por falta de respuesta, si los sustitutos son similares a los participantes que ya están en la muestra.

sustitución
Procedimiento que sustituye a quienes no responden por otros elementos del marco de muestreo que se espera respondan.

INVESTIGACIÓN REAL

Encuesta de salida para votantes: sustitución de quienes no responden

La planeación de las entrevistas de salida para una elección presidencial comienza hasta dos años antes del gran día. Empresas de investigación como Gallup (*www.gallup.com*), Harris Interactive (*www.harrisinteractive.com*) y otras que probablemente se encuentren en su país, realizan un reclutamiento y una capacitación sistemáticos de los trabajadores.

Las preguntas son cortas y dirigidas. Ciertos temas son determinantes bien conocidos de la elección del votante; mientras que otras cuestiones tienen que ver con acontecimientos de último momento como un escándalo político. Los cuestionarios se escriben en el último momento posible y están diseñados para determinar no sólo por quién votó la gente, sino en función de qué.

Los encuestados que se niegan a cooperar son un problema en la encuesta de salida. Se pide a los encuestadores que registren el perfil demográfico básico de quienes se negaron a participar. Con tal información demográfica, se desarrolla un perfil del votante, para reemplazar al encuestado potencial que no cooperó usando el método de sustitución.

PARTE II *Preparación del diseño de la investigación*

Edad, sexo, raza y lugar de residencia son fuertes indicadores de la forma de votar de los estadounidenses. Por ejemplo, es más probable que los votantes más jóvenes estén influidos por cuestiones morales; en tanto que los votantes mayores son más proclives a considerar las cualidades personales del candidato. Por lo tanto, el investigador sustituye a quienes no respondieron con otros encuestados potenciales que son similares en edad, sexo, raza y lugar de residencia. La amplia cobertura de las entrevistas de salida, y la técnica de sustitución para los encuestados que no cooperan, permiten a los investigadores obtener márgenes de error cercanos al 3 o 4 por ciento.[23] ∎

Estimaciones subjetivas. Cuando ya no es factible incrementar la tasa de respuesta por medio del submuestreo, el reemplazo o la sustitución, es factible hacer estimaciones subjetivas de la naturaleza y efecto del sesgo por falta de respuesta. Esto implica evaluar los probables efectos de la falta de respuesta, a partir de la experiencia y la información disponible. Por ejemplo, los adultos casados con hijos pequeños tienen más probabilidad de estar en su casa que los adultos solteros, los divorciados o los casados sin hijos. Esta información brinda una base para evaluar los efectos de la falta de respuesta, que se debe a que no se encontró gente en casa para las entrevistas personales o telefónicas.

Análisis de tendencias. El ***análisis de tendencias*** es un intento por discernir la tendencia entre los primeros y los últimos encuestados. Estas tendencias se extrapolan a quienes no respondieron para estimar su posición en la característica de interés. Por ejemplo, la tabla 12.4 presenta los resultados de varias olas de una encuesta por correo. La característica de interés es el dinero gastado en compras en tiendas departamentales durante los dos últimos meses. El valor conocido de la característica para la muestra total se presenta en la parte inferior de la tabla. El valor de cada ola sucesiva de participantes que respondieron se acerca cada vez más al valor de quienes no respondieron. Por ejemplo, los que respondieron al segundo correo gastaron el 79 por ciento de la cantidad gastada por quienes respondieron al primer correo. Los que respondieron al tercer correo gastaron el 85 por ciento de la cantidad gastada por quienes respondieron al segundo correo. Si se sigue esta tendencia, se podría calcular que los que no respondieron gastaron el 91 por ciento [85 + (85 − 79)] de la cantidad gastada por quienes respondieron al tercer correo. Esto da como resultado un cálculo de $252 (277 × 0.91) gastados por quienes no respondieron y un cálculo de $288 (0.12 × 412 + 0.18 × 325 + 0.13 × 277 + 0.57 × 252) de la cantidad promedio que la muestra general gastó en compras en tiendas departamentales durante los dos últimos meses. Advierta que la cantidad real gastada por quienes no respondieron fue de $230 en vez de $252 y que el promedio real de la muestra fue $275 en vez de los $288 estimados por el análisis de tendencias. Aunque los estimados de tendencia son erróneos, el error es menor del que habría resultado al ignorar a quienes no respondieron. Si se hubiera ignorado a los que no respondieron, la cantidad promedio gastada por la muestra se habría calculado en $335 (0.12 × 412 + 0.18 × 325 + 0.13 × 277)/(0.12 + 0.18 + 0.13).

Ponderación. La ***ponderación*** intenta tomar en cuenta la falta de respuesta mediante la asignación de valores diferenciales a los datos según las tasas de respuesta.[24] Por ejemplo, en una encuesta sobre computadoras personales, se estratificó la muestra de acuerdo con el ingreso. Las tasas de respuesta fueron 85, 70 y 40 por ciento, respectivamente, para los grupos de alto, mediano y bajo ingresos. Al analizar los datos, a los subgrupos se asignaron valores inversamente proporcionales a su tasa de respuesta. Es decir, los valores asignados eran (100/85), (100/70) y (100/40), respectivamente, para los grupos de alto, mediano y bajo ingresos. Aunque la ponderación puede corregir los efectos diferenciales de la falta de respuesta, destruye la naturaleza de autoponderación del diseño de muestreo y puede traer complicaciones.

---

análisis de tendencias
Método para hacer ajustes por la falta de respuesta, en el cual el investigador intenta discernir la tendencia entre los primeros y los últimos participantes. Esta tendencia se extrapola a quienes no responden para calcular su característica de interés.

ponderación
Procedimiento estadístico que intenta considerar la falta de respuesta, mediante la asignación de valores diferenciales a los datos de acuerdo con las tasas de respuesta.

TABLA 12.4

Uso del análisis de tendencias para hacer ajustes por la falta de respuesta

	Porcentaje de respuesta	Gasto promedio en $	Porcentaje de la ola de respuesta previa
Primer correo	12	412	—
Segundo correo	18	325	79
Tercer correo	13	277	85
Falta de respuesta	(57)	(230)	91
Total	100	275	

imputación
Procedimiento para hacer ajustes por la falta de respuesta mediante la asignación de la característica de interés a quienes no respondieron, con base en la similitud de las variables disponibles tanto para quienes no respondieron como para los que sí lo hicieron.

La ponderación se analizará con mayor detalle en el capítulo 14 sobre la preparación de los datos.

Imputación. La *imputación* implica atribuir o asignar la característica de interés a quienes no respondieron, con base en la similitud de las variables disponibles tanto para quienes no respondieron como para los que sí lo hicieron.[25] Por ejemplo, a un participante que no reporta el uso de una marca se le puede atribuir el uso de un encuestado con características demográficas similares. A menudo existe una alta correlación entre la característica de interés y algunas otras variables. En tales casos, puede usarse esta correlación para predecir el valor de la característica para quienes no respondieron (véase el capítulo 17).

INVESTIGACIÓN DE MERCADOS INTERNACIONALES

Cuando se realiza una investigación de mercados en países extranjeros, puede ser difícil hacer una estimación estadística del tamaño de la muestra, porque quizá no se disponga de las estimaciones de la varianza de la población. Por lo tanto, como se vio en el capítulo 11, a menudo el tamaño de la muestra se determina a partir de consideraciones cualitativas como: **1.** la importancia de la decisión, **2.** la naturaleza de la investigación, **3.** el número de variables, **4.** la naturaleza del análisis, **5.** tamaños de muestra usados en estudios similares, **6.** tasas de incidencia. **7.** tasas de terminación y **8.** restricción de recursos. Si se intenta realizar la estimación estadística del tamaño de la muestra, debe tomarse en cuenta que las estimaciones de la varianza de la población varían de un país a otro. Por ejemplo, al medir las preferencias del consumidor se encontrará un mayor grado de heterogeneidad en países donde las preferencias del consumidor no están bien desarrolladas. Por consiguiente, sería un error suponer que la varianza de la población es la misma o usar el mismo tamaño de muestra en diferentes países.

INVESTIGACIÓN REAL

Los chinos van al cielo y el cielo es el límite

La industria aeronáutica parece tener un mercado potencial fuerte y prometedor en China, donde el mercado de las líneas aéreas crece con rapidez. Con una inversión de miles de millones de dólares, China intenta satisfacer la creciente demanda y ponerse al nivel del resto del mundo. El fuerte crecimiento de la economía basado en el comercio exterior y la reactivación del turismo han ayudado a impulsar este auge. Boeing (*www.boeing.com*) pronostica que para el año 2023 China necesitará cerca de 2,300 aviones nuevos, para satisfacer la demanda de pasajeros y servicios de carga.

Sin embargo, para millones de chinos viajar en avión es una experiencia relativamente nueva y muchos millones más jamás lo han hecho. Por lo tanto, es probable que las preferencias de los chinos por los viajes aéreos muestren una variabilidad mucho mayor, en comparación con los ciudadanos de otros países. Por ejemplo, en una encuesta de Delta Airlines para comparar la actitud hacia los viajes aéreos en China y en Estados Unidos, el tamaño de la muestra de la encuesta china tuvo que ser mayor que el de la encuesta estadounidense, con la finalidad de que la precisión de las estimaciones de las dos encuestas fuera comparable.[26] ■

Es importante darse cuenta de que en las encuestas las tasas de respuesta llegan a variar mucho entre los países. En una encuesta sobre negocios realizada por correo en 22 países en el año 2000, las tasas de respuesta variaron del 7.1 por ciento en Hong Kong al 42.1 por ciento en Dinamarca, con una tasa de respuesta general del 20 por ciento. El estudio también analizó factores para ayudar a explicar las diferencias en las tasas de respuesta. Los factores revisados incluían la distancia cultural y geográfica de los Países Bajos, de donde se envió la encuesta por correo. Otros factores fueron las ventas en el extranjero, el producto interno bruto de las exportaciones, el número de empleados, la distancia al poder y el tamaño de la corporación.[27]

ÉTICA EN LA INVESTIGACIÓN DE MERCADOS

Aunque la determinación estadística del tamaño de la muestra por lo general es objetiva, aún así es susceptible a consideraciones éticas. Como puede verse en la fórmula, el tamaño de la muestra depende de la desviación estándar de la variable y no hay forma de conocer con precisión la desviación estándar hasta que se hayan recolectado los datos.

Para calcular el tamaño de la muestra se usa una estimación de la desviación estándar. Esta estimación se basa en los datos secundarios, el juicio o un breve estudio piloto. Si se exagera la desviación estándar es posible incrementar el tamaño de la muestra y, por ende, los ingresos que obtiene la empresa de investigación por el proyecto. Al usar la fórmula del tamaño de la muestra, se observa que si la desviación estándar se incrementa en un 20 por ciento, por ejemplo, el tamaño de la muestra se incrementará un 44 por ciento. Es una clara falta de ética exagerar la desviación estándar y, por lo tanto, incrementar el tamaño de la muestra, con el único propósito de aumentar los ingresos de la empresa de investigación de mercados.

Los dilemas éticos pueden surgir aun cuando la desviación estándar se estime en forma honesta. A menudo, la desviación estándar del estudio real es diferente a la que se calculó en un inicio. Cuando la desviación estándar es mayor a la estimación inicial, el intervalo de confianza también será mayor de lo deseado. En dicha situación, el investigador tiene la responsabilidad de analizar este hecho con el cliente y decidir juntos el curso de acción. En las encuestas políticas se ponen de relieve las ramificaciones éticas de la comunicación errónea de los intervalos de confianza, en las estimaciones de la encuesta con base en muestras estadísticas.

INVESTIGACIÓN REAL

Las encuestas sirven a las elecciones

La difusión de los resultados de algunas encuestas ha sido muy criticada como manipuladora y carente de ética. En particular, se ha cuestionado la ética de revelar los resultados de encuestas políticas antes y durante las elecciones. Quienes se oponen a tales encuestas afirman que sus resultados inducen a error al público general. Primero, antes de la elección, los votantes se ven influidos por quien las encuestas predicen que va a ganar. Si ven que el candidato que favorecen se está rezagando, quizá decidan no votar porque suponen que no hay probabilidad de que su candidato gane. El intento de predecir el resultado de las elecciones mientras la elección está en progreso ha recibido críticas aún más severas. Quienes se oponen a esta práctica creen que predispone a los electores para que voten por el ganador pronosticado, o que podría desanimarlos para ir a votar. Aunque las encuestas no hayan cerrado, muchos no votarán porque los medios de comunicación pronostican que ya hay un ganador. Además, no sólo se cuestionan los efectos de estos pronósticos, sino que con frecuencia también se cuestiona su exactitud. Aunque pueda decirse a los votantes que un candidato tiene cierto porcentaje de los votos dentro de ±1%, el intervalo de confianza sería mucho mayor según el tamaño de la muestra.[28] ∎

Los investigadores también tienen la responsabilidad ética de investigar la posibilidad del sesgo por falta de respuesta y hacer un esfuerzo razonable para hacer ajustes por la falta de respuesta. Es necesario informar con claridad sobre la metodología adoptada y la extensión del sesgo encontrado por falta de respuesta.

INVESTIGACIÓN PARA LA TOMA DE DECISIONES

Procter & Gamble se arriesga con las marcas principales

La situación

A. G. Lafley, director general de Procter & Gamble, dio un vuelco al gigante de los bienes de consumo después de tomar el mando en el año 2000. Volvió a enfocar a P&G en sus grandes marcas como Tide, Pampers y Crest. Lafley cree que las marcas principales tienen un enorme potencial de crecimiento. Ha dejado en claro que la aburrida cultura corporativa de P&G ha desaparecido para siempre.

En mayo de 2001, Procter & Gamble, Inc. adquirió Moist Mates, "Las primeras toallas húmedas en rollo de Estados Unidos". Luego de mantener el mercado durante los pasados 20 años con su papel higiénico Charmin, P&G encontró que una cantidad considerable de consumidores ya intentaban usar un sistema de limpieza húmedo. "De hecho, la investigación de Charmin reveló que más de 60 por ciento de los consumidores adultos habían probado alguna forma alternativa de limpieza húmeda, como mojar el papel higiénico, o usar toallas para bebés o toallitas húmedas". Con eso en mente, la compra de Moist Mates se convirtió en un movimiento estratégico en el mercado. P&G tomó el producto y le cambió el nombre a Charmin Fresh Mates en rollo para mantener la armonía con el popular papel higiénico Charmin.

Encuestas realizadas en una muestra de tamaño apropiado ayudan a P&G a formular estrategias de marketing que incrementen la participación en el mercado de Charmin y Charmin Fresh Mates.

El mayor problema que percibían los consumidores era que sus técnicas de limpieza improvisadas resultaban poco prácticas. La investigación de mercados de P&G demostró que a los consumidores les atraían la familiaridad del nombre de la marca, la comodidad y la facilidad de uso de las toallas húmedas en rollo. "Juntos, estos productos ofrecen al consumidor una manera cómoda de elegir seco, húmedo o ambos", afirma Wayne Randall, gerente general de franquicias de Charmin. Charmin Fresh Mates ayudó a P&G a obtener ganancias por más de $40 millones en 2005 y las ventas siguen creciendo. Desde 2006 Charmin y otros productos de Procter & Gamble están disponibles en 140 países de todo el mundo y la empresa sabe que sus productos son "limpios".

Sin embargo, se mantiene la duda de si Charmin y Charmin Fresh Mates se perciben como productos que compiten o se complementan.

La decisión para la investigación de mercado

1. P&G quiere realizar encuestas periódicas para determinar las percepciones y preferencias de los consumidores sobre papeles higiénicos como Charmin y Charmin Fresh Mates. ¿Cómo debería determinarse el tamaño de la muestra?
2. Analice cómo contribuyó el tamaño de la muestra que usted recomendó, a que A. G. Lafley determinara las percepciones y preferencias de los consumidores por papeles higiénicos como Charmin y Charmin Fresh Mates.

La decisión para la gerencia de marketing

1. ¿Qué otra cosa debe hacer A. G. Lafley para incrementar la participación en el mercado de Charmin y Charmin Fresh Mates?
2. Analice qué influencias tienen el tamaño de la muestra que sugirió y los resultados de esa investigación, en la decisión para la gerencia de marketing que le recomendó a A. G. Lafley.[29] ■

SPSS PARA WINDOWS

Es posible usar SamplePower de SPSS para calcular los intervalos de confianza y hacer ajustes estadísticos al tamaño de la muestra. El programa permite calcular el tamaño de la muestra para medias y para proporciones.

RESUMEN

Los procedimientos estadísticos para determinar el tamaño de la muestra se basan en los intervalos de confianza. Estos métodos pueden implicar la estimación de la media o la proporción. Cuando se estima la media, es necesario especificar el nivel de precisión, el nivel de confianza y la desviación estándar de la población, para determinar el tamaño de la muestra usando el intervalo de confianza. En el caso de la proporción, deben determinarse los niveles de precisión y de confianza, y estimar la proporción de la población. El tamaño de la muestra determinado en forma estadística representa el tamaño final o neto de la muestra que debe obtenerse. Para lograr ese tamaño final de la muestra debe hacerse contacto con un número mucho mayor de encuestados potenciales, para tomar en cuenta la reducción en las respuestas que obedece a las tasas de incidencia y de terminación.

El error por falta de respuesta surge cuando algunos de los encuestados potenciales incluidos en la muestra no responden. Las principales causas de las bajas tasas de respuesta son los rechazos y el hecho de no encontrar gente en casa. La tasa de negativas o rechazos podría reducirse mediante notificaciones previas, motivación de los encuestados, incentivos, diseño y aplicación adecuada de los cuestionarios y seguimiento. El porcentaje de los casos en que no se encuentra gente en casa llega a reducirse en forma considerable con la repetición de llamadas. Pueden hacerse ajustes para la falta de respuestas por medio del submuestreo de quienes no respondieron, el reemplazo, la sustitución, las estimaciones subjetivas, el análisis de tendencias, la ponderación y la imputación.

La estimación estadística del tamaño de la muestra es todavía más complicada en la investigación de mercados internacionales, porque la varianza de la población puede diferir de un país a otro. La estimación preliminar de la varianza de la población con la finalidad de determinar el tamaño de la muestra también tiene ramificaciones éticas. Internet y las computadoras ayudan a determinar y ajustar el tamaño de la muestra, de forma que se consideren las tasas esperadas de incidencia y terminación.

TÉRMINOS Y CONCEPTOS CLAVE

distribución del muestreo, *367*
inferencia estadística, *367*
distribución normal, *367*
error estándar, *368*

valor *z*, *368*
tasa de incidencia, *376*
tasa de terminación, *377*
sustitución, *381*

análisis de tendencias, *382*
ponderación, *382*
imputación, *383*

CASOS SUGERIDOS, CASOS EN VIDEO Y CASOS DE HARVARD BUSINESS SCHOOL

Casos

Caso 2.3 El dulce es perfecto para Hershey.
Caso 4.1 Wachovia: finanzas "Watch Ovah Ya".
Caso 4.2 Wendy's: historia y vida después de Dave Thomas.
Caso 4.3 Astec sigue creciendo.
Caso 4.4 ¿Es la investigación de mercados la cura para los males del Hospital Infantil Norton Healthcare Kosair?

Casos en video

Caso en video 4.1 Subaru: el "Sr. Encuesta" supervisa la satisfacción del cliente.
Caso en video 4.2 Procter & Gamble: usando la investigación de mercados para crear marcas.

Casos de Harvard Business School

Caso 5.1 La encuesta de Harvard sobre las viviendas para estudiantes de posgrado.
Caso 5.2 BizRate.com
Caso 5.3 La guerra de las colas continúa: Coca y Pepsi en el siglo xxi.
Caso 5.4 TiVo en 2002.
Caso 5.5 Computadoras Compact: ¿Con Intel dentro?
Caso 5.6 El nuevo Beetle.

INVESTIGACIÓN REAL: REALIZACIÓN DE UN PROYECTO DE INVESTIGACIÓN DE MERCADOS

1. Analice las consideraciones cualitativas y estadísticas implicadas en la determinación del tamaño de la muestra.
2. Demuestre el uso del enfoque del intervalo de confianza (media o proporción) para calcular el tamaño de la muestra del proyecto, aunque éste se haya determinado con base en consideraciones cualitativas.
3. Analice las tasas de incidencia y terminación esperadas y el tamaño inicial de la muestra.

EJERCICIOS

Preguntas

1. Defina la distribución del muestreo.
2. ¿Qué es el error estándar de la media?
3. Defina la corrección de la población finita.
4. Defina el intervalo de confianza.
5. ¿Cuál es el procedimiento para construir un intervalo de confianza alrededor de la media?
6. Describa la diferencia entre precisión absoluta y precisión relativa al estimar la media de la población.
7. ¿Cuál es la diferencia entre el grado de confianza y el grado de precisión?
8. Dados los grados de precisión y de confianza, así como una varianza conocida de la población, describa el procedimiento para determinar el tamaño de la muestra que se necesita para estimar la media de la población. Después de seleccionar la muestra, ¿cómo se genera el intervalo de confianza?
9. Dados los grados de precisión y confianza, pero una varianza de la población desconocida, describa el procedimiento para determinar el tamaño de muestra necesario para estimar la media de la población. Después de seleccionar la muestra, ¿cómo se genera el intervalo de confianza?
10. ¿Qué efectos tiene en el tamaño de la muestra la duplicación del nivel de precisión, con el que se estima la media de la población?
11. ¿Qué efectos tiene en el tamaño de la muestra el incremento del 95 a 99 por ciento en el grado de precisión, con el que se calcula la media de la población?
12. Defina el significado de precisión absoluta y precisión relativa cuando se estima la proporción de la población.
13. Dados los grados de precisión y confianza, describa el procedimiento para determinar el tamaño de muestra necesario para estimar la proporción de la población. Después de seleccionar la muestra, ¿cómo se genera el intervalo de confianza?
14. ¿El investigador cómo puede asegurar que el intervalo de confianza generado no será mayor que el intervalo deseado, cuando se estima la proporción de la población?
15. ¿Cuál es el procedimiento para determinar el tamaño de la muestra cuando se estiman varios parámetros?
16. Defina la tasa de incidencia y la tasa de terminación. ¿Cómo influyen esas tasas en la determinación del tamaño final de la muestra?
17. ¿De qué estrategias se dispone para hacer ajustes por la falta de respuesta?

Problemas

1. Utilice la tabla 2 del apéndice de tablas estadísticas para calcular la probabilidad de que:
   a. z sea menor que 1.48.
   b. z sea mayor que 1.90.
   c. z esté entre 1.48 y 1.90.
   d. z esté entre -1.48 y 1.90.
2. ¿Cuál es el valor de z si:
   a. El 60 por ciento de todos los valores de z son mayores
   b. El 10 por ciento de todos los valores de z son mayores
   c. El intervalo debe contener el 68.26 por ciento de todos los valores posibles de z (distribuidos en forma simétrica alrededor de la media).
3. La administración de un restaurante local quiere determinar el promedio mensual que gastan los hogares en restaurantes. Algunos hogares en el mercado meta no gastan nada; en tanto que otros gastan hasta $300 al mes. La administración quiere tener una confianza del 95 por ciento en los resultados, y no quiere que el error exceda más o menos $5.
   a. ¿Qué tamaño de muestra debe usarse para determinar el gasto promedio mensual de los hogares?
   b. Después de realizar la encuesta se encontró que el gasto promedio era de $90.30 y la desviación estándar era $45. Construya un intervalo de confianza del 95 por ciento. ¿Qué puede decirse acerca del nivel de precisión?
4. Para determinar la eficacia de la campaña publicitaria de un nuevo reproductor de DVD, la administración desea saber qué porcentaje de hogares tienen conocimiento de la nueva marca. La agencia de publicidad piensa que la cifra puede ser hasta del 70 por ciento.
   La administración desea un intervalo de confianza del 95 por ciento y un margen de error no mayor a más o menos el 2 por ciento.
   a. ¿Qué tamaño de muestra debe usarse para este estudio?
   b. Suponga que la administración deseaba una confianza del 99 por ciento; pero toleraría un error de más o menos el 3 por ciento. ¿Cómo cambiaría el tamaño de la muestra?
5. Suponga que $n = 100$, $N = 1,000$ y $\sigma = 5$, y calcule el error estándar de la media con y sin el factor de corrección de la población finita.

EJERCICIOS EN INTERNET Y POR COMPUTADORA

1. Utilizando una hoja de cálculo (como EXCEL), programe las fórmulas para determinar el tamaño de la muestra, según los diferentes enfoques. (Ésta es una tarea muy sencilla).
2. Utilice los programas que desarrolló para solucionar los problemas 1 a 4.
3. Visite el sitio Web de la organización Gallup (*www.gallup.com*), o de alguna otra firma reconocida de su localidad, e identifique algunas de las encuestas que concluyó recientemente. ¿Qué tamaños de muestra se usaron en estas encuestas y cómo se determinaron?

ACTIVIDADES

Juego de roles

1. Usted trabaja en el departamento de investigación de mercados de Burger King. Esta empresa desarrolló un nuevo proceso de cocinado que hace que las hamburguesas sepan mejor. Sin embargo, antes de introducir la nueva hamburguesa al mercado, se realizarán pruebas de degustación. ¿Cómo debería determinarse el tamaño de muestra para esas pruebas? ¿Qué enfoque recomendaría? Justifique sus recomendaciones a un grupo de estudiantes que representan a la administración de Burger King.
2. Una importante empresa pública de servicios de energía eléctrica quiere determinar la cantidad promedio que gastan las familias para enfriar sus casas durante el verano. La administración piensa que debe aplicarse una encuesta. A usted se le ha nombrado asesor. ¿Qué procedimiento recomendaría para determinar el tamaño de la muestra? Haga una presentación sobre este proyecto a tres estudiantes que representarán al jefe de operaciones, al jefe de finanzas y al jefe de marketing de dicha empresa.

Trabajo de campo

1. Visite una empresa local de investigación de mercados. Averigüe cómo se determinaron los tamaños de las muestras de algunas encuestas o experimentos recientes. Escriba un informe sobre los resultados.

Discusión en grupo

1. "Las consideraciones cuantitativas son más importantes que las consideraciones cualitativas en la determinación del tamaño de la muestra". Analice esta afirmación en un equipo pequeño.
2. Discuta las ventajas y desventajas relativas del procedimiento del intervalo de confianza.

APÉNDICE 12A

La distribución normal

En este apéndice se proporciona una breve perspectiva general de la distribución normal y del uso de la tabla de la distribución normal. La distribución normal se usa para calcular el tamaño de la muestra y sirve como base para la inferencia estadística clásica. Muchos fenómenos continuos siguen la distribución normal o pueden tratarse con ésta. Asimismo, la distribución normal puede usarse para aproximarse a muchas distribuciones discretas de probabilidad.[1]

La distribución normal tiene algunas propiedades teóricas importantes. Su apariencia tiene forma de campana y es simétrica. Sus medidas de tendencia central (media, mediana y moda) son todas idénticas. Su variable aleatoria asociada tiene un rango infinito ($-\infty < x < +\infty$).

La distribución normal está definida por la media de la población μ y la desviación estándar de la población σ. Dado que existe un

---
[1] Este material fue tomado de Mark L. Berenson, Timothy Krehbiel y David M. Levine, *Basic Business Statistics: Concepts and Applications*, 10a. ed. (Upper Saddle River, NY: Prentice Hall, 2006).

número infinito de combinaciones de μ y σ, hay un número infinito de distribuciones normales y podría requerirse un número infinito de tablas. Sin embargo, al estandarizar los datos, sólo necesitamos una tabla como la tabla 2 que se presenta en el apéndice de tablas estadísticas. Cualquier variable aleatoria normal X puede convertirse en una variable aleatoria normal estandarizada z mediante la fórmula:

$$z = \frac{X - \mu}{\sigma}$$

Advierta que la variable aleatoria z siempre se distribuye normalmente con una media de 0 y una desviación estándar de 1. Las tablas de probabilidad normal por lo general se usan con dos propósitos: **1.** encontrar probabilidades que correspondan a los valores conocidos de X o z, y **2.** encontrar valores de X o z que correspondan a las probabilidades conocidas. Se analizan ambos usos.

Encontrar probabilidades que corresponden a valores conocidos

Suponga que la figura 12A.1 representa la distribución del número de contratos de ingeniería obtenidos al año por una empresa. Dado que los datos abarcan toda la historia de la empresa, la figura 12A.1 representa la población. Por lo tanto, las probabilidades o la proporción del área bajo la curva deben sumar 1.0. El vicepresidente de marketing desea determinar la probabilidad de que el número de contratos obtenidos el siguiente año esté entre 50 y 55. La respuesta se determina con la tabla 2 del apéndice de tablas estadísticas.

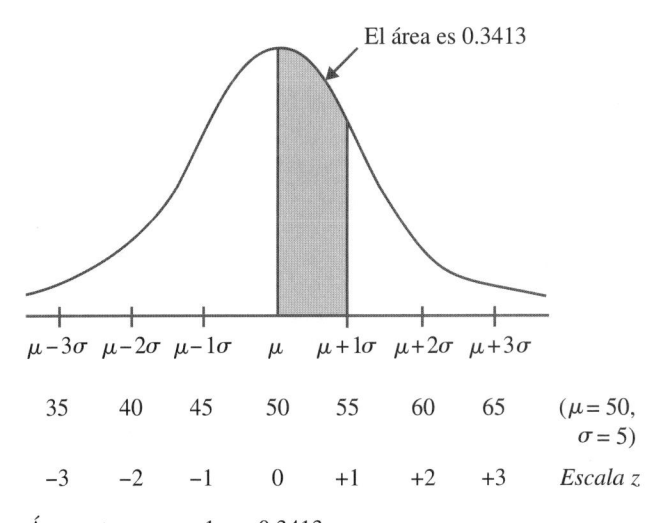

Figura 12A.1
Encontrar la probabilidad que corresponde a un valor conocido

Área entre μ y $\mu + 1\sigma = 0.3413$
Área entre μ y $\mu + 2\sigma = 0.4772$
Área entre μ y $\mu + 3\sigma = 0.4986$

La tabla 2 brinda la probabilidad o área bajo la curva normal estandarizada que va de la media (cero) al valor estandarizado de interés, z. En la tabla sólo se listan las entradas positivas de z. Para una distribución simétrica con media cero, el área que va de la media a $+z$ (es decir, z desviaciones estándar por arriba de la media) es idéntica al área que va de la media a $-z$ (z desviaciones estándar por debajo de la media).

Note que la diferencia entre 50 y 55 corresponde al valor z de 1.00. Advierta que para usar la tabla 2, todos los valores de z deben registrarse a dos espacios decimales. Para leer la probabilidad o área bajo la curva que va de la media a $z = +1.00$, baje por la columna z de la tabla 2 hasta localizar el valor z de interés (en décimos). En este caso, deténgase en la fila $z = 1.00$. Luego lea a lo largo de esta fila hasta cruzar la columna que contiene el lugar en centésimos del valor z. De este modo, en la tabla 2, la probabilidad tabulada para $z = 1.00$ corresponde a la intersección de la fila $z = 1.0$ con la columna $z = .00$. Esta probabilidad es 0.3413. Como se muestra en la figura 12A.1, la probabilidad de que el número de contratos obtenidos por la empresa el siguiente año esté entre 50 y 55 es de 0.3413. También puede concluirse que la probabilidad de que el número de contratos obtenidos el siguiente año esté entre 45 y 55 es de 0.6826 (2×0.3413).

Este resultado puede generalizarse para demostrar que para cualquier distribución normal, la probabilidad de que un artículo seleccionado al azar caiga a ± 1 desviación estándar por arriba o por debajo de la media es de 0.6826. En la tabla 2 también se observa que existe una probabilidad de 0.9544 de que cualquier observación seleccionada al azar, y distribuida en forma normal, caiga dentro de ± 2 desviaciones estándar por arriba o por debajo de la media; y una probabilidad de 0.9973 de que la observación caerá a ± 3 desviaciones estándar por arriba o por debajo de la media.

Encontrar valores que corresponden a probabilidades conocidas

Suponga que el vicepresidente de marketing desea determinar cuántos contratos deben obtenerse de manera que los contratos ya obtenidos ese año representen el 5 por ciento del total. Si ya se obtuvo el 5 por ciento de los contratos, aún debe obtenerse el 95 por ciento de ellos. Como se muestra en la figura 12A.2, este 95 por ciento puede dividirse en dos partes, los contratos arriba de la media (es decir, el 50 por ciento), y los contratos entre la media y el valor z deseado (es decir, el 45 por ciento). El valor z deseado puede determinarse a partir de la tabla 2, ya que el área bajo la curva normal entre la media estandarizada, 0, y esta z debe ser 0.4500. Buscamos en la tabla 2 el área o la probabilidad 0.4500. El valor más cercano es 0.4495 o 0.4505. Para 0.4495, vemos que el valor z correspondiente a la fila z particular (1.6) y la columna z (.04) es 1.64. Sin embargo, el valor z debe registrarse como negativo (es decir, $z = -1.64$) porque está por debajo de la media estandarizada de 0. De la misma forma, el valor z correspondiente al área de 0.4505 es -1.65. Desde 0.4500 está

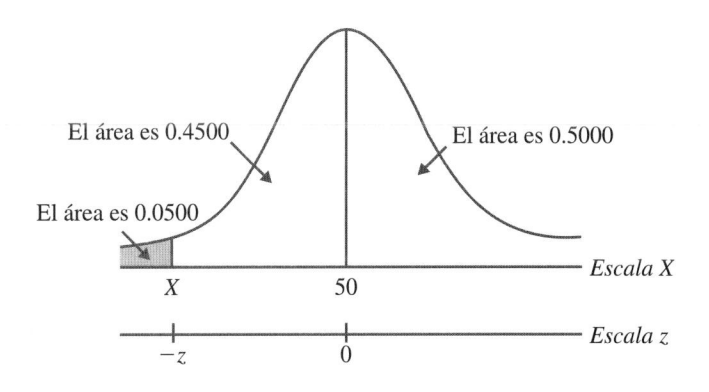

Figura 12A.2
Encontrar los valores que corresponden a probabilidades conocidas

a la mitad entre 0.4495 y 0.4505, el valor z apropiado puede estar a la mitad entre los dos valores z y estimarse en −1.645.

El valor X correspondiente se calcula entonces a partir de la fórmula de estandarización, como se muestra a continuación:

$$X = \mu + z\sigma$$

o

$$X = 50 + (-1.645)5 = 41.775$$

Suponga que el vicepresidente desea determinar el intervalo en el que se espera que caiga el 95 por ciento de los contratos para el próximo año. Como se observa en la figura 12A.3, los valores z correspondientes son ±1.96. Esto corresponde a valores X de 50 ± (1.96)5, o 40.2 y 59.8. Este rango representa el intervalo de confianza del 95 por ciento.

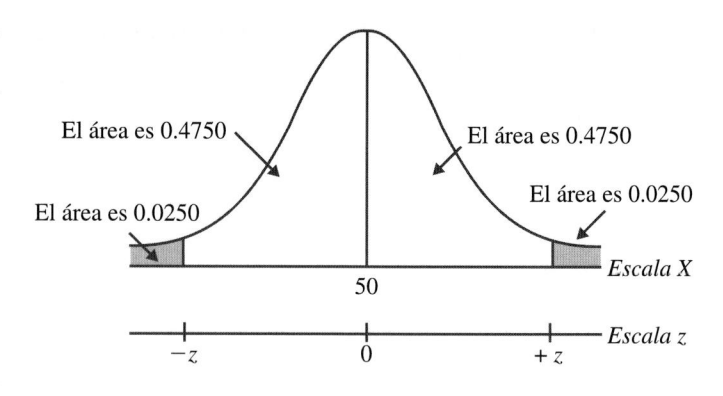

Figura 12A.3
Encontrar valores que corresponden a probabilidades conocidas: intervalos de confianza

CASOS

2.1 El pronóstico es soleado para The Weather Channel

Cuando The Weather Channel, la primera cadena televisiva dedicada las 24 horas al pronóstico del tiempo, inició sus transmisiones en 1982, de inmediato se convirtió en motivo de burlas. "Muchos en la industria nos ridiculizaron y sugerían que el único tipo de anunciante que podíamos atraer sería el de una empresa de gabardinas o botas impermeables", recuerda Michael Eckert, director general de The Weather Channel. Además de preguntarse de dónde podría venir el apoyo publicitario, los críticos se preguntaban qué tipo de audiencia iba a sintonizar un canal que sólo hablaba del estado del tiempo, un tema que suena tan interesante como ver el papel tapiz.

Hasta ahora, las respuestas a esas preguntas han sido sorprendentes. En sus cerca de 25 años de transmisión, el canal ha obtenido el patrocinio de un poderoso grupo de anunciantes que incluye a Buick, Motorola y Sopas Campbell's. En 2006 The Weather Channel llegó a más del 80 por ciento de los hogares estadounidenses y cubrió más del 95 por ciento de las viviendas con servicio de televisión por cable. Además, su exposición rebasó las fronteras de Estados Unidos para llegar a varios países del extranjero.

Según el ex vicepresidente de marketing de The Weather Channel, Steven Clapp, "debe haber existido algún momento en que la gente no estaba dispuesta a admitir que veía el canal. Ahora la gente se siente orgullosa de decir que nos ve. La investigación demuestra que hemos [aumentado los índices de audiencia], aunque es difícil identificar la razón". Un acontecimiento importante asociado al incremento de la popularidad de la cadena fue el importante esfuerzo de construcción de la marca que empezó en la primavera de 1995. Aunque algunos televidentes siempre considerarán al clima sólo como un producto, la promesa de hacer de la presentación del pronóstico del clima un bien vendible recae en el creciente segmento de televidentes "comprometidos con el clima", quienes lo sintonizan con regularidad y a los que quiere llegar la cadena. "Los televidentes saben que pueden sintonizarnos para obtener un pronóstico de calidad apoyado en la experiencia. Lo que tratamos de hacer es ir un paso adelante y establecer un vínculo emocional con el televidente", asegura Clapp. Hayes Roth, un experto en marcas, coincide en que hacer del canal una marca ayuda a construir lazos más fuertes entre los televidentes y los anunciantes. Los esfuerzos de la empresa incluyen el mejoramiento de los productos de la cadena, extender el nombre de The Weather Channel a productos relacionados y realizar una fuerte campaña publicitaria.

La cadena, cuyo eslogan afirmaba que "ningún lugar en la Tierra tiene mejor clima", fue más allá de la oferta de pronósticos expertos para crear líneas de programación adaptadas para mantener el interés del televidente. La cadena utiliza un equipo de más de 100 meteorólogos para analizar los datos del Servicio Nacional del Clima y preparar 4,000 pronósticos locales. Aunque estos reportes locales constituyen el pilar del canal, se introdujeron nuevas características que tuvieron el efecto de extender el tiempo promedio de audiencia de 11 minutos a alrededor de 14, con algunos individuos fanáticos que ven el canal durante horas. Estas nuevas características actúan para ampliar lo que constituye la información climatológica del canal y despertar el interés del televidente promedio más allá de los temas rutinarios del clima. Por ejemplo, "El pronóstico para esquiadores" destaca las condiciones en las pistas de esquí. El canal del clima ha trabajado con la Liga Nacional de Fútbol (NFL) para realizar pronósticos especializados para los días en que hay partidos. El canal aprovechó el reciente incremento del interés por el clima entre el auditorio para presentar segmentos como *The Chase*, un programa acerca de personas que persiguen tornados, y *Forecast for Victory*, un programa de una hora que destaca el papel del clima en el curso de batallas importantes de la Segunda Guerra Mundial. Estos programas mantienen a ciertos segmentos del mercado sintonizados a la estación por algo más que el pronóstico del tiempo.

Con la finalidad de crear mayor conciencia de la marca y para mantener la mayor exactitud posible de los pronósticos y actualizaciones del clima, en 2001 The Weather Channel y la marina estadounidense se asociaron para compartir información. The Weather Channel ahora tiene acceso a la avanzada tecnología de la marina para ayudarse en la predicción y presentación del estado del tiempo. Además, en enero de 2002 The Weather Channel se convirtió en el pronosticador del clima para las emisiones nacionales e internacionales de *USA Today* y para USAToday.com. Las dos empresas compartieron la cobertura del pronóstico del clima en los Juegos Olímpicos Invernales de Salt Lake City en 2002.

Una de las líneas de ampliación de mayor aceptación es el sitio Web de la empresa, *www.weather.com*, el cual permite a los usuarios crear una página personalizada del clima. A sólo 40 minutos de su lanzamiento, 1000 usuarios ya habían creado su propia página Web. A finales de 2000, weather.com relanzó su sitio en un esfuerzo por actualizar su apariencia, sentido y organización del contenido. El objetivo también era permitir que el sitio pudiera albergar mayor tráfico y contenidos, así como incorporar funciones de base de datos. Ahora, weather.com entrega contenidos de clima aún más personalizados. El relanzamiento es parte de una estrategia permanente del sitio para hacer al clima más relevante.

También es la continuación del posicionamiento de weather.com como parte de un sitio de estilo de vida. La empresa lanzará nuevos sitios específicos por país para atraer más audiencia. La empresa espera que los nuevos sitios, dirigidos a Inglaterra, Francia y Alemania, ayudarán a aumentar los ingresos en línea. También hay informes de que weather.com incluye en su sitio "servicios de portafolio por suscripción", pero la empresa se negó a dar estimaciones de cómo puede influir esto en sus ingresos.

En un esfuerzo por transformarse en un sitio de estilo de vida, *www.weather.com* lanzó en cuatro ciudades una campaña de marketing de prueba que presentaba su primer anuncio fuera de línea. Las ciudades incluidas fueron Houston, Nashville, Philadelphia y Columbus, Ohio. Se esperaba que la campaña tendría un costo entre $2 y $10 millones, según los resultados de las ciudades de prueba. Weather.com sintió la necesidad de experimentar con publicidad en diferentes medios fuera de línea, por lo que su prueba promocional incluía anuncios en televisión, radio y exteriores. Además, weather.com probó esquemas no convencionales de publicidad en bolsas de tintorería y paquetes de botanas de las líneas aéreas. Las campañas no tradicionales de weather.com utilizaban frases como, "Olvídese de lo que están usando en París, piense en Anchorage" y "¿No tiene su propio Doppler?" El vicepresidente de marketing, Alan Kaminsky, aseguró: "Las campañas de prueba fueron parte de una estrategia mayor para dar a los pronósticos de tiempo un perfil más alto".

Luego de sus inicios como una cadena de televisión dedicada al pronóstico del tiempo las 24 horas de los siete días de la semana, para 2005 The Weather Channel se había expandido a diversos medios con la finalidad de llevar el pronóstico del tiempo a sus televidentes y usuarios. El sitio Web, *www.weather.com*, fue clasificado en forma sistemática por Media Metrix entre los cinco mejores sitios Web de noticias, entretenimiento e información. Este sitio Web ofrecía las condiciones actuales y pronósticos del clima de más de 77,000 localidades en todo el mundo, junto con radares locales y regionales. La empresa también utilizó cadenas de cable, y su programa WEATHER STAR®, que transmite de forma inmediata y en tiempo real muchas llamadas de atención y advertencias sobre el clima, se convirtió en un importante servicio de The Weather Channel. En más de 250 mercados radiofónicos de Estados Unidos, The Weather Channel Radio Networks brinda información oportuna sobre el clima y pronósticos locales para las estaciones de radio afiliadas. The Weather Channel Newspaper Service ofrece paquetes especiales de pronósticos del clima a los periódicos estadounidenses que además del pronóstico local incluyen mapas regionales y nacionales, así como reportajes internacionales y especiales.

The Weather Channel también ofrece pronósticos del clima para equipos portátiles inalámbricos. Éste es un proyecto conjunto con Verizon, AT&T, Sprint y Palm Pilot. "Si el usuario ve el nombre The Weather Channel, eso refuerza la marca", afirma Hayes Roth. Además de estas sociedades, The Weather Channel ha trabajado para presentar los pronósticos de formas creativas que incluyen libros, videos caseros, calendarios, material educativo para escuelas primarias y un CD-ROM titulado *Everything Weather*. De hecho, después de la estupenda respuesta a una prueba por correspondencia, la cadena publicó un catálogo por correspondencia de mercancía relacionada con la empresa.

Aunque la campaña promocional de weather.com contribuyó a su estrategia general, la cadena aún debe superar algunos problemas a pesar de su potencial, de acuerdo con el experto en marcas Hayes Roth, quien afirma: "Tienen una gran marca, pero es tan aburrida como un pan tostado. Están haciendo un trabajo mediocre en la promoción de su marca. Si usted está cambiando canales, es tan aburrido que uno tiende a pasarlo". Roth también considera que la marca carece de una imagen moderna y atractiva: "La gente usa ropa con el logotipo de MTV porque lo considera divertido. No sé si la gente quiera ver el logotipo de The Weather Channel en sus chamarras". A pesar de algunos nubarrones, weather.com ocupa un lugar muy soleado. La cadena tiene un público numeroso y leal, algo que otras cadenas le envidian. Además, weather.com sabe en realidad de lo que habla y es un producto muy vendible. Tiene el gran potencial de "ser el dueño" del clima y podría convertirse en la marca oficial del estado del tiempo. Así que las nubes grises deben estar atentas, el cielo se está aclarando y el pronóstico es soleado para The Weather Channel.

Preguntas

1. Visite el sitio Web de The Weather Channel (*www.weather.com*) y escriba un informe sobre el tipo de información disponible en ese sitio.
2. Identifique otras fuentes potenciales de información sobre el clima.
3. Analice el papel de la investigación cualitativa para identificar las necesidades de los consumidores de información relacionada con el clima. ¿Qué técnicas de investigación cualitativa deben usarse?
4. Si fuera a realizarse una encuesta para determinar las preferencias de los consumidores sobre información relacionada con el clima, ¿qué tipo de entrevistas recomendaría? ¿Por qué?
5. ¿Es conveniente usar técnicas de observación para determinar las preferencias de los consumidores sobre información relacionada con el clima? De ser así, ¿qué técnica de observación en particular utilizaría? ¿Por qué?

Referencias

1. *www.weather.com*, visitado el 18 de enero de 2006.
2. "E-Bussiness: The Weather Channel, Inc". *Internetweek* (877) (10 de septiembre de 2001): 48.
3. Anónimo, "The Weather Channel Gets Navy Data". *Broadcasting and Cable* 131 (25) (11 de junio de 2001): 67.
4. Kim McAvoy, "Changing with the Weather.com", *Broadcasting & Cable* 131 (7) (12 de febrero de 2001): 38-39.

2.2 ¿Quién es el mejor anfitrión?

La industria hotelera, que alguna se mostró satisfecha de sí misma, tuvo que aprender a comercializar sus servicios ante el incremento en el número de hoteles y la consecuente caída en las tasas de ocupación. Después de pasar por los lamentables atentados del 11 de septiembre de 2001 y el estancamiento inducido por la recesión, la industria hotelera estadounidense anunció los ingresos registrados en 2004. De acuerdo con la empresa Hendersonville, Smith Travel Research, con sede en Tennessee, la industria hotelera estadounidense generó ganancias de $16,700 millones sobre ingresos por renta de habitaciones de $86,000 millones. Mientras tanto, el ingreso total ascendió a $113,700 millones, el más alto en todos los tiempos. En 2004 las ganancias fueron un 30.5 por ciento más altas que en 2003, cuando la industria anunció ganancias de $12,800 millones.

Todas las cadenas hoteleras realizan un esfuerzo continuo por segmentar su mercado para obtener una mayor participación en éste. Quizá el problema más difícil que enfrenta la industria es la falta de lealtad de los clientes. La mayoría de los hoteles ofrecen instalaciones similares y muchos clientes no viajan lo suficiente para reconocer las diferencias entre ellas. Por esa razón, muchas empresas optaron por diferenciar sus hoteles a través de múltiples marcas o de cambiar a diferentes segmentos del mercado. Las principales cadenas siguen usando técnicas amplias para llegar al mercado porque muchos creen que tendrán éxito si se dirigen a ciertos segmentos y satisfacen sus necesidades mejor que los competidores. Tres segmentos importantes que ganaron el interés de las cadenas hoteleras en 2000 fueron los viajeros de negocios, los adultos mayores y los viajeros de estancias prolongadas.

VIAJEROS DE NEGOCIOS

La importancia de los viajeros de negocios no ha pasado inadvertida para las cadenas de hoteles lujosos. La investigación de mercados demostró que el 75 por ciento de las estancias en este tipo de instalaciones se relacionan con los negocios. Por lo tanto, no sorprende que algunas cadenas se hayan esmerado para atraer a los viajeros de negocios. A principios de 1990, Marriott (*www.marriott.com*) comenzó a ofrecer cuartos de hotel diseñados para satisfacer las necesidades de este tipo de viajeros. Marriott sintió que podía entrar al mercado de precios moderados al dirigirse a los viajeros de negocios con el concepto de Courtyard Hotel. Para satisfacer mejor las necesidades de los viajeros de negocios, Marriott comenzó a instalar acceso a Internet de alta velocidad en sus hoteles en octubre de 2000. La cadena también cuenta con una ExecuStay Division diseñada para los viajeros de negocios de estancias prolongadas. En Estados Unidos, la división cuenta con 6,500 unidades tipo apartamento totalmente amuebladas. Por último, Marriott ofrece centros de conferencias para los viajeros de negocios. Estos centros cuentan con avanzado equipo de comunicación audiovisual para ofrecer a los viajeros de negocios una área de juntas fuera de su oficina. Para 2005, Marriott International, Inc., era la empresa hotelera más importante en el mundo con casi 2,800 unidades en operación en Estados Unidos y 69 en otros países y territorios. Marriott Lodging utiliza las siguientes marcas para manejar y conceder la franquicia de sus hoteles: Marriott Hotels & Resorts, JW Marriott Hotels & Resorts, Renaissance Hotels & Resorts, Courtyard by Marriott, Residence Inn by Marriott, Fairfield Inn by Marriott, Marriott Conference Centers, TownePlace Suites by Marriott, SpringHill Suites by Marriott, Marriott Vacation Club International, Horizons by Marriott, The Ritz-Carlton Hotel Company, The Ritz-Carlton Club, Marriott ExecuStay, Marriott Executive Apartments y Marriott Grand Residence Club.

Algunas cadenas, como Holiday Inn, han hecho intentos de marketing directo de negocio a negocio. Holiday Inn utiliza ferias comerciales, marketing directo y medios de comunicación tradicionales con un interés especial en entrar al sector del mercado de negocios. "El 25 por ciento de nuestro presupuesto corporativo de marketing está destinado a lo que llamamos negocio a negocio", afirmó el director general Bryan Langton. Además, Holiday Inn está adaptando las habitaciones para hacerlas más adecuadas para los viajeros de negocios. Entre 1994 y 1999, la cadena invirtió más de $1500 millones en remodelaciones. El propietario de la cadena Holiday Inn, Intercontinental Hotels Group (*www.ichotelsgroup.com*), ofreció sus cadenas Crowne Plaza y Embassy Suites para atraer a los viajeros de negocios de alto nivel y competir con Courtyard Hotels. La empresa usó el nombre Holiday Inn para sus hoteles con imagen de clase media y el nombre Holiday Inn Express para competir con las cadenas económicas como Motel 6, Red Roof, Days Inn, Super 8 y Econo Lodge. Sin embargo, Holiday Inn aún experimenta dificultades para diferenciar sus distintas marcas, en especial cuando más de una se ubica en la misma ciudad. Con la finalidad de lograr que sus clientes regresen a sus hoteles, Intercontinental Hotels Group puso en marcha el "Priority Club Worldwide", considerado por la empresa como "el primer y más grande programa mundial de lealtad a diversas marcas de hotel". Los miembros del club reciben puntos y promociones especiales cada vez que se hospedan en uno de los 3600 hoteles InterContinental alrededor del mundo. Los puntos pueden canjearse por estancias gratuitas de hotel, millas de aerolíneas, artículos de marcas reconocidas y paquetes de vacaciones. De manera periódica, Holiday Inn realiza promociones en las que ofrece estancias gratuitas. Por ejemplo, su promoción "la siguiente noche gratis" dio a los huéspedes la oportunidad de obtener una noche gratis, hasta un máximo de cinco, por cada noche por la que hubieran pagado.

Para 2006, InterContinental Group era el líder mundial del sector hotelero con más de 3,600 hoteles en alrededor de 100 países y territorios. Comprende marcas (y su posicionamiento) como InterContinental® Hotels & Resorts (hoteles de lujo), Crowne Plaza® Hotels & Resorts (reuniones de negocios), Hotel Indigo (que cambia con las estaciones), Holiday Inn (hotel de servicios completos para individuos y viajeros de negocios), Holiday Inn Select (hotel de negocios con precios accesibles), Holiday Inn SunSpree® Resorts (familias vacacionistas), Holiday Inn Express (precios módicos para los individuos), Holiday Inn Garden Court (Europa y Sudáfrica), Nickelodeon Family Suites by Hodilay Inn (niños), Staybridge Suites (instalación para estancias prolongadas) y Candlewood Suites (suites que combinan el ambiente hogareño y el de la oficina). Sin embargo, muchas empresas e individuos no percibieron este intento de diferenciación y se mostraban confundidos ante las diferentes marcas.

La investigación de Hyatt (*www.hyatt.com*) demostró que el 58 por ciento de los viajeros de negocios pasaban más tiempo trabajando en sus habitaciones y que el 72 por ciento decía que sentía la presión de trabajar mientras estaba de viaje. Como resultado, Hyatt inició la comercialización de su programa Business Plan, que incluye servicios tipo oficina en las habitaciones, llamadas telefónicas locales gratuitas y acceso a teléfonos con tarjeta de crédito, así como acceso durante las 24 horas a impresoras, copiadoras y equipos de fax. Hyatt también ofrece a los viajeros de negocios tecnología de punta como acceso a Ethernet de alta velocidad y equipo para videoconferencias. Además, se ofrece un desayuno de cortesía para ayudar a los viajeros de negocios a mantenerse productivos mientras viajan. En 2005 Hyatt estaba a la vanguardia en el desarrollo de opciones de registro más eficientes, como 1-800-CHECKIN, que permitía a los huéspedes registrar su estancia en el hotel por vía telefónica en Estados Unidos y Canadá. Los hoteles aprovecharon esta tendencia para adaptar sus sitios Web, lo que facilita las reservaciones en línea y genera publicidad especial para este medio. Las empresas también intentan atender otras necesidades de los viajeros más allá de las que se relacionan con el trabajo. Cuando Hoteles Hilton supo que cerca del 50 por ciento de los viajeros de negocios padecían alguna forma de insomnio, la cadena, en conjunto con la Fundación Nacional del Sueño, diseñó habitaciones especiales. Se afirma que el proyecto de habitaciones de sueño profundo ofrece un "ambiente fundamental de sueño" con colchones de la mejor calidad, almohadas sintéticas, un sistema de música con reproductor de CD para ayudar a dormir al fatigado viajero, así como un reloj con una lámpara especial que despierta con delicadeza al huésped 30 minutos antes de su hora de salida.

PERSONAS MAYORES

Las personas mayores son otro segmento del mercado al que cortejan las cadenas de hoteles. Un estudio de NOP World (*www.nopworld.com*) indica que en los próximos 25 años el número de estadounidenses mayores de 50 años se incrementará a 47.3 millones. Sólo en Estados Unidos, alguien cumple 50 años cada siete segundos. La investigación de mercados también indica que los hombres y las mujeres mayores de 50 viajan más y tienen estancias más prolongadas que sus contrapartes más jóvenes, y que sólo en 2004 gastaron más de $30,000 millones en viajes. En 1995 Choice Hotels adaptó habitaciones para este segmento y su éxito continúa hasta la fecha. Las cadenas Select Choice ofrecen el paquete Senior Room en el 10 por ciento de las habitaciones, que cuentan con comodidades que los huéspedes mayores consideraron similares a las que tendrían en su propia casa. Estas habitaciones especiales ofrecen servicios como luces más brillantes, teléfono con botones grandes y control remoto estándar. Se prestó atención especial a los baños, a los que se dotó de manijas especiales para puertas además de barras de apoyo. Estas habitaciones generan ingresos anuales por $5 millones, así que otras cadenas muestran interés por este segmento. Un aspecto de la atención a los adultos mayores que está ganando importancia para las cadenas de hoteles es la vida asistida. Las instalaciones para vida asistida, que están a la mitad del espectro de la vida independiente y los asilos, permiten a los ancianos vivir como desean a la vez que les ofrecen servicios adicionales como alimentación y limpieza de habitación. Hyatt, que opera las instalaciones de Classic Residence, es el líder en este segmento.

VIAJEROS DE ESTANCIA PROLONGADA

El segmento del mercado con mayor crecimiento, los viajeros de estancias prolongadas, ha sido por tradición el más descuidado. En 2005 los hoteles de estancias prolongadas constituían entre el 30 y 35 por ciento de todo el mercado hotelero. Los viajeros de estancias prolongadas son huéspedes que desean permanecer cinco días o más y requieren de instalaciones especiales, como personal de recepción las 24 horas y a veces servicio de cocina. Por desgracia, la demanda para este tipo de cuartos de hotel excede por mucho a la oferta. En 2005 sólo entre el 3 y 5 por ciento de la oferta de alojamiento —un poco más de 100,000 cuartos— se destinaba a instalaciones para estancias prolongadas, aunque la demanda era mucho mayor.

Un estudio realizado por PriceWaterhouseCoopers para Extended Stay America indicó que la demanda existente podía sostener alrededor de 300,000 nuevos cuartos. Las cadenas hoteleras se dieron cuenta de la oportunidad perdida y comenzaron a invertir recursos en el desarrollo y comercialización de estas instalaciones. Marriott Residence Inn domina el mercado, pero los nuevos participantes en el segmento tratan de aprovechar el gran interés por los cuartos de estancias prolongadas. Holiday Inn lanzó una nueva ampliación, Staybridge Suites de Holiday Inn, diseñada en forma específica para este mercado. Estas suites ofrecen servicios como lavandería de autoservicio las 24 horas, tienda de autoservicio las 24 horas, acceso a Internet de alta velocidad y un número telefónico personal así como correo de voz. La ampliación de Holiday Inn demostró ser un éxito.

Los hoteles intentan segmentar el mercado y ofrecer mejores servicios con la finalidad de atraer a los clientes; para lograrlo, un hotel debe ser el "mejor anfitrión". La investigación de mercados será la clave fundamental para el éxito en esta industria.

Preguntas

1. Identifique algunas posibles fuentes de datos secundarios sobre la industria hotelera. ¿Qué tipo de datos están disponibles en Internet?
2. La industria hotelera enfrenta el difícil problema de la diferenciación. Holiday Inn desea emprender una investigación de mercados para determinar cómo puede distinguirse de sus competidores. ¿Qué diseño de investigación recomendaría?
3. ¿Qué información necesita Holiday Inn para desarrollar un programa que lo distinga de sus competidores?
4. Diseñe un cuestionario para obtener la información relevante.
5. ¿Qué diseño de investigación sería apropiado para identificar los cambios en las necesidades y preferencias de los consumidores en relación con los hoteles?
6. Marriott quiere saber cuál es la mejor manera de segmentar el mercado hotelero. ¿Qué tipo de investigación le recomendaría y por qué?

Referencias

1. *www.marriott.com, www.ichotelgroup.com, www.hyatt.com*, visitado el 17 de enero de 2006.
2. Edward R. DeLome, "Hotel Industry Slowly Sees Light at the End of a Recession Tunnel", *The Real State Finance Journal* 17 (3) (invierno de 2002): 36-37.
3. Julie Forster, Andrew y Christopher Palmeri, "Making Hay While It Rains", *Business Week* (14 de enero de 2002): 32-33.
4. Eryn Brown, "Heartbreak Hotel", *Fortune* 144 (11) (26 de noviembre de 2001): 161-65.
5. Paul Davidson y Doug Carroll, "Marriott Chief Says Travel Industry Is in Recession: Occupancy Rate Down, but It Has Risen Since Sept. 11", *USA Today* (20 de noviembre de 2001): B10.
6. Daniel Northington y Sheridan Prasso, "Holiday Inn Has Just the Ticket", *Business Week* (3720) (19 de febrero de 2001): 16.

2.3 El dulce es perfecto para Hershey

¡La batalla había comenzado! Hershey y Mars, los dos gigantes de las golosinas luchaban por el primer lugar en la industria del dulce de $73,000 millones anuales. Hershey (*www.hershey.com*) perdió su trono a principios de la década de 1970 y le tomó tiempo regresar a la arena competitiva. Sin embargo, para 1985, Mars y Hershey fueron los principales productores de barras de chocolate y compartieron el 70 por ciento del mercado estadounidense de los dulces. Cadbury mantenía cerca del 9 por ciento del mercado y Nestlé apenas el 6 por ciento. Luego, en 1988 Hershey adquirió Cadbury, y su participación en el mercado de las golosinas pasó del 36 al 44 por ciento. La suma de marcas como Cadbury Dairy Milk Chocolate, Peter Paul Mounds, Almond Joy y York Peppermint Pattie, permitió que Hershey recuperara su trono en el mercado de las golosinas.

A finales de la década de 1980 y principios de la de 1990 tuvo lugar el lanzamiento de productos como Hershey's Kisses with Almonds, Hugs, Hugs with Almonds, osos de goma Amazin' Fruit y la barra Cookies 'n' Mint Chocolate. En 1994 Hershey Food Corp. celebró su centésimo aniversario en el negocio. En 1996 Hershey enfrentó el hecho de que carecía de productos fuertes en el sector no chocolatero de la industria mediante la adquisición de la marca Leaf North American, que produce fuertes vendedores como Jolly Rancher y Good & Plenty. También en 1996 presentó su línea baja en calorías Sweet Escapes, que obtuvo más de $100 millones en 1997.

Después de algunos problemas para poner en práctica un nuevo sistema de distribución en 1999, Hershey recuperó sus ventas, su participación en el mercado y el crecimiento de las ganancias en 2000, que fue su mejor año en términos de volumen desde 1996. En 2003 se introdujo Hershey's Swoops Candy Slices, que fue considerado por Productscan como uno de los productos innovadores del año. En 2005 Hershey adquirió Joseph Schmidt Confections y concluyó la compra de Scharffen Berger. A fines del año fiscal 2004, las ventas totales ascendieron a $4,640 millones. Para 2005, Hershey dominaba el mercado global de las golosinas con una participación en el mercado del 30.3 por ciento. Sus productos se vendían en más de 60 países. La participación en el mercado del jugador número dos, M&M/Mars, Inc.'s fue del 16.8 por ciento, mientras que el tercer competidor, Nestlé, obtuvo el 6.3 por ciento del mercado. Las decisiones tomadas en los pasados cien años han sido diversas y provechosas (véase las tablas 1 y 2).

Un factor que ayudó a Hershey en su batalla contra M&M/Mars fue su excelente departamento de investigación de mercados. Las investigaciones de Hershey demostraron que el consumidor habitual considera a las golosinas como un lujo o un capricho. Ante estas actitudes y creencias, el 70 por ciento de las ventas de dulces se atribuyó a compras por impulso. En 1999 Hershey introdujo Hershey Bites, una versión en miniatura de sus barras de chocolate. Para 2002, los sabores de sus dulces en miniatura incluían siete de las barras de chocolate más conocidas. El éxito de la línea Hershey Bites fue enorme, lo que incrementó en 33.4 por ciento el segmento de dulces empaquetados. Es evidente que los consumidores estaban listos para los dulces en miniatura. Los consumidores de dulces también tendían a ser volubles, pues rara vez compraban la misma barra de chocolate dos veces seguidas.

Se demostró que la edad del consumidor también influye en los hábitos de compra. La investigación de mercados también informó a Hershey del envejecimiento de la población. En la década de 1970 y principios de la de 1980, el grupo de edad dominante era el de los jóvenes de entre 13 y 29 años, que en la década de 1990 se convirtió en el grupo de edad de 35 a 50 años. Por esta razón, la industria del dulce decidió volverse exclusiva para atraer a los adultos de la generación de la posguerra, los llamados *baby boomers*. Para el año 2000, la mediana de la edad de los estadounidenses era de 40 años. La Asociación Nacional de Dulceros de Estados Unidos cree que a medida que los estadounidenses envejecen, tienden a favorecer las cosas buenas de la vida, entre las que se encuentran los dulces de calidad. Un análisis transversal múltiple de patrones de consumo reveló que los adultos consumían un porcentaje creciente de golosinas (tabla 3). Así se comprobó que el mercado de adultos es cada vez más lucrativo.

Además, para ganar participación en el mercado, Hershey decidió convertirse en un intrépido innovador de productos. Por ejemplo, en 1998, la barra de chocolate Reese's NutRageous fue probada en un inicio con el nombre de *Acclaim*. Por desgracia, cuando el equipo de marketing de Hershey mostró a los consumidores el nombre *Acclaim* escrito en un pedazo de papel blanco y les preguntó qué era lo que les venía a la mente, su principal asociación era con el automóvil Acclaim fabricado por Plymouth. Esto demostró a los mercadólogos que necesitaban crear un nuevo nombre, así que probaron con el nombre NutRageous. El nombre se adaptaba perfectamente a la descripción del producto. En febrero de 1998 se introdujo ReeseSticks, que combina tres ingredientes que los consumidores adoran: la mantequilla de maní (cacahuate) de Reese, galletas crujientes y chocolate con leche. El éxito de ReeseStick fue tan grande que la demanda inicial excedió la capacidad de Hershey para producir todos los tipos de empaques usuales. Para atraer a los adultos con más apetito, Hershey introdujo en mayo de 2000 el Kit Kat Big Kat. Esta versión más grande de un viejo producto favorito es dos veces más ancha y tres veces más gruesa que una sección del Kit Kat tradicional. Para atraer a los niños, Hershey introdujo un nuevo producto para la fabricación de dulces llamado Hershey's Candy Bar Factory. El producto entró al mercado en junio de 2000 y permitía que los niños usaran su creatividad e imaginación para crear su propia y única barra de chocolate.

Por muchas razones, Hershey, como sus competidores, ha estudiado la industria de los refrigerios con la idea de que lo dulce no sólo está en las golosinas. En la actualidad, los consumidores más exigentes buscan las barras de helado, las galletas y las barras de granola cubiertas de chocolate cuando tienen el antojo de algo dulce. En 1999 Hershey y Breyers Ice Cream se unieron para lanzar una línea de golosinas con dos sabores: Breyers Hershey's Milk Chocolate with Almonds Ice Cream y Breyers Reese's Peanut Butter Cup Ice Cream with Fudge Swirls. Hershey ya

TABLA 1
Cronología de Hershey

Año	Evento
1895	Se vende la primera barra de chocolate Hershey
1907	Lanzamiento de Hershey's Kisses
1908	Se lanza al mercado la barra de chocolate con almendras de Hershey
1911	Las ventas alcanzan $5 millones
1925	Lanzamiento de la barra de chocolate Mr. Goodbar
1938	Lanzamiento de la barra Hershey's Krakel
1939	Lanzamiento de las miniaturas de Hershey
1945	Muere Milton Hershey a los 88 años
1963	Se adquiere Reese Candy Co., fabricante de las copas de chocolates rellenos de mantequilla de maní Reese
1966	Hershey adquiere San Giorgio Macaroni Co.
1968	Hershey Chocolate Corp. cambia su nombre a Hershey Foods Corp.
1977	Se adquiere Y & S Candies Inc., fabricante de caramelos de regaliz y productos similares como Twizzlers and Nibs
1986	Se unen las marcas comerciales Luden y 5th Avenue por medio de la adquisición de las operaciones de la productora de confitería Dietrich Corporations
1988	Hershey Foods Corp. adquiere las operaciones del fabricante de golosinas Peter Paul/Cadbury U.S. Las marcas adquiridas incluyen Peter Paul Mounds, las barras de Almond Joy y York Peppermint Patties
1990	Lanzamiento de los Kisses con almendras de Hershey
1991	Se compra la planta productora de leche que se usaba para fabricar la bebida de chocolate
1992	Se lanzan las barras Hershey's Cookies 'n' Mint y los osos de goma Amazin'Fruit
1993	Se lanzan Hershey's Hugs y Hershey's Hugs con almendras
1994	Lanzamiento de los chocolates Hershey's Nuggets y la marca de cereal Reese's Peanut Butter Puffs
1996	Hershey lanza su línea de chocolates bajos en calorías Sweet Scapes y adquiere la marca Leaf North American para fortalecer su línea no chocolatera
1997	Lanzamiento de los chocolates Reese's Crunchy Cookie Cups
1998	Se lanzan los dulces Reese Sticks
1999	Lanzamiento de los chocolates Hershey's Bites en sabores como Almond Joy, Reese's Peanut Butter Cups, Hershey's Milk Chocolate With Almonds y Hershey's Cookies and Crème
2000	Hershey adquiere el negocio de Nabisco de pastillas para el aliento y gomas de mascar por $135 millones
2001	Hershey's Bites asegura el décimo lugar en la lista de los 10 mejores nuevos productos lanzados en 2,000
2003	Lanzamiento de Hershey's Swoops Candy Slices, considerado por Productscan como uno de los productos innovadores del año
2005	Hershey adquiere Joseph Schmidt Confections y concluye la compra de Scharffen Berger

TABLA 2
Las 10 principales marcas de chocolate en E. U.

Lugar	Marca	Participación (en porcentaje)
1	Snickers	10.20
2	Reese's	9.33
3	M&M Peanut	6.31
4	M&M Plain	5.26
5	Kit Kat	4.97
6	Butterfinger	4.71
7	Hershey Almond	3.39
8	Crunch	3.33
9	Milky Way	3.25
10	Hershey Milk	2.91

había entrado al mercado de la granola con las barras New Trail. La empresa también produce otros productos distintos a las golosinas, como chocolate y dulce para repostería, jarabe de chocolate, bebidas de chocolate, cubiertas para helados, cocoa en polvo para mezclar con leche caliente y mantequilla de maní. También incursionó en el mercado de dulces distintos al chocolate con la adquisición de Y&S Candies, que fabrica Twizzlers y Nibs. En un esfuerzo por reforzar las cualidades divertidas de la marca Twizzler, se lanzó una nueva campaña durante la primavera de 2001. Los comerciales presentaban un segmento de acción en vivo con duración de 30 segundos que dejó atrás 15 años de presentaciones animadas. El nuevo dulce de Twizzler TWIST-n-FILL, lanzado en junio de 2000, también resaltó las cualidades divertidas de Twizzler. El dulce combina sabores y está disponible en dos combinaciones, sandía/cereza y frambuesa/tropical.

A finales del 2000 Hershey adquirió por $135 millones el negocio de pastillas de menta para el aliento y gomas de mascar de Nabisco. Las marcas afectadas por la adquisición incluyen a Ice Breakers, mentas intensas Breath Savers Cool Blast, Care*free, Stick*free, Bubble Yum y las gomas de mascar Fruit Stripe, así como la fábrica de goma de mascar de Nabisco en Puerto Rico.

Cuando la investigación de mercados indicó que el segmento del chocolate de alta calidad crecía a tasas aceleradas, Hershey adquirió en 2005 Joseph Schmidt Confections y concluyó la adquisición de Scharffen Berger, ampliando su alcance al segmento de chocolates de alta calidad. "Las adquisiciones de Scharffen Berger y de Joseph Schmidt son oportunidades estratégicas para que

TABLA 3
Consumo de dulces por grupo de edad (porcentaje)

GRUPO DE EDAD	1980	1990	2000	2005 (ESTI.)
0–17 años	46%	38%	33%	30%
18–34 años	22%	23%	24%	25%
35–45 años	20%	24%	26%	27%
46+ años	12%	15%	17%	18%

Hershey capitalice su alto crecimiento tendiente al segmento de chocolates de alta calidad", declaró Richard H. Jenny, presidente y director ejecutivo de The Hershey Company. "Estas empresas ofrecen dos plataformas distintas para ampliar nuestra presencia en el segmento principal de $1,700 millones. Scharffen Berger es el líder en la arena distintiva del chocolate oscuro con alto contenido de cacao, mientras que Joseph Schmidt se especializa en chocolates finos y regalos de chocolate hechos a mano. Esperamos captar el inmenso potencial de crecimiento de Scharffen Berger y Joseph Schmidt para ampliar la posición de liderazgo de Hershey en el mercado estadounidense de las golosinas".

Aunque el dulce es perfecto para Hershey, tiene la inteligencia para comprender que, por sí solas, las barras de chocolate no hubieran dado a la empresa su más dulce final.

Preguntas

1. Busque en Internet y recopile información relacionada con el mercado de las golosinas.
2. Describa el tipo de investigación de mercados que pudo haber dado lugar al lanzamiento de Kit Kat Big Kat. Analice el tipo de diseño de investigación que habría sido apropiado.
3. Describa el mercado meta de Kit Kat Big Kat. ¿Qué tipo de información debe obtenerse sobre sus preferencias, intenciones de compra, comportamientos, estilos de vida y aspectos psicográficos y demográficos?
4. ¿El dulce es sólo eso o los consumidores lo ven como algo más, por ejemplo, una recompensa? ¿Cómo ayudaría la investigación cualitativa a encontrar una respuesta? ¿Qué técnicas de investigación cualitativa deberían usarse y por qué?
5. Analice las técnicas de escalamiento que deben emplearse para medir las preferencias, las intenciones de compra, los estilos de vida, las actitudes y el conocimiento sobre los dulces. ¿Cuál es la naturaleza (nominal, ordinal, de intervalos o de razón) de la información obtenida por cada una de estas escalas?
6. Diseñe parte de un cuestionario que pueda usarse para obtener esta información.
7. ¿Cuál sería la mejor manera de aplicar el cuestionario? ¿Qué técnica de entrevistas debería usarse? ¿Por qué?
8. Recomiende una técnica de muestreo apropiada para esta encuesta. ¿Cómo debe determinarse el tamaño de la muestra?
9. ¿Podría usarse la técnica de la observación para determinar las preferencias de los consumidores por diferentes tipos de barras de chocolate? De ser así, ¿qué técnica de observación en particular usaría? ¿Por qué?

Referencias

1. John S. Gordon, "The Sweet Taste of Success", *The Wall Street Journal* (17 de enero de 2006): D8.
2. Boletín de prensa, "The Hershey Company Acquires Joseph Schmidt Confections and Completes Scharffen Berger Acquisition, Extending Reach into Premium Chocolate Segment". Lunes 15 de agosto de 2005, disponible en *biz.yahoo.com/prnews/050815/phm039.html?.v=15*.
3. Bill Sulon, "Hershey Foods Tops Candy-Selling Rivals", *Knight Ridder Business News*, (19 de enero de 2002): 1.
4. Stephanie Thompson, "Hershey to Increase Ad Budgets for Key Brands", *Advertising Age* (72) 44 (29 de octubre de 2001): 1, 40.

2.4 Las fragancias son dulces, pero la competencia es amarga

La madura industria de las fragancias se ha convertido en un campo de batalla de marketing. Todos los fabricantes luchan por retener su parte en la participación del mercado. En la década de 1970 las fragancias estaban entre los 20 productos que implicaban mayor gasto en dólares. Sin embargo, a mediados de la década de 1990 habían caído a los primeros 50. Como resultado, los fabricantes recurrieron al lanzamiento de nuevos productos para estimular el interés de los consumidores, en ocasiones al precio de las antiguas marcas. Al inicio de la década de 1980, la cantidad de lanzamientos de nuevos productos era de 20 a 25 por año, y para mediados de la década de 1990 aumentó a entre 30 y 40. Sin embargo, el lanzamiento de nuevos productos no logró incrementar las ventas totales de frascos. Desde 1981, la venta de fragancias femeninas en Estados Unidos cayó casi un 34 por ciento en relación con la venta total de frascos.

En el siglo XXI, la industria de las fragancias enfrenta todavía la creciente competencia, transparencia de los precios y cambios fundamentales en la distribución. Durante las 52 semanas que terminaron el 3 de octubre de 2004, las ventas de las fragancias femeninas descendieron casi un 6 por ciento, mientras que las ventas de las fragancias y las lociones masculinas para después de afeitar cayeron 0.7 por ciento. Sin embarg los ejecutivos de la industria insisten en que las ventas totales del mercado de prestigio indican que no todo está perdido. De acuerdo con NPDBeauty, una división de NPD Group (www.npd.com), las ventas totales de las fragancias de prestigio fueron de $1,000 millones para el periodo de enero a junio de 2004, un punto porcentual arriba del periodo equivalente del año anterior. A las esencias femeninas les fue mejor que a las masculinas al lograr ventas por $678 millones, un incremento del 2 por ciento respecto al año anterior. La categoría masculina disminuyó en 1 por ciento, con un total de $345 millones en el periodo. El mercado de las fragancias recibe una fuerte influencia de las tendencias predominantes en la moda y se caracteriza por un bajo nivel de lealtad a la marca. Todos esos factores contribuyen a las limitadas perspectivas de crecimiento de la industria de las fragancias en el futuro; sin embargo, continúa la competencia entre las empresas fabricantes. Las empresas de fragancias deben tratar de representar a su marca como un "sueño en una botella". En 2004, las empresas del sector invirtieron más de $50 millones en publicidad en un intento por describir la calidad "de ensueño" de su producto.

Un tema destacado en la publicidad de las fragancias es el sexo, pero las bajas ventas sugieren que el ángulo sexual no fue tan atractivo como esperaban muchos fabricantes. Un informe de Euromonitor, la empresa de consultoría en investigación de mercados con sede en Londres, afirma que a pesar del énfasis de la industria de las fragancias en los productos unisex, el mercado había repuntado y una vez más se habían puesto de moda las fragancias tradicionales específicas para cada género. La naturaleza competitiva de la industria forzó a muchos fabricantes a buscar nuevos centros de distribución. Uno de ellos fueron las farmacias de autoservicio (véase la tabla 1). La consolidación entre las tiendas departamentales redujo el número de centros de distribución para las fragancias. Algunas investigaciones de mercados indicaron que los clientes de las farmacias de autoservicio estaban comprando más productos no farmacéuticos, como maquillajes y perfumes. En 2005 la venta de fragancias en las farmacias representó menos del 50 por ciento del valor de la acción. Además, se esperaba que disminuyera a medida que se acaloraba la competencia de las cadenas de tiendas de abarrotes. Se encontró que los consumidores entre 30 y 60 años van a las farmacias por medicamentos más a menudo que los consumidores más jóvenes. Las mujeres entre 20 y 30 años que tenían hijos pequeños también hacían viajes frecuentes a las farmacias. Las mujeres menores de 25 años, quienes realizaron entre el 8 y 9 por ciento de las compras de fragancias, preferían comprarlas en farmacias más que en las tiendas departamentales. Por otro lado, las mujeres de 45 años o más, que tienen mayores ingresos y poder discrecional de compra adquirieron el 33 por ciento de las fragancias, por lo general en tiendas departamentales. Las tiendas especializadas en ropa también atrajeron la atención ya que la tasa de sus ventas totales se duplicó en comparación con el incremento de las ventas en tiendas departamentales y de descuento. El cambio a farmacias y tiendas de descuento permitió que las fragancias finas estuvieran disponibles para más consumidores conscientes de los precios. Sin embargo, también dio lugar a una pérdida en la imagen de las fragancias finas. Puesto que muchas marcas están ahora disponibles en muchos tipos de almacenes minoristas, se ha creado una brecha para las marcas exclusivas que se venden a un precio más elevado en un número limitado de tiendas. La tabla 2 presenta las grandes marcas en términos de participación del mercado.

Las minorías representan otro segmento potencial del mercado. Se espera que los gastos en perfumes de los afroestadounidenses, hispanos y asiáticos crezca a una tasa mucho más rápida que para el resto de la población. Ante el declive en el mercado estadounidense de fragancias, los vendedores decidieron entrar a nuevos mercados como los países latinoamericanos. Los vendedores piensan que estos países podrían ser una gran oportunidad de crecimiento debido a su integración a la economía global y al crecimiento de la cultura latina en todo el mundo. Esta actitud se debe al éxito general del mercado anunciado en Perú, Venezuela, Argentina y Chile. Datamonitor anticipó que gracias a la disminución de la inflación, el incremento de las privatizaciones y la reducción de las barreras comerciales por medio de amplios acuerdos bilaterales, los países latinoamericanos seguirán mejorando su posición económica y, en el futuro, serán importantes puntos de venta para las fragancias. Además, se predice que el segmento masculino obtendrá una mayor atención. Como la década de 1990 fue la época en que se desarrolló una imagen positiva de las mujeres, se piensa que en las próximas décadas habrá un mayor desarrollo de una imagen positiva de los hombres. Para 2005, el tamaño del mercado de fragancias masculinas era aproximadamente la mitad del tamaño del mercado de fragancias para mujeres. Se registró un alza en el uso de fragancias masculinas cuando surgieron las primeras revistas de moda y estilo de vida dirigidas a los hombres, pero este segmento del mercado se estancó en el periodo 2004-2005. Se ha reportado que alrededor del 30 por ciento de los hombres reciben como regalo colonias,

TABLA 1
Ventas a través de farmacias

Principales fragancias finas:
- Calvin Klein
- Yves Saint Laurent
- Estee Lauder
- Chanel
- Hugo Boss
- Christian Dior

Principales fragancias de masas:
- Lynx
- Gillette Series
- Coty
- Yves Rocher
- Revlon
- Old Spice

TABLA 2
Participación en el mercado de las principales marcas (porcentaje)

1. LVMH Moet Hennessy Louis Vuitton SA	8.2
2. L'Oreal SA	7.6
3. Estee Lauder Company Inc.	7.0
4. Unilever Group	6.5
5. Avon Products Inc.	5.8
6. Coty Inc.	4.7

lociones para después de afeitar, y otras fragancias, y que el 39 por ciento de los hombres se apegan a una marca cuando compran una fragancia. Además, el 36 por ciento de los hombres afirman tener una marca de fragancia que usan todo el tiempo. Otro segmento que los fabricantes de perfumes no deben pasar por alto es el de los estadounidenses mayores. Para el año 2005, más de un tercio de la población era mayor de 50 años.

En 2005 el comercio electrónico en la industria de las fragancias se volvió muy prometedor y rentable tanto para las marcas existentes como para las nuevas que eran imposibles de conseguir de otra forma. Los expertos sugieren que los vendedores de fragancias se relacionen con el comercio electrónico para incrementar el reconocimiento de marca. Sin embargo, los vendedores de fragancias deben darse cuenta de que el surgimiento de Internet ha incrementado la transparencia de precios, lo que facilita hacer compras en línea para obtener el mejor precio.

Los vendedores también deben comprender la importancia de la investigación de mercados. Las claves para el éxito están en la definición de mercados, la verdadera comprensión de las preferencias de los consumidores, la creación de marcas que satisfagan de manera sistemática esas expectativas y la comunicación al consumidor de los atributos de tales marcas. Más allá de percibir las tendencias del público, es importante lograr que la imagen de la marca coincida con la fragancia. Incluso la marca más brillante no se venderá si no satisface las percepciones de los rasgos de la marca. Las pruebas con los consumidores se utilizan para asegurar que el producto refleje su imagen y son cada vez más importantes para la industria.

Una encuesta de NPD Group encontró que las mujeres compran perfumes en vez de esperar que alguien más los compre para ellas. Entre las que usan fragancias, el 49 por ciento compró el año anterior tres o más botellas para su uso personal. De igual manera, el discreto auge en las ventas de paquetes de perfumes para regalo se debe en gran medida a las mujeres que los compran para ellas mismas. De esta forma, "la mayoría de las mujeres que usan una fragancia poseen seis frascos o más de perfume". Un estudio reciente encontró que los grandes nombres son cada vez más importantes. Para reforzar esta idea, el 63 por ciento de los usuarios de fragancias admitieron que los nombres de celebridades y diseñadores influyeron en su elección de una marca. Esto fue más cierto para las mujeres de 15 a 34 años que para las mujeres mayores, quienes mantenían "su lealtad a los perfumes clásicos". NPD reportó en 2005 que, en la industria de las fragancias, "las categorías en el canal de prestigio se han orientado cada vez más hacia los consumidores adinerados. Éste es un segmento del mercado que en los tiempos recientes ha recibido mucha atención y son muchos los fabricantes de productos de belleza que tratan de comprender qué es lo que atrae a los consumidores de productos de lujo".

En la actualidad, los consumidores tienen estilos de vida diversos y la meta de los vendedores de fragancias es satisfacer esas distintas necesidades. Una tendencia importante es el interés del consumidor en la búsqueda interior de paz y alivio frente al estrés. Se ha dado un distanciamiento de las esencias fuertes de inicios de la década de 1990 hacia fragancias más frescas y ligeras en la presente década.

Se han vuelto de gran aceptación las esencias para el hogar como vainilla, chocolate y café. La tendencia hacia un estilo de vida saludable sigue en auge y con frecuencia se consumen esencias florales y frutales que tienen una connotación de salud y vitalidad. Quest, un importante proveedor de fragancias, utiliza las técnicas más actualizadas para capturar las esencias naturales y convertirlas en fragancias corporales vigorizantes. Mientras tanto, los consumidores muestran un renovado interés en la elegancia y el encanto para las noches. Para complacer esos diferentes estilos de vida, los consumidores buscan fragancias que pueden adaptarse al aspecto o ánimo de un día o una noche particular. Las marcas que puedan ofrecer una actitud delicada combinada con lujo y elegancia, y que logren comunicar y presentar con éxito una imagen conocida serán redituables. Depende de los vendedores satisfacer las expectativas de los consumidores si desean revitalizar sus ventas en el nuevo milenio y enmascarar el amargo sabor de la competencia con el dulce aroma del éxito.

Preguntas

1. Identifique algunas posibles fuentes de datos secundarios sobre la industria de las fragancias. ¿Qué fuentes pueden localizarse en Internet y cómo debe realizarse una búsqueda en ese medio?
2. Analice el tipo de investigación de mercados que podrían realizar los fabricantes de fragancias para determinar si existe demanda para un nuevo perfume.
3. Una vez que se ha identificado el mercado para una nueva fragancia, ¿qué tipo de información se requiere sobre sus actitudes, preferencias, intenciones de compra, comportamiento, motivaciones, perfiles psicográfico y demográfico?
4. ¿Qué técnicas recomendaría para reunir la información requerida la pregunta anterior? Analícelo.
5. Analice el papel de la investigación cualitativa para determinar las emociones que el consumidor asocia con los perfumes. ¿Qué técnica de investigación cualitativa debería emplearse y por qué?
6. Diseñe escalas apropiadas para obtener la información identificada en la pregunta anterior.
7. Un asistente analista diseñó el cuestionario adjunto (anexo 1) para un proyecto de investigación de mercados que pretende evaluar la demanda de nuevas fragancias. ¿Está bien diseñado este cuestionario? De no ser así, ¿cómo podría mejorarse?

Referencias

1. "Fine Fragrance: Holiday 2004" disponible en *www.happi.com/current/Nov041*, visitado el 16 de agosto de 2005.
2. "2004: The Year That Was", disponible en *http://www.npdinsight.com/corp/enewsletter/html/archives/november2004/cover_story.html,* visitado el 16 de agosto de 2005.
3. Bill Schmitt, "Making Scents of Demand and Technology Trends", *Chemical Week* (163) 43 (21–28 de noviembre de 2001): 36.
4. Glenn Koser, "Retail Scents", *Global Cosmetic Industry* (169) 6 (noviembre de 2001): 50.

ANEXO 1
Encuesta en torno a una nueva fragancia

Por favor, complete la siguiente encuesta y responda las preguntas con la mayor precisión posible.

Parte I

1. ¿Cuál es su género?
   - _____ Masculino
   - _____ Femenino

2. ¿A qué grupo de edad pertenece?
   - _____ 18–24   _____ 35–44
   - _____ 25–29   _____ 45 o más
   - _____ 30–34

3. ¿A qué categoría de ingresos pertenece?
   - _____ 0–$15,000   _____ $35,000–$45,000
   - _____ $15,000–$25,000   _____ $45,000 o más
   - _____ $25,000–$35,000

4. ¿Cuál es su estado civil?
   - _____ Casado(a)
   - _____ Soltero(a)

5. En caso de ser casado, ¿cuántos hijos tiene?
   - _____ uno   _____ tres
   - _____ dos   _____ cuatro o más

6. ¿Con qué frecuencia va a los centros comerciales?
   - _____ una vez por semana (o más)
   - _____ una vez al mes
   - _____ una vez cada seis meses
   - _____ una vez al año

7. Si hace compras en tiendas departamentales, ¿cuál es la que frecuenta?
   - _____ Macy's
   - _____ JCPenney
   - _____ Sears
   - _____ Sak's Fifth Avenue/Neiman Marcus

Parte II

8. Por lo regular compro mis perfumes en una tienda departamental.

1	2	3	4	5
Completamente de acuerdo	De acuerdo	No lo sé	En desacuerdo	Completamente en desacuerdo

9. Por lo regular compro mis perfumes en una farmacia.

1	2	3	4	5
Completamente de acuerdo	De acuerdo	No lo sé	En desacuerdo	Completamente en desacuerdo

10. Sólo compro una sola marca de perfume.

1	2	3	4	5
Completamente de acuerdo	De acuerdo	No lo sé	En desacuerdo	Completamente en desacuerdo

11. Los perfumes en las tiendas departamentales valen el costo adicional.

1	2	3	4	5
Completamente de acuerdo	De acuerdo	No lo sé	En desacuerdo	Completamente en desacuerdo

12. Los paquetes de regalos gratuitos son un claro incentivo para comprar un perfume.

1	2	3	4	5
Completamente de acuerdo	De acuerdo	No lo sé	En desacuerdo	Completamente en desacuerdo

13. El respaldo de una celebridad a una fragancia la hace más atractiva.

1	2	3	4	5
Completamente de acuerdo	De acuerdo	No lo sé	En desacuerdo	Completamente en desacuerdo

14. Los perfumes respaldados por celebridades son de mejor calidad.

1	2	3	4	5
Completamente de acuerdo	De acuerdo	No lo sé	En desacuerdo	Completamente en desacuerdo

15. Podría estar interesado en un nuevo perfume.

1	2	3	4	5
Completamente de acuerdo	De acuerdo	No lo sé	En desacuerdo	Completamente en desacuerdo

16. Con frecuencia pruebo nuevos perfumes.

1	2	3	4	5
Completamente de acuerdo	De acuerdo	No lo sé	En desacuerdo	Completamente en desacuerdo

Part III

17. ¿Con qué frecuencia compra perfumes?
    _____

18. ¿Cuál es su perfume preferido?
    _____

19. ¿Qué cualidades busca en un perfume?
    _____
    _____

20. ¿Está contento con los perfumes que en la actualidad se encuentran en el mercado?
    _____
    _____

Gracias por su tiempo. Su colaboración nos ayudará a satisfacer mejor sus necesidades de perfumes.

2.5 ¿La publicidad del Súper Bowl es súper eficaz?

Se estima que alrededor de mil millones de televidentes en todo el mundo sintonizaron la transmisión del domingo de Súper Bowl en 2005, lo que hace que el evento sea una de las mejores ocasiones para el entretenimiento en casa. De acuerdo con Nielsen Media Research, cuatro de los diez programas más vistos en toda la historia de la televisión han sido partidos de Súper Bowl. El tiempo para publicidad durante el Súper Bowl es limitado y muy costoso. La lucha por los mejores espacios inicia con muchos meses de anticipación al día de la emisión. En 1993 el costo por un comercial de 30 segundos alcanzó la cantidad de $850,000, pero para 1997 el costo se había elevado a $1.2 millones por el mismo tiempo. En 1998 un comercial de 30 segundos transmitido durante el Súper Bowl costó $1.3 millones. En el año 2000, un comercial de 30 segundos durante el mismo evento costó a las empresas un promedio récord de $2.2 millones. Ese mismo año las empresas "punto.com" que desde entonces han fracasado o que tienen dificultades para mantenerse a flote compraron el 40 por ciento de los espacios publicitarios del Súper Bowl. Para 2005, la tarifa promedio de un anuncio publicitario de 30 segundos en el evento fue de casi $2.4 millones.

En contraste, en 2005, un comercial de 30 segundos en una estación local de uno de los 10 mejores mercados costó entre $4,000 y $45,000 durante los programas de mayor audiencia. Un comercial de 30 segundos en horario estelar, transmitido por una cadena televisiva costó entre $80,000 y $600,000 según los niveles de audiencia, con un costo promedio entre $120,000 y $140,000. Un comercial de 30 segundos en horario estelar en televisión por cable costaba entre $5,000 y $8,000 dependiendo de la cadena.

¿Valen la pena los costos de la publicidad durante el Súper Bowl? Para muchos anunciantes que adquirieron tiempos de espacio publicitario en juegos anteriores, la respuesta fue un rotundo no. Nissan, Porsche, Fila y MCI rechazaron la oportunidad de anunciarse durante el partido. De acuerdo con el asesor de marketing Jack Trout, el incremento en los costos hace difícil justificar la compra de tiempo publicitario durante la transmisión del Súper Bowl. El director de marketing de Nissan, Brad Bradshaw, afirmó que aunque la empresa intentó anunciarse durante el partido, se llegó a la conclusión de que podían utilizar de mejor manera esos recursos para vender sus vehículos por otros medios.

Además del factor costo, muchos se preguntan qué efecto tiene en realidad la publicidad sobre la audiencia. El propósito de la publicidad es incrementar la conciencia del cliente de una marca particular. Sin embargo, en el caso de los anuncios durante el Súper Bowl, el nombre de la marca a menudo pasa a un segundo lugar respecto al comercial mismo, en términos de la atención del espectador. Los anuncios en el Súper Bowl se han convertido en eventos por sí mismos, ya que cada empresa trata de transmitir un comercial novedoso que cause revuelo. Desde el clásico anuncio de computadoras de Apple "1984", las empresas publicitarias tratan de superar los anuncios de las temporadas anteriores (véase la tabla 1). A menudo las agencias publicitarias

TABLA 1
Los tres mejores anuncios del Súper Bowl

2005
1. Ameriquest (el gatito muerto)
2. Carreerbuilder.com (los monos y el cojín)
3. Ameriquest (asalto a una tienda de conveniencia)

2004
1. Bud Light, "Los perros y la cerveza"
2. Budweiser, "Clydesdale/Donkey"
3. (ligados) Pepsi, "Los osos de Pepsi" y Lay's Chips "Los abuelos discuten"

De todos los tiempos
1. Apple, "1984"
2. Coke, "Mean Joe Greene"
3. McDonald's, "Michael Jordan, Larry Bird y el juego del caballo"

y sus clientes parecen buscar anuncios que resulten extraordinarios en cuanto a creatividad, y no por su objetivo final, y presentan promociones que llaman la atención, pero que no se traducen en la compra del producto. Resulta cuestionable si se retiene la marca del producto en la mente de la audiencia, pues a pesar de tener un comercial increíble, es posible que muchos de los dólares invertidos por el anunciante en la publicidad sirvan sólo para dar el tema de conversación durante una semana, y no para formar una imagen duradera de la marca en la mente de los consumidores. Sin una nueva investigación sobre la eficacia de la publicidad en el Súper Bowl y sus efectos en los consumidores, será mejor que muchos anunciantes eviten comprar tiempo de publicidad durante el evento y abandonen a la mayor audiencia de la televisión en el mundo.

Algunos anunciantes como Purina Cat Chow han adoptado el enfoque ligeramente diferente de comprar tiempo aire en el programa inmediatamente posterior al Súper Bowl. La empresa obtuvo tiempo aire a una sexta parte del costo durante el partido y cree que conservó alrededor del 40 por ciento de la audiencia. ¿Qué anunciante tuvo más ganancias en dólares: Ameriquest, que se anunció durante el Súper Bowl de 2005, o Purina Cat Chow, que se anunció después del partido? Sin una investigación de mercados sistemática dirigida a medir la eficacia de la publicidad durante el Súper Bowl, preguntas como ésta exigen respuesta. Queda por establecer si la publicidad durante el Súper Bowl es súper efectiva.

Preguntas

1. ¿Qué tipo de diseño de investigación recomendaría para determinar la eficacia de los anuncios de M&M/Mars durante el Súper Bowl?
2. Si el diseño de investigación implica una encuesta de hogares, ¿qué técnica de encuesta recomendaría y por qué?

3. ¿Puede utilizarse una investigación causal para determinar la eficacia de la publicidad en el Súper Bowl? De ser así, ¿de qué manera?
4. ¿Qué tipo de medidas y escalas emplearía en su encuesta?
5. ¿Puede utilizarse la técnica de la observación para determinar la eficacia de la publicidad de M&M/Mars durante el Súper Bowl? De ser así, ¿qué técnica de observación en particular recomendaría y por qué?
6. ¿Cuáles de los servicios sindicados que se presentaron en este libro pueden ofrecer información útil?

Referencias

1. Suzanne Vranica y Brian Steinberg, "Budweiser Pulls Out Super Bowl Gimmicks", *The Wall Street Journal,* (25 de enero de 2006): B1.
2. *www.baileylauerman.com/news.cfm?headline=28*, visitado el 26 de agosto de 2005.
3. "Super Bowl Ads Sold Out", *CNNMoney* (1 de febrero de 2002).
4. *http://money.cnn.com/2002/02/01/news/wires/superbowl_ads_ap/*
5. Vanessa O'Connell y Joe Flint, "Super Bowl Gets Competition", *The Wall Street Journal* (28 de enero de 2002): B1.

2.1 Starbucks sigue como local mientras se globaliza por medio de la investigación de mercados

La corporación Starbucks compra y tuesta granos de café de la mejor calidad para su venta, junto con exquisito café recién preparado, café expreso tipo italiano, bebidas frías, una variedad de dulces y pastelillos, accesorios y equipo relacionados con el café, una selección de tés de la mejor calidad y una línea de discos compactos, sobre todo a través de tiendas minoristas operadas por la empresa. Starbucks opera tiendas minoristas principalmente en Estados Unidos, Canadá, Inglaterra, Australia, Singapur y Tailandia. Para el 27 de enero de 2005, la empresa contaba con 8,700 puntos de venta alrededor del mundo. Además de las ventas obtenidas por las tiendas minoristas operadas por la empresa, Starbucks vende productos de café y té a través de otros canales de distribución, incluyendo su unidad de negocios llamada Business Alliances y otras operaciones especiales (en conjunto, Operaciones Especiales). Starbucks, a través de sus empresas conjuntas, también produce y vende bebidas embotelladas de café frappuccino y una línea de helados de alta calidad. Por ejemplo, la idea del frappuccino como un café helado provino de los clientes. Esto no hubiera sido posible sin el personal de las tiendas que estaba abierto a los clientes y a la comunidad.

El objetivo de la empresa es establecer a Starbucks como la marca más reconocida y respetada del mundo. Espera lograrlo mediante la continuación de la rápida expansión de las tiendas minoristas y el aumento de sus ventas de especialidades y otras operaciones. También continuará en la búsqueda de otras oportunidades para ampliar la marca Starbucks a través de nuevos productos y nuevos canales de distribución que satisfagan las necesidades de los consumidores identificadas por la investigación de mercados.

Durante las dos últimas décadas, Starbucks revitalizó la industria del café. La inspiración detrás de Starbucks surgió cuando el director general Howard Schultz visitó Italia. Advirtió la atmósfera de las cafeterías en ese país y quiso recrear la experiencia en Estados Unidos. En los años recientes Starbucks ha registrado un enorme crecimiento. La ubicación de las nuevas cafeterías se determina con base en la investigación de mercados. Alrededor del 84 por ciento de los ingresos netos provienen de las tiendas minoristas operadas por la empresa. Las operaciones especiales representan el 16 por ciento restante. En la actualidad, una tercera parte de todo el café que se vende en las cafeterías proviene de las tiendas Starbucks que son propiedad de la corporación o que cuentan con autorización de ésta. Esas tiendas representan el 26.5 por ciento de las cafeterías en Estados Unidos.

El mayor desafío de Starbucks para alcanzar las metas de crecimiento masivo fue recrear la esencia de la cultura de las cafeterías europeas y, al mismo tiempo, atraer a un amplio sector de los estadounidenses. La investigación de mercados determinó cuatro pilares estratégicos para expresar la marca Starbucks: el café, los productos relacionados con el café, el ambiente y la experiencia arraigada en el compromiso con la comunidad local. Aunque el café y los productos son importantes, la clave para su éxito la constituyen los dos últimos factores. Se diseñó un ambiente cálido y acogedor y se ofrece una experiencia que hace a la empresa una parte de la comunidad o la cultura local. El éxito ha sido posible al poner énfasis en la cultura Starbucks.

La investigación de mercados ha demostrado que para Starbucks es importante mantener su conexión con la comunidad local. Según ha ido creciendo, la mayor preocupación para Starbucks es que sus tiendas no dejen de ser relevantes para la localidad. Es importante que la empresa mantenga la coherencia entre sus tiendas para conservar la calidad de la marca. Esto se logra al mantener una estrecha relación con los empleados de cada cafetería. A la vez, estos empleados se esfuerzan por mantener su relación con la clientela. Para ayudar a conservar las relaciones con los empleados locales, la empresa los trata como socios y les hace sentir que son una parte vital de la empresa.

Starbucks utiliza la experiencia y la cultura como sus fuentes importantes de marketing. Por ello, es de gran importancia desarrollar, capacitar y mantener contentos a los empleados, ya que ellos ayudan a brindar esta experiencia y la suman a la cultura de Starbucks. La empresa ha invertido mucho más dinero en capacitar a sus empleados del que invierte en los métodos tradicionales de marketing. Por lo tanto, su estrategia ha sido darse a conocer de boca en boca, lo que ha demostrado tener gran éxito. Starbucks también recurre a las ideas de sus clientes para realizar amplias investigaciones de mercados. Muchos de sus productos y servicios son resultado directo de las sugerencias de los clientes o empleados locales.

Gracias al éxito en la construcción de su marca con las cafeterías, Starbucks ha sido capaz de mudarse a otros mercados importantes. Datos sindicados de AC Nielsen muestran que las tiendas de abarrotes venden dos terceras partes del café en Estados Unidos, y Starbucks ha logrado entrar en este lucrativo mercado. También ha establecido sociedades con otros sectores para incrementar sus ingresos.

Starbucks ha tenido mucho éxito en la obtención de sus objetivos. Es capaz de mantener el carácter local a pesar de su crecimiento masivo alrededor del mundo. Incluso más sorprendente es el hecho de que fue capaz de lograrlo a pesar de la falta de una campaña generalizada de marketing y sin los componentes de la tecnología que pudieran hacerla única. Lo ha logrado reforzando su cultura y enfocándose en sus empleados y clientes a través de la investigación de mercados. Starbucks espera continuar como una empresa local mientras se globaliza a través de la investigación de mercados.

Preguntas

1. Utilice Internet para identificar fuentes secundarias de información concerniente al consumo de café en Estados Unidos.
2. ¿Qué buscan los consumidores de la experiencia en una cafetería? ¿Cómo perciben la experiencia de las cafeterías Starbucks? ¿Cómo puede Starbucks determinar las respuestas a estas preguntas?
3. Se aplicará una encuesta para determinar la imagen que tienen los consumidores de café sobre Starbucks y otras cadenas de cafeterías. ¿Qué técnica de encuesta debe usarse y por qué?
4. Starbucks planea introducir un nuevo café gourmet con un aroma más fuerte. ¿Puede usarse la técnica de la observación para determinar la reacción del consumidor a este café antes de su lanzamiento a nivel nacional? De ser así, ¿qué técnica de observación en particular debería utilizarse?
5. ¿Puede Starbucks usar la investigación causal para determinar si debe introducir nuevos sabores de café gourmet? De ser así, ¿cómo?
6. ¿Qué tipo de escala sería apropiada para medir la imagen de Starbucks? Diseñe esa escala.
7. Diseñe un plan de muestreo para aplicar la encuesta de la pregunta 3.

Referencias

1. Steven Gray y Kate Kelly, "Starbucks Plans to Make Debut in Movie Business", *The Wall Street Journal* (12 de enero de 2006): A1, A8; y *www.starbucks.com*, visitado el 15 de febrero de 2005.
2. Bob Keefe, "Starbucks to Offer CD-Burning Capabilities at Stores in Future", *Knight Ridder Tribune Business News* (28 de junio de 2004): 1.
3. Dina ElBoghdady, "Pouring It On; The Starbucks Strategy? Locations, Locations, Locations", *The Washington Post*, (25 de agosto de 2002): H01.

2.2 Nike asocia la marca con atletas y desempeño

Nike Inc. diseña, desarrolla y vende calzado, ropa, equipo y accesorios. Es el mayor vendedor de calzado, ropa y otros equipos deportivos con el 30 por ciento de participación en el mercado mundial. Desde 2006, la empresa vende sus productos a través de una mezcla de distribuidores independientes, licencias y filiales en alrededor de 120 países en todo el mundo. Nike comenzó como una empresa de $8,000 en 1963 hasta convertirse en una compañía que obtuvo ingresos de $13,740 millones en el año fiscal que terminó el 31 de mayo de 2005.

En 2004 Nike invirtió una enorme cantidad de dinero, más de $1,000 millones, en publicidad, patrocinios y promoción de ventas. Nike confió en la investigación de mercados para asegurarse de que ese dinero se estaba invirtiendo adecuadamente. Ha mostrado una historia de innovación e inspiración en su marketing y se adapta con rapidez a los cambios en el consumidor y el mundo de los deportes. Nike ha empleado la investigación de mercados para saber en dónde radica su crecimiento futuro. Un ejemplo reciente es el cambio de marketing de Nike de los deportes más tradicionales (básquetbol y atletismo) a otros deportes (golf y fútbol soccer) en los que no ha sido tan fuerte. La investigación de mercados reveló que los golfistas y futbolistas tenían poca conciencia de Niké, por lo que se decidió trabajar para incrementar esos números. La compañía decidió que el dinero necesario para licencias en sus áreas fuertes podría invertirse mejor en otras áreas en las que no existía conciencia de la marca Nike.

Ahora el logotipo de Nike se reconoce en todo el mundo, lo que es el resultado de más de 40 años de trabajo e innovación. En 1973 Nike contrató a los mejores atletas para que usaran sus zapatos. Desde un principio, Nike sabía la importancia de asociar a los atletas con sus productos. La asociación ayudó a relacionar la excelencia del atleta con la percepción de la marca. Por medio de la investigación de mercados, Nike descubrió la influencia piramidal, la cual indica que el mercado masivo se ve influido por la preferencia de un pequeño grupo de grandes atletas. Después de percatarse de este efecto, Nike comenzó a invertir millones de dólares en el patrocinio de celebridades. La asociación con los atletas también ayudó a establecer quién es la empresa y en qué cree, lo que para Nike era y sigue siendo de suma importancia. Quiere transmitir el mensaje de que la meta de la empresa es llevar innovación a cada atleta del mundo. Nike también utiliza a los atletas para diseñar nuevos productos al tratar de satisfacer sus metas individuales.

La empresa también se dio cuenta de que debe atraer a múltiples segmentos del mercado para alcanzar sus elevados objetivos de crecimiento. A partir de la investigación de mercados, Nike dividió al mercado en tres grupos diferentes: los atletas profesionales, los atletas participantes y los consumidores que resultan influido por la cultura del deporte.

Nike siempre ha sido un entusiasta usuario de la investigación de mercados y lo demostró en su incursión en el mercado europeo. Para llegar a los consumidores europeos decidió enfocarse en diferentes deportes. Los estadounidenses adoran el béisbol, el fútbol americano y el básquetbol. Pero el deporte favorito de los europeos es el fútbol soccer. Nike se concentró en eventos deportivos importantes (como la Copa Mundial de

Fútbol y los Juegos Olímpicos) y en deportistas célebres que son importantes para el consumidor europeo. La investigación de mercados por medio de sesiones de grupo e investigación por encuestas reveló que el mejor posicionamiento para los zapatos Nike es el que resalta el alto desempeño en el deporte. A través de campañas publicitarias masivas logró cambiar la percepción de sus productos de la moda al desempeño y, en el proceso, las ventas registraron un incremento espectacular.

Otra técnica que utiliza es diseñar una línea de producto específicamente para determinados mercados. Nike emplea la investigación de mercados para determinar los estilos de vida y las características del uso de los productos de un segmento particular del mercado y luego diseña productos para ese segmento. Un ejemplo es la línea Presto, que fue diseñada para un determinado estilo de vida de los jóvenes. Primero identificó el estilo de vida y luego diseñó los productos alrededor de ese grupo con la esperanza de satisfacerlo. También utiliza la investigación de mercados para identificar los medios más eficaces para comunicarse con el mercado meta.

Todos estos métodos han permitido que Nike sea reconocido por el 97 por ciento de los estadounidenses, de manera que sus ventas se han disparado. Sin embargo, encara una nueva preocupación, que es el hecho de que ha perdido su imagen tradicional de una empresa pequeña e innovadora. También enfrentará obstáculos para mantener el capital de marca y su significado. Mantener la confianza en la investigación de mercados ayudará a Nike a enfrentar esos retos, asociar su marca con los mejores atletas y el desempeño, y mejorar su imagen.

Preguntas

1. Nike desea incrementar su participación en el mercado de los zapatos deportivos. Defina el problema de decisión administrativa.
2. Defina un problema apropiado para la investigación de mercados que corresponda al problema de decisión administrativa que identificó antes.
3. Desarrolle un modelo gráfico que explique la elección de los consumidores de una marca de zapatos deportivos.
4. ¿Cómo puede usarse la investigación cualitativa para fortalecer la imagen de Nike? ¿Qué técnicas de investigación cualitativa deben usarse y por qué?
5. ¿Debe Nike invertir en la apertura de almacenes exclusivos como Nike Town? La administración espera que la investigación por encuestas pueda darle una respuesta. ¿Cómo debería aplicarse tal encuesta?
6. Desarrolle escalas de Likert, diferencial semántico y de Stapel para evaluar la durabilidad de los zapatos deportivos de Nike.
7. Desarrolle un cuestionario para medir la imagen de Nike, Reebook y Adidas.
8. Desarrolle un plan de muestreo para aplicar la encuesta de la pregunta 5.

Referencias

1. *www.nike.com*, visitado el 15 de febrero de 2006.
2. Helen Jung, "Nike Ends Fiscal Year with Muscle", *Knight Ridder Tribune Business News* (25 de junio de 2004): 1.
3. Leah Beth Ward, "Private Sector; at Nike, Function over Fashion", *The New York Times* (28 de abril de 2002), sección 3: 2.

2.3 Intel exhibe sus componentes básicos

La corporación Intel se fundó en 1968 para fabricar productos semiconductores de memoria. La empresa introdujo en 1971 el primer microprocesador del mundo. Los microprocesadores, conocidos también como unidades de procesamiento central (CPU), suelen describirse como el "cerebro" de la computadora. En la actualidad Intel provee los componentes básicos para las industrias de computación y comunicaciones. Estos componentes básicos incluyen chips, tarjetas, sistemas y programas que se utilizan en computadoras, servidores y productos de sistemas de redes y comunicaciones. Como afirma en su sitio Web, "la misión de Intel es ser el mejor proveedor de componentes básicos a la economía de Internet".

Intel está organizada en cuatro unidades operativas separadas: Intel Architecture, Intel Communications Group, Wireless Communications and Computing Group y New Business Group. El negocio Intel Architecture desarrolla soluciones de plataforma para los segmentos mercantiles de escritorio, servidores y productos móviles. Intel Communications Group desarrolla productos para la plataforma de redes y comunicaciones y se concentra en tres áreas: la conectividad Ethernet, los componentes ópticos y los componentes de procesamiento de redes. Por su parte, Wireless Communication and Computing Group ofrece componentes de hardware y software para comunicaciones celulares digitales y áreas relacionadas. New Business Group está diseñado para desarrollar nuevos negocios en torno a las capacidades centrales de la empresa.

La mayoría de los clientes de Intel caen en dos grupos diferentes, los productores de equipo original y los usuarios de productos de computadoras personales y comunicación de redes. Los productores de equipo original fabrican sistemas de cómputo, equipos de telefonía celular y aparatos de cómputo portátiles, equipos de telecomunicaciones, de comunicación de redes y periféricos. Los usuarios de productos de comunicación de redes y computadoras personales incluyen a individuos, negocios grandes y pequeños, así como a proveedores de servicios que compran artículos complementarios de Intel para computadoras personales, productos de redes y productos de comunicación para negocios a través de revendedores, minoristas, negocios electrónicos y canales de distribución de los productores originales. Intel también es una empresa global cada vez más grande. Sólo un 35 por ciento de las ganancias provienen de Estados Unidos, mientras que Asia y Europa aportan el 31 y 25 por ciento, respectivamente. Las ganancias del año fiscal 2005 ascendieron a $38,830 millones.

Intel ha mostrado un crecimiento fenomenal como empresa. Buena parte de su éxito es atribuible a la innovación en su departamento de marketing basada en la investigación de mercados. Esta innovación era necesaria para superar varios obstáculos que

Intel enfrentaba. El mayor problema con el que lidiaba era tratar de vender una marca que se integra como componente de un producto más grande. Así que la dificultad consistía en llegar a consumidores que nunca verían el producto y que quizá no sabrían para qué sirve o por qué está ahí.

Intel inició su investigación de mercados en la década de 1980 porque tenía dificultades con sus clientes que no ascendían del microprocesador 286 al 386. La investigación de mercados demostró que esto se debía a la falta de conciencia de los clientes, por lo que Intel se dispuso a cambiar esa situación. Realizó una pequeña pero eficaz campaña publicitaria. De hecho, en el proceso descubrió que, sin darse cuenta, había creado una marca en Intel. Después del éxito de esta pequeña campaña, Intel comenzó a percatarse de la importancia del marketing y la investigación de mercados, por lo que enfocó más esfuerzo y dinero en esas áreas.

La investigación de mercados reveló que para ser más eficaz en su campaña de marketing general, Intel tendría que llegar a los consumidores y convencerlos de que lo que estaba dentro de una computadora era tan importante como lo que estaba fuera. Esto fue el elemento fundamental de la campaña "Intel Inside" desarrollada a principios de la década de 1990. El eslogan ayudó a Intel a poner su nombre en sus productos y a englobar muchos de sus productos bajo un mismo nombre.

Además, la investigación de mercados demostró que sería más eficiente realizar marketing cruzado con sus socios tecnológicos. Eso ayudaría a los consumidores a comprender que Intel contribuía a construir diversos productos. Así, la compañía incluyó su eslogan de "Intel Inside" en la publicidad de sus socios. También contribuyó al financiamiento de estos anuncios. Un problema de incluir su eslogan en otros anuncios es que éste no debería inmiscuirse demasiado en los comerciales. Intel decidió ayudar al reconocimiento del pequeño logotipo acompañándolo con un *jingle* cada vez que se presentaba. Este *jingle* es ahora muy reconocido y es un sinónimo de su eslogan. Todo esto ayudó a Intel a alcanzar su objetivo de incrementar el conocimiento de los consumidores. La medición continua de la eficacia de la publicidad por medio de la investigación de mercados reveló que la campaña "Intel Inside" fue muy eficaz.

La siguiente idea de Intel fue crear un nombre para su microprocesador. Esto le permitiría evitar el uso del esquema de numeración (que no es patentable) y encontrar un nombre que los consumidores pudieran identificar con su procesador. Luego de una amplia investigación de mercados, eligió el nombre Pentium, que generaba reacciones positivas en sus consumidores. Desde entonces ha comercializado sus procesadores con este nombre.

Entre 1990 y 1993 Intel invirtió $500 millones en publicidad para construir su capital de marca. Para 1993, el 80 por ciento de los estadounidenses reconocían a Intel y el 75 por ciento tenía sentimientos positivos sobre la marca. Y algo más importante todavía: el 50 por ciento de los consumidores buscaban la marca cuando hacían sus compras. Para 1994 Intel había conseguido el 95 por ciento del mercado de microprocesadores en gran medida gracias a sus esfuerzos de marketing. En 2005 su participación en el mercado de los microprocesadores se redujo casi al 80 por ciento como resultado de la creciente competencia de su principal contrincante, AMD. El 30 de diciembre de 2005, Intel anunció una importante revisión de su corporación y la marca de sus productos, un movimiento diseñado para simbolizar la transformación del fabricante de chips en un proveedor de productos distintos a las computadoras personales. Los cambios incluyeron una nueva versión del logotipo azul de la empresa —sin la "e" baja que por mucho tiempo fue parte de la marca Intel— y con la nueva etiqueta "Leap Ahead" ("Un salto adelante"). Desde 2006 Intel dejó de usar el conocido logotipo "Intel Inside", pero conservó el programa de marketing de ese nombre que ofrece incentivos a las empresas para usar sus productos.

La creciente competencia hace que los esfuerzos de investigación de mercados de Intel sean más importantes que nunca, ya que intenta conservar su lugar preponderante en el mercado. Ha tenido mucho éxito en dar importancia a la tecnología, imagen y capital de marca. Intel todavía enfrenta futuros retos que incluyen mayor competencia, apertura de nuevos mercados y el desarrollo de nuevos productos. Intel mantendrá su confianza en la investigación de mercados para superarlos y, de esa manera, mejorar su imagen como proveedor importante de componentes básicos.

Preguntas

1. Analice el papel que desempeñó la investigación de mercados para ayudar a Intel a diseñar las campañas "Intel Inside" y "Leap Ahead".
2. Intel desea incrementar la preferencia por sus chips entre los usuarios de computadoras personales, tanto en el segmento de usuarios individuales como en el de usuarios de negocios. Defina el problema de decisión administrativa.
3. Defina un problema apropiado de investigación de mercados que corresponda al problema de decisión administrativa que identificó en la pregunta 2.
4. Intel desea comprender mejor la forma en que las empresas eligen sus productos de computadoras personales y redes de comunicación. ¿Qué tipo de diseño de investigación debe adoptarse?
5. Analice el papel de Internet en la obtención de datos secundarios relevantes para el problema de investigación de mercados que definió en la pregunta 3.
6. Analice el papel de la investigación cualitativa para comprender la forma en que las empresas eligen sus productos de computadoras personales y redes de comunicación. ¿Qué técnicas de investigación cualitativa deben emplearse y por qué?
7. Si se tuviera que realizar una encuesta para identificar los criterios que utilizan las empresas en la elección de los productos de computadoras personales y redes de comunicación, ¿qué tipo de encuestas debería utilizarse y por qué?
8. Diseñe un cuestionario para identificar los criterios de las empresas para seleccionar los productos de computadoras personales y redes de comunicación.
9. Desarrolle un plan de muestreo adecuado para aplicar la encuesta identificada en la pregunta 7.

Referencias

1. www.intel.com, visitado el 17 de enero de 2006.
2. Don Clark, "Intel Secures Video Content For its Viiv Multimedia Plan", *The Wall Street Journal* (6 de enero de 2006): A14.
3. Don Clark, "Intel to Overhaul Marketing in Bid To Go Beyond PCs", *The Wall Street Journal* (30 de diciembre de 2005): A3.
4. Olga Kharif, "Intel Is Kicking Silicon at AMD", *Business Week Online* (24 de septiembre de 2002).
5. Kirk Ladendorf, "AMD Takes On Intel with its Hammer", *Cox News Service* (18 de agosto de 2002): sección financiera.
6. Michael Kanellos, "Intel Gains Market Share on AMD's Back", CNET News.com (30 de julio de 2002).

2.4 Nivea: la investigación de mercados lleva a un marketing consistente

Los productos Nivea (*www.nivea.com*) para el cuidado de la piel son parte de la empresa alemana Beiersdorf. Desde 2006, la empresa vende su línea de productos para el cuidado de la piel en unos 100 países. La línea de productos que ha estado presente por cerca de nueve décadas se originó con un avance científico que hizo posible la primera crema para la piel que no se separaba en agua y aceite. Ese hecho, aunado a un marketing inteligente, dio lugar a una imagen muy positiva de la marca, lo que explica gran parte de su éxito. El éxito continuo se debe a la unión de marketing e investigación y desarrollo dentro de la empresa. Tanto la investigación como el desarrollo son continuos, lo que permite aplicar a los productos existentes los últimos hallazgos en dermatología, tecnología de productos y materias primas. El objetivo de mejorar el desempeño y calidad de los productos es central para la línea de productos de Nivea. La empresa ayuda a garantizar esta calidad a través de pruebas constantes y de la retroalimentación de los consumidores obtenida por medio de la investigación de mercados.

Nivea comenzó a hacer marketing en la década de 1920, cuando cambió su logotipo y empezó a vender sus productos en todo el mundo. Desde el principio estableció la identidad de su marca como un producto depurado y delicado en el que las familias podían confiar. Se anunció con una foto de la Niña Nivea. En 1924 la empresa rompió la tradición y comenzó a anunciarse con los Niños Nivea, lo que le ayudó a transmitir el mensaje de que Nivea era para toda la familia. La imagen de su marca se ha mantenido por décadas con la ayuda de una publicidad que hace énfasis en las relaciones y los valores familiares.

En la década de 1970 Nivea tuvo que defenderse por primera vez de una competencia real. La empresa confió en la investigación de mercados, que le ayudó a formular una estrategia de dos flancos. La primera parte fue la defensa de su negocio principal por medio de una campaña publicitaria, Crème de la Crème. La segunda parte consistió en el lanzamiento de nuevos productos, lo que ayudó a mantener la novedad de la marca y a recurrir a nuevas fuentes de ventas.

En la década de 1980, cuando la investigación de mercados indicaba que la diferenciación de la marca era cada vez más importante, Nivea comenzó a promocionarse con submarcas que incluían productos para el cuidado de la piel, para el baño, de protección solar, cuidado del bebé, cuidado facial, cuidado del cabello y cuidado para el hombre. Utilizó la estrategia de aglutinación de las submarcas, lo que significa que utilizaba sus marcas principales para englobar a todas las submarcas. La meta era establecer imágenes individuales que fueran distintas pero congruentes con la imagen central de Nivea. Se esforzó por no debilitar el nombre de la marca y por asociar las nuevas submarcas con los valores tradicionales de la marca central. El resultado fue una explosión en las ventas.

Nivea pudo continuar su éxito en la década de 1990 a medida que sus ventas crecían con rapidez. El crecimiento se debió en gran medida al lanzamiento de nuevos productos, cada uno de los cuales se basó en una exhaustiva investigación de mercados. Los productos más exitosos fueron la crema antiarrugas y la línea completa de cosméticos.

Nivea inició el nuevo milenio como la empresa de cosméticos y cuidado de la piel más importante del mundo, con ingresos de $2,700 millones. Sin embargo, aún enfrenta desafíos. Su mayor reto lo tiene en el mercado estadounidense, donde su marca no es tan fuerte como en otros países. El mercado estadounidense se plantea muchos obstáculos por ser el más grande y dinámico del mundo. Nivea espera superar esos obstáculos con el uso de una amplia investigación de mercados, que la llevará a hacer más lanzamientos de productos y a desarrollar estrategias enfocadas de marketing. Nivea se enfoca en la consistencia de su marketing, lo que entraña otra dificultad porque puede resultarle difícil comunicar el mismo mensaje en diversas culturas. Sin embargo, Nivea hará lo necesario para mantener esa uniformidad porque cree que le brinda una ventaja sobre sus competidores, pues ayuda a los consumidores a relacionar todos sus productos con su identidad y su marca central. Nivea seguirá dependiendo de la investigación de mercados para mantener y perfeccionar la consistencia de su marketing entre los mercados globales.

Preguntas

1. Nivea quiere incrementar su participación en el mercado estadounidense. Defina el problema de decisión administrativa.
2. Defina un problema apropiado de investigación de mercados a partir del problema de decisión administrativa que identificó en la pregunta 1.
3. Nivea desea emprender una investigación para conocer las preferencias de los consumidores estadounidenses por los productos para el cuidado de la piel. ¿Qué tipo de diseño de investigación debe adoptarse y por qué?
4. Analice el papel de la investigación cualitativa para comprender las preferencias de los consumidores estadounidenses por los productos para el cuidado de la piel. ¿Qué técnicas de investigación cualitativa deberían emplearse y por qué?
5. Si debe realizarse una encuesta para comprender las preferencias de los consumidores estadounidenses por productos para el cuidado de la piel, ¿qué tipo de encuesta debería usarse y por qué?
6. Desarrolle escalas de Likert, diferencial semántico y Stapel para determinar la evaluación de los consumidores de los productos extranjeros para el cuidado de la piel.
7. Desarrolle un plan de muestreo para aplicar la encuesta de la pregunta 5.

Referencias

1. *www.nivea.com*, visitado el 20 de febrero de 2006.
2. Anónimo, "World's Top 100 Brands —Are they Fact or fiction", *Brand Strategy* (21 de agosto de 2002): 10.
3. Anónimo, "Beauty Is in the Eye of the Brand Holder", *Marketing Week*, (30 de mayo de 2002): 19.

PARTE III

Recolección, preparación, análisis y presentación de los datos

En esta sección se hace una exposición práctica y orientada a la administración del trabajo de campo, que es el cuarto paso en el proceso de investigación de mercados. Se ofrecen varios lineamientos para seleccionar, capacitar, supervisar, validar y evaluar a los trabajadores de campo. Cuando el trabajo de campo está terminado, el investigador pasa a la preparación y al análisis de los datos, el quinto paso en la investigación de mercados. En esta parte se revisa y hace hincapié en la importancia del proceso de preparación de los datos para su análisis. A continuación se describen las diferentes técnicas de análisis de datos: no sólo las técnicas básicas de distribución de frecuencias, tabulación cruzada y prueba de hipótesis, sino también las técnicas multivariadas de uso común en el análisis de la varianza y regresión. Luego se describen las técnicas más avanzadas: análisis discriminante, factorial y de conglomerados, así como escalamiento multidimensional y análisis conjunto. En la revisión de cada técnica estadística no se hace tanto énfasis en la elegancia de la técnica, como en la explicación del procedimiento, la interpretación de los resultados y la comprensión de las implicaciones administrativas. Tres casos con conjuntos de datos estadísticos ofrecen muchas oportunidades de poner en práctica dichas técnicas.

El sexto paso en el proyecto de investigación de mercados consiste en la preparación y presentación de un informe formal de los resultados de la investigación. A partir de una orientación práctica, se ofrecen lineamientos para la redacción de informes, y la preparación de tablas y gráficos, así como también se analiza la presentación oral del informe. Se destacan las dimensiones internacionales de la investigación de mercados. Aunque en los capítulos anteriores el tema ha sido revisado de manera general, aquí se proporcionan detalles adicionales. Se presenta un marco conceptual para la investigación de mercados internacionales y se ilustra en detalle cómo, en la realización del proceso de investigación, influyen el ambiente que prevalece en los países, las unidades culturales o los mercados internacionales investigados.

Capítulo 13
Trabajo de campo

Capítulo 14
Preparación de los datos

Capítulo 15
Distribución de frecuencias, tabulación cruzada y prueba de hipótesis

Capítulo 16
Análisis de varianza y covarianza

Capítulo 17
Correlación y regresión

Capítulo 18
Análisis logit y discriminante

Capítulo 19
Análisis factorial

Capítulo 20
Análisis de conglomerados

Capítulo 21
Escalamiento multidimensional y análisis conjunto

Capítulo 22
Preparación y presentación del informe

Capítulo 23
Investigación de mercados internacionales

Casos para la Parte III

Casos en video para la Parte III

CAPÍTULO 13

Trabajo de campo

"Me gano la vida entrevistando a los altos ejecutivos de las empresas. Siempre llego a mis citas con 30 minutos de anticipación y siempre escribo una nota de agradecimiento a cualquier persona de la empresa que me haya ayudado ese día. En pocas palabras, su madre tenía razón: la cortesía es indispensable para el éxito".

Doctor Robert J. Berrier, Fundador y presidente de Berrier Associates, Norberth, PA.

Objetivos

Después de leer este capítulo, el estudiante deberá ser capaz de:

1. Describir el proceso del trabajo de campo y explicar la selección, capacitación, supervisión y evaluación de los trabajadores de campo, así como la validación del trabajo de campo.
2. Analizar la capacitación de los trabajadores de campo para hacer el contacto inicial, realizar las preguntas, hacer sondeos, registrar las respuestas y concluir la entrevista.
3. Evaluar la supervisión de los trabajadores de campo en términos de control y corrección de calidad, control del muestreo, control de fraudes y control de la oficina central.
4. Describir la evaluación de los trabajadores de campo en los temas de costo y tiempo, tasas de respuesta, calidad de las entrevistas y de los datos.
5. Explicar los temas relacionados con el trabajo de campo al realizar una investigación de mercados internacionales.
6. Analizar el aspecto ético del trabajo de campo.
7. Ilustrar el uso de Internet y de computadoras en el trabajo de campo.

Panorama general

El trabajo de campo es el cuarto paso en el proceso de investigación de mercados. Es posterior a la definición del problema, al desarrollo del enfoque (capítulo 2) y a la formulación del diseño de investigación (capítulos 3 al 12). Durante esta etapa, los trabajadores de campo hacen contacto con los encuestados, aplican los cuestionarios o las formas de observación, registran los datos y entregan las formas terminadas para su procesamiento. Los trabajadores de campo son el entrevistador que aplica en persona los cuestionarios de puerta en puerta, quien intercepta a los clientes en un centro comercial, quien hace llamadas telefónicas desde una estación central, quien envía las encuestas por correo desde su oficina, el observador que contabiliza el número de consumidores en una sección particular de una tienda, y las personas que participan en la recolección de datos y la supervisión del proceso.

Este capítulo describe la naturaleza del trabajo de campo y el proceso general de recolección de datos y trabajo de campo. Este proceso implica la selección, capacitación, supervisión y evaluación de los trabajadores de campo, así como la validación del trabajo de campo. Se hará un breve análisis del trabajo de campo en el contexto de la investigación de mercados internacionales, se identificarán las cuestiones éticas relevantes y se explicará el papel de Internet y las computadoras.

INVESTIGACIÓN REAL

Rechazar las negativas

El Council for Marketing and Opinion Research (CMOR) es un grupo sin fines de lucro para la investigación de de mercados industriales (*www.cmor.org*) en Estados Unidos. En una encuesta del CMOR aplicada a más de 3,700 consumidores estadounidenses, cerca del 45 por ciento dijo que el año anterior se había negado a participar en una encuesta. CMOR ofrece algunas recomendaciones relacionadas con el trabajo de campo para reducir las tasas de negativas.

- Deben realizarse programas rutinarios de capacitación de entrevistadores, de manera que sean más eficientes en el desempeño de su trabajo.
- Debe actuarse de forma prudente al elegir los horarios para llamar a los encuestados. Se recomienda hacer las llamadas entre 9:00 A.M. y 9:00 P.M.
- Si los encuestados en los centros comerciales indican que el momento no es conveniente, debe hacerse una cita para realizar la entrevista en otro horario.
- Debe revelarse el tema a los encuestados, siempre que ello no sesgue los datos. Cuanto más información se dé a la gente, menos razones tendrá para desconfiar.
- Los trabajadores de campo deben hacer las entrevistas tan interesantes y agradables como sea posible.[1]

Las recomendaciones de CMOR ayudan a reducir las tasas de negativas en las encuestas.
Fuente: cortesía de Marketing Research Association.

CMOR
Promoting and Advocating Survey and Opinion Research

INVESTIGACIÓN REAL

Elabore su propia encuesta en línea

CreateSurvey (*www.createsurvey.com*) es una empresa internacional en línea que permite a cualquier persona crear y aplicar encuestas en línea. Distribuye la encuesta, supervisa la participación y a los participantes, y luego reúne y analiza los datos, todo de manera gratuita. Es patrocinada por la publicidad en la Web en forma de anuncios en línea que aparecen en el sitio junto con los cuestionarios, de tal manera que tanto los encuestados como los creadores del cuestionario ven la publicidad. Los anuncios pueden eliminarse, si algún individuo no desea que aparezcan en la página; pero entonces se hará un cargo al creador de la encuesta de al menos $5 dólares por cada mil encuestados para financiar el servicio. CreateSurvey no proporciona los encuestados. Esto se hace a discreción de los usuarios. Por ejemplo, pueden crear una página Web y enlazarla con la encuesta, o enviar la liga en la que se encuentra la encuesta mediante un correo electrónico donde se solicita la participación de la gente. CreateSurvey brinda un valioso servicio para la creación y aplicación de encuestas en línea que ha sido utilizado por muchos individuos, empresas, universidades e incluso organizaciones de investigación de mercados. Otro servicio basado en la Web que le permite crear su propia encuesta es Zoomerang (*www.zoomerang.com*) de MarketTools, una empresa de servicios completos de marketing que se basa en Internet y está dotada de tecnología (*www.markettools.com*). ∎

LA NATURALEZA DEL TRABAJO DE CAMPO

Es muy raro que las personas que diseñan el estudio se encarguen de reunir los datos de la investigación de mercados. Los investigadores tienen dos opciones para la recolección de sus datos: desarrollar sus propias organizaciones o contratar a una agencia de trabajadores de campo. En ambos casos, la recolección de los datos implica el uso de personal especializado que puede operar tanto en el campo (observación y entrevistas personales en casa, en centros comerciales y asistidas por computadora) o desde una oficina (encuestas telefónicas, por correo, correo electrónico y por Internet). Por lo regular, los trabajadores de campo que reúnen la información tienen pocos conocimientos o formación en investigación. Las preocupaciones éticas tienen una relación particular con el trabajo de campo. Aunque existe un amplio margen para la trasgresión de los estándares éticos, eso no debe preocupar mucho a los clientes cuando tratan con prestigiadas agencias de trabajo de campo. Michael Redington, vicepresidente ejecutivo de desarrollo corporativo de Marketing and Research Counselors Group (M/A/R/C Group, *www.marcgroup.com*) es un fuerte defensor de la calidad del trabajo de campo. Su evaluación de la calidad del trabajo de campo en la investigación de mercados es la siguiente: "Me complace contribuir a derribar el mito de que la recolección de datos se caracteriza por un grupo de personas que tratan de evadir las reglas, para engañar a uno y hacer trampa en las entrevistas. Entre los clientes hay muchos que lo creen. Pero con franqueza, tratamos de averiguarlo sin tener éxito. Fue un descubrimiento para nosotros. Temíamos encontrar en el campo más prácticas poco éticas de las que en realidad existen".[2]

La calidad en el trabajo de campo es alta porque el proceso del trabajo de campo y la recolección de datos es eficiente y está bien controlado.

PROCESOS DEL TRABAJO DE CAMPO Y DE RECOLECCIÓN DE DATOS

El trabajo de campo implica la selección, capacitación y supervisión de las personas que reúnen los datos.[3] La validación del trabajo de campo y la evaluación de quienes lo realizan también forman parte del proceso. La figura 13.1 representa un marco general del proceso de trabajo de campo y recolección de datos. Aunque se describe un proceso general, debe reconocerse que la naturaleza del trabajo de campo varía, según la modalidad de la obtención de datos y el énfasis relativo en los distintos pasos será diferente para las entrevistas telefónicas, personales, por correo o electrónicas.

Figura 13.1
Proceso del trabajo de campo y recolección de datos

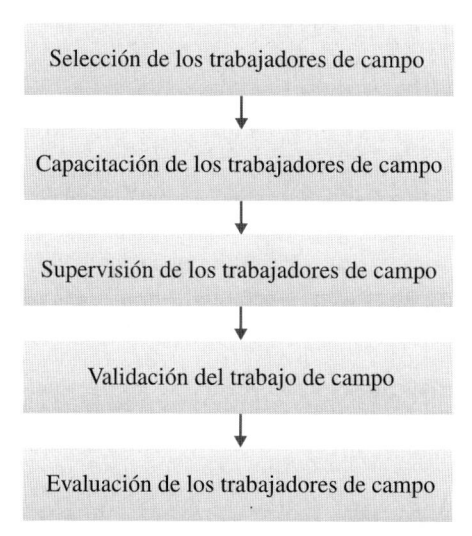

```
Selección de los trabajadores de campo
            ↓
Capacitación de los trabajadores de campo
            ↓
Supervisión de los trabajadores de campo
            ↓
Validación del trabajo de campo
            ↓
Evaluación de los trabajadores de campo
```

SELECCIÓN DE LOS TRABAJADORES DE CAMPO

El primer paso en el proceso del trabajo de campo es la selección de los trabajadores de campo. El investigador debe: **1.** hacer las especificaciones de trabajo para el proyecto, tomando en cuenta la forma de recolección de información; **2.** decidir qué características deben tener los trabajadores de campo y **3.** reclutar a los individuos adecuados. Los antecedentes, opiniones, percepciones, expectativas y actitudes de los entrevistadores pueden influir en las respuestas que obtienen.[4]

Por ejemplo, la aceptación social del trabajador de campo por parte de los encuestados puede influir en la calidad de los datos obtenidos, sobre todo en las entrevistas personales. Por lo general, los investigadores aceptan que cuanto más características en común tengan el entrevistador y el entrevistado, mayor será la probabilidad de éxito de la entrevista.

INVESTIGACIÓN REAL

En busca de un terreno común

En una encuesta sobre bienestar emocional y salud mental, los entrevistadores de mayor edad obtuvieron más cooperación de los encuestados, que los entrevistadores más jóvenes. Sin embargo, tal resultado al parecer no dependía de los años de experiencia. También se observaron diferencias en las tasas de falta de respuesta obtenidas por entrevistadores blancos y negros. Los entrevistadores negros obtuvieron tasas más altas de falta de respuesta entre los encuestados blancos, que los entrevistadores blancos. Cuanto más tuvieran en común el entrevistador y el entrevistado, mayores fueron la cooperación y la calidad de los datos.[5] ■

Por lo tanto, en la medida de lo posible, debe seleccionarse entrevistadores cuyas características coincidan con las del entrevistado. Los requisitos para el trabajo también variarán según la naturaleza del problema y la técnica de recolección de datos. Sin embargo, los trabajadores de campo necesitan cumplir algunos requisitos generales, como:

- **Tener buena salud:** el trabajo de campo puede resultar agotador y los trabajadores deben tener la resistencia requerida para efectuarlo.
- **Ser sociable:** los entrevistadores deben ser capaces de establecer buena empatía con los encuestados. Deben ser capaces de relacionarse con extraños.
- **Ser comunicativos:** la habilidad de hablar y escuchar con eficacia es una gran ventaja.
- **Tener apariencia agradable:** la recolección de datos puede sesgarse si la apariencia física del trabajador de campo es desagradable o inusual.
- **Tener educación:** los entrevistadores deben tener buenas habilidades de lectura y escritura. La mayoría de las empresas de trabajo de campo solicitan nivel educativo de bachillerato y muchas prefieren educación universitaria.
- **Tener experiencia:** es probable que los entrevistadores experimentados hagan un mejor trabajo para seguir instrucciones, obtener la cooperación de los encuestados y realizar una entrevista.

INVESTIGACIÓN REAL

Su experiencia cuenta

La investigación ha encontrado los siguientes efectos de la experiencia del entrevistador en el proceso de la entrevista:

- Los entrevistadores inexpertos tienen más probabilidad de cometer errores en la codificación, registrar mal las respuestas y no realizar el sondeo.
- A los entrevistadores inexpertos les resulta en particular difícil llenar las cuotas de encuestados.
- Los entrevistadores inexpertos tienen tasas más altas de rechazo. También aceptan más respuestas de "no sé" y negativas a responder a preguntas individuales.[6]

A los trabajadores de campo por lo general se les paga por hora o por entrevista. El entrevistador típico suele ser una mujer casada de entre 35 y 54 años de edad, con educación e ingreso familiar por arriba del promedio.

CAPACITACIÓN DE LOS TRABAJADORES DE CAMPO

La capacitación de los trabajadores de campo es fundamental para la calidad de los datos obtenidos. Puede hacerse de manera personal en un local central o, si los entrevistadores están geográficamente dispersos, por correo, videoconferencia o usando Internet. La capacitación asegura que todos los entrevistadores apliquen el cuestionario de la misma forma para obtener los datos de manera uniforme. La capacitación debe abarcar tareas como la manera de hacer el contacto inicial, plantear las preguntas, hacer el sondeo, registrar las respuestas y terminar la entrevista.[7]

Hacer el contacto inicial

El contacto inicial puede llevar a la cooperación o a la pérdida de encuestados potenciales.[8] Debe capacitarse a los entrevistadores para que hagan comentarios iniciales que convenzan a los encuestados potenciales de que su participación es importante.

PROYECTO DE INVESTIGACIÓN

Exposición en el contacto inicial

Hola, mi nombre es _____. Represento al departamento de marketing del Tecnológico de Georgia. Estamos realizando un estudio sobre las preferencias de los hogares sobre tiendas departamentales. Usted pertenece al selecto grupo de encuestados que resultó científicamente elegido para participar en esta encuesta. Valoramos mucho su opinión y nos gustaría hacerle algunas preguntas.[9]

Advierta que el entrevistador no solicitó en forma específica el permiso del encuestado. Deben evitarse preguntas que soliciten permiso, como "¿Puede regalarme un poco de su valioso tiempo?" o "¿Le gustaría responder algunas preguntas?". También es necesario enseñar a los entrevistadores a manejar las objeciones o negativas. Por ejemplo, si el encuestado dice "en este momento no puedo", el encuestador debe responder "¿cuándo sería más conveniente para usted? Volveré a llamar entonces". Si se emplean las técnicas del "pie en la puerta" o "la puerta en la cara" analizadas en el capítulo 12, debe capacitarse para ello a los entrevistadores.

Planteamiento de las preguntas

Incluso el más pequeño cambio en la redacción, secuencia o manera de hacer la pregunta puede distorsionar su significado y sesgar la respuesta. Hacer preguntas es un arte. La capacitación para el planteamiento de las preguntas puede reportar grandes beneficios debido a la eliminación de posibles fuentes de sesgo. Cambiar el orden o el modo de expresar las preguntas durante la entrevista llega a provocar diferencias significativas en las respuestas obtenidas. "Aunque se nos pueda culpar de que la redacción del cuestionario no es la mejor, aún así las preguntas deben formularse de la manera exacta en que están escritas.

CAPÍTULO 13 *Trabajo de campo* 415

Para nosotros es un reto lograr que el trato de los entrevistadores sea más coloquial, pero aún así deben formular las preguntas tal como están escritas".[10] A continuación se presentan algunos lineamientos para formular las preguntas.[11]

1. Familiarícese con el cuestionario.
2. Haga las preguntas en el orden en que aparecen en el cuestionario.
3. Utilice los términos precisos que aparecen en el cuestionario.
4. Lea despacio cada pregunta.
5. Repita las preguntas que no se entiendan.
6. Haga todas las preguntas pertinentes.
7. Siga las instrucciones y patrones de salto, haga sondeos con cuidado.

Sondeo

sondeo
Técnica motivacional usada al formular las preguntas de la encuesta para inducir a los encuestados a ampliar, aclarar o explicar sus respuestas, y ayudarlos a que se concentren en el contenido específico de la entrevista.

El *sondeo* busca motivar a los encuestados para que amplíen, aclaren o expliquen sus respuestas; también los ayuda a concentrarse en el contenido específico de la entrevista y a que brinden sólo la información relevante. El sondeo no debe generar ningún sesgo. A continuación se presentan algunas de las técnicas de sondeo de uso más común.[12]

1. *Repetir la pregunta.* Repetir la pregunta, con las mismas palabras, podría ser eficaz para obtener una respuesta.
2. *Repetir la respuesta del encuestado.* Puede estimularse a los encuestados mediante comentarios que repitan sus respuestas de manera literal. Esto se hace mientras el entrevistador registra la respuesta.
3. *Hacer pausa o un sondeo silencioso.* Un sondeo silencioso, una pausa expectante o una mirada suelen dar pie para que el encuestado proporcione una respuesta más completa. Sin embargo, el silencio no debe volverse incómodo.
4. *Estimular o tranquilizar al encuestado.* Si el encuestado vacila, el entrevistador debe tranquilizarlo con comentarios como: "Aquí no hay respuestas correctas o incorrectas. Sólo queremos conocer su opinión". Si el encuestado necesita una explicación de una palabra o una frase, el entrevistador no debe hacer interpretaciones. Más bien, debe regresarse la responsabilidad de la interpretación al encuestado. Esto se logra con un comentario como "Lo que signifique para usted".
5. *Provocar una aclaración.* Puede motivarse al encuestado para que coopere con el entrevistador y dé respuestas completas con preguntas como, "No entiendo muy bien lo que usted quiere decir con eso, ¿sería tan amable de ampliar un poco más?"
6. *Usar preguntas o comentarios objetivos o neutrales.* Las siguientes son algunas preguntas o comentarios que suelen usarse como sondas y las abreviaturas correspondientes: ¿Alguna otra razón? (¿AO?), ¿algo más? (¿AM o Más?), ¿a qué se refiere? (¿qué significa?) y ¿por qué se siente así? (¿por qué?)[13]. El entrevistador debe registrar las abreviaturas entre paréntesis en el cuestionario a un lado de cada pregunta.

Registro de las respuestas

Aunque parece sencillo registrar las respuestas de los encuestados, es común que se cometan varios errores.[14] Los entrevistadores deben usar el mismo formato y convenciones para registrar las entrevistas y corregir las entrevistas terminadas. Las reglas para registrar las respuestas a las preguntas estructuradas varían con cada cuestionario específico; pero la regla general es rellenar el espacio que refleja la respuesta del encuestado. La regla general para registrar las respuestas a preguntas no estructuradas es hacerlo de manera literal. El manual del entrevistador del Centro de Investigación por Encuestas proporciona los siguientes lineamientos, para registrar las respuestas a las preguntas no estructuradas.

1. Registre las respuestas durante la entrevista.
2. Use las palabras del encuestado.
3. No resuma ni parafrasee las respuestas de los encuestados.
4. Incluya todo lo que sea pertinente a los objetivos de la pregunta.
5. Incluya todos los sondeos y comentarios.
6. Repita la respuesta tal como está escrita.

Terminación de la entrevista

La entrevista no debería concluirse antes de obtener toda la información. Debe registrarse cualquier comentario espontáneo que haga el encuestado después de haber planteado todas las preguntas formales. El entrevistador debe responder las preguntas del encuestado acerca del proyecto. El entrevistado debe quedar con una sensación positiva sobre la entrevista. Es importante agradecer al encuestado y expresarle reconocimiento.

INVESTIGACIÓN REAL

Los centros para el control de las enfermedades controlan la capacitación

Los Centers for Disease Control and Prevention (CDC) (*www.cdc.gov*) realizan cada mes, desde 1984, la mayor encuesta telefónica del mundo, conocida como Behavioral Risk Factor Surveillance System (BRFSS), para obtener datos sobre las conductas de riesgo para la salud y sobre las prácticas preventivas. Los trabajadores de campo son capacitados en sus respectivos estados y aplican cuestionarios estandarizados. Los CDC reciben de cada estado datos sobre hipertensión, colesterol alto, tabaquismo y consumo de alcohol, y cada año publican un informe. Para incrementar la estandarización en la capacitación de los trabajadores de campo y la recolección de datos, los CDC pusieron en práctica un sistema de entrevistas telefónicas asistidas por computadora (CATI).

Los CDC entienden que sus entrevistadores de campo son el único vínculo entre los participantes y los investigadores que realizan la encuesta. Por lo tanto, requieren que los estados inviertan mucho tiempo y esfuerzo en la capacitación de sus entrevistadores. En la capacitación, se hace un esfuerzo por asegurar que el entrevistador:

- Entiende la naturaleza y contenido de las preguntas.
- Sabe cómo registrar las respuestas, codificar los cuestionarios y editar las entrevistas.
- Asegura la confidencialidad de los encuestados.
- Asegura que se entreviste a los encuestados correctos.
- Registra una imagen certera.
- Realiza el trabajo de manera clara y precisa.
- Está preparado para manejar situaciones problemáticas que surjan durante la entrevista.
- Es convincente y minimiza el número de hogares y encuestados seleccionados que se niegan a participar.
- Hace de la calidad una prioridad en todos los aspectos de la entrevista.
- Es cortés y agradable.
- Se esfuerza por maximizar la eficiencia sin sacrificar la calidad.

Dada la naturaleza del BRFSS, los entrevistadores también deben firmar un acuerdo de confidencialidad. A los encuestados en ocasiones les preocupa la confidencialidad de la información sobre su salud, por lo que se toman medidas para eliminar la posibilidad de identificar a la persona específica que respondió a una encuesta. Por ejemplo, en los resultados finales de la encuesta se borran los dos últimos dígitos del número telefónico. Los entrevistadores están capacitados para comunicar esta información a las personas que se muestran preocupadas cuando las llaman.

Otros procedimientos de capacitación son útiles para obtener respuestas válidas al cuestionario y para mostrar cortesía a los participantes. La tabla resume los consejos para las entrevistas telefónicas que usan los CDC como parte de su programa de capacitación. Esta capacitación intensiva es esencial para proporcionar la información precisa que necesitan los CDC para su análisis de los datos relevantes sobre las conductas de riesgo y las prácticas preventivas. Los datos se utilizan de

INVESTIGACIÓN ACTIVA

Visite *www.clinique.com* y realice una búsqueda en Internet y en la base en línea de su biblioteca, para obtener información sobre el uso de cosméticos por parte de las mujeres.

Como gerente de marca de Clinique, ¿qué información le gustaría tener para formular estrategias de marketing que incrementen sus ventas?

¿Cómo seleccionaría y capacitaría a los trabajadores de campo para aplicar una encuesta en centros comerciales, que permita determinar el uso de cosméticos en las mujeres en un proyecto para Clinique?

CAPÍTULO 13 *Trabajo de campo*   417

diversas maneras por estados y agencias de salud para la planeación, implementación y medición del progreso de sus programas de reducción de riesgo, y para el desarrollo de políticas y leyes adecuadas.[15]

Consejos para las entrevistas telefónicas

Personalidad expresada en la voz
Sea cortés y educado.
Exprese confianza.
No manifieste aburrimiento.
Parezca interesado en las respuestas.
Ponga una sonrisa en su voz.
Sondeo y aclaración
Haga un sondeo para obtener información precisa.
Sepa cuándo hacer el sondeo.
Utilice sondeos neutros.
Exposición del cuestionario
Hable con claridad.
Pronuncie las palabras en forma apropiada.

Manejo de encuestados difíciles
Responda a los encuestados.
Calme las preocupaciones por la confidencialidad.
Aliente las respuestas de los encuestados renuentes.
Minimice las inquietudes acerca de la duración de la entrevista.
Conocimiento general del BRFSS
Reconozca la necesidad de obtener datos de calidad.
Conozca los objetivos de la encuesta.
Conozca la lógica de las preguntas.
Técnicas de entrevista
Lea las preguntas de manera literal.
Verifique el número telefónico.
Siga los patrones de salto de manera fluida.
Concluya las entrevistas con amabilidad.
Haga las citas de manera apropiada.
Brinde retroalimentación neutra. ■

SUPERVISIÓN DE LOS TRABAJADORES DE CAMPO

La supervisión de los trabajadores de campo significa asegurarse de que sigan los procedimientos y las técnicas en que fueron capacitados. La supervisión implica control de calidad y corrección, control del muestreo, control de fraudes y control de la oficina central.

Control de calidad y corrección

Para controlar la calidad de los trabajadores de campo es necesario verificar si la implementación de los procedimientos de campo fue adecuada.[16] Si se detecta algún problema, el supervisor debe discutirlo con los trabajadores de campo y, de ser necesario, dar capacitación adicional. Para entender los problemas de los entrevistadores, los supervisores también deberían realizar algunas entrevistas. Los supervisores tienen que recoger y corregir diariamente los cuestionarios y otras formas. Deben examinar los cuestionarios y asegurarse de que se realizaron todas las preguntas apropiadas, que no se aceptaron respuestas insatisfactorias o incompletas y que la escritura es legible.

Los supervisores también necesitan llevar un registro de las horas trabajadas y de los gastos, lo cual permitirá determinar el costo de cada entrevista completada, si el trabajo avanza según lo programado y si algún entrevistador enfrenta problemas.

Control del muestreo

control del muestreo
Aspecto de la supervisión que asegura que el entrevistador sigue en forma estricta el plan de muestreo, en vez de elegir las unidades de muestreo porque son convenientes o son accesibles.

Un aspecto importante de la supervisión es el ***control del muestreo***, que trata de asegurar que los entrevistadores siguen en forma estricta el plan de muestreo, en vez de seleccionar las unidades de muestreo porque son convenientes o son accesibles. Los entrevistadores suelen evitar las viviendas o unidades de muestreo que perciben como difíciles o no deseables. Si la unidad de muestreo no está en casa, los entrevistadores quizá se sientan tentados a sustituirla por la siguiente unidad de muestreo, en vez de llamar de nuevo. En ocasiones también extienden los requisitos de las cuotas de muestreo. Por ejemplo, al colocar a una persona de 58 años en la categoría de edad de 46 a 55 años y entrevistarla para cumplir los requisitos de la cuota.

Para controlar esos problemas, los supervisores deben llevar registros diarios del número de llamadas hechas, el número de personas que no estuvieron en casa, el número de negativas, el número de entrevistas completadas por cada entrevistador y el total para todos los entrevistadores bajo su control.

Control de fraudes

Los fraudes implican la falsificación de parte de la pregunta o de todo el cuestionario. Un entrevistador podría falsificar parte de una respuesta para hacerla aceptable o inventar las respuestas. La forma más evidente de fraude ocurre cuando el encuestador falsifica todo el cuestionario, llenándolo con respuestas falsas sin hacer contacto con el encuestado. Los fraudes pueden reducirse mediante la capacitación, supervisión y validación adecuadas del trabajo de campo.[17]

Control de la oficina central

Los supervisores brindan a la oficina central información sobre la calidad y el control de costos, de manera que sea factible llevar un reporte del progreso general. Además de los controles iniciados en el campo, en la oficina central deben agregarse otros controles para identificar posibles problemas. El control de la oficina central incluye tabulación de las variables de cuota, características demográficas importantes y respuestas a variables clave.

VALIDACIÓN DEL TRABAJO DE CAMPO

Validar el trabajo de campo significa corroborar que los trabajadores de campo realizan entrevistas auténticas. Para validar el estudio, los supervisores llaman a entre 10 y 25 por ciento de los encuestados, para preguntarles si los trabajadores de campo en verdad efectuaron la entrevista. Los supervisores hacen preguntas sobre la calidad y duración de la entrevista, la reacción hacia el entrevistador y datos demográficos básicos. La información demográfica se verifica de manera cruzada con la información reportada por los entrevistadores en los cuestionarios.

EVALUACIÓN DE LOS TRABAJADORES DE CAMPO

Es importante evaluar a los trabajadores de campo para proporcionarles retroalimentación sobre su desempeño, así como para identificar a los mejores y formar una fuerza de trabajo de campo de mayor calidad. Los criterios de evaluación deben comunicarse con claridad a los trabajadores de campo durante su capacitación. Dicha evaluación debe basarse en criterios de costo y tiempo, tasas de respuestas, calidad de las entrevistas y calidad de los datos.[18]

Costo y tiempo

Puede compararse a los entrevistadores en términos del costo total por entrevista terminada (salarios y gastos). Si los costos difieren según el tamaño de la ciudad, sólo deben hacerse comparaciones entre individuos que trabajen en ciudades comparables. También es necesario evaluar la manera en que los trabajadores de campo emplean su tiempo. El tiempo suele dividirse en categorías como la entrevista en sí, el recorrido y la administración.

Tasas de respuestas

Es importante monitorear las tasas de respuestas de manera oportuna, para realizar las acciones correctivas si dichas tasas son muy bajas.[19] Para ayudar a los entrevistadores que tienen un número desmesurado de rechazos, los supervisores pueden escuchar la forma en que se presentan y darles retroalimentación inmediata. Una vez que hayan terminado todas las entrevistas, pueden compararse los diferentes porcentajes de negativas de los trabajadores de campo para identificar a los mejores.

Calidad de las entrevistas

Para evaluar a los entrevistadores según la calidad de las entrevistas, el supervisor tiene que observar directamente el proceso. El supervisor puede hacerlo en persona o el trabajador de campo puede grabar la entrevista. La calidad de la entrevista debería evaluarse en términos de: **1.** lo apropiado de la presentación, **2.** la precisión con que se hacen las preguntas, **3.** la habilidad de sondear sin sesgar

CAPÍTULO 13 *Trabajo de campo* 419

la información, **4.** la habilidad para plantear preguntas delicadas. **5.** las habilidades interpersonales demostradas en la entrevista y **6.** la manera de concluir la entrevista.

Calidad de los datos

Es necesario evaluar la calidad de los datos en los cuestionarios completados por cada entrevistador. Algunos indicadores de la calidad de los datos son: **1.** los datos registrados son legibles; **2.** se siguieron todas las instrucciones, incluso los patrones de salto; **3.** las respuestas a las preguntas no estructuradas se registraron de manera literal; **4.** las respuestas a preguntas no estructuradas son significativas, y tienen la extensión suficiente para codificarse; y **5.** no es muy frecuente el problema de falta de respuesta.

INVESTIGACIÓN REAL

Lineamientos para realizar entrevistas: The Council of American Survey Research Organizations

Cada entrevistador debe seguir las siguientes técnicas para realizar una buena entrevista:

1. Si el encuestado lo solicita, proporcionar su nombre completo, así como el número telefónico de la empresa encuestadora.
2. Leer cada pregunta de la manera exacta en que está escrita. Informar al supervisor de cualquier problema tan pronto como sea posible.
3. Leer las preguntas en el orden indicado en el cuestionario, siguiendo las secuencias de salto adecuadas.
4. Aclarar de manera neutral cada duda del encuestado.
5. No engañar al encuestado sobre la duración de la entrevista.
6. No revelar la identidad del cliente final, a menos que se le indique que debe hacerlo.
7. Llevar la cuenta de cada entrevista interrumpida y la razón de la interrupción.
8. Permanecer neutral durante la entrevista. No manifestar acuerdo ni desacuerdo con el encuestado.
9. Hablar despacio y con claridad para que se entienda cada palabra.
10. Registrar todas las respuestas de manera literal, sin parafrasear.
11. Evitar las conversaciones innecesarias con el encuestado.
12. Sondear y aclarar comentarios adicionales a todas las preguntas abiertas, a menos que se den otras instrucciones. Los sondeos y las aclaraciones deben hacerse de forma neutral.
13. Escribir de manera clara y legible.
14. Hacer una revisión minuciosa de todo el trabajo antes de entregarlo al supervisor.
15. Al interrumpir a un encuestado, hacerlo de manera neutral diciendo "gracias" o "la cuota para esta área esta completa, gracias por todo".
16. Mantener la confidencialidad de todos los estudios, materiales y resultados.
17. No falsificar ninguna entrevista o respuesta.
18. Agradecer a los encuestados por participar en el estudio. ■

EXPERIENCIA DE INVESTIGACIÓN

El trabajo de campo de la ropa

¿Cómo es la compra de ropa casual? Diseñe un cuestionario para determinar el comportamiento de compra de ropa casual por parte de los estudiantes, del tipo que usan para ir a la escuela. Aplique la encuesta a cinco estudiantes de su campus.

1. ¿Cómo se sintió al abordar a estos encuestados?
2. ¿Qué parte de la encuesta pareció ser más difícil para los encuestados?
3. Si se empleara a otros estudiantes para reunir los datos de esta encuesta, ¿cómo se les debería capacitar?
4. Si se empleara a otros estudiantes para recopilar los datos de esta encuesta, ¿cómo debería supervisarse el trabajo de campo?
5. Si se empleara a otros estudiantes para recopilar los datos de esta encuesta, ¿Cómo debería evaluarse el trabajo de campo? ■

PROYECTO DE INVESTIGACIÓN

Trabajo de campo

En el proyecto de la tienda departamental, las entrevistas personales en casa fueron realizadas por estudiantes de posgrado y licenciatura, que estaban inscritos en los cursos de investigación de mercados impartidos por el autor. La capacitación para el trabajo de campo incluía hacer que cada entrevistador **1.** actuara como encuestado y se aplicara a sí mismo el cuestionario, y **2.** aplicara el cuestionario a otros estudiantes que no intervenían en el proyecto (encuestados ficticios). Se desarrollaron y entregaron a cada entrevistador lineamientos detallados para realizar las entrevistas. La supervisión de los entrevistadores fue hecha por estudiantes de posgrado, quienes cada día monitoreaban las actividades del trabajo de campo. Se llamó a todos los encuestados para verificar que el entrevistador en realidad les hubiera aplicado el cuestionario y para agradecerles su participación en la encuesta. Se validó el 100 por ciento de las encuestas. Todos los trabajadores de campo, entrevistadores y supervisores fueron evaluados por el autor.

Actividades del proyecto

1. Analice la capacitación y supervisión de los trabajadores de campo en el proyecto de Sears.
2. ¿Cómo cambiaría el trabajo de campo si se hubiera aplicado una encuesta por Internet, en vez de una entrevista personal en casa? ∎

INVESTIGACIÓN DE MERCADOS INTERNACIONALES

La selección, capacitación, supervisión y evaluación de los trabajadores de campo son fundamentales en la investigación de mercados internacionales. En muchos países, no se cuenta con empresas locales de trabajo de campo, por lo que quizá sea necesario reclutar y capacitar trabajadores de campo locales, o importar trabajadores capacitados del extranjero. Es deseable recurrir a los trabajadores de campo locales, porque están más familiarizados con el lenguaje y la cultura locales, fomentarían un clima más apropiado para la entrevista y serían más sensibles a las preocupaciones de los encuestados. Esto podría requerir una capacitación amplia y una supervisión cercana. Como sucede en muchos países, los entrevistadores tienden a ayudar a los encuestados con la respuesta, y a seleccionar las casas o unidades de muestreo según consideraciones personales, en vez de seguir con el plan de muestreo. Por último, el fraude del entrevistador tal vez sea más problemático en muchos países del extranjero que en Estados Unidos. La validación del trabajo de campo resulta de gran importancia. La aplicación correcta de los procedimientos de trabajo de campo reducirá en forma considerable tales dificultades, y generará hallazgos útiles y congruentes.

La investigación de mercados internacionales resulta más compleja sin importar lo sencilla que parezca la encuesta. Aunque es difícil recabar datos que sean comparables entre países, puede lograrse utilizando técnicas estandarizadas, a los que se hacen adaptaciones en caso necesario. El uso de procedimientos equivalentes en la investigación de mercados permite a los investigadores detectar, analizar y entender mejor las diferencias socioculturales del mundo. Aunque es deseable un enfoque global de la investigación de mercados, ello requeriría la modificación de muchas metodologías usadas en estudios realizados en Estados Unidos, de manera que sea posible comparare los datos estadounidenses con los de otros países.

INVESTIGACIÓN REAL

El gusto por lo estadounidense une a los europeos

Un estudio sobre imagen realizado por Research International (*www.research-int.com*), una empresa inglesa de investigación de mercados, demostró que a pesar de la unificación del mercado europeo, los consumidores europeos favorecen cada vez más a los productos estadounidenses. Se espera que el gusto por lo estadounidense unirá a los consumidores europeos. La encuesta se realizó en Francia, Alemania, Inglaterra, Italia y los Países Bajos. En cada país, se utilizaron entrevistadores y supervisores locales, ya que se consideró que podrían identificarse mejor con los encuestados. Sin embargo, se les brindó capacitación exhaustiva y supervisión estrecha para asegurar la calidad de los resultados, y para minimizar la variabilidad de los resultados entre países debido a la diferencia en los procedimientos de entrevista.

Se realizaron un total de 6,724 entrevistas personales. Algunos de los hallazgos indicaron que los europeos otorgaban altas calificaciones a los productos estadounidenses por ser innovadores y

INVESTIGACIÓN ACTIVA

> Visite *www.gm.com* y realice una búsqueda en Internet y en la base en línea de su biblioteca, para obtener información sobre las preferencias de automóviles por parte de los consumidores chinos.
>
> Como gerente de marketing internacional de GM, ¿a usted qué información le gustaría tener para formular estrategias de marketing que incrementen sus ventas en China?
>
> ¿Cómo seleccionaría, capacitaría y supervisaría a los trabajadores de campo que realizan en ese país encuestas en casa para determinar las preferencias de sus consumidores por autos?

algunos países también los consideran productos modernos y de alta calidad. Resulta interesante que Francia, considerada como antiestadounidense, también resultó favorable hacia los productos estadounidenses. De los 1,034 consumidores franceses encuestados, el 40 por ciento consideró que los productos estadounidenses eran modernos, el 38 por ciento creía que eran innovadores y el 15 por ciento dijo que eran de alta calidad. Además, cuando se les preguntó qué nacionalidad preferirían que tuviera una compañía nueva en su área, su primera elección fue una compañía estadounidense. Tales hallazgos fueron comparables y concordaban en los cuatro países. Una clave para su descubrimiento fue el uso de trabajadores de campo locales, así como capacitación y supervisión exhaustivas que dieron como resultado datos de alta calidad.

Este estudio es de gran utilidad para que los comerciantes intensifiquen y den mayor relieve al nombre de la marca estadounidense en el mercado europeo. "En vez de tratar de ocultar el hecho de que son estadounidenses, creemos que las compañías deben reforzar o sacar provecho de su origen estadounidense", afirmó Eric Salama, director de operaciones europeas de Henley Center, una empresa inglesa de pronósticos económicos. De hecho, las compañías estadounidenses han sacado partido del valor de "hecho en EUA". Como resultado, en los años recientes se dispararon las exportaciones a Europa. Desde 2006 California fue el estado con más exportaciones a la Unión Europea.[20] ∎

LA ÉTICA EN LA INVESTIGACIÓN DE MERCADOS

Es necesario seguir altos estándares éticos al obtener los datos, ya sea que los recopile un departamento interno de investigación de mercados o una empresa externa de trabajo de campo. Los investigadores y los trabajadores de campo deben tratar las inquietudes de los encuestados para lograr que éstos se sientan cómodos. Una forma lograrlo consiste en brindarles la información adecuada acerca de la empresa investigadora y sobre el proyecto, resolver sus dudas y, desde el inicio de la entrevista, establecer con claridad las responsabilidades y expectativas tanto de los trabajadores de campo como de los encuestados. Además, debe informarse a los encuestados que no están obligados a responder preguntas que les causen turbación y que pueden dar por terminada la entrevista en cualquier momento que se sientan incómodos. El investigador y los trabajadores de campo tienen la responsabilidad ética de respetar la privacidad, los sentimientos y la dignidad de los encuestados.[21] Además, éstos deben quedarse con la sensación de una experiencia positiva y agradable, lo haría más probable su buena voluntad y cooperación futura.

Los investigadores y las empresas de trabajo de campo también tienen con los clientes la responsabilidad de seguir los procedimientos aceptados para la selección, capacitación, supervisión, validación y evaluación de los trabajadores de campo. Deben asegurar la integridad del proceso de recolección de datos. Los procedimientos del trabajo de campo tienen que documentarse de forma cuidadosa y ponerse a disposición de los clientes. Las acciones adecuadas por parte de los investigadores y las empresas de trabajo de campo ayudan mucho para resolver las preocupaciones éticas asociadas con el trabajo de campo.

INVESTIGACIÓN REAL

Manejo de las preocupaciones éticas del encuestado durante el trabajo de campo

La información proporcionada al llamar a un número 800, usar tarjetas de crédito o en la compra de productos a menudo se utiliza para formar listas de clientes o de posibles clientes. En Estados Unidos, es raro que dichas listas se vendan a organizaciones de telemarketing o de marketing directo. Sin embargo, en otros países esto no es necesariamente cierto. Por ello, la percepción del público es diferente, y mucha gente piensa que los mercadólogos y los investigadores de mercados hacen mal uso de la información que recaban. Esta percepción equivocada da una imagen negativa a la investigación de mercados.

En un esfuerzo por cambiar tal percepción, muchos investigadores de mercados y empresas de trabajo de campo abordan este tema desde el inicio de la entrevista. Por ejemplo, al hacer contacto con los encuestados potenciales, la organización Gallup (*www.gallup.com*) les da información sobre la empresa (Gallup) y sobre el proyecto de investigación de mercados, haciendo hincapié que Gallup cumple con un código de ética. Algunas empresas de investigación de mercados y de trabajo de campo brindan a los posibles encuestados los números telefónicos a los que pueden llamar gratuitamente, para obtener más información o verificar la información proporcionada por los trabajadores de campo. Esas acciones hacen que los encuestados se sientan más cómodos y estén mejor informados, lo que da como resultado datos de mayor calidad para el cliente.[22] ■

INVESTIGACIÓN PARA LA TOMA DE DECISIONES

Nissan: el regreso de los autos deportivos Z

La situación

Poco después de que la armadora francesa Renault adquirió el control de Nissan, se contrató a Carlos Ghosn, presidente de Nissan Motors Co., para reactivar a la empresa agobiada por problemas financieros.

Ghosn no teme tomar rumbos diferentes y sabe que en los negocios deben correrse riesgos para satisfacer las demandas de los consumidores. Ghosn organizó el resurgimiento de productos de Nissan que incluía el regreso de los autos icónicos deportivos Z y el ingreso a nuevos segmentos, como la camioneta Murano crossover y el camión Titán. Al mismo tiempo, de acuerdo con su plan de reactivación de Nissan, redujo costos, disminuyó la deuda, incrementó la eficiencia e hizo que la compañía volviera a ser rentable.

Nissan se impuso la meta de realizar "en comparación con el año fiscal 2001, un millón de ventas adicionales en todo el mundo para finales del año fiscal 2004, que abarca de octubre del 2004 a septiembre del 2005".

A Nissan le interesa entrevistar a clientes dentro de centros comerciales, para determinar el posicionamiento de los autos deportivos Z, en particular el 350Z, que estará dirigido a los consumidores más jóvenes. El cuestionario es una mezcla de preguntas estructuradas y no estructuradas. Algunas preguntas requieren un sondeo considerable a los encuestados y la supervisión de los entrevistadores será fundamental para obtener datos de buena calidad.

La decisión para la investigación de mercado

1. ¿En qué áreas debe capacitarse a los supervisores para que monitoreen más de cerca a los entrevistadores?
2. Analice cómo ayuda la capacitación recomendada de los supervisores a que Carlos Ghosn identifique las necesidades de los consumidores jóvenes de autos deportivos.

Un trabajo de campo adecuado puede ayudar a Nissan a recabar datos de alta calidad, para determinar los factores que lograran que los carros deportivos Z resulten más atractivos para los consumidores jóvenes.

La decisión para la gerencia de marketing

1. Si Carlos Ghosn quiere hacer que los autos deportivos Z sean más atractivos para los consumidores jóvenes, ¿qué cambios debe hacer?
2. Analice cómo influyen la capacitación de los supervisores que recomendó antes y los hallazgos de las entrevistas en centros comerciales, en la decisión para la gerencia de marketing que le recomendó a Carlos Ghosn.

Dado su éxito en Nissan, en la reunión del consejo de directores de Renault realizada el 29 de abril de 2005, se designó a Carlos Ghosn como presidente y director general de Renault. Renault y Nissan tienen una alianza estratégica que fue acordada el 27 de marzo de 1999.[23] ∎

SPSS PARA WINDOWS

SPSS ofrece varios programas para facilitar el trabajo de campo o la recolección de datos. Además, tiene cabida para diversos métodos de aplicación de las encuestas, como telefónicas, electrónicas, por correo y personales.

1. *SPSS Data Entry Station:* esta herramienta desplegará una copia del cuestionario en la pantalla de la computadora, para que el operador o el encuestado registren las respuestas por medio del teclado y el ratón (sin darles la posibilidad de editar el formato). De esta manera, el registro de los datos puede simular, hasta cierto punto, al sistema CATI, porque le permite vaciar de antemano los datos con el número telefónico y detalles básicos del encuestado, de forma que la información aparezca a medida que el operador avanza a lo largo de la lista. Sin embargo, el sistema no permite llevar un registro de llamadas ni una lista de repetición de llamadas, lo cual debe hacer un verdadero sistema CATI.
2. *SPSS Data Entry Enterprise Server (DEES):* esta herramienta de despliegue subirá una copia del cuestionario al servidor Web, para que quienes se encargan de vaciar los datos o los encuestados entren por medio de una contraseña y registren sus resultados sin tener que instalar nada en su computadora personal. El DEES puede usarse tanto en Intranet como en Internet. Este programa también incluye tecnología que impide el hecho de que un encuestado responda varias veces la misma encuesta.
3. *Impresión del formato:* esto puede hacerse mediante el uso de SPSS DE Builder para imprimir el formato, después de haber sido diseñado para una encuesta por correo o una entrevista personal. Éste es el procedimiento menos complejo, ya que no permite que el investigador aproveche el despliegue de menús que ahorran espacio y cualquier otra regla incluida. Estas reglas pueden usarse cuando se ha realizado el vaciado de los datos de seguimiento; pero en caso de existir errores, muchas veces sería muy tarde para realizar correcciones. En el caso de las entrevistas personales, sería una mejor opción que el entrevistador utilice una computadora portátil con el formato DE Station, ya que las reglas se irán "disparando" a medida que se respondan las preguntas, lo cual permite hacer correcciones rápidas en caso de ser necesario.

RESUMEN

Los investigadores tienen dos opciones principales para la recolección de datos: desarrollar sus propios equipos o contratar empresas de trabajo de campo. En ambos casos, la recolección de datos implica el uso de una fuerza de campo. Los trabajadores de campo deben ser saludables, extrovertidos, comunicativos, amables, educados y experimentados. Tienen que recibir capacitación en aspectos importantes del trabajo de campo, que incluyen el establecimiento del contacto inicial, el planteamiento de las preguntas, el sondeo, el registro de las respuestas y la terminación de la entrevista. La supervisión de los trabajadores de campo implica corrección y control de calidad, control del muestreo, control de los fraudes y control de la oficina central. Para validar el trabajo de campo puede llamarse a entre 10 y 25 por ciento de los identificados como entrevistados y preguntarles si la entrevista se llevó a cabo. Hay que evaluar a los trabajadores de campo con base en tiempo y costo, tasas de respuestas, calidad de las entrevistas y calidad en la recolección de datos.

La selección, capacitación, supervisión y evaluación de los trabajadores de campo es aún más importante en la investigación de mercados internacionales, ya que en muchos países no se cuenta con empresas de trabajo de campo. Las cuestiones éticas incluyen lograr que los encuestados se sientan cómodos durante el proceso de recolección de datos, de manera que su experiencia sea agradable y positiva. Deben hacerse los esfuerzos necesarios para asegurar la alta calidad de los datos. Internet y las computadoras facilitan y mejoran la calidad del trabajo de campo.

TÉRMINOS Y CONCEPTOS CLAVE

sondeo, *415*

control del muestreo, *417*

CASOS SUGERIDOS, CASOS EN VIDEO Y CASOS DE HARVARD BUSINESS SCHOOL

Casos

Caso 4.1 Wachovia: finanzas "Watch Ovah Ya".
Caso 4.2 Wendy's: historia y vida después de Dave Thomas.
Caso 4.3 Astec sigue creciendo.
Caso 4.4 ¿Es la investigación de mercados la cura para los males del Hospital Infantil Norton Healthcare Kosair?

Casos en video

Caso en video 4.1 Subaru: el "Sr. Encuesta" supervisa la satisfacción del cliente.
Caso en video 4.2 Procter & Gamble: usando la investigación de mercados para crear marcas.

Casos de Harvard Business School

Caso 5.1 La encuesta de Harvard sobre las viviendas para estudiantes de posgrado.
Caso 5.2 BizRate.com
Caso 5.3 La guerra de las colas continúa: Coca y Pepsi en el siglo XXI.
Caso 5.4 TiVo en 2002.
Caso 5.5 Computadora Compaq: ¿Con Intel dentro?
Caso 5.6 El nuevo Beetle.

INVESTIGACIÓN REAL: REALIZACIÓN DE UN PROYECTO DE INVESTIGACIÓN DE MERCADOS

1. Debe proporcionarse una capacitación adecuada a los estudiantes que realizan trabajo de campo. Siga los lineamientos del capítulo.
2. Los líderes del equipo pueden realizar algunas entrevistas y actuar como supervisores. Debe capacitárseles para la supervisión.
3. Hay que especificar los procedimientos de llamada repetida (por ejemplo, desechar un número telefónico luego de tres intentos de llamada).
4. Si se van a realizar entrevistas en casa en el área local, puede asignarse a cada entrevistador (estudiante) una parte específica de la sección censal.

EJERCICIOS

Preguntas

1. ¿De qué opciones dispone el investigador para la recolección de los datos?
2. Describa el proceso de trabajo de campo y recolección de datos.
3. ¿Qué requisitos deben cumplir los trabajadores de campo?
4. ¿Cuáles son los lineamientos para hacer las preguntas?
5. ¿Qué es el sondeo?
6. ¿Cómo deben registrarse las respuestas a las preguntas no estructuradas?
7. ¿Cómo debe terminar la entrevista el trabajador de campo?
8. ¿Qué aspectos están involucrados en la supervisión de los trabajadores de campo?
9. ¿Cómo pueden controlarse los problemas de selección del encuestado?
10. ¿Qué es la validación del trabajo de campo? ¿Cómo se realiza?
11. Describa los criterios que deben seguirse para evaluar a los trabajadores de campo.
12. Describa las principales fuentes de error relacionadas con el trabajo de campo.

Problemas

1. Redacte algunas instrucciones para las entrevistas personales en casa que realizarán los estudiantes.
2. Comente las siguientes situaciones de campo, recomiende las acciones correctivas.
   a. Uno de los entrevistadores tiene una tasa exagerada de rechazos en las entrevistas personales en casa.

b. En una situación CATI, muchos números telefónicos dan un tono de ocupado durante el primer intento de marcado.
c. Un entrevistador informa que, al final de las entrevistas, muchos encuestados preguntaron si sus respuestas habían sido correctas.
d. Al validar el trabajo de campo, una encuestada reporta que no recuerda haber sido entrevistada por vía telefónica, pero el entrevistador insiste que sí realizó la entrevista.

EJERCICIOS DE INTERNET Y POR COMPUTADORA

1. Visite los sitios Web de algunas empresas de investigación de mercados. Haga un informe de todo el material relacionado con el trabajo de campo publicado en esos sitios.
2. Visite el sitio Web de Marketing Research Association (*www.mranet.org*) y examine los códigos de ética relacionados con la recolección de datos. Redacte un breve informe.
3. Mediante el uso de un programa de administración de proyectos, como Microsoft Project, desarrolle un calendario de trabajo de campo para realizar una encuesta nacional sobre las preferencias de los consumidores por las comidas rápidas, que implique la realización de 2,500 entrevistas en centros comerciales de diez de las principales ciudades del país.

ACTIVIDADES

Juego de roles

1. Usted es un supervisor de campo. Pida a un compañero que asuma el papel de entrevistador y a otro que tome el papel de encuestado. Haga una demostración en vivo para enseñar al entrevistador a realizar entrevistas personales en casa.
2. Intercambie los roles de entrevistador y supervisor en la situación de juego de roles descrita en la actividad 1.

Trabajo de campo

1. Organice un viaje de campo a una empresa de investigación de mercados o a una empresa de recolección de datos. Pida al supervisor del trabajo de campo que describa cómo realiza la empresa este trabajo. ¿Cuál es la diferencia con el proceso descrito en este libro?
2. Organice una visita a un centro comercial donde se realicen entrevistas. Observe el proceso de la entrevista y escriba un informe sobre su visita.

Discusión en grupo

1. Analice el impacto del estilo de vida cambiante de las mujeres en el trabajo de campo durante la última década.
2. Analice el concepto de fraude del entrevistador. ¿Por qué hacen fraudes los entrevistadores? ¿Cómo pueden detectarse e impedirse?

CAPÍTULO 14

Preparación de los datos

"No importa cuántas veces usted escuche 'basura entra, basura sale', este debe ser su mantra cuando trabaja con datos".

Damon Jones, gerente administrativo, Data Acquisition and Procesing, Burke, Inc.

Objetivos

Después de leer este capítulo, el estudiante deberá ser capaz de:

1. Analizar la naturaleza, el alcance y el proceso de preparación de los datos.
2. Explicar la revisión y edición del cuestionario, así como las formas de tratar las respuestas insatisfactorias que consisten en regresar el cuestionario al campo, asignar valores faltantes y descartar las respuestas insatisfactorias.
3. Describir los lineamientos para codificar los cuestionarios, como la codificación de preguntas estructuradas y no estructuradas.
4. Analizar el proceso de depuración de los datos y los métodos usados para tratar respuestas faltantes: sustitución con un valor neutro, respuesta atribuida, eliminación por casos y eliminación por pares.
5. Indicar las razones y los procedimientos para hacer ajustes estadísticos de los datos: ponderación, redefinición de las variables y transformación de la escala.
6. Describir el procedimiento para elegir la estrategia de análisis de los datos y los factores que influyen en el proceso.
7. Clasificar las técnicas estadísticas y proporcionar un catálogo detallado de las técnicas univariadas y multivariadas.
8. Comprender los enfoques intraculturales, panculturales y transculturales para el análisis de los datos en la investigación de mercados internacionales.
9. Identificar los problemas éticos relacionados con el procesamiento de los datos, en particular la eliminación de las respuestas insatisfactorias, el incumplimiento de las suposiciones que subyacen a las técnicas de análisis de los datos, y la evaluación e interpretación de los resultados.
10. Explicar el uso de Internet y programas estadísticos en la preparación y análisis de los datos.

Panorama general

Después de que se define el problema de investigación y que se desarrolla un enfoque apropiado (capítulo 2), que se formula un diseño de investigación adecuado (capítulos 3 a 12) y que se realiza el trabajo de campo (capítulo 13), el investigador suele pasar a la preparación y el análisis de los datos, que es el quinto paso del proceso de investigación de mercados. Antes de que los datos en bruto contenidos en los cuestionarios se sometan a un análisis estadístico, deben convertirse a una forma apropiada para tal análisis. La calidad de los resultados estadísticos depende del cuidado que se tenga en la fase de preparación de los datos. No prestar suficiente atención a la preparación de los datos pondría en riesgo los resultados estadísticos, dando así lugar a resultados sesgados y a una interpretación incorrecta.

Este capítulo describe el proceso de recolección de los datos, el cual comienza con la revisión de los cuestionarios para verificar que estén completos. Enseguida, se analiza la depuración de los datos y se ofrecen lineamientos para manejar las respuestas ilegibles, incompletas, incongruentes, ambiguas o insatisfactorias. También se describe la codificación, trascripción y limpieza de los datos, y se hace énfasis en el tratamiento de las respuestas faltantes y en el ajuste estadístico de los datos. Se analiza la elección de una estrategia de análisis de los datos y se clasifican las técnicas estadísticas. Se explican los enfoques intracultural, pancultural y transcultural para el análisis de datos en la investigación de mercados internacionales. Se identifican los problemas éticos relacionados con el procesamiento de los datos, destacando la eliminación de las respuestas insatisfactorias, el incumplimiento de las suposiciones que subyacen a las técnicas de análisis de datos, y la evaluación e interpretación de los resultados. Por último, se analiza el uso de programas estadísticos para la preparación y análisis de los datos.

PROYECTO DE INVESTIGACIÓN

Preparación de los datos

En el proyecto de la tienda departamental, los datos se obtuvieron por medio de entrevistas personales realizadas en casas. Los supervisores revisaron los cuestionarios conforme eran entregados por los entrevistadores, verificando que los cuestionarios no incluyeran respuestas incompletas, incongruentes o ambiguas. Los cuestionarios con respuestas insatisfactorias se devolvieron al campo y se pidió a los entrevistadores que volvieran a hacer contacto con los encuestados para obtener la información requerida. Se descartaron nueve cuestionarios porque la proporción de respuestas insatisfactorias era grande. Esto dio por resultado un tamaño final de la muestra de 271.

Se desarrolló un libro de códigos para codificar los cuestionarios. Este proceso fue relativamente sencillo porque no había preguntas abiertas. Se transcribieron los datos a una computadora por medio del teclado. Se verificaron alrededor del 25 por ciento de los datos para buscar errores de tecleo. Se depuraron los datos mediante la identificación de respuestas fuera de rango o lógicamente incongruentes. La mayoría de la información calificada se obtuvo usando escalas de 6 puntos, de manera que las respuestas de 0, 7 y 8 se consideraron fuera de rango y se asignó el código 9 para las respuestas faltantes.

Todas las respuestas faltantes se trataron mediante la eliminación por casos, por lo que se omitió del análisis a todos los encuestados con valores faltantes. Se eligió la eliminación por casos debido a que el número de casos (encuestados) con valores faltantes era pequeño y el tamaño de la muestra era lo bastante grande. En el ajuste estadístico de los datos, se crearon variables ficticias para las variables categóricas. También se crearon nuevas variables compuestas por las variables originales. Por ejemplo, se sumaron las calificaciones de familiaridad con las 10 tiendas departamentales para crear un índice de familiaridad. Por último, se desarrolló una estrategia de análisis de los datos. ■

GfK Custom Research.
Fuente: cortesía de GfK Custom Research.

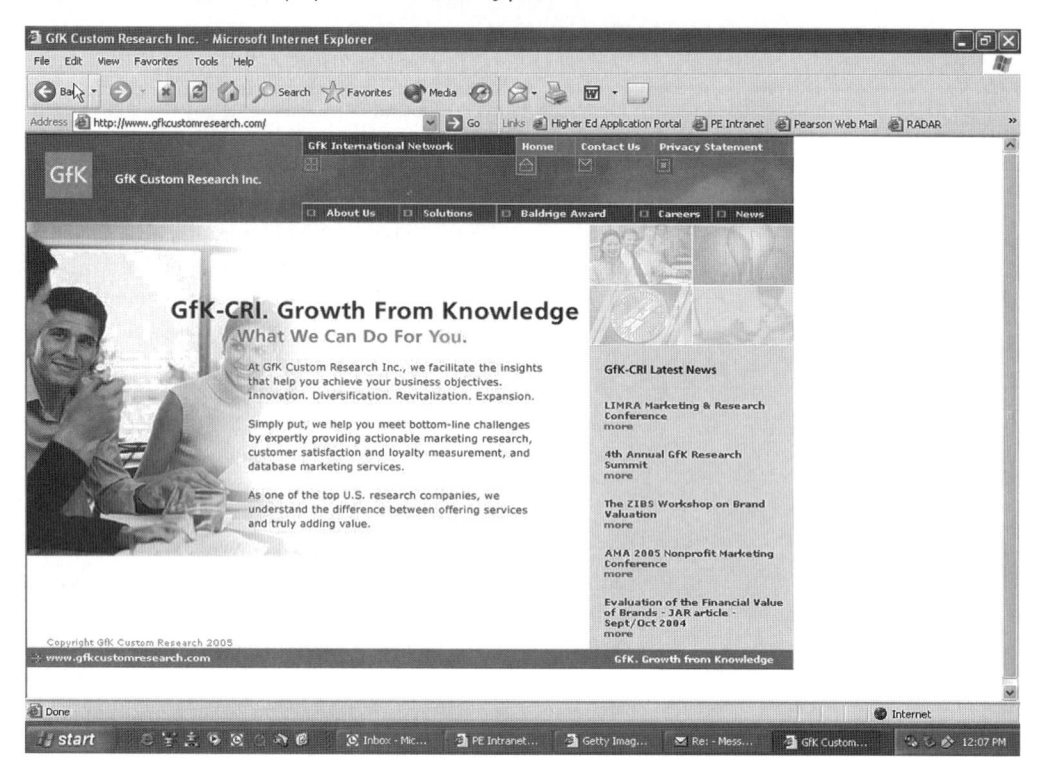

INVESTIGACIÓN REAL

Limpieza a la medida

De acuerdo con Joann Harristhal de Gfk Custom Research (*www.gfkcustomresearch.com*), los cuestionarios que se llenan en campo a menudo contienen muchos pequeños errores debido a la calidad desigual de las entrevistas. Por ejemplo, las respuestas calificadas no se encierran en un círculo o los patrones de salto no se siguen en forma adecuada.

Estos pequeños errores pueden ser muy costosos. Al vaciar las respuestas de dichos cuestionarios en una computadora, Custom Research corre un programa de depuración que verifica que estén completos y que tengan lógica. Las discrepancias se identifican en un listado impreso que es revisado por los supervisores de tabulación. Una vez que se identifican los errores, se toman las acciones correctivas apropiadas antes de hacer el análisis. GfK Custom Research ha encontrado que este procedimiento incrementa en forma considerable la calidad de los resultados estadísticos.[1]

El ejemplo de la tienda departamental describe las diferentes fases del proceso de preparación de los datos. Advierta que el proceso se inicia mientras el trabajo de campo está en proceso. El ejemplo de Custom Research describe la importancia de depurar los datos, así como de identificar y corregir los errores antes de analizar los datos. A continuación se hace una descripción sistemática del proceso de preparación de los datos.

EL PROCESO DE PREPARACIÓN DE LOS DATOS

En la figura 14.1 se muestra el proceso de preparación de los datos. El proceso completo es guiado por el plan preliminar de análisis de datos que se formuló en la fase de diseño de investigación (capítulo 3). El primer paso consiste en verificar que los cuestionarios sean aceptables, seguido por la verificación, codificación y trascripción de los datos. Se depuran los datos y se recomienda un tratamiento para las respuestas faltantes. Con frecuencia resulta necesario un ajuste estadístico de los datos para que sean representativos de la población de interés. El investigador debe entonces elegir la estrategia apropiada para el análisis de los datos. La estrategia final de análisis de los datos difiere del plan preliminar de análisis, debido a la información y los conocimientos obtenidos desde que se formuló el plan original. La preparación de los datos debe empezar tan pronto como se reciba el primer grupo de cuestionarios del campo, mientras el trabajo de campo continúa. De este modo, si se detecta algún problema, es factible modificar el trabajo de campo para incorporar alguna acción correctiva.

Figura 14.1
Proceso de preparación de los datos

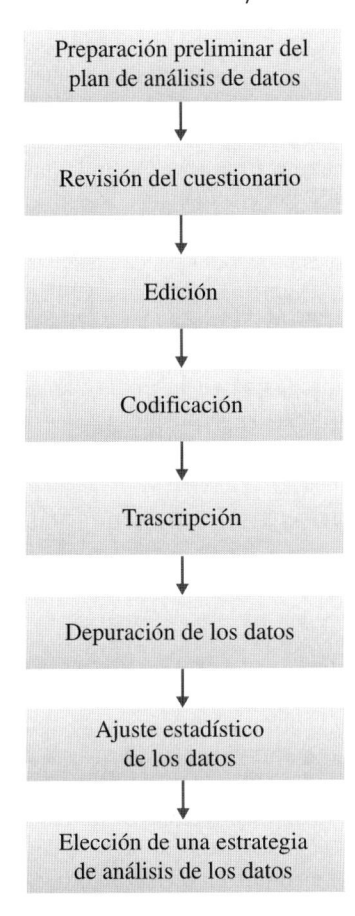

```
Preparación preliminar del
plan de análisis de datos
         ↓
Revisión del cuestionario
         ↓
      Edición
         ↓
    Codificación
         ↓
    Trascripción
         ↓
Depuración de los datos
         ↓
  Ajuste estadístico
     de los datos
         ↓
Elección de una estrategia
 de análisis de los datos
```

REVISIÓN DEL CUESTIONARIO

El paso inicial en la revisión del cuestionario implica verificar todos los cuestionarios en cuanto a la calidad de las entrevistas y a que estén terminados. A menudo estas revisiones se realizan mientras el trabajo de campo sigue en proceso. Si se contrató a una empresa de recolección de datos para realizar el trabajo de campo, el investigador debe hacer una revisión independiente luego de que ésta ha terminado. Un cuestionario que regresa del campo podría ser inaceptable por varias razones:

1. Algunas partes del cuestionario están incompletas.
2. El patrón de respuestas indica que el encuestado no entendió o siguió las instrucciones. Por ejemplo, cuando no se siguieron los patrones de salto.
3. Las respuestas muestran poca varianza. Por ejemplo, un encuestado sólo marcó la opción número 4 en una serie de escalas de calificación de 7 puntos.
4. Los cuestionarios entregados están físicamente incompletos: faltan una o más páginas.
5. El cuestionario se recibió después de la fecha establecida.
6. El cuestionario fue contestado por alguien que no estaba calificado para participar.

Si se impusieron cuotas o el tamaño de las células de trabajo, los cuestionarios aceptables deberán clasificarse y contabilizarse de acuerdo con ello. Antes de revisar los datos, deben identificarse los problemas para cumplir los requisitos del muestreo y tomar las medidas correctivas pertinentes, como realizar entrevistas adicionales en las células poco representadas.

EDICIÓN

edición
La revisión del cuestionario con el objetivo de incrementar la exactitud y la precisión.

La *edición* es la revisión de los cuestionarios con el objetivo de incrementar su exactitud y precisión. Consiste en examinar los cuestionarios para identificar respuestas ilegibles, incompletas, incongruentes o ambiguas.

Las respuestas pueden ser ilegibles si se registraron mal, lo cual es muy frecuente en cuestionarios con un gran número de preguntas no estructuradas. Los datos deben ser legibles para codificarlos en forma correcta. Asimismo, los cuestionarios pueden estar incompletos en diferentes grados. Las preguntas no respondidas pueden ser pocas o muchas.

Hasta este punto, el investigador hace una revisión preliminar de la congruencia. Es fácil detectar algunas incongruencias evidentes. Por ejemplo, un encuestado reporta un ingreso anual de menos de $20,000, pero informa de compras frecuentes en tiendas departamentales de prestigio.

Las respuestas a preguntas no estructuradas pueden resultar ambiguas y difíciles de interpretar con claridad. Tal vez la respuesta esté abreviada o quizá se utilizaron palabras ambiguas. En el caso de las preguntas estructuradas, en ocasiones se marca más de una respuesta en preguntas diseñadas para obtener una sola respuesta. Suponga que un encuestado marca las opciones 2 y 3 en una escala de calificación de 5 puntos. ¿Significa esto que pretendía marcar 2.5? Para complicar más la situación, el procedimiento de codificación sólo permite respuestas de un dígito.

Tratamiento de las respuestas insatisfactorias

El manejo de las respuestas insatisfactorias por lo regular consiste en regresar el cuestionario al campo para obtener mejores datos, asignar valores faltantes o descartar a los encuestados insatisfactorios.

Devolución al campo. Los cuestionarios con respuestas insatisfactorias pueden devolverse al campo, donde los entrevistadores vuelven a hacer contacto con los encuestados. Este enfoque es atractivo sobre todo para encuestas de mercados industriales y de negocios, donde los tamaños de las muestras son pequeños y resulta sencillo identificar a los encuestados. No obstante, los datos obtenidos en la segunda ocasión quizá sean diferentes de los obtenidos en la encuesta original. Estas diferencias pueden atribuirse a los cambios ocurridos al paso del tiempo o a diferencias en la forma de aplicación del cuestionario (por ejemplo, entrevista telefónica o personal).

Asignación de valores faltantes. Si no es posible regresar los cuestionarios al campo, el editor puede asignar valores faltantes a las respuestas insatisfactorias. Este enfoque sería deseable si **1.** el número de encuestados insatisfactorios es pequeño, **2.** la proporción de respuestas insatisfactorias para cada uno de estos encuestados es pequeña o **3.** las variables con respuestas insatisfactorias no son las más importantes.

Descartar a los encuestados insatisfactorios. En este enfoque simplemente se descarta a los encuestados con repuestas insatisfactorias. Dicha estrategia resulta apropiada cuando **1.** la proporción de encuestados insatisfactorios es pequeña (menos del 10 por ciento), **2.** el tamaño de la muestra es grande, **3.** los encuestados insatisfactorios no difieren de los encuestados satisfactorios de forma evidente (por ejemplo, en factores demográficos o características de uso del producto), **4.** la proporción de respuestas insatisfactorias para cada uno de estos encuestados es grande o **5.** faltan respuestas para las variables más importantes. Sin embargo, los encuestados insatisfactorios pueden diferir de manera sistemática de los encuestados satisfactorios y la decisión para designar a un encuestado como insatisfactorio podría ser subjetiva. Ambos factores sesgan los resultados. Si el investigador decide descartar a los encuestados insatisfactorios, debería informar cuál fue el procedimiento adoptado para identificarlos y cuántos fueron.

INVESTIGACIÓN REAL

Declarar a los descartados

En una encuesta transcultural de gerentes de marketing de países africanos de habla inglesa, las encuestas se enviaron por correo a 565 empresas. Se devolvieron un total de 192 cuestionarios terminados, de los cuales se descartaron cuatro porque los encuestados indicaron que, en general, no estaban a cargo de las decisiones de marketing. La decisión de descartar los cuatro cuestionarios se basó en la consideración de que el tamaño de la muestra era lo bastante grande y la proporción de encuestados insatisfactorios era pequeña.[2] ■

CODIFICACIÓN

codificar
La asignación de un código para representar una respuesta específica a una pregunta concreta de un cuestionario, en particular junto con el registro de los datos y la posición en la columna que ocupará el código.

Codificar significa asignar un código, por lo general un número, a cada respuesta posible de cada pregunta. El código incluye una indicación de la posición en la columna (campo) y el registro que ocupará el dato. Por ejemplo, el sexo de los encuestados se codifica con 1 para las mujeres y 2 para los hombres. Un campo representa un solo dato, como el sexo de los encuestados. Un registro consta de campos relacionados, como sexo, estado civil, edad, tamaño de la casa, ocupación, etcétera. A menudo, un solo registro contiene todos los datos de un encuestado, aunque también es posible que se utilicen varios registros para cada encuestado. Una forma práctica de ingresar los datos es usar una hoja de cálculo como EXCEL, que permite asignar con facilidad columnas específicas para preguntas y respuestas concretas. Cada fila contiene los datos de un encuestado.

Los datos (todos los registros) de todos los encuestados se guardan en archivos de computadora, como se ilustra en la tabla 14.1. Esta tabla demuestra el caso más común de codificación, donde puede utilizarse más de un registro para cada encuestado. En esta tabla, las columnas representan los campos; y las filas, los registros. La tabla 14.1 presenta los datos codificados de una parte del primer registro de los encuestados en el proyecto de la tienda departamental. Estos datos se codificaron de acuerdo con el esquema de codificación especificado en la figura 14.2. Las columnas 1 a 3 representan un solo campo y contienen los números de código de los encuestados 001 a 271. La columna 4 contiene el número de registro. Esta columna tiene el valor de 1 para todas las filas, porque sólo se presenta el primer registro de los encuestados. Las columnas 5 y 6 contienen el código del proyecto, que es 31. Las siguientes dos columnas, 7 y 8, muestran el código del entrevistador, que varía de 01 a 55 porque se utilizaron 55 entrevistadores. Las columnas 26 a 35, que representan cada una un campo, contienen las calificaciones de familiaridad para las 10 tiendas, con valores que van de 1 a 6. Por último, la columna 77 representa la calificación de la tienda 10 en relación con los precios. Advierta que las columnas 78 a 80 están en blanco. Hay 10 registros para cada encuestado y 2,710 filas que indican que el archivo contiene los datos de los 271 encuestados. También es posible usar un programa de hoja de cálculo, como EXCEL, para ingresar los datos, ya que la mayoría de los programas de análisis estadístico importan los datos de una hoja de cálculo. En este caso, los datos de cada encuestado para cada campo es una celda. Por lo general, cada fila de la hoja de cálculo EXCEL contiene los datos de un encuestado o caso. Las columnas contendrán las variables, con una columna para cada variable o respuesta.

Si el cuestionario sólo contiene preguntas estructuradas o muy pocas preguntas no estructuradas, se realiza una codificación previa. Esto significa que se asignan códigos antes de realizar el trabajo de campo. Si el cuestionario contiene preguntas no estructuradas, los códigos se asignan después de que el cuestionario se haya devuelto del campo (codificación posterior). La codificación previa se estudió brevemente en el capítulo 10 sobre el diseño del cuestionario, y aquí se proporcionan otros lineamientos.[3]

Codificación de las preguntas

El código del encuestado y el número de registro deben aparecer en cada registro de los datos. Sin embargo, si sólo hay un registro para cada encuestado puede prescindirse del código de registro. Para cada encuestado tienen que incluirse los siguientes códigos adicionales: código de proyecto, código del entrevistador, códigos de fecha y hora, y código de validación. Es muy deseable el uso

TABLA 14.1
Ejemplo de un archivo de cómputo: proyecto de la tienda departamental

	CAMPOS NÚMEROS DE COLUMNA					
REGISTROS	1–3	4	5–6	7–8	26 ...... 35	77
Registro #1	001	1	31	01	6544234553	5
Registro #11	002	1	31	01	5564435433	4
Registro #21	003	1	31	01	4655243324	4
Registro #31	004	1	31	01	5463244645	6
Registro #2701	271	1	31	55	6652354435	5

Figura 14.2
Extracto del libro de códigos que presenta información del primer registro: proyecto de la tienda departamental

Número de columna	Número de variable	Nombre de la variable	Número de pregunta	Instrucciones de codificación
1–3	1	ID del encuestado		001 a 890 anteponga los ceros que sean necesarios
4	2	Número de registro		1 (igual para todos los encuestados)
5–6	3	Código del proyecto		31 (igual para todos los encuestados)
7–8	4	Código de la entrevista		Como se codificó en el cuestionario
9–14	5	Código de los datos		Como se codificó en el cuestionario
15–20	6	Código de tiempo		Como se codificó en el cuestionario
21–22	7	Código de validación		Como se codificó en el cuestionario
23–24		Espacio en blanco		Deje las columnas en blanco
25	8	Quién compra	I	Jefe de familia = 1
				Jefa de familia = 2
				Otro = 3
				Ingrese el número encerrado en un círculo
				Valores faltantes = 9
26	9	Familiaridad con tienda 1	IIa	Para la pregunta II partes a a j,
				Ingrese el número encerrado en un círculo
27	10	Familiaridad con la tienda 2	IIb	No muy familiar = 1
				Muy familiar = 6
				Valores faltantes = 9
28	11	Familiaridad con la tienda 3	IIc	
35	18	Familiaridad con la tienda 10	IIj	
36	19	Frecuencia: tienda 1	IIIa	Para la pregunta III partes a a j
				Ingrese el número encerrado en un círculo
37	20	Frecuencia: tienda 2	IIIb	Ninguna = 1
				Muy frecuente = 6
				Valores faltantes = 9
45	28	Familiaridad con la tienda 10	IIIj	
46–47		Espacio en blanco		Deje estas columnas en blanco en calidad
48	29	Calificación de la tienda 1 en calidad	IVa1	IV a XI para las preguntas
			IVa X	**Ingrese el número encerrado en un círculo**
57	38	Calificación de la tienda 10 en calidad	IVa10	
58	39	Calificación de la tienda 1 en variedad	IVb1	
67	48	Calificación de la tienda 10 en variedad	IVb10	
68	49	Calificación de la tienda 1 en precios	IVc1	
77	58	Calificación de la tienda 10 en precios	IVc10	
78–80		Espacio en blanco		Deje estas columnas en blanco

códigos de campo fijo
Código en que el número de registros para cada encuestado es el mismo y donde aparecen los mismos datos en las mismas columnas para todos los encuestados.

de ***códigos de campo fijo***, lo cual significa que el número de registros para cada encuestado es el mismo y que para todos los encuestados aparecen los mismos datos en las mismas columnas. De ser posible, deben usarse códigos estándar para los datos faltantes. Por ejemplo, puede emplearse el código 9 para una variable de una sola columna, 99 para una variable de dos columnas y así sucesivamente. Los códigos de los valores faltantes deben ser distintos de los códigos asignados a las respuestas legítimas.

La codificación de las preguntas estructuradas es relativamente sencilla porque las opciones de respuestas se determinan con anticipación. El investigador asigna un código a cada respuesta de cada pregunta, y especifica el registro y la columna adecuados en que deben aparecer los códigos de la respuesta. Por ejemplo,

¿Tiene usted un pasaporte vigente?
1. Sí   2. No   (1/54)

Para esta pregunta, la respuesta "Sí" se codifica con el número 1 y la respuesta "No" con el número 2. Los números entre paréntesis indican que el código asignado aparecerá en el primer registro de este encuestado en la columna 54. Dado que sólo se permite una respuesta y sólo hay dos respuestas posibles (1 o 2), basta con una columna. Por lo general, una columna es suficiente para codificar una pregunta estructurada con una sola respuesta, si las respuestas posibles son menos de nueve.

En las preguntas que permiten un mayor número de respuestas, debe asignarse una columna separada para cada opción de respuesta posible. Dichas preguntas incluyen las que se refieren al uso o propiedad de marcas, la lectura de revistas o la preferencia por programas de televisión. Por ejemplo,

CAPÍTULO 14 *Preparación de los datos*

¿Qué tipo de cuenta tiene *actualmente* en este banco? (marque con "X" todas las que correspondan).

Cuenta de ahorros	☐ (162)
Cuenta de cheques	☐ (163)
Hipoteca	☐ (164)
Inversión a la vista	☐ (165)
Club de inversión (navidad, etcétera)	☐ (166)
Línea de crédito	☐ (167)
Cuenta de ahorros a plazo fijo (depósitos a plazos, etcétera)	☐ (168)
Seguro de vida con inversión	☐ (169)
Crédito para remodelación de casa	☐ (170)
Crédito automotriz	☐ (171)
Otros servicios	☐ (172)

Suponga que en este ejemplo un encuestado marcó cuenta de ahorros, cuenta de cheques y cuenta de ahorros a plazo fijo. En el registro #1, se anotará un número 1 en las columnas número 162, 163, y 168. En todas las otras columnas (164, 165, 166, 167, 169, 170, 171 y 172) se anotará un 0. Como sólo hay un registro por encuestado, se omite el registro.

La codificación de preguntas abiertas o no estructuradas es más compleja. En el cuestionario se registran las respuestas literales. Luego se desarrollan y asignan los códigos para estas respuestas. En ocasiones, el investigador puede basarse en proyectos anteriores o consideraciones teóricas, para desarrollar los códigos antes de iniciar el trabajo de campo; no obstante, por lo general esto debe esperar hasta que se reciban los cuestionarios llenados. A continuación, el investigador hace una lista de 50 a 100 respuestas para una pregunta no estructurada con la finalidad de identificar las categorías apropiadas para la codificación. Una vez que se desarrollaron los códigos, debe capacitarse a los codificadores para que asignen los códigos correctos a las respuestas literales. Se sugieren los siguientes lineamientos para codificar preguntas no estructuradas y cuestionarios en general.[4]

Los códigos de las categorías deben ser mutuamente excluyentes y colectivamente exhaustivos. Las categorías son mutuamente excluyentes si a cada respuesta corresponde un único código de categoría. Las categorías no deben traslaparse. Las categorías son colectivamente exhaustivas, si cada respuesta corresponde a uno de los códigos de categoría asignados. Esto puede lograrse agregando un código de categoría para "otro" o "ninguno de los anteriores". Sin embargo, en esta categoría deben caer muy pocas respuestas (10 por ciento o menos). La gran mayoría de las respuestas deben clasificarse en categorías significativas.

Deben asignarse códigos de categoría a cuestiones críticas, aunque no se hayan mencionado. En ocasiones es importante saber que nadie ha mencionado una respuesta particular. Por ejemplo, a la administración de una importante empresa de bienes de consumo le preocupaba el empaque de una nueva marca de jabón de tocador. Por lo tanto, el empaque se incluyó como una categoría separada en las respuestas codificadas a la pregunta "¿Qué es lo que menos le gusta de este jabón?".

Los datos deben codificarse de forma que conserven tantos detalles como sea posible. Por ejemplo, si se han obtenido datos sobre el número exacto de viajes hechos en aerolíneas comerciales por viajeros de negocios, deben codificarse como tales en vez de agruparlo en dos códigos de categorías como "viajeros poco frecuentes" y "viajeros frecuentes". Obtener información sobre el número exacto de viajes permite al investigador definir más adelante las categorías de viajeros de negocios de diferentes maneras. Si las categorías se definieron de antemano, el análisis posterior de los datos debe limitarse a estas categorías.

Libro de códigos

libro de códigos
Libro que contiene las instrucciones para la codificación y la información necesaria sobre las variables en el conjunto de datos.

El ***libro de códigos*** contiene las instrucciones para la codificación y la información necesaria sobre las variables en el conjunto de datos. El libro de códigos orienta el trabajo de los codificadores y ayuda al investigador a identificar y localizar adecuadamente las variables. Incluso si el cuestionario se codificó de antemano, resulta muy útil preparar un libro de códigos formal. Por lo general, un libro de códigos contiene la siguiente información: **1.** número de columna, **2.** número de registro, **3.** número de variable, **4.** nombre de la variable, **5.** número de la pregunta, y **6.** instrucciones para la codificación. La figura 14.2 es un extracto del libro de códigos desarrollado para el proyecto de la tienda departamental. La figura 14.3 es un ejemplo de la codificación de un cuestionario, donde se muestra la codificación de datos demográficos que suelen obtenerse en encuestas a los consumidores. El cuestionario del siguiente ejemplo fue objeto de una codificación previa.

Figura 14.3
Ejemplo de codificación de un cuestionario que muestra la codificación de datos demográficos

Por último, en esta parte del cuestionario nos gustaría solicitarle alguna información general con fines de clasificación.

PARTE D

1. Este cuestionario fue respondido por: (229)
   1. _____ Principalmente por el jefe de familia.
   2. _____ Principalmente por la jefa de familia.
   3. _____ En conjunto por ambos jefes de familia.
2. Estado civil: (230)
   1. _____ Casado.
   2. _____ Soltero.
   3. _____ Divorciado/separado/viudo.
3. ¿Cuál es el número total de miembros de la familia que viven en su casa? _____ (231–232)
4. Número de niños que viven en su casa:
   1. Menores de seis años _____ (233)
   2. De seis años o más _____ (234)
5. Número de hijos que no viven en casa _____ (235)
6. Años de educación formal que hayan terminado usted y su cónyuge (en caso de que sea aplicable) (por favor, encierre en un círculo).

	Preparatoria	Universidad Licenciatura	Posgrado	
1. Usted	8 o menos 9 10 11 12	13 14 15 16	17 18 19 20 21 22 o más	(236–237)
2. Su cónyuge	8 o menos 9 10 11 12	13 14 15 16	17 18 19 20 21 22 o más	(238–239)

7. 1. Su edad _____ (240–241)
   2. Edad de su cónyuge (en caso de que sea aplicable) _____ (242–243)
8. Si está empleado, por favor, marque la categoría apropiada para su ocupación.

	(244) Jefe de familia	(245) Jefa de familia
1. Profesional y técnico	_____	_____
2. Gerentes y administradores	_____	_____
3. Vendedores	_____	_____
4. Asistente de oficina o afín	_____	_____
5. Artesano/operador/obrero	_____	_____
6. Trabajador de la construcción	_____	_____
7. Otros (favor de especificar)	_____	_____
8. No se aplica	_____	_____

9. ¿El lugar donde reside es propio? (246)
   1. Propio _____
   2. Alquilado _____
10. ¿Cuántos años ha vivido en el área metropolitana de esta ciudad? _____ años. (247–248)
11. ¿Cuál es el ingreso aproximado anual de su hogar antes de impuestos? Por favor, verifique. (249–250)
    1. Menos de $10,000 _____
    2. $10,000 a 14,999 _____
    3. $15,000 a 19,999 _____
    4. $20,000 a 24,999 _____
    5. $25,000 a 29,999 _____
    6. $30,000 a 34,999 _____
    7. $35,000 a 39,999 _____
    8. $40,000 a 44,999 _____
    9. $45,000 a 49,999 _____
    10. $50,000 a 54,999 _____
    11. $55,000 a 59,999 _____
    12. $60,000 a 69,999 _____
    13. $70,000 a 89,999 _____
    14. $90,000 o más _____

Nota: las columnas 1 a 228 contienen la identificación (ID) de los encuestados, información del proyecto e información relacionada con las partes A, B y C del cuestionario. Hay un solo registro por encuestado.

INVESTIGACIÓN ACTIVA

Visite *www.patriots.com* y realice una búsqueda en Internet y en la base en línea de su biblioteca, para obtener información acerca la razón por la que la gente asiste a juegos de fútbol profesional.

Como director de marketing de los Patriots de Nueva Inglaterra, ¿qué información le gustaría tener a usted para formular estrategias de marketing que incrementen la asistencia a los juegos en el estadio de los Patriots?

Se aplicó una encuesta a los asistentes a los juegos en el estadio de los Patriots para determinar la razón por la que asistían. ¿Qué principio seguirá para revisar, editar y codificar el cuestionario?

TRASCRIPCIÓN

La trascripción implica transferir los datos codificados de los cuestionarios o de las hojas de codificación, a discos o cintas magnéticas o directamente a la computadora por medio del teclado. Si los datos se recolectaron usando CATI o CAPI, este paso sería innecesario ya que los datos se capturan directamente en la computadora según se reciben. Además del teclado, los datos pueden transferirse mediante los lectores ópticos, que capturan la información marcada (véase la figura 14.4). Este tipo de captura de datos requiere que las respuestas se registren en las formas con un lápiz especial en un área designada para la respuesta que se codificó de antemano. Eso permite que la máquina pueda leer los datos. El lector óptico implica que la máquina lea los códigos de forma directa y los trascriba al mismo tiempo. Un ejemplo común del lector óptico es la trascripción de los datos CUP (código universal de productos) en los cajeros de los supermercados. Los avances tecnológicos han dado por resultado el sistema computarizado de análisis sensorial que automatiza el proceso de recolección de datos. Las preguntas aparecen en un formato computarizado y un dispositivo sensorial registra las respuestas directamente en la computadora.

Si se utiliza el teclado pueden cometerse errores, lo cual haría necesario verificar el conjunto de datos o al menos una parte de ellos. El segundo operador vuelve a teclear los datos de los cuestionarios codificados. Registro por registro se comparan los datos transcritos por ambos operadores. Cualquier discrepancia entre ambos conjuntos de datos transcritos se investiga para identificar y corregir errores de tecleo. La verificación de todo el conjunto de datos duplicará el tiempo y costo de la trascripción. Dadas las restricciones de tiempo y costos, así como el hecho de que los capturistas experimentados suelen ser bastante precisos, es suficiente verificar sólo entre 25 y 50 por ciento de los datos.

Figura 14.4
Trascripción de datos

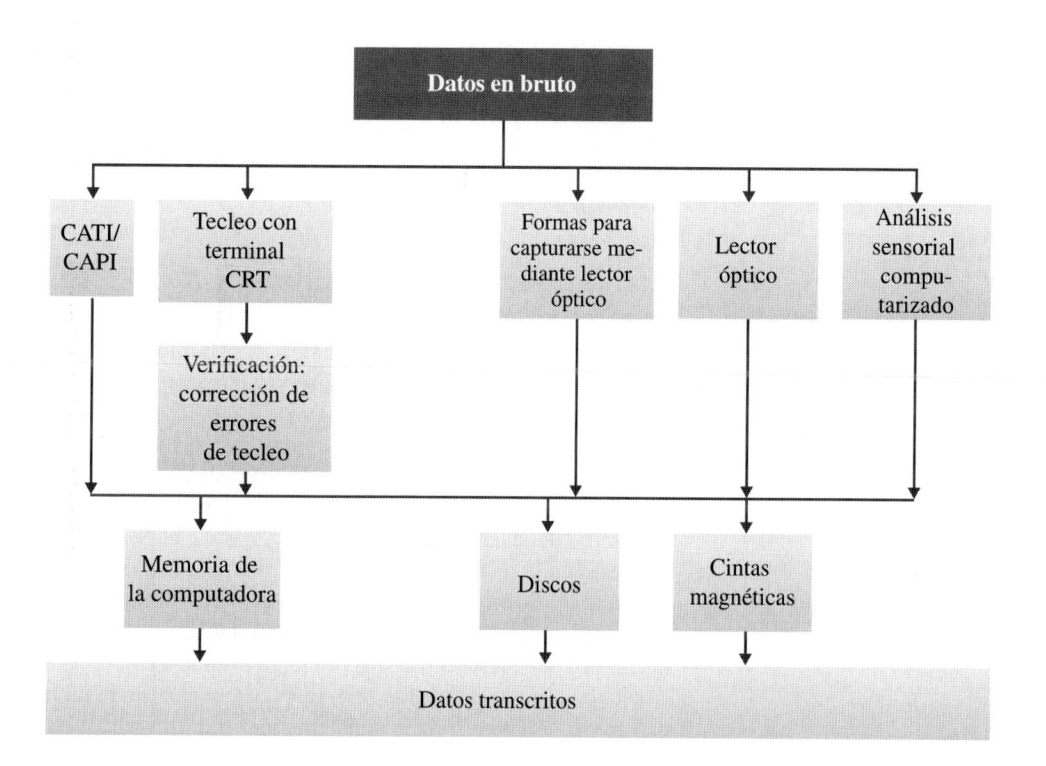

Cuando se emplean sistemas computarizados como CATI o CAPI, los datos se verifican conforme se recolectan. En el caso de respuestas inadmisibles, la computadora lo indica al entrevistador o al encuestado. En el caso de respuestas admisibles, el entrevistador o el encuestado pueden ver en la pantalla la respuesta registrada y verificarla antes de continuar.

La elección del método de trascripción de datos depende del tipo de entrevista utilizado y de la disponibilidad de equipo. Si se utilizan sistemas computarizados como CATI o CAPI, los datos se ingresan directamente en la computadora. La captura en un teclado con terminal CRT se utiliza más a menudo para entrevistas telefónicas, en casa, en centros comerciales o por correo. Sin embargo, en las entrevistas personales cada vez es más común el uso de sistemas computarizados de análisis sensorial debido al incremento en el uso de las computadoras de bolsillo (gridpads) y las computadoras lap top. Los lectores ópticos pueden usarse en entrevistas estructuradas y repetitivas; mientras que las formas de marcado sensorial se usan en casos especiales.[5]

INVESTIGACIÓN REAL

Escaneo de los mares

En el año 2006 Princess Cruises (*www.princess.com*) parte de Carnival Corporation, transportaba cada año a más de un millón de pasajeros. Princess deseaba conocer la opinión de los pasajeros sobre su experiencia en el crucero; sin embargo, quería obtener esta información de una manera económica. Se desarrolló un cuestionario escaneable que permitía a la línea de cruceros transcribir rápidamente los datos de miles de encuestas, agilizando así la preparación y el análisis de los datos. En todos los viajes se distribuyó el cuestionario para medir la satisfacción de los clientes.

Además de ahorrar tiempo en comparación con la captura por teclado, el uso del lector óptico también incrementó la precisión de los resultados de las encuestas. El director de investigación de mercados de Princess Cruises, Jaime Goldfarb comentó: "Cuando comparamos los archivos de datos de los dos métodos, encontramos que aunque el sistema de lector óptico en ocasiones perdía marcas porque no se habían llenado en forma apropiada, los archivos de estos datos eran más precisos que los archivos capturados por teclado".

Cada mes se elabora un reporte de los destinos y embarcaciones del crucero, que identifica cualquier problema específico que se haya detectado y se toman las medidas para asegurar la solución de estos problemas. Recientemente, estas encuestas dieron lugar a cambios en el menú y los diferentes buffets localizados en todo el barco.[6] ■

DEPURACIÓN DE DATOS

depuración de los datos
Verificaciones minuciosas y exhaustivas de la congruencia y el tratamiento de las respuestas faltantes.

La **depuración de los datos** incluye la verificación de la congruencia y el tratamiento de las respuestas faltantes. Aunque durante la edición se hizo una comprobación preliminar de la congruencia, en esta etapa las verificaciones son más minuciosas y exhaustivas porque se realizan por computadora.

Comprobación de la congruencia

comprobación de la congruencia
Parte del proceso de depuración de datos en que se identifican los datos que están fuera de rango, son lógicamente incongruentes o tienen valores extremos. Los datos con valores no definidos por el esquema de codificación son inadmisibles.

La *comprobación de la congruencia* identifica los datos que están fuera de rango, que son lógicamente incongruentes o que tienen valores extremos. Los datos fuera de rango son inadmisibles y tienen que corregirse. Por ejemplo, suponga que se pidió a los encuestados que expresaran su grado de acuerdo, con una serie de enunciados de estilos de vida en una escala de 1 a 5. Si se supone que se designó 9 para las respuestas faltantes, los valores de 0, 6, 7 y 8 están fuera de rango. Es posible programar paquetes de cómputo como SPSS, SAS, EXCEL y MINITAB para identificar los valores fuera de rango para cada variable, e imprimir el código del encuestado, el código de la variable, el nombre de la variable, el número de registro, el número de columna y el valor fuera de rango.[7] Esto facilita la revisión sistemática de cada variable para detectar los valores fuera de rango. Para determinar las respuestas correctas se regresa al cuestionario revisado y codificado.

Las respuestas llegan a presentar diversas incongruencias lógicas. Por ejemplo, una encuestada que indica que paga las llamadas de larga distancia con tarjetas prepagadas aunque no posea una de esas tarjetas. O un encuestado que informa que no está familiarizado con un producto pero también dice que lo usa con frecuencia. Puede imprimirse la información necesaria (código del encuestado,

CAPÍTULO 14 *Preparación de los datos*

código de la variable, nombre de la variable, número de registro, número de columna y valores incongruentes), para localizar tales respuestas y tomar acciones correctivas.

Por último, los valores extremos deben revisarse de manera minuciosa. No todos los valores extremos son resultado de errores, pero pueden indicar problemas con los datos. Por ejemplo, una evaluación extremadamente baja de una marca sería resultado de que el encuestado marca en forma indiscriminada la opción 1 (en una escala de calificación de 1 a 7) para todos los atributos de esta marca.

Tratamiento de respuestas faltantes

respuestas faltantes
Valores de las variables que se desconocen porque los encuestados no dieron respuestas inequívocas a la pregunta.

Las ***respuestas faltantes*** representan valores de una variable que se desconocen, ya sea porque los encuestados dieron respuestas ambiguas o porque sus respuestas no se registraron en forma adecuada. El tratamiento de las respuestas faltantes plantea problemas, sobre todo si su proporción es mayor del 10 por ciento. Se dispone de las siguientes opciones para el tratamiento de las respuestas faltantes.[8]

1. ***Sustituir con un valor neutro.*** Un valor neutro, por lo regular la respuesta promedio a la variable, sustituye las respuestas faltantes. De esta forma no cambia la media de la variable ni se afectan demasiado otras estadísticas, como las correlaciones. Aunque este método tiene cierto mérito, es cuestionable la lógica de sustituir con un valor promedio (digamos 4) para encuestados que, de haber respondido, quizás hubieran asignado calificaciones altas (6 o 7) o bajas (1 o 2).[9]
2. ***Sustituir con una respuesta atribuida.*** Se usa el patrón de respuestas de los encuestados a otras preguntas, para atribuir o calcular una respuesta adecuada para las preguntas faltantes. A partir de los datos disponibles, el investigador intenta inferir las respuestas que habrían dado los encuestados si hubieran contestado las preguntas. Esto puede hacerse en forma estadística, determinando la relación de la variable en cuestión con otras variables a partir de los datos disponibles. Por ejemplo, al relacionar el uso del producto con el tamaño de la casa para los encuestados que hayan proporcionado datos de las dos variables. Luego se calcula la respuesta faltante de un encuestado sobre el uso del producto con base en el tamaño de su casa. Sin embargo, este enfoque requiere de gran esfuerzo y puede introducir sesgos considerables. Se han desarrollado procedimientos estadísticos complejos para calcular valores atribuidos para las respuestas faltantes.

INVESTIGACIÓN REAL

La atribución incrementa la integridad

Se emprendió un proyecto para evaluar la disposición de los hogares acerca de poner en práctica las recomendaciones de una inspección de energía (variable dependiente), dadas las implicaciones financieras. Las variables independientes eran cinco factores financieros que se manipularon en niveles conocidos, y cuyos valores se conocían siempre gracias al diseño adoptado. No obstante, faltaban muchos valores de la variable dependiente, los cuales fueron reemplazados con valores atribuidos. Los valores atribuidos se calcularon estadísticamente a partir de los valores correspondientes de las variables independientes. Este tratamiento de respuestas faltantes incrementó en gran medida la sencillez y validez del análisis posterior.[10] ∎

eliminación por casos
Procedimiento para manejar las respuestas faltantes en que se descartan del análisis los casos o encuestados con respuestas faltantes.

3. ***Eliminación por casos.*** En la ***eliminación por casos***, se descartan del análisis los casos o encuestados con alguna respuesta faltante. Dado que muchos encuestados podrían tener algunas respuestas faltantes, este enfoque daría como resultado una muestra pequeña. No es recomendable desechar grandes cantidades de datos porque su recolección es costosa y consume mucho tiempo. Además, los encuestados con respuestas faltantes pueden diferir de manera sistemática de los encuestados con todas las respuestas. De ser así, la eliminación por casos introduciría un sesgo grave en los resultados.

eliminación por pares
Procedimiento para manejar los valores faltantes, en el cual no se descartan en forma automática todos los casos o encuestados con algún valor faltante, sino que para cada cálculo sólo se consideran los casos o encuestados con respuestas completas.

4. ***Eliminación por pares.*** En la ***eliminación por pares***, en vez de descartar todos los casos con algún valor faltante, el investigador sólo usa los casos o encuestados con respuestas completas para cada cálculo. Como resultado, los distintos cálculos del análisis pueden basarse en muestras de diferentes tamaños. Este procedimiento puede ser apropiado cuando **1.** el tamaño de la muestra es grande, **2.** las respuestas faltantes son pocas y **3.** no hay mucha relación entre las variables. No obstante, el procedimiento puede producir resultados poco atractivos o incluso poco verosímiles.

Los diferentes procedimientos para el tratamiento de las respuestas faltantes darían lugar a resultados distintos, sobre todo cuando la falta de las respuestas no se debe al azar y las variables están relacionadas, de ahí que sea necesario reducir al mínimo las respuestas faltantes. El investigador tiene que considerar con cuidado las implicaciones de los diversos procedimientos, antes de elegir un método particular para el tratamiento de la falta de respuesta.

AJUSTE ESTADÍSTICO DE LOS DATOS

Los procedimientos para el ajuste estadístico de los datos son la ponderación, la redefinición de las variables y las transformaciones de la escala. Estos ajustes no siempre son necesarios pero pueden mejorar la calidad del análisis de los datos.

Ponderación

ponderación
Ajuste estadístico de los datos donde a cada caso o encuestado de la base de datos se le asigna un peso, para reflejar su importancia en relación con otros casos o encuestados.

En la ***ponderación***, a cada caso o encuestado de la base de datos se le asigna un peso que refleje su importancia en relación con otros casos o encuestados. El valor 1.0 representa el caso no ponderado. El efecto de la ponderación es incrementar o disminuir el número de casos de la muestra que poseen ciertas características. (Véase en el capítulo 12 la revisión del uso de la ponderación para hacer ajustes por la falta de respuestas).

La ponderación se usa sobre todo para hacer que los datos de la muestra sean más representativos de una población meta en características específicas. Por ejemplo, se utiliza para dar más importancia a casos o encuestados con datos de mayor calidad. Sin embargo, otro uso de la ponderación consiste en ajustar la muestra para dar mayor importancia a encuestados con ciertas características. Si se realiza un estudio para determinar qué modificaciones deberían hacerse a un producto existente, el investigador quizá desee dar más peso a las opiniones de quienes consumen más ese producto. Esto puede lograrse mediante la asignación de un peso de 3.0 a los usuarios frecuentes, 2.0 a los usuarios medios y 1.0 a los usuarios esporádicos y a quienes no usan el producto. La ponderación debe aplicarse con cautela porque destruye la naturaleza autoponderada del diseño de la muestra.[11]

INVESTIGACIÓN REAL

Determinación del peso de los consumidores de comida rápida

Se realizó una encuesta por correo en el área de Los Ángeles y Long Beach para determinar el patrocinio de los consumidores a los restaurantes de comida rápida. Según los datos del censo reciente, la composición de la muestra resultante difería en su nivel académico, según la distribución de la población en la zona. Por lo tanto, se ponderó la muestra para hacerla representativa en términos del nivel académico. Para determinar los pesos aplicados se dividió el porcentaje de la población entre el porcentaje correspondiente de la muestra. En la siguiente tabla se presentan la distribución de escolaridad para la muestra y la población, así como los pesos aplicados.

Se asignó un mayor peso a las categorías poco representadas en la muestra; y un peso menor a las categorías con una representación excesiva. De esta forma, los datos de un encuestado con 1 a 3 años

Uso de la ponderación para mejorar la representatividad

Años de educación	*Porcentaje de la muestra*	*Porcentaje de la población*	*Peso*
Educación primaria			
0 a 7 años	2.49	4.23	1.70
8 años	1.26	2.19	1.74
Preparatoria			
1 a 3 años	6.39	8.65	1.35
4 años	25.39	29.24	1.15
Universidad			
1 a 3 años	22.33	29.42	1.32
4 años	15.02	12.01	0.80
5 a 6 años	14.94	7.36	0.49
7 años o más	12.18	6.90	0.57
Totales	100.00	100.00	

de educación universitaria recibió un peso mayor al multiplicar por (29.42/22.33 =) 1.32; mientras que los datos de un encuestado con 7 o más años de educación universitaria recibiría un peso menor al multiplicar por (6.90/12.18 =) 0.57. ■

Si se utiliza el método de ponderación, debe documentarse e incluirse en el informe del proyecto.

Redefinición de las variables

> *redefinición de las variables*
> La transformación de los datos para crear nuevas variables o la modificación de las variables existentes para hacerlas más congruentes con los objetivos del estudio.

La *redefinición de las variables* implica transformar los datos para crear variables nuevas o modificar las existentes. El propósito de la redefinición es crear variables que sean congruentes con los objetivos del estudio. Por ejemplo, suponga que la variable original era el uso de un producto, con diez categorías de respuesta, las cuales podrían reducirse a cuatro: uso frecuente, moderado, esporádico o nulo. O el investigador puede crear nuevas variables que sean combinaciones de muchas otras. Por ejemplo, el investigador puede crear un índice de búsqueda de información (IBI) que sea la suma de la información que buscan los clientes de los proveedores, materiales de promoción, Internet y otras fuentes independientes. Asimismo, podría tomarse la razón de las variables. Si se han medido la cantidad de compras hechas en tiendas departamentales (X_1) y la cantidad de compras cargadas a crédito (X_2), la proporción de estas últimas sería una variable nueva creada al obtener la razón entre ambas (X_2/X_1). Otras redefiniciones de las variables incluyen las transformaciones logarítmicas y de raíz cuadrada, las cuales suelen utilizarse para mejorar la utilidad del modelo estimado.

> *variables ficticias*
> Procedimiento de redefinición que utiliza variables que sólo adoptan dos valores, por lo regular 0 o 1.

Un importante procedimiento de redefinición supone el uso de variables ficticias para la redefinición de variables categóricas. Las **variables ficticias** (llamadas también variables *binarias, dicotómicas, instrumentales* o *cualitativas*) son variables que sólo pueden adoptar dos valores, como 0 o 1. La regla general es que para reespecificar una variable categórica con K categorías, se requieren $K - 1$ variables ficticias. La razón de tener $K - 1$ en vez de K variables ficticias es que sólo $K - 1$ categorías son independientes. Dados los datos de la muestra, la información sobre la categoría K-ésima puede derivarse de la información sobre las otras categorías $K - 1$. Considere el sexo: como es una variable que tiene dos categorías, sólo se necesita una variable ficticia. La información sobre el número o porcentaje de hombres en la muestra puede derivarse con facilidad del número o los porcentaje de mujeres.

INVESTIGACIÓN REAL

Consumidores "congelados" tratados como ficticios

En un estudio sobre las preferencias de los consumidores por comidas congeladas, se clasificó a los encuestados según el consumo habitual, moderado, esporádico o nulo, y en principio se les asignaron los códigos de 4, 3, 2 y 1, respectivamente. Esta codificación no tenía significado para muchos análisis estadísticos. Con la finalidad de realizar estos análisis, el uso del producto se representó con tres variables ficticias, $X_1, X_2,$ y X_3, como se muestra.

Uso del producto Categoría	Variable original Código	X_1	X_2	X_3
Uso nulo	1	1	0	0
Uso esporádico	2	0	1	0
Uso moderado	3	0	0	1
Uso habitual	4	0	0	0

Código de la variable ficticia

Advierta que $X_1 = 1$ para el uso nulo y 0 para todos los demás. De igual manera, $X_2 = 1$ para el uso esporádico y 0 para el resto, y $X_3 = 1$ para el uso moderado y 0 para el resto. Al analizar los datos, se usan X_1, X_2 y X_3 para representar a todos los grupos de usuarios y no usuarios. ■

Transformación de la escala

> *transformación de la escala*
> Manipulación de los valores de la escala para asegurar que sea comparable con otras escalas o adecuar de otra manera los datos para el análisis.

La *transformación de la escala* implica manipular los valores de la escala para asegurar que sea comparable con otras escalas o adecuar de otra manera los datos para el análisis. Con frecuencia se emplean diferentes escalas para medir diferentes variables. Por ejemplo, las variables de imagen pueden medirse con una escala de diferencial semántico de 7 puntos, las variables de actitud con una

INVESTIGACIÓN ACTIVA

Visite *www.lexus.com* y realice una búsqueda en Internet y en la base en línea de su biblioteca, para obtener información sobre los criterios que usan los compradores al seleccionar una marca lujosa de automóvil.

En una encuesta diseñada para explicar la elección de una marca lujosa de automóvil, se obtuvieron datos demográficos y psicográficos. ¿Qué tipo de comprobación de la congruencia, tratamiento de respuestas faltantes y redefinición de variables debería llevarse a cabo?

Como gerente de marketing de Lexus, ¿qué información le gustaría tener para formular estrategias de marketing que incrementen su participación en el mercado?

---

escala de calificación continua y las variables de estilos de vida con una escala Likert de 5 puntos. Por lo tanto, no tendría sentido hacer comparaciones entre las escalas de medición de ningún encuestado. Para comparar las calificaciones de actitud con las calificaciones de estilos de vida o las de imagen, sería necesario transformar las diferentes escalas. Incluso si se utiliza la misma escala para todas las variables, diferentes encuestados pueden usar la escala de manera distinta. Por ejemplo, algunos encuestados usan de manera sistemática la parte superior de la escala de calificación; en tanto que otros utilizan de manera constante la parte inferior. Tales diferencias pueden corregirse mediante la transformación adecuada de los datos.

INVESTIGACIÓN REAL

Los servicios de salud que transforman a los consumidores

En un estudio que examinó la segmentación por preferencias de los servicios de salud, se pidió a los encuestados que calificaran la importancia de 18 factores que influyen en las preferencias por hospitales en una escala de 3 puntos (muy importante, algo importante y sin importancia). Antes de analizar los datos, se transformaron las calificaciones de cada participante. Para cada individuo, se promediaron las respuestas de preferencias en los 18 reactivos. Después se restó esta media de la calificación en cada reactivo y se sumó una constante a la diferencia. De esta forma se obtuvieron los datos transformados, X_t, mediante la fórmula

$$X_t = X_i - \overline{X} + C$$

La resta del valor promedio corrigió el uso desigual de la escala de importancia. Se agregó la constante C para hacer positivos a todos los valores transformados, ya que las calificaciones negativas de la importancia no eran significativas a nivel conceptual. Dicha transformación era conveniente porque algunos encuestados, en especial los de bajos ingresos, calificaron casi todos los reactivos de preferencia como muy importantes. Otros, en particular los encuestados con altos ingresos, asignaron la calificación de muy importante sólo a unos cuantos reactivos de preferencia. Por lo tanto, la resta del valor promedio proporcionó una idea más precisa de la importancia relativa de los factores.[12] ■

estandarización
Proceso de corrección de los datos para reducirlos a la misma escala, que consiste en restar la media de la muestra y dividir entre la desviación estándar.

En este ejemplo, la transformación de la escala se corrigió sólo para la respuesta promedio. Un procedimiento de transformación más común es la **estandarización**. Para estandarizar una escala X_i, primero se resta la media, $\overline{X}$, de cada calificación y luego se divide entre la desviación estándar, s. De esta forma, la escala estandarizada tendrá una media de cero y una desviación estándar de 1. Esto en esencia es igual al cálculo de los valores z (véase el capítulo 12). La estandarización permite al investigador comparar variables que han sido medidas con diferentes tipos de escalas.[13] Matemáticamente, las puntuaciones estandarizadas, z_i, pueden obtenerse de la siguiente manera:

$$z_i = (X_i - \overline{X})/s$$

ELECCIÓN DE UNA ESTRATEGIA DE ANÁLISIS DE DATOS

La figura 14.5 describe el proceso de elección de la estrategia para el análisis de los datos. Dicha elección debe basarse en las primeras etapas del proceso de investigación de mercados, las características conocidas de los datos, las propiedades de las técnicas estadísticas, y la experiencia y filosofía del investigador.

El análisis de los datos no es un fin en sí mismo. Su propósito consiste en producir información que ayude a abordar el problema en cuestión. La elección de la estrategia de análisis de datos debe

Figura 14.5
Elección de la estrategia de análisis de datos

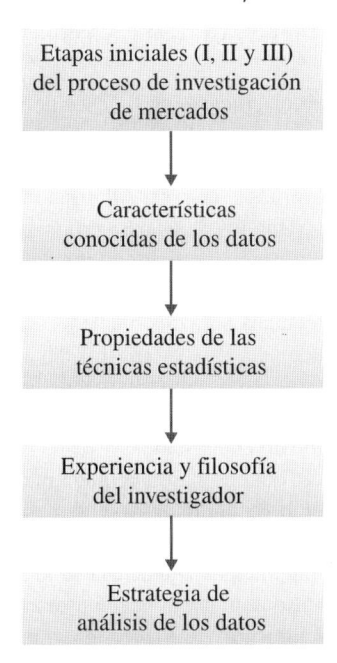

```
Etapas iniciales (I, II y III)
del proceso de investigación
       de mercados
            │
            ▼
      Características
    conocidas de los datos
            │
            ▼
      Propiedades de las
     técnicas estadísticas
            │
            ▼
     Experiencia y filosofía
       del investigador
            │
            ▼
        Estrategia de
     análisis de los datos
```

iniciar con una consideración de los primeros pasos del proceso: definición del problema (paso I), desarrollo del enfoque (paso II) y diseño de la investigación (paso III). El plan preliminar de análisis de los datos que se preparó como parte del diseño de investigación debe usarse como un trampolín. Quizá sea necesario hacer cambios a la luz de la información adicional generada en las etapas posteriores del proceso de investigación.

El siguiente paso es considerar las características conocidas de los datos. Las escalas de medición usadas ejercen una fuerte influencia en la elección de las técnicas estadísticas (véase el capítulo 8). Además, el diseño de investigación puede favorecer ciertas técnicas. Por ejemplo, el análisis de varianza (véase el capítulo 16) es adecuado para el análisis de los datos experimentales de los diseños casuales. La información sobre los datos obtenida durante su preparación es una valiosa ayuda para la elección de una estrategia de análisis.

También es importante tomar en cuenta las propiedades de las técnicas estadísticas, en particular su propósito y sus suposiciones subyacentes. Algunas técnicas estadísticas son adecuadas para examinar las diferencias entre variables, otras para evaluar la magnitud de las relaciones entre variables, y otras más para realizar predicciones. Las técnicas también suponen diferentes suposiciones y algunas pueden resistir mejor que otras el incumplimiento de las suposiciones subyacentes. En la siguiente sección se presenta una clasificación de las técnicas estadísticas.

Por último, la experiencia y la filosofía del investigador influyen en la elección de la estrategia de análisis de datos. El investigador experimentado y con formación estadística empleará una variedad de técnicas que incluye los procedimientos estadísticos avanzados. Los investigadores difieren en su disposición a hacer suposiciones sobre las variables y las poblaciones subyacentes. Quienes son conservadores acerca de las suposiciones limitarán su elección a los procedimientos de distribución libre. En general, diversas técnicas pueden ser apropiadas para analizar los datos de un determinado proyecto.

técnicas univariadas
Técnicas estadísticas apropiadas para analizar los datos cuando hay una sola medición de cada elemento de la muestra, o cuando hay varias mediciones de cada elemento, pero cada variable se analiza por separado.

técnicas multivariadas
Técnicas estadísticas adecuadas para el análisis de los datos cuando hay dos o más mediciones de cada elemento y las variables se analizan al mismo tiempo. Las técnicas multivariadas se interesan en las relaciones simultáneas entre dos o más fenómenos.

CLASIFICACIÓN DE LAS TÉCNICAS ESTADÍSTICAS

Las técnicas estadísticas pueden clasificarse en univariadas y multivariadas. Las ***técnicas univariadas*** son recomendables cuando hay una sola medición para cada elemento de la muestra, o cuando hay varias mediciones para cada elemento pero cada variable se analiza por separado. Por otro lado, las ***técnicas multivariadas*** son convenientes para el análisis de los datos, cuando hay dos o más mediciones de cada elemento y las variables se analizan al mismo tiempo. Las técnicas multivariadas se interesan en las relaciones simultáneas entre dos o más fenómenos. Difieren de las técnicas univariadas en el hecho de que no se concentran en los niveles (promedios) y las distribuciones (varianzas) del fenómeno, sino en la medida de las relaciones (correlaciones o covarianzas) entre esos fenómenos.[14] En los capítulos siguientes se describen con mayor detalle las técnicas univariadas y las multivariadas. Aquí se demuestra la relación entre las diferentes técnicas en un esquema general de clasificación.

Las técnicas univariadas pueden clasificarse en función de si los datos son métricos o no métricos. Los **datos métricos** se miden en una escala de intervalo o de razón. Los **datos no métricos** se miden en una escala nominal u ordinal (véase el capítulo 8). Dichas técnicas también se clasifican de acuerdo con el uso de una, dos o más muestras. Advierta que aquí el número de muestras se determina según la forma en que se tratan los datos para propósitos del análisis, y no en función de la manera en que se recolectaron los datos. Por ejemplo, los datos para los hombres y las mujeres pueden haber sido recolectados como una sola muestra; pero si el análisis implica un examen de las diferencias sexuales, se usarán técnicas para dos muestras. Las muestras son **independientes** si se toman al azar de diferentes poblaciones. Para propósitos del análisis, los datos que conciernen a diferentes grupos de encuestados (por ejemplo, hombres y mujeres) por lo general se tratan como muestras independientes. Por otro lado, las muestras son **pareadas** cuando los datos de las dos muestras se relacionan con el mismo grupo de encuestados.

En el caso de los datos métricos, cuando hay una única muestra, pueden usarse las pruebas z y t. Cuando hay dos o más muestras independientes, pueden usarse las pruebas z y t para las dos muestras y un análisis de varianza de un factor (ANOVA de un factor) para más de dos muestras. En el caso de dos o más muestras relacionadas, puede usarse la prueba t pareada. En el caso de los datos no métricos que impliquen una sola muestra, puede usarse la distribución de frecuencias, chi cuadrada, la prueba de Kolmogorov-Smirnov (K-S), corridas y pruebas binomiales. Para dos muestras independientes con datos no métricos, pueden usarse la chi cuadrada, la prueba de Mann-Whitney, la mediana, K-S, y el análisis de varianza de un factor de Kruskal-Wallis (K-W ANOVA). En contraste, cuando hay dos o más muestras relacionadas deben usarse pruebas de signos, McNemar y Wilcoxon (véase la figura 14.6).

Las técnicas estadísticas multivariadas se clasifican como técnicas de dependencia o de interdependencia (véase la figura 14.7). Las **técnicas de dependencia** son adecuadas cuando es posible identificar a una o más variables como variables dependientes y al resto como variables independientes. Cuando hay una sola variable dependiente, se puede utilizar la tabulación cruzada, el análisis de varianza y covarianza, la regresión, el análisis discriminante de dos grupos y el análisis conjunto. Sin embargo, si hay más de una variable dependiente, las técnicas apropiadas serían el análisis multivariado de varianza y covarianza, la correlación canónica y el análisis discriminante

datos métricos
Datos que por naturaleza son de intervalo o de razón.

datos no métricos
Datos derivados de una escala nominal u ordinal.

independientes
Las muestras son independientes si se toman al azar de diferentes poblaciones.

pareadas
Las muestras son pareadas cuando los datos de dos muestras se relacionan con el mismo grupo de encuestados.

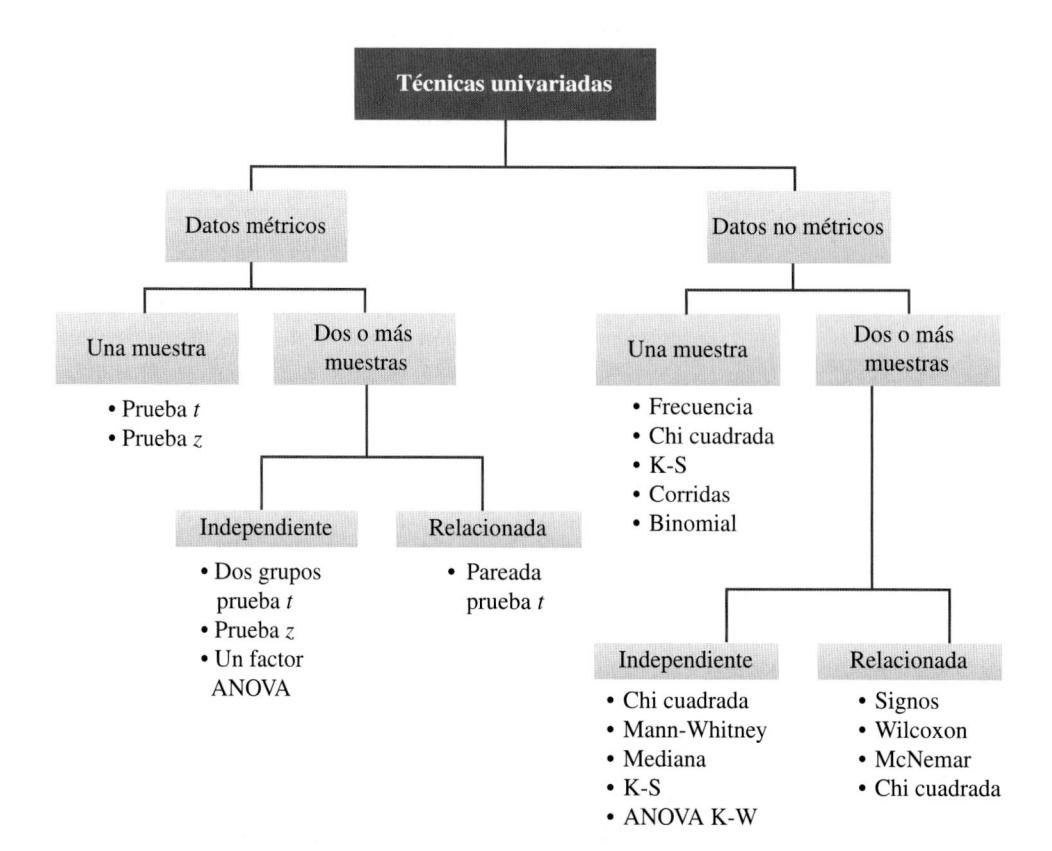

técnicas de dependencia
Técnicas multivariadas que son apropiadas cuando puede identificarse como variables dependientes a una o más de las variables, y al resto como variables independientes.

Figura 14.6
Clasificación de las técnicas univariadas

Figura 14.7
Clasificación de técnicas multivariadas

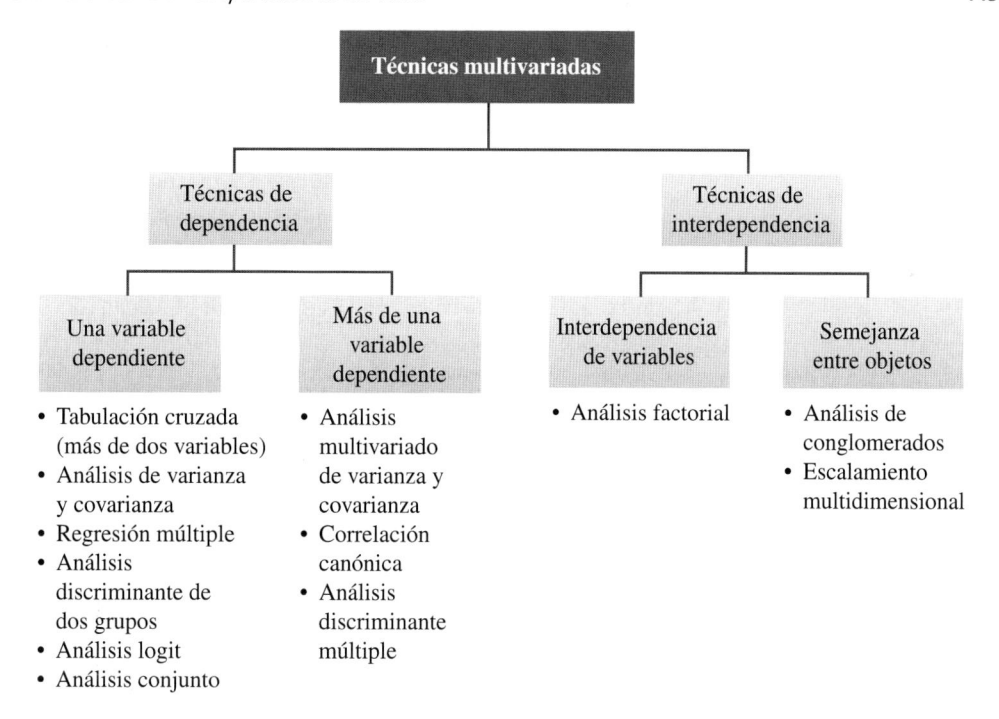

```
                          Técnicas multivariadas
                          ┌──────────┴──────────┐
                  Técnicas de              Técnicas de
                  dependencia              interdependencia
                  ┌────┴────┐              ┌────┴────┐
            Una variable  Más de una   Interdependencia  Semejanza
            dependiente   variable     de variables      entre objetos
                          dependiente
```

Una variable dependiente
- Tabulación cruzada (más de dos variables)
- Análisis de varianza y covarianza
- Regresión múltiple
- Análisis discriminante de dos grupos
- Análisis logit
- Análisis conjunto

Más de una variable dependiente
- Análisis multivariado de varianza y covarianza
- Correlación canónica
- Análisis discriminante múltiple

Interdependencia de variables
- Análisis factorial

Semejanza entre objetos
- Análisis de conglomerados
- Escalamiento multidimensional

---

técnicas de interdependencia
Técnicas estadísticas multivariadas que intentan agrupar los datos en función de sus semejanzas subyacentes, para permitir de este modo la interpretación de las estructuras de los datos. No se hace ninguna distinción respecto a qué variables son dependientes y cuáles son independientes.

múltiple. En las ***técnicas de interdependencia***, las variables no se clasifican como dependientes o independientes; más bien se examina todo el conjunto de relaciones de interdependencia. Estas técnicas se enfocan en la interdependencia de las variables o en la semejanza entre objetos. La principal técnica para estudiar la interdependencia de las variables es el análisis factorial. El análisis de la semejanza entre objetos puede realizarse usando el análisis de conglomerados y el escalamiento multidimensional.[15]

INVESTIGACIÓN DE MERCADOS INTERNACIONALES

Antes de analizar los datos, el investigador debe asegurarse de que las unidades de medición sean comparables entre países o unidades culturales. Por ejemplo, quizás haya que ajustar los datos para establecer equivalencias monetarias o métricas. Además, tal vez se requiera la estandarización o normalización de los datos, para hacer comparaciones significativas y obtener resultados congruentes.

INVESTIGACIÓN REAL

Un grito mundial por los helados

Desde 2006 Häagen-Dazs (*www.haagen-dazs.com*) se convirtió en un éxito mundial con presencia en 54 países. ¿Cómo ocurrió esto? La estrategia para estimular el apetito extranjero fue sencilla. Una investigación de mercados realizada en varios países europeos (como Inglaterra, Francia y Alemania) y en varios países asiáticos (como Japón, Singapur y Taiwán) reveló que los consumidores anhelaban un helado de alta calidad con una imagen excelente y que estaban dispuestos a pagar un sobreprecio. Estos hallazgos sistemáticos surgieron después de que en cada país se estandarizó el precio de los helados para tener una media de cero y una desviación estándar de una unidad. La estandarización era necesaria porque los precios se habían especificado en diferentes monedas locales, y se requería una base común para efectuar una comparación entre países. Además, tenía que definirse el sobreprecio en relación a los precios de la competencia. La estandarización cumplió ambos objetivos.

Con base en estos hallazgos, Häagen-Dazs lanzó primero la marca en algunos establecimientos de prestigio, luego desarrolló sus propias tiendas en áreas de alto tráfico y por último se introdujo en tiendas y supermercados. Los consumidores ingleses, deseosos de un producto de alta calidad, pagaron $5 por medio litro, es decir, el doble o triple del precio de algunas marcas locales. "Sin duda, es la marca registrada de helados con mayores ventas en el mundo", señala John Riccitiello, vicepresidente ejecutivo de ventas internacionales. En Estados Unidos Häagen-Dazs conserva su popularidad a pesar de que enfrenta una fuerte competencia y una mayor preocupación por el cuidado de la salud. Lo que aumentó la motivación por entrar a mercados extranjeros.[16] ∎

El análisis de los datos puede hacerse a tres niveles: **1.** individual, **2.** dentro de un país o unidad cultural, y **3.** entre países o unidades culturales. El análisis a nivel individual requiere que los datos de cada encuestado se analicen por separado. Por ejemplo, el cálculo de un coeficiente de correlación o la corrida de un análisis de regresión para cada encuestado. Esto significa que deben obtenerse suficientes datos de cada individuo para permitir el análisis a nivel individual, lo cual a menudo no es posible. Sin embargo, se ha argumentado que en la investigación transcultural o de mercados internacionales, el investigador debe poseer un sólido conocimiento del consumidor de cada cultura, lo que puede lograrse mejor con el análisis a nivel individual.[17]

En el análisis dentro de un país o unidad cultural, los datos se analizan por separado para cada país o unidad cultural, lo que se conoce como ***análisis intracultural***. Este nivel de análisis es muy similar al realizado en la investigación de mercados nacionales. El objetivo es entender mejor las relaciones y patrones que existen en cada país o unidad cultural. En los análisis entre países, los datos de todos los países se analizan de forma simultánea. En este método es posible usar dos enfoques. Pueden agruparse y analizarse los datos de todos los encuestados de todos los países, lo cual se conoce como ***análisis pancultural***. Otra alternativa consiste en agrupar los datos de cada país y someter a análisis estadístico a cada conglomerado. Por ejemplo, podrían calcularse las medias de las variables de cada país y, después, calcular las correlaciones entre esas medias. Esto se conoce como ***análisis transcultural***. El objetivo de este nivel de análisis es evaluar qué tan comparables son los hallazgos de un país a otro. Deben investigarse tanto las semejanzas como las diferencias entre países. Al examinar las diferencias, deben evaluarse no sólo las diferencias entre las medias, sino también las diferencias en la varianza y la distribución. Todas las técnicas estadísticas que se han analizado en este libro pueden aplicarse al análisis dentro de un país o entre países y, según la cantidad de datos disponibles, también al análisis a nivel individual.[18]

análisis intracultural
Análisis de datos internacionales dentro del país.

análisis pancultural
Análisis entre países en el que se agrupan y analizan los datos de todos los encuestados de todos los países.

análisis transcultural
Tipo de análisis entre países donde se pueden agrupar los datos de cada país y tales conjuntos se someten a análisis estadístico.

LA ÉTICA EN LA INVESTIGACIÓN DE MERCADOS

Los temas éticos que surgen durante la fase de preparación y análisis de los datos en el proceso de investigación de mercados atañen sobre todo al investigador. Mientras revisan, editan, codifican, trascriben y depuran, los investigadores deben tratar de hacerse una idea de la calidad de los datos. Debe hacerse el intento por identificar a los encuestados que han proporcionado datos de calidad cuestionable. Por ejemplo, considere a un encuestado que ha marcado la respuesta "7", en los 20 reactivos que miden la actitud hacia los deportes en una escala tipo Likert de 1 a 7. Al parecer este encuestado no se percató de que algunos enunciados eran negativos y otros positivos, por lo que expresa una actitud muy favorable hacia los deportes en todos los enunciados positivos y una actitud muy negativa en los enunciados que fueron invertidos. La decisión sobre si debería descartarse a esos encuestados, es decir, no incluirlos en el análisis, puede originar preocupaciones éticas. Una buena regla es tomar esas decisiones durante la fase de preparación de datos, antes de realizar el análisis.

En cambio, suponga que el investigador realiza el análisis sin tratar primero de identificar a los encuestados insatisfactorios. Sin embargo, el análisis no revela la relación esperada, es decir, no muestra que la actitud hacia los deportes influya en la asistencia a eventos deportivos. El investigador decide entonces examinar la calidad de los datos obtenidos. Al revisar los cuestionarios, identifica a algunos encuestados con datos insatisfactorios. Además de las respuestas insatisfactorias mencionadas antes, había otros patrones cuestionables. Por ejemplo, en los 20 reactivos que miden la actitud hacia los deportes algunos encuestados marcaron "4", es decir, la respuesta de "ni de acuerdo ni en desacuerdo". Cuando se elimina a estos encuestados y se analiza el conjunto de datos reducidos, se obtienen los resultados esperados que muestran una influencia positiva de la actitud en la asistencia a eventos deportivos. Descartar encuestados después de analizar los datos da lugar a preocupaciones éticas, sobre todo si el informe no establece que el análisis inicial era poco concluyente. Además, debe revelarse el procedimiento usado para identificar a los encuestados insatisfactorios y el número de encuestados descartados.

INVESTIGACIÓN REAL

La ética en los recortes de personal

Los efectos del debilitamiento de la economía entre 2002 y 2004 obligaron a muchas empresas estadounidenses a hacer recortes de personal. Recientemente se realizó un estudio sobre las diferencias en las percepciones de los empleados y los directores ejecutivos sobre si los recortes de personal eran éticos o no. Se enviaron por correo un total de 410 encuestas a empleados de corporaciones estadounidenses, de las cuales 231 fueron respondidas y regresadas, pero se determinó que 53 eran inservibles porque contenían respuestas incompletas a algunas preguntas o porque fueron respondidas por encuestados no calificados. Esto dio como resultado un tamaño de muestra de 178 empleados. La encuesta se envió también a 179 directores ejecutivos de empresas que habían realizado al menos un recorte de personal durante los últimos cinco años. De las 179, sólo se devolvieron 36 encuestas, en las que cinco directores ejecutivos indicaron que no habían estado en la empresa durante el recorte. Por lo tanto, se determinó que sólo 31 encuestas de los directores ejecutivos eran útiles para el estudio. Este es un ejemplo de corrección ética de los datos. El criterio para las respuestas inservibles o insatisfactorias se plantea con claridad, los encuestados insatisfactorios se identifican antes del análisis y se revela el número de encuestados eliminados.

Los hallazgos de este estudio indicaron que los empleados y los directores ejecutivos tenían diferentes percepciones acerca de los recortes de personal, y que diferentes factores influyen en la percepción de alguna persona sobre el recorte de personal. Los empleados consideraban que los recortes no eran éticos cuando fueron víctimas de uno, cuando se les ocultó la información y cuando el recorte se realizó en días festivos. Estas percepciones pueden afectar el trabajo de un empleado, si hacen que vea a la compañía de manera negativa.[19] ■

Mientras se analizan los datos, es posible que el investigador deba enfrentar cuestiones éticas. Para obtener resultados significativos, deben satisfacerse las suposiciones que subyacen a las técnicas estadísticas usadas para analizar los datos. Cualquier desviación de tales suposiciones debe examinarse con cuidado, para determinar la pertinencia de la técnica para el análisis de los datos en cuestión. El investigador tiene la responsabilidad de justificar las técnicas estadísticas utilizadas en el análisis. Cuando lo no hace, pueden surgir cuestionamientos éticos. Por otro lado, no debe haber una interpretación inadecuada deliberada o intencional de los métodos de investigación o de los resultados. Asimismo, es posible que surjan problemas éticos al interpretar los resultados, sacar conclusiones, hacer recomendaciones y en la implementación. Aunque las interpretaciones, conclusiones, recomendaciones e implementaciones necesariamente implican un juicio subjetivo, éste debe hacerse en forma honesta, libre de prejuicios o intereses personales del investigador o del cliente.

INVESTIGACIÓN PARA LA TOMA DE DECISIONES

Banana Republic: ir a Bananas para transformarse

La situación

Durante la mayoría de su tiempo como líder en las ventas al detalle, Gap Inc. perfeccionó su imagen con recursos propios, desde el diseño de su ropa hasta el aspecto de sus anuncios. Pero eso cambió tan pronto como Jack Calhoun, nuevo jefe de marketing de Banana Republic tomó el mando.

El señor Calhoun fue una de las primeras contrataciones de marketing del antiguo ejecutivo de Walt Disney, Paul Pressler, quien asumió el cargo como presidente y director general de Gap Inc., en sustitución de Millard "Mickey" Drexler. Una de las primeras acciones del señor Pressler fue contratar a Publias Groupe's Leo Burnett, de Chicago, para supervisar los estudios de segmentación de las tres marcas de Gap, que incluían Banana Republic y Old Navy. El señor Calhoun presentaba sus informes al recién contratado presidente de Banana Republic, Marka Hansen, nuevo jefe de mercancías para adultos de Gap.

La renovación de Banana Republic será la segunda en la historia de la cadena, que comenzó como catálogo de viajes y abrió tiendas temáticas de safari con un jeep viejo en la fachada de las tiendas. Después de que la tienda fue adquirida por Gap Inc., el Sr. Drexler, conocido por su habilidad para desarrollar tendencias de moda, reformó a Gap con una imagen más exclusiva.

Pero en los meses recientes, se disipó la moda de Banana Republic y las ventas no se recuperaron al ritmo de sus hermanas Old Navy y Gap. "El reto para Banana es repetir las tendencias de moda y la calidad por un bajo precio", señaló Burt Flickinger, director administrativo de Strategic Resource Group/Flickinger Consulting, Nueva York.

El Sr. Calhoun manifiesta que él y la administración de Gap construyen con cuidado un nuevo posicionamiento para Banana Republic, cuya publicidad tradicional repetía la política de precios bajos de Gap. "Queremos construir una casa hermosa y arquitectónicamente adecuada",

La preparación y análisis apropiados de los datos pueden ayudar a Banana Republic a determinar estrategias que mejoren el valor percibido de su marca.

dice el Sr. Calhoun al respecto de la transformación. "No queremos un Cape Cod con muchos agregados".

Se realizó una encuesta telefónica para determinar la percepción de los consumidores sobre la marca Banana Republic y sobre cómo podría posicionarse la marca para ofrecer más valor a los consumidores.

La decisión para la investigación de mercado

1. La encuesta telefónica dio como resultado un tamaño de la muestra de 1,008. Mientras se preparaban los datos para su análisis, se descubrió que 132 encuestados tenían valores faltantes. Sin embargo, las variables con respuestas insatisfactorias no eran las variables clave. ¿Cómo deberían tratarse los valores faltantes?
2. Analice cómo influye el tratamiento usted que recomendó de los valores faltantes, en la decisión de Jack Calhoun de mejorar la imagen de Banana Republic.

La decisión para la gerencia de marketing

1. ¿Qué debe hacer Jack Calhoun para mejorar el valor percibido de la marca Banana Republic?
2. Analice cómo influyen en la acción administrativa de marketing que usted le recomendó a Jack Calhoun, el tratamiento de los valores faltantes que sugirió antes y los hallazgos de la encuesta telefónica.[20] ■

SOFTWARE ESTADÍSTICO

Los principales paquetes estadísticos como SPSS (*www.spss.com*), SAS (*www.sas.com*), MINITAB (*www.minitab.com*) y EXCEL (*www.microsoft.com/office/excel/*) cuentan con sitios en Internet donde se puede obtener mucha información. La exhibición 14.1 detalla el uso de esos paquetes para hacer verificaciones de la congruencia. También contienen opciones para manejar respuestas faltantes y para el ajuste estadístico de los datos. Además, ya es posible encontrar en Internet diversos paquetes estadísticos. Aunque algunos de estos programas quizá no ofrezcan la integración del análisis y el manejo de los datos, pueden ser muy útiles para realizar determinados análisis estadísticos.

Internet brinda fácil acceso a información útil para formular una estrategia para el análisis de los datos. Puede obtenerse mucha información acerca de la conveniencia de usar ciertas técnicas estadísticas en escenarios determinados. Es posible navegar la Web para buscar nuevas

Exhibición 14.1
Programas de cómputo para la preparación de datos

SPSS

Los valores fuera de rango pueden seleccionarse mediante el uso de las opciones SELECT IF o PROCESS IF. Estos casos, con información que los identifica (ID del sujeto, número de registro, nombre de la variable, valor de la variable), se imprimen con los comandos PRINT o WRITE. Para una revisión más minuciosa, puede utilizarse el comando LIST para visualizar los valores de las variables para cada caso. SPSS Data Entry simplifica el proceso de introducción de nuevos archivos de datos. Facilita la depuración y revisión de los datos para detectar incongruencias lógicas.

SAS

Pueden utilizarse las instrucciones IF, IF-THEN e IF-THEN/ELSE para seleccionar casos con valores faltantes o fuera de rango. La instrucción SELECT ejecuta una de varias instrucciones o grupos de instrucciones. La instrucción LIST es útil para la impresión de líneas de entrada sospechosas. La instrucción LOSTCARD permite identificar registros faltantes en los datos. Los procedimientos PRINT y PRINTTO pueden usarse para identificar casos, e imprimir nombres y valores de las variables. Además, las instrucciones OUTPUT y PUT se utilizan para escribir los valores de las variables.

Minitab

Cuenta con instrucciones que permiten controlar el orden de los comandos en una macro. El comando IF permite ejecutar diferentes grupos de comandos, por ejemplo IF, ELSEIF, ELSE y ENDIF.

Excel

La instrucción IF puede usarse para hacer revisiones lógicas y revisiones de valores fuera de rango. La ruta INSERT>FUNCTION>ALL>IF da acceso a esta instrucción.

---

técnicas estadísticas que todavía no están disponibles en los paquetes estadísticos de uso más común. Los grupos de noticias y los de interés especial son fuentes útiles de información estadística variada.

SPSS PARA WINDOWS

Con el módulo Base de SPSS es posible seleccionar los valores fuera de rango con el comando SELECT IF. Estos casos, con la información que los identifica (ID del sujeto, número de registro, nombre y valor de la variable) pueden imprimirse luego con los comandos LIST o PRINT. El comando PRINT guardará los casos activos en un archivo externo. Si se requiere una lista formateada, se utiliza el comando SUMMARIZE.

SPSS Data Entry facilita la preparación de los datos. Usted puede establecer reglas que le permitan verificar que los encuestados hayan respondido por completo. Estas reglas se emplean en conjuntos de datos existentes para revisar y validar los datos, sin importar si el cuestionario usado para recolectar los datos fue elaborado o no con Data Entry. Este programa le permite revisar y controlar la captura de los datos usando tres tipos de reglas: de validación, de revisión, y de salto y llenado.

Aunque los valores faltantes pueden tratarse dentro del contexto del módulo Base, SPSS Missing Values Analysis puede ayudarle a diagnosticar los valores faltantes y a reemplazarlos con estimaciones. TextSmart de SPSS lo ayuda en la codificación y el análisis de respuestas abiertas.

Para ilustrar el uso del módulo base para crear variables nuevas y recodificar las ya existentes, se usarán los datos de la tabla 14.2. Esta tabla presenta los datos de una muestra de de 20 encuestados a quienes se aplicó un pretest sobre las preferencias por un restaurante. Se pidió a cada encuestado que calificara su preferencia por comer en un restaurante familiar (1 = poca preferencia, 7 = fuerte preferencia), y que calificara al restaurante en términos de calidad de la comida, tamaño de las porciones, valor y servicio (1 = malo, 7 = excelente). También se obtuvo información sobre ingresos familiares anuales que se codificó de la siguiente manera: 1 = menos de $20,000, 2 = $20,000−34,999, 3 = $35,000−49,999 dólares, 4 = $50,000−74,999, 5 = $75,000−99,999 dólares, 6 = $100,000 o más.

Archivo de resultados de SPSS

TABLA 14.2
Preferencia por un restaurante

ID	Preferencia	Calidad	Cantidad	Valor	Servicio	Ingresos
1	2	2	3	1	3	6
2	6	5	6	5	7	2
3	4	4	3	4	5	3
4	1	2	1	1	2	5
5	7	6	6	5	4	1
6	5	4	4	5	4	3
7	2	2	3	2	3	5
8	3	3	4	2	3	4
9	7	6	7	6	5	2
10	2	3	2	2	2	5
11	2	3	2	1	3	6
12	6	6	6	6	7	2
13	4	4	3	3	4	3
14	1	1	3	1	2	4
15	7	7	5	5	4	2
16	5	5	4	5	5	3
17	2	3	1	2	3	4
18	4	4	3	3	3	3
19	7	5	5	7	5	5
20	3	2	2	3	3	3

Se desea crear una variable llamada evaluación general del restaurante (General) que es la suma de las calificaciones sobre calidad, cantidad, valor y servicio. De este modo,

General = calidad + cantidad + valor + servicio

Es posible descargar del sitio Web de este libro la captura en pantalla mediante el uso de SPSS Windows para esos pasos. Los pasos son los siguientes:

1. Seleccione TRANSFORM.
2. Haga clic en COMPUTE.
3. Escriba "overal" en la ventana TARGET VARIABLE.
4. Haga clic en "calidad" y cambie a la ventana NUMERIC EXPRESSIONS.
5. Haga clic en el signo "+".
6. Haga clic en "quantity" y vaya a la ventana NUMERIC EXPRESSIONS.
7. Haga clic en el signo "+".
8. Haga clic en "value" y vaya a la ventana NUMERIC EXPRESSIONS.
9. Haga clic en el signo "+".
10. Haga clic en "service" y vaya a la ventana NUMERIC EXPRESSIONS.
11. Haga clic en TYPE & LABEL, debajo de la ventana TARGET VARIABLE y escriba "Overall Evaluation". Haga clic en continuar.
12. Seleccione OK.

También queremos ilustrar la manera de recodificar variables para crear variables nuevas. Puesto que la categoría de ingreso 1 ocurre sólo una vez y la categoría de ingreso 6 ocurre sólo en dos ocasiones, queremos combinar las categorías de ingresos 1 y 2 y las categorías de ingresos 5 y 6, para crear una nueva variable de ingresos "ingreso r" etiquetada como "ingresos recodificados". Advierta que ingreso r sólo tiene cuatro categorías codificadas del 1 al 4.

Esto puede hacerse en SPSS para Windows de la siguiente manera (descargue el formato de captura en pantalla del sitio Web de este libro).

1. Seleccione TRANSFORM.
2. Haga clic en RECODE y seleccione INTO DIFFERENT VARIABLES.
3. Haga clic en ingreso y vaya a la ventana NUMERIC VARIABLE OUTPUT VARIABLE.
4. Escriba "rincome" en la ventana OUTPUT VARIABLE NAME.
5. Escriba "Recode Income" en la ventana OUTPUT VARIABLE LABEL.

CAPÍTULO 14 *Preparación de los datos*

6. Haga clic en la ventana OLD AND NEW VALUES.
7. Debajo de OLD VALUES, del lado izquierdo, haga clic en RANGE. Escriba 1 y 2 en las ventanas de rango. Debajo de NEW VALUES, del lado derecho, haga clic en VALUE y escriba 1 en la ventana de valor. Haga clic en ADD.
8. Debajo de OLD VALUES, del lado izquierdo, haga clic en VALUE. Escriba 3 en la ventana de valor. Debajo de NEW VALUES, del lado derecho, haga clic en VALUE y escriba 2 en la ventana de valor. Haga clic en ADD.
9. Debajo de OLD VALUES, del lado izquierdo, haga clic en VALUE. Escriba 4 en la ventana de valor. Debajo de NEW VALUES, del lado derecho, haga clic en VALUE y escriba 3 en la ventana de valor. Haga clic en ADD.
10. Debajo de OLD VALUES, del lado izquierdo, haga clic en RANGE. Escriba 5 y 6 en las ventanas de rango. Debajo de NEW VALUES, del lado derecho, haga clic en VALUE y escriba 4 en la ventana de valor. Haga clic en ADD.
11. Haga clic en CONTINUE.
12. Haga clic en CHANGE.
13. Seleccione OK.

PROYECTO DE INVESTIGACIÓN

Estrategia de análisis de datos

Como parte del análisis realizado en el proyecto de la tienda departamental, se modeló la elección de la tienda en términos de las características de imagen de la tienda o de los factores que influyeron en los criterios de elección. La muestra se dividió en mitades. Se agrupó a los encuestados de cada mitad, según la importancia que atribuyeran a las características de la imagen de la tienda. Se realizaron pruebas estadísticas de conglomerados y se identificaron cuatro segmentos. La preferencia por la tienda se modeló en términos de las evaluaciones de las tiendas en las variables de imagen. El modelo se estimó por separado para cada segmento. Se hizo una prueba estadística de las diferencias entre las funciones de preferencia por segmentos. Por último, para cada segmento se realizó la validación del modelo y validación cruzada. La estrategia adoptada para el análisis de datos se describe en el siguiente diagrama.

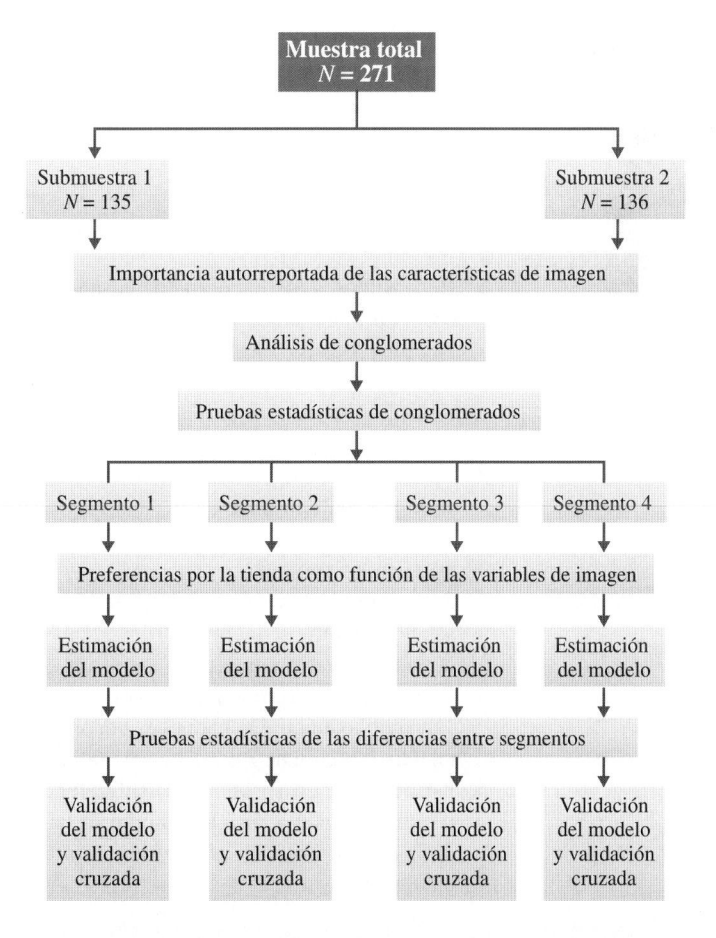

```
                    Muestra total
                      N = 271
                    /         \
          Submuestra 1      Submuestra 2
            N = 135            N = 136
                    \         /
        Importancia autorreportada de las características de imagen
                         |
              Análisis de conglomerados
                         |
           Pruebas estadísticas de conglomerados
           /         |         |         \
     Segmento 1  Segmento 2  Segmento 3  Segmento 4
           \         |         |         /
        Preferencias por la tienda como función de las variables de imagen
           |         |         |         |
       Estimación Estimación Estimación Estimación
       del modelo del modelo del modelo del modelo
           \         |         |         /
        Pruebas estadísticas de las diferencias entre segmentos
           |         |         |         |
       Validación  Validación  Validación  Validación
       del modelo  del modelo  del modelo  del modelo
       y validación y validación y validación y validación
         cruzada    cruzada     cruzada     cruzada
```

Archivo de resultados de SPSS

Actividades del proyecto

Descargue del sitio Web de este libro el archivo de datos SPSS Sears Data 14. Este archivo contiene información sobre qué miembro de la familia realiza más compras en tiendas departamentales, calificaciones de familiaridad con cada una de las 10 tiendas departamentales, y datos demográficos. La medición de estas variables se describe en el capítulo 1. No se incluye el resto de las variables, por lo que el número será menor de 50, lo que le permitirá usar el programa SPSS para estudiantes.

1. Determine cuántos casos de familiaridad con Kohl's tienen valores faltantes.
2. ¿Cómo se codificaron los valores faltantes?
3. Reemplace los valores faltantes de familiaridad con Kohl's con el valor de la media.
4. Para calcular una calificación general de familiaridad, sume la familiaridad con cada una de las 10 tiendas departamentales.
5. Las variables demográficas se describen en la figura 14.3. Recodifique las variables demográficas de la siguiente manera:

Estado civil: 1 = 1; 2 o 3 = 2.
Número total de miembros de la familia: 1 = 1; 2 = 2; 3 = 3; 4 = 4 y 5 o más = 5.
Hijos menores de 6 años: 0 = 1; 1 o más = 2.
Hijos mayores de 6 años: 0 = 1; 1 = 2; 2 o más = 3.
Hijos que no viven en casa: 0 = 1; 1 = 2; 2 = 3; 3 o más = 4.
Educación formal (de usted y de su cónyuge): 12 o menos = 1; 13 a 15 = 2; 16 a 18 = 3; 19 o más = 4.
Edad (de usted y de su cónyuge): menos de 30 = 1; 30 a 39 = 2; 40 a 49 = 3; 50 a 59 = 4; 60 a 69 = 5; 70 o más = 6.
Ocupación (jefe de familia): 1 o 2 = 1; 3, 4 o 5 = 2; 6, 7 u 8 = 3.
Ocupación (jefa de familia) 1 o 2 = 1; 3, 4 o 5 = 2; 6, 7 u 8 = 3.
Años de residencia: 5 o menos = 1; 6 a 10 = 2; 11 a 20 = 3; 21 a 30 = 4; 31 a 40 = 5; 41 o más = 6.
Ingreso: 1, 2, 3 o 4 = 1; 5, 6 o 7 = 2; 8 o 9 = 3; 10 u 11 = 4; 12, 13 o 14 = 5. ■

Archivo de resultados de SPSS

EXPERIENCIA DE INVESTIGACIÓN

Descargue el caso y cuestionario de Dell del sitio Web de este libro. Esta información también se encuentra al final del libro. Descargue el archivo de datos SPSS de Dell.

1. Recodifique a los encuestados en dos grupos con base en el total de horas por semana que están en línea: cinco horas o menos (usuarios esporádicos) y seis horas o más (usuarios frecuentes). Calcule una distribución de frecuencias.
2. Recodifique a los encuestados en tres grupos con base en el total de horas que están en línea: cinco horas o menos (usuarios esporádicos), seis a 10 horas (usuarios medios) y 11 horas o más (usuarios frecuentes). Calcule una distribución de frecuencias.
3. Forme una nueva variable que denote el número total de cosas que la gente ha hecho alguna vez en línea con base en q2_1 a q2_7. Corra una distribución de frecuencias de la nueva variable e interprete los resultados. Advierta que los valores faltantes de q2_1 a q2_7 están codificados como 0.
4. Recodifique q4 (satisfacción general) en dos grupos: muy satisfecho (calificación de 1) y algo satisfecho o insatisfecho (calificaciones 2, 3 y 4). Calcule una distribución de frecuencias de la nueva variable e interprete los resultados.
5. Recodifique q5 (recomendaría) en dos grupos: definitivamente lo recomendaría (calificación 1) y probablemente lo haría o es poco probable que lo haga (calificaciones 2, 3, 4 y 5). Calcule una distribución de frecuencias de la nueva variable e interprete los resultados.
6. Recodifique q6 (probabilidad de elegir Dell) en dos grupos: definitivamente lo elegiría (calificación 1) y probablemente lo haría o es poco probable que lo haga (calificaciones 2, 3, 4 y 5). Calcule una distribución de frecuencias de la nueva variable e interprete los resultados.

7. Recodifique q9_5per en tres grupos: definitiva o probablemente habría comprado (calificaciones 1 y 2), podría haber comprado o no (calificación 3), definitiva o probablemente no habría comprado (calificaciones 4 y 5). Calcule una distribución de frecuencias de la nueva variable e interprete los resultados.
8. Recodifique q9_10per en tres grupos: definitiva o probablemente habría comprado y podría haber comprado o no (calificaciones 1, 2 y 3), probablemente no habría comprado (calificación 4) y definitivamente no habría comprado (calificación 5). Calcule una distribución de frecuencias de la nueva variable e interprete los resultados.
9. Recodifique los datos demográficos de la siguiente manera: *a*) combine las dos categorías de menor educación (q11) en una sola. Por lo tanto, Algo de preparatoria o menos y Graduado de preparatoria se combinarán en una sola categoría con la etiqueta Graduado de preparatoria o menos. *b*) Recodifique la edad (q12) en cuatro nuevas categorías: 18 a 29, 30 a 39, 40 a 49 y 50 o más. *c*) Combine las dos categorías de menor ingreso (q13) en una sola categoría con la etiqueta Menos de $30,000. Calcule una distribución de frecuencias de la nueva variable e interprete los resultados. ∎

RESUMEN

La preparación de los datos comienza con una revisión preliminar de todos los cuestionarios para verificar que estén completos y la calidad de las entrevistas. Luego se hace una edición más minuciosa. La edición consiste en revisar los cuestionarios para identificar las respuestas ilegibles, incompletas, incongruentes o ambiguas. Para manejar esas respuestas pueden regresarse los cuestionaros al campo, asignarles valores faltantes o descartar a los encuestados insatisfactorios.

El siguiente paso es la codificación. Se asigna un código numérico o alfanumérico, para representar una respuesta específica a una pregunta en particular, junto con la posición en la columna que ocupará dicho código. A menudo es útil preparar un libro de códigos que contenga las instrucciones para la codificación y la información necesaria sobre las variables en el conjunto de datos. Los datos codificados se trascriben en discos o cintas magnéticas, o se capturan en computadoras por medio del teclado. También pueden usarse las formas de marcado sensorial, lector óptico o análisis sensorial computarizado.

La depuración de los datos requiere revisiones de la congruencia y el tratamiento de las respuestas faltantes. Las opciones disponibles para el tratamiento de las respuestas faltantes incluyen la sustitución con un valor neutro como la media, sustitución por una respuesta atribuida, eliminación por casos y eliminación por pares. Los ajustes estadísticos como la ponderación, LA redefinición de las variables y LA transformaciones de la escala suelen mejorar la calidad del análisis de los datos. La elección de la estrategia de análisis de datos debe basarse en los primeros pasos del proceso de investigación de mercados, las características conocidas de los datos, las propiedades de las técnicas estadísticas, y la experiencia y filosofía del investigador. Las técnicas estadísticas se clasifican como univariadas o multivariadas.

Antes de analizar los datos en la investigación de mercados internacionales, el investigador debe asegurarse de que las unidades de medición son comparables entre países o unidades culturales. El análisis de datos se realiza en tres niveles: **1.** individual, **2.** dentro de un país o una unidad cultural (análisis intracultural) y **3.** entre países o unidades culturales (análisis pancultural o transcultural). Varios aspectos éticos están relacionados con el procesamiento de datos, en particular el hecho de descartar respuestas insatisfactorias, el incumplimiento de las suposiciones que subyacen a las técnicas de análisis de datos, y la evaluación e interpretación de los resultados. Internet y las computadoras desempeñan un papel importante en la preparación y análisis de los datos.

TÉRMINOS Y CONCEPTOS CLAVE

edición, *429*
codificar, *431*
códigos de campo fijos, *432*
libro de códigos, *433*
depuración de los datos, *436*
comprobación de la congruencia, *436*
respuestas faltantes, *437*
eliminación por casos, *437*
eliminación por pares, *437*
ponderación, *438*
redefinición de las variables, *439*
variables ficticias, *439*
transformación de la escala, *439*
estandarización, *440*
técnicas univariadas, *441*
técnicas multivariadas, *441*
datos métricos, *442*
datos no métricos, *442*
independiente, *442*
pareadas, *442*
técnicas de dependencia, *442*
técnicas de interdependencia, *443*
análisis intracultural, *444*
análisis pancultural, *444*
análisis transcultural, *444*

CASOS SUGERIDOS, CASOS EN VIDEO Y CASOS DE HARVARD BUSINESS SCHOOL

Casos

Caso 3.6 Cingular Wireless: un enfoque singular.
Caso 3.7 IBM: el principal proveedor en el mundo de equipo de cómputo, programas y servicios.
Caso 3.8 Kimberly-Clark: competir por medio de la innovación.
Caso 4.1 Wachovia: finanzas "Watch Ovah Ya".
Caso 4.2 Wendy's: historia y vida después de Dave Thomas.
Caso 4.3 Astec sigue creciendo.
Caso 4.4 ¿Es la investigación de mercados la cura para los males del Hospital Infantil Norton Healthcare Kosair?

Casos en video

Caso en video 4.1 Subaru: el "Sr. Encuesta" supervisa la satisfacción del cliente.
Caso en video 4.2 Procter & Gamble: usando la investigación de mercados para crear marcas.

INVESTIGACIÓN REAL: REALIZACIÓN DE UN PROYECTO DE INVESTIGACIÓN DE MERCADOS

1. Los coordinadores del proyecto deben numerar los cuestionarios y seguir la pista de cualquier cuota.
2. Los líderes de equipo deben ser responsables de la edición inicial de los cuestionarios.
3. Cada estudiante debe ser responsable de codificar sus cuestionarios y de la captura de los datos. Se recomienda que los datos se capturen en una hoja de cálculo de Excel, usando el esquema de codificación desarrollado por el profesor.
4. Los coordinadores del proyecto deben reunir todos los archivos de los estudiantes en un archivo de datos, realizar las revisiones por computadora y depurar los datos.
5. El profesor debe especificar la estrategia para el análisis de los datos.

EJERCICIOS

Preguntas

1. Describa el proceso de preparación de datos.
2. ¿Qué actividades se dan en la revisión preliminar de los cuestionarios que han sido devueltos del campo?
3. ¿Qué significa editar un cuestionario?
4. ¿Cómo se tratan las respuestas insatisfactorias que se detectan en la edición?
5. ¿Cuál es la diferencia entre la codificación previa y la posterior?
6. Describa los lineamientos para la codificación de preguntas no estructuradas.
7. ¿Qué implica la trascripción de los datos?
8. ¿Qué tipos de revisiones de congruencia se hacen en la depuración de los datos?
9. ¿De qué opciones se dispone para el tratamiento de los datos faltantes?
10. ¿Qué tipos de ajustes estadísticos se hacen en ocasiones a los datos?
11. Describa el proceso de ponderación. ¿Cuáles son las razones para su uso?
12. ¿Qué son las variables ficticias? ¿Por qué se crean esas variables?
13. Explique porqué se hacen las transformaciones de las escalas.
14. ¿Cuál es el procedimiento de transformación de escala de uso más común? Haga una breve descripción de este procedimiento.
15. ¿Qué consideraciones están implicadas en la elección de la estrategia de análisis de los datos?

Problemas

1. Desarrolle esquemas de codificación de una variable ficticia para las siguientes variables:

   - Sexo.
   - Estado civil que consta de las cuatro categorías siguientes: soltero, casado, divorciado, otro (separado, viudo, etcétera).
   - Frecuencia de viajes internacionales, medido como:

   1. No viaja al extranjero.
   2. Viaja al extranjero 1 o 2 veces al año.
   3. Viaja al extranjero 3 a 5 veces al año.
   4. Viaja al extranjero 6 a 8 veces al año.
   5. Viaja al extranjero más de 8 veces al año.

2. Abajo se muestra parte de un cuestionario que se usa para determinar las preferencias de los consumidores por cámaras. Elabore un esquema de codificación para esas tres preguntas:

9. Por favor califique la importancia de las siguientes características al considerar la compra de una cámara fotográfica nueva.

	No es muy importante				Muy importante
Ajusta la rapidez de la película	1	2	3	4	5
Avance automático de la película	1	2	3	4	5
Enfoque automático	1	2	3	4	5
Carga automática	1	2	3	4	5

10. Si fuera a comprar una cámara fotográfica nueva, ¿cuál de los siguientes almacenes visitaría? Por favor, marque todas las opciones pertinentes.
    a. _____ Farmacia
    b. _____ Tienda de cámaras
    c. _____ Tiendas de descuento/mayoristas
    d. _____ Supermercado
    e. _____ Internet
    f. _____ Otro

11. ¿A dónde manda procesar (revelar) sus fotografías con más frecuencia? Por favor, marque una sola opción.
    a. _____ Farmacia
    b. _____ Laboratorios pequeños
    c. _____ Tiendas de cámaras
    d. _____ Tiendas de descuento/mayoristas
    e. _____ Supermercados
    f. _____ Compañías de ventas por correo
    g. _____ Internet
    h. _____ Quiosco/otro

EJERCICIOS EN INTERNET Y POR COMPUTADORA

1. Explique cómo revisaría la congruencia del cuestionario presentado en el problema 2 mediante el uso de SPSS, SAS, MINITAB o EXCEL.
2. Utilice un paquete como Ci3 para el diseño y aplicación de cuestionarios electrónicos, para programar el cuestionario de preferencias por cámaras fotográficas presentado en el problema 2. Agregue una o dos preguntas propias. Aplique el cuestionario a cinco estudiantes y prepare los datos para el análisis. ¿La aplicación computarizada del cuestionario facilita la preparación de los datos?

ACTIVIDADES

Juego de roles

1. Usted es un supervisor de proyectos de una empresa de análisis de datos con sede en la ciudad donde usted vive. Se le encarga supervisar el proceso de preparación de datos para una encuesta grande realizada para un importante fabricante de toallas de papel. Los datos se han recolectado mediante entrevistas personales en casa y se han regresado del campo 1,823 cuestionarios. En la depuración de datos, usted se percata de que 289 cuestionarios tienen respuestas faltantes. El analista encargado de la preparación de los datos (uno de sus compañeros de clase), que no sabe cómo manejar esas respuestas faltantes, solicita su ayuda y sus instrucciones. Por favor, explique al analista de datos cómo deben manejarse las respuestas faltantes.
2. Usted es el gerente de investigación de mercados de General Electric. GE desarrolló un modelo de refrigerador de lujo que tiene varias características innovadoras y que se venderá a un precio elevado ($1,995). Se realizó una encuesta nacional para determinar la respuesta de los consumidores al modelo propuesto. Los datos se obtuvieron por medio de entrevistas en centros comerciales en 10 ciudades importantes del país. Aunque la muestra resultante de 2,639 encuestados es bastante representativa en todas las otras características demográficas, es poco representativa de los hogares con mayor ingreso. El analista de la investigación de mercados, quien le reporta a usted, cree que no es necesaria la ponderación. Discuta la situación con el analista (uno de sus compañeros de clase).

Trabajo de campo

1. Visite una empresa de investigación de mercados o una compañía que cuente con un departamento interno de investigación de mercados. Investigue el proceso de preparación de datos que siguió esta empresa en un proyecto que concluyó hace poco. ¿Cómo se compara este proceso con el descrito en el libro?
2. Obtenga un libro de códigos o instrucciones de codificación usadas por una empresa de investigación de mercados para un proyecto terminado. Examine con cuidado el libro de códigos o las instrucciones de codificación. ¿Puede mejorar el esquema de codificación seguido por la empresa?

Discusión en grupo

1. En un equipo pequeño, analice las siguientes afirmaciones: "La preparación de datos es un proceso que consume tiempo. En los proyectos con serias restricciones de tiempo, debe eludirse la preparación de datos".
2. En un equipo pequeño, analice lo siguiente: "El investigador siempre debe hacer entrevistas asistidas por computadora (CATI o CAPI) para obtener los datos, porque este procedimiento facilita en gran medida la preparación de los datos".

CAPÍTULO 15

Distribución de frecuencias, tabulación cruzada y prueba de hipótesis

Objetivos

Después de leer este capítulo, el estudiante deberá ser capaz de:

1. Describir la importancia del análisis preliminar de datos y los conocimientos que se pueden obtener de este tipo de análisis.
2. Examinar el análisis de datos relacionado con las frecuencias, incluyendo las medidas de localización, variación y forma.
3. Explicar el análisis de datos relacionado con tabulaciones cruzadas y los estadísticos asociados: chi cuadrada, coeficiente fi, coeficiente de contingencia, V de Cramer y coeficiente lambda.
4. Describir el análisis de datos asociado con la prueba de hipótesis paramétrica para una muestra, dos muestras independientes y muestras pareadas.
5. Entender el análisis de datos asociado con la prueba de hipótesis no paramétricas, para una muestra, dos muestras independientes y muestras pareadas.

"La distribución de frecuencias y la tabulación cruzada son técnicas básicas que brindan mucha información sobre los datos, y constituyen el fundamento de análisis más avanzados".

Laurie Harrington, gerente de marketing-retención del cliente First Choice Power

Panorama general

Una vez que los datos están preparados para su análisis (capítulo 14), el investigador debe realizar ciertos análisis básicos. En este capítulo se describe el análisis básico de datos, incluyendo la distribución de frecuencias, la tabulación cruzada y la prueba de hipótesis. En primer lugar, se describe la distribución de frecuencias y se explica la manera en que proporciona indicadores del número de valores que se ubican fuera de rango, faltantes o extremos, así como información sobre la tendencia central, la variación y la forma de la distribución subyacente. Luego, se examina la prueba de hipótesis al describir el procedimiento general. Los procedimientos de prueba de hipótesis se clasifican en pruebas de asociaciones o pruebas de diferencias. Se escribe el uso de la tabulación cruzada para entender las relaciones entre variables, considerando dos o tres de ellas a la vez. Aunque la naturaleza de la asociación se puede observar en tablas, existen estadísticos para examinar la significancia y la fuerza de la asociación. Por último, se presentan pruebas para estudiar hipótesis relacionadas con diferencias basadas en una o dos muestras.

Muchos proyectos comerciales de investigación de mercados no van más allá del análisis de datos básico. Tales hallazgos suelen presentarse utilizando tablas y gráficas, como se estudiará en el capítulo 22. A pesar de que los hallazgos de los análisis básicos son valiosos por derecho propio, también brindan una guía para realizar análisis multivariados. Los conocimientos que se obtienen de los análisis básicos también son invaluables para interpretar los resultados obtenidos de técnicas estadísticas más avanzadas. Para dar al lector una idea de tales técnicas, se ejemplifica el uso de la tabulación cruzada, del análisis de chi cuadrada y de la prueba de hipótesis.

INVESTIGACIÓN REAL

La batalla comercial de los sexos

Una comparación de la publicidad televisiva en Australia, México y Estados Unidos se concentró en el análisis de los roles sexuales dentro de la publicidad. Los resultados mostraron diferencias en la descripción de los sexos en distintos países. Los anuncios australianos revelaron hasta cierto punto menos diferencias en el rol sexual, y los anuncios mexicanos ligeramente más diferencias en este papel, que los anuncios estadounidenses. La tabulación cruzada y el análisis de chi cuadrada proporcionaron la siguiente información sobre México.

	Personas que aparecían en el anuncio (%)	
Producto anunciado utilizado por	*Mujeres*	*Hombres*
Mujeres	25.0	4.0
Hombres	6.8	11.8
Cualquiera de los dos	68.2	84.2

$\chi^2 = 19.73$, $p \leq 0.001$.

Dichos resultados indican que en los comerciales mexicanos las mujeres aparecían en anuncios de productos utilizados por las mujeres o por cualquiera de los sexos, pero pocas veces en anuncios de productos para hombres. Los hombres aparecían en comerciales de productos utilizados por uno y otro sexos. Estas diferencias también se encontraron en los comerciales estadounidenses, aunque en un menor grado. En Estados Unidos, la creciente población de hispano-estadounidenses ha dirigido la atención de muchos anunciantes hacia la publicidad televisiva en español. Los roles sexuales en la cultura hispana muestran a la mujer como la ama de casa tradicional, conservadora y que depende del apoyo del hombre; aunque muchas familias hispanas que viven en Estados Unidos no se ajustan a este esquema tradicional. En 2006, más de la mitad de las mujeres hispanas trabajaba fuera del hogar, lo que casi iguala a la proporción de mujeres anglosajonas que trabajan fuera del hogar en Estados Unidos. Por lo tanto, parece que muchas empresas estadounidenses de productos de consumo se están anunciando en México, de manera muy similar a la forma en que lo hacen en el mercado general estadounidense.[1] ■

Las tabulaciones cruzadas se han utilizado para analizar los roles sexuales en la publicidad de Australia, México y Estados Unidos.

INVESTIGACIÓN REAL

Los catálogos son negocios riesgosos

Se examinaron 12 categorías de productos para comparar las compras por catálogo y en el establecimiento. Se rechazó la hipótesis nula que afirma que no existen diferencias significativas en la cantidad general de riesgo percibido al comprar productos por catálogo, con respecto a la compra de los mismos productos en la tienda. La hipótesis se puso a prueba al calcular 12 pruebas t de observaciones pareadas (una para cada producto). En la siguiente tabla se presentan las puntuaciones promedio del riesgo general percibido, para algunos productos en ambas situaciones de compra. Las puntuaciones más altas indican un mayor riesgo.

Puntuaciones promedio del riesgo general percibido de los productos por modo de compra

	Riesgo general percibido	
Producto	*Catálogo*	*Tienda*
Estéreo de alta fidelidad	48.89	41.98*
Discos de música	32.65	28.74*
Zapatos formales	58.60	50.80*
TV a color de 13 pulgadas	48.63	40.91*
Calcetines deportivos	35.22	30.22*
Calculadora de bolsillo	49.62	42.00*
Cámara de 35 mm	48.13	39.52*
Perfume	34.85	29.79*

* Significativo al nivel 0.01.

Como se observa, una cantidad general significativamente más alta ($p < 0.01$) de riesgo percibido se relacionó con los productos adquiridos por catálogo, en comparación con los artículos comprados en una tienda. Aunque el estudio revela un riesgo asociado con las compras por catálogo, las amenazas terroristas, las limitaciones de tiempo y una mayor comodidad han incrementado el número de productos que se adquieren por catálogo.[2] ■

Estos dos ejemplos muestran que el análisis básico de datos puede ser útil en sí mismo. La tabulación cruzada y el análisis de chi cuadrada en el ejemplo de la publicidad televisiva internacional, así como las pruebas t pareadas en el ejemplo de las compras por catálogo, nos permitieron obtener conclusiones específicas a partir de los datos. Estos y otros conceptos analizados en este capítulo se presentan en el contexto de la explicación acerca del uso de Internet por motivos personales (no profesionales). La tabla 15.1 contiene los datos de 30 sujetos, incluyendo el sexo (1 = hombre, 2 = mujer), la familiaridad con Internet (1 = muy poco familiarizado, 7 = muy familiarizado), el uso de Internet en horas por semana, la actitud hacia la Web y hacia la tecnología, ambas variables medidas en una escala de 7 puntos (1 = muy poco favorable, 7 = muy favorable), y si los participantes han realizado compras o trámites bancarios en Internet (1 = sí, 2 = no).

TABLA 15.1
Datos del uso de Internet

Número de sujeto	Sexo	Familiaridad	Uso de Internet	Actitud hacia Internet	Actitud hacia la tecnología	Uso de Internet: shopping	Uso de Internet: transacciones bancarias
1	1.00	7.00	14.00	7.00	6.00	1.00	1.00
2	2.00	2.00	2.00	3.00	3.00	2.00	2.00
3	2.00	3.00	3.00	4.00	3.00	1.00	2.00
4	2.00	3.00	3.00	7.00	5.00	1.00	2.00
5	1.00	7.00	13.00	7.00	7.00	1.00	1.00
6	2.00	4.00	6.00	5.00	4.00	1.00	2.00
7	2.00	2.00	2.00	4.00	5.00	2.00	2.00
8	2.00	3.00	6.00	5.00	4.00	2.00	2.00
9	2.00	3.00	6.00	6.00	4.00	1.00	2.00
10	1.00	9.00	15.00	7.00	6.00	1.00	2.00
11	2.00	4.00	3.00	4.00	3.00	2.00	2.00
12	2.00	5.00	4.00	6.00	4.00	2.00	2.00
13	1.00	6.00	9.00	6.00	5.00	2.00	1.00
14	1.00	6.00	8.00	3.00	2.00	2.00	2.00
15	1.00	6.00	5.00	5.00	4.00	1.00	2.00
16	2.00	4.00	3.00	4.00	3.00	2.00	2.00
17	1.00	6.00	9.00	5.00	3.00	1.00	1.00
18	1.00	4.00	4.00	5.00	4.00	1.00	2.00
19	1.00	7.00	14.00	6.00	6.00	1.00	1.00
20	2.00	6.00	6.00	6.00	4.00	2.00	2.00
21	1.00	6.00	9.00	4.00	2.00	2.00	2.00
22	1.00	5.00	5.00	5.00	4.00	2.00	1.00
23	2.00	3.00	2.00	4.00	2.00	2.00	2.00
24	1.00	7.00	15.00	6.00	6.00	1.00	1.00
25	2.00	6.00	6.00	5.00	3.00	1.00	2.00
26	1.00	6.00	13.00	6.00	6.00	1.00	1.00
27	2.00	5.00	4.00	5.00	5.00	1.00	1.00
28	2.00	4.00	2.00	3.00	2.00	2.00	2.00
29	1.00	4.00	4.00	5.00	3.00	1.00	2.00
30	1.00	3.00	3.00	7.00	5.00	1.00	2.00

Archivo de resultados de SPSS

Para ejemplificar, sólo incluimos una pequeña cantidad de observaciones. En la práctica real, el análisis se realiza con una muestra mucho más grande, como en la Experiencia de investigación de Dell que se explica más adelante. Como primer paso del análisis, generalmente es útil examinar las distribuciones de frecuencias de las variables relevantes.

DISTRIBUCIÓN DE FRECUENCIAS

A menudo los investigadores de mercado necesitan responder preguntas sobre una sola variable. Por ejemplo:

- ¿Cuántos usuarios de la marca pueden considerarse leales a ésta?
- ¿Qué porcentaje del mercado consiste en usuarios frecuentes, usuarios medios, usuarios esporádicos y no usuarios?
- ¿Cuántos clientes están muy familiarizados con la oferta de un nuevo producto? ¿Cuántos están familiarizados, un poco familiarizados y no familiarizados con la marca? ¿Cuál es la puntuación promedio de familiaridad? ¿Hay mucha varianza en el grado de familiarización de los clientes con el nuevo producto?
- ¿Cuál es la distribución del ingreso en los usuarios de la marca? ¿La distribución está sesgada hacia el grupo de bajo ingreso?

Archivo de resultados de SPSS

TABLA 15.2
Distribución de frecuencias de la familiaridad con Internet

Etiquetas de valores	Valor	Frecuencia (N)	Porcentaje	Porcentaje válido	Porcentaje acumulativo
Muy poco familiarizado	1	0	0.0	0.0	0.0
	2	2	6.7	6.9	6.9
	3	6	20.0	20.7	27.6
	4	6	20.0	20.7	48.3
	5	3	10.0	10.3	58.6
	6	8	26.7	27.6	86.2
Muy familiarizado	7	4	13.3	13.8	100.0
Faltantes	9	1	3.3		
	TOTAL	30	100.0	100.0	

distribución de frecuencias
Distribución matemática cuyo objetivo es obtener un conteo del número de respuestas asociadas con distintos valores de una variable, y expresar esos conteos en términos de porcentajes.

Las respuestas a este tipo de preguntas se determinan al examinar distribuciones de frecuencias. En la *distribución de frecuencias* se considera una variable a la vez. El objetivo es obtener un conteo del número de respuestas asociadas con distintos valores de la variable. La ocurrencia relativa o frecuencia de los diferentes valores de la variable se expresa en porcentajes. Una distribución de frecuencias de una variable produce una tabla de conteo de frecuencias, porcentajes y porcentajes acumulativos de todos los valores asociados con esa variable.

En la tabla 15.2 se presenta la distribución de frecuencias de la familiaridad con Internet. En la tabla, la primera columna contiene las etiquetas asignadas a las distintas categorías de la variable, y la segunda columna indica los códigos asignados a cada valor. Observe que a los valores faltantes se les asignó el código 9. La tercera columna representa el número de sujetos que eligió cada valor. Por ejemplo, tres participantes eligieron el valor 5, lo que indica que están hasta cierto punto familiarizados con Internet. La cuarta columna muestra el porcentaje de sujetos que eligieron cada valor. La siguiente columna incluye los porcentajes calculados al excluir los casos con valores faltantes. Si no hay valores faltantes, las columnas 4 y 5 son idénticas. La última columna presenta los porcentajes acumulativos después de hacer un ajuste por los casos faltantes. Como se puede ver, de los 30 sujetos que participaron en la encuesta, el 10.0 por ciento eligió el valor 5. Si se excluye a un participante con un valor faltante, este porcentaje cambia a 10.3. El porcentaje acumulativo correspondiente al valor 5 es 58.6. En otras palabras, el 58.6 por ciento de los sujetos con respuestas válidas eligieron un valor de 5 o menos para la variable familiaridad.

Figura 15.1
Histograma de frecuencias

Archivo de resultados de SPSS

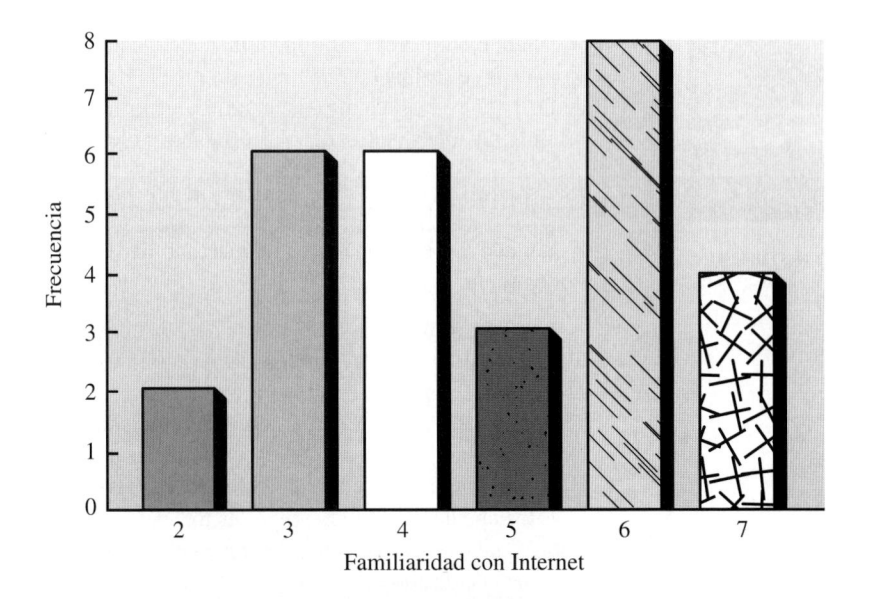

Una distribución de frecuencias ayuda a determinar la magnitud de la falta de respuesta a los reactivos (1 de cada 30 sujetos en la tabla 15.1). Además, indica la magnitud de respuestas ilegítimas. Los valores 0 y 8 serían respuestas ilegítimas o errores. Se podrían identificar los casos con estos valores y tomar medidas correctivas. También es posible detectar la presencia de datos o valores extremos. En el caso de una distribución de frecuencias del tamaño de la familia, algunos casos aislados de familias con nueve o más miembros se considerarían datos extremos. Una distribución de frecuencias también indica la forma de la distribución empírica de la variable. Los datos de frecuencia se emplean para construir un histograma, que es una gráfica de barras vertical donde los valores de la variable se muestran a lo largo del eje X, y las frecuencias absolutas o relativa de los valores se colocan a lo largo del eje Y. La figura 15.1 es un histograma de los datos de frecuencia que aparecen en la tabla 15.1. En el histograma podemos examinar si la distribución observada es consistente con una distribución esperada o supuesta, como la distribución normal.

INVESTIGACIÓN REAL

Un análisis básico produce resultados olímpicos

A los Juegos Olímpicos de Atlanta de 1996 acudieron más de dos millones de visitantes, y se vendieron más de 11 millones de boletos. En Sydney, en los Juegos Olímpicos de 2000, al igual que en los Juegos Olímpicos realizados en Atenas en 2004, se vendieron 5 millones de boletos. Es evidente que se trata de un mercado meta potencial que no puede ignorarse. Investigadores de la Universidad de Colorado en Boulder decidieron descubrir qué motivó a los viajeros internacionales y nacionales a acudir a los Juegos Olímpicos de Atlanta. Se elaboró una encuesta y se aplicó a los visitantes por medio de entrevistas personales, durante un periodo de nueve días casi al final de los Juegos Olímpicos de 1996. Se completaron 320 encuestas de manera correcta, las cuales se utilizaron en el análisis de datos.

Los resultados (véase la siguiente tabla) mostraron que los tres factores principales que motivaron a la gente a acudir a los juegos fueron: el hecho de ser una oportunidad única en la vida, la disponibilidad de alojamiento y la disponibilidad de boletos. Los resultados de dicho estudio ayudaron a que los planeadores de los Juegos Olímpicos de 2008 que se realizarán en Beijing supieran qué características específicas necesitaban mejorar en la ciudad. Por ejemplo, a partir de esta investigación, Beijing invirtió fondos en proyectos para añadir habitaciones de hotel en la ciudad, y también construyó transporte moderno y lugares únicos (parques olímpicos, estadios, sitios turísticos), de manera que los visitantes realmente sientan que están viviendo una experiencia única. Conforme esta encuesta continúe evolucionando con el paso de los años, los datos que se obtengan serán muy valiosos para la siguiente ciudad sede.[3]

Factores motivacionales que influyeron en la decisión de acudir a los Juegos Olímpicos

Factor motivacional	*Frecuencia*	*Porcentaje*
Oportunidad única en la vida	95	29.7
Disponibilidad de alojamiento	36	11.2
Disponibilidad de boletos	27	8.4
Distancia desde casa	24	7.5
Negocio/empleo	17	5.3
Disponibilidad de dinero –gastos generales	17	5.3
Disponibilidad de tiempo	12	3.8
Relación personal con participantes o autoridades	8	2.5
Otro factor motivacional	8	2.5
Visitar Atlanta	4	1.3
Seguridad	3	0.9
No respondió	69	21.6
Total	320	100.0

Observe que los números y los porcentajes en el ejemplo anterior indican el grado en que varios factores motivacionales atrajeron a los individuos a los Juegos Olímpicos. Debido a que se incluyen números, se puede utilizar una distribución de frecuencias para calcular estadísticos descriptivos o de resumen.

ESTADÍSTICOS ASOCIADOS CON LA DISTRIBUCIÓN DE FRECUENCIAS

Como vimos en la sección anterior, una distribución de frecuencias es una manera conveniente de examinar los distintos valores de una variable. Una tabla de frecuencias es fácil de leer y proporciona información básica, aunque en ocasiones esta información suele ser demasiado detallada y el investigador debe resumirla mediante estadísticos descriptivos. Los estadísticos más utilizados que se asocian con las frecuencias son las medidas de localización (media, moda y mediana), las medidas de variación (rango, rango intercuartílico, desviación estándar y coeficiente de variación), y las medidas de la forma (asimetría y curtosis).[4]

Medidas de localización

medidas de localización
Estadístico que describe una ubicación dentro de un conjunto de datos. Las medidas de tendencia central describen el centro de la distribución.

Las *medidas de localización* que estudiaremos son medidas de tendencia central porque tienden a describir el centro de la distribución. Si se modifica toda la muestra al añadir una constante fija a cada observación, entonces, la media, la moda y la mediana cambian en la misma cantidad fija.

media
El promedio; valor que se obtiene al sumar todos los elementos de un conjunto y dividirlos entre el número de elementos.

Media. La *media*, o valor promedio, es la medida de tendencia central más utilizada. Sirve para estimar el promedio cuando los datos se recolectaron utilizando una escala de intervalo o de razón. Los datos deberían mostrar cierta tendencia central, ya que la mayoría de las respuestas se distribuyen alrededor de la media.

La media, $\overline{X}$, está dada por

$$\overline{X} = \sum_{i=1}^{n} X_i / n$$

donde

X_i = valores observados de la variable X
n = número de observaciones (tamaño de la muestra)

Si no hay valores extremos, la media es una medida robusta y no cambia significativamente al agregar o al eliminar datos. Para las frecuencias de la tabla 15.2, el valor promedio se calcula de la siguiente manera:

$$\begin{aligned}\overline{X} &= (2 \times 2 + 6 \times 3 + 6 \times 4 + 3 \times 5 + 8 \times 6 + 4 \times 7)/29 \\ &= (4 + 18 + 24 + 15 + 48 + 28)/29 \\ &= 137/29 \\ &= 4.724\end{aligned}$$

moda
Medida de tendencia central dada por el valor que ocurre con mayor frecuencia en una distribución muestral.

Moda. La *moda* es el valor que ocurre con mayor frecuencia y representa el pico más alto de la distribución. La moda es una buena medida de localización cuando la variable es categórica o se ha agrupado en categorías. En la tabla 15.2 la moda de los datos es 6.000.

mediana
Medida de tendencia central definida como el valor que deja por arriba a la mitad de los datos y por debajo a la otra mitad.

Mediana. La *mediana* de una muestra es el valor intermedio cuando los datos están acomodados en orden ascendente o descendente. Cuando el número de datos es par, la mediana se calcula como el punto medio entre los dos valores intermedios: al sumar los dos valores intermedios y dividir la suma entre 2. La mediana es el percentil 50, y es una medida de tendencia central adecuada para datos ordinales. En la tabla 15.2 la mediana es 5.000.

Como vemos en la tabla 15.1, las tres medidas de tendencia central para esta distribución son diferentes (media = 4.724, moda = 6.000, mediana = 5.000). Esto no debe sorprendernos porque cada medida define la tendencia central de una forma diferente. Entonces, ¿cuál medida deberíamos utilizar? Si la variable se mide en una escala nominal, debemos emplear la moda.

CAPÍTULO 15 Distribución de frecuencias, tabulación cruzada y prueba de hipótesis

Archivo de resultados de SPSS

Si la variable se mide en una escala ordinal, la mediana es la apropiada. Si la variable se mide en una escala de intervalo o de razón, la moda no es una buena medida de tendencia central. Esto se observa en la tabla 15.2. Aunque el valor modal de 6.000 tiene la mayor frecuencia, sólo representa el 27.6 por ciento de la muestra. En general, cuando se trata de datos de intervalo o de razón, la mediana es una mejor medida de tendencia central, aunque ésta también ignora información disponible sobre la variable; se ignoran los valores reales de la variable por arriba y por debajo de la mediana. La media es la medida de tendencia central más apropiada para los datos de intervalo o de razón. La media utiliza toda la información disponible, porque para su cálculo se emplean todos los valores. Sin embargo, la media es sensible a valores demasiado pequeños o demasiado grandes (valores extremos). Cuando existen valores extremos en los datos, la media no es una buena medida de tendencia central, y entonces es útil considerar tanto la media como la mediana.

En la tabla 15.2 vemos que, dado que no hay valores extremos y que los datos son de intervalo, la media de 4.724 es una buena medida de localización o tendencia central. Sin embargo, este valor es mayor que 4, por lo que no es lo suficientemente alto (es decir, es menor que 5). Si se tratara de una muestra grande y representativa, interpretaríamos que las personas, en promedio, sólo están moderadamente familiarizadas con la Web. Esto exigiría acciones tanto gerenciales como por parte de los proveedores de servicios de Internet, así como iniciativas de políticas públicas por parte de las instituciones gubernamentales para familiarizar más a la gente con Internet e incrementar su uso.

Medidas de variación

medidas de variación
Estadístico que indica la dispersión de la distribución.

rango
La diferencia entre el valor más grande y el valor más pequeño de una distribución.

Las ***medidas de variación***, que se calculan con datos de intervalo o de razón, incluyen el rango, el rango intercuartílico, la varianza o la desviación estándar y el coeficiente de variación.

Rango. El ***rango*** mide la dispersión de los datos, y se define simplemente como la diferencia entre el valor más grande y el valor más pequeño en la muestra. Debido a esto, el rango se ve directamente afectado por los valores extremos.

$$\text{Rango} = X_{\text{más grande}} - X_{\text{más pequeña}}$$

Si todos los valores de los datos se multiplican por una constante, el rango se multiplica por la misma constante. En la tabla 15.2 el rango de es $7 - 2 = 5.000$.

rango intercuartílico
El rango de una distribución que abarca el 50 por ciento central de las observaciones.

Rango intercuartílico. El ***rango intercuartílico*** es la diferencia entre el percentil 75 y el percentil 25. Para un conjunto de datos presentados en orden de magnitud, el percentil *p*-ésimo es el valor que deja por debajo al porcentaje *p* de los datos y al porcentaje (100 - *p*) por arriba de él. Si todos los datos se multiplican por una constante, el rango intercuartílico se multiplica por la misma constante. En la tabla 15.2 el rango intercuartílico es $6 - 3 = 3.000$.

varianza
La desviación promedio al cuadrado de todos los valores a partir de la media.

desviación estándar
La raíz cuadrada de la varianza.

Varianza y desviación estándar. La diferencia entre la media y un valor observado se conoce como la *desviación a partir de la media*. La ***varianza*** es la desviación promedio al cuadrado a partir de la media. La varianza nunca puede ser negativa. Cuando los datos se agrupan alrededor de la media, la varianza es pequeña. Cuando los datos están dispersos, la varianza es grande. Si todos los datos se multiplican por una constante, la varianza se multiplica por el cuadrado de la constante. La ***desviación estándar*** es la raíz cuadrada de la varianza. Así, la desviación estándar se expresa en las mismas unidades que los datos, y no en unidades al cuadrado. La desviación estándar de una muestra, *s*, se calcula por medio de:

$$s = \sqrt{\frac{\sum_{i=1}^{n}(X_i - \overline{X})^2}{n-1}}$$

Dividimos entre $n - 1$ en vez de entre *n*, porque la muestra se obtiene de una población e intentamos determinar qué tanto varían las respuestas con respecto a la media de toda la población. No obstante, desconocemos la media poblacional y por ello empleamos la media de la muestra en su lugar. El uso de la media de la muestra hace que la media parezca menos variable de lo que en realidad es.

Al dividir entre $n - 1$ en vez de entre n, compensamos la menor variación observada en la muestra. Para los datos de la tabla 15.2, la varianza se calcula de la siguiente manera:

$$s^2 = \frac{\{2 \times (2 - 4.724)^2 + 6 \times (3 - 4.724)^2 + 6 \times (4 - 4.724)^2 + 3 \times (5 - 4.724)^2 \\ + 8 \times (6 - 4.724)^2 + 4 \times (7 - 4.724)^2\}}{28}$$

$$= \frac{\{14.84 + 17.833 + 3.145 + 0.229 + 13.025 + 20.721\}}{28}$$

$$= \frac{69.793}{28}$$

$$= 2.493$$

Por consiguiente, la desviación estándar calculada es:

$$s = \sqrt{2.493} = 1.579$$

coeficiente de variación
En la teoría del muestreo, expresión útil de la desviación estándar como un porcentaje de la media.

Coeficiente de variación. El **coeficiente de variación** es el cociente de la desviación estándar con respecto a la media, expresado en porcentaje, y es una medida de variación relativa sin unidades. El coeficiente de variación, *CV*, se expresa como:

$$CV = \frac{s}{\bar{X}}$$

El coeficiente de variación sólo tiene un significado si la variable se mide en una escala de razón, y permanece sin cambios cuando todos los datos se multiplican por una constante. Debido a que la familiaridad con Internet no está medida en una escala de razón, no tiene sentido calcular el coeficiente de variación de los datos que se presentan en la tabla 15.2. Desde el punto de vista gerencial, las medidas de variación son importantes porque si una característica muestra una buena variación, sería recomendable segmentar el mercado con base en dicha característica.

Medidas de forma

Además de las medidas de variación, las medidas de la forma también son útiles para entender la naturaleza de la distribución. La forma de una distribución se determina al examinar la asimetría y la curtosis.

asimetría
Característica de una distribución que determina su sesgo con respecto a la media.

Asimetría. Las distribuciones pueden ser simétricas o asimétricas. En una distribución simétrica, los valores que se ubican a ambos lados del centro de la distribución son iguales, y la media, la moda y la mediana tienen el mismo valor. Las desviaciones positivas a partir de la media y sus negativos correspondientes también son iguales. En una distribución asimétrica, las desviaciones positivas y negativas a partir de la media son diferentes. La *asimetría* es la tendencia de las desviaciones de la media a ser mayores tanto en una dirección como en la otra. Se podría definir como la tendencia de una de las colas de la distribución a ser más grande que la otra (véase la figura 15.2). El valor de la asimetría de los datos de la tabla 15.2 es -0.094, lo que indica un sesgo ligeramente negativo.

curtosis
Medida del pico o aplanamiento relativo de la curva, definida por la distribución de frecuencias.

Curtosis. La *curtosis* es una medida del pico o aplanamiento relativo de la curva, definido por la distribución de frecuencias. La curtosis de una distribución normal es cero. Si la curtosis es positiva, entonces la distribución es más puntiaguda que una distribución normal, y un valor negativo indica que la distribución es más plana que una distribución normal. En la tabla 15.2 el valor de este estadístico es -1.261, lo que indica que la distribución es más plana que una distribución normal. Las medidas de la forma son importantes, ya que si una distribución está muy sesgada o es muy puntiaguda o aplanada, entonces los procedimientos estadísticos que suponen normalidad deben utilizarse con cautela.

Figura 15.2
Asimetría de una distribución

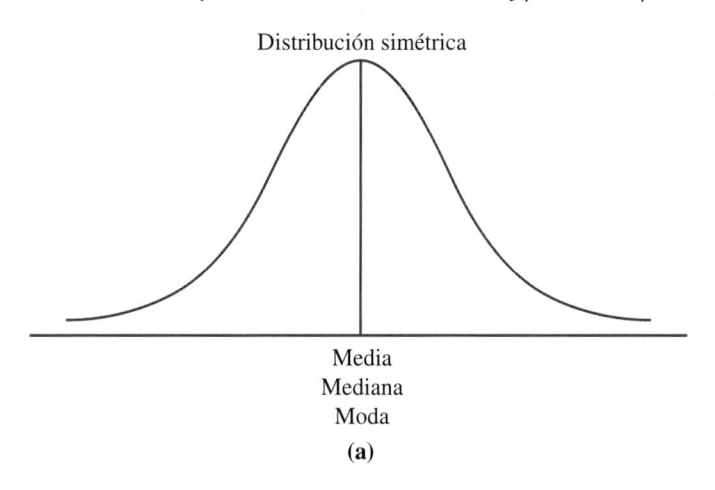

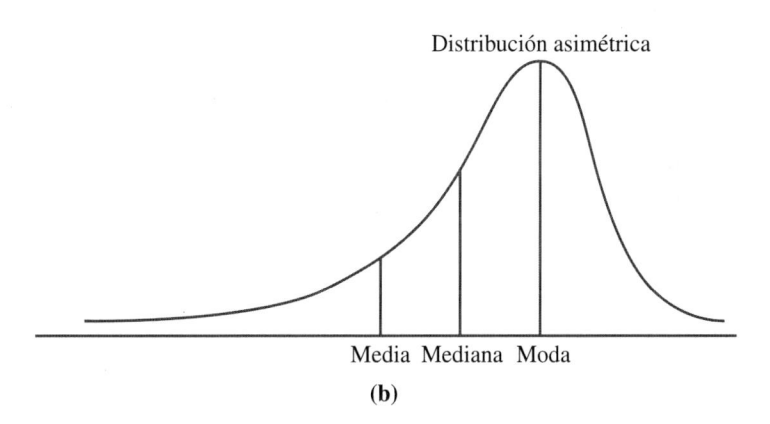

Distribución simétrica

Media
Mediana
Moda
(a)

Distribución asimétrica

Media Mediana Moda
(b)

INVESTIGACIÓN ACTIVA

Visite www.wendys.com y realice una búsqueda en Internet y en la base en línea de su biblioteca, para obtener información sobre los usuarios frecuentes de restaurantes de comida rápida.

Como director de marketing de Wendy's, ¿cómo se dirigiría usted a los usuarios frecuentes de restaurantes de comida rápida?

En una encuesta para Wendy's, se obtuvo información acerca del número de visitas mensuales a este restaurante. ¿Cómo identificaría a los usuarios frecuentes de Wendy's y que estadísticos calcularía, para resumir el número de visitas mensuales a este restaurante?

INTRODUCCIÓN A LA PRUEBA DE HIPÓTESIS

Un análisis básico siempre implica alguna prueba de hipótesis. Existen muchos ejemplos de hipótesis generadas en la investigación de mercados:

- La tienda departamental está siendo visitada por más del 10 por ciento de las familias.
- Los usuarios frecuentes y esporádicos de una marca difieren en términos de sus características psicográficas.
- Un hotel tiene una imagen de mayor lujo que su competidor más cercano.
- La familiaridad con un restaurante produce una mayor preferencia por éste.

En el capítulo 12 se revisaron los conceptos de la distribución de la muestra, el error estándar de la media o de la proporción, y el intervalo de confianza.[5] Todos estos conceptos son importantes para la prueba de hipótesis y deben revisarse. Ahora describiremos un procedimiento general para la prueba de hipótesis, y que puede aplicarse a un amplio rango de parámetros.

PROCEDIMIENTO GENERAL PARA LA PRUEBA DE HIPÓTESIS

La prueba de hipótesis incluye los siguientes pasos (véase la figura 15.3).

1. Formular la hipótesis nula H_0 y la hipótesis alternativa H_1.
2. Elegir una técnica estadística adecuada y su estadístico de prueba correspondiente.
3. Seleccionar el nivel de significancia, α.
4. Determinar el tamaño de la muestra y reunir los datos. Calcular el valor del estadístico de prueba.
5. Determinar la probabilidad asociada con el estadístico de prueba con respecto a la hipótesis nula, utilizando la distribución de la muestra del estadístico de prueba. Como alternativa, determinar los valores críticos asociados con el estadístico de prueba, que dividen las regiones de rechazo y no rechazo.
6. Comparar la probabilidad asociada con el estadístico de prueba, al nivel de significancia especificado. Como alternativa, determinar si el estadístico de prueba cae en la región de rechazo o de no rechazo.
7. Tomar la decisión estadística de rechazar o no rechazar la hipótesis nula.
8. Expresar la decisión estadística en términos del problema de investigación de mercados.

Paso 1: formular las hipótesis

El primer paso consiste en formular la hipótesis nula y la hipótesis alternativa. Una **hipótesis nula** es un enunciado sobre el *status quo* sin diferencia o con ningún efecto. Si la hipótesis nula no se rechaza, entonces no se realizan cambios. En una **hipótesis alternativa** se plantea la expectativa de cierta diferencia o efecto. La aceptación de la hipótesis alternativa llevará a cambios en las opiniones o acciones. De esta manera, la hipótesis alternativa es opuesta a la hipótesis nula.

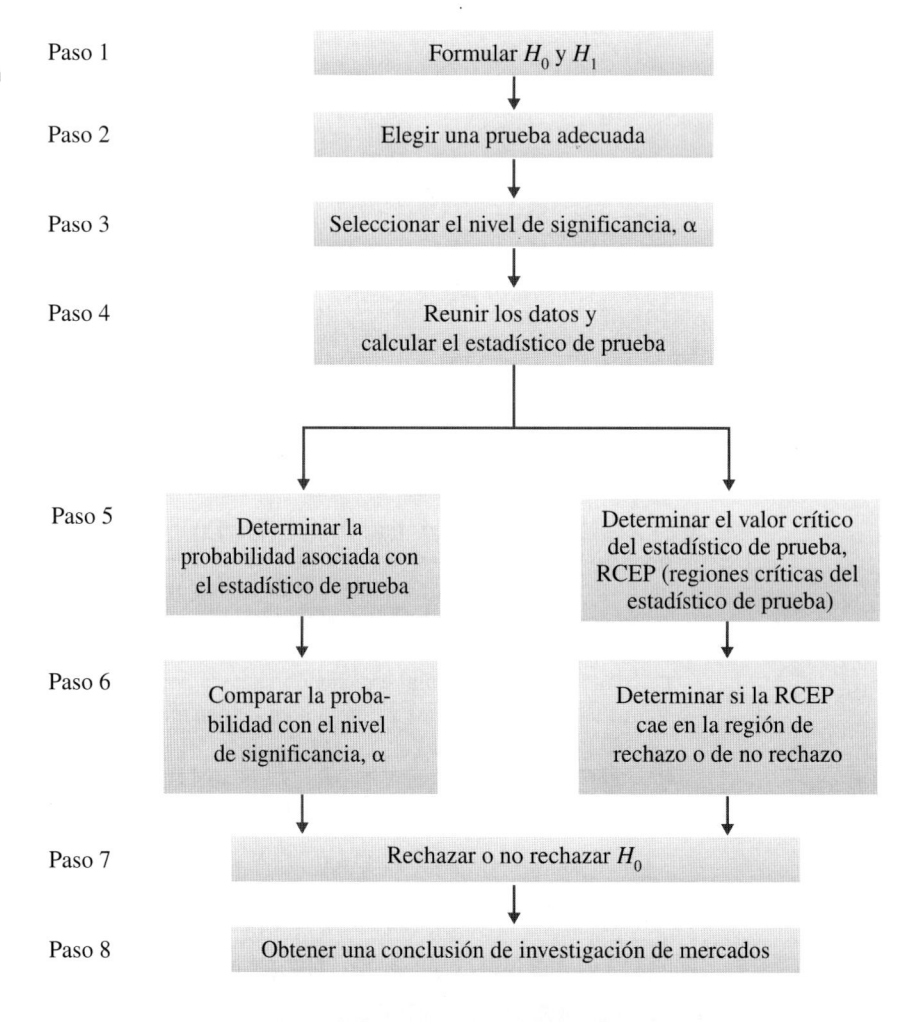

hipótesis nula
Enunciado de que no se espera ninguna diferencia o efecto. Si no se rechaza la hipótesis nula, no se realizan cambios.

hipótesis alternativa
Enunciado de que se espera alguna diferencia o efecto. La aceptación de la hipótesis alternativa llevará a cambios en opiniones o acciones.

Figura 15.3
Procedimiento general para la prueba de hipótesis

Paso 1 — Formular H_0 y H_1

Paso 2 — Elegir una prueba adecuada

Paso 3 — Seleccionar el nivel de significancia, α

Paso 4 — Reunir los datos y calcular el estadístico de prueba

Paso 5 — Determinar la probabilidad asociada con el estadístico de prueba / Determinar el valor crítico del estadístico de prueba, RCEP (regiones críticas del estadístico de prueba)

Paso 6 — Comparar la probabilidad con el nivel de significancia, α / Determinar si la RCEP cae en la región de rechazo o de no rechazo

Paso 7 — Rechazar o no rechazar H_0

Paso 8 — Obtener una conclusión de investigación de mercados

La hipótesis nula es la que siempre se pone a prueba. La hipótesis nula se refiere a un valor específico del parámetro de la población (por ejemplo, μ, σ, π) y no a un estadístico de la muestra (por ejemplo, $\overline{X}$). Una hipótesis nula puede rechazarse, pero nunca se acepta con base en una sola prueba. Un estadístico de prueba puede tener uno de dos resultados. En el primero se rechaza la hipótesis nula y se acepta la hipótesis alternativa. En el segundo la hipótesis nula no se rechaza a partir de la evidencia. Sin embargo, sería incorrecto concluir que, debido a que no se rechaza la hipótesis nula, puede aceptarse como válida. En la prueba de hipótesis clásica no hay forma de determinar si la hipótesis nula es verdadera.

En la investigación de mercados, la hipótesis nula se formula de tal manera que su rechazo conduce a la aceptación de la conclusión deseada. La hipótesis alternativa representa la conclusión para la cual se busca la evidencia. Por ejemplo, una tienda departamental importante considera la posibilidad de introducir un servicio de compras por Internet, el cual se implementará si más del 40 por ciento de los usuarios de Internet compran a través de este medio. La forma adecuada de formular la hipótesis es:

$$H_0: \pi \leq 0.40$$
$$H_1: \pi > 0.40$$

Si se rechaza la hipótesis nula H_0, entonces se aceptará la hipótesis alternativa H_1 y se introducirá el nuevo servicio de compras por Internet. Por otro lado, si no se rechaza H_0, entonces el nuevo servicio no debería implementarse, a menos que se obtengan evidencias adicionales.

prueba de una cola
Prueba de la hipótesis nula donde la hipótesis alternativa se expresa de manera direccional.

Esta prueba de la hipótesis nula es de **una cola**, ya que la hipótesis alternativa está expresada de forma direccional: la proporción de usuarios de Internet que usan este medio para comprar es mayor que 0.40. Por otro lado, suponga que el investigador deseara determinar si la proporción de usuarios de Internet que compran por este medio difiere del 40 por ciento. Entonces se utilizaría una **prueba de dos colas** y las hipótesis se expresarían de la siguiente manera:

prueba de dos colas
Prueba de la hipótesis nula donde la hipótesis alternativa no se expresa de manera direccional.

$$H_0: \pi = 0.40$$
$$H_1: \pi \neq 0.40$$

En la investigación de mercados comercial se utiliza más la prueba de una cola que la de dos colas. Por lo general, existe alguna dirección preferida en la conclusión para la que se buscan evidencias. Por ejemplo, cuanto mayores sean las utilidades, mejores serán las ventas y la calidad de los productos. La prueba de una cola es más potente que la prueba de dos colas. La potencia de una prueba estadística se analiza con mayor detalle en el paso 3.

Paso 2: elegir una prueba adecuada

Para probar la hipótesis nula es necesario seleccionar una técnica estadística apropiada. El investigador debe tomar en cuenta la forma en que se calcula el estadístico de prueba y la distribución de la muestra de donde se deduce éste (por ejemplo, la media). El ***estadístico de prueba*** mide cuánto se aproxima la muestra a la hipótesis nula y suele deducirse de una distribución bien conocida, como la distribución normal, t o chi cuadrada. Más adelante en este capítulo se presentan los lineamientos para seleccionar una prueba o técnica estadística apropiada. En nuestro ejemplo, el estadístico z, que se utiliza con una distribución normal estándar, sería el apropiado, y se calcula de la siguiente manera:

estadístico de prueba
Medida de cuánto se aproxima la muestra a la hipótesis nula. Por lo general, se deduce de una distribución bien conocida, como las distribuciones normal, t y chi cuadrada.

$$z = \frac{p - \pi}{\sigma_p}$$

donde

$$\sigma_p = \sqrt{\frac{\pi(1-\pi)}{n}}$$

Paso 3: seleccionar a nivel de significancia, α

Siempre que se hagan inferencias sobre una población, existe el riesgo de llegar a una conclusión incorrecta. Pueden ocurrir dos tipos de errores.

error tipo I
También conocido como error alfa, ocurre cuando los resultados de la muestra conducen al rechazo de una hipótesis nula que en realidad es verdadera.

nivel de significancia
La probabilidad de cometer un error tipo I.

error tipo II
También conocido como error beta, ocurre cuando los resultados de la muestra conducen al no rechazo de una hipótesis nula que en realidad es falsa.

potencia de una prueba
La probabilidad de rechazar la hipótesis nula cuando en realidad es falsa y debe rechazarse.

Error tipo I. El **error tipo I** ocurre cuando los resultados de la muestra conducen al rechazo de una hipótesis nula que en realidad es verdadera. En nuestro ejemplo, cometeríamos un error tipo I si, con base en los datos de la muestra, concluyéramos que la proporción de clientes que prefieren el nuevo plan de servicio fue mayor que 0.40, cuando de hecho fue menor o igual que 0.40. La probabilidad del error tipo I (α) también se denomina **nivel de significancia**. Este error se controla al establecer el nivel tolerable de riesgo de rechazar una hipótesis nula que es verdadera. La selección de un nivel de riesgo específico depende del costo de cometer un error tipo I.

Error tipo II. El **error tipo II** ocurre cuando, con base en los resultados de la muestra, no se rechaza una hipótesis nula que en realidad es falsa. En nuestro ejemplo, cometeríamos un error tipo II si, con base en los datos de la muestra, concluyéramos que la proporción de clientes que prefiere el nuevo plan de servicio es menor o igual que 0.40, cuando en realidad es mayor que 0.40. La probabilidad de un error tipo II se denota con β. A diferencia de α, que el investigador especifica, la magnitud de β depende del valor real del parámetro (proporción) de la población. En la figura 15.4 se muestra la probabilidad de un error tipo I (α) y la probabilidad de un error tipo II (β). El complemento ($1 - \beta$) de la probabilidad de un error tipo II se conoce como *potencia de una prueba estadística*.

Potencia de una prueba. La **potencia de una prueba** es la probabilidad ($1 - \beta$) de rechazar una hipótesis nula que en realidad es falsa y que debe rechazarse. Aunque se desconoce β, ésta se relaciona con α. Un valor de α extremadamente pequeño (por ejemplo, 0.001) produce grandes errores β intolerables, por lo que es necesario equilibrar los dos tipos de errores. Como convención, a menudo se establece un nivel α de 0.05 y en ocasiones de 0.01; otros valores de α son raros. El nivel de α, junto con el tamaño de la muestra, determinan el nivel de β para un diseño de investigación en particular. El riesgo de α y β se puede controlar al incrementar el tamaño de la muestra. Para un nivel de α dado, el incremento del tamaño de la muestra disminuye β, aumentando así la potencia de la prueba.

Paso 4: reunir los datos y calcular el estadístico de prueba

El tamaño de la muestra se determina después de tomar en cuenta los errores α y β deseados, y otros aspectos cualitativos, como las limitaciones del presupuesto. Luego, se reúnen los datos requeridos y se calcula el valor del estadístico de prueba. En nuestro ejemplo se entrevistó a 30 usuarios y 17 indicaron que utilizan Internet para hacer compras. Así pues, el valor de la proporción muestral es $p = 17/30 = 0.567$.

Figura 15.4
Error tipo I (α) y error tipo II (β)

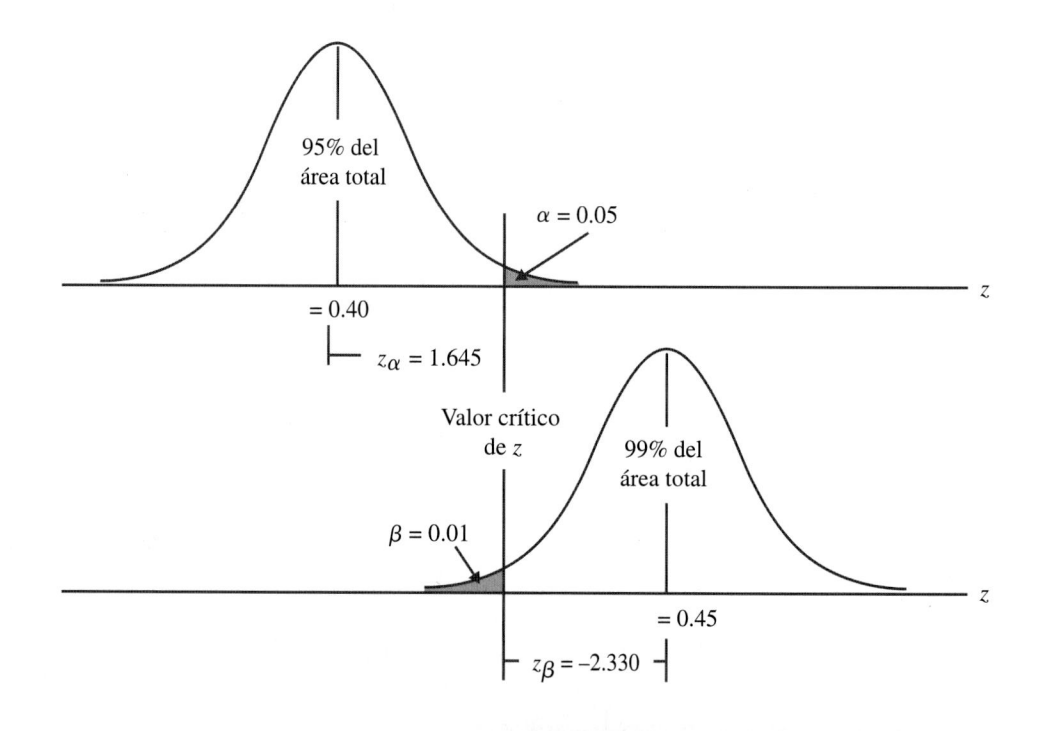

El valor de σ_p se determina de la siguiente manera:

$$\sigma_p = \sqrt{\frac{\pi(1-\pi)}{n}}$$

$$= \sqrt{\frac{(0.40)(0.60)}{30}}$$

$$= 0.089$$

El estadístico z de prueba se calcula de la siguiente forma:

$$z = \frac{p - \pi}{\sigma_p}$$

$$= \frac{0.567 - 0.40}{0.089}$$

$$= 1.88$$

Paso 5: determinar la probabilidad (valor crítico)

Con el uso de las tablas normales estándar (tabla 2 del apéndice estadístico), se calcula la probabilidad de obtener un valor z de 1.88 (véase la figura 15.5). El área sombreada entre $-\infty$ y 1.88 es 0.9699. Por lo tanto, el área a la derecha de $z = 1.88$ es $1.0000 - 0.9699 = 0.0301$. De manera alternativa, el valor crítico de z, que proporciona una área al lado derecho del valor crítico de 0.05, está entre 1.64 y 1.65, y es igual a 1.645. Observe que para determinar el valor crítico del estadístico de prueba, el área a la derecha del valor crítico es α o $\alpha/2$. Para la prueba de una cola se utiliza α, y para la de dos colas $\alpha/2$.

Pasos 6 y 7: comparar la probabilidad (valor crítico) y tomar la decisión

La probabilidad asociada con el valor calculado u observado del estadístico de prueba es 0.0301. Ésta es la probabilidad de obtener un valor p de 0.567 cuando $\pi = 0.40$, el cual es menor que el nivel de significancia de 0.05. Por lo tanto, se rechaza la hipótesis nula. De manera alternativa, el valor calculado del estadístico de prueba $z = 1.88$ se ubica en la región de rechazo, más allá del valor de 1.645. Nuevamente, se llega a la misma conclusión de rechazar la hipótesis nula. Observe que las dos formas de comprobar la hipótesis nula son equivalentes —aunque matemáticamente opuestas—, de acuerdo con la dirección de la comparación. Si la probabilidad asociada con el valor calculado u observado del estadístico de prueba (EP_{CAL}) es *menor que* el nivel de significancia (α), entonces se rechaza la hipótesis nula. No obstante, si el valor calculado del estadístico de prueba es *mayor que* el valor crítico del estadístico de prueba (EP_{CR}), entonces se rechaza la hipótesis nula. El cambio de signo se debe a que cuanto más grande sea el valor de EP_{CAL}, menor será la probabilidad de obtener un valor más extremo del estadístico de prueba con la hipótesis nula. Este cambio de signo se observa con facilidad:

Si la probabilidad de $EP_{CR} \infty$ nivel de significancia (α), entonces se rechaza H_0,

pero

si $EP_{CAL} > EP_{CR}$, entonces se rechaza H_0.

Figura 15.5
Probabilidad de z con una prueba de una cola

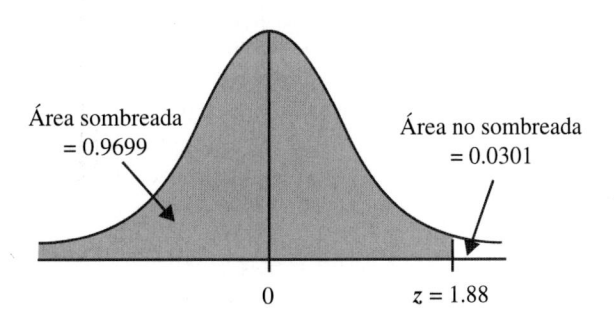

Área sombreada = 0.9699
Área no sombreada = 0.0301
$z = 1.88$

Figura 15.6
Clasificación general de las pruebas de hipótesis

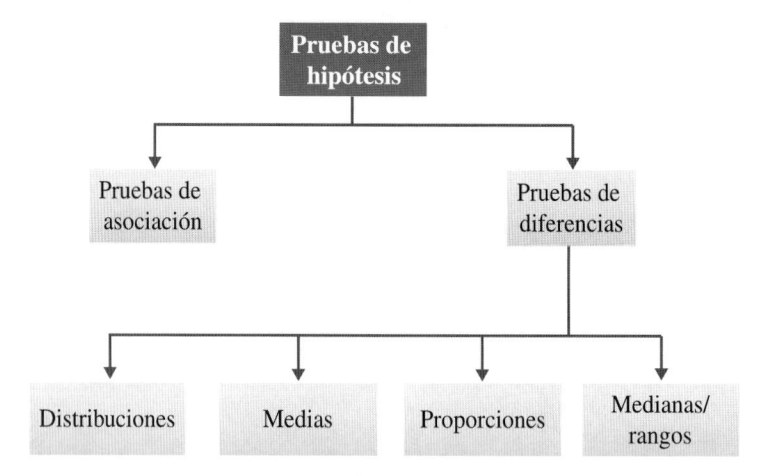

```
                    Pruebas de
                     hipótesis
                    /         \
          Pruebas de         Pruebas de
          asociación         diferencias
                            /    |    |    \
              Distribuciones  Medias  Proporciones  Medianas/
                                                     rangos
```

Paso 8: conclusión de la investigación de mercados

La conclusión a la que se llega con la prueba de hipótesis debe expresarse en términos del problema de investigación de mercados. En nuestro ejemplo, concluimos que existe evidencia de que la proporción de usuarios de Internet que compra a través de este medio es significativamente mayor que 0.40. Por lo tanto, le recomendaríamos a la tienda departamental que lance el nuevo servicio de compras por Internet.

Como observamos en la figura 15.6, la prueba de hipótesis puede relacionarse con el examen de las asociaciones o de las diferencias. En las pruebas de asociaciones, la hipótesis nula plantea que no hay una relación entre las variables (H_0: ... NO está relacionada con ...). En las pruebas de diferencias, la hipótesis nula afirma que no existen diferencias (H_0: ... NO difiere de ...). Las pruebas de diferencias se pueden relacionar con distribuciones, medias, proporciones, medianas o rangos. Primero analizaremos las hipótesis relacionadas con asociaciones en el contexto de las tabulaciones cruzadas.

TABULACIONES CRUZADAS

Aunque las respuestas a preguntas relacionadas con una sola variable son interesantes, a menudo suscitan otras preguntas sobre la relación entre esa variable y otras. Al introducir la distribución de frecuencias planteamos varias preguntas de investigación de mercados. Por cada una de ellas, el investigador podría plantear preguntas adicionales que relacionen estas variables con otras. Por ejemplo:

- ¿Cuántos usuarios leales a la marca son hombres?
- ¿El uso del producto (medido en términos de usuarios frecuentes, usuarios intermedios, usuarios esporádicos y no usuarios) se relaciona con el interés en actividades al aire libre (alto, medio y bajo)?
- ¿La familiaridad con un producto nuevo está relacionada con la edad y el nivel académico?
- ¿La propiedad de un producto está relacionada con el ingreso (alto, medio y bajo)?

Las respuestas a estas preguntas se obtienen estudiando las tabulaciones cruzadas. Mientras que una distribución de frecuencias describe una variable a la vez, una ***tabulación cruzada*** describe dos o más variables de forma simultánea. Una tabulación cruzada es la combinación de la distribución de frecuencias de dos o más variables en una sola tabla, y nos ayuda a entender la manera en que una variable, como la lealtad hacia la marca, se relaciona con otra variable, como el sexo. La tabulación cruzada produce tablas que reflejan la distribución conjunta de dos o más variables con un número limitado de categorías o valores distintos. Las categorías de una variable se cruzan con las categorías de otra u otras variables. Así, la distribución de frecuencias de una variable se subdivide de acuerdo con los valores o las categorías de las otras variables.

Suponga que estamos interesados en determinar si el uso de Internet está relacionado con el sexo. Para hacer la tabulación cruzada, se clasifica los participantes en usuarios esporádicos o frecuentes. Los individuos que reportan cinco horas o menos de uso se clasifican como usuarios esporádicos, y el resto como usuarios frecuentes. En la tabla 15.3 se muestra la tabulación cruzada. Una tabulación cruzada incluye una celda para cada combinación de las categorías de las dos variables.

---

tabulación cruzada
Técnica estadística que describe dos o más variables de manera simultánea, y que produce tablas que reflejan la distribución conjunta de dos o más variables con un número limitado de categorías o valores distintivos.

Archivo de resultados de SPSS

TABLA 15.3
Sexo y uso de Internet

USO DE INTERNET	SEXO HOMBRE	SEXO MUJER	TOTAL POR RENGLÓN
Esporádico (1)	5	10	15
Frecuente (2)	10	5	15
Total por columna	15	15	

El número en cada celda indica la cantidad de participantes que dio esa combinación de respuestas. En la tabla 15.3 diez participantes son mujeres que reportaron un uso esporádico de Internet. Los totales marginales de esta tabla indican que de los 30 participantes con respuestas válidas en ambas variables, 15 reportaron un uso esporádico y 15 un uso frecuente. En términos del sexo, 15 individuos son mujeres y 15 son hombres. Observe que esta información podría haberse obtenido de una distribución de frecuencias separada para cada variable. En general los márgenes de una tabulación cruzada muestran la misma información que las tablas de frecuencias de cada variable. A las tablas de tabulación cruzada también se les conoce como **tablas de contingencia**. Se considera que los datos incluidos son cualitativos o categóricos, ya que se asume que cada variable sólo tiene una escala nominal.[6]

tablas de contingencia
Tabla de tabulación cruzada que contiene una celda para cada combinación de categorías de las dos variables.

La tabulación cruzada se utiliza ampliamente en la investigación de mercados comercial, ya que **1.** el análisis y los resultados de una tabulación cruzada pueden interpretarse y comprenderse fácilmente por parte de gerentes sin conocimientos de estadística; **2.** la claridad de la interpretación ofrece un vínculo más fuerte entre los resultados de la investigación y las acciones gerenciales; **3.** una serie de tabulaciones cruzadas puede dar más información sobre un fenómeno complejo, que un solo análisis multivariado; **4.** la tabulación cruzada puede resolver el problema de celdas escasas, el cual sería grave en los análisis multivariados discretos; y **5.** el análisis de una tabulación cruzada es sencillo de hacer y atractivo para los investigadores menos expertos.[7]

Dos variables

La tabulación cruzada con dos variables también se conoce como tabulación cruzada bivariada. Considere nuevamente la clasificación cruzada del uso de Internet con el sexo en la tabla 15.3. ¿El uso está relacionado con el sexo? Según los datos de la tabla 15.3, parece que sí. Vemos que un número desproporcionadamente mayor de los participantes hombres son usuarios frecuentes de Internet, comparado con las mujeres. El cálculo de porcentajes ofrece mayor información.

Debido a que se cruzaron dos variables, los porcentajes se calculan por columnas, a partir de los totales de columna (véase la tabla 15.4); o por renglón, con base en los totales de renglón (véase la tabla 15.5). ¿Cuál de estas tablas es más útil?

TABLA 15.4
Sexo por uso de Internet

USO DE INTERNET	SEXO HOMBRE	SEXO MUJER
Esporádico	33.3%	66.7%
Frecuente	66.7%	33.3%
Total de columna	100.0%	100.0%

Archivo de resultados de SPSS

TABLA 15.5
Uso de Internet por sexo

SEXO	USO DE INTERNET ESPORÁDICO	USO DE INTERNET FRECUENTE	TOTAL
Hombre	33.3%	66.7%	100.0%
Mujer	66.7%	33.3%	100.0%

La respuesta depende de cuál variable se considerará la independiente y cuál la dependiente. La regla general consiste en calcular los porcentajes en dirección de la variable independiente por la variable dependiente. En nuestro análisis, el sexo puede considerarse la variable independiente y el uso de Internet la variable dependiente; en la tabla 15.4 se muestra la forma correcta del cálculo de los porcentajes. Observe que, mientras que el 66.7 por ciento de los hombres son usuarios frecuentes, sólo el 33.3 por ciento de las mujeres cae dentro de esta categoría. Esto parece indicar que los hombres tienen mayores posibilidades de ser usuarios frecuentes de Internet, en comparación con las mujeres.

Observe en la tabla 15.5 que, en este caso, los porcentajes calculados en la dirección de la variable dependiente por la variable independiente no tienen mucho sentido. La tabla 15.5 implica que el uso frecuente de Internet causa que las personas sean hombres, lo cual es inverosímil. Sin embargo, es posible que la asociación entre el uso de Internet y el sexo esté mediada por una tercera variable, como la edad o el ingreso. Este tipo de posibilidad indica la necesidad de examinar el efecto de una tercera variable.

Tres variables

Con frecuencia la introducción de una tercera variable aclara la asociación inicial (a la falta de ella) observada entre dos variables. Como se muestra la figura 15.7, la introducción de una tercera variable da como resultado cuatro posibilidades.

1. Puede refinar la asociación observada entre las dos variables originales.
2. Puede indicar que no hay una asociación entre las dos variables, aunque se haya observado una relación inicialmente. En otras palabras, la tercera variable indica que la asociación inicial entre las dos variables era espuria.
3. Puede revelar alguna asociación entre las dos variables, aunque al inicio no se haya observado ninguna. En este caso, la tercera variable revela una asociación oculta entre las primeras dos variables: un efecto supresor.
4. Es posible que no indique ningún cambio en la asociación inicial.[8]

Estos casos se explican con ejemplos basados en una muestra de 1,000 sujetos. Aunque estos ejemplos se inventaron para demostrar casos específicos, no son poco comunes en la investigación de mercados comercial.

Refinamiento de una relación inicial. Un examen de la relación entre la compra de ropa de moda y el estado civil aportó los datos de la tabla 15.6. Se clasificó a los sujetos en las categorías alta o baja con base en su compra de ropa de moda. El estado civil también se midió en términos de dos categorías: casados actualmente o no casados. En la tabla 15.6 vemos que el 52 por ciento de los sujetos no casados caen en la categoría de altas compras, a diferencia del 31 por ciento de los sujetos casados.

Figura 15.7
Introducción de una tercera variable en una tabulación cruzada

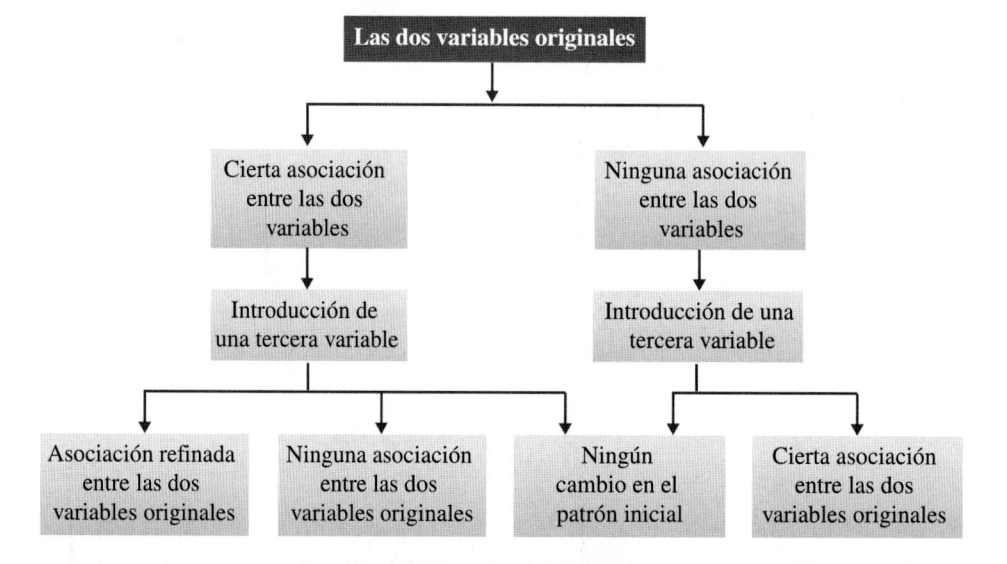

TABLA 15.6
Compra de ropa de moda por estado civil

COMPRA DE ROPA DE MODA	ESTADO CIVIL ACTUAL	
	CASADO	NO CASADO
Alta	31%	52%
Baja	69%	48%
Columna	100%	100%
Número de sujetos	700	300

TABLA 15.7
Compra de ropa de moda por estado civil y sexo

COMPRA DE ROPA DE MODA	SEXO			
	ESTADO CIVIL DE LOS HOMBRES		ESTADO CIVIL DE LAS MUJERES	
	CASADO	NO CASADO	CASADA	NO CASADA
Alta	35%	40%	25%	60%
Baja	65%	60%	75%	40%
Totales por columna	100%	100%	100%	100%
Número de casos	400	120	300	180

Antes de concluir que los sujetos no casados compran más ropa de moda que los que están casados, se introdujo una tercera variable en el análisis, el sexo del comprador.

Se eligió el sexo del comprador como tercera variable con base en investigaciones previas. La relación entre la compra de ropa de moda y el estado civil se reexaminó con respecto a una tercera variable, como se muestra en la tabla 15.7. En el caso de las mujeres, el 60 por ciento de las que no están casadas caen en la categoría de compras altas, a diferencia del 25 por ciento de las casadas. Por otro lado, los porcentajes son mucho más cercanos entre los hombres, ya que el 40 por ciento de los que no están casados y el 35 de los casados caen en la categoría de compras altas. Por consiguiente, la introducción del sexo (tercera variable) refinó la relación entre el estado civil y la compra de ropa de moda (variables originales). Los sujetos que no están casados tienen mayores posibilidades de caer en la categoría de compras altas que los casados, y este efecto es mucho más pronunciado en las mujeres que en los hombres.

La relación inicial era espuria. Un investigador que trabajaba para una agencia publicitaria, que estaba promoviendo una línea de automóviles de más de $30,000 dólares estaba tratando de explicar la propiedad de automóviles costosos (véase la tabla 15.8). La tabla muestra que el 32 por ciento de las personas con título universitario poseen un automóvil costoso, a diferencia del 21 por ciento de los individuos sin título universitario. El investigador se vio tentado a concluir que la formación académica influye en la propiedad de automóviles costosos. Al darse cuenta de que el ingreso también puede ser un factor importante, decidió reexaminar la relación entre el nivel académico y la propiedad de automóviles costosos a la luz del nivel de ingreso. Los resultados se muestran en la tabla 15.9. Observe que los porcentajes de las personas con y sin título universitario que poseen automóviles costosos son iguales en cada uno de los grupos de ingresos.

TABLA 15.8
Propiedad de automóviles costosos por nivel académico

PROPIETARIO DE AUTOMÓVIL COSTOSO	NIVEL ACADÉMICO	
	CON TÍTULO UNIVERSITARIO	SIN TÍTULO UNIVERSITARIO
Sí	32%	21%
No	68%	79%
Total por columna	100%	100%
Número de casos	250	750

TABLA 15.9
Propiedad de automóviles costosos por nivel académico y nivel de ingreso

	INGRESO			
	NIVEL ACADÉMICO CON INGRESO BAJO		NIVEL ACADÉMICO CON INGRESO ALTO	
PROPIEDAD DE AUTOMÓVIL COSTOSO	CON TÍTULO UNIVERSITARIO	SIN TÍTULO UNIVERSITARIO	CON TÍTULO UNIVERSITARIO	SIN TÍTULO UNIVERSITARIO
Sí	20%	20%	40%	40%
No	80%	80%	60%	60%
Totales por columna	100%	100%	100%	100%
Número de sujetos	100	700	150	50

Cuando se examinan de manera separada los datos del grupo de ingreso alto y del grupo de ingreso bajo, desaparece la relación entre el nivel académico y la propiedad de automóviles costosos, lo cual indica que la asociación inicial observada entre esas dos variables era espuria.

Revelación de asociación oculta. Un investigador creía que el deseo de viajar al extranjero podría verse influido por la edad. Sin embargo, una tabulación cruzada de las dos variables produjo los resultados de la tabla 15.10, que indican la ausencia de una relación. Cuando se introdujo el sexo como tercera variable, se obtuvieron los resultados de la tabla 15.11. Entre los hombres, el 60 por ciento de los menores de 45 años de edad indicaron el deseo de viajar al extranjero, comparado con el 40 por ciento de los individuos de 45 años de edad o mayores. El patrón de las mujeres fue el opuesto, ya que el 35 por ciento de las mujeres menores de 45 años edad indicaron el deseo de viajar al extranjero, a diferencia del 65 por ciento de las participantes de 45 años de edad o mayores. Debido a que la relación entre el deseo de viajar al extranjero y la edad corre en dirección opuesta en los hombres y en las mujeres, la asociación entre esas dos variables se enmascara cuando los datos se unen por el sexo, como se observa la tabla 15.10. Pero cuando el efecto del sexo se controla, como ocurre en la tabla 15.11, la asociación oculta entre el deseo de viajar al extranjero y la edad se revela en las categorías separadas de hombres y mujeres.

Ausencia de cambio en la relación inicial. En algunos casos, la introducción de la tercera variable no cambia la relación inicial observada, sin importar si las variables originales estaban asociadas. Esto sugiere que la tercera variable no afecta la relación entre las primeras dos variables.

TABLA 15.10
Deseo de viajar al extranjero según la edad

	EDAD	
DESEO DE VIAJAR AL EXTRANJERO	MENOS DE 45	45 O MÁS
Sí	50%	50%
No	50%	50%
Total por columna	100%	100%
Numero de sujetos	500	500

TABLA 15.11
Deseo de viajar al extranjero según la edad y el sexo

	SEXO			
DESEO DE VIAJAR AL EXTRANJERO	EDAD DE LOS HOMBRES		EDAD DE LAS MUJERES	
	<45	≥45	<45	≥45
Sí	60%	40%	35%	65%
No	40%	60%	65%	35%
Total por columna	100%	100%	100%	100%
Numero de casos	300	300	200	200

TABLA 15.12
Visita frecuente a restaurantes de comida rápida por tamaño de la familia

Come con frecuencia en restaurantes de comida rápida	Tamaño de la familia	
	Pequeño	Grande
Sí	65%	65%
No	35%	35%
Totales por columna	100%	100%
Número de casos	500	500

TABLA 15.13
Visita frecuente a restaurantes de comida rápida por tamaño de la familia e ingreso

	Ingreso			
	Ingreso bajo		Ingreso alto	
Come con frecuencia en restaurantes de comida rápida	Tamaño de la familia		Tamaño de la familia	
	Pequeño	Grande	Pequeño	Grande
Sí	65%	65%	65%	65%
No	35%	35%	35%	35%
Total por columna	100%	100%	100%	100%
Número de sujetos	250	250	250	250

Considere la tabulación cruzada del tamaño de la familia y la tendencia a comer con frecuencia en restaurantes de comida rápida, que se muestra la tabla 15.12. Se clasificó a los sujetos en categorías grande y pequeña del tamaño de la familia, con base en la separación de la distribución por la mediana, quedando 500 sujetos en cada categoría. No se observó ninguna asociación. Luego, se separó a los participantes en grupos de alto y bajo ingresos, con base en la mediana. Cuando se introdujo el ingreso como tercera variable en el análisis, se obtuvieron los resultados de la tabla 15.13, y tampoco se observó ninguna asociación.

Comentarios generales sobre la tabulación cruzada

Es posible hacer tabulaciones cruzadas de más de tres variables, aunque la interpretación sería bastante compleja. Además, debido a que el número de celdas aumenta multiplicativamente, mantener un número adecuado de sujetos o casos en cada celda puede ser problemático. Como regla general, debe haber por lo menos cinco observaciones esperadas en cada celda para calcular los estadísticos. De esta manera, la tabulación cruzada es una forma ineficiente de examinar relaciones en las que existen muchas variables. Observe que la tabulación cruzada muestra la asociación entre variables, pero no la causalidad. Para examinar la causalidad se debe adoptar un esquema de diseño de investigación causal (véase el capítulo 7).

ESTADÍSTICOS ASOCIADOS CON LA TABULACIÓN CRUZADA

Ahora analizaremos los estadísticos más utilizados para evaluar la significancia y fuerza estadística de la asociación de variables en tabulaciones cruzadas. La significancia estadística de la asociación observada generalmente se mide usando el estadístico chi cuadrada. La fuerza de la asociación o el grado de relación es importante desde una perspectiva práctica o sustantiva. Por lo general, la fuerza de la asociación sólo nos interesa si ésta es estadísticamente significativa. La fuerza de la asociación se puede medir mediante el coeficiente de correlación fi, el coeficiente de contingencia, la V de Cramer y el coeficiente lambda.

Chi cuadrada

estadístico chi cuadrada
Estadístico que se utiliza para probar la significancia estadística de la asociación observada en una tabulación cruzada. Nos ayuda a determinar si existe una relación sistemática entre las dos variables.

El estadístico ***chi cuadrada*** (X^2) se utiliza para probar la significancia estadística de la asociación observada en una tabulación cruzada. Nos ayuda a determinar si existe una relación sistemática entre las dos variables. La hipótesis nula, H_0, plantea que no hay una asociación entre las variables. La prueba se realiza al calcular las frecuencias de celda que se esperaría observar si no hubiera una asociación entre las variables, dados los totales por renglón y por columna. Estas frecuencias de celda esperadas, que se simbolizan f_e, luego se comparan con las frecuencias reales observadas, f_o, que aparecen en la tabulación cruzada para calcular el estadístico chi cuadrada. Cuanto mayores sean las discrepancias entre las frecuencias esperadas y las reales, mayor será el valor del estadístico. Suponga que la tabulación cruzada tiene r renglones y c columnas, y una muestra aleatoria de n observaciones. Luego, se puede calcular la frecuencia esperada de cada celda usando una fórmula sencilla:

$$f_e = \frac{n_r n_c}{n}$$

donde

n_r = número total en el renglón
n_c = número total en la columna
n = tamaño total de la muestra

Para los datos de la tabla 15.3, las frecuencias esperadas para la celdas, de izquierda a derecha y de arriba hacia abajo, son:

$$\frac{15 \times 15}{30} = 7.50 \qquad \frac{15 \times 15}{30} = 7.50$$

$$\frac{15 \times 15}{30} = 7.50 \qquad \frac{15 \times 15}{30} = 7.50$$

Archivo de resultados de SPSS

Luego, el valor se calcula de la siguiente manera:

$$\chi^2 = \sum_{\substack{\text{todas} \\ \text{las celdas}}} \frac{(f_o - f_e)^2}{f_e}$$

Para los datos de la tabla 15.3, el valor de se calcula como:

$$\chi^2 = \frac{(5 - 7.5)^2}{7.5} + \frac{(10 - 7.5)^2}{7.5} + \frac{(10 - 7.5)^2}{7.5} + \frac{(5 - 7.5)^2}{7.5}$$
$$= 0.833 + 0.833 + 0.833 + 0.833$$
$$= 3.333$$

Para determinar si existe una asociación sistemática, se estima la probabilidad de obtener un valor de chi cuadrada, tan grande o más grande que el calculado a partir de la tabulación cruzada. Una característica importante del estadístico chi cuadrada es el número de grados de libertad (gl) asociados a éste. En general, el número de grados de libertad es igual al número de observaciones menos el número de limitaciones necesarias para calcular un término estadístico. En el caso de un estadístico chi cuadrada asociado con una tabulación cruzada, el número de grados de libertad es igual al producto del número de renglones (r) menos uno, y el número de columnas (c) menos uno; es decir, gl = $(r - 1) \times (c - 1)$.[9] La hipótesis nula (H_0), de que no hay relación entre las dos variables, se rechaza únicamente cuando el valor calculado del estadístico de prueba es mayor que el valor crítico de la distribución chi cuadrada con el número apropiado de grados de libertad, tal como se muestra la figura 15.8.

distribución chi cuadrada
Distribución asimétrica cuya forma depende únicamente del número de grados de libertad. Conforme aumenta el número de grados de libertad, la distribución chi cuadrada se vuelve más simétrica.

La ***distribución chi cuadrada*** es una distribución asimétrica, cuya forma depende únicamente del número de grados de libertad.[10] Conforme el número de grados de libertad aumenta, la distribución chi cuadrada se vuelve más simétrica. La tabla 3 del apéndice estadístico contiene áreas de la cola superior de la distribución chi cuadrada, para distintos grados de libertad. En esta tabla, el valor que aparece en la parte superior de cada columna indica el área de la porción superior (el lado derecho, como se muestra en la figura 15.8) de la distribución chi cuadrada. Por ejemplo, para 1 grado de libertad, el valor de un área de la cola superior de 0.05 es 3.841.

Figura 15.8
Prueba chi cuadrada de asociación

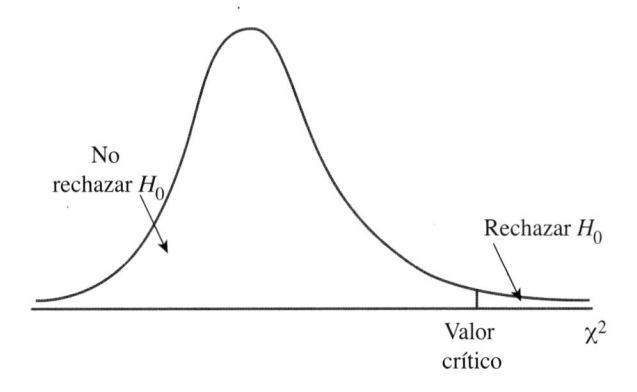

[Gráfica de distribución chi cuadrada mostrando región "No rechazar H_0" y región "Rechazar H_0" separadas por el Valor crítico en el eje χ^2]

Esto indica que para 1 grado de libertad, la probabilidad de exceder un valor de chi cuadrada de 3.841 es de 0.05. En otras palabras, a un nivel de significancia de 0.05, con 1 grado de libertad, el valor crítico del estadístico chi cuadrada es 3.841.

En la tabulación cruzada que aparece en la tabla 15.3, existe $(2-1) \times (2-1) = 1$ grado de libertad. El estadístico chi cuadrada calculado tuvo un valor de 3.333. Como esta cifra es menor que el valor crítico de 3.841, no puede rechazarse la hipótesis nula de no asociación, lo que indica que la relación no es estadísticamente significativa a un nivel de 0.05. Observe que la falta de significancia se debe principalmente al pequeño tamaño de la muestra (30). Si el tamaño de la muestra fuese de 300, y cada entrada de la tabla 15.3 se multiplicara por 10, entonces se vería que el valor del estadístico chi cuadrada se multiplicaría por 10 y sería 33.33, que sí es significativo al nivel de 0.05.

El estadístico chi cuadrada también se puede utilizar en la prueba de la bondad de ajuste, para determinar si ciertos modelos se ajustan a los datos observados. Estas pruebas se realizan al calcular la significancia de las desviaciones de la muestra a partir de distribuciones teóricas (esperadas), y se pueden aplicar tanto a tabulaciones cruzadas como a frecuencias (tabulaciones de un factor). El cálculo del estadístico chi cuadrada y la determinación de su significancia se hace de la misma forma que describimos anteriormente.

El estadístico chi cuadrada sólo debe calcularse en conteos de datos. Cuando los datos se presentan en forma de porcentaje, primero deben convertirse a conteos absolutos o números. Además, uno de los supuestos que subyace a la prueba de chi cuadrada es que las observaciones se obtienen de manera independiente. Como regla general, el análisis de chi cuadrada no debe realizarse cuando las frecuencias esperadas o teóricas en cualquier celda sean menores que cinco. Si el número de observaciones en cualquier celda es menor que 10, o si la tabla tiene dos renglones y dos columnas (una tabla 2×2), se debe aplicar un factor de corrección.[11] Con el factor de corrección el valor es 2.133, que no es significativo al nivel de 0.05. En el caso de una tabla 2×2, la chi cuadrada está relacionada con el coeficiente fi.

Coeficiente fi

coeficiente fi
Medida de la fuerza de la asociación en el caso especial de una tabla con dos renglones y dos columnas (una tabla 2×2).

El **coeficiente fi** (ϕ) se utiliza como una medida de la fuerza de la asociación en el caso especial de una tabla con dos renglones y dos columnas (una tabla 2×2). El coeficiente fi es proporcional a la raíz cuadrada del estadístico chi cuadrada. Para una muestra de tamaño n, este estadístico se calcula de la siguiente manera:

$$\phi = \sqrt{\frac{\chi^2}{n}}$$

El estadístico toma un valor de 0 cuando no haya asociación, lo que también indicaría una chi cuadrada de 0. Cuando las variables están perfectamente relacionadas, fi toma un valor de 1 y todas las observaciones caen justo en la diagonal principal o secundaria (en algunos programas de cómputo fi toma un valor de -1 en vez de 1 cuando existe una asociación negativa perfecta). En nuestro caso, debido a que la asociación no fue significativa al nivel de 0.05, normalmente no calcularíamos el valor de fi. Sin embargo, para ejemplificar, mostramos cómo se calcularían los valores de fi y de otras medidas de la fuerza de la asociación. El valor de fi es:

$$\phi = \sqrt{\frac{3.333}{30}}$$
$$= 0.333$$

Archivo de resultados de SPSS

Así pues, la asociación no es muy fuerte. En el caso más general de una tabla de cualquier tamaño, la fuerza de la asociación se puede evaluar usando el coeficiente de contingencia.

Coeficiente de contingencia

coeficiente de contingencia (C)
Medida de la fuerza de la asociación en una tabla de cualquier tamaño.

En tanto que el coeficiente fi es específico para una tabla de 2 × 2, el **coeficiente de contingencia** (*C*) se utiliza para evaluar la fuerza de la asociación en una tabla de cualquier tamaño. Este índice también está relacionado con chi cuadrada de la siguiente forma:

$$C = \sqrt{\frac{\chi^2}{\chi^2 + n}}$$

El coeficiente de contingencia varía entre 0 y 1. El valor 0 ocurre cuando no hay una asociación (es decir, cuando las variables son estadísticamente independientes); pero nunca se alcanza el valor máximo de 1. El valor máximo del coeficiente de contingencia, en cambio, depende del tamaño de la tabla (del número de renglones y de columnas). Por esta razón, sólo debe emplearse para comparar tablas del mismo tamaño. El valor del coeficiente de contingencia para la tabla 15.3 es:

$$C = \sqrt{\frac{3.333}{3.333 + 30}}$$
$$= 0.316$$

Este valor de *C* indica que la asociación no es muy fuerte. Otro estadístico que se puede calcular para cualquier tabla es la *V* de Cramer.

V de Cramer

V de Cramer
Medida de la fuerza de la asociación que se utiliza en tablas más grandes que 2 × 2.

La **V de Cramer** es una versión modificada del coeficiente de correlación fi, ϕ, y se utiliza en tablas más grandes que las de 2 × 2. Cuando se calcula fi para una tabla más grande que 2 × 2, no tiene un límite superior. La *V* de Cramer se obtiene al ajustar fi al número de renglones o al número de columnas de la tabla, dependiendo de cuál de los dos sea más pequeño. El ajuste es tal que *V* va del 0 al 1. Un valor grande de *V* sólo indica un alto grado de asociación, y no la forma en que las variables están relacionadas. Para una tabla con *r* renglones y *c* columnas, la relación entre la *V* de Cramer y el coeficiente de correlación fi se expresa de la siguiente manera:

$$V = \sqrt{\frac{\phi^2}{\min(r-1),(c-1)}}$$

o

$$V = \sqrt{\frac{\chi^2/n}{\min(r-1),(c-1)}}$$

El valor de la *V* de Cramer para la tabla 15.3 es:

$$V = \sqrt{\frac{3.333/30}{1}}$$
$$= 0.333$$

Por lo tanto, la asociación no es muy fuerte. Como observamos, en este caso $V = \phi$. Esto ocurre siempre con una tabla de 2 × 2. Otro estadístico que se calcula comúnmente es el coeficiente lambda.

Coeficiente lambda

lambda asimétrica
Medida del porcentaje de mejoría para pronosticar el valor de la variable dependiente, dado el valor de la variable independiente en el análisis de la tabla de contingencia. Lambda varía entre 0 y 1.

Con el coeficiente lambda se supone que las variables se miden en una escala nominal. La **lambda asimétrica** mide el porcentaje de mejoría para pronosticar el valor de la variable dependiente, dado el valor de la variable independiente. Lambda también varía entre 0 y 1. Un valor de 0 significa que no mejora el pronóstico; un valor de 1 indica que la predicción puede hacerse sin error. Esto sucede cuando cada categoría de la variable independiente está asociada con una sola categoría de la variable dependiente.

CAPÍTULO 15 *Distribución de frecuencias, tabulación cruzada y prueba de hipótesis*

> **lambda simétrica**
> Medida que no hace ninguna suposición sobre cuál variable es la dependiente. Mide la mejoría general cuando se hace una predicción en las dos direcciones.

La lambda asimétrica se calcula para cada una de las variables (tratada como la variable dependiente). En general, las dos lambdas asimétricas tienden a ser diferentes, porque las distribuciones marginales generalmente no son iguales. También se calcula una **lambda simétrica**, que es un tipo de promedio de los dos valores asimétricos. La lambda simétrica no hace ninguna suposición sobre cuál variable es la dependiente, sino que mide la mejoría general cuando el pronóstico se hace en las dos direcciones.[12] El valor de lambda asimétrica en la tabla 15.3, usada como la variable dependiente, es 0.333. Esto indica que el hecho de conocer el sexo del individuo incrementa nuestra posibilidad de predicción en una proporción de 0.333, es decir, hay una mejoría del 33.3 por ciento. El valor de lambda simétrica también es 0.333.

Otros estadísticos

> **tau b**
> Estadístico de prueba que mide la asociación entre dos variables de nivel ordinal. Esta medida hace un ajuste para los empates y es más apropiada cuando la tabla de variables es cuadrada.

> **tau c**
> Estadístico de prueba que mide la asociación entre dos variables de nivel ordinal. Esta medida hace un ajuste para los empates y es más apropiada cuando la tabla de variables no es cuadrada sino rectangular.

> **gamma**
> Estadístico de prueba que mide la asociación entre dos variables de nivel ordinal. Esta medida no hace un ajuste para los empates.

Observe que en el cálculo del estadístico chi cuadrada se asume que las variables sólo pueden medirse en una escala nominal. Existen otros estadísticos, como tau b, tau c y gamma, para medir la asociación entre dos variables de nivel ordinal. Todos estos estadísticos utilizan información sobre el orden de las categorías de variables, al tomar en cuenta cualquier par de casos posible en la tabla. Se examina cada par para determinar si su orden relativo en la primera variable es igual a su orden relativo en la segunda variable (si es concordante), si el orden está invertido (si es discordante), o si el par está empatado. La principal diferencia entre estos estadísticos es la forma en que se manejan los empates. Tanto tau b como tau c hacen ajustes para los empates. El estadístico **tau b** es el más adecuado para tablas cuadradas, en las que son iguales el número de renglones y el número de columnas. Su valor oscila entre $+1$ y -1. De esta manera se determinan la dirección (positiva o negativa) y la fuerza (cuánto se acerca el valor a 1) de la relación. En el caso de una tabla rectangular donde el número de renglones es diferente del número de columnas, se debe utilizar **tau c**. El estadístico **gamma** no hace ajustes para los empates ni para el tamaño de la tabla. Gamma también va de $+1$ a -1 y generalmente tiene un valor numérico más grande que tau b o tau c. Para los datos de la tabla 15.3, debido a que el sexo no es una variable nominal, no es apropiado calcular estadísticos ordinales. Todos estos estadísticos se pueden estimar utilizando los programas de cómputo adecuados para la tabulación cruzada. Otros estadísticos que miden la fuerza de la asociación, especialmente la correlación producto momento y la correlación no métrica, se estudian en el capítulo 17.

LA TABULACIÓN CRUZADA EN LA PRÁCTICA

Al llevar a cabo un análisis de tabulación cruzada, es útil seguir estos pasos.

1. Poner a prueba la hipótesis nula de que no existe una asociación entre las variables por medio del estadístico chi cuadrada. Si no se rechaza la hipótesis nula, entonces no existe relación alguna.
2. Si se rechaza H_0, entonces se debe determinar la fuerza de la asociación utilizando un estadístico apropiado (coeficiente fi, coeficiente de contingencia, V de Cramer, coeficiente lambda u otro estadístico).
3. Si se rechaza H_0, se debe interpretar el patrón de la relación calculando los porcentajes en la dirección de la variable independiente, por la variable dependiente.
4. Si se trata a las variables como ordinales más que como nominales, se utiliza tau b, tau c o gamma como estadístico de prueba. Si se rechaza H_0, entonces se determina la fuerza de la asociación utilizando la magnitud y la dirección de la relación con el signo del estadístico de prueba.
5. Traducir los resultados de la prueba de hipótesis, la fuerza de la asociación y el patrón de la asociación, a implicaciones y recomendaciones para la gerencia cuando sea conveniente.

INVESTIGACIÓN ACTIVA

Visite *www.loreal.com* y realice una búsqueda en Internet y en la base en línea de su biblioteca, para obtener información sobre los usuarios frecuentes, los usuarios esporádicos y los no usuarios de cosméticos.

¿De qué manera analizaría los datos para determinar si los usuarios frecuentes, esporádicos y los no usuarios difieren en términos de sus características demográficas?

Como director de marketing de L'Oreal, ¿qué estrategias de marketing adoptaría usted para dirigirse a los usuarios frecuentes, a los esporádicos y a los no usuarios de cosméticos?

PRUEBA DE HIPÓTESIS DE DIFERENCIAS

En la sección anterior estudiamos las pruebas de hipótesis que están relacionadas con asociaciones. Ahora nos enfocaremos en las hipótesis relacionadas con diferencias. En la figura 15.9 se muestra una clasificación de procedimientos de comprobación de hipótesis sobre diferencias. Observe que la figura 15.9 concuerda con la clasificación de técnicas univariadas que aparece en la figura 14.6. La principal diferencia es que la figura 14.6 también incluye más de dos muestras y, por lo tanto, se refiere a técnicas como el ANOVA de un factor y el ANOVA K-W (véase el capítulo 14); mientras que la figura 15.9 se limita a no más de dos muestras. Asimismo, en la figura 15.9 no se incluyen técnicas de una muestra como las frecuencias, que no implican una prueba estadística. Los procedimientos de prueba de hipótesis se pueden clasificar de manera general como paramétricos y no paramétricos, con base en la escala de medición de las variables que intervienen. Las *pruebas paramétricas* asumen que las variables de interés se miden por lo menos en una escala de intervalo. Las *pruebas no paramétricas* asumen que las variables se miden en una escala nominal u ordinal. Estas pruebas, a la vez, se pueden clasificar de acuerdo a si incluyen una, dos o más muestras. Como se explicó en el capítulo 14, el número de muestras se determina dependiendo de la forma en que los datos se manejan para el análisis y no en la forma en que se recolectaron los datos. Las muestras son *independientes* si se obtienen aleatoriamente de diferentes poblaciones. Para el análisis, los datos que pertenecen a dos grupos diferentes de sujetos, por ejemplo hombres y mujeres, generalmente se tratan como muestras independientes. Por otro lado, las muestras son *pareadas* cuando los datos de las dos muestras se relacionan al mismo grupo de sujetos.

La prueba paramétrica más popular es la prueba *t*, que se utiliza para examinar hipótesis sobre medias. La prueba *t* se puede aplicar a la media de una muestra o de dos muestras de observaciones. En el caso de dos muestras, éstas pueden ser independientes o pareadas. La prueba *z* también puede utilizarse para una o dos muestras independientes. Las pruebas no paramétricas basadas en observaciones obtenidas de una muestra abarcan la prueba Kolmogorov-Smirnov, la prueba chi cuadrada, la prueba de rachas y la prueba binomial. En el caso de dos muestras independientes, la prueba *U* de Mann-Whitney, la prueba de la mediana y la prueba Kolmogorov-Smirnov de dos muestras se utilizan para probar hipótesis sobre localización. Estas pruebas son las contrapartes no paramétricas de la prueba *t* de dos grupos. La prueba chi cuadrada se puede utilizar para examinar diferencias en proporciones. Las pruebas no paramétricas para muestras pareadas incluyen la prueba de rangos con signo de Wilcoxon para muestras pareadas y la prueba del signo. Estas pruebas son la contraparte de la prueba *t* para muestras pareadas. De manera alternativa, la prueba chi cuadrada se puede utilizar con variables binarias. También existen pruebas paramétricas y no paramétricas

pruebas paramétricas
Procedimientos de prueba de hipótesis que asumen que las variables de interés se miden por lo menos a una escala de intervalo.

pruebas no paramétricas
Procedimientos de prueba de hipótesis que asumen que las variables se miden en una escala nominal u ordinal.

Figura 15.9
Pruebas de hipótesis relacionadas con diferencias

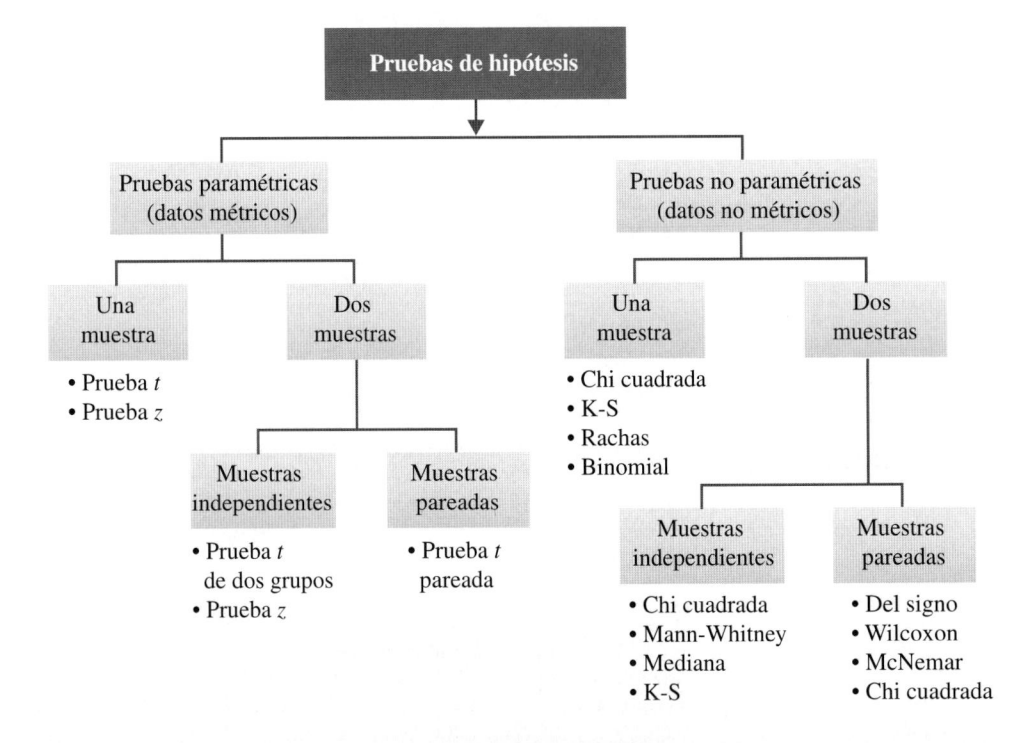

```
                        Pruebas de hipótesis
                                │
              ┌─────────────────┴─────────────────┐
    Pruebas paramétricas              Pruebas no paramétricas
     (datos métricos)                    (datos no métricos)
            │                                    │
      ┌─────┴─────┐                        ┌─────┴─────┐
     Una         Dos                      Una         Dos
   muestra     muestras                 muestra     muestras
      │           │                        │           │
  • Prueba t      │                  • Chi cuadrada    │
  • Prueba z      │                  • K-S             │
              ┌───┴───┐              • Rachas      ┌───┴───┐
          Muestras  Muestras         • Binomial  Muestras  Muestras
       independientes pareadas                 independientes pareadas

        • Prueba t    • Prueba t              • Chi cuadrada   • Del signo
          de dos grupos  pareada              • Mann-Whitney   • Wilcoxon
        • Prueba z                            • Mediana        • McNemar
                                              • K-S            • Chi cuadrada
```

CAPÍTULO 15 *Distribución de frecuencias, tabulación cruzada y prueba de hipótesis*   479

para evaluar hipótesis relacionadas con más de dos muestras, las cuales se describen en capítulos posteriores.

PRUEBAS PARAMÉTRICAS

prueba t
Prueba de hipótesis univariada que utiliza la distribución *t*, la cual se emplea cuando se desconoce la desviación estándar y el tamaño de la muestra es pequeño.

Las pruebas paramétricas dan inferencias para hacer afirmaciones sobre las medias de poblaciones originales. La ***prueba t*** generalmente se utiliza para este propósito, y se basa en el estadístico *t* de Student. El ***estadístico t*** supone que la variable se distribuye normalmente y que se conoce la media (o asume que se conoce), y la varianza de la población se estima a partir de la muestra. Supongamos que la variable X se distribuye normalmente, con una media μ y una varianza poblacional σ^2 desconocida, que se estima por medio de la varianza muestral s^2. Recuerde que la desviación estándar de la media de la muestra, $\bar{X}$, se calcula como $s_{\bar{X}} = s/\sqrt{n}$. Entonces $t = (\bar{X} - \mu)/s_{\bar{X}}$ es la *t* distribuida con $n - 1$ grados de libertad.

estadístico t
Estadístico que asume que la variable tiene una distribución simétrica en forma de campana, de la que se conoce la media (o se asume que se conoce), y la varianza de la población se estima a partir de la muestra.

La ***distribución t*** tiene una apariencia similar a la distribución normal, ya que ambas son simétricas y tienen forma de campana. Sin embargo, a diferencia de la distribución normal, la distribución *t* tiene un área mayor en las colas y menor en el centro. Esto se debe a que se desconoce la varianza poblacional σ^2, ya que ésta se estima por medio de la varianza de la muestra s^2. Dado que no se conoce el valor de s^2, los valores observados de *t* son más variables que los de *z*. Así pues, debemos abarcar un mayor número de desviaciones estándar a partir de 0, para incluir cierto porcentaje de valores de la distribución *t*, que con la distribución normal. Sin embargo, a medida que aumenta el número de grados de libertad, la distribución *t* se aproxima a la distribución normal. De hecho, en muestras grandes de 120 o más, la distribución *t* y la distribución normal son prácticamente indistinguibles. La tabla 4 del apéndice estadístico muestra percentiles seleccionados de la distribución *t*. Aunque se asume una normalidad, la prueba *t* es bastante sólida para alejarse de la normalidad.

distribución t
Distribución simétrica en forma de campana que sirve para hacer pruebas en muestras pequeñas ($n < 30$).

El procedimiento para la comprobación de hipótesis en el caso especial en que se aplica el estadístico *t*, es el siguiente.

1. Formular las hipótesis nula (H_0) y alternativa (H_1).
2. Elegir la fórmula apropiada para el estadístico *t*.
3. Elegir un nivel de significancia, α, para poner a prueba H_0. Generalmente se selecciona un nivel de 0.05.[13]
4. Tomar una o dos muestras, y calcular la media y la desviación estándar de cada una.
5. Calcular el estadístico *t* asumiendo que H_0 es verdadera.
6. Calcular los grados de libertad y estimar la probabilidad de obtener un valor más extremo del estadístico en la tabla 4 (de manera alternativa, calcular el valor crítico del estadístico *t*).
7. Si la probabilidad calculada en el paso 6 es menor que el nivel de significancia elegido en el paso 3, se rechaza H_0. Si la probabilidad es mayor, no se rechaza H_0. (De manera alternativa, si el valor del estadístico *t* calculado en el paso 5 es mayor que el valor crítico determinado en el paso 6, se rechaza H_0. Si el valor calculado es menor que el valor crítico, no se rechaza H_0). El no rechazo de H_0 no necesariamente implica que H_0 sea verdadera; únicamente significa que la aseveración de verdad no difiere de manera significativa de la que se asume por medio de H_0.[14]
8. Expresar la conclusión a la que se llegó por medio de la prueba *t*, en términos del problema de investigación de mercados.

Una muestra

En la investigación de mercados, con frecuencia el investigador se interesa en hacer aseveraciones sobre una sola variable con respecto a un estándar conocido o dado. Algunos ejemplos de este tipo de aseveraciones son: la participación de mercado de un producto excederá el 15 por ciento; por lo menos al 65 por ciento de los clientes les gustará el diseño de un nuevo empaque; el 80 por ciento de los distribuidores preferirá la nueva política de precios. Estos enunciados se pueden traducir en hipótesis nulas que pueden comprobarse a través de una prueba de una muestra, como la prueba *t* o la prueba *z*. En el caso de una prueba *t* para una sola media, el investigador está interesado en comprobar si la media de la población coincide con una hipótesis (H_0) dada. Para los datos de la tabla 15.1, suponga que se desea poner a prueba la hipótesis de que la media de la puntuación de

Archivo de resultados de SPSS

familiaridad es mayor que 4.0, el valor neutral en una escala de 7 puntos. Se selecciona un nivel de significancia $\alpha = 0.05$. Las hipótesis se formula de la siguiente manera:

$$H_0: \mu \leq 4.0$$
$$H_1: \mu \geq 4.0$$
$$t = \frac{(\overline{X} - \mu)}{s_{\overline{X}}}$$
$$s_{\overline{X}} = \frac{s}{\sqrt{n}}$$
$$s_{\overline{X}} = 1.579/\sqrt{29} = 1.579/5.385 = 0.293$$
$$t = (4.724 - 4.0)/0.293 = 0.724/0.293 = 2.471$$

Los grados de libertad del estadístico t para probar la hipótesis sobre una media son $n - 1$. En este caso, $n - 1 = 29 - 1$ o 28. En la tabla 4 del apéndice estadístico vemos que la probabilidad de obtener un valor más extremo que 2.471 es menor que 0.05 (como alternativa, el valor t crítico para 28 grados de libertad y un nivel de significancia de 0.05 es 1.7011, que es menor que el valor calculado). Por lo tanto, se rechaza la hipótesis nula. El nivel de la familiaridad no es mayor que 4.0.

Observe que si asumiéramos que la desviación estándar de la población es 1.5, en vez del estimado a partir de la muestra, hubiera sido más apropiado utilizar una **prueba z**. En este caso, el valor del estadístico z sería:

$$z = (\overline{X} - \mu)/\sigma_{\overline{X}}$$

donde

$$\sigma_{\overline{X}} = 1.5/\sqrt{29} = 1.5/5.385 = 0.279$$

y

$$z = (4.724 - 4.0)/0.279 = 0.724/0.279 = 2.595$$

prueba z
Prueba de hipótesis univariada que utiliza la distribución normal estándar.

Al revisar la tabla 2 del apéndice estadístico, vemos que la probabilidad de obtener un valor z más extremo que 2.595 es menor que 0.05. (De manera alternativa, el valor z crítico para una prueba de una cola y un nivel de significancia de 0.05 es 1.645, que es menor que el valor calculado). Por lo tanto, se rechaza la hipótesis nula y se llega a la misma conclusión que con la prueba t.

El procedimiento para poner a prueba la hipótesis nula con respecto a una proporción se ejemplificó antes en este capítulo, cuando se introdujo el tema de la prueba de hipótesis.

Dos muestras independientes

Muchas hipótesis de marketing se relacionan con parámetros de dos poblaciones diferentes; por ejemplo, los usuarios y no usuarios de una marca difieren en términos de la manera en que la perciben, los consumidores con un ingreso alto gastan más en entretenimiento que los consumidores con un ingreso bajo, o la proporción de usuarios leales a la marca en el segmento I es mayor que la proporción en el segmento II. Las muestras que se obtienen aleatoriamente de diferentes poblaciones se denominan **muestras independientes**. Como sucede con los casos de una muestra, las hipótesis pueden estar relacionadas con medias o proporciones.

muestras independientes
Dos muestras que no están relacionadas experimentalmente. La medición de una muestra no tiene efecto sobre los valores de la segunda muestra.

Medias. Cuando se trata de las medias de dos muestras independientes, las hipótesis adoptan la forma siguiente.

$$H_0: \mu_1 = \mu_2$$
$$H_1: \mu_1 \neq \mu_2$$

Se obtienen muestras de dos poblaciones, y se calculan las medias y las varianzas con base en el tamaño de las muestras n_1 y n_2. Si se descubre que ambas poblaciones tienen la misma varianza, entonces se estima una varianza conjunta a partir de las varianza de las dos muestras, de la siguiente manera:

$$s^2 = \frac{\sum_{i=1}^{n_1}(X_{i1} - \overline{X}_1)^2 + \sum_{i=1}^{n_2}(X_{i2} - \overline{X}_2)^2}{n_1 + n_2 - 2}$$

CAPÍTULO 15 *Distribución de frecuencias, tabulación cruzada y prueba de hipótesis* 481

o

$$s^2 = \frac{(n_1 - 1)s_1^2 + (n_2 - 1)s_2^2}{n_1 + n_2 - 2}$$

La desviación estándar del estadístico de prueba se estima como:

$$s_{\overline{X}_1 - \overline{X}_2} = \sqrt{s^2 \left(\frac{1}{n_1} + \frac{1}{n_2} \right)}$$

El valor adecuado de *t* se calcula como:

$$t = \frac{(\overline{X}_1 - \overline{X}_2) - (\mu_1 - \mu_2)}{s_{\overline{X}_1 - \overline{X}_2}}$$

Los grados de libertad en este caso son $(n_1 + n_2 - 2)$.

Si las dos poblaciones tienen varianza diferentes, no se puede calcular una *t* exacta para la diferencia de las medias de las muestras. En cambio, se calcula una *t* aproximada. El número de grados de libertad en este caso no suele ser un entero, pero se puede obtener una probabilidad razonablemente exacta al redondear hacia el entero más cercano.[15]

Es posible hacer una **prueba F** de la varianza de la muestra cuando no se sabe si las dos poblaciones tienen la misma varianza. En este caso las hipótesis son:

$$H_0: \sigma_1^2 = \sigma_2^2$$
$$H_1: \sigma_1^2 \neq \sigma_2^2$$

prueba F
Prueba estadística sobre la igualdad de las varianzas de dos poblaciones.

estadístico F
El estadístico *F* se calcula como el cociente de las varianzas de las dos muestras.

Se calcula el **estadístico F** a partir de las varianzas muestrales de la siguiente manera:

donde
$$F_{(n_1-1),\,(n_2-1)} = \frac{s_1^2}{s_2^2}$$

n_1 = tamaño de la muestra 1
n_2 = tamaño de la muestra 2
$n_1 - 1$ = grados de libertad de la muestra 1
$n_2 - 1$ = grados de libertad de la muestra 2
s_1^2 = varianza muestral de la muestra 1
s_2^2 = varianza muestral de la muestra 2

distribución F
Distribución de frecuencias que depende de dos conjuntos de grados de libertad: los grados de libertad del numerador y los grados de libertad del denominador.

Como se observa, el valor crítico de la **distribución F** depende de dos conjuntos de grados de libertad: los del numerador y los del denominador. Los valores críticos de *F*, para diversos grados de libertad del numerador y del denominador, se presentan en la tabla 5 del apéndice estadístico. Si la probabilidad de *F* es mayor que el nivel de significancia α, entonces no se rechaza H_0, y se puede utilizar una *t* basada en el estimado de la varianza conjunta. Por otro lado, si la probabilidad de *F* es menor o igual que α, entonces se rechaza H_0 y se utiliza una *t* basada en un estimado de la varianza separada.

Con los datos de la tabla 15.1, suponga que deseamos determinar si el uso de Internet fue diferente en los hombres y en las mujeres. Se realizó una prueba *t* de dos muestras independientes y los resultados aparecen en la tabla 15.14. Observe que la prueba *F* de las varianzas muestrales tiene una probabilidad menor que 0.05. En consecuencia, se rechaza H_0 y se debe utilizar la prueba *t* basada en la "premisa de que las varianzas no son iguales". El valor *t* es −4.492 y, con 18.014 grados de libertad, obtenemos una probabilidad de 0.000, que es menor que el nivel de significancia de 0.05. Por lo tanto, se rechaza la hipótesis nula que establece la igualdad de medias. Debido a que el uso promedio de los hombres (sexo = 1) es 9.333 y el de las mujeres (sexo = 2) es 3.867, los hombres utilizan Internet en un grado significativamente mayor que las mujeres. También mostramos la prueba *t* cuando se asumen varianzas iguales, debido a que la mayoría de los programas de cómputo calculan automáticamente la prueba *t* de ambas formas. Si en vez de tener una muestra pequeña de 30 tuviéramos una muestra grande y representativa, los resultados tendrían profundas implicaciones para los proveedores de servicios de Internet como AOL, EarthLink y las diversas empresas telefónicas (por ejemplo, Verizon) y de televisión por cable (por ejemplo, Comcast). Al dirigirse a los usuarios frecuentes de Internet, estas empresas deberían enfocarse en los hombres. De esta

Archivo de resultados de SPSS

TABLA 15.14
Prueba t de dos muestras independientes

RESUMEN ESTADÍSTICO

	Número de casos	Media	Media del error estándar
Hombre	15	9.333	1.137
Mujer	15	3.867	0.435

PRUEBA F PARA VARIANZAS IGUALES

F valor	Probabilidad de dos colas
15.507	0.000

PRUEBA T

Suposición de varianzas iguales			Sin suposición de varianzas iguales		
Valor T	Grados de libertad	Probabilidad de dos colas	Valor T	Grados de libertad	Probabilidad de dos colas
−4.492	28	0.000	−4.492	18.014	0.000

manera, se deberían invertir más recursos publicitarios en revistas leídas por hombres, que en las revistas dirigidas a mujeres.

INVESTIGACIÓN REAL

Las tiendas buscan ajustar a los adultos mayores a una "t"

Un estudio, basado en una muestra nacional de 789 sujetos de 65 años de edad y mayores, buscaba determinar el efecto que tiene la falta de movilidad sobre la conducta de la clientela. Una importante pregunta de investigación se refiere a las diferencias en los requisitos físicos de los adultos mayores dependientes y autosuficientes; es decir, ¿los dos grupos requerirían distintas cosas para llegar a la tienda o para después de haber llegado a ella? Un análisis más detallado de los requisitos físicos, realizado por medio de pruebas *t* de dos muestras independientes (que se presentan en la tabla adjunta) indicó que los adultos mayores dependientes son más proclives a buscar tiendas que ofrezcan entrega a domicilio y pedidos por teléfono, así como tiendas que tengan algún transporte accesible. También son más propensos a buscar una variedad de tiendas ubicadas de manera cercana. Hoy más que nunca, los vendedores al detalle están descubriendo el potencial de ventas en el mercado de las personas mayores. Dado a que se aproxima la jubilación de la generación de los baby boomers en 2008, tiendas como Wal-Mart ven "el betún sobre el pastel". Los compradores adultos mayores son más proclives a gastar más dinero y a convertirse en clientes de una tienda. Sin embargo, para atraerlos las tiendas deben ofrecer entregas a domicilio y pedidos por teléfono, además de conseguir un transporte accesible.[16]

Diferencias de requisitos físicos entre adultos mayores dependientes y autosuficientes

	Media[a]		
Requisitos físicos	*Autosuficientes*	*Dependientes*	*Probabilidad de la prueba t*
Entrega a domicilio	1.787	2.000	0.023
Pedidos por teléfono	2.030	2.335	0.003
Transporte a la tienda	2.188	3.098	0.000
Estacionamiento cómodo	4.001	4.095	0.305
Ubicación cerca de su casa	3.177	3.325	0.137
Variedad de tiendas juntas	3.456	3.681	0.023

[a]Medida en una escala de 5 puntos que va de sin importancia (1) a muy importante (5).

En este ejemplo probamos la diferencia entre medias. Existe una prueba similar para probar la diferencia entre proporciones para dos muestras independientes.

Proporciones. El caso de proporciones para dos muestras independientes, también se ejemplifica con los datos de la tabla 15.1, que indica el número de hombres y mujeres que utilizan Internet

CAPÍTULO 15 *Distribución de frecuencias, tabulación cruzada y prueba de hipótesis* **483**

para hacer compras. ¿Es igual la proporción de hombres y mujeres que utilizan Internet para hacer compras? Las hipótesis nula y alternativa son:

$$H_0: \pi_1 = \pi_2$$
$$H_1: \pi_1 \neq \pi_2$$

Se utiliza la prueba z para probar la proporción en una muestra. Sin embargo, en este caso el estadístico de prueba está dado por:

$$z = \frac{P_1 - P_2}{s_{P_1 - P_2}}$$

En el estadístico de prueba, el numerador es la diferencia entre las proporciones de las dos muestras, P_1 y P_2. El denominador es el error estándar de la diferencia de las dos proporciones, y está dado por

$$s_{P_1 - P_2} = \sqrt{P(1-P)\left(\frac{1}{n_1} + \frac{1}{n_2}\right)}$$

donde

$$P = \frac{n_1 P_1 + n_2 P_2}{n_1 + n_2}$$

Se elige un nivel de significancia $\alpha = 0.05$. Dados los datos de la tabla 15.1, el estadístico de prueba se calcula como sigue:

$$P_1 - P_2 = (11/15) - (6/15)$$
$$= 0.733 - 0.400 = 0.333$$
$$P = (15 \times 0.733 + 15 \times 0.4)/(15 + 15) = 0.567$$
$$s_{P_1 - P_2} = \sqrt{0.567 \times 0.433 \left(\frac{1}{15} + \frac{1}{15}\right)} = 0.181$$
$$z = 0.333/0.181 = 1.84$$

Dada una prueba de dos colas, el área a la derecha del valor crítico es $\alpha/2$ o 0.025. Por lo tanto, el valor crítico del estadístico de prueba es 1.96. Debido a que el valor calculado es menor que el valor crítico, no se puede rechazar la hipótesis nula. Así, la proporción de usuarios (0.733) para los hombres y (0.400) para las mujeres no difieren significativamente en las dos muestras. Observe que aunque la diferencia es sustancial, no es estadísticamente significativa debido al tamaño pequeño de las muestras (15 en cada grupo).

Muestras pareadas

En muchas aplicaciones de la investigación de mercados las observaciones de los dos grupos no se seleccionan de muestras independientes, sino que se refieren a ***muestras pareadas***, porque los dos conjuntos de observaciones corresponden a los mismos sujetos. Una muestra de sujetos podría calificar a dos marcas rivales, indicar la importancia relativa de los atributos de un producto o evaluar una marca en dos momentos distintos. La diferencia en estos casos se examina por medio de una ***prueba t de muestras pareadas.*** Para calcular t para muestras pareadas, se crea la variable de la diferencia de pares, simbolizada por D, y se calculan su media y su varianza. Luego, se calcula el estadístico t. Los grados de libertad son $n - 1$, donde n es el número de pares. Las fórmulas relevantes son:

$$H_0: \mu_D = 0$$
$$H_1: \mu_D \neq 0$$

$$t_{n-1} = \frac{\overline{D} - \mu_D}{\frac{s_D}{\sqrt{n}}}$$

muestras pareadas
En la prueba de hipótesis, las observaciones se aparean para que los dos conjuntos de datos se relacionen con los mismos sujetos.

prueba t de muestras pareadas
Prueba para la diferencia de medias de muestras pareadas.

TABLA 15.15
Prueba ±t de muestras pareadas

Variable	Número de casos	Media	Desviación estándar	Error estándar
Actitud hacia Internet	30	5.167	1.234	0.225
Actitud hacia la tecnología	30	4.100	1.398	0.255

Diferencia = Internet − tecnología

Media de la diferencia	Desviación estándar	Error estándar	Correlación	Probabilidad de dos colas	Valor ±	Grados de libertad	Probabilidad de dos colas
1.067	0.828	0.1511	0.809	0.000	7.059	29	0.000

Archivo de resultados de SPSS

donde

$$\overline{D} = \frac{\sum_{i=1}^{n} D_i}{n}$$

$$s_D = \sqrt{\frac{\sum_{i=1}^{n}(D_i - \overline{D})^2}{n-1}}$$

$$S_{\overline{D}} = \frac{S_D}{\sqrt{n}}$$

En el ejemplo del uso de Internet (véase la tabla 15.1), se podría emplear una prueba t pareada para determinar si los sujetos difieren en su actitud hacia Internet y en su actitud hacia la tecnología. El archivo de resultados se muestra en la tabla 15.15. La media de la actitud hacia Internet es 5.167 y hacia la tecnología es 4.10. La media de la diferencia entre las variables es 1.067, con una desviación estándar de 0.828 y un error estándar de 0.1511. Esto produce un valor t de (1.067/0.1511) 7.06, con 30 − 1 = 29 grados de libertad y una probabilidad menor que 0.001. Por lo tanto, en general los sujetos tienen una actitud más favorable hacia Internet que hacia la tecnología. Si se tratara de una muestra grande y representativa, una implicación sería que los proveedores de servicios de Internet no deberían dudar en vender sus servicios a los consumidores que no tienen una actitud muy positiva hacia la tecnología y que no se consideran a sí mismos hábiles en esta área. Otra aplicación se da en el contexto de determinar la eficacia relativa de los comerciales televisivos de 15 segundos, en comparación con los de 30 segundos.

INVESTIGACIÓN REAL

Los segundos cuentan

Se realizó una encuesta a 83 directores de medios de comunicación de las principales agencias publicitarias canadienses, para determinar la eficacia relativa de los comerciales de 15 segundos y de 30 segundos. Con el uso de una escala de calificación de 5 puntos (en la que 1 era excelente y 5 malo), cada sujeto calificó los comerciales de 15 y 30 segundos con respecto a la conciencia de marca, el recuerdo de la idea principal, la persuasión y la habilidad para contar una historia emocional. La tabla que se presenta a continuación indica que los comerciales de 30 segundos fueron calificados de manera más favorable en todas las dimensiones. Varias pruebas t pareadas indicaron que estas diferencias eran significativas, y que los comerciales de 15 segundos fueron evaluados como menos eficaces. De esta manera, es probable que los comerciales de quince segundos no sean la respuesta que los mercadólogos están buscando. De hecho, tal vez el problema en la actualidad no sea la eficacia de los comerciales televisivos, sino si los consumidores realmente los ven. En 2005 uno de cada cinco usuarios nunca vio un comercial, y existe el temor de que este número aumente en el futuro. Los grandes anunciantes como General Motors tendrán que inventar formas más creativas y eficaces de presentar sus comerciales.[17]

INVESTIGACIÓN ACTIVA

Visite *www.reebok.com* y realice una búsqueda en Internet y en la base en línea de su biblioteca, para obtener información sobre los factores que usan los consumidores para evaluar marcas rivales de zapatos deportivos.

Como director de marketing de Reebok, ¿cómo mejoraría la imagen y el posicionamiento competitivo de su marca?

Los usuarios y no usuarios de Reebok evaluaron la marca en cinco factores, utilizando escalas tipo Likert. ¿De qué manera analizaría tales datos utilizando pruebas *t* para dos muestras independientes y muestras pareadas?

Calificación promedio de comerciales de 15 y 30 segundos en las cuatro variables de comunicación

Conciencia de marca		*Recuerdo de la idea principal*		*Persuasión*		*Habilidad para contar una historia emocional*	
15	*30*	*15*	*30*	*15*	*30*	*15*	*30*
2.5	1.9	2.7	2.0	3.7	2.1	4.3	1.9

La diferencia de proporciones para muestras pareadas se puede comprobar utilizando la prueba de MaNemar o la prueba chi cuadrada, tal como se explica en la siguiente sección sobre pruebas no paramétricas.

PRUEBAS NO PARAMÉTRICAS

Las pruebas no paramétricas se utilizan cuando las variables independientes no son métricas. Al igual que las pruebas paramétricas, existen pruebas no paramétricas para probar variables de una muestra, dos muestras independientes o de dos muestras relacionadas.

Una muestra

En ocasiones el investigador desea probar si las observaciones de una variable específica podrían provenir de una distribución específica, como la distribución normal, la uniforme o la de Poisson. Es necesario conocer la distribución para calcular las probabilidades correspondientes a valores conocidos de la variable, o valores de la variable, correspondientes a probabilidades conocidas (véase el apéndice 12A). La **prueba Kolmogorov-Smirnov (K-S) de una muestra** es una prueba de la bondad de ajuste. Esta prueba compara la función acumulativa de la distribución, para una variable con una distribución específica. A_i denota la frecuencia relativa acumulativa de cada categoría de la distribución teórica (supuesta), y O_i el valor equivalente de la frecuencia de la muestra. La prueba K-S está basada en el valor máximo de la diferencia absoluta entre A_i y O_i. El estadístico de prueba es

$$K = \text{Máx} \mid A_i - O_i \mid$$

prueba de Kolmogorov-Smirnov (K-S) de una muestra
Prueba no paramétrica de una muestra para la bondad de ajuste, que compara la función de distribución acumulativa de una variable con una distribución específica.

La decisión de rechazar la hipótesis nula se basa en el valor de K. Cuanto mayor sea K, más confianza tendremos en que H_0 sea falsa. Para $\alpha = 0.05$, el valor crítico de K para muestras grandes (más de 35) está dado por $1.36/\sqrt{n}$.[18] De manera alternativa, K se puede transformar en un estadístico *z* distribuido de manera normal, para luego determinar su probabilidad asociada.

En el ejemplo del uso de Internet, suponga que deseamos comprobar si la distribución del uso de Internet es normal. Se realiza una prueba K-S de una muestra, la cual produce los datos de la tabla 15.16. La diferencia absoluta más grande entre la distribución observada y la distribución normal fue $K = 0.222$. Aunque el tamaño de la muestra sólo es de 30 (menor que 35), podemos utilizar la fórmula aproximada, y el valor crítico de K es $1.36/\sqrt{30} = 0.248$. Debido a que el valor calculado de K es menor que el valor crítico, no se puede rechazar la hipótesis nula. De manera alternativa, en la tabla 15.16 se indica que la probabilidad de observar un valor K de 0.222, determinada por el estadístico *z* normalizado, es de 0.103. Como este valor es mayor que el nivel de significancia de 0.05, no se rechaza la hipótesis nula y se llega a la misma conclusión.

Archivo de resultados de SPSS

TABLA 15.16
Prueba K-S de una muestra sobre la normalidad del uso de Internet

Distribución de la prueba: normal

Media: 6.600
Desviación estándar: 4.296
Casos: 30

Diferencias más extremas

Absoluta	Positiva	Negativa	Z de K-S	P de dos colas
0.222	0.222	−0.142	1.217	0.103

Por lo tanto, la distribución del uso de Internet no se desvía de manera significativa de la distribución normal. Esto implica que podemos utilizar pruebas y procedimientos estadísticos (por ejemplo, la prueba z) con seguridad, al igual que procedimientos que supongan la normalidad de esta variable.

Como se mencionó antes, también se puede emplear la prueba chi cuadrada en una sola variable de una muestra. En este contexto, la chi cuadrada sirve como prueba de la bondad de ajuste, y evalúa si existe una diferencia significativa entre el número de casos observados en cada categoría y el número esperado. Otras pruebas no paramétricas de una muestra son la prueba de rachas y la prueba binomial. La ***prueba de rachas*** es una prueba de aleatoriedad para variables dicotómicas, y se aplica para determinar si el orden o secuencia en que se obtuvieron las observaciones es aleatorio. La ***prueba binomial*** también es una prueba de la bondad de ajuste para variables dicotómicas, y prueba la bondad de ajuste del número de observaciones de cada categoría, con el número de observaciones esperadas en una distribución binomial específica. Para mayor información sobre estas pruebas, consulte la bibliografía común sobre estadística.[19]

Dos muestras independientes

Cuando se va a comparar la diferencia entre la localización de dos poblaciones a partir de observaciones de dos muestras independientes, y la variable se mide en una escala ordinal, se puede emplear la ***prueba U de Mann-Whitney***.[20] Esta prueba corresponde a la prueba t de dos muestras independientes para variables de intervalo, cuando se asume que las varianzas de las dos poblaciones son iguales.

En la prueba U de Mann-Whitney las dos muestras se combinan y los casos se ordenan de forma creciente. El estadístico de prueba, U, se calcula como el número de veces que una puntuación de la muestra 1 o grupo 1 precede a una puntuación del grupo 2. Si las muestras provienen de la misma población, la distribución de puntuaciones de los dos grupos en la lista ordenada debería ser aleatoria. Un valor U extremo indicaría un patrón no aleatorio y apuntaría a la desigualdad de los dos grupos. Para muestras menores de 30 sujetos, se calcula el nivel de significancia exacto de U. En el caso de muestras grandes, U se transforma en un estadístico z distribuido de manera normal, el cual se puede corregir en caso de que haya empates en el ordenamiento.

Examinemos nuevamente la diferencia del uso de Internet entre hombres y mujeres. Sin embargo, esta vez usaremos la prueba U de Mann-Whitney. Los resultados se presentan en la tabla 15.17. Nuevamente se encuentra una diferencia significativa entre los dos grupos, lo cual corrobora los resultados de la prueba t de dos muestras independientes reportados anteriormente. Debido a que los rangos se asignan desde la observación más pequeña hasta la más grande, el rango promedio más alto (20.93) de los hombres indica que utilizan Internet más que las mujeres (rango promedio = 10.07).

Con frecuencia los investigadores desean probar si existe una diferencia significativa en las proporciones obtenidas de dos muestras independientes. Como alternativa a la prueba paramétrica z considerada anteriormente, también se utiliza el procedimiento de la tabulación cruzada para realizar una prueba chi cuadrada.[21] En este caso tendríamos una tabla de 2 × 2. Una variable se utilizaría para denotar la muestra y asumiría el valor 1 para la muestra 1, y el valor 2 para la muestra 2. La otra variable sería la variable binaria de interés.

---

prueba de rachas
Prueba de aleatoriedad de una variable dicotómica.

prueba binomial
Prueba estadística de la bondad de ajuste para variables dicotómicas. Evalúa la bondad de ajuste del número de observaciones de cada categoría, con el número de observaciones esperadas en una distribución binomial específica.

prueba U de Mann-Whitney
Prueba estadística para una variable medida en una escala ordinal, que compara la diferencia en la ubicación de dos poblaciones, con base en observaciones de dos muestras independientes.

Archivo de resultados de SPSS

TABLE 15.17
Prueba U de Mann-Whitney

U DE MANN-WHITNEY: PRUEBA W DE LA SUMA DE RANGOS DE WILCOXON

USO DE INTERNET POR SEXO

SEXO	RANGO PROMEDIO	CASOS
Hombre	20.93	15
Mujer	10,07	15
Total		30

U	W	z	CORREGIDO PARA P DE DOS COLAS
31.000	151.000	−3.406	0.001

Nota

U = estadístico de prueba de Mann-Whitney

W = estadístico W de Wilcoxon

z = U transformada en un estadístico z distribuido normalmente

Otras dos pruebas no paramétricas para muestras independientes son la prueba de la mediana y la prueba de Kolmogorov-Smirnov. La ***prueba de la mediana de dos muestras*** determina si los dos grupos se obtuvieron de poblaciones con la misma mediana. No es tan poderosa como la prueba U de Mann-Whitney, porque sólo utiliza la ubicación de cada observación con respecto a la mediana, y no el rango de cada observación. La ***prueba Kolmogorov-Smirnov de dos muestras*** examina si las dos distribuciones son iguales, y toma en cuenta cualquier diferencia entre ellas, incluyendo la mediana, la dispersión y la simetría, tal como se observa en el siguiente ejemplo.

prueba de la mediana de dos muestras
Estadístico de prueba no paramétrico que determina si dos grupos se obtuvieron de las mismas poblaciones con la misma mediana. Esta prueba no es tan poderosa como la U de Mann-Whitney.

prueba de Kolmogorov-Smirnov de dos muestras
Estadístico de prueba no paramétrico que determina si dos distribuciones son iguales. Toma en cuenta cualquier diferencia en las dos distribuciones, incluyendo la mediana, la dispersión y la asimetría.

INVESTIGACIÓN REAL

Los directores cambian de dirección

¿Cómo perciben los directores de investigación de mercados, y los clientes de las 500 empresas de manufactura de Fortune, la función de tales estudios para estimular cambios en la formulación de la estrategia de marketing? Se descubrió que los directores de investigación de mercados estaban más a favor de suscitar cambios en la estrategia y menos a contenerse, que los usuarios de la investigación de mercados. El porcentaje de respuestas a uno de los reactivos, "Iniciar el cambio en la estrategia de marketing de la empresa siempre que sea posible", se presenta en la siguiente tabla. Al aplicar la prueba de Kolmogorov-Smirnov (K-S) éstas diferencias de la definición del papel resultaron estadísticamente significativas a un nivel de 0.05, tal como se muestra en la tabla.

Los usuarios de la investigación de mercados se volvieron aún más reticentes a iniciar cambios en la estrategia de marketing, durante la incertidumbre económica de 2005. Sin embargo, en el clima actual de negocios, la resistencia de estos usuarios de la investigación de mercados debe superarse para entender el poder del comprador. De esta manera, las empresas de investigación de mercados deberían dedicar un gran esfuerzo a convencer a los usuarios (que por lo general son gerentes de marketing) del valor que tiene la investigación de mercados.[22]

El papel de la investigación de mercados en la formulación de estrategias

Muestra	n	Absolutamente sí	Sí de preferencia	Tal vez sí o tal vez no	No de preferencia	Absolutamente no
D	77	7	26	43	19	5
U	68	2	15	32	35	16

Nivel de significancia de K-S = 0.05.

*D = directores, U = usuarios. ■

Archivo de resultados de SPSS

TABLA 15.18
Prueba de rangos con signo de Wilcoxon para datos pareados

(Tecnología-Internet)	Internet con tecnología Casos	Rango promedio
Rangos −	23	12.72
Rangos +	1	7.50
Empates	6	
Total	30	

$z = -4.207$ $\qquad$ p de dos colas $= 0.0000$

En este ejemplo, los directores de investigación de mercados y los usuarios representaron dos muestras independientes. Sin embargo, las muestras no siempre son independientes. En el caso de muestras pareadas, se debe utilizar un conjunto diferente de pruebas.

Muestras pareadas

prueba de rangos con signo de Wilcoxon para datos pareados
Prueba no paramétricas que analiza las diferencias entre las observaciones pareadas, tomando en cuenta la magnitud de las diferencias.

Una prueba no paramétrica es importante para examinar las diferencias en la localización de dos poblaciones basada en pares de observaciones es la **prueba de rangos con signo de Wilcoxon para datos pareados**. Esta prueba analiza las diferencias entre pares de observaciones, tomando en cuenta la magnitud de las diferencias; calcula las diferencias entre los pares de variables y ordena las diferencias absolutas. El siguiente paso consiste en sumar los rangos positivos y negativos. Se calcula el estadístico de prueba z para las sumas de rangos positivos y negativos. Con respecto a la hipótesis nula de que no hay diferencia, z es un variado normal estándar con media 0 y varianza 1 para muestras grandes. Esta prueba corresponde a la prueba t pareada que se estudió anteriormente.[23]

Nuevamente utilizaremos el ejemplo que empleamos para la prueba t pareada, si los sujetos tenían una actitud diferente hacia Internet y hacia la tecnología. Suponga que consideramos que ambas variables se miden a nivel ordinal y no de intervalo, por lo que emplearemos la prueba de Wilcoxon. Los resultados se presentan en la tabla 15.18. Nuevamente, se encuentra una diferencia significativa entre las variables; en tanto que los resultados coinciden con la conclusión obtenida con la prueba t pareada. Existen 23 diferencias negativas (la actitud hacia la tecnología es menos favorable que la actitud hacia Internet). El rango promedio de estas diferencias negativas es 12.72. Por otro lado, sólo existe una diferencia positiva (la actitud hacia la tecnología es más favorable que la actitud hacia Internet). El rango promedio de esta diferencia es 7.50. Existen seis empates u observaciones con el mismo valor para ambas variables. Estos números indican que la actitud hacia Internet es más favorable que la actitud hacia la tecnología. Asimismo, la probabilidad asociada con el estadístico z es menor que 0.05, lo que indica que la diferencia es significativa.

INVESTIGACIÓN PARA TOMA DE DECISIONES

La armonía de General Mills: lograr que las mujeres alcancen la armonía nutricional

La situación

Stephen W. Sanger, director general de General Mills, constantemente se enfrenta al desafío de mantenerse al tanto de los gustos y las preferencias cambiantes de los consumidores. Recientemente, General Mills realizó investigaciones detalladas con sesiones de grupo sobre el consumidor actual más importante en las tiendas de abarrotes: la mujer. Se sabe que tres de cada cuatro compradores de abarrotes en Estados Unidos son mujeres, y que muchas de ellas se están enfocando más en su salud y en el valor nutricional de los alimentos. Aunque existen muchos cereales en el mercado con la misma cantidad de vitaminas y minerales, como Total o Smart Start de Kelloggs's, la distribución de frecuencias, la tabulación cruzada y la prueba de hipótesis pueden ayudar a General Mills a entender las preferencias de cereales por parte de las mujeres, y a crear la publicidad adecuada.

La experta en dietas Roberta Duyff considera que las mujeres no reciben nutrientes suficientes como calcio o ácido fólico en su dieta diaria. "Es maravilloso que una mujer ahora pueda incrementar su ingesta de estos importantes nutrientes con un simple tazón de cereal en el desayuno, y si le añade leche, la vitamina D hace que el calcio del cereal y de la propia leche se absorba mejor". Ésta es una de las formas en que General Mills vio una ventaja: la comodidad para la mujer. Ella puede tomar un tazón en la mañana e iniciar el día con los nutrientes que necesita. La comodidad del producto no sólo es un incentivo para comprarlo, sino que en las sesiones de grupo también se descubrió que a las mujeres les gusta tener un producto propio. De hecho, según Megan Nightingale, asistente de la gerencia de marketing de General Mills, "nuestras investigaciones han demostrado que las mujeres están buscando algo que sea nutritivo, rápido, cómodo y que tenga buen sabor". Las mujeres incluso disfrutan el efecto tranquilizante de la caja con su fondo amarillo pálido y la figura femenina en azul. El hecho de que General Mills se esté dirigiendo a un solo sector del mercado, para cubrir sus necesidades, demuestra los beneficios de este cereal. Desde su lanzamiento a nivel nacional, el cereal Harmony ayudó a incrementar sus ventas totales a $11,200 millones de dólares en 2005. Investigar y personalizar el mercado para las mujeres fue la manera correcta de proceder de General Mills.

Se realizó una encuesta telefónica para determinar la preferencia y el consumo de Harmony, así como la importancia relativa que las mujeres daban al hecho de que un cereal sea nutritivo, rápido, cómodo y de buen sabor.

La decisión para la investigación de mercado

1. ¿Cuál es la importancia relativa de las cuatro variables (nutritivo, rápido, cómodo y de buen sabor) para que las mujeres consuman Harmony? ¿Qué tipo de análisis se debería realizar?
2. Analice el papel que tiene el tipo de análisis de datos que usted recomienda para que Stephen W. Sangler sepa por qué las mujeres prefieren y compran Harmony.

La decisión para la gerencia de marketing

1. ¿Cuál de los cuatro factores (nutritivo, rápido, cómodo o de buen sabor) debe destacar la publicidad de Harmony?
2. Analice qué tan afectada se ve la decisión de la gerencia de marketing que usted recomendó a Stephen W. Sanger, por el tipo de análisis de datos que usted sugirió anteriormente y por los hallazgos de ese análisis.[24] ∎

General Mills decidió diseñar un producto específicamente para la mujer, al cual nombraría Harmony.

TABLA 15.19
Resumen de las pruebas de hipótesis relacionadas con diferencias

Muestra	Aplicación	Nivel de escala	Prueba/Comentarios
UNA MUESTRA			
Una muestra	Distribuciones	No métrico	K-S y chi cuadrada para la bondad de ajuste Prueba de rachas para la aleatoriedad Prueba binomial para la bondad de ajuste de variables dicotómicas
Una muestra	Medias	Métrico	Prueba t, si no se conoce la varianza Prueba z, si se conoce la varianza
Una muestra	Proporciones	Métrico	Prueba z
DOS MUESTRAS INDEPENDIENTES			
Dos muestras independientes	Distribuciones	No métrico	Prueba K-S de dos muestras para examinar la equivalencia de dos distribuciones
Dos muestras independientes	Medias	Métrico	Prueba t de dos grupos Prueba F para la igualdad de varianza
Dos muestras independientes	Proporciones	Métrico No métrico	Prueba z Prueba chi cuadrada
Dos muestras independientes	Rangos/medianas	No métrico	La prueba U de Mann-Whitney es más poderosa que la prueba de la mediana
MUESTRAS PAREADAS			
Muestras pareadas	Medias	Métrico	Prueba t pareada
Muestras pareadas	Proporciones	No métrico	Prueba de McNemar para variables binarias Prueba chi cuadrada
Muestras pareadas	Rangos/medianas	No métrico	La prueba de rangos con signo de Wilcoxon para datos pareados es más poderosa que la prueba del signo

prueba del signo
Prueba no paramétrica que se usa para examinar las diferencias en la localización de dos poblaciones con base en observaciones pareadas, que compara sólo los signos de las diferencias entre pares de variables sin tomar en cuenta la magnitud de las diferencias.

Otra prueba no paramétrica de muestras pareadas es la ***prueba del signo***,[25] que no es tan poderosa como la prueba de rangos con signo de Wilcoxon para datos pareados, ya que sólo compara los signos de las diferencias entre pares de variables, sin tomar en cuenta los rangos. En el caso especial de una variable binaria, en donde el investigador desea probar diferencias en proporciones, se puede emplear la prueba de McNemar. Como alternativa, la prueba chi cuadrada también puede ser útil para variables binarias. En la tabla 15.19 se presenta un resumen de varias pruebas paramétricas y no paramétricas para diferencias. Las pruebas de esta tabla se pueden relacionar fácilmente con las que aparecen en la figura 15.9. La tabla 15.19 clasifica las pruebas de forma más detallada porque las pruebas paramétricas (basadas en datos métricos) se clasifican de forma separada, para las medias y las proporciones. De la misma manera, las pruebas no paramétricas (basadas en datos no métricos) se clasifican de forma separada para las distribuciones y los rangos/medianas. El siguiente ejemplo ilustra el uso de la prueba de hipótesis en una estrategia internacional de marca, y el ejemplo posterior cita el uso de la estadística descriptiva en investigaciones sobre ética.

INVESTIGACIÓN REAL

Construcción internacional de marca: el nombre del juego

En la década de 2000 existe la tendencia hacia el marketing global. ¿De qué manera los mercadólogos pueden vender una marca en el extranjero, donde existen muchas diferencias históricas y culturales? En general, la estructura internacional de marca de una empresa incluye características propias de la compañía, características del mercado del producto y la dinámica del mercado. De manera más específica, según Bob Kroll, antiguo presidente de Del Monte International, un empaque uniforme puede ser una ventaja para comercializarse internacionalmente, aunque es más importante satisfacer las preferencias del gusto culinario de los clientes. Una encuesta reciente sobre el marketing internacional de productos aclara esto. Los ejecutivos de marketing ahora creen que es mejor pensar a nivel global pero actuar a nivel local. El estudio incluyó a 100 gerentes de marca y producto, así como personal de marketing de algunas de las empresas de comida, farmacéuticas y de productos personales más grandes de Estados Unidos. El 39 por ciento señaló que no era una buena idea utilizar empaques uniformes en mercados extranjeros; mientras que el 38 por ciento se mostró a favor de esto. Sin embargo, los individuos que se manifestaron a favor de un empaque regional, indicaron que sería deseable mantener el valor de la marca y la consistencia del empaque lo más posible de un mercado a otro. Además, consideraron que era necesario personalizar el empaque para adaptarlo a las necesidades lingüísticas y legales de los distintos mercados. Con base en este hallazgo, una pregunta de investigación pertinente sería: ¿los consumidores de diferentes países prefieren comprar marcas globales con empaques diferentes adaptados a sus necesidades locales? A partir de esta pregunta de investigación, se puede formular la hipótesis de que, en igualdad de circunstancias, uniformar las marcas y adaptar los empaques de una marca reconocida producirá una mayor participación en el mercado. Las hipótesis se pueden plantear de la siguiente manera:

H_0: una marca uniforme con empaques personalizados para una marca muy reconocida no producirá una mayor participación en los mercados internacionales.

H_1: en igualdad de circunstancias, una marca uniforme con empaques personalizados para una marca muy reconocida producirá una mayor participación en los mercados internacionales.

Para comprobar la hipótesis nula, se puede elegir una marca reconocida como el dentífrico Colgate, el cual ha utilizado una estrategia combinada. De manera que se compara la participación de mercado en países con marca y empaque uniformes, con la participación de mercado en países con marca uniforme y empaque personalizado, después de controlar el efecto de otros factores. Se puede utilizar una prueba t para dos muestras independientes.[26] ∎

INVESTIGACIÓN REAL

Las estadísticas describen desconfianza

Estadísticos descriptivos indican que la percepción pública de la ética en los negocios y, por lo tanto, en el marketing, es negativa. En una encuesta realizada por *Business Week*, el 46 por ciento de los encuestados dijo que los estándares éticos de los ejecutivos de las empresas son apenas aceptables. Una encuesta de la revista *Time* reveló que el 76 por ciento de los estadounidenses consideró que los ejecutivos de negocios (y, por lo tanto, los investigadores) carecen de ética, y que esto contribuye a la disminución de los criterios morales en Estados Unidos. Sin embargo, el público general no está solo en su menosprecio por la ética en los negocios. En una encuesta realizada por Touche Ross a gente de negocios, los resultados revelaron un sentimiento general de que la ética es un problema serio, y que la imagen presentada en los medios de comunicación acerca de la falta de ética en los negocios no es exagerada. Sin embargo, un estudio de investigación reciente del Ethics Resource Center de Washington, D.C., encontró que el 90 por ciento de los empresarios estadounidenses esperan que su organización haga lo correcto y no sólo lo redituable. El 12 por ciento de los individuos encuestados dijeron sentirse presionados a transgredir los estándares éticos de sus empresas. El 26 por ciento comentó que la principal falta de ética en el trabajo son las mentiras a los clientes, a otros empleados, a los vendedores o al público; en tanto que el 25 por ciento citó el hecho de ocultar información necesaria a dichas partes. Sólo el 5 por ciento de los participantes habían sido testigos de la entrega o la aceptación de sobornos o regalos inapropiados. A pesar del hecho de que los empresarios estadounidenses esperan que sus organizaciones hagan negocios de forma ética, esos estudios revelan que la conducta poco ética no deja de ser una práctica común en el lugar de trabajo.[27] ∎

SOFTWARE ESTADÍSTICO

Los principales programas para distribuciones de frecuencias son FREQUENCIES (SPSS) y UNIVARIATE (SAS). Otros programas sólo proporcionan la distribución de frecuencias (FREQ en SAS) o sólo algunos de los estadísticos asociados (véase la exhibición 15.1).[28] En MINITAB la principal función es Stats>Descriptive Statistics. En los resultados se incluyen los valores de la media, la mediana, la desviación estándar, el mínimo, el máximo y los cuartiles. Se pueden generar histogramas en una gráfica de barras con la opción Graph>Histogram. También están disponibles varias de las hojas de cálculo para obtener frecuencias y estadísticos descriptivos. En Excel la función Tools>Data Analysis calcula los estadísticos descriptivos. El resultado produce la media, el error estándar, la mediana, la moda, la desviación estándar, la varianza, la curtosis, la simetría, el rango,

Exhibición 15.1
Programas de cómputo para frecuencias

SPSS
El principal programa en SPSS es FREQUENCIES, el cual produce una tabla de conteo de frecuencias, porcentajes y porcentajes acumulativos para los valores de cada variable. Proporciona todos los estadísticos asociados, excepto el coeficiente de variación. Si los datos se ubican en una escala de intervalo, y sólo se desea obtener un resumen de los estadísticos, se puede utilizar el procedimiento DESCRIPTIVES. Todos los estadísticos calculados por DESCRIPTIVES están disponibles en FREQUENCIES. Sin embargo, DESCRIPTIVES es más eficiente porque no ordena los valores en una tabla de frecuencias. Otro programa, MEANS, calcula las medias y las desviaciones estándar de una variable dependiente, sobre subgrupos de casos definidos por variables independientes.

SAS
El principal programa en SAS es UNIVARIATE. Además de brindar una tabla de frecuencias, este programa ofrece todos los estadísticos asociados. Otro procedimiento disponible es FREQ. Para una distribución de frecuencias de un factor, FREQ no proporciona ningún estadístico asociado. Si sólo se desea un resumen de estadísticos, se pueden emplear procedimientos como MEANS, SUMMARY y TABULATE. Es importante señalar que FREQ no está disponible como programa independiente en la versión para microcomputadoras.

MINITAB
La principal función es Stats>Descriptive Statistics. Los resultados incluyen valores de la media, la mediana, la moda, la desviación estándar, el mínimo, el máximo y los cuartiles. Se pueden obtener histogramas en una gráfica de barras usando la opción Graph>Histogram.

Excel
La función Tools>Data Analysis calcula los estadísticos descriptivos. El resultado produce la media, el error estándar, la mediana, la moda, la desviación estándar, la varianza, la curtosis, la asimetría, el rango, el mínimo, el máximo, la sumatoria, el conteo y el nivel de confianza. En la función Histogram se pueden elegir las frecuencias y obtener un histograma en formato de barras.

---

el mínimo, el máximo, la sumatoria, conteos y el nivel de confianza. Las frecuencias se obtienen en la función Histogram, y se puede generar un histograma en formato de barras.

Los principales programas para tabulaciones cruzadas son CROSSTABS (SPSS) y FREQ (SAS). Todos estos programas producen tabla de clasificación cruzada y proporcionan conteos de celdas, porcentajes por renglón y columna, la prueba chi cuadrada para la significancia, y todas las medidas de la fuerza de asociación que estudiamos. Además, el programa TABULATE (SAS) se puede emplear para obtener conteos de celdas, y porcentajes por renglón y columna, aunque no proporciona ninguno de los estadísticos asociados. En MINITAB las tabulaciones cruzadas (cross tabs) y la chi cuadrada se localizan en la función Stats>Tables. En la función Tables cada estadístico se debe elegir de manera separada. La función Data>Pivot Table hace tabulaciones cruzadas en Excel. Para hacer análisis adicionales o personalizar los datos, seleccione una función de resumen diferente como max, min, average o standard deviation. Por otro lado, se puede elegir un cálculo específico para obtener valores con base en otras celdas en el plano de datos. Se puede acceder a ChiTest por medio de la función Insert>Function>Statistical>ChiTest.

El principal programa para realizar pruebas t en SPSS es T-TEST, el cual se utiliza para calcular pruebas t con muestras independientes y pareadas. Todas las pruebas no paramétricas que estudiamos se pueden realizar con el programa NPAR TESTS. En SAS se puede usar el programa T TEST, y las pruebas no paramétricas se obtienen con NPAR1WAY. Este programa realiza las pruebas de dos muestras independientes (Mann-Whitney, mediana y K-S), así como la prueba de Wilcoxon para muestras pareadas. Las pruebas paramétricas disponibles en la función descriptive stat de MINITAB son la media de la prueba z, la prueba t de la media y la prueba t de dos muestras. Para realizar pruebas no paramétricas se elige la función Stat>Time Series. El resultado incluye el signo de una muestra, Wilcoxon de una muestra, Mann-Whitney, Kruskal-Wallis, la prueba de la mediana de Mood, Friedman, la prueba de rachas, el promedio pareado, las diferencias pareadas y las pendientes pareadas. Excel y otras hojas de cálculo incluyen varias pruebas paramétricas como la prueba t: dos muestras pareadas para medias; la prueba t: dos muestras independientes suponiendo varianzas iguales; la prueba *t*: dos muestras independientes suponiendo varianzas desiguales; la prueba *z*: dos muestras para medias; y la prueba *F*: dos muestras para varianzas. Estos programas no cuentan con pruebas no paramétricas.

SPSS PARA WINDOWS

El principal programa en SPSS es FREQUENCIES, que produce una tabla de conteos de frecuencias, porcentajes y porcentajes acumulativos para los valores de cada variable. Proporciona todos los estadísticos asociados, excepto el coeficiente de variación. Si los datos se ubican en una escala de intervalo, y sólo se desea obtener un resumen de los estadísticos, se utiliza el procedimiento DESCRIPTIVES. Todos los estadísticos calculados por DESCRIPTIVES están disponibles en FREQUENCIES. Sin embargo, DESCRIPTIVES es más eficiente porque no ordena los valores en una tabla de frecuencias. Además, el procedimiento DESCRIPTIVES produce resúmenes estadísticos para diversas variables en una sola tabla y también calcula valores estandarizados (puntuaciones *z*). El procedimiento EXPLORE genera resúmenes estadísticos y gráficas, ya sea para todos los casos o de forma separada para grupos de casos. La media, la mediana, la varianza, la desviación estándar, el mínimo, el máximo y el rango son algunos de los estadísticos que se pueden calcular.

Para elegir estos procedimientos haga clic en:

Analyze>Descriptive Statistics>Frequencies
Analyze>Descriptive Statistics>Descriptives
Analyze>Descriptive Statistics>Explore

A continuación describimos los pasos detallados para correr la función de frecuencias para la familiaridad con Internet (véase la tabla 15.1) y crear el histograma (véase la figura 15.1). Las pantallas correspondientes para estos pasos se descargan de la página Web de este libro.

1. Seleccione ANALYZE de la barra de menú de SPSS.
2. Haga clic en DESCRIPTIVE STATISTICS y seleccione FREQUENCIES.
3. Traslade la variable "familiaridad [familiar]" al recuadro VARIABLE(s).
4. Haga clic en STATISTICS.
5. Seleccione MEAN, MEDIAN, MODE, STD. DEVIATION, VARIANCE y RANGE.
6. Haga clic en CONTINUE.
7. Haga clic en CHARTS.
8. Haga clic en HISTOGRAMS y luego en CONTINUE.
9. Elija OK.

El principal programa para tabulaciones cruzadas es CROSSTABS. Este programa produce tablas de clasificación cruzada y ofrece conteos por celda, porcentajes por renglón y columna, la prueba chi cuadrada para la significancia, y todas las medidas de la fuerza de asociación que hemos estudiado.

Para seleccionar estos procedimientos haga clic en:

Analyze>Descriptive Statistics>Crosstabs

Proporcionamos pasos detallados para realizar la tabulación cruzada del sexo y el uso de Internet que aparece en la tabla 15.3, y para calcular la chi cuadrada, el coeficiente de contingencia y la *V* de Cramer. La pantalla correspondiente para estos pasos se descarga de la página Web de este libro.

1. Seleccione ANALYZE de la barra de menú de SPSS.
2. Haga clic en DESCRIPTIVE STATISTICS y seleccione CROSSTABS.
3. Traslade la variable en "Internet Usage Group [iusagegr]" al recuadro ROW(S).
4. Traslade la variable "Sexo [sex] al recuadro COLUMN(S).
5. Haga clic en CELLS.
6. Elija OBSERVED en COUNTS y COLUMNS en PERCENTAGES.
7. Haga clic en CONTINUE.
8. Haga clic en STATISTICS.

9. Haga clic en CHI-SQUARE, PHI y CRAMER'S *V*.
10. Haga clic en CONTINUE.
11. Elija OK.

El principal programa para realizar pruebas paramétricas en SPSS es COMPARE MEANS. Este programa sirve para hacer pruebas *t* de una muestra o de muestras independientes o pareadas. Para seleccionar estos procedimientos en SPSS para Windows haga clic en:

Analyze>Compare Means>Means...
Analyze>Compare Means>One Sample T Test...
Analyze>Compare Means>Independent-Samples T Test...
Analyze>Compare Means>Paired-Samples T Test...

Proporcionamos los pasos detallados para correr una prueba de una muestra con los datos de la tabla 15.1. Quisimos poner a prueba la hipótesis de que la media de la calificación de familiaridad es mayor que 4.0. La pantalla correspondiente a estos pasos se descarga de la página Web de este libro. La hipótesis nula plantea que la preferencia promedio de la muestra uno antes de entrar al parque temático es de 5.0.

1. Seleccione ANALYZE de la barra de menú de SPSS.
2. Haga clic en COMPARE MEANS y luego en ONE-SAMPLE T TEST.
3. Traslade "familiaridad [familiar]" en el recuadro TEST VARIABLE(S).
4. Escriba "4" en el recuadro TEST VALUE.
5. Elija OK.

Presentamos los pasos detallados para correr una prueba *t* para dos muestras independientes con los datos de la tabla 15.1. La hipótesis nula plantea que el uso de Internet por hombres y mujeres es igual.

1. Seleccione ANALYZE de la barra de menú de SPSS.
2. Haga clic en COMPARE MEANS y luego en INDEPENDENT-SAMPLES T TEST.
3. Traslade "Internet Usage Hrs/Week [iusage]" al recuadro TEST VARIABLE(S).
4. Traslade "Sexos [sex] al recuadro GROUPING VARIABLE.
5. Haga clic en DEFINE GROUPS.
6. Escriba "1" en el recuadro GROUP 1 y "2" en el recuadro GROUP 2.
7. Haga clic en CONTINUE.
8. Elija OK.

Presentamos los pasos detallados para correr una prueba *t* de muestras pareadas con los datos de la tabla 15.1. La hipótesis nula plantea que no existe una diferencia entre la actitud hacia Internet y en la actitud hacia la tecnología.

1. Seleccione ANALYZE de la barra de menú de SPSS.
2. Haga clic en COMPARE MEANS y luego en PAIRED-SAMPLES T TEST.
3. Seleccione "Attitude toward Internet [iattitude]" y luego seleccione "Attitude toward technology [tattitude]". Traslade estas variables al recuadro PAIRED VARIABLE(S).
4. Elija OK.

Las pruebas no paramétricas que estudiamos en este capítulo se pueden realizar utilizando NONPARAMETRIC TESTS. Para seleccionar estos procedimientos en SPSS para Windows haga clic en:

Analyze>Nonparametric Tests>Chi Square...
Analyze>Nonparametric Tests>Binomial...
Analyze>Nonparametric Tests>Runs...
Analyze>Nonparametric Tests>1-Sample K-S...
Analyze>Nonparametric Tests>2 Independent Samples...
Analyze>Nonparametric Tests>2 Related Samples...

Los pasos detallados para las pruebas no paramétricas son similares a los de las pruebas paramétricas y no se muestran aquí debido a las limitaciones de espacio.

PROYECTO DE INVESTIGACIÓN

Análisis básico de datos

En el proyecto de la tienda departamental, el análisis básico de datos estableció las bases para realizar un análisis multivariado posterior. El análisis de datos comenzó al obtener una distribución de frecuencias y los estadísticos descriptivos de cada variable. Además de identificar posibles problemas con los datos (véase el capítulo 14), esta información nos dio una idea clara de los datos y conocimientos sobre cómo debíamos manejar las variables específicas en análisis subsecuentes. Por ejemplo, ¿algunas variables se deben tratar como categóricas? Si la respuesta es sí, ¿cuántas categorías debería haber? También se realizaron varias tabulaciones cruzadas de dos y tres variables, para identificar asociaciones entre los datos. Se examinaron los efectos de las variables con dos categorías sobre las variables dependientes métricas de interés usando pruebas t y otros procedimientos de prueba de hipótesis.

Actividades del proyecto

Archivo de resultados de SPSS

Descargue el archivo de datos de SPSS (Sears Data 14) de la página Web este libro. Véase el capítulo 14 para una descripción de este archivo.

1. Realice una distribución de frecuencias para cada variable de familiaridad y para la calificación general de familiaridad (como se calculó en el capítulo 14), con todos sus estadísticos descriptivos.
2. Codifique de nuevo la calificación general de familiaridad de la siguiente manera: 32 o menos = 1; 33 a 37 = 2; 38 a 43 = 3; 44 a 60 = 4. Haga una tabulación cruzada de la calificación general de familiaridad, con las variables demográficas según la recodificación del capítulo 14. Interprete los resultados.
3. Pruebe la hipótesis nula de que el promedio de la calificación general de familiaridad es menor o igual que 30.
4. Realice una prueba paramétrica y la prueba no paramétrica correspondiente, para determinar si los individuos casados y los no casados (estado civil recodificado) muestran diferencias en su calificación general de familiaridad.
5. Realice una prueba paramétrica y la prueba no paramétrica correspondiente, para determinar si los sujetos difieren en lo familiarizados que están con Neiman Marcus y JCPenny. ■

EXPERIENCIA DE INVESTIGACIÓN

Descargue el caso Dell y su cuestionario de la página Web este libro. La información también se incluye al final del libro. Descargue el archivo de datos de SPSS de Dell.

Archivo de resultados de SPSS

1. Calcule la distribución de frecuencias para cada variable del archivo de datos. Examine la distribución para obtener una idea clara de los datos.
2. Haga una tabulación cruzada de las preguntas recodificadas q4 (satisfacción general con Dell), q5 (si recomendaría Dell) y q6 (probabilidad de elegir Dell), con las características demográficas recodificadas. Interprete los resultados.
3. Haga una tabulación cruzada de las preguntas recodificadas sobre la sensibilidad al precio (q9_5per y q9_10per), con las características demográficas recodificadas. Interprete los resultados.
4. ¿Cuál de las respuestas promedio de las evaluaciones de Dell (q8_1 a q8_13) es mayor que 5 (el punto medio de la escala)?
5. ¿Cuál respuesta de las evaluaciones de Dell (q8_1 a q8_13) se distribuye normalmente? ¿Cuáles son las implicaciones de sus resultados para el análisis de datos?
6. ¿Los dos grupos de satisfacción general derivados con base en la recodificación de q4, como se especificó el capítulo 14, difieren en términos de cada una de las evaluaciones de Dell (q8_1 a q8_13)? ¿En qué cambiaría su análisis, si las evaluaciones de Dell (q8_1 a q8_13) se manejaran como datos ordinales y no de intervalo?
7. ¿Los dos grupos de posibilidades de recomendación derivados, con base en la recodificación de q5 como se especificó en el capítulo 14, difieren en términos de cada una de las evaluaciones de Dell (q8_1 a q8_13)? ¿en qué cambiaría su análisis, si las evaluaciones de Dell (q8_1 a q8_13) se manejaran como datos ordinales y no de intervalo?

8. ¿Los dos grupos derivados que tienen posibilidades de elegir Dell, con base en la recodificación de q6, tal como se especificó en el capítulo 14, difieren en términos de cada una de las evaluaciones de Dell (q8_1 a q8_13)? ¿En qué cambiaría su análisis, si las evaluaciones de Dell (q8_1 a q8_13) se manejaran como datos ordinales y no de intervalo?
9. ¿La media de las respuestas de q8b_1 (facilitar el pedido de un sistema de cómputo) y de q8b_2 (permitir que los clientes ordenen sistemas computarizados con sus propias especificaciones) difieren? ¿En qué cambiaría su análisis si las evaluaciones de Dell (q8_1 y q8_2) se manejaran como datos ordinales y no de intervalo?
10. ¿Difiere la media de las respuestas de q8b_9 ("hacer paquetes" de sus computadoras con software apropiado) y de q8b_10 ("hacer paquetes" de sus computadoras con acceso a Internet)? ¿En qué cambiaría su análisis, si las evaluaciones de Dell (q8_9 y q8_10) se manejaran como datos ordinales y no de intervalo?
11. ¿Difiere la media de las respuestas de q8b_6 (hacer que las computadoras corran los programas con rapidez) y de q8b_7 (tener computadoras de alta calidad sin problemas técnicos)? ¿En qué cambiaría su análisis si las evaluaciones de Dell (q8_6 y q8_7) se manejaran como datos ordinales y no de intervalo? ∎

RESUMEN

El análisis básico de datos brinda conocimientos valiosos y guía el resto del análisis, así como la interpretación de los resultados. Es necesario tener una distribución de frecuencias para cada variable de los datos. Este análisis produce una tabla de frecuencias, porcentajes y porcentajes acumulativos para todos los valores asociados con esa variable. Además, indica el grado de valores faltantes, extremos o que caen fuera del rango. La media, moda y mediana de una distribución de frecuencias son medidas de tendencia central. La variación de la distribución se describe mediante el rango, la varianza o desviación estándar, el coeficiente de variación y el rango intercuartílico. La asimetría y la curtosis dan información sobre la forma de la distribución.

Las tabulaciones cruzadas son tablas que reflejan la distribución conjunta de dos o más variables. En la tabulación cruzada, los porcentajes se pueden calcular por columna, a partir de los totales de columna, o por renglón, a partir de los totales de renglón. La regla general consiste en calcular los porcentajes en la dirección de la variable independiente, por la variable dependiente. A menudo la introducción de una tercera variable brinda información adicional. El estadístico chi cuadrada ofrece una prueba de la significancia estadística de la asociación observada en una tabulación cruzada. El coeficiente fi, el coeficiente de contingencia, la *V* de Cramer y el coeficiente lambda miden la fuerza de la asociación entre las variables.

Existen pruebas paramétricas y no paramétricas para hipótesis de diferencias. Con respecto a las paramétricas, la prueba *t* se utiliza para examinar hipótesis relacionadas con la media de la población. Hay distintas formas de la prueba *t* para probar hipótesis basadas en una muestra, dos muestras independientes o muestras pareadas. Con respecto a las no paramétricas, las pruebas de una muestra más populares son la de Kolmogorov-Smirnov, la chi cuadrada, la prueba de rachas y la prueba binomial. Para dos muestras no paramétricas independientes se puede utilizar la prueba *U* de Mann-Whitney, la prueba de la mediana y la prueba de Kolmogorov-Smirnov. Para muestras pareadas, la prueba de rangos con signo de Wilcoxon para muestras pareadas y la prueba del signo sirven para examinar hipótesis relacionadas con medidas de localización.

TÉRMINOS Y CONCEPTOS CLAVE

distribución de frecuencias, *458*
medidas de localización, *460*
media, *460*
moda, *460*
mediana, *460*
medidas de variación, *461*
rango, *461*
rango intercuartílico, *461*
varianza, *461*
desviación estándar, *461*

coeficiente de variación, *462*
asimetría, *462*
curtosis, *462*
hipótesis nula, *464*
hipótesis alternativa, *464*
prueba de una cola, *465*
prueba de dos colas, *465*
estadístico de prueba, *465*
error tipo I, *466*
nivel de significancia, *466*

error tipo II, *466*
potencia de una prueba, *466*
tabulación cruzada, *468*
tablas de contingencia, *469*
estadístico chi cuadrada, *474*
distribución chi cuadrada, *474*
coeficiente fi, *475*
coeficiente de contingencia (*C*), *476*
V de Cramer, *476*
lambda asimétrica, *476*

lambda simétrica, **477**
tau *b*, **477**
tau *c*, **477**
gamma, **477**
pruebas paramétricas, **478**
pruebas no paramétricas, **478**
prueba *t*, **479**
estadístico *t*, **479**
distribución *t*, **479**
prueba *z*, **480**
muestras independientes, **480**
prueba *F*, **481**
estadístico *F*, **481**
distribución *F*, **481**
muestras pareadas, **483**
prueba *t* de muestras pareadas, **483**
prueba de Kolmogorov-Smirnov (*K-S*) de una muestra, **485**
prueba de rachas, **486**
prueba binomial, **486**
prueba *U* de Mann-Whitney, **486**
prueba de la mediana de dos muestras, **487**
prueba de Kolmogorov-Smirnov de dos muestras, **487**
prueba de rangos con signo de Wilcoxon para datos pareados, **488**
prueba del signo, **490**

CASOS SUGERIDOS, CASOS EN VIDEO Y CASOS DE HARVARD BUSINESS SCHOOL

Casos

Caso 3.1 ¿Vale la pena celebrar la publicidad de celebridades?
Caso 3.3 Matsushita se redirige a Estados Unidos.
Caso 3.4 Pampers soluciona su problema de participación de mercado.
Caso 3.5 DaimlerChrysler busca una nueva imagen.
Caso 3.6 Cingular Wireless: un enfoque singular.
Caso 3.7 IBM: el principal proveedor en el mundo de equipo de cómputo, programas y servicios.
Caso 3.8 Kimberly-Clark: competir por medio de la innovación.
Caso 4.1 Wachovia: finanzas "Watch Ovah Ya".
Caso 4.2 Wendy's: historia y la vida después de Dave Thomas.
Caso 4.3 Astec sigue creciendo.
Caso 4.4 ¿Es la investigación de mercados la cura para los males del Hospital Infantil Norton Healthcare Kosair?

Casos en video

Caso en video 3.1 La Clínica Mayo: permanece saludable con la investigación de mercados.
Caso en video 4.1 Subaru: el "Sr. Encuesta" supervisa la satisfacción del cliente.
Caso en video 4.2 Procter & Gamble: usando la investigación de mercados para crear marcas.

INVESTIGACIÓN REAL: REALIZACIÓN DE UN PROYECTO DE INVESTIGACIÓN DE MERCADOS

1. Cada equipo puede realizar el análisis completo, o éste se puede dividir entre los equipos y cada uno de ellos realizar un tipo de análisis diferente.
2. Es útil hacer un conteo de frecuencias para cada variable, ya que proporciona una imagen clara de los datos.
3. Calcular las medidas de localización (media, mediana, moda), las medidas de variación (rango y desviación estándar), así como las medidas de la forma (asimetría y curtosis), para cada variable.
4. Se pueden examinar las asociaciones relevantes por medio de tabulaciones cruzadas. Se deben especificar los procedimientos para categorizar variables de intervalo o de razón.
5. La mayoría de los proyectos se interesan por las diferencias entre grupos. En el caso de dos grupos, éstos se pueden estudiar mediante pruebas *t* de muestras independientes.
6. Con frecuencia cada sujeto evalúa muchos estímulos. Por ejemplo, cada individuo puede evaluar distintas marcas o proporcionar calificaciones sobre la importancia de distintos atributos. En tales casos, se podrían examinar las diferencias entre pares de estímulos por medio de la prueba *t* de muestras pareadas.

EJERCICIOS

Preguntas

1. Describa el procedimiento para el cálculo de frecuencias.
2. ¿Qué medidas de localización se calculan generalmente?
3. Defina el rango intercuartílico. ¿Qué mide?
4. ¿A qué se refiere el coeficiente de variación?
5. ¿Cómo se mide el aplanamiento o pico relativo de una distribución?
6. ¿Qué es una distribución asimétrica? ¿Qué significa?
7. ¿Cuál es la principal diferencia entre la tabulación cruzada y la distribución de frecuencias?
8. ¿Cuál es la regla general para el cálculo de porcentajes en las tabulaciones cruzadas?
9. Defina una correlación espuria.
10. ¿A qué se refiere una asociación oculta? ¿De qué manera se revela?
11. Analice las razones del uso frecuente de las tabulaciones cruzadas. ¿Cuáles son algunas de sus limitaciones?
12. Presente una clasificación de procedimientos de prueba de hipótesis.
13. Describa el procedimiento general para realizar una prueba t.
14. ¿Cuál es la principal diferencia entre las pruebas paramétricas y las no paramétricas?
15. ¿Cuáles pruebas no paramétricas son la contraparte de la prueba t para dos muestras independientes en el caso de datos paramétricos?
16. ¿Cuáles pruebas no paramétricas son la contraparte de la prueba t para muestras pareadas en el caso de datos paramétricos?

Problemas

1. En cada una de las siguientes situaciones, indique el análisis estadístico que llevaría a cabo, y la prueba o el estadístico de prueba que se debería emplear.
   a. Se evaluó la preferencia de consumidores por el jabón de baño Camay en una escala Likert de 11 puntos. Luego, se les mostró a las mismas personas un comercial de Camay. Después del comercial, se midió nuevamente la preferencia por este jabón. ¿Ha tenido éxito el comercial al provocar un cambio en la preferencia?
   b. ¿La preferencia por el jabón Camay representa una distribución normal?
   c. Los participantes en una encuesta de 1,000 hogares se clasificaron como consumidores frecuentes, medios, esporádicos o no consumidores de helado. También se les clasificó en categorías de ingreso alto, medio y bajo. ¿Se relaciona el consumo de helado con el nivel de ingresos?
   d. En una encuesta realizada a una muestra representativa de 2,000 familias del panel de consumidores por correo Market Facts, se pidió a los participantes que ordenaran 10 tiendas departamentales, incluyendo a Sears, según su preferencia. La muestra se dividió en familias grandes y familias pequeñas con base en la mediana de su tamaño. ¿La preferencia por comprar en Sears varía de acuerdo al tamaño de la familia?
2. La campaña publicitaria actual de una importante marca de bebida gaseosa se modificará si le gusta a menos del 30 por ciento de los consumidores.
   a. Formule las hipótesis nula y alternativa.
   b. Analice los errores tipo I y tipo II que podrían ocurrir en la prueba de hipótesis.
   c. ¿Qué prueba estadística usaría? ¿Por qué?
   d. Se encuestó a una muestra aleatoria de 300 consumidores, y 84 de ellos indicaron que les gustaba la campaña. ¿Se debería modificar la campaña? ¿Por qué?
3. Una importante cadena de tiendas departamentales tiene una venta de refrigeradores por fin de temporada. El número de refrigeradores vendidos durante esta venta en una muestra de 10 tiendas fue:

   80   110   0   40   70   80   100   50   80   30

   a. ¿Existe evidencia de que se vendieron en promedio más de 50 refrigeradores por tienda durante esta venta? Utilice $\alpha = 0.05$.
   b. ¿Qué supuesto se requiere para realizar esta prueba?

EJERCICIOS EN INTERNET Y POR COMPUTADORA

1. En un pretest se obtuvieron datos de 45 sujetos acerca de Nike. En la siguiente tabla se presentan los datos, que incluyen el uso, el sexo, la conciencia, la actitud, la preferencia, la intención y la lealtad hacia Nike de una muestra de usuarios de este calzado. El uso se codificó con 1, 2 o 3, que representan a los usuarios esporádicos, intermedios o frecuentes. El sexo se codificó con 1 para las mujeres y 2 para los hombres. La conciencia, la actitud, la preferencia, la intención y la lealtad se midieron en una escala tipo Likert de 7 puntos (1 = muy desfavorable, 7 = muy favorable). Observe que cinco sujetos tienen valores faltantes, los cuales se representan con 9.

Número	Uso	Sexo	Conciencia	Actitud	Preferencia	Intención	Lealtad
1	3	2	7	6	5	5	6
2	1	1	2	2	4	6	5
3	1	1	3	3	6	7	6
4	3	2	6	5	5	3	2
5	3	2	5	4	7	4	3
6	2	2	4	3	5	2	3
7	2	1	5	4	4	3	2
8	1	1	2	1	3	4	5
9	2	2	4	4	3	6	5
10	1	1	3	1	2	4	5

Número	Uso	Sexo	Conciencia	Actitud	Preferencia	Intención	Lealtad
11	3	2	6	7	6	4	5
12	3	2	6	5	6	4	4
13	1	1	4	3	3	1	1
14	3	2	6	4	5	3	2
15	1	2	4	3	4	5	6
16	1	2	3	4	2	4	2
17	3	1	7	6	4	5	3
18	2	1	6	5	4	3	2
19	1	1	1	1	3	4	5
20	3	1	5	7	4	1	2
21	3	2	6	6	7	7	5
22	2	2	2	3	1	4	2
23	1	1	1	1	3	2	2
24	3	1	6	7	6	7	6
25	1	2	3	2	2	1	1
26	2	2	5	3	4	4	5
27	3	2	7	6	6	5	7
28	2	1	6	4	2	5	6
29	1	1	9	2	3	1	3
30	2	2	5	9	4	6	5
31	1	2	1	2	9	3	2
32	1	2	4	6	5	9	3
33	2	1	3	4	3	2	9
34	2	1	4	6	5	7	6
35	3	1	5	7	7	3	3
36	3	1	6	5	7	3	4
37	3	2	6	7	5	3	4
38	3	2	5	6	4	3	2
39	3	2	7	7	6	3	4
40	1	1	4	3	4	6	5
41	1	1	2	3	4	5	6
42	1	1	1	3	2	3	4
43	1	1	2	4	3	6	7
44	1	1	3	3	4	6	5
45	1	1	1	1	4	5	3

Analice los datos de Nike para responder las siguientes preguntas. En cada caso, formule la hipótesis nula y la hipótesis alternativa, y realice la prueba o pruebas estadísticas apropiadas.

a. Obtenga una distribución de frecuencias para cada una de las siguientes variables y calcule los estadísticos relevantes: conciencia, actitud, preferencia, intención y lealtad hacia Nike.
b. Haga una tabulación cruzada del uso de acuerdo con el sexo. Interprete los resultados.
c. ¿La conciencia de la marca Nike es mayor que 3.0?
d. ¿Los hombres y las mujeres difieren en su conciencia de la marca Nike? ¿Y en su actitud hacia Nike? ¿Y en su lealtad hacia Nike?
e. ¿El nivel de conciencia de los sujetos es mayor que el de la lealtad en el pretest?
f. ¿La conciencia de la marca Nike se distribuye de manera normal?
g. ¿La distribución de la preferencia por Nike se distribuye de manera normal?
h. Suponga que la conciencia de la marca Nike se midió en una escala ordinal y no en una escala de intervalo. ¿Los hombres

y las mujeres tienen una conciencia diferente de la marca Nike?
i. Suponga que la lealtad hacia Nike se midió en una escala ordinal y no en una escala de intervalo. ¿Los hombres y las mujeres tienen diferente lealtad hacia esta marca?
j. Suponga que la actitud y la lealtad hacia Nike se midieron en una escala ordinal y no en una escala de intervalo. ¿Los sujetos tienen una mayor conciencia de la marca que lealtad hacia ella?

2. En un pretest se pidió a los sujetos que expresaran su preferencia por un estilo de vida al aire libre por medio de una escala de 7 puntos: 1 = no se prefiere en lo absoluto, número 7 = preferida por completo (V1). Además, se les pidió que indicaran la importancia de las siguientes variables en una escala de 7 puntos: 1 = sin ninguna importancia, 7 = muy importante.

V2 = disfrutar la naturaleza.
V3 = relacionarse con el clima.
V4 = vivir en armonía con el ambiente.
V5 = hacer ejercicio regularmente.
V6 = conocer a otras personas.

El sexo de los individuos (V7) se codificó con 1 para las mujeres y 2 para los hombres. El lugar de residencia (V8) se codificó de la siguiente manera: 1 = centro de la ciudad, 2 = suburbios y 3 = zona rural. En la siguiente tabla se presentan los datos obtenidos:

V1	V2	V3	V4	V5	V6	V7	V8
7.00	3.00	6.00	4.00	5.00	2.00	1.00	1.00
1.00	1.00	1.00	2.00	1.00	2.00	1.00	1.00
6.00	2.00	5.00	4.00	4.00	5.00	1.00	1.00
4.00	3.00	4.00	6.00	3.00	2.00	1.00	1.00
1.00	2.00	2.00	3.00	1.00	2.00	1.00	1.00
6.00	3.00	5.00	4.00	6.00	2.00	1.00	1.00
5.00	3.00	4.00	3.00	4.00	5.00	1.00	1.00
6.00	4.00	5.00	4.00	5.00	1.00	1.00	1.00
3.00	3.00	2.00	2.00	2.00	2.00	1.00	1.00
2.00	4.00	2.00	6.00	2.00	2.00	1.00	1.00
6.00	4.00	5.00	3.00	5.00	5.00	1.00	2.00
2.00	3.00	1.00	4.00	2.00	1.00	1.00	2.00
7.00	2.00	6.00	4.00	5.00	6.00	1.00	2.00
4.00	6.00	4.00	5.00	3.00	3.00	1.00	2.00
1.00	3.00	1.00	2.00	1.00	4.00	1.00	2.00
6.00	6.00	6.00	3.00	4.00	5.00	2.00	2.00
5.00	5.00	6.00	4.00	4.00	6.00	2.00	2.00
7.00	7.00	4.00	4.00	7.00	7.00	2.00	2.00
2.00	6.00	3.00	7.00	4.00	3.00	2.00	2.00
3.00	7.00	3.00	6.00	4.00	4.00	2.00	2.00
1.00	5.00	2.00	6.00	3.00	3.00	2.00	3.00
5.00	6.00	4.00	7.00	5.00	6.00	2.00	3.00
2.00	4.00	1.00	5.00	4.00	4.00	2.00	3.00
4.00	7.00	4.00	7.00	4.00	6.00	2.00	3.00
6.00	7.00	4.00	2.00	1.00	7.00	2.00	3.00
3.00	6.00	4.00	6.00	4.00	4.00	2.00	3.00
4.00	7.00	7.00	4.00	2.00	5.00	2.00	3.00
3.00	7.00	2.00	6.00	4.00	3.00	2.00	3.00
4.00	6.00	3.00	7.00	2.00	7.00	2.00	3.00
5.00	6.00	2.00	6.00	7.00	2.00	2.00	3.00

Utilice el paquete estadístico que elija y responda por favor las siguientes preguntas. En cada caso, formule la hipótesis nula y la hipótesis alternativa, y realice la prueba o pruebas estadísticas apropiadas.

  a. ¿La media de la preferencia por un estilo de vida al aire libre es mayor que 3.0?
  b. ¿La importancia promedio de disfrutar la naturaleza es mayor que 3.5?
  c. ¿Es diferente la media de la preferencia por un estilo de vida al aire libre, entre hombres y mujeres?
  d. ¿Los hombres y las mujeres adjudicaron una importancia diferente a las variables V2 a V6?
  e. ¿Los sujetos le dieron más importancia al hecho de disfrutar la naturaleza que a relacionarse con el clima?
  f. ¿Los sujetos le dieron más importancia al hecho de relacionarse con el clima que al de conocer a otras personas?
  g. ¿Los sujetos le dieron más importancia al hecho de vivir en armonía con el ambiente que a hacer ejercicio regularmente?
  h. ¿Los hombres y las mujeres adjudicaron una importancia diferente a las variables V2 a V6, si se les maneja como ordinales y no como de intervalo?
  i. ¿Los sujetos le dieron más importancia al hecho de relacionarse con el clima que a conocer a otras personas, si se maneja a estas variables como ordinales y no como de intervalo?

3. Utilice un paquete estadístico (SPSS, SAS, MINITAB o Excel) para realizar el siguiente análisis con los datos sobre los bebidas gaseosas que usted reunió como parte de su trabajo de campo (descrito más adelante).

  a. Obtenga una distribución de frecuencias del consumo semanal de bebidas gaseosas.
  b. Obtenga el estadístico de resumen relacionado con la cantidad de dinero que se gasta a la semana en bebidas gaseosas.
  c. Realice una tabulación cruzada del consumo semanal de bebidas gaseosas con el sexo de los participantes. ¿Sus datos muestran alguna relación?
  d. ¿La prueba t de dos muestras independientes para determinar si la cantidad de dinero semanal que se gasta en bebidas gaseosas revela diferencias entre los hombres y las mujeres?
  e. Realice una prueba para determinar si existe alguna diferencia entre la cantidad de dinero semanal que se gasta en bebidas gaseosas y el que se gasta en otras bebidas no alcohólicas. ¿Cuál es su conclusión?

ACTIVIDADES

Juego de roles

1. Usted fue contratado como analista de investigación de mercados por una importante empresa de marketing industrial en el país. Su jefe, el gerente de investigación de mercados, es un experto en estadística reconocido que no cree en el uso de técnicas rudimentarias como las distribuciones de frecuencias, las tabulaciones cruzadas y las pruebas *t* simples. Convénzalo (a un estudiante en su clase) de los méritos de estos análisis.

Trabajo de campo

1. Elabore un cuestionario para obtener la siguiente información de estudiantes de su campus.
   a. La cantidad promedio por semana que se gasta por consumo de bebidas gaseosas.
   b. La cantidad promedio semanal que se gasta en el consumo de otras bebidas no alcohólicas (leche, café, té, jugos de frutas, etcétera).
   c. Frecuencia del consumo semanal de bebidas gaseosas. Mida ésta como una variable categórica con la siguiente pregunta: "¿con qué frecuencia consume usted bebidas gaseosas? **i.** una vez a la semana o menos, **ii.** dos o tres veces a la semana, **iii.** de cuatro a seis veces a la semana, y **iv.** más de seis veces a la semana".
   d. Sexo del participante.

Aplique el cuestionario a 40 estudiantes. Codifique los datos y transcríbalos para analizarlos por computadora. A diferencia de los hombres, ¿las mujeres: **i.** gastan más dinero en bebidas gaseosas, **ii.** gastan más dinero en otras bebidas no alcohólicas, **iii.** consumen más bebidas gaseosas?

Discusión en grupo

1. "Debido a que la tabulación cruzada tienen ciertas limitaciones básicas, esta técnica no debería utilizarse ampliamente en la investigación de mercados comercial". Analice esto en un grupo pequeño.
2. "¿Por qué perder el tiempo haciendo análisis básicos de datos? ¿Por qué no dedicarse únicamente a realizar complejos análisis de datos multivariados?" Explique.

CAPÍTULO 16

Análisis de varianza y covarianza

"El análisis de varianza es una forma directa de buscar diferencias entre más de dos grupos de respuestas, medidas en escalas de intervalo o de razón".

Terry Grapentine, Grapentine Company, Inc.

Objetivos

Después de leer este capítulo, el estudiante deberá ser capaz de:

1. Analizar el alcance de la técnica del análisis de varianza (ANOVA) y su relación con la prueba *t* y la regresión.
2. Describir el análisis de varianza de un factor, incluyendo la descomposición de la variación total, la medición de los efectos, la prueba de significancia y la interpretación de los resultados.
3. Describir el análisis de varianza de *n* factores y la prueba de significancia del efecto general, el efecto de interacción y el efecto principal de cada factor.
4. Describir el análisis de covarianza y mostrar cómo explica la influencia de variables independientes no controladas.
5. Explicar los factores principales para la interpretación de los resultados, haciendo hincapié en las interacciones, la importancia relativa de los factores y las comparaciones múltiples.
6. Analizar técnicas de ANOVA especializadas que se aplican al marketing, como el ANOVA de medidas repetidas, el análisis de varianza no métrico y el análisis de varianza multivariado (MANOVA).

Panorama general

En el capítulo 15 se examinaron pruebas de diferencias entre dos medias o dos medianas. En este capítulo se analizarán procedimientos para examinar las diferencias entre más de dos medias o medianas. A estos procedimientos se les denomina *análisis de varianza* y *análisis de covarianza*, los cuales tradicionalmente se utilizan para analizar datos experimentales, aunque también se emplean para analizar datos de encuesta o de observaciones.

Aquí se describe el análisis de varianza y el análisis de covarianza, y se estudia su relación con otras técnicas. Luego, se revisa el análisis de varianza de un factor, que es el procedimiento más sencillo, seguido por el análisis de varianza de *n* factores y el análisis de covarianza. Se da especial atención a aspectos de la interpretación de los resultados con respecto a las interacciones, la importancia relativa de los factores y las comparaciones múltiples. Algunos temas especializados, como el análisis de varianza de medidas repetidas, el análisis de varianza no métrico y el análisis de varianza multivariado, se estudian brevemente.

INVESTIGACIÓN REAL

Análisis de destinos turísticos

Una investigación de mercados por encuesta, realizada por EgeBank en Estambul, Turquía, se concentró en la importancia que tiene la forma en que los operadores de excursiones y los agentes de viajes estadounidenses perciben ciertos destinos turísticos del Mediterráneo (Egipto, Grecia, Italia y Turquía). Dicho estudio se realizó con ayuda del Departamento de Turismo y Convenciones de la Universidad de Nevada en Las Vegas (*www.unlv.edu*).

Se enviaron encuestas por correo a agentes y operadores de viajes con base en la ubicación de excursiones, de la siguiente manera: Egipto (53), Grecia (130), Italia (150) y Turquía (65). La encuesta consistía de preguntas sobre evaluaciones perceptuales-cognoscitivas y emocionales de los cuatro destinos. Las cuatro preguntas afectivas se plantearon en una escala de diferencial semántico de 7 puntos; mientras que las 14 evaluaciones perceptuales-cognoscitivas se midieron en una escala tipo Likert de 5 puntos (número 1 = ofrece muy poco, 2 = ofrece poco, 3 = ofrece ni poco ni mucho, 4 = ofrece mucho, 5 = ofrece muchísimo). Las diferencias en las evaluaciones de los cuatro lugares se examinaron usando un análisis de varianza de un factor (ANOVA), como observa en la siguiente tabla.

Variaciones de la imagen de destinos promocionados con operadores de excursiones y agencias de viajes

Reactivos de imagen	Turquía (n = 36)	Egipto (n = 29)	Grecia (n = 37)	Italia (n = 34)	Significancia
Afectivos (escala 1 a 7)					
Desagradable-agradable	6.14	5.62	6.43	6.50	0.047[a]
Aburrido-estimulante	6.24	5.61	6.14	6.56	0.053
Angustioso-relajante	5.60	4.86	6.05	6.09	0.003[a]
Sombrío-emocionante	6.20	5.83	6.32	6.71	0.061
Perceptuales (escala 1 a 5)					
Buen valor por el dinero	4.62	4.32	3.89	3.27	0.000[a]
Hermosos paisajes y atracciones naturales	4.50	4.04	4.53	4.70	0.011[a]
Buen clima	4.29	4.00	4.41	4.35	0.133
Atracciones culturales interesantes	4.76	4.79	4.67	4.79	0.781
Alojamiento adecuado	4.17	4.28	4.35	4.62	0.125
Comida (cocina) local atractiva	4.44	3.57	4.19	4.85	0.000[a]
Magníficas playas y deportes acuáticos	3.91	3.18	4.27	3.65	0.001[a]
Calidad de la infraestructura	3.49	2.97	3.68	4.09	0.000[a]
Seguridad personal	3.83	3.28	4.19	4.15	0.000[a]
Ambiente interesante de los atractivos históricos	4.71	4.86	4.81	4.82	0.650
Sin contaminación ni basura	3.54	3.34	3.43	3.59	0.784
Buena vida nocturna y entretenimientos	3.44	3.15	4.06	4.27	0.000[a]
Higiene y limpieza estándares	3.29	2.79	3.76	4.29	0.000[a]
Personas interesantes y amistosas	4.34	4.24	4.35	4.32	0.956

[a]Significativo al nivel 0.05.

La tabla de ANOVA muestra que los factores afectivos "desagradable-agradable" y "angustioso-relajante" tienen diferencias significativas en los cuatro destinos. Por ejemplo, Grecia e Italia se consideraron significativamente más relajantes que Egipto. En lo que se refiere a los factores perceptuales, ocho de los 14 factores resultaron significativos. Los individuos percibieron que Turquía ofrece un valor por el dinero significativamente mayor que Grecia e Italia. Parece que la principal ventaja de Turquía es el "buen valor", y las esencias turísticas del país deberían promover esto en sus estrategias de marketing. Por otro lado, Turquía necesita mejorar la percepción de su infraestructura, limpieza y actividades de entretenimiento, para animar a los operadores de excursiones y a las agencias de viajes estadounidenses a ofrecer paquetes de viajes a este país. En 2005 los ingresos turísticos en Turquía rebasaron los $11,000 millones de dólares.[1] ∎

Las técnicas del análisis de varianza puedan ayudar a identificar factores afectivos y perceptuales que distinguen ciertos destinos turísticos.

INVESTIGACIÓN REAL

Riesgos de las compras electrónicas

Se utilizó un análisis de varianza para probar las diferencias en las preferencias de compras electrónicas para productos con distintos riesgos económicos y sociales. En un diseño 2 × 2, el riesgo económico y el riesgo social variaron en dos niveles (alto, abajo). La preferencia por las compras electrónicas se utilizó como variable dependiente. Los resultados indicaron una interacción significativa del riesgo social con el riesgo económico. Las compras electrónicas no se consideraron favorables en el caso de productos de alto riesgo social, sin importar el nivel del riesgo económico del producto; aunque se prefirieron más en el caso de productos de bajo riesgo económico, que en el de productos de alto riesgo económico, cuando el nivel del riesgo social era bajo.

A pesar de los resultados de este estudio, el número de compradores en línea continúa en aumento. Según un estudio realizado en 2005 por Forrester Research, se espera que las transacciones de comercio electrónico alcancen los $316,000 millones de dólares en 2010. El aumento del número de compradores se puede atribuir a los buscadores de ofertas, a la comodidad del uso de Internet y, sorprendentemente, a una mayor sensación de seguridad asociada con las compras en línea. Los sitios Web mejorados, la agilidad de los pedidos y las entregas, y el establecimiento de sistemas de pago más seguros han incrementado el flujo de nuevos compradores por Internet y, al mismo tiempo, han disminuido el riesgo tradicional asociado con las compras en línea.[2] ■

El ejemplo de los destinos turísticos presenta una situación con cuatro categorías. La prueba *t* no era adecuada para examinar la diferencia general en las medias de las categorías, por lo que se utilizó el análisis de varianza. El estudio sobre las compras electrónicas implicó una comparación de medias con dos factores (variables independientes), cada uno con dos niveles. En este ejemplo, la prueba *t* no era adecuada debido a que el efecto de cada factor no era independiente del efecto del otro factor (en otras palabras, las interacciones fueron significativas). El análisis de varianza proporcionó conclusiones importantes en estos estudios. En la siguiente sección, se estudia la relación del análisis de varianza con la prueba *t* y con otras técnicas.

RELACIÓN ENTRE TÉCNICAS

El análisis de varianza y el análisis de covarianza se utilizan para examinar las diferencias entre los valores promedio de la variable dependiente, asociadas con el efecto de las variables independientes controladas, después de tomar en cuenta la influencia de las variables independientes no controladas. En esencia, el ***análisis de varianza*** (ANOVA) se usa como una prueba de medias para dos o más poblaciones. La hipótesis nula generalmente plantea que todas las medias son iguales. Por ejemplo, suponga que el investigador está interesado en examinar si usuarios frecuentes, intermedios, esporádicos y no usuarios de cereales difieren en su preferencia por el cereal Total, medida en una escala Likert de 9 puntos. La hipótesis nula de que los cuatro grupos no difieren en su preferencia por el cereal Total se pondría a prueba utilizando un análisis de varianza.

En su forma más simple, el análisis de varianza debe tener una variable dependiente (preferencia por el cereal Total) que sea métrica (medida con una escala de intervalo o de razón). También debe existir una o más variables independientes (uso del producto: frecuente, intermedio, esporádico y no usuarios). Todas las variables independientes deben ser categóricas (no métricas). Las variables independientes categóricas también se conocen como ***factores***. Una combinación particular de niveles de factores o categorías se denomina ***tratamiento***. El ***análisis de varianza de un factor*** sólo incluye una variable categórica o un factor. Las diferencias en la preferencia de los usuarios frecuentes, intermedios, esporádicos y no usuarios pueden examinarse con un ANOVA de un factor. En el análisis de varianza de un factor, un tratamiento es igual a un nivel de factor (los usuarios intermedios constituyen un tratamiento). Si participan dos o más factores, al análisis se le llama ***análisis de varianza de n factores***. Si, además del uso del producto, el investigador también quisiera examinar la preferencia por el cereal Total de los clientes que son leales y de quienes no lo son, se podría realizar un análisis de varianza de *n* factores.

Si el conjunto de variables independientes consta de variables categóricas y métricas, a la técnica se le denomina ***análisis de covarianza*** (ANCOVA). Por ejemplo, usaríamos un análisis de covarianza si el investigador desea examinar la preferencia de los grupos de uso del producto y los grupos de lealtad, tomando en cuenta las actitudes que tienen los participantes hacia la nutrición y

---

análisis de varianza (ANOVA)
Técnica estadística que sirve para examinar las diferencias entre las medias de dos o más poblaciones.

factores
Variables independientes categóricas. Todas las variables independientes deben ser categóricas (no métricas), para utilizar la prueba ANOVA.

tratamiento
En el ANOVA una combinación particular de niveles o categorías de factores.

análisis de varianza de un factor
Técnica del ANOVA que sólo incluye un factor.

análisis de varianza de n factores
Modelo del ANOVA en el que participan dos o más factores.

análisis de covarianza (ANCOVA)
Procedimiento avanzado del análisis de varianza, donde los efectos de una o más variables métricas extrañas se eliminan de la variable dependiente antes de realizar el ANOVA.

Figura 16.1
Relación entre la prueba *t*, el análisis de varianza, el análisis de covarianza y la regresión

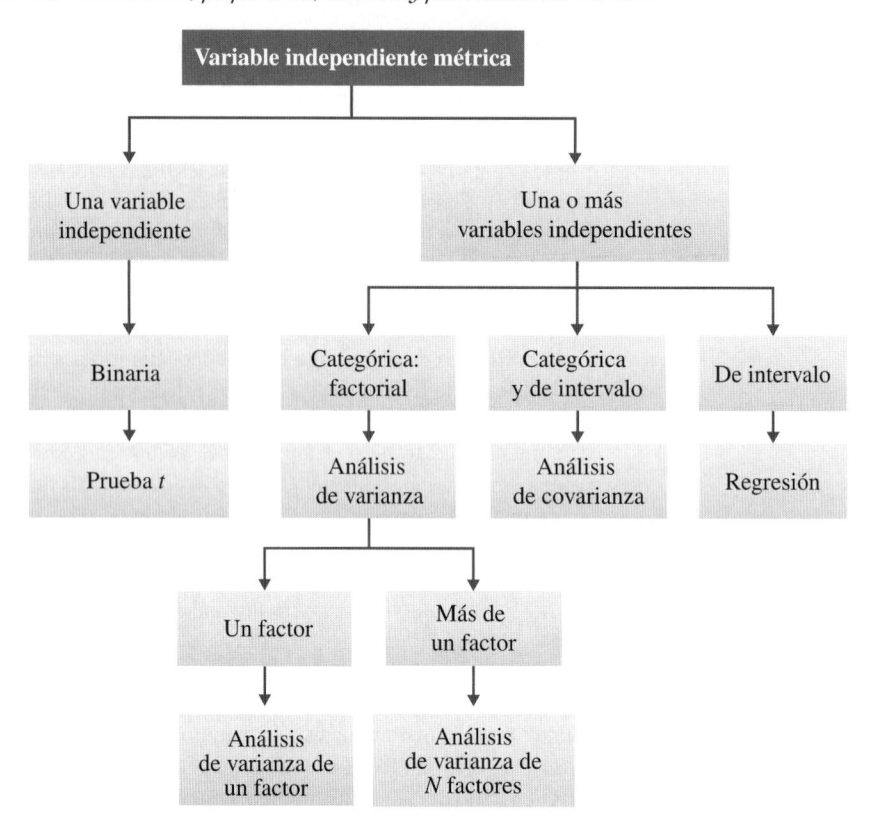

```
                    Variable independiente métrica
                    /                            \
          Una variable                     Una o más
          independiente                    variables independientes
               |                    /            |            \
            Binaria          Categórica:    Categórica      De intervalo
               |             factorial      y de intervalo       |
            Prueba t         Análisis       Análisis         Regresión
                             de varianza    de covarianza
                              /      \
                        Un factor   Más de
                                    un factor
                            |           |
                        Análisis    Análisis
                        de varianza de varianza de
                        de un factor N factores
```

la importancia que le adjudican al desayuno como alimento. Las últimas dos variables se medirían en una escala Likert con 9 puntos. En este caso, las variables independientes categóricas (uso del producto y lealtad hacia la marca) también se llaman factores; en tanto que las variables independientes métricas (actitud hacia la nutrición y la importancia adjudicada al desayuno) se denominan ***covariables***.

covariables
Variable independiente métrica que se utiliza en el ANCOVA.

La relación del análisis de varianza con la prueba *t* y otras técnicas, como la regresión (véase el capítulo 17), se muestra en la figura 16.1. Todas estas técnicas incluyen una variable dependiente métrica. El ANOVA y el ANCOVA pueden incluir más de una variable independiente (uso del producto, lealtad hacia la marca, actitud e importancia). Además, por lo menos una de las variables independientes debe ser categórica, y las variables categóricas deben tener más de dos categorías (en nuestro ejemplo, el uso del producto tiene cuatro categorías). Por otro lado, una prueba *t* incluye una sola variable independiente binaria. Por ejemplo, la diferencia en la preferencia de los sujetos leales y no leales se prueba con una prueba *t*. El análisis de regresión, al igual que el ANOVA y el ANCOVA, también puede incluir más de una variable independiente. Sin embargo, por lo general todas las variables independientes son de intervalo; aunque es posible adaptar variables binarias o categóricas al utilizar variables "dummy". Por ejemplo, la relación entre la preferencia por el cereal Total, la actitud hacia la nutrición y la importancia adjudicada al desayuno podría examinarse usando un análisis de regresión, en el cual la preferencia por el cereal Total serviría como la variable dependiente y la actitud y la importancia como variables independientes.

ANÁLISIS DE VARIANZA DE UN FACTOR

Los investigadores de mercados a menudo se interesan por examinar las diferencias en los valores promedios de la variable dependiente de varias categorías, en una sola variable independiente o factor. Por ejemplo:

- ¿Los diversos segmentos difieren en términos de su volumen de consumo del producto?
- ¿Varían las evaluaciones de la marca hechas por grupos expuestos a distintos comerciales?
- ¿Los vendedores al detalle, los mayoristas y los agentes tienen actitudes diferentes hacia las políticas de distribución?

- ¿Cómo varían las intenciones que tienen los consumidores de comprar una marca según los niveles de precio?
- ¿Qué efecto tiene la familiaridad de los consumidores con la tienda (alta, media, baja) sobre la preferencia por la tienda?

La respuesta a esta y a otras preguntas similares se puede determinar realizando un análisis de varianza de un factor. Antes de describir el procedimiento, definiremos los estadísticos importantes asociados al análisis de varianza de un factor.[3]

ESTADÍSTICOS ASOCIADOS CON EL ANÁLISIS DE VARIANZA DE UN FACTOR

Eta² (η^2). La fuerza de los efectos de X (variable o factor independiente) sobre Y (variable dependiente) se mide por medio de *eta2* (η^2), y su valor va de 0 a 1 punto

Estadístico F. La hipótesis nula que plantea que las medias de las categorías son iguales en la población se pone a prueba usando un estadístico F, que se basa en la proporción del cuadrado medio con respecto a X y el cuadrado medio relacionado con el error.

Cuadrado medio. El cuadrado medio es la suma de cuadrados dividida entre los grados de libertad adecuados.

SC_{entre}. También simbolizada por SC_x, es la variación de Y relacionada con la variación en las medias de las categorías de X. Ésta representa la variación entre las categorías de X, o la porción de la suma de cuadrados en Y relacionada con X.

SC_{dentro}. También conocida como SC_{error}, es la variación en Y debida a la variación dentro de cada una de las categorías de X. Esta variación no está explicada por X.

SCy. La variación total en Y es SC_y.

PROCESO DEL ANÁLISIS DE VARIANZA DE UN FACTOR

El procedimiento para realizar el análisis de varianza de un factor se describe en la figura 16.2, e implica identificar las variables dependiente e independiente, descomponer la variación total, medir los efectos, probar la significancia e interpretar los resultados. A continuación describimos estos pasos de manera detallada y ejemplificamos algunas aplicaciones.

Identificación de las variables dependiente-independiente

La variable dependiente se simboliza con Y y la variable independiente con X. X es una variable categórica con c categorías. Existen n observaciones de Y para cada categoría de X, como se muestra en la tabla 16.1. Como observamos, el tamaño de la muestra en cada categoría de X es n y el tamaño total de la muestra $N = n \times c$. Aunque se asume que las muestras en las categorías de X (el tamaño de los grupos) son del mismo tamaño por razones de simplicidad, éste no es un requisito.

Figura 16.2
Realización del ANOVA de un factor

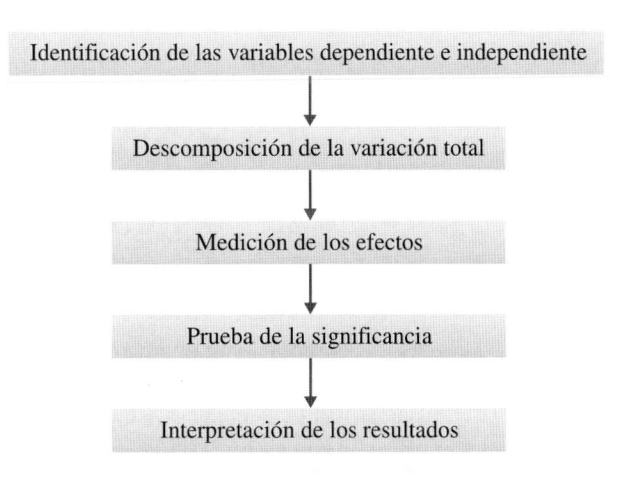

Identificación de las variables dependiente e independiente
↓
Descomposición de la variación total
↓
Medición de los efectos
↓
Prueba de la significancia
↓
Interpretación de los resultados

TABLA 16.1

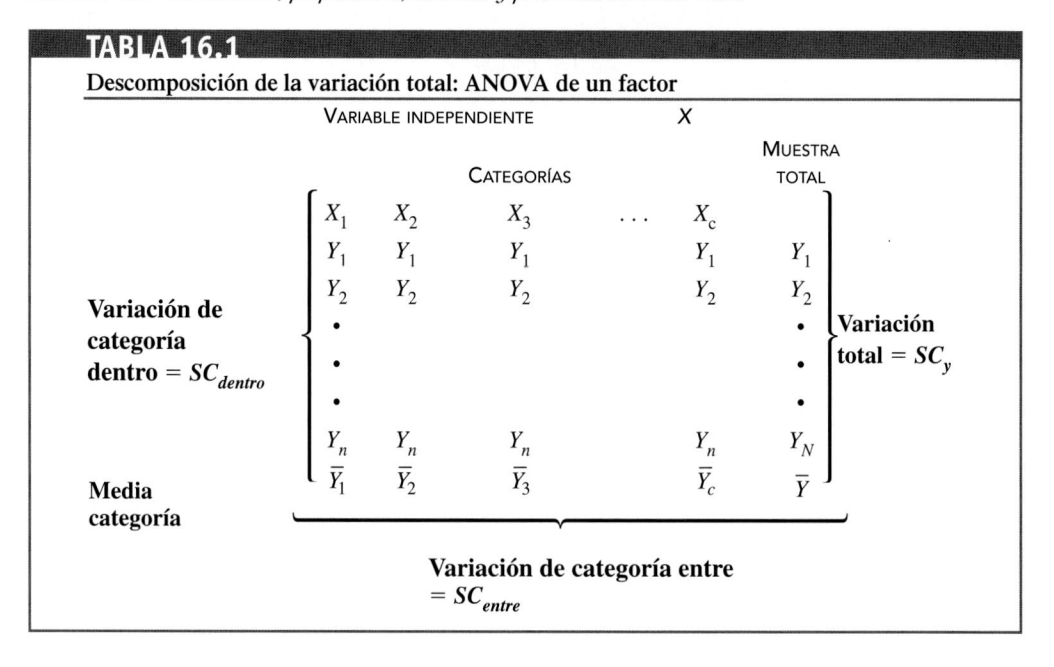

Descomposición de la variación total: ANOVA de un factor

$$\text{Variación de categoría dentro} = SC_{dentro} \left\{ \begin{array}{ccccc} X_1 & X_2 & X_3 & \cdots & X_c \\ Y_1 & Y_1 & Y_1 & & Y_1 \\ Y_2 & Y_2 & Y_2 & & Y_2 \\ \cdot & & & & \cdot \\ \cdot & & & & \cdot \\ \cdot & & & & \cdot \\ Y_n & Y_n & Y_n & & Y_n \\ \overline{Y}_1 & \overline{Y}_2 & \overline{Y}_3 & & \overline{Y}_c \end{array} \right. \begin{array}{c} Y_1 \\ Y_2 \\ \cdot \\ \cdot \\ \cdot \\ Y_N \\ \overline{Y} \end{array} \left.\vphantom{\begin{array}{c}Y_1\\Y_2\\\cdot\\\cdot\\\cdot\\Y_N\\\overline{Y}\end{array}}\right\} \text{Variación total} = SC_y$$

Media categoría

Variación de categoría entre $= SC_{entre}$

Descomposición de la variación total

descomposición de la variación total
En el ANOVA de un factor, separación de la variación observada en la variable dependiente en la variación debida a las variables independientes más la variación debida al error.

Al examinar las diferencias entre medias, el análisis de varianza de un factor requiere de la ***descomposición de la variación total*** observada en la variable dependiente. Esta variación se mide usando la suma de cuadrados corregida para la media (SC). El análisis de varianza recibe su nombre porque examina la variabilidad o variación en la muestra (variable dependiente) y, con base en la variación, determina si hay alguna razón para creer que las medias poblacionales son diferentes.

La variación total en Y, simbolizada por SC_y, se resuelve en dos componentes:

$$SC_y = SC_{entre} + SC_{dentro}$$

donde los subíndices *entre* y *dentro* se refieren a las categorías de X. SC_{entre} es la variación en Y relacionada con la variación en las medias de las categorías de X; representa la variación entre las categorías de X. En otras palabras, SC_{entre} es la porción de la suma de cuadrados en Y relacionada con la variable independiente o factor X. Por esta razón, SC_{entre} también se simboliza con SC_x. SC_{dentro} no está explicada por X y, por lo tanto, se le conoce como SC_{error}. La variación total en Y se puede descomponer de la siguiente manera:

$$SC_y = SC_x + SC_{error}$$

donde

$$SC_y = \sum_{i=1}^{N}(Y_i - \overline{Y})^2$$

$$SC_x = \sum_{j=1}^{c} n(\overline{Y}_j - \overline{Y})^2$$

$$SC_{error} = \sum_{j}^{c}\sum_{i}^{n}(Y_{ij} - \overline{Y}_j)^2$$

Y_i = observación individual
$\overline{Y}_j$ = media de la categoría j
$\overline{Y}$ = media de la muestra total o gran media
Y_{ij} = i-ésima observación en la categoría j-ésima

CAPÍTULO 16 *Análisis de varianza y covarianza*

La lógica de la descomposición de la variación total en Y, SC_y, en SC_{entre} y SC_{dentro}, para examinar las diferencias en las medias grupales se puede entender de manera intuitiva. Recuerde que en el capítulo 15 vimos que si se conocía o se calculaba la variación de la variable en la población, podíamos estimar cuánto debía variar la media de la muestra únicamente por la variación aleatoria. En el análisis de varianza existen varios grupos diferentes (por ejemplo, usuarios frecuentes, intermedios, esporádicos y no usuarios). Si la hipótesis nula es verdadera y todos los grupos tienen la misma media en la población, podemos estimar cuánto deben variar las medias muestrales únicamente por las variaciones de muestreo (aleatorias). Si la variación observada en las medias muestrales es mayor a lo esperado por la variación de muestreo, es razonable concluir que esta variación adicional se relaciona con las diferencias entre las medias grupales de la población.

En el análisis de varianza se calculan dos medidas de variación: dentro de los grupos (SC_{dentro}) y entre grupos (SC_{entre}). La variación dentro de los grupos es una medida de cuánto varían dentro de un grupo las observaciones o valores de Y. Esto se utiliza para estimar la varianza dentro de un grupo en la población. Se asume que todos los grupos tienen la misma variación en la población. Sin embargo, debido a que no se sabe si todos los grupos tienen la misma media, no podemos calcular la varianza de todas las observaciones en conjunto. La varianza de cada grupo se debe calcular de manera individual, y luego las varianza se combinan en una varianza "promedio" o "general". De la misma forma, se puede obtener otro estimado de la varianza de los valores de Y al examinar las variaciones entre las medias (este proceso es inverso a la determinación de la variación en las medias, dadas las varianzas poblacionales). Si la media poblacional es igual en todos los grupos, entonces se puede utilizar la variación de las medias muestrales y el tamaño de los grupos de muestras para estimar la varianza de Y. La sensatez de esta estimación de la varianza de Y depende de si la hipótesis nula es verdadera. Si la hipótesis nula es verdadera y las medias de la población son iguales, la estimación de la varianza basada en la variación entre grupos es correcta. Por otro lado, si los grupos tienen medias diferentes en la población, la estimación de la varianza basada en la variación entre grupos será demasiado grande. Así pues, al comparar los estimados de la varianza de Y con base en la variación entre grupos y dentro de grupos, ponemos a prueba la hipótesis nula. El hecho de descomponer la variación total de esta manera nos permite medir los efectos de X sobre Y.

Medición de los efectos

Los efectos de X sobre Y se miden con SC_x. Debido a que SC_x está relacionada con la variación en las medias de las categorías de X, la magnitud relativa de SC_x aumenta conforme se incrementan las diferencias entre las medias de Y en las categorías de X. La magnitud relativa de SC_x también aumenta conforme las variaciones en Y dentro de las categorías de X disminuyen. La fuerza de los efectos de X sobre Y se miden de la siguiente manera:

$$\eta^2 = \frac{SC_x}{SC_y} = \frac{(SC_y - SC_{error})}{SC_y}$$

El valor de η^2 varía entre 0 y 1, y asume un valor de 0 cuando todas las medias de la categoría son iguales, indicando así que X no tiene un efecto sobre Y. El valor de η^2 es 1 cuando no existe variación dentro de cada categoría de X, pero existe cierta variación entre las categorías. De esta manera, η^2 es una medida de la variación en Y que está explicada por la variable independiente X. No sólo podemos medir los efectos de X sobre Y, sino que también podemos hacer una prueba de su significancia.

Prueba de la significancia

En el análisis de varianza de un factor, el interés reside en poner a prueba la hipótesis nula que plantea que las medias de las categorías son iguales en la población.[4] En otras palabras,

$$H_0: \mu_1 = \mu_2 = \mu_3 = \ldots = \mu_c$$

PARTE III *Recolección, preparación, análisis y presentación de los datos*

De acuerdo con la hipótesis nula, SC_x y SC_{error} provienen de la misma fuente de variación. En tal caso, el estimado de la varianza poblacional de Y se puede basar en la variación de la categoría entre o en la variación de la categoría dentro. En otras palabras, el estimado de la varianza poblacional de Y,

$$S_y^2 = \frac{SC_x}{(c-1)}$$
$$= \text{cuadrado medio debido a } X$$
$$= CM_x$$

o

$$S_y^2 = \frac{SC_{error}}{(N-c)}$$
$$= \text{cuadrado medio debido al error}$$
$$= CM_{error}$$

La hipótesis nula se prueba con el estadístico F, con base en la proporción entre los siguientes dos estimados:

$$F = \frac{SC_x/(c-1)}{SC_{error}/(N-c)} = \frac{CM_x}{CM_{error}}$$

Este estadístico tiene una distribución F, con $(c-1)$ y $(N-c)$ grados de libertad (gl). En la tabla 5 del apéndice estadístico, al final del libro, se incluye una tabla de la distribución F. Como se menciona en el capítulo 15, la distribución F es una distribución de probabilidad de las proporciones de las varianzas muestrales. Se caracteriza por tener grados de libertad para el numerador y grados de libertad para el denominador.[5]

Interpretación de los resultados

Si la hipótesis nula que plantea medias de categoría iguales no se rechaza, entonces la variable independiente no tiene un efecto significativo sobre la variable dependiente. Por otro lado, si se rechaza la hipótesis nula, entonces el efecto de la variable independiente es significativo. En otras palabras, el valor promedio de la variable dependiente será diferente para distintas categorías de la variable independiente. Una comparación de los valores promedio de las categorías indica la naturaleza del efecto de la variable independiente. Otros aspectos relevantes sobre la interpretación de los resultados, como el examen de las diferencias entre medias específicas, se discuten más adelante.

DATOS ILUSTRATIVOS

Ejemplificamos los conceptos estudiados en este capítulo con los datos presentados en la tabla 16.2. Por razones prácticas, sólo tomamos en cuenta un pequeño número de observaciones. En la realidad, el análisis de varianza se realiza con una muestra mucho más grande, como la del apartado de Experiencia de investigación acerca de Dell que consideramos más adelante. Estos datos fueron generados por un experimento, en el cual una importante cadena de tiendas departamentales deseaba examinar el efecto del nivel de promoción en tiendas y de un cupón válido en toda la tienda sobre las ventas. La promoción en tienda incluyó tres niveles: alto (1), medio (2) y bajo (3). Los cupones se manipularon en dos niveles. Se distribuyó un cupón de 20 dólares entre compradores potenciales (simbolizado con 1) o no se distribuyó ninguno (simbolizado con 2 en la tabla 16.2). Se realizó un cruce de la promoción en tienda y de los cupones, lo que resultó en un diseño 3 × 2 con seis celdas. Se eligieron 30 tiendas al azar, y se asignaron aleatoriamente cinco a cada tratamiento, tal como se muestra en la tabla 16.2. El experimento duró dos meses y luego se midieron las ventas en cada tienda, de manera normalizada para explicar factores extraños (tamaño de la tienda, flujo de personas, etcétera), y luego se convirtieron a una escala de 1 a 10. Además, se realizó una evaluación cualitativa de la afluencia relativa de la clientela en cada tienda, utilizando nuevamente una escala de 1 a 10. En estas escalas, los números más altos indican mayores ventas o mayor afluencia de clientes.

Archivo de resultados de SPSS

TABLA 16.2
Nivel de cupón, promoción en tienda, ventas y afluencia de clientes

Número de tienda	Nivel de cupón	Promoción en tienda	Ventas	Afluencia de clientes
1	1	1	10	9
2	1	1	9	10
3	1	1	10	8
4	1	1	8	4
5	1	1	9	6
6	1	2	8	8
7	1	2	8	4
8	1	2	7	10
9	1	2	9	6
10	1	2	6	9
11	1	3	5	8
12	1	3	7	9
13	1	3	6	6
14	1	3	4	10
15	1	3	5	4
16	2	1	8	10
17	2	1	9	6
18	2	1	7	8
19	2	1	7	4
20	2	1	6	9
21	2	2	4	6
22	2	2	5	8
23	2	2	5	10
24	2	2	6	4
25	2	2	4	9
26	2	3	2	4
27	2	3	3	6
28	2	3	2	10
29	2	3	1	9
30	2	3	2	8

APLICACIONES ILUSTRATIVAS DEL ANÁLISIS DE VARIANZA DE UN FACTOR

Primero ilustramos el ANOVA de un factor con un ejemplo que muestra los cálculos hechos a mano y después utilizando un análisis de computadora. Suponga que sólo se manipuló un factor, digamos la promoción en tienda; es decir, ignoremos los cupones para este ejemplo. La tienda departamental está tratando de determinar el efecto de la promoción en tienda (X) sobre las ventas (Y). Para mostrar los cálculos a mano, los datos de la tabla 16.2 se transformaron en la tabla 16.3 para mostrar la tienda (Y_{ij}), de acuerdo con cada nivel de promoción.

La hipótesis nula afirma que las medias de las categorías son iguales:

$$H_0: \mu_1 = \mu_2 = \mu_3$$

Para probar la hipótesis nula, todas las sumas de cuadrados se calculan de la siguiente manera:

$$\begin{aligned}SC_y =\ & (10 - 6.067)^2 + (9 - 6.067)^2 + (10 - 6.067)^2 + (8 - 6.067)^2 + (9 - 6.067)^2 \\ & + (8 - 6.067)^2 + (9 - 6.067)^2 + (7 - 6.067)^2 + (7 - 6.067)^2 + (6 - 6.067)^2 \\ & + (8 - 6.067)^2 + (8 - 6.067)^2 + (7 - 6.067)^2 + (9 - 6.067)^2 + (6 - 6.067)^2 \\ & + (4 - 6.067)^2 + (5 - 6.067)^2 + (5 - 6.067)^2 + (6 - 6.067)^2 + (4 - 6.067)^2 \\ & + (5 - 6.067)^2 + (7 - 6.067)^2 + (6 - 6.067)^2 + (4 - 6.067)^2 + (5 - 6.067)^2 \\ & + (2 - 6.067)^2 + (3 - 6.067)^2 + (2 - 6.067)^2 + (1 - 6.067)^2 + (2 - 6.067)^2\end{aligned}$$

TABLA 16.3
Efecto de la promoción en tienda sobre las ventas

Núm. de tienda	Alto	Medio	Bajo
	\multicolumn{3}{c}{Nivel de promoción en tienda}	
	\multicolumn{3}{c}{Ventas normalizadas}	
1	10	8	5
2	9	8	7
3	10	7	6
4	8	9	4
5	9	6	5
6	8	4	2
7	9	5	3
8	7	5	2
9	7	6	1
10	6	4	2
Totales por columna	83	62	37
Medias de categoría: $\overline{Y}_j$	$\frac{83}{10} = 8.3$	$\frac{62}{10} = 6.2$	$\frac{37}{10} = 3.7$

Gran media, $\overline{Y} = \frac{(83+62+37)}{30} = 6.067$

$$\begin{aligned}
&= (3.933)^2 + (2.933)^2 + (3.933)^2 + (1.933)^2 + (2.933)^2 \\
&\quad + (1.933)^2 + (2.933)^2 + (0.933)^2 + (0.933)^2 + (-0.067)^2 \\
&\quad + (1.933)^2 + (1.933)^2 + (0.933)^2 + (2.933)^2 + (-0.067)^2 \\
&\quad + (-2.067)^2 + (-1.067)^2 + (-1.067)^2 + (-0.067)^2 + (-2.067)^2 \\
&\quad + (-1.067)^2 + (0.933)^2 + (-0.067)^2 + (-2.067)^2 + (-1.067)^2 \\
&\quad + (-4.067)^2 + (-3.067)^2 + (-4.067)^2 + (-5.067)^2 + (-4.067)^2 \\
&= 185.867
\end{aligned}$$

$$\begin{aligned}
SC_x &= 10(8.3 - 6.067)^2 + 10(6.2 - 6.067)^2 + 10(3.7 - 6.067)^2 \\
&= 10(2.233)^2 + 10(0.133)^2 + 10(-2.367)^2 \\
&= 106.067
\end{aligned}$$

$$\begin{aligned}
SC_{error} &= (10 - 8.3)^2 + (9 - 8.3)^2 + (10 - 8.3)^2 + (8 - 8.3)^2 + (9 - 8.3)^2 \\
&\quad + (8 - 8.3)^2 + (9 - 8.3)^2 + (7 - 8.3)^2 + (7 - 8.3)^2 + (6 - 8.3)^2 \\
&\quad + (8 - 6.2)^2 + (8 - 6.2)^2 + (7 - 6.2)^2 + (9 - 6.2)^2 + (6 - 6.2)^2 \\
&\quad + (4 - 6.2)^2 + (5 - 6.2)^2 + (5 - 6.2)^2 + (6 - 6.2)^2 + (4 - 6.2)^2 \\
&\quad + (5 - 3.7)^2 + (7 - 3.7)^2 + (6 - 3.7)^2 + (4 - 3.7)^2 + (5 - 3.7)^2 \\
&\quad + (2 - 3.7)^2 + (3 - 3.7)^2 + (2 - 3.7)^2 + (1 - 3.7)^2 + (2 - 3.7)^2
\end{aligned}$$

$$\begin{aligned}
&= (1.7)^2 + (0.7)^2 + (1.7)^2 + (-0.3)^2 + (0.7)^2 \\
&\quad + (-0.3)^2 + (0.7)^2 + (-1.3)^2 + (-1.3)^2 + (-2.3)^2 \\
&\quad + (1.8)^2 + (1.8)^2 + (0.8)^2 + (2.8)^2 + (-0.2)^2 \\
&\quad + (-2.2)^2 + (-1.2)^2 + (-1.2)^2 + (-0.2)^2 + (-2.2)^2 \\
&\quad + (1.3)^2 + (3.3)^2 + (2.3)^2 + (0.3)^2 + (1.3)^2 \\
&\quad + (-1.7)^2 + (-0.7)^2 + (-1.7)^2 + (-2.7)^2 + (-1.7)^2 \\
&= 79.80
\end{aligned}$$

Podemos verificar que

$$SC_y = SC_x + SC_{error}$$

de la siguiente manera

$$185.867 = 106.067 + 79.80$$

La fuerza de los efectos de X sobre Y se mide como sigue:

$$\eta^2 = \frac{SC_x}{SC_y}$$

$$= \frac{106.067}{185.867}$$

$$= 0.571$$

En otras palabras, el 57.1 por ciento de la variación en las ventas (Y) se explica por la promoción en tienda (X), lo cual indica un efecto modesto. Ahora se prueba la hipótesis nula.

$$F = \frac{SC_x/(c-1)}{SC_{error}/(N-c)} = \frac{CM_x}{CM_{error}}$$

$$F = \frac{106.067/(3-1)}{79.800/(30-3)}$$

$$= 17.944$$

Al revisar la tabla 5 del apéndice estadístico, vemos que para 2 y 27 grados de libertad, el valor crítico de F es 3.35 con un nivel $\alpha = 0.05$. Debido a que el valor calculado de F es mayor que el valor crítico, rechazamos la hipótesis nula, y concluimos que las medias poblacionales de los tres niveles de promoción en tienda en realidad son diferentes. Las magnitudes relativas de las medias para las tres categorías indican que un mayor nivel de promoción en tienda produce ventas significativamente más elevadas.

Ahora ejemplificamos el procedimiento del análisis de varianza utilizando un programa de cómputo. En la tabla 16.4 se presentan los resultados del mismo análisis, pero hecho con un programa de cómputo. El valor de SC_x, indicado por los efectos principales, es 106.067 con 2 gl; el valor de SC_{error} indicado por el residual es 79.80 con 27 gl. Por lo tanto, $CM_x = 106.067/2 = 53.033$ y $CM_{error} = 79.80/27 = 2.956$. El valor de $F = 53.033/2.956 = 17.944$, con 2 y 27 grados de libertad, da como resultado una probabilidad de 0.000. Debido a que la probabilidad asociada es menor que el nivel de significancia de 0.05, se rechaza la hipótesis nula de medias poblacionales iguales. Como alternativa, en la tabla 5 del apéndice estadístico se observa que el valor crítico de F para 2 y 27 grados de libertad es 3.35. Debido a que el valor calculado de F (17.944) es mayor que el valor crítico, se rechaza la hipótesis nula. En la tabla 16.4 vemos que las medias de las muestras, con valores de 8.3, 6.2 y 3.7, son bastante diferentes. Los establecimientos con un alto nivel de promoción en tienda tienen el promedio más alto de ventas (8.3), y los establecimientos con un bajo nivel de promoción en tienda tienen el promedio más bajo de ventas (3.7). Las tiendas con un nivel medio de promoción tienen un promedio de ventas intermedio (6.2).

Archivo de resultados de SPSS

TABLA 16.4

ANOVA de un factor: efecto de la promoción en tiendas sobre las ventas por tienda

Fuente de variación	Suma de cuadrados	GL	Cuadrado medio	Razón de F	Prob. de F
Entre grupos (promoción en tienda)	106.067	2	53.033	17.944	0.000
Dentro de grupos (error)	79.800	27	2.956		
TOTAL	185.867	29	6.409		

MEDIAS DE CELDAS

Nivel de promoción en tienda	Conteo	Media
Alto (1)	10	8.300
Medio (2)	10	6.200
Bajo (3)	10	3.700
TOTAL	30	6.067

INVESTIGACIÓN ACTIVA

> Visite *www.dell.com* y realice una búsqueda en Internet y en la base en línea de su biblioteca, para obtener información sobre el uso de computadoras en los hogares de su país.
>
> Como director de marketing de Dell, ¿de qué manera segmentaría usted el mercado de computadoras para el hogar?
>
> Como analista de investigación de mercados contratado por Dell, ¿de qué manera determinaría usted si los tres segmentos de uso de la computadora en el hogar (expertos, novatos y no usuarios) difieren en términos de 10 características psicográficas, cada una de ellas medida en una escala de 7 puntos?

Estos hallazgos parecen posibles. Si en vez de 30 tiendas se tratara de una muestra grande y representativa, esto implicaría que los gerentes que buscan aumentar las ventas deberían poner mayor énfasis en la promoción dentro de la tienda.

El procedimiento de la realización del análisis de varianza de un factor y su aplicación nos ayuda a entender los supuestos implicados.

SUPUESTOS DEL ANÁLISIS DE VARIANZA

Los principales supuestos del análisis de varianza se resumen de la siguiente manera.

1. Normalmente, se supone que las categorías de la variable independiente son fijas. Sólo se hacen inferencias de las categorías específicas consideradas. A esto se le conoce como el *modelo de efectos fijos*. También hay otros modelos: en el *modelo de los efectos aleatorios* se considera que las categorías o los tratamientos son muestras aleatorias de un universo de tratamientos, y se hacen inferencias de otras categorías que no se examinan en el análisis; el *modelo de efectos mixtos* se usa cuando algunos tratamientos se consideran fijos y otros aleatorios.[6]
2. El término de error se distribuye normalmente, con una media de cero y una varianza constante. El error no está relacionado con ninguna de las categorías de X. Pequeñas variaciones de estos supuestos no afectan gravemente la validez del análisis. Además, los datos pueden transformarse para satisfacer el supuesto de normalidad o de varianzas iguales.
3. Los términos de error no están correlacionados. Si los términos de error están correlacionados (es decir, las observaciones no son independientes), la razón F podría distorsionarse gravemente.

En muchas situaciones en las que se analizan datos, estos supuestos se cumplen de forma razonable. Por lo tanto, el análisis de varianza es un procedimiento común, tal como lo ilustra el siguiente ejemplo.

INVESTIGACIÓN REAL

Los videologs colocan a los comerciantes en la pantalla

Aunque el videolog, un catálogo en videos para compras desde el hogar, está aún en su infancia, muchos comerciantes directos han mostrado un interés en su uso. Empresas como Spiegel (*www.spiegel.com*) y Neiman Marcus (*www.neimanmarcus.com*) planean ofrecer o ya ofrecen catálogos en videos a los consumidores.

Se diseñó un estudio para investigar la eficacia de vender videologs como una forma de marketing directo. Los sujetos fueron asignados aleatoriamente a uno de tres tratamientos: *a*) sólo videolog, *b*) videolog y catálogo, o *c*) sólo catálogo. Las variables dependientes de interés, que consistían en actitudes y opiniones, fueron: **1.** evaluaciones de los atributos del producto (ropa); **2.** evaluaciones de la empresa patrocinadora del videolog o catálogo; **3.** evaluaciones de la información sobre el precio; y **4.** intenciones de compra.

Se realizó un análisis de varianza de un factor de forma separada para cada variable dependiente. Los resultados mostraron que los participantes expuestos al videolog, o al videolog y al catálogo, percibieron la ropa de forma más positiva de los que sólo fueron expuestos al catálogo. A pesar de que el tratamiento donde sólo se presentó el videolog mejoró la percepción de la empresa patrocinadora, los resultados no fueron tan impactantes como los de la percepción de la ropa. No se encontraron diferencias significativas en las percepciones del precio ni en las intenciones de compra. Sin embargo, el número promedio de participantes dijo que quienes vieron el videolog y el catálogo tenían mayores probabilidades de comprar, que los que únicamente vieron el videolog o el catálogo.

CAPÍTULO 16 *Análisis de varianza y covarianza*   515

Aunque este estudio fue exploratorio, los resultados positivos encontrados en las evaluaciones de la ropa que se vio en videolog sugieren que se trata de una área que tiene potencial para los comerciantes directos.[7] ■

ANÁLISIS DE VARIANZA DE *N* FACTORES

En la investigación de mercados, con frecuencia existe un interés por el efecto de más de un factor al mismo tiempo.[8] Por ejemplo:

- ¿De qué manera varían las intenciones que tienen los consumidores de comprar una marca, de acuerdo con diferentes niveles de precios y diferentes niveles de distribución?
- ¿De qué manera interactúan los niveles de publicidad (alto, medio y bajo) con los niveles de precio (alto, medio y bajo), para afectar las ventas de una marca?
- ¿El nivel académico (bachillerato inconcluso o menos, preparatoria terminada, algunos estudios universitarios y licenciatura determinada) y la edad (menos de 35, 35 a 55, más de 55) afectan el consumo de una marca?
- ¿Qué efecto tiene la familiaridad de los consumidores con una tienda departamental (alta, media y baja) y la imagen de la tienda (positiva, neutral y negativa) sobre la preferencia por la tienda?

interacciones
Cuando se evalúa la relación entre dos variables, ocurre una interacción si el efecto de X_1 depende del nivel de X_2, y viceversa.

Para determinar este tipo de efectos, se puede emplear un análisis de varianza de *n* factores. Una de las principales ventajas de esta técnica es que permite al investigador examinar interacciones entre los factores. Las ***interacciones*** ocurren cuando los efectos de un factor sobre la variable dependiente dependen del nivel (categoría) de los otros factores. El procedimiento para realizar un análisis de varianza de *n* factores es similar al del análisis de varianza de un factor. Los estadísticos asociados con el análisis de varianza de *n* factores también se definen de manera similar. Considere el caso sencillo de dos factores, X_1 y X_2, con categorías c_1 y c_2. La variación total en este caso se parte de la siguiente manera:

$$SC_{total} = SC \text{ debida a } X_1 + SC \text{ debida a } X_2 + SC \text{ debida a la interacción de } X_1 \text{ y } X_2 + SC_{dentro}$$

o

$$SC_y = SC_{x_1} + SC_{x_2} + SC_{x_1 x_2} + SC_{error}$$

Un mayor efecto de X_1 se reflejará en una mayor diferencia promedio en los niveles de X_1 y en una SC_{x_1} más grande. Lo mismo ocurre con el efecto de X_2. Cuanto más grande sea interacción entre X_1 y X_2, mayor será $SC_{x_1 x_2}$. Por otro lado, si X_1 y X_2 son independientes, el valor de $SC_{x_1 x_2}$ se acercará a cero.[9]

η² múltiple
La fuerza del efecto conjunto de dos (o más) factores, o el efecto general.

La fuerza del efecto conjunto de dos factores, llamado efecto general o **η² *múltiple***, se mide como sigue:

$$\text{múltiple } \eta^2 = \frac{(SC_{x_1} + SC_{x_2} + SC_{x_1 x_2})}{SC_y}$$

significancia del efecto general
Prueba de que existen algunas diferencias entre algunos de los grupos de tratamiento.

La ***significancia del efecto general*** se prueba con una prueba *F*, de la siguiente manera:

$$F = \frac{(SC_{x_1} + SC_{x_2} + SC_{x_1 x_2})/df_n}{SC_{error}/df_d}$$

$$= \frac{SC_{x_1, x_2, x_1 x_2}/df_n}{SC_{error}/df_d}$$

$$= \frac{CM_{x_1, x_2, x_1 x_2}}{CM_{error}}$$

donde

$$gl_n = \text{grados de libertad del numerador}$$
$$= (c_1 - 1) + (c_2 - 1) + (c_1 - 1)(c_2 - 1)$$
$$= c_1 c_2 - 1$$
$$gl_d = \text{grados de libertad del denominador}$$
$$= N - c_1 c_2$$
$$CM = \text{cuadrado medio}$$

PARTE III *Recolección, preparación, análisis y presentación de los datos*

significancia del efecto de interacción
Prueba de la significancia de la interacción entre dos o más variables independientes.

Si el efecto general es significativo, el siguiente paso consiste en examinar la ***significancia del efecto de interacción***. Para la hipótesis nula de no interacción, la prueba F apropiada es:

$$F = \frac{SC_{x_1 x_2}/df_n}{SC_{error}/df_d}$$

$$= \frac{CM_{x_1 x_2}}{CM_{error}}$$

donde

$$gl_n = (c_1 - 1)(c_2 - 1)$$
$$gl_d = N - c_1 c_2$$

Si el efecto de interacción resulta significativo, entonces el efecto de X_1 depende del nivel de X_2 y viceversa. Debido a que el efecto de un factor no es uniforme, sino que varía con el nivel del otro factor, generalmente no tiene caso poner a prueba la significancia de los efectos principales. Sin embargo, es importante poner a prueba la significancia de cada efecto principal de cada factor, si el efecto de interacción no es significativo.[10]

significancia del efecto principal
Prueba de la significancia del efecto principal de cada factor individual.

La ***significancia del efecto principal*** de cada factor se prueba de la siguiente manera para X_1:

$$F = \frac{SC_{x_1 x_2}/gl_n}{SC_{error}/gl_d}$$

$$= \frac{CM_{x_1}}{CM_{error}}$$

donde

$$gl_n = c_1 - 1$$
$$gl_d = N - c_1 c_2$$

El análisis anterior asume que se trata de un diseño ortogonal o equilibrado (hay el mismo número de casos en cada celda). Si el tamaño de la celda varía, el análisis se vuelve más complejo.

APLICACIÓN ILUSTRATIVA DEL ANÁLISIS DE VARIANZA DE *N* FACTORES

Retomando los datos de la tabla 16.2, ahora examinemos el efecto del nivel de la promoción en tienda y los cupones sobre las ventas. Los resultados de correr un ANOVA 3 × 2 en una computadora se presentan en la tabla 16.5. Para el efecto principal del nivel de promoción, la suma de cuadrados SC_{xp}, los grados de libertad y el cuadrado medio CM_{xp} son los mismos que se determinaron antes en la tabla 16.4. La suma de cuadrados de los cupones $SC_{xc} = 53.333$ con 1 gl resulta en un valor idéntico del cuadrado medio CM_{xc}. El efecto principal combinado se determina al añadir la suma de cuadrados debida a los dos efectos principales ($SC_{xp} + SC_{xc} = 106.067 + 53.333 = 159.400$), y sumando los grados de libertad (2 + 1 = 3). Para el efecto de interacción entre la promoción y los cupones, la suma de cuadrados $SC_{xpxc} = 3.267$ con $(3 - 1)(2 - 1) = 2$ grados de libertad, da como resultado $CM_{xpxc} = 3.267/2 = 1.633$. Para el efecto (modelo) general, la suma de cuadrados es la adición de la suma de cuadrados del efecto principal de la promoción, del efecto principal de los cupones y del efecto de la interacción = $106.067 + 53.333 + 3.267 = 162.667$ con $2 + 1 + 2 = 5$ grados de libertad, lo que produce un cuadrado medio de $162.667/5 = 32.533$. Sin embargo, observe que ahora los estadísticos del error son diferentes a los de la tabla 16.4. Esto se debe al hecho de que ahora tenemos dos factores en vez de uno. $SC_{error} = 23.2$ con $(30 - 3 \times 2)$ o 24 grados de libertad producen $CM_{error} = 23.2/24 = 0.967$.

El estadístico de prueba para la significancia del efecto general es

$$F = \left(\frac{32.533}{0.967}\right)$$

$$= 33.655$$

con 5 y 24 grados de libertad, que es significativo a un nivel de 0.05.

Archivo de resultados de SPSS

TABLA 16.5

Análisis de varianza de dos factores

Fuente de variación	Suma de cuadrados	GL	Cuadrado medio	F	Significancia de F	ω^2
Efectos principales						
Promoción en tienda	106.067	2	53.033	54.862	0.000	0.557
Cupones	53.333	1	53.333	55.172	0.000	0.280
Combinado	159.400	3	53.133	54.966	0.000	
Interacción de dos factores	3.267	2	1.633	1.690	0.206	
Modelo	162.667	5	32.533	33.655	0.000	
Residual (error)	23.200	24	0.967			
TOTAL	185.867	29	6.409			

Medias de celdas

Promoción en tienda	Cupones	Conteo	Media
Alta	Sí	5	9.200
Alta	No	5	7.400
Media	Sí	5	7.600
Media	No	5	4.800
Baja	Sí	5	5.400
Baja	No	5	2.000

Medias del nivel del factor

Promoción	Cupones	Conteo	Media
Alta		10	8.300
Media		10	6.200
Baja		10	3.700
	Sí	15	7.400
	No	15	4.733
Gran media		30	6.067

El estadístico de prueba para la significancia del efecto de interacción es

$$F = \left(\frac{1.633}{0.967}\right)$$
$$= 1.690$$

con 2 y 24 grados de libertad, que no es significativo al nivel de 0.05.

Debido a que el efecto de interacción no es significativo, se puede evaluar la significancia de los efectos principales. El estadístico de prueba para la significancia del efecto principal de la promoción es

$$F = \left(\frac{53.033}{0.967}\right)$$
$$= 54.862$$

con 2 y 24 grados de libertad, que es significativo al nivel de 0.05.

El estadístico de prueba para la significancia del efecto principal de los cupones es

$$F = \left(\frac{53.333}{0.967}\right)$$
$$= 55.172$$

con 1 y 24 grados de libertad, que es significativo al nivel de 0.05. De esta manera, un nivel alto de promoción produce ventas elevadas. La distribución de cupones en toda la tienda causa ventas elevadas. El efecto de cada variable es independiente. Si se tratara de una muestra grande y representativa, esto implicaría que la gerencia incrementaría las ventas al aumentar la promoción en tienda y el uso de cupones, de manera independiente.

INVESTIGACIÓN REAL

El país de origen afecta la recepción de TV

Un estudio examinó el impacto del país de origen sobre la credibilidad de las afirmaciones sobre atributos del producto para televisores. Las variables dependientes fueron los siguientes enunciados acerca de los atributos del producto: buen sonido, confiabilidad, imagen nítida y diseño de moda. Las variables independientes que se manipularon fueron el precio, el país de origen y la distribución en tiendas. Se utilizó un diseño 2 × 2 × 2 entre sujetos. Se especificaron dos niveles de precio, $349.95 (bajo) y $449.95 (alto); dos países de origen, Corea y Estados Unidos; y dos niveles de distribución en tiendas, con Hudson y sin Hudson.

Los datos se recolectaron en dos centros comerciales suburbanos de una ciudad grande del medio oeste en Estados Unidos. Se asignaron 30 participantes a cada una de las ocho celdas de tratamiento, para un total de 240 sujetos. La tabla 1 presenta los resultados de la manipulación que tuvieron efectos significativos sobre cada una de las variables dependientes.

TABLA 1   Análisis de manipulaciones significativas

Efecto	*Variable dependiente*	*F univariada*	*gl*	*p*
País × precio	Buen sonido	7.57	1,232	0.006
País × precio	Confiabilidad	6.57	1,232	0.011
País × distribución	Imagen nítida	6.17	1,232	0.014
País × distribución	Confiabilidad	6.57	1,232	0.011
País × distribución	Diseño de moda	10.31	1,232	0.002

La dirección de los efectos de interacción del país y la distribución para las tres variables independientes se presenta en la tabla 2. En tanto que las puntuaciones de credibilidad para las declaraciones de imagen nítida, confiabilidad y diseño de moda mejoran con la distribución de los televisores hechos en Corea por medio de Hudson, y no por algún otro distribuidor, no ocurre lo mismo con los televisores fabricados en Estados Unidos. De manera similar, las direcciones de los efectos de interacción del país y el precio para las dos variables dependientes se incluye en la tabla 3. Para el precio de $449.95, las puntuaciones de credibilidad del "buen sonido" y la "confiabilidad" son más altas para los televisores hechos en Estados Unidos que para los hechos en Corea; aunque hay pocas diferencias relacionadas con el país de origen cuando el precio es de $349.95.

TABLA 2   Medias de la interacción de país por distribución

País × distribución	*Imagen nítida*	*Confiabilidad*	*Diseño de moda*
Corea			
Con Hudson	3.67	3.42	3.82
Sin Hudson	3.18	2.88	3.15
Estados Unidos			
Con Hudson	3.60	3.47	3.53
Sin Hudson	3.77	3.65	3.75

TABLA 3   Medias de la interacción de país por precio

País × precio	*Buen sonido*	*Confiabilidad*
$349.95		
Corea	3.75	3.40
Estados Unidos	3.53	3.45
$449.95		
Corea	3.15	2.90
Estados Unidos	3.73	3.67

Este estudio demuestra que las declaraciones de credibilidad del atributo de productos que tradicionalmente se exportan a Estados Unidos, por parte de una empresa de un país recientemente industrializado, pueden mejorarse de forma significativa si la misma empresa distribuye el producto a través de un detallista estadounidense prestigioso, y si considera la posibilidad de invertir en manufactura en Estados Unidos.

INVESTIGACIÓN ACTIVA

Visite *www.levis.com* y realice una búsqueda en Internet y en la base en línea de su biblioteca, para encontrar información sobre las preferencias de jeans de los consumidores.

A Levi's le gustaría realizar investigaciones de mercado para incrementar su participación en el mercado de los jeans. Estudios previos sugieren que los dos factores más importantes que determinan las preferencias por los jeans son el precio (alto, medio y bajo) y la calidad (alta, media y baja). ¿Qué diseño adoptaría usted y qué análisis realizaría para determinar los efectos de estos factores sobre las preferencias de jeans?

Como director de marketing de Levi's, ¿qué información necesitaría usted para formular estrategias dirigidas a incrementar la participación de mercado?

En específico, tres declaraciones sobre los atributos del producto (imagen nítida, confiabilidad y diseño de moda) se consideran más creíbles cuando los televisores están hechos en Corea, si también son distribuidos a través de un detallista estadounidense prestigiado. Asimismo, las declaraciones de "buen sonido" y "confiabilidad" de los televisores se consideran más creíbles en los televisores hechos en Estados Unidos y que se venden a un precio más alto, tal vez porque contrarresta la desventaja potencial del costo de manufactura más altos en Estados Unidos. Así, tal vez Thomson, el fabricante de productos RCA (*www.rca.com*) obtendría más beneficios al fabricar sus televisores en Estados Unidos y venderlos a un precio más elevado. En el año 2000 Dayton Hudson Corporation cambió su nombre a Target Corporation.[11] ■

ANÁLISIS DE COVARIANZA

Al examinar las diferencias entre las medias de la variable dependiente, relacionadas con el efecto de las variables independientes controladas, a menudo es necesario tomar en cuenta la influencia de variables independientes no controladas. Por ejemplo:

- Al determinar la variación de las intenciones de compra de una marca en los consumidores con diferentes niveles de precio, es probable que se necesite tomar en cuenta la actitud hacia la marca.
- Al determinar cómo evalúan una marca distintos grupos expuestos a comerciales diferentes, es probable que sea necesario controlar los conocimientos previos.
- Al determinar la manera en que los distintos niveles de precio afectarán el consumo de cereal de una familia, quizá sea necesario tomar en cuenta el tamaño de ésta.

En estos casos, debería utilizarse un análisis de covarianza, el cual incluye por lo menos una variable independiente categórica, y por lo menos una variable independiente métrica o de intervalo. A la variable independiente categórica se le llama *factor*; mientras que la variable independiente métrica se conoce como *covariable*. La covariable se utiliza principalmente para eliminar variaciones extrañas de la variable dependiente, ya que los efectos de los factores son muy importantes. La variación de la variable dependiente debido a las covariables se elimina mediante un ajuste del valor promedio de la variable dependiente dentro de cada tratamiento. Luego se realiza un análisis de varianza con las puntuaciones ajustadas.[12] La significancia del efecto combinado de las covariables, así como el efecto de cada covariable, se prueba con la prueba *F* adecuada. Los coeficientes de las covariables ofrecen información sobre el efecto que ejercen éstas sobre la variable dependiente. El análisis de covarianza es más útil cuando la covariable tiene una relación lineal con la variable dependiente y no está relacionada con los factores.[13]

Nuevamente utilizamos los datos de la tabla 16.2 para ilustrar el análisis de covarianza. Suponga que deseamos determinar el efecto de la promoción en tienda y los cupones sobre las ventas, mientras controlamos el efecto de la clientela. Se cree que la afluencia de la clientela también podría tener un efecto sobre las ventas de las tiendas departamentales. La variable dependiente consiste en las ventas de tiendas. Como antes, la promoción tiene tres niveles y los cupones tienen dos. La medición de la clientela en una escala de intervalo sirve como covariable. En la tabla 16.6 se muestran los resultados. Como se observa, la suma de cuadrados atribuible a la covariable es muy pequeña (0.838) con 1 grado de libertad, lo cual produce un valor idéntico para el cuadrado medio. El valor *F* asociado es 0.838/0.972 = 0.862, con 1 y 23 grados de libertad, que no es significativo al nivel de 0.05. De esta manera, concluimos que la afluencia de la clientela no tiene un efecto sobre las ventas de la tienda departamental.

Archivo de resultados de SPSS

TABLA 16.6
Análisis de covarianza

Fuente de variación	Suma de cuadrados	GL	Cuadrado medio	F	Significancia de F
Covariables					
Clientela	0.838	1	0.838	0.862	0.363
Efectos principales					
Promoción	106.067	2	53.033	54.546	0.000
Cupones	53.333	1	53.333	54.855	0.000
Combinación	159.400	3	53.133	54.649	0.000
Interacción de 2 factores					
Promoción × cupones	3.267	2	1.633	1.680	0.208
Modelo	163.505	6	27.251	28.028	0.000
Residual (error)	22.362	23	0.972		
TOTAL	185.867	29	6.409		
Covariable	Coeficiente bruto				
Clientela	−0.078				

Si el efecto de la covariable fuera significativo, el signo del coeficiente bruto se utilizaría para interpretar la dirección del efecto sobre la variable dependiente.

TEMAS DE INTERPRETACIÓN

Algunos de los temas importantes en la interpretación del ANOVA son las interacciones, la importancia relativa de los factores y las comparaciones múltiples.

Interacciones

En la figura 16.3 se muestran las diferentes interacciones que pueden surgir al realizar un ANOVA con dos o más factores. En uno de los resultados ANOVA puede indicar que no hay interacciones (se encuentra que los efectos de interacción no son significativos). La otra posibilidad es que la interacción resulte significativa. Un *efecto de interacción* ocurre cuando el efecto de una variable independiente sobre una variable dependiente difiere para las distintas categorías o niveles de otra variable independiente. La interacción puede ser ordinal o disordinal. En una ***interacción ordinal*** la jerarquía de orden de los aspectos relacionados con un factor no cambian a lo largo de los niveles del segundo factor. Por otro lado, una ***interacción disordinal*** implica un cambio en la jerarquía de los efectos de un factor a lo largo de los niveles de otro. Si la interacción es disordinal, podría tratarse de una sin cruce o cruzada.[14]

interacción ordinal
Interacción donde la jerarquía de rangos de los efectos atribuibles a un factor no cambia a lo largo de los niveles del segundo factor.

interacción disordinal
Cambio del orden jerárquico de los efectos de un factor a lo largo de los niveles de otro.

Figura 16.3
Una clasificación de los efectos de interacción

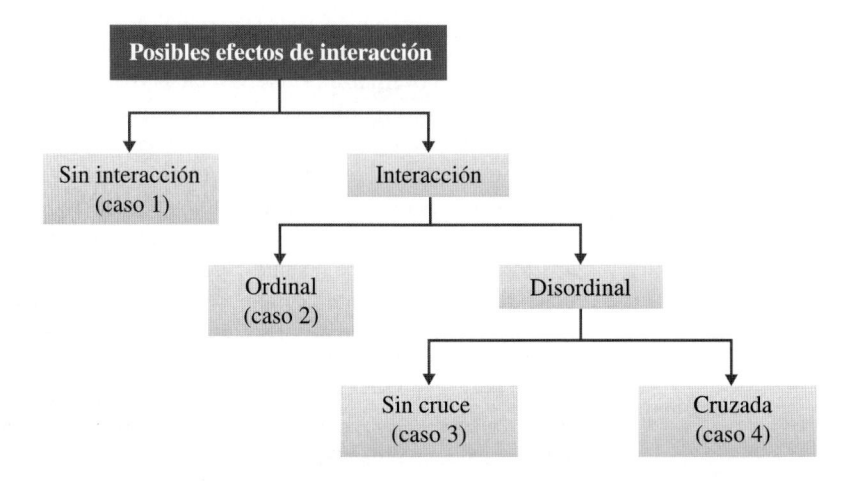

Posibles efectos de interacción
- Sin interacción (caso 1)
- Interacción
  - Ordinal (caso 2)
  - Disordinal
    - Sin cruce (caso 3)
    - Cruzada (caso 4)

Figura 16.4
Patrones de interacción

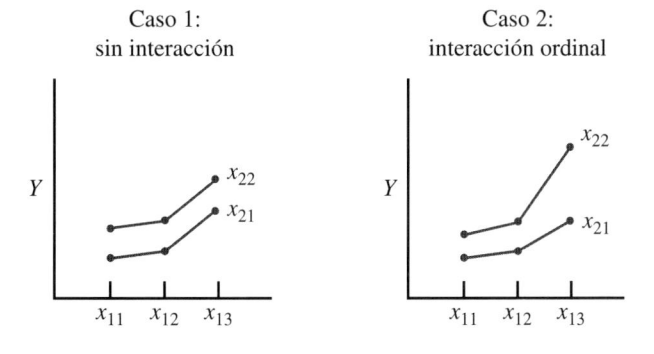

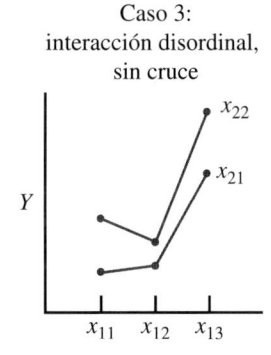

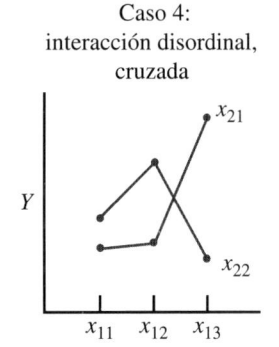

Caso 1: sin interacción

Caso 2: interacción ordinal

Caso 3: interacción disordinal, sin cruce

Caso 4: interacción disordinal, cruzada

Estos casos de interacción se muestran en la figura 16.4, en donde se asume que hay dos factores, X_1 con tres niveles (X_{11}, X_{12} y X_{13}) y X_2 con dos niveles (X_{21} y X_{22}). El caso 1 no muestra interacción. Los efectos de X_1 sobre Y son paralelos en los dos niveles de X_2. Aunque existe cierto alejamiento del paralelismo, éste no va más allá de lo que podría esperarse debido al azar. El paralelismo implica que el efecto neto de X_{22} sobre X_{21} es el mismo en los tres niveles de X_1. En la ausencia de interacción, el efecto conjunto de X_1 y X_2 es simplemente la suma de sus efectos principales individuales.

El caso 2 describe una interacción ordinal. Los argumentos lineales que muestran los efectos de X_1 y X_2 no son paralelos. La diferencia entre X_{22} y X_{21} aumenta conforme pasamos de X_{11} a X_{12} y de X_{12} a X_{13}; pero la jerarquía de orden de los efectos de X_1 es igual en los dos niveles de X_2. Esta jerarquía, en orden ascendente, es X_{11}, X_{12}, X_{13}, y permanece igual para X_{21} y X_{22}.

La interacción disordinal de tipo no cruzado se muestra por medio del caso 3. El menor efecto de X_1 a nivel X_{21} ocurre en X_{11}, y la jerarquía de orden de los efectos es X_{11}, X_{12} y X_{13}. Sin embargo, al nivel X_{22}, el menor efecto de X_1 ocurre en X_{12}, y la jerarquía de orden se cambia a X_{12}, X_{11}, X_{13}. Debido a que implica un cambio en la jerarquía de orden, la interacción disordinal es más poderosa que la interacción ordinal.

En las interacciones disordinales de tipo cruzado, los segmentos de la línea se cruzan entre sí, como se muestra en el caso 4 de la figura 16.4. En este caso, el efecto relativo de los niveles de un factor cambia con los niveles del otro. Observe que X_{22} tiene un efecto mayor que X_{21}, cuando los niveles de X_1 son X_{11} y X_{12}. Cuando el nivel de X_1 es X_{13}, la situación se invierte y X_{21} tiene un mayor efecto que X_{22} (observé que en los casos 1, 2 y 3, X_{22} tuvo mayor influencia que X_{21} en los tres niveles de X_1). Por lo tanto, las interacciones disordinales de tipo cruzado son las más poderosas.[15]

Importancia relativa de los factores

Los diseños experimentales suelen estar equilibrados, ya que cada celda contiene el mismo número de sujetos. Esto produce un diseño ortogonal donde los factores no están correlacionados. Por lo tanto, es posible determinar sin ambigüedades la importancia relativa de cada factor al explicar la variación en la variable dependiente.

omega cuadrada (ω^2)
Medida que indica la proporción de la variación de la variable independiente, explicada por una variable o factor independiente en particular.

La medida más usada en el ANOVA es la ***omega cuadrada*** (ω^2), que indica cuál proporción de la variación en la variable dependiente está relacionada con una variable o factor independiente en particular. La contribución relativa de un factor X se calcula de la siguiente manera:[16]

$$\omega_x^2 = \frac{SC_x - (\text{gl}_x \times CM_{error})}{SC_{total} + CM_{error}}$$

Observe que el valor estimado de ω^2 puede ser negativo, en cuyo caso se establece que el valor estimado de ω^2 es igual a cero. Por lo general, ω^2 se interpreta sólo en el caso de efectos estadísticamente significativos.[17] En la tabla 16.5 la ω^2 asociada con el nivel de promoción en tiendas se calcula de la siguiente manera:

$$\omega_p^2 = \frac{106.067 - (2 \times 0.967)}{185.867 + 0.967}$$

$$= \frac{104.133}{186.834}$$

$$= 0.557$$

Observe en la tabla 16.5 que

$$SC_{total} = 106.067 + 53.333 + 3.267 + 23.2$$
$$= 185.867$$

De la misma forma, la ω^2 asociada con los cupones es:

$$\omega_c^2 = \frac{53.333 - (1 \times 0.967)}{185.867 + 0.967}$$

$$= \frac{52.366}{186.834}$$

$$= 0.280$$

contrastes
En un ANOVA procedimiento para examinar las diferencias entre dos o más medias de los grupos de tratamiento.

contrastes a priori
Contrastes que se determinan antes de realizar el análisis, con base en el marco de referencia teórico del investigador.

contrastes a posteriori
Contrastes que se realizan después del análisis. Generalmente se trata de pruebas de comparación múltiple.

pruebas de comparación múltiple
Contrastes a posteriori que permiten al investigador construir intervalos de confianza generalizados, que se pueden emplear para hacer comparaciones pareadas de todas las medias de los tratamientos.

Como guía para interpretar ω^2, un efecto experimental grande produce una ω^2 de 0.15 o mayor, un efecto medio produce un índice de alrededor de 0.06; en tanto que un efecto pequeño produce un índice de 0.01.[18] En la tabla 16.5, aunque el efecto de la promoción y de los cupones es grande, el efecto de la promoción es mucho mayor. Por lo tanto, la promoción en tienda sería mucho más eficaz para incrementar las ventas, que el reparto de cupones.

Comparaciones múltiples

La prueba F de ANOVA sólo examina las diferencias generales entre las medias. Si se rechaza la hipótesis nula de medias iguales, sólo podemos concluir que no todas las medias grupales son iguales. Sin embargo, es probable que sólo algunas de las medias sean estadísticamente diferentes y que queramos examinar las diferencias entre medias específicas. Esto se puede hacer al especificar ***contrastes*** apropiados, o comparaciones utilizadas para determinar cuáles medias son estadísticamente diferentes. Los contrastes son a priori o a posteriori. Los ***contrastes a priori*** se determinan antes de realizar el análisis, a partir del marco teórico del investigador. Por lo general, los contrastes a priori se emplean en lugar de la prueba F de ANOVA. Los contrastes seleccionados son ortogonales (son independientes en un sentido estadístico).

Los ***contrastes a posteriori*** se hacen después del análisis, y generalmente son ***pruebas de comparación múltiple***. Éstos permiten al investigador construir intervalos de confianza generalizados que se sirven para hacer comparaciones pareadas de todas las medias de los tratamientos. Estas pruebas, listadas en orden descendente de acuerdo a su potencia, incluyen la diferencia menos significativa, la prueba de rango múltiple de Duncan, la prueba de Student-Newman-Keuls, el procedimiento alternado de Tukey, la diferencia honestamente significativa, la diferencia menos significativa modificada y la prueba de Scheffe. De todas estas pruebas, la más poderosa es la de la

CAPÍTULO 16 *Análisis de varianza y covarianza*

diferencia menos significativa; mientras que la de Scheffe es la más conservadora. Para aprender más sobre los contrastes a priori y a posteriori, remítase a la literatura.[19]

Hasta ahora, nuestra explicación ha asumido que cada sujeto está expuesto únicamente a un tratamiento o condición experimental. A veces los sujetos participan en más de una condición experimental, en cuyo caso se debe utilizar un ANOVA para medidas repetidas.

ANOVA DE MEDIDAS REPETIDAS

En la investigación de mercados, con frecuencia hay grandes diferencias en los antecedentes y las características individuales de los participantes. Si esta fuente de variación puede separarse de los efectos del tratamiento (efectos de la variable independiente) y del error experimental, entonces mejora la sensibilidad del experimento. Una forma de controlar las diferencias entre sujetos consiste en observar a cada uno de ellos bajo cada condición experimental (véase la tabla 16.7). En este sentido, cada sujeto sirve como su propio control. Por ejemplo, en una encuesta que busca determinar las diferencias entre las evaluaciones de varias aerolíneas, cada encuestado evalúa todas las líneas aéreas principales. Debido a que se obtienen medidas repetidas de cada sujeto, a este diseño se le conoce como diseño dentro de sujetos o ***análisis de varianza de medidas repetidas***. En este análisis no se cumple el supuesto que esbozamos antes, de que cada sujeto sólo se ve expuesto a una condición de tratamiento, situación que se conoce como *diseño entre sujetos*.[20] El análisis de varianza de medidas repetidas se considera una extensión de la prueba *t* de muestras pareadas cuando existen más de dos muestras relacionadas.

análisis de varianza de medidas repetidas
Técnica de ANOVA que se utiliza cuando los sujetos están expuestos a más de un tratamiento y se obtienen medidas repetidas.

En el caso de un solo factor con medidas repetidas, la variación total, con $n(c-1)$ grados de libertad, se divide en la variación entre sujetos y la variación dentro de los sujetos.

$$SC_{total} = SC_{entre\ sujetos} + SC_{dentro\ de\ sujetos}$$

La variación entre sujetos, que está relacionada con las diferencias entre las medias de los sujetos, tiene $n-1$ grados de libertad. La variación dentro de los sujetos tiene $n(c-1)$ grados de libertad y a la vez se divide en dos fuentes diferentes de variación. Una fuente está relacionada con las diferencias entre las medias de los tratamientos, y la segunda consiste en la variación residual o del error.

TABLA 16.7

Descomposición de la variación total: ANOVA de medidas repetidas

	Núm. de sujeto	X_1	X_2	Categorías X_3	...	X_c	Muestra total	
Variación entre sujetos $=SC_{entre\ sujetos}$	1	Y_{11}	Y_{12}	Y_{13}		Y_{1c}	Y_1	**Variación total** $=SC_y$
	2	Y_{21}	Y_{22}	Y_{23}		Y_{2c}	Y_2	
	·						·	
	·						·	
	·						·	
	n	Y_{n1}	Y_{n2}	Y_{n3}		Y_{nc}	Y_N	
Media de categoría		$\overline{Y}_1$	$\overline{Y}_2$	$\overline{Y}_3$		$\overline{Y}_c$	$\overline{Y}$	

Variación dentro de los sujetos $= SC_{dentro\ de\ los\ sujetos}$

Los grados de libertad correspondientes a la variación en los tratamientos son $c - 1$; en tanto que los correspondientes a la variación residual son $(c - 1)(n - 1)$. De esta manera,

$$SC_{dentro\ de\ los\ sujetos} = SC_x + SC_{error}$$

Ahora es posible elaborar una prueba de la hipótesis nula de medias iguales de la manera acostumbrada:

$$F = \frac{SC_x/(c-1)}{SC_{error}/(n-1)(c-1)} = \frac{CM_x}{CM_{error}}$$

Hasta ahora hemos supuesto que la variable dependiente se mide en una escala de intervalo o de razón. Sin embargo, si la variable dependiente no es métrica, se debe utilizar un procedimiento diferente.

INVESTIGACIÓN PARA TOMA DE DECISIONES

Marriott: seduciendo a los viajeros de negocios

La situación

Marriott International Inc. es una empresa mundial líder del mercado de la hospitalidad. Su origen se remonta a un pequeño puesto de cerveza de raíz que se abrió en Washington, D.C., en 1927, gracias a la iniciativa de J. Willard y Alice S. Marriott. Hasta el 17 de junio de 2005, la empresa operaba o tenía franquicias de 2,676 propiedades de alojamiento en Estados Unidos, y en otros 63 países y territorios. Algunos de los visitantes más frecuentes del Marriott son los viajeros de negocios, quienes, durante muchos años, han enfrentado un problema fundamental: encontrar una forma cómoda y conveniente de hacer su trabajo en habitaciones de hotel sin un espacio funcional. Aunque muchos de ellos no eran muy productivos, desarrollaron importantes habilidades como escribir de manera legible encima de una colcha, estirar los brazos al máximo para alcanzar tomas de corriente ocultas de bajo o detrás de los muebles, y entrecerrar los ojos para poder leer mejor los documentos.

Marriott reconoció estas necesidades de sus viajeros de negocios y decidió hacer algo al respecto. Susan Hodapp, directora de marca de los hoteles, centros vacacionales y suites Marriott, ordenó que se realizara una encuesta para determinar la preferencia de los viajeros de negocios con

Las técnicas de análisis de varianza pueden ayudar a Marriott a determinar qué características de una habitación de hotel son las más importantes para los viajeros de negocios.

CAPÍTULO 16 *Análisis de varianza y covarianza*

respecto a los hoteles, y los factores que son importantes en su proceso de selección de un hotel. Parte del cuestionario enfocó su atención en las características de la habitación. Cada encuestado calificó la importancia relativa de los siguientes factores en una escala de 7 puntos (número 1 = sin ninguna importancia, 7 = sumamente importante): decoración de la habitación, iluminación, mobiliario, acceso a sistemas de voz y datos dentro de la habitación, y precio de la habitación por noche.

La decisión para la investigación de mercado

1. A la cadena Marriott le gustaría determinar qué características de una habitación de hotel son las más importantes para los viajeros de negocios cuando eligen un hotel. Cada característica podría ofrecerse en varios niveles; por ejemplo, la iluminación del habitación podría ser brillante, media o tenue. ¿Qué análisis se debería realizar?
2. Comente el papel que tiene el tipo de análisis de datos que usted recomendó para que Susan Hodapp pueda entender qué aspectos de las habitaciones prefieren los viajeros de negocios.

La decisión para la gerencia de marketing

1. ¿Qué debe hacer Marriott para seducir a los viajeros de negocios? ¿Qué características debe enfatizar?
2. Analice qué tan afectada se ve la decisión de la gerencia de marketing que usted recomendó a Susana Hodapp, por el tipo de análisis de datos que sugirió anteriormente y por los hallazgos de ese análisis.[21] ∎

ANÁLISIS DE VARIANZA NO MÉTRICO

análisis de varianza no métrico
Técnica de ANOVA para examinar las diferencias en las tendencias centrales de más de dos grupos, cuando la variable dependiente se mide en una escala ordinal.

prueba de la mediana de k muestras
Prueba no paramétrica que se utiliza para examinar las diferencias entre grupos, cuando la variable dependiente se mide en una escala ordinal.

análisis de varianza de un factor de Kruskal-Wallis
Prueba de ANOVA no paramétrica que utiliza el valor del rango de cada caso y no únicamente su ubicación con respecto a la mediana.

El *análisis de varianza no métrico* examina la diferencia de la tendencia central de más de dos grupos cuando la variable dependiente se mide en una escala ordinal. Uno de estos procedimientos es la *prueba de la mediana de k muestras*. Como su nombre lo indica, se trata de una extensión de la prueba de la mediana para dos grupos, que se estudió en el capítulo 15. La hipótesis nula plantea que las medianas de las *k* poblaciones son iguales. La prueba consiste en el cálculo de una mediana común de las *k* muestras. Luego, se construye una tabla de 2 × *k* celdas basada en los casos que están por arriba o por abajo de la mediana común, y se calcula el estadístico chi cuadrada. La significancia de la chi cuadrada implica el rechazo de la hipótesis nula.

Una prueba más poderosa es el *análisis de varianza de un factor de Kruskal-Wallis*, que es una extensión de la prueba de Mann-Whitney (véase el capítulo 15). Esta prueba también examina la diferencia entre las medianas. La hipótesis nula es igual que la de la prueba de la mediana de *k* muestras, aunque el procedimiento de prueba es diferente. Todos los casos de los *k* grupos se ordenan en una sola clasificación. Si las *k* poblaciones son iguales, los grupos deben ser similares en términos de los rangos dentro de cada grupo. Luego, se calculan la suma de rangos para cada grupo y el estadístico *H* de Kruskal-Wallis, que tiene una distribución de chi cuadrada.

La prueba de Kruskal-Wallis es más poderosa que la prueba de la mediana de *k* muestras, ya que utiliza el valor del rango en cada caso, y no únicamente su ubicación con respecto a la mediana. Sin embargo, si hay una gran cantidad de rangos empatados en los datos, la prueba de la mediana de *k* muestras sería una mejor opción.

El análisis de varianza no métrico no es muy popular en la investigación de mercados comercial. Otro procedimiento, que sólo se utiliza en raras ocasiones, es el análisis de varianza multivariado.

ANÁLISIS DE VARIANZA MULTIVARIADO

análisis de varianza multivariado (MANOVA)
Técnica de ANOVA que utiliza dos o más variables dependientes métricas.

El *análisis de varianza multivariado* (MANOVA) es similar al análisis de varianza (ANOVA), salvo que en vez de manejar una variable dependiente métrica, maneja dos o más. El objetivo es el mismo: el MANOVA también se utiliza para examinar diferencias entre grupos. Mientras que el ANOVA examina diferencias grupales sobre una sola variable dependiente, el MANOVA examina diferencias grupales en muchas variables dependientes de forma simultánea. En el ANOVA, la hipótesis nula plantea que las medias de la variable dependiente son iguales en todos los grupos. En el MANOVA, la hipótesis nula plantea que los vectores de las medias de múltiples variables dependientes son iguales en todos los grupos. El análisis de varianza multivariado debe emplearse cuando hay dos o más variables dependientes que están correlacionadas. Si hay múltiples variables dependientes que no están correlacionadas o son ortogonales, es más apropiado realizar un ANOVA en cada variable dependiente que un MANOVA.[22]

Como ejemplo, suponga que cuatro grupos, cada uno consistente de 100 individuos elegidos al azar, se exponen a cuatro comerciales diferentes del detergente Tide. Después de observar el comercial, cada individuo califica su preferencia por el Tide, su preferencia por Procter & Gamble (la compañía que vende el Tide) y su preferencia por el comercial. Debido a que estas tres variables de preferencia están correlacionadas, se debe realizar un análisis de varianza multivariado, para determinar cuál comercial es el más eficaz (el que produjo la mayor preferencia entre las tres variables de preferencia). El siguiente ejemplo ilustra la aplicación del ANOVA y del MANOVA en una investigación de marketing internacional, y el ejemplo posterior muestra una aplicación de estas técnicas en el estudio de la ética de la investigación de mercados.

INVESTIGACIÓN REAL

Lo común de las prácticas de investigación poco éticas en todo el mundo

Hasta 2006 los medios de comunicación masiva continuaban enfocando más su atención en las prácticas muy visibles de la investigación de mercados poco ética, lo que plantea una grave amenaza para los investigadores de mercados. Un estudio examinó la percepción que tienen los profesionales del marketing sobre lo común de las prácticas poco éticas, en la investigación de mercados realizada en diferentes países. La muestra de profesionales de marketing se obtuvo de Australia, Canadá, Gran Bretaña y Estados Unidos.

Las evaluaciones de los participantes se analizaron con programas de cómputo para MANOVA y ANOVA. El país del participante se utilizó como la variable predictora en el análisis, y 15 evaluaciones de los elementos comunes sirvieron como las variables de criterio. Los valores de F de los análisis ANOVA indicaron que sólo dos de las 15 evaluaciones de elementos comunes fueron significativas ($p < 0.05$ o más). Además, el valor F del MANOVA no fue estadísticamente significativo, lo cual implica la falta de diferencias generales en las evaluaciones de los elementos comunes entre los participantes de los cuatro países. Por lo tanto, se concluyó que los profesionales de marketing de los cuatro países tienen percepciones similares de los elementos comunes de las prácticas de investigación poco éticas. Este hallazgo no nos debe sorprender, dada la evidencia de las investigaciones que revela que las organizaciones de los cuatro países reflejan culturas corporativas similares. Así, la industria de la investigación de mercados en esas cuatro naciones debe adoptar una plataforma común para luchar en contra de las prácticas poco éticas.[23] ∎

INVESTIGACIÓN REAL

El MANOVA demuestra que los hombres y las mujeres son diferentes

Para investigar las diferencias entre los juicios sobre la ética de la investigación de hombres y mujeres, se utilizaron las técnicas estadísticas de MANOVA y ANOVA. Se pidió a los sujetos que indicaran su grado de aprobación, con respecto a una serie de escenarios que implicaban decisiones de tipo ético. Estas evaluaciones se utilizaron como la variable dependiente del análisis, y el sexo de los participantes como la variable independiente. Se realizó un MANOVA para un análisis multivariado, y su valor F resultante fue significativo al nivel $p < 0.001$, lo que indica que hubo una diferencia "general" entre hombres y mujeres, con respecto a sus juicios sobre la ética de investigación. Se realizó un análisis univariado por medio de un ANOVA, y los valores de F indicaron que tres reactivos contribuían principalmente a la diferencia general entre hombres y mujeres en las evaluaciones éticas: el uso de tinta ultravioleta para codificar previamente un cuestionario por correo, el uso de un anuncio que fomentan el mal uso de un producto y la mala voluntad de un investigador para ofrecer datos que ayuden al grupo asesor de una ciudad. Otro estudio reciente examinó la relación de las creencias éticas con la edad y el género de profesionistas de negocios. Los resultados de este estudio en particular indicaron que, en general, los profesionistas más jóvenes mostraron un estándar menor de creencias éticas. En el grupo de menor edad, las mujeres demostraron un nivel mayor de creencias éticas que los hombres. Sin embargo, en el grupo de mayor edad los resultados indicaron que los hombres tenían un nivel de creencias éticas ligeramente superior. De esta manera, las empresas deben destacar los valores éticos y capacitar a los profesionales más jóvenes, especialmente a los hombres.[24] ∎

SOFTWARE ESTADÍSTICO

Los principales paquetes estadísticos (SPSS y SAS) cuentan con programas para realizar análisis de varianza y covarianza en versiones para computadoras personales y servidores. Además del análisis básico que hemos explicado, estos programas realizan análisis más complejos. Minitab y Excel también ofrecen algunos programas.

Exhibición 16.1
Programas de cómputo para ANOVA y ANCOVA

Dada la importancia de los análisis de varianza y de covarianza, cada paquete contiene varios programas.

SPSS
Es posible realizar el ANOVA de un factor con el programa ONEWAY. Este programa también permite al usuario probar contrastes a priori y a posteriori, los cuales no pueden realizarse en otros programas de SPSS. Para llevar a cabo un análisis de varianza de n factores, se puede utilizar el programa de ANOVA. Aunque se pueden especificar las covariables, el ANOVA no realiza un análisis de covarianza completo. Si se requiere de un análisis detallado de varianza o de covarianza, incluyendo medidas repetidas y múltiples medidas dependientes, el procedimiento más recomendado es el MANOVA. En el caso de un análisis de varianza no métrico, incluyendo la prueba de la mediana de k muestras, y el análisis de varianza de un factor de Kruskal-Wallis, debe emplearse el programa NPAR TESTS.

SAS
El principal programa para realizar análisis de varianza en el caso de un diseño equilibrado es el ANOVA. Este programa es capaz de manejar datos de una amplia variedad de diseños experimentales, incluyendo el análisis de varianza multivariado y de medidas repetidas. Se pueden realizar contrastes a priori y a posteriori. En el caso de diseños no equilibrados, se puede utilizar el procedimiento GLM más general. Este programa realiza análisis de varianza, análisis de covarianza, análisis de varianza de medidas repetidas y análisis de varianza multivariado. También permite hacer contrastes a priori y a posteriori. Aunque el GLM también se puede utilizar para analizar diseños equilibrados, no es tan eficiente como el ANOVA para este tipo de modelos. El procedimiento VARCOMP calcula componentes de la varianza. Para el análisis de varianza no métrico, se puede emplear el procedimiento NPAR1WAY. Para construir diseños y planes aleatorizados se recomienda el procedimiento PLAN.

Minitab
Los análisis de varianza y de covarianza se evalúan con la función Stats>ANOVA. Esta función realiza el ANOVA de un factor, el ANOVA de dos factores, el análisis de medias, el ANOVA equilibrado, el análisis de covarianza, el modelo lineal general, la gráfica de efectos principales, las gráficas de interacciones, y las gráficas residuales. Para calcular la media y la desviación estándar, se debe utilizar la función CROSSTAB. Para obtener los valores de F y p se emplea el ANOVA equilibrado.

Excel
Se puede calcular el ANOVA de un factor y el ANOVA de dos factores mediante la función Tools>DATA ANALYSIS. El ANOVA de dos factores tiene características de una prueba de dos factores con repetición y de dos factores sin repetición. El análisis de dos factores con repetición incluye a más de una muestra para cada grupo de datos. El análisis de los factores sin repetición no incluye más de una muestra por grupo.

La exhibición 16.1 incluye una descripción de los programas más relevantes. Consulte los manuales del usuario de estos paquetes para mayor detalle.

SPSS PARA WINDOWS

El ANOVA de un factor se puede realizar de manera adecuada utilizando el programa COMPARE MEANS y luego ONE-WAY ANOVA. Para elegir este procedimiento en SPSS para Windows, haga clic en:

Analyze>Compare Means>One-Way ANOVA...

A continuación describimos los pasos detallados para correr un ANOVA de un factor con los datos de la tabla 16.2. Las pantallas correspondientes a estos pasos se pueden descargar del sitio Web de este libro. La hipótesis nula plantea que no hay una diferencia entre las medias de las ventas normalizadas para los tres niveles de promoción en tienda.

1. Seleccione ANALYZE de la barra de menú de SPSS.
2. Haga clic en COMPARE MEANS y luego en ONE-WAY ANOVA.
3. Traslade "Ventas[sales] al recuadro DEPENDENT LIST.
4. Traslade "Promoción en tienda [promotion]" al recuadro FACTOR.
5. Haga clic en OPTIONS.
6. Haga clic en DESCRIPTIVE.
7. Haga clic en CONTINUE.
8. Seleccione OK.

Con el GENERAL LINEAR MODEL se puede realizar el análisis de varianza de n factores, el análisis de covarianza, el MANOVA, y el ANOVA de medidas repetidas. Para seleccionar este procedimiento de SPSS para Windows haga clic en:

Analyze>General Linear Model>Univariate...
Analyze>General Linear Model>Multivariate...
Analyze>General Linear Model>Repeated Measures...

Ahora mostramos los pasos detallados para realizar el análisis de covarianza de la tabla 16.6.

1. Seleccione ANALYZE de la barra de menú de SPSS.
2. Haga clic en GENERAL LINEAR MODEL y luego en UNIVARIATE.
3. Traslade "Ventas [sales]" en el recuadro DEPENDENT VARIABLE.
4. Traslade "Promoción en tienda [promotion]" al recuadro FIXED FACTOR(S). Luego traslade "Cupones [cupons]" al recuadro FIXED FACTOR(S).
5. Traslade "Clientela [clientele]" al recuadro COVARIATE(S).
6. Seleccione OK.

Para el análisis de varianza no métrico, incluyendo la prueba de la mediana de k muestras y el análisis de varianza de un factor de Kruskal-Wallis, se debe utilizar el programa Nonparametric Tests.

Analyze>Nonparametric Tests>K Independent Samples...
Analyze>Nonparametric Tests>K Related Samples...

Los pasos detallados para los otros procedimientos son similares a los mostrados aquí, y no se incluyen debido a las limitaciones de espacio.

PROYECTO DE INVESTIGACIÓN

Análisis de varianza

En el proyecto de la tienda departamental se examinaron diversas variables independientes categóricas con más de dos categorías. Por ejemplo, la familiaridad con las tiendas departamentales se recodificó como alta, media y baja. Se estudiaron los efectos de estas variables independientes sobre variables dependientes métricas usando procedimientos de análisis de varianza. Se obtuvieron varios conocimientos útiles, que determinaron análisis e interpretaciones posteriores de los datos. Por ejemplo, una recodificación de tres categorías de la familiaridad produjo resultados que no fueron significativos; en tanto que el manejo de la familiaridad como variable binaria (alta o baja) produjo resultados significativos. Esto, junto con la distribución de frecuencias, indicó que era más apropiado manejar la familiaridad sólo con dos categorías.

Actividades del proyecto

Descargue el archivo de datos 14 de SPSS sobre Sears de la página de Internet de este libro. Véase el capítulo 14 para una descripción de este archivo.

1. Corra ANOVAs de un factor separado, para determinar cuales variables demográficas registradas explican la puntuación general de familiaridad. ■

EXPERIENCIA DE INVESTIGACIÓN

Descargue el caso y el cuestionario de Dell del sitio Web de este libro. Tal información también aparece al final del texto. Descargue el archivo de datos de SPSS de Dell.

1. ¿Los tres grupos de sensibilidad al precio basados en q9_5per, como se derivaron en el capítulo 14, difieren en términos de cada una de las evaluaciones de Dell (q8_1 a q8_13)? Interprete los resultados.
2. ¿Los tres grupos de sensibilidad al precio basados en q9_10per, como se derivaron en el capítulo 14, difieren en términos de cada una de las evaluaciones de Dell (q8_1 a q8_13)? Interprete los resultados.
3. ¿Los grupos demográficos, como se recodificaron en el capítulo 14 (q11, q12, q13 recodificados) y q14 difieren en términos de la satisfacción general con las computadoras Dell (q4)? Interprete los resultados.
4. ¿Los grupos demográficos, como se recodificaron en el capítulo 14 (q11, q12, q13 recodificados) y q14 difieren en términos de la probabilidad de recomendar las computadoras Dell (q5)? Interprete los resultados.
5. ¿Los grupos demográficos, como se recodificaron en el capítulo 14 (q11, q12, q13 recodificados) y q14 difieren en términos de la probabilidad de elegir computadoras Dell (q6)? Interprete los resultados. ■

RESUMEN

En el ANOVA y en el ANCOVA la variable dependiente es métrica y todas las variables independientes son categóricas, o una combinación de variables categóricas y métricas. El ANOVA de un factor incluye sólo una variable independiente categórica. El interés reside en poner a prueba la hipótesis nula que plantea que las medias de las categorías son iguales en la población. La variación total en la variable dependiente se separa en dos componentes: la variación relacionada con la variable independiente y la variación relacionada con el error. La variación se mide en términos de la suma de cuadrados corregida para la media (SC). El cuadrado medio se obtiene al dividir la SC entre los grados de libertad correspondientes (gl). La hipótesis nula de medias iguales se prueba por medio del estadístico F, que es la razón del cuadrado medio con respecto a la variable independiente y el cuadrado medio relacionado con el error.

El análisis de varianza de N factores implica el examen simultáneo de dos o más variables independientes categóricas. Una de sus principales ventajas es que se pueden estudiar las interacciones entre las variables independientes.

La significancia del efecto general, los términos de interacción y los efectos principales de factores individuales se examinan a través de pruebas F adecuadas. Sólo tiene sentido poner a prueba la significancia de los efectos principales si los términos de interacción correspondientes no son significativos.

El ANCOVA incluye por lo menos una variable independiente categórica y por lo menos una variable independiente de intervalo o métrica. La variable independiente métrica, o covariable, generalmente se utiliza para eliminar variación extraña de la variable dependiente.

Cuando se realiza un análisis de varianza de dos o más factores, pueden surgir interacciones. Una interacción ocurre cuando el efecto de una variable independiente sobre una variable dependiente difiere en distintas categorías o niveles de otra variable independiente. Si la interacción es significativa, ésta puede ser ordinal o disordinal. La interacción disordinal se clasifica como cruzada o sin cruce. En los diseños equilibrados, la importancia relativa de los factores al explicar la variación de la variable dependiente se mide con la omega cuadrada (ω^2). Las comparaciones múltiples en forma de contrastes a priori o a posteriori se pueden utilizar para examinar las diferencias entre medias específicas.

En el análisis de varianza de medidas repetidas, se obtienen observaciones sobre cada sujeto en cada condición de tratamiento. Este diseño sirve para controlar las diferencias entre los sujetos antes del experimento. El análisis de varianza no métrico implica el estudio de las diferencias de las tendencias centrales de dos o más grupos, cuando la variable dependiente se mide en una escala ordinal. El análisis de varianza multivariado (MANOVA) incluye dos o más variables dependientes métricas.

TÉRMINOS Y CONCEPTOS CLAVE

análisis de varianza (ANOVA), **505**
factores, **505**
tratamiento, **505**
análisis de varianza de un factor, **505**
análisis de varianza de n factores, **505**
análisis de covarianza (ANCOVA), **505**
covariables, **506**
eta^2 (η^2), **507**
estadístico F, **507**
cuadrado medio, **507**
SC_{entre} (SC_x), **507**
SC_{dentro} (SC_{error}), **507**
SC_y, **507**
descomposición de la variación total, **508**
interacciones, **515**
η^2 múltiple, **515**
significancia del efecto general, **515**
significancia del efecto de interacción, **516**
significancia del efecto principal, **516**
interacción ordinal, **520**
interacción disordinal, **520**
omega cuadrada (ω^2), **522**
contrastes, **522**
contrastes a priori, **522**
contrastes a posteriori, **522**
pruebas de comparación múltiple, **522**
análisis de varianza de medidas repetidas, **523**
análisis de varianza no métrico, **525**
prueba de la mediana de k muestras, **525**
análisis de varianza de un factor de Kruskal-Wallis, **525**
análisis de varianza multivariado (MANOVA), **525**

CASOS SUGERIDOS, CASOS EN VIDEO Y CASOS DE HARVARD BUSINESS SCHOOL

Casos

Caso 3.1 ¿Vale la pena celebrar la publicidad de celebridades?
Caso 3.2 El descubrimiento demográfico del nuevo milenio.
Caso 3.3 Matsushita se redirige a Estados Unidos.
Caso 3.4 Pampers soluciona su problema de participación de mercado.
Caso 3.6 Cingular Wireless: un enfoque singular.
Caso 3.7 IBM: el principal proveedor en el mundo de equipo de cómputo, programas y servicios.
Caso 3.8 Kimberly-Clark: competir por medio de la innovación.
Caso 4.1 Wachovia: finanzas "Watch Ovah Ya".
Caso 4.2 Wendy's: historia y vida después de Dave Thomas.
Caso 4.3 Astec sigue creciendo.
Caso 4.4 ¿Es la investigación de mercados la cura para los males del Hospital Infantil Norton Healthcare Kosair?

Casos en video

Caso en video 3.1 La Clínica Mayo: permanece saludable con la investigación de mercados.
Caso en video 4.1 Subaru: el "Sr. Encuesta" supervisa la satisfacción del cliente.
Caso en video 4.2 Procter & Gamble: usando la investigación de mercados para crear marcas.

INVESTIGACIÓN REAL: REALIZACIÓN DE UN PROYECTO DE INVESTIGACIÓN DE MERCADOS

1. En la mayoría de los proyectos se busca determinar las diferencias entre grupos. En el caso de dos grupos, éstos se pueden examinar con el uso de pruebas *t* de muestras independientes para dos grupos, o de un ANOVA de un factor para más de dos grupos.

EJERCICIOS

Preguntas

1. Analice las similitudes y diferencias entre el análisis de varianza y el análisis de covarianza.
2. ¿Qué relación hay entre el análisis de varianza y la prueba *t*?
3. ¿Qué es la variación total? ¿Como se descompone ésta en un análisis de varianza de un factor?
4. ¿Cuál es la hipótesis nula en un ANOVA de un factor? ¿Qué estadístico básico se utiliza para probar la hipótesis nula en un ANOVA de un factor? ¿Cómo se calcula este estadístico?
5. ¿En qué difiere el análisis de varianza de *n* factores del procedimiento de un factor?
6. ¿Cómo se descompone la variación total en un análisis de varianza de *n* factores?
7. ¿Cuál es el uso más común de la covariable en un ANCOVA?
8. Defina una interacción.
9. ¿Cuál es la diferencia entre una interacción ordinal y una disordinal?
10. ¿Cómo se mide la importancia relativa de los factores en un diseño equilibrado?
11. ¿Qué es un contraste a priori?
12. ¿Cuál es la prueba más poderosa para realizar contrastes a posteriori? ¿Cuál prueba es la más conservadora?
13. ¿Qué es un ANOVA de medidas repetidas? Describa la descomposición de la variación en el ANOVA de medidas repetidas.
14. ¿Cuáles son las diferencias que existen entre el análisis de varianza métrico y el no métrico?
15. Describa dos pruebas utilizadas para examinar diferencias en la tendencia central en el ANOVA no métrico.
16. ¿Qué es el análisis de varianza multivariado? ¿Cuándo es apropiado su uso?

Problemas

1. Después de recibir algunas quejas de los lectores, el periódico de su universidad decide rediseñar su primera plana. Se desarrollaron dos formatos nuevos, B y C, y se probaron con respecto al formato actual, A. Se seleccionaron al azar a un total de 75 estudiantes, y se asignó aleatoriamente a 25 de ellos a una de tres situaciones de formato. Se pidió a los estudiantes que evaluaran la eficacia del formato en una escala de 11 puntos (número 1 = deficiente, 11 = excelente).
   a. Formule la hipótesis nula.
   b. ¿Qué prueba estadística debería utilizar?
   c. ¿Cuáles son los grados de libertad asociados con el estadístico de prueba?

2. Un investigador de mercados desea probar la hipótesis que plantea que, en la población, no existe una diferencia en la importancia que dan a las compras los consumidores que viven al norte, al sur al este y al oeste del país donde usted vive. Se realiza un estudio y se utiliza un análisis de varianza para analizar los datos. Los resultados obtenidos se presentan en la siguiente tabla.

Fuente	gl	Suma de cuadrados	Cuadrados medios	Razón de F	Probabilidad de F
Entre grupos	3	70.212	23.404	1.12	0.3
Dentro de grupos	996	20812.416	20.896		

   a. ¿Existe suficiente evidencia para rechazar la hipótesis nula?
   b. ¿Qué conclusión se obtiene a partir de la tabla?
   c. Si se calculara la importancia promedio para cada grupo, ¿esperaría usted que las medias muestrales fueran similares o diferentes?
   d. ¿Cuál fue el tamaño total de la muestra en este estudio?

3. En un estudio piloto que examinó la eficacia de tres comerciales (A, B y C), 10 consumidores fueron asignados a ver cada comercial y a calificarlo en una escala Likert de 9 puntos. En la tabla se muestran los datos obtenidos de los 30 participantes.

	Comercial			Comercial	
A	B	C	A	B	C
4	7	8	4	6	7
5	4	7	4	5	8
3	6	7	3	5	8
4	5	6	5	4	5
3	4	8	5	4	6

   a. Calcule las medias por categoría y la gran media.
   b. Calcule SC_y, SC_x y SC_{error}.
   c. Calcule η^2.
   d. Calcule el valor de *F*.
   e. ¿Los tres comerciales tienen la misma eficacia?

4. Un experimento probó los efectos del diseño de empaque y de la exhibición en anaquel sobre las probabilidades de compra del cereal Product 19. El diseño de empaque y la exhibición en anaquel variaron en dos niveles cada uno, produciendo un diseño 2 × 2. La probabilidad de compra se midió en una escala de 7 puntos. Los resultados se describen parcialmente en la siguiente tabla.

Fuente de variación	Suma de cuadrados	gl	Cuadrado medio	F	Significancia de F	ω^2
Diseño del empaque	68.76	1				
Exhibición en anaquel	320.19	1				
Interacción de dos factores	55.05	1				
Error residual	176.00	40				

a. Complete la tabla calculando el cuadrado medio, F, la significancia de F y los valores ω^2.

b. ¿Cómo se deben interpretar los efectos principales?

EJERCICIOS EN INTERNET Y POR COMPUTADORA

1. Analice los datos de Nike del ejercicio 1 del apartado "Ejercicios en Internet y por computadora" del capítulo 15. ¿Los tres grupos de uso difieren en términos de la conciencia, actitud, preferencia, intención y lealtad hacia Nike, cuando estas variables se consideran de forma individual, es decir, una a la vez?

2. Realice los siguientes análisis para los datos del estilo de vida al aire libre del ejercicio 2 del apartado "Ejercicios en Internet y por computadora" del capítulo 15.
    a. Con base en el lugar de residencia, ¿difieren los tres grupos en su preferencia por un estilo de vida al aire libre?
    b. Con base en el lugar de residencia, ¿difieren los tres grupos en términos de la importancia que dan al hecho de disfrutar la naturaleza?
    c. Con base en el lugar de residencia, ¿difieren los tres grupos en términos de la importancia que dan al hecho de vivir en armonía con el ambiente?
    d. Con base en el lugar de residencia, ¿difieren los tres grupos en términos de la importancia que dan al hecho de ejercitarse con regularidad?

3. En un experimento diseñado para medir el efecto del sexo y la frecuencia de los viajes sobre la preferencia de viajar al extranjero, se creó un diseño entre sujetos 2 (sexo) × 3 (frecuencia de viajes). Se asignaron cinco participantes a cada celda, para una muestra total de 30. La preferencia de viajar al extranjero se midió en una escala de 9 puntos (número 1 = ninguna preferencia, 9 = gran preferencia). El sexo se codificó como 1 = hombre y 2 = mujer. La frecuencia de viajes se codificó como 1 = esporádico, 2 = media y 3 = frecuente. A continuación se presentan los datos.

Número	Sexo	Grupo de viaje	Preferencia
1	1	1	2
2	1	1	3
3	1	1	4
4	1	1	4
5	1	1	2
6	1	2	4
7	1	2	5
8	1	2	5
9	1	2	3
10	1	2	3
11	1	3	8
12	1	3	9
13	1	3	8
14	1	3	7
15	1	3	7
16	2	1	6
17	2	1	7
18	2	1	6
19	2	1	5
20	2	1	7
21	2	2	3
22	2	2	4
23	2	2	5

Número	Sexo	Grupo de viaje	Preferencia
24	2	2	4
25	2	2	5
26	2	3	6
27	2	3	6
28	2	3	6
29	2	3	7
30	2	3	8

Utilice el software de su elección y realice los siguientes análisis.
   a. ¿Difieren los hombres y las mujeres en su preferencia por viajar al extranjero?
   b. ¿Los viajeros esporádicos, medios y frecuentes difieren en su preferencia por viajar al extranjero?
   c. Realice un análisis de varianza 2 × 3 donde la preferencia por viajar al extranjero sea la variable dependiente, y el sexo y la frecuencia de viajes sean las variables independientes o factores. Interprete los resultados.
4. Utilicen los programas adecuados para computadora personal y servidor del paquete de su elección (SPSS, SAS, Minitab o Excel), y analice los datos reunidos en la tarea del trabajo de campo 1. ¿El periódico de su universidad debería cambiar el formato de la primera plana? ¿Cuál es su conclusión?

ACTIVIDADES

Trabajo de campo
1. Póngase en contacto con el periódico de su universidad. Reúna datos para el experimento descrito en el problema 1. Como quizás esto implique demasiado trabajo para un solo estudiante, el proyecto se puede manejar en equipos de tres estudiantes.

Discusión en grupo
1. ¿Qué procedimiento es más útil en la investigación de mercados: el análisis de varianza o el análisis de covarianza? Analice esto en un equipo pequeño.

CAPÍTULO 17

Correlación y regresión

Objetivos

Después de leer este capítulo, el estudiante deberá ser capaz de:

1. Analizar los conceptos de la correlación producto-momento, correlación parcial y correlación de partes, así como demostrar cómo estas mediciones proporcionan las bases del análisis de regresión.
2. Explicar la naturaleza y los métodos del análisis de regresión bivariada y describir el modelo general, la estimación de los parámetros, el coeficiente estandarizado de regresión, la prueba de significancia, la exactitud de las predicciones, el análisis residual y la validación cruzada de los modelos.
3. Explicar la naturaleza y los métodos del análisis de regresión múltiple y el significado de los coeficientes de regresión parcial.
4. Describir técnicas especializadas que se utilizan en el análisis de regresión múltiple, especialmente la regresión progresiva, la regresión con variables ficticias (*dummy*), y el análisis de varianza y de covarianza con regresión.
5. Analizar la correlación no métrica y las medidas como la rho de Spearman y la tau de Kendall.

"La correlación es una forma simple pero poderosa de observar la relación lineal entre dos variables métricas. La regresión múltiple amplía este concepto, permitiendo al investigador examinar la relación entre una variable y muchas otras".

Jim McGee, especialista en investigación de misión.
Global Mapping International

Panorama general

En el capítulo 16 se examinó la relación entre la prueba *t*, el análisis de varianza y de covarianza, y la regresión. En este capítulo se describe el análisis de regresión, que se utiliza ampliamente para explicar la variación en la participación de mercados, en las ventas, en la preferencia de marcas y en otros resultados de marketing, en términos de variables de la gerencia de marketing tales como publicidad, precio, distribución y calidad del producto. Sin embargo, antes de hablar de la regresión, se describen los conceptos de la correlación producto-momento y del coeficiente de correlación parcial, que constituyen los fundamentos del análisis de regresión.

Para introducir el análisis de regresión, primero se analizará el caso simple bivariado. También describimos la estimación y estandarización de los coeficientes de regresión, la prueba y el examen de la fuerza y significancia de la asociación entre variables, la exactitud de la predicción y los supuestos que subyacen al modelo de regresión. Luego, se estudiará el modelo de regresión múltiple, destacando la interpretación de parámetros, la fuerza de la asociación, las pruebas de significancia y el examen de los residuales.

Después, se tratarán temas de interés especial en el análisis de regresión, como la regresión progresiva, la multicolinealidad, la importancia relativa de las variables predictivas y la validación cruzada. También se describirá la regresión con variables ficticias, así como el uso de este procedimiento para efectuar análisis de varianza y covarianza.

INVESTIGACIÓN REAL

La regresión llama a la puerta correcta de Avon

Avon Products, Inc. (*www.avon.com*) tenía problemas importantes con su personal de ventas. Los negocios de la empresa, que dependen de los representantes de ventas, enfrentaban una escasez de representantes, sin muchas esperanzas de reclutar más. Se desarrollaron modelos de regresión, por medio de computadoras personales, para revelar las posibles variables que estuvieran fomentando

Buenos productos, representantes de ventas con buena capacitación y modelos de regresión sofisticados le han abierto las puertas a Avon, permitiéndole penetrar al mercado de cosméticos y convertirse en el vendedor directo más grande del mundo.

esta situación. Los modelos revelaron que la variable más importante era la cuota que pagaban las representantes por los materiales de trabajo, una vez que han sido aceptadas dentro de la empresa, y en segundo lugar las prestaciones de los empleados. Con datos que respaldaran sus acciones, la empresa disminuyó dicha cuota, y también contrató a la gerente Michele Schneider, para buscar mejorar la manera en que Avon informaba a sus nuevas representantes acerca de su programa de prestaciones para los trabajadores. Schneider modernizó el paquete de información del programa de prestaciones de Avon, que dio como resultado una "Guía de sus prestaciones personales" informativa y fácil de manejar. Tales cambios provocaron una mejoría en el reclutamiento y retención de las representantes de ventas. Hasta 2006 Avon era el vendedor directo más grande del mundo, ofreciendo sus productos en más de 100 países.[1] ∎

INVESTIGACIÓN REAL

Revolución al detalle

Muchos expertos sugieren que las compras electrónicas serán la siguiente revolución en las ventas al detalle. Mientras que muchos vendedores tradicionales experimentaron un crecimiento lento y de un solo dígito en sus ventas a principios de la década de 2000, las ventas en línea aumentaron de forma vertiginosa. Aunque las ventas electrónicas continúan representando una porción muy pequeña de las ventas al detalle totales (menos del 3 por ciento en 2006), la tendencia parece muy prometedora para el futuro. Un proyecto de investigación de esta tendencia calculó correlaciones en las preferencias de servicios de compras electrónicas a través de videotexto casero (servicios de compras computarizados en el hogar). La explicación de las preferencias de los consumidores se buscó en variables psicográficas, demográficas y de comunicación que sugería la literatura.

Se utilizó la regresión múltiple para analizar los datos. El modelo general de regresión múltiple fue significativo al nivel de 0.05. Pruebas t univariadas indicaron que las siguientes variables en el modelo fueron significativas al nivel de 0.05 o más: orientación hacia el precio, sexo, edad, ocupación, origen étnico y nivel académico. Ninguna de las tres variables de comunicación (medios de comunicación masiva y comunicación de boca en boca) se relaciona de manera significativa con las preferencias de los consumidores, que fue la variable dependiente.

Los resultados sugieren que los consumidores que prefieren hacer compras por medios electrónicos son mujeres blancas mayores, con un alto nivel académico, que ocupan puestos de supervisión o de nivel más alto, y están orientadas hacia el precio. La información de este tipo es valiosa para dirigir los esfuerzos de marketing a los compradores electrónicos.[2] ∎

Estos ejemplos ilustran algunos de los usos del análisis de regresión al determinar qué variables independientes explican una variación significativa en la variable dependiente de interés, la estructura y forma de la relación, la fuerza de la relación y los valores predichos de la variable dependiente. Entender la correlación producto-momento resulta fundamental para el análisis de regresión.

CORRELACIÓN PRODUCTO-MOMENTO

En la investigación de mercados con frecuencia nos interesamos en resumir la fuerza de la asociación entre dos variables métricas, como las siguientes situaciones:

- ¿Qué tan fuerte es la relación entre las ventas y los gastos en publicidad?
- ¿Hay una asociación entre la participación de mercado y el tamaño de la fuerza de ventas?
- ¿La percepción de calidad de los consumidores está relacionada con su percepción de los precios?

correlación producto-momento (r)
Estadístico que resume la fuerza de la asociación entre dos variables métricas.

En situaciones como éstas, la **correlación producto-momento, r**, es el estadístico más utilizado; resume la fuerza de asociación entre dos variables métricas (de intervalo o de razón), digamos X y Y. Se trata de un índice que se utiliza para determinar si existe una relación lineal o rectilínea entre X y Y, y que indica el grado en que la variación de una variable, X, se relaciona con la variación de otra variable, Y. Debido a que Karl Pearson la propuso originalmente, también se le conoce como *coeficiente de correlación de Pearson*. También se le denomina *correlación simple*, *correlación*

CAPÍTULO 17 Correlación y regresión

bivariada o simplemente *coeficiente de correlación*. A partir de una muestra de *n* observaciones, *X* y *Y*, la correlación producto-momento, *r*, se calcula de la siguiente forma:

$$r = \frac{\sum_{i=1}^{n}(X_i - \bar{X})(Y_i - \bar{Y})}{\sqrt{\sum_{i=1}^{n}(X_i - \bar{X})^2 \sum_{i=1}^{n}(Y_i - \bar{Y})^2}}$$

La división del numerador y el denominador entre $n - 1$ produce

$$r = \frac{\sum_{i=1}^{n} \frac{(X_i - \bar{X})(Y_i - \bar{Y})}{n-1}}{\sqrt{\sum_{i=1}^{n} \frac{(X_i - \bar{X})^2}{n-1} \sum_{i=1}^{n} \frac{(Y_i - \bar{Y})^2}{n-1}}}$$

$$= \frac{COV_{xy}}{S_x S_y}$$

covarianza
Relación sistemática entre dos variables, en la que el cambio en una de ellas implica un cambio correspondiente en la otra (COV_{xy}).

En estas ecuaciones, $\bar{X}$ y $\bar{Y}$ representan las medias muestrales; y S_x y S_y, las desviaciones estándar. Cov_{xy}, la **covarianza** entre *X* y *Y*, mide el grado de relación entre *X* y *Y*. La covarianza puede ser positiva o negativa. La división entre $S_x S_y$ logra la estandarización, por lo que *r* varía entre -1.0 y $+1.0$. Observe que el coeficiente de correlación es un número absoluto y que no se expresa en ninguna unidad de medida. El coeficiente de correlación entre dos variables será el mismo, sin importar sus unidades de medida subyacentes.

Como ejemplo, suponga que un investigador desea explicar las actitudes hacia la ciudad de residencia de los participantes, en términos del tiempo que han vivido en dicha ciudad. La actitud se mide en una escala de 11 puntos (1 = no le gusta la ciudad, 11 = le gusta mucho la ciudad), en tanto que el tiempo de residencia en la ciudad se mide en años. En un pretest de 12 participantes se obtuvieron los datos de la tabla 17.1. Por razones ilustrativas, sólo tomamos en cuenta un pequeño número de observaciones. En la práctica real, la correlación y la regresión se realizan con una muestra mucho más grande, como la de la Experiencia de investigación de Dell que se examina más adelante.

Archivo de resultados de SPSS

TABLA 17.1
Explicación de la actitud hacia la ciudad de residencia

NÚM. DE PARTICIPANTE	ACTITUD HACIA LA CIUDAD	TIEMPO DE RESIDENCIA	IMPORTANCIA DADA AL CLIMA
1	6	10	3
2	9	12	11
3	8	12	4
4	3	4	1
5	10	12	11
6	4	6	1
7	5	8	7
8	2	2	4
9	11	18	8
10	9	9	10
11	10	17	8
12	2	2	5

El coeficiente de correlación se calcula de la siguiente manera:

$$\overline{X} = \frac{(10+12+12+4+12+6+8+2+18+9+17+2)}{12}$$

$$= 9.333$$

$$\overline{Y} = \frac{(6+9+8+3+10+4+5+2+11+9+10+2)}{12}$$

$$= 6.583$$

$$\sum_{i=1}^{n} (X_i - \overline{X})(Y_i - \overline{Y}) = (10-9.33)(6-6.58) + (12-9.33)(9-6.58)$$
$$+ (12-9.33)(8-6.58) + (4-9.33)(3-6.58)$$
$$+ (12-9.33)(10-6.58) + (6-9.33)(4-6.58)$$
$$+ (8-9.33)(5-6.58) + (2-9.33)(2-6.58)$$
$$+ (18-9.33)(11-6.58) + (9-9.33)(9-6.58)$$
$$+ (17-9.33)(10-6.58) + (2-9.33)(2-6.58)$$
$$= -0.3886 + 6.4614 + 3.7914 + 19.0814$$
$$+ 9.1314 + 8.5914 + 2.1014 + 33.5714$$
$$+ 38.3214 - 0.7986 + 26.2314 + 33.5714$$
$$= 179.6668$$

$$\sum_{i=1}^{n} (X_i - \overline{X})^2 = (10-9.33)^2 + (12-9.33)^2 + (12-9.33)^2 + (4-9.33)^2$$
$$+ (12-9.33)^2 + (6-9.33)^2 + (8-9.33)^2 + (2-9.33)^2$$
$$+ (18-9.33)^2 + (9-9.33)^2 + (17-9.33)^2 + (2-9.33)^2$$
$$= 0.4489 + 7.1289 + 7.1289 + 28.4089$$
$$+ 7.1289 + 11.0889 + 1.7689 + 53.7289$$
$$+ 75.1689 + 0.1089 + 58.8289 + 53.7289$$
$$= 304.6668$$

$$\sum_{i=1}^{n} (Y_i - \overline{Y})^2 = (6-6.58)^2 + (9-6.58)^2 + (8-6.58)^2 + (3-6.58)^2$$
$$+ (10-6.58)^2 + (4-6.58)^2 + (5-6.58)^2 + (2-6.58)^2$$
$$+ (11-6.58)^2 + (9-6.58)^2 + (10-6.58)^2 + (2-6.58)^2$$
$$= 0.3364 + 5.8564 + 2.0164 + 12.8164$$
$$+ 11.6964 + 6.6564 + 2.4964 + 20.9764$$
$$+ 19.5364 + 5.8564 + 11.6964 + 20.9764$$
$$= 120.9168$$

Así,

$$r = \frac{179.6668}{\sqrt{(304.6668)(120.9168)}}$$
$$= 0.9361$$

En este ejemplo, $r = 0.9361$, un valor cercano a 1.0, lo cual significa que el tiempo de residencia de los sujetos en la ciudad está fuertemente relacionado con su actitud hacia ésta. Además, el signo positivo de r implica una relación positiva: a mayor tiempo de residencia, más favorable será la actitud, y a la inversa.

Puesto que r indica el grado en que la variación de una variable se relaciona con la variación de otra, también se puede expresar en términos de la descomposición de la variación total (véase el capítulo 16). En otras palabras,

$$r^2 = \frac{\text{Variación explicada}}{\text{Variación total}}$$

$$= \frac{SC_x}{SC_y}$$

$$= \frac{\text{Variación total} - \text{Error de variación}}{\text{Variación total}}$$

$$= \frac{SC_y - SC_{error}}{SC_y}$$

Por lo tanto, r^2 mide la proporción de la variación en una variable que está explicada por la otra. Tanto r como r^2 son medidas simétricas de asociación. En otras palabras, la correlación de X con Y es igual a la correlación de Y con X. No importa qué variable se considere la dependiente y cuál la independiente. El coeficiente producto-momento mide la fuerza de la relación lineal y no está diseñado para medir relaciones no lineales. Entonces, $r = 0$ simplemente indica que no hay una relación lineal entre X y Y. No significa que X y Y no estén relacionadas. Podría existir una relación no lineal entre ellas, la cual no sería detectada por r (véase la figura 17.1).

Cuando se calcula para una población en vez de para una muestra, la correlación producto-momento se simboliza con ρ, la letra griega rho. El coeficiente r es un estimador de ρ. Observe que el cálculo de r asume que X y Y son variables métricas cuyas distribuciones tienen la misma forma. Si estos supuestos no se cumplen, r se invalida y se subestima ρ. En la investigación de mercados, los datos que se obtienen al utilizar escalas de puntuaciones con un pequeño número de categorías no siempre son de intervalo, lo que tiende a invalidar r y a subestimar ρ.[3]

La significancia estadística de la relación entre dos variables medidas con r puede probarse de manera conveniente. Las hipótesis son:

$$H_0 : \rho = 0$$
$$H_1 : \rho \neq 0$$

El estadístico de prueba es:

$$t = r\left[\frac{n-2}{1-r^2}\right]^{1/2}$$

Archivo de resultados de SPSS

que tiene una distribución t con $n - 2$ grados de libertad.[4] Para calcular el coeficiente de correlación con los datos de la tabla 17.1,

$$t = 0.9361\left[\frac{12-2}{1-(0.9361)^2}\right]^{1/2}$$
$$= 8.414$$

y los grados de libertad $= 12 - 2 = 10$. Al revisar la tabla de distribución t (tabla 4 del apéndice estadístico), vemos que el valor crítico de t para una prueba de dos colas y $\alpha = 0.05$ es 2.228. Por lo tanto, se rechaza la hipótesis nula de que no hay relación entre X y Y. Esto, junto con el signo positivo de r, indica que la actitud hacia la ciudad está relacionada positivamente con el tiempo de residencia en la ciudad. Además, el alto valor de r indica que esta relación es fuerte. Si se tratara de una muestra grande y representativa, esto implicaría que los gerentes, las autoridades de la

Figura 17.1
Relación no lineal en la que $r = 0$

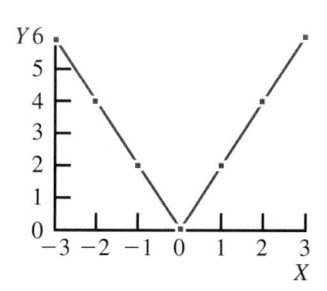

ciudad y los políticos —que desean contactar a las personas con una actitud favorable hacia la ciudad— deberían dirigirse a los residentes más antiguos del lugar.

Al realizar un análisis multivariado de datos, con frecuencia es útil examinar la correlación simple entre cada par de variables. Estos resultados se presentan en una matriz de correlación, donde se indican los coeficientes de correlación entre cada par de variables. Por lo general, sólo se toma en cuenta la porción triangular inferior de la matriz. Todos los elementos en la diagonal son iguales a 1.00, porque una variable se correlaciona de manera perfecta consigo misma. La porción triangular superior de la matriz es una imagen en espejo de la porción triangular inferior, ya que r es una medida simétrica de asociación. La forma de una matriz de correlación de cinco variables, V_1 a V_5, es la siguiente.

	V_1	V_2	V_3	V_4	V_5
V_1					
V_2	0.5				
V_3	0.3	0.4			
V_4	0.1	0.3	0.6		
V_5	0.2	0.5	0.3	0.7	

Aunque una matriz de correlaciones simples proporciona información sobre asociaciones apareadas, en ocasiones los investigadores desean examinar la asociación entre dos variables, después de controlar una o más variables adicionales. En este caso, se debería calcular una correlación parcial.

CORRELACIÓN PARCIAL

En tanto que la correlación producto-momento o simple es una medida de asociación que describe la relación lineal entre dos variables, un ***coeficiente de correlación parcial*** mide la asociación entre dos variables, después de controlar o hacer un ajuste de los efectos de una o más variables adicionales. Este estadístico se utiliza para responder las siguientes preguntas:

coeficiente de correlación parcial
Medida de la asociación entre dos variables después de controlar o hacer un ajuste para los efectos de una o más variables adicionales.

- ¿Cuál es la fuerza de la asociación entre las ventas y los gastos de publicidad cuando se controla el efecto del precio?
- ¿Hay una asociación entre la participación de mercado y el tamaño de la fuerza de ventas, después de hacer un ajuste para el efecto de la promoción de ventas?
- ¿Se relaciona la percepción que tienen los consumidores de la calidad con la manera en que perciben el precio, cuando se controla el efecto de la imagen de marca?

Al igual que en estas situaciones, suponga que se desea calcular la asociación entre X y Y después de controlar una tercera variable, Z. Conceptualmente, primero eliminaríamos el efecto que tiene Z sobre X. Para hacerlo, prediciríamos los valores de X que se basan en un conocimiento de Z utilizando la correlación producto-momento entre X y Z, r_{xz}. Luego el valor de X que se predice se resta del valor real de X para crear un valor ajustado de X. Asimismo, se ajustan los valores de Y para eliminar los efectos de Z. La correlación producto-momento entre los valores ajustados de X y los valores ajustados de Y constituye el coeficiente de correlación parcial entre X y Y, después de controlar los efectos de Z, lo cual se simboliza con $r_{xy.z}$. Estadísticamente, debido a que la correlación simple entre dos variables describe por completo la relación lineal entre ellas, el coeficiente de correlación parcial se puede calcular sólo si se conocen las correlaciones simples, sin utilizar observaciones individuales.

$$r_{xy.z} = \frac{r_{xy} - (r_{xz})(r_{yz})}{\sqrt{1 - r_{xz}^2}\sqrt{1 - r_{yz}^2}}$$

Para continuar con nuestro ejemplo, suponga que el investigador desea calcular la asociación entre la actitud hacia la ciudad, Y, y el tiempo de residencia, X_1, después de controlar una tercera variable, la importancia que se le da al clima, X_2. Estos datos se presentan en la tabla 17.1.

Las correlaciones simples entre las variables son:

$$r_{yx_1} = 0.9361 \qquad r_{yx_2} = 0.7334 \qquad r_{x_1 x_2} = 0.5495$$

La correlación parcial requerida se calcula de siguiente manera:

$$r_{yx_1 \cdot x_2} = \frac{0.9361 - (0.5495)(0.7334)}{\sqrt{1-(0.5495)^2}\sqrt{1-(0.7334)^2}}$$

$$= 0.9386$$

Como se observa, el control del efecto de la importancia que se da al clima tiene poca influencia sobre la asociación entre la actitud hacia la ciudad y el tiempo de residencia. De esta forma, sin importar la relevancia que le asignan al clima, quienes han permanecido más tiempo en la ciudad tienen actitudes más favorables hacia ésta, y a la inversa.

Las correlaciones parciales están asociadas con el *orden*. El orden indica la cantidad de variables que se están ajustando o controlando. El coeficiente de correlación simple, r, tiene un orden de cero, ya que no controla ninguna variable adicional al medir la relación entre dos variables. El coeficiente $r_{xy \cdot z}$ es un coeficiente de correlación parcial de primer orden, ya que controla el efecto de una variable adicional, Z. Un coeficiente de correlación parcial de segundo orden controla los efectos de dos variables; uno de tercer orden, los efectos de tres variables; y así sucesivamente. Las correlaciones parciales de orden superior se calculan de manera similar. El coeficiente parcial del $(n+1)$-ésimo orden se calcula al reemplazar los coeficientes de correlación simples en el lado derecho de la ecuación anterior, con los coeficientes parciales de enésimo orden.

Las correlaciones parciales sirven para detectar relaciones espurias (véase el capítulo 15). La relación entre X y Y es espuria, si únicamente se debe al hecho de que X está asociada con Z que, de hecho, es la variable que en realidad predice Y. En este caso, la correlación entre X y Y desaparece cuando se controla el efecto de Z. Considere un caso donde el consumo de una marca de cereal (C) está relacionado positivamente con el ingreso (I), con $r_{ci} = 0.28$. Como a esta marca se le asignó un precio popular, no se espera que el ingreso sea un factor significativo. Por lo tanto, el investigador sospechaba que esta relación era espuria. Los resultados de la muestra también indicaron que el ingreso está relacionado de forma positiva con el tamaño de la familia (H), $r_{hi} = 0.48$, y que el tamaño de la familia está asociado con el consumo de cereal, $r_h = 0.56$. Estas cifras parecen indicar que la variable que realmente predice el consumo de cereal no es el ingreso sino el tamaño de la familia. Para probar tal afirmación, se calcula la correlación parcial de primer orden entre el consumo de cereal y el ingreso, controlando el efecto del tamaño de la familia. El lector puede verificar que esta correlación parcial, $r_{ci \cdot h}$ es 0.02, y que la correlación inicial entre el consumo de cereal y el ingreso se desvanece al controlar el tamaño de la familia. Por lo tanto, la correlación entre el ingreso y el consumo de cereal es espuria. El caso especial, en que una correlación parcial es mayor que su respectiva correlación de orden cero, implica un efecto supresor (véase el capítulo 15).[5]

coeficiente de correlación de partes
Medición de la correlación entre X y Y cuando los efectos lineales de otras variables independientes se eliminan de X pero no de Y.

Otro coeficiente de correlación que nos interesa es el **coeficiente de correlación de partes**, el cual representa la correlación entre X y Y cuando los efectos lineales de otras variables independientes se eliminan de X pero no de Y. El coeficiente de correlación de partes, $r_{y(x \cdot z)}$, se calcula de la siguiente manera:

$$r_{y(x \cdot z)} = \frac{r_{xy} - r_{yz} r_{xz}}{\sqrt{1-r_{xz}^2}}$$

La correlación de partes entre la actitud hacia la ciudad y el tiempo de residencia, cuando los efectos lineales de la importancia asignada al clima se han eliminado del tiempo de residencia, se calcula como:

$$r_{y(x_1 \cdot x_2)} = \frac{0.9361 - (0.5495)(0.7334)}{\sqrt{1-(0.5495)^2}}$$

$$= 0.63806$$

INVESTIGACIÓN REAL

Venta de anuncios a los compradores en casa

La publicidad juega un papel muy importante en la formación de actitudes y preferencias por las marcas. Con frecuencia los anunciantes usan celebridades como voceros dignos de crédito, para influir en las actitudes e intenciones de compra de los consumidores. Otro tipo de fuente digna de crédito es la credibilidad corporativa, que también puede influir en las reacciones que tienen los clientes ante los anuncios para formar actitudes hacia las marcas. En general, se ha visto que en el caso de los productos de poco involucramiento, en la actitud hacia el anuncio media el conocimiento de la marca (creencias acerca de la marca) y las actitudes hacia ésta. ¿Qué le pasaría al efecto de esta variable mediadora cuando los productos se adquieren a través de una red de compras en casa? Home Shopping Budapest, en Hungría, realiza investigaciones para evaluar el impacto de los anuncios sobre las compras. Se llevó a cabo una encuesta, en la que se tomaron varias medidas, como la actitud hacia el producto, la actitud hacia la marca, la actitud hacia las características del anuncio, el conocimiento de las marcas, etcétera. Se planteó la hipótesis de que, en una red de compras en casa, los anuncios determinaban en gran medida la actitud hacia la marca. Para conocer el grado de asociación de la actitud hacia el anuncio con la actitud hacia la marca y con el conocimiento de marca, se podía calcular un coeficiente de correlación parcial. Se calcularía una correlación parcial entre la actitud hacia la marca y el conocimiento de las marcas, después de controlar los efectos de la actitud hacia el anuncio sobre las dos variables. Si la actitud hacia el anuncio es significativamente alta, entonces el coeficiente de correlación parcial debería ser significativamente menor que la correlación producto-momento entre el conocimiento de marca y la actitud hacia la marca. La investigación apoyó esta hipótesis. Luego, Saatchi & Saatchi (*www.saatchi.com*) diseñó los anuncios que se transmitieron en Home Shopping Budapest para generar una actitud positiva hacia la publicidad, lo cual resultó ser una importante arma competitiva para la red.[6] ∎

Al coeficiente de correlación parcial se le suele dar mayor importancia que al coeficiente de correlación de partes porque sirve para determinar efectos espurios y supresores. Los coeficientes de la correlación producto-momento, de la correlación parcial y de la correlación de partes asumen que los datos se miden en una escala de intervalo o de razón. Si los datos no cubren tales requisitos, el investigador tiene que considerar el uso de una correlación no métrica.

CORRELACIÓN NO MÉTRICA

correlación no métrica
Medida de correlación para dos variables no métricas, que se basa en los rangos para calcular la correlación.

En ocasiones el investigador tiene que calcular el coeficiente de correlación entre dos variables que no sean métricas. Recuerde que las variables no métricas no tienen propiedades escalares de intervalo o de razón, y no asumen una distribución normal. Si las variables no métricas son ordinales y numéricas, la rho de Spearman, ρ_s, y la tau de Kendall, τ, son dos medidas de **correlación no métrica**, que pueden utilizarse para examinar la correlación entre ellas. Estas dos medidas emplean rangos en vez de los valores absolutos de las variables, y los conceptos básicos que las fundamentan son bastante similares. Ambas varían de -1.0 a $+1.0$ (véase el capítulo 15).

En ausencia de empates, la ρ_s de Spearman produce una aproximación más cercana al coeficiente de correlación producto-momento de Pearson, ρ, que la τ de Kendall. En estos casos, la magnitud absoluta de τ tiende a ser más pequeña que la ρ de Pearson. Por otro lado, cuando los datos contienen una gran cantidad de rangos empatados, es más adecuado el uso de la τ de Kendall. Como regla general, se prefiere el uso de la τ de Kendall cuando un gran número de casos cae en un número relativamente pequeño de categorías (que, por lo tanto, produce un gran número de empates). A la inversa, el uso de la ρ_s de Spearman es más apropiado cuando tenemos un número relativamente grande de categorías (y, por lo tanto, un menor número de empates).[7]

El coeficiente de correlación producto-momento, así como los de la correlación parcial y de partes, brindan un fundamento conceptual para el análisis de regresión bivariado y para el de regresión múltiple.

ANÁLISIS DE REGRESIÓN

análisis de regresión
Procedimiento estadístico que se usa para analizar las relaciones de asociación entre una variable dependiente métrica, y una o más variables independientes.

El **análisis de regresión** es un procedimiento poderoso y flexible para conocer las relaciones asociativas entre una variable dependiente métrica y una o más variables independientes. Se puede utilizar de las siguientes maneras:

1. Para determinar si las variables independientes explican una variación significativa en la variable dependiente: para saber si existe una relación.

CAPÍTULO 17 *Correlación y regresión* 543

   2. Para determinar qué cantidad de la variación de la variable dependiente puede explicarse mediante las variables independientes: la fuerza de la relación.
   3. Para determinar la estructura o forma de la relación: la ecuación matemática que relaciona las variables independiente y dependiente.
   4. Para predecir los valores de la variable dependiente.
   5. Para controlar otras variables independientes al evaluar las contribuciones de una variable específica o de un conjunto de variables.

Aunque las variables independientes pueden explicar la variación de la variable dependiente, esto no necesariamente implica causalidad. El uso de los términos variables *dependientes* o de *criterio*, y de variables *independientes* o *predictivas* en el análisis de regresión, surge de la relación matemática entre las variables. Estos términos no implican que la variable criterio sea dependiente de las variables independientes en un sentido causal. El análisis de regresión se refiere a la naturaleza y al grado de asociación entre variables y no implica ni asume causalidad alguna.

REGRESIÓN BIVARIADA

regresión bivariada
Procedimiento para derivar una relación matemática, en forma de ecuación, entre una sola variable dependiente métrica y una sola variable independiente métrica.

La *regresión bivariada* es un procedimiento para derivar una relación matemática, en forma de ecuación, entre una sola variable métrica dependiente o de criterio, y una sola variable métrica independiente o predictiva. En muchos aspectos, el análisis es similar al cálculo de la correlación simple entre dos variables. Sin embargo, como se debe derivar una ecuación, es necesario identificar una variable como la dependiente, y la otra como la independiente. Los ejemplos que se presentaron anteriormente en el contexto de la correlación simple se pueden trasladar al contexto de la regresión.

- ¿Es posible explicar las variaciones en las ventas, en términos de la variación de los gastos publicitarios? ¿Cuáles son la estructura y la forma de esta relación, y se puede modelar matemáticamente usando una ecuación que describa una línea recta?
- ¿Es posible explicar la variación en la participación de mercado con el tamaño de la fuerza de ventas?
- ¿Las percepciones de calidad de los consumidores determinan sus percepciones acerca del precio?

Antes de describir el procedimiento para realizar una regresión bivariada, definiremos algunos estadísticos importantes.

ESTADÍSTICOS ASOCIADOS CON EL ANÁLISIS DE REGRESIÓN BIVARIADA

Los siguientes estadísticos y términos estadísticos están asociados con el análisis de regresión bivariada.

   Modelo de regresión bivariada. La ecuación básica de regresión es $Y_i = \beta_0 + \beta_1 X_i + e_i$, donde Y = variable dependiente o de criterio, X = variable independiente o predictiva, β_0 = intersección de la línea, β_1 = pendiente de la línea y e_i es el término de error asociado con la i-ésima observación.
   Coeficiente de determinación. La fuerza de la asociación se mide con el coeficiente de determinación, r^2, el cual varía entre 0 y 1, e indica la proporción de la variación total en Y que se explica por la variación en X.
   Valor estimado o predicho. El valor estimado o predicho de Y_i es $\hat{Y}_i = a + bx$, donde $\hat{Y}_i$ es el valor predicho de Y_i, y a y b son estimadores de β_0 y β_1, respectivamente.
   Coeficiente de regresión. El parámetro estimado b generalmente se conoce como coeficiente de regresión no estandarizado.
   Diagrama de dispersión. El diagrama de dispersión es una gráfica de los valores de dos variables para todos los casos u observaciones.

Error estándar de estimación. Este estadístico, *EEE*, es la desviación estándar de los valores reales de *Y* a partir de los valores predictivos de $\hat{Y}$.

Error estándar. La desviación estándar de *b*, *EEb*, se conoce como error estándar.

Coeficiente de regresión estandarizado. También conocido como *coeficiente beta* o *peso beta*, se trata de la pendiente obtenida por medio de la regresión de *Y* sobre *X*, cuando los datos son estandarizados.

Suma de errores cuadrados. Las distancias de todos los puntos a partir de la línea de regresión se elevan al cuadrado y se suman para obtener la suma de errores cuadrados, que es una medida del error total, $\sum e^2_j$.

Estadístico t. Un estadístico *t* con $n - 2$ grados de libertad sirve para probar la hipótesis nula, que plantea que no hay una relación lineal entre *X* y *Y*, o $H_0: \beta_1 = 0$, donde

$$t = \frac{b}{EE_b}.$$

REALIZACIÓN DEL ANÁLISIS DE REGRESIÓN BIVARIADA

En la figura 17.2 se muestran los pasos en el análisis de regresión bivariada. Suponga que el investigador desea explicar las actitudes hacia la ciudad de residencia en términos del tiempo de residencia (véase la tabla 17.1). Para determinar una relación como éstas, con frecuencia es útil examinar primero un diagrama de dispersión.

Graficación del diagrama de dispersión

Un diagrama de dispersión es una gráfica de los valores de dos variables para todos los casos u observaciones. Se acostumbra graficar la variable dependiente sobre el eje vertical y la variable independiente sobre el eje horizontal. Un diagrama de dispersión sirve para determinar la forma de la relación entre las variables. La gráfica puede alertar al investigador sobre patrones en los datos o

Figura 17.2
Realización del análisis de regresión bivariada

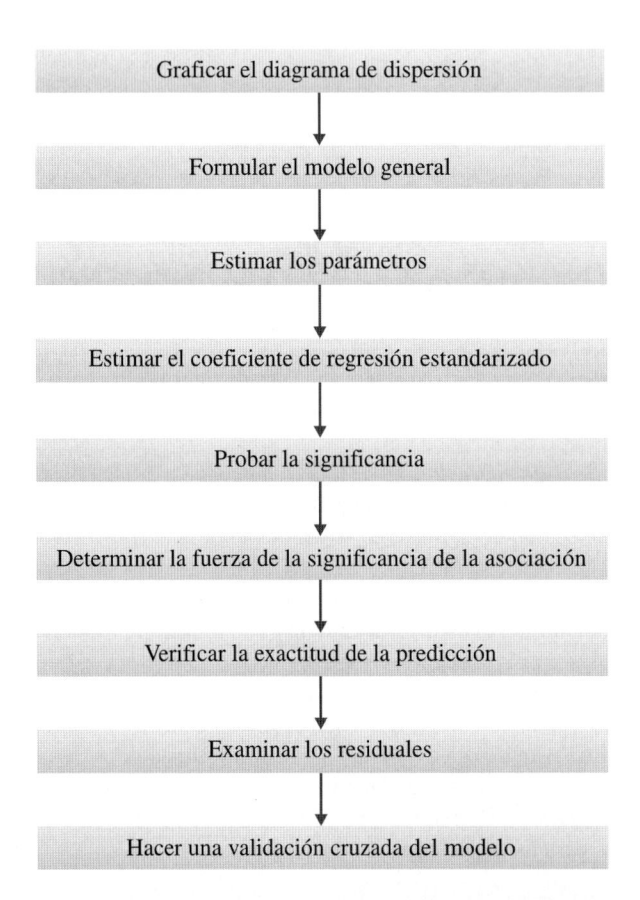

- Graficar el diagrama de dispersión
- Formular el modelo general
- Estimar los parámetros
- Estimar el coeficiente de regresión estandarizado
- Probar la significancia
- Determinar la fuerza de la significancia de la asociación
- Verificar la exactitud de la predicción
- Examinar los residuales
- Hacer una validación cruzada del modelo

CAPÍTULO 17 *Correlación y regresión*   545

Figura 17.3
Gráfica de la actitud con el tiempo de residencia

Archivo de resultados de SPSS

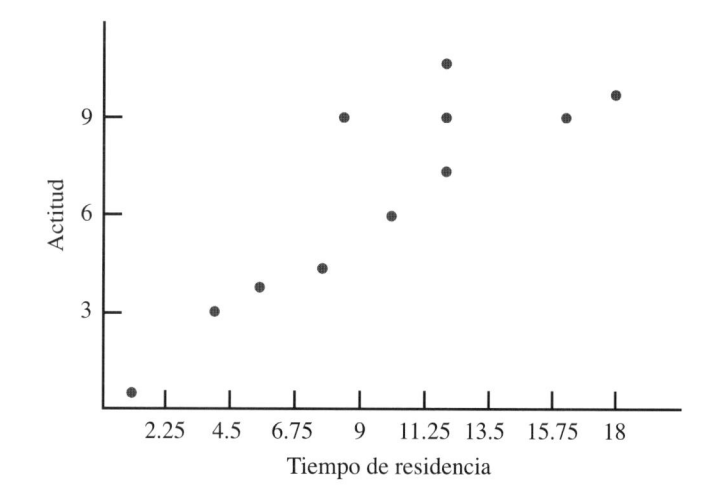

sobre problemas potenciales. Cualquier combinación poco común de las dos variables se identifica con facilidad. En la figura 17.3 se presenta una gráfica de *Y* (actitud hacia la ciudad) contra *X* (tiempo de residencia). Al parecer, los puntos están ordenados en una banda que va de la parte inferior izquierda hacia la parte superior derecha. El patrón se distingue con facilidad: mientras una variable aumenta, la otra también lo hace. Este diagrama de dispersión parece indicar que la relación entre *X* y *Y* es lineal, y que bien podría describirse con una línea recta. Sin embargo, como vemos en la figura 17.4, se pueden dibujar varias líneas rectas con estos datos. ¿Cómo se deberían dibujar la línea recta para describir mejor los datos?

procedimiento de los mínimos cuadrados
Técnica para ajustar una línea recta a un diagrama de dispersión, disminuyendo lo más posible el cuadrado de las distancias verticales de todos los puntos a partir de la línea.

La técnica más utilizada para ajustar una línea recta en un diagrama de dispersión es el ***procedimiento de los mínimos cuadrados***. Esta técnica determina la mejor línea al disminuir lo más posible el cuadrado de las distancias verticales de todos los puntos a partir de la línea. A la línea con mejor ajuste se le denomina *línea de regresión*. Cualquier punto que no caiga en la línea de regresión no estará completamente explicado. La distancia vertical desde el punto hasta la línea es el error, e_j (véase la figura 17.5). Las distancias de todos los puntos a partir de la línea se elevan al cuadrado y se suman para obtener la suma de los errores cuadrados, que es una medida del error

Figura 17.4
¿Qué línea es la mejor?

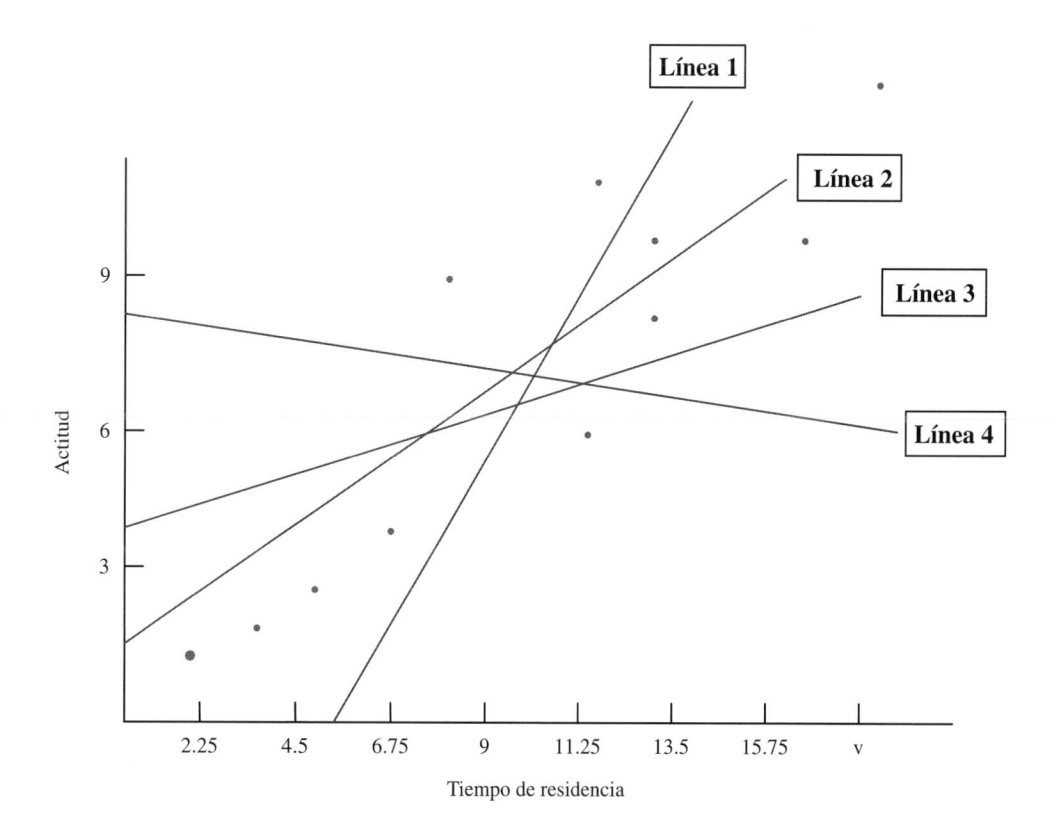

Figura 17.5
Regresión bivariada

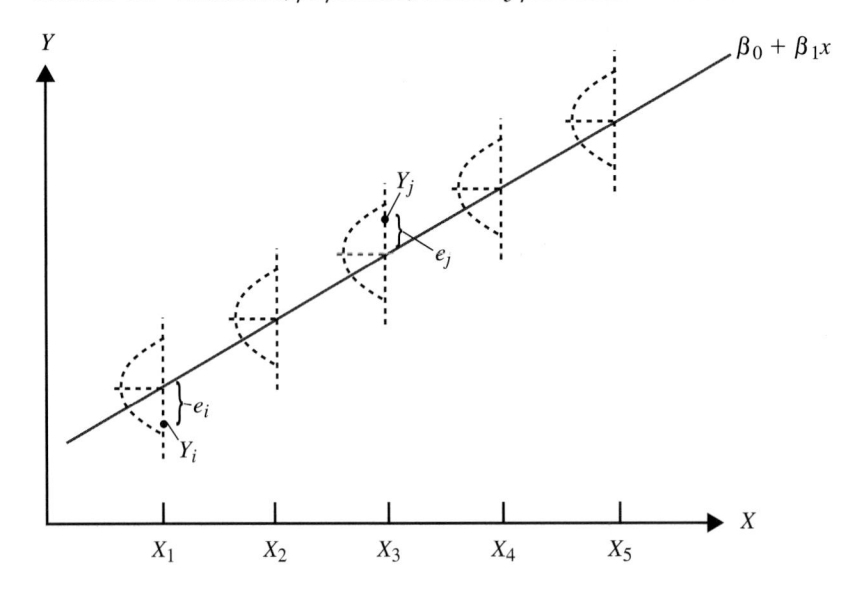

total, $\sum e_j^2$. Al ajustar la línea, el procedimiento de los mínimos cuadrados disminuye lo más posible la suma de errores cuadrados. Si Y se gráfica sobre el eje vertical y X sobre el eje horizontal, como en la figura 17.5, a la línea con mejor ajuste se le denomina regresión de Y sobre X, debido a que las distancias verticales se minimizan. El diagrama de dispersión indica si la relación entre X y Y se puede dibujar como una línea recta y, en consecuencia, si el modelo de regresión bivariada es el adecuado.

Formulación del modelo de regresión bivariada

En el modelo de regresión bivariada, la forma general de una línea recta es:

$$Y = \beta_0 + \beta_1 X$$

donde

Y = variable dependiente o de criterio
X = variable independiente o predictiva
β_0 = intersección de la línea
β_1 = pendiente de la línea

Este modelo implica una relación determinista en la que Y está completamente determinada por X. El valor de Y se prediciría perfectamente si se conocen β_0 y β_1. Sin embargo, en la investigación de mercados muy pocas relaciones son deterministas. Por lo tanto, el proceso de regresión añade un término de error al explicar la naturaleza probabilística o estocástica de la relación. La ecuación de regresión básica se transforma en:

$$Y_i = \beta_0 + \beta_1 X_i + e_i$$

donde e_i es el término de error asociado con la i-ésima observación.[8] La estimación de los parámetros de regresión, β_0 y β_1, es relativamente sencilla.

Estimación de parámetros

En la mayoría de los casos, β_0 y β_1 no se conocen y se estiman a partir de las observaciones de las muestras, por medio de la ecuación

$$\hat{Y}_i = a + bx_i$$

donde $\hat{Y}_i$ es el valor estimado o predicho de Y_i, y a y b son estimadores de β_0 y β_1, respectivamente. A la constante b generalmente se le denomina coeficiente de regresión no estandarizado; es la pendiente de la línea de regresión e indica el cambio esperado en Y cuando X se modifica en una unidad. Las fórmulas para calcular a y b son sencillas.[9]

CAPÍTULO 17 *Correlación y regresión*   547

La pendiente, b, se puede calcular en términos de la covarianza entre X y Y (COV_{xy}) y de la varianza de X como:

$$b = \frac{COV_{xy}}{S_x^2}$$

$$= \frac{\sum_{i=1}^{n}(X_i - \overline{X})(Y_i - \overline{Y})}{\sum_{i=1}^{n}(X_i - \overline{X})^2}$$

$$= \frac{\sum_{i=1}^{n} X_i Y_i - n\overline{X}\overline{Y}}{\sum_{i=1}^{n} X_i^2 - n\overline{X}^2}$$

Luego, la intersección, a, se puede calcular por medio de:

$$a = \overline{Y} - b\overline{X}$$

Para los datos de la tabla 17.1, la estimación de parámetros se puede ilustrar de la siguiente forma:

$$\sum_{i=1}^{12} X_i Y_i = (10)(6) + (12)(9) + (12)(8) + (4)(3) + (12)(10) + (6)(4)$$
$$+ (8)(5) + (2)(2) + (18)(11) + (9)(9) + (17)(10) + (2)(2)$$
$$= 917$$

$$\sum_{i=1}^{12} X_i^2 = 10^2 + 12^2 + 12^2 + 4^2 + 12^2 + 6^2$$
$$+ 8^2 + 2^2 + 18^2 + 9^2 + 17^2 + 2^2$$
$$= 1,350$$

A partir de los cálculos anteriores de la correlación simple, recordemos que

$$\overline{X} = 9.333$$
$$\overline{Y} = 6.583$$

Dado que $n = 12$, b se calcula como:

$$b = \frac{917 - (12)(9.333)(6.583)}{1350 - (12)(9.333)^2}$$
$$= 0.5897$$

$$a = \overline{Y} - b\overline{X}$$
$$= 6.583 - (0.5897)(9.333)$$
$$= 1.0793$$

Observe que estos coeficientes se han estimado con base en los datos sin analizar (sin transformación). En caso de que la estandarización de los datos se considere deseable, el cálculo de los coeficientes estandarizados también es directo.

Estimación del coeficiente de regresión estandarizado

La *estandarización* es el proceso mediante el cual los datos sin analizar se transforman en variables nuevas que tienen una media de 0 y una varianza de 1 (véase el capítulo 14). Cuando los datos están estandarizados, la intersección asume un valor de 0. El término *coeficiente beta* o *peso beta* se utiliza para simbolizar el coeficiente de regresión estandarizado. En este caso, la pendiente obtenida mediante la regresión de X sobre Y, B_{yx}, es igual a la pendiente obtenida mediante la regresión de X sobre Y, B_{xy}. Además, cada uno de los coeficientes de regresión es igual a la correlación simple entre X y Y.

$$B_{yx} = B_{xy} = r_{xy}$$

Archivo de resultados de SPSS

TABLA 17.2
Regresión bivariada

R múltiple	0.93608
R^2	0.87624
R^2 ajustada	0.86387
Error estándar	1.22329

ANÁLISIS DE VARIANZA

	GL	SUMA DE CUADRADOS	CUADRADO MEDIO
Regresión	1	105.95222	105.95222
Residuo	10	14.96444	1.49644

$F = 70.80266$ Significancia de $F = 0.0000$

VARIABLES EN LA ECUACIÓN

VARIABLE	B	EE_B	BETA (B)	T	SIGNIFICANCIA DE F
TIEMPO DE RESIDENCIA	0.58972	0.07008	0.93608	8.414	0.0000
(Constante)	1.07932	0.74335		1.452	0.1772

Existe una relación simple entre los coeficientes de regresión estandarizados y no estandarizados:

$$B_{yx} = b_{yx}(S_x/S_y)$$

Una vez que se han estimado los parámetros, se puede probar su significancia.

Prueba de significancia

La significancia estadística de la relación lineal entre X y Y puede ponerse a prueba al examinar las hipótesis:

$$H_0: \beta_1 = 0$$
$$H_1: \beta_1 \neq 0$$

La hipótesis nula plantea que no existe una relación lineal entre X y Y. La hipótesis alternativa afirma que sí existe una relación, ya sea positiva o negativa, entre X y Y. Generalmente se realiza una prueba de dos colas. Se puede utilizar un estadístico t con $n - 2$ grados de libertad, donde

$$t = \frac{b}{EE_b}$$

EE_b denota la desviación estándar de b, denominada *error estándar*.[10] La distribución t se analizó en el capítulo 15.

Con un programa de cómputo, la regresión de la actitud sobre el tiempo de residencia, utilizando los datos de la tabla 17.1, produce los resultados que se muestran en la tabla 17.2. La intersección, a, es igual a 1.0793, y la pendiente b es igual a 0.5897. Por lo tanto, la ecuación estimada es:

$$\text{Actitud }(\hat{Y}) = 1.0793 + 0.5897 \text{ (tiempo de residencia)}$$

Se estima que el error estándar o desviación estándar de b es 0.07008, y el valor del estadístico $t = 0.5897/0.0700 = 8.414$, con $n - 2 = 10$ grados de libertad. En la tabla 4 del apéndice estadístico vemos que el valor crítico de t con 10 grados de libertad y $\alpha = 0.05$ es 2.228 para una prueba de dos colas. Debido a que el valor calculado de t es mayor que el valor crítico, se rechaza la hipótesis nula. Por lo tanto, existe una relación lineal significativa entre la actitud hacia la ciudad y el tiempo de residencia en dicha ciudad. El signo positivo del coeficiente de la pendiente indica que se trata de una relación positiva. En otras palabras, quienes han vivido en la ciudad por más tiempo tienen actitudes más positivas hacia ésta. La implicación para la gerencia, los funcionarios de la ciudad y los políticos es la misma que se comentó para la correlación simple, dependiendo de la representatividad de la muestra.

En los resultados de la regresión que aparecen en la tabla 17.2, se estima que el valor del coeficiente beta es 0.9361. Observe que éste es el mismo valor de r calculado anteriormente en este capítulo.

Determinación de la fuerza y la significancia de la asociación

Una inferencia relacionada implica la determinación de la fuerza y la significancia de la asociación entre X y Y. La fuerza de la asociación se mide usando el coeficiente de determinación, r^2. En la regresión bivariada, r^2 es el cuadrado del coeficiente de correlación simple, obtenido al correlacionar las dos variables. El coeficiente r^2 varía entre 0 y 1, e implica la proporción de la variación tal de Y que se explica con la variación de X. La descomposición de la variación total en Y es similar a la del análisis de varianza (véase el capítulo 16). Como se muestra la figura 17.6, la variación total, SC_y, se puede descomponer en la variación que está explicada por la línea de regresión, SC_{reg}, y el error o variación residual, SC_{error} o SC_{res}, de la siguiente manera:

$$SC_y = SC_{reg} + SC_{res}$$

donde

$$SC_y = \sum_{i=1}^{n} (Y_i - \bar{Y})^2$$

$$SC_{reg} = \sum_{i=1}^{n} (\hat{Y}_i - \bar{Y})^2$$

$$SC_{res} = \sum_{i=1}^{n} (Y_i - \hat{Y}_i)^2$$

Entonces, la fuerza de la asociación se puede calcular de la siguiente manera:

$$r^2 = \frac{SC_{reg}}{SC_y}$$

$$= \frac{SC_y - SC_{res}}{SC_y}$$

Para ilustrar los cálculos de r^2, consideremos nuevamente la regresión de la actitud hacia la ciudad con respecto al tiempo de residencia. Recordemos de los cálculos previos del coeficiente de correlación simple que:

$$SC_y = \sum_{i=1}^{n} (Y_i - \bar{Y})^2$$

$$= 120.9168$$

Los valores predichos ($\hat{Y}$) se calculan con la ecuación de regresión:

$$\text{Actitud } (\hat{Y}) = 1.0793 + 0.5897 \text{ (tiempo de residencia)}$$

Para la primera observación en la tabla 17.1, este valor es:

$$(\hat{Y}) = 1.0793 + 0.5897 \times 10 = 6.9763$$

Figura 17.6
Descomposición de la variación total en la regresión bivariada

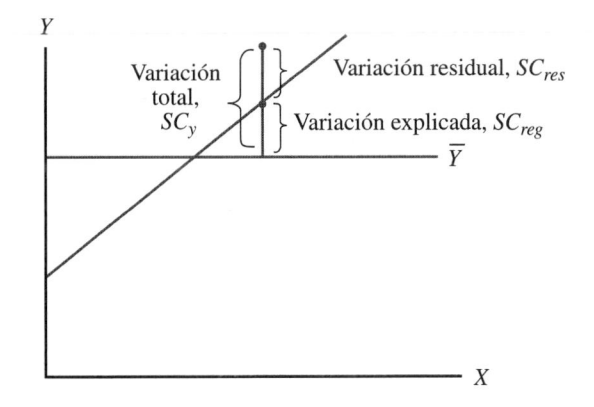

Para cada observación sucesiva, los valores predichos son, en orden, 8.1557, 8.1557, 3.4381, 8.1557, 4.6175, 5.7969, 2.2587, 11.6939, 6.3866, 11.1042 y 2.2587. Por lo tanto,

$$\begin{aligned}SC_{reg} = \sum_{i=1}^{n} (\hat{Y}_i - \overline{Y})^2 &= (6.9763 - 6.5833)^2 + (8.1557 - 6.5833)^2 \\ &+ (8.1557 - 6.5833)^2 + (3.4381 - 6.5833)^2 \\ &+ (8.1557 - 6.5833)^2 + (4.6175 - 6.5833)^2 \\ &+ (5.7969 - 6.5833)^2 + (2.2587 - 6.5833)^2 \\ &+ (11.6939 - 6.5833)^2 + (6.3866 - 6.5833)^2 \\ &+ (11.1042 - 6.5833)^2 + (2.2587 - 6.5833)^2 \\ &= 0.1544 + 2.4724 + 2.4724 + 9.8922 + 2.4724 \\ &+ 3.8643 + 0.6184 + 18.7021 + 26.1182 \\ &+ 0.0387 + 20.4385 + 18.7021 \\ &= 105.9524\end{aligned}$$

$$\begin{aligned}SC_{res} = \sum_{i=1}^{n} (Y_i - \hat{Y}_i)^2 &= (6 - 6.9763)^2 + (9 - 8.1557)^2 + (8 - 8.1557)^2 \\ &+ (3 - 3.4381)^2 + (10 - 8.1557)^2 + (4 - 4.6175)^2 \\ &+ (5 - 5.7969)^2 + (2 - 2.2587)^2 + (11 - 11.6939)^2 \\ &+ (9 - 6.3866)^2 + (10 - 11.1042)^2 + (2 - 2.2587)^2 \\ &= 14.9644\end{aligned}$$

Se observa que $SC_y = SC_{reg} + SC_{res}$. Además,

$$\begin{aligned}r^2 &= \frac{SC_{reg}}{SC_y} \\ &= \frac{105.9524}{120.9168} \\ &= 0.8762\end{aligned}$$

Otra prueba equivalente para examinar la significancia de la relación lineal entre X y Y (significancia de b) es la prueba de la significancia del coeficiente de determinación. En este caso las hipótesis son:

$$H_0: R^2_{pob} = 0$$
$$H_1: R^2_{pob} > 0$$

Aquí es apropiado el estadístico de prueba F:

$$F = \frac{SC_{reg}}{SC_{res}/(n-2)}$$

que tiene una distribución F con 1 y $n - 2$ grados de libertad. La prueba F es una generalización de la prueba t (véase el capítulo 15). Si una variable aleatoria t está distribuida con n grados de libertad, entonces t^2 es F distribuida con 1 y n grados de libertad. Por lo tanto, la prueba F para probar la significancia del coeficiente de determinación equivale a poner a prueba las siguientes hipótesis:

$$H_0: \beta_1 = 0$$
$$H_0: \beta_1 \neq 0$$

o bien,

$$H_0: \rho = 0$$
$$H_0: \rho \neq 0$$

CAPÍTULO 17 *Correlación y regresión*

De la tabla 17.2, observamos que:

$$r^2 = \frac{105.9524}{(105.9524 + 14.9644)}$$

$$= 0.8762$$

que es igual al valor que calculamos antes. El valor del estadístico *F* es:

$$F = \frac{105.9524}{(14.9644/10)}$$

$$= 70.8027$$

con 1 y 10 grados de libertad. El estadístico *F* calculado excede el valor crítico de 4.96, obtenido a partir de la tabla 5 en el apéndice estadístico. Por lo tanto, la relación es significativa a un nivel de $\alpha = 0.05$, lo que corrobora los resultados de la prueba *t*. Si la relación entre *X* y *Y* es significativa, tiene sentido predecir los valores de *Y* con base en los valores de *X* y estimar la exactitud de la predicción.

Verificación de la exactitud de la predicción

Para estimar la exactitud de los valores predichos, $\hat{Y}$, es útil calcular el error estándar de estimación, *EEE*. Este estadístico es la desviación estándar de los valores reales de *Y* a partir de los valores predichos $\hat{Y}$.

$$EEE = \sqrt{\frac{\sum_{i=1}^{n}(Y_i - \hat{Y})^2}{n-2}}$$

o bien,

$$EEE = \sqrt{\frac{SC_{res}}{n-2}}$$

o, de forma más general, si existen *k* variables independientes,

$$EEE = \sqrt{\frac{SC_{res}}{n-k-1}}$$

EEE se puede interpretar como un tipo de residuo promedio o error promedio, en la predicción de *Y* a partir de la ecuación de regresión.[11]

Pueden surgir dos casos de predicción. Quizás el investigador desee predecir el valor promedio de *Y* para todos los casos con un valor dado de *X*, digamos X_0, o predecir el valor de *Y* para un solo caso. En ambas situaciones, el valor que se predice es el mismo y está dado por $\hat{Y}$, donde

$$\hat{Y} = a + bX_0$$

Sin embargo, el error estándar difiere en las dos situaciones, aunque en ambas es una función de *EEE*. En el caso de muestras grandes, el error estándar para predecir el valor promedio de *Y* es $EEE/\sqrt{n}$, y para predecir los valores individuales de *Y* es *EEE*. Por lo tanto, la construcción de intervalos de confianza (véase el capítulo 12) para el valor predicho varía dependiendo de si se predice el valor promedio o el valor de una sola observación.

Para los datos de la tabla 17.2, el *EEE* se estima de la siguiente manera:

$$EEE = \sqrt{\frac{14.9644}{(12-2)}}$$

$$= 1.22329$$

Los últimos dos pasos de la regresión bivariada, es decir, el examen de residuales y la validación entre modelos, se estudiarán más adelante.

INVESTIGACIÓN ACTIVA

> Visite www.ford.com y realice una búsqueda en Internet y en la base en línea de su biblioteca, para obtener información sobre la relación entre la publicidad y las ventas de fabricantes de automóviles.
>
> Formule un modelo de regresión bivariada que explique la relación entre la publicidad y las ventas en la industria automotriz.
>
> Como director de Ford Motor Company, ¿de qué manera determinaría sus gastos de publicidad?

Supuestos

El modelo de regresión se basa en varias suposiciones para estimar los parámetros y probar la significancia, tal como se muestra en la figura 17.5:

1. El término del error se distribuye normalmente. Para cada valor fijo de X, la distribución de Y es normal.[12]
2. Las medias de todas estas distribuciones normales de Y, dada X, caen en una línea recta con una pendiente b.
3. La media del término del error es 0.
4. La varianza del término del error es constante. Esta varianza no depende de los valores que toma X.
5. Los términos del error no están correlacionados. En otras palabras, las observaciones se obtuvieron de manera independiente.

Podemos saber qué tanto se cumplen estos supuestos al examinar los residuales, que es un tema que se cubre en la siguiente sección sobre la regresión múltiple.[13]

REGRESIÓN MÚLTIPLE

regresión múltiple
Técnica estadística que simultáneamente desarrolla una relación matemática entre dos o más variables independientes y una variable dependiente de intervalo.

La *regresión múltiple* implica una sola variable dependiente y dos o más variables independientes. Las respuestas que surgen en el contexto de la regresión bivariada también se pueden responder usando la regresión múltiple al tomar en cuenta variables independientes adicionales.

- ¿La variación en las ventas se puede explicar en términos de la variación de los gastos publicitarios, precios y nivel de distribución?
- ¿La variación en la participación de mercado podría explicarse por el tamaño de la fuerza de ventas, los gastos publicitarios y el presupuesto para la promoción de ventas?
- ¿Las percepciones de calidad de los clientes están determinadas por la forma en que perciben los precios, la imagen de marca y los atributos de la marca?

Existen otras preguntas que también se pueden responder con la regresión múltiple.

- ¿Qué cantidad de la variación en las ventas puede explicarse por los gastos publicitarios, los precios y el nivel de distribución?
- ¿Cuál es la contribución de los gastos publicitarios para explicar la variación en las ventas, cuando se controlan los niveles de precios y de distribución?
- ¿Qué niveles de ventas se esperarían, dados los niveles de gastos publicitarios, precios y nivel de distribución?

INVESTIGACIÓN REAL

Marcas globales: anuncios locales

Los europeos reciben con gusto marcas de otros países, pero cuando se trata de publicidad, prefieren su variedad local. Una encuesta realizada por Yankelovich and Partners (*www.yankelovich.com*) y sus afiliados, descubrió que la mayoría de los comerciales favoritos de los consumidores europeos son de marcas locales, a pesar de que estén muy dispuestos a adquirir marcas extranjeras. Los participantes en Francia, Alemania y Reino Unido dijeron que Coca-Cola es la bebida gaseosa que se compra con mayor frecuencia.

CAPÍTULO 17 *Correlación y regresión*

Sin embargo, los franceses eligieron el famoso anuncio, ganador de premios, del agua embotellada francesa Perrier como su comercial favorito. De manera similar, en Alemania el anuncio favorito fue el de una marca alemana de cerveza sin alcohol: Clausthaler. Sin embargo, en el Reino Unido Coca-Cola resultó la bebida favorita y también la publicidad favorita. A la luz de estos hallazgos, la pregunta importante es ¿sirve la publicidad? Es decir, ¿sirve para aumentar la probabilidad de comprar una marca, o simplemente mantiene una alta tasa de reconocimiento de marca? Una forma de descubrir esto es por medio de regresiones múltiples, donde la variable dependiente es la probabilidad de compra de la marca y las variables independientes son las evaluaciones de los atributos de la marca y las evaluaciones de la publicidad. Se pueden crear modelos separados con y sin publicidad para evaluar cualquier diferencia significativa en la contribución. También se podrían realizar pruebas t individuales para calcular la contribución significativa de los atributos de la marca y de la publicidad. Los resultados indicarían si la publicidad tiene un papel importante en las decisiones de compra de una marca. En conjunto con estos resultados, un estudio reciente reveló que no es adecuado tratar de lograr compras por lealtad hacia la marca usando la promoción de ventas. Según dicho estudio, las promociones de ventas únicamente fomentan el cambio de marca momentáneo y tan sólo mejoran el desempeño a corto plazo de las empresas. Además, a la larga, una promoción de ventas implicaría una imagen de baja calidad o de inestabilidad de marca ante los consumidores, o podría confundirlos provocando una disminución en la lealtad hacia la marca. Los resultados de este estudio muestran que sacrificar la publicidad y confiar en las promociones de ventas reduce las asociaciones de marca, que a final de cuentas producen una disminución en las compras por lealtad hacia la marca.[14] ∎

modelo de regresión múltiple
Ecuación que se utiliza para explicar los resultados del análisis de regresión múltiple.

La forma general del ***modelo de regresión múltiple*** es la siguiente:

$$Y = \beta_0 + \beta_1 X_1 + \beta_2 X_2 + \beta_3 X_3 + \ldots + \beta_k X_k + e$$

que se calcula por medio de la siguiente ecuación:

$$\hat{Y} = a + b_1 X_1 + b_2 X_2 + b_3 X_3 + \ldots + b_k X_k$$

Como antes, el coeficiente a representa la intersección, pero ahora las b son los coeficientes de regresión parcial. El criterio de mínimos cuadrados estima los parámetros de tal manera que se reduce el error total, SC_{res}. Este proceso también aumenta la correlación entre los valores reales de Y y los valores predichos, $\hat{Y}$. Todos los supuestos de la regresión bivariada también se aplican a la regresión múltiple. Ahora definiremos algunos estadísticos asociados y luego describiremos el procedimiento del análisis de regresión múltiple.[15]

ESTADÍSTICOS ASOCIADOS CON LA REGRESIÓN MÚLTIPLE

La mayoría de los estadísticos y términos estadísticos descritos en la regresión bivariada también se aplican a la regresión múltiple. Además de éstos, también se usan los siguientes estadísticos:

R^2 *ajustada*. R^2, el coeficiente de determinación múltiple, se ajusta al número de variables independientes y al tamaño de la muestra para explicar regresiones menores. Después de las primeras variables, las variables independientes adicionales no contribuyen mucho.

Coeficiente de determinación múltiple. La fuerza de la asociación en la regresión múltiple se mide usando el cuadrado del coeficiente de correlación múltiple, R^2, que también se conoce como coeficiente de determinación múltiple.

***Prueba* F.** La prueba F se utiliza para probar la hipótesis nula que afirma que el coeficiente de determinación múltiple en la población, R^2_{pob}, es igual a cero. Esto es equivalente a probar la hipótesis nula H_0: $\beta_1 = \beta_2 = \beta_3 = \ldots = \beta_k = 0$. El estadístico de prueba tiene una distribución F con k y $(n - k - 1)$ grados de libertad.

***Prueba* F *parcial*.** La significancia de un coeficiente de regresión parcial, β_i, de X_i se pone a prueba utilizando un estadístico F creciente. El estadístico F creciente se basa en el incremento de la suma de cuadrados explicada, que resulta de la suma de la variable independiente X_i para la ecuación de regresión, después de haber incluido todas las demás variables independientes.

Coeficiente de regresión parcial. El coeficiente de regresión parcial, b_1, denota el cambio en el valor predicho, $\hat{Y}$, por unidad de cambio de X_1, cuando las otras variables independientes, X_2 a X_k, se mantienen constantes.

REALIZACIÓN DEL ANÁLISIS DE REGRESIÓN MÚLTIPLE

Los pasos del análisis de regresión múltiple son similares a los del análisis de regresión bivariada. La discusión se enfoca en los coeficientes de regresión parcial, la fuerza de la asociación, la prueba de significancia y examen de residuales.

Coeficientes de regresión parcial

Para entender el significado de un coeficiente de regresión parcial, consideremos un caso en el que hay dos variables independientes, de manera que:

$$\hat{Y} = a + b_1 X_1 + b_2 X_2$$

En primer lugar, observe que la magnitud relativa del coeficiente de regresión parcial de una variable independiente es, en general, diferente del de su coeficiente de regresión bivariada. En otras palabras, el coeficiente de regresión parcial, b_1, será diferente del coeficiente de regresión, b, obtenido al hacer una regresión de Y únicamente sobre X_1. Esto sucede porque X_1 y X_2 generalmente están correlacionadas. En la regresión bivariada, no se consideró X_2, por lo que cualquier variación de Y que era compartida por X_1 y X_2 se atribuía a X_1. Sin embargo, en el caso de las variables independientes múltiples no ocurre lo mismo.

La interpretación del coeficiente de regresión parcial, b_1, es que éste representa el cambio esperado en Y, cuando X_1 cambia una unidad pero X_2 se mantiene constante o controlada. De la misma forma, b_2 representa el cambio esperado en Y para el cambio de una unidad en X_2, cuando X_1 se mantiene constante. Así, resulta apropiado decir que b_1 y b_2 son coeficientes de regresión parcial. También se observa que se suman los efectos combinados de X_1 y X_2 sobre Y. En otras palabras, si X_1 y X_2 cambian en una unidad, el cambio esperado en Y sería $(b_1 + b_2)$.

Conceptualmente, la relación entre el coeficiente de regresión bivariada y el coeficiente de regresión parcial se puede ilustrar de la siguiente manera. Suponga que deseamos eliminar el efecto de X_2 sobre X_1. Esto se logra haciendo una regresión de X_1 sobre X_2. En otras palabras, se estimaría la ecuación $\hat{X}_1 = a + bX_2$ y se calcularía el residuo $X_r = (X_1 - \hat{X}_1)$. Entonces, el coeficiente de regresión parcial, b_1, es igual al coeficiente de regresión bivariada, b_r, obtenido de la ecuación $\hat{Y} = a + b_r X_r$. En otras palabras, el coeficiente de regresión parcial, b_1, es igual al coeficiente de regresión, b_r, entre Y y los residuales de X_1, de donde se ha eliminado el efecto de X_2. El coeficiente parcial, b_2, también se interpreta de la misma manera.

La extensión al caso de k variables es directa. El coeficiente de regresión parcial, b_1, representa el cambio esperado en Y cuando X_1 cambia en una unidad y X_2 a X_k se mantienen constantes. También se puede interpretar como el coeficiente de regresión bivariada, b, para la regresión de Y sobre los residuales de X_1, cuando se elimina de X_1 el efecto de X_2 a X_k.

Los coeficientes beta son los coeficientes de regresión parcial obtenidos cuando todas las variables $(Y, X_1, X_2, \ldots, X_k)$ se han estandarizado a una media de 0 y una varianza de 1 antes de estimar la ecuación de regresión. La relación de los coeficientes estandarizados con los no estandarizados continúa siendo igual que antes:

$$B_1 = b_1 \left(\frac{S_{x1}}{S_y} \right)$$

.
.

$$B_k = b_k \left(\frac{S_{xk}}{S_y} \right)$$

Archivo de resultados de SPSS

TABLA 17.3

Regresión múltiple

R múltiple	0.97210
R^2	0.94498
R^2 ajustada	0.93276
Error estándar	0.85974

ANÁLISIS DE VARIANZA

	GL	SUMA DE CUADRADOS	CUADRADO MEDIO
Regresión	2	114.26425	57.13213
Residuo	9	6.65241	0.73916

$F = 77.29364$ Significancia de $F = 0.0000$

VARIABLES EN LA ECUACIÓN

VARIABLE	B	EE_B	BETA (B)	T	SIGNIFICANCIA DE T
IMPORTANCIA	0.28865	0.08608	0.31382	3.353	0.0085
TIEMPO DE RESIDENCIA	0.48108	0.05895	0.76363	8.160	0.0000
(Constante)	0.33732	0.56736		0.595	0.5668

La intersección y los coeficientes de regresión parcial se estiman al resolver un sistema de ecuaciones simultáneas derivadas al diferenciar e igualar los derivativos parciales a 0. Ya que diversos programas de cómputo calculan estos coeficientes de manera automática, no presentaremos los detalles. Sin embargo, vale la pena señalar que las ecuaciones no pueden resolverse si: **1.** el tamaño de la muestra, *n*, es menor o igual al número de variables independientes, *k*; o **2.** una variable independiente está perfectamente correlacionada con otra.

Suponga que para explicar la actitud hacia la ciudad, ahora introducimos una segunda variable, la importancia asignada al clima. Los datos de los 12 participantes del pretest sobre la actitud hacia la ciudad, el tiempo de residencia y la importancia asignada al clima se presentan en la tabla 17.1. En la tabla 17.3 se presentan los resultados del análisis de regresión múltiple. El coeficiente de regresión parcial de la tiempo de residencia (X_1) ahora es de 0.4811, que es diferente del que se obtuvo en el caso bivariado. El coeficiente beta correspondiente es 0.7636. El coeficiente de regresión parcial de la importancia asignada al clima (X_2) es 0.2887, con un coeficiente beta de 0.3138. La ecuación de regresión estimada es:

$$(\hat{Y}) = 0.33732 + 0.48108 X_1 + 0.28865 X_2$$

o bien,

$$\text{Actitud} = 0.33732 + 0.48108 \text{ (tiempo de r.)} + 0.28865 \text{ (importancia)}$$

Esta ecuación se puede utilizar para diversos propósitos, incluyendo la predicción de actitudes hacia la ciudad, conociendo el tiempo de residencia de los sujetos en la ciudad y la importancia que le asignan al clima. Observe que tanto el tiempo de residencia como la importancia son significativos y útiles en esta predicción.

Fuerza de la asociación

La fuerza de la relación estipulada por la ecuación de regresión se puede determinar utilizando las medidas de asociación apropiadas. La variación total se descompone de la misma forma que en el caso bivariado:

$$SC_y = SC_{reg} + SC_{res}$$

donde

$$SC_y = \sum_{i=1}^{n} (Y_i - \overline{Y})^2$$

$$SC_{reg} = \sum_{i=1}^{n} (\hat{Y}_i - \overline{Y})^2$$

$$SC_{res} = \sum_{i=1}^{n} (Y_i - \hat{Y}_i)^2$$

La fuerza de la asociación se mide por medio del cuadrado del coeficiente de correlación múltiple, R^2, al que también llamamos coeficiente de determinación múltiple.

$$R^2 = \frac{SC_{reg}}{SC_y}$$

El coeficiente de correlación múltiple, R, se puede considerar como el coeficiente de correlación simple, r, entre Y y $\hat{Y}$. Vale la pena señalar varios puntos sobre las características de R^2. El coeficiente de determinación múltiple, R^2, no puede ser menor que el bivariado mayor, r^2, de cualquier variable independiente individual con la variable dependiente. R^2 es más grande cuando son bajas las correlaciones entre las variables independientes. Si las variables independientes son estadísticamente independientes (no correlacionadas), entonces R^2 será la suma de la r^2 bivariada de cada variable independiente con la variable dependiente. R^2 no puede disminuir al agregar más variables independientes a la ecuación de regresión. No obstante, las regresiones disminuyen, de manera que después de las primeras variables, las variables independientes adicionales no contribuyen mucho.[16] Por tal razón, R^2 se ajusta al número de variables independientes y al tamaño de la muestra utilizando la siguiente fórmula:

$$R^2 \text{ajustada} = R^2 - \frac{k(1-R^2)}{n-k-1}$$

Para los resultados de regresión de la tabla 17.3, el valor de R^2 es:

$$R^2 = \frac{114.2643}{(114.2643 + 6.6524)}$$
$$= 0.9450$$

Esta cifra es mayor que el valor de r^2 de 0.8762 obtenido en el caso bivariado. La r^2 en el caso bivariado es el cuadrado de la correlación simple (producto-momento) entre la actitud hacia la ciudad y el tiempo de residencia. La R^2 obtenida en la regresión múltiple también es mayor que el cuadrado de la correlación simple entre la actitud y la importancia dada al clima (que se puede estimar como 0.5379). La R^2 ajustada se calcula de la siguiente manera:

$$R^2 \text{ ajustada} = 0.9450 - \frac{2(1.0 - 0.9450)}{(12 - 2 - 1)}$$
$$= 0.9328$$

Observe que el valor de R^2 ajustada es cercano al de R^2, y ambas son mayores que la r^2 del caso bivariado. Esto sugiere que la inclusión de la segunda variable independiente, la importancia dada al clima, contribuye a explicar la variación en la actitud hacia la ciudad.

Prueba de significancia

La prueba de la significancia implica poner a prueba la significancia de la ecuación de regresión general, al igual que la de los coeficientes de regresión parcial específicos. La hipótesis nula de la prueba general plantea que el coeficiente de determinación múltiple en la población, R^2_{pob}, es igual a cero.

$$H_0: R^2_{pob} = 0$$

CAPÍTULO 17 Correlación y regresión

Esto es equivalente a la siguiente hipótesis nula:

$$H_0: \beta_1 = \beta_2 = \beta_3 = \ldots = \beta_k = 0$$

La prueba general se realiza utilizando un estadístico F:

$$F = \frac{SC_{reg}/k}{SC_{res}/(n-k-1)}$$

$$= \frac{R^2/k}{(1-R^2)/(n-k-1)}$$

que tiene una distribución F con k y $(n - k - 1)$ grados de libertad.[17] Para los resultados de regresión múltiple presentados en la tabla 17.3,

$$F = \frac{114.2643/2}{6.6524/9} = 77.2936$$

que es significativo a un nivel de $\alpha = 0.05$.

Si se rechaza la hipótesis nula general, uno o más de los coeficientes de regresión parcial poblacionales tienen un valor diferente de 0. Para determinar cuáles coeficientes específicos (β_i) no son iguales a cero, es necesario realizar pruebas adicionales. La prueba de la significancia de los β_i se efectúa de manera similar al caso bivariado, utilizando pruebas t. La significancia del coeficiente parcial de la importancia adjudicada al clima se prueba mediante la siguiente ecuación:

$$t = \frac{b}{EE_b}$$

$$= \frac{0.2887}{0.08608}$$

$$= 3.353$$

que tiene una distribución t con $n - k - 1$ grados de libertad. Este coeficiente es significativo al nivel $\alpha = 0.05$. La significancia del coeficiente del tiempo de residencia se puso a prueba de forma similar y resultó significativo. Por lo tanto, tanto el tiempo de residencia como la importancia dada al clima son importantes para explicar la actitud hacia la ciudad.

Algunos programas de cómputo ofrecen una prueba F equivalente, a menudo llamada *prueba F parcial*. Esto implica una descomposición de la suma de cuadrados total de la regresión, SC_{reg}, en componentes relacionados a cada variable independiente. En el método estándar, esto se hace asumiendo que cada variable independiente se agrega a la ecuación de regresión, después de que se hayan incluido todas las demás variables independientes. El incremento en la suma de cuadrados explicada, que resulta de la inclusión de una variable independiente, X_i, es el componente de la variación que se atribuye a esa variable, y se simboliza con SC_{xi}.[18] La significancia del coeficiente de regresión parcial para esta variable, b_i, se prueba mediante el estadístico F creciente:

$$F = \frac{SC_{x_i}/1}{SC_{res}/(n-k-1)}$$

que tiene una distribución F con 1 y $(n - k - 1)$ grados de libertad.

Aunque es reconfortante obtener una R^2 alta y coeficientes de regresión parcial significativos, la eficacia del modelo de regresión debe evaluarse más usando un examen de los residuales.

Examen de los residuales

residuo
La diferencia entre el valor observado de Y_i y el valor predicho mediante la ecuación de regresión, $\hat{Y}_i$.

Un *residuo* es la diferencia entre el valor observado de Y_i y el valor predicho mediante la ecuación de regresión, $\hat{Y}_i$. Los residuales se usan en el cálculo de varios estadísticos asociados con la regresión. Además, los diagramas de dispersión de los residuales —donde éstos se grafican contra los valores predichos, $\hat{Y}$, el tiempo o las variables predictivas— brindan información útil al examinar qué tan adecuados son los supuestos subyacentes y el modelo de regresión ajustado.[19]

Figura 17.7
Gráfica residual que indica que la varianza no es constante

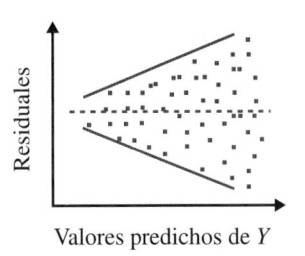

Figura 17.8
Gráfica que indica una relación lineal entre los residuales y el tiempo

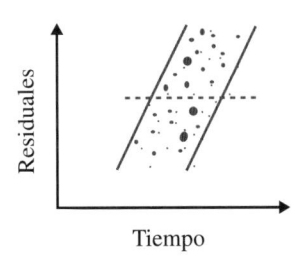

El supuesto de un término del error distribuido de manera normal se examina al construir un histograma de los residuales. Una revisión visual revela si es normal la distribución. Se obtiene evidencia adicional al determinar los porcentajes de los residuales que caen dentro de ± 1 *EE* o ± 2 *EE*. Estos porcentajes se pueden comparar con lo que se esperaría debajo de la distribución normal (68 por ciento y 95 por ciento, respectivamente). Se tiene una evaluación más formal al realizar una prueba K-S de una muestra.

El supuesto de la varianza constante del término del error se puede examinar al graficar los residuales contra los valores predichos de la variable dependiente, $\hat{Y}_i$. Si el patrón no es aleatorio, entonces la varianza del término del error no es constante. La figura 17.7 muestra un patrón cuya varianza depende de los valores de $\hat{Y}_i$.

Una gráfica de los residuales contra el tiempo, o la secuencia de observaciones, brinda cierta información acerca del supuesto de que los términos del error no están correlacionados. Si este supuesto es verdad, se deberían observar patrones aleatorios. Una gráfica como la que se presenta en la figura 17.8 indica una relación lineal entre los residuales y el tiempo. Un procedimiento más formal para examinar las correlaciones entre los términos del error es la prueba de Durbin-Watson.[20]

La graficación de los residuales contra las variables independientes ofrece evidencia acerca de qué tan adecuado es el uso de un modelo lineal. Nuevamente, la gráfica debería mostrar un patrón aleatorio. Los residuales tienen que distribuirse de forma aleatoria, con una dispersión relativamente similar alrededor de 0; no deben mostrar ninguna tendencia positiva o negativa.

Para decidir si se deben incluir variables adicionales en la ecuación de regresión, es posible hacer una regresión de los residuales sobre las variables propuestas. Si cualquier variable explica una proporción significativa de la variación residual, debería considerarse su inclusión. La inclusión de variables en la ecuación de regresión tienen que guiarse principalmente por la teoría en que se basa el investigador. Así, un examen de los residuales ofrece información valiosa sobre qué tan apropiados son los supuestos subyacentes y el modelo ajustado. La figura 17.9 muestra una gráfica que indica que se cumplen los supuestos subyacentes y que es adecuado el modelo lineal. Si un examen de los residuales indica que no se cumplen los supuestos que subyacen a la regresión lineal, el investigador puede transformar las variables en un intento por satisfacer los supuestos.

Figura 17.9
Gráfica de residuales que indica que el modelo ajustado es el apropiado

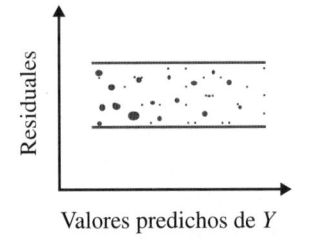

CAPÍTULO 17 Correlación y regresión

Las transformaciones, como sacar logaritmos, raíces cuadradas o recíprocos, pueden estabilizar la varianza, hacer que la distribución se normalice o lograr que la regresión sea lineal.

INVESTIGACIÓN REAL

¿Qué aspectos influyen en los precios de los boletos de eventos deportivos? ¡Un nuevo estadio!

Una importante fuente de ingresos para cualquier equipo deportivo profesional es la venta de boletos, especialmente la venta a los suscriptores de boletos por temporada. Un estudio incluyó un análisis de regresión para determinar qué factores provocaban que los precios variaran entre los equipos de la misma liga en un año dado. La ecuación de regresión fue:

$$\text{LBIX} = a_0 + a_1(\text{HGAN}) + a_2(\text{INGRESO}) + a_3(\text{PAGO}) + a_4(\text{POBL}) + a_5(\text{TEND}) + a_6(\text{CAP}) + a_7(\text{ESTAD})$$

donde

LBIX = logaritmo natural del precio promedio del boleto
BIX = precio promedio del boleto
HGAN = promedio de triunfo del equipo en las tres temporadas anteriores
INGRESO = nivel de ingreso promedio de la población de la ciudad
PAGO = nómina del equipo
POBL = tamaño de la población de la ciudad
TEND = tendencias de la industria
CAP = asistencia como porcentaje de la capacidad
ESTAD = si el equipo está jugando en un estadio nuevo

La investigación reunió datos que cubrían un periodo de siete años (1996-2002). Los datos financieros se obtuvieron a través de Team Marketing Reports y el resto de los datos se reunieron utilizando fuentes públicamente disponibles, como informes deportivos. En la tabla que aparece a continuación se observan los resultados de los análisis de regresión.

Los resultados sugieren que varios factores influyeron en el precio de los boletos, y el principal de ellos fue que el equipo jugara en un estadio nuevo.[21]

Resultados de regresión

Variable	MLB Coeficiente	MLB Estadístico t	MLB Valor P	NBA Coeficiente	NBA Estadístico t	NBA Valor P	NFL Coeficiente	NFL Estadístico t	NFL Valor P	NHL Coeficiente	NHL Estadístico t	NHL Valor P
Constante	1.521	12.012	0.000	2.965	20.749	0.000	2.886	18.890	0.000	3.172	16.410	0.000
POBL	0.000	5.404	0.000	0.000	5.036	0.000	0.000	−2.287	0.023	0.000	2.246	0.026
INGRESO	0.000	3.991	0.000	0.000	0.208	0.836	0.000	3.645	0.000	0.000	0.669	0.504
ESTAD	0.337	5.356	0.000	0.108	3.180	0.002	0.226	3.357	0.001	0.321	4.087	0.000
HGAN	0.000	0.091	0.927	0.004	3.459	0.001	0.013	2.190	0.030	0.001	0.369	0.713
CAP	0.006	8.210	0.000	0.000	2.968	0.003	0.002	1.325	0.187	0.005	3.951	0.000
PAGO	0.004	4.192	0.000	0.008	5.341	0.000	0.001	0.607	0.545	0.002	1.099	0.273
TEND	0.047	6.803	0.000	0.016	1.616	0.100	0.058	6.735	0.000	0.009	0.718	0.474
CAN (Canadá)										−0.146	−3.167	0.002
R cuadrada ajustada		0.778			0.488			0.443			0.292	
Estadístico F		98.366			28.227			24.763			9.545	
Significancia de F		0.000			0.000			0.000				

Como se ve en el ejemplo anterior, con frecuencia algunas variables independientes consideradas en un estudio no resultan significativas. Cuando existe un gran número de variables independientes y el investigador sospecha que no todas son significativas, se debería utilizar la regresión progresiva.

REGRESIÓN PROGRESIVA

regresión progresiva
Procedimiento de regresión en el cual las variables predictivas participan o se eliminan una por una de la ecuación de regresión.

El propósito de la **regresión progresiva** consiste en seleccionar, a partir de un gran número de variables predictivas, un pequeño subconjunto de variables que expliquen la mayoría de la variación de la variable dependiente o de criterio. En este procedimiento, las variables predictivas participan o se eliminan, una a la vez, de la ecuación de regresión.[22] Hay varios métodos de la regresión progresiva.

1. *Inclusión hacia adelante.* Inicialmente no hay variables predictivas en la ecuación de regresión. Las variables predictivas participan una a la vez, únicamente si cumplen ciertos criterios específicos en términos de la razón de F. El orden en que se incluyen las variables se basa en su contribución a la varianza explicada.
2. *Eliminación hacia atrás.* Inicialmente todas las variables predictivas se incluyen en la ecuación de regresión. Luego, se eliminan una por una con base en la razón de F.
3. *Solución progresiva.* La inclusión hacia adelante se combina con la eliminación de variables predictivas que ya no cumplen con el criterio especificado en cada paso.

Los procedimientos progresivos no producen ecuaciones de regresión óptimas, en el sentido de producir la R^2 mayores para un número dado de predictivos. Debido a las correlaciones entre predictivos, es probable que nunca se incluya una variable importante, o que participen en la ecuación variables menos importantes. Para identificar una ecuación de regresión óptima, es necesario calcular soluciones de combinaciones, donde se examinen todas las combinaciones posibles. Sin embargo, la regresión progresiva resulta útil cuando el tamaño de la muestra es grande en relación con el número de predictivos, tal como se muestra en el siguiente ejemplo.

INVESTIGACIÓN REAL

Salir... al centro comercial

Incluso en el siglo XXI, echar un vistazo es parte fundamental de las compras, ya sea en línea o en el centro comercial. A los clientes les gusta reflexionar sus decisiones de compra antes de llevarlas a cabo. Muchos consideran que los detallistas de tienda tienen una ventaja sobre los detallistas de Internet cuando se trata de echar un vistazo, ya que las tiendas son más grandes y ofrecen mayores productos. Aunque Internet atrae a los compradores más jóvenes, el centro comercial continuará a la cabeza del juego, especialmente debido a que en la actualidad existen muchos factores de entretenimiento dentro de los centros comerciales. Se creó un perfil de las personas que echan un vistazo o buscan en los centros comerciales regionales, utilizando tres conjuntos de variables independientes: datos demográficos, conducta de compra, y variables psicológicas y de actitudes. La variable dependiente consistió de un índice de búsqueda. En una regresión progresiva que incluyó a los tres conjuntos de variables, se descubrió que los datos demográficos son los predictivos más poderosos de la conducta de búsqueda. La ecuación de regresión final, que contenía 20 de las 36 posibles variables, incluyó todos los datos demográficos. La siguiente tabla presenta los coeficientes de regresión, los coeficientes de los errores estándar y sus niveles de significancia.

Regresión del índice de búsqueda sobre variables descriptivas y de actitudes
por orden de entrada en la regresión progresiva

Descripción de la variable	*Coeficiente*	*EE*	*Significancia*
Sexo (0 = hombre, 1 = mujer)	−0.485	0.164	0.001
Situación de empleo (0 = con empleo)	0.391	0.182	0.003
Confianza en sí mismo	−0.152	0.128	0.234
Nivel académico	0.079	0.072	0.271
Intención de marca	−0.063	0.028	0.024
¿Ve televisión durante el día? (0 = Sí)	0.232	0.144	0.107
Tensión	−0.182	0.069	0.008
Ingreso	0.089	0.061	0.144
Frecuencia de visitas a centros comerciales	−0.130	0.059	0.028
Tiene menos amigos que la mayoría	0.162	0.084	0.054
Buen comprador	−0.122	0.090	0.174
Le importan las opiniones de los demás	−0.147	0.065	0.024
Controla su vida	−0.069	0.069	0.317

Tamaño de la familia	−0.086	0.062	0.165
Persona entusiasta	−0.143	0.099	0.150
Edad	0.036	0.069	0.603
Número de compras hechas	−0.068	0.043	0.150
Compras por tienda	0.209	0.152	0.167
Compras con presupuesto limitado	−0.055	0.067	0.412
Excelente juicio de la calidad	−0.070	0.089	0.435
CONSTANTE	3.250		

R^2 general = 0.477

Al interpretar los coeficientes, deberíamos recordar que cuanto más pequeño sea el índice de búsqueda (la variable dependiente), mayor será la tendencia a exhibir comportamientos asociados con la conducta de búsqueda. Los dos predictivos con los coeficientes mayores son el sexo y la situación de empleo. Las mujeres con empleo son las más proclives a buscar o echar un vistazo en las tiendas; además, suelen tener un nivel más bajo, comparadas con otros clientes de los centros comerciales, ya que poseen un menor nivel académico y de ingreso, después de explicar los efectos del sexo y de la situación de empleo. Aunque las personas que buscan tienden a ser más jóvenes que quienes no lo hacen, no necesariamente son solteras; los individuos que informaron tener una familia de mayor tamaño suelen estar asociados con valores menores en el índice de búsqueda.

El perfil más bajo de los buscadores, con respecto a otros clientes de los centros comerciales, indica que las tiendas de especialidad de los centros comerciales deberían destacar los productos con precios moderados. Esto explicaría la tradicionalmente baja tasa de fracasos que tienen dichas tiendas en centros comerciales, y la tendencia de las tiendas de especialidad de precios altos a ubicarse sólo en los centros comerciales prestigiados o en lugares abiertos exclusivos.[23] ■

MULTICOLINEALIDAD

La regresión progresiva y la regresión múltiple se complican ante la presencia de la multicolinealidad. Prácticamente todos los análisis de regresión múltiple que se hacen en la investigación de mercados implican variables predictivas o independientes que están relacionadas. Sin embargo, la ***multicolinealidad*** surge cuando las intercorrelaciones entre los predictivos son muy altas. La multicolinealidad puede causar varios problemas:

multicolinealidad
Estado de intercorrelaciones muy elevadas entre las variables independientes.

1. Es probable que los coeficientes de regresión parcial no se calculen de forma muy precisa. Los errores estándar suelen ser elevados.
2. Las magnitudes, así como los signos de los coeficientes de regresión parcial, quizá cambien de una muestra a otra.
3. Se vuelve difícil evaluar la importancia relativa de las variables independientes al explicar la variación en la variable dependiente.
4. Es probable que las variables predictivas se incluyan o eliminen de manera incorrecta en la regresión progresiva.

No está claro qué es una multicolinealidad grave, aunque en la literatura se proponen varias reglas y procedimientos generales. También se sugieren procedimientos de complejidad variable para manejar la multicolinealidad.[24] Un procedimiento sencillo consiste en utilizar sólo una de las variables de un conjunto de variables altamente correlacionado. Como alternativa, el conjunto de variables independientes se puede transformar en un nuevo conjunto de predoctores, que sean mutuamente independientes mediante el uso de técnicas como el análisis de componentes principa-

---

INVESTIGACIÓN ACTIVA

Visite www.hp.com y realice una búsqueda en Internet y en la base en línea de su biblioteca, para obtener información sobre los factores que los consumidores utilizan para evaluar marcas rivales de computadoras portátiles.

Como director de marketing de las computadoras HP, ¿de qué forma mejoraría usted la imagen y el posicionamiento competitivo de su marca?

Formule un modelo de regresión múltiple que explique la preferencia de los consumidores por ciertas marcas de computadoras portátiles, en función de las evaluaciones de marca, sobre los criterios de selección de los consumidores utilizados para evaluar marcas rivales.

les (véase el capítulo 19). También son de utilidad técnicas más especializadas, como la regresión contraída y la regresión de raíz latente.[25]

IMPORTANCIA RELATIVA DE LOS PREDICTIVOS

Cuando existe multicolinealidad, se debe tener mucha cautela al evaluar la importancia relativa de las variables independientes. En la investigación de mercados aplicada es valioso determinar la *importancia relativa de los predictivos*. En otras palabras, ¿qué tan importantes son las variables independientes para explicar la variación en la variable de criterio o dependiente?[26] Por desgracia, como los predictivos están correlacionados, no hay una medida sin ambigüedades acerca de la importancia relativa de los predictivos en el análisis de regresión.[27] Sin embargo, generalmente se utilizan varios métodos para evaluar la importancia relativa de las variables predictivas.

1. *Significancia estadística.* Si el coeficiente de regresión parcial de una variable no es significativo, determinado mediante una prueba *F* creciente, esa variable se considera poco importante. Una excepción a esta regla se aplica si existen fuertes razones teóricas para creer que la variable es importante.
2. *Cuadrado del coeficiente de correlación simple.* Esta medida, r^2, representa la proporción de la variación en la variable dependiente, que está explicada por la variable independiente en una relación bivariada.
3. *Cuadrado del coeficiente de correlación parcial.* Esta medida, $R^2_{yxi \cdot x_j x_k}$, es el coeficiente de determinación entre la variable dependiente y la variable independiente, y controla los efectos de otras variables independientes.
4. *Cuadrado del coeficiente de correlación de partes.* Este coeficiente representa un incremento en R^2, cuando se incluye una variable en una ecuación de regresión que ya contiene las demás variables independientes.
5. *Medidas basadas en coeficientes estandarizados o pesos beta.* Las medidas más utilizadas son los valores absolutos de los pesos beta, $|B_i|$, o los valores al cuadrado, B_i^2. Puesto que se trata de coeficientes parciales, los pesos beta toman en cuenta el efecto de las otras variables independientes. Estas medidas se vuelven cada vez menos confiables conforme aumentan las correlaciones entre las variables predictivas (incremento de la multicolinealidad).
6. *Regresión progresiva.* El orden en que se introducen o eliminan los predictivos de la ecuación de regresión se utiliza para inferir su importancia relativa.

Dado que los predictivos están correlacionados, al menos hasta cierto grado, prácticamente en todas las situaciones de regresión, ninguna de estas medidas es satisfactoria. También es posible que las distintas medidas indiquen un orden de importancia diferente de los predictivos.[28] Sin embargo, si se examinan todas las medidas de forma colectiva, se podría obtener información útil sobre la importancia relativa de los predictivos.

INVESTIGACIÓN PARA TOMA DE DECISIONES

Los Whitecaps de Michigan del Oeste: abanicando la lealtad de los aficionados

La situación

Los Whitecaps de Michigan del Oeste (*www.whitecaps-baseball.com*), un equipo de béisbol de las ligas menores de los Grandes Rápidos, se preguntaba qué debería hacer para ganar la lealtad de los aficionados. ¿De qué manera la mantendrían, la acrecentarían y sacarían ventaja de ella? El gerente general Scott Lane contrató a Message Factors (*www.messagefactors.com*), una empresa de investigación ubicada en Memphis, TN, para que les ayudara a determinar cómo mantener de manera eficaz la lealtad de los aficionados con un presupuesto limitado. Message Factors desarrolló un estudio que utilizó una técnica de análisis del valor del propietario, que examinaría la relación entre el valor general percibido y los atributos específicos de la satisfacción para determinar los impulsores de la lealtad. Es útil determinar las cuatro cuestiones que sus clientes desean decirle: los aspectos básicos: lo que los clientes esperan de la empresa; los aspectos de valor: las cosas que los clientes consideran valiosas de la empresa; los factores irritantes: aquello que a los clientes no les gusta de la empresa; y lo poco importante: lo que no les interesa a los clientes.

Se realizó una investigación cualitativa para identificar un conjunto de 71 atributos que afectan la lealtad de los aficionados. Luego, en los juegos de los Whitecaps, se aplicó un cuestionario

El análisis de regresión puede ayudar a los Whitecaps de Michigan del Oeste a determinar los impulsores de valor y a incrementar el valor que tienen los juegos de los Whitecaps para sus aficionados.

diseñado para incorporar los 71 atributos. El cuestionario se aplicó a 1,010 individuos. A partir de esto, la empresa de investigación de mercados fue capaz de determinar la información que estaban buscando. Se descubrió que los aspectos básicos eran valores como seguridad del estadio, limpieza de los sanitarios y variedad disponible de artículos comestibles.

Los Whitecaps no sólo desean cubrir estas expectativas básicas, sino que pretenden rebasarlas para garantizar que los aficionados regresen y permanezcan leales. Los aspectos de valor son los que realmente ayudan al equipo a crear lealtad, e incluyen asuntos como personal de taquilla útil, comodidad para la compra de boletos, facilidad de estacionamiento y tener la oportunidad de obtener autógrafos. Los factores irritantes abarcaron el precio, la mala calidad y la falta de variedad en los artículos para recuerdo (*souvenirs*). Sin embargo, la investigación también demostró que los aficionados en realidad no esperan ser agradados con esta área de la participación deportiva. También se determinó que no había aspectos poco importantes en dicha encuesta.

La decisión para la investigación de mercado

1. Para determinar la importancia relativa de los impulsores de valor, ¿qué tipo de análisis de datos debería realizar Message Factors?
2. Analice el papel que tiene el tipo de análisis de datos que usted recomendó para que Scott Lane determine la importancia relativa de los cuatro impulsores de valor.

La decisión para la gerencia de marketing

1. Para incrementar el valor que tienen los juegos de los Whitecaps para los aficionados, ¿qué debería hacer Scott Lane?
2. Analice qué tan afectada se ve la decisión para la gerencia de marketing que usted recomendó a Scott Lane, por el tipo de análisis de datos que usted sugirió anteriormente y por los hallazgos de dicho análisis.[29] ■

VALIDACIÓN CRUZADA

Antes de evaluar la importancia relativa de los predictivos o hacer cualquier otra inferencia, es necesario efectuar una validación cruzada del modelo de regresión. La regresión y otros procedimientos multivariados tienden a beneficiarse por las variaciones aleatorias de los datos. Esto podría resultar en un modelo o ecuación de regresión que sea muy sensible a los datos específicos utilizados para estimar el modelo. Un procedimiento para evaluar este aspecto del modelo, y otros problemas asociados con la regresión, es la **validación cruzada**, la cual examina si el modelo de regresión continúa manteniendo datos comparables no utilizados en la estimación. El procedimiento típico de validación cruzada que se usa en la investigación de mercados es el siguiente:

validación cruzada
Prueba de validez que examina si un modelo tiene datos comparables que no se utilizaron en la estimación original.

1. El modelo de regresión se estima utilizando todo el conjunto de datos.
2. Los datos disponibles se dividen en dos partes, la *muestra de estimación* y la *muestra de validación*. La muestra de estimación generalmente contiene del 50 al 90 por ciento de la muestra total.
3. El modelo de regresión se estima usando únicamente los datos de la muestra de estimación. Este modelo se compara con el modelo estimado a partir de toda la muestra, para determinar la concordancia en términos de los signos y las magnitudes de los coeficientes de regresión parcial.

validación cruzada doble
Forma especial de validación en la que la muestra se divide en dos mitades. Una mitad sirve como la muestra de estimación y la otra como la muestra de validación. Luego, se invierten los papeles de la mitad de estimación y la mitad de validación, y se repite el proceso de validación cruzada.

4. El modelo estimado se aplica a los datos de la muestra de validación para predecir los valores de la variable dependiente, $\hat{Y}_i$, para las observaciones de la muestra de validación.
5. Los valores observados, Y_i, y los valores predichos, $\hat{Y}_i$, en la muestra de validación se correlacionan para determinar la r^2 simple. Esta medida, r^2, se compara con R^2 de la muestra total y con R^2 de la muestra de estimación, para evaluar el grado de encogimiento.

Una forma especial de validación se conoce como **validación cruzada doble**, en la cual la muestra se separa en dos mitades: una sirve como muestra de estimación y la otra se utiliza como muestra de validación al realizar la validación cruzada. Luego, se invierten los papeles de la mitad de estimación y de la mitad de validación, y se repite la validación cruzada.

REGRESIÓN CON VARIABLES FICTICIAS

La validación cruzada es un procedimiento general que se puede aplicar incluso en algunos casos especiales de regresión, como la regresión con variables ficticias. Se pueden utilizar variables nominales o categóricas como predictivos o variables independientes, al codificarlas como variables ficticias. El concepto de variables ficticias se introdujo en el capítulo 14. En ese capítulo, explicamos cómo una variable categórica con cuatro categorías (usuarios frecuentes, medios, esporádicos y no usuarios) se codifica en términos de tres variables ficticias, D_1, D_2 y D_3, como se muestra a continuación.

Categoría de uso del producto	*Código de la variable original*	*Código de la variable ficticia* D_1	D_2	D_3
No usuarios	1	1	0	0
Usuarios esporádicos	2	0	1	0
Usuarios medios	3	0	0	1
Usuarios frecuentes	4	0	0	0

Suponga que el investigador estuviera interesado en hacer un análisis de regresión del efecto de la actitud hacia la marca sobre el uso del producto. Las variables ficticias D_1, D_2 y D_3 se utilizarían como predictivos. El modelo de la *regresión con variables ficticias* sería:

$$\hat{Y}_i = a + b_1 D_1 + b_2 D_2 + b_3 D_3$$

En este caso, los "usuarios frecuentes" se han elegido como categoría de referencia y no se han incluido directamente en la ecuación de regresión. Observe que para los usuarios frecuentes, D_1, D_2 y D_3 toman un valor de 0, y la ecuación de regresión se convierte en:

$$\hat{Y}_i = a$$

Para los no usuarios, $D_1 = 1$ y $D_2 = D_3 = 0$, y la ecuación de regresión se convierte en:

$$\hat{Y}_i = a + b_1$$

Así, el coeficiente b_1 es la diferencia en la $\hat{Y}_i$ predicha para los no usuarios, en comparación con los usuarios frecuentes. Los coeficientes b_2 y b_3 se interpretan de forma similar. Aunque los "usuarios frecuentes" se eligieron como una categoría de referencia, cualquiera de las otras tres categorías podría haberse elegido para este propósito.[30]

ANÁLISIS DE VARIANZA Y COVARIANZA CON REGRESIÓN

La regresión con variables ficticias proporciona un marco de referencia para entender el análisis de varianza y el de covarianza. Aunque la regresión múltiple con variables ficticias brinda un procedimiento general para el análisis de varianza y de covarianza, sólo mostramos la equivalencia de la regresión con variables ficticias con el análisis de varianza de un factor. En la regresión con variables ficticias, la $\hat{Y}$ predicha para cada categoría es la media de Y para cada categoría.

Para ilustrar el uso de la codificación de variables ficticias del uso del producto, sólo tomamos en cuenta la $\hat{Y}$ predicha y los valores promedio para cada categoría, de la siguiente manera:

Categoría de uso del producto	Valor predicho $\hat{Y}$	Valor promedio $\overline{Y}$
No usuarios	$a + b_1$	$a + b_1$
Usuarios esporádicos	$a + b_2$	$a + b_2$
Usuarios medios	$a + b_3$	$a + b_3$
Usuarios frecuentes	a	a

Dada esta equivalencia, es fácil encontrar más relaciones entre la regresión de variables ficticias y el ANOVA de un factor.[31]

Regresión de variables ficticias	ANOVA de un factor
$SC_{res} = \sum_{i=1}^{n} (Y_i - \hat{Y}_i)^2$	$= SC_{dentro} = SC_{error}$
$SC_{reg} = \sum_{i=1}^{n} (\hat{Y}_i - \overline{Y})^2$	$= SC_{entre} = SC_x$
R^2	$= \eta^2$
Prueba general de F	$=$ Prueba F

Así, vemos que la regresión en la que la variable independiente con c categorías se ha recodificado en $c - 1$ variables ficticias es equivalente al análisis de varianza de un factor. Con el uso de correspondencias similares, también podemos ilustrar la manera en que se pueden realizar el análisis de varianza de n factores y el análisis de covarianza, utilizando la regresión con variables ficticias.

El análisis de regresión, en sus diversas formas, es una técnica ampliamente utilizada. El siguiente ejemplo ilustra una aplicación en el contexto de la investigación de mercados internacionales; en tanto que el ejemplo posterior muestra la forma en que se utiliza la regresión para investigar la ética de la investigación de mercados.

INVESTIGACIÓN REAL

Viajeros frecuentes: vuelan de las nubes a los claros

Desde hace mucho tiempo, las aerolíneas asiáticas han estado enfrentando una situación de incertidumbre, y una fuerte competencia por parte de las líneas aéreas estadounidenses. Las aerolíneas asiáticas, afectadas por los altos costos de los combustibles, la recesión mundial y los tratos competitivos preferentes, se dieron cuenta de que podían unirse para incrementar el número de viajeros. Datos secundarios revelaron que algunos de los factores más importantes para los consumidores al elegir una aerolínea son el precio, la puntualidad, los destinos, los arreglos disponibles, el servicio de cocina y alimentos, la atención en vuelo, etcétera. Las aerolíneas asiáticas ofrecían estos servicios al mismo nivel, si no es que mejor. De hecho, las investigaciones demostraron que los servicios en vuelo y de alimentos tal vez eran mejores. Entonces, ¿por qué sentían la presión de la competencia? Investigaciones cualitativas mediante sesiones de grupo revelaron que el programa de viajero frecuente era un factor crítico, para un amplio segmento en general y para el segmento de negocios en particular. Se realizó una encuesta con pasajeros internacionales, y sus datos se examinaron mediante un análisis de regresión múltiple. La posibilidad de viajar y otras medidas de decisiones sirvieron como variable dependiente, y el conjunto de factores de servicio, incluyendo el programa de viajero frecuente, se utilizaron como variables independientes. Los resultados indicaron que el programa de viajero frecuente tenía un efecto significativo en la selección de una aerolínea. Con base en tales hallazgos, Cathay Pacific, Singapore Inernational Airlines, Thai Airways International y Malaysian Airlines introdujeron un programa de viajero frecuente en cooperación llamado Asia Plus, que estaba disponible para todos los viajeros. Ésta era la primera vez que las aerolíneas asiáticas ofrecían viajes gratis a cambio de un uso habitual. Se inició una campaña publicitaria y de marketing de varios millones de dólares para promover Asia Plus.

De esta manera, los viajeros frecuentes volaron desde las nubes hasta los claros y las aerolíneas asiáticas experimentaron un incremento en la afluencia de pasajeros. Aunque el programa de viajero frecuente demostró ser exitoso en las empresas de aviación asiáticas, la incertidumbre económica del periodo 2001-2005 las llevó a una gran crisis. La Association of Asia Pacific Airlines (AAPA) en su asamblea anual señaló que el estado que tenía en ese momento el sector no era muy alentador. A pesar de los desafíos que enfrentarán las aerolíneas asiáticas de 2006 a 2010, muchos creen que será posible recuperar el crecimiento y la rentabilidad en el futuro. El director de la AAPA, el general Richard Stirland, apuntó: "La industria debería aprovechar la oportunidad, pensar en lo impensable, y buscar nuevas formas para establecer una industria menos fragmentada y más saludable".[32] ■

INVESTIGACIÓN REAL

Razones de los investigadores para hacer una regresión del comportamiento poco ético

Desde 2006 Internet se utiliza cada vez más para realizar estudios de investigación de mercados. Por lo tanto, resulta fundamental que la comunidad científica elabore un código ético de reglas para hacer investigación en línea. Muchos investigadores en línea están molestos por la forma en que otros investigadores están abusando de Internet como un medio para reunir datos. Aquellos que hacen investigación en línea de forma ética consideran que es necesario establecer un código de ética aceptado sobre la investigación en línea y la conducta de marketing en línea. Sin un código de este tipo, prevalecerán las tácticas de marketing deshonestas que convertirán a la investigación en línea en un medio poco práctico para reunir datos importantes sobre los consumidores. No sólo la investigación de mercados en línea plantea dificultades y preocupaciones éticas, sino que también la investigación de mercados tradicional se ha identificado como una fuente importante de problemas éticos dentro de la disciplina del marketing. En particular, la investigación de mercados ha sido acusada de usar el engaño, de conflicto de intereses, de violar el anonimato, de invadir la privacidad, de falsificar datos, de transmitir hallazgos de investigación erróneos y de usar la investigación como un disfraz para vender mercancía. Se ha especulado que cuando un investigador decide participar en actividades poco éticas, tal decisión puede estar influida por factores organizacionales. Por lo tanto, se diseñó un estudio con el uso del análisis de regresión múltiple, para examinar los factores organizacionales como determinantes de la incidencia de prácticas de investigación poco éticas. Se utilizaron los siguientes seis aspectos organizacionales como variables independientes: frecuencia de problemas éticos dentro de la organización, acciones de la alta gerencia sobre aspectos éticos, código de ética, jerarquía organizacional, categoría de la industria y papel organizacional. La evaluación que hicieron los participantes acerca de la incidencia de prácticas de investigación de mercados poco éticas sirvió como variable dependiente. El análisis de regresión de los datos sugirió que cuatro de las seis variables organizacionales afectan la frecuencia de prácticas de investigación poco éticas: la frecuencia de problemas éticos dentro de la organización, las acciones de la alta gerencia sobre aspectos éticos, el papel organizacional y la categoría de la industria. De esta manera, para reducir la incidencia de prácticas de investigación poco éticas, la alta gerencia debe tomar medidas severas, aclarar los papeles organizacionales y la responsabilidad por las violaciones a la ética, y resolver la frecuencia de problemas éticos generales dentro de la organización.[33] ■

SOFTWARE ESTADÍSTICO

Los programas de cómputo que están disponibles para realizar análisis de correlación se describen en la exhibición 17.1. En SPSS, se utiliza CORRELATE para calcular correlaciones producto-momento de Pearson, PARTIAL CORR para las correlaciones parciales y NONPAR CORR para las ρ de Spearman y la τ de Kendall. La función CORR del programa SAS sirve para calcular la correlación parcial, de Pearson, de Spearman y de Kendall. En MINITAB la correlación se obtiene utilizando STAT>BASIC STATISTICS>CORRELATION, la cual calcula la correlación producto-momento de Pearson. La correlación de Spearman primero ordena las columnas y luego realiza la correlación sobre las columnas ordenadas. Para calcular la correlación parcial, se utilizan los comandos del menú STAT>BASIC STATISTICS>CORRELATION y STAT>REGRESSION>REGRESSION. En Excel, las correlaciones se pueden determinar mediante la función TOOLS>DATA ANALYSIS>CORRELATION. Utilice la función Correlation Worksheet cuando se necesite un coeficiente de correlación para rangos de dos celdas. No hay una función separada para las correlaciones parciales.

CAPÍTULO 17 *Correlación y regresión* 567

Como se describe en la exhibición 17.2, estos paquetes incluyen varios programas para análisis de regresión, para calcular los estadísticos asociados, para realizar pruebas de significancia y para graficar los residuales. En SPSS el principal programa es REGRESSION.

Exhibición 17.1
Programas de cómputo para correlaciones

SPSS
El programa CORRELATIONS calcula correlaciones producto-momento de Pearson con niveles de significancia. También se pueden requerir estadísticos univariados, covarianza y desviaciones de cruces de productos. PARTIAL CORR calcula correlaciones parciales. Los efectos de una o más variables confusas se controlan al describir las relaciones entre dos variables. Los niveles de significancia vienen incluidos en el resultado.

SAS
CORR produce correlaciones métricas y no métricas entre variables, incluyendo la correlación producto-momento de Pearson. Además, calcula correlaciones parciales.

MINITAB
Las correlaciones se pueden obtener con la función STAT>BASIC STATISTICS>CORRELATION, la cual calcula la correlación producto-momento de Pearson usando todas las columnas. La correlación de Spearman primero ordena las columnas y después realiza la correlación sobre las columnas ordenadas.

Para calcular una correlación parcial, utilice los comandos del menú STAT>BASIC STATISTICS>CORRELATION y STAT>REGRESSION>REGRESSION. Las correlaciones parciales también se obtienen utilizando comandos de sesión.

Excel
Las correlaciones se pueden determinar con la función TOOLS>DATA ANALYSIS>CORRELATION. Utilice la función Correlation Worksheet cuando se necesite el coeficiente de correlación para rangos de dos celdas. No hay una función separada para las correlaciones parciales.

Exhibición 17.2
Programas de cómputo para regresión

SPSS
REGRESSION calcula ecuaciones de regresión bivariada y de regresión múltiple, los estadísticos asociados y las gráficas. Además, permite un examen sencillo de los residuales. También se puede correr una regresión progresiva. Los estadísticos de regresión se obtienen con PLOT, que produce diagramas de dispersión sencillos y algunos otros tipos de gráficas.

SAS
REG es un procedimiento de regresión con propósitos generales que ajusta modelos de regresión bivariada y múltiple, usando el procedimiento de mínimos cuadrados. Se calculan todos los estadísticos asociados y se pueden graficar los residuales. También se pueden implementar métodos por pasos. RSREG es un procedimiento más especializado que ajusta un modelo cuadrático de superficie de respuesta por medio de la regresión de mínimos cuadrados, que es útil para determinar los niveles de factores que optimizan una respuesta. El procedimiento ORTHOREG se recomienda para la regresión cuando los datos están mal organizados. GLM utiliza el método de los mínimos cuadrados para ajustar modelos lineales generales y también se emplea para el análisis de regresión. NLIN calcula los parámetros de un modelo no lineal, utilizando los procedimientos de mínimos cuadrados o de mínimos cuadrados ponderados.

MINITAB
El análisis de regresión con la función STATS>REGRESSION puede realizar análisis simples, polinómicos y múltiples. El resultado incluye una ecuación de regresión lineal, una tabla de coeficientes, la R cuadrada, la R cuadrada ajustada, una tabla de análisis de varianza, una tabla de ajustes y residuales que proporcionan observaciones poco comunes. Otras características disponibles son los análisis graduales, los mejores subgrupos, la gráfica de la línea ajustada y gráficas residuales.

Excel
La regresión se corre en el menú TOOLS>DATA ANALYSIS. Dependiendo de las características seleccionadas, el resultado puede consistir en una tabla de resumen, incluyendo una tabla de ANOVA, el error estándar del estimado y, coeficientes, el error estándar de los coeficientes, valores de R^2 y el número de observaciones. Además, la función calcula una tabla de residuales, una gráfica residual, una gráfica de la línea ajustada, una gráfica de probabilidad normal y una tabla de resultados con datos de probabilidad de dos columnas.

En SAS el programa más general es REG. También existen otros programas especializados como RSREG, ORTHOREG, GLM y NLIN, pero a los lectores que no estén familiarizados con los aspectos complejos del análisis de regresión, se les aconseja utilizar REG en el programa SAS. En MINITAB el análisis de regresión mediante la función STATS>REGRESSION realiza análisis simples, polinómicos y múltiples. En Excel la regresión se evalúa desde el menú TOOLS>DATA ANALYSIS.

SPSS PARA WINDOWS

El programa CORRELATE calcula correlaciones producto-momento de Pearson y correlaciones parciales con los niveles de significancia. También se pueden solicitar estadísticos univariados, covarianza y desviaciones entre productos. Los niveles de significancia vienen incluidos en el resultado. Para elegir este procedimiento en SPSS para Windows, haga clic en:

Analyze>Correlate>Bivariate...
Analyze>Correlate>Partial...

Los diagramas de dispersión se obtienen al hacer clic en:

Graphs>Scatter...>Simple>Define

A continuación se muestran los pasos detallados para calcular una correlación entre la actitud hacia la ciudad y el tiempo de residencia de la tabla 17.1. La pantalla correspondiente a estos pasos se puede descargar del sitio Web de este libro. Se esperaría una correlación positiva.

1. Seleccione ANALYZE de la barra del menú de SPSS.
2. Haga clic en CORRELATE y luego en BIVARIATE.
3. Traslade "Attitude[actitud]" al recuadro VARIABLES. Luego traslade "Duration[tiempo de r.]" al recuadro de VARIABLES.
4. Seleccione la casilla PEARSON en CORRELATION COEFFICIENTS.
5. Seleccione la casilla ONE_TAILED en TEST OF SIGNIFICANCE.
6. Seleccione FLAG SIGNIFICANT CORRELATIONS.
7. Haga clic en OK.

REGRESSION calcula ecuaciones de regresión bivariadas y múltiples, estadísticos asociados y gráficas. Además, permite un examen fácil de los residuales. Este procedimiento se efectúa haciendo clic en:

Analyze>Regression>Linear...

A continuación se muestran los pasos detallados para calcular una regresión bivariada de la actitud hacia la ciudad como variable dependiente, y el tiempo de residencia como variable independiente, con los datos de la tabla 17.1. La pantalla correspondiente a estos pasos se puede descargar del sitio Web de este libro.

1. Seleccione ANALYZE de la barra del menú de SPSS.
2. Haga clic en REGRESSION y luego en LINEAR.
3. Traslade "Attitude[actitud]" al recuadro DEPENDENT.
4. Traslade "Duration[tiempo de r.]" al recuadro de INDEPENDENT(S).
5. Seleccione ENTER de recuadro METHOD.
6. Haga clic en STATISTICS y seleccione la casilla ESTIMATES en REGRESSION COEFFICIENTS.
7. Seleccione la casilla MODEL FIT.
8. Haga clic en CONTINUE.
9. Haga clic en OK.

Los pasos para realizar una regresión múltiple son similares, con excepción del paso 4. En el paso 4, traslade "Duration[tiempo de r.]" e "Importance[importancia]" al recuadro INDEPENDENT(S). La pantalla correspondiente a estos pasos se puede descargar del sitio Web este libro.

PROYECTO DE INVESTIGACIÓN

Regresión múltiple

En el proyecto de la tienda departamental se utilizó el análisis de regresión múltiple, para desarrollar un modelo que explicara la preferencia por la tienda, en términos de la forma en que los participantes evaluaron las tiendas en los ocho criterios. La variable dependiente fue la preferencia por cada tienda. Las variables independientes fueron las evaluaciones de cada tienda con respecto a la calidad de la mercancía, la variedad y el surtido de mercancía, las políticas de devolución y ajuste, el servicio del personal de la tienda, los precios, la comodidad de la ubicación, la distribución de la tienda, y las políticas de crédito y de facturación. Los resultados indicaron que todos los factores de los criterios de elección, con excepción del servicio del personal de la tienda, fueron significativos para explicar la preferencia por la tienda. Los coeficientes de todas las variables fueron positivos, lo cual indicó que las evaluaciones más altas en cada uno de los factores significativos condujeron a una mayor preferencia por esa tienda. El modelo tuvo un buen ajuste y fue bueno para predecir la preferencia por la tienda.

Actividades del proyecto

Descargue el archivo de datos 17 de SPSS sobre Sears del sitio Web de este libro. Este archivo contiene las evaluaciones de Sears con respecto a los ocho factores de los criterios de elección (calidad, variedad y surtido, políticas de devolución, servicio del personal de la tienda, precios justos, comodidad de la ubicación, distribución de la tienda, y políticas de crédito y de facturación), la preferencia por Sears, la importancia asignada a los ocho factores de los criterios de elección, y el nivel de acuerdo con las 21 afirmaciones sobre el estilo de vida. En el capítulo 1 se describió la medición de estas variables. Las variables restantes no se incluyeron para mantener el número de variables por debajo de 50 y poder utilizar el programa SPSS para el estudiante.

1. Calcule correlaciones producto-momento entre la evaluación de Sears en los ocho factores de los criterios de elección y la preferencia por esta tienda.

2. Realice una regresión múltiple, con la preferencia por Sears como variable dependiente, y las evaluaciones de Sears en los ocho factores de los criterios de elección como variables independientes. Interprete los resultados. ■

Archivo de resultados de SPSS

EXPERIENCIA DE INVESTIGACIÓN

Descargue el caso y el cuestionario de Dell de la página Web de este libro. Esta información también aparece al final del texto. Descargue el archivo de datos de SPSS acerca de Dell.

1. ¿Se puede explicar la satisfacción general (q4) en términos de las trece evaluaciones de Dell (q8_1 a q8_13) cuando las variables independientes se consideran de manera simultánea? Interprete los resultados.
2. ¿Se puede explicar la probabilidad de elegir Dell (q6) en términos de las trece evaluaciones de Dell (q8_1 a q8_13), cuando las variables independientes se consideran de manera simultánea? Interprete los resultados.
3. ¿Se pueden explicar las puntuaciones de sensibilidad al precio de q9_5per en términos de las tres evaluaciones de Dell (q8_1 a q8_13), cuando las variables independientes se consideran de manera simultánea? Interprete los resultados.
4. ¿Se pueden explicar las puntuaciones de sensibilidad al precio de q9_10per en términos de las trece evaluaciones de Dell (q8_1 a q8_13), cuando las variables independientes se consideran de manera simultánea? Interprete los resultados. ■

Archivo de resultados de SPSS

RESUMEN

El coeficiente de correlación producto-momento, r, mide la asociación lineal entre dos variables métricas (de intervalo o de razón). Su cuadrado, r^2, mide la proporción de la variación en una variable que está explicado por la otra. El coeficiente de correlación parcial mide la asociación entre dos variables después de controlar o ajustar los efectos de una o más variables adicionales. El orden de una correlación parcial indica cuántas variables se están ajustando o controlando. Las correlaciones parciales son muy útiles para detectar relaciones espurias.

La regresión bivariada deriva una ecuación matemática entre una sola variable de criterio métrica y una sola variable métrica predictiva. La ecuación se deriva en forma de una línea recta al utilizar el procedimiento de los mínimos cuadrados. Cuando se realiza la regresión de datos estandarizados, la intersección asume un valor de 0, y los coeficientes de regresión se denominan pesos beta. La fuerza de la asociación se mide usando el coeficiente de determinación, r^2, que se obtiene al calcular un cociente de SC_{reg} sobre SC_y. El error estándar de estimación se utiliza para evaluar la exactitud de la predicción y puede interpretarse como un tipo de error promedio al predecir Y con la ecuación de regresión.

La regresión múltiple incluye una sola variable dependiente con dos o más variables independientes. El coeficiente de regresión parcial, b_1, representa el cambio esperado en Y cuando X_1 se modifica en una unidad, y de X_2 a X_k se mantienen constantes. La fuerza de la asociación se mide con el coeficiente de determinación múltiple, R^2. La significancia de la ecuación de regresión general se evalúa con la prueba F general. La significancia de la ecuación de regresión general se prueba con la prueba F general. Para evaluar la significancia de los coeficientes de regresión parcial se utiliza la prueba t o la prueba F creciente. Los diagramas de flujo de los residuales, en los cuales éstos se grafican contra los valores predichos, $\hat{Y}_i$, el tiempo o las variables predictivas, sirven para examinar si los supuestos subyacentes y el modelo de regresión ajustado son apropiados.

En la regresión progresiva, las variables predictivas se incluyen o eliminan de la ecuación de regresión una a la vez, con el propósito de seleccionar un subconjunto más pequeño de predictivos, que expliquen la mayor parte de la variación en la variable criterio. La multicolinealidad o intercorrelaciones muy elevadas entre las variables predictivas llegan a causar varios problemas. Debido a que los predictivos están correlacionados, el análisis de regresión no proporciona medidas sin ambigüedades de la importancia relativa de los predictivos. La validación cruzada examina si el modelo de regresión continúa siendo verdadero, para datos comparables no utilizados en la estimación. Se trata de un procedimiento útil para evaluar el modelo de regresión.

Es posible utilizar variables nominales o categóricas como predictivos si se codifican como variables ficticias. La regresión múltiple con variables ficticias ofrece un procedimiento general para el análisis de varianza y el de covarianza.

TÉRMINOS Y CONCEPTOS CLAVE

correlación producto-momento (r), *536*
covarianza, *537*
coeficiente de correlación parcial, *540*
coeficiente de correlación de partes, *541*
correlación no métrica, *542*
análisis de regresión, *542*
regresión bivariada, *543*
procedimiento de los mínimos cuadrados, *545*
regresión múltiple, *552*
modelo de regresión múltiple, *553*
coeficiente de regresión parcial, *554*
residuo, *557*
regresión progresiva, *560*
multicolinealidad, *561*
validación cruzada, *563*
validación cruzada doble, *564*

CASOS SUGERIDOS, CASOS EN VIDEO Y CASOS DE HARVARD BUSINESS SCHOOL

Casos

Caso 3.1 ¿Vale la pena celebrar la publicidad de celebridades?
Caso 3.3 Matsushita se redirige a Estados Unidos.
Caso 3.4 Pampers soluciona su problema de participación de mercado.
Caso 3.5 DaimlerChrysler busca una nueva imagen.
Caso 3.6 Cingular Wireless: un enfoque singular.
Caso 3.7 IBM: el principal proveedor mundial de hardware, software y servicios para computadoras.
Caso 3.8 Kimberly-Clark: competir por medio de la innovación.
Caso 4.1 Wachovia: finanzas "Watch Ovah Ya".
Caso 4.2 Wendy's: historia y vida después de Dave Thomas.
Caso 4.3 Astec sigue creciendo.
Caso 4.4 ¿Es la investigación de mercados la cura para los males del Hospital Infantil Norton Healthcare Kosair?

Casos en video

Caso en video 3.1 La Clínica Mayo: permanece saludable con la investigación de mercados.
Caso en video 4.1 Subaru: el "Sr. Encuesta" supervisa la satisfacción del cliente.
Caso en video 4.2 Procter & Gamble: usando la investigación de mercados para crear marcas.

INVESTIGACIÓN REAL: REALIZACIÓN DE UN PROYECTO DE INVESTIGACIÓN DE MERCADOS

1. Es recomendable calcular correlaciones producto-momento entre todas las variables de intervalo. Esto nos da una idea de las correlaciones entre variables.
2. Corra varias regresiones bivariadas y compare esos resultados con las correlaciones producto-momento correspondientes.
3. Las regresiones múltiples se deben calcular cuando se examina la asociación entre una sola variable dependiente y varias variables dependientes.

EJERCICIOS

Preguntas

1. ¿Qué es el coeficiente de correlación producto-momento? ¿Una correlación producto-momento de 0 entre dos variables implica que éstas no se relacionan entre sí?
2. ¿Qué es un coeficiente de correlación parcial?
3. ¿Cuáles son los principales usos del análisis de regresión?
4. ¿Qué es el procedimiento de mínimos cuadrados?
5. Explique el significado de los coeficientes de regresión estandarizados.
6. ¿Cómo se mide la fuerza de la asociación en la regresión bivariada? ¿Y en la regresión múltiple?
7. ¿A qué se refiere la exactitud de la predicción?
8. ¿Qué es el error estándar de estimación?
9. ¿Qué supuestos subyacen a la regresión bivariada?
10. ¿Qué es la regresión múltiple? ¿En qué difiere de la regresión bivariada?
11. Explique el significado de un coeficiente de regresión parcial. ¿Por qué se le llama así?
12. Establezca la hipótesis nula para probar la significancia de la ecuación de regresión múltiple general. ¿Cómo se pone a prueba la hipótesis nula?
13. ¿Qué información se obtiene al examinar los residuales?
14. Explique el procedimiento de regresión progresiva. ¿Cuál es su finalidad?
15. ¿Qué es la multicolinealidad? ¿Qué problemas surgen debido a la multicolinealidad?
16. ¿Cuáles son algunas de las medidas que se utilizan para evaluar la importancia relativa de los predictivos en la regresión múltiple?
17. Describa el procedimiento de validación cruzada. Describa el procedimiento de validación cruzada doble.
18. Demuestre la equivalencia de la regresión con variables ficticias con el ANOVA de un factor.

Problemas

1. Una importante cadena de supermercados desea determinar el efecto de la promoción sobre la competitividad relativa. Se obtuvieron datos de 15 estados sobre los gastos promocionales en relación con un importante competidor (gastos del competidor = 100) y sobre las ventas relativas a este competidor (ventas del competidor = 100).

Núm. del estado	Gastos promocionales relativos	Ventas relativas
1	95	98
2	92	94
3	103	110
4	115	125
5	77	82
6	79	84
7	105	112
8	94	99
9	85	93
10	101	107
11	106	114
12	120	132
13	118	129
14	75	79
15	99	105

A usted se le asignó la tarea de indicarle al gerente si hay alguna relación entre los gastos promocionales relativos y las ventas relativas.

a. Grafique las ventas relativas (eje Y) contra los gastos promocionales relativos (eje X) e interprete este diagrama.
b. ¿Qué medida usaría para determinar si existe una relación entre las dos variables? ¿Por qué?
c. Realice un análisis de regresión bivariada de las ventas relativas sobre los gastos promocionales relativos.
d. Interprete los coeficientes de regresión.
e. ¿Es significativa la relación de regresión?
f. Si la empresa igualara a su competidor en términos de los gastos promocionales (si los gastos promocionales relativos fueran de 100), ¿cuáles serían las ventas relativas de la empresa?
g. Interprete la r^2 resultante.

2. Para entender el papel que tienen la calidad y el precio en la clientela de farmacias, se calificaron 14 tiendas importantes en una gran zona metropolitana en términos de la preferencia por comprar, la calidad de la mercancía y los precios justos. Todas las calificaciones se obtuvieron en una escala de 11 puntos, donde los números más altos indican calificaciones más positivas.

Núm. de tienda	Preferencia	Calidad	Precio
1	6	5	3
2	9	6	11
3	8	6	4
4	3	2	1
5	10	6	11
6	4	3	1
7	5	4	7
8	2	1	4
9	11	9	8
10	9	5	10
11	10	8	8
12	2	1	5
13	9	8	5
14	5	3	2

a. Haga un análisis de regresión múltiple para explicar la preferencia de tienda en términos de la calidad de la mercancía y el precio.
b. Interprete los coeficientes de regresión parcial.
c. Determine la significancia de la regresión general.
d. Determine la significancia de los coeficientes de regresión parcial.
e. ¿Cree usted que la multicolinealidad representa un problema en este caso? ¿Por qué?

3. Usted se encuentra un artículo de revista que informa la siguiente relación entre los gastos anuales sobre las cenas preparadas (CP) y el ingreso anual (ING):

$$CP = 23.4 + 0.003\ ING$$

El coeficiente de la variable ING se reporta como significativo.

a. ¿Le parece que esta relación es factible? ¿Es posible tener un coeficiente con una magnitud pequeña y que aún así sea significativo?
b. A partir de la información dada, ¿puede usted indicar qué tan bueno es el modelo estimado?
c. ¿Cuáles serían los gastos esperados en cenas preparadas para una familia que gana $30,000?
d. Si una familia que gana $40,000 gasta $130 anuales en cenas preparadas, ¿cuál es el residuo?
e. ¿Cuál es el significado de un resido negativo?

EJERCICIOS EN INTERNET Y POR COMPUTADORA

1. Realice los siguientes análisis para los datos de Nike que se presentan en el ejercicio 1 de los "Ejercicios en Internet y por computadora" del capítulo 15.
   a. Calcule las correlaciones simples entre la conciencia, la actitud, la preferencia, la intención y la lealtad hacia Nike, e interprete los resultados.
   b. Haga una regresión bivariada con la lealtad como variable dependiente y la intención como variable independiente. Interprete los resultados.
   c. Haga una regresión múltiple con la lealtad como variable dependiente y la conciencia, la actitud, la preferencia y la intención como variables independientes. Interprete los resultados. Compare los coeficientes de la intención, obtenidos en las regresiones bivariada y múltiple.
2. Realice los siguientes análisis para los datos sobre el estilo de vida al aire libre, que se presentan en el ejercicio 2 de los "Ejercicios en Internet y por computadora" del capítulo 15.
   a. Calcule las correlaciones simples entre V_1 a V_6 e interprete los resultados.
   b. Haga una regresión bivariada con la preferencia por un estilo de vida al aire libre (V_1) como variable dependiente y el hecho de conocer gente (V_6) como variable independiente. Interprete los resultados.
   c. Realice una regresión múltiple con la preferencia por un estilo de vida al aire libre como variable dependiente, y V_2 a V_6 como variables independientes. Interprete los resultados. Compare los coeficientes obtenidos para V_6 en las regresiones bivariada y múltiple.
3. En un pretest se obtuvieron datos de 20 sujetos sobre sus preferencias por zapatos deportivos en una escala de 7 puntos, donde 1 = los menos preferidos, y número 7 = los más preferidos (V_1). Los participantes también proporcionaron sus evaluaciones de los zapatos deportivos con respecto a la comodidad (V_2), estilo (V_3) y durabilidad (V_4), también en escalas de 7 puntos, donde 1 = malos y 7 = excelente. Los datos resultantes se presentan en la siguiente tabla.

V_1	V_2	V_3	V_4
6.00	6.00	3.00	5.00
2.00	3.00	2.00	4.00
7.00	5.00	6.00	7.00
4.00	6.00	4.00	5.00
1.00	3.00	2.00	2.00
6.00	5.00	6.00	7.00
5.00	6.00	7.00	5.00
7.00	3.00	5.00	4.00
2.00	4.00	6.00	3.00
3.00	5.00	3.00	6.00
1.00	3.00	2.00	3.00
5.00	4.00	5.00	4.00
2.00	2.00	1.00	5.00
4.00	5.00	4.00	6.00
6.00	5.00	4.00	7.00
3.00	3.00	4.00	2.00
4.00	4.00	3.00	2.00
3.00	4.00	3.00	2.00
4.00	4.00	3.00	2.00
2.00	3.00	2.00	4.00

a. Calcule las correlaciones simples entre V_1 a V_4 e interprete los resultados.
b. Haga una regresión bivariada con la preferencia por zapatos deportivos (V_1) como variable dependiente y la evaluación de la comodidad (V_2) como variable independiente. Interprete los resultados.
c. Realice una regresión bivariada con la preferencia por zapatos deportivos (V_1) como variable dependiente y la evaluación del estilo (V_3) como variable independiente. Interprete los resultados.
d. Haga una regresión bivariada con la preferencia por zapatos deportivos (V_1) como variable dependiente y la evaluación de la durabilidad (V_4) como variable independiente. Interprete los resultados.
e. Realice una regresión múltiple con la preferencia por zapatos deportivos (V_1) como variable dependiente y V_2 a V_4 como variables independientes. Interprete los resultados. Compare los coeficientes obtenidos de V_2, V_3 y V_4 en las regresiones bivariada y múltiple.

4. Utilice un programa adecuado de computadora personal o servidor (SPSS, SAS, MINITAB o Excel) para analizar los datos para:
a. El problema 1.
b. El problema 2.
c. Para el ejercicio del trabajo de campo.

ACTIVIDADES

Trabajo de campo

1. Visite 10 farmacias de su área y evalúe cada una en términos de su imagen y calidad general en el servicio dentro de la tienda, utilizando escalas de 11 puntos (1 = mala, 11 = excelente). Después, analice los datos que haya reunido de la siguiente manera:
a. Grafique la imagen general (eje Y) contra el servicio relativo dentro de la tienda (eje X) e interprete este diagrama.
b. ¿Qué medida usaría para determinar si existe una relación entre las dos variables? ¿Por qué?
c. Realice un análisis de regresión bivariada de la imagen general sobre el servicio dentro de la tienda.
d. Interprete los coeficientes de regresión.
e. ¿La relación de regresión es significativa?
f. Interprete la r^2 resultante.

Discusión en grupo

1. En un grupo pequeño, examine la siguiente aseveración: "La regresión es una técnica tan básica que siempre se debería utilizar en el análisis de datos".
2. En un grupo pequeño, analice la relación entre la correlación bivariada, la regresión bivariada, la regresión múltiple y el análisis de varianza.

CAPÍTULO 18

Análisis logit y discriminante

"Es común hacer mediciones en diferentes grupos de encuestados en diversas variables métricas. El análisis discriminante es una manera útil de saber si los grupos son diferentes, en qué variables difieren más y si es posible usar esas variables para predecir a qué grupo pertenece un individuo".

Jamie Baker-Prewitt, vicepresidenta, ciencias para las decisiones, Burke, Inc.

Objetivos

Después de leer este capítulo, el estudiante deberá ser capaz de:

1. Describir el concepto de análisis discriminante, sus objetivos y sus aplicaciones en la investigación de mercados.
2. Hacer un resumen de los procedimientos seguidos en la realización de un análisis discriminante que incluya la formulación del problema, el cálculo de los coeficientes de la función discriminante, la determinación de la significancia, la interpretación y la validación.
3. Explicar el análisis discriminante múltiple, y la diferencia entre el análisis discriminante de dos grupos y el discriminante múltiple.
4. Entender progresivamente los pasos del análisis discriminante y describir el procedimiento de Mahalanobis.
5. Describir el modelo logit binario y sus ventajas en relación con el análisis discriminante y el de regresión.

Panorama general

Este capítulo analiza las técnicas del análisis discriminante y del análisis logit. Inicia con el examen de la relación entre el análisis discriminante y el análisis de varianza (capítulo 16) y el análisis de regresión (capítulo 17). Se presenta un modelo, y al describir el procedimiento general para realizar un análisis discriminante se hace hincapié en la formulación, el cálculo, la determinación de la significancia, la interpretación y la validación de los resultados. El procedimiento se ilustra con un ejemplo de análisis discriminante de dos grupos, seguido de un ejemplo de análisis discriminante múltiple (tres grupos). También se presenta el análisis discriminante paso a paso. Cuando la variable dependiente es binaria, puede usarse el modelo logit en vez del análisis discriminante de dos grupos. Se explica el modelo logit y se examinan sus ventajas en relación con el análisis discriminante y el análisis de regresión.

INVESTIGACIÓN REAL

Buscadores de descuentos

Se realizó un estudio con 294 consumidores para determinar los correlatos de la inclinación por las rebajas o las características de los consumidores que responden de manera favorable a las promociones de descuentos. Las variables predictivas fueron cuatro factores relacionados con las actitudes y el comportamiento de compras en las familias, y características demográficas seleccionadas (sexo, edad e ingreso). La variable dependiente fue el grado en que el encuestado era proclive a buscar rebajas, del cual se identificaron tres niveles. Los encuestados que dijeron que en los últimos 12 meses no habían hecho compras a causa de los descuentos se clasificaron como no usuarios; quienes informaron una o dos de esas compras como usuarios esporádicos; y los que informaron de más de dos compras se identificaron como usuarios frecuentes de rebajas. Se utilizó el análisis discriminante múltiple para analizar los datos.

Se obtuvieron dos resultados principales. Primero, la percepción de los consumidores de la relación esfuerzo/valor fue la variable más eficaz para discriminar entre usuarios frecuentes, esporádicos y no usuarios de las ofertas de descuento. Es claro que los consumidores sensibles a los descuentos asocian menos esfuerzo con el cumplimiento de los requisitos de la compra con descuento y están dispuestos a aceptar un descuento relativamente menor que otros clientes. Segundo, los consumidores que conocen los precios normales de los productos, lo que les permite reconocer las oportunidades, tienden más que otros a responder a las ofertas de rebajas.

Estos resultados fueron empleados por Toshiba (*www.toshiba.com*) cuando ofreció un descuento en efectivo de $50 dólares en el modelo Satélite M55 de su computadora portátil, si se compraba entre el 26 de junio y el 24 de septiembre del 2005. La compañía creyó que así animaría a los clientes sensibles a las ofertas a elegir una computadora portátil Toshiba.[1] ∎

El ejemplo de la proclividad a buscar rebajas examinó tres grupos (no usuarios, usuarios esporádicos y usuarios frecuentes de rebajas). El uso de múltiples variables predictivas permitió encontrar diferencias significativas entre los grupos. El examen de las diferencias entre los grupos es el fundamento del concepto básico del análisis discriminante.

El análisis discriminante múltiple puede ayudar a identificar los factores que distinguen a los usuarios frecuentes, de los usuarios esporádicos y de los no usuarios de descuentos.

CONCEPTO BÁSICO DEL ANÁLISIS DISCRIMINANTE

El *análisis discriminante* es una técnica para analizar los datos, cuando la variable dependiente o de criterio es categórica, y las variables predictivas o independientes son de naturaleza intervalar.[2] Por ejemplo, la variable dependiente sería la elección de una marca de computadora personal (marca A, B o C); y las variables independientes, las calificaciones de los atributos de las computadoras personales en una escala Likert de 7 puntos. Los objetivos del análisis discriminante son los siguientes:

1. Desarrollar las *funciones discriminantes*, o combinaciones lineales de las variables predictivas o independientes, que hagan una mejor diferenciación entre las categorías de las variables dependientes o de criterio (grupos).
2. Examinar si hay diferencias significativas entre los grupos, en términos de las variables predictivas.
3. Determinar qué variables predictivas contribuyen más a las diferencias entre grupos.
4. Clasificar los casos en uno de los grupos, con base en los valores de las variables predictivas.
5. Evaluar la precisión de la clasificación.

Las técnicas de análisis discriminante se describen usando el número de categorías que posee la variable de criterio. Cuando ésta tiene dos categorías, la técnica se conoce como *análisis discriminante de dos grupos*. Cuando hay tres o más categorías, la técnica se conoce como *análisis discriminante múltiple*. La diferencia principal es que, en el caso de dos grupos, sólo puede derivarse una función discriminante; mientras que en el análisis discriminante múltiple, puede calcularse más de una función.[3]

En la investigación de mercados abundan los ejemplos de análisis discriminante. Esta técnica sirve para responder preguntas como:

- En términos de las características demográficas, ¿en qué difieren los clientes que muestran lealtad hacia una tienda de quienes no lo hacen?
- ¿Existen diferencias entre usuarios frecuentes, moderados y esporádicos de bebidas gaseosas, en cuanto al consumo de alimentos congelados?
- ¿Qué características psicográficas ayudan a diferenciar a los compradores de comestibles sensibles a los precios de los quienes no lo son?
- ¿Los segmentos del mercado difieren en sus hábitos de exposición a los medios de comunicación masiva?

---

análisis discriminante
En la investigación de mercados, técnica para analizar los datos cuando la variable dependiente o de criterio es categórica, y las variables independientes o predictivas son de naturaleza intervalar.

funciones discriminantes
La combinación lineal de variables independientes desarrollada por el análisis discriminante que distingue mejor entre las categorías de la variable dependiente.

análisis discriminante de dos grupos
Técnica de análisis discriminante en que la variable de criterio tiene dos categorías.

análisis discriminante múltiple
Técnica de análisis discriminante donde la variable de criterio incluye tres o más categorías.

CAPÍTULO 18 *Análisis logit y discriminante*

- En términos de los estilos de vida, ¿cuáles son las diferencias entre los clientes frecuentes de las cadenas de tiendas departamentales regionales, y los clientes de cadenas nacionales?
- ¿Qué características distinguen a los consumidores que responden a las solicitudes enviadas por correo?

RELACIÓN DEL ANÁLISIS DISCRIMINANTE CON EL ANÁLISIS DE REGRESIÓN Y EL ANÁLISIS DE VARIANZA

En la tabla 18.1 se muestra la relación entre el análisis discriminante, el análisis de varianza (ANOVA) y el análisis de regresión. Se describe esta relación con un ejemplo donde el investigador intenta explicar la cantidad de seguros de vida comprados en términos de la edad y los ingresos. Los tres procedimientos incluyen una sola variable dependiente o de criterio, y múltiples variables predictivas o independientes. Sin embargo, la naturaleza de esas variables es diferente. En el análisis de varianza y el de regresión, la variable dependiente es métrica o implica una escala de intervalo (monto de los seguros de vida comprados); en tanto que en el análisis discriminante es categórica (cantidad de seguros de vida comprados clasificada como alta, media y baja). Las variables independientes son categóricas en el caso del análisis de varianza (edad e ingreso, clasificadas cada una como alto, medio o bajo); pero métricas en el caso del análisis discriminante y el de regresión (por ejemplo, edad en años e ingreso en dinero, ambos medidos en una escala de razón).

El análisis discriminante de dos grupos, en que la variable dependiente sólo tiene dos categorías, guarda una estrecha relación con el análisis de regresión múltiple. En este caso, la regresión múltiple, en que la variable dependiente se codifica como una variable ficticia (*dummy*) de 0 o 1, da como resultado coeficientes de regresión parciales que son proporcionales a los coeficientes de la función discriminante (véase la siguiente sección sobre el modelo de análisis discriminante). La naturaleza de las variables dependiente e independiente en el modelo logit binario es similar a la del análisis discriminante.

MODELO DE ANÁLISIS DISCRIMINANTE

modelo de análisis discriminante
Modelo estadístico en el cual se basa el análisis discriminante.

El ***modelo de análisis discriminante*** implica combinaciones lineales de la siguiente forma:

$$D = b_0 + b_1X_1 + b_2X_2 + b_3X_3 + \cdots + b_kX_k$$

donde

D = calificación discriminante
b = coeficiente o peso discriminante
X = variable predictiva o independiente

Los coeficientes, o pesos (b), se calculan de manera que el grupo difiera tanto como sea posible en los valores de la función discriminante. Esto ocurre cuando está al máximo la razón de la suma de cuadrados entre grupos y la suma de cuadrados intragrupos de las puntuaciones discriminantes. Cualquier otra combinación lineal de los predictivos dará como resultado una razón menor.

TABLA 18.1
Semejanzas y diferencias entre ANOVA, análisis de regresión y análisis discriminante

	ANOVA	REGRESIÓN	ANÁLISIS DISCRIMINANTE/LOGIT
Semejanzas			
Número de variables dependientes	Una	Una	Una
Número de variables independientes	Múltiples	Múltiples	Múltiples
Diferencias			
Naturaleza de las variables dependientes	Métrica	Métrica	Categórica/binaria
Naturaleza de las variables independientes	Categórica	Métrica	Métrica

Figura 18.1
Interpretación geométrica del análisis discriminante de dos grupos

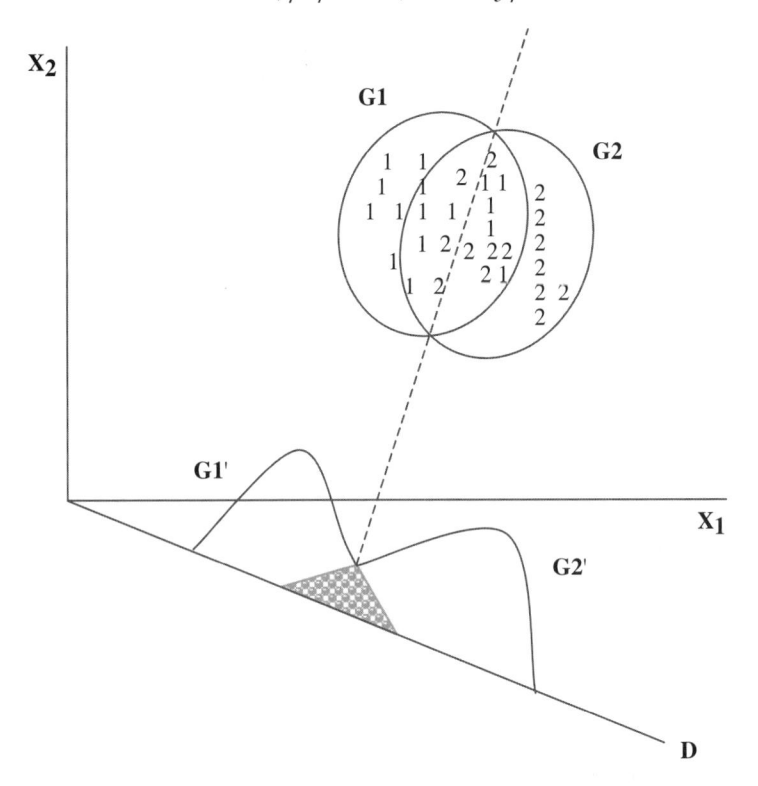

Veamos una breve exposición geométrica del análisis discriminante de dos grupos. Suponga que se tienen dos grupos, G1 y G2, y que cada miembro de esos grupos fue medido en dos variables X_1 y X_2. En la figura 18.1 se muestra un diagrama de dispersión de los dos grupos, donde X_1 y X_2 son los dos ejes. El número 1 identifica a los miembros de G1, y el número 2 a los miembros de G2. Las elipses resultantes abarcan un porcentaje específico de los puntos (miembros), digamos 93 por ciento de cada grupo. Se traza una línea recta entre los dos puntos donde se intersecan las elipses, y de ahí se proyecta a un nuevo eje, D. El traslape entre las distribuciones univariadas G1' y G2', representado por el área sombreada en la figura 18.1, es menor al que podría obtenerse si se trazara otra línea entre las elipses que representan los diagramas de dispersión. Por lo tanto, los grupos difieren tanto como es posible en el eje D. Varios estadísticos se asocian con el análisis discriminante.

ESTADÍSTICOS ASOCIADOS CON EL ANÁLISIS DISCRIMINANTE

Los principales estadísticos asociados con el análisis discriminante son los siguientes:

Correlación canónica: la correlación canónica mide el grado de asociación entre las calificaciones discriminantes y los grupos. Es una medida de asociación entre la única función discriminante y el conjunto de variables ficticias que definen la pertenencia al grupo.

Centroide: el centroide es la media de las calificaciones discriminantes de un grupo particular. Existen tantos centroides como grupos, porque hay uno para cada grupo. Los *centroides del grupo* son las medias de ese grupo en todas las funciones.

Matriz de clasificación: llamada a veces también *matriz de confusión o de predicción*, contiene el número de casos cuya clasificación fue correcta e incorrecta. Los casos bien clasificados aparecen en la diagonal porque los grupos reales y los pronosticados son los mismos. Los elementos fuera de la diagonal representan casos cuya clasificación fue incorrecta. La suma de los elementos de la diagonal, dividida entre el número total de casos, representa la *proporción de aciertos*.

Coeficientes de la función discriminante: los coeficientes (no estandarizados) de la función discriminante son los multiplicadores de las variables, cuando éstas se encuentran en las unidades de medición originales.

Calificaciones de discriminación: los coeficientes no estandarizados se multiplican por los valores de las variables. Los productos se suman y se agregan al término constante para obtener las calificaciones de discriminación.

Valor propio: para cada función discriminante, el valor propio es la razón de la suma de cuadrados entre grupos e intragrupos. Los valores propios grandes suponen funciones superiores.

Valores F y su significancia: se calculan en un ANOVA de una vía, donde la variable de agrupamiento funge como variable independiente categórica. A la vez, en el ANOVA cada predictivo funge como variable dependiente métrica.

Medias y desviaciones estándar de los grupos: se calculan para cada predictivo en cada grupo.

Matriz de correlaciones agrupadas intragrupales: para calcular la matriz de correlaciones agrupadas intragrupales se promedian las matrices de covarianza separadas de todos los grupos.

Coeficientes estandarizados de la función discriminante: los coeficientes estandarizados de la función discriminante son los que suelen usarse como multiplicadores cuando las variables se han estandarizado con una media de 0 y una varianza de 1.

Estructura de correlaciones: conocida también como *cargas discriminantes*, la estructura de correlaciones representa las correlaciones simples entre los predictivos y la función discriminante.

Matriz de correlación total: si se trata a los casos como si pertenecieran a una sola muestra y se calculan las correlaciones, se obtiene una matriz de correlación total.

λ de Wilks: conocida también como estadístico *U*. La λ de Wilks de cada predictivo es la razón entre la suma de los cuadrados intragrupo y la suma total de los cuadrados. Su valor fluctúa entre 0 y 1. Los valores grandes de λ (cerca de 1) indican que parece no haber diferencia entre las medias del grupo. Los valores pequeños de λ (cerca de 0) indican que parece haber diferencia entre las medias del grupo.

Las suposiciones del análisis discriminante son que cada uno de los grupos es una muestra de una población normal multivariada y que todas las poblaciones tienen la misma matriz de covarianza. El papel de estas suposiciones y los estadísticos descritos pueden entenderse mejor si se examina el procedimiento para realizar un análisis discriminante.

REALIZACIÓN DE UN ANÁLISIS DISCRIMINANTE

Los pasos para realizar un análisis discriminante incluyen formulación, cálculo, determinación de la significancia, interpretación y validación (véase la figura 18.2). Estos pasos se analizan y se ilustran en el contexto del análisis discriminante de dos grupos. El análisis discriminante con más de dos grupos se analiza más adelante en este capítulo.

Figura 18.2
Realización de un análisis discriminante

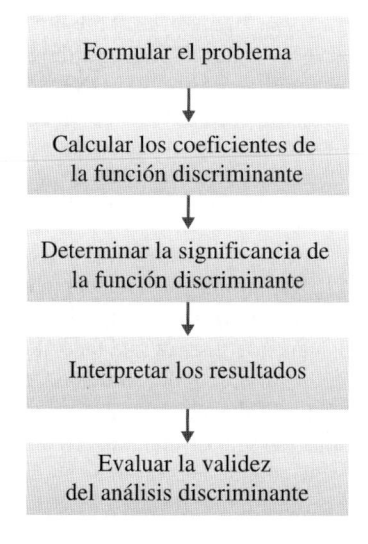

Formular el problema
↓
Calcular los coeficientes de la función discriminante
↓
Determinar la significancia de la función discriminante
↓
Interpretar los resultados
↓
Evaluar la validez del análisis discriminante

Formulación del problema

El primer paso del análisis discriminante consiste en formular el problema mediante la identificación de los objetivos, las variables de criterio y las variables independientes. Las variables de criterio deben consistir en dos o más categorías que sean excluyentes entre sí y exhaustivas en su conjunto. Cuando la variable dependiente se basa en una escala de intervalo o de razón, primero debe convertirse en categorías. Por ejemplo, la actitud hacia una marca, medida en una escala de 7 puntos, puede categorizarse como desfavorable (1, 2, 3), neutra (4) o favorable (5, 6, 7). De forma alternativa, es posible graficar la distribución de la variable dependiente y formar grupos de igual tamaño, mediante la determinación de los puntos de corte adecuados para cada categoría. La elección de las variables predictivas tiene que basarse en un modelo teórico o en investigaciones previas; sin embargo, en el caso de la investigación exploratoria, la selección debe estar guiada por la experiencia del investigador.

El siguiente paso es dividir la muestra en dos partes. Una parte de la muestra, llamada ***muestra de análisis*** o de estimación, se utiliza para calcular la función discriminante. La otra parte, llamada ***muestra de validación*** o de *exclusión*, se reserva para la validación de la función discriminante. Cuando la muestra es lo bastante grande, puede dividirse por la mitad. Una mitad funge como muestra de análisis y la otra se usa para la validación. Luego se intercambia el papel de las mitades y se repite el análisis. Esto se conoce como *validación cruzada doble* y es similar al procedimiento estudiado en el análisis de regresión (véase el capítulo 17).

A menudo la distribución del número de casos en las muestras de análisis y validación sigue la distribución de la muestra total. Por ejemplo, si la muestra total contiene 50 por ciento de consumidores leales y 50 por ciento de consumidores desleales, entonces las muestras de análisis y de validación pueden contener cada una 50 por ciento de consumidores leales y 50 por ciento de consumidores desleales. Por otro lado, si la muestra contiene 25 por ciento de consumidores leales y 75 por ciento de consumidores desleales, pueden elegirse las muestras de análisis y de validación de modo que reflejen la misma distribución (25 por ciento contra 75 por ciento).

Por último, se ha sugerido la necesidad de repetir la validación de la función discriminante. Cada vez, la muestra debería dividirse en diferentes partes de análisis y de validación. Se requiere calcular la función discriminante y llevar a cabo el análisis de validación. Por lo tanto, la evaluación de la validación se basa en varios ensayos. Se han sugerido también varios métodos más rigurosos.[4]

Veamos un ejemplo para ilustrar mejor el análisis discriminante de dos grupos, en el cual se considera un número reducido de observaciones. En la práctica real, el análisis discriminante se realiza en muestras mucho más grandes, como la utilizada en la Experiencia de investigación de Dell que se abordará más adelante. Suponga que buscamos determinar las características sobresalientes de las familias que han visitado un centro vacacional durante los últimos dos años. Se obtuvieron datos de un pretest aplicado a una muestra de 42 familias. De esas, 30 familias que se muestran en la tabla 18.2 se incluyeron en la muestra de análisis y las 12 restantes (que se presentan en la tabla 18.3) fueron parte de la muestra de validación. Las familias que visitaron un centro vacacional durante los pasados dos años se codificaron como 1 y las que no lo hicieron, como 2 (VISITA). Tanto la muestra de análisis como la de validación se equilibraron en términos de VISITA. Como puede observarse, la muestra de análisis contiene 15 familias en cada categoría; en tanto que la muestra de validación tiene seis en cada categoría. También se obtuvieron datos sobre el ingreso anual de la familia (INGRESO), la actitud hacia los viajes (VIAJE, medida en una escala de 9 puntos), la importancia asignada a las vacaciones familiares (VACACIONES, medida en una escala de 9 puntos), el tamaño de la familia (TAMAÑOF) y la edad del jefe de familia (EDAD).

Cálculo de los coeficientes de la función discriminante

Una vez que se haya identificado la muestra de análisis, como en la tabla 18.2, pueden calcularse los coeficientes de la función discriminante. Se dispone de dos métodos generales. El ***método directo*** implica calcular la función discriminante, de manera que todos los predictivos se incluyan al mismo tiempo. En este caso, se incluye cada variable independiente sin importar su poder discriminante. Este método es adecuado cuando, a partir de las investigaciones previas o de un modelo teórico, el investigador quiere que la discriminación se base en todos los predictivos. Un método alternativo es el ***análisis discriminante paso a paso***, donde las variables predictivas se introducen en secuencia, con base en su habilidad para discriminar entre grupos.

---

muestra de análisis
Parte de la muestra total que se usa para calcular la función discriminante.

muestra de validación
Parte de la muestra total que se usa para revisar los resultados de la muestra de análisis.

método directo
Aproximación al análisis discriminante que implica el cálculo de las funciones discriminantes, de manera que se incluyan todos los predictivos al mismo tiempo.

análisis discriminante paso a paso
Análisis discriminante en que los predictivos se introducen en secuencia con base en su capacidad para discriminar entre grupos.

TABLA 18.2

Información sobre visitas a centros vacacionales: muestra de análisis

Núm.	Visitas a centros vacacionales	Ingreso familiar anual ($000)	Actitud hacia los viajes	Importancia asignada a las vacaciones familiares	Tamaño de la familia	Edad del jefe de familia	Cantidad gastada en vacaciones familiares
1	1	50.2	5	8	3	43	M (2)
2	1	70.3	6	7	4	61	H (3)
3	1	62.9	7	5	6	52	H (3)
4	1	48.5	7	5	5	36	L (1)
5	1	52.7	6	6	4	55	H (3)
6	1	75.0	8	7	5	68	H (3)
7	1	46.2	5	3	3	62	M (2)
8	1	57.0	2	4	6	51	M (2)
9	1	64.1	7	5	4	57	H (3)
10	1	68.1	7	6	5	45	H (3)
11	1	73.4	6	7	5	44	H (3)
12	1	71.9	5	8	4	64	H (3)
13	1	56.2	1	8	6	54	M (2)
14	1	49.3	4	2	3	56	H (3)
15	1	62.0	5	6	2	58	H (3)
16	2	32.1	5	4	3	58	L (1)
17	2	36.2	4	3	2	55	L (1)
18	2	43.2	2	5	2	57	M (2)
19	2	50.4	5	2	4	37	M (2)
20	2	44.1	6	6	3	42	M (2)
21	2	38.3	6	6	2	45	L (1)
22	2	55.0	1	2	2	57	M (2)
23	2	46.1	3	5	3	51	L (1)
24	2	35.0	6	4	5	64	L (1)
25	2	37.3	2	7	4	54	L (1)
26	2	41.8	5	1	3	56	M (2)
27	2	57.0	8	3	2	36	M (2)
28	2	33.4	6	8	2	50	L (1)
29	2	37.5	3	2	3	48	L (1)
30	2	41.3	3	3	2	42	L (1)

TABLA 18.3

Información sobre visitas a centros vacacionales: muestra de validación

Núm.	Visitas a centros vacacionales	Ingreso familiar anual ($000)	Actitud hacia los viajes	Importancia asignada a las vacaciones familiares	Tamaño de la familia	Edad del jefe de familia	Cantidad gastada en vacaciones familiares
1	1	50.8	4	7	3	45	M (2)
2	1	63.6	7	4	7	55	H (3)
3	1	54.0	6	7	4	58	M (2)
4	1	45.0	5	4	3	60	M (2)
5	1	68.0	6	6	6	46	H (3)
6	1	62.1	5	6	3	56	H (3)
7	2	35.0	4	3	4	54	L (1)
8	2	49.6	5	3	5	39	L (1)
9	2	39.4	6	5	3	44	H (3)
10	2	37.0	2	6	5	51	L (1)
11	2	54.5	7	3	3	37	M (2)
12	2	38.2	2	2	3	49	L (1)

Archivo de resultados de SPSS

TABLA 18.4
Resultados del análisis discriminante de dos grupos

MEDIAS DE LOS GRUPOS

VISITA	INGRESO	VIAJE	VACACIONES	TAMAÑOF	EDAD
1	60.52000	5.40000	5.80000	4.33333	53.73333
2	41.91333	4.33333	4.06667	2.80000	50.13333
Total	51.21667	4.86667	4.93333	3.56667	51.93333

DESVIACIONES ESTÁNDAR DEL GRUPO

1	9.83065	1.91982	1.82052	1.23443	8.77062
2	7.55115	1.95180	2.05171	0.94112	8.27101
Total	12.79523	1.97804	2.09981	1.33089	8.57395

MATRIZ DE CORRELACIONES AGRUPADAS INTRAGRUPALES

	INGRESO	VIAJE	VACACIONES	TAMAÑOF	EDAD
INGRESO	1.00000				
VIAJE	0.19745	1.00000			
VACACIONES	0.09148	0.08434	1.00000		
TAMAÑOF	0.08887	−0.01681	0.07046	1.00000	
EDAD	−0.01431	−0.19709	0.01742	−0.04301	1.00000

λ de Wilks (estadístico U) y razón F univariada con 1 y 28 grados de libertad

VARIABLE	λ DE WILKS	F	SIGNIFICANCIA
INGRESO	0.45310	33.80	0.0000
VIAJE	0.92479	2.277	0.1425
VACACIONES	0.82377	5.990	0.0209
TAMAÑOF	0.65672	14.64	0.0007
EDAD	0.95441	1.338	0.2572

FUNCIONES DISCRIMINANTES CANÓNICAS

FUNCIÓN	VALOR PROPIO	PORCENTAJE DE VARIANZA	PORCENTAJE ACUMULADO	CORRELACIÓN CANÓNICA	FUNCIÓN POSTERIOR	λ DE WILKS	CHI CUADRADA	GL	SIG.
					: 0	0.3589	26.130	5	0.0001
1*	1.7862	100.00	100.00	0.8007	:				

*Señala la función discriminante canónica 1 que queda en el análisis.

COEFICIENTES DE LA FUNCIÓN DISCRIMINANTE CANÓNICA ESTÁNDAR

	FUNC 1
INGRESO	0.74301
VIAJE	0.09611
VACACIONES	0.23329
TAMAÑOF	0.46911
EDAD	0.20922

MATRIZ ESTRUCTURAL

Correlaciones agrupadas intragrupales entre las variables discriminantes y las funciones discriminantes canónicas (variables ordenadas por el tamaño de la correlación dentro de la función).

	FUNC 1
INGRESO	0.82202
VIAJE	0.54096
VACACIONES	0.34607
TAMAÑOF	0.21337
EDAD	0.16354

(Continúa)

TABLA 18.4
Resultados del análisis discriminante de dos grupos (*Continuación*)

COEFICIENTES NO ESTANDARIZADOS DE LA FUNCIÓN DISCRIMINANTE CANÓNICA

	FUNC 1
INGRESO	0.8476710E-01
VIAJE	0.4964455E-01
VACACIONES	0.1202813
TAMAÑOF	0.4273893
EDAD	0.2454380E-01
(constante)	−7.975476

FUNCIONES DISCRIMINANTES CANÓNICAS EVALUADAS EN LAS MEDIAS DEL GRUPO (CENTROIDES DE LOS GRUPOS)

GRUPO	FUNC 1
1	1.29118
2	−1.29118

CLASIFICACIÓN DE LOS RESULTADOS

		VISITA	PERTENENCIA PRONOSTICADA A UN GRUPO 1	2	TOTAL
Original	Conteo	1	12	3	15
		2	0	15	15
	%	1	80.0	20.0	100.0
		2	0.0	100.0	100.0
Validación cruzada	Conteo	1	11	4	15
		2	2	13	15
	%	1	73.3	26.7	100.0
		2	13.3	86.7	100.0

[a] La validación cruzada se hizo sólo para los casos en el análisis. En la validación cruzada, cada caso se clasifica por las funciones derivadas de todos los otros casos.
[b] 90.0% de los casos agrupados originales con una clasificación correcta.
[c] 80.0% de los casos agrupados de validación cruzada con una clasificación correcta.

CLASIFICACIÓN DE RESULTADOS PARA LOS CASOS NO ELEGIDOS PARA EL ANÁLISIS (MUESTRA DE VALIDACIÓN)

	GRUPO REAL	NÚM. DE CASOS	PERTENENCIA PRONOSTICADA AL GRUPO 1	2
Grupo	1	6	4	2
			66.7%	33.3%
Grupo	2	6	0	6
			0.0%	100.0%

Porcentaje de casos agrupados bien clasificados: 83.33%.

Archivo de resultados de SPSS

Este método, que se describe más adelante con más detalle, es apropiado cuando el investigador quiere elegir un subconjunto de los predictivos para su inclusión en la función discriminante.

En la tabla 18.4 se presentan los resultados de correr en los datos de la tabla 18.2 un análisis discriminante de dos grupos mediante el uso de un software popular. El examen de las medias y desviaciones estándar del grupo brinda una idea intuitiva de los resultados. Parece que los dos grupos están más separados en términos del ingreso que de otras variables. La separación parece ser mayor en la importancia atribuida a las vacaciones familiares que en la actitud hacia los viajes. La diferencia entre los dos grupos respecto a la edad del jefe de familia es pequeña y la desviación estándar de esta variable es grande.

La matriz de correlaciones agrupadas intragrupales indica correlaciones bajas entre los predictivos. Es poco probable que la multicolinealidad sea un problema.

La significancia de las razones F univariadas indica que cuando se hace un análisis individual de los predictivos, sólo el ingreso, la importancia de las vacaciones y el tamaño de la familia distinguen de manera significativa a quienes visitaron centros vacacionales de quienes no lo hicieron.

Dado que hay dos grupos, sólo se calculó una función discriminante. El valor propio asociado con esta función es 1.7862 y da cuenta de 100 por ciento de la varianza explicada. La correlación canónica asociada con esta función es 0.8007. El cuadrado de esta correlación es $(0.8007)^2 = 0.64$, e indica que este modelo explica o da cuenta del 64 por ciento de la varianza en la variable dependiente (VISITA).

Determinar la significancia de la función discriminante

No tendría sentido interpretar el análisis, si las funciones discriminantes calculadas no fueran estadísticamente significativas. Es posible someter a prueba estadística la hipótesis nula de que, en la población, las medias de todas las funciones discriminantes en todos los grupos son iguales. En el SPSS esta prueba se basa en la λ de Wilks. Si se prueban al mismo tiempo varias funciones (como en el caso del análisis discriminante múltiple), el estadístico λ de Wilks es el producto de la λ univariada para cada función. El cálculo del nivel de significancia se basa en la transformación del estadístico en una chi cuadrada. Al probar la significancia en el ejemplo del centro vacacional (véase la tabla 18.4), puede notarse que la λ de Wilks asociada con la función es 0.3589, la cual se transforma en una chi cuadrada de 26.13 con 5 grados de libertad. Esto es significativo más allá de un nivel de 0.05. En el SAS se calcula un estadístico F que se basa en una aproximación a la distribución de la razón de probabilidad. En el MINITAB no se dispone de una prueba de significancia. Si se rechaza la hipótesis nula, lo que indica una discriminación significativa, puede procederse a la interpretación de los resultados.[5]

Interpretación de los resultados

La interpretación de los pesos, o coeficientes discriminantes es similar a la del análisis de regresión múltiple. El valor del coeficiente para un predictivo específico depende de los otros predictivos incluidos en la función discriminante. Los signos de los coeficientes son arbitrarios; pero indican qué valores de la variable resultan en valores grandes y pequeños de la función y los asocia con grupos particulares.

Dada la multicolinealidad de las variables predictivas, no hay medidas inequívocas de la importancia relativa de los predictivos para discriminar entre los grupos.[6] Con esta advertencia en mente, el examen de la magnitud absoluta de los coeficientes estandarizados de la función discriminante brinda una idea de la importancia relativa de las variables. En general, los predictivos con coeficientes estandarizados relativamente grandes contribuyen más al poder discriminante de la función, en comparación con los predictivos con coeficientes menores, por lo que son más importantes.

También puede obtenerse una noción de la importancia relativa de los predictivos mediante el examen de la estructura de correlaciones, conocidas también como *cargas canónicas* o *cargas discriminantes*. Esas correlaciones simples entre cada predictivo y la función discriminante representan la varianza que el predictivo comparte con la función. Cuanto mayor sea la magnitud de una correlación estructural, mayor será la importancia del predictivo correspondiente. Como en el caso de los coeficientes estandarizados, estas correlaciones también deben interpretarse con cautela.

El examen de los coeficientes estandarizados de la función discriminante en el ejemplo del centro vacacional resulta instructivo. Dadas las bajas intercorrelaciones entre los predictivos, habría que tener cautela al usar las magnitudes de los coeficientes estandarizados, para sugerir que el ingreso es el predictivo más importante al discriminar entre los grupos, seguido por el tamaño de la familia y la importancia atribuida a las vacaciones familiares. Se obtiene la misma observación examinando la estructura de correlaciones. Esas correlaciones simples entre los predictivos y la función discriminante se enlistan en orden de magnitud.

También se proporcionan los coeficientes no estandarizados de la función discriminante. Éstos pueden aplicarse a los datos sin analizar de las variables en el conjunto de validación para propósitos de clasificación. Se muestran además los centroides del grupo, lo que indica el valor de la función discriminante evaluada en las medias del grupo. El grupo 1, quienes han visitado un centro vacacional, tiene un valor positivo de (1.29118); mientras que el grupo 2 tiene un valor negativo igual. Los signos de los coeficientes asociados con todos los predictivos son positivos, lo cual sugiere que cuanto mayores sean el ingreso familiar, el tamaño de la familia, la importancia atribuida a las vacaciones familiares, la actitud hacia los viajes y la edad, mayor será la probabilidad de que la familia visite un centro vacacional. Sería razonable desarrollar un perfil de los dos grupos en términos de los tres predictivos que parecen ser los más importantes: ingreso, tamaño de la familia y la importancia de las vacaciones. Al inicio de la tabla 18.4 se presentan los valores de estas tres variables para los dos grupos.

El siguiente ejemplo ilustra cómo se determina la importancia relativa de los predictivos.

INVESTIGACIÓN REAL

Los vendedores satisfechos se quedan

En una encuesta reciente se preguntó a empresarios acerca de su preocupación por contratar y retener empleados durante el difícil clima económico de la actualidad. Se reportó que al 85 por ciento de los encuestados les preocupaba el reclutamiento de los empleados y el 81 por ciento declaró sentirse preocupados por retener a los empleados. Cuando la economía es incierta, como en 2005-2006, la rotación es rápida. En general, si una organización quiere conservar a sus empleados, debe entender por qué la gente abandona sus trabajos y por qué otros se quedan y se sienten satisfechos con sus empleos. Se utilizó el análisis discriminante para determinar qué factores explicaban las diferencias, entre los vendedores que abandonaron una importante empresa fabricante de computadoras y quienes se quedaron. Las variables independientes fueron la calificación de la compañía, la seguridad en el empleo, siete dimensiones de satisfacción en el trabajo, cuatro dimensiones de conflicto de roles, cuatro dimensiones de ambigüedad de los roles y nueve mediciones del desempeño en ventas. La variable dependiente fue la dicotomía entre quienes se quedaron y quienes dejaron el trabajo. La correlación canónica, un índice de discriminación ($R = 0.4572$) fue significativa (λ de Wilks $= 0.7909$, $F(26,173) = 1.7588$, $p = 0.0180$). Este resultado indicó que las variables discriminaron entre quienes se fueron y quienes permanecieron.

En la siguiente tabla se presentan los resultados de la introducción simultánea de todas las variables en el análisis discriminante. En la primera columna se presenta el rango ordenado de la importancia, determinado por la magnitud relativa de la estructura de correlaciones. La satisfacción en el trabajo y las oportunidades de ascensos fueron los dos discriminadores más importantes, seguidos por la seguridad en el trabajo. Quienes se quedaron en la empresa encontraron que el trabajo era más apasionante, satisfactorio, desafiante e interesante que quienes abandonaron el trabajo.[7]

Resultados del análisis discriminante

Variable	Coeficientes	Coeficientes estandarizados	Estructura de correlaciones
1. Trabajo[a]	0.0903	0.3910	0.5446
2. Ascenso[a]	0.0288	0.1515	0.5044
3. Seguridad en el trabajo	0.1567	0.1384	0.4958
4. Relaciones con los clientes[b]	0.0086	0.1751	0.4906
5. Calificación de la empresa	0.4059	0.3240	0.4824
6. Trabajar con otros[b]	0.0018	0.0365	0.4651
7. Desempeño general[b]	−0.0148	−0.3252	0.4518
8. Administración de tiempo-territorio	0.0126	0.2899	0.4496
9. Ventas generadas[b]	0.0059	0.1404	0.4484
10. Habilidad de presentación[b]	0.0118	0.2526	0.4387
11. Información técnica[b]	0.0003	0.0065	0.4173

(Continúa)

Resultados del análisis discriminante (*Continuación*)

Variable	Coeficientes	Coeficientes estandarizados	Estructura de correlaciones
12. Pago y prestaciones[a]	0.0600	0.1843	0.3788
13. Cuotas alcanzadas[b]	0.0035	0.2915	0.3780
14. Administración[a]	0.0014	0.0138	0.3571
15. Recopilación de información[b]	−0.0146	−0.3327	0.3326
16. Familia[c]	−0.0684	−0.3408	−0.3221
17. Gerente de ventas[a]	−0.0121	−0.1102	0.2909
18. Compañero de trabajo[a]	0.0225	0.0893	0.2671
19. Cliente[c]	−0.0625	−0.2797	−0.2602
20. Familia[d]	0.0473	0.1970	0.2180
21. Empleo[d]	0.1378	0.5312	0.2119
22. Empleo[c]	0.0410	0.5475	−0.1029
23. Cliente[d]	−0.0060	−0.0255	0.1004
24. Gerente de ventas[c]	−0.0365	−0.2406	−0.0499
25. Gerente de ventas[d]	−0.0606	−0.3333	0.0467
26. Cliente[a]	−0.0338	−0.1488	0.0192

Nota: el rango ordenado de la importancia está basado en la magnitud de la estructura de correlaciones.
[a]Satisfacción.
[b]Desempeño.
[c]Ambigüedad.
[d]Conflicto. ■

Con base en la estructura de correlaciones, advierta que en este ejemplo los ascensos se identificaron como la segunda variable más importante. Sin embargo, no es la segunda variable más importante según la magnitud absoluta de los coeficientes estandarizados de la función discriminante. Esta anomalía es resultado de la multicolinealidad.

Otro auxiliar para interpretar los resultados del análisis discriminante es el desarrollo de un **perfil característico** para cada grupo, donde se describe a cada grupo en términos de sus medias en las variables predictivas. Si se identificaron los predictivos importantes, entonces la comparación de las medias del grupo en esas variables puede ayudar a comprender las diferencias entre los grupos. Sin embargo, antes de interpretar con confianza cualquier hallazgo, es necesario validar los resultados.

perfil característico
Auxiliar para interpretar los resultados del análisis discriminante en que se describe a cada grupo, en términos de sus medias en las variables predictivas.

Evaluación de la validez del análisis discriminante

Muchos programas de software, como el SPSS, ofrecen una opción de validación cruzada con exclusión. En esta opción, el modelo discriminante se calcula tantas veces como encuestados haya en la muestra. Cada modelo calculado excluye a un encuestado y el modelo se usa para hacer una predicción sobre este encuestado. Cuando no es posible contar con una muestra de validación grande, el uso de cada encuestado, uno a la vez, como muestra de validación da una sensación de solidez del cálculo.

Como se explicó antes, siempre que sea posible los datos deben dividirse al azar en dos submuestras: de análisis y de validación. La muestra de análisis se usa para calcular la función discriminante; la muestra de validación se emplea para desarrollar una matriz de clasificación. Los pesos discriminantes, para cuyo cálculo se utiliza la muestra de análisis, se multiplican por los valores de las variables predictivas en la muestra de validación, para generar calificaciones discriminantes para los casos de esta muestra. Los casos se asignan luego a los grupos con base en sus calificaciones discriminantes y una regla de decisión apropiada. Por ejemplo, en el análisis discriminante de dos grupos, un caso se asignará al grupo cuyo centroide sea el más cercano. Entonces, para determinar la **proporción de aciertos**, o porcentaje de casos correctamente clasificados, se suman los elementos de la diagonal y el resultado se divide entre el número total de casos.[8]

Es útil comparar el porcentaje de casos clasificados correctamente por el análisis discriminante con el porcentaje que se obtendría por azar.

proporción de aciertos
Porcentaje de casos clasificados correctamente por el análisis discriminante.

Cuando los grupos son de igual tamaño, el porcentaje de clasificación por azar es uno dividido entre el número de grupos. ¿Cuánta mejoría debería esperarse que ocurra por azar? No hay lineamientos generales, aunque algunos autores sugieren que la precisión alcanzada en la clasificación con el análisis discriminante tiene que ser, por lo menos, 25 por ciento mayor que la que se obtiene por azar.[9]

La mayoría de los programas de análisis discriminante también calculan una matriz de clasificación que se basa en la muestra de análisis. Como logran provecho de la variación aleatoria de los datos, dichos resultados son invariablemente mejores que los de la clasificación por exclusión o la clasificación obtenida en la muestra de validación.

La tabla 18.4, sobre el ejemplo del centro vacacional, también muestra los resultados de la clasificación basados en la muestra de análisis. La proporción de aciertos, o porcentaje de casos correctamente clasificados, es (12 + 15)/30 = 0.90 o 90 por ciento. Podría pensarse que esta proporción de aciertos se infló de manera artificial, porque los datos usados para el cálculo también se emplearon para la validación. La validación cruzada con exclusión clasifica correctamente sólo (11 + 13)/30 = 0.80 u 80 por ciento de los casos. Realizar un análisis de clasificación de los datos de un conjunto independiente de validación da por resultado una matriz de clasificación con una proporción de aciertos de (4 + 6)/12 = 0.833 u 83.3 por ciento (véase la tabla 18.4). Dados dos grupos de igual tamaño, podría esperarse por azar una proporción de aciertos de 1/2 = 0.50 o 50 por ciento. Por lo tanto, la mejoría sobre el azar es de más de 25 por ciento por lo que se juzga satisfactoria la validez del análisis discriminante.

INVESTIGACIÓN REAL

Hogareños y aborregados

Se utilizó el análisis discriminante de dos grupos para evaluar la fuerza de cada una de las cinco dimensiones usadas para clasificar a individuos como televidentes o no televidentes. El procedimiento fue adecuado para este uso debido a la naturaleza de los grupos categóricos predefinidos (televidentes y no televidentes), y a la escala de intervalo que se usó para generar calificaciones de factores individuales.

Se crearon dos grupos iguales de 185 consumidores ancianos, televidentes y no televidentes (*n* total = 370). Para calcular la ecuación discriminante para el análisis se utilizó una submuestra de 142 encuestados de la muestra de 370. De los encuestados restantes, se emplearon 198 como submuestra de validación en una validación cruzada de la ecuación. Se excluyeron 30 encuestados del análisis a causa de los valores faltantes.

La correlación canónica para la función discriminante fue 0.4291, significativa al nivel de $p < 0.0001$. El valor propio fue de 0.2257. La siguiente tabla resume los coeficientes canónicos discriminantes estandarizados. La función discriminante explica una parte importante de la varianza. Además, como se muestra en la tabla, la dimensión de orientación al hogar hizo una contribución muy relevante a la clasificación de los individuos como televidentes o no televidentes. También fue significativa la contribución de las dimensiones de moral, seguridad y salud, así como respeto. La contribución del factor social al parecer fue pequeña.

El procedimiento de validación cruzada, que utilizó la función discriminante de la muestra de análisis, apoyó la opinión de que las dimensiones ayudaron a los investigadores a discriminar entre televidentes y no televidentes. Como muestra la tabla, la función discriminante tuvo éxito en la clasificación del 75.76 por ciento de los casos. Esto sugiere que la consideración de las dimensiones identificadas ayudará a los mercadólogos a entender el segmento del mercado de los adultos mayores. Aunque para los mercadólogos es muy importante conocer y entender este segmento, tampoco deben ignorar a la generación X (quienes nacieron entre 1961 y 1981). Los avances tecnológicos de Internet y la televisión dieron lugar a una forma revolucionaria de televisión interactiva (TVI). Desde 2006 los servicios de TVI funcionan a plenitud y combinan Internet y las transmisiones con programas y componentes de cómputo, para dar a los consumidores acceso a la Web, compras en línea, descargas de música y un programa de transmisiones interactivo, todo a través de su televisor. Dado el pronóstico de éxito de TVI, ¿qué mejor segmento que la generación X como objetivo de esta revolucionaria forma de televisión? Una vez más, el análisis discriminante determinaría quiénes en esa generación son usuarios y no usuarios de la TVI, para comercializar con éxito sus servicios.[10]

INVESTIGACIÓN ACTIVA

Visite *www.timberland.com* y realice una búsqueda en Internet y en la base en línea de su biblioteca, para obtener información sobre el programa de marketing de Timberland para los zapatos de calle.

Como gerente de marketing de Timberland, ¿cómo influiría su comprensión del proceso de toma de decisiones de los consumidores, en su decisión de comercializar zapatos de calle por Internet?

¿Qué tipo de datos recogería y qué análisis realizaría para determinar las características que distinguen a los usuarios y a los no usuarios de zapatos de calle?

Resumen del análisis discriminante

Coeficientes canónicos estandarizados de la función discriminante

Moral	0.27798
Seguridad y salud	0.39850
Orientación al hogar	0.77496
Respeto	0.32069
Social	−0.01996

Clasificación de los resultados de los casos seleccionados para el análisis

Grupo real	Núm. de casos	Pertenencia pronosticada a un grupo	
		No televidentes	Televidentes
No televidentes	77	56	21
		72.7%	27.3%
Televidentes	65	24	41
		36.9%	63.1%

Porcentaje de casos agrupados clasificados correctamente: 68.31%

Clasificación de los resultados de los casos usados para la validación cruzada

Grupo real	Núm. de casos	Pertenencia pronosticada a un grupo	
		No televidentes	Televidentes
No televidentes	108	85	23
		78.7%	21.3%
Televidentes	90	25	65
		27.8%	72.2%

Porcentaje de casos agrupados clasificados correctamente: 75.76% ■

La extensión del análisis discriminante de dos grupos al análisis discriminante múltiple comprende los mismos pasos.

ANÁLISIS DISCRIMINANTE MÚLTIPLE

Planteamiento del problema

Los datos presentados en las tablas 18.2 y 18.3 también pueden usarse para ilustrar el análisis discriminante de tres grupos. En la última columna de esas tablas, se clasifican las familias en tres categorías, según la cantidad gastada en las vacaciones familiares (alta, media o baja). En cada categoría caen diez familias. La pregunta de interés es si pueden diferenciarse las familias que gastan cantidades altas, medias o bajas en sus vacaciones (CANTIDAD), en términos del ingreso anual de la familia (INGRESO), actitud hacia los viajes (VIAJES), importancia atribuida a las vacaciones familiares (VACACIONES), tamaño de la familia (TAMAÑOF) y edad del jefe de familia (EDAD).[11]

Cálculo de los coeficientes de la función discriminante

La tabla 18.5 presenta los resultados del cálculo del análisis discriminante de tres grupos. Un examen de las medias del grupo indica que el ingreso parece separar más a los grupos que cualquier otra variable.

TABLA 18.5
Resultados del análisis discriminante de tres grupos

MEDIAS DE LOS GRUPOS

CANTIDAD	INGRESO	VIAJE	VACACIONES	TAMAÑOF	EDAD
1	38.57000	4.50000	4.70000	3.10000	50.30000
2	50.11000	4.00000	4.20000	3.40000	49.50000
3	64.97000	6.10000	5.90000	4.20000	56.00000
Total	51.21667	4.86667	4.93333	3.56667	51.93333

DESVIACIONES ESTÁNDAR DE LOS GRUPOS

	INGRESO	VIAJE	VACACIONES	TAMAÑOF	EDAD
1	5.29718	1.71594	1.88856	1.19722	8.09732
2	6.00231	2.35702	2.48551	1.50555	9.25263
3	8.61434	1.19722	1.66333	1.13529	7.60117
Total	12.79523	1.97804	2.09981	1.33089	8.57395

MATRIZ DE CORRELACIONES AGRUPADAS INTRAGRUPALES

	INGRESO	VIAJE	VACACIONES	TAMAÑOF	EDAD
INGRESO	1.00000				
VIAJE	0.05120	1.00000			
VACACIONES	0.30681	0.03588	1.00000		
TAMAÑOF	0.38050	0.00474	0.22080	1.00000	
EDAD	−0.20939	−0.34022	−0.01326	−0.02512	1.00000

λ de Wilks (estadístico U) y razón F univariada con 2 y 27 grados de libertad

VARIABLE	LAMBDA DE WILKS	F	SIGNIFICANCIA
INGRESO	0.26215	38.000	0.0000
VIAJE	0.78790	3.634	0.0400
VACACIONES	0.88060	1.830	0.1797
TAMAÑOF	0.87411	1.944	0.1626
EDAD	0.88214	1.804	0.1840

FUNCIONES DISCRIMINANTES CANÓNICAS

FUNC.	VALOR PROPIO	% DE VARIANZA	PORCENT. ACUM.	CORREL. CANON.	:	FUNC. POST.	λ DE WILKS	CHI CUADRADA	GL	SIG.
					:	0	0.1664	44.831	10	0.00
1*	3.8190	93.93	93.93	0.8902	:	1	0.8020	5.517	4	0.24
2*	0.2469	6.07	100.00	0.4450						

*Señala las dos funciones discriminantes canónicas que quedan en el análisis.

COEFICIENTES ESTANDARIZADOS DE LA FUNCIÓN DISCRIMINANTE CANÓNICA

	FUNC. 1	FUNC. 2
INGRESO	1.04740	−0.42076
VIAJE	0.33991	0.76851
VACACIONES	−0.14198	0.53354
TAMAÑOF	−0.16317	0.12932
EDAD	0.49474	0.52447

MATRIZ ESTRUCTURAL

Correlaciones agrupadas intragrupales entre variables discriminantes y funciones discriminantes canónicas (variables ordenadas según el tamaño de la correlación dentro de la función).

	FUNC. 1	FUNC. 2
INGRESO	0.85556*	−0.27833
VIAJE	0.19319*	0.07749
VACACIONES	0.21935	0.58829*
TAMAÑOF	0.14899	0.45362*
EDAD	0.16576	0.34079*

(Continúa)

TABLA 18.5

Resultados del análisis discriminante de tres grupos (*Continuación*)

COEFICIENTES NO ESTANDARIZADOS DE LA FUNCIÓN DISCRIMINANTE CANÓNICA

	FUNC. 1	FUNC. 2
INGRESO	0.1542658	−0.6197148E-01
VIAJE	0.1867977	0.4223430
VACACIONES	−0.6952264E-01	0.2612652
TAMAÑOF	−0.1265334	0.1002796
EDAD	0.5928055E-01	0.6284206E-01
(constante)	−11.09442	−3.791600

FUNCIONES DISCRIMINANTES CANÓNICAS EVALUADAS EN LAS MEDIAS DEL GRUPO (CENTROIDES DEL GRUPO)

GRUPO	FUNC. 1	FUNC. 2
1	−2.04100	0.41847
2	−0.40479	−0.65867
3	2.44578	0.24020

RESULTADOS DE LA CLASIFICACIÓN

			PERTENENCIA PRONOSTICADA AL GRUPO			
		CANTIDAD	1	2	3	TOTAL
Original	Conteo	1	9	1	0	10
		2	1	9	0	10
		3	0	2	8	10
	%	1	90.0	10.0	0.0	100.0
		2	10.0	90.0	0.0	100.0
		3	0.0	20.0	80.0	100.0
Validación cruzada	Conteo	1	7	3	0	10
		2	4	5	1	10
		3	0	2	8	10
	%	1	70.0	30.0	0.0	100.0
		2	40.0	50.0	10.0	100.0
		3	0.0	20.0	80.0	100.0

[a] La validación cruzada se hizo sólo en estos casos del análisis. En la validación cruzada, cada caso se clasifica por las funciones derivadas de todos los otros casos.
[b] 86.7% de los casos agrupados originales clasificados correctamente.
[c] 66.7% de los casos agrupados en la validación cruzada clasificados correctamente.

CLASIFICACIÓN DE LOS RESULTADOS PARA LOS CASOS NO SELECCIONADOS PARA EL ANÁLISIS.

			PERTENENCIA PRONOSTICADA A UN GRUPO		
	Grupo real	Núm. de casos	1	2	3
Grupo	1	4	3	1	0
			75.0%	25.0%	0.0%
Grupo	2	4	0	3	1
			0.0%	75.0%	25.0%
Grupo	3	4	1	0	3
			25.0%	0.0%	75.0%

Porcentaje de casos agrupados clasificados correctamente: 75.0%.

Archivo de resultados de SPSS

Existe cierta separación entre viaje y vacaciones. Los grupos 1 y 2 están muy cercanos en términos del tamaño de la familia y la edad. La edad tiene una desviación estándar grande en relación con la separación entre los grupos. La matriz de correlaciones agrupadas intragrupales indica cierta correlación de las vacaciones y el tamaño de la familia con los ingresos. La edad tiene cierta correlación negativa con los viajes. Sin embargo, esas correlaciones están en la parte inferior, lo cual indica que aunque pueden existir algunos problemas con la multicolinealidad, no es probable que sean de gravedad. La significancia asignada a las razones F univariadas indica que cuando los predictivos se consideran de manera individual, sólo el ingreso y los viajes son significativos para diferenciar entre los dos grupos.

En el análisis discriminante múltiple, si existen G grupos, pueden calcularse $G - 1$ funciones discriminantes, si el número de predictivos es mayor que esta cantidad. En general con G grupos y k predictivos, es posible calcular las funciones discriminantes más pequeñas de $G - 1$ o k. La primera función tiene la razón más elevada de la suma de cuadrados entre e intragrupos. La segunda función, no correlacionada con la primera, tiene la segunda razón más alta y así sucesivamente. Sin embargo, no todas las funciones pueden ser estadísticamente significativas.

Dado que hay tres grupos, puede extraerse un máximo de dos funciones. El valor propio asociado con la primera función es 3.8190 y esta función da cuenta del 93.93 por ciento de la varianza explicada. Como el valor propio es grande, es probable que la primera función sea superior. El valor propio de la segunda función es pequeño (0.2469) y sólo da cuenta de 6.07 por ciento de la varianza explicada.

Determinar la significancia de la función discriminante

Para probar la hipótesis nula de que los centroides de los grupos son iguales, ambas funciones deben considerarse al mismo tiempo. Si se prueban primero todas las medias al mismo tiempo, será posible probar las medias de las funciones de manera sucesiva. Luego se excluye una función a la vez y se prueban en cada paso las medias de las funciones restantes. En la tabla 18.5 el 0 debajo del encabezado "Función posterior" indica que no se eliminó ninguna función. El valor de λ de Wilks es 0.1644, que se transforma en una chi cuadrada de 44.831, con 10 grados de libertad, lo cual es significativo más allá del nivel de 0.05. Por lo tanto, ambas funciones en conjunto hacen una discriminación significativa entre los tres grupos. Sin embargo, cuando se elimina la primera función, la λ de Wilks asociada con la segunda función es 0.8020, lo que no es significativa al nivel de 0.05. Por consiguiente, la segunda función no hace una contribución significativa a las diferencias entre los grupos.

Interpretación de los resultados

La interpretación de los resultados se facilita al examinar los coeficientes estandarizados de la función discriminante, la estructura de correlaciones y ciertas gráficas. Los coeficientes estandarizados indican un coeficiente grande para el ingreso en la función 1; mientras que la función 2 tiene coeficientes relativamente altos para viajes, vacaciones y edad. Cuando se examina la matriz estructural se llega a una conclusión similar (véase la tabla 18.5). Para ayudar a la interpretación de las funciones, se agruparon las variables con coeficientes altos para una función particular. Esas agrupaciones se muestran con asteriscos. Por lo tanto, ingreso y tamaño de familia tienen asteriscos en la función 1, porque estas variables tienen coeficientes mayores en la función 1 que en la función 2. Esas variables se asocian sobre todo con la función 1. Por otro lado, los viajes, las vacaciones y la edad se asocian en forma predominante con la función 2, como lo señalan los asteriscos.

La figura 18.3 es un diagrama de dispersión de todos los grupos en la función 1 y en la función 2. Se observa que el grupo 3 tiene el valor más alto en la función 1 y el grupo 1 el menor. Dado que la función 1 se asocia sobre todo con el ingreso y el tamaño de familia, se esperaría que los tres grupos estén ordenados en esas dos variables. Es probable que las personas con altos ingresos y familias grandes gasten mucho dinero en sus vacaciones y que, a la inversa, el gasto en vacaciones sea menor entre las personas con bajos ingresos y familias de menor tamaño. Esta interpretación se fortalece al examinar las medias de los grupos en ingreso y tamaño de la familia.

La figura 18.3 indica también que la función 2 tiende a separar el grupo 1 (valor más alto) del grupo 2 (valor más bajo). Esta función se asocia sobre todo con viajes, vacaciones y edad. Dadas las correlaciones positivas de estas variables con la función 2 en la matriz estructural, esperamos encontrar que el grupo 1 sea mayor que el grupo 2, en términos de viajes, vacaciones y edad.

Esto es real para viajes y vacaciones, como lo indican las medias de los grupos en estas variables. Si las familias del grupo 1 tienen actitudes más favorables hacia los viajes y dan más importancia a las vacaciones familiares que las familias del grupo 2, ¿por qué gastan menos dinero? Quizá les gustaría gastar más en vacaciones, pero no pueden hacerlo porque tienen bajos ingresos.

PARTE III *Recolección, preparación, análisis y presentación de los datos*

Figura 18.3
Diagrama de dispersión de todos los grupos

Archivo de resultados de SPSS

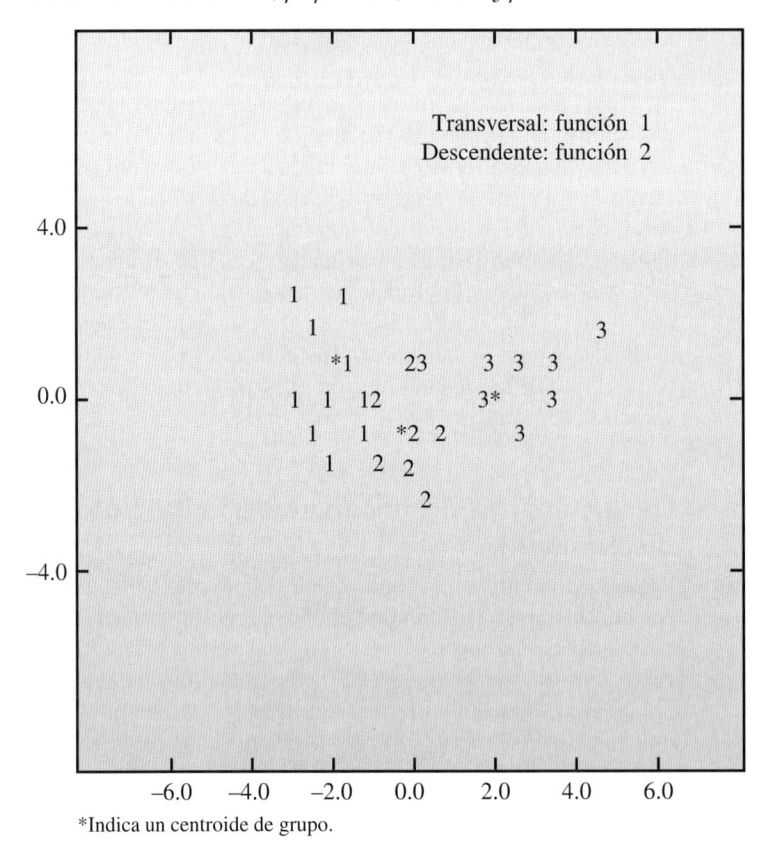

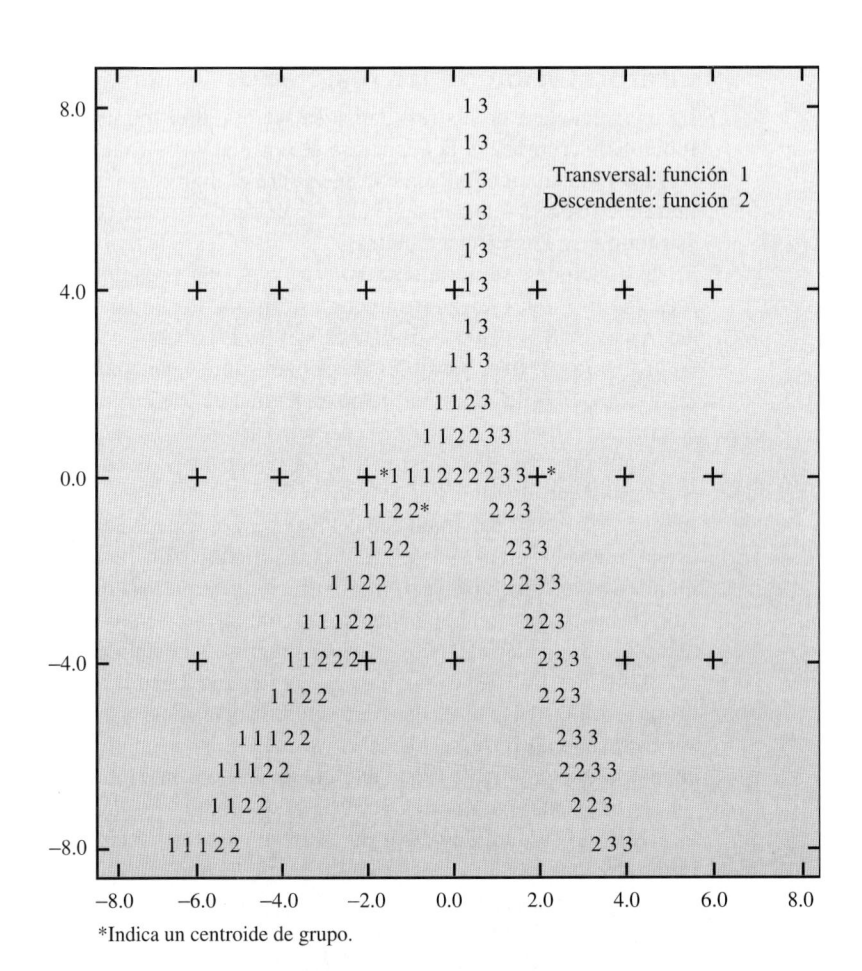

Transversal: función 1
Descendente: función 2

```
                                          
4.0                                        
         1  1                              
            1                    3         
           *1   23    3  3  3              
0.0     1  1  12         3*    3           
           1  1  *2 2       3              
              1   2  2                     
                    2                      
-4.0                                       
     -6.0  -4.0  -2.0  0.0  2.0  4.0  6.0
```
*Indica un centroide de grupo.

Figura 18.4
Mapa territorial

Archivo de resultados de SPSS

```
8.0                    1 3
                       1 3
                       1 3      Transversal: función 1
                       1 3      Descendente: función 2
                       1 3
4.0   +    +    +    +  1 3   +    +
                       1 3
                      1 1 3
                      1 1 2 3
                     1 1 2 2 3 3
0.0   +    +    +  *1 1 1 2 2 2 2 3 3 +*  +    +
                    1 1 2 2*       2 2 3
                    1 1 2 2        2 3 3
                   1 1 2 2         2 2 3 3
                   1 1 1 2 2         2 2 3
-4.0  +    +     1 1 2 2 2+   +     2 3 3  +    +
                  1 1 2 2           2 2 3
                 1 1 1 2 2           2 3 3
                 1 1 1 2 2          2 2 3 3
                  1 1 2 2            2 2 3
-8.0             1 1 1 2 2           2 3 3
     -8.0  -6.0  -4.0  -2.0  0.0  2.0  4.0  6.0  8.0
```
*Indica un centroide de grupo.

mapa territorial
Herramienta para evaluar los resultados del análisis discriminante que grafica la pertenencia al grupo de cada caso en una gráfica.

Se obtiene una interpretación similar al examinar un **mapa territorial**, como se muestra en la figura 18.4. En un mapa territorial, un asterisco señala el centroide de cada grupo. Los límites de los grupos se indican con los números que les corresponden. Por lo tanto, el centroide del grupo 1 está limitado por los números 1, el centroide del grupo 2 por números 2 y el centroide del grupo 3 por números 3.

EVALUACIÓN DE LA VALIDEZ DEL ANÁLISIS DISCRIMINANTE

Los resultados de la clasificación que se basan en la muestra de análisis indican una correcta clasificación de (9 + 9 + 8)/30 = 86.7 por ciento de los casos. La validación cruzada con exclusión clasifica correctamente apenas a (7 + 5 + 8)/30 = 0.667 o 66.7 por ciento de los casos. Cuando se realiza el análisis de clasificación sobre la muestra de validación independiente de la tabla 18.3, se obtiene una proporción de aciertos de (3 + 3 + 3)/12 = 75 por ciento. Dados tres grupos de igual tamaño, se esperaría por simple azar una proporción de aciertos de 1/3 = 0.333 o 33.3 por ciento. Por consiguiente, la mejoría sobre el azar es mayor del 25 por ciento, lo cual indica una validez por lo menos satisfactoria.

INVESTIGACIÓN REAL

El hogar es donde está el corazón del paciente

Desde 2006 el de los servicios médicos es el sector más grande en la economía estadounidense. Para 2010 se espera que el crecimiento del gasto en servicios médicos crecerá significativamente más rápido que el de la economía. El panorama positivo de esta industria se ve favorecido por las condiciones demográficas actuales, en particular por la creciente demanda de cuidados de largo plazo, a medida que la población envejece. Se espera que para el año 2020 se triplicará el número de estadounidenses de 85 años o más, y con ese incremento resulta fundamental que el sistema de cuidados médicos se presente de manera positiva en este segmento de la población. Se aplicó una encuesta entre los consumidores para determinar sus actitudes hacia cuatro sistemas de prestación de servicios médicos (atención a domicilio, hospitales, residencias para la tercera edad y clínicas ambulatorias) en 10 atributos. Se obtuvieron un total de 102 respuestas y se utilizó el análisis discriminante múltiple para examinar los resultados (véase la tabla 1). Se identificaron tres funciones discriminantes. Las pruebas de chi cuadrada que se realizaron sobre los resultados indicaron que las tres funciones discriminantes eran significativas a un nivel de 0.01. La primera función explicó el 63 por ciento del total del poder discriminante y las contribuciones respectivas de las otras dos funciones fueron de 29.4 y 7.6 por ciento.

TABLA 1   Coeficientes estandarizados de la función discriminante

	Función discriminante		
Variable	*1*	*2*	*3*
Seguridad	−0.20	−0.04	0.15
Cercanía	0.08	0.08	0.07
Posibilidad de complicaciones médicas[a]	−0.27	0.10	0.16
Costo[a]	0.30	−0.28	0.52
Comodidad	0.53	0.27	−0.19
Higiene	−0.27	−0.14	−0.70
Mejor atención médica	−0.25	0.67	−0.10
Privacidad	0.40	0.08	0.49
Recuperación más rápida	0.30	0.32	−0.15
Mejor personal médico	−0.17	−0.03	0.18
Porcentaje de la varianza explicada	63.0	29.4	7.6
Chi cuadrada	663.3[b]	289.2[b]	70.1[b]

[a] Estos dos reactivos presentaban una redacción negativa en el cuestionario. Se invirtió su codificación para el análisis de los datos.
[b] $p < 0.01$.

TABLA 2 Centroides de los sistemas de atención médica en el espacio discriminante

Sistema	Función discriminante 1	2	3
Hospital	−1.66	0.97	−0.08
Casa de residencia para la tercera edad	−0.60	−1.36	−0.27
Clínica ambulatoria	0.54	−0.13	0.77
Atención domiciliaria	1.77	0.50	−0.39

TABLA 3 Tabla de clasificación

Sistema	Clasificación (%) Hospital	Casa de residencia para la tercera edad	Clínica ambulatoria	Atención domiciliaria
Hospital	86	6	6	2
Casa de residencia para la tercera edad	9	78	10	3
Clínica ambulatoria	9	13	68	10
Atención domiciliaria	5	4	13	78

La tabla 1 presenta los coeficientes estandarizados de la función discriminante de las 10 variables en las ecuaciones discriminantes. El valor de los coeficientes fluctuaba entre −1 y +1. Se usaron valores absolutos para determinar la capacidad de cada atributo para clasificar el sistema de cuidados médicos. En la primera función discriminante, las dos variables con los coeficientes más altos fueron comodidad (0.53) y privacidad (0.40). Dado que ambas se relacionaban con el cuidado y la atención personal, a la primera dimensión se le asignó la etiqueta de "atención personalizada". En la segunda función, las dos variables con los coeficientes más altos fueron calidad de la atención médica (0.67) y probabilidad de una recuperación más rápida (0.32). Por lo tanto, esta dimensión recibió la etiqueta de "calidad de la atención médica". En la tercera función discriminante, los atributos más importantes fueron higiene (−0.70) y costo (0.52). Dado que estos atributos representan valor y precio, la etiqueta de la tercera función discriminante fue "valor".

Los cuatro centroides del grupo se muestran en la tabla 2, la cual indica que en la dimensión de atención personalizada la evaluación fue más favorable para la atención domiciliaria y fue menos favorable para los hospitales. En la dimensión de calidad de la atención médica, hubo una separación considerable entre las residencias para la tercera edad y los otros tres sistemas. Asimismo, la atención domiciliaria fue mejor evaluada que las clínicas ambulatorias, en cuanto a la calidad de la atención médica. Por otro lado, se consideró que las clínicas ambulatorias ofrecen el mejor valor.

El análisis de clasificación de las 102 respuestas, presentado en la tabla 3, mostró clasificaciones correctas que van del 86 por ciento para los hospitales, al 68 por ciento para las clínicas ambulatorias. Las clasificaciones erróneas para los hospitales fueron del 6 por ciento tanto para los asilos

INVESTIGACIÓN ACTIVA

Visite www.tennis.com y escriba un informe sobre los contenidos editoriales y las características de la revista *Tennis*.

Suponga que esta publicación desea determinar qué contenidos editoriales y características preferidas distinguen a sus lectores, cuyo nivel de actividad en el tenis se caracteriza como alto, medio o bajo. ¿Qué datos deberían obtenerse y qué análisis tendría que realizarse para encontrar una respuesta?

Como editor de la revista *Tennis*, ¿cómo cambiaría usted el contenido editorial de la revista, si la hipótesis formulada fuera apoyada por los datos obtenidos en una encuesta aplicada a sus lectores?

CAPÍTULO 18 *Análisis logit y discriminante*   595

como para las clínicas ambulatorias, y del 2 por ciento para la atención domiciliaria. Las residencias para la tercera edad mostraron una mala clasificación: del 9 por ciento para los hospitales, 10 por ciento para clínicas ambulatorias y 3 por ciento para atención domiciliaria.

En cuanto a las clínicas ambulatorias, el 9 por ciento de las clasificaciones erróneas fueron para los hospitales, el 13 por ciento para las residencias para la tercera edad y el 10 por ciento para la atención domiciliaria. En la atención domiciliaria, las clasificaciones erróneas fueron del 5 por ciento para los hospitales, del 4 por ciento para las residencias para los adultos mayores y del 13 por ciento para las clínicas ambulatorias. Los resultados demostraron que las funciones discriminantes fueron bastante precisas como para predecir la pertenencia al grupo.[12] ■

ANÁLISIS DISCRIMINANTE PASO A PASO

El análisis discriminante paso a paso es similar a la regresión múltiple paso a paso (véase el capítulo 17) en la introducción secuenciada de los predictivos, de acuerdo con su capacidad para discriminar entre los grupos. Para cada predictivo se calcula una razón *F* usando un análisis univariado de la varianza, donde se trata a los grupos como la variable categórica y al predictivo como la variable de criterio. El predictivo con la razón *F* más alta es el primero que se elige para ser incluido en la función discriminante, si cumple ciertos criterios de significancia y tolerancia. Se agrega un segundo predictivo con base en la razón *F* parcial o de mayor ajuste, tomando en cuenta el predictivo ya elegido.

Se prueba la retención de cada predictivo en función de su asociación con los otros predictivos seleccionados. Se continúa el proceso de selección y retención, hasta que en la función discriminante se incluyan todos los predictivos que cumplen los criterios de significancia, para la inclusión y retención. En cada etapa se calculan varios estadísticos. Además, en la conclusión se incluye un resumen de los predictivos introducidos o eliminados. El procedimiento paso a paso también brinda acceso a la salida estándar asociada con el método directo.

procedimiento de Mahalanobis
Procedimiento paso a paso que se utiliza en el análisis discriminante, para maximizar la medida generalizada de la distancia entre los dos grupos más cercanos.

La elección del procedimiento paso a paso se basa en los criterios de optimización adoptados. El ***procedimiento de Mahalanobis*** se basa en la maximización de una medida generalizada de la distancia entre los dos grupos más cercanos. Este procedimiento permite a los investigadores de mercados sacar provecho de la información disponible.[13]

El método de Mahalanobis se utilizó para realizar un análisis discriminante paso a paso de dos grupos, en los datos correspondientes a la variable de visita de las tablas 18.2 y 18.3. La primera variable predictiva que se seleccionó fue el ingreso, seguida por el tamaño de la familia y luego por las vacaciones. El orden en que se eligieron las variables también indica su importancia en la discriminación entre los grupos. Esto se corroboró al examinar los coeficientes estandarizados de la función discriminante y los coeficientes de correlación estructural. Advierta que los hallazgos del análisis paso a paso concuerdan con las conclusiones reportadas antes con el método directo.

EL MODELO LOGIT

Cuando la variable dependiente es binaria y hay diversas variables independientes métricas, además del análisis discriminante de dos grupos, en el cálculo también pueden usarse los modelos de regresión OMC, logit y probit. La preparación de los datos para correr los modelos de regresión OMC, logit y probit coincide en el hecho de que la variable dependiente se codifica como 0 o 1. El modelo de regresión OMC se revisó en el capítulo 17. El uso del modelo probit es poco común y no se revisará, pero se ofrece una explicación del modelo logit.[14]

modelo logit binario
Por lo general trata el tema de qué tan probable es que una observación pertenezca a cada grupo. El modelo calcula la probabilidad de que una observación pertenezca a un grupo específico.

Como se mencionó al exponer el concepto básico del análisis discriminante, hay varios casos de marketing donde se quiere explicar la variable dependiente binaria, en términos de las variables independientes métricas. (Advierta que el análisis logit también puede manejar variables independientes categóricas cuando éstas se recodifican mediante el uso de variables ficticias, como se vio en el capítulo 14.) El análisis discriminante aborda la cuestión de a qué grupo de observaciones es probable que pertenezca. Por otro lado, el ***modelo logit binario*** por lo común trata el problema de qué tan probable es que una observación pertenezca a cada grupo.

PARTE III *Recolección, preparación, análisis y presentación de los datos*

Calcula la probabilidad de que una observación pertenezca a un grupo específico. Por ende, la aplicación del modelo logit cae en algún punto entre el modelo de regresión y el análisis discriminante. Es posible calcular la probabilidad de que suceda un evento binario mediante el uso del modelo logit binario, llamado también *regresión logística*. Considere un evento que tenga dos resultados: éxito y fracaso. La probabilidad de éxito puede modelarse usando el modelo logit como:

$$\log_e\left(\frac{P}{1-P}\right) = a_0 + a_1 X_1 + a_2 X_2 + \cdots + a_k X$$

o bien,

$$\log_e\left(\frac{P}{1-P}\right) = \sum_{i=0}^{k} a_i X_i$$

o bien,

$$P = \frac{\exp\left(\sum_{i=0}^{k} a_i X_i\right)}{1 + \exp\left(\sum_{i=0}^{k} a_i X_i\right)}$$

donde

P = probabilidad de éxito
X_i = variable independiente i
a_i = parámetro que debe calcularse

En la tercera ecuación se observa que aunque X_i puede variar entre $-\infty$ y $+\infty$, P está restringido a quedar entre 0 y 1. Cuando X_i se aproxima a $-\infty$, P se aproxima a 0; y cuando X_i se aproxima a $+\infty$, P se aproxima a 1. Esto es deseable porque P es una probabilidad y debe caer entre 0 y 1. Por otro lado, cuando se usa la regresión OMC, el modelo del cálculo es:

$$P = \sum_{i=0}^{k} a_i X_i$$

Por lo tanto, cuando se usa la regresión OMC, P no está restringido a caer entre 0 y 1, por lo que es posible obtener valores estimados de P menores que 0 o mayores que 1. Por supuesto, tales valores son poco atractivos a nivel conceptual e intuitivo. Hacemos una demostración de este fenómeno en nuestra aplicación ilustrativa.

Cálculo del modelo logit binario

Como se vio en el capítulo 17, el procedimiento ordinario de mínimos cuadrados (OMC) se ajusta al modelo de regresión lineal. En el modelo de regresión OMC, se calculan los parámetros para minimizar la suma de los errores de la predicción elevados al cuadrado. En la regresión los términos de error pueden tomar cualquier valor, y se supone que siguen una distribución normal cuando se realizan pruebas estadísticas. En contraste, en el modelo logit binario, cada error sólo puede asumir dos valores. Si $Y = 0$, el error es P y si $Y = 1$, el error es $1 - P$. Por lo tanto, nos gustaría calcular los parámetros de tal manera que los valores calculados de P estén cerca de 0 cuando $Y = 0$ y cerca de 1 cuando $Y = 1$. El procedimiento utilizado para lograrlo y calcular los parámetros del modelo logit binario se conoce como *método de probabilidad máxima*.

Recibe ese nombre porque calcula los parámetros de forma que maximice la probabilidad de observar los datos reales.

Ajuste del modelo

En la regresión múltiple, el ajuste del modelo se mide con el cuadrado del coeficiente de correlación múltiple, R^2, llamado también *coeficiente de determinación múltiple* (véase el capítulo 17). En la regresión logística (logit binario), las medidas más comunes del ajuste del modelo se basan en la función de probabilidad y son la R cuadrada de Cox y Snell y la R cuadrada de Nagelkerke. Ambas medidas son similares a la R^2 de la regresión múltiple. La R cuadrada de Cox y Snell se restringe de tal manera, que no puede ser igual a 1.0 incluso si el modelo se ajusta a los datos perfectamente. Esta limitación es superada por la R cuadrada de Nagelkerke.

Como se comentó antes en este capítulo, en el análisis discriminante se determina la proporción de predicciones correctas para evaluar el ajuste del modelo. En el caso del modelo logit binario, es posible usar un procedimiento similar. Si la probabilidad calculada es mayor de 0.5, entonces el valor pronosticado de $Y = 1$. Por otro lado, si la probabilidad estimada es menor de 0.5, se establece que el valor de Y que se pronostica es 0. Los valores pronosticados de Y luego se comparan luego con los valores reales correspondientes, para determinar el porcentaje de predicciones correctas.

Pruebas de significancia

La prueba de la significancia de los parámetros o coeficientes individuales calculados es similar a la empleada en la regresión múltiple. En este caso, la significancia de los coeficientes calculados se basa en el estadístico de Wald, que es una prueba de la significancia del coeficiente de regresión logística, basado en la propiedad de normalidad asintótica de los cálculos de la probabilidad máxima, y se calcula de la siguiente manera:

$$\text{Wald} = (a_i/\text{EE}_{a_i})^2$$

donde

a_i = coeficiente logístico de la variable predictiva
EE_{ai} = error estándar del coeficiente logístico

El estadístico de Wald es la chi cuadrada que, si la variable es métrica, se distribuye con 1 grado de libertad, y si la variable no es métrica se distribuye con el número de categorías menos 1.

La significancia asociada tiene la interpretación usual. Para propósitos prácticos, la significancia de la hipótesis nula de que $a_{i=0}$ también se prueba con una prueba t, donde los grados de libertad sean iguales al número de observaciones menos el número de parámetros calculados. La razón del coeficiente con su error estándar se compara con el valor t crítico. Para un mayor número de observaciones puede utilizarse la prueba z.

Interpretación de los coeficientes

La interpretación de los coeficientes o parámetros calculados es similar a la que se hace en la regresión múltiple, considerando por supuesto que la naturaleza de la variable dependiente es diferente.

En la regresión logística, el logaritmo de probabilidades, es decir, $\log_e\left(\dfrac{P}{1-P}\right)$, es una función lineal de los parámetros calculados. Por lo tanto, si X_i se incrementa en una unidad, el logaritmo de probabilidades cambiará en a_i unidades, siempre que se mantenga constante el efecto de otras variables independientes. Por consiguiente, a_i es el tamaño del cambio en el logaritmo de probabilidades de la variable dependiente, cuando la variable independiente X_i correspondiente se incrementa en una unidad, y se mantiene constante el efecto de las otras variables independientes. El símbolo de a_i determinará si la probabilidad se incrementa (si el símbolo es positivo) o se reduce (si el símbolo es negativo) en esa cantidad.

Ejemplo de una aplicación de la regresión logística

Se ilustra el modelo logit mediante el análisis de los datos de la tabla 18.6. Esta tabla presenta los datos de 30 encuestados, de los cuales 15 son leales a la marca (indicados con 1) y 15 no lo son (indicados con 0). También se miden las actitudes hacia la marca (Marca), hacia la categoría del producto (Producto) y hacia las compras (Compras), todo en una escala de 1 (no favorable) a 7 (favorable). El objetivo es calcular la probabilidad de que un consumidor sea leal a la marca como función de la actitud hacia la marca, la categoría del producto y las compras.

Primero se corrió una regresión OMC en los datos de la tabla 18.6, para ilustrar las limitaciones de este procedimiento para el análisis de datos binarios. La ecuación calculada se obtiene por

$$P = -0.684 + 0.183 \text{ Marca} + 0.020 \text{ Producto} + 0.074 \text{ Compras}$$

donde

P = probabilidad de que un consumidor sea leal a la marca

Sólo el término constante y la Marca son significativos al nivel de 0.05. La ecuación de regresión calculada permite ver que los valores estimados de P son negativos para los valores bajos de las variables independientes (por ejemplo, cuando Marca = 1, Producto = 1, Compras = 1 y para

Archivo de resultados de SPSS

TABLA 18.6
Explicación de la lealtad a la marca

Núm.	Lealtad	Marca	Producto	Compras
1	1	4	3	5
2	1	6	4	4
3	1	5	2	4
4	1	7	5	5
5	1	6	3	4
6	1	3	4	5
7	1	5	5	5
8	1	5	4	2
9	1	7	5	4
10	1	7	6	4
11	1	6	7	2
12	1	5	6	4
13	1	7	3	3
14	1	5	1	4
15	1	7	5	5
16	0	3	1	3
17	0	4	6	2
18	0	2	5	2
19	0	5	2	4
20	0	4	1	3
21	0	3	3	4
22	0	3	4	5
23	0	3	6	3
24	0	4	4	2
25	0	6	3	6
26	0	3	6	3
27	0	4	3	2
28	0	3	5	2
29	0	5	5	3
30	0	1	3	2

muchos otros valores de Marca = 1, 2 o 3). Asimismo, los valores calculados de *P* son mayores de 1 para los valores altos de las variables independientes (por ejemplo, cuando Marca = 7, Producto = 7 y Compras = 7). Esto resulta poco atractivo a nivel conceptual e intuitivo porque *P* es una probabilidad y debe caer entre 0 y 1.

La regresión logística supera esta desventaja de la regresión OMC. En la tabla 18.7 se presentan los resultados de la regresión logística cuando se analizan los datos de la tabla 18.6. La *R* cuadrada de Cox y Snell y la *R* cuadrada de Nagelkerke indican un ajuste razonable del modelo a los datos. Esto se verifica además en la tabla de clasificación que revela una correcta clasificación de 24 de 30, es decir, del 80 por ciento de los casos. La significancia de los coeficientes calculados se basa en el estadístico de Wald. Se advierte que sólo la actitud hacia la marca explica de manera significativa la lealtad hacia la marca. A diferencia del análisis discriminante, la regresión logística da lugar a cálculos del error estándar de los coeficientes estimados, lo cual permite evaluar su significancia. El signo positivo de los coeficientes indica que una actitud positiva hacia la marca se traduce en una mayor lealtad hacia la misma. Las actitudes hacia la categoría del producto y hacia las compras no influyen en la lealtad hacia la marca. Por consiguiente, un gerente que busque incrementar la lealtad hacia la marca debería concentrarse en fomentar una actitud más positiva hacia la marca, y no preocuparse por la actitud hacia la categoría del producto y hacia las compras.

También puede usarse el modelo logit cuando la variable dependiente tiene más de dos categorías. En este caso, el modelo se conoce como *logit multinominal*. Este procedimiento es tratado por el autor en otra parte.[15]

Archivo de resultados de SPSS

TABLA 18.7
Resultados del modelo logit binario o regresión logística

CODIFICACIÓN DE LA VARIABLE DEPENDIENTE

VALOR ORIGINAL	VALOR INTERNO
No leal	0
Leal	1

RESUMEN DEL MODELO

PASO	LOG. DE PROBABILIDAD −2	*R* CUADRADA DE COX & SNELL	*R* CUADRADA DE NAGELKERKE
1	23.471[a]	.453	.604

[a] Estimación terminada en la repetición número 6 porque los cálculos del parámetro cambiaron en menos de .001.

TABLA DE CLASIFICACIÓN[a]

			PREDICCIÓN		
			LEALTAD A LA MARCA		PORCENTAJE
OBSERVADO			NO LEAL	LEAL	CORRECTO
Paso 1	Lealtad a la marca	No leal	12	3	80.0
		Leal	3	12	80.0
	Porcentaje general				80.0

[a] El valor de corte es .500

VARIABLES EN LA ECUACIÓN

		B	E.E.	WALD	GL	SIG.	EXP (B)
Paso 1[a]	Marca	1.274	.479	7.075	1	.008	3.575
	Producto	.186	.322	.335	1	.563	1.205
	Compras	.590	.491	1.442	1	.230	1.804
	Constante	−8.642	3.346	6.672	1	.010	.000

[a] Variables introducidas en el paso 1: marca, producto, compras.

INVESTIGACIÓN PARA LA TOMA DE DECISIONES

Boston Market: evaluación del mercado

La situación

Michel Andres, presidente y director general de Boston Market, tiene muy claro el hecho de que, según los datos sindicados, las comidas caseras sustitutas (CCS) serán el negocio de cenas familiares del siglo. Las CCS son alimentos de alta calidad que puede llevarse a cualquier lado y es el negocio de más rápido crecimiento y mayor oportunidad en la industria alimentaria actual. De acuerdo con los datos de un panel de consumidores de ACNielsen (*acnielsen.com*), el 55 por ciento de los encuestados compraron alimentos para consumirlos en casa varias ocasiones en un mes. La comodidad y el tipo de alimento fueron los dos factores de mayor influencia en la compra de CCS. Asimismo, el 77 por ciento de los encuestados preferían que sus alimentos estuvieran ya listos para consumir.

Otro estudio reciente de NPD Group (*www.npd.com*) pronosticó que entre 2005 y 2010, casi todo el crecimiento en las ventas de alimentos tendrá lugar en el servicio de alimentos, definido como comida preparada, al menos parcialmente, fuera de casa. Hay mucha variación en los cálculos del tamaño total y el futuro potencial del mercado de las CCS. Investigaciones de Sara Lee demuestran que en 2006 las CCS dieron cuenta del 80 por ciento del crecimiento de la industria alimentaria. Los hallazgos de McKinsey & Co. apoyan esa premisa desde dos perspectivas: primero, el hecho de que prácticamente todo el crecimiento de las ventas de comida en 2006 tendría lugar en los servicios de alimentos; segundo, que para 2006 serían muchos los estadounidenses que nunca cocinarían su propia comida. Es la tendencia más importante que haya tenido impacto en la industria alimentaria desde el surgimiento de la comida congelada.

Boston Market es ahora líder en las CCS. En 2006 Boston Market poseía más de 650 restaurantes y operaba en 30 estados en Estados Unidos. La compañía es una división de Mc Donald's Corporation (*www.mcdonalds.com*). Michel Andres desea sacar provecho de esa tendencia de las CCS, por lo que desea determinar quiénes son los consumidores frecuentes de las CCS, y en qué se distinguen de los consumidores moderados y de quienes no son consumidores.

La decisión para la investigación de mercado

1. ¿Qué análisis de datos debería realizarse para determinar el perfil de los consumidores frecuentes de CCS y para identificar las diferencias entre las personas que hacen un consumo frecuente, moderado y nulo de las CCS?
2. Analice el papel del tipo de investigación que recomendó en permitir a Michel Andres medir el mercado de las CCS y determinar qué nuevos productos y servicios debería introducir Boston Market.

El análisis discriminante puede ayudar a Boston Market a identificar las diferencias entre las personas que muestran un consumo frecuente, moderado y nulo de las comidas caseras sustitutas.

La decisión para la gerencia de marketing

1. ¿Qué nuevos productos y servicios debería introducir Michel Andres para dirigirse a los usuarios frecuentes de las CCS?
2. Analice cómo influyeron en la decisión para la gerencia de marketing que le recomendó a Michel Andres, las fuentes sindicadas de datos y el contenido informativo de dichas fuentes. ■

El ejemplo siguiente ilustra una aplicación del análisis discriminante en la investigación de mercados internacionales; el ejemplo que le sigue presenta una aplicación a las cuestiones éticas.

INVESTIGACIÓN REAL

Resultados satisfactorios de los programas de satisfacción en Europa

En estos días, cada vez son más las empresas de computación que hacen más énfasis en los programas de servicio al cliente, que en las características y capacidades de las computadoras. Hewlett-Packard (www.hp.com) aprendió esta lección mientras hacía negocios en Europa. Una investigación realizada en el mercado europeo reveló que los segmentos de edad diferían en el énfasis en cuanto a los requisitos de servicio. Sesiones de grupo revelaron que clientes mayores de 40 años tienen problemas con los aspectos técnicos de las computadoras y mayor necesidad de los programas de servicio de atención a clientes. Por otro lado, los consumidores más jóvenes apreciaban los aspectos técnicos del producto, lo que aumenta su satisfacción. En otra investigación se utilizó una encuesta transversal simple para descubrir las principales diferencias entre los dos segmentos. Se llevó a cabo un análisis discriminante de dos grupos en que los dos grupos eran los clientes satisfechos e insatisfechos, y con diversas variables independientes como la información técnica, facilidad de operación, variedad y alcance de los programas de servicio a clientes, etcétera. Los resultados confirmaron el hecho de que la variedad y el alcance de los programas de satisfacción del cliente era un importante factor de diferenciación. Este fue un hallazgo crucial porque HP pudo atender mejor a los clientes insatisfechos enfocándose más en los servicios al cliente que en los detalles técnicos. En consecuencia, HP comenzó con éxito tres programas de satisfacción de los clientes: retroalimentación de los clientes, encuestas de satisfacción de los clientes y control de la calidad total. Este esfuerzo tuvo como resultado una mayor satisfacción del cliente. Después de ver los resultados exitosos de tales programas en Europa, HP se impuso como meta ganar y mantener la satisfacción, confianza y lealtad de los clientes, así como permitirles la aplicación exitosa de la tecnología para cubrir sus necesidades personales y de negocios. Para alcanzar esta meta, en 2005 HP estableció y puso en práctica un programa de calidad y experiencia total del cliente (C&ETC) en un marco de liderazgo. Los detalles de este marco de referencia se documentaron en el reporte global ciudadano de HP en 2005.[16] ■

INVESTIGACIÓN REAL

El análisis discriminante distingue a las empresas éticas de aquellas que no son éticas

Se utilizó el análisis discriminante para identificar las variables importantes que predicen un comportamiento ético o y uno no ético. La investigación previa sugería que las variables que influyen en las decisiones éticas son las actitudes, el liderazgo, la presencia o ausencia de códigos de conducta ética, y el tamaño de la organización.

Para determinar cuáles de estas variables son las mejores para predecir el comportamiento ético, se aplicó una encuesta a 149 empresas y se les pidió que indicaran cómo operan en 18 diferentes situaciones éticas. De estas 18 situaciones, nueve estaban relacionadas con actividades de marketing, que incluían el uso de presentaciones de ventas engañosas, la aceptación de regalos a cambio de un trato preferencial, establecer precios por debajo de los gastos, etcétera. Con base en estos nueve temas, las empresas encuestadas se clasificaron en dos grupos: "nunca lo ha hecho" y "lo ha hecho".

Un examen de las variables que influyeron en la clasificación por medio del análisis discriminante de dos grupos indicó que las actitudes y el tamaño de la empresa eran las variables que mejor predicen el comportamiento ético.

De manera evidente, las empresas más pequeñas tendían a demostrar un comportamiento más ético en cuestiones de marketing. En Inglaterra, Smile Internet Bank (*www.smile.co.uk*) es una empresa que tiene como propósito la realización de prácticas éticas en los negocios. A principios de 2002, el equipo de marketing de Smile lanzó seis personajes de caricatura que hacían énfasis en la postura ética del banco. Cada personaje simbolizaba una de seis características negativas de los bancos y representaba a Smile como opuesto a dichas características negativas. En 2006 Smile ofrecía una serie ética de fondos mutualistas que invertían en compañías éticamente confiables. Esta estrategia de marketing resultó un éxito.[17] ■

PROGRAMAS DE CÓMPUTO ESTADÍSTICOS

En la versión de SPSS para servidores, se utiliza el procedimiento DISCRIMINANT para realizar el análisis discriminante. Éste es un programa general que sirve para el análisis discriminante múltiple o de dos grupos. Además, puede adoptar el método paso a paso o el directo.

En SAS puede usarse el procedimiento DISCRIM para realizar el análisis discriminante múltiple o de dos grupos. Si no se satisface la suposición de una distribución normal multivariada, puede usarse el procedimiento NEIGHBOR. En este procedimiento se usa la regla del vecino no paramétrico más cercano para clasificar las observaciones. CANDISC realiza el análisis discriminante canónico y se relaciona con el principal componente del análisis y con la correlación canónica. El procedimiento STEPDISC sirve para realizar un análisis discriminante paso a paso. Las versiones para servidores o microcomputadoras son similares, con la excepción de que el programa NEIGHBOR no está disponible en la versión para microcomputadoras.

En MINITAB puede realizarse el análisis discriminante usando la función Stats>Multivariate> Discriminate Analysis. Esta función realiza análisis discriminante tanto lineal como cuadrático, en la clasificación de las observaciones en dos o más grupos. El análisis discriminante no está disponible en Excel.

SPSS PARA WINDOWS

El programa DISCRIMINANT realiza tanto el análisis discriminante múltiple como el de dos grupos. Para elegir este procedimiento mientras usa SPSS para Windows, haga clic en:

Analyze>Classify>Discriminant

Los siguientes son los pasos detallados para correr un análisis discriminante de dos grupos con los datos de la tabla 18.2, donde la visita a centros vacacionales (visita) es la variable dependiente y las variables independientes son el ingreso anual familiar (ingreso), la actitud hacia los viajes (actitud), la importancia dada a las vacaciones familiares (vacaciones), el tamaño de la familia (tamañof) y la edad del jefe de familia (edad). La pantalla correspondiente que muestra estos pasos puede descargarse del sitio Web de este libro.

1. Elija ANALIZE de la barra de menú de SPSS.
2. Haga clic en CLASSIFY y luego en DISCRIMINANT.
3. Cambie "visit" al recuadro GROUPING VARIABLE.
4. Haga clic en DEFINE RANGE. Introduzca un 1 en MINIMUM y 2 en MAXIMUM. Haga clic en CONTINUE.
5. Cambie "income", "travel", "vacation", "fsize" y "age" al recuadro INDEPENDENTS.
6. Elija ENTER INDEPENDENTS TOGETHER (opción predeterminada).
7. Haga clic en STATISTICS. En el recuadro DESCRIPTIVES de la ventana emergente, elija MEANS y UNIVARIATE ANOVAS. En el recuadro MATRICES elija WITHIN-GROUP CORRELATIONS. Haga clic en CONTINUE.

CAPÍTULO 18 *Análisis logit y discriminante*

8. Haga clic en CLASSIFY... en la ventana emergente en la opción PRIOR PROBABILITIES, elija ALL GROUPS EQUAL (predeterminado). En el recuadro DISPLAY elija SUMMARY TABLE y LEAVE-ONE-OUT CLASSIFICATION. En el recuadro USE COVARIANCE MATRIX elija WITHIN-GROUPS. Haga clic en CONTINUE.
9. Selecciones OK.

Los pasos para correr el análisis discriminante de tres grupos son similares. Seleccione las variables dependientes e independientes adecuadas. En el paso 4, haga clic en DEFINE RANGE. Introduzca un número 1 en MINIMUM y 3 en MAXIMUM. Haga clic en CONTINUE. Para correr un análisis discriminante paso a paso, en el paso 6 elija USE STEPWISE METHOD.

Para correr un análisis logit o regresión logística en el SPSS de Windows, haga clic en:

Analyze>Regresión>Binary Logistic ...

A continuación se presentan los pasos detallados para correr un análisis logit en los datos de la tabla 18.6; con lealtad a la marca como variable dependiente; y actitud hacia la marca (Marca), actitud hacia la categoría del producto (Producto) y actitud hacia las compras (Compras) como variables independientes. La pantalla correspondiente que captura estos datos puede descargarse del sitio Web de este libro.

1. Elija ANALYZE de la barra de menús de SPSS.
2. Haga clic en REGRESSION y enseguida en BINARY LOGISTIC.
3. Cambie "Loyalty to the Brand [Lealtad]" al recuadro DEPENDENT VARIABLE.
4. Cambie "Attitude toward the Brand [Marca]" "Attitude toward the Product category [Producto] y "Attitude toward Shopping [Compras]" al recuadro COVARIATES.
5. Elija ENTER en la opción METHOD (opción predeterminada).
6. Haga clic en OK.

PROYECTO DE INVESTIGACIÓN

Análisis discriminante de dos grupos

En el proyecto de la tienda departamental, se utilizó el análisis discriminante de dos grupos para examinar si los encuestados familiarizados con las tiendas en comparación con los no familiarizados, concedían una importancia relativa diferente a los ocho factores de los criterios de elección. La variable dependiente fue la familiaridad de los dos grupos, y la variable independiente fue la importancia concedida a los ocho factores de los criterios de elección. La función discriminante general fue significativa, lo cual indica diferencias significativas entre los dos grupos. Los resultados indicaron que, en comparación con los encuestados no familiarizados, los encuestados familiarizados daban mayor importancia relativa a la calidad de la mercancía, a la política de ajustes y devoluciones, al servicio del personal de la tienda, y a las políticas de crédito y cobranza.

Actividades del proyecto

Descargue el archivo de datos SPSS de Sears Data 17 del sitio Web de este libro. Busque una descripción de este archivo en el capítulo 17.

1. Recodifique la preferencia por Sears en dos grupos: 1 a 4 = 1 y 5 a 6 = 2. ¿Pueden explicarse estos dos grupos en términos de las evaluaciones de Sears en los ocho factores de los criterios de elección? Compare los resultados con los resultados de la regresión en el capítulo 17.
2. Recodifique la preferencia por Sears en tres grupos: 1 a 3 = 1, 4 = 2 y 5 a 6 = 3. ¿Pueden explicarse estos tres grupos en términos de las evaluaciones de Sears en los ocho factores de los criterios de elección? Compare estos resultados con los resultados de la regresión del capítulo 17. ■

Archivo de resultados de SPSS

Archivo de resultados de SPSS

EXPERIENCIA DE INVESTIGACIÓN

Del sitio Web de este libro descargue el caso y cuestionario de Dell. Esa información también se proporciona al final del libro. Descargue el archivo de datos SPSS de Dell.

1. Realice un análisis discriminante con los dos grupos obtenidos de satisfacción general al recodificar q^4 (como se especificó en el capítulo 14) como variable dependiente, y las 13 evaluaciones de Dell (q8_1 a q8_13) como variables independientes. Interprete los resultados.
2. Realice un análisis discriminante de dos grupos con los dos grupos de probabilidad de elegir Dell, que se obtuvieron al recodificar q6 (como se especificó en el capítulo 14) como variables dependientes, y las 13 evaluaciones de Dell (q8_1 a q8_13) como variables independientes. Interprete los resultados.
3. Realice un análisis discriminante de tres grupos con los tres grupos de sensibilidad a los precios que se obtuvieron al recodificar q9_5per (como se especificó en el capítulo 14) como variables dependientes, y las 13 evaluaciones de Dell (q8_1 a q8_13) como variables independientes. Interprete los resultados.
4. Realice un análisis discriminante de tres grupos con los tres grupos de sensibilidad a los precios que se obtuvieron al recodificar q9_10per (como se especificó en el capítulo 14) como variables dependientes, y las 13 evaluaciones de Dell (q8_1 a q8_13) como variables independientes. Interprete los resultados. ■

RESUMEN

El análisis discriminante es útil para examinar los datos cuando la variable de criterio o dependiente es categórica, y las variables predictivas o independientes se basan en una escala de intervalo. Cuando las variables de criterio tienen dos categorías, la técnica se conoce como análisis discriminante de dos grupos. El análisis discriminante múltiple se refiere al caso que incluye tres o más categorías.

La realización del análisis discriminante es un procedimiento de cinco pasos. Primero, formular el problema de discriminación requiere la identificación de los objetivos, así como de las variables predictivas y de criterio. La muestra se divide en dos partes. Una parte, la muestra de análisis, se usa para calcular la función discriminante. La otra, la muestra de retención, se reserva para la validación. El segundo paso, el cálculo, implica desarrollar una combinación lineal de los predictivos, llamados funciones discriminantes, de manera que los grupos difieran tanto como sea posible en los valores predictivos.

El tercer paso consiste en la determinación de la significancia estadística. Supone probar la hipótesis nula de que, en la población, las medias de todas las funciones discriminantes son iguales en todos los grupos. Si se rechaza la hipótesis nula, tiene sentido interpretar los resultados.

El cuarto paso, la interpretación de los pesos o coeficientes discriminantes, es similar al que se usó en el análisis de regresión múltiple. Dada la multicolinealidad de las variables predictivas, no hay una medida inequívoca de la importancia relativa de los predictivos al discriminar entre los grupos. Sin embargo, puede obtenerse alguna idea de la importancia relativa de las variables, examinando tanto la magnitud absoluta de los coeficientes estandarizados de la función discriminante, como la estructura de correlaciones o cargas discriminantes. Estas correlaciones simples entre cada predictivo y la función discriminante representan la varianza que comparte el predictivo con la función. La interpretación de los resultados del análisis discriminante también se ve apoyada por el desarrollo de un perfil característico para cada grupo, con base en las medias del grupo para las variables predictivas.

El quinto paso, la validación, supone el desarrollo de la matriz de clasificación. Los pesos discriminantes calculados mediante el uso de la muestra de análisis se multiplican por los valores de las variables predictivas en la muestra de retención para generar calificaciones discriminantes para los casos de la muestra de retención. Los casos se asignan luego a los grupos de acuerdo con sus calificaciones discriminantes y una regla de decisión apropiada. Se determina el porcentaje de casos clasificados correctamente y se compara con la tasa que podría esperarse de una clasificación al azar.

Se dispone de dos métodos generales para calcular los coeficientes. El método directo implica calcular la función discriminante, de manera que se incluyan al mismo tiempo todos los predictivos. Una alternativa es el método paso a paso, donde las variables predictivas se introducen en secuencia, con base en su capacidad para discriminar entre los grupos.

En el análisis discriminante múltiple, si hay G grupos y k predictivos, es posible calcular la menor de $G-1$ o k funciones discriminantes. La primera función tiene la razón más alta de las sumas de cuadrados entre grupos e intragrupos. La segunda función, no correlacionada con la primera, tiene la segunda razón más alta, etcétera.

El análisis logit, llamado también regresión logística, es una alternativa al análisis discriminante de dos grupos cuando la variable dependiente es binaria. El modelo logit calcula la probabilidad de un evento binario. A diferencia de la regresión OMC, el modelo logit establece la restricción de que la probabilidad debe caer entre 0 y 1. A diferencia del análisis discriminante, la regresión logística calcula los errores estándar de los coeficientes estimados, lo cual permite evaluar su significancia.

TÉRMINOS Y CONCEPTOS CLAVE

análisis discriminante, *576*
funciones discriminantes, *576*
análisis discriminante de dos grupos, *576*
análisis discriminante múltiple, *576*
modelo de análisis discriminante, *577*
correlación canónica, *578*
muestra de análisis, *580*
muestra de validación, *580*
método directo, *580*
análisis discriminante paso a paso, *580*
perfil característico, *586*
proporción de aciertos, *586*
mapa territorial, *593*
procedimiento de Mahalanobis, *595*
modelo logit binario, *595*

CASOS SUGERIDOS, CASOS EN VIDEO Y CASOS DE HARVARD BUSINESS SCHOOL

Casos

Caso 3.2 El descubrimiento demográfico del nuevo milenio.
Caso 3.3 Matsushita se redirige a Estados Unidos.
Caso 3.4 Pampers soluciona su problema de participación de mercado.
Caso 3.6 Cingular Wireless: un enfoque singular.
Caso 3.7 IBM: el principal proveedor mundial de hardware, software y servicios para computadoras.
Caso 3.8 Kimberly-Clark: competir por medio de la innovación.
Caso 4.1 Wachovia: finanzas "Watch Ovah Ya".
Caso 4.2 Wendy's: historia y vida después de Dave Thomas.
Caso 4.3 Astec sigue creciendo.
Caso 4.4 ¿Es la investigación de mercados la cura para los males del Hospital Infantil Norton Healthcare Kosair?

Casos en video

Caso en video 3.1 La Clínica Mayo: permanece saludable con la investigación de mercados.
Caso en video 4.1 Subaru: el "Sr. Encuesta" supervisa la satisfacción del cliente.
Caso en video 4.2 Procter & Gamble: usando la investigación de mercados para crear marcas.

INVESTIGACIÓN REAL: REALIZACIÓN DE UN PROYECTO DE INVESTIGACIÓN DE MERCADOS

1. Las diferencias entre grupos (por ejemplo, grupos de lealtad, grupos de uso, grupos de estilos de vida, etcétera) son de interés para la mayoría de los proyectos. El análisis discriminante permite examinar estas diferencias en términos de variables múltiples.

2. Si se ha hecho una segmentación del mercado, entonces pueden examinarse las diferencias entre segmentos con el análisis discriminante.

EJERCICIOS

Preguntas

1. ¿Cuáles son los objetivos del análisis discriminante?
2. ¿Cuál es la principal diferencia entre el análisis discriminante de dos grupos y el múltiple?
3. Describa la relación del análisis discriminante con la regresión y el ANOVA.
4. ¿Cuáles son los pasos para realizar un análisis discriminante?
5. ¿Cómo debe dividirse la muestra total para fines de cálculo y validación?
6. ¿Qué es la λ de Wilks y para qué se utiliza?
7. Defina calificaciones o puntuaciones discriminantes.
8. Explique qué significa un valor propio.
9. ¿Qué es una matriz de clasificación?
10. Explique el concepto de estructura de correlaciones.
11. ¿Cómo se determina la significancia estadística del análisis discriminante?
12. Describa un procedimiento común para determinar la validez del análisis discriminante.
13. Cuando los grupos son del mismo tamaño, ¿cómo se determina la precisión de la clasificación al azar?
14. ¿Cuál es la diferencia entre el procedimiento discriminante paso a paso y el método directo?

Problemas

1. Al investigar las diferencias entre las personas que muestran un consumo frecuente, medio o nulo de comidas congeladas, se encontró que los dos mayores coeficientes estandarizados de la función estandarizada eran de 0.97 para orientación a la comodidad y 0.61 para ingreso. ¿Es correcto concluir que la orientación a la comodidad es más importante que el ingreso cuando cada variable se considera por separado?
2. Dada la siguiente información, calcule la calificación discriminante para cada encuestado. El valor de la constante es 2.04.

Coeficientes no estandarizados de la función discriminante

Edad	0.38
Ingreso	0.44
Toma de riesgos	−0.39
Optimismo	1.26

ID de encuestado	Edad	Ingreso	Toma de riesgos	*Optimismo*
0246	36	43.7	21	65
1337	44	62.5	28	56
2375	57	33.5	25	40
2454	63	38.7	16	36

EJERCICIOS EN INTERNET Y POR COMPUTADORA

1. Utilice los paquetes SPSS, SAS y MINITAB para realizar un análisis discriminante de dos grupos, con los datos presentados en las tablas 18.2 y 18.3. Compare los resultados de todos los paquetes. Analice las diferencias y las semejanzas.
2. Utilice los paquetes SPSS, SAS o MINITAB para realizar un análisis discriminante paso a paso de tres grupos, con los datos presentados en las tablas 18.2 y 18.3. Compare los resultados con los presentados en la tabla 18.5 para el análisis discriminante de tres grupos.
3. Analice los datos de Nike presentados en el ejercicio 1 de Internet y por computadora del capítulo 15. ¿Hay diferencias entre los tres grupos de uso en términos de conciencia, actitud, preferencia, intención y lealtad hacia Nike, cuando tales variables se consideran de manera simultánea?

4. Analice los datos de actividades al aire libre presentados en el ejercicio 2 de Internet y por computadoras del capítulo 15. ¿Los tres grupos basados en el lugar de residencia difieren en la importancia que dan a disfrutar de la naturaleza, relacionarse con el clima, vivir en armonía con el ambiente, hacer ejercicio regularmente y conocer a otras personas (V2 a V6), cuando tales variables se consideran de manera simultánea?

5. Utilice los paquetes SPSS, SAS o MINITAB para realizar un análisis discriminante de dos grupos con los datos que obtuvo en el ejercicio 1 de Trabajo de campo. ¿Es posible distinguir a los estudiantes de licenciatura y de posgrado usando las cuatro medidas de actitud?

ACTIVIDADES

Trabajo de campo

1. Entreviste a 15 estudiantes de posgrado y a 15 estudiantes de licenciatura. Mida sus actitudes hacia la educación universitaria (vale la pena obtener un título universitario), disfrutar la vida (es importante divertirse en la vida), su universidad (no estoy muy contento de haber elegido esta escuela) y la ética laboral (en general, se carece de ética laboral en el campus universitario). Para cada actitud, utilice una escala de calificación de 7 puntos (1 = en desacuerdo, 7 = de acuerdo) para medir el grado de acuerdo o desacuerdo.

Discusión en grupo

1. ¿Tiene sentido determinar la importancia relativa de los predictivos en la discriminación entre los grupos? ¿Por qué? Analícelo en un equipo pequeño.

CAPÍTULO 19

Análisis factorial

"El análisis factorial nos permite observar grupos de variables que tienden a correlacionarse entre sí, e identificar las dimensiones subyacentes que explican dichas correlaciones".

Stefan Bathe, director adjunto de SDR Consulting

Objetivos

Después de leer este capítulo, el estudiante deberá ser capaz de:

1. Describir el concepto de análisis factorial y explicar en qué se distingue del análisis de varianza, la regresión múltiple y el análisis discriminante.
2. Analizar el procedimiento para realizar un análisis factorial, donde se incluya el planteamiento del problema, la elaboración de la matriz de correlación, la elección de un método apropiado, la determinación del número de factores, así como la rotación e interpretación de éstos.
3. Comprender la diferencia entre los métodos para el análisis de los factores comunes y el análisis factorial de los componentes principales.
4. Explicar la elección y aplicación de variables sustitutas y hacer hincapié en su uso en el análisis posterior.
5. Describir el procedimiento para determinar el ajuste del modelo de análisis factorial usando las correlaciones observadas y reproducidas.

Panorama general

En el análisis de varianza (capítulo 16), el análisis de regresión (capítulo 17), y el análisis discriminante y logit (capítulo 18), una de las variables se define claramente como variable dependiente. Ahora pasamos al procedimiento del análisis factorial, donde las variables no se clasifican como dependientes o independientes, sino que se examina todo el conjunto de relaciones interdependientes entre las variables. En este capítulo se analiza el concepto básico del análisis factorial y se presenta el modelo. Se describen los pasos del análisis factorial y se ilustran en el contexto del análisis de los componentes principales. Luego se presenta una aplicación del análisis de factores comunes. Para comenzar, se ofrece un ejemplo que ilustra la utilidad del análisis factorial.

INVESTIGACIÓN REAL

El análisis factorial gana intereses en los bancos

¿Cómo evalúan los clientes a los bancos? En una encuesta, se pidió a los participantes que calificaran la importancia de 15 atributos de los bancos. Se empleó una escala de 5 puntos que iba de no es importante a es muy importante. Los datos se examinaron mediante el análisis de los componentes principales.

El resultado fue una solución de cuatro factores denominados servicios tradicionales, comodidad, visibilidad y competencia. Los servicios tradicionales incluían tasas de interés en los préstamos, reputación en la comunidad, tasas bajas en expedición de cheques, servicio cordial y personalizado, estados de cuenta mensuales fáciles de leer y obtención de préstamos. La comodidad consistía en buena ubicación de sucursales y cajeros automáticos, rapidez en el servicio y horarios de atención convenientes. El factor de visibilidad incluía recomendaciones de amigos y familiares, instalaciones atractivas, participación en la comunidad y obtención de préstamos. La competencia consistía en la capacidad de los empleados y disponibilidad de servicios bancarios auxiliares. Se concluyó que los clientes se basan en los cuatro factores fundamentales de servicios tradicionales, comodidad, visibilidad y competencia, para evaluar a los bancos y que éstos deben destacar en tales factores para proyectar una buena imagen. Al enfatizar estos factores JPMorgan Chase & Co. se convirtió en el segundo banco más grande de Estados Unidos, con un ingreso de $2,260 millones de dólares en el primer trimestre de 2005, con un crecimiento de más del 17 por ciento, respecto al ingreso de $1,930 millones de dólares durante el mismo periodo en 2004.[1] ■

CONCEPTO BÁSICO

análisis factorial
Clase de procedimientos que se usan sobre todo para reducir y resumir los datos.

Análisis factorial es un nombre general que denota una clase de procedimientos que se usan sobre todo para reducir y resumir los datos. En la investigación de mercados puede haber una gran cantidad de variables, que en su mayoría están correlacionadas y deben reducirse a un nivel manejable. Las relaciones entre los conjuntos de muchas variables interrelacionadas se examinan y se representan en términos de algunos factores subyacentes.

El análisis factorial ayudó a JPMorgan Chase & Co. a identificar las dimensiones que usan los clientes para evaluar a los bancos y desarrollar estrategias de marketing adecuadas, que le permitieron convertirse en el segundo banco más grande de Estados Unidos.

Por ejemplo, para medir la imagen de la tienda puede pedirse a los encuestados que evalúen los establecimientos en un conjunto de reactivos en una escala de diferencial semántico. Luego se analizan las evaluaciones en esos reactivos para determinar los factores que subyacen a la imagen de la tienda.

En el análisis de varianza, la regresión múltiple y el análisis discriminante se considera una variable como dependiente o de criterio, y a las otras como variables predictivas o independientes. Sin embargo, en el análisis factorial no se hace dicha distinción. El análisis factorial es más bien una **técnica de interdependencia**, en la cual se examina el conjunto completo de relaciones interdependientes.[2]

El análisis factorial se utiliza en las siguientes circunstancias:

1. Para identificar las dimensiones subyacentes, o *factores*, que explican las correlaciones entre un conjunto de variables. Por ejemplo, puede emplearse un conjunto de enunciados acerca del estilo de vida para medir el perfil psicográfico de los consumidores. Estos enunciados se someten luego a un análisis factorial para identificar los factores psicográficos subyacentes, como se ilustra en el ejemplo de la tienda departamental y en la figura 19.1, donde las siete variables psicográficas se representan usando dos factores. En esta figura, el factor 1 se interpreta como hogareño frente a persona bien conocida en la sociedad; mientras que el factor 2 puede interpretarse como deportes frente a cines y juegos.
2. Para identificar un conjunto nuevo y más reducido de variables no correlacionadas que reemplacen al conjunto original de variables correlacionadas en el análisis multivariado posterior (regresión o análisis discriminante).

técnica de interdependencia
Técnica estadística multivariada en la cual se examina todo el conjunto de relaciones interdependientes.

factores
Dimensión subyacente que explica las correlaciones entre un conjunto de variables.

Figura 19.1
Factores psicográficos y estilos de vida subyacentes seleccionados

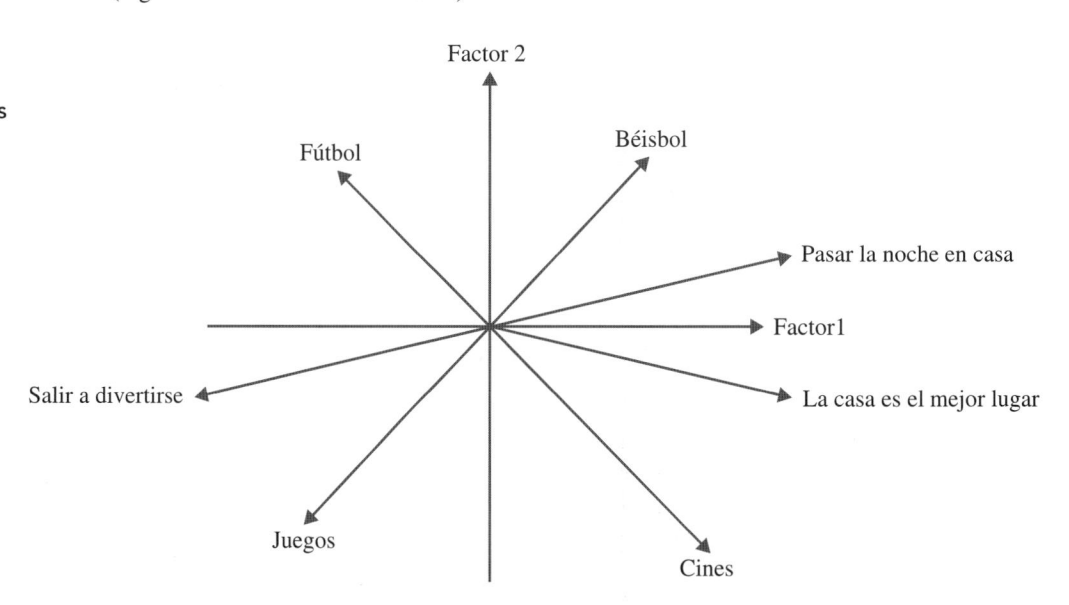

CAPÍTULO 19 *Análisis factorial*

Por ejemplo, los factores psicográficos identificados pueden utilizarse como variables independientes, al explicar las diferencias entre los consumidores leales y los no leales. De esta manera, en el análisis posterior, en vez de las siete variables psicográficas correlacionadas de la figura 19.1, pueden usarse dos factores no correlacionados.

3. Identificar un conjunto más reducido de variables que sobresalen en un conjunto mayor para utilizar luego en el análisis multivariado. Por ejemplo, algunos de los enunciados originales sobre el estilo de vida que tenían una elevada correlación con los factores identificados pueden usarse como variables independientes, para explicar las diferencias entre los consumidores leales y los no leales.

El análisis factorial tiene numerosas aplicaciones en la investigación de mercados. Por ejemplo:

- Es útil en la segmentación del mercado para identificar las variables subyacentes en que se agrupan los clientes. Los compradores de automóviles nuevos pueden agruparse de acuerdo con la importancia relativa que le den a la economía, la conveniencia, el desempeño, la comodidad y el lujo. Esto daría como resultado cinco segmentos: buscadores de economía, buscadores de conveniencia, buscadores de desempeño, buscadores de comodidad y buscadores de lujo.
- En la investigación del producto, el análisis factorial sirve para determinar los atributos de la marca que influyen en la elección del consumidor. Las marcas de dentífricos pueden evaluarse en términos de protección contra la caries, blancura de los dientes, sabor, aliento fresco y precio.
- En estudios sobre publicidad, se utiliza el análisis factorial para entender los hábitos de consumo de medios de comunicación, por parte del mercado meta. Los consumidores de alimentos congelados pueden ver mucha televisión por cable, ir al cine con frecuencia y escuchar música country.
- El análisis factorial se emplea en estudios de asignación de precios para identificar las características de los consumidores sensibles a los precios. Por ejemplo, estos consumidores pueden ser metódicos, cuidadosos de la economía y hogareños.

MODELO DE ANÁLISIS FACTORIAL

A nivel matemático, el análisis factorial se asemeja al análisis de regresión múltiple, en el hecho de que cada variable se expresa como una combinación lineal de los factores subyacentes. La cantidad de varianza que una variable comparte con el resto de las variables incluidas en el análisis se conoce como *contribución común*. La covariación entre las variables se describe en términos de un pequeño número de factores comunes y un factor único para cada variable. Estos factores no se observan abiertamente. Si las variables son estandarizadas, el modelo factorial se representa de la siguiente manera:

$$X_i = A_{i1}F_1 + A_{i2}F_2 + A_{i3}F_3 + \cdots + A_{im}F_m + V_iU_i$$

donde

X_i = *i*-ésima variable estandarizada
A_{ij} = coeficiente estandarizado de regresión múltiple de la variable *i* en un factor común *j*
F = factor común
V_i = coeficiente estandarizado de regresión de la variable *i* en un factor único *i*
U_i = factor único de la variable *i*
m = número de factores comunes

Los factores únicos no se correlacionan entre sí ni con los factores comunes.[3] Los factores comunes pueden expresarse como combinaciones lineales de las variables observadas.

$$F_i = W_{i1}X_1 + W_{i2}X_2 + W_{i3}X_3 + \cdots + W_{ik}X_k$$

donde

F_i = estimación del *i*-ésimo factor
W_i = peso o coeficiente de la calificación del factor
k = número de variables

Es posible elegir pesos o coeficientes de calificación del factor de manera que el primer factor explique la mayoría de la varianza total. Luego se selecciona un segundo conjunto de pesos de forma que el segundo factor dé cuenta de la mayoría de la varianza residual, siempre que no esté correlacionado con el primer factor.

Se sigue el mismo principio en la selección de pesos adicionales para los factores adicionales. Por ende, los factores se calculan de modo que, a diferencia de lo que sucede en las variables originales, no haya correlación entre sus puntuaciones. Además, el primer factor explica la varianza más alta de los datos, el segundo factor la segunda más grande y así sucesivamente. Varios estadísticos están asociadas con el análisis factorial.

ESTADÍSTICOS ASOCIADOS CON EL ANÁLISIS FACTORIAL

Los principales estadísticos asociadas con el análisis factorial son los siguientes:

Prueba de esfericidad de Bartlett. Es una prueba estadística que se utiliza para examinar la hipótesis de que las variables no están correlacionadas en la población. En otras palabras, la matriz de correlación de la población es una matriz de identidad; cada variable tiene una correlación perfecta consigo misma ($r = 1$), pero no se correlaciona con las demás variables ($r = 0$).

Matriz de correlación. Es una matriz triangular inferior que muestra las correlaciones simples, r, entre todos los pares posibles de variables incluidas en el análisis. Por lo regular, se omiten los elementos de la diagonal que son todos iguales a 1.

Contribución común. Es la cantidad de varianza que una variable comparte con todas las otras variables consideradas. También es la proporción de la varianza explicada por los factores comunes.

Valor propio. Representa la varianza total explicada por cada factor.

Cargas de los factores. Son correlaciones simples entre las variables y los factores.

Gráfica de las cargas de los factores. Es una gráfica de las variables originales que usa las cargas de los factores como coordenadas.

Matriz factorial. Contiene las cargas de los factores de todas las variables en todos los factores extraídos.

Puntuaciones de los factores. Son calificaciones compuestas que se calculan para cada encuestado en los factores derivados.

Medida de lo apropiado del muestreo de Kaiser-Meyer-Olkin (KMO). Es un indicador que sirve para examinar si el análisis factorial es adecuado. Los valores altos (entre 0.5 y 1.0) indican que el análisis factorial es apropiado. Valores inferiores a 0.5 implican que el análisis factorial quizá no sea adecuado.

Porcentaje de varianza. Es el porcentaje de la varianza total atribuida a cada factor.

Residuales. Son las diferencias entre las correlaciones observadas (tal como se presentan en la matriz de correlaciones de entrada) y las correlaciones reproducidas, (tal como se calcularon a partir de la matriz factorial).

Gráfica de sedimentación. Es una gráfica de los valores propios contra el número de factores en orden de extracción.

En la siguiente sección se describen los usos de esas estadísticas en el contexto del procedimiento para realizar un análisis factorial.

REALIZACIÓN DE UN ANÁLISIS FACTORIAL

En la figura 19.2 se ilustran los pasos que se siguen para realizar un análisis factorial. El primer paso consiste en definir el problema del análisis factorial e identificar las variables que se van a analizar. Luego se construye una matriz de correlaciones de esas variables y se elige un método de análisis factorial. El investigador decide el número de factores que se extraerán y el método de rotación. A continuación deben interpretarse los factores rotados. Según los objetivos, puede calcularse la puntuación de los factores o elegir variables sustitutas que representen los factores en un análisis multivariado posterior. Por último, se determina el ajuste del modelo del análisis factorial. En las siguientes secciones se revisan esos pasos con mayor detalle.[4]

Figura 19.2
Realización del análisis factorial

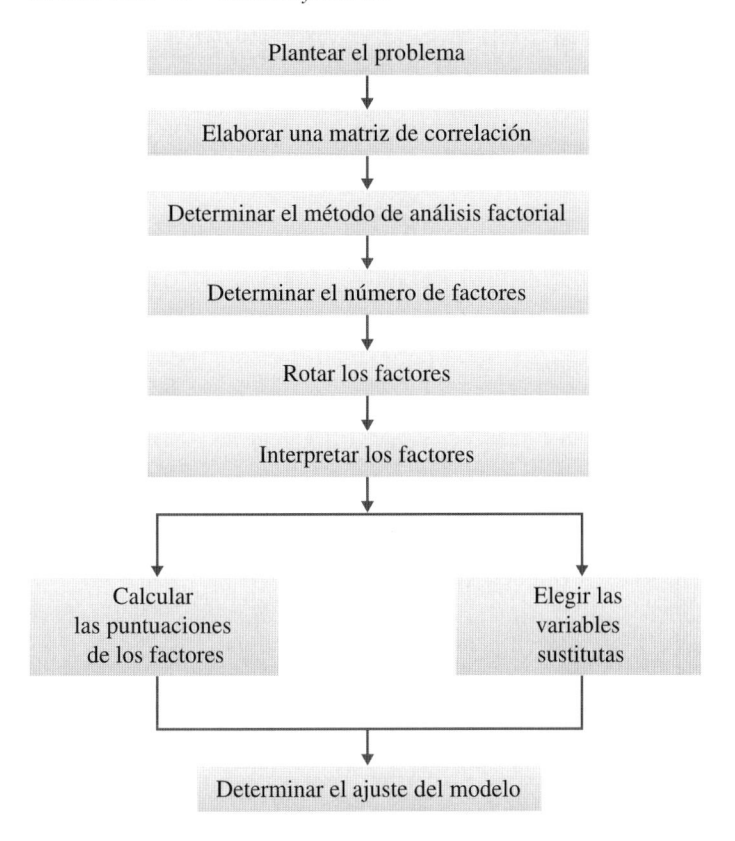

```
Plantear el problema
        ↓
Elaborar una matriz de correlación
        ↓
Determinar el método de análisis factorial
        ↓
Determinar el número de factores
        ↓
Rotar los factores
        ↓
Interpretar los factores
        ↓
┌───────────────┴───────────────┐
Calcular                    Elegir las
las puntuaciones            variables
de los factores             sustitutas
└───────────────┬───────────────┘
        ↓
Determinar el ajuste del modelo
```

Planteamiento del problema

El planteamiento del problema incluye varias tareas. Primero, deben identificarse los objetivos del análisis factorial y especificarse las variables que se incluirán de acuerdo con investigaciones previas, la teoría y el juicio del investigador. Es importante que las variables se midan en forma apropiada en una de escala de intervalo o de razón. El tamaño de la muestra tiene que ser adecuado; como guía general, el número de observaciones (tamaño de la muestra) debería ser al menos cuatro o cinco veces mayor que el número de variables.[5] En muchos casos de investigación de mercados, el tamaño de la muestra es pequeño y esta razón es mucho menor. En situaciones así, se requiere que los resultados se interpreten con cautela.

Para ilustrar el análisis factorial, suponga que el investigador desea determinar qué beneficios buscan los consumidores al comprar un dentífrico. En centros comerciales se entrevistó a una muestra de 30 individuos. Se solicitó a los encuestados que utilizaran una escala de 7 puntos (1 = muy en desacuerdo, 7 = muy de acuerdo), para expresar su grado de acuerdo o desacuerdo con los siguientes enunciados:

V_1: Es importante comprar dentífricos que prevengan las caries
V_2: Me gustan los dentífricos que dejan los dientes brillantes
V_3: Un dentífrico tiene que fortalecer las encías
V_4: Prefiero un dentífrico que refresque el aliento
V_5: La prevención de las caries no es un beneficio importante ofrecido por los dentífricos
V_6: La consideración más importante al comprar un dentífrico son los dientes bellos

En la tabla 19.1 se presentan los datos obtenidos. Para propósitos de ilustración, sólo se considera un número pequeño de observaciones. En la práctica real, el análisis factorial se realiza en muestras mucho mayores, como la utilizada en la Experiencia de investigación de Dell que se estudiará más adelante. A partir de esos datos, se elaboró una matriz de correlación.

Elaboración de una matriz de correlación

El proceso analítico se basa en una matriz de las correlaciones entre las variables. Al examinar esta matriz puede obtenerse información valiosa. Para que el análisis factorial sea adecuado, esas variables necesitan estar correlacionadas. En la práctica, éste suele ser el caso.

Archivo de resultados de SPSS

TABLA 19.1
Calificaciones de los atributos de los dentífricos

Número de encuestado	V_1	V_2	V_3	V_4	V_5	V_6
1	7.00	3.00	6.00	4.00	2.00	4.00
2	1.00	3.00	2.00	4.00	5.00	4.00
3	6.00	2.00	7.00	4.00	1.00	3.00
4	4.00	5.00	4.00	6.00	2.00	5.00
5	1.00	2.00	2.00	3.00	6.00	2.00
6	6.00	3.00	6.00	4.00	2.00	4.00
7	5.00	3.00	6.00	3.00	4.00	3.00
8	6.00	4.00	7.00	4.00	1.00	4.00
9	3.00	4.00	2.00	3.00	6.00	3.00
10	2.00	6.00	2.00	6.00	7.00	6.00
11	6.00	4.00	7.00	3.00	2.00	3.00
12	2.00	3.00	1.00	4.00	5.00	4.00
13	7.00	2.00	6.00	4.00	1.00	3.00
14	4.00	6.00	4.00	5.00	3.00	6.00
15	1.00	3.00	2.00	2.00	6.00	4.00
16	6.00	4.00	6.00	3.00	3.00	4.00
17	5.00	3.00	6.00	3.00	3.00	4.00
18	7.00	3.00	7.00	4.00	1.00	4.00
19	2.00	4.00	3.00	3.00	6.00	3.00
20	3.00	5.00	3.00	6.00	4.00	6.00
21	1.00	3.00	2.00	3.00	5.00	3.00
22	5.00	4.00	5.00	4.00	2.00	4.00
23	2.00	2.00	1.00	5.00	4.00	4.00
24	4.00	6.00	4.00	6.00	4.00	7.00
25	6.00	5.00	4.00	2.00	1.00	4.00
26	3.00	5.00	4.00	6.00	4.00	7.00
27	4.00	4.00	7.00	2.00	2.00	5.00
28	3.00	7.00	2.00	6.00	4.00	3.00
29	4.00	6.00	3.00	7.00	2.00	7.00
30	2.00	3.00	2.00	4.00	7.00	2.00

Si las correlaciones entre todas las variables son pequeñas, el análisis factorial quizá no sea apropiado. También se espera que las variables con una elevada correlación entre sí tengan además una alta correlación con el mismo factor o los mismos factores.

Para probar la pertinencia del modelo factorial se dispone de estadísticos formales. Por ejemplo, la prueba de esfericidad de Bartlett permite probar la hipótesis nula de que las variables no están correlacionadas en la población, es decir, que la matriz de correlación de la población es una matriz de identidad. En la matriz de identidad, todos los términos de la diagonal son iguales a 1; y todos los términos fuera de la diagonal son iguales a 0. El estadístico de prueba de esfericidad se basa en la transformación del determinante de la matriz de correlación en una chi cuadrada. Un valor alto del estadístico de prueba favorecerá el rechazo de la hipótesis nula. Si esta hipótesis no puede rechazarse, entonces debe cuestionarse la pertinencia del análisis factorial. Otro estadístico útil es la medición de Kaiser-Meyer-Olkin (KMO) sobre lo adecuado del muestreo. Este índice compara la magnitud de los coeficientes de correlación observados con la magnitud de los coeficientes de correlación parcial. Los valores pequeños del estadístico KMO indican que las correlaciones entre los pares de variables no pueden explicarse por otras variables y que tal vez el análisis factorial no sea adecuado. Por lo general, es deseable un valor mayor a 0.5.

En la tabla 19.2 se muestra la matriz de correlación elaborada a partir de los datos obtenidos para entender los beneficios de los dentífricos (véase la tabla 19.1). Aquí las correlaciones entre V_1 (prevención de las caries), V_3 (encías fuertes) y V_5 (debilitamiento de los dientes) son relativamente elevadas, por lo que se esperaría que dichas variables se correlacionen con el mismo conjunto de factores.

CAPÍTULO 19 *Análisis factorial*

Archivo de resultados de SPSS

TABLA 19.2

Matriz de correlación

VARIABLES	V_1	V_2	V_3	V_4	V_5	V_6
V_1	1.00					
V_2	−0.053	1.00				
V_3	0.873	−0.155	1.00			
V_4	−0.086	0.572	−0.248	1.00		
V_5	−0.858	0.020	−0.778	−0.007	1.00	
V_6	0.004	0.640	−0.018	0.640	−0.136	1.00

Asimismo, se observan correlaciones relativamente altas entre V_2 (dientes brillantes), V_4 (aliento fresco) y V_6 (dientes bellos), por lo que se espera que también estas variables se correlacionen con los mismos factores.[6]

En la tabla 19.3 se presentan los resultados del análisis factorial. La prueba de esfericidad de Bartlett rechaza la hipótesis nula de que la matriz de correlación de la población es una matriz de identidad. La chi cuadrada aproximada es de 111.314 con 15 grados de libertad, lo cual es significativo a un nivel de 0.05. El valor del estadístico de KMO (0.660) también es alto (>0.5). Por ende, puede considerarse que el análisis factorial es una técnica apropiada para analizar la matriz de correlación de la tabla 19.2.

Archivo de resultados de SPSS

TABLA 19.3

Resultados del análisis de los componentes principales

Prueba de esfericidad de Bartlett
Chi cuadrada aproximada = 111.314, gl = 15, significancia = 0.00000
Medida de lo adecuado del muestreo de Kaiser-Meyer-Olkin = 0.660

CONTRIBUCIONES COMUNES

VARIABLE	INICIAL	EXTRACCIÓN
V_1	1.000	0.926
V_2	1.000	0.723
V_3	1.000	0.894
V_4	1.000	0.739
V_5	1.000	0.878
V_6	1.000	0.790

VALORES PROPIOS INICIALES

FACTOR	VALOR PROPIO	% DE VARIANZA	% ACUMULADO
1	2.731	45.520	45.520
2	2.218	36.969	82.488
3	0.442	7.360	89.848
4	0.341	5.688	95.536
5	0.183	3.044	98.580
6	0.085	1.420	100.000

SUMAS DE LA EXTRACCIÓN DE LAS CARGAS AL CUADRADO

FACTOR	VALOR PROPIO	% DE VARIANZA	% ACUMULADO
1	2.731	45.520	45.520
2	2.218	36.969	82.488

MATRIZ FACTORIAL

	FACTOR 1	FACTOR 2
V_1	0.928	0.253
V_2	−0.301	0.795
V_3	0.936	0.131
V_4	−0.342	0.789
V_5	−0.869	−0.351
V_6	−0.177	0.871

(Continúa)

TABLA 19.3
Resultados del análisis de los componentes principales (*Continuación*)

SUMAS DE LA ROTACIÓN DE LAS CARGAS AL CUADRADO

FACTOR	VALOR PROPIO	% DE VARIANZA	% ACUMULADO
1	2.688	44.802	44.802
2	2.261	37.687	82.488

MATRIZ DE FACTORES ROTADOS

	FACTOR 1	FACTOR 2
V_1	0.962	−0.027
V_2	−0.057	0.848
V_3	0.934	−0.146
V_4	−0.098	0.854
V_5	−0.933	−0.084
V_6	0.083	0.885

MATRIZ DE LOS COEFICIENTES DELAS CALIFICACIONES DE LOS FACTORES

	FACTOR 1	FACTOR 2
V_1	0.358	0.011
V_2	−0.001	0.375
V_3	0.345	−0.043
V_4	−0.017	0.377
V_5	−0.350	−0.059
V_6	0.052	0.395

MATRIZ DE CORRELACIÓN REPRODUCIDA

	V_1	V_2	V_3	V_4	V_5	V_6
V_1	0.926*	0.024	−0.029	0.031	0.038	−0.053
V_2	−0.078	0.723*	0.022	−0.158	0.038	−0.105
V_3	0.902	−0.177	0.894*	−0.031	0.081	0.033
V_4	−0.117	0.730	−0.217	0.739*	−0.027	−0.107
V_5	−0.895	−0.018	−0.859	0.020	0.878*	0.016
V_6	0.057	0.746	−0.051	0.748	−0.152	0.790*

*El triángulo inferior a la izquierda contiene la matriz de correlación reproducida; la diagonal, las contribuciones comunes; el triángulo superior a la derecha, los residuales entre las correlaciones observadas y las correlaciones reproducidas.

Determinación del procedimiento del análisis factorial

Una vez que se determina que el análisis factorial es una técnica adecuada para analizar los datos, debe elegirse un procedimiento adecuado. Los diferentes tipos de análisis factorial se distinguen en el procedimiento que usan para derivar los pesos o los coeficientes de las puntuaciones de los factores. Los dos enfoques básicos son el análisis de los componentes principales y el análisis de los factores comunes. En el *análisis de los componentes principales* se considera la varianza total de los datos. La diagonal de la matriz de correlación consta de unidades y la varianza total se incluye en la matriz factorial. El análisis de componentes principales se recomienda cuando lo que interesa es determinar el número mínimo de factores que explicarán la máxima varianza de los datos para usarlos en análisis multivariados posteriores. Los factores se conocen como *componentes principales*.

En el *análisis de los factores comunes*, los factores se calculan a partir únicamente de la varianza común. Las contribuciones comunes se introducen en la diagonal de la matriz de correlación. Este procedimiento es adecuado si lo que interesa principalmente es identificar las dimensiones subyacentes y la varianza común. Este análisis se conoce también como *factorización del eje principal*.

Existen otros recursos para calcular los factores comunes, entre los que se encuentran el procedimiento de mínimos cuadrados no ponderados, mínimos cuadrados generalizados, probabilidad máxima, método alfa y factorización de imagen. Estos procedimientos son complejos y no se recomiendan para usuarios inexpertos.[7]

---

análisis de los componentes principales
Enfoque de análisis factorial que considera la varianza total en los datos.

análisis de factores comunes
Enfoque de análisis factorial que se basa sólo en la varianza común para calcular los factores.

CAPÍTULO 19 Análisis factorial

La tabla 19.3 muestra la aplicación del análisis de los componentes principales al ejemplo del dentífrico. En la sección de "Contribuciones comunes", en la columna "Inicial" se observa que las contribuciones comunes para cada variable, V_1 a V_6, son 1.0 conforme las unidades se insertaron en la diagonal de la matriz de correlación. Los valores propios se indican en la tabla con la etiqueta "Valores propios iniciales". Como se esperaba, los valores propios de los factores aparecen en orden de magnitud decreciente conforme se pasa del factor 1 al 6. El valor propio de un factor indica la varianza total que se le atribuye. La varianza total explicada por los seis factores es 6.00, que es igual al número de variables. El factor 1 explica la varianza de 2.731, es decir (2.731/6) o 45.52 por ciento de la varianza total. De igual manera, el segundo factor explica (2.218/6) o 36.97 por ciento de la varianza total, de manera que los dos primeros factores combinados explican el 82.49 por ciento de la varianza total. Al determinar el número de factores que se utilizarán en el análisis deben considerarse muchas cuestiones.

Determinación del número de factores

Es posible calcular tantos componentes principales como variables haya, aunque no se gane mucho con ello. Para resumir la información contenida en las variables originales, debería extraerse un número menor de factores. La pregunta es ¿cuántos? Para determinar el número de factores, se sugieren varios procedimientos, como la determinación *a priori* y otros que se basan en el valor propio, la gráfica de sedimentación, el porcentaje de la varianza explicada, la confiabilidad por la división en mitades y las pruebas de significancia.

Determinación a priori. Hay ocasiones en que el investigador sabe, gracias a la información previa, cuántos factores debe esperar, lo cual le permite especificar de antemano el número de factores que hay que extraer. La extracción de factores cesa cuando se ha obtenido el número deseado. La mayoría de los programas de cómputo permiten que el usuario especifique el número de factores, lo cual facilita el uso de este recurso.

Determinación basada en valores propios. En este método sólo se conservan los factores cuyo valor propio es mayor de 1.0; los otros factores no se incluyen en el modelo. Un valor propio representa la cantidad de varianza asociada con el factor, por lo cual sólo se incluyen los factores con varianza mayor que 1.0. Los factores con varianza menor que 1.0 no son mejores que una sola variable porque, debido a la estandarización, cada variable tiene una varianza de 1.0. Si el número de variables es menor que 20, este procedimiento dará como resultado un número de factores conservador.

Determinación basada en una gráfica de sedimentación. La gráfica de sedimentación diagrama los valores propios contra el número de factores en orden de extracción. La forma de la gráfica se usa para determinar el número de factores. Por lo general, la gráfica indica una separación notable entre la pendiente pronunciada de los factores con valores propios grandes y un desvanecimiento gradual asociado con el resto de los factores, lo cual se conoce como *sedimentación*. La evidencia experimental señala que el punto en que comienza la sedimentación denota el verdadero número de factores. Por lo general, el número de factores determinado por una gráfica de sedimentación superará en uno o unos cuantos factores el número determinado por los criterios del valor propio.

Determinación basada en el porcentaje de la varianza. En este enfoque, el número de factores extraído se determina de modo tal que el porcentaje acumulado de varianza extraído por los factores alcance un nivel satisfactorio. El nivel satisfactorio de varianza depende del problema. Sin embargo, es recomendable que los factores extraídos expliquen por lo menos el 60 por ciento de la varianza.

Determinación basada en la confiabilidad de división en mitades. La muestra se divide en mitades y cada mitad se somete al análisis factorial. Sólo se conservan los factores con una alta correspondencia con las cargas de los factores en las dos submuestras.

Determinación basada en pruebas de significancia. Es posible determinar la significancia estadística de los valores propios separados y conservar sólo los factores que sean estadísticamente significativos.

Figura 19.3
Gráfica de sedimentación

Archivo de resultados de SPSS

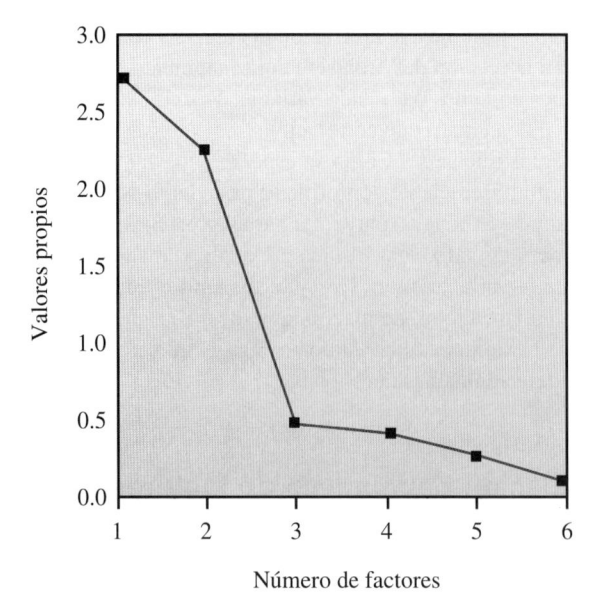

Un inconveniente es que es probable que en las muestras grandes (mayores de 200) muchos factores sean estadísticamente significativos, aunque desde un punto de vista práctico, muchos de ellos sólo explican una pequeña proporción de la varianza total.

En la tabla 19.3, vemos que el valor propio mayor de 1.0 (opción predeterminada) da como resultado la extracción de dos factores. Nuestro conocimiento *a priori* nos indica que hay dos razones principales para comprar dentífricos. En la figura 19.3 se presenta la gráfica de sedimentación asociada con este análisis; esa gráfica muestra una clara separación en tres factores. Por último, a partir del porcentaje acumulado de varianza explicada, se observa que los primeros dos factores explican el 82.49 por ciento de la varianza, y que es marginal la ganancia obtenida al pasar a tres factores. Además, la confiabilidad de la división en mitades también indica que dos factores son apropiados. De manera que en tal situación parece razonable contar con dos factores.

La segunda columna de "Contribuciones comunes" en la tabla 19.3 brinda información importante después de que se haya extraído el número deseado de factores. Las contribuciones comunes de las variables de "Extracción" son diferentes a las de "Inicial", porque no se explica toda la varianza asociada con las variables, a menos que se conserven todos los factores. La sección "Sumas de extracción de cargas al cuadrado" indica la varianza asociada con los factores conservados. Advierta que son las mismas que las que aparecen bajo "Valores propios iniciales". Esto sucede siempre en el análisis de componentes principales. Para determinar el porcentaje de varianza explicada por un factor, se divide el valor propio asociado entre el número total de factores (o variables), y el resultado se multiplica por 100. Por lo tanto, el primer factor explica (2.731/6) × 100 o 45.52 por ciento de la varianza de las seis variables. Asimismo, el segundo factor explica (2.218/6) × 100 o 36.969 por ciento de la varianza. La rotación de los factores suele mejorar la interpretación de la solución.

Rotación de factores

Un resultado importante del análisis factorial es la matriz factorial, también llamada *matriz de patrones factoriales*. La matriz factorial contiene los coeficientes que expresan las variables estandarizadas en términos de los factores. Estos coeficientes, las cargas factoriales, representan las correlaciones entre los factores y las variables. Un coeficiente con un valor absoluto grande indica una estrecha relación entre el factor y la variable. Los coeficientes de la matriz factorial sirven para interpretar los factores.

Aunque la matriz factorial inicial o no rotada indica la relación entre los factores y las variables individuales, es raro que dé como resultado factores que puedan interpretarse, ya que los factores están correlacionados con muchas variables. Por ejemplo, en la tabla 19.3, el factor 1 tiene al menos cierta correlación con cinco de las seis variables (valor absoluto de la carga factorial mayor que 0.3). De igual manera, el factor 2 tiene al menos alguna correlación con cuatro de las seis variables. Por otro lado, las variables 2, 4 y 5 ponen al menos alguna carga en ambos factores. Esto se presenta en la figura 19.4(a). ¿Cómo deberían interpretarse estos factores?

Figura 19.4
Matriz factorial antes y después de la rotación

Factores

Variables	1	2
1	X	
2	X	X
3	X	
4	X	X
5	X	X
6		X

(a) Cargas altas antes de la rotación

Factores

Variables	1	2
1	X	
2		X
3	X	
4		X
5	X	
6		X

(b) Cargas altas después de la rotación

En una matriz tan compleja es difícil interpretar los factores. Por ende, la rotación transforma la matriz factorial en una matriz más sencilla y más fácil de interpretar.

Al rotar los factores, nos gustaría que cada factor tuviera cargas o coeficientes significativos (diferentes de cero) sólo con algunas variables. Asimismo, nos gustaría que cada variable tuviera cargas significativas (diferentes de cero) sólo con algunos factores, de ser posible sólo con uno. Si varios factores tienen cargas altas con la misma variable, su interpretación se vuelve difícil. La rotación no afecta las contribuciones comunes ni el porcentaje de la varianza total explicada. Sin embargo, cambia el porcentaje de la varianza explicado por cada factor, lo cual se observa en la tabla 19.3. La rotación redistribuye la varianza explicada por los factores individuales. Por lo tanto, diferentes tipos de rotación darían como resultado la identificación de diferentes factores.

La rotación se conoce como ***rotación ortogonal*** si los ejes se mantienen en ángulos rectos. El procedimiento de uso más común para la rotación es el ***procedimiento varimax***, que es un método ortogonal de rotación que minimiza el número de variables con cargas altas en un factor, lo cual incrementa la posibilidad de interpretar los factores.[8] La rotación ortogonal tiene como resultado factores no correlacionados. La rotación se conoce como ***rotación oblicua*** cuando los ejes no se mantienen en ángulos rectos y los factores están correlacionados. En ocasiones permitir las correlaciones entre los factores simplifica la matriz de patrones factoriales. La rotación oblicua debería usarse cuando es probable que los factores en la población mantengan una fuerte correlación.

En la tabla 19.3, al comparar la matriz factorial con rotación varimax con la matriz no rotada (conocida como matriz factorial), se observa la manera en que la rotación logra la simplicidad y mejora la posibilidad de interpretación. Mientras que en la matriz no rotada hay cinco variables correlacionadas con el factor 1, después de la rotación sólo las variables V_1, V_3 y V_5 se correlacionan con el factor 1. Las variables restantes V_2, V_4 y V_6 tienen una correlación alta con el factor 2. Además, ninguna variable mantiene una correlación elevada con ambos factores, lo cual puede verse con claridad en la figura 19.4 (b). La matriz factorial rotada es la base para la interpretación de los factores.

Interpretación de los factores

La interpretación se facilita al identificar las variables que tienen cargas altas sobre el mismo factor. Ese factor puede interpretarse luego en términos de las variables que tienen cargas altas de él. Otra forma de simplificar la interpretación consiste en elaborar una gráfica con las variables, en que se empleen las cargas factoriales como coordenadas. Las variables en el extremo de un eje son las que tienen cargas altas sólo en ese factor y por ende lo describen. Las variables cercanas al origen tienen cargas pequeñas en ambos factores. Las variables que no están cerca de ninguno de los ejes se relacionan con ambos factores. Si un factor no puede definirse con claridad en términos de las variables originales, deberían etiquetarse como un factor indefinido o general.

En la matriz factorial rotada de la tabla 19.3, el factor 1 tiene coeficientes altos para las variables V_1 (prevención de caries) y V_3 (encías fuertes), y un coeficiente negativo para V_5 (la prevención del debilitamiento de los dientes no es importante). Por lo tanto, este factor puede etiquetarse como factor benéfico para la salud. Advierta que un coeficiente negativo para una variable negativa (V_5) conduce a una interpretación positiva de que es importante prevenir el debilitamiento de los dientes. El factor 2 tiene una elevada relación con las variables V_2 (dientes brillantes), V_4 (aliento fresco) y V_6 (dientes bellos). Por ende, el factor 2 puede recibir la etiqueta de factor de beneficio social. La gráfica de las cargas factoriales, que se presenta en la figura 19.5, confirma esta interpretación. Las variables V_1, V_3 y V_5 (denotadas con 1, 3 y 5, respectivamente) se encuentran en los extremos del eje horizontal (factor 1), con V_5 en el extremo opuesto a V_1 y V_3, mientras que las variables V_2, V_4

rotación ortogonal
Rotación de los factores en que los ejes se mantienen en ángulos rectos.

procedimiento varimax
Método ortogonal de rotación de los factores que minimiza el número de variables con cargas altas en un factor, lo cual aumenta la posibilidad de interpretar los factores.

rotación oblicua
Rotación de los factores cuando los ejes no se mantienen en ángulos rectos.

Figura 19.5
Gráfica de carga factorial

Archivo de resultados de SPSS

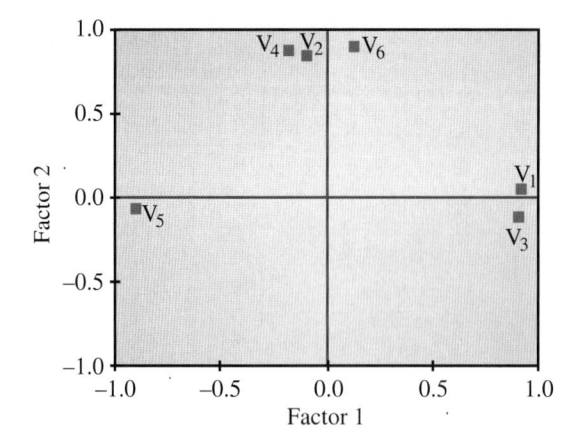

puntuaciones de los factores
Calificaciones compuestas calculadas para cada encuestado en los factores derivados.

y V_6 (denotadas como 2, 4 y 6) se encuentran en el extremo del eje vertical (factor 2). Los datos pueden resumirse en la afirmación de que los consumidores parecen buscar dos tipos importantes de beneficios en un dentífrico: beneficios para la salud y beneficios sociales.

Cálculo de las puntuaciones de los factores

Después de la interpretación, de ser necesario pueden calcularse las puntuaciones de los factores. El análisis factorial tiene su propio valor independiente. No obstante, si el objetivo del análisis factorial es reducir el conjunto original de variables a un conjunto menor de variables compuestas (factores), para usarlo en análisis multivariados posteriores, es útil calcular para cada encuestado las puntuaciones de los factores. Un factor es simplemente una combinación lineal de las variables originales. Las *puntuaciones de los factores* para el *i-ésimo* factor se calculan de la siguiente manera:

$$F_i = W_{i1}X_1 + W_{i2}X_2 + W_{i3}X_3 + \cdots + W_{ik}X_k$$

Estos símbolos ya se definieron en un apartado anterior del capítulo.

Los pesos o coeficientes de las puntuaciones de los factores que se usan para combinar las variables estandarizadas se obtienen de la matriz de dichos coeficientes. La mayoría de los programas de cómputo permiten solicitar las puntuaciones de los factores. Sólo en el caso del análisis de componentes principales es posible calcular las puntuaciones exactas de los factores, las cuales no están correlacionadas. En el análisis de los factores comunes se obtienen estimaciones de estas puntuaciones y no hay garantía de que los factores no estén correlacionados entre sí. En los análisis multivariados posteriores pueden usarse las puntuaciones de los factores en vez de las variables originales. Por ejemplo, en la matriz de coeficientes de puntuaciones de los factores de la tabla 19.3, es posible calcular para cada encuestado las puntuaciones de dos factores. Los valores estandarizados de la variable se multiplican por los coeficientes correspondientes para obtener las puntuaciones de los factores.

Elección de variables sustitutas

En ocasiones, el investigador desea elegir *variables sustitutas* en vez de calcular las puntuaciones de los factores. Este proceso consiste en separar algunas variables originales para usarlas en un análisis subsiguiente. Esto permite al investigador realizar análisis posteriores e interpretar los resultados en términos de las variables originales, en vez de las puntuaciones de los factores. Al examinar la matriz factorial, puede elegirse para cada factor la variable con la carga más alta, la cual serviría luego como una variable sustituta del factor asociado. Este proceso funciona bien, si la carga factorial de una variable es con certeza mayor que el resto de las cargas factoriales. Sin embargo, la elección no es tan sencilla cuando dos o más variables tienen cargas de igual magnitud. En ese caso, la elección entre esas variables debería basarse en consideraciones teóricas y de medición. Por ejemplo, la teoría puede sugerir que una variable con una carga ligeramente menor es más importante que una variable con una carga algo más grande. Asimismo, si una variable tiene una carga un poco menor pero su medición fue más precisa, debe elegirse como variable sustituta. En la tabla 19.3, las variables V_1, V_3 y V_5 tienen cargas altas en el factor 1 y su magnitud es muy similar, aunque la carga de V_1 es un poco mayor y por ende sería una candidata más probable.

INVESTIGACIÓN ACTIVA

> Visite *www.nokia.com* y realice una búsqueda en Internet y en la base en línea de su biblioteca, para obtener información sobre las preferencias de los consumidores por teléfonos móviles.
>
> A Nokia le gustaría determinar los factores que subyacen a las preferencias sobre teléfonos móviles, en individuos de entre 15 y 24 años de edad que sean usuarios frecuentes de este producto. ¿Qué información recolectaría y cómo la analizaría?
>
> Como gerente de marketing de Nokia, ¿qué estrategias formularía usted para dirigirse a los individuos de entre 15 y 24 años de edad, que sean usuarios frecuentes de teléfonos móviles?

Sin embargo, si el conocimiento previo sugiere que la prevención de las caries dentales es un beneficio muy importante, se elegiría V_5 como sustituta del factor 1. Tampoco resulta sencilla la elección de un sustituto para el factor 2. Las variables V_2, V_4 y V_6 tienen cargas altas similares en este factor. Si el conocimiento previo sugiere que los dientes bellos son el beneficio social más importante que se busca en un dentífrico, el investigador elegiría V_6.

Determinar el ajuste del modelo

El último paso en el análisis factorial consiste en determinar el ajuste del modelo. Una premisa básica que subyace al análisis factorial es que la correlación observada entre las variables puede atribuirse a los factores comunes. Por consiguiente, las correlaciones entre las variables pueden deducirse o reproducirse de las correlaciones calculadas entre las variables y los factores. Para determinar el ajuste del modelo, se examinan las diferencias entre las correlaciones observadas (como se presentan en la entrada de la matriz de correlación) y las correlaciones reproducidas (según el cálculo a partir de la matriz factorial). Estas diferencias se conocen como *residuales*. Si hay muchos residuales altos, el modelo factorial no proporciona un buen ajuste para los datos y debería reconsiderarse. En la tabla 19.3 se aprecia que sólo cinco residuales son mayores que 0.05, lo cual indica un buen ajuste de modelo.

INVESTIGACIÓN REAL

Confección de los componentes de una promoción

El objetivo de este estudio fue desarrollar un inventario exhaustivo de las variables de promoción controladas por los fabricantes, y demostrar que existe una asociación entre tales variables y la decisión de los detallistas de apoyar las promociones. El apoyo de las tiendas o los detallistas se definió operacionalmente como la actitud de los comercios compradores hacia las promociones.

Se realizó un análisis factorial de las variables explicativas con el objetivo principal de reducir los datos. El método de los componentes principales, con la rotación varimax, redujo las 30 variables explicativas a ocho factores con valores propios mayores que 1.0. Con fines de interpretación, cada factor constaba de variables con una carga de 0.40 o más en ese factor. En dos casos en que las variables tenían cargas de 0.40 o más en dos factores, cada variable se asignó al factor donde tenía la carga más alta. Sólo una variable, "facilidad de manejo y abastecimiento en las tiendas" no alcanzó una carga mínima de 0.40 en ningún factor. En conjunto, los ochos factores explicaron el 62 por ciento de la varianza total. La interpretación de la matriz de cargas factoriales fue sencilla. La tabla 1 lista los factores en el orden en que fueron extraídos.

Se realizó un análisis discriminante paso a paso para determinar cuáles de los ocho factores, si acaso, hacían una predicción estadísticamente significativa del apoyo de los comercios. Las variables explicativas fueron las puntuaciones de los factores para los ocho factores. La variable dependiente fue la calificación general dada por el comprador detallista al trato (calificación), que se desglosó en una medida del apoyo comercial de tres grupos (bajo, medio y alto). Los resultados del análisis discriminante se muestran en la tabla 2. Los ocho factores entraron en las funciones discriminantes. Las medidas de la bondad del ajuste indicaron que, en conjunto, los ocho factores discriminaron entre los niveles alto, medio y bajo de apoyo comercial. Las razones F multivariadas, que indican el grado de discriminación entre cada par de grupos, fueron significativas al nivel $p < 0.001$. En el 65 por ciento de los casos se obtuvo una clasificación correcta en las categorías alta, media y baja. Se usó el orden de entrada al análisis discriminante para determinar la importancia relativa de la influencia de los factores en el apoyo del comercio, como se indica en la tabla 3.[9]

De acuerdo con los resultados de este estudio, P&G decidió enfatizar la importancia y rentabilidad del artículo, la cantidad del incentivo y su reputación con la finalidad de obtener el apoyo de los detallistas a la promoción.

TABLA 1 Factores que influyen en el apoyo de los comercios a las promociones

Factor	Interpretación del factor (% de la varianza explicada)	Carga	Variables incluidas en el factor
F_1	Importancia del artículo (16.3%)	0.77	El artículo es lo bastante importante para justificar una promoción
		0.75	La categoría responde bien a la promoción
		0.66	Es probable que el competidor más cercano promueva el artículo
		0.64	Importancia de la categoría del artículo promovido
		0.59	Volumen de ventas regulares del artículo (sin acuerdos)
		0.57	El trato concuerda con los requisitos de promoción
F_2	Flexibilidad de la promoción (9.3%)		Estimación del comprador del incremento en las ventas con base en:
		0.86	Exhibición y reducción de precios
		0.82	Sólo exhibición
		0.80	Sólo reducción de precios
		0.70	Reducción de precios, exhibición y publicidad
F_3	Apoyo del fabricante de la marca (8.2%)		Apoyo del fabricante de la marca con base en:
		0.85	Cupones
		0.81	Publicidad en radio y televisión
		0.80	Publicidad en periódicos
		0.75	Promoción en los puntos de venta (ejem. exhibidores)
F_4	Reputación del fabricante (7.3%)	0.72	Reputación general del fabricante
		0.72	El fabricante ayuda a satisfacer las necesidades de la promoción
		0.64	El fabricante coopera en las órdenes de emergencia
		0.55	Calidad de la presentación de las ventas
		0.51	Calidad general de los productos del fabricante
F_5	Desgaste de la promoción (6.4%) (6.4%)	0.93	Promoción excesiva de la categoría del producto
		0.93	Promoción excesiva del artículo
F_6	Rapidez de las ventas (5.4%)	−0.81	Lugar que ocupa la marca en la participación en el mercado[a]
		0.69	Volumen de ventas regulares del artículo[a]
		0.46	Volumen de ventas regulares del artículo
F_7	Rentabilidad del producto (4.5%)	0.79	Beneficio bruto habitual del producto
		0.72	Beneficio bruto habitual del producto[a]
		0.49	Requisitos razonables del desempeño en el trato
F_8	Monto del incentivo (4.2%)	0.83	Monto absoluto de los descuentos permitidos
		0.81	Descuentos permitidos como porcentaje del costo comercial habitual[a]
		0.49	Monto absoluto de los descuentos permitidos[a]

[a] Denota una medida objetiva (en libros).

TABLA 2 Resultados del análisis discriminante: análisis de las calificaciones ($N = 564$)

		Coeficientes discriminantes estandarizados Análisis de las calificaciones	
Factor		Función 1	Función 2
F_1	Importancia del artículo	0.861	−0.253
F_2	Flexibilidad de la promoción	0.081	0.398
F_3	Apoyo a la marca del fabricante	0.127	−0.036
F_4	Reputación del fabricante	0.394	0.014
F_5	Desgaste de la promoción	−0.207	0.380
F_6	Rapidez de las ventas	0.033	−0.665
F_7	Rentabilidad del artículo	0.614	0.357
F_8	Cantidad del incentivo	0.461	0.254
	λ de Wilks (para cada factor)	Todos significativos al nivel $p < 0.001$	
	Razones F multivariadas	Todos significativos al nivel $p < 0.001$	
	% de casos clasificados correctamente	65% correcto	

CAPÍTULO 19 *Análisis factorial* 623

TABLA 3 Importancia relativa de los factores que influyen en el apoyo comercial (indicada por el orden de entrada en el análisis discriminante)

	Análisis de calificaciones
Orden de entrada	*Nombre del factor*
1	Importancia del artículo
2	Rentabilidad del artículo
3	Cantidad del incentivo
4	Reputación del fabricante
5	Desgaste de la promoción
6	Rapidez de las ventas
7	Flexibilidad de la promoción
8	Apoyo a la marca del fabricante

En parte como resultado de esos esfuerzos, las marcas de P&G tocaron la vida de personas de todo el mundo dos mil millones de veces al día en 2006. ■

APLICACIONES DEL ANÁLISIS DE LOS FACTORES COMUNES

Se empleó el modelo de análisis de los factores comunes para analizar los datos de la tabla 19.1. En vez de usar las unidades de la diagonal, se insertaron las contribuciones comunes. El resultado, que se indica en la tabla 19.4, es similar al resultado del análisis de componentes principales de la tabla 19.3. En la categoría "Contribuciones comunes", en la columna "Inicial", las contribuciones comunes de las variables ya no son 1.0. Con base en el criterio del valor propio, se extrajeron de nuevo dos factores. Después de extraer los factores, las varianzas son diferentes de los valores propios iniciales. El primer factor explica el 42.84 por ciento de la varianza, en tanto que el segundo da cuenta del 31.13 por ciento; en cada caso un poco menos de lo que se observó en el análisis de componentes principales.

En la tabla 19.4 los valores en la matriz de patrones de factores no rotados son un poco diferentes de los de la tabla 19.3, aunque el patrón de coeficientes es similar. Sin embargo, en ocasiones el patrón de cargas del análisis de los factores comunes es diferente del observado en el análisis de componentes principales, en que algunas variables cargan en diferentes factores. La matriz de factores rotados tiene el mismo patrón que en la tabla 19.3, lo cual origina una interpretación similar de los factores.

INVESTIGACIÓN REAL

Percepciones "comunes" de reembolsos

Los reembolsos son eficaces para atraer nuevos clientes, cambios de marca y repetición de compras entre los clientes actuales. Microsoft inició un programa de reembolsos como un medio de atraer a nuevos usuarios a su servicio de Internet MSN. Con este plan de reembolsos, Microsoft busca quitar clientes a sus rivales como AOL Time Warner's America Online Service, que en 2005 tuvo alrededor de 23 millones de suscriptores. En el plan de reembolsos, Microsoft ofreció una opción de devolución en efectivo para los nuevos usuarios que contrataran por dos años el servicio de MSN. ¿Qué hace eficaces a los reembolsos?

Se inició un estudio para determinar los factores que subyacen a la percepción que tienen los consumidores acerca de los reembolsos. Se elaboraron 24 reactivos para medir tales percepciones. Se pidió a los encuestados que expresaran su grado de acuerdo o desacuerdo con estos reactivos, en una escala Likert de 5 puntos. Los datos se recabaron mediante una encuesta telefónica de una etapa realizada en el área metropolitana de Memphis. Se obtuvieron un total de 303 cuestionarios útiles.

INVESTIGACIÓN ACTIVA

Visite www.wendys.com y realice una búsqueda en Internet y en la base en línea de su biblioteca, para determinar los criterios de selección de los consumidores al elegir restaurantes de comida rápida.

Como director de marketing de Wendy's, ¿qué estrategias de marketing formularía usted para incrementar su clientela?

Describa los datos que recogería y el análisis que realizaría para determinar los criterios de los clientes para elegir un restaurante de comida rápida.

Archivo de resultados de SPSS

TABLA 19.4

Resultado del análisis de los factores comunes

Prueba de esfericidad de Bartlett
Chi cuadrada aproximada = 111.314, gl = 15, significancia = 0.00000
Medida de lo adecuado del muestreo de Kaiser-Meyer-Olkin = 0.660

CONTRIBUCIONES COMUNES

VARIABLE	INICIAL	EXTRACCIÓN
V_1	0.859	0.928
V_2	0.480	0.562
V_3	0.814	0.836
V_4	0.543	0.600
V_5	0.763	0.789
V_6	0.587	0.723

VALORES PROPIOS INICIALES

FACTOR	VALOR PROPIO	% DE VARIANZA	% ACUMULADO
1	2.731	45.520	45.520
2	2.218	36.969	82.488
3	0.442	7.360	89.848
4	0.341	5.688	95.536
5	0.183	3.044	98.580
6	0.085	1.420	100.000

SUMAS DE LA EXTRACCIÓN DE CARGAS AL CUADRADO

FACTOR	VALOR PROPIO	% DE VARIANZA	% ACUMULADO
1	2.570	42.837	42.837
2	1.868	31.126	73.964

MATRIZ FACTORIAL

	FACTOR 1	FACTOR 2
V_1	0.949	0.168
V_2	−0.206	0.720
V_3	0.914	0.038
V_4	−0.246	0.734
V_5	−0.850	−0.259
V_6	−0.101	0.844

SUMAS DE LA ROTACIÓN DE LAS CARGAS AL CUADRADO

FACTOR	VALOR PROPIO	% DE VARIANZA	% ACUMULADO
1	2.541	42.343	42.343
2	1.897	31.621	73.964

MATRIZ FACTORIAL ROTADA

	FACTOR 1	FACTOR 2
V_1	0.963	−0.030
V_2	−0.054	0.747
V_3	0.902	−0.150
V_4	−0.090	0.769
V_5	−0.885	−0.079
V_6	0.075	0.847

MATRIZ DE LOS COEFICIENTES DE LAS PUNTUACIONES DE LOS FACTORES

	FACTOR 1	FACTOR 2
V_1	0.628	0.101
V_2	−0.024	0.253
V_3	0.217	−0.169
V_4	−0.023	0.271
V_5	−0.166	−0.059
V_6	0.083	0.500

(Continúa)

TABLA 19.4
Resultados del análisis de los factores comunes (*Continuación*)

MATRIZ DE CORRELACIÓN REPRODUCIDA

	V_1	V_2	V_3	V_4	V_5	V_6
V_1	0.928*	0.022	−0.000	0.024	−0.008	−0.042
V_2	−0.075	0.562*	0.006	−0.008	0.031	0.012
V_3	0.873	−0.161	0.836*	−0.051	0.008	0.042
V_4	−0.110	0.580	−0.197	0.600*	−0.025	−0.004
V_5	−0.850	−0.012	−0.786	0.019	0.789*	−0.003
V_6	0.046	0.629	−0.060	0.645	−0.133	0.723*

*El triángulo inferior a la izquierda contiene la matriz de correlación reproducida; la diagonal, las contribuciones comunes; el triángulo superior a la derecha, los residuales entre las correlaciones observadas y las correlaciones reproducidas.

Los 24 reactivos con los que se midió la percepción sobre los reembolsos se examinaron con un análisis de los factores comunes. La solución factorial inicial no reveló una estructura simple de las percepciones subyacentes sobre los reembolsos. Por lo tanto, se eliminaron de la escala los reactivos con cargas menores y se realizó el análisis factorial con los reactivos restantes. La segunda solución arrojó tres factores interpretables. En la tabla adjunta se presentan las cargas factoriales y los coeficientes de confiabilidad. Los tres factores contenían cuatro, cuatro y tres reactivos, respectivamente. El factor 1 parecía captar la percepción de los consumidores sobre los esfuerzos y las dificultades asociadas con el pago de los reembolsos (Esfuerzos). El factor 2 se definió como una representación de la fe de los consumidores en el sistema de reembolsos (Fe). El factor 3 representaba la percepción de los consumidores sobre los motivos del fabricante para ofrecer los reembolsos (Motivos). Las cargas de los reactivos en su respectivo factor iban de 0.527 a 0.744.

Por lo tanto, empresas como Microsoft que usan reembolsos deberían asegurar que se minimizarán el esfuerzo y la dificultad de los consumidores para aprovechar los reembolsos. También deberían tratar de fomentar la fe de los consumidores en el sistema de reembolsos y reflejar motivos honestos para ofrecerlos.[10]

Análisis factorial de las percepciones de los reembolsos

	Carga factorial		
Reactivos de la escala[a]	*Factor 1*	*Factor 2*	*Factor 3*
Los fabricantes dificultan mucho el proceso de reembolso	0.194	0.671	−0.127
Los reembolsos por correo no ameritan los problemas inherentes	−0.031	0.612	0.352
Toma mucho tiempo recibir el cheque de reembolso del fabricante	0.013	0.718	0.051
Los fabricantes deberían facilitar el uso de los reembolsos	0.205	0.616	0.173
Los fabricantes ofrecen reembolsos porque los consumidores los desean[b]	0.660	0.172	0.101
En la actualidad los fabricantes se interesan de verdad en el bienestar de los consumidores[b]	0.569	0.203	0.334
La principal consideración de quienes ofrecen reembolsos es el beneficio del consumidor[b]	0.660	0.002	0.318
Por lo general, los fabricantes son sinceros con los consumidores en sus ofertas de reembolsos[b]	0.716	0.047	−0.033
Los fabricantes ofrecen reembolsos para hacer que los consumidores compren cosas que en realidad no necesitan	0.099	0.156	0.744
Los fabricantes usan los reembolsos para inducir a los consumidores a comprar artículos de lento desplazamiento	0.090	0.027	0.702
Las ofertas de reembolso requieren que usted compre más de lo que necesita de determinado producto	0.230	0.066	0.527
Valores propios	2.030	1.344	1.062
Porcentaje de la varianza explicada	27.500	12.200	9.700

[a] Las categorías de respuesta para todos los reactivos fueron: muy de acuerdo (1), de acuerdo (2), ni de acuerdo ni en desacuerdo (3), en desacuerdo (4), muy en desacuerdo (5) y no sé (6). Las respuestas "no sé" se excluyeron del análisis de datos.
[b] Se invirtieron las calificaciones de estos reactivos. ■

Advierta que en este ejemplo, cuando no podía interpretarse la solución factorial inicial, se eliminaron los reactivos con cargas bajas y se realizó el análisis factorial en los reactivos restantes. Si el número de variables es grande, (mayor que 15), el análisis de componentes principales y el análisis de los factores comunes arrojan soluciones similares. Sin embargo, el análisis de componentes principales es menos proclive a interpretaciones erróneas y se recomienda para los usuarios inexpertos. El siguiente ejemplo ilustra una explicación del análisis de componentes principales en una investigación de mercados internacionales, y el ejemplo que le sigue presenta una aplicación en el campo de la ética.

INVESTIGACIÓN REAL

Se vuelven locos por los Beetles

Por lo general, las necesidades y los gustos de los consumidores cambian con el paso del tiempo. Las preferencias de los consumidores por los automóviles deben verificarse en forma continua, para identificar los cambios en las exigencias y especificaciones. Sin embargo, existe un auto que es una excepción, el Beetle de Volkswagen. Se han construido 22 millones desde su lanzamiento en 1938. Se han realizado encuestas en diferentes países para determinar las razones por las que la gente compra el Beetle. Los análisis de componentes principales de las variables que miden las razones para poseer un Beetle han revelado de manera sistemática un factor dominante: una lealtad que llega al fanatismo. Durante mucho tiempo la empresa ha buscado la muerte natural del vehículo, pero sin ningún efecto. Este "escarabajo" ruidoso y apretujado inspira devoción en los conductores. Ahora se buscan por todos lados los viejos escarabajos. "Los japoneses se vuelven locos por los Beetles", dice Jack Finn, un reciclador de Beetles antiguos en West Palm Beach, Florida. Debido a la incondicional lealtad al "escarabajo", VW lo reintrodujo en 1998 como el Nuevo Beetle, que ha demostrado ser mucho más que una continuación de su legendario homónimo. Ha obtenido varios premios automotrices importantes. En Estados Unidos, en 2005 Edmunds.com consideró al Nuevo Beetle TDI como uno de los automóviles que consumen menos combustible.[11] ■

INVESTIGACIÓN REAL

Factores que predicen prácticas poco éticas en la investigación de mercados

Se estima que en 2005 las conductas poco éticas de los empleados costaron a las empresas estadounidenses cerca de $60,000 millones de dólares. Si las empresas quieren empleados honrados, también ellas deben ajustarse a estándares éticos elevados. Lo mismo se aplica al sector de la investigación de mercados. Con la finalidad de identificar las variables de la organización que son determinantes de la incidencia de prácticas deshonestas en la investigación de mercados, se aplicó una encuesta a una muestra de 420 profesionales de marketing, a quienes se pidió que proporcionaran respuestas en diversas escalas y que evaluaran la incidencia de 15 prácticas de investigación, que se sabe plantean problemas éticos.

Una de esas escalas incluía 11 reactivos sobre el grado en que la organización era aquejada por esos problemas éticos y sobre las acciones de la alta administración en relación con dichas situaciones. Un análisis de componentes principales con rotación varimax indicó que los datos podían representarse con dos factores.

Análisis factorial de los problemas éticos y escalas de las acciones de la alta administración

	Grado de los problemas éticos en la organización (Factor 1)	*Acciones de la alta administración con respecto a las cuestiones éticas (Factor 2)*
1. En mi empresa, los ejecutivos exitosos hacen quedar mal a sus rivales ante las personas importantes de la compañía.	0.66	
2. En mi empresa, es común que los ejecutivos de igual rango realicen conductas que considero poco éticas.	0.68	
3. En mi empresa los ejecutivos del mismo nivel tienen muchas oportunidades de involucrarse en actividades poco éticas.	0.43	

	Grado de los problemas éticos en la organización (Factor 1)	Acciones de la alta administración con respecto a las cuestiones éticas (Factor 2)
4. Los ejecutivos exitosos de mi empresa se acreditan las ideas y los logros de otros.	0.81	
5. En mi empresa, a menudo es necesario comprometer la ética personal para tener éxito.	0.66	
6. En mi empresa, los ejecutivos exitosos a menudo son menos éticos que los ejecutivos no exitosos.	0.64	
7. En mi empresa, es común que los ejecutivos exitosos busquen un "chivo expiatorio" cuando creen que se les podría relacionar con el fracaso.	0.78	
8. Los ejecutivos exitosos de mi empresa ocultan información que puede perjudicar sus intereses personales.	0.68	
9. La alta administración de la empresa ha dejado muy claro que no se tolerarán conductas poco éticas.		0.73
10. Si se descubre que un ejecutivo de la empresa está involucrado en comportamientos no éticos que redundan en su beneficio personal (más que en el de la empresa), será sancionado de inmediato.		0.80
11. Si se descubre que un ejecutivo de la empresa está involucrado en comportamientos no éticos que redundan en el beneficio de la empresa (más que en su propio beneficio), será sancionado de inmediato.		0.78
Valor propio	5.06	1.17
% de varianza explicada	46%	11%
Coeficiente alfa	0.87	0.75

Para simplificar la tabla, sólo se reportan cargas rotadas varimax de 0.40 o mayores.
Cada una se calificó en una escala de 5 puntos con 1 = "muy de acuerdo" y 5 = "muy en desacuerdo".

Estos dos factores se usaron luego en una regresión múltiple junto con otras cuatro variables predictivas. Se encontró que fueron los dos mejores predictivas de las prácticas no éticas en la investigación de mercados.[12] ■

INVESTIGACIÓN PARA LA TOMA DE DECISIONES

Tiffany se enfoca en lo esencial

La situación

Tiffany & Co. es un establecimiento de renombre internacional que diseña, fabrica y distribuye joyería fina, relojes, platería, artículos de porcelana, de cristal y de escritorio, así como perfumes y accesorios. Fundada en 1837 por Charles Lewis Tiffany, en la actualidad hay más de 100 tiendas y boutiques de Tiffany & Co. que atienden a los consumidores en Estados Unidos y en mercados internacionales. Las principales estrategias de crecimiento de Tiffany consisten en ampliar sus canales de distribución en los mercados importantes alrededor del mundo, complementar la creación de productos existente con un activo programa de desarrollo de productos, incrementar el conocimiento que tienen los clientes del diseño, la calidad y el valor de sus productos, y proporcionarles niveles de servicio que garanticen una estupenda experiencia de compra. En 2006 las ganancias de Tiffany & Company superaron los $2,500 millones de dólares.

Tiffany se aproxima paulatina y sutilmente a la clase media: un peligro potencial para uno de los detallistas más exclusivos. Durante la década pasada, el detallista de joyas de lujo casi triplicó el número de sus tiendas en Estados Unidos y modificó sus promociones para dar realce a artículos con precios mucho más bajos. En la actualidad tiene 44 establecimientos en Estados Unidos y otros 82 en el extranjero. El nuevo formato de 465 metros cuadrados de Tiffany le permitirá extenderse a mercados menores y duplicarse en las grandes ciudades. En el proceso de alcanzar más mercados, Tiffany puede alejar a algunos de sus clientes más importantes.

El análisis factorial puede ayudar a Tiffany a identificar el perfil psicológico de sus clientes más importantes.

Aunque falta mucho para que Tiffany sea del todo accesible, el brazalete de plata Tiffany Heart Tag se ha vuelto un artículo bastante popular entre personas como Reese Witherspoon y su séquito en la película "*Legalmente Rubia*". El Sr. James E. Quinn, presidente, se pregunta cuál es el perfil psicográfico de los clientes más importantes de Tiffany y qué debe hacer la empresa para conservarlos y aprovechar su lealtad, lo cual es fundamental para tener éxito en el futuro.

La decisión para la investigación de mercado

1. ¿Qué información debe recolectarse y cómo tiene que analizarse, para determinar el perfil psicográfico de los principales clientes de Tiffany?
2. Analice la forma en que el tipo de investigación que usted le recomendó a James E. Quinn para conservar y aprovechar la lealtad de los clientes más importantes de Tiffany.

La decisión para la gerencia de marketing

1. ¿Qué nuevas estrategias debería formular James E. Quinn para dirigirse a sus clientes más importantes?
2. Analice cómo influyen en la decisión administrativa de marketing que le recomendó a James E. Quinn, el análisis de los datos que sugirió antes y los hallazgos probables.[13] ∎

PROGRAMAS DE CÓMPUTO ESTADÍSTICOS

Se cuenta con programas de cómputo para realizar el análisis de componentes principales y el análisis de los factores comunes. Los programas para servidor y microcomputadora son similares para SPSS y SAS. En los paquetes SPSS, el programa FACTOR se utiliza para el análisis de componentes principales y para el análisis de los factores comunes. Se dispone de algunos otros métodos de análisis factorial y pueden calcularse las puntuaciones de los factores.

En el sistema SAS, el programa PRINCOMP hace el análisis de componentes principales y calcula sus puntuaciones. Para hacer el análisis de los factores comunes puede usarse el programa FACTOR, el cual también realiza el análisis de componentes principales.

MINITAB permite evaluar el análisis factorial por medio del análisis factorial multivariado. Los componentes principales o la probabilidad máxima pueden usarse para determinar la extracción del factor inicial.

CAPÍTULO 19 Análisis factorial

Si se usa la probabilidad máxima, especifique el número de factores a extraer. Si no se especifica un número en la extracción del componente principal, el programa establecerá un número igual a la cantidad de variables en el conjunto de datos. El análisis factorial no está disponible en el programa Excel.

SPSS PARA WINDOWS

Para elegir este procedimiento en SPSS para Windows haga clic en:

Analyze>Data Reduction>Factor . . .

A continuación se presentan los pasos detallados para correr el análisis de componentes principales en las puntuaciones de los atributos del dentífrico (V1 a V6) con los datos de la tabla 19.1. La pantalla correspondiente que capta esos pasos puede bajarse del sitio Web de este libro.

1. Seleccione ANALYZE en la barra de menú de SPSS.
2. Haga clic en DATA REDUCTION y luego en FACTOR.
3. En el recuadro de variables cambie "Prevents Cavities" [v1], "Shiny Teeth" [v2], "Strengthen Gums" [v3], "Freshens Breath" [v4], "Tooth Decay Unimportant" [v5] y "Atractive Teth" [v6].
4. Haga clic en DESCRIPTIVES. En la ventana emergente, en el recuadro STATISTICS marque INITIAL SOLUTION. En el recuadro de CORRELATION MATRIX marque KMO y BARTLETT'S TEST OF SPHERICITY y marque también REPRODUCED. Haga clic en CONTINUE.
5. Haga clic en EXTRACTION. En la ventana emergente, para METHOD elija PRINCIPAL COMPONENTS (preestablecido). En el recuadro ANALYZE, elija CORRELATION MATRIX. En el recuadro EXTRACT, elija EIGENVALUE OVER 1 (predeterminado). En el recuadro DISPLAY elija UNROTATED FACTOR SOLUTION. Haga clic en CONTINUE.
6. Haga clic en ROTATION. En el recuadro METHOD elija VARIMAX. En el recuadro DISPLAY elija ROTATED SOLUTION. Haga clic en CONTINUE.
7. Haga clic en SCORES. En la ventana emergente, elija DISPLAY FACTOR SCORE COEFFICIENT MATRIX. Haga clic en CONTINUE.
8. Seleccione OK.

El procedimiento para correr el análisis de los factores comunes es similar, excepto que en el paso 5, para METHOD, se elige PRINCIPAL AXIS FACTORING.

PROYECTO DE INVESTIGACION

Análisis factorial

En el proyecto de la tienda departamental, las calificaciones de los encuestados a 21 enunciados de estilos de vida se sometieron a un análisis factorial para determinar los factores de estilos de vida. Surgieron siete factores: tarjeta de crédito bancaria contra preferencia por tarjeta de crédito de la tienda, propensión al uso del crédito, evitación del uso del crédito, orientación al tiempo libre, favorable a las tarjetas de crédito, comodidad del crédito y conocimiento del costo de las tarjetas de crédito. Se usaron estos factores, junto con las características demográficas, para hacer el perfil de los segmentos formados como resultado del agrupamiento.

Actividades del proyecto

Baje el archivo de datos SPSS Sears Data 17 del sitio Web de este libro. En el capítulo 17 encontrará una descripción de este archivo.

1. ¿Es posible representar los 21 enunciados de estilo de vida con un conjunto de factores reducido? De ser así, ¿cuál sería la interpretación de tales factores? Realice un análisis factorial y guarde las calificaciones de los factores.
2. ¿Es posible representar la importancia dada a los ocho factores de los criterios de elección con un conjunto de factores reducido? De ser así, ¿cuál sería la interpretación de tales factores? Realice un análisis factorial. ∎

Archivo de resultados de SPSS

Archivo de resultados de SPSS

EXPERIENCIA DE INVESTIGACIÓN

Descargue el caso Dell y el cuestionario del sitio Web de este libro. Esta información también se incluye al final del libro. Descargue el archivo de datos de Dell SPSS.

1. ¿Pueden representarse las evaluaciones de Dell (variables q8_1 a Q8_13) mediante un conjunto de factores reducido? De ser así, ¿cuál sería la interpretación de tales factores? (Sugerencia: haga un análisis de componentes principales con rotación varimax).
2. ¿Los reactivos de Experto en mercados (Market Maven), Innovación (Inovativeness) y Opinión de liderazgo (Opinion Leadership) pueden representarse (variables q10_1 a Q10_13) con un conjunto de factores reducido? De ser así, ¿cuál sería la interpretación de tales factores? (Sugerencia: haga un análisis de componentes principales con rotación varimax). ■

RESUMEN

El análisis factorial es una clase de procedimientos que se usan para reducir y resumir los datos. Cada variable se expresa como una combinación lineal de los factores subyacentes. Asimismo, los factores pueden expresarse como combinaciones lineales de las variables observadas. Los factores se extraen de modo tal que el primer factor explique la varianza más alta de los datos, el segundo la siguiente más alta, y así sucesivamente. Además, es posible extraer los factores de tal manera que no estén correlacionados, como en el análisis de componentes principales.

Al plantear el problema del análisis factorial, deben especificarse las variables que se incluirán en el análisis con base en investigaciones anteriores, la teoría y el juicio del investigador. Estas variables deben medirse en una escala de intervalo o de razón. El análisis factorial se basa en una matriz de correlación entre las variables. Es posible probar estadísticamente lo apropiado de la matriz de correlaciones para el análisis factorial.

Los dos enfoques básicos del análisis factorial son el análisis de componentes principales y el análisis de factores comunes. En el análisis de componentes principales, se considera la varianza total de los datos. Se recomienda este tipo de análisis cuando el interés principal del investigador consiste en determinar el número mínimo de factores que explicarán la varianza máxima de los datos para usarlos en un análisis multivariado posterior. En el análisis de factores comunes, el cálculo de los factores se basa sólo en la varianza común. Este procedimiento es adecuado cuando el interés principal es identificar las dimensiones subyacentes y cuando hay interés por la varianza común. Este recurso también se conoce como *factorización del eje principal*.

El número de factores que deberían extraerse puede determinarse *a priori* o con base en los valores propios, las gráficas de sedimentación, el porcentaje de varianza, la confiabilidad de división en mitades o pruebas de significancia. Aunque la matriz inicial o de factores no rotados indique la relación entre los factores y las variables individuales, rara vez arroja factores que puedan interpretarse, porque éstos se correlacionan con muchas variables. Por lo tanto, se usa la rotación para transformar la matriz factorial en una más sencilla que sea más fácil de interpretar. El método de rotación de uso más común es el procedimiento varimax, que da como resultado factores ortogonales. Si la correlación entre los factores en la población es muy grande, puede utilizarse la rotación oblicua. La matriz de factores rotados constituye la base para la interpretación de los factores.

Es posible calcular para cada encuestado las puntuaciones de los factores. Una alternativa consiste en elegir variables sustitutas al examinar la matriz factorial y elegir, para cada factor, una variable con la carga más alta o cercana a la mayor. Para determinar el ajuste del modelo pueden examinarse las diferencias entre las correlaciones observadas y las correlaciones reproducidas, según se calcularon en la matriz factorial.

TÉRMINOS Y CONCEPTOS CLAVE

análisis factorial, **609**
técnica de interdependencia, **610**
factores, **610**
análisis de los componentes principales, **616**

análisis de factores comunes, **616**
rotación ortogonal, **619**
procedimiento varimax, **619**

rotación oblicua, **619**
puntuaciones de los factores, **620**

CASOS SUGERIDOS, CASOS EN VIDEO Y CASOS DE HARVARD BUSINESS SCHOOL

Casos

Caso 3.2 El descubrimiento demográfico del nuevo milenio.
Caso 3.4 Pampers soluciona su problema de participación de mercado.

Caso 3.5 DaimlerChrysler busca una nueva imagen.
Caso 3.6 Cingular Wireless: un enfoque singular.
Caso 3.7 IBM: el principal proveedor mundial de hardware, software y servicios para computadoras.
Caso 3.8 Kimberly-Clark: competir por medio de la innovación.
Caso 4.1 Wachovia: finanzas "Watch Ovah Ya".
Caso 4.2 Wendy's: historia y vida después de Dave Thomas.
Caso 4.3 Astec sigue creciendo.
Caso 4.4 ¿Es la investigación de mercados la cura para los males del Hospital Infantil Norton Healthcare Kosair?

Casos en video

Caso en video 3.1 La Clínica Mayo: permanece saludable con la investigación de mercados.
Caso en video 4.1 Subaru: el "Sr. Encuesta" supervisa la satisfacción del cliente.
Caso en video 4.2 Procter & Gamble: usando la investigación de mercados para crear marcas.

INVESTIGACIÓN REAL: REALIZACIÓN DE UN PROYECTO DE INVESTIGACIÓN DE MERCADOS

1. Los objetivos del análisis factorial deben especificarse con claridad.
2. Si la multicolinealidad es un problema, puede usarse el análisis factorial para generar puntuaciones de factores no correlacionados o para identificar un conjunto menor de las variables originales, que luego pueda usarse en un análisis multivariado.
3. Es instructivo usar diferentes lineamientos para determinar el número de factores y los diferentes procedimientos de rotación, y para examinar el efecto en las soluciones factoriales.

EJERCICIOS

Preguntas

1. ¿En qué difiere el análisis factorial de la regresión múltiple y del análisis discriminante?
2. ¿Cuáles son los principales usos del análisis factorial?
3. Describa el modelo del análisis factorial.
4. ¿Qué hipótesis examina la prueba de esfericidad de Bartlett? ¿Con qué propósito se usa esa prueba?
5. ¿A qué se refiere el término "contribuciones comunes de una variable"?
6. Defina brevemente valor propio, cargas de factores, matriz factorial y puntuaciones de los factores.
7. ¿Con qué propósitos se usa la medida de lo adecuado del muestreo de Kaiser-Meyer-Olkin?
8. ¿Cuál es la principal diferencia entre el análisis de componentes principales y el análisis de factores comunes?
9. Explique cómo se usan los valores propios para determinar el número de factores.
10. ¿Qué es una gráfica de sedimentación? ¿Con qué propósitos se utiliza?
11. ¿Por qué es útil rotar los factores? ¿Cuál es el método de rotación más común?
12. ¿De qué lineamientos se dispone para interpretar los factores?
13. ¿Cuándo es útil calcular las puntuaciones de los factores?
14. ¿Qué son las variables sustitutas? ¿Cómo se determinan?
15. ¿Cómo se examina el ajuste del modelo del análisis factorial?

Problemas

1. Complete la siguiente porción de una salida de un análisis de componentes principales.

Variable	Contribuciones comunes	Factor	Valor propio	% de varianza
V_1	1.0	1	3.25	
V_2	1.0	2	1.78	
V_3	1.0	3	1.23	
V_4	1.0	4	0.78	
V_5	1.0	5	0.35	
V_6	1.0	6	0.30	
V_7	1.0	7	0.19	
V_8	1.0	8	0.12	

2. Elabore una gráfica de sedimentación a partir de los datos proporcionados en el problema 1.
3. ¿Cuántos factores deben extraerse en el problema 1? Explique su razonamiento.

EJERCICIOS EN INTERNET Y POR COMPUTADORA

1. En un estudio sobre la relación entre el comportamiento de las familias y el comportamiento de compra, se obtuvieron datos sobre los siguientes enunciados del estilo de vida en una escala de 7 puntos (1 = en desacuerdo, 7 = de acuerdo).

    V_1 Prefiero disfrutar una noche tranquila en casa en vez de ir a una fiesta.
    V_2 Siempre comparo precios, incluso en artículos pequeños.
    V_3 Las revistas son más interesantes que las películas.
    V_4 No compraría artículos anunciados en vallas publicitarias.
    V_5 Soy hogareño.
    V_6 Ahorro y pago con cupones.
    V_7 Las empresas desperdician mucho dinero en publicidad.

    Los datos obtenidos al aplicar un pretest a una muestra de 25 encuestados son los siguientes:

Núm.	V_1	V_2	V_3	V_4	V_5	V_6	V_7
1	6	2	7	6	5	3	5
2	5	7	5	6	6	6	4
3	5	3	4	5	6	6	7
4	3	2	2	5	1	3	2
5	4	2	3	2	2	1	3
6	2	6	2	4	3	7	5
7	1	3	3	6	2	5	7
8	3	5	1	4	2	5	6
9	7	3	6	3	5	2	4
10	6	3	3	4	4	6	5
11	6	6	2	6	4	4	7
12	3	2	2	7	6	1	6
13	5	7	6	2	2	6	1
14	6	3	5	5	7	2	3
15	3	2	4	3	2	6	5
16	2	7	5	1	4	5	2
17	3	2	2	7	2	4	6
18	6	4	5	4	7	3	3
19	7	2	6	2	5	2	1
20	5	6	6	3	4	5	3
21	2	3	3	2	1	2	6
22	3	4	2	1	4	3	6
23	2	6	3	2	1	5	3
24	6	5	7	4	5	7	2
25	7	6	5	4	6	5	3

    a. Analice estos datos usando el análisis de componentes principales y el procedimiento de rotación varimax.
    b. Interprete los factores extraídos.
    c. Calcule las puntuaciones de los factores para cada encuestado.
    d. Si tuviera que elegir variables sustitutas, ¿cuáles elegiría?
    e. Examine el ajuste del modelo.
    f. Analice los datos usando el análisis de factores comunes y responda de nuevo las preguntas b) a e).

2. Realice el siguiente análisis con los datos de Nike presentados en el ejercicio 1 del apartado de "Ejercicios en Internet y por computadora" del capítulo 15. Considere sólo las siguientes variables: conocimiento, actitud, preferencia, intención y lealtad hacia Nike.
    a. Analice los datos mediante el análisis de componentes principales y utilice el procedimiento de rotación varimax.
    b. Interprete los valores extraídos.
    c. Calcule las puntuaciones de los factores para cada encuestado.
    d. Si tuviera que usar variables sustitutas, ¿cuáles elegiría?
    e. Examine el ajuste del modelo.
    f. Analice los datos usando el análisis de factores comunes y responda de nuevo las preguntas b) a e).

3. Realice el siguiente análisis con los datos sobre estilos de vida al aire libre presentados en el ejercicio 2 del apartado de "Ejercicios en Internet y por computadora" del capítulo 15. Considere sólo las siguientes variables: importancia dada a disfrutar de la naturaleza, relacionarse con el clima, vivir en armonía con el ambiente, ejercitarse con regularidad y conocer a gente nueva (V_2 a V_6).
    a. Analice estos datos mediante el análisis de componentes principales y el procedimiento de rotación varimax.
    b. Interprete los factores extraídos.
    c. Calcule las puntuaciones de los factores para cada encuestado.
    d. Si tuviera que usar variables sustitutas, ¿cuáles elegiría?
    e. Examine el ajuste del modelo.
    f. Analice los datos con el análisis de factores comunes y responda de nuevo las preguntas b) a e).

4. Realice el siguiente análisis con los datos sobre zapatos deportivos presentados en el ejercicio 3 del apartado "Ejercicios en Internet y por computadora" del capítulo 17. Considere sólo las siguientes variables: evaluación de los zapatos deportivos en comodidad (V_2), estilo (V_3) y durabilidad (V_4).
    a. Analice estos datos usando el análisis de componentes principales y el procedimiento de rotación varimax.
    b. Interprete los factores extraídos.
    c. Calcule las puntuaciones de los factores para cada encuestado.
    d. Si tuviera que usar variables sustitutas, ¿cuáles elegiría?
    e. Examine el ajuste del modelo.
    f. Analice los datos mediante el análisis de factores comunes y responda de nuevo las preguntas b) a e).

5. Haga un análisis factorial sobre los datos psicográficos y de estilos de vida relacionados con ropa obtenidos en el ejercicio 1 del apartado "Trabajo de campo". Para ello utilice el análisis de componentes principales. Use un programa apropiado de SPSS, SAS o MINITAB.

6. Utilice el análisis de factores comunes para hacer el análisis factorial de los datos sobre tiempo libre obtenidos en el ejercicio 2 del apartado "Trabajo de campo". Use SPSS, SAS o MINITAB.

ACTIVIDADES

Trabajo de campo

1. Usted es un analista de investigación de mercados de un fabricante de ropa casual. Se le ha pedido que desarrolle un conjunto de 10 enunciados, para medir las características psicográficas y de estilo de vida de los estudiantes, porque pueden estar relacionadas con el uso de ropa casual. Se pedirá a los encuestados que indiquen su grado de acuerdo con los enunciados en una escala de 7 puntos (1 = completamente en desacuerdo, 7 = completamente de acuerdo). Obtenga datos de 40 estudiantes en su campus.
2. Usted ha sido comisionado por un fabricante de artículos deportivos para determinar las actitudes de los estudiantes hacia la conducta en sus tiempos libres. Elabore una escala de 8 reactivos para este propósito. Aplique esta escala a 35 estudiantes de su campus.

Discusión en grupo

1. En equipos pequeños, identifique los usos del análisis factorial en cada una de las siguientes áreas de decisiones importantes en marketing:
    a. Segmentación del mercado.
    b. Decisiones sobre el producto.
    c. Decisiones de promoción.
    d. Decisiones de fijación de precios.
    e. Decisiones de distribución.

CAPÍTULO 20

Análisis de conglomerados

"El análisis de conglomerados nos ayuda a identificar grupos o segmentos que son más parecidos entre sí que con los miembros de otros grupos o segmentos".

Roger Bacik,
vicepresidente ejecutivo,
CMI, Atlanta, GA

Objetivos

Después de leer este capítulo, el estudiante deberá ser capaz de:

1. Describir el concepto básico del análisis de conglomerados, su alcance y su importancia en la investigación de mercados.
2. Analizar los estadísticos asociadas con el análisis de conglomerados.
3. Explicar el procedimiento para realizar un análisis de conglomerados, que incluya el planteamiento del problema, la elección de una medida de distancia, la elección de un procedimiento de conglomeración, la decisión respecto al número, así como la interpretación y descripción de los conglomerados.
4. Describir el propósito y los procedimientos para evaluar la calidad de los resultados de la conglomeración, y evaluar su confiabilidad y validez.
5. Analizar las aplicaciones de la conglomeración no jerárquica y de la conglomeración de las variables.

Panorama general

Igual que el análisis factorial (capítulo 19), el análisis de conglomerados examina todo un conjunto de relaciones interdependientes. El análisis de conglomerados no distingue entre variables dependientes e independientes, sino que examina las relaciones interdependientes entre el conjunto completo de variables. Su objetivo principal es clasificar objetos en grupos más o menos homogéneos con base en el conjunto de variables consideradas. Los objetos en un grupo son relativamente similares en términos de estas variables y diferentes de los objetos de otros grupos. Cuando se usa de esta manera, el análisis de conglomerados es la contrapartida del análisis factorial, ya que no reduce el número de variables sino de objetos, a los que agrupa en un número mucho menor de conglomerados.

Este capítulo describe el concepto básico del análisis de conglomerados. Se analizan los pasos implicados en la realización del análisis y se ilustran en el contexto de la conglomeración jerárquica usando un conocido programa de cómputo. Después se presenta una aplicación de la conglomeración no jerárquica, seguida del procedimiento de dos pasos y del análisis de la conglomeración de las variables.

INVESTIGACIÓN REAL

Neverías en lugares calientes

A Häagen-Dazs Shoppe Co. (*www.haagen-dazs.com*), con más de 300 establecimientos de venta de helados en Estados Unidos, le interesaba ampliar su base de clientes. El objetivo era identificar segmentos de consumidores potenciales que pudieran generar ventas adicionales. Para ello se utilizó la geodemografía, una técnica para agrupar a los consumidores que se basa en características geo-

Häagen-Dazs incrementó su penetración al identificar conglomerados geodemográficos que ofrecían la posibilidad de incrementar las ventas de helados.

gráficas, demográficas y de estilo de vida. Se realizó una investigación primaria para desarrollar los perfiles demográficos y psicográficos de los clientes de los establecimientos de Häagen-Dazs, que incluían la frecuencia de sus compras, la hora del día en que hacían sus compras, el día de la semana y otras variables de uso del producto. También se obtuvieron direcciones y códigos postales de los encuestados, quienes fueron asignados a 40 conglomerados geodemográficos con base en el procedimiento de conglomeración desarrollado por Claritas. Para cada conglomerado geodemográfico, se comparó el perfil del cliente de Häagen-Dazs con el perfil del conglomerado, para determinar el grado de penetración. Con tal información, Häagen-Dazs también fue capaz de identificar diversos grupos de clientes potenciales a los que podría atraer. Además de ampliar la base de clientes de Häagen-Dazs, se diseñó la publicidad del producto para atraer en consecuencia a los nuevos clientes. Se lanzaron nuevos productos. Por ejemplo, en 2005 Häagen-Dazs introdujo la nueva barra *brownie*, una exquisitez que consistía en una rica galleta de chocolate con helado de vainilla y cubierto con una deliciosa capa de chocolate belga y crujientes nueces.[1] ■

El ejemplo de Häagen-Dazs ilustra el uso de los conglomerados para llegar a segmentos homogéneos con el propósito de plantear estrategias de marketing específicas.

CONCEPTO BÁSICO

El análisis de conglomerados es una técnica usada para clasificar objetos o casos en grupos relativamente homogéneos llamados *conglomerados*. Los objetos de cada conglomerado tienden a ser similares entre sí y diferentes de los objetos de otros conglomerados. El análisis de conglomerados también se conoce como *análisis de clasificación* o *taxonomía numérica*.[2] Nos ocuparemos de los procedimientos de conglomeración que asignan cada objeto a uno y sólo un conglomerado.[3] La figura 20.1 muestra una situación ideal de conglomeración, en la cual los conglomerados se separan de forma clara en dos variables: conciencia de la calidad (variable 1) y sensibilidad a los precios (variable 2). Advierta que cada consumidor cae en un conglomerado y que no hay áreas de traslape. Por otro lado, la figura 20.2 presenta una situación de conglomeración que es más probable encontrar en la práctica. En la figura 20.2 los límites de algunos conglomerados no están bien definidos y la clasificación de algunos consumidores no es tan evidente, ya que muchos de ellos pueden agruparse en un conglomerado u otro.

Tanto el análisis de conglomerados como el análisis discriminante se interesan en la clasificación. Sin embargo, el análisis discriminante requiere de un conocimiento previo del conglomerado o la pertenencia al grupo de cada objeto o caso incluido, para desarrollar la regla de clasificación. En contraste, en el análisis de conglomerados no existe información *a priori* sobre la pertenencia al grupo o conglomerado de ninguno de los objetos. Los grupos o conglomerados son sugeridos por los datos, no se definen *a priori*.[4]

El análisis de conglomerados se ha usado en marketing con diversos propósitos, entre los que se encuentran:[5]

- **Segmentación del mercado:** por ejemplo, puede agruparse a los consumidores según los beneficios que buscan en la compra de un producto. Cada conglomerado estaría formado por consumidores que son relativamente homogéneos en términos de los beneficios que buscan.[6] Este procedimiento se conoce como *segmentación por beneficios*.

Figura 20.1
Una situación ideal de conglomeración

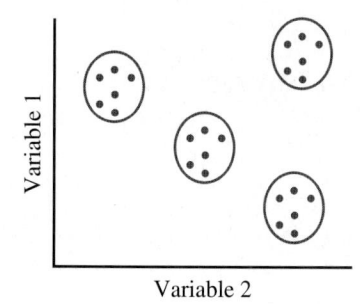

Figura 20.2
Una situación real de conglomeración

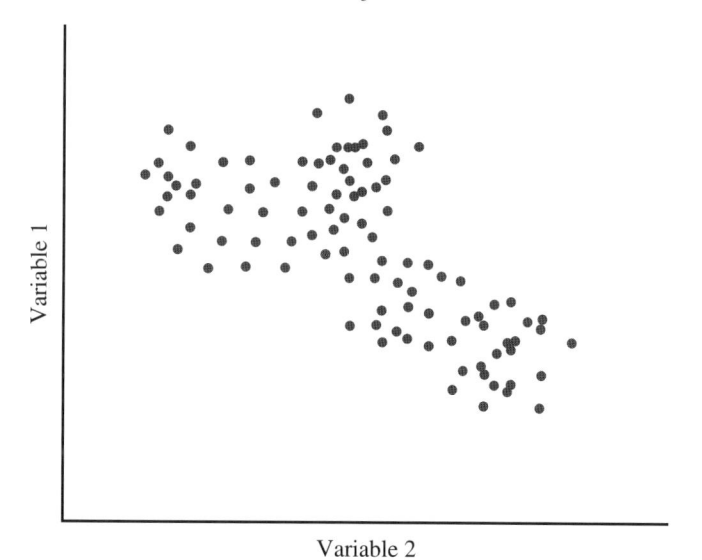

CAPÍTULO 20 *Análisis de conglomerados*   637

Variable 1

Variable 2

INVESTIGACIÓN REAL

Vacacionistas exigentes, educadores y escapistas

En un estudio sobre los patrones de toma de decisiones entre vacacionistas internacionales, 260 encuestados proporcionaron información en seis orientaciones psicográficas: psicológica, académica, social, de relajamiento, fisiológica y estética. Se usó el análisis de conglomerados para agrupar a los encuestados en segmentos psicográficos. Los resultados sugirieron la existencia de tres segmentos significativos basados en dichos estilos de vida. El primer segmento (53 por ciento) estaba formado por individuos con una puntuación muy alta en casi todas las escalas de estilos de vida. Este grupo se nombró "exigentes". El segundo grupo (20 por ciento) obtuvo una elevada puntuación en la escala académica y se le llamó "académicos". El último grupo (26 por ciento) obtuvo puntuaciones altas en relajación y bajas en las escalas sociales, y se le denominó "escapistas". Se plantearon estrategias específicas de marketing para atraer a vacacionistas de cada segmento. Un estudio realizado en 2000 examinó la imagen que 510 turistas tenían de Tailandia como destino de viajes internacionales. El estudio evaluó el impacto que tenía la imagen del destino en la probabilidad de que el viajero regresara a Tailandia. La muestra para este estudio estuvo formada por viajeros internacionales que visitaron Tailandia y que salían del Aeropuerto Internacional de Bangkok. El estudio implicó el uso de un muestreo de tres etapas que incluía estratificación proporcional, conglomerados y muestreo aleatorio sistemático. El muestreo por conglomerados se usó para elegir de manera aleatoria los vuelos que salían del aeropuerto internacional de Bangkok. Los resultados de este estudio revelaron que Tailandia tenía una imagen negativa por problemas ambientales y sociales. Sin embargo, al mismo tiempo tenía una imagen positiva como un destino de viaje seguro, asociada con bellezas naturales, cultura, cocina y hoteles, y buenas compras. En general, la mayoría de los turistas, en especial los "escapistas", dijeron que regresarían de vacaciones a Tailandia. Con la finalidad de recuperarse de las secuelas del funesto tsunami del 26 de diciembre de 2004, Tailandia hizo un esfuerzo especial para llegar al segmento de los "escapistas" en 2005 y 2006, porque el país es más atractivo para estos vacacionistas.[7] ■

- ■ ***Entender la conducta de los compradores:*** el análisis de conglomerados puede usarse para identificar grupos homogéneos de compradores. Luego se examina por separado la conducta de compras de cada grupo, como en el proyecto de la tienda departamental, donde los encuestados se agruparon con base en la importancia que dijeron atribuir a cada factor de los criterios utilizados en la elección de una tienda departamental. El análisis de conglomerados también se ha empleado para identificar las estrategias que usan los compradores de automóviles cuando buscan información externa.
- ■ ***Identificar oportunidades de nuevos productos:*** al agrupar marcas y productos, es posible determinar conjuntos competitivos dentro del mercado. Las marcas del mismo conglomerado compiten mucho más entre sí que con las marcas de otros conglomerados. Una empresa puede comparar sus ofertas actuales con las de sus competidores para identificar posibles oportunidades de productos nuevos.

- **Elegir mercados de prueba:** al agrupar ciudades en conglomerados homogéneos, es posible elegir ciudades comparables para probar diversas estrategias de marketing.
- **Reducir los datos:** el análisis de conglomerados es útil como herramienta general de reducción de datos, para desarrollar conglomerados o subgrupos de datos que sean más fáciles de manejar que las observaciones individuales. El análisis multivariado posterior no se realiza en las observaciones individuales, sino en los conglomerados. Por ejemplo, para describir las diferencias en la conducta de uso del producto por parte de los consumidores, primero se dividiría a éstos en conglomerados. Las diferencias entre los grupos se examina luego con el análisis discriminante múltiple.

ESTADÍSTICOS ASOCIADOS CON EL ANÁLISIS DE CONGLOMERADOS

Antes de revisar los estadísticos asociados con el análisis de conglomerados, debería mencionarse que la mayoría de los procedimientos de conglomeración son relativamente sencillos, que no se sustentan en un razonamiento estadístico amplio. Más bien, en su mayoría son heurísticos que se basan en algoritmos. Por lo tanto, existe un notable contraste entre el análisis de conglomerados y el análisis de varianza, la regresión, el análisis discriminante y el análisis factorial, los cuales se fundamentan en un razonamiento estadístico amplio. Aunque muchos de los procedimientos de conglomeración tienen propiedades estadísticas importantes, debe reconocerse su sencillez fundamental.[8] Los siguientes estadísticos y conceptos se asocian con el análisis de conglomerados.

Calendario de aglomeración: este programa brinda información sobre objetos o casos que se combinan en cada etapa del proceso de conglomeración jerárquica.

Centroide del conglomerado: es la media de los valores de las variables de todos los objetos o casos de un conglomerado particular.

Centros del conglomerado: son el punto de partida en la conglomeración no jerárquica. Los conglomerados se construyen en torno a estos centros o *semillas*.

Pertenencia al conglomerado: indica el conglomerado al que corresponde cada objeto o caso.

Dendrograma: conocido como *gráfica de árbol*, es un medio gráfico para presentar los resultados de la conglomeración. Las líneas verticales representan conglomerados que están unidos. La posición de la línea en la escala indica las distancias en las que se unen los conglomerados. El dendrograma se lee de izquierda a derecha. La figura 20.8 es un ejemplo de dendrograma.

Distancias entre los centros de los conglomerados: estas distancias indican qué tan separados están los pares individuales de conglomerados. Los que están muy separados son distintos y, por lo tanto, son deseables.

Diagrama de carámbanos: es una representación gráfica de los resultados de la conglomeración, recibe ese nombre porque parece una fila de carámbanos que cuelgan del tejado de una casa. Las columnas corresponden a los objetos que se conglomeran; y las filas, al número de conglomerados. Un diagrama de carámbanos se lee de abajo hacia arriba. La figura 20.7 es un diagrama de carámbanos.

Matriz de coeficientes de semejanza y distancia: es una matriz de triángulo inferior que contiene distancias entre pares de objetos o casos.

REALIZACIÓN DE UN ANÁLISIS DE CONGLOMERADOS

La figura 20.3 presenta los pasos implicados en la realización de un análisis de conglomerados. El primer paso es el planteamiento del problema de agrupamiento definiendo las variables en las que se basará la conglomeración. En seguida debe elegirse una medida adecuada de distancia. Esta distancia determina qué tan parecidos o diferentes son los objetos agrupados. Se han desarrollado muchos procedimientos de conglomeración y el investigador debe elegir el que sea apropiado para el problema tratado. La decisión sobre el número de conglomerados requiere del juicio del investigador. Los conglomerados derivados deben interpretarse en términos de las variables usadas para generarlos y describirse en términos de otras variables destacadas. Por último, el investigador debe evaluar la validez del proceso de conglomeración.

Figura 20.3
Realización de un análisis de conglomerados

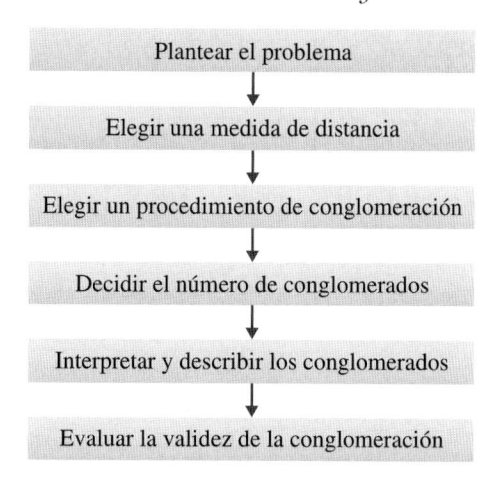

```
Plantear el problema
        ↓
Elegir una medida de distancia
        ↓
Elegir un procedimiento de conglomeración
        ↓
Decidir el número de conglomerados
        ↓
Interpretar y describir los conglomerados
        ↓
Evaluar la validez de la conglomeración
```

Planteamiento del problema

Quizá la parte más importante del planteamiento del problema de conglomeración sea la elección de las variables en se basará el agrupamiento. Aun la inclusión de una o dos variables irrelevantes distorsionaría una solución de agrupamiento, que de otra manera podría ser útil. En esencia, el conjunto de las variables elegidas debe describir la semejanza entre los objetos en términos relevantes para el problema de investigación de mercados. Las variables tienen que elegirse con base en la investigación previa, la teoría o la consideración de la hipótesis evaluada. En la investigación exploratoria, el investigador debe valerse de su juicio e intuición.

Para ilustrar, consideramos el agrupamiento de los consumidores con base en sus actitudes hacia ir de compras. A partir de la investigación previa, se identificaron seis variables de actitud. Se pidió a los consumidores que expresaran su grado de acuerdo con los siguientes enunciados en una escala de 7 puntos (1 = desacuerdo, 7 = de acuerdo):

V_1: ir de compras es divertido
V_2: ir de compras es malo para su presupuesto
V_3: cuando voy de compras aprovecho para comer fuera
V_4: cuando voy de compras busco las mejores ofertas
V_5: no me interesa ir de compras
V_6: puede ahorrar mucho dinero si compara precios

En la tabla 20.1 se presentan los datos obtenidos de un pretest aplicado a una muestra de 20 encuestados. Observe que en realidad, los conglomerados se forman con muestras mucho mayores de 100 o más. Se utilizó una muestra chica para ilustrar el proceso de conglomeración. En la práctica, el análisis de conglomerados se hace con muestras mucho más grandes, como la usada en la Experiencia de investigación de Dell que se revisará más adelante.

Elección de una medida de distancia o semejanza

Dado que el objetivo de la conglomeración es agrupar objetos similares, se necesita alguna medida para evaluar qué tan semejantes o diferentes son dichos objetos. El enfoque más común consiste en medir la semejanza en términos de la distancia entre pares de objetos. Los objetos separados por una distancia menor son más similares entre sí, que aquellos que tienen distancias mayores. Hay diversas formas de calcular la distancia entre dos objetos.[9]

distancia euclidiana
Raíz cuadrada de la suma de las diferencias elevadas al cuadrado de los valores de cada variable.

La medida de semejanza de uso más común es la distancia euclidiana o su cuadrado. La **distancia euclidiana** es la raíz cuadrada de la suma de diferencias elevadas al cuadrado en los valores de cada variable. Se dispone también de otras medidas de distancia. La *distancia de manzanas o de Manhattan* entre dos objetos es la suma de las diferencias absolutas de los valores para cada variable. La *distancia Chebychev* entre dos objetos es la diferencia absoluta máxima en los valores de cualquier variable. Para nuestro ejemplo, usaremos el cuadrado de la distancia euclidiana.

Si las variables se miden en unidades muy diferentes, la solución de la conglomeración estará influida por las unidades de medición. En un estudio sobre compras en un supermercado, las variables de actitud pueden medirse en una escala tipo Likert de 9 puntos; la preferencia en términos de frecuencia de visitas al mes y la cantidad de dólares gastados; la lealtad hacia la marca en términos del porcentaje de compras de artículos de consumo básico asignado al supermercado favorito.

PARTE III *Recolección, preparación, análisis y presentación de los datos*

Archivo de resultados de SPSS

TABLA 20.1

Datos de actitudes para la conglomeración

Caso núm.	V_1	V_2	V_3	V_4	V_5	V_6
1	6	4	7	3	2	3
2	2	3	1	4	5	4
3	7	2	6	4	1	3
4	4	6	4	5	3	6
5	1	3	2	2	6	4
6	6	4	6	3	3	4
7	5	3	6	3	3	4
8	7	3	7	4	1	4
9	2	4	3	3	6	3
10	3	5	3	6	4	6
11	1	3	2	3	5	3
12	5	4	5	4	2	4
13	2	2	1	5	4	4
14	4	6	4	6	4	7
15	6	5	4	2	1	4
16	3	5	4	6	4	7
17	4	4	7	2	2	5
18	3	7	2	6	4	3
19	4	6	3	7	2	7
20	2	3	2	4	7	2

conglomeración jerárquica
Procedimiento de conglomeración que se caracteriza por el desarrollo de una jerarquía o estructura tipo árbol.

conglomeración por aglomeración
Procedimiento de conglomeración jerárquica en que cada objeto comienza en un conglomerado separado. Los conglomerados se forman al agrupar a los objetos en conglomerados cada vez más grandes.

conglomeración por división
Procedimiento de conglomeración jerárquica donde todos los objetos comienzan en un conglomerado gigante. Los conglomerados se forman al dividir este conglomerado en otros cada vez más pequeños.

procedimientos de enlace
Técnicas de conglomeración jerárquica por aglomeración que agrupan a los objetos con base en el cálculo de la distancia entre ellos.

enlace único
Técnica de enlace que se basa en la distancia mínima o la regla del vecino más cercano.

enlace completo
Técnica de enlace que se basa en la distancia máxima o el procedimiento del vecino más lejano.

En estos casos, antes de agrupar a los encuestados, es necesario estandarizar los datos por medio del reescalamiento de cada variable para obtener una media de cero y una desviación estándar de uno. Aunque la estandarización elimina la influencia de la unidad de medición, también reduce las diferencias entre los grupos en variables que podrían diferenciar mejor los grupos o conglomerados. También es deseable eliminar los periféricos (casos con valores atípicos).[10]

El uso de diferentes medidas de distancia puede originar diferentes resultados de la conglomeración. Por lo tanto, es aconsejable usar diferentes mediciones y comparar los resultados. Una vez que se eligió una medida de distancia o de semejanza, podemos elegir el procedimiento de agrupamiento.

Selección de un procedimiento de conglomeración

La figura 20.4 presenta una clasificación de los procedimientos de conglomeración, los cuales pueden ser jerárquicos, no jerárquicos u otros. La ***conglomeración jerárquica*** se caracteriza por el desarrollo de una jerarquía o estructura tipo árbol. Los procedimientos jerárquicos pueden ser por aglomeración o por división. La ***conglomeración por aglomeración*** comienza con cada objeto en un conglomerado separado. Los conglomerados se forman al agrupar objetos en conglomerados cada vez más grandes; este procedimiento continúa hasta que todos los objetos son miembros de un solo conglomerado. La ***conglomeración por división*** comienza con todos los objetos agrupados en un solo conglomerado. Los conglomerados se dividen hasta que cada objeto queda en un conglomerado separado.

Las técnicas por aglomeración son comunes en la investigación de mercados; incluyen los procedimientos de enlace, los procedimientos de varianza o sumas de errores elevadas al cuadrado, y los procedimientos centroides. Los ***procedimientos de enlace*** incluyen enlace único, enlace completo y enlace promedio. La técnica de ***enlace único*** se basa en la distancia mínima o la regla del vecino más cercano. Los primeros dos objetos agrupados son los que tienen la menor distancia entre sí. Se identifica la siguiente distancia más corta y el tercer objeto se agrupa con los dos primeros, o se crea un nuevo conglomerado de dos objetos. En cada etapa, la distancia entre dos conglomerados es la distancia entre sus dos puntos más cercanos (véase la figura 20.5). En cualquier etapa se fusionan dos conglomerados a través del enlace único más cercano entre ellos. Este proceso continúa hasta que todos los objetos estén en un solo conglomerado. El procedimiento de enlace único no funciona bien cuando los conglomerados están mal definidos. El procedimiento de ***enlace completo*** es similar al enlace único, a excepción de que se basa en la distancia máxima o en la regla del vecino más lejano. En el enlace completo, la distancia entre dos conglomerados se calcula como la distancia entre sus dos puntos más lejanos.

Figura 20.4
Clasificación de los procedimientos de conglomeración

Procedimientos de conglomeración
- Jerárquicos
  - Por aglomeración
    - Procedimientos de enlace
      - Enlace único
      - Enlace completo
      - Enlace promedio
    - Procedimientos de varianza
      - Técnica de Ward
    - Procedimientos de centroides
  - Por división
- No jerárquicos
  - Umbral secuencial
  - Umbral paralelo
  - División óptima
- Otros
  - Dos pasos

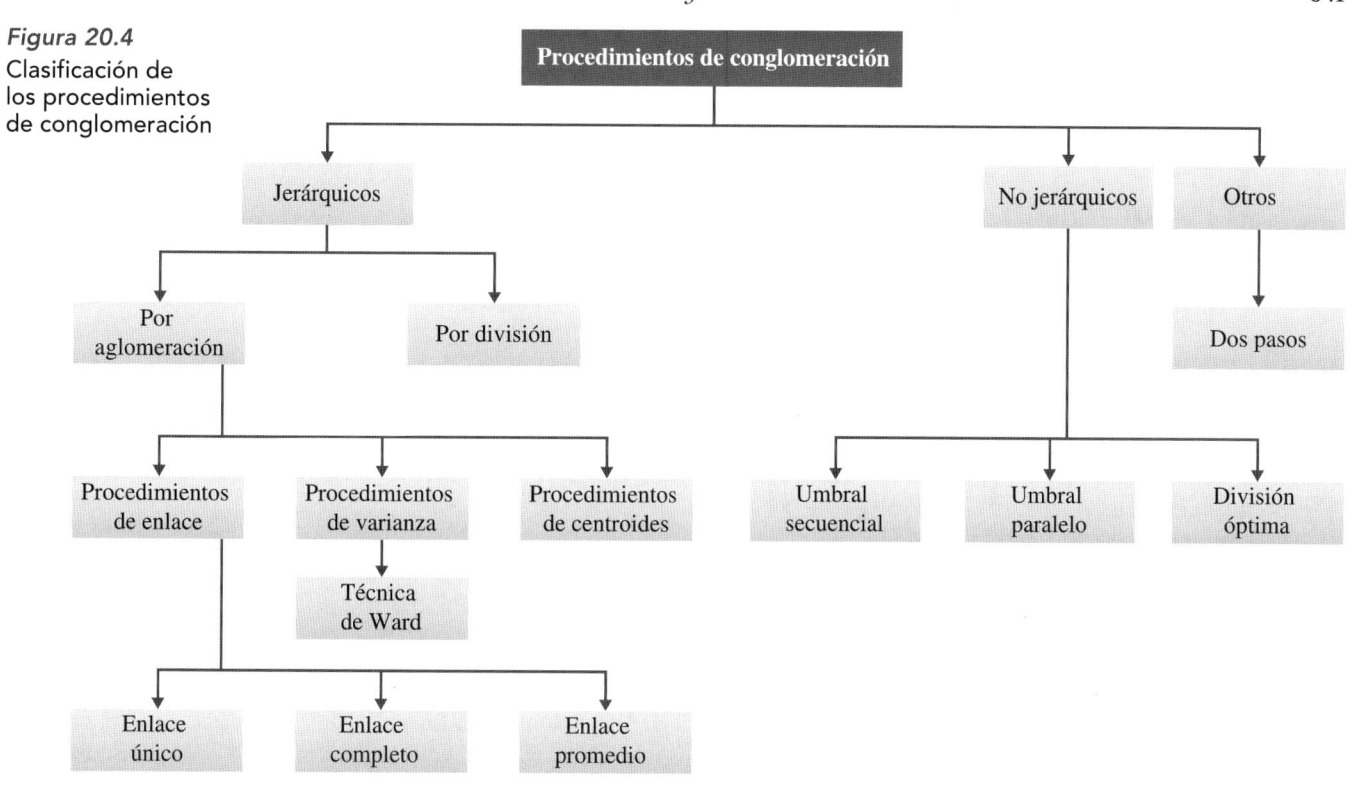

Figura 20.5
Procedimientos de enlace de conglomerados

Enlace único — Distancia mínima entre Conglomerado 1 y Conglomerado 2

Enlace completo — Distancia máxima entre Conglomerado 1 y Conglomerado 2

Enlace promedio — Distancia promedio entre Conglomerado 1 y Conglomerado 2

enlace promedio
Procedimiento de enlace que se basa en la distancia promedio entre todos los pares de objetos, en el cual se toma de cada conglomerado un miembro del par.

El procedimiento de *enlace promedio* funciona de manera similar. Sin embargo, en éste la distancia entre dos conglomerados se define como el promedio de las distancias entre todos los pares de objetos, donde un miembro del par pertenece a cada uno de los conglomerados (figura 20.5). Como se observa, el procedimiento de enlace promedio usa la información de todos los pares de distancias, no sólo las distancias mínimas o máximas. Por tal razón, suele preferirse a los procedimientos de enlace único y completo.

Figura 20.6
Otros procedimientos de conglomeración por aglomeración

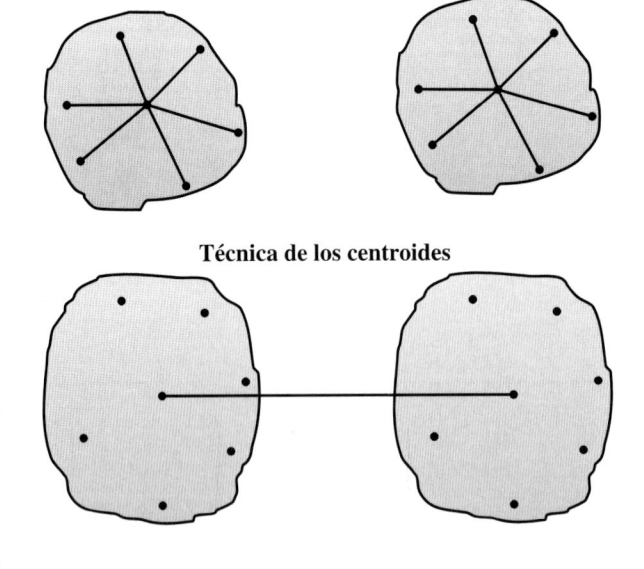

Técnica de Ward

Técnica de los centroides

procedimientos de varianza
Técnica de conglomeración jerárquica por aglomeración, donde los conglomerados se generan para minimizar la varianza interna.

técnica de Ward
Procedimiento de varianza en el que la distancia euclidiana elevada al cuadrado se minimiza a la media del conglomerado.

procedimientos de centroides
Técnica de varianza de la conglomeración jerárquica, en que la distancia entre dos conglomerados es la distancia entre sus centroides (medias de todas las variables).

conglomeración no jerárquica
Procedimiento que primero asigna o determina el centro de un conglomerado y después agrupa todos los objetos que están dentro de un valor de umbral predeterminado con respecto al centro.

procedimiento de umbral secuencial
Técnica de conglomeración no jerárquica en que se elige el centro del conglomerado, y se agrupan todos los objetos que están dentro de un valor de umbral predeterminado con respecto al centro.

procedimiento de umbral paralelo
Técnica de conglomeración no jerárquica que especifica varios centros del conglomerado a la vez. Agrupa a todos los objetos que están dentro de un valor de umbral predeterminado con respecto al centro.

procedimiento de división óptima
Técnica de conglomeración no jerárquica que permite la reasignación de los objetos a conglomerados para optimizar un criterio general.

Los **procedimientos de varianza** intentan formar conglomerados para minimizar la varianza interna. Un procedimiento de varianza usado con frecuencia es la **técnica de Ward**, que calcula las medias de todas las variables de cada conglomerado. Luego, calcula para cada objeto el cuadrado de la distancia euclidiana de las medias del conglomerado (véase la figura 20.6). Se suman estas distancias para todos los objetos. En cada etapa, se combinan los dos conglomerados con el menor incremento en la suma de cuadrados global de las distancias dentro del conglomerado. En los **procedimientos de centroides**, la distancia entre dos conglomerados es la distancia entre sus centroides (las medias de todas las variables), como se muestra en la figura 20.6. Cada vez que se agrupan los objetos, se calcula un nuevo centroide. De los procedimientos jerárquicos, los de enlace promedio y la técnica de Ward han demostrado un mejor desempeño que los demás procedimientos.[11]

El segundo tipo de procedimientos de conglomeración, los de **conglomeración no jerárquica**, se conocen también como conglomeración de *k-medias* e incluyen el umbral secuencial, el umbral paralelo y la división óptima. En el **procedimiento de umbral secuencial**, se elige un centro del conglomerado y se agrupan todos los objetos que están dentro de un valor de umbral especificado de antemano. Luego se elige un nuevo centro de conglomerado o semilla, y se repite el proceso con los puntos que no están en el conglomerado. Una vez que un objeto se agrupa con una semilla, ya no se considera para agruparlo con semillas subsiguientes. El **procedimiento de umbral paralelo** funciona de manera similar, con la excepción de que se eligen al mismo tiempo varios centros de conglomerado, y se agrupan los objetos que están dentro del umbral con el centro más cercano. El **procedimiento de división óptima** difiere de los dos procedimientos de umbral en que los objetos pueden reasignarse después a conglomerados para optimizar el criterio general, como la distancia promedio dentro de un conglomerado para un número de conglomerados específico.

Dos grandes desventajas de los procedimientos no jerárquicos son la necesidad de especificar de antemano el número de conglomerados y la arbitrariedad en la selección de los centros de los conglomerados. Además, los resultados de la conglomeración pueden depender de la forma en que se eligen los centros. Muchos programas no jerárquicos seleccionan los primeros k casos (k = número de conglomerados) sin valores faltantes como centro del conglomerado inicial. Por ende, los resultados de la conglomeración pueden depender del orden de las observaciones de los datos. Sin embargo, los procedimientos no jerárquicos de conglomeración son más rápidos que los jerárquicos, lo cual constituye una ventaja cuando el número de objetos u observaciones es grande. Se ha sugerido el uso conjunto de los procedimientos jerárquicos y los no jerárquicos. Primero se utiliza un procedimiento jerárquico (como el enlace promedio o la técnica de Ward) para obtener una solución inicial de la conglomeración. El número de conglomerados y centroides de conglomerado obtenidos de esa manera se usa como entrada para el procedimiento de división óptima.[12]

Existen otros procedimientos de conglomeración; uno de particular interés es el análisis de conglomerados de dos pasos, el cual puede determinar en forma automática el número óptimo de conglomerados al comparar los valores de los criterios de un modelo de elección con las diferentes soluciones de conglomeración. También crea modelos de conglomerados con base en variables categóricas y continuas. Además de la distancia euclidiana, el procedimiento de dos pasos también

CAPÍTULO 20 Análisis de conglomerados

usa la medida de probabilidad logarítmica. Esta medida coloca una distribución de probabilidad sobre las variables. También tiene cabida para dos criterios de conglomeración: el criterio de información bayesiana de Schwarz (CIB) o el criterio de información Akaike (CIA).

La elección de un procedimiento para la conglomeración se interrelaciona con la elección de una medida de la distancia. Por ejemplo, los cuadrados de las distancias euclidianas deberían usarse con los procedimientos de Ward y centroides. Muchas técnicas no jerárquicas también usan los cuadrados de las distancias euclidianas. En el procedimiento de dos pasos, la medida euclidiana sólo puede usarse cuando todas las variables son continuas.

Se utilizará la técnica de Ward para ilustrar una conglomeración jerárquica. En la tabla 20.2 se presenta la salida obtenida al agrupar los datos de la tabla 20.1. El calendario de aglomeración contiene información útil que muestra el número de casos o conglomerados que se combinan en cada etapa. La primera línea representa la etapa 1, con 19 conglomerados. Los encuestados 14 y 16 se combinan en esta etapa, como se indica en la columna denominada "conglomerados combinados". En la columna de "coeficientes" se presenta el cuadrado de la distancia euclidiana entre estos dos encuestados. La columna "etapa en la que aparece el primer conglomerado" indica la etapa en que se forma el primer conglomerado. Para ilustrarlo, una entrada de 1 en la etapa 6 indica que el encuestado 14 fue quien se agrupó primero en la etapa 1. La última columna, "etapa siguiente", indica la etapa en que se combina con este otro caso (encuestado) o conglomerado. Puesto que el número en la primera línea de la última columna es 6, vemos que en la etapa 6, el encuestado 10 se combina con los encuestados 14 y 16 para formar un conglomerado único. De manera similar, la segunda línea representa la etapa 2 con 18 conglomerados. En la etapa 2, se agruparon los encuestados 6 y 7.

Otra parte importante de la salida se encuentra en el diagrama de carámbanos de la figura 20.7. Las columnas corresponden a los objetos que se están conglomerando, en este caso los encuestados designados 1 a 20. Las filas corresponden al número de conglomerados. Esta figura se lee de abajo hacia arriba. Al principio, todos los casos se consideran conglomerados individuales. Como hay 20 encuestados, existen 20 conglomerados iniciales. En la primera etapa, se combinan los dos objetos más cercanos, lo cual da como resultado 19 conglomerados. La última línea de la figura 20.7 muestra estos 19 conglomerados. Los dos casos combinados en esta etapa, los encuestados 14 y 16, tienen entre sí todas las X en las filas 1 a 19. La fila número 18 corresponde a la siguiente etapa, con 18 conglomerados. En esta etapa se agruparon los encuestados 6 y 7. La columna de X entre los encuestados 6 y 7 tiene un espacio vacío en la fila 19. De modo que en esta etapa hay 18 conglomerados: 16 formados por encuestados individuales y dos que contienen dos encuestados cada uno. Cada etapa sucesiva lleva a la formación de un nuevo conglomerado en una de tres maneras: **1.** dos casos individuales se agrupan; **2.** un caso se une a un conglomerado ya existente, o **3.** se agrupan dos conglomerados.

El dendograma es otro recurso gráfico que es útil para exponer los resultados de la conglomeración (véase la figura 20.8). El dendograma se lee de izquierda a derecha. Las líneas verticales representan los conglomerados que se unieron. La posición de la línea en la escala indica las distancias en las que se unieron los conglomerados. Dado que en las primeras etapas muchas de las distancias son de una magnitud similar, resulta difícil indicar la secuencia en que se formaron algunos de los primeros conglomerados. Sin embargo, queda claro que en las últimas dos etapas, las distancias en las que se combinaron los conglomerados son grandes. Esta información resulta útil para decidir el número de conglomerados.

También es posible obtener información sobre los conglomerados a los que pertenecen los casos, si se especifica el número de conglomerados. Aunque esta información puede deducirse del diagrama de carámbanos, es muy útil presentarla en una tabla. La tabla 20.2 indica a qué conglomerados pertenecen los casos en función de si la solución final contiene dos, tres o cuatro conglomerados. Es posible obtener este tipo de información de cualquier número de conglomerados y resulta útil para decidir el número de conglomerados.

Decisión sobre el número de conglomerados

Un tema importante en el análisis de conglomerados es decidir su número. Aunque no hay reglas exactas ni rápidas, existen algunos lineamientos:

1. Las consideraciones teóricas, conceptuales o prácticas pueden sugerir un cierto número de conglomerados. Por ejemplo, si el propósito del agrupamiento es identificar los segmentos del mercado, tal vez la gerencia desee un número de conglomerados específico.
2. En los procedimientos de conglomeración jerárquica, pueden usarse como criterios las distancias en las que se combinan los conglomerados. Esta información puede obtenerse del

Archivo de resultados de SPSS

TABLA 20.2
Resultados de la conglomeración jerárquica

Resumen del procesamiento de datos[a,b]

Validos		Casos faltantes		Total	
N	Porcentaje	N	Porcentaje	N	Porcentaje
20	100.0	0	0.0	20	100.0

[a] Distancia euclidiana elevada al cuadrado que se usó
[b] Enlace de Ward

Enlace de Ward
Calendario de aglomeración

	Conglomerado combinado			Etapa en que aparece el primer conglomerado		
Etapa	Conglo-merado 1	Conglo-merado 2	Coeficientes	Conglo-merado 1	Conglo-merado 2	Etapa siguiente
1	14	16	1.000	0	0	6
2	6	7	2.000	0	0	7
3	2	13	3.500	0	0	15
4	5	11	5.000	0	0	11
5	3	8	6.500	0	0	16
6	10	14	8.167	0	1	9
7	6	12	10.500	2	0	10
8	9	20	13.000	0	0	11
9	4	10	15.583	0	6	12
10	1	6	18.500	0	7	13
11	5	9	23.000	4	8	15
12	4	19	27.750	9	0	17
13	1	17	33.100	10	0	14
14	1	15	41.333	13	0	16
15	2	5	51.833	3	11	18
16	1	3	64.500	14	5	19
17	4	18	79.667	12	0	18
18	2	4	172.667	15	17	19
19	1	2	328.600	16	18	0

Pertenencia al conglomerado

Caso	4 conglomerados	3 conglomerados	2 conglomerados
1	1	1	1
2	2	2	2
3	1	1	1
4	3	3	2
5	2	2	2
6	1	1	1
7	1	1	1
8	1	1	1
9	2	2	2
10	3	3	2
11	2	2	2
12	1	1	1
13	2	2	2
14	3	3	2
15	1	1	1
16	3	3	2
17	1	1	1
18	4	3	2
19	3	3	2
20	2	2	2

Figura 20.7
Diagrama vertical de carámbanos usando la técnica de Ward

Archivo de resultados de SPSS

Figura 20.8
Dendrograma usando la técnica de Ward

Archivo de resultados de SPSS

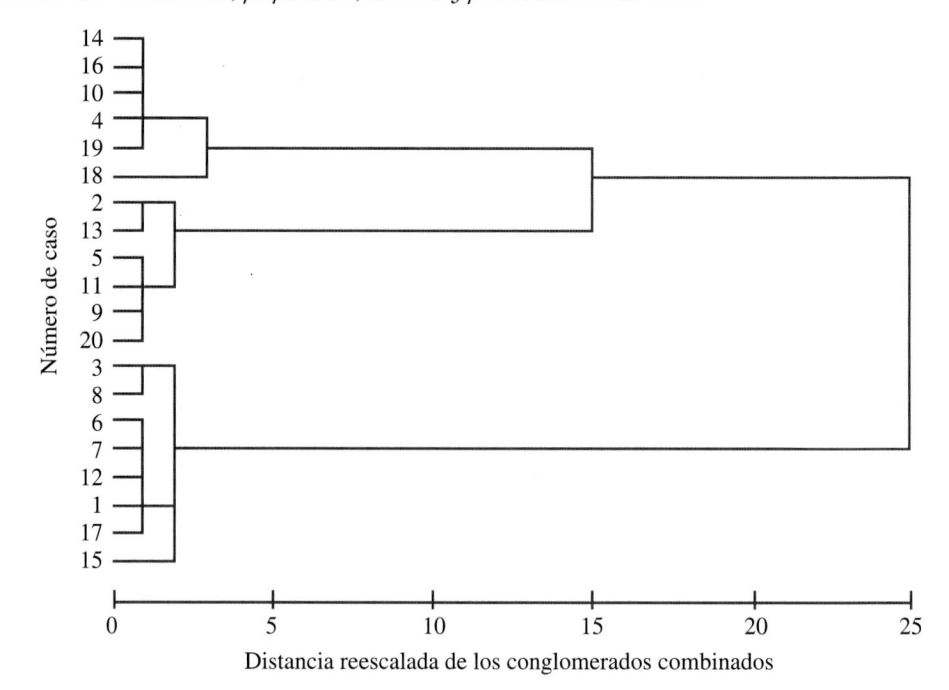

calendario de aglomeración o del dendrograma. En nuestro caso, vemos en el calendario de aglomeración de la tabla 20.2 que el valor en la columna "coeficientes" de repente aumenta a más del doble entre la etapa 17 (tres conglomerados) y 18 (dos conglomerados). Asimismo, en las últimas dos etapas del dendrograma en la figura 20.8, los conglomerados se combinan en distancias grandes. Por lo tanto, parece que la solución de tres conglomerados es apropiada.

3. En los procedimientos de conglomeración no jerárquica, la proporción entre la varianza total intragrupo y la varianza entre grupos puede graficarse contra el número de conglomerados. El punto donde se presenta un ángulo o una curva aguda indica un número adecuado de conglomerados. Por lo regular no vale la pena incrementar el número de conglomerados más allá de dicho punto.

4. Los tamaños relativos de los conglomerados deberían ser significativos. En la tabla 20.2, al hacer un simple conteo de las frecuencias de pertenencia al conglomerado, vemos que la solución de tres conglomerados da como resultado conglomerados con ocho, seis y seis elementos. No obstante, si vamos a la solución de cuatro conglomerados, los tamaños de los conglomerados son ocho, seis, cinco y uno. No tiene sentido formar un conglomerado con un solo caso, así que en esta situación es preferible la solución de tres conglomerados.

Interpretación y descripción de los conglomerados

Interpretar y describir los conglomerados implica examinar sus centroides, los cuales representan los valores promedio de los objetos contenidos en el conglomerado en cada una de las variables. Los centroides nos permiten describir cada conglomerado al asignarle un nombre o etiqueta. Si el calendario de conglomeración no imprime esta información, puede obtenerse mediante el análisis discriminante. La tabla 20.3 proporciona los centroides o valores promedio de cada conglomerado de nuestro ejemplo. El conglomerado 1 tiene valores relativamente altos en las variables V_1 (ir de compras es divertido) y V_3 (cuando voy de compras aprovecho para comer fuera). También tiene un valor bajo en V_5 (no me interesa ir de compras). De modo que al conglomerado 1 se le puede etiquetar como "compradores divertidos e interesados".

TABLA 20.3

Centroides de los conglomerados

	MEDIAS DE LAS VARIABLES					
CONGLOMERADO NÚM.	V_1	V_2	V_3	V_4	V_5	V_6
1	5.750	3.625	6.000	3.125	1.750	3.875
2	1.667	3.000	1.833	3.500	5.500	3.333
3	3.500	5.833	3.333	6.000	3.500	6.000

CAPÍTULO 20 *Análisis de conglomerados*

Este conglomerado consta de los casos 1, 3, 6, 7, 8, 12, 15 y 17. El conglomerado 2 es justo el contrario, con valores bajos en V_1 y V_3, y valor alto en V_5, por lo que este conglomerado puede etiquetarse "compradores apáticos". Los miembros del conglomerado 2 son los casos 2, 5, 9, 11, 13 y 20. El conglomerado 3 tiene valores altos en V_2 (las compras desequilibran mi presupuesto), V_4 (trato de encontrar las mejores ofertas cuando voy de compras) y V_6 (puede ahorrarse mucho dinero si se comparan precios). Por lo que este conglomerado puede etiquetarse como "compradores ahorrativos". El conglomerado 3 abarca los casos 4, 10, 14, 16, 18 y 19.

A menudo es útil describir a los conglomerados en términos de las variables que no se usaron para el agrupamiento. Esto incluiría variables demográficas, psicográficas, de uso del producto, de uso de medios de comunicación, etcétera. Por ejemplo, los conglomerados pudieron derivarse a partir de los beneficios buscados. Es posible hacer una descripción más detallada en términos de las variables demográficas y psicográficas, para enfocar los esfuerzos de marketing hacia cada conglomerado. El análisis discriminante y el análisis de varianza de un factor permiten distinguir con claridad entre los conglomerados.

Evaluación de la confiabilidad y la validez

Dados los diversos juicios que conlleva el análisis de conglomerados, no debería aceptarse una solución de agrupamiento sin una evaluación acerca de su confiabilidad y validez. Los procedimientos formales para evaluar la confiabilidad y validez de las soluciones de agrupamiento son complejas y no del todo justificables.[13] Por lo que las omitimos aquí. Sin embargo, los siguientes procedimientos ofrecen una verificación adecuada de la calidad de los resultados de la conglomeración.

1. Realice el análisis de conglomerados con los mismos datos pero con diferentes medidas de distancia. Compare los resultados entre las medidas para determinar la estabilidad de las soluciones.
2. Utilice diferentes procedimientos de conglomeración y compare los resultados.
3. Divida al azar los datos en mitades. En cada mitad realice la conglomeración de manera separada. Compare los centroides de los conglomerados de las dos submuestras.
4. Suprima variables al azar. Realice la conglomeración en el conjunto reducido de variables. Compare los resultados con los obtenidos al formar los conglomerados a partir del conjunto de variables completo.
5. En la conglomeración no jerárquica, tal vez la solución dependa del orden de los casos en el conjunto de datos. Haga varias corridas con los casos ordenados de diferente manera, hasta que la solución se estabilice.

La conglomeración no jerárquica se ilustra con más detalle en un estudio sobre las diferencias en las estrategias de marketing entre empresas estadounidenses, japonesas y británicas.

INVESTIGACIÓN REAL

Es un mundo pequeño

Se obtuvieron datos para un estudio de competidores estadounidenses, japoneses y británicos, a partir de entrevistas personales detalladas con jefes ejecutivos y responsables de las decisiones de marketing en grupos definidos de productos de 90 empresas. Para controlar las diferencias de mercados, la metodología se basó en la comparación de 30 empresas inglesas con sus principales competidores estadounidenses y japoneses en el mercado británico. El estudio incluyó a 30 triadas, cada una conformada por una empresa británica, una estadounidense y una japonesa que competían directamente entre sí.

Se utilizaron escalas de diferencial semántico de cinco puntos para recolectar la mayoría de los datos sobre las características del desempeño, las estrategias y la organización de las empresas.

Conglomerados por estrategias

Conglomerado Nombre	I Innovadores	II Vendedores de calidad	III Promotores de precio	IV Vendedores del producto	V Vendedores maduros	VI Impulsores agresivos
Tamaño	22	11	14	13	13	17
Exitosos (%)	55	100	36	38	77	41
Nacionalidad (%):						
Japonesa	59	46	22	31	15	18
Estadounidense	18	36	14	31	54	53
Británica	23	18	64	38	31	29

En la primera etapa se hizo un análisis factorial de las variables que describían las estrategias y actividades de marketing de las empresas. Se usaron las calificaciones de los factores para identificar grupos de empresas similares usando la rutina de conglomeración jerárquica de Ward. Se desarrolló una solución de seis conglomerados.

Luego se interpretó la pertenencia a los seis conglomerados comparándola con las variables originales de desempeño, estrategia y organización. Todos los conglomerados contenían algunas empresas exitosas, aunque algunos contenían significativamente más que otros. Los conglomerados apoyaron la hipótesis de que las empresas exitosas eran similares sin importar su nacionalidad, ya que se encontraron empresas estadounidenses, británicas y japonesas en todos los conglomerados. Sin embargo, las empresas japonesas predominaban en los conglomerados de mayor éxito; en tanto que las empresas británicas predominaban en los dos conglomerados de menor éxito. Al parecer, las empresas japonesas no utilizan estrategias exclusivas, sino que más bien buscan estrategias que sean eficientes en el mercado británico.

Los resultados indican que hay estrategias genéricas que describen a las empresas exitosas sin importar su ramo industrial. Pueden identificarse tres estrategias exitosas. La primera es la estrategia de vendedores de calidad. Estas empresas tienen solidez en la investigación y el desarrollo de marketing. Dirigen su desarrollo tecnológico a alcanzar altos índices de calidad en vez de la mera innovación. Estas empresas se caracterizan por ser organizaciones emprendedoras, por su planeación a largo plazo y por un sentido de la misión bien comunicado. La segunda estrategia genérica es la de los innovadores, que son débiles en investigación y desarrollo avanzados, pero son emprendedores y están orientados a la innovación. El último grupo de éxito son los vendedores maduros, que están muy orientados a las ganancias y tienen importantes habilidades de marketing. Las tres estrategias parecen caracterizar a los negocios con una alta orientación al marketing. La inversión extranjera en Inglaterra, la segunda economía más grande de Europa, creció en 31 por ciento en el año fiscal 2005, el mayor crecimiento anual registrado hasta esa fecha. Las empresas extranjeras invirtieron en 1,066 proyectos en el año que terminó el 31 de marzo de 2005, en comparación con 811 en el año fiscal anterior. Los principales inversionistas fueron todavía Estados Unidos y Japón.[14] ∎

APLICACIONES DE CONGLOMERADOS NO JERÁRQUICOS

Para ilustrar el procedimiento no jerárquico se utilizan los datos de la tabla 20.1 y una división óptima. A partir de los resultados de los procedimientos de conglomeración jerárquica, se especificó de antemano una solución de tres conglomerados. Los resultados se presentan en la tabla 20.4. Los centros de los conglomerados iniciales son los valores de tres casos elegidos al azar. En algunos programas se seleccionan los primeros tres casos. Los centros de clasificación de conglomerados son provisionales y se usan para la asignación de los casos. Cada caso se asigna al centro de clasificación de conglomerados más cercano. Los centros de clasificación se actualizan hasta que se alcanzan los criterios de interrupción. Los centros de conglomerados finales representan las medias de las variables para los casos en los conglomerados finales. En SPSS para Windows, éstos se redondean al entero más cercano.

La tabla 20.4 también presenta la pertenencia a los conglomerados, así como la distancia entre cada caso y su centro de clasificación. Advierta que la pertenencia al conglomerado presentada en la tabla 20.2 (conglomeración jerárquica) es idéntica a la que se presenta en la tabla 20.4 (conglomeración no jerárquica). (El conglomerado 1 de la tabla 20.2 se designa como conglomerado 3 en la tabla 20.4, y el conglomerado 3 de la tabla 20.2 se etiqueta como conglomerado 1 en la tabla 20.4). Las distancias entre los centros del conglomerado final indican una buena separación entre los pares de conglomerados. Se presenta la prueba univariada F para cada variable de conglomeración. Estas pruebas F sólo son descriptivas. Dado que los objetos o casos se asignan de manera sistemática a los conglomerados para maximizar las diferencias en las variables de conglomeración, las probabilidades resultantes no deberían interpretarse como pruebas de la hipótesis nula de que no hay diferencias entre los conglomerados.

El siguiente ejemplo de elección de hospital explica más a fondo los procedimientos de conglomeración no jerárquica.

INVESTIGACIÓN REAL

Segmentación con precisión quirúrgica

Se usó el análisis de conglomerados para clasificar a encuestados que preferían la atención hospitalaria, para identificar los segmentos de preferencias de hospitales. La conglomeración se basó en las

CAPÍTULO 20 *Análisis de conglomerados*   649

razones que daban los encuestados para preferir un hospital. Se compararon los perfiles demográficos de los encuestados agrupados para saber si los segmentos podían identificarse con eficiencia.

Se empleó el procedimiento de conglomeración de K-Means (SPSS) para agrupar a los encuestados con base en sus respuestas a reactivos sobre preferencias de hospitales. Se minimizaron los

Archivo de resultados de SPSS

TABLA 20.4
Resultados de la conglomeración no jerárquica

CENTROS INICIALES DE LOS CONGLOMERADOS

	CONGLOMERADOS		
	1	2	3
V_1	4	2	7
V_2	6	3	2
V_3	3	2	6
V_4	7	4	4
V_5	2	7	1
V_6	7	2	3

HISTORIA DE REPETICIONES[a]

	CAMBIO EN LOS CENTROS DE CONGLOMERADOS		
REPETICIONES	1	2	3
1	2.154	2.102	2.550
2	0.000	0.000	0.000

[a]Convergencia alcanzada debido a un cambio mínimo o nulo en la distancia. La distancia máxima en la que cambió cualquier centro es 0.0000. La repetición actual es 2. La distancia mínima entre los centros iniciales es 7.746.

PERTENENCIA AL CONGLOMERADO

NÚMERO DE CASO	CONGLOMERADO	DISTANCIA
1	3	1.414
2	2	1.323
3	3	2.550
4	1	1.404
5	2	1.848
6	3	1.225
7	3	1.500
8	3	2.121
9	2	1.756
10	1	1.143
11	2	1.041
12	3	1.581
13	2	2.598
14	1	1.404
15	3	2.828
16	1	1.624
17	3	2.598
18	1	3.555
19	1	2.154
20	2	2.102

CENTROS FINALES DE CONGLOMERADOS

	CONGLOMERADO		
	1	2	3
V_1	4	2	6
V_2	6	3	4
V_3	3	2	6
V_4	6	4	3
V_5	4	6	2
V_6	6	3	4

DISTANCIAS ENTRE LOS CENTROS DE CONGLOMERADOS FINALES

CONGLOMERADO	1	2	3
1		5.568	5.698
2	5.568		6.928
3	5.698	6.928	

(Continúa)

TABLA 20.4
Resultados de la conglomeración no jerárquica (*Continuación*)

ANOVA

	Conglomerado Media elevada al cuadrado	GL	Error Media elevada al cuadrado	GL	F	Sig.
V_1	29.108	2	0.608	17	47.888	0.000
V_2	13.546	2	0.630	17	21.505	0.000
V_3	31.392	2	0.833	17	37.670	0.000
V_4	15.713	2	0.728	17	21.585	0.000
V_5	22.537	2	0.816	17	27.614	0.000
V_6	12.171	2	1.071	17	11.363	0.001

Las pruebas *F* sólo deben usarse para propósitos descriptivos porque los conglomerados se eligieron para maximizar las diferencias entre los casos de diferentes conglomerados. Los niveles observados de significancia no se han corregido para esto y por ello no pueden interpretarse como prueba de la hipótesis de que las medias de los conglomerados son iguales.

Número de casos en cada conglomerado

Conglomerado	1	6.000
	2	6.000
	3	8.000
Válido		20.000
Faltante		0.000

cuadrados de las distancias euclidianas entre todas las variables de conglomeración. Debido a que individuos distintos perciben de manera diferente las escalas de importancia, se normalizaron las calificaciones de cada individuo antes del agrupamiento. Los resultados indicaron que los encuestados podían clasificarse mejor en cuatro conglomerados. El procedimiento de validación cruzada para el análisis de conglomerados se corrió dos veces, en las mitades de la muestra total.

Como se esperaba, los cuatro grupos diferían en forma sustancial en sus distribuciones y promedio de respuestas a las razones para sus preferencias de hospitales. Los nombres asignados a los cuatro grupos reflejaron las características demográficas y las razones de las preferencias por hospitales: anticuados, solventes, conscientes del valor y profesionales exigentes.[15] ■

APLICACIONES DE LA CONGLOMERACIÓN DE DOS PASOS

Los datos de la tabla 20.1 también se analizaron con el procedimiento de dos pasos en SPSS. Como todas las variables eran continuas, se utilizó la medida de distancia euclidiana. El criterio de agrupamiento fue el criterio de información Akaike (CIA). El número de conglomerados se determinó de manera automática. Los resultados se muestran en la tabla 20.5. Como se observa, se obtuvo una solución de tres conglomerados, similar a la obtenida con los procedimientos de conglomeración jerárquica y no jerárquica. Advierta que el CIA está al mínimo (97.594) para la solución de tres conglomerados. Una comparación de los centroides de conglomerados en la tabla 20.5 con los de la tabla 20.3 muestra que el conglomerado 1 de la tabla 20.5 corresponde al conglomerado 2 de la tabla 20.3 (conglomeración jerárquica), el conglomerado 2 de la tabla 20.5 corresponde al conglomerado 3 de la tabla 20.3, y el conglomerado 3 del procedimiento de dos pasos corresponde al conglomerado 1. La interpretación y las implicaciones son similares a las que se revisaron antes. En este caso, los tres procedimientos (jerárquico, no jerárquico y dos pasos) arrojaron resultados similares. En otros casos, diferentes procedimientos generarán resultados distintos. Es buena idea analizar un determinado conjunto de datos con diferentes procedimientos para examinar la estabilidad de las soluciones de agrupamiento.

INVESTIGACIÓN PARA LA TOMA DE DECISIONES

Sony: ataca al mercado segmento por segmento

La situación

Sony Corporation (*www.sony.com*), con sede en Tokio, es un importante fabricante de productos de audio, video, comunicaciones y tecnología de información para consumidores y mercados profe-

CAPÍTULO 20 *Análisis de conglomerados*   651

Archivo de resultados de SPSS

TABLA 20.5
Resultados del agrupamiento de dos pasos

AUTOAGRUPAMIENTO

NÚM. DE CON-GLOMERADOS	CRITERIOS DE INFORMACIÓN DE AKAIKE (CIA)	CAMBIO DE CIA[a]	PROPORCIÓN DE CAMBIOS DE CIA[b]	PROPORCIÓN DE DISTANCIA[c]
1	104.140			
2	101.171	−2.969	1.000	.847
3	97.594	−3.577	1.205	1.583
4	116.896	19.302	−6.502	2.115
5	138.230	21.335	−7.187	1.222
6	158.586	20.355	−6.857	1.021
7	179.340	20.755	−6.991	1.224
8	201.628	22.288	−7.508	1.006
9	224.055	22.426	−7.555	1.111
10	246.522	22.467	−7.568	1.588
11	269.570	23.048	−7.764	1.001
12	292.718	23.148	−7.798	1.055
13	316.120	23.402	−7.883	1.002
14	339.223	23.103	−7.782	1.044
15	362.650	23.427	−7.892	1.004

[a]Los cambios son de los números anteriores de conglomerados en la tabla.
[b]Las proporciones de cambios son relativas al cambio para la solución de dos conglomerados.
[c]Las proporciones de medidas de distancia se basan en el número actual de conglomerados contra su número anterior.

DISTRIBUCIÓN DE CONGLOMERADOS

	N	% DE COMBINADOS	% DEL TOTAL
Conglomerado 1	6	30.0%	30.0%
2	6	30.0%	30.0%
3	8	40.0%	40.0%
Combinado	20	100.0%	100.0%
Total	20		100.0%

CENTROIDES

	DIVERSIÓN		MALO PARA EL PRESUPUESTO	
	MEDIA	DESVIACIÓN EST.	MEDIA	DESVIACIÓN EST.
Conglomerado 1	1.67	.516	3.00	.632
2	3.50	.548	5.83	.753
3	5.75	1.035	3.63	.916
Combinado	3.85	1.899	4.10	1.410

CENTROIDES

	COMER FUERA		MEJORES COMPRAS	
	MEDIA	DESVIACIÓN EST.	MEDIA	DESVIACIÓN EST.
Conglomerado 1	1.83	.753	3.50	1.049
2	3.33	.816	6.00	.632
3	6.00	1.089	3.13	.835
Combinado	3.95	2.012	4.10	1.518

CENTROIDES

	NO ME INTERESA		COMPARAR PRECIOS	
	MEDIA	DESVIACIÓN EST.	MEDIA	DESVIACIÓN EST.
Conglomerado 1	5.50	1.049	3.33	.816
2	3.50	.837	6.00	1.549
3	1.88	.835	3.88	.641
Combinado	3.45	1.761	4.35	1.496

sionales. Entre los negocios más importantes de Sony en Estados Unidos se encuentran Sony Electronics, Inc., Sony Pictures Entertainment, Sony Music Entertainment, Inc., y Sony Computer Entertainment America, Inc.

También cuenta con 1,035 subsidiarias consolidadas alrededor del mundo con participación listada en 16 bolsas de valores en todo el orbe. Sony reportó ventas anuales consolidadas por alrededor de $67,000 millones de dólares para el año fiscal que terminó el 31 de marzo de 2005 y empleó a 151,400 personas en todo el mundo. Las ventas consolidadas de Sony en Estados Unidos para el año fiscal que terminó el 31 de marzo de 2005 ascendieron a $18,400 millones de dólares. De acuerdo con Harris Poll (*www.harrisinteractive.com*), Sony ha sido elegida como la marca número uno por tercer año consecutivo y por quinta ocasión en los últimos ocho años.

El principal enfoque de la estrategia de marketing de Sony es acercarse al consumidor. Ryoji Chubachi, director general de Sony Electronics, declaró: "En la actualidad es difícil diferenciar los productos […] nuestra misión es distinguirnos. Debemos ver primero por el cliente, vender todos los productos posibles a esos clientes a través de los canales de distribución adecuados". Con la finalidad de poner en práctica esta idea, Sony dividió su mercado meta en los siguientes segmentos: alfas solventes (primeros en adquirir), *zoomers* (mayores de 55), oficina pequeña/oficina en casa, jóvenes profesionales (25-34), familias y generación Y (menores de 25).

Estos seis segmentos demográficos constituyen el Plan Diamante. En vez de que los gerentes de marca se encarguen de comercializar productos individuales, Sony planea asignar ejecutivos para estos segmentos demográficos. Este nuevo tipo de marketing afectará los programas de desarrollo y diseño de productos, de venta al detalle, de publicidad y de lealtad del consumidor. La inversión en medios de comunicación también se ajustará para dirigirse en forma más eficiente a los nuevos segmentos. Sin embargo, antes de la completa implementación del Plan Diamante, al señor Ryoji Chubachi le gustaría determinar si hay una mejor forma de segmentar el mercado estadounidense de electrónica (por ejemplo, mediante los factores psicográficos y de estilo de vida) que logre el incremento en las ventas y en la participación en el mercado.[16]

La decisión para investigación de mercado

1. ¿Qué datos deben recolectarse y cómo deben analizarse para segmentar el mercado estadounidense de electrónica con base en factores psicográficos y de estilo de vida?
2. Analice cómo ayudó a Ryoji Chubachi el tipo de investigación que le recomendó para incrementar las ventas y la participación en el mercado.

La decisión para la gerencia de marketing

1. ¿Qué nuevas estrategias debe plantear Ryoji Chubachi para incrementar las ventas y la participación en el mercado?
2. Analice cómo influyeron en la decisión para la gerencia de marketing que le recomendó a Ryoji Chubachi, el análisis de datos que le sugirió antes y los probables resultados. ∎

El análisis de conglomerados puede ayudar a Sony a segmentar el mercado de electrónica estadounidense, con base en factores psicográficos y de estilo de vida.

INVESTIGACIÓN ACTIVA

Realice una búsqueda en Internet y realice una búsqueda en Internet y en la base en línea de su biblioteca, para obtener información sobre el tipo de consumidores que compran en tiendas de prestigio como Nordstrom.

Describa qué datos deben recolectarse y cómo deben analizarse para segmentar el mercado de tiendas departamentales de prestigio como Nordstrom.

Como director general de Nordstrom, ¿cómo segmentaría su mercado?

AGRUPAMIENTO DE VARIABLES

En ocasiones el análisis de conglomerados también sirve para conglomerar variables que permitan identificar grupos homogéneos. En este caso, las unidades usadas para el análisis son las variables y las medidas de distancia se calculan para todos los pares de variables. Por ejemplo, el coeficiente de correlación, el valor absoluto o con signo, puede usarse como medida de semejanza (lo opuesto a la distancia) entre las variables.

La conglomeración jerárquica de variables ayuda a identificar variables únicas o variables que hacen una contribución única a los datos. La conglomeración también puede usarse para reducir el número de variables. Con cada conglomerado se asocia una combinación lineal de variables en el conglomerado, llamada *componente del conglomerado*. A menudo se reemplaza un conjunto grande de variables con un conjunto de componentes de conglomerados con poca pérdida de información. Sin embargo, un número dado de componentes de conglomerados por lo general no explica tanta varianza como el mismo número de componentes principales. Entonces, ¿por qué deberían conglomerarse las variables? Por lo regular es más sencillo interpretar los componentes conglomerados que los componentes principales, incluso si estos últimos están rotados.[17] Se ilustra el agrupamiento de variables con un ejemplo de la investigación en publicidad.

INVESTIGACIÓN REAL

Sentimientos, nada más que sentimientos

Para 2005 las cámaras instantáneas Polaroid encaraban una dura competencia, por lo que los ejecutivos de marketing decidieron enfocarse en el potencial emocional de su línea de cámaras básica. Se lanzó una campaña de $15 millones de dólares con el nuevo lema "Clic, instantáneo", que sugería que las cámaras Polaroid pueden cambiar un sentimiento "aquí y ahora". La campaña publicitaria se diseñó para evocar las emociones de los consumidores al ver los nuevos anuncios comerciales de Polaroid.

Polaroid basó esta campaña en un estudio realizado para identificar los sentimientos que genera la publicidad. Un total de 655 sentimientos se redujeron a un conjunto de 180 que, a juicio de los encuestados, era más probable que fueran estimulados por la publicidad. El grupo se dividió en conglomerados a partir de los juicios de semejanza entre sentimientos, lo que arrojó como resultado 31 conglomerados de sentimientos, los cuales se dividieron en 16 conglomerados positivos y 15 negativos.[18]

Sentimientos positivos	*Sentimientos negativos*
1. Divertido/infantil	1. Temor
2. Cordial	2. Mal/enfermo
3. Gracioso	3. Desconcertado
4. Encantado	4. Indiferente
5. Interesado	5. Aburrido
6. Fuerte/confiable	6. Triste
7. Cálido/tierno	7. Preocupado
8. Relajado	8. Indefenso/tímido
9. Activo/impulsivo	9. Feo/tonto
10. Impaciente/emocionado	10. Compasión/engañado
11. Pensativo	11. Loco
12. Orgulloso	12. Desagradable
13. Convencido/expectante	13. Indignado
14. Vigoroso/polémico	14. Irritado
15. Sorprendido	15. Malhumorado/frustrado
16. Determinado/informado	

De este modo, 655 respuestas de sentimientos ante la publicidad se redujeron a un conjunto básico de 31 sentimientos. Así, los publicistas tienen un conjunto de sentimientos manejable para entender y medir las respuestas emocionales frente a la publicidad. Al ser medidos, estos sentimientos pueden brindar información sobre la capacidad de los comerciales para convencer a los consumidores meta, como en el caso de las cámaras Polaroid. ■

El análisis de conglomerados, en particular el agrupamiento de objetos, se usa con frecuencia en la investigación de mercados internacionales (como en el siguiente ejemplo) y también es muy útil para investigar las evaluaciones éticas (como en el ejemplo que le sigue).

INVESTIGACIÓN REAL

La equivalencia percibida del producto, que antes era tan rara, ahora es una realidad

¿Los consumidores de diferentes países cómo perciben las marcas en distintas categorías de productos? De manera sorprendente, la respuesta es que la tasa de equivalencia en la percepción del producto es muy elevada. La equivalencia percibida del producto significa que los consumidores perciben que todas o casi todas las marcas en una categoría de productos son similares, o equivalentes, entre sí. Un nuevo estudio de BBDO Worldwide (*www.bbdo.com*) muestra que dos terceras partes de los consumidores encuestados en 28 países consideraron que las marcas en 13 categorías de productos eran equivalentes. Las categorías de productos iban desde líneas aéreas hasta tarjetas de crédito y café. La equivalencia percibida promedió 63 por ciento para todas las categorías en todos los países. Los japoneses tienen la percepción más alta de equivalencia entre todas las categorías de productos con 99 por ciento, y los colombianos la menor con 28 por ciento. Vistas como categorías de productos, las tarjetas de crédito tienen la percepción más alta de equivalencia con 76 por ciento, y los cigarrillos la menor con 52 por ciento.

BBDO agrupó a los países con base en las percepciones de equivalencia de los productos para llegar a conglomerados que mostraban niveles y patrones similares de percepción de equivalencia. La cifra de la percepción de equivalencia más alta provino de la región Asia/Pacífico (83 por ciento) que incluía países como Australia, Japón, Malasia y Corea del Sur, y también Francia. No sorprende encontrar a Francia en este grupo porque, para la mayoría de los productos, usan publicidad visual muy emocional orientada a los sentimientos. El siguiente conglomerado fue el de los mercados influidos por Estados Unidos (65 por ciento) que incluía a Argentina, Canadá, Hong Kong, Kuwait, México, Singapur y Estados Unidos. El tercer conglomerado, formado sobre todo por países europeos (60 por ciento), incluía a Austria, Bélgica, Dinamarca, Italia, los Países Bajos, Sudáfrica, España, Inglaterra y Alemania.

Todo esto significa que para diferenciar al producto o la marca, la publicidad no puede enfocarse sólo en el desempeño del producto, sino que debe relacionarlo también con la vida de la persona de una forma importante. Además, se requerirán mayores campañas de marketing en la región Asia/Pacífico y en Francia, para diferenciar la marca de la competencia y establecer una sola imagen. Por supuesto, un factor importante en esta creciente equivalencia es la aparición del mercado global. Un estudio reciente exploró los temas que subyacen al contenido objetivo de la información que ofrece la publicidad, en las condiciones de equivalencia y tipos de productos. Los datos de este estudio se derivaron del análisis de contenido de más de 17,000 anuncios en periódicos y 9,800 anuncios en televisión. El análisis demostró que los anuncios de productos de baja equivalencia contenían más información objetiva que sus contrapartes. Cuando se consideraron ambas condiciones en conjunto, la equivalencia influyó en el contenido objetivo de la información; pero no en el mismo grado que el tipo de producto. El estudio reveló que, en general, cuando se trata de incluir información objetiva en la publicidad, los anunciantes responden más al tipo de producto que a su equivalencia.[19] ■

INVESTIGACIÓN REAL

Agrupar a los profesionales de marketing con base en evaluaciones éticas

El análisis de conglomerados puede usarse para explicar las diferencias en las percepciones éticas mediante el uso de una escala multidimensional grande, de reactivos múltiples, desarrollada para medir qué tan éticas son las diferentes situaciones. Reidenbach y Robin desarrollaron una escala

CAPÍTULO 20 Análisis de conglomerados

INVESTIGACIÓN ACTIVA

> Visite *www.americanairlines.com* y realice una búsqueda en Internet y en la base en línea de su biblioteca, para obtener información sobre las preferencias de los consumidores con respecto a líneas aéreas para viajar alrededor del mundo.
>
> Como director general de American Airlines (*www.aa.com*), ¿cómo segmentaría el mercado global de los viajes por avión?
>
> ¿Qué datos deberían obtenerse y cómo tienen que analizarse para segmentar el mercado de los viajes aéreos alrededor del mundo?

similar. Esta escala tiene 29 reactivos que componen cinco dimensiones que miden cómo juzga un encuestado determinada acción. Por ejemplo, un encuestado leerá sobre un investigador de mercados que dio información privada de uno de sus clientes a otro. Se pide entonces al encuestado que complete una escala de 29 reactivos éticos. Por ejemplo, el encuestado marca la escala para indicar si esta acción es:

Justa: ___:___:___:___:___:___:___: Injusta
Tradicionalmente aceptable: ___:___:___:___:___:___:___: Inaceptable
Infractora: ___:___:___:___:___:___:___: No infringe un contrato tácito

Esta escala puede aplicarse a una muestra de profesionales del marketing. Al agrupar a los encuestados con base en estos 29 reactivos, deben investigarse dos preguntas importantes. Primero, ¿en qué difieren los conglomerados con respecto a las cinco dimensiones éticas, en este caso, justicia, relativismo, egoísmo, utilitarismo y deontología? Segundo, ¿qué tipo de empresas componen cada conglomerado? Los conglomerados pueden describirse en términos de la categoría, tamaño y rentabilidad de la empresa, según el sistema de clasificación industrial estadounidense (SCIE). Las respuestas a estas dos preguntas darían información sobre qué tipo de empresas usan qué dimensiones para evaluar las situaciones éticas. Por ejemplo, ¿las empresas grandes caen en conglomerados diferentes que las empresas pequeñas? ¿Las empresas más rentables consideran más aceptables las situaciones cuestionables que las empresas menos rentables? Un estudio empírico realizado en 2001 comparó las percepciones en Taiwán y Estados Unidos acerca de la ética de las corporaciones. Se usó un cuestionario de aplicación personal que constaba de cinco medidas. Se utilizó la escala de Reidenbach y Robin para evaluar la medida de valores morales individuales. Los resultados demostraron que en ambas culturas nacionales, las percepciones individuales de la ética de las corporaciones parecían determinar el compromiso de la organización, más que los valores morales individuales.[20] ■

SOFTWARE ESTADÍSTICO

En SPSS, el principal programa para el agrupamiento jerárquico de objetos o casos es HIERARCHICAL CLUSTER. Con éste pueden calcularse diferentes medidas de distancia y contiene todos los procedimientos jerárquicos de conglomeración aquí revisados. Para el agrupamiento no jerárquico, puede usarse el programa K-MEANS CLUSTER. Este programa es en particular útil para conglomerar un número grande de casos.

En SAS puede usarse el programa CLUSTER para conglomerar jerárquicamente objetos o casos. Están disponibles todos los procedimientos de conglomeración aquí analizados, y otros más. La conglomeración no jerárquica de objetos o casos puede realizarse con FASTCLUS. Para conglomerar las variables puede usarse el programa VARCLUS. Los dendrogramas no se calculan de manera automática pero se obtienen con el programa TREE.

En MINITAB el análisis de conglomerados se evalúa con la función Multivariate>Cluster. También cuenta con conglomeración de variables y conglomerado de K-Means. El análisis de conglomerados no está disponible en EXCEL.

SPSS PARA WINDOWS

Para seleccionar este procedimiento al usar SPSS para Windows, haga clic en:

Analyze>Classify>Hierarchical Cluster...
Analyze>Classify>K-Means Cluster...
Analyze>Classify>TwoStep Cluster...

A continuación se presentan los pasos detallados para correr un análisis de conglomerados jerárquico en datos de actitud (V1 a V6) de la tabla 20.1. La pantalla correspondiente que captura estos pasos está disponible para descargarse en el sitio Web de este libro.

1. Seleccione ANALYZE de la barra de menú de SPSS.
2. Haga clic en CLASSIFY y luego en HIERARCHICAL CLUSTER.
3. Desplace "Diversión (Fun) [v1]", "Malo para el presupuesto (Bad for Budget) [v2]", "Comer fuera (Eating Out) [v3]", "Mejores compras (Best Buys) [v4]", "No interesa (Don't Care) [v5]" y "Comparar precios (Compare Prices) [v6]" al recuadro VARIABLES.
4. En el recuadro CLUSTER elija CASES (opción predeterminada). En el recuadro DISPLAY elija STATISTICS y PLOTS (opciones predeterminadas).
5. Haga clic en STATISTICS. En la ventana emergente, elija AGGLOMERATION SCHEDULE. En el recuadro CLUSTER MEMBERSHIP elija RANGE OF SOLUTIONS. Después, en MINIMUM NUMBER OF CLUSTERS escriba 2 y para MAXIMUM NUMBER OF CLUSTERS escriba 4. Haga clic en CONTINUE.
6. Haga clic en PLOTS. En la ventana emergente, elija DENDROGRAM. En el recuadro ICICLE elija ALL CLUSTERS (predeterminado). En el recuadro ORIENTATION, elija VERTICAL. Haga clic en CONTINUE.
7. Haga clic en METHOD. Para CLUSTER METHOD elija WARD'S METHOD. En el recuadro MEASURE elija INTERVAL y elija SQUARED EUCLIDEAN DISTANCE. Haga clic en CONTINUE.
8. Seleccione OK.

El procedimiento para la conglomeración de variables es el mismo que el de la conglomeración jerárquica, con excepción de que en el paso 4 en la caja CLUSTER se elige VARIABLES.

A continuación se presentan los pasos detallados para correr un análisis de conglomerados no jerárquicos (K-Means) en los datos de actitud (V1 a V6) de la tabla 20.1. La pantalla correspondiente que capta estos pasos puede descargarse del sitio Web de este libro.

1. Seleccione ANALIZE de la barra de menú de SPSS.
2. Haga clic en CLASSIFY y luego en K-MEANS CLUSTER.
3. Desplace "Diversión (Fun) [v1]", "Malo para el presupuesto (Bad for Budget) [v2]", "Comer fuera (Eating Out) [v3]", "Mejores compras (Best buys) [v4]", "No interesa (Don't Care) [v5]" y "Comparar precios (Compare Prices) [v6]" al recuadro VARIABLES.
4. Para NUMBER OF CLUSTERS seleccione 3.
5. Haga clic en OPTIONS. En la ventana emergente, en el recuadro STATISTICS, elija INITIAL CLUSTER CENTERS y CLUSTER INFORMATION FOR EACH CASE. Haga clic en CONTINUE.
6. Seleccione OK.

A continuación se presentan los pasos detallados para correr el análisis de conglomerados de dos pasos en los datos de actitud (V1 a V6) de la tabla 20.1. La pantalla correspondiente que capta estos pasos puede descargarse del sitio Web de este libro.

1. Seleccione ANALYZE de la barra de menú de SPSS.
2. Haga clic en CLASSIFY y luego en TWOSTEP CLUSTER.
3. Desplace "Diversión (Fun) [v1]", "Malo para el presupuesto (Bad for Budget) [v2]", "Comer fuera (Eating Out) [v3]", "Mejores compras (Best Buys) [v4]", "No interesa (Don't Care) [v5]" y "Comparar precios (Compare Prices) [v6]" al recuadro CONTINUOUS VARIABLES.
4. Para DISTANCE MEASURE seleccione EUCLIDEAN.
5. Para NUMBER OF CLUSTER seleccione DETERMINE AUTOMATICALLY.
6. Para CLUSTERING CRITERION seleccione AKAIKE'S INFORMATION CRITERION (AIC).
7. Seleccione OK.

PROYECTO DE INVESTIGACIÓN

Análisis de conglomerados

En el proyecto de la tienda departamental, se conglomeraron los encuestados, con base en la importancia que cada participante dijo asignar a cada factor de los criterios utilizados para elegir una tienda departamental. Los resultados indicaron que los encuestados podían agruparse en cuatro segmentos. Se aplicaron pruebas estadísticas a las diferencias entre los segmentos. De modo que cada segmento contenía encuestados que eran relativamente homogéneos con respecto a sus criterios de selección. El modelo de elección de la tienda se calculó luego por separado para cada segmento. Este procedimiento dio como resultado modelos de elección que representaban mejor el proceso básico de elección de los encuestados en segmentos específicos.

Actividades del proyecto

Descargue la base de datos SPSS Sears Data 17 del sitio Web de este libro. Vea el capítulo 17 para una descripción de este archivo.

1. ¿Puede segmentarse a los encuestados con base en las calificaciones de los factores (que usted generó en el capítulo 19) para los 21 enunciados de estilos de vida? Utilice el procedimiento de Ward para determinar el número de conglomerados. Luego realice un análisis de conglomerados (use el procedimiento de K-means) eligiendo todas las calificaciones de los factores.
2. ¿Puede segmentarse a los encuestados con base en la importancia asignada a los ocho factores de los criterios de elección? Utilice el procedimiento de Ward para determinar el número de conglomerados. Luego realice un análisis de conglomerados (use el procedimiento de K-means) seleccionando todos los factores. Interprete los segmentos de beneficios resultantes. ■

EXPERIENCIA DE INVESTIGACIÓN

Descargue el caso Dell y su cuestionario del sitio Web de este libro. Esta información también se proporciona al final del libro. Descargue el archivo de datos Dell SPSS.

1. ¿Cómo puede conglomerar a los encuestados con base en las evaluaciones de Dell (variables q8_1 a Q8_13)? Interprete los conglomerados resultantes.
2. ¿Cómo puede conglomerar a los encuestados con base en los reactivos expertos en mercados, innovación y liderazgo de opinión (variables q10_1 a Q10_13)? Interprete los conglomerados resultantes. ■

RESUMEN

El análisis de conglomerados se usa para clasificar objetos o casos y, en ocasiones, variables, en grupos relativamente homogéneos. Los grupos o conglomerados son sugeridos por los datos y no se definen *a priori*.

Las variables sobre las que se hace la conglomeración deben seleccionarse con base en investigaciones previas, la teoría, la hipótesis a prueba o el juicio del investigador. Debe seleccionarse una medida apropiada de distancia o semejanza. La medida que se usa con más frecuencia es la distancia euclidiana o su cuadrado.

Los procedimientos de conglomeración pueden ser jerárquicos, no jerárquicos u otros, como el de dos pasos. La conglomeración jerárquica se caracteriza por el desarrollo de una jerarquía o estructura tipo árbol. Los procedimientos jerárquicos pueden ser aglomerativos o divisorios. Los procedimientos aglomerativos consisten en procedimientos de enlace, de varianza y de centroides. Los procedimientos de enlace incluyen enlace único, enlace completo y enlace promedio. Un procedimiento de varianza de uso común es la técnica de Ward. A menudo los procedimientos no jerárquicos suelen denominarse conglomeración de *k*-medias. Estos procedimientos pueden clasificarse como umbral secuencial, umbral paralelo y división óptima. Los procedimientos jerárquicos y no jerárquicos pueden usarse de manera conjunta. El procedimiento de dos pasos hace una determinación automática del número óptimo de conglomerados, comparando los valores de los criterios de elección del modelo entre diferentes soluciones de conglomeración. La elección de un procedimiento de conglomeración se interrelaciona con la elección de una medida de distancia.

El número de conglomerados puede basarse en consideraciones teóricas, conceptuales o prácticas. En la conglomeración jerárquica, las distancias en las que se combinan los conglomerados es un criterio importante. Los tamaños relativos de los conglomerados tienen que ser significativos. Los conglomerados deben interpretarse en términos de sus centroides. A menudo es útil describir los conglomerados en términos de las variables que no se utilizaron para el agrupamiento. La confiabilidad y validez de las soluciones de conglomeración pueden evaluarse de diferentes maneras.

TÉRMINOS Y CONCEPTOS CLAVE

calendario de aglomeración, *638*
centroide del conglomerado, *638*
centros del conglomerado, *638*
pertenencia al conglomerado, *638*
dendrograma, *638*
distancias entre los centros del conglomerado, *638*
diagrama de carámbanos, *638*
matriz de coeficientes de semejanza y distancia, *638*

distancia euclidiana, *639*
conglomeración jerárquica, *640*
conglomeración por aglomeración, *640*
conglomeración por división, *640*
procedimientos de enlace, *640*
enlace único, *640*
enlace completo, *640*
enlace promedio, *641*

procedimientos de varianza, *642*
técnica de Ward, *642*
procedimientos de centroides, *642*
conglomeración no jerárquica, *642*
procedimiento de umbral secuencial, *642*
procedimiento de umbral paralelo, *642*
procedimiento de división óptima, *642*

CASOS SUGERIDOS, CASOS EN VIDEO Y CASOS DE HARVARD BUSINESS SCHOOL

Casos

Caso 3.2 El descubrimiento demográfico del nuevo milenio.
Caso 3.4 Pampers soluciona su problema de participación de mercado.
Caso 3.5 DaimlerChysler busca una nueva imagen.
Caso 3.6 Cingular Wireless: un enfoque singular.
Caso 3.7 IBM: el principal proveedor mundial de hardware, software y servicios para computadoras.
Caso 3.8 Kimberly-Clark: competir por medio de la innovación.
Caso 4.1 Wachovia: finanzas "Watch Ovah Ya".
Caso 4.2 Wendy's: historia y vida después de Dave Thomas.
Caso 4.3 Astec: sigue creciendo.
Caso 4.4 ¿Es la investigación de mercados la cura para los males del Hospital Infantil Norton Healthcare Kosair?

Casos en video

Caso en video 3.1 La Clínica Mayo: permanece saludable con la investigación de mercados.
Caso en video 4.1 Subaru: el "Sr. Encuesta" supervisa la satisfacción del cliente.
Caso en video 4.2 Procter & Gamble: usando la investigación de mercados para crear marcas.

INVESTIGACIÓN REAL: REALIZACIÓN DE UN PROYECTO DE INVESTIGACIÓN DE MERCADOS

1. Los procedimientos jerárquicos y no jerárquicos deben usarse de manera conjunta. Primero, utilice un procedimiento jerárquico, como el enlace promedio o la técnica de Ward, para obtener una solución inicial de conglomeración. Use el número de conglomerados y los centroides de conglomerados obtenidos como entradas para un procedimiento no jerárquico.

2. Elija diferentes procedimientos de conglomeración y diferentes medidas de distancia y examine los efectos en las soluciones de conglomerados.

EJERCICIOS

Preguntas

1. Analice la semejanza y la diferencia entre el análisis de conglomerados y el análisis discriminante.
2. ¿Cuáles son algunos de los usos del análisis de conglomerados en marketing?
3. Proporcione una definición breve de los siguientes términos: dendrograma, diagrama de carámbanos, calendario de aglomeración y pertenencia al conglomerado.
4. ¿Cuál es la medida de semejanza de uso más común en el análisis de conglomerados?
5. Presente una clasificación de los procedimientos de conglomeración.
6. ¿Por qué suele preferirse el procedimiento de enlace promedio al de enlace único y al de enlace completo?
7. ¿Cuáles son las dos desventajas principales de los procedimientos de conglomeración no jerárquica?

8. ¿Cuáles son los lineamientos para decidir el número de conglomerados?
9. ¿Qué implica la interpretación de los conglomerados?
10. ¿Cuáles son algunas de las variables adicionales que se usan para describir los conglomerados?
11. Describa algunos procedimientos disponibles para evaluar la calidad de las soluciones de conglomeración.
12. ¿Cómo se usa el análisis de conglomerados para agrupar variables?

Problemas

1. ¿Las siguientes afirmaciones son falsas o verdaderas?

   a. Los procedimientos de conglomeración jerárquica y no jerárquica siempre producen resultados diferentes.
   b. Siempre se deben estandarizar los datos antes de realizar el análisis de conglomerados.
   c. Los coeficientes pequeños de distancia en el calendario de aglomeración implican que se están fusionando casos que son diferentes.
   d. No importa qué medida de distancia se utilice; las soluciones de conglomeración son en esencia similares.
   e. Es aconsejable analizar el mismo conjunto de datos con diferentes procedimientos de agrupamiento.

EJERCICIOS EN INTERNET Y POR COMPUTADORA

1. Analice los datos de la tabla 20.1 mediante los siguientes procedimientos jerárquicos: a) enlace único (vecino más cercano), b) enlace completo (vecino más lejano) y c) procedimiento de centroide. Utilice SPSS, SAS y MINITAB. Compare sus resultados con los proporcionados en la tabla 20.2.

2. Realice el siguiente análisis con los datos de Nike presentados en los ejercicios 1 de Internet y por computadora del capítulo 15. Considere sólo las siguientes variables: conciencia, actitud, preferencia, intención y lealtad hacia Nike.
   a. Utilice la conglomeración jerárquica para agrupar a los encuestados con base en las variables identificadas. Emplee la técnica de Ward y el cuadrado de las distancias euclidianas. ¿Cuántos conglomerados recomienda y por qué?
   b. Agrupe a los encuestados con base en las variables identificadas mediante el uso de la conglomeración de k-medias y el número de conglomerados identificados en a). Compare los resultados con los obtenidos en el inciso a).

3. Realice el siguiente análisis en los datos de estilos de vida al aire libre presentados en los ejercicios 2 de Internet y por computadora del capítulo 15. Considere sólo las siguientes variables: importancia dada a disfrutar la naturaleza, relacionarse con el clima, vivir en armonía con el ambiente, ejercitarse con regularidad y conocer a otra gente (V_2 a V_6).
   a. Agrupe a los encuestados con base en las variables identificadas mediante la conglomeración jerárquica. Utilice la técnica de Ward y los cuadrados de las distancias euclidianas. ¿Cuántos conglomerados recomienda y por qué?
   b. Agrupe a los encuestados con base en las variables identificadas usando los siguientes procedimientos jerárquicos: a) enlace único (vecino más cercano), b) enlace completo (vecino más lejano) y c) procedimiento de centroides.
   c. Agrupe a los encuestados con base en las variables identificadas usando la conglomeración de k-medias y el número de conglomerados identificados en a). Compare los resultados con los obtenidos en el inciso a).

4. Realice el siguiente análisis en los datos de zapatos deportivos presentados en el ejercicios 3 de Internet y por computadora del capítulo 17. Considere sólo las siguientes variables: evaluaciones de los zapatos deportivos respecto a comodidad (V_2), estilo (V_3) y durabilidad (V_4).
   a. Agrupe a los encuestados con base en las variables identificadas usando conglomeración jerárquica. Utilice la técnica de Ward y los cuadrados de las distancias euclidianas. ¿Cuántos conglomerados recomienda y por qué?
   b. Agrupe a los encuestados con base en las variables identificadas mediante la conglomeración de k-medias y el número de conglomerados identificados en a). Compare los resultados con los obtenidos en el inciso a).

5. Analice los datos recolectados en el ejercicio de trabajo de campo para agrupar a los encuestados, usando procedimientos jerárquicos y no jerárquicos. Utilice uno de los paquetes de cómputo analizados en este capítulo.

6. Analice los datos recolectados en el ejercicio de trabajo de campo, para agrupar las 15 variables que miden la actitud de los consumidores hacia las líneas aéreas y los vuelos. Utilice uno de los programas descritos en este capítulo.

ACTIVIDADES

Trabajo de campo

1. Como asesor de investigación de mercados de una importante línea aérea, usted debe determinar las actitudes de los consumidores hacia las líneas aéreas y los vuelos. Con ese propósito, elabore una escala de 15 reactivos. En un equipo de cinco estudiantes, obtengan datos con esta escala y las características demográficas estándar de 50 hombres o mujeres que sean jefes de familia de su comunidad. Cada estudiante debe realizar 10 encuestas. Estos datos serán usados para conglomerar a los encuestados y agrupar las 15 variables que miden las actitudes de los consumidores hacia las líneas aéreas y los vuelos.

Discusión en grupo

1. En equipos pequeños, discuta el papel del análisis de conglomerados para analizar los datos de la investigación de mercados. Enfatice los modos en los que puede usarse el análisis de conglomerados en conjunto con otros procedimientos de análisis de datos.

CAPÍTULO 21

Escalamiento multidimensional y análisis conjunto

"A menudo es más sencillo ver las relaciones si se ilustran en una gráfica o una tabla [...] y ésa es la meta del escalamiento multidimensional. Por otro lado, el análisis conjunto nos ayuda a identificar qué atributos contribuyen más a la elección que hace una persona entre diversas ofertas compuestas por diferentes combinaciones de estos atributos".

Kunal Gupta, asesor ejecutivo de las ciencias de decisión, Burke, Inc.

Objetivos

Después de leer este capítulo, el estudiante deberá ser capaz de:

1. Analizar el concepto básico del escalamiento multidimensional (EMD) y sus posibilidades en la investigación de mercados, además de describir algunas de sus aplicaciones.
2. Describir los pasos involucrados en el escalamiento multidimensional de los datos de percepción, incluyendo el planteamiento del problema, la obtención de datos de entrada, la elección de un procedimiento de EMD, la decisión sobre el número de dimensiones, la denominación de las dimensiones y la interpretación de la configuración, así como la evaluación de la confiabilidad y validez.
3. Explicar el escalamiento multidimensional de datos de preferencia y distinguir entre el análisis interno y externo de las preferencias.
4. Explicar el análisis de correspondencia y analizar sus ventajas y desventajas.
5. Entender la relación entre el EMD, el análisis discriminante y el análisis factorial.
6. Examinar los conceptos básicos del análisis conjunto, compararlos con el EMD y analizar sus diversas aplicaciones.
7. Describir el procedimiento para la realización de un análisis conjunto, incluyendo el planteamiento del problema, la elaboración de los estímulos, la decisión de la forma de los datos de entrada, la elección del procedimiento de análisis conjunto, la interpretación de los resultados y la evaluación de la confiabilidad y la validez.
8. Definir el concepto de análisis conjunto híbrido y explicar la forma en que simplifica la tarea de recolección de datos.

Panorama general

Este último capítulo sobre el análisis de datos presenta dos técnicas relacionadas para analizar las percepciones y las preferencias de los consumidores: el escalamiento multidimensional (EMD) y el análisis conjunto. Se describen e ilustran los pasos involucrados en la realización del EMD y se analizan las relaciones entre éste, el análisis factorial y el análisis discriminante. Luego se describe el análisis conjunto y se hace una presentación detallada de un procedimiento para realizarlo. También se efectúa un breve repaso del análisis conjunto híbrido.

INVESTIGACIÓN REAL

Choque entre las colas

En una encuesta se pidió a los participantes que ordenaran por rangos todos los pares posibles de 10 marcas de bebidas refrescantes en términos de su semejanza. Se utilizó el escalamiento multidimensional para analizar esos datos y se obtuvo la siguiente representación espacial de las bebidas.

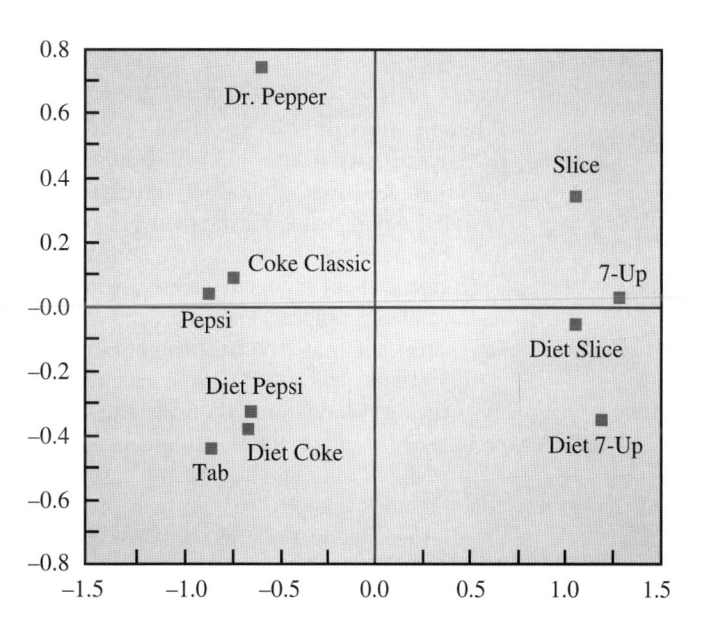

Se utilizó el EMD para entender la percepción de los consumidores acerca de las bebidas gaseosas y la estructura competitiva de ese mercado.

Según otra información obtenida en el cuestionario, se asignó al eje horizontal la etiqueta de "sabor a cola". El mayor sabor a cola se percibió en Tab y el menor en 7-Up. El eje vertical se denominó "dietético" y ahí se percibió que Tab era el más dietético, y Dr. Pepper el menos dietético. Advierta que se percibió una gran semejanza entre Pepsi y la Coca-Cola Clásica, según lo indica su cercanía en el mapa perceptual. También se percibió un cercano parecido entre 7-Up y Slice, entre Diet 7-Up y Diet Slice, y entre Tab, Diet Coke y Diet Pepsi. Observe que Dr. Pepper se consideró relativamente diferente de las otras marcas. Esos mapas del EMD son de gran utilidad para entender la estructura competitiva del mercado de las bebidas gaseosas. Coca-Cola Company ha utilizado técnicas como el EMD para entender cómo perciben los consumidores sus productos y los de la competencia, lo cual le ha permitido cosechar grandes recompensas al conservar un fuerte control del mercado estadounidense de las bebidas carbonatadas, que en 2005 llegó a $64,000 millones de dólares.[1] ∎

INVESTIGACIÓN REAL

¿Qué buscan los consumidores en una impresora?

Printonix (*www.printronix.com*), un fabricante de impresoras en Irvine, CA, financió hace poco un proyecto nacional de análisis conjunto donde utilizó un software interactivo proporcionado por Trade-Off Research Services. El objetivo de este proyecto de correo directo era identificar los hábitos de compra de los consumidores actuales y futuros, así como de los compradores de productos de la competencia. "Estamos en la competitiva industria de las impresoras, impulsada por el mercado, donde el cliente tiene muchas opciones", afirma Jack Andersen, vicepresidente de marketing nacional de Printronix. "Para el crecimiento de esta empresa es fundamental que sepamos por qué los clientes compran o rechazan algunas impresoras sobre otras".

Printronix envió 1,600 disquetes que contenían la encuesta a una lista precalificada de individuos encargados de tomar las decisiones. Las encuestas se dividieron de acuerdo con el rango de precios de las impresoras, con algunas pequeñas diferencias en las preguntas para ambos grupos. La precalificación también determinó si los encargados de tomar las decisiones planeaban o no comprar nuevo equipo y cuándo, así como su disposición a participar en la encuesta.

Los resultados recibidos por la administración de Printronix ayudarán a la empresa a entender mejor el mercado de las impresoras, le permitirán identificar su base de clientes, cuáles son los temas candentes, la relativa utilidad que los clientes atribuyen a las diferentes características de las impresoras y la relativa importancia que conceden a sus diversos atributos. Además, los resultados tabulados proporcionarán ideas sobre las necesidades actuales y futuras del producto.

CAPÍTULO 21 *Escalamiento multidimensional y análisis conjunto*   663

También pueden desarrollarse estrategias particulares de marketing, por ejemplo, sobre el diseño del producto, si se ha hecho con precisión hasta la fecha, cómo hacerle publicidad y cómo venderlo mejor. "Es fundamental enfocar el mensaje del marketing de su producto en las necesidades del comprador", señala Andersen. "Si hemos diseñado ciertos elementos en nuestro producto y luego no los promovemos, perdemos participación de mercado. Ése es el balance, de ahí la importancia de conocer tanto como sea posible sobre el comprador".

Al terminar el proyecto y su caracterización en el mercado, Printronix podrá hacer referencias cruzadas entre varios encuestados (por ejemplo, sólo gerentes MIS; empresas menores a $10,000 millones; sólo usuarios de computadoras personales de IBM), para identificar y definir los potenciales del mercado vertical. Además, pueden generarse análisis condicionales de los resultados. Por ejemplo, si se incrementara la rapidez de la impresora y se mantuviera constante todo lo que se relaciona con calidad y desempeño, ¿qué impacto tendría esta nueva aportación en la participación de mercado actual? Estas encuestas y otras formas de marketing complejas ayudaron a Printronix a entender mejor las necesidades del mercado y las preferencias de los clientes. La empresa también desarrolló productos de vanguardia como las impresoras RFID y las impresoras de código de barras térmicas para atender las necesidades en evolución de esos mercados.[2] ■

El primer ejemplo ilustra la derivación y el uso de los mapas perceptuales, que son la base del EMD. El segundo ejemplo implica las ponderaciones que hacen los encuestados al evaluar las alternativas. El procedimiento de análisis conjunto se basa en tales ponderaciones.

CONCEPTOS BÁSICOS DEL ESCALAMIENTO MULTIDIMENSIONAL (EMD)

escalamiento multidimensional (EMD)
Clase de procedimientos para hacer una representación espacial de las percepciones y preferencias de los encuestados, mediante una presentación visual.

El *escalamiento multidimensional* (**EMD**) es una clase de procedimientos para hacer una representación espacial de las percepciones y preferencias de los encuestados, por medio de una presentación visual. Las relaciones percibidas o psicológicas entre estímulos se representan como relaciones geométricas entre puntos de un espacio multidimensional. Esas representaciones geométricas suelen denominarse *mapas espaciales*. Se supone que los ejes del mapa espacial denotan las bases psicológicas o las dimensiones subyacentes que usan los encuestados para formar percepciones y preferencias de los estímulos.[3] El EMD se utiliza en el marketing para identificar:

1. El número y la naturaleza de las dimensiones que usan los consumidores para percibir diferentes marcas en el mercado.
2. El posicionamiento de las marcas actuales en tales dimensiones.
3. El posicionamiento de la marca ideal de los consumidores en esas dimensiones.

La información proporcionada por el EMD se emplea en diversas aplicaciones de marketing que incluyen:

- ■ *Medición de la imagen.* Comparar las percepciones de la empresa que tienen clientes y no clientes con las percepciones que tiene la empresa de sí misma, e identificar de esta manera las discrepancias perceptuales.
- ■ *Segmentación del mercado.* Colocar en el mismo espacio a marcas y consumidores, para identificar de este modo grupos de consumidores con percepciones relativamente homogéneas.
- ■ *Desarrollo de nuevos productos.* Buscar lagunas en el mapa espacial que indiquen oportunidades potenciales para colocar nuevos productos. Además, evaluar los conceptos del nuevo producto y las marcas existentes a manera de prueba, para determinar cómo perciben los consumidores los nuevos conceptos. La proporción de preferencias por cada nuevo producto es un indicador de su éxito.
- ■ *Evaluar la eficacia de la publicidad.* Los mapas espaciales pueden utilizarse para determinar si la publicidad ha logrado el posicionamiento deseado de la marca.
- ■ *Análisis de precios.* Pueden compararse mapas espaciales desarrollados con y sin información sobre los precios para determinar su impacto.
- ■ *Decisiones de canales.* Los juicios sobre compatibilidad de marcas con diferentes tiendas detallistas pueden originar mapas espaciales útiles para tomar decisiones sobre los canales.
- ■ *Elaboración de escalas de actitudes.* Las técnicas de EMD son útiles para desarrollar las dimensiones y la configuración apropiadas para el espacio de las actitudes.

ESTADÍSTICOS Y TÉRMINOS ASOCIADOS CON EL EMD

Los estadísticos y términos importantes asociados con el EMD incluyen los siguientes:

Juicios de semejanza. Los juicios de semejanza son calificaciones en una escala tipo Likert de todos los pares posibles de marcas u otros estímulos en términos de su semejanza.

Ordenamientos de preferencias. Los ordenamientos de preferencias son rangos ordenados de las marcas u otros estímulos de los más a los menos preferidos. Por lo general se obtienen de los encuestados.

Estrés. Es la falta de ajuste de la medida: los valores más altos de estrés indican un ajuste más pobre.

R cuadrada. Es un índice de correlación elevado al cuadrado, que indica la proporción de varianza de los datos escalados en forma óptima, que puede explicarse mediante el procedimiento del EMD. Es una medida de la bondad del ajuste.

Mapa espacial. Las relaciones percibidas entre marcas u otros estímulos se representan en relaciones geométricas entre puntos en un espacio multidimensional llamado *mapa espacial*.

Coordenadas. Indican el posicionamiento de la marca o el estímulo en un mapa espacial.

Despliegue. Es la representación de marcas y encuestados como puntos en el mismo espacio.

REALIZACIÓN DEL ESCALAMIENTO MULTIDIMENSIONAL

La figura 21.1 muestra los pasos del EMD. El investigador tiene que plantear con cuidado el problema del EMD, ya que en este procedimiento es posible usar diversos datos como entrada. También debe determinar la forma apropiada de obtener los datos y de elegir un procedimiento de EMD para analizarlos. Un aspecto importante en la solución implica determinar el número de dimensiones para el mapa espacial. Además, deben asignarse etiquetas a los ejes del mapa e interpretarse las configuraciones derivadas. Por último, el investigador necesita evaluar la calidad de los resultados obtenidos.[4] Se describen todos esos pasos a partir del planteamiento del problema.

Plantear el problema

El planteamiento del problema requiere que el investigador especifique el propósito para el que se utilizarán los resultados del EMD, así como elegir las marcas o los otros estímulos que se incluirán en el análisis. El número de marcas o los estímulos elegidos, y las marcas específicas que se incluyeron determinan la naturaleza de las dimensiones y configuraciones resultantes.

Figura 21.1
Realización del escalamiento multidimensional

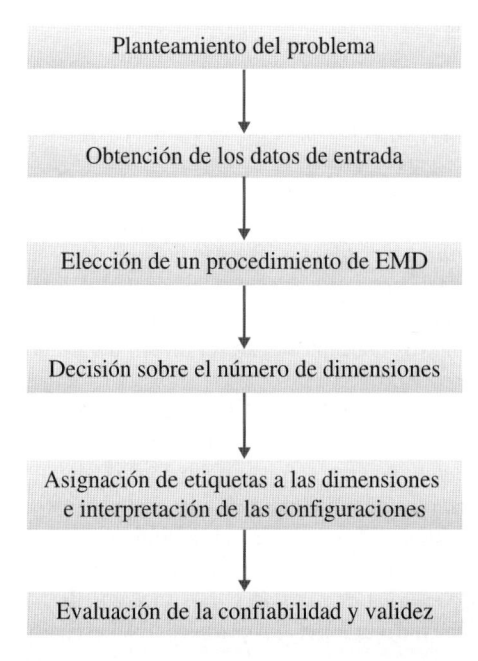

Planteamiento del problema
↓
Obtención de los datos de entrada
↓
Elección de un procedimiento de EMD
↓
Decisión sobre el número de dimensiones
↓
Asignación de etiquetas a las dimensiones e interpretación de las configuraciones
↓
Evaluación de la confiabilidad y validez

CAPÍTULO 21 *Escalamiento multidimensional y análisis conjunto*   665

Por lo menos deben incluirse ocho marcas o estímulos para obtener un mapa espacial bien definido. Incluir más de 25 marcas sería muy pesado y cansaría al encuestado.

Debe tomarse con cuidado la decisión concerniente a qué marcas o estímulos específicos hay que incluir. Suponga que un investigador está interesado en obtener las percepciones de los consumidores sobre los automóviles. Si no se incluyen carros de lujo en el conjunto de estímulos, esta dimensión no aparecerá en los resultados. La elección de cuántas y qué marcas o estímulos específicos se incluirán tiene que basarse en el enunciado del problema de investigación de mercados, la teoría y el juicio del investigador.

Se ejemplificará el escalamiento multidimensional en el contexto de obtener un mapa espacial para 10 marcas de dentífrico. Esas marcas son Aqua-Fresh, Crest, Colgate, Aim, Gleem, Plus White, Ultra Brite, Close-Up, Pepsodent y Sensodyne. Dada la lista de marcas, la siguiente pregunta sería entonces ¿cómo deberían obtenerse los datos sobre esas 10 marcas?

Obtención de los datos de entrada

Como se muestra en la figura 21.2, los datos de entrada obtenidos de los encuestados pueden relacionarse con las percepciones o con las preferencias. Se examinan primero los datos de percepciones, que pueden ser directos o derivados.

Datos de percepción: enfoques directos. En los enfoques directos para la recopilación de datos de percepción, se pide a los encuestados que, según su criterio, juzguen qué tan semejantes o diferentes son las diversas marcas o estímulos. A menudo se les pide que califiquen todos los pares posibles de marcas o estímulos, en términos de su semejanza en una escala tipo Likert. Esos datos se conocen como *juicios de semejanza*. Por ejemplo, los juicios de semejanza sobre todos los pares posibles de marcas de dentífrico pueden obtenerse de la siguiente manera:

	Muy diferente						*Muy semejante*
Crest vs. Colgate	1	2	3	4	5	6	7
Aqua-Fresh vs. Crest	1	2	3	4	5	6	7
Crest vs. Aim	1	2	3	4	5	6	7
.							
.							
.							
Colgate vs. Aqua-Fresh	1	2	3	4	5	6	7

El número de pares que deben ser evaluados es $n(n-1)/2$, donde n es el número de estímulos. También se cuenta con otros procedimientos. Podría pedirse a los encuestados que ordenaran por rangos todos los pares posibles del más semejante al menos semejante. En otro procedimiento, el encuestado ordena por rangos las marcas en términos de su semejanza con una marca ancla. Cada marca, a la vez, funge como el ancla.

En nuestro ejemplo se adoptó el enfoque directo. Se pidió a los sujetos que utilizaran una escala de siete puntos para proporcionar juicios de semejanza de los 45 (10 × 9/2) pares de marcas de dentífrico. En la tabla 21.1 se proporcionan los datos obtenidos de un encuestado.[5]

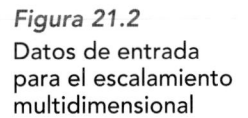

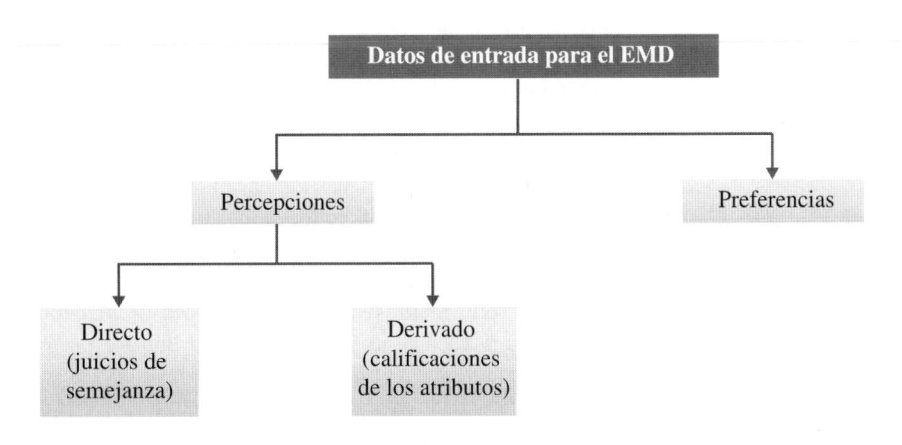

Figura 21.2
Datos de entrada para el escalamiento multidimensional

Archivo de resultados de SPSS

TABLA 21.1
Calificaciones de semejanza para marcas de dentífrico

	Aqua-Fresh	Crest	Colgate	Aim	Gleem	Plus White	Ultra Brite	Close-Up	Pepsodent	Sensodyne
Aqua-Fresh										
Crest	5									
Colgate	6	7								
Aim	4	6	6							
Gleem	2	3	4	5						
Plus White	3	3	4	4	5					
Ultra Brite	2	2	2	3	5	5				
Close-Up	2	2	2	2	6	5	6			
Pepsodent	2	2	2	2	6	6	7	6		
Sensodyne	1	2	4	2	4	3	3	4	3	

enfoques derivados
En el EMD, enfoques basados en los atributos para obtener datos de percepción, en los cuales se pide a los encuestados que usen escalas Likert o de diferencial semántico, para calificar los estímulos en los atributos identificados.

Datos de percepción: enfoques derivados. Los ***enfoques derivados*** para la obtención de datos de percepción son procedimientos que se basan en los atributos, y que piden a los encuestados que usen escalas Likert o de diferencial semántico, para calificar los estímulos en los atributos identificados. Por ejemplo, las diferentes marcas de dentífrico se califican en atributos como los siguientes:

Blanquea los dientes ___ ___ ___ ___ ___ ___ ___ ___ ___ No blanquea los dientes

Previene la caries ___ ___ ___ ___ ___ ___ ___ ___ ___ No previene la caries

.
.
.

Sabor agradable ___ ___ ___ ___ ___ ___ ___ ___ ___ Sabor desagradable

En ocasiones se incluye una marca ideal en el conjunto de estímulos. Se pide a los encuestados que evalúen su marca hipotética ideal en el mismo conjunto de atributos. Si se obtienen calificaciones de atributos, se deriva una medida de semejanza (como la distancia euclidiana) para cada par de marcas.

Enfoques directos o derivados. Los enfoques directos tienen la ventaja de que el investigador no tiene que identificar un conjunto de atributos sobresalientes. Los encuestados usan su criterio para hacer los juicios de semejanza, como lo harían en circunstancia normales. La desventaja es que los criterios son influidos por las marcas o estímulos evaluados. Si las distintas marcas de automóviles evaluados están en el mismo rango de precios, entonces el precio no surgirá como un factor importante. Sería difícil determinar antes del análisis si deben combinarse, y cómo, los juicios de encuestados individuales. Además, tal vez sea complicado asignar una etiqueta a las dimensiones del mapa espacial.

La ventaja del enfoque basado en los atributos es que resulta sencillo identificar a encuestados con percepciones homogéneas. Los encuestados pueden agruparse con base en las calificaciones de los atributos. También es más fácil asignar una etiqueta a las dimensiones. Una desventaja es que el investigador debe identificar todos los atributos sobresalientes, lo cual es una tarea difícil. El mapa espacial obtenido depende de los atributos identificados.

Los enfoques directos se usan con más frecuencia que los enfoques basados en atributos. Sin embargo, sería mejor usar ambos enfoques de manera complementaria. Los juicios directos de semejanza pueden usarse para obtener el mapa espacial y las calificaciones de atributos pueden usarse para ayudar a la interpretación de las dimensiones del mapa perceptual. Para los datos de preferencia se usan procedimientos similares.

Datos de preferencia. Los datos de preferencia ordenan las marcas o los estímulos en términos de la preferencia de los encuestados por alguna propiedad. Una forma común de obtener esos datos son los ordenamientos de preferencias. Se solicita a los encuestados que ordenen las marcas de la más a la menos preferida. Una alternativa es pedir a los encuestados que hagan comparaciones por pares e indiquen qué marca del par prefieren. Otro procedimiento consiste en obtener calificaciones de preferencia para las diversas marcas. (El ordenamiento por rangos, las comparaciones por pares y las escalas de calificación se revisaron en los capítulos 8 y 9 sobre técnicas de escalamiento). Cuando los mapas espaciales se basan en datos de preferencia, la distancia implica diferencias en la preferencia. La configuración derivada de los datos de preferencia puede ser muy distinta de la obtenida de datos de semejanza. Dos marcas pueden percibirse como diferentes en un mapa de semejanza, pero similares en un mapa de preferencia, y a la inversa. Por ejemplo, un grupo de encuestados puede percibir a Crest y Pepsodent como marcas muy diferentes entre sí y de este modo aparecer muy separadas en un mapa de percepción. Sin embargo, esas dos marcas pueden ser preferidas por igual y aparecer muy cercanas en un mapa de preferencia. Continuaremos con los datos de percepción obtenidos en el ejemplo del dentífrico para ilustrar el procedimiento de EMD, y luego consideraremos el escalamiento de los datos de preferencia.

Elección de un procedimiento de EMD

La elección de un procedimiento específico de EMD depende de si se van a escalar datos de percepción o de preferencia, o bien de si el análisis requiere ambos tipos de datos. Otro factor determinante es la naturaleza de los datos de entrada. Los ***procedimientos de EMD no métrico*** suponen que los datos de entrada son ordinales, pero producen una salida métrica. Puede suponerse que las distancias de los mapas espaciales resultantes se ajustan a una escala de intervalo. En una dimensionalidad determinada, tales procedimientos resultan en un mapa espacial, cuyos rangos ordenados de las distancias calculadas entre marcas o estímulos preservan o reproducen mejor los rangos ordenados de entrada. En contraste, los ***procedimientos de EMD métricos*** dan por sentado que los datos de entrada son métricos. Como la salida también es métrica, se mantiene una relación más fuerte entre los datos de entrada y salida, además de conservar las cualidades métricas (de intervalo o de razón) de los datos de entrada. Los procedimientos métricos y no métricos generan resultados similares.[6]

Otro factor que influye en la elección de un procedimiento es si el análisis del EMD se realizará al nivel del encuestado individual o a un nivel conjunto. En el nivel individual los datos se analizan por separado para cada encuestado, lo cual da como resultado un mapa espacial para cada participante. Aunque el análisis a nivel individual es útil desde la perspectiva de investigación, no es atractivo desde el punto de vista administrativo. Las estrategias de marketing por lo general se plantean al nivel de segmento o conjunto, más que al nivel individual. Si se realiza el análisis a nivel conjunto, deben hacerse algunas suposiciones al agrupar los datos individuales. Por lo general, se supone que todos los encuestados usan las mismas dimensiones para evaluar las marcas o los estímulos, pero que los distintos encuestados ponderan de manera diferente esas dimensiones comunes.

Los datos de la tabla 21.1 se trataron como rangos ordenados y se escalaron con un procedimiento no métrico. Puesto que los datos fueron proporcionados por un participante, el análisis se hizo a nivel individual. Se obtuvieron mapas espaciales en de una a cuatro dimensiones, y luego se tomó una decisión sobre el número apropiado de dimensiones. Esta decisión es fundamental para todos los análisis de EMD, por lo que se explorará con mayor detalle en la siguiente sección.

Decidir el número de dimensiones

El objetivo de un EMD es obtener el mapa espacial que mejor se ajuste a los datos de entrada en el menor número de dimensiones. Sin embargo, los mapas espaciales se calculan de tal manera que el ajuste mejora a medida que aumenta el número de dimensiones. De ahí que tenga que llegarse a un acuerdo. Por lo común se utiliza una medida de estrés para evaluar el ajuste de una solución de EMD. El estrés es una medida de falta de ajuste; valores más altos de estrés indican un ajuste más deficiente. Se han sugerido las siguientes reglas para determinar el número de dimensiones.

1. ***Conocimiento previo.*** La teoría o investigación anterior pueden sugerir un número particular de dimensiones.
2. ***Posibilidad de interpretar el mapa espacial.*** Por lo regular, es difícil interpretar configuraciones o mapas derivados en más de tres dimensiones.

procedimientos de EMD no métrico
Tipo de escalamiento multidimensional que supone que los datos de entrada son ordinales.

procedimientos de EMD métricos
Procedimiento de escalamiento multidimensional que supone que los datos de entrada son métricos.

Figura 21.3
Gráfica de estrés frente a dimensionalidad

Archivo de resultados de SPSS

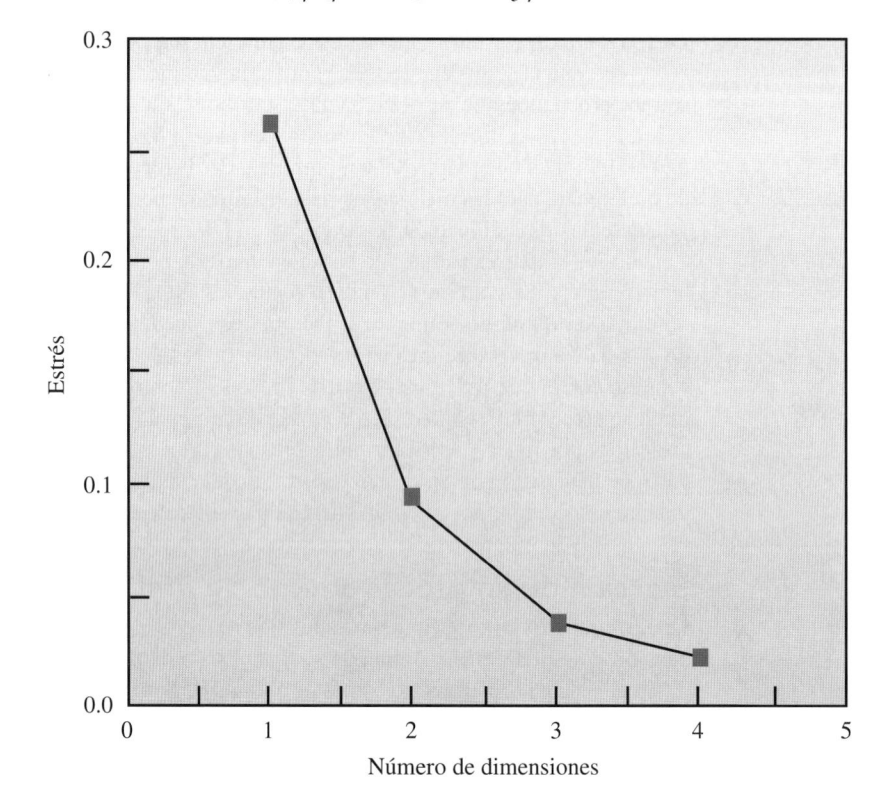

criterio de corte
Gráfica de estrés contra dimensionalidad que se usa en el EMD. El punto en que ocurre un cambio o una inclinación marcada indica el número apropiado de dimensiones.

3. *Criterio de corte.* Debe examinarse la gráfica de estrés contra dimensionalidad. Los puntos de la gráfica por lo regular forman un patrón convexo, como se muestra en la figura 21.3. El punto en el que ocurre un cambio o una inclinación marcada indica el número de dimensiones apropiado. Por lo general, la mejoría que se logra en el ajuste no justifica incrementar el número de dimensiones más allá de este punto.
4. *Facilidad de uso.* Comúnmente es más fácil trabajar con mapas de dos dimensiones o configuraciones, que con los que implican más dimensiones.
5. *Enfoques estadísticos.* Para el usuario experimentado, también se dispone de enfoques estadísticos para determinar la dimensionalidad.[7]

Con base en los criterios de la gráfica de estrés contra dimensionalidad (véase la figura 21.3), la posibilidad de interpretar el mapa espacial y la facilidad de uso, se decidió conservar una solución de dos dimensiones, la cual se muestra en la figura 21.4.

Figura 21.4
Un mapa espacial de marcas de dentífrico

Archivo de resultados de SPSS

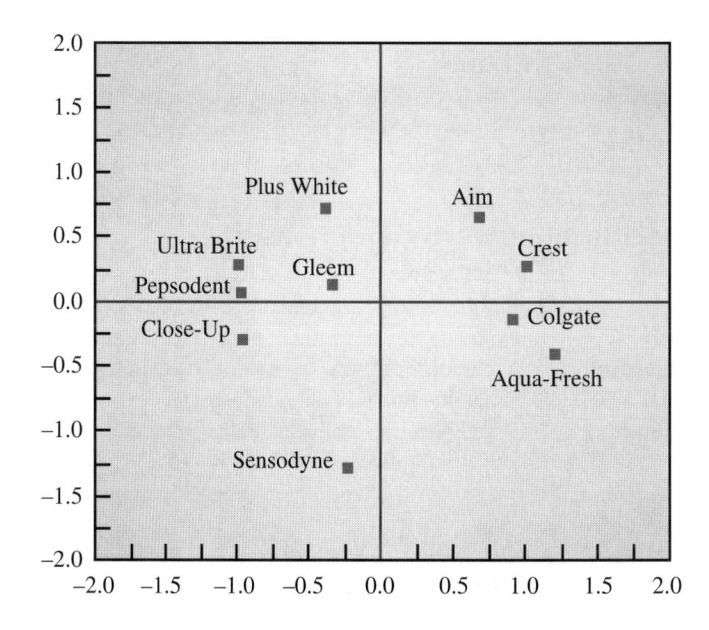

Asignar una etiqueta a las dimensiones e interpretar la configuración

Una vez que se ha desarrollado un mapa espacial, deben asignarse etiquetas a las dimensiones e interpretarse la configuración. La denominación de las dimensiones requiere un juicio subjetivo de parte del investigador. Las siguientes directrices sirven como ayuda en esta tarea.

1. Incluso si se obtienen juicios directos de semejanza, pueden reunirse calificaciones de la marca en atributos proporcionados por el investigador. Gracias a los procedimientos estadísticos, como el de regresión, esos atributos pueden ajustarse en el mapa espacial (véase la figura 21.5). Los ejes se denominan luego según los atributos con los que se alinean más de cerca.
2. Después de que han proporcionado los datos de semejanza o preferencia directa, se pide a los encuestados que indiquen los criterios que usaron en sus evaluaciones. Tales criterios pueden relacionarse luego en forma subjetiva al mapa espacial para designar las dimensiones.
3. De ser posible, puede mostrarse a los encuestados sus mapas espaciales y pedirles que den nombre a las dimensiones al examinar las configuraciones.
4. Si se dispone de características objetivas de la marca (por ejemplo, caballos de fuerza o kilometraje por litro de gasolina en el caso de los automóviles), se recomienda usarlas como ayuda para interpretar las dimensiones subjetivas de los mapas espaciales.

A menudo las dimensiones representan más de un atributo. La configuración o el mapa espacial pueden interpretarse examinando de las coordenadas y posiciones relativas de las marcas. Por ejemplo, la competencia puede ser mayor entre las marcas localizadas muy cerca entre sí. Una marca aislada tiene una imagen única. Las marcas más alejadas en dirección de un descriptor tienen más fuerza en esa característica. De este modo, se comprenderán las fortalezas y debilidades de cada producto. Las brechas en el mapa espacial pueden indicar oportunidades potenciales para lanzar nuevos productos.

En la figura 21.5, el eje horizontal tendría la etiqueta de "protección contra las caries contra blancura de los dientes". Las marcas con valores positivos altos en este eje incluyen Aqua-Fresh, Crest, Colgate y Aim (alta protección contra las caries). Las marcas con valores negativos grandes en esta dimensión incluyen Ultra Brite, Close-Up y Pepsodent (alta blancura de los dientes). El eje vertical puede interpretarse como "poca protección contra la sensibilidad contra alta protección contra la sensibilidad". Advierta que Sensodyne, conocida por su protección contra la sensibilidad, tiene carga negativa en el eje vertical. Las brechas en el mapa espacial indican oportunidades potenciales para una marca que ofrezca alta protección contra la caries así como una alta protección contra la sensibilidad.

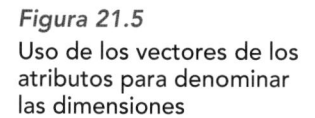

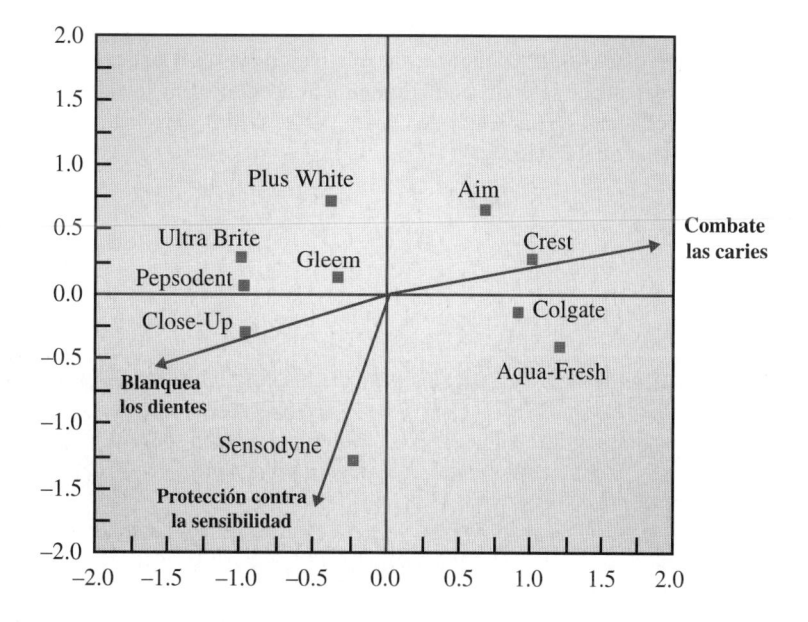

Figura 21.5
Uso de los vectores de los atributos para denominar las dimensiones

Evaluación de la confiabilidad y validez

Los datos de entrada, y por ende las soluciones del EMD, están siempre sujetos a una considerable variabilidad aleatoria. De ahí que sea necesario evaluar la confiabilidad y la validez de las soluciones del EMD. Se sugieren las siguientes directrices.

1. Debe examinarse el índice de ajuste o R cuadrada. Éste es el índice de correlación elevado al cuadrado que indica la proporción de varianza de los datos escalados en forma óptima, que puede explicar el procedimiento del EMD. Entonces, indica lo bien que el EMD modela los datos de entrada. Aunque son deseables valores altos de R cuadrada, se consideran aceptables valores de 0.60 en adelante.
2. Los valores de estrés también indican la calidad de las soluciones del EMD. Mientras la R cuadrada es una medida de la bondad del ajuste, el estrés mide el mal ajuste o la proporción de varianza de los datos escalados en forma óptima que no explica el modelo de EMD. Los valores de estrés varían según el procedimiento de EMD y de los datos analizados. Para la fórmula 1 de estrés de Kruskal se presentan las siguientes recomendaciones para evaluar los valores de estrés.[8]

Estrés (%)	*Bondad del ajuste*
20	Malo
10	Regular
5	Bueno
2.5	Excelente
0	Perfecto

3. Si se ha hecho un análisis a nivel conjunto, los datos originales deben dividirse en dos o más partes. El análisis de EMD debe realizarse por separado en cada parte y deben compararse los resultados.
4. Puede hacerse una eliminación selectiva de estímulos de los datos de entrada y determinarse luego las soluciones para los estímulos restantes.
5. Es factible añadir un término de error aleatorio a los datos de entrada. Los datos resultantes se someten al análisis de EMD y se comparan las soluciones.
6. Los datos de entrada pueden recogerse en dos momentos diferentes y determinarse la confiabilidad test-retest.

Se cuenta con procedimientos formales para evaluar la validez del EMD. En el caso de nuestro ejemplo, el valor de estrés de 0.095 indica un ajuste regular. Una marca, Sensodyne, es diferente de las otras. ¿La eliminación de Sensodyne del conjunto de estímulos causaría una alteración apreciable en la configuración relativa de las otras marcas? En la figura 21.6 se muestra el mapa espacial que se obtiene al eliminar a Sensodyne. Existe algún cambio en las posiciones relativas de las marcas, en particular de Gleem y Plus White. Pero los cambios son modestos, lo cual indica una buena estabilidad.[9]

INVESTIGACIÓN ACTIVA

Visite el sitio Web de Coca-Cola en *www.cocacola.com* y realice una búsqueda en Internet y en la base en línea de su biblioteca, para obtener información sobre el posicionamiento de Coca-Cola.

¿Cómo obtendría un mapa del posicionamiento competitivo de las diversas marcas de bebidas gaseosas?

Como gerente de marca de Coca-Cola, ¿cómo modificaría usted el posicionamiento de las diversas marcas de Coca-Cola para mejorar su competitividad?

Figura 21.6
Evaluación de la estabilidad mediante la supresión de una marca

Archivo de resultados de SPSS

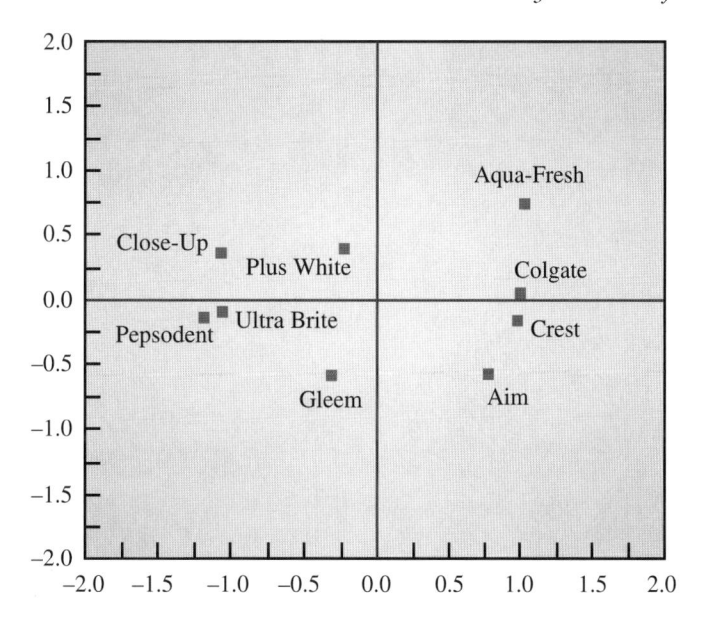

SUPOSICIONES Y LIMITACIONES DEL EMD

Vale la pena señalar algunas suposiciones y limitaciones del EMD. Se supone que la semejanza del estímulo A con el B es la misma que la semejanza del estímulo B con el A. En algunos casos, se infringe tal suposición. Por ejemplo, se percibe que México es más similar a Estados Unidos que a la inversa. El EMD asume que la distancia (semejanza) entre dos estímulos es alguna función de sus similitudes parciales en cada una de varias dimensiones perceptuales; aunque no se ha realizado mucha investigación para demostrarlo. Cuando se obtiene un mapa espacial, se supone que las distancias entre los puntos se ajustan a una escala de razón y que los ejes del mapa responden a una escala de intervalo multidimensional. Una limitación del EMD es que la interpretación de la dimensión que relaciona los cambios físicos en las marcas o estímulos con cambios en el mapa perceptual es, en el mejor de los casos, difícil. Esas limitaciones también se aplican al escalamiento de los datos de preferencia.

ESCALAMIENTO DE DATOS DE PREFERENCIA

análisis interno de preferencias
Procedimiento para configurar un mapa espacial, de modo que represente marcas o estímulos y puntos o vectores del encuestado. Debe derivarse sólo de los datos de preferencia.

análisis externos de preferencias
Procedimiento para configurar un mapa espacial, de modo que los puntos o vectores ideales basados en los datos de preferencia se coloquen en un mapa espacial derivado de datos de percepción.

El análisis de los datos de preferencia puede ser interno o externo. En el ***análisis interno de preferencias*** se deriva de los datos de preferencia un mapa espacial, que represente tanto a las marcas o estímulos como a los puntos o vectores del encuestado. De este modo, al recolectar datos de preferencia, tanto las marcas como los encuestados pueden representarse en el mismo mapa espacial. En el ***análisis externo de preferencias***, los puntos ideales o vectores basados en los datos de preferencia se acomodan en un mapa espacial derivado de los datos de percepción (es decir, de semejanza). Para realizar un análisis externo deben obtenerse datos de preferencia y de percepción. Se conoce como *despliegue a* la representación de las marcas y los encuestados como puntos en el mismo espacio, mediante el uso del análisis interno o externo.

En la mayoría de las situaciones se prefiere el análisis externo. En el análisis interno, las diferencias en las percepciones se confunden con diferencias en las preferencias. Es posible que la naturaleza y la importancia relativa de las dimensiones varíe entre el espacio perceptual y el espacio de preferencia. Quizá se perciba que dos marcas son similares (que están cerca entre sí en el espacio perceptual), pero una marca puede ser claramente preferida a la otra (es decir, las marcas están lejos en el espacio de preferencia). Esas situaciones no se explican mediante el análisis interno. Además, los procedimientos de análisis interno enfrentan muchas dificultades de cálculo.[10]

Para ilustrar el análisis externo escalaremos las preferencias de nuestro encuestado en su mapa espacial. El encuestado ordenó las marcas según la preferencia de la siguiente manera (colocó primero la marca favorita): Colgate, Crest, Aim, Aqua-Fresh, Gleem, Pepsodent, Ultra Brite, Plus

Figura 21.7
Análisis externo de los datos de preferencia

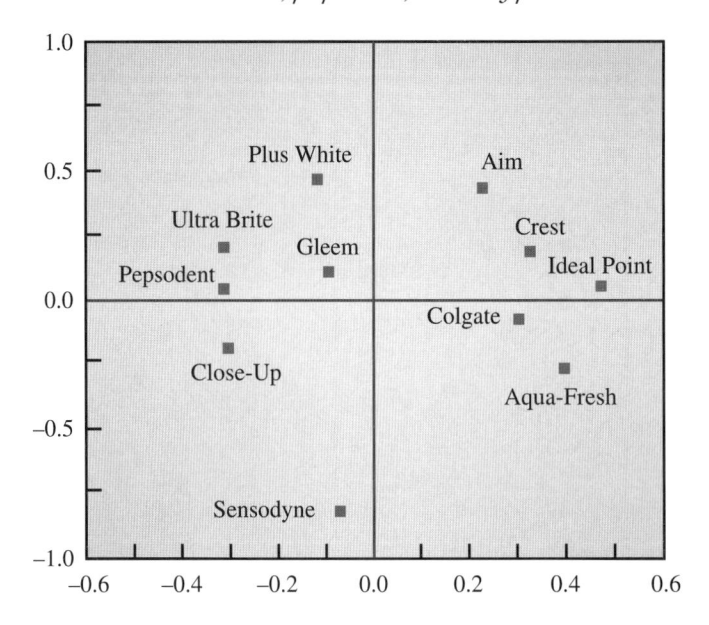

[Gráfico de dispersión con ejes de -0.6 a 0.6 (horizontal) y -1.0 a 1.0 (vertical), mostrando las posiciones de: Plus White (≈-0.1, 0.5), Aim (≈0.2, 0.45), Ultra Brite (≈-0.35, 0.2), Crest (≈0.3, 0.2), Gleem (≈-0.1, 0.1), Ideal Point (≈0.45, 0.05), Pepsodent (≈-0.35, 0.02), Colgate (≈0.25, -0.1), Close-Up (≈-0.3, -0.2), Aqua-Fresh (≈0.4, -0.25), Sensodyne (≈-0.05, -0.75)]

White, Close-Up y Sensodyne. Tales ordenamientos de preferencia, junto con las coordenadas en el mapa especial (véase la figura 21.5) se utilizaron como entrada en un programa de escalamiento de preferencias para derivar la figura 21.7. Advierta la ubicación del punto ideal. Está cerca de Colgate, Crest, Aim y Aqua-Fresh, las cuatro marcas preferidas; y lejos de Close-Up y Sensodyne, las dos marcas menos gustadas. Si tuviera que ubicarse una nueva marca en este espacio, su distancia del punto ideal, en relación con las distancias de las otras marcas con respecto al punto ideal, determinaría el grado de preferencia por esta marca. En el siguiente ejemplo se presenta otra aplicación.

INVESTIGACIÓN REAL

Los encuestados se estacionan en diferentes espacios

Un estudio, realizado en 2005, examinó las percepciones de los consumidores en cuanto a los automóviles usando escalas multidimensionales. Los sujetos calificaron varios atributos de los autos y su efecto en la elección final del producto. Las calificaciones se realizaron en una escala de cinco puntos y se sumaron las respuestas de cada sujeto en cada dimensión. Los cinco atributos con calificaciones globales más altas fueron el precio, la economía de combustible, los caballos de fuerza netos, el frenado y la aceleración. El uso del escalamiento multidimensional ayudaría a los fabricantes de automóviles a entender mejor qué atributos son más importantes para los consumidores; y ese conocimiento contribuiría a mejorar su posicionamiento en la industria. A continuación se presenta un mapa que se derivó de datos de semejanza para ilustrar el EMD de marcas seleccionadas de automóviles. En esta representación espacial, cada marca se identificó por su distancia de las otras marcas. Cuanto mayor sea la cercanía entre dos marcas (por ejemplo, Volkswagen y Chrysler), más similares parecerán. Cuanto mayor sea la distancia entre dos marcas (por ejemplo, Volkswagen y Mercedes), menos similares parecerán. Una distancia pequeña (es decir, semejanza) también indicaría competencia. Por ejemplo, Honda compite de cerca con Toyota, pero no con Continental ni Porsche. Las dimensiones pueden interpretarse como economía/prestigio y deportivo/no deportivo. Es sencillo determinar la posición de cada vehículo en esas dimensiones.

Los datos de preferencia consistieron en los rangos ordenados de las marcas de acuerdo con las preferencias de los consumidores. Los puntos ideales de los encuestados también se localizan en la misma representación espacial. Cada punto ideal representa el locus de preferencia de un encuestado particular. De este modo, el encuestado 1 (denotado con I1) prefiere los autos deportivos: Porsche, Jaguar y Audi; mientras que el encuestado 2 (denotado con I2) prefiere los vehículos de lujo: Continental, Mercedes, Lexus y Cadillac.

Configuración espacial conjunta de marcas de automóviles y preferencias de los consumidores.

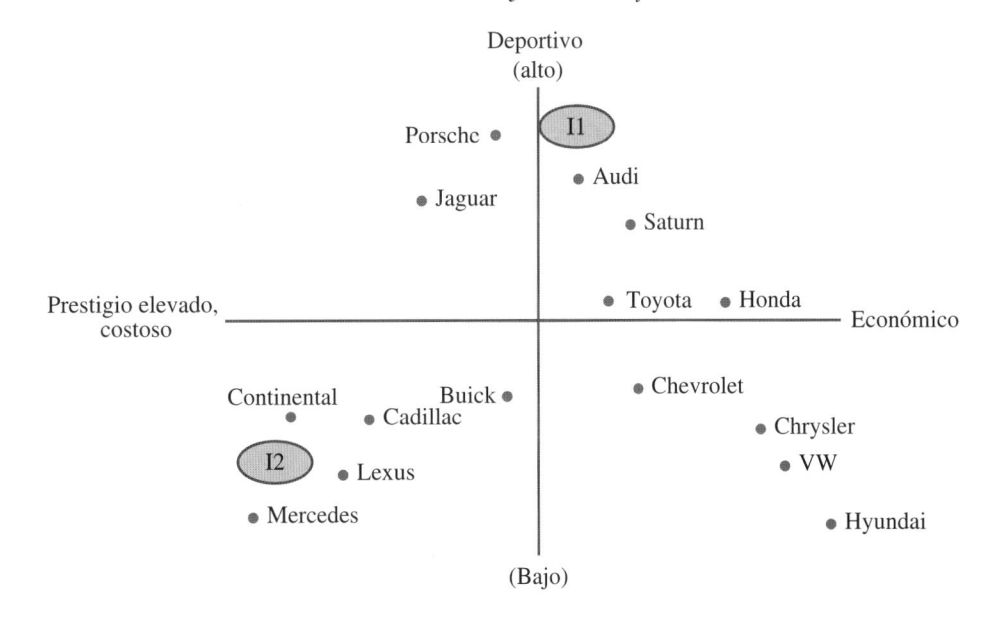

[Mapa perceptual con ejes: Deportivo (alto) / (Bajo) en vertical y Prestigio elevado, costoso / Económico en horizontal. Marcas ubicadas: Porsche, I1, Audi, Jaguar, Saturn, Toyota, Honda, Continental, Buick, Cadillac, Chevrolet, Chrysler, I2, Lexus, VW, Mercedes, Hyundai.]

Dicho análisis puede hacerse a nivel del encuestado individual, lo que permite al investigador segmentar el mercado de acuerdo con las semejanzas en los puntos ideales de los encuestados. Una alternativa consiste en agrupar a los encuestados con base en su semejanza con respecto al ordenamiento original de las preferencias y los puntos ideales establecidos para cada segmento.[11] ∎

Si bien hasta ahora sólo hemos considerado los datos cuantitativos, también es posible usar procedimientos como el análisis de correspondencia para trazar un mapa con los datos cualitativos.

ANÁLISIS DE CORRESPONDENCIA

análisis de correspondencia
Técnica de EMD para el escalamiento de los datos cualitativos que escala las hileras y las columnas de la tabla de contingencia de entrada en unidades correspondientes, de modo que se expongan en el mismo espacio de pocas dimensiones.

El *análisis de correspondencia* es una técnica de EMD para escalar datos cualitativos en la investigación de mercados. Los datos de entrada se presentan en la forma de una tabla de contingencia, que indica una asociación cualitativa entre hileras y columnas. El análisis de correspondencia escala las hileras y las columnas en las unidades correspondientes, de modo que cada una pueda exponerse en forma gráfica en el mismo espacio de pocas dimensiones. Tales mapas espaciales proporcionan información sobre: **1.** semejanzas y diferencias dentro de las hileras con respecto a la categoría de una columna determinada; **2.** semejanzas y diferencias dentro de las categorías de columnas, con respecto a una determinada categoría de hileras; y **3.** relación entre las hileras y las columnas.[12]

Dada la semejanza de los algoritmos, la interpretación de los resultados del análisis de correspondencia es similar a la del análisis de componentes principales (véase el capítulo 19). El análisis de correspondencia da como resultado el agrupamiento de categorías (actividades, marcas u otros estímulos) que se encuentran en la tabla de contingencia, de la misma manera en que el análisis de componentes principales implica el agrupamiento de las variables. Los resultados se interpretan en términos de las proximidades entre las hileras y las columnas en la tabla de contingencia. Las categorías más cercanas son más similares en la estructura subyacente.

La ventaja del análisis de correspondencia, en comparación con otras técnicas de escalamiento multidimensional, es que reduce las exigencias de recopilación de datos que se imponen a los encuestados, porque sólo se obtienen datos binarios o categóricos. A los encuestados sólo se les pide que revisen qué atributos se aplican a cada una de diversas marcas. Los datos de entrada son el número de respuestas afirmativas para cada marca en cada atributo. Las marcas y los atributos se exponen luego en el mismo espacio multidimensional. La desventaja es que las distancias entre conjuntos (es decir, entre columna e hilera) no puede interpretarse de manera significativa. El análisis de correspondencia es una técnica de análisis de datos exploratorios que no es adecuada para la prueba de hipótesis.[13]

El EMD, incluso con el análisis de correspondencia, no es el único procedimiento de que se dispone para obtener mapas perceptuales, ya que para ello también hay otras dos técnicas que revisamos antes: el análisis discriminante (véase el capítulo 18) y el análisis factorial (véase el capítulo 19).

RELACIÓN ENTRE EMD, ANÁLISIS FACTORIAL Y ANÁLISIS DISCRIMINANTE

Si se utilizan enfoques basados en los atributos para obtener los datos de entrada, también podría utilizarse el análisis factorial o el análisis discriminante para generar los mapas espaciales. En este enfoque, cada encuestado califica n marcas en m atributos. Al hacer un análisis factorial de los datos, para cada encuestado pueden obtenerse n calificaciones factoriales para cada factor, una por cada marca. Al graficar las calificaciones de la marca en los factores, se obtiene un mapa espacial para cada encuestado. Si se desea un mapa conjunto, puede hacerse un promedio de la calificación factorial de cada marca en cada factor entre los encuestados. Las dimensiones ser denominarían mediante el examen de las cargas factoriales, las cuales son estimaciones de las correlaciones entre las calificaciones de los atributos y los factores subyacentes.

La meta del análisis discriminante es elegir las combinaciones lineales de atributos que discriminen mejor entre las marcas o los estímulos. Para desarrollar mapas espaciales mediante el análisis discriminante, la variable dependiente es la marca calificada y las variables independientes o predictivas son las calificaciones de los atributos. Puede obtenerse un mapa espacial al graficar las calificaciones discriminantes para las marcas. Las puntuaciones discriminantes son las calificaciones en las dimensiones perceptuales, basadas en los atributos que mejor distingan las marcas. Las dimensiones pueden denominarse luego de examinar los pesos discriminantes, o las ponderaciones de los atributos que constituyen una función o dimensión discriminante.[14]

CONCEPTOS BÁSICOS DEL ANÁLISIS CONJUNTO

análisis conjunto
Técnica que intenta determinar la importancia relativa que los consumidores asignan a los atributos sobresalientes, y la utilidad que atribuyen a los niveles de atributos.

El *análisis conjunto* trata de determinar la importancia relativa que los consumidores asignan a los atributos sobresalientes y las utilidades que atribuyen a los niveles de atributos. La información se deriva de las evaluaciones que hacen los consumidores de marcas, o de perfiles de marcas compuestos por esos atributos y sus niveles. A los encuestados se les presentan estímulos que consisten en combinaciones de niveles de atributos. Se les solicita que evalúen esos estímulos en términos de su conveniencia. Los procedimientos conjuntos tratan de asignar valores a los niveles de cada atributo, de manera que los valores resultantes o las utilidades atribuidas a los estímulos concuerden, tanto como sea posible, con las evaluaciones de entrada proporcionadas por los encuestados. La suposición de base es que cualquier conjunto de estímulos, como productos, marcas o tiendas, se evalúa como un paquete de atributos.[15]

Al igual que el escalamiento multidimensional, el análisis conjunto depende de las evaluaciones subjetivas de los encuestados. Sin embargo, en el EMD los estímulos son productos o marcas. En el análisis conjunto, los estímulos son combinaciones de niveles de atributos determinados por el investigador. La meta del EMD es desarrollar un mapa espacial que describa los estímulos en un espacio multidimensional de percepción o de preferencia. Por otro lado, el análisis conjunto busca desarrollar las funciones de valor parcial o utilidad que los encuestados confieren a los niveles de cada atributo. Las dos técnicas son complementarias.

El análisis conjunto se ha utilizado con distintos propósitos en el marketing, entre los que se incluyen:

- Determinar la importancia relativa de los atributos en el proceso de elección del consumidor. Una salida estándar del análisis conjunto consiste en los pesos derivados de importancia relativa, de todos los atributos que componen los estímulos usados en la tarea de evaluación. Los pesos de importancia relativa indican qué atributos ejercen una influencia considerable en la elección del consumidor.
- Calcular la participación en el mercado de marcas que difieren en los niveles de atributos. Las utilidades derivadas del análisis conjunto pueden usarse como entrada en un simulador de elección para determinar la participación de las opciones y, por ende, la participación en el mercado de diferentes marcas.
- Determinar la composición de la marca preferida. Las características de la marca pueden variarse en términos de los niveles de los atributos y las utilidades correspondientes determinadas. Las características de la marca que generen la mayor utilidad indicarán la composición de la marca preferida.
- Segmentar el mercado con base en la semejanza de las preferencias por los niveles de atributos. Las funciones de valores parciales derivadas de los atributos sirven como base para agrupar a los encuestados en segmentos de preferencia homogéneos.[16]

CAPÍTULO 21 *Escalamiento multidimensional y análisis conjunto* 675

El análisis conjunto se ha aplicado a bienes de consumo, bienes industriales y otros servicios como los financieros. Además, dichas aplicaciones abarcan todas las áreas del marketing. Una encuesta sobre el análisis conjunto informó de aplicaciones en las áreas de nuevo producto e identificación del concepto, análisis de la competencia, asignación de precios, segmentación del mercado, publicidad y distribución.[17]

ESTADÍSTICOS Y TÉRMINOS ASOCIADOS CON EL ANÁLISIS CONJUNTO

Los estadísticos y términos importantes que se asocian con el análisis conjunto incluyen:

Funciones de valor parcial. Las funciones de valor parcial o *funciones de utilidad* describen la utilidad que los consumidores asignan a los niveles de cada atributo.

Pesos de importancia relativa. Su estimación permite identificar qué atributos ejercen una influencia considerable en la elección del consumidor.

Niveles de los atributos. Denotan los valores que asumen los atributos.

Perfiles completos. Los perfiles completos de las marcas se elaboran en términos de todos los atributos usando los niveles de los atributos especificados en el diseño.

Tablas por pares. En las tablas por pares, los encuestados evalúan dos atributos a la vez, hasta que se hayan evaluado todos los pares de atributos requeridos.

Diseños cíclicos. Son diseños que se emplean para reducir el número de comparaciones por pares.

Diseños factoriales fraccionales. Son diseños empleados para reducir el número de perfiles de estímulos que deben evaluarse en el enfoque del perfil completo.

Conjuntos ortogonales. Son una clase especial de diseños fraccionales que permiten un cálculo eficiente de todos los efectos principales.

Validez interna. Implica las correlaciones de las evaluaciones pronosticadas para los estímulos de retención o validación con las obtenidas de los encuestados.

REALIZACIÓN DEL ANÁLISIS CONJUNTO

La figura 21.8 presenta los pasos del análisis conjunto. El planteamiento del problema implica la identificación de los atributos sobresalientes y sus niveles. Esos atributos y niveles sirven para elaborar los estímulos que se utilizarán en una tarea de análisis conjunto. Los encuestados usan una escala adecuada para calificar u ordenar los estímulos, y se analizan los datos obtenidos. Los resultados se interpretan y se evalúan su confiabilidad y validez.

Figura 21.8
Realización del análisis conjunto

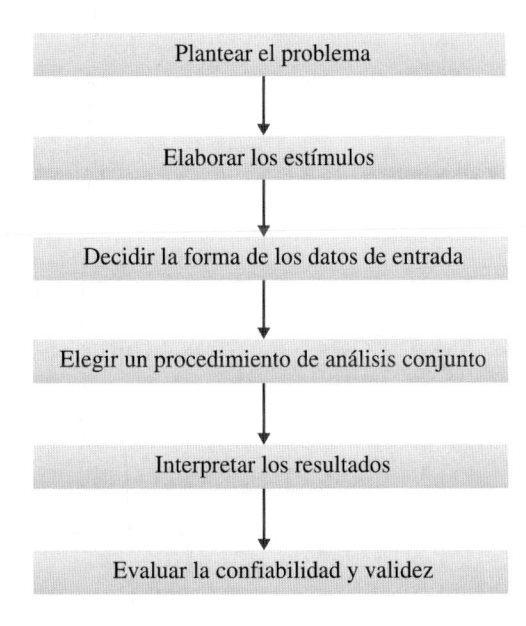

- Plantear el problema
- Elaborar los estímulos
- Decidir la forma de los datos de entrada
- Elegir un procedimiento de análisis conjunto
- Interpretar los resultados
- Evaluar la confiabilidad y validez

Planteamiento del problema

Al plantear el problema del análisis conjunto, el investigador debe identificar los atributos y los niveles de tales atributos que se emplearán en la elaboración de los estímulos. Los niveles de los atributos denotan los valores que éstos asumen. Desde un punto de vista teórico, los atributos elegidos deben tener una influencia considerable en la preferencia y elección del consumidor. Por ejemplo, en la elección de una marca de automóvil deben incluirse el precio, el kilometraje por litro de gasolina, el espacio interior, etcétera. Desde una perspectiva administrativa, los atributos y sus niveles deben ser procesables. No resulta útil decirle a un gerente que los consumidores prefieren un auto deportivo a uno de aspecto conservador, a menos que deportivo y conservador se definan en términos de atributos sobre los que el gerente tenga control. Los atributos pueden identificarse a partir de conversaciones con la administración y los expertos en la industria, el análisis de datos secundarios, la investigación cualitativa y encuestas piloto. Un estudio típico de análisis conjunto incluye seis o siete atributos.

Una vez que se hayan identificado los atributos sobresalientes, deben elegirse sus niveles apropiados. El número de niveles de un atributo determina el número de parámetros que se calculará y también influye en el número de estímulos que los participantes evaluarán. Para minimizar la tarea de evaluación de los encuestados y aún así calcular los parámetros con precisión razonable, es conveniente restringir el número de niveles del atributo. La utilidad o función de valor parcial para los niveles de un atributo puede ser no lineal. Por ejemplo, un consumidor quizá prefiera un carro de tamaño mediano a uno pequeño o uno grande. De la misma manera, tal vez la utilidad del precio no sea lineal. La pérdida de utilidad al pasar de un precio bajo a uno mediano puede ser mucho menor que la pérdida de utilidad al pasar de un precio mediano a uno alto. En tales casos deben usarse al menos tres niveles. No obstante, algunos atributos se presentan naturalmente en forma binaria (dos niveles): un automóvil tiene o no tiene techo corredizo.

Los niveles del atributo seleccionados impactarán las evaluaciones de los consumidores. Si el precio de una marca de automóviles varía de $10,000 a $12,000 o $14,000 dólares, el precio será relativamente poco importante. Por otro lado, si el precio varía de $10,000 a $20,000 o a $30,000, será un factor de importancia. Por consiguiente, el investigador debería tomar en consideración los niveles de los atributos que son comunes en el mercado y los objetivos del estudio. Usar niveles del atributo que estén fuera del rango reflejado en el mercado disminuirá la credibilidad de la tarea de evaluación, pero incrementará la precisión con que se calculan los parámetros. La norma general es elegir niveles del atributo de modo que los rangos sean algo más grandes que los que predominan en el mercado, aunque no tan grandes que tengan un impacto adverso en la credibilidad de la tarea de evaluación.

Para ilustrar el análisis conjunto se considera el problema de cómo evalúan los estudiantes los zapatos deportivos. La investigación cualitativa identificó tres atributos destacados: la suela, la parte superior (pala) y el precio.[18] Como se muestra en la tabla 21.2, cada uno se definió en términos de tres niveles. Tales atributos y sus niveles se usaron para elaborar los estímulos del análisis conjunto. Advierta que para mantener la simplicidad del ejemplo, se utiliza un número limitado de atributos, es decir, sólo tres. Se ha argumentado que deberían usarse estímulos pictóricos cuando

TABLA 21.2
Atributos y niveles de los zapatos deportivos

ATRIBUTO	NIVEL NÚM.	DESCRIPCIÓN
Suela	3	Hule
	2	Poliuretano
	1	Plástico
Parte superior (pala)	3	Lona
	2	Piel
	1	Nylon
Precio	3	$30.00
	2	$60.00
	1	$90.00

las elecciones de los consumidores están determinadas en gran medida por el estilo del producto, de manera que las elecciones dependen en mucho de la inspección de los productos reales o de sus fotografías.[19]

Elaboración de los estímulos

Existen dos procedimientos generales para elaborar los estímulos del análisis conjunto: por pares y de perfiles completos. En el procedimiento por pares, llamado también *evaluaciones de dos factores*, los encuestados evalúan dos atributos a la vez, hasta que se hayan evaluado todos los pares de atributos posibles. En la figura 21.9 se ilustra este enfoque en el contexto del ejemplo de los zapatos deportivos. Para cada par, los encuestados evalúan todas las combinaciones de los niveles de dos atributos, que se presentan en una matriz. En el procedimiento de perfiles completos, llamado también *evaluaciones de factores múltiples*, se construyen perfiles completos de marcas para todos los atributos. Por lo general, cada perfil se describe en una tarjeta separada. En la tabla 21.3 se ilustra este enfoque en el contexto del ejemplo de los zapatos deportivos.

No es necesario evaluar todas las combinaciones posibles ni tampoco es factible en todos los casos. En el procedimiento por pares es posible reducir el número de comparaciones pareadas mediante el uso de diseños cíclicos. De igual manera, en el procedimiento del perfil completo es posible reducir considerablemente el número de perfiles del estímulo usando diseños factoriales fraccionales. Una clase especial de diseños fraccionales, llamada *conjuntos ortogonales*, permite el cálculo eficiente de todos los efectos principales. Los conjuntos ortogonales permiten la medición de todos los efectos principales de interés en una base no correlacionada. Esos diseños asumen que todas las interacciones son insignificantes.[20] Por lo general, se obtienen dos conjuntos de datos. Uno, el *conjunto de estimación*, se usa para calcular las funciones de valor parcial de los niveles del atributo. El otro, el *conjunto de retención*, se usa para evaluar la confiabilidad y la validez.

La ventaja del enfoque por pares es que es más sencillo para los encuestados ofrecer tales juicios. Sin embargo, su desventaja relativa es que requiere más evaluaciones que el procedimiento de perfil completo. Además, la tarea de evaluación sería poco realista cuando sólo se evalúan dos atributos al mismo tiempo. Estudios que comparan los dos enfoques indican que ambos producen utilidades similares, pero que el de uso más común es el del perfil completo.

Figura 21.9
Procedimiento por pares para recolectar datos conjuntos

		Suela	
Piel	Hule	Poliuretano	Plástico
Piel			
Lona			
Nylon			

		Suela	
Precio	Hule	Poliuretano	Plástico
\$30.00			
\$60.00			
\$90.00			

		Precio	
Parte superior (pala)	\$30.00	\$60.00	\$90.00
Piel			
Lona			
Nylon			

TABLA 21.3
Uso del procedimiento de perfil completo para recolectar datos conjuntos

EJEMPLO DEL PERFIL DE UN ZAPATO DEPORTIVO

Suela	Hecha de hule
Parte superior (pala)	Hecha de nylon
Precio	$30.00

El ejemplo de los zapatos deportivos sigue el procedimiento del perfil completo. Dados tres atributos, definidos cada uno en tres niveles, pueden construirse un total de $3 \times 3 \times 3 = 27$ perfiles. Para reducir la tarea de evaluación del encuestado se utilizó un diseño factorial fraccional y se elaboró un conjunto de nueves perfiles que constituían los conjuntos de estímulos de estimación (véase la tabla 21.4). Para fines de validación se construyó otro conjunto de nueve estímulos. Se obtuvieron datos de entrada tanto para los estímulos de estimación como de validación. Sin embargo, antes de que pudieran obtenerse los datos de entrada fue necesario tomar una decisión sobre su forma.

Decisión sobre la forma de los datos de entrada

Como en el caso del EMD, los datos de entrada del análisis conjunto pueden ser métricos o no métricos. Para los datos no métricos, por lo general, se solicita a los participantes que den evaluaciones de rangos ordenados. En el enfoque por pares, los encuestados ordenan por rangos todas las celdas de cada matriz en términos de su conveniencia. En la técnica del perfil completo, ordenan todos los perfiles del estímulo. Los ordenamientos implican evaluaciones relativas de los niveles del atributo. Los defensores del ordenamiento de los datos creen que éstos reflejan con precisión la conducta de los consumidores en el mercado.

En la forma métrica los encuestados no brindan ordenamientos sino calificaciones. En este caso, los juicios por lo general se hacen de forma independiente. Los defensores de los datos de calificación creen que son mucho más convenientes para los participantes y que son más fáciles de analizar que los ordenamientos. En años recientes se ha vuelto cada vez más común el uso de calificaciones.

En el análisis conjunto la variable dependiente suele ser la preferencia o intención de compra. En otras palabras, los encuestados proporcionan calificaciones u ordenamientos en términos de su preferencia o intención de compra. Sin embargo, la metodología conjunta es flexible y tiene cabida para otras variables dependientes que incluyen a la compra o elección reales.

En la evaluación de los perfiles de los zapatos deportivos, se solicitó a los encuestados que proporcionaran calificaciones de preferencia para cada zapato descrito por los nueve perfiles en el conjunto de estimación.

TABLA 21.4
Perfiles de los zapatos deportivos y sus calificaciones

	NIVELES DEL ATRIBUTO[a]			
PERFIL NÚM.	SUELA	PARTE SUPERIOR (PALA)	PRECIO	CALIFICACIÓN DE PREFERENCIA
1	1	1	1	9
2	1	2	2	7
3	1	3	3	5
4	2	1	2	6
5	2	2	3	5
6	2	3	1	6
7	3	1	3	5
8	3	2	1	7
9	3	3	2	6

[a] Los niveles del atributo corresponden a los de la tabla 21.2.

CAPÍTULO 21 *Escalamiento multidimensional y análisis conjunto*

Para obtener esas calificaciones se utilizó una escala Likert de nueve puntos (1 = no se prefieren, 9 = los favoritos). En la tabla 21.4 se muestran las calificaciones obtenidas de un encuestado.

Elección de un procedimiento de análisis conjunto

modelo de análisis conjunto
Modelo matemático que expresa la relación fundamental entre los atributos y la utilidad en el análisis conjunto.

El ***modelo de análisis conjunto*** básico se representa con la siguiente fórmula:[21]

$$U(X) = \sum_{i=1}^{m} \sum_{j=1}^{k_i} \alpha_{ij} x_{ij}$$

donde

$U(X)$ = utilidad general de una alternativa
α_{ij} = contribución del valor parcial o utilidad asociada con el nivel *j-ésimo* ($j, j = 1, 2, \ldots k_i$) del *i-ésimo* atributo ($i, i = 1, 2, \ldots m$)
k_i = número de niveles del atributo i
m = número de atributos
x_{ij} = 1 si está presente el *j*-ésimo nivel del *i*-ésimo atributo
= 0 en otro caso

La importancia de un atributo I_i se define en términos del rango de los valores parciales, α_{ij}, en todos los niveles de ese atributo:

$$I_j = [\max (\alpha_{ij}) - \min (\alpha_{ij})] \text{ para cada } i$$

La importancia del atributo se normaliza para determinar su importancia en relación con los otros atributos, W_i:

$$W_i = \frac{I_i}{\sum_{i=1}^{m} I_i}$$

de modo que

$$\sum_{i=1}^{m} W_i = 1$$

Existen varios procedimientos diferentes para calcular el modelo básico. El más sencillo, cuya popularidad va en aumento, es la regresión con variables ficticias (*dummy*; véase el capítulo 17). En este caso, las variables predictivas son las variables ficticias para los niveles del atributo. Si un atributo tiene k_i niveles, se codifica en términos de $k_i - 1$ variables ficticias (véase el capítulo 14). Si se obtienen datos métricos, las calificaciones constituyen la variable dependiente, siempre que se ajusten a una escala de intervalo. Si los datos son no métricos, los ordenamientos pueden convertirse en 0 o 1 realizando comparaciones pareadas entre las marcas. En este caso, las variables predictivas representan las diferencias en los niveles de los atributos de las marcas comparadas. Otros procedimientos adecuados para los datos no métricos son LINMAP, MONANOVA y el modelo LOGIT (véase el capítulo 18).[22]

El investigador también debe decidir si los datos se analizarán a nivel del encuestado individual o a nivel conjunto. A nivel individual los datos de cada participante se analizan por separado. Si el análisis se va a realizar a nivel conjunto, debe idearse algún procedimiento para agrupar a los encuestados. Un enfoque común consiste en calcular primero las funciones de valor parcial o de utilidad a nivel individual. Los encuestados se agrupan luego con base en la semejanza de sus valores parciales. Después se realiza el análisis conjunto para cada conglomerado. Debe especificarse un modelo apropiado para calcular los parámetros.[23]

Para analizar los datos presentados en la tabla 21.4 se utilizó la regresión de mínimos cuadrados (RMC) ordinarios con variables ficticias. La variable dependiente fueron las calificaciones de preferencia.

Archivo de resultados de SPSS

TABLA 21.5
Datos sobre los zapatos deportivos codificados para una regresión con variables ficticias

Calificaciones de preferencia Y	Suela X_1	X_2	Atributos parte superior (pala) X_3	X_4	Precio X_5	X_6
9	1	0	1	0	1	0
7	1	0	0	1	0	1
5	1	0	0	0	0	0
6	0	1	1	0	0	1
5	0	1	0	1	0	0
6	0	1	0	0	1	0
5	0	0	1	0	0	0
7	0	0	0	1	1	0
6	0	0	0	0	0	1

Las variables independientes o predictivas fueron seis variables ficticias, dos para cada variable. En la tabla 21.5 se muestran los datos transformados. Como los datos conciernen a un solo participante, se realizó un análisis a nivel individual. En la tabla 21.6 se presentan las funciones de valores parciales o de utilidad calculadas para cada atributo, así como la importancia relativa de los atributos.[24]

El modelo calculado puede representarse como:

$$U = b_0 + b_1X_1 + b_2X_2 + b_3X_3 + b_4X_4 + b_5X_5 + b_6X_6$$

donde

X_1, X_2 = variables ficticias que representan la suela
X_3, X_4 = variables ficticias que representan la parte superior (pala)
X_5, X_6 = variables ficticias que representan el precio

Para la suela, los niveles del atributo se codificaron de la siguiente manera:

	X_1	X_2
Nivel 1	1	0
Nivel 2	0	1
Nivel 3	0	0

TABLA 21.6
Resultados del análisis conjunto

Atributo	Núm. Nivel	Descripción	Utilidad	Importancia
Suela	3	Hule	0.778	
	2	Poliuretano	−0.556	
	1	Plástico	−0.222	0.286
Parte superior (pala)	3	Piel	0.445	
	2	Lona	0.111	
	1	Nylon	−0.556	0.214
Precio	3	$30.00	1.111	
	2	$60.00	0.111	
	1	$90.00	−1.222	0.500

Archivo de resultados de SPSS

Los niveles de los otros atributos se codificaron de forma similar. Los parámetros se calcularon de la siguiente manera:

$$b_0 = 4.222$$
$$b_1 = 1.000$$
$$b_2 = -0.333$$
$$b_3 = 1.000$$
$$b_4 = 0.667$$
$$b_5 = 2.333$$
$$b_6 = 1.333$$

Dada la codificación de las variables ficticias, donde el nivel 3 es el básico, los coeficientes pueden relacionarse con los valores parciales. Como se explicó en el capítulo 17, cada coeficiente de las variables ficticias representa la diferencia en el valor parcial de ese nivel menos el valor parcial del nivel básico. En el caso de la suela, se tiene lo siguiente:

$$\alpha_{11} - \alpha_{13} = b_1$$
$$\alpha_{12} - \alpha_{13} = b_2$$

Para resolver los valores parciales es necesaria una restricción adicional. Los valores parciales se calcularon en una escala de intervalo, por lo que el origen es arbitrario. Por ende, la restricción adicional que se impone es de la forma:

$$\alpha_{11} + \alpha_{12} + \alpha_{13} = 0$$

Esas ecuaciones para el primer atributo, la suela, son:

$$\alpha_{11} - \alpha_{13} = 1.000$$
$$\alpha_{12} - \alpha_{13} = -0.333$$
$$\alpha_{11} + \alpha_{12} + \alpha_{13} = 0$$

Al resolver esas ecuaciones, nos queda:

$$\alpha_{11} = 0.778$$
$$\alpha_{12} = -0.556$$
$$\alpha_{13} = -0.222$$

Los valores parciales para los demás atributos reportados en la tabla 21.6 se calculan de forma similar. Para la parte superior tenemos:

$$\alpha_{21} - \alpha_{23} = b_3$$
$$\alpha_{22} - \alpha_{23} = b_4$$
$$\alpha_{21} + \alpha_{22} + \alpha_{23} = 0$$

Para el tercer atributo, el precio, tenemos:

$$\alpha_{31} - \alpha_{33} = b_5$$
$$\alpha_{32} - \alpha_{33} = b_6$$
$$\alpha_{31} + \alpha_{32} + \alpha_{33} = 0$$

La importancia relativa de los pesos se calculó con base en los rangos de los valores parciales, de la siguiente manera:

$$\text{suma de los rangos de los valores parciales} = \frac{(0.778-(-0.556))+(0.445-(-0.556))}{+(1.111-(-1.222))}$$

$$= 4.668$$

$$\text{importancia relativa de la suela} = \frac{[0.778-(-0.556)]}{4.668} = \frac{1.334}{4.668} = 0.286$$

$$\text{importancia relativa de la parte superior} = \frac{[0.445-(-0.556)]}{4.668} = \frac{1.001}{4.668} = 0.214$$

$$\text{importancia relativa del precio} = \frac{[1.111-(-1.222)]}{4.668} = \frac{2.333}{4.668} = 0.500$$

El cálculo de los valores parciales y los pesos de la importancia relativa proporcionan la base para interpretar los resultados.

Interpretación de los resultados

Para interpretar los resultados es útil graficar las funciones de los valores parciales. En la figura 21.10 se presenta la gráfica de los valores de la función de valor parcial para cada atributo presentado en la tabla 21.6. Como se observa en ambas ilustraciones, en la evaluación de los zapatos deportivos este encuestado mostró mayor preferencia por las suelas de hule. La segunda preferencia fue por las suelas de plástico y la menos preferida fue la de poliuretano. Prefería que la parte superior fuera de piel. Seguida de la de lona y nylon. Como se esperaba, el precio de $30.00 tenía la mayor utilidad, y el de $90.00 la menor. Los valores de la utilidad reportados en la tabla 21.6 sólo tienen propiedades de la escala de intervalo y su origen es arbitrario. En términos de la importancia relativa de los atributos, vemos que el precio es el primero, seguido de la suela y luego por la parte superior. Dado que el precio es por mucho el atributo más importante para este participante, podría designarse como sensible al precio.

Figura 21.10
Funciones de valor parcial

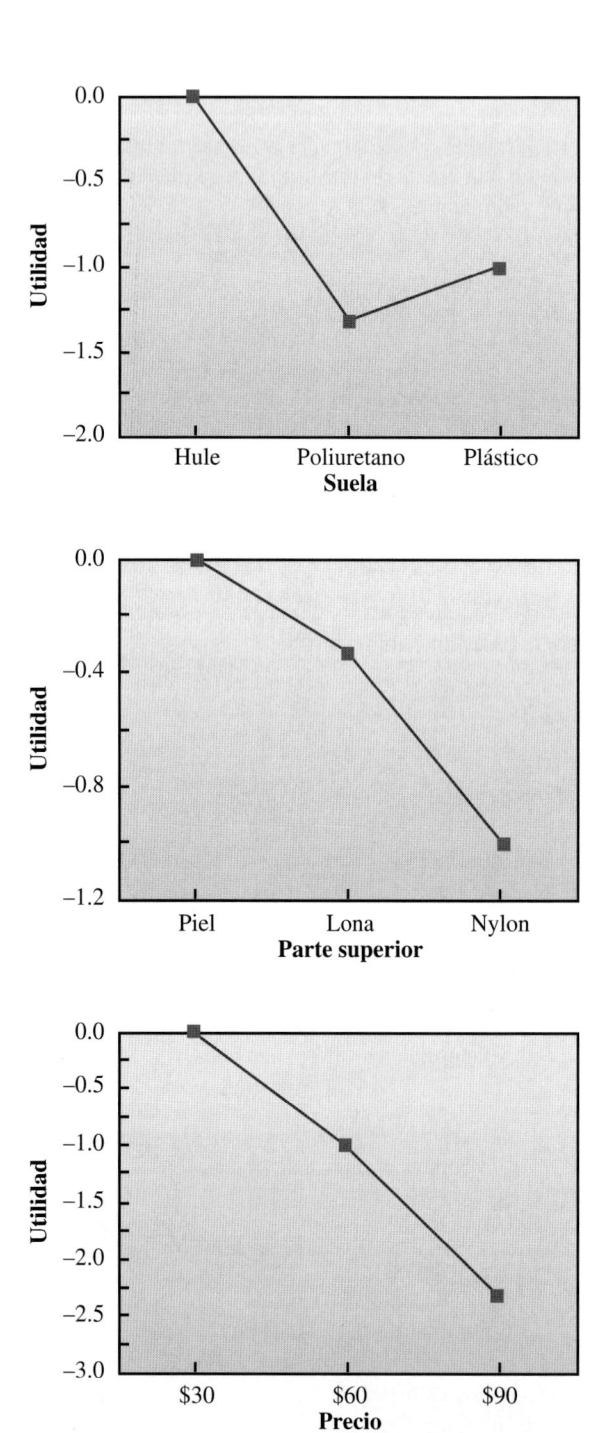

Evaluación de la confiabilidad y la validez

Existen varios procedimientos para evaluar la confiabilidad y la validez de los resultados del análisis conjunto.[25]

1. Debe evaluarse la bondad del ajuste del modelo estimado. Por ejemplo, si se usa la regresión con variables ficticias, el valor de R^2 indicará el grado en que el modelo se ajusta a los datos. Hay que dudar de los modelos con mal ajuste.

2. La confiabilidad test-retest puede evaluarse mediante la replicación de algunos juicios más tarde en la recopilación de datos. En otras palabras, en una etapa posterior de la entrevista, se pide a los participantes que evalúen de nuevo algunos estímulos seleccionados. Los dos valores de esos estímulos se correlacionan luego para evaluar la confiabilidad test-retest.

3. Las funciones estimadas de los valores parciales permiten predecir las evaluaciones de los estímulos de retención o de validación. Las evaluaciones pronosticadas pueden luego correlacionarse con las obtenidas de los encuestados para determinar la validez interna.

4. Si se ha realizado un análisis a nivel conjunto, la muestra de estimación puede dividirse de varias formas y en cada submuestra es factible realizar un análisis conjunto. Los resultados se comparan entre las submuestras para evaluar la estabilidad de las soluciones del análisis conjunto.

Al correr un análisis de regresión en los datos de la tabla 21.5 se obtuvo una R^2 de 0.934, lo cual indica un buen ajuste. Las calificaciones de preferencia para los nueve perfiles de validación fueron pronosticadas a partir de las utilidades presentadas en la tabla 21.6 y luego se correlacionaron con las calificaciones de entrada que proporcionaron los encuestados para esos perfiles. El coeficiente de correlación fue de 0.95, lo que indica buena capacidad predictiva. Este coeficiente de correlación es significativo a nivel $\alpha = 0.05$.

INVESTIGACIÓN REAL

Examen microscópico de las compensaciones de las microcomputadoras

Se utilizó el análisis conjunto para determinar cómo compensan los consumidores diversos atributos cuando eligen una microcomputadora. Se eligieron cuatro atributos como destacados. Los atributos y sus niveles fueron

Modalidad de entrada
- Teclado
- Mouse

Tamaño de la pantalla
- 21 pulgadas
- 15 pulgadas

Monitor
- CRT
- LCD (pantalla plana)

Nivel de precio
- $1,000
- $1,500
- $2,000

Todas las combinaciones posibles de esos niveles de los atributos dieron como resultado 24 ($2 \times 2 \times 2 \times 3$) perfiles de microcomputadoras. Uno de esos perfiles es el siguiente:

Modalidad de entrada:	Mouse
Monitor:	LCD (pantalla plana)
Tamaño de la pantalla:	15 pulgadas
Nivel de precio:	$1,500

Los encuestados ordenaron esos perfiles por rangos en términos de sus preferencias. Los datos para cada encuestado pueden utilizarse para desarrollar funciones de preferencia. Se ilustran las funciones de preferencia para un individuo.

Preferencias de los consumidores

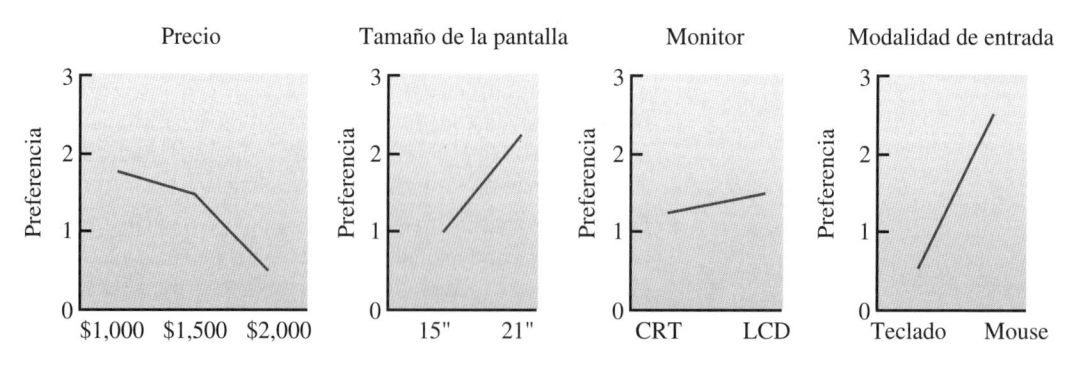

Precio	Tamaño de la pantalla	Monitor	Modalidad de entrada
(Preferencia decreciente de $1,000 a $2,000, con caída pronunciada entre $1,500 y $2,000)	(Preferencia creciente de 15" a 21")	(Preferencia ligeramente creciente de CRT a LCD)	(Preferencia creciente de Teclado a Mouse)

Con base en las funciones derivadas de valor parcial o preferencia, se comparan estos valores parciales para calcular la importancia relativa de los diversos atributos en la determinación en las preferencias del consumidor, de modo que

Importancia relativa

Criterios de evaluación	*Importancia*
Modalidad de entrada	35%
Monitor	15%
Tamaño de la pantalla	25%
Nivel de precio	25%

Para este consumidor, la modalidad de entrada es la característica más importante y el ratón es la opción preferida. Aunque también importan el precio y el tamaño de la pantalla, el precio sólo adquiere relevancia cuando está entre $1,500 y $2,000. Como era de esperarse, se prefiere una pantalla de 21 pulgadas. Que el monitor sea CRT o LCD no importa tanto como los otros factores. La información proporcionada por las funciones de los valores parciales y los pesos de la importancia relativa sirven para agrupar a los encuestados y determinar así segmentos de beneficio de las microcomputadoras.

Los fabricantes de computadoras de escritorio y portátiles como Dell (*www.dell.com*) pueden utilizar el análisis conjunto, como una forma de averiguar si los consumidores dan más valor a características como velocidad, tamaño de la pantalla o espacio en el disco, o si valoran más el costo o el peso. De cualquier forma que se vea, los fabricantes de computadoras y muchas otras industrias usan frecuentemente el análisis conjunto para ofrecer a los consumidores los productos que éstos prefieran.[26] ■

SUPOSICIONES Y LIMITACIONES DEL ANÁLISIS CONJUNTO

Si bien el análisis conjunto es una técnica popular, como el EMD, implica varias suposiciones y limitaciones. El análisis conjunto supone que es posible identificar los atributos importantes de un producto. Además, asume que los consumidores evalúan las alternativas en términos de tales atributos y que hacen compensaciones. Sin embargo, en las situaciones en que son importantes la imagen o el nombre de la marca, los consumidores quizá no evalúen las marcas o las alternativas en términos de los atributos. Incluso si consideran los atributos del producto, el modelo de compensaciones quizá no sea una buena representación del proceso de elección. Otra limitación es que la recolección de datos puede ser compleja, en particular si interviene un número grande de atributos y el modelo debe calcularse a nivel individual. Este problema ha sido atenuado hasta cierto punto mediante procedimientos como el análisis conjunto interactivo o adaptativo, y el análisis conjunto híbrido. También debe señalarse que las funciones de valores parciales no son únicas.

análisis conjunto híbrido
Forma de análisis conjunto que puede simplificar la tarea de recolección de datos, así como calcular interacciones seleccionadas y todos sus efectos principales

ANÁLISIS CONJUNTO HÍBRIDO

El *análisis conjunto híbrido* es un intento por simplificar la pesada tarea de recolección de datos que se requiere en el análisis conjunto tradicional. Cada encuestado evalúa un número grande de perfiles, pero por lo regular sólo se calculan valores parciales simples sin efectos de interacción.

En el modelo de valores parciales simples o de efectos principales, el valor de una combinación es sólo la suma de los efectos principales separados (los valores parciales simples). En la práctica, es posible que dos atributos interactúen en el sentido de que el encuestado debe valorar la combinación más que la contribución promedio de las partes separadas. Los modelos híbridos se desarrollaron para cumplir dos propósitos principales: **1.** simplificar la tarea de recolección de datos, al disminuir la carga impuesta a cada participante; y **2.** permitir el cálculo de interacciones seleccionadas (al nivel del subgrupo), así como todos los efectos principales (o simples) a nivel individual.

En el enfoque híbrido los encuestados evalúan un número limitado, por lo general no más de nueve, de los estímulos conjuntos como perfiles completos. Esos perfiles se extraen de un diseño maestro grande y diferentes encuestados evalúan conjuntos distintos de perfiles, de manera que en un grupo de participantes se evalúan todos los perfiles de interés. Además, los encuestados hacen una evaluación directa de la importancia relativa de cada atributo y de la conveniencia de sus niveles. Al combinar las evaluaciones directas con las derivadas de las evaluaciones de los estímulos conjuntos es posible calcular un modelo al nivel conjunto, a la vez que se conservan algunas diferencias individuales.[27]

El EMD y el análisis conjunto son técnicas complementarias y pueden usarse en combinación, como se muestra en el siguiente ejemplo.

INVESTIGACIÓN REAL

Cómo eliminar a la competencia

ICI Americas Agricultural Products no sabía si debía disminuir el precio del herbicida Fusilade. Sabía que había desarrollado un pesticida fuerte, pero no estaba seguro de si sobreviviría en un mercado consciente del precio. De modo que se diseñó una encuesta para evaluar la importancia relativa de diferentes atributos en la selección de herbicidas, así como para medir y esquematizar las percepciones de los principales herbicidas en los mismos atributos. Se realizaron entrevistas personales con 601 productores de soya y algodón que poseyeran al menos 81 hectáreas dedicadas estos cultivos, y que hubieran usado herbicida en la estación anterior. Primero se usó un análisis conjunto para determinar la importancia relativa de los atributos que usan los agricultores al elegir herbicidas. Luego se empleó el escalamiento multidimensional para trazar el mapa de sus percepciones de los herbicidas. El estudio demostró que el precio ejercía una influencia considerable en la elección del herbicida, y que los encuestados eran en particular sensibles cuando los costos superaban los $44 por hectárea. Pero el precio no era el único determinante. Los agricultores también consideraban cuánto control de la maleza proporcionaba el herbicida. Estaban dispuestos a pagar un precio más alto para eliminar las plagas de sus tierras. El estudio demostró que los herbicidas que no lograban controlar incluso una de las cuatro malezas más comunes tenían que ser muy baratos, para obtener una participación razonable en el mercado. Fusilade prometía un buen control de la maleza. Además, el escalamiento multidimensional indicó que uno de los competidores de Fusilade era considerado caro. Por ende, ICI mantuvo su plan original y no disminuyó el precio de Fusilade.

Sin embargo, en 2006 cambió la industria agrícola, debido entre otras cosas al cambio en la tecnología, en particular la biotecnología. La soya Roundup Ready tuvo un efecto enorme en el mercado de los herbicidas al hacer que los agricultores cambiaran de los herbicidas tradicionales a una nueva tecnología combinada de Roundup y semillas transgénicas. La nueva tecnología disminuyó a la mitad el costo de los herbicidas por hectárea y, como resultado, las compañías químicas rivales se vieron obligadas a igualar el precio de la nueva tecnología. Es muy importante que las compañías investiguen la aceptación de los consumidores de las innovaciones tecnológicas, mediante técnicas como el EMD y el análisis conjunto, para no quedarse al borde del camino.[28] ∎

INVESTIGACIÓN ACTIVA

Visite *www.fossil.com* y realice una búsqueda en Internet y en la base en línea de su biblioteca, para obtener información sobre las preferencias de los consumidores por relojes de pulsera.

Como jefe de marketing de Fossil usted considera la introducción de un moderno reloj de pulsera superfuncional, para hombres y mujeres a un precio de $99. ¿Qué tipo de información necesita para tomar esta decisión?

¿Cómo determinaría la preferencia de los clientes por relojes que varían en términos de precio ($99, $299, $499), precisión (muy alta, alta y aceptable) y estilo (contemporáneo, anticuado, futurista)?

Tanto el EMD como el análisis conjunto son útiles en la investigación de mercados internacionales, como se muestra en los siguientes dos ejemplos. El tercer ejemplo expone una aplicación del EMD a la investigación de las percepciones éticas.

INVESTIGACIÓN REAL

¿Linaje o mérito en Europa?

Los fabricantes europeos de automóviles se enfocan cada vez más en un atributo que los competidores no pueden comprar ni construir: su linaje. Para BMW es su ingeniería superior. A. B. Volvo de Suecia tiene fama de ser un auto seguro. El italiano Alfa Romeo se monta en los laureles de los motores que han ganado muchas carreras. El francés Renault *sabe cómo hacerlo*. Por otro lado, los vehículos japoneses tienen una tecnología avanzada, aunque carecen de clase o linaje. Por ejemplo, Lexus e Infiniti son automóviles de alto desempeño, pero no tienen clase. Philip Gamba, vicepresidente de marketing de Renault cree que las marcas japonesas carecen del "toque francés" de su diseño y credibilidad. En estos días, Renault construye un vehículo que se enfoca en la comodidad; en tanto que BMW intenta destacar no el prestigio de poseer un automóvil de lujo, sino el "valor interno" de sus autos. Cada vez es más importante transmitir valor a los automóviles. BMW tiene la ventaja de la herencia alemana.

Como el desempeño y el linaje son atributos o dimensiones importantes en las preferencias de los europeos por los automóviles, se muestra el posicionamiento de diferentes carros europeos en esas dos dimensiones. Advierta que el BMW obtuvo el mejor posicionamiento en ambas. En el siglo XXI, la mayoría de los vehículos estadounidenses y japoneses han hecho énfasis en la calidad, confiabilidad y eficiencia. Sin embargo, para competir en este siglo con los autos europeos, los estadounidenses y los japoneses se enfrentan al desafío de una nueva dimensión, el linaje, lo cual les exige el uso de nuevas estrategias de marketing. Por ejemplo, GM anunció en 2005 que, por primera vez en su historia, todos los estadounidenses obtendrían el descuento que se ofrece a los empleados. En este esquema, los clientes pagan lo mismo que los empleados de GM y ni un centavo más. Este plan tuvo éxito y ayudó a GM a competir de manera eficiente con las marcas europeas y japonesas.[29] ∎

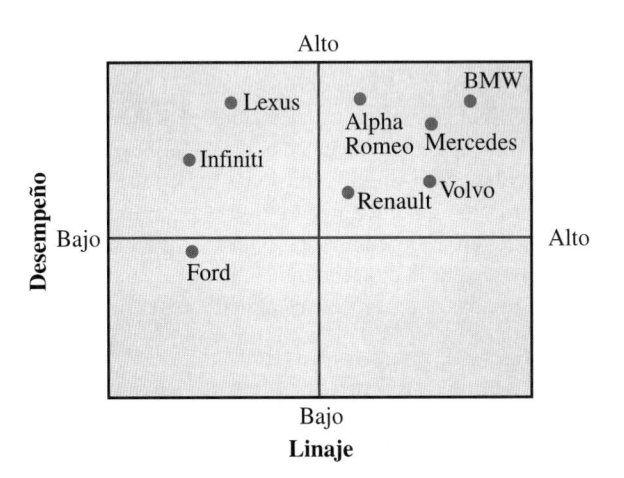

INVESTIGACIÓN REAL

La lucha espumosa del fabuloso Fab

En Tailandia se urdía la competencia en el mercado de los detergentes. En 2005 el detergente superconcentrado se había convertido con rapidez en el prototipo. La investigación hecha en ese país sobre el mercado potencial indicaba que el crecimiento de los superconcentrados continuaría a una tasa firme, aunque el mercado del detergente se había desacelerado. Además, esta categoría ya había dominado otros mercados asiáticos como Taiwán, Hong Kong y Singapur.

En consecuencia, Colgate penetró en esta nueva línea de competencia con Fab Power Plus, con el objetivo de captar el 4 por ciento de la participación en el mercado. Los principales jugadores en el mercado eran Attack de Kao Corp., Breeze Ultra y Omo de Lever Brothers, y Pao Hand Force y Pao M. Wash de Lion Corp. Colgate se basó en la investigación cualitativa y en los datos secundarios para evaluar los factores fundamentales para el éxito de los superconcentrados. Algunos de dichos factores eran el atractivo ambiental, la comodidad de lavar a mano y en lavadora, la capacidad superior de limpieza, el nivel óptimo de espuma para el lavado a mano, y el nombre de la marca. La investigación del mercado también reveló que ninguna marca ofrecía la posibilidad de lavar a mano y en lavadora. Pao Hand Force se formuló como la marca para lavar a mano y Pao M. Wash era la versión para lavadora; Breeze Ultra de Lever estaba destinado al uso en la lavadora. Eso hacía deseable una marca que pudiera usarse para lavar a mano y en lavadora. Se diseñó un estudio conjunto y se hizo variar esos factores en dos o tres niveles. Se recogieron calificaciones de preferencia de los encuestados y se calcularon los valores parciales para los factores, tanto a nivel individual como de grupo. Los resultados demostraron que el factor de la capacidad de lavado a mano hacía una contribución considerable, lo que apoyó las afirmaciones anteriores. A partir de tales hallazgos, Fab Power Plus se introdujo con éxito como una marca que permitía lavar a mano y en lavadora.[30] ■

INVESTIGACIÓN REAL

Percepciones éticas de las empresas de investigación de mercados

En una escala perfeccionada para medir el grado en que cierta situación es ética o no, se ha encontrado que tres factores tienen validez y parsimonia aceptables. Dos de esas dimensiones son de particular interés: una dimensión amplia de equidad moral (factor 1) y una dimensión relativista (factor 2). Con el escalamiento multidimensional es posible graficar la ética percibida de las empresas de investigación de mercados, usando tales dimensiones. Por ejemplo, una gráfica de EMD podría ser como la siguiente.

En este ejemplo, se percibió que los departamentos de investigación de mercados internos son los más éticos en ambas dimensiones. Las empresas grandes del ramo se perciben como más éticas en la dimensión relativista; mientras que las empresas pequeñas lo son en el factor de equidad moral. Las empresas internacionales de investigación de mercados son más éticas en términos relativistas; en tanto que las empresas nacionales son más éticas en la dimensión de equidad moral. Por último, las empresas de servicios totales se perciben más éticas en ambas dimensiones, en comparación con las empresas de servicios limitados.

En el año 2006 al sector de la investigación de mercados le resultaba difícil transmitir la imagen de que mantenía altos estándares éticos. Esos hallazgos implican que las empresas de investigación de mercados (externas) deben convencer al mundo empresarial de que sus estándares éticos son tan altos, como los de los departamentos internos de investigación de mercados de esas compañías. Además, si los proveedores de servicios limitados quieren competir, deben mantener y proyectar los mismos estándares éticos que sostienen las empresas que ofrecen servicios completos de investigación de mercados.[31] ■

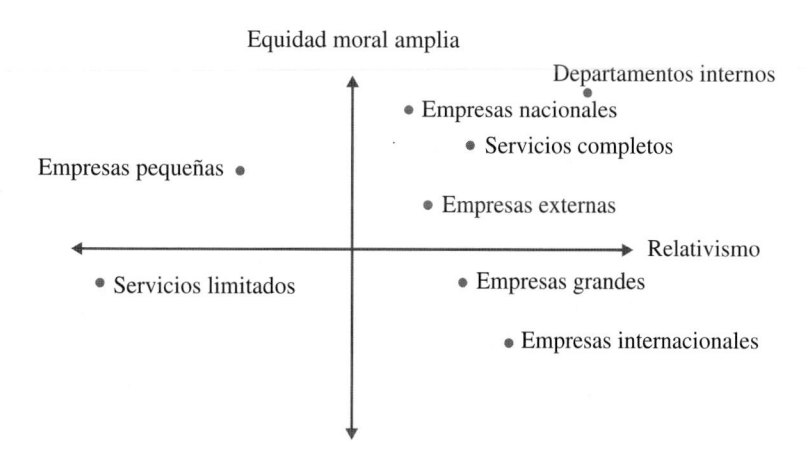

INVESTIGACIÓN PARA LA TOMA DE DECISIONES

Wendy's: posicionamiento de la marca

Wendy's International, Inc. (*www.wendys.com*) es una de las cadenas de restaurantes y franquicias más grandes del mundo, que en 2006 operaba en más de 25 países y territorios. Wendy's Old Fashioned Hamburgers es la tercera cadena de hamburgueserías de servicio rápido más grande en el mundo, con restaurantes abiertos en Estados Unidos, Canadá y otros mercados internacionales. Fundada por Dave Thomas en 1969 en Columbus, Ohio, Wendy's sirve las mejores hamburguesas del ramo, preparadas con carne fresca a la parrilla con diversos ingredientes. El menú también incluye helados, bebidas gaseosas y una variedad de alimentos frescos y saludables, como ensaladas y emparedados de pollo asado, puré de papas y chile. La calidad es un componente esencial de los productos de Wendy's y se refleja en el lema de Dave Thomas: "La calidad es nuestra receta".

Wendy's Internacional, Inc. integró un grupo de publicidad a sus departamentos de investigación y marketing de nuevos productos. Los comerciales realistas, que presentan al fundador Dave Thomas, llevaron a la publicidad de Wendy's a los niveles más altos de reconocimiento entre los consumidores. Thomas aparecía en más de 800 comerciales y anuncios en los que a menudo llevaba una camisa blanca de manga corta, corbata roja y siempre sonreía. Los analistas del sector y los dirigentes de la empresa señalan que los anuncios ayudaron a la empresa a recuperarse de un periodo difícil a mediados de la década de 1980, cuando los ingresos disminuyeron. Aunque el fundador de Wendy's murió a la edad de 69 años, dejó una base firme que ha permitido a su empresa seguir destacando a nuevas alturas.

La publicidad y las promociones son una parte crucial de la estrategia continua de marketing de Wendy's, y le permiten desarrollar una posición sólida para su marca en un mercado cada vez más competitivo. La publicidad y las promociones hacen funcionar a la empresa con promociones de ventas durante el año. Wendy's también mantiene una presencia continua frente al consumidor por medio de una amplia cobertura televisiva. Jack T. Schuessler, presidente y director ejecutivo, desea fortalecer aún más el posicionamiento de Wendy's porque lo considera esencial para mantener su éxito.

La decisión para la investigación de mercado

1. ¿Qué datos deben recabarse y cómo deben analizarse para poner en práctica un EMD y un análisis conjunto, que permitan fortalecer el posicionamiento de Wendy's?
2. Analice cómo el EMD y el análisis conjunto permitieron a Jack T. Schuessler fortalecer el posicionamiento de Wendy's.

El EMD y el análisis conjunto pueden ayudar a Wendy's a fortalecer su posicionamiento en el mercado.

La decisión para la gerencia de marketing

1. ¿Qué nuevas estrategias debe plantear Jack T. Schuessler para fortalecer el posicionamiento de Wendy's?
2. Analice cómo influyen el análisis de datos que sugirió y sus probables hallazgos en la decisión para la gerencia de marketing que le recomendó a Jack T. Schuessler. ■

PROGRAMAS ESTADÍSTICOS

A lo largo de los años se han desarrollado varios programas de cómputo para realizar el análisis por EMD, mediante el uso de microcomputadoras y servidores. El programa ALSCAL, disponible en las versiones para servidor de SPSS y SAS, incluye varios modelos diferentes de EMD y puede utilizarse para realizar análisis tanto a nivel individual como conjunto. También se tiene fácil acceso a otros programas de EMD que son de gran uso. En la mayoría de los casos se dispone de versiones para microcomputadora y servidor.

- MDSCAL deriva un mapa espacial de marcas en un número especificado de dimensiones. Se usan datos de semejanza. Puede dar cabida a diversos formatos de datos de entrada y medidas de distancia.
- KYST realiza escalamiento métrico, no métrico y despliegue usando datos de semejanza.
- INDSCAL, que denota el escalamiento de diferencias individuales, es útil para la realización del EMD a un nivel conjunto. Se usan datos de semejanza como entrada.
- MDPREF realiza análisis internos de datos de preferencia. El programa desarrolla direcciones de vectores, para preferencias y la configuración de las marcas o estímulos en un espacio común.
- PREFMAP realiza análisis externos de datos de preferencia. El programa usa un mapa espacial conocido de marcas o estímulos, para representar los datos de preferencia de un individuo. PREFMAP2 realiza análisis internos y externos.
- PC-MDS contiene una variedad de algoritmos de escalamiento multidimensional que incluyen análisis factorial, análisis discriminante y otros procedimientos multivariados. Hay versiones disponibles para IBM PC y compatibles.
- APM (Adaptive Perceptual Mapping) es un programa de escalamiento adaptativo, disponible para microcomputadoras, que puede manejar hasta 30 marcas y 50 atributos. No hay límite al número de participantes por estudio o al número de computadoras que puedan usarse para recoger los datos.
- CORRESPONDENCE ANALYSIS de Beaumont Organization Ltd. realiza análisis de correspondencia, simulaciones condicionales y análisis de productos ideales. Otro programa para el análisis de correspondencia es SIMCA de Greenacre.

Si se realiza la regresión de mínimos cuadrados ordinarios, como procedimiento de estimación en el análisis conjunto, la disponibilidad de esos programas es universal. En particular, las versiones de SAS, SPSS, MINITAB y Excel —para microcomputadora y servidor— tienen varios programas de regresión, los cuales se revisaron en el capítulo 17. También se dispone de varios programas especializados para el análisis conjunto. MONANOVA (análisis monótono de varianza) es un procedimiento no métrico que usa datos de perfil completo. Para los datos pareados puede usarse el procedimiento TRADEOFF, que también es un procedimiento no métrico que usa el ordenamiento por rangos de las preferencias por pares de niveles de atributos. Se dispone tanto de MONANOVA como de TRADEOFF para servidor y microcomputadora. Otros programas populares usan LINMAP y ACA (Adaptive Conjoint Analysis), este último se enfoca en los atributos y los niveles más relevantes para cada encuestado individual. PC-MDS también contiene un programa para el análisis conjunto. Otros programas útiles incluyen software de Bretton-Clark, como CONJOINT DESIGNER, CONJOINT ANALYZER, CONJOINT LINMAP, SIMGRAF y BRIDGER POSSE (Product Optimization and Selected Segmentation Evaluation) de Robinson Associates, Inc., constituyen un sistema generalizado para optimizar los diseños de producto y servicio mediante el análisis conjunto híbrido y los procedimientos de diseños experimentales. Utiliza simuladores de elección del consumidor, modelamiento de la respuesta superficial y procedimientos de optimización para desarrollar configuraciones óptimas del producto. También se dispone de programas conjuntos basados en la elección (CBC) y de multimedia, que demuestran las características del producto en vez de sólo describirlas, por ejemplo, los de Sawtooth Technologies (*www.sawtooth.com*).

SPSS PARA WINDOWS

El programa de escalamiento multidimensional permite el análisis de las diferencias individuales y el análisis conjunto mediante el uso de ALSCAL. El nivel de medición puede ser ordinal, de intervalo o de razón. Puede adaptarse para el enfoque directo y el derivado. Para elegir los procedimientos de escalamiento multidimensional al usar SPSS para Windows, haga clic en:

Analyze>Scale>Multidimensional Scaling...

A continuación se presentan los pasos detallados para correr el escalamiento multidimensional, con los datos presentados en la tabla 21.1 sobre las calificaciones de semejanza de marcas de dentífrico. Las pantallas que captan esos pasos pueden bajarse del sitio Web de este libro. Para convertir las calificaciones de semejanza en distancias, reste de 8 cada valor de la tabla 21.1. La forma de la matriz de datos tiene que ser un cuadro simétrico (los elementos de la diagonal en cero, y las distancias arriba y debajo de la diagonal. Véase en la tabla 21.1 la entrada del archivo de SPSS). Advierta que SPSS ofrece soluciones que son diferentes de las presentadas en este capítulo que usa un software diferente.

1. Seleccione ANALYZE en la barra del menú de SPSS.
2. Haga clic en SCALE y luego en MULTIDIMENSIONAL SCALING (ALSCAL).
3. Pase "Aqua-Fresh [AquaFresh]", "Crest [Crest]", "Colgate [Colgate]", "Aim [Aim]", "Gleem [Gleem]". "Plus White [Plus White]", "Ultra-Brite [UltraBrite]", "Close-Up [CloseUp]", "Pepsodent [Pepsodent]" y "Sensodyne [Sensodyne]" al recuadro VARIABLES.
4. En el recuadro DISTANCES elija DATA ARE DISTANCES. SHAPE debería ser SQUARE SYMMETRIC (predeterminado).
5. Haga clic en MODEL. En la ventana emergente, en el recuadro LEVEL OF MEASUREMENT elija INTERVAL. En la caja SCALING MODEL elija EUCLIDEAN DISTANCE. En la caja CONDITIONALITY elija MATRIX. Haga clic en CONTINUE.
6. Haga clic en OPTIONS. En la ventana emergente, en el recuadro DISPLAY elija GROUP PLOTS, DATA MATRIX y MODEL AND OPTIONS SUMMARY. Haga clic en CONTINUE.
7. Seleccione OK.

El procedimiento de análisis conjunto puede implementarse mediante la regresión, si la variable dependiente es métrica (de intervalo o razón). El procedimiento puede correrse haciendo clic en

Analyze>Regresión>Linear...

En el capítulo 17 se presentan los pasos detallados para correr la regresión.

PROYECTO DE INVESTIGACIÓN

Escalamiento multidimensional

En el proyecto de la tienda departamental, se usaron las evaluaciones que hicieron los encuestados de las 10 tiendas, en cada uno de los ocho factores de los criterios de elección, para derivar medidas de semejanza entre las tiendas. Se calcularon distancias euclidianas entre cada par de tiendas. Esos datos se analizaron usando el escalamiento multidimensional para obtener mapas espaciales que representaran la percepción de los encuestados respecto a las 10 tiendas. En uno de esos mapas, las dimensiones identificadas fueron tiendas de prestigio contra tiendas de descuento, y cadenas regionales contra cadenas nacionales. Se encontró que las tiendas en competencia directa (como JCPenney y Macy's) se localizaban cerca entre sí en el espacio perceptual. Esos mapas perceptuales se usaron para obtener información sobre el posicionamiento competitivo de las 10 tiendas departamentales.

Actividades del proyecto

Baje el archivo SPSS Sears Data 21 del sitio Web de este libro. El archivo contiene los datos de las diferencias de las 10 tiendas departamentales para un encuestado. Por ende, los datos representan las distancias.

1. Utilice el procedimiento ALSCAL para obtener un mapa perceptual de las 10 tiendas. Interprete la gráfica resultante. ∎

Archivo de resultados de SPSS

EXPERIENCIA DE INVESTIGACIÓN

Baje el caso y cuestionario de Dell del sitio Web de este libro. Esta información también se presenta al final del libro.

1. Proporcione calificaciones de semejanza en una escala de 1 a 7, para todos los pares posibles de las siguientes marcas de computadoras personales: Dell, HP, Gateway, Sony, Toshiba, Acer, Lenovo, Apple y LG Electronics. Desarrolle un mapa de EMD de dos dimensiones. Interprete las dimensiones y el mapa.
2. Elabore 24 perfiles completos de computadoras personales usando los atributos y los niveles presentados en el ejemplo de investigación real del libro. De este modo, los atributos y sus niveles serán precio ($1,000, $1,500 y $2,000 dólares), tamaño de la pantalla (15 pulgadas, 21 pulgadas), monitor (CRT, LCD) y modalidad de entrada (ratón, teclado). Califique los 24 perfiles en términos de su preferencia usando una escala de 7 puntos (1 = no se prefiere, 7 = mayor preferencia). Calcule las funciones de valor parcial y la importancia relativa de los atributos. ∎

RESUMEN

El escalamiento multidimensional se utiliza para obtener representaciones espaciales de las percepciones y preferencias de los encuestados. Las relaciones percibidas o psicológicas entre los estímulos se representan como relaciones geométricas entre puntos en un espacio multidimensional. El planteamiento del problema de EMD requiere que se especifiquen las marcas o estímulos que serán incluidos. En la solución resultante influyen el número y la naturaleza de las marcas elegidas. Los datos de entrada obtenidos de los participantes pueden relacionarse con las percepciones o preferencias. Los datos de percepción pueden ser directos o derivados. Los enfoques directos son más comunes en la investigación de mercados.

La selección de un procedimiento de EMD depende de la naturaleza (métrica o no métrica) de los datos de entrada, y de si se escalan percepciones o preferencias. Otro factor determinante es el nivel al que se realizará el análisis (individual o conjunto). La decisión acerca del número de dimensiones en que se obtiene una solución debe basarse en consideraciones teóricas, de posibilidad de interpretación, de criterio de corte y de facilidad de uso. La denominación de las dimensiones es una tarea difícil que requiere juicio subjetivo. Se dispone de varias directrices para evaluar la confiabilidad y validez de la soluciones del EMD. Los datos de preferencia pueden someterse a un análisis interno o externo. Si los datos de entrada son de naturaleza cualitativa, es posible examinarlos con el análisis de correspondencia. Si se usan procedimientos basados en los atributos para obtener datos de entrada, también pueden obtenerse los mapas espaciales mediante el análisis factorial o el análisis discriminante.

El análisis conjunto se basa en la idea de que es posible determinar la importancia relativa que los consumidores atribuyen a los atributos sobresalientes, y las utilidades que asignan a los niveles de esos atributos, cuando estos consumidores evalúan los perfiles de la marca elaborados con esos atributos y esos niveles. El planteamiento del problema requiere la identificación de los atributos sobresalientes y sus niveles. Los procedimientos por pares y de perfil completo suelen emplearse para la elaboración de los estímulos. Se dispone de diseños estadísticos para reducir el número de estímulos en la tarea de evaluación. Los datos de entrada pueden ser no métricos (ordenamientos) o métricos (calificaciones). Por lo general, la variable dependiente es la preferencia o intención de compra.

Aunque existen otros procedimientos para examinar los datos del análisis conjunto, cada vez adquiere más importancia la regresión con variables ficticias. La interpretación de los resultados requiere un examen de las funciones de los valores parciales y los pesos de importancia relativa. Se cuenta con varios procedimientos para evaluar la confiabilidad y la validez de los resultados del análisis conjunto.

TÉRMINOS Y CONCEPTOS CLAVE

escalamiento multidimensional (EMD), *663*
juicios de semejanza, *664*
ordenamientos de preferencia, *664*
estrés, *664*
R cuadrada, *664*
mapa espacial, *664*
coordenadas, *664*
despliegue, *664*
enfoques derivados, *666*
procedimiento de EMD no métrico, *667*
procedimiento de EMD métrico, *667*
criterio de corte, *668*
análisis interno de preferencias, *671*
análisis externos de preferencias, *671*
análisis de correspondencia, *673*
análisis conjunto, *674*
funciones de valores parciales, *675*
pesos de la importancia relativa, *675*
niveles de los atributos, *675*
perfiles completos, *675*
tablas por pares, *675*
diseños cíclicos, *675*
diseños factoriales fraccionales, *675*
conjuntos ortogonales, *675*
validez interna, *675*
modelo de análisis conjunto, *679*
análisis conjunto híbrido, *684*

CASOS SUGERIDOS, CASOS EN VIDEO Y CASOS DE HARVARD BUSINESS SCHOOL

Casos

Caso 3.1 ¿Vale la pena celebrar la publicidad de celebridades?
Caso 3.6 Cingular Wireless: un enfoque singular.
Caso 3.7 IBM: el principal proveedor mundial de hardware, software y servicios para computadoras.
Caso 3.8 Kimberly-Clark: competir por medio de la innovación.
Caso 4.1 Wachovia: finanzas "Watch Ovah Ya".
Caso 4.2 Wendy's: historia y vida después de Dave Thomas.
Caso 4.3 Astec: sigue creciendo.
Caso 4.4 ¿Es la investigación de mercados la cura para los males del Hospital Infantil Norton Healthcare Kosair?

Casos en video

Caso en video 4.1 Subaru: el "Sr. Encuesta" supervisa la satisfacción del cliente.
Caso en video 4.2 Procter & Gamble: usando la investigación de mercados para crear marcas.

INVESTIGACIÓN REAL: REALIZACIÓN DE UN PROYECTO DE INVESTIGACIÓN DE MERCADOS

1. El EMD y el análisis conjunto quizá no siempre sean apropiados o factibles, si no se han obtenido los datos relevantes.
2. También es posible obtener las gráficas del EMD mediante el uso del análisis discriminante y el análisis factorial. Si dispone de los datos relevantes, elabore gráficas espaciales mediante el uso del EMD, el análisis discriminante y el análisis factorial, y compare los resultados.
3. Si va a realizarse un análisis conjunto, el enfoque basado en la regresión que se ilustra en este capítulo es el más sencillo y, por ende, es el que se recomienda.

EJERCICIOS

Preguntas

1. ¿Con qué objetivos se usan los procedimientos de EMD?
2. ¿Qué significa un mapa espacial?
3. Describa los pasos implicados en la realización del EMD.
4. Describa los enfoques directo y derivado para obtener los datos de entrada del EMD
5. ¿Qué factores influyen en la elección de un procedimiento de EMD?
6. ¿Qué directrices se usan para decidir el número de dimensiones en que debe obtenerse una solución del EMD?
7. Describa las formas en que pueden evaluarse la confiabilidad y la validez de las soluciones del EMD.
8. ¿Cuál es la diferencia entre el análisis interno y externo de los datos de preferencia?
9. Haga una breve descripción del análisis de correspondencia.
10. ¿Qué implica el planteamiento de un problema de análisis conjunto?
11. Describa el procedimiento de perfil completo en la elaboración de los estímulos para el análisis conjunto.
12. Describa el procedimiento por pares para la elaboración de los estímulos del análisis conjunto.
13. ¿Cómo puede usarse el análisis de regresión para realizar el análisis conjunto de los datos?
14. Haga una ilustración gráfica del significado de las funciones de valores parciales.
15. ¿Con qué procedimientos se cuenta para evaluar la confiabilidad y la validez de los resultados del análisis conjunto?
16. Haga una breve descripción del análisis conjunto híbrido.

Problemas

1. Identifique dos problemas de investigación de mercados donde sea factible aplicar el EMD. Explique cómo aplicaría el EMD en tales situaciones.
2. Identifique dos problemas de investigación de mercados en los que sea posible el análisis conjunto. Explique cómo aplicaría el análisis conjunto en esas situaciones.

EJERCICIOS EN INTERNET Y POR COMPUTADORA

1. Se muestran las calificaciones de un encuestado a nueve marcas de automóviles de lujo en cuatro dimensiones. Cada marca fue evaluada en cada dimensión (prestigio, desempeño, lujo y valor) en una escala de 7 puntos, en que 1 = malo y 7 = excelente. Utilice SPSS para Windows o un programa alternativo para desarrollar una gráfica de EMD en dos dimensiones. Interprete las dimensiones y explique la gráfica.

Marca	Prestigio	Desempeño	Lujo	Valor
Lexus	5.00	7.00	5.00	7.00
Infiniti	5.00	6.00	5.00	7.00
BMW	5.00	7.00	6.00	5.00
Mercedes	6.00	6.00	6.00	6.00
Cadillac	5.00	5.00	6.00	5.00
Lincoln	6.00	6.00	5.00	5.00
Porsche	5.00	6.00	5.00	4.00
Bentley	7.00	4.00	7.00	3.00
Rolls	7.00	5.00	7.00	1.00

2. Analice los datos de la tabla 21.1 usando un procedimiento adecuado de EMD. Compare sus resultados con los que se presentan en el texto.
3. Analice los juicios de semejanza que proporcionó para las 12 marcas de jabón de tocador en el ejercicio 1 de la sección Trabajo de campo. Use un procedimiento adecuado de EMD, como ALSCAL. Denomine las dimensiones e interprete el mapa espacial que generó.
4. Utilice la regresión de mínimos cuadrados ordinarios para desarrollar las funciones de valor parcial para los tres atributos de los zapatos deportivos, usando los datos que proporcionó en el ejercicio 2 de la sección Trabajo de campo. Compare sus resultados con los que se presentan en el texto.

ACTIVIDADES

Trabajo de campo

1. Considere las siguientes 12 marcas de jabón de tocador: Jergens, Dove, Zest, Dial, Camay, Ivory, Palmolive, Irish Spring, Lux, Safeguard, Tone y Monchel. Forme los 66 pares posibles de esas marcas. Utilice una escala de siete puntos para calificar esos pares de marcas en términos de semejanza.
2. Elabore los nueve perfiles de zapatos deportivos presentados en la tabla 21.4. Utilice una escala de calificación de 9 puntos para calificar esos nueve perfiles, en términos de su preferencia.

Discusión en grupo

1. En equipos pequeños expongan las semejanzas y diferencias entre el EMD y el análisis conjunto.
2. En equipos pequeños examinen las semejanzas y diferencias entre el EMD, el análisis factorial y el análisis discriminante.

CAPÍTULO 22

Preparación y presentación del informe

"En cualquier informe o presentación, vaya directo al grano del porqué los resultados son importantes para la empresa. Los principiantes tienden a presentar todas las respuestas y todos los datos, sin importar si son pertinentes o no. La función del analista es hervir, filtrar y destilar, para que el público reciba sólo la síntesis".

Jerry Thomas, presidente y director general, Decision Analyst, Inc., Arlington, TX.

Objetivos

Después de leer este capítulo, el estudiante deberá ser capaz de:

1. Examinar los requisitos básicos para la preparación de un informe, incluyendo el formato, la redacción, y las gráficas y tablas.
2. Analizar la naturaleza y las posibilidades de la presentación oral, así como describir los principios de "dígales" y "sidi".
3. Describir la metodología del informe de la investigación de mercados desde la perspectiva del cliente, y los lineamientos para la lectura del informe.
4. Explicar al cliente la razón del seguimiento, describir la ayuda que se le debe brindar y evaluar el proyecto de investigación.
5. Entender el proceso de preparación y presentación del informe en la investigación de mercados internacionales.
6. Identificar los problemas éticos relacionados con la interpretación y el informe al cliente del proceso de investigación y los hallazgos, así como el uso que el cliente hace de los resultados.
7. Explicar el uso de Internet y computadoras en la preparación y presentación del informe.

Panorama general

La preparación y presentación del informe constituye el sexto y último paso en un proyecto de investigación de mercados. Es posterior al planteamiento del problema, desarrollo del enfoque, formulación del diseño de investigación, trabajo de campo, y preparación y análisis de los datos. Este capítulo describe la importancia de este último paso, así como el proceso para preparar y presentar el informe, para lo cual se ofrecen lineamientos para redactarlo y para elaborar tablas y gráficas. Se analiza la presentación oral del informe. Al describir el seguimiento de la investigación se incluyen la ayuda que debe brindarse al cliente y la evaluación del proceso de investigación. Se examinan las consideraciones especiales para la preparación y presentación del informe en la investigación de mercados internacionales, y se identifican las cuestiones éticos relevantes. Se concluye con la explicación del papel de Internet y las computadoras en la preparación y presentación del informe.

INVESTIGACIÓN REAL

Informar de los cielos amistosos

La tarea de la investigación de mercados consiste en evaluar las necesidades de información, proporcionarla y ayudar a tomar una decisión correcta. Así es como lo entiende United Airlines, la línea aérea con sede en Chicago, en su programa permanente de seguimiento de la satisfacción de sus clientes durante el vuelo. Cada mes, se seleccionan 192,000 pasajeros de entre 900 vuelos a quienes se aplica una encuesta mediante una forma escaneable de cuatro páginas. La encuesta cubre la satisfacción de los pasajeros tanto con los "servicios terrestres" (reservaciones, servicio en el aeropuerto) como los "servicios en el aire" (personal de vuelo, alimentos, aeronaves). El personal distribuye las formas al inicio del vuelo, de manera que los pasajeros tengan tiempo para responder el cuestionario.

Cada mes, el departamento interno de investigación de mercados de United presenta un informe donde se resume la satisfacción de los clientes. El informe también se publica en Internet y está disponible online para los gerentes de United en todo el mundo. Gracias al considerable tamaño de la muestra, los datos son muy confiables (representativos) y todos los departamentos de la empresa usan el informe:

- El departamento de marketing, para tomar decisiones de planeación estratégica, posicionamiento del producto y marketing meta.
- El departamento de finanzas, para medir el éxito de sus inversiones en productos.
- El departamento de aeropuertos, para evaluar los servicios terrestres, como la rapidez y eficiencia en la documentación (representantes de servicio, filas de espera).
- La alta administración, para evaluar el desempeño de United, a nivel interno en las metas alcanzadas y a nivel externo en comparación con la competencia.

Como resultado de este sólido informe sobre la satisfacción del cliente, todos los departamentos en United Airlines están orientados al cliente, lo cual ayuda a la empresa a diferenciarse en un ambiente donde todas las empresas tienen los mismos itinerarios, el mismo servicio y las mismas tarifas. En

Los informes mensuales de las encuestas sobre la satisfacción de los clientes ayudan a United Airlines a mejorar sus servicios terrestres y aéreos.

el invierno de 2005, United Airlines redujo los precios de muchas de sus rutas cuando una encuesta mostró que muchos pasajeros buscaban tarifas bajas ante la incertidumbre económica.[1]

El ejemplo de United Airlines destaca la importancia de los informes regulares.

IMPORTANCIA DEL INFORME Y LA PRESENTACIÓN

El informe y su presentación son partes relevantes del proyecto de investigación de mercados, por las siguientes razones:

1. Son productos tangibles del esfuerzo de la investigación. Después de que el proyecto concluye y que la administración toma sus decisiones, queda poca evidencia documental del proyecto, aparte del informe escrito. El informe sirve como un registro histórico del proyecto.
2. Las decisiones administrativas están guiadas por el informe y su presentación. Si los primeros cinco pasos del proyecto se realizaron con cuidado, pero no se dio una atención adecuada al sexto, habrá una disminución considerable en su valor para la administración.
3. El contacto de muchos gerentes de marketing con el proyecto se limita al informe escrito y a la presentación oral. Los gerentes evalúan la calidad de todo el proyecto a partir de la calidad del informe y su presentación.
4. La decisión administrativa de realizar nuevas investigaciones de mercados, o de volver a usar los servicios de un proveedor específico, dependerá en mucho de la utilidad percibida del informe y su presentación.

EL PROCESO DE PREPARACIÓN Y PRESENTACIÓN DEL INFORME

La figura 22.1 ilustra la preparación y presentación del informe. El proceso comienza con la interpretación de los resultados del análisis de los datos en el contexto del problema de investigación de mercados, el enfoque, el diseño de investigación y el trabajo de campo. En vez de limitarse a resumir los resultados estadísticos, el investigador debería presentar los hallazgos, de forma tal que se les pueda dar uso directo en la toma de decisiones. Cuando sea adecuado, deben sacarse conclusiones y hacerse recomendaciones que sean viables. Antes de redactar el informe, el investigador tiene que analizar los resultados, las conclusiones y las recomendaciones más importantes con los principales encargados de tomar las decisiones. Estas discusiones juegan un papel importante para asegurar que el informe satisfaga las necesidades del cliente y que al final será aceptado; además, deben confirmar las fechas específicas de entrega del informe escrito y otros datos.

Figura 22.1
Proceso de preparación y presentación del informe

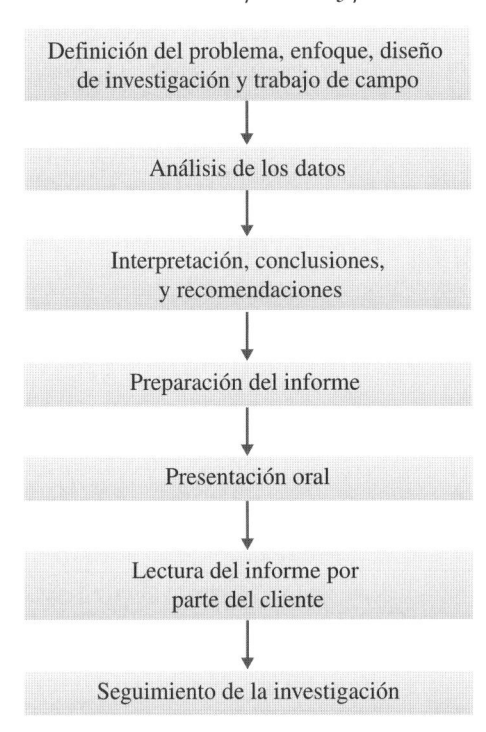

```
Definición del problema, enfoque, diseño
de investigación y trabajo de campo
            ↓
    Análisis de los datos
            ↓
  Interpretación, conclusiones,
      y recomendaciones
            ↓
    Preparación del informe
            ↓
      Presentación oral
            ↓
   Lectura del informe por
       parte del cliente
            ↓
  Seguimiento de la investigación
```

El proyecto de investigación de mercados debe resumirse en su totalidad en un solo informe escrito, o en varios informes dirigidos a diferentes lectores. Por lo general, una presentación oral complementa los informes escritos. Es necesario dar al cliente la oportunidad de leer el informe. Después de eso, el investigador debe realizar las acciones de seguimiento que se requieran: ayudar al cliente a comprender el informe, poner en práctica los hallazgos, emprender nuevas investigaciones y evaluar en retrospectiva el proceso de investigación. En el siguiente ejemplo se destaca la importancia de la participación estrecha del investigador en la preparación y presentación del informe.

INVESTIGACIÓN REAL

Las personas que escriben para los moderadores de las sesiones de grupo pueden engañar a los clientes

Thomas Greenbaum, presidente de una empresa de investigación de mercados enfocada en la investigación cualitativa, advierte una preocupante tendencia observada en los años recientes en el sector de servicios de sesiones de grupo. Greenbaum, de Groups Plus, Inc., de Wilton, CT, asegura que algunos moderadores de las sesiones de grupo hacen una presentación errónea de su trabajo a los clientes, porque sus informes en realidad fueron redactados por escritores que no participaron en las sesiones de grupo.

De acuerdo con Greenbaum, es posible que más de la mitad de los moderadores utilicen a otras personas para redactar sus informes para los clientes. A menudo los informes son escritos por jóvenes investigadores que están aprendiendo el trabajo o por empleados de medio tiempo. Greenbaum critica dicha práctica porque los individuos que sólo escuchan las cintas de audio o revisan las cintas de video de las sesiones de grupo no son capaces de informar con precisión sobre las reacciones no verbales de los participantes o sobre la sinergia del grupo. Greenbaum pide a los moderadores que sean honestos con los clientes sobre la autoría de los informes de las sesiones de grupo, y pide a los clientes que sean más exigentes con los equipos de investigación contratados.

"Aunque algunas personas del sector defienden la redacción de los informes por terceras personas, con el argumento de que siempre los revisan antes de enviarlos al cliente o que incluso escriben algunas secciones importantes, los clientes que usan investigación de sesiones de grupo deben vigilar con atención esa práctica", señala Greenbaum. "Si los clientes saben de antemano que sus informes serán redactados por una tercera persona, es claro que el problema será menor, pero aun así no reciben el mejor esfuerzo de los asesores de su investigación".

Greenbaum advierte que, además de la probabilidad de distorsionar el informe, el sistema de redacción por terceras personas retrasa la entrega del informe final.

"Los moderadores que redactan sus propios informes buscan terminarlos en la misma semana o 10 días después del último grupo, de manera que la información siga fresca en su mente mientras escriben", afirma Greenbaud. "Sin embargo, la mayoría de los moderadores (que utilizan redactores) no brindan el informe final a sus clientes, sino hasta tres o cuatro semanas después del último grupo, debido al proceso que usan con los redactores".[2] ■

PREPARACIÓN DEL INFORME

Los investigadores difieren en la manera en que preparan el informe de la investigación. La personalidad, formación, experiencia y responsabilidad del investigador, así como del encargado de tomar las decisiones a quien va dirigido el informe, interactúan para darle a éste un carácter único. Sin embargo, hay lineamientos para el formato y la redacción de informes y para el diseño de tablas y gráficas.[3]

FORMATO DEL INFORME

Los formatos de los informes pueden variar según el investigador o la empresa de investigación de mercados que realiza el proyecto, el cliente para el que se realiza el proyecto y la naturaleza del proyecto mismo. Por lo tanto, lo siguiente pretende ser una guía a partir de la cual el investigador desarrolle un formato para el proyecto de investigación que realiza. La mayoría de los informes de una investigación incluyen los siguientes elementos:

I. Portada.
II. Carta de entrega.
III. Carta de autorización.
IV. Tabla de contenido.
V. Lista de tablas.
VI. Lista de gráficas.
VII. Lista de apéndices.
VIII. Lista de adendas.
IX. Resumen ejecutivo.
   a. Principales hallazgos.
   b. Conclusiones.
   c. Recomendaciones.
X. Definición del problema.
   a. Antecedentes del problema.
   b. Planteamiento del problema.
XI. Enfoque del problema.
XII. Diseño de investigación.
   a. Tipo de diseño de investigación.
   b. Necesidades de información.
   c. Recolección de datos de fuentes secundarias.
   d. Recolección de datos de fuentes primarias.
   e. Técnicas de escalamiento.
   f. Desarrollo del cuestionario y pretest.
   g. Técnicas de muestreo.
   h. Trabajo de campo.
XIII. Análisis de los datos.
   a. Metodología.
   b. Plan de análisis de los datos.
XIV. Resultados.
XV. Limitaciones y advertencias.
XVI. Conclusiones y recomendaciones.
XVII. Adendas.
   a. Cuestionarios y formas.
   b. Resultados estadísticos.
   c. Listas.

Este formato coincide con los primeros pasos del proceso de investigación de mercados. Los resultados pueden presentarse en diferentes capítulos del informe. Por ejemplo, en una encuesta nacional, al hacer un análisis de datos con la muestra general, para luego analizar por separado los datos de cada una de cuatro regiones geográficas. De ser así, los resultados se presentarían en cinco capítulos en vez de uno.

Portada

La portada debe incluir el título del informe, información (nombre, dirección y teléfono) del investigador o la organización que realiza la investigación, nombre del cliente para quien se preparó el informe, y fecha de presentación. El título tiene que indicar la naturaleza del proyecto, como se ilustra en el siguiente ejemplo.

INVESTIGACIÓN REAL

Lineamientos de TNS-Global para la portada

Utilice el lenguaje del cliente en la portada, evite usar la jerga de los investigadores.

- "Prácticas seguidas en la selección de proveedores de larga distancia" es mejor que "Estudio sobre servicio de larga distancia".
- "Reacciones de los clientes a una relación de expansión entre finanzas y seguros" es mejor que "Estudio de relaciones"

© Copyright TNS Global. Todos los derechos reservados. Se utiliza con autorización.

Carta de entrega

Un informe formal por lo general contiene una carta para entregar el informe al cliente y resumir la experiencia general del investigador con el proyecto, sin mencionar los hallazgos. La carta también debe identificar si se requieren otras acciones por parte del cliente, como poner en práctica los resultados o iniciar nuevas investigaciones.

Carta de autorización

Antes de que el investigador comience a trabajar en el proyecto, el cliente redacta una carta donde lo autoriza a continuar con el proyecto, y especifica sus alcances y los términos del contrato. A menudo es suficiente hacer referencia a la carta de autorización en la carta de entrega. Sin embargo, a veces es necesario incluir una copia de la carta de autorización en el informe.

Tabla de contenido

Ésta debe listar los temas cubiertos y el número de página donde aparecen. En la mayoría de los informes, sólo se incluyen los títulos y subtítulos más importantes. La tabla de contenido va seguida por una lista de tablas, gráficas, apéndices y adendas.

Resumen ejecutivo

Es una parte de gran importancia en el informe, porque a menudo es la única parte que leen los ejecutivos. Debe hacer una descripción concisa del problema, enfoque y diseño de investigación que se adoptó. Tiene que dedicar una sección a los principales resultados, conclusiones y recomendaciones. Es necesario que el resumen ejecutivo se redacte después de que se concluya el resto del informe.

Definición del problema

Esta parte del informe señala los antecedentes del problema, destaca las conversaciones con los encargados de tomar las decisiones y con los expertos del sector, y también explica el análisis de datos secundarios, la investigación cualitativa realizada y los factores que se consideraron. Más aún, debería contener una declaración clara del problema de decisión para la gerencia y del problema de investigación de mercados (véase el capítulo 2).

Enfoque del problema

Esta sección analiza la aproximación general adoptada para abordar el problema. Debe contener también una descripción de los fundamentos teóricos que guiaron la investigación, cualquier modelo analítico que se haya planteado, las preguntas de investigación, las hipótesis y los factores que influyeron en el diseño de la investigación.

Diseño de la investigación

En esta sección se requiere especificar los detalles de cómo se realizó la investigación (véase los capítulos 3 al 13). Debe incluir la naturaleza del diseño de investigación adoptado, la información requerida, la recolección de datos de fuentes primarias y secundarias, las técnicas de escalamiento, la elaboración del cuestionario y el pretest, las técnicas de muestreo y el trabajo de campo. Estos temas se presentan sin tecnicismos y de una manera que sea fácil de entender. Los detalles técnicos se incluirán en un apéndice. Esta parte del informe tiene que justificar los métodos específicos seleccionados.

Análisis de los datos

Este apartado describe el plan de análisis de los datos y justificar la estrategia y técnicas usadas, las cuales deben describirse en términos sencillos y no técnicos.

Resultados

Por lo general, ésta es la parte más larga de un informe y puede incluir varios capítulos. A menudo los resultados se presentan no sólo a nivel conjunto, sino también por subgrupos (segmento del mercado, área geográfica, etcétera). Es necesario que los resultados se organicen de manera lógica y coherente. Por ejemplo, en una encuesta de marketing sobre cuidados médicos en hospitales, los resultados se presentaron en cuatro capítulos. Un capítulo contenía los resultados generales, otro examinó las diferencias entre las regiones geográficas, un tercer capítulo presentó las diferencias entre hospitales públicos y privados, y un cuarto capítulo expuso las diferencias de acuerdo con la disponibilidad de camas. La presentación de los resultados debería tener una clara orientación hacia los componentes del problema de investigación de mercados y las necesidades de información que se identificaron. Los detalles deben presentarse en tablas y gráficas, para analizar en el texto los resultados más importantes.

Limitaciones y advertencias

Todos los proyectos de investigación de mercados tienen limitaciones de tiempo, presupuesto y otras restricciones organizacionales. Además, quizá el diseño de investigación adoptado esté limitado en términos de los diferentes tipos de errores (véase el capítulo 3), algunos de los cuales pueden ser lo bastante graves como para ameritar su análisis. Esta parte debe escribirse con mucho cuidado y desde una perspectiva equilibrada. Por un lado, el investigador tiene que asegurarse de que la administración no se apoye en exceso en los resultados o los use para fines no planeados, como hacer generalizaciones a poblaciones que no fueron contempladas. Sin embargo, por otro lado, esta sección no debe menoscabar su confianza en la investigación o minimizar su importancia.

Conclusiones y recomendaciones

No basta presentar un simple resumen de los resultados estadísticos. El investigador necesita interpretarlos a la luz del problema abordado para llegar a conclusiones importantes. Con base en los resultados y las conclusiones, el investigador hace recomendaciones a los encargados de tomar las decisiones. En ocasiones, no se pide a los investigadores de mercados que hagan recomendaciones, ya que sólo investigan un área pero no tienen una visión más amplia de la empresa del cliente. Si se hacen recomendaciones, éstas deben ser viables, prácticas, y factibles de usarse en forma directa como información para tomar decisiones administrativas. El siguiente ejemplo contiene los lineamientos para sacar conclusiones y hacer recomendaciones.

INVESTIGACIÓN REAL

Lineamientos de TNS-Global para las conclusiones y recomendaciones

Conclusiones

- Conclusiones.
    Conclusiones que conciernen, por ejemplo a:
    - La conducta del cliente.
    - Actitudes y percepciones del cliente.
    - Naturaleza de los mercados estudiados.

    Por lo general, en estudios con muestras diseñadas para representar al mercado, omita resultados que puedan ser interesantes pero que no sean relevantes para las conclusiones.
- Puede estar en forma de enunciados o párrafos.
- Use subtítulos para identificar las conclusiones que tratan diferentes temas o segmentos de mercado.

Recomendaciones

- Las recomendaciones sobre las acciones que deben emprenderse o considerarse a la luz de los resultados de la investigación:

    Agregue/elimine un producto.
    Qué decir en un anuncio: posicionamiento de la publicidad.
    Qué segmentos del mercado elegir como metas principales.
    Qué precio fijar a un producto.
    Nuevas investigaciones a considerar.
- Deberían relacionarse con los propósitos enunciados por la investigación.
- A veces se omiten, por ejemplo:

    Los empleados del cliente desean hacer las recomendaciones.
    El estudio está diseñado sólo para familiarizar al cliente con el mercado.
- La mayoría de los clientes se interesan en nuestras sugerencias, a pesar de que quizá no estemos familiarizados con temas de finanzas internas y otros factores internos de la corporación.

© Copyright TNS-Global. Todos los derechos reservados. Se utiliza con autorización. ■

REDACCIÓN DEL INFORME

Lectores

El informe debe redactarse para un lector o lectores específicos: los gerentes de marketing que usarán los resultados. El informe debe tomar en cuenta los conocimientos técnicos de los lectores y su interés en el proyecto, así como las circunstancias en que lo leerán y el uso que le darán.

Debe evitarse la jerga técnica. Como expresó un experto: "Los lectores de su informe son gente ocupada y muy pocos son capaces de mantener el equilibrio entre la lectura del informe, una taza de café y un diccionario al mismo tiempo."[4] En vez de términos técnicos como *probabilidad máxima*, *heteroscedasticidad* y *no paramétrico*, utilice explicaciones descriptivas. Si no es posible evitar algunos términos técnicos, defínalos brevemente en un apéndice. Con respecto a la investigación de mercados, la gente prefiere vivir con un problema que no puede resolver a aceptar una solución que no entiende.

A menudo se requiere que el investigador atienda las necesidades de diferentes audiencias con distintos niveles de conocimientos técnicos e intereses en el proyecto. Para satisfacer dichas necesidades contradictorias pueden incluirse en el informe diferentes secciones para lectores distintos, o bien, preparar informes separados.

Fácil de seguir

Un informe tiene que ser fácil de seguir.[5] Su estructura debe ser lógica y su redacción debe ser clara. El material, en particular el cuerpo del informe, necesita estar estructurado de manera lógica para que al lector le resulte sencillo ver las conexiones y los enlaces inherentes. Hay que usar títulos para diferentes temas y subtítulos para los subtemas.

Una organización lógica da coherencia al informe. La claridad aumenta con el uso de oraciones bien estructuradas, cortas y concretas. Las palabras usadas deben expresar con precisión lo que el investigador desea comunicar. Deben evitarse términos ambiguos, argot y clichés. Para obtener una excelente revisión de la claridad de un informe debe pedirse a dos o tres personas que no están familiarizadas con el proyecto que lo lean y hagan una crítica. Quizá se requieran varias revisiones del informe antes de lograr el documento final.

Apariencia correcta y profesional

La apariencia de un informe es importante. Debe mecanografiarse en papel de alta calidad, además de reproducirse y encuadernarse en forma profesional. La tipografía tiene que ser variada. La variación en el tamaño de la tipografía y el uso diestro de los espacios en blanco ayudan mucho a mejorar la apariencia y legibilidad del informe.

Objetivo

La objetividad es una virtud que debe guiar la redacción del informe. Los investigadores pueden estar tan fascinados con su proyecto que descuidan su papel como científicos. Es necesario que el informe indique con precisión la metodología, los resultados y las conclusiones del proyecto, sin sesgar los hallazgos para adecuarlos a las expectativas de la administración. Es poco probable que los encargados de tomar las decisiones reciban con entusiasmo un informe que refleje datos desfavorables sobre sus juicios o acciones. Sin embargo, el investigador debe tener el valor de presentar y defender los resultados de manera objetiva. La regla es "dígalo como es".

Reforzar el texto con tablas y gráficas

Es importante reforzar la información importante del texto con tablas, gráficas, fotografías, mapas y otros medios visuales. Los apoyos visuales facilitan la comunicación, y aumentan la claridad y la influencia del informe. Más adelante se revisan los lineamientos para presentar tablas y gráficas.

Brevedad

Un informe tiene que ser breve y conciso. Debe omitirse cualquier cuestión que sea innecesaria. Si se incluye demasiada información, tal vez se pierdan asuntos importantes. Evite discusiones largas de procedimientos comunes. Sin embargo, la brevedad no debe alcanzarse a expensas de la integridad del texto.

LINEAMIENTOS PARA LAS TABLAS

Las tablas estadísticas forman una parte vital del informe y merecen atención especial. Para ilustrar los lineamientos para las tablas se utilizan los datos de ventas de automóviles en Estados Unidos, presentados en la tabla 22.1. Los números entre paréntesis en las siguientes secciones se refieren a las secciones numeradas de la tabla.

Título y número

Todas las tablas deben contar con un número (1a) y un título (1b). Se requiere que el título sea breve pero describa con claridad la información que se proporciona. Se usan números arábigos para identificar las tablas y poder referirse a ellas en el texto.[6]

Organización de los datos

La organización de los datos en la tabla debe enfatizar sus aspectos más importantes. Por ende, cuando el dato atañe al tiempo, los elementos deben organizarse según el periodo adecuado. Cuando el orden por magnitud es más importante, los datos tienen que organizarse en consecuencia (2a). Si es fundamental localizar los datos con facilidad, lo más apropiado es seguir un orden alfabético.

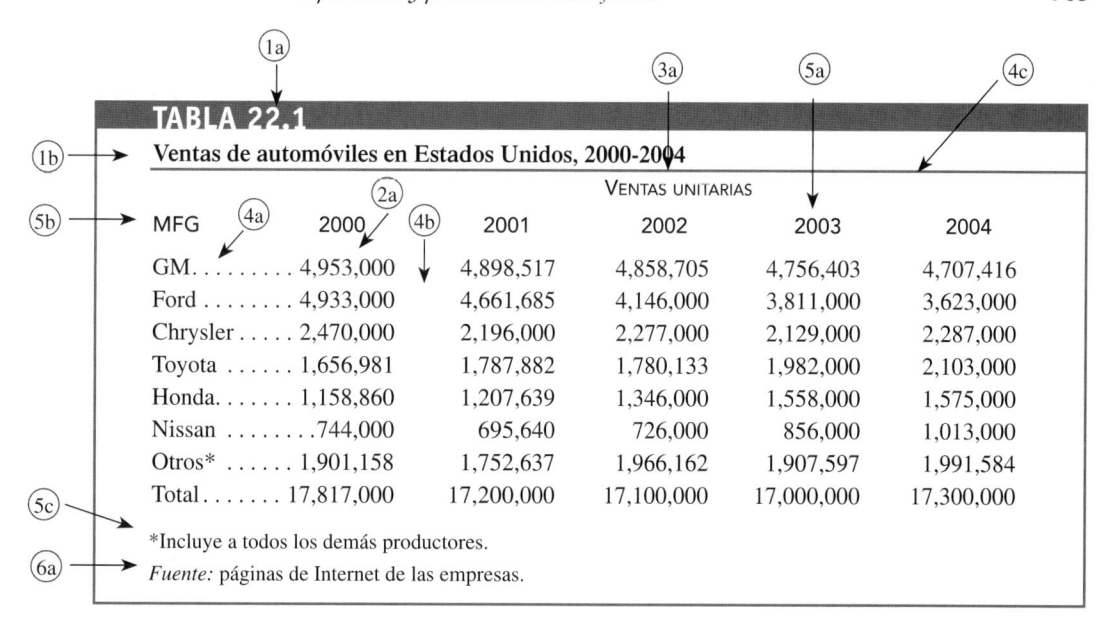

TABLA 22.1
Ventas de automóviles en Estados Unidos, 2000-2004

VENTAS UNITARIAS

MFG	2000	2001	2002	2003	2004
GM	4,953,000	4,898,517	4,858,705	4,756,403	4,707,416
Ford	4,933,000	4,661,685	4,146,000	3,811,000	3,623,000
Chrysler	2,470,000	2,196,000	2,277,000	2,129,000	2,287,000
Toyota	1,656,981	1,787,882	1,780,133	1,982,000	2,103,000
Honda	1,158,860	1,207,639	1,346,000	1,558,000	1,575,000
Nissan	744,000	695,640	726,000	856,000	1,013,000
Otros*	1,901,158	1,752,637	1,966,162	1,907,597	1,991,584
Total	17,817,000	17,200,000	17,100,000	17,000,000	17,300,000

*Incluye a todos los demás productores.
Fuente: páginas de Internet de las empresas.

Bases de las mediciones

La base o unidad de medición debe establecerse con claridad (3a).

Líneas, guías y espacios

Las *líneas*, los puntos o los guiones sirven para dirigir la mirada de manera horizontal, dar uniformidad y mejorar la legibilidad (4a). En vez de trazar líneas horizontales o verticales en la tabla, se usan espacios en blanco (4a) para destacar los datos. También ayuda a la vista dejar espacios en blanco después de diferentes secciones. A menudo se trazan líneas horizontales (4c) después de los títulos.

Explicaciones y comentarios: encabezados, ladillos y notas al pie

Las explicaciones y comentarios que aclaran la tabla pueden presentarse en forma de leyendas, ladillos y notas al pie. Las denominaciones ubicadas sobre las columnas verticales se llaman *encabezados* (5a). Las denominaciones ubicadas en la columna de la izquierda se llaman ladillos (5b). La información que no puede incorporarse a la tabla debe explicarse con notas al pie (5c). Para las notas al pie tienen que usarse letras o símbolos en vez de números. Las notas al pie deben aparecer después de la tabla principal, pero antes de la nota de la fuente.

Fuentes de los datos

Si los datos contenidos en la tabla son secundarios, debe citarse su fuente (6a).

LINEAMIENTOS PARA LAS GRÁFICAS

Como regla general, siempre que sea práctico hay que utilizar apoyos gráficos. La presentación gráfica de la información puede ser un buen complemento del texto y las tablas, ya que mejora la claridad y la influencia de la comunicación. Como dice el refrán, "una imagen dice más que mil palabras". Los lineamientos para elaborar gráficas son similares a los de las tablas. Por lo tanto, esta sección se enfoca en los diferentes tipos de apoyos gráficos.[7] Se ilustran varios de ellos, con los datos de ventas de automóviles en Estados Unidos de la tabla 22.1

Mapas geográficos y otros

Los mapas geográficos y otros (como los mapas de posicionamiento de productos) comunican una localización relativa y otra información comparativa.

704 PARTE III *Recolección, preparación, análisis y presentación de los datos*

Los mapas geográficos pueden corresponder a países, estados, condados, territorios de ventas u otras divisiones. Por ejemplo, suponga que el investigador desea presentar información sobre el número relativo de embotelladoras de Coca-Cola Company, en comparación con las embotelladoras de PepsiCo y otros competidores en cada entidad de Estados Unidos. Esta información podría comunicarse en forma eficiente en un mapa donde cada estado se dividiera en tres áreas (proporcionales al número de embotelladoras de Coca-Cola, PepsiCo y otras), iluminadas cada una con un color diferente. El capítulo 21 muestra ejemplos de mapas de posicionamiento de productos, derivados del uso de procedimientos de escalamiento multidimensional (por ejemplo, la figura 21.4)

Gráfica circular o de pastel

gráfica circular o de pastel
Gráfica circular dividida en secciones.

En una *gráfica circular o de pastel*, el área de cada sección, como porcentaje del área total del círculo, refleja el porcentaje asociado con el valor de una variable específica. Este tipo de gráfica no es útil para mostrar las relaciones temporales o entre varias variables. Como regla general, una gráfica circular no debe incluir más de siete secciones.[8] La figura 22.2 muestra una gráfica circular con las ventas de automóviles en Estados Unidos en el año 2004.

Gráfica lineal

gráfica lineal
Gráfica en la que se conecta mediante líneas continuas una serie de puntos que representan datos.

Una *gráfica lineal* conecta, mediante líneas continuas, una serie de puntos que representan datos. Es una forma atractiva de ilustrar tendencias y cambios a lo largo del tiempo. Es posible comparar varias líneas en la misma gráfica y hacer pronósticos, interpolaciones y extrapolaciones. Si se presentan varias series de manera simultánea, cada línea debe tener una forma o color distintivo (véase la figura 22.3).[9]

gráfica estratificada
Conjunto de gráficas lineales en que los datos se agregan a la serie de manera sucesiva. El área entre las gráficas lineales presenta la magnitud de las variables pertinentes.

Una *gráfica estratificada* es un conjunto de gráficas lineales donde los datos se agregan a la serie de manera sucesiva. El área entre las gráficas lineales muestra la magnitud de las variables relevantes (véase la figura 22.4).

Pictogramas

pictograma
Descripción gráfica que presenta los datos mediante dibujos o símbolos pequeños.

Un *pictograma* usa pequeños dibujos o símbolos para presentar los datos. Como se muestra en la figura 22.5, los pictogramas no describen los resultados con precisión, por lo que debe tenerse precaución al usarlos.[10]

Histograma y gráfica de barras

gráfica de barras
Gráfica que presenta los datos en barras horizontales o verticales.

histograma
Gráfica de barras verticales cuya altura representa la frecuencia relativa o acumulada con que ocurre una variable.

Una *gráfica de barras* presenta los datos en barras, cuya posición puede ser horizontal o vertical. Las gráficas de barras se utilizan para presentar magnitudes absolutas y relativas, diferencias y cambios. El *histograma* es una gráfica de barras verticales cuya altura representa la frecuencia relativa o acumulada con que ocurre una determinada variable (véase la figura 22.6).

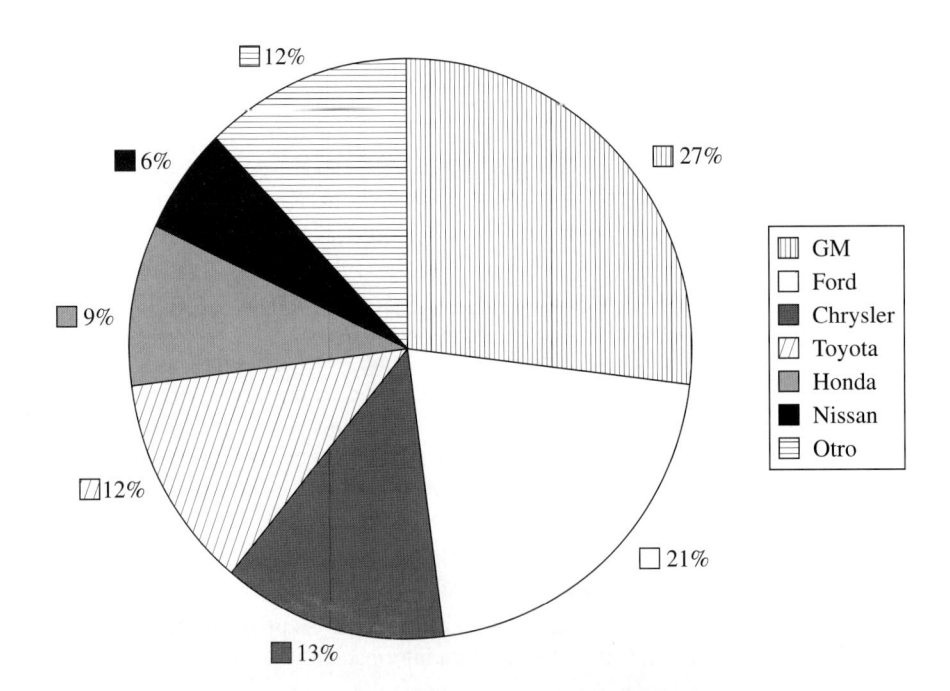

Figura 22.2
Gráfica circular de las ventas de automóviles por fabricante (2004)

Figura 22.3
Gráfica lineal de las ventas de automóviles por fabricante (2000-2004)

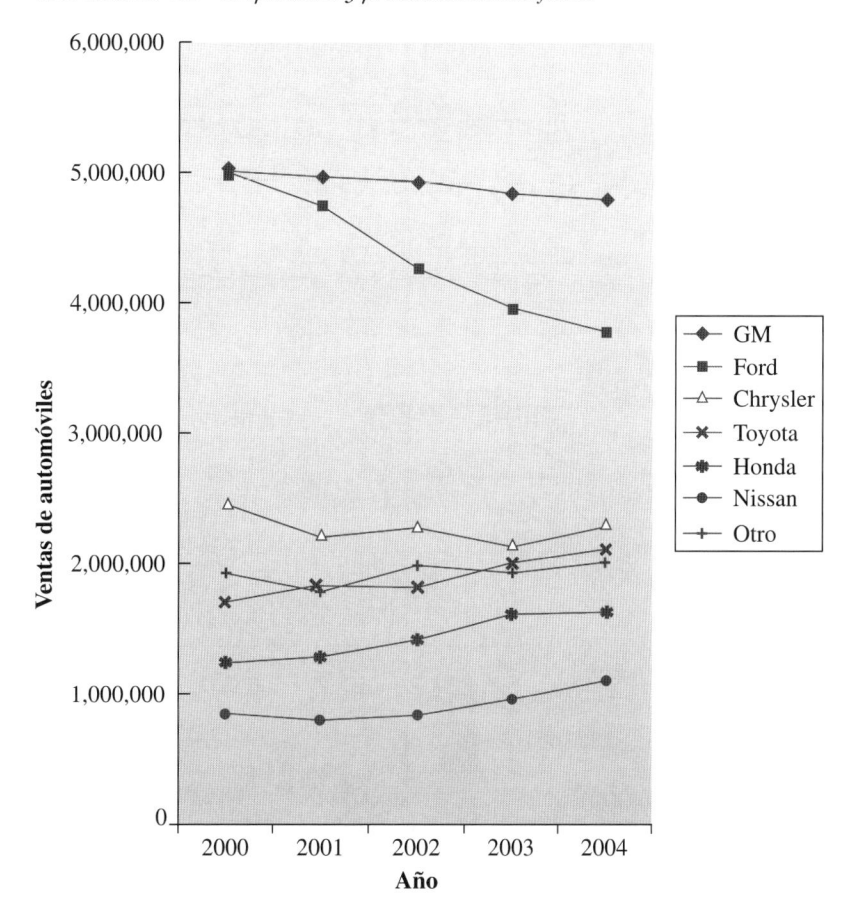

Figura 22.4
Gráfica estratificada de ventas de automóviles por fabricante (2000-2004)

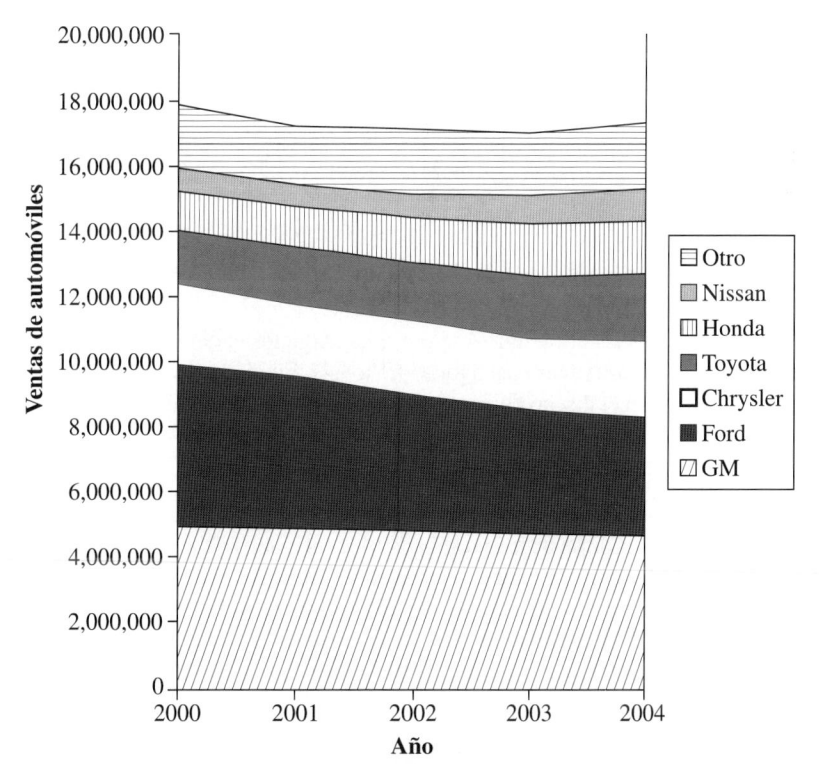

Esquemas y diagramas de flujo

Los esquemas y diagramas de flujo adoptan diversas formas. Son útiles para presentar los pasos o componentes de un proceso, como se muestra en la figura 22.1. Otra forma útil de estas gráficas son los diagramas de clasificación.

PARTE III *Recolección, preparación, análisis y presentación de los datos*

Figura 22.5
Pictograma de ventas de automóviles (2004)

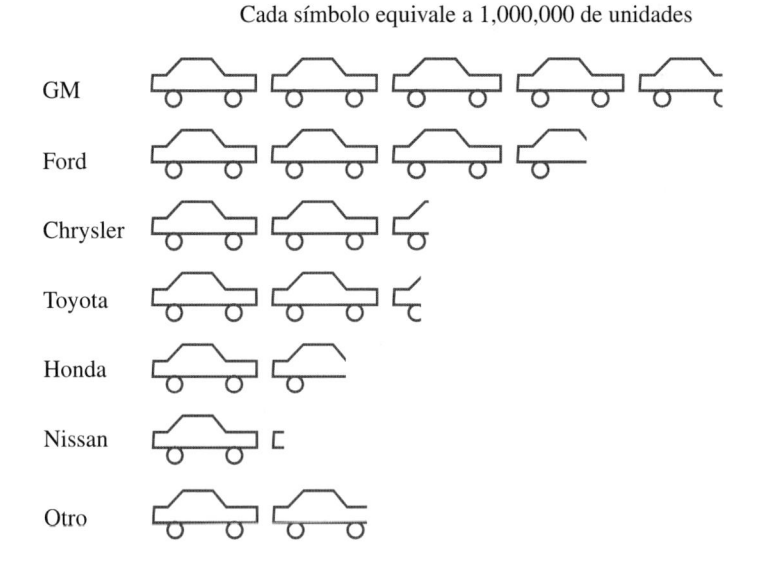

Cada símbolo equivale a 1,000,000 de unidades

GM 🚗🚗🚗🚗🚗
Ford 🚗🚗🚗🚗
Chrysler 🚗🚗
Toyota 🚗🚗
Honda 🚗🚗
Nissan 🚗
Otro 🚗🚗

Figura 22.6
Histograma de ventas de automóviles por fabricante (2004)

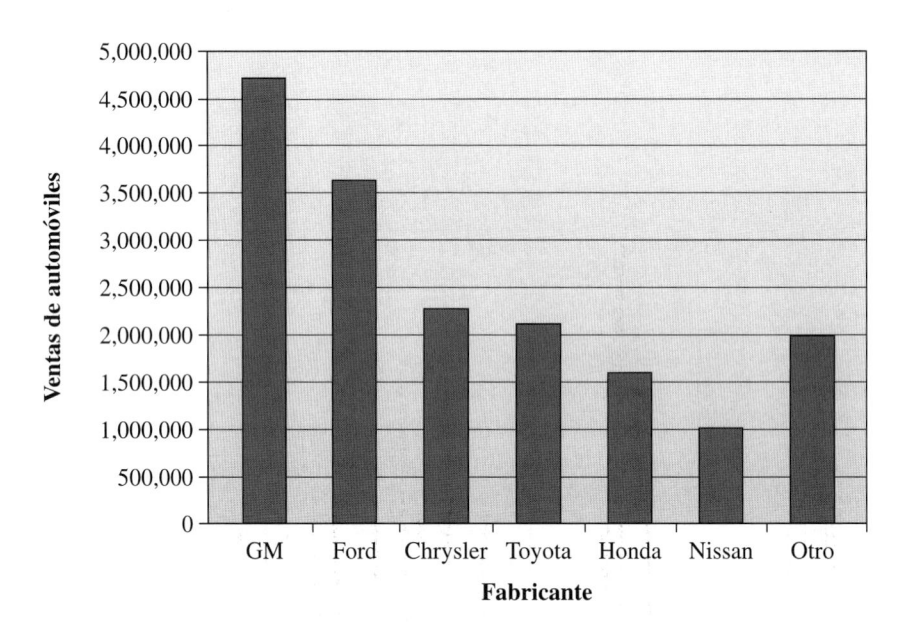

[Histograma con ventas de automóviles en el eje Y (0 a 5,000,000) y fabricantes en el eje X: GM (~4,750,000), Ford (~3,650,000), Chrysler (~2,300,000), Toyota (~2,100,000), Honda (~1,600,000), Nissan (~1,000,000), Otro (~2,000,000)]

En el capítulo 4 se presentan algunos ejemplos de gráficas para la clasificación de datos secundarios (véanse las figuras 4.1 a 4.4). En el capítulo 10 se presenta un ejemplo de diagrama de flujo para el diseño de cuestionarios (véase la figura 10.2).[11]

DISTRIBUCIÓN DEL INFORME

El informe de la investigación de mercados debe distribuirse entre el personal adecuado en la organización del cliente, ya sea en impresiones o de manera electrónica. Cada vez es más frecuente la publicación directa de los informes en la Web. Por lo general, estos informes no se colocan en áreas de acceso al público, sino en lugares restringidos y protegidos por contraseñas o en redes internas de la corporación.

INVESTIGACIÓN ACTIVA

Visite *www.pg.com* y haga una búsqueda del último informe anual de la empresa.
Haga una evaluación crítica del uso de gráficas en el último reporte anual de P&G. ¿Qué otras gráficas elaboraría usted?
Como vicepresidente de marketing, ¿qué tan útiles encuentra las gráficas del último informe anual de P&G?

Los diversos programas de procesadores de textos, hojas de cálculo y presentaciones facilitan el hecho de disponer del material en un formato que sea publicable directamente en la Web.

La publicación de los informes de investigación de mercados en la Web tiene algunas ventajas. Estos informes pueden incorporar todo tipo de presentaciones multimedia, como gráficas, fotografías, animaciones, audio y video en movimiento. La difusión es inmediata y las personas autorizadas pueden tener acceso online a los informes en todo el mundo. Estos informes permiten hacer búsquedas electrónicas para identificar materiales de interés específico. Por ejemplo, un gerente de General Electric en Kuala Lumpur puede localizar en forma electrónica la parte del informe que corresponde al Sureste Asiático. El almacenamiento y la recuperación futura son fáciles y no requieren mucho esfuerzo. Es sencillo integrar estos informes al sistema de apoyo a las decisiones.

En accutips.com se encuentra un buen ejemplo de la publicación de los informes de investigación de mercados en la Web, algo que han hecho en forma reiterada. Los informes publicados en Internet abordan diversas categorías de marketing, como estudios de caso, enfoques y tendencias del mercado, ventas y marketing, selección de datos y listas de correo, creación de correo directo exitoso, marketing por Internet y marketing electrónico. Usted puede visitar su sitio de Internet en *www.accutips.com* y buscar cualquiera de estas categorías. Además, las nuevas aplicaciones de Internet permiten a las empresas compartir información con receptores específicos dentro de sus organizaciones.

INVESTIGACIÓN PARA LA TOMA DE DECISIONES

Subaru of America, Inc.: un informe sobre los informes

La situación

Kunio Ishigami, presidente y director general de Subaru of America, Inc., sabe que en la actualidad la lealtad del cliente es una parte importante de la industria automotriz, lo cual Subaru entiende desde hace mucho tiempo. En el pasado, Subaru tenía mucha confianza en las respuestas de los clientes a las tradicionales encuestas de papel. Luego empezó a enviar a los clientes encuestas de seguimiento por correo, sobre la experiencia de compra y de servicios en un lapso de siete a 14 días después de la compra. Dichas encuestas incluían preguntas de opción múltiple y preguntas abiertas. La tasa de respuestas a los correos fluctuaba de 30 a 45 por ciento. Después de recolectar los datos de todos los correos, los distribuidores recibían un informe trimestral de calificación, el indicador de lealtad de dueños de Subaru (ILDS). Estos informes daban a los distribuidores información valiosa, pero sólo la recibían cuatro veces al año. Al recibir este informe que contenía quejas de los clientes, por lo regular ya era demasiado tarde para resolver los problemas.

Ishigami encontró en Internet la respuesta para enfrentar dicha situación, ya que le permitía ofrecer un servicio más rápido y flexible, así como brindar información a los distribuidores, al personal de campo y al personal administrativo. Subaru contrató a Data Recognition Corporation (DRC), de Minneapolis, MN, para que diseñara un programa y fuera su proveedor de servicios. El proceso comienza por el escaneo de las respuestas de las encuestas usando un equipo de reconocimiento óptico de caracteres. Los comentarios de los clientes se capturan y clasifican. A continuación, toda la información de la encuesta se agrega de manera electrónica a la base de datos del distribuidor adecuado, mediante un programa diseñado especialmente para la empresa por DRC. Todo el proceso está dirigido por DRC, lo cual permite a Subaru concentrarse en la venta de automóviles.

Los informes publicados en la Web permiten a los gerentes de campo saber lo que sucede en las distribuidoras que les fueron asignadas. En un minuto tienen acceso a los informes sobre un concesionario específico antes de encontrarse con el distribuidor. Esto funciona bien porque los gerentes tienen acceso a esta información desde cualquier lugar donde tengan conexión a Internet.

Los distribuidores pueden usar esta página para mantenerse al tanto de su situación en términos de la satisfacción del cliente, así como para ver las calificaciones sobre su calidad y revisar el desempeño de cualquier vendedor en particular. Gracias a esta nueva tecnología, también son capaces de tomar una acción inmediata, lo cual permite una mejor administración y, a largo plazo, un mejor desempeño de todos los empleados. A medida que los distribuidores se familiarizaban con el formato de Internet, comenzaron a solicitar informes más detallados y oportunos. Debido a ello, Subaru inició recientemente el desarrollo de una serie de informes llamados "informes justo a tiempo" que, además de las clasificaciones trimestrales, dan acceso inmediato a las clasificaciones del desempeño actualizadas. Esto se ha convertido en otra herramienta para ayudar a Subaru a impulsar sus ventas y desempeño. La nueva tecnología y las nuevas metas enfocadas hacia la evaluación del cliente y su lealtad ayudarán a impulsar a Subaru, al darle una ventaja sobre su rezagada competencia.

Los informes publicados en Internet permiten a los gerentes de campo y distribuidores de Subaru of America conocer su situación en términos de la satisfacción del cliente.

La decisión para la investigación de mercado

1. Si bien la administración de Subaru encuentra que los informes son muy útiles, la opinión de los distribuidores es algo diferente. ¿Qué mejoras pueden hacerse al informe para volverlo más útil para los distribuidores?
2. Analice cómo ayudó a Kunio Ishigami el tipo de informe que usted le recomendó para mejorar la eficiencia de las campañas de ventas de los distribuidores.

La decisión para la gerencia de marketing

1. ¿Qué debería hacer Kunio Ishigami para aumentar la eficiencia de las campañas de ventas de los distribuidores?
2. Analice cómo influyó el tipo de informe recomendado en la decisión para la gerencia de marketing que usted le sugirió a Kunio Ishigami.[12] ■

PRESENTACIÓN ORAL

El proyecto de investigación de mercados debe presentarse por completo a la gerencia de la empresa cliente. Esta presentación ayudará a la administración a entender y aceptar el informe escrito. En la presentación pueden abordarse todas las preguntas preliminares de la gerencia. No es recomendable exagerar la importancia de la presentación, ya que muchos ejecutivos basan en ella sus primeras y últimas impresiones sobre el proyecto.[13]

La clave para una buena presentación es la preparación. Es necesario preparar un guión por escrito o un bosquejo detallado que siga el formato del informe escrito. La presentación debe estar dirigida a la audiencia, por lo que el investigador tiene que determinar sus antecedentes, intereses y participación en el proyecto, así como el grado en que se vería afectada por el mismo. Debe ensayarse varias veces la presentación antes de hacerlo frente a la administración.

Hay que utilizar diferentes medios para presentar los apoyos visuales, como tablas y gráficas. Los pizarrones permiten al investigador manipular los números y son de gran utilidad para dar respuesta a preguntas técnicas. Aunque no son tan flexibles, los pizarrones magnéticos y de fieltro permiten una presentación rápida de material preparado de antemano. Los rotafolios son pliegos grandes de papel blanco montados sobre un caballete. Los apoyos visuales se dibujan por adelantado en las páginas y durante la presentación el orador va pasando las hojas. Los proyectores sirven para presentar gráficas sencillas y láminas complejas producidas por la adición sucesiva de nuevas imágenes en la pantalla. Se cuenta con varios programas de cómputo para elaborar diapositivas atractivas (hojas de acetato) y transparencias a color. Los equipos de video y las pantallas gigantes son muy útiles para presentar sesiones de grupo y otros aspectos del trabajo de campo que son de naturaleza dinámica.

CAPÍTULO 22 *Preparación y presentación del informe*

Power Point y otros programas son de gran ayuda para elaborar presentaciones visuales. Los proyectores que se conectan a la computadora se emplean para controlar las presentaciones o para presentar información técnica, por ejemplo, de modelos analíticos.

Es importante mantener contacto visual e interactuar con la audiencia durante la presentación. Debe darse espacio suficiente para responder preguntas durante y después de la presentación. La presentación tiene que hacerse interesante y convincente usando relatos, ejemplos, experiencias y citas adecuados. Hay que evitar muletillas como "eh", "usted sabe" y "muy bien". El **principio "dígales"** es eficaz para estructurar una presentación. Este principio establece: **1.** dígales lo que les vaya a decir, **2.** dígales y **3.** dígales lo que les dijo. Otro lineamiento útil es el **principio "sidi"** que establece: hágalo simple y directo.

Se requiere también emplear el lenguaje corporal. Los ademanes descriptivos se usan para aclarar o mejorar la comunicación verbal. Los ademanes de énfasis sirven para destacar lo que se haya dicho. Los ademanes sugerentes son símbolos de ideas y emociones. Los ademanes de instigación se usan para motivar la respuesta esperada por parte del público. El orador debe variar el volumen, el tono, y la calidad de voz, así como la articulación y el ritmo al hablar. Es necesario que la presentación termine con un cierre fuerte. Para resaltar su importancia, la presentación debe estar respaldada por un director de alto nivel en la organización, como ocurre en el siguiente ejemplo.

> *principio "dígales"*
> Lineamiento efectivo para estructurar una presentación que establece: **1.** dígales lo que les vaya a decir, **2.** dígales y **3.** dígales lo que les dijo.
>
> *principio "sidi"*
> Principio de presentación de informe que establece: hágalo simple y directo.

INVESTIGACIÓN REAL

Llévelo a la cima

TNS Global (*www.tns-global.com*) realizó un proyecto de investigación para medir la eficacia relativa de la publicidad en televisión, prensa y radio de un cliente empresarial, además de evaluar la eficacia de 10 comerciales de televisión, radio y prensa. Dada la naturaleza del proyecto, la presentación oral del informe fue de particular importancia para comunicar los hallazgos. Aparte de una computadora portátil, se usaron un proyector conectado a la computadora, un reproductor de videos (para presentar los comerciales de televisión), una grabadora (para reproducir los comerciales de radio) y un tablero (para mostrar los anuncios impresos). La presentación se hizo ante los altos ejecutivos del cliente empresarial, es decir, el presidente, todos los vicepresidentes y todos los asistentes de los vicepresidentes, en una de sus reuniones mensuales.[14] ■

Después de la presentación, debe darse tiempo a los ejecutivos clave de la empresa cliente para que lean con detalle el informe, para lo cual se cuenta con algunos lineamientos.

LECTURA DEL INFORME DE INVESTIGACIÓN

La Advertising Research Foundation desarrolló los lineamientos para la lectura del informe y la evaluación del proyecto de investigación de mercados.[15]

Abordar el problema

Debe especificarse con claridad el problema tratado y brindarse la información pertinente. También se tienen que identificar con precisión tanto la organización que financia la investigación como la que la realiza. Es necesario que el informe no dé por hecho que el lector tiene conocimiento previo de la situación del problema, por lo que debe ofrecer toda la información relevante. Un informe que no proporciona dicha información pierde el objetivo y a los lectores.

Diseño de la investigación

Debe hacerse una descripción clara del diseño de la investigación, sin usar términos técnicos. Si los lectores del público al que va dirigido el informe no pueden entender el procedimiento del diseño de la investigación, la falla es del investigador. El informe tiene que incluir un análisis de las necesidades de información, los procedimientos de recolección de datos, las técnicas de escalamiento, el diseño del cuestionario y el pretest, las técnicas de muestreo y el trabajo de campo.

Hay que justificar los procedimientos específicos usados. Los informes que no contienen o no ponen a disposición del lector los detalles metodológicos deben verse con cautela.

Realización de los procedimientos de la investigación

Se requiere que el lector dé especial atención a la manera en que se realizaron los procedimientos de investigación. La gente que trabaja en el proyecto debe estar bien calificada y capacitada. La supervisión y los procedimientos de control deben ser apropiados. Esto es de particular importancia en lo que atañe a la recolección y preparación de datos, así como al análisis estadístico.

Números y estadísticos

El lector tiene que examinar con cuidado los números y estadísticos presentados en las tablas y gráficas. Los números y estadísticos inapropiados llegan a ser engañosos. Considere, por ejemplo, los porcentajes basados en muestras pequeñas o en medias de datos ordinales. Por desgracia, no es poco común el uso de este tipo de estadísticos engañosos.

Interpretación y conclusiones

Los hallazgos deben informarse de manera objetiva y honesta, y hay que diferenciar la interpretación de los resultados básicos de los resultados en sí. Cualquier suposición que se haga al interpretar los resultados tiene que señalarse con claridad. Es necesario que se analicen las limitaciones de la investigación. El lector debe tomar con cautela cualquier conclusión o recomendación que se haga sin especificar suposiciones o limitaciones.

Posibilidad de generalización

Es responsabilidad del investigador ofrecer evidencia concerniente a la confiabilidad, validez y posibilidad de generalizar los hallazgos. Se requiere que el informe identifique con claridad la población meta a la que se aplican los resultados y los factores que limiten la posibilidad de generalizarlos, como la naturaleza y representatividad de la muestra, tiempo y modo de la recolección de los datos, y otras fuentes de error. El lector no debe tratar de generalizar los hallazgos del informe sin una consideración explícita de tales factores.

Revelación

Por último, el lector tiene que revisar con cuidado si el espíritu con que se escribió el informe indica una revelación honesta y completa de los procedimientos y resultados de la investigación. Es de particular importancia dar a conocer los procedimientos que requieren el juicio subjetivo del investigador, por ejemplo, aquellos que se usaron para el tratamiento de valores faltantes, la ponderación, etcétera. Si se obtienen resultados negativos o inesperados, es necesario que también se informen. El lector debe sentir la libertad de solicitar cualquier información relevante que no esté contenida en el informe.

El uso de tales lineamientos para hacer una lectura cuidadosa del informe ayudará al cliente a participar de manera eficiente en el seguimiento de la investigación.

PROYECTO DE INVESTIGACIÓN

Preparación y presentación del informe

En el proyecto de la tienda departamental, el informe formal se preparó para el vicepresidente de marketing del cliente empresarial. El primer volumen, el cuerpo principal del informe, incluía la portada, tabla de contenido, resumen ejecutivo y detalles sobre la definición del problema, enfoque, diseño de la investigación, metodología usada para el análisis de los datos, limitaciones del proyecto, y conclusiones y recomendaciones. El volumen II contenía la portada, la lista de figuras, y todas las figuras y gráficas. Por último, todos los detalles estadísticos, incluyendo las tablas, se presentaron en el volumen III. En la redacción del informe influyeron las preferencias de estilo del vicepresidente de marketing y otros ejecutivos importantes. La orientación del volumen I era no técnica y era fácil de seguir.

Además del informe escrito, se hizo una presentación oral de todo el proyecto a la dirección de la empresa. Con el tiempo muchas de las recomendaciones hechas en el informe a la dirección se llevaron a la práctica.

Actividades del proyecto

Lea las reseñas del proyecto de Sears en cada capítulo y considere todos los análisis que usted haya realizado.

Prepare un resumen ejecutivo con los resultados para la dirección de Sears. ∎

SEGUIMIENTO DE LA INVESTIGACIÓN

La tarea del investigador no termina con la presentación oral. Quedan pendientes otras dos tareas. El investigador debe ayudar al cliente a entender y poner en práctica los hallazgos, así como a darles seguimiento. En segundo lugar, mientras continúa fresco en su mente, el investigador tiene que evaluar todo el proyecto de investigación de mercados.

Ayudar al cliente

Luego de que el cliente haya leído detalladamente el informe, es posible que surjan muchas preguntas. Quizá no se entiendan algunas partes del informe, en particular las relacionadas con cuestiones técnicas, por lo que es importante que el investigador brinde la ayuda necesaria. A veces el investigador contribuye a llevar los hallazgos a la práctica. A menudo, el cliente retiene al investigador para que le ayude en el proceso de selección de un nuevo producto o de una nueva agencia de publicidad; o para que lo asista en el desarrollo de una política de precios y de segmentación de mercados, o en otras acciones de marketing. Una razón relevante para el seguimiento del cliente es analizar futuros proyectos de investigación. Por ejemplo, el investigador y la administración pueden acordar repetir el estudio luego de dos años. Por último, el investigador debe ayudar al cliente empresarial a lograr que la información generada en el proyecto de investigación de mercados forme parte del (SIM) sistema de información de marketing (gerencial), o del sistema de apoyo a las decisiones (SAD), como se estudió en el capítulo 1.

Evaluación del proyecto de investigación

Aunque la investigación de mercados es científica, también implica creatividad, intuición y pericia. Por lo tanto, cualquier proyecto de investigación de mercados ofrece la oportunidad de aprender y el investigador debería hacer una evaluación crítica de todo el proyecto para obtener nuevas ideas y conocimiento. La pregunta clave que debe hacerse sería "¿este proyecto pudo haberse realizado de manera más eficaz o eficiente?". Por supuesto, tal pregunta origina otras más específicas. ¿Pudo haberse definido el problema de forma diferente para aumentar el valor del proyecto para el cliente o reducir los costos? ¿Un enfoque diferente habría arrojado mejores resultados? ¿Se usó el mejor diseño de investigación? ¿Qué hay respecto al modo de recolección de datos? ¿Debieron hacerse encuestas en centros comerciales en vez de encuestas telefónicas? ¿El plan de muestreo usado fue el más adecuado? ¿Se anticiparon y controlaron correctamente las posibles fuentes de error en el diseño de investigación, al menos en un sentido cualitativo? En caso contrario, ¿qué cambios pudieron haberse hecho? ¿Cómo pudieron haberse modificado la selección, capacitación y supervisión de los trabajadores de campo para mejorar la recolección de datos? ¿La estrategia de análisis de datos logró arrojar información útil para la toma de decisiones? ¿Las conclusiones y recomendaciones fueron apropiadas y útiles para el cliente? ¿El informe se redactó y presentó de manera adecuada? ¿El proyecto concluyó a tiempo y de acuerdo al presupuesto asignado? En caso contrario, ¿qué falló? Las ideas obtenidas de dicha evaluación beneficiarán al investigador y a los proyectos que emprenda en el futuro.

EXPERIENCIA DE INVESTIGACIÓN

Descargue el caso y el cuestionario de Dell de la página Web de este libro. Esta información también se incluye al final de este libro.

1. Redacte un informe para la administración de Dell donde resuma los resultados de sus análisis. Utilice el programa Excel para preparar un conjunto de gráficas.
2. ¿Qué recomendaciones tiene usted para la administración?

3. ¿En 10 minutos puede usted hacer una presentación de negocios convincente? Desarrolle una presentación de 10 minutos para la administración de Dell con no más de 10 diapositivas en Power Point.

4. Haga una presentación final en un escenario formal ante un grupo de compañeros de la escuela (que representen a la administración de Dell).
  a. ¿Cuál fue la parte más difícil al preparar, ensayar y hacer esta presentación?
  b. ¿Qué haría de manera diferente en su próxima presentación como resultado de lo que aprendió en este ejercicio de experiencia de investigación? ■

INVESTIGACIÓN DE MERCADOS INTERNACIONALES

Los lineamientos presentados en secciones anteriores del capítulo se aplican también a la investigación de mercados internacionales; aunque la preparación del informe puede resultar complicada, porque requiere que se elaboren informes para las administraciones de diferentes países e idiomas. En tal caso, el investigador debe preparar diferentes versiones del informe, cada una dirigida a lectores específicos. Los distintos informes tienen que ser comparables, aunque difieran en el formato. Los lineamientos para la presentación oral también son similares a los ofrecidos antes, con la salvedad de que el presentador debe ser sensible a las normas culturales. Por ejemplo, contar chistes o bromear, que con frecuencia se hace en Estados Unidos, no es apropiado en todas las culturas. La mayoría de las decisiones de marketing se toman a partir de los hechos y las cifras que surgen de la investigación de mercados; no obstante tales cifras tienen que pasar la prueba y los límites de la lógica, la experiencia subjetiva y las intuiciones de los encargados de tomar las decisiones. La experiencia subjetiva y la intuición de los directores llega a variar mucho entre países, lo cual hace necesario proponer diferentes recomendaciones para llevar a la práctica los hallazgos de la investigación en diversas naciones. Esto es de particular importancia cuando se hacen recomendaciones innovadoras o creativas como las relacionadas con campañas publicitarias.

INVESTIGACIÓN REAL

El pollo Camry fríe a Ford

La campaña publicitaria diseñada para Toyota Camry en Australia fue muy diferente de la que se usó en Japón. "¿Por qué cruzó el pollo la carretera?", se pregunta Toyota en una serie de comerciales de televisión transmitidos recientemente en Australia. La respuesta es: "Para vender más Toyota Camrys, por supuesto". Los anuncios, que mostraban un pollo animado que intentaba cruzar la carretera y al que le volaban las plumas al pasar un Camry, fueron creados por Saatchi & Saatchi Advertising.

Toyota lanzó una campaña publicitaria humorística para derrocar el dominio de Ford en Australia. Sin embargo, tal vez la campaña no sea tan exitosa en otros países.

CAPÍTULO 22 *Preparación y presentación del informe*

Cuando Bob Miller, director general de marketing de Toyota, trató de explicar el anuncio a sus contrapartes en Japón, pensaron que estaba loco. Quizá sí, pero el comercial tuvo un éxito increíble. Por viejo y gastado que fuera el chiste, ayudó a Toyota a derrocar el dominio de Ford en Australia. En la continuación de la serie, el siguiente anuncio mostraba al pollo desplumado sentado en medio del camino sobre una pila de huevos, de los que salían polluelos cuando pasaba el Camry a toda velocidad. Si bien ese tono humorístico resultaba ofensivo para los japoneses, provocó una respuesta favorable de los australianos. Al adaptar su publicidad y esfuerzos de marketing a cada cultura, la empresa Toyota se mantuvo en el 2006 como la mayor vendedora de automóviles en Australia, con algunos de los autos más vendidos, como el Camry.[16] ∎

LA ÉTICA EN LA INVESTIGACIÓN DE MERCADOS

La preparación y presentación del informe implican muchas dificultades relacionadas con la integridad de la investigación. Estos problemas incluyen la definición del problema de investigación de mercados para adaptarlo a intereses ocultos, comprometer el diseño de investigación, hacer un uso erróneo deliberado de estadísticos, falsificar figuras, alterar los resultados de la investigación, hacer una mala interpretación de los resultados con el propósito de apoyar un punto de vista personal o corporativo, y ocultar información.[17] Una encuesta aplicada a 254 investigadores de mercados reveló que el 33 por ciento de los encuestados consideraron que los problemas éticos más difíciles a los que se enfrentaron se relacionaban con la integridad de la investigación. El investigador debe tratar esos problemas al preparar el informe y presentar los hallazgos. La difusión de los resultados de la investigación de mercados ante el cliente y otros interesados legítimos tiene que ser honesta, precisa y completa.

Es necesario que el investigador sea objetivo en todas las etapas del proceso de investigación de mercados. Es posible que algunos procedimientos de investigación y análisis no revelen nada nuevo o significativo. Por ejemplo, la clasificación obtenida por una función discriminante quizá no sea mejor que la obtenida por azar (véase el capítulo 18). En tales casos pueden surgir dilemas éticos si a pesar de ello, el investigador intenta sacar conclusiones de dicho análisis. Debe evitarse caer en esa tentación para evitar una conducta no ética.

Asimismo, los clientes también tienen la responsabilidad de divulgar los hallazgos de la investigación de forma completa y precisa, y están obligados a usarlos de manera ética. Por ejemplo, el público estaría en desventaja ante un cliente que distorsione los resultados de la investigación, para desarrollar una campaña publicitaria tendenciosa que haga parecer que la marca posee atributos que no están respaldados por la investigación de mercados. Dichas actividades son condenadas por el código de ética de la American Marketing Association y otras asociaciones de profesionales de la investigación (véase el capítulo 1).[18] Los problemas éticos también surgen cuando un cliente empresarial, como las compañías tabacaleras, utilizan los hallazgos de la investigación de mercado para formular programas de marketing cuestionables.

INVESTIGACIÓN REAL

La industria del tabaco es una "arma humeante"

Al analizar las fuentes de datos secundarios se descubrió el hecho de que fumar tabaco es causa del 30 por ciento de las muertes por cáncer en Estados Unidos, es la causa principal de enfermedades cardiacas y se asocia con problemas como resfriados, úlceras gástricas, bronquitis crónicas, enfisema y otros padecimientos. ¿Las empresas tabacaleras comparten la responsabilidad ética sobre esta situación? ¿Es ético que utilicen la investigación de mercados para crear imágenes glamorosas del consumo de cigarrillos, que resultan muy atractivas para su mercado meta? Se estima que la publicidad de la industria tabacalera basada en la investigación sistemática tiene parte de la responsabilidad de que cada día más de 3,000 adolescentes empiecen a fumar en Estados Unidos. La publicidad de los cigarros Camel a través de los anuncios de su personaje animado Old Joe incrementó del 0.5 al 32.8 por ciento la participación de Camel en el segmento ilegal del tabaquismo en menores de edad, lo cual representa ventas estimadas en $476 millones de dólares al año. Estos efectos negativos no se limitan a Estados Unidos. Las tabacaleras no sólo incitan a los niños a fumar, sino que también se dirigen a otras poblaciones menos informadas, como las de países en desarrollo, porque de esa manera reemplazan a quienes dejan de fumar o mueren.

INVESTIGACIÓN ACTIVA

Visite *www.gallup.com* y haga una búsqueda de los informes publicados recientemente en este sitio Web. ¿Qué aprendió sobre la redacción de informes de estos informes?

Haga una evaluación crítica, desde la perspectiva del investigador, del formato de uno de los informes publicados en *www.gallup.com*.

Como director de marketing de la empresa a la que se dirige el informe ¿qué tan útil le parece a usted el informe considerado?

En 1998 se estableció un acuerdo entre las principales empresas tabacaleras y 46 gobiernos estatales de Estados Unidos en un esfuerzo por prohibir que los fabricantes de cigarrillos dirigieran su publicidad hacia menores de edad. Sin embargo, en 2002 R. J. Reynolds Tobacco Holdings, Inc. fue demandada por el procurador general de California por dirigir a los jóvenes sus mensajes publicitarios de tabaco en revistas como *Rolling Stone* y *Sports Illustrated*. El asistente del procurador general, Dennis Eckhart, declaró que "no se debe dirigir la publicidad a los menores de edad y queremos evitar que eso suceda". El procurador general de California exigió que Reynolds cambiara sus tácticas publicitarias y dirigiera su negocio de manera ética y apropiada. El 21 de septiembre de 2004 el gobierno inició los alegatos en una demanda judicial por $280 mil millones por crimen organizado en contra de la industria tabacalera, lo cual hizo el futuro mismo de esta industria pendiera de un hilo. En el mayor caso civil de la historia por delincuencia organizada, el Departamento de Justicia alegó un fraude coordinado y masivo para encubrir la naturaleza adictiva y mortal del tabaco.[19] ■

SOFTWARE ESTADÍSTICO

Además de una serie de programas especializados, las versiones para servidor y microcomputadoras de los principales programas estadísticos cuentan con procedimientos para elaborar informes. En SPSS se cuenta con el programa REPORT para presentar los resultados en el formato deseado. TABLE(S) es adecuado en particular para formatear los datos en una presentación en páginas. En SAS los procedimientos PRINT, FORMS, CHARTS, PLOT, CALENDAR y TIMEPLOT presentan información para la elaboración de informes. Las tablas y gráficas producidas con estos paquetes se incorporan directamente al informe. MINITAB también tiene la capacidad de crear gráficas y diagramas, y permite editarlos para su uso en informes y presentaciones profesionales. Se pueden crear las gráficas con GRAPH>PLOT, GRAPH>CHART o GRAPH>HISTOGRAM. Puede editarse con, EDIT>EDIT LAST COMMAND DIALOG. Excel tiene una gran capacidad para la creación de gráficas y, a través de Microsoft Office, proporciona un enlace directo con Word y Power Point para la elaboración y presentación de los informes.

SPSS PARA WINDOWS

Si bien el módulo Base de SPSS sirve para crear gráficas normales, en el caso de gráficas más elaboradas puede usarse el paquete DeltaGraph, el cual tiene una gran capacidad para crear gráficas con más de 80 tipos y 200 estilos.

Asimismo, las tablas de SPSS permiten al investigador crear tablas incluso más complicadas. Por ejemplo, es posible resumir en una sola tabla los resultados de tablas múltiples de respuestas. Para crear un mejor estilo, el investigador puede cambiar el ancho de las columnas, agregarles títulos en negritas, dibujar líneas o alinearlas.

Los cubos de SPSS OLAP son tablas interactivas que permiten diferentes formas de dividir los datos para explorarlos y presentarlos.

SmartViewer permite al investigador distribuir en Internet informes, gráficas, tablas e incluso los cubos fundamentales de los informes. Los gerentes de la empresa pueden estar autorizados para interactuar con los resultados agregando un cubo informativo en la Web, Intranet o Extranet. De esta forma responden sus propias preguntas al desglosar la información para tener una visión diferente y más detallada de los datos.

RESUMEN

La preparación y presentación de los informes es el último paso en el proyecto de investigación de mercados. Este proceso inicia con la interpretación de los resultados del análisis de datos y da lugar a las conclusiones y recomendaciones. A continuación se redacta un informe formal y se hace una presentación oral. Después de que la administración haya leído el informe, el investigador debe hacer un seguimiento para ayudar a la administración, y hacer una evaluación completa del proyecto de investigación de mercados.

En la investigación de mercados internacionales, la preparación del informe puede ser complicada, ya que requiere elaborar informes para las gerencias de diferentes países e idiomas. Muchas cuestiones éticas son pertinentes, en particular las relacionadas con la interpretación y el informe al cliente del proceso y los hallazgos de la investigación, así como los usos que el cliente dé a los resultados. El empleo de microcomputadoras y servidores facilita la preparación y presentación de los informes.

TÉRMINOS Y CONCEPTOS CLAVE

gráfica circular o de pastel, *704*
gráfica lineal, *704*
grafica estratificada, *704*

pictograma, *704*
gráfica de barras, *704*
histograma, *704*

principio "dígales", *709*
principio "sidi", *709*

CASOS SUGERIDOS, CASOS EN VIDEO Y CASOS DE HARVARD BUSINESS SCHOOL

Casos

Caso 3.6 Cingular Wireles: un enfoque singular.
Caso 3.7 IBM: el principal proveedor mundial de hardware, software y servicios para computadoras.
Caso 3.8 Kimberly Clark: competir por medio de la innovación.
Caso 4.1 Wachovia: finanzas "Watch Ovah Ya".
Caso 4.2 Wendy's: historia y vida después de Dave Thomas.
Caso 4.3 Astec: sigue creciendo.
Caso 4.4 ¿Es la investigación de mercados la cura para los males del Hospital Infantil Norton Healthcare Kosair?

Casos en video

Caso en video 4.1 Subaru: el "Sr. Encuesta" supervisa la satisfacción del cliente.
Caso en video 4.2 Procter & Gamble: usando la investigación de mercados para crear marcas.

Casos de Harvard Business School

Caso 5.1 La encuesta de Harvard sobre las viviendas para estudiantes de posgrado.
Caso 5.2 BizRate.com
Caso 5.3 La guerra de las colas continúa: Coca y Pepsi en el siglo XXI.
Caso 5.4 TiVo en 2002.
Caso 5.5 Computadora Compaq: ¿Con Intel dentro?
Caso 5.6 El nuevo Beetle.

INVESTIGACIÓN REAL: REALIZACIÓN DE UN PROYECTO DE INVESTIGACIÓN DE MERCADOS

1. Las partes individuales de un informe pueden asignarse a equipos que se encarguen de redactar esa parte específica y de elaborar las diapositivas en Power Point de la parte asignada.
2. Los coordinadores del proyecto deben ser responsables de recopilar el informe final y de la presentación.
3. Elija con libertad las gráficas que realizará.
4. Haga una presentación del proyecto ante el cliente donde cada equipo presente su parte.

EJERCICIOS

Preguntas

1. Explique el proceso de preparación del informe.
2. Describa un formato de uso común para redactar informes de investigación de mercados.
3. Explique las siguientes partes de un informe: portada, tabla de contenido, resumen ejecutivo, definición del problema, diseño de la investigación, análisis de los datos, conclusiones y recomendaciones.
4. ¿Por qué en el informe se incluye una sección de limitaciones y advertencias?
5. Analice la importancia de ser objetivo al redactar el informe de la investigación de mercados.
6. Describa los lineamientos para redactar un informe.
7. ¿Cómo deben organizarse los datos en una tabla?
8. ¿Qué es una gráfica circular? ¿Para qué tipo de información es adecuada? ¿Para qué tipo de información no es pertinente?
9. Describa una gráfica lineal. ¿Qué tipo de información suele presentarse en este tipo de gráfica?
10. Describa la utilidad de los pictogramas. ¿Cuál es la relación entre las gráficas de barras y los histogramas?
11. ¿Cuál es el propósito de una presentación oral? ¿Qué lineamientos deben seguirse en una presentación oral?
12. Explique los principios "dígales" y "sidi".
13. Describa en retrospectiva la evaluación de un proyecto de investigación de mercados.

Problemas

1. El siguiente pasaje se tomó de un informe de investigación de mercados preparado para un grupo de impresores y litógrafos con poca educación formal que manejaban negocios familiares: Para medir la imagen de la industria de la imprenta, se emplearon dos técnicas diferentes de escalamiento. La primera fue una serie de escalas de diferencial semántico. La segunda consistió en un conjunto de escalas Likert. El uso de dos técnicas diferentes para la medición podría justificarse por la necesidad de evaluar la validez convergente de los hallazgos. Los datos obtenidos con el uso de estas dos técnicas se manejaron como si correspondieran a una escala de intervalo. Se calcularon las correlaciones producto-momento de Pearson entre los conjuntos de calificaciones. Las correlaciones resultantes fueron altas, lo que indica un alto nivel de validez convergente.
Redacte de nuevo este párrafo de tal manera que pueda incluirse en el informe.
2. Haga una ilustración gráfica del proceso de toma de decisiones del consumidor que se describe en el siguiente párrafo:
El consumidor primero toma conciencia de una necesidad y luego busca de manera simultánea información de diversas fuentes: detallistas, anuncios en Internet, recomendaciones de boca en boca y publicaciones independientes. Después de eso, se desarrolló un criterio para la evaluación de las marcas disponibles en el mercado. A partir de esta evaluación se eligió la marca preferida.

EJERCICIOS EN INTERNET Y POR COMPUTADORA

1. Con los datos de la tabla 22.1 use un paquete para elaborar gráficas o una hoja de cálculo, como Excel, para elaborar las siguientes gráficas:
   a. Gráfica circular.
   b. Gráfica lineal.
   c. Gráfica de barras.

2. Use uno de los programas para generar informes que se revisaron en este capítulo o algún paquete similar y redacte un informe donde explique los datos y las gráficas que se elaboraron en el ejercicio 1 de esta sección.

3. Visite *www.gallup.com* para identificar un informe preparado recientemente por esta empresa. Compare el formato de ese informe con el de este libro.

ACTIVIDADES

Juego de roles

1. Usted es un investigador que prepara un informe para una empresa de alta tecnología sobre "la demanda potencial de microcomputadoras en Europa". Desarrolle un formato para su informe. ¿En qué se distingue del que se presentó en este libro? Analice su formato con su jefe (un papel representado por un estudiante de su clase).
2. En la pregunta 2 del apartado "Trabajo de campo", suponga que usted fue el investigador que escribió el informe. Prepare una presentación oral de ese informe para los gerentes de marketing. Entregue su presentación a un equipo de estudiantes y pídales que hagan una crítica.

Trabajo de campo

1. Haga una visita a su biblioteca. Lea el último informe anual de tres diferentes empresas que sean conocidas por la eficacia de su marketing (por ejemplo, Coca-cola, P&G, GE). Identifique los puntos fuertes y débiles de tales informes.

2. Obtenga una copia de un informe de investigación de mercados de su biblioteca o de una empresa local de investigación de mercados. (Muchas empresas de investigación de mercados proporcionan copias de informes antiguos para fines educativos). Haga una evaluación crítica de ese informe.

Discusión en grupo

1. Analice el siguiente enunciado en equipos pequeños: "En realidad, todos los apoyos visuales son muy parecidos, por lo que no importa cuáles utilice".
2. "Redactar un informe que sea conciso y completo es prácticamente imposible porque estos dos objetivos son contradictorios". Explique si está usted de acuerdo.
3. "Redactar informes es un arte. Presentar informes es un arte. Leer informes es un arte. Todo es cuestión de arte". Analice en un equipo pequeño.

CAPÍTULO 23

Investigación de mercados internacionales

"En la investigación internacional, es fundamental tener en cuenta el ambiente y la cultura de los países donde se trabaja, lo cual no sólo supone adaptar lo que solemos hacer desde nuestra perspectiva, sino llegar incluso a adaptar nuestro punto de vista en su totalidad."

Ian Jarvis, director administrativo, NFO WorldGroup

Objetivos

Después de leer este capítulo, el estudiante deberá ser capaz de:

1. Desarrollar un marco de referencia para realizar una investigación de mercados internacionales.
2. Explicar en detalle los factores de los ambientes de marketing, gubernamental, legal, económico, estructural, informativo, tecnológico y sociocultural, así como su influencia en la investigación de mercados internacionales.
3. Describir el uso de las técnicas de encuesta telefónica, personal, por correo y electrónica en diferentes países.
4. Analizar cómo establecer la equivalencia de escalas y mediciones, incluyendo la equivalencia de constructo, operacional, escalar y lingüística.
5. Describir los procesos de traducción inversa y traducción paralela al traducir un cuestionario a idiomas diferentes.
6. Analizar las consideraciones éticas en la investigación de mercados internacionales.
7. Explicar el uso de Internet y las computadoras en la investigación de mercados internacionales.

Panorama general

Este capítulo analiza el ambiente en el que se realizan las investigaciones de mercados internacionales, y se enfoca en los ambientes de marketing, gubernamental, legal, económico, estructural, informativo y tecnológico y sociocultural.[1] Aunque en los capítulos anteriores se expuso la manera de llevar a la práctica los seis pasos del proceso de investigación de mercados en un marco internacional, aquí se presentan detalles adicionales sobre las técnicas de encuesta y de escalamiento, así como la traducción de cuestionarios. Se identifican los temas éticos que son importantes en la investigación de mercados internacionales, y se analiza el uso de Internet y las computadoras.

INVESTIGACIÓN REAL

IBM: recorrer los caminos globales

IBM (*www.ibm.com*), cuyas utilidades en 2006 superaron los $100 mil millones, dos veces al año realiza un estudio internacional de seguimiento en 14 diferentes idiomas en 27 países de Europa, Norte y Sudamérica y Asia. El objetivo principal del estudio es obtener datos de tendencias sobre los servidores, para lo cual toma una muestra de uno de cada seis sitios donde esté en uso un servidor de IBM Enterprise. Los participantes son los responsables de decidir las adquisiciones de IBM para sus respectivas compañías. Se les pregunta sobre el equipo de cómputo que tienen instalado, sobre los planes futuros de adquisición de equipo y su opinión sobre diferentes vendedores. Esta encuesta permite a IBM hacer una supervisión continua de su desempeño. Las preguntas son generales y no buscan conocer a profundidad las necesidades del cliente, sino tan sólo hacer un seguimiento de las tendencias generales. La información recabada por esta encuesta de seguimiento forma parte del sistema de apoyo a las decisiones de IBM.

IBM recurre a los servicios de RONIN Corporation (*www.ronin.com*), una empresa de investigación con sede en Nueva Jersey, para que realice el proceso de aplicación de encuestas y recolección de datos. En este estudio, RONIN realiza todas las encuestas vía telefónica desde su centro telefónico internacional en Londres. Dado que el estudio es internacional, RONIN enfrenta problemas como hacer traducciones precisas y recibir resultados congruentes de muchos países e idiomas, a la vez que procesa los resultados con rapidez. También debe aclarar que dichos resultados son representativos sólo de países específicos y no de todas las regiones.

Los resultados de tales estudios permiten a IBM valorar su éxito en la penetración de industrias importantes, así como el uso que se da al equipo de IBM en negocios grandes y pequeños de todas las naciones. Los resultados se entregan al personal de ventas de IBM de cada país, quien los interpreta y los incorpora a sus propias experiencias de campo, para identificar los 10 principales problemas que se experimentan en el campo.

Este estudio de seguimiento es un ejemplo de la investigación para la identificación de problemas. IBM intenta identificar posibles problemas, como el hecho de que los encuestados afirmen que no planean hacer adquisiciones futuras de equipo de IBM, problemas con el servicio de

La investigación de mercados internacionales ha permitido a IBM lanzar productos y servicios innovadores, como el eServer Z-Series.

mantenimiento o con la baja satisfacción del cliente. Cualquier problema identificado se estudia a fondo mediante la investigación para la solución de problemas con el objetivo de resolverlo. Por ejemplo, cuando se investigaron a fondo las malas evaluaciones sobre el servicio de mantenimiento, se encontró que los clientes habían incrementado sus expectativas, lo que condujo a que IBM incrementara los estándares de servicio. El estudio de seguimiento identificó un nuevo problema (u oportunidad) cuando se descubrió la demanda potencial de servidores en plataforma Linux. A partir de la investigación posterior para la solución de problemas enfocada en identificar preferencias de productos, a finales de enero de 2002 IBM introdujo dos nuevos servidores en plataforma Linux, y una computadora central que opera sólo en esa plataforma y que no requiere de un sistema operativo tradicional. El eServer Z-Series usa la capacidad del computador central para crear cientos de servidores Linux virtuales en un solo equipo físico. IBM anunció que la computadora central ahorraría energía y espacio, y reduciría los costos por mantenimiento, lo que le permitió tratar las necesidades identificadas en el estudio de seguimiento. Las computadoras centrales que operan en una plataforma diferente de Linux tienen un costo normal de $750,000; en tanto que la computadora central Z-series tiene un costo de $350,000. El servidor eServer Z-Series 890 de IBM, lanzado al mercado en abril de 2004, es el nuevo representante de la familia eServer, construido con la tecnología del eServer z800. IBM anunció también el uso de su producto más importante, eServer z890, en el mejoramiento del producto TotalStorage Enterprise Storage Server Model 800, con el objeto de brindar protección de datos, y ofrecer acceso para la continuidad y eficiencia de las empresas.[2] ∎

INVESTIGACIÓN REAL

Lo mejor de Occidente y de todo el mundo

Desde 2006, Best Western International, Inc., es la marca de hoteles más grande en el mundo, con más de 4,000 hoteles poseídos y operados de forma independiente en más de 80 países. Como muestra la siguiente gráfica, los viajeros de negocios constituyen el 36 por ciento del mercado, la mayor participación individual. Gracias a la investigación por encuestas Best Western descubrió que los viajeros de negocios se resisten a probar hoteles más baratos y valoran la seguridad de una marca reconocida. Esta información ha ayudado a la cadena a atraer a los viajeros de negocios.

Mediante encuestas y análisis de datos secundarios, Best Western conoció las fuentes de los negocios hoteleros en diferentes regiones del mundo y ha planeado sus estrategias de marketing de acuerdo con ello (véase la siguiente tabla). Por ejemplo, la cadena se interesa en los negocios nacionales en Norteamérica; en Europa pone atención tanto en los negocios nacionales como en los internacionales; mientras que en el Lejano Oriente, Australia, África y Medio Oriente hace hincapié en los negocios internacionales. El uso de la investigación de mercados mantiene su utilidad para Best Western.[3]

Los viajeros de negocios constituyen el 36 por ciento del mercado hotelero, el mayor segmento individual.

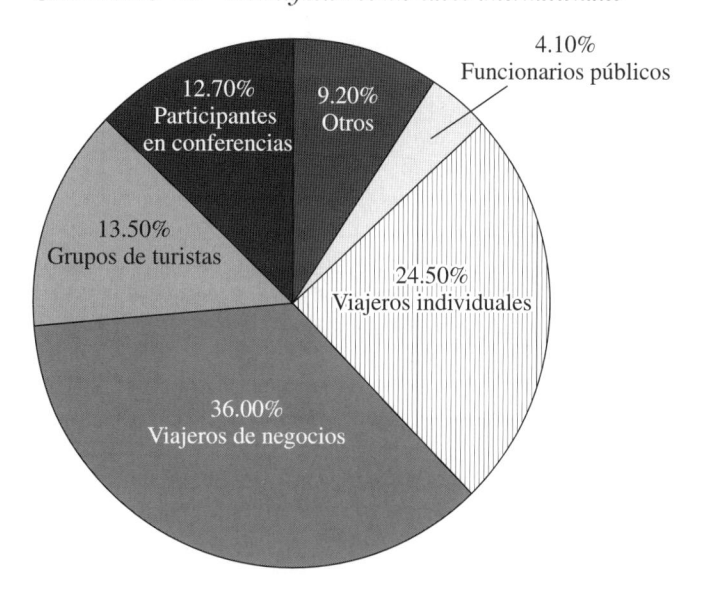

Gráfica circular:
- 12.70% Participantes en conferencias
- 9.20% Otros
- 4.10% Funcionarios públicos
- 24.50% Viajeros individuales
- 36.00% Viajeros de negocios
- 13.50% Grupos de turistas

Fuentes de negocios hoteleros en el mundo, por región

Fuente del negocio hotelero	*Todos los hoteles en el mundo*	*África/Medio Oriente*	*Asia/ Australia*	*América del Norte*	*Europa*
Nacional	50.7%	24.6%	35.0%	84.6%	47.3%
Extranjero	49.3%	75.4%	65.0%	15.4%	52.7%
TOTAL	100.0%	100.0%	100.0%	100.0%	100.0%

Ambos ejemplos destacan el hecho de que la investigación de mercados puede hacer una contribución significativa a la formulación de estrategias exitosas de marketing internacional. El término *investigación de mercados internacionales* tiene un uso muy amplio. Implica hacer investigación para productos en verdad internacionales (investigación internacional), investigación en un país diferente del de la organización que solicita el estudio (investigación en el extranjero), investigación que se realiza en todos los países donde la compañía tiene representación o en los más importantes (investigación multinacional) e investigación que se realiza entre diferentes culturas (investigación transcultural).

LA INVESTIGACIÓN DE MERCADOS SE HACE INTERNACIONAL

A partir del siglo XXI, las ventas generadas fuera de Estados Unidos se han vuelto importantes para las principales empresas estadounidenses de investigación de mercados. Muchas de las 50 principales empresas estadounidenses de investigación generaron ingresos por el trabajo realizado a través de sus subsidiarias, sucursales y afiliadas ubicadas fuera de ese país (véase el capítulo 1).[4]

Dada la relevancia que ha cobrado en los años recientes la expansión en el extranjero, muchas empresas comenzarán a incursionar en los mercados internacionales. Este crecimiento se debe sobre todo a la integración económica y a la reducción de las barreras comerciales. La expansión a otros países significará mayores oportunidades para las empresas de investigación de mercados dentro y fuera de Estados Unidos. Cuando los consumidores no estadounidenses gastan su dinero, ponen más atención a los precios y a la calidad, que al país de origen. Para muchas empresas, los mercados regionales representan "el orden internacional del día".[5]

Pese a lo atractivo que resultan los mercados internacionales, las empresas deben entender que iniciar operaciones en dichos mercados no es garantía de éxito. Muchos economistas advierten que las condiciones económicas son, en el mejor de los casos, lentas. Otros afirman que "no es realista esperar una escalada consumista en el futuro cercano, ni siquiera en los mercados que gustan de los conceptos extranjeros". Uno de los mayores problemas que enfrentan muchas empresas en los mercados internacionales son los "trámites burocráticos", así como el hecho de que muchos gobiernos han establecido leyes y políticas para proteger las empresas de sus países.

Desde el fin de la Guerra Fría, la economía mundial ya no es una lucha en tres frentes: Estados Unidos, Japón y Alemania. La dura competencia obligará a muchas compañías estadounidenses a tratar de obtener ventajas competitivas fuera de su país. Desde el fin de la Guerra Fría se han desarrollado tres grandes mercados, algunos de los cuales requieren la realización de una extensa investigación de mercados antes de poder adentrarse en ellos. Estos tres mercados son los constituidos por los países de América, Europa y las naciones de la cuenca del Pacífico.

Desde la firma del Tratado de Libre Comercio de América del Norte (TLCAN), comenzó en México una "verdadera revolución del libre mercado".[6] La aprobación del TLCAN dio lugar al mercado más grande del mundo. En otros países latinoamericanos, se han reducido las barreras comerciales. Las compañías que se vayan integrando a esos mercados cambiantes se verán obligadas a modificar la forma en que hacen negocios. Gracias a la mayor variedad se incrementarán los estándares de calidad y los precios serán más competitivos. Cuanto mayor sea la oferta de productos, mayores serán el conocimiento y la exigencia del consumidor. Los latinoamericanos se convertirán en compradores y las empresas dejarán de esconderse detrás de las barreras proteccionistas de su país, enfrentando más competencia gracias a la mayor diversidad de la oferta en el mercado. Como resultado, los investigadores de mercados enfrentarán dos grandes retos. Primero, a medida que la producción y los mercados asuman un enfoque regional, los proveedores de servicios se verán forzados a hacer lo mismo para obtener coherencia en los resultados y la calidad. Los investigadores, tanto de las operaciones internas del producto como de los proveedores externos, deben seguir esta tendencia cualitativa y regional. Una aproximación descendente a la investigación de mercados tendrá como resultado que los ejecutivos de la empresa se interesen cada vez más en esos estudios. En segundo lugar, los investigadores de mercados tienen que ser flexibles en el manejo de situaciones locales.[7]

Dada la cantidad de productos estadounidenses que en la actualidad están disponibles en Europa, es evidente que muchos fabricantes e investigadores no tendrán que hacer modificaciones radicales en sus planes y objetivos de marketing. La comunidad europea es tal vez la región de mayor potencial económico del mundo. El mercado de Europa Occidental es más o menos del mismo tamaño que el mercado de América del Norte, pero el tamaño total del mercado europeo crecerá cuando se eliminen las barreras del bloque de Europa Oriental. Sin embargo, las empresas necesitan estar conscientes de que el nivel adquisitivo de esta zona es significativamente menor y que deben encontrar la forma de lidiar con este problema. Una oportunidad que debe considerarse es el potencial de expansión de las empresas pequeñas y medianas en el mercado europeo.

Muchos creen que el litoral asiático es la zona de mayor crecimiento en el mundo. Este crecimiento está impulsado por una acelerada tasa de inversión y un abundante capital humano capacitado. Entre los países del litoral asiático se encuentran Australia, Indonesia, India y China. El porcentaje de crecimiento económico real de esta región es mayor a 5 por ciento anual y se espera que esta tendencia se mantenga el resto de la década. China se considera la futura meca de la investigación de mercados, porque tiene una población de más de 1,200 millones de consumidores. Hace algunos años, Gallup anunció la formación de Gallup China, la primera empresa extranjera de investigación de mercados en ese país. Es indudable que Gallup China enfrentará muchos desafíos, como el rápido crecimiento de la competencia, las regulaciones gubernamentales y la formación de vínculos con los chinos, con la finalidad de realizar investigaciones de mercados exitosas. En China han comenzado a surgir empresas locales de investigación y las empresas estadounidenses se han aliado con estas compañías buscando penetrar en el mercado de ese país. Sin embargo, la investigación de mercados internacionales suele ser muy compleja. Presentamos un marco de referencia para entender y tratar con las dificultades implicadas.

MARCO DE REFERENCIA PARA LA INVESTIGACIÓN DE MERCADOS INTERNACIONALES

Realizar una investigación de mercados internacionales resulta mucho más compleja que una investigación de mercados locales.[8] Aunque puede aplicarse el marco de seis pasos utilizado en la investigación de mercados nacionales (véase el capítulo 1), el ambiente que prevalece en los países, unidades culturales o mercados internacionales investigados influye en la manera en que tienen que llevarse a cabo los seis pasos. La figura 23.1 presenta el marco de referencia para realizar una investigación de mercados internacionales.

Figura 23.1
Marco de referencia para la investigación de mercados internacionales

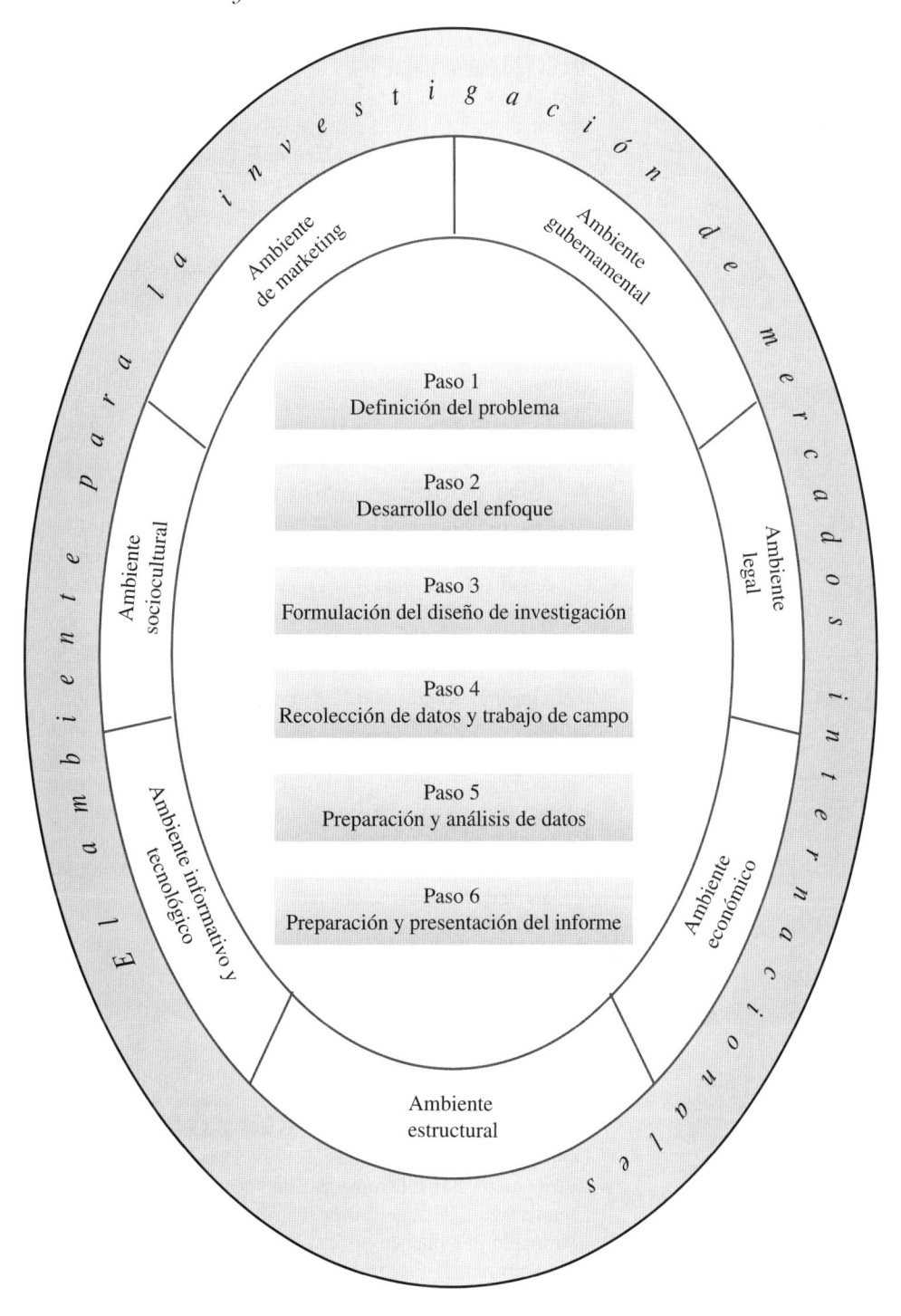

El ambiente para la investigación de mercados internacionales

- Ambiente de marketing
- Ambiente gubernamental
- Ambiente legal
- Ambiente económico
- Ambiente estructural
- Ambiente informativo y tecnológico
- Ambiente sociocultural

Paso 1 Definición del problema
Paso 2 Desarrollo del enfoque
Paso 3 Formulación del diseño de investigación
Paso 4 Recolección de datos y trabajo de campo
Paso 5 Preparación y análisis de datos
Paso 6 Preparación y presentación del informe

El ambiente

Al realizar una investigación de mercados internacionales se requiere considerar las diferencias en el ambiente de los países, unidades culturales o mercados extranjeros. Como se indica en la figura 23.1, esas diferencias pueden surgir en los ambientes de marketing, gubernamental, legal, económico, estructural, informativo y tecnológico, así como en el sociocultural.

Ambiente de marketing

El papel del marketing en el desarrollo económico varía en los diferentes países. Por ejemplo, las naciones en desarrollo suelen estar orientadas a la producción más que al marketing. Por lo general, la demanda supera la oferta y hay poco interés por la satisfacción del cliente, en especial cuando el nivel de competencia es bajo.

Al evaluar el ambiente de marketing, el investigador debería considerar la variedad y diversidad de los productos disponibles, las políticas de asignación de precios, el control gubernamental de los medios de comunicación masiva, la actitud del público hacia la publicidad, la eficiencia de los sistemas de distribución, y el nivel de los esfuerzos de marketing emprendidos, así como las necesidades insatisfechas y el comportamiento de los consumidores. Por ejemplo, las encuestas realizadas en Estados Unidos por lo regular incluyen preguntas sobre la variedad y diversidad de la mercancía. Sin embargo, tales preguntas quizá no sean pertinentes en muchos países, como los de Europa Oriental, que se caracterizan por una economía aún en recuperación. Asimismo, es posible que las preguntas sobre precios tengan que incorporar el regateo como parte integral del proceso de intercambio y que deban modificarse las preguntas sobre las promociones. La publicidad por televisión, un vehículo promocional de suma importancia en Estados Unidos, está restringida o prohibida en algunos países, donde las estaciones de televisión son propiedad del gobierno. Algunos temas, palabras e ilustraciones que son comunes en Estados Unidos en otras naciones son tabú. Además, entre los países hay diferencias en el tipo de detallistas e instituciones intermediarias disponibles, así como en los servicios que ofrecen.

Ambiente gubernamental

Otro factor importante es el ambiente gubernamental. El tipo de gobierno está relacionado con el énfasis en políticas públicas, organismos de regulación, incentivos y sanciones gubernamentales, e inversión en las empresas estatales. Algunos gobiernos, sobre todo en los países en desarrollo, no fomentan la competencia extranjera. Las elevadas barreras arancelarias desincentivan el uso eficiente de los métodos de investigación de mercados. También debe evaluarse con cautela el papel del gobierno en el establecimiento de controles de los mercados, desarrollo de infraestructura y participación empresarial. La función del gobierno también es importante en muchos países desarrollados, como Alemania y Japón, donde por tradición los gobiernos colaboran con la industria para la generación de una política industrial nacional. En un nivel táctico, el gobierno determina la estructura de impuestos, tarifas, reglas y normas de seguridad de los productos, además, a menudo impone reglas y normas especiales a las multinacionales extranjeras y sus prácticas de marketing. En muchos países, el gobierno puede ser un miembro importante de los canales de distribución, toda vez que adquiere productos básicos en grandes cantidades y luego los vende a los consumidores, quizá de manera racionada.

Ambiente legal

El ambiente legal incluye el derecho común, el código legal y las leyes para extranjeros, así como legislación internacional, leyes para el comercio, leyes contra monopolios y fraudes e impuestos. Desde la perspectiva de la investigación de mercados internacionales, destacan las leyes relacionadas con los elementos de la mezcla de marketing. Las leyes de productos incluyen las que tienen que ver con la calidad del producto, empaque, garantía y servicios después de la compra, patentes, marcas registradas y derechos reservados. Las leyes de precios regulan la fijación, la discriminación, la alteración y el control de precios, así como la conservación de precios de venta. Las leyes de distribución están relacionadas con los acuerdos de exclusividad de territorios, los tipo de canales y la cancelación de acuerdos de distribuidor o mayoristas. Asimismo, las leyes regulan las formas de promoción que pueden utilizarse. Aunque todos los países tiene leyes que regulan las actividades de marketing, algunos tienen muy pocas leyes que se ejercen con laxitud; en tanto que otros poseen leyes muy complicadas que se aplican con rigor. En muchas naciones, los canales legales están obstruidos y la resolución de juicios se alarga mucho. Además, al realizar investigación de mercados en países extranjeros en ocasiones también tienen que aplicarse las leyes del país de origen. Por ejemplo, un ciudadano estadounidense está sujeto a las leyes de su país, sin importar el país donde se realice el negocio. Estas leyes tienen que ver con asuntos de seguridad nacional, éticos y contra monopolios.

Ambiente económico

Las características del ambiente económico incluyen tamaño de la economía (PIB); nivel, fuente y distribución del ingreso; y tendencias de crecimiento y en los sectores. El estado de desarrollo económico de un país determina el tamaño, el grado de modernización y la estandarización de sus mercados. Los mercados de consumidores, industriales y comerciales se estandarizan cada vez más y el desarrollo económico junto con los avances tecnológicos homologan el trabajo, los estilos de vida y las actividades recreativas de los consumidores.

Ambiente estructural

Los factores estructurales se relacionan con transporte, comunicaciones, servicios públicos e infraestructura. Por ejemplo, el uso del teléfono en Europa es mucho menor que en Estados Unidos y muchos hogares no cuentan con teléfono. El servicio postal es ineficiente en muchas naciones en de desarrollo. El contacto personal con los encuestados es difícil porque los habitantes de la ciudad trabajan durante el día y es difícil llegar a quienes viven en áreas rurales. No hay estadísticas o mapas de las calles o es muy difícil conseguirlos. En ocasiones muchas unidades habitacionales no están identificadas.

Ambiente informativo y tecnológico

Los elementos del ambiente informativo y tecnológico incluyen sistemas de información y comunicación, instalación de sistemas de cómputo y uso de Internet y equipos electrónicos, consumo de energía, producción tecnológica, ciencia e inventos. Por ejemplo, en India, Corea del Sur y muchos países latinoamericanos, los avances científicos y tecnológicos no han tenido una influencia proporcional en el estilo de vida de los ciudadanos comunes, en particular en quienes viven en áreas rurales. El uso de computadoras e Internet, así como la transferencia de información por medios electrónicos, todavía no tiene impacto en áreas rurales. El manejo de información y los registros se realiza de forma tradicional, lo cual también influye en la clase de información y la manera en que puede solicitarse a consumidores, negocios y otras empresas.

Ambiente sociocultural

El ambiente sociocultural incluye valores, nivel de alfabetización, idioma, religión, patrones de comunicación, e instituciones familiares y sociales. Deben considerarse los valores y las actitudes relevantes hacia el tiempo, los logros, el trabajo, la autoridad, la riqueza, el método científico, el riesgo, la innovación, el cambio y el mundo occidental. Lo anterior implica la necesidad de modificar el proceso de investigación de mercados de manera que no esté en conflicto con los valores culturales dominantes.[9] En algunos países en desarrollo, el 60 por ciento de la población o más es analfabeta. En las sociedades menos desarrolladas, que están regidas por sus tradiciones, la capacidad de los encuestados para expresar opiniones propias parece inexistente, por lo que es difícil solicitarles información. Lo anterior hace inútiles las complejas escalas de calificación usadas en Estados Unidos. Las complicaciones aumentan cuando en cierto país o región se hablan diferentes idiomas y dialectos.

Un país con una estructura familiar homogénea tiene mayor probabilidad de tener una cultura más homogénea, que un país con múltiples estructuras familiares. Por ejemplo, Japón es culturalmente más homogéneo que Estados Unidos y muchas naciones africanas que tienen muchos tipos diferentes de estructuras familiares. Un ejemplo de la importancia de diseñar productos que sean congruentes con los factores socioculturales que imperan en una región es evidente en el caso de Universal Studios de Japón.

INVESTIGACIÓN REAL

Universal Studios: menos universales en Japón

Cuando Universal Studios (*www.universalstudios.com*) decidió establecer una sede en Osaka, Japón, recurrió a sesiones de grupo, entrevistas en profundidad e investigación por encuestas, para entender el ambiente sociocultural de Japón. La investigación fue realizada por su socio comercial Dentsu (*www.dentsu.com*). Había que combinar los estilos japonés y estadounidense de hacer negocios.

La investigación de mercados ayudó a decidir los asuntos relacionados con los alimentos, lo que les permitió tomar en cuenta la cultura japonesa. Las porciones se hicieron más pequeñas para adaptarlas a las raciones tradicionales japonesas; en tanto que los platillos estadounidenses, como los hot dogs y las pizzas se hicieron más grandes para crear una imagen estadounidense. Se disminuyó el dulce de los pasteles; pero se aumentó en la salsa de barbacoa.

Universal también utilizó sesiones de grupo y entrevistas en profundidad para conocer las preferencias por recuerdos y mercancías. Los japoneses compran más recuerdos para amigos y compañeros de trabajo. Los dulces, artículos para el hogar y productos de papelería son muy po-

Universal Studios fue capaz de adaptarse a la cultura japonesa y mantener su imagen estadounidense, lo cual ha sido clave para su éxito en Japón.

pulares. En el mercado hay una población grande de chicas adolescentes que son aficionadas a los artículos con personajes de dibujos animados. En Japón no se da tanta importancia a la ropa como en otros países.

Los hallazgos de las sesiones de grupo y las entrevistas en profundidad fueron confirmados por la investigación por encuestas. Universal pudo adaptarse a la cultura nipona y al mismo tiempo conservar su imagen estadounidense. Por ejemplo, el espectáculo de dobles de Wild Wild Wild West, tenía todos los componentes de un espectáculo estadounidense de vaqueros, pero los parlamentos se dan en japonés. El uso de sesiones de grupo, entrevistas en profundidad e investigación por encuestas contribuyó al lanzamiento exitoso de Universal en Japón. La confianza en la investigación de mercados dio como resultado un incremento en el número de visitantes a los Studios y USJ Co., que opera el parque temático de diversiones de Universal Studios Japan, cuyo objetivo era aumentar el valor de sus acciones en 2006.[10] ■

PROYECTO DE INVESTIGACIÓN

Actividades del proyecto

Lea las reseñas que se presentaron en cada capítulo del proyecto Sears y considere todos los análisis que ha hecho. Suponga que Sears Holdings Corp. está interesada en ampliar sus negocios a un nivel internacional. Elija un país (que no sea Estados Unidos ni su propio país) y analice los factores ambientales que tendría que considerar y las posibles oportunidades que estos representan. ¿Cómo tendría que modificarse el proceso de investigación para llevar a cabo una investigación en ese país? ■

Cada país tiene un ambiente único, por lo cual la investigación de mercados internacionales debe tener en cuenta las características ambientales de los países o mercados extranjeros que participen. Los capítulos anteriores de este libro analizaron la manera de adaptar el proceso de investigación de mercados a un ámbito internacional. En las siguientes secciones, se dan detalles adicionales para poner en práctica los métodos por encuestas, las técnicas de escalamiento y la traducción de cuestionarios en la investigación de mercados internacionales.[11]

MÉTODOS POR ENCUESTAS

Las siguientes secciones analizan las principales técnicas por encuestas, a la luz del reto que significa realizar investigación en países del extranjero, sobre todo en Europa y en países en desarrollo.[12]

Encuestas telefónicas y asistidas por computadora

En Estados Unidos y Canadá, casi todos los hogares cuentan con teléfono, por lo cual la encuesta telefónica es la forma principal de aplicación de cuestionarios. Lo mismo sucede en algunas naciones europeas. En Suecia el número de teléfonos por cada mil habitantes supera los 900 y en Estocolmo la cifra es todavía mayor.[13] Esta situación, aunada a los bajos costos, originó un fuerte incremento en el uso de las encuestas telefónicas, que en la actualidad representan el 46 por ciento de las encuestas realizadas y constituyen la principal forma de encuesta. En lugares como los Países Bajos, el número de encuestas telefónicas supera al de encuestas personales.[14] Pero incluso en estos países, el muestreo de los encuestados para las encuestas telefónicas llega a plantear serios problemas (véase el capítulo 6 para un análisis de los problemas relacionados con la selección de muestras probabilísticas en las encuestas telefónicas).

En muchos países del resto de Europa, la penetración telefónica (líneas terrestres) todavía no es completa, por ejemplo, en Inglaterra es sólo del 80 por ciento (aunque la penetración de los teléfonos móviles es mayor) y muchos profesionales dudan del valor de las encuestas telefónicas, en especial cuando se trata de medir la intención de voto. En Finlandia sólo alrededor del 15 por ciento de las encuestas se realizan vía telefónica. En Portugal la penetración telefónica todavía es baja (cerca del 40 por ciento) salvo en el área de Lisboa (85 por ciento). Por tal razón, sólo el 17 por ciento de las encuestas se hacen vía telefónica.[15]

En Hong Kong puede establecerse contacto telefónico con el 96 por ciento de los hogares (a excepción de quienes viven en botes o en islas remotas). Con cierta persistencia, llega a entrevistarse al 70 o 75 por ciento de los encuestados seleccionados en las llamadas vespertinas. Los residentes se muestran desinhibidos respecto al uso del teléfono y suelen cooperar en las entrevistas telefónicas. Sin embargo, dada la cultura, ésta no es la técnica más importante de recolección de datos.

En los países en desarrollo, sólo algunos hogares cuentan con teléfono. En África el índice del servicio telefónico es bajo. En India predomina la sociedad rural y en los poblados menos del 10 por ciento de los hogares cuenta con teléfono. En Brasil el porcentaje de hogares con servicio telefónico es bajo.[16] Incluso en naciones como Arabia Saudita, donde es muy común la posesión de teléfonos, los directorios telefónicos suelen estar incompletos y desactualizados. En muchos países en desarrollo, las encuestas telefónicas pueden plantear desafíos adicionales. Las llamadas realizadas a hogares durante el día quizá no sean fructíferas porque las costumbres sociales pueden prohibir que las amas de casa hablen con desconocidos. Esta situación se superaría en parte usando entrevistadoras, aunque también en esos países la contratación de mujeres implica dificultades. En muchas culturas, predominan las relaciones cara a cara. Estos factores imponen grandes restricciones al uso de las encuestas telefónicas.

Las encuestas telefónicas son más útiles cuando se realizan con consumidores de clase alta, que están más acostumbrados a las transacciones empresariales por teléfono, o con quienes tienen facilidad de expresión y con quienes puede establecerse contacto telefónico. La reducción de los costos de las llamadas de larga distancia internacional permite realizar estudios en varios países desde un mismo lugar. Esto reduce de manera considerable el tiempo y los costos asociados con la organización y el control del proyecto de investigación en cada país. Además, las llamadas internacionales obtienen una mayor tasa de respuestas y se ha encontrado que los resultados son estables (es decir, se obtienen los mismos resultados de las primeras 100 entrevistas que en las siguientes 200 o 500). Es necesario encontrar entrevistadores que hablen con fluidez los idiomas pertinentes, aunque en la mayoría de los países europeos esto no es un problema.

Las instalaciones para encuestas telefónicas asistidas por computadora (CATI) están bien desarrolladas en Estados Unidos y Canadá, y en algunos países europeos como Alemania. La popularidad de las encuestas telefónicas en otras naciones aumenta conforme se incrementa su uso.[17]

Entrevistas personales a domicilio

Las entrevistas a domicilio requieren un equipo importante de entrevistadores calificados. Los arreglos contractuales con los entrevistadores varían de forma considerable. Por ejemplo, en Francia, hay tres categorías de entrevistadores: quienes tienen una garantía anual con duración específica, entrevistadores con una garantía anual con duración no específica y los entrevistadores independientes sin un salario garantizado. Los gastos generales también pueden variar. En Francia tanto el empleador como el entrevistador deben pagar grandes contribuciones a la seguridad social; en Bélgica los entrevistadores son empleados independientes y pagan sus propias contribuciones al seguro social;

mientras que en Inglaterra, aunque tanto el empleador como el entrevistador pagan contribuciones al seguro nacional, los montos son menores.

Dados los altos costos, en Estados Unidos y Canadá ha disminuido el uso de las encuestas personales a domicilio, aunque es el método de encuesta más usado para la recolección de datos en muchas partes de Europa (como Suiza) y los países en desarrollo.[18] En Portugal el 77 por ciento del total de las encuestas son cara a cara. La mayoría de las encuestas se hacen de puerta en puerta, aunque algunas encuestas sociopolíticas rápidas se hacen en la calle con rutas imprevistas. Asimismo, las encuestas a domicilio son populares en muchas naciones latinoamericanas.

INVESTIGACIÓN REAL

Coca es la mejor en América y en todo el mundo

En una de las encuestas realizadas por la organización Gallup, el objetivo era evaluar el recuerdo de los consumidores de diferentes anuncios que habían visto el último mes. Gallup y sus afiliados en Estados Unidos, Canadá, Uruguay, Chile, Argentina, Brasil, México y Panamá realizaron encuestas a domicilio, para entrevistar a un total de 7,498 personas. Se empleó el recuerdo sin ayuda para obtener respuestas. Se hicieron preguntas como "¿Qué marcas de bebidas gaseosas recuerda haber visto en anuncios publicitarios el mes pasado?". Los resultados demostraron que los anuncios de Coca-Cola eran los preferidos de una nueva generación de americanos del norte y sur. Los anuncios de Coca-Cola estuvieron entre los seis anuncios más mencionados en siete de las ocho naciones del hemisferio occidental y fueron los más citados en cuatro países. Los anuncios de su principal competidor, Pepsi-Cola Co., estuvieron entre los seis más nombrados en cuatro países y los anuncios de McDonald's Corp, estuvieron entre los seis más mencionados en dos países. Sin embargo, ninguno de estos tres estuvieron entre los seis mejores en Brasil. En 2005 Interbrand (*www.interbrand.com*), una empresa consultora de marcas, nombró a Coca-Cola la marca más valiosa del mundo con un valor de $67,525 millones. De acuerdo con esta empresa, Coca-Cola no sólo es la bebida refrescante preferida en América del Norte y del Sur, sino también en el resto del mundo.[19] ■

Encuestas en centros comerciales y asistidas por computadora

En América del Norte, muchas organizaciones de investigación de mercados tienen instalaciones permanentes en los centros comerciales, que están equipadas con cuartos para encuestas, cocinas, áreas de observación y otros dispositivos. Las encuestas en centros comerciales constituyen cerca del 15 por ciento de las encuestas en Canadá y del 20 por ciento en Estados Unidos. Aunque en algunos países europeos se practican las encuestas en centros comerciales, no son muy populares en Europa ni en los países en desarrollo. En contraste, las encuestas en lugares públicos o en la calle constituyen la técnica dominante de recolección de datos mediante encuestas en Francia y los Países Bajos.

Sin embargo, en Europa tienen lugar algunos desarrollos interesantes con respecto al sistema de encuestas personales asistidas por computadora (CAPI). Se han desarrollado y utilizado programas de entrevistas para computadoras domésticas en estudios de paneles y en ubicaciones centrales, mediante la entrevista personal asistida por computadora.[20]

Encuestas por correo

Dado su bajo costo, todavía es común el uso de encuestas por correo en la mayoría de los países desarrollados, donde los índices de alfabetización son elevados y el sistema postal es eficiente. Las encuestas por correo constituyen el 6.2 por ciento de las entrevistas en Canadá y el 7 por ciento en Estados Unidos. En naciones donde el nivel académico de la población es muy alto (Dinamarca, Finlandia, Islandia, Noruega, Suecia y los Países Bajos), las encuestas por correo son comunes.[21] Sin embargo, en África, Asia y América del Sur, el uso de encuestas y paneles por correo es bajo debido al analfabetismo y a la elevada proporción de la población que vive en áreas rurales. En Hong Kong se han probado las encuestas por correo con éxito variado. Por lo común, las encuestas por correo son más eficientes en investigación de mercados industriales internacionales, aunque resulta difícil identificar a los encuestados apropiados dentro de cada empresa y personalizar las direcciones. Sin embargo, las encuestas por correo se usan a nivel internacional, como se ilustra en el siguiente ejemplo.

INVESTIGACIÓN REAL

Triunfadores de todo el mundo

Global Scan es una encuesta detallada que realiza cada año Bates Asia, una compañía operativa de WPP Group (*www.wpp.com*), para medir las actitudes y los comportamientos de 15,000 encuestados en 14 países. El cuestionario contiene 120 enunciados sobre actitudes, y está adaptado para cada país con la inserción de actitudes, estilos de vida y compras (tanto de productos como de marcas).

El cuestionario se aplica por correo y las oficinas locales de cada país son responsables de su distribución, de satisfacer los requisitos del muestreo, y de transcribir luego los cuestionarios devueltos a cintas de computadora. Global Scan alcanza una tasa promedio de respuestas del 50 por ciento.

Bates afirma que el 95 por ciento de la población combinada de los países encuestados puede asignarse a cinco segmentos. Según los datos, a lo largo del tiempo han surgido cinco segmentos de estilos de vida que permanecen constantes: luchadores (26 por ciento), triunfadores (22 por ciento), presionados (13 por ciento), adaptadores (18 por ciento) y tradicionales (16 por ciento). Por lo tanto, los empresarios pueden definir a los consumidores de todo el mundo a partir de un conjunto común de actitudes y comportamientos. Por ejemplo, las semejanzas entre los triunfadores de Estados Unidos, Inglaterra, Australia y Finlandia son mayores, que las semejanzas entre los triunfadores y los luchadores en Estados Unidos. Global Scan obtiene información detallada de marcas y categorías sobre más de 1,000 productos. Los comerciantes utilizan luego esta información para desarrollar estrategias específicas. En e 2006 la compañía de servicios financieros Merrill Lynch se enfocó en los triunfadores de todo el mundo porque suelen ser grandes inversionistas.[22] ■

Paneles por correo y escáner

Los paneles por correo son muy comunes en Inglaterra, Francia, Alemania y los Países Bajos. En Finlandia, Suecia, Italia, España y otras naciones europeas también se utilizan los paneles por correo y diarios. El uso de los paneles puede incrementarse con la llegada de la nueva tecnología. Por ejemplo, en Alemania, dos agencias (ACNielsen y GfK-Nurnberg) han instalado mercados de prueba por escáner completamente electrónicos, que se basan en el modelo Behavior Scan de Estados Unidos. Nielsen empleará la televisión abierta; GfK, usará televisión por cable. Este tipo de paneles no se han desarrollado en Hong Kong ni en la mayoría de países en desarrollo. En muchas partes del mundo, los paneles por correo gradualmente van siendo reemplazados por los paneles por Internet.[23]

Encuestas electrónicas

En Estados Unidos y Canadá, crece a pasos agigantados el uso del correo electrónico e Internet, lo que a su vez ha conducido al incremento en el uso de estas técnicas de encuesta no sólo con empresas o instituciones, sino también con los hogares. Ambos procedimientos se han vuelto viables para aplicar encuestas relacionadas con diversas categorías de productos y escenarios. La popularidad de las encuestas por correo electrónico e Internet también aumenta en el extranjero, y su uso es cada vez mayor en Europa occidental, donde se tiene acceso gratuito a Internet. Sin embargo, en algunas partes de Europa oriental y en otros países en desarrollo, el acceso al correo electrónico está restringido y la disponibilidad de Internet es aún menor, por lo que estos recursos no son adecuados para encuestar a la población general en esas naciones. Sin embargo, puede intentarse la aplicación de encuestas a empresas o instituciones, sobre todo por medio del correo electrónico. Cualquiera que tenga una dirección electrónica podría recibir y responder dichas encuestas, tenga o no acceso a Internet. Las empresas multinacionales usan el correo electrónico e Internet para encuestar a sus empleados en todo el mundo.

INVESTIGACIÓN REAL

Perseus: encuestas de retroalimentación para empresas

Los productos Perseus (*www.perseus.com*) permiten a los negocios profesionales obtener, analizar y administrar de forma rápida y sencilla la compleja retroalimentación de la empresa, usando programas intuitivos que se basan en la Web. Perseus fue contratada por una agencia global de noticias. El jefe de información de la organización mundial requería el apoyo en un proceso continuo de retroalimentación. Las necesidades de la agencia incluían un sistema de programas para encuestas,

730   PARTE III   *Recolección, preparación, análisis y presentación de los datos*

INVESTIGACIÓN ACTIVA

> Visite *www.jnj.com* y realice una búsqueda en Internet y en la base en línea de su biblioteca, para obtener información sobre cómo los consumidores eligen marcas de productos para bebé en Estados Unidos. Obtenga información similar para Francia.
>
> ¿Qué técnicas de investigación por encuestas usaría para determinar cómo eligen los consumidores franceses las marcas de productos para bebé?
>
> Como gerente de marca de Johson & Jonson, ¿cómo usaría usted la información de la manera en que los consumidores eligen las marcas de productos para bebé, al formular estrategias de marketing que incrementen su participación en el mercado francés?

capaz de soportar un alto volumen de tráfico de más de 35 países y 17,000 empleados. La agencia también requería apoyo técnico, capacitación y asesoría para el diseño y análisis del cuestionario.

Perseus puso en marcha SurveySolutions, un sistema personalizado de encuestas en las oficinas centrales de la agencia. El sistema se diseñó para recibir encuestas de todo el mundo y en diferentes idiomas. Además, la organización de servicios profesionales de Perseus ofreció a la agencia un contrato anual de apoyo para la investigación y asesoría, con la finalidad de aplicar la encuesta de CIO tres veces al año. Perseus configuró su programa SurveySolutions de manera que 50 profesionales distribuidos en 33 países pudieran utilizarlo. Ellos eran los responsables de la recolección de datos en sus diferentes sitios en la Web y todos podían descargar SurveySolutions Enterprise en unos 30 minutos. Cada usuario podía crear una encuesta en un documento de Microsoft Word, convertirlo en un documento de Perseus y, en alrededor de una hora, tener lista para su publicación una encuesta estándar de 30 preguntas. El programa que Perseus brindó a la empresa tenía un portal al que sólo se tenía acceso con una contraseña segura que permitía a los empleados comunicarse y ver por Internet los datos de las encuestas, tal y como lo harían si los datos estuvieran archivados en sus propias computadoras. El equipo de Perseus también contribuyó a la planeación de encuestas más complejas, como las realizadas en 22 países con diversos idiomas, en que los datos se recopilaron en tablas separadas según el sitio que visitara el encuestado. En pocas palabras, la solución ofrecida por Perseus ayudó al cliente a realizar la encuesta dos veces más rápido, con mayor seguridad y a un costo menor. El programa SurveySolutions Enterprise y los servicios profesionales de Perseus fueron la base para que la agencia de noticias estableciera una unidad interna de negocios, para consolidar las encuestas por Internet por medio de las organizaciones CIO.[24] ■

Como se analizó e ilustró en el capítulo 6, una consideración importante al elegir los métodos para la aplicación de cuestionarios es asegurar que sean equivalentes y comparables entre los países. También surgen problemas de equivalencia en la medición y el escalamiento.

MEDICIÓN Y ESCALAMIENTO

En la investigación de mercados internacionales es importante establecer la equivalencia de las escalas y medidas usadas para obtener datos de diferentes países. Como se ilustra en la figura 23.2, esto requiere un examen de la equivalencia del constructo, operacional, escalar y lingüística.[25]

Figura 23.2
Equivalencia del escalamiento y la medición en la investigación de mercados internacionales

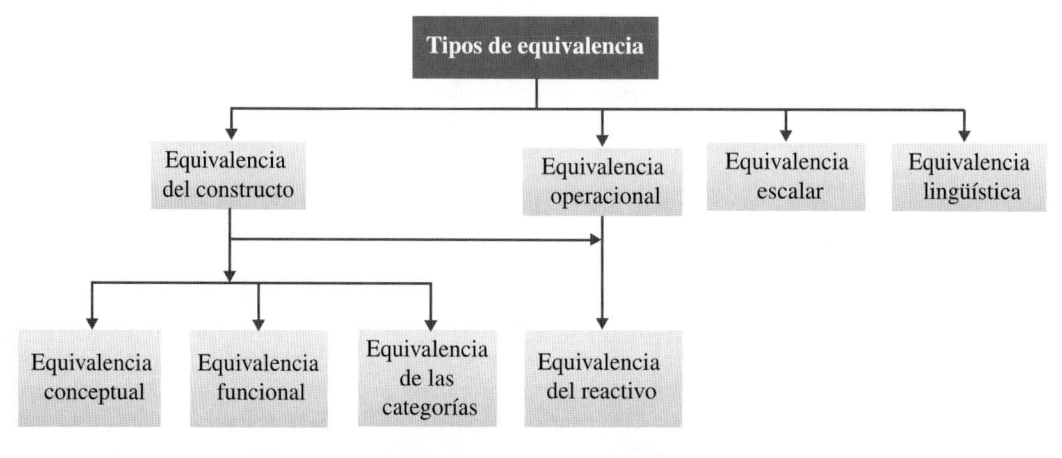

```
                        Tipos de equivalencia
         ┌──────────────────┬──────────────┬──────────────┐
   Equivalencia       Equivalencia     Equivalencia   Equivalencia
   del constructo     operacional      escalar        lingüística
   ┌────┬────┬────┐         │
Equivalencia  Equivalencia  Equivalencia   Equivalencia
conceptual    funcional     de las         del reactivo
                            categorías
```

CAPÍTULO 23 *Investigación de mercados internacionales*

equivalencia del constructo
Se relaciona con la cuestión de si los constructos de marketing tienen el mismo significado e importancia en diferentes países.

La **equivalencia del constructo** se refiere a la cuestión de si los constructos de marketing (por ejemplo, liderazgo de opinión, búsqueda de variedad y lealtad a la marca) tienen el mismo significado e importancia en diferentes naciones. En muchos países hay un número limitado de marcas disponibles para determinadas categorías de productos; en tanto que en otros, las marcas dominantes se han convertido en etiquetas genéricas que simbolizan la categoría del producto. En consecuencia, en estos países tendría que adoptarse una perspectiva diferente sobre la lealtad a la marca.

La equivalencia del constructo comprende la equivalencia conceptual, funcional y de categoría. La **equivalencia conceptual** se refiere a la interpretación de marcas, productos, comportamiento de los consumidores y esfuerzos de marketing. Por ejemplo, las promociones de ventas son un componente integral de las campañas de marketing en Estados Unidos. Por otro lado, en países con economías reducidas, donde los mercados son controlados por los comerciantes, los compradores ven las ofertas con suspicacia porque creen que el producto que se promueve es de baja calidad. La **equivalencia funcional** examina si un determinado concepto o conducta desempeñan el mismo papel o función en diferentes países. Por ejemplo, en muchas naciones en desarrollo, la bicicleta es el medio predominante de transporte más que de esparcimiento. En comparación con lo que se haría en Estados Unidos, en esos países las investigaciones de mercados relacionadas con el uso de la bicicleta deben examinar los diferentes motivos, actitudes, comportamientos y hasta diferentes productos de la competencia. La **equivalencia de categoría** se refiere a la categoría en la que se agrupan estímulos como productos, marcas y comportamientos. En Estados Unidos la categoría de los principales compradores puede definirse como los jefes de familia, hombres o mujeres. Esta categoría quizá resulte inapropiada en culturas donde las compras diarias las realiza una empleada doméstica. Además, la categoría "hogar" varía entre diferentes países.

equivalencia conceptual
Tema de la equivalencia del constructo que atañe de forma específica a si el esfuerzo de interpretación de marcas, productos, comportamiento de los consumidores y marketing es igual en diferentes naciones.

equivalencia funcional
Tema de la equivalencia del constructo que concierne en forma específica a si un determinado concepto o conducta desempeñan el mismo papel o función en diferentes países.

equivalencia de categoría
Tema de la equivalencia del constructo que se refiere en concreto a si las categorías en que se agrupan las marcas, productos y comportamientos son las mismas en diferentes naciones.

equivalencia operacional
Tipo de equivalencia que mide cómo se ponen en funcionamiento los constructos teóricos en diferentes países, para medir las variables de marketing.

La **equivalencia operacional** atañe a la forma en que se operacionalizan los constructos teóricos para hacer mediciones. En Estados Unidos el tiempo libre puede operacionalizarse como jugar golf, tenis, o cualquier otro deporte, ver televisión o tomar el sol. Esta operacionalización tal vez no sea pertinente en naciones donde la gente no practica esos deportes o no hay transmisión de señal de televisión las 24 horas. Tomar el sol no es una práctica común en lugares con climas cálidos o donde la gente es de piel morena. La **equivalencia del reactivo** presupone la equivalencia de constructo y operacional, con la que está muy relacionada. Para establecer la equivalencia del reactivo, debe medirse el constructo con los mismos instrumentos en diferentes países.

equivalencia del reactivo
Propone que deben usarse los mismos instrumentos en diferentes países.

Para establecer la **equivalencia escalar**, llamada también *equivalencia métrica*, es necesario alcanzar los otros tipos de equivalencia. Supone demostrar que dos individuos de países diferentes con el mismo valor en alguna variable, como la lealtad hacia la marca, calificarán en el mismo nivel en la misma prueba. La equivalencia escalar tiene dos aspectos: debe haber equivalencia en la escala o el procedimiento de calificación específico que se utilizó para establecer la medida, y debe considerarse la equivalencia de la respuesta que se dio a una medida en diferentes países. Por ejemplo, ¿las calificaciones en el recuadro superior, o los dos recuadros superiores en una escala de intención de compra, reflejan una probabilidad similar de compra en diferentes naciones? Por último, la **equivalencia lingüística** se refiere a las formas del idioma hablado y escrito que se utilizan en escalas, cuestionarios y encuestas. Las escalas y otros estímulos verbales deben traducirse de manera que su significado sea equivalente y su comprensión resulte sencilla para los encuestados de diferentes culturas.[26]

equivalencia escalar
Demostración de que dos individuos de diferentes naciones con el mismo valor en algunas variables calificarán en el mismo nivel en la misma prueba; también se conoce como *equivalencia métrica*.

equivalencia lingüística
La equivalencia de las formas del idioma hablado y escrito que se usa en escalas y cuestionarios.

TRADUCCIÓN DEL CUESTIONARIO

Las preguntas deben traducirse para su aplicación en diferentes culturas. Es común el uso de la traducción directa, en que un traductor bilingüe traduce el cuestionario directamente del idioma

---

INVESTIGACIÓN ACTIVA

Visite *www.gap.com* y realice una búsqueda en Internet y en la base en línea de su biblioteca, para obtener información sobre las preferencias de los consumidores de ropa informal.

¿Qué técnicas de escalamiento comparativo usaría usted para medir las preferencias de los consumidores de ropa informal en Estados Unidos y en las zonas rurales de Nigeria?

Como gerente de marketing de Gap, ¿cómo usaría usted la información sobre las preferencias de los consumidores de ropa informal para incrementar sus ventas?

traducción inversa
Técnica para la traducción de los cuestionarios del idioma inicial realizada por un traductor cuya lengua materna sea a la que se traduce el cuestionario. Esta versión se traduce luego al idioma original por traductores bilingües, cuya lengua materna sea el idioma original. Ello permite identificar errores de traducción.

traducción paralela
Método de traducción en que un comité de traductores que dominan cada uno por lo menos dos idiomas, analiza versiones alternativas de un cuestionario y hace modificaciones hasta alcanzar un consenso.

original al idioma del encuestado. Sin embargo, si el traductor no domina ambos idiomas y no está familiarizado con ambas culturas, la traducción directa de ciertas palabras o frases puede ser errónea. Para evitar esos errores se han sugerido procedimientos como la traducción inversa o la traducción paralela. En la ***traducción inversa*** el cuestionario es traducido del idioma original por un traductor bilingüe, cuyo idioma materno es el idioma al que se va a traducir el cuestionario. Esta versión después vuelve a traducirse al idioma original por una persona bilingüe, cuyo idioma materno sea el inicial, lo cual permite identificar errores de traducción. Es posible que se requieran muchas traducciones repetidas e inversas para desarrollar un cuestionario equivalente, por lo que este procedimiento llega a ser tardado y engorroso.[27]

Un procedimiento alternativo es la ***traducción paralela***, donde un comité de traductores, cada uno de los cuales domina por lo menos dos de los idiomas en que se aplicarán los cuestionarios, analiza versiones alternativas de un cuestionario y hace modificaciones hasta alcanzar un consenso. En los países donde se hablan varios idiomas, el cuestionario debe traducirse a la lengua de cada subgrupo de encuestados. Es importante usar los mismos procedimientos para traducir cualquier estímulo no verbal (fotografías y anuncios). En el siguiente ejemplo se destaca la importancia de una traducción correcta.

INVESTIGACIÓN REAL

Los investigadores no se respetan a sí mismos en Alemania

La Lista de Valores (LV) es un cuestionario de uso común para medir los valores de los consumidores. En Estados Unidos ha revelado nueve segmentos básicos de valor de los consumidores. Los valores que más ostentan los estadounidenses son el respeto por sí mismo, la seguridad y la calidez en las relaciones con los demás. Para realizar un estudio comparativo en Alemania tuvo que traducirse la LV al alemán (LVA). Mediante el proceso de traducción y traducción inversa se creó una forma adecuada; sin embargo, persistieron algunas incongruencias. Por ejemplo, fue muy difícil traducir del inglés al alemán los conceptos de "calidez en las relaciones con los demás" y "respeto por sí mismo". Como resultado, los datos revelaron que en comparación con los estadounidenses, un número significativamente menor de alemanes consideraba que estos valores fueran los más importantes. Los investigadores concluyeron que dichos resultados obedecían más a la imprecisión de la traducción que a diferencias verdaderas en la orientación de los valores. La tabla muestra la distribución de los tres valores más importantes de cada cultura, con el rango entre paréntesis.

Valores	*Alemania*		*Estados Unidos*	
Respeto por sí mismo	13%	(3)	21%	(1)
Seguridad	24	(2)	21	(2)
Calidez de las relaciones	8	(4)	16	(3)
Sentido de pertenencia	29	(1)	8	(7)

En el 2004 otro estudio examinó la importancia de los roles emergentes de las mujeres chinas. Con base en seis dimensiones del papel femenino, se segmentó a las mujeres chinas en tres grupos (ideólogas, tradicionalistas y modernas), cuyas actitudes y características demográficas eran muy diferentes. Caracterizadas sobre todo por su desempeño fuera del hogar, las ideólogas apoyan la idea de servir al país y promover el bienestar nacional, tienden a elegir marcas que cuentan con un sello de aprobación de una agencia de pruebas independiente o de un individuo socialmente respetado. Las tradicionalistas están influidas por el confusionismo, que valora las relaciones familiares, la lealtad y la armonía. Las modernas desean vivir el momento sin preocuparse por los valores restrictivos impuestos por la sociedad o la familia, y son más proclives a elegir productos que satisfagan sus necesidades individuales en vez de las familiares.[28] ■

CAPÍTULO 23 *Investigación de mercados internacionales*

INVESTIGACIÓN PARA LA TOMA DE DECISIONES

Polo Ralph Lauren penetra en Europa

La situación

En los pasados 35 años, Polo Ralph Lauren Corporation (*www.polo.com*) ha redefinido la percepción del estilo y calidad estadounidenses. Es líder en el diseño, marketing y distribución de cuatro categorías de productos de estilo de vida de alta calidad: ropa, vivienda, accesorios y fragancias, en una variedad de productos, marcas y mercados internacionales. La compañía posee marcas como Polo, Polo by Ralph Lauren, Ralph Lauren Purple Label, Polo Sport, Ralph Lauren, RALPH, Lauren, Polo Jeans Co., RL, Chaps y Club Monaco. El grupo vende sus productos en Estados Unidos, Europa y otros países. En el año fiscal 2004, el grupo adquirió RL Childrenswear LLC y para el 2 de abril de 2005 operaba en 278 tiendas.

Para seguir el crecimiento y expansión a nuevos horizontes, Polo Ralph Lauren siguió estos importantes elementos:

1. Ampliar las marcas de Ralph Lauren: al mismo tiempo que se mantiene una imagen global congruente de las marcas actuales, buscará ampliar las marcas existentes y crear nuevas marcas destinadas a los nuevos consumidores y los mercados emergentes.
2. Extender la cobertura geográfica de Polo: además de Estados Unidos, hay mercados internacionales (como Europa y Japón) donde no ha penetrado por completo, los cuales representan una oportunidad de crecimiento para la expansión de sus diseños e imagen del estilo de vida estadounidense.
3. Incrementar la administración directa: para mejorar su capacidad de controlar sus marcas, Polo Ralph Lauren abrirá nuevas tiendas especializadas, mejorará las existencias de mercancía en las tiendas existentes y adquirirá de manera estratégica licencias exclusivas.
4. Incrementar las operaciones: aún hay un margen de expansión significativo a nivel operativo.

Polo Ralph Lauren recientemente concluyó una serie de transacciones para mejorar la administración directa de sus negocios en Japón. Según el acuerdo, la empresa obtendrá el 50 por ciento de los intereses de su principal licencia japonesa y adquirirá una participación del 18 por ciento en una compañía que tendrá las licencias secundarias de los negocios en Japón de Polo hombres, Polo mujeres y Polo Jeans. La inversión total de Polo fue de alrededor de $70 millones, financiada con el efectivo disponible de Polo. El Sr. Ralph Lauren, presidente y ejecutivo en jefe, está interesado en invertir más en mercados internacionales, sobre todo en Europa.

La decisión para la investigación de mercado

1. ¿Qué tipo de investigación de mercados debe realizar Polo Ralph Lauren para incrementar con éxito su penetración en Europa?

La investigación de mercados internacionales puede ayudar a que Polo Ralph Lauren incremente su penetración en Europa.

2. Analice como ayudó a Ralph Lauren el tipo de investigación que usted le recomendó para incrementar su participación en el mercado europeo.

La decisión para la gerencia de marketing

1. ¿Cómo debe Ralph Lauren diseñar una estrategia de marketing dinámica en Europa?
2. Analice cómo influyeron en la decisión administrativa de marketing que usted le recomendó a Ralph Lauren, la investigación que sugirió antes y sus resultados. ■

LA ÉTICA EN LA INVESTIGACIÓN DE MERCADOS

Las responsabilidades éticas en la investigación de mercados realizada en el extranjero son muy similares a las que se enfrentan en la investigación efectuada en el país. Para cada una de las seis etapas del proceso de diseño de la investigación de mercados, los mismos cuatro involucrados (cliente, investigador, encuestado y público) deben actuar de manera honorable y respetar sus responsabilidades mutuas. Como indica el siguiente ejemplo, las restricciones éticas que enfrentan en el extranjero los investigadores de mercados son muy similares a las que se encaran en casa. No obstante, a pesar de todas las semejanzas, algunos problemas éticos se vuelven más difíciles. Realizar investigación de mercados en un país extranjero puede convertirse con facilidad en un asunto político. Los investigadores deben ser cuidadosos al adoptar los lineamientos éticos no sólo del propio país, sino también de la nación anfitriona.

INVESTIGACIÓN REAL

Los europeos legislan la privacidad de los datos

En la Unión Europea (UE) se han generalizado las leyes sobre la privacidad de los datos. Un prototipo de estas leyes es la Ley de Protección de Datos (LPD) de Inglaterra, la cual incluye ocho lineamientos.

1. Los datos personales se obtendrán y procesarán de manera justa y apegada a la ley.
2. Los datos personales se mantendrán sólo para fines específicos y legales.
3. Los datos personales no se utilizarán para ninguna razón diferente al propósito especificado.
4. La cantidad de datos personales para propósitos específicos no serán excesiva.
5. Los datos personales serán precisos y se mantendrán actualizados.
6. Los datos personales no se mantendrán más tiempo del necesario para los propósitos especificados.
7. Los usuarios de los datos personales deben proporcionar un acceso inmediato a la información personal (sin ningún cargo), cuando los individuos soliciten examinar sus datos personales en intervalos razonables. Cuando sea apropiado, los usuarios de los datos deben corregir o eliminar la información errónea.
8. Los usuarios de los datos deben tomar medidas adecuadas de seguridad contra acceso no autorizado, alteraciones, divulgación, destrucción o pérdida de datos personales.

Desde el 31 de octubre de 2003, los estados miembros de la Unión Europea deben cumplir las Normas de Privacidad y Comunicaciones Electrónicas, que establecen los estándares de la UE para la protección de la privacidad y de los datos personales en comunicaciones electrónicas. La Comisión Europea ha declarado su deseo de realizar esfuerzos bilaterales y multilaterales para el cumplimiento de las normas.[29] ■

EXPERIENCIA DE INVESTIGACIÓN

Descargue el caso y el cuestionario de Dell del sitio Web de este libro. Esta información también se ofrece al final de este libro.

1. ¿En qué sería diferente esta investigación, si en vez de realizarse en Estados Unidos se hiciera en India?
2. ¿Qué método de encuesta usaría usted si fuera a aplicarse en la India?
3. ¿Cómo manejaría la traducción de las preguntas al hindi (principal idioma de India)?
4. ¿Debería usarse en India una muestra del mismo tamaño que la muestra usada en Estados Unidos? ¿Tendrían que usarse los mismos procedimientos de muestreo en los dos países? ■

PROGRAMAS ESTADÍSTICOS

En el futuro, deberá mejorar el acceso a los programas de cómputo que faciliten la investigación transcultural (como el INTERVIEWER) y ayudar a superar los retos de la investigación de mercados internacionales. El programa INTERVIEWER de Voxco de Montreal (Québec), Canadá (*www.voxco.com*) ofrece la posibilidad de realizar entrevistas bilingües para encuestas telefónicas asistidas por computadora (CATI). Con sólo oprimir dos teclas, los operadores pasan de un cuestionario escrito en inglés, al mismo cuestionario escrito en español. Esto puede hacerse inclusive durante el curso de la entrevista y en cuestión de segundos. Esta característica reduce en gran medida la presión mental de los entrevistadores bilingües y resulta útil en áreas con enclaves culturales, como Miami, Los Ángeles o Nueva York. INTERVIEWER podría usarse con algunas modificaciones en ciertas partes del mundo donde las áreas del mercado traspasan las fronteras políticas o culturales, como en Basilea, Suiza (cerca de las tres fronteras de Suiza, Francia y Alemania). Debido a los bajos cargos por las comunicaciones transnacionales y a los acuerdos políticos que permiten más apertura de mercados alrededor del mundo, en 2005 INTERVIEWER permitía la posibilidad de cambiar entre nueve idiomas.

RESUMEN

Con la globalización de los mercados se observa un rápido crecimiento en la investigación de mercados internacionales. El ambiente que prevalece en los mercados internacionales estudiados influye en los seis pasos del proceso de investigación de mercados. Entre los aspectos importantes de este ambiente se incluyen los ambientes de marketing, gubernamental, legal, económico, estructural, informativo y tecnológico y sociocultural.

En la recolección de datos de naciones diferentes es conveniente usar técnicas de encuestas con niveles equivalentes de confiabilidad, en vez de usar el mismo método. Es importante establecer la equivalencia de las escalas y las medidas en términos de las equivalencias del constructo, operacional, escalar y lingüística. Debe adaptarse el cuestionario al ambiente cultural específico y hay que evitar los sesgos a favor de una cultura o un idioma. La traducción inversa y paralela son de gran ayuda para detectar errores de traducción.

Las preocupaciones éticas que encara la investigación de mercados internacionales son semejantes en muchos sentidos a los problemas que confrontan los investigadores nacionales. Sin embargo, ciertas responsabilidades del investigador se tornan más difíciles en la arena internacional. Se han desarrollado programas especializados de cómputo para facilitar la investigación de mercados internacionales.

TÉRMINOS Y CONCEPTOS CLAVE

equivalencia del constructo, *731*
equivalencia conceptual, *731*
equivalencia funcional, *731*
equivalencia de categoría, *731*
equivalencia operacional, *731*
equivalencia del reactivo, *731*
equivalencia escalar, *731*
equivalencia lingüística, *731*
traducción inversa, *732*
traducción paralela, *732*

CASOS SUGERIDOS, CASOS EN VIDEO Y CASOS DE HARVARD BUSINESS SCHOOL

Casos

Caso 1.1 La vida en el carril de alta velocidad: las cadenas de comida rápida compiten por ser la número uno.
Caso 3.6 Cingular Wireles: un enfoque singular.
Caso 3.7 IBM: el principal proveedor mundial de hardware, software y servicios para computadoras.
Caso 3.8 Kimberly-Clark: competir por medio de la innovación.
Caso 4.1 Wachovia: finanzas "Watch Ovah Ya".
Caso 4.2 Wendy's: historia y vida después de Dave Thomas.
Caso 4.3 Astec: sigue creciendo.
Caso 4.4 ¿Es la investigación de mercados la cura para los males del Hospital Infantil Norton Healthcare Kosair?

Casos en video

Caso en video 4.1 Subaru: el "Sr. Encuesta" supervisa la satisfacción del cliente.
Caso en video 4.2 Procter & Gamble: usando la investigación de mercados para crear marcas.

Casos de Harvard Business School

Caso 5.1 La encuesta de Harvard sobre las viviendas para estudiantes de posgrado.
Caso 5.2 BizRate.com
Caso 5.3 La guerra de las colas continúa: Coca y Pepsi en el siglo XXI.
Caso 5.4 TiVo en 2002.
Caso 5.5 Computadora Compaq: ¿Con Intel dentro?
Caso 5.6 El nuevo Beetle.

INVESTIGACIÓN REAL: REALIZACIÓN DE UN PROYECTO DE INVESTIGACIÓN DE MERCADOS

1. Si el proyecto es un estudio de varios países, los estudiantes deben ser sensibles a la cultura y al ambiente de cada nación.
2. Los procedimientos usados en los diferentes países deben ser comparables más que iguales.
3. Si el proyecto es un estudio local, analice en clase cuál sería la diferencia si fuera a realizarse en un país extranjero, como China. Elija una cultura extranjera que esté representada entre los estudiantes. Los estudiantes de ese país pueden dirigir la discusión sobre la cultura y el ambiente.

EJERCICIOS

Preguntas

1. Describa los aspectos del ambiente de cada país que deben tomarse en cuenta en una investigación de mercados internacionales.
2. Explique la importancia de considerar el ambiente de marketing al realizar una investigación de mercados internacionales.
3. ¿A qué se refiere el ambiente estructural? ¿Cómo influyen las variables que componen el ambiente estructural en la investigación de mercados internacionales?
4. ¿A qué se refiere el ambiente informativo y tecnológico? ¿Cómo influyen las variables que componen el ambiente informativo y tecnológico en la investigación de mercados internacionales?
5. ¿A qué se refiere el ambiente sociocultural? ¿Cómo influyen las variables que componen el ambiente sociocultural en la investigación de mercados internacionales?
6. Describa la situación de las entrevistas telefónicas y asistidas por computadora (CATI) en países extranjeros.
7. Describa la situación de las encuestas personales a domicilio en naciones extranjeras.
8. Describa la situación de las encuestas por correo en países extranjeros.
9. ¿Cómo debe establecerse la equivalencia de escalas y medidas cuando se obtienen datos de diferentes países o unidades culturales?
10. ¿Qué problemas implica la traducción directa de un cuestionario a otro idioma? ¿Cómo debe abordarse este problema?

Problemas

1. Desarrolle un cuestionario breve para medir las actitudes de los consumidores hacia los viajes aéreos. Consiga algunos estudiantes extranjeros para hacer una traducción directa del cuestionario a su idioma materno y luego realice la traducción inversa. ¿Qué errores de traducción surgieron? Corrija esos errores.
2. Formule un diseño de investigación para evaluar las preferencias de los consumidores por jeans de diseñador en Estados Unidos, Suecia, Hong Kong y China. Identifique las fuentes de datos secundarios, decida si debe realizarse alguna investigación cualitativa, recomiende la técnica de encuesta que debe usarse en cada país, sugiera una o más técnicas de escalamiento, desarrolle un cuestionario y recomiende un procedimiento de muestreo adecuado para usarlo en cada país.

EJERCICIOS EN INTERNET Y POR COMPUTADORA

1. Visite *www.europa.eu.int* e identifique diferentes asuntos culturales relacionados con los europeos.
2. Visite el sitio Web de Kodak (*www.kodak.com*). ¿Qué puede conocer sobre las campañas de marketing internacional de la empresa? Redacte un breve informe.
3. Usted debe preparar un plan para comercializar Coca-Cola en Francia. Visite *www.investinfrancena.org* o *www.afii.fr/NorthAmerica* para encontrar información relevante.
4. ¿Cómo puede beneficiarse General Motors del TLCAN? Visite *www.nafta-sec-alena.org/* para identificar la información pertinente.
5. Recopile información sobre el PIB, nivel de alfabetización y porcentaje de hogares con teléfono en 20 países diferentes. Usando SPSS, SAS, MINITAB o Excel, haga un análisis de regresión con el PIB como la variable dependiente y las otras dos como variables independientes. Interprete sus resultados.

6. Recabe datos sobre consumo y gastos en las diferentes categorías en 30 países diferentes: **1.** alimentos y bebidas, **2.** ropa y calzado, **3.** vivienda y operaciones domésticas, **4.** muebles de casa, **5.** cuidados médicos y salud, **6.** transporte, **7.** recreación. Usdando SPSS, SAS, o MINITAB, determine si estas variables están correlacionadas. Corra un análisis factorial. Interprete los resultados.

7. Visite el sitio Web de una empresa extranjera y luego visite el sitio Web de una firma rival estadounidense. Por ejemplo, visite el sitio Web de Unilever (Inglaterra) (*www.unilever.com*) y P&G (Estados Unidos) (*www.pg.com*). Compare los dos sitios. ¿Qué sitio resulta más útil para el investigador de mercados?

ACTIVIDADES

Juego de roles

1. Usted es el director de investigación de mercados de P&G para Europa. ¿Qué retos encuentra en la investigación de mercados para productos del hogar en los países de Europa Oriental? Prepare un informe para la dirección de P&G en Estados Unidos. Haga una presentación ante un grupo de estudiantes que representan a la dirección de P&G.

2. Usted es el gerente de proyecto en el departamento de investigación de mercados internacionales de Coca-Cola Company. Su jefe, el director del departamento de investigación de mercados internacionales, le ha asignado un proyecto para medir las preferencias de los consumidores de bebidas refrescantes en Estados Unidos, Inglaterra, Hong Kong y Brasil. Su primera tarea es recomendar las técnicas de encuestas que deben usarse en este proyecto y analizarlas con su jefe (quien será representado por un estudiante de su clase).

Trabajo de campo

1. Consiga un informe de un proyecto de investigación de mercados realizado en su país por una empresa local. Analice cuál sería la diferencia si la misma investigación se realizara en Canadá.

2. Visite una empresa local con operaciones en el extranjero. Analice con ellos algunos proyectos de investigación de mercados internacionales que sería factible llevar a cabo.

Discusión en grupo

1. Algunos expertos argumentan que debe adoptarse la misma estrategia estandarizada de marketing para todos los países del extranjero. ¿Esto implica que el proceso de investigación de mercados también debe estandarizarse y que deben seguirse los mismos procedimientos sin importar en qué lugar se realice el estudio? Discuta esta cuestión en equipos pequeños.

2. Analice el impacto de la globalización de los mercados en la investigación de mercados.

CASOS

3.1 ¿Vale la pena incluir celebridades en la publicidad?

La idea que hay detrás de la inclusión de celebridades en los anuncios publicitarios es que las estrellas tienen un significado cultural peculiar, surgido de la manera en que tales figuras construyen una imagen a través de diversos medios de comunicación masiva. Al asociar una estrella con el producto, esos significados especiales se transfieren al producto o marca. En un mercado competitivo, un rostro famoso puede conferir un atractivo adicional a una marca y ayudar a que destaque. Sólo un hombre que representara los papeles de John Houseman de la manera en que éste lo hacía, podría impulsar el lema de Smith Barney. Las celebridades tienen configuraciones particulares de significados que no se encuentran en otra parte.

Las celebridades deportivas resultan adecuadas para anunciar diversos productos, desde artículos deportivos a vehículos. Nike ha contratado a la estrella del baloncesto Michael Jordan como respaldo y vocero desde 1985 y hasta 2006 aún se vendía la línea Air Jordan. Nike sigue ofreciendo una línea de zapatos deportivos con el nombre de Jordan. En diciembre de 2000, Venus Williams firmó el contrato publicitario más lucrativo de una deportista cuando aceptó un contrato de tres años con Reebok International, que, al parecer, fue por más de $40 millones. En 2005 el golfista profesional Tiger Woods anunció empresas como Buick, American Express, Accenture y Nike.

Otra industria que con frecuencia recurre al apoyo de celebridades es la de la música. El cantante de soul Barry White aparecía en comerciales de Arby's y el cantante de rythm and blues B.B. King anunciaba Burger King. Britney Spears cantó en los comerciales de Pepsi en 2005. En el mismo tenor, las empresas recurren a actores, actrices y supermodelos para que anuncien sus productos. El estado de California comenzó a anunciarse con actores como Clint Eastwood y Jack Nicholson a finales de 2001, con la intención de fomentar el turismo. La supermodelo Christy Turlington anunciaba las joyas de Mayor's, en tanto que las actrices Jennifer Aniston y Heather Locklear anunciaban la línea de productos de L'Oreal en la campaña "Porque usted lo vale", la cual todavía se difundía en 2005. Los anteriores son algunos de los muchos ejemplos que ilustran el uso reciente de celebridades en la publicidad.

Sin embargo, además de los costos exorbitantes, hay riesgos y peligros al contratar celebridades para la publicidad. Los planes más detallados pueden fracasar. Pepsi contrató a Madonna por varios millones de dólares con la intención de que participara en su campaña. Luego, la polémica sobre la imaginería religiosa del video "Prayer" de la cantante llevó a la amenaza de un boicot de los consumidores y Pepsi perdió $10 millones. La actriz Helena Bonham Carter admitió que no usaba maquillaje en la conferencia en la que se le presentó como el nuevo rostro de Yardley. El anuncio de Cybill Shepherd para la industria de la carne fracasó cuando la actriz admitió públicamente que casi no come carne roja. Estos ejemplos son sólo algunos de los problemas de la publicidad que incluye celebridades. Por desgracia, siempre ha habido riesgos ocultos en la contratación de celebridades, como se ilustra en el caso de O.J. Simpson en el anuncio de Hertz o el de Lawrence Dallaglio (el jugador de rugby que traficaba drogas) con Nike y Lloyds TSB. Pueden surgir otros problemas imprevisibles. El atractivo de una celebridad para los consumidores podría desvanecerse si ésta "desaparece de los reflectores de los medios de comunicación" antes del final de su contrato.

Si hay tantos problemas, ¿por qué contratar celebridades? Muchos publicistas piensan que las celebridades aumentan la eficacia de un anuncio. Por ejemplo, Pepsi Cola de PepsiCo y Revlon han reforzado la imagen y las ventas de sus productos mostrando a Cindy Crawford en los comerciales. Se ha demostrado que la participación de celebridades aumenta el recuerdo de los anuncios. Entre las pruebas que respaldan la inclusión de celebridades se encuentran investigaciones que indican que en el caso de los productos relacionados con la belleza, las celebridades físicamente atractivas aumentan las puntuaciones de credibilidad y actitud hacia un anuncio. A principios de 2001, Revlon dejó de contratar modelos célebres y optó por recurrir a chicas desconocidas para sus campañas publicitarias, por considerar que las mujeres querían ver modelos con quienes les resultara más fácil identificarse. En noviembre de 2001, luego de una pérdida de 10.6 por ciento de participación en el mercado de cosméticos en comparación con el año anterior, dieron marcha atrás a la decisión y empezaron a contratar celebridades como Julianne Moore y Halle Berry. Se calcula que una cuarta parte de los comerciales de Estados Unidos presentan una celebridad.

Sin embargo, hay opiniones encontradas sobre los efectos que tiene una celebridad en las ventas de las marcas. En un estudio realizado por TNS-Global, se obtuvieron resultados sorprendentes sobre la eficacia de las celebridades en la publicidad. De los encuestados, el 91 por ciento afirmó que una celebridad no tenía efecto en su decisión de comprar un producto. Con investigaciones como éstas, muchos se preguntan por qué los empresarios firman contratos astronómicos con celebridades para que anuncien sus marcas. Un investigador, Michael Kamins, utilizó técnicas de investigación de mercados para examinar la eficacia de las celebridades en la publicidad y determinar si vale la pena incluirlas en los anuncios.

Kamins afirma que tres procesos de influencia social determinan si un individuo adoptará la actitud que un anunciante trata de comunicar: conformidad, identificación e internalización. Aunque el primero de estos factores no es relevante para el estudio de Kamins, los dos últimos tienen implicaciones considerables para la publicidad con celebridades. La identificación, el proceso por el cual los individuos tratan de imitar a otra persona porque quieren ser como ella, es el factor más importante en la determinación de la influencia de una celebridad en un anuncio. La internalización ocurre cuando los individuos imitan a otro porque perciben que es sincero y tiene valores semejantes a los suyos. Pero este factor no suele asociarse con las celebridades.

Sin embargo, Kamins infirió que si se lograba la identificación y la internalización, aumentaría la eficacia de la publicidad. Así, se dio a la tarea de estudiar si las celebridades podían aumentar la eficacia de la publicidad a través del componente de identificación y si la llamada *verdad* de la publicidad (operacionalizada como publicidad de pros y contras, la que incluye los aspectos positivos y negativos de un producto) podría incrementar la eficacia a través de la internalización. Además, se preguntó si la combinación de ambos enfoques daría por resultado una mayor eficacia.

Para investigarlo, adoptó un diseño factorial de 2 × 2. Los dos factores fueron los aspectos (aspecto único o dos aspectos) y el vocero (celebridad o desconocido). Setenta y siete ejecutivos inscritos en un programa de posgrado en administración de empresas fueron asignados al azar a cuatro grupos: un aspecto/desconocido, un aspecto/celebridad, dos aspectos/desconocido y dos aspectos/celebridad. Se prepararon cuatro anuncios correspondientes a estos criterios y los integrantes de los grupos evaluaron el anuncio en cuestión según cuatro variables: expectativa y valor de la actitud hacia la marca (A), actitud general hacia la marca (B), actitud general hacia el anuncio (C) e intención de compra (D). La expectativa y valor de la actitud hacia la marca representaban el grado en que el sujeto creía que el producto poseía los atributos que afirmaba el anuncio. La actitud general hacia la marca fue una medida de lo atractivo que los sujetos consideraban que era el producto del anuncio. La actitud general hacia el anuncio fue una evaluación de la eficacia de éste. La intención de compra indicaba la probabilidad de que un sujeto adquiriera el producto cuando se le presentara la oportunidad.

La tabla 1 muestra los valores de la media (x) y la desviación estándar (DE) junto con el número de sujetos (n) para cada variable en cada uno de los grupos del estudio de Kamins.

TABLA 1

Medias, desviaciones estándar y número de sujetos

Variable de la condición experimental		Expectativa y valor de la actitud hacia la marca (A)	Actitud general hacia la marca (B)	Actitud general hacia el anuncio (C)	Intención de compra (D)
	(x)	7.97	3.47	3.4	2.22
	(de)	3.92	1.47	1.52	1.4
Un aspecto	(n)	38	40	40	40
	(x)	8.33	4.22	3.65	2.92
	(de)	5.32	1.6	1.62	1.44
Dos aspectos	(n)	36	37	37	37
	(x)	8.04	3.5	3.65	2.55
	(de)	4.73	1.55	1.46	1.38
Desconocido	(n)	38	40	40	40
	(x)	8.26	4.19	3.38	2.57
	(de)	4.58	1.52	1.67	1.56
Celebridad	(n)	36	37	37	37
	(x)	7.89	3.45	3.55	2.4
	(de)	4.48	1.57	1.39	1.5
Un aspecto y desconocido	(n)	19	20	20	20
	(x)	8.04	3.5	3.25	2.05
	(de)	3.4	1.4	1.65	1.32
Un aspecto y celebridad	(n)	19	20	20	20
	(x)	8.18	3.55	3.75	2.7
	(de)	5.09	1.57	1.55	1.26
Dos aspectos y desconocido	(n)	19	20	20	20
	(x)	8.5	5	3.53	3.18
	(de)	5.72	1.27	1.74	1.63
Dos aspectos y celebridad	(n)	17	17	17	17

TABLA 2
Resultados del ANOVA para las medidas dependientes

Variable	Efecto principal del aspecto (A)	Efecto principal del vocero (V)	Interacción (E × S)
Expectativa valor de la actitud hacia la marca (A)	$F = 0.013$	$F = 0.035$	$F = 0.003$
Actitud general hacia la marca (B)	$F = 10.876$[a]	$F = 4.355$[a]	$F = 4.233$[a]
Actitud general hacia el anuncio (C)	$F = 0.209$	$F = 0.276$	$F = 0.001$
Intención de compra (D)	$F = 4.845$[a]	$F = 0.050$	$F = 1.868$

[a] Indica significancia en $p = 0.05$.

Observe que los resultados de los grupos relacionados pueden combinarse para arrojar información para cada una de las cuatro características de los grupos (un aspecto, dos aspectos, desconocido y celebridad). La tabla 2 contiene los resultados del ANOVA para el efecto de las variables independientes de aspecto (*A*) y vocero (*V*). Estos resultados brindan información valiosa sobre la eficacia de los voceros célebres en los anuncios.

Preguntas

1. ¿Qué tipo de investigación de mercados podrían realizar las empresas para determinar si sus productos tendrían mejor desempeño con el apoyo de celebridades?
2. Comente la función del escalamiento multidimensional para relacionar una celebridad con el producto correcto.
3. ¿Podría utilizarse un análisis conjunto para determinar si debe contratarse a celebridades y, en ese caso, a quién? ¿Cómo se aplicaría?
4. ¿Qué precauciones o pruebas preliminares debe realizar el investigador para asegurar que las celebridades y los anuncios de dos aspectos usados en el experimento son convenientes? ¿Qué complicaciones o contaminaciones aparecerían en los resultados experimentales si no se tomaran estas precauciones?
5. A partir de los resultados presentados, ¿los anuncios de dos aspectos tienen una ventaja sobre los de un aspecto? ¿Los anuncios con celebridades superan a los anuncios con desconocidos?
6. ¿Qué tipo de anuncio es más eficaz? ¿Cuál es el menos eficaz? (*Pista:* estudie los resultados del ANOVA).
7. ¿El análisis de varianza es una técnica apropiada para examinar los datos del estudio? ¿Por qué?
8. ¿Podría usarse un análisis de regresión para examinar los datos obtenidos en esta investigación? De ser así, ¿cómo?

Referencias

1. www.nike.com, consultada el 5 de noviembre de 2005.
2. Emily Nelson, "Revlon Changes Its Mind, Decides Celebrities Do Sell Makeup After All", *Wall Street Journal* (11 de enero de 2002): B1.
3. Mitchel Benson, "Here's Jack: California's Television Ads Use Famous Faces to Encourage Tourism", *Wall Street Journal* (18 de diciembre de 2001): B9.
4. Michael A. Kamins, "An Investigation Into the 'Match-Up' Hypothesis in Celebrity Advertising: When Beauty May Be Only Skin Deep", *Journal of Advertising* 19 (1), (1990): 4-13.
5. Michael A. Kamins, "Celebrity and Noncelebrity Advertising in a Two-Sided Context", *Journal of Advertising Research* (junio-julio de 1989): 34-42.
6. M. Kamins, M. Brand, S. Hoecke y J. Moe, "Two-Sided Versus One-Sided Celebrity Endorsements: The Impact on Advertising Effectiveness and Credibility", *Journal of Advertising* 18 (2), (1989): 4-10.

3.2 El descubrimiento demográfico del nuevo milenio

Muchos mercadólogos están en mala posición para sacar ventaja de uno de los segmentos de consumidores más importantes que se formará en los próximos años: los adultos mayores. Los hogares de gente mayor desembolsaron uno de cada cuatro dólares gastados por las familias estadounidenses en 2005 y se espera que ese porcentaje aumente en el nuevo milenio. El mercado de los adultos mayores está formado por adultos de 55 años en adelante. De acuerdo con el censo de 2000, en Estados Unidos hay 59,266,437 personas de esa edad. La Oficina del Censo anticipa que la cifra se incrementará a una tasa aproximada de entre 2.4 y 2.7 por ciento anual durante la siguiente década. Las dos tablas siguientes muestran la población en 2000 de adultos mayores por grupos de edad y las predicciones demográficas para el grupo de 55 años en adelante. La generación de más de 50 representa un tercio de la población actual y se prevé que aumente al 42 por ciento en los próximos 15 años. Este segmento controla el 42 por ciento de todo el ingreso neto (después de descontar los impuestos) y el 50 por ciento de las acciones corporativas.

Desglose de la población de adultos en 2000, por grupo de edad	
55–64	24,274,684
65–74	18,390,986
75–84	12,361,180
85+	4,239,587

Población estimada en el grupo de 55 en adelante, por años	
2005	66,062
2006	67,688
2007	69,444
2008	71,248
2009	73,145
2010	75,144

La Oficina del Censo estadounidense también ha divulgado información sobre la mediana del ingreso del segmento del mercado maduro, que es la siguiente:

Mediana del ingreso por grupo de edad	
55–64	$44,993
65–69	$30,880
70–74	$25,085
75+	$18,873

Los publicistas no han aprovechado todavía el crecimiento nacional de este segmento de los adultos y aunque este grupo gasta más que muchos otros segmentos del mercado, los publicistas no elaboran grandes campañas para atraer a esos consumidores. Una clasificación útil para fines publicitarios se basa en las actitudes hacia la publicidad, lo que luego permitiría trazar los perfiles de estos segmentos en términos de variables psicodemográficas. Una preocupación de los publicistas que se dirigen a los consumidores de mayor edad ha sido la forma en que ese segmento utiliza y evalúa la información publicitaria para tomar sus decisiones de compra.

En un estudio de Davis y French se exploró el uso que hacen los consumidores mayores de la publicidad como fuente principal de información para tomar las decisiones de compra. Los encuestados se agruparon según sus actitudes hacia la publicidad. Se desarrollaron perfiles psicográficos para cada uno de los segmentos derivados. Se utilizó una base de datos de encuestas anuales sobre estilos de vida para obtener una muestra de 217 mujeres casadas, de 60 años en adelante y que no trabajaran fuera del hogar. Se les pidió que calificaran su grado de acuerdo con los 200 enunciados (de actividades, intereses y opiniones) de la encuesta. También se les pidió que calificaran cuatro enunciados de actitudes que medían el uso de la información y las creencias sobre la publicidad, así como la credibilidad de su fuente. Para fines de replicación, Davis y French obtuvieron información idéntica de un estudio anterior.

Los datos de los cuatro enunciados (los cuales se muestran en la tabla 1) que miden las actitudes hacia la publicidad se analizaron con el método de formación de conglomerados de Ward, lo que permitió identificar tres conglomerados de consumidores: comprometidos, autónomos y receptivos. En la tabla 1 se presentan las calificaciones promedio de cada conglomerado. Para probar la estabilidad, se realizó la réplica del análisis de conglomerados con los datos obtenidos en el estudio previo. Se aplicó el método de formación de conglomerados de Ward para analizar los datos del estudio anterior y se obtuvieron de nuevo tres conglomerados. En la tabla 1 se muestran también la medias de los conglomerados en cada una de las variables de agrupamiento de la muestra de replicación (estudio anterior) obtenida por Davis y French.

Para determinar las diferencias psicográficas entre los tres conglomerados se tomaron otros dos pasos. En primer lugar, se realizó un ANOVA de una vía para determinar las variables de discriminación. Los tres segmentos constituyeron la variable independiente o de agrupamiento y cada enunciado psicográfico fungió como variable dependiente. Se encontró que 41 de los 200 enunciados psicográficos originales eran estadísticamente significativos. Al reconocer que algunas de estas variables significativas probablemente medían las mismas características, se realizó un análisis factorial de los componentes principales, del que se extrajeron en una rotación varimax cuatro factores (los cuales daban cuenta del 60.3 por ciento de la varianza).

TABLA 1

Calificaciones de las variables de formación del conglomerado, por segmento

VARIABLE DEL CONGLOMERADO	SEGMENTO	MEDIAS DE LA MUESTRA DE ESTUDIO	RÉPLICA
La publicidad insulta mi inteligencia	Comprometido	5.24 (de acuerdo)[a]	4.35 (de acuerdo)
	Autónomo	4.86 (de acuerdo)	5.01 (de acuerdo)
	Receptivo	2.20 (en desacuerdo)	2.10 (en desacuerdo)
La información de la publicidad me ayuda a decidir mejor mis compras	Enganchado	4.69 (de acuerdo)	4.88 (de acuerdo)
	Autónomo	3.65 (de acuerdo)	3.30 (en desacuerdo)
	Receptivo	4.78 (de acuerdo)	4.18 (de acuerdo)
A menudo pido consejo a mis amigos sobre marcas y productos	Enganchado	4.55 (de acuerdo)	4.21 (de acuerdo)
	Autónomo	2.16 (en desacuerdo)	1.87 (en desacuerdo)
	Receptivo	2.99 (en desacuerdo)	3.02 (en desacuerdo)
No creo en el anuncio de una empresa que asegura que los resultados de pruebas demuestran que su producto es mejor que los competidores	Enganchado	4.78 (de acuerdo)	4.25 (de acuerdo)
	Autónomo	4.85 (de acuerdo)	5.00 (de acuerdo)
	Receptivo	4.12 (de acuerdo)	4.94 (de acuerdo)

[a] 3.5 es el punto neutro.

TABLA 2

Calificaciones promedio en el factor de la muestra estudiada, por conglomerado

FACTOR	COMPROMETIDO	AUTÓNOMO	RECEPTIVO
Factor 1	0.45	−0.11	−0.21
Me interesa la cultura de otros países (carga = 0.58966)	4.41	3.92	3.87
Obtengo satisfacción personal cuando uso cosméticos (carga = 0.48283)	4.29	3.74	3.45
Me gusta hojear revistas de modas (carga = 0.41592)	4.89	4.31	4.55
Factor 2	0.29	−0.32	0.17
Me gusta hornear (carga = 0.70466)	5.49	4.75	5.19
Me gusta cocinar (carga = 0.60793)	5.28	4.63	5.01
Siempre horneo pasteles caseros (carga = 0.54404)	3.76	3.15	3.62
Factor 3	0.28	−0.26	0.10
Trato de escoger alimentos fortificados con vitaminas y minerales (carga = 0.49480)	4.89	4.36	4.59
Trato de comprar los productos de empresas que patrocinen la televisión educativa (carga = 0.43730)	4.13	3.53	3.72
Suelo ser de los primeros que compran productos nuevos (carga = 0.42521)	3.47	2.81	3.19
Factor 4	0.26	0.14	−0.36
Por lo general, la garantía de fábrica no vale ni el papel en el que está impresa (carga = 0.50313)	3.31	3.47	2.82
La mayoría de las empresas grandes sólo ven por su beneficio (carga = 0.47638)	4.25	4.50	3.93
Los anuncios de televisión son condescendientes con las mujeres (carga = 0.41031)	4.25	4.24	3.55

Davis y French calcularon las puntuaciones de los factores de los tres segmentos, las cuales se muestran en la tabla 2 junto con las variables de mayor carga en esos factores y la media de las variables. Esta información puede usarse para desarrollar perfiles psicográficos de los tres segmentos identificados en el análisis de conglomerados.

Los resultados de esta investigación y de estudios semejantes ayudarán a los mercadólogos a dirigirse a los adultos mayores, un grupo muy prometedor a la luz de sus activos financieros. En 2025, unos 113 millones de estadounidenses (alrededor del 40 por ciento de la población) tendrán más de 50 años. "La jubilación era el preludio de la muerte, pero ahora vivimos 20 años después de jubilarnos. La gente debe pensar en cómo quiere ser productiva en sus últimos años", dice Jim Denova, director de un centro para adultos mayores. Por lo tanto, el descubrimiento del mercado maduro, que es el descubrimiento demográfico del nuevo milenio, representa una estupenda oportunidad para que los mercadólogos se enfoquen de una nueva manera en el segmento de las personas mayores.

Preguntas

1. Algunos estudios han encontrado que los segmentos de adultos mayores de edad temprana (55 a 64 años), media (65 a 74 años), tardía (75 a 84 años) y los ancianos (85 años en adelante) del mercado maduro necesitan buenos servicios e instalaciones para el cuidado de la salud. Haga una descripción detallada de cómo las organizaciones de mantenimiento de la salud pueden determinar con eficacia las diferencias en las necesidades de atención de estos segmentos. ¿Qué información debe recabarse? ¿Qué técnicas estadísticas deben utilizarse para analizar los datos?
2. ¿Cree usted que fue apropiada la estrategia de análisis de datos adoptada en el estudio citado en este caso? ¿Por qué?
3. A partir de la información presentada en la tabla 1, haga una descripción cualitativa de los tres conglomerados.
4. Interprete los factores de la tabla 2.
5. ¿Considera que en el estudio citado en el caso debió utilizarse un análisis discriminante? De ser así, ¿cómo?
6. Proponga una estrategia alternativa para el análisis de datos del estudio citado.

Referencias

1. *www.census.gov,* consultada el 25 de octubre de 2005.
2. Sid Ross, "Senior Webizens", *Adweek* 41 (48) (27 de noviembre de 2000): 46.
3. Erika Rasmusson, "The Age of Consumer Spending", *Sales and Marketing Management* 152 (04) (abril de 2000): 16.
4. B. Davis y W. French, "Exploring Advertising Usage Segments Among the Aged", *Journal of Advertising Research* (febrero-marzo de 1989): 26.

3.3 Matsushita redirige sus objetivos en Estados Unidos

Matsushita (*www.matsushita.co.jp*), un gran productor japonés de aparatos electrónicos conocido por marcas como Panasonic, Quasar y Technics, vende computadoras personales en Estados Unidos como parte de su programa general para el mercado de las computadoras personales y los periféricos. Como es un conglomerado diversificado, sus productos de cómputo incluyen computadoras portátiles, periféricos, multimedia, pantallas, impresoras, escáneres y dispositivos de almacenamiento e interconexiones. Además de fabricar computadoras, impresoras, escáneres y unidades de CD-ROM, Matsushita también produce electrodomésticos como videocaseteras y reproductoras de discos compactos y DVD, televisores y artículos para el hogar, que representan el 40 por ciento de sus ventas. Hasta 2006, el grupo Matsushita comprendía alrededor de 320 unidades en operación en más de 45 países. Sus productos se venden en todo el mundo y Asia da cuenta de más del 70 por ciento de las ventas.

Las ventas consolidadas del grupo durante el primer trimestre, que terminó el 30 de junio de 2005, se redujeron en 3 por ciento, al pasar de 2,102,000 millones de yenes en el mismo trimestre del año anterior a 2,048,200 millones de yenes ($18,620 millones de dólares). Para explicar los resultados del primer trimestre, la empresa citó aumentos en las ventas de productos audiovisuales digitales, en particular productos de video, tanto en Japón como en el extranjero, así como un aumento en las ventas internas de aparatos de aire acondicionado, como resultado de la colaboración con Matsushita Electric Works, Ltd. (MEW). Sin embargo, estas ganancias quedaron compensadas por disminuciones de las ventas de componentes y dispositivos, en particular de semiconductores y componentes generales.

En 2001 Toshiba y Matsushita formaron una empresa conjunta llamada Toshiba Matsushita Display Technology Co., Ltd., con la esperanza de aprovechar mutuamente sus ventajas tecnológicas y diversificarse a mercados distintos a las computadoras personales y las computadoras portátiles de pantalla LCD. Planearon elaborar productos en áreas emergentes, como diodos orgánicos emisores de luz (OLED), una tecnología que se usa muy a menudo en las pantallas de los asistentes digitales personales (PDA) y teléfonos celulares. Los analistas creen que los ingresos combinados de la empresa conjunta de Toshiba y Matsushita colocarán a la nueva empresa entre los cinco mayores proveedores de pantallas de cristal líquido. La empresa conjunta comenzó sus operaciones el 1 de abril de 2002.

Con la inversión reciente en pantallas planas y unidades de almacenamiento, Matsushita está a la vanguardia del mercado para impulsarse a la cabeza de los periféricos. La empresa es pionera en DVD, una nueva forma de almacenar datos de alta densidad. El potencial de esta tecnología, que puede almacenar cuatro horas de material visual en un solo lado de un disco de 12 centímetros, permite una amplia variedad de aplicaciones. La unidad del DVD-ROM dio a RadioShack Corporation una ventaja estratégica de marketing para las PC de Matsushita que pueden usar DVD. Como su socio, Matsushita da grandes pasos para ampliar los horizontes de las aplicaciones de multimedia, y RadioShack puede ofrecer a los consumidores la última tecnología. ¿Cómo se estableció la alianza entre Matsushita y RadioShack?

La alianza de RadioShack y Panasonic resultó estratégica porque las ventas al menudeo de computadoras se han convertido en el mayor segmento de los productos electrónicos para el consumidor y se espera que eclipse al resto de la industria de la computación. Se espera que, además del gran avance en la tecnología de almacenamiento, surjan nuevas capacidades a una tasa más acelerada a la que se ha observado en la historia de la industria durante la primera década del siglo XXI. Por consiguiente, los fabricantes de PC tendrán que anticipar las necesidades de los consumidores con mayor rapidez, reaccionar a esos cambios y encontrar al mismo tiempo los medios de apoyar a los usuarios de las nuevas tecnologías. La investigación ayudará a identificar las necesidades de esos nuevos mercados y dar a los fabricantes ideas sobre cómo satisfacer esas nuevas necesidades, las cuales quizá sean diferentes de las que antes enfrentaba el mercado de las computadoras personales y sus componentes. En agosto de 2005 Matsushita e Intel se asociaron para desarrollar una pila para computadoras portátiles que dura todo el día.

Algunos de los productos de Panasonic se venden todavía en las tiendas de RadioShack, pero también están disponibles en otros medios de distribución. Productos de Panasonic como pilas electrónicas (para teléfonos celulares, PDA, calculadoras, etcétera), tarjetas de multimedia para aparatos y teléfonos digitales pueden comprarse en las tiendas de RadioShack. Panasonic también ha internalizado parte de su distribución al permitir la venta directa en su sitio Web de un amplio surtido de productos de consumo. Además de los artículos mencionados arriba, en la página Web de Panasonic (*www.panasonic.com*) también se ofrecen periféricos para computadoras, accesorios para televisión y equipo empresarial, entre otros productos. Además, hay otros distribuidores autorizados en línea de los productos de Panasonic, como Best Buy, Circuit City y Sears. Las tiendas minoristas que venden productos de Panasonic son Office Max, Sears y Comp U.S.A., entre otras.

El departamento de marketing del grupo de automatización de oficinas de Panasonic diseñó una campaña promocional para sus nuevas computadoras de escritorio y portátiles. Según el modelo, las computadoras eran adecuadas para el mercado hogareño y el comercial, pero Panasonic quiso determinar la disposición de los ejecutivos para comprar sus PC. En particular, los gerentes querían información de tres campos: la reacción de las empresas de varios tamaños, el efecto de la familiaridad con las PC de Panasonic en la disposición a comprarlas, y el uso que dan las empresas estadounidenses a las PC en el trabajo. Esto llevó a la pregunta relacionada de si podrían incrementarse las ventas de periféricos a usuarios de PC con conocimientos técnicos.

Para enfrentar estos asuntos, se seleccionaron 1,080 empresas de Estados Unidos, sobre la base de una muestra estratificada aleatoria, y se les envió un cuestionario diseñado para descubrir la disposición de los ejecutivos a comprar una computadora per-

Variable	Valor
Tamaño de la empresa	
Pequeña/de emprendedor	1
Mediana/privada	2
División de corporación grande	3
Familiaridad con las PC de Panasonic	
Sin experiencia	1
Ha comprado periféricos / no conoce las PC de Panasonic	2
Ha comprado o conoce las PC de Panasonic	3
Aplicaciones en la empresa	
Uso individual (procesamiento de texto y análisis de datos)	1
Uso departamental (cómputo de funciones, interconexiones)	2
Uso corporativo (integración de la empresa)	3

sonal de Panasonic, suponiendo que fueran a comprar una. Las empresas se estratificaron en tres variables: tamaño, familiaridad con las PC de Panasonic y uso de las computadoras personales en la empresa. Estas variables podían adoptar alguno de los tres valores que se muestran aquí.

Cuarenta participantes fueron asignados al azar a cada una de las 27 combinaciones posibles de las variables (es decir, 40 participantes con calificaciones baja-baja-baja, 40 con calificaciones baja-baja-media, etcétera). La disposición de los encuestados a comprar una computadora personal de Panasonic se midió en una escala de 11 puntos.

Este diseño fue elegido para permitir el análisis posterior de los datos. A usted le encargan analizar los datos con SPSS, MINITAB o Excel (o un paquete semejante de software estadístico), según los siguientes procedimientos:

1. Distribución de frecuencias: para determinar si las variables son apropiadas para un análisis posterior, efectúe las distribuciones de frecuencias de todas las variables.
2. Tabulaciones cruzadas: vuelva a codificar la variable dependiente, "Disposición a comprar", en tres grupos relativamente iguales (poca, media, mucha). Realice las tabulaciones cruzadas de la variable dependiente con cada una de las variables independientes (Tamaño de la empresa, Familiaridad y Aplicaciones en la empresa) de las PC de Panasonic. Luego, lleve a cabo las tabulaciones cruzadas de la variable dependiente con la Familiaridad con las PC de Panasonic, controlando las Aplicaciones en la empresa; con Tamaño de la empresa, controlando las Aplicaciones en la empresa y en Tamaño de la empresa controlando Familiaridad con las PC de Panasonic. Interprete los resultados para la gerencia.
3. Regresión: efectúe una regresión de la variable dependiente sobre dos variables ficticias para Tamaño de la empresa, Familiaridad con las PC de Panasonic y Aplicaciones en la empresa. (Observe que cada variable independiente tiene tres categorías y, por lo tanto, quedará representada por dos variables ficticias). Interprete los resultados para la gerencia.
4. Análisis de varianza de una vía: explique la variación de la variable dependiente corriendo tres ANOVA de la variable dependiente con cada una de las variables predictoras (Tamaño de la empresa, Familiaridad con las PC de Panasonic y Aplicaciones en la empresa).
5. Análisis de varianza de tres vías: explique la variación en la variable dependiente mediante un ANOVA de tres vías para determinar los efectos de la interacción entre las variables predictoras.
6. Análisis discriminante: agrupe la variable dependiente en tres grupos relativamente iguales con base en la distribución, haga el análisis discriminante de los datos agrupados con las variables ficticias creadas para la regresión e interprete los resultados para la gerencia.

Los datos para este caso se incluyen en el CD-ROM, así como en el sitio Web. En el archivo de datos de texto ASCII, la primera variable representa la disposición declarada a comprar una PC de Panasonic. Las siguientes tres variables, en el orden anotado en el caso, representan las variables usadas para clasificar las empresas. Cada campo ocupa seis columnas. Además, los datos también se presentan en un archivo SPSS y en un archivo de Excel.

El principal asesor de su empresa le pide que analice los datos con un nivel de significancia de .05 y que prepare un informe exhaustivo en el que detalle los resultados del análisis y ofrezca recomendaciones a la gerencia de Panasonic sobre su plan de promoción de las PC. Recuerde que su mercado meta son los ejecutivos de las empresas estadounidenses. Su misión no es imposible, pero sí difícil: ayudar a Panasonic a penetrar en este mercado, para que Matsushita redirija sus objetivos en Estados Unidos.

Referencias

1. Dow Jones Newswires, "Matsushita, Intel to Develop Battery That Goes All Day", *The Wall Street Journal* (25 de agosto de 2005): B5.
2. Spencer Chin, "Toshiba, Matsushita Sign Strategic Plan", *EBN*, 1285 (22 de octubre de 2001): PG3.
3. "Matsushita", *Forbes* 159(1) (13 de enero de 1997): S7.

Nota: este caso fue preparado exclusivamente para fines de discusión en clase y no representa las ideas de Matsushita, RadioShack ni sus filiales. El escenario del problema es hipotético y los datos ofrecidos son simulados.

3.4 Pampers cura su salpullido de participación en el mercado

En 2005 las ventas de pañales en Estados Unidos alcanzaron casi 18,500 millones de unidades; en Europa se vendieron alrededor de 20,400 millones de unidades y en México se vendieron 4,800 millones. Por tradición, la marca más vendida de la industria había sido la línea de pañales Pampers (*www.pampers.com*) de Procter and Gamble (P&G) (*www.pg.com*). Esta última dominó el mercado en las décadas de 1970 y 1980, con Pampers como su producto insignia. A finales de la década de 1970, se sumó Luvs como oferta secundaria para competir con la marca Huggies (*www.huggies.com*) de Kimberly-Clark (KC) (*www.kimberly-*

clark.com). En 1985 Huggies controlaba el 32.6 por ciento del mercado y representaba una grave amenaza para el liderazgo de P&G en la industria.

A partir de 1994 y 1995, Huggies empezó a superar la participación en el mercado de los pañales de las dos marcas de P&G; en esa época la industria de los pañales ascendía a $3,600 millones. En 1996 Pampers y Luvs dieron a P&G una participación conjunta en el mercado del 36.9 por ciento, en tanto que Huggies se llevó el 39.7 por ciento. Aunque en 1995 Huggies afianzó su participación, los analistas señalaron que ésta se obtuvo a expensas del mercado de Pampers. Mientras tanto, P&G inició esfuerzos para recuperar el primer lugar mediante un gasto mayor en promociones y la introducción de innovaciones. En 1996 P&G gastó $48 millones en promoción de los pañales y $8 millones para agregar tiras laterales de ventilación a su marca Pampers Premium. Las tiras laterales dejaban circular el aire dentro de los pañales sin permitir escurrimientos y se suponía que reducirían la humedad, lo que aminoraría el salpullido que provocan los pañales.

En 1997 Huggies seguía a la cabeza del mercado, en particular con los calzones de entrenamiento Pull-Up, que tenían 10 por ciento de participación en el mercado. La marca de Huggies fue la causa de buena parte de la delantera de Kimberly-Clark sobre Procter and Gamble. La estrategia de Kimberly-Clark fue segmentar el mercado con nuevos productos para nichos, y la estrategia funcionó muy bien. Huggies Overnites, los pañales para uso nocturno, y Huggies Pull-Ups GoodNites, para niños mayores que mojan la cama, fueron nuevos productos para atender a segmentos específicos del mercado. La empresa realizaba las pruebas de Huggies Little Swimmers Swim-pants, pañales que resisten la natación, y en 1998 inició la comercialización nacional del producto.

En 1997 Procter and Gamble se adelantó a su rival y lanzó un producto para atender una nueva preocupación de los consumidores: el cuidado de la piel. P&G desplegó otra innovación en pañales, que era un recubrimiento bueno para la piel del bebé: Gentle Touch. El nuevo producto fue respaldado por una campaña promocional de $25 millones. El recubrimiento contenía una mezcla especial de tres compuestos suavizantes de la piel, que se transferían de manera uniforme a la piel del bebé. Pampers extendió su enfoque en el cuidado de la piel con el lanzamiento de Rash Guard a finales de 1999. En las pruebas se demostró que la fórmula de óxido de zinc y vaselina usada en el recubrimiento de los pañales reduce el salpullido sin interferir con la eliminación de la humedad de la piel del bebé. Estas innovaciones demostraron ser un gran éxito para P&G. Information Resources, Inc., ubicó a Pampers Rash Guard en el noveno lugar de su lista de "Los 10 nuevos productos mejor vendidos en la industria de bienes empacados para consumo en 1999-2000". Durante las 52 semanas que siguieron al lanzamiento del producto, las ventas alcanzaron $97.2 millones. Del mismo modo, P&G hizo nuevos lanzamientos con la marca Luvs. En 2000 presentó Luvs Splashwear para ofrecer a los consumidores un pañal que los bebés podían usar en la alberca. En 2001 se lanzó Luvs Overnight para bebés que necesitaban mejor control de escurrimientos por la noche. En 2002 salió al mercado SleepDrys, para niños de cuatro años en adelante que mojan la cama.

A comienzos de 2002 tanto P&G como Kimberly-Clark tenían características exclusivas en sus productos que la marca competidora no ofrecía. Por ejemplo, Kimberly-Clark vendía pañales de la marca Pull-Ups que dirigía a las madres de pequeños que empezaban el entrenamiento para el control de esfínteres. Los pañales entrenadores desechables podían subirse y bajarse como calzones normales, pero tenían las características de absorbencia de los pañales. Kimberly-Clark ofrecía también los calzones desechables GoodNites para niños mayores que mojan la cama. P&G tenía una posición única en el mercado del cuidado de la piel con sus pañales Pampers Rash Guard y acababa de lanzar los Pampers Baby Dry con laterales Quick Grip, que podían abrocharse y desabrocharse para conseguir un ajuste perfecto. Kimberly-Clark y Procter and Gamble ofrecían pañales para nadar, pañales nocturnos con absorbencia adicional, pañales con resorte para mejor ajuste y de lujo.

Con el liderazgo del presidente de P&G, A.G. Lafley, en 2003 y 2004 Pampers mantuvo el aumento de su participación en el mercado apoyándose en programas vigorosos de marketing basados en amplias investigaciones de los consumidores (tablas 1 y 2). Para seguir a la vanguardia de las necesidades de los consumidores, P&G debe enfrentar y encontrar justo lo que quieren los compradores de pañales antes que los rivales, como hizo con la introducción del recubrimiento Gentle Touch de Pampers. De este modo, el uso de la investigación de mercados puede ser la clave para que P&G recupere el liderazgo en el mercado de los pañales.

En este mercado cada vez más competido de los pañales, el departamento de marketing de P&G quería formular nuevos enfoques para la elaboración y comercialización de Pampers, con el fin de darle una buena posición frente a Huggies sin canibalizar Luvs. Encuestaron a 300 madres de bebés; a cada una se le entregó una marca de pañales elegida al azar (Pampers, Luvs o Huggies) y se les pidió que lo calificaran en nueve atributos y expresaran su preferencia general por la marca. La preferencia se obtuvo en una escala tipo de Likert de siete puntos (1 = no se prefiere; 7 = muy preferida). También se obtuvieron calificaciones

TABLA 1

Participación en el mercado de pañales desechables (porcentaje)

	1990	1991	1992	1993	1994	1995	1996	1997	1998	1999	2000	2001	2002	2003	2004
Pampers	24.4	27.2	29.2	28.0	24.9	26.8	25.6	25.1	18.6	24.2	23.4	22.3	23.6	25.9	27.2
Luvs	23.2	20.0	14.3	13.1	12.5	10.5	11.3	12.2	12.6	12.8	12.6	11.7	12.4	12.6	12.8
TOTAL P&G	47.6	47.2	43.5	41.1	37.4	37.3	36.9	37.3	31.2	37.0	36.0	34	36	38.5	40
Huggies (K-C)	30.9	36.3	37.2	38.4	38.9	39.6	39.7	39.6	38.0	42.7	44	46	45	44	44
Marcas privadas/ otras	21.5	16.5	19.3	20.5	23.7	23.1	23.4	23.1	30.8	20.3	20.0	20	19	17.5	16

TABLA 2
Principales acontecimientos en la industria de los pañales en la primera década del siglo XXI

Año	Acontecimiento
2000	Se lanza Pampers Custom Fit con laterales ajustables
2001	Tyco compra Paragon Trade Brands
2001	Drypers saca al mercado los calzones entrenadores Next Step. DSG compra Drypers
2001	Absormex fabrica la marca Hill Country Regular para los supermercados HEB de Texas
2002	Absormex lanza los pañales biodegradables Earthpure, que vende Amway
2002	PP&G lanza Pampers Baby Stages luego de lanzarlos en Europa
2002	Absormex es nombrado proveedor exclusivo de marcas propias de HEB en Texas
2003	Después de una participación casi nula en enero de 2002, los calzones para bebés de P&G llegan al 19%
2003	KC lanza un nuevo "convertible": unos pañales que imitan los calzones de bebés
2004	La falta de características superabsorbentes obliga a muchos fabricantes de pañales a reducir su producción

Fuente: "Disposable Diaper Evolution in the U.S.", disponible en *http://www.gpoabs.com.mx/cricher/timeline.htm*, consultada el 16 de agosto de 2005. Cortesía de Richer Investment Consulting Services, http://www.ricernet.com.

de los nueve atributos en una escala tipo Likert de siete puntos (1 = muy desfavorable; 7 = muy favorable). El estudio fue diseñado de forma que cada una de las marcas apareciera 100 veces. El objetivo era conocer qué atributos de los pañales tenían mayor influencia en las preferencias de compra (Y). Los nueve atributos usados en el estudio fueron:

Variable	Atributo	Opciones de marketing
X_1	Piezas por caja	¿Quiere más piezas por caja?
X_2	Precio	¿Paga un precio más alto?
X_3	Valor	Fomenta mayor valor
X_4	Cuidado de la piel	Ofrece mayor cuidado de la piel
X_5	Estilo	Estampados/de colores o austeros
X_6	Absorbencia	Normal o superabsorbentes
X_7	Escurrimientos	Entrepierna estrecha o normal
X_8	Comodidad/tamaño	Acojinado extra y pliegues anatómicos
X_9	Cierre	Cinta resellable o normal

Los datos de este caso se incluyen en el CD-ROM, así como en el sitio Web. En el archivo de datos de texto ASCII, la primera variable representa la preferencia por la marca (Y). Las siguientes nueve variables representan la calificaciones de las marcas en los nueve atributos en el orden anotado en el caso (X_1 a X_9). Cada campo ocupa tres columnas. Además, también se presentan los datos como archivo SPSS y Excel.

Preguntas

Usted tiene que analizar los datos y preparar un informe para el departamento de marketing. En el memorando de una página que recibió, le sugieren que siga estos procedimientos.

1. Distribución de frecuencias: realice una distribución de frecuencias de cada variable y presente las gráficas de barras de las tres primeras variables.
2. Tabulaciones cruzadas: agrupe las preferencias de marca como poca, regular y mucha, según la fórmula, poca = 1 o 2, regular = 3 a 5, y mucha = 6 o 7. Agrupe todas las variables independientes como poca = 1 a 3, regular = 4, y mucha = 5 a 7. Efectúe tabulaciones cruzadas de dos variables de preferencia, con cada variable independiente. Realice las siguientes tabulaciones cruzadas de tres variables: preferencia con piezas por caja, controlando el precio; preferencia con unisex, controlando estilo; y preferencia con comodidad, controlando el cierre. Interprete estos resultados para la gerencia.
3. Regresión: lleve a cabo una ecuación de regresión para la preferencia de marca que incluya todas las variables independientes del modelo y describa qué tan significativo es éste. Interprete los resultados para la gerencia.
4. Análisis de varianza de una vía: agrupe todas las variables independientes en grupos de poco, medio y alto, como hizo con las tabulaciones cruzadas. Haga un análisis de varianza de una vía en cada variable independiente con la preferencia de marca. Explique los resultados a la gerencia.
5. Análisis discriminante: agrupe la preferencia de marca en dos grupos relativamente iguales basados en su distribución. Ejecute un análisis discriminante de los datos agrupados e interprete los resultados para la gerencia. Repita este análisis agrupando la preferencia de marca en tres grupos relativamente iguales.
6. Análisis factorial: determine los factores subyacentes que sean inherentes a los datos mediante un análisis factorial en el que se extraigan los principales componentes con rotación varimax. Imprima todos los estadísticos disponibles. Guarde las calificaciones factoriales y regréselas sobre la preferencia de marca. Interprete estos resultados para la gerencia.
7. Análisis de conglomerados: utilice un procedimiento no jerárquico para agrupar a las participantes en dos, tres, cuatro y cinco conglomerados, con base en las variables independientes. Realice también un procedimiento jerárquico para obtener cinco conglomerados con el método de Ward y trace un dendrograma. Interprete estos resultados para la gerencia.

Interprete los resultados de la encuesta y haga sus recomendaciones al departamento de marketing a partir de sus hallazgos. Quieren saber su opinión sobre cuál de los nueve atributos es el más valorado por las madres, así como sus ideas para acciones concretas que aumenten la participación en el mercado actual de Pampers. El departamento de marketing cuenta con sus recomendaciones para encontrar los medios para mejorar la imagen de Pampers y curar el salpullido de la pérdida de participación en el mercado.

Referencias

1. Chris Isidore, "P&G to Buy Gillette for $57B", en línea en *http://money.cnn.com/2005/01/28/news/fortune500/pg.gillette/*, consultada el 3 de septiembre de 2005.
2. Renee M. Kruger, "What Counts with Diapers", *Discount Merchandiser* 40(3) (marzo de 2000): 60-62.
3. Cheryl Guttman, "New Derm-Friendly Dandy Dominates Disposable Diapers", *Dermatology Times* 21(3) (marzo de 2000): 34.
4. "Cleaning Products and Convenient Foods Highlight IRI's List of Hottest New Products for 1999-2000", en *www.infores.com/public/global/news/glo_new_j31topten.htm*.

Nota: Este caso fue preparado exclusivamente para fines de discusión en clase y no representa las ideas de Procter and Gamble ni sus filiales. El escenario del problema es hipotético y los datos presentados son simulados.

3.5 DaimlerChrylser busca una nueva imagen

"Vendería enseguida mi Corvette convertible para comprarme este auto", exclamó un observador emocionado en la exhibición de los avances de las ideas de diseño para la década de 1990 de la que entonces era Chrysler Motors Corporation (ahora Daimler-Chrysler, *www.daimlerchyrsler.com*). Desde que salió del borde de la quiebra a finales de la década de 1970, Chrysler continuó en un distante tercer lugar detrás de GM y Ford en el mercado estadounidense de automóviles, e incluso esa posición se vio desafiada por Toyota en 2004 (véase la tabla 1 y las figuras 1 y 2). Chrysler se recuperó notablemente a comienzos de la década de 1980 y ganó casi dos puntos porcentuales en los primeros cinco años de esa década al añadir autos más económicos, para clase media, a su línea de sedanes de lujo. Sin embargo, la mayor competencia de las importaciones japonesas, la mala calidad de los productos y un diseño poco imaginativo dieron lugar a una disminución en la participación en el mercado en la segunda mitad de esa década.

Pero gracias al éxito con su minivan, Chrysler estaba todavía más determinada a prosperar en el mercado automovilístico, de manera que los ingenieros y gerentes trataron de diseñar vehículos que se ajustaran a la imagen de estilo y calidad que Chrysler necesitaba. Chrysler mantuvo su estrategia de negocios de enfocarse en las utilidades, más que en la participación en el mercado, evitar las alianzas globales y prosperar en medio de un capital escaso. En 1989 Chrysler celebró una exhibición de adelantos de los conceptos de autos para la década de 1990 que incluía un motor V-10 para camiones y carros. Se lanzaron dos conceptos de moda, pero pragmáticos, que incluían al Chrysler Millennium y el diminuto Speedster de Plymouth. Los dos autos tenían un diseño atractivo, pero su rendimiento no era bueno porque en el fondo se basaban en la plataforma tradicional y el tren de transmisión de Chrysler. Sin embargo, los críticos tomaron nota del auto deportivo de tracción trasera y dos asientos, puesto a la venta en 1992, que incorporó el motor V-10. El nombre de código era Dodge TBD (*to be determined*, "por decidir") y que luego se llamó Dodge Viper. Se parecía mucho al Corvette de Chevrolet, pero la etiqueta de su precio decía $55,000. Desde la introducción del Viper (*www.dodge.com/viper/*), Chrysler aumentó varias veces el precio inicial. A comienzos de 2002, Chrysler agregó un alza de cuatro cifras, que puso su valor inicial en $75,500 para el modelo RT/10 Roadster y de $76,000 para el modelo GTS Coupé. El Viper 2006 modelo SRT10 Roadster tenía un precio de venta sugerido que empezaba en $85,745 dólares (más impuestos). Ofrecía muchas mejoras, como 500 caballos de fuerza, par de torsión de 525 libras por pie, desplazamiento de 8,300 centímetros cúbicos, techo convertible con diseño aconchado, rotores de freno delantero y posterior de 35.5 centímetros y mayor rigidez estructural para un manejo sorprendente. El Viper se posicionó para devolverle a Chrysler la reputación de diseñar autos emocionantes.

Para conservar su éxito, Viper tenía que atraer al grupo de los yuppies (los miembros más acomodados y con mayor escolarización de la generación de la posguerra), quienes suelen preferir los autos importados. Como este grupo sería el primer objetivo para un auto de alto desempeño, Chrysler necesitaba asegurarse de que podía competir en un mercado que por tradición había estado dominado por Corvette, Mazda Miata, Porsche Boxster, Porsche 911/96 y Mitsubishi 3000GT. Las mayores preocupaciones de Chrysler eran superar la imagen de auto cuadrado que tenían en este grupo, determinar si debía ofrecer incentivos por el Dodge Viper, la importancia del estilo y el prestigio al promoverse en este mercado y la manera de explotar su fusión con Daimler-Benz en ventaja de Viper.

Para resolver estas preocupaciones, se formularon 30 enunciados para medir las actitudes hacia estos factores y para clasificar a los encuestados, quienes usaron una escala Likert de 9 puntos (1 = definitivamente en desacuerdo, 9 = definitivamente de acuerdo). Los participantes se obtuvieron de las listas de correo de las revistas *Car and Driver, Business Week* e *Inc.*, y una empresa encuestadora independiente los llamó por teléfono a su

TABLA 1
Participación en el mercado automovilístico en E.U. (%)

Año	Chrysler	Ford	GM	Honda	Otros
1980	10.7	16.6	46.8	4.3	21.6
1985	12.5	18.8	42.5	5.0	21.2
1990	9.3	23.9	35.5	9.4	21.9
1993	15.0	26.0	34.0	5.0	20.0
1996	15.9	25.1	32.1	5.5	21.4
2001	12.8	27.1	28.5	7.0	24.6
2004	13.2	20.9	27.2	9.1	29.6

Figuras 1 y 2 **Detroit cae, los asiáticos ganan**
Participación en el mercado estadounidense de los principales fabricantes de autos:

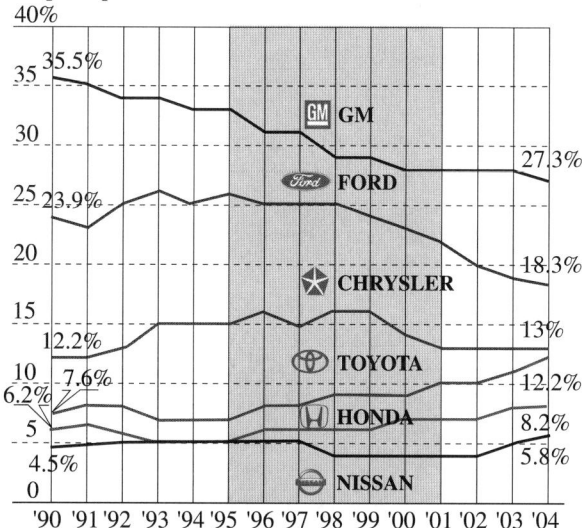

Fuente: cortesía de Autodata Corporation.

Seguimiento de las ventas en Estados Unidos
Panorama de la demanda anual de autos y camiones ligeros:

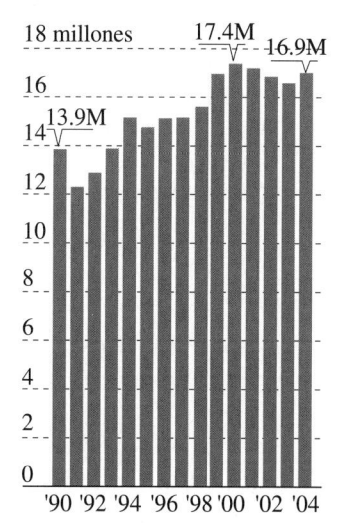

Fuente: reproducido con autorización de *The Detroit Times.*

casa. Los enunciados usados para encuestar a los 400 participantes fueron los siguientes:

1. Estoy en muy buenas condiciones físicas.
2. Cuando tengo que escoger entre moda y comodidad, prefiero vestirme según la primera.
3. Tengo más ropa de moda que la mayoría de mis amigos.
4. Me gusta verme diferente a los demás.
5. La vida es demasiado corta para no correr algunos riesgos.
6. No me preocupa la capa de ozono.
7. Me parece que el gobierno hace demasiado para controlar la contaminación.
8. En esencia, la sociedad actual está bien.
9. No tengo tiempo para ser voluntario en obras de beneficencia.
10. Nuestra familia no tiene muchas deudas actualmente.
11. Me gusta pagar en efectivo todo lo que compro.
12. Gasto mucho hoy y dejo que mañana traiga lo que será.
13. Uso tarjetas de crédito porque puedo pagar las cuentas poco a poco.
14. Casi nunca uso cupones cuando compro.
15. Las tasas de interés son bastante bajas para permitirme comprar lo que quiero.
16. Tengo más autoconfianza que la mayoría de mis amigos.
17. Me gusta que me consideren líder.
18. Muchas veces me piden ayuda para resolver problemas.
19. Los hijos son lo más importante de mi matrimonio.
20. Preferiría pasar una tarde tranquila en casa que ir a una fiesta.
21. Los coches estadounidenses no se comparan con los extranjeros.
22. El gobierno debería restringir las importaciones de productos japoneses.
23. Los estadounidenses deben tratar siempre de comprar productos de su país.
24. Me gustaría hacer un viaje alrededor del mundo.
25. Me gustaría dejar mi vida actual y hacer algo totalmente diferente.
26. Por lo regular estoy entre los primeros en probar nuevos productos.
27. Me gusta trabajar duro y jugar en serio.
28. Los pronósticos escépticos a menudo son erróneos.
29. Puedo hacer todo lo que me proponga.
30. Dentro de cinco años, mi ingreso será mucho mayor que el actual.

Además, la variable de criterio, la actitud hacia Dodge Viper, se midió pidiendo a cada persona que respondiera al enunciado: "Consideraría comprar el Dodge Viper de DaimlerChrysler". Este enunciado se midió con la misma escala de 9 puntos que se usó en los 30 enunciados de predicción.

Los datos de este caso se incluyen en el CD-ROM, así como en el sitio Web. En el archivo de datos de texto ASCII, la primera variable representa la intención de comprar el Viper (la variable de criterio). Las siguientes 30 variables, en el orden anotado en el caso, representan las calificaciones de los enunciados de estilo de vida. Cada campo ocupa tres columnas. Además, también se presentan los datos como archivo SPSS y Excel.

Preguntas

El director de marketing de Chrysler está interesado en conocer las características psicológicas de los encuestados para configurar el programa de Dodge Viper. A usted le han entregado las respuestas de la encuesta indicada arriba. Analice los datos de acuerdo con los siguientes lineamientos:

1. Distribución de frecuencias: para asegurarse de que cada variable es la apropiada para el análisis, lleve a cabo una distribución de frecuencias para cada una.
2. Regresión: utilice un análisis de regresión paso a paso, localice las variables que mejor expliquen la variable de criterio. Evalúe la fuerza del modelo y valore el efecto de cada variable sobre la variable de criterio.
3. Análisis factorial: determine los factores psicológicos subyacentes que caracterizan a los encuestados por medio del análisis factorial de las 30 variables independientes. Use una extracción

de componentes principales con rotación varimax para facilitar la interpretación. Guarde las puntuaciones de los factores y regréselos sobre la variable de criterio, lo que implica la inclusión obligada de todas las variables predictoras en el análisis. Evalúe la fuerza del modelo y compárelo con la regresión inicial. Utilice las puntuaciones de los factores para conglomerar a los encuestados en tres grupos. A partir de los factores subyacentes, analice la importancia de los grupos. Repita el análisis de conglomerados con cuatro grupos.

4. Análisis de conglomerados: utilice las variables originales para agrupar a los encuestados en tres o cuatro conglomerados. ¿Cuál es un mejor modelo? Compare estos resultados del conglomerado con los resultados de las puntaciones de los factores. ¿Cuál es más fácil de interpretar y cuál explica mejor los datos?

Con base en el análisis, prepare un informe para la gerencia en el que explique al consumidor yuppi y ofrezca sus recomendaciones sobre el diseño del Dodge Viper. Sus recomendaciones ayudarán a DaimlerChrysler a conseguir lo que busca: una nueva imagen para el Viper que sea atractiva para el mercado yuppi y que ayude a la empresa a superar a la competencia en el mercado de los autos de alto desempeño.

Referencias

1. *www.daimlerchrysler.com*, consultada el 29 de octubre de 2005.
2. Jeffrey McCracken, "Dodge's SRT-4 Aims Speed at 20-ish Set", *Knight Ridder Tribune Business News* (4 de enero de 2002): 1.
3. John K. Teahen, Jr., "Dodge Viper Gets 4-Digit Price Hike", *Automotive News* 76 (5959) (26 de noviembre de 2001): 42.

Nota: este caso fue preparado exclusivamente para fines de discusión en clase y no representa las ideas de DaimlerChrysler ni sus filiales. El escenario del problema es hipotético y los datos presentados son simulados.

3.6 Cingular Wireless: un enfoque singular

Archivo de resultados de SPSS

En Estados Unidos existe una enorme competencia en el mercado de los servicios de conexión inalámbrica. El segmento más competido es el mercado inalámbrico para individuos y familias (no el mercado de empresas). En este segmento hay alrededor de siete u ocho grandes proveedores de servicios (portadoras inalámbricas), cuatro de los cuales tienen una participación considerable en el mercado. Ha habido cierta consolidación. Aunque las adquisiciones han cambiado en alguna medida la dinámica del mercado, todavía hay muchos participantes. Se considera que un mercado oligopólico tiene de tres a cuatro participantes y por lo común estos mercados son estables en cuanto a crecimiento, innovación técnica y políticas de fijación de precios. Parece que el mercado de las portadoras inalámbricas requerirá algunos años más antes de ser un oligopolio. Asimismo, la tasa de innovación en las tecnologías inalámbricas cambia rápidamente. Una innovación técnica revolucionaria de uno de los grandes participantes tiene el potencial de cambiar la dinámica de la industria.

A continuación se mencionan los principales participantes y el número de sus suscriptores:

1. Verizon Wireless (40.4 millones de suscriptores), formada por la unión de Bell, Atlantic Mobile, AirTouch Cellular, PrimeCo y GTE Wireless. El gigante europeo Vodafone posee un 45 por ciento de acciones en Verizon Wireless.
2. Cingular Wireless (25 millones de suscriptores), una sociedad entre SBC Communications y BellSouth.
3. Sprint PCS (19.3 millones de suscriptores), una filial propiedad de Sprint Corporation. Sprint y Nextel se fusionaron en 2005 para formar Sprint Nextel.
4. AT&T Wireless (21.9 millones de suscriptores) era una filial propiedad de AT&T, pero fue adquirida por Cingular Wireless en 2004.
5. T-Mobile (14.3 millones de suscriptores).
6. Nextel Inc. (12.3 millones de suscriptores).
7. AllTel Inc. (8 millones de suscriptores).
8. US Cellular (4.4 millones de suscriptores).

En los últimos 15 años, el aumento en la cantidad de suscriptores y el crecimiento de los ingresos (que no incluye cargos por *roaming* y otros servicios) ha sido poco menos que meteórico.

En los primeros años de la industria, la presión de la fijación de precios y las consolidaciones ocasionaron la compra de los pequeños prestadores del servicio o su salida del mercado. Esto ha aliviado en alguna medida la presión sobre los grandes participantes. En la actualidad, no es raro encontrar portadoras que compiten de manera agresiva con el precio. En cambio, los grandes participantes tratan de conservar a sus más codiciados clientes mediante renovaciones de los contratos ampliadas a dos años. Las

Número de suscriptores, en millones

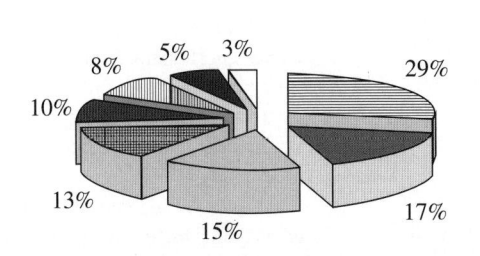

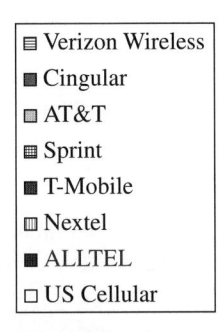

- Verizon Wireless 29%
- Cingular 17%
- AT&T 15%
- Sprint 13%
- T-Mobile 10%
- Nextel 8%
- ALLTEL 5%
- US Cellular 3%

Crecimiento de la industria inalámbrica

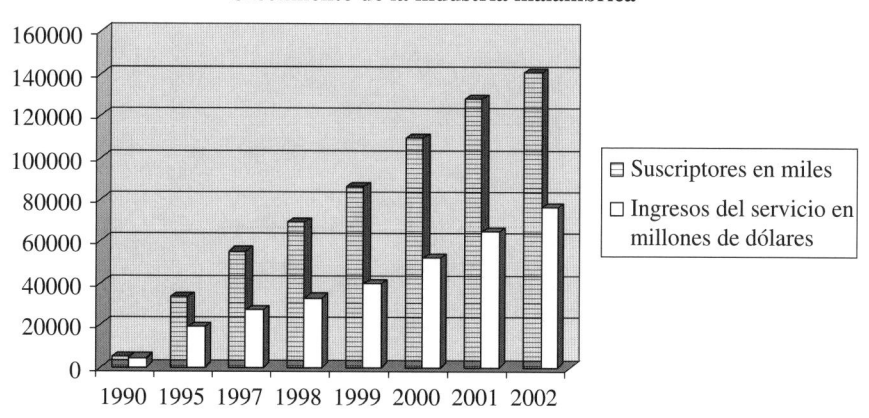

[Gráfico de barras que muestra Suscriptores en miles e Ingresos del servicio en millones de dólares para los años 1990, 1995, 1997, 1998, 1999, 2000, 2001 y 2002.]

portadoras ofrecen más minutos "en cualquier momento" y minutos mensuales en sus planes de tarifas, así como subsidios para los aparatos, y las empresas grandes experimentan un crecimiento en el ingreso promedio por usuario (IPPU), una medida fundamental en la industria. Este aumento del IPPU es alimentado no sólo por los servicios de voz, sino por nuevos servicios de transmisión de datos (con tecnologías como WAP), como las aplicaciones de WiFi, fotos, video y multimedia. Los analistas de la industria esperan un crecimiento de la cartera de suscriptores. Sin embargo, incluso con el aumento del IPPU, la adición neta de suscriptores parece baja. Por eso, a los analistas les preocupa que las portadoras puedan mantener un IPPU elevado durante mucho tiempo. Las actualizaciones para mejorar las redes de datos y la tercera generación de aparatos con capacidad basada en la Web tienen el potencial de fomentar el crecimiento, pero no en la misma magnitud con que el aumento de nuevos suscriptores en la red puede impulsar el aumento de los ingresos.

La tendencia actual es que la gente prefiere usar su teléfono inalámbrico en casa, más que una línea inalámbrica. A la larga, se considera que esta tendencia será positiva para la industria. Como resultado, en Estados Unidos las portadoras inalámbricas declaran más minutos de uso, atribuidos al tráfico de larga distancia. Por ejemplo, T-Mobile declaró hace poco que entre el 10 y 15 por ciento de sus suscriptores no tienen servicio de línea inalámbrica.

Un acontecimiento seguido muy de cerca en la industria fue la adquisición de AT&T Wireless por Cingular Wireless en $41,000 millones en 2004. Se esperaba que después de la fusión, Cingular Wireless reduciría en el corto plazo su gasto de capital en marketing y tendido de red para asegurarse de materializar las sinergias de la compra. Los analistas querían ver si Cingular seguiría creciendo incluso con esta costosa adquisición, sobre todo en comparación con el crecimiento que se esperaba de su competidor más cercano, Verizon Wireless. Los acontecimientos posteriores incluyeron la adquisición de AT&T por parte de SBC Communications, que se cerró el 18 de noviembre de 2005. La entidad combinada adoptó el nombre de AT&T. El 5 de marzo de 2006, AT&T y BellSouth anunciaron un acuerdo para fusionar las dos empresas. La fusión haría más eficientes la propiedad y las operaciones de Cingular Wireless, que es propiedad conjunta de AT&T (antes SBC) y BellSouth.

Dada la miríada de interfases de las tecnologías, redes y autorizaciones gubernamentales, las portadoras inalámbricas compiten y se alían al mismo tiempo. Sprint PCS, que hasta hace poco no se consideraba una portadora con potencial de gran crecimiento, experimentó en 2004 un crecimiento del 6.5 por ciento. Sprint consiguió este avance al enfocarse en mejorar los servicios inalámbricos y en alquilar sus redes a otras portadoras. Por ejemplo, en la actualidad Virgin Mobile compra servicio inalámbrico de mayoreo a Sprint y se ha dirigido al segmento juvenil para convertirse en la empresa inalámbrica de mayor crecimiento en Estados Unidos. Qwest compra servicio inalámbrico a Sprint y lo revende en diferentes mercados. El 12 de agosto de 2005, Sprint y Nextel completaron su fusión. La nueva empresa, llamada Sprint Nextel, es la tercera portadora inalámbrica más importante en Estados Unidos.

Para aumentar la participación en el mercado, los prestadores de servicios inalámbricos tratan de atraer a los clientes de sus competidores ofreciendo mayor calidad en sus servicios, planes de llamadas atractivos y mejor servicio de apoyo y asesoría. Con el fin de tener un flujo previsible de ingresos, los prestadores de servicios inalámbricos atraen a sus nuevos clientes para que firmen compromisos de servicio de mediano a largo plazo. Cuando los contratos expiran, los clientes pueden continuar con su proveedor actual, cambiar a otro o dejar de usar por completo los servicios inalámbricos. Con los cambios actuales en la legislación de la Comisión Federal de Comercio de Estados Unidos, los clientes de servicios inalámbricos pueden conservar su número telefónico aunque se cambien a otro proveedor. Esto ha dificultado a los prestadores de servicios inalámbricos conservar a sus clientes actuales, quienes se sienten atraídos por los competidores ante los planes atractivos de llamadas, mejor servicio a clientes, actualizaciones gratuitas o subsidiadas a equipos avanzados, etcétera.

Las portadoras inalámbricas a menudo aplican a los suscriptores encuestas para estudiar las estrategias que podrían poner en práctica con el fin de conservar a sus suscriptores actuales y atraer a los de otras portadoras. Recientemente, *Consumers Reports* aplicó una encuesta a más de 31,000 suscriptores de telefonía celular. Uno de los principales hallazgos fue que menos del 50 por ciento de los encuestados se sentían muy satisfechos con su servicio de celular y muchos dijeron que por lo menos una vez en la semana anterior a la encuesta se quedaron sin servicio, perdieron una llamada o tuvieron una mala comunicación. Otro hallazgo importante fue que la "deslealtad", que se refiere al número de suscriptores que cambian de portadora, sigue siendo elevada. En promedio, casi el 37 por ciento de los usuarios de teléfonos celulares cambian de portadora cada año, en busca de mejor servicio o mejores planes de llamadas. Una razón importante de los consumidores para dudar en cambiarse era que no podían llevarse su número anterior. Con la regla ya citada de la Comisión Federal de Comercio, ahora los suscriptores saben que tienen más opciones y más libertad. En general, el 10 por ciento de los suscriptores se quejaron de un problema de facturación con sus proveedores. Sólo un 40 por ciento de los que indicaron que habían tenido problemas dijeron que la respuesta de la empresa a la queja fue muy útil. Estos hallazgos indican que las portadoras inalámbricas deben concentrarse en mejorar la calidad del servicio para reducir la pérdida de llamadas y que deben mejorar la facturación y el servicio a clientes para aumentar la satisfacción de los suscriptores.

Después de la adquisición de AT&T Wireless, Cingular se ha convertido en el mayor proveedor de servicios inalámbricos en Estados Unidos. Como otras portadoras, Cingular corteja a los clientes de sus competidores, pero también está bajo el asedio de éstos, quienes intentan atraer a sus clientes. Cingular cree que presta un servicio inalámbrico competitivo, así como paquetes de llamadas y planes de precios atractivos. Pese a ello, Cingular ha sufrido rotación de clientes. La gerencia de Cingular quiere estudiar las causas de que los clientes se vayan y encargó una encuesta (véase la encuesta anexa). Con base en el resultado del estudio, la gerencia de Cingular cree que entiende mejor las causas por las que pierde suscriptores que se van con la competencia.

Preguntas
Capítulo 14
1. Convierta el año en que nació (P8) en cuartiles de edad.
2. Recodifique la pregunta 9 de la siguiente manera: recodifique Adultos 18 años en adelante (P9A) combinando 3, 4, 5 y 6 en una sola categoría llamada 3 Más. Recodifique Adolescentes de 13 a 17 años (P9B) combinando 2 y 3 en una sola categoría llamada 2 Más. Recodifique Niños de 12 años o menos (P9C) combinando 2, 3, 4, 5, 6 y 7 en una sola categoría llamada 2 Más.
3. Recodifique "Mayor nivel de escolaridad (P10)" de la siguiente manera: combine (1) Algo de preparatoria con (2) Certificado de preparatoria o GED en una sola categoría llamada "Preparatoria o menos"; combine Vocacional (3) y Algo de universidad (4) en una sola categoría llamada "Sin título universitario" y combine Título universitario (5), Estudios de posgrado (6) y Título de posgrado o profesional (7) en una sola categoría llamada "Estudios universitarios".
4. Recodifique Situación familiar (P11) combinando Dos (2) y Más de dos (3) en una sola categoría llamada "2 Más".

Capítulo 15
5. Haga una distribución de frecuencias de todas las variables, excepto Número de identificación (ID). Observe que las variables demográficas (P8 a P11) deben recodificarse como se indicó en los puntos anteriores. ¿Cuál es el valor de realizar ese análisis?
6. Efectúe una tabulación cruzada de "Tiene en la actualidad un servicio inalámbrico de una portadora diferente de Cingular Wireless" (P3) con las variables demográficas recodificadas (P8 a P11). Interprete los resultados.
7. ¿Las evaluaciones de Cingular en los atributos (P7A a P7K) difieren entre los que en la actualidad tienen o no tienen un servicio inalámbrico de una portadora que no es Cingular Wireless (P3)? ¿Cómo cambiaría su análisis si las evaluaciones (P7A a P7K) fueran tratadas como datos ordinales más que como datos de intervalo?
8. ¿Sus encuestados hicieron una evaluación más favorable de Cingular en los requisitos de contrato (P7E) que en la cobertura (P7A)? Establezca las hipótesis nula y alternativa y realice la prueba adecuada. ¿Cómo cambiaría su análisis si estas evaluaciones fueran tratadas como datos ordinales en vez de datos de intervalo?
9. ¿Los encuestados hicieron una evaluación más favorable de Cingular en servicio de calidad a clientes (P7I) que en precios bajos (P7K)? Formule las hipótesis nula y alternativa y realice la prueba adecuada. ¿Cómo cambiaría su análisis si estas evaluaciones fueran tratadas como datos ordinales en vez de datos de intervalo?
10. ¿Las evaluaciones de Cingular en la selección de teléfonos (P7G) fueron mayores de 5.0?

Capítulo 16
11. ¿Las evaluaciones de Cingular en la capacidad de hacer o recibir llamadas (P7B) variaron de acuerdo con las características demográficas recodificadas (P8 a P11)?

Capítulo 17
12. Realice una regresión de "Cingular tiene planes de llamada que satisfacen sus necesidades" (P7F) sobre las evaluaciones restantes (P7A a P7E, P7G a P7K). Interprete los resultados.

Capítulo 18
13. ¿Los que en la actualidad tienen o no tienen un servicio inalámbrico de una portadora que no es Cingular Wireless (P3) difieren en cuanto a las evaluaciones de Cingular en todos los atributos (P7A a P7K) cuando las variables se consideran al mismo tiempo? Ejecute un análisis discriminante de dos grupos y una regresión logística; compare los resultados.

Capítulo 19
14. ¿Puede utilizarse un grupo menor de factores para representar las evaluaciones de Cingular en todos los atributos (P7A a P7K)? Realice un análisis de componentes principales con una rotación varimax y guarde las puntuaciones de los factores.

Capítulo 20
15. Agrupe en conglomerados a los encuestados de las evaluaciones de Cingular en todos los atributos (P7A a P7K). Realice un análisis jerárquico de conglomerados según el método de Ward y eleve al cuadrado las distancias euclidianas. ¿Cuál debe ser el número de conglomerados?
16. Agrupe en conglomerados a los encuestados de las evaluaciones de Cingular en todos los atributos (P7A a P7K) usando un análisis de conglomerados de K medias y especifique una solución de cuatro conglomerados. Interprete los resultados.
17. Agrupe en conglomerados a los encuestados en las puntuaciones factoriales de las evaluaciones de Cingular en todos los atributos (P7A a P7K) mediante un análisis de conglomerados de K medias y especifique una solución de cuatro conglomerados. Interprete los resultados y compárelos con los obtenidos mediante las variables originales.

Capítulo 21
18. Elabore 32 perfiles completos de los prestadores de servicios inalámbricos usando los siguientes atributos y niveles: área de cobertura (M, A), calidad de transmisión de voz (M, A), requisitos de contratación (M, A), surtido de teléfonos (M, A) y servicio a clientes (M, A). Califique los 32 perfiles según sus preferencias en una escala de 7 puntos (1 = nada preferido, 7 = muy preferido). Calcule las funciones de valor parcial y la importancia relativa de los atributos. Observe que M = medio y A = Alto.

Capítulo 22
19. Escriba un informe para Cingular basado en todos los análisis que realizó. ¿Qué recomendaría a Cingular para aumentar la retención de clientes?

Capítulo 23

20. Si la encuesta realizada por Cingular se efectuara en China, ¿cómo debería hacerse la investigación de mercados?

Referencias

1. Shawn Young, "Cingular Swings to Profit as Sales Increase by 24%", *The Wall Street Journal* (25 de enero de 2006): B2.
2. Anónimo, "Sprint Nextel Set Final Merger Terms", en línea, *http://today.reuters.com/news/newsarticle.aspx?type=comkt News&storyid=URL:2005-08-16T114335Z_01_WEN7590_RTRIDST_0_TELECOMS-SPRINT-URGENT.XML&rsc=CNN*, consultada el 26 de agosto de 2005.

Nota: este caso fue preparado exclusivamente para fines de discusión en clase y no representa las ideas de Cingular ni sus filiales. El escenario del problema es hipotético y el nombre de la empresa real fue disfrazado. Sin embargo, los datos presentados son reales. Algunas preguntas se eliminaron, mientras que los datos de otras no se presentan por razones de derechos de autor.

Cingular Wireless
Encuesta de abandono de clientes, otoño de 2005

Archivo de resultados de SPSS

(RECLUTE DE LA LISTA DE QUIENES CANCELARON EL SERVICIO DE LA EMPRESA EN JULIO Y AGOSTO DE 2005. DE ÉSTOS, RECLUTE O AGOTE PRIMERO LOS ENCUESTADOS "SIN DECLARACIÓN"; LUEGO LLAME AL AZAR PARA PREGUNTAR LAS "RAZONES").
(LAS RAZONES DE "REUBICACIÓN" NO DEBEN RESPONDERSE; LLEVE LA CUENTA DE CUÁNTOS RESPONDEN Y SON LA PERSONA CONCRETA DE LA LISTA).

(PIDA HABLAR CON LA PERSONA DE LA LISTA).

Hola, mi nombre es _____ de _____. Realizamos una investigación de mercados con antiguos clientes de Cingular Wireless. Permítame asegurarle que no es una llamada de ventas. Sólo estamos interesados en sus opiniones. Sus respuestas serán confidenciales. ¿Tiene algunos minutos para compartir con nosotros sus opiniones?

1. Nuestros registros muestran que hace poco suspendió su servicio de celular Cingular Wireless. ¿Es correcto? (TOME NOTA: todavía podría tener servicio de banda ancha Clearwave).
    1. Sí (CONTINÚE)
    2. No (AGRADEZCA Y TERMINE)

2. ¿Cuál es la razón principal de que haya decidido suspender el servicio de Cingular Wireless?

    [_____]

3. ¿En la actualidad tiene servicio inalámbrico de otro proveedor aparte de Cingular Wireless?
    1. Sí
    2. No

4. ¿Cuál es su proveedor actual de servicios inalámbricos? (SI SE NIEGA, SALTE A P6) (NO LEA LA LISTA)

    1. Alltel
    2. ATT
    3. BevComm
    4. Cellular One
    5. Hickory Tech
    6. Nextel
    7. Qwest
    8. Sprint
    9. T-Mobile
    10. US Cellular
    11. Verizon
    12. Otro (ESPECIFICAR) [_____]

5. ¿Por qué eligió [NOMBRE DE LA EMPRESA] como su prestador de servicios inalámbricos?

6. A continuación, voy a darle una serie de razones que pudieron o no ser importantes cuando decidió cancelar su servicio con Cingular Wireless. Después de cada enunciado, dígame por favor si fue una razón *importante*, una razón *menor* o *si no fue una* razón para cancelar su servicio con Cingular Wireless.

	Importante	**Menor**	**Ninguna**
a) Su área de cobertura no satisface sus necesidades.	1	2	3
b) Tenía problemas para hacer o recibir llamadas en donde vive o trabaja.	1	2	3
c) Tenía problemas de llamadas perdidas.	1	2	3
d) Tenía problemas de calidad de voz de las llamadas que hacía o recibía.	1	2	3
e) Los requisitos de contratación no eran atractivos.	1	2	3
f) Los planes de llamadas no satisfacían sus necesidades.	1	2	3
g) Su selección de teléfonos no satisfacía sus necesidades.	1	2	3

	Importante	**Menor**	**Ninguna**
h) Cometían errores en los estados de cuenta.	1	2	3
i) No tenían un servicio a clientes de calidad.	1	2	3
j) Las tiendas no estaban bien ubicadas.	1	2	3

    k) (SI P3 = NO) El servicio era demasiado caros para sus necesidades.
       (SI P3 = SÍ) Los precios eran muy altos.

7. Según su experiencia con Cingular Wireless, califíquela por favor en una lista breve de atributos. Use una escala de 0 a 10, en la que 0 significa que el enunciado no describe a Cingular Wireless y 10 significa que el enunciado describe muy bien a Cingular Wireless. Puede usar cualquier número del 0 a 10. ¿Comprende la escala? El primer enunciado es (ROTE). ¿Cómo calificaría a Cingular Wireless?

    No describe a   **Describe bien a la**
      la empresa   **empresa**
        0   1   2   3   4   5   6   7   8   9   10

   Enunciado   **Calificación**

    a) El área de cobertura de la empresa satisface sus necesidades.
    b) Puede hacer o recibir llamadas donde vive y trabaja.
    c) Pierde pocas llamadas.
    d) La calidad de voz de las llamadas es muy buena.
    e) Tiene requisitos de contratación favorables.
    f) Tiene planes de llamadas que satisfacen sus necesidades.
    g) Tiene un surtido de teléfonos que satisfacen sus necesidades.
    h) Los estados de cuenta no tienen errores.
    i) Ofrece servicio de calidad a los clientes.
    j) Tiene tiendas bien ubicadas.
    k) Tiene precios bajos.

8. Las últimas preguntas son exclusivamente para fines de clasificación. ¿En qué año nació? _____ (año) (NO LEA) Se niega (codifique = 9999).

9. Incluyéndose usted, ¿cuántos son en su hogar? (SI NINGUNO, ANOTE 0)

    1. Adultos de 18 años en adelante _____
    2. Adolescentes de 13 a 17 años _____
    3. Niños de 12 años o menos _____

10. ¿Cuál es su nivel más alto de escolaridad?

    1. Algo de preparatoria.
    2. Certificado de preparatoria o GED.
    3. Escuela vocacional.
    4. Algo de universidad.
    5. Licenciatura.
    6. Algunos estudios de posgrado.
    7. Posgrado o profesional.
    8. (NO LEA) Se negó.

11. ¿Cuál de las siguientes descripciones se ajusta mejor a la situación de su hogar?

    1. Proveedor de un solo ingreso para su familia.
    2. Dos proveedores de ingreso para su familia.
    3. Más de dos proveedores de ingreso para su familia.
    4. Ninguno de los anteriores u otra situación.
    5. (NO LEA) Se negó.

(AGRADEZCA AL ENCUESTADO)

3.7 IBM: el más grande proveedor mundial de equipo, programas y servicios de cómputo

Archivo de resultados de SPSS

A principios de la década de 1990, *International Business Machine* (IBM, *www.ibm.com*) podía describirse como "el barco que se hunde", pero desde entonces, gracias al liderazgo competente de su equipo administrativo, IBM ha tenido un regreso exitoso. IBM, con ingresos en 2005 por $91,130 millones, es el principal proveedor de equipo, programas y servicios de cómputo del mundo. De esta cifra, apenas la tercera parte es atribuible a ventas en Estados Unidos. Entre los líderes de casi todos los mercados en los que compite, IBM produce sistemas centrales y servidores, sistemas de almacenamiento y periféricos en su línea de productos de hardware. La rama de servicio de IBM es la más grande del mundo. También es uno de los principales proveedores de software (el número dos, después de Microsoft) y semiconductores. Por tradición, IBM ha recurrido a las adquisiciones para aumentar sus negocios de software y servicios, al mismo tiempo que moderniza sus operaciones de hardware, software y servicios.

En años recientes, IBM ha experimentado cambios importantes. Reorganizó su negocio de hardware, fusionando las operaciones de computadoras de escritorio y portátiles para concentrarse en sus principales productos de almacenamiento y servidores para empresas. A principios de 2004, IBM anunció que también combinaría su tecnología (microchips) y grupos de sistemas (servidores, almacenamiento). A finales del mismo año, IBM firmó un contrato para vender a Lenovo, de China, su negocio de PC, un segmento que en años recientes había generado pocas ganancias para la empresa. IBM planea retener una participación del 19 por ciento en el Lenovo ampliado, y funcionará como el servicio y proveedor financiero preferido de la empresa.

El negocio de servicios en crecimiento de IBM ahora representa casi la mitad de sus ventas, aunque, por tradición, se ha considerado como un proveedor de hardware de computadoras centrales. Con el fin de ampliar su liderazgo, IBM adquirió la unidad de servicios informáticos y de consultoría de PricewaterhouseCoopers, PWC Consulting, en alrededor de $3,500 millones en capital y acciones. La transacción, que supuso para IBM un reto de integración importante, también cumplió el doble propósito de aumentar la variedad estándar de IBM de servicios de subcontratación, mantenimiento e integración, al tiempo que la empresa pasaba al sector de consultoría ejecutiva de alta calidad.

IBM ha usado en gran medida las adquisiciones para convertirse en líder en un mercado más, el de software, en el que sólo se encuentra detrás de Microsoft. Como pionero de software de sistemas operativos para servidores, IBM hizo un movimiento anticipado en el software de administración de red y mensajes con sus adquisiciones de Lotus Development (1995) y Tivoli (1996). Sus operaciones de software ahora se enfocan sobre todo en una infraestructura de comercio electrónico. El avance de IBM continúa más allá del software OS, por lo que compró las operaciones de la base de datos de Informix (2001) y los productos de integración de aplicaciones de CrossWorlds Software (2002). En 2003 IBM adquirió la fábrica de herramientas de desarrollo, Rational Software, por $2,100 millones en efectivo y a principios de 2004 también adquirió la fábrica del software de la cadena de suministro Trigo Technologies.

IBM es una de las 500 empresas destacadas de la revista *Fortune*. Apenas la mitad de sus ingresos y utilidades provienen de sus productos de hardware y software.

Para competir con Microsoft, IBM, junto con otros como Sun, ha ofrecido un gran apoyo a la plataforma de Linux. En este sentido, se considera que la iniciativa de fuente abierta de la que son punta de lanza IBM y otros es una forma eficaz de acorralar a Microsoft. Para obtener el apoyo de la comunidad de fabricantes, IBM ha respaldado por completo a Java en su plataforma de software intermedio representativa, Websphere, y en sus productos paralelos como Tovili. IBM tiene una completa línea de productos en los segmentos de hardware y software. El único campo del software en que es clara la ausencia de IBM es el mercado de ERP/CRM (*Enterprise Resource Planning/Customer Rela-*

Ingresos y ganancias anuales de IBM

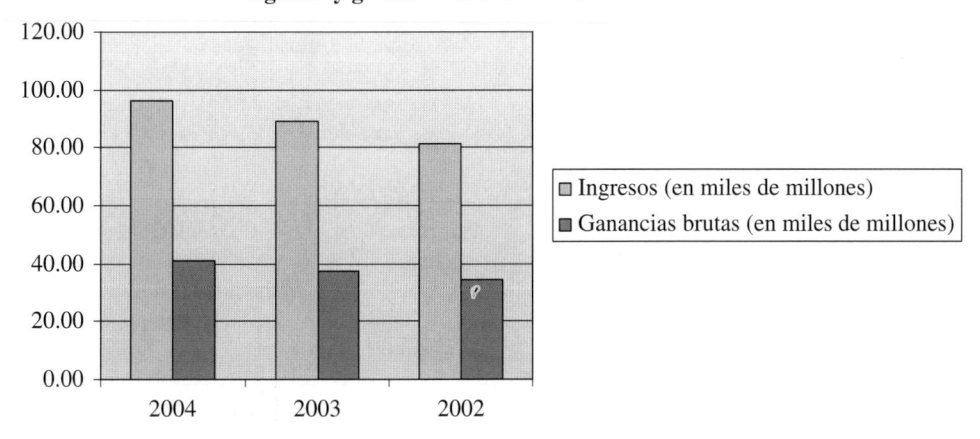

■ Ingresos (en miles de millones)
■ Ganancias brutas (en miles de millones)

tionship Management, Planeación de recursos empresariales/Administración de relaciones con los clientes), por el que ahora compiten SAP y Oracle, sobre todo después de que esta última comprara PeopleSoft. Pero, incluso en este segmento, IBM ha hecho incursiones exitosas a través de su producto intermediario Websphere, que con frecuencia prefieren algunos clientes por su requisito de aplicaciones e integración. Asimismo, el PWC de IBM es uno de los principales participantes en el mercado de servicios de implementación de ERP/CRM.

Para mantener su liderazgo, es importante que IBM se asegure que sus clientes, los gerentes y quienes toman las decisiones de compra, están satisfechos con los productos de hardware y software de IBM. Para ello, realizó estudios mediante encuestas con los encargados de tomar las decisiones en diferentes funciones de varias empresas. Los participantes en la encuesta eligieron y evaluaron una empresa. La empresa elegida por los participantes fue IBM u otra empresa que compite de alguna forma con ella. La encuesta, llamada *IT Industry Customer Benchmark Survey* (encuesta de parámetros para el consumidor de la industria de la informática), se repetirá cada año. Ofrecerá datos sobre cómo perciben los clientes a IBM y sus competidores. El cuestionario de la encuesta se presenta a continuación y los archivos con los datos se encuentran en el sitio Web del libro. El equipo administrativo de IBM puede usar los resultados de la encuesta y su análisis para tomar decisiones estratégicas con el fin de mejorar la posición de la empresa ante los clientes.

Preguntas
Capítulo 14

1. Efectúe un conteo de frecuencias de todas las variables. Identifique las variables con un gran número de valores faltantes. ¿Cómo deben tratarse estos valores faltantes?
2. Recodifique la satisfacción (P4) en dos grupos: 1 a 4 = Satisfacción baja y 5 = Satisfacción alta.
3. Recodifique la variable de la P2 en una variable diferente, "P2_Recodificada", de manera que los valores 1 a 4 de la variable de la P2 reciban el valor de 1 en la variable "P2_Recodificada" y los valores 5 a 7 de la variable de la P2 reciban el valor de 2.
4. Recodifique la variable P3 en una variable diferente, "P3_Recodificada". Los 250 casos de la empresa 55, Microsoft, deben recodificarse a 1 y los 109 casos de la empresa 26, Compaq/Hewlett Packard, deben recodificarse a 2. Las variables de las empresas para los casos restantes deberán recodificarse con un valor de 999. El valor de 999 de la variable P3_Recodificada deberá declararse como un valor faltante.

Capítulo 15

5. Realice un conteo de frecuencias de variables de esta base de datos.
6. En esta encuesta, ¿cuáles son la función de los participantes (P1) y el tamaño de empresas (P2) más representados? (*Sugerencia:* Haga una tabulación cruzada de las variables P1 y P2).
7. Realice una tabulación cruzada de la función de informática (P1) con las dimensiones de las medidas generales de la empresa evaluada (variables P4, P5, P6 y P7).
8. ¿Existen diferencias en las dimensiones de las medidas generales (P4, P5, P6 y P7) entre las dos principales empresas en términos de frecuencia de respuestas (P3_Recodificada)?
9. Para Microsoft (la empresa con la mayor frecuencia de selección basada en P3), ¿cómo difiere la evaluación en calificaciones de "Satisfacción general", variable P4, y "Calidad general", variable P7?

Sugerencia: Primero, seleccione el menú, Data → Select cases. Luego, en la ventana que aparece, seleccione la variable "P3" y haga clic en el botón de la opción "Select – If condition is satisfied". En la siguiente ventana que se abra, seleccione o escriba "P3 = 55" y haga clic en el botón "Continue". Con ello asegura que sólo se seleccionen los casos para Microsoft (empresa 55 según el libro de códigos). Enseguida, ejecute una prueba T de muestras pareadas con "P4 – P7" como las variables pareadas).

10. Para Microsoft (la empresa con la mayor frecuencia de selección basada en la P3), ¿cómo difieren las evaluaciones en las calificaciones de "empresa con finanzas sólidas", variable P3 y "empresa en la que puedo confiar", variable P14? *Sugerencia:* Vea la sugerencia de la pregunta 9.
11. ¿Se considera a IBM una empresa con ética? *Sugerencia:* Primero asegúrese de que sólo se seleccionen los casos para IBM (P3 = 44).

Enseguida, lleve a cabo una prueba t de una muestra en la variable P9 para verificar si el valor promedio es superior a 3.

Capítulo 16

12. ¿La evaluación de la empresa de informática en las dimensiones de las medidas generales (P4, P5, P6 y P7) difiere según la función del evaluador (P1)? Interprete los resultados.
13. Realice un ANOVA de dos factores con P1 y P2_Recodificada como factores y P4, P5, P6 y P7 como las variables dependientes. Interprete los resultados.
14. Realice un ANOVA de dos factores con P1 y P2_Recodificada como factores y P18, P20 y P21 como las variables dependientes. Interprete los resultados.

Capítulo 17

15. ¿Se puede explicar la evaluación del participante en "calidad general de la empresa en relación con los precios" en términos de la evaluación de los participantes en las variables de ventas y apoyo al servicio (P22, P23, P24, P25 y P26) cuando se consideran al mismo tiempo estas variables?
16. ¿Se puede explicar la probabilidad de compra de la empresa evaluada (P18) en términos de la evaluación de los participantes en las variables de ventas y apoyo al servicio (P22, P23, P24, P25 y P26) cuando se consideran al mismo tiempo estas variables?
17. ¿Se puede explicar la probabilidad de recomendar la empresa evaluada (P20) en términos de la evaluación de los participantes en las variables de ventas y apoyo al servicio (P22, P23, P24, P25 y P26) cuando se consideran al mismo tiempo estas variables?
18. ¿Se puede explicar la probabilidad de compra de la empresa evaluada (P18) en términos de la evaluación de los participantes en las dimensiones de las medidas generales (P4, P5, P6 y P7)?
19. Genere una matriz de correlación de las siguientes variables e interprete los resultados:
    - Variables P4, P5, P6 y P7.
    - Variables P18, P19, P20 y P21.
    - Variables P22, P23, P24, P25 y P26.

Capítulo 18

20. ¿Los participantes de la encuesta que evaluaron a las empresas con las dos frecuencias más altas difieren en términos de las dimensiones de medidas generales (P4, P5, P6 y P7) cuando se consideran al mismo tiempo estas variables? *Sugerencia:* Primero, seleccione el menú, Data → Select cases. Luego, en la ventana que se abre, seleccione la variable "P3_recodificada" y haga clic en el botón de la opción "Select – If condition is satis-

fied". En la siguiente ventana que se abra, seleccione o escriba "P3_Recodificada < 3" y haga clic en el botón "Continue". Así se seleccionan únicamente los casos con Microsoft y Compaq/Hewlett Packard, las empresas con las dos frecuencias más altas. Después, realice un análisis discriminante con P3_Recodificada como la variable de grupo y las variables P4, P5, P6 y P7 como variables dependientes).

21. ¿Los participantes de la encuesta que pertenecen a las empresas "Pequeñas" y las empresas "Grandes" (P2_Recodificada) difieren en términos de las dimensiones de las medidas generales (P4, P5, P6 y P7) cuando se consideran al mismo tiempo estas variables?
22. ¿Los participantes de la encuesta con distintas funciones de informática (P1) difieren en términos de las dimensiones de medidas generales (P4, P5, P6 y P7) cuando se consideran al mismo tiempo estas variables?
23. ¿Los participantes de la encuesta con distintas funciones de informática (P1) difieren en términos de las variables de ventas y de apoyo al servicio (P22, P23, P24, P25 y P26) cuando se consideran al mismo tiempo estas variables?
24. ¿Los participantes de la encuesta con diferentes funciones de informática (P1) difieren en términos de las variables de tendencias futuras (P27A, P27B, P27C, P27D, P27E, P27F y P27G) cuando se consideran al mismo tiempo estas variables?

Capítulo 19

25. ¿Es posible representar las dimensiones de las medidas generales (P4, P5, P6 y P7) con un conjunto reducido de variables? *Sugerencia:* Realice un análisis de los componentes principales para las variables P4, P5, P6 y P7 en la base de datos. Utilice la rotación varimax. Guarde las puntuaciones de los factores).
26. ¿Es posible representar las variables de imagen (P8, P9, P10, P11, P12, P13, P14, P15, P16 y P17) con un conjunto reducido de variables?
27. ¿Es posible representar la probabilidad de las variables de compra (P18, P19, P20 y P21) con un conjunto reducido de variables?
28. ¿Es posible representar las variables de ventas y apoyo al servicio (P22, P23, P24, P25 y P26) del cuestionario con un conjunto reducido de variables?
29. ¿Es posible representar las variables de tendencias futuras (P27A, P27B, P27C, P27D, P27E, P27F y P27G) del cuestionario con un conjunto reducido de variables?

Capítulo 20

30. ¿Es posible segmentar a los participantes de la encuesta según su evaluación de las dimensiones de medidas generales (P4, P5, P6 y P7)?
31. ¿Es posible segmentar a los participantes de la encuesta según las puntuaciones de los factores de dimensiones de las medidas generales (P4, P5, P6 y P7)?
32. ¿Es posible segmentar a los participantes de la encuesta en las variables de la imagen (P8 a P17)?
33. ¿Es posible segmentar a los participantes de la encuesta según las puntuaciones de los factores de las variables de imagen (P8 a P17)?

Para cada pregunta, de la 30 a la 33, determine el número adecuado de segmentos.

Capítulo 21

34. Dé calificaciones de semejanza en una escala del 1 al 7 para todos los pares posibles de las siguientes empresas de informática (utilice sus impresiones aunque no las conozca): Apple, Cisco, Compaq/HP, Dell, EMC, Gateway, IBM, Intel, Lucent y Microsoft. Desarrolle un mapa bidimensional de escalamiento multidimensional. Interprete las dimensiones y el mapa.
35. Elabore 32 perfiles completos de empresas de informática mediante los siguientes atributos y niveles: gestión contable (M, A), calidad de los productos (M, A), servicio no técnico a clientes (M, A), programas de capacitación (M, A) y apoyo técnico (M, A). Califique los 32 perfiles en términos de su preferencia por medio de una escala de 7 puntos (1 = no se prefiere, 7 = sumamente preferido). Calcule las funciones de valor parcial y la importancia relativa de los atributos. Recuerde que M = medio y A = alto.

Capítulo 22

36. Escriba un informe para la administración de IBM en el que resuma los resultados de sus análisis. ¿Cuáles son sus recomendaciones para la administración?

Capítulo 23

37. Si esta encuesta se realizara en Francia en vez de Estados Unidos, ¿cuál sería la diferencia en el proceso?

Referencias

1. *www.ibm.com*, consultada el 5 de enero de 2006.
2. Charles Forelle, "IBM Services Business Bounces Back", *The Wall Street Journal* (18 de octubre de 2005): A3, A14.

Nota: este caso fue preparado exclusivamente para fines de discusión en clase y no representa las ideas de IBM ni sus filiales. El escenario del problema es hipotético y el nombre de la empresa real fue disfrazado. Sin embargo, los datos presentados son reales. Algunas preguntas se eliminaron, mientras que los datos de otras no se dan por razones de derechos de autor.

ENCUESTA DE PARÁMETROS PARA LOS CLIENTES DE LA INDUSTRIA DE LA INFORMÁTICA 2006

Calificación

1. Por favor, seleccione la opción que describa mejor su función dentro de su empresa. (Elija una para continuar).
   ○ **Persona que toma las decisiones sobre informática** (por ejemplo, director de informática, director de tecnología, vicepresidente de informática): ejecutivo con autoridad y responsabilidad de tomar decisiones sobre informática en la empresa y la relación de alto nivel con los vendedores de informática. (1)
   ○ **Persona que influye en informática** (por ejemplo, director de informática, gerente): gerente con la responsabilidad de tomar las decisiones sobre la planeación, diseño e implementación del sistema informático de su empresa o que administra las organizaciones que operan y dan mantenimiento al sistema informático de la empresa. (2)

○ **Personal de informática**: miembro del personal responsable del diseño o mantenimiento de la operaciones informáticas de la empresa y de encontrar soluciones para los problemas. (3)
○ No sabe. (9)

SI NO CONTESTÓ: "Debe responder esta pregunta para calificar para la encuesta".

SI NO SABE: "Debe ser una persona que toma decisiones sobre informática, persona que influye en informática o personal de informática para continuar con la encuesta".

PERMITA QUE EL ENCUESTADO REGRESE Y CAMBIE SU RESPUESTA. DE NO CONTESTAR O SEGUIR SIN SABER, TERMINE LA ENCUESTA.

2. ¿Cuántos empleados hay en su organización?
   ○ De 1 a 49
   ○ De 50 a 99
   ○ De 100 a 499
   ○ De 500 a 999
   ○ De 1,000 a 4,999
   ○ De 5,000 a 9,999
   ○ Más de 10,000
   ○ No sabe (99)

SI NO CONTESTÓ O NO SABE: "Debe responder esta pregunta para calificar para la encuesta".
PERMITA QUE EL ENCUESTADO REGRESE Y CAMBIE SU RESPUESTA. DE NO CONTESTAR O SEGUIR SIN SABER, TERMINE LA ENCUESTA.

Medidas generales

3. Seleccione uno de los siguientes vendedores que quiere evaluar. (Elija uno solo).

ADIC	Hyperion
Alcatel	IBM
3Com	Intel
Adaptec	JD Edwards
ADC	Linksys
Adobe	Lucent
Adtran	Maxtor
Apple	McAfee
Ariba	MetaSolv
Belkin	Microsoft
Black Box	Netgear
Cabletron/Enterasys	Nortel
Cisco	Novell
Compaq/Hewlett Packard	Onyx
Computer Associates	Oracle
Corel Corporation	Peoplesoft
Datalink	Peregrine Systems
Dell	Quantum
E.piphany	SAP
EMC	Seagate
Exabyte	SMC
Extreme	Sun Microsystems
Fluke Networks	Sybase
Gateway	Symantec
Great Plains	Tivoli Systems
Hitachi	Toshiba

Medidas generales

4. ¿Cómo calificaría su nivel general de satisfacción con la empresa seleccionada?

	Muy Satisfecho	Satisfecho	Neutral	Insatisfecho	Muy Insatisfecho	No sabe
	5	4	3	2	1	9
Empresa seleccionada	○	○	○	○	○	○

5. Si toma en cuenta su experiencia y lo que ha leído o escuchado, ¿cómo calificaría en general la calidad de los productos, servicios y apoyo que brinda la empresa seleccionada?

	Excelente	Muy buena	Buena	Regular	Mala	No sabe
	5	4	3	2	1	9
Empresa seleccionada	○	○	○	○	○	○

6. Evalúe el costo total de la propiedad de la empresa, incluyendo costos de adquisición y continuos.

	Muy alto	Alto	Moderado	Bajo	Muy bajo	No sabe
	5	4	3	2	1	9
Empresa seleccionada	○	○	○	○	○	○

7. Si toma en cuenta la calidad en general de la empresa en relación con sus precios, ¿cómo calificaría el valor ofrecido?

	Excelente	Muy buena	Buena	Marginal	Mala	No sabe
	5	4	3	2	1	9
Empresa seleccionada	○	○	○	○	○	○

Imagen

Indique su nivel de aprobación para cada uno de los siguientes enunciados.

8. A esta empresa parece preocuparle la comunidad y sociedad.

	Totalmente de acuerdo	De acuerdo	Ni de acuerdo ni en desacuerdo	En desacuerdo	Totalmente en desacuerdo	No sabe
	5	4	3	2	1	9
Empresa seleccionada	○	○	○	○	○	○

9. La ética de esta empresa es sumamente alta.

	Totalmente de acuerdo	De acuerdo	Ni de acuerdo ni en desacuerdo	En desacuerdo	Totalmente en desacuerdo	No sabe
	5	4	3	2	1	9
Empresa seleccionada	○	○	○	○	○	○

10. Esta empresa es líder en la industria de la informática.

	Totalmente de acuerdo	De acuerdo	Ni de acuerdo ni en desacuerdo	En desacuerdo	Totalmente en desacuerdo	No sabe
	5	4	3	2	1	9
Empresa seleccionada	○	○	○	○	○	○

11. Es una empresa innovadora.

	Totalmente de acuerdo	De acuerdo	Ni de acuerdo ni en desacuerdo	En desacuerdo	Totalmente en desacuerdo	No sabe
	5	4	3	2	1	9
Empresa seleccionada	○	○	○	○	○	○

12. Tiene líderes ejecutivos sumamente capaces.

	Totalmente de acuerdo	De acuerdo	Ni de acuerdo ni en desacuerdo	En desacuerdo	Totalmente en desacuerdo	No sabe
	5	4	3	2	1	9
Empresa seleccionada	○	○	○	○	○	○

13. Es una empresa con finanzas sólidas.

	Totalmente de acuerdo	De acuerdo	Ni de acuerdo ni en desacuerdo	En desacuerdo	Totalmente en desacuerdo	No sabe
	5	4	3	2	1	9
Empresa seleccionada	○	○	○	○	○	○

14. Es una empresa en la que puedo confiar.

	Totalmente de acuerdo 5	De acuerdo 4	Ni de acuerdo ni en desacuerdo 3	En desacuerdo 2	Totalmente en desacuerdo 1	No sabe 9
Empresa seleccionada	○	○	○	○	○	○

15. Me gusta la publicidad de esta empresa.

	Totalmente de acuerdo 5	De acuerdo 4	Ni de acuerdo ni en desacuerdo 3	En desacuerdo 2	Totalmente en desacuerdo 1	No sabe 9
Empresa seleccionada	○	○	○	○	○	○

16. Es una empresa reconocida por el buen trato que da a sus empleados.

	Totalmente de acuerdo 5	De acuerdo 4	Ni de acuerdo ni en desacuerdo 3	En desacuerdo 2	Totalmente en desacuerdo 1	No sabe 9
Empresa seleccionada	○	○	○	○	○	○

17. En comparación con otras empresas, participa de manera justa con la comunidad y sociedad.

	Totalmente de acuerdo 5	De acuerdo 4	Ni de acuerdo ni en desacuerdo 3	En desacuerdo 2	Totalmente en desacuerdo 1	No sabe 9
Empresa seleccionada	○	○	○	○	○	○

Probabilidad de compra

18. ¿Qué tan probable es que le compre a esta empresa el año próximo?

	Sumamente probable 5	Muy probable 4	Probable 3	No muy probable 2	Nada probable 1	No sabe 9
Empresa seleccionada	○	○	○	○	○	○

19. Como porcentaje, ¿qué tan probable es que le siga comprando a esta empresa durante el año próximo? Por ejemplo, si tiene la seguridad de hacerlo, entonces sería un 100 por ciento. Por el contrario, 0 por ciento significa que no le comprará de nuevo a esta empresa.

	Percentage Likelihood to Continue
Empresa seleccionada	_____

20. Si alguien le pidiera que recomendara una empresa de sistemas informáticos, ¿qué tan probable es que recomendara a esta empresa?

	Sumamente probable 5	Muy probable 4	Probable 3	No muy probable 2	Nada probable 1	No sabe 9
Empresa seleccionada	○	○	○	○	○	○

21. Si los demás factores permanecieran igual, ¿qué tan probable es que aumente sus compras actuales de los productos y servicios de esta empresa?

	Sumamente probable 5	Muy probable 4	Probable 3	No muy probable 2	Nada probable 1	No sabe 9
Empresa seleccionada	○	○	○	○	○	○

Ventas y servicios de apoyo

22. En general, ¿cómo calificaría la calidad del representante o equipo de la cuenta?

	Excelente 5	Muy buena 4	Buena 3	Regular 2	Mala 1	No sabe 9
a) EMPRESA A	○	○	○	○	○	○

23. En general, ¿cómo calificaría la calidad de los productos o servicios comprados, incluyendo la disponibilidad, confiabilidad, capacidad de escalamiento y seguridad?

	Excelente 5	Muy buena 4	Buena 3	Regular 2	Mala 1	No sabe 9
Empresa seleccionada	○	○	○	○	○	○

24. En general, ¿cómo calificaría la calidad del servicio no técnico a los clientes?

	Excelente	Muy buena	Buena	Regular	Mala	No sabe
	5	4	3	2	1	9
Empresa seleccionada	○	○	○	○	○	○

25. En general, ¿cómo calificaría la calidad de los programas de capacitación o educativos?

	Excelente	Muy buena	Buena	Regular	Mala	No sabe
	5	4	3	2	1	9
Empresa seleccionada	○	○	○	○	○	○

26. En general, ¿cómo calificaría la calidad del apoyo técnico?

	Excelente	Muy buena	Buena	Regular	Mala	No sabe
	5	4	3	2	1	9
Empresa seleccionada	○	○	○	○	○	○

Tendencias futuras

27. Piense ahora en su empresa en los próximos 3 a 6 meses.

	Sumamente probable	Muy probable	Probable	No muy probable	Nada probable	No sabe
	5	4	3	2	1	9
a) ¿Qué tan probable es que su empresa aumente el gasto general en informática?	○	○	○	○	○	○
b) ¿Qué tan probable es que su empresa subcontrate los servicios informáticos existentes como alojamiento en Internet o el monitoreo del desempeño de la red?	○	○	○	○	○	○
c) ¿Qué tan probable es que su empresa aumente el nivel actual de las medidas de seguridad en torno a su estructura informática?	○	○	○	○	○	○
d) ¿Qué tan probable es que su empresa invierta en los servicios Web de Microsoft.NET?	○	○	○	○	○	○
e) ¿Qué tan probable es que su empresa considere ofrecer nuevos servicios en Internet?	○	○	○	○	○	○
f) ¿Qué tan probable es que su empresa adopte el lenguaje XML en sus aplicaciones internas?	○	○	○	○	○	○
g) ¿Qué tan probable es que su empresa amplíe el uso de aparatos móviles e inalámbricos?	○	○	○	○	○	○

Industria

28. Seleccione la industria que clasifique mejor a su organización.
- ○ Productos empacados para el consumidor.
- ○ Servicios financieros.
- ○ Cuidado de la salud.
- ○ Informática.

○ Manufactura/industrial.
○ Servicios comerciales.
○ Telecomunicaciones.
○ Servicios públicos.
○ Otro, especificar: ☐
○ No sabe.

Cierre

Ha completado su encuesta. Le agradecemos su participación.

3.8 Kimberly-Clark: competir con innovaciones

Archivo de resultados de SPSS

La industria de los pañales siempre ha estado en continuo cambio. Desde sus inicios al comienzo de la década de 1960 hasta llegar a su dimensión actual de más de $3,500 millones en Estados Unidos, la industria ha pasado por periodos de crecimiento acelerado y competencia encarnizada. Un breve esbozo de la industria de los pañales servirá para comprender su naturaleza competitiva. Una nueva idea, el pañal desechable, revolucionó la industria a finales de la década de 1950. Fue la marca Pampers de Procter and Gamble (P&G). Pampers se anunciaba a los padres como un método conveniente de mantener limpios a sus hijos cuando iban de viaje. Sin embargo, P&G logró crear todo un nuevo mercado con Pampers, que con el tiempo llevaría a la creación de una nueva sección en las tiendas. La popularidad y los ingresos de Pampers de P&G tuvieron un crecimiento meteórico. Por lo regular, una industria en crecimiento atrae nuevos participantes, y una de las empresas que primero dio batalla a P&G por la participación en el mercado fue Kimberly-Clark (KC), que pudo entrar en este mercado con su marca Huggies, que lanzó a finales de la década de 1970. Para mediados de la década de 1990, KC tenía alrededor de un tercio del mercado de pañales desechables.

Sólo unos cuantos participantes (además de P&G y KC) han podido penetrar en el mercado de los pañales desechables. Una de las razones importantes de esta barrera de entrada es la tecnología e innovación. P&G y KC en forma continua hacen innovaciones y mejoran la tecnología para que Pampers y Huggies sean muy absorbentes y cómodos. Las innovaciones van de la creación de un nuevo material absorbente para evitar escurrimientos al diseño de nuevas capas externas delicadas para reducir o evitar el salpullido por contacto en los bebés. De hecho, P&G y KC han hecho tantas innovaciones y han tratado tanto de mantenerse a raya una a la otra, que durante varios años libraron una guerra de patentes. Pero desde mediados de la década de 1980 P&G ha dominado las patentes solicitadas en esta industria.

Con el tiempo, entraron en el mercado otras grandes empresas de bienes de consumo empacados, como Johnson and Johnson y Colgate-Palmolive, a mediados de la década de 1970. Las tres empresas que al final se unieron a P&G en la industria de los pañales ya eran enormes por derecho propio. Los costos fijos iniciales y, luego, los costos variables en que se incurre para entrar en el mercado fueron tan grandes que sólo pudieron entrar las empresas mayores, las que más recursos tienen. Un acontecimiento relacionado en la industria de los pañales desechables ha sido que estos participantes también dominan en los productos femeninos y de continencia, dada la naturaleza similar de estos artículos. Muchas de las innovaciones que se introdujeron en la industria de los pañales desechables podían aprovecharse también en estos mercados.

A pesar de sus fortalezas iniciales, Colgate-Palmolive y Johnson and Johnson casi han desaparecido de la industria de los pañales desechables. Una de las razones de ello puede atribuirse al hecho de que los dos nuevos participantes tuvieron que correr detrás de P&G y KC, que hacen rápidas innovaciones. Es posible que Colgate-Palmolive y Johnson and Johnson tuvieran más dificultades para elaborar productos comparativamente superiores debido a las patentes que ya habían obtenido P&G y KC.

Dada su naturaleza inherente, los pañales desechables se consideran muy onerosos y dañinos para el ambiente. A mediados de la década de 1980, la industria se convirtió en blanco de los cabildeos de ecologistas. Para contrarrestar el problema, P&G aumentó sus propias actividades de cabildeo en el Congreso estadounidense y otros foros pertinentes. P&G y KC, mediante su publicidad, trataron de mitigar el asunto y proyectar una imagen de ser ciudadanos corporativos conscientes. Más tarde, P&G realizó innovaciones para hacer su producto Pampers más amigable para el medio natural.

En las dos últimas décadas, KC se ha convertido en el participante dominante del mercado de los pañales desechables y sus ganancias han superado las de P&G. En 2001 KC tenía alrededor del 46 por ciento de participación en el mercado, mientras que P&G tenía el 34 por ciento, en especial a través de sus dos líneas de productos, Pampers y Luvs. Más tarde, P&G, mediante promociones y estrategias de descuentos, al parecer superó en la maniobra a KC. En 2003 el mercado de KC había disminuido a cerca del 44 por ciento y el de P&G había aumentado al 38.5 por ciento. Hasta 2005, el mercado mundial de los pañales desechables era de alrededor de $19,000 millones y la continua recesión económica parecía haber intensificado la competencia entre P&G y KC para captar y aumentar su participación en el mercado.

En un esfuerzo por incrementar su participación en el mercado y la satisfacción de los clientes, KC inició una encuesta de compradores. Quería obtener información específica de clientes potenciales para comprender mejor los segmentos del mercado y los datos demográficos relacionados. Como el enfoque de una nueva campaña será en el correo directo, la encuesta atañe a la evaluación de los envíos. A continuación se presenta el cuestionario de la encuesta y el archivo de datos se incluye en la página Web del libro. Con base en los resultados de esta encuesta, la gerencia de KC desarrollará las estrategias futuras.

Preguntas

Capítulo 14

1. ¿Cómo trataría los valores faltantes de las siguientes variables que van a ser tratadas como dependientes: Envío_Notado (P1), Envío_Abierto (P2) y Compra_Probable (P3)?
2. ¿Cómo trataría los valores faltantes de las siguientes variables que van a ser tratadas como independientes: Info_Nueva_Diferente (P6), Info_Apropiada (P7), Info_Creíble (P8) e Info_Comprensible (P9)?
3. Recodifique Tamaño_Pañal (P13) combinando Recién nacido, Uno y Dos en una sola categoría y combine también en una categoría Cinco, Seis y Otro_Tamaño.
4. Recodifique el resto de las variables demográficas de la siguiente manera: a) En Rango_Edad (P15) las categorías deben ser Menos de 25, 25-30, 31-35 y 36+. b) El Estado_Civil (P16) debe volver a codificarse combinando Soltera, Divorciada, Viuda y Separada en una sola categoría. c) Para Educación (P18), combine Secundaria y Algo_Preparatoria en una sola categoría, y combine también en una categoría Licenciatura y Estudios_Posgrado en otra categoría. d) Origen_Étnico (P19) debe combinar en una sola categoría Hispano/Latino, Asiático y Otro_Origen étnico. Ingreso_Doméstico (P20) debe tener las dos mayores categorías de ingreso en una sola denotada como $50,000 o más.

Capítulo 15

5. Calcule la calificación general de la marca Diaper Rash que sea la suma de Calidad_General (P4a), Marca_Confiable (P4b) y Marca_Recomendable (P4c). Realice una distribución de frecuencias, calcule el resumen estadístico e interprete los resultados.
6. Haga una tabulación cruzada de Envío_Notado (P1) y Envío_Abierto (P2) con las variables demográficas originales. ¿Qué problemas detecta? ¿Cómo pudieron haberse evitado esos problemas? A continuación realice la misma tabulación cruzada con las variables demográficas recodificadas. Interprete los resultados.
7. Recodifique la probabilidad de comprar (Compra_Probable, P3) en dos grupos combinando los códigos 2, 3, 4 y 5 en una sola categoría. Haga una tabulación cruzada de la probabilidad de comprar recodificada y las variables demográficas categóricas recodificadas.
8. ¿La respuesta al envío en términos de probabilidad de comprar (Compra_Probable, P3) difiere entre las participantes en la celda L y la celda M (pantalla de P4)? ¿Cómo cambiaría su análisis si esta variable fuera tratada como escala ordinal en vez de una escala de intervalo?
9. ¿La respuesta al envío en términos de probabilidad de comprar (Compra_Probable, P3) difiere dependiendo del sexo del bebé (niño o niña, pantalla PH)? ¿Cómo cambiaría su análisis si esta variable fuera tratada como escala ordinal en vez de escala de intervalo?
10. ¿Las calificaciones de Diaper Rash (Calidad_General (P4a), Marca_Confiable (P4b) y Marca_Recomendable (P4c)) difieren entre las encuestadas en la celda L y la celda M (pantalla de P4)? ¿Cómo cambiaría su análisis si esta variable fuera tratada como escala ordinal en vez de escala de intervalo?
11. ¿Las calificaciones de la marca Diaper Rash (Calidad_General (P4a), Marca_Confiable (P4b) y Marca_Recomendable (P4c)) difieren dependiendo del sexo del bebé (niño o niña, pantalla PH)? ¿Cómo cambiaría su análisis si esta variable fuera tratada como escala ordinal en vez de escala de intervalo?
12. Las encuestadas evaluaron mejor Diaper Rash en Marca_Confiable (P4b) que en Marca_Recomendable (P4c)? ¿Qué análisis realizaría si estas variables fueran tratadas como escala ordinal en vez de escala de intervalo?
13. Las encuestadas evaluaron mejor al envío en Info_Comprensible (P9) que en Info_Nueva_Diferente (P6)? ¿Qué análisis realizaría si estas variables fueran tratadas como escala ordinal en vez de escala de intervalo?

Capítulo 16

14. ¿Es posible explicar las calificaciones de la marca Diaper Rash (Calidad_General (P4a), Marca_Confiable (P4b) y Marca_Recomendable (P4c)) en términos de las características demográficas recodificadas?
15. ¿Es posible explicar las calificaciones de los mensajes (Info_Nueva_Diferente (P6), Info_Apropiada (P7) Info_Creíble P8 e Info_Comprensible (P9)), en términos de las características demográficas recodificadas?

Capítulo 17

16. ¿Es posible explicar las calificaciones de la marca Diaper Rash (Calidad_General (P4a) Marca_Confiable (P4b) y Marca_Recomendable (P4c)) en términos de las calificaciones de los mensajes (Info_Nueva_Diferente (P6), Info_Apropiada (P7), Info_Creíble (P8) e Info_Comprensible (P9)), cuando se consideran al mismo tiempo las respuestas al mensaje?
17. ¿Es posible explicar las calificaciones del envío en (P10) (Calidad_Marca, Info_Ilustrativa, e Info_Deseable) en términos de las calificaciones de los mensajes (Info_Nueva_Diferente (P6), Info_Apropiada (P7), Info_Creíble (P8) e Info_Comprensible, (P9)), cuando se consideran al mismo tiempo las respuestas al mensaje?
18. ¿Es posible explicar la probabilidad de compra (Compra_Probable (P3)) en términos de las calificaciones de los mensajes (Info_Nueva_Diferente (P6), Info_Apropiada (P7), Info_Creíble (P8) e Info_Comprensible (P9)), cuando se consideran al mismo tiempo las respuestas al mensaje? Interprete los resultados de su análisis.

Capítulo 18

19. Recodifique la probabilidad de compra (Compra_Probable (P3)) en dos grupos combinando los códigos 2, 3, 4 y 5 en una sola categoría. Realice un análisis discriminante de dos grupos con Compra_Probable recodificada como variable dependiente y las calificaciones de los mensajes (Info_Nueva_Diferente (P6), Info_Apropiada (P7), Info_Creíble (P8) e Info_Comprensible (P9)) como variables independientes. Interprete los resultados.
20. Recodifique las calificaciones de la marca Diaper Rash (Calidad_General (P4a), Marca_Confiable (P4b) y Marca_Recomendable (P4c)) en dos grupos (1 a 8 = grupo 1, 9 y 10 = grupo 2). Realice

tres análisis discriminantes de los dos grupos con las calificaciones de los mensajes (Info_Nueva_Diferente (P6) Info_Apropiada (P7), Info_Creíble (P8) e Info_Comprensible (P9)) como variables independientes. Interprete los resultados.

21. Recodifique las calificaciones de la marca Diaper Rash (Calidad_General (P4a), Marca_Confiable (P4b) y Marca_Recomendable (P4c)) en tres grupos (1 a 7 = grupo 1, 8 y 9 = grupo 2 y 10 = grupo 3). Realice tres análisis discriminantes de los tres grupos con las calificaciones de los mensajes (Info_Nueva_Diferente (P6), Info_Apropiada (P7), Info_Creíble (P8) e Info_Comprensible (P9)) como variables independientes. Interprete los resultados.

Capítulo 19

22. Haga un análisis factorial de las calificaciones de la marca Diaper Rash (Calidad_General (P4a), Marca_Confiable (P4b) y Marca_Recomendable (P4c)). Use el análisis de componentes principales con rotación varimax. Interprete y explique los resultados.

23. Haga un análisis factorial de las calificaciones de los envíos (Info_Nueva_Diferente (P6), Info_Apropiada (P7) Info_Creíble, (P8) e Info_Comprensible (P9)). Use un análisis de componentes principales con rotación varimax. Interprete y explique los resultados.

24. Haga un análisis factorial de las calificaciones del envío (Calidad_Marca (P10a), Info_Ilustrativa (P10b) e Info_Deseable (P10c)). Use un análisis de componentes principales con rotación varimax. Interprete y explique los resultados.

Capítulo 20

25. Agrupe en conglomerados a las encuestadas con base en las calificaciones de los mensajes (Info_Nueva_Diferente (P6), Info_Apropiada (P7), Info_Creíble (P8) e Info_Comprensible (P9)). Interprete los resultados.

Capítulo 21

26. Elabore 16 perfiles completos usando los siguientes atributos: estilo (estampado/color, blanco), absorbencia (regular, superabsorbente), cierre (cinta normal, cinta resellable) y escurrimiento (regular, antiescurrimientos). Jerarquice los 16 perfiles completos en términos de preferencia. Calcule las funciones de valor parcial y la importancia de cada atributo.

Capítulo 22

27. Escriba un informe para Kimberly-Clark basado en todos los análisis que realizó. ¿Qué recomendaría a KC para que aumente su participación en el mercado?

Capítulo 23

28. Si la encuesta de Kimberly-Clark se hubiera realizado en Australia, ¿cómo se habría efectuado la investigación de mercados?

Referencias

1. *www.kimberly-clark.com,* consultada el 12 de enero de 2006.

Nota: este caso fue preparado exclusivamente para fines de discusión en clase y no representa las ideas de KC ni sus filiales. El escenario del problema es hipotético y el nombre de la empresa real fue disfrazado. Sin embargo, los datos presentados son reales. Se eliminaron algunas preguntas, mientras que los datos de otras no se dan por razones de derechos de autor.

EVALUACIÓN DE CORREO DIRECTO
INFORMACIÓN EN PANTALLA
CUESTIONARIO

Resp. núm. (1–5)
Tarjeta 01 (6–7)

1. Anote el nombre de la encuestada: _____
2. Anote el número telefónico de la encuestada, comenzando con el código de área, con el siguiente formato (###)###-####.

   Núm. telefónico #: _____

3. Ciudad.
   - ☐ 1 Littleton
   - ☐ 2 Troy
   - ☐ 3 Downey
   - ☐ 4 Memphis
   - ☐ 5 Burnsville
   - ☐ 6 Lake Grove
   - ☐ 7 Puyallup   (21–22)
   - ☐ 8 Springfield
   - ☐ 9 St. Peters
   - ☐ 10 Tallahassee

4. Celda asignada.
   - ☐ 1 Celda L   (23)
   - ☐ 2 Celda M

Información en pantalla

PG. Anote la edad del hijo menor que usa pañales.

   Edad ☐ Meses   (24–25)

PH. Sexo del bebé.
   - ☐ 1 Niño   (26)
   - ☐ 2 Niña

PI. Marca de pañales que usa la mayor parte de las veces.

- ☐ Wet 'b Gone Ultra (27)
- ☐ Wet 'b Gone Super (28)
- ☐ Huggies Overnites (29)
- ☐ Huggies Super (30)
- ☐ Huggies (DK Type) (31)
- ☐ Bottom's Dry Super (32)
- ☐ Bottom's Dry Overnites (33)
- ☐ Bottom's Dry Sensitive (34)
- ☐ Bottom's Dry Sooper Dooper (35)
- ☐ Bottom's Dry (DK Type) (36)
- ☐ Diaper Duty (Any) (37)
- ☐ Store Brand (38)
- ☐ No lo sabe (39)
- ☐ Otra (especifique) _____ (40–43)

Caja de cotejo del supervisor

CUESTIONARIO PRINCIPAL
Impresión del envío

(Acompañe a la encuestada a la zona de entrevistas. Preste mucha atención al código. Asegúrese de que la encuestada evalúa la pieza postal correcta con el código apropiado).

Frente a usted está el envío que podría recibir por correo en su casa, sobre el que quisiéramos pedirle sus opiniones.

Me gustaría que usted abriera y examinara el envío como haría si lo recibiera en su correo. Avíseme cuando termine.

(Conceda tiempo a la encuestada para que examine el envío).

P1. ¿Habría notado o no este envío si llegara a su casa por correo?

Sí ☐–1
No ☐–2 (44)
No sabe ☐–3

P2. ¿Habría abierto o no este envío si llegara a su casa por correo?

Sí ☐–1
No ☐–2 (45)
No sabe ☐–3

P3. ¿Qué tan probable es que compre esta marca de pañales? ¿Diría que... (lea la lista)?

Definitivamente la compraría ☐–1
Probablemente la compraría ☐–2
Podría o no comprarla ☐–3
Probablemente no la compraría ☐–4 (45)
Definitivamente no la compraría ☐–5
No sabe/se niega ☐–6

Calificaciones de la marca / idea principal

P4. Ahora, quisiera que me dijera qué piensa de los pañales Huggies calificándolos en varias características con una escala de "1" a "10", en la que "1" es la calificación más baja y "10" la más alta.

Desde luego, puede conceder cualquier número de "1" a "10".

La <u>primera/siguiente característica</u> es (<u>característica</u>). Con la escala de 1 a 10, ¿cómo calificaría a Huggies en (<u>característica</u>)?

Borre las respuestas iniciales de "No sabe". A partir exclusivamente de lo que sepa sobre Huggies, ¿cómo calificaría a Huggies desde el punto de vista de (<u>característica</u>).

(Alterne los atributos).

	Calificación más baja								**Calificación más alta**	**NS**
a) ____ Calidad general	☐–1	☐–2	☐–3	☐–4	☐–5	☐–6	☐–7	☐–8	☐–9 ☐–10	☐–99 (47–48)
b) ____ Es una marca en la	☐–1	☐–2	☐–3	☐–4	☐–5	☐–6	☐–7	☐–8	☐–9 ☐–10	☐–99 (49–50)

c) _____ Es una marca que recomendaría a otros ☐–1 ☐–2 ☐–3 ☐–4 ☐–5 ☐–6 ☐–7 ☐–8 ☐–9 ☐–10 ☐–99

(51–52)

P5. ¿Cuál cree que sea, si acaso, la idea principal del envío?

¿Qué más? **(Sondee hasta que sea improductivo; acepte varias respuestas. Registre por separado las primeras menciones). (Registre en una hoja de respuestas abiertas).**

Calificaciones de los mensajes

P6. Si piensa en la información de este envío, ¿qué tan nueva y diferente considera que es esta información? ¿Diría que es... (lea la lista)?

Extremadamente nueva y diferente ☐–1
Muy nueva y diferente ☐–2
Algo nueva y diferente ☐–3 (53)
Ligeramente nueva y diferente ☐–4
Nada nueva ni diferente ☐–5
No sabe / se niega ☐–6

P7. ¿Qué tan apropiada diría que es la información para su bebé? ¿Diría que es... (lea la lista)?

Muy apropiada ☐–1
Algo apropiada ☐–2
Ni apropiada ni inapropiada ☐–3
Algo inapropiada ☐–4 (54)
Muy inapropiada ☐–5
No sabe / se niega ☐–6

P8. ¿Qué tan creíble diría que es la información del envío? ¿Diría que es... (lea la lista)?

Extremadamente creíble ☐–1
Muy creíble ☐–2
Algo creíble ☐–3 (55)
No muy creíble ☐–4
Nada creíble ☐–5
No sabe / se niega ☐–6

P9. ¿Qué tan fácil o difícil de comprender es la información del envío? ¿Diría que es... (lea la lista)?

Muy fácil ☐–1
Algo fácil ☐–2
Ni fácil ni difícil ☐–3 (56)
Algo difícil ☐–4
Muy difícil ☐–5
No sabe / se niega ☐–6

Calificaciones del envío

(Entregue a la encuestada la tarjeta de acuerdo).

P10. Voy a leerle varios enunciados que podrían usarse para describir el envío. Usando las frases de esta tarjeta, dígame si está muy de acuerdo, algo de acuerdo, ni de acuerdo ni en desacuerdo, algo en desacuerdo o muy en desacuerdo con cada uno de estos enunciados que describen el envío.

El (primer/siguiente) enunciado es: el envío (inserte atributo)

Usted está muy de acuerdo, algo de acuerdo, ni de acuerdo ni en desacuerdo, algo en desacuerdo o muy en desacuerdo en que el enunciado describe el producto que probó para nosotros.

(Borre las respuestas iniciales de "No sabe". Con base exclusivamente en cualquier impresión que tenga sobre el producto, ¿qué tan de acuerdo o en desacuerdo está con que el producto que probó para nosotros (inserte enunciado).

(Si es necesario, aclare más con: ¿Está muy o algo [de acuerdo o en desacuerdo]).

(Alterne los atributos).

	Muy de acuerdo	Algo de acuerdo	Ni de acuerdo ni en desacuerdo	Algo en desacuerdo	Muy en desacuerdo	DK
a) _____ Es sobre una marca de calidad	☐−5	☐−4	☐−3	☐−2	☐−1	☐−9 (57)
b) _____ Es ilustrativo	☐−5	☐−4	☐−3	☐−2	☐−1	☐−9 (58)
c) _____ Contiene la información que deseo conocer	☐−5	☐−4	☐−3	☐−2	☐−1	☐−9 (59)

P11. ¿Qué tan probable es que use los cupones que vienen con el envío? ¿Diría que... (lea la lista)?

Muy probable ☐−1
Algo probable ☐−2
Ni probable ni improbable ☐−3 (60)
Algo improbable ☐−4
Muy improbable ☐−5
No sabe / se niega ☐−6

Datos demográficos

Las siguientes preguntas nos ayudarán a dividir las entrevistas en grupos.
Por favor, al responder estas preguntas considere la edad (calificación de la edad de PG) y sexo (calificación del sexo de la PH) de su bebé.

P12. ¿Qué tan sensible diría que es la piel de su hijo en la zona de los pañales? ¿Diría que es... (lea la lista)?

Muy sensible ☐−1
Algo sensible ☐−2
Un poco sensible ☐−3 (61)
Nada sensible ☐−4
No sabe/se niega ☐−5

P13. ¿Qué tamaño de pañales suele usar su hijo?

Recién nacido ☐−1
Uno ☐−2
Dos ☐−3
Tres ☐−4 (62)
Cuatro ☐−5
Cinco ☐−6
Seis ☐−7
Otro tamaño ☐−8
No sabe/se niega ☐−9

P14. ¿Es su primer bebé?

Sí ☐−1
No ☐−2 (63)
No sabe/se niega ☐−3

P15. ¿Cuál de los siguientes rangos describe mejor su edad? (**Lea la lista**)

Menos de 18 ☐−1
De 18–25 ☐−2
De 26–30 ☐−3
De 31–35 ☐−4 (64)
De 36–40 ☐−5
De 41–45 ☐−6
De 46 en adelante ☐−7
No sabe/se niega ☐−8

P16. ¿Cuál es su estado civil?

Soltera ☐−1
Casada ☐−2
Divorciada ☐−3 (65)
Viuda ☐−4
Separada ☐−5
No sabe/se niega ☐−6

P17. ¿Trabaja fuera del hogar? (**Si contesta "Sí"**: "¿Es de tiempo completo o medio tiempo?")

SÍ, medio tiempo ☐−1
SÍ, tiempo completo ☐−2 (66)
NO, no trabaja ☐−3
No sabe/se niega ☐−4

P18. ¿Cuál fue el último año de escuela que concluyó?

Primaria y secundaria ☐−1
Algo de preparatoria ☐−2
Terminó preparatoria/escuela técnica ☐−3
Algo de universidad ☐−4 (67)
Terminó universidad ☐−5
Estudios de posgrado ☐−6
No sabe/se niega ☐−7

P19. ¿Cuál es su origen étnico?

Caucásico ☐−1
Afroestadounidense ☐−2
Hispano/latino ☐−3 (68)
Asiático ☐−4
Otro origen étnico ☐−5
No sabe/se niega ☐−6

P20. ¿Cuál es su ingreso familiar anual total, antes de descontar impuestos?
(Lea la lista si fuera necesario).

Menos de $15,000 ☐−1
Más de $15,000 pero menos de $25,000 ☐−2
Más de $25,000 pero menos de $35,000 ☐−3
Más de $35,000 pero menos de $50,000 ☐−4 (69)
Más de $50,000 pero menos de $75,000 ☐−5
o $75,000 o más ☐−6
No sabe/se niega ☐−7

Agradezca su participación a la encuestada.

3.1 La Clínica Mayo se mantiene saludable con la investigación de mercados

William y Charles Mayo comenzaron a practicar la medicina en la década de 1880, en Rochester, MN. Muy pronto se reconoció su capacidad como cirujanos y el número de pacientes se incrementó tanto que tuvieron que pensar en ampliar su consultorio. Al paso de los años, los hermanos Mayo comenzaron a invitar a otros a unirse a su consultorio.

Su visión de la práctica médica era novedosa y pensaron que, al asociarse con otros individuos con diferentes grados de experiencia, podrían mejorar la atención a sus pacientes. La visión del doctor William Mayo era que la medicina podía ser "una ciencia en la que el clínico, el especialista y el laboratorista trabajarían unidos por el bienestar del paciente; cada uno participaría en el diagnóstico del problema y todos dependerían del apoyo mutuo". La idea era extraordinaria y la combinación de la consulta, investigación y educación hizo destacar a la Clínica Mayo. Las sociedades creadas por los Mayo dieron lugar a uno de los primeros grupos de práctica privada de la medicina en Estados Unidos. En 1919 los hermanos Mayo convirtieron su sociedad en una organización caritativa, sin fines de lucro, conocida como la Fundación Mayo. Todos los ingresos, a excepción de los gastos de operación, fueron destinados a la educación, investigación y atención médica de los pacientes, una forma de trabajo que la Clínica Mayo ha mantenido desde entonces.

Para el 2005, más de 2,500 médicos y científicos y un equipo de 42,000 empleados trabajaban en la sede original de la Clínica Mayo (*www.mayoclinic.com*) en Rochester, MN, y en las nuevas clínicas en Jacksonville, FL, y Arizona. En conjunto, las tres clínicas atienden cada año a más de medio millón de pacientes.

La filantropía es una parte importante de la Clínica Mayo. Desde los donativos hechos por los Mayo en 1919, la filantropía ha estado muy enraizada en las operaciones de esta institución. En 2004 unos 90,000 donadores aportaron $200 millones en contribuciones, donaciones privadas y legados. Estas donaciones se usan sobre todo en investigaciones y educación, y de estas inversiones depende la expansión del capital de la Fundación Mayo.

Las ganancias totales de 2004 fueron de $5,350 millones, arriba de los $4,820 millones de 2003. El ingreso neto de las actividades habituales fue de $305.1 millones, lo que supera los $131.9 millones de 2003. La Clínica Mayo operó con un margen de ganancia del 5.7 por ciento. Los mayores ingresos provienen de la atención a pacientes, que en el 2004 dejó un ingreso de $4,480 millones, de los cuales el ingreso neto por atención a pacientes fue de $314 millones, con un margen de operación del 7.0 por ciento. La institución está en una búsqueda constante de relaciones con fundaciones, benefactores, gobierno e industrias para poder cumplir sus objetivos futuros. La Clínica Mayo dona todavía enormes cantidades de dinero a la educación e investigación. En 2004 Mayo contribuyó con $121 millones a la investigación y $118 millones a la educación. Esto fue independiente de las cantidades donadas por fuentes externas.

La marca de la Clínica Mayo surgió de la práctica médica. La mayor parte de sus negocios procede de las experiencias positivas que los pacientes han tenido en la Clínica Mayo. La clave del éxito han sido los clientes satisfechos. La existencia de la marca se debe al prestigio de la clínica, lo cual es el resultado de la atención que ofrece y del ambiente que ha creado. La cooperación en la práctica ha dado como resultado una atención excelente, mejores métodos e innovación. La Clínica Mayo lo ha logrado sin descuidar el ambiente en el que brinda la atención. La investigación de mercados reveló que el ambiente de la clínica es una parte importante en la experiencia del paciente. Por eso, Mayo utiliza música tranquilizante y arte elaborado para romper el molde del estilo plano y estático que caracteriza a la mayoría de las clínicas. En la Clínica Mayo piensan que esto favorece la experiencia de los pacientes y hace más rápida su recuperación. A lo largo de los años, la Clínica Mayo se ha convertido en un nombre en el que el público confía a pesar de no contar con ninguna publicidad. La clínica tiene una reputación sólida como centro de investigación, como proveedor de atención especializada y como escuela de medicina.

A mediados de la década de 1980, la Clínica Mayo se extendió a tres localidades y, de esta forma, inició el proceso de expansión y fortalecimiento de la marca. Creó un departamento de marketing para ayudar a la administración de la marca. A pesar de gastar sólo 0.25 por ciento de su presupuesto en marketing, ha podido mantener la solidez de la marca. La importancia concedida a la investigación de mercados es lo que le ha ayudado a alcanzar estos objetivos.

Una parte importante de la investigación de mercados está dedicada a la administración de la marca. Se realiza investigación para dar seguimiento en forma continua a la percepción y evaluación por parte de los consumidores de la Clínica Mayo. La Oficina de Manejo de la Marca de la Clínica Mayo tiene dos funciones básicas. La primera es operar como centro de administración de las percepciones externas. La segunda es brindar a los médicos la comprensión de la marca mientras se incursiona en nuevas áreas. Un proyecto de investigación sobre el valor de marca reveló que se le consideraba como la clínica que ofrecía la mejor práctica médica en Estados Unidos. También se encontró que el 84 por ciento del público conocía la Clínica Mayo y la asociaba con palabras como *excelencia*, *atención* y *compasión*. De manera que una parte importante de la estrategia de marca es proteger y conservar estas percepciones, algo que logra al mantener su oferta de un servicio de excelencia y la mejor experiencia a sus pacientes.

La otra parte de su estrategia es el mejoramiento de la marca. Lograr que la marca progrese puede resultar difícil porque es intangible. Hay que tener especial cuidado con la marca porque la gente no piensa en la Clínica Mayo como una marca común. La clínica debe ser especialmente cuidadosa con sus actividades de marketing y sus asociaciones para que las percepciones no cambien. La Clínica Mayo depende de la investigación de mercados para dar seguimiento a la percepción de sus pacientes, el público, los donantes, el personal médico y otros grupos de interés. Una investigación de mercados reciente reveló que la elección que hacen los consumidores de una organización de atención médica está determinada por su evaluación de las organizaciones alternativas de atención médica en los siguientes atributos destacados: **1.** médicos, **2.** tecnología médica, **3.** atención de enfermería, **4.** instalaciones, **5.** administración y **6.** ética. Desde entonces, la Clínica Mayo ha buscado enfatizar estos factores. De esta forma, la investigación de mercados ayuda a la Clínica Mayo a mantenerse saludable a la vez que conserva y mejora su marca.

Preguntas

1. En una encuesta se pidió a los consumidores que utilizaran una escala Likert común para expresar su grado de acuerdo con el enunciado "La clínica Mayo ofrece una atención médica excelente". Emplearon además la misma escala para expresar su grado de acuerdo con los siguiente seis enunciados seleccionados como variables independientes: la Clínica Mayo tiene excelente(s) **1.** médicos, **2.** tecnología médica, **3.** atención de enfermería, **4.** instalaciones, **5.** administración y **6.** ética. ¿Qué técnicas estadísticas usaría para responder las siguientes preguntas?
    a) ¿La clasificación de la Clínica Mayo como un proveedor de atención médica excelente está asociada con cada una de las seis variables independientes?
    b) Consideradas en conjunto, ¿qué variables independientes explican mejor la clasificación de la Clínica Mayo como un proveedor de atención médica excelente?
    c) Del total de la muestra, ¿existe alguna diferencia significativa entre las calificaciones a la tecnología médica y la atención de enfermería?
    d) La muestra se divide en dos grupos: los que tienen respuestas favorables (calificaciones de 4 a 5) y los que tienen respuestas no favorables o neutras (calificaciones de 1, 2 o 3) sobre la Clínica Mayo como un proveedor de atención médica excelente. ¿Existe alguna diferencia entre los dos grupos en sus calificaciones de cada una de las seis variables independientes?
    e) ¿Existe alguna diferencia entre los dos grupos con respecto a la pregunta *d*) en términos de las calificaciones a las seis variables independientes cuando estas variables se consideran de manera colectiva?
    f) La muestra se divide en tres grupos: los que dieron una respuesta favorable (calificaciones de 4 o 5), los que dieron una respuesta neutra (calificación de 3) y los que dieron una respuesta no favorable (calificaciones de 1 y 2) sobre la Clínica Mayo como un proveedor de atención médica excelente. ¿Existe alguna diferencia entre los tres grupos en sus calificaciones a cada una de las seis variables independientes?
    g) ¿Existe alguna diferencia entre los tres grupos con respecto a la pregunta *f*) en términos de las calificaciones a las seis variables independientes cuando estas variables se consideran de manera colectiva?
    h) ¿Las calificaciones sobre la Clínica Mayo en cuanto a: **1.** médicos, **2.** tecnología médica, **3.** atención de enfermería, **4.** instalaciones, **5.** administración y **6.** ética pueden ser representadas por un conjunto menor de dimensiones que reflejen las percepciones subyacentes de los encuestados?
    i) ¿Es posible dividir a los encuestados en grupos relativamente homogéneos con base en sus calificaciones a la Clínica Mayo sobre: **1.** médicos, **2.** tecnología médica, **3.** atención de enfermería, **4.** instalaciones, **5.** administración y **6.** ética? De ser así, ¿en cuántos grupos?

Referencias

1. *www.mayoclinic.com*, consultada el 20 de febrero de 2006.
2. Misty Hathaway y Kent Seltman, "International Market Research at the Mayo Clinic", *Marketing Health Services* (invierno de 2001): 19.
3. Daniel Fell, "Taking U.S. Health Services Overseas", *Marketing Health Services* (verano de 2002): 21.

PARTE IV

Casos integrales y casos integrales en video

**Casos integrales:
Harvard Business School**

**Investigación experiencial:
Dell Direct**

Casos para la Parte IV

**Casos en video
para la Parte IV**

Esta última parte contiene el caso Dell, otros casos integrales con datos, casos integrales en video y casos de la Escuela de Negocios de Harvard.

El caso Dell se planteó a lo largo del libro en los apartados de Investigación experiencial y se menciona en varios capítulos del texto. Si bien el escenario del caso es hipotético y el nombre de la empresa se disfrazó, los datos son auténticos y se obtuvieron en una encuesta real. Se incluye el cuestionario utilizado en esta encuesta. Los profesores y estudiantes pueden descargar los archivos de datos de las respectivas páginas Web de este libro. Este caso ofrece oportunidades para analizar los temas de marketing y de investigación de mercados con un conjunto de datos reales.

Se incluyen también cuatro casos integrales, cada uno con un cuestionario y un conjunto de datos. Estos casos son integrales porque todos los capítulos del libro contienen preguntas referentes a ellos. Por lo tanto, cada uno de los casos puede usarse con cualquier capítulo o cualquier parte del libro. Los escenarios que rodean a estos casos son hipotéticos. Sin embargo, los casos de Wachovia y Wendy's contienen datos reales que se obtuvieron en encuestas auténticas. Se incluyen los cuestionarios usados para obtener los datos, aunque se ocultó el verdadero nombre de estas empresas. Los casos de Astec y el Norton Healthcare Kosair Children's Hospital contienen datos simulados, lo que permite el uso de una mayor variedad de técnicas estadísticas analizadas en este libro. Profesores y alumnos pueden descargar todos los archivos de datos.

Los dos casos integrales en video se redactaron desde la perspectiva de la investigación de mercados y se incluyen todos los videos complementarios junto con los otros que acompañan a los casos en video que se presentan en este libro. Estos casos en video se consideran integrales porque todos los capítulos del libro, incluso los dedicados al análisis de datos, contienen preguntas relacionadas con ellos.

Por último, se seleccionaron seis casos de la Escuela de Negocios de Harvard por ser relevantes para los conceptos de la investigación de mercados presentados en este libro. Para cada capítulo se desarrollaron preguntas sobre la investigación de mercados, salvo para los capítulos dedicados al análisis de datos. Los profesores pueden encontrar estas preguntas, con sus respuestas, en el Manual del maestro y en el Centro de recursos del maestro en la página Web de este libro. Por favor, advierta que estos casos no se incluyeron en el libro. Los estudiantes pueden consultarlos directamente en Harvard Business Online en www.harvardbusinessonline.hbsp.harvard.edu. Después de registrarse, los profesores tienen acceso gratuito a ellos en ese sitio. Los profesores encontrarán las preguntas y respuestas para los casos de la Escuela de Negocios de Harvard en el Manual del maestro y en el Centro de recursos del maestro en la página Web de este libro.

INVESTIGACIÓN EXPERIENCIAL

Dell Direct

Dell Inc. es la empresa de venta directa de computadoras más importante del mundo y compite con Hewlett-Packard en ese segmento. Dell ofrece servidores de redes, estaciones de trabajo, sistemas de almacenamiento y conectores de Ethernet para las empresas clientes, además de una línea completa de computadoras personales, de escritorio y portátiles, diseñadas para los consumidores. También vende computadoras manuales y comercializa programas y periféricos de otros fabricantes. La creciente unidad de servicios de Dell ofrece integración de sistemas, asesoría y capacitación.

El extravagante fundador y presidente de Dell, Michael Dell, inició sus estudios universitarios de preparación para la escuela de medicina en la Universidad de Texas y encontró tiempo para establecer un negocio que consistía en vender tarjetas y unidades de disco para las computadoras personales de IBM. Dell compraba los productos al costo a los distribuidores de IBM, quienes estaban obligados a la vez a encargar grandes cuotas de computadoras de IBM. Dell revendía luego su inventario a través de periódicos y revistas de cómputo entre 10 y 15 por ciento por debajo del precio de venta. Para abril de 1984 Dell obtenía cerca de $80,000 al mes, lo suficiente para convencerlo de abandonar la universidad. Pronto comenzó a fabricar y vender clones de IBM con la marca de PC's Limited. A diferencia de la mayoría de los fabricantes, Dell vendió sus equipos directamente a los consumidores en vez de hacerlo por medio de almacenes minoristas. Al eliminar el margen de ganancia de los intermediarios, Dell pudo vender sus computadoras personales más o menos a un 40 por ciento del precio de una IBM.

Michael Dell rebautizó a su empresa como Dell Computer y en 1987 instaló oficinas de ventas internacionales. En 1988 comenzó a vender a consumidores importantes que incluían dependencias de gobierno. Ese año Dell Computer empezó a cotizar en la bolsa. En 1996 Dell comenzó a vender computadoras personales y portátiles por medio de su sitio de Internet. Este canal de confirmación de órdenes y envíos es todavía el medio ideal para satisfacer las necesidades de sus clientes individuales y empresariales. En 1997 Dell ingresó al mercado de estaciones de trabajo y fortaleció sus empresas para consumidores al separarlas de la unidad de pequeños negocios y lanzar un programa de arrendamiento con opción de compra para los clientes. Con el fin de diversificar las fuentes de ingresos, en 2001 Dell amplió su oferta de almacenamiento cuando accedió a revender sistemas de EMC. Para incrementar sus unidades de servicio, en 2002 Dell adquirió Plural, el programa de apoyo especializado de Microsoft.

A pesar de que ha logrado apoderarse de una participación en el mercado de las computadoras personales, Dell continúa su incursión en nuevos mercados. Ha incrementado el interés en servidores y accesorios de almacenamiento para empresas. Para promover el impulso a las computadoras personales, Dell introdujo una computadora manual, una línea de conectores de Ethernet y artículos electrodomésticos como reproductores digitales de música y televisores de plasma. En principio se asoció con Lexmark para desarrollar una línea de impresoras de la marca Dell y ha establecido otras sociedades para apresurar el crecimiento de la línea de impresoras. En el sector de servicios, Dell ha reflejado su enfoque directo de ventas de hardware adoptando un modelo de precios fijos para servicios como poner en funcionamiento sistemas de almacenamiento y de migración de datos. En la actualidad Dell busca incursionar en el mercado internacional para sustituir las ventas en el saturado mercado estadounidense de las computadoras personales. La ironía es que, aunque se conoce a Dell Inc. sobre todo por su negocio de ventas al consumidor doméstico, éstas sólo generan alrededor del 15 por ciento de las ventas totales de la empresa.

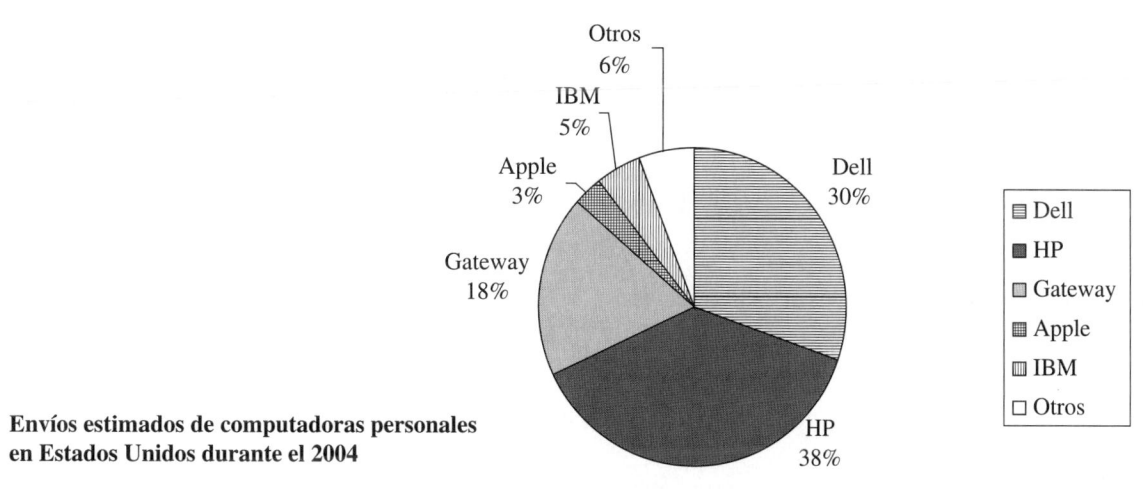

Envíos estimados de computadoras personales en Estados Unidos durante el 2004

- Dell 30%
- HP 38%
- Gateway 18%
- Apple 3%
- IBM 5%
- Otros 6%

Estados financieros de Dell en dólares estadounidenses

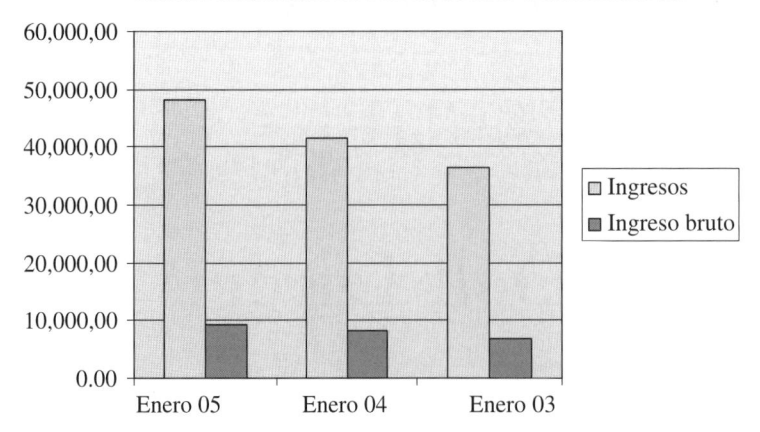

[Gráfico de barras que muestra Ingresos e Ingreso bruto para Enero 05, Enero 04 y Enero 03. Los ingresos son aproximadamente 48,000; 41,500 y 36,000 respectivamente, mientras que el ingreso bruto es aproximadamente 9,500; 8,000 y 6,500.]

Dell ha aprovechado la espiral descendente de los precios y la transformación de la industria de las computadoras personales en productos de consumo masivo, lo que representa un beneficio para sus clientes y un golpe para sus competidores. En vez de luchar contra la marea tratando de armar sistemas patentados, como lo hicieron a menudo HP e IBM, Dell usó su modelo de bajos costos y ventas directas para dejarse llevar por las olas. En la actualidad casi todas las unidades de medición en el negocio del equipo de cómputo consideran a Dell como la empresa más importante en Estados Unidos. Dell es líder tanto en las computadoras de escritorio y portátiles como en los servidores, además lo es en el rubro las ganancias y el incremento de márgenes, y no se detiene. En una conferencia sobre utilidades a mediados de febrero de 2005, Dell anunció que la empresa de investigación de tecnología IDC (*www.idc.com*) había declarado que Dell superó a HP para convertirse en el líder mundial en la participación del mercado de las computadoras personales, con un 17.6 por ciento.

En los últimos tiempos, con todo el valor de la marca que ha logrado construir Dell, la compañía Dell Inc. está impulsando la venta de productos de consumo. Hace poco Dell incursionó en la fabricación de pantallas planas de televisión y se diversifica todavía más con televisores que usan la tecnología más reciente. La última batalla en el negocio de las computadoras personales no está en las computadoras, sino en las impresoras. Dell libra ahora una batalla con la famosa división de imagen e impresoras de HP, que produce cerca del 70 por ciento de los ingresos de HP. En el caso de las impresoras, HP obtiene los más altos márgenes de ganancia de los cartuchos de tinta y parece que Dell se concentra para incursionar en este mercado en el que HP ha sido muy fuerte.

Ante la intensa competencia por la participación en el mercado y la preferencia de los usuarios, Dell está realizando una encuesta entre los compradores recientes de sus computadoras personales y portátiles porque desea conocer el uso principal que los consumidores dan a las computadoras para Internet y otras aplicaciones. Con base en ello, Dell desea conocer el nivel de satisfacción que obtienen sus consumidores de sus productos. También desea calcular la probabilidad de que sus clientes repitan una compra de productos Dell y la probabilidad de que recomienden los productos Dell a sus amigos y familiares. Por último, Dell desea saber si hay alguna correlación entre cualquiera de estos factores de uso identificados y los aspectos demográficos que subyacen en la clasificación de sus clientes.

Preguntas

1. Las preguntas se incluyen en los ejercicios de Investigación experiencial contenidos en los capítulos.

Nota: este caso fue preparado exclusivamente para fines de discusión en clase y no representa las ideas de Dell, Burke ni sus filiales. El escenario del problema es hipotético y se ha disfrazado el verdadero nombre de la empresa. Sin embargo, los datos proporcionados son reales. Algunas preguntas se han eliminado y no se presentan los datos de otras preguntas por razones de los derechos de autor.

COMPUTADORAS DELL

Entrevista por Internet

Gracias por interesarse en nuestro estudio

Burke es una empresa independiente de investigación de mercados que ha sido comisionada por Dell Computers para obtener las opiniones honestas de los compradores recientes de sistemas de cómputo personal de DELL. Se le pedirá que ofrezca sus opiniones sobre DELL y que describa el uso que hace de Internet.

Esta encuesta sólo tomará algunos minutos de su tiempo; al terminarla, automáticamente entrará en un sorteo de $100 en certificados de regalo que puede usar en los principales comercios en línea. Si no termina la encuesta, puede ser elegido para participar en el sorteo si escribe a la dirección incluida en el correo electrónico que lo invitó a participar en este proyecto.

Sus respuestas se mantendrán confidenciales a menos que usted nos autorice al final de la encuesta a entregar a Dell sus datos personales junto con sus respuestas.

USO DE INTERNET

P1. ¿Aproximadamente cuántas horas a la semana pasa conectado a Internet? Esto puede ser el total de todas las situaciones que utilice.

Menos de una hora	☐ – 1
1 a 5 horas	☐ – 2
6 a 10 horas	☐ – 3
11 a 20 horas	☐ – 4
21 a 40 horas	☐ – 5
41 o más horas	☐ – 6

P2A. A continuación se presenta una lista de actividades que una persona puede realizar en línea. Por favor indique cuál de ellas ha hecho alguna vez por Internet. (Alterne las respuestas).

No lo sabe = 0

Haga primero la pregunta	Sí	No
_____ Comunicarse con otros por grupos de noticias o *chats*	☐ – 1	☐ – 2
_____ Buscar trabajo	☐ – 1	☐ – 2
_____ Planeación y compra de viajes	☐ – 1	☐ – 2
_____ Descargar una fotografía o gráfica	☐ – 1	☐ – 2
_____ Descargar sonidos o archivos musicales	☐ – 1	☐ – 2
_____ Buscar información sobre programas de televisión o películas	☐ – 1	☐ – 2
_____ Descargar archivos de video	☐ – 1	☐ – 2

P3. ¿Para qué otros propósitos utiliza Internet? _____

SATISFACCIÓN Y LEALTAD A DELL

P4. En general, ¿qué tan satisfecho se siente con los sistemas de cómputo de DELL?

Muy satisfecho	☐ – 1
Algo satisfecho	☐ – 2
Algo insatisfecho	☐ – 3
O muy insatisfecho	☐ – 4

P5. ¿Qué tan probable es que recomiende a DELL entre sus amigos y familiares?

Definitivamente la recomendaría	☐ – 1
Probablemente lo haría	☐ – 2
Podría hacerlo o no	☐ – 3
Probablemente no lo haría	☐ – 4
Definitivamente no la recomendaría	☐ – 5

P6. Si pudiera tomar de nuevo la decisión de compra de su computadora, ¿qué tan probable sería que eligiera DELL?

Definitivamente lo haría	☐ – 1
Probablemente lo haría	☐ – 2
Podría hacerlo o no	☐ – 3
Probablemente no lo haría	☐ – 4
Definitivamente no lo haría	☐ – 5

P7. Eliminada (pregunta abierta) _____

EVALUACIONES DEL DESEMPEÑO E IMPORTANCIA DE LOS FABRICANTES DE COMPUTADORAS

P8. El siguiente grupo de enunciados se refiere a los fabricantes de computadoras. Para cada enunciado, por favor indique primero en qué medida está de acuerdo en que DELL Computers cumple con lo requerido.

Para hacerlo, utilice una escala del 1 al 9, donde "1" significa que usted está **completamente en desacuerdo** con el enunciado y "9" significa que usted está **completamente de acuerdo**. Por supuesto, puede usar cualquier número entre 1 y 9 que describa mejor qué tan de acuerdo o en desacuerdo está con el enunciado. No lo sabe = 0

A. ¿Qué tan de acuerdo está en que las **computadoras DELL** (inserte el enunciado)?

(Alterne los enunciados)

Haga primero la pregunta	**Calificación**
_____ Facilita los pedidos de sistemas de cómputo	_____
_____ Permite a los clientes ordenar sistemas de cómputo adaptados a sus necesidades	_____
_____ Entrega sus productos con rapidez	_____
_____ Establece precios competitivos para sus productos	_____
_____ Ofrece componentes de sistemas de cómputo con diseños atractivos	_____
_____ Tiene computadoras que corren los programas con rapidez	_____
_____ Tiene computadoras de alta calidad sin problemas técnicos	_____
_____ Tiene periféricos de alta calidad (por ejemplo, monitores, teclados, ratones, bocinas, unidades de disco)	_____
_____ Incluye en sus computadoras los programas apropiados	_____
_____ Incluye en sus computadoras el acceso a Internet	_____
_____ Permite al cliente ensamblar con facilidad los componentes	_____
_____ Tiene sistemas de cómputo que los usuarios pueden actualizar con facilidad	_____
_____ Ofrece asistencia técnica de fácil acceso	_____

P9A. Si el precio del sistema de cómputo DELL que adquirió hubiera sido un 5% mayor y los precios de las demás computadoras personales hubieran sido los mismos, ¿qué tan probable habría sido que comprara su sistema de cómputo Dell?

Definitivamente lo habría comprado ☐ – 1
Probablemente lo habría comprado ☐ – 2
Podría haberlo comprado o no ☐ – 3
Probablemente no lo habría comprado ☐ – 4
Definitivamente no lo habría comprado ☐ – 5

P9B. Si el precio del sistema de cómputo DELL que adquirió hubiera sido un 10% mayor y los precios de las demás computadoras personales hubieran sido los mismos, ¿qué tan probable habría sido que comprara su sistema de cómputo DELL?

Definitivamente lo habría comprado ☐ – 1
Probablemente lo habría comprado ☐ – 2
Podría haberlo comprado o no ☐ – 3
Probablemente no lo habría comprado ☐ – 4
Definitivamente no lo habría comprado ☐ – 5

ATRIBUTOS DE LOS PRIMEROS USUARIOS

P10. A continuación se presenta una serie de enunciados que la gente podría usar para describirse a sí misma. Indique por favor qué tan de acuerdo o en desacuerdo está en que esos enunciados lo(a) describen. Para ello, utilice una escala de 1 a 7 donde "1" significa que está **completamente en desacuerdo** y "7" significa que está **completamente de acuerdo**. Por supuesto, puede usar cualquier número entre 1 y 7.

No lo sabe = 0

El primer/siguiente enunciado es (*inserte enunciado*). ¿Qué número del 1 al 7 indica mejor su grado de acuerdo o desacuerdo en que este enunciado lo describe?

Haga primero la pregunta	**Calificación**
Expertos en artículos del mercado	
_____ Me gusta dar a conocer nuevos productos y marcas a mis amigos	_____
_____ Me gusta ayudar a la gente dándole información sobre muchos tipos de productos	_____
_____ La gente me pide información sobre productos, dónde comprar o ventas con descuento	_____
_____ Mis amigos me consideran una buena fuente de información cuando se trata de un producto nuevo o ventas con descuento	_____
Originalidad	
_____ Me gusta arriesgarme	_____
_____ Comprar un producto que no ha sido probado por lo regular es una pérdida de tiempo y dinero	_____

_____ Si la gente dejara de perder su tiempo con experimentos,
nos volveríamos más competentes _____
_____ Me gusta probar cosas nuevas y diferentes _____
_____ A menudo pruebo nuevas marcas antes de que mis amigos y vecinos lo hagan _____
_____ Me gusta experimentar nuevas formas de hacer las cosas _____

Liderazgo de opinión
_____ Cuando se trata de productos relacionados con computadoras, es muy común
que mis amigos pidan mi opinión _____
_____ Mis amigos y vecinos suelen solicitar mi consejo sobre productos relacionados
con computadoras _____
_____ A menudo comento a mis amigos lo que opino sobre productos relacionados
con computadoras _____

DATOS DEMOGRÁFICOS

P11. Las siguientes preguntas son sobre usted y su familia y se usarán sólo para dividir en grupos las entrevistas. ¿Cuál es su nivel de escolaridad?

Preparatoria inconclusa o menos	☐ – 1
Certificado de preparatoria	☐ – 2
Universidad o escuela técnica inconclusas	☐ – 3
Grado de licenciatura o superior	☐ – 3

P12. ¿Cuál de las siguientes opciones describe mejor su grupo de edad?

18 a 19	☐ – 1
20 a 24	☐ – 2
25 a 29	☐ – 3
30 a 34	☐ – 4
35 a 39	☐ – 5
40 a 44	☐ – 6
45 a 49	☐ – 7
50 a 54	☐ – 8
55 a 59	☐ – 9
60 a 64	☐ – 10
65 a 69	☐ – 11
70 a 74	☐ – 12
75 a 79	☐ – 13
80 o más	☐ – 14

P13. De los siguientes, ¿cuál describe mejor el ingreso anual total de su familia antes de impuestos?

Menos de $20,000	☐ – 1
De $20,000 a $29,999	☐ – 2
De $30,000 a $49,999	☐ – 3
De $50,000 a $74,999	☐ – 4
$100,000 o más	☐ – 5
No respondió 0	☐ – 6

P14. ¿Usted es?

Hombre	☐ – 1
Mujer	☐ – 2

Aquí se terminan las preguntas.
Muchas gracias por su ayuda en esta entrevista

CASOS

4.1 Wachovia: finanzas "Watch ovah ya"

Archivo de resultados de SPSS

Wachovia Corporation (www.wachovia.com) es una empresa de servicios financieros que ofrece una amplia variedad de productos bancarios, de administración de activos y de valores, corporativos y de inversión financiera. Wachovia es la cuarta empresa de servicios financieros y la tercera compañía bursátil de Estados Unidos. Con más de 95,000 empleados, puede brindar servicios bancarios, de bolsa de valores y atender a través de sus oficinas de inversión bancarias a clientes corporativos, en especial de la Costa Este de Estados Unidos y en ubicaciones elegidas. Wachovia también cuenta con oficinas de servicios bursátiles que atienden a los clientes en 49 estados y en Washington, D.C. con el nombre de Wachovia Securities. Cuenta también con 33 oficinas internacionales para brindar servicios a nivel mundial.

Con un capital de más de $490 mil millones, se dice que Wachovia Corporation sabe cómo "manejar" las finanzas. Se fundó en el 2001 cuando el influyente banco de la Costa Este First Union compró y tomó el nombre de la venerable Wachovia, que en la actualidad es el cuarto banco más grande de Estados Unidos después de Citigroup, JPMorgan Chase y el Bank of America. Cuenta con más de 3,200 ubicaciones que ofrecen servicios bancarios al público y a empresas en 16 ciudades del sur y el este de Estados Unidos. Wachovia se jacta de sus logros en la administración de bienes (por medio de su subsidiaria OFFITBANK), fondos mutualistas (a través de Evergreen Investment Management), aseguradoras y financieras corporativas. La empresa incursionó en los estados del sur con la compra de SouthTrust por $14,300 millones. Esta compañía no sólo hace bien las cosas en el presente, sino que su futuro es promisorio y su historial es notable.

En 1753 Lord Granville, un noble inglés dueño de grandes extensiones de tierra en Carolina del Norte, invitó a un grupo de religiosos disidentes moravos para que se establecieran en sus tierras. Ellos eligieron un región evocadora en la parte de Saxony, cerca del río Wach, cuyo nombre al latinizarse se convirtió en Wachovia. Los inmigrantes llamaron Salem a su asentamiento y prosperaron hasta la guerra civil, que hundió a la economía del sur y acabó con gran parte del sistema bancario de Carolina del Norte. En 1866 Israel Lash fundó el First Nacional Bank de Salem y en 1879 su sobrino, William Lemly, mudó el banco a Winston, que se había convertido en el centro tabacalero, textilero y mobiliario. La mudanza requirió nuevos estatutos y un nuevo nombre: Wachovia National Bank, que durante décadas recibió el patrocinio de uno de sus primeros y mejores clientes, R. J. Reynolds Tobacco. En 1968 el banco formó la empresa de inversiones Wachovia Corporation y se extendió hacia Carolina del Norte en la década de 1970.

A unas horas de que en 1985 la Suprema Corte de Estados Unidos determinara permitir las operaciones bancarias en varios estados, Wachovia comenzó a negociar la fusión con First Atlanta, precursor del First National Bank of Atlanta (fundado en 1865 por Alfred Austell, un amigo del presidente Andrew Johnson). En seis meses, las empresas se convirtieron en First Wachovia. En 1991, luego de comprar el South Carolina National Bank, la empresa cambió su nombre a Wachovia Corporation.

Las políticas conservadoras de préstamos protegieron a Wachovia de la recesión ocurrida entre las décadas de 1980 y 1990. En 1997 Wachovia formó una división mundial de servicios bancarios. En 1998 Wachovia entró al mercado de seguros y formación de capitales a través de una nueva subsidiaria, Wachovia Capital Markets. Al año siguiente, esta subsidiaria compró la empresa bursátil Interstate/Johnson Lane, con sede en Charlotte (ahora IJL Wachovia). En 1999 Wachovia cruzó la línea Mason-Dixon con la compra de la sociedad de inversiones de Nueva York OFFIT BANK Holdings. En 2001 vendió su cartera de clientes de tarjetas de crédito a BANK ONE y agregó cerca de 100 sucursales bancarias en el sur de la Florida cuando compró Republic Security.

First Union, uno de los progenitores de Wachovia, remonta sus raíces al Union National Bank of Charlotte, Carolina del Norte, fundado en 1908. Después de adquirir el First National Bank & Trust, de Asheville, cambió su nombre a First Union National Bank of North Carolina en 1958. En 1967 fundó la empresa de inversiones, First Union National Bancorp, que en 1975 fue rebautizada como First Union Corporation.

Dirigida por Edward Crutchfield, quien se convirtió en presidente en 1988, llegó a ser una potencia gracias a su estrategia de adquisiciones (motivada en parte por su rivalidad con su competidor NationsBank, ahora Bank of America).

En 1991 First Union compró al FDIC la fracasada Southwest Banks. First Union absorbió a más de 10 bancos entre 1993 y 1996; uno de sus mayores trofeos fue el First Fidelity. En 1998 adquirió la empresa bursátil Wheat First Butcher Singer y la consultora de fusiones y adquisiciones Bowles Hollowell Conner & Co. También incursionó con fuerza en las finanzas de los clientes con la compra de The Money Store.

Con la compra de CoreStates Financial en 1998, aumentó a más de 500 sucursales en la Costa Este (lo que constituyó la mayor fusión bancaria en la historia). Sin embargo, la asimilación fue difícil. First Union despidió a 7,000 empleados y afectó a una gran cantidad de clientes por el giro de las nuevas comisiones. También compró la empresa de seguros EVEREN Capital.

Estados Financieros de Wachovia, en dólares (miles)

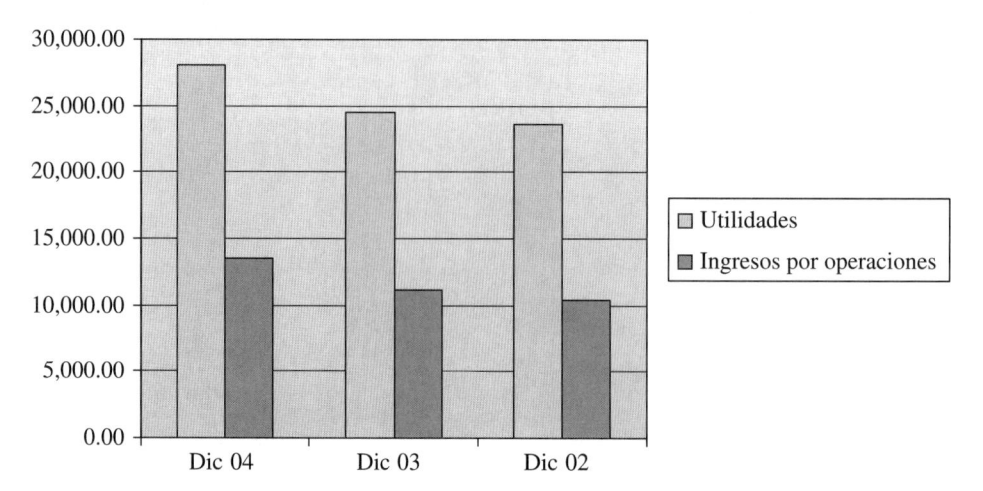

	Dic 04	Dic 03	Dic 02
Utilidades	28,000.00	24,500.00	23,500.00
Ingresos por operaciones	13,500.00	11,000.00	10,500.00

Las enfermedades hicieron que Crutchfield renunciara en 2000 a su puesto de director general. Ese año, First Union cerró las sucursales de The Money Store luego de decidir terminar con los préstamos de hipotecas. Crutchfield se retiró como presidente en 2001. Más tarde, en ese mismo año, First Union compró Wachovia después de una fuerte pugna por el poder con Sun-Trust, que hizo una oferta no solicitada por Wachovia. En una votación de accionistas, Wachovia eligió al final a First Union, que cambió su nombre por el del banco que adquirió. Entonces nació The Wachovia Corporation.

Wachovia fusionó la banca de inversiones y las casas de bolsa subsidiarias First Union Securities e IJL Wachovia en una tercera unidad, Wachovia Securities, que opera a nivel nacional. Wachovia Securities unió esfuerzos con Prudential Financial para formar una unión de casas de bolsa con cerca de 700 oficinas. Wachovia posee más del 60 por ciento de la entidad combinada, la cual lleva el nombre de Wachovia Securities.

La adquisición de otras empresas es uno de los principales métodos usados por Wachovia para aumentar sus números y puede considerarse una fortaleza por la forma en que estas fusiones han ampliado el alcance de la empresa en los mercados de la banca y las aseguradoras. La compra de Prudential Securities en julio de 2003 dio a Wachovia una presencia mucho mayor en el mercado de los seguros, donde ahora se clasifica en tercer lugar en términos del capital de los clientes y el número de agentes de bolsa (Wachovia.com). Además, la fusión con Prudential convirtió a Wachovia Securities en la duodécima empresa de fondos mutualistas más grande por sus activos. El tamaño de Wachovia le permite ser más competitiva con las grandes empresas bancarias, como Bank of America y JPMorgan Chase, además de ampliar su línea de productos.

La estructura organizacional de Wachovia es una de sus mayores fortalezas. Debido al gran número de sucursales, ha creado una estructura organizacional bastante plana. Al dividir su territorio general en regiones específicas, Wachovia puede designar presidentes regionales para supervisar cada área individual, lo cual permite a los presidentes regionales manejar los problemas dentro de su ámbito de competencia de una forma más eficiente de cómo lo haría un comité centralizado de directores. Wachovia cuenta también con un director general que vigila todas las funciones de la empresa.

La percepción que tiene el público general de Wachovia tiene gran influencia en su éxito en muchas áreas. Lo más importante para Wachovia Corporation es su base de clientes, y la percepción que éstos tienen de la empresa se ve reflejada en las continuas calificaciones positivas del American Customer Satisfaction Index, que mide a diferentes industrias cada trimestre y cubre a la banca en el cuarto trimestre. En los resultados del 2006, Wachovia estaba al frente, lo que significa que la empresa ha logrado obtener el primer lugar en la clasificación por quinto año consecutivo. Este interés por la satisfacción del cliente sigue siendo una prioridad.

La amplia gama de productos de Wachovia y su base de clientes la hacen muy competitiva en el mercado, pero la enfrentan a grandes competidores. Su competencia va desde las mayores empresas de servicios financieros del mundo, como Bank of America, a pequeños bancos comunitarios y uniones de crédito locales. Wachovia tiene muchos más competidores que vencer en el número de productos ofrecidos, en particular desde su reciente fusión con Prudential Securities. Los grandes bancos como Bank of America se enfocan sólo en los productos bancarios y algunos productos de préstamos hipotecarios, pero no intervienen en la industria bursátil. Wachovia se ha enfocado con muy buenos resultados en su línea de productos y ahora ofrece servicios bancarios completos, servicios de correduría, manejo de inversiones, manejo de fondos, servicios de tesorería, banca corporativa y de inversiones, así como banca internacional para empresas. Wachovia también ofrece tarjetas de crédito y débito, servicios de crédito, banca hipotecaria y préstamos para adquirir inmuebles.

En los últimos tiempos Wachovia ha enfrentado una particular presión en Filadelfia. Commerce Bancorp con sede en New Jersey, que atiende los siete días de la semana, ha ganado participación en el mercado. Commerce Bank también se está adentrando en Washington, otro importante mercado para Wachovia. Wachovia está en el proceso de reducir sus costos generales, pero ha declarado que reinvertirá parte de los ahorros en áreas de crecimiento. La corporación ha registrado un crecimiento importante en sus sucursales actuales, lo que hace de las horas extras una buena inversión.

Wachovia incursiona ahora en los mercados metropolitanos de Texas donde construye nuevas sucursales, expansión que se ve acelerada por el apoyo que recibe de SouthTrust. La empresa también planea abrir cerca de 100 nuevas sucursales bancarias durante 2005, incluyendo una docena en Manhattan.

Dada la importancia de ese crecimiento para la estrategia y los planes a largo plazo de Wachovia, la empresa realizó un estudio para conocer a sus clientes, sus estilos de vida y potencial para la segmentación de los clientes en términos de productos de inversión y necesidades de servicios. Se anexa el cuestionario utilizado y los archivos de datos se presentan en el sitio de Internet. Las salidas y los análisis de este estudio deberán ayudar a Wachovia a detallar y llevar a la práctica con éxito su plan de crecimiento.

Preguntas

Capítulo 1

1. Analice cómo puede ayudar la investigación de mercados a Wachovia a formular una buena estrategia de marketing.

Capítulo 2

1. La administración quiere aumentar la participación de Wachovia en el mercado de los consumidores. Defina el problema de decisión administrativa.
2. Defina un problema apropiado de investigación de mercados que se base en el problema de decisión administrativa que identificó.

Capítulo 3

1. Formule un diseño apropiado para investigar el problema de investigación de mercados que identificó en el capítulo 2.

Capítulo 4

1. Utilice Internet para determinar la participación en el mercado de los principales bancos en el último año fiscal.
2. ¿Qué tipo de datos sindicados serían útiles para Wachovia?

Capítulo 5

1. Compare el papel de las sesiones de grupo con la investigación por entrevistas a profundidad para ayudar a Wachovia a ampliar su participación en el mercado.

Capítulo 6

1. Si tuviera que aplicarse una encuesta para determinar las preferencias de los consumidores sobre bancos, ¿qué técnica de encuesta debería usarse y por qué?

Capítulo 7

1. Analice cómo pueden ayudar los diseños preexperimentales (en comparación con los diseños experimentales verdaderos) a Wachovia a ampliar la oferta de productos.

Capítulo 8

1. Ilustre el uso de la comparación por pares y la suma constante de escalas para medir las preferencias de los consumidores por los bancos. ¿Debería usarse alguna de estas escalas?

Capítulo 9

1. Desarrolle una escala de reactivos múltiples para medir las actitudes hacia el banco Wachovia.

Capítulo 10

1. Realice una evaluación crítica del cuestionario desarrollado para la encuesta de Wachovia.

Capítulos 11 y 12

1. ¿Qué plan de muestreo debería adoptarse para la encuesta del capítulo 6? ¿Cómo debería determinarse el tamaño de la muestra?

Capítulo 13

1. ¿Cómo supervisaría y evaluaría a los trabajadores de campo para la aplicación de la encuesta del capítulo 6?

Capítulo 14

1. Muchos de los reactivos importantes tienen más del 10 por ciento de valores faltantes. Identifíquelos. ¿Cómo trataría esos valores faltantes?
2. Recodifique las siguientes características demográficas en las categorías especificadas: a) Edad (P9)($27-57 = 1$, $58-68 = 2$, $69-75 = 3$, $76-90 = 4$); b) Estado civil (P11) (actualmente casado = 1, todos los demás, por ejemplo, ahora soltero = 2); c) número de hijos dependientes (P12) ($3-10 = 3$) y d) educación (P14)(combine algo de preparatoria, certificado de preparatoria y vocacional o escuela técnica en una sola categoría, combine también en una sola categoría licenciatura en derecho, odontología o medicina y doctorado).
3. Recodifique en dos categorías la ventaja de usar proveedores primarios (P5)[$1-3 = 1$ (poca ventaja), $4-5 = 2$ (gran ventaja)].
4. Recodifique en tres categorías la satisfacción general con el proveedor de servicios (P6_a) ($2-4 = 1, 5 = 2, 6 = 3$).

Capítulo 15

1. Calcule una puntuación general de calificación para el principal proveedor financiero sumando las calificaciones de los 13 reactivos en P6 (P6_a hasta P6_m). Obtenga una distribución de frecuencias y un resumen de estadísticos. Interprete los resultados.
2. ¿Se relacionan los enfoques de la toma de decisiones (P8) con cualquiera de las características demográficas (P9 a P15, según la recodificación hecha en el capítulo 14)?
3. ¿Se relaciona la ventaja recodificada de usar un proveedor primario (P5 recodificada) con cualquiera de las características demográficas recodificadas?
4. ¿Se relaciona la ventaja recodificada de usar un proveedor primario (P5 recodificada) con cualquiera de las variables de importancia (P1_a hasta la P1_l)? ¿Cómo cambiaría su análisis si las variables de importancia se trataran como ordinales y no como intervalares?
5. ¿Se relaciona la ventaja recodificada de usar un proveedor primario (P5 recodificada) con cualquiera de las calificaciones del principal proveedor financiero (P6_a hasta P6_m)? ¿Cómo cambiaría su análisis si estas variables se hubieran tratado como ordinales en vez de intervalares?
6. ¿"El desempeño de las inversiones con este proveedor" (P1_a) es más importante que "servicios en línea ofrecidos" (P1_e)? Formule hipótesis nulas y alternativas, y realice una prueba apropiada. ¿Cómo cambiaría su análisis si estas variables se hubieran tratado como ordinales en vez de intervalares?
7. ¿La probabilidad de "recomendar a su principal proveedor a alguien que usted conoce" (P2) es menor que la probabilidad de "mantener al principal proveedor al menos al mismo nivel que hasta ahora" (P3)? Formule hipótesis nulas y alternativas, y realice una prueba apropiada. ¿Cómo cambiaría su análisis si estas variables se hubieran tratado como ordinales en vez de intervalares?

Capítulo 16

1. ¿Los enfoques de la toma de decisiones (P8) pueden explicar cualquiera de las variables de importancia (P1_a hasta P1_l)?
2. ¿Existe alguna relación entre las variables de importancia consideradas de manera individual (P1_a hasta P1_l) y las características demográficas recodificadas (P9 hasta P15)?

Capítulo 17

1. ¿Las calificaciones del principal proveedor financiero (P6_a hasta P6_m) pueden explicar la probabilidad de "recomendar a su principal proveedor a alguien que usted conoce" (P2) cuando estas calificaciones se consideran de manera simultánea?

2. ¿Las calificaciones del principal proveedor financiero (P6_a hasta P6_m) permiten explicar la probabilidad de "mantener al principal proveedor al menos al mismo nivel que hasta ahora" (P3) cuando estas calificaciones se consideran de manera simultánea?

Capítulo 18

1. ¿Se relaciona la ventaja recodificada de usar un proveedor principal (P5 recodificada) con cualquiera de las variables de importancia (P1_a hasta P1_l) cuando se consideran de manera simultánea? Realice un análisis discriminante de dos grupos así como un análisis logit y compare los resultados.
2. ¿Explican las calificaciones del principal proveedor financiero (P6_a hasta P6_m), consideradas de manera simultánea, quién cambió algunos activos de un proveedor de inversiones/ahorros a otro y quién no (P7)? Realice un análisis discriminante de dos grupos así como un análisis logit y compare los resultados.

Capítulo 19

1. ¿Puede utilizarse un conjunto reducido de factores para representar las variables de importancia (P1_a hasta P1_l)? Realice un análisis de componentes principales usando la rotación varimax. Guarde las calificaciones de los factores.
2. ¿Puede utilizarse un conjunto reducido de factores para representar las calificaciones del principal proveedor financiero (P6_a hasta P6_m)? Realice un análisis de componentes principales usando la rotación varimax. Guarde las calificaciones de los factores.
3. ¿La probabilidad de "recomendar a su principal proveedor a alguien que usted conoce" (P2) puede ser explicada por las calificaciones de los factores del principal proveedor financiero (P6_a hasta P6_m) cuando las calificaciones de estos factores se consideran de manera simultánea?
4. ¿La probabilidad de "mantener el principal proveedor al menos al mismo nivel que hasta ahora" (P3) puede ser explicada por las calificaciones de los factores del principal proveedor financiero (P6_a hasta P6_m) cuando las calificaciones de estos factores se consideran de manera simultánea?
5. ¿Puede explicarse quién cambió algunos activos de un proveedor de inversiones/ahorros a otro y quién no lo hizo (P7) por medio de las calificaciones factoriales del principal proveedor financiero (P6_a hasta P6_m) consideradas de manera simultánea?
6. ¿Pueden explicarse los diferentes enfoques de la toma de decisiones (P8) por medio de las calificaciones factoriales del principal proveedor financiero (P6_a hasta P6_m) consideradas de manera simultánea?
7. ¿Pueden explicarse los diferentes enfoques de la toma de decisiones (P8) por medio de las calificaciones factoriales de las variables de importancia (P1_a hasta P1_l) consideradas de manera simultánea?

Capítulo 20

1. Agrupe a los encuestados en conglomerados con base en las variables de importancia (P1_a hasta P1_l). Utilice el análisis de conglomerados de *K*-medias y especifique una solución de dos conglomerados. Interprete los conglomerados resultantes.
2. Agrupe a los encuestados en conglomerados con base en las calificaciones factoriales de las variables de importancia (P1_a hasta P1_l). Utilice el análisis de conglomerados de *K*-medias y especifique una solución de dos conglomerados. Interprete los conglomerados resultantes. Compare sus resultados con los obtenidos al formar los conglomerados de acuerdo con las variables de importancia originales.

Capítulo 21

1. Utilice una escala del 1 al 7 para calificar la semejanza de todos los pares posibles de las siguientes empresas de servicios financieros (utilice sus impresiones aunque no esté familiarizado con ellas): Bank of America, JPMorgan Chase, Citibank, Fidelity Investments, Goldman Sachs, Merrill Lynch, New York Life, T. Rowe Price, Vanguard y Wells Fargo. Desarrolle un mapa de dos dimensiones mediante el escalamiento multidimensional. Interprete las dimensiones y el mapa.
2. Construya 32 perfiles completos de empresas de servicios financieros con base en los siguientes atributos y niveles: desempeño de las inversiones (M, A), cargos o comisiones (M, A), capacidad de resolver problemas (M, A), calidad de las asesorías (M, A) y calidad del servicio (M, A). Califique los 32 perfiles en términos de su preferencia por medio de una escala de 7 puntos (1 = no se prefiere, 7 = muy preferido). Calcule las funciones de valores parciales y la importancia relativa de los atributos. Advierta que M = mediano y A = alto.

Capítulo 22

1. Redacte un informe para Wachovia con base en todos los análisis que ha realizado. ¿Qué le recomienda hacer a Wachovia para mantener su crecimiento?

Capítulo 23

1. Si la encuesta de Wachovia fuera a aplicarse en Argentina, ¿como debería realizarse la investigación de mercados?

Referencias

1. *www.wachovia.com*, consultada el 3 de febrero de 2006.

Nota: este caso se preparó sólo para propósitos de discusión en clase y no representa los puntos de vista de Wachovia ni sus afiliados. El escenario de los problemas es hipotético y se ocultó el verdadero nombre de la empresa. Sin embargo, la información proporcionada es real. Se eliminaron algunas preguntas y no se incluyen los datos de las otras preguntas por razones de los derechos de autor.

ENCUESTA ANUAL DE SERVICIOS FINANCIEROS

Introducción

Esta encuesta hace algunas preguntas sobre servicios financieros, por ejemplo, sobre inversiones y servicios bancarios. El **principal proveedor de servicios financieros** (la empresa) es donde usted tiene la **mayor** parte de sus inversiones familiares y valores en cuentas de ahorros/cheques.

Apreciamos mucho su cooperación al responder estas preguntas.

Parte A. Proveedor de servicios financieros

1. Si hoy tuviera que elegir al **principal proveedor de servicios financieros (empresa)**, ¿qué tan importantes serían cada uno de los siguientes factores? (**Marque X en una opción en CADA pregunta**).

	Sumamente importante	Muy importante	Algo importante	Poco importante	Nada importante
a) El desempeño de las inversiones con este proveedor	5 ☐	4 ☐	3 ☐	2 ☐	1 ☐
b) Los cargos y comisiones cobrados	5 ☐	4 ☐	3 ☐	2 ☐	1 ☐
c) El alcance de los productos y servicios para satisfacer mis necesidades de inversión	5 ☐	4 ☐	3 ☐	2 ☐	1 ☐
d) La capacidad para resolver problemas	5 ☐	4 ☐	3 ☐	2 ☐	1 ☐
e) Los servicios en línea ofrecidos	5 ☐	4 ☐	3 ☐	2 ☐	1 ☐
f) La posibilidad de elegir entre los productos de varios proveedores	5 ☐	4 ☐	3 ☐	2 ☐	1 ☐
g) La calidad de las asesorías	5 ☐	4 ☐	3 ☐	2 ☐	1 ☐
h) Conocer a los representantes o ejecutivos con los que trato	5 ☐	4 ☐	3 ☐	2 ☐	1 ☐
i) Que los representantes conozcan mi situación general y mis necesidades	5 ☐	4 ☐	3 ☐	2 ☐	1 ☐
j) Acceso a otros recursos profesionales	5 ☐	4 ☐	3 ☐	2 ☐	1 ☐
k) Grado en que me conoce el proveedor	5 ☐	4 ☐	3 ☐	2 ☐	1 ☐
l) Calidad del servicio	5 ☐	4 ☐	3 ☐	2 ☐	1 ☐

	Sumamente probable	Muy probable	Algo probable	Poco probable	Muy improbable
2. ¿Qué tan **probable** es que recomiende a su principal proveedor a alguien que conoce? (**Marque X en una opción**).	5 ☐	4 ☐	3 ☐	2 ☐	1 ☐
3. ¿Qué tan **probable** es que mantenga los servicios de su principal proveedor al menos al mismo nivel que hasta ahora? (**Marque X en una opción**).	5 ☐	4 ☐	3 ☐	2 ☐	1 ☐
4. ¿Qué tan **probable** es que usted y su familia **abandonen** o **cambien** a su principal proveedor? (**Marque X en una opción**).	5 ☐	4 ☐	3 ☐	2 ☐	1 ☐

	Muy grande	Grande	Regular	Pequeña	Ninguna
5. ¿Cómo calificaría la **ventaja** de usar a su principal proveedor en vez de otros proveedores de servicios financieros? (**Marque X en una opción**).	5 ☐	4 ☐	3 ☐	2 ☐	1 ☐

6. ¿Cómo calificaría los siguientes elementos de su **principal proveedor financiero (empresa)**? Si no es pertinente, elija "NP". (**Marque X en una opción para CADA enunciado**).

	Excelente	Muy bueno	Bueno	Regular	Malo	NP
a) Satisfacción general con el principal proveedor	6 ☐	5 ☐	4 ☐	3 ☐	2 ☐	1 ☐
b) El desempeño de las inversiones con este proveedor	6 ☐	5 ☐	4 ☐	3 ☐	2 ☐	1 ☐
c) Los cargos y comisiones cobrados	6 ☐	5 ☐	4 ☐	3 ☐	2 ☐	1 ☐
d) El alcance de los productos y servicios para satisfacer mis necesidades de inversión	6 ☐	5 ☐	4 ☐	3 ☐	2 ☐	1 ☐
e) La capacidad para resolver problemas	6 ☐	5 ☐	4 ☐	3 ☐	2 ☐	1 ☐
f) Los servicios en línea ofrecidos	6 ☐	5 ☐	4 ☐	3 ☐	2 ☐	1 ☐
g) La posibilidad de elegir entre productos de varios proveedores	6 ☐	5 ☐	4 ☐	3 ☐	2 ☐	1 ☐
h) La calidad de las asesorías	6 ☐	5 ☐	4 ☐	3 ☐	2 ☐	1 ☐
i) Conocer a los representantes o ejecutivos con los que trato	6 ☐	5 ☐	4 ☐	3 ☐	2 ☐	1 ☐
j) Que los representantes conozcan mi situación general y mis necesidades	6 ☐	5 ☐	4 ☐	3 ☐	2 ☐	1 ☐
k) Acceso a otros recursos profesionales	6 ☐	5 ☐	4 ☐	3 ☐	2 ☐	1 ☐
l) Grado en que me conoce el proveedor	6 ☐	5 ☐	4 ☐	3 ☐	2 ☐	1 ☐
m) Calidad del servicio	6 ☐	5 ☐	4 ☐	3 ☐	2 ☐	1 ☐

7. En los 12 últimos meses, ¿usted o alguien de su familia ha cambiado algunos activos (diferentes a los de las cuentas de cheques) de un **proveedor** de inversiones o ahorros a otro? (NO incluye el cambio de una inversión individual como acciones o bonos a otras acciones o bonos dentro de la misma casa de bolsa o empresa de inversión). Por favor **excluya** bienes en 401 (k), 403 (b), 457 o cuentas similares de contribución para el retiro.

   1. ☐ Sí   2. ☐ No

8. A continuación se presentan algunos enfoques que usted o su familia pueden adoptar con respecto a asesorías y decisiones sobre inversiones. Por favor, lea cada uno y luego responda la pregunta que sigue.
   1. Usted utiliza diferentes fuentes de información por Internet o medios convencionales para tomar sus propias decisiones sobre inversiones sin la ayuda de un consejero o profesional de inversiones.
   2. Usted utiliza diferentes recursos de información por Internet o medios convencionales para tomar la mayor parte de las decisiones sobre inversiones, pero recurre a la asesoría de un consejero o profesional de inversiones sólo para necesidades especiales (por ejemplo, inversiones alternativas o asesoría sobre impuestos).
   3. Por lo regular consulta a un consejero o profesional de inversiones, aunque también puede buscar información adicional por sí mismo, pero es usted quien toma la mayor parte de las decisiones finales.
   4. Usted se apoya en un profesional de inversiones o consejero para tomar la mayor parte de las decisiones sobre inversiones.

   Para la mayoría de sus activos, ¿cuál de las opciones mencionadas arriba (1-4) describe MEJOR su enfoque preferido? (**escriba un número del 1-4**)

   Número: _____

Parte B. Datos demográficos

Las respuestas a las siguientes preguntas se usarán para ayudarnos a interpretar la información que ha proporcionado.

9. ¿Cuál es su edad?

   Edad: _____ años

10. ¿Usted es…?
    1. ☐ Hombre   2. ☐ Mujer

11. ¿Cuál es su estado civil actual? (**Marque X en una opción**).
    1. ☐ Actualmente casado   3. ☐ Divorciado   5. ☐ Soltero, nunca antes casado
    2. ☐ Viudo   4. ☐ Separado   6. ☐ Unión libre, no casado

12. ¿Cuántos miembros de su familia son hijos dependientes? _____

13. Para los siguientes tipos de transacciones financieras, indique por favor quién es el principal responsable o si la responsabilidad es compartida.

	Jefe de familia	**Jefa de familia**	**Responsabilidad compartida**	**Otro**
Decisión de inversiones				

14. ¿Cuál es el máximo nivel educativo que cursó? (**Marque X en una opción**).
    - 01 ☐ Preparatoria inconclusa
    - 02 ☐ Certificado de preparatoria
    - 03 ☐ Escuela vocacional o técnica/aprendiz
    - 04 ☐ Universidad inconclusa
    - 05 ☐ Licenciatura
    - 06 ☐ Posgrado inconcluso
    - 07 ☐ Maestría
    - 08 ☐ Graduado en derecho
    - 09 ☐ Graduado en medicina u odontología
    - 10 ☐ Doctorado

15. ¿Cuál es su estado de jubilación? (**Marque X en una opción**).
    1. ☐ Jubilado   3. ☐ Semi-jubilado   5. ☐ No jubilado

4.2 Wendy's: historia y vida después de Dave Thomas

Wendy's Internacional Inc., es una cadena de hamburgueserías que ocupa el tercer lugar en ventas detrás de McDonald's y Burger King, a las que sigue muy de cerca. Para el 2005, Wendy's contaba con más de 6,500 restaurantes en todo el mundo, el 80 por ciento de los cuales eran franquicias. Los restaurantes Wendy's ofrecen hamburguesas y papas fritas, además de otros productos como papas al horno, chile y ensaladas. Más allá de su concepto básico, Wendy's es propietaria de Tim Hortons, la cadena de cafeterías y pastelerías con sede en Canadá (con más de 2,500 puntos de venta, la mayoría de ellos franquicias) y Baja Fresh Mexican Grill (más de 280 restaurantes de comida rápida, de los cuales cerca de la mitad son franquicias). Cada restaurante de Wendy's ofrece un menú estándar con hamburguesas y emparedados de pechuga de pollo, preparados con condimentos al gusto de los clientes, así como croquetas de pollo, chile, papas al horno, papas a la francesa, ensaladas, postres, refrescos y alimentos para niños. Los restaurantes Tim Horton ofrecen café y productos de repostería recién horneados como donas, panquecitos, pasteles, cuernitos, galletas y rosquillas, así como emparedados y sopas en algunos establecimientos. Baja Fresh Mexican Grill sirve órdenes por encargo de burritos, tacos, fajitas y otras comidas mexicanas en un restaurante con ambiente de comida rápida.

El fundador de Wendy's, Dave Thomas, comenzó su carrera en el negocio de la comida rápida en 1956, cuando él y Phil Clauss abrieron un restaurante de parrilladas en Knoxville, Tennessee. Después, Claus compró una franquicia de Kentucky Fried Chicken (ahora KFC) al gigante del pollo frito Colonel Harland Sanders y en 1962 mandó a Thomas a rescatar cuatro restaurantes de Ohio que tenían problemas. El éxito de Thomas en la reactivación de los restaurantes le dejó como ganancia el 45 por ciento de la franquicia. Cuando Claus revendió la franquicia a KFC en 1968, Thomas se hizo millonario y se unió a la empresa como director regional de operaciones.

Después de su paso por KFC, Dave Thomas abandonó el negocio de los pollos y trabajó como gerente de operaciones para Arthur Treacher's Fish & Chips (ahora propiedad de TruFoods). En 1969 puso toda su experiencia en el negocio de los restaurantes en la apertura de su primer restaurante Wendy's, al que dio el nombre de su hija. Thomas limitó el menú a hamburguesas a la orden, chile y malteadas, con precios un poco más altos que los de sus rivales Burger King y McDonald's. Los restaurantes fueron decorados con tapetes, paneles de madera y lámparas tipo Tiffany para reforzar el estilo más refinado. A principios de la década de 1970 la empresa comenzó a vender franquicias para acelerar su expansión. También fundó su Management Institute para capacitar a dueños y gerentes en las técnicas de operación de Wendy's. En 1975 se abrió en Canadá el primer restaurante de la cadena fuera de Estados Unidos. En 1976 Wendy's empezó a cotizar en la bolsa y para fines de ese año se jactaba de contar con 500 restaurantes. El primer comercial a nivel nacional salió al aire en 1977. Dos años después el restaurante agregó a su menú una barra de ensaladas.

Dave Thomas se retiró de la presidencia en 1982 y asumió el título de presidente ejecutivo. En 1984 Wendy's lanzó una campaña televisiva de anuncios publicitarios con un costo de $8 millones en los que Clara Peller preguntaba "¿Dónde está la carne?"; con ello, la participación de la empresa en el mercado subió al 12 por ciento. Cuando McDonald's y Burger King respondieron con sus propias campañas, ni la introducción del menú de desayunos (1985) o de nuevos productos como la hamburguesa Big Classic (1986), ni el buffet SuperBar (1987) pudieron revertir el desgaste de la participación en el mercado de la empresa (que en 1987 disminuyó al 9 por ciento). Con su porte de honestidad y estilo modesto, en 1989 Thomas encontró una audiencia como vocero de Wendy's en la televisión. La empresa atribuyó el repunte de los ingresos a sus apariciones.

En 1990 Wendy's introdujo un emparedado de pollo a la parrilla como respuesta a la creciente preocupación por la nutrición. También atrajo a los consumidores preocupados por su presupuesto con su menú súper económico de $0.99. En 1992 Wendy's tenía 4,000 restaurantes; en el mismo año agregó a su menú los paquetes de ensaladas. Al siguiente año, Thomas, quien había abandonado la preparatoria, obtuvo su diploma y sus compañeros de clase lo eligieron por votación como el alumno con más probabilidades de triunfar.

Wendy's y la cadena canadiense Tim Hortons comenzaron una relación de negocios en 1992. Ronald Joyce y el defensa del Toronto Maple Leafs, Tim Horton, abrieron su primera cafetería y pastelería en Hamilton, Ontario. Para 1990, la cadena contaba ya con 500 unidades. Wendy's terminó la adquisición de Tim Hortons en 1995 y comenzó a planear la expansión de la cadena en Estados Unidos. En 1998 las ventas cayeron cuando Wendy's cerró o vendió las franquicias de los establecimientos con un mal desempeño. En 1998 Wendy's acordó designar a Coca-Cola como su proveedor oficial de bebidas gaseosas, lo cual estableció una alianza entre las dos empresas que impulsó los planes de Wendy's para incrementar en un 20 por ciento su publicidad nacional. En 1999 Wendy's abrió cerca de 600 nuevos restaurantes.

La muerte de Dave Thomas a principios del 2002 fue un duro golpe para la empresa y una pérdida para la industria de la comida rápida. Para continuar con el progreso, la empresa compró Fresh Enterprises, dueña de las 160 unidades de Baja Fresh Mexican Grill, por $275 millones. También compró el 25 por ciento de las acciones de la cadena italiana Pasta Pomodoro y el 45 por ciento de Café Express, una cadena de restaurantes de servicio rápido propiedad de Schiller Del Grande Restaurant Group. Baja Fresh ha tenido un rápido crecimiento y ahora cuenta con más de 280 establecimientos, pero las utilidades no han mantenido el ritmo; en el 2003 las ventas del negocio disminuyeron en un 4 por ciento. Wendy's planeó reducir el crecimiento de Baja Fresh en el corto plazo para que sus administradores pudieran concentrarse en capacitación y servicio. Así, en 2004 Wendy's anunció que podría cerrar varios de los establecimientos de Baja Fresh que enfrentaban dificultades. En ese mismo año Wendy's aumentó al 70 por ciento sus acciones del Café Express y asumió el control de la dirección de la cadena de 18 establecimientos poniendo a la cabeza al veterano de Wendy's Brion Grube.

Wendy's mantuvo su buen desempeño durante los cuatro años siguientes, incluso después de perder a su fundador Dave Thomas. Wendy's controla cerca del 14 por ciento del mercado de los restaurantes de comida rápida especializados en hamburguesas. Su éxito parece deberse a su atención en la calidad de la comida y a su énfasis en menús alternativos que resulten atractivos para los clientes a quienes no les gustan las hamburguesas. También ha disfrutado los buenos resultados de su cadena Tim Hortons, la cual ha mantenido ganancias constantes. El proveedor de donas reclama el 70 por ciento del mercado de cafeterías y pastelerías en Canadá y cuenta con cerca de 180 establecimientos en Estados Unidos, los cuales en su mayor parte se ubican en Michigan, Ohio y el oeste de Nueva York. Wendy's pretende abrir cada año 300 nuevos restaurantes, en especial en Estados Unidos.

Wendy's diseñó una parrilla doble para hamburguesas que pretende instalar en todos los restaurantes de Estados Unidos para finales de 2007. La parrilla economiza el tiempo normal de cocción de la carne, con lo que se ahorra tiempo y dinero. La empresa también creó un emparedado de pollo a la parrilla en una hogaza de pan, así como una ensalada grande de frutas.

En noviembre de 2004 Wendy's decidió cancelar su fallida campaña de anuncios donde presentaba a un personaje común, un "vocero no oficial" llamado el señor Wendy, porque la campaña desvió la atención de la comida. Esto destaca un problema constante de Wendy's: cómo manejar la marca de la empresa después de la era de Dave Thomas. En noviembre de 2005 la empresa inició una serie de anuncios en los que presentaba imágenes fijas de Dave Thomas para conmemorar el 35 aniversario de la cadena, pero continúa la pregunta sobre su identidad.

Aunque Wendy's intentó cerrar casi 20 de sus establecimientos de Baja Fresh en 2005 por su mal desempeño y porque necesitaba enfocarse en las nuevas tendencias de los consumidores; al mismo tiempo, Baja Fresh modificó su menú para seguir la tendencia de los alimentos sanos para niños. Hace poco Wendy's anunció que sus restaurantes permitirían hacer cambios en las combinaciones de sus alimentos, la antes obligada guarnición de papas a la francesa ahora puede cambiarse por un complemento de chile, ensalada o papas. La decisión de Wendy's de impulsar las oscilantes ventas al ofrecer la posibilidad de sustituir sin cargo extra las papas fritas en sus combinaciones de alimentos para adultos es una estrategia que será vigilada muy de cerca por los rivales de comida rápida, sobre todo con respecto a su efecto en los márgenes de ganancias de la cadena de restaurantes. No obstante, los observadores de restaurantes han pronosticado que las opciones de expansión de Wendy's serán bien recibidas porque los clientes de los restaurantes de comida rápida demandan más variedad en los menús. Pero el consultor de restaurantes Len Kornblau advirtió a Wendy's que debe asegurarse de que las alternativas a las papas fritas no dañen los márgenes de ganancias del restaurante, lo que puede ser una propuesta engañosa.

Wendy's encabeza el camino con algunas innovaciones como el plato de frutas y la flexibilidad en los platillos combinados. En la actualidad Wendy's está probando algunos productos nuevos, que incluyen la línea de emparedados tipo *delicatessen*, con pan recién horneado llamado Frescata, además de yogur, granola y aderezos para cubrirlos. Wendy's no usa conservadores en sus platos de piña, melón y uvas, que vienen acompañados de yogur bajo en calorías sabor fresa. Como se vio antes, Wendy's también tiene esperanzas en su nueva parrilla doble para mejorar

la calidad de sus hamburguesas y la rapidez del servicio, y afirma que es probable que el próximo año esté preparada para probar los desayunos. Pero Wendy's tiene algunos obstáculos por delante. La competencia se ha actualizado ante las innovaciones del menú de Wendy's. McDonald's ha repuntado en una onda juvenil con su campaña "Me encanta" y promociones musicales. Y mientras el año pasado Wendy's estuvo a medio punto de superar la participación en el mercado del número dos de la industria de comida rápida, Burger King, esta última empresa ahora trata de ampliar esa distancia, gracias a un marketing original que le ha dado un culto de seguidores entre los fieles a la comida rápida.

Wendy's realizó una encuesta con el fin de sobrevivir en la despiadada industria de la comida rápida. Wendy's desea estudiar los datos demográficos de sus clientes y su conocimiento de las diferentes cadenas de comida rápida de la competencia, las respuestas de satisfacción de los consumidores en términos de orientación familiar, comodidad, precio, rapidez en el servicio, comida sana, limpieza, etcétera, así como las preferencias de los clientes en términos de comer en el lugar u ordenar comida para llevar. Se adjunta el cuestionario usado y los datos obtenidos se incluyen en el sitio de Internet. Con base en los datos recolectados y el análisis de este estudio, Wendy's pretende mejorar sus servicios y orientación de la marca.

Preguntas
Capítulo 1
1. Analice cómo puede ayudar la investigación de mercados a los restaurantes de comida rápida como Wendy's a formular estrategias acertadas de marketing.

Capítulo 2
1. Wendy's considera una mayor expansión en Estados Unidos. Defina el problema de decisión administrativa.
2. Defina un problema apropiado de investigación de mercados con base en el problema de decisión administrativa que definió antes.

Capítulo 3
1. Formule un diseño apropiado para estudiar el problema de investigación de mercados que definió en el capítulo 2.

Capítulo 4
1. Utilice Internet para determinar las participaciones en el mercado de las principales cadenas nacionales de comida rápida en el último año fiscal.
2. ¿Qué tipo de datos sindicados serían de utilidad para Wendy's?

Capítulo 5
1. Analice cómo puede ayudar la investigación cualitativa a Wendys a lograr una mayor expansión en Estados Unidos.

Capítulo 6
1. Wendy's creó un nuevo emparedado de pescado con el sabor cajún distintivo y quiere determinar la respuesta de los consumidores a este nuevo producto antes de lanzarlo al mercado. Si tuviera que realizarse una encuesta para determinar las preferencias de los consumidores, ¿qué técnica de encuesta debería usarse y por qué?

Capítulo 7
1. Analice cómo puede ayudar la experimentación a Wendy's a determinar el nivel óptimo de gastos de publicidad.

Capítulo 8
1. Ilustre el uso de los principales tipos de escalas para medir las preferencias de los consumidores por los restaurantes de comida rápida.

Capítulo 9

1. Ilustre el uso de las escalas de Likert, de diferencial semántico y de Stapel para medir las preferencias de los consumidores por los restaurantes de comida rápida.

Capítulo 10

1. Desarrolle un cuestionario para evaluar las preferencias de los consumidores por los restaurantes de comida rápida.

Capítulo 11 y 12

1. ¿Qué plan de muestreo debería adoptarse para la encuesta del capítulo 6? ¿Cómo debería determinarse el tamaño de la muestra?

Capítulo 13

1. ¿Cómo debería seleccionarse y capacitarse a los trabajadores de campo para realizar las tareas correspondientes de la encuesta del capítulo 6?

Capítulo 14

1. ¿Cómo deben tratarse los valores faltantes de las siguientes variables demográficas: educación (D5), ingreso (D6), situación laboral (D7) y estado civil (D8)?
2. Recodifique la forma de pago (D1) combinando tarjeta de débito, cheques y otros en una sola categoría.
3. Recodifique el número de personas que viven en un hogar (D3A) de la siguiente manera: para adultos mayores de 18 años, cuatro o más deben combinarse en una sola categoría etiquetada 4+; para cada uno de los tres grupos de edad restantes (menos de 5, 6–11 y 12–17), dos o más deben combinarse en una sola categoría etiquetada 2+.
4. Recodifique educación (D5) combinando las dos categorías más bajas y etiquétela como preparatoria o menos.
5. Recodifique ingreso (D6) combinando las tres categorías más altas con la etiqueta de $100,000 o más.
6. Recodifique la situación laboral (D7) combinando ama de casa, jubilado y desempleado en una sola categoría.
7. Clasifique a los encuestados como usuarios esporádicos, regulares o asiduos de los restaurantes de comida rápida con base en la distribución de frecuencias de S3A: durante las pasadas cuatro semanas, ¿más o menos cuántas veces comió en un restaurante de comida rápida? Utilice la siguiente clasificación: 1–4 veces = esporádica, 5–8 veces = regular, 9 o más veces = asidua.

Capítulo 15

1. Elabore una distribución de frecuencias para todas las variables excepto la identidad de los encuestados ID (idencuest). ¿Por qué es útil este análisis?
2. Haga una tabulación cruzada de la clasificación del consumo de comida rápida (S3A recodificado, véase las preguntas del capítulo 14) con las características demográficas (algunas recodificadas como se especificó en el capítulo 14): edad (S1), género (S2), forma de pago (D1), número de personas que viven en casa (D3A), educación (D5), ingreso (D6), empleo (D7), estado civil (D8) y región. Interprete los resultados.
3. Haga una tabulación cruzada de la forma de pago (D1 recodificado) con el resto de las características demográficas (algunas recodificadas como se especificó en el capítulo 14): edad (S1), género (S2), número de personas que viven en casa (D3A), educación (D5), ingreso (D6), empleo (D7), estado civil (D8) y región. Interprete los resultados.
4. Haga una tabulación cruzada de comer ahí más a menudo, menos a menudo, o más o menos igual que hace un año (p8_1, p8_7, p8_26, p8_36, p8_39) con las características demográficas (algunas recodificadas como se especificó en el capítulo 14): edad (S1), género (S2), forma de pago (D1), número de personas que viven en casa (D3A), educación (D5), ingreso (D6), empleo (D7), estado civil (D8) y región. Interprete los resultados.
5. ¿Hay alguna diferencia entre hombres y mujeres en los enunciados psicográficos (p14_1, p14_2, p14_3, p14_4, p14_5, p14_6 y p14_7)? ¿En qué sería distinto su análisis si las evaluaciones de los enunciados psicográficos se trataran como ordinales en lugar de intervalares?
6. ¿Los encuestados muestran mayor acuerdo con "me he esforzado por buscar opciones de comida rápida que tengan mayor valor nutricional que las comidas que he elegido en el pasado" (p14_6) en comparación con "tengo en cuenta la cantidad de grasa que mis hijos comen en los restaurantes de comida rápida" (p14_5)? ¿En qué sería distinto su análisis si estas calificaciones se trataran como ordinales en lugar de intervalares?

Capítulo 16

1. ¿Difieren las calificaciones del restaurante (p9_1, p9_7, p9_26, p9_36, p9_39) según las diversas características demográficas (algunas recodificadas como se especificó en el capítulo 14): edad (S1), género (S2), forma de pago (D1), número de personas que viven en casa (D3A), educación (D5), ingreso (D6), empleo (D7), estado civil (D8) y región. Interprete los resultados.
2. ¿Existe alguna diferencia en las calificaciones al restaurante (p9_1, p9_7, p9_26, p9_36, p9_39) entre los cuatro grupos definidos por "el grado en que le resulta difícil decidir a qué restaurante de comida rápida acudir" (p13)?

Capítulo 17

1. ¿Pueden explicarse las calificaciones al restaurante (p9_1, p9_7, p9_26, p9_36, p9_39) en términos de las puntuaciones en los enunciados psicográficos (p14_1, p14_2, p14_3, p14_4, p14_5, p14_6 y p14_7) cuando los enunciados se consideran de manera simultánea?

Capítulo 18

1. ¿Puede diferenciarse a hombres y mujeres (S2) con base en las puntuaciones de los enunciados psicográficos (p14_1, p14_2, p14_3, p14_4, p14_5, p14_6 y p14_7) cuando éstas se consideran de manera simultánea? Realice un análisis discriminante de dos grupos y luego haga un análisis logit. Compare los resultados de ambos análisis.

Capítulo 19

1. Haga un análisis factorial de los enunciados psicográficos (p14_1, p14_2, p14_3, p14_4, p14_5, p14_6 y p14_7). Utilice el análisis de componentes principales con una rotación varimax. Interprete los factores.

Capítulo 20

1. ¿Cómo agruparía en conglomerados a los encuestados con base en los enunciados psicográficos (p14_1, p14_2, p14_3, p14_4, p14_5, p14_6 y p14_7)? Interprete los conglomerados resultantes.

Capítulo 21

1. Otorgue calificaciones de semejanza en una escala de 1 a 7 para todos los pares posibles de las siguientes marcas de restaurantes de comida rápida: Arby's, Burger King, Church's, Domino's Pizza, KFC, McDonald's, Pizza Hut, Subway, Taco Bell y Wendy's. Desarrolle un mapa de dos dimensiones por escalamiento multidimensional. Interprete las dimensiones y el mapa.
2. Elabore 36 perfiles completos de los restaurantes de comida rápida con base en los siguientes atributos y niveles: precio (B, M, A), calidad (M, A), limpieza (M, A), servicio (B, M, A). Advierta que B = bajo, M = medio y A = alto. Evalúe los 36 perfiles en

términos de su preferencia mediante una escala de 7 puntos (1 = no se prefiere, 7 = muy preferido). Calcule las funciones de los valores parciales y la importancia relativa de los atributos.

Capítulo 22

1. Redacte un informe para la administración de Wendy's en el que resuma los resultados de sus análisis. ¿Qué recomendaciones tiene para la administración?

Capítulo 23

1. Si esta encuesta fuera a aplicarse en Malasia y no en Estados Unidos, ¿cuál sería la diferencia en el proceso de investigación?

2. ¿Debería emplearse en Malasia un tamaño de muestra igual al usado en Estados Unidos? ¿Deberían usarse los mismos procedimientos de muestreo en ambos países?

Referencias

1. *www.wendys.com*, consultada el 12 de febrero del 2006.

Nota: este caso fue preparado sólo para fines de discusión en clase y no representa los puntos de vista de Wendy's o sus afiliados. El escenario del problema es hipotético y se ha ocultado el nombre real de la empresa. Sin embargo, los datos proporcionados son reales. Algunas preguntas se eliminaron y no se incluyen los datos de otras preguntas por razones de derechos de autor.

Estudio de compromiso con WENDY'S realizado por Internet
Cuestionario
01 de abril de 2006

IDE _____

Gracias por participar en nuestra encuesta.

S1. Para comenzar, ¿en cuál de las siguientes categorías se encuentra su edad? (ELIJA SÓLO UNA RESPUESTA).

1. Menos de 18   **[TERMINE LA PS1]**
2. 18-24
3. 25-29
4. 30-34
5. 35-39
6. 40-45
7. 46 o más   **[TERMINE LA PS1]**
– Se niega a contestar **[TERMINE LA PS1]**

S2. Usted es… (ELIJA SÓLO UNA RESPUESTA).

1. Hombre
2. Mujer

S3. OMITIDA.

S3A. En las últimas cuatro semanas, ¿más o menos en cuántas ocasiones comió en un restaurante de comida rápida? **[ACEPTE SÓLO NÚMEROS ENTEROS, NO ACEPTE INTERVALOS]. [INTERVALO 0-99]**

_____

y NS o se niega a contestar   **[TERMINE LA PS3A]**
                               [TERMINE LA PS3A SI ES CERO]

1. ¿De cuál de los siguientes restaurantes de comida rápida recuerda haber escuchado algo? (ELIJA TODOS LOS QUE SEAN PERTINENTES). **[LISTA ALEATORIA]**

   0 No
   1 Sí
   [INSERTE LA LISTA DE MARCAS DEL FINAL DE LA ENCUESTA, TERMINE EN CASO DE NINGUNA/NO LO SÉ].

2. OMITIDA.
3. OMITIDA.

3a. Usted ha indicado que ha escuchado algo sobre los siguientes restaurantes. ¿Cuándo fue la última vez, si acaso, que comió en cada uno? (FAVOR DE ELEGIR UN MARCO TEMPORAL PARA CADA RESTAURANTE). **[UTILICE UN FORMATO DE CUADRÍCULA; INCLUYA LAS RESPUESTAS DE LA P1]**

   1. En las últimas cuatro semanas.
   2. Más de 4 semanas y menos de 3 meses.
   3. Hace más de tres meses.
   4. Nunca.

4. OMITIDA.
5. OMITIDA.
6. OMITIDA.
7. OMITIDA.
8. Para cada uno de los restaurantes listados abajo, indique por favor si ha comido ahí con más frecuencia, menos frecuencia, o más o menos con la misma frecuencia que hace un año. **[MUESTRE SÓLO LOS DE P3A = 1 o 2]**

	Con más frecuencia	Más o menos con la misma frecuencia	Con menos frecuencia
Insertar marcas	1	2	3

9. Me gustaría que calificara los restaurantes en los que comió en los últimos tres meses usando una escala de 10 puntos, donde "10" significa que usted cree que es perfecto y "1" significa que piensa que es terrible. Ahora, si considera todo lo que usted busca en un restaurante de comida rápida, ¿cómo calificaría a cada uno de los siguientes? [**MUESTRE P3a = 1 o 2**]

Terrible (1)	2	3	4	5	6	7	8	9	**Perfecto (10)**
○	○	○	○	○	○	○	○	○	○

10. OMITIDA.

11. OMITIDA.

12. OMITIDA.

13. En ocasiones a la gente le resulta difícil decidir a qué restaurante de comida rápida ir en un momento dado. Piense en las situaciones en las que va a un restaurante de comida rápida. En general, ¿cuál de los siguientes enunciados describe mejor el grado en que le resulta difícil decidir a qué restaurante de comida rápida ir? (ELIJA SÓLO UNA RESPUESTA).

    1. **Siempre sé** exactamente a qué restaurante de comida rápida voy a ir.
    2. **Por lo general sé** exactamente a qué restaurante de comida rápida voy a ir.
    3. **Por lo general me siento indeciso** respecto a qué restaurante de comida rápida voy a ir.
    4. **Siempre estoy indeciso** respecto a qué restaurante de comida rápida voy a ir.

14. A continuación se presenta una lista de enunciados que podrían usarse o no para describirlo(a) a usted en general. Utilice por favor una escala de completamente de acuerdo, algo de acuerdo, ni de acuerdo ni en desacuerdo, algo en desacuerdo y completamente en desacuerdo, para indicar qué tan de acuerdo o en desacuerdo está con cada enunciado. (ELIJA UNA RESPUESTA PARA CADA ENUNCIADO.)

Completamente en desacuerdo	**Algo en desacuerdo**	**Ni de acuerdo ni en desacuerdo**	**Algo de acuerdo**	**Completamente de acuerdo**	**NP**
○	○	○	○	○	○

   1. Trato de estar al tanto de la información más reciente sobre salud y nutrición.
   2. Leo las etiquetas sobre información nutricional en la mayoría de los productos que compro.
   3. Ahora me esfuerzo más por conocer el contenido nutricional de los alimentos que consumo en los restaurantes de comida rápida.
   4. Considero la cantidad de grasa en la comida que consumo en los restaurantes de comida rápida.
   5. Considero la cantidad de grasa en la comida que consumen mis hijos en los restaurantes de comida rápida.
   6. Ahora me esfuerzo más por buscar opciones de comida rápida que tengan mayor valor nutricional que las comidas que he elegido en el pasado.
   7. Acudo con menos frecuencia a los restaurantes de comida rápida por la preocupación por el alto contenido de grasa en los alimentos de estos restaurantes.

Estas últimas preguntas sólo tienen fines de clasificación.

D1. ¿Cuál de las siguientes formas de pago utiliza con más frecuencia para hacer compras en restaurantes de comida rápida? ¿Usted paga…? (ELIJA SÓLO UNA RESPUESTA).

   1. En efectivo.
   2. Tarjeta de crédito.
   3. Tarjeta de débito.
   4. Cheque.
   5. Otro.

D2. OMITIDA.

D3. OMITIDA.

D3A. ¿Cuántas personas de los siguientes grupos de edad viven en su casa? (INGRESE POR FAVOR UN NÚMERO EN CADA INTERVALOS DE EDAD. PONGA "0" SI NO HAY NADIE DE ESE INTERVALO EN SU CASA).

   A. Adultos de 18 o más [**INTERVALO: 1-15**]
   B. Niños menores de 5 años [**INTERVALO: 0-9**]
   C. Niños entre 6-11 [**INTERVALO: 0-9**]
   D. Niños entre 12-17 [**INTERVALO: 0-9**]

D4. OMITIDA.

D5. ¿Cuál de las siguientes opciones representa mejor el último nivel de educación que cursó? (ELIJA SÓLO UNA RESPUESTA).
1. Preparatoria inconclusa o menos.
2. Preparatoria completa.
3. Universidad inconclusa.
4. Universidad completa.
5. Posgrado.
– Prefiero no responder.

D6. ¿Cuál de las siguientes opciones describe mejor el ingreso anual de su familia antes de impuestos? (ELIJA SÓLO UNA RESPUESTA).
1. Menos de $25,000.
2. Más de $25,000 pero menos de $50,000.
3. Más de $50,000 pero menos de $75,000.
4. Más de $75,000 pero menos de $100,000.
5. Más de $100,000 pero menos de $150,000.
6. Más de $150,000 pero menos de $200,000.
7. $200,000 o más.
– Prefiero no responder.

D7. ¿Cuál de las siguientes opciones describe mejor su situación laboral? (ELIJA SÓLO UNA RESPUESTA).
1. Tiempo completo.
2. Medio tiempo.
3. Jubilado.
4. Estudiante.
5. Ama de casa.
6. Desempleado.
– Prefiero no responder.

D8. ¿Usted es…?
1 Soltero, separado, divorciado, viudo.
0 Casado/unión libre.
– Prefiero no responder.

¡Gracias por tomarse el tiempo para participar en nuestra investigación!

	P1		P1
Arby's	1	La Salsa	23
Atlanta Bread Company	2	Little Caesars	24
A&W	3	Long John Silvers	25
Baja Fresh	4	McDonald's	26
Blimpie	5	Panda Express	27
Boston Chicken/Market	6	Panera Bread	28
Burger King	7	Papa Jhon's	41
Captain D's	8	Pick Up Stix	29
Carl's Jr	9	Pizza Hut	30
Checker's Drive In	10	Popeye's	31
Chick-Fil-A	11	Quizno's	32
Chipotle Mexican Grill	12	Rally's	33
Church's	13	Rubio's	34
Del Taco	14	Sonic	35
Domino's Pizza	15	Subway	36
El Pollo Loco	16	Taco Bell	37
Grandy's	17	Taco Bueno	38
Green Burrito	18	Wendy's	39
Hardee's	19	Whataburger	40
In n Out Burger	20	OMITTED—OTHER	
Jack in the Box	21	SPECIFY	
KFC/Kentucky Fried Chicken	22	None	42

4.3 Astec sigue creciendo

Astec America Inc (www.*astecpower.com*) es uno de los proveedores más importantes del mundo de productos industriales para el suministro de energía eléctrica. En 1989 Emerson Electric Company (*www.gotoemerson.com*) compró el 50 por ciento de las acciones de Astec y como resultado de esa importante transacción empresarial, cinco de las empresas de suministro de energía eléctrica de Emerson pasaron a formar parte de Astec. En 1999 Astec pasó a ser por completo propiedad de Emerson; sin embargo, aunque las empresas mantuvieron el nombre de Astec fueron administradas de manera independiente por Emerson. La empresa matriz de Astec, Emerson Electric, es una empresa industrial diversificada que en el 2005 obtuvo ganancias por $17,880 millones.

Astec fue la primera empresa en introducir los interruptores de energía eléctrica CA/CD, en los que incluyó tanto interruptores de baja potencia como otros fabricados sobre pedido. En virtud de su dominio en este nicho del mercado, Astec no tenía necesidad de depender del marketing con el fin de vender sus productos. Sin embargo, la industria se empezó a volver cada vez más competitiva. Cuando United Plc. adquirió Lambda Electronics envió una señal definitiva de que se iniciaba una etapa de competencia para la industria. En una industria en la que se estimaba la participación de más de 1,000 empresas relacionadas con la energía, ningún proveedor tenía más del 7 por ciento de participación en el mercado. Además, la adquisición de Lambda por Unitech fue un golpe para ASTEC, ya que Unitech cuya participación en el mercado se clasificaba en el décimo lugar antes de la adquisición de repente se ubicó en el primer lugar de la industria con la compra de Lambda. Sin embargo, para 1998, Astec ocupaba el tercer lugar en ventas de suministros eléctricos, detrás de Lucent Technologies y Ericsson. Además, el mercado crecía de manera apresurada. En 2005 las ventas en Estados Unidos de interruptores de energía CA/CD superaron los $11 mil millones. Con el fin de mantener su participación actual en el mercado, Astec tenía que vender casi el doble. Parecía que la industria se dirigía a una sacudida competitiva.

En 2005 el 37 por ciento de las ventas de Astec provenían del sector de las comunicaciones del mercado de suministros eléctricos. Astec mantiene su dependencia del crecimiento en esta área para impulsar las ventas futuras. Aunque la industria de las comunicaciones experimentó una caída económica entre 2000 y 2003, Howard Lance (antiguo director ejecutivo de Astec y actual vicepresidente de Emerson) consideraba que Astec estaba "bien posicionada para crecer tan rápido o más que el mercado". Lance también pronosticó que el sector de electrónica y telecomunicaciones de Emerson, del que Astec forma parte, crecería alrededor del 10 por ciento anual hasta 2007.

Uno de los principales cambios que Astec consideró necesarios fue mejorar su marketing. Astec, como la mayoría de los miembros de la industria, se había concentrado en la producción desde que entró en este sector enfocado en la ingeniería. De manera tradicional, el medio de vida de los vendedores de suministros eléctricos dependía de los mecanismos de ventas a fabricantes que proveían energía a radios, televisores, computadoras y otros artículos electrónicos. En el pasado la industria era manejada por ingenieros que iniciaron sus negocios en cuartos de servicio o cocheras. Sin embargo, en los últimos años la industria de artículos electrónicos ha experimentado cambios rápidos que requirieron que los proveedores también cambiaran para mantenerse al ritmo de la competencia local y foránea. De esa manera, la industria llegó a conocerse como el eslabón débil en la cadena de electrónica. La industria enfocada en otros tiempos en la ingeniería tuvo que cambiar a un carril orientado al mercado. Se necesitaba del marketing para mantener la actualización tecnológica de los clientes potenciales y para ayudarlos a comprender mejor cuáles serían las futuras necesidades de la industria.

Para mejorar la posición con sus clientes, Astec sintió que necesitaba ofrecer productos más confiables, crear relaciones más duraderas con sus proveedores, desarrollar nexos más cercanos con sus clientes al brindarles ayuda en el diseño de componentes e incrementar las pruebas para mejorar la calidad de sus productos. Además, Astec se interesó en ampliar su catálogo y ofrecer productos estándar y productos sobre pedido. Un reflejo de este nuevo interés en el marketing se hace evidente en el incremento continuo de su presupuesto para publicidad.

Astec reestructuró sus divisiones de ventas y marketing. Antes de la reestructuración, la empresa estaba enfocada en dos grupos separados del mercado: los productos estándar y los productos sobre pedido. En un intento por dirigirse a los mercados más importantes, Astec reorganizó las divisiones de ventas y marketing en cuatro grupos separados. El primero, el segmento de soluciones de cómputo, se concentra en reducir los costos y aumentar la línea de productos disponibles para computadoras personales, computadoras portátiles y aplicaciones para servidores. El segundo grupo se enfoca en el segmento de redes, imágenes y comunicaciones móviles del mercado de productos eléctricos. El tercer grupo, de soluciones de productos estándar, intenta satisfacer las necesidades de distribuidores pequeños y medianos. El cuarto grupo, la unidad de soluciones al módulo de energía, atiende a los clientes con necesidades especiales.

En un esfuerzo por incursionar en nuevos mercados, Astec desarrolló una fuerte posición en el mercado de comunicaciones de Sudamérica. Invirtió cerca de $11 mil millones en la construcción la infraestructura de telecomunicaciones de Brasil. El director regional de Astec en Brasil, Marco Prado, afirmó: "Nuestra presencia en Brasil nos permite trabajar más de cerca con los clientes en toda Sudamérica, para conocer sus necesidades y para ofrecerles soluciones eléctricas completas para sus redes de comunicaciones".

Muchas empresas como Ericsson, Lucent y Nortel liquidaron sus empresas cautivas de suministros eléctricos, lo que generó grandes oportunidades para las empresas del ramo como Astec. Como consecuencia de la liquidación de estas empresas, Astec ha visto un enorme incremento en la demanda de productos CD/CD. Gracias a los cambios tecnológicos en sistemas centrales de energía, Astec diversificó sus productos. Hace apenas algunos años, una central de energía eléctrica estaba constituida por un

Archivo de resultados de SPSS

80 por ciento de energía CA/CD y un 20 por ciento de energía CD/CD; sin embargo, para el 2002, la central eléctrica estaba formada casi por un 50 por ciento de cada una. Además, el mercado de suministro eléctrico también muestra un repunte en la industria de comunicación de datos, que también pasa por un crecimiento explosivo. Para 2006, Astec esperaba ver un incremento del 15 por ciento en las ventas de suministros de energía como resultado de estas nuevas oportunidades.

Para agosto de 2005, los principales competidores de Astec incluían a Artesyn Technologies, Inc., C&D Technologies, Inc. y Magnetek, Inc. Astec desea ganar participación en el mercado y sabe que para tener éxito en su programa de marketing debe orientarse más hacia el consumidor. Está muy consciente del hecho de que los clientes están dispuestos a comprar a cualquiera de los pequeños productores de energía que compiten en el precio, pero Astec también cree que entre sus clientes hay una creciente demanda por productos de alta calidad con características de lujo y mejor servicio. Aunque el desarrollo de nuevos productos tomará algún tiempo, pueden lanzarse con facilidad nuevos programas de servicios. El problema es que Astec no sabe qué servicios son los más solicitados por sus clientes. El gerente de marketing desea saber si los nuevos programas de servicio ayudarán a incrementar las ventas de Astec y cuáles deben llevarse a la práctica. Necesita la información en menos de dos meses para desarrollar los programas que va a presentar en la próxima exposición comercial importante. Como la competencia cada vez está más consciente de que la mejor manera de crecer es acercarse a sus clientes a medida que el mercado madura, Astec debe jugar con las nuevas reglas si desea seguir creciendo.

Preguntas

Capítulo 1
1. La investigación de mercados incluye identificación, recolección, análisis y difusión de la información. Explique cómo se aplica cada una de estas etapas de la investigación de mercados al problema de Astec.
2. ¿El problema que enfrenta Astec es un caso de investigación para la identificación del problema o para su solución? Explique.
3. ¿Qué consideraciones éticas enfrenta el investigador en este proyecto?

Capítulo 2
1. Identifique dos elementos que se relacionan con cada uno de los siguientes factores a considerar en el contexto ambiental del problema:
   Información previa y pronósticos.
   Recursos y limitaciones.
   Objetivos.
   Comportamiento del comprador.
   Ambiente legal.
   Ambiente económico.
   Habilidades tecnológicas y de marketing.
2. ¿Cuál es el problema de decisión administrativa que enfrenta Astec?
3. ¿Cuál es el problema de investigación de mercados que enfrenta Astec?
4. Divida el enunciado general del problema de investigación de mercados en sus componentes.
5. ¿Qué hallazgos teóricos pueden contribuir al desarrollo de un enfoque del problema?
6. Desarrolle tres preguntas de investigación e hipótesis que sean apropiadas para el problema de investigación de mercados.

Capítulo 3
1. ¿Puede usarse en este caso la investigación exploratoria? ¿De qué manera?
2. ¿Puede usarse en este caso la investigación descriptiva? ¿De qué manera?
3. ¿Puede usarse en este caso la investigación causal? ¿De qué manera?
4. ¿A qué tipos de errores, que no sean de muestreo, es en particular proclive la investigación de industrias? ¿Por qué?
5. ¿En este caso es preferible un diseño transversal o uno longitudinal?

Capítulo 4
1. ¿Qué fuentes internas de datos secundarios que resulten útiles puede identificar?
2. ¿Qué fuentes publicadas de datos secundarios que resulten útiles puede identificar?
3. ¿Qué información es factible obtener en Internet?
4. ¿Por qué resultan útiles en este caso las fuentes sindicadas? ¿Qué fuentes consideraría usar?
5. Evalúe el posible sesgo en las siguientes fuentes de datos secundarios.
   a) Una entrevista publicada en 2006 del presidente de Magneteck, Inc., sobre su reciente estrategia de marketing.
   b) Una encuesta a los clientes de Astec sobre sus preferencias de generadores de energía eléctrica realizada en 2000.
   c) Una encuesta de Dun & Bradstreet Market Identifiers aplicada en el año 2000, que lista los estadísticos importantes de los proveedores de componentes para computadoras.

Capítulo 5
1. ¿Qué técnicas de investigación cualitativa recomendaría y por qué?
2. Desarrolle un listado de temas para entrevistas a profundidad que evaluarán las preferencias de la industria por generadores de energía eléctrica.
3. ¿Qué técnicas recomendaría para las entrevistas a profundidad?
4. Diseñe un ejercicio de completamiento de historias para usarse en la entrevista a fondo.
5. Diseñe una técnica de completamiento de oraciones para descubrir los motivos subyacentes.

Capítulo 6
1. ¿Cuáles de los siguientes criterios para seleccionar técnicas de encuestas son más importantes en este caso? Elija todos los que sean pertinentes.
   Uso de estímulos físicos   _____
   Cantidad de datos   _____
   Obtención de información delicada _____
   Velocidad   _____
   Variedad de preguntas   _____
   Control de la muestra   _____
   Tasa de respuestas   _____
   Costo   _____
   Flexibilidad de la recolección de datos _____
   Control de la fuerza de trabajo   _____
   Conveniencia social   _____
   Posibilidad de sesgos del entrevistador _____
   Control del ambiente de recolección de datos _____
   Anonimato percibido de los encuestados _____

2. ¿Qué técnica de encuesta recomendaría a Astec para realizar una investigación descriptiva? ¿Por qué? ¿Cuáles son las limitantes de esta modalidad?
3. ¿Pueden usarse técnicas de observación para la recolección de datos? ¿Cómo? ¿Cuáles son las limitaciones de ello?

Capítulo 7

1. Clasifique cada uno de los siguientes enunciados como una de las condiciones de causalidad que deben demostrarse en la relación entre la venta de generadores de energía eléctrica y el nivel de servicio.

   Utilizar un diseño experimental para asegurarse de que ninguna otra variable afecte la compra de generadores de energía eléctrica excepto el nivel de servicio.
   _____

   Las compras de generadores de energía eléctrica se incrementan con los cambios en el nivel de servicio.
   _____

   Los cambios en el nivel de servicio ocurren antes que los cambios en las compras de generadores de energía eléctrica.
   _____

2. ¿Es necesaria la investigación causal en este caso? De ser así, ¿qué diseño experimental recomendaría y por qué? De lo contrario, diseñe un escenario en el que pudiera serlo.
3. ¿Qué variables extrañas son amenazas para la validez interna y externa del diseño que eligió?
4. Suponga que Astec creó tres diferentes programas de servicio (A, B y C) y desea saber cómo influyen en las actitudes hacia un programa de servicio el nivel de tecnología y el tamaño fiscal de la empresa. Los clientes se clasifican como de alta, media y baja tecnología y las empresas como grandes, medianas y pequeñas. ¿Cuál sería el diseño más conveniente si Astec no estuviera interesado en los efectos de la interacción?
5. Suponga que el programa de servicio A recibe la mayor puntuación en el experimento de la pregunta 4. ¿Cómo puede realizarse una prueba de mercado para determinar su aceptación en el mercado? Explique.

Capítulos 8 y 9

1. ¿Hay alguna diferencia en el uso de escalas en las investigaciones de industrias y las investigaciones de consumidores?
2. ¿Qué tipos de escalas comparativas pueden usarse para recabar información necesaria sobre conocimiento, actitudes, intenciones y preferencias? Diseñe estas escalas.
3. ¿Qué tipo de escalas no comparativas pueden usarse para recabar la información necesaria sobre conocimiento, actitudes, intenciones y preferencias? Diseñe estas escalas.
4. Al diseñar las escalas para la encuesta, ¿qué escalas recomendaría?
5. ¿Cómo determinaría la confiabilidad de las escalas?
6. ¿Cómo evaluaría la validez de las escalas?

Capítulo 10

1. ¿Están bien formuladas las siguientes preguntas? De no ser así, ¿cuál es el error?
   a) ¿Considera que los fabricantes de generadores de energía eléctrica deberían ofrecer servicios y características de lujo en sus generadores?
      Sí _____
      No _____
   b) ¿Con qué frecuencia ordena generadores de energía eléctrica?
      Ocasionalmente _____
      A veces _____
      Con frecuencia _____
      Regularmente _____
   c) ¿Le gustaría que los fabricantes de generadores de energía eléctrica incrementaran los servicios que le brindan?
      Sí _____
      No _____
   d) ¿Con qué frecuencia ordenó generadores de energía eléctrica el año pasado?
      _____

2. Diseñe un cuestionario para utilizar en la encuesta.

Capítulo 11

Para responder las preguntas 1 a 4 suponga que se trata de una encuesta por correo.

1. ¿Cuál es la población objetivo de este estudio?
2. ¿Qué marco de muestreo puede usar?
3. ¿Qué técnica de muestreo recomienda para este estudio? ¿Por qué?
4. ¿Qué problemas de falta de respuesta deben considerarse y cómo pueden superarse?

Capítulo 12

1. Astec está interesada en ofrecer un programa de distribución garantizada y piensa que las empresas que ordenan productos eléctricos cada mes son buenos candidatos para este programa. Se estima que el programa sólo valdrá la pena si el 20 por ciento de las empresas ordenan productos eléctricos cada mes. La administración quiere tener una seguridad del 99 por ciento de que está dentro del 2 por ciento. ¿Qué tan grande debe ser la muestra que necesitan encuestar?
2. En el problema 1, ¿su resultado parece factible? De no ser así, ¿qué recomendaciones haría a la administración para realizar un estudio que dé lugar a un tamaño de muestra factible?

Capítulo 13

1. ¿Cómo debe modificarse el proceso de trabajo de campo presentado en el libro para las encuestas por correo?

Capítulo 14

1. Suponga que las siguientes respuestas aparecen en una encuesta postal terminada que usted, el supervisor del proyecto, está editando. ¿Cómo corregiría el salto del encuestado en la pregunta 10, suponiendo que el número de encuestados con respuestas incompletas es reducido?

P5. Me gustaría recibir ayuda de un productor de generadores de energía eléctrica para diseñar mis productos.

Muy en desacuerdo		**Neutral**			**Muy de acuerdo**	
1	2	3	4	5	**X**	7

P6. Para mí es importante un programa que garantice la entrega.

Muy en desacuerdo		**Neutral**			**Muy de acuerdo**	
1	2	3	4	5	**X**	7

P10. Suponga que va a comprar un generador de energía eléctrica. Por favor, califique la importancia relativa de los factores que consideraría al elegir un generador de energía eléctrica en una escala del 1 al 7 donde 1 significa "no es muy importante" y 7 significa "muy importante".

	No es muy importante					Muy importante
1. Calidad de los componentes	1	2	3	4	5	6	7
2. Asistencia del productor en el diseño	1	2	3	4	5	6	7
3. Garantía del producto	1	2	3	4	5	6	7
4. Tecnología de punta	1	2	3	4	5	6	7
5. Precio	1	2	3	4	5	6	7

	No es muy importante					Muy importante	
6. Hecho por una empresa conocida	1	2	3	4	5	6	7
7. Distribución confiable	1	2	3	4	5	6	7

P12. Por favor, califique los siguientes servicios en una escala del 1 al 7 donde 1 significa "no es importante para mí" y 7 significa "es crucial para mí".

	No es importante para mí					Es crucial para mí	
1. Ayuda en el diseño de productos	1	2	3	4	5	**X**	7
2. Ayuda para el ensamblaje	1	2	3	4	**X**	6	7
3. Distribución garantizada	1	2	3	4	5	**X**	7
4. Explicaciones técnicas	1	2	3	4	**X**	6	7

2. Desarrolle un libro de códigos para las preguntas 10 a 15 del cuestionario elaborado en el capítulo 10.
3. Al editar las encuestas terminadas, le informan que la administración desea saber si existen diferencias entre las empresas de alta, media y baja tecnología. Elabore un esquema para analizar los datos dentro de este paradigma.

Capítulo 15

1. Suponga que aplicó el cuestionario diseñado en el capítulo 10 y recolectó los datos. Como analista de mercados para Astec, debe analizar los conjuntos de datos resultantes (véase el apéndice para los detalles) y hacer recomendaciones a su jefe. Los conjuntos de datos fueron el resultado del esfuerzo esmerado de docenas de personas en su departamento que ayudaron a realizar la encuesta por correo con los encargados de compras de los clientes de Astec durante las dos semanas anteriores. Después de revisar los resultados de la encuesta, se codificó la información; los datos de los 230 casos que posee se vaciaron en dos matrices. Hasta este punto, su empresa ha dedicado al proyecto 300 horas hombre durante las últimas tres semanas. El director general quiere un informe preliminar de los resultados de este esfuerzo de investigación.

   a) Elabore distribuciones de frecuencias en todas las variables con todos los estadísticos descriptivos acompañantes.

   b) Utilice el procedimiento de tabulación cruzada para generar tablas de contingencia y analizar si existen relaciones entre los pares de variables. Lo que interesa son los tipos de generadores adquiridos (P8), origen de los generadores comprados (P9), receptividad a servicios adicionales (P16), frecuencia de pedidos de generadores (P17), satisfacción de las necesidades por los fabricantes de los generadores (P18) y las variables demográficas concernientes a los agentes y sus empresas (P19-P23).

Capítulo 16

1. Utilice el procedimiento de análisis de varianza para comparar las medias de P1 a P7, P10 y P11 cuando se agrupan en las cuatro respuestas posibles de la P17. Estos grupos representan la frecuencia de pedidos trimestrales de generadores. Haga pruebas de rangos múltiples para determinar en qué grupos difieren las medias.

Capítulo 17

1. Efectúe una relación múltiple con la P5 como variable dependiente y la P15 (*a* a *d*) como variables independientes. Interprete los resultados.

Capítulo 18

1. Realice un análisis discriminante para determinar qué variables podrían predecir mejor el agrupamiento de los casos en el grupo existente que probablemente compraría generadores con servicios adicionales (Sí = grupo 1) y los que probablemente no lo harían (No = grupo 2)(P16). Realice un análisis discriminante de la P16 con las variables restantes del cuestionario.

2. Utilice el mismo enfoque de análisis discriminante que usó en la pregunta 1 para determinar si "los servicios actuales ofrecidos por los fabricantes de generadores satisfacen sus necesidades" (P18). Asegúrese de excluir la P2 como variable de predicción. (La P2 es la P18 planteada de diferente manera.)

Capítulos 19-20

1. Analice la importancia de los factores usados en la elección de los generadores (P10) por medio de un análisis factorial para identificar un conjunto reducido de factores de los siete disponibles. En este caso, utilice la técnica de componentes principales para extraer los factores. Después haga un análisis de conglomerados no jerárquicos y un análisis discriminante (para verificar el modelo construido mediante el análisis de conglomerados de K-medias); luego, realice tabulaciones cruzadas de la pertenencia a los conglomerados de proveedores de generadores el año pasado (P9) y el atractivo de un producto con servicios adicionales (P16).

Capítulo 21

1. Utilice el escalamiento multidimensional (de la semejanza de los datos obtenidos en la P13) para visualizar la relación entre los posibles servicios que pudieran ofrecerse.

Capítulo 22

1. Prepare un informe oral para la administración que explique los resultados de su investigación y ofrezca una respuesta a su problema de decisión administrativa.

Capítulo 23

1. Suponga que, ante su escasa participación en el mercado estadounidense, Astec cree que debe incursionar en los mercados internacionales para consolidar su posición de liderazgo en la industria de generadores de energía eléctrica. ¿Qué estrategias podría seguir Astec y qué condiciones debería tener en cuenta para realizar una investigación de mercados internacionales?

Preguntas sobre ética

1. ABC Marketing Research Company concluyó una investigación de mercados enfocada en el perfil y las necesidades de los clientes para Magneteck Inc. (competencia de Astec). Astec contrató a ABC Company. ¿En qué circunstancias puede ABC usar los datos de la investigación de Magneteck en el nuevo proyecto de investigación de Astec?

2. Astec ofrece el proyecto de investigación de mercados a una empresa pequeña y afirma que en el futuro contratará a la esa empresa si ésta realiza el proyecto al costo. ¿En qué circunstancias sería ética esta conducta?

3. XYZ Marketing Research, Inc. se especializa en recabar y compilar información para obtener datos estadísticos del sector industrial. Astec solicitó a XYZ realizar la investigación primaria para su estudio. ¿Cuáles son algunas de las posibles consideraciones éticas en esta relación?

4. ¿Cuáles son las consideraciones éticas de la recolección de datos detallados de individuos en este proyecto?

5. Se realizó una sesión de grupo para determinar las percepciones de los interruptores CA/CD y Astec. ¿Cuáles son las implicaciones éticas del uso de este video?

Referencias

1. *www.gotoemerson.com*, consultada el 21 de abril de 2006.
2. Spencer Chin, "Astec Looks to Supply More Power, Focus Put on New Products, Inventory Management", *EBN* (1256) (2 de abril de 2001): 4.
3. Robert Bellinger, "Artesyn Reclaims Growth Track, Focus on Internet, Wireless Leads to Strong Turnaround", *Electronic Buyer's News* (1229) (18 de septiembre de 2000): 44.
4. Bettyann Liotta, "Power Supplies", *Electronic Buyer's News* (1229) (18 de septiembre de 2000): 52.
5. Arthur Zaczkiewicz, "Astec Moves Power Devices Deeper into South America", *Electronic Buyers' News* (1210) (8 de mayo de 2000): 62.
6. Bettyann Liotta, "Astec, Now Subsidiary of Emerson, Reorganizes, Power Supply Maker Creates Four Marketing Groups, Appoints Top Execs", *Electronic Buyers News* (1156) (19 de abril de 1999): 5.

Nota: este caso se preparó sólo para fines de discusión en clase y no representa los puntos de vista de Astec, Emerson Electric o sus afiliados. El escenario del problema es hipotético y se simularon los datos presentados.

Cuestionario de Astec

Por favor, responda TODAS las preguntas que se presentan a continuación.

Parte A

Indique por favor su grado de acuerdo con cada uno de los siguientes enunciados (P1 a P7).

P1. Los generadores de energía eléctrica son una parte importante de mis operaciones.

Muy en desacuerdo		Neutro				Muy de acuerdo
1	2	3	4	5	6	7

P2. El servicio de los fabricantes de generadores de energía eléctrica satisface mis necesidades.

Muy en desacuerdo		Neutro				Muy de acuerdo
1	2	3	4	5	6	7

P3. Todos los generadores de energía eléctrica son parecidos.

Muy en desacuerdo		Neutro				Muy de acuerdo
1	2	3	4	5	6	7

P4. No tengo problemas para comprender los diseños técnicos de los generadores de energía eléctrica.

Muy en desacuerdo		Neutro				Muy de acuerdo
1	2	3	4	5	6	7

P5. Me gustaría contar con la ayuda de un fabricante de generadores de energía para diseñar mis productos.

Muy en desacuerdo		Neutro				Muy de acuerdo
1	2	3	4	5	6	7

P6. Me parece importante un programa que garantice la entrega.

Muy en desacuerdo		Neutro				Muy de acuerdo
1	2	3	4	5	6	7

P7. Necesito ayuda para colocar en mis productos los generadores de energía eléctrica.

Muy en desacuerdo		Neutro				Muy de acuerdo
1	2	3	4	5	6	7

P8. ¿Qué tipo de generadores de energía eléctrica compró durante el año pasado?

_____
_____
_____
_____

P9. ¿A qué empresas les compró los generadores de energía eléctrica el año pasado?

_____
_____
_____
_____

Parte B

P10. Suponga que va a comprar un generador de energía eléctrica. Por favor, califique la importancia relativa de los factores que consideraría al elegir un generador de energía eléctrica en una escala del 1 al 7, donde 1 significa "no es muy importante" y 7 significa "muy importante".

	No es muy importante					Muy importante
a) Calidad de los componentes	1	2	3	4	5	6	7
b) Ayuda del fabricante	1	2	3	4	5	6	7
c) Garantía del producto	1	2	3	4	5	6	7
d) Tecnología de punta	1	2	3	4	5	6	7
e) Precio	1	2	3	4	5	6	7
f) Fabricado por una empresa conocida	1	2	3	4	5	6	7
g) Distribución confiable	1	2	3	4	5	6	7

P11. ¿Qué tan probable es que ordene generadores de energía eléctrica en función de los programas de servicio al cliente?

No es muy probable			Quizá		Es muy probable	
1	2	3	4	5	6	7

P12. Por favor, califique los siguientes servicios en una escala del 1 al 7 donde 1 significa "no es muy importante para mí" y 7 significa "es crucial para mí".

	No es importante para mí					Es crucial para mí
a) Diseño del producto	1	2	3	4	5	6	7
b) Ayuda para el ensamblaje	1	2	3	4	5	6	7
c) Distribución garantizada	1	2	3	4	5	6	7
d) Explicaciones técnicas	1	2	3	4	5	6	7

P13. Nos gustaría que evaluara a los siguientes fabricantes de generadores de energía eléctrica según el servicio que le ofrecen. Compare a las empresas de la fila con las empresas de la columna. Por favor, escriba 1 si la empresa de la fila brinda un mejor servicio o 0 si sucede lo contrario.

	Astec	Unitech	PCA	Lite-On	Vicor	Zenith
Astec	XXXX	XXXX	XXXX	XXXX	XXXX	XXXX
Unitech		XXXX	XXXX	XXXX	XXXX	XXXX
PCA			XXXX	XXXX	XXXX	XXXX
Lite-On				XXXX	XXXX	XXXX
Vicor					XXXX	XXXX
Zenith						XXXX

P14. Por favor, clasifique los diferentes servicios de la siguiente lista en su orden de preferencias. Asigne un 1 a la empresa que más le guste, un 2 a la segunda y así sucesivamente hasta que termine de clasificar los cuatro servicios.

Servicio	Clasificación
Ayuda en el diseño del producto	_____
Ayuda en el ensamblaje	_____
Explicaciones técnicas	_____
Distribución garantizada	_____

P15. Califique por favor la calidad de los siguientes servicios:

   a) Ayuda en el diseño del producto

Muy baja calidad						Muy alta calidad
1	2	3	4	5	6	7

   b) Ayuda en el ensamblaje

Muy baja calidad						Muy alta calidad
1	2	3	4	5	6	7

   c) Explicaciones técnicas

Muy baja calidad						Muy alta calidad
1	2	3	4	5	6	7

   d) Distribución garantizada

Muy baja calidad						Muy alta calidad
1	2	3	4	5	6	7

P16. Si una empresa le ofreciera ayuda por medio de un programa adicional de servicios, ¿cree que sería más probable que utilizara los servicios de ese proveedor?

   Sí ——
   No ——
   ¿Por qué?

P17. ¿Cuántas veces al trimestre ordena generadores de energía eléctrica?

   —————— Menos de una vez al trimestre
   —————— 2 veces al trimestre
   —————— 3 veces al trimestre
   —————— 4 veces o más al trimestre

P18. ¿Los servicios que ofrecen en la actualidad los fabricantes de generadores de energía eléctrica satisfacen sus necesidades?

   —————— Sí
   —————— No
   ¿Por qué?

Parte C

P19. ¿Cuál es su puesto?
   1. —————— Gerente
   2. —————— Agente de compras

P20. Su edad:
   1. —————— 18-35
   2. —————— 36-50
   3. —————— 51-65
   4. —————— Mayor de 65

P21. Ventas de la empresa en dólares
   1. —————— Menos de un millón
   2. —————— De $1 millón a $4,999 millones
   3. —————— De $5 millones a $9,999 millones
   4. —————— $10 millones o más

P22. Nivel de tecnología
   1. Bajo ——————
   2. Medio ——————
   3. Alto ——————

P23. ¿Cuál de las siguientes opciones describe mejor su principal categoría de fabricación?
   1. Computadoras ——————
   2. Aparatos eléctricos pequeños ——————
   3. Aparatos eléctricos grandes ——————
   4. Electrónica ——————
   5. Otros ——————

Gracias por su participación.

Hoja de codificación de Astec Power Supply

Archivo de resultados de SPSS

Nota: llene las columnas de las variables con "9" si no se marcó ninguna respuesta en el cuestionario.

Columna	Número de la pregunta/Nombre del código	Nombre de la variable	Instrucciones de codificación
1-3	Obs	Número de observación	001-099 con ceros iniciales
4-5		en blanco	
6	P1	importancia de los generadores para mi producto	número de código circulado
7	P2	el servicio de generadores satisface mis necesidades	"
8	P3	todos los generadores son iguales	"
9	P4	comprende el diseño de generadores	"
10	P5	quiere ayuda para el diseño del producto	"
11	P6	es importante la entrega garantizada	"
12	P7	necesita ayuda para colocar el generador en su producto	"
13-14	P8	tipos de generadores comprados el año pasado	00 = tipo A; 01 = tipo B; 10 = tipo C;
15-19	P9	origen de compra de los generadores	00000 = Co. L; 00010 = Co. M; 00100 = Co. N; 01000 = Co. O; 01000 = Co. P; 10000 = Co. Q;
20	P10a	importancia de la calidad de los componentes	número de código circulado
21	P10b	importancia de la ayuda del fabricante	"
22	P10c	importancia de la garantía del producto	"
23	P10d	importancia de la tecnología de punta	"
24	P10e	importancia del precio	"
25	P10f	importancia de un fabricante conocido	"
26	P10g	importancia de la distribución confiable	"
27	P11	importancia del programa de servicio a clientes	"
28	P12a	importancia de los servicios de producción y diseño	"
29	P12b	importancia del servicio de ayuda para el ensamblaje	"
30	P12c	importancia de la garantía de distribución	"
31	P12d	importancia de las explicaciones técnicas	"
32	P15a	calificación de la ayuda en el diseño del producto	"
33	P15b	calificación de la ayuda en el ensamblaje	"
34	P15c	calificación de las explicaciones técnicas	"
35	P15d	calificación de la garantía de distribución	"
36	P16	más probable que compre en empresas con servicios adicionales	No = 0; Sí = 1
37-39	P17	frecuencia de compra de generadores	000 = por trimestre o menos; 100 = dos veces por trimestre; 010 = tres veces por trimestre; 001 = cuatro o más veces por trimestre
40	P18	los servicios actuales satisfacen necesidades	No = 0; Sí = 1
41	P19	puesto	gerente = 0; encargado de compras = 1
42-44	P20	edad	000 = 25-35; 001 = 36-50; 010 = 51-65; 100 = 65+

Columna	Número de la pregunta/Nombre del código	Nombre de la variable	Instrucciones de codificación
45-47	P21	ventas anuales de la empresa	000 = menos de $1 millón 001 = de $1 a $4.99 millones 010 = de $5 a $9.99 millones 100 = $10 millones de dólares o más;
48-49	P22	nivel de tecnología	00 = bajo; 01 = medio; 10 = alto
50-53	P23	principal categoría de fabricación	0000 = computadora; 0001 = aparato eléctrico pequeño; 0010 = aparato eléctrico grande; 0100 = electrónica; 1000 = otros

(Nota: P13 y P14 se codificarán en archivos separados de datos.)

Pregunta 13 de Astec Power Supply

(Archivo Astec, datos del escalamiento multidimensional)

Nota: las respuestas forman la parte inferior izquierda del triángulo de una matriz cuadrada.

Columna	Línea	Variable	Instrucciones de codificación
1-3	1	ID encuestado	Tomar un número de la parte superior del cuestionario
1	2	Comparación de la empresa de servicio	Capture el número marcado
1-2	3	"	"
1-3	4	"	"
1-4	5	"	"
1-5	6	"	"

Pregunta 14 de Astec Power Supply

(Archivo Despliegue de datos de Astec)

Columna	Variable	Instrucciones de codificación
1	Clasificación de la ayuda en el diseño del producto	Ingrese número marcado
2	" Clasificación de la ayuda en el ensamblaje	"
3	" Clasificación de las explicaciones técnicas	"
4	" Clasificación de la garantía de la distribución	"

4.4 ¿La investigación de mercados es la cura para los males del hospital infantil Norton Healthcare Kosair?

Por tradición, los hospitales han mostrado más interés en la prestación de servicios que en la atención a mercados. Sin embargo, el sector empezó a explorar el potencial de la investigación de mercados ante el aumento de la competencia, los sistemas alternativos de atención y el reconocimiento de la utilidad del marketing como herramienta. Esta tendencia inició cuando Medicare comenzó a reembolsar a los hospitales no en función de los costos, sino por grupos de enfermedades relacionadas con el diagnóstico (GERD), con lo que preparó el camino para que otras compañías de seguros hicieran lo mismo. Esto tuvo un fuerte efecto en los ingresos de los hospitales, ya que significaba que sólo se pagaría una tarifa fija por cada categoría de GERD, lo que afectaba al 40 por ciento de los ingresos de los hospitales. En consecuencia, los hospitales enfrentaron la dura realidad de aumentar su eficiencia o perder dinero. Esta pérdida de ingresos se ha incrementado por la oferta excesiva de médicos y camas de hospital.

Según el informe de la Asociación Estadounidense de Hospitales, en 1990 la ocupación en hospitales rondó la marca de ese país del 70 por ciento. En 1999 la tasa promedio de ocupación de hospitales en Estados Unidos fue del 66.1 por ciento y para 2005 la tasa disminuyó todavía más al 63 por ciento. Se ha pronosticado que "continuarán las intervenciones dinámicas de los planes de salud que han sacado de los hospitales muchas actividades, aunque a un ritmo relativamente más lento". También se predice que para el año 2010 cerrará el 13 por ciento de los hospitales. Los analistas han pronosticado que las tasas de ocupación de los hospitales continuarán su descenso como resultado de la tendencia a favor de las consultas externas y los servicios de recuperación rápida y en contra de los tratamientos y procedimientos que requieren largas estancias en los hospitales. Por lo tanto, se ha hecho necesario que los vendedores de cuidados médicos evalúen las preferencias de los consumidores, puesto que el vendedor exitoso de servicios hospitalarios debe dirigirse a quienes toman las decisiones para hacerlos conscientes de que los servicios que ofrece el hospital son de crucial importancia para ellos en el proceso de selección.

El problema de las bajas tasas de ocupación hace que la atención médica se convierta en un mercado de compradores. En vez de que los médicos decidan donde recibirán tratamiento sus pacientes, el 70 por ciento de los enfermos deciden dónde serán atendidos. Lo sorprendente es que existe incluso evidencia de que los pacientes no basan sus decisiones en la calidad del tratamiento (por ejemplo, lo adecuado de la tecnología o del personal médico), sino que toman las decisiones de compra de acuerdo al trato que quieren recibir (por ejemplo, la habitación, la comida, la dificultad para estacionarse y si la gente es amistosa). Por consiguiente, los hospitales han comenzado a hacer publicidad para ofrecer servicios especializados y adaptados a las necesidades y, en general, han aprendido que las personas constituyen mercados y como tales tienen necesidades que los hospitales deben satisfacer si quieren seguir en el negocio. En pocas palabras, el sector de los cuidados médicos ha desarrollado una orientación de servicio al cliente. Los hospitales infantiles han hecho avances en el marketing por medio de mejoras en el diseño de sus edificios, con interiores que son más atractivos para padres e hijos.

Puesto que muchos mercados son atendidos por organizaciones de cuidados médicos (pacientes, pagadores, cuidadores, reguladores y la comunidad en general), la organización dispone de cierta libertad con respecto al mercado al que se enfocará, en especial porque cada uno representa una participación potencial en el mercado y una base de clientes en la cual realizar investigaciones de mercados. Sin embargo, los programas de marketing de la mayoría de los hospitales se han concentrado en los pacientes y los posibles pacientes (es decir, un enfoque orientado al cliente). En particular, los centros de nacimiento suelen ser un objetivo de los programas de marketing orientados al cliente. Esto se debe a que los servicios obstétricos rutinarios a menudo desempeñan el papel de artículos de gancho. En otras palabras, su precio se cotiza por debajo del costo con el propósito de fortalecer la imagen del hospital y atraer en el futuro negocios más redituables.

La disminución de los ingresos y la pérdida de ocupación es la preocupación de Norton Healthcare Kosair Children's Hospitals Inc. (NHKCH) (*www.nortonhealthcare.com/locations/hospitals/kosair/index.aspx*) de Louisville, KY. Es el único hospital pediátrico con servicios integrales en Kentucky y funge como el principal centro de referencia infantil para Kentucky y el sureste de Indiana. El hospital de 253 camas forma parte de Norton Healthcare (*www.nortonhealthcare.com*), una fundación sin fines de lucro que opera el Norton Hospital y el Norton Healthcare Pavilion en el Louisville Medical Center. Para 2006, este hospital encabezaba la participación en el mercado de admisión de pacientes, nacimientos, atención en la sala de emergencias, otras consultas externas y el total de las cirugías. El hospital desea incrementar el conocimiento que tiene la comunidad de sus servicios y cree que una manera de lograrlo, y por ende de hacer negocios, sería a través del establecimiento de un programa de cuidados obstétricos comercializado con empuje. En particular tenía la opinión de que podía tener éxito en esta aventura si empleaba un enfoque de marketing de línea de productos: ofrecer un paquete de servicios de atención obstétrica y promover los componentes de ese servicio (por ejemplo, centro de nacimiento, trabajo de parto, alumbramiento y recuperación) en la misma habitación para evitar movimientos innecesarios a la madre; o bien, una línea más amplia que además del centro de nacimiento incluyera otros servicios como cirugía estética, mamografías y tratamiento de infertilidad, todo en el mismo lugar.

Norton Healthcare Kosair Children's Hospital renovó sus instalaciones en 2000 y mejoró las unidades pediátricas de cuidados intensivos y terapia intermedia. Creó un ambiente agradable para los niños que perfeccionó sus instalaciones ofreciendo carritos para el transporte de los pequeños, una biblioteca de libros y videos, así como cuartos de juego para todos los pacientes. La mayoría de las habitaciones de los pacientes son privadas e incluyen una cama adicional para que uno de los padres pueda quedarse a dormir con el niño. El hospital entiende que es común que los niños no se sientan cómodos y que la presencia de un ser querido los tranquiliza.

El capellán del Kosair Children's Hospital inició un nuevo programa de ayuda para consolar a los familiares y amigos de los niños que fallecen por lesiones traumáticas. La investigación demostró que los programas diseñados para esas familias eran mucho menos que para las familias de niños con cáncer o enfermedades terminales. El programa ha logrado ayudar a los familiares y amigos a enfrentar el dolor de perder a un niño por lesiones traumáticas.

Otro programa reciente del Kosair Children's Hospital se planeó para facilitar y mejorar la atención de los pacientes de medicina general internados en el departamento de pediatría. Los pediatras y otros médicos que internaban niños en el Kosair Children's Hospital pueden dejar a sus pacientes al cuidado de los médicos internistas "sólo para niños". El programa es un servicio de la University Pediatric Foundation y se financió con una generosa donación del Children's Hospital Foundation. Los médicos internistas son responsables de todos los aspectos de la atención clínica de los pacientes, incluyendo las visitas diarias a los pacientes, consultas telefónicas fuera del horario de trabajo, comunicación con los miembros de la familia, coordinación con los especialistas y enseñanza a los estudiantes y residentes. El Kosair Children's Hospital también empleó a Child Life Specialists para que los ayudara a reducir el estrés de sus pacientes. Los especialistas usan técnicas de distracción, respiración profunda, imaginería guiada, arte, juegos y consejería para ayudar a los pequeños pacientes a relajarse y sobreponerse a pruebas y procedimientos difíciles.

Norton Healthcare, la empresa matriz de Kosair Children's Hospital, hizo un gran progreso al incrementar la participación en el mercado de sus hospitales. En general, la empresa experimentó un aumento de dos dígitos en niveles de satisfacción del cliente e incrementó el nivel de satisfacción de sus empleados en un 14 por ciento.

El vicepresidente de desarrollo corporativo de Kosair Children's Hospital, el señor Galvagni, se pregunta qué tanto debe ampliarse la línea de productos de cuidados obstétricos para aprovechar el mercado local y maximizar las ganancias del hospital. Está seguro de que el hospital tiene la capacidad de establecer una línea de cuidados obstétricos que resultarían atractivos para los pacientes potenciales. Le gustaría emprender una investigación de mercados, porque cree que es la cura para los males del Norton Healthcare Kosair Children's Hospital.

Preguntas
Capítulo 1
1. La investigación de mercados implica identificación, recolección, análisis y divulgación de la información. Explique cómo se aplica cada una de estas fases de la investigación de mercados al problema de NHKCH.
2. ¿El problema que encara NHKCH es un caso de investigación para la identificación o solución del problema? Explique.
3. ¿Puede NHKCH recurrir a proveedores de sistematización de datos o de investigación de mercados para obtener ayuda en su estudio? De ser así, describa la forma en que podrían usarse.

Capítulo 2
1. En el escenario del sector hospitalario, usted desea analizar los factores ambientales antes de tratar de definir el problema. ¿Cómo obtendría la información sobre los objetivos, el comportamiento del comprador, el ambiente legal y las capacidades técnicas y de marketing? Especifique cuál es la información que desea con respecto al escenario del sector hospitalario para cada uno de los factores ambientales listados.
2. Enuncie el problema de decisión administrativa.
3. Enuncie el problema de investigación de mercados:
    a) de manera general
    b) en sus componentes específicos.
4. ¿Cómo trataría el problema que enfrenta NHKCH?
5. Si quisiera realizar un estudio de caso, ¿cómo lo haría?
6. Al analizar el problema, ¿qué tipo de resultados cree que obtendría?
    a) Modelos analíticos.
    b) Preguntas de investigación e hipótesis.
    c) Identificación de la información necesaria.

Capítulo 3
1. A la luz de la información descubierta al definir el problema (capítulo 2), ¿cuáles son algunos ejemplos de investigación exploratoria que podrían realizarse para NHKCH? ¿De investigación descriptiva? ¿De investigación causal?
2. Especifique las seis preguntas del proyecto de investigación de NHKCH.

Capítulo 4
1. ¿Cuáles son los criterios para evaluar los datos secundarios y cómo deberían aplicarse al problema de investigación de mercados de NHKCH?
2. Analice las fuentes internas y externas de datos secundarios en el contexto de NHKCH.

Capítulo 5
1. ¿Cuáles son los dos tipos de técnicas directas en la investigación cualitativa? Analice cómo debe utilizar el investigador cada una de estas técnicas para NHKCH.
2. Dé ejemplos de cada una de las cuatro técnicas proyectivas en el contexto del problema de investigación de mercados de NHKCH.

Capítulo 6
1. ¿Cuáles son los dos tipos de diseño de investigación descriptiva? ¿Qué modalidad de cada una de estas técnicas sería apropiada para NHKCH? ¿Por qué?
2. ¿Cuáles son las ventajas y desventajas de estos dos tipos de investigación descriptiva y de cada una de las principales modalidades que eligió en su respuesta a la pregunta 1?

Capítulo 7
1. ¿Cuáles son las condiciones de causalidad con respecto a la hipótesis de NHKCH de que la línea de cuidados especializados de obstetricia puede incrementar el conocimiento del hospital?
2. Defina un experimento. ¿La encuesta telefónica propuesta para NHKCH constituye un experimento? ¿Por qué?
3. ¿Puede usarse esta encuesta para inferir una causalidad?

Capítulo 8
1. Identifique las escalas de medición que suelen usarse en la investigación de mercados para las técnicas comparativas y no comparativas. ¿Cómo podría emplear cada una de estas escalas para recolectar datos que sean útiles para el investigador de mercados de NHKCH?

Capítulo 9

1. ¿Cuáles son los dos tipos de técnicas no comparativas? Dé un ejemplo de cómo podría aplicarse cada tipo de técnica en el contexto del problema de investigación de mercados de NHKCH.
2. ¿Qué tipo de decisiones tuvo que tomar al diseñar las escalas por ítem de la pregunta 1? ¿Qué le hizo tomar esas decisiones?
3. ¿La característica del conocimiento del hospital se representa mejor como una escala simple o una escala de reactivos múltiples? Explique brevemente por qué eligió esa respuesta.
4. ¿Cómo evaluaría la escala de conocimiento de la pregunta 3?

Capítulo 10

1. Especifique la información necesaria y la técnica de entrevista que utilizaría si quisiera aplicar un cuestionario enfocado en el problema de investigación de mercados de NHKCH.
2. En el capítulo 10 se subraya la importancia del diseño cuidadoso del cuestionario de manera que los datos obtenidos sean pertinentes para el problema de investigación de mercados, tengan congruencia interna y puedan analizarse de manera coherente. En la práctica, muchas veces es difícil diseñar un cuestionario de esa manera; de ahí la importancia de poder identificar los problemas potenciales en los reactivos del cuestionario. Analice qué es incorrecto en las siguientes preguntas y cómo podría corregirlas o mejorarlas.

   a) ¿Cuál es el ingreso anual combinado de su familia antes de impuestos?
   1. $10,000 o menos _____
   2. $10,000 a $ 20,000 _____
   3. $20,000 a $ 30,000 _____
   4. $30,000 a $ 40,000 _____
   5. $40,000 a $ 60,000 _____
   6. $60,000 dólares o más _____

   b) Califique, por favor, la importancia relativa de los factores que consideró al elegir un hospital para dar a luz

	No es muy importante				Muy importante	
a) Prestigio del hospital	1	2	3	4	5	6
b) Calidad de la atención	1	2	3	4	5	6
c) Distancia de casa	1	2	3	4	5	6
d) Consejo de los médicos	1	2	3	4	5	6
e) Consejo de amistades	1	2	3	4	5	6
f) Anuncios publicitarios	1	2	3	4	5	6
g) Amabilidad del personal	1	2	3	4	5	6
h) Instalaciones modernas de maternidad	1	2	3	4	5	6
i) Instalaciones modernas de cuneros	1	2	3	4	5	6
j) Seguro de maternidad	1	2	3	4	5	6

3. Diseñe un cuestionario para analizar el problema de investigación de mercados de NHKCH.

Capítulo 11

1. Si se decide aplicar una encuesta telefónica a los padres, ¿cuál sería la población meta? ¿El marco de muestreo? ¿El tamaño de la muestra?
2. ¿Qué tipo de técnica de muestreo sería apropiada para aplicar la encuesta telefónica mencionada en la pregunta 1?
3. ¿Qué tipo de problemas por falta de respuesta deberían anticiparse si se realiza una encuesta telefónica de la manera definida antes? ¿Cómo se podrían reducir los efectos de este tipo de falta de respuesta?

Capítulo 12

1. Suponga que el investigador de NHKCH toma una muestra aleatoria simple de 100 parejas que en los últimos tres meses tuvieron un hijo con complicaciones durante el nacimiento en un hospital local, con el fin de determinar el gasto promedio para ese tipo de servicios de parto. Si el gasto promedio es de $10,000 y los estudios previos indican que la desviación estándar de la población es de $1,500, ¿cuál es el intervalo de confianza del 95 por ciento para la media de la población?
2. Luego de examinar los intervalos de confianza obtenidos en el problema anterior, el investigador no cree necesario que los intervalos de confianza sean tan exactos. Además, se pregunta si al ampliar el intervalo, para que esté dentro del margen de los $500 del valor verdadero de la población, ahorraría tiempo y dinero al reducir el tamaño de la muestra. ¿Qué tamaño de muestra debería usarse para estar dentro del margen de los $500 del valor verdadero de la población, si se desea un intervalo de confianza del 95 por ciento?
3. Suponga que la desviación estándar de $1,500, mencionada en la pregunta 1, no era la desviación estándar de la población, sino un estimado. Suponga además que se usó una muestra de 100 que arrojó un promedio de $10,000 en gastos de parto con una desviación estándar de la muestra de $1,000. ¿Cuál sería el intervalo revisado de confianza del 95 por ciento?

Capítulo 13

1. De los requisitos que deben cumplir los trabajadores de campo, ¿qué características serían de importancia al elegir a los entrevistadores para las entrevistas telefónicas de NHKCH y por qué?
2. Analice la forma en que las entrevistas telefónicas, como procedimiento de trabajo de campo, afectan la supervisión de los trabajadores de campo y la validación del proceso.

Capítulo 14

1. ¿Cuáles son las razones para rechazar un cuestionario de campo?
2. ¿Cómo codificaría la siguiente pregunta del cuestionario en el capítulo 10?

   P5. En su opinión, ¿qué servicios debería ofrecer una instalación de maternidad perfecta? _____

3. Suponga que es necesario determinar qué efecto tiene la participación del encuestado sobre sus respuestas. Para saberlo, se agruparon los cinco reactivos de la P9 con el fin de obtener una calificación. ¿Cómo puede usarse esta calificación para diferenciar la participación baja, media y alta de los encuestados?

Capítulo 15

En un periodo de una semana, 270 personas en la comunidad de Louisville respondieron la encuesta diseñada en el capítulo 10. La edición de los datos para verificar que las entradas estuvieran completas y correctas, junto con el vaciado de los datos en un formato matricial para su análisis por medio de un paquete estadístico, requirió de otra semana (véase el apéndice para los detalles).

1. Elabore una distribución de frecuencias para cada variable con todos los estadísticos descriptivos acompañantes.
2. Para determinar la naturaleza de la relación entre la variable de servicios ofrecidos por una instalación de maternidad perfecta (P5) y las variables demográficas (P10 a P13), efectúe un análisis de tabulación cruzada de la P5 en cada una de las variables demográficas.

Capítulo 16

1. Elabore un ANOVA separado de una vía con las preguntas P2 y P6 como variables dependientes, y el hospital elegido como una elección forzada como variable de agrupamiento (P4).

Capítulo 17

1. Elabore una regresión múltiple con la P3 como variable dependiente y la P6 (de *a* hasta *e*) como variables independientes. Interprete los resultados.

Capítulo 18

1. Para ver cómo redundan los factores calificados como importantes en la elección de un hospital para dar a luz en la asignación de los encuestados a cuatro grupos diferentes, realice un análisis discriminante de cuatro grupos de P1 en todas las preguntas, incluyendo P2. Forme los cuatro grupos de acuerdo con la frecuencia de uso de los servicios de maternidad que requieren los encuestados, de la siguiente manera: el grupo 1 debe corresponder a los hospitales B, C y F; el grupo 2 debe corresponder al hospital NHKCH; el grupo 3 debe incluir a los hospitales E, G y H; y el grupo 4 debe constar de los hospitales D y I.

Capítulos 19 y 20

1. Utilice el análisis factorial para determinar si es posible derivar un conjunto reducido de variables de los factores de elección de 10 hospitales (P2A-J). Este conjunto reducido puede usarse luego para formar conglomerados y determinar si los encuestados pueden concentrarse en grupos de acuerdo con sus respuestas en el nuevo conjunto de variables. Después puede realizarse un análisis de tabulación cruzada con la pertenencia al conglomerado como una variable junto con la variable combinada usada antes para las visitas previas al hospital (P1).
2. Para evaluar si pueden usarse las cinco dimensiones de los hospitales sobre las que se preguntó en la P6 para asignar los casos a los conglomerados desarrollados después del análisis factorial de la P2, realice un análisis discriminante de cuatro grupos con los conglomerados de la P2 en las cinco variables de la P6.

Capítulo 21

1. Para determinar si existe alguna razón oculta de la reputación de los hospitales entre el público, realice un escalamiento multidimensional (análisis de despliegue interno) con el procedimiento de ALSCAL sobre los ordenamientos de los encuestados en la P7.

Capítulo 22

1. Prepare un resumen ejecutivo de los resultados de este estudio.

Capítulo 23

1. Suponga que NHKCH u otro hospital están interesados en hacer negocios a nivel internacional. Elija un país (que no sea Estados Unidos) y analice los factores ambientales que tendrían que considerarse, así como las posibles oportunidades a la luz de estos factores ambientales.

Preguntas sobre la ética

1. Describa dos formas de comportamiento no ético en que podría incurrir un hospital que contrata a una empresa externa para realizar una investigación sobre la nueva línea de cuidados obstétricos.
2. Describa tres comportamientos no éticos del investigador de mercados en el contexto de este caso.

Referencias

1. *www.nortonhealthcare.com*, consultada el 21 de abril de 2006.
2. *American Hospital Association Hospital Statistics* (2001-2 edition).
3. Anónimo, "Report Predicts Oversupply of Physicians, Minimal Hospital Closing in Next 10 years", *Health Care Strategic Management* 18 (6) (junio de 2000): 7-8.
4. Jim Montague, "Unmasking a Dirty Secret", *Hospitals & Health Networks* 71 (4) (20 de febrero de 1997): 34-36.

Nota: este caso se preparó sólo para propósitos de discusión en clase y no representa los puntos de vista de Norton Healthcare Kosair Children's Hospital o sus afiliados. El escenario del problema es hipotético y los datos presentados son simulados.

Cuestionario de Norton Healthcare Kosair Children's Hospital

Encuesta sobre los servicios obstétricos del hospital

Por favor, responda TODAS las preguntas.

Parte A

P1. De los siguientes hospitales, ¿cuál, si acaso alguno, ha utilizado para servicios de obstetricia? Elija por favor todas las opciones que sean pertinentes.

a) ____ NHKCH   *b)* ____ Hospital B   *c)* ____ Hospital C
d) ____ Hospital D   *e)* ____ Hospital E   *f)* ____ Hospital F
g) ____ Hospital G   *h)* ____ Hospital H   *i)* ____ Hospital I

P2. Califique, por favor, la importancia relativa de los factores que consideró al elegir un hospital para dar a luz.

		No es muy importante			Muy importante		
a)	Prestigio del hospital	1	2	3	4	5	6
b)	Calidad de la atención	1	2	3	4	5	6
c)	Distancia de casa	1	2	3	4	5	6
d)	Consejo de un médico	1	2	3	4	5	6
e)	Consejo de amistades	1	2	3	4	5	6
f)	Publicidad	1	2	3	4	5	6
g)	Amabilidad del personal	1	2	3	4	5	6
h)	Instalaciones modernas de maternidad	1	2	3	4	5	6
i)	Instalaciones modernas de cuneros	1	2	3	4	5	6
j)	Seguro de maternidad	1	2	3	4	5	6

P3. ¿Qué tan familiarizado está con las características de los servicios de obstetricia ofrecidos por los hospitales?

Poco familiarizada					Muy familiarizada
1	2	3	4	5	6

P4. Si tuviera que elegir un hospital para dar a luz, ¿cuál de los siguientes hospitales preferiría? Por favor elija sólo uno.

____ NHKCH   ____ Hospital B   ____ Hospital C
____ Hospital D   ____ Hospital E   ____ Hospital F
____ Hospital G   ____ Hospital H   ____ Hospital I

P5. En su opinión, ¿qué servicios debería ofrecer una instalación de maternidad perfecta?

_____
_____
_____

P6. Por favor, indique su grado de acuerdo con los siguientes enunciados. Cuanto más de acuerdo esté con un enunciado, mayor debe ser el número que le asigne.

	Poco de acuerdo				Muy de acuerdo
a) Sentimos un alto nivel de lealtad hacia el hospital que usamos para dar a luz	1	2	3	4	5 6
b) Nos gusta la ventaja de contar con muchos servicios relacionados ofrecidos por la línea de cuidados de obstetricia	1	2	3	4	5 6
c) Nuestro hospital debería ofrecer una línea completa de servicios de obstetricia	1	2	3	4	5 6
d) Nuestro hospital ofrece atención de alta calidad	1	2	3	4	5 6
e) Nuestro hospital es muy cómodo.	1	2	3	4	5 6

Parte B

P7. Ordene por favor los siguientes hospitales (con un número entre 1 y 9) para indicar su preferencia por el hospital (1 = más preferido y 9 = menos preferido; use cada número una sola vez).

_____ NHKCH   _____ Hospital F
_____ Hospital B   _____ Hospital G
_____ Hospital C   _____ Hospital H
_____ Hospital D   _____ Hospital I
_____ Hospital E

P8. ¿Cuántas veces recibió tratamiento el año pasado del:

a) NHKCH? _____
b) Hospital B? _____
c) Hospital C? _____
d) Hospital D? _____
e) Hospital E? _____
f) Hospital F? _____
g) Hospital G? _____
h) Hospital H? _____
i) Hospital I? _____

Parte C

P9. Responda por favor las siguientes preguntas en relación con la manera en que respondió esta encuesta.

	No muy interesado				Muy interesado
a) ¿Qué tanto se interesó?	1	2	3	4	5 6

	No muy comprometido				Muy comprometido
b) ¿Qué tanto se comprometió?	1	2	3	4	5 6

	No mucho esfuerzo				Mucho esfuerzo
c) ¿Qué tanto se esforzó?	1	2	3	4	5 6

	No muy motivado				Muy motivado
d) ¿Qué tan motivado se sintió?	1	2	3	4	5 6

	No muy participativo				Muy participativo
e) ¿Qué tanto participó?	1	2	3	4	5 6

Parte D

P10. Su género:
1. _____ Hombre
2. _____ Mujer

P11. Estado civil:
1. _____ Casado
2. _____ Nunca casado
3. _____ Divorciado/separado/viudo

P12. Su edad:
1. _____ 25 o menos
2. _____ 26-40
3. _____ 41-55
4. _____ 56 o más

P13. Su escolaridad
1. _____ Menos de preparatoria
2. _____ Certificado de preparatoria
3. _____ Universidad inconclusa
4. _____ Licenciatura

P14. ¿Cuál es más o menos el ingreso anual combinado de su hogar en dólares y antes de impuestos?
1. menos de $20,000
2. de $20,000 a $39,999
3. de $40,000 a $69,999
4. de $70,000 a $99,999
5. de $100,000 a $149,999
6. $150,000 o más

Gracias por participar.

Nota: las preguntas 8, 9 y 13 se eliminaron del archivo de datos de los estudiantes para reducir el número de variables.

Hoja de codificación del hospital infantil Norton Healthcare Kosair

Archivo de resultados de SPSS

Nota: escriba "9" en la columna de las variables si no se marcó ninguna respuesta en el cuestionario.

Columna	Número de pregunta /Nombre del código	Nombre de la variable	Instrucciones de codificación
1–3	Obs	número de observación	001 a 099 con ceros iniciales
4–5		en blanco	
6	P1a	servicio de obstetricia usado en el Hospital KC	No = 0; Sí = 1
7	P1b	Hospital B	" " " "
8	P1c	Hospital C	" " " "
9	P1d	Hospital D	" " " "
10	P1e	Hospital E	" " " "
11	P1f	Hospital F	" " " "
12	P1g	Hospital G	" " " "
13	P1h	Hospital H	" " " "
14	P1i	Hospital I	" " " "
15	P2a	importancia del prestigio del hospital	número de código circulado
16	P2b	importancia de la calidad de la atención	"
17	P2c	importancia de la distancia de casa	"
18	P2d	importancia del consejo del médico	"
19	P2e	importancia del consejo de amigos	"
20	P2f	importancia de la publicidad	"
21	P2g	importancia de la amabilidad del personal	"
22	P2h	importancia de instalaciones modernas de maternidad	"
23	P2i	importancia de instalaciones modernas de cuneros	"
24	P2j	importancia del seguro de maternidad	"
25	P3	familiaridad con los servicios de obstetricia	"
26–33	P4	elección forzada de hospital	00000000 = KC; 10000000 = B; 01000000 = C; 00100000 = D; 00010000 = E; 00001000 = F; 00000100 = G; 00000010 = H; 00000001 = I
34–36	P5	servicios de una instalación de maternidad perfecta maternity facility	000 = atención personal; 100 = servicios opcionales integrados; 010 = clases preparto; 001 = clases posparto;
37	P6a	lealtad al hospital de obstetricia.	número de código circulado
38	P6b	gusta de la ventaja de servicios relacionados	" " "
39	P6c	nuestro hospital debería ofrecer servicios completos de maternidad	" " "
40	P6d	nuestro hospital ofrece atención de alta calidad	" " "
41	Q6e	nuestro hospital es muy cómodo	" " "

(Nota: la P7 se capturará en un archivo separado de datos).

Columna	Número de pregunta /Nombre del código	Nombre de la variable	Instrucciones de codificación
42	P8a	usó el hosp KC el año pasado	número de código circulado
43	P8b	" Hospital B	" " "
44	P8c	" Hospital C	" " "
45	P8d	" Hospital D	" " "
46	P8e	" Hospital E	" " "
47	P8f	" Hospital F	" " "
48	P8g	" Hospital G	" " "
49	P8h	" Hospital H	" " "
50	P8i	" Hospital I	
51	P9a	interés en la encuesta	número de código circulado
52	P9b	compromiso de las respuestas	"
53	P9c	nivel de esfuerzo	"
54	P9d	nivel de motivación	"
55	P9e	nivel de participación	"
56	P10	género	0 = mujer; 1 = hombre
57–58	P11	estado civil	00 = casado; 10 = nunca casado; 01 = otro
59–61	P12	edad	000 = 25 o menos; 100 = 26-40; 010 = 41-55; 001 = 55+
62–64	P13	escolaridad	000 = preparatoria inconclusa; 100 = graduado de preparatoria 010 = universidad inconclusa 001 = licenciatura
65–69	P14	ingreso anual de la familia antes de impuestos	00000 = menos de $20,000 10000 = de $20,000 a $39,999 01000 = de $40,000 a $69,999 00100 = de $70,000 a $99,999 00010 = de $100,000 a $149,999 00001 = $150,000 o más

Nota: se eliminaron las preguntas 8, 9 y 13 del archivo de datos de los estudiantes para reducir el número de variables.

Pregunta 7 del hospital KC

(Archivo de datos de preferencia de NHKC)

Columna	Variable			Instrucciones de codificación
1	Clasificación de preferencia de NHKCH			Capturar número marcado
2	" "	Hospital	B	"
3	" "	"	C	"
4	" "	"	D	"
5	" "	"	E	"
6	" "	"	F	"
7	" "	"	G	"
8	" "	"	H	"
9	" "	"	I	"

CASOS EN VIDEO

4.1 Subaru: "El señor encuesta" monitorea la satisfacción del cliente

Subaru (www.subaru.com) es la división de automóviles de Fuji Heavy Industries (FHI) y opera en Estados Unidos desde 1968, cuando comenzó con la venta del Minicar360. En el curso de los años, Subaru ha vendido diferentes modelos de automóviles, pero para 2006 vendía seis marcas diferentes en Estados Unidos, cada una de ellas con modelos distintos. Las seis marcas son B9 Tribeca, Outback, Forester, Legacy, Impreza y Baja. Una de las características que distinguen a Subaru es que la totalidad de sus modelos vienen con tracción en las cuatro llantas. El B9 Tribeca, Outback y Forester caen en la categoría de autos deportivos; el Baja combina la versatilidad de una camioneta tipo pickup con la comodidad de un auto de pasajeros; y Legacy e Impreza se ubican en la categoría del carro tradicional de cuatro puertas. El B9 Tribeca ofrece modelos para cinco y siete pasajeros.

La estrategia de Subaru se hace evidente en uno de sus elementos clave, Joe Barstys, quien ha estado en la empresa por más de 20 años y vive con la preocupación constante de satisfacer al cliente. Joe y las personas como él son la columna vertebral de Subaru, ya que le ayudan a enfocarse en los clientes para satisfacer sus deseos y necesidades por medio de la investigación de mercados. Joe incorporó a su práctica la aplicación de encuestas a los clientes, lo que le ganó el sobrenombre de "El señor encuesta". La meta de Joe es desarrollar un nivel de satisfacción del cliente que le ayude a construir cierto nivel de lealtad en los clientes de Subaru. Esta lealtad es de suma importancia en el negocio de los automóviles porque, por tradición, ha sido mucho menor que en otras industrias. De hecho, si bien alrededor del 90 por ciento de los clientes muestran satisfacción con el auto que compraron, sólo el 40 por ciento es lo bastante leal para volver a comprar la misma marca. Esto es resultado de un enfoque de corto plazo cuyo uso se ha vuelto costumbre en la industria automotriz; para evitarlo, Subaru espera lograr que la experiencia de poseer un Subaru sea en verdad placentera.

Las encuestas son herramientas muy valiosas para Subaru en la búsqueda de la lealtad de los clientes. En un lapso de 30 a 45 días después de una compra, la empresa envía por correo encuestas a cada uno de sus clientes para evaluar sus sentimientos hacia el vehículo recién adquirido y así obtener información sobre la naturaleza de la interacción con el distribuidor y conocer otros elementos del proceso de compra de un auto. Después del contacto inicial, se envían más encuestas a lo largo del "tiempo de vida" del cliente (es decir, el tiempo que el cliente conserva el automóvil, un promedio de seis a siete años). Las últimas encuestas evalúan la satisfacción a largo plazo con el vehículo y los distribuidores. Las encuestas por correo tienen una alta tasa de respuesta del 50 por ciento. Desde 2005, cada año se envían por correo cerca de 500,000 encuestas y otras se aplican por Internet. Estas encuestas ofrecen una importante retroalimentación que permite a Subaru ajustar su aproximación a las demandas de los clientes. Un ejemplo de la importancia de los ajustes puede encontrarse en el caso de las mujeres. Gracias a las encuestas, Subaru averiguó que era necesario modificar sus actividades de marketing para incluir a las mujeres, que se estaban convirtiendo en una parte cada vez más grande del mercado. Para Subaru era importante comprender el tipo de características que podían resultar atractivas para las mujeres con el fin de ofrecerles un producto más deseable.

Otro beneficio del marketing y la investigación por encuestas es que Subaru ha podido identificar qué tipos de personas son más proclives a comprar sus automóviles. La empresa cree que el dueño típico de un Subaru es diferente del consumidor promedio. El consumidor promedio de Subaru es muy inteligente, muy independiente y es alguien que se aparta de las multitudes. Por ende, Subaru trata de vender automóviles a este tipo de personas e intenta distinguirse de los competidores más grandes y tradicionales. Los resultados de la afinidad hacia la empresa pueden verse en los clientes que se sienten motivados a enviar fotografías de sus autos a Subaru.

El 4 de enero de 2006, Subaru of America, Inc. anunció que por tercer año consecutivo la empresa había logrado ventas sin precedentes, las cuales llegaron en 2005 a un total de 196,002 unidades. La empresa pretendía mantener el crecimiento en 2006 y esperaba lograrlo con la ayuda de la investigación de mercados. Considera que podrá ofrecer a sus clientes un alto nivel de satisfacción si los escucha y adapta sus prácticas para satisfacer sus intereses, lo que al final dará por resultado un alto nivel de lealtad. El personal de investigación de mercados de Subaru, como el "El señor encuesta" será crucial en este esfuerzo.

Preguntas

1. Analice cómo puede ayudar la investigación de mercados a Subaru a comprender la lealtad de los clientes hacia sus marcas.
2. Con el fin de mantener su crecimiento, Subaru debe fomentar y construir la lealtad de sus clientes. Defina el problema de decisión administrativa.
3. Defina un problema apropiado de investigación de mercados que se base en el problema de decisión administrativa que definió antes.

4. ¿Qué tipo de diseño de investigación debe adoptarse para estudiar el problema de investigación de mercados que definió?
5. ¿Cómo puede Subaru hacer uso de los datos del censo del año 2000? ¿Cuáles son las limitaciones de estos datos? ¿Cómo pueden superarse estas limitaciones?
6. ¿Qué tipo de datos de las empresas sindicadas de investigación de mercados pueden ser útiles para Subaru?
7. Analice cómo puede ayudar la investigación cualitativa a comprender la lealtad de los consumidores a una marca particular de automóvil. ¿Qué técnica(s) de investigación cualitativa debe(n) usarse y por qué?
8. Si se va a realizar una encuesta para conocer las preferencias de los consumidores por diversas marcas de automóviles, ¿qué técnica de encuesta debe usarse y por qué?
9. ¿Puede Subaru hacer uso de la investigación causal? De ser así, ¿cómo?
10. Diseñe una escala ordinal, una de intervalo y una de razón para medir las preferencias de los consumidores por varias marcas de automóviles.
11. Diseñe escalas de Likert, de diferencial semántico y de Stapel para medir las preferencias de los consumidores por varias marcas de automóviles.
12. Diseñe un cuestionario para conocer cómo evalúan los consumidores a las marcas de Subaru.
13. Desarrolle un plan de muestreo para la encuesta de la pregunta 8. ¿Cómo debe determinarse el tamaño de la muestra?
14. ¿Cómo supervisaría y evaluaría a los trabajadores de campo que aplican la encuesta de la pregunta 8?
15. La investigación cualitativa indica que los siguientes factores influyen en la disposición de los consumidores a comprar una marca de automóvil (variable dependiente): 1. confiabilidad, 2. desempeño, 3. kilometraje por litro de gasolina, 4. reparación y mantenimiento, 5. precio, 6. imagen y 7. características (variables independientes). En una encuesta se pidió a los consumidores que señalaran su disposición para comprar un automóvil de marca Subaru, Toyota, Honda y Nissan por medio de una escala de 5 puntos donde 1 = nada dispuesto y 5 = muy dispuesto. También se pidió a los encuestados que evaluaran cada una de estas grandes marcas (Subaru, Toyota, Honda y Nissan) en las siete variables independientes, una vez más con una escala de 5 puntos donde 1 = muy deficiente y 5 = muy buena. ¿Qué análisis estadísticos realizará para responder las siguientes preguntas?

  a) ¿Se relaciona la disposición a comprar una marca de automóvil con cada una de las siete variables independientes cuando éstas se consideran de manera individual?
  b) ¿Se relaciona la disposición a comprar una marca de automóvil con las siete variables independientes cuando se consideran de manera simultánea?
  c) ¿La calificación de los encuestados a las marcas de Subaru fue más alta para confiabilidad que para imagen?
  d) ¿Las marcas de Toyota se perciben como más confiables que las marcas de Subaru?
  e) ¿Existen diferencias en las evaluaciones de Subaru en las siete variables independientes entre los que han comprado y los que no han comprado un auto de Subaru?
  f) ¿Existe más disposición entre los hombres que entre las mujeres a comprar un auto de Subaru?
  g) Se clasificó a los encuestados en cuatro grupos de edad: menos de 25, 26 a 45, 46 a 65 y 66 o más. ¿difieren los cuatro grupos en su disposición de comprar autos de Subaru?
  h) Se clasificó en tres categorías la disposición a comprar autos de Toyota: no estoy dispuesto (clasificaciones 1 y 2), neutro (clasificación 3), estoy dispuesto (clasificaciones 4 y 5). ¿Difieren los cuatro grupos de edad de la pregunta g) en su disposición a comprar autos de Toyota?
  i) ¿Difieren los grupos de nunca casado, actualmente casado y divorciado/separado/viudo en su disposición a comprar autos de Subaru?
  j) ¿Difieren los grupos de nunca casado, actualmente casado y divorciado/separado/viudo en su disposición a comprar autos de Toyota de acuerdo con su clasificación en la pregunta h)?
  k) ¿Puede explicarse la disposición a comprar autos de Toyota según la clasificación de la pregunta h) en términos de las evaluaciones de Toyota en las siete variables independientes?
  l) ¿Pueden reducirse las siete variables independientes a un conjunto menor de variables subyacentes?
  m) ¿Puede dividirse a los encuestados en grupos relativamente homogéneos con base en sus evaluaciones de Subaru en las siete variables independientes? De ser así, ¿en cuántos grupos?
  n) Analice el papel del análisis conjunto en la evaluación de las preferencias de los consumidores por marcas de automóviles.
  o) ¿Cómo trataría los valores faltantes en el caso de que el 5 por ciento de los encuestados tuviera datos faltantes?
16. Haga un bosquejo de una presentación oral para la administración de Subaru.
17. Si Subaru fuera a realizar en Alemania una investigación de mercados para determinar la disposición de los consumidores a comprar marcas de automóviles, ¿en qué sería distinto el proceso de investigación?
18. Analice los problemas éticos implicados en la investigación de la disposición de los consumidores a comprar marcas de automóviles.

Referencias

1. *www.Subaru.com*, consultada el 20 de febrero de 2006.
2. Donald I. Hammonds, "Subaru Adds Upscale Looks to Its Durable Image", *Knight Ridder Tribune Business News* (16 de junio, 2004): 1.

4.2 Procter & Gamble: el uso de la investigación de mercados para desarrollar marcas

Desde el 2006, Procter & Gamble (*www.pg.com*) ofrece 300 marcas de productos a cerca de cinco mil millones de consumidores en más de 140 países de todo el mundo. La empresa cuenta con cerca de 110,000 empleados en alrededor de 80 países y en 2005 sus ingresos ascendieron a $56,700 millones. Comenzó sus operaciones en Estados Unidos en 1837 y ha continuado la expansión de sus operaciones a nivel mundial, la más reciente en Argelia. El propósito declarado de la empresa es "ofrecer productos y servicios de calidad y valor superior que mejoren la vida de los consumidores en todo el mundo".

Procter & Gamble es el principal fabricante de productos para el hogar en Estados Unidos, con cerca de 300 marcas en cinco grandes categorías: bebés, cuidado femenino y de la familia; cuidado de telas y del hogar; belleza; salud; y bebidas y alimentos. También fabrica alimentos para mascotas y filtros de agua y produce las telenovelas "*Guiding Light*" y "*As the world turns*". Doce de las marcas de Procter & Gamble registran ventas por miles de millones de dólares (Always/Whisper, Ariel, Bounty, Charmín, Crest, Downy/Lenor, Folgers, Iams, Pampers, Pantene, Pringles y Tide). En 2001 la empresa compró el gigante de los cuidados para el cabello Clairol (Nice & Easy, Herbal Essences, Aussie) a Bristol Myers Squibb, y en septiembre de 2003 adquirió Wella AG. El 28 de enero de 2005 anunció la mayor adquisición en su historia, al aceptar la compra de Gillete en una operación de $57 mil millones que combinó algunas de las marcas más importantes del mundo.

Con el tiempo, Procter & Gamble ha demostrado ser un innovador en la creación de marcas y la comprensión de sus consumidores por medio de un uso amplio de la investigación de mercados. La creación de marcas ha sido el pilar de su éxito. Sus comercializadores emprenden investigaciones de mercados para determinar el valor de una marca y luego se aseguran de que todo mundo lo comprenda, porque eso impulsa cada decisión que se toma sobre la marca.

Procter & Gamble piensa en el marketing más o menos de la misma manera como lo hizo desde el principio. Siempre ha pensado en los consumidores y en la razón por la cual un producto puede ser importante para ellos. Cree en satisfacer las experiencias de los consumidores. Sus principios de marketing no han cambiado, pero sí se han modificado sus métodos para identificar y dirigirse a los consumidores con el fin de satisfacer a su creciente y cada vez más complicada cartera de clientes. En sus inicios, Procter & Gamble hacía marketing masivo por televisión y otros medios porque en esos tiempos eso era lo que funcionaba, pero su estrategia clave ha cambiado del marketing masivo a dirigirse al consumidor. La investigación de mercados ha revelado que la selección del público meta es el futuro del marketing y la administración de una marca. Procter & Gamble cree que esto implica mucho más que las sesiones de grupo y quiere invertir tiempo con los consumidores para entender sus comportamientos. Su investigación de mercados es tan exhaustiva que le ha permitido incluso el desarrollo de nuevos productos para satisfacer las demandas de los consumidores. El novedoso enfoque de Procter & Gamble coloca al consumidor en el centro de todo lo que hace. También ha alineado a todas sus empresas para que avancen junto con las marcas. Integró a todos los departamentos de cada marca porque quiere que los consumidores perciban a la marca como una entidad unificada y para ofrecerles una experiencia integrada.

Una de las áreas en que Procter & Gamble hace investigaciones constantes es la experiencia de los consumidores en la tienda, ya que lo considera como otra forma de conectarse con ellos y mejorar su experiencia. Una manera de lograrlo es asociarse con los vendedores y desarrollar la experiencia dentro de la tienda para complacer a los consumidores, lo que se ha vuelto cada vez más difícil porque éstos tienen menos tiempo y más expectativas. El empaque también es importante para hacer llegar un mensaje al consumidor, lo que constituye un enorme reto porque el etiquetado se ha vuelto más complejo y los consumidores son más exigentes.

Internet también se ha convertido en una importante herramienta para la investigación de mercados de Procter & Gamble, que ha incrementado los servicios que ofrece en este medio con el fin de llegar a más consumidores. Esto ha demostrado ser eficaz, por lo que la empresa ha llegado incluso a usar Internet como única fuente para algunas campañas de marketing. También utiliza Internet para obtener nuevas ideas y compartirlas en toda la empresa.

Durante muchos las campañas de marketing de Procter & Gamble han sido innovadoras y en el futuro se espera lo mismo de esa empresa. También hace uso constante de la investigación de mercados para resolver los problemas actuales y para crear las marcas que serán las líderes de mañana.

Preguntas

1. Analice cómo puede ayudar la investigación de mercados a Procter & Gamble a crear sus diferentes marcas.
2. Procter & Gamble planea incrementar su participación en el mercado. Defina el problema de decisión administrativa.
3. Defina un problema apropiado de investigación de mercados que se base en el problema de decisión administrativa que identificó antes.
4. Formule un diseño apropiado de investigación para enfrentar el problema de investigación de mercados que definió antes.
5. Use Internet para determinar la participación en el mercado de las principales marcas de pasta dental en el último año fiscal.
6. ¿Qué tipo de datos sindicados serían útiles para enfrentar el problema de investigación de mercados?

7. Analice cómo puede ayudar la investigación cualitativa a Procter & Gamble a incrementar su participación en el mercado de las pastas dentales.
8. Procter & Gamble ha desarrollado una nueva pasta dental que ofrece protección a dientes y encías hasta por 24 horas después del cepillado. La empresa quiere determinar la respuesta de los consumidores a esta nueva pasta dental antes de lanzarla al mercado. Si se realizara una encuesta para determinar las preferencias de los consumidores, ¿qué tipo de encuesta debería usarse y por qué?
9. ¿Qué papel puede desempeñar la investigación causal para ayudar a Procter & Gamble a incrementar su participación en el mercado?
10. Ilustre el uso del tipo básico de escalas para medir las preferencias de los consumidores por marcas de pasta dental.
11. Ilustre el uso de las escalas de Likert, de diferencial semántico y de Stapel en la medición de las preferencias de los consumidores por marcas de pasta dental.
12. Desarrolle un cuestionario para evaluar las preferencias de los consumidores por marcas de pasta dental.
13. ¿Qué plan de muestreo debe adoptarse para la encuesta de la pregunta 8? ¿Cómo debe determinarse el tamaño de la muestra?
14. ¿Cómo reclutaría y capacitaría a los trabajadores de campo para aplicar la encuesta de la pregunta 8?
15. Según el vicepresidente de marketing de Procter & Gamble, la protección de los dientes contra las caries y de las encías, la blancura de los dientes, el sabor, el aliento fresco y el precio son variables independientes que influyen en la preferencia por una marca de pasta dental. Suponga que en una encuesta, se evalúan las marcas líderes de pasta dental en cada una de las variables independientes con una escala de 7 puntos donde 1 = deficiente y 7 = excelente. También se mide la preferencia por las marcas de pasta dental con una escala de 7 puntos donde 1 = no es preferida y 7 = muy preferida. Cada encuestado evalúa a Crest y a tres marcas de pasta dental de la competencia en todas las variables independientes, así como la preferencia por la marca. ¿Qué técnicas estadísticas usaría para responder las siguientes preguntas?

    a) ¿La preferencia por una marca se relaciona con cada variable independiente considerada de manera individual? ¿Cuál es la naturaleza de la relación que usted espera?
    b) ¿La preferencia por una marca se relaciona con todas las variables independientes consideradas al mismo tiempo?
    c) ¿Los encuestados evalúan a las pastas dentales de manera más favorable en protección de encías y contra caries que en la blancura de los dientes?
    d) La muestra se divide en dos grupos: usuarios habituales de Crest y usuarios de otras marcas. ¿Difieren estos dos grupos en términos de sus calificaciones del precio de Crest?
    e) La muestra se divide en tres grupos: consumidores frecuentes, regulares y esporádicos de pasta dental. ¿Difieren los tres grupos en términos de preferencia por Crest?
    f) ¿Pueden diferenciarse los grupos de usuarios frecuentes, regulares y esporádicos en términos de las evaluaciones de Crest sobre protección de encías y contra caries, blancura de los dientes, sabor, aliento fresco y precio, cuando estas variables se consideran al mismo tiempo?
    g) ¿Pueden utilizarse unas cuantas dimensiones subyacentes para representar las evaluaciones de Crest y sus competidores en cuanto a protección de encías y contra caries, blancura de los dientes, sabor, aliento fresco y precio?
    h) ¿Puede dividirse a los encuestados en grupos relativamente homogéneos con base en sus calificaciones de Crest en los cinco factores? De ser así, ¿en cuántos grupos?
    i) Analice cómo puede contribuir el escalamiento multidimensional a la evaluación de las percepciones de los consumidores de marcas de pasta dental.
    j) ¿Cómo trataría los valores faltantes si supone que el 15 por ciento de los encuestados tienen datos faltantes?

16. ¿Cuáles serían las gráficas adecuadas para presentar los resultados a la administración de Procter & Gamble?
17. Si tuviera que realizar una investigación de mercados en América Latina para determinar las preferencias por pastas dentales, ¿en qué sería distinto el proceso de investigación?
18. Analice los problemas éticos que surgen al investigar las preferencias de los consumidores por marcas de pasta dental.

Referencias

1. *www.pg.com*, consultada el 20 de febrero de 2006.
2. Chris Isidore, "Procter & Gamble to buy Gillette for $57B", disponible en *http://money.cnn.com/2005/01/28/news/fortune500/pg_gillette/*, consultado el 3 de septiembre de 2005.
3. Alan Mitchel, "Supermarkets Get the Message", *Financial Times* (Londres) (17 de mayo, 2002) (inside track): 16.
4. Jack Neff, "Humble Try: Procter & Gamble's Stengel Studies Tactics of Other Advertisers —and Moms— in Bid to Boost Marketing Muscle", *Advertising Age* (18 de febrero, 2002): 3.

CASOS

Casos integrales: Harvard Business School

Caso 5.1   La encuesta de Harvard sobre las viviendas para estudiantes de posgrado (9-505-059)
Caso 5.2   BizRate.com (9-501-024)
Caso 5.3   La guerra de las Colas continúa: Coca y Pepsi en el siglo XXI (9-702-442)
Caso 5.4   TiVo en 2002 (9-502-062)
Caso 5.5   Computadora Compaq: ¿con Intel dentro? (9-599-061)
Caso 5.6   El nuevo Beetle (9-501-023)

Los casos de Harvard no se publicaron en este libro. Los estudiantes pueden comprarlos directamente a Harvard Business Online en *harvardbusinessonline.hbsp.harvard.edu*. Después de registrarse, los profesores tienen acceso gratuito a estos casos.

Los profesores pueden encontrar las preguntas y respuestas de los casos de la HBS (Harvard Business School) en el Manual para el maestro y en el Centro de recursos del maestro en la página Web de este libro.

Apéndices

Tablas estadísticas

TABLA 1

Números aleatorios simples

LÍNEA/COL.	(1)	(2)	(3)	(4)	(5)	(6)	(7)	(8)	(9)	(10)	(11)	(12)	(13)	(14)
1	10480	15011	01536	02011	81647	91646	69179	14194	62590	36207	20969	99570	91291	90700
2	22368	46573	25595	85393	30995	89198	27982	53402	93965	34095	52666	19174	39615	99505
3	24130	48390	22527	97265	76393	64809	15179	24830	49340	32081	30680	19655	63348	58629
4	42167	93093	06243	61680	07856	16376	39440	53537	71341	57004	00849	74917	97758	16379
5	37570	39975	81837	16656	06121	91782	60468	81305	49684	60072	14110	06927	01263	54613
6	77921	06907	11008	42751	27756	53498	18602	70659	90655	15053	21916	81825	44394	42880
7	99562	72905	56420	69994	98872	31016	71194	18738	44013	48840	63213	21069	10634	12952
8	96301	91977	05463	07972	18876	20922	94595	56869	69014	60045	18425	84903	42508	32307
9	89579	14342	63661	10281	17453	18103	57740	84378	25331	12568	58678	44947	05585	56941
10	85475	36857	53342	53988	53060	59533	38867	62300	08158	17983	16439	11458	18593	64952
11	28918	69578	88231	33276	70997	79936	56865	05859	90106	31595	01547	85590	91610	78188
12	63553	40961	48235	03427	49626	69445	18663	72695	52180	20847	12234	90511	33703	90322
13	09429	93969	52636	92737	88974	33488	36320	17617	30015	08272	84115	27156	30613	74952
14	10365	61129	87529	85689	48237	52267	67689	93394	01511	26358	85104	20285	29975	89868
15	07119	97336	71048	08178	77233	13916	47564	81056	97735	85977	29372	74461	28551	90707
16	51085	12765	51821	51259	77452	16308	60756	92144	49442	53900	70960	63990	75601	40719
17	02368	21382	52404	60268	89368	19885	55322	44819	01188	65255	64835	44919	05944	55157
18	01011	54092	33362	94904	31273	04146	18594	29852	71685	85030	51132	01915	92747	64951
19	52162	53916	46369	58586	23216	14513	83149	98736	23495	64350	94738	17752	35156	35749
20	07056	97628	33787	09998	42698	06691	76988	13602	51851	46104	88916	19509	25625	58104
21	48663	91245	85828	14346	09172	30163	90229	04734	59193	22178	30421	61666	99904	32812
22	54164	58492	22421	74103	47070	25306	76468	26384	58151	06646	21524	15227	96909	44592
23	32639	32363	05597	24200	13363	38005	94342	28728	35806	06912	17012	64161	18296	22851
24	29334	27001	87637	87308	58731	00256	45834	15398	46557	41135	10307	07684	36188	18510
25	02488	33062	28834	07351	19731	92420	60952	61280	50001	67658	32586	86679	50720	94953
26	81525	72295	04839	96423	24878	82651	66566	14778	76797	14780	13300	87074	79666	95725
27	29676	20591	68086	26432	46901	20849	89768	81536	86645	12659	92259	57102	80428	25280
28	00742	57392	39064	66432	84673	40027	32832	61362	98947	96067	64760	64584	96096	98253
29	05366	04213	25669	26422	44407	44048	37937	63904	45766	66134	75470	66520	34693	90449
30	91921	26418	64117	94305	26766	25940	39972	22209	71500	64568	91402	42416	07844	69618
31	00582	04711	87917	77341	42206	35126	74087	99547	81817	42607	43808	76655	62028	76630
32	00725	69884	62797	56170	86324	88072	76222	36086	84637	93161	76038	65855	77919	88006
33	69011	65795	95876	55293	18988	27354	26575	08625	40801	59920	29841	80150	12777	48501
34	25976	57948	29888	88604	67917	48708	18912	82271	65424	69774	33611	54262	85963	03547
35	09763	83473	73577	12908	30883	18317	28290	35797	05998	41688	34952	37888	38917	88050
36	91567	42595	27958	30134	04024	86385	29880	99730	55536	84855	29088	09250	79656	73211
37	17955	56349	90999	49127	20044	59931	06115	20542	18059	02008	73708	83517	36103	42791
38	46503	18584	18845	49618	02304	51038	20655	58727	28168	15475	56942	53389	20562	87338
39	92157	89634	94824	78171	84610	82834	09922	25417	44137	48413	25555	21246	35509	20468
40	14577	62765	35605	81263	39667	47358	56873	56307	61607	49518	89656	20103	77490	18062
41	98427	07523	33362	64270	01638	92477	66969	98420	04880	45585	46565	04102	46880	45709
42	34914	63976	88720	82765	34476	17032	87589	40836	32427	70002	70663	88863	77775	69348

(Continúa)

TABLA 1
Números aleatorios simples *(Continuación)*

LÍNEA/COL.	(1)	(2)	(3)	(4)	(5)	(6)	(7)	(8)	(9)	(10)	(11)	(12)	(13)	(14)
43	70060	28277	39475	46473	23219	53416	94970	25832	69975	94884	19661	72828	00102	66794
44	53976	54914	06990	67245	68350	82948	11398	42878	80287	88267	47363	46634	06541	97809
45	76072	29515	40980	07391	58745	25774	22987	80059	39911	96189	41151	14222	60697	59583
46	90725	52210	83974	29992	65831	38857	50490	83765	55657	14361	31720	57375	56228	41546
47	64364	67412	33339	31926	14883	24413	59744	92351	97473	89286	35931	04110	23726	51900
48	08962	00358	31662	25388	61642	34072	81249	35648	56891	69352	48373	45578	78547	81788
49	95012	68379	93526	70765	10592	04542	76463	54328	02349	17247	28865	14777	62730	92277
50	15664	10493	20492	38301	91132	21999	59516	81652	27195	48223	46751	22923	32261	85653
51	16408	81899	04153	53381	79401	21438	83035	92350	36693	31238	59649	91754	72772	02338
52	18629	81953	05520	91962	04739	13092	97662	24822	94730	06496	35090	04822	86774	98289
53	73115	35101	47498	87637	99016	71060	88824	71013	18735	20286	23153	72924	35165	43040
54	57491	16703	23167	49323	45021	33132	12544	41035	80780	45393	44812	12515	98931	91202
55	30405	83946	23792	14422	15059	45799	22716	19792	09983	74353	68668	30429	70735	25499
56	16631	35006	85900	98275	32388	52390	16815	69293	82732	38480	73817	32523	41961	44437
57	96773	20206	42559	78985	05300	22164	24369	54224	35083	19687	11052	91491	60383	19746
58	38935	64202	14349	82674	66523	44133	00697	35552	35970	19124	63318	29686	03387	59846
59	31624	76384	17403	53363	44167	64486	64758	75366	76554	31601	12614	33072	60332	92325
60	78919	19474	23632	27889	47914	02584	37680	20801	72152	39339	34806	08930	85001	87820
61	03931	33309	57047	74211	63445	17361	62825	39908	05607	91284	68833	25570	38818	46920
62	74426	33278	43972	10119	89917	15665	52872	73823	73144	88662	88970	74492	51805	99378
63	09066	00903	20795	95452	92648	45454	69552	88815	16553	51125	79375	97596	16296	66092
64	42238	12426	87025	14267	20979	04508	64535	31355	86064	29472	47689	05974	52468	16834
65	16153	08002	26504	41744	81959	65642	74240	56302	00033	67107	77510	70625	28725	34191
66	21457	40742	29820	96783	29400	21840	15035	34537	33310	06116	95240	15957	16572	06004
67	21581	57802	02050	89728	17937	37621	47075	42080	97403	48626	68995	43805	33386	21597
68	55612	78095	83197	33732	05810	24813	86902	60397	16489	03264	88525	42786	05269	92532
69	44657	66999	99324	51281	84463	60563	79312	93454	68876	25471	93911	25650	12682	73572
70	91340	84979	46949	81973	37949	61023	43997	15263	80644	43942	89203	71795	99533	50501
71	91227	21199	31935	27022	84067	05462	35216	14486	29891	68607	41867	14951	91696	85065
72	50001	38140	66321	19924	72163	09538	12151	06878	91903	18749	34405	56087	82790	70925
73	65390	05224	72958	28609	81406	39147	25549	48542	42627	45233	57202	94617	23772	07896
74	27504	96131	83944	41575	10573	03619	64482	73923	36152	05184	94142	25299	94387	34925
75	37169	94851	39117	89632	00959	16487	65536	49071	39782	17095	02330	74301	00275	48280
76	11508	70225	51111	38351	19444	66499	71945	05422	13442	78675	84031	66938	93654	59894
77	37449	30362	06694	54690	04052	53115	62757	95348	78662	11163	81651	50245	34971	52974
78	46515	70331	85922	38329	57015	15765	97161	17869	45349	61796	66345	81073	49106	79860
79	30986	81223	42416	58353	21532	30502	32305	86482	05174	07901	54339	58861	74818	46942
80	63798	64995	46583	09785	44160	78128	83991	42865	92520	83531	80377	35909	81250	54238
81	82486	84846	99254	67632	43218	50076	21361	64816	51202	88124	41870	52689	51275	83556
82	21885	32906	92431	09060	64297	51674	64126	62570	26123	05155	59194	52799	28225	85762
83	60336	98782	07408	53458	13564	59089	26445	29789	85205	41001	12535	12133	14645	23541
84	43937	46891	24010	25560	86355	33941	25786	54990	71899	15475	95434	98227	21824	19535
85	97656	63175	89303	16275	07100	92063	21942	18611	47348	20203	18534	03862	78095	50136
86	03299	01221	05418	38982	55758	92237	26759	86367	21216	98442	08303	56613	91511	75928
87	79626	06486	03574	17668	07785	76020	79924	25651	83325	88428	85076	72811	22717	50585
88	85636	68335	47539	03129	65651	11977	02510	26113	99447	68645	34327	15152	55230	93448
89	18039	14367	61337	06177	12143	46609	32989	74014	64708	00533	35398	58408	13261	47908
90	08362	15656	60627	36478	65648	16764	53412	09013	07832	41574	17639	82163	60859	75567
91	79556	29068	04142	16268	15387	12856	66227	38358	22478	73373	88732	09443	82558	05250
92	92608	82674	27072	32534	17075	27698	98204	63863	11951	34648	88022	56148	34925	57031
93	23982	25835	40055	67006	12293	02753	14827	23235	35071	99704	37543	11601	35503	85171
94	09915	96306	05908	97901	28395	14186	00821	80703	70426	75647	76310	88717	37890	40129

(Continúa)

TABLA 1
Números aleatorios simples *(Continuación)*

Línea/Col.	(1)	(2)	(3)	(4)	(5)	(6)	(7)	(8)	(9)	(10)	(11)	(12)	(13)	(14)
95	59037	33300	26695	62247	69927	76123	50842	43834	86654	70959	79725	93872	28117	19233
96	42488	78077	69882	61657	34136	79180	97526	43092	04098	73571	80799	76536	71255	64239
97	46764	86273	63003	93017	31204	36692	40202	35275	57306	55543	53203	18098	47625	88684
98	03237	45430	55417	63282	90816	17349	88298	90183	36600	78406	06216	95787	42579	90730
99	86591	81482	52667	61582	14972	90053	89534	76036	49199	43716	97548	04379	46370	28672
100	38534	01715	94964	87288	65680	43772	39560	12918	80537	62738	19636	51132	25739	56947

TABLA 2
Área bajo la curva normal

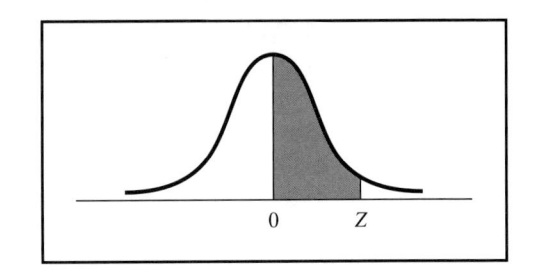

Z	.00	.01	.02	.03	.04	.05	.06	.07	.08	.09
0.0	.0000	.0040	.0080	.0120	.0160	.0199	.0239	.0279	.0319	.0359
0.1	.0398	.0438	.0478	.0517	.0557	.0596	.0636	.0675	.0714	.0753
0.2	.0793	.0832	.0871	.0910	.0948	.0987	.1026	.1064	.1103	.1141
0.3	.1179	.1217	.1255	.1293	.1331	.1368	.1406	.1443	.1480	.1517
0.4	.1554	.1591	.1628	.1664	.1700	.1736	.1772	.1808	.1844	.1879
0.5	.1915	.1950	.1985	.2019	.2054	.2088	.2123	.2157	.2190	.2224
0.6	.2257	.2291	.2324	.2357	.2389	.2422	.2454	.2486	.2518	.2549
0.7	.2580	.2612	.2642	.2673	.2704	.2734	.2764	.2794	.2823	.2852
0.8	.2881	.2910	.2939	.2967	.2995	.3023	.3051	.3078	.3106	.3133
0.9	.3159	.3186	.3212	.3238	.3264	.3289	.3315	.3340	.3365	.3389
1.0	.3413	.3438	.3461	.3485	.3508	.3531	.3554	.3577	.3599	.3621
1.1	.3643	.3665	.3686	.3708	.3729	.3749	.3770	.3790	.3810	.3830
1.2	.3849	.3869	.3888	.3907	.3925	.3944	.3962	.3980	.3997	.4015
1.3	.4032	.4049	.4066	.4082	.4099	.4115	.4131	.4147	.4162	.4177
1.4	.4192	.4207	.4222	.4236	.4251	.4265	.4279	.4292	.4306	.4319
1.5	.4332	.4345	.4357	.4370	.4382	.4394	.4406	.4418	.4429	.4441
1.6	.4452	.4463	.4474	.4484	.4495	.4505	.4515	.4525	.4535	.4545
1.7	.4554	.4564	.4573	.4582	.4591	.4599	.4608	.4616	.4625	.4633
1.8	.4641	.4649	.4656	.4664	.4671	.4678	.4686	.4693	.4699	.4706
1.9	.4713	.4719	.4726	.4732	.4738	.4744	.4750	.4756	.4761	.4767
2.0	.4772	.4778	.4783	.4788	.4793	.4798	.4803	.4808	.4812	.4817
2.1	.4821	.4826	.4830	.4834	.4838	.4842	.4846	.4850	.4854	.4857
2.2	.4861	.4864	.4868	.4871	.4875	.4878	.4881	.4884	.4887	.4890
2.3	.4893	.4896	.4898	.4901	.4904	.4906	.4909	.4911	.4913	.4916
2.4	.4918	.4920	.4922	.4925	.4927	.4929	.4931	.4932	.4934	.4936
2.5	.4938	.4940	.4941	.4943	.4945	.4946	.4948	.4949	.4951	.4952
2.6	.4953	.4955	.4956	.4957	.4959	.4960	.4961	.4962	.4963	.4964
2.7	.4965	.4966	.4967	.4968	.4969	.4970	.4971	.4972	.4973	.4974
2.8	.4974	.4975	.4976	.4977	.4977	.4978	.4979	.4979	.4980	.4981
2.9	.4981	.4982	.4982	.4983	.4984	.4984	.4985	.4985	.4986	.4986
3.0	.49865	.49869	.49874	.49878	.49882	.49886	.49889	.49893	.49897	.49900
3.1	.49903	.49906	.49910	.49913	.49916	.49918	.49921	.49924	.49926	.49929
3.2	.49931	.49934	.49936	.49938	.49940	.49942	.49944	.49946	.49948	.49950
3.3	.49952	.49953	.49955	.49957	.49958	.49960	.49961	.49962	.49964	.49965
3.4	.49966	.49968	.49969	.49970	.49971	.49972	.49973	.49974	.49975	.49976
3.5	.49977	.49978	.49978	.49979	.49980	.49981	.49981	.49982	.49983	.49983
3.6	.49984	.49985	.49985	.49986	.49986	.49987	.49987	.49988	.49988	.49989
3.7	.49989	.49990	.49990	.49990	.49991	.49991	.49992	.49992	.49992	.49992
3.8	.49993	.49993	.49993	.49994	.49994	.49994	.49994	.49995	.49995	.49995
3.9	.49995	.49995	.49996	.49996	.49996	.49996	.49996	.49996	.49997	.49997

La entrada representa área por debajo de la distribución normal estándar de la media a Z.

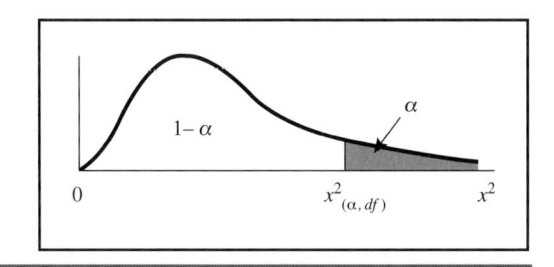

TABLA 3
Distribución de chi cuadrada

Grados de libertad	.995	.99	.975	.95	.90	.75	.25	.10	.05	.025	.01	.005
1	—	—	0.001	0.004	0.016	0.102	1.323	2.706	3.841	5.024	6.635	7.879
2	0.010	0.020	0.051	0.103	0.211	0.575	2.773	4.605	5.991	7.378	9.210	10.597
3	0.072	0.115	0.216	0.352	0.584	1.213	4.108	6.251	7.815	9.348	11.345	12.838
4	0.207	0.297	0.484	0.711	1.064	1.923	5.385	7.779	9.488	11.143	13.277	14.860
5	0.412	0.554	0.831	1.145	1.610	2.675	6.626	9.236	11.071	12.833	15.086	16.750
6	0.676	0.872	1.237	1.635	2.204	3.455	7.841	10.645	12.592	14.449	16.812	18.548
7	0.989	1.239	1.690	2.167	2.833	4.255	9.037	12.017	14.067	16.013	18.475	20.278
8	1.344	1.646	2.180	2.733	3.490	5.071	10.219	13.362	15.507	17.535	20.090	21.955
9	1.735	2.088	2.700	3.325	4.168	5.899	11.389	14.684	16.919	19.023	21.666	23.589
10	2.156	2.558	3.247	3.940	4.865	6.737	12.549	15.987	18.307	20.483	23.209	25.188
11	2.603	3.053	3.816	4.575	5.578	7.584	13.701	17.275	19.675	21.920	24.725	26.757
12	3.074	3.571	4.404	5.226	6.304	8.438	14.845	18.549	21.026	23.337	26.217	28.299
13	3.565	4.107	5.009	5.892	7.042	9.299	15.984	19.812	22.362	24.736	27.688	29.819
14	4.075	4.660	5.629	6.571	7.790	10.165	17.117	21.064	23.685	26.119	29.141	31.319
15	4.601	5.229	6.262	7.261	8.547	11.037	18.245	22.307	24.996	27.488	30.578	32.801
16	5.142	5.812	6.908	7.962	9.312	11.912	19.369	23.542	26.296	28.845	32.000	34.267
17	5.697	6.408	7.564	8.672	10.085	12.792	20.489	24.769	27.587	30.191	33.409	35.718
18	6.265	7.015	8.231	9.390	10.865	13.675	21.605	25.989	28.869	31.526	34.805	37.156
19	6.844	7.633	8.907	10.117	11.651	14.562	22.718	27.204	30.144	32.852	36.191	38.582
20	7.434	8.260	9.591	10.851	12.443	15.452	23.828	28.412	31.410	34.170	37.566	39.997
21	8.034	8.897	10.283	11.591	13.240	16.344	24.935	29.615	32.671	35.479	38.932	41.401
22	8.643	9.542	10.982	12.338	14.042	17.240	26.039	30.813	33.924	36.781	40.289	42.796
23	9.260	10.196	11.689	13.091	14.848	18.137	27.141	32.007	35.172	38.076	41.638	44.181
24	9.886	10.856	12.401	13.848	15.659	19.037	28.241	33.196	36.415	39.364	42.980	45.559
25	10.520	11.524	13.120	14.611	16.473	19.939	29.339	34.382	37.652	40.646	44.314	46.928
26	11.160	12.198	13.844	15.379	17.292	20.843	30.435	35.563	38.885	41.923	45.642	48.290
27	11.808	12.879	14.573	16.151	18.114	21.749	31.528	36.741	40.113	43.194	46.963	49.645
28	12.461	13.565	15.308	16.928	18.939	22.657	32.620	37.916	41.337	44.461	48.278	50.993
29	13.121	14.257	16.047	17.708	19.768	23.567	33.711	39.087	42.557	45.722	49.588	52.336
30	13.787	14.954	16.791	18.493	20.599	24.478	34.800	40.256	43.773	46.979	50.892	53.672
31	14.458	15.655	17.539	19.281	21.434	25.390	35.887	41.422	44.985	48.232	52.191	55.003
32	15.134	16.362	18.291	20.072	22.271	26.304	36.973	42.585	46.194	49.480	53.486	56.328
33	15.815	17.074	19.047	20.867	23.110	27.219	38.058	43.745	47.400	50.725	54.776	57.648
34	16.501	17.789	19.806	21.664	23.952	28.136	39.141	44.903	48.602	51.966	56.061	58.964
35	17.192	18.509	20.569	22.465	24.797	29.054	40.223	46.059	49.802	53.203	57.342	60.275
36	17.887	19.233	21.336	23.269	25.643	29.973	41.304	47.212	50.998	54.437	58.619	61.581
37	18.586	19.960	22.106	24.075	26.492	30.893	42.383	48.363	52.192	55.668	59.892	62.883
38	19.289	20.691	22.878	24.884	27.343	31.815	43.462	49.513	53.384	56.896	61.162	64.181
39	19.996	21.426	23.654	25.695	28.196	32.737	44.539	50.660	54.572	58.120	62.428	65.476
40	20.707	22.164	24.433	26.509	29.051	33.660	45.616	51.805	55.758	59.342	63.691	66.766

(Continúa)

TABLA 3
Distribución de chi cuadrada *(Continuación)*

GRADOS DE LIBERTAD	.995	.99	.975	.95	.90	.75	.25	.10	.05	.025	.01	.005
41	21.421	22.906	25.215	27.326	29.907	34.585	46.692	52.949	56.942	60.561	64.950	68.053
42	22.138	23.650	25.999	28.144	30.765	35.510	47.766	54.090	58.124	61.777	66.206	69.336
43	22.859	24.398	26.785	28.965	31.625	36.436	48.840	55.230	59.304	62.990	67.459	70.616
44	23.584	25.148	27.575	29.787	32.487	37.363	49.913	56.369	60.481	64.201	68.710	71.893
45	24.311	25.901	28.366	30.612	33.350	38.291	50.985	57.505	61.656	65.410	69.957	73.166
46	25.041	26.657	29.160	31.439	34.215	39.220	52.056	58.641	62.830	66.617	71.201	74.437
47	25.775	27.416	29.956	32.268	35.081	40.149	53.127	59.774	64.001	67.821	72.443	75.704
48	26.511	28.177	30.755	33.098	35.949	41.079	54.196	60.907	65.171	69.023	73.683	76.969
49	27.249	28.941	31.555	33.930	36.818	42.010	55.265	62.038	66.339	70.222	74.919	78.231
50	27.991	29.707	32.357	34.764	37.689	42.942	56.334	63.167	67.505	71.420	76.154	79.490
51	28.735	30.475	33.162	35.600	38.560	43.874	57.401	64.295	68.669	72.616	77.386	80.747
52	29.481	31.246	33.968	36.437	39.433	44.808	58.468	65.422	69.832	73.810	78.616	82.001
53	30.230	32.018	34.776	37.276	40.308	45.741	59.534	66.548	70.993	75.002	79.843	83.253
54	30.981	32.793	35.586	38.116	41.183	46.676	60.600	67.673	72.153	76.192	81.069	84.502
55	31.735	33.570	36.398	38.958	42.060	47.610	61.665	68.796	73.311	77.380	82.292	85.749
56	32.490	34.350	37.212	39.801	42.937	48.546	62.729	69.919	74.468	78.567	83.513	86.994
57	33.248	35.131	38.027	40.646	43.816	49.482	63.793	71.040	75.624	79.752	84.733	88.236
58	34.008	35.913	38.844	41.492	44.696	50.419	64.857	72.160	76.778	80.936	85.950	89.477
59	34.770	36.698	39.662	42.339	45.577	51.356	65.919	73.279	77.931	82.117	87.166	90.715
60	35.534	37.485	40.482	43.188	46.459	52.294	66.981	74.397	79.082	83.298	88.379	91.952

ÁREAS DE LA COLA SUPERIOR (α)

Para un número particular de grados de libertad, la entrada representa el valor crítico de χ^2 el correspondiente a una área específica de la cola superior α.

Para valores más grandes de grados de la libertad (GL), puede usarse la expresión $z = \sqrt{2\chi^2} - \sqrt{2(DF)-1}$ y puede obtenerse el área de la cola superior de la tabla de distribución normal estandarizada.

TABLA 4
Distribución t

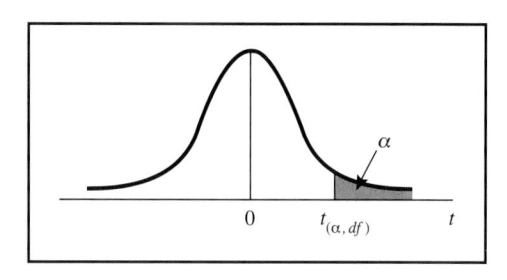

GRADOS DE LIBERTAD	\.25	\.10	\.05	\.025	\.01	\.005
			ÁREAS DE LA COLA SUPERIOR			
1	1.0000	3.0777	6.3138	12.7062	31.8207	63.6574
2	0.8165	1.8856	2.9200	4.3027	6.9646	9.9248
3	0.7649	1.6377	2.3534	3.1824	4.5407	5.8409
4	0.7407	1.5332	2.1318	2.7764	3.7469	4.6041
5	0.7267	1.4759	2.0150	2.5706	3.3649	4.0322
6	0.7176	1.4398	1.9432	2.4469	3.1427	3.7074
7	0.7111	1.4149	1.8946	2.3646	2.9980	3.4995
8	0.7064	1.3968	1.8595	2.3060	2.8965	3.3554
9	0.7027	1.3830	1.8331	2.2622	2.8214	3.2498
10	0.6998	1.3722	1.8125	2.2281	2.7638	3.1693
11	0.6974	1.3634	1.7959	2.2010	2.7181	3.1058
12	0.6955	1.3562	1.7823	2.1788	2.6810	3.0545
13	0.6938	1.3502	1.7709	2.1604	2.6503	3.0123
14	0.6924	1.3450	1.7613	2.1448	2.6245	2.9768
15	0.6912	1.3406	1.7531	2.1315	2.6025	2.9467
16	0.6901	1.3368	1.7459	2.1199	2.5835	2.9208
17	0.6892	1.3334	1.7396	2.1098	2.5669	2.8982
18	0.6884	1.3304	1.7341	2.1009	2.5524	2.8784
19	0.6876	1.3277	1.7291	2.0930	2.5395	2.8609
20	0.6870	1.3253	1.7247	2.0860	2.5280	2.8453
21	0.6864	1.3232	1.7207	2.0796	2.5177	2.8314
22	0.6858	1.3212	1.7171	2.0739	2.5083	2.8188
23	0.6853	1.3195	1.7139	2.0687	2.4999	2.8073
24	0.6848	1.3178	1.7109	2.0639	2.4922	2.7969
25	0.6844	1.3163	1.7081	2.0595	2.4851	2.7874
26	0.6840	1.3150	1.7056	2.0555	2.4786	2.7787
27	0.6837	1.3137	1.7033	2.0518	2.4727	2.7707
28	0.6834	1.3125	1.7011	2.0484	2.4671	2.7633
29	0.6830	1.3114	1.6991	2.0452	2.4620	2.7564
30	0.6828	1.3104	1.6973	2.0423	2.4573	2.7500
31	0.6825	1.3095	1.6955	2.0395	2.4528	2.7440
32	0.6822	1.3086	1.6939	2.0369	2.4487	2.7385
33	0.6820	1.3077	1.6924	2.0345	2.4448	2.7333
34	0.6818	1.3070	1.6909	2.0322	2.4411	2.7284
35	0.6816	1.3062	1.6896	2.0301	2.4377	2.7238
36	0.6814	1.3055	1.6883	2.0281	2.4345	2.7195
37	0.6812	1.3049	1.6871	2.0262	2.4314	2.7154
38	0.6810	1.3042	1.6860	2.0244	2.4286	2.7116
39	0.6808	1.3036	1.6849	2.0227	2.4258	2.7079
40	0.6807	1.3031	1.6839	2.0211	2.4233	2.7045
41	0.6805	1.3025	1.6829	2.0195	2.4208	2.7012
42	0.6804	1.3020	1.6820	2.0181	2.4185	2.6981
43	0.6802	1.3016	1.6811	2.0167	2.4163	2.6951

(Continúa)

TABLA 4
Distribución t (Continuación)

GRADOS DE LIBERTAD	\.25	\.10	\.05	\.025	\.01	\.005
44	0.6801	1.3011	1.6802	2.0154	2.4141	2.6923
45	0.6800	1.3006	1.6794	2.0141	2.4121	2.6896
46	0.6799	1.3002	1.6787	2.0129	2.4102	2.6870
47	0.6797	1.2998	1.6779	2.0117	2.4083	2.6846
48	0.6796	1.2994	1.6772	2.0106	2.4066	2.6822
49	0.6795	1.2991	1.6766	2.0096	2.4049	2.6800
50	0.6794	1.2987	1.6759	2.0086	2.4033	2.6778
51	0.6793	1.2984	1.6753	2.0076	2.4017	2.6757
52	0.6792	1.2980	1.6747	2.0066	2.4002	2.6737
53	0.6791	1.2977	1.6741	2.0057	2.3988	2.6718
54	0.6791	1.2974	1.6736	2.0049	2.3974	2.6700
55	0.6790	1.2971	1.6730	2.0040	2.3961	2.6682
56	0.6789	1.2969	1.6725	2.0032	2.3948	2.6665
57	0.6788	1.2966	1.6720	2.0025	2.3936	2.6649
58	0.6787	1.2963	1.6716	2.0017	2.3924	2.6633
59	0.6787	1.2961	1.6711	2.0010	2.3912	2.6618
60	0.6786	1.2958	1.6706	2.0003	2.3901	2.6603
61	0.6785	1.2956	1.6702	1.9996	2.3890	2.6589
62	0.6785	1.2954	1.6698	1.9990	2.3880	2.6575
63	0.6784	1.2951	1.6694	1.9983	2.3870	2.6561
64	0.6783	1.2949	1.6690	1.9977	2.3860	2.6549
65	0.6783	1.2947	1.6686	1.9971	2.3851	2.6536
66	0.6782	1.2945	1.6683	1.9966	2.3842	2.6524
67	0.6782	1.2943	1.6679	1.9960	2.3833	2.6512
68	0.6781	1.2941	1.6676	1.9955	2.3824	2.6501
69	0.6781	1.2939	1.6672	1.9949	2.3816	2.6490
70	0.6780	1.2938	1.6669	1.9944	2.3808	2.6479
71	0.6780	1.2936	1.6666	1.9939	2.3800	2.6469
72	0.6779	1.2934	1.6663	1.9935	2.3793	2.6459
73	0.6779	1.2933	1.6660	1.9930	2.3785	2.6449
74	0.6778	1.2931	1.6657	1.9925	2.3778	2.6439
75	0.6778	1.2929	1.6654	1.9921	2.3771	2.6430
76	0.6777	1.2928	1.6652	1.9917	2.3764	2.6421
77	0.6777	1.2926	1.6649	1.9913	2.3758	2.6412
78	0.6776	1.2925	1.6646	1.9908	2.3751	2.6403
79	0.6776	1.2924	1.6644	1.9905	2.3745	2.6395
80	0.6776	1.2922	1.6641	1.9901	2.3739	2.6387
81	0.6775	1.2921	1.6639	1.9897	2.3733	2.6379
82	0.6775	1.2920	1.6636	1.9893	2.3727	2.6371
83	0.6775	1.2918	1.6634	1.9890	2.3721	2.6364
84	0.6774	1.2917	1.6632	1.9886	2.3716	2.6356
85	0.6774	1.2916	1.6630	1.9883	2.3710	2.6349
86	0.6774	1.2915	1.6628	1.9879	2.3705	2.6342
87	0.6773	1.2914	1.6626	1.9876	2.3700	2.6335
88	0.6773	1.2912	1.6624	1.9873	2.3695	2.6329
89	0.6773	1.2911	1.6622	1.9870	2.3690	2.6322
90	0.6772	1.2910	1.6620	1.9867	2.3685	2.6316
91	0.6772	1.2909	1.6618	1.9864	2.3680	2.6309
92	0.6772	1.2908	1.6616	1.9861	2.3676	2.6303
93	0.6771	1.2907	1.6614	1.9858	2.3671	2.6297
94	0.6771	1.2906	1.6612	1.9855	2.3667	2.6291

(Continúa)

TABLA 4
Distribución t *(Continuación)*

Grados de libertad	.25	.10	.05	.025	.01	.005
			ÁREAS DE COLA SUPERIOR			
95	0.6771	1.2905	1.6611	1.9853	2.3662	2.6286
96	0.6771	1.2904	1.6609	1.9850	2.3658	2.6280
97	0.6770	1.2903	1.6607	1.9847	2.3654	2.6275
98	0.6770	1.2902	1.6606	1.9845	2.3650	2.6269
99	0.6770	1.2902	1.6604	1.9842	2.3646	2.6264
100	0.6770	1.2901	1.6602	1.9840	2.3642	2.6259
110	0.6767	1.2893	1.6588	1.9818	2.3607	2.6213
120	0.6765	1.2886	1.6577	1.9799	2.3578	2.6174
130	0.6764	1.2881	1.6567	1.9784	2.3554	2.6142
140	0.6762	1.2876	1.6558	1.9771	2.3533	2.6114
150	0.6761	1.2872	1.6551	1.9759	2.3515	2.6090
∞	0.6745	1.2816	1.6449	1.9600	2.3263	2.5758

Para un número particular de grados de libertad, la entrada representa el valor crítico de *t* correspondiente a una área especificada de la cola superior α.

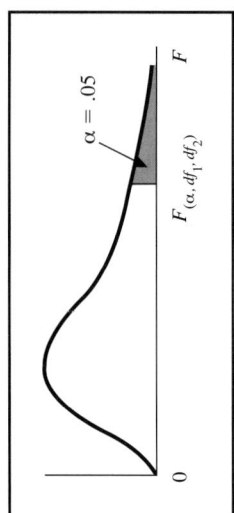

TABLA 5
Distribución F

DENOMINADOR GL₂	\	NUMERADOR GL₁															
	1	2	3	4	5	6	7	8	9	10	12	15	20	24	30	40	60	120	∞
1	161.4	199.5	215.7	224.6	230.2	234.0	236.8	238.9	240.5	241.9	243.9	245.9	248.0	249.1	250.1	251.1	252.2	253.3	254.3
2	18.51	19.00	19.16	19.25	19.30	19.33	19.35	19.37	19.38	19.40	19.41	19.43	19.45	19.45	19.46	19.47	19.48	19.49	19.50
3	10.13	9.55	9.28	9.12	9.01	8.94	8.89	8.85	8.81	8.79	8.74	8.70	8.66	8.64	8.62	8.59	8.57	8.55	8.53
4	7.71	6.94	6.59	6.39	6.26	6.16	6.09	6.04	6.00	5.96	5.91	5.86	5.80	5.77	5.75	5.72	5.69	5.66	5.63
5	6.61	5.79	5.41	5.19	5.05	4.95	4.88	4.82	4.77	4.74	4.68	4.62	4.56	4.53	4.50	4.46	4.43	4.40	4.36
6	5.99	5.14	4.76	4.53	4.39	4.28	4.21	4.15	4.10	4.06	4.00	3.94	3.87	3.84	3.81	3.77	3.74	3.70	3.67
7	5.59	4.74	4.35	4.12	3.97	3.87	3.79	3.73	3.68	3.64	3.57	3.51	3.44	3.41	3.38	3.34	3.30	3.27	3.23
8	5.32	4.46	4.07	3.84	3.69	3.58	3.50	3.44	3.39	3.35	3.28	3.22	3.15	3.12	3.08	3.04	3.01	2.97	2.93
9	5.12	4.26	3.86	3.63	3.48	3.37	3.29	3.23	3.18	3.14	3.07	3.01	2.94	2.90	2.86	2.83	2.79	2.75	2.71
10	4.96	4.10	3.71	3.48	3.33	3.22	3.14	3.07	3.02	2.98	2.91	2.85	2.77	2.74	2.70	2.66	2.62	2.58	2.54
11	4.84	3.98	3.59	3.36	3.20	3.09	3.01	2.95	2.90	2.85	2.79	2.72	2.65	2.61	2.57	2.53	2.49	2.45	2.40
12	4.75	3.89	3.49	3.26	3.11	3.00	2.91	2.85	2.80	2.75	2.69	2.62	2.54	2.51	2.47	2.43	2.38	2.34	2.30
13	4.67	3.81	3.41	3.18	3.03	2.92	2.83	2.77	2.71	2.67	2.60	2.53	2.46	2.42	2.38	2.34	2.30	2.25	2.21
14	4.60	3.74	3.34	3.11	2.96	2.85	2.76	2.70	2.65	2.60	2.53	2.46	2.39	2.35	2.31	2.27	2.22	2.18	2.13
15	4.54	3.68	3.29	3.06	2.90	2.79	2.71	2.64	2.59	2.54	2.48	2.40	2.33	2.29	2.25	2.20	2.16	2.11	2.07
16	4.49	3.63	3.24	3.01	2.85	2.74	2.66	2.59	2.54	2.49	2.42	2.35	2.28	2.24	2.19	2.15	2.11	2.06	2.01
17	4.45	3.59	3.20	2.96	2.81	2.70	2.61	2.55	2.49	2.45	2.38	2.31	2.23	2.19	2.15	2.10	2.06	2.01	1.96
18	4.41	3.55	3.16	2.93	2.77	2.66	2.58	2.51	2.46	2.41	2.34	2.27	2.19	2.15	2.11	2.06	2.02	1.97	1.92
19	4.38	3.52	3.13	2.90	2.74	2.63	2.54	2.48	2.42	2.38	2.31	2.23	2.16	2.11	2.07	2.03	1.98	1.93	1.88
20	4.35	3.49	3.10	2.87	2.71	2.60	2.51	2.45	2.39	2.35	2.28	2.20	2.12	2.08	2.04	1.99	1.95	1.90	1.84
21	4.32	3.47	3.07	2.84	2.68	2.57	2.49	2.42	2.37	2.32	2.25	2.18	2.10	2.05	2.01	1.96	1.92	1.87	1.81
22	4.30	3.44	3.05	2.82	2.66	2.55	2.46	2.40	2.34	2.30	2.23	2.15	2.07	2.03	1.98	1.94	1.89	1.84	1.78
23	4.28	3.42	3.03	2.80	2.64	2.53	2.44	2.37	2.32	2.27	2.20	2.13	2.05	2.01	1.96	1.91	1.86	1.81	1.76
24	4.26	3.40	3.01	2.78	2.62	2.51	2.42	2.36	2.30	2.25	2.18	2.11	2.03	1.98	1.94	1.89	1.84	1.79	1.73
25	4.24	3.39	2.99	2.76	2.60	2.49	2.40	2.34	2.28	2.24	2.16	2.09	2.01	1.96	1.92	1.87	1.82	1.77	1.71
26	4.23	3.37	2.98	2.74	2.59	2.47	2.39	2.32	2.27	2.22	2.15	2.07	1.99	1.95	1.90	1.85	1.80	1.75	1.69
27	4.21	3.35	2.96	2.73	2.57	2.46	2.37	2.31	2.25	2.20	2.13	2.06	1.97	1.93	1.88	1.84	1.79	1.73	1.67
28	4.20	3.34	2.95	2.71	2.56	2.45	2.36	2.29	2.24	2.19	2.12	2.04	1.96	1.91	1.87	1.82	1.77	1.71	1.65
29	4.18	3.33	2.93	2.70	2.55	2.43	2.35	2.28	2.22	2.18	2.10	2.03	1.94	1.90	1.85	1.81	1.75	1.70	1.64
30	4.17	3.32	2.92	2.69	2.53	2.42	2.33	2.27	2.21	2.16	2.09	2.01	1.93	1.89	1.84	1.79	1.74	1.68	1.62
40	4.08	3.23	2.84	2.61	2.45	2.34	2.25	2.18	2.12	2.08	2.00	1.92	1.84	1.79	1.74	1.69	1.64	1.58	1.51
60	4.00	3.15	2.76	2.53	2.37	2.25	2.17	2.10	2.04	1.99	1.92	1.84	1.75	1.70	1.65	1.59	1.53	1.47	1.39
120	3.92	3.07	2.68	2.45	2.29	2.17	2.09	2.02	1.96	1.91	1.83	1.75	1.66	1.61	1.55	1.50	1.43	1.35	1.25
∞	3.84	3.00	2.60	2.37	2.21	2.10	2.01	1.94	1.88	1.83	1.75	1.67	1.57	1.52	1.46	1.39	1.32	1.22	1.00

$\alpha = .05$

$F_{(\alpha, df_1, df_2)}$

(Continúa)

TABLA 5
Distribución F (Continuación)

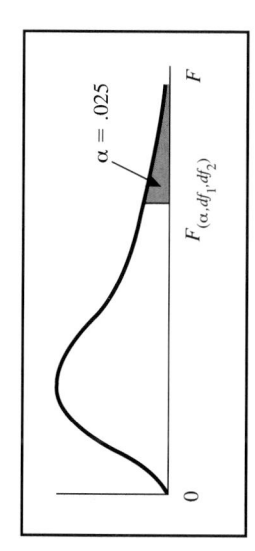

$\alpha = .025$

DENOMINADOR GL_2	\	\	\	\	\	\	NUMERADOR GL_1	\	\	\	\	\	\	\	\	\	\
	1	2	3	4	5	6	7	8	9	10	12	15	20	24	30	40	60	120	∞
1	647.8	799.5	864.2	899.6	921.8	937.1	948.2	956.7	963.3	968.6	976.7	984.9	993.1	997.2	1001	1006	1010	1014	1018
2	38.51	39.00	39.17	39.25	39.30	39.33	39.36	39.37	39.39	39.40	39.41	39.43	39.45	39.46	39.46	39.47	39.48	39.49	39.50
3	17.44	16.04	15.44	15.10	14.88	14.73	14.62	14.54	14.47	14.42	14.34	14.25	14.17	14.12	14.08	14.04	13.99	13.95	13.90
4	12.22	10.65	9.98	9.60	9.36	9.20	9.07	8.98	8.90	8.84	8.75	8.66	8.56	8.51	8.46	8.41	8.36	8.31	8.26
5	10.01	8.43	7.76	7.39	7.15	6.98	6.85	6.76	6.68	6.62	6.52	6.43	6.33	6.28	6.23	6.18	6.12	6.07	6.02
6	8.81	7.26	6.60	6.23	5.99	5.82	5.70	5.60	5.52	5.46	5.37	5.27	5.17	5.12	5.07	5.01	4.96	4.90	4.85
7	8.07	6.54	5.89	5.52	5.29	5.12	4.99	4.90	4.82	4.76	4.67	4.57	4.47	4.42	4.36	4.31	4.25	4.20	4.14
8	7.57	6.06	5.42	5.05	4.82	4.65	4.53	4.43	4.36	4.30	4.20	4.10	4.00	3.95	3.89	3.84	3.78	3.73	3.67
9	7.21	5.71	5.08	4.72	4.48	4.32	4.20	4.10	4.03	3.96	3.87	3.77	3.67	3.61	3.56	3.51	3.45	3.39	3.33
10	6.94	5.46	4.83	4.47	4.24	4.07	3.95	3.85	3.78	3.72	3.62	3.52	3.42	3.37	3.31	3.26	3.20	3.14	3.08
11	6.72	5.26	4.63	4.28	4.04	3.88	3.76	3.66	3.59	3.53	3.43	3.33	3.23	3.17	3.12	3.06	3.00	2.94	2.88
12	6.55	5.10	4.47	4.12	3.89	3.73	3.61	3.51	3.44	3.37	3.28	3.18	3.07	3.02	2.96	2.91	2.85	2.79	2.72
13	6.41	4.97	4.35	4.00	3.77	3.60	3.48	3.39	3.31	3.25	3.15	3.05	2.95	2.89	2.84	2.78	2.72	2.66	2.60
14	6.30	4.86	4.24	3.89	3.66	3.50	3.38	3.29	3.21	3.15	3.05	2.95	2.84	2.79	2.73	2.67	2.61	2.55	2.49
15	6.20	4.77	4.15	3.80	3.58	3.41	3.29	3.20	3.12	3.06	2.96	2.86	2.76	2.70	2.64	2.59	2.52	2.46	2.40
16	6.12	4.69	4.08	3.73	3.50	3.34	3.22	3.12	3.05	2.99	2.89	2.79	2.68	2.63	2.57	2.51	2.45	2.38	2.32
17	6.04	4.62	4.01	3.66	3.44	3.28	3.16	3.06	2.98	2.92	2.82	2.72	2.62	2.56	2.50	2.44	2.38	2.32	2.25
18	5.98	4.56	3.95	3.61	3.38	3.22	3.10	3.01	2.93	2.87	2.77	2.67	2.56	2.50	2.44	2.38	2.32	2.26	2.19
19	5.92	4.51	3.90	3.56	3.33	3.17	3.05	2.96	2.88	2.82	2.72	2.62	2.51	2.45	2.39	2.33	2.27	2.20	2.13
20	5.87	4.46	3.86	3.51	3.29	3.13	3.01	2.91	2.84	2.77	2.68	2.57	2.46	2.41	2.35	2.29	2.22	2.16	2.09
21	5.83	4.42	3.82	3.48	3.25	3.09	2.97	2.87	2.80	2.73	2.64	2.53	2.42	2.37	2.31	2.25	2.18	2.11	2.04
22	5.79	4.38	3.78	3.44	3.22	3.05	2.93	2.84	2.76	2.70	2.60	2.50	2.39	2.33	2.27	2.21	2.14	2.08	2.00
23	5.75	4.35	3.75	3.41	3.18	3.02	2.90	2.81	2.73	2.67	2.57	2.47	2.36	2.30	2.24	2.18	2.11	2.04	1.97
24	5.72	4.32	3.72	3.38	3.15	2.99	2.87	2.78	2.70	2.64	2.54	2.44	2.33	2.27	2.21	2.15	2.08	2.01	1.94
25	5.69	4.29	3.69	3.35	3.13	2.97	2.85	2.75	2.68	2.61	2.51	2.41	2.30	2.24	2.18	2.12	2.05	1.98	1.91
26	5.66	4.27	3.67	3.33	3.10	2.94	2.82	2.73	2.65	2.59	2.49	2.39	2.28	2.22	2.16	2.09	2.03	1.95	1.88
27	5.63	4.24	3.65	3.31	3.08	2.92	2.80	2.71	2.63	2.57	2.47	2.36	2.25	2.19	2.13	2.07	2.00	1.93	1.85
28	5.61	4.22	3.63	3.29	3.06	2.90	2.78	2.69	2.61	2.55	2.45	2.34	2.23	2.17	2.11	2.05	1.98	1.91	1.83
29	5.59	4.20	3.61	3.27	3.04	2.88	2.76	2.67	2.59	2.53	2.43	2.32	2.21	2.15	2.09	2.03	1.96	1.89	1.81
30	5.57	4.18	3.59	3.25	3.03	2.87	2.75	2.65	2.57	2.51	2.41	2.31	2.20	2.14	2.07	2.01	1.94	1.87	1.79
40	5.42	4.05	3.46	3.13	2.90	2.74	2.62	2.53	2.45	2.39	2.29	2.18	2.07	2.01	1.94	1.88	1.80	1.72	1.64
60	5.29	3.93	3.34	3.01	2.79	2.63	2.51	2.41	2.33	2.27	2.17	2.06	1.94	1.88	1.82	1.74	1.67	1.58	1.48
120	5.15	3.80	3.23	2.89	2.67	2.52	2.39	2.30	2.22	2.16	2.05	1.94	1.82	1.76	1.69	1.61	1.53	1.43	1.31
∞	5.02	3.69	3.12	2.79	2.57	2.41	2.29	2.19	2.11	2.05	1.94	1.83	1.71	1.64	1.57	1.48	1.39	1.27	1.00

(Continúa)

TABLA 5
Distribución F (Continuación)

$\alpha = .01$

$F_{(\alpha, df_1, df_2)}$

DENOMINADOR GL_2	\multicolumn{18}{c}{NUMERADOR GL_1}
	1	2	3	4	5	6	7	8	9	10	12	15	20	24	30	40	60	120	∞
1	4052	4999.5	5403	5625	5764	5859	5928	5982	6022	6056	6106	6157	6209	6235	6261	6287	6313	6339	6366
2	98.50	99.00	99.17	99.25	99.30	99.33	99.36	99.37	99.39	99.40	99.42	99.43	99.45	99.46	99.47	99.47	99.48	99.49	99.50
3	34.12	30.82	29.46	28.71	28.24	27.91	27.67	27.49	27.35	27.23	27.05	26.87	26.69	26.60	26.50	26.41	26.32	26.22	26.13
4	21.20	18.00	16.69	15.98	15.52	15.21	14.98	14.80	14.66	14.55	14.37	14.20	14.02	13.93	13.84	13.75	13.65	13.56	13.46
5	16.26	13.27	12.06	11.39	10.97	10.67	10.46	10.29	10.16	10.05	9.89	9.72	9.55	9.47	9.38	9.29	9.20	9.11	9.02
6	13.75	10.92	9.78	9.15	8.75	8.47	8.26	8.10	7.98	7.87	7.72	7.56	7.40	7.31	7.23	7.14	7.06	6.97	6.88
7	12.25	9.55	8.45	7.85	7.46	7.19	6.99	6.84	6.72	6.62	6.47	6.31	6.16	6.07	5.99	5.91	5.82	5.74	5.65
8	11.26	8.65	7.59	7.01	6.63	6.37	6.18	6.03	5.91	5.81	5.67	5.52	5.36	5.28	5.20	5.12	5.03	4.95	4.86
9	10.56	8.02	6.99	6.42	6.06	5.80	5.61	5.47	5.35	5.26	5.11	4.96	4.81	4.73	4.65	4.57	4.48	4.40	4.31
10	10.04	7.56	6.55	5.99	5.64	5.39	5.20	5.06	4.94	4.85	4.71	4.56	4.41	4.33	4.25	4.17	4.08	4.00	3.91
11	9.65	7.21	6.22	5.67	5.32	5.07	4.89	4.74	4.63	4.54	4.40	4.25	4.10	4.02	3.94	3.86	3.78	3.69	3.60
12	9.33	6.93	5.95	5.41	5.06	4.82	4.64	4.50	4.39	4.30	4.16	4.01	3.86	3.78	3.70	3.62	3.54	3.45	3.36
13	9.07	6.70	5.74	5.21	4.86	4.62	4.44	4.30	4.19	4.10	3.96	3.82	3.66	3.59	3.51	3.43	3.34	3.25	3.17
14	8.86	6.51	5.56	5.04	4.69	4.46	4.28	4.14	4.03	3.94	3.80	3.66	3.51	3.43	3.35	3.27	3.18	3.09	3.00
15	8.68	6.36	5.42	4.89	4.56	4.32	4.14	4.00	3.89	3.80	3.67	3.52	3.37	3.29	3.21	3.13	3.05	2.96	2.87
16	8.53	6.23	5.29	4.77	4.44	4.20	4.03	3.89	3.78	3.69	3.55	3.41	3.26	3.18	3.10	3.02	2.93	2.84	2.75
17	8.40	6.11	5.18	4.67	4.34	4.10	3.93	3.79	3.68	3.59	3.46	3.31	3.16	3.08	3.00	2.92	2.83	2.75	2.65
18	8.29	6.01	5.09	4.58	4.25	4.01	3.84	3.71	3.60	3.51	3.37	3.23	3.08	3.00	2.92	2.84	2.75	2.66	2.57
19	8.18	5.93	5.01	4.50	4.17	3.94	3.77	3.63	3.52	3.43	3.30	3.15	3.00	2.92	2.84	2.76	2.67	2.58	2.49
20	8.10	5.85	4.94	4.43	4.10	3.87	3.70	3.56	3.46	3.37	3.23	3.09	2.94	2.86	2.78	2.69	2.61	2.52	2.42
21	8.02	5.78	4.87	4.37	4.04	3.81	3.64	3.51	3.40	3.31	3.17	3.03	2.88	2.80	2.72	2.64	2.55	2.46	2.36
22	7.95	5.72	4.82	4.31	3.99	3.76	3.59	3.45	3.35	3.26	3.12	2.98	2.83	2.75	2.67	2.58	2.50	2.40	2.31
23	7.88	5.66	4.76	4.26	3.94	3.71	3.54	3.41	3.30	3.21	3.07	2.93	2.78	2.70	2.62	2.54	2.45	2.35	2.26
24	7.82	5.61	4.72	4.22	3.90	3.67	3.50	3.36	3.26	3.17	3.03	2.89	2.74	2.66	2.58	2.49	2.40	2.31	2.21
25	7.77	5.57	4.68	4.18	3.85	3.63	3.46	3.32	3.22	3.13	2.99	2.85	2.70	2.62	2.54	2.45	2.36	2.27	2.17
26	7.72	5.53	4.64	4.14	3.82	3.59	3.42	3.29	3.18	3.09	2.96	2.81	2.66	2.58	2.50	2.42	2.33	2.23	2.13
27	7.68	5.49	4.60	4.11	3.78	3.56	3.39	3.26	3.15	3.06	2.93	2.78	2.63	2.55	2.47	2.38	2.29	2.20	2.10
28	7.64	5.45	4.57	4.07	3.75	3.53	3.36	3.23	3.12	3.03	2.90	2.75	2.60	2.52	2.44	2.35	2.26	2.17	2.06
29	7.60	5.42	4.54	4.04	3.73	3.50	3.33	3.20	3.09	3.00	2.87	2.73	2.57	2.49	2.41	2.33	2.23	2.14	2.03
30	7.56	5.39	4.51	4.02	3.70	3.47	3.30	3.17	3.07	2.98	2.84	2.70	2.55	2.47	2.39	2.30	2.21	2.11	2.01
40	7.31	5.18	4.31	3.83	3.51	3.29	3.12	2.99	2.89	2.80	2.66	2.52	2.37	2.29	2.20	2.11	2.02	1.92	1.80
60	7.08	4.98	4.13	3.65	3.34	3.12	2.95	2.82	2.72	2.63	2.50	2.35	2.20	2.12	2.03	1.94	1.84	1.73	1.60
120	6.85	4.79	3.95	3.48	3.17	2.96	2.79	2.66	2.56	2.47	2.34	2.19	2.03	1.95	1.86	1.76	1.66	1.53	1.38
∞	6.63	4.61	3.78	3.32	3.02	2.80	2.64	2.51	2.41	2.32	2.18	2.04	1.88	1.79	1.70	1.59	1.47	1.32	1.00

Para una combinación particular de grados de libertad en el numerador y el denominador, la entrada representa el valor crítico de F correspondiente a una área especificada de la cola superior α.

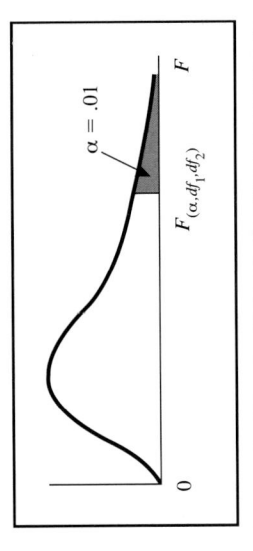

Notas

Capítulo 1

1. Información de *http://www.defense-aerospace.com*; *http://www.boeing.com/flash.html*; y *http://www.harrisinteractive.com* (fecha de acceso: 28 de abril de 2006).
2. Joe Flint, "How NBC Defies Network Norms—To Its Advantage", *Wall Street Journal* (20 de mayo de 2002): A1, A10; Michael Freeman, "NBC: No Laughing Matter", *Electronic Media*, 21 (1) (7 de enero de 2002); y Jack Neff, "Marketers Use Recipio to Tap Users' View", *Advertising Age*, 72 (7) (12 de febrero de 2001): 24.
3. L. Guyer, "Scion Connects in Out of Way Places", *Advertising Age*, 76 (8) (2005): 38; *http://www.attik.com/articles/designinm102203.html* (fecha de acceso: 10 de marzo de 2005); y *http://www.scion.com/about/about_faq.html* (fecha de acceso: 3 de marzo de 2005).
4. Sandelman & Associates, "Fast-Food Users Increasingly Satisfied According to Sandelman & Associates; Chains Responding to Consumers' Desires for Healthier Fare", *Business Wire* (7 de febrero de 2005); y S. Gray, "Fast Fruit? At Wendy's and McDonald's, It's a Main Course", *Wall Street Journal* (9 de febrero de 2005): B1.
5. Para el papel estratégico de la investigación de mercados, véase Sid Simmons y Angela Lovejoy, "Oh No, the Consultants Are Coming!" *International Journal of Market Research*, 45 (3) (2003): 355–71: Denise Jarratt y Ramzi Fayed, "The Impact of Market and Organizational Challenges on Marketing Strategy Decision Making", *Journal of Business Research*, 51 (01) (enero de 2001): 61–72; y Lexis F. Higgins, "Applying Principles of Creativity Management to Marketing Research Efforts in High-Technology Markets", *Industrial Marketing Management*, 28 (3) (mayo de 1999): 305–17.
6. La definición de la AMA se reporta en "New Marketing Research Definition Approved", *Marketing News*, 21 (2 de enero de 1987). Véase también Michelle Wirth Fellman, "An Aging Profession", *Marketing Research*, Chicago (primavera de 2000): 33–35; y Lawrence D. Gibson, "Quo Vadis, Marketing Research?" *Marketing Research*, Chicago (primavera de 2000): 36–41.
7. Para una discussion histórica y una evaluación de la investigación de mercados, véase Stephen Brown, "Always Historicize! Researching Marketing History in a Post Historical Epoch", *Marketing Theory*, 1 (1) (septiembre de 2001): 49–89; L. McTier Anderson, "Marketing Science: Where's the Beef?" *Business Horizons*, 37 (enero/febrero de 1994): 8–16; Alvin J. Silk, "Marketing Science in a Changing Environment", *Journal of Marketing Research*, 30 (noviembre de 1993): 401–404; y Frank M. Bass, "The Future of Research in Marketing: Marketing Science", *Journal of Marketing Research*, 30 (febrero de 1993): 1–6.
8. Gordon A. Wyner, "Learn and Earn Through Testing on the Internet", *Marketing Research* (otoño de 2000): 3; y Jerry W. Thomas, "How, When, and Why to Do Market Research", *Nation's Restaurant News*, 31 (19) (12 de mayo de 1997): 84, 136.
9. Peter H. Gray, "A Problem-Solving Perspective on Knowledge Management Practices", *Decision Support Systems*, Amsterdam; (mayo de 2001): 87; G. H. van Bruggen, A. Smidts y B. Wierenga, "The Powerful Triangle of Marketing Data, Managerial Judgment, and Marketing Management Support Systems", *European Journal of Marketing*, 35 (7/8) (2001): 796–816; y Barry de Ville, "Intelligent Tools for Marketing Research: Case-Based Reasoning", *Marketing Research: A Magazine of Management & Applications*, 9 (2) (verano de 1997): 38–40.
10. Anónimo, "Kellogg's Brings Olympic Spirit to America's Breakfast Table", *PRNewswire* (6 de diciembre de 2001); Anónimo, "Kellogg's Crunchy Nut Gets Ready for Adult Breakfast", *Grocer*, 224 (7524) (6 de octubre de 2001): 53; y *www.kelloggs.com*.
11. Rayna Katz, "Marriott Establishing a Substantial Presence Across the State", *Meeting News*, 26 (5) (8 de abril de 2002): 19; y Sanjit Sengupta, Robert E. Krapfel y Michael A. Pusateri, "The Marriott Experience", *Marketing Management*, 6 (2) (verano de 1997): 33.
12. Para la relación entre el procesamiento de información, toma de decisiones y desempeño, véase William D. Neal, "Getting Serious About Marketing Research", *Marketing Research*, 14 (2) (2002): 24–28; y William D. Neal, "Advances in Marketing Segmentation", *Marketing Research*, Chicago (primavera de 2001): 14–18.
13. "Motrin", *Advertising Age*, 72 (11) (12 de marzo de 2001): 44; y "J.J. Unit Purchases St. Joseph's Aspirin of Schering-Plough", *Wall Street Journal*, 236 (120) (20 de diciembre de 2000): 20.
14. Para el papel de la investigación de mercados en la administración de marketing, véase Victoria Brooks, "Exploitation to Engagement: The Role of Market Research in Getting Close to Niche Markets", *International Journal of Market Research*, 45 (3) (2003): 337–54; Naresh K. Malhotra, "The Past, Present, and Future of the Marketing Discipline", *Journal of the Academy of Marketing Science*, 27 (primavera de 1999): 116–19; Naresh K. Malhotra, Mark Peterson y Susan Kleiser, "Marketing Research: A State-of-the-Art Review and Directions for the Twenty-First Century", *Journal of the Academy of Marketing Science*, 27 (primavera de 1999): 160–83; y Siva K. Balasubramanian, "The New Marketing Research Systems—How to Use Strategic Database Information for Better Marketing", *Journal of the Academy of Marketing Science*, 24 (2) (primavera de 1996): 179–81.
15. Naresh K. Malhotra y Mark Peterson, "Marketing Research in the New Millennium: Emerging Issues and Trends", *Market Intelligence and Planning*, 2001, 19 (4) (2001): 216–35; David Smith y Andy Dexter, "Whenever I Hear the Word 'Paradigm' I Reach for My Gun: How to Stop Talking and Start Walking: Professional Development Strategy and Tactics for the 21st Century Market Researcher", *International Journal of Market Research*, 43 (3) (tercer trimestre de 2001): 321–40; y Naresh K. Malhotra, "Shifting Perspective on the Shifting Paradigm in Marketing Research", *Journal of the Academy of Marketing Science*, 20 (otoño de 1992): 379–87.
16. Información de *http://www.powerdecisions.com/success-new-product-development.cfm*; y *http://www.powerdecisions.com/marketing-research-company.cfm*.
17. Alex Taylor, "Can the Germans Rescue Chrysler?" *Fortune*, 143 (09) (30 de abril de 2001): 106; y Jean Halliday, "Chrysler Group Restructures", *Advertising Age*, 72 (13) (26 de marzo de 2001): 41.
18. Una lista y una descripción completas de las compañías individuales en la industria de la investigación de mercados se encuentra en *The GreenBook International Directory of Marketing Research Companies and Services* (New York Chapter, American Marketing Association, anuario). Véase el sitio Web, *www.greenbook.org*.
19. Jack Honomichl, "Honomichl Top 50: Annual Business Report on the Marketing Research Industry", *Marketing News* (15 de junio de 2005): H1–H59.
20. Para una nota histórica y direcciones futuras en los servicios sindicados, véase Mike Penford, "Continuous Research—Art Nielsen to AD 2000", *Journal of the Market Research Society*, 36 (enero de 1994): 19–28; y sitio Web de ACNielsen Web (*www.acnielsen.com*).
21. Joe Nicholson, "Baxter Ads Fuel New Recruitment Trend", *Editor and Publisher*, Nueva York (25 de septiembre de 2000): 36; Robert Gray, "High Gloss Boost to Customer Titles", *Marketing*, Londres (12 de octubre de 2000): 25–26; y Thomas C. Kinnear y Ann R. Root, *1988 Survey of Marketing Research*, Chicago: American Marketing Association.

22. Sarah Nonis y Gail Hudson, "The Second Course in Business Statistics and Its Role in Undergraduate Marketing Education", *Journal of Marketing Education,* 21 (diciembre de 1999): 232–41; y Ralph W. Giacobbe y Madhav N. Segal, "Rethinking Marketing Research Education: A Conceptual, Analytical, and Empirical Investigation", *Journal of Marketing Education,* 16 (primavera de 1994): 43–58.
23. Véase *http://www.time.com/time/2002/globalinfluentials/gbikim.html;* y *http://www.samsung.com.*
24. O. I. Larichev, A. V. Kortnev y D. Yu Kochin, "Decision Support System for Classification of a Finite Set of Multicriteria Alternatives", *Decision Support Systems,* 33 (1) (mayo de 2002): 13–21; y Jehoshua Eliashberg, Jedid-jah Jonker, Mohanbir S. Sawhney y Berend Wierenga, "MOVIEMOD: An Implementable Decision-Support System for Prerelease Market Evaluation of Motion Pictures", *Marketing Science,* 19 (3) (2000): 226–43.
25. Sanjay K. Rao, "A Marketing Decision Support System for Pricing New Pharmaceutical Products", *Marketing Research,* Chicago (invierno de 2000): 22–29.
26. R. Jeffery Thieme, "Artificial Neural Network Decision Support Systems for New Product Development Project Selection", *Journal of Marketing Research* (noviembre de 2000): 499–507.
27. Anónimo, "FedEx Ground Receives Wireless Industry Award for New System That Captures Digital Signatures at Package Delivery", *Businesswire* (10 de diciembre de 2001); y Aisha Williams, "FedEx Delivers Information Right to Customers' Hands", *Information Week* (19 de marzo de 2001): 33; y *www.fedex.com.*
28. Allyson Stewart, "Do Your International Homework First", *Marketing News,* 33 (01) (4 de enero de 1999): 25.
29. Vése *http://www.intage.co.jp/express/micjapancom/* y *http://www.intage.co.jp/express/micjapancom/special/0009/si0009_1.html.*
30. Naresh K. Malhotra y Gina Miller, "Social Responsibility and the Marketing Educator: A Focus on Stakeholders, Ethical Theories, and Related Codes of Ethics", *Journal of Business Ethics,* 19 (1999): 211–24.
31. Véase *www.samsonite.com/global/history_90now.jsp.*
32. La información acerca de software citada en este libro, si no se incluye la referencia, puede obtenerse de los números recientes de *Marketing News and Marketing Research: A Magazine of Management & Applications,* publicada por la American Marketing Association, o de un directorio de venta de software.
33. Véase *http://www.aa.com;* y *http://www.aa.com/content/urls/simplified pricing.jhtml?anchorLocatio=0DirectURL&title=simplifiedpricing& a=b.*

Capítulo 2

1. Marilyn Alva, "Hog Maker Gets (Financial) Motor Running", *Investor's Business Daily* (lunes 28 de enero de 2002): A9; Ian Murphy, "Aided by Research, Harley Goes Whole Hog", *Marketing News* (2 de diciembre de 1996): 16–17; y *www.harleydavidson.com.*
2. Jagdish N. Sheth y Rajendra S. Sisodia, "Marketing Productivity: Issues and Analysis", *Journal of Business Research,* 55 (5) (mayo de 2002): 349; Lawrence D. Gibson, (1998), "Defining Marketing Problems", Marketing Research, 10 (1): 4–12; y Patrick Butler, "Marketing Problem: From Analysis to Decision", *Marketing Intelligence & Planning,* 12 (2) (1994): 4–12.
3. Molly Inhofe Rapert, "The Strategic Implementation Process: Evoking Strategic Consensus Through Communication", *Journal of Business Research,* 55 (4) (abril de 2002): 301; y David Smith y Andy Dexter, "Quality in Marketing Research: Hard Frameworks for Soft Problems", *Journal of the Market Research Society,* 36 (2) (abril de 1994): 115–32.
4. Greg W. Marshall, "Selection Decision Making by Sales Managers and Human Resource Managers: Decision Impact, Decision Frame and Time of Valuation", *The Journal of Personal Selling and Sales Management* (invierno de 2001): 19–28; y Berend Wierenga y Gerrit H. van Bruggen, "The Integration of Marketing Problem Solving Modes and Marketing Management Support Systems", *Journal of Marketing,* 61 (3) (julio de 1997): 21–37.

5. Anónimo, "How to Decide Who Should Get What Data", *HR Focus* (mayo de 2001): 7; R. P. Hamlin, "A Systematic Procedure for Targeting Marketing Research", *European Journal of Marketing,* 34 (9/10) (2000): 1038–52; y Mary J. Cronin, "Using the Web to Push Key Data to Decision Makers", *Fortune,* 36 (6) (29 de septiembre de 1997): 254.
6. Neil A. Morgan, "Marketing Productivity, Marketing Audits, and Systems for Marketing Performance Assessment: Integrating Multiple Perspectives", *Journal of Business Research,* 55 (5) (mayo de 2002): 363; Merrilyn Astin Tarlton, "Quick Marketing Audit", *Law Practice Management,* 23 (6) (septiembre de 1997): 18, 63; y Leonard L. Berry, Jeffrey S. Conant y A. Parasuraman, "A Framework for Conducting a Services Marketing Audit", *Journal of the Academy of Marketing Science,* 19 (verano de 1991): 255–68.
7. Ram Charan, "Conquering a Culture of Indecision", *Harvard Business Review* (abril de 2001): 74; y Saviour L. S. Nwachukwu y Scott J. Vitell, Jr., "The Influence of Corporate Culture on Managerial Ethical Judgments", *Journal of Business Ethics,* 16 (8) (junio de 1997): 757–76.
8. Tobi Elkin, "Cingular Believes in Self", *Advertising Age,* edición para la región Midwest, 72 (26) (25 de junio de 2001): 39; y Joe Zibell, "Velocity Chosen by Cingular to Maximize Sports Sponsorships", *The Business Times,* 23 (8) (1 de agosto de 2001): 9.
9. Keith Malo, "Corporate Strategy Requires Market Research", *Marketing News,* 36 (2) (21 de enero de 2002): 14; Ruth Winett, "Guerilla Marketing Research Outsmarts the Competition", *Marketing News,* 29 (1) (2 de enero de 1995): 33; y J. Scott Armstrong, "Prediction of Consumer Behavior by Experts and Novices", *Journal of Consumer Research,* 18 (septiembre de 1991): 251–56.
10. Matthew Arnold, "Can New Flavours Help Coke Get Back Its Fizz?" *Marketing* (11 de abril de 2002): 15; Karen Benezra, "Diet Cherry Coke Apes Full-Cal Sister", *Brandweek* (11 de mayo de 1998); y Hank Kim, "Freeman Sets Goals for Cherry Coke", *Adweek* (24 de agosto de 1998).
11. Información de *http://classwork.busadm.mu.edu/Durvasula/Mark142/ MktRes%20at%20P&G.doc;* y *http://www.pg.com/products/usa_product_facts.jhtml.*
12. Anónimo, "Movers, Shakers, and Decision Makers 2002", *Financial Planning* (1 de enero de 2002): 1; y Mary T. Curren, Valerie S. Folkes y Joel H. Steckel, "Explanations for Successful and Unsuccessful Marketing Decisions: The Decision Maker's Perspective", *Journal of Marketing,* 56 (abril de 1992): 18–31.
13. Michael J. Hennel, "Forecasting Demand Begins with Integration", *B to B,* 87 (11) (11 de noviembre): 9; y C. L. Jain, "Myths and Realities of Forecasting", *Journal of Business Forecasting,* 9 (otoño 1990): 18–22.
14. Véase *http://emergemarketing.com/15.0.0.1.0.0.shtml;* y *http://www.smartecarte.com/about/index.html.*
15. Ray Suutari, "Playing the Decision-Making Game", *CMA Management,* 75 (7), (octubre de 2001): 14–17; Lehman Benson III y Lee Roy Beach, "The Effect of Time Constraints on the Prechoice Screening of Decision Options", *Organizational Behavior & Human Decision Processes,* 67 (2) (agosto de 1996): 222–28; y Ron Sanchez y D. Sudharshan, "Real-Time Market Research", *Marketing Intelligence and Planning,* 11 (1993): 29–38.
16. Con base en el proyecto de investigación de mercados desarrollado por el autor. Véase también Darren W. Dahl, "The Influence and Value of Analogical Thinking During New Product Ideation", *Journal of Marketing Research,* 39 (1) (febrero de 2002): 47–60.
17. Jennifer Sabe, "Advertising Agency of the Year 2000", *MC Technology Marketing Intelligence,* 20 (4) (abril de 2000): 44; Hillary Chura y Stephanie Thompson, "Bozell Moving Beyond Mustaches in Milk Ads", *Advertising Age,* 70 (43) (18 de octubre de 1999): 81; y *www.gotmilk.com/story.html,* 16 de enero de 2001.
18. R. Jeffery Thieme, "Artificial Neural Network Decision Support Systems for the New Product Development Project Selection", *Journal of Marketing Research,* Chicago (noviembre de 2000): 499–507; y Stephen M. Heyl, "Decision Matrix Points the Way to Better Research ROI", *Marketing News,* 31 (19) (15 de septiembre de 1997): 18, 30.
19. Véase *http://www.sportseconomics.com/services/CS_marketing.html.*
20. Gary L. Lilien, "Bridging the Marketing Theory", *Journal of Business Research,* 55 (2) (febrero 2002): 111; y Shelby D. Hunt, "For Reason

and Realism in Marketing", *Journal of Marketing,* 56 (abril de 1992): 89–102.
21. Aquí se utiliza una perspectiva positivista de la investigación. El positivismo comprende el positivismo lógico, el empirismo lógico y todas las formas de falsacionismo. Ésta es la perspectiva dominante adoptada en la investigación comercial de mercados. Más recientemente, se ha tenido una perspectiva relativista. Véase, por ejemplo, Jillian Dawes y Reva Berman Brown, "Postmodern Marketing: Research Issues for Retail Financial Services", *Qualitative Market Research,* 3 (2) (2000): 90–98; y Shelby D. Hunt, *A General Theory of Competition* (Thousand Oaks, CA: Sage Publications, 2000).
22. Mika Boedeker, "New-Type and Traditional Shoppers: A Comparison of Two Major Consumer Groups", *International Journal of Retail & Distribution Management,* 23 (3) (1995): 17–26; y Naresh K. Malhotra, "A Threshold Model of Store Choice", *Journal of Retailing* (verano de 1983): 3–21.
23. Martin Callingham y Tim Baker, "We Know What They Think, But Do We Know What They Do?" *International Journal of Market Research,* 44 (3) (2002): 299–334; Naresh K. Malhotra y Lan Wu, "Decision Models and Descriptive Models: Complementary Roles", *Marketing Research,* 13 (4) (diciembre de 2001): 43–44; y Peter S. H. Leeflang, "Building Models for Marketing Decisions: Past, Present and Future", *International Journal of Research in Marketing* (septiembre de 2000): 105.
24. El papel integrado de la teoría, los modelos, las preguntas de investigación y las hipótesis en la investigación de mercados puede consultarse en Arne Nygaard y Robert Dahlstrom, "Role Stress and Effectiveness in Horizontal Alliances", *Journal of Marketing,* 66 (abril de 2002): 61–82; y Joseph C. Nunes, "A Cognitive Model of People's Usage Estimations", *Journal of Marketing Research,* 37 (4) (noviembre de 2000): 397–409.
25. Deepak Sirdeshmukh, "Consumer Trust, Value, and Loyalty in Relational Exchanges", *Journal of Marketing,* 66 (1) (enero de 2002): 15–37.
26. Brian Wansink y Cynthia Sangerman, "The Taste of Comfort", *American Demographics,* 22 (7) (julio de 2000): 66–67; y Anónimo, "Comfort Food", *Potentials,* 35 (1) (enero de 2002): 12.
27. Sonia Reyes, "Heinz Builds on EZ Squirt Success with Adult-Skewing Kick'rs Line", *Brandweek,* 43 (3) (21 de enero de 2002): 4; y "ConAgra, Heinz Rule Mexican Frozens", *Frozen Food Age,* 45 (11) (junio de 1997): 16.
28. Paul Westhead, "International Market Selection Strategies Selected by 'Micro' and 'Small' Firms", *Omega,* 30 (1) (febrero de 2002): 51; y Susan P. Douglas y C. Samuel Craig, *International Marketing Research* (Englewood Cliffs, NJ: Prentice-Hall, 1983).
29. Sonoo Singh, "Unilever Picks Global Brand Director for Surf", *Marketing Week* (7 de marzo de 2002): 7; y David Kilburn, "Unilever Struggles with Surf in Japan", *Advertising Age,* 6 de mayo de 1991.
30. J. Pierre Brans, "Ethics and Decisions", *European Journal of Operational Research,* 136 (2) (16 de enero de 2002): 340; y G. R. Laczniak y P. E. Murphy, *Ethical Marketing Decisions, the Higher Road* (Boston, MA: Allyn and Bacon, 1993).
31. Véase *www.kelloggs.com.*

Capítulo 3

1. *www.starbucks.com*; Anónimo, "Environmental Groups Unveil Eco-Friendly Coffee Guidelines", *Gourmet News* 66 (7) (julio de 2001): 5; y Marianne Wilson, "More Than Just Causes", *Business and Industry* 76 (agosto de 2000): 37–54.
2. I. M. Halman, "Evaluating Effectiveness of Project Start-ups: An Exploratory Study", *International Journal of Project Management* 20 (1) (enero de 2002): 81; y Thomas T. Semon, "Marketing Research Needs Basic Research", *Marketing News* 28 (6) (14 de marzo de 1996): 12.
3. Sharlene Hesse-Biber, *Emergent Methods in Social Research: Theories, Methods, and Methodologies* (Thousand Oaks, CA: Sage Publications, 2006); John W. Creswell, *Research Design: Qualitative, Quantitative, and Mixed Method Approaches,* 2a. ed. (Thousand Oaks, CA: Sage Publications, 2002); Hanjoon Lee, Jay D. Lindquist y Frank Acito, "Managers' Evaluation of Research Design and Its Impact on the Use of Research: An Experimental Approach", *Journal of Business Research* 39 (3) (julio de 1997): 231–40; y R. Dale Wilson, "Research Design: Qualitative and Quantitative Approaches", *Journal of Marketing Research* 33 (2) (mayo de 1996): 252–55.
4. Para ejemplos de la investigación exploratoria, véase Paul Ellis y Anthony Pecotich, "Social Factors Influencing Export Initiation in Small and Medium-Sized Enterprises", *Journal of Marketing Research* 38 (1) (febrero de 2001): 119–30; y Ellen Bolman Pullins, "An Exploratory Investigation of the Relationship of Sales Force Compensation and Intrinsic Motivation", *Industrial Marketing Management,* 30 (5), (julio de 2001): 403. Véase también Joseph A. Maxwell, *Qualitative Research Design,* 2a. ed. (Thousand Oaks, CA: Sage Publications, 2004).
5. *http://www.waterpik.com/sitemap/WaterpikInc.do*; y *http://www.innovation-focus.com/success/index.asp.*
6. Para un ejemplo de la investigación descriptiva, véase William T. Robinson, "Is the First to Market the First to Fail?" *Journal of Marketing Research* 39 (1) (febrero de 2002): 120–28.
7. Doug Payne, "Nurses Bidding for Work Shifts on Internet", *Medical Post* (9 de marzo de 2004) 40 (10): 78; Jeff Goldsmith, "Integrating Care: A Talk with Kaiser Permanente's David Lawrence", *Health Affairs* 21 (1) (enero/febrero de 2002): 39–48; y Julie T. Chyna, "Is Your Culture e-Compatible?" *Healthcare Executive* 17 (1) (enero/febrero de 2002): 53.
8. Ellen Perecman, *A Handbook for Social Science Field Research* (Thousand Oaks, CA: Sage Publications, 2006); John Creswell, *Research Design: Qualitative, Quantitative, and Mixed Method Approaches: Second Edition* (Thousand Oaks, CA: Sage Publications, 2002); Ranjita Misra y B. Panigrahi, "Changes in Attitudes Toward Women: A Cohort Analysis", *International Journal of Sociology & Social Policy* 15 (6) (1995): 1–20; y Norval D. Glenn, *Cohort Analysis* (Beverly Hills: Sage Publications, 1981).
9. Joseph O. Rentz, Fred D. Reynolds y Roy G. Stout, "Analyzing Changing Consumption Patterns with Cohort Analysis", *Journal of Marketing Research,* 20 (febrero de 1983): 12–20. Véase también Joseph O. Rentz y Fred D. Reynolds, "Forecasting the Effects of an Aging Population on Product Consumption: An Age-Period-Cohort Framework", *Journal of Marketing Research* (agosto de 1991): 355–360.
10. Stephanie Kang, "Michelle Wie Wins a Deal Helping Nike Target Women Golfers", *Wall Street Journal* (5 de octubre de 2005): B1, B5; y Anónimo, "Ways to Use Golf", *Incentive* (enero de 2001): 2–7.
11. Para aplicaciones recientes de los datos obtenidos en los paneles, véase Jack K. H. Lee, K. Sudhir y Joel H. Steckel, "A Multiple Ideal Point Model: Capturing Multiple Preference Effects from Within an Ideal Point Framework", *Journal of Marketing Research* 39 (1) (febrero de 2002): 73–86. Para un tratamiento básico, véase Gregory B. Markus, *Analyzing Panel Data* (Beverly Hills: Sage Publications, 1979).
12. La tabla 3.6 también puede visualizarse como una matriz de transición. Describe los cambios de adquisición de marcas de un periodo a otro. Al conocer la proporción de consumidores que cambian, es posible hacer una predicción temprana del éxito final de un nuevo producto o de un cambio en la estrategia de marketing.
13. David de Vaus, *Research Design,* 4 vols. (Thousand Oaks, CA: Sage Publications, 2005); E. K. F. Leong, M. T. Ewing y L. F. Pitt, "Australian Marketing Managers' Perceptions of the Internet: A Quasi-Longitudinal Perspective", *European Journal of Marketing,* 37 (3/4) (2003): 554–71; Kurt Brannas, "A New Approach to Modeling and Forecasting Monthly Guest Nights in Hotels", *International Journal of Forecasting* 18 (1) (enero–marzo de 2002): 19; y Seymour Sudman y Robert Ferber, *Consumer Panels* (Chicago: American Marketing Association, 1979): 19–27.
14. John Brewer, *Foundations of MultiMethod Research* (Thousand Oaks, CA: Sage Publications, 2005); Toon W. Taris, *A Primer in Longitudinal Data Analysis* (Thousand Oaks, CA: Sage Publications, 2001); G. J. Van Den Berg, M. Lindeboom y G. Ridder, "Attrition in Longitudinal Panel Data and the Empirical Analysis of Dynamic Labour Market Behaviour", *Journal of Applied Econometrics* 9 (4) (octubre–diciembre de 1994): 421–35; y Russell S. Winer, "Attrition Bias in Econometric Models Estimated with Panel Data", *Journal of Marketing Research,* 20 (mayo de 1983): 177–86.

15. Jack K. H. Lee, K. Sudhir y Joel H. Steckel, "A Multiple Ideal Point Model: Capturing Multiple Preference Effects from Within an Ideal Point Framework", *Journal of Marketing Research* 39 (1) (febrero de 2002): 73–86; y Laszlo Maytas y Patrick Sevestre, eds., *The Econometrics of Panel Data, A Handbook of the Theory with Applications* (Norwell: Kluwer Academic Publishers, 1996).

16. Grant F. Gould y James L. Gould, *Chance and Causation: To Experimental Design and Statistica* (Nueva York: W. H. Freeman, 2001); John Hulland, Yiu Ho y Shunyin Lam, "Use of Causal Models in Marketing Research: A Review", *International Journal of Research in Marketing* 13 (2) (abril de 1996): 181–97.

17. Russell S. Winer, "Experimentation in the 21st Century: The Importance of External Validity", *Academy of Marketing Science Journal,* Greenvale (verano de 1999): 349–58.

18. *http://www.microsoft.com/usabilty/default.htm.*

19. Jack Willoughby, "Exit Citigroup Smiling", *Barron's* 82 (11) (18 de marzo de 2002): 1; y Sabra Brock, Sara Lipson y Ron Levitt, "Trends in Marketing Research and Development at Citicorp/Citibank", *Marketing Research: A Magazine of Management and Applications,* 1 (4) (diciembre de 1989).

20. Madhu Viswanathan, *Measurement Error and Research Design* (Thousand Oaks, CA: Sage Publications, 2005); Eunkyu Lee, "Are Consumer Survey Results Distorted? Systematic Impact of Behavioral Frequency and Duration on Survey Response Errors", *Journal of Marketing Research* (febrero de 2000): 125–33; y Solomon Dutka y Lester R. Frankel, "Measuring Response Error", *Journal of Advertising Research* 37 (1) (enero/febrero de 1997): 33–39.

21. Alison Stein Wellner, "The American Family in the 21st Century", *American Demographics,* 23 (8), (agosto de 2001): 20; Rebecca P. Heath, "Life on Easy Street", *American Demographics* 19 (4) (abril de 1997): 32–38; y *Marketing News* (10 de abril 10 de 1987): 3.

22. Pritbhushan Sinha, "Determination of Reliability of Estimations Obtained with Survey Research: A Method of Simulation", *International Journal of Market Research* 42 (3) (verano de 2000): 311–18; Margret R. Rollere, "Control Is Elusive in Research Design", *Marketing News* 31 (19) (15 de septiembre de 1997): 17; y Tom Corlett, "Sampling Errors in Practice", *Journal of Market Research Society* 38 (4) (octubre de 1996): 307–18.

23. I. M. Premachandra, "An Approximation of the Activity Duration Distribution in PERT", *Computers and Operations Research,* Nueva York (abril de 2001): 443; y Zedan Hatush y Martin Skitmore, "Assessment and Evaluation of Contractor Data Against Client Goals Using PERT Approach", *Construction Management & Economics* 15 (4) (julio de 1997): 327–40. Véase también, Michael Bamberger, *Real World Evaluation* (Thousand Oaks, CA: Sage Publications, 2006).

24. Carl Rohde y Ole Christensen, "Understanding European Youth", *Quirk's Marketing Research Review* (noviembre de 2000), artículo número 0630 en *http://www.quirks.com/articles/article_print.asp?arg_articleid= 630.*

25. Neil C. Herndon Jr., "An Investigation of Moral Values and the Ethical Content of the Corporate Culture: Taiwanese Versus U.S. Sales People", *Journal of Business Ethics* 30 (1) (marzo de 2001): 73–85; y Betsy Peterson, "Ethics Revisited", *Marketing Research: A Magazine of Management & Applications* 8 (4) (invierno de 1996): 47–48.

26. Leigh Somerville, "In the Driver's Seat: NASCAR Seeks Diversification", *The Business Journal* 5 (49) (8 de agosto de 2003): 11; y "NASCAR, Nextel Buckle Up as Partners for Top Racing Series", *Knight Ridder Tribune Business News* (20 de junio de 2003): 1.

Capítulo 4

1. Marc Riedel, *Research Strategies for Secondary Data* (Thousand Oaks, CA: Sage Publications, 2005); Niall Ó Dochartaigh, *The Internet Research Handbook: A Practical Guide for Students and Researchers in the Social Sciences* (Thousand Oaks, CA: Sage Publications, 2002); Stephen B. Castleberry, "Using Secondary Data in Marketing Research: A Project that Melds Web and Off-Web Sources", *Journal of Marketing Education,* 23 (3) (diciembre de 2001): 195–203; y Gordon L. Patzer, *Using Secondary Data in Marketing Research* (Westport: Greenwood Publishing Group, 1995).

2. Ron Ruggless, "Boston Market Rolls Out Latest Fast-Casual Rotisserie Grill Unit", *Nation's Restaurant News* 37 (49) (8 de diciembre de 2003): 1; Anónimo, "HMR: Designed to Beat Eating Out", *Grocer* 224 (7505) (26 de mayo de 2001): 52–53; y *www.bostonmarket.com/4_company/ news_110601.htm.*

3. Amy Garber, "McDonald's Unveils Technology Upgrades to Improve Service", *Nation's Restaurant News* 38 (13) (29 de marzo de 2004): 6; Steven M. Barney, "A Changing Workforce Calls for Twenty-First Century Strategies", *Journal of Healthcare Management* 47 (2) (marzo/ abril de 2002): 81–4; y *www.elotouch.com/pdfs/marcom/regal.pdf.*

4. Para aplicaciones recientes de datos secundarios, véase Mark B. Houston, "Assessing the Validity of Secondary Data Proxies for Marketing Constructs", *Journal of Business Research,* 57 (2) (2004): 154–61; Masaaki Kotabe, "Using Euromonitor Database in International Marketing Research", *Journal of the Academy of Marketing Science* 30 (2) (primavera de 2002): 172; y Paul A. Bottomley y Stephen J. S. Holden, "Do We Really Know How Consumers Evaluate Brand Extensions? Empirical Generalizations Based on Secondary Analysis of Eight Studies", *Journal of Marketing Research* 38 (4) (noviembre de 2001): 494–500.

5. Kevin Downey, "Calm After the Nielsen Storm", *Broadcasting & Cable* 134 (29) (19 de julio 2004): 10; Meg James, "Nielsen Rolls Out People Meters: The TV Ratings Firm Switches to the New Devices in L.A. Despite Continued Criticism", *Los Angeles Times* (8 de julio de 2004): C1; Anónimo, "Nielsen Ratings", *Adweek* 43 (4) (21 de enero de 2002): B1; Claude Brodesser, "Nielsen Under Fire on Hispanic Sample", *Mediaweek* (21 de julio de 1997): 15; y *www.acnielsen.com/ services/media/trad/,* 26 de enero de 2002.

6. Susan Reda, "It Clicks! Sales and Profitability Rise for Online Retailers", *Stores* 86 (7) (julio de 2004): 106; Fay Hansen, "Global E-Commerce Growth", *Business Credit* 105 (9) (octubre de 2003): 58; y Antonio A. Prado, "E-Tail Revenue Numbers Seldom Add Up", *Investor's Business Daily* 18 (201) (25 de enero de 2002): A6.

7. James Bernstein, "Despite Relative Strength, American Airlines May Still Stumble, Say Analysts", *Knight Ridder Tribune Business News* (29 de septiembre de 2004): 1; Terry Maxon, "American Airlines to Join Swiss Air Lines in Marketing Partnership", *Knight Ridder Tribune Business News* (27 de marzo de 2002): 1; y Peter Keating, "The Best Airlines to Fly Today", *Money* (noviembre de 1997): 118–28.

8. Ronald G. Drozdenko y Perry D. Drake, *Optimal Database Marketing* (Thousand Oaks, CA: Sage Publications, 2002); Bill Donaldson y George Wright, "Sales Information Systems: Are They Being Used for More Than Simple Mail Shots?" *Journal of Database Management,* 9 (3) (2002): 276–84; y Drayton Bird, "Database Marketing Gets Vote Over Management Consultants", *Marketing* (7 de marzo de 2002): 18.

9. Jean Halliday, "Carmakers Learn to Mine Databases", *Advertising Age* (abril de 2000): S6–S8; y *www.daimlerchrysler.com/company/ company_e.htm,* 27 de enero de 2002.

10. *http://www.cat.com/cda/components/fullArticleNoNav?id=224609;* y *http://www.dbmarketing.com/articles/Art125.htm.*

11. Keith Malo, "Corporate Strategy Requires Market Research", *Marketing News* 36 (2) (21 de enero de 2002): 14.

12. Bob Brewin, "U.S. Census Bureau Plans for First Paperless Tally in 2010", *Computerworld* 36 (12) (18 de marzo de 2002): 5; Cynthia Etkin, "Historical United States Census Data Browser", *Library Journal,* 125 (7) (15 de abril de 2000): 58; y *www.census.gov.*

13. Katarzyna Dawidowska, "The Census Bureau Century", *American Demographics* 24 (3) (marzo de 2002): 12.

14. Una de tales firmas es Claritas (*www.claritas.com*). Véase David Wren, "San Diego's Claritas Studies Myrtle Beach, SC, Demographics by Zip Code", *Knight Ridder Tribune Business News* (7 de mayo de 2002): 1.

15. "Minorities Now Make Up Majority In Orange Co., Calif"., Dow Jones Newswires (30 de septiembre de 2004); Robert J. Samuelson, "Can America Assimilate?" *Newsweek* 137 (15) (9 de abril de 2001): 42; *www. census.gov,* 28 de enero de 2002.

16. Ephraim Schwartz, "Dawn of a New Database", *InfoWorld* 24 (11) (18 de marzo de 2002): 32; y Carol Post, "Marketing Data Marts Help

Companies Stay Ahead of the Curve and in Front of the Competition", *Direct Marketing* 59 (12) (abril de 1997): 42–44.
17. Darla Martin Tucker, "Technology: Online Database Set to Debut This Summer", *The Business Press* (18 de marzo de 2002): 8.
18. Jody Dodson, "Dos, Don'ts of Online Research", *Advertising Age's Business Marketing* (agosto de 1999): 8.
19. Anónimo, "infoUSA.com Provides Fee Internet Database", *Direct Marketing* (enero de 2000): 15–16; y Mary Ellen Bates, "American Business Information: Here, There, and Everywhere", *Database* 20 (2) (abril/mayo de 1997): 45–50.
20. Carol Tenopir, "Links and Bibliographic Databases", *Library Journal* 126 (4) (1 de marzo de 2001): 34–35; y Greg R. Notess, "The Internet as an Online Service: Bibliographic Databases on the Net", *Database* 19 (4) (agosto/septiembre de 1996): 92–95.
21. Para aplicaciones de la base de datos PIMS, véase David Besanko, David Dranove y Mark Shanley, "Exploiting a Cost Advantage and Coping with a Cost Disadvantage", *Management Science,* 47 (2) (febrero de 2001): 221; y Venkatram Ramaswamy, Hubert Gatignon y David J. Reibstein, "Competitive Marketing Behavior", *Journal of Marketing,* 58 (abril de 1994): 45–56.
22. "The Monitor® Service", folleto preparado por Yankelovich & Partners (*www.yankelovich.com*); y Gail Pitts, "Too Bad We Can't Eat the Campbell's Soup Web Site", *Knight Ridder Tribune Business News* (6 de febrero de 2002): 1.
23. Julie Napoli, "The Net Generation: An Analysis of Lifestyles, Attitudes and Media Habits", *Journal of International Consumer Marketing* (2001): 21; y Leon G. Schiffman y Leslie Lazar Kanuk, *Consumer Behavior,* 8a. ed. (Upper Saddle River, NJ: Prentice Hall, 2004).
24. William D. Wells, "Recognition, Recall, and Rating Scales", *Journal of Advertising Research* 40 (6) (noviembre/diciembre de 2000): 14–20.
25. "Top 5 Women's Accessories", en *www.npd.com* (20 de junio de 2005); "NPD Fashion World Reveals That Women Secretly Like Shopping for Swimwear: Two New NPD Fashion World Reports Examine the Swimwear Market and Shopping Experience", en *www.npd.com* (23 de enero de 2002).
26. Allison Romano, "New to Nielsen's Numbers", *Broadcasting and Cable* 132 (5) (4 de febrero de 2002): 29; John Gill, "Managing the Capture of Individuals Viewing Within a Peoplemeter Service", *International Journal of Market Research,* 42 (4) (2000): 431–38; y Steve Wilcox, "Sampling and Controlling a TV Audience Measurement Panel", *International Journal of Market Research* 42 (4) (invierno de 2000): 413–30.
27. *http://searchenginewatch.com/reports/article.php/3099931*; *http://www.centerformediaresearch.com/cfmr_brief.cfm?fnl=041201*; y *http://www.cimwessex.co.uk/pdf/2004_november.pdf*.
28. Anónimo, "Arbitron Tweaks Race Methodology", *Mediaweek* 12 (2) (14 de enero de 2002): 24.
29. J. M. Dennis, "Are Internet Panels Creating Professional Respondents?" *Marketing Research,* 13 (2) (2001): 34–38; Eunkyu Lee, Michael Y. Hu y Rex S. Toh, "Are Consumer Survey Results Distorted? Systematic Impact of Behavioral Frequency and Duration on Survey Response Errors", *Journal of Marketing Research* 37 (1) (febrero de 2000): 125–33; "Why Consumer Mail Panel Is the Superior Option" (Chicago: Market Facts, Inc., sin fecha); y John H. Parfitt y B. J. K. Collins, "Use of Consumer Panels for Brand-Share Predictions", *Journal of Market Research Society* 38 (4) (octubre de 1996): 341–67.
30. Kevin J. Clancy, "Brand Confusion", *Harvard Business Review* 80 (3) (marzo de 2002): 22; y Seymour Sudman, "On the Accuracy of Recording of Consumer Panels II", *Learning Manual* (Nueva York: Neal-Schumen Publishers, 1981).
31. Harald J. Van Heerde, "The Estimation of Pre- and Post-Promotion Dips with Store Level Scanner Data", *Journal of Marketing Research,* 37 (3) (agosto de 2000): 383–96; y Randolph F. Bucklin y Sunil Gupta, "Commercial Use of UPC Scanner Data: Industry and Academic Perspectives", *Marketing Science,* 18 (3) (1999): 247–73. Un estudio que investigó la precision de los sistemas de lector de precios UPC encontró que tanto las tasas de cobro excedido como de cobro disminuido fueron significativamente más altas de lo que esperaban los minoristas: Ronald C. Goodstein, "UPC Scanner Pricing Systems: Are They Accurate?" *Journal of Marketing,* 58 (abril de 1994): 20–30.
32. Martin Natter, "Real World Performance of Choice-Based Conjoint Models", *European Journal of Operational Research* 137 (2) (1 de marzo de 2002): 448; y Marcel Corstjens and Rajiv Lal, "Building Store Loyalty Through Store Brands", *Journal of Marketing Research* 37 (3) (agosto de 2000): 281–91.
33. Es posible combinar datos del scanner a nivel de tienda con datos del panel para realizar un análisis integrado. Véase Tulin Erdem, Glenn Mayhew y Baohong Sun, "Understanding Reference-Price Shoppers: A Within- and Cross-Category Analysis", *Journal of Marketing Research* 38 (4) (noviembre de 2001): 445–57; y Gary J. Russell y Wagner A. Kamakura, "Understanding Brand Competition Using Micro and Macro Scanner Data", *Journal of Marketing Research,* 31 (mayo de 1994): 289–303.
34. Jack K. H. Lee, K. Sudhir y Joel H. Steckel, "A Multiple Ideal Point Model: Capturing Multiple Preference Effects from Within an Ideal Point Framework", *Journal of Marketing Research* 39 (1) (febrero de 2002): 73–86; y Anónimo, "Cereals: A Key Meal—But When?" *Grocer* 224 (7507) (9 de junio de 2001): 72.
35. Ejemplos de aplicaciones recientes de datos de scanner se encuentran en Katherine W. Lemon y Stephen M. Nowlis, "Developing Synergies Between Promotions and Brands in Different Price-Quality Tiers", *Journal of Marketing Research* 39 (2) (mayo de 2002): 171–85; y Pradeep K. Chintagunta, "Investigating Category Pricing Behavior at a Retail Chain", *Journal of Marketing Research* 39 (2) (mayo de 2002): 141–54.
36. Anónimo, "Study of Online Shopping in U.S. Released by comScore Networks", *Internet Business News* (21 de enero de 2002); y *ashford.com*.
37. Para aplicaciones de datos de una fuente, véase Bruce Fox, "Retailers Integrate Space Planning with Key Business Functions", *Stores,* 83 (12) (diciembre de 2001): 59–60; Michael Darkow, "Compatible or Not? Results of a Single Source Field Experiment Within a TV Audience Research Panel", *Marketing & Research Today* 24 (3) (agosto de 1996): 150–61; y John Deighton, Caroline M. Henderson y Scott A. Neslin, "The Effects of Advertising on Brand Switching and Repeat Purchasing", *Journal of Marketing Research,* 31 (febrero de 1994): 28–43.
38. Stephanie Thompson, "Diet V8 Splash Carves Niche in Juice Category for Adults", *Advertising Age,* 71 (13) (27 de marzo de 2000): 24; Joanne Lipman, "Single-Source Ad Research Heralds Detailed Look at Household Habits", *Wall Street Journal* (16 de febrero de 1988): 39; *www.cbs.com*; y *www.v8juice.com*.
39. *http://www.clusterbigip1.claritas.com/claritas/Default.jsp?main52&submenu=ce&subcat=ce2*.
40. Para un ejemplo de investigación de mercados a nivel internacional con base en datos secundarios, véase Sherriff T. K. Luk, "The Use of Secondary Information Published by the PRC Government", *Market Research Society Journal of the Market Research Society* (julio de 1999): 355–65.
41. Peter M. Chisnall, "Marketing Research: State of the Art Perspectives", *International Journal of Market Research* 44 (1) (primer trimestre de 2002): 122–25.
42. David Smith, "A Deficit of Consumer Loyalty", *Management Today* (julio de 1996): 22; y "Europeans More Active as Consumers", *Marketing News* (6 de octubre de 1991).
43. John Consoli, "Network Report Card", *Mediaweek* 14 (17) (26 de abril de 2004): SR3–5; Dan Trigoboff, "Saying No to Nielsen", *Broadcasting & Cable,* 132 (5) (4 de febrero de 2002): 33; y Alan Bunce, "Faced with Lower Ratings, Networks Take Aim at Nielsen; The Big Three Consider a Competing Ratings Service" *Christian Science Monitor* (20 de marzo de 1997).
44. Tara Croft, "Tommy Hilfiger Seeks Targets", *The Daily Deal,* Nueva York (9 de mayo de 2003); y *http://tommyhilfiger.com/info/press-release.jhtml?id=701245*.

Capítulo 5

1. Carol Hymowitz, "The Baby-Boomer Fashion Crisis", *Wall Street Journal*–Eastern Edition, 246 (143) (31 de diciembre de 2005): P5; Gloria F. Mazzella, "Show and tell focus groups reveal core boomer values", *Marketing News* (23 de septiembre de 1996); y *www.honda.com* fecha de acceso: 11 de enero de 2006.

2. David Warschawski, "Effective Branding Means Sensitivity to Customer Feelings and Experience", *Boston Business Journal* (9 de julio de 2004), en *http://boston.bizjournals.com/boston/stories/2004/07/12/focus3.html*; Kenneth Wade, "Focus Groups' Research Role Is Shifting", *Marketing News* 36 (5) (4 de marzo de 2002): 47; y Rana Dogar, "Marketing to the sense", *Working Woman* (abril de 1997): 32–35.

3. Uwe Flick, *An Introduction to Qualitative Research*, 3a. ed. (Thousand Oaks, CA: Sage Publications, 2006); Kathryn C. Rentz, "Reflexive Methodology: New Vistas for Qualitative Research", *The Journal of Business Communication* 39 (1) (enero de 2002): 149–56; y David J. Carson, Audrey Gilmore, Chad Perry y Kjell Gronhaug, *Qualitative Marketing Research* (Thousand Oaks, CA: Sage Publications, 2001).

4. Paul ten Have, *Understanding Qualitative Research and Ethnomethodology* (Thousand Oaks, CA: Sage Publications, 2004); Timothy Bock y John Sergeant, "Small Sample Market Research", *International Journal of Market Research*, 44 (2) (2002): 235–44; Gill Ereaut, Mike Imms y Martin Callingham, *Qualitative Market Research: Principle & Practice*, 7 vols. (Thousand Oaks, CA: Sage Publications, 2002); y Shay Sayre, *Qualitative Methods for Marketplace Research* (Thousand Oaks, CA: Sage Publications, 2001).

5. Aquí se utiliza una perspectiva positivista de la investigación. El positivismo comprende el positivismo lógico, el empirismo lógico y todas las formas de falsacionismo. Ésta es la perspectiva dominante adoptada en la investigación comercial de mercados. Más recientemente, se ha tenido una perspectiva relativista. Véase, por ejemplo, Richard R. Wilk, "The Impossibility and Necessity of Re-Inquiry: Finding Middle Ground in Social Science", *Journal of Consumer Research* 28 (2) (septiembre de 2001): 308–12; y Shelby D. Hunt, *A General Theory of Competition* (Thousand Oaks, CA: Sage Publications, 2000). Véase también Alexandra J. Kenyon, "Exploring Phenomenological Research", *International Journal of Market Research*, 46 (4) (2004): 427–41.

6. B. Light, "Kellogg's Goes Online for Consumer Research", *Packaging Digest* (julio de 2004): 40; y *http://www.buzzback.com* (fecha de acceso: 30 de marzo de 2005).

7. Sharlene Nagy Hesse-Biber, *The Practice of Qualitative Research* (Thousand Oaks, CA: Sage Publications, 2006); Gill Ereaut, Mike Imms y Martin Callingham, *Qualitative Market Research: Principle & Practice*, 7 vols. (Thousand Oaks, CA: Sage Publications, 2002); y John Gill y Phil Johnson, *Research Methods for Managers*, 3a. ed. (Thousand Oaks, CA: Sage Publications, 2002).

8. Clive Seale, *Qualitative Research Practice* (Thousand Oaks, CA: Sage Publications, 2004); y Michael Bloor, Jane Frankland, Michelle Thomas y Kate Robson, *Focus Groups in Social Research* (Thousand Oaks, CA: Sage Publications, 2001).

9. Barry E. Langford, Gerald Schoenfeld y George Izzo, "Nominal Grouping Sessions vs. Focus Groups", *Qualitative Market Research*, 5 (1) (2002): 58–70; y Richard A. Krueger y Mary Anne Casey, *Focus Groups: A Practical Guide for Applied Research*, 3a. ed. (Thousand Oaks, CA: Sage Publications, 2000).

10. El tamaño de grupo de 8 a 12 se basa en reglas empíricas. Para una mayor explicación, véase Edward F. Fern, *Advanced Focus Group Research* (Thousand Oaks, CA: Sage Publications, 2001); y Robert Blackburn, "Breaking Down the Barriers: Using Focus Groups to Research Small and Medium-Sized Enterprises", *International Small Business Journal* 19 (1) (octubre/diciembre de 2000): 44–67.

11. Claudia Puchta, *Focus Group Practice* (Thousand Oaks, CA: Sage Publications, 2004); Catherine Forrest, "Research with a Laugh Track", *Marketing News* 36 (5) (4 de marzo de 2002): 48; Gloria F. Mazella, "Show-and-Tell Focus Groups Reveal Core Boomer Values", *Marketing News* 31 (12) (9 de junio de 1997): H8.

12. Colin MacDougall, "Planning and Recruiting the Sample for Focus Groups and In-Depth Interviews", *Qualitative Health Research* 11 (1) (enero de 2001): 117–26; Hazel Kahan, "A Professional Opinion", *American Demographics (Tools Supplement)* (octubre de 1996): 1–19.

13. Janine Morgan Traulsen, Anna Birna Almarsdottir y Ingunn Bjornsdottir, "Interviewing the Moderator: An Ancillary Method to Focus Groups", *Qualitative Health Research* 14 (5) (mayo de 2004): 714; Jonathan Hall, "Moderators Must Motivate Focus Group", *Marketing News* 34 (9) (11 de septiembre de 2000): 26–27; y Thomas L. Greenbaum, *Moderating Focus Groups: A Practical Guide for Group Facilitation* (Thousand Oaks, CA: Sage Publications, 1999). Adaptado de Donald A. Chase, "The Intensive Group Interviewing in Marketing", *MRA Viewpoints* (1973).

14. Norman K. Denzin, *The Sage Handbook of Qualitative Research*, 3a. ed. (Thousand Oaks, CA: Sage Publications, 2005); Edward F. Fern, *Advanced Focus Group Research* (Thousand Oaks, CA: Sage Publications, 2001); Richard A. Krueger, *Developing Questions for Focus Groups* (Newbury Park, CA: Sage Publications, 1997); y Martin R. Lautman, "Focus Group: Theory and Method", en Andrew Mitchell, ed., *Advances in Consumer Research*, 9 (Pittsburgh: Association for Consumer Research, 1982): 22.

15. David Silverman, *Qualitative Research: Theory, Method, and Practice*, 2a. ed. (Thousand Oaks, CA: Sage Publications, 2004); Becky Ebenkamp, "The Focus Group Has Spoken", *Brandweek* 42 (17) (23 de abril de 2001): 24; y David L. Morgan, *The Focus Group Guidebook* (Newbury Park, CA: Sage Publications, 1997).

16. Claudia Puchta, *Focus Group Practice* (Thousand Oaks, CA: Sage Publications, 2004); Anónimo, "Focus Groups: A Practical Guide for Applied Research", *International Journal of Public Opinion Research* 13 (1) (primavera de 2001): 85; y Richard A. Krueger y Mary Anne Casey, *Focus Groups: A Practical Guide for Applied Research*, 3a. ed. (Thousand Oaks, CA: Sage Publications, 2000).

17. Anónimo, "Kool-Aid Serves Up Promotional Magic", *Marketing Magazine* 108 (34) (6–13 de octubre de 2003); Joan Raymond, "All Smiles", *American Demographics* 23 (3) (marzo de 2001): S18; y Stephanie Thompson, "Kraft Does the 'Twist'", *Advertising Age* 72 (4) (22 de enero de 2001): 8.

18. Ronald E. Goldsmith, "The Focus Group Research Handbook", *The Service Industries Journal* 20 (3) (julio de 2000): 214–15; Thomas L. Greenbaum, *The Handbook for Focus Group Research* (Newbury Park, CA: Sage Publications, 1997); y John M. Hess, "Group Interviewing", en R. L. King (ed.), *New Science of Planning* (Chicago: American Marketing Association, 1968): 4.

19. Don Akchin, "Quick & Dirty Research", *Nonprofit World*, Madison; (mayo/junio de 2001): 3–33; y "How Nonprofits Are Using Focus Groups", *Nonprofit World* 14 (5) (septiembre/octubre de 1996): 37.

20. Donna J. Reid y Fraser J. Reid, "Online Focus Groups", *International Journal of Market Research*, 47 (2) (2005): 131–62; Henrietta O'Connor y Clare Madge (2003), "Focus Groups in Cyberspace: Using the Internet for Qualitative Research", *Qualitative Market Research*, 6 (2), 133–43; Robert V. Kozinets, "The Field Behind the Screen: Using Netnography for Marketing Research Online Communities", *Journal of Marketing Research* 39 (1) (febrero de 2002): 61–72; Thomas L. Greenbaum, "Focus Groups vs. Online", *Advertising Age*, Chicago (14 de febrero de 2000): 34; y Judith Langer, " 'On' and 'Offline' Focus Groups: Claims, Questions", *Marketing News* 34 (12) (5 de junio de 2000): H38.

21. Daren Fonda, "The Shrinking SUV", *Time* 164 (9) (30 de agosto de 2004): 65; Chuck Moozakis, "Nissan Wants to Be Like Dell—Automaker Says It Can Achieve Build-to-Order Via the Web in 18 Months; Experts Are Skeptical", *InternetWeek* (7 de enero de 2002): 11; Jean Halliday, "Makers Use Web to Help Design Cars", *Automotive News* (5860) (7 de febrero de 2001): 22; y *www.nissandriven.com*.

22. Poppy Brech, "Research Proves the Obvious", *Marketing* (21 de marzo de 2002): 48.

23. Shay Sayre, *Qualitative Methods for Marketplace Research* (Thousand Oaks, CA: Sage Publications, 2001); y "Looking for a Deeper Meaning", *Marketing* (Market Research Top 75 Supplement) (17 de julio de 1997): 16–17.

24. Edward C. Baig, "One Smart Card for All Your Debts", *USA Today* (6 de febrero de 2002): D7.

25. Gwendolyn Bounds, "Psychology of Marketing: Marketers Tread Precarious Terrain—Ads Alluding to Sept. 11 Risk Taint of Commercializing Tragedy to Push Products", *Wall Street Journal* (5 de febrero de 2002): B1; y Klaus G.

Grunert y Suzanne C. Grunert, "Measuring Subjective Meaning Structures by Laddering Method: Theoretical Considerations and Methodological Problems", *International Journal of Research in Marketing* 12 (3) (octubre de 1995): 209–25. Este ejemplo se obtuvo de Jeffrey F. Durgee, "Depth-Interview Techniques for Creative Advertising", *Journal of Advertising Research,* 25 (diciembre de 1985–enero de 1986): 29–37.

26. R. Kenneth Wade, "Focus Groups' Research Role Is Shifting", *Marketing News* 36 (5) (4 de marzo de 2002): 47; Brian Wansink, "New Techniques to Generate Key Marketing Insights", *Marketing Research* 12 (2) (verano de 2000): 28–36; y Richard A. Feder, "Depth Interviews Avoid Turmoil of Focus Groups", *Advertising Age* 68 (16) (21 de abril de 1997): 33.
27. Ginny Parker, "Sony Unveils Smaller Version of PlayStation 2 Game Console", *Wall Street Journal* (edición del Este) (22 de septiembre de 2004): D.4; Robert A. Guth, "PlayStation 2 Helps Sony Beat Forecasts", *Wall Street Journal* (28 de enero de 2002): A12; y Brian Wansink, "New Techniques to Generate Key Marketing Insights", *Marketing Research* 12 (verano de 2000): 28–36.
28. Gill Ereaut, Mike Imms y Martin Callingham, *Qualitative Market Research: Principle & Practice,* 7 vols. (Thousand Oaks, CA: Sage Publications, 2002); y H. H. Kassarjian, "Projective Methods", en R. Ferber (ed.), *Handbook of Marketing Research* (Nueva York: McGraw-Hill, 1974): pp. 3.85–3.100.
29. Judith Lynne Zaichowsky, "The Why of Consumption: Contemporary Perspectives and Consumer Motives, Goals, and Desires", *Academy of Marketing Science* 30 (2) (primavera de 2002): 179; y Sidney J. Levy, "Interpreting Consumer Mythology: Structural Approach to Consumer Behavior Focuses on Story Telling", *Marketing Management* 2 (4) (1994): 4–9.
30. Miriam Catterall, "Using Projective Techniques in Education Research", *British Educational Research Journal* 26 (2) (abril de 2000): 245–56; Marilyn M. Kennedy, "So How'm I Doing?" *Across the Board,* 34 (6) (junio de 1997): 53–54; y G. Lindzey, "On the Classification of Projective Techniques", *Psychological Bulletin* (1959): 158–68.
31. Kerri Walsh, "Soaps and Detergents", *Chemical Week* 164 (3) (23 de enero de 2002): 24–26; y "Interpretation Is the Essence of Projective Research Techniques", *Marketing News* (28 de septiembre de 1984): 20.
32. J. Dee Hill, "7-Eleven Hopes Hosiery Has Legs", *Adweek,* 22 (42) (16 de octubre de 2000): 12; Ronald B. Lieber, "Storytelling: A New Way to Get Close to Your Customer", *Fortune Magazine* (3 de febrero de 1997); y *www.dupont.com*. Véase también Barbara Czarniawska, *Narratives in Social Science Research* (Thousand Oaks, CA: Sage Publications, 2004).
33. Sally Squires, "You Know You Crave It", *The Washington Post* (22 de junio de 2004): F1; Amy Zuber, "McD Unveils New Brands, Tries to Reverse 'McSlide'", *Nation's Restaurant News* 35 (46) (12 de noviembre de 2001): 1–2; David Kilburn, "Häagen-Dazs Is Flavor of Month", *Marketing Week* 20 (23) (4 de septiembre de 1997): 30; y S. Bhargava, "Gimme a Double Shake and a Lard on White", *Business Week* (1 de marzo de 1993): 59.
34. Debby Andrews, "Playing a Role", *Business Communication Quarterly* 64 (1) (marzo de 2001): 7–8; "Role Playing for Better Service", *Lodging Hospitality* 53 (2) (febrero de 1997): 16.
35. Kevin Smith, "Apartment, Townhouse Area Offers Upscale Living in Rancho Cucamonga, Calif"., *Knight Ridder Tribune Business News* (17 de mayo de 2002): 1; y Jerome R. Corsi, "Adapting to Fit the Problem: Impact Research Takes a Different Approach to Marketing", *Rocky Mountain Business Journal* 36 (26) (25 de marzo de 1985): 1.
36. Sharon Begley, "Afraid to Fly After 9/11, Some Took a Bigger Risk—In Cars", *Wall Street Journal* (edición del Este) (23 de marzo de 2004): B1; Edward H. Phillips, "Fear of Flying", *Aviation Week & Space Technology* 154 (3) (15 de enero de 2001): 419; "Fear of Flying", *Economist* 339 (7966) (18 de mayor de 1996): 30; *www.airlines.org*; y *www.airsafe.com*.
37. Gill Ereaut, Mike Imms y Martin Callingham, *Qualitative Market Research: Principle & Practice,* 7 vols. (Thousand Oaks, CA: Sage Publications, 2002); David Bakken, "State of the Art in Qualitative Research", *Marketing Research: A Magazine of Management & Applications* 8 (2) (verano de 1996): 4–5; Elaine Cibotti y Eugene H. Fram, "The Shopping List Studies and Projective Techniques: A 40-Year View", *Marketing Research: A Magazine of Management & Applications* 3 (4) (diciembre de 1991): 14–22; y Maison Haire, "Projective Techniques in Marketing Research", *Journal of Marketing,* 14 (abril de 1950): 649–56.
38. John Gill y Phil Johnson, *Research Methods for Managers*, 3a. ed. (Thousand Oaks, CA: Sage Publications, 2002); y Sajeev Varki, Bruce Cooil y Roland T. Rust, "Modeling Fuzzy Data in Qualitative Marketing Research", *Journal of Marketing Research* 37 (4) (noviembre de 2000): 480–89.
39. *http://www.just-the-facts.com/Consulting2.asp*.
40. Estos pasos fueron tomados de Matthew B. Miles y A. Michael Huberman, *Qualitative Data Analysis,* 2nd ed. (Newbury Park, CA: Sage Publications, 1994). Véase también Lyn Richards, *Handling Qualitative Data: A Practical Guide* (Thousand Oaks, CA: Sage Publications, 2005); y Janet Heaton, *Reworking Qualitative Data* (Thousand Oaks, CA: Sage Publications, 2004).
41. Alan S. Zimmerman y Michael Szenberg, "Implementing International Qualitative Research: Techniques and Obstacles", *Qualitative Market Research* 3 (3) (2000): 158–64; y Jeffery S. Nevid, "Multicultural issues in qualitative research", *Psychology & Marketing* (julio de 1999): 305–25.
42. Raymond Boudon, *The European Tradition in Qualitative Research,* 4 vols. (Thousand Oaks, CA: Sage Publications, 2003); Thomas L. Greenbaum, "Understanding Focus Group Research Abroad", *Marketing News* 30 (12) (3 de junio de 1996): H14, H36.
43. *http://www.pbelisle.com*; y *http://www.quirks.com/articles/article.asp?arg_ArticleId=1121*.
44. Connie Rate Bateman, "Framing Effects Within the Ethical Decision-Making Process of Consumers", *Journal of Business Ethics* 36 (1/2) (marzo de 2002): 119–38; y Melanie Mauthner, *Ethics in Qualitative Research* (Thousand Oaks, CA: Sage Publications, 2002).
45. Angela Galloway, "Mudslinging, Attacks... Then It Could Get Nasty", *Seattle Post-Intelligencer* (viernes 3 de septiembre de 2004) en *http://seattlepi.nwsource.com/local/189286_nasty03.html*; y Evan Thomas, "Calling All Swing States", *Newsweek* 136 (21) (20 de noviembre de 2000): 110–20.
46. Sitio Web de Lotus: *http://www.lotus.com*; y *http://www-3.ibm.com/software/swnews/swnews.nsf/n/jmae5n7sjh?OpenDocument&Site=default*.

Capítulo 6

1. Anónimo, "Partisans: Don't Shoot the Pollster", *New York Times* (última edición, costa Este) (29 de septiembre de 2004): A; y Humphrey Taylor, John Bremer, Cary Overmeyer, Jonathan W. Siegel y George Terhanian, "Using Internet Polling to Forecast the 2000 Elections", *Marketing Research,* 13 (primavera de 2001): 26–30.
2. Anónimo, "Canon Logs Record Profit, Sales in '01", *Jiji Press English News Service* (31 de enero de 2002): 1; y Johnny K. Johansson y Ikujiro Nonaka, "Market Research the Japanese Way", *Harvard Business Review* (mayo/junio de 1987): 16–18.
3. Las encuestas se utilizan a menudo en la investigación de mercados. Véase, por ejemplo, Naresh K. Malhotra y Daniel McCort, "A Cross-Cultural Comparison of Behavioral Intention Models: Theoretical Consideration and an Empirical Investigation", *International Marketing Review,* 18 (3) (2001): 235–69. Véase también Lawrence A. Crosby, Sheree L. Johnson y Richard T. Quinn, "Is Survey Research Dead?" *Marketing Management,* 11 (3) (2002): 24–29.
4. Rajesh Nakwah. "Getting Good Feedback", *Quirk's Marketing Research Review* (noviembre de 2000).
5. Linda Borque, *How to Conduct Telephone Surveys,* 2a. ed. (Thousand Oaks, CA: Sage Publications, 2002); David W. Glasscoff, "Measuring Clinical Performance: Comparison and Validity of Telephone Survey and Administrative Data", *Marketing Health Services* 22 (1) (primavera de 2002): 43–44; y Niki Thurkow, "The Effects of Group and Individual Monetary Incentives on Productivity of Telephone Interviewers", *Journal of Organizational Behavior Management* 20 (2) (2000): 3.
6. Leigh Dyer, "Maya Angelou Sells Lines to Hallmark", *Knight Ridder Tribune Business News* (1 de febrero de 2002): 1.
7. *www.mediamark.com*. Véase también Floyd J. Fowler, Jr., *Survey Research Methods,* 3a. ed. (Thousand Oaks, CA: Sage Publications, 2001).

8. Carolyn Folkman Curasi, "A Critical Exploration of Face-to-Face Interviewing vs. Computer-Mediated Interviewing", *International Journal of Market Research,* 43 (4) (2001): 361–75; Karen V. Fernandez, "The Effectiveness of Information and Color in Yellow Pages Advertising", *Journal of Advertising* 29 (2) (verano de 2000): 61–73; y A. J. Bush y J. F. Hair, Jr., "An Assessment of the Mall-Intercept as a Data Collection Method", *Journal of Marketing Research* (mayo de 1985): 158–67.

9. Rebecca Gardyn, "Same Name, New Number", *American Demographics* 23 (3) (marzo de 2001): 6.

10. http://www.touchscreenresearch.com.au/Testimonials.htm; http://www.kioskbusiness.com/KB_BS_04/KB_BS_04_02.html; y http://www.etf.com.

11. Las encuestas por correo son comunes en la investigación de mercados a nivel institucional e industrial. Véase, por ejemplo, Duane P. Bachmann, John Elfrink y Gary Vazzana, "E-Mail and Snail Mail Face Off in Rematch", *Marketing Research,* 11 (4) (1999/2000): 10–15.

12. Linda Borque, *How to Conduct Self-Administered and Mail Surveys,* 2a. ed. (Thousand Oaks, CA: Sage Publications, 2002); Jack Schmid, "Assigning Value to Your Customer List", *Catalog Age* 18 (5) (abril de 2001): 69; y Rob Yoegei, "List Marketers Head to Cyberspace", *Target Marketing* 20 (8) (agosto de 1997): 54–55.

13. Michael Straus, "Charlotte Art Museum Uses Research to Light Path to 21st Century", *Quirks* (febrero de 1998) (*http://www.quirks.com/articles/article.asp?arg_ArticleId=311*); y http://www.mintmuseum.org/mmcd/index.htm.

14. Niels Schillewaert y Pascale Meulemeester, "Comparing Response Distributions of Offline and Online Data Collection Methods", *International Journal of Market Research,* 47 (2) (2005): 163–78; Janet Ilieva, Steve Baron y Nigel Healey, "Online Surveys in Marketing Research: Pros and Cons", *International Journal of Market Research,* 44 (3) (2002): 361–76; y Peter Kellner, "Can Online Polls Produce Accurate Findings?" *International Journal of Market Research,* 46 (1) (2004): 3–19.

15. http://weblogs.jupiterresearch.com/analysts/laszlo/archives/002560.html; http://www.sony.com/; y http://www.sonymusic.com/shop/index.html.

16. Steven K. Thompson, *Sampling* (Nueva York: John Wiley & Sons, 2002); y Terry L. Childers y Steven J. Skinner, "Theoretical and Empirical Issues in the Identification of Survey Respondents", *Journal of the Market Research Society,* 27 (enero de 1985): 39–53.

17. Gregory B. Murphy, "The Effects of Organizational Sampling Frame Selection", *Journal of Business Venturing* 17 (3) (mayo de 2002): 237; y Wayne Smith, Paul Mitchell, Karin Attebo y Stephen Leeder, "Selection Bias from Sampling Frames: Telephone Directory and Electoral Rolls Compared to Door-to-Door Population Census: Results from the Blue Mountain Eye Study", *Australian & New Zealand Journal of Public Health* 21 (2) (abril de 1997): 127–33.

18. Timothy R. Graeff, "Uninformed Response Bias in Telephone Surveys", *Journal of Business Research* 55 (3) (marzo de 2002): 251; y Scott Keeter, "Estimating Telephone Noncoverage Bias with a Telephone Survey", *Public Opinion Quarterly* 59 (2) (verano de 1995): 196–217.

19. Anónimo, "Random Sampling", *Marketing News* 36 (3) (4 de febrero de 2002): 7; Dana James, "Old, New Make Up Today's Surveys", *Marketing News* (5 de junio de 2000): 4; David Wilson, "Random Digit Dialing and Electronic White Pages Samples Compared: Demographic Profiles and Health Estimates", *Australian and New Zealand Demographic Profiles and Health Estimates* 23 (6) (diciembre de 1999): 627–33; Johnny Blair y Ronald Czaja, "Locating a Special Population Using Random Digit Dialing", *Public Opinion Quarterly,* 46 (invierno de 1982): 585–90; y E. L. Landon, Jr. y S. K. Banks, "Relative Efficiency and Bias of Plus-One Telephone Sampling", *Journal of Marketing Research,* 14 (agosto de 1977): 294–99.

20. Ron Czaja, *Designing Surveys: A Guide to Decisions and Procedures* (Thousand Oaks, CA: Sage Publications, 2004); Sherry Chiger, "Benchmark 2002: Lists and E-Lists", *Catalog Age* 19 (3) (1 de marzo de 2002): 41–45; David O. Schwartz, "Mailing List Owners and the Millennium", *Marketing News* 31 (11) (26 de mayo de 1997): 4; Paul M. Biner y Deborah L. Barton, "Justifying the Enclosure of Monetary Incentives in Mail Survey Cover Letters", *Psychology and Marketing* (otoño de 1990): 153–62; y "Lists Make Targeting Easy", *Advertising Age* (9 de julio de 1984): 20.

21. B. Zafer Erdogan, "Increasing Mail Survey Response Rates from an Industrial Population: A Cost Effectiveness Analysis of Four Follow-Up Techniques", *Industrial Marketing Management* 31 (1) (enero de 2002): 65; Jack Edmonston, "Why Response Rates Are Declining", *Advertising Age's Business Marketing* 82 (8) (septiembre de 1997): 12; Raymond Hubbard y Eldon L. Little, "Promised Contributions to Charity and Mail Survey Responses: Replications with Extension", *Public Opinion Quarterly,* 52 (verano de 1988): 223–30; y Paul L. Erdos y Robert Ferber, ed., "Data Collection Methods: Mail Surveys", *Handbook of Marketing Research* (Nueva York: McGraw-Hill, 1974): 102.

22. Floyd J. Fowler, Jr., *Survey Research Methods,* 3a. ed. (Thousand Oaks, CA: Sage Publications, 2001); Pamela G. Guengel, Tracy R. Berchman y Charles F. Cannell, *General Interviewing Techniques: A Self-Instructional Workbook for Telephone and Personal Interviewer Training* (Ann Arbor, MI: Survey Research Center, Universidad de Michigan, 1983).

23. Eunkyu Lee, "Are Consumer Survey Results Distorted? Systematic Impact of Behavioral Frequency and Duration on Survey Response Errors", *Journal of Marketing Research* 37 (1) (febrero de 2000): 125–33.

24. Lee Murphy, "Survey Software Gets Simpler, More Effective", *Marketing News* 35 (3) (29 de enero de 2001): 4–5; y Karen Fletcher, "Jump on the Omnibus", *Marketing* (15 de junio de 1995): 25–28.

25. Jamie Smith, "How to Boost DM Response Rates Quickly", *Marketing News* 35 (9) (23 de abril de 2001): 5; Richard Colombo, "A Model for Diagnosing and Reducing Nonresponse Bias", *Journal of Advertising Research,* Nueva York (enero/abril de 2000): 85–93; Barbara Bickart, "The Distribution of Survey Contact and Participation in the United States: Constructing a Survey-Based Estimate", *Journal of Marketing Research,* Chicago (mayo de 1999): 286–94; William L. Nicholls, II, "Highest Response", *Marketing Research: A Magazine of Management & Applications* 8 (1) (primavera de 1996): 5–7; Jeannine M. James y Richard Bolstein, "The Effect of Monetary Incentives and Follow-Up Mailings on the Response Rate and Response Quality in Mail Surveys", *Public Opinion Quarterly,* 54 (otoño de 1990): 346–61; y Julie Yu y Harris Cooper, "A Quantitative Review of Research Design Effects on Response Rates to Questionnaires", *Journal of Marketing Research,* 20 (febrero de 1983): 36–44.

26. Bruce Keillor, "A Cross-Cultural/Cross-National Study of Influencing Factors and Socially Desirable Response Biases", *International Journal of Market Research* 43 (1) (primer trimestre de 2001): 63–84; Maryon F. King, "Social Desirability Bias: A Neglected Aspect of Validity Testing", *Psychology & Marketing,* Nueva York (febrero de 2000): 79; y Deniz Ones, Angelika D. Reiss y Chockalingam Viswesvaran, "Role of Social Desirability in Personality Testing for Personnel Selection: The Red Herring", *Journal of Applied Psychology* 81 (6) (diciembre de 1996): 660–79.

27. Anónimo, "Random Sampling: Homework—Yeah Right", *Marketing News* 36 (6) (18 de marzo de 2002): 4; Gerald Vinten, "The Threat in the Question", *Credit Control* 18 (1) (1997): 25–31; y Priya Raghubir y Geeta Menon, "Asking Sensitive Questions: The Effects of Type of Referent and Frequency Wording in Counterbiasing Method", *Psychology & Marketing* 13 (7) (octubre de 1996): 633–52.

28. Timothy R. Graeff, "Uninformed Response Bias in Telephone Surveys", *Journal of Business Research* 55 (3) (marzo de 2002): 251; Eleanor Singer, "Experiments with Incentives in Telephone Surveys", *Public Opinion Quarterly* 64 (2) (verano de 2000): 171–88; Charles F. Cannell, Peter U. Miller, Lois Oksenberg y Samuel Leinhardt, eds., "Research on Interviewing Techniques", *Sociological Methodology* (San Francisco: Jossey-Bass, 1981); y Peter U. Miller y Charles F. Cannell, "A Study of Experimental Techniques for Telephone Interviewing", *Public Opinion Quarterly,* 46 (verano de 1982): 250–69.

29. Duane P. Bachmann, John Elfrink y Gary Vazzana, "E-Mail and Snail Mail Face Off in Rematch", *Marketing Research* 11 (invierno de 1999/verano de 2000): 10–15.

30. Arlene Fink, *How to Conduct Surveys: A Step-by-Step Guide*, 3a. ed. (Thousand Oaks, CA: Sage Publications, 2005); Mark McMaster, "E-Marketing Poll Vault", *Sales and Marketing Management* 153(8) (agosto de 2001): 25; y Arlene Fink, *A Survey Handbook* (Thousand Oaks, CA: Sage Publications, 1995).
31. Heath McDonald y Stewart Adam, "A Comparison of Online and Postal Data Collection Methods in Marketing Research", *Marketing Intelligence and Planning*, 21 (2) (2003): 85–95.
32. Alan Wilson y Nial Laskey, "Internet-Based Marketing Research: A Serious Alternative to Traditional Research Methods?" *Marketing Intelligence and Planning*, 21 (2) (2003): 79–84; Cihan Cobanoglu, Bill Warde y Patrick J. Moreo, "A Comparison of Mail, Fax, and Web-Based Survey Methods", *International Journal of Market Research* 43(4) (cuarto trimestre de 2001): 441–52; Sophie K. Turley, "A Case of Response Rate Success", *Journal of the Market Research Society* (julio de 1999): 301–309; y Stanley L. Payne, "Combination of Survey Methods", *Journal of Marketing Research* (mayo de 1964): 62.
33. http://www.intelliseek.com/bpdirect.asp; y http://www.intelliseek.com/history.asp.
34. Andrew J. Milat, "Measuring Physical Activity in Public Open Space—An Electronic Device Versus Direct Observation", *Australian and New Zealand Journal of Public Health* 26 (1) (febrero de 2002): 1; Stephen B. Wilcox, "Trust, But Verify", *Appliance Manufacturer* 46 (1) (enero de 1998): 8, 87; y Langbourne Rust, "How to Reach Children in Stores: Marketing Tactics Grounded in Observational Research", *Journal of Advertising Research*, 33 (noviembre/diciembre de 1993): 67–72.
35. Beth Kurcina, "Use Videos to Obtain Crucial POP Info", *Marketing News* 34 (24) (20 de noviembre de 2000): 16; A. V. Seaton, "Unobtrusive Observational Measures as a Qualitative Extension of Visitor Surveys at Festivals and Events: Mass Observation Revisited", *Journal of Travel Research* 35 (4) (primavera de 1997): 25–30; y Fred N. Kerlinger, *Foundations of Behavioral Research*, 3a. ed. (Nueva York: Holt, Rinehart & Winston, 1986): p. 538.
36. http://www.inc.com/magazine/20040601/microsoft.html; http://brand.blogs.com/mantra/market_research/ y http://www.gartner.com.
37. Erwin Ephron, "Nielsen's Secret Passive Meter", *Mediaweek* 10 (36) (18 de septiembre de 2000): 32; y Laurence N. Gold, "Technology in Television Research: The Meter", *Marketing Research: A Magazine of Management & Applications* 6 (1) (invierno de 1994): 57–58.
38. Rik Pieters, Edward Rosbergen y Michel Wedel, "Visual Attention to Repeated Print Advertising: A Test of Scanpath Theory", *Journal of Marketing Research* 36 (4) (noviembre de 1999): 424–38; y J. Edward Russo y France Leclerc, "An Eye-Fixation Analysis of Choice Processes for Consumer Nondurables", *Journal of Consumer Research* 21 (septiebmre de 1994): 274–90.
39. Para aplicaciones de GSR, véase Gary H. Anthes, "Smile, You're on Candid Computer", *Computerworld* 35 (49) (3 de diciembre de 2001): 50; Priscilla A. LaBarbera y Joel D. Tucciarone, "GSR Reconsidered: A Behavior-Based Approach to Evaluating and Improving the Sales Potency of Advertising", *Journal of Advertising Research* 35 (5) (septiembre/octubre de 1995): 33–53; y Piet Vanden Abeele y Douglas L. Maclachlan, "Process Tracing of Emotional Responses to TV Ads: Revisiting the Warmth Monitor", *Journal of Consumer Research*, 20 (marzo de 1994): 586–600.
40. N'Gai Croal, "Moviefone Learns to Listen", *Newsweek* 135 (19) (8 de mayo de 2000): 84; S. Gregory, S. Webster y G. Huang, "Voice Pitch and Amplitude Convergence as a Metric of Quality in Dyadic Interviews", *Language & Communication* 13 (3) (julio de 1993): 195–217; y Glen A. Buckman, "Uses of Voice-Pitch Analysis", *Journal of Advertising Research*, 20 (abril de 1980): 69–73.
41. Rinus Haaijer, "Response Latencies in the Analysis of Conjoint Choice Experiments", *Journal of Marketing Research* (agosto de 2000): 376–82; Nicholas Vasilopoulos, "The Influence of Job Familiarity and Impression Management on Self-Report Measure Scale Scores and Response Latencies", *Journal of Applied Psychology* 85 (1) (febrero de 2000): 50; John N. Bassili y B. Stacey Scott, "Response Latency as a Signal to Question Problems in Survey Research", *Public Opinion Quarterly* 60 (3) (otoño de 1996): 390–99; y David A. Aaker, Richard P. Bagozzi, James M. Carman y James M. MacLachlan, "On Using Response Latency to Measure Preference", *Journal of Marketing Research*, 17 (mayo de 1980): 237–44.
42. Joseph Rydholm, "Design Inspiration", *Marketing Research Review* (enero de 2000), www.newellrubbermaid.com, 3 de junio de 2001. Véase también Bella Dicks, *Qualitative Research and Hypermedia: Ethnography for the Digital Age* (Thousand Oaks, CA: Sage Publications, 2005); y D. Soyini Madison, *Critical Ethnography: Method, Ethics, and Performance* (Thousand Oaks, CA: Sage Publications, 2005).
43. G. Harris. y S. Attour, "The International Advertising Practices of Multinational Companies: A Content Analysis Study", *European Journal of Marketing*, 37 (1/2) (2003): 154–68; Kimberly A. Neuendorf, *The Content Analysis Guidebook* (Thousand Oaks, CA: Sage Publications, 2002); y Cheng Lu Wang, "A Content Analysis of Connectedness vs. Separateness Themes Used in U.S. and PRC Print Advertisements", *International Marketing Review* 18 (2) (2001): 145.
44. Laurel Wentz, "2002 Lookout: Global", *Advertising Age* 23 (1) (7 de enero de 2002): 8; Michael Maynard, "Girlish Images Across Cultures: Analyzing Japanese Versus U.S. *Seventeen* Magazine Ads", *Journal of Advertising* 28 (1) (primavera de 1999): 39–48; Subir Sengupta, "The Influence of Culture on Portrayals of Women in Television Commercials: A Comparison Between the United States and Japan", *International Journal of Advertising* 14 (4) (1995): 314–33; Charles S. Madden, Marjorie J. Caballero y Shinya Matsukubo, "Analysis of Information Content in U.S. and Japanese Magazine Advertising", *Journal of Advertising*, 15 (3) (1986): 38–45; y adv.asahi.com.
45. Dan Verton, "SafeWeb Users Vulnerable", *Computerworld* 36 (8) (18 de febrero de 2002): 6; y Ruby Bayan, "Privacy Means Knowing Your Cookies", *Link-Up* 18 (1) (enero/febrero de 2001): 22–23.
46. Gerald Berstell y Denise Nitterhouse, "Looking Outside the Box", *Marketing Research: A Magazine of Management & Applications*, 9 (2) (verano de 1997): 4–13.
47. Kendra Parker, "How Do You Like Your Beef?" *American Demographics*, 22 (1) (enero de 2000): 35–37; y www.beef.org.
48. Barbara Benson, "Market Researcher Wins Clients with Documentaries", *Crain's New York Business* 17 (17) (23 de abril de 2001): 31.
49. Bruce Keillor, "A Cross-Cultural/Cross-National Study of Influencing Factors and Socially Desirable Response Bias", *International Journal of Market Research* (primer trimestre de 2001): 63–84; C. L. Hung, "Canadian Business Pursuits in the PRC, Hong Kong and Taiwan, and Chinese Perception of Canadians as Business Partners", *Multinational Business Review* 6 (1) (primavera de 1998): 73–82; y C. Min Han, Byoung-Woo Lee y Kong-Kyun Ro, "The Choice of a Survey Mode in Country Image Studies", *Journal of Business Research* 29 (2) (febrero de 1994): 151–62.
50. Richard Linnett, "Reebok Re-Brands for Hip-Hop Crowd", *Advertising Age* 73 (4) (28 de enero de 2002): 3–4.
51. Steve Jarvis, "CMOR Finds Survey Refusal Rate Still Rising", *Marketing News* 36 (3) (4 de febrero de 2002): 4.
52. Marla Royne Stafford y Thomas F. Stafford, "Participant Observation and the Pursuit of Truth: Methodological and Ethical Considerations", *Journal of the Market Research Society*, 35 (enero de 1993): 63–76.
53. Guilherme D. Pires, "Ethnic Marketing Ethics", *Journal of Business Ethics* 36 (1/2) (marzo de 2002): 111–18; y C. N. Smith y J. A. Quelch, *Ethics in Marketing* (Homewood, IL: Richard D. Irwin, 1993).
54. Renee Boucher Ferguson, "Automating the Back Office; Netledger, Microsoft Aim Updates at Smaller Firms", *eWeek* (4 de agosto de 2003): 1.

Capítulo 7

1. Booth Moore, "Fashion Notes: Those '70s Bags Are Back in LeStyle, with a New Range of Looks", *The Los Angeles Times*, Record Edition (21 de diciembre de 2001): E.2; "LeSportsac Announces Latest International Expansion", *Showcase*, 20 (6) (diciembre de 1995): 67; y "Surveys Help Settle Trade Dress Infringement Case", *Quirk's Marketing Research Review*, (octubre/noviembre de 1987): 16, 17, 33.
2. Michelle L. Kirsche, "POPAI Study Confirms Importance of POP Ads", *Drug Store News* 26 (13) (11 de octubre de 2004): 4–5; Anónimo, "In-Store Promo Drives Soda Sales, Study Says", *Drug Store News*, 23 (18)

(17 de diciembre de 2001): 81; Robert Dwek, "Prediction of Success", *Marketing* (POP & Field Marketing Supplement) (17 de abril de 1997): XII–XIII; y "POP Radio Test Airs the Ads in Store", *Marketing News* (24 de octubre de 1986): 16.

3. Madhu Viswanathan, *Measurement Error and Research Design* (Thousand Oaks, CA: Sage Publications, 2003); Michael Sobel, "Causal Inference in the Social Sciences", *Journal of the American Statistical Association*, 95 (450) (junio de 2000): 647–51; y R. Barker Bausell, *Conducting Meaningful Experiments* (Thousand Oaks, CA: Sage Publications, 1994).

4. Grant F. Gould y James L. Gould, *Chance and Causation: To Experimental Design and Statistica* (Nueva York: W. H. Freeman, 2001); y Robert F. Boruch, *Randomized Experiments for Planning and Evaluation* (Thousand Oaks, CA: Sage Publications, 1994).

5. Thomas Lee, "Experts Say Point-of-Purchase Advertising Can Influence Shoppers' Choices", *Knight Ridder Tribune Business News* (19 de enero de 2002): 1; y Michele Witthaus, "POP Stars", *Marketing Week*, 20 (16) (17 de julio de 1997): 37–41.

6. Madhu Viswanathan, *Measurement Error and Research Design* (Thousand Oaks, CA: Sage Publications, 2005); John Liechty, Venkatram Ramaswamy y Steven H. Cohen, "Choice Menus for Mass Customization: An Experimental Approach for Analyzing Customer Demand with an Application to a Web-Based Information Service", *Journal of Marketing Research*, 38 (2) (mayo de 2001): 183–96; Gordon A. Wyner, "Experimental Design", *Marketing Research: A Magazine of Management & Applications*, 9 (3) (otoño de 1997): 39–41; y Steven R. Brown y Lawrence E. Melamed, *Experimental Design and Analysis* (Newbury Park, CA: Sage Publications, 1990).

7. Paul W. Farris, "Overcontrol in Advertising Experiments", *Journal of Advertising Research* (noviembre/diciembre de 2000): 73–78.

8. "Number of Free Standing Insert (FSI) Coupons Moves Past 250 Billion in 2004, According to Marx Promotion Intelligence/TNS Media Intelligence", (8 de febrero de 2005) en *www.tns-mi.com/news/02082005.htm*; "CPGs Change Coupon Media Mix & Purchase Requirements", *NCH Marketing Services Press Release* (15 de marzo de 2002): 1–4; John Fetto, "Redeeming Value", *American Demographics*, 23 (10) (octubre de 2001): 25; Uri Ben-Zion, "The Optimal Face Value of a Discount Coupon", *Journal of Economics and Business*, 51 (2) (marzo/abril de 1999): 159–64; y Robert W. Shoemaker y Vikas Tibrewala, "Relating Coupon Redemption Rates to Past Purchasing of the Brand", *Journal of Advertising Research*, 25 (octubre/noviembre de 1985): 40–47.

9. Además de la validez interna y externa, también existe la validez de constructo y conclusión estadística. La validez de constructo se refiere a la pregunta de qué constructo, o característica, se mide de hecho; se analiza en el capítulo 9 referente a medición y escalamiento. La validez de conclusión estadística se refiere al grado y la significancia estadística de la covarianza que existe en los datos; se analiza en los capítulos referentes al análisis de datos. Véase Richard R. Klink y Daniel C. Smith, "Threats to the External Validity of Brand Extension Research", *Journal of Marketing Research*, 38 (3) (agosto de 2001): 326–35.

10. Gilles Laurent, "Improving the External Validity of Marketing Models: A Plea for More Qualitative Input", *International Journal of Research in Marketing*, 17 (2) (septiembre de 2000): 177; Prashant Bordia, "Face-to-Face Computer-Mediated Communication: A Synthesis of the Experimental Literature", *Journal of Business Communication*, 34 (1) (enero de 1997): 99–120; David M. Bowen, "Work Group Research: Past Strategies and Future Opportunities", *IEEE Transactions on Engineering Management*, 42 (1) (febrero de 1995): 30–38; y John G. Lynch, Jr., "On the External Validity of Experiments in Consumer Research", *Journal of Consumer Research*, 9 (diciembre de 1982): 225–44.

11. Russell Winer, "Experimentation in the 21st Century: The Importance of External Validity", *Academy of Marketing Science*, 27 (3) (verano de 1999): 349–58; Chris Argyris, "Actionable Knowledge: Design Causality in the Service of Consequential Theory", *Journal of Applied Behavioral Science*, 32 (4) (diciembre de 1966): 390–406; John G. Lynch, Jr., "The Role of External Validity in Theoretical Research", B. J. Calder, L. W. Phillips y Alice Tybout, "Beyond External Validity", y J. E. McGrath y D. Brinberg, "External Validity and the Research Process", *Journal of Consumer Research* (junio de 1983): 109–11, 112–14, y 115–24.

12. Paul Berger y Robert Maurer, *Experimental Design with Applications in Management, Engineering and the Sciences* (Boston: Boston University Press, 2002). Véase también Utpal M. Dholakia y Vicki G. Morwitz, "The Scope and Persistence of Mere-Measurement Effects: Evidence from a Field Study of Customer Satisfaction Measurement", *Journal of Consumer Research*, 29 (2) (2002): 159–47.

13. Paul R. Rosenbaum, "Attributing Effects to Treatment in Matched Observational Studies", *Journal of the American Statistical Association*, 97 (457) (marzo de 2002): 183–92; y Lloyd S. Nelson, "Notes on the Use of Randomization in Experimentation", *Journal of Quality Technology*, 28 (1) (enero de 1996): 123–26.

14. Paul R. Rosenbaum, "Attributing Effects to Treatment in Matched Observational Studies", *Journal of the American Statistical Association*, 97 (457) (marzo de 2002): 183–92; Marcus Selart, "Structure Compatability and Restructuring in Judgment and Choice", *Organizational Behavior & Human Decision Processes*, 65 (2) (febrero de 1996): 106–16; y R. Barker Bausell, *Conducting Meaningful Experiments* (Thousand Oaks, CA: Sage Publications, 1994).

15. Beomsoo Kim, "Virtual Field Experiments for a Digital Economy: A New Research Methodology for Exploring an Information Economy", *Decision Support Systems*, 32 (3) (enero de 2002): 215; Eleni Chamis, "Auto Dealers Test Online Sales in 90-Day Experiment", *Washington Business Journal*, 19 (54) (11 de mayo de 2001): 15; Betsy Spethmann, "Choosing a Test Market", *Brandweek*, 36 (19) (8 de mayo de 1995): 42–43; y Andrew M. Tarshis, "Natural Sell-in Avoids Pitfalls of Controlled Tests", *Marketing News* (24 de octubre de 1986): 14.

16. También se dispone de otros diseños experimentales. Véase Connie M. Borror, "Evaluation of Statistical Designs for Experiments Involving Noise Variables", *Journal of Quality Technology*, 34 (1) (enero de 2002): 54–70; y Donald T. Campbell y M. Jean Russo, *Social Experimentation* (Thousand Oaks, CA: Sage Publications, 1999).

17. Para una aplicación del diseño de cuatro grupos de Solomon, véase Joe Ayres, "Are Reductions in CA an Experimental Artifact? A Solomon Four-Group Answer", *Communication Quarterly*, 48 (1) (invierno de 2000): 19–26.

18. Duncac Simester, "Implementing Quality Improvement Programs Designed to Enhance Customer Satisfaction: Quasi Experiments in the United States and Spain", *Journal of Marketing Research*, 37 (1) (febrero de 2000): 102–12; y C. Moorman, "A Quasi Experiment to Assess the Consumer and Informational Determinants of Nutrition Information-Processing Activities—The Case of the Nutrition Labeling and Education Act", *Journal of Public Policy and Marketing*, 15 (1) (primavera de 1996): 28–44.

19. Roger Baron, "Knowing When to Advertise is Key", *TelevisionWeek* 23 (34) (23 de agosto de 2004): 21; Fred S. Zufryden, "Predicting Trial, Repeat, and Sales Response from Alternative Media Plans", *Journal of Advertising Research*, 40 (6) (noviembre/diciembre de 2000): 65–72; Leonard M. Lodish, Magid M. Abraham, Jeanne Livelsberger, Beth Lubetkin, et al., "A Summary of Fifty-Five In-Market Experimental Estimates of the Long-Term Effects of TV Advertising", *Marketing Science* (verano de 1995): G133–G140; y Lakshman Krishnamurthi, Jack Narayan y S. P. Raj, "Intervention Analysis of a Field Experiment to Assess the Buildup Effect of Advertising", *Journal of Marketing Research*, 23 (noviembre de 1986): 337–45.

20. Véase, por ejemplo, Anthony Vagnoni, "Fear of Funny Abating", *Advertising Age*, 73 (10) (11 de marzo de 2002): 8–9; y M. G. Weinberger, H. Spotts, L. Campbell y A. L. Parsons, "The Use and Effect of Humor in Different Advertising Media", *Journal of Advertising Research*, 35 (3) (mayo/junio de 1995): 44–56.

21. Para una reciente aplicación de los diseños factoriales, véase Jaideep Sengupta y Gerald J. Gorn, "Absence Makes the Mind Grow Sharper: Effects of Element Omission on Subsequent Recall", *Journal of Marketing Research*, 39 (2) (mayo de 2002): 186–201.

22. Michelle L. Roehm, Ellen Bolman Pullins y Harper A. Roehm, Jr., "Designing Loyalty-Building Programs for Packaged Goods Brands", *Journal of Marketing Research*, 39 (2) (mayo de 2002): 202–13.

23. Niraj Dawar, "Impact of Product Harm Crises on Brand Equity: The Moderating Role of Consumer Expectations", *Journal of Marketing Research*, 37 (2) (mayo de 2000): 215–26.

24. Vicki R. Lane, "The Impact of Ad Repetition and Ad Content on Consumer Perceptions of Incongruent Extensions", *Journal of Marketing* (abril de 2000): 80–91; J. Perrien, "Repositioning Demand Artifacts in Consumer Research", *Advances in Consumer Research*, 24 (1997): 267–71; y T. A. Shimp, E. M. Hyatt y D. J. Snyder, "A Critical Appraisal of Demand Artifacts in Consumer Research", *Journal of Consumer Research*, 18 (3) (diciembre de 1991): 272–83.
25. Chezy Ofir y Itamar Simonson, "In Search of Negative Customer Feedback: The Effect of Expecting to Evaluate on Satisfaction Evaluations", *Journal of Marketing Research*, 38 (2) (mayo de 2001): 170–82; y Gilles Laurent, "Improving the External Validity of Marketing Models: A Plea for More Qualitative Input", *International Journal of Research in Marketing*, 17 (2, 3) (septiembre de 2000): 177.
26. Karen Blumenschein, "Hypothetical Versus Real Willingness to Pay in the Health Care Sector: Results from a Field Experiment", *Journal of Health Economics*, 20 (3) (mayo de 2001): 441; y Richard M. Alston y Clifford Nowell, "Implementing the Voluntary Contribution Game: A Field Experiment", *Journal of Economic Behavior & Organization*, 31 (3) (diciembre de 1996): 357–68.
27. Grant F. Gould y James L. Gould, *Chance and Causation: To Experimental Design and Statistica* (Nueva York: W. H. Freeman, 2001); y Hurbert M. Blalock, Jr., *Causal Inferences in Nonexperimental Research* (Chapel Hill: University of North Carolina Press, 1964).
28. En algunas situaciones, las encuestas y los experimentos pueden complementarse y pueden usarse en conjunto. Por ejemplo, los resultados obtenidos en experimentos de laboratorio pueden examinarse posteriormente en una investigación de campo.
29. Cynthia Vinarsky, "Test Market for Smokeless Tobacco", *Knight Ridder Tribune Business News* (11 de marzo de 2002): 1; y Peter Romeo, "Testing, Testing", *Restaurant Business*, 97 (2) (15 de enero de 1998): 12.
30. Keith Lawrence, "Owensboro, Kentucky Could Be Next Test Market for New McDonald's Eatery Concept", *Knight Ridder Tribune Business News* (7 de febrero de 2002): 1; Stephanie Thompson, "Tetley Tests Higher-Value Pitches", *Brandweek*, 38 (47) (15 de diciembre de 1997): 8; y Ed Rubinstein, "7-Eleven Tests Internet Kiosks in Seattle Market", *Nation's Restaurant News*, 31 (42) (20 de octubre de 1997): 24.
31. Anónimo, "P&G Wields Axe on Failing Brands", *Grocer*, 224 (7509) (23 de junio de 2001): 18; y Tara Parker-Pope, "Frito-Lay to Begin Selling Wow! Chips Made with Olestra Later This Month", *Wall Street Journal* (10 de febrero de 1998): B2.
32. Anónimo, "Vaseline to Back Dermacare with Llm Ads Activity", *Marketing* (10 de enero de 2002): 4; y Sean Mehegan, "Vaseline Ups Ante via AntiBacterial", *Brandweek*, 38 (21) (26 de mayo de 1997): 1, 6.
33. Anónimo, "Simulated Test Marketing", *Sloan Management Review*, 36 (2) (invierno de 1995): 112.
34. Frank S. Costanza, "Exports Boost German Jewelry Industry", *National Jeweler*, 45 (8) (16 de abril de 2001): 57; y David Woodruff y Karen Nickel, "When You Think Deluxe, Think East Germany", *Business Week*, 26 de mayo de 1997: 124E2.
35. Anónimo, "The Disclosure Dilemma", *Workspan*, 45 (1) (enero de 2002): 72; y Bernd H. Schmitt, "Contextual Priming of Visual Information in Advertisements", *Psychology & Marketing*, 11 (1) (enero/febrero de 1994): 1–14.
36. "Nike Earnings Jump 15%" (27 de junio de 2005) en *money.cnn.com*; Marlene de Laine, *Fieldwork, Participation and Practice: Ethics and Dilemmas in Qualitative Research* (Thousand Oaks, CA: Sage Publications, 2001); y Betsy Peterson, "Ethics, Revisited", *Marketing Research: A Magazine of Management & Applications*, 8 (4) (invierno de 1996): 47–48.
37. Fara Warner, "Levi's Fashions a New Strategy", Fast Company 64 (noviembre de 2002): 48 en *http://www.fastcompany.com/magazine/64/smartcompany.html*.

Capítulo 8

1. Jerry Useem, "America's Most Admired Companies", Fortune, 151 (5) (7 de marzo de 2005): 66–69; y *www.fortune.com*.
2. David J. Bortholomew, *Measurement* (Thousand Oaks, CA: Sage Publications, 2006); Gordon A. Wyner, "The Right Side of Metrics", *Marketing Management*, 13 (1) (2004): 8–9; Ken Gofton, "If It Moves, Measure It", *Marketing* (Marketing Technique Supplement, 4 de septiembre de 1997): 17; y Jum C. Nunnally, *Psychometric Theory*, 2a. ed. (Nueva York: McGraw-Hill, 1978): p. 3.
3. Subabrata Bobby Banerjee, "Corporate Environmentalism: The Construct and Its Measurement", *Journal of Business Research*, 55 (3) (marzo de 2002): 177; y Stanley S. Stevens, "Mathematics, Measurement and Psychophysics", en Stanley S. Stevens, ed., *Handbook of Experimental Psychology* (Nueva York: John Wiley, 1951).
4. Sharon E. Kurpius, *Testing and Measurement* (Thousand Oaks, CA: Sage Publications, 2002); Helen M. Moshkovich, "Ordinal Judgments in Multiattribute Decision Analysis", *European Journal of Operational Research*, 137 (3) (16 de marzo de 2002): 625; Wade D. Cook, Moshe Kress y Lawrence M. Seiford, "On the Use of Ordinal Data in Data Envelopment Analysis", *Journal of the Operational Research Society*, 44 (2) (febrero de 1993): 133–40; y William D. Perreault, Jr. y Forrest W. Young, "Alternating Least Squares Optimal Scaling: Analysis of Nonmetric Data in Marketing Research", *Journal of Marketing Research*, 17 (febrero de 1980): 1–13.
5. Merja Halme, "Dealing with Interval Scale Data in Data Envelopment Analysis", *European Journal of Operational Research*, 137 (1) (16 de febrero de 2002): 22; y Michael Lynn y Judy Harris, "The Desire for Unique Consumer Products: A New Individual Difference Scale", *Psychology & Marketing*, 14 (6) (septiembre de 1997): 601–16.
6. *www.fifa.com/index_E.html*. 16 de junio de 2005.
7. Para una explicación de estas escalas, remítase a Delbert C. Miller y Neil J. Salkind, *Handbook of Research Design and Social Measurement*, 6a. ed. (Thousand Oaks, CA: Sage Publications, 2002); Taiwo Amoo, "Overall Evaluation Rating Scales: An Assessment", *International Journal of Market Research* (verano de 2000): 301–11; y C. H. Coombs, "Theory and Methods of Social Measurement", L. Festinger y D. Katz, eds., *Research Methods in the Behavioral Sciences* (Nueva York: Holt, Rinehart & Winston, 1953).
8. Sin embargo, existe controversia en torno a este asunto. Véase Donald T. Campbell y M. Jean Russo, *Social Measurement* (Thousand Oaks, CA: Sage Publications, 2001); y T. Amoo, "Do the Numeric Values Influence Subjects' Responses to Rating Scales", *Journal of International Marketing and Marketing Research* (febrero de 2001): 41.
9. Anónimo, "Competition Between Coca-Cola and Pepsi to Start", *Asiainfo Daily China News* (19 de marzo de 2002): 1; Leah Rickard, "Remembering New Coke", *Advertising Age*, 66 (16) (17 de abril de 1995): 6; y "Coke's Flip-Flop Underscores Risks of Consumer Taste Tests", *Wall Street Journal* (18 de julio de 1985): 25.
10. Sin embargo, no es necesario evaluar todos los pares posibles de objetos. Procedimientos como los diseños cíclicos pueden reducir considerablemente el número de pares evaluados. Un tratamiento de estos procedimientos se encuentra en Albert C. Bemmaor y Udo Wagner, "A Multiple-Item Model of Paired Comparisons: Separating Chance from Latent Performance", *Journal of Marketing Research*, 37 (4) (noviembre de 2000): 514–24; y Naresh K. Malhotra, Arun K. Jain y Christian Pinson, "The Robustness of MDS Configurations in the Case of Incomplete Data", *Journal of Marketing Research*, 25 (febrero de 1988): 95–102.
11. Para una aplicación avanzada que implica datos de comparación pareada, véase Albert C. Bemmaor y Udo Wagner, "A Multiple-Item Model of Paired Comparisons: Separating Chance from Latent Performance", *Journal of Marketing Research*, 37 (4) (noviembre de 2000): 514–24.
12. Madhu Viswanathan, *Measurement Error and Research Design* (Thousand Oaks, CA: Sage Publications, 2005); Donald T. Campbell y M. Jean Russo, *Social Measurement* (Thousand Oaks, CA: Sage Publications, 2001); Rensis Likert, Sydney Roslow y Gardner Murphy, "A Simple and Reliable Method of Scoring the Thurstone Attitude Scales", *Personnel Psychology*, 46 (3) (otoño de 1993): 689–90; y L. L. Thurstone, *The Measurement of Values* (Chicago: University of Chicago Press, 1959). Para una aplicación del procedimiento de caso V, véase Naresh K. Malhotra, "Marketing Linen Services to Hospitals: A Conceptual Framework and an Empirical

Investigation Using Thurstone's Case V Analysis", *Journal of Health Care Marketing*, 6 (marzo de 1986): 43–50.

13. Heather Todd, "It's Tea Time in the Juice Isle", *Beverage World* 123 (1740) (15 de julio de 2004): 12; Anónimo, "Cranberry Juice in a Can", *Grocer*, 225 (7538) (26 de enero de 2002): 64; y The Beverage Network, www.bevnet.com.
14. Paul A. Bottomley, "Testing the Reliability of Weight Elicitation Methods: Direct Rating Versus Point Allocation", *Journal of Marketing Research*, 37 (4) (noviembre de 2000): 508–13; y Michael W. Herman y Waldemar W. Koczkodaj, "A Monte Carlo Study of Pairwise Comparison", *Information Processing Letters*, 57 (1) (15 de enero de 1996): 25–29.
15. www.corebrand.com/brandpower/index.html. 15 de mayo de 2005.
16. Tony Siciliano, "Magnitude Estimation", *Quirk's Marketing Research Review* (noviembre de 1999); Noel M. Noel y Nessim Hanna, "Benchmarking Consumer Perceptions of Product Quality with Price: An Exploration", *Psychology & Marketing*, 13 (6) (septiembre de 1996): 591–604; y Jan-Benedict E. M. Steenkamp y Dick R. Wittink, "The Metric Quality of Full-Profile Judgments and the Number of Attribute Levels Effect in Conjoint Analysis", *International Journal of Research in Marketing*, 11 (3) (junio de 1994): 275–86.
17. Roger Calantone, "Joint Ventures in China: A Comparative Study of Japanese, Korean, and U.S. Partners", *Journal of International Marketing*, 9 (1) (2001): 1–22; Joseph Marinelli y Anastasia Schleck, "Collecting, Processing Data for Marketing Research Worldwide", *Marketing News* (18 de agosto de 1997): 12, 14; y Naresh K. Malhotra, "A Methodology for Measuring Consumer Preferences in Developing Countries", *International Marketing Review*, 5 (otoño de 1988): 52–66.
18. Anónimo de, "Nissan Europe Reports May Sales", http://www.theautochannel.com/news/2005/06/07/116354.html, 27 de junio de 2005; y Anónimo, "Sales Down but Profits Up for Nissan", *Northern Echo* (31 de enero de 2002): 14.
19. Gael McDonald, "Cross-Cultural Methodological Issues in Ethical Research", *Journal of Business Ethics*, 27 (1/2) (septiembre de 2000): 89–104; y I. P. Akaah, "Differences in Research Ethics Judgments Between Male and Female Marketing Professionals", *Journal of Business Ethics*, 8 (1989): 375–81. Véase también Anusorn Singhapakdi, Scott J. Vitell, Kumar C. Rallapalli y Kenneth L. Kraft, "The Perceived Role of Ethics and Social Responsibility: A Scale Development", *Journal of Business Ethics*, 15 (11) (noviembre de 1996): 1131–40.
20. Hilary Cassidy, "New Balance Ages Up; IMG Skates Off with Disson", *Brandweek* 42 (2) (8 de enero de 2001): 8.

Capítulo 9

1. Daniel Sforza, "Chief of New York-New Jersey transit system says ridership merits upgrade", *Knight Ridder Tribune Business News* (26 de octubre de 2004):1; Anónimo, "Planned Rail Projects Still Moving Forward", *New York Construction News* (20 de marzo de 2002): 10; Heidi Tolliver, "A Tale of Four Cities: How Paris, London, Florence and New York Measure—and React—to What Riders Want", *Mass Transit*, XXII (2) (marzo/abril de 1996): 22–30, 107; y www.mta.nyc.ny.us/nyct/index.html, 14 de abril de 2002.
2. Anónimo, "McDonald's July Sales Top Forecasts, Europe Strong", en http://today.reuters.com/news/newsarticle.aspx? type=comktNews&storyid=URI:2005-08-08T154826Z_01_N08317024_RTRIDST_0_LEISURE-MCDONALDS-SALES-UPDATE-4.XML&src=CNN, fecha de acceso: 11 de agosto de 2005; Bob Sperber, "McDonald's Targets Adults with 'Trust' Effort", *Brandweek*, 43 (14) (8 de abril de 2002): 6; William Murphy y Sidney Tang, "Continuous Likeability Measurement", *Marketing Research: A Magazine of Management & Applications*, 10 (2) (verano de 1998): 28–35; y www.perceptionanalyzer.com.
3. David J. Bortholomew, *Measurement* (Thousand Oaks, CA: Sage Publications, 2006); Taiwoo Amoo y Hershey H. Friedman, "Overall Evaluation Rating Scales: An Assessment", *International Journal of Market Research*, 42 (3) (verano de 2000): 301–10; G. Albaum, "The Likert Scale Revisited—An Alternate Version", *Journal of the Market Research Society*, 39 (2) (abril de 1997): 331–48; C. J. Brody y J. Dietz, "On the Dimensionality of 2-Question Format Likert Attitude Scales", *Social Science Research*, 26 (2) (junio de 1997): 197–204; y Rensis Likert, "A Technique for the Measurement of Attitudes", *Archives of Psychology*, 140 (1932).
4. Sin embargo, cuando la escala es multidimensional, cada dimensión debería sumarse por separado. Véase Jeffrey M. Stanton, "Issues and Strategies for Reducing the Length of Self-Report Scales", *Personnel Psychology*, 55 (1) (primavera de 2002): 167–94; y Jennifer L. Aaker, "Dimensions of Brand Personality", *Journal of Marketing Research*, 34 (agosto de 1997): 347–56.
5. Naresh K. Malhotra, Sung Kim y James Agarwal, "Internet Users' Information Privacy Concerns (IUIPC): The Construct, the Scale, and a Causal Model", *Information Systems Research*, 15 (4) (diciembre de 2004): 336–55.
6. Rajesh Sethi, Daniel C. Smith y C. Whan Park, "Cross-Functional Product Development Teams, Creativity, and the Innovativeness of New Consumer Products", *Journal of Marketing Research*, 38 (1) (febrero de 2001): 73–85; y T. A. Chandler y C. J. Spies, "Semantic Differential Comparisons of Attributions and Dimensions Among Respondents from Seven Nations", *Psychological Reports*, 79 (3, part 1) (diciembre de 1996): 747–58.
7. Sharon E. Kurpius, *Testing and Measurement* (Thousand Oaks, CA: Sage Publications, 2002); Delbert C. Miller y Neil J. Salkind, *Handbook of Research Design and Social Measurement*, 6a. ed. (Thousand Oaks, CA: Sage Publications, 2002); y William O. Bearden y Richard G. Netemeyer, *Handbook of Marketing Scales: Multi-Item Measures for Marketing and Consumer Behavior Research* (Thousand Oaks, CA: Sage Publications, 1999).
8. Naresh K. Malhotra, "A Scale to Measure Self-Concepts, Person Concepts and Product Concepts", *Journal of Marketing Research*, 18 (noviembre de 1981): 456–464. Véase también Aron O'Cass, "A Psychometric Evaluation of a Revised Version of the Lennox and Wolfe Revised Self-Monitoring Scale", *Psychology & Marketing* (mayo de 2000): 397.
9. Sin embargo, hay poca diferencia en los resultados con base en si los datos son ordinales o intervalos. Véase Shizuhiko Nishisato, *Measurement and Multivariate Analysis* (Nueva York: Springer-Verlag, Nueva York, 2002); y John Gaiton, "Measurement Scales and Statistics: Resurgence of an Old Misconception", *Psychological Bulletin*, 87 (1980): 564–67.
10. Chezy Ofir, "In Search of Negative Customer Feedback: The Effect of Expecting to Evaluate on Satisfaction Evaluations", *Journal of Marketing Research*, Chicago (mayo de 2001): 170–82; Timothy H. Reisenwitz y G. Joseph Wimbish, Jr., "Over-the-Counter Pharmaceuticals: Exploratory Research of Consumer Preferences Toward Solid Oral Dosage Forms", *Health Marketing Quarterly*, 13 (4) (1996): 47–61; y S. Malhotra, S. Van Auken y S. C. Lonial, "Adjective Profiles in Television Copy Testing", *Journal of Advertising Research* (agosto de 1981): 21–25.
11. Michael K. Brady, "Performance Only Measurement of Service Quality: A Replication and Extension", *Journal of Business Research*, 55 (1) (enero de 2002): 17; y Jan Stapel "About 35 Years of Market Research in the Netherlands", *Markonderzock Kwartaalschrift*, 2 (1969): 3–7.
12. Eugene W. Anderson, "Foundations of the American Customer Satisfaction Index", *Total Quality Management*, 11 (7) (septiembre de 2000): 5869–5882; A. M. Coleman, C. E. Norris y C. C. Peterson, "Comparing Rating Scales of Different Lengths—Equivalence of Scores from 5-Point and 7-Point Scales", *Psychological Reports*, 80 (2) (abril de 1997): 355–362; Madhubalan Viswanathan, Mark Bergen y Terry Childers, "Does a Single Response Category in a Scale Completely Capture a Response?" *Psychology & Marketing*, 13 (5) (agosto de 1996): 457–79; y Eli P. Cox, III, "The Optimal Number of Response Alternatives for a Scale: A Review", *Journal of Marketing Research*, 17 (noviembre de 1980): 407–22.
13. Yadolah Dodge, "On Asymmetric Properties of the Correlation Coefficient in the Regression Setting", *The American Statistician*, 55 (1) (febrero de 2001): 51–54; D. F. Alwin, "Feeling Thermometers Versus 7-Point Scales—Which Are Better", *Sociological Methods & Research*, 25 (3) (febrero de 1997): 318–40; M. M. Givon y Z. Shapira, "Response to Rating Scales: A Theoretical Model and Its Application to the Number of Categories Problem", *Journal of Marketing Research* (noviembre de

1984): 410–19; y D. E. Stem, Jr. y S. Noazin, "The Effects of Number of Objects and Scale Positions on Graphic Position Scale Reliability", en R. F. Lusch, et al., *1985 AMA Educators' Proceedings* (Chicago: American Marketing Association, 1985): 370–72.

14. Bradford S. Jones, "Modeling Direction and Intensity in Semantically Balanced Ordinal Scales: An Assessment of Congressional Incumbent Approval", *American Journal of Political Science,* 44 (1) (enero de 2000): 174; D. Watson, "Correcting for Acquiescent Response Bias in the Absence of a Balanced Scale—An Application to Class-Consciousness", *Sociological Methods & Research,* 21 (1) (agosto de 1992): 52–88; y H. Schuman y S. Presser, *Questions and Answers in Attitude Surveys* (Nueva York: Academic Press, 1981), pp. 179–201.

15. Palmer Morrel-Samuels, "Getting the Truth into Workplace Surveys", *Harvard Business Review,* 80 (2) (febrero de 2002): 111; y G. J. Spagna, "Questionnaires: Which Approach Do You Use?" *Journal of Advertising Research,* (febrero/marzo de 1984): 67–70.

16. Janet McColl-Kennedy, "Measuring Customer Satisfaction: Why, What and How", *Total Quality Management,* 11 (7) (septiembre de 2000): 5883–96; Kathy A. Hanisch, "The Job Descriptive Index Revisited: Questions About the Question Mark", *Journal of Applied Psychology,* 77 (3) (junio de 1992): 377–82; y K. C. Schneider, "Uninformed Response Rate in Survey Research", *Journal of Business Research* (abril de 1985): 153–62.

17. T. Amoo, "Do Numeric Values Influence Subjects' Responses to Rating Scales", *Journal of International Marketing and Market Research* (febrero de 2001): 41; K. M. Gannon y T. M. Ostrom, "How Meaning Is Given to Rating Scales-The Effects of Response Language on Category Activation", *Journal of Experimental Social Psychology,* 32 (4) (julio de 1996): 337–60; y H. H. Friedman y J. R. Leefer, "Label Versus Position in Rating Scales", *Journal of the Academy of Marketing Science,* (primavera de 1981): 88–92.

18. D. F. Alwin, "Feeling Thermometers Versus 7-Point Scales—Which Are Better", *Sociological Methods & Research,* 25 (3) (febrero de 1997): 318–40.

19. Para construcciones recientes de escalas de ítem multiples, véase John R. Rossiter, "The C-OAR-SE Procedure for Scale Development in Marketing", *International Journal of Research in Marketing,* 19 (4) (2002): 305–335; Tom Brown, "The Customer Orientation of Service Workers: Personality Trait Effects on Self- and Supervisor-Performance Ratings", *Journal of Marketing Research,* 39 (1) (febrero de 2002): 110–119; y Charla Mathwick, Naresh K. Malhotra y Edward Rigdon, "Experiential Value: Conceptualization, Measurement and Application in the Catalog and Internet Shopping Environment", *Journal of Retailing,* 77 (2001): 39–56.

20. Por ejemplo, véase Elena Delgado-Ballester, Jose Luis Munuera-Alemán y Marí Jesús Yagüe-Guillén, "Development and Validation of a Brand Trust Scale", *International Journal of Market Research,* 45 (1) (2003): 35–53; Leisa Reinecke Flynn and Dawn Pearcy, "Four Subtle Sins in Scale Development: Some Suggestions for Strengthening the Current Paradigm", *International Journal of Market Research,* 43 (4) (cuarto trimestre de 2001): 409–23; y Maryon F. King, "Social Desirability Bias: A Neglected Aspect of Validity Testing", *Psychology & Marketing,* 17 (2) (febrero de 2000): 79.

21. Stephania H. Davis, "Smart Products for Smart Marketing", *Telephony,* 234 (9) (2 de marzo de 1998): 66; y Erin Anderson, Wujin Chu y Barton Weitz, "Industrial Purchasing: An Empirical Exploration of the Buyclass Framework", *Journal of Marketing,* 51 (julio de 1987): 71–86.

22. Véase Naresh K. Malhotra., Sung Kim y James Agarwal, "Internet Users' Information Privacy Concerns (IUIPC): The Construct, the Scale, and a Causal Model", *Information Systems Research,* 15 (4) (diciembre de 2004): 336–55; Walter C. Borman, "An Examination of the Comparative Reliability, Validity, and Accuracy of Performance Ratings Made Using Computerized Adaptive Rating Scales", *Journal of Applied Psychology,* 86 (5) (octubre de 2001): 965; y Eric A. Greenleaf, "Improving Rating Scale Measures by Detecting and Correcting Bias Components in Some Response Styles", *Journal of Marketing Research,* 29 (mayo de 1992): 176–88.

23. Bruce Thompson, *Score Reliability: Contemporary Thinking on Reliability Issues* (Thousand Oaks, CA: Sage Publications, 2002); Pritibhushan Sinha, "Determination of Reliability of Estimations Obtained with Survey Research: A Method of Simulation", *International Journal of Market Research,* 42 (3) (verano de 2000): 311–17; E. J. Wilson, "Research Design Effects on the Reliability of Rating Scales in Marketing—An Update on Churchill and Peter", *Advances in Consumer Research,* 22 (1995): 360–65; William D. Perreault, Jr. y Laurence E. Leigh, "Reliability of Nominal Data Based on Qualitative Judgments", *Journal of Marketing Research,* 25 (mayo de 1989): 135–48; y J. Paul Peter, "Reliability: A Review of Psychometric Basics and Recent Marketing Practices", *Journal of Marketing Research,* 16 (febrero de 1979): 6–17.

24. Madhu Viswanathan, *Measurement Error and Research Design* (Thousand Oaks, CA: Sage Publications, 2005); Donald T. Campbell y M. Jean Russo, *Social Measurement* (Thousand Oaks, CA: Sage Publications, 2001); y Simon S. K. Lam y Ka S. Woo, "Measuring Service Quality: A Test-Retest Reliability Investigation of SERVQUAL", *Journal of the Market Research Society,* 39 (2) (abril de 1997): 381–96.

25. David Hunt, *Measurement and Scaling in Statistics* (Londres, Inglaterra: Edward Arnold, 2001); David Armstrong, Ann Gosling, John Weinman y Theresa Marteau, "The Place of Inter-Rater Reliability in Qualitative Research: An Empirical Study", *Sociology: The Journal of the British Sociological Association,* 31 (3) (agosto de 1997): 597–606; y M. N. Segal, "Alternate Form Conjoint Reliability", *Journal of Advertising Research,* 4 (1984): 31–38.

26. Tom J. Brown, John C. Mowen, D. Todd Donavan y Jane W. Licata, "The Customer Orientation of Service Workers: Personality Trait Effects on Self- and Supervisor-Performance Ratings", *Journal of Marketing Research,* 39 (1) (febrero de 2002): 110–19; Robert A. Peterson, "A Meta-Analysis of Chronbach's Coefficient Alpha", *Journal of Consumer Research,* 21 (septiembre de 1994): 381–91; y L. J. Cronbach, "Coefficient Alpha and the Internal Structure of Tests", *Psychometrika,* 16 (1951): 297–34.

27. Patrick Y. K. Chau y Kai Lung Hui, "Identifying Early Adopters of New IT Products: A Case of Windows 95", *Information & Management,* 33 (5) (28 de mayo de 1998): 225–30.

28. Gilad Chen, "Validation of a New General Self-Efficacy Scale", *Organizational Research Methods,* 4 (1) (enero de 2001): 62–83; D. G. Mctavish, "Scale Validity–A Computer Content-Analysis Approach", *Social Science Computer Review,* 15 (4) (invierno de 1997): 379–93; y J. Paul Peter, "Construct Validity: A Review of Basic Issues and Marketing Practices", *Journal of Marketing Research,* 18 (mayo de 1981): 133–45.

29. Para más detalles sobre la validez, véase Bruce L. Alford y Brian T. Engelland, "Measurement Validation in Marketing Research: A Review and Commentary", *Journal of Business Research,* 57 (2) (2004): 95–97; Bruce Keillor, "A Cross-Cultural/Cross-National Study of Influencing Factors and Socially Desirable Response Biases", *International Journal of Market Research* (primer trimestre de 2001): 63–84; M. Joseph Sirgy, Dhruv Grewal, Tamara F. Mangleburg, Jae-ok Park et al., "Assessing the Predictive Validity of Two Methods of Measuring Self-Image Congruence", *Journal of the Academy of Marketing Science,* 25 (3) (verano de 1997): 229–41; y Rosann L. Spiro y Barton A. Weitz, "Adaptive Selling: Conceptualization, Measurement, and Nomological Validity", *Journal of Marketing Research,* 27 (febrero de 1990): 61–69.

30. Para una explicación de la teoría de la generalización y sus aplicaciones en la investigación de mercados, véase Karen L. Middleton, "Socially Desirable Response Sets: The Impact of Country Culture", *Psychology and Marketing* (febrero de 2000): 149; Shuzo Abe, Richard P. Bagozzi y Pradip Sadarangani, "An Investigation of Construct Validity and Generalizability of the Self-Concept: Self-Consciousness in Japan and the United States", *Journal of International Consumer Marketing,* 8 (3, 4) (1996): 97–123; y Joseph O. Rentz, "Generalizability Theory: A Comprehensive Method for Assessing and Improving the Dependability of Marketing Measures", *Journal of Marketing Research,* 24 (febrero de 1987): 19–28.

31. Matthew Myers, "Academic Insights: An Application of Multiple-Group Causal Models in Assessing Cross-Cultural Measurement Equivalence", *Journal of International Marketing,* 8 (4) (2000): 108–21; y Timothy R. Hinkin, "A Review of Scale Development Practices in the Study of Organizations", *Journal of Management,* 21 (5) (1995): 967–88.
32. Alan Page Fiske, "Using Individualism and Collectivism to Compare Cultures—A Critique of the Validity and Measurement of the Constructs: Comment on Oyserman", *Psychological* Bulletin, 128 (1) (enero de 2002): 78; Michael R. Mullen, George R. Milne y Nicholas M. Didow, "Determining Cross-Cultural Metric Equivalence in Survey Research: A New Statistical Test", *Advances in International Marketing,* 8 (1996): 145–157; y E. Gencturk, T. L. Childers y R. W. Ruekert, "International Marketing Involvement—The Construct, Dimensionality, and Measurement", *Journal of International Marketing,* 3 (4) (1995): 11–37.
33. Alan L. Unikel, "Imitation Might Be Flattering, but Beware of Trademark Infringement", *Marketing News,* 21 (19) (11 de septiembre de 1997): 20021; y Betsy Mckay, "Xerox Fights Trademark Battle", *Advertising Age International* (27 de abril de 1992).
34. Denny Hatch, "How Truthful Is Your Offer?" *Target Marketing,* 24 (4) (abril de 2001): 94.
35. Andrea L. Stape, "Job-Search Site Monster Gets Ready to Make Noise", *Knight Ridder Tribune Business News* (28 de agosto de 2003): 1.

Capítulo 10

1. *www.census.gov/acs*, 13 de julio de 2005; y Patricia Kelly, "Questionnaire Design, Printing, and Distribution", *Government Information Quarterly,* 17 (2) (2000): 147.
2. Thomas Obrey, "Proving Web site value: It's more than a pretty (user) face", *Customer Inter@ction Solutions* 22 (5) (noviembre de 2003): 52; y Marshall Rice, "What Makes Users Revisit a Web Site?" *Marketing News,* 31 (17 de marzo de 1997): 12.
3. S. L. Payne, *The Art of Asking Questions* (Princeton, NJ: Princeton University Press, 1951): 141. Véase también Michael Schrage, "Survey Says", *Adweek Magazines' Technology Marketing,* 22 (1) (enero de 2002): 11; y Bill Gillham, *Developing a Questionnaire* (Nueva York: Continuum International Publishing Group, 2000).
4. Estas directrices se obtuvieron de varios libros sobre diseño de cuestionarios. Véase, por ejemplo, Marco Vriens, "Split-Questionnaire Designs: A New Tool in Survey Design and Panel Management", *Marketing Research,* 13 (2) (verano de 2001): 14–19; Stephen Jenkins, "Automating Questionnaire Design and Construction", *Journal of the Market Research Society* (invierno de 1999–2000): 79–95; Bill Gillham, *Developing a Questionnaire* (Nueva York: Continuum International Publishing Group, 2000); Robert A. Peterson, *Constructing Effective Questionnaires* (Thousand Oaks, CA: Sage Publications, 2000); Howard Schuman y Stanley Presser, *Questions & Answers in Attitude Survey* (Thousand Oaks, CA: Sage Publications, 1996); Arlene Fink, *How to Ask Survey Questions* (Thousand Oaks, CA: Sage Publications, 1995); y Floyd J. Fowler, Jr., *Improving Survey Questions* (Thousand Oaks, CA: Sage Publications, 1995).
5. Bruce H. Clark, "Bad Examples", *Marketing Management,* 12 (6) (2003): 34–38; Darlene B. Bordeaux, "Interviewing—Part II: Getting the Most Out of Interview Questions", *Motor Age,* 121 (2) (febrero de 2002): 38–40; Thomas T. Semon, "Better Questions Means More Honesty", *Marketing News,* 34 (17) (14 de agosto de 2000): 10; y Thomas T. Semon, "Asking 'How Important' Is Not Enough", *Marketing News,* 31 (16) (4 de agosto de 1997): 19.
6. Jennifer Hess, "The Effects of Person-Level Versus Household-Level Questionnaire Design on Survey Estimates and Data Quality", *Public Opinion Quarterly,* 65 (4) (invierno de 2001): 574–84.
7. Timothy R. Graeff, "Uninformed Response Bias in Telephone Surveys", *Journal of Business Research,* 55 (3) (marzo de 2002): 251; Rachel Miller, "Counting the Cost of Response Rates", *Marketing* (18 de enero de 2001): 37–38; Arthur Sterngold, Rex H. Warland y Robert O. Herrmann, "Do Surveys Overstate Public Concerns?" *Public Opinion Quarterly,* 58 (20) (verano de 1994): 255–63; y D. I. Hawkins y K. A. Coney, "Uninformed Response Error in Survey Research", *Journal of Marketing Research* (agosto de 1981): 373.
8. Barbel Knauper, "Filter Questions and Question Interpretation: Presuppositions at Work", *Public Opinion Quarterly,* 62 (1) (primavera de 1998): 70–78; y George F. Bishop, Robert W. Oldendick y Alfred J. Tuchfarber, "Effects of Filter Questions in Public Opinion Surveys", *Public Opinion Quarterly,* 46 (primavera de 1982): 66–85.
9. Timothy R. Graeff, "Uninformed Response Bias in Telephone Surveys", *Journal of Business Research,* 55 (3) (marzo de 2002): 251.
10. Eunkyu Lee, Michael Y. Hu y Rex S. Toh, "Are Consumer Survey Results Distorted? Systematic Impact of Behavioral Frequency and Duration on Survey Response Errors", *Journal of Marketing Research,* 37 (1) (febrero de 2000): 125–33; Solomon Dutka y Lester R. Frankel "Measuring Response Error", *Journal of Advertising Research,* 37 (1) (enero/febrero de 1997): 33–39; y Terry Haller, *Danger: Marketing Researcher at Work* (Westport, CT: Quorum Books, 1983): 149.
11. George D. Gaskell, "Telescoping of Landmark Events: Implications for Survey Research", *Public Opinion Quarterly,* 64 (1) (primavera de 2000): 77–89; Geeta Menon, Priya Raghubir y Norbert Schwarz, "Behavioral Frequency Judgments: An Accessibility-Diagnosticity Framework", *Journal of Consumer Research,* 22 (2) (septiembre de 1995): 212–28; y William A. Cook, "Telescoping and Memory's Other Tricks", *Journal of Advertising Research* (febrero/marzo de 1987): 5–8.
12. Mike France, "Why Privacy Notices Are a Sham", *Business Week* (18 de junio de 2001): 82; y R. P. Hill, "Researching Sensitive Topics in Marketing—The Special Case of Vulnerable Populations", *Journal of Public Policy & Marketing,* 14 (1) (primavera de 1995): 143–48.
13. Patrick Hanrahan, "Mine Your Own Business", *Target Marketing* (febrero de 2000): 32; Roger Tourangeau y Tom W. Smith, "Asking Sensitive Questions: The Impact of Data-Collection Mode, Question Format, and Question Context", *Public Opinion Quarterly,* 60 (20) (verano de 1996): 275–304; y Kent H. Marquis, et al., *Response Errors in Sensitive Topic Survey: Estimates, Effects, and Correction Options* (Santa Monica, CA: Rand Corporation, 1981).
14. Hans Baumgartner y Jan-Benedict E. M. Steenkamp, "Response Styles in Marketing Research: A Cross-National Investigation", *Journal of Marketing Research,* 38 (2) (mayo de 2001): 143–56; y Priya Raghubir y Geeta Menon, "Asking Sensitive Questions: The Effects of Type of Referent and Frequency Wording in Counterbiasing Methods", *Psychology & Marketing,* 13 (7) (octubre de 1996): 633–52.
15. Para aplicaciones, véase Ernest R. Larkins, Evelyn C. Hume y Bikramjit S. Garcha, "The Validity of the Randomized Response Method in Tax Ethics Research", *Journal of Applied Business Research,* 13 (3) (verano de 1997): 25–32; Brian K. Burton y Janet P. Near, "Estimating the Incidence of Wrongdoing and Whistle-Blowing: Results of a Study Using Randomized Response Technique", *Journal of Business Ethics,* 14 (enero de 1995): 17–30; y D. E. Stem, Jr. y R. K. Steinhorst, "Telephone Interview and Mail Questionnaire Applications of the Randomized Response Model", *Journal of the American Statistical Association* (septiembre de 1984): 555–64.
16. Mildred L. Patten, *Questionnaire Research: A Practical Guide* (Los Angeles: Pyrczak Publishing, 2001); y Lynn M. Newman, "That's a Good Question", *American Demographics (Marketing Tools)* (junio de 1995): 10–13.
17. Roel Popping, *Computer-Assisted Text Analysis* (Thousand Oaks, CA: Sage Publications, 2000); y Serge Luyens, "Coding Verbatims by Computers", *Marketing Research: A Magazine of Management & Applications,* 7 (2) (primavera de 1995): 20–25.
18. Con base en un proyecto de investigación de mercados realizado por el autor. Véase también Steven G. Rogelberg, "Attitudes Toward Surveys: Development of a Measure and Its Relationship to Respondent Behavior", *Organizational Research Methods,* 4 (1) (enero de 2001): 3–25.
19. Anne-Marie Pothas, "Customer Satisfaction: Keeping Tabs on the Issues That Matter", *Total Quality Management,* 12 (1) (enero de 2001): 83; y Kevin W. Mossholder, Randall P. Settoon, Stanley G. Harris y Achilles A. Armenakis, "Measuring Emotion in Open-Ended Survey Responses: An Application of Textual Data Analysis", *Journal of Management,* 21 (2) (1995): 335–55.

20. Debra Javeline, "Response Effects in Polite Cultures", *Public Opinion Quarterly,* 63 (1) (primavera de 1999): 1–27; y Jon A. Krosnick y Duane F. Alwin, "An Evaluation of a Cognitive Theory of Response-Order Effects in Survey Measurement", *Public Opinion Quarterly* (verano de 1987): 201–19. Niels J. Blunch, "Position Bias in Multiple-Choice Questions", *Journal of Marketing Research,* 21 (mayo de 1984): 216–20, argumenta que no es posible eliminar el sesgo de posición en las preguntas de opción múltiple cambiando el orden de las alternativas. Este punto de vista es contrario a la práctica común.
21. Carol W. DeMoranville y Carol C. Bienstock, "Question Order Effects in Measuring Service Quality", *International Journal of Research in Marketing,* 20 (3) (2003): 217–31; Bobby Duffy, "Response Order Effects—How Do People Read?" *International Journal of Market Research,* 45 (4) (2003): 457–66; Eleanor Singer, "Experiments with Incentives in Telephone Surveys", *Public Opinion Quarterly,* 64 (2) (verano de 2000): 171–88; y Howard Schuman y Stanley Presser, *Questions & Answers in Attitude Survey* (Thousand Oaks, CA: Sage Publications, 1996).
22. Karen Blumenschein, "Hypothetical Versus Real Willingness to Pay in the Health Care Sector: Results from a Field Experiment", *Journal of Health Economics,* 20 (3) (mayo de 2001): 441; Joseph A. Herriges y Jason F. Shogren, "Starting Point Bias in Dichotomous Choice Valuation with Follow-Up Questioning", *Journal of Environmental Economics & Management,* 30 (1) (enero de 1996): 112–31; y R. W. Mizerski, J. B. Freiden y R. C. Green, Jr., "The Effect of the 'Don't Know' Option on TV Ad Claim Recognition Tests", *Advances in Consumer Research,* 10 (Association for Consumer Research, 1983): 283–87.
23. Marco Vriends, Michel Wedel y Zsolt Sandor, "Split-Questionnaire Design", Marketing Research, 13 (2) (2001): 14–19; Frederick G. Conrad, "Clarifying Question Meaning in a Household Telephone Survey", *Public Opinion Quarterly,* 64 (1) (primavera de 2000): 1–27; Michael McBurnett, "Wording of Questions Affects Responses to Gun Control Issue", *Marketing News,* 31 (1) (6 de enero de 1997): 12; y M. Wanke, N. Schwarz y E. Noelle-Neumann, "Asking Comparative Questions: The Impact of the Direction of Comparison", *Public Opinion Quarterly,* 59 (3) (otoño de 1995): 347–372.
24. Joseph Rydholm, "Syndicated Survey Monitors Airline Performance Around the World", *Quirk's Marketing Research Review* (noviembre de, 2000), en *www.quirks.com/articles/article_print.asp?arg_articleid=623*, 23 de marzo de 2001.
25. Richard Colombo, "A Model for Diagnosing and Reducing Nonresponse Bias", *Journal of Advertising Research,* 40 (1/2) (enero/abril de 2000): 85–93; G. S. Omura, "Correlates of Item Nonresponse", *Journal of the Market Research Society* (octubre de 1983): 321–30; y S. Presser, "Is Inaccuracy on Factual Survey Items Item-Specific or Respondent-Specific?" *Public Opinion Quarterly* (primavera de 1984): 344–55.
26. Christopher R. Bollinger, "Estimation with Response Error and Nonresponse: Food-Stamp Participation in the SIPP", *Journal of Business & Economic Statistics,* 19 (2) (abril de 2001): 129–41; y Nancy Johnson Stout, "Questionnaire Design Workshop Helps Market Researchers Build Better Surveys", *Health Care Strategic Management,* 12 (7) (julio de 1994): 10–11.
27. Bill Gillham, *Developing a Questionnaire* (Nueva York: Continuum International Publishing Group, 2000); y Lida C. Saltz, "How to Get Your News Release Published", *Journal of Accountancy,* 182 (5) (noviembre de 1996): 89–91.
28. Mick P. Couper, "Web Surveys: A Review of Issues and Approaches", *Public Opinion Quarterly,* 64 (4) (invierno de 2000): 464–94; Brad Edmondson, "How to Spot a Bogus Poll", *American Demographics,* 8 (10) (octubre de 1996): 10–15; y John O'Brien, "How Do Market Researchers Ask Questions?" *Journal of the Market Research Society,* 26 (abril de 1984): 93–107.
29. Peter M. Chisnall, "Marketing Research: State of the Art Perspectives", *International Journal of Market Research,* 44 (1) (primer trimestre de 2002): 122–25; y Paul R. Abramson y Charles W. Ostrom, "Question Wording and Partisanship", *Public Opinion Quarterly,* 58 (1) (primavera de 1994): 21–48.
30. Bob Becker, "Take Direct Route When Data Gathering", *Marketing News,* 33 (20) (27 de septiembre de 1999): 29–30; y "Don't Lead: You May Skew Poll Results", *Marketing News,* 30 (12) (3 de junio de 1996): H37.
31. Bill Gillham, *Developing a Questionnaire* (Nueva York: Continuum International Publishing Group, 2000); Raymond J. Adamek, "Public Opinion and Roe v. Wade: Measurement Difficulties", *Public Opinion Quarterly,* 58 (3) (otoño de 1994): 409–18; y E. Noelle-Neumann y B. Worcester, "International Opinion Research", *European Research* (julio de 1984): 124–31.
32. Ming Ouyand, "Estimating Marketing Persistence on Sales of Consumer Durables in China", *Journal of Business Research,* 55 (4) (abril de 2002): 337; Jacob Jacoby y George J. Szybillo, "Consumer Research in FTC Versus Kraft (1991): A Case of Heads We Win, Tails You Lose?" *Journal of Public Policy & Marketing,* 14 (1) (primavera de 1995): 1–14; y E. D. Jaffe y I. D. Nebenzahl, "Alternative Questionnaire Formats for Country Image Studies", *Journal of Marketing Research* (noviembre de 1984): 463–71.
33. Nancy A. Glassman y Myron Glassman, "Screening Questions", *Marketing Research,* 10 (3) (1998): 25–31. Howard Schuman y Stanley Presser, *Questions & Answers in Attitude Survey* (Thousand Oaks, CA: Sage Publications, 1996); y Jon A. Krosnick y Duane F. Alwin, "An Evaluation of a Cognitive Theory of Response-Order Effects in Survey Measurement", *Public Opinion Quarterly* (verano de 1987): 201–19.
34. Calificar una marca en relación con atributos específicos al principio de una encuesta puede afectar las respuestas a una posterior evaluación sobre el conjunto de la marca. Por ejemplo, véase Larry M. Bartels, "Question Order and Declining Faith in Elections", *Public Opinion Quarterly,* 66 (1) (primavera de 2002): 67–79; y Barbara A Bickart, "Carryover and Backfire Effects in Marketing Research", *Journal of Marketing Research,* 30 (febrero de 1993): 52–62.
35. Peter D. Watson, "Adolescents' Perceptions of a Health Survey Using Multimedia Computer-Assisted Self-Administered Interview", *Australian and New Zealand Journal of Public Health,* 25 (6) (diciembre de 2001): 520; Fern K. Willits y Bin Ke, "Part-Whole Question Order Effects: Views of Rurality", *Public Opinion Quarterly,* 59 (3) (otoño de 1995): 392–403; y Donald J. Messmer y Daniel J. Seymour, "The Effects of Branching on Item Nonresponse", *Public Opinion Quarterly,* 46 (verano de 1982): 270–77.
36. David Zatz, "Create Effective E-Mail Surveys", *HRMagazine,* 45 (1) (enero de 2000): 97–103; y George R. Milne, "Consumer Participation in Mailing Lists: A Field Experiment", *Journal of Public Policy & Marketing,* 16 (2) (otoño de 1997): 298–309.
37. Jon Van, "New Technology, Fast Internet Connections Give Researchers Easy Data Access", *Knight Ridder Tribune Business News* (3 de febrero de 2002): 1; "A World Press Model Debuts", *Graphic Arts Monthly,* 66 (6) (junio de 1994): 66.
38. Frederick G. Conrad, "Clarifying Questions Meaning in a Household Telephone Survey", *Public Opinion Quarterly,* 64 (1) (primavera de 2000): 1–27; E. Martin y A. E. Polivka, "Diagnostics for Redesigning Survey Questionnaires—Measuring Work in the Current Population Survey", *Public Opinion Quarterly,* 59 (4) (invierno de 1995): 547–67; Adamantios Diamantopoulos, Nina Reynolds y Bodo B. Schlegelmilch, "Pretesting in Questionnaire Design: The Impact of Respondent Characteristics on Error Detection", *Journal of the Market Research Society,* 36 (octubre de 1994): 295–314; y Ruth M. Bolton, "Pretesting Questionnaires: Content Analyses of Respondents' Concurrent Verbal Protocols", *Marketing Science,* 12 (3) (1993): 280–303.
39. Bill Gillham, *Developing a Questionnaire* (Nueva York: Continuum International Publishing Group, 2000); y Nina Reynolds, A. Diamantopoulos y Bodo B. Schlegelmilch, "Pretesting in Questionnaire Design: A Review of the Literature and Suggestions for Further Research", *Journal of the Market Research Society,* 35 (abril de 1993): 171–82.
40. H. Lee Murphy, "Survey Software Gets Simpler, More Effective", *Marketing News,* 35 (29 de enero de 2001): 4–6.
41. Donald J. MacLaurin y Tanya L. MacLaurin, "Customer Perceptions of Singapore's Theme Restaurants", *Cornell Hotel and Restaurant Administration Quarterly* (junio de 2000) 41 (3): 75–85; y *www.tourism-singapore.com/frameset.asp*.

42. Janet K. Mullin Marta, Anusorn Singhapakdi, Ashraf Attia y Scott J. Vitell, "Some Important Factors Underlying Ethical Decisions of Middle-Eastern Marketers", *International Marketing Review* 21 (1) (2004): 53; Mark A. Davis, "Measuring Ethical Ideology in Business Ethics: A Critical Analysis of the Ethics Position Questionnaire", *Journal of Business Ethics,* 32 (1) (julio de 2001): 35–53; y R. W. Armstrong, "An Empirical Investigation of International Marketing Ethics: Problems Encountered by Australian Firms", *Journal of Business Ethics,* 11 (1992): 161–71.
43. Trebor Banstetter, "Delta Flights from Dallas/Fort Worth Airport Will Pilot Food Sales", *Knight Ridder Tribune Business News* (9 de julio de 2003): 1; y Joseph Rydholm, "A Global Perspective", *Quirks Marketing Research Review* (noviembre de 2000), http://www.quirks.com/articles/article.asp?arg_ArticleId=623.

Capítulo 11

1. Joseph Rydholm, "Focus Groups Shape Ads Designed to Expand Market for Federal Duck Stamp Program", *Quirk's Marketing Research Review* (marzo de 2000), online at www.quirks.com/articles/article_print.asp?arg_articleid=566, 30 de enero de 2002.
2. Shane Schick, "IT Managers Stress Skills Help", *Computer Dealer News,* 17 (3) (2 de febrero de 2001): 1–2; y www.surveysite.com/newsite/docs/profile.htm, 5 de junio de 2005.
3. Anónimo, "Random Sampling", *Marketing News* (16 de julio de 2001): 10; Steve Wilcox, "Sampling and Controlling a TV Audience Measurement Panel", *International Journal of Market Research,* 42 (4) (invierno de 2000): 413–30; V. Verma y T. Le, "An Analysis of Sampling Errors for the Demographic and Health Surveys", *International Statistical Review,* 64 (3) (diciembre de 1966): 265–94; y H. Assael y J. Keon, "Nonsampling vs. Sampling Errors in Sampling Research", *Journal of Marketing* (primavera de 1982): 114–23.
4. Bob Brewin, "U.S. Census Bureau Plans for First Paperless Tally in 2010", *Computerworld,* 36 (12) (18 de marzo de 2002): 5; Simon Marquis, "I'm a Research Addict but Even I Can See the Census Is a Waste", *Marketing* (10 de mayo de 2001): 22; y "Frequently Asked Questions About Census 2000", *Indiana Business Review,* 72 (8) (verano de 1997): 10.
5. Anónimo, "Random Sampling: Bruised, Battered, Bowed", *Marketing News,* 36 (5) (4 de marzo de 2002): 12; Steve Wilcox, "Sampling and Controlling a TV Audience Measurement Panel", *International Journal of Market Research,* 42 (4) (200): 413–30. Arlene Fink, *How to Sample in Surveys* (Thousand Oaks, CA: Sage Publications, 1995); Martin R. Frankel, "Sampling Theory", en Peter H. Rossi, James D. Wright y Andy B. Anderson, eds., *Handbook of Survey Research* (Orlando, FL: Academic Press, 1983): 21–67; y R. M. Jaeger, *Sampling in Education and the Social Sciences* (Nueva York: Longman, 1984): 28–29.
6. Jerome P. Reiter, "Topics in Survey Sampling/Finite Population Sampling and Inference: A Prediction Approach", *Journal of the American Statistical Association,* 97 (457) (marzo de 2002): 357–58; Gary T. Henry, *Practical Sampling* (Thousand Oaks, CA: Sage Publications, 1995); y Seymour Sudman, "Applied Sampling", en Peter H. Rossi, James D. Wright y Andy B. Anderson, eds., *Handbook of Survey Research* (Orlando, FL: Academic Press, 1983): 145–94.
7. Mick P. Couper, "Web Surveys: A Review of Issues and Approaches", *Public Opinion Quarterly,* 64 (4) (invierno de 2000): 464–94; y Wayne Smith, Paul Mitchell, Karin Attebo y Stephen Leeder, "Selection Bias from Sampling Frames: Telephone Directory and Electoral Roll Compared with Door-to-Door Population Census: Results from the Blue Mountain Eye Study", *Australian & New Zealand Journal of Public Health,* 21 (2) (abril de 1997): 127–33.
8. Sobre el efecto del error de muestreo en los resultados de la investigación, véase Gregory B. Murphy, "The Effects of Organizational Sampling Frame Selection", *Journal of Business Venturing,* 17 (3) (mayo de 2002): 237; y Kelly E. Fish, James H. Barnes y Benjamin F. Banahan III, "Convenience or Calamity: Pharmaceutical Study Explores the Effects of Sample Frame Error on Research Results", *Journal of Health Care Marketing,* 14 (primavera de 1994): 45–49.
9. Sean Mussenden, "Florida Tourism Leaders Say Industry is Recovering Slowly", *Knight Ridder Tribune Business News* (22 de marzo de 2002): 1; "The Many Faces of Florida", *Association Management* (A Guide to Florida Supplement) (abril de 1997): 3; y "Florida Travel Habits Subject of Phone Survey", *Quirk's Marketing Research Review* (mayo de 1987): 10, 11, 31, 56, 60.
10. Linda Ritchie, "Empowerment and Australian Community Health Nurses Work with Aboriginal Clients: The Sociopolitical Context", *Qualitative Health Research,* 11 (2) (marzo de 2001): 190–205.
11. Anónimo, "2004 Olympics—Spectators Very Satisfied, Says Survey", (25 de agosto de 2004) en http://www.greekembassy.org/Embassy/Content/en/Article.aspx?office=3&folder=200&article=13944; y Kate Maddox, "XIX Winter Olympics: Marketing Hot Spot", *B to B,* 87 (2) (11 de febrero de 2002): 1–2.
12. Steven K. Thompson, *Sampling* (Nueva York: John Wiley & Sons, 2002); Seymour Sudman, "Sampling in the Twenty-First Century", *Academy of Marketing Science Journal,* 27 (2) (primavera de 1999): 269–77; y Leslie Kish, *Survey Sampling* (Nueva York: John Wiley, 1965): 552.
13. Patricia M. Getz, "Implementing the New Sample Design for the Current Employment Statistics Survey", *Business Economics,* 35 (4) (octubre de 2000): 47–50; "Public Opinion: Polls Apart", *Economist,* 336 (7927) (12 de agosto de 1995): 48; y Seymour Sudman, "Improving the Quality of Shopping Center Sampling", *Journal of Marketing Research,* 17 (noviembre de 1980): 423–31.
14. Para una reciente aplicación de este tipo de muestreo, véase Lisa Maher, "Risk Behaviors of Young Indo-Chinese Injecting Drug Users in Sydney and Melbourne", *Australian and New Zealand Journal of Public Health* (febrero de 2001): 50–54; y Gary L. Frankwick, James C. Ward, Michael D. Hutt y Peter H. Reingen, "Evolving Patterns of Organizational Beliefs in the Formation of Strategy", *Journal of Marketing,* 58 (abril de 1994): 96–110.
15. Si ciertos procedimientos de listar los miembros de una población escasa se siguen de manera estricta, la muestra de bola de nieve puede tratarse como una muestra de probabilidad. Véase S. Sampath, *Sampling Theory and Methods* (Boca Raton, FL: CRC Press, 2000); Gary T. Henry, *Practical Sampling* (Thousand Oaks, CA: Sage Publications, 1995); y Graham Kalton y Dallas W. Anderson, "Sampling Rare Populations", *Journal of the Royal Statistical Association* (1986): 65–82.
16. Lisa Maher, "Risk Behaviors of Young Indo-Chinese Injecting Drug Users in Sydney and Melbourne", *Australian and New Zealand Journal of Public Health* (febrero de 2001): 50–54.
17. Cuando el intervalo de muestreo, i, no es un número entero, la solución más fácil es utilizar como intervalo el número entero más cercano por debajo o por encima de i. Si el redondeo tiene un efecto demasiado considerable en el tamaño de la muestra, agregue o elimine los casos extra.
18. Para aplicaciones recientes del muestreo aleatorio sistemático, véase Phyllis MacFarlane, "Structuring and Measuring the Size of Business Markets", *International Journal of Market Research,* 44 (1) (primer trimestre de 2002): 7–30; Hailin Qu e Isabella Li, "The Characteristics and Satisfaction of Mainland Chinese Visitors to Hong Kong", *Journal of Travel Research,* 35 (4) (primavera de 1997): 37–41; y Goutam Chakraborty, Richard Ettenson y Gary Gaeth, "How Consumers Choose Health Insurance", *Journal of Health Care Marketing,* 14 (primavera de 1994): 21–33.
19. Ed Garsten, "Poll: Phone Ban Support Tepid", *Chicago Tribune* (23 de julio de 2001): 9.
20. Para una aplicación reciente del muestreo aleatorio estratificado, véase Gunnar Kjell, "The Level-Based Stratified Sampling Plan", *Journal of the American Statistical Association,* 95 (452) (diciembre de 2000): 1185–91; y Samaradasa Weerahandi y Soumyo Moitra, "Using Survey Data to Predict Adoption and Switching for Services", *Journal of Marketing Research,* 32 (febrero de 1995): 85–96.
21. Anónimo, "Charge, Losses Stifle Growth", *Business Insurance,* 36 (6) (11 de febrero de 2002): 2; y Joanne Gallucci, "Employees with Home Internet Access Want Online Retirement Plans, CIGNA Retirement & Investment Services Study Reveals", *PR Newswire,* 27 de junio de 2000.
22. Jeff D. Opdyke y Carrick Mollenkamp, "Yes, You Are 'High Net Worth,'" *Wall Street Journal* (21 de mayo de 2002): D1, D3; y Thomas J. Stanley y

Murphy A. Sewall, "The Response of Affluent Consumers to Mail Surveys", *Journal of Advertising Research* (junio/julio de 1986): 55–58.

23. M. Farrelly, K. Davis, et al., "Evidence of a Dose-Response Relationship Between "Truth" Antismoking Ads and Youth Smoking Prevalence", *American Journal of Public Health,* 95 (3) (2005): 425–31; y *http://www.thetruth.com/index.cfm? seek=aboutUs* (fecha de acceso: 13 de abril de 2005).

24. Sin embargo, el agrupamiento geográfico de poblaciones escasas puede ser una ventaja. Véase Poduri S. Rao, *Sampling Methodologies with Applications* (Boca Raton, FL: CRC Press, 2001); John B. Carlin, "Design of Cross-Sectional Surveys Using Cluster Sampling: An Overview with Australian Case Studies", *Australian and New Zealand Journal of Public Health,* 23 (5) (octubre de 1999): 546–51; James C. Raymondo, "Confessions of a Nielsen Household", *American Demographics,* 19 (3) (marzo de 1997): 24–27; y Seymour Sudman, "Efficient Screening Methods for the Sampling of Geographically Clustered Special Populations", *Journal of Marketing Research,* 22 (febrero de 1985): 20–29.

25. J. Walker, "A Sequential Discovery Sampling Procedure", *The Journal of the Operational Research Society,* 53 (1) (enero de 2002): 119; June S. Park, Michael Peters y Kwei Tang, "Optimal Inspection Policy in Sequential Screening", *Management Science,* 37 (8) (agosto de 1991): 1058–61; y E. J. Anderson, K. Gorton y R. Tudor, "The Application of Sequential Analysis in Market Research", *Journal of Marketing Research,* 17 (febrero de 1980): 97–105.

26. Para una mayor explicación sobre el doble muestreo, véase Ken Brewer, *Design and Estimation in Survey Sampling* (Londres, Inglaterra: Edward Arnold, 2001); John Shade, "Sampling Inspection Tables: Single and Double Sampling", *Journal of Applied Statistics,* 26 (8) (diciembre de 1999): 1020; David H. Baillie, "Double Sampling Plans for Inspection by Variables When the Process Standard Deviation Is Unknown", *International Journal of Quality & Reliability Management,* 9 (5) (1992): 59–70; y Martin R. Frankel y Lester R. Frankel, "Probability Sampling", en Robert Ferber, Ed., *Handbook of Marketing Research* (Nueva York: McGraw-Hill, 1974): 2–246.

27. Charles J. Whalen, "Jobs: The Truth Might Hurt", *Business Week,* 3725 (26 de marzo de 2001): 34.

28. Sobre el uso de diferentes técnicas de muestreo de probabilidad y no probabilidad en investigación transcultural, véase Naresh K. Malhotra y Mark Peterson, "Marketing Research in the New Millennium: Emerging Issues and Trends", *Market Intelligence and Planning,* 19 (4) (2001): 216–35; Naresh K. Malhotra, James Agarwal y Mark Peterson, "Cross-Cultural Marketing Research: Methodological Issues and Guidelines", *International Marketing Review,* 13 (5) (1996): 7–43; y Samiee Saeed y Insik Jeong, "Cross-Cultural Research in Advertising: An Assessment of Methodologies", *Journal of the Academy of Marketing Science,* 22 (verano de 1994): 205–15.

29. Sunil Erevelles, "The Use of Price and Warranty Cues in Product Evaluation: A Comparison of U.S. and Hong Kong Consumers", *Journal of International Consumer Marketing,* 11 (3) (1999): 67; Taylor Humphrey, "Horses for Courses: How Survey Firms in Different Countries Measure Public Opinion with Different Methods", *Journal of the Market Research Society,* 37 (3) (julio de 1995): 211–19; y B. J. Verhage, U. Yavas, R. T. Green y E. Borak, "The Perceived Risk Brand Loyalty Relationship: An International Perspective", *Journal of Global Marketing,* 3 (3) (1990): 7–22.

30. Aileen Smith, "Ethics-Related Responses to Specific Situation Vignettes: Evidence of Gender-Based Differences and Occupational Socialization", *Journal of Business Ethics,* 28 (1) (noviembre de 2000): 73–86; Satish P. Deshpande, "Managers' Perception of Proper Ethical Conduct: The Effect of Sex, Age, and Level of Education", *Journal of Business Ethics,* 16 (1) (enero de 1997): 79–85; y I. P. Akaah, "Differences in Research Ethics Judgments Between Male and Female Marketing Professionals", *Journal of Business Ethics,* 8 (1989): 375–81.

31. Catherine Belton, Brian Bremner, Kerry Capell, Manjeet Kripalani, Tom Lowry y Dexter Roberts, "MTV's World", *Business Week* (3770) (18 de febrero de 2002): 81; y Gordon Masson, "MTV Availability Reaches 100 Million Mark in Europe", *Billboard* 113 (29) (21 de julio de 2001): 10–11.

Capítulo 12

1. *Bicycling* Magazine, *Bicycling Magazine's 2005 Semiannual Study of U.S. Retail Bicycle Stores.*

2. Una explicación de la distribución muestral se encuentra en cualquier libro de estadística básica. Por ejemplo, véase Mark L. Berenson, Timothy Krehbiel y David M. Levine, *Basic Business Statistics: Concepts and Applications,* 10a. ed. (Englewood Cliffs, NJ: Prentice Hall, 2006).

3. También existen otros enfoques estadísticos. Sin embargo, una discusión al respecto está más allá del objetivo de este libro. El lector interesado puede remitirse a Marion R. Reynolds, Jr., "EWMA Control Charts with Variable Sample Sizes and Variable Sampling Intervals", *IIE Transactions,* 33 (6) (junio de 2001): 511–30; S. Sampath, *Sampling Theory and Methods* (Boca Raton, FL: CRC Press, 2000); L. Yeh y L. C. Van, "Bayesian Double-Sampling Plans with Normal Distributions", *Statistician,* 46 (2) (1997): 193–207; W. G. Blyth y L. J. Marchant, "A Self-Weighing Random Sampling Technique", *Journal of the Market Research Society,* 38 (4) (octubre de 1996): 473–79; Clifford Nowell y Linda R. Stanley, "Length-Biased Sampling in Mall Intercept Surveys", *Journal of Marketing Research,* 28 (noviembre de 1991): 475–79; y Raphael Gillett, "Confidence Interval Construction by Stein's Method: A Practical and Economical Approach to Sample Size Determination", *Journal of Marketing Research,* 26 (mayo de 1989): 237.

4. Steven K. Thompson, *Sampling* (Nueva York: John Wiley & Sons, 2002); Melanie M. Wall, "An Effective Confidence Interval for the Mean with Samples of Size One and Two", The American Statistician, Alexandria (mayo de 2001): 102–105; y Siu L. Chow, Statistical Significance (Thousand Oaks, CA: Sage Publications, 1996).

5. Richard L. Valliant, Alan H. Dorfman y Richard M. Royall, *Finite Population Sampling and Inference: A Prediction Approach* (Nueva York: John Wiley & Sons, 2000).

6. "City of Los Angeles Internet Services Project: Market Analysis and Best Practices Report", *e-Government Services Project Reports,* 29 de octubre de 1999: en *www.ci.la.ca.us/311/marketanalysis.pdf,* 8 de abril de 2001.

7. Véase, por ejemplo, S. Sampath, *Sampling Theory and Methods* (Boca Raton, FL: CRC Press, 2000); Nigel Bradley, "Sampling for Internet Surveys: An Examination of Respondent Selection for Internet Research", *Market Research Society,* 41 (4) (octubre de 1999): 387–95; C. J. Adcock, "Sample Size Determination—A Review", *Statistician,* 46 (2) (1997): 261–83; y Seymour Sudman, "Applied Sampling", en Peter H. Rossi, James D. Wright y Andy B. Anderson, eds., *Handbook of Survey Research* (Orlando, FL: Academic Press, 1983): 145–94.

8. El ajuste por las tasas de incidencia y finalización se explica en Poduri S. Rao, *Sampling Methodologies with Applications* (Boca Raton, FL: CRC Press, 2001); Barbara Bickart, "The Distribution of Survey Contact and Participation in the United States: Constructing a Survey-Based Estimate", *Journal of Marketing Research,* 36 (2) (mayo de 1999): 286–94; Don A. Dillman, Eleanor Singer, Jon R. Clark y James B. Treat, "Effects of Benefits Appeals, Mandatory Appeals, and Variations in Statements of Confidentiality on Completion Rates for Census Questionnaires", *Public Opinion Quarterly,* 60 (3) (otoño de 1996): 376–89; y Louis G. Pol y Sukgoo Pak, "The Use of Two-Stage Survey Design in Collecting Data from Those Who Have Attended Periodic or Special Events", *Journal of the Market Research Society,* 36 (octubre de 1994): 315–26.

9. Judith Green, "Jacksonville Symphony Sets Big Anniversary Fest", *The Atlanta Journal, The Atlanta Constitution* (20 de febrero de 2000): K7; Nevin J. Rodes, "Marketing a Community Symphony Orchestra", *Marketing News,* 30 (3) (29 de enero de 1996): 2; y "Sales Makes Sweet Music", *Quirk's Marketing Research Review* (mayo de 1988): 10–12.

10. Patrick Van Kenhove, "The Influence of Topic Involvement on Mail-Survey Response Behavior", *Psychology & Marketing,* 19 (3) (marzo de 2002): 293; M. R. Fisher, "Estimating the Effect of Nonresponse Bias on Angler Surveys", *Transactions of the American Fisheries Society,* 125 (1) (enero de 1996): 118–26; y Charles Martin, "The Impact of Topic Interest on Mail Survey Response Behaviour", *Journal of the Market Research Society,* 36 (octubre de 1994): 327–38.

11. Simone M. Cummings, "Reported Response Rates to Mailed Physician Questionnaires", *Health Services Research*, 35 (6) (febrero de 2001): 1347–55; A. Hill, J. Roberts, P. Ewings y D. Gunnell, "Nonresponse Bias in a Lifestyle Survey", *Journal of Public Health Medicine*, 19 (2) (junio de 1997): 203–207; y Stephen W. McDaniel, Charles S. Madden y Perry Verille, "Do Topic Differences Affect Survey Nonresponse?" *Journal of the Market Research Society* (enero de 1987): 55–66.

12. Para minimizar la incidencia de falta de respuesta y el ajuste para sus efectos, véase Eunkyu Lee, Michael Y. Hu y Rex S. Toh, "Respondent Non-Cooperation in Surveys and Diaries: An Analysis of Item Non-Response and Panel Attrition", *International Journal of Market Research*, 46 (3) (2004): 311–26; Richard Colombo, "A Model for Diagnosing and Reducing Nonresponse Bias", *Journal of Advertising Research*, 40 (1/2) (enero/abril de 2000): 85–93; H. C. Chen, "Direction, Magnitude, and Implications of Nonresponse Bias in Mail Surveys", *Journal of the Market Research Society*, 38 (3) (julio de 1996): 267–76; y Michael Brown, "What Price Response?" *Journal of the Market Research Society*, 36 (julio de 1994): 227–44.

13. Steve Jarvis, "CMOR Finds Survey Refusal Rate Still Rising", *Marketing News*, 36 (3) (4 de febrero de 2002): 4; Artur Baldauf, "Examining Motivations to Refuse in Industrial Mail Surveys", *Journal of the Market Research Society*, 41 (3) (julio de 1999): 345–53; Reg Baker, "Nobody's Talking", *Marketing Research: A Magazine of Management & Applications*, 8 (1) (primavera de 1996): 22–24; y Jolene M. Struebbe, Jerome B. Kernan y Thomas J. Grogan, "The Refusal Problem in Telephone Surveys", *Journal of Advertising Research* (junio/julio de 1986): 29–38.

14. Mike Brennan, Susan Benson y Zane Kearns, "The Effect of Introductions on Telephone Survey Response Rates", *International Journal of Market Research*, 47 (1) (2005): 65–74; Van Kenhove, "The Influence of Topic Involvement on Mail-Survey Response Behavior", *Psychology & Marketing*, 19 (3) (marzo de 2002): 293; Robert M. Groves, "Leverage-Saliency Theory of Survey Participation: Description and an Illustration", Public Opinion Quarterly, 64 (3) (otoño de 2000): 299–308; S. A. Everett, J. H. Price, A. W. Bedell y S. K. Telljohann", The Effect of a Monetary Incentive in Increasing the Return Rate of a Survey of Family Physicians", *Evaluation and the Health Professions*, 20 (2) (junio de 1997): 207–14; J. Scott Armstrong y Edward J. Lusk, "Return Postage in Mail Surveys: A Meta-Analysis", *Public Opinion Quarterly* (verano de 1987): 233–48; y Julie Yu y Harris Cooper, "A Quantitative Review of Research Design Effects on Response Rates to Questionnaires", *Journal of Marketing Research*, 20 (febrero de 1983): 36–44.

15. Steven G. Rogelberg, "Attitudes Toward Surveys: Development of a Measure and Its Relationship to Respondent Behavior", *Organizational Research Methods*, 4 (1) (enero de 2001): 3–25; y Edward F. Fern, Kent B. Monroe y Ramon A. Avila, "Effectiveness of Multiple Request Strategies: A Synthesis of Research Results", *Journal of Marketing Research*, 23 (mayo de 1986): 144–53.

16. Cihan Cobanoglu y Nesrin Cobanoglu, "The Effect of Incentives in Web Surveys: Application and Ethical Considerations", *International Journal of Market Research*, 45 (4) (2003): 475–88; Michael J. Shaw, "The Use of Monetary Incentives in a Community Survey: Impact on Response Rates, Date, Quality, and Cost", *Health Services Research*, 35 (6) (febrero de 2001): 1339–46; Sheldon Wayman, "The Buck Stops Here When It Comes to Dollar Incentives", *Marketing News*, 31 (1) (6 de enero de 1997): 9; y Paul M. Biner y Heath J. Kidd, "The Interactive Effects of Monetary Incentive Justification and Questionnaire Length on Mail Survey Response Rates", *Psychology & Marketing*, 11 (5) (septiembre/octubre de 1994): 483–92.

17. B. Zafer Erdogan, "Increasing Mail Survey Response Rates from an Industrial Population: A Cost-Effectiveness Analysis of Four Follow-up Techniques", *Industrial Marketing Management*, 31 (1) (enero de 2002): 65.

18. John Byrom, "The Effect of Personalization on Mailed Questionnaire Response Rates", *International Journal of Market Research* (verano de 2000): 357–59; D. A. Dillman, E. Singer, J. R. Clark y J. B. Treat, "Effects of Benefits Appeals, Mandatory Appeals, and Variations in Statements of Confidentiality on Completion Rates for Census Questionnaires", *Public Opinion Quarterly*, 60 (3) (otoño de 1996): 376–89; P. Gendall, J. Hoek y D. Esslemont, "The Effect of Appeal, Complexity, and Tone in a Mail Survey Covering Letter", *Journal of the Market Research Society*, 37 (3) (julio de 1995): 251–68; y Thomas V. Greer y Ritu Lohtia, "Effects of Source and Paper Color on Response Rates in Mail Surveys", *Industrial Marketing Management*, 23 (febrero de 1994): 47–54.

19. Anónimo, "Arbitron Dip Again", *Mediaweek*, 14 (21) (24 de mayo de 2004): 26.

20. Scott Keeter, "Consequences of Reducing Nonresponse in a National Telephone Survey", *Public Opinion Quarterly*, 64 (2) (verano de 2000): 125–48; G. L. Bowen, "Estimating the Reduction in Nonresponse Bias from Using a Mail Survey as a Backup for Nonrespondents to a Telephone Interview Survey", *Research on Social Work Practice*, 4 (1) (enero de 1994): 115–28; y R. A. Kerin y R. A. Peterson, "Scheduling Telephone Interviews", *Journal of Advertising Research* (mayo de 1983): 44.

21. Richard Colombo, "A Model for Diagnosing and Reducing Nonresponse Bias", *Journal of Advertising Research* (enero/abril de 2000): 85–93; y M. L. Rowland y R. N. Forthofer, "Adjusting for Nonresponse Bias in a Health Examination Survey", *Public Health Reports*, 108 (3) (mayo/junio de 1993): 380–86.

22. Michael D. Larsen, "The Psychology of Survey Response", *Journal of the American Statistical Association*, 97 (457) (marzo de 2002): 358–59; y E. L. Dey, "Working with Low Survey Response Rates—The Efficacy of Weighting Adjustments", *Research in Higher Education*, 38 (2) (abril de 1997): 215–27.

23. Mark Jurkowitz, "TV Networks Hope to Avoid Exit Poll Errors in Calling Presidential Race", *Knight Ridder Tribune Business News* (2 de noviembre de 2004): 1; Kevin J. Flannelly, "Reducing Undecided Voters and Other Sources of Error in Election Surveys", *International Journal of Market Research*, 42 (2) (primavera de 2000): 231–37; y John Maines, "Taking the Pulse of the Voter", *American Demographics* (noviembre de 1992): 20.

24. Jing Qin, "Estimation with Survey Data Under Nonignorable Nonresponse or Informative Sampling", *Journal of the American Statistical Association*, 97 (457) (marzo de 2002): 193–200; R. C. Kessler, R. J. Little y R. M. Grover, "Advances in Strategies for Minimizing and Adjusting for Survey Nonresponse", *Epidemiologic Reviews*, 17 (1) (1995): 192–204; y James C. Ward, Bertram Russick y William Rudelius, "A Test of Reducing Callbacks and Not-at-Home Bias in Personal Interviews by Weighting At-Home Respondents", *Journal of Marketing Research*, 2 (febrero de 1985): 66–73.

25. Ken Brewer, *Design and Estimation in Survey Sampling* (Londres: Edward Arnold, 2001); Jun Sao, "Variance Estimation for Survey Data with Composite Imputation and Nonnegligible Sampling Fractions", *Journal of American Statistical Association* (marzo de 1999): 254–65; y J. W. Drane, D. Richter y C. Stoskopf, "Improved Imputation of Nonresponse to Mailback Questionnaires", *Statistics in Medicine*, 12 (3–4) (febrero de 1993): 283–88.

26. Charles Hutzler, "Boeing Sees Strong Chinese Demand", *Wall Street Journal* (edición del Este) (2 de noviembre de 2004): D.4.

27. Anne-Wil Harzing, "Cross-National Industrial Mail Surveys; Why Do Response Rates Differ Between Countries?" *Industrial Marketing Management*, 29 (3) (mayo de 2000): 243–54.

28. Humphrey Taylor, "Using Internet Polling to Forecast the 2000 Elections", *Marketing Research*, 13 (1) (primavera de 2001): 26–30; Vicki G. Morwitz y Carol Pluzinski, "Do Polls Reflect Opinions or Do Opinions Reflect Polls? The Impact of Political Polling on Voters' Expectations, Preferences, and Behavior", *Journal of Consumer Research*, 23 (1) (junio de 1996): 53–67.

29. Based on Jack Neff, "P&G Brings Potty to Parties", *Advertising Age*, Midwest Region Edition, 74 (7) (17 de febrero de 2003): 22.

Capítulo 13

1. Steve Jarvis, "CMOR Finds Survey Refusal Rate Still Rising", *Marketing News* (4 de febrero de 2002): 4; Reg Baker, "Nobody's Talking", *Marketing Research: A Magazine of Management & Applications*, 8 (1) (primavera de 1996): 22–24; y "Study Tracks Trends in Refusal Rates", *Quirk's Marketing Research Review* (agosto/septiembre de 1989): 16–18, 42–43.

2. Carolyn Folkman Curasi, "A Critical Exploration of Face-to-Face Interviewing vs. Computer-Mediated Interviewing", *International Journal of Market Research,* 43 (4) (cuarto trimestre de 2001): 361–75; Gale D. Muller y Jane Miller, "Interviewers Make the Difference", *Marketing Research: A Magazine of Management & Applications,* 8 (1) (primavera de 1996): 8–9; y "JDC Interviews Michael Redington", *Journal of Data Collection,* 25 (primavera de 1985): 2–6.
3. Jaber F. Gubrium y James A. Holstein, *Handbook of Interview Research: Context and Method* (Thousand Oaks, CA: Sage Publications, 2001); y James H. Frey y Sabine M. Oishi, *How to Conduct Interviews by Telephone and in Person* (Thousand Oaks, CA: Sage Publications, 1995).
4. Joshua M. Sacco, Christine R. Scheu, Ann Marie Ryan y Neal Schmitt, "An Investigation of Race and Sex Similarity Effects in Interviews: A Multilevel Approach to Relational Demography", *Journal of Applied Psychology,* 88 (5) (2003): 852–65; Susan C. McCombie, "The Influences of Sex of Interviewer on the Results of an AIDS Survey in Ghana", *Human Organization,* 61 (1) (primavera de 2002): 51–55; Joseph A. Catina, Diane Binson, Jesse Canchola, Lance M. Pollack, et al., "Effects of Interviewer Gender, Interviewer Choice, and Item Wording on Responses to Questions Concerning Sexual Behavior", *Public Opinion Quarterly,* 60 (3) (otoño de 1996): 345–75; Philip B. Coulter, "Race of Interviewer Effects on Telephone Interviews", *Public Opinion Quarterly,* 46 (verano de 1982): 278–84; y Eleanor Singer, Martin R. Frankel y Marc B. Glassman, "The Effect of Interviewer Characteristics and Expectations on Response", *Public Opinion Quarterly,* 47 (primavera de 1983): 68–83.
5. Jessica Clark Newman, "The Differential Effects of Face-to-Face and Computer Interview Models", *American Journal of Public Health,* 92 (2) (febrero de 2002): 294–97; Darren W. Davis, "Nonrandom Measurement Error and Race of Interviewer Effects Among African Americans", *Public Opinion Quarterly,* 61 (1) (primavera de 1997): 183–207; y Raymond F. Barker, "A Demographic Profile of Marketing Research Interviewers", *Journal of the Market Research Society* (Inglaterra) (29 de julio de 1987): 279–92.
6. Anónimo, "Dextra Hands Out Vital Interview Advice", *Management Services,* 46 (2) (febrero de 2002): 6; M. K. Kacmar y W. A. Hochwarter, "The Interview as a Communication Event: A Field Examination of Demographic Effects on Interview Outcomes", *Journal of Business Communication,* 32 (3) (julio de 1995): 207–32; y Martin Collins y Bob Butcher, "Interviewer and Clustering Effects in an Attitude Survey", *Journal of the Market Research Society* (Inglaterra) 25 (enero de 1983): 39–58.
7. Anónimo, "Renewing Your Interviewing Skills", *Healthcare Executive,* 17 (1) (enero/febrero de 2002): 29; Pamela Kiecker y James E. Nelson, "Do Interviewers Follow Telephone Survey Instructions?" *Journal of the Market Research Society,* 38 (2) (abril de 1996): 161–76; Gale D. Muller y Jane Miller (1996), "Interviewers Make the Difference", *Marketing Research,* 8 (1) (1996): 8–9; y P. J. Guenzel, T. R. Berkmans y C. F. Cannell, *General Interviewing Techniques* (Ann Arbor, MI: Institute for Social Research, 1983).
8. Brent Robertson, "The Effect of an Introductory Letter on Participation Rates Using Telephone Recruitment", *Australian and New Zealand Journal of Public Health,* 24 (5) (octubre de 2000): 552; Karl Feld, "Good Introductions Save Time, Money", *Marketing News,* 34 (5) (28 de febrero de 2000): 19–20; y Mick P. Couper, "Survey Introductions and Data Quality", *Public Opinion Quarterly* (verano de 1997): 317–38.
9. Este procedimiento es similar al que realizó Burke Marketing Research, Cincinnati.
10. Darlene B. Bordeaux, "Interviewing—Part II: Getting the Most out of Interview Questions", *Motor Age,* 121 (2) (febrero de 2002): 38–40; "Market Research Industry Sets Up Interviewing Quality Standards", *Management-Auckland,* 44 (2) (marzo de 1997): 12; y "JDC Interviews Michael Redington", *Journal of Data Collection,* 25 (primavera de 1985): 2–6.
11. Esta sección sigue de cerca el material en *Interviewer's Manual,* rev. ed. (Ann Arbor, MI: Survey Research Center, Institute for Social Research, University of Michigan) y P. J. Guenzel, T. R. Berkmans, y C. F. Cannell, *General Interviewing Techniques* (Ann Arbor, MI: Institute for Social Research).
12. Para un extensivo tratamiento del sondeo, véase Jaber F. Gubrium y James A. Holstein, *Handbook of Interview Research: Context and Method* (Thousand Oaks, CA: Sage Publications, 2001); e *Interviewer's Manual*: 15–19.
13. *Interviewer's Manual,* rev. ed. (Ann Arbor, MI: Survey Research Center, Institute for Social Research, University of Michigan): 16.
14. Ara C. Trembly, "Poor Data Quality: A $600 Billion Issue", *National Underwriter,* 106 (11) (18 de marzo de 2002): 48; "Market Research Industry Sets Up Interviewing Quality Standards", *Management-Auckland,* 44 (2) (marzo de 1997): 12; y Jean Morton-Williams y Wendy Sykes, "The Use of Interaction Coding and Follow-Up Interviews to Investigate Comprehension of Survey Questions", *Journal of the Market Research Society,* 26 (abril de 1984): 109–27.
15. Jaber F. Gubrium y James A. Holstein, *Handbook of Interview Research: Context and Method* (Thousand Oaks, CA: Sage Publications, 2001); John Anderson, *Behavioral Risk Factors Surveillance System User's Guide* (Atlanta: U.S. Department of Health and Human Services, Centers for Disease Control and Prevention, 1998).
16. John Pallister, "Navigating the Righteous Course: A Quality Issue", *Journal of the Market Research Society,* 41 (3) (julio de 1999): 327–43; y Martin Collins y Bob Butcher, "Interviewer and Clustering Effects in an Attitude Survey", *Journal of the Market Research Society* (Inglaterra) 25 (enero de 1983): 39–58.
17. Nigel G. Fielding, *Interviewing,* 4 vols. (Thousand Oaks, CA: Sage Publications, 2003); y Donald S. Tull y Larry E. Richards, "What Can Be Done About Interviewer Bias", en Jagdish Sheth, ed., *Research in Marketing* (Greenwich, CT: JAI Press, 1980): 143–62.
18. Carla Johnson, "Making Sure Employees Measure Up", *HRMagazine,* 46 (3) (marzo de 2001): 36–41; y Elaine D. Pulakos, Neal Schmitt, David Whitney y Matthew Smith, "Individual Differences in Interviewer Ratings: The Impact of Standardization, Consensus Discussion, and Sampling Error on the Validity of a Structured Interview", *Personnel Psychology,* 49 (1) (primavera de 1996): 85–102.
19. Jamie Smith, "How to Boost DM Response Rates Quickly", *Marketing News,* 35 (9) (23 de abril de 2001): 5; Sophie K. Turley, "A Case of Response Rate Success", *Journal of Market Research Society,* 41 (3) (julio de 1999): 301–309; y Jack Edmonston, "Why Response Rates Are Declining", *Advertising Age's Business Marketing,* 82 (8) (septiembre de 1997): 12.
20. Carter Dougherty, "European Union Asks U.S. to Follow Rules, End Exports Spat", *Knight Ridder Tribune Business News,* (26 de enero de 2002): 1; Laurel Wentz, "Poll: Europe Favors U.S. Products", *Advertising Age* (23 de septiembre de 1991); y www.npes.org/membersonly/INTERNATIONAL-TRADE-FAX-2001.pdf.
21. Stephanie Stahl, "Ethics and the No-Fear Generation", *Information Week* (880) (18 de marzo de 2002): 8; y James E. Nelson y Pamela L. Kiecker, "Marketing Research Interviewers and Their Perceived Necessity of Moral Compromise", *Journal of Business Ethics,* 15 (10) (octubre de 1996): 1107–17.
22. www.gallup.com.
23. Michael McCarthy, "Nissan Xterra Discover Extra Success", *USA Today Online* (26 de febrero de 2001) at http://www.usatoday.com/money/index/2001-02-26-ad-track-nissan.htm#more.

Capítulo 14

1. Ara C. Trembly, "Poor Data Quality: A $600 Billion Issue", *National Underwriter,* 106 (11) (18 de marzo de 2002): 48; Kevin T. Higgins, "Never Ending Journey", *Marketing Management,* 6 (1) (primavera de 1997): 4–7; y Joann Harristhal, "Interviewer Tips", *Applied Marketing Research,* 28 (otoño de 1988): 42–45.
2. Bruce Keillor, Deborah Owens y Charles Pettijohn, "A Cross-Cultural/Cross-National Study of Influencing Factors and Socially Desirable Response Biases", *International Journal of Market Research,* 43 (1)

(primer trimestre de 2001): 63–84; y Kofi Q. Dadzie, "Demarketing Strategy in Shortage Marketing Environment", *Journal of the Academy of Marketing Science* (primavera de 1989): 157–65. Véase también Shizuhiko Nishisato, *Measurement and Multivariate Analysis* (Nueva York: Springer-Verlag, 2002).

3. Stephen Jenkins, "Automating Questionnaire Design and Construction", *Journal of the Market Research Society,* 42 (1) (invierno de 1999–2000): 79–95; Arlene Fink, *How to Analyze Survey Data* (Thousand Oaks, CA: Sage Publications, 1995); y Pamela L. Alreck y Robert B. Settle, *The Survey Research Handbook,* 2a. ed. (Homewood, IL: Irwin Professional Publishing, 1994).

4. Ide Kearney, "Measuring Consumer Brand Confusion to Comply with Legal Guidelines", *International Journal of Market Research,* 43 (1) (primer trimestre de 2001): 85–91; y Serge Luyens, "Coding Verbatims by Computer", *Marketing Research: A Magazine of Management & Applications,* 7 (2) (primavera de 1995): 20–25.

5. Yvette C. Hammett, "Voters in Hillsborough County, Florida, Try Out Touch-Screen Voting Machines", *Knight Ridder Tribune Business News* (3 de abril de 2002): 1; Tim Studt, "Exclusive Survey Reveals Move to High-Tech Solutions", *Research & Development,* 43 (3) (marzo de 2001): 37–38; y Norman Frendberg, "Scanning Questionnaires Efficiently", *Marketing Research: A Magazine of Management & Applications,* 5 (2) (primavera de 1993): 38–42.

6. Joseph Rydholm, "Scanning the Seas", *Marketing Research Review* (mayo de 1993); y *www.princess.com* (23 de mayo de 2002).

7. SPSS, Inc. Staff, *SPSS Base 13.0 User's Guide* (Paramus, NJ: Prentice Hall, 2004); SPSS, Inc. Staff, *SPSS 13.0 Brief Guide* (Paramus, NJ: Prentice Hall, 2004); Brian C. Cronk, *How to Use SPSS: A Step-by-Step Guide to Analysis and Interpretation* (Los Angeles, CA: Pyrczak Publishing, 2002); SAS Institute Staff, *SAS/ACCESS Interface to R/3: User's Guide, Release 8* (Cary, NC: SAS Publishing, 2002); Rick Aster, *Professional SAS Programming Shortcuts: Over 1000 Ways to Improve Your SAS Programs* (Phoenixville, PA: Breakfast Communications, 2002); Allan J. Rossman, Beth L. Chance y Minitab Staff, *Workshop Statistics: Discovery with Data and Minitab + Minitab Software* (Oakland, CA: Key Curriculum Press, 2001); Terry Sincich, David M. Levine, David Stephan y Mark Berenson, *Practical Statistics by Example Using Microsoft Excel and Minitab* (Paramus, NJ: Prentice Hall, 2002); Barbara F. Ryan y Brian L. Joiner, *Minitab Handbook* (Pacific Grove, CA: Duxbury, 2002); Bernard V. Liengme, *Guide to Microsoft Excel 2000 for Business and Management* (Woburn, MA: Butterworth-Heinemann, 2002); y Michael R. Middleton, *Data Analysis Using Microsoft Excel: Updated for Office XP* (Pacific Grove, CA: Duxbury, 2002).

8. Roger Sapsford, *Data Collection and Analysis,* 2a. ed. (Thousand Oaks, CA: Sage Publications, 2006); Marco Vriens y Eric Melton, "Managing Missing Data", *Marketing Research,* 14 (3) (2002): 12–17; Paul D. Allison, *Missing Data* (Thousand Oaks, CA: Sage Publications, 2001); Byung-Joo Lee, "Sample Selection Bias Correction for Missing Response Observations", *Oxford Bulletin of Economics and Statistics,* 62 (2) (mayo de 2000): 305; y Naresh K. Malhotra, "Analyzing Marketing Research Data with Incomplete Information on the Dependent Variable", *Journal of Marketing Research,* 24 (febrero de 1987): 74–84.

9. Debería asignarse un valor significativo y práctico. El valor asignado debe ser un código de respuesta legítimo. Por ejemplo, una media de 3.86 no sería práctica si se cuenta con códigos de respuesta de un solo dígito. En tales casos, la media debería redondearse al entero más cercano.

10. Raymond A. Kent, "Cases as Configurations: Using Combinatorial and Fuzzy Logic to Analyse Marketing Data", *International Journal of Market Research*, 47 (2) (2005): 205–28; Kevin M. Murphy, "Estimation and Inference in Two-Step Econometric Models", *Journal of Business & Economic Statistics,* 20 (1) (enero de 2002): 88–97; Ali Kara, Christine Nielsen, Sundeep Sahay y Nagaraj Sivasubramaniam, "Latent Information in the Pattern of Missing Observations in Global Mail Surveys", *Journal of Global Marketing,* 7 (4) (1994): 103–26; y Naresh K. Malhotra, "Analyzing Marketing Research Data with Incomplete Information on the Dependent Variable", *Journal of Marketing Research,* 24 (febrero de 1987): 74–84.

11. Algunos procedimientos para pesar requieren ajustes en subsiguientes técnicas de análisis de datos. Véase David J. Bartholomew, *The Analysis and Interpretation of Multivariate Data for Social Scientists* (Boca Raton, FL: CRC Press, 2002); Llan Yaniv, "Weighting and Trimming: Heuristics for Aggregating Judgments Under Uncertainty", *Organizational Behavior & Human Decision Processes,* 69 (3) (marzo de 1997): 237–49; y Humphrey Taylor, "The Very Different Methods Used to Conduct Telephone Surveys of the Public", *Journal of the Market Research Society,* 39 (3) (julio de 1997): 421–32.

12. Michael Bradford, "Health Care Access Services for Expats Gain in Popularity", *Business Insurance,* 36 (1) (7 de enero de 2002): 19–20; y Arch G. Woodside, Robert L. Nielsen, Fred Walters y Gale D. Muller, "Preference Segmentation of Health Care Services: The Old-Fashioneds, Value Conscious, Affluents, and Professional Want-It-Alls", *Journal of Health Care Marketing* (junio de 1988): 14–24. Véase también Rama Jayanti, "Affective Responses Toward Service Providers: Implications for Service Encounters", *Health Marketing Quarterly,* 14 (1) (1996): 49–65.

13. Véase Richard Arnold Johnson y Dean W. Wichern, *Applied Multivariate Statistical Analysis* (Paramus, NJ: Prentice Hall, 2001); B. Swift, "Preparing Numerical Data", en Roger Sapsford y Victor Jupp, eds., *Data Collection and Analysis* (Thousand Oaks, CA: Sage Publications, 1996); y Ronald E. Frank, "Use of Transformations", *Journal of Marketing Research* (agosto de 1966): 247–53, para transformaciones específicas utilizadas con frecuencia en investigación de mercados.

14. Las técnicas bivariadas se incluyeron aquí junto con técnicas multivariadas. Mientras que las técnicas bivariadas se refieren a relaciones de pares, las técnicas multivariadas examinan relaciones más complejas entre fenómenos. Véase John Spicer, *Making Sense of Multivariate Data Analysis: An Intuitive Approach* (Thousand Oaks, CA: Sage Publications, 2004).

15. Wayne S. DeSarbo, "The Joint Spatial Representation of Multiple Variable Batteries Collected in Marketing Research", *Journal of Marketing Research,* 38 (2) (mayo de 2001): 244–53; J. Douglass Carroll y Paul E. Green, "Psychometric Methods in Marketing Research: Part II: Multidimensional Scaling", *Journal of Marketing Research,* 34 (2) (mayo de 1997): 193–204.

16. Stephanie Thompson, "Häagen-Dazs goes for mass, not class", *Advertising Age* (Midwest Edition) 75(12) (22 de marzo de 2004): 4–5; David Kilburn, "Häagen-Dazs Is Flavor of Month", *Marketing Week,* 20 (23) (4 de septiembre de 1997): 30; Mark Maremont, "They're All Screaming for Häagen Dazs", *Business Week* (14 de octubre 1991); y *www.dairyfoods.com/articles/2001/0901/0901market.htm.*

17. Gael McDonald, "Cross-Cultural Methodological Issues in Ethical Research", *Journal of Business Ethics,* 27 (1/2) (septiembre de 2000): 89–104; Pertti Alasuutari, *Researching Culture* (Thousand Oaks, CA: Sage Publications, 1995); y C. T. Tan, J. McCullough y J. Teoh, "An Individual Analysis Approach to Cross-Cultural Research", en Melanie Wallendorf y Paul Anderson, eds., *Advances in Consumer Research,* vol. 14 (Provo, UT: Association for Consumer Research, 1987): 394–97.

18. Véase, por ejemplo, Robert G. Tian, "Cross-Cultural Issues in Internet Marketing", *Journal of American Academy of Business,* 1 (2) (marzo de 2002): 217–24; Lisa D. Spiller y Alexander J. Campbell, "The Use of International Direct Marketing by Small Businesses in Canada, Mexico, and the United States: A Comparative Analysis", *Journal of Direct Marketing,* 8 (invierno de 1994): 7–16; y Meee-Kau Nyaw y Ignace Ng, "A Comparative Analysis of Ethical Beliefs: A Four-Country Study", *Journal of Business Ethics,* 13 (julio de 1994): 543–56.

19. Rosemary Barnes, "Downsizing, Increased Competition Has Employees Working Longer, Feeling Anger", *Knight Ridder Tribune Business News* (8 de mayo de 2004): 1; Willie E. Hopkins y Shirley A. Hopkins, "The Ethics of Downsizing: Perception of Rights and Responsibilities", *Journal of Business Ethics,* 18 (2) (enero de 1999): 145–54.

20. Basado en: Alice Z. Cuneo, "Calhoun Takes up Challenge to Revamp Banana Republic", *Advertising Age,* 74 (24) (16 de junio de 2003): 22.

Capítulo 15

1. John B. Ford, Michael S. LaTour e Irvine Clarke, "A Prescriptive Essay Concerning Sex Role Portrayals in International Advertising Contexts", *American Business Review* 22 (1) (enero de 2004): 42; Laura M. Milner, "Sex-Role Portrayals and the Gender of Nations", *Journal of Advertising,* 29 (1) (primavera de 2000): 67–79; y Mary C. Gilly, "Sex Roles in Advertising: A Comparison of Television Advertisements in Australia, Mexico, and the United States", *Journal of Marketing,* 52 (abril de 1988): 75–85.

2. Cherie Keen, Martin Wetzels, Ko de Ruyter y Richard Feinberg, "E-tailers versus Retailers: Which Factors Determine Consumer Preferences", *Journal of Business Research,* 57 (7) (julio de 2004): 685; Charla Mathwick, Naresh K. Malhotra y Edward Rigdon, "The Effect of Dynamic Retail Experiences on Experiential Perceptions of Value: An Internet and Catalog Comparison", *Journal of Retailing,* 78 (2002): 51–60; y Troy A. Festervand, Don R. Snyder y John D. Tsalikis, "Influence of Catalog vs. Store Shopping and Prior Satisfaction on Perceived Risk", *Journal of the Academy of Marketing Science* (invierno de 1986): 28–36.

3. Lisa Deply Neirotti, Heather A. Bosetti y Kenneth C. Teed, "Motivation to Attend the 1996 Summer Olympic Games", *Journal of Travel Research,* 39 (3) (febrero de 2001): 327–31.

4. Véase cualquier libro de introducción a la estadística para una descripción más detallada de estos estadísticos. Por ejemplo, Mark L. Berenson, Timothy Krehbiel y David M. Levine, *Basic Business Statistics: Concepts and Applications,* 10a. ed. (Englewood Cliffs, NJ: Prentice Hall, 2006).

5. Para nuestros propósitos, no se hará ninguna distinción entre la prueba de hipótesis formal y la inferencia estadística por medio de los intervalos de confianza.

6. Una excelente explicación de las formas de analizar las tabulaciones cruzadas se encuentra en Bryan E. Denham, "Advanced Categorical Statistics: Issues and Applications in Communication Research", *Journal of Communication,* 52 (1) (marzo de 2002): 162; y O. Hellevik, *Introduction to Causal Analysis: Exploring Survey Data by Crosstabulation* (Beverly Hills, CA: Sage Publications, 1984).

7. Ran Kivetz e Itamar Simonson, "Earning the Right to Indulge: Effort as a Determinant of Customer Preferences Toward Frequency Program Rewards", *Journal of Marketing Research,* 39 (2) (mayo de 2002): 155–70; y Lawrence F. Feick, "Analyzing Marketing Research Data with Association Models", *Journal of Marketing Research,* 21 (noviembre de 1984): 376–86. Para una aplicación reciente, véase Wagner A. Kamakura y Michel Wedel, "Statistical Data Fusion for Cross-Tabulation", *Journal of Marketing Research,* 34 (4) (noviembre de 1997): 485–98.

8. R. Mark Sirkin, *Statistics for the Social Sciences,* 3a. ed. (Thousand Oaks, CA: Sage Publications, 2005); y Daniel B. Wright, *First Steps in Statistics* (Thousand Oaks, CA: Sage Publications, 2002).

9. James J. Higgins, *Introduction to Modern Nonparametric Statistics* (Pacific Grove, CA: Duxbury, 2002); y Marjorie A. Pett, *Nonparametric Statistics for Health Care Research* (Thousand Oaks, CA: Sage Publications, 1997). Para un tratamiento más extenso, véase H. O. Lancaster, *The Chi-Squared Distribution* (Nueva York: John Wiley, 1969).

10. Mark L. Berenson, Timothy Krehbiel y David M. Levine, *Basic Business Statistics: Concepts and Applications,* 10a. ed. (Englewood Cliffs, NJ: Prentice Hall, 2006).

11. Sin embargo, algunos especialistas en estadística no están de acuerdo. Consideran que no debería aplicarse ninguna corrección. Véase, por ejemplo, John E. Overall, "Power of Chi-Square Tests for 2×2 Contingency Tables with Small Expected Frequencies", *Psychological Bulletin* (enero de 1980): 132–35.

12. Las pruebas de significancia e intervalos de confianza también están disponibles tanto para lambda asimétrica como para lambda simétrica. Véase L. A. Goodman y W. H. Kruskal, "Measures of Association for Cross-Classification: Appropriate Sampling Theory", *Journal of the American Statistical Association,* 88 (junio de 1963): 310–64.

13. Andy Fields, *Discovering Statistics Using SPSS,* 2a. ed. (Thousand Oaks, CA: Sage Publications, 2005); John M. Hoenig, "The Abuse of Power: The Pervasive Fallacy of Power Calculation for Data Analysis", *The American Statistician,* 55 (1) (febrero de 2001): 19–24; y Michael Cowles y Caroline Davis, "On the Origins of the 0.05 Level of Statistical Significance", *American Psychologist* (mayo de 1982): 553–58.

14. Técnicamente, una hipótesis nula no puede aceptarse; simplemente, se puede rechazar o no rechazar. Sin embargo, esta distinción es irrelevante en investigación aplicada.

15. La condición cuando no puede suponerse que las varianzas son iguales se conoce como el problema de Behrens-Fisher. Existe cierta controversia sobre cuál es el mejor procedimiento en este caso. Para un ejemplo reciente, véase Carrie M. Heilman, Kent Nakamoto y Ambar G. Rao, "Pleasant Surprises: Consumer Response to Unexpected In-Store Coupons", *Journal of Marketing Research,* 39 (2) (mayo de 2002): 242–52.

16. Susan Chandler, "Some Retailers Begin to Cater to Growing Group of Aging Shoppers", *Knight Ridder Tribune Business News* (17 de marzo de 2001): 1; y James R. Lumpkin y James B. Hunt, "Mobility as an Influence on Retail Patronage Behavior of the Elderly: Testing Conventional Wisdom", *Journal of the Academy of Marketing Science* (invierno de 1989): 1–12.

17. Nat Ives, "In a TV World Filled with Clutter, Some Commercials Are Running Longer, Hoping to Be Noticed", *New York Times* (última edición, Costa Este) (28 de julio de 2004): C.11; Larry Dunst, "Is It Possible to Get Creative in 15 Seconds?" *Advertising Age,* 64 (50) (29 de noviembre de 1993): 18; y Jerry A. Rosenblatt y Janet Mainprize, "The History and Future of 15-Second Commercials: An Empirical Investigation of the Perception of Ad Agency Media Directors", en William Lazer, Eric Shaw y Chow-Hou Wee, eds., *World Marketing Congress, International Conference Series,* vol. IV (Boca Raton, FL: Academy of Marketing Science, 1989): 169–77.

18. Gopal K. Kanji, *100 Statistical Tests: New Edition* (Thousand Oaks, CA: Sage Publications, 1999); y Donald L. Harnett, *Statistical Methods,* 3a. ed. (Reading, MA: Addison-Wesley, 1982).

19. James J. Higgins, *Introduction to Modern Nonparametric Statistics* (Pacific Grove, CA: Duxbury, 2002); y Marjorie A. Pett, *Nonparametric Statistics for Health Care Research* (Thousand Oaks, CA: Sage Publications, 1997).

20. Existe cierta controversia sobre si las técnicas estadísticas no paramétricas deberían emplearse para hacer inferencias acerca de los parámetros poblacionales.

21. En este caso, la prueba t es eequivalente la prueba de chi cuadrada para la independencia en una tabla de contingencia 2×2. La relación es $\chi^2_{0.951(1)} = t^2_{0.005(n_1 + n_2 - 2)}$. Para muestras grandes, la distribución t se aproxima a la distribución normal, de manera que la prueba t y la prueba z son equivalentes.

22. Sheree R. Curry, "Drawing a Prize Ad Client", *TelevisionWeek* 23 (24) (14 de junio de 2004): 12; y James R. Krum, Pradeep A. Rau y Stephen K. Keiser, "The Marketing Research Process: Role Perceptions of Researchers and Users", *Journal of Advertising Research* (diciembre/enero de 1988): 9–21.

23. Reinhard Bergmann, "Different Outcomes of the Wilcoxon-Mann-Whitney Test from Different Statistics Packages", *The American Statistician,* 54 (1) (febrero de 2000): 72–77.

24. "General Mills Introduces Harmony—Nutritional Woman's Cereal Now Available Nationally", sitio Web de General Mills (17 de enero de 2001), *http://www.generalmills.com/corporate/media/news/story. asp?storyID5706.*

25. Marjorie A. Pett, *Nonparametric Statistics for Health Care Research* (Thousand Oaks, CA: Sage Publications, 1997); y J. G. Field, "The World's Simplest Test of Significance", *Journal of the Market Research Society* (julio de 1971): 170–72.

26. Louella Miles, "Finding a Balance in Global Research", *Marketing* (29 de noviembre de 2001): 33; y Leslie de Chernatony, Chris Halliburton y Ratna Bernath, "International Branding: Demand or Supply Driven", *International Marketing Review* 12 (2) (1995): 9–21.

27. Mark Dolliver, "Keeping Honest Company", *Adweek* 41 (28) (10 de julio de 2000): 29; Lawrence B. Chonko, *Ethical Decision Making in Marketing* (Thousand Oaks, CA: Sage Publications, 1995); y G. R. Laczniak y P. E. Murphy, "Fostering Ethical Marketing Decisions", *Journal of Business Ethics,* 10 (1991): 259–71.

28. Marija Norusis, *SPSS 13.0 Guide to Data Analysis* (Paramus, NJ: Prentice Hall, 2006); Marija Norusis, *SPSS 13.0 Statistical Procedures Companion*

(Paramus, NJ: Prentice Hall, 2006); Brian C. Cronk, *How to Use SPSS: A Step-by-Step Guide to Analysis and Interpretation* (Los Angeles, CA: Pyrczak Publishing, 2002); SAS Institute Staff, *SAS/ACCESS Interface to R/3: User's Guide, Release 8* (Cary, NC: SAS Publishing, 2002); Rick Aster, *Professional SAS Programming Shortcuts: Over 1000 Ways to Improve Your SAS Programs* (Phoenixville, PA: Breakfast Communications, 2002); Allan J. Rossman, Beth L. Chance y Minitab Staff, *Workshop Statistics: Discovery with Data and Minitab 1 Mintab Software* (Oakland, CA: Key Curriculum Press, 2001); Terry Sincich, David M. Levine, David Stephan y Mark Berenson, *Practical Statistics by Example Using Microsoft Excel and Minitab* (Paramus, NJ: Prentice Hall, 2002); Barbara F. Ryan y Brian L. Joiner, *Minitab Handbook* (Pacific Grove, CA: Duxbury, 2002); Bernard V. Liengme, *Guide to Microsoft Excel 2000 for Business and Management* (Woburn, MA: Butterworth-Heinemann, 2002); y Michael R. Middleton, *Data Analysis Using Microsoft Excel: Updated for Office XP* (Pacific Grove, CA: Duxbury, 2002).

Capítulo 16

1. Bob McKercher y Donna Y. Y. Wong, "Understanding Tourism Behavior: Examining the Combined Effects of Prior Visitation History and Destination Status", *Journal of Travel Research,* 43 (2) (noviembre de 2004): 17; Seyhmus Balogluand Mehmet Mangaloglu, "Tourism Destination Images of Turkey, Egypt, Greece, and Italy as Perceived by U.S.-Based Tour Operators and Travel Agents", *Tourism Management,* 22 (1) (febrero de 2001): 1–9.
2. "Statistics: U.S. Online Shoppers", (29 de junio de 2005) en *www.shop.org/learn/stats_usshop_general.asp*; Ellen Garbarino y Michal Strahilevitz, "Gender Differences in the Perceived Risk of Buying Online and the Effects of Receiving a Site Recommendation", *Journal of Business Research,* 57 (7) (julio de 2004): 768; Richard Burnett, "As Internet Sales Rise, So Do Shoppers' Complaints", *Knight Ridder Tribune Business News* (20 de diciembre de 2001): 1; y Pradeep Korgaonkar y George P. Moschis, "The Effects of Perceived Risk and Social Class on Consumer Preferences for Distribution Outlets", en Paul Bloom, Russ Winer, Harold H. Kassarjian, Debra L. Scammon, Bart Weitz, Robert Spekman, Vijay Mahajan y Michael Levy, eds., *Enhancing Knowledge Development in Marketing,* serie núm. 55 (Chicago: American Marketing Association, 1989): 39–43.
3. Para consultar una reciente aplicación de ANOVA, véase Stephen M. Nowlis, Naomi Mandel y Deborah Brown McCabe, "The Effect of a Delay Between Choice and Consumption on Consumption Enjoyment", *Journal of Consumer Research,* 31 (diciembre de 2004), 502–10.
4. R. Mark Sirkin, *Statistics for the Social Sciences,* 3rd ed. (Thousand Oaks, CA: Sage Publications, 2005); Denis G. Janky, "Sometimes Pooling for Analysis of Variance Hypothesis Tests: A Review and Study of a Split-Plot Model", *The American Statistician,* 54 (4) (noviembre de 2000): 269–79; Wade C. Driscoll, "Robustness of the ANOVA and Tukey-Kramer Statistical Tests", *Computers & Industrial Engineering,* 31 (1, 2) (octubre de 1996): 265–68; y Richard K. Burdick, "Statement of Hypotheses in the Analysis of Variance", *Journal of Marketing Research* (agosto de 1983): 320–24.
5. La prueba *F* es una forma generalizada de la prueba *t*. Si una variable aleatoria tiene una distribución *t* con *n* grados de libertad, entonces t^2 tiene una distribución *F* con 1 y *n* grados de libertad. Donde hay niveles o tratamientos de dos factores, ANOVA es equivalente la prueba *t* bilateral.
6. Aunque los cálculos para los modelos de efectos fijos y aleatorios son similares, las interpretaciones de los resultados difieren. Una comparación de estos enfoques se encuentra en J. Rick Turner y Julian Thayer, *Introduction to Analysis of Variance: Design, Analysis, and Interpretation* (Thousand Oaks, CA: Sage Publications, 2001); Amir Erez, Matthew C. Bloom y Martin T. Wells, "Using Random Rather Than Fixed Effects Models in Meta-Analysis: Implications for Situational Specificity and Validity Generalization", *Personnel Psychology,* 49 (2) (verano de 1996): 275–306. Véase también J. Rick Turner y Julian F. Thayer, *Introduction to Analysis of Variance: Design, Analysis, and Interpretation* (Thousand Oaks, CA: Sage Publications, 2001).
7. Anónimo, "Why Video Direct Marketing Works", *Adweek* (2000): 12; y Denise T. Smart, James E. Zemanek, Jr. y Jeffrey S. Conant, "Videolog Retailing: How Effective Is This New Form of Direct Mail Marketing?" en Paul Bloom, Russ Winer, Harold H. Kassarjian, Debra L. Scammon, Bart Weitz, Robert Spekman, Vijay Mahajan y Michael Levy, eds., *Enhancing Knowledge Development in Marketing,* serie núm. 55 (Chicago: American Marketing Association, 1989): 85.
8. Consideramos sólo los diseños factoriales completos, que incorporan todas las posibles combinaciones de niveles factoriales.
9. Michael A Kamins, Xavier Dreze y Valerie S. Folkes, "Effects of Seller-Supplied Prices on Buyers' Product Evaluations: Reference Prices in an Internet Auction Context", *Journal of Consumer Research,* 30 (marzo de 2004), 622–28; James Jaccard, *Interaction Effects in Factorial Analysis of Variance* (Thousand Oaks, CA: Sage Publications, 1997); y Jerome L. Mayers, *Fundamentals of Experimental Design,* 3a. ed. (Boston: Allyn & Bacon, 1979).
10. Andy Fields, *Discovering Statistics Using SPSS,* 2a. ed. (Thousand Oaks, CA: Sage Publications, 2005); y Shizuhiko Nishisato, *Measurement and Multivariate Analysis* (Nueva York: Springer-Verlag Nueva York, 2002).
11. Kalpesh Kaushik Desai, "The Effects of Ingredient Branding Strategies on Host Brand Extendibility", *Journal of Marketing,* 66 (1) (enero de 2002): 73–93; y Paul Chao, "The Impact of Country Affiliation on the Credibility of Product Attribute Claims", *Journal of Advertising Research* (abril/mayo de 1989): 35–41.
12. Aunque ésta es la forma más común en la que se realiza el análisis de covarianza, también son posibles otras situaciones. Por ejemplo, los efectos de las covariables y los factores podrían ser del mismo interés, o quizá el conjunto de covariables podría ser de mayor interés. Para consultar una aplicación reciente, véase Lisa E. Bolton y Americus Reed, "Sticky Priors: The Perseverance of Identity Effects on Judgment", *Journal of Marketing Research,* 41 (noviembre de 2004): 397–410.
13. Para una explicación más detallada, véase Marija Norusis, *SPSS 13.0 Statistical Procedures Companion* (Paramus, NJ: Prentice Hall); J. Rick Turner y Julian Thayer, *Introduction to Analysis of Variance: Design, Analysis, and Interpretation* (Thousand Oaks, CA: Sage Publications, 2001); Stanton A. Glantz y Bryan K. Slinker, *Primer of Applied Regression and Analysis of Variance* (Blacklick, OH: McGraw-Hill, 2000); y A. R. Wildt y O. T. Ahtola, *Analysis of Covariance* (Beverly Hills, CA: Sage Publications, 1978).
14. Véase Shi Zhang y Bernd H. Schimitt, "Creating Local Brands in Multilingual International Markets", *Journal of Marketing Research,* 38 (3) (agosto de 2001): 313–25; U. N. Umesh, Robert A. Peterson, Michelle McCann-Nelson y Rajiv Vaidyanathan, "Type IV Error in Marketing Research: The Investigation of ANOVA Interactions", *Journal of the Academy of Marketing Science,* 24 (1) (invierno de 1996): 17–26; William T. Ross, Jr. y Elizabeth H. Creyer, "Interpreting Interactions: Raw Means or Residual Means", *Journal of Consumer Research,* 20 (2) (septiembre de 1993): 330–38; y J. H. Leigh y T. C. Kinnear, "On Interaction Classification", *Educational and Psychological Measurement,* 40 (invierno de 1980): 841–43.
15. James Jaccard, *Interaction Effects in Factorial Analysis of Variance* (Thousand Oaks, CA: Sage Publications, 1997).
16. Esta fórmula no se cumple se si realizan repetidas mediciones de la variable dependiente. Véase Edward F. Fern y Kent B. Monroe, "Effect-Size Estimates: Issues and Problems in Interpretation", *Journal of Consumer Research,* 23 (2) (septiembre de 1996): 89–105; y David H. Dodd y Roger F. Schultz, Jr., "Computational Procedures for Estimating Magnitude of Effect for Some Analysis of Variance Designs", *Psychological Bulletin* (junio de 1973): 391–95.
17. La fórmula ω^2 se atribuye a Hays. Véase W. L. Hays, *Statistics for Psychologists* (Nueva York: Holt, Rinehart & Winston, 1963).
18. Richard Arnold Johnson y Dean W. Wichern, *Applied Multivariate Statistical Analysis* (Paramus, NJ: Prentice Hall, 2001); Edward F. Fern y Kent B. Monroe, "Effect-Size Estimates: Issues and Problems in Interpretation", *Journal of Consumer Research,* 23 (2) (septiembre de 1996): 89–105; y Jacob Cohen, *Statistical Power Analysis for the Behavioral Sciences* (Mahwah, NJ: Lawrence Erlbaum Associates, 1988).
19. J. Rick Turner y Julian F. Thayer, *Introduction to Analysis of Variance: Design, Analysis, and Interpretation* (Thousand Oaks, CA: Sage Publications, 2001); John W. Neter, *Applied Linear Statistical Models,*

4a. ed. (Burr Ridge, IL: Irwin, 1996); y B. J. Winer, Donald R. Brown y Kenneth M. Michels, *Statistical Principles in Experimental Design,* 3a. ed. (Nueva York: McGraw-Hill, 1991).

20. Es posible combinar factores entre sujetos y e intra sujetos en un solo diseño. Véase por ejemplo, Rohini Ahluwalia, H. Rao Unnava y Robert E. Burnkrant, "The Moderating Role of Commitment on the Spillover Effect of Marketing Communications", *Journal of Marketing Research,* 38 (4) (noviembre de 2001): 458–70.

21. Glenn Haussman, "Desks Become Important Aspect in Laptop Culture" (18 de junio de 1999), disponible en *www.hotelinteractive.com/news/articleView.asp?articleID=46.*

22. Véase Paul M. Herr y Christine M. Page, "Asymmetric Association of Liking and Disliking Judgments: So What's Not to Like?" *Journal of Consumer Research,* 30 (marzo de 2004), 588–601; y J. H. Bray y S. E. Maxwell, *Multivariate Analysis of Variance* (Beverly Hills, CA: Sage, 1985). Para una aplicación reciente de MANOVA, véase Rongrong Zhou y Michel Tuan Pham, "Promotion and Prevention Across Mental Accounts: When Financial Products Dictate Consumers' Investment Goals", *Journal of Consumer Research,* 31 (junio de 2004): 125–35.

23. Allan J. Kimmel y N. Craig Smith, "Deception in Marketing Research: Ethical, Methodological, and Disciplinary Implications", *Psychology and Marketing* 18 (7) (julio de 2001): 663–89; e Ishmael P. Akaah, "A Cross-National Analysis of the Perceived Commonality of Unethical Practices in Marketing Research", en William Lazer, Eric Shaw y Chow-Hou Wee (eds.), *World Marketing Congress,* International Conference Series, vol. IV (Boca Raton, FL: Academy of Marketing Science, 1989): 2–9.

24. Dane Peterson, Angela Rhoads y Bobby C. Vaught, "Ethical Beliefs of Business Professionals: A Study of Gender, Age and External Factors", *Journal of Business Ethics* 31 (3) (junio de 2001): 1; e Ishmael P. Akaah, "Differences in Research Ethics Judgments Between Male and Female Marketing Professionals", *Journal of Business Ethics,* 8 (1989): 375–81.

Capítulo 17

1. Ann Harrington y Petra Bartosiewicz, "Who's Up? Who's Down?" *Fortune* 150 (8) (18 de octubre de 2004): 181–86; Christine Bittar, "Avon Refreshed 'Let's Talk' Campaign—Goes Global for Skincare Line Debut", *Brandweek,* 43 (7) (18 de febrero de 2002): 4; Joanne Wojcik, "Avon's Benefits Booklet Presents Easily Understood Information to All Levels of the Corporation", *Business Insurance,* 35 (47) (19 de noviembre de 2001): 14; y Cyndee Miller, "Computer Modeling Rings the Right Bell for Avon", *Marketing News* (9 de mayo de 1988): 14.

2. Kate Maddox, "Online Ad Sales Expected to Keep Growing in '05", *B to B* 89 (11) (11 de octubre de 2004): 12; y Pradeep K. Korgaonkar y Allen E. Smith, "Shopping Orientation, Demographic, and Media Preference Correlates of Electronic Shopping", en Kenneth D. Bahn, ed., *Developments in Marketing Science,* vol. 11 (Blacksburg, VA: Academy of Marketing Science, 1988): 52–55.

3. Peter Y. Chen y Paula M. Popovich, *Correlation: Parametric and Nonparametric Measures* (Thousand Oaks, CA: Sage Publications, 2002); Philip Bobko, Philip L. Roth y Christopher Bobko, "Correcting the Effect Size of *d* for Range Restriction and Unreliability", *Organizational Research Methods,* 4 (1) (enero de 2001): 46–61; Michael E. Doherty y James A. Sullivan, "rho = ρ", *Organizational Behavior & Human Decision Processes,* 43 (1) (febrero de 1989): 136–44; W. S. Martin, "Effects of Scaling on the Correlation Coefficient: Additional Considerations", *Journal of Marketing Research,* 15 (mayo de 1978): 304–8; y K. A. Bollen y K. H. Barb, "Pearson's *R* and Coarsely Categorized Measures", *American Sociological Review,* 46 (1981): 232–39.

4. Trevor Cox y Joao Branco, *Introduction to Multivariate Analysis* (Nueva York: Oxford University Press, 2002).

5. Aunque el tema no se discute aquí, las correlaciones parciales también pueden ser útiles para identificar variables intervinientes y hacer ciertos tipos de inferencias causales.

6. Joan E. Harvey, "Home Shopping 'NET' work", *Business First,* 18 (30) (22 de febrero de 2002): 27; Ronald E. Goldsmith, "The Impact of Corporate Credibility and Celebrity Credibility on Consumer Reaction to Advertisements and Brands", *Journal of Advertising,* 29 (3) (otoño de 2000): 43–54; "Bates Saatchi & Saatchi, Budapest: Accounting for Change", *Accountancy,* 116 (224) (agosto de 1995): 31; y Ken Kasriel, "Hungary's Million-Dollar Slap", *Advertising Age* (8 de junio de 1992).

7. Otra ventaja de tau es que puede generalizarse a un coeficiente de correlación parcial. James J. Higgins, *Introduction to Modern Nonparametric Statistics* (Pacific Grove, CA: Duxbury, 2002); Marjorie A. Pett, *Nonparametric Statistics for Health Care Research* (Thousand Oaks, CA: Sage Publications, 1997); y Sidney Siegel y N. J. Castellan, *Nonparametric Statistics,* 2a. ed. (Nueva York: McGraw-Hill, 1988).

8. En sentido estricto, el modelo de regresión requiere que los errores de medición se asocien sólo con la variable criterio y que las variables de predicción se midan sin error. Para el tema de errores correlacionados en serie, véase Richard A. Berk, *Regression* (Thousand Oaks, CA: Sage Publications 2003); y Analysis Eugene Canjels y Mark W. Watson, "Estimating Deterministic Trends in the Presence of Serially Correlated Errors", *Review of Economic and Statistics* 79 (2) (mayo de 1997): 184–200. Véase también Philip Bobko, *Correlation and Regression: Applications for Industrial/Organizational Psychology and Management,* 2a. ed. (Thousand Oaks, CA: Sage Publications, 2001).

9. Véase Marija Norusis, *SPSS 13.0 Statistical Procedures Companion* (Paramus, NJ: Prentice Hall, 2006) o cualquier texto sobre regresión, como M. A. Goldberg, *Introduction to Regression Analysis* (South Hampton, Inglaterra: WIT Press, 2002); y Leo H. Kahane, *Regression Basics* (Thousand Oaks, CA: Sage Publications, 2001).

10. Técnicamente, el numerador es $b - \beta$. Sin embargo, puesto que se ha planteado la hipótesis de que $\beta = 0.0$, puede omitirse en la fórmula.

11. Cuanto mayor es el EEE, más deficiente es el ajuste de la regresión.

12. La suposición de niveles fijos de predictores se aplica al modelo "clásico" de regresión. Es posible, si ciertas condiciones se satisfacen, que los predictores sean variables aleatorias. Sin embargo, no está permitido que su distribución dependa de los parámetros de la ecuación de regreisón. Véase Jeremy Miles y Mark Shevlin, *Applying Regression and Correlation: A Guide for Students and Researchers* (Thousand Oaks, CA: Sage Publications, 2001); y N. R. Draper y H. Smith, *Applied Regression Analysis,* 3a. ed. (Nueva York: John Wiley, 1998).

13. Para consultar un enfoque del manejo de las violaciones a estas suposiciones, véase Arnold Zellner, "Further Results on Baysian Method of Moments Analysis of the Multiple Regression Model", *International Economic Review,* 42 (1) (febrero de 2001): 121–40; Gary S. Dispensa, "Use Logistic Regression with Customer Satisfaction Data", *Marketing News,* 31 (1) (6 de enero de 1997): 13; y S. K. Reddy, Susan L. Holak y Subodh Bhat, "To Extend or Not to Extend: Success Determinants of Line Extensions", *Journal of Marketing Research,* 31 (mayo de 1994): 243–62.

14. Anónimo, "How Will Coca-Cola Go Down with the Locals?" *Marketing Week* (29 de julio de 2004): 25; Ying Fan, "The National Image of Global Brands", *Journal of Brand Management,* 9 (3) (enero de 2002): 180–92; Naveen Donthu, Sungho Lee y Boonghee Yoo, "An Examination of Selected Marketing Mix Elements and Brand Equity", *Academy of Marketing Science,* 28 (2) (primavera de 2000): 195–211; y Nancy Giges, "Europeans Buy Outside Goods, But Like Local Ads", *Advertising Age International* (27 de abril de 1992).

15. Para otras aplicaciones recientes de la regresión múltiple, véase Ahmet H. Kirca, Satish Jayachandran y William O. Bearden, "Market Orientation: A Meta-Analytic Review and Assessment of Its Antecedents and Impact on Performance", *Journal of Marketing,* 69 (abril de 2005): 24–41; y Pierre Chandon, Vicki G. Morwitz y Werner J. Reinartz, "Do Intentions Really Predict Behavior? Self-Generated Validity Effects in Survey Research", *Journal of Marketing,* 69 (abril de 2005): 1–14.

16. Otra razón para ajustar R^2 es que, como resultado de las propiedades de optimización del enfoque de los mínimos cuadrados, es un máximo. Por lo tanto, en cierto grado, R^2 siempre sobreestima la magnitud de la relación.

17. Si R_{pop}^2 es cero, entonces la muestra R^2 refleja sólo un error de muestro y la razón F tenderá a ser igual a la unidad.

18. Otro enfoque es el método jerárquico, en el que las variables se agregan a la ecuación de regresión en un orden especificado por el investigador.
19. R. Mark Sirkin, *Statistics for the Social Sciences,* 3a. ed. (Thousand Oaks, CA: Sage Publications, 2005); Julie R. Irwin y Gary H. McClelland, "Misleading Heuristics and Moderated Multiple Regression Models", *Journal of Marketing Research,* 38 (1) (febrero de 2001): 100–9; A. C. Atkinson, S. J. Koopman y N. Shephard, "Detecting Shocks: Outliers and Breaks in Time Series", *Journal of Econometrics,* 80 (2) (octubre de 1997): 387–422; George C. S. Wang y Charles K. Akabay, "Autocorrelation: Problems and Solutions in Regression Modeling", *Journal of Business Forecasting Methods & Systems,* 13 (4) (invierno de 1994–1995): 18–26; David Belsley, *Conditioning Diagnostics: Collinearity and Weak Data in Regression* (Nueva York: John Wiley, 1980); y David Belsley, Edwin Kuh y Roy E. Walsh, *Regression Diagnostics* (Nueva York: John Wiley, 1980).
20. La prueba Durbin-Watson se explica en prácticamente todos los libros de regresión. Véase también Francesc Marmol, "Near Observational Equivalence and Fractionally Integrated Processes", *Oxford Bulletin of Economics and Statistics,* 61 (2) (mayo de 1999): 283; Hiroyuki Hisamatsu y Koichi Maekawa, "The Distribution of the Durbin-Watson Statistic in Integrated and Near-Integrated Models", *Journal of Econometrics,* 61 (2) (abril de 1994): 367–82; y N. R. Draper y H. Smith, *Applied Regression Analysis,* 3a. ed. (Nueva York: John Wiley, 1998).
21. M. Mondello y P. Rishe, "Ticket Price Determination in Professional Sports: An Empirical Analysis of the NBA, NFL, NHL, and Major League Baseball", *Sport Marketing Quarterly,* 13 (2004): 104–12.
22. Edward J. Fox y Stephen J. Hoch, "Cherry-Picking", *Journal of Marketing,* 69 (enero de 2005): 46–62; Neal Schmitt, "Estimates for Cross-Validity for Stepwise Regression and with Predictor Selection", *Journal of Applied Psychology,* 84 (1) (febrero de 999): 50; y Shelby H. McIntyre, David B. Montgomery, V. Srinivasan y Barton A. Weitz, "Evaluating the Statistical Significance of Models Developed by Stepwise Regression", *Journal of Marketing Research,* 20 (febrero de 1983): 1–11.
23. Murray Forseter y David Q. Mahler, "The Roper Starch Report", *Drug Store News* (2000): 46–63; y Glen R. Jarboe y Carl D. McDaniel, "A Profile of Browsers in Regional Shopping Malls", *Journal of the Academy of Marketing Science* (primavera de 1987): 46–53.
24. Algunos procedimientos posibles se pueden encontrar en Rajesh Sethi, Daniel C. Smith y C. Whan Park, "Cross-Functional Product Development Teams, Creativity, and the Innovations of New Consumer Products", *Journal of Marketing Research,* 38 (1) (febrero de 2001): 73–85; Terry Grapentine, "Path Analysis vs. Structural Equation Modeling", *Marketing Research,* 12 (3) (otoño de 2000): 12–20; George C. S. Wang, "How to Handle Multicollinearity in Regression Modeling", *Journal of Business Forecasting Methods & Systems,* 15 (1) (primavera de 1996): 23–27; Charlotte H. Mason y William D. Perreault, Jr., "Collinearity, Power, and Interpretation of Multiple Regression Analysis", *Journal of Marketing Research,* 28 (agosto de 1991): 268–80; R. R. Hocking, "Developments in Linear Regression Methodology: 1959–1982", *Technometrics,* 25 (agosto de 1983): 219–30; y Ronald D. Snee, "Discussion", *Technometrics,* 25 (agosto de 1983): 230–37.
25. Nedret Billor, "An Application of the Local Influence Approach to Ridge Regression", *Journal of Applied Statistics,* 26 (2) (febrero de 1999): 177–83; R. James Holzworth, "Policy Capturing with Ridge Regression", *Organizational Behavior & Human Decision Processes,* 68 (2) (noviembre de 1996): 171–79; Albert R. Wildt, "Equity Estimation and Assessing Market Response", *Journal of Marketing Research,* 31 (febrero de 1994): 437–51; y Subhash Sharma y William L. James, "Latent Root Regression: An Alternative Procedure for Estimating Parameters in the Presence of Multicollinearity", *Journal of Marketing Research* (mayo de 1981): 154–61.
26. Sólo puede determinarse la importancia relativa, porque la importancia de una variable independiente está en función de todas las variables independientes en el modelo de regresión.
27. Andy Fields, *Discovering Statistics Using SPSS,* 2a. ed. (Thousand Oaks, CA: Sage Publications, 2005); McKee J. McClendon, *Multiple Regression and Causal Analysis* (Prospect Heights, IL: Waveland Press, 2002); Robert Rugimbana, "Predicting Automated Teller Machine Usage: The Relative Importance of Perceptual and Demographic Factors", *International Journal of Bank Marketing,* 13 (4) (1995): 26–32; Paul E. Green, J. Douglas Carroll y Wayne S. DeSarbo, "A New Measure of Predictor Variable Importance in Multiple Regression", *Journal of Marketing Research* (agosto de 1978): 356–60; y Barbara Bund Jackson, "Comment on 'A New Measure of Predictor Variable Importance in Multiple Regression,'" *Journal of Marketing Research* (febrero de 1980): 116–18.
28. En la situación poco común en la que los predictores no estén correlacionados, las correlaciones simples = correlaciones parciales = correlaciones en partes = betas. De ahí que los cuadrados de estas medidas den el mismo orden de la importancia relativa de las variables.
29. Tom Logue, "Minor League, Major Loyalty: Michigan Baseball Team Surveys Its Fans", *Quirk's Marketing Research Review* (octubre de 2000), disponible en *www.quirks.com/articles/article.asp?arg_ArticleId5616.*
30. Para una mayor explicación sobre la codificación de variables ficticias, véase Stanton A. Glantz y Bryan K. Slinker, *Primer of Applied Regression and Analysis of Variance* (Blacklick, OH: McGraw-Hill, 2000); y Jacob Cohen y Patricia Cohen, *Applied Multiple Regression Correlation Analysis for the Behavioral Sciences,* 2a. ed. (Hillsdale, NJ: Lawrence Erlbaum Associates, 1983): pp. 181–222.
31. Herman Aguinis, James C. Beaty, Robert J. Boik y Charles A. Pierce, "Effect Size and Power in Assessing Moderating Effects of Categorical Variables Using Multiple Regression: A 30-Year Review", Journal of Applied Psychology, 90 (1) (2005): 94–107; y Stanton A. Glantz y Bryan K. Slinker, *Primer of Applied Regression and Analysis of Variance* (Blacklick, OH: McGraw-Hill, 2000). Para conocer una aplicación, véase Michael J. Barone, Kenneth C. Manning y Paul W. Miniard, "Consumer Response to Retailers' Use of Partially Comparative Pricing", *Journal of Marketing,* 68 (julio de 2004): 37–47.
32. Anónimo, "World Airline Performance: Asia Pacific–Transpacific Recovery Continues", *Interavia* 58 (671) (mayo/junio de 2003): 35; Jens Flottau, "Asian Carriers Advised to Seek New Formulas", *Aviation Week & Space,* 155 (23) (3 de diciembre de 2001): 45; y Andrew Geddes, "Asian Airlines Try Loyalty Offers", *Advertising Age* (14 de diciembre de 1992).
33. Tim Barnett y Sean Valentine, "Issue Contingencies and Marketers' Recognition of Ethical Issues, Ethical Judgments and Behavioral Intentions", *Journal of Business Research,* 57(4) (abril de 2004): 338; Denise E. DeLorme, George M. Zinkhan y Warren French, "Ethics and the Internet: Issues Associated with Qualitative Research", *Journal of Business Ethics,* 33 (4) (octubre de 2001): 2; e I. P. Akaah y E. A. Riordan, "The Incidence of Unethical Practices in Marketing Research: An Empirical Investigation", *Journal of the Academy of Marketing Science,* 18 (1990): 143–52.

Capítulo 18

1. Joe Michaelree, "Incentive Programs Mean More Than Money to Retailers", *Agri Marketing* 42 (5) (junio de 2004): 32; Donald R. Lichtenstein, Scot Burton y Richard G. Netemeyer, "An Examination of Deal Proneness Across Sales Promotion Types: A Consumer Segmentation Perspective", *Journal of Retailing,* 73 (2) (verano de 1997): 283–97; y Marvin A. Jolson, Joshua L. Wiener y Richard B. Rosecky, "Correlates of Rebate Proneness", *Journal of Advertising Research* (febrero/marzo de 1987): 33–43.
2. Una explicación detallada del análisis discriminante se encuentra en Geoffrey J. McLachlan, *Discriminant Analysis and Statistical Pattern Recognition* (Hoboken, NJ: John Wiley & Sons, 2004); E. K. Kemsley, *Discriminant Analysis and Class Modeling of Spectroscopic Data* (Nueva York: John Wiley & Sons, 1998); Jacques Tacq, *Multivariate Analysis Techniques in Social Science Research* (Thousand Oaks, CA: Sage Publications, 1997); William D. Neal, "Using Discriminant Analysis in Marketing Research: Part I", *Marketing Research,* 1 (3) (1989): 79–81; William D. Neal, "Using Discriminant Analysis in Marketing Research: Part 2", *Marketing Research,* 1 (4) (1989): 55–60; y P. A. Lachenbruch, *Discriminant Analysis* (Nueva York: Hafner Press, 1975). Para consultar

una aplicación reciente, véase Chezy Ofir, "Reexamining Latitude of Price Acceptability and Price Thresholds: Predicting Basic Consumer Reaction to Price", *Journal of Consumer Research,* 30 (marzo de 2004): 612–21.
3. Véase Richard Arnold Johnson y Dean W. Wichern, *Applied Multivariate Statistical Analysis* (Paramus, NJ: Prentice Hall, 2001); y W. R. Klecka, *Discriminant Analysis* (Beverly Hills, CA: Sage Publications, 1980).
4. Philip Hans Franses, "A Test for the Hit Rate in Binary Response Models", *International Journal of Market Research,* 42 (2) (primavera de 2000): 239–45; Vincent-Watne Mitchell, "How to Identify Psychographic Segments: Part 2", *Marketing Intelligence & Planning,* 12 (7) (1994): 11–16; y M. R. Crask y W. D. Perreault, Jr., "Validation of Discriminant Analysis in Marketing Research", *Journal of Marketing Research,* 14 (febrero de 1977): 60–68.
5. En sentido estricto, antes de probar la igualdad de las medias de grupo, debe probarse la igualdad de las matrices de covarianza de grupo. La prueba M de Box puede utilizarse para este propósito. Si la igualdad de las matrices de covarianza de grupo se rechaza, los resultados del análisis discriminante deberían interpretarse con cautela. En este caso, la potencia de la prueba para la igualdad de las medias de grupo disminuye.
6. Véase Nessim Hanna, "Brain Dominance and the Interpretation of Advertising Messages", *International Journal of Commerce & Management,* 9 (3/4) (1999): 19–32; Lillian Fok, John P. Angelidis, Nabil A. Ibrahim y Wing M. Fok, "The Utilization and Interpretation of Multivariate Statistical Techniques in Strategic Management", *International Journal of Management,* 12 (4) (diciembre de 1995): 468–81; y D. G. Morrison, "On the Interpretation of Discriminant Analysis", *Journal of Marketing Research,* 6 (mayo de 1969): 156–63.
7. Bob Miodonski, "Retaining Good Employees Starts at the Top", *Contractor,* 51 (10) (octubre de 2004): 7–8; Edward F. Fern, Ramon A. Avila y Dhruv Grewal, "Salesforce Turnover: Those Who Left and Those Who Stayed", *Industrial Marketing Management* (1989): 1–9.
8. Para una validación del análisis discriminante, véase Werner J. Reinartz y V. Kumar, "On the Profitability of Long-Life Customers in a Noncontractual Setting: An Empirical Investigation and Implications for Marketing", *Journal of Marketing,* 64 (4) (octubre de 2000): 17–35.
9. Joseph F. Hair, Jr., Ralph E. Anderson, Ronald L. Tatham y William C. Black, *Multivariate Data Analysis with Readings,* 5a. ed. (Englewood Cliffs, NJ: Prentice-Hall, Inc., 1998). Véase también J. J. Glen, "Classification Accuracy in Discriminant Analysis: A Mixed Integer Programming Approach", *The Journal of the Operational Research Society,* 52 (3) (marzo de 2001): 328.
10. Nick Goodway, "ITV on a Winner with 42 Percent Surge in Profits", *Knight Ridder Tribune Business News* (9 de septiembre de 2004): 1; y Don R. Rahtz, M. Joseph Sirgy y Rustan Kosenko, "Using Demographics and Psychographic Dimensions to Discriminate Between Mature Heavy and Light Television Users: An Exploratory Analysis", en Kenneth D. Bahn, ed., *Developments in Marketing Science,* Vol. 11 (Blacksburg, VA: Academy of Marketing Science, 1988): 2–7.
11. Richard A. Johnson y Dean W. Wichern, *Applied Multivariate Statistical Analysis,* 5a. ed. (Upper Saddle River, NJ: Prentice-Hall, 2002). Para consultar una aplicación reciente, véase Jacob Goldenberg, Barak Libai y Eitan Muller, "Riding the Saddle: How Cross-Market Communications Can Create a Major Slump in Sales", *Journal of Marketing,* 66 (abril de 2002): 1–16.
12. Jan Tudor, "Valuation of the Health Services Industry", *Weekly Corporate Growth Report,* (1133) (26 de marzo de 2001): 11237–38; Kathryn H. Dansky y Diane Brannon, "Discriminant Analysis: A Technique for Adding Value to Patient Satisfaction Surveys", *Hospital & Health Services Administration,* 41 (4) (invierno de 1996): 503–13; y Jeen-Su Lim y Ron Zallocco, "Determinant Attributes in Formulation of Attitudes Toward Four Health Care Systems", *Journal of Health Care Marketing* (junio de 1988): 25–30.
13. Richard A. Johnson y Dean W. Wichern, *Applied Multivariate Statistical Analysis,* 5a. ed. (Upper Saddle River, NJ: Prentice-Hall, 2002); Joseph F. Hair, Jr., Ralph E. Anderson, Ronald L. Tatham y William C. Black, *Multivariate Data Analysis with Readings*, 5a. ed. (Englewood Cliffs, NJ: Prentice-Hall, Inc., 1998).
14. Para una explicación del modelo logit, véase Naresh K. Malhotra, "The Use of Linear Logit Models in Marketing Research", *Journal of Marketing Research* (febrero de 1983): 20–31. Para una comparación de los modelos de regresión OLS, discriminante, logit y probit, véase Naresh K. Malhotra, "A Comparison of the Predictive Validity of Procedures for Analyzing Binary Data", *Journal of Business and Economic Statistics,* 1 (octubre de 1983): 326–36.
15. Naresh K. Malhotra, "The Use of Linear Logit Models in Marketing Research", *Journal of Marketing Research* (febrero de 1983): 20–31.
16. "2005 Global Citizenship Report", en *www.hp.com/hpinfo/globalcitizenship/gcreport/index.html*; y Charlotte Klopp y John Sterlicchi, "Customer Satisfaction Just Catching On in Europe", *Marketing News* (28 de mayo de 1990).
17. Roger J. Volkema, "Demographic, Cultural, and Economic Predictors of Perceived Ethicality of Negotiation Behavior: A Nine-Country Analysis", *Journal of Business Research,* 57 (1) (enero de 2004): 69; Suzy Bashford, "Smile in Ethics Push with Cartoon Icons", *Marketing* (10 de enero de 2002): 1; y Paul R. Murphy, Jonathan E. Smith y James M. Daley, "Executive Attitudes, Organizational Size and Ethical Issues: Perspectives on a Service Industry", *Journal of Business Ethics,* 11 (1992): 11–19.

Capítulo 19

1. Barbara R. Lewis y Sotiris Spyrakopoulos, "Service Failures and Recovery in Retail Banking: The Customers' Perspective", *The International Journal of Bank Marketing,* 19 (1) (2001): 37–48; y James M. Sinukula y Leanna Lawtor, "Positioning in the Financial Services Industry: A Look at the Decomposition of Image", en Jon M. Hawes y George B. Glisan, eds., *Developments in Marketing Science*, vol. 10 (Akron, OH: Academy of Marketing Science, 1987): 439–42.
2. Para una explicación detallada del análisis factorial, véase John C. Loehlin, *Latent Variable Models: An Introduction to Factor, Path, and Structural Equation Analysis* (Mahwah, NJ: Lawrence Erlbaum Associates, 2004); Jacques Tacq, *Multivariate Analysis Techniques in Social Science Research* (Thousand Oaks, CA: Sage Publications, 1997); y George H. Dunteman, *Principal Components Analysis* (Newbury Park, CA: Sage Publications, 1989).
3. Véase Marjorie A. Pett, Nancy Lackey y John Sullivan, *Making Sense of Factor Analysis: The Use of Factor Analysis for Instrument Development in Health Care Research* (Thousand Oaks, CA: Sage Publications, 2003); A. Adam Ding, "Prediction Intervals, Factor Analysis Models, and High-Dimensional Empirical Linear Prediction", *Journal of the American Statistical Association,* 94 (446) (junio de 1999): 446–55; y W. R. Dillon y M. Goldstein, *Multivariate Analysis: Methods and Applications* (Nueva York: John Wiley, 1984): 23–99.
4. Para conocer algunas aplicaciones recientes del análisis factorial, véase Rajdeep Grewal, Raj Mehta y Frank R. Kardes, "The Timing of Repeat Purchases of Consumer Durable Goods: The Role of Functional Bases of Consumer Attitudes", *Journal of Marketing Research,* 41 (febrero de 2004), 101–15; y Yuhong Wu, Sridhar Balasubramanian y Vijay Mahajan, "When Is a Preannounced New Product Likely to Be Delayed?" *Journal of Marketing,* 68 (abril de 2004), 101–13.
5. David J. Bartholomew y Martin Knott, *Latent Variable Models and Factor Analysis* (Londres, Inglaterra: Edward Arnold Publishers, 1999); Joseph F. Hair, Jr., Ralph E. Anderson, Ronald L. Tatham y William C. Black, *Multivariate Data Analysis with Readings,* 5a ed. (Upper Saddle River, NJ: Prentice-Hall, Inc., 1998); y Alexander Basilevsky, *Statistical Factor Analysis & Related Methods: Theory & Applications* (Nueva York: John Wiley, 1994).
6. El análisis factorial se ve influido por el tamaño relativo de las correlaciones y no por el tamaño absoluto.
7. Véase Pamela W. Henderson, Joan L. Giese y Joseph Cote, "Impression Management Using Typeface Design", *Journal of Marketing,* 68 (octubre de 2004), 60–72; Wagner A. Kamakura y Michel Wedel, "Factor Analysis and Missing Data", *Journal of Marketing Research,* 37 (4) (noviembre de 2000): 490–98; Sangit Chatterjee, Linda Jamieson y Frederick

Wiseman, "Identifying Most Influential Observations in Factor Analysis", *Marketing Science* (primavera de 1991): 145–60; y Frank Acito y Ronald D. Anderson, "A Monté Carlo Comparison of Factor Analytic Methods", *Journal of Marketing Research,* 17 (mayo de 1980): 228–36.

8. También existen otros métodos de la rotación ortogonal. El método quartimax minimiza el número de factores necesarios para explicar la variable. El método equamax es una combinación de varimax y quartimax.

9. Jorge M. Silva-Risso, Randolph E. Bucklin y Donald G. Morrison, "A Decision Support System for Planning Manufacturers' Sales Promotion Calendars", *Marketing Science,* 18 (3) (1999): 274; y Ronald C. Curhan y Robert J. Kopp, "Obtaining Retailer Support for Trade Deals: Key Success Factors", *Journal of Advertising Research* (diciembre de 1987/enero de 1988): 51–60.

10. Anónimo, "Microsoft to Discontinue MSN Rebate Promotion", *Los Angeles Times* (3 de febrero de 2001): C1; y Peter Tat, William A. Cunningham III y Emin Babakus, "Consumer Perceptions of Rebates", *Journal of Advertising Research* (agosto/septiembre de 1988): 45–50.

11. "Top 10 Most Fuel-Efficient Cars for 2005", en *http://www.edmunds.com/reviews/list/top10/103325/article.html*; Don Hammonds, "Volkswagen's New Beetle Acquits Itself Well in Sporting World", *Knight Ridder Tribune Business News* (23 de julio de 2004): 1; y "Return of the Beetle", *The Economist,* 346 (8050) (10 de enero de 1998).

12. Erin Stout, "Are Your Salespeople Ripping You Off?" *Sales and Marketing Management,* 153 (2) (febrero de 2001): 56–62; David J. Fritzsche, "Ethical Climates and the Ethical Dimension of Decision Making", *Journal of Business Ethics,* 24 (2) (marzo de 2000): 125–40; e Ishmael P. Akaah y Edward A. Riordan, "The Incidence of Unethical Practices in Marketing Research: An Empirical Investigation", *Journal of the Academy of Marketing Science,* 18 (1990): 143–52.

13. "Retail Brief: Tiffany & Co"., *Wall Street Journal,* Eastern Edition (15 de mayo de 2003): D.4; y D. E. LGer, "Tiffany & Co. Offers Homier Look at Miami-Area Store", *Knight Ridder Tribune Business News,* Washington (24 de abril de 2003), p. 1.

Capítulo 20

1. Sam Solley, "Häagen-Dazs", *Marketing* (16 de junio de 2004): 22; Emma Reynolds, "Is Häagen-Dazs Shrewd to Drop Its Sexy Image?" *Marketing* (6 de septiembre de 2001): 17; Liz Stuart, "Häagen-Dazs Aims to Scoop a Larger Share", *Marketing Week,* 19 (46/2) (21 de febrero de 1997): 26; y Dwight J. Shelton, "Birds of a Geodemographic Feather Flock Together", *Marketing News* (28 de agosto de 1987): 13.

2. Para aplicaciones recientes del análisis de conglomerados, véase Charla Mathwick y Edward Rigdon, "Play, Flow, and the Online Search Experience", *Journal of Consumer Research,* 31 (septiembre de 2004): 324–32; y Maureen Morrin, Jacob Jacoby, Gita Venkataramani Johar, Xin He, Alfred Kuss y David Mazursky, "Taking Stock of Stockbrokers: Exploring Momentum versus Contrarian Investor Strategies and Profiles", *Journal of Consumer Research,* 29 (septiembre de 2002), 188–98.

3. También existen métodos de traslape que permiten que un objeto se agrupe en más de un conglomerado. Véase Anil Chaturvedi, J. Douglass Carroll, Paul E. Green y John A. Rotondo, "A Feature-Based Approach to Market Segmentation via Overlapping K-Centroids Clustering", *Journal of Marketing Research,* 34 (agosto de 1997): 370–77.

4. Excelentes explicaciones sobre los diversos aspectos del análisis de conglomerados se encuentran en Leonard Kaufman y Peter J. Rousseeuw, *Finding Groups in Data: An Introduction to Cluster Analysis* (Hoboken, NJ: John Wiley & Sons, 2004); Brian S. Everitt, Sabine Landau y Morven Leese, *Cluster Analysis,* 4a. ed. (Oxford, Inglaterra: Oxford University Press, 2001); y H. Charles Romsburg, *Cluster Analysis for Researchers* (Melbourne: Lulu.com, 2004).

5. Jafar Ali, "Micro-Market Segmentation Using a Neural Network Model Approach", *Journal of International Consumer Marketing* (2001): 7; Vicki Douglas, "Questionnaires Too Long? Try Variable Clustering", *Marketing News,* 29 (5) (27 de febrero de 1995): 38; y Girish Punj y David Stewart, "Cluster Analysis in Marketing Research: Review and Suggestions for Application", *Journal of Marketing Research,* 20 (mayo de 1983): 134–48.

6. Sobre el uso del análisis de conglomerados para segmentación, véase George Arimond, "A Clustering Method for Categorical Data in Tourism Market Segmentation Research", *Journal of Travel Research,* 39 (4) (mayo de 2001): 391–97; William D. Neal, "Advances in Market Segmentation", *Marketing Research* (priamvera de 2001): 14–18; y Mark Peterson y Naresh K. Malhotra, "A Global View of Quality of Life: Segmentation Analysis of 165 Countries", *International Marketing Review,* 17 (1) (2000): 56–73.

7. Tom J. Brown, Hailin Qu y Bongkosh Ngamsom Rittichainuwat, "Thailand's International Travel Image: Mostly Favorable", *Cornell Hotel and Restaurant Administration Quarterly,* 42 (2) (abril de 2001): 85–95; Chul-Min Mo, Mark E. Havitz y Dennis R. Howard, "Segmenting Travel Markets with the International Tourism Role (ITR) Scale", *Journal of Travel Research,* 33 (1) (verano de 1994): 24–31; y George P. Moschis y Daniel C. Bello, "Decision-Making Patterns Among International Vacationers: A Cross-Cultural Perspective", *Psychology & Marketing* (primavera de 1987): 75–89.

8. Rajan Sambandam, "Cluster Analysis Gets Complicated", *Marketing Research,* 15 (1) (2003): 16–21; y Brian S. Everitt, Sabine Landau y Morven Leese, *Cluster Analysis,* 4a. ed. (Oxford, Inglaterra: Oxford University Press, 2001).

9. Para una explicación detallada de las diferentes medidas de similitud y las fórmulas para calcularlas, véase Eric T. Bradlow, "Subscale Distance and Item Clustering Effects in Self-Administered Surveys: A New Metric", *Journal of Marketing Research* (mayo de 2001): 254–61; Victor Chepoi y Feodor Dragan, "Computing a Median Point of a Simple Rectilinear Polygon", *Information Processing Letters,* 49 (6) (22 de marzo de 1994): 281–85; y H. Charles Romsburg, *Cluster Analysis for Researchers* (Melbourne: Krieger Publishing, 1990).

10. Para una discusión más detallada sobre los aspectos implicados en la estandarización, véase H. Charles Romsburg, *Cluster Analysis for Researchers* (Melbourne: Krieger Publishing, 1990).

11. Brian Everitt, Sabine Landau y Morven Leese, *Cluster Analysis,* 4a. ed. (Oxford, Inglaterra: Oxford University Press, 2001); y G. Milligan, "An Examination of the Effect of Six Types of Error Perturbation on Fifteen Clustering Algorithms", *Psychometrika,* 45 (septiembre de 1980): 325–42.

12. Brian Everitt, Sabine Landau y Morven Leese, *Cluster Analysis,* 4a. ed. (Oxford, Inglaterra: Oxford University Press, 2001).

13. Para una discusión formal sobre confiabilidad, validez y pruebas de significancia en el análisis de conglomerados, véase Paul Bottomley y Agnes Nairn, "Blinded by Science: The Managerial Consequences of Inadequately Validated Cluster Analysis Solutions", *International Journal of Market Research,* 46 (2) (2004): 171–87; Michael J. Brusco, J. Dennis Cradit y Stephanie Stahl, "A Simulated Annealing Heuristic for a Bicriterion Partitioning Problem in Market Segmentation", *Journal of Marketing Research,* 39 (1) (febrero de 2002): 99–109; Hui-Min Chen, "Using Clustering Techniques to Detect Usage Patterns in a Web-Based Information System", *Journal of the American Society for Information Science and Technology,* 52 (11) (septiembre de 2001): 888; S. Dibbs y P. Stern, "Questioning the Reliability of Market Segmentation Techniques", *Omega,* 23 (6) (diciembre de 1995): 625–36; G. Ray Funkhouser, "A Note on the Reliability of Certain Clustering Algorithms", *Journal of Marketing Research,* 30 (febrero de 1983): 99–102; T. D. Klastorin, "Assessing Cluster Analysis Results", *Journal of Marketing Research,* 20 (febrero de 1983): 92–98; y S. J. Arnold, "A Test for Clusters", *Journal of Marketing Research,* 16 (noviembre de 1979): 545–51.

14. "Foreign Investment in U.K. Rose 31% in 2005, Government Says", (29 de junio de 2005) en *www.bloomberg.com/apps/news?pid=10000102&sid=ajym3_ESJpUE&refer=uk*; John Saunders y Rosalind H. Forrester, "Capturing Learning and Applying Knowledge: An Investigation of the Use of Innovation Teams in Japanese and American Automotive Firms", *Journal of Business Research,* 47 (1) (enero de 2000): 35; y Peter Doyle, John Saunders y Veronica Wong, "International Marketing Strategies and Organizations: A Study of U.S., Japanese, and British Competitors", en Paul Bloom, Russ Winer, Harold H. Kassarjian, Debra L. Scammon, Bart

Weitz, Robert E. Spekman, Vijay Mahajan y Michael Levy, eds., *Enhancing Knowledge Development in Marketing,* Series No. 55 (Chicago: American Marketing Association, 1989): 100–104.

15. Alfred Lin, Leslie A. Lenert, Mark A. Hlatky, Kathryn M. McDonald, et al., "Clustering and the Design of Preference-Assessment Surveys in Healthcare", *Health Services Research,* 34 (5) (diciembre de 1999): 1033–45; Edward J. Holohean, Jr., Steven M. Banks y Blair A. Maddy, "System Impact and Methodological Issues in the Development of an Empirical Typology of Psychiatric Hospital Residents", *Journal of Mental Health Administration,* 22 (2) (primavera de 1995): 177–88; y Arch G. Woodside, Robert L. Nielsen, Fred Walters y Gale D. Muller, "Preference Segmentation of Health Care Services: The Old-Fashioneds, Value Conscious, Affluents, and Professional Want-It-Alls", *Journal of Health Care Marketing* (junio de 1988): 14–24.

16. Tobi Elkin, "Sony Marketing Aims at Lifestyle Segments", *Advertising Age,* Midwest Region Edition, 73 (11) (18 de marzo de 2002): 3, 72; Tobi Elkin, "Sony Ad Campaign Targets Boomers-Turned-Zoomers", *Advertising Age,* 73 (42) (21 de octubre de 2002): 6; Steve Smith, "Upbeat Nishida Outlines New Plans for Sony", *TWICE,* 17 (14) (17 de junio de 2002): 1, 26.

17. Brian Everitt, Sabine Landau y Morven Leese, *Cluster Analysis,* 4a. ed. (Oxford, Inglaterra: Oxford University Press, 2001); y Vicki Douglas, "Questionnaire Too Long? Try Variable Clustering", *Marketing News,* 29 (5) (27 de febrero de 1995): 38.

18. Sandy Brown, "Need a Laugh? Get a Polaroid", *Adweek* 45 (13) (29 de marzo de 2004): 14; Aaron Baar, "Polaroid Ads Play Up Emotion", *Adweek,* 42 (15) (9 de abril de 2001): 2; Thoroulf Helgesen, "The Power of Advertising Myths and Realities", *Marketing & Research Today,* 24 (2) (mayo de 1996): 63–71; y David A. Aaker, Douglas M. Stayman y Richard Vezina, "Identifying Feelings Elicited by Advertising", *Psychology & Marketing* (primavera de 1988): 1–16.

19. Gergory M. Pickett, "The Impact of Product Type and Parity on the Informational Content of Advertising", *Journal of Marketing Theory and Practice,* 9 (3) (verano de 2001): 32–43; Fred Zandpour y Katrin R. Harich, "Think and Feel Country Clusters: A New Approach to International Advertising Standardization", *International Journal of Advertising,* 15 (4) (1996): 325–44; y Nancy Giges, "World's Product Parity Perception High", *Advertising Age* (20 de junio de 1988).

20. John P. Fraedrich, Neil C. Herndon Jr. y Quey-Jen Yeh, "An Investigation of Moral Values and the Ethical Content of the Corporate Culture", *Journal of Business Ethics* 30 (1) (marzo de 2001): 73–85; Ishmael P. Akaah, "Organizational Culture and Ethical Research Behavior", *Journal of the Academy of Marketing Science* 21 (1) (invierno de 1993): 59–63; y R. E. Reidenbach y D. P. Robin, "Some Initial Steps Toward Improving the Measurement of Ethical Evaluations of Marketing Activities" *Journal of Business Ethics* 7 (1988): 871–79.

Capítulo 21

1. Dean Foust, "Things Go Better with . . . Juice; Coke's New CEO Will Have to Move Quickly to Catch Up in Noncarbonated Drink", *Business Week* (3883) (17 de mayo de 2004): 81; Anónimo, "Soft Drink Product Tops Survey", *Businessworld,* (14 de agosto de 2001): 1; y Paul E. Green, Frank J. Carmone, Jr. y Scott M. Smith, *Multidimensional Scaling: Concepts and Applications* (Boston: Allyn and Bacon, 1989): 16–17.

2. http://www.printronix.com/; http://www.quirks.com/articles/articleasp?arg_ArticleId=766.

3. Para un repaso de los estudios de escalamiento multidimensional en investigación de mercados, véase Rick L. Andrews y Ajay K. Manrai, "MDS Maps for Product Attributes and Market Response: An Application to Scanner Panel Data", *Marketing Science,* 18 (4) (1999): 584–604; Tammo H. A. Bijmolt y Michel Wedel, "A Comparison of Multidimensional Scaling Methods for Perceptual Mapping", *Journal of Marketing Research,* 36 (2) (mayo de 1999): 277–85; J. Douglass Carroll y Paul E. Green, "Psychometric Methods in Marketing Research: Part II, Multidimensional Scaling", *Journal of Marketing Research,* 34 (febrero de 1997): 193–204; y Lee G. Cooper, "A Review of Multidimensional Scaling in Marketing Research", *Applied Psychological Measurement,* 7 (otoño de 1983): 427–50.

4. Una excelente explicación de los diversos aspectos del escalamiento multidimensional se encuentra en Iain Pardoe, "Multidimensional Scaling for Selecting Small Groups in College Courses", *The American Statistician* 58 (4) (noviembre de 2004): 317–21; Tammo H. A. Bijmolt, "A Comparison of Multidimensional Methods for Perceptual Mapping", *Journal of Marketing Research,* 36 (2) (mayo de 1999): 277–85; y Mark L. Davison, *Multidimensional Scaling* (Melbourne: Krieger Publishing, 1992).

5. Los datos comúnmente se tratan como simétricos. Para un enfoque asimétrico, véase Wayne S. Desarbo y Ajay K. Manrai, "A New Multidimensional Scaling Methodology for the Analysis of Asymmetric Proximity Data in Marketing Research", *Marketing Science,* 11 (1) (invierno de 1992): 1–20. Para otros enfoques de los datos de escalamiento multidimensional véase Kim Juvoung, "Incorporating Context Effects in the Multidimensional Scaling of 'Pick Any/N' Choice Data", *International Journal of Research in Marketing,* 16 (1) (febrero de 1999): 35–55; y Tammo H. A. Bijmolt y Michel Wedel, "The Effects of Alternative Methods of Collecting Similarity Data for Multidimensional Scaling", *International Journal of Research in Marketing,* 12 (4) (noviembre de 1995): 363–71.

6. Véase Trevor F. Cox y Michael A. Cox, *Multidimensional Scaling,* 2a. ed. (Nueva York: Chapman & Hall, 2000); Tammo H. A. Bijmolt y Michel Wedel, "A Comparison of Multidimensional Scaling Methods for Perceptual Mapping", *Journal of Marketing Research,* 36 (2) (1999): 277–85; Jan-Benedict SteenKamp y Hans C. M. van Trijp, "Task Experience and Validity in Perceptual Mapping: A Comparison of Two Consumer-Adaptive Techniques", *International Journal of Research in Marketing,* 13 (3) (julio de 1996): 265–76; y Naresh K. Malhotra, Arun K. Jain y Christian Pinson, "The Robustness of MDS Configurations in the Case of Incomplete Data", *Journal of Marketing Research,* 25 (febrero de 1988): 95–102.

7. Véase Trevor F. Cox y Michael A. Cox, *Multidimensional Scaling,* 2a. ed. (Nueva York: Chapman & Hall, 2000).

8. El estrés de Kruskal es quizá la medida utilizada más comúnmente para la falta de ajuste. Véase Ingwer Borg y Patrick J. Groenen, *Modern Multidimensional Scaling Theory and Applications* (Nueva York: Springer-Verlag, 1996). Para consultar el artículo original, véase J. B. Kruskal, "Multidimensional Scaling by Optimizing Goodness of Fit to a Nonmetric Hypothesis", *Psychometrika,* 29 (marzo de 1964): 1–27.

9. Wayne S. DeSarbo, "The Joint Spatial Representation of Multiple Variable Batteries Collected in Marketing Research", *Journal of Marketing Research,* 38 (2) (mayo de 2001): 244–53; J. Douglass Carroll y Paul E. Green, "Psychometric Methods in Marketing Research: Part II, Multidimensional Scaling", *Journal of Marketing Research,* 34 (febrero de 1997): 193–204; y Naresh K. Malhotra, "Validity and Structural Reliability of Multidimensional Scaling", *Journal of Marketing Research,* 24 (mayo de 1987): 164–73.

10. Véase, por ejemplo, Jack K. H. Lee, K. Sudhir y Joel H. Steckel, "A Multiple Ideal Point Model: Capturing Multiple Preference Effects from Within an Ideal Point Framework", *Journal of Marketing Research,* 39 (1) (febrero de 2002): 73–86; Wayne S. DeSarbo, M. R. Young y Arvind Rangaswamy, "A Parametric Multidimensional Unfolding Procedure for Incomplete Nonmetric Preference/Choice Set Data Marketing Research", *Journal of Marketing Research,* 34 (4) (noviembre de 1997): 499–516; y David B. Mackay, Robert F. Easley y Joseph L. Zinnes, "A Single Ideal Point Model for Market Structure Analysis", *Journal of Marketing Research,* 32 (4) (noviembre de 1995): 433–43. Véase también George Balabanis y Adamantios Diamantopoulos, "Domestic Country Bias, Country-of-Origin Effects, and Consumer Ethnocentrism: A Multidimensional Unfolding Approach", *Journal of the Academy of Marketing Science,* 32 (invierno de 2004): 80–95.

11. Paul Ferris, "All The Right Designs", *Marketing* 109 (15) (26 de abril de 2004): 3; Gaby Odekerken-Schroder, Hans Ouwersloot, Jos Lemmink, and Janjaap Semeijn, "Consumers' Trade-Off Between Relationship, Service Package and Price: An Empirical Study in the Car Industry", *European Journal of Marketing* 37 (1/2) (2003): 219–44; y Ian P. Murphy, "Downscale Luxury Cars Drive to the Heart of Baby Boomers", *Marketing News,* 30 (21) (octubre de 1997): 1, 19.

12. Para conocer algunas recientes aplicaciones del análisis de correspondencia, véase J. Jeffrey Inman, Venkatesh Shankar y Rosellina Ferraro, "The Roles of Channel-Category Associations and Geodemographics in Channel Patronage", *Journal of Marketing,* 68 (abril de 2004): 51–71; Naresh K. Malhotra y Betsy Charles, "Overcoming the Attribute Prespecification Bias in International Marketing Research by Using Nonattribute Based Correspondence Analysis", *International Marketing Review,* 19 (1) (2002): 65–79; y Ken Reed, "The Use of Correspondence Analysis to Develop a Scale to Measure Workplace Morale from Multi-Level Data", *Social Indicators Research,* 57 (3) (marzo de 2002): 339. Véase también David B. Whitlark y Scott M. Smith, "Using Correspondence Analysis to Map Relationships", *Marketing Research,* 13 (3) (2001): 22–27.

13. Véase Jorg Blasius y Michael L. Greenacre, *Visualization of Categorical Data* (McLean, VA: Academic Press, 1998); Michael J. Greenacre, *Correspondence Analysis in Practice* (Nueva York: Academic Press, 1993); Michael J. Greenacre, "The Carroll-Green-Schaffer Scaling in Correspondence Analysis: A Theoretical and Empirical Appraisal", *Journal of Marketing Research,* 26 (agosto de 1989): 358–65; Michael J. Greenacre, *Theory and Applications of Correspondence Analysis* (Nueva York: Academic Press, 1984); y Donna L. Hoffman y George R. Franke, "Correspondence Analysis: Graphical Representation of Categorical Data in Marketing Research", *Journal of Marketing Research,* 23 (agosto de 1986): 213–27.

14. Tammo H. A. Bijmolt y Michel Wedel, "A Comparison of Multidimensional Scaling Methods for Perceptual Mapping", *Journal of Marketing Research,* 36 (2) (mayo de 1999): 277–85; y John R. Hauser y Frank S. Koppelman, "Alternative Perceptual Mapping Techniques: Relative Accuracy and Usefulness", *Journal of Marketing Research,* 16 (noviembre de 1979): 495–506. Hauser y Koppelman concluyen que el análisis factorial es superior al análisis discriminante. Véase también Ingwer Borg y Patrick J. Groenen, *Modern Multidimensional Scaling Theory and Applications* (Nueva York: Springer-Verlag, 1996).

15. Para aplicaciones y temas del análisis conjunto, véase Ming Ding, Rajdeep Grewal y John Liechty, "Incentive-Aligned Conjoint Analysis", *Journal of Marketing Research,* 42 (febrero de 2005): 67–82; Eric T. Bradlow, Ye Hu y Teck-Hua Ho, "A Learning-Based Model for Imputing Missing Levels in Partial Conjoint Profiles", *Journal of Marketing Research,* 41 (noviembre de 2004): 369–81; Joseph W. Alba y Alan D. J. Cooke, "When Absence Begets Inference in Conjoint Analysis", *Journal of Marketing Research,* 41 (noviembre de 2004): 382–87; Eric T. Bradlow, Ye Hu y Teck-Hua Ho, "Modeling Behavioral Regularities of Consumer Learning in Conjoint Analysis", *Journal of Marketing Research,* 41 (noviembre de 2004): 392–96; y Olivier Toubia, John R. Hauser y Duncan I. Simester, "Polyhedral Methods for Adaptive Choice-Based Conjoint Analysis", *Journal of Marketing Research,* 41 (febrero de 2004): 116–31.

16. Marco Vriens, "Linking Attributes, Benefits, and Consumer Values", *Marketing Research,* 12 (3) (otoño de 2000): 4–10; y Judith Thomas Miller, James R. Ogden y Craig A. Latshaw, "Using Trade-Off Analysis to Determine Value-Price Sensitivity of Custom Calling Features", *American Business Review,* 16 (1) (enero de 1998): 8–13. Para una visión general del análisis conjunto en marketing, véase J. Douglass Carroll y Paul E. Green, "Psychometric Methods in Marketing Research: Part I, Conjoint Analysis", *Journal of Marketing Research,* 32 (noviembre de 1995): 385–91; y Paul E. Green y V. Srinivasan, "Conjoint Analysis in Marketing: New Developments with Implications for Research and Practice", *Journal of Marketing,* 54 (octubre de 1990): 3–19.

17. Peter H. Bloch, Frederic F. Brunel y Todd J. Arnold, "Individual Differences in the Centrality of Visual Product Aesthetics: Concept and Measurement", *Journal of Consumer Research,* 29 (marzo de 2003): 551–65; Zsolt Sandor y Michel Wedel, "Designing Conjoint Choice Experiments Using Managers' Prior Beliefs", *Journal of Marketing Research,* 38 (4) (noviembre de 2001): 430–444; S. R. Jaeger, D. Hedderley y H. J. H. MacFie (2001), "Methodological Issues in Conjoint Analysis: A Case Study", *European Journal of Marketing,* 35 (11) (2001): 1217–39; V. Srinivasan, "Predictive Validation of Multiattribute Choice Models", *Marketing Research,* 11 (4) (invierno de 1999/primavera de 2000): 28–34; Dick R. Wittink, Marco Vriens y Wim Burhenne, "Commercial Uses of Conjoint Analysis in Europe: Results and Critical Reflections", *International Journal of Research in Marketing,* 11 (1) (enero de 1994): 41–52; y Dick R. Wittink y Philippe Cattin, "Commercial Use of Conjoint Analysis: An Update", *Journal of Marketing,* 53 (julio de 1989): 91–97. Sobre el uso del análisis conjunto para medir la sensibilidad a los precios, véase "Multistage Conjoint Methods to Measure Price Sensitivity", *Sawtooth News,* 10 (invierno de 1994/1995): 5–6.

18. Estos tres atributos son un subconjunto de atributos identificados en la literatura. Véase Rune Lines y Jon M. Denstadli, "Information Overload in Conjoint Experiments", *International Journal of Market Research,* 46 (3) (2004): 297–310.

19. Martin Wetzels, "Measuring Service Quality Trade-Offs in Asian Distribution Channels: A Multilayer Perspective", *Total Quality Management,* 11 (3) (mayo de 2000): 307–18; Gerard H. Loosschilder, Edward Rosbergen, Marco Vriens y Dick R. Wittink, "Pictorial Stimuli in Conjoint Analysis to Support Product Styling Decisions", *Journal of the Market Research Society,* 37 (enero de 1995): 17–34.

20. Véase Paul E. Green, Abba M. Krieger y Yoram Wind, "Thirty Years of Conjoint Analysis: Reflections and Prospects", *Interfaces,* 31 (3) (mayo/junio de 2001): S56; J. Douglass Carroll y Paul E. Green, "Psychometric Methods in Marketing Research: Part I, Conjoint Analysis", *Journal of Marketing Research,* 32 (noviembre de 1995): 385–91; Warren F. Kuhfeld, Randall D. Tobias y Mark Garratt, "Efficient Experimental Designs with Marketing Applications", *Journal of Marketing Research,* 31 (noviembre de 1994): 545–57; Sidney Addleman, "Orthogonal Main-Effect Plans for Asymmetrical Factorial Experiments", *Technometrics,* 4 (febrero de 1962): 21–36; y Paul E. Green, "On the Design of Choice Experiments Involving Multifactor Alternatives", *Journal of Consumer Research,* 1 (septiembre de 1974): 61–68.

21. Rinus Haaijer, Wagner Kamakura y Michel Wedel, "Response Latencies in the Analysis of Conjoint Choice Experiments", *Journal of Marketing Research,* 37 (3) (agosto de 2000): 376–82; J. Douglass Carroll y Paul E. Green, "Psychometric Methods in Marketing Research: Part I, Conjoint Analysis", *Journal of Marketing Research,* 32 (noviembre de 1995): 385–91.

22. Zsolt Sandor y Michel Wedel, "Designing Conjoint Choice Experiments Using Managers' Prior Beliefs", *Journal of Marketing Research,* 38 (4) (noviembre de 2001): 430–44; y Arun K. Jain, Franklin Acito, Naresh K. Malhotra y Vijay Mahajan, "A Comparison of the Internal Validity of Alternative Parameter Estimation Methods in Decompositional Multiattribute Preference Models", *Journal of Marketing Research* (agosto de 1979): 313–22.

23. Neeraj Arora y Greg M. Allenby, "Measuring the Influence of Individual Preference Structures in Group Decision Making", *Journal of Marketing Research,* 36 (4) (noviembre de 1999): 476–87; J. Douglass Carroll y Paul E. Green, "Psychometric Methods in Marketing Research: Part I, Conjoint Analysis", *Journal of Marketing Research,* 32 (noviembre de 1995): 385–91; y Frank J. Carmone y Paul. E. Green, "Model Misspecification in Multiattribute Parameter Estimation", *Journal of Marketing Research,* 18 (febrero de 1981): 87–93.

24. Dilip Chhajed y Kilsun Kim, "The Role of Inclination and Part Worth Differences Across Segments in Designing a Price-Discriminating Product Line", *International Journal of Research in Marketing,* 21 (3) (septiembre de 2004): 313. Para una aplicación reciente del análisis que utiliza regresión OLS, véase Rinus Haaijer, Wagner Kamakura y Michel Wedel, "The 'No-Choice' Alternative to Conjoint Choice Experiments", *International Journal of Market Research,* 43 (1) (primer trimestre de 2001): 93–106; Amy Ostrom y Dawn Iacobucci, "Consumer Trade-Offs and the Evaluation of Services", *Journal of Marketing,* 59 (enero de 1995): 17–28; y Peter J. Danaher, "Using Conjoint Analysis to Determine the Relative Importance of Service Attributes Measured in Customer Satisfaction Surveys", *Journal of Retailing,* 73 (2) (verano de 1997): 235–60.

25. William L. Moore, "A Cross-Validity Comparison of Rating-Based and Choice-Based Conjoint Analysis Models", *International Journal*

of Research in Marketing, 21 (3) (2004): 299–312; Rick L. Andrews, Asim Ansari e Imran S. Currim, "Hierarchical Bayes Versus Finite Mixture Conjoint Analysis: A Comparison of Fit, Prediction and Partworth Recovery", *Journal of Marketing Research,* 39 (1) (febrero de 2002): 87–98; J. Douglass Carroll y Paul E. Green, "Psychometric Methods in Marketing Research: Part I, Conjoint Analysis", *Journal of Marketing Research,* 32 (noviembre de 1995): 385–91; Naresh K. Malhotra, "Structural Reliability and Stability of Nonmetric Conjoint Analysis", *Journal of Marketing Research,* 19 (mayo de 1982): 199–207; Thomas W. Leigh, David B. MacKay y John O. Summers, "Reliability and Validity of Conjoint Analysis and Self-Explicated Weights: A Comparison", *Journal of Marketing Research,* 21 (noviembre de 1984): 456–62; y Madhav N. Segal, "Reliability of Conjoint Analysis: Contrasting Data Collection Procedures", *Journal of Marketing Research,* 19 (febrero de 1982): 139–43.

26. Jay Palmer, "The Best Notebook Computers", *Barron's,* 80 (46) (13 de noviembre de 2000): V16–V17; William L. Moore, "Using Conjoint Analysis to Help Design Product Platforms", *The Journal of Product Innovation Management,* 16 (1) (enero de 1999): 27–39; y Del I. Hawkins, Roger J. Best y Kenneth A. Coney, *Consumer Behavior Implications for Marketing Strategy,* 7a. ed. (Boston: McGraw-Hill, 1998).

27. Frenkel Ter Hofstede, Youngchan Kim y Michel Wedel, "Bayesian Prediction in Hybrid Conjoint Analysis", *Journal of Marketing Research,* 39 (2) (mayo de 2002): 253–61; Terry G. Vavra, Paul E. Green y Abba M. Krieger, "Evaluating EZPass", *Marketing Research,* 11 (2) (verano de 1999): 4–14; Clark Hu y Stephen J. Hiemstra, "Hybrid Conjoint Analysis as a Research Technique to Measure Meeting Planners' Preferences in Hotel Selection", *Journal of Travel Research,* 35 (2) (otoño de 1996): 62–69; Paul E. Green y Abba M. Krieger, "Individualized Hybrid Models for Conjoint Analysis", *Management Science,* 42 (6) (junio de 1996): 850–67; y Paul E. Green, "Hybrid Models for Conjoint Analysis: An Expository Review", *Journal of Marketing Research,* 21 (mayo de 1984): 155–69.

28. Anónimo, "Enhancing Adjuvants Give Drastic Advance to Fusilade", *Farmers Guardian* (18 de julio de 2003): 27; Kevin J. Boyle, "A Comparison of Conjoint Analysis Response Formats", *American Journal of Agricultural Economics,* 83 (2) (mayo de 2001): 441–54; Dale McDonald, "Industry Giants", *Farm Industry News,* 34 (3) (febrero de 2001): 6; y Diane Schneidman, "Research Method Designed to Determine Price for New Products, Line Extensions", *Marketing News* (23 de octubre de 1987): 11.

29. Chris Wright, "Asian Automakers Add European Style to Boost Sales", *Automotive News* 78(6100) (28 de junio de 2004): 28; Anónimo, "US's Newest Automaker Brings European Micro Car to the US", *Octane Week* 19 (43) (29 de noviembre de 2004): 1; y "Luxury Car Makers Assemble World View", *Corporate Location* (enero/febrero de 1997): 4.

30. Anónimo, "Lever Faberge Plans Major Softener Launch", *Marketing Week* (9 de septiembre de 2004): 5; Sukanya Jitpleecheep, "Thailand's Detergent Market Growth Rate Slows", *Knight Ridder Tribune Business News* (24 de mayo de 2002): 1; Linda Grant, "Outmarketing P & G", *Fortune,* 137 (1) (12 de enero de 1998): 150–52; y David Butler, "Thai Superconcentrates Foam", *Advertising Age* (18 de enero de 1993).

31. Katharina J. Srnka, "Culture's Role in Marketers' Ethical Decision Making: An Integrated Theoretical Framework", *Academy of Marketing Science Review* (2004): 1; Dane Peterson, Angela Rhoads y Bobby C. Vaught, "Ethical Beliefs of Business Professionals: A Study of Gender, Age and External Factors", *Journal of Business Ethics,* 31 (3) (junio de 2001): 1; y S. J. Vitell y F. N. Ho, "Ethical Decision Making in Marketing: A Synthesis and Evaluation of Scales Measuring the Various Components of Decision Making in Ethical Situations", *Journal of Business Ethics,* 16 (7) (mayo de 1997): 699–717.

Capítulo 22

1. Christine Tatum, "United Airlines Banks on New Network, Customer Data to Fill More Seats", *Knight Ridder Tribune Business News* (1 de abril de 2002): 1; y Joseph Rydholm, "Surveying the Friendly Skies", *Marketing Research* (mayo de 1996).

2. Gill Ereaut, Mike Imms y Martin Callingham, *Qualitative Market Research: Principles & Practice,* 7 vols. (Thousand Oaks, CA: Sage Publications, 2002); Thomas L. Greenbaum, *The Handbook for Focus Group Research* (Thousand Oaks, CA: Sage Publications, 1997); y Thomas L. Greenbaum, "Using 'Ghosts' to Write Reports Hurts Viability of Focus Group", *Marketing News,* 27 (19) (13 de septiembre de 1993): 25.

3. Anónimo, "Research Reports", *Barron's,* 82 (14) (8 de abril de 2002): 30; Edward R. Tufte, *Visual Explanations: Images and Quantities, Evidence and Narrative* (Cheshire, CT: Graphic Press, 1997); y Arlene Fink, *How to Report on Surveys* (Thousand Oaks, CA: Sage Publications, 1995).

4. Harry F. Wolcott, *Writing Up Qualitative Research,* 2nd ed. (Thousand Oaks, CA: Sage Publications, 2001); y S. H. Britt, "The Writing of Readable Research Reports", *Journal of Marketing Research* (mayo de 1971): 265. Véase también Simon Mort, *Professional Report Writing* (Brookfield, VT: Ashgate Publishing, 1995); y David I. Shair, "Report Writing", *HR Focus,* 71 (2) (febrero de 1994): 20.

5. George S. Low, "Factors Affecting the Use of Information in the Evaluation of Marketing Communications Productivity", *Academy of Marketing Science Journal,* 29 (1) (invierno de 2001): 70–88; y Ann Boland, "Got Report-O-Phobia? Follow These Simple Steps to Get Those Ideas onto Paper", *Chemical Engineering,* 103 (3) (marzo de 1996): 131–32.

6. Gabriel Tanase, "Real-Life Data Mart Processing", *Intelligent Enterprise,* 5 (5) (8 de marzo de 2002): 22–24; L. Deane Wilson, "Are Appraisal Reports Logical Fallacies", *Appraisal Journal,* 64 (2) (abril de 1996): 129–33; John Leach, "Seven Steps to Better Writing", *Planning,* 59 (6) (junio de 1993): 26–27; y A. S. C. Ehrenberg, "The Problem of Numeracy", *American Statistician,* 35 (mayo de 1981): 67–71.

7. Joshua Dean, "High-Powered Charts and Graphs", *Government Executive,* 34 (1) (enero de 2002): 58; y Neal B. Kauder, "Pictures Worth a Thousand Words", *American Demographics* (Tools Supplement) (noviembre/diciembre de 1996): 64–68.

8. Ann Michele Gutsche, "Visuals Make the Case", *Marketing News,* 35 (20) (24 de septiembre de 2001): 21–22; y Sue Hinkin, "Charting Your Course to Effective Information Graphics", *Presentations,* 9 (11) (noviembre de 1995): 28–32.

9. Michael Lee, "It's All in the Charts", *Malaysian Business* (1 de febrero de 2002): 46; Mark T. Chen, "An Innovative Project Report", *Cost Engineering,* 38 (4) (abril de 1996): 41–45; y Gene Zelazny, *Say It with Charts: The Executive's Guide to Visual Communication,* 3a. ed. (Burr Ridge, IL: Irwin Professional Publishing, 1996).

10. N. I. Fisher, "Graphical Assessment of Dependence: Is a Picture Worth 100 Tests?" *The American Statistician,* 55 (3) (agosto de 2001): 233–39; y Patricia Ramsey y Louis Kaufman, "Presenting Research Data: How to Make Weak Numbers Look Good", *Industrial Marketing,* 67 (marzo de 1982): 66, 68, 70, 74.

11. Anónimo, "Flow Chart", *B-to-B,* 87 (4) (8 de abril de 2002): 16; y Sharon Johnson y Michael Regan, "A New Use for an Old Tool", *Quality Progress,* 29 (11) (noviembre de 1996): 144. Par aun ejemplo reciente, véase Naresh K. Malhotra y Daniel McCort, "An Information Processing Model of Consumer Behavior: Conceptualization, Framework and Propositions", *Asian Journal of Marketing,* 8 (2) (2000–2001): 5–32.

12. Terry Box, "Subaru's Expansion Route Includes Solo Dealerships, Sporty Vehicles", *Knight Ridder Tribune Business News* (16 de agosto de 2003): 1.

13. Lori Desiderio, "At the Sales Presentation: Ask and Listen", *ID,* 38 (4) (abril de 2002): 55; y Charles R. McConnell, "Speak Up: The Manager's Guide to Oral Presentations", *The Health Care Manager,* 18 (3) (marzo de 2000): 70–77.

14. Información proporcioanda por Roger L. Bacik, vicepresidente senior, anteriormente Elrick & Lavidge, ahora TNS, Atlanta.

15. Janet Moody, "Showing the Skilled Business Graduate: Expanding the Tool Kit", *Business Communication Quarterly,* 65 (1) (marzo de 2002): 21–36; David Byrne, *Interpreting Quantitative Data* (Thousand Oaks, CA: Sage Publications, 2002); y Lawrence F. Locke, Stephen Silverman y Wannen W. Spirduso, *Reading and Understanding Research* (Thousand Oaks, CA: Sage Publications, 1998).

16. Anónimo, "Toyota Remains Top Auto Seller in Australia", *Jiji Press English News Service* (5 de mayo de 2004): 1; Anónimo, "Toyota Camry", *Consumer Reports*, 67 (4) (abril de 2002): 67; Ross Garnaut, "Australian Cars in a Global Economy", *Australian Economic Review*, 30 (4) (diciembre de 1997): 359–73; y Geoffrey Lee Martin, "Aussies Chicken Fries Ford", *Advertising Age* (18 de enero de 1993).
17. Milton Liebman, "Beyond Ethics: Companies Deal with Legal Attacks on Marketing Practices", *Medical Marketing and Media*, 37 (2) (febrero de 2002): 74–77; y Ralph W. Giacobbe, "A Comparative Analysis of Ethical Perceptions in Marketing Research: USA vs. Canada", *Journal of Business Ethics*, 27 (3) (octubre de 2000): 229–45.
18. Mark Dolliver, "Ethics, or the Lack Thereof", *Adweek*, 43 (14) (1 de abril de 2002): 29; y Andrew Crane, "Unpacking the Ethical Product", *Journal of Business Ethics*, 30 (4) (abril de 2001): 361–73.
19. Kelly Rayburn, "U.S. Case Against Tobacco to Open; Civil Racketeering Lawsuit Is the Biggest in History; Diverging from Other Suits", *Wall Street Journal* (Eastern edition) (20 de septiembre de 2004): B.2; Gordon Fairclough, "Case on Children and Tobacco Ads Commences Today", *Wall Street Journal* (22 de abril de 2002): B8; y S. Rapp, "Cigarettes: A Question of Ethics", *Marketing News* (5 de noviembre de 1992): 17.

Capítulo 23

1. Véase Naresh K. Malhotra, "Cross-Cultural Marketing Research in the Twenty-First Century", *International Marketing Review*, 18 (3) (2001): 230–34; Susan P. Douglas, "Exploring New Worlds: "The Challenge of Global Marketing", *Journal of Marketing*, 65 (1) (enero de 2001): 103–7; Naresh K. Malhotra, James Agarwal y Mark Peterson, "Cross-Cultural Marketing Research: Methodological Issues and Guidelines", *International Marketing Review*, 13 (5) (1996): 7–43; Naresh K. Malhotra, "Administration of Questionnaires for Collecting Quantitative Data in International Marketing Research", *Journal of Global Marketing*, 4 (2) (1991): 63–92; y Naresh K. Malhotra, "Designing an International Marketing Research Course: Framework and Content", *Journal of Teaching in International Business*, 3 (1992): 1–27.
2. Anónimo, "IBM Unveils Linux-Driven Mainframe", (25 de enero de 2002); y Joseph Rydholm, "A Global Enterprise", *Quirk's Marketing Research Review* (noviembre de 1997).
3. Ed Watkins y Carlo Wolff, "Change and Accountability Are Top Priorities at Best Western", *Lodging Hospitality* 60 (15) (noviembre de 2004): 46–50; Anónimo, "Best Western Grows to 4,000", *Arizona Business Gazette* (16 de agosto de 2001): 2; Anónimo, "Best Western Quantifies Guest Quality Measures", *Lodging Hospitality*, 57 (3) (1 de marzo de 2001): 34; "Hotel Chains Capitalize on International Travel Market", *Hotels and Restaurants International* (junio de 1989): 81S–86S; y "Target Marketing Points to Worldwide Success", *Hotels and Restaurants International* (junio de 1989): 87S.
4. Jack Honomichl, "Honomichl Top 50: Annual Business Report on the Marketing Research Industry", *Marketing News* (15 de junio de 2005): H1–H59.
5. Dave Crick, "Small High-Technology Firms and International High-Technology Markets", *Journal of International Marketing*, 8 (2) (2000): 63–85; Associated Press, "Regional Markets Are International Order of the Day", *Marketing News* (1 de marzo de 1993): IR–10; y Thomas T. Semon, "Red Tape Is Chief Problem in Multinational Research", *Marketing News* (1 de marzo de 1993): 7.
6. Doreen Hemlock, "Mexican Companies Establish Offices in United States Due to NAFTA", *Knight Ridder Tribune Business News* (24 de enero de 2002): 1.
7. Véase Naresh K. Malhotra, "Cross-Cultural Marketing Research in the Twenty-First Century", *International Marketing Review*, 18 (3) (2001): 230–34.
8. Para consultar un ejemplo reciente de la investigación de mercados a nivel internacional, véase Naresh K. Malhotra y Betsy Charles, "Overcoming the Attribute Prespecification Bias in International Marketing Research by Using Nonattribute Based Correspondence Analysis", *International Marketing Review*, 19 (1) (2002): 65–79.

9. Naresh K. Malhotra y Daniel McCort, "A Cross-Cultural Comparison of Behavioral Intention Models: Theoretical Consideration and an Empirical Investigation", *International Marketing Review*, 18 (3) (2001): 235–69.
10. Anónimo, "Universal Studios Japan Visitors Up 3.5 Pct in Summer Vacation", *Jiji Press English News Service* (1 de septiembre de 2004): 1; y Natasha Emmons, "Universal Studios Japan Employs Aid of Focus Groups for Cultural Ideas", *Amusement Business*, 113 (12) (26 de marzo de 2001): 28.
11. Véase Dana James, "Dark Clouds Should Part for International Marketers", *Marketing News*, 36 (1) (7 de enero de 2002): 9–10.
12. Ming-Huei Hsieh, "Measuring Global Brand Equity Using Cross-National Survey Data", *Journal of International Marketing*, 12 (2) (2004): 28–57; Naresh K. Malhotra, "Cross-Cultural Marketing Research in the Twenty-First Century", *International Marketing Review*, 18 (3) (2001): 230–34; Susan P. Douglas, "Exploring New Worlds: The Challenge of Global Marketing", *Journal of Marketing*, 65 (1) (enero de 2001): 103–7; y Naresh K. Malhotra, James Agarwal y Mark Peterson, "Cross-Cultural Marketing Research: Methodological Issues and Guidelines", *International Marketing Review*, 13 (5) (1996): 7–43.
13. Robert F. Belli, "Event History Calendars and Question List Surveys: A Direct Comparison of Interviewing Methods", *Public Opinion Quarterly*, 65 (1) (primavera de 2001): 45–74; y Thomas T. Semon, "Select Local Talent When Conducting Research Abroad", *Marketing News*, 31 (19) (15 de septiembre de 1997): 28.
14. Michael A. Einhorn, "International Telephony: A Review of the Literature", *Information Economics and Policy*, 14 (1) (marzo de 2002): 51; y Humphrey Taylor, "The Very Different Methods Used to Conduct Telephone Surveys of the Public", *Journal of the Market Research Society*, 39 (3) (julio de 1997): 421–32.
15. Peter M. Chisnall, "International Market Research", *International Journal of Market Research*, 42 (4) (invierno de 2000): 495–97; Clive Fletcher, "Just How Effective Is a Telephone Interview", *People Management*, 3 (13) (26 de junio de 1997): 49; y Minoo Farhangmehr y Paula Veiga, "The Changing Consumer in Portugal", *International Journal of Research in Marketing*, 12 (5) (diciembre de 1995): 485–502.
16. Norman Lerner, "Latin America and Mexico: A Change in Focus", *Telecommunications*, 34 (3) (marzo de 2000): 51–54; Peter H. Wertheim y Dayse Abrantes, "Brazil: New Take on Telecom", *Data Communications*, 26 (5) (abril de 1997): 42; y P. Pinheiro de Andrade, "Market Research in Brazil", *European Research* (agosto de 1987): 188–97.
17. Brad Frevert, "Is Global Research Different?" *Marketing Research*, 12 (1) (primavera de 2000): 49–51; y Karen Fletcher, "Jump on the Omnibus", *Marketing* (15 de junio de 1995): 25–28.
18. Anónimo, "Searching for the Pan-European Brand (Part 1 of 2)", *Funds International* (1 de marzo de 1999): 8; y Naresh K. Malhotra, James Agarwal y Mark Peterson, "Cross-Cultural Marketing Research: Methodological Issues and Guidelines", *International Marketing Review*, 13 (5) (1996): 7–43.
19. www.interbrand.com, fecha de acceso: 18 de enero de 2006; Patricia Sellers, "The New Coke Faces Reality", Fortune 150 (11) (29 de noviembre de 2004): 44–45; Anónimo, "Coca-Cola Listed As One of 10 Most Respected Firms", *Businessworld* (23 de enero de 2002): 1; Jonathan Holburt, "Global Tastes, Local Trimmings", *Far Eastern Economic Review*, 160 (1) (26 de diciembre de 1996/2 de enero de 1997): 24; y Julie Skur Hill, "Coke Tops in Americas", *Advertising Age* (12 de noviembre de 1990).
20. Ase Hedberg, "The Rise of the Technophile", *Marketing Week*, 23 (49) (25 de enero de 2001): 40; y Peter Jones y John Polak, "Computer-Based Personal Interviewing: State-of-the-Art and Future Prospects", *Journal of the Market Research Society*, 35 (3) (julio de 1993): 221–23.
21. Cihan Cobanoglu, "A Comparison of Mail, Fax, and Web-Based Survey Methods", *International Journal of Market Research*, 43 (4) (cuarto trimestre de 2001): 441–54; Paul Lewis, "Do Your Homework!" *Successful Meetings*, 46 (3) (marzo de 1997): 120–21; T. Vahvelainen, "Marketing Research in the Nordic Countries", *European Research* (abril de 1985): 76–79; y T. Vahvelainen, "Marketing Research in Finland", *European Research* (agosto de 1987): 62–66.

22. Geoffrey A. Fowler, "WPP, Bates Firm to Focus on Asia", *Wall Street Journal* (12 de diciembre de 2003): B2; Mark Peterson y Naresh K. Malhotra, "A Global View of Quality of Life: Segmentation Analysis of 165 Countries", *International Marketing Review,* 17 (1) (2000): 56–73; Lewis C. Winters, "International Psychographics", *Marketing Research: A Magazine of Management & Applications,* 4 (3) (septiembre de 1992): 48–49; y "We Are the World", *American Demographics* (mayo de 1990): 42–43.

23. Kai Arzheimer, "Research Note: The Effect of Material Incentives on Return Rate, Panel Attrition and Sample Composition of a Mail Panel Survey", *International Journal of Public Opinion Research,* 11 (4) (invierno de 1999): 368–77; Kevin J. Clancy, "Brand Confusion", *Harvard Business Review,* 80 (3) (marzo de 2002): 22; Jorge Zamora, "Management of Respondents' Motivation to Lower the Desertion Rates in Panels in Emerging Countries: The Case of Talca, Chile", *Marketing & Research Today,* 25 (3) (agosto de 1997): 191–98; y "TSMS and AGB Set Up Ad Effectiveness Panel", *Marketing Week,* 18 (27) (22 de septiembre de 1995): 15.

24. *http://www.perseus.com/survey/news/studies/ace_study.html.*

25. Subhas Sharma y Danny Weathers, "Assessing Generalizability of Scales Used in Cross-National Research", *International Journal of Research in Marketing,* 20 (3) (2003): 287–95; Hans Baumgartner y Jan-Benedict E. M. Steenkamp, "Response Styles in Marketing Research: A Cross-National Investigation", *Journal of Marketing Research,* 38 (2) (2001): 143–46; Matthew B. Myers, "Academic Insights: An Application of Multiple-Group Causal Models in Assessing Cross-Cultural Measurement Equivalence", *Journal of International Marketing,* 8 (4) (2000): 108–21; y Naresh K. Malhotra, James Agarwal y Mark Peterson, "Cross-Cultural Marketing Research: Methodological Issues and Guidelines", *International Marketing Review,* 13 (5) (1996): 7–43.

26. Nancy Wong, Aric Rindfleisch y James E. Burroughs, "Do Reverse-Worded Items Confound Measures in Cross-Cultural Consumer Research? The Case of the Material Values Scale", *Journal of Consumer Research,* 30 (1) (2003): 72–91; Bruce Keillor, Deborah Owens y Charles Pettijohn, "A Cross-Cultural/Cross-National Study of Influencing Factors and Socially Desirable Response Biases", *International Journal of Market Research,* 43 (1) (2001): 63–84; y Gael McDonald, "Cross-Cultural Methodological Issues in Ethical Research", *Journal of Business Ethics,* 27 (1/2) (septiembre de 2000): 89–104.

27. Orlando Behling y Kenneth S. Law, *Translating Questionnaires and Other Research Instruments: Problems and Solutions* (Thousand Oaks, CA: Sage Publications, 2000); Naresh K. Malhotra y Daniel McCort, "A Cross-Cultural Comparison of Behavioral Intention Models: Theoretical Consideration and an Empirical Investigation", *International Marketing Review,* 18 (3) (2001): 235–69; y Naresh K. Malhotra, James Agarwal y Mark Peterson, "Cross-Cultural Marketing Research: Methodological Issues and Guidelines", *International Marketing Review,* 13 (5) (1996): 7–43.

28. Jenny S. Y. Lee, Oliver H. M. Yau, Raymond P. M. Chow, Leo Y. M. Sin y Alan C. B. Tse, "Changing Roles and Values of Female Consumers in China", *Business Horizons* 47 (3) (mayo/junio de 2004): 17; Leo Yat-ming Sin and Oliver Hon-ming Yau, "Female Role Orientation and Consumption Values: Some Evidence from Mainland China", *Journal of International Consumer Marketing,* 13 (2) (2001): 49–75; John Shannon, "National Values Can be Exported", *Marketing Week,* 19 (45) (7 de febrero de 1997): 20; y S. C. Grunert y G. Scherhorn, "Consumer Values in West Germany: Underlying Dimensions and Cross-Cultural Comparison with North America", *Journal of Business Research,* 20 (1990): 97–107. Véase también H. C. Triandis, *Culture and Social Behavior* (Nueva York: McGraw-Hill, 1994).

29. Jonathan Armstrong, "Privacy in Europe: The New Agenda", *Journal of Internet Law* 8 (5) (noviembre de 2004): 3–7; Heather R. Goldstein, "International Personal Data Safe Harbor Program Launched", *Intellectual Property & Technology Law Journal,* 13 (4) (abril de 2001): 24–25; Rebecca Sykes, "Privacy Debates Get More Complicated Overseas", *InfoWorld,* 19 (44) (3 de noviembre de 1997): 111; y Simon Chadwick, "Data Privacy Legislation All the Rage in Europe", *Marketing News,* 27 (17) (16 de agosto de 1993): A7.

Índice

A

Abreviación, 305
Actividades,
    del proyecto, nivel de medición, 257
    Intereses y Opiniones (AIO), 121
Administración de los experimentos, 241
Advertising Research Foundation (ARF), 28, 709
Air Transport Association (ATA), 167
Ajuste del modelo, 597, 621
Aleatorización, 228
Alfa de Cronbach, 285
Alquiler de listas, 357
Alternativas implícitas, 313
Ambiente,
    de campo, 238
    de laboratorio, 238
    de marketing para la investigación de mercados internacionales, 723-24
    económico, 47, 723, 724-25
    estructural, para la investigación de mercados internacionales, 723, 725
    gubernamental, para la investigación de mercados internacionales, 723, 724
    informático y tecnológico para la investigación de mercados internacionales, 723, 725
    investigación de mercados internacionales y, 723
    legal, 47, 723, 724
    problema de investigación de mercados y, 43-47
    sociocultural, para la investigación de mercados internacionales, 725-26
American,
    Association for Public Opinion Research (AAPOR), 28
    Chicle,
        Group, 314
        Youth, 314
    Customer Satisfaction Index, 780
    Hospital Association, 799
    Lawyer, The (revista), 318, 319
    Marketing Association (AMA), 7, 19, 28, 359, 713
    Medical Association, 306
Análisis,
    conjunto,
        conceptos básicos del, 674-75
        estadísticas y términos asociados con, 675
        híbrido, 684-89
        programas estadísticos (software), 690-91
        realización del, 675-84
        resumen, 691
        SPSS, 690-91
        suposiciones y limitaciones del, 684
        y escalamiento multidimensional, 670
    de clasificación. *Véase* Análisis de conglomerados
    de cohortes, 85, 86
    de componentes principales, 616
    de conglomerados, 634-35
        concepto básico, 636-38
        ejemplos de, 635-36
        estadísticas asociadas con el, 638
        no jerárquicos, 648-50
        programas estadísticos (software) y, 655
        realización de un, 638-48
        resumen de, 657
        y agrupamiento de variables, 653-55
        y archivos de resultados de SPSS, 655-57
    de contenido, 205-6, 208-9
    de correspondencia, 673
    de covarianza (ANCOVA), 502-3, 505-6, 519-20
        y varianza, 502-503
    de datos, 11, 41-42
        elección de la estrategia, 440-41, 449-50
        informe de investigación de mercados y, 700
        propuesta de investigación de mercados y, 97
    de escalograma, 263
    de precios, 663
    de protocolos, 320
    de rastros, 206-7, 208-9
    de regresión, 534-35, 542-43
        análisis discriminante y, 577
        bivariado, 543-52
        discriminante y, 577
        ejemplos, 535-36
        programas estadísticos (software) y, 566-68
        progresiva, 560-61, 562
        resumen, 569-70
        SPSS, 568-69
        validación cruzada, 563-64
        variables ficticias y, 564-66
    del tono de la voz, 204
    discriminante,
        de dos grupos, 576, 578, 582-83, 603
        de tres grupos, 589-90. *Véase también* Análisis discriminante múltiple
        paso a paso, 580, 583, 595
    de tendencias, 382
    de varianza,
        de dos factores, 517
        de medidas repetidas, 523-25
        de n factores, 505, 515-19
        de un factor de Kruskal-Wallis, 525
        de un factor (ANOVA), 505, 506-7, 511-14
        estadísticas asociadas con el, 507
        de un factor de Kruskal-Wallis, 525
        supuestos en el, 514-15
        y covarianza con regresión, 564-66
        y medidas repetidas, 523-25
    discriminante, 574-75
        concepto básico del, 576-77
        ejemplos de, 575
        estadísticas asociadas con, 578-79
        múltiple, 576, 588-93
        paso a paso, 595
        programas estadísticos (software), 602
        realización del, 579-88
        regresión y ANOVA, 577
        resumen, 604-5
        SPSS, 602-4
        validez del, 593-95
    ejemplos, 503-5
    externo de preferencias, 671, 672
    factorial, 608-9
        aplicaciones del, 623-28
        común, 616
        concepto básico del, 609-11
        escalamiento multidimensional y, 674
        estadísticas asociadas con el, 612
        programas estadísticos (software) y, 628-29
        realización de un, 612-23
        resumen, 630
        SPSS, 629-30
    interno de preferencias, 671
    intracultural, 444
    logit, 574-75, 595-602, 603, 605
    multicultural, 444
    multivariado, 525-27
        de varianza (MANOVA), 525-27
    n factor, 505, 515-19
    no métrico, 525
        de varianza, 525
        programas estadísticos (software) para realizar, 527-28
    resumen, 529-30
    simbólico, 160
    transcultural, 444
Analizador de percepciones, 273, 274
Anonimato percibido, 199
Antecedentes en la propuesta de investigación de mercados, 96
Apariencia del informe de investigación de mercados, 701
Apéndices en la propuesta de investigación de mercados, 97
Aplicaciones para computadora. *Véase* SPSS, programas estadísticos (software)
Área bajo la curva normal, A4
Artefactos de la demanda, 239
Art of Asking Questions, The (Payne), 300

I1

ÍNDICE

Asignación de etiquetas a las dimensiones, 669
Asociación,
    análisis de regresión,
        bivariado, 549-551
        múltiple, 555-56
    comerciales, 132
    de palabras, 163
    oculta, 472
Aspecto profesional del informe de investigación de mercados, 701
Association, 802
    of Asia Pacific Airlines (AAPA), 566
ATLAS (software), 171
Atribución, 383, 437
Auditorías, 119
    de detallistas, 119, 128-29
    de mayoristas, 119, 128-29
    de observación, 205, 208-9
    del problema, 39
Axiomas, 51
Ayudar al cliente, 711

B

Bases de datos,
    bibliográficas, 117, 118
    computarizadas, 117-19
    de texto completo, 117, 118
    en Internet, 117
    en línea, 117
    fuera de línea, 117
    numéricos, 117, 118
    para propósitos especiales, 117, 118
Basic Business Statistics: Concepts and Applications (Berenson, Krehbiel y Levine), 388
Behavioral Risk Factors Surveillance System (BRFSS), 416
Bicycling (revista), 366, 369
Brand Strategy (publicación comercial), 245
Business Week (revista), 491

C

Calificaciones,
    de discriminación, 579
    del atributo, 665, 666
    factoriales, 612, 620
California Milk Processor Board, 46
Campaña Truth contra el tabaquismo, 351-52
Cantidad de datos en las encuestas, 198
Capacitación de los trabajadores de campo, 414-17
Cargas,
    canónicas, 584
    discriminantes, 579, 584
    factoriales, 612
Carreras en la investigación de mercados, 22-23
Carta,
    de autorización, 699
    de entrega, 699
Casos de la Escuela de Negocios de Harvard, 811
CATPACII (software), 171
Causalidad, 220-21
Censo, 335-36
Centroide, 578
    del conglomerado, 638, 646
    del grupo, 578

Centro(s),
    de Investigación por Encuestas, 415
    del conglomerado, 638
    para el control y prevención de las enfermedades, 416
Children's Hospital Foundation, 800
Ci3 (software), 186
Clasificación
    de los diseños experimentales, 229
    Industrial de América del Norte, 118
Clínica Mayo, 769-70
Codificación, 431-35
    previa, 317
Códigos de campos fijos, 432
Coeficiente(s),
    alfa, 285
    beta, 544, 547
    de contingencia, 476
    de correlación
        parcial, 540-42, 562
        por partes, 541, 562
        simple, 562. *Véase también* Correlación producto-momento
    de determinación, 543
        múltiple, 553, 597
    de la función discriminante, 579, 584, 588-91
    de Pearson. *Véase* Correlación producto-momento
    de regresión, 543
        parcial, 554-55
    de variación, 367, 462
    en el análisis logit, 597
    estandarizado(s), 562
        de la función discriminante, 579
        de regresión, 544, 547-48
    lambda, 476-77
    Phi, 475-76
Comisión
    de la Comunidad Europea, 734
    para Estados Unidos, 133
Comité Olímpico Internacional (COI), 341, 342
COMPARE MEANS (programa del SPSS), 494
Compleción,
    de historias, 165
    de oraciones, 164-65
Componentes,
    del conglomerado, 653
    específicos, 49, 50
Compras misteriosas, 211
Comprobación de la congruencia, 436-37
Conclusiones del informe de investigación de mercados, 700, 701, 710
Conducta de compra, 45-46, 637
Confiabilidad, 284-86, 287
    análisis,
        conjunto, 683-84
        de conglomerados, 647-48
        de consistencia interna, 285-86
        de división por mitades, 285, 617
        de formas alternas, 464
        de los datos secundarios, 108, 110-11
    consistencia interna, 285-86
    división por mitades, 285 617
    escalamiento multidimensional, 670, 671
    formas alternas, 285
    test-retest, 284-85
Configuración de las escalas de calificación, 280

Conglomeración,
    aglomerativa, 640, 641
    de dos pasos, 650-52
Conglomerados, 636
    decisión sobre el número de, 643, 646
    interpretación y descripción de, 646-47
    jerárquicos, 640-42, 644
Conjunto(s),
    de estimación, 677
    ortogonales, 675, 677
Conocimiento previo, 667
Constructos, 282
Consumer Reports (revista), 751
Contacto inicial, 414
Contenido de las preguntas, 302-3, 306
Contrastes, 522
    a posteriori, 522
Contribución común, 611, 612
Control,
    de fraudes, 418
    de la oficina central, 418
    del ambiente de recolección de datos, 198
Conveniencia social, 199
Cookies, 207
    en Internet, 207
Cooperación en paneles, 88
Coordenadas, 664
Corrección de población finita (CPF), 367
Criterio,
    de autorreferencia (CAR), 57, 58
    de Información Bayesiana de Schwarz (CIB), 643
Correlación, 534-35
    bivariada. Véase Correlación producto-momento
    canónica, 578
    no métrica, 542
    parcial, 540-42
    producto-momento, 536-40
    programas estadísticos (software) y, 566-68
    resumen, 569-70
    SPSS, 568-69
Correo canadiense, 173
Costo,
    de la experimentación, 741
    de la propuesta de investigación de mercados, 97
    de las encuestas, 200
Council
    for Marketing and Opinion Research (CMOR), 28, 213-14, 379, 411
    of American Survey Research Organization (CASRO), 19, 28, 419
    y tiempo, 418
Covariados, 506, 519
Covarianza, 537. *Véase también* Análisis de covarianza
CreateSurvey (sitio en Internet), 193
Criterio,
    de corte, 668
    de información,
        Akaike (CIA), 643, 650, 651
        Bayesiano (CIB), 643
CROSSTABS (programa de SPSS), 492, 493-94
Cuadrado,
    del coeficiente de correlación,
        parcial, 562
        simple, 562

ÍNDICE

Cuestionarios, 296-97
   contenido de las preguntas en los, 302-3
   definición, 299
   dificultades de los encuestados con, 304-7
   diseño y aplicación, 379
   ejemplos de, 297-99
   especificación de la información necesaria, 300, 301
   estructura de las preguntas, 307-10
   formato y distribución de los, 317-18
   formatos de observación y los, 322-23
   investigación de mercados y el, 323-24
      ética de la, 324-27
   lista de verificación del diseño del, 321-22
   métodos de entrevista y, 301-2
   objetivos de, 299
   orden de las preguntas del, 314-17
   proceso del diseño del, 300
   prueba piloto del, 319-22
   redacción de las preguntas del, 311-14
   reproducción de las, 318-19
   resumen del, 327
   revisión del, 429
   SPSS para el diseño del, 327
Cupones, 224
Curtosis, 462
Curva normal. *Véase* Área bajo la curva normal
Customer Relationship Management (CRM), 113-14

D

D&B International Business Locator, 129
Datos,
   calidad de, 419
   de entrada,
      del análisis conjunto, 678-79
      escalamiento multidimensional, 665-67
      para el escalamiento multidimensional, 665-67
   del censo, 115, 116-17. *Véase también* U.S. Census Bureau
   de lector óptico, 126-28
   de percepción, 665, 666
   de preferencia, 665, 667, 671-73
   de seguimiento de volumen, 110, 119, 120, 126
   de una sola fuente, 130-32
   estadísticos, 115, 116
      no gubernamentales, 115, 116
   generales del negocio, 115-16
   informes de investigación de mercados, 702, 703
   métricos, 442 (*véase también* Pruebas paramétricas)
   no métricos, 442 (*véase también* Pruebas no paramétricas)
   primarios, 41
      datos secundarios contra, 106, 107
   secundarios, 41-42, 104-5
      bases de datos computarizadas, 117-19
      clasificación de, 112
      criterios de evaluación para, 108-11
      datos primarios contra, 106, 107
      de una sola fuente, 130-32
      desventajas de, 107
      ejemplos de, 105-6
      ética de, 133-35
      externos, 108, 114-17
      informes de investigación de mercados, 703
      internos, 112-14
      investigación de mercados internacionales y, 132-33
      resumen de, 136
      SPSS de, 136
      ventajas y usos de, 107
   Véase también Información; Datos primarios; Datos secundarios
Decisiones de canales, 663
Definición del problema, 10, 37, 96, 699. *Véase también* Problema de investigación de mercados
Dendrograma, 638, 646
Departamento,
   de investigación de mercados, 17, 22
   de Turismo de Florida, 339-40
Departamento de Turismo y Convenciones de la Universidad de Nevada en Las Vegas, 503
Depuración de los datos, 436-38
Desarrollo,
   de nuevos productos, 663
Descomposición de la variación total, 508-9, 549
Descripción verbal asociada con las categorías de la escala, 279-80
Despliegue, 664
Desviación estándar, 367, 461-62
   del grupo, 579
Determinación a priori, 617
Diagrama(s),
   de carámbanos, 638, 645
   de dispersión, 544-46
   de flujo, 705-6
Dimensionalidad, 668
Directorio(s), 115
   de base de datos, 117-18
   en línea, 119
Directrices
   para la elaboración de gráficas para el informe de investigación de mercados, 702, 703-6
   para las tablas del informe de investigación de mercados, 702-3
Diseño(s),
   cíclicos, 675
   cuasiexperimentales, 229, 233-35
   de bloque aleatorio, 236
   de control, 228
   de cuadrados latinos, 237
   de cuatro grupos de Solomon, 233
   de directorio de dígitos aleatorios, 196-97
   de grupo estático, 231
   de investigación, 76-77
      causal, 89-93
      clasificación de, 79-80
      de mercados internacionales y, 97-99
      definición de, 78-79
      descriptiva, 82-89, 90-93
      ejemplos, 77-78
      ética, 99-100
      exploratoria, 80-82, 90-93
      fuentes potenciales de error, 93-96
      informe de investigación de mercados, 700, 709-10
   de pretest-postest
      con grupo, 230-31
   de series de tiempo, 234
      múltiples, 234-35
   de sólo postest con grupo control, 232-33
   entre sujetos, 523
   estadísticos, 229, 236-38
   experimentales, 224
      clasificación de, 229
      contra diseños no experimentales, 240
      verdaderos, 229, 231-33, 235
   factorial(es), 237-38
      fraccionales, 238, 675
   longitudinal, 79, 86-89
   no experimentales, 240
   no experimentales contra, 240
   preexperimentales, 229, 230-31, 235
   presupuesto y programación, 96
   propuesta de investigación de mercados, 96-97
   resumen, 100-101
   transversal(es), 79, 84-85, 86, 87-89
      múltiple, 79, 85
      simple, 79, 84
   Véase también Escalamiento comparativo
Distancia(s),
   Chebychev, 639
   de manzanas urbanas, 639
   entre los centros de los conglomerados, 638
   euclidiana, 639
   Manhattan, 639
Distribución,
   de chi cuadrada, 474-75, A5-A6
   de frecuencias, 454-55, 457-59
      estadísticas asociadas con, 460-63
      resumen de, 496
      SPSS para, 493
   del cuestionario, 317-18
   del informe de investigación de mercados, 706-8
   del muestreo, 367-69
   F, 481, A10-A12
   normal, 367-68, 388-89
   t, 479, A7-A9
Diversidad de las preguntas, en encuestas, 194, 196
Don't Count Us Out, 109

E

Edición, 320, 417, 429-30
Efecto,
   de interacción, 520
   de la prueba, 226-27
   interactivo de la prueba (EI), 227
   principal de la prueba (EPP), 226
Elección de la estrategia de análisis de datos, 440-41
Elemento, 336
Eliminación,
   hacia atrás, 560
   por casos, 437
   por pares, 437
Encabezados, en los informes de investigación de mercados, 703
Encargados de tomar las decisiones, 38-40, 45, 48

Encartes gratuitos de los periódicos (Free Standing Inserts, FSIs), 224
Encuesta(s), 119, 120, 121-23, 180-81
   automáticas (programa de investigación), 334
   compra misteriosa y, 211
   ejemplos de, 181-83
   electrónicas, 729-30
   entrevistas y
      electrónicas, 184, 192-94
      personales, 184, 186-89
      por correo, 184, 189-91
      telefónicas, 184-86
   ética, 213-14
   evaluación comparativa de, 194-200
   generales, 119, 122
   Global Scan, 729
   Investigación,
      de mercados internacionales, 211-13, 726-30
      etnográfica, 210-11
   métodos de, 183-84
   observación y, 209
   piloto, 42
   resumen de, 215
   selección de, 200-202
   Touche Ross, 491
Encuestados (participantes),
   dificultades con el cuestionario y, 304-7
   insatisfactorios, 430
   motivación, 379
Encyclopedia of Information System and Services, 119
Enfoque(s),
   de embudo, 315
   de la investigación de mercados, 97
   del problema, 10, 51, 97, 700
      especificación de la información del, 56
      hipótesis del, 53-55
      modelo analítico de, 52-53
      objetivos/marco teórico, 51-52
      preguntas de investigación para el, 53
   derivados, 666
   directos, 145, 665, 666
   indirecto, 145
Entrevista(s),
   a profundidad, 158-63, 169
   calidad de la, 418-19
   directrices para la, 419
   electrónicas, 184, 192-94, 212
   en Internet, 184, 192-94, 195
   en sesiones de grupos, 145-46
      aplicaciones de, 155
      características de, 146-47
      en línea, 155-58
      entrevistas a profundidad contra, 161, 169
      planeación y realización de la, 147-53
      técnicas proyectivas contra la, 169
      variaciones en la, 153-54
      ventajas y desventajas de la, 154-55
   personal(es), 184, 186-89, 195, 201, 212, 727-28
      asistida por computadora (CAPI), 184, 188-89, 195, 728
      en casa, 184, 186-87, 195, 201, 727-28
      en centros comerciales, 184, 187-88, 195, 728
   por correo, 184, 189-91, 195, 728-29
      electrónico, 184, 192, 195, 212, 727-28
   problema de investigación de mercados y, 40-41
   sesiones de grupo y la, 145-56, 161, 169
   telefónica(s), 184-86, 195, 212, 417, 727
      asistida por computadora (CATI), 184, 185-86, 195, 727
      tradicionales, 184-85, 195
   terminación de la, 416
Enunciados,
   dobles, 314
   negativos dobles, 314
   positivos dobles, 314
Equivalencia, 730-31
   conceptual, 730, 731
   de categorías, 730, 731
   de los reactivos, 730, 731
   del constructo, 730, 731
   escalar, 730, 731
   funcional, 730, 731
   lingüística, 730, 731
   métrica, 731
   operacional, 730, 731
   percibida del producto, 654
Error,
   al preguntar, 94, 95
   aleatorio, 284
   datos secundarios, 108, 109
   de creación, 305
   de medición, 94, 283-84
   de muestreo aleatorio, 93, 94
   de registro, 94, 95
   del encuestado, 94
   del entrevistador, 94
   del investigador, 94
   del marco del muestreo, 94, 95
   en el análisis de datos, 94, 95
   en la definición de la población, 94
   en la elección de los encuestados, 94, 95
   en la respuesta, 94-95
   estándar, 367, 544, 548
      de la media, 367
      de la proporción, 367
      del estimado, 544
   fuentes potenciales de, 93-96
   por falta,
      de disposición, 94, 95
      de respuesta, 94
   por fraudes, 94, 98
   por incapacidad, 94, 95
   por sustitución de información, 94
   que no es de muestreo, 93-96
   sistemático, 284
   Tipo I, 466
   Tipo II, 466
   total, 93, 94
Escala(s),
   balanceadas, 279
   de actitud, 281, 663
   de calificación,
      continua, 272-74
      forzada, 279
      gráfica, 272-74
      por ítem, 272
   de importancia, 281
   de intervalo, 253, 254, 255-56
   de razón, 253, 254, 256-57
   nominal, 252-54
   ordinal, 253, 254-55, 266
   preguntas estructuradas y, 310
Escalamiento, 159, 160, 250-51
   actividades del proyecto para el, 257
   datos de preferencia, 671-73
   de comparación por pares, 258-60
   de suma constante, 261-62
   ejemplos de, 251-52
   ética de, 264-66
   Guttman, 263
   investigación de mercados internacionales y el, 263-64, 730-31
   medición y, 252
   multidimensional
      métrico, 667
      no métrico, 667
   por rangos ordenados, 260-61
   resumen de, 267
   SPSS de, 266
   técnicas comparativas, 257-63
   tipo Q, 262
   Véase también Técnicas no comparativas de escalamiento
Escalas,
   de calificación no forzada, 279
   de diferencial semántico, 272, 276-77
   de frecuencia de compra, 281
   de intención de compra, 281
   de Likert, 272, 274-76
   de razón, 253, 254, 256-57
   de reactivos múltiples, 282-83
   de satisfacción, 281
   derivadas matemáticamente, 288
   métricas, 258
   monádicas, 258
   no balanceadas, 279
   nominales, 252-54
   ordinales, 253, 254-55, 266
   Staple, 272, 277-78
Espacios, 703
Especificaciones para la recolección de datos, 108-9
Establecimientos que no son de manufacturación, EIS, 118
Estadísticas,
   chi cuadrada, 474
   F, 481, 507
   hospitalarias de la American Hospital
   t, 479, 544
Estandarización, 440, 547
Estilos de vida, 119, 121-22
Estimaciones, 313-14
   subjetivas, 382
Estímulos,
   físicos en las encuestas, 196
   y análisis conjunto, 677-78
Estrés, 664, 668
Estructura,
   de correlaciones, 579
   de las preguntas, 107-10
Estudios,
   de análisis de ventas, 83
   de asignación de precios, 84
   de caso, 42
      exhaustivos, 771-811
      recolección, preparación análisis e informe de los datos, 739-70

ÍNDICE

investigación de mercados, 65-74
    diseño de investigación, 391-407
    único, 230
    Véase también empresas específicas en el índice de empresas
    de distribución, 84
    de imagen, 84
    de la participación en el mercado, 83
    de mercado, 83
    de publicidad, 84
    de uso del producto, 84
    del Global Airline Performance (GAP), 310, 326
Eta^2 (η^2), 507
Ética(o),
    análisis conjunto y la percepción, 687
    análisis discriminante y la, 601-2
    cuestionarios y los, 324-27
    datos secundarios y, 133-35
    dilemas, en el escalamiento y medición, 264-66
    diseño de investigación y, 99-100
    encuestas y observación, 213-14
    experimentación y, 244-46
    informe de investigación de mercados y la, 713-14
    investigación cualitativa y la, 173-75
    investigación de mercados y la, 27-29
    investigación experimental de mercados y la, 754
    muestreo y la, 359-60
    preparación de los datos y la, 444-46
    problema de investigación de mercados y la, 58-60
    tamaño de la muestra y, 383-85
    técnicas no comparativas de escalamiento y, 289-91
    trabajo de campo y, 421-23
Ethics Resource Center, 491
Ethnograph (software), 171
European Society for Opinion and Marketing Research (ESOMAR), 28
Evaluación(es),
    de dos factores, 677
    de la eficacia de la publicidad, 663
    de la publicidad por medio de encuestas, 119, 122
    factoriales múltiples, 677
Evidencia,
    objetiva, 51-52
    papel de la, 223
Exactitud,
    de la medición, 283-84
    de la predicción, 551
Excel (software)
    correlación y regresión y el uso de, 567, 568
    distribución de frecuencias y, 491-92
    escalamiento multidimensional y análisis conjunto y el uso de, 689
    estudio de caso de Matsushita y el uso de, 744
    informe de la investigación de mercados y el uso de, 711, 714
    investigación de mercados y el uso de, 29
    para calculo de ANOVA y ANCOVA, 527
    preparación de los datos en, 431, 446, 447
    pruebas paramétricas en, 492-93
    tabulaciones cruzadas y, 492

Experimento(s), 224
    de campo, 238-40
    de laboratorio, 238-40
        contra experimentos de campo, 238-40
Experimentación, 218-19
    causalidad y, 220-23
    definición de los símbolos y, 224-25
    definiciones y conceptos de, 223-24
    diseños estadísticos y, 236-38
    ejemplos de, 219-20
    ética y, 244-46
    investigación de mercados internacionales y, 243-44
    limitaciones de la, 240-41
    resumen de la, 246
    telemarketing y, 241-43
    validez en la, 225-26
    variables extrañas de, 226-29
Export-Import Bank of United States, 132
Extracción de conclusiones, 170

F

Factores, 505, 519, 521-22, 610, 617-18, 619-20
    causales, ausencia de, 221, 222-223
Factorización del eje principal, 616
Fairway Forum, 86, 87
Falta de respuesta,
    ajuste por la, 381-83
    en el muestreo, 377-83
Federación Colombiana del Café, 78
Federal,
    Aviation Administration (FAA), 111
    Communications Commission (FCC), 751
    Deposit Insurance Corporation (FDIC), 779
    Trade Commission (FTC), 22, 223
FedWorld, 117
Figuras y diagramas de flujo esquemáticos, 705-6
Filantropía, 769
Fondo Monetario Internacional (FMI), 133
Forma(s),
    de la entrevista. *Véase* Cuestionarios
    de observación, 299, 322-23
    del cuestionario, 317-18. *Véase también* Cuestionarios
    física de las escalas de calificación, 280
Formación,
    de conglomerados
        en dos pasos, 641, 643, 650-52
        no jerárquicos, 641, 642, 648-50
        por división, 640, 641
Fortune
    Datastore, 129
    (revista), 251
FREQ (programa SAS), 492
FREQUENCIES (programa de SPSS), 491, 493
Fuentes,
    de invalidez, 235
    gubernamentales, 115, 116-17, 132. *Véase también departamentos y dependencias gubernamentales específicas*
    no gubernamentales, 132, 133
    secundarias extranjeras, 132
    sindicadas
        de hogares, 119, 121-28
        del consumidor, 119, 121-28
        institucionales, 119, 128-30

Fuerza de campo, 198
Funciones,
    de utilidad, 675
    de valor parcial, 675, 682
    discriminantes, 576
Fundación Mayo, 769

G

Gale Directory of Databases, 119
Gamma, 477
Generalizaciones, 313-14
Geodemografía, 635-36
Gorroneo, 324, 325
Gráfica(s),
    circulares o de pastel, 704
    de árbol, 638
    de barras, 704
    de las cargas factoriales, 612, 620
    de sedimentación, 612, 617
    estratificada, 704, 705
    lineales, 704, 705
Guías, 115

H

Habilidades,
    de marketing, 47
    tecnológicas, 47
Hipótesis, 53-55
    estadísticas, 54
    nula, 464
Histogramas, 704, 706
Historia (H), 226
Hospital,
    Infantil Kosair, 799-805
    Norton, 799

I

Identificar oportunidades de productos, 637
Impacto de las estrategias de mercado en las ganancias (IEMG), 118
Importancia relativa de los predictores, 562-63
Inclusión hacia adelante, 560
Índice(s), 115-16
    del poder de compra (IPC), 131-32
Indagación directa, 119
Inferencia estadística, 367
Información,
    de clasificación, 315
    de cuestionarios, 300-301, 306, 315
    de encuestas, 199
    de identificación, 315
    de problema de investigación de mercados, 43-44, 56
    delicada en las encuestas, 199
    Véase también Datos
Informative c-Feedback Suite, 4-5
Informe(s),
    ABI, 118
    corporativos, 119. *Véase también* Informe de la investigación de mercados, 694-95
    directrices para las gráficas, 703-6
    directrices para las tablas, 702-3

distribución, 706-8
ejemplos, 695-96
ética y, 713-14
formato de, 698-701
importancia del, 696
investigación de mercados
 internacionales e, 712-13
lectura de, 709-11
presentación oral de, 708-9
proceso de preparación y presentación
 de, 11, 696-98
programas estadísticos (software) de,
 714
propuesta de investigación de mercados
 e, 97
redacción de, 701-2
resumen de, 713
seguimiento de, 711-12
SPSS de, 714
Ingreso de compras en efectivo (ICE), 132
Interpretación del ANOVA, 520-23
Instituto de Planeación Estratégica, 118
Instrumentación (I), 227
Instrumentos de medición. *Véase*
 Cuestionarios
Inteligencia competitiva (IC), 15-16
Interacción(es), 515, 520-21
 desordenada(s), 520, 521
 sin cruces, 520-21
 ordinal, 520, 521
International,
 Air Transport Association (IATA), 326
 Chambers of Commerce, 133
Internet,
 asociaciones de investigación de mercados,
  28
 entrevistas de sesiones de grupo en línea,
  155-58
 Véase también Programas estadísticos
  (software); SPSS
INTERVIEWERK (software), 735
Inventario de alacena, 205
Investigación,
 causal, 79, 81, 89-93 (*véase también*
  Experimentación)
 concluyente, 79-80. *Véase también*
  Investigación causal
 cualitativa, 42-43, 140-41
  análisis de, 170-71
  clasificación de procedimientos, 145
  contra investigación cuantitativa, 143-44
  datos secundarios y
  ejemplos de, 141-43
  entrevistas a profundidad e, 158-63
  entrevistas en sesiones de grupo,
   145-58
  ética en la, 173-75
  investigación cuantitativa contra, 143-44
  investigación de mercados
   internacionales, 172-73
  razones para el uso de, 144-45
  resumen de, 176
  técnicas proyectivas de, 163-69
 de mercados, 2-3
  asociaciones en línea e, 28
  carreras en la, 22-23
  clasificación de la, 8-10
  definición de, 7-8

ejemplos de, 3-7
ética en la, 27-29
inteligencia competitiva e, 15-16
internacionales, 26-27, 719, 721-22
organigrama (ejemplo) e, 17
proveedores y servicios en la, 17
proyecto del patrocinio de la tienda
 departamental e, 25-26
realización de, 16, 32
resumen de, 31
selección del proveedor de servicios de,
 21
sistema de información de marketing y
 sistema de apoyo a las decisiones en
 la, 23-25
SPSS de, 29-30
toma de decisiones de marketing y la,
 12-15
descriptiva, 79, 81, 82-89, 90-93 (*véase
 también* Observación. Encuestas)
exploratoria, 79, 80-82, 90-93 (*véase
 también* Investigación cualitativa;
 Datos secundarios)
para la identificación del problema,
 8-9, 709
para la solución del problema, 8, 9
Véase también Investigación de mercados
 internacionales
Diseño de la investigación,
 descriptiva, 79, 81, 82-89, 90-93. *Véase
  también* etnográfica, 210-11
 exploratoria, 79, 80-82, 90-93. *Véase
  también* Observación. Encuestas
IT Industry Customer Benchmark Survey, 756,
 757-62

J

Journal
 of the Academy of Marketing Science, 106
 of Marketing, 106
 Research, 106
 of Retailing, 106
Juego de roles, 167
Juicios de semejanza, 664, 665

L

Lambda,
 asimétrica, 476-77
 simétrica, 477
Latencia de la respuesta, 204
Lectores del informe de investigación de
 mercados, 701
Lenguaje de marcas hipertextuales (HTML),
 192
Ley,
 de 1998 para la protección en línea de la
  privacidad de los niños, 144
 de protección de los datos (Inglaterra), 734
Libro de códigos, 433, 434
Limitaciones en el problema de investigación de
 mercados, 45
Línea, 703
 de regresión, 545
Lista de valores (LV), 732
 alemanes (LVA), 732
Logit multinomial, 599

M

Maduración (MA), 226
Magazine Impact Research Service (MIRS),
 29, 122
Magnitud, estimación de la, 262-63
Managements Contents, 118
Manual del Entrevistador del Centro de
 Investigación por Encuestas, 415
Mapas
 computarizados, 130-21
 espaciales, 663, 664, 667, 668
 geográficos, 703-4
 territorial, 592, 593
Marcado digital aleatorio (MDA), 196
Marco del muestreo, 196, 337
Marketing,
 de administración de segmentos (MAS), 24,
  25
 de bases de datos, 113-14
 de prueba, 241-43
 Research
  Association (MRA), 28
  Society (MRS), 28
Marx FSI Trend Report, 224
Matriz,
 de coeficientes de semejanza y distancia,
  638, 639-40
 de correlación,
  agrupadas e intragrupales, 579
  total, 579
 de cambio de marca, 88
 de clasificación, 578
 de confusión, 578
 de correlación, 612, 613-16
 de predicción, 578
 factorial, 612, 618-19
  rotada, 618-19
Media, 367, 370-72, 460, 480-82, 485
 al cuadrado, 507
Mediana, 460-61
Medias del grupo, 579
Medición, 250-51
 actividades del proyecto y, 257
 de la imagen, 663
 ejemplos, 251-52
 escalamiento y, 252
 escalas primarias de, 252-57
 ética y, 264-66
 informes de la investigación de mercados y,
  703
 investigación de mercados internacionales y,
  263-64, 730-31
 resumen de, 267
 SPSS y, 266
 técnicas comparativas de escalamiento y,
  257-63
 Véase también Técnicas no comparativas de
  escalamiento
Medida de lo apropiado del muestreo de
 Kaiser-Meyer Olkin (KMO), 612,
 613, 614, 624
Medidas,
 de forma, 462-63
 de ubicación, 460
 de variación, 461-62
Mercado,
 controlado de prueba, 243
 de prueba, 241-43, 638

ÍNDICE

estándar, 241-43
simulado, 243
Metodología para la recolección de datos, 108-9
Método(s),
bayesiano, 338
centroides, 642, 643
de división óptima, 642, 643
de enlace, 640-41
completo, 640, 641
promedio, 640, 641, 642
simple, 640, 641
de entrevista para cuestionarios, 301-2
de probabilidad máxima, 596-97
de ruta crítica, 96
de umbral secuenciado, 642, 643
del intervalo de confianza, 367, 369-75, 390
directo, 580
Minisesiones de grupo, 154
Minitab (software),
análisis de conglomerados y, 655
análisis discriminante y, 602
análisis factorial y, 628-29
ANOVA y ANCOVA y, 527
de correlación y regresión, 567, 568
distribución de frecuencias y, 491
escalamiento multidimensional y análisis conjunto, 689
estudio de caso de Matsushita y, 744
informe de la investigación de mercados y, 714
investigación de mercados y, 29
preparación de los datos y, 446, 447
pruebas paramétricas y, 492
tabulaciones cruzadas y, 492
Moda, 460
Modelo,
analítico, 52-53
de calificación verdadera, 284
de efectos fijos, 514
de efectos mixtos, 514
de regresión
bivariado, 543, 546
múltiple, 553
del análisis,
conjunto, 679-81
discriminante, 577-78
factorial, 611-12
gráficos, 52-53
logit binario, 595, 596-97
matemáticos, 52-53
verbales, 52-53
Moderadores de las sesiones de grupo, habilidades fundamentales de los, 147
Money (revista), 111
Monitores de registro ocular, 204
Mortalidad, 89, 227-28
Motivación de los participantes, 379
Muestra(s), 335
de análisis, 580, 581
de estimación, 563
de retención, 677
de validación (de retención), 563, 580, 581
independientes, 442, 478
pruebas paramétrica y no paramétrica 480-83, 486-88
para los diseños de investigación por encuestas. *Véase* Diseños transversales simples

pareadas, 442, 478
resumen de, 490
tamaño del, 364-65
ajuste, 376-77
características y parámetros de, 375-76
definiciones y símbolos de, 366-67
determinación del, 338-39, 369
distribución del muestreo y, 367-69
ejemplos de, 365-66
enfoque del intervalo de confianza y, 369-75
enfoque estadístico y, 369, 376-77
ética y, 383-85
investigación de mercados internacionales y el, 383
resumen de, 386
SPSS de, 385
técnicas de muestreo probabilístico y el, 376
Muestreo, 332-33
aleatorio, 334-35
en línea, 357
simple (MAS), 346-47, 352, 353
censo contra, 335-36
con reemplazo, 338
de bola de nieve, 342, 345, 352
de conglomerados,
en una etapa, 350
simple de dos etapas, 350, 351
de dos fases, 354
de etapas múltiples, 350-51
doble, 354
ejemplos de, 333-35
en Internet, 356-58
en línea, 356-58
por reclutamiento no panelista, 357, 358
en secuencia, 354
estratificado, 347, 348-50, 352, 353
proporcional, 350
ética de, 359-60
Internet y, 356-58
investigación de mercados internacionales y, 358-59
no aleatorio en línea, 357
no paramétricas, 485-91
no proporcional, 350
paramétricas, 479-85
por área, 351
de dos etapas, 351
de etapas múltiples, 351
de una etapa, 351
por conglomerados, 347, 350-52, 353
de dos etapas, 347, 350, 351
por conveniencia, 341-43, 352
por cuota, 342, 344-45, 352
por intercepción en línea, 357
por juicio, 342, 343-44, 352
por reclutamiento en línea, 357-58
por secuencia, 354
probabilístico proporcional al tamaño, 350, 351
problemas por falta de respuesta en, 377-83
proceso del diseño, 336-40
resumen de, 360-61
sin reemplazo, 338
sistemático, 347-48, 352, 353, 359-60
Véase también Muestras independientes; Muestras pareadas

Museo,
de Arte Mint, 191
Mint de Artesanía y Diseño y, 191
Multicolinearidad, 561
análisis
de correspondencia y, 673
factorial y análisis discriminante, 674
conceptos básicos de la, 663
escalamiento de datos de preferencia y, 671-73
estadísticas y términos asociados y, 664
programas estadísticos (software) y, 689
realización de, 664-70, 671
resumen de, 691
SPSS de, 690-91
suposiciones y limitaciones de la, 671

N

Naciones Unidas, 133
Nadie en casa, 380
National,
Bureau of Consumer Complaints, 304
Cattlement's Beef Association (NCBA), 210
Confectioners Association, 395
Content Survey (1996), 297
Council on Published Polls (NCPP), 182
Institute on Drug Abuse, 352
Motor Carrier Directory, 114
Sleep Foundation, 394
Transportation Safety Board, 111
Naturaleza de los datos secundarios, 108, 110
Negativas, 378-80, 411-12
Nivel(es),
de confianza, 367
de precisión, 367
de significancia, 465-66
del atributo, 675
Normas de Privacidad y Comunicaciones Electrónicas (UE), 734
Norton
Healthcare Kosair Children's Hospitals Inc. (NHKCH), 799-805
Healthcare Pavilion, 799
Notas al pie, en los informes de la investigación de mercados, 703
Notificación previa, 379
NUDIST (N6), software, 171
Números,
aleatorios. *Véase* Números aleatorios simples simples, A1-A3
en el informe de investigación de mercados, 702, 710
NVivo (software), 171

O

Objetivos,
cuestionarios, 299
informe de la investigación de mercados y, 701
problema de investigación de mercados y, 45
propuesta de investigación de mercados y, 96
recolección de datos y, 108, 110
Observación,
análisis de,
de contenido, 205-6
de rastros, 206-7

artificial, 202
auditorías, 205
compra misteriosa, 211
ejemplos, 181-83
en Internet, 204
    de mercados internacionales y, 211-13
    etnográfica, 210-11
en la investigación
encubierta, 202
estructurada, 202
ética, 213-14
evaluación comparativa, 208-9
mecánica, 203-5, 208-9
métodos, 203-7
natural, 202
no encubierta, 202
no estructurada, 202
personal, 203, 208-9
resumen de, 213
ventajas y desventajas, 209-10
Omega al cuadrado (ω^3), 522
Omisión, 305
Orden,
    de las preguntas, 314-17
    lógico, 316-17
    temporal de la ocurrencia de las variables, 221, 222
Ordenamientos de preferencia, 664
Organización(es),
    internacionales como fuentes secundarias, 132, 133. *Véase también organizaciones específicas*
    Japonesa de Comercio Exterior, 133
    para la Cooperación y el Desarrollo Económico (OCDE), 133
Orquesta Sinfónica de Jacksonville, 377

P

Pago, en los paneles, 89
Palabras de prueba, 163
Paneles, 86, 119
    de compra, 119, 120, 123-24, 126
    de lector óptico, 119, 120, 126-27, 729
        con televisión de cable, 119, 120, 127
    en Internet, 357-58
    en los medios, 119, 120, 123, 124-26
    lector óptico y, 119, 120, 126-27, 729
    muestreo reclutado en línea, 357-58
    opcionales, 357
    por correo, 184, 191, 195, 729
    reclutados, 357
Parámetros
    análisis bivariado de regresión y, 546-47
    tamaño de la muestra y, 366, 375-76
Pareamiento, 228
Perfil(es),
    característico, 586
    completos, 675, 678
Pertenencia al conglomerado, 638
Peso
    Beta, 547, 562
    de importancia relativa, 675
Petición crítica, 199
Pictogramas, 704, 706
Planteamiento,
    de la hipótesis, 464-65

del diseño de investigación, 10-11
escalamiento multidimensional, 663-64
Véase también Problema de investigación de mercados
general, 49, 50
Población,
    definición de, 335
    objetivo, 336-37
    símbolos para, 367
Point of Purchase Advertising International, 220
Ponderación, 382-83m 438-39
Porcentaje de varianza, 612, 617
Portada, del informe de investigación de mercados, 699
Posibilidad de generalización, 287-88, 710
Potencia de una prueba, 466
Predicasts Terminal System, 118
Predictores, importancia relativa de los, 562-63
Pregunta(s), 53
    alternativas fijas, 183
    capacitación del trabajador de campo y, 414-15
    dobles, 303
    de contestación libre, 307-8
    de filtro, 304
    de investigación, 53. *Véase también* Preguntas; Cuestionarios
    de opción múltiple, 308-9
    de respuesta libre, 307-8
    de tema oculto 160
    dicotómicas, 309-10
    difíciles, 315
    estructuradas, 308-10
    inductoras, 312-13
    iniciales, 314-15
    no estructuradas, 307-8
    ramificadas, 316
    sesgadas, 312-13
Preparación de los datos, 11, 426-27
    ajustes estadísticos y, 438-40
    codificación y, 431-35
    depuración de la, 436-38
    edición de la, 429-30
    ejemplos de la, 427-28
    ética y, 444-46
    investigación de mercados internacionales y, 443-44
    proceso de la, 428-29
    programas estadísticos (software) y, 446-47
    resumen de la, 451
    revisión del cuestionario para la, 429
    SPSS de la, 447-51
    técnicas estadísticas de la, 441-43
    transcripción de la, 435-36
Presentación,
    de los datos, 170, 171
    oral del informe de investigación de mercados, 708-9
Presupuesto y programación, 96
Principio,
    de "Diles", 709
    "sidi", 709
Privacidad,
    de los datos, 734
    en línea, 275-76
Probabilidad, 389-90, 467
Problema,
    contexto ambiental y, 43-47

de decisión administrativa, 48-49
de investigación de mercados, 34-35
definición del, 37-38, 49-51
ejemplos del, 35-37
ética y, 58-60
investigación de mercados internacionales y, 57-58
propuesta de investigación de mercados y, 97
prueba de hipótesis y, 468
resumen del, 61
SPSS para el, 60
tareas involucradas en el, 38-43
Véase, de investigación de mercados
Procedimiento,
    de mínimos cuadrados, 545
    de Ward, 642, 643, 645, 646
    Mahalanobis, 595
    para la formación de conglomerados, 640-43, 644-45, 646
Proceso,
    de la investigación de mercados, 10-12
    del muestreo, realización del, 339-40
Productos registrados de investigación de mercados, 21
Professional Marketing Research Society (PMRS), 28
    of Canada, 325
Programas estadísticos (software),
    análisis
        de conglomerados, 655
        discriminante, 602
        factorial, 628-29
    ANOVA y ANCOVA, 527-28
    correlación y regresión, 566-68
    de aglomeración, 638
    distribución de frecuencias, tabulaciones cruzadas y pruebas paramétricas y, 491-95
    escalamiento multidimensional y análisis conjunto, 689
    informe de la investigación de mercados y, 714
    investigación de mercados internacionales y, 735
    preparación de los datos y, 446-47
    Véase cuestionarios, *también* Excel; Minitab; SAS, SPSS
Programación, 96
Pronósticos, 43-44
Proporción, 367, 370, 372-75, 482-83
    de aciertos, 578, 586
Propuesta,
    de investigación de mercados, 96-97
    Véase, de investigación de mercados
Proveedor(es),
    de servicios,
        completos, 18
        de investigación, elección de, 21
        limitados, 20
    externos, 18
    interno, 17
Proyecto de patrocinio de la tienda departamental, y análisis
    de conglomerados y, 456-57
    de datos, 495
    discriminante con dos grupos, 603
    factorial, 629

ÍNDICE

ANOVA, 529
  codificación y, 431-32
  datos secundarios y, 112, 115-16
  diseño,
    de bloque aleatorizado y, 236
    de cuadrados latinos y, 237
    de grupo estático y, 231
    de pretest-postest con grupo control y, 232
    de pretest-postest con un grupo y, 230-31
    experimentales y, 230-31, 232-33, 236, 237, 240
    sólo con postest y grupo control y, 232
  elaboración del modelo de, 52-53
  entrevistas en sesiones de grupo y, 147-48
  entrevistas personales en casa y, 201
  escala(s),
    de calificación por ítem y, 274-75, 277, 280
    de intervalo y, 255
    de Likert y, 274-75
    de razón y, 257
    de Stapel y, 277
    nominal y, 254
    ordinal y, 255
  escalamiento multidimensional y, 690
  especificación de la información y, 56
  estimación del tamaño de la muestra y, 375-76
  estrategia para el análisis de datos y, 449-50
  estudio de caso único y, 230
  exposición en el contacto inicial y, 414
  forma y distribución del cuestionario y, 317
  hipótesis y, 54
  investigación,
    de mercados y, 25-26
    descriptiva y, 83-84
    exploratoria, descriptiva y causal y, 91
  método de entrevista y, 301-2
  muestreo por juicio y, 343
  observación personal y, 203
  población objetivo y, 337
  preguntas,
    de investigación y, 317
    iniciales y, 315
  preparación
    de los datos y, 427
    y presentación del informe de investigación de mercados y, 710-11
  problema de investigación de mercados y, 48-49, 50
  regresión múltiple y, 569
  técnicas proyectivas y, 164-65, 167, 169
  trabajo de campo y, 420
Prueba(s),
  binomial, 486
  de caricaturas, 166
  de comparaciones múltiples, 522-23
  de corridas, 486
  de dos colas, 465
  de esfericidad de Bartlett, 612, 613, 614, 624
  de Kolmogorov-Smirnov (K-S),
    de dos muestras, 487
    de una muestra, 485, 486
  de la hipótesis, 454-55
    diferencias y, 478-79
    ejemplo de, 456
  introducción a, 463
  procedimiento general para, 464-68
  pruebas no paramétricas y, 454, 478, 485-91
  pruebas paramétricas y, 454, 478, 479-85, 494-96
  resumen de, 496
  SPSS de, 494
  de la mediana de dos muestras, 487
  de mediana de k-muestras, 525
  de rangos con signo y pares equivalentes de Wilcoxon, 488
  de signos, 490
  de una cola, 465, 467
  estadística, 465, 466-67
  F, 481, 553
  F parcial, 557
  función discriminante, 584, 591
  no paramétricas, 488-91, 454, 478, 485-91, 494, 496
  paramétricas, 454, 475, 479-85, 494, 496
  piloto, 319-22
  t, 479, 482
    de muestras pareadas, 483-84
  U de Mann-Whitney, 487
  z, 480
Psicogalvanometría, 204
Psicográficas, 119, 121-22
Publicaciones gubernamentales, 115, 117
Pupilómetro, 204

Q
(QRCA) Qualitative Research Consultants Association, 28

R
Rango intercuartílico, 461
R^2 ajustada, 553
R cuadrada, 644
Rango, 461
Rapidez, en la respuesta de encuestas, 200
Recolección de los datos, 11
  encuestas, 194, 198
  estructurada, 183
  propuesta de investigación de mercados, 97
  prueba de hipótesis, 466-67
  secundarios, 108-10
  trabajo de campo, 412-13
Recomendaciones del informe de investigación de mercados, 700, 701
Recursos, para el problema de investigación de mercados, 45
Redacción,
  de las preguntas, 311-14
Reducción de los datos, 179, 638
Reemplazo, 381
Registro,
  de las respuestas del encuestado, 415
  capacitación de los trabajadores de campo para el, 415
Regresión,
  con variables ficticias, 564, 680
  estadística (RE), 227
  logística. *Véase* Análisis logia
  múltiple, 552-59, 569
  paso a paso, 560-61, 562

Relación inicial,
  espuria, 471-72
  perfeccionamiento de, 470-71
  sin cambio en, 472-73
Research Industry Coalition (RIC), 28
Residuales, 557-59, 612, 621
Respuestas,
  atribuidas, 437
  faltantes, 437
  galvánica de la piel (RGP), 204
  insatisfactorias, 430
Resultados del informe de investigación de mercados, 700
Resumen ejecutivo, 96, 699
Revelación, 710
Revistas de marketing, 2106
Rótulos, 703
  laterales, 703

S
Sales & Marketing Management (revista), 131
SamplePower (software), 385
SAS (software)
  análisis
    de conglomerados y, 655
    discriminante, 602
    factorial, 628
    ANOVA y ANCOVA, 527
  correlación y regresión y, 566, 567, 568
  distribución de frecuencias y, 491
  escalamiento multidimensional y análisis conjunto, 689
  estudio de caso Matsushita y, 744
  informe de la investigación de mercados y, 714
  investigación de mercados y, 29
  preparación de los datos y, 446-447
  pruebas paramétricas y, 492
  tabulaciones cruzadas y, 492
Sector de la investigación de mercados, 17-21
Segmentación,
  de beneficios, 636
  del mercado, 636, 663
Seguimiento, 379, 711-12
Semillas, 638
Sensibilidad al precio, 238
Servicios,
  analíticos, 20
  de análisis de datos, 20-21
  de campo, 20
  de captura de datos, 20
  de codificación y captura de datos, 20
  de Información Standard & Poor, 129
  de lector óptico, 119, 120, 126-28
  de lector óptico electrónico, 119, 120, 126-28
  de Localización de Información Gubernamental (SLIG), 117
  de recorte de prensa, 119
  en Internet, 20
  estandarizados, 20
  industriales, 119, 120, 129-30
  personalizados, 20
  sindicados (fuentes), 18, 20, 119-20,
    hogares, 121-28
    instituciones, 128-30

Sesión de información, 244-45, 320
Sesión(es) de grupo,
   cliente-participante, 154
   con dos moderadores, 153
      en duelo, 154
   de dos vías, 153
   de telesesiones, 154
   encuestado-moderador, 154
Sesgo, 462, 463
   de posición, 309
   de selección (SS), 227
   del orden, 309
   en la entrevista,
      potencial de, 200
   entrevista y, 200
   falta de respuesta y, 199
   orden o posición y, 309
   por falta de respuesta, 199
   selección de, 227
Significancia,
   del efecto de interacción, 516
   del efecto general, 515
   del efecto principal, 516
   estadística, 562. *Véase también* Prueba de significancia
Símbolos,
   definición de, 224-25
   tamaño de la muestra, 366-67
Sistemas,
   de apoyo a las decisiones (SAD), 23-25
   de Clasificación Industrial de América del Norte (SCIAN), 129, 655
   de información de marketing (SIM), 23-25
   de Transporte de la ciudad de Nueva (New York City Transit, NYCT), 271, 275
Society of Competitive Intelligence Professionals (SCIP), 16
Software para la investigación cualitativa, 171.
      Véase también Solución paso a paso, 560
Sondeo, 415
SPSS, Programas estadísticos (software),
   análisis,
      de conglomerados y, 648, 650, 655-57
      discriminante y, 602-4
      factorial y, 629-30
   ANOVA y ANCOVA y, 527, 528-29
   correlación y regresión y, 566, 567, 568-69
   cuestionarios y, 327
   datos secundarios y, 136
   distribución de frecuencias, tabulaciones cruzadas y prueba de hipótesis y, 491, 492, 493-96
   escalamiento,
      multidimensional y análisis conjunto de, 689, 690-91
      y medición, 266
   estudio de caso Matsushita y, 744
   informe de la investigación de mercados y, 714
   investigación de mercados y, 29-30
   preparación de los datos y, 446, 447-51
   problema de investigación de mercados y, 60
   pruebas paramétricas y, 492
   tamaño de la muestra y, 385
   técnicas no comparativas de escalamiento y, 291-92
   trabajo de campo y, 423

Specialty Coffee Association of America, 78
SPSS, 528-29
SS_{entre}, 507, 508
SS_{error}, 507, 508
SS_{intra}, 507, 508
SS_y, 507, 508
Starch Readership Survey, 20
Statistical Abstracts of the United States, 110
Submuestreo
   de quienes no respondieron, 381
Suma de errores al cuadrado, 544
Supervisión de los trabajadores de campo, 417-18
Suposiciones implícitas, 313
Survey,
   of Buying Power, 131, 132
SurveyPro (software), 193
SurveySolutions,
   (software), 730
   Express (software), 193
Sustitución, 381-82

T

Tabla,
   de cambio, 88
   de contenidos del informe de investigación de mercados, 669
   por pares, 675
Tablas,
   de contingencia, 469
   estadísticas,
      área debajo de la curva normal, A4
      distribución de chi cuadrada, A5-A6
      distribución F, A10-A12
      distribución t, A7-A9
      números aleatorios simples, A1-A3
Tabulación cruzada, 454-55, 468-73
   bivariada, 469-70
   con dos variables, 469-70
   con tres variables, 470-73
   ejemplo de, 455-56
   en la práctica, 477
   estadísticas asociadas con, 473-77
   resumen de, 496
   SPSS y, 493-94
Tamaño, 367. *Véase también* Tamaño de la muestra
Tasa(s),
   de completamiento, 377
   de incidencia, 376
   de respuesta, 198-99, 378-80, 418
Taxonomía numérica. *Véase* Análisis de conglomerados
Tau,
   b, 477
   c, 477
Técnica(s),
   comparativas de escalamiento, 257-63
   de análisis
      bivariado de correlación, 543-44
      conjunto, 675
      de conglomerados, 638
      de varianza de una vía, 507
      discriminante, 578-79
      factorial, 612
   de completamiento, 164-65

de construcción, 165-66
de dependencia, 442, 443
de interdependencia, 443, 610
de evaluación y revisión
   gráfica (TERG), 96
   del programa (TERP), 96
de la tercera persona, 167-68
de muestreo no probabilístico, 340, 346, 340, 341-46, 354-56
   de bola de nieve, 342, 345, 352
   por conveniencia, 341-43, 352
   por cuota, 342, 344-45, 352
   por juicio, 342, 343-44, 352
   selección de, 337-38
   técnicas de muestreo probabilístico contra, 354-55
   usos del, 356
   virtudes y defectos del, 352
de muestreo probabilístico, 341, 346-56, 376
   aleatorio simple, 346-47, 352, 353
   doble, 354
   estratificado, 347, 348-50, 352, 353
   por secuencia, 354
   selección de, 337-38
   sistemático, 347-48, 352, 353, 359-60
   tamaño de la muestra y, 376
   técnicas de muestreo no probabilístico contra, 354-55
   usos del, 356
   virtudes y defectos del, 352
de respuesta a las fotografías, 165-66
determinación del tamaño de la muestra, 369, 376-77
escalamiento multidimensional, 664, 668
estadísticas, 367
   informes de la investigación de mercados, 710
   preparación de los datos, 438-40, 441-43
   regresión múltiple, 553-54
   tabulaciones cruzadas y, 473-77
expresivas, 166-68
multivariadas, 441, 442-43
no comparativas de escalamiento, 270-71
   ejemplos, 271
   escala,
   ética y, 289-91
   evaluación y, 283-88
   investigación de mercados
      internacionales y, 288-89
   resumen de, 292
   selección de, 288
   SPSS y, 291-92
   técnicas comparativas de escalamiento y, 258
proyectivas, 163-69
univariadas, 441, 442
Tennis (revista), 594
Teoría, 51-52
Test de Apercepción Temática (TAT), 165
TextSmart (software), 447
Tiempo,
   experimentación y el, 240
   propuesta de investigación de mercados y el, 97
   respuestas a la encuesta y el, 200
   trabajo de campo y el, 418
Time (revista), 491

Título, del informe de investigación de mercados, 702
Toma de decisiones, 12-15
 de marketing, 12-15
 en el punto de venta, 220, 223
Trabajadores de campo
 capacitación de, 414-17
 evaluación de, 418-20
 selección de, 413-14
 supervisión de, 417-18
Trabajo de campo, 11, 97, 410-11
 capacitación y, 414-17
 ejemplos de, 411-12
 ética y, 421-23
 evaluación, 418-20
 investigación de mercados internacionales y, 420-21
 naturaleza del, 412
 proceso de recolección de datos y, 412-13
 respuestas insatisfactorias y, 430
 resumen de, 423
 selección de, 413-14
 SPSS de, 423
 supervisión de, 417-18
 validación del, 418
Traducción,
 de los cuestionarios, 732-34
  para la investigación de mercados internacionales, 732-34
 inversa, 732
 paralela, 732
Transcripción, 435-36
 de los datos, 435-36
Transformación de la escala, 439-40
Transitividad de la preferencia, 259
Tratado de Libre Comercio de América del Norte (TLCAN), 722

U
Umbral paralelo, 642, 643
Unidad(es),
 de Información e Investigación Aeronáutica de la IATA, 326
 de muestreo, 536
 de prueba, 223
Unión Europea, 734
UNIVARIATE (programa SAS), 491
University,
 of Colorado, 459
 of Michigan, 352
 of Nevada-Las Vegas, 503
 Pediatric Foundation, 800
U.S.,
 Agency for International Development, 132
 Bureau of Labor Statistics, 355
 Census 2000, 297, 299, 311, 312, 317, 741
 Census Bureau, 22, 107, 116, 118, 132, 197, 297, 298, 312, 335, 741, 742
 Department
  of Agriculture, 132
  of Commerce, 109, 117, 132
  of Labor, 106, 117, 132
  of Justice, 714
  of State, 132
 Fish and Wildlife Service (USFWS), 333, 334
 Navy, 391

Office of Coordination and Development, 118
Small Business Administration, 132, 214

V
V de Cramer, 476
Validación cruzada, 563-64
 del trabajo de campo, 418
 doble, 564, 580
Validez,
 convergente, 287
 de análisis
  conjunto, 683-84
  de conglomerados, 647-48
  discriminante, 586-88, 593-95
 de contenido, 286
 de criterio, 286
 del constructo, 287
 de una escalas, 286-87
 discriminante, 287
 experimentación, 225-26
 externa, 225-26
 interna, 225, 675
 y la solución del escalamiento multidimensional, 670, 671
Valor(es),
 asignación de, faltantes, 430
 crítico, 467
 estimado, 543
 F, 579
 neutros, 437
 probabilidades que corresponden a, 389-90
 propio, 579, 612, 617
 z, 367
Variación, medidas de, 461-62
Variables,
 análisis
  de conglomerados y, 653-55
  de varianza de un factor y, 507, 508
 binarias, 439
 de confusión, 228
 dependientes, 224, 507, 508
 dicotómicas, 439
 extrañas, 224, 226-29
 ficticias, 439, 564, 680
 independientes, 223, 507, 508
 instrumentales, 439
 orden temporal de ocurrencia de las, 222
 redefinición de las, 439
 sustitutas, 620-21
 tabulación cruzada y, 469-73
Variación concomitante, 221-22
Varianza, 367, 461-62, 642, 643. *Véase también* Análisis de varianza
Vectores de los atributos, 669
Verificación, 170
Vigencia de los datos secundarios, 108, 109-10

W
Web Online Surveys (software), 193
WebSurveyor (software), 193
Wilks, λ de 579
Women's Sport Foundation, 86

Z
Zoomerang (sitio Web), 193

Índice de empresas
ABC, Inc., 134
Absormex, 747
Abt Associates Inc., 18
A. B. Volvo, 686
Accenture, 73-74, 739
Acer, 691
ACNielsen BASES, 234-35, 243
ACNielsen Company, 20, 105, 106, 125, 126-27, 128, 203, 243, 291, 403, 600, 729
Adidas, 67, 213, 265, 405
AirTouch Cellular, 750
Alfa Romeo, 686
ALLTEL Communications, 131
AllTel Inc., 750
Amazon.com, 358
AMD, 406
American Airlines, 29-30, 111, 160, 654
American Business Information, 113
American Express, 739
Ameriquest, 401
Andersen Consulting, 73, 74
Anheuser-Busch, 220, 401
ANZ Bank, 188
AOL (America Online), 366
AOL Time Warner, 623
Apple Computer, 303, 401, 691, 757, 773
Arbitron Inc., 18, 125, 380
Arby's, 106, 739
Ariba, 183-84
Artesyn Technologies, Inc., 791
Arthur Andersen, 73
Arthur Treacher's Fish & Chips, 785
Ashford.com, 129
ASI Market Research, 366
Astec America Inc., 791-98
AT&T, 125, 133, 188, 392
AT&T Wireless, 40, 750, 751, 752
ATTIK, 5
Audi, 672, 673
Autos.msn.com, 348
Avon Products, Inc., 398, 535-36

Baja Fresh Mexican Grill, 785, 786
Ball Group, 333
Banana Republic, 445-46
Bangkok International Airport, 637
Bank of America, 17, 779, 780
Bank One, 779, 780
Bates Asia, 729
BBDO International, 22, 40
BBDO Worldwide, 206, 654
Beaumont Organization Ltd., 689
Beiersdorf, 407
Bélisle Marketing, 172-73
Bell & Howell, 182
Bell Atlantic Mobile, 750
BellSouth, 39, 750
Berkshire Hathaway, 251, 252
Best Buy, 744
Best Western International, Inc., 720
Beta Research Corporation, 20
BMW, 5, 68, 69, 289-90, 686
Boeing, 3-4, 7, 20, 336, 383
Boeing Commercial Airplanes (BCA), 3-4
Boeing Computer Services Co., 118

Boston Market, 65, 105, 127, 600-601
Bowles Hollowell Conner & Co., 779
Bretton-Clark, 689
Breyers Ice Cream, 395
Bristol-Myers Squibb, 809
Buick, 391, 673, 739
Burger King, 6, 39, 65, 66, 202, 739, 785, 786
Burke Inc., 18, 20, 22, 71-73, 774

CACI Inc., 118
Cadbury, 395
Cadillac, 672, 673
Café Express, 785
Calvin Klein, 245, 398
Campbell Mithun, 65
Campbell Soup Company, 121, 130, 391
Canadian Tire, 335
C&D Technologies, Inc., 791
C&R Research Services Inc., 19
Canon Cameras, 182-83, 202, 203, 238, 288
Careerbuilder.com, 401
Carnival Corporation, 436
Caterpillar, 114
Cathay Pacific, 565
CBS Corporation, 134
Celebrities Asia, 324
Chanel, 398
Chesebrough-Ponds, 242
Cheskin, 19
Chevrolet, 5, 673
Chick-fil-A, 6
Chipotle Mexican Grill, 65
Choice Hotels, 394
Christian Dior, 398
Chrysler Motor Corporation, 14-15, 672, 673, 706, 748, 749
CIGNA Retirement and Investment Services, 349
Cingular Wireless, 39-40, 750-54
Circuit City, 744
Cisco, 757
CIT Group/Commercial Services, 135
Citibank, 92
Citicorp, 17
Citigroup, 92, 779
Citrosuco Paulista, 57
Clairol, 809
Claritas Inc., 131, 132
Clinique, 169, 416
Coach, 257
Coca-Cola Company, 17, 22, 41, 57-58, 99, 258, 261, 303, 342, 401, 552-53, 662, 670, 704, 728, 785
Coldwater Creek, 482
Colgate-Palmolive, 17, 686-87, 762
Commerce Bancorp, 780
Commerce Bank, 780
Compaq/Hewlett Packard, 756, 757
CompUSA, 358, 744
ComScore Networks Inc., 18, 109
Continental Airlines, 167
Continental Motors Company, 672, 673
Converse Inc., 67
CoreStates Financial, 779
Cossette Communication Group, 167
Coty Inc., 398
Courtyard Hotels, 393
Covington and Burlington, 214

CreateSurvey, 193, 412
CrossWorlds Software, 755
Crowne Plaza, 393
CustomerSat.com, 184
CyberDialogue, 157

Daimler-Benz, 15
DaimlerChrysler, 14-15, 17, 114, 748-50
D&B, 23, 47, 113, 114, 129
Data Development Worldwide, 19
Datamonitor, 398
Data Recognition Corporation (DRC), 19, 707
Data Resources, 118
Days Inn, 393
Dayton Hudson Corporation, 519
D. C. Global, 779
Dell Computers, 773, 774-77
Dell, Inc., 132, 210, 251, 254, 263, 292, 303, 450-51, 495-96, 529, 569, 604, 629, 657, 684, 691, 711-12, 734, 757, 773-77
Del Monte International, 490
Delta Air Lines, 111, 160, 210, 325-27, 383
Delta Hotels, 335
Dentsu, 725
Dialog Corporation, 118
Diesel, 245
Dietrich Corporations, 396
Digital Marketing Services (DMS), 366
Directions Research Inc., 19
Discovery Research Group, 375
Disney World, 207
Donatos Pizza, 65
Donnelley Marketing Information Services, 113, 118
Drypers, 747
DSG, 747
DuPont, 165

Eastman Kodak, 122, 342
eCareers, 291
Eckerd Drug Co., 220, 223, 224, 238
Econo Lodge, 393
Economic Information Systems Inc., 118
Edmunds.com, 626
e-FocusGroups, 158
EgeBank, 503
eJobs, 291
Ely Lilly, 188
Embassy Suites, 393
EMC, 757, 773
Emerge Marketing, 44
Emerson Electric Company, 791
Ericsson, 791
Estee Lauder Company Inc., 142, 310, 398
Euromonitor, 398
Evans Economics, 118
EVEREN Capital, 780
Evergreen Investment Management, 779
Everyday Lives Ltd., 43
Exhibitions and Trade Fairs (ETF), 189
Extended StayAmerica, 394

Federation Internationale de Football Association (FIFA), 256
FedEx, 24-25, 251, 252, 314
Field Facts Inc., 20
Field Work Chicago, Inc., 20

Fila, 401
First Atlanta, 779
First Data, 159
First Fidelity, 779
First National Bank & Trust, 779
First National Bank of Atlanta, 779
First National Bank of Salem, 779
First Union, 779-80
First Union Bank of North Carolina, 779
First Union Corporation, 779
First Union National Bancorp, 779
First Union Securities, 780
First Wachovia, 779
Fisher-Price, 45
Flake-Wilkerson Market insights LLC, 19
FocusVision Network, Inc., 147
Foote, Cone & Belding Worldwide, 23
Ford Motor Company, 5, 15, 17, 99, 128, 142, 158, 552, 686, 706, 712-13, 748
Ford of Europe Inc., 263
Forrester Research, 109, 505
Fossil, 685
Fox Broadcasting Company, 134
Fresh Enterprises, 785
Frito-Lay, 55, 241-42
Fuji Heavy Industries (FHI), 807

Gale Research Group, Inc., 119
Gallup and Robinson, Inc., 122
Gallup China, 722
Gallup Organization, 90, 111, 182, 307, 381, 714, 722, 728
Gap Inc., 245, 246, 445-46, 731
Gateway, 691, 757, 773
General Electric (GE), 133, 251, 261
General Mills, 127, 488-89
General Motors (GM), 15, 17, 22, 122, 158, 484, 686, 706, 748
GfK Custom Research, Inc., 366, 428
GfK Group USA, 18
GfK-Nurnberg, 97, 729
Gillette, 398, 809
Global Home Products L.L.C., 204
Goodby, Silverstein & Partners, 46
Greenacre, 689
Greenfield Consulting, 20
Greenfield Online Research Center Inc., 20, 194
Group Plus, Inc., 697
GTE Wireless, 750

Häagen-Dazs Shoppe Co., 443-44, 635-36
Hallmark Inc., 185-86
Hard Rock Café, 324
Hardee's, 65
Harley Davidson, 35-36, 42, 47, 51, 53, 54
Harris Interactive Inc., 3, 4, 7, 18, 20, 84, 122, 181, 182, 185, 381
Harris Poll Online (HPOL), 357, 652
HEB, 747
Henley Center, 421
Herbal Essences, 355
Hershey Chocolate Corp., 396
Hershey Food Corp., 395-97
Hertz, 739
Hewlett-Packard (HP), 561, 601, 691, 773, 774
Hills Bros., 242
Hilton Hotels, 394

ÍNDICE

Hitwise, 125
H. J. Heinz Co., 57, 125
Holiday Inn, 80, 393, 394
Home Depot, 111
Home Shopping Budapest, 542
Honda, 5, 142, 153, 155, 210, 672, 673, 706, 748
HotJobs, 291
Hotwired, 207
House of Mao, 324
Hugo Boss, 398
Hyatt, 393, 394
Hyundai, 673

IBM, 261, 303, 691, 719-20, 755-57, 773, 774
ICI Americas Agricultural Products, 685
ICR/International Communications Research, 19, 111
IHOP, 6, 7
IJL Wachovia, 779, 780
IMS Health Inc., 18
IMS Health Information Resources, 26
Infiniti, 686
Information Resources Inc., 18, 126
Informative, 4
Informix, 755
InfoUSA, 113
Innovation Focus, 81
Intage Inc., 27
Intel Corporation, 23, 261, 405-6, 744, 757
Intelliseek, 201
Interactive Research, 191
Interbrand, 261, 728
Intercontinental Hotels Group, 393
Interpublic Group, 65
Interstate/Johnson Lane, 779
Investor Communication Services, 47
Ipsos, 18

Jack in the Box, 6
Jaguar, 69, 672, 673
JCPenney, 25, 125, 245, 246, 254, 255, 258, 275, 495, 690
J. D. Power and Associates, 18, 68
Johnson & Johnson, 13-14, 251, 730, 762
Joseph Schmidt Confections, 396-97
JPMorgan Chase & Co., 609, 779
JTF Consulting Associates, 169
Just the Facts, Inc. (JTF), 168-69
J. Walter Thompson, 22

Kaiser Permanente, 85
Kantar Group, 18, 22, 26
Kao Corp., 687
Kellogg Company, 9-10, 59-60, 143, 144, 155, 244, 335
Kentucky Fried Chicken, 785
KFC, 785
Kforce, 291
Kimberly-Clark (K-C), 745, 746, 747, 762-68
King Louie International, 86
Kmart Corporation, 25, 219, 254
Knowledge Networks Inc., 19
Kodak. *Véase* Eastman Kodak
Kohl's, 25, 254, 255
Kraft Foods, 153

Lambda Electronics, 791
Lange Uhren, 244

Leaf North American, 395, 396
Lenovo, 755
Leo Burnett USA, 445
LeSportsac, Inc., 219, 223, 224
Lever Brothers, 687
Levi Strauss & Co., 245-46, 263, 519
LexisNexis, 118
Lexus, 5, 68-69, 262, 672, 673, 686
LG Electronics, 691
LHK Partners Inc., 187
Lieberman Research Group, 19
Lieberman Research Worldwide, 18
Lion Corp., 687
Lipton, 210, 211
Lloyds TSB, 739
L'Oreal SA, 398, 477, 739
Lotus Development Corporation, 23, 175, 755
Lotus Professional Services, 175
Lucent Technologies, 757, 791
Lufthansa German Airlines, 160
LVMH Moet Hennessy Louis Vuitton SA, 398
Lynx, 398

Macy's, 254, 255, 257, 690
Magnetek, Inc., 792, 794
Major League Baseball (MLB), 50-51
Malaysian Airlines, 565
M&M/Mars, Inc., 243, 395, 401
M/A/R/C Group, 412
M/A/R/C Research, 46, 366
M/A/R/C Telno System, 380
Maritz Marketing Research, 18, 20, 65
Market Probe Inc., 19
Market Strategies Inc., 18
Marketing Analysts Inc., 19
Marketing Research Services Inc., 19
Marketing Workshop Inc., 19
MarketTools, 412
MarketVision Research Inc., 19
Marriott Corporation, 11-12, 393, 394
Marriott International, Inc., 393, 524-25
Marriott Lodging, 393
Mars. *Véase* M&M/Mars, Inc.
Marshals, 254
Matsushita, 744-45
Matsushita Electric Works, Ltd. (MEW), 744
Mayor's Jewelry, 739
Mazda, 5, 68, 69
Mazda North America, 116
McCann Erickson Worldwide 206
McDonald's Corporation, 6, 39, 65-66, 98, 105, 122, 166, 273, 281, 342, 401, 600, 728, 785, 786
MCI, 401
McKinsey & Co., 105, 106, 600
Mediamark Research, Inc. (MRI), 186-87
Media Metrix, 392
Mercedes, 68, 69, 672, 673, 686
Merrill Lynch, 729
Message Factors, 562, 563
Metaphase, 205
Metromail, 113
Microsoft Corporation, 89, 90, 214, 251, 252, 261, 286, 348, 623, 755, 756
Minolta Camera Co., 182, 288
Mintel International, 265
Mirro, 204-5
Mitsubishi Electric Corp., 288

Moist Mates, 384
Money Store, 779, 780
Monster, 290-91
MORPACE International Inc., 18
Motel 6, 393
Motorola, 133, 391
MSInteractive, 273
MTV Networks, 360

Nabisco, 396
National Analysts Inc., 19
National Association of Stock Car Auto Racing (NASCAR), 99-100
National Football League (NFL), 10, 121, 391
National Research Corp., 19
NationsBank, 779
NBC Universal, Inc., 7, 134
Neiman-Marcus, 25, 82, 254, 255, 430, 495, 514
Nestle, 395
NetRatings, Inc., 125
New Balance Athletic Shoe, Inc., 265-66
New England Patriots, 435
New York Yankees, 356
Nextel Inc., 750, 751
NFO World Group, 191
Nielsen Media Research, 18, 108-9, 124-25, 132, 134, 401
Nielsen//NetRatings, 109, 129
Nike Inc., 67-68, 107, 213, 245, 265, 404-5, 739
Nike Town, 303
Nine West, 144
Nissan Europe, 263-64
Nissan Motor Co., 68, 69, 401, 422-23, 706
Nissan North America, 157-58
Nivea, 407
Nokia, 621
NOP World, 20, 122, 314, 349, 366, 394
NOP World US, 18
Nordstrom, 653
Nortel, 791
Northwest, 111, 160
NPD Group Inc., 7, 18, 20, 123-24, 398, 399, 600
NPDBeauty, 398

Ocean Spray, 260
Odimo, 129
Office Max, 744
Official Starter LLC, 67
OFFITBANK Holdings, 779
Ogilvy & Mather Worldwide, 206
Old Navy, 303, 445
Old Spice, 398
Opinion Research Corporation, 18, 122
Oracle, 756
OTX Research, 19
Outback Steakhouse, Inc., 191

Palm Pilot, 392
Panasonic, 342, 744-45
Paragon Trade Brands, 747
Parisian, 254
Pasta Pomodoro, 785
PC's Limited, 773
PeopleSoft, 756
Pepperidge Farm, 166
PepsiCo, 122, 401, 704, 728, 739
Pepsi/Frito Lay, 220

ÍNDICE

Performance Research, 342
Perrier, 553
Perseus, 729-30
Peryham & Knoll Research Corp., 19
Peterbilt, 114
Pfizer Company, 220, 314
Phoenix Marketing International, 19
Pillsbury, 125
Pizza Hut, 106
Planet Hollywood, 324
Plural, 773
Polaroid, 653-54
Polo Ralph Lauren Corporation, 346, 733-34
Porsche, 401, 672, 673
PortiCo Research, 210-11
Power Decisions, 13-14
PreTesting Co. Inc., 19
PriceWaterhouseCoopers (PWC), 374, 394, 755, 756
PrimeCo, 750
Princess Cruises, 436
Printronix, 662-63
PrivaSys, 159
P. Robert and Partners, 326
Procter & Gamble, Inc., 17, 22, 42-43, 58, 71, 73, 122, 164, 201-2, 210, 220, 241, 242, 243, 251, 384-85, 621, 623, 706, 745-48, 762-63, 808-10
Productscan, 395, 396
Prudential Financial, 780
Prudential Securities, 780
Publias Groupe, 445
Public Opinion Strategies LLC, 19
Puma, 213
Purina Cat Chow, 401
PWC Consulting, 755

Q Research Solutions Inc., 19
QualBoard, 158
Quasar, 744
Quest, 399
Qwest, 751

RadioShack Corporation, 744
Ralston-Purina, 220
Rational Software, 755
RCA, 133, 519
RDA Group Inc., 19
Red Roof Inn, 393
Reebok International, 67, 112, 213, 265, 405, 485, 739
Reese Candy Co., 396
Regal, 204
Renault, 422, 423, 686
Republic Security, 779
Research International, 420
Revlon, 336, 398, 739
Ricoh Co., 288
R. J. Reynolds Tobacco Holdings, Inc., 714, 779
RL Childrenswear LLC, 733
R. L. Polk, 113
Robinson Associates, Inc., 689
Rockport, 282
RONIN Corporation, 19, 719
RTI-DFD Inc., 19
Saatchi & Saatchi Advertising, 712

Saatchi & Saatchi Worldwide, 206
Saks Fifth Avenue, 25, 82, 254, 430
Samsonite, 28-29
Samsung, 23
San Giorgio Macaroni Co., 396
Sandelman & Associates, 6, 20, N1
SAP, 756
Saturn, 673
Savitz Research Cos., 19
Sawtooth Technologies, 689
SBC Communications, 39, 188, 750
Scharffen Berger, 395, 396-97
Schiller Del Grande Restaurant, 785
Schulman, Ronca & Bucuvalas Inc., 19
Scion, 5-6
SDR Consulting, 20
SE Surveys, 188
Sears, 26, 48-49, 50, 53, 54, 56, 91, 116, 122, 169, 209, 230-31, 232, 233, 236, 240, 254, 255, 257, 258, 274-75, 276, 277, 280, 343, 375-76, 450, 495, 529, 569, 603, 629, 657, 690, 711, 726, 744
Sears Holdings Corp., 726
Singapore International Airlines, 565
Six Continents Hotels, 393
Smarte Carte, Inc., 43-44
Smile Internet Bank, 602
Smith Barney, 739
Smith Travel Research, 392
Sony Computer Entertainment America, Inc., 652
Sony Corporation, 25, 162, 193, 650, 652, 691
Sony Electronics, Inc., 650, 652
Sony Music Entertainment, Inc., 652
Sony Pictures Entertainment, 650, 652
South Carolina National Bank, 779
Southeast Banks, 779
SouthTrust, 779, 780
Southwest Airlines, 251, 252
Spencer Trask Software Group, 23
Spiegel, 514
Sports Illustrated, 342
Sprint Corporation, 392, 750, 751
Sprint Nextel, 750, 751
Sprint PCS, 750, 751
SRI Consulting, 122
SRI International, 122
Standard & Poor's, 129
Stanford Research Institute, 122
Starbucks Coffee Japan, Ltd., 27
Starbucks Corporation, 27, 78, 251, 403-4
Starter Properties LLC, 67
Statistical Research Inc. (SRI), 134
Strategic Research Group/Flickinger Consulting, 445
Subaru, 807-8
Subaru of America, Inc., 707-8, 807
Subway, 39
SunTrust, 780
Super 8, 393
Survey America, 20
SurveyPro, 193
Survey Samples, Inc. (SSI), 358
SurveySite, 158, 194, 298-99, 334-35
SurveySolutions, 193
Survey System, 375

Surveyz!, 263
Synovate, 18, 20, 21

Taco Bell, 6, 65, 66, 89, 106
Tanashi-Shi, 27
Target Corporation, 122, 519
Taylor Nelson Sofres, 739
Technics, 744
Thai Airways International, 565
Tiffany & Co., 627-28
Timberland, 588
Timeout, 86-87
Timex, 335
Tim Hortons, 785-86
Tivoli, 755
T-Mobile, 372, 750, 751
TNS-Global, 20, 699, 701, 709
Tommy Hilfiger, 134-35, 245
Toronto-Dominion Bank, 335
Toshiba, 575, 691, 744
Toshiba Matsushita Display Technology Co., Ltd., 744
TouchScreen Research, 188-89
Toyota, 5, 7, 68, 672, 673, 706, 712-13, 748, 808
Trade-Off Research Services, 662
Trigo Technologies, 755
TruFoods, 785
TRW, 114
Two Twelve Associates, 297
Tyco, 747

Unilever Group, 58, 125, 398
Union National Bank of Charlotte, North Carolina, 779
Unitech Plc., 791
United Airlines, 160, 695-96
Universal Studios, 725-26
Univision, 117
UPN, 134
US Airways, 160
US Cellular, 750

Vail Cascade Resort, 375
Verizon Wireless, 392, 750
Viacom, 360
Virgin Mobile, 751
Visa, 99, 162, 342
VNU Inc., 17, 18, 22, 26
VNU Marketing Information Group, 131
Vodafone, 750
Volkswagen, 5, 626, 672, 673
Volvo. *Véase* A. B. Volvo
Voxco, 735
Vu/Text Information Services, Inc., 118

Wachovia Bank, 93
Wachovia Capital Markets, 779
Wachovia Corporation, 779-84
Wachovia National Bank, 779
Wachovia Securities, 779, 780
Walker Information Inc., 19
Wal-Mart, 25, 42, 122, 251, 254, 255, 257, 482
Walt Disney Company, 274
Waterpik Technologies, 81-82
WB Television Network, 134
WearEver Company, 204
Weather Channel, 391-92

Weather Channel Newspaper Service, 392
Weather Channel Radio Network, 392
Web Online Surveys, 193
WebSurveyor, 193
Wella AG, 809
Wells Fargo, 375
Wendy's International Inc., 6, 7, 39, 65, 66, 463, 623, 688-89, 785-90
Westat Inc., 18
West Michigan Whitecaps, 562-63
Wheat First Butcher Singer, 779
Whirlpool, 142
Williams-Sonoma, 482
Wirthin Worldwide, 18
WPP Group, 729

Xerox Corporation, 288-89, 342

Yahoo!, 21, 349, 357
Y&S Candies Inc., 395, 396
Yankelovich and Partners, 552
Yankelovich Research and Consulting Services, 121
Yardley, 739
Young & Rubicam, 22, 188, 206
Yves Rocher, 398
Yves Saint Laurent, 398

Zoomerang, 193

Índice de nombres

Aaker, David A., N9, N27
Aaker, Jennifer L., N12
Abe, Shuzo, N13
Abraham, Magid M., N10
Abramson, Paul R., N15
Abrantes, Dayse, N30
Acito, Frank, N3, N25-N26, N28
Adam, Stewart, N9
Adamek, Raymond J., N15
Adcock, C. J., N17
Addleman, Sidney, N28
Agarwal, James, N12, N13, N17, N30, N31
Agnoni, Anthony, N10
Aguinis, Herman, N24
Ahluwalia, Rohini, N23
Ahtola, O. T., N22
Akaah, I. P., N12, N17, N23, N24, N26, N27
Akabay, Charles K., N24
Akchin, Don, N6
Alasuutari, Pertti, N20
Alba, Joseph W., N28
Albaum, G., N12
Alford, Bruce L., N13
Ali, Jafar, N26
Allenby, Greg M., N28
Almarsdottir, Anna Birna, N6
Alreck, Pamela L., N20
Alston, Richard M., N11
Alva, Marilyn, N2
Alwin, D. F., N12, N13, N15
Amoo, T., N11, N12, N13
Andersen, Jack, 662
Anderson, Andy B., N16, N17
Anderson, Dallas W., N16
Anderson, E. J., N17
Anderson, Erin, N13
Anderson, Eugene W., N12
Anderson, John, N19
Anderson, L. McTier, N1
Anderson, Paul, N20
Anderson, Ralph E., N25
Anderson, Ronald D., N26
Andres, Michel, 600-601
Andrews, Debby, N7
Andrews, Rick L., N27, N28
Angelidis, John P., N25
Aniston, Jennifer, 739
Ansari, Asim, N29
Anthes, Gary H., N9
Areddy, James T., 66
Argyris, Chris, N10
Arimond, George, N26
Armenakis, Achilles A., N14
Armstrong, David, N13
Armstrong, Jonathan, N31
Armstrong, J. Scott, N2, N18
Armstrong, R. W., N16
Arnold, Matthew, N2
Arnold, S. J., N26
Arnold, Todd J., N28
Arora, Neeraj, N28
Arzheimer, Kai, N31
Assael, H., N16
Aster, Rick, N20, N22
Athaide, Ken, 34
Atkinson, A. C., N24
Attebo, Karin, N8, N16
Attia, Ashraf, N16
Attour, S., N9
Austell, Alfred, 779
Avila, Ramon A., N18, N25
Ayres, Joe, N10

Baar, Aaron, N27
Babakus, Emin, N26
Bachmann, Duane P., N8
Bacik, Roger L., 634, N29
Bacon, Lynd, 218
Bagozzi, Richard P., N9, N13
Bahn, Kenneth D., N23, N25
Baig, Edward C., N6
Baillie, David H., N17
Baker, Reg, N18
Baker, Tim, N3
Baker-Prewitt, Jamie, 574
Bakken, David, 3, N7
Balabanis, George, N27
Balasubramanian, Siva K., N1
Balasubramanian, Sridhar, N25
Baldauf, Artur, N18
Ballmer, Steve, 214
Balogluand, Seyhmus, N22
Bamberger, Michael, N4
Bammaor, Albert C., N11
Banahan, Benjamin F., III, N16
Banerjee, Subabrata Bobby, N11
Banks, S. K., N8
Banks, Steven M., N27
Banstetter, Trebor, N16
Barb, K. H., N23
Barker, Raymond F., N19
Barnes, James H., N16
Barnes, Rosemary, N20
Barnett, Tim, N24
Barney, Steven M., N4
Baron, Roger, N10
Baron, Steve, N8
Barone, Michael J., N24
Barstys, Joe, 807
Bartels, Larry M., N15
Bartholomew, David J., N11, N12, N20, N25
Barton, Christopher, 66
Barton, Deborah L., N8
Bartosiewicz, Petra, N23
Bashford, Suzy, N25
Basilevsky, Alexander, N25
Bass, Frank M., N1
Bassili, John N., N9
Bateman, Connie Rate, N7
Bates, Mary Ellen, N5
Bathe, Stefan, 608
Baumgardner, Michael, 2
Baumgartner, Hans, N14, N31
Bausell, R. Barker, N10
Bayan, Ruby, N9
Beach, Lee Roy, N2
Bearden, William O., N12, N23, N31
Beaty, James C., N24
Becker, Bob, N15
Bedell, A. W., N18
Begley, Sharon, N7
Behling, Orlando, N31
Bélisle, Pierre, 172
Belli, Robert F., N30
Bellinger, Robert, 794
Bello, Daniel C., N26
Belsley, David, N24
Belton, Catherine, N17
Benezra, Karen, N2
Benson, Barbara, N9
Benson, Lehman, III, N2
Benson, Mitchel, 741
Benson, Susan, N18
Ben-Zion, Uri, N10
Berchman, Tracy R., N8
Berenson, Mark L., 388, N17, N20, N21, N22
Bergen, Mark, N12
Berger, Paul, N10
Bergmann, Reinhard, N21
Berk, Richard A., N23
Berkmans, T. R., N19
Bernath, Ratna, N21
Bernstein, James, N4
Berrier, Robert J., 410
Berry, Halle, 739
Berry, Leonard L., N2
Berstell, Gerald, N9
Besanko, David, N5
Best, Roger J., N29
Bhargava, S., N7
Bhat, Subodh, N23
Bickart, Barbara A., N8, N15, N17
Bienstock, Carol C., N15
Bijmolt, Tammo H. A., N27, N28
Billor, Nedret, N24
Biner, Paul M., N8, N18
Binson, Diane, N19
Bird, Drayton, N4
Bishop, George F., N14
Bittar, Christine, N23
Bjornsdottir, Ingunn, N6

ÍNDICE

Black, William C., N25
Blackburn, Robert, N6
Blair, Johnny, N8
Blalock, Hubert M., Jr., N11
Blasius, Jorg, N28
Bloch, Peter H., N28
Bloom, Matthew C., N22
Bloom, Paul, N22, N26
Bloor, Michael, N6
Blumenschein, Karen, N11, N15
Blunch, Niels J., N15
Blyth, W. G., N17
Blythe, Bruce, 263
Bobko, Christopher, N23
Bobko, Philip, N23
Bock, Timothy, N6
Boedeker, Mika, N3
Boik, Robert J., N24
Boland, Ann, N29
Bollen, K. A., N23
Bollinger, Christopher R., N15
Bolstein, Richard, N8
Bolton, Lisa E., N22
Borak, E., N17
Bordeaux, Darlene B., N14, N19
Bordia, Prashant, N10
Borg, Ingwer, N27, N28
Borman, Walter C., N13
Borque, Linda, N7, N8
Borror, Connie M., N10
Boruch, Robert F., N10
Bosetti, Heather A., N21
Bottomley, Paul A., N4, N12, N26
Boudon, Raymond, N7
Bounds, Gwendolyn, N6
Bowen, David M., N10
Bowen, G. L., N18
Bowers, Diane, 296
Box, Terry, 69, N29
Boyle, Kevin J., N29
Bradford, Michael, N20
Bradlow, Eric T., N26, N28
Bradshaw, Brad, 401
Brady, Michael K., N12
Branco, Joao, N23
Brand, M., 741
Brannas, Kurt, N3
Brannon, Diane, N25
Brans, J. Pierre, N3
Bray, J. H., N23
Brech, Poppy, N6
Bremer, John, N7
Bremner, Brian, N17
Brennan, Mike, N18
Brewer, John, N3
Brewer, Ken, N17, N18
Brewin, Bob, N4, N16
Brinberg, D., N10
Britt, S. H., N29
Brock, Sabra, N4
Brodesser, Claude, N4
Brody, C. J., N12
Brooks, Victoria, N1
Brown, Donald R., N23
Brown, Eryn, 394
Brown, Michael, N18
Brown, Reva Berman, N3
Brown, Sandy, N27

Brown, Stephen, N1
Brown, Steven R., N10
Brown, Tom J., N13, N26
Bruggen, G. H. van, N1, N2
Brunel, Frederic F., N28
Brusco, Michael J., N26
Bucklin, Randolph E., N5, N26
Buckman, Glen A., N9
Bunce, Alan, N5
Burdick, Richard K., N22
Burhenne, Wim, N28
Burke, Alberta, 71
Burnett, Richard, N22
Burnkrant, Robert E., N23
Burroughs, James E., N31
Burton, Brian K., N14
Burton, Scot, N24
Bush, A. J., N8
Bush, George H. W., 174
Bush, George W., 174-75, 181, 182
Butcher, Bob, N19
Butler, David, N29
Butler, Patrick, N2
Byrne, David, N29
Byrom, John, N18

Caballero, Marjorie J., N9
Calantone, Roger, N12
Calder, B. J., N10
Calhoun, Jack, 445, 446
Callingham, Martin, N3, N6, N7, N29
Campbell, Alexander J., N20
Campbell, Donald T., N10, N11, N13
Campbell, L., N10
Canchola, Jesse, N19
Canjels, Eugene, N23
Cannell, C. F., N8, N19
Capell, Kerry, N17
Carlin, John B., N17
Carmone, Frank J., Jr., N27, N28
Carroll, Doug, 394
Carroll, J. Douglass, N20, N24, N26, N27, N28, N29
Carson, David J., N6
Carter, Helena Bonham, 739
Casey, Mary Anne, N6
Cassidy, Hilary, N12
Castellan, N. J., N23
Castleberry, Stephen B., N4
Catina, Joseph A., N19
Catterall, Miriam, N7
Cattin, Philippe, N28
Chadwick, Simon, N31
Chakraborty, Coutam, N16
Chakrapani, Chuck, 332
Chamis, Eleni, N10
Chance, Beth L., N20, N22
Chandler, Susan, N21
Chandler, T. A., N12
Chandon, Pierre, N23
Chao, Paul, N22
Charan, Ram, N2
Charles, Betsy, N28, N30
Chase, Donald A., N6
Chatterjee, Sangit, N25
Chau, Patrick Y. K., N13
Chen, Gilad, N13
Chen, H. C., N18

Chen, Hui-Min, N26
Chen, Peter Y., N23
Chepoi, Victor, N26
Chhajed, Dilip, N28
Chiger, Sherry, N8
Childers, Terry L., N8, N12, N14
Chin, Spencer, 745, 794
Chintagunta, Pradeep K., N5
Chisnall, Peter M., N5, N15, N30
Chonko, Lawrence B., N21
Chow, Raymond P. M., N31
Chow, Siu L., N17
Christensen, Ole, N4
Chu, Wujin, N13
Chubachi, Ryoji, 652
Chura, Hillary, N2
Chyna, Julie T., N3
Cibotti, Elaine, N7
Clancy, Kevin J., N5, N31
Clap, Steven, 391
Clark, Bruce H., N14
Clark, Don, 406
Clark, J. R., N17, N18
Clarke, Irvine, N21
Clauss, Phil, 785
Clements, Denny, 68
Clinton, William Jefferson, 174
Cobanoglu, Cihan, N9, N18, N30
Cobanoglu, Nesrin, N18
Cohen, Jacob, N22, N24
Cohen, Patricia, N24
Cohen, Robert L., 104
Cohen, Steven H., N10
Coleman, A. M., N12
Collins, B. J. K., N5
Collins, Martin, N19
Colombo, Richard, N8, N15, N18
Conant, Jeffrey S., N2, N22
Coney, K. A., N14, N29
Conrad, Frederick G., N15
Consoli, John, N5
Cooil, Bruce, N7
Cook, Wade., N11
Cook, William A., N14
Cooke, Alan D. J., N28
Coombs, C. H., N11
Cooper, Harris, N8, N18
Cooper, Lee G., N27
Corlett, Tom, N4
Corsi, Jerome R., N7
Corstjens, Marcel, N5
Costanza, Frank S., N11
Cote, Joseph, N25
Coulter, Philip B., N19
Couper, Mick P., N15, N16, N19
Cowls, Michael, N21
Cox, Eli P., III, N12
Cox, Michael A., N27
Cox, Trevor F., N23, N27
Cradit, J. Dennis, N26
Craig, C. Samuel, N3
Crane, Andrew, N30
Crask, M. R., N25
Crawford, Cindy, 739
Creswell, John W., N3
Creyer, Elizabeth H., N22
Crick, Dave, N30
Croal, N'Gai, N9

ÍNDICE

Croft, Tara, N5
Cronbach, L. J., N13
Cronin, Mary J., N2
Cronk, Brian C., N20, N21
Crosby, Lawrence A., N7
Crutchfield, Edward, 779, 780
Cummings, Simone M., N18
Cuneo, Alice Z., N20
Cunningham, William A., III, N26
Curasi, Carolyn Folkman, N8, N19
Curhan, Ronald C., N26
Curren, Mary T., N2
Currim, Imran S., N29
Curry, Sheree R., N21
Czaja, Ronald, N8
Czarniawska, Barbara, N7

Dadzie, Kofi Q., N19
Dahl, Darren W., N2
Dahlstrom, Robert, N3
Daley, James M., N25
Dallaglio, Lawrence, 739
Danaher, Peter J., N28
Dansky, Kathryn H., N25
Darkow, Michael, N5
Davidson, Paul, 394
Davis, B., 742, 743
Davis, Caroline, N21
Davis, Darren W., N19
Davis, Jim, 265-66
Davis, K., N17
Davis, Mark A., N16
Davis, Stephania H., N13
Davison, Mark L., N27
Dawar, Niraj, N10
Dawes, Jillian, N3
Dawidowska, Katarzyna, N4
Dean, Joshua, N29
de Andrade, P. Pinheiro, N30
de Chernatony, Leslie, N21
de Laine, Marlene, N11
de Ruyter, Ko, N21
de Vaus, David, N3
de Ville, Barry, N1
Deighton, John, N5
Delgado-Ballester, Elena, N13
Dell, Michael, 773
DeLome, Edward R., 394
DeLorme, Denise E., N24
DeMoranville, Carol W., N15
Denham, Bryan E., N21
Dennis, J. M., N5
Denova, Jim, 743
Denstadli, Jon M., N28
Denzin, Norman K., N6
Desai, Kalpesh Kaushik, N22
DeSarbo, Wayne S., N20, N24, N27
Deshpande, Satish P., N17
Desiderio, Lori, N29
DeVito, Danny, 46
Dexter, Andy, N1, N2
Dey, E. L., N18
Dholakia, Uptal M., N10
Diamantopoulos, A., N15, N27
Dibbs, S., N26
Dichter, Ernest, 143
Dicks, Bella, N9
Didow, Nicholas M., N14

Dietz, J., N12
Dillman, D. A., N17, N18
Dillon, W. R., N25
Ding, A. Adam, N25
Ding, Ming, N28
Dispensa, Gary S., N23
Dochartaigh, Niall Ó, N4
Dodd, David H., N22
Dodge, Yadolah, N12
Dodson, Jody, N5
Dogar, Rana, N6
Doherty, Michael E., N23
Dolliver, Mark, N21, N30
Donaldson, Bill, N4
Donavan, D. Todd, N13
Donthu, Naveen, N23
Dorfman, Alan H., N17
Dougherty, Carter, N19
Douglas, Susan P., N3, N30
Douglas, Vicki, N26, N27
Downey, Kevin, N4
Doyle, Peter, N26
Dragan, Feodor, N26
Drake, Perry D., N4
Drane, J. W., N18
Dranove, David, N5
Draper, N. R., N23, N24
Drexler, Millard "Mickey," 445
Dreze, Xavier, N22
Driscoll, Wade C., N22
Drozdenko, Ronald G., N4
Duffy, Bobby, N15
Dukakis, Michael, 174
Dunteman, George H., N25
Dunst, Larry, N21
Durgee, Jeffrey F., N7
Dutka, Solomon, N4, N14
Duyff, Roberta, 489
Dwek, Robert, N10
Dyer, Leigh, N7

Easley, Robert F., N27
Eastwood, Clint, 739
Ebenkamp, Ellen, N6
Eckert, Michael, 391
Eckhart, Dennis, 714
Edmondson, Brad, N15
Edmonston, Jack, N8, N19
Ehrenberg, A. S. C., N29
Einhorn, Michael A., N30
ElBoghdady, Dina, 404
Elfr ink, John, N8
Eliashberg, Jehoshua, N2
Elkin, Tobi, N2, N27
Ellis, Paul, N3
Emmons, Natasha, N30
Engelland, Brian T., N13
Ephron, Erwin, N9
Erdem, Tulin, N5
Erdogan, B. Zafer, N8, N18
Erdos, Paul L., N8
Ereaut, Gill, N6, N7, N29
Erevelles, Sunil, N17
Erez, Amir, N22
Esmond, Don, 68
Esslemont, D., N18
Etkin, Cynthia, N4
Ettenson, Richard, N16

Everett, S. A., N18
Everitt, Brian S., N26, N27
Ewing, M. T., N3
Ewings, P., N18

Fairclough, Gordon, N30
Fan, Ying, N23
Farhangmehr, Minoo, N30
Farrelly, M., N17
Farris, Paul W., N10
Fayed, Ramzi, N1
Feder, Richard A., N7
Feick, Lawrence F., N21
Feinberg, Richard, N21
Feld, Karl, N19
Fell, Daniel, 770
Fellman, Michelle Wirth, N1
Ferber, Robert, N3, N7, N8, N17
Ferguson, Renee Boucher, N9
Fern, Edward F., N6, N18, N22, N25
Fernandez, Karen V., N8
Ferraro, Rosellina, N28
Ferris, Paul, N27
Festervand, Troy A., N21
Festinger, L., N11
Fetto, John, N10
Field, J. G., N21
Fielding, Nigel G., N19
Fields, Andy, N21, N22, N24
Fink, Arlene, N9, N14, N16, N20, N29
Finn, Jack, 626
Fish, Kelly E., N16
Fisher, M. R., N17
Fisher, N. I., N29
Fiske, Alan Page, N14
Flannelly, Kevin J., N18
Fletcher, Clive, N30
Fletcher, Karen, N8, N30
Flick, Uwe, N6
Flickinger, Burt, 445
Flint, Joe, 402, N1
Flottau, Jens, N24
Flynn, Leisa Reinecke, N13
Fok, Wing M., N25
Folk, Lillian, N25
Folks, Valerie S., N2, N22
Fonda, Daren, N6
Ford, John B., N21
Forelle, Charles, 757
Forrest, Catherine, N6
Forrester, Rosalind H., N26
Forseter, Murray, N24
Forster, Julie, 394
Forthofer, R. N., N18
Foust, Dean, N27
Fowler, Floyd J., Jr., N7, N8, N14
Fowler, Geoffrey A., N31
Fox, Bruce, N5
Fox, Edward J., N24
Fraedrich, John P., N27
Fram, Eugene H., N7
France, Mike, N14
Frank, Ronald E., N20
Franke, George R., N28
Frankel, Lester R., N4, N14, N17
Frankel, Martin R., N16, N17, N19
Frankland, Jane, N6
Frankwick, Gary L., N16

ÍNDICE

Franses, Philip Hans, N25
Freeman, Michael, N1
Freeman, Mickey, 131
Freiden, J. B., N15
French, W., 742, N24
Frendberg, Norman, N20
Freston, Tom, 360
Frevert, Brad, N30
Frey, James H., N19
Friedman, H. H., N12, N13
Fritzsche, David J., N26
Funkhouser, G. Ray, N26

Gaeth, Gary, N16
Gaiton, John, N12
Galloway, Angela, N7
Gallucci, Joanne, N16
Gallup, George, 85
Gamba, Philip, 686
Gannon, K. M., N13
Garbarino, Ellen, N22
Garber, Ann, N4
Garcha, Bikramjit S., N14
Gardyn, Rebecca, N8
Garnaut, Ross, N30
Garratt, Mark, N28
Garsten, Ed, N16
Gaskell, George D., N14
Gatignon, Hubert, N5
Geddes, Andrew, N24
Gencturk, E., N14
Gendall, P., N18
Getz, Patricia M., 355, N16
Ghosn, Carlos, 422-23
Giacobbe, Ralph W., N2, N30
Gibson, Lawrence D., N1, N2
Giese, Joan L., N25
Giges, Nancy, N23, N27
Gill, John, N5, N6, N7
Gillett, Raphael, N17
Gillham, Bill, N14, N15
Gilly, Mary C., N21
Gilmore, Audrey, N6
Ginsburg, Seth, 76
Givon, M. M., N12
Glantz, Stanton A., N22, N24
Glasscoff, David W., N7
Glassman, Marc B., N19
Glassman, Myron, N15
Glassman, Nancy A., N15
Glen, J. J., N25
Glenn, Norval D., N3
Glisan, George B., N25
Gofton, Ken, N11
Gold, Laurence N., N9
Goldberg, M. A., N23
Goldenberg, Jacob, N25
Goldfarb, Jaime, 436
Goldsmith, Jeff, N3
Goldsmith, Ronald E., N6, N23
Goldstein, Heather R., N31
Goldstein, M., N25
Goodman, L. A., N21
Goodstein, Ronald C., N5
Goodway, Nick, N25
Gordon, John S., 397
Gore, Al, 174, 181, 182
Gorn, Gerald J., N10

Gorton, K., N17
Gosling, Ann, N13
Gould, Grant F., N4, N10, N11
Gould, James L., N4, N10, N11
Graeff, Timothy R., N8, N14
Grant, Linda, N29
Granville, Lord, 779
Grapentine, Terry, 502, N24
Gray, Peter H., N1
Gray, Robert, N1
Gray, Steven, 66, 404, N1
Green, Judith, N17
Green, Paul E., N20, N24, N26, N27, N28, N29
Green, R. C., Jr., N15
Green, R. T., N17
Greenacre, Michael L., N28
Greenbaum, Thomas L., 697-98, N6, N7, N29
Greenburg, Karl, 69
Greenleaf, Eric A., N13
Greenspan, Alan, 109
Greer, Thomas V., N18
Gregory, S., N9
Grewal, Dhruv, N13, N25
Grewal, Rajdeep, N25, N28
Grinstein, Gerald, 325, 327
Groenen, Patrick J., N27, N28
Grogan, Thomas J., N18
Gronhaug, Kjell, N6
Grover, R. M., N18
Grube, Brion, 785
Grunert, Klaus G., N6
Grunert, S. C., N6, N31
Gubrium, Jaber F., N19
Guengel, Pamela G., N8
Guenzel, P. J., N19
Gunnell, D., N18
Gupta, Kunal, 660
Gupta, Sunil, N5
Guth, Robert A., N7
Gutsche, Ann Michele, N29
Guttman, Cheryl, 748
Guyer, L., N1

Haaijer, Rinus, N9, N28
Hair, J. F., Jr., N8, N25
Haire, Maison, N7
Hall, Jonathan, N6
Haller, Terry, N14
Halliburton, Chris, N21
Halliday, Jean, 69, N1, N4, N6
Halman, I. M., N3
Halme, Merja, N11
Hamlin, R. P., N2
Hammell, Yvette C., N20
Hammonds, Don, 808, N26
Han, C. Min, N9
Hanisch, Kathy A., N13
Hanna, Nessim, N12, N25
Hanrahan, Patrick, N14
Hansen, Fay, N4
Harich, Katrin R., N27
Harnett, Donald L., N21
Harrington, Ann, N23
Harrington, Laurie, 454
Harris, G., N9
Harris, Judy, N11
Harris, Louis, 85

Harris, Stanley G., N14
Harristhal, Joann, 428, N19
Harvey, Joan E., N23
Harzing, Anne-Wil, N18
Hatch, Denny, 290, N14
Hatush, Zedan, N4
Hauser, John R., N28
Haussman, Glenn, N23
Havitz, Mark E., N26
Hawes, John M., N25
Hawkins, D. I., N14, N29
Hays, W. L., N22
He, Xin, N26
Healey, Nigel, N8
Heath, Rebecca P., N4
Heaton, Jane, N7
Hedberg, Ase, N30
Hedderley, D., N28
Heilman, Carrie M., N21
Heim, Sarah J., 68
Helgesen, Thorolf, N27
Hellevik, O., N21
Helton, Mike, 100
Hemlock, Doreen, N30
Henderson, Caroline M., N5
Henderson, Pamela W., N25
Hennel, Michael J., N2
Henry, Gary T., N16
Herman, Michael W., N12
Herndon, Neil C., Jr., N4, N27
Herr, Paul M., N23
Herriges, Joseph A., N15
Herrmann, Robert O., N14
Hershey, Milton, 396
Hess, Jennifer, N14
Hesse-Biber, Sharlene, N3, N6
Heyl, Stephen M., N2
Hiemstra, Stephen J., N29
Higgins, James J., N21, N23
Higgins, Kevin T., N19
Higgins, Lexis F., N1
Hilfiger, Tommy, 134
Hill, A., N18
Hill, J. Dee, N7
Hill, Julie Skur, N30
Hill, R. P., N14
Hinkin, Sue, N29
Hinkin, Timothy R., N14
Hisamatsu, Hiroyuki, N24
Hlatky, Mark A., N27
Ho, F. N., N29
Ho, Teck-Hua, N28
Ho, Yiu, N4
Hoch, Stephen J., N24
Hochwarter, W. A., N19
Hocking, R. R., N24
Hodapp, Susan, 524, 525
Hoeing, John M., N21
Hoek, J., N18
Hoeke, S., 741
Hoffman, Donna L., N28
Hofstede, Frenkel Ter, N29
Hog, Allen, 73
Holak, Susan L., N23
Holburt, Jonathan, N30
Holden, Stephen J. S., N4
Holohean, Edward J., Jr., N27

ÍNDICE

Holstein, James A., N19
Holzworth, R. James, N24
Honomichl, Jack, N1, N30
Hopkins, Shirley A., N20
Hopkins, Willie E., N20
Horowitz, Joel J., 135
Horton, Tim, 785
Houseman, John, 739
Houston, Mark B., N4
Howard, Dennis R., N26
Hsieh, Ming-Huei, N30
Hu, Clark, N29
Hu, Michael Y., N14, N18
Hu, Ye, N28
Huang, G., N9
Hubbard, Raymond, N8
Huberman, A. Michael, N7
Hudson, Gail, N2
Hughes, Sarah, 121
Hui, Kai Lung, N13
Hulland, John, N4
Hume, Evelyn C., N14
Humphrey, Taylor, N17
Hung, C. L., N9
Hunt, David, N13
Hunt, James B., N21
Hunt, Shelby D., N2, N3, N6
Hutt, Michael D., N16
Hutzler, Charles, N18
Hyatt, E. M., N11
Hymowitz, Carol, N5

Iacobucci, Dawn, N28
Iacocca, Lee, 14
Ibrajim, Nabil A., N25
Ilieva, Janet, N8
Imms, Mike, N6, N7, N29
Inman, J. Jeffrey, N28
Irwin, Julie R., N24
Ishigami, Kunio, 707, 708
Isidore, Chris, 748, 810
Ives, Nat, N21
Izzo, George, N6

Jaccard, James, N22
Jackson, Barbara Bund, N24
Jacoby, Jacob, N15, N26
Jaeger, R. M., N16
Jaeger, S. R., N28
Jaffe, E. D., N15
Jain, Arun K., N11, N27, N28
Jain, C. L., N2
James, Dana, N8, N30
James, Jeannine M., N8
James, Meg, N4
James, William L., N24
Jamieson, Linda, N25
Janky, Denis G., N22
Jarboe, Glen R., N24
Jarratt, Denise, N1
Jarvis, Ian, 718
Jarvis, Steve, N9, N18
Javeline, Debra, N15
Jayachandran, Satish, N23
Jayanti, Rama, N20
Jenkins, Stephen, N14, N20
Jenness, James, 59, 60
Jeong, Insik, N17

Jitpleecheep, Sukanya, N29
Johansson, Johnny K., N7
Johar, Gita Venkataramani, N26
Johnson, Andrew, 779
Johnson, Carla, N19
Johnson, Phil, N6, N7
Johnson, Richard Arnold, N20, N22, N25
Johnson, Sharon, N29
Johnson, Sheree L., N7
Joiner, Brian L., N20, N22
Jolson, Marvin A., N24
Jones, Bradford S., N13
Jones, Damon, 426
Jones, Peter, N30
Jonker, Jedid-jah, N2
Jordan, Michael, 67, 739
Joyce, Ronald, 785
Jung, Helen, 405
Jupp, Victor, N20
Jurkowitz, Mark, N18
Juvoung, Kim, N27

Kacmar, M. K., N19
Kahan, Hazel, N6
Kahane, Leo H., N23
Kalton, Graham, N16
Kamakura, Wagner A., N5, N21, N25, N28
Kamins, Michael A., 739-41, N22
Kanellos, Michael, 406
Kang, Stephanie, 67, 68, N3
Kanji, Gopal K., N21
Kanuk, Leslie Lazar, N5
Kara, Ali, N20
Kardes, Frank R., N25
Karnitschnig, Matthew, 68
Kasriel, Ken, N23
Kassarjian, H. H., N7, N22, N26
Katz, D., N11
Katz, Rayna, N1
Kauder, Neal B., N29
Kaufman, Leonard, N26
Kaufman, Louis, N29
Ke, Bin, N15
Kearney, Ide, N20
Kearns, Zane, N18
Keating, Peter, N4
Keefe, Bob, 404
Keen, Cherie, N21
Keeter, Scott, N8, N18
Keillor, Bruce, N8, N9, N13, N19, N31
Keiser, Stephen K., N21
Kellner, Peter, N8
Kelly, Kate, 404
Kelly, Patricia, N14
Kemsley, E. K., N24
Kenhove, Van, N18
Kennedy, Marilyn M., N7
Kent, Raymond A., N20
Kenyon, Alexandra J., N6
Keon, J., N16
Kerin, R. A., N18
Kerlinger, Fred N., N9
Kernan, Jerome B., N18
Kerry, John, 175
Kessler, R. C., N18
Kharif, Olga, 406
Kidd, Heath J., N18
Kiecker, Pamela L., N19

Kilburn, David, N3, N7, N20
Kim, Beomsoo, N10
Kim, Eric, 23
Kim, Hank, N2
Kim, Kilsun, N28
Kim, Sung, N12, N13
Kim, Youngchan, N29
Kimberlin, Kevin, 23
Kimmel, Allan J., N23
King, B. B., 739
King, Maryon F., N8, N13
Kinnear, T. C., N1, N22
Kirca, Ahmet H., N23
Kirsche, Michelle L., N9
Kish, Leslie, N16
Kiska, John, 73
Kivetz, Ran, N21
Kjell, Gunnar, N16
Klastorin, T. D., N26
Klecka, W. R., N25
Kleiser, Susan, N1
Klink, Richard R., N10
Klopp, Charlotte, N25
Klupp, Mary, 140
Knauper, Barbel, N14
Knott, Martin, N25
Kochin, D. Yu, N2
Koczkodaj, Waldemar W., N12
Koopman, S. J., N24
Kopp, Robert J., N26
Koppelman, Frank S., N28
Korgaonkar, Pradeep K., N22, N23
Kornblau, Len, 786
Kortnev, A. V., N2
Kosenko, Rustan, N25
Koser, Glenn, 399
Kotabe, Masaaki, N4
Kozinets, Robert V., N6
Kraft, Kenneth L., N12
Krapfel, Robert E., N1
Krehbiel, Timothy, 388, N17, N21
Kress, Moshe, N11
Krieger, Abba M., N28, N29
Kripalani, Manjeet, N17
Krishnamurthi, Lakshman, N10
Kroll, Bob, 490
Krosnick, Jon A., N15
Krueger, Richard A., N6
Kruger, Renee M., 748
Krum, James R., N21
Kruskal, J. B., N27
Kruskal, W. H., N21
Kuh, Edwin, N24
Kuhfeld, Warren F., N28
Kumar, V., N25
Kurcina, Beth, N9
Kurpius, Sharon E., N11, N12
Kuss, Alfred, N26

LaBarbera, Priscilla A., N9
Labendorf, Kirk, 406
Lachenbruch, P. A., N24
Lackey, Nancy, N25
Laczniak, G. R., N3, N21
Lafley, A. G., 384, 385, 746
Lai, Paul, 326
Lal, Rajiv, N5
Lam, Shunyin, N4

Lam, Simon S. K., N13
Lance, Howard, 791
Landau, Sabine, N26, N27
Landon, E. L., Jr., N8
Lane, Scott, 562, 563
Lane, Vicki R., N11
Langer, Judith, N6
Langford, Barry E., N6
Langton, Bryan, 393
Larichev, O. I., N2
Larkins, Ernest R., N14
Larsen, Michael D., N18
Lash, Israel, 779
Laskey, Nial, N9
Laszlo, Joseph, 193
LaTour, Michael S., N21
Latshaw, Craig A., N28
Lauren, Ralph, 733, 734
Laurent, Gilles, N10, N11
Lautman, Martin R., N6
Law, Kenneth S., N31
Lawrence, Keith, N11
Lawtor, Leanna, N25
Lazer, William, N21, N23
Le, T., N16
Leach, John, N29
Leclerc, France, N9
Lee, Byoung-Woo, N9
Lee, Byung-Joo, N20
Lee, Eunkyu, N4, N5, N8, N14, N18
Lee, Hanjoon, N3
Lee, Jack K. H., N3, N4, N5, N27
Lee, Jenny S. Y., N31
Lee, Michael, N29
Lee, Sungho, N23
Lee, Thomas, N10
Leeder, Stephen, N8, N16
Leefer, J. R., N13
Leeflang, Peter S. H., N3
Leese, Morven, N26, N27
Leigh, J. H., N22
Leigh, Laurence E., N13
Leigh, Thomas W., N29
Leinhardt, Samuel, N8
Lemly, William, 779
Lemmink, Jos, N27
Lemon, Katherine W., N5
Lenert, Leslie A., N27
Lenny, Richard H., 396
Leong, E. K. F., N3
Lerner, Norman, N30
Levine, David M., 388, N17, N20, N21, N22
Levitt, Ron, N4
Levy, Michael, N22, N26
Levy, Sidney J., N7
Lewis, Barbara R., N25
Lewis, Paul, N30
LGer, D. E., N26
Li, Isabella, N16
Libai, Barak, N25
Licata, Jane W., N13
Lichtenstein, Donald R., N24
Lieber, Ronald B., N7
Liebman, Milton, N30
Liechty, John, N10, N28
Liengme, Bernard V., N20, N22
Light, B., N6
Likert, Rensis, 274, N11, N12

Lilien, Gary L., N2
Lim, Jeen-Su, N25
Lin, Alfred, N27
Lindeboom, M., N3
Lindquist, Jay D., N3
Lindzey, G., N7
Lines, Rune, N28
Linnet, Richard, N9
Liotta, Bettyann, 794
Lipman, Joanne, N5
Lipson, Sara, N4
Little, Eldon L., N8
Little, R. J., N18
Livelsberger, Jeanne, N10
Locke, Lawrence F., N29
Locklear, Heather, 739
Lodish, Leonard M., N10
Loehlin, John C., N25
Logue, Tom, N24
Lohtia, Ritu, N18
Lonial, S. C., N12
Loosschilder, Gerard H., N28
Lovejoy, Angela, N1
Low, George S., N29
Lowry, Tom, N17
Lubetkin, Beth, N10
Luk, Sherriff T. K., N5
Lumpkin, James R., N21
Lunden, Joan, 46
Lusch, R. F., N13
Lusk, Edward J., N18
Luyens, Serge, N14, N20
Lynch, John G., Jr., N10
Lynn, Michael, N11

MacDougall, Colin, N6
MacFarlane, Phyllis, N16
MacFie, H. J. H., N28
MacKay, David B., N27, N29
Maclachlan, Douglas L., N9
MacLachlan, James M., N9
MacLaurin, Donald J., N15
MacLaurin, Tanya L., N15
Madden, Charles S., N9, N18
Maddox, Kate, N16, N23
Maddy, Blair A., N27
Madge, Clare, N6
Madison, D. Soyini, N9
Madonna, 739
Maekawa, Koichi, N24
Mahajan, Vijay, N22, N25, N26, N28
Maher, Lisa, N16
Mahler, David Q., N24
Maines, John, N18
Mainprize, Janet, N21
Malhotra, Naresh K., N1, N2, N3, N7, N11,
    N12, N13, N17, N20, N21, N25,
    N26, N27, N28, N29, N30, N31
Malhotra, S., N12
Malo, Keith, N2, N4
Mandel, Naomi, N22
Mangaloglu, Mehmet, N22
Mangleburg, Tamara F., N13
Manning, Kenneth C., N24
Manrai, Ajay K., N27
Marchant, L. J., N17
Maremont, Mark, N20
Marineau, Philip, 245

Marinelli, Joseph, N12
Markus, Gregory B., N3
Marmol, Francesc, N24
Marquis, Kent H., N14
Marquis, Simon, N16
Marriott, Alice S., 11, 524
Marshall, Greg W., N2
Marta, Janet K. Mullin, N16
Marteau, Theresa, N13
Martin, Charles, N17
Martin, E., N15
Martin, Geoffrey Lee, N30
Martin, W. S., N23
Mason, Charlotte H., N24
Masson, Gordon, N17
Mathwick, Charla, N13, N21, N26
Matsukubo, Shinya, N9
Matter, Martin, N5
Maurer, Robert, N10
Mauthner, Melanie, N7
Maxon, Terry, N4
Maxwell, Joseph A., N3
Maxwell, S. E., N23
Mayers, Jerome L., N22
Mayhew, Glenn, N5
Maynard, Michael, N9
Mayo, Charles, 769
Mayo, William, 769
Maytas, Laszlo, N4
Mazella, Gloria F., N6
Mazursky, David, N26
Mazzella, Gloria F., N5
McAvoy, Kim, 392
McBurnett, Michael, N15
McCabe, Deborah Brown, N22
McCann-Nelson, Michelle, N22
McCarthy, Michael, N19
McClelland, Gary H., N24
McClendon, McKee J., N24
McColl-Kennedy, Janet, N13
McCombie, Susan C., N19
McConnell, Charles R., N29
McCort, Daniel, N7, N29, N30, N31
McCracken, Jeffrey, 750
McCullough, J., N20
McDaniel, Carl D., N24
McDaniel, Stephen W., N18
McDonald, Dale, N29
McDonald, Gael, N12, N20, N31
McDonald, Heath, N9
McDonald, Kathryn M., N27
McEnroe, John, 67
McGee, Jim, 534
McGrath, J. E., N10
McIntyre, Shelby H., N24
Mckay, Betsy, N14
McKercher, Bob, N22
McLachlan, Geoffrey J., N24
McMaster, Mark, N9
McNabb, Donovan, 121
Mctavish, D. G., N13
Mehegan, Sean, N11
Mehta, Raj, N25
Melamed, Lawrence E., N10
Melton, Eric, N20
Menon, Geeta, N8, N14
Messmer, Donald J., N15
Meulemeester, Pascale, N8

ÍNDICE

Michaelree, Joe, N24
Michels, Kenneth M., N23
Middleton, Karen L., N13
Middleton, Michael R., N20, N22
Milat, Andrew J., N9
Miles, Jeremy, N23
Miles, Louella, N21
Miles, Matthew B., N7
Miller, Bob, 713
Miller, Cyndee, N23
Miller, Delbert C., N11, N12
Miller, Gina, N2
Miller, Jane, N19
Miller, Jeff, 73
Miller, Judith Thomas, N28
Miller, Peter U., N8
Miller, Rachel, N14
Milligan, G., N26
Milne, George R., N14, N15
Milner, Laura M., N21
Miniard, Paul W., N24
Miodonski, Bob, N25
Misra, Ranjita, N3
Mitchell, Alan, 810
Mitchell, Paul, N8, N16
Mitchell, Vincent-Watne, N25
Mizerski, R. W., N15
Mo, Chul-Min, N26
Moe, J., 741
Moitra, Soumyo, N16
Mollenkamp, Carrick, N16
Mondello, M., N24
Monroe, Kent B., N18, N22
Montgomery, David B., N24
Moody, Janet, N29
Moore, Booth, N9
Moore, Julianne, 739
Moore, William L., N28, N29
Moorman, C., N10
Moozakis, Chuck, N6
Morel-Samuels, Palmer, N13
Moreo, Patrick J., N9
Morgan, David L., N6
Morgan, Neil A., N2
Morrin, Maureen, N26
Morrison, D. G., N25, N26
Mort, Simon, N29
Morton-Williams, Jean, N19
Morwitz, Vicki G., N10, N18, N23
Moschis, George P., N22, N26
Moshkovich, Helen M., N11
Mossholder, Kevin W., N14
Mowen, John C., N13
Mueller, Tom, 7
Mullen, Michael R., N14
Muller, Eitan, N25
Muller, Gale D., N19, N20, N27
Munuera-Alemán, Jose Luis, N13
Murphy, Gardner, N11
Murphy, Gregory B., N8, N16
Murphy, H. Lee, N15
Murphy, Ian P., N2, N27
Murphy, Kevin M., N20
Murphy, Lee, N8
Murphy, P. E., N3, N21
Murphy, Paul R., N25
Murphy, William, N12
Mussenden, Sean, N16

Myers, Matthew, N14, N31

Nader, Ralph, 182
Nairn, Agnes, N26
Nakamoto, Kent, N21
Nakwah, Rajesh, N7
Napoli, Julie, N5
Narayan, Jack, N10
Neal, William D., N1, N24, N26
Near, Janet P., N14
Nebenzahl, I. D., N15
Neff, Jack, 810, N1, N18
Neirotti, Lisa Deply, N21
Nelson, Emily, 741
Nelson, James E., N19
Nelson, Lloyd S., N10
Neslin, Scott A., N5
Netemeyer, Richard G., N12, N24
Neter, John W., N23
Neuendorf, Kimberly A., N9
Nevid, Jeffery S., N7
Newman, Jessica Clark, N19
Newman, Lynn M., N14
Ng, Ignace, N20
Nicholls, William L., II, N8
Nicholson, Jack, 739
Nicholson, Joe, N1
Nickel, Karen, N11
Nielsen, Christine, N20
Nielsen, Robert L., N20, N27
Nishisato, Shizuhiko, N12, N20, N22
Nitterhouse, Denise, N9
Noazin, S., N13
Noel, Noel M., N12
Noelle-Neumann, E., N15
Nonaka, Ikujiro, N7
Nonis, Sarah, N2
Norris, C. E., N12
Northington, Daniel, 394
Norusis, Marija, N21, N23
Notes, Greg R., N5
Nowell, Clifford, N11, N17
Nowlis, Stephen M., N5, N22
Nunes, Joseph C., N3
Nunnally, Jum C., N11
Nwachukwu, Saviour L. S., N2
Nyaw, Meee-Kau, N20
Nygaard, Arne, N3

Obrey, Thomas, N14
O'Brien, John, N15
O'Cass, Aron, N12
O'Connell, Vanessa, 402
Odekerken-Schroder, Gaby, N27
Ofir, Chezy, N11, N12, N24
Ogden, James R., N28
Oishi, Sabine., N19
Oksenberg, Lois, N8
Oldendick, Robert W., N14
Omura, G. S., N15
Ones, Deniz, N8
Opdyke, Jeff D., N16
Ostrom, Amy, N28
Ostrom, Charles W., N15
Ostrom, T. M., N13
Otellini, Paul, 23
Ottaviani, Joe, 180
Ouwersloot, Hans, N27

Ouyand, Ming, N15
Overall, John E., N21
Overbey, Vance, 40
Overmeyer, Cary, N7
Owens, Deborah, N19, N31

Page, Christine M., N23
Pak, Sukgoo, N17
Pallister, John, N19
Palmer, Jay, N29
Panigrahi, B., N3
Parasuraman, A., N2
Pardoe, Iain, N27
Parfitt, John H., N5
Park, C. Whan, N12, N24
Park, Jae-ok, N13
Park, June S., N17
Parker, Ginny, N7
Parker, Kendra, N9
Parker-Pope, Tara, N11
Parsons, A. L., N10
Patten, Mildred L., N14
Patzer, Gordon L., N4
Paul, Gerry, 205
Payne, Doug, N3
Payne, Stanley L., 300, N9, N14
Pearcy, Dawn, N13
Pearson, Karl, 536
Pecotich, Anthony, N3
Peller, Clara, 785
Penford, Mike, N1
Perecman, Ellen, N3
Perez, Bill, 67
Perlman, Rhea, 46
Perreault, William D., Jr., N11, N13, N24, N25
Perrien, J., N11
Perry, Chad, N6
Peter, J. Paul, N13
Peters, Michael, N17
Peterson, Betsy, N4, N11
Peterson, C. C., N12
Peterson, Dane, N23, N29
Peterson, Mark, N1, N17, N26, N30, N31
Peterson, Robert A., N13, N18, N22
Pett, Marjorie A., N21, N23, N25
Pettijohn, Charles, N19, N31
Pham, Michel Tuan, N23
Phillips, Edward H., N7
Phillips, L. W., N10
Pickett, Gergory M., N27
Pierce, Charles A., N24
Pieters, Rik, N9
Pinson, Christian, N11, N27
Pires, Guilherme D., N9
Pitt, L. F., N3
Pitts, Gail, N5
Pluzinski, Carol, N18
Pol, Louis G., N17
Politz, Alfred, 143
Polivka, A. E., N15
Polka, John, N30
Pollack, Lance M., N19
Popovich, Paula M., N23
Popping, Roel, N14
Post, Carol, N4
Pothas, Anne-Marie, N14
Prado, Antonio A., N4
Prado, Marco, 791

Prasso, Sheridan, 394
Premachandra, I. M., N4
Presser, Stanley, N13, N14, N15
Pressler, Paul, 445
Price, J. H., N18
Puchta, Claudia, N6
Pulakos, Elaine D., N19
Pullins, Ellen Bolman, N3, N10
Punj, Girish, N26
Pusateri, Michael A., N1

Qin, Jing, N18
Qu, Hailin, N16, N26
Quelch, J. A., N9
Quinn, James E., 628
Quinn, Richard T., N7

Raghubir, Priya, N8, N14
Rahtz, Don R., N25
Raj, S. P., N10
Rallapalli, Kumar C., N12
Ramaswamy, Venkatram, N5, N10
Ramsey, Patricia, N29
Randall, Wayne, 385
Rangaswamy, Arvind, N27
Rao, Ambar G., N21
Rao, Poduri S., N17
Rao, Sanjay K., N2
Rapert, Molly Inhofe, N2
Rapp, S., N30
Rasmussen, Erika, 743
Rau, Pradeep A., N21
Rayburn, Kelly, N30
Raymond, Joan, N6
Raymondo, James C., N17
Reda, Susan, N4
Reddy, S. K., N23
Redington, Michael, 412
Reed, Americus, N22
Reed, Ken, N28
Regan, Michael, N29
Reibstein, David J., N5
Reid, Donna J., N6
Reid, Fraser J., N6
Reidenbach, R. E., 655, N27
Reinartz, Werner J., N23, N25
Reingen, Peter H., N16
Reisenwitz, Timothy H., N12
Reiss, Angelika D., N8
Reiter, Jerome P., N11
Rentz, Joseph O., N3, N13
Rentz, Kathryn C., N6
Reyes, Sonia, N3
Reynolds, Emma, N26
Reynolds, Fred D., N3
Reynolds, Marion R., Jr., N17
Reynolds, Nina, N15
Rhoads, Angela, N23, N29
Riccitiello, John, 443
Rice, Marshall, N14
Richards, Larry E., N19
Richards, Lyn, N7
Richter, D., N18
Rickard, Leah, N11
Ridder, G., N3
Riedel, Marc, N4
Rigdon, Edward, N13, N21
Rindfleisch, Aric, N31

Riordan, E. A., N24, N26
Rishe, P., N24
Ritchie, Linda, N16
Rittichainuwat, B. N., N26
Ro, Kong-Kyun, N9
Roberts, Dexter, N17
Roberts, J., N18
Robertson, Brent, N19
Robin, D. P., 655, N27
Robinson, William T., N3
Robson, Kate, N6
Rodes, Nevin J., N17
Roehm, Harper A., Jr., N10
Roehm, Michelle L., N10
Rogelberg, Steven G., N14, N18
Rohde, Carl, N4
Rollere, Margret R., N4
Romano, Allison, N5
Romeo, Peter, N11
Romer, Richard, 135
Romsburg, H. Charles, N26
Root, Ann R., N1
Rosbergen, Edward, N9, N28
Rosecky, Richard B., N24
Rosenbaum, Paul R., N10
Rosenblatt, Jerry A., N21
Roslow, Sydney, N11
Ross, Sid, 743
Ross, William T., Jr., N22
Rossi, Peter H., N16, N17
Rossiter, John R., N13
Rossman, Ailan J., N20, N22
Roth, Hayes, 391, 392
Roth, Philip L., N23
Rotondo, John A., N26
Rousseeuw, Peter J., N26
Rowland, L., N18
Royall, Richard M., N17
Rubinstein, Ed, N11
Rudelius, William, N18
Ruekert, R. W., N14
Ruggless, Ron, N4
Rugimbana, Robert, N24
Russell, Gary J., N5
Russick, Bertram, N18
Russo, J. Edward, N9
Russo, M. Jean, N10, N11, N13
Rust, Langbourne, N9
Rust, Roland T., N7
Ryan, Ann Marie, N19
Ryan, Barbara F., N20, N22
Rydholm, Joseph, N9, N15, N16, N20, N29, N30

Sabe, Jennifer, N2
Sacco, Joshua M., N19
Sachdev, Ameet, 66
Sadarangani, Pradip, N13
Saeed, Samiee, N17
Sahay, Sundeep, N20
Salama, Eric, 421
Salkind, Neil J., N11, N12
Saltz, Lida C., N15
Sambandam, Rajan, N26
Sampath, S., N16, N17
Samuelson, Robert J., N4
Sanchez, Ron, N2
Sanders, Colonel Harlan, 785

Sandor, Zsolt, N15, N28
Sanger, Stephen W., 488, 489
Sangerman, Cynthia, N3
Sao, Jun, N18
Sapsford, Roger, N20
Saunders, John, N26
Sawhney, Mohanbir S., N2
Sayre, Shay, N6
Scammon, Debra L., N22, N26
Scherhorn, G., N31
Scheu, Christine R., N19
Schick, Shane, N16
Schiffman, Leon G., N5
Schillewaert, Niels, N8
Schlegelmilch, Bodo B., N15
Schlock, Anastasia, N12
Schmid, Jack, N8
Schmitt, Bernd H., N11, N22
Schmitt, Bill, 399
Schmitt, Neal, N19, N24
Schneider, K. C., N13
Schneider, Michele, 536
Schneidman, Diane, N29
Schoenfeld, Gerald, N6
Schrage, Michael, N14
Schuessler, Jack T., 688-89
Schultz, Howard, 403
Schultz, Roger F., Jr., N22
Schuman, H., N13, N14, N15
Schwartz, David O., N8
Schwartz, Ephraim, N4
Schwarz, N., N14, N15
Scott, B. Stacey, N9
Seale, Clive, N6
Seaton, A. V., N9
Segal, M. N., N2, N13, N29
Seiford, Lawrence M., N11
Selart, Marcus, N10
Sellers, Patricia, N30
Seltman, Kent, 770
Semeijn, Janjaap, N27
Semon, Thomas T., N3, N14, N30
Sengupta, Jaideep, N10
Sengupta, Sanjit, N1
Sengupta, Subir, N9
Sergeant, John, N6
Sethi, Rajesh, N12, N24
Settle, Robert B., N20
Settoon, Randall P., N14
Sevestre, Patrick, N4
Sewall, Murphy A., N17
Seymour, Daniel J., N15
Sforza, Daniel, N12
Shade, John, N17
Shair, David I., N29
Shankar, Venkatesh, N28
Shanley, Mark, N5
Shannon, John, N31
Shapira, Z., N12
Sharma, Subhash, N24, N31
Shaw, Eric, N21, N23
Shaw, Michael J., N18
Shelton, David J., N26
Shephard, N., N24
Shepherd, Cybill, 739
Sheth, Jagdish N., N2
Shevlin, Mark, N23
Shimp, T. A., N11

Shoemaker, Robert W., N10
Shogren, Jason F., N15
Siciliano, Tony, N12
Siegel, Jonathan W., N7
Siegel, Sidney, N23
Silk, Alvin J., N1
Silva-Risso, Jorge M., N26
Silverman, David, N6
Silverman, Stephen, N29
Simester, D., N10, N28
Simmons, Sid, N1
Simonson, Itamar, N11, N21
Simpson, O. J., 739
Sin, Leo Yat-ming, N31
Sincich, Terry, N20, N22
Singer, E., N18
Singer, Eleanor, N15, N17, N19
Singh, Sonoo, N3
Singhapakdi, Anusorn, N12, N16
Sinha, Pritbhushan, N4, N13
Sinukula, James M., N25
Sirdeshmukh, Deepak, N3
Sirgy, M. Joseph, N13, N25
Sirkin, R. Mark, N21, N22, N24
Sisodia, Rajendra S., N2
Sivasubramaniam, Nagaraj, N20
Skinner, Steven J., N8
Skitmore, Martin, N4
Slinker, Bryan K., N22, N24
Smart, Denise T., N22
Smidts, A., N1
Smith, Aileen, N17
Smith, Allen E., N23
Smith, C. N., N9
Smith, Daniel C., N10, N12, N24
Smith, David, N1, N2, N5
Smith, H., N23, N24
Smith, Jamie, N8, N19
Smith, Jonathan E., N25
Smith, Kevin, N7
Smith, Matthew, N19
Smith, Scott M., N27, N28
Smith, Steve, N27
Smith, Tom W., N14
Smith, Wayne, N8, N16
Snee, Ronald D., N24
Snyder, D. J., N11
Snyder, Don R., N21
Sobel, Michael, N10
Solely, Sam, N26
Somerville, Leigh, N4
Spagna, G. J., N13
Spears, Britney, 739
Spekman, Robert E., N22, N26
Sperber, Bob, N12
Sperlich, Howard, 14
Spethmann, Betsy, N10
Spicer, John, N20
Spies, C. J., N12
Spiller, Lisa D., N20
Spirduso, Wannen W., N29
Spiro, Rosann L., N13
Spots, H., N10
Spyrakopoulos, Sotiris, N25
Squires, Sally, N7
Srinivasan, V., N24, N28
Srnka, Katharina J., N29
Stafford, Marla Royne, N9

Stafford, Thomas F., N9
Stahl, Stephanie, N19, N26
Stanley, Linda R., N17
Stanley, Thomas J., N16
Stanton, Jeffrey M., N12
Stape, Andrea L., N14
Staple, Jan, 277, N12
Stayman, Douglas M., N27
Steckel, Joel H., N2, N3, N4, N5, N27
Steenkamp, Jan-Benedict E. M., N12, N14, N27, N31
Steinberg, Brian, 66, 402
Steinhorst, R. K., N14
Stem, D. E., Jr., N13, N14
Stephan, David, N20, N22
Sterlicchi, John, N25
Stern, P., N26
Sterngold, Arthur, N14
Stevens, Stanley S., N11
Stewart, Allyson, N2
Stewart, David, N26
Stirland, Richard, 566
Stoskopf, C., N18
Stout, Erin, N26
Stout, Nancy Johnson, N15
Stout, Roy G., N3
Strahilevitz, Michal, N22
Straus, Michael, N8
Struebbe, Jolene M., N18
Stuart, Liz, N26
Studt, Tim, N20
Sudharshan, D., N2
Sudhir, K., N3, N4, N5, N27
Sudman, Seymour, N3, N5, N16, N17
Sullivan, James A., N23
Sullivan, John, N25
Sulon, Bill, 397
Summers, John O., N29
Sun, Baohong, N5
Suutari, Ray, N2
Sykes, Rebecca, N31
Sykes, Wendy, N19
Szenberg, Michael, N7
Szybillo, George J., N15

Tacq, Jacques, N24, N25
Tan, C. T., N20
Tanase, Gabriel, N29
Tang, Kwei, N17
Tang, Sidney, N12
Taris, Toon W., N3
Tarlton, Merrilyn Astin, N2
Tarshis, Andrew M., N10
Tat, Peter, N26
Tatham, Ronald L., N25
Tatum, Christine, N29
Taylor, Alex, N1
Taylor, Humphrey, N7, N18, N20, N30
Taylor, Jeff, 290, 291
Teahen, John K., Jr., 750
Teed, Kenneth C., N21
Telljohann, S. K., N18
ten Have, Paul, N6
Tenopir, Carol, N5
Teoh, J., N20
Terhanian, George, N7
Thayer, Julian F., N22
Thieme, R. Jeffery, N2

Thomas, Dave, 688, 785, 786
Thomas, Evan, N7
Thomas, Jerry W., 694, N1
Thomas, Michelle, N6
Thompson, Bruce, N13
Thompson, Stephanie, 397, N2, N5, N6, N11, N20
Thompson, Steven K., N8, N16, N17
Thurkow, Niki, N7
Thurstone, L. L., N11
Tian, Robert G., N20
Tibrewala, Vikas, N10
Tiffany, Charles Lewis, 627
Tobias, Randall D., N28
Todd, Heather, N12
Toh, Rex S., N5, N14, N18
Tolliver, Heidi, N12
Toubia, Olivier, N28
Tourangeau, Roger, N14
Traulsen, Janine Morgan, N6
Treat, J. B., N17, N18
Trembly, Ara C., N19
Triandis, H. C., N31
Trigoboff, Dan, N5
Trout, Jack, 401
Tsalikis, John D., N21
Tse, Alan C. B., N31
Tsuruta, Tatehiro, 182-83
Tucciarone, Joel D., N9
Tuchfarber, Alfred J., N14
Tucker, Darla Martin, N5
Tudor, Jan, N25
Tudor, R., N17
Tufte, Edward R., N29
Tull, Donald S., N19
Turley, Sophie K., N9, N19
Turlington, Christy, 739
Turner, J. Rick, N22
Tybout, Alice, N10

Unikel, Alan L., N14
Unnava, H. Rao, N23
Useem, Jerry, N11

Vahvelainen, T., N30
Vaidyanthan, Rajiv, N22
Valentine, Sean, N24
Valliant, Richard L., N17
Van, Jon, N15
Van, L. C., N17
Van Auken, S., N12
Vanden Abeele, Piet, N9
Van Den Berg, G. J., N3
Van Heerde, Harald J., N5
Van Kenhove, Patrick, N17
Van Nevel, Luc, 28-29
VanScoy, Greg, 250
van Trijp, Hans C. M., N27
Varki, Sajeev, N7
Vasilopoulos, Nicholas, N9
Vaught, Bobby C., N23, N29
Vavra, Terry G., N29
Vazzana, Gary, N8
Veiga, Paula, N30
Verhage, B. J., N17
Verille, Perry, N18
Verma, V., N16
Verton, Dan, N9

Vezina, Richard, N27
Vinarsky, Cynthia, N11
Vinten, Gerald, N8
Viswanathan, Madhu, N4, N10, N11, N12, N13
Viswesvaran, Chockalingam, N8
Vitell, Scott J., Jr., N2, N12, N16, N29
Volkema, Roger J., N25
Vranica, Suzanne, 402
Vriens, Marco, N14, N15, N20, N28

Wade, R. Kenneth, N6, N7
Wagner, Udo, N11
Walker, J., N17
Wall, Melanie M., N17
Wallendorf, Melanie, N20
Walsh, Kerri, N7
Walsh, Roy E., N24
Walters, Fred, N20, N27
Wang, Cheng Lu, N9
Wang, George C. S., N24
Wanke, M., N15
Wansink, Brian, N3, N7
Warchawski, David, N6
Ward, James C., N16, N18
Ward, Leah Beth, 405
Warde, Bill, N9
Warland, Rex H., N14
Warner, Fara, N11
Warner, Kurt, 121
Wasserman, Todd, 74
Watkins, Ed, N30
Watman, Sheldon, N18
Watson, D., N13
Watson, Mark W., N23
Watson, Peter D., N15
Weathers, Danny, N31
Weber, Alan, 114
Webster, S., N9
Wedel, Michel, N9, N15, N21, N25, N27, N28, N29
Wee, Chow-Hou, N21, N23
Weerahandi, Samaradasa, N16
Weiden, Dan, 67
Weiman, Beverly, 364
Weinberger, M. G., N10
Weinman, John, N13
Weitz, Barton, N13, N22, N24, N26

Wellner, Alison Stein, N4
Wells, Michael T., N22
Wells, William D., N5
Wentz, Laurel, N9, N19
Wertheim, Peter H., N30
Westhead, Paul, N3
Wetzels, Martin, N21, N28
Weyforth, Frank, 114
Whalen, Charles J., N17
White, Barry, 739
Whitlark, David B., N28
Whitney, David, N19
Wichern, Dean W., N20, N22, N25
Wiener, Johua L., N24
Wierenga, B., N1, N2
Wilcox, S., N5, N9, N16
Wildt, A. R., N22, N24
Wilk, Richard R., N6
Willard, J., 11, 524
Williams, Aisha, N2
Williams, Venus, 739
Willits, Fern K., N15
Willoughby, Jack, N4
Wilson, Alan, N9
Wilson, David, N8
Wilson, E. J., N13
Wilson, L. Deane, N29
Wilson, Marianne, N3
Wilson, R. Dale, N3
Wimbish, G. Joseph, Jr., N12
Wind, Yoram, N28
Winer, B. J., N23
Winer, Russ, N3, N4, N10, N22, N26
Winett, Ruth, N2
Winters, Lewis C., N31
Wiseman, Frederick, N25
Witthaus, Michele, N10
Wittink, Dick R., N12, N28
Wojcik, Joanne, N23
Wolcott, Harry F., N29
Wolff, Carlo, N30
Wong, Donna Y. Y., N22
Wong, Nancy, N31
Wong, Veronica, N26
Woo, Ka S., N13
Woodruff, David, N11
Woods, Tiger, 739

Woodside, Arch G., N20, N27
Worcester, B., N15
Wren, David, N4
Wright, Chris, N29
Wright, Daniel B., N21
Wright, George, N4
Wright, James D., N16, N17
Wu, Lan, N3
Wu, Yuhong, N25
Wyner, Gordon A., N1, N10, N11

Yagüe-Guillén, Marí Jesús, N13
Yaniv, Llan, N20
Yau, H. M., N31
Yau, Oliver Hon-ming, N31
Yavas, U., N17
Yeh, L., N17
Yeh, Quey-Jen, N27
Yoegei, Rob, N8
Yoo, Boonghee, N23
Young, Forrest W., N11
Young, M. R., N27
Young, Shawn, 753
Yu, Julie, N8, N18

Zaczkiewicz, Arthur, 794
Zaichowsky, Judith Lynne, N7
Zalesky, Chet, 270
Zallocco, Ron, N25
Zamora, Jorge, N31
Zandpour, Fred, N27
Zatz, David, N15
Zelazny, Gene, N29
Zellner, Arnold, N23
Zemanek, James E., Jr., N22
Zhang, Shi, N22
Zhou, Rongrong, N23
Zibell, Joe, N2
Zimmerman, Alan S., N7
Zimmerman, Chris, 67
Zinkhan, George M., N24
Zinnes, Joseph L., N27
Zollar, Al, 175
Zuber, Amy, N7
Zufryden, Fred S., N10

Créditos de fotografías

Capítulo 1
2 Foto NKM, Naresh K. Malhotra; **4** Boeing Commercial Airplane Group; **7** AP Wide World Photos; **15** Daimler Chrysler Corporation; **27** AP Wide World Photos; **29** Landov LLC.

Capítulo 2
34 Foto NKM, Naresh K. Malhotra; **36** Harley-Davidson Motor Company; **51** Corbis/Bettman; **60** Pearson Education/PH College.

Capítulo 3
76 Foto NKM, Naresh K. Malhotra; **78** Peter Arnold Inc.; **87** Creative Eye/MIRA.com; **98** AP Wide World Photos; **100** AP Wide World Photos.

Capítulo 4
104 Foto NKM, Naresh K. Malhotra; **106** Landov LLC; **121** AP Wide World Photos; **124** AP Wide World Photos; **135** Getty Images, Inc.-Agence France Presse.

Capítulo 5
140 Foto NKM, Naresh K. Malhotra; **142** American Honda Motor Co. Inc.; **146** Elrick & Lavidge Inc.; **161** AP Wide World Photos; **173** Canada Post.

Capítulo 6
180 Foto NKM, Naresh K. Malhotra; **182** The White House Photo Office; **185** Burke, Inc.; **187** Elrick & Lavidge Inc.; **189** TouchScreen Solutions Pty. Ltd (incorporado a TouchScreen Research). *www.touchscreenresearch.com.au*

Capítulo 7
218 Lynd Bacon; **220** Advantage Images; **242** Pearson Education/PH College; **246** AP Wide World Photos.

Capítulo 8
250 Burke Inc.; **264** Getty Images, Inc. —Agence France Presse; **266** AP Wide World Photos.

Capítulo 9
270 Foto NKM, Naresh K. Malhotra; **272** PhotoEdit Inc.; **274** MSInteractive Multimedia Services; **291** Stock Boston.

Capítulo 10
296 Foto NKM, Naresh K. Malhotra; **326** Corbis/Bettman.

Capítulo 11
332 Foto NKM, Naresh K. Malhotra; **334** U.S. Fish and Wildlife Service; **343** CORBIS—NY.

Capítulo 12
364 Survey Sampling International; **366** Getty Images; **385** Six-Cats Research Inc.

Capítulo 13
410 Foto NKM, Naresh K. Malhotra; **422** Nissan North America, Inc.

Capítulo 14
426 Foto NKM, Naresh K. Malhotra; **446** CORBIS —NY.

Capítulo 15
454 Foto NKM, Naresh K. Malhotra; **456** Frank Nowikowski; **489** Getty Images, Inc. —Stone Allstock.

Capítulo 16
502 Foto NKM, Naresh K. Malhotra; **504** Omni-Photo Communications, Inc.; **524** Jay Malin Photos.

Capítulo 17
534 Foto NKM, Naresh K. Malhotra; **535** Corbis/Sygma; **563** West Michigan Whitecaps.

Capítulo 18
574 Burke, Inc.; **576** Corbis RF; **600** Landov LLC.

Capítulo 19
608 Stefan Bathe; **610** AP Wide World Photos; **628** AP Wide World Photos.

Capítulo 20
634 Foto NKM, Naresh K. Malhotra; **635** Odyssey Productions, Inc.; **652** AP Wide World Photos.

Capítulo 21
660 Foto NKM, Naresh K. Malhotra; **662** Pearson Education/PH College; **688** PhotoEdit Inc.

Capítulo 22
694 Foto NKM, Naresh K. Malhotra; **696** AP Wide World Photos; **708** PhotoEdit Inc.; **712** Toyota Motor Corporation-Departamento de Permisos y Marca Registrada.

Capítulo 23
718 Burke, Inc.; **720** IMB Global Financial Services Sector; **726** AP Wide World Photos; **733** Getty Images.

LITOGRÁFICA INGRAMEX, S.A.
CENTENO No. 162-1
COL. GRANJAS ESMERALDA
09810 MÉXICO, D.F.

2008